DU MÊME AUTEUR

La Vie chinoise, Presses universitaires de France, 2e éd. 1980.
La Chine face au monde (en collaboration), Robert Laffont, 1983.
Le Milieu des empires (avec René Cagnat), Robert Laffont, 2e éd. 1990.

MICHEL JAN

LE VOYAGE EN ASIE CENTRALE ET AU TIBET

ANTHOLOGIE DES VOYAGEURS OCCIDENTAUX
DU MOYEN AGE
A LA PREMIÈRE MOITIÉ DU XXe SIÈCLE

INTRODUCTION, CHRONOLOGIE, BIBLIOGRAPHIE,
INDEX DES NOMS DE PERSONNES ET DE LIEUX
ÉTABLIS PAR MICHEL JAN

CARTES ÉTABLIES PAR FERNAND BUNEL

ROBERT LAFFONT

ISBN: 2-221-05912-3

A Paris, ce 9 avril 1778.

En vous transportant sur ces montagnes, Monsieur, je vous ai conduit au lieu le plus haut du globe, ou du moins de l'Asie; je vous place par la nature du sol comme la nature vous a placé par le génie. Mais cette élévation où nous sommes ne consiste pas en les seules éminences : les plaines qui sont à nos pieds sont des larges sommets d'autres montagnes: ces sommets ont porté jadis des empires.

M. BAILLY à M. de VOLTAIRE,
Considérations sur le local de la Tartarie et sur sa population, Paris, 1779.

A Paris, ce 9 avril 1778.

En vous transportant sur ces montagnes, Monsieur, je vous ai conduit au lieu le plus haut du globe, ou du moins de l'Asie ; je vous place par la nature du sol comme la nature vous a placé par le génie. Mais cette élévation où nous sommes ne consiste pas en les seules éminences ; les plaines qui sont à nos pieds sont des larges sommets d'autres montagnes : ces sommets ont porté jadis des empires.

M. BAILLY à M. de VOLTAIRE,
Considérations sur le local de la Tartarie et sur sa population, Paris, 1779.

INTRODUCTION

Il aura fallu attendre la fin du XXᵉ siècle pour que l'Asie centrale et le Tibet s'ouvrent au tourisme, qu'ils deviennent partiellement accessibles aux voyageurs choisissant « sur catalogue » le but ou l'itinéraire de leurs découvertes personnelles. Du moins l'illusion de pénétrer ce monde et d'en saisir l'âme s'installe-t-elle, le temps d'une traversée fugitive, face à des espaces à vous couper le souffle, ou quand surgit un monastère perché sur une crête pour être plus proche des dieux.

Ces régions du monde, immense enclave éloignée des rivages, sont longtemps restées des terres fermées et hostiles, surfaces blanches des cartes ponctuées ici ou là d'une « Tartarie » mythique et de tracés de fleuves qui se perdaient dans les sables. Au-delà des vieilles civilisations de ses périphéries, de la Perse, de l'Inde et de la Chine, le cœur du continent asiatique se réfugiait dans le mystère, protégé par les déserts et les hauts reliefs. De notre planète, explorée jusqu'en ses limites et reconnue dans tous ses contours, il n'en restait à découvrir au début du XXᵉ siècle « que le rebut de la terre : les pôles, quelques points inaccessibles du Tibet, des populations farouches dans des montagnes abruptes, tout ce qu'on jugeait trop difficile, ou indigne d'être connu[1] ». Encore fallait-il que les conditions politiques s'y prêtent. On connaît toujours aujourd'hui la précarité des autorisations d'accès. Peter Fleming, à l'issue de sa remarquable traversée de Pékin en Inde en compagnie d'Ella Maillart, notait à juste titre : « En substituant les difficultés d'ordre politique aux obstacles matériels, il n'est pas exagéré de dire qu'en 1935 le Sinkiang disputait au mont Everest le ruban bleu de l'inaccessibilité. » Quarante années plus tard, cette remarque restait valable.

L'« ouverture » est récente. Elle reste menacée, dépendante des

1. H. d'Ollone, *Les Derniers Barbares, Chine, Tibet, Mongolie*, P. Laffite, 1911.

équilibres politiques et des destins qui se cherchent. La révolution russe de 1917, la prise du pouvoir par les communistes chinois en 1949, avaient enfermé, cloisonné, l'Asie centrale, la Mongolie, le Tibet, au point d'en faire à nouveau des terres interdites et d'affrontement, au point également d'occulter l'histoire de leurs peuples. Par l'entrebâillement des circuits, le voyageur peut encore difficilement communier avec ces espaces voués au vagabondage, à l'errance, au lent cheminement des caravanes, au silence du désert, à l'effort des longues étapes, et jusqu'à l'oubli du temps.

Les récits des voyageurs d'Asie centrale et du Tibet sont donc un moyen d'accès à un univers resté inaccessible et même perdu à bien des égards. Une accumulation d'expériences et de témoignages, d'aventures et de découvertes, tente de combler ce qui peut apparaître comme une fatalité d'interdiction touchant ces terres, tout au long de l'histoire. Le moyen reste modeste et bien imparfait car nos anciens voyageurs duraient dans leur voyage et dans leur manière de voyager. Ils n'avaient rien du «touriste», condition bien trop souvent imposée par les agences officielles qui prennent en compte, au sens strict, les étrangers de passage.

Au terme d'étapes dans le bassin du Tarim, sur le plateau du Qinghai ou au Tibet, malgré des conditions de vie que nos critères actuels nous poussent à qualifier de précaires, dans un village tibétain ou dans un mauvais hôtel de Kachgar, de Bulgan ou d'Ining, notre admiration pour ces voyageurs du passé, pour leur endurance, leur courage, leur détermination, leur foi, et souvent leur science, est immense.

Envoyés de la chrétienté au Moyen Age ou orientalistes du début du XXe siècle, ils savaient qu'ils s'élançaient sur une longue route parsemée d'épreuves. Le voyage en Asie centrale et au Tibet ne fut jamais d'agrément, même si, dans la solitude d'une traversée du Gobi, ou lors d'une étape dans une oasis, la contemplation des espaces, ou l'euphorie d'une découverte, se révélaient d'authentiques joies.

> En aucune autre occasion, écrit Francis Younghusband, les merveilles de la nature n'ont été autant présentes à mon esprit que lors des longues et solitaires marches dans le désert du Gobi. Durant soixante-dix jours, je voyageais à travers le désert, et, sachant que j'aurais à marcher surtout la nuit, j'avais apporté avec moi un de ces petits ouvrages de vulgarisation sur l'astronomie qui décrit si clairement au lecteur les principales règles de fonctionnement du monde des étoiles. J'avais pris l'habitude de le lire le jour, et durant les longues heures de la marche de la nuit je mesurais tout le sens de mes lectures. Là, loin au cœur du désert, peu de chose pouvait altérer la communion avec la Nature. Là, devant moi, il n'y avait rien que la Nature. En bas, la plaine sans limite, au-dessus, un firmament étoilé. Et ce firmament on ne peut le voir ainsi dans les atmosphères chargées d'impuretés des autres régions de la terre, car il est pur et brillant comme il ne peut l'être que dans les profondeurs lointaines

et originelles de la Nature. Dans ces cieux purs les étoiles brillaient d'une manière incomparable, et au fil des heures, à travers les longues nuits, je pouvais les suivre dans leur course dans la voûte céleste, et penser à ce qu'elles étaient et à ce qu'elles représentaient, et j'essayais de réaliser la place que nous, les hommes, nous tenions dans cet univers tendu devant moi.

Mais tous ces voyageurs, s'il leur arrive dans la solitude de leurs longues traversées, ou de leurs longs séjours, d'avoir le loisir de contempler les grands espaces ou le pittoresque des scènes rurales, sont avant tout des hommes d'action. Missionnaires-ambassadeurs du pape, jésuites à la recherche des anciennes colonies de chrétiens, commerçants en quête d'un nouvel itinéraire vers la Chine, officiers de l'armée des Indes aux avant-postes de l'empire russe, archéologues chargeant des myriades de charrettes de documents, de peintures et de statues, tous ont en commun une audace et une ténacité exceptionnelles, lancés corps et âme dans la découverte et l'aventure.

L'Asie centrale est un monde de contrastes. Il n'est pas de mots, d'images, dont les opposés ne conviendraient pour la décrire. Et les hommes, leur histoire, leurs croyances, isolés autant que protégés par les grands espaces, y ont longtemps subi l'érosion du temps où l'oubli des ténèbres, dans le silence des déserts, enfouis dans les sables, loin des nouveaux courants d'échange.

L'hostilité du milieu naturel a favorisé la création d'îlots culturels, lieux de rencontre des grandes civilisations des périphéries : chinoise, persane, indienne, méditerranéenne, européenne. En ces lieux insolites, oasis où se ramasse la vie, carrefours des arts autant que des pensées philosophiques ou religieuses, des affrontements aussi soudains que violents ont succédé à de longs règnes de paix et de tolérance. De brillantes cités ont disparu dans la tourmente, razziées par des hordes de nomades. Dans ces vastes étendues il arrive que des ruines antiques se confondent avec les roches aux formes fantastiques taillées par le vent. De ces mélanges aux apparences surnaturelles, de cette confusion entre le travail des hommes, l'œuvre de la nature et le monde des esprits, naissent et s'entretiennent des légendes. C'est une terre propice aux dieux. Ce sont des espaces voués à la découverte par l'homme, ou à l'exil. Là gisait, caché sous les sables, le «chaînon manquant» entre des civilisations éloignées, aux échanges fugitifs, aux liens aussi ténus qu'un fil de soie, entretenus par de bien vulnérables caravanes.

Asie centrale et Tibet sont des terres de prédilection pour les voyageurs-nés, les *Exotes* de Segalen. Le différent et le divers excellent dans l'espace et dans le temps, s'affirment dans le côtoiement — et l'affrontement — des peuples, des religions, sur un fond naturel, paysages et climats, où alternent les extrêmes.

Dans la géographie imaginaire dont l'homme s'est entouré jusqu'au Moyen Age et même au-delà, l'Orient, et tout particulièrement l'Asie centrale, était un monde d'êtres fabuleux des croyances antiques aussi bien que l'emplacement du jardin d'Éden, le Paradis. Ainsi beaucoup de voyageurs du Moyen Age partaient-ils à la rencontre des révélations des textes sacrés, et, dans leurs «découvertes» en Asie, trouvaient la confirmation des écrits[1], y compris le fantastique. «Quoi qu'il en soit, constatait déjà Hérodote, il paraît que les extrémités de la terre possèdent ce que nous estimons, en général, de plus beau et de plus rare.»

Croyances ou rêveries, les hommes ont bien souvent fixé en Asie centrale ou au Tibet les limites du monde réel. Ici plus qu'ailleurs, l'histoire et les paysages sont sources d'inspiration sans égal. L'imaginaire s'évade en toute liberté[2].

DES ORIGINES AUX PRÉCURSEURS: MISSIONNAIRES ET MARCHANDS DU MOYEN AGE

Dès avant notre ère, des échanges commerciaux assurés par des caravanes liaient les mondes romains et chinois. Mais entre les deux empires, les hautes terres et les déserts de l'Asie centrale et du Tibet limitaient les ambitions des conquérants ou des commerçants.

Durant la dynastie des Han de l'Ouest (IIe et Ier siècle av. J.-C.), la connaissance chinoise ne va pas bien au-delà des territoires qu'habitent les peuplades occidentales de l'empire, les Xiongnu. L'historien Sima Qian (mort vers 85 av. J.-C.) mentionne le pays de Ta-wan, qu'on associe au Ferghana. Pan Zhao, militaire et voyageur des Han de l'Est, ne semble pas avoir pu confier à l'historien Pan Ku, son frère (mort en 92 apr. J.-C.), le récit de ses lointaines expéditions jusqu'en Asie centrale. L'un des envoyés de Pan Zhao atteint pourtant les rives du golfe Persique en 97 de notre ère, mais n'ose pousser au-delà. Marin

1. Quand Marco Polo décrit la province de Tenduc il y situe non seulement le royaume des successeurs du prêtre Jean, mais encore le pays de Gog et de Magog. Tenduc : dans la partie méridionale de l'actuelle région autonome de Mongolie intérieure (République populaire de Chine).

2. «On sait peu de chose dans la Seigneurie sur le Farghestan, qui fait face aux territoires d'Orsenna par-delà la mer des Syrtes. Les invasions qui l'ont balayé de façon presque continue depuis les temps antiques — en dernier lieu l'invasion mongole — font de sa population un sable mouvant où chaque vague à peine formée s'est vue recouverte et effacée par une autre, de sa civilisation une mosaïque barbare où le raffinement extrême de l'Orient côtoie la sauvagerie des nomades. Sur cette base mal raffermie, la vie politique s'est développée à la manière de pulsations aussi brutales que déconcertantes : tantôt le pays, en proie aux dissensions, s'affaisse sur lui-même et semble prêt à s'émietter en clans féodaux opposés par des haines de race mortelles — tantôt une vague mystique, née dans le creux de ses déserts, fond ensemble toutes les passions pour faire un moment du Farghestan une torche aux mains d'un conquérant ambitieux.» Julien Gracq, *Le Rivage des Syrtes*, José Corti, 1951.

de Tyr, cité par Ptolémée le géographe, assure que les agents de Maes Titianos, un commerçant macédonien, atteignent le pays des Sères, la Chine, dès le Ier siècle de notre ère. En 116, les premiers voyageurs venus de Rome, envoyés de l'empereur Antun (Marcus Aurelius Antoninus), séjournent à Luoyang. Des contacts, fragiles, ont bien été établis dès ces époques et si les témoignages de ces acteurs hardis ont disparu, des traces indéniables de leurs passages ont ressurgi jusqu'en Chine, modestement sous la forme de pièces de monnaies de l'Empire romain d'Orient, ou, d'une manière plus troublante dans ces statues de Bouddha aux traits d'Apollon et au drapé grec des sanctuaires qui jalonnent l'ancienne route des pèlerins, de l'Afghanistan à Yungang [1].

La soie émerveillait le monde romain, mais le secret de sa fabrication ne parviendra dans les pays méditerranéens qu'avec les révélations des missionnaires nestoriens venus de Syrie qui atteignirent le monde chinois à partir du Ve et du VIe siècle. De tous temps l'Asie centrale a été une terre agitée, balayée par des nomades avides des richesses des sédentaires ou tout simplement poussés par le vent de la conquête. Les «routes de la soie» coupées, les cours de l'Empire romain d'Orient n'étaient plus approvisionnées par les fabuleux tissus venus de l'extrémité du continent. A Byzance, l'empereur Justinien (527-564) et ses successeurs auront parmi leurs principales préoccupations politiques la reprise des échanges avec les Touqiué occidentaux (les ancêtres des Turcs) et l'envoi d'ambassadeurs sur les rives de l'Oxus. Pendant ces siècles, l'Asie centrale et ses formidables obstacles naturels, renforcés par les déferlements des conquérants, turcs, arabes, mongols, s'interpose entre l'Orient et l'Occident tout en recevant de multiples influences de Chine, de Perse, et même de la Méditerranée et de l'Europe.

Soudainement, en l'espace d'un siècle, entre 1250 et 1350 environ, l'Asie centrale devient une terre de passage. Les conquérants mongols «pacifient» le continent eurasiatique et établissent le plus grand empire de tous les temps. Ils sont prédateurs tout en faisant souvent preuve de tolérance envers les autres cultures. En leurs cours de nomades, fixées pour une saison dans une steppe accueillante, ils reçoivent les émissaires des monarques d'Europe, des envoyés du pape, des

1. Nous n'avons pas traité ici des voyageurs chinois dont le précurseur, Zhang Qian, fut envoyé en 138 av. J.-C. par l'empereur Wu Ti des Han de l'Ouest pour proposer des alliances aux peuples barbares des confins. Au cours de ses deux missions, qui durèrent plus de dix ans, notamment parce qu'il fut fait prisonnier, il atteignit les limites du monde hellénisé. Les pèlerins chinois, dont Fa Xian qui visita l'Inde de 399 à 414, Xuan Zang au VIIe siècle, Yi Qing (635-713), nous ont laissé des documents sur leurs voyages de Chine en Inde en passant par l'Asie centrale. Cf. F. Hirth, *China and the Roman Orient: Researches into their Ancient and Medieval Relations as Presented in Old Chinese Records*, 1885. *L'Inde du Bouddha vue par des pèlerins chinois sous la dynastie des Tang* (VIIe siècle), Calmann-Lévy, 1968.

marchands italiens. On y retrouve, venus parfois des terres les plus occidentales de l'Eurasie, de simples sujets des royaumes razziés qui ont échappé aux massacres en raison de leurs qualités d'artisans. Ce n'est qu'une «brève éclaircie, une trouée de lumière passagère dans des siècles de ténèbres [1]». En surgissent néanmoins des témoignages remarquables, non seulement sur l'Asie centrale du XIIIe siècle mais également de voyages, restitués dans toutes les dimensions de l'aventure. Quand, par exemple, Guillaume de Rubrouck nous entraîne dans son *Voyage dans l'Empire mongol*, qu'il effectue entre 1253 et 1255, nous l'accompagnons pas à pas dans une fantastique traversée dans l'espace et dans le temps. «Trois jours après avoir quitté Soldaia, nous rencontrâmes les Tartares. Lorsque j'entrai parmi eux, il me sembla véritablement que j'entrai dans un autre monde [2].» Il arrive bien souvent à Marco Polo de rapporter ou d'entretenir quelques images fabuleuses dans la tradition du Moyen Age. Mais d'autres voyageurs s'attachent aux détails précis et utiles, dans le souci de leur mission ou de leurs intérêts. Jean du Plan Carpin déduit de ses observations des conseils pour pouvoir anéantir les redoutables envahisseurs qui menacent encore les royaumes d'Europe et la chrétienté. L'étonnant ouvrage écrit par Pegolotti à Florence en 1340, guide des voyages vers les différentes parties du monde, consacre ses deux premiers chapitres à Cathay, donnant aux marchands européens désireux de se rendre en ces régions, d'utiles et pratiques informations sur les itinéraires, les importations et les exportations, les monnaies, les poids, les mesures, les taxes, etc. [3].

Les récits de voyage de ces précurseurs se veulent avant tout des rapports de mission de religieux diplomates, dominicains ou franciscains envoyés du pape ou de Saint Louis afin de «trouver remède aux Tartares et autres contempteurs de la Foi et persécuteurs du peuple du Christ». Jean du Plan Carpin responsable de l'ordre des Franciscains à Cologne est le premier envoyé du pape, Innocent IV, à se rendre jusqu'à la cour de Güyük khan à Karakorum, au cœur de la Mongolie. Il faudra à ces courageux voyageurs, et à ceux qui suivirent leurs traces, le soutien de la foi pour supporter les épreuves de la traversée du continent, dans les steppes glacées, les montagnes enneigées, les déserts écrasants de chaleur. Dans cette période pionnière les récits sont évidemment centrés sur le phénomène mongol, les tentatives de pénétration et de conversion de la chrétienté, mais ils vibrent également de détails sur les populations rencontrées, s'animent de scènes colorées, à moins qu'en une lettre austère n'apparaisse toute la tragédie du

1. Daniel Boorstin, *Les Découvreurs*, R. Laffont, coll. «Bouquins», 1986.
2. Guillaume de Rubrouck, envoyé de Saint Louis, *Voyage dans l'Empire mongol (1253-1255)*, dans la remarquable traduction et avec les très complets et utiles commentaires de Claire-Claude et René Kappler, Payot, 1985.
3. Cf. Yule, *Cathay and the Way Thither*, Londres, Hakluyt Society Publ. 1866.

missionnaire, isolé en terre hostile, pressentant l'approche de son martyr[1].

Les récits de Marco Polo dominent cette époque. Son périple a duré vingt-quatre ans alors que les envoyés franciscains faisaient un aller et retour jusqu'en Mongolie en trois ans. L'essentiel des récits de Marco Polo concerne bien plus la Chine et l'Asie du sud-est que l'Asie centrale, qu'il traverse par une route bien plus méridionale que celle empruntée par les missionnaires (le Pamir, puis le sud du Takla-Makan). Mais surtout, ce qui distingue le texte du Vénitien, sans rien enlever à la valeur de son extraordinaire voyage, ce sont ces nombreuses descriptions où abondent le merveilleux ou le surnaturel[2]. Nul doute que Rusticello, son compagnon de cellule à Gênes, auteur par ailleurs de récits chevaleresques, ne put s'empêcher d'enjoliver les notes de voyage de Messire Marco.

L'effondrement de l'Empire mongol en 1368 allait mettre un terme aux passages et aux échanges à travers l'Asie centrale et ceci pour plusieurs siècles. La dynastie Ming tenait à restituer un pouvoir anthentiquement chinois et à se garder des influences étrangères. L'Asie centrale allait connaître une succession de révoltes, de règnes troublés peu propices aux voyages, à commencer par l'époque de Tamerlan. Les témoignages des voyageurs de cette époque sont exceptionnels, d'où l'intérêt que présente la relation de l'ambassade d'un noble madrilène, Ruy González de Clavijo, envoyé du roi Henri III de Castille auprès de Tamerlan à Samarkand en 1403.

Le dernier témoin connu de cette époque des voyages par la voie terrestre fut un voyageur malgré lui. Capturé lors de la bataille de Nicopolis (septembre 1396) à l'âge de quinze ans, Johann Schiltberger était un Bavarois de bonne famille qui accompagnait le roi Sigismond de Hongrie dans la croisade contre les Turcs. Épargné en raison de son jeune âge, il fut durant trente-deux ans esclave du sultan ottoman Bajazet, puis du Turcoman Tamerlan et de son successeur. Occupé à diverses fonctions, il séjourna en particulier à Samarkand et participa à plusieurs expéditions de Tamerlan en Asie centrale.

Ainsi prenait fin une période de l'histoire durant laquelle les voyages par voie terrestre prédominaient. Pendant plusieurs décennies l'Asie centrale et le Tibet allaient redevenir un ensemble de terres mystérieuses, réputées inaccessibles et qu'on préférait contourner.

---

1. Cf. p. 89, la lettre de Pascal de Vittoria écrite à Almarich en 1338.
2. Les textes de Jean du Plan Carpin et d'Odoric da Pordenone contiennent eux aussi une bonne part de fantastique. Legs des maîtres de l'Antiquité, ces croyances fabuleuses sont admises par les auteurs du Moyen Age.

LA VOIE DU NORD : L'ASIE CENTRALE SEPTENTRIONALE ET LES VOYAGES ENTRE LA RUSSIE ET LA CHINE

L'obstacle que représente en cette partie du monde l'Empire ottoman à partir du XVe siècle incite à rechercher de nouveaux itinéraires pour retrouver le grand commerce oriental de la soie et des épices. La voie maritime connaît alors un développement exceptionnel et conduit au contournement de l'Afrique et à la découverte de l'Amérique. Mais les itinéraires par le continent asiatique ne sont pas abandonnés pour autant. Il subsistait encore au XVe siècle des contacts commerciaux entre la Russie et la Chine. Des marchandises chinoises sont vendues dans les marchés de la Horde d'Or sans qu'on sache précisément par quels itinéraires ni par qui — Chinois, caravaniers d'Asie centrale ou russes — elles étaient acheminées. En 1404, des marchands russes visitent Samarkand. Dans sa recherche d'une voie par terre pour rejoindre la Chine, plus d'un Européen se rend à Moscou. Dès 1520, le Génois Paolo Centurione s'y trouve dans ce but. En 1557 Ivan le Terrible accorde à un Anglais, Anthony Jenkinson, le droit de traverser le territoire russe afin de se rendre à Boukhara où, dit-on alors, on trouve des produits venus de Chine et où il pourra s'informer sur les routes qui y mènent. Malheureusement quand Jenkinson arrivera à Boukhara ce sera pour découvrir que les caravanes chinoises ne parviennent plus dans cette ville d'Asie centrale.

L'avancée russe en Sibérie s'est faite en un demi-siècle: l'Ob est atteint en 1587 et le rivage de la mer d'Okhost en 1647. La connaissance de la Chine par les marchands russes et par la cour du tsar, «premier et plus grand marchand de fourrures de Russie[1]» passe par les contacts et parfois l'aide des populations d'Asie centrale. A partir de Tomsk ou de Tobolsk les premières expéditions prennent des itinéraires qui évitent l'Altaï, par le nord ou le sud, avant de s'aventurer dans le désert du Gobi. Pour la cour du tsar ou pour les voïvodes de Sibérie, intéressés par le commerce avec la Chine, l'Asie centrale restait un obstacle difficile à traverser. Le compte rendu de voyage de Ivashko Petlin à Pékin, écrit en 1619, est le premier témoignage russe sur la Chine. Ce contact initial sera suivi de plusieurs autres dominés par la volonté de développer les échanges commerciaux: Baykoiv en 1653, Ablin en 1660 et en 1668, Milovanov en 1670, Milescu en 1675, Ides en 1692 se rendent successivement dans la capitale chinoise par la route du nord. Ils contribuent indirectement à une meilleure connaissance des régions et des populations de la périphérie septentrionale de l'Asie centrale.

---

1. M. Mancall, *Russia and China, their Diplomatic Relations to 1728*, Harvard University Press, Cambridge, Mass., 1971. Voir aussi M. Rossabi, *China and inner Asia, from 1368 to the Present Day*, Londres, Thames and Hudson, 1975.

En cette fin du XVIIe siècle, Russes et Chinois se côtoient et s'affrontent aux limites mal définies de leurs empires, terres des confins dans l'Asie centrale encore parfois contrôlées par des peuplades nomades, mongoles, toungouses.

A la cour des Qing, les envoyés du tsar et les marchands russes trouvent des alliés aussi précieux qu'intéressés: les jésuites. Ces derniers recherchent un itinéraire qui leur permettrait d'éviter le long et périlleux voyage maritime pour rejoindre la Chine. Passer par voie terrestre de Rome à Pékin, par l'Asie centrale est un souci majeur pour le père Ferdinand Verbriest qui a accès aux décisions du conseil de l'empereur mandchou. C'est une des raisons qui amène les jésuites à collaborer étroitement avec les ambassadeurs venus de Moscou, bien qu'ils soient orthodoxes, «pour la gloire de la chrétienté». Dans les contacts diplomatiques entre Chinois et Russes, le rôle des jésuites auprès des Mandchous n'est pas des moindres. Ils interviennent notamment comme interprètes. En juin 1675, Milescu alors à Tobolsk et préparant son expédition reçoit la visite de trois pères jésuites: Grimaldi, Buglio et de Magalhaens. Lors de son séjour à Pékin un peu plus tard, il recueille d'utiles informations du père Verbriest sur les intentions des Mandchous dans la région d'Albazin. En 1689, Russes et Chinois signent leur premier traité à Nertchinsk et nous en avons une précieuse description par les pères Gerbillon et Perreira, envoyés sur les lieux par l'empereur Kang Xi.

Les préoccupations du gouvernement russe sont commerciales. Il se réserve et contrôle les échanges dans ces régions. Les itinéraires vers la Chine sont jalousement gardés. En 1692, un autre jésuite, le père Avril, bien que s'étant heurté à l'interdiction de Moscou de se rendre en Chine par l'Asie centrale, publie à Paris *Voyage en divers États d'Europe et d'Asie entrepris pour découvrir un nouveau chemin à la Chine*. Il dénombre pas moins de six itinéraires à partir d'informations obtenues en Russie. Il faudra finalement attendre l'ambassade d'Izmailov à Pékin, entre 1719 et 1721, pour qu'un accord tacite soit conclu entre l'envoyé du tsar et les jésuites. En échange de l'intervention de ceux-ci auprès de la cour des Qing, le passage sera autorisé aux jésuites par le territoire russe.

Mais l'Asie centrale reste encore à la fin du XVIIe et au début du XVIIIe siècle une terre inconnue et pleine de dangers. Dans la *Relation du voyage de Mr. Evert Isbrand (Ides), envoyé de Sa Majesté czarienne à l'Empereur de Chine, en 1692, 93 et 94*, Adam Brand décrit ainsi les approches de la Chine:

> Tout ce pays est muni sur ses frontières, tant par la nature que par l'industrie des hommes de puissantes forteresses qui en défendent l'accès aux Ennemis. A l'Occident il y a les Monts Damasiens, par lesquels il est impossible de se frayer un chemin; et en partie le désert de Xama, qu'une

armée ne saurait traverser, manque de fourrage. Au Septentrion, il est défendu par la Grande Muraille, qui en 215 avant la naissance de Jésus-Christ, commença à être bâtie par l'empereur Chius, et qui fut achevée en cinq ans de temps...

C'est donc par les périphéries septentrionales, par la frange sibérienne et par l'aire mongole, que les contacts entre les mondes russes et chinois se font. Kiakhta, sur l'actuelle frontière entre la Russie et la République de Mongolie, est tout à la fois un point de passage, un entrepôt et un important centre d'échanges. Pour les voyageurs qui se rendent dans cette région, et qui en rapportent des témoignages, leur séjour à Kiakhta est un des moments forts de leur récit.

Dans cette recherche frénétique d'un passage vers la Chine, d'autres audacieux voyageurs, essentiellement des missionnaires, tentent une voie méridionale, par le Tibet.

PAR LE TOIT DU MONDE

Les routes prises pour se rendre en Inde par les pèlerins chinois du début de notre ère montrent combien le Tibet est longtemps resté dans l'isolement. Fa Xian au Ve siècle et Xuan Zang deux siècles plus tard contournent la formidable masse montagneuse tibétaine par Khotan, le Pamir et l'Hindu Kuch, ou même plus à l'ouest en franchissant l'Oxus. Les contacts avec l'Inde au sud et avec la Chine au nord n'en existaient pas moins. Par eux le bouddhisme atteint le Tibet au début du VIIe siècle. Les Chinois datent leurs liens avec le Tibet de la même époque, quand la princesse Wen Cheng est accordée en mariage, non sans réticences, par l'empereur Tai Zong des Tang au roi Srong-btsan sgampo.

Pendant longtemps Odoric da Pordenone fut considéré comme le premier Européen à avoir visité Lhassa, lors du voyage qu'il accomplit entre 1316 et 1330 jusqu'en Chine. Il est plus vraisemblable qu'il effleura les régions tibétaines septentrionales et qu'à cette occasion il recueillit des informations sur la capitale tibétaine. C'est seulement au début du XVIIe siècle que des Européens prennent contact avec le «toit du monde».

A la fin du XVIe siècle, au sud de l'Himalaya, dans les missions catholiques de l'Inde, les esprits s'étaient enflammés en apprenant là la suite des voyages du père Antonio Montserrate dans le nord de l'Inde et vers l'Afghanistan, que des communautés de chrétiens oubliés peuplaient des contrées lointaines au nord des hauts massifs montagneux qui bornent le Cachemire. Ces informations étaient régulièrement confirmées, en particulier par des marchands musulmans que leur qualité religieuse autorisait à pénétrer dans les pays musulmans de l'Asie centrale. Les sommaires notions de géographie des voyageurs du début du XVIIe siècle étaient devenues un peu plus confuses quand les Portugais développèrent leurs relations avec la Chine du Sud. Qu'était devenu en particulier le Cathay de Marco Polo et des premiers missionnaires du Moyen Age? Quelles relations y avait-il entre Cathay et la Chine? Dès 1595 le père Matteo Ricci, à la suite d'un voyage à Nankin, avait donné une réponse lucide à la question dans une lettre, mais les jésuites postés en Inde n'en eurent pas connaissance.

Pour répondre à ces interrogations, Bento de Goes, Portugais originaire des Açores, fut désigné en 1601 par ses supérieurs de Goa pour la mission du Cathay. Suivant en cela les pèlerins chinois il contourna l'Himalaya par l'ouest. Il devait accomplir, avec un courage et une audace exceptionnels, un périple qui le fit passer par Kaboul, la vallée de Wakhan, le Pamir, Kachgar, les oasis du sud du Takla-Makan. Il parvint au bout de six années d'un long et périlleux voyage, en 1607, à Suzhou, dans l'actuel Gansu, mais pour y mourir d'épuisement, harcelé par les musulmans, quelques jours seulement après l'arrivée d'un membre de la mission de Pékin envoyé par M. Ricci. Ce dernier allait s'employer à reconstituer le voyage de Goes à partir des débris de ses notes [1].

Sur la base des mêmes informations sur l'existence de communautés chrétiennes disséminées derrière la barrière de l'Himalaya, les pères Antonio de Andrada et Manuel Marques, se lancent, le 30 mars 1624 à partir d'Agra, en Inde, dans des aventures et des découvertes qui les amènent à franchir la passe de Mana à près de 6 000 mètres d'altitude, avant d'atteindre Tsaparang, capitale du royaume de Guge, dans le Tibet occidental. Les pères n'y trouvent pas les communautés recherchées mais un nouveau champ d'évangélisation sous la bienveillante protection du roi. Ainsi devait naître la mission du Tibet. En 1626, lors du second voyage de Andrada, la première église du Tibet est construite, «près du palais du roi et sur un site ensoleillé dès le matin[2]». Pour peu de temps, car une révolution de palais remplace le monarque par un pouvoir hostile aux pères nouvellement installés. De nouvelles tentatives pour reprendre pied à Tsaparang, qui coûtent la vie à plusieurs jésuites, se révèlent infructueuses, et cette première implantation est abandonnée.

Plus à l'est, en 1627, les pères Cacella et Cabral atteignent Xigazê (Chigatsé) alors capitale du Tibet, «porte de toute la Tartarie et de la Chine et de bien d'autres contrées payennes» écrit Cabral, qui ne peut se douter que son succès sera sans suite.

En 1662, les jésuites Grueber et d'Orville sont les premiers Européens à atteindre Lhassa. Leur exploit est d'autant plus

1. H. Bernard, *Le Frère Bento de Goes chez les Musulmans de la Haute Asie (1603-1607)*, Tientsin, 1934.

2. F. de Filippi, *An Account of Tibet, The Travels of Ippolito Desideri of Pistoia*, Londres, 1932.

remarquable qu'ils y sont parvenus par la Chine, au plus fort de la prise du pouvoir par Nawang Lobsang, lequel transporta la capitale à Lhassa, reçut de l'empereur de Chine le titre de dalaï-lama, et construisit le Potala. Voyage rapporté malheureusement dans un texte très succinct sur leur itinéraire et sur leur séjour à Lhassa.

En 1707, la mission des capucins en Inde envoie deux pères, puis un troisième en 1709, fonder un établissement à Lhassa. Les capucins s'y maintiendront jusqu'en 1760, année durant laquelle ils seront expulsés par le Gésub Rimpoche, ou régent, influencé par le représentant chinois. Parmi eux, Horace della Penna, ayant acquis une connaissance approfondie de la langue et du pays, écrivit un rapport détaillé, bien que parfois ponctué de fantaisies, sur le Tibet et sur le lamaïsme.

Initialement destinés à réactiver la mission du Tibet occidental les pères Desideri et Freyre atteignirent Lhassa le 18 mars 1716, six mois après avoir quitté Leh. Desideri résida à Lhassa et dans les monastères environnants jusqu'en 1721. Il apprit le tibétain, s'instruisit de la religion tibétaine, notamment au cours d'un long séjour au monastère de Sera, rédigea en trois volumes un traité réfutant la doctrine lamaïque et défendant la religion catholique. Il fut le témoin de l'invasion et de la mise à sac de Lhassa par les Mongols en 1717. Un témoignage et une œuvre qui seront méconnus jusqu'à la fin du XIXe siècle.

Les voyages les plus remarquables de cette époque, dans cette région, furent ceux de Samuel Van der Putte, Hollandais aussi savant qu'audacieux, qui réussit à s'introduire deux fois à Lhassa pendant son séjour en Chine et au Tibet qui dura environ douze ans, de 1724 à 1735. Il fut également le premier Européen à se rendre de Lhassa vers la Chine. Confiant sa sécurité à un déguisement, il devait fixer ses impressions de voyage sur des bouts de papier et peut-être sur un petit cahier qu'il ne put en fin de compte reprendre lui-même, et dont il ordonna la destruction dans son testament, ne laissant ainsi aucun témoignage de ses fantastiques tribulations.

Une impulsion nouvelle allait être donnée aux voyages vers le Tibet avec l'extension de la domination britannique sur l'Inde, la transformation de la compagnie des Indes orientales, et surtout avec la volonté du premier gouverneur général britannique Warren Hastings, désireux de s'informer sur les possibilités commerciales de ce chaînon entre le Bengale et le reste de l'Asie.

Trois personnalités fortes, aux caractères bien différents, marquent cette autre période. Jeune rédacteur de la Compagnie des Indes orientales, George Bogle se vit confier par W. Hastings le soin d'établir les premiers contacts, de tenter d'améliorer les relations commerciales, mais surtout de se renseigner sur des contrées dont on ne connaissait pour ainsi dire rien. Il s'acquitta remarquablement de sa mission en 1774 et 1775 et fut un observateur perspicace auprès du tashi-lama.

Mais les bonnes relations établies par Bogle ne purent se poursuivre après la nomination du nouveau dalaï-lama en 1776, et avec la mort du tashi-lama en 1780. Second envoyé de W. Hastings en 1783, le capitaine Samuel Turner ne put établir de contacts durables. Le troisième envoyé, Thomas Manning, apparaît comme un modèle d'excentricité, d'énergie et de courage tout au long de son voyage à Lhassa, qui s'étendra de septembre 1811 à juin 1812.

Bien plus au nord, dans une mission de Mongolie, les pères Huc et Gabet ne semblent pas avoir eu l'intention de se rendre jusqu'au Tibet quand ils décidèrent de partir évangéliser les nomades de la steppe. Leur périple, réalisé entre 1844 et 1846, a été l'objet de nombreux commentaires. L'ouvrage du père Huc, *Souvenirs d'un voyage dans la Tartarie et le Tibet*, a d'abord reçu un accueil réservé, suscitant au mieux un intérêt «amusé». Prjevalski, peut-être frustré de ne pas avoir pu se rendre jusqu'à Lhassa, a été jusqu'à nier l'authenticité du récit. D'autres voyageurs, qui ont parcouru ces régions plusieurs décennies plus tard, ont au contraire rendu hommage à la précision ou à la valeur de ses informations. Au milieu du XIXe siècle, la désaffection subie par les récits de voyage, et l'intérêt porté à des approches plus scientifiques, suffisaient à expliquer certains commentaires désabusés. Chaque époque rajoute au récit du père Huc sa part de réflexions [1]. «Classique populaire dans l'histoire des missionnaires et de leurs expéditions...», les *Souvenirs* du père Huc ont connu finalement un succès prodigieux. Le récit vivant, agréable, traduit une personnalité fougueuse, qui va jusqu'à traiter à la hache le caractère chinois. Le père Huc, comme bien d'autres voyageurs de ces régions qui côtoient la Chine traditionnelle, ne cache pas une certaine antipathie pour les «Célestes».

Le succès des pères Huc et Gabet à atteindre Lhassa fit bien des envieux jusqu'au début du XXe siècle. Il faudra la manière forte, l'expédition britannique de 1903-1904, pour que des Occidentaux puissent à nouveau pénétrer dans la capitale tibétaine. Auparavant, bien des tentatives, héroïques, pittoresques, parfois tragiques, se termineront toutes par des échecs.

LES RUSSES ET LA CONQUÊTE DE L'ASIE CENTRALE. LE GRAND JEU

A partir du XVIIe siècle l'Asie centrale n'est plus une terre de passage entre l'Occident et la Chine. Elle redevient une terre de contact. Son intérêt stratégique excite les convoitises dans les grandes capitales d'Europe. Les empires qui s'étendent, viennent se heurter dans ces espaces. Au lieu de contourner les déserts, les plus audacieux voyageurs

1. Parmi les plus récentes, celles de Simon Leys, *La Forêt en feu*, Herman, coll. «Savoir», 1983. De Jacqueline Thevenet, *Le Lama d'Occident, Évariste Huc, de France en Tartarie et du Tibet en Chine (1813-1860)*, Seghers, 1989 avec une bibliographie complète sur E. Huc.

s'y enfoncent. On découvre alors que ces terres perdues recèlent des richesses du passé, des chaînons manquants de l'histoire des hommes.

«L'expansion russe en Asie centrale ressemble à la fois aux guerres coloniales un peu partout dans le monde, et à la migration vers l'Ouest des Américains[1]». Dès la fin du XVIIe siècle, Pierre le Grand (1689-1725) avait montré beaucoup d'intérêt pour l'Asie centrale, sa géographie et ses populations. Le tsar avait surtout un grand besoin d'or. Il lui fallait moderniser la Russie, créer une armée et une marine, développer les manufactures et le commerce, gagner des territoires sur presque toutes les frontières. N'ayant pas trouvé d'or sur son territoire, Pierre le Grand se laissa convaincre par des informateurs de l'existence d'immenses richesses aurifères dans les khanats d'Asie centrale, et même au Tibet. Ce fut l'origine de plusieurs ambassades ou expéditions vers Khiva, Boukhara ou sur l'Irtich. Des erreurs géographiques et une mauvaise appréciation de la puissance des khans, que Pierre le Grand voulait convaincre de se placer sous sa «protection», amenèrent cette politique à un échec. Mais l'impulsion était donnée: l'exploration scientifique de l'Asie centrale avait commencé[2] en attendant sa conquête. Malgré cette avidité les contacts étaient dans l'ensemble pacifiques et le tsar fit développer aussi bien l'étude des langues asiatiques que les relations commerciales ou diplomatiques avec les pays concernés.

Les voyageurs européens qui visitent l'Asie centrale au XVIIIe et au XIXe siècle sont donc les témoins ou les acteurs de l'expansion russe en Asie. Parmi les voyages de cette époque, ceux de John Bell, médecin écossais accompagnant l'ambassade russe de Lev Vasilevich Izmailov en Chine de 1719 à 1722, se situent en un moment de grands changements. Pierre le Grand tente avec succès de modifier la destinée de l'empire. Du côté chinois, la dynastie Qing est encore à son apogée, et les populations de l'aire mongole connaissent les dernières décennies d'une indépendance qu'ils perdront avec l'extension des deux grands empires.

Dans ces régions progressivement gagnées sur les nomades, la population russe était soumise aux attaques des populations locales. L'avancée russe le long des fleuves et la construction de lignes de forts déclenchaient des hostilités avec les nomades kalmouks ou kazakhs. Convois harcelés ou fortins assiégés et pris n'étaient pas l'exception. Des captifs russes (et suédois) furent ainsi emportés en esclavage, parfois vendus sur les marchés de Boukhara et de Khiva, où d'autres Européens de passage rapportaient leur sort pitoyable. Certains de ces «voyageurs malgré eux» laissèrent le récit de leurs aventures au milieu des tribus mongoles, ou au service d'un maître de Khiva ou de Samarkand.

1. Nicholas V. Riasanovsky, *Histoire de la Russie des origines à 1984*, R. Laffont, coll. «Bouquins», 1987.

2. L. Boulnois, «L'or d'Erket», *L'Ethnographie*, n° 95, 1985-1.

Au début du siècle suivant, Jan Potocki, Polonais passé au service d'Alexandre Ier, présentera au tsar son grandiose «système asiatique», véritable traité d'expansion russe pour les années à venir. Il aura fait précéder sa réflexion de voyages «dans les steppes d'Astrakhan et du Caucase» (1797-1798) et par une «expédition en Chine» (1805-1806) qui d'ailleurs ne pourra aller plus loin qu'Ourga [1]. Le voyage était devenu «l'instrument exploratoire de la conquête, le complément indispensable, illustré et vivant, du manuel de conduite annexionniste que le comte destinait aux ministres russes [2]». Au-delà de ses ambitions politiques, ses notes sur les peuples sédentarisés des steppes russes ou des contreforts du Caucase, Kalmouks, Tchétchènes, Ingouches, Ossètes, Tcherkesses, Nogaï, constituent un document d'époque irremplaçable.

Précédant, accompagnant ou suivant de peu l'occupation russe, les voyageurs qui, au XVIIIe et au XIXe siècle, parcourent ce qui est aujourd'hui le territoire des républiques de l'Asie centrale ex-soviétique sont nombreux. Sans parler des marchands ou des agents russes, une liste incomplète ne dénombrait pas moins de quarante et un Européens qui s'étaient rendus en Turkménie et dans le Turkestan entre 1690 et 1858, la plupart ayant publié le récit de leurs voyages. Ils parcouraient ces régions avec des motivations qui variaient selon leur nationalité ou leur formation. Il est resté de ces aventures une littérature abondante, vivante, émaillée d'anecdotes pittoresques, d'observations savantes, sources d'information sur l'histoire de ces contrées. Parmi les noms de ces voyageurs demeurent ceux de Alexandre Burnes, lieutenant de la Compagnie des Indes lorsqu'il réalise son voyage jusqu'à Boukhara en 1832; Arminius Vambéry, orientaliste hongrois, confident du sultan de Constantinople, agent de renseignement des Britanniques, et russophobe déclaré; Eugène Schuyler, membre de la légation américaine à Saint-Pétersbourg; Frederick Burnaby, capitaine des British Horse Guards; Gabriel Bonvalot qui se rendra célèbre par d'autres expéditions au cœur du continent asiatique, etc.

Dès le début du XIXe siècle l'orientalisme est favorisé par les nouvelles ambitions politiques en Asie. Sous la protection d'Ouvarov des chaires d'études orientales sont créées dans plusieurs universités. L'avancée russe en Asie centrale pendant la seconde moitié du XIXe siècle suscite inévitablement l'inquiétude et des réactions des Britanniques maîtres de l'Inde voisine.

Nombreux parmi ces voyageurs sont ceux qui ont participé au Grand Jeu de la rivalité russo-britannique en Asie centrale pendant le XIXe siècle. La compétition entre les deux empires avait commencé dès

1. L'actuelle Oulan-Bator, capitale de la République de Mongolie.
2. Cf. D. Beauvois, dans son introduction au *Voyage dans les steppes d'Astrakhan et du Caucase et Expédition en Chine* de J. Potocki, Fayard, 1980.

les années 1830. Tandis que les Russes étendaient leurs conquêtes jusqu'aux rivages du Pacifique et vers l'Afghanistan, les Anglais s'employaient à découvrir les «frontières naturelles» de l'Inde, dans l'Himalaya et dans le Karakoram. Tashkent est occupé par les troupes russes en 1865, Bokhara l'année suivante, en 1868 c'est au tour de Samarkand, en 1873 de Khiva, puis de Kokand, et enfin de Merv en 1884. Rien ne semblait devoir arrêter la progression des conquérants vers l'Inde. Pour prévenir l'avancée des armées du tsar, et reconnaître les itinéraires possibles à travers l'Himalaya et le Pamir, il devenait urgent pour les Britanniques, de découvrir les passages et les routes des caravanes dans des régions parfois encore inconnues. Les hypothèses de pénétration étaient variées et les espaces à parcourir immenses. De la Caspienne au Turkestan chinois les routes d'invasion paraissaient multiples. Les cartes de l'Asie centrale comprenaient de nombreux blancs qu'il convenait de remplir. Ces régions limitrophes étaient habitées par des populations mal connues, auxquelles on prêtait des intentions favorables aux Russes et à leurs ambitions sur l'Inde.

Afin de combler ces lacunes et de prévenir la progression russe, le gouvernement de l'Inde envoya des officiers britanniques recueillir des informations sur ces régions. D'autres personnages, sans lien avec le gouvernement, mais poussés par l'aventure, ou en quête de renommée, se lancèrent en même temps à la découverte des hautes vallées de l'Himalaya et du Pamir, des oasis du Turkestan et des mœurs des tribus qui les peuplent. Ces voyages, véritables expéditions, n'étaient pas sans risques et pour réaliser ces missions il était souvent préférable d'user d'un déguisement. Il ne manquait pas de volontaires pour ces entreprises risquées qui se sont terminées tragiquement plus d'une fois. Parmi les victimes de ce jeu obscur et dangereux figurent les noms de William Moorcroft, empoisonné dans le nord de l'Afghanistan en 1825; «Bokhara» Burnes, précédemment cité, intrépide explorateur des régions frontières, massacré par la foule à Kaboul en septembre 1841 avec d'autres officiers anglais; le capitaine Arthur Conolly et le colonel Charles Stoddart, tous deux décapités à Bokhara en 1842 sur les ordres de l'émir; George Hayward et Andrew Dalgleish, assassinés dans le Pamir en 1870 et en 1888, etc. La liste est longue.

Il arrivait que ces «voyageurs», explorateurs russes et britanniques se rencontrent sur quelque plateau enneigé, au milieu du Pamir. Ils aimaient respecter les bons usages et se recevaient en ces coins insolites, sous une toile battue par le vent pour échanger impressions et vivres, avant de se relancer dans leurs activités rivales[1].

1. Peter Hopkirk, *Foreign devils on the Silk Road, Trespassers on the roof of the world, Setting the East ablaze*, introduction à la nouvelle édition de *Visits to High Tartary, Yarkand and Kashgar* de Robert Shaw (première édition en 1871).

OBJECTIF : LHASSA

Peu de pays ont autant hanté l'imagination des grands voyageurs que le Tibet. Après l'exploit des pères Huc et Gabet, qui parviennent à Lhassa en 1846, l'accès au royaume tibétain est farouchement interdit aux étrangers. Les fonctionnaires du dalaï-lama qui laissent enfreindre cette règle sont impitoyablement condamnés à mort. Le secret qui entoure le Tibet aiguise d'autant des intérêts divers.

Les visées des Russes et des Britanniques convergent sur les hauteurs tibétaines. Leurs rivalités s'y étendent et les intentions d'influence que les empires rivaux se prêtent, développent les anxiétés à Saint-Pétersbourg ou à Londres. Lhassa est également l'objectif de missionnaires protestants qui se promettent de convertir les Tibétains au christianisme. Enfin, poussés par la volonté de la découverte de ces plus hautes terres, et par la gloire qu'il y aurait à y parvenir, des explorateurs tentent de progresser jusqu'à Lhassa, par la force ou par la ruse, et de combler des espaces vides des cartes de ces régions.

C'est Thomas George Montgomerie, alors capitaine des Royal Engineers, qui eut la brillante idée d'utiliser les services des «pandits», agents indiens, spécialement entraînés au recueil des renseignements, équipés de boussoles dissimulées dans des moulins à prières, ou de chapelets «légèrement modifiés» pour mesurer les distances, pour aller parcourir le Tibet jusqu'aux limites de la Mongolie et des provinces chinoises, sous des déguisements de pèlerins. En une vingtaine d'années, ces courageux espions-explorateurs apportèrent aux services anglais du «Survey of India» une masse d'informations d'une valeur inestimable sur la plupart des régions du Tibet, sur Lhassa, ainsi que sur certaines mines d'or dont le «Toit du monde» avait la réputation d'être riche.

L'attitude xénophobe des Tibétains s'expliquait par deux peurs essentielles. La première était la conviction que les étrangers voulaient s'approprier de l'or tibétain. La seconde, bien plus grave et savamment entretenue par les Chinois, était la menace qui pesait sur leur religion, que les Russes et les Anglais avaient pour ambition de détruire. Cela suffit à expliquer la crainte des Tibétains pour les missionnaires et leur ferme détermination à empêcher l'accès de Lhassa aux étrangers.

Les voyageurs qui tentent en cette fin du XIXe siècle, et au tout début du XXe de parvenir jusqu'à Lhassa sont peu nombreux mais présentent une curieuse diversité de motivations, d'origines, de nationalités et de méthodes pour atteindre la cité farouchement interdite. Les pandits, parmi lesquels Nain Singh, Sarat Chandra Das, Kinshen Singh, bénéficiaient de leurs origines locales, ce qui n'enlève rien par ailleurs à leur courage ni à leur mérite, mais pour les candidats européens les difficultés étaient encore plus nombreuses. Il apparaît clairement que toutes les approches étaient rapidement décelées par des caravanes, des pasteurs ou des éclaireurs. Le vide des hauts plateaux, la rigueur du climat, la méfiance des hommes se révélèrent finalement des obstacles insurmontables pour parvenir jusqu'à la capitale tibétaine. Certaines tentatives furent conduites comme de vraies expéditions: par Prjevalski, le grand explorateur russe, qui dut rebrousser chemin par deux fois, en 1878 et en 1882. D'autres furent menées avec des moyens modestes, sous des déguisements. Ce fut le cas de William Rockhill qui, pendant l'hiver 1888, quitta son poste d'attaché à la légation américaine de Pékin et partit vers l'Ouest chinois. Il avait appris le tibétain et séjourna dans le monastère de Kunbum, dans le Qinghai, avant de poursuivre vers la capitale tibétaine. Comme Prjevalski, et bien qu'il pût s'approcher un peu plus que lui de Lhassa, il dut faire demi-tour. Les tentatives suivantes se succédèrent presque annuellement : en 1888, par le révérend Henry Lansdell, «voyageur de grande distinction» qui avait déjà été à Boukhara et à Samarkand, confiant dans la lettre d'introduction que lui avait rédigée l'archevêque de Canterbury à l'intention du dalaï-lama; par Gabriel Bonvalot en 1889 et 1890, accompagné du prince Henri d'Orléans et du père Dedeken; par le capitaine Hamilton Bower et le médecin-capitaine Thorold de l'armée des Indes en 1891, en mission d'information; par Grenard et Dutreuil de Rhins en 1894, ce dernier trouvant la mort au cours d'une agression par une bande armée de brigands tibétains.

Les tentatives les plus surprenantes furent individuelles, parmi lesquelles celles de trois femmes, qui s'élancèrent dans ces régions avec des moyens réduits, furent rapidement démunies et menacées par le froid, la faim, les pillards, obligées par les envoyés de Lhassa de rebrousser chemin : en 1893, la courageuse et inconsciente Annie Taylor, missionnaire presbytérienne qui se proposait d'aller porter l'Évangile au dalaï-lama lui-même; en 1895, George Littledale, un riche propriétaire terrien du Berkshire accompagné de sa femme, de son neveu, William Fletcher, et de son chien, malgré l'utilisation de nombreux moyens (la caravane ne comptait pas moins de deux cent cinquante animaux), échoua à soixante-dix kilomètres de Lhassa et, venant du Xinjiang (de Qarqan), dut rejoindre le Ladakh; en 1897, l'extravagant Savage Landor et ses aventures rocambolesques.

Mais la tentative la plus émouvante et la plus héroïque, voyage dramatique s'il en fut, se déroula en 1898. Susie Rijnhart, de nationalité canadienne, et son mari Petrus, Hollandais, tous deux missionnaires et médecins, après un séjour préparatoire dans l'indispensable monastère de Kumbum, prirent le chemin de Lhassa avec leur fils Charles qui n'avait pas encore un an, accompagnés d'une petite caravane. Leur objectif était de proclamer l'Évangile à Lhassa et, comme l'écrit Susie Rijnhart dans son fascinant récit, il était difficile de s'attendre à ne pas devoir supporter des souffrances, des persécutions, et peut-être du sang et des larmes, pour pouvoir prêcher le message du Christ au cœur de la forteresse du bouddhisme. Si le début du voyage se déroule dans les meilleures conditions, la suite se détériore rapidement : deux hommes désertent, on leur vole cinq de leurs meilleurs chevaux au cours d'un orage. Mais le plus tragique reste à venir. Le petit Charles meurt soudainement et il leur faut abandonner son corps sur les immensités désolées du plateau tibétain, à plus de cinq mille mètres d'altitude. Puis, interceptés par les Tibétains, ils doivent, comme les autres voyageurs qui les ont précédés sur le chemin de Lhassa, obliquer vers l'est. Bien qu'accompagnés par des guides tibétains, ils sont assaillis par des brigands. Petrus Rijnhart, parti pour tenter de trouver de l'assistance, disparaît à jamais. Quant à Susie, seule rescapée, elle rejoint plusieurs mois plus tard une mission sur la frontière sino-tibétaine après avoir traversé d'innombrables épreuves.

Les seuls «visiteurs» étrangers à pouvoir se rendre à Lhassa à cette époque furent des Japonais. L'un fut Ekai Kawaguchi, bouddhiste mais aussi indésirable que les Européens selon les règles du gouvernement tibétain. Arrivé dans la capitale tibétaine le 21 mars 1901 et se présentant comme médecin chinois, il put même y résider pendant plus d'un an, avant de devoir s'enfuir précipitamment craignant, à juste titre d'avoir été découvert. L'autre Japonais à avoir pu atteindre Lhassa à cette époque se nommait Narita Yasuteru, mais son histoire fut plus discrète car c'était un espion venu s'informer pour le compte de l'empire nippon qui commençait à avoir des visées sur l'Asie.

C'est également en 1901 que le grand explorateur Sven Hedin, déguisé en moine bouriate, tenta, mais sans succès, d'atteindre lui aussi la capitale tibétaine. Les Bouriates, sujets de l'empire russe, représentaient en effet un atout précieux dans le dialogue qu'avait commencé à instaurer le gouvernement de Saint-Pétersbourg avec les Tibétains. L'un d'eux, Dorjieff, avait pu séjourner plusieurs années à Lhassa à partir de 1880. Proche du dalaï-lama, il était devenu l'ambassadeur du tsar au point d'accomplir plusieurs missions entre les deux capitales.

Finalement Lhassa ne sera atteint par des Européens qu'au prix d'une expédition militaire. La crainte des Britanniques de voir les Russes occuper le Tibet fut particulièrement attisée en 1902 à la suite d'informations faisant état d'un accord secret transférant les intérêts de la Chine au Tibet à la Russie, de la livraison d'armes et de la présence de conseillers russes. Ces informations semblent être venues à point pour lord Curzon. Elles lui fournirent le bon prétexte pour intervenir chez ce voisin du nord, aussi mystérieux que convoité. Au début de 1903, le vice-roi des Indes était convaincu de la nécessité de se rendre à Lhassa, par la force s'il le fallait, pour juger des réelles intentions des Tibétains. Le gouvernement de Londres, qui venait de se dégager de l'impopulaire guerre contre les Boers, souhaitait éviter un nouveau conflit en Asie.

Aussi, en avril 1903, le gouvernement britannique autorisait l'envoi d'une petite mission jusqu'à Khamba Jong, un peu au-delà de la frontière tibétaine pour tenter de négocier avec des représentants de Lhassa. La direction de la mission fut confiée à Younghusband, vétéran du Grand Jeu et des expéditions en Asie centrale et dans l'Himalaya, et le commandement de l'escorte militaire au général Macdonald. La mission franchit la frontière tibétaine et la passe de Jelap en juillet 1903 et dut remonter la vallée de la Chumbi. D'étape en étape, pour tenter d'ouvrir des négociations, la mission atteignit Lhassa en août 1904. La progression avait été lente et difficile. Aux dissensions entre les deux responsables de l'expédition, devaient s'ajouter des conditions climatiques extrêmement sévères, le harcèlement des Tibétains, et l'impossibilité de trouver un interlocuteur pour négocier. L'expédition à Lhassa est restée l'une des aventures militaires les plus contestées de l'histoire de l'Empire britannique, mais les récits de cette épopée, l'entrée dans la capitale tibétaine et la découverte d'une cité longtemps interdite, rêve de voyageurs audacieux payé par certains de leur vie, suscitèrent un intérêt considérable dans le public [1].

Le Tibet n'en devenait pas pour autant une terre ouverte, accessible aux voyageurs. Ceux-ci, au contraire, se heurtèrent à une double interdiction; celles des Tibétains et des Britanniques, ces derniers craignant toujours une intervention russe. Sven Hedin, en 1906, dut lui-même s'incliner et en fut réduit à des explorations dans la partie occidentale du Tibet. Quant à Alexandra David-Néel, passant outre, nantie de sa longue expérience de voyageuse en Asie, elle fut la première femme étrangère à pénétrer en 1924 à Lhassa. Mais le Tibet n'était déjà plus le royaume inaccessible qu'il avait été avant 1904, et plusieurs personnalités officielles venant de l'Inde proche y effectuèrent des séjours.

Les grands voyages d'aventures n'en étaient pas pour autant terminés. Deux prisonniers de guerre allemands, Heinrich Harrer et Peter Aufschnaiter, après s'être enfuis de leur camp d'internement dans le nord de l'Inde en 1943, trouvaient refuge au Tibet, jusqu'à la reprise du pouvoir par les communistes chinois qui, en 1950, les faisaient repartir en Inde.

> Sept ans, presque jour pour jour, après être entré au Tibet, je m'arrête au col qui sépare ce pays du Sikkim; les mêmes oriflammes claquent au vent, les mêmes cairns se dressent. Autrefois je n'étais qu'un vagabond :

1. L'expédition britannique au Tibet a été «couverte» par plusieurs de ses participants: F. Younghusband, dans *India and Tibet*, 1910; E. Candler: *The Unveiling of Lhassa*, 1905; P. Landon, *Lhassa*, 1905; W. J. Otley, *With Mounted Infantry in Tibet*, 1906; Lt. Col. Waddell, *Lhassa and its mysteries*, 1905. Sur le même sujet par P. Fleming, l'auteur de *News from Tartary, Bayonets to Lhassa*, 1961; par Peter Hopkirk, l'histoire des tentatives pour atteindre Lhassa au XIXe et au XXe siècle dans *Trespassers on the Roof of the World*, 1982.

le Toit-du-Monde représentait pour moi un havre, un refuge, une promesse de liberté. Aujourd'hui des serviteurs m'accompagnent et j'envisage l'avenir avec confiance. Pourtant, l'angoisse me serre la gorge. Les yeux emplis de larmes, je regarde une dernière fois sur le territoire du Tibet la haute pyramide du Chomolari qui me dit adieu[1].

A LA DÉCOUVERTE DES TRÉSORS DE L'ASIE CENTRALE CHINOISE

L'Asie centrale chinoise[2] est restée jusqu'au milieu du XIXe siècle une terre fermée. Des marchands ou des pèlerins musulmans franchissaient les passes du Pamir ou de l'Himalaya vers le Cachemire ou vers les émirats de Boukhara, Kokand, Samarkand, Tachkent. Dans ces dernières villes les voyageurs occidentaux glanaient des informations sur ces contrées dont l'accès était défendu par les Chinois, à moins que ce ne soit par des luttes locales incessantes qui rendaient tout voyage trop périlleux.

La progression russe en Asie centrale a décidé les autorités britanniques en Inde à reconnaître ces régions qui leur étaient inconnues. En 1863, un pandit parti du Ladakh, un jeune musulman nommé Mohamed-i-Hameed, première recrue du capitaine Mongomerie, atteignit Yarkand. Pionnier du Grand Jeu, il mourut sur le chemin du retour, sans doute de maladie ou épuisé par la traversée de la barrière himalayenne. Après lui plusieurs Anglais allaient tenter, et réussir, des traversées de l'Himalaya occidental et purent visiter, toujours dans des conditions périlleuses, les principales oasis de Kachgarie. En 1865, William Johnson, du gouvernement indien, atteint Khotan (Hotien), malgré l'interdiction de franchir la frontière indienne. Il est le premier Européen à s'y rendre depuis Bento de Goes qui y est passé au début du XVIIe siècle. En 1868, Robert Shaw, George Hayward, le suivant de près, parviennent jusqu'à Kachgar. Shaw y rencontre Yakub Bey et prend connaissance du passage d'un envoyé russe qui, quatre mois auparavant, avait fait cadeau de fusils modernes à ses hôtes : de quoi alimenter les craintes des Anglais ! D'autres missions anglaises vont suivre. Les textes qui présentent les informations recueillies pendant ces « voyages » sont des ouvrages

1. Autre « voyageur » de cette époque, le Japonais Hisao Kimura. Il avait commencé une carrière au service de son pays en passant quatre années en Mongolie avant de s'enfoncer en territoire ennemi en mission d'espionnage, déguisé en lama. Arrêté, mis en prison pendant un an, il parvient à gagner Lhassa en septembre 1945. Continuant vers l'Inde, il passe au service des Britanniques et retourne au Tibet oriental. Ses aventures ne prendront fin qu'en 1950, après avoir été marchand et trafiquant d'or.

2. C'est-à-dire, ici, essentiellement le Xinjiang, le Gansu occidental actuel, et par extension la Mongolie (y compris l'actuelle République de Mongolie, « Mongolie extérieure » jusqu'à la déclaration de son autonomie en 1912). Le Qinghai, province chinoise, appartient en partie à l'aire tibétaine par ses caractéristiques géographiques et humaines.

savants, détaillés, véritables rapports dépouillés de poésie mais remplis des informations nécessaires à un plan d'action politique ou militaire [1].

Au cours de cette seconde moitié du XIXe siècle, l'exploration du cœur du continent asiatique se fait méthodiquement par des voyageurs, officiers ou géographes, au bénéfice des grands Empires qui s'affrontent, britannique ou russe : Nicolaï Prjevalski, Francis Younghusband, Sven Hedin sont parmi les grands découvreurs de cette période. Par les itinéraires les plus divers, ils apportent en quelques décennies une très bonne couverture de ces territoires qui comptent alors parmi les dernières régions mal connues de notre planète.

Ces explorateurs ont ouvert la voie aux archéologues et aux orientalistes qui, au début du siècle suivant, redonnent vie par leurs recherches et leurs trouvailles à l'histoire de ces régions, maillon essentiel dans les relations entre les cultures orientales et occidentales à travers les siècles. En fouillant inlassablement des sites perdus au milieu des déserts, ou le long de la grande muraille dans ses avancées à l'ouest du Gansu, ou dans les vestiges des anciens temples des oasis, Aurel Stein, Albert von Le Coq, Pelliot, et d'autres encore, arrachent, par caravanes de charrettes, de véritables cargaisons de documents, de statues, de peintures murales découpés à la scie par pans entiers. Les itinéraires sont longs à parcourir, les séjours sur les sites dans le froid ou la chaleur extrêmes sont éprouvants. Mais rarement voyageurs auront vécu une telle abondance simultanée de découvertes, d'aventures, de satisfactions et d'épreuves.

L'Asie centrale continue d'attirer bon nombre de voyageurs aux intérêts et aux buts variés en ce début du XXe siècle. La révolution de 1917 en Russie apporte de nombreux changements en Asie centrale. Dans la partie soviétique l'effervescence est grande : les camps adverses s'opposent impitoyablement, comme dans les autres régions de l'URSS; une partie de la population passe dans les pays voisins pour y trouver refuge, à moins que ce soit pour tenter d'y propager la révolution. Anciens des armées blanches, Vieux Croyants, paysans victimes des réformes agraires, fuient le régime soviétique. Il leur arrive de camper dans les grottes de Dunhuang au cours de leur traversée vers le Pacifique ou de se réfugier au cœur du plateau du Qinghai ou encore de demeurer dans les villes du Xinjiang où ils continueront, acteurs ou simples témoins, à subir l'agitation de la région. En 1923, des missionnaires anglaises en route vers le Xinjiang font une rencontre inattendue dans le Gansu oriental :

> Un matin, nous nous apprêtions à quitter notre auberge quand un Chinois nous signala qu'un étranger, « un homme de notre peuple », mendiait à

1. *Report of a Mission to Yarkund in 1873*, publié à Calcutta en 1875 est un modèle du genre. La mission avait été dirigée par Sir T. D. Forsyth.

la porte. Un attroupement s'était fait autour d'un Russe dépenaillé qui se rendait à Pékin, mendiant son pain en chemin. La route que nous suivions était le «calvaire» des réfugiés russes que la pauvreté ou la haine du régime soviétique avaient chassés de leur pays. Exilés, sans foyer, ils erraient lamentablement par le monde. Depuis quelques mois, une immense vague d'humanité souffrante déferlait sur cette grand-route, réunissant tous les stades de la misère et du dénuement. Jusqu'à la guerre de 1914, les peuples de l'Orient gardèrent l'illusion que la solidarité de la race, qui chez eux domine la notion de patrie si forte qu'elle soit, s'imposait aussi aux peuples occidentaux. Mais depuis lors, le prestige européen est complètement détruit; la vue de ces Blancs misérables et sans patrie qui grossissent les bandes de mendiants indigènes, celles des malheureuses désespérées devenues les concubines des Chinois, viole leur sens des convenances. L'Orient ne s'est pas remis du choc que lui a causé ce spectacle inimaginable[1].

L'avènement du régime soviétique allait relancer les activités du Grand Jeu. Kachgar devenait l'une des places privilégiées de la rivalité revigorée entre Soviétiques et Britanniques. L'affaiblissement du pouvoir central chinois ne pouvait par ailleurs qu'encourager l'apparition d'autorités indépendantes et de révoltes locales menées par des populations musulmanes. Aussi, jusqu'à la prise du pouvoir par les communistes à Pékin, en 1949, l'Asie centrale chinoise est traversée d'événements tumultueux. Les voyageurs qui se risquent dans ces régions sont toujours à la merci de nombreux périls. Une autre conception du voyage apparaît à cette époque avec le développement de l'automobile: la «croisière jaune», en 1930 et 1931, en est un exemple[2], suivi par l'expédition qu'accomplit Sven Hedin pour le compte du gouvernement chinois en 1933 et en 1934, pour reconnaître un itinéraire de voies de communication vers le Xinjiang, puis en 1935 par Eric Teichman entre Pékin et Kachgar. Si l'on ajoute à cela l'ouverture d'une ligne aérienne exploitée par une compagnie sino-allemande, l'Eurasia[3], entre la Chine et Berlin, avec des étapes en Asie centrale, juste avant le début de la Seconde Guerre mondiale, on voit poindre la fin de l'époque des grands voyageurs que de lentes progressions à pied conduisaient pendant des mois et même des années au terme de leur traversée.

L'exploit que réalisent Peter Fleming et Ella Maillart en 1935 n'en est que plus remarquable. Partis de Xining clandestinement, ils rejoignent à cheval, à travers le plateau du Qinghai, les oasis du sud-Takla-Makan, en pleine rébellion musulmane, avant d'atteindre Kachgar et de franchir l'Himalaya. Ultime escapade? Quand, en 1948,

1. M. Cable, F. French, *Par la porte de Jade*, Plon, 1935.
2. Elle avait été précédée, il est vrai, par un raid automobile entre Pékin et Paris, passant par la Sibérie, dès 1905.
3. Wulf Diether Graf von Castell, *Chinaflug*, Berlin, Atlantis-Verlag, 1938.

Anne Philipe se rend de Nankin à Karachi la route est encore longue et les moyens de transport sont variés: avion pour atteindre Urumqi, camion pour se rendre à Kachgar, chevaux pour franchir l'Himalaya.

Bien des facteurs auront contribué à transformer l'Asie centrale : le partage entre deux puissances étrangères, culturellement au moins, de ces régions, l'URSS et la Chine; la soumission et la submersion des populations locales (du côté chinois par exemple les Hans, à peine cinq cent mille en 1948 au Xinjiang y sont actuellement plus de cinq millions); le développement des moyens de transports; l'industrialisation de certaines grandes villes, défigurées au point d'être sinistrées, etc. Pourtant, malgré ces transformations le temps semble s'être arrêté dans bien des oasis ou des vallées, refuges des traditions. Là, les hommes, les femmes, les mœurs, l'habitat, les paysages gardent une authenticité qu'on chercherait en vain dans les cités enlaidies d'installations industrielles qui ont bousculé, parfois fait disparaître, une partie de l'héritage culturel de l'Asie centrale.

MONGOLIE : LA TERRE DES HERBES ET DES CONQUÉRANTS

L'unité mongole a été aussi grandiose qu'éphémère. Elle a pourtant laissé dans la mémoire des peuples une profonde anxiété, celle que ferait peser la menace de hordes de prédateurs qui n'auraient jamais disparu. La Mongolie, à plus forte raison l'espace mongol, soutient une grande réalité historique. Inversement les grandes étendues qui la composent apparaissent comme un vide, presque un monde du néant, ou loin du réel. Cette dichotomie s'inscrit dans bien des perceptions et apparaît comme une autre dimension des contrastes qui, au-delà d'une apparente uniformité, caractérisent tant ces contrées.

> Une lamaserie est nichée au fond d'un cirque de grès, auprès d'une source. Nous lui demanderons l'hospitalité d'un jour. Comme les moines de partout et de toujours, les lamas savent choisir avec une habileté extrême l'emplacement de leurs demeures. Aussi est-ce à chaque fois une joie pour les yeux de découvrir tout à coup, au fond des retraites les plus inattendues, quelqu'un de leurs monastères. Sur le groupe géométrique des bâtiments rectangulaires, blancs et rouges, des hampes dorées étincellent au soleil. Çà et là, un moine passe, en toge pourpre ou jaune. A ce spectacle le regard est charmé et le cœur s'ouvre à la paix. Malheureusement pour admirer les lamas et les lamaseries, il faut les regarder de loin. Dès qu'on s'approche, les brillantes façades se ternissent, et les robes aux teintes vives apparaissent sales et déchirées. Ceux qui les premiers ont créé ces asiles dans le désert étaient sans doute des hommes véritablement grands, des prophètes dont la pensée découvrait quelque chose de très beau dans le Monde, et par-delà le Monde. Aujourd'hui, sur le visage terne de leurs

successeurs, on cherche anxieusement, mais en vain, le plus fugitif reflet de cette vision[1].

Pourtant quelle diversité ! La terre de l'Ordos, « rousse et mauve sous les rayons du soleil qui descend [...] la couleur que prennent, au crépuscule, les pierres brûlées du désert et le sable des dunes[2] » ; les pentes des monts Kentei couvertes de forêts de mélèzes et de bosquets de bouleaux ; les longues lignes arides de l'Altaï oriental, coupé de vallées riantes ; la steppe, à l'est, des rebords du plateau mongol, aux limites de la Chine traditionnelle, aux franges sibériennes...

> Je finis par « comprendre » et aimer les immenses étendues faiblement gazonnées, coupées de rivières et de Nors où je suis perdu depuis un mois. Le Dalaï Nor est vraiment majestueux. C'est une vraie petite mer (plus de 40 kilomètres de long), où les vagues moutonnent, où les goélands crient et où l'on est perpétuellement surpris de voir que l'eau ne rejette ni une algue ni une coquille marine[3].

La Mongolie de l'Empire Qing est une terre de passage entre l'Empire russe et l'Empire chinois. Plusieurs ambassades venues de Saint-Pétersbourg rencontrent des envoyés mandchous de Pékin à Kiakhta. Parfois ils séjournent à Ourga. A partir du XIXe siècle des voyageurs étrangers, peu nombreux et surtout russes, commencent à mentionner des découvertes archéologiques. De fait, en dehors du passage entre la Chine et la Russie et de la recherche archéologique, rien d'autre ne semblait devoir intéresser d'éventuels voyageurs en ces terres aussi dépouillées. Aussi, à quelques exceptions près, les voyages et les découvertes dans ces régions ont été une spécialité russe puis soviétique.

La vallée moyenne de l'Orgon recèle à elle seule l'emplacement de trois anciennes capitales : celle des Turcs à côté du lac Tsaïdam, des Ouïghours, à Khara Balghassoun ; des Mongols enfin, l'ancienne Karakorum. Bouillane de Lacoste, en 1909, après d'autres reconnaissances en Mandchourie effectuera une expédition de Ourga à l'Altaï en visitant la plupart de ces sites découverts précédemment par les archéologues russes.

Il faudra la révolution de 1917 et ses prolongements en Sibérie et en Mongolie pour que le souffle des épopées revive en épisodes tragiques et cruels L'aventure du baron balte Ungern-Stenberg et de sa division asiatique de cavalerie apparaît comme une ultime résurgence du passé et de ses tourbillons de folies. On doute de la parfaite authenticité des récits d'Ossendowski, ancien ministre de Kolchak, sur ses périgrinations en Mongolie en ces temps troublés, au milieu des

1. Teilhard de Chardin, *Lettres de voyage*, Grasset, 1956.
2. Teilhard de Chardin, *op. cit.*
3. Teilhard de Chardin, *op. cit.*

combats entre Rouges et Blancs et leurs partisans allogènes. Ils apportent cependant une dimension épique que d'autres témoins plus crédibles ont confirmée.

A partir de 1921, la Mongolie extérieure devint, pour plusieurs décennies, une terre fermée aux Occidentaux. Assez paradoxalement, et sans ignorer les expériences précédentes, les années 1920-1930 furent marquées dans l'espace mongol contrôlé par la Chine (la Mongolie intérieure et les territoires de Dzoungarie, dans le Xinjiang nord) par des recherches et des voyages qui ont souligné la spécificité mongole. Owen Lattimore, Hennig Haslund, et quelques autres, repartent à cette époque sur les traces des caravanes qui, d'une oasis à une autre, assurent les grandes traversées du Gobi, de l'Ordos au Xinjiang. Derniers témoins de pratiques en cours de disparition, ces patients voyageurs s'emploient à comprendre ces populations mongoles dispersées entre les grandes puissances. Chacun de leur voyage est une longue collecte des marques du passé. Ils vivent un temps qui s'enfuit car c'en est progressivement fini des nomades.

Le voyage en Asie centrale et au Tibet est avant tout une aventure, au sens le plus complet du terme: la découverte, le risque, le hasard, jusqu'à se confondre avec des destins, jusqu'à rejoindre l'Histoire tout en l'écrivant. Voyage dans un autre monde, itinéraire dans un autre temps, patiente progression dans l'espace, confrontation quotidienne, à l'homme ou à la nature, quand le rêve et la réalité se côtoient.

Il fallait donc être un aventurier pour se lancer dans le cœur de ce continent dont on savait peu de chose. Du Moyen Age au début de notre siècle, les conditions du voyage évoluent peu. Ces régions sont longtemps restées à l'écart des grands courants qui façonnaient le monde. Terres de passage entre l'Europe et la Chine, elles s'apparentaient aux océans qui séparent les rivages. Terres de découvertes, elles appartenaient au passé. Il y avait dans ces grandes traversées, dans ces longs séjours dans la steppe ou le désert, sur les hauts plateaux ou dans les oasis, les retrouvailles avec les voyageurs des siècles précédents, tous aventuriers audacieux que distinguaient seulement des motivations initiales variées.

Le voyage en Asie centrale et au Tibet est un voyage des limites. «J'entrais dans un autre monde...», confiait Guillaume de Rubrouck. Six siècles plus tard, Robert Byron découvre soudainement le Tibet, en arrivant à un col : «Il n'y avait pas ici de transition graduelle, pas de frontière sans incidents, mais le passage, d'un coup d'œil, du monde que nous connaissions à un monde que je ne connaissais pas.»

Au-delà des limites... Terres inaccessibles au même titre que les pôles. Mais ici l'hostilité des hommes renforce les rigueurs du climat. Les oasis interdites et les cités enfouies s'entourent de déserts. Chaque récit est une pénétration dans un univers qui va nous être révélé par le voyageur. La plupart s'arrêtent un temps au sommet ou au pied d'un col, comme frappé de crainte devant l'entrée du sanctuaire. Ainsi Alexandra David-Néel :

> La Dokar la se dresse maintenant devant nous, découpant une impressionnante silhouette, sur un ciel gris crépusculaire. C'est une molle dépression dans une muraille cyclopéenne [...]. Le fait qu'elle marque le seuil de la région défendue, ajoute pour nous à la sévérité de son aspect.

Et le voyageur se retrouve seul avec lui-même. Les découvertes n'en sont que plus étranges. L'éloignement et la solitude, dans l'espace, l'exclusion, d'une autre civilisation, conduisent au sentiment d'appartenance à la grande communauté des hommes :

> Ce voyage, écrit Anne Philipe en 1948, au terme d'une longue traversée du Xinjiang au Cachemire, qui se déroula le plus souvent au fin fond de la solitude m'a paradoxalement aidée à découvrir l'importance de la personne humaine et la merveilleuse force créatrice de l'homme.
>
> Je sais maintenant que vivre en solitaire est aussi impossible que vivre sans respirer et que rien n'est plus beau ni plus satisfaisant que les rapports humains : amour, amitié, camaraderie, sympathie.

MICHEL JAN

AVERTISSEMENT

Sur la définition géographique de l'Asie centrale

La délimitation de l'Asie centrale, en tant que région géographique, a donné lieu à des débats animés entre spécialistes. Pour certains, c'est l'ensemble des territoires qui couvrent la Chine de l'Ouest, la Mongolie et quelques régions de l'ex-Union soviétique. Une définition beaucoup plus large a été arrêtée, par exemple, par le comité d'études de l'Asie centrale de l'université du Wisconsin: elle recouvre l'Asie intérieure (c'est-à-dire la Chine occidentale, la Mongolie, les Républiques ex-soviétiques du sud et de l'ouest de l'Asie), les régions septentrionales de l'Iran, l'Afghanistan, le Pakistan et l'Inde. L'adoption de ce «découpage» repose sur la base de critères historiques et politiques. Bien des explications justifient ce choix. Longtemps le destin politique, historique et culturel de l'Asie centrale a été, et est encore, profondément influencé par la Chine, l'Inde et, à une époque plus récente par la Russie et l'URSS. Les influences ont largement débordé ou sont venues de régions limitrophes allant jusqu'au Caucase, en Afghanistan, en Perse, etc. Il serait donc très peu raisonnable de retenir comme critère de délimitation de cette région du monde des frontières actuelles.

Kemal H. Karpat, dans un discours inaugural à une conférence sur l'Asie centrale, tenue en novembre 1983, considérait celle-ci comme un système culturel, conséquence de facteurs culturels, religieux, et linguistiques. Une religion dominante, l'islam, une homogénéité culturelle renforcée par les langues, le persan et surtout le turc justifiaient ce choix. Il est loin d'être satisfaisant. Il néglige trop l'ensemble mongol et tibétain qui répond à d'autres critères, eux aussi culturels, linguistiques, religieux.

Nous avons retenu ici d'une manière arbitraire qui doit surtout à l'histoire de la découverte et aux récits des voyageurs mais également à la géographie, un ensemble de territoires cernés au sud par l'Himalaya, le Pamir, l'Hindu Kuch, à l'est par la Chine traditionnelle, au nord par la Sibérie, à l'ouest par la Volga et la Caspienne.

Sans unité politique c'est «l'empire des steppes» et des hautes terres, la moyenne et la haute Asie.

Sur la transcription phonétique

La transcription phonétique des termes utilisés en Asie centrale et au Tibet est une affaire de spécialistes dont la juste rigueur pourrait décontenancer le lecteur. Il nous est apparu indispensable de garder le plus souvent les différentes transcriptions utilisées par les auteurs des récits qui suivent. Il arrive fréquemment que le nom d'un même lieu évolue avec le temps, par exemple Ürümqi, anciennement Tihua, ou Oulan-Bator, anciennement Ourga. Les changements peuvent venir encore de l'usage du nom turc ou chinois, par exemple Kuldja ou Yining. D'autres différences ont été provoquées par l'utilisation de transcription chinoise pour des noms tibétains, mongols, etc.: par exemple, Xigazê (en transcription *pinyin*), ou Chigatsé, pour Gzhis-khirtse, en tibétain, etc. Ces difficultés de transcription se retrouvent également pour les personnes, y compris pour les voyageurs eux-mêmes. Ainsi Guillaume de Rubrouck apparaît-il sous la plume de certains comme Rubrouk, de Rubroek, Rubruquis, etc.

Dans nos choix, conscient de ne pouvoir résoudre toutes les exigences, nous avons tenté surtout de rendre possible la lecture et la compréhension du non spécialiste, y compris avec l'aide d'un index qui, à défaut d'être exhaustif, donne de nombreuses équivalences.

M. J.

Première partie

LES PRÉCURSEURS VENUS D'OCCIDENT : ENVOYÉS ET MISSIONNAIRES DU MOYEN AGE

Les premiers voyageurs venus d'Occident avaient une mission bien précise: s'informer sur les hordes qui déferlaient sur l'Europe, et que certains, comme Mathieu Paris, confondaient déjà avec l'envahisseur qui annonçait l'Antéchrist démoniaque. En février 1220, Genghis khan s'était emparé de la citadelle de Boukhara, dans le Turkestan et, dans la mosquée et du haut de son cheval, il se présenta comme l'envoyé d'Allah pour châtier les crimes de l'humanité. Il fit manger ses chevaux dans les coffres précieux qui contenaient le Coran et qu'il avait fait apporter par les docteurs de la loi. Puis, la ville fut livrée au massacre et incendiée. Les Mongols anéantissaient tout sur leur passage avec une cruauté sans limite, et rien ne semblait pouvoir arrêter leur avance: Samarkand, Ourgenz, Kiev... la Silésie, la Hongrie... Vienne en 1241.

Les rares témoins qui avaient pu échapper à la mort ou à la captivité rapportaient des récits d'épouvante, tel Roger, plus tard archevêque de Spalato (mort en 1286), qui avait fui les campements de Hongrie, se dissimulant sous des feuilles mortes dans des fossés, ou dans l'obscurité d'une grotte: «Les poils se hérissaient sur ma peau, mon corps tremblait de peur, la langue me battait le palais; tout autour de moi je voyais des assassins et des hommes attendre la mort, les yeux figés au sol, hébétés.»

Avertissements et appels de détresse ne purent mobiliser les princes de l'Occident, la discorde régnant entre eux. Frédéric II était en lutte ouverte avec le pape. Saint Louis préparait son expédition d'Égypte. Henri III d'Angleterre et les souverains d'Espagne ne répondaient pas à la mobilisation de la chrétienté menacée. D'ailleurs, les hordes s'étaient retirées dans leurs steppes et le danger semblait écarté.

Le pape Innocent IV fit convoquer le concile de Lyon en 1245 pour engager et préparer la chrétienté à faire front aux Mongols. Il convenait tout d'abord, avant d'établir les plans d'attaque, de s'informer sur les moyens, sur l'organisation et sur les tactiques de guerre des Tartares. Le concile lançait le grand mouvement religieux vers l'Asie au XIIIe et au XIVe siècle.

JEAN DU PLAN CARPIN
(1245 - 1247)

Jean du Plan Carpin fut choisi par Innocent IV pour mener la première mission d'information sur les Mongols. C'était un franciscain, né près de Pérouse vers 1182, qui avait participé à des expéditions au-delà du Rhin, et qui s'était fait remarquer dans l'organisation et le gouvernement d'une partie des couvents de la province franciscaine d'Allemagne, plus particulièrement en Saxe.

Son expérience de ses voyages en Europe centrale et du Nord, sa réputation d'ambassadeur et de négociateur furent certainement à l'origine de sa nomination par le pape comme envoyé extraordinaire auprès du khan mongol.

Frère Jean partit de Lyon le 16 avril 1245, en compagnie d'un autre franciscain, Étienne de Hongrie. A Breslau, on lui adjoint Benoît de Pologne qui lui sert d'interprète jusqu'à la frontière tartare. Après avoir traversé la Bohême, dépassé Kiev, ils atteignirent les avant-postes mongols sur le Dniepr. De là, ils furent envoyés sous escorte à Batu, petit-fils de Genghis khan, qui campait à l'embouchure de la Volga, puis jusqu'à Karakorum, où se trouvait la cour du khan. Au terme de cette longue traversée, durant laquelle Jean ne cache pas qu'ils eurent à subir de terribles souffrances, ils arrivèrent dans la vallée de l'Orkhon le 22 juillet.

Un mois après leur arrivée, Güyük était nommé successeur d'Ogoday, et recevait quelques jours plus tard en audience solennelle l'envoyé du pape. Le 13 novembre 1246, Jean repartait vers l'Occident, toujours accompagné de Benoît de Pologne. Le 9 juin 1247, ils étaient à Kiev où on les accueillait comme des ressuscités. Vers la Toussaint, ils parvenaient à Lyon où Innocent IV recevait son envoyé avec tous les honneurs dus à son exploit.

L'Histoire mongole (Historia Mongolarum) *est avant tout le rapport de Jean du Plan Carpin au pontife. Il n'est pas exempt d'erreurs ou de lacunes. Il contient des invraisemblances comme il en circulait au Moyen Age. Marco Polo n'échappera pas à la règle dans son récit. Mais le texte de Plan Carpin est la première description du monde mongol, rapporté avec détails et précisions, dans un but bien défini, qui n'était pas de distraire le lecteur, mais d'avertir l'Europe contre les dangers des hordes. Pour rendre plus crédible le contenu de son rapport, le frère Jean le compléta des événements qui avaient marqué son extraordinaire voyage.*

EN ROUTE VERS L'EMPIRE MONGOL

Partis pour le pays tartare comme nous nous y étions décidés, nous nous sommes présentés en premier lieu au roi de Bohême (Wenceslas). Comme c'était un ami personnel de longue date, nous lui avons demandé conseil. Le chemin le plus avantageux était, à son avis, de passer par la Pologne et la Russie. Le prince avait de la parenté en Pologne qui nous aiderait à gagner la Russie. Il nous remit des lettres de recommandation, nous procura des guides et les provisions nécessaires pour la traversée des terres et des villes jusqu'à notre arrivée (à Liegnitz) auprès de son neveu Boleslas (V le Chaste), duc de Silésie, qui, lui aussi, était un de nos amis.

Celui-ci nous remit à son tour des provisions et des guides sûrs, ce qui nous permit d'arriver sans encombre (à Cracovie) auprès de Conrad, duc de Liegnitz. Grâce à Dieu nous avons eu la fortune de rencontrer chez lui le duc de Russie Vassili (duc de Volhynie), lequel nous renseigna abondamment sur les Tartares. Lui-même avait envoyé précédemment des messagers en Mongolie qui lui rapportèrent pour son frère Daniel l'autorisation de se rendre à la cour de Batu. Il nous recommanda de nous munir de présents, car les Mongols ne manqueraient pas de nous en réclamer instamment. Sans cadeaux nous n'avions aucune chance de pouvoir traiter nos affaires: on nous eût considérés comme de pauvres hères.

Dans la crainte de ne pouvoir exécuter le mandat du pape et de l'Église et de manquer de provisions en cours de route, nous eûmes soin d'acheter des peaux de castors et d'autres animaux. Le duc Conrad et sa mère la duchesse de Cracovie (Gremislava), des officiers de l'armée et l'évêque de la même cité (Jean Prandota), mis au courant de nos besoins, nous en offrirent en cadeau.

Le duc Conrad, son fils (Leszeck le Noir) et l'évêque de Cracovie prièrent instamment le duc Vassili de nous aider si possible à passer en Tartarie. Ce dernier accepta de bon cœur et nous emmena avec lui dans ses terres (Wladimir) où il nous garda quelques jours à ses frais et nous permit de nous reposer. Sur notre requête il consentit à convoquer les évêques du pays à qui nous eûmes soin de communiquer les lettres dans lesquelles le pape les exhortait à rentrer dans le sein de l'Église. A notre tour nous fîmes les mêmes recommandations au duc, aux prélats et à toutes les personnes accourues à la conférence. Mais comme, lors de la visite du prince en Pologne, son frère Daniel s'était rendu auprès de Batu et n'était pas encore revenu, nous n'avons pu obtenir de leur part une réponse définitive. Il fallut attendre le retour du duc.

ARRIVÉE A KIEV ET DÉPART POUR LA TARTARIE

Le duc Vassili nous fit accompagner ensuite par l'un de ses serviteurs. Au cours du trajet nous étions constamment en péril de mort, par suite des fréquentes incursions des Lituaniens, en particulier sur les lieux de notre passage; comme la population russe avait été en grande partie exterminée par les Tartares ou emmenée en captivité, il était difficile de se défendre contre eux. Mais la présence de notre guide nous protégea du danger. Nous avons pu ainsi, avec la grâce de Dieu, échapper aux ennemis de la croix du Christ et atteindre Kiev, la capitale de la Russie.

A Kiev nous nous sommes informés au sujet de notre route auprès du millenier et d'autres personnages de rang. Ceux-ci nous avertirent que nos chevaux ne sauraient pas comme les bêtes tartares creuser l'épaisse couche de neige pour trouver l'herbe nécessaire à leur subsistance et que nous ne pourrions nous procurer d'autre nourriture; que le pays étant dépourvu de paille, de foin et de fourrage, nos bêtes périraient toutes. Nous nous sommes donc décidés à laisser celles-ci sous la garde de deux enfants et avons offert au millenier des cadeaux en échange de chevaux mongols et de guides. Avant d'atteindre Kiev, à Danilon, nous étions tombés malades à mourir et avions été obligés de nous faire traîner dans un chariot par le gros froid et la neige. Dans la métropole russe nous avons pris toutes les dispositions nécessaires dans la crainte que des imprévus nous empêchent de traiter des affaires de la chrétienté. Le second jour après la fête de la Purification (4 février 1246) nous nous sommes mis en route avec les chevaux et les guides de l'officier mongol vers les nations barbares.

Parvenus dans une ville appelée Kaniew, sur la frontière tartare, le gouverneur nous procura des chevaux et des guides pour nous rendre dans la localité voisine. Le préfet du lieu, un Alain nommé Michée, était un homme plein de fourberie et d'iniquité. Il nous avait envoyé à Kiev des hommes de sa garde qui nous prétendirent mensongèrement venir de la part de Corrensa et nous prièrent de nous rendre auprès de leur maître en notre qualité d'ambassadeurs. Michée agit ainsi par ruse dans l'intention de nous extorquer des présents; mais arrivés chez lui il nous fit les plus grandes difficultés et n'accepta de nous faire conduire à la prochaine étape que si nous lui offrions des cadeaux. Comme il était impossible de poursuivre notre voyage sans nous rendre à ses désirs, nous lui avons cédé ce que nous pensions devoir donner. Or, trouvant nos dons dérisoires, il les refusa. Nous dûmes donner davantage. Dans sa fourberie et sa malice l'homme réussit à s'emparer furtivement d'autres de nos biens.

Le lundi de la Quinquagésime (19 février 1246), le chef alain nous accompagna jusqu'au premier poste de garde mongol. Au cours d'une halte, le vendredi après les Cendres (23 février 1246), le soleil était à son couchant quand des Tartares armés se ruèrent sur nous menaçants et demandèrent qui nous étions. Lorsqu'ils apprirent que nous venions de la part du pape et reçurent de nous quelques provisions, ils s'éloignèrent.

Le lendemain matin (24 février) nous nous étions à peine mis en route quand vinrent à nous les officiers du poste de garde mongol. Ils désiraient connaître le motif de notre voyage et savoir quelles affaires nous avions à traiter. Nous répondîmes que nous étions les ambassadeurs du pape, chef et père de tous les chrétiens, lequel nous avait envoyés auprès du roi, des princes tartares et de tout leur peuple afin de leur communiquer combien il lui serait agréable de voir ses sujets se lier d'amitié et demeurer en paix avec eux. Le pape leur souhaitait en outre les faveurs de Dieu en Paradis et les exhortait en conséquence, par l'intermédiaire de ses envoyés et aussi dans ses propres lettres, à se faire chrétiens et à embrasser la foi de Notre Seigneur Jésus Christ sans laquelle nul homme ne peut sauver son âme. Notre maître (le pape) exprimait enfin son étonnement de ce que les Tartares avaient exterminé tant de monde, notamment parmi ses sujets chrétiens de Hongrie, de Moravie et de Pologne alors que ces peuples ne leur avaient fait aucun tort et n'avaient même pas tenté de leur nuire. Comme Dieu en était fort offensé, le chef de la chrétienté les priait de s'abstenir désormais de telles cruautés et de faire pénitence pour leurs crimes. Il leur demandait aussi de communiquer ce qu'ils avaient l'intention de faire à l'avenir et de répondre aux questions posées dans ses lettres.

EN ROUTE VERS LA COUR DE CORRENSA

Mis au courant de notre mission les chefs du poste consentirent à nous prêter des chevaux et à nous conduire jusqu'au campement de Corrensa, mais nous réclamèrent au préalable des cadeaux. Nous ne pouvions les leur refuser. Après remise de nos dons, ils nous cédèrent leurs propres chevaux et, en compagnie de nouveaux guides, nous reprîmes la route. Les chefs mongols eurent soin d'envoyer en avant sur un coursier rapide un messager chargé d'exposer au duc l'objet de notre mission. Corrensa avait sous son commandement tous les hommes préposés à la garde des frontières et devait protéger l'Empire contre l'invasion éventuelle des nations occidentales. Les troupes placées sous ses ordres, toutes bien armées, atteignaient d'après ce que nous avons appris le chiffre de 6 000 soldats.

Parvenus au campement de Corrensa, on nous logea dans des yourtes à une certaine distance de celle du prince. Des hommes de sa suite vinrent nous demander avec quoi nous entendions obtenir ses faveurs, c'est-à-dire quels cadeaux nous nous proposions de lui offrir. Nous répondîmes que le pape ne nous en avait point confié dans la crainte que nous ne pourrions les transmettre. C'est que nous devions passer par des régions dangereuses infestées de Lituaniens, lesquels parcouraient les pistes depuis la Pologne presque jusqu'à la Tartarie, celles précisément que nous devions emprunter. Cependant nous nous sommes déclarés prêts à honorer le prince de quelques provisions qui nous avaient été remises grâce à Dieu et au pape. Nous en avons offert une bonne quantité; mais Corrensa n'en fut point satisfait et en réclama davantage. Il promit en échange de nous faire conduire avec tous les honneurs à la prochaine étape.

Après avoir remis nos cadeaux on nous conduisit à la yourte du prince et on nous pria de fléchir trois fois le genou gauche devant l'entrée, non sans nous recommander de ne pas fouler le seuil du pied. Nous y avons veillé attentivement, car la peine de mort est infligée à quiconque enfreint délibérément la loi. Aussitôt en présence du duc et des officiers spécialement convoqués pour l'occasion, nous avons exposé à genoux l'objet de notre mission et présenté les lettres du pape. Mais l'interprète que nous avions emmené de Kiev moyennant une somme d'argent ne sut pas traduire le message et nous n'avons pas pu trouver une autre personne capable de le suppléer. On nous remit ensuite les chevaux et on nous assigna trois Tartares, à savoir deux dizeniers et un homme de la suite de Batu, qui devaient nous mener rapidement auprès de ce prince. Après le grand khan, auquel il devait l'obéissance, ce dernier était le personnage le plus puissant de l'Empire.

VERS LE CAMPEMENT DE BATU

Le lundi de la première semaine de carême (26 février 1246) nous nous sommes mis en route. Nous chevauchions tant que nos coursiers pouvaient trotter. La possibilité de les relayer tous les trois ou quatre jours nous permit d'avancer sans relâche de l'aube jusqu'à la nuit. Nous n'avons pu néanmoins atteindre le campement du duc avant le Mercredi-Saint (4 avril 1246).

Nous avons traversé ainsi tout le territoire des Comans, vaste plaine irriguée par quatre grands fleuves. En premier lieu le Dniéper qui sépare du côté de la Russie le fief de Corrensa d'avec les plaines de droite où gouverne le prince Mauci, personnage plus puissant que le précédent. Le second cours d'eau, le Don, arrose le territoire du prince Carbon qui a épousé une fille de Batu. Le troisième fleuve, la Volga, est immense, et parcourt les terres de Batu. Le quatrième appelé Jaïc (Oural) fait frontière entre les fiefs des deux milleniers dont l'un est établi sur la rive droite, l'autre sur la gauche. Les Mongols descendent tous, l'hiver, vers la mer, et l'été, remontent les rives des cours d'eau vers les montagnes. La mer en question (mer Noire) est l'immense bassin d'où débouche le bras de Saint-Georges (Bosphore) qui baigne Constantinople. Le Dniéper était gelé de sorte que nous dûmes trotter de longues journées sur la glace. Les fleuves susdits sont immenses et fort poissonneux, en particulier la Volga; ils se jettent dans la mer de Grèce dite le grand bassin (erreur géographique). Ses rives que nous avons dû suivre de longues journées (mer d'Azov) étaient en maint endroit extrêmement dangereuses, parce que prises par les glaces. Le bord du bassin gèle jusqu'à trois lieues vers l'intérieur.

Deux Tartares de notre escorte nous précédèrent à la cour de Batu afin de lui exposer ce que nous avions communiqué à Correnisa. Arrivés au campement du prince, aux confins du territoire des Comans, on nous logea à une lieue de son habitation. Au moment de nous mener à sa yourte on nous avertit que nous devions passer entre deux feux; mais nous n'en voulions rien entendre. Les Tartares insistèrent et nous dirent: «Faites-le en toute confiance, car si nous vous demandons de passer entre deux brasiers c'est uniquement dans la crainte que vous cherchiez du mal à notre maître ou que vous lui portiez du poison; dans ce cas les flammes supprimeraient le danger.» Nous répondîmes: «S'il en est ainsi nous sommes prêts à nous exécuter, de peur d'être suspects d'aussi noires intentions.»

Arrivés au campement de Batu, le procureur du prince appelé Eldegay nous demanda avec quoi nous pensions être agréables à son maître, c'est-à-dire quels dons nous lui apportions. Notre réponse fut celle faite à Correnisa, à savoir que le pape ne nous avait rien remis, mais que nous voulions offrir une part de nos provisions de voyage. Après remise de nos cadeaux, Eldegay nous questionna sur le motif de notre ambassade. Nous lui répondîmes encore comme à Correnisa.

On nous introduisit ensuite dans la yourte de Batu après les inclinations préalables et après nous avoir à nouveau recommandé de ne pas heurter le seuil du pied; puis à genoux nous avons exposé notre mission, présenté les lettres et réclamé l'aide de personnes capables de traduire le message qui nous avait été confié le jour de Pâques (6 avril 1245). Grâce aux interprètes il nous fut possible de traduire les documents dans les langues russe, persane et tartare. Le texte fut ensuite présenté à Batu qui le lut et l'annota soigneusement. On nous ramena ensuite à notre hutte sans rien nous offrir à manger; on ne nous avait servi qu'une seule fois un peu de millet dans une écuelle la nuit de notre arrivée.

Batu se comporte comme un personnage de haut rang; il est entouré de gardes et d'officiers comme le grand khan, s'assoit sur un siège élevé, sorte de trône, à côté de l'une de ses épouses, tandis que sa suite, ses frères, ses fils et les dignitaires de rang inférieur se tiennent sur un banc au-dessous de lui, au centre de la yourte. Les autres personnes de l'entourage sont assises à terre, les hommes à droite, les femmes à gauche. Les tentures de la hutte, faites de lin, sont grandes et belles; elles appartenaient au roi de Hongrie (Béla IV). Aucune personne étrangère à la famille, aussi élevée en rang et puissante soit-elle, n'a accès à l'habitation du prince, si elle n'y est invitée ou convoquée. Nous-mêmes nous prenions place à la gauche du prince comme le font tous les ambassadeurs qui se rendent chez le grand khan. Mais à notre retour de la cour impériale, nous nous sommes toujours assis à sa droite. Une table est installée dans la hutte, du côté de l'entrée, toute garnie de vases d'or et d'argent remplis de boissons. Batu, pas plus que les autres princes ne boit en public sauf quand on lui joue de la cithare ou exécute des chants. Lorsqu'il est à cheval on porte toujours au-dessus de sa tête une petite ombrelle ou une tente minuscule fixée à une hampe. C'est l'usage des grands princes tartares et de leurs épouses. Passablement aimable avec ses hommes, le duc n'en est pas moins redouté. A la guerre il est particulièrement cruel; il est aussi fort habile et roué en raison de l'expérience acquise au combat.

LE DÉPART POUR LA COUR DE KÜYÜK

Convoqués au campement le Samedi-Saint (7 avril 1246), le procureur de Batu vint à nous et nous pria de sa part de nous rendre auprès du grand khan. Le prince retint quelques hommes de notre suite dans l'intention de les renvoyer à la cour pontificale. Nous avons eu soin de leur remettre des lettres dans lesquelles nous rendions compte de nos démarches. Mais repartis auprès de Mauci, nos hommes y durent attendre notre retour.

Le jour de Pâques (8 avril 1246), après avoir récité notre office et consommé quelques provisions, nous nous sommes mis en route avec les deux guides que nous avait assignés Corrensa. Nous étions tout en larmes, car nous ne savions pas si nous allions à la mort ou à la vie. Nous étions si faibles que nous pouvions à peine nous tenir à cheval. Pendant tout le carême il avait fallu se contenter de millet trempé dans de l'eau avec un peu de sel. C'était le régime de nos jours de jeûne. En fait de boisson nous faisions fondre de la neige sur notre réchaud.

Le territoire des Comans voisine à l'aquilon, immédiatement après la Russie, avec celui des Mordvins, des Bulgares de la grande Bulgarie, des Baskirs de la grande Hongrie, puis avec le pays des Parossites et des Samoyèdes et celui du peuple à face canine qui habite le littoral désertique de l'océan (glacial arctique). Au sud habitent les Alains, les Circassiens, les Khazares. Suivent la Grèce, Constantinople, l'Ibérie (Géorgie), le pays des Kakhétiens et des Brutaches qui se donnent comme juifs et se rasent entièrement la tête. Viennent enfin les Scythes, les Géorgiens, les Arméniens et les Turcs. A l'ouest le territoire touche à la Hongrie et à la Russie. Le pays est immense et très étiré. Nous avons pu le traverser sans arrêt grâce aux montures fraîches que nous obtenions régulièrement et que nous pouvions même changer 5 à 7 fois dans la journée, sauf dans les régions désertiques; mais au sortir de celles-ci nous recevions des chevaux de meilleure qualité et plus résistants, capables de supporter un effort continu. Le trajet dura du début du carême jusqu'à huit jours après Pâques (21 février-16 avril 1246). Les Comans avaient été exterminés par les Tartares; certains avaient pu fuir; d'autres furent emmenés en captivité. Mais nombre de réfugiés revinrent dans la suite.

Nous avons pénétré ensuite dans le territoire des Kankli que la pénurie d'eau éprouve dans de nombreuses régions, de telle sorte que la population y est fort réduite. Nombre de sujets de Jaroslav (II), duc de Russie, tentèrent de joindre leur maître en Tartarie, mais ils périrent de soif sur ces routes désertiques. Là comme dans le pays des Comans nous avons vu un peu partout sur le sol des amoncellements de crânes et d'ossements humains comme des tas d'ordure. La traversée du territoire nous prit plusieurs semaines, du huitième jour après Pâques jusque vers l'Ascension (16 avril-v. 17 mai 1246). Les Kankli sont des païens qui ne travaillent pas plus que les Comans; ils vivent de la chasse, ne se construisent pas de maisons, mais s'abritent sous des tentes. Les Tartares ont massacré à peu près toute la population avant d'occuper le pays; ceux qui ont échappé au carnage sont réduits en esclavage.

LE TURKESTAN

Du territoire des Kankli nous sommes passés sous celui des Turcs. La population n'y a jamais parlé que le coman; elle est cependant de religion musulmane. Nous y avons vu un grand nombre de villes en ruines, de citadelles dévastées et d'habitations de campagne désertes. Le pays est traversé par un grand fleuve dont le nom nous est inconnu (Sir-Darya), le long duquel s'échelonnent les villes de Jankint (Yanghi-kend), de Barchin (Barkhalikend), d'Orpar (Otrar?) et bien d'autres dont nous ignorons l'appellation. Jadis un sultan gouvernait le territoire; nous n'en connaissons pas le nom (Mohammed Ala ed-Din). Les Tartares l'ont massacré avec toute sa famille. Le pays est fort montagneux. Au sud se situent Jérusalem, Bagdad et le territoire des

Sarrasins. Sur les frontières toutes proches habitent le prince Burin et son frère Kadan. A l'aquilon le pays est bordé par le territoire des Khitaï et l'océan (Glacial Arctique). C'est le fief de Syban, frère de Batu. La traversée du territoire nous prit de longs jours, de la fête de l'Ascension jusque environ huit jours avant la saint Jean-Baptiste (17 mai - v. 16 juin 1246).

Nous sommes entrés ensuite dans le pays des Khitaï noirs où les Tartares n'ont reconstruit qu'une seule ville dénommée Divult (Omyl sur l'Ili?). Le grand khan y a fait élever un palais dans lequel on nous invita et nous offrit à boire. Le représentant du prince convoqua à cette occasion les personnalités de la cité ainsi que ses deux fils qu'il fit danser devant nous.

Après avoir quitté Divult nous avons atteint une mer intérieure dont nous n'avons pas demandé le nom (plaine inondée de la Dzoungarie). Sur le littoral s'élève une petite montagne percée d'un orifice d'où, dit-on, le vent souffle par rafales si violentes que l'on ne peut y passer sans courir de grands risques. L'été on y entend le même mugissement, mais plus faible, disent les habitants. Nous avons longé le littoral pendant plusieurs jours. La mer est toute parsemée d'îlots. Nous l'avons laissée à notre droite. Le territoire abonde de cours d'eau de peu d'étendue, dont les rives sont boisées des deux côtés, mais les forêts ne s'étendent pas en profondeur. C'est le fief d'Ordu, frère aîné de Batu et le plus âgé des ducs. L'orda ou cour princière était autrefois celle du père d'Ordu (Djötchi). L'une de ses femmes y réside et en assume la direction. C'est une coutume chez les Mongols de ne pas détruire le campement d'un prince ou d'un haut personnage, mais d'y établir l'une des veuves du défunt en qualité de régente; celle-ci continue de toucher une somme d'argent comme du vivant de l'époux.

Nous atteignîmes ensuite le premier campement impérial où résidait l'une des épouses. Comme nous n'avions pas encore vu le prince, on ne nous fit pas entrer mais on nous servit le nécessaire fort aimablement dans notre yourte, selon la coutume mongole. Nous y fûmes retenus une journée, ce qui nous permit de nous reposer.

Repartis la veille de la Saint-Pierre (28 juin 1246), nous sommes entrés dans le pays des Naïman, peuplade païenne. Le lendemain, fête des saints Pierre et Paul, la neige tomba abondamment et il fit très froid. Le territoire est extrêmement montagneux (l'Altaï). Les plaines y sont rares. La traversée du pays nous prit de longues journées. Les tribus de ces deux derniers territoires ne travaillent pas; elles habitent des yourtes comme les Tartares. Là aussi le vainqueur a semé la dévastation et la mort.

ARRIVÉE A LA COUR IMPÉRIALE

Du territoire des Naïman nous sommes passés dans le pays des Mongols que l'on appelle Tartares. Puis, après avoir trotté sans relâche pendant trois semaines, le jour de sainte Marie-Madeleine (22 juillet 1246) nous sommes parvenus à la cour du grand khan actuel, Küyük. Nous nous étions hâtés de franchir les distances parce que notre escorte avait eu l'ordre de nous mener au plus vite au campement impérial où l'élection était annoncée depuis plusieurs années. Ainsi nous nous levions de bon matin et chevauchions jusqu'à la nuit sans prendre de nourriture. Souvent même nous arrivions à l'étape tard dans la nuit de sorte que nous nous passions de manger le soir et réservions les provisions du dîner pour le lendemain matin. Nous trottions tant que nous le pouvions sans laisser de répit à nos chevaux; c'est que nous obtenions souvent des montures fraîches et pouvions laisser sur place les bêtes épuisées, comme nous l'avons dit. Ainsi il fut possible d'avancer rapidement et sans arrêt.

Dès notre arrivée Küyük nous fit attribuer une yourte et remettre les provisions que les Tartares ont coutume de distribuer. Il nous traita bien mieux que les autres ambassadeurs. Nous n'avons cependant pas été convoqués auprès de lui, parce qu'il n'avait pas encore été élu et n'avait donc pas assumé le gouvernement de l'Empire. Les traductions des lettres du pape et l'exposé que nous avions fait précédemment de notre mission lui avaient été transmis par Batu.

Au bout de cinq ou six jours le prince nous envoya auprès de sa mère (Tourakina, veuve d'Ogödèi), chez qui se trouvaient réunies les personnalités de la cour impériale. A notre arrivée une immense tente avait été dressée, toute de toile blanche et si spacieuse qu'elle pouvait abriter plus de 2000 personnes. Tout autour était installée comme une enceinte de planches entièrement recouvertes de dessins variés. Le second ou troisième jour nous nous sommes joints aux Tartares préposés à notre garde. Les ducs arrivèrent à leur tour; chacun d'eux chevauchait avec sa suite dans les collines et les plaines des alentours.

Le premier jour tous s'habillèrent de blanc, le second jour de vêtements rouges. Küyük vint alors dans la tente. Le lendemain la population s'habilla de bleu et le quatrième jour de riches étoffes de baldakin. Dans l'enceinte de planches autour de la tente on avait pratiqué deux portes; l'une était réservée exclusivement au passage du grand khan; bien que laissée ouverte, personne n'en gardait l'entrée, car nul n'avait le droit de passer par là. Par l'autre issue entraient tous ceux qui avaient accès à la tente; deux sentinelles y veillaient, armées de flèches, d'arcs et de glaives. Ceux qui approchaient au delà des limites fixées encouraient la bastonnade, mais s'ils réussissaient à fuir, ils devenaient la cible des archers; les traits cependant n'étaient point garnis de fer. Les chevaux avaient été rassemblés à deux portées de flèches, autant que nous pouvions nous en rendre compte. Partout les ducs circulaient armés avec une nombreuse suite. Mais aucun d'entre eux, sauf les groupes de dix personnes, n'avait le droit d'aller à l'emplacement des chevaux sous peine de châtiments sévères. Nombre de personnages de rang possédaient des brides, des cuirasses, des selles et des croupières que nous estimons d'une valeur de vingt marks d'or. Les ducs conversaient sous la tente; sans doute traitaient-ils de l'élection. Le peuple se tenait assez loin de l'enceinte.

Les ducs restaient ainsi en colloque jusqu'à midi, puis se mettaient à boire du lait de jument jusqu'au soir en quantité étonnante. On nous invita nous aussi sous la tente et on nous servit de la cervoise, car nous n'avions pas de lait de jument. C'était nous faire grand honneur. On nous donna de telles rations que, faute d'habitude, nous ne parvenions pas à les absorber, si bien que nous avons fini par dire que cela nous faisait du mal; les Tartares dès lors n'insistèrent plus.

Au dehors stationnait Jaroslav (II, Vsévolodovitch), duc de Susdal en Russie et plusieurs princes khitaï et solanges, deux fils du roi de Géorgie (Georges IV Lacha), un représentant du calife de Bagdad et plus de dix autres sultans sarrasins, nous semble-t-il, ce que nous ont confirmé les procureurs. Au total il y eut plus de 4 000 envoyés venus porter le tribut et les cadeaux, y compris les sultans et les chefs étrangers venus faire leur soumission, ainsi que les délégués des tribus tartares et les gouverneurs des territoires. Tous restaient hors de l'enceinte de bois. On leur servait à boire à tous à la fois. Nous-mêmes et le duc Jaroslav avions toujours la meilleure place lorsque nous étions avec tout ce monde. Nous sommes restés là, si nous avons bonne mémoire, pendant bien quatre semaines.

L'élection du grand khan dut être faite à cette occasion. Mais elle n'a pas été proclamée publiquement. Nous le déduisons du fait que lorsque Küyük sortait de la tente, on exécutait des chants en son honneur et l'on inclinait devant lui des baguettes joliment ornées à la pointe de laine de couleur écarlate, chose qui ne se pratiquait pour aucun autre duc, et cela tant que le prince demeurait à l'extérieur. Le campement impérial était désigné sous le nom de Sira Ordo.

Nous nous sommes ensuite rendus à cheval avec toute la population à trois ou quatre lieues de là dans une vallée pittoresque, au bord d'un cours d'eau qui s'est frayé un passage dans les montagnes (Orkhon?). Une autre tente y avait été dressée que l'on appelait Ordo d'or. Là le prince devait être intronisé le jour de l'Assomption (15 août 1246). Mais l'abondante chute de grêle dont nous avons parlé précédemment fit remettre la cérémonie à plus tard. La tente en question était posée sur des colonnes toutes recouvertes de feuilles d'or attachées avec des clous de même métal et des lamelles de bois. A l'intérieur le plafond et les parois de la tente étaient doublés de baldakin, tandis que l'extérieur était recouvert de toile. Nous sommes restés là jusqu'à la Saint-Barthélemy (24 août 1246), qui fut le jour de la grande affluence. L'assistance se tenait le visage tourné vers le midi. Par groupes, distants l'un de l'autre d'un jet de pierre, la foule s'éloignait de plus en plus en récitant des prières et en fléchissant le genou vers le midi. Ne sachant si c'étaient des incantations, ni si ces génuflexions s'adressaient à Dieu ou à quelque être créé, nous n'avons pas osé nous agenouiller avec les Tartares. Après avoir continué ainsi quelque temps, le peuple revint à la tente. On installa Küyük sur le trône impérial et les ducs fléchirent le genou devant lui, puis toute l'assistance les imita, sauf nous-mêmes qui n'étions pas les sujets du prince. Puis l'on se mit à boire, selon la coutume mongole, sans arrêt, jusqu'au soir. On apporta ensuite sur des chariots de la viande cuite, sans sel, que l'on distribua par morceaux entre quatre et cinq personnes. A l'extérieur de la tente on donna de la viande avec du bouillon en guise de sauce. Les mêmes cérémonies furent renouvelées tous les jours de banquet.

C'est dans la tente impériale que l'on nous convoqua auprès du grand khan. Comme Chingay, le chancelier de l'Empire, avait inscrit nos noms, ceux des personnes qui nous avaient envoyés en Tartarie de même que ceux du duc des Solanges et d'autres personnalités, on commença par donner lecture de la liste à haute voix en présence du prince et des chefs. Chacun de nous dut ensuite fléchir quatre fois le genou gauche; puis après nous avoir recommandé de ne pas fouler du pied le seuil de la tente et nous avoir fouillé soigneusement de peur que nous fussions armés de coutelas, on nous introduisit dans l'habitation du côté est, car personne, hormis le grand khan ou l'un des ducs, s'il s'agit de sa propre yourte, n'a le droit de pénétrer du côté ouest. Toutefois les petites gens ne se préoccupent guère de ce protocole. C'était la première fois que nous paraissions en présence du prince dans la yourte impériale après son accession au trône. Küyük reçut ainsi tous les envoyés, mais peu d'entre eux furent admis dans sa tente.

Les envoyés offrirent une telle abondance de cadeaux: soie, samit, pourpre, baldakin, ceintures de soie brodées d'or, fourrures de qualité et autres dons que c'était merveille de les voir. On offrit aussi une petite ombrelle ou sorte de tente réduite que l'on porte au-dessus de la tête du grand khan, ornement tout serti de pierres précieuses. Un gouverneur de province amena des chameaux couverts de baldakin et munis d'une selle et d'accessoires qui permettaient de s'y asseoir commodément. Outre les chameaux au nombre de 40 ou 50, l'homme offrit une quantité de chevaux et de mûles bardés de cuir ou de fer. On nous demanda si nous voulions nous aussi offrir des présents, mais nous avions tout donné; il ne nous restait donc plus rien. Loin du campement, sur la montagne on voyait stationner plus de 500 chariots chargés d'or, d'argent et de vêtements de soie; le trésor fut réparti entre le grand khan et les ducs. Ces derniers partagèrent leur part avec leurs hommes comme bon leur semblait.

Nous avons ensuite quitté ces lieux pour nous rendre là où l'on avait dressé une tente merveilleuse faite entièrement de pourpre écarlate et offerte par les Khitaï. On nous y introduisit de même et chaque fois nous y servit de la cervoise ou du vin, même de la viande cuite à volonté. Une estrade élevée y avait été construite en bois, sur laquelle était posé le trône impérial fait d'ivoire artistiquement sculpté et serti d'or, de pierres précieuses et, si nous avons bon souvenir, de perles. On y accédait par des marches. La partie arrière de l'estrade était ronde. Tout autour se trouvaient disposés des bancs. Les femmes étaient assises sur des tabourets à gauche. Les bancs de droite restaient libres tandis que ceux de gauche étaient occupés par les ducs. Les autres invités se tenaient en arrière. Tous les jours y affluaient une multitude de femmes.

Les trois tentes dont nous avons parlé étaient fort spacieuses. Les épouses du khan possédaient chacune leur propre yourte faite de feutre blanc, assez vaste et jolie. On les attribua à cette occasion. Küyük et sa mère (Tourakina) se retirèrent chacun de son côté et rendirent la justice. On avait alors capturé l'amie de Küyük accusée d'avoir empoisonné le père de celui-ci (Ogödèi), à l'époque où l'armée était en campagne en Hongrie. L'assassinat avait provoqué le retour des troupes en Tartarie. L'inculpée passa en jugement avec plusieurs autres personnes. Toutes furent mises à mort.

A la même époque mourut Jaroslav, grand duc de Susdal en Russie. La mère du grand khan (Tourakina) l'invita auprès d'elle, lui offrit à manger et à boire, ce que l'hôte accepta comme un honneur. Mais rentré chez lui, il se trouva mal subitement, et mourut au bout de sept jours. Détail étrange, tout son corps prit une teinte verdâtre. On en déduisit communément qu'il avait été empoisonné, parce que les Tartares désiraient s'emparer entièrement de ses terres. On le crut d'autant plus volontiers qu'aussitôt après le décès, à l'insu des personnes de la suite du duc qui séjournaient en Mongolie, le grand khan dépêcha un messager en Russie afin de faire venir Alexandre (Jaroslavitch Nevsky), le fils du défunt, à la cour impériale, pour le mettre en possession du duché de son père. L'intéressé accepta l'invitation mais resta chez lui. Küyük renouvela sa requête ultérieurement par lettre avec l'intention de lui remettre les terres en question. Mais on pensait généralement que s'il s'était rendu à la cour mongole, on l'aurait assassiné à son tour ou retenu en captivité sans espoir de retour.

Après le décès de Jaroslav, si nous nous souvenons bien des circonstances, nos guides tartares nous menèrent auprès du grand khan. Mais, apprenant des hommes de notre escorte que nous désirions le voir, Küyük nous pria de retourner auprès de sa mère. C'est que le lendemain il voulait lever la bannière contre les nations de l'Occident, comme nous l'ont certifié des personnes bien au courant des faits et le prince ne voulait pas que nous le sachions.

Retournés auprès de la mère de Küyük, nous y sommes restés quelques jours, puis nous sommes revenus au campement impérial où nous avons résidé ensuite un bon mois. Nous y avons souffert de la faim et de la soif au point qu'il était tout juste possible de survivre. Les provisions que nous obtenions pour quatre suffisaient à peine pour une seule personne et nous ne trouvions rien à acheter, car le marché était fort éloigné. Nous aurions succombé très certainement si Dieu n'avait suscité la charité d'un Russe nommé Côme, orfèvre de profession, qui bénéficiait des faveurs du grand khan. L'homme pourvut en quelque manière à notre subsistance.

. Côme nous fit voir le trône impérial qu'il avait fabriqué de ses mains avant l'intronisation de Küyük, de même que le sceau du prince qui était également son œuvre; il nous en lut l'inscription. Beaucoup d'autres secrets nous ont été révélés par des personnes de la suite des autres ducs, par des Russes et des Hongrois qui parlaient latin et français, par des prêtres russes et d'autres étrangers qui vivaient parmi les Tartares. Certains de ceux-ci avaient guerroyé avec eux pendant trente ans et partagé leur existence; ils étaient donc parfaitement au courant de l'histoire mongole, connaissaient la langue du pays et vivaient en contact permanent avec le peuple tartare. D'autres y résidaient depuis vingt ou dix ans, ou plus ou moins longtemps; auprès d'eux nous pouvions nous informer de tout. On nous renseignait spontanément sans que nous ayons besoin d'interroger. Sachant ce que nous désirions connaître, nos témoins nous rapportaient tout ce qu'ils savaient.

AUDIENCE AUPRÈS DU CHANCELIER DE L'EMPIRE

Le grand khan nous envoya dans la suite son premier secrétaire Chingay qui nous pria de lui consigner par écrit l'objet de notre mission, ce que nous avons fait aussitôt. Nous avons noté ce que nous avions exposé à Batu, comme nous l'avons dit précédemment.

Au bout de quelques jours, Küyük nous convoqua de nouveau par l'intermédiaire de Kadac, procureur de l'Empire et nous pria d'exposer notre requête en présence des premiers secrétaires Bala et Chingay et nombre de scribes. Nous nous sommes exécutés bien volontiers. A cette occasion, comme auparavant, Temer, soldat de la suite de Jaroslav, nous servit d'interprète. Un clerc de l'entourage du duc de Russie et un autre de la suite du grand khan assistèrent à la conférence. On nous demanda à cette occasion si des personnes de l'entourage du pape comprenaient le russe, le sarrasin ou le tartare. Nous répondîmes que l'on ne connaissait aucune de ces langues dans notre pays, mais que l'on pouvait trouver des Sarrasins en Occident, assez loin toutefois de la cour pontificale. Nous les avons priés en conséquence de rédiger leur réponse en tartare et nous nous sommes offerts de la traduire par écrit dans notre idiome; ainsi nous pourrions remettre au pape l'original et notre version. Le procureur, les secrétaires et les scribes nous quittèrent alors et s'en retournèrent auprès du grand khan.

Le jour de la Saint-Martin (11 novembre 1246) on nous convoqua de nouveau. Kadac, Chingay et Bala nous donnèrent lecture du message de Küyük et nous l'expliquèrent mot par mot. Nous le traduisîmes au fur et à mesure en latin. Les scribes se firent ensuite expliquer notre version phrase par phrase afin de voir si nous ne nous étions pas trompés dans quelque expression. Lorsque les deux textes furent écrits les scribes nous les firent lire encore deux fois de peur que nous ayons oublié quelque passage, et nous recommandèrent: «Ayez bien soin de tout saisir, car il serait regrettable de n'avoir pas tout compris alors que vous devez retourner dans un pays si lointain.» Nous répondîmes: «Nous avons bien tout compris.» Les scribes traduisirent encore le texte dans la langue des Sarrasins (persan), de façon que le destinataire pût trouver dans son pays un interprète capable de lire aussi cette (troisième) version.

Conformément à la coutume tartare, le grand khan ne s'adresse jamais à un étranger, même de haut rang, que par l'intermédiaire d'un tiers. Les requêtes au prince et ses réponses sont toujours transmises par une autre personne. Lorsqu'une affaire est traitée en présence du chancelier Kadac ou lorsqu'une réponse de l'empereur est communiquée, toutes les personnes qui lui sont inférieures restent à genoux jusqu'au dernier mot, même les hauts personnages. Nul n'a le droit — ce n'est d'ailleurs pas l'habitude en pays mongol — de discuter une question qui a été réglée par l'empereur.

Outre le procureur, les secrétaires et les scribes, le grand khan dispose d'officiers pour toutes les affaires à traiter, soit publiques, soit privées. Mais il n'y a pas d'avocat. Les causes sont réglées selon le bon plaisir du prince sans palabres judiciaires. Les autres chefs mongols règlent de la même façon les affaires de leur ressort.

Le grand khan actuellement régnant doit avoir 40 ou 45 ans; il est de taille médiocre. C'est un homme fort prudent, avisé, sérieux, de mœurs austères. On ne le voit jamais rire pour des riens, ni se permettre quelque fantaisie. C'est ce que nous affirment les chrétiens qui vivent dans son entourage. Bien plus, les même témoins qui font partie de la famille du prince, pensent sérieusement qu'il passera au christianisme. Ils le déduisent du fait que leur maître garde auprès de lui des prêtres chrétiens (nestoriens) et leur remet les subsides offerts par les coreligionnaires. A l'entrée de la tente principale, le khan tient une chapelle où l'on chante en public et où l'on sonne les cloches aux heures de prières, selon l'usage des Grecs et d'autres chrétiens, quelle que soit la multitude des Tartares ou même des étrangers présents. Les autres chefs mongols n'agissent pas ainsi.

D'après ce que nous dirent les hommes de notre escorte le grand khan se proposait d'envoyer avec nous une ambassade mongole. On attendait sans doute que nous en fassions nous-mêmes la demande au prince. En fait, le plus âgé de nos guides tartares nous recommanda d'en exprimer la requête. Mais il ne nous apparaissait pas avantageux d'être accompagnés par des délégués de l'empereur. Nous répondîmes en conséquence qu'il ne nous appartenait pas de le proposer, mais que si le khan en décidait lui-même, nous serions tout disposés à mener à destination ses représentants et en toute sécurité, avec la grâce de Dieu.

L'envoi d'une ambassade nous paraissait inopportun pour diverses raisons: 1° Nous craignions que le spectacle de nos dissensions et de nos guerres encourageât davantage encore les Tartares à attaquer les peuples de l'Occident. 2° Nous redoutions que les envoyés de Küyük vinssent dans nos pays plutôt pour des motifs d'espionnage. 3° Nous tremblions à la pensée que les délégués se fissent assassiner par les gens de nos territoires qui sont généralement arrogants et superbes. Ainsi, quand sur la demande du cardinal (Pierre Capoccio), légat en Allemagne, nos serviteurs se rendirent auprès de lui en costume tartare, ils faillirent se faire lapider par les Teutons, en pleine rue; et force leur fut de déposer leurs vêtements. Or c'est une coutume tartare que de ne jamais conclure la paix avec ceux qui ont tué leurs ambassadeurs, tant qu'ils n'ont pas usé de représailles. 4° Nous redoutions un rapt comme cela s'est passé avec un prince sarrasin qui reste toujours en captivité, s'il n'est pas décédé. 5° Une ambassade mongole n'eût été d'aucune utilité du moment que les intéressés n'auraient eu d'autre mandat ou pouvoir que celui de transmettre au pape et aux princes les lettres qui nous avaient été confiées à nous-mêmes. Nous risquions de n'avoir que des ennuis, aussi le projet ne nous plaisait point.

Trois jours plus tard, plus précisément le jour de la Saint-Brice (13 novembre 1246), on nous accorda l'autorisation de partir. Après nous avoir remis la lettre du grand khan dûment cachetée on nous envoya auprès de la mère de Küyük. La princesse offrit à chacun de nous une fourrure de renard avec les poils à l'extérieur et doublée de ouate à l'intérieur, ainsi qu'une pièce de pourpre. Nos guides tartares nous dérobèrent une partie de nos cadeaux et s'emparèrent encore de la moitié de ceux offerts à notre serviteur. Nous nous en étions bien aperçus, mais nous ne voulions pas faire d'histoires.

RETOUR A KIEV

Nous avons ensuite repris le chemin du retour, marché tout l'hiver et couché souvent dans le désert, en pleine neige. Nous pouvions parfois dégager un coin de terre à l'aide du pied, en terrain plat, là où il n'y avait point d'arbres. Mais souvent la neige nous recouvrait entièrement pendant le sommeil. Le vent la repoussait sur nous. Le jour de l'Ascension (9 mai 1247) nous étions de retour chez Batu. Nous l'avons prié de répondre lui aussi au pape, mais le prince ne voulait rien ajouter à ce qu'avait écrit le grand khan. Il nous recommanda en revanche de communiquer au pontife et aux princes de nos pays tout ce que l'empereur avait soigneusement noté par écrit. Batu nous remit des sauf-conduits et nous prîmes congé de lui.

Le samedi dans l'octave de la Pentecôte (25 mai 1247) nous étions chez Mauci chez qui nous avons retrouvé nos compagnons de route et nos serviteurs retenus à sa cour; nous avons eu soin de les reprendre avec nous.

Parvenus à la cour de Corrensa, le prince nous réclama de nouveau des cadeaux, mais nous n'avions plus rien. Il nous assigna ensuite deux guides comans, sujets des Tartares, qui devaient nous accompagner jusqu'à Kiev en Russie. Néanmoins notre guide mongol ne devait pas nous quitter avant le passage du dernier poste de garde.

Notre escorte de Comans nous mena en six jours du poste-frontière jusqu'à Kiev, ville que nous avons pu atteindre quinze jours avant la Saint-Jean-Baptiste (9 juin 1247). Quand les habitants de la métropole apprirent notre retour, ils accoururent tout heureux et nous firent fête comme si nous étions ressuscités des morts. On nous accueillit ainsi dans toute la Pologne, la Bohême et la Russie.

Le duc Daniel (Romanovitch, duc de Galicie) et son frère Vassili (duc de Volhynie) organisèrent en notre honneur une grande fête et nous retinrent chez eux bien huit jours malgré nous. Entre-temps les deux princes avaient tenu conseil avec les évêques et d'autres personnalités au sujet de ce que nous leur avions communiqué au moment de nous rendre en pays mongol. Tous d'un commun accord se déclarèrent prêts à accepter le souverain pontife comme leur maître et leur père et à reconnaître la sainte Église romaine comme leur souveraine. On nous confirma de plus ce qui nous avait été dit antérieurement par un envoyé du Saint-Siège (Grégoire de *Monte S. Danielis*, abbé). Des lettres nous furent remises sur toute l'affaire et on nous procura un supplément d'information par des représentants de l'Église slave.

Dans la crainte que l'on mette en doute notre expédition en Tartarie nous notons ici les noms de nos témoins.

Daniel (Romanovitch, duc de Galicie), roi de Russie, son armée et sa suite nous ont rencontrés au campement de Carbon, le prince qui a épousé une sœur de Batu. Chez Corrensa nous avons fait connaissance avec Mongrot, centurion de Kiev, et ses hommes, lesquels nous servirent de guide un bon bout de chemin et nous suivirent ensuite chez Batu. Au campement de ce dernier nous avons vu le fils du duc Jaroslav (II) (Alexandre Jaroslavitch Nevsky), qui était accompagné d'un soldat russe appelé Sangor, un homme de souche comane passé au christianisme comme le Russe du territoire de Susdal qui nous servit d'interprète chez Batu. A la cour du grand khan nous avons rencontré le duc Jaroslav, décédé dans la suite, et son lieutenant Temer, notre interprète auprès de Küyük, qui traduisit les lettres du prince adressées au pape et nous aida dans nos discussions. A la cour impériale séjournaient encore Dubaslav, prêtre de la suite du duc, Jacques Michel, et une autre personne du nom de Jacques, ses serviteurs.

A notre retour dans le territoire des Turcs (Turkestan) dans la ville de Lemfinc (Jankint? Lemlinc? Almalyq?), nous avons rencontré Coligneus qui se rendit auprès de Jaroslav sur l'ordre de l'épouse du duc et aussi de Batu, ainsi que Cocteban et sa suite. Ces personnes rentrèrent ensuite en Russie dans la province de Susdal. On pourra au besoin contrôler auprès d'eux ce que nous avons rapporté.

Chez Mauci, le duc Jaroslav et sa suite, de même qu'un autre duc de Russie appelé Sancopoltus et son escorte, retrouvèrent nos compagnons de route que l'on avait retenus à son campement. A notre sortie du pays des Comans nous avons rencontré un duc roumain qui se rendait en Tartarie avec une escorte, ainsi que le duc Olaha qui en revenait avec ses hommes. Un représentant du duc de Tchernigov quitta avec nous le pays des Comans et nous accompagna un bon bout de chemin à travers la Russie. Ces princes sont tous russes.

La ville de Kiev pourrait tout entière nous servir de témoin; ses habitants nous procurèrent des guides et des chevaux jusqu'au premier poste de garde des Tartares, et, à notre retour, nous accueillirent avec les hommes de notre escorte et nos chevaux mongols; ceux-ci rebroussèrent ensuite chemin vers leur pays. On pourrait interroger de même la population des territoires russes que nous avons traversés et qui reçut de Batu des lettres cachetées avec l'ordre de nous procurer des montures et des provisions, sous peine de mort.

Au nombre de nos témoins figurent encore les marchands de Breslau qui nous ont accompagnés jusqu'à Kiev et qui savaient que nous nous rendions chez les Tartares, ainsi que nombre d'autres commerçants de Pologne et d'Autriche venus dans la métropole russe après notre retour de Mongolie. Restent les marchands de Constantinople qui joignirent la Russie par la Tartarie et qui se trouvaient à Kiev au retour de notre expédition. Voici les noms des plus influents d'entre eux: Michel et Barthélemy de Gênes, Emmanuel de Venise, Jacques Veniero d'Acre et Nicolas de Pise; parmi les moins connus figurent Marc, Henri, Jean, Vaise et Henri Bonadies, Pierre Paschami. Restent beaucoup d'autres personnes dont nous ignorons les noms.

AVIS AU LECTEUR

Nous recommandons à nos lecteurs de ne rien retrancher à notre relation et de n'y rien ajouter. Tout ce que nous avons vu ou appris de la part de personnes que nous estimions dignes de foi, Dieu en est témoin, nous l'avons noté sans rien de plus, après nous être assurés de l'exactitude de nos informations. Comme les gens des territoires que nous avons traversés, la Pologne, la Bohême, l'Allemagne, le pays de Liège et la Champagne désiraient posséder notre récit, ils en prirent copie avant qu'il ne fût achevé et même définitivement rédigé. Nous n'avions pas eu jusqu'alors le temps nécessaire de mettre notre texte au point. Que l'on ne s'étonne donc pas de trouver la relation présente plus complète et plus correcte que les copies (ébauches) précédentes, car nous avons eu dans la suite les loisirs nécessaires pour corriger, retravailler et aussi pour achever ce qui était resté en souffrance.

ICI SE TERMINE
L'HISTOIRE DES MONGOLS
QUE L'ON APPELLE
TARTARES

Jean du Plan Carpin, *Histoire des Mongols. Enquête d'un envoyé d'Innocent IV dans l'Empire tartare (1245-1247)*, traduit par le P. Clément Schmitt, Paris, éd. franciscaines, 1961.

GUILLAUME DE RUBROUCK
(1253-1255)

Cinq ans après le retour de Jean du Plan Carpin, en 1253, Saint Louis envoie le franciscain Guillaume de Rubrouck chez les Mongols, en Russie méridionale. Comme celle de ses prédécesseurs sa mission est périlleuse et délicate. Délicate car l'ambassade d'André de Longjumeau, qui a suivi celle de Jean du Plan Carpin, a été un échec. Dangereuse car les Mongols avaient toujours la réputation d'être des démons.

Le voyage sera plus long que prévu. De Russie méridionale, Guillaume est envoyé à Karakorum, capitale des khans mongols. En deux ans, avec quelques compagnons, il parcourt seize mille kilomètres, à pied mais surtout à cheval, à travers des régions inhospitalières et dans des conditions difficiles.

Le récit de ce voyage est un véritable livre d'aventures. Comme le dit Henry Yule dans son ouvrage, The Book of Ser Marco Polo *: « Il en est peu qui lui soient supérieurs dans l'histoire des voyages. » Vivant, précis, complet, le texte de Guillaume de Rubrouck est une source essentielle pour l'histoire mongole, mais c'est aussi le récit d'un voyageur doué d'une grande capacité d'observation sachant traduire et transmettre ses émotions*[1].

MŒURS DES TARTARES

Trois jours après avoir quitté Soldaia, nous rencontrâmes les Tartares. Lorsque j'entrai parmi eux, il me sembla véritablement que j'entrais en un autre monde ! Je vais vous décrire de mon mieux leur mode de vie et leurs mœurs.

Ils n'ont pas de *résidence fixe et ne savent jamais où ils seront* le lendemain[2]. Ils se sont partagé la Scythie qui s'étend du Danube jusqu'au Levant[3], chaque capitaine, selon qu'il a plus ou moins d'hommes sous ses ordres, connaît les limites de ses pâturages, il sait où il doit faire paître en hiver et en été, au printemps et en automne. En hiver ils descendent vers des régions plus chaudes, au sud; en été ils remontent vers des régions plus fraîches, au nord. En hiver, quand il y a de la neige, ils ont des pâturages sans eau, parce que la neige leur en tient lieu.

La maison où ils dorment[4], ils l'édifient sur une base circulaire de baguettes tressées; la charpente de la maison est faite de baguettes qui

1. La belle traduction et les commentaires nombreux et précis de Claude-Claire et René Kappler contribuent largement au plaisir de cette découverte. Voir les références à la fin de l'extrait présenté ci-après (dont nous n'avons pas reproduit l'intégralité des notes). (M.J.)

2. Rappel et transposition de l'Épître aux Hébreux, XIII, 14: *Non habemus hic manentem civitatem, sed futuram inquirimus.*

3. Rubrouck donne à la Scythie la plus grande extension géographique d'ouest en est. Le Levant (*ortus solis*) n'est pas un Orient indéterminé, mais l'océan Sérique, où le soleil se lève. Il s'agit donc de toute l'Asie.

4. La tente ronde en feutre, commune aux Turcs, aux Mongols et à bien d'autres peuples de la steppe, a été décrite, depuis Hérodote, presque dans les mêmes termes par beaucoup d'auteurs. Plan Carpin en donne une description analogue, beaucoup moins détaillée (II, 6).

convergent au sommet en un orifice circulaire d'où sort un conduit analogue à une cheminée; ils la couvrent de feutre blanc qu'ils enduisent assez fréquemment de chaux ou de terre blanche et de poudre d'os afin d'aviver l'éclat de sa blancheur. Parfois aussi, ils usent de feutre noir.

Le feutre qui entoure l'orifice supérieur est décoré de dessins d'une belle variété. Devant la porte ils suspendent de même une pièce de feutre ouvré, historié avec art. Ils cousent, feutre sur feutre, des motifs colorés qui représentent vignes, arbres, oiseaux et bêtes. Ces maisons, ils les font si vastes qu'elles atteignent parfois trente pieds de large. Moi-même, une fois, j'en ai mesuré une: entre les ornières laissées par son chariot il y avait vingt pieds et la maison posée sur le chariot dépassait bien de cinq pieds de chaque côté. J'ai compté, attelés à un même chariot, jusqu'à vingt-deux bœufs qui tiraient une maison : onze de front et onze autres devant eux. L'essieu du chariot était grand comme un mât de navire, et un seul homme était debout sur le chariot, devant le seuil de la maison, pour mener ces bœufs[1].

En outre, ils fabriquent avec de fines baguettes tressées des caisses quadrangulaires qui ont la taille d'un grand coffre, entièrement recouvert d'un couvercle bombé de même facture. Ils y pratiquent une petite ouverture à l'extrémité antérieure. Puis ils couvrent ce coffre — ou maisonnette — de feutre noir enduit de suif ou de lait de brebis pour le protéger de la pluie et l'ornent comme leurs maisons d'un décor par application ou de broderies multicolores. Dans ces coffres ils mettent tous leurs ustensiles et leur trésor. Ils les lient solidement sur des chariots élevés que tirent des chameaux et qui sont conçus pour passer les gués. Ils ne les descendent jamais des chariots. Lorsqu'ils arrêtent leurs maisons d'habitation, ils en orientent toujours la porte vers le sud, et, ensuite, ils placent les chariots à coffres de part et d'autre de la maison à un demi-jet de pierre; de telle sorte que la maison se trouve entre deux rangs de chariots comme entre deux murs.

Les femmes se font faire de très beaux chariots que je ne pourrais vous décrire qu'avec une peinture; bien plus, je voudrais vous les peindre tous, si je savais peindre! Parmi les riches, un Moal ou Tartare a bien cent ou deux cents de ces chariots à coffres. Batou a vingt-six épouses; chacune d'elles a une grande maison et, derrière celle-ci, quelques petites qui sont comme des chambres, où habitent les servantes. Et à chacune de ces maisons s'adjoignent bien deux cents chariots[2]. Quand ils déposent leurs maisons, la première épouse installe

1. Le transport des tentes laissées à demeure sur des chariots a été pratiqué à diverses époques par les peuples de la steppe.

2. Au début du siècle suivant, le voyageur arabe Ibn Battuta dénombre près de 400 chariots et 2 000 chevaux dans le cortège de la troisième épouse du Khan des qipčaq, Uzbek Khan, successeur de Batou. Et encore, il ne s'agit que d'une brève visite que celle-ci rend à son père, l'empereur de Byzance, et d'une partie de son train complet d'esclaves, de chariots et de bagages.

sa cour[1] à l'extrémité occidentale, et après elle chacune prend place selon son rang, si bien que la dernière épouse sera à l'extrémité orientale; l'espace entre la cour d'une épouse et celle de la suivante sera d'un jet de pierre. La cour d'un seul riche Moal apparaîtra donc comme une grande ville, mais on y verra cependant très peu d'hommes.

Une seule femmelette mènera vingt à trente chars, car le sol est uni. On attache l'un derrière l'autre les chariots attelés de bœufs ou de chameaux; la petite femme s'assiéra sur le premier chariot pour mener l'attelage et tous les autres suivront du même pas. Si on arrive à un passage difficile, on détache les chariots pour les faire passer séparément. Car on avance à pas lents, à l'allure d'un agneau ou d'un bœuf.

Lorsque les maisons sont installées, la porte orientée au sud, ils placent le lit du maître au nord. Les femmes se placent toujours du côté oriental, c'est-à-dire à la gauche du maître de maison lorsqu'il est assis sur son lit et qu'il a la tête tournée vers le sud. Les hommes sont placés à l'occident, c'est-à-dire à sa droite.

Les hommes qui entrent dans la maison ne suspendraient en aucun cas leur carquois du côté des femmes. Au-dessus de la tête du maître, il y a toujours une image, une sorte de poupée ou de statuette de feutre qu'ils appellent «le frère du maître», et une autre du même genre au-dessus de la tête de la maîtresse, qu'ils appellent «le frère de la maîtresse»: elles sont fixées à la paroi et plus haut, entre ces deux-là, il y en a une, petite et maigre, qui est comme la gardienne de toute la maison. La maîtresse de maison pose à son côté droit, au pied du lit, sur un piédestal, une peau de chèvre remplie de laine ou d'autre matière, et, à côté, une toute petite statuette tournée vers les servantes et les femmes. Près de l'entrée, du côté des femmes, se trouve encore une autre figurine avec un pis de vache, à l'intention des femmes qui traient les vaches, car c'est à elles que revient le soin de traire les vaches. De l'autre côté de l'entrée, du côté des hommes, il y a une autre statue avec un pis de jument: elle est pour les hommes, car ce sont eux qui traient les juments.

Lorsqu'ils se rassemblent pour boire, ils commencent par asperger la figurine qui est au-dessus de la tête du maître, puis toutes les autres figurines dans l'ordre. Ensuite, un serviteur sort de la maison avec une coupe et de la boisson pour en répandre trois fois vers le sud, en pliant chaque fois le genou, pour honorer le feu; puis vers l'orient pour honorer l'air, puis vers l'occident pour honorer l'eau; ils en jettent

1. *Curia*. Rubrouck indique qu'il rend ainsi le terme mongol *orda*, dont la transcription moderne est *ordu* ou *ordo*, et qui signifie campement royal, Cour. Mais Rubrouck emploie *curia* dans un sens assez large: le camp d'un prince — ou une tente, demeure du prince ou d'une de ses épouses — ou la Cour impériale — ou le palais où se tient la Cour. Nous avons traduit constamment par «cour», sans nous cacher le caractère approximatif de ce terme.

aussi vers le nord pour les morts[1]. Après donc que le serviteur a ainsi aspergé la terre vers les quatre côtés du monde, il rentre dans la maison. Là, deux serviteurs attendent, portant deux coupes avec leurs patènes, prêts à servir à boire au maître et à son épouse, assise à côté de lui sur le lit. Quand le maître tient une coupe dans sa main et doit boire, il en verse auparavant une partie sur le sol. S'il boit lorsqu'il est à cheval, il en verse d'abord sur le cou ou sur la crinière du cheval. Lorsqu'il y a plusieurs épouses, c'est celle avec qui il dort la nuit qui siège à côté de lui le jour, et il faut que toutes les autres viennent à sa maison ce jour-là pour boire: là se tient la cour, et les cadeaux qui seront apportés ce jour-là seront déposés dans le trésor de cette dame. Un banc avec une outre de lait ou d'une autre boisson et avec des coupes se trouve à l'entrée.

En hiver, ils font une excellente boisson à partir de riz, de millet, de froment, de miel, claire comme du vin. Le vin est importé de régions éloignées. En été ils ne boivent que du comos[2]. Il y a toujours du comos dans la partie antérieure de la maison, près de la porte, et à côté se tient un cithariste avec son petit instrument. Je n'ai vu ici ni les cithares ni les vielles que nous avons chez nous, mais beaucoup d'autres instruments que nous n'avons pas. Quand le maître commence à boire, l'un des serviteurs pousse un «ha!» sonore et le cithariste fait résonner son instrument. Quand il s'agit d'une grande fête, tous alors frappent dans leurs mains et même dansent au son de la cithare, les hommes devant le maître et les femmes devant la maîtresse. Quand le maître a bu, le serviteur pousse de nouveau son cri et le cithariste s'arrête de jouer. Alors tous boivent à la ronde, hommes et femmes: parfois ils boivent à qui mieux mieux, très salement et goulûment.

Lorsqu'ils veulent provoquer l'un d'eux à boire, ils lui agrippent les oreilles et les tirent fortement pour lui dilater le gosier et ils frappent dans leurs mains, ils dansent devant lui. De même, quand ils veulent faire joyeuse fête à quelqu'un, l'un d'eux, une coupe pleine à la main, prend deux compagnons, l'un à sa droite et l'autre à sa gauche, et ils s'en viennent tous les trois au-devant de celui à qui ils doivent offrir la coupe: ils chantent et ils dansent devant lui et, lorsqu'il tend la main pour prendre la coupe, ils la lui retirent subitement, puis recommencent la scène et se jouent ainsi de lui trois ou quatre fois en retirant la coupe au dernier moment jusqu'à ce qu'il soit fort gai et en grand désir de

---

1. Ces libations sont également évoquées par Plan Carpin. La pratique s'en est maintenue jusqu'à notre siècle. Parmi les quatre éléments, il y a lieu de privilégier le Ciel, *Tengri*. La terre fait quelquefois couple avec le Ciel, mais elle n'est ni l'égale ni l'épouse du Ciel, dont la suprématie reste hors de question.

2. La plupart des manuscrits donnent *cosmos*; seuls les meilleurs portent quelquefois *comos*, que Risch et Pelliot préfèrent, et qui transcrit plus naturellement *koumis*. Le koumis (*qïmiz* ou *qumïz*), lait de jument fermenté, est la boisson des Mongols pendant la saison chaude.

boire : alors seulement ils lui offrent la coupe, ils chantent, ils frappent dans leurs mains et battent des pieds jusqu'à ce qu'il l'ait vidée. [...]

Voici comment on fait le comos, qui est du lait de jument : ils tendent une longue corde au-dessus du sol entre deux piquets fichés en terre et à cette corde ils attachent vers la troisième heure les poulains des juments qu'ils veulent traire. Alors les mères se tiennent près de leurs poulains et se laissent traire sans difficulté : si l'une d'entre elles est trop insoumise, un homme prend le poulain, le met au pis et le laisse téter, puis il le retire et laisse la place à celui qui est chargé de traire.

Quand ils ont obtenu une grande quantité de lait — celui-ci est aussi doux que du lait de vache, quand il est frais —, ils le versent dans une grande outre ou un autre récipient et commencent à le battre avec un bâton destiné à cet usage, gros à sa base comme une tête d'homme et creux par-dessous. Ils le battent aussi vite que possible : alors il commence à bouillir comme du vin nouveau et à s'aigrir ou à fermenter. Et ils le battent ainsi jusqu'à ce qu'ils en aient extrait le beurre.

Ils le goûtent ensuite, et quand il est un peu piquant, ils le boivent. Il pique la langue, sur le moment, comme du vin râpé [1], et après boire il laisse dans la bouche une saveur de lait d'amandes il réjouit beaucoup le cœur de l'homme et, même, il enivre les têtes faibles. Il est très diurétique.

Ils font aussi du caracomos [2] c'est-à-dire du comos noir, a l'usage des grands seigneurs, de la manière suivante. Le lait de jument ne caille pas : il est de fait qu'il n'existe pas de lait qui caille si l'on ne trouve pas dans l'estomac du fœtus [de l'espèce] du lait caillé. Dans l'estomac des poulains on n'en trouve pas, donc le lait de jument ne caille pas. Voilà pourquoi ils battent le lait jusqu'à ce que toute la substance épaisse qu'il contient aille au fond, comme la lie du vin : ce qui est limpide reste au-dessus et ressemble à du petit lait ou à du moût blanc. La « lie » est très blanche : elle est destinée aux esclaves et elle fait beaucoup dormir. Quant au liquide clair, ce sont les maîtres qui le boivent : c'est, à coup sûr, une boisson très douce et elle a d'excellentes propriétés.

Batou a, autour de son camp, à un jour de marche, trente hommes dont chacun lui envoie quotidiennement d'un tel lait le produit de cent juments ; au total, il reçoit chaque jour le lait de trois mille juments,

---

1. *Vinum raspei*. « Dans les textes du Moyen Age, le *vinum raspei* ou vin râpé désigne la piquette obtenue soit en pressant des verdillons — raisins qui n'ont pas mûri —, soit en jetant de l'eau sur le marc. » (Jean Dauvillier, d'après une indication de M. Marcel Delafosse.)

2. Le *caracomos* : qara-qumïz, « koumis noir ». « Noir », parce que, d'après Pelliot, « dépourvu de toute lie, il était plus transparent et moins blanc que le koumis ordinaire ».

sans compter le lait blanc ordinaire que d'autres apportent. De même, en effet, qu'en Syrie les paysans donnent le tiers de leur récolte, ici, il faut que ceux-ci apportent un jour sur trois à la cour de leur maître le lait de leurs juments[1].

Du lait de vache, ils extraient d'abord le beurre, qu'ils font bouillir jusqu'à une cuisson complète: ils le mettent ensuite dans des outres de mouton qu'ils réservent à cet usage. Ils ne salent pas leur beurre et cependant, à cause de cette longue cuisson, il ne se corrompt pas. Ils le gardent pour l'hiver. Ce qui reste du lait après la fabrication du beurre, ils le laissent aigrir autant que possible et le font bouillir. En bouillant il caille, et ce caillé, ils le sèchent au soleil: il devient aussi dur qu'une scorie de fer et ils l'enferment dans des sacs pour l'hiver[2]. En hiver, quand ils n'ont plus de lait, ils mettent ce caillé dur et aigre qu'ils appellent «grut» dans une outre, ils versent dessus de l'eau chaude jusqu'à complète dissolution: l'eau devient tout acide, et ils la boivent à la place de lait. Ils se gardent bien de boire de l'eau pure. [...]

Pour ce qui regarde leurs vêtements et leur habillement, vous saurez qu'il leur vient de Catay et d'autres pays d'Orient et aussi de Perse et d'autres pays du sud les étoffes de soie et d'or et les toiles de coton dont ils s'habillent en été. De Russie, de Moxel, de la Grande Bulgarie, de Pascatur qui est la Grande Hongrie, et de Kerkis[3], toutes régions situées au nord et très boisées, et de beaucoup d'autres régions du nord qui leur obéissent on leur apporte des fourrures précieuses très variées que je n'ai jamais vues dans nos pays, dont ils se vêtent en hiver. Ils se font toujours en hiver deux pelisses au moins, l'une dont le poil est à l'intérieur, au contact du corps, l'autre dont le poil est à l'extérieur contre le vent et la neige: ce sont la plupart du temps des peaux de loup, de renard ou de papion[4]. Lorsqu'ils sont à la maison, ils en portent d'autres d'une sorte plus délicate. Les pauvres confectionnent les pelisses d'extérieur en peau de chien ou de chèvre.

Ils font aussi des braies avec des peaux. Les riches fourrent leurs vêtements avec de l'étoupe de soie qui est extraordinairement douce,

---

1. Il y a donc lieu de distinguer le *caracomos* fourni à Batou et à sa cour par les troupeaux uniquement destinés au service du prince (3 000 juments) et d'autre part le lait blanc, c'est-à-dire le *comos* ordinaire, redevance d'un tiers prélevée sur les autres troupeaux. Marco Polo parle des dix mille juments blanches du Grand Can, dont nul n'oserait boire le lait, s'il n'est de lignage d'empire.

2. Ce lait séché se retrouve sous des noms voisins chez d'autres peuples d'Asie centrale. Marco Polo en décrit la fabrication et l'usage comme ration de guerre chez les Mongols.

3. *Kerkis*: désigne ici les Kirghizes, tribus turques du haut Iénisséi. Ailleurs, Rubrouck emploie ce même mot pour les Tcherkesses, «Circassi».

4. *Papionibus*. *Papio* ne peut être ici un babouin (Cynocephalus papion); il doit s'agir de lynx.

légère et chaude. Les pauvres les fourrent de toile de coton et de la partie la plus délicate qu'ils peuvent tirer de la laine. Avec la partie la plus grossière ils fabriquent du feutre pour couvrir leurs maisons, leurs coffres et même pour leur literie. Avec de la laine encore et avec un tiers de crin de cheval, ils font leurs cordes. De feutre, ils font aussi des couvertures à mettre sous les selles et des capes contre la pluie, ce qui fait qu'ils consomment beaucoup de laine. Vous avez donc vu l'habillement des hommes.

Les hommes se rasent le sommet de la tête en carré et, depuis les angles antérieurs, ils poursuivent la tonsure sur les côtés de la tête jusqu'aux tempes. Ils se rasent les tempes et la nuque jusqu'à l'occiput, et le front sur le devant jusqu'à la fontanelle où ils laissent une touffe de cheveux qui descendent jusqu'aux sourcils. Sur les côtés de l'occiput ils gardent des cheveux dont ils font des tresses qu'ils relèvent, en les nouant, jusqu'aux oreilles[1].

L'habillement des jeunes filles ne diffère pas de celui des hommes, si ce n'est qu'il est un peu plus long. Mais le lendemain de ses noces, la jeune mariée se rase depuis le milieu de la tête jusqu'au front; elle porte une tunique ample comme la cuculle d'une nonne, mais plus large et plus longue, fendue sur le devant et attachée sous le côté droit. En cela les Tartares diffèrent des Turcs car ceux-ci attachent leur tunique à gauche.

Elles ont en outre un ornement de tête qu'elles appellent «bocta», constitué d'écorce d'arbre ou d'une autre matière parmi les plus légères, gros et rond de telle sorte qu'on peut le tenir dans les deux mains, long d'une coudée et plus, carré à l'extrémité comme un chapiteau de colonne. Elles couvrent de soie précieuse cette coiffure qui est creuse à l'intérieur, et au milieu du «chapiteau» ou carré supérieur elles posent une touffe de tuyaux de plumes ou de baguettes minces longues également d'une coudée et plus. Cette touffe, elles l'ornent au sommet de plumes de paon et, autour, sur toute la surface, de petites plumes de queue de malard et même de pierres précieuses. Les grandes dames posent cet ornement au sommet de leur tête et l'attachent fortement avec une coiffe qui a une ouverture à son sommet à cet effet: là elles ramassent tous leurs cheveux qu'elles rassemblent depuis l'arrière de la tête en un nœud fixé au sommet, puis elles posent dessus la «bocta» qu'elles lient ensuite fortement sous le menton. Si bien que, lorsque plusieurs de ces dames chevauchent ensemble, et qu'on les voit de loin, elles ressemblent à des soldats coiffés de casques et portant des lances: la «bocta» ressemble à un casque et le panache à une lance. Elles

1. Plan Carpin (II, 2) donne une description assez obscure de la coiffure des Mongols; mais elle concorde avec celle de Rubrouck, et on peut en tirer les précisions suivantes: la bande rasée qui va ainsi d'une oreille à l'autre a trois doigts de large; le dessus du front est rasé horizontalement sur une largeur de deux doigts.

chevauchent toutes comme des hommes, jambe deçà, jambe delà; elles attachent leurs tuniques au-dessus des reins avec une étoffe de soie bleu ciel; elles attachent d'autres bandelettes sous les seins et fixent sous leurs yeux un voile blanc qui descend jusqu'à la poitrine.

Elles sont étonnamment grasses; celle qui a le plus petit nez est réputée la plus belle. Elles se défigurent en se peignant affreusement le visage. Pour accoucher, elles ne s'alitent jamais.

Le travail des femmes consiste à conduire les chariots, poser leurs maisons dessus et les déposer, traire les vaches, faire le beurre et le «grut», préparer les peaux et les assembler; elles se servent pour cela d'un fil fait de nerfs. Elles divisent les nerfs en minces fils, puis elles les tordent ensemble en un seul long fil. Elles cousent aussi les chaussures, les socques et toute autre sorte d'habits. Elles ne lavent jamais les vêtements parce qu'elles disent que Dieu s'en irrite, et qu'il y aurait du tonnerre si elles les suspendaient pour les faire sécher. Elles vont même jusqu'à battre celles qu'elles trouvent en train de laver et leur arrachent le linge des mains. Elles craignent le tonnerre au-delà de toute expression: quand il tonne, elles chassent de leurs maisons tous les étrangers et s'enveloppent dans des feutres noirs où elles se cachent jusqu'à ce que ce soit passé. Elles ne lavent jamais non plus leurs écuelles: bien plus, quand la viande est cuite, elles lavent avec le bouillon de la marmite le récipient où elles doivent servir la viande puis elles reversent le bouillon dans la marmite. Elles fabriquent aussi le feutre et couvrent les maisons.

Les hommes font les arcs et les flèches, les mors, les brides, les selles, ils charpentent les maisons et les chars, ils gardent les chevaux et traient les juments, ils battent le comos, c'est-à-dire le lait de jument; ils fabriquent les outres destinées à le recevoir; ils gardent aussi les chameaux et ce sont eux qui les chargent. Ils gardent ensemble les moutons et les chèvres, que traient tantôt les hommes, tantôt les femmes. Avec du lait de brebis acide, caillé et salé, ils préparent les peaux.

Quand ils veulent se laver les mains ou la tête, ils emplissent d'eau leur bouche et peu à peu arrosent leurs mains avec la bouche: de la même manière ils mouillent leurs cheveux et se lavent la tête.

Au sujet de leurs noces, vous saurez qu'ici nul ne prend femme s'il ne l'achète; d'où parfois, les jeunes filles arrivent à un âge avancé avant de se marier, car les parents les gardent jusqu'à les avoir vendues. Ils observent le premier et le second degré de consanguinité, mais nullement le degré d'affinité. En effet, ils peuvent épouser en même temps ou successivement deux sœurs. Parmi eux, aucune veuve ne se remarie, parce qu'ils croient que tous ceux qui les servent en cette vie les serviront dans la vie future. D'où, à propos d'une veuve, ils pensent qu'après sa mort elle reviendra toujours à son premier mari. Cela explique cette honteuse coutume: il arrive parfois que le fils épouse toutes les femmes de son père, à l'exception de sa mère. La cour du père et de la mère échoit toujours au fils cadet. Il faut qu'il prenne soin lui-même de toutes les épouses de son père qui lui sont échues en même temps que les biens paternels et alors, s'il le désire, il peut user d'elles comme d'épouses, car il ne considère pas comme un affront le fait qu'après leur mort elles retournent au père.

Lorsqu'un pacte est scellé au sujet d'un mariage, le père de la jeune fille organise un banquet; celle-ci s'enfuit chez des membres de sa famille et s'y cache. Alors le père dit: «Voici, ma fille est à toi, prends-la où tu la trouveras.» Le fiancé part à sa recherche avec des amis jusqu'à ce qu'il la trouve: il faut qu'il l'emporte de force et la mène, comme par violence, en sa maison.

Au sujet de leur justice, vous saurez que, lorsque deux hommes se battent, personne n'ose s'interposer: même le père n'ose pas aider son fils; mais celui qui a le dessous en appelle à la cour du maître, et si quelqu'un, après cet appel, porte la main sur lui, il est exécuté. Mais il faut qu'il fasse cette démarche aussitôt, sans retard, et la victime conduit l'autre comme un prisonnier.

Nul n'est condamné à mort, à moins d'avoir été pris sur le fait ou d'avoir avoué. Mais lorsque quelqu'un est accusé par plusieurs personnes, ils savent bien le torturer pour le faire avouer. Ils punissent de la peine de mort l'homicide et l'adultère. J'entends par là les relations avec d'autres que les épouses ou les servantes, car on a le droit d'user d'une esclave comme on l'entend. De même, ils punissent de mort un vol très considérable. Pour un vol mineur, comme le vol d'un mouton, pourvu que le voleur n'ait pas été pris souvent en flagrant délit, ils se contentent de battre cruellement le coupable: s'ils donnent cent coups, il faut bien qu'ils aient cent bâtons. Je parle de ceux qui sont frappés par sentence de la cour. Les faux ambassadeurs, ceux qui se font passer pour ambassadeur sans l'être, ils les mettent aussi à mort. Ceux qui usent de sortilèges, dont je vous parlerai plus en détail par la suite, ils les exécutent aussi car ils les considèrent comme des sorciers.

Quand quelqu'un vient à mourir, ils le pleurent avec de grands hurlements, et sont alors libérés du paiement de l'impôt pendant un an. Si quelqu'un est présent lors de la mort d'un adulte, il n'a plus le droit d'entrer dans la demeure de Mangou-chan pendant un an. Si c'est un enfant qui est mort, il n'y entrera plus jusqu'à la fin de la lunaison. Auprès de la sépulture d'un défunt, ils laissent toujours une maison si celui-ci est noble, à savoir s'il est de la famille de Chingis qui fut le premier père et seigneur. Le lieu de la sépulture est tenu caché. Souvent, près des lieux où ils enterrent leurs nobles, il y a une habitation pour les gardiens des tombeaux. Je n'ai pas compris qu'ils enterrent les morts avec leur trésor. Les Comans élèvent un grand tumulus au-dessus du mort et lui érigent une statue tournée vers l'orient tenant en sa main une coupe à la hauteur du nombril. Ils édifient aussi pour les riches des pyramides, c'est-à-dire de petites maisons pointues, et quelque part j'ai vu de grandes tours en briques cuites, et ailleurs des maisons en pierre quoiqu'on ne puisse trouver de pierres en ce pays. J'ai vu l'un de ces morts, récemment défunt; autour de lui ils avaient suspendu les peaux de seize chevaux, quatre à chacun des points cardinaux du monde, entre de hautes perches[1]. Ils viennent déposer à côté de lui du comos pour boisson et des viandes pour nourriture; pourtant, ils disaient de lui qu'il avait été baptisé. Vers l'orient, j'ai vu d'autres sépultures, à savoir de grandes aires jonchées de pierres: ces aires étaient, les unes rondes, les autres carrées, et à l'extérieur de l'aire, de hautes pierres étaient dressées aux quatre points cardinaux.

Lorsque quelqu'un tombe malade, il se couche et met un signe sur sa maison pour informer qu'il est malade, que nul ne vienne chez lui. Aussi nul ne vient le visiter en dehors de ceux qui le servent. Lorsqu'un personnage des grandes cours est malade, ils placent, à bonne distance, tout autour de sa demeure, des gardes qui ne laissent pénétrer personne dans ces limites. Ils craignent en effet qu'un mauvais esprit ou un souffle maléfique n'entre avec le visiteur. Mais ils font venir les devins, qui sont leurs prêtres. [...]

ESCORTE MONGOLE

Nous allions donc vers l'orient, n'ayant autre chose à voir que le ciel et la terre et, parfois, à notre droite, la mer qu'on appelle mer du Tanaïs[2], et aussi des sépultures de Comans visibles à une distance de deux lieues, parce qu'ils avaient coutume d'enterrer ensemble les membres d'une même famille.

Tant que nous étions dans ces solitudes, tout allait bien; mais le dégoût que j'éprouvais lorsque nous arrivions aux campements (tartares), je ne trouve pas de mots pour le dire! Notre guide voulait

1. Le cheval est l'animal sacrificiel par excellence pour les peuples altaïques. On peut distinguer trois types de sacrifices: un cheval est immolé au moment de la mort, pour permettre au défunt d'accomplir son voyage dans l'au-delà. Puis des chevaux sont enterrés avec le mort «une jument avec son poulain et un cheval avec bride et selle», selon Plan Carpin. D'autre part, toujours selon Plan Carpin, «on mange un autre cheval qu'on empaille et qu'on dresse sur deux ou quatre morceaux de bois, en sorte que le mort ait dans l'autre monde une demeure pour y habiter, une jument pour avoir du lait et faire de l'élevage, et des chevaux à monter. Les os du cheval mangé sont brûlés pour son âme...»

2. Il s'agit de la mer d'Azov. Rubrouck l'appelle d'ordinaire comme les Anciens Palus Méotide.

en effet que j'allasse trouver chaque chef avec un présent, à quoi nos ressources ne pouvaient suffire. Nous étions chaque jour huit personnes à manger notre pain, sans compter les hôtes imprévus qui voulaient tous manger avec nous. C'est-à-dire que nous étions cinq, flanqués des trois qui nous guidaient, deux pour conduire les chariots et un pour nous accompagner chez Sartach. Les viandes qu'ils donnaient ne suffisaient pas et nous ne trouvions rien à acheter pour de l'argent.

Même quand nous étions assis à l'ombre sous nos chariots pour nous défendre contre la forte chaleur de cette saison, ils nous importunaient et nous serraient de si près qu'ils manquaient de nous piétiner, tant ils voulaient voir tout ce que nous avions. S'il leur prenait envie de se soulager le ventre, ils ne prenaient pas la peine de s'éloigner à plus d'un jet de fève ! Non ! tout près de nous, en devisant entre eux, ils faisaient leurs immondices et faisaient encore bien d'autres choses qui nous dégoûtaient au-delà de toute expression.

Par-dessus tout, ce qui me tourmentait, c'est que je ne pouvais, quand je le voulais, leur transmettre un seul mot de prédication ; mon interprète disait : « Vous ne me ferez pas prêcher, parce que je ne sais comment dire de tels mots. » Et c'était vrai ! je me suis rendu compte, en effet, par la suite, quand je commençai à comprendre un peu leur langue, que lorsque je disais quelque chose, il disait tout à fait autre chose, selon ce qui lui passait par la tête. Voyant alors le danger qu'il y avait à parler à travers lui, je préférai me taire. [...]

ENTREVUE AVEC SARTACH

Le lendemain, il me demanda de venir à la cour, d'apporter les lettres du Roi, ma chapelle et mes livres, parce que son maître voulait les voir, ce que nous fîmes, chargeant sur un chariot les livres et la chapelle, et sur un autre du pain, du vin et des fruits. Il nous fit ouvrir tous les livres et déplier tous les vêtements : beaucoup de gens à cheval nous entouraient, Tartares, chrétiens et Sarrasins. Lorsqu'il eut regardé, il demanda si je voulais donner tout cela à son maître : j'eus bien peur et cela me déplut fort ! Mais, dissimulant, je répondis : « Seigneur, nous demandons que votre maître daigne accepter ce pain, ce vin et ces fruits, non comme présents, parce que c'est trop peu, mais comme bénédiction : nous ne voulions pas venir à lui les mains vides. Lui-même verra les lettres de mon seigneur le Roi et saura par elles pourquoi nous sommes venus le trouver ; nous attendrons alors ses ordres touchant nos personnes et nos affaires. Les vêtements en effet sont consacrés et seuls les prêtres ont le droit de les toucher. » Il nous ordonna alors de nous en revêtir pour paraître devant son seigneur, ce que nous fîmes.

Revêtu moi-même des vêtements les plus précieux, je pris contre ma poitrine un très beau coussin avec la Bible que vous m'aviez donnée et le magnifique psautier que la Reine m'avait offert, où figuraient de superbes miniatures. Mon compagnon prit le missel et la croix. Notre clerc, vêtu d'un surplis, prit l'encensoir. C'est ainsi que nous arrivâmes devant sa maison. Ils levèrent le feutre qui pend devant la porte, pour qu'il pût nous voir. Ils firent fléchir par trois fois les genoux au clerc et à l'interprète, ce qu'ils n'exigèrent pas de nous. Ils nous demandèrent instamment de veiller à ne pas toucher le seuil en entrant ou en sortant et nous prièrent de chanter en guise de bénédiction.

Nous entrâmes en chantant *Salve Regina*. A l'entrée, il y avait un banc avec du comos et des coupes; toutes ses épouses étaient rassemblées, et les Moals qui entraient avec nous nous pressaient. Coiac lui porta l'encensoir avec l'encens; il le regarda en le manipulant avec attention. Puis il lui porta le psautier qu'il examina longuement, et l'épouse assise à côté de lui fit de même. Ensuite il lui porta la Bible: il demanda si l'Évangile y figurait. Je lui dis: «C'est l'Écriture sainte tout entière.» Il prit la croix dans ses mains et demanda si l'effigie était celle du Christ. Je lui répondis que oui. Les nestoriens et les Arméniens ne mettent jamais sur leurs croix de figure du Christ; il semble par là qu'ils jugent mal de la Passion ou en rougissent[1]. Puis il demanda à ceux qui nous entouraient de se retirer, afin de pouvoir mieux regarder nos ornements. Je lui présentai alors vos lettres, avec des traductions en arabe et en syrien. Je les avais fait traduire à Acre dans ces deux langues et écritures; il y avait là des prêtres arméniens qui savaient le turc et l'arabe, et ce compagnon de David qui savait le syrien, le turc et l'arabe.

Nous sortîmes alors, et retirâmes nos vêtements de cérémonie; sur ce arrivèrent Coiac et des secrétaires pour traduire les lettres. Lorsque Sartach les eut entendues, il fit recevoir le pain, le vin, les fruits, et rapporter à notre gîte les vêtements et les livres. Cela se passait le jour de la Saint-Pierre-aux-Liens [1er août]. [...]

A LA COUR DE BATOU

Quand je vis la cour de Batou, je fus stupéfait parce que ses propres maisons paraissaient être comme une grande cité tout en longueur, et entourée par le peuple de tous côtés jusqu'à trois ou quatre lieues. Et comme dans le peuple d'Israël chacun savait où il devait planter ses

1. *Unde videntur male sentire de passione, vel erubescere eam. Male sentire*, comme le rappelle Pelliot, signifie non pas «mal comprendre», mais «avoir mauvaise opinion de». Il en résulte que «l'opposition marquée par *vel* signifie qu'ou bien ils ont eux-mêmes mauvaise opinion de la Passion, ou bien ils rougiraient, par fausse honte, de laisser voir le Dieu crucifié à des incroyants».

tentes, de même ceux-ci savent de quel côté de la cour ils doivent se placer quand ils déposent leurs maisons. D'où la cour est appelée en leur langue «orda», ce qui veut dire «milieu», parce qu'elle est toujours au milieu de ses hommes, à ceci près que nul ne se place au sud, car c'est de ce côté que s'ouvrent les portes de la cour. Mais à droite et à gauche ils s'étalent autant qu'ils le désirent, en fonction du terrain, pourvu qu'ils ne se placent pas juste devant ou derrière la cour.

Le premier jour nous fûmes conduits à un Sarrasin qui ne nous donna rien à manger. Le lendemain nous fûmes conduits à la cour où Batou avait fait dresser une grande tente car sa maison ne pouvait contenir autant d'hommes et de femmes qu'il en était venu. Notre guide nous avertit de ne rien dire jusqu'à ce que Batou nous donnât la parole, et alors de parler brièvement. Il demanda aussi si vous aviez déjà envoyé des ambassadeurs aux Tartares. Je répondis que vous en aviez envoyé à Keu-chan et que vous n'auriez envoyé d'ambassadeurs ni à Batou ni à Sartach si vous n'aviez cru qu'ils fussent chrétiens: vous les aviez envoyés non sous l'effet d'une crainte quelconque, mais parce que vous vous réjouissiez d'avoir appris qu'ils étaient chrétiens. Alors il nous mena devant le pavillon et nous recommanda de ne pas toucher les cordes de la tente parce qu'ils les considèrent comme le seuil de la maison. Nous nous tînmes là, pieds nus, dans notre habit, tête nue, et nous étions un grand spectacle à leurs yeux. Frère Jean de Policarpe[1] était venu ici, mais il avait changé d'habit, lui, afin de ne pas encourir le mépris, parce qu'il était l'envoyé du pape.

Nous fûmes alors introduits jusqu'au milieu de la tente; ils ne nous demandèrent pas de faire une révérence en pliant le genou comme le font selon l'usage les ambassadeurs. Nous restâmes donc debout devant lui le temps qu'il faut pour dire le *Miserere mei Deus*; tous étaient dans le plus profond silence. Quant à lui, il était assis sur un siège long et large comme un lit, tout doré, auquel on montait par trois marches; l'une de ses femmes était à côté de lui. Les hommes étaient assis çà et là, à sa droite, et les femmes à sa gauche: le côté des femmes n'était pas occupé entièrement par celles-ci car seules les épouses de Batou étaient présentes; c'est pourquoi s'y trouvaient des hommes. A l'entrée de la tente il y avait un banc avec du comos et de grandes coupes d'or et d'argent ornées de pierres précieuses. Il nous regarda avec attention et nous l'observâmes de même: il me semblait avoir la même stature que messire Jean de Beaumont[2] (Que son âme repose en paix!). Son visage était, à ce moment-là, tout couvert de rougeurs.

Enfin il m'ordonna de parler. Notre guide nous enjoignit de fléchir les genoux et de parler. Je fléchis un seul genou comme on le fait

1. Il s'agit de Jean du Plan Carpin.
2. Chambellan et compagnon de Saint Louis en Terre sainte.

devant un homme, mais il me fit signe de plier les deux, ce que je fis, ne voulant point contester sur ce point. Alors il m'ordonna de parler. Et moi, pensant que je priais Dieu, puisque j'avais fléchi les deux genoux, je commençai mon discours par une prière, disant: «Seigneur, nous prions Dieu de qui procèdent tous biens, qui vous a donné ces biens terrestres, de vous donner après eux les biens célestes, sans lesquels les premiers sont vains.» Il écouta avec attention et je poursuivis: «Vous saurez pour certain que vous n'aurez pas les biens célestes si vous n'êtes chrétien. Car Dieu dit: *Celui qui aura cru et aura reçu le baptême sera sauvé. Qui n'aura pas cru sera condamné.*» A ces mots, il sourit légèrement, les autres Moals se mirent à frapper dans leurs mains et à se moquer de nous [1]. Mon interprète fut frappé de stupeur: il me fallut le réconforter pour le rassurer. Une fois rétabli le silence, je dis: «Je suis allé chez votre fils parce que nous avons entendu dire qu'il était chrétien et je lui ai apporté des lettres de la part du Roi des Français. C'est lui-même qui m'a envoyé à vous. Vous devez savoir pour quelle raison.»

Alors il me fit lever, me demanda votre nom et le mien, celui de mon compagnon et de mon interprète et il les fit mettre par écrit. Il demanda aussi contre qui vous faisiez la guerre, car il avait appris que vous étiez sorti de votre pays avec une armée. Je répondis: «Contre les Sarrasins qui violent la maison de Dieu, Jérusalem.» Il demanda aussi si vous lui aviez déjà envoyé des ambassadeurs. «A vous, dis-je, jamais.» Il nous fit asseoir et nous fit donner du lait à boire: ils considèrent que c'est un grand honneur que de boire du comos avec quelqu'un sous son toit. Tandis que j'étais assis les yeux baissés, il me demanda de relever la tête, soit qu'il voulût me regarder encore, soit par crainte d'un maléfice. Ils considèrent comme mauvais présage, mauvais signe ou mauvais augure que quelqu'un, assis en face d'eux, garde le visage baissé comme s'il était triste, surtout s'il appuie sa joue ou son menton sur sa main.

Nous sortîmes, et, peu après, notre guide vint nous trouver; en nous reconduisant à notre gîte, il me dit: «Le Roi, votre seigneur, demande que vous restiez dans le pays, ce que Batou ne peut permettre sans le consentement de Mangou-chan. Mais ton compagnon et l'autre homme retourneront à la cour de Sartach où ils attendront votre retour.» Alors mon interprète Homodei se mit à se lamenter, se considérant comme perdu; mon compagnon à protester qu'on lui couperait la tête avant de le séparer de moi. Et moi-même, je dis que je ne pouvais y aller sans

1. Le roi d'Arménie Het'um Ier, qui se rendit en Mongolie en 1254-1265, et dont les propos sont rapportés par Jacques d'Iseo, avait eu écho de la maladresse de frère Guillaume, menaçant «le grand roi des Tartares» des flammes de l'enfer. Il y a tout lieu de penser que ce grand roi est Batou et non pas Mongka, et qu'il s'agit de la scène décrite ici. Le verset est de Marc, XVI, 16.

mon compagnon et que nous aurions bien besoin de deux serviteurs, parce que s'il arrivait que l'un tombât malade, on ne pouvait le laisser seul. Notre guide s'en retourna à la cour et transmit ces paroles à Batou. Il décida ceci: «Que les deux prêtres y aillent avec l'interprète, et que le clerc retourne chez Sartach.» A son retour, le guide nous annonça la décision et lorsque je voulus plaider pour que le clerc vînt avec nous, il me dit: «N'en dites pas plus; Batou en a décidé, et moi je n'ose plus retourner à la cour.»

Le clerc Gosset avait, sur vos aumônes, vingt-six yperpères [1], pas davantage; il en retint dix pour son serviteur et lui, et en donna seize à Homodei pour nous. C'est ainsi que nous nous séparâmes, avec des larmes de part et d'autre, lui retournant chez Sartach, et nous restant ici. [...]

La faim et la soif, le froid et la fatigue furent des épreuves sans nombre. Il n'y a de nourriture que le soir. Le matin on donne à boire, ou on fait prendre du millet. Mais le soir on nous donnait de la viande, une épaule de mouton avec les côtes, et, pour boire, du bouillon que l'on nous mesurait. Quand nous avions du bouillon de viande à satiété, nous étions parfaitement restaurés, et cela me semblait la plus saine des boissons et la plus nourrissante. Le vendredi, je restais à jeun jusqu'à la nuit, sans rien absorber. J'étais alors contraint, avec tristesse et douleur, à manger de la viande. Quelquefois il fallait manger la viande à moitié cuite ou presque crue, faute d'aliment pour le feu, quand nous nous trouvions en pleine campagne et que nous nous arrêtions à la nuit: il nous était alors malaisé de ramasser le crottin des bœufs ou des chevaux. Nous trouvions rarement d'autre combustible, sinon, d'aventure, quelques épineux. Il y a aussi, le long des rives de certains fleuves, des forêts par endroits, mais elles sont rares.

Au début, notre guide avait beaucoup de mépris pour nous et il était dégoûté d'avoir à conduire des gens si vils. Par la suite, cependant, quand il commença à mieux nous connaître, il nous menait aux campements de Moals riches, et nous devions faire des prières pour eux. Si j'avais eu un bon interprète, j'aurais ainsi eu l'occasion de répandre beaucoup de bonnes semences. [...]

LES OUIGOURS

Je vous décrirai d'abord les rites communs à tous les idolâtres, et ensuite ceux des Ouigours, qui sont comme une secte distincte des autres.

1. Environ 225 livres d'or. Le serviteur est l'esclave racheté à Constantinople, Nicolas.

Tous prient tournés vers le nord, les mains jointes, et en se prosternant à terre, genoux fléchis, le front posé sur les mains. De là vient que les nestoriens, dans ces régions, ne joignent aucunement les mains en priant, mais prient les paumes ouvertes devant la poitrine[1]. Ils donnent à leurs temples la direction de l'orient à l'occident, et sur le côté nord ils construisent une pièce qui ressemble à un chœur en saillie, ou parfois, si la construction est carrée, au milieu de l'édifice sur le côté nord ils disposent au-dedans une pièce qui tient lieu de chœur. C'est là qu'ils placent un coffre long et large comme une table. Derrière ce coffre, vers le sud, ils placent l'idole principale; celle que j'ai vue à Caracorum était aussi grande que nos peintures de saint Christophe. Un prêtre nestorien qui était venu du Catay me dit que dans ce pays il y a une idole si grande qu'on peut la voir à deux jours de marche. Et ils placent d'autres idoles en cercle alentour, toutes d'une très belle dorure. Sur ce coffre, qui ressemble à une table, ils placent les lampes et les offrandes. Toutes les portes des temples sont ouvertes vers le sud, contrairement à l'usage des Sarrasins. Ils ont également de grandes cloches comme nous; c'est, je crois, pour cette raison que les chrétiens d'Orient n'ont pas voulu en avoir: cependant les Ruthènes en ont, et les Grecs à Gazaria.

De même, tous leurs prêtres se rasent entièrement le crâne et la barbe et sont vêtus de jaune; ils gardent la chasteté une fois qu'ils se sont rasé la tête et vivent ensemble, à cent ou deux cents, en une même communauté. Les jours où ils vont au temple, ils y placent deux bancs, et comme deux demi-chœurs en vis-à-vis, ils sont divisés en deux groupes, chaque groupe assis à terre, le long d'un banc, avec des livres en main, qu'ils déposent quelquefois sur le banc. Ils demeurent tête nue aussi longtemps qu'ils sont dans le temple, lisant en silence et gardant le silence. D'où, étant entré dans un de leurs temples à Caracorum, et les ayant trouvés assis de la sorte, j'ai tenté de bien des manières de les faire parler, mais sans aucun succès.

Et où qu'ils aillent, ils ont toujours en main un cordon avec cent ou deux cents grains, comme nous portons le chapelet, et ils répètent sans cesse ces mots: *on mani battam*[2], qui signifient: «Dieu, tu connais», d'après la traduction que l'un d'eux m'en a donnée. Et à chaque mention qu'ils font ainsi de Dieu, ils escomptent une récompense de Dieu.

Autour de leur temple, ils font toujours un beau parvis, qu'ils ferment

1. C'est le geste ordinaire de la prière dans l'antiquité juive. Quant au geste chrétien des mains jointes, paume contre paume, il n'apparaît pas avant le IXe siècle dans l'Occident latin.

2. Rubrouck est le premier des écrivains occidentaux à transcrire cette formule qui remonte en-deçà du Xe siècle: *om mani padme hûm* (Rockhill, p. 145 n. 2 et 146 n. 1). Cette formule sacrée «dont la vertu magique rayonne du son de chacune de ses syllabes» est un *mantra* très connu dans le bouddhisme lamaïque (Tucci, p. 148).

soigneusement d'un mur. Ils y ménagent vers le sud un grand portail sous lequel ils viennent s'asseoir pour converser. Au-dessus de ce portail, ils élèvent une longue perche, qui se dresse, si possible, au-dessus de la ville entière. C'est à cette perche que l'on peut reconnaître que cet édifice est le temple des idoles. Ces usages sont communs à tous les idolâtres.

Donc, entré dans ledit temple, je trouvai les prêtres assis sous le portail extérieur. Quand je les vis, avec leurs barbes rasées, je crus voir des Francs[1]; mais ils avaient sur la tête des mitres de papier. Les prêtres de ces Ouigours portent le vêtement suivant: ils ont en tout lieu des tuniques jaunes, assez serrées, avec une ceinture par-dessus, tout à fait comme les Francs, et un manteau sur l'épaule gauche qui descend en retombant sur la poitrine et le dos jusqu'au côté droit, comme le diacre portant la chasuble pendant le carême.

Les Tartares ont adopté l'écriture des Ouigours. Ceux-ci écrivent en commençant par le haut et tracent leurs lignes vers le bas; ils lisent de même et accumulent les lignes de la gauche vers la droite. Ils font grand usage de papiers et de caractères pour leurs sortilèges, si bien que leurs temples sont pleins d'inscriptions qu'on y suspend. La lettre que Mangou-chan vous envoie est écrite dans la langue des Moals, mais en écriture ouigour.

Ils brûlent les morts, selon l'usage des anciens, et en placent la cendre dans le sommet d'une pyramide.

Donc, je m'étais assis à côté des prêtres susdits, après être entré dans leur temple et après avoir vu beaucoup de leurs idoles, petites et grandes. Je leur demandai alors ce qu'ils croyaient au sujet de Dieu. Ils me répondirent: «Nous croyons qu'il n'y a qu'un seul Dieu.» Et je leur demandai: «Croyez-vous qu'il soit un esprit ou quelque substance corporelle? — Nous croyons qu'il est un esprit», dirent-ils. Et moi: «Croyez-vous qu'il ait un jour revêtu la nature humaine? — Pas du tout», dirent-ils. Je repris alors: «Puisque vous croyez qu'il n'est qu'un et qu'il n'est qu'esprit, pourquoi lui faites-vous des images corporelles? et si nombreuses? De plus: puisque vous ne croyez pas qu'il se soit fait homme, pourquoi le représentez-vous sous des figures d'hommes plutôt que sous la forme d'un animal?» Ils répondirent: «Nous ne figurons pas ces images pour Dieu, mais quand parmi nous un riche vient à mourir, ou son fils, ou son épouse, ou quelqu'un qui lui est cher, il fait faire l'image du défunt et la place ici, et nous la vénérons en mémoire du défunt. — Vous ne faites donc cela, leur dis-je, que pour flatter les hommes. — Pas du tout, dirent-ils, c'est pour honorer leur mémoire.»

---

1. «Au Moyen Age, seuls les Francs — ainsi qu'on appelait les Européens occidentaux — et les bouddhistes avaient le visage rasé. Tous les Orientaux portaient la barbe, notamment tous les chrétiens d'Orient.»

Puis ils me demandèrent, par manière de moquerie: «Où est Dieu?» Je répliquai: «Où est votre âme? — Dans notre corps», dirent-ils. Je repris: «N'est-elle pas partout dans votre corps, ne le régit-elle pas tout entier? et cependant on ne la voit pas. De même, Dieu est partout, et gouverne tout, bien qu'il soit invisible, parce qu'il est Intelligence et Sagesse.» Alors, comme je voulais continuer à argumenter avec eux, mon interprète, fatigué, incapable de traduire mes paroles, me fit taire.

Les Moals ou Tartares sont de cette secte [des Ouigours] en tant qu'ils ne croient qu'en un seul Dieu, mais néanmoins ils font des images de feutre de leurs morts, qu'ils habillent d'étoffes très précieuses et qu'ils placent sur un ou deux chariots. Personne n'oserait toucher ces chariots: ils sont sous la garde de leurs devins, qui sont leurs prêtres, et dont je vous parlerai dans la suite.

Ces devins sont toujours devant la cour de Mangou et des autres riches, et encore, ceux-là seuls qui sont de la race de Chingis — les pauvres n'en ont pas. Et quand ils doivent voyager, ces devins les précèdent, comme la colonne de nuée devant les fils d'Israël. Ce sont eux qui examinent l'endroit où il convient d'asseoir le camp, qui déposent d'abord leurs maisons, et après eux toute la cour. Et lorsqu'arrivent les fêtes ou le premier du mois, ils sortent ces images et les disposent en cercle dans leur maison. Les Moals entrent alors dans cette maison, s'inclinent devant les images et les vénèrent. Il est interdit à tout étranger d'entrer dans cette maison. J'ai voulu une fois y entrer et j'ai été très durement pris à partie.

Ces Ouigours, qui sont mélangés à des chrétiens et des Sarrasins, en sont venus, à la suite, comme je pense, de fréquentes discussions, à ne plus croire qu'en un seul Dieu. Parmi les peuples habitant des villes, ils furent les premiers qui se soumirent à Chingis-chan: c'est pourquoi il donna une de ses filles en mariage à leur roi[1]. Caracorum même est presque dans leur territoire[2], et tout le pays du Roi ou Prêtre Jean et de son frère Unc entoure leurs terres. Mais ces derniers ont leurs pâturages au nord, tandis que les Ouigours vivent dans leurs montagnes, vers le sud. Il en est résulté que les Moals ont pris leur écriture, qu'ils ont des Ouigours pour «grands-secrétaires», et que presque tous les nestoriens connaissent leur écriture.

Après ceux-là sont les Tangout vers l'orient, au milieu de ces montagnes. Ce sont des hommes très vaillants, qui capturèrent Chingis à la guerre. La paix conclue, il fut libéré, et par la suite il les soumit à son joug. Ils ont des bœufs très forts, qui ont la queue pleine de

1. Ce mariage a été contesté par Rockhill, mais des textes chinois et persan donnent raison à Rubrouck.
2. Au XIIIe siècle ils résident dans le bassin de Tourfan et dans la région de Bešbalïq, fort loin de Karacorum.

poils, le ventre et le dos velus; ils sont plus courts de jambes que les autres bœufs, mais beaucoup plus forts. Ils tirent les grandes maisons roulantes des Moals et ont des cornes fines, longues, recourbées et si aiguës qu'il faut sans cesse en couper les pointes. La vache ne tolère point d'être traite, si on ne chante pas pour elle. Ils tiennent aussi de la nature du buffle, car à la vue d'un homme vêtu de rouge, ils foncent sur lui pour le tuer[1].

Après eux viennent les Tebet, des hommes dont la coutume était de manger leurs parents morts pour ne leur donner, par piété, d'autre sépulcre que leurs propres entrailles. Toutefois, ils ont maintenant renoncé à cet usage, parce qu'ils étaient en abomination à tout peuple. Mais ils continuent à faire de belles coupes avec le crâne de leurs parents. Ainsi, lorsqu'ils boivent, ils peuvent évoquer la mémoire de ceux-ci au milieu de leurs réjouissances[2]. Cela m'a été raconté par quelqu'un qui l'avait vu. Ils ont beaucoup d'or dans leur pays: qui a besoin d'or creuse jusqu'à en trouver, en prend ce qu'il lui faut, et remet le reste en terre. Car s'il le déposait dans un trésor ou dans un coffre, Dieu, à ce qu'il croit, lui retirerait aussi l'or que la terre recèle encore.

Parmi ces hommes, j'ai vu des individus très difformes. De Tangout, j'ai vu des hommes grands mais basanés. Les Ouigours sont de taille moyenne, comme nous. La langue des Turcs et des Comans a sa source et son origine chez les Ouigours.

Après les Tebet se trouvent Longa et Solanga[3], dont j'ai vu les ambassadeurs à la cour: ils avaient amené plus de dix grands chariots, chacun tiré par six bœufs. Ce sont de petits hommes, et basanés comme des Espagnols. Ils ont des tuniques comme la dalmatique des diacres, avec des manches un peu plus étroites, et portent sur la tête des mitres comme les évêques, mais dont la partie antérieure est un peu plus basse que la partie postérieure, et qui ne se terminent pas en pointe, mais en carré. Elles sont en étamine raidie avec du vernis noir, si bien cirée qu'elle brille aux rayons du soleil comme un miroir ou un casque bien poli. Autour des tempes ils ont de longues bandes de la même matière cousues à la mitre et qui se déploient au vent comme deux cornes qui sortiraient des tempes; lorsque le vent les agite trop ils les replient par-dessus le milieu de la mitre, d'une tempe à l'autre, et elles sont disposées comme un cercle autour de la tête, ce qui est un très bel ornement de tête.

Leur principal ambassadeur avait toujours, quand il arrivait à la cour,

1. Cet animal est le yak. Le mâle sauvage est énorme; les peuples du Turkestan et du Tibet du Nord lui attribuent une force extraordinaire.

2. Le crâne, comme les os, est considéré comme le siège d'une puissance vitale particulière.

3. Par *Longa et Solanga* il faut entendre la Mandchourie et le nord-ouest de la Corée.

une tablette en dent d'éléphant, longue d'une coudée, large d'une paume, très bien polie. Toutes les fois qu'il parlait au Chan ou à quelque grand personnage, il regardait constamment cette tablette, comme s'il y lisait ce qu'il était en train de dire, et il ne regardait ni à droite, ni à gauche, ni la personne à qui il s'adressait. Même lorsqu'il entre en présence du maître ou lorsqu'il le quitte, il n'a d'yeux que pour sa tablette[1].

Plus loin que ceux-ci sont, comme on me l'a assuré, d'autres hommes, appelés Muc, qui ont des villes, mais n'ont point d'animaux en propre. Il y a cependant beaucoup de troupeaux et de gros bétail, mais personne ne les garde. Quand l'un d'eux a besoin d'un animal, il gravit une colline et lance un cri. Tous les animaux qui entendent ce cri viennent faire cercle autour de lui et se laissent prendre comme des bêtes domestiques. Quand un ambassadeur ou un autre étranger vient dans leur pays, ils l'enferment dans une maison, et lui assurent là tout le nécessaire, jusqu'à ce qu'ils aient réglé son affaire, parce que si cet étranger circulait dans le pays, les animaux s'enfuiraient à son odeur et deviendraient sauvages.

Au-delà est la grande Cataia qui dans les temps anciens portait, je crois, le nom des Sères. Car c'est de chez eux que viennent les meilleures étoffes de soie, qui doivent leur nom à ce peuple. Ce peuple porte le nom de Sères d'après celui d'une de leurs villes. J'ai bel et bien appris que dans ce pays se trouve une ville qui a des murs d'argent et des bastions d'or. En cette terre, il y a de nombreuses provinces dont plusieurs n'obéissent pas encore aux Moals. Une mer les sépare de l'Inde.

Ces habitants de Cataia sont petits, ils aspirent beaucoup par les narines en parlant; et c'est une observation générale que tous les Orientaux ont les yeux peu ouverts. Ce sont d'excellents artisans en tous métiers. Leurs médecins connaissent très bien les vertus des herbes et font d'excellents diagnostics par l'examen du pouls. Mais ils ne recourent pas à l'urinal et n'ont aucune connaissance des urines[2]. J'ai pu le constater personnellement: ces médecins en effet sont nombreux à Caracorum. Leur coutume de toujours est que, quel que soit le métier

1. L'usage de ces tablettes (en matières diverses, jade, ivoire, bambou, or, cuivre ou bois, selon le rang du messager et l'urgence du message) est attesté, en Chine et en Corée, jusqu'à une époque récente. C'était à l'origine un *mémorandum* de la question à soumettre à l'empereur, ou des réponses données aux questions posées. C'était également une *tablette de commandement* qui accréditait courriers, ambassadeurs, fonctionnaires ou chargés de mission. Les Mongols usaient aussi de ces tablettes. Rubrouck parle de la «bulle d'or» que Mangou confie au Moal chargé d'accompagner le clerc Théodule dans sa singulière ambassade. Plusieurs exemplaires de ces tablettes ont été retrouvés, avec un texte en mongol sur les deux faces.

2. Rubrouck a été frappé par la doctrine des médecins chinois sur le pouls. Mais l'absence d'examen des urines l'étonne. Il faut se rappeler que c'était là un élément essentiel du diagnostic pour les médecins occidentaux, et que de nombreuses miniatures représentent un médecin, un urinal à la main.

du père, tous les fils doivent embrasser son métier. Et c'est la raison pour laquelle ils paient un tribut si élevé. Ils donnent en effet chaque jour aux Moals mille cinq cents iastoc [1]. Le iastoc est une pièce d'argent qui pèse dix marcs, ce qui fait quinze mille marcs chaque jour, sans compter les étoffes de soie, les vivres qu'ils leur envoient, et les autres services qui leur sont imposés.

Tous ces peuples habitent dans les monts Caucase [2], ou plutôt sur les versants nord de ces montagnes, jusqu'à l'Océan oriental, au sud de cette Sithie qu'habitent les pâtres moals. Tous ces peuples leur paient tribut. Ils sont tous adonnés à l'idolâtrie et font des récits fabuleux sur une foule de dieux, sur certains hommes divinisés, et sur la généalogie des dieux [3], comme nos poètes.

Mêlés à eux, mais comme des étrangers, vivent des nestoriens et des Sarrasins, jusqu'en Cataia. Il y a des nestoriens dans quinze villes de Cataia, et leur évêché se trouve dans la ville appelée Segin; mais au-delà il n'y a plus que des idolâtres sans mélange. Les prêtres de ces peuples idolâtres ont tous de larges cuculles jaunes. Il y a également parmi eux des ermites, à ce que j'ai entendu dire, dans les forêts et les montagnes, d'une vie et d'une austérité admirables.

Les nestoriens ici ne savent rien. Ils disent en effet leur office et ont des livres saints en syrien, mais ils ignorent cette langue, et ils chantent comme chez nous font les moines qui ignorent la grammaire [latine]. De là vient qu'ils sont absolument corrompus. Ils sont au premier chef usuriers et ivrognes; et même quelques-uns d'entre eux, qui vivent avec les Tartares, ont plusieurs femmes, comme les Tartares. Quand ils entrent dans une église, ils lavent leurs membres inférieurs, comme les Sarrasins. Ils mangent de la viande le vendredi et festoient, ce jour-là, à la manière des Sarrasins. [...]

---

1. Rappelant la confusion entre *c* et *t* fréquente dans les manuscrits du Moyen Age, et dont le texte de Rubrouck offre plusieurs exemples, Pelliot nous invite à lire, au lieu de «iascot», *iastoc* = *yastuq*. Ce mot turc, qui signifie au propre «coussin», désignait les lingots d'argent et d'or, par allusion à leur forme. Le même usage métaphorique se trouve en persan à l'époque mongole. Le terme mongol équivalent, *sükä*, utilisait, comme le chinois, une image différente, celle de la hache, qui remontait peut-être à une lointaine époque de troc.

Le *yastuq* est un lingot d'argent de cinquante onces. Le marc valait huit onces. La somme indiquée ici paraît très exagérée.

2. Pour Rubrouck, comme nous l'avons vu, le Caucase, de l'ouest de la Caspienne jusqu'à l'Océan oriental, s'étend à travers toute l'Asie. Il comporte de nombreux plissements «et des peuples vivent "entre" ces plissements. Les peuples indiqués vivent à l'intérieur de la chaîne (*inter montes*), mais vers (*ad*) son bord septentrional, ce qui ne les empêche pas d'être surtout au sud de ce rebord. C'est du moins ce qui me paraît le mieux en accord avec la lettre du texte» (Pelliot).

3. Pour Pelliot il ne s'agit pas de la doctrine des Bouddhas vivants qui ne s'est élaborée et répandue que longtemps après Rubrouck, mais de textes bouddhistes, et éventuellement taoïstes, qui racontent l'histoire populaire des dieux, et en particulier toute l'ascendance de Sakyamuni.

A LA COUR DU CHAN : LE MOINE ARMÉNIEN, L'ENTREVUE AVEC MANGOU

Le lendemain, nous fûmes conduits à la cour, et je croyais que je pourrais marcher pieds nus, comme dans nos pays, aussi avais-je enlevé mes souliers. Or ceux qui vont à la cour descendent de cheval loin de la maison du Chan, à une portée d'arc : c'est là qu'on laisse les chevaux et les valets qui les gardent. Nous avions mis pied à terre, là, et notre guide était allé à la maison du Chan ; or un valet hongrois se trouva là, qui nous reconnut, je veux dire qui reconnut notre Ordre. Et comme nous étions entourés de gens qui nous regardaient comme des monstres, surtout parce que nous étions pieds nus, et nous demandaient si nous n'avions pas besoin de nos pieds, car ils pensaient que nous les perdrions sur-le-champ, ce Hongrois leur en dit la raison, et leur expliqua les règles de notre Ordre.

Alors arriva le grand secrétaire, un chrétien nestorien, sur l'avis de qui presque tout se fait[1]. Il venait nous voir ; il nous examina attentivement et appela ce Hongrois à qui il posa de nombreuses questions. Puis on nous dit de retourner à notre logement. Sur le chemin du retour, devant l'extrémité orientale de la cour, et à une distance de la cour égale à deux fois la portée d'une baliste, je vis une maison surmontée d'une croix.

J'éprouvai alors une grande joie, supposant qu'il y avait là quelque chose de chrétien. J'entrai avec confiance et je trouvai un autel bien paré. Il y avait en effet, sur une étoffe d'or brodée, une image du Sauveur, de la bienheureuse Vierge et de Jean-Baptiste avec deux anges. Les contours des corps et des vêtements étaient rehaussés de perles. Il y avait une grande croix d'argent avec des pierres précieuses au centre, et beaucoup d'autres ornements d'église. Une lampe à huile brûlait devant l'autel avec huit flammes ; et un moine arménien était assis là, basané et sec, vêtu d'une tunique très rude, comme un cilice, qui lui allait jusqu'à mi-mollets, et sur laquelle il portait un manteau noir en soie fourré de vair, avec une ceinture de fer sous son cilice.

Sitôt entrés, avant de saluer le moine, nous nous prosternâmes et nous chantâmes *Ave regina celorum*, et lui-même, s'étant levé, priait avec nous. Alors, l'ayant salué, nous nous assîmes à côté de lui, qui avait un peu de feu devant lui dans un plat. Nous lui racontâmes pourquoi nous étions venus, et lui-même se mit à nous donner beaucoup d'encouragement, nous disant de parler avec audace, car nous étions des messagers de Dieu qui est plus grand que tout homme.

Ensuite il nous parla de sa propre arrivée ; il nous dit qu'il nous avait

1. Le grand secrétaire ou chancelier de Mongka, Bolγaï (Bolghaï), était de la nation des Keraïts.

précédés en ce lieu d'un mois; qu'il avait été ermite dans le pays de Jérusalem, et que Dieu lui était apparu trois fois, lui ordonnant d'aller vers le prince des Tartares; comme il négligeait d'y aller, à la troisième fois Dieu le jeta à terre et dit qu'il le ferait mourir s'il n'y allait pas, il avait dit à Mangou que s'il voulait se faire chrétien, le monde entier viendrait à son obéissance; et que les Francs et le grand pape lui obéiraient; et il m'engagea à parler dans les mêmes termes à Mangou. Je lui répondis: «Frère, je l'engagerai volontiers à se faire chrétien; car c'est là ce que je suis venu prêcher à tous; je lui promettrai également que les Francs et le pape s'en réjouiront et le tiendront pour un frère et un ami; mais qu'ils doivent devenir ses esclaves et lui payer tribut comme ces autres nations, jamais je ne le lui promettrai, car je parlerais contre ma conscience.» Alors il se tut. [...]

Ce matin-là, mes doigts de pieds gelèrent, si bien que dès lors je ne pus continuer à aller pieds nus. Car le froid est extrêmement rigoureux dans ces régions, et lorsque le gel a commencé, il ne cesse pas jusqu'au mois de mai. Même au mois de mai, il gelait encore tous les matins, mais pendant le jour le gel se dissipait sous l'effet du soleil. Mais en hiver, le gel ne cesse jamais, et persiste sans aucun vent. Et s'il y avait dans ce pays du vent en hiver comme chez nous, rien ne pourrait y vivre. L'air est toujours calme jusqu'en avril, où les vents se lèvent. Pendant notre séjour, vers Pâques, le froid tua une foule d'animaux, parce qu'il se leva en même temps que le vent. Il y tombe peu de neige en hiver, mais aux environs de Pâques, qui fut à la fin d'avril[1], il en tomba en si grande quantité que toutes les rues de Caracorum en furent pleines, et qu'il fallut l'emporter avec des chariots. On nous apporta alors de la cour des peaux de mouton et des braies de même, que mon compagnon et l'interprète acceptèrent. Pour ma part, je ne croyais pas en avoir besoin, parce qu'il me semblait que ma pelisse, que j'avais reçue de Batou, me suffirait.

Alors, à l'octave des Innocents [4 janvier 1254], nous fûmes conduits à la cour. Des prêtres nestoriens arrivèrent, dont j'ignorais qu'ils fussent chrétiens, et qui nous demandèrent dans quelle direction nous priions. Je répondis: «Vers l'orient». Ils nous demandaient cela parce que nous avions fait raser nos barbes, sur le conseil de notre guide, pour comparaître en présence du Chan selon les usages de notre patrie. De là vint qu'ils nous prirent pour des tuins, c'est-à-dire des idolâtres[2]. Ils nous firent également expliquer la Bible. Puis ils demandèrent quelle révérence nous voulions faire devant le Chan, à notre manière ou à la

1. En fait, le 12 avril 1254.
2. Les bouddhistes priaient face au nord, les nestoriens face à l'orient. Ceux-là étaient rasés, ceux-ci portaient la barbe.

leur. Je leur répondis: «Nous sommes des prêtres consacrés au service de Dieu. Dans nos régions, les grands seigneurs ne souffrent pas que les prêtres fléchissent devant eux le genou; par égard pour l'honneur de Dieu. Cependant nous consentons à nous humilier devant tout homme, pour l'amour de Dieu. Nous venons de loin: tout d'abord, si cela vous plaît, nous chanterons les louanges de Dieu qui nous a menés sains et saufs de si loin jusqu'ici, et ensuite nous ferons comme il plaira à votre maître lui-même, à l'exception de ceci, qu'il ne nous demande rien qui soit contraire au culte et à l'honneur de Dieu.»

Ils entrèrent dans la maison et redirent mes paroles. Elles plurent au maître, et il nous placèrent devant la porte de la maison, en soulevant le feutre qui pendait devant elle, et comme nous étions aux jours de la Nativité, nous commençâmes à chanter:

A solis ortus cardine
Et usque terrae limitem
Christum canamus principem
Natum Maria Virgine [1]

Quand nous eûmes chanté cette hymne, ils palpèrent nos jambes, notre poitrine et nos bras, pour voir si nous avions des couteaux sur nous. Ils firent aussi désarmer notre interprète qui dut laisser sa ceinture avec son couteau à l'extérieur à la garde d'un portier.

Nous entrâmes alors. Un banc avec du comos se trouvait dans l'entrée, à côté duquel ils firent arrêter l'interprète. Quant à nous, ils nous firent asseoir sur une banquette devant les dames. La maison était intérieurement toute tapissée de tissus d'or et il y avait un feu sur un petit foyer au centre de la maison, où brûlaient des épines, et des racines d'absinthe [2], plante qui atteint une taille élevée dans la région, ainsi que des bouses de bœufs. Mangou était assis sur un lit recouvert d'une peau tachetée et très brillante, comme la peau du bœuf marin [3]. C'est un homme camard, de taille moyenne, d'environ quarante-cinq ans; à côté de lui était assise une très jeune épouse; l'une de ses filles, très laide, adulte, nommée Cirina, était assise avec d'autres enfants sur un lit derrière eux. Car cette maison avait appartenu à une dame chrétienne qu'il avait beaucoup aimée, et dont il avait eu cette fille. Il

1. L'hymne *A solis ortus cardine* fut très populaire parmi les missionnaires. Elle est traduite en turc dans le *Codex Cumanicus*. «Depuis le point où le soleil se lève / Et jusqu'aux limites de la terre / Chantons le Christ souverain / Né de la Vierge Marie.»

2. Rockhill et Pelliot pensent que ces racines d'absinthe sont en fait des racines de *saqsaul*, «sorte de tamaris dont les souches s'arrachent facilement», combustible très usité dans les deux Turkestans. Pour les absinthes, ce sont les tiges qui fournissent le combustible.

3. Vraisemblablement de la peau de phoque d'après Rockhill. Il y avait une variété de phoque dans la Caspienne et dans le Baïkal.

avait par la suite pris cette toute jeune femme, mais cependant sa fille était restée maîtresse de toute cette cour qui avait été à sa mère.

Il nous fit alors demander ce que nous voulions boire: ou bien du vin ou de la terracine, qui est de la cervoise de riz, ou du caracomos, qui est du lait clair de jument, ou du bal[1], qui est de l'hydromel de miel. Ce sont là les quatre boissons qu'ils prennent en hiver. Je répondis: «Seigneur, nous ne sommes pas des hommes qui cherchent leur satisfaction dans la boisson: votre choix nous conviendra.» Il nous fit servir une boisson de riz, claire et savoureuse comme du vin blanc, dont je ne goûtai que très peu, et par révérence pour lui. Pour notre malheur, notre interprète se trouvait près des échansons: ils l'abreuvèrent si copieusement qu'il fut bientôt ivre.

Alors le Chan fit amener des faucons et d'autres oiseaux qu'il posa sur sa main et considéra, puis, après un assez long moment, il nous ordonna de parler. Il fallut alors nous agenouiller. Il avait lui-même son interprète, un nestorien — nous ignorions qu'il fût chrétien — et nous avions le nôtre, tel qu'en lui-même, et de plus, déjà ivre. Je dis alors: «Tout d'abord, nous adressons nos actions de grâce et nos louanges à Dieu, qui nous a amenés de contrées si éloignées, pour voir Mangou-chan, à qui Dieu a donné tant de puissance sur terre. Et nous prions le Christ, sous l'empire de qui nous vivons et mourons tous, qu'il lui donne bonne et longue vie.» Car ils veulent que l'on prie pour leur vie[2]. Puis je lui exposai ceci: «Seigneur, nous avons entendu dire que Sartach était chrétien; les chrétiens se sont réjouis de l'apprendre, et particulièrement notre seigneur, le Roi des Français. C'est pourquoi nous sommes venus à lui, et notre seigneur le Roi lui a envoyé par nous des lettres dans lesquelles il y avait des paroles de paix, et où, entre autres, il témoignait, à notre endroit, de ce que nous sommes, et demandait à Sartach de nous permettre de demeurer dans son pays; car notre devoir est d'enseigner aux hommes à vivre selon la loi de Dieu. Mais Sartach nous envoya à son père Batou, et Batou nous envoya ici jusqu'à vous. Vous êtes un homme à qui Dieu a donné une grande puissance sur terre, aussi demandons-nous à votre souveraineté qu'elle nous accorde la permission de demeurer dans votre pays pour y faire le service de Dieu envers vous-même, vos épouses et vos enfants. Nous n'avons ni or, ni argent, ni pierres précieuses à vous offrir; nous ne pouvons vous offrir que nous-mêmes pour servir Dieu et prier Dieu en votre faveur. Au moins, donnez-nous l'autorisation de rester ici jusqu'à ce que ce froid soit passé: car mon ami est si faible qu'il ne peut d'aucune manière, sans danger pour sa vie, continuer à souffrir à cheval.»

---

1. Nom turco-mongol du miel.
2. L'obligation faite d'abord aux taoïstes de prier pour la vie du grand khan avait été étendue aux prêtres de toutes les religions (Van den Wyngaert).

Mon compagnon m'avait en effet parlé de sa faiblesse et m'avait adjuré de demander la permission de rester. Car nous supposions bien qu'il nous faudrait retourner chez Batou si, par faveur spéciale, il ne nous accordait pas la permission de rester.

Il commença alors à répondre: «De même que le soleil répand partout ses rayons, de même ma puissance et celle de Batou se répandent partout. Aussi n'avons-nous besoin ni d'or ni d'argent.» Jusque-là je compris mon interprète, mais ensuite je ne pus saisir aucune phrase complète, ce qui me fit bien comprendre qu'il était ivre. Et Mangou-chan lui aussi me paraissait un peu pris d'ivresse[1]. Ses dernières paroles cependant, à ce qu'il me sembla, exprimaient son déplaisir que nous fussions allés d'abord chez Sartach, plutôt que de venir droit à lui. Quant à moi, voyant la défaillance de mon interprète, je me tus alors, sinon que je lui demandai de ne pas prendre en mal ce que je lui avais dit à propos d'or et d'argent: si j'en avais parlé, c'était non pas qu'il manquât de tels biens ou qu'il en désirât, mais parce que nous étions tout disposés à l'honorer aussi bien dans les choses matérielles que dans les spirituelles.

Il nous fit alors lever, puis rasseoir; peu après, l'ayant salué, nous sortîmes [...].

MONNAIE ET ÉCRITURE DES CHINOIS

Je questionnai des prêtres qui étaient venus du Cathay: ils affirmaient que de l'endroit où je rencontrai Mangou, il y avait vingt journées de distance jusqu'au Catay, en allant vers le midi et l'orient; que jusqu'à l'Onan Kerule, qui est le pays propre des Moals, où se trouve la cour de Chingis, il y avait dix journées, droit vers l'orient, et que dans ces contrées de l'orient il n'y avait aucune ville. Il y avait là cependant, disaient-ils, des peuplades nommées Su-Moals, c'est-à-dire des Moals des eaux, car *su* est la même chose que «eau». Ils vivent de poissons et de chasse et n'ont ni petit ni gros bétail. Vers le nord, de même, il n'y a aucune ville, mais un peuple misérable qui s'appelle Kerkis. On y trouve aussi les Orengaï qui se lient sous les pieds des os polis et s'élancent sur la neige gelée ou sur la glace avec tant de vitesse qu'ils attrapent des oiseaux et des bêtes[2].

Il y a plusieurs autres peuples misérables vers le nord, aussi loin que le froid leur permet de s'étendre, et vers l'occident ils touchent à la terre de Pascatur, qui est la Grande Hongrie dont je vous ai parlé plus

1. Malgré les lois contre l'ivresse établies par Gengis khan, lui-même et ses successeurs étaient de grands buveurs (Van den Wyngaert). Voir Plan Carpin (IV, 6): «l'ivresse est en honneur chez eux.»

2. L'usage de skis par ce peuple est aussi attesté par Rachid ad Din.

haut. Les limites de cet angle septentrional sont inconnues à cause des grands froids. On y subit en effet les rigueurs des neiges perpétuelles. Je m'enquis des monstres, ou des hommes monstrueux dont parlent Isidore et Solin. Ils me disaient qu'ils n'avaient jamais rien vu de tel, d'où nous avons vraiment lieu de nous demander si ce que racontent Isidore et Solin est vrai. Toutes les nations susdites, si pauvres qu'elles soient, sont contraintes de servir les Moals en quelque chose. Ce fut en effet une des prescriptions de Chingis que nul homme n'est affranchi de servir, jusqu'à ce qu'il soit vieux au point de ne plus pouvoir travailler d'aucune manière.

Un jour était assis près de moi un prêtre du Catay, vêtu d'un tissu rouge de la plus belle couleur[1]; je lui demandai d'où provenait une telle couleur. Il me raconta que dans les régions orientales du Catay se trouvent des roches élevées où habitent certaines créatures qui ont en tout la forme humaine, sauf qu'elles ne plient point les genoux, mais marchent en sautant je ne sais comment, et qu'elles ne sont pas plus hautes qu'une coudée; leur petit corps est tout revêtu de poils et elles habitent des cavernes inaccessibles. Ceux qui leur font la chasse s'avancent en portant de la cervoise, qu'ils peuvent rendre très enivrante, et font dans les rochers des creux en forme de coupes, qu'ils remplissent de cette cervoise. En effet, le Catay n'a point encore de vin, mais ils commencent à planter des vignes[2]; cependant ils font une boisson de riz.

Donc les chasseurs se cachent, les animaux sortent de leurs cavernes, goûtent la boisson et crient «chin! chin!», cri d'où leur est venu leur nom, car on les appelle chinchin. Ils se rassemblent très nombreux et boivent la cervoise, s'enivrent et s'endorment sur place. Les chasseurs arrivent alors pour leur lier pieds et mains pendant leur sommeil. Ensuite ils leur ouvrent une veine du cou et en tirent trois ou quatre gouttes de sang à chacun, puis les laissent aller librement; et ce sang, à ce qu'il me dit, est très précieux pour teindre les étoffes de pourpre.

Ils me racontaient également comme vrai, mais je n'y crois pas, qu'au-delà du Catay se trouve une province où, quel que soit l'âge d'un homme au moment où il y entre, il garde toujours cet âge. Le Catay est sur l'Océan. Maître guillaume m'a raconté qu'il avait vu des ambassadeurs de peuplades appelées Caule et Manse[3] qui habitent dans

1. Il s'agissait vraisemblablement d'un lama tibétain qui avait visité la Chine. Les prêtres chinois, bouddhistes ou taoïstes, n'ont jamais porté de vêtements rouges, et, au témoignage même de Rubrouck, les *tuins* de Mongolie étaient vêtus de jaune.

2. La preuve a été apportée par E. Chavannes que dès le XIIIe et le XIVe siècle les Chinois produisaient du vin de raisin.

3. Caule: Kao-li, la Corée méridionale. Manse: ce ne peut être que le chinois Mantseu, le Manzi de Marco-Polo, qui désigne la Chine du Sud, alors encore aux mains des Song. Mais, contrairement à la Corée, le Manse n'est pas dans une région où la mer gèle en hiver (Pelliot, p. 173).

des îles dont la mer gèle en hiver, si bien que les Tartares peuvent alors les envahir. Aussi donnaient-ils trente-deux mille tomans de iastoc par an à la seule condition qu'on les laissât en paix. Le toman est un nombre qui vaut dix mille.

La monnaie courante du Cathay est en papier[1], d'une paume en largeur et en longueur, sur lequel ils impriment des lignes comme celles du sceau de Mangou. Ils écrivent avec un pinceau, comme celui des peintres, et rassemblent en un seul signe les diverses lettres qui composent un même mot. Les Tibétains écrivent comme nous et ont des chiffres très semblables aux nôtres. Les Tangout écrivent de droite à gauche comme les Arabes mais passent à la ligne suivante en remontant. Les Ouigours, comme il a été dit plus haut, écrivent de haut en bas. La monnaie ordinaire des Ruthènes est faite de peaux de vair et de petit-gris. [...]

A CARACORUM

A Caracorum, Mangou a une vaste cour près des murs de la ville; elle est clôturée par un mur de briques, comme sont clos, chez nous, les prieurés des moines. Il y a là un grand palais où il tient ses beuveries deux fois l'an, une fois aux alentours de Pâques, lorsqu'il passe par là, et une deuxième fois en été, à son retour. Cette seconde est la plus importante, parce qu'alors se rassemblent à sa cour tous les nobles, où qu'ils soient, même à deux mois de route. Il leur distribue alors vêtements et présents et manifeste ainsi la grandeur de sa gloire. Il y a là beaucoup d'autres maisons aussi longues que des granges, dans lesquelles sont emmagasinés ses vivres et ses trésors.

A l'entrée de ce grand palais, comme il était honteux d'y introduire des outres de lait et d'autres boissons, maître Guillaume le Parisien lui fit un grand arbre en argent, aux racines duquel sont quatre lions d'argent, chacun avec un conduit, et vomissant tous du lait blanc de jument. A l'intérieur de l'arbre, quatre conduits vont jusqu'à la cime, d'où leur extrémité s'ouvre vers le bas. Sur chacun d'eux est un serpent doré dont la queue s'enroule au tronc de l'arbre. L'un de ces conduits verse du vin, l'autre du caracomos, c'est-à-dire du lait de jument clarifié, un autre du boal, qui est une boisson de miel, un autre de la cervoise de riz, que l'on appelle terracine. Pour chaque boisson une vasque d'argent est disposée au pied de l'arbre, où elle recueille le

1. *Est carta de wambasio*. Il faut résister à la tentation de traduire par «papier de coton». Il est établi que le papier chinois n'était pas à base de coton, et que le papier de coton n'a jamais existé, pas plus en Occident qu'en Orient. Quelle qu'en soit l'origine, «le fait est que *carta de Wambasio* était au Moyen Age une expression courante pour désigner le papier tout court, par opposition au papyrus». Pelliot ajoute que l'on possède des spécimens authentiques de papier monnaie de l'époque mongole.

liquide de chacun des conduits. Au sommet de l'arbre il a fait un ange qui tient une trompette, et sous l'arbre un caveau où un homme peut se cacher. Un conduit interne s'élève au cœur de l'arbre jusqu'à l'ange. Il avait d'abord fait des soufflets, mais qui ne donnaient pas assez de vent. En dehors du palais se trouve un cellier où sont emmagasinées les boissons; des serviteurs s'y tiennent, prêts à les distribuer quand ils entendent l'ange sonner de la trompette. L'arbre porte des rameaux d'argent, avec des feuilles et des fruits.

Donc, quand le chef des échansons a besoin de boisson, il crie à l'ange de sonner de la trompette. En l'entendant, celui qui est caché dans le caveau souffle vigoureusement dans le conduit qui mène à l'ange, l'ange embouche la trompette et la trompette sonne très haut. Alors, en l'entendant, les serviteurs qui sont dans le cellier versent chacun la boisson dans le conduit qui lui est propre, et les tuyaux les déversent, en haut et en bas, dans les vasques disposées à cet effet. Les échansons les puisent alors et les portent à travers le palais aux hommes et aux femmes.

Le palais est comme une église, avec une nef médiane, et deux collatéraux derrière deux ordres de colonnes, et trois portes au sud; devant la porte du milieu, à l'intérieur, se dresse l'arbre. Le Chan siège au chevet, à l'extrémité nord, en un lieu élevé, si bien qu'il peut être vu de tous. Deux escaliers montent vers lui: l'échanson qui lui apporte une coupe monte par l'un et redescend par l'autre. L'espace qui est au milieu, entre l'arbre et les escaliers par où l'on monte jusqu'à lui, est libre. Là en effet se tiennent celui qui lui présente la coupe et aussi les ambassadeurs qui apportent des présents. Lui-même est assis là-haut comme un dieu. Du côté droit, c'est-à-dire à l'occident, sont les hommes, à gauche les femmes. Le palais s'étend du nord vers le sud. Près des colonnes, du côté droit, se trouvent des sièges élevés sur une sorte de terrasse où sont assis son fils et ses frères. Il en est de même du côté gauche où sont assises ses épouses et ses filles. Une seule femme est assise en haut près de lui, mais cependant sur un siège moins élevé que le sien. [...]

Nous cependant, nous restâmes avec le moine à Caracorum, tout comme d'autres prêtres de la cour, afin d'y célébrer la Pâque. Car le jour de la Cène approchait, ainsi que la Pâque [9 et 12 avril], et je n'avais pas nos vêtements sacerdotaux; considérant la manière de consacrer des nestoriens, j'étais très embarrassé de la conduite à tenir: devais-je recevoir le sacrement de leurs mains, ou célébrer dans leurs vêtements, avec leur calice et sur leur autel ou devais-je m'abstenir entièrement du sacrement? Il se trouvait alors une grande multitude de chrétiens: Hongrois, Alains, Ruthènes, Géorgiens, Arméniens, qui tous avaient été privés du sacrement depuis qu'ils avaient été faits prisonniers, parce que les nestoriens ne voulaient pas les admettre dans leur église s'ils n'étaient pas rebaptisés par eux, d'après ce qu'ils disaient. Pourtant les nestoriens ne nous en firent aucune mention. Bien au contraire, ils reconnaissaient devant nous que l'Église romaine était la tête de toutes les églises et qu'eux-mêmes devraient recevoir leur Patriarche du Pape, si les chemins étaient franchissables. A nous, ils nous offraient libéralement leur sacrement, et ils me faisaient tenir à la porte du chœur, pour me permettre de voir comment ils consacraient, et même, la veille de Pâques, près des fonts, pour que je pusse voir comment ils baptisaient.

Ils disent qu'ils ont de cet onguent avec lequel Marie-Madeleine oignit les pieds du Seigneur; ils y versent toujours de l'huile en quantité égale à celle qu'ils ont enlevée, et ils y trempent leur pain. Tous les Orientaux en effet mettent dans leur pain, en guise de levain, de la graisse, ou du beurre, ou du suif de queue de mouton, ou de l'huile. Ils disent aussi qu'ils ont de la farine avec laquelle fut fait le pain que le Seigneur a consacré, et ils en remettent toujours autant qu'ils en enlèvent. Près du chœur, ils ont une chambre et un four où ils font avec un grand respect le pain qu'ils doivent consacrer; Ils confectionnent donc avec l'huile susdite un pain de la largeur d'une paume qu'ils brisent d'abord en douze parties d'après le nombre des apôtres; ils divisent ensuite ces douze parties d'après le nombre des fidèles. Le prêtre donne à chacun d'eux le corps du Christ dans sa main droite, et chacun communie en le prenant avec respect de sa propre main, puis s'essuie la main en la passant sur le haut de la tête.

Les chrétiens dont j'ai parlé et le moine lui-même demandaient instamment, au nom de Dieu, que nous fissions la célébration. Je les fis alors confesser comme je le pus, par l'entremise de l'interprète, énumérant les dix commandements, les sept péchés mortels, et les autres fautes qui demandent contrition et confession; et tous le firent en public. Ils se disculpaient d'avoir volé, disant que sans voler ils ne pourraient vivre, car leurs maîtres ne leur donnent ni vivres ni vêtements. Alors moi, considérant que leurs maîtres les avaient enlevés, avec leurs biens, et privés de tout, sans juste cause, je leur dis qu'ils pouvaient prendre des biens de leurs maîtres le nécessaire, et j'étais prêt à dire cela à la face de Mangou-chan lui-même. Il y avait aussi parmi eux des soldats, qui s'excusaient d'être obligés d'aller à la guerre, sans quoi ils seraient mis à mort. Je leur interdis fermement d'aller contre des chrétiens et de leur porter atteinte; ils devaient plutôt se laisser tuer, parce qu'ils deviendraient ainsi des martyrs. Et je dis que si quelqu'un voulait m'accuser de cette doctrine auprès de Mangou-chan, j'étais prêt à la prêcher en sa présence. En effet, il y avait des nestoriens de la cour dans l'assistance pendant que je professais ceci, et je soupçonnais qu'ils pourraient nous dénoncer.

Or maître Guillaume nous fit confectionner un fer pour y former des hosties, et il avait quelques vêtements d'église qu'il s'était faits. Car il est quelque peu lettré et se conduit comme un clerc. Il avait fait de la bienheureuse Vierge une image sculptée à la manière française, et sur les deux volets qui se refermaient sur elle il avait sculpté en toute beauté l'histoire de l'Évangile. Il avait fait également une pyxide d'argent pour contenir le corps du Christ, et des reliques logées dans de petites cavités qu'il avait ménagées dans les parois de la pyxide. Il avait fait aussi un oratoire sur un chariot, et l'avait peint d'histoires saintes avec beaucoup d'art.

J'acceptai donc ses vêtements et je les bénis. Nous fîmes des hosties très belles à notre manière, et les nestoriens m'assignèrent leur baptistère, où il y avait un autel. Leur Patriarche leur avait envoyé de Baldach[1] une pièce de cuir carrée, comme un autel portatif, qui avait été consacré avec le chrême et dont ils se servent à la place de pierre consacrée. Je célébrai donc la messe le jour de la Cène [9 avril], dans leur calice d'argent et leur patène, qui étaient des vases de très grande taille, et je fis de même le jour de Pâques [12 avril]. Nous donnâmes la communion au peuple avec, comme je l'espère, la bénédiction de Dieu. Eux-mêmes [les nestoriens] baptisèrent la veille de Pâques plus de soixante personnes en très bon ordre. Et ce fut une très grande joie partagée par tous les chrétiens. [...]

DIEU ET DEVINS A LA COUR DE MANGOU

Le jour de la Pentecôte [31 mai], Mangou-chan m'appela devant lui, ainsi que le tuin avec qui j'avais disputé. Avant mon entrée, l'interprète, le fils de maître Guillaume, me dit que nous devions nous en retourner dans notre pays et ne point faire d'objection, car il avait compris que c'était une chose fixée. Une fois arrivé devant lui, il me fallut fléchir les genoux, comme le tuin, à côté de moi, avec son interprète. Il me dit alors: «Dites-moi la vérité. Avez-vous dit l'autre jour, quand je vous ai envoyé mes secrétaires, que j'étais un tuin?» Je répondis alors: «Seigneur, je n'ai pas dit cela, je vais vous rapporter les paroles que j'ai prononcées, s'il vous plaît ainsi.» Je lui répétai alors ce que j'avais déclaré, et il répondit: «J'avais bien pensé que vous ne l'aviez pas dit, parce que vous ne deviez pas dire une telle chose, mais votre interprète a mal traduit.» Et il tendit vers moi le bâton sur lequel il s'appuyait, en disant: «*Ne craignez pas*[2]». Et moi, en souriant, je dis tout bas: «Si j'avais peur, je ne serais pas venu ici.» Il demanda à l'interprète ce que j'avais dit, et celui-ci le lui répéta.

Après cela, il commença à me faire sa profession de foi: «Nous autres Moals, dit-il, nous croyons qu'il n'y a qu'un seul Dieu, par qui

1. Bagdad, résidence du patriarche nestorien. Il s'agit d'une peau d'âne, en souvenir de la monture du Christ lors de son entrée à Jérusalem.
2. *Nolite timere*. Luc, XII, 32.

nous vivons et par qui nous mourons, et nous avons envers lui un cœur droit.» Je dis alors: «Ce cœur, c'est Dieu qui vous le donnera, car sans le don de sa grâce cela ne peut se faire.» Il demanda ce que j'avais dit; l'interprète le lui transmit. Il ajouta ensuite: «Mais comme Dieu a donné à la main plusieurs doigts, de même il a donné aux hommes plusieurs voies. Dieu vous a donné les Écritures, et vous, chrétiens, vous ne les observez pas. Vous ne trouvez pas dans les Écritures qu'un homme doit en critiquer un autre, n'est-il pas vrai? — Assurément non, Seigneur, dis-je, mais je vous ai déclaré dès le début que je ne voulais de litige avec personne. — Je ne le dis pas pour vous, dit-il. De même, vous n'y trouvez pas qu'un homme doive, pour de l'argent, se détourner de la justice. — Non, Seigneur, dis-je, et assurément je ne suis pas non plus venu dans ces régions pour gagner de l'argent; au contraire, j'ai refusé celui qu'on m'offrait.» Il y avait un secrétaire présent qui attesta que j'avais refusé un iastoc et des étoffes de soie. «Je ne le dis pas pour lui, reprit-il. Donc Dieu vous a donné les Écritures, et vous ne les observez pas. Il nous a donné les devins; nous faisons ce qu'ils nous disent, et nous vivons en paix.» Il but, je crois, quatre fois avant d'achever ces propos.

Et comme j'écoutais attentivement s'il voulait ajouter encore quelque chose à sa profession de foi, il se mit à parler de mon retour et dit: «Tu as demeuré longtemps ici, je veux que tu t'en retournes. Tu as dis que tu n'osais pas conduire mes ambassadeurs avec toi, mais voudrais-tu te charger de mes paroles ou de mes lettres?»

Et ensuite, je n'eus plus le lieu ni le temps de lui exposer la foi catholique. On ne peut en effet parler en sa présence qu'autant qu'il le veut, à moins d'être un ambassadeur. Un ambassadeur peut dire tout ce qu'il veut, et on lui demande toujours s'il a encore quelque chose à ajouter. Mais, quant à moi, il ne me permit pas d'en dire davantage: je devais l'écouter, et répondre à ses questions.

Alors je lui répondis qu'il me fît comprendre ses paroles et qu'il les fît rédiger par écrit: je les porterais volontiers, selon mon pouvoir. Il me demanda si je voulais de l'or, de l'argent ou des vêtements précieux. Je lui dis: «Nous n'acceptons rien de tel, mais nous n'avons pas de quoi payer le voyage, et sans votre aide nous ne pouvons sortir de votre pays.» Il dit alors: «Je te ferai donner tout le nécessaire pour traverser mon pays. Veux-tu davantage? — Cela me suffit», répondis-je. «Jusqu'où veux-tu que l'on te conduise?» demanda-t-il ensuite. «Jusque dans le pays du Roi d'Arménie, dis-je, s'étend votre pouvoir. Si j'étais mené jusque-là, cela me suffirait.» Il répondit: «Je te ferai conduire jusque-là, à toi de pourvoir à la suite.» Et il ajouta: «Il y a deux yeux pour une tête et, cependant, bien qu'ils soient deux, ils n'ont qu'un seul regard, et là où l'un dirige sa vue, l'autre la dirige également; tu es venu de chez Batou, aussi convient-il que tu retournes par chez lui.»

Quand il eut dit cela, je lui demandai la permission de parler. «Parle», dit-il. je lui déclarai alors: «Seigneur, nous ne sommes pas des guerriers, nous voudrions que la domination du monde appartînt à ceux qui le gouverneraient avec plus de justice, selon la volonté de Dieu. Notre devoir est d'enseigner aux hommes à vivre selon la volonté de Dieu. C'est pour cela que nous sommes venus dans ces contrées, et que nous y serions volontiers restés, si vous y aviez consenti. Puisqu'il vous plaît que nous nous en retournions, il faut qu'il en soit ainsi. Je m'en irai et je porterai les lettres, selon mon pouvoir, comme vous me l'avez prescrit. Mais je voudrais faire une demande à votre magnificence: quand j'aurai porté vos lettres, qu'il me soit permis, avec votre agrément, de revenir chez vous, surtout parce que vous avez à Bolat de pauvres esclaves qui sont de notre langue, et qui manquent d'un prêtre, pour leur enseigner, à eux et à leurs enfants, leur religion, et je resterais volontiers auprès d'eux.»

Il répondit: «A condition que tes maîtres te renvoient auprès de moi.» Je dis alors: «Seigneur, j'ignore le dessein de mes maîtres, mais j'ai d'eux licence d'aller partout où je voudrai, là où il serait nécessaire de prêcher la parole de Dieu; et il me semble que cela serait bien nécessaire dans ces régions. Aussi, que mon maître vous envoie des ambassadeurs ou non, si cela vous agréait, je reviendrais.»

Alors il se tut, et resta longtemps assis, comme s'il réfléchissait, et l'interprète me dit de ne pas parler davantage. J'attendais avec anxiété sa réponse. Enfin il dit: «Tu as un long chemin à faire. Fortifie-toi en mangeant bien, afin que tu puisses arriver en bonne santé dans ton pays.» Et il me fit donner à boire. Alors, je sortis de devant sa face, et je ne suis plus revenu. Si j'avais eu le pouvoir de faire des miracles comme Moïse, peut-être se serait-il humilié.

Donc les devins, comme le Chan l'a lui-même confessé, sont leurs prêtres, et tout ce qu'ils prescrivent de faire est accompli sans délai. Je vous décris leur ministère d'après ce que j'ai pu apprendre par maître Guillaume, et par d'autres qui me disaient des choses vraisemblables. Ils sont nombreux, et ont toujours un chef, une sorte de pontife, qui toujours place sa maison devant la plus grande maison de Mangou-chan, à peu près à la distance d'un jet de pierre. Sous sa garde sont placés, comme je l'ai dit plus haut, les chariots qui portent les idoles. Les autres sont derrière la cour, à des endroits qui leur sont assignés. Et ceux qui croient en leur art viennent vers eux des diverses parties du monde.

Certains d'entre eux ont des connaissances d'astronomie, surtout leur supérieur. Ils prédisent les éclipses du soleil et de la lune; et quand cet événement doit se produire, tout le peuple prépare de la nourriture, pour n'avoir pas besoin de franchir le seuil de la maison. Au moment de l'éclipse, ils jouent du tambourin et des instruments, à grand renfort de bruit et de clameurs. L'éclipse terminée, ils s'adonnent à des beuveries et à des festins, et font grande liesse. Ils prédisent les jours fastes et néfastes pour toute affaire à entreprendre. Aussi les Moals n'assemblent-ils jamais leur année et n'entrent-ils jamais en guerre sans leur avis. Et il y a longtemps qu'ils seraient revenus en Hongrie, mais les devins ne le leur permettent pas.

Ils font passer entre des feux tout ce qui est apporté à la cour et en reçoivent une part déterminée qui leur est due. Ils purifient également tout le mobilier des morts en le passant entre deux feux. En effet, lorsque quelqu'un meurt, on met à part tout ce qui lui appartient, et on ne mêle pas ces objets au reste du mobilier de la cour, jusqu'à ce que tout soit purifié par les feux, comme je l'ai vu faire à la cour de cette dame qui est morte pendant que nous étions là. Aussi y eut-il double motif pour contraindre frère André et ses compagnons à passer par le feu: d'abord parce qu'ils portaient des présents, et ensuite parce qu'ils étaient destinés à un homme qui venait de mourir, à savoir Keuchan. A moi, on ne me demanda rien de tel, parce que je n'avais rien apporté. Si un animal ou un objet quelconque tombe à terre pendant qu'ils les font ainsi passer entre les feux, il leur appartient.

Le neuvième jour de la lune de mai, ils rassemblent toutes les juments blanches du troupeau et les consacrent. Il faut aussi que les prêtres chrétiens s'y rendent avec leurs encensoirs. Ils jettent alors à terre du comos nouveau, et font une grande fête ce jour-là[1], car ils considèrent qu'ils boivent pour la première fois le comos nouveau, comme cela se fait chez nous en quelques endroits pour le vin à la fête de saint Barthélemy ou de Sixte et pour les fruits à la fête de saint Jacques et de saint Christophe[2].

On appelle aussi les devins à la naissance d'un enfant, pour qu'ils prédisent sa destinée. On les appelle encore en cas de maladie: ils prononcent leurs incantations et ils jugent si la maladie est naturelle ou provoquée par un sort. A ce sujet, cette femme de Metz dont j'ai parlé plus haut m'a raconté quelque chose d'étonnant.

Une fois, des fourrures très précieuses furent présentées, puis déposées à la cour de sa maîtresse, qui était chrétienne, comme je l'ai

1. Les fêtes des Mongols étaient réglées selon le calendrier ouigouro-mongol avant l'adoption du calendrier chinois, accomplie dès l'époque de Marco Polo. Rappelons que Rubrouck ne signale que trois fêtes: deux beuveries (*potationes*) et l'aspersion du lait de jument. L'une des deux beuveries se situe aux alentours de Pâques et l'autre en été. Il a assisté à la seconde de ces fêtes qui se tenait le 7 juin cette année-là. Quant à la fête de l'aspersion du lait de jument, elle était au temps de Plan Carpin et de Rubrouck célébrée deux fois l'an, le neuvième jour des quatrième et septième lunes. Puis il n'y eut plus qu'une seule fête, dont la date subit des modifications.

2. Rappelons les dates respectives de ces fêtes: la Saint-Barthélemy le 24 août, la Saint-Sixte le 6 août, la Saint-Jacques et Saint-Christophe le 25 juillet.

dit plus haut[1]. Les devins les passèrent entre les feux, et en prirent plus qu'ils n'auraient dû. Une femme, qui avait la garde du trésor de sa maîtresse, les en accusa auprès de celle-ci, et la dame le leur reprocha. Il arriva après cela que la dame tomba malade et éprouva certaines douleurs subites dans diverses parties de son corps. Les devins furent appelés, et, assis à distance, ils ordonnèrent à une des jeunes suivantes de placer la main sur l'endroit de la douleur et de saisir ce qu'elle y trouverait. Elle se leva, fit ce qu'on lui demandait et trouva sous sa main un morceau de feutre ou de quelque autre chose[2]. Ils lui ordonnèrent de le poser à terre; une fois déposé, il se mit à ramper comme un animal vivant. On le mit alors dans l'eau et il se transforma en une sorte de sangsue, et les devins dirent: «Madame, une sorcière vous a frappée de ses sortilèges.» Ils accusèrent celle qui les avait accusés pour les fourrures. Elle fut menée hors du camp, dans la campagne, et pendant sept jours on la bâtonna et on la soumit à d'autres tourments pour la faire avouer. Entre-temps, sa maîtresse mourut. Lorsque cette femme l'apprit, elle leur dit: «Je sais que ma maîtresse est morte. Tuez-moi pour que j'aille avec elle, car je ne lui ai jamais fait de mal.» Et comme elle n'avouait rien, Mangou ordonna qu'on lui permît de vivre.

Alors les devins accusèrent la nourrice de la fille de cette dame, dont j'ai parlé plus haut. Cette nourrice était chrétienne et son mari l'un des plus honorables parmi tous les prêtres nestoriens. On la conduisit au supplice, avec une de ses servantes, pour la faire avouer. La servante avoua que sa maîtresse l'avait envoyée parler à un cheval pour avoir une réponse. La femme elle-même avoua qu'elle avait fait certaines choses pour obtenir l'affection de sa maîtresse et sa bienveillance, mais elle dit qu'elle n'avait rien fait qui pût lui nuire. On lui demanda aussi si son mari était complice. Elle chercha à l'excuser en disant qu'il avait brûlé les signes et les lettres qu'elle avait faits elle-même. Elle fut alors mise à mort. Mangou lui-même envoya le mari, qui était prêtre, à son Évêque, au Catay, pour y être jugé, quoiqu'il n'eût pas été trouvé coupable.

Entre-temps, il arriva que la première épouse de Mangou-chan mit au monde un fils. Les devins, appelés pour dire la destinée de l'enfant, lui prophétisèrent tous un avenir heureux, disant qu'il vivrait longtemps et qu'il deviendrait un grand prince. Peu de jours après, il arriva que cet enfant mourut. La mère, furieuse, appela les devins et leur dit: «Vous avez dit que mon fils vivrait, et voici qu'il est mort!» Alors ceux-ci: «Madame, voici que nous voyons cette sorcière, la nourrice de Chirina, qui fut tuée l'autre jour. Elle a tué votre fils; et voici que

1. La mère de Chirina.
2. Ce genre d'«extraction» du mal est une pratique courante des chamans.

nous la voyons qui l'emporte.» Or il était resté dans le camp un fils et une fille adultes de cette femme; la dame furibonde les fit venir, et fit tuer le jeune homme par un homme, et la jeune fille par une femme, pour venger son fils qui, au dire des devins, avait été tué par leur mère.

Quelques jours plus tard, le Chan rêva de ces enfants et, au matin, demanda ce qu'on avait fait d'eux. Ses serviteurs craignirent de le lui dire; de plus en plus inquiet, il demanda où ils étaient, parce qu'ils lui étaient apparus en rêve pendant la nuit. Alors ils le lui dirent. Aussitôt il envoya chercher son épouse, lui demanda d'où elle tenait qu'une femme pût prononcer une sentence de mort à l'insu de son mari, et la fit enfermer pendant sept jours, en ordonnant de la priver de nourriture. Quant à l'homme qui avait tué le jeune homme, il le fit décapiter, fit suspendre sa tête au cou de la femme qui avait tué la jeune fille, et fit fouetter celle-ci avec des tisons ardents à travers le camp, puis il la fit mettre à mort. Il aurait également tué sa propre épouse, s'il n'avait eu égard aux enfants qu'il a d'elle. Mais il quitta sa tente, et n'y revint qu'après une lune écoulée.

Les mêmes devins troublent les airs par leurs incantations, et quand le froid est naturellement si vif qu'ils ne peuvent y apporter aucun remède, ils recherchent, dans le camp, des individus qu'ils accusent d'être à l'origine du froid, et ceux-ci sont mis à mort sans aucune hésitation.

Peu de temps avant mon départ, l'une des concubines était malade et languissait depuis longtemps. Ils prononcèrent des incantations sur une de ses esclaves teutonnes, qui s'endormit pendant trois jours. Lorsqu'elle fut revenue à elle, ils lui demandèrent ce qu'elle avait vu. Elle avait vu de nombreuses personnes qu'ils considérèrent toutes comme destinées à mourir bientôt. Mais parce qu'elle n'y avait pas rencontré sa maîtresse, ils jugèrent qu'elle ne mourrait pas de cette maladie. J'ai vu la jeune fille, qui souffrait encore beaucoup de la tête à la suite de ce sommeil.

Certains d'entre eux invoquent aussi les démons, et convoquent ceux qui veulent avoir les réponses d'un démon, la nuit, dans leur maison. Ils placent de la viande cuite au milieu de la maison. Le chan [chaman] qui fait l'invocation commence à dire ses incantations, et tient un tympanon[1] qu'il frappe fortement à terre. Enfin il entre en fureur et se fait lier. Alors, dans l'obscurité, le démon vient, [le chaman] lui donne à manger les viandes, et le démon fait les réponses.

Une fois, comme me l'a dit maître Guillaume, un Hongrois se cacha avec eux, et le démon, qui se tenait sur la maison, criait qu'il ne pouvait entrer, parce qu'il y avait un chrétien avec eux. Quand il entendit cela,

1. *Tympanon*: il s'agit, bien sûr, du *tambour* du chaman, et non pas de l'instrument qui est aujourd'hui désigné sous ce nom (originaire d'Europe centrale, ce dernier est un instrument à cordes frappées: on en joue avec des mailloches).

il s'enfuit précipitamment, parce qu'ils commençaient à le chercher. Voilà ce qu'ils font, et bien d'autres choses encore, qu'il serait trop long de raconter.

Guillaume de Rubrouck, *Voyage dans l'Empire mongol (1253-1255)*, traduit et commenté par Claude-Claire et René Kappler, Paris, Payot, 1985.

MARCO POLO
(1272)

Les frères Niccolo et Marfeo se rendent une première fois à la cour du souverain de la Horde d'Or, par le même itinéraire que les franciscains qui les ont précédés. De là, ils gagnent Boukhara où ils séjournent trois ans. Ne pouvant revenir sur Constantinople (d'où ils sont partis en 1260) en raison des guerres entre tribus mongoles, ils se joignent à une ambassade envoyée par le souverain mongol de Perse auprès de Kubilay, à Pékin. Ils empruntent un itinéraire passant par le Syr-Daria, la vallée de l'Ili, longent les Tian Shan, et rejoignent le Gansu. Ayant quitté la Chine en 1266, ils arrivèrent à Saint-Jean-d'Acre en 1269. C'est grâce au récit du fils de Niccolo, Marco, que nous connaissons cet itinéraire. Il est vraisemblable que bien d'autres voyageurs de cette époque ont réalisé ces mêmes traversées continentales, mais sans en laisser de traces.

Quand les deux hommes repartent d'Acre à la fin de 1271, Marco Polo accompagne son père et son oncle. Ils devaient à l'origine passer par la mer jusqu'aux ports de mer de Chine du Sud. Mais, avertis des difficultés qu'ils auraient dans ces régions où s'affrontaient les Mongols et les dernières armées de la dynastie des Song, ils préférèrent rejoindre l'Asie centrale à partir d'Ormuz. C'est cet itinéraire que Marco Polo décrit, passant par le Wakhan, Kachgar et la ligne sud des oasis du Takla-Makan, Yarkand (Yarcan), Khotan (Cotan), Keriya (Pem), Qarqan (Ciarcan), pour arriver ensuite au sud du Lob Nor, et, après avoir traversé une zone désertique, Saciu, l'actuel Dunhuang. Plus de six siècles après leur passage, les grands voyageurs et explorateurs, parmi lesquels Sven Hedin ou Aurel Stein, ne manqueront pas d'évoquer les récits du Vénitien.

DE LA GRANDE PROVINCE DE BADASCIAN

Badascian est une grande province, où les gens adorent Mahomet et ont un langage bien à eux. En longueur, ce vaste royaume dure bien douze journées; la souveraineté y est par héritage, car tous les rois sont d'une même lignée, descendue du roi Alexandre, et de son épouse née fille du roi Darius le Grand, le grand sire de Perse. Et tous les rois de cette province sont encore appelés Çulcarnein[1], en leur langage sarrazin, ce qui veut dire en français roi Alexandre, par amour du grand Alexandre.

En cette province sont produites les pierres précieuses appelées *balasci*[2], qui sont très belles et de grande valeur. On les appelle *balasci* d'après Badascian, la province ou royaume où on les trouve. Elles prennent naissance dans les roches des montagnes, et je vous dis que lorsqu'ils en veulent, ils doivent se donner grand-peine, car ils font de vastes cavernes és montagnes et ils vont bien loin sous la terre, tout comme ceux qui creusent les veines d'or et d'argent. On ne travaille ainsi que sur une seule montagne, nommée Sighinan[3]. Et sachez encore que le roi de cette province les fait creuser pour lui, nul autre homme, naturel ou étranger, que le roi, ne pourrait aller à cette montagne, y quérir de ces *balasci* pour lui-même sans être mis à mort aussitôt. Et encore vous dis qu'il en coûte la tête et l'avoir si l'on en emporte aucun hors du royaume, car le roi les rassemble tous et garde les plus précieux pour lui; il les envoie çà et là par ses hommes aux autres rois et princes, et grands seigneurs, tantôt pour tribut, tantôt pour amitié; s'il lui plaît, il en vend aux marchands contre or et argent; et alors on les peut emmener en pays étranger. Et ce fait le roi pour que ses *balasci* restent rares et de grande valeur partout. Car s'il laissait d'autres hommes creuser et en porter par le monde, on en aurait tant répandu qu'ils ne vaudraient plus grand-chose, de sorte que le roi ne ferait plus que petits profits, ou pas du tout. C'est pour cette raison que le roi a décidé si grandes peines, pour que nul ne puisse en emporter sans son consentement. En une autre montagne de cette

---

1. La qualification de *Dhou al-Karnain*, «aux deux cornes», donnée aux souverains de cette région considérés comme descendants d'Alexandre, doit être attribuée au souvenir des rois gréco-bactriens qui fondèrent le royaume de Bactriane vers 256 avant l'ère chrétienne, et s'y maintinrent jusqu'aux environs de 140-130 avant J.-C. Les deux cornes sont à rattacher à une très ancienne représentation mythologique qui remonte à une très haute antiquité en Mésopotamie, et qu'on retrouve chez Jupiter Ammon. La légende concernant Alexandre est d'origine syrienne et date du VIe siècle; elle est passée dans le Koran et s'est ainsi répandue dans tous les pays musulmans.

2. Les pierres précieuses appelées *balasci* étaient des rubis, d'où le nom de rubis *balais* en français; il est probable que c'est le nom de ces pierres qui servit à désigner le pays qui devint le «pays du Badakhsh ou Balakhsh», Balakhsh étant sans doute une forme dialectale de ce nom. Les mines dont ces pierres étaient extraites se trouvent en dehors du Badakhashan proprement dit, actuellement dans une région qui dépend du territoire de la République uzbèque, le territoire de Gharan; elles sont actuellement abandonnées.

3. La montagne de Sighinan doit son nom à une localité située dans le bassin supérieur de l'Amou-Darya, qui est appelée Shikinan ou Shughnan; le territoire de cette localité est partagé par le fleuve en deux parties dont l'une, au nord, appartient à l'URSS, celle du sud à l'Afghanistan.

province prennent naissance les saphirs, qu'on recueille tout comme les *balasci.* Et sachez encore en vérité que dans une autre montagne de la même contrée, on trouve les pierres dont est fait l'azur, et c'est le plus fin et le meilleur qui soit au monde. Les pierres dont je vous ai parlé et dont on fait l'azur, forment des veines qui naissent en montagne comme les autres. Et cette veine est appelée *lapis lazuli.* Je vous dirai encore que sont en cette province autres montagnes d'où sont extraits argent, cuivre, et plomb en grande quantité.

C'est contrée et province très froide. Et sachez encore qu'il y naît de très bons chevaux, grands, et fameux coureurs; nul fer ne portent à leurs pieds, bien qu'il y ait de nombreuses pierres dans le pays; et c'est à cause des bons pieds qu'ils ont, et des bons sabots. Ils vont dans les montagnes et toujours sur des mauvaises routes sans broncher, et les hommes galopent dessus sur des pentes de montagne où d'autres animaux ne pourraient galoper ni n'oseraient essayer. Et l'on a dit à l'auteur que naguères auparavant, on pouvait trouver en cette province des chevaux descendus de la semence du cheval du roi Alexandre nommé Bucéphale; lesquels tous naissaient avec une corne et une étoile sur le front comme Bucéphale, parce que les juments avaient été couvertes par cet animal en personne. Mais puis après toute la race d'iceux fut détruite. Les derniers se trouvaient au pouvoir d'un oncle du roi, et quand il refusa de permettre au roi d'en prendre un, celui-ci le fit mettre à mort; mais de rage de la mort de son époux, la veuve anéantit ladite race, et la voilà perdue.

Dans ces montagnes naissent des faucons sacres[1], qui moult sont bons et bien volants. Ici aussi naissent les faucons laniers[2], de parfaits autours et des éperviers. Il y a grande venaison de bêtes et d'oiseaux. Ils ont de bon froment et de l'orge sans écorce, c'est-à-dire que c'est tout grain et qu'on n'en obtient pas de son. Ils ont de même abondance de millet et de panic. Point n'ont d'huile d'olive, mais ils en font de sésame, qui est graine semblable au lin, mais celle de sésame est blanche et l'huile est meilleure et plus savoureuse qu'aucune autre; les Tartares et autres habitants de ces régions en font usage, ainsi que l'huile de noix.

Les entrées de ce royaume sont des passes très étroites, malaisées, abruptes, et bien d'autres fortes places, si bien qu'ils n'ont pas peur que nulles gens puissent entrer pour leur porter dommage. Leurs cités

---

1. Espèce de faucon du genre gerfaut, d'une taille médiocre, à livrée brune et rousse; le «sacre» est la femelle, le mâle ou tiercelet était appelé «sacret»; on l'utilisait surtout pour chasser en pays découvert, mais il était difficile à dresser et à chaperonner; ce nom vient de l'arabe.

2. Espèce de petit faucon, d'une livrée où le gris perle domine en dessus sur les autres couleurs; le «lanier» est la femelle du faucon «laneret»; moins bon que le «sacre», il était considéré comme le meilleur pour la chasse aux oiseaux du genre perdrix.

et villages sont sur les grandes montagnes, en lieux très forts. Les particulières qualités de ces montagnes, les voici: elles sont si hautes qu'un homme les gravissant depuis le bas jusqu'au sommet dès le matin, au soir ne serait pas encore arrivé en haut. Tout en haut sont de grandes plaines avec des arbres et de l'herbe, de puissantes sources, et fort claires, qui coulent vers le pied des monts sur des rochers comme des rivières. Dans ces sources, on trouve des truites et bien d'autres poissons à la chair délicate. En haut de ces montagnes, l'air est si pur et le séjour si vivifiant que si un homme, tandis qu'il vit dans les cités et habitations bâties en plaine et dans les vallées proches des monts, attrape fièvre de quelque sorte, assavoir tierce, quarte ou continue, ou toute autre maladie fortuite, il grimpe immédiatement sur les monts, où, prenant son repos, il voit sa maladie chassée et sa santé revenue. Messire Marco dit qu'il en a fait l'épreuve. Car lorsqu'il était en ces régions, il demeura malade environ une année, et dès qu'on lui recommanda de monter sur ces montagnes, il se porta bien de nouveau. Deux ou trois montagnes sont comme si elles étaient sulfureuses, et les eaux toujours en viennent sulfureuses. Il y a très grande foule de brebis sauvages, qui forment parfois troupeaux de quatre cents, cinq cents et six cents bêtes. Beaucoup sont volées, mais on n'en manque jamais.

Les habitants sont bons archers et bons chasseurs, et la plupart sont habillés de peaux de bêtes parce qu'ils ont grande pénurie d'autres vêtements; oui: les habits de laine sont ici tout à fait impossibles à avoir, ou reviennent excessivement cher. Les grandes dames et nobles de ce pays portent braies jusqu'aux pieds comme les hommes ainsi que vais vous dire, et les font de coton et de soie très fine, avec du musc dedans. Et elles bourrent beaucoup d'effets à l'intérieur de leurs braies. Il y a des dames qui, dans leurs braies, c'est-à-dire le vêtement des jambes, mettent bien cent brasses de très fins tissus de lin et de coton enroulés autour du corps comme langes, et certaines en mettent quatre-vingts, certaines soixante, selon leurs moyens, et elles les font bouffer tout autour. Ainsi font pour montrer qu'elles ont de grosses fesses et devenir belles, car leurs hommes se délectent de femmes rebondies, et celle qui paraît la plus renflée au-dessous de la ceinture leur semble plus belle que les autres. Et voilà racontées toutes les affaires de ce royaume; nous allons le quitter et vous parler d'un autre peuple qui habite vers le Midi, à dix journées de voyage de cette province. [...]

DU TRÈS GRAND FLEUVE DE BADASCIAN

Qui part de Badascian, il fait douze journées entre le Levant et le Vent-Grec en remontant un fleuve qui appartient au frère du seigneur de Badascian, trouvant de nombreuses rivières grandes et petites, et des villages et habitations en suffisance. Les gens de ce pays sont vaillants hommes d'armes et adorent Mahomet. A la fin de ces douze journées, on trouve une province non trop grande car elle mesure trois journées en tout sens et est appelée Vocan[1]. Les gens de ce pays adorent Mahomet, ont un langage à eux et sont hommes d'armes preux et éprouvés. Ils n'ont qu'un seul seigneur qu'ils appellent None[2], qui veut dire en langage françois comme Comte, et ils sont soumis au seigneur de Badascian. Ils ont assez de bêtes sauvages et de tous autres animaux et de grandes chasses de toute espèce.

Quand on part de cette petite contrée, on va trois journées, vers le Vent-Grec, presque toujours à travers monts, et tellement on s'élève qu'au sommet de ces monts, dit-on, c'est le plus haut lieu du monde. Et quand on est en ce haut lieu, on trouve une vaste plaine entre deux montagnes, où est un très beau pâturage, et un grand lac d'où s'encourt une jolie rivière. C'est le meilleur et le plus gras pâturage du monde, car une maigre bête, et aussi maigre que vous voudrez, y devient grasse en dix jours. Il y a très grande abondance de toutes bêtes sauvages. En particulier y a très grande multitude de moutons sauvages qui sont très grands, car ils ont les cornes très longues, certaines de six bonnes palmes de long, et pour le moins de trois ou quatre, et fort grosses. De ces cornes, les pâtres font de grandes écuelles où ils mangent, et en vendent grosses quantités qui sont portées en autres pays. Ils les entassent aussi ensemble et s'en font des huttes où ils s'abritent. Avec ces cornes aussi, les bergers enclosent les lieux où ils tiennent leurs animaux la nuit. Il fut dit à l'auteur qu'il y a infinité de loups qui tuent et mangent bon nombre de ces moutons; on trouve une telle multitude de cornes et d'os que ceux qui suivent les routes en font de grandes buttes pour montrer la route aux voyageurs qui passent par temps de neige.

Par cette plaine on va chevauchant douze journées et elle est appelée Pamir[3]. Pendant ces douze journées, on ne trouve ni habitation ni

1. La province de Vocan (Wakhan) est constituée par une étroite vallée qui s'étend de l'est à l'ouest et est arrosée par le cours supérieur de l'Amou-Darya. Elle est mentionnée par les sources chinoises dès le VIIe siècle et fut en 747 le théâtre des opérations des troupes chinoises contre les Tibétains. A l'époque de Marco Polo, elle dépendait des descendants de Djaghatai, et fait actuellement partie de l'Afghanistan.

2. Ce titre a été expliqué tant bien que mal par les commentateurs qui le rattachent tantôt au tibétain, tantôt aux langues de l'Inde ou à celle que parlaient les Indo-Scythes; en réalité, le mot n'est pas encore expliqué. *None* serait peut-être le mongol *noyan*.

3. Le Pamir est une zone de steppes de très haute altitude limitée par les chaînes de montagnes qui font suite à l'Hindou-kouch et se partagent en un faisceau dont l'Himalaya est la partie méridionale tandis que l'Altyn-tagh en est la plus septentrionale. Cette région est bien connue dès l'Antiquité, et plus tard les pèlerins chinois la décrivent comme la partie la plus pénible de leur voyage. Les populations qui vivaient sur le pourtour septentrional et oriental du Pamir échappèrent à la turcisation, tandis que les populations indo-européennes, qui vivaient dans l'actuel Turkestan chinois et dans les hautes vallées du Syr et de l'Amou-Darya, avaient perdu leur langue au profit d'un dialecte turc dès le XIe siècle.

auberge, mais c'est un désert tout le long de la route, et l'on n'y trouve rien à manger: les voyageurs qui doivent passer par là, il convient qu'ils emportent avec eux leurs provisions. La ne sont aucuns oiseaux, à raison de la hauteur et du froid intense, et pour ce qu'ils n'y pourraient rien trouver à manger. De plus, je vous dis qu'à cause du grand froid, le feu n'est pas aussi clair et brûlant, ni de la même couleur que dans les autres lieux, et les viandes ne peuvent pas bien cuire.

Mais quittons ce sujet, et vous conterons d'autres choses plus lointaines, par le Vent-Grec et le Levant. Quand on est allé ces douze journées dont je vous ai parlé, on trouve des habitations. Mais quand on en repart, il faut alors chevaucher bien quarante journées entre Grec et Levant, toujours à travers monts, et côtes, et vallées, passer bien des torrents et des lieux déserts. En toutes ces quarante journées, il n'y a demeure ni auberge, et les voyageurs sont forcés d'emporter avec eux la provende dont ils ont besoin. Cette contrée est appelée Belor[1]. Les gens demeurent dispersés dans les très hautes montagnes; ils sont idolâtres et très sauvages, et ne vivent que de chasse. Leurs vêtements sont faits du cuir des bêtes qu'ils attrapent, et ils sont très cruelles et méchantes gens. Laissons cette contrée et vous conterons de la province de Cascar.

DU ROYAUME DE CASCAR

A ce qu'on dit, Cascar[2] était jadis royaume libre, mais est à présent soumis au Grand Caan. Les gens y adorent Mahomet. Il y a assez de villes et de villages; la plus importante et plus noble cité est Cascar; eux aussi sont entre Grec et Levant. Il y parvient nombreux vêtements et marchandises. Les gens vivent de métiers et commerces, et surtout de travailler le coton. Ils ont très beaux jardins et vignes et beaux vergers d'arbres fruitiers. La terre est fertile, et produit tout ce qui est nécessaire à la vie, car le pays est tempéré. Le coton y pousse à planté avec le lin et le chanvre et bien d'autres choses. De cette contrée partent beaucoup de marchands, qui s'en vont commercer par tout le monde. Ce sont en vérité gens très mesquins et misérables, car ils boivent et

---

1. Le Belor ou Bolor nous est bien connu par l'histoire chinoise; cette contrée, située en gros entre le Kashmir et le Pamir, et touchant également au Turkestan chinois, formait les petits royaumes de Gilgit, du Baltistan et du Kafiristan; elle fut le théâtre des luttes entre Chinois et Tibétains au VIIIe siècle; les habitants se convertirent à l'islamisme au XIVe siècle et gardèrent leur indépendance jusqu'à la conquête du pays par le Kashmir.

2. La ville de Cascar (Kashgar) est désignée dans les textes chinois du IIe siècle avant l'ère chrétienne, sous le nom de Chou-lo (Solagh) que l'on retrouve dans les textes tibétains du IXe siècle sous la même forme; elle est ensuite nommée K'ie-cha et l'histoire des T'ang (VIIIe siècle) dit que la capitale du pays de K'ie-cha se nommait Kia-che; à l'époque mongole, elle est nommée sous une transcription qui représente un nom de la forme Kashgar et se retrouve par la suite jusqu'à notre époque.

mangent fort mal. En cette contrée vivent, outre les Mahométans, quelques Turcs qui sont Chrétiens Nestoriens et ont leurs églises et leur religion; ils observent la loi grecque. Ils vivent mêlés aux autres habitants, comme les Juifs de nos pays parmi les Chrétiens. Les gens de cette province ont une langue à eux. La province dure cinq journées. Or laissons cette contrée et parlons de Samarcande.

DE LA GRANDE CITÉ DE SAMARCANDE

Samarcande[1] est une très noble et grandissime cité, où se trouvent de très beaux jardins et tous les fruits qu'homme puisse souhaiter. Les gens y sont chrétiens et sarrazins. Ils sont au neveu du Grand Can, qui n'est point son ami, mais bien souvent a été en querelle avec lui. Trois grandes guerres entre eux se sont faites, ils se haïssent grandement, et son nom est Caidu[2]. La cité est vers la Grande Ourse. Et vous dirai une grande merveille qui advint en cette cité.

---

1. Après avoir été une principauté irano-sogdienne indépendante, Samarcande (Samarkand) fut conquise par les Arabes au début du VIIIe siècle et reçut une garnison arabe; la Chine étant maîtresse de l'Asie centrale, le roi de Samarkand, Ghourek (v. 710-739), sollicita l'aide de la Chine contre les Arabes, et se révolta contre eux à partir de 730; la ville fut reprise par les Arabes vers 737-738; le pouvoir passa de 875 à 999 à la dynastie iranienne des Samanides qui furent vaincus par les Turcs karakhanides; ceux-ci dominèrent la Transoxiane jusqu'à la conquête de cette province par les Seldjoucides en 1089, mais ceux-ci furent à leur tour écrasés en 1141 par les Karakhitai qui dominaient les deux Turkestans; ces derniers venaient d'être évincés de Transoxiane par le souverain du Khwârezm, Mohammed, en 1207, quand il se heurta à Gengis-khan; ce dernier marcha contre lui en 1219 et conquit la Transoxiane; Samarkand fut occupée en mars 1220; à partir de cette époque, elle fut soumise aux Mongols, et à la mort de Gengis-khan, en 1227, elle fit partie du lot qui fut attribué à Djaghatai. A l'époque où Marco Polo y passa, elle appartenait nominalement aux descendants de Djaghatai, mais en réalité ceux-ci reconnaissaient Khaidou comme suzerain.

2. Caidu (Khaidou) était le fils de Khashi, cinquième fils d'Œgœdèi, second fils et successeur de Gengis-khan; il n'était donc pas le neveu du Grand Khan (= Khoubilai), mais son cousin issu de germain. Il naquit aux environs de 1230, et mourut en 1301, âgé d'un peu plus de soixante-dix ans, laissant quinze fils, dont l'aîné Tchabar lui succéda. Il participa, malgré son jeune âge, à la campagne contre l'Europe, qui, commencée en 1236, amena les troupes mongoles près de Vienne en 1241; la chute de la maison d'Œgœdèi le confina dans son fief de l'Imil en Asie centrale (1252), mais après l'élection de Khoubilai (1260), Khaidou prépara sa revanche; entre 1267 et 1269, il vainquit Barak et lui prit l'Ili et la Kachgarie; les descendants de Djaghatai devinrent alors ses vassaux. Khoubilai, voyant le danger, envoya en 1275 une armée à Almaligh (près de Kouldja, sur l'Ili); cette armée capitula par suite de trahison; Khaidou marcha alors sur Karakhoroum (1276), mais dut rétrograder par suite de la défection de plusieurs de ses alliés; l'état de guerre dura jusqu'en 1287, date où Khaidou forma une nouvelle coalition contre Khoubilai, coalition où entrèrent les princes mongols apanagés jusqu'en Mandchourie (Nayan); Khoubilai envoya en Mongolie une armée qui arrêta Khaidou dans la région de Karakhoroum, pendant que lui-même venait à bout des révoltés d'Extrême-Orient. Après une lutte confuse où intervinrent principalement ses vassaux, descendants de Djaghatai, Khaidou fit un dernier effort en 1301; une grande bataille fut livrée aux environs de Karakhoroum; il fut vaincu et mourut pendant la retraite.

Vrai est qu'il n'y a encore grand de temps, Ciagatai, propre frère du Grand Can, persuadé et enseigné par les Chrétiens, reçut le baptême et se fit chrétien[1]. Comme il était seigneur de cette contrée et de bien d'autres, tous les Chrétiens de la ville de Samarcande en eurent grand plaisir. Avec la faveur du seigneur, ils bâtirent dans cette cité une très grande et noble église ronde en mémoire de cet événement, et dédiée à Saint Jean-Baptiste, et ainsi est appelée cette église encore aujourd'hui. Ils prirent une très belle et grosse pierre carrée en marbre, que le seigneur avait prise lui-même dans une maison appartenant aux Sarrazins, et la mirent comme pilier d'une colonne au milieu de l'église de façon telle que cette colonne soutenait tout le toit, qui était rond. Dont se courroucèrent très fort tous les Sarrazins, mais furent contraints de se tenir cois et muets par crainte du seigneur qui était chrétien; leur très grosse haine et méchanceté naturelle envers les Chrétiens se trouvèrent grandement accrues par cette belle pierre prise à leur maison et mise en l'église chrétienne, car à leurs avis, le seigneur chrétien n'avait ainsi fait que par mépris pour eux.

Après non guères de temps, quand fut l'église bâtie et noblement ornée, il advint que Ciagatai mourut, et que lui succéda son fils[2], qui était jeune et point ne voulait être chrétien. Et quand les Sarrazins virent qu'il était mort, et parce qu'ils avaient eu et avaient encore grande ire, pour cette pierre qui était en l'église des Chrétiens, ils se dirent entre eux qu'ils voulaient la reprendre de gré ou de force, et l'emporter hors de l'église. Ce qu'ils pouvaient bien faire, car ils étaient bien dix fois plus nombreux que les Chrétiens. Après avoir tenu conseil, les meilleurs Sarrazins vont à l'église de Saint Jean et disent aux Chrétiens présents qu'ils voulaient cette pierre qui avait été leur bien. Les Chrétiens répondent qu'elle est à eux, qu'ils veulent bien l'acheter et en donner tout ce qu'ils voudront pourvu qu'on laissât la pierre, parce que trop serait grand dommage à l'église si cette pierre en était retirée.

1. La légende de la conversion de Ciagatai (Djaghatai) au christianisme est une invention des nestoriens habitant son royaume; aucun texte ne parle de cet événement; il est probable que Djaghatai avait, comme les premiers souverains mongols, une certaine indifférence religieuse qui le poussait à bien voir les nestoriens comme d'ailleurs les bouddhistes, alors qu'il manifestait une véritable hostilité aux musulmans, les prescriptions coraniques, comme celle concernant l'égorgement du bétail de boucherie ou celle relative aux ablutions, étant en opposition avec les coutumes mongoles et les lois édictées par Gengis-khan. C'est peut-être en raison de cette hostilité vis-à-vis de l'islamisme, que Djaghatai fut considéré comme favorable aux chrétiens.

2. Ce ne fut pas son fils qui lui succéda, mais son petit-fils Kara-Hulègu. Cependant Marco Polo a pu faire une confusion du fait qu'un fils de Djaghatai régna également. En effet Kara-Hulègu lui succéda en 1242, mais il fut déposé en 1246 par ordre du Grand Khan Guyuk et remplacé par son oncle Yissou-Mangou; ce dernier régna jusqu'en 1252; il fut déposé et exécuté par ordre de Mongka, à cause de l'opposition qu'il avait faite à son élection, étant partisan de la maison d'Œgœdèi; Kara-Hulègu remonta sur le trône (août 1252), mais mourut en route, et ce fut sa veuve Orghana qui régna jusqu'en 1261 et fit exécuter Yissou-Mangou.

Les Sarrazins disent qu'ils n'en voulaient or, ni trésor, mais voulaient leur pierre de toute manière. Et que vous en dirai-je? La seigneurie était à ce neveu du Grand Can, et fils de Ciagatai. Tant marchèrent les langues que le seigneur l'apprit, car les Sarrazins pleins de haine vinrent en grande furie par devant le seigneur sarrazin protecteur de la ville, pour lui dire ce qu'avait fait Ciagatai au mépris de la foi mahométane. Ils font faire commandement aux Chrétiens que, dans les deux jours à compter de ce jour, dussent rendre cette pierre aux Sarrazins.

Et quand les Chrétiens ont eu tel commandement, ils ont grande ire et amertume et ne savent que doivent faire, ne voyant comment triompher des Sarrazins par force ou par argent, ni comment retirer cette pierre sans la noble église ruiner. En retournant chez eux, ils prirent le meilleur conseil, qui était de prier Jésus-Christ de les guider en cette affaire, afin que la sainte église ne fût point ruinée et que l'autel de Saint Jean-Baptiste ne fût point écrasé par sa propre église. Or en advint tel miracle comme je vous conterai. Sachez que quand fut venu le matin du jour où la pierre se devait rendre, et que les Sarrazins vinrent à l'église prendre la pierre, la colonne, qui était sur la pierre, par la volonté de Notre Seigneur Jésus-Christ s'ôte de la pierre et se hausse de bien trois palmes et se soutient aussi bien, comme si la pierre avait été dessous, portant sa charge avec le pied en l'air. Ainsi eurent leur pierre avec grande mésaventure. De ce jour en avant, toujours est demeurée cette colonne ainsi, et elle y est encore. Ce fut tenu et encore est tenu pour un des grands miracles qui advinrent de par le monde. Venant de régions fort nombreuses, des gens défilent tout le long du jour pour le voir. Or, laissons cela dont on a dit assez, allons de l'avant et vous contons d'une province qui est appelée Yarcan.

DE LA PROVINCE DE YARCAN

Yarcan[1] est une province qui dure cinq bonnes journées. Les gens sont de la loi de Mahomet, mais il y a quelques Nestoriens et Jacobites. Ils sont à ce même neveu du Grand Can dont je vous ai déjà conté. Ils ont grande abondance de toutes choses, et notamment du coton. Les gens sont bons artisans; pour la plupart, ils ont un pied très grand et l'autre très petit, mais ce néanmoins très bien marchent; ils ont les

1. Ville du Turkestan oriental, située à mi-chemin entre Kashgar et Khotan, sur le Yarkend-Darya, actuellement appelée So-kiu, nom ancien d'une localité située sur son emplacement à l'époque des Han, aux environs de l'ère chrétienne. Elle était le siège d'un petit royaume indo-européen qui suivit le sort des autres royaumes de la région du Tarim, et fut disputée entre les Chinois et les nomades de la haute Asie à partir de l'époque des Han. Elle fut turcisée et islamisée vers le même moment que Kashgar. A l'époque où Marco Polo y passa, elle faisait partie du domaine des descendants de Djaghatai et relevait ainsi de Khaidou, leur suzerain. A partir de cette époque, elle a suivi le même sort que Kashgar. [Actuelle Sache.]

jambes enflées et une bosse sur le gosier, qui tient à la nature de l'eau qu'ils boivent. Comme il n'y a rien d'autre qui mérite mention en notre livre, pour cette raison laissons cela et vous conterons d'une autre province, qui est appelée Cotan.

DE LA PROVINCE DE COTAN

Cotan[1] est une province entre Levant et Grec et elle est longue de huit journées. Elle aussi est soumise au Grand Can. Tous les habitants adorent Mahomet. Il y a assez de cités et de jolis villages. Et la plus noble cité, celle qui est tête du royaume, est appelée Cotan; c'est le nom de la province. Elle a abondance de toutes choses. Il y pousse assez de coton, de lin et de chanvre, de l'huile, des grains et du vin, et le demeurant tout comme en nos pays. Les gens vivent de commerce et de métiers, mais point ne sont hommes d'armes, plutôt vils et couards. De cette province rien n'y a d'autre à dire; aussi nous en partirons et vous conterons d'une autre province, qui a nom Pem.

DE LA PROVINCE DE PEM

Pem[2] est une petite province qui a cinq journées de long entre Levant et Grec. Les gens adorent Mahomet et sont au Grand Can. Il y a assez de villes et de villages, et la plus noble cité, qui est tête du royaume,

---

1. La ville de Cotan (Khotan), située dans le sud-ouest du Turkestan oriental, était connue depuis le IIe siècle avant l'ère chrétienne par les textes chinois qui la nommaient Yu-tien, peut-être à restituer en Yotkan, nom d'une localité en ruines se trouvant à l'ouest de la ville actuelle; plus tard les Chinois la connurent sous un nom dont la transcription répond au nom de Khotan; la région fut à haute époque le siège d'un royaume indo-européen dont les habitants parlaient une langue déchiffrée depuis une trentaine d'années et que l'on a nommée finalement le khotanais; l'arrivée des Turcs dans cette région amena une transformation profonde à la suite de laquelle la population finit par parler un dialecte turc. Cette population se convertit de bonne heure au bouddhisme et certains de ses éléments adoptèrent le manichéisme ou le christianisme nestorien, quand ces deux religions y furent propagées, sans doute par l'intermédiaire des Sogdiens. Par suite des influences venant tant de l'Occident ou de l'Inde que de la Chine, la région de Khotan connut une civilisation composite brillante que l'arrivée des Turcs ne modifia que dans le domaine linguistique, et qui dura jusqu'aux environs du Xe siècle. L'irruption de l'islam, plus tardive cependant qu'à Kashgar, ruina cette civilisation et en réalité ne la remplaça par rien, après que Khotan eut été conquise en 1032 par les Turcs karakhanides qui régnaient sur les deux Turkestans. La région passa ensuite sous la domination des Karakhitai installés au Sémiryetchiyé actuel, puis subit la conquête gengiskhanide.

A l'époque où Marco Polo passa à Khotan, la ville était sous la domination de Khoubilai et non sous celle de Khaidou et était connue sous le nom d'Odon. Plus tard, elle suivit le sort de tout le Turkestan oriental.

2. Ancien nom de la ville de Kerya, sur le fleuve du même nom; Marco Polo a conservé le nom de l'époque des T'ang (VIIIe siècle), Bima ou Phimmâmna, qui est la forme sanscritisée du nom indigène.

est appelée Pem. Il y a un fleuve où se trouvent en assez grosse quantité les pierres précieuses que l'on appelle jaspe et calcédoine. Les gens ont, dans cette province, grande abondance de choses. Il y pousse du coton assez. Les gens y vivent surtout de commerce et de métiers. Et vous dis qu'ils ont une telle coutume comme je vous dirai. Quand une femme a un mari et qu'il la quitte pour aller en voyage, et qu'il doit rester absent au moins vingt jours, la femme qui reste à la maison, aussitôt que son mari est parti pour aller en voyage, elle prend mari jusqu'à son retour. Et de même les hommes, où qu'ils aillent, peuvent, s'ils le désirent, prendre une épouse aussi. Et sachez que toutes ces provinces dont je vous ai conté depuis Cascar jusqu'ici, Cascar, Cotan, Pem, et les autres jusques à la cité de Lop [1], appartiennent toutes à la Grande Turquie. Or, laissons cela, et vous conterons d'une province qui est appelée Ciarcian.

DE LA PROVINCE DE CIARCIAN

Ciarcian [2] est une vaste province de la Grande Turquie entre Grec et Levant. C'était jadis noble pays, et fertile, mais il a été laissé dévasté par les Tartares. Les gens adorent Mahomet et ont un langage à eux. Il y a pas mal de villes et de villages, et la maîtresse cité du royaume est Ciarcian. Il y a aussi maintes larges rivières qui apportent jaspe et calcédoine, pierres précieuses que les marchands portent à vendre au Catai, et dont ils ont grand profit, car ils en ont assez, et bonnes. Et presque toute cette province est de sable; de Cotan à Pem, c'est aussi du sable, et de Pem jusqu'ici, c'est encore du sable; pour cette raison il y a maintes eaux mauvaises et amères. Et y a en plusieurs lieux des

1. Ancienne ville du Turkestan oriental, à l'ouest du Lobnor «lac de Lob», sans doute l'actuelle Tcharkhlik. La forme la plus ancienne de ce nom a été Lob; en effet, au début de l'ère chrétienne, cette région a été le siège d'un royaume important connu en chinois sous le nom de Leou-lan ou Lao-lan, dont la première syllabe correspond à Loß et à Laß. Le pèlerin Hiuan-tsang [Hsuan-tsang] qui passa en 629-630 dans la région, lui donne un nom supposant un original Navapa qui est une forme sanscritisée d'un original indigène Nop, dans lequel la transformation de *l* en *n* est normale. Ce nom apparaît dans celui des ruines situées à l'est de Tourfan: Laptchoukh; il existait encore sous les Song au XIe siècle sous la forme Naptchikh; il serait dû à une colonie de gens venus de la ville de Lop. On ne connaît pas l'origine de ce nom. Cette ville fut occupée de bonne heure par une colonie chinoise et par une colonie sogdienne qui s'y maintinrent longtemps.

2. Cette province fut, au début de l'ère chrétienne, le siège d'un royaume appelé par les Chinois Chan-chan; il fut occupé de bonne heure par les Chinois qui le disputèrent d'abord aux Hiong-nou (? = Huns), puis aux autres nomades qui exercèrent leur hégémonie sur la haute Asie. Ce nom correspond à Tchartchan, que l'on retrouve sous la forme Tchertchen dans les textes chinois de l'époque mongole; elle était alors le siège d'une station postale. La ville actuelle du même nom occupe le même site, à la sortie des montagnes du fleuve appelé à cause d'elle Tchertchen-Darya, à l'endroit où s'élevait la capitale du Chan-chan, alors appelée Tsiu-mo, transcription chinoise d'une forme sanscritisée Tchalmadana.

eaux douces et bonnes. Et en été quand il advient qu'une armée de Tartares passe par la contrée, ils emportent tous les biens des gens, tuent et mangent tous leurs troupeaux. Aussi, tous les hommes de la province qui sont en un lieu où va passer l'armée, ils fuient avec leurs femmes, leurs enfants, leurs bêtes, et tous leurs biens, dans les sables à deux ou trois journées, en lieux où ils savent qu'il y a pâturage et bonne eau, qu'ils y peuvent vivre avec leurs bêtes, et que l'ennemi ne les trouvera pas. Là ils attendent et demeurent jusqu'à ce que l'armée soit passée. Et vous dis que nul ne peut apercevoir là où ils sont passés, parce que le vent du Sud-Ouest, qui domine en ces régions, efface immédiatement leurs traces et les recouvre de sable; de telle manière, que quand l'armée vient, et ne trouve âme qui vive, ne sait point où ils sont allés, et ne soupçonne pas qu'alla par là jamais homme ni bête; et alors ne savent que faire. Après le départ de l'ennemi, ils retournent à leur emplacement coutumier; en telle manière échappent-ils aux ennemis comme je vous ai dit.

Mais s'il advient que par là passe une armée qui soit des amis, ils ne s'enfuient pas, mais seulement les bêtes, parce que ne veulent que leurs bêtes leur soient prises et mangées; car les armées tartares ne payent point choses qu'elles prennent. Et sachez donc que quand ils récoltent, ils cachent leur grain loin des habitations dans ces sables, dans certaines caves, par peur des ennemis, et de là ramènent à la maison ce qu'il faut de mois en mois; et nul autre qu'eux-mêmes ne connaît la place, ni ne peut savoir où ils vont, car le vent, quand il souffle, recouvre aussitôt de sable leurs traces.

Qui s'en va de Ciarcian, il va bien cinq journées par les sables, là où y a de mauvaise eau, et très amère, mais en certains lieux, il y en a de bonne et douce. Et n'y a rien autre à mentionner en notre livre. A la fin de ces cinq journées, on trouve une cité nommée Lop, qui est au début du grand désert, et où les hommes se reposent et prennent des vivres pour le passer. Et pour cela, laissons ces choses et vous conterons plus avant.

DE LA CITÉ DE LOP

Lop est une grande cité au début du désert, et c'est par elle qu'on entre dans le très grand désert qui est appelé désert de Lop; et il est entre Levant et Grec. Cette cité est au Grand Can; les gens adorent Mahomet. Elle offre toutes les choses nécessaires aux voyageurs qui doivent traverser le désert. Et vous dis que ceux qui veulent traverser le grand désert doivent se reposer au moins une semaine pour se rafraîchir, eux et leurs bêtes. Au bout de cette semaine, ils doivent prendre des vivres pour un mois, pour eux et pour leurs bêtes, car il leur faudra tout ce temps pour traverser le grand désert. Ils chargent donc des ânes et des chameaux solides avec des marchandises et victuailles, partent de cette ville et entrent en le désert. Si leurs provisions s'épuisent avant qu'ils l'aient passé, alors ils débarrassent les ânes ou les chameaux de leur charge, les tuent et les mangent, ou bien les laissent aller en le désert, parce qu'ils ne peuvent plus les nourrir jusqu'à la fin. Ils préfèrent cependant conserver les chameaux et, pour la plupart, prennent des chameaux, car ils mangent peu et portent lourdes charges.

Et vous dis que ce désert est si long, selon ce qu'on dit, pas qu'en un an l'on irait jusqu'au bout; en travers, là où il est moins large, on peine dur un mois. Donc, dans sa longueur, il ne peut être franchi, car on ne saurait emporter assez de nourriture. Dans sa largeur, comme on l'a dit, on marche un mois sans jamais trouver un toit. Il est tout en montagnes et en plaines de sable, et vallées, et il ne s'y trouve rien à manger. Mais je vous dis que, qui s'en est allé un jour et une nuit, il trouve en hiver de l'eau douce à boire, mais non assez pour une grosse compagnie: juste ce qu'il faut pour cinquante à cent hommes avec leurs bêtes, et non pour davantage. Ainsi est nécessaire de traverser en petite compagnie, pas plus de cinquante à la fois. Et à travers tout ce désert vous convient aller un jour et une nuit avant que vous trouviez eau à boire. Davantage, vous dis qu'en trois ou quatre endroits, on trouve de l'eau amère, salée et nuisible, tandis que les autres sont bonnes à boire, mais nullement abondantes, et sont environ vingt-huit points d'eau. Ni bête d'aucune sorte, ni oiseaux il n'y a, car rien ne trouveraient à manger. Mais vous dis qu'en traversant ce désert, on y trouve une telle merveille que je vous conterai.

Les gens donnent pour chose manifeste que dans ledit désert habitent nombre d'esprits qui produisent aux voyageurs de grandes et surprenantes illusions pour les faire périr. Et il est vrai que lorsqu'on chevauche de nuit par ce désert, et qu'un des marchands ou autre reste en arrière, et se trouve séparé de ses compagnons pour dormir ou pour autre cause, si la compagnie en marchant disparaît derrière une colline ou montagne, quand il veut aller rejoindre ses compagnons, lors souvent arrive qu'il ouïsse en l'air esprits malins parler en manière que semblent être ses compagnons; car souventes fois l'appellent par son nom, et souventes fois, lui faisant croire qu'ils sont de ses compagnons, il suit ces voix et sort de la bonne route; de la sorte, ne rejoint jamais ses compagnons, et jamais plus on ne le retrouve, et n'ouït de ses nouvelles, car point ne sait comment retourner; et se trouvant sans manger ni boire, aux temps passés sont morts maints voyageurs, et perdus. Et vous dis encore que la chose advient non seulement la nuit, mais aussi de jour; des hommes oient ces voix d'esprits, et vous semble maintes fois que vous oyez résonner dans l'air maints instruments de musique et notamment des tambours, et le choc des armes.

Adonc ceux qui veulent suivre ce chemin et passer ce désert, doivent prendre très grand soin d'eux pour n'être point séparés de leurs amis pour quelque raison, et doivent aller avec grandes précautions, pendre des clochettes au cou de leurs chevaux et animaux pour les ouïr continuement, de façon à ne pas s'endormir et à ne pas divaguer.

Parfois, dans la nuit, on entend comme une ruée de monde en autre direction, et croyant que ce sont les compagnons, les gens vont où ils entendent la marche de la cavalcade, et lorsque le jour vient, ils se trouvent ravis par ces esprits en cette voie ou une autre; et beaucoup n'étant point avertis de ces esprits périssent de male mort. Et c'est parfois de jour que les esprits viennent sous la forme d'une troupe, vers celui qui est resté en arrière; alors il sort de la route; les esprits le laissent tout seul marcher dans le désert, et il périt. Et on en a vu pour qui, lors qu'ils voyageaient, les esprits ont pris la forme d'une armée et les ont chargés d'assaut; eux pensant que ce fussent voleurs, se prirent à fuir, et ayant quitté la bonne route, ne surent plus la retrouver et périrent donc misérablement de faim, car il s'étend à l'infini.

Ainsi, ceux qui ne s'engardent pas bien de ces déceptions parviennent à une fin misérable. Ce sont choses merveilleuses à ouïr, et difficiles à croire, ce que font ces esprits [1]. Et pourtant, c'est comme vous ai dit, et encore bien plus surprenant. Aussi les gens sont accoutumés à marcher bien serrés en groupe, et avant de se coucher, ils font une marque de la direction qu'ils doivent reprendre. Voilà la manière dont se passe ce désert, avec autant de périls, de trouble et de crainte que vous avez ouïs. Désormais nous laisserons ce désert, car nous vous en avons dit toute l'affaire. Nous vous conterons des provinces que l'on trouve quand on sort du grand désert de Lop.

DE LA PROVINCE DE TANGUT

Quand on a chevauché les trente journées de désert que je vous ai dit, alors on trouve une cité qui est appelée Saciu [2], et qui est au Grand

1. Les phénomènes décrits par Marco Polo sont bien connus des voyageurs qui ont traversé cette région; les Chinois nomment ce désert les «Sables qui chantent» et les Européens les décrivent: mirages dus à l'atmosphère poudreuse qui éloigne et agrandit d'une façon fantastique les objets détachés, un roseau sur un tas de sable cause un mirage par lequel on voit à l'horizon un grand arbre sur une colline, qui disparaît si l'on fait quelques pas; bruits inexpliqués causés sans doute par le crissement des grains de sable sous l'action du vent et des écarts de température qui semblent tantôt des chuchotements, tantôt des sonneries de clochettes ou des roulements de tambour.

2. Ville de l'extrémité ouest de la province du Kan-sou, connue dans les textes chinois depuis le IVe siècle; elle est la ville chinoise située le plus à l'ouest et constituait la première halte de la route de la Soie en sortant du désert. Le nom de Cha-tcheou [Dunhuang] alterne dans l'histoire chinoise avec celui de Touen-houang, Throana (Droan) des géographes occidentaux, qui est devenu célèbre à la suite des découvertes qui y ont été faites.

Can. Elle est en une province appelée Tangut[1]. Les gens de ce pays sont tous idolâtres, quoiqu'on y puisse bien voir quelques Chrétiens nestoriens et quelques Sarrazins. Les Idolâtres ont langage à eux. La ville est entre Grec et Levant. Ils ne sont point gens qui vivent de commerce ou de leurs métiers, mais ils vivent du profit des grains qu'ils reçoivent de la terre. Ils ont maints moustiers et abbayes, lesquels sont tous pleins d'idoles[2] de toutes façons auxquelles font riches sacrifices, grands honneurs et grande révérence.

Et sachez que tous les hommes qui ont enfants font chaque année nourrir un mouton en l'honneur des idoles; au début de l'an, ou à la fête de l'idole, ces pères qui ont nourri le mouton le mènent avec leur enfant par devant l'idole, et lui faisant grande révérence, font une fête en faveur de l'idole, eux et leurs enfants. Et quand ils l'ont faite, ils le font tout cuire. Ensuite le portent de nouveau devant l'idole avec grande révérence, et l'y laissent jusqu'à ce que les prêtres aient dit leurs offices et prières. Ainsi font pour que l'idole garde leur fils en bonne santé, disant que l'idole mange la substance ou l'odeur de la viande; dont les idoles ne touchent mie, car sont sourdes, muettes et sans bouche. Quand ils ont ainsi fait, ils prennent cette viande qui était restée devant l'idole, à icelle donnent sa part de chair et portent le reste, à leur maison ou en autre lieu qu'ils veulent, mangent tous leurs parents et amis, et la mangent avec grande révérence et grande fête. Quand ils ont mangé la chair de ce mouton, ils en recueillent encore les os et les mettent très religieusement en sûreté dans une arche. Le prêtre des idoles reçoit la tête, les pieds, la triperie et la peau et un peu de la chair.

Et sachez aussi que tous les Idolâtres du monde, quand ils viennent à mourir, les autres font brûler leur corps, d'homme comme de femme. Et encore vous dis qu'ils procèdent comme ceci: quand ces Idolâtres sont morts et portés de leur maison vers le lieu où ils doivent être brûlés, en certains endroits du parcours, les parents du défunt ont fait

---

1. La province de Tangut (Tangout) correspond en gros aux provinces actuelles du Kan-sou et de Ning-hia; c'était à peu près l'ancien territoire du royaume Si-Hia ou Tangout qui dura de 990 à 1227. Les Tangout étaient d'affinité tibétaine; il est vraisemblable de voir dans leur nom le pluriel mongol du premier élément du nom chinois des Tang-hiang, nomades apparentés aux Tibétains qui vivaient dans la vallée supérieure du fleuve Jaune, au sud du Koukou-nor, aux VIIe et VIIIe siècles. Les Si-Hia commencèrent leur expansion au Xe siècle; en 1001, ils enlevèrent à la Chine l'importante place de Ling-tcheou près de Ning-hia, puis en 1028, ils s'emparèrent de la ville de Kan-tcheou, alors dans les mains des Ouigours, puis en 1036, de Sou-tcheou et de Touen-houang occupées par les Tibétains; le royaume Si-Hia fut ainsi constitué et succomba seulement sous les coups de Gengis-khan en 1227; son territoire d'abord rattaché directement à l'Empire, devint avec les empereurs mongols sinisés la province de Tangout.

2. Il s'agit de statues du Bouddha et de monastères bouddhiques. Le bouddhisme s'était solidement implanté en Sérinde dès le IIe siècle avant l'ère chrétienne; de là il se propagea dans le pays qui devint le Tangout; le premier courant, venu du Turkestan oriental actuel sous les Han, fut renforcé au XIIe siècle par l'adoption du bouddhisme tibétain par les Si-Hia, alors maîtres du pays.

une petite maison de roseau ou de brindille avec un porche, couverte de la plus riche soie et de drap d'or selon leurs moyens. Et quand le mort est porté devant cette maison ainsi ornée, ils s'arrêtent, les hommes de la famille, posant le corps à terre au pied de l'édifice, déposent sur le sol, devant le mort, du vin, des viandes et de la chair en suffisance, pensant que l'esprit du mort s'en trouve quelque peu conforté et en tire quelque force pour assister au brûlement de son corps. Et ils le font aussi parce qu'ils disent que pour tels honneurs, il sera reçu dans l'autre monde. Ainsi font-ils devant chaque maisonnette placée sur le trajet, jusques à avoir atteint la place où doit être brûlé le corps. Et quand il y est arrivé, ses parents font découper des images peintes dans des feuilles de papier en écorce d'arbre, des images de chevaux, de chameaux, de moutons et d'autres animaux, et du papier à usage de monnaie, grands comme besants. Ils ont aussi des cendaux[1] de diverses couleurs, des vêtements, des objets d'argent, et d'autres choses en grand nombre; toutes ces choses ils jettent dans le feu et font brûler avec le corps, disant que dans l'autre monde, le mort aura autant d'esclaves, de servantes, de chevaux et de deniers, et de bêtes de somme et de moutons, qu'ils ont brûlé d'images pour l'amour de lui en cet endroit. Et encore vous dis que quand le corps est porté pour être brûlé, tous les instruments de musique vont sonnant par devant, car ils disent qu'avec tels honneurs, il est sûr d'être reçu dans l'autre monde. Et tout cela est fait selon la noblesse de la personne et de ce que demandent ses moyens.

Et encore vous dis d'une autre chose qu'ils observent pour leurs morts, assavoir que, quand un de ces Idolâtres est trépassé, les hommes de la famille mandent aussitôt nombre de leurs astrologues, et, quand ils sont arrivés, leur disent la nativité du mort, c'est-à-dire l'année, le mois, le jour et l'heure de sa naissance, et le jour de sa mort. Et quand l'astrologue a entendu cela, il fait sa devinaille par art diabolique, et puis dit aux hommes de la famille sous quelle constellation, signe et planète il était né, et à quelle heure de quel jour le corps se doit brûler. Et vous dis que souvent advient qu'il les fait demeurer huit jours ou quinze avant de le brûler, si à ce moment la planète n'est pas en son ascendant, et parfois un mois, voire même six mois, et plus ou moins, selon ce qui lui est dit par son art. Adonc convient que les parents du mort le gardent en la maison tant comme je vous ai dit, attendant que

1. Le nom de *cendal* (pluriel: *cendaux*) servait à désigner des tissus de soie de nature très diverse, dont l'usage remonte en Occident aux Carolingiens et dura jusqu'au XVIIe siècle; le cendal était aussi bien un drap de soie qu'un taffetas léger ou une étamine. On nommait «cendal tiercelin» une sorte de cendal plus épais dont on faisait des robes d'armes et des bannières; l'oriflamme de saint Denis était de cendal rouge. Ce genre de tissu pouvait recevoir la peinture et l'or battu qui servaient à représenter les devises et les armoiries.

la planète leur soit propice, et non contraire; car jamais n'oseraient l'emporter hors de la maison tans que les devins ne leur ont pas dit qu'il soit brûlé. En attendant, ils le conservent de telle manière: car je vous dis qu'ils ont un cercueil de planches épaisses d'une petite palme et fort bien jointes ensemble; et il est bellement orné; et y mettent le corps dedans et le lavent bien, et bouchent les joints de poix et d'argile. Puis le couvrent de draps de soie parfumés de safran, de camphre et autres épices, pour qu'il ne pue point aux gens de la maison. Et encore vous dis que les parents du mort, ce sont ceux de la maison, tant que le corps y demeure, chaque jour sur une planche tout exprès disposée y mettent pain, vin, chair et mainte autre sorte de viande, pour manger et boire tout comme s'il était vivant; et les mettent devant le cercueil où est le corps et les y laissent tant comme l'on puisse croire que le mort les a tranquillement mangés. Ils font de même pour le souper, disant que son âme mange cette viande et cette boisson; ce qu'ils font tous les jours, et les parents restent en la maison le servir; en telle manière le tiennent jusqu'au jour où il se mène brûler.

Et vous dis qu'ils font encore une autre chose; Souvent disent aux parents les devins qu'il n'est point bon qu'ils mènent le corps mort par la grande porte de la maison, mais bien par une autre, et cela, soit à raison d'une étoile, soit d'autre chose, qui se peut trouver en face de cette porte; et donc les parents du mort le font sortir par une autre porte, et maintes fois, le mur qui regarde la planète propice et favorable, le font percer d'une porte nouvelle, pour le faire sortir par là. La raison est, disent ces astrologues, qu'il ne doit point être porté un jour quelconque de la maison, car il ne le faut porter que sous la planète sous laquelle il est né, ou pour le moins évitant celle qui lui serait contraire; si la famille l'emportait en autre temps, grande douleur il souffrirait. Et disent que le mort ferait grand dommage à la maison, et souvent arrive que de mauvais esprits blessent ou tuent certaines gens de la famille. Tant est que pour cette cause, on obéit mot pour mot aux astrologues. Car s'il advient quelque mal ou accident à l'un des parents, ou qu'il périsse, tout aussitôt disent les astrologues qu'ainsi l'a fait l'esprit du mort parce qu'il n'avait pas été porté quand était en son ascendant la planète sous laquelle il était né, ou qu'alors elle était en opposition avec lui, ou encore parce que ce n'était pas par le côté de la maison qui aurait convenu. Et tous les Idolâtres du monde font ainsi comme je vous ai dit. Or laissons maintenant cette matière et vous parlerons d'autres cités qui sont vers la grande Ourse, près des bords de ce désert.

DE LA PROVINCE DE CAMUL

Camul[1] est une province qui fut jadis royaume, dans la grande province de Tangut. Il y a assez de villes et de villages, et la maîtresse ville est appelée Camul comme la province. Cette province est vers la Grande Ourse, entre deux déserts, car d'un côté est le très grand désert de Lop, dont je vous ai déjà parlé, et de l'autre, un petit désert de trois journées. Les gens y sont tous idolâtres et ont un langage à eux.. Ils vivent des fruits de la terre, car ils ont assez de choses à manger et à boire, tant pour eux-mêmes que pour donner et vendre aux voyageurs qui passent par là, et aux marchands, qui en emportent en d'autres lieux. Ils sont hommes d'aspect fort aimable et adonnés aux amusements, car point ne s'entendent à autre chose que sonner d'instruments, chanter et baller; bref, d'offrir maints délices à leur corps. Ils se plaisent aussi à lire et écrire à leur manière. Et je vous dis qu'ils ont telle coutume. Si un étranger passant par la région vient à la maison de l'un d'eux pour loger, l'homme s'en réjouit grandement et le reçoit avec très grande joie, et se donne toutes peines au monde pour lui plaire. Il commande à sa femme, à ses filles, à ses sœurs, et aux autres parentes, qu'elles fassent tout ce que veut l'étranger mieux que pour lui-même; il part de sa maison, abandonnant son épouse à l'étranger, et s'en va faire ses affaires et demeure deux ou trois jours à sa campagne, ou ailleurs, comme il veut. Et de là envoie tout ce que son hôte désire, mais cependant contre paiement, et ne revient chez lui tant que l'étranger y demeure. Donc l'étranger reste en la maison avec sa femme et fait à sa volonté, couchant avec elle en un lit juste comme si elle était sa femme, et ils prennent bien du bon temps. Et tous ceux de cette cité et province sont honnis à cause de leurs femmes. Mais, je vous le dis, ils n'en ressentent aucune honte! Bien plus, ils en tirent grand honneur et gloire, à raison de la coutume qui règne par toute la province, croyant grandement plaire à leurs idoles en faisant si bon accueil aux voyageurs fatigués, et que tous leurs biens, enfants, et richesses en sont multipliés et engardés de tout danger, et que toutes choses leur réussissent avec le plus grand bonheur. Et les femmes sont gaies, jolies, folâtres, et fort obéissantes à tout ce que leur mari leur ordonne, et elles aiment cet usage beaucoup.

---

1. Cette province était constituée par le territoire relevant de la ville de Khomoul ou Khamil, dont les Chinois ont fait Ha-mi; cette ville est située dans l'oasis la plus orientale du Turkestan chinois, au nord du Pei-chan et du Tchœl-tagh. Après la mort de Gengis-khan, elle fit partie du territoire attribué à Djaghatai; elle fut sans cesse disputée entre les empereurs de Pékin et les souverains de la maison de Djaghatai; elle était le siège d'une petite principauté sur laquelle régnaient les descendants des empereurs Karakhitai, qui réussirent à se maintenir jusqu'à la fin du XVe siècle.

Or il advint qu'au temps où Mongu Can[1], cinquième Sire de tous les Tartares, régnait et était seigneur de cette province, il lui fut dénoncé comment ceux de Camul faisaient à leurs femmes commettre adultère avec les étrangers, et il détesta cette coutume. Et ce Mongu leur mande commandement, sous peine de châtiments très graves, qu'ils dussent quitter cette indécente croyance et à l'avenir ne plus héberger les étrangers de telle sorte, mais préserver l'honneur de leurs femmes en fournissant aux voyageurs des logements publics. Et quand ceux de Camul eurent ouï ce commandement, ils en furent fort dolents, et rechignant obéirent au commandement du Sire pendant environ trois années. Et à la fin, ils voient que leur pays ne produisait plus les fruits accoutumés, et que dans leurs maisons, bien des mésaventures se suivaient à la file, ils tiennent conseil pour remédier à si grandes pertes et font ce que je vous dirai. Ils expédient des envoyés avec un grand et riche présent devers Mongu, le prier que ne leur soit point infligé si grande perte et dol, et qu'il les laisse user de leurs femmes comme leurs ancêtres en avaient disposé, et qu'autrement, ils ne voyaient pas comment vivre, et ne pouvaient pas; et lui dirent comment leurs ancêtres avaient dit que pour le plaisir qu'ils faisaient aux étrangers de leurs femmes et leurs biens, leurs idoles les tenaient en grande faveur, et leurs blés et cultures se multipliaient grandement; et depuis qu'ils cessaient de faire ces gentillesses et bontés aux étrangers, leurs maisons allaient de mal en pis devers la ruine.

Et quand les envoyés, munis de beaux et riches présents, arrivèrent aux pays du Grand Can, ils furent reçus avec plaisir, comme le sont à l'accoutumée ceux qui arrivent les mains pleines: je ne parle point pour les princes de nos pays, qui sont fort éloignés de pareille guise. Et quand le Grand Can eût ouï cela, il s'efforça de leur ôter cette méprisable croyance, mais ils n'en demeurèrent que plus assurés que nul bien ne pouvaient attendre de leurs dieux s'ils les courrouçaient et s'ils osaient désobéir à ce louable commandement. Et quand Mongu Can eût ouï cela, il dit:

«Moi, j'ai fait mon devoir. Puisque vous voulez votre honte à ce

---

1. Mongu ou Mongka était le fils aîné de Tolui, quatrième fils de Gengis-khan; il fut élu en 1251 par une assemblée de princes mongols, grâce à l'influence de Batou; il avait quarante-trois ans lors de son avènement, et mourut le 11 août 1259, au siège de la ville de Ho-tcheou (Ho-ts'iuan), pendant sa campagne contre l'Empire des Song. Il fut le dernier empereur mongol dont l'autorité fut reconnue sur tous les territoires contrôlés par les Mongols, bien que Batou, jusqu'à sa mort en 1255, ait été pratiquement indépendant. Il reprit en main le pouvoir qu'Œgœdèi et sa famille avaient failli compromettre. Après avoir rétabli l'administration de l'Empire, il décida en 1253 que son frère Hulègu irait achever la conquête de l'Asie occidentale, pendant que lui-même secondé par son frère Khoubilai, irait poursuivre la conquête de la Chine. La guerre fut d'abord menée par Khoubilai et ses généraux, puis en 1258 Mongka décida d'en prendre lui-même la direction: après d'importants succès, il mourut de la dysenterie alors qu'il était au Sseu-tch'ouan.

point, ayez-là. Allez et vivez selon vos coutumes, et offrez gentiment vos femmes aux voyageurs. »

Adonc révoqua l'ordre qu'il avait fait à ce sujet, et consentit qu'ils suivissent à leur gré ce vilain usage. Et vous le dis, ils revinrent avec cette réponse pour la plus grande joie de tout le peuple, et depuis lors l'ont toujours maintenu et le maintiennent encore dans toute la province. Là laissons Camul et devisons des autres, qui sont entre la Tramontane et la Grande Ourse.

Le Iuguristan[1] est une certaine vaste province qui est au Grand Can. Elle a nombre de cités et villages, mais la maîtresse ville est appelée Carachoço[2]. Elle tient sous sa loi bien d'autres cités et villages, dont le peuple adore les idoles. Mais il y a bien des Chrétiens, qui suivent la loi nestorienne. Il y a aussi quelques Sarrazins. Les Chrétiens bien souvent contractent mariage avec des idolâtres. Ils disent que le roi qu'ils ont eu en premier n'a pas pris naissance par humaine génération, mais est né d'un certain champignon nourri de la sève des arbres qu'on appelle chez nous *esca*[3]; et de lui tous les autres descendent. Les gens idolâtres sont très versés dans leurs lois et coutumes, et toujours étudient les arts libéraux. En cette terre viennent du blé et de très bonne vigne. Mais en hiver le froid y est plus cruel qu'en aucune autre partie du monde connu.

---

1. Le Iuguristan (Yougouristan) ou Ouigouristan était le pays des Ouigours, et son roi avait reconnu dès 1209 la suzeraineté de Gengis-khan, rejetant celle des Karakhitai, « Khitai Noirs ». Les Ouigours étaient un peuple turc qui avait exercé son hégémonie sur la haute Asie entre 744 et 840, étant parvenus à un haut degré de civilisation pour des nomades, car ils s'étaient convertis d'abord au manichéisme, puis au bouddhisme, et possédant un alphabet qui était emprunté au sogdien, avaient acquis toute une littérature sans doute sous forme de traductions la plupart du temps, mais cependant d'un réel mérite. Dépossédés de l'Empire par les Kirghiz, ils allèrent s'établir dans les oasis du nord du fleuve Tarim, au Turkestan oriental, et fondèrent un royaume qui subsista non seulement jusqu'à l'époque mongole, mais encore se perpétua jusqu'au XVIe siècle, ayant d'abord possédé sa dynastie nationale, puis des membres de la maison de Djaghatai, comme suzerains.

2. La ville de Carachoço (Karakhodja) fut la capitale du royaume des Ouigours après leur éviction de Mongolie; elle est située un peu à l'est de l'actuelle ville de Tourfan, et forme avec plusieurs sites jadis habités, un ensemble archéologique célèbre par les découvertes qui y ont été faites depuis environ cinquante ans. En effet la région, connue sous le nom de « dépression de Louk-tchoum », forme au sud du mont Bogdo-Oula une sorte d'ombilic dont le niveau le plus bas descend à plus de cent mètres au-dessous du niveau de la mer; elle fut habitée de très bonne heure par des populations d'origine indo-européenne dont la civilisation composite subit l'influence iranienne et celle de la Chine, qui finit par y dominer. La population se convertit au bouddhisme de bonne heure, mais après la chute de la domination mongole, elle devint presque entièrement musulmane vers la même époque où les Ouigours furent convertis de force par les souverains musulmans du Turkestan oriental.

3. Champignon non identifié. La légende de l'origine végétale de certains groupements tribaux d'Asie centrale, tels les Kiptchak, nous est connue par les textes tant chinois que musulmans.

DE LA PROVINCE DE GHINGHIN TALAS

Quand on part de ladite province de Camul, Ghinghin Talas[1] est une province toute voisine du petit désert entre la Tramontane et la Grande Ourse. Elle a seize journées de long; elle est au Grand Can. Il y a assez de cités et de villages, et en iceux trois sortes de gens: les Idolâtres, qui sont les plus nombreux, ceux qui adorent Mahomet, et quelques Chrétiens nestoriens. Aux confins de cette province, devers la Tramontane, il y a une montagne en laquelle il y a une très bonne veine d'acier et d'andanique.

Et sachez aussi que en cette montagne se trouve une veine de laquelle on tire la salamandre[2], laquelle ne peut brûler quand on la met au feu; et c'est la meilleure que l'on trouve dans le monde. Et sachez-le bien: la salamandre dont je parle, n'est ni bête ni serpent, car point n'est vrai que ce tissu soit du poil d'un animal vivant dans le feu, comme on dit en notre pays, mais c'est ce que je vous dirai. Il est vrai que vous savez bien que par nature, nulle bête ni animal ne peut vivre dans le feu, parce que chaque animal est composé des quatre éléments, assavoir le feu, l'air, l'eau et la terre, de sorte qu'un animal quelconque contient chaleur, humidité, froid et sécheresse, par quoi serait impossible qu'un animal fait des quatre éléments pût vivre dans le feu. Et pour ce que les gens ne savaient pas les certitudes relatives à la salamandre, ils disaient, en la manière qu'ils disent encore, que la salamandre est une bête; mais ce n'est pas vérité. Mais je vous dirai comment on fait la salamandre, et ce que c'est. Car je vous dis que j'eus un compagnon, un baron qui avait nom Çulficar[3], marchand turc,

1. Cette province n'est pas identifiée d'une façon certaine avec les éléments que nous donne la géographie officielle des Mongols de Chine. Parmi les commentateurs, Yule a incliné à la suite de l'archimandrite Palladius, à admettre que cette province se trouvait sur la route de Cha-tcheou à la place de Kia-yu-kouan. En effet on trouve après la période mongole une région dont le nom en transcription chinoise peut être restitué en Tchinghin. Mais Marco Polo parle d'une région nord-nord-ouest; l'hypothèse ne peut donc convenir. Peut-être Ghinghin Talas correspond-il à la région de Besh-baligh, dans le nord-ouest de l'actuel Turkestan oriental. D'autre part des textes chinois de l'époque des Ming, qui concernent la région de Tourfan et celle de Ha-mi (Qamil), mentionnent dans ces régions la production de *p'in-t'ie*, «fer andanique»; d'autre part un texte de 1267 mentionne que, dans la même région, on trouvait du *che-jong*, «amiante». Peut-être faut-il établir un lien entre ces textes et ce que rapporte Marco Polo; malgré cela, il est difficile de déterminer la position de cette région.

2. Le nom de *salamandre* désigne ici l'asbeste dont l'amiante est une variété. L'histoire de ce mot est bien connue; dans l'antiquité classique, la salamandre n'est pas reliée à l'amiante, mais au Moyen Age les deux mots sont confondus; les traditions du phénix se sont greffées sur celles concernant la salamandre; les deux existent en Asie orientale. Dès le commencement de l'ère chrétienne, la salamandre est mentionnée dans les textes chinois sous des noms divers; c'est seulement à partir du XIIe siècle que paraît le nom de *che-jong*, «velours de pierre», qui désigne l'amiante du Sseu-tch'ouan.

3. Le rôle de ce marchand turc musulman montre l'importance prise dans l'Empire mongol par l'élément musulman en ce qui concernait les questions économiques; les Mongols redoutant d'employer des fonctionnaires originaires des pays dont ils

à mon avis très savant et digne de foi, et qui racontait comment avait passé trois ans en cette province, chargé du travail des mines pour le Grand Can, et lui expédier cette salamandre, cet andanique et cet acier, et le reste. Car toujours le Grand Can mande en ce lieu un seigneur pour trois ans, pour gouverner la province et faire la besogne de la salamandre. Et mon compagnon me dit le fait et je le vis moi-même. Et je vous dis que quand on a extrait des montagnes un peu de cette veine que vous avez ouïe, et qu'on l'a rompue et broyée, elle se tient ensemble et forme des fils comme la laine. Et pour cela, quand on a cette veine, on la fait sécher au soleil, et quand elle est sèche on la pile dans un grand mortier de cuivre; puis on la lave à l'eau; seuls surnagent ces filaments dont vous ai dit, semblables à la laine, alors que la terre, qui ne vaut rien, tombe au fond de l'eau, et on la jette. Puis ce fil semblable à la laine est facilement filé, puis tissé, et l'on en fait des toiles que nous appelons salamandre. Et, quand ces toiles sont faites, ne sont mie blanches, je vous le dis, mais brunes lorsqu'on les retire du métier. Quand ils les veulent blanchir, les mettent en le feu et les y laissent une heure, et quand on les retire du feu, elles sont toutes blanches comme neige. Chaque fois que ces toiles de salamandre ont une tache ou souillure on les met au feu et les y laisse un petit, où ne sont ni brûlées ni abîmées, mais deviennent blanches comme neige. C'est ainsi qu'ils les tiennent nettes et propres. Et c'est la vérité de la façon des salamandres, il n'y en a point d'autres. Je les ai vues de mes propres yeux mises au feu et en sortir très blanches. Ainsi le disent eux-mêmes les gens de la contrée; quant au serpent salamandre qu'on dit vivre dans le feu, je n'en ai pas entendu mot dans les régions de l'Est. Et toutes les autres choses qu'on en raconte sont mensonges et fables. Et encore vous dis qu'il y en a une toile à Rome, que le Grand Can envoya à l'Apôtre pour très grand présent lorsqu'il lui envoya les deux frères comme ambassadeurs, et pour cela le Saint Suaire de Notre-Seigneur Jésus-Christ y fut mis dedans; puisse-t-il être béni! et sur cette toile a été écrit en lettres d'or: «Tu es Petrus et super hanc petram aedificabo ecclesiam meam.» Là laissons cette province et vous conterons des autres provinces enre Grec et Levant.

DE LA PROVINCE DE SUCCIU

Qui laisse derrière soi cette province de Ghinghin Talas, il va dix journées entre Levant et Grec. Sur toute cette route, il n'y a point

---

contrôlaient l'administration, utilisèrent de nombreux musulmans en Asie centrale et en Extrême-Orient; ce furent d'abord les Ouigours et les Khitan qui leur donnèrent les cadres dont ils avaient besoin, puis les Turcs musulmans; quand l'administration mongole tomba dans les mains des Chinois et des Iraniens, dans leurs pays respectifs, la domination mongole en Chine et en Iran s'effondra rapidement.

d'habitations, ou très peu, et n'y a autre chose à mentionner en notre livre.

A la fin de ces dix journées, on trouve une province qui est appelée Succiu[1], en laquelle il y a des cités et villages assez. La maîtresse cité est appelée aussi Succiu. Il y a bien quelques Chrétiens nestoriens, mais les gens y sont idolâtres. Ils sont au Grand Can, comme les autres provinces susdites. La grande province générale où est cette province de Succiu et les deux autres dont je vous ai parlé en arrière, assavoir Camul et Ghinghin Talas, est Tangut. Et par toutes leurs montagnes il se trouve la plus fine rhubarbe en très grande abondance, que les marchands achètent et portent par le monde; on ne trouve nulle autre marchandise. Il est vrai que par ces montagnes les voyageurs n'osent point aller avec d'autres bêtes que natives du pays, car il y pousse certaine herbe empoisonnée telle que si les bêtes en mangent, elles perdent leurs sabots; mais les animaux nés dans le pays reconnaissent cette herbe et s'abstiennent d'en brouter. Il y a grande abondance de troupeaux et de fruits, et les gens vivent de ces fruits et de ces troupeaux, mais il n'y a ni commerce ni métiers. Toute la province est saine et les gens y sont bruns. Il n'y a rien d'autre à dire: nous partirons d'ici et vous conterons d'une cité qui est appelée Campçio.

DE LA CITÉ DE CAMPÇIO

Campçio[2] est une cité en Tangut, très vaste et noble, et elle gouverne toute la province. Les gens sont idolâtres, et il y en a qui adorent Mahomet; et encore y a quelques Chrétiens, lesquels ont en cette ville trois églises très grandes et belles; mais les Idolâtres, eux, ont nombre de très beaux monastères et d'abbayes selon leurs coutumes. Ces monastères renferment une grandissime quantité d'idoles; et vous dit qu'ils en ont qui sont grandes de dix pas. Telle est de bois, telle de terre, telle de pierre et telle de bronze, toutes couvertes d'or et

---

1. Le nom chinois actuel est celui de Sou-tcheou, ville située dans le Kan-sou, à l'ouest de Kan-tcheou; le nom donné par Marco Polo suppose Souk-tcheou qui est l'ancien nom chinois que donnent les chroniques musulmanes de l'époque mongole; il s'est conservé en transcription plus longtemps chez les peuples de langue non chinoise, sous cette forme, le chinois ayant évolué plus vite que les noms chinois empruntés par les langues voisines; cette forme se rencontre encore chez certains voyageurs du XVIIe siècle, et les Turcs du Kan-sou nomment encore ainsi cette ville. La région de Sou-tcheou faisait partie du royaume tangout et fut conquise par les Mongols en 1227, ayant constitué, avant d'appartenir aux Tangout, une principauté turque ouigoure de 860 à 1028.

2. Cette ville faisait partie de l'ancien Tangout; c'est la ville de Kan-tcheou, la première syllabe du nom se prononçant Kam à l'époque mongole. D'après l'histoire officielle des Mongols de Chine, il est mentionné sous l'année 1335, un temple du caractère dix, c'est-à-dire une église chrétienne, où était conservé un portrait de Soyorghaktani-bèki, mère de Khoubilai. Cette ville conquise par les Mongols sur les Tangout en 1227, avait d'abord constitué une principauté ouigoure de 860 à 1028.

merveilleusement œuvrées. Mais il en est de moins grandes et de petites. Les grandes idoles sont couchées, avec plusieurs autres petites tout debout autour d'elles, semblant à icelles faire la révérence avec humilité comme disciples. Les grandes idoles sont d'ailleurs beaucoup plus saluées que les petites. Comme ne vous ai point encore conté tout le fait des Idolâtres, je vais vous le conter ici.

Donc sachez que les religieux idolâtres vivent plus honnêtement que les autres Idolâtres, car ils s'abstiennent de certaines choses, notamment de luxure, bien qu'ils ne la tiennent pas pour grand péché. Car à leur opinion, si une femme les invite à l'amour, ils peuvent coucher avec elle sans péché, mais si c'est eux qui les premiers invitent la femme, alors ils se l'imputent à péché. Mais je vous dis que s'ils trouvent un homme qui ait pris avec une femme des ébats contre nature, ils le condamnent à mort. A divers temps, ils font fête à leurs idoles comme nous faisons à nos saints, et ils ont quelque chose de semblable au calendrier, où les fêtes de leurs idoles sont disposées à jour fixé. Et vous le dis: ils ont un calendrier lunaire tout comme nous avons les mois, et c'est ainsi qu'ils calculent le temps de l'année. Il existe certaines lunes où pour rien au monde aucun idolâtre ne tuerait bête ou oiseau, pendant cinq jours consécutifs, et où jamais ils ne mangeraient chair d'animal occis en ces cinq jours, car ils les tiennent en révérence comme nous autres Chrétiens le Vendredi, le Sabbath et les autres vigiles des saints. Ces cinq jours-là, ils vivent plus honnêtement que les autres jours de toute l'année. Certains d'entre eux, par révérence et dévotion, ne mangent point de viande carnéę de toute leur vie: ce sont moines. Mais les laïcs en mangent toujours.

L'homme laïc peut prendre jusques à trente femmes, plus ou moins selon qu'il est riche et qu'il peut les entretenir. Les hommes ne reçoivent point de dot de leurs femmes, mais leur donnent pour douaire bestiaux, esclaves et argent, selon leurs possibilités. Mais vous saurez qu'ils tiennent la première femme pour la meilleure. Je vous dirai aussi que si le mari voit qu'une de ses femmes est vieille, ne vaut rien et ne lui plaît plus, il peut la répudier et prendre à sa place la sœur de la femme divorcée. Il agit envers elle comme il l'entend et en prend une autre s'il le désire. Ils ont le droit d'épouser leurs cousines et les femmes de leur père, excepté leur propre mère, ainsi que les femmes de leurs frères ou de tout autre parent. Ils ne tiennent point pour péché maints péchés graves que nous tenons pour mortels, car ils vivent en ces matières comme des bêtes.

Et nous les laisserons et vous conterons des autres, vers la Tramontane. Et vous dis que Messire Nicolo, Messire Mafeo et Messire Marco demeurèrent environ un an en cette cité de Campçio pour leurs affaires, qui ne valent pas d'être mentionnées. Et pour cela, nous partirons d'ici et irons soixante journées vers la Tramontane, et nous vous conterons bien des choses.

DE LA CITÉ D'ÉÇINA

Qui s'en va de cette cité de Campçio, il chevauche douze journées, et à la fin trouve une cité qui est appelée Éçina[1], qui est au début du désert de sable vers la Tramontane et fait partie de la province de Tangut. Les gens y sont idolâtres. Ils ont chameaux et bestiaux en abondance. Ils élèvent assez de faucons laniers et de faucons sacres qui sont très bons. Et ils vivent des fruits de la terre et de leurs bestiaux, n'étant pas hommes faisant du commerce.

Et en cette cité, l'on prend des vivres pour quarante journées, car sachez que quand on quitte cette cité d'Éçina, on chevauche quarante journées vers la Tramontane par un désert, où n'y a ni habitations ni auberges et où ne demeurent les gens, sauf en été, et c'est à cause du grand froid qu'on y rencontre en hiver. Mais en vallées et en montagnes de ce désert, on trouve des cours d'eau nombreux avec beaucoup de poissons et brochets, et assez de bêtes sauvages; il y a même des ânes sauvages en grand nombre. Il y a beaucoup de bocages de pins. Et quand on a chevauché ces quarante journées par ce désert, on trouve vers la Tramontane une province où est une très grande cité qui est appelée Caracorom[2]. Vous apprendrez tout de suite ce qu'est cette cité. Toutes les provinces et cités: la cité de Saciu, la province de Camul, la province de Ghinghin Talas, la province de

1. Cette ville se trouvait sur le fleuve appelé Etzin-ghol, non loin de l'endroit où il se jette dans le lac Ghashoun-nor; le lieu où Etsina se trouvait, fait partie actuellement de la province de Ning-hia, au nord de la province du Kan-sou, sur les confins de la Mongolie extérieure. La géographie officielle des Mongols de Chine la nomme sous des transcriptions chinoises ramenant à Idzinai ou Idzina; ce nom est d'origine «tangout», donc de la même famille linguistique que le tibétain; il n'existe plus actuellement, mais les ruines de la ville sont connues sous le nom de Kara-Khoto, «La Ville Noire», site archéologique de grande importance qui a été fouillé et étudié par l'archéologue anglais Sir Aurel Stein et surtout par l'archéologue et voyageur russe Kozlov qui a rapporté de remarquables collections de peintures et de manuscrits.

2. La capitale mongole fut fondée par Œgœdèi et fut la résidence des Empereurs mongols de 1230 à 1260, date où Khoubilai transféra la capitale à Khanbaligh. Elle était située sur l'Orkhon, fleuve de Mongolie dont les eaux après s'être jetées dans la Sélenga, se déversent dans le lac Baïkal. D'après Guillaume de Rubrouck, elle n'était pas plus grande que le faubourg Saint-Denis à Paris, et d'après lui, le couvent de Saint-Denis dépassait de beaucoup en importance le palais impérial. Il n'en reste que des ruines qui ont été étudiées à plusieurs reprises; la ville fut en effet abandonnée par les empereurs mongols, et pendant la durée de la dynastie mongole de Chine (1278-1368), un gouverneur y résida; après l'expulsion des Mongols de Chine, les empereurs y revinrent, mais ne purent s'y maintenir après le triomphe des Kalmouks au xve siècle.

Succiu, la cité de Campçio, et la cité d'Éçina appartiennent à la grande province de Tangut.

Marco Polo, *La Description du monde*, texte en français moderne et notes de Louis Hambis, Paris, Klincksieck, 1955.

ODORIC DA PORDENONE

(1318-1330)

A la suite du concile de Lyon de 1245, de nombreux dominicains et franciscains avaient été envoyés en Asie. Plusieurs missions furent dépêchées par Jean XXI et Nicolas III auprès de Kubilay, premier empereur de la dynastie des Yuan. Une mission permanente en Chine fut fondée par Jean de Monte Corvino, envoyé par le pape Nicolas IV en 1289.

Odoric da Pordenone, franciscain originaire du Frioul, partit de Padoue en avril 1318 pour aller aider Jean de Monte Corvino. Passant par Constantinople, la mer Noire, la Perse, il rejoint Ormuz où il s'embarque pour les Indes. De là, il gagne Ceylan, Sumatra, remonte par le Fujian et arrive à Hangzhou, puis, par voie terrestre, à Khan-baliq (Pékin), où il séjourne trois ans alors que Monte Corvino est toujours évêque (il mourra en 1333).

Odoric da Pordenone rentre en Europe en passant par l'Asie centrale. On a longtemps cru qu'il avait été le premier Européen à se rendre à Lhassa, dont il est le premier à parler. Son itinéraire, très vague, l'a conduit vraisemblablement à travers le Badakchan et le Khorasan. Son voyage de douze ans (1318-1330), le récit qu'il en fit sur la demande de son supérieur, ainsi que ses mérites, lui valurent renommée et vénération bien après sa mort en 1331[1].

DE PENTHEXOIRE, LA TERRE DU PRÊTRE JEAN

De ce royaume de Cathay, je m'en allais vers l'Occident pendant plusieurs journées, et je traversais de nombreuses terres et cités. J'arrivais dans le pays du prêtre Jean, qu'on appelle Penthexoire[2], mais de ce qu'on a dit de cette terre riche et de ce noble pays, pas un

1. Le texte de Cordier, dont nous présentons un extrait ci-après, est donné d'après la version française de Jean le Long, d'Ypres, moine de Saint-Bertin à Saint-Omer, d'après les manuscrits de la Bibliothèque nationale Fr 1380 et 2810. C'est le premier texte qui a été reproduit par Jehan Saint-Denys en 1529. Les notes utilisent une partie des commentaires de Yule, *China and the Way Thither*, *op. cit.* Je suis très reconnaissant à Mme L. Boulnois pour son aide amicale dans la recherche de ce texte. (M.J.)

2. Yule pense que ce nom curieux pourrait avoir pour origine Tendek-Shahr. Il pourrait s'agir d'une région proche du fleuve Jaune et sans doute de la boucle de l'Ordos.

centième n'est vrai. La ville principale et la plus importante se nomme Cosan. Elle est plus belle et plus grande que Venise, et d'autres cités dépendent de lui. Par les accords et alliances il reçoit pour femme la fille du grand khan de Cathay.

De cette province je m'en allais vers une autre qui se nomme Cossam[1]; c'est une des meilleures du monde. Dans sa partie la plus étroite elle est bien large de cinquante jours de voyage, et de plus de soixante dans la plus grande longueur. Elle est très peuplée, et particulièrement Cossam qui est merveilleusement grande. Sans avoir quitté une cité on aperçoit la porte d'une autre. Il y a abondance de nourriture, et surtout de châtaignes. La rhubarbe y pousse en telle abondance que vous pouvez charger un âne pour moins de six gros. C'est une des douze provinces de l'empire du grand khan.

DU ROYAUME DE RIBOTH

De cette province je m'en allais vers une autre très grande qu'on nomme Riboth[2], qui jouxte l'Inde. Ce royaume dépend du grand khan et on y trouve pain et vin en abondance, plus que nulle part ailleurs au monde. Les habitants de ce pays demeurent dans des tentes de feutre noir. Leur ville principale est très belle, entièrement en pierres blanches et les rues sont bien pavées[3]. On l'appelle Gota[4]. Dans cette ville personne n'ose répandre du sang humain ou animal, par respect pour une idole qu'on y vénère[5]. Dans cette cité

1. Il s'agirait selon toute vraisemblance de la région qui englobait jusqu'en 1285 le Shaanxi, une partie du Gansu mais également le Sichuan. Le Sichuan est réputé pour ses châtaignes et le Shaanxi pour la rhubarbe. La densité de la population a toujours été particulièrement élevée dans la vallée de la Wei et dans le bassin rouge du Sichuan.

2. Il s'agit du Tibet: Ri pour montagne, et Both (en fait Bhot), actuellement prononcé Peu en tibétain de Lhassa, c'est le Tibet. Au Moyen Age, les Mongols connaissaient cette région sous le nom de Tubot. C'est sur la base de ce texte que plusieurs commentateurs ont estimé qu'Odoric da Pordenone avait été le premier Européen à se rendre à Lhassa. Il est désormais admis qu'il a plutôt obtenu ces renseignements en traversant les régions qui sont sur les limites septentrionales de l'aire tibétaine, et sans doute à partir de l'actuel Gansu.

3. Yule pensait qu'il s'agissait «sans aucun doute» de Lhassa. Mais il admettait qu'il ne disposait alors (1865) d'aucune description satisfaisante de cette ville, car aucun des voyageurs y ayant accédé (ils n'étaient pas nombreux en ce milieu du XIXe siècle!) n'avait mentionné les détails rapportés par Odoric da Pordenone. Quand l'expédition britannique parvint dans la capitale tibétaine en 1904, la description rapportée par Odoric, cinq siècles et demi après il est vrai, ne paraissait pas correspondre à celle de Lhassa (Lt. Cl. L.A. Waddell, *Lhassa and its Mysteries*, Londres, 1905).

4. Seule la version française du texte mentionne ce nom, qu'on ne retrouve pas sur des cartes.

5. Commentant cette phrase en 1878, l'abbé Desgodins écrivait: «Il pouvait en être ainsi au XIVe siècle; mais, depuis ce temps, le bouddhisme de L'Hassa s'est bien relâché de sa rigueur; car, non seulement on y tue assez d'animaux pour bâtir un quartier en cornes de moutons et de bœuf, mais on y tue les coupables et même les suspects. Trop

demeure l'*obassy*, c'est-à-dire leur pape dans leur langage, qui est le chef de tous les idolâtres, et qui distribue les ressources du pays à sa guise[1].

En ce pays les femmes ont pour coutume de se coiffer de plus de cent tresses et de porter deux grandes dents comme des sangliers. Une autre coutume est la suivante: quand le père de l'un d'entre eux meurt, son fils veut lui rendre des honneurs. Il fait appel aux prêtres et autres religieux, aux menestrels, à ses voisins et amis, et quand ils sont tous rassemblés, ils portent le corps du défunt dans la campagne, élèvent une sorte de table, et les prêtres coupent la tête et la donnent à son fils. Alors le fils et tous ceux qui l'accompagnent se mettent à chanter, font grand bruit et grande fête tout en chantant des prières pour le mort. Puis les prêtres coupent le corps en morceaux, et tandis que viennent des aigles et des vautours, on leur jette ces morceaux qu'ils emportent. Alors toute l'assemblée s'écrie: «Regardez, comme ce fut un saint homme, car les anges de Dieu l'emportent au Paradis!» Et de cette manière le fils se sent très honoré quand il voit que les anges emportent ainsi son père au paradis, puis ils partent.

Et quand le fils est de retour avec ses amis, il fait cuire la tête de son père et la mange, et du crâne, il fait une coupe dans laquelle, avec toute sa famille, il boit avec grande dévotion en mémoire de son père mort. Et ils disent qu'ainsi ils manifestent leur respect à leur père[2]. Et ils ont bien d'autres coutumes abominables...

DU VIEILLARD DES MONTAGNES

Après avoir quitté les terres du prêtre Jean, et après avoir voyagé vers l'ouest, j'arrivais dans une riche contrée qui s'appelle Mellestoire. On appelait le seigneur du pays le Vieillard des Montagnes[3]. Ce Vieillard avait enclos une montagne d'un grand mur. Et à l'intérieur

souvent encore les lamas se font la guerre entre eux, non à coup d'arguments théologiques mais bien à coups de sabres et de fusils.»

1. Il ne s'agit pas du dalaï-lama puisque le passage d'Odoric da Pordenone est bien antérieur à la réforme de Tsongkapa (mort en 1478). Yule donne plusieurs explications sur l'interprétation possible du terme *obassy* (Lo Abassi dans d'autres versions), à partir de dénominations mongoles des lamas (Lobaes, Ubashi), ou de corruption du sanscrit, ou encore des khalifs Abassi (en se référant à Benjamin de Tolède).

2. Ces descriptions mélangent l'anthropophagie rituelle, rapportée par d'autres voyageurs (Plan Carpin, G. de Rubrouck, M. Polo), qui n'en ont pas été les témoins directs, et les «funérailles célestes» (découpage du corps en morceaux donnés aux aigles et aux vautours), qui se pratiquent encore de nos jours.

3. Ce récit du Vieil homme de la Montagne est presque identique à celui que rapporte Marco Polo. Sur Mellistoire, ou Melistorte, Yule propose à l'origine le terme (arabe) Mulahidad (personnes athées ou impies), du nom donné à une secte d'ismaéliens par les orthodoxes, et cité sous la forme Mulhet ou Mulehet par d'autres voyageurs du Moyen Age.

de ce mur se trouvaient les plus belles fontaines du monde ; il y avait mis également les plus belles damoiselles qu'on peut trouver sur la terre, ainsi que toutes ces choses qui peuvent apporter du plaisir au corps humain ; et nommait ce lieu paradis. Et quand il trouvait un homme jeune et vigoureux, il le mettait dans ce paradis entre toutes ces choses délectables, si bien que ce jeune homme se figurait être au paradis, car il y faisait venir du vin à profusion, et faisait à ces jeunes hommes tous les délices que le corps humain pouvait demander. Puis, quand il désirait faire mourir un homme, il faisait donner à ces jouvençaux un breuvage qui les endormait, les faisait transporter hors du paradis, et quand ils étaient réveillés, il les faisait paraître devant lui, leur disait que jamais plus ils n'entreraient au paradis s'ils ne mettaient pas à mort tel homme, tel seigneur. Et s'ils le tuaient il les remettait au paradis, les faisant demeurer là où ils recevaient plus de délectation que la première fois. Ces hommes jeunes croyaient vraiment que c'était le paradis céleste, là où leur vie était éternelle, s'ils se livraient au Vieillard corps et âme pour son bon plaisir, et sur sa demande ils tueraient pas seulement une mais mille personnes. De cette manière le Vieillard se vengeait de ses ennemis, de telle manière que tous le craignaient. Ses voisins lui payaient de lourds tributs, et s'ils ne le payaient pas, il les faisait tuer. Les Tartares furent mis au courant ; ils vinrent sur lui en force, ils le capturèrent, lui infligèrent une mort très cruelle et détruisirent toutes ses constructions.

COMMENT LES FRÈRES TRAITENT LES DÉMONS EN TARTARIE

En ces contrées Dieu a accordé de si grandes grâces aux frères mineurs qu'ils pensent qu'en Grande Tartarie il n'est pas plus difficile de chasser le démon du corps des possédés, que de chasser un chien d'une maison. On leur apporte les enragés de dix journées de marche, et ils leur ôtent les diables du corps au nom du Père, du Fils et du Saint-Esprit. Tant et si bien que ceux qui sont guéris se font baptiser et brûlent leurs idoles ; il advient souvent que par la vertu du diable les idoles rejaillissent hors du feu, mais les frères les aspergent d'eau bénite, et ainsi le feu peut les brûler. Alors les diables s'en vont en criant : « Je suis bouté hors de ma maison. » Et c'est ainsi que beaucoup se convertissent à la foi chrétienne.

UNE GRANDE MERVEILLE

Je vis une chose horrible alors que je cheminais le long d'un des fleuves du paradis. J'approchais une vallée qui était assez près de ce fleuve. En l'approchant j'entendis divers instruments de musique et plus spécialement des harpes. Plus je m'approchais et plus j'entendais de bruit, et finalement j'entendis un bruit si grand que j'en eus une très grande frayeur. Cette vallée a bien sept ou huit miles de long, et ceux de ce pays disent que celui qui y entre ne peut en ressortir. Après avoir hésité à y entrer pour savoir ce qui s'y passait, j'y trouvais tant de cadavres que ce n'en était pas croyable. En m'approchant de près, sur un côté de la montagne et dans la pierre, je vis un visage humain effrayant. Il était si horrible que je crus que j'allais mourir de peur et je me mis à réciter: *Verbum caro factum est*, etc. Mais je n'osais approcher plus près qu'à huit andains et je remontais sur l'autre extrémité de la vallée sur une pente de sable. Je regardais tout autour de moi mais je n'y vis rien de particulier, sauf que j'y trouvais de grande quantité d'argent. J'en pris contre moi, mais je ne le gardais pas et je m'en allais. Tout les Sarrasins qui me virent arriver et qui savaient d'où je revenais me tinrent en grand respect et me dirent que j'étais baptisé et saint homme, mais que ceux qui y étaient restés étaient tous des diables de l'enfer[1].

Henri Cordier, *Les Voyages en Asie centrale au XIVe siècle du bienheureux frère Odoric de Porderone*, Paris, Leroux, 1891.

PASCAL DE VITTORIA
(1338)

Au début du XIVe siècle des efforts avaient été faits pour implanter une mission franciscaine en Asie centrale, dans le territoire d'Ili. Elle était dirigée par Richard de Bourgogne, nommé évêque d'Ili-baliq [Almalig]. Il avait avec lui Pascal de Vittoria, François d'Alexandrie, Raymond Ruffi (ou de Provence) et deux frères laïques: Pierre Martel, de Narbonne, et Laurent d'Alexandrie.

Le texte qui suit est une lettre écrite en août 1338 d'Almalig par Pascal de Vittoria, jeune franciscain espagnol de cette mission de Tartarie, alors capitale des khans du Turkestan, ou Zhagatai. Son contenu vibre du zèle missionnaire au point d'anticiper le martyr qu'il trouvera à peine un an plus tard avec les autres franciscains d'Almalig[2].

---

1. Ce passage est le plus fantastique du récit d'Odoric da Pordenone et il semble se fonder sur une expérience vécue. On ne manquera pas de le rapprocher du texte de G. de Rubrouck traversant une vallée encaissée, ou de celui de Marco Polo dans le désert de Lop. Yule rappelle encore les témoignages de voyageurs contemporains sur les sons recueillis dans le désert. Mais plus généralement les déserts d'Asie centrale sont les terres privilégiées de légendes habitées par des esprits. Parmi les nombreuses hypothèses qui peuvent être formulées sur le point exact où se situe cet épisode, citons la proposition de Yule, dans une des vallées de L'Hindu Kuch, menant au Badakhchan.

2. Sur Almalig et l'histoire de l'Ili, nous renvoyons à notre ouvrage: *Le Milieu des empires*, Paris, éd. R. Laffont, 2e éd., 1990, p. 396 à 410. (M. J.)

Bien chers frères,

Vos saintetés savent que quand je vous ai quitté je me suis dirigé vers Avignon en compagnie de notre cher père le Frère Gonsalvo Transtorna. De là nous allâmes avec la bénédiction du révérend le général, bénéficier de l'indulgence à Assise; et après cela nous embarquâmes à Venise à bord d'une carraque, et nous descendîmes à la voile la mer Adriatique. Puis nous avons vogué à travers le Pont[1], laissant la Sclavonie sur la gauche et la Turquie à droite, et nous avons débarqué à Galata près de Constantinople, où nous avons trouvé le père vicaire de Cathay au Vicariat de l'Orient. Puis, embarquant sur un autre navire nous avons fait voile à travers la mer Noire, dont les profondeurs sont insondables, jusqu'à Gazaria[2] dans le Vicariat du Nord, et dans l'empire des Tartares. Puis, traversant une autre mer qui n'a pas de fond, nous abordâmes à Tana.

Étant arrivé là plus tôt que mon compagnon, je continuais mon chemin avec des Grecs en charrette jusqu'à Sarray[3]; tandis que mon compagnon, avec d'autres frères, se transportait plus loin jusqu'à Urganth[4]. J'étais assez désireux d'aller avec lui, mais après avoir pris quelques avis sur le sujet je décidais d'apprendre tout d'abord la langue du pays. Et avec l'aide de Dieu j'appris la langue des Comans et l'écriture ouighoure; lesquelles langue et écriture sont communément utilisées à travers tous ces royaumes et empires des Tartares, Perses, Chaldéens, Mèdes[5] et de Cathay. Mon compagnon s'en revint de Urghanth et s'en alla vers nous. Mais je ne pouvais supporter de m'en retourner comme un chien retourne à ses vomissures, et j'étais désireux d'obtenir la grâce qui m'avait été accordée par sa sainteté le pape, aussi ne voulais-je pas m'en retourner. Car vous devez savoir que tous ceux d'entre nous, frères, qui viennent dans ces régions ont les mêmes

1. La mer de Marmara.

2. La Crimée.

3. La capitale des khans de Kapchak, fondée par Batu. Le nom Sarai signifie simplement «palais» (*serai*, *seraii*). Ibn Battuta dit que parti de bonne heure le matin pour traverser la ville, il atteignit le côté opposé après le milieu de la journée.

4. Autrefois la principale ville du Kharezm, la région de Khiva. Elle se tenait sur les deux rives de l'Oxus (Amou-Daria), reliées par un pont. Elle fut le théâtre d'horribles dévastations et massacres sous Genghis khan en 1221, et on dit que les 100 000 survivants de la seule classe épargnée, les artisans, furent envoyés en Mongolie. D'après les notes de Pegolotti et d'Ibn Battuta, il semblerait qu'elle avait retrouvé une certaine importance une centaine d'années après; mais le cours de la rivière devait la déserter et elle sombra totalement. C'est l'Urgence que décrira Anthony Jenkinson en 1558 comme une ville mal construite en terre dans un état d'abandon. La nouvelle Ourgentch est devenue la moderne Khiva à environ 100 kilomètres à l'est de l'ancienne capitale.

5. Cette appellation, donnée par Pascal de Vittoria au khanat tartare de Zhagatai ou Transoxiane, est une étonnante dénomination qui correspond à une erreur dont on peut aisément expliquer la cause. Cet empire, s'étendant entre le Cathay et la Perse, était appelé *Imperium medium*, l'«Empire intermédiaire», comme on le trouve finalement appelé dans une lettre adressée par le pape Benoit XII aux souverains locaux et à Jean de Marignolli. Cette erreur se retrouve dans plusieurs cartes de l'époque.

privilèges que ceux qui se rendent à Jérusalem; c'est-à-dire, pour la plus grande indulgence tout à la fois un *poena* et un *culpa*, et pour ceux qui persévèrent jusqu'au bout, le couronnement de la vie.

C'est pourquoi, mes pères, à partir du moment où j'eus acquis la maîtrise de la langue, grâce à Dieu j'ai souvent prêché sans interprète à la fois aux Sarrazins et aux chrétiens schismatiques et hérétiques. Je reçus alors un ordre de mon vicaire qui me signifiait qu'après avoir pris connaissance de sa lettre je devais en toute obéissance, et comme de juste, poursuivre le voyage que j'avais commencé.

Cela faisait alors plus d'un an que je résidais dans cette ville de Sarray, une ville de Sarrazins de l'empire tartare, dans le vicariat du Nord, où trois années auparavant, un de nos frères, nommé Stéphane, eut à souffrir un honorable martyre entre les mains des Sarrazins[1]. Embarquant alors sur un navire avec des Arméniens, je partais par le fleuve appelé Tigris[2], puis le long de la mer qui s'appelle Vatuk[3], et après un voyage de douze jours j'atteignis Saraichik[4]. A partir de là, j'utilisais une charrette tirée par des chameaux (car chevaucher ces animaux est quelque chose de terrible), et le cinquantième jour j'atteignais Urganth, qui est une ville située aux confins des empires des Tartares et des Perses. La ville s'appelle également Hus, et le corps du Bienheureux Job s'y trouve enterré[5].

De là je poursuivais comme auparavant avec une voiture attelée à un chameau, et je voyageais avec un groupe d'Hagariens exécrables et d'adeptes de Mahomet, étant le seul chrétien parmi eux, avec un serviteur nommé Zinguo, jusqu'à ce que, grâce à Dieu, nous atteignions l'empire des Mèdes[6]. Ce qu'ont été mes souffrances ici, leur nombre et leur intensité, Dieu lui-même le sait, et ce serait une longue histoire à raconter dans une lettre. Cependant, l'empereur des Tartares tué par son frère naturel, et la caravane de Sarrazins avec laquelle j'ai voyagé a été retenue chemin faisant dans les cités des Sarrazins, par crainte de la guerre et des pillages.

Ainsi j'ai longtemps séjourné parmi les Sarrazins, et je leur ai prêché pendant plusieurs jours ouvertement et en public le nom de Jésus et son Évangile. J'ai exposé et mis à nu les escroqueries, les mensonges et les stupidités de leur faux prophète; à voix haute et en public j'ai

1. Pascal sans doute réside dans l'un des couvents de son ordre, dont un était à Sarai, et un second, de saint Jean, à 5 km de la ville. L'histoire de Stéphane de Peterwaradin, qui appartenait à ce dernier est assez intéressante. Ce jeune moine, en 1334, heurté par une discipline sévère déserta et se convertit publiquement à l'islam; mais saisi après coup par le remords, il abjura publiquement son apostasie. Les musulmans, furieux, le mirent en pièces à proximité du feu qui devait le brûler.
2. La Volga.
3. La Caspienne.
4. «Le petit Sarai», sur la rivière Oural, à une journée de voyage de la Caspienne, et qui sera la capitale de la Horde Nogai. Mentionnée par Jenkinson en 1558.
5. Yule précise qu'il n'a pu trouver nulle part ailleurs confirmation de ce détail.
6. En fait il s'agit, comme le précise Yule du khanat de Zhagatai ou Transoxiane.

confondu leurs aboiements; et ayant confiance en notre Seigneur Jésus-Christ je n'avais aucune crainte d'eux, mais recevais du Saint-Esprit confort et lumière. Ils m'ont traité courtoisement et m'ont installé en face de leur mosquée, durant leur fête de Pâques; dans cette mosquée, étant donné que c'était leurs Pâques, étaient rassemblés là et venant de diverses régions un certain nombre de leur *Cadini*, c'est-à-dire de leurs évêques, et de leurs *Talisimani*, c'est-à-dire de leurs prêtres. Et, guidé par l'enseignement du Saint-Esprit, j'ai discuté avec eux au même endroit devant la mosquée, sur le faux Coran et sur sa doctrine, et ceci pendant vingt-cinq jours; et en fait j'ai à peine eu le temps d'avaler chaque jour un repas fait d'eau et de pain.

Mais par la grâce de Dieu la doctrine de la Sainte Trinité leur a été révélée et enseignée, et finalement, et en dépit de leur réticence, ils durent admettre sa vérité; et, que la grâce en soit rendu au Dieu Tout-Puissant, je remportais la victoire sur tous les points, pour la gloire et pour l'honneur de Jésus-Christ et de la Sainte Mère l'Église. Et alors ces enfants du diable essayèrent de me tenter et de me corrompre, me promettant des femmes et des filles, de l'or et de l'argent, des terres, des chevaux et du bétail, et d'autres délices de ce monde. Mais après que j'eus rejeté toutes leurs offres avec dédain, ils m'ont pendant deux jours couvert de pierre, brûlé le visage et les pieds, arraché la barbe et accablé à longueur de temps d'injures et de calomnies. Le Dieu Béni, à travers lequel je peux humblement me réjouire et exulter dans le Seigneur Jésus-Christ, sait que c'est par sa seule et merveilleuse compassion que j'ai été jugé digne de supporter ces choses pour son nom.

Et maintenant j'ai été conduit avec bienveillance jusqu'à Armalec[1], une ville au milieu de la terre des Mèdes, dans le vicariat de Cathay. Et, depuis Urganth, qui est la dernière ville des Persans et des Tartares, jusqu'à Armalec, j'ai toujours été seul parmi les Sarrazins, mais en paroles, en actes et sur moi-même, j'ai publiquement porté le nom du Seigneur Jésus-Christ. Et ces Sarrazins m'ont souvent offert du poison;

1. Yule écrit en 1866: «Armalec, l'Armalik des auteurs musulmans, qui est lui-même une corruption d'un nom turc, appelé par les Chinois Alimali, était la capitale des Khans de la famille de Chagatai. Cette ville fut cependant le siège d'une principauté avant le siège des Mongols. Elle est située sur ou près de la rivière Ili; Klaproth dit: "Près du Kurgos de nos jours sur la rive de l'Alimatu, un affluent de l'Ili venant du Nord." C'est peut-être le Vieux Kuldja (à quelque 26 ou 28 miles au-dessus de la ville frontière chinoise actuelle de ce nom sur l'Ili), qui est mentionné sur les récentes cartes russes... Pegolotti et Marignolli en parlent également. Selon les traducteurs de Baber le nom de la ville signifie en turc: "un verger de pommiers". Le capitaine russe dit qu'Almalik est maintenant "un village du Turkestan", et qu'il obtint des pièces d'or et des bijoux en creusant sur le site, mais malheureusement il omet de préciser ce point essentiel.»

Les ruines d'Almalig sont aujourd'hui à quelques kilomètres de la frontière entre la Chine et la république du Kazakhstan, côté chinois, et à environ 50 km au nord-ouest de Yining. (M. J.)

j'ai été jété dans l'eau; j'ai souffert de coups et d'injures bien plus que je ne puis en dire dans cette lettre. Mais j'adresse mes remerciements à Dieu pour toutes les souffrances encore plus grandes que j'aurai à supporter en son nom, pour le pardon de mes péchés, et afin que je puisse atteindre le royaume des cieux à travers Sa miséricorde. Amen!

Portez-vous bien dans le Seigneur Jésus-Christ, et priez pour moi, et pour ceux qui se sont lancés dans des pèlerinages missionnaires, ou qui ont l'intention de le faire; grace à l'aide de Dieu de tels pèlerinages sont très fructueux et conduisent à la moisson de nombreuses âmes; Ne pensez pas me revoir, à moins que ce soit dans ces régions ou au Paradis, où est notre repos et notre réconfort et notre délassement et notre héritage auprès du Seigneur Jésus-Christ.

Et parce qu'Il a dit que l'Évangile ayant été prêché à travers toute la terre, alors la fin viendra, je dois prêcher parmi diverses nations, indiquer aux pêcheurs leur culpabilité, mais il revient au Dieu tout-puissant d'apporter à leur âme la grâce de la conversion.

Daté à Almarec, pour la fête de St Laurent, année 1338, dans l'empire des Mèdes.

Pascal de Vittoria *in* colonel Henry Yule, *Cathay and the Way Thither*, Londres, The Hakluyt Society 1866. Traduction de Michel Jan.

JEAN DE MARIGNOLLI, OU JEAN DE FLORENCE
(1342-1353)

Jean de Monte Corvino, qui fut le premier évêque de Cambaluc, mourut vers 1333 et son successeur ne semble pas avoir atteint son poste. Une ambassade composée d'un «Franc nommé André» et de quinze autres personnes, des Alains au service du grand khan, arrivèrent à Avignon en 1338. Ils venaient demander au pape Benoit XII l'envoi d'un nouveau prélat. Franciscain d'un monastère de Florence, Jean de Marignolli, ou de Florence, fut désigné, avec trois autres religieux, pour se rendre à la cour de Cambaluc. Parti d'Avignon en 1338, Jean de Marignolli traverse l'Asie centrale et séjourne à Almalig, quelques mois après la mort de Pascal de Vittoria, ou d'Espagne. Il atteint Cambaluc en 1342. Onze ans plus tard, il sera de retour à Avignon. On perd sa trace en 1357 à Bologne.

Il fixa le récit de ses voyages en Asie dans une description et une histoire du monde, qui disparut pendant quatre siècles dans les archives d'un cloître de Prague. Après avoir traité de la Création, il continue par une narration sur le Paradis, «à l'Est, en un lieu appelé Éden, au-delà de l'Inde», ce qui donne à l'auteur l'occasion de rassembler ses souvenirs.

Et maintenant, incluons quelques brefs passages concernant ce que j'ai vu de mes yeux. Moi, frère Jean de Florence, de l'ordre des mineurs, et pour lors indigne évêque de Bisignano, je fus envoyé avec certains autres, en l'an du Seigneur mille trois cent trente (huit[1]) par le saint pape Benoît le Onzième[2] afin de porter, de la part du siège apostolique, lettres et présents au Kaan ou Grand Empereur de tous les Tartares, souverain qui gouverne près de la moitié de l'Orient et dont la puissance et la richesse, par la multitude des cités, des provinces et de langages qu'il domine et par les nations innombrables sur lesquelles il règne, dépassent tout ce que j'en saurais dire.

Nous sortîmes d'Avignon au mois de décembre, arrivâmes à Naples au début du Carême et y demeurâmes jusqu'à Pâques (qui tombait à la fin de mars) dans l'attente d'un bateau de Gênes dirigé par les émissaires tartares que le Kaan envoyait de sa grande ville de Cambalec au pape, pour demander à ce dernier d'envoyer une ambassade à sa cour afin que des liens puissent être établis et un traité d'alliance conclu entre lui et les chrétiens, car il a pour notre foi grand amour et honneur. De plus, les principaux princes de son empire, plus de trente mille en tout, qu'on appelle les Alains et qui gouvernent tout l'Orient, sont chrétiens soit de fait soit de nom; ils s'appellent eux-mêmes *esclaves du pape* et sont prêts à mourir pour les *Francs.* Car c'est ainsi qu'ils nous nomment, non pas du nom de la France, mais du nom du pays des Francs. Leur premier apôtre fut le moine Jean, nommé de Monte Corvino et qui, soixante-douze ans auparavant, après avoir été soldat, juge et docteur au service de l'empereur Frédéric, était devenu l'un des frères mineurs parmi les plus sages et les plus instruits.

Quoi qu'il en soit, nous arrivâmes par la mer à Constantinople, et séjournâmes à Pera jusqu'à la fête de la Saint Jean-Baptiste[3]. Nous n'eûmes cependant aucun loisir car nous nous trouvâmes engagés dans la plus ardente controverse avec le patriarche des Grecs et tout leur concile au palais de Sainte-Sophie. Et lors, Dieu fit en nous un nouveau miracle, nous accordant une parole et une sagesse auxquelles ils ne surent résister, car ils se trouvèrent contraints de confesser qu'ils devaient être schismatiques et n'avaient aucun argument à invoquer contre leur condamnation, si ce n'est l'intolérable arrogance des prélats romains[4].

1. Dans les deux manuscrits, on dit *tricesimo quarto*, mais il est certain qu'il s'agit d'une erreur du copiste, étant donné que la date ne fait aucun doute. Il est probable que dans le manuscrit original, VIII a été pris pour IIII.

2. Selon le manuscrit, le pape est parfois XI, parfois XII, Benoît XI étant dans ce dernier cas un antipape.

3. Le 24 juin 1339.

4. Cinq ans avant que ces deux évêques fussent venus de Rome afin de discuter de ce sujet avec le patriarche. Celui-ci était fort troublé car la question agitait beaucoup l'opinion publique et lui-même n'était guère «accoutumé à parler en public», bien qu'il sût que la plupart de ses évêques fussent ignorants et incapables. Avec des adversaires

De là, nous traversâmes la mer Noire et en huit jours nous arrivâmes à Caffa où l'on trouve des chrétiens de nombreuses sectes. De cet endroit, nous allâmes trouver le premier empereur des Tartares, Usbec, et déposâmes devant lui les lettres dont nous étions porteurs[1], en même temps que certaines pièces d'étoffe, un grand cheval de guerre, de la liqueur forte et les présents du pape. Lorsque l'hiver fut passé, ayant été bien nourris, bien vêtus, comblés de beaux présents et pourvus par le roi de chevaux et d'argent pour les dépenses du voyage, nous poursuivîmes jusqu'à Armalec[2] (capitale) de l'empire du Milieu. Là, nous construisîmes une église, achetâmes un terrain, creusâmes un puits, chantâmes des messes et baptisâmes plusieurs personnes, prêchant librement et ouvertement, nonobstant le fait qu'un an seulement auparavant, l'évêque et six autres frères mineurs avaient subi là pour le Christ un glorieux martyre, illustré par d'étonnants miracles. Ces martyrs étaient le frère Richard l'Évêque, de la nation bourguignonne, le frère François d'Alexandrie, le frère Pascal d'Espagne[3] (ce dernier étant un prophète qui vit les cieux s'ouvrir et prédit le martyre qui les attendait, lui et ses frères, la chute des Tartares de Saray vaincus par une inondation, la destruction d'Armalec en châtiment de leur martyre, le meurtre de l'empereur au troisième jour suivant leur martyre et nombre d'autres choses glorieuses); le frère Laurent d'Ancône, le frère Pierre, un moine indien qui leur servait d'interprète, et Gillott, un marchand.

Vers la fin de la troisième année suivant notre départ de la cour papale, quittant Armalec nous arrivâmes au Collyos Kagon, à savoir «les Dunes de Sable formées par le vent». Avant l'époque des Tartares, personne n'imaginait la terre habitable au-delà de ces dunes, et on ne croyait d'ailleurs pas qu'il y existât un pays quelconque. Mais par la grâce de Dieu et par un merveilleux effort, les Tartares les traversèrent et se trouvèrent dans ce que les philosophes appellent une zone torride et infranchissable. Cependant, les Tartares la franchirent, et moi de même, par deux fois. C'est de cela dont David parle dans les Psaumes, «*Posnit desertum*», etc. Après l'avoir franchi, nous arrivâmes à Cambalec, siège municipal de l'empire d'Orient.

Souvenirs de voyage en Orient, par Jean de Marignolli, légat du pape à la cour du grand khan et par la suite évêque de Bisignano, *in* colonel Henry Yule,

---

dépeints de la sorte par ceux de leur propre parti, il n'y a rien d'étonnant à ce que Marignolli ait remporté un franc succès.

1. Les légats étaient porteurs de lettres du pape pour Usbak lui-même, pour son fils aîné Tanibek et pour un certain franciscain, Élias le Hongrois, qui avait la faveur de celui-ci.

2. Sur Armalec (Almalig), voir Pascal de Vittoria, p. 91, note 1.

3. Ou Pascal de Vittoria (voir p. 88-92).

Cathay and the Way Thither, Londres, The Hakluyt Society, 1866. Traduction de Catherine Ter Sarkissian.

FRANCESCO PEGOLOTTI
(vers 1340)

On connaît très peu de choses de Francesco Pegolotti, si ce n'est qu'il fut employé de la compagnie des Bardi de Florence, et en poste dans leurs comptoirs à Anvers de 1315 à 1317, puis à Londres, ainsi qu'à Chypre de 1324 à 1327, et après 1335. Le livre de Pegolotti aurait été publié vers 1340. C'est un ouvrage pratique, une liste de recommandations pour ceux qui souhaitent commercer avec divers pays, dont ceux de l'Orient. Il est peu probable que l'auteur se soit lui-même rendu en Chine. Il est démontré à travers ce document que les marchands européens étaient relativement nombreux à se rendre en Asie au XIV*e* *siècle, pour rejoindre ensuite Cathay. C'est auprès d'eux que Pegolotti a recueilli les informations que d'autres voyageurs utiliseront encore pendant plusieurs siècles.*

RENSEIGNEMENTS CONCERNANT LE VOYAGE JUSQU'AU CATHAY POUR CEUX QUI PASSERAIENT PAR TANA ET RAPPORTERAIENT DES MARCHANDISES

Tout d'abord, de Tana à Gintarchan [1], on mettra peut-être vingt-cinq jours en char à bœufs et de dix à douze jours en charrette à cheval. Vous trouverez sur la route quantité de *Moccols*, c'est-à-dire des *gens d'armes* [2]. De Gittarchan à Sara, on met peut-être une journée par le fleuve, et de Sara à Saracanco, également par le fleuve, huit jours. Vous pourrez faire ce trajet soit par terre, soit par eau, mais par eau il vous en coûtera moins pour le transport de vos marchandises.

De Saracanco à Organci, on doit compter environ vingt jours de voyage en char à chameau. Pour celui qui transporte des marchandises, il sera indiqué d'aller à Organci car, dans cette ville, elles se vendent

1. *Gintarchan*, ou comme ci-dessous sous la forme moins incorrecte de *Gittarchan*, désigne Astrakhan bien que, selon Sprengel, l'ancienne cité détruite par Timour en 1395 fût plus éloignée de la Caspienne que la ville d'aujourd'hui. Elle est mentionnée par Rubruquis [Rubrouck] au siècle précédent sous le nom de Summerkeur ou Summerkent, très probablement une erreur de scribe, au lieu de *Sittarkent*; elle fut au cours du présent siècle le siège d'un monastère de frères mineurs.

2. Dans un autre passage, Pegolotti explique que les *Moccoli* sont des *Tartari scherani*, c'est-à-dire des bandits ou des soldats. Le nom est, je suppose, tout simplement une variante de *Mongols*, ou plutôt *Moghols* comme on les appelle en Asie antérieure, ce qui est presque la prononciation de *Moccol*.

aisément. D'Organci à Oltrarre[1], on mettra de trente-cinq à quarante jours en char à chameau. Mais si, en quittant Saracanco, vous allez directement à Oltrarre, le voyage ne sera que de cinquante jours et, si vous ne transportez pas de marchandises, il vaudra mieux suivre ce trajet que passer par Organci.

D'Oltrarre à Armalec, le voyage durera quarante-cinq jours avec des ânes de bât et, tous les jours, vous rencontrerez des Moccols. D'Armalec à Camexu[2], vous mettrez soixante-dix jours avec des ânes et, de Camexu jusquà ce que vous arriviez à un fleuve appelé ...[3], vous voyagerez quarante-cinq jours à cheval; de là, vous pourrez descendre par le fleuve jusqu'à Cassai, où vous pourrez monnayer les *sommi*[4] d'argent que vous aurez avec vous, car c'est une place de commerce fort active. Après Cassai, vous poursuivrez avec ce que vous aura rapporté la vente de vos *sommi* d'argent. Cette monnaie est faite de papier et se nomme *balishi*, quatre pièces de cette dernière valent un *sommo* d'argent dans la province de Cathay[5]. De Cassai à Gamalec (Cambalec), qui est la capitale du pays de Cathay, la durée du voyage est de trente jours.

---

1. Oltarre, c'est Otrar, précédemment appelée Farab, ville de Turkestan, et qui en fut considérée jadis comme la capitale.

2. Camexu (Camechu) est considérée par Foster comme étant Hamil ou Kamil, avec l'adjonction du *chu* chinois. Mais il ne fait pas de doute qu'il s'agit de la ville-frontière de *Kanchu* dans le Kansu. Cette cité est appelée Kamchu par Rachid ed-Din et par l'auteur de Mesalak al-Absar, de sorte que les Asiatiques de l'Ouest l'appellent du même nom que Pegolotti.

3. Le nom du fleuve n'est pas précisé dans le document original de Pegolotti.

4. Le *somno* était un lingot d'argent pesant huit onces génoises et demie.

5. Ici, Pegolotti parle du fameux papier monnaie chinois, qualifié de fable inventée par Marco Polo, bien qu'il eût déjà été clairement mentionné avant celui-ci par le très avisé moine Rubruquis [Rubrouck].

Son usage était d'une très grande antiquité, car des traces de cuivre servant de monnaie apparaissent déjà à une date aussi reculée que 119 av. J.-C. Sous le règne de Xianzong de la dynastie Tang (806-821 de notre ère), le cuivre étant rare, des billets furent mis en circulation avec la garantie du Trésor public et restèrent quelques années en usage. Ces émissions furent renouvelées sous les Song (960 apr. J.-C.). Suivirent d'autres émissions de vrai papier monnaie. A l'époque, les affaires étaient menées par seize firmes principales mais, celles-ci ayant fait faillite, l'empereur supprima les billets privés et institua une banque d'État. Des banques de ce genre furent créées dans diverses parties de l'empire, les billets d'une province n'étant pas valables dans les autres.

En 1160, sous le règne de Gaozong, un nouveau papier fut émis, dont le montant s'éleva en six ans à 43 600 000 onces. Il existait en outre des billets locaux, de sorte que l'empire fut inondé de papier qui se dévaluait rapidement.

Lorsque les envahisseurs qui formaient le *kin*, ou dynastie d'Or, se furent établis dans le nord de la Chine, eux aussi, en dépit de leur nom, se servirent de papier.

Les Mongols suivirent l'exemple de leurs prédécesseurs. Ils émirent leurs premiers billets en 1236. La première émission de Kublai date de 1260; elle consistait en billets de trois sortes, à savoir: des billets de dix, c'est-à-dire de 10, 20, 30 et 50 *tsien* ou sapèques; des billets de cent, 100, 200 et 500 *tsien*; et des billets de mille sapèques, à savoir 1 000 et 2 000. On imprima aussi des billets sur soie, pour 1, 2, 3, 5 et 10 onces chaque, à parité avec l'argent, mais qui ne furent pas mis en circulation. En 1277, Kublai lança une nouvelle émission de petite monnaie, puis une monnaie entièrement nouvelle en 1288.

DE CE QUI EST NÉCESSAIRE AUX MARCHANDS QUI DÉSIRENT FAIRE LE VOYAGE DE CATHAY

Tout d'abord, vous devrez vous laisser pousser une longue barbe et ne pas vous raser. A Tana, vous devez vous assurer les services d'un drogman, et vous ne devrez pas essayer d'économiser de l'argent pour ce qui est de celui-ci en en engageant un mauvais au lieu d'un bon. Car les gages supplémentaires du bon vous coûteront moins que ce que vous économiserez en l'employant. Outre le drogman, il sera avisé d'engager au moins deux bons serviteurs mâles connaissant l'idiome cumanien. Le marchand qui désirera prendre à Tana une femme pour l'emmener avec lui pourra le faire; s'il ne veut pas en prendre, rien ne l'y oblige, mais s'il en emmène une, il s'assurera un bien plus grand confort que s'il n'en emmène pas. Quoi qu'il en soit, s'il en prend une, il sera bon qu'elle soit aussi familière que les hommes de l'idiome cumanien[1].

Pour parcourir le chemin de Tana à Gittarchan, il vous faudra vous munir de provisions pour vingt-cinq jours, à savoir farine et poisson séché, car pour ce qui est de la viande, vous en trouverez en suffisance partout le long de la route. De même, à toutes les grandes étapes marquant la route en allant d'un pays à l'autre, selon le nombre de jours tel que nous l'avons fixé ci-dessus, vous devrez vous munir de farine et de poisson séché; pour le reste, et en particulier la viande, vous en trouverez en suffisance.

La route de Tana au Cathay est parfaitement sûre, que ce soit de jour ou de nuit, selon ce qu'en disent les marchands qui l'ont empruntée. Cependant, si le marchand, soit en allant soit en revenant, meurt en chemin, tout ce qui lui appartient revient au seigneur du pays où il meurt, et les officiers de celui-ci prendront possession de tout. Il en sera de même s'il meurt au Cathay. Mais si son frère est avec lui, ou bien un ami intime et compagnon qui se fait appeler son frère, alors à celui-ci reviendra la propriété des biens du défunt, qui ainsi seront sauvés.

Il y a aussi un autre danger: c'est lorsque le seigneur du pays meurt et que le règne du nouveau successeur n'est pas encore proclamé; dans les intervalles de ce genre, il y a parfois des irrégularités au détriment

En 1309 eut lieu une nouvelle émission sur une base identique: un billet de cette émission correspondant à une once devait être échangé contre cinq billets de la dernière émission de Kublai et, par conséquent, contre vingt-cinq de celle d'avant! Et il était en même temps prescrit que les nouveaux billets devaient être échangés à parité avec les métaux, ce que bien entendu le gouvernement était hors d'état d'imposer, et on renonça donc aux billets.

Les émissions continuèrent périodiquement jusqu'à la fin de la dynastie mongole mais, selon les auteurs chinois, avec un crédit en diminution constante.

1. Le *cumanien* semble être un dialecte turc.

des Francs et autres étrangers. (Ils appellent *Francs* tous les chrétiens des pays qui se trouvent à l'ouest au delà de la Romanie[1]). Ainsi les routes ne seront pas sûres tant que ne sera pas proclamé le nouveau seigneur qui devra succéder au défunt.

Le Cathay est une province qui contient une multitude de villes et de bourgades. Il en est une en particulier, à savoir la ville capitale, où se trouve un grand concours de marchands et où s'opère une grande quantité d'échanges commerciaux; cette ville se nomme Cambalec. La dite ville a une circonférence de cent milles, et elle est pleine de gens, de maisons et d'habitants.

Vous pouvez compter qu'un marchand avec son drogman et deux serviteurs mâles, transportant des marchandises pour une valeur de vingt-cinq mille florins d'or, dépensera dans son voyage à Cathay de soixante à quatre-vingt *sommi* d'argent, et pas plus s'il est prudent: pour le voyage du retour de Cathay à Tana, y compris les frais de susbistance, les gages des serviteurs et toutes les autres dépenses, le coût sera d'environ cinq *sommi* par bête de somme, voire un peu moins. Vous pouvez compter que le *sommo* vaut environ cinq florins d'or. Vous pouvez aussi compter que chaque char à bœuf nécessitera un bœuf et transportera un poids de dix cantars génois; quant au char à chameau, il nécessitera trois chameaux et transportera trente cantars génois. La charrette à cheval exigera un cheval et transporte d'habitude six cantars et demi de soie à raison de 250 livres génoises au cantar. On peut estimer la balle de soie à environ 110 à 115 livres génoises.

Vous devez savoir aussi que de Tana à Sara la route est moins sûre qu'aucune autre partie du trajet; cependant, lorsque même cette partie du trajet est au pire, si vous êtes en compagnie de quelque soixante hommes, vous serez autant en sécurité que si vous étiez dans votre propre maison.

Quiconque, de Gênes ou de Venise, désire se rendre dans les lieux susmentionnés et faire le voyage de Cathay, devra emporter avec lui de la soie et, s'il se rend à Organci, il la vendra aisément. A Organci, il devra acheter des *sommi* d'argent, avec lesquels il poursuivra son chemin sans plus faire aucun investissement, sinon quelques balles des meilleures marchandises occupant peu de volume et ne coûtant pas plus à transporter que des produits plus grossiers.

Les marchands qui empruntent cette route peuvent aller à cheval ou à âne ou de quelque autre façon qu'il leur plaira de chevaucher.

Tout l'argent que les marchands pourront transporter avec eux jusqu'au Cathay, le seigneur de Cathay le leur prendra et le mettra dans son trésor. Aux marchands qui auront ainsi apporté de l'argent, on donnera en échange le papier monnaie du pays. C'est un papier

1. La Romanie, c'est la Grèce, ou à peu près.

jaune, portant le sceau du dit seigneur. Cet argent se nomme *balishi*, et il vous servira facilement à acheter de la soie et toute autre marchandise que vous désirerez acquérir. Tous les gens du pays devront l'accepter. Cependant, vous ne paierez pas ce que vous achetez plus cher parce que vous paierez en papier monnaie. Le dit papier monnaie est de trois sortes, l'une valant plus que l'autre, selon la valeur que le dit seigneur aura fixée pour chacune.

Vous pourrez compter être en mesure d'acheter pour un *sommo* d'argent dix-neuf ou vingt livres de soie de Cathay, ramenée au poids génois, et le *sommo* devra peser huit onces génoises et demie, et être d'un alliage de onze onces et dix-sept deniers à la livre.

Au Cathay, vous pourrez aussi acquérir trois ou quatre pièces et demie de soie damasquinée pour un *sommo* et de trois et demie à cinq pièces de *nacchetti*[1] de soie et d'or, également pour un *sommo* d'argent.

Information sur l'itinéraire par voie terrestre pour se rendre à Cathay et sur le commerce asiatique dans la première moitié du XIV*ᵉ*, par Francis Balducci Pegolotti, *in* colonel Henry Yule, Cathay and the Way Thither, Londres, The Hakluyt Society, 1866. Traduction de Catherine Ter Sarkissian.

RUY GONZÁLES DE CLAVIJO

(1404)

Le roi de Castille, Henri III, envoya Ruy González de Clavijo, un noble madrilène, en ambassade auprès de Timur Lang. Il souhaitait nouer une alliance contre les Turcs. Passant par Constantinople, gagnant Trébizonde en bateau, Clavijo se rend à Samarkand où il arrive le 31 août 1404. Il est reçu par Timur Lang le 8 septembre.

Dans la précieuse relation de voyage qu'il nous a laissée, il décrit les fastes de la cour de Timur, ainsi que les activités et les splendeurs de la capitale et de ses nombreux artisans, pour la plupart des captifs.

A peine l'ambassade de Clavijo a-t-elle quitté Samarkand que survient l'annonce de la mort de Timur Lang, en février 1405. Sur le chemin du retour, ces émissaires castillans devront éviter les contrées en révolte et les bandits qui prolifèrent sur les ruines de l'empire.

LA VILLE NATALE DE TAMERLAN

Le jeudi, vingt-huitième jour d'août, à l'heure de la messe, les ambassadeurs castillans gagnèrent les portes de Quix (Karchi).

1. Les *nacchi* et *nacchetti* semblent avoir été des tissus de soie et d'or.

Parcourue d'un grand nombre de canaux, la ville était ceinte d'un mur de terre et de larges fossés que l'on franchissait par des ponts-levis. Elle était environnée de jardins et sur la plaine qui s'étendait à l'entour apparaissaient des champs de blé, des vignes, des plantations de coton et de melons, et de très grands vergers. Cette contrée, aux villages nombreux et aux pâturages bien irrigués, était fort belle en été.

Le seigneur Tamerlan était, comme son père, originaire de ce lieu.

Parmi les imposants édifices de la ville, se dressait la grande mosquée qu'il avait fait édifier. Elle abritait les chapelles où étaient enterrés son père et son fils, Djahangir, ainsi que celle, fort grande et encore inachevée, qu'il destinait à son propre corps. On disait que lorsqu'il était passé par Quix, il pouvait y avoir un mois, il avait estimé l'entrée de sa chapelle trop basse; il avait alors donné ordre de la hausser et des maîtres d'œuvre y travaillaient.

Un vaste jardin planté d'arbres et agrémenté de bassins s'étendait devant cette mosquée richement ouvragée d'or, d'azur et de faïence. Pour l'âme de son père et pour celle de son fils, le seigneur y faisait chaque jour donner aux pauvres vingt moutons cuits.

Dès leur arrivée dans la ville, les ambassadeurs furent menés à ce monument où on leur servit de la viande et des fruits en abondance. Après qu'ils eurent mangé, on les conduisit à leurs logis, dans de grandes demeures.

Le lendemain, ils visitèrent les palais que le seigneur avait fait bâtir et auxquels travaillaient depuis vingt ans un grand nombre de maîtres d'œuvre.

Ils avaient une profonde entrée flanquée d'arcades revêtues de faïences, sous lesquelles on avait ménagé de petites alcôves destinées aux gardes du seigneur. Elle menait à une grande porte qui ouvrait sur une deuxième porte donnant sur une cour spacieuse. Pavée de dalles blanches et large d'environ trois cents pas, cette cour était environnée de galeries et ornementée d'une grande pièce d'eau. Elle donnait accès à de solides demeures dont l'entrée, fort large et haute, était joliment décorée d'or, d'azur et de faïence. Au-dessus de la porte, trois lions étaient figurés chacun dans un soleil. Ces armes étaient celles de l'empereur de Samarcande. Celles de Tamerlan étant faites de trois lettres rondes, comme «o e s», disposées en triangle et signifiant qu'il est le maître des trois parties du monde, je pense que ces palais furent élevés avant son règne par un autre seigneur de Samarcande. Tamerlan faisait graver sa devise sur toutes choses, notamment sur les sceaux, les pièces de monnaie et celles de tous ceux qui lui payaient tribut.

La porte franchie, les ambassadeurs pénétrèrent dans un vestibule carré au plafond doré et aux murs ornés d'or, d'azur et de frises de faïence. Ils furent ensuite conduits dans les étages où on leur montra tant de pièces, peintes d'or, d'azur de maintes couleurs merveilleuses, qu'il serait long de les décrire toutes. On leur fit visiter les appartements des épouses du seigneur, étrangement décorés, puis une vaste salle à l'écart, ou Tamerlan venait prendre ses repas en compagnie de ses femmes; cette pièce donnait sur un jardin planté d'arbres et ornementé de bassins de pierre, où de nombreuses personnes pouvaient agréablement demeurer pendant l'été tant il était spacieux.

Un grand nombre d'artisans travaillaient dans ces palais où il eût fallu se promener à loisir pour en décrire toute la richesse...

L'ATTENTE DANS LES PARCS DE SAMARCANDE

Les ambassadeurs quittèrent la ville de Quix dans la soirée et allèrent passer la nuit dans un village. Le jour suivant, trentième d'août, ils dînèrent dans une grande demeure que possédait le seigneur et qui se trouvait dans une plaine, sur la rive d'un fleuve, au milieu d'un vaste et beau jardin. Ils se rendirent ensuite dans un bourg nommé «Mecia», situé à une lieue et demie de Samarcande. Le gentilhomme qui les accompagnait leur fit alors savoir que s'il leur était possible d'atteindre la ville de Samarcande ce même jour, il ne les y conduirait pas avant d'en avoir averti le grand seigneur à qui il avait l'intention d'envoyer un homme l'informer de leur arrivée. Parti dans la nuit, le messager revint dès le point du jour avec un ordre de Tamerlan; le gentilhomme devait mener les ambassadeurs castillans ainsi que celui du sultan de Babylone, qui faisait route avec eux, dans un jardin situé à proximité du bourg, où ils étaient tenus de résider jusqu'à nouvel ordre.

Le dimanche, dernier jour d'août, on les conduisit dès l'aube audit jardin. Enclos d'un mur de pierre pouvant bien avoir une bonne lieue de tour, il était traversé par un grand cours d'eau et planté d'arbres fruitiers de toutes sortes, excepté de limes et de citronniers. Il était ornementé de six bassins que reliaient entre eux des allées pourvues de promenoirs et bordées de grands arbres donnant un bel ombrage. De ces allées en partaient d'autres, plus excentrées, où l'on pouvait se promener fort agréablement.

Au milieu du jardin, sur une haute butte de terre qu'on avait élevée autour de piliers de bois, se dressait un beau palais aux chambres richement décorées d'or, d'azur et de faïence. La butte était entourée de profonds fossés qu'un grand jet d'eau alimentait continuellement. Pour gagner le sommet, il fallait franchir deux portes situées de part et d'autre de la colline, qui donnaient sur d'autres portes ouvrant sur un escalier; de sorte que ce palais ressemblait à une forteresse.

Les jardins, ornés de cerfs et de faisans que le seigneur avait fait faire, étaient attenants à une vigne tout aussi vaste et pareillement enclose de murs de pierre le long desquels s'élevaient de hauts arbres fort beaux à voir.

Cet endroit était appelé «Talicia»; ils disent dans leur langue *Chalbeleçet*. Les ambassadeurs y reçurent des vivres en abondance et tout ce dont ils avaient besoin. Dans une prairie, au bord d'un ruisseau, on leur fit dresser une tente, et ils s'y installèrent.

Le jeudi, quatrième jour de septembre, un gentilhomme, parent de Tamerlan, vint trouver les Castillans pour leur dire que le seigneur, occupé à expédier des affaires avec les ambassadeurs de l'empereur Toktamich, ne pouvait les recevoir et les priait de ne point s'en fâcher. Afin qu'ils eussent quelque rafraîchissement, il lui avait donné ordre de leur faire un festin. On leur servit ce jour-là de nombreux moutons cuits, un cheval rôti, du riz préparé de maintes façons et des fruits en abondance. Lorsqu'ils eurent achevé de dîner, on leur donna deux chevaux, une robe de brocart et un chapeau.

Les ambassadeurs restèrent en ce lieu du dimanche, dernier jour d'août, au lundi, huitième jour de septembre, où le seigneur les envoya chercher. Il avait pour coutume de ne pas recevoir d'ambassadeurs avant que cinq ou six jours ne se fussent écoulés, et les faisait d'autant plus attendre qu'ils étaient importants.

Le lundi, huitième jour de septembre, les ambassadeurs quittèrent ces jardins et prirent le chemin de Samarcande. Sur la plaine qu'ils traversèrent, ils virent des vergers, des demeures et des marchés où l'on vendait quantité de choses. A l'heure de tierce, ils s'arrêtèrent, en dehors de la ville, devant les jardins du palais où résidait le seigneur. On les fit descendre dans des logis où deux gentilshommes vinrent aussitôt les trouver pour leur demander les présents que le roi envoyait à Tamerlan. Ces gentilshommes étaient des mirzas, c'est-à-dire des proches du seigneur. Les ambassadeurs castillans leur remirent leurs présents qu'ils disposèrent ensemble dans les bras des serviteurs qui devaient les porter devant le seigneur. Après quoi, celui du sultan fut tenu d'en faire de même, et lorsque tous les présents eurent été emportés, les gentilshommes prirent les ambassadeurs par le bras et les emmenèrent.

L'entrée qui donnait accès aux jardins du palais était haute, large et joliment ornementée d'or, d'azur et de faïence. De nombreux portiers y montaient la garde, un gourdin à la main, de sorte que personne n'osait en approcher.

Une fois à l'intérieur, les ambassadeurs découvrirent six éléphants portant sur leur dos un château de bois garni de deux bannières, et montés par des hommes qui les faisaient jouer avec les gens.

Ils furent menés plus avant et rejoignirent les serviteurs qui portaient leurs présents soigneusement disposés entre leurs bras. Ils prirent place devant eux et attendirent ainsi un moment. Puis ils reçurent l'ordre d'avancer, le bras toujours tenu par les deux gentilshommes. Ils étaient accompagnés de l'ambassadeur que Tamerlan avait envoyé au roi d'Espagne, et qui, vêtu à la mode castillane, faisait rire tous ceux qui le voyaient ainsi paré.

On les conduisit devant une estrade où se tenait un gentilhomme âgé, fils d'une sœur de Tamerlan, à qui ils firent une révérence. Ils se présentèrent ensuite devant une autre estrade où étaient assis trois jeunes petits-fils du seigneur auxquels ils firent aussi révérence. On leur demanda alors de remettre la lettre que le roi envoyait à Tamerlan: l'un de ces jeunes garçons, dont le père, disait-on, était le fils aîné du seigneur, Miraxa (Miran Chah), la prit et, accompagné des deux autres, alla la porter à Tamerlan. Puis on donna ordre aux ambassadeurs d'avancer.

DEVANT TAMERLAN

Le seigneur se trouvait dans une sorte de vestibule, devant l'entrée de belles demeures. Il se tenait sur une estrade disposée à même le sol, auprès d'une fontaine garnie de pommes vermeilles, qui lançait de l'eau très haut. Il était installé sur de petits matelas faits de draps de soie brodés, le coude posé sur des coussins ronds. Il portait une robe de satin non ouvrée et un haut chapeau blanc surmonté d'un rubis et parsemé de perles et de pierreries.

Les ambassadeurs portèrent aussitôt le genou droit en terre et croisèrent leurs bras devant leur poitrine. Ils s'avancèrent, firent deux autres révérences et restèrent immobiles, les deux genoux en terre. Le seigneur les fit alors relever et approcher. N'osant s'avancer davantage, les gentilshommes qui les accompagnaient les lâchèrent, et les trois premiers mirzas de Tamerlan, qui se tenaient debout devant lui, vinrent prendre les ambassadeurs par le bras pour les mener auprès de leur seigneur où ils les firent s'agenouiller; ils se nommaient Malik Chah Mirza, Nur ed-Din Mirza et Burunday Mirza. Tamerlan voulut alors que les ambassadeurs fussent plus près de lui encore. Je pense qu'il agissait ainsi pour mieux pouvoir les regarder; il n'y voyait guère et il était si vieux que ses paupières étaient affaissées. Il ne leur tendit pas la main, car il n'est pas dans leur coutume de baiser la main à un grand seigneur. Il leur demanda des nouvelles du roi d'Espagne en ces termes: «Comment se porte mon fils, le roi? Est-il en bonne santé?» Les Castillans lui répondirent et accomplirent parfaitement toute leur ambassade. Il écouta très attentivement tout ce qu'ils lui dirent, puis il se tourna vers les gentilshommes qui se trouvaient à ses pieds; l'un était le fils de l'empereur de Tartarie, Toktamich, un autre descendait des empereurs de Samarcande, et les autres étaient des nobles de son lignage. Il leur dit alors: «Voyez ces ambassadeurs que m'envoie mon fils, le roi d'Espagne, le plus grand roi qui soit parmi les Francs, de très grandes gens vivant à l'autre bout du monde. Je donne ma bénédiction à mon fils, le roi. Et il eût largement suffi que vous ne veniez à moi qu'avec sa lettre, car je me réjouis tout autant d'avoir des nouvelles de sa santé que de recevoir ses présents.»

Le maître en théologie lui fit alors dire, par l'intermédiaire de son interprète, que lui seul saurait lire à Sa Majesté, si toutefois elle y consentait, cette lettre que lui envoyait son fils, le roi. Le seigneur prit alors la lettre que son petit-fils tenait devant lui, l'ouvrit et demanda au maître s'il acceptait de la lire. Celui-ci lui répondit qu'il le ferait très volontiers dès que Sa Majesté aurait l'obligeance de l'écouter. Le seigneur lui fit savoir qu'il l'enverrait chercher un peu plus tard et qu'ils se tiendraient tous deux à l'écart où il pourrait alors lui lire la lettre du roi et lui dire tout ce qu'il voudrait.

Les mirzas qui tenaient les ambassadeurs par le bras, les relevèrent et les conduisirent à une estrade, à la droite du seigneur. Ils leur firent prendre place au-dessous de l'ambassadeur que l'empereur du Cathay, Chiscant (Chays khan), envoyait à Tamerlan pour lui demander le tribut que celui-ci lui payait chaque année. Dès que le seigneur eut remarqué que les ambassadeurs castillans se trouvaient assis plus bas que celui du Cathay, il ordonna que l'on fît intervertir leur rang. Dès que ce fut chose faite, un mirza vint dire à l'ambassadeur du Cathay que le seigneur avait exigé que les ambassadeurs du roi d'Espagne, son fils et ami, fussent assis plus haut que lui, l'ambassadeur de son ennemi, voleur et mauvais homme; il lui faisait aussi savoir qu'il entendait, s'il plaisait à Dieu, le faire pendre très prochainement afin que personne n'osât plus venir à lui avec une telle ambassade. Puis il fut demandé à l'interprète des Castillans de leur expliquer ce que Tamerlan avait fait pour eux. A partir de ce jour, dans toutes les fêtes et réjouissances que le seigneur fit donner, les ambassadeurs furent ainsi placés.

Cet empereur du Cathay s'appelle «Chiscant», ce qui veut dire «empereur de neuf empires»; les Djaghataïdes l'appellent *tangus*, ce qui est tenu pour une insulte et qui signifie «empereur porc». Il est le seigneur d'une très vaste contrée, et Tamerlan se refusait à présent à lui verser le tribut qu'il lui payait d'ordinaire.

LE BANQUET

Dès que tous les convives eurent pris place comme il se devait, le seigneur donna ordre de servir la viande; On apporta quantité de chevaux et de moutons rôtis dans de grandes peaux rondes, semblables à des peaux de maroquin, que de nombreux serviteurs traînaient à grand-peine tant elles étaient chargées.

Lorsqu'ils furent arrivés à vingt pas du seigneur, des hommes vinrent s'agenouiller devant la viande pour la découper. Ils portaient une pièce de drap sur le devant du corps et de grandes manches de cuir pour se garantir de la graisse. Ils avaient auprès d'eux un grand nombre de bassins dont certains étaient faits d'or, d'autres d'argent et d'autres encore, prisés et fort coûteux, d'une terre vernie qu'ils appellent porcelaine. Ils en emplirent d'abord dix d'or et dix d'argent, plaçant en chacun d'eux le morceau le plus recherché, la croupe entière d'un cheval et son râble; ils y ajoutèrent des râbles et des cuisses de mouton, des tripes de cheval rondes comme le poing et des têtes de mouton entières. Quand ils eurent ainsi garni un nombre suffisant de bassins, ils les disposèrent en rangées. Des hommes se présentèrent aussitôt avec des écuelles de soupe qu'ils salèrent puis qu'ils versèrent, telle une sauce, dans les plats. Ils plièrent ensuite en quatre de très fines galettes de blé qu'ils posèrent sur la viande.

Après quoi, les mirzas du seigneur et ses plus nobles sujets vinrent prendre les bassins qu'ils devaient soulever à deux ou trois tant ils étaient lourds; ils en placèrent devant le seigneur, puis devant les ambassadeurs et les gentilshommes de l'assistance. Pour faire honneur aux Castillans, Tamerlan leur fit porter deux des bassins qui se trouvaient devant lui.

Ils servirent ce jour-là de telles quantités de viande que c'était merveille. A peine avaient-ils remporté des bassins qu'ils en présentaient d'autres. La coutume est telle que les convives doivent faire porter à leur logis la viande qui leur est offerte s'ils ne veulent point offenser leur hôte. L'usage veut aussi que la viande qui se trouve devant les ambassadeurs soit donnée à leurs hommes quand elle est desservie. Ils placèrent ainsi tant de viande devant les hommes des Castillans qu'ils eussent pu s'en nourrir six mois durant.

Après la viande rôtie, on servit de nombreux moutons marinés, des boulettes de viande, du riz préparé de maintes façons, puis des melons, des pêches et du raisin en abondance. On apporta enfin, dans des aiguières d'or et d'argent posées sur des écuelles, du lait de jument qui est un fort bon breuvage qu'ils préparent en été.

Le dîner achevé, les serviteurs qui portaient entre leurs bras les cadeaux du roi d'Espagne et du sultan de Babylone, passèrent solennellement devant le seigneur, accompagnés des trois cents gentilshommes qui lui furent présentés ce jour-là. Après quoi, on fit lever les ambassadeurs et on les emmena. On leur donna pour nouveau garde le premier portier de Tamerlan; ce gentilhomme, chargé de les accompagner et de pourvoir à leurs besoins, les conduisit à leur logis, situé non loin de la demeure du seigneur.

Lorque les ambassadeurs se furent retirés, Tamerlan donna ordre qu'on lui apportât le présent du roi. Il le reçut de ses mains et en eut grande joie. Il partagea aussitôt les tissus d'écarlate avec ses épouses et notamment avec la première d'entre elles, nommée Cano (Khanum). Les autres présents, dont celui du sultan, ne lui furent remis que trois jours plus tard, comme il en avait coutume.

Dans les jardins du palais, on avait dressé de nombreuses tentes faites de draps de soie et de diverses étoffes.

LES PALAIS DE TAMERLAN

Le vendredi suivant, le seigneur quitta ce lieu qui avait pour nom «Delicuxan», et se rendit dans un riche palais qu'il avait récemment fait bâtir et qui était appelé «Beheginar».

Le lundi suivant, quinzième jour de septembre, Tamerlan s'en fut pour une autre demeure. Il y fit donner une fête à laquelle il convia les ambassadeurs, de nombreux parents et bien d'autres gens.

On y accédait par une grande entrée faite de briques joliment ornementées d'or, d'azur et de faïence. Le vaste jardin qui l'entourait, planté d'arbres fruitiers et d'arbres d'agrément, était traversé d'allées bordées de palissades de bois où se promenaient des gens. On y avait dressé un grand nombre de drap rouge et d'étoffes de soie aux couleurs variées.

Dans la partie principale de ce riche palais en forme de croix, on avait ménagé trois sortes d'alcôves destinées à recevoir des lits ou des estrades. Celle du milieu était la plus spacieuse et abritait un retable d'argent surdoré haut comme un homme et large de trois brasses. A même le sol, où étaient étendus des tapis et des nattes de jonc, un lit, fait de draps de soie brodés posés les uns sur les autres, devait être destiné au seigneur. Les murs étaient revêtus de tentures de soie rose garnies de feuilles d'argent surdoré, incrustées d'émeraudes, de perles et de pierres fort bien disposées. Le long de ces tentures, descendaient des pans de soie larges d'une paume et pareillement ornés; bordés de franges de toutes les couleurs, ces pans étaient fort beaux à voir lorsque le vent les soulevait. Devant la porte, en forme d'arc, on avait suspendu à des sortes de hampes de lance une étoffe semblable d'où pendaient jusqu'à terre des cordons de soie prolongés de longues franges. Les autres alcôves étaient décorées de ces mêmes tentures.

Au centre de la demeure, vis-à-vis de l'entrée, il y avait deux tables d'or à quatre pieds, longues de cinq paumes. On y avait disposé sept fioles d'or au col garni d'un rubis, dont deux étaient serties de perles, d'émeraudes et de turquoises, ainsi que six tasses d'or dont l'une était enrichie de grosses perles claires et d'un rubis épais de deux doigts.

Quand on vint chercher les ambassadeurs à leur logis pour les conduire à la fête, leur interprète n'était pas auprès d'eux. Ils durent l'attendre, et lorsqu'ils gagnèrent enfin la demeure du seigneur, celui-ci avait achevé de dîner. Il leur envoya dire qu'ils étaient dorénavant sommés de venir à lui dès qu'il les ferait appeler, fût-ce sans interprète. Il leur pardonnait pour cette fois, même s'il faisait donner toutes ces fêtes pour qu'ils pussent voir ses gens et ses palais. Très courroucé, il s'en prit aux mirzas qui gouvernaient sa maison. Ceux-ci convoquèrent l'interprète et lui dirent : « Le seigneur est aujourd'hui très irrité à cause de toi ; pour te punir de ne pas t'être trouvé auprès des ambassadeurs des Francs, nous allons te faire perforer les narines afin d'y passer une corde, et te promener ainsi au milieu de tous. » A ces mots, des hommes s'apprêtaient déjà à exécuter leurs ordres, quand le gentilhomme qui était venu chercher les ambassadeurs demanda grâce pour l'interprète qui réchappa finalement d'une telle justice. [...]

Le lundi, vingt-troisième jour de septembre, le seigneur se rendit dans une autre demeure, située à proximité de celle-ci et nommée « Delicuxan ». Il y donna une grande fête à laquelle il fit convoquer une grande partie des gens de sa troupe qui logeaient alors en d'autres lieux. Il y but du vin avec ses convives, et fit montre d'une grande allégresse. On servit surtout ce jour-là des chevaux et des moutons rôtis, selon la coutume. Après qu'ils eurent dîné, les ambassadeurs reçurent chacun une robe de brocart et s'en retournèrent à leur logis.

Ces réjouissances réunirent un si grand nombre de personnes que les ambassadeurs n'eussent pu approcher le seigneur sans le passage que leur frayèrent leurs gardes. Les visages et les vêtements étaient couverts de poussière au point de ne paraître que d'une même couleur.

Devant les jardins de cette demeure, s'étendait une vaste plaine couverte de prairies que traversaient un fleuve et de nombreux ruisseaux. Le seigneur y fit dresser ses tentes ainsi que celles de ses femmes et donna l'ordre d'y faire assembler tous les gens de sa troupe, alors disséminés en d'autres jardins et en divers territoires. Ceux-ci plièrent leurs tentes et se rendirent avec leurs femmes auprès de Tamerlan pour participer aux noces et aux fêtes qu'il entendait donner.

Lorsque les tentes du seigneur eurent été dressées, tous ses sujets, du plus grand au plus petit, connaissaient déjà l'emplacement où ils devaient monter les leurs. En trois ou quatre jours, près de vingt mille tentes furent dressées, sans bruit et comme il se devait, autour de celles de Tamerlan, tandis que des gens arrivaient encore de tous côtés.

Dans l'*ordo* du seigneur, comme ils nomment le campement où se trouvent les tentes royales, vous trouvez des bouchers, des cuisiniers, des fourniers, des vendeurs de fruits ou de fourrage, et tous les corps de métiers nécessaires à la vie de la troupe, placés chacun dans une allée déterminée. Vous trouvez même des maîtres de bains qui y montent des maisons où ils installent des cuves de fer destinées aux bains, des chaudières pour leur eau, et tous les ustensiles dont ils ont besoin.

Le seigneur fit conduire les ambassadeurs dans un logis qui lui appartenait et qui était situé à proximité de son campement, de sorte qu'ils pussent demeurer non loin de lui.

LES AMBASSADEURS CHINOIS

Le lundi, vingt-neuvième jour de septembre, Tamerlan prit le chemin de Samarcande. Il descendit, à l'entrée de la ville, dans des demeures qu'il avait fait édifier en l'honneur de la mère de sa première femme, et qui abritaient la chapelle où elle était enterrée. Très richement ornementées, ces demeures étaient inachevées et des hommes travaillaient chaque jour à leur construction.

Le seigneur fit donner ce jour-là une grande fête pour recevoir des ambassadeurs venus à lui depuis une province confinant à celle du Cathay dont elle dépendait.

Ces ambassadeurs se présentèrent parés de la manière suivante : le plus important d'entre eux était vêtu d'une sorte de casaque faite de peaux qui semblaient usagées et qu'il portait la fourrure à l'extérieur. Il était coiffé d'un chapeau qui ne pouvait contenir sa tête tant il était petit, et dont il tenait les longs cordons dans sa bouche afin qu'il ne tombât pas. Ceux qui l'accompagnaient étaient aussi vêtus de peaux que certains portaient la fourrure à l'intérieur. Ils étaient accoutrés d'une telle façon qu'on eût dit des forgerons venant de travailler le fer. Ils apportaient au seigneur des peaux de martre non apprêtées ainsi que de peaux de zibeline, de renard blanc et des faucons.

Ces ambassadeurs étaient chrétiens, à la manière du Cathay. Ils étaient venus demander au seigneur de leur donner pour gouverneur un oncle de Toktamich, alors empereur de Tartarie.

Ce jour-là, Tamerlan joua longuement aux échecs avec des Sayyids[1] ; c'est ainsi que l'on nomme les descendants de Mahomet. Il ne voulut pas recevoir les présents de ces ambassadeurs, qu'il regarda néanmoins quand ils lui furent apportés.

Le jeudi, deuxième jour d'octobre, le seigneur envoya son premier portier au jardin où logeaient les ambassadeurs. Il leur faisait porter par ce gentilhomme dix moutons, un cheval et une jarre de vin afin qu'ils pussent manger et boire à volonté. Il agissait ainsi car les ambassadeurs ne buvaient pas de vin à leur guise devant lui, alors qu'il savait fort bien que les Francs en buvaient chaque jour.

Lorsqu'ils eurent bu et mangé, on les revêtit d'une robe de brocart, d'une chemise et d'un chapeau, et on leur donna des chevaux.

Le lundi, sixième jour d'octobre, Tamerlan fit préparer une grande fête dans son *ordo*, et donna ordre que ses épouses, ses parents et leurs

1. *Sayyids* : zayds ou séides.

femmes, ainsi que tous les mirzas disséminés dans la plaine, s'y rendissent quand il les ferait appeler.

On convia ce jour-là les ambassadeurs à se rendre dans le campement du seigneur où ils découvrirent de nombreuses tentes fort belles à voir, que l'on avait dressées sur la rive du fleuve. On les fit passer par les allées où se trouvaient les marchands qui vendaient les choses nécessaires aux gens de la troupe. Lorsqu'ils furent rendus près des tentes du seigneur, on leur fit prendre place sous un grand parasol de lin blanc ornementé d'étoffes de diverses couleurs et tendu par des cordes sur deux pièces de bois. Il y avait dans le campement un grand nombre de parasols semblables, fort longs et élevés afin qu'ils pussent garantir du soleil tout en laissant l'air pénétrer.

Non loin de là, on avait monté un grand pavillon fait comme une tente mais de forme carrée. Long de cent pas et haut de trois lances, il était tendu par quarante cordes dorées et soutenu par douze mâts peints d'or, d'azur et d'autres couleurs, aussi épais que le torse d'un homme. Le long de chacun de ces mâts, disposés par trois d'un angle à l'autre du pavillon, descendait un drap de soie attaché au mât suivant de manière à former une sorte d'arc.

Faits de trois pièces de bois s'emboîtant les unes dans les autres, ces mâts sont hissés à l'aide de cordes et de roues comme celles des charrettes ou des rouets; des hommes tirent sur les cordes qui sont fixées à leur ceinturon pour aider ceux qui redressent les mâts.

Une galerie, également disposée en carré, entourait le corps du pavillon auquel elle était reliée; elle était soutenue par vingt-quatre mâts, moins épais que ceux du centre, de sorte qu'il y avait en tout trente-six mâts.

L'intérieur était tapissé d'une étoffe cramoisie joliment décorée de draps de soie aux couleurs variées et brodés par endroits de fils d'or. Sur le dôme paraissait l'ouvrage le plus riche du pavillon, où figurait à chaque angle un aigle aux ailes ouvertes. Sur le sol, une estrade faite de tapis et de trois ou quatre coussins superposés, était destinée au seigneur; à main gauche et en retrait, on avait disposé une estrade plus basse près de laquelle il y en avait une autre, plus basse encore.

Le pavillon était doublé à l'extérieur d'un drap de soie à rayures blanches, noires et jaunes. Au-dessus de chacun de ses coins, s'élevait une haute pièce de bois ornée d'une pomme surmontée d'une lune. Sur sa plus haute partie, entre quatre pièces de bois semblables à celles-ci, on avait dressé une tour crénelée faite d'étoffes de soie très diverses et pourvues d'une porte. Lorsque le vent agitait tous les mâts, des hommes montaient sur cette tour où ils pouvaient se déplacer à leur guise.

Doté de bien d'autres beautés qui ne se pourraient décrire, ce pavillon, extraordinaire à voir, était si élevé qu'on eût dit de loin un château.

LES TENTES DES FEMMES DU SEIGNEUR

A proximité dudit pavillon, on avait tendu à l'aide de cordes et de mâts une enceinte ronde et crénelée, semblable à celle d'un château ou d'une ville fortifiée; faite de draps de soie aux couleurs variées, entrelacées de maintes façons, elle pouvait être large de cent pas et haute comme un homme monté sur un cheval. Son entrée, en forme d'arc, était pourvue de plusieurs portes et surmontée d'une tour carrée garnie de créneaux; fort élevée, elle était d'un travail plus beau encore que celui des étoffes de l'enceinte.

A l'intérieur, on avait dressé de nombreuses tentes ouvragées de maintes façons; l'une d'elles, ronde et très haute, avait été montée sans cordes. Ses parois étaient supportées par des barres, à peine plus épaisses que des hampes de lance, croisées les unes sur les autres à la manière des mailles d'un filet. Le dôme, pareillement composé d'un treillis de barres, était relié au corps de la tente par des rubans de soie larges d'un empan et suffisamment longs pour qu'ils fussent attachés à des pieux disposés au pied des parois. Cette charpente était si élevée que c'était merveille de la voir soutenue par ces rubans. On l'avait revêtue d'une étoffe cramoisie, garnie, telle une courtepointe, de bourres de coton afin qu'elle ne laissât pas passer le soleil.

Sans la moindre ornementation à l'intérieur, la tente était décorée sur sa partie externe de bandes blanches qui se croisaient sur toute sa hauteur et qui étaient couvertes de feuilles d'argent surdoré, larges d'un empan et incrustées de pierreries. Elle était ceinte, en son milieu, d'un drap blanc brodé de fils d'or; formé de nombreux plis, pareils à ceux d'une jupe, ses mouvements étaient forts beaux à voir lorsqu'il flottait au gré du vent. Sa porte d'entrée, élevée, se composait de fines baguettes de roseau revêtues d'étoffe rouge…

Tout près de cette enceinte, il y en avait une autre, aussi grande, faite d'un drap de soie bleu aux motifs semblables à ceux d'une frise de faïence; à intervalles, s'ouvraient des fenêtres pourvues de battants et formées de lacets de soie entrecroisés de sorte que personne n'eût pu les franchir. Elle contenait aussi une grande tente de drap rouge au corps haut d'au moins trois lances, et pareillement ornée de feuilles d'argent. Sur son dôme, était figuré un grand aigle aux ailes ouvertes; il paraissait vouloir attaquer l'un des trois faucons qui, représentés une brasse et demie au-dessous de lui, semblaient le fuir en le regardant. Faits d'argent surdoré, l'aigle et les faucons étaient si bien disposés que l'ouvrage produisait un fort bel effet. Devant l'entrée de la tente, on avait tendu un parasol de soie multicolore, que l'on pouvait déplacer selon la position du soleil de manière à ce qu'il garantît toujours la tente de ses rayons.

Ces enceintes étaient respectivement celles des deux premières épouses du seigneur, nommées Cano et Guichicano (Kuchik-Khanum)...

Il y avait ainsi onze enceintes dressées les unes à côté des autres, faites chacune d'une couleur et d'ouvrages singuliers, et contenant toutes une grande tente cramoisie, de celles que l'on monte sans cordes. Garnies de nombreuses tentes et de parasols, elles n'étaient séparées que par l'espace d'une allée, de sorte qu'elles formaient un très bel ensemble.

Ces enceintes, qu'ils appellent *calaparada* [saraparde], appartiennent aux femmes du seigneur et à celles de ses petit-fils, et sont, pour elles comme pour eux, leurs demeures qu'ils habitent été comme hiver.

LES NOCES D'UN PETIT-FILS DU SEIGNEUR

Ce même jeudi, pour célébrer les noces de l'un de ses petits-fils, le seigneur fit préparer une fête à laquelle il convia les ambassadeurs. La fête fut donnée dans une fort belle enceinte où s'assemblèrent Cano, ladite Anzada (Khan Zade[1]) ainsi que d'autres grandes dames, des gentilshommes et de nombreuses personnes. On servit ce jour-là d'énormes quantités de chevaux et de moutons, suivant la coutume. Ils burent beaucoup de vin et l'allégresse fut grande; les dames burent aussi, selon le même rituel que le jour précédent.

Pour qu'il y eût plus de joie encore, le seigneur fit crier par les rues de Samarcande que tous les artisans de la ville, vendeurs de perles ou de draps, changeurs, cuisiniers, bouchers, fourniers, tailleurs, bottiers ou quels qu'ils fussent, étaient sommés de venir monter leurs tentes dans son *ordo* et de vendre là, et non plus dans la ville, toutes leurs marchandises; les artisans de chaque corps de métier devaient aussi se présenter avec un jeu pour le divertissement de ses gens et ne pas repartir du campement sans qu'il n'y eût consenti. A cette annonce publique, les artisans sortirent de la ville avec tout ce qu'ils avaient à vendre; chaque corps de métier traversa l'*ordo* avec un jeu pour le plaisir des gens du seigneur, et vint prendre place dans l'allée qu'on lui indiqua.

Là où ces artisans montèrent leurs tentes, nombreuses et variées, le seigneur fit dresser un grand nombre de potences, car il entendait, durant les fêtes qu'il voulait donner, accorder des faveurs à certains et en faire pendre d'autres.

La première sentence qu'il prononça fut la condamnation de son premier magistrat qu'ils appelaient Dina et qui était l'homme le plus important de tout l'empire de Samarcande. Lorsque Tamerlan avait

1. La première épouse de Miran Chah.

quitté la ville, il pouvait y avoir six ans et onze mois, il lui avait laissé l'administration de la justice. Comme il fut dit que, durant ce temps-là, il s'était mal acquitté de sa charge, il le fit comparaître devant lui et donna ordre qu'on le pendît sur-le-champ et que ses biens fussent saisis. Ce jugement causa une frayeur extrême dans toute la contrée car ce magistrat était une personne en qui le seigneur avait grande confiance. Il infligea la même peine à un gentilhomme qui avait intercédé pour ce juge auprès de lui. Mirza Burunday lui demanda alors grâce pour cet homme qui proposait, pour obtenir son pardon, de lui verser quatre cent mille pesants d'argent, chaque pesant valant un réal d'argent. Le seigneur accepta très volontiers et, dès qu'il eut pris possession de ladite somme, il fit torturer ce gentilhomme afin qu'il donnât davantage; et quand il eut tout donné, il le fit pendre par les pieds jusqu'à ce qu'il mourût.

Il jugea aussi un autre grand homme à qui il avait confié trois mille chevaux lorsqu'il avait quitté la contrée. Comme les chevaux n'étaient plus tous sous sa garde, il ordonna qu'on le pendît; en vain ce gentilhomme proposa-t-il au seigneur de lui en restaurer six mille et non trois mille pour peu qu'on lui en laissât le temps.

Sur ces affaires et d'autres encore, Tamerlan fit rendre la justice. Il fit juger des marchands de la ville qui avaient vendu la viande plus cher qu'elle ne coûtait lors de son retour; il donna également ordre que l'on prît de l'argent à des bottiers et à d'autres artisans qui vendaient leurs marchandises à des prix qu'il estimait trop élevés.

C'est pourquoi tous les marchands et artisans de Samarcande se méfiaient, car ils tenaient que le seigneur ne les avait fait venir dans son *ordo* que pour les voler.

La coutume veut que lorsqu'un homme d'honneur est jugé, il soit pendu, tandis que l'homme de basse condition est décapité, ce qui est considéré comme une très grande offense.

LES FEMMES DE TAMERLAN

Alors que tous les convives étaient placés comme il se devait, Cano, la première épouse de Tamerlan, sortit de l'une des enceintes qui se trouvait à proximité du pavillon, pour se rendre à la fête aux côtés du seigneur. Elle portait une longue robe de soie rouge sans manches et non ajustée, sans autres ouvertures que celles destinées à la tête et aux bras. Afin qu'elle pût marcher, près de quinze dames d'honneur soulevaient les bords de cette robe fort ample qui traînait à terre.

Sur son visage, couvert d'un léger voile, elle avait tant de céruse et de fard blanc qu'on eût dit du papier; toutes les grandes dames se garantissent ainsi du soleil, été comme hiver. Elle portait sur sa tête une sorte de cimier semblable à ceux avec lesquels ils joutent; fait d'un drap rouge lui descendant jusque dans le dos, il était très élevé et incrusté de grosses perles, rondes et claires, ainsi que de rubis, de turquoises et de maintes pierreries, toutes fort belles et bien disposées. Brodé sur les bords de fils d'or et orné sur le dessus d'une guirlande dorée enrichie de perles et de pierres, il était surmonté d'une sorte de château où se dressaient trois beaux rubis longs de deux doigts et un bouquet de plumes blanches haut d'une coudée. Les plumes qui retombaient devant son visage étaient attachées par des fils d'or au niveau de ses yeux et prolongées d'une houppe de plumes blanches garnie de perles et de pierres. Pendant qu'elle marchait, toutes ces plumes se balançaient d'un côté et de l'autre. Épars sur ses épaules, ses cheveux étaient fort noirs; ils estiment ici les cheveux noirs plus que ceux de toute autre couleur et les teignent même pour les rendre plus noirs encore. Tandis qu'elle avançait, accompagnée de près de trois cents demoiselles, de nombreuses dames d'honneur tenaient le cimier de leurs mains. Pour la protéger du soleil, un homme portait, au bout d'une sorte de hampe de lance, une ombrelle de soie blanche, ronde comme la coupole d'une tente, dont le drap était tendu par un arc de bois. Elle était précédée d'un grand nombre d'eunuques, qui sont les hommes châtrés employés à la garde des femmes. Elle arriva ainsi sous le grand pavillon et vint s'asseoir aux côtés du seigneur sur une estrade légèrement en retrait garnie de grands coussins posés les uns sur les autres. Les dames de sa suite prirent place derrière elle, tandis que trois d'entre elles continuaient de tenir le cimier afin qu'il ne glissât ni d'un côté ni de l'autre.

Dès qu'elle fut installée, la deuxième femme du seigneur, Guichicano, sortit d'une autre enceinte, accompagnée de nombreuses dames d'honneur. Pareillement vêtue et avec les mêmes cérémonies, elle vint sous le pavillon où elle s'assit sur une estrade un peu plus basse que celle où se tenait Cano...

Ce jour-là, se présentèrent ainsi parées devant le seigneur, huit de ses épouses et celle de l'un de ses petits-fils.

Les femmes de Tamerlan portaient les noms suivants: la première était appelée Cano, ce qui signifie «reine» ou «grande dame de son cœur». Elle était la fille d'un empereur de la province de Samarkand, «Chiacao», qui fut aussi roi de Perse et de Damas; de père inconnu, cet empereur avait entrepris de nombreuses batailles et édicté des lois qui régissaient encore l'empire. La deuxième était nommée Guichicano, c'est-à-dire «dame petite»; elle avait pour père le roi «Tumariaga» qui régna sur la contrée d'«Andricoja». Les autres femmes du seigneur avaient respectivement pour nom: Alcolcabaga (Tukel Khanum), Cholpamalaga (Chelpan Mulk Aga), «Mondazaga», «Virzaraga», «Rop Parlarga». La dernière était appelée Yangayaga (Jawhar Aga), ce qui veut dire «reine la plus proche de son cœur»; ce nom lui avait été donné par Tamerlan qui venait de l'épouser au mois d'août.

Lorsqu'elles eurent toutes pris place comme il convenait, on servit la boisson suivant la coutume, ce qui dura fort longtemps. Les dames burent du vin et du lait de jument de la même manière que lors du festin qui eut lieu sous les tentes d'Anzada.

Ce jour-là, le seigneur fit venir les ambassadeurs devant lui. Il prit une tasse de vin et la présenta au maître en théologie, puisqu'il savait que Ruy González ne buvait pas. Ceux qui recevaient le vin de sa main lui faisaient les révérences suivantes: ils portaient le genou droit en terre, puis s'avançaient et venaient s'agenouiller auprès de lui. Ils prenaient la tasse qu'il leur présentait, se relevaient et s'éloignaient un peu sans lui tourner le dos. Ils portaient à nouveau les deux genoux en terre et buvaient en ayant soin de ne rien laisser dans leur tasse. Lorsqu'ils avaient fini de boire, ils se redressaient et se touchaient le front de la main. Chaque ambassadeur était ensuite relevé par deux gentilshommes qui ne le lâchaient qu'après l'avoir raccompagné à sa place.

Les hommes des Castillans étaient installés sous un parasol dressé à proximité du grand pavillon, comme tous les ambassadeurs qui n'avaient pas été autorisés à se tenir auprès du seigneur. Sous chaque parasol, une jarre de vin était destinée à ceux qui s'y trouvaient. Ce jour-là, Tamerlan donna ordre que l'on portât deux de ses jarres personnelles aux hommes des ambassadeurs d'Espagne.

Devant le seigneur, des hommes jouaient à grimper sur des mâts à l'aide de cordes. Il y avait aussi des éléphants montés par des hommes qui, une faucille à la main, leur faisaient prendre part à des jeux; au nombre de quatorze, ils portaient sur leur dos un château de bois recouvert d'un drap de soie et surmonté de quatre bannières jaunes et vertes, dans lequel se tenaient cinq ou six hommes.

DESCRIPTION DE L'ÉLÉPHANT

Cet animal, qu'ils nomment éléphant[1], est noir et n'a pas de poils; seule sa queue, semblable à celle d'un cheval, est pourvue de quelques poils de soie. Il est grand comme quatre à cinq solides taureaux, et son corps, mal fait, n'a pas plus de forme qu'un sac plein. Sa croupe est tombante comme celle d'un buffle, et ses jambes, très épaisses, sont toutes droites. Ses pieds, ronds et tout en chair, se terminent par cinq doigts portant des ongles pareils à ceux d'un homme et de couleur noire. Il n'a pas de cou, si ce n'est sur le devant de ses côtes qui sont

1. *Marfil* dans le texte original, ce qui signifie «ivoire». C'est ainsi qu'on appelait les éléphants.

larges et si rapprochées de sa tête qu'il ne peut la baisser pour atteindre le sol de sa bouche. Il a de petits yeux et de fort amples oreilles, rondes et dentelées, derrière lesquelles se tient l'homme qui le guide. Sur le dessus de sa grande tête, en forme de bât d'âne, il a un creux. Et là où devrait être son nez, une sorte de trompe se prolonge en se rétrécissant depuis sa tête où elle est large jusqu'au sol où elle est étroite et percée. C'est par celle-ci qu'il boit quand il en ressent le besoin; il la met dans l'eau qui lui monte alors à la bouche comme si elle lui venait par les narines. C'est aussi avec elle qu'il paît puisqu'il ne peut le faire avec sa bouche. Lorsqu'il veut s'alimenter, il remue l'herbe, la tire et la fauche de sa trompe comme d'une serpe; puis, l'ayant amassée, il la porte à sa bouche en recourbant sa trompe, et la mange. L'éléphant remue sans cesse cette trompe en la faisant tournoyer comme une couleuvre; il la lance sur son échine, et il n'est pas une partie de son corps qu'elle ne puisse atteindre. Sa bouche et ses mâchoires, pareilles à celles d'un porc ou d'un sanglier, se trouvent juste au-dessous. Dans la mâchoire du bas, il y a deux dents saillantes, épaisses comme la jambe d'un homme et hautes d'une brasse. Quand on le fait combattre, on place sur ces dents des anneaux de fer dans lesquels on dispose des lames, faites comme des épées de combat cannelées, qui ne sont pas plus longues que le bras.

C'est un animal fort intelligent, qui accomplit très promptement ce que lui commande son guide. Celui-ci, le frappant de sa faucille sur le front, le mène où il l'entend. Dès qu'il lui indique à l'aide de cette faucille la direction qu'il doit prendre, l'éléphant s'y rend sur-le-champ. S'il lui fait signe de revenir en arrière, il recule aussitôt très prestement sur ses pieds de derrière, à la manière d'un ours comme lequel, par ailleurs, il se déplace.

Dans les combats, l'éléphant et son guide sont tous deux très armés. L'éléphant attaque en sautant comme un ours; levant la tête à chaque bond, il blesse tous ceux qui se trouvent devant lui. Afin qu'il soit plus impétueux, l'homme qui le guide lui donne de tels coups de faucille qu'il lui fait de profondes blessures sur le front. L'animal ouvre alors la gueule et, poussant un grand gémissement pareil à celui du porc, va plus vigoureux encore là où on le conduit. Ses plaies guérissent durant la nuit s'il est laissé à l'air libre, car il mourrait si on le mettait à couvert.

Lorsque son guide lui commande de prendre une chose au sol, fût-elle lourde, il l'enveloppe de sa trompe, la soulève et la donne aux hommes qui se tiennent dans le château. Pour mettre pied à terre, ceux-ci lui ordonnent de se baisser; il étend alors ses pieds de devant d'un côté et ceux de derrière de l'autre, de telle sorte qu'il semble vouloir poser son ventre sur le sol. Les hommes descendent ensuite le long de sa croupe en se tenant à des cordes attachées au château.

Ce jour-là, ils les faisaient courir derrière des chevaux et des gens, ce qui était fort divertissant. Quand les éléphants couraient tous regroupés, on eût dit que la terre tremblait sous leurs pas. Il n'est pas un seul animal qui, galopant devant eux, se risquerait à les attendre. Et je tiens pour vrai, d'après ce que j'ai vu, que dans une bataille, un éléphant doit être compté pour mille hommes. C'est pourquoi on les y emmène, car dès qu'ils se trouvent au milieu des troupes, ils ne font qu'attaquer de tous côtés. S'ils sont eux-mêmes atteints, ils ont plus de vigueur et combattent mieux encore. Comme ils ont de fort longues dents dont les coups ne peuvent porter qu'en hauteur, on les leur épointe afin que les lames qui y sont disposées puissent blesser plus bas.

On dit de ces animaux qu'ils peuvent, sans s'alimenter, marcher un jour ou deux, et même combattre ainsi trois jours durant.

LA TENTE DE LA PREMIÈRE FEMME DU SEIGNEUR

Lorsqu'ils eurent achevé de dîner, ladite Cano donna ordre que l'on fît visiter aux ambassadeurs les tentes de son enceinte. L'une d'elles, de celles qui sont grandes, hautes et dépourvues de cordes, était faite d'une belle étoffe de soie rouge ornementée sur toute sa hauteur de feuilles d'argent surdoré. Ses portes se composaient de fines baguettes rouges formant treillis, qu'on avait revêtues d'un léger drap de soie rose; ainsi l'air y passait-il, et ceux qui se tenaient à l'intérieur pouvaient-ils regarder au dehors sans être vus. Venaient ensuite d'autres portes, si élevées qu'un homme eût pu les franchir à cheval. Recouvertes d'argent surdoré, elles présentaient maints ornements subtilement sculptés et émaillés, où dominaient l'or et l'azur; elles étaient d'un si bel ouvrage qu'elles n'avaient pas dû avoir été faites en cette contrée, mais bien plutôt en terre de chrétiens. Saint Pierre était représenté sur l'une d'elles, et saint Paul sur l'autre, tenant tous deux dans leurs mains des livres aux couvertures d'argent. On disait que Tamerlan les avait trouvées à Bursa où il avait dérobé le trésor du Turc.

Au centre de la tente, vis-à-vis de l'entrée, on avait disposé une sorte de vaisselier, pourvu d'une petite porte et garni de tasses d'argent. Fait d'or émaillé, il pouvait s'élever à hauteur de poitrine d'homme. Six fioles et six tasses, toutes d'or et enrichies de perles et de pierres, étaient posées sur cette petite armoire, entourée sur le dessus de créneaux émaillés de vert et de bleu et incrustés de grosses perles et de pierres. Sur l'un des côtés, entre maintes pierreries, paraissait une pierre ronde et peu claire, grosse comme une petite noix.

Au pied du vaisselier, une petite table d'or, haute de deux empans, était aussi parsemée de perles et de pierres. Une émeraude plate et très claire s'étendait sur toute sa longueur; elle pouvait bien être longue de quatre empans et large d'un empan et demi.

Devant ces meubles, se dressait un arbre d'or semblable à un rouvre; de part et d'autre de son tronc, épais comme la jambe d'un homme, sortaient de nombreuses branches aux feuilles pareilles à celles d'un chêne. S'élevant plus haut que le vaisselier, il devait être de la hauteur d'un homme. Les nombreux fruits qu'il portait étaient des rubis, des émeraudes, des turquoises, des saphirs et des perles claires, rondes et si grosses que c'était merveille. Sur les branches de l'arbre, étaient perchés de petits oiseaux faits d'or et d'émaux de diverses couleurs; certains avaient les ailes ouvertes, et d'autres, disposés sur les feuilles, semblaient vouloir picorer les fruits de l'arbre, touchant de leur bec rubis, turquoises et autres pierreries, et donnant l'impression d'être sur le point de tomber.

De chaque côté de cet arbre, contre les parois de la tente, il y avait un retable de bois recouvert d'argent surdoré, au pied duquel on avait installé un lit fait de beaux coussins brodés de feuilles de chêne, de petites fleurs et de maints motifs.

Sur le sol, étaient étendus des tapis de soie fort bien travaillés.

Les ambassadeurs furent ensuite conduits dans l'enceinte qui était, comme je vous l'ai décrit, d'une étoffe rouge brodée de fils d'or. Le seigneur était en train d'y boire du vin en compagnie de ses mirzas; il donnait une fête en l'honneur de son petit-fils et de sa petite-fille, dont les noces avaient été célébrées la nuit précédente.

A main droite un entrant dans l'enceinte, il y avait une tente faite d'un drap rouge orné de broderies et d'étoffes blanches et colorées. Semblable à un pavillon, elle était pourvue de fenêtres pareilles à des filets, et entourée de galeries; ces galeries étaient reliées au haut de la tente, de sorte que, vu de l'extérieur, tout paraissait ne faire qu'un.

Devant l'entrée, en forme d'arc et joliment ouvragée, s'étendait un passage voûté au bout duquel était dressé un corps de tente brodé de fils d'or. Sur la droite, une porte ouvrait sur les galeries, et plus avant, une autre porte donnait sur une tente fort riche. Au milieu dudit passage, il y avait une grande tente, de celles que l'on monte sans cordes; le seigneur était en train d'y boire du vin, et l'on y faisait grand bruit.

L'ensemble que constituaient ces tentes et ces galeries était d'un travail si riche et si bien fait, qu'on ne l'eût pu décrire sans l'avoir vu de ses yeux.

Puis on mena les ambassadeurs à une maison de bois surélevée à laquelle on accédait par des marches. Entourée de portiques de bois, elle était peinte d'or et d'azur. Cette maison, que l'on pouvait monter et démonter à volonté, était la mosquée où le seigneur venait faire ses prières et qu'il emportait avec lui lors de ses déplacements.

Après quoi, on leur montra une tente pourvue de cordes vertes, recouverte de fourrure de petit-gris ; à l'intérieur, où l'on avait disposé deux lits suivant l'usage, elle était doublée de vair.

On leur fit ensuite visiter une tente sans cordes, faite d'un drap rouge ornée d'étoffes de diverses couleurs. Un parasol était tendu devant la porte afin de la protéger du soleil. L'intérieur de la tente était revêtu de petit-gris, sur sa partie la plus haute, et de zibeline, sur la plus basse ; cette fourrure est la plus estimée du monde, chaque peau coûtant, lorsqu'elle est fine, quatorze ou quinze ducats en cette contrée, et bien davantage en d'autres terres.

Le seigneur avait ainsi fait garnir ces tentes pour les garantir du soleil en été et du froid en hiver.

Puis on les fit passer dans l'enceinte de satin blanc où on leur montra un grand nombre de tentes et de parasols, faits de soie et de riches étoffes.

Tamerlan possédait non seulement toutes ces tentes et enceintes, mais aussi celles nombreuses de ses mirzas et de ses proches ; merveilleuses à voir, on pouvait les admirer de quelque endroit que ce fût.

Il pouvait bien y avoir dans l'*ordo* du seigneur jusqu'à quarante ou cinquante mille tentes, sans compter celles dressées dans les jardins et les prairies qui environnaient la ville.

A la fête qu'il donnait dans la grande tente, Tamerlan avait fait assembler tous les mirzas et les nobles de l'empire de Samarcande. Parmi eux, vint, entouré d'une garde nombreuse et de gentilshommes, le seigneur de Balaxia [Badakchan], une grande ville où il y a des rubis. Les ambassadeurs lui demandèrent de quelle manière on trouvait ces pierres. Il leur répondit qu'on les tirait d'une montagne située près de la ville, dont on creusait chaque jour les flancs. On cassait ensuite les roches pour chercher les rubis et quand on découvrait une veine, on la confiait à des maîtres qui savaient l'extraire subtilement en brisant peu à peu la roche avec des ciseaux à pierre, puis en apprêtant avec des meules la veine mise à nue. Tamerlan avait fait disposer autour de ces maîtres un grand nombre de gardes. La ville de Balaxia est à dix journées de Samarcande en direction de l'Inde mineure.

A cette fête, était également venu le seigneur de la ville d'Aq d'où l'on tire les roches qui servent à faire l'azur et qui contiennent des saphirs. Aq est aussi à dix journées de Samarcande en direction de l'Inde mineure, mais se situe plus bas que Balaxia.

Le lundi, treizième jour d'octobre, le seigneur donna une fête sous le grand pavillon ; les ambassadeurs y furent conviés et de nombreuses personnes s'y assemblèrent. On offrit du vin, ce qui est tenu pour un fort grand honneur. Il y eut beaucoup d'allégresse et les jeux furent nombreux.

Parées comme la fois précédente, les femmes de Tamerlan vinrent dîner avec lui. La fête dura jusqu'à la nuit.

Le jeudi, trentième jour d'octobre, le seigneur quitta le campement et se rendit à Samarcande. Il alla loger dans les édifices de la mosquée qu'il avait fait édifier pour qu'y fût enterré l'un de ses petits-fils, le mirza Muhammed Sultan, qu'il chérissait particulièrement; tué en Turquie où il mourut de ses blessures, ce petit-fils avait fait prisonnier le Turc qu'il combattait auprès de son grand-père.

Ce jour-là, Tamerlan était venu dans la mosquée pour y donner une sorte de fête mortuaire en son honneur; les ambassadeurs y furent conviés. Dès leur arrivée, on leur fit visiter la sépulture qui se trouvait dans une chapelle carrée, fort élevée et ornementée, en dehors comme en dedans, de peintures d'or et d'azur, de faïence et d'ouvrages de plâtre.

Lorsque son petit-fils décéda, le seigneur fit ramener son corps à Samarcande, donnant ordre à son conseil de lui élever cette mosquée. A son retour, mécontent de la chapelle qu'il estimait trop basse, il la fit démolir et commanda que l'on ne mît pas plus de dix jours à la rebâtir, sous peine de châtiments. La hâte fut telle que les hommes y travaillèrent jour et nuit. Tamerlan vint même deux fois en personne presser les travaux. Ne pouvant déjà plus marcher, c'est en litière qu'il allait et venait d'un côté à l'autre. La chapelle fut achevée dans les dix jours; et c'est merveille qu'un ouvrage aussi grand eût été reconstruit en si peu de temps.

Une fois le copieux dîner de cette fête mortuaire achevé, un proche du seigneur, Malik Chah Mirza, emmena les ambassadeurs hors de la présence du seigneur. Il les revêtit chacun d'une robe de brocart et d'une sorte de paletot de drap de soie qu'ils portent quand il fait froid; ce manteau, au col de martre, était fourré de petit-gris. On leur mit aussi un chapeau sur la tête et on leur donna un gros sac qui contenait mille cinq cents *tangas* d'argent; c'est ainsi qu'ils nomment leur monnaie dont chaque pièce vaut deux réaux d'argent. Les ambassadeurs furent ensuite reconduits devant le seigneur et lui firent révérence selon l'usage. Il leur dit alors de revenir le lendemain car il voulait s'entretenir avec eux et leur donner congé afin qu'ils pussent s'en retourner au plus tôt chez son fils, le roi.

Dès que cette œuvre fut achevée, le seigneur donna ordre d'en édifier une autre, entendant ennoblir la ville de Samarcande.

LA CONSTRUCTION D'UN MARCHÉ

Dans la ville de Samarcande, s'échangent chaque année de nombreuses marchandises de toutes sortes qui viennent du Cathay, de l'Inde, de la Tartarie et de bien d'autres endroits, mais aussi de la province même de Samarcande qui est fort bien pourvue. Comme il n'y avait pas dans la ville de lieu de marché où l'on fit le commerce en bonne et due forme, le seigneur donna ordre de bâtir une rue bordée de boutiques qui traversât la ville de part en part. Il chargea ses mirzas du soin de cet ouvrage et leur fit savoir que s'ils n'y mettaient pas toute leur diligence, ils le paieraient de leur tête.

Lesdits mirzas commencèrent par faire démolir toutes les maisons qui se trouvaient là où le seigneur avait ordonné que passât la rue. Les maîtres de ces maisons, quels qu'ils fussent, n'en étaient avisés que lorsqu'on mettait en bas leur demeure qu'ils fuyaient alors avec leur linge et tout ce qu'ils avaient. A peine les démolissait-on que des maîtres d'œuvre se mettaient au travail, bâtissant une rue fort large avec des boutiques et de hauts bancs revêtus de carreaux de faïence blanche. La rue fut couverte d'un toit voûté pourvu de fenêtres, et à intervalles, des fontaines furent élevées. A peine les boutiques étaient-elles achevées, que des hommes étaient sommés de venir y vendre quelques biens.

Les gens qui travaillaient à cet ouvrage étaient payés par la ville. Il en venait autant que le demandaient ceux qui étaient chargés des travaux. Les ouvriers qui travaillaient durant la journée étaient relayés à la tombée du jour par ceux qui travaillaient de nuit. Les uns démolissaient les maisons, d'autres dégageaient le sol et d'autres encore rebâtissaient; ils faisaient tous tant de bruit, de jour comme de nuit, qu'on eût dit des diables.

Les maîtres des maisons qu'on avait démolies se plaignaient mais n'osaient le faire savoir au seigneur. Quelques-uns cependant se regroupèrent et allèrent trouver des sayyids, qui sont des proches du seigneur, descendants de Mahomet, afin qu'ils lui en fissent part.

Un jour que ces sayyids étaient en train de jouer aux échecs avec le seigneur, ils lui dirent que puisque Sa Majesté leur avait commandé de mettre à bas des maisons pour construire ce marché, elle pouvait aussi leur ordonner d'accorder quelque dédommagement. Les sayyids rapportèrent que le seigneur fut alors saisi de fureur et qu'il leur répliqua: «Cette ville est mienne; je l'ai achetée avec mon argent et j'en ai de bonnes preuves écrites que je vous montrerai dès demain; mais si cela est juste, je paierai ce que vous réclamez.»

Le ton du seigneur fut tel que les sayyids se repentirent. Ils disaient même être fort étonnés qu'il ne les eût pas fait tuer et qu'ils pussent en réchapper sans peine. Ils ajoutèrent que tout ce que le seigneur entreprenait était bon et que son commandement devait être accompli.

La mosquée que Tamerlan avait fait édifier en l'honneur de la mère de Cano était la plus réputée de la ville de Samarcande. Lorsqu'elle fut achevée, le seigneur estima l'entrée trop basse et donna ordre de la démolir. Deux fosses furent alors creusées devant ladite entrée pour en recevoir les fondations. Afin qu'elle fût rebâtie au plus vite, le seigneur voulut prendre lui-même le soin de hâter une partie des travaux; il commanda à deux de ses mirzas de prendre en charge l'autre partie, et leur dit qu'il verrait bien qui aurait le plus de promptitude à s'acquitter de sa tâche. Le seigneur était déjà affaibli; ne pouvant plus aller ni à pied ni à cheval, il se faisait chaque jour conduire en litière devant l'entrée de la mosquée où il passait de longs moments à en faire hâter la construction. Il faisait apporter de grandes quantités de viande cuite afin qu'elle fût jetée à ceux qui se trouvaient dans les fosses, comme on l'eût fait à des chiens; il leur en lançait même parfois de sa propre main et leur faisait aussi jeter des pièces de monnaie. Les hommes travaillaient jour et nuit avec une telle diligence que c'était merveille. Mais les neiges tombaient déjà et cet ouvrage, comme celui de la rue, dut être interrompu.

LA MALADIE DE TAMERLAN

Le vendredi, premier jour de novembre, les ambassadeurs, pensant que le seigneur leur donnerait congé, se rendirent auprès de lui comme il leur avait ordonné. Ils le trouvèrent dans les édifices de la mosquée à laquelle on travaillait. Ils attendirent jusque vers le milieu du jour; le seigneur sortit alors d'une tente et vint sur une estrade qu'on avait disposée pour lui sur la place. On apporta de la viande et des fruits en abondance. Le repas achevé, le seigneur envoya dire aux ambassadeurs de se retirer et de lui pardonner de ne pouvoir les entretenir; il devait donner congé à son petit-fils, Pir Muhammad, roi de l'Inde, et le renvoyer dans ses États d'où il l'avait fait venir. Il offrit ce jour-là à ce petit-fils et aux gentilshommes qui l'accompagnaient, de nombreux chevaux, des robes et des armes.

Le lendemain, les ambassadeurs revinrent, comme le seigneur le leur avait commandé. Mais celui-ci ne sortit pas de ses tentes car il était souffrant. Ils attendirent jusqu'à midi, heure à laquelle il avait coutume de venir sur la place. L'un des trois mirzas de Tamerlan vint à eux et leur dit de s'en aller car le seigneur, se sentant mal, n'était pas en mesure de les recevoir; ils s'en retournèrent alors à leurs logis.

Le dimanche, les ambassadeurs vinrent à nouveau voir si le seigneur les ferait appeler pour leur donner congé. Ils attendirent encore de longs moments jusqu'à ce que les trois mirzas, s'apercevant de leur présence, leur demandèrent qui avait bien pu leur permettre cette visite et les prièrent de regagner leurs logis. Ils firent alors convoquer le gentilhomme qui avait la garde des ambassadeurs; ils lui demandèrent pourquoi ils les avaient conduits jusqu'ici, et donnèrent ordre qu'on lui perçât les narines. Le gentilhomme, ayant prouvé qu'il ne les avait pas appelés ni même vus de la journée, put échapper à ce châtiment, mais reçut néanmoins un grand nombre de coups de bâton. Les mirzas agissaient ainsi parce que Tamerlan était fort affaibli et que ses femmes et ses gens se trouvaient dans un grand trouble. Chargés de gouverner la maison du seigneur et le conseil, ils ne se décidaient pas à libérer les ambassadeurs qu'ils renvoyèrent à leurs logis, leur ordonnant d'y demeurer jusqu'à nouvel ordre.

LES ORDRES DU RETOUR DES AMBASSADEURS

Les ambassadeurs se trouvaient dans la situation suivante : le seigneur ne les envoyait pas chercher et ils n'osaient point aller à lui. C'est alors qu'un Djaghataïde, envoyé par les mirzas, vint les trouver pour leur dire de se préparer à partir dès le lendemain matin. Il était chargé de conduire jusqu'à Tabriz les ambassadeurs castillans, ceux de Turquie, ainsi que l'ambassadeur du sultan de Babylone et celui de « Caraotoman Ulglan » ; il devait leur faire donner dans les villes et les lieux qu'ils traverseraient, des vivres, des chevaux, ce dont ils auraient besoin, toutes choses enfin que les mirzas avaient ordonné qu'on leur fournît. A Tabriz, un petit-fils du seigneur, Omar Mirza, leur donnerait congé et les renverrait dans leurs États respectifs.

Les ambassadeurs lui répondirent que Tamerlan ne leur avait pas donné congé en personne ni remis de réponse pour le roi, leur seigneur ; comment cela pouvait-il être ? Le Djaghataïde les pria de ne pas insister car les mirzas ne reviendraient pas sur leur décision : tous les ambassadeurs devaient se tenir prêts à partir.

Les Castillans se rendirent aussitôt au palais du seigneur pour y trouver les mirzas. Ils leur firent savoir que Tamerlan leur avait demandé de sa propre bouche, le jeudi précédent, de se présenter à lui car il entendait parler avec eux et leur donner congé. Mais voici qu'un homme était venu leur dire de s'apprêter à partir le jour suivant, ce dont ils étaient fort étonnés. Les mirzas leur répondirent qu'ils ne pouvaient pas rencontrer le seigneur et qu'ils seraient libérés comme convenu.

Des hommes, qui le savaient de source sûre, avaient confié aux ambassadeurs que les mirzas agissaient de la sorte parce que le seigneur, fort affaibli, avait perdu la parole et était sur le point de mourir. On hâtait leur départ afin qu'ils partissent avant que la mort de Tamerlan ne fût publiée ; ainsi n'annonceraient-ils pas la nouvelle dans les lieux où ils se rendraient.

Les ambassadeurs eurent beau avancer bien des arguments et répéter aux mirzas qu'ils ne pouvaient s'en retourner sans réponse du seigneur, ceux-ci les prièrent de ne pas parler davantage ; ils ajoutèrent qu'ils avaient tout intérêt à quitter les lieux et que le gentilhomme qui les accompagnerait tiendrait lieu de message.

Le jour suivant, dix-huitième de novembre, les mirzas firent parvenir aux ambassadeurs, par le Djaghataïde qui devait les conduire, quatre lettres dans lesquelles ils donnaient ordre qu'on leur fournît à chacun un cheval dans les quatre villes qu'ils traverseraient. Les ambassadeurs firent savoir au Djaghataïde qu'ils ne s'en retourneraient pas sans lettre du seigneur pour leur roi, ce à quoi il leur répliqua qu'il leur fallait partir sur-le-champ, qu'ils le voulussent ou non.

Ils durent quitter leur logis ce même jour pour se rendre dans un jardin situé à proximité de la ville. Ils étaient accompagnés de l'ambassadeur du sultan de Babylone qui logeait avec eux, et de la garde qui devait les guider. Arrivés audit jardin, on les pria de mettre pied à terre. Attendant les ambassadeurs de Turquie, ils y demeurèrent le mardi de leur arrivée, le mercredi et le jeudi.

Le vendredi, vingt et unième jour de novembre, les ambassadeurs, tous rassemblés, quittèrent Samarcande.

Ruy González de Clavijo, *Relación de la Embajada de Enrique III al Gran Tamorlán*, Madrid, Espasa-Calpe, 1952. Traduction de Dominique Lepreux.

JOHAN SCHILTBERGER
(1396-1429)

Originaire de la Bavière, Johan Schiltberger accompagna son maître, Léonard Richartinger, en Hongrie où ce dernier devait servir dans les forces auxiliaires du roi Sigismond. Il avait seize ans quand il fut fait prisonnier lors de la bataille de Nicopolis en 1396. C'est sans doute à son jeune âge et grâce à l'intervention de Souleiman, fils aîné de Bayezid, qu'il fut épargné et affecté comme page du sultan. Au service de celui-ci, il semble qu'il ait participé au siège de Constantinople, et qu'il eût été de plusieurs expéditions, en Égypte et en Asie mineure.

Lors de la défaite de Bayezid, à la bataille d'Angora en juillet 1402, il est fait prisonnier par les troupes de Timur qu'il suit alors dans de nouvelles aventures, au Moyen-Orient et en Asie centrale. Après la mort de Timur, en 1405, il passe au service de divers princes et prend part à des expéditions vers Samarkand, les territoires proches de l'Oxus, et jusqu'en Grande Tartarie, où il escorte, avec quatre autres esclaves chrétiens, le prince tartare Tchekre, appelé à devenir le chef de la Horde d'Or. Avec ce prince, Schiltberger participe à une nouvelle expédition vers la Sibérie.

Ses aventures devaient se poursuivre vers la plupart des régions de la Caspienne, de la mer Noire, mais également vers l'Égypte, la

Palestine, et peut-être l'Arabie. Au terme de trente-trois années passées en terres musulmanes, il put s'échapper avec quatre autres chrétiens à bord d'un bateau européen naviguant en mer Noire, et après de nouvelles péripéties, il atteignit Constantinople où il fut reçu par l'empereur. En 1427 il retrouvait sa Bavière natale.

Il est possible que Johan Schiltberger ait été illettré car son récit, qui couvre, de mémoire et avec une part de merveilleux propre à cette époque, toutes ses pérégrinations, paraît avoir été dicté.

C'est le dernier «voyageur» européen du Moyen Age qui rapportera des informations sur l'Asie centrale. La fin de l'Empire mongol, l'avènement de la dynastie des Ming, les conquêtes de Timur et les luttes incessantes entre les monarques de cette région, fermaient pour plusieurs siècles aux Européens le passage vers la Chine par l'Asie centrale.

TAMERLAN VEUT PARTIR EN GUERRE CONTRE LE GRAND CHAN

Vers cette époque, le grand Chan, roi du Chetay[1], dépêcha un ambassadeur et quatre cents cavaliers pour exiger de lui (Tamerlan) le tribut qu'il avait oublié et conservé durant cinq années. Tamerlan emmena l'ambassadeur avec lui jusqu'à la susdite capitale [Samarkand] et de là l'envoya dire à son maître qu'il ne paierait pas le tribut, qu'il ne serait pas son sujet et que lui-même [le grand Chan] devait venir lui rendre visite. Puis il envoya des messagers par tout le pays pour le préparer car il souhaitait se porter sur Chetay, puis prenant dix huit cent mille hommes, il marcha pendant un mois. Il arriva alors à un désert qu'il fallait soixante-dix jours pour traverser; là, il voyagea dix jours et perdit beaucoup de monde en raison du manque d'eau. Ses chevaux et autres animaux subirent aussi grand dommage car il faisait très froid dans le pays; et quand il vit les grandes pertes subies par ses gens et ses animaux, il fit demi-tour et regagna sa capitale où il tomba malade.

Il faut noter qu'il y eut trois causes qui irritèrent Tamerlan, le faisant tomber malade et succomber à ladite maladie. La première cause fut la tristesse de voir que son vassal avait fui avec le tribut, la seconde à noter est que Tamerlan avait trois femmes dont la plus jeune, qu'il aimait beaucoup, avait été fort intime avec un de ses vassaux pendant son absence. Lorsque Tamerlan rentra chez lui, la plus âgée de ses épouses lui dit que la plus jeune s'était éprise de l'un de ses vassaux et avait manqué à sa parole. Il refusa de la croire. Alors, elle vint à lui et lui dit: «Va la voir et ordonne-lui d'ouvrir son coffre; tu y trouveras un anneau orné d'une pierre précieuse et une lettre qu'il lui

1. Cathay (la Chine).

a envoyée.» Tamerlan la fit prévenir qu'il irait passer la nuit avec elle, et lorsqu'il entra dans sa chambre, il lui dit d'ouvrir son coffre. Elle le fit, et il trouva l'anneau et la lettre. Il s'assit près d'elle et lui demanda d'où lui étaient venus cet anneau et cette lettre. Elle tomba à ses pieds et le supplia de ne point se fâcher car un de ses vassaux les lui avait envoyés sans en avoir aucunement le droit. Il sortit alors de la chambre et ordonna qu'elle fût décapitée sur-le-champ. Ce qui fut fait. Puis il envoya cinq mille cavaliers contre ledit vassal afin qu'ils s'emparent de lui; le vassal prit alors cinq cents hommes, sa femme et ses enfants, et se réfugia dans le pays de Wassandaran, où Tamerlan ne pouvait l'atteindre. Il était si furieux d'avoir tué son épouse et de voir que son vassal lui avait échappé qu'il en mourut, et il fut enterré en grande pompe dans le pays. Que l'on sache aussi qu'après qu'il fut enterré les prêtres appartenant au temple l'entendirent hurler pendant toute une année. Ses amis firent don de grandes aumônes pour que cessent ses hurlements, mais ce fut en vain. Ils demandèrent conseil à leurs prêtres, et allèrent trouver son fils en l'implorant de libérer les prisonniers capturés par son père dans d'autres pays, et en particulier ceux qui étaient dans sa capitale, qui étaient tous des artisans qu'il y avait amenés afin qu'ils y travaillent. Il les laissa aller et sitôt qu'ils furent libres, Tamerlan cessa de hurler. Tout ce qui est rapporté ci-dessus arriva au cours des six années où je fus avec Tamerlan [1], et j'en fus témoin.

D'UN FILS DE ROI

Avec Abubachir se trouvait le fils d'un roi de la Grande Tartarie. Vers lui vinrent des messagers qui lui demandèrent de rentrer au pays afin de se charger du royaume. Il demanda alors à Abubachir de le laisser partir; celui-ci y consentit, aussi rentra-t-il chez lui avec six cents cavaliers, j'étais l'un des cinq [chrétiens] qui allèrent avec lui en Grande Tartarie. Il faut noter par quels pays nous passâmes. Tout d'abord par le pays qu'on nomme Strana, où l'on cultive la soie; puis par un pays qu'on appelle Gursey, où l'on trouve des chrétiens, ils ont la foi chrétienne et saint Jörig est le patron du pays. Après quoi il passa par un pays appelé Lochinschan; là aussi on cultive la soie; puis par un autre appelé Schurban, où l'on cultive la soie de laquelle sont faites de belles étoffes à Tamasch et à Kaffer ainsi qu'à Wursa, capitale des Infidèles, située en Turquie; cette soie est aussi envoyée à Venise et à Lickcha, où l'on fait de bons velours; mais c'est là un pays malsain. Après quoi il traversa un pays nommé Samabran; puis un

1. C'est une erreur de dates en ce qui concerne sa période de service sous Bajasid. Schiltberger ne fut avec Timour qu'à partir du 20 juillet 1402.

autre qu'on appelle en langue tartare Temurtapit[1], ce qui revient à dire la porte de Fer. C'est la frontière entre la Perse et la Tartarie. Puis il passa par une ville appelée Origens, fort puissante et située au milieu d'un fleuve nommé Edil. Puis il traversa une région montagneuse appelée Setzulet, où se trouvent de nombreux chrétiens qui y ont un évêque; leur prêtres appartiennent à l'ordre des Déchaux, qui ne savent pas le latin et chantent et lisent leurs prières dans la langue tartare. Par quoi on constate que les laïcs se renforcent dans la foi, et aussi que nombre d'Infidèles sont confirmés dans la foi chrétienne car ils comprennent les paroles que les prêtres chantent et lisent[2]. Après quoi il entra en Grande Tartarie et vint trouver le seigneur nommé Edigi, qui lui avait écrit et envoyé des messages car il voulait qu'il vienne gouverner le royaume. Et lorsqu'il arriva, Edigi attendait, s'étant préparé à entrer dans un pays nommé Ibissibur[3].

Il convient de noter qu'en Grande Tartarie, c'est la coutume pour le roi d'avoir un grand chef qui gouverne au-dessus de lui, qui peut élire ou déposer un roi et a aussi pouvoir sur des vassaux. Donc, à cette époque, Edigi était le grand chef. En Tartarie, les vassaux se déplacent constamment en hiver et en été, avec leurs femmes, leurs enfants et leur bétail, et quand le roi établit son camp, il faut construire cent mille huttes. Lorsque le fils du susdit roi de Tartarie, qui s'appelait Zegre[4], fut venu voir Edigi, il se rendit avec lui dans le susdit pays d'Ibissidur, et il leur fallut voyager deux mois pour y parvenir. Il y a dans ce pays une montagne qu'il faut trente-deux jours pour parcourir. Les gens du pays disent eux-mêmes qu'à l'extrémité de la montagne se trouve un désert, et que ledit désert est l'extrémité de la terre; et personne ne peut habiter dans ce désert à cause des serpents et des bêtes sauvages. Il y a dans cette même montagne des sauvages qui ne sont pas comme les autres êtres humains et qui y vivent. Ils ont tous le corps couvert de poils sauf le visage et les mains, et ils courent comme les autres bêtes sauvages dans la montagne et se nourrissent de feuilles et d'herbes et de tout ce qu'ils peuvent trouver. Le seigneur du pays envoya à Edigi un homme et une femme de ces sauvages qu'on avait capturés dans la montagne[5]. Les chevaux y sont de la même taille que

1. Derbend, c'est-à-dire barricade ou portail fermé, que les Turcs appellent Timurcapi ou porte de Fer.

2. Schiltberger prend probablement les bouddhistes pour des chrétiens, comme cela fut souvent le cas.

3. Il s'agit sans aucun doute de la Sibérie, mentionnée ici pour la première fois.

4. Ce Zegre ou Zeggra était fort probablement Tchekre, dont des pièces du règne, frappées en 1414-1416, dans des camps de passage, à Bolgar, Astrakhan et Saraï, ont subsisté.

5. Ce couple avait pu être amené du nord de la Sibérie où la rigueur du climat contraignait les indigènes à porter jour et nuit, ainsi qu'ils le font encore aujourd'hui, des vêtements faits de peaux de bêtes. Schiltberger les assimile plus ou moins à des

les ânes et on y trouve quantité de bêtes sauvages qui n'existent pas en Allemagne et dont j'ignore les noms. Il y a aussi dans le susdit pays des chiens qui tirent chariots et traîneaux; ils servent aussi à porter les bagages et sont aussi grands que des ânes. Dans ce pays, on mange les chiens. Il faut noter aussi que les naturels du pays croient en Jésus-Christ comme aux trois rois qui vinrent apporter des présents au Christ à Bethléem et le virent couché dans la crèche; et ils ont une image représentant Notre Seigneur dans la crèche, comme le virent les trois saints rois lorsqu'ils vinrent lui apporter des présents. Ils ont aussi cette image dans leurs temples et disent leurs prières devant; et les gens qui sont de cette croyance sont nommés Ugines. Il y a beaucoup de gens de cette religion en Tartarie. C'est aussi une coutume du pays que lorsqu'un jeune homme qui n'a pas de femme meurt, on le vêt de ses meilleurs habits, des musiciens l'emportent, on le met dans une bière qu'on surmonte d'un baldaquin. Et tous les jeunes gens, vêtus aussi de leurs plus beaux habits, vont devant, et les musiciens avec eux. Le père, la mère et les amis eux aussi suivent la bière qui est portée en tombe par les jeunes gens et les musiciens, avec force chants et réjouissances. Mais le père, la mère et les amis, eux, vont près de la bière et pleurent; et lorsqu'on l'a enterré, on apporte nourriture et boisson, et les jeunes gens et les musiciens s'asseyent près de la tombe et mangent et boivent avec force réjouissance. Assis d'un côté, le père, la mère et les amis se lamentent, et lorsqu'ils ont ainsi fait, on emmène le père et la mère là où ils habitent, et là ils se lamentent. Et de la sorte se termine la cérémonie ainsi faite comme s'il y avait eu une noce, car le défunt n'avait pas d'épouse. Dans ce pays, on n'a que du millet, et on ne mange pas de pain. J'ai vu tout cela, et j'étais là avec le susdit fils du roi, Zeggra.

Pendant le temps que je passai avec Zeggra, une Tartare nommée Sadurmelickh, avec quatre mille vierges et femmes, vint trouver Edigi et aussi Zeggra. Elle voulait se venger et pour cette raison venait trouver Edigi afin que celui-ci l'aidât à chasser le roi. Et il faut savoir aussi qu'elle et ses femmes allaient au combat et maniaient l'arc à l'égal des hommes; et lorsque les femmes allaient au combat, elles portaient d'un côté un glaive et de l'autre un arc. Dans une bataille qu'elle livra contre un roi se trouvait le cousin du roi, lequel avait tué l'époux de cette femme, et il fut fait prisonnier. On l'amena devant la femme; elle lui ordonna de s'agenouiller, tira son glaive, lui fit sauter la tête d'un coup, puis dit: « Maintenant je suis vengée. » J'étais présent et j'ai vu cela.

---

singes, ce qui nous rappelle Hérodote, qui nous décrit les Neuriens transformés en loups pendant six mois de l'année car ils étaient selon toute probabilité vêtus de peaux de loups tant que durait l'hiver.

SUR LA GRANDE TARTARIE

J'ai été aussi en Grande Tartarie[1], et de la coutume de ce pays il faut noter qu'on n'y sème que du millet. On n'y mange pas de pain et on n'y boit pas de vin, mais on y boit le lait des juments et des chamelles et on y mange aussi la chair des chameaux et des chevaux. Il faut noter aussi que le roi de ces contrées et ses vassaux passent l'hiver et l'été dans les champs avec leurs femmes, leurs enfants, leur bétail et tous leurs biens; et ils vont d'un pâturage à l'autre car le pays est plat. Il faut remarquer aussi que lorsqu'ils choisissent un roi, ils le prennent, l'asseyent sur du feutre blanc et le soulèvent par trois fois. Puis ils l'élèvent et le portent autour de la tente, l'asseyent sur un trône et lui mettent en main un glaive d'or. Il doit alors prêter serment selon la coutume. Il faut noter aussi que lorsqu'ils mangent ou boivent, ils s'asseyent à terre ainsi que font les Infidèles. Il n'est pas parmi les Infidèles de peuple plus guerrier que les Grands Tartars, capables de combattre et de voyager ainsi qu'ils le font. je les ai vus de mes yeux saigner (leurs chevaux) et boire le sang après l'avoir fait cuire. C'est ce qu'ils font lorsqu'ils manquent de nourriture. J'ai vu aussi comment, au cours d'un long voyage, ils prennent un quartier de viande, le coupent en tranches qu'ils placent sous la selle, chevauchent ainsi et les mangent lorsqu'ils ont faim; mais ils le salent d'abord et pensent qu'il ne se corrompt pas, car la chaleur du cheval le dessèche et le fait de chevaucher dessus l'attendrit après que le jus en est sorti. Ils font cela quand ils n'ont pas le temps de préparer de la nourriture. C'est aussi la coutume, lorsque le roi se lève le matin, de lui apporter dans un gobelet d'or du lait de jument qu'il boit à jeun.

DES CONTRÉES OÙ J'AI ÉTÉ, QUI APPARTIENNENT A LA TARTARIE

Il faut noter ici les pays où je me suis trouvé et qui appartiennent à la Grande Tartarie. Un pays qu'on appelle Horosaman[2], et dont la capitale est Orden, qui se trouve sur un cours d'eau nommé Edil, qui

1. Les détails dans lesquels Schiltberger entre ici prouvent qu'il inclut dans la Grande Tartarie les possessions des trois branches des Jujys [Djutchis]. Premièrement, les Ordou Itchen ou Horde Blanche, qui étaient les successeurs du fils aîné de Jujy; deuxièmement, ceux de la Horde d'Or, successeurs de Batou, le second fils; et troisièmement, ceux de Shaïban, le cinquième fils qui, en récompense de ses brillants services pendant la campagne de Batou en Russie, reçut des Ordou Itchen quelques territoires proches de l'Oural pour ses camps d'été; et pour l'hiver, ceux qui sont proches du Syr-Darya, soit l'actuelle steppe des Kirghiz, de sorte que les domaines des Shaïbani séparaient la Horde d'Or de la Horde Blanche. Par la suite, leurs domaines s'étendirent vers le nord, lorsqu'ils nommèrent des khans en Sibérie.

2. Chowaresm [Kharezm], d'où nous avons Chiwa [Khiva], la capitale étant Orgens ou Urgendsch [Urganth].

est un grand fleuve[1]. Il y a aussi un pays nommé Bestan, sa capitale est Zulat, et c'est une contrée montagneuse et également une ville appelée Haitzicherchen, qui est une grande cité[2], et dans un bon pays. Une autre ville s'appelle Sarei, c'est la résidence des rois des Tartars. Il y a aussi une ville appelée Bolar, où l'on trouve diverses sortes de bêtes[3]. Et puis une ville nommée Ibissibur[4], et une ville, Asach, que les chrétiens appellent Alathena[5]. Il y passe un fleuve appelé Tena, et on y trouve quantité de bétail. De ce pays, on envoie des galères pleines de poisson qui vont à Venise, Gênes, et aux îles qui sont sur la mer. De plus, il y a un pays nommé Ephepstzach; sa capitale est Vulchat[6]. Dans ce pays, on cultive toutes sortes de céréales. Une ville nommée Kaffa, qui se trouve sur la mer Noire et est entourée de deux murailles. Dans l'une se trouvent six mille maisons où des Italiens, des Grecs et des Arméniens; c'est une grande ville sur la mer Noire et elle contient dans sa muraille extérieure onze mille maisons où sont de nombreux chrétiens: Romains, Grecs, Arméniens et Syriens. Il y a aussi trois évêques: un romain, un grec et un arménien. Il y a également beaucoup d'Infidèles qui ont leur temple particulier. La cité a quatre villes qui lui sont soumises; elles sont près de la mer. Il y a aussi dans la ville deux sortes de juifs, qui ont deux synagogues, et il y a quatre maisons dans les faubourgs. Ainsi qu'une ville appelée Karckeri; dans un pays nommé Sudi; mais les Infidèles l'appellent That; il y a là des chrétiens

---

1. Ce grand fleuve, qu'on appelle Edil («fleuve» en turc), ne peut être que l'Oxus ou Amou-Daria.

2. Hadjy-tarkhan était située sur la rive gauche de la Volga, à quelques kilomètres de l'actuel Astrakhan, et près d'Itil, capitale du royaume des Khazars, ville qui avait déjà disparu à l'époque de Rubruquis (Rubroek), en 1253, alors qu'Hadjy-tarkhan elle-même avait, semble-t-il, à peine commencé d'exister.

3. Il s'agit probablement d'animaux à fourrure, la fourrure ayant de tout temps été la principale marchandise dont le commerce se faisait à Bolgar, à Saraï et à Astrakhan. Schiltberger nous incite à supposer que ces villes étaient sorties de l'état de désolation où Timour les avait laissées.

4. Le fait qu'il y eût une ville de ce nom est clairement établi par l'atlas catalan et la carte de Pizzigani, où l'on trouve Sebur, près d'une chaîne de montagnes appelées *los montes de Sebur*, de toute évidence au sud de l'Oural. Le Sibir des Russes, connu aussi sous le nom d'Isker, était situé sur l'Irtych, à quinze kilomètres de Tobolsk; c'était la résidence des khans Shaïbanis; elle fut emportée en 1581 par une poignée de cosaques conduits par l'ataman Yermak qui, à son tour, fut assiégé par les Tatars et périt dans le fleuve lors d'une sortie (1584).

5. Alla Tana (pour Tana), qui se trouvait où se trouve Azoff aujourd'hui, était une localité d'une grande importance aux XIVe et XVe siècles. Elle fut entièrement détruite par Timour en 1395, mais les Vénitiens réapparurent peu de temps après. Ils entretinrent des relations commerciales avec Tana même après sa destruction par les Tatars en 1410, par les Turcs en 1415, puis de nouveau par les Tatars. Schiltberger, qui se trouva à Tana à cette période ou peu de temps après, apporte la preuve que la ville avait retrouvé sa prospérité commerciale, en tout cas pour ce qui concerne les pêcheries.

6. En disant que Vulchat (il entend par là Solkhat) était la capitale du Epheptzachs ou Kuptchaks, Schiltberger ne se rendait peut-être pas compte que ce nom couvrait l'ensemble de la Russie du Sud et de la Crimée, dont Solkhat, par la suite Esky Crim, devint effectivement la ville principale.

de la foi grecque, et il y a de bons vignobles. Ce pays se trouve près de la mer Noire, et là saint Clément a été jeté dans la mer[1]. Tout près se trouve une cité qu'on nomme Serucherman dans la langue infidèle. Il y a aussi un pays appelé Starchas[2] qui se trouve également sur la mer Noire et où les gens sont de la foi grecque: mais ce sont de mauvaises gens car ils vendent leurs enfants aux Infidèles et volent les enfants des autres pour les vendre; ce sont aussi des voleurs de grand chemin et ils ont un idiome particulier. C'est aussi leur coutume que lorsque l'un d'eux est tué par la foudre, ils le mettent dans une caisse qu'ils placent dans un grand arbre. Puis tous les gens du voisinage viennent avec des provisions et boivent sous l'arbre; ils dansent aussi et se réjouissent sous l'arbre; ils tuent des bœufs et des agneaux qu'ils sacrifient pour l'amour de Dieu. Ils font cela durant trois journées successives, et au bout d'un an ils viennent où se trouve le mort, près de l'arbre, et font de nouveau ce qu'ils avaient déjà fait, jusqu'à ce que le cadavre se putréfie. Ils font cela car ils croient que l'homme frappé par la foudre est un saint[3]. Il y a aussi le royaume de Rewschen, qui paie tribut au roi tartare. Il faut noter qu'il y a trois tribus parmi les Grands Tartares, les Kayats, les Inbus et les Mugals[4]. Il faut noter aussi que la Tartarie est d'une étendue de trois mois de voyage, et que l'on n'y trouve ni bois ni pierres, mais seulement de l'herbe et des arbustes. Les pays décrits appartiennent tous à la Grande Tartarie, et je me suis trouvé dans tous.

The Bondage and Travels of Johann Schiltberger, a Native of Bavaria, in Europe, Asia and Africa (1396-1427), Londres, The Hakluyt Society, 1879. Traduction de Catherine Ter Sarkissian.

---

1. Selon la légende, la mer se retirait à chaque anniversaire de la mort du saint, laissant son corps exposé sur la rive durant sept jours, jusqu'à ce qu'au IXe siècle, Cyrille et Méthode, les apôtres des Slaves (et créateurs de leur alphabet), firent en sorte qu'il soit inhumé à Cherson, d'où ses restes furent par la suite transférés à Kieff [Kiev] par le grand prince Vladimir après la conversion de celui-ci au christianisme. L'Église romaine donne de cette légende une autre version et soutient que les restes du pontife sont conservés dans l'église Saint-Clément-de-l'Esquilin.

2. Les Starchas ou Tcherkesses — Circassiens — étaient connus de Jean du Plan Carpin et d'autres, étant appelés plus généralement Zirkhes et Cosaques, deux branches de ce peuple. Ils étaient connus de Strabon et de Procope comme trafiquants d'esclaves et pirates endurcis, activités dans lesquelles ils persistèrent sans interruption jusqu'à la conquête et l'annexion de leur pays par la Russie en 1863.

3. La coutume consistant à placer les morts dans les arbres subsiste en Abkhazie où on suspend les cercueils aux branches, lesquelles, quand le vent les agite, font entendre les sons mélancoliques de leurs craquements.

4. Quels que soient les noms exacts, ils furent probablement indiqués à Schiltberger par les indigènes ou leurs chefs mongols. Ces derniers étaient en mesure de distinguer de leur propre peuple ceux qui avaient conservé pendant une longue période leurs chefs héréditaires sous la suzeraineté des descendants de Gengis khan. Les principales tribus étaient sans aucun doute les Keraïts et les Uïgours, dont les gouvernants, nommés Edekouts, préservèrent leur indépendance jusqu'en 1328.

Deuxième partie

L'ASIE CENTRALE RUSSE ET SOVIÉTIQUE

I. A la redécouverte du passage terrestre vers la Chine

ANTHONY JENKINSON
(1558-1559)

En 1553, un marin anglais, Richard Chancellor, à la recherche d'un itinéraire vers l'Orient par le nord, débarque sur le littoral russe de la mer Blanche, se rend à Moscou et établit ainsi un lien direct entre l'Angleterre et la Russie. En 1555, un accord favorise les échanges avec l'Angleterre et donne à celle-ci certains avantages commerciaux. C'est dans le cadre de ces accords qu'Anthony Jenkinson, en 1558, se voit autorisé à traverser les territoires d'Ivan le Terrible pour se rendre à Boukhara. Les Russes ont pris Kazan en 1552 et annexé Astrakhan en 1556. Jenkinson effectue son voyage pour la compagnie moscovite des marchands de Londres à travers des régions peu sûres. Arrivé à Boukhara, il constate que le commerce avec la Chine a cessé en ces périodes troublées.

BOUKHARA EN 1558-1559

Ainsi, le vingt-troisième jour de décembre [1558], nous arrivâmes en la cité de Boghar en pays de Bactriane. Cette Boghar est située dans la partie la plus basse de tout le pays, entourée d'un haut mur de terre battue percé de diverses portes: elle se divise en trois parties, deux pour le roi et la troisième pour les marchands et les marchés, chaque corps de métier a son habitation et son marché à lui. La cité est très grande, et les maisons pour la plupart sont en terre, mais il y a aussi moult maisons, temples et monuments de pierre somptueusement construits, avec dorures et, particulièrement, de l'oolithe utilisée avec tant d'art qu'il n'y a rien de pareil au monde; la façon dont on s'y est pris serait trop longue à rapporter. Il y a une petite rivière qui court dans le mitan de cette cité, mais son eau est dangereusement corrompue car elle développe parfois chez ceux qui en boivent, et spécialement chez ceux qui ne sont pas natifs du lieu, un ver long d'une aune qui s'installe communément entre la chair et la peau de la jambe et que l'on arrache du côté de la cheville avec beaucoup d'art et de dextérité, les chirurgiens y étant fort entraînés. Si ce ver se rompt lorsqu'on l'arrache, cette partie de son corps meurt, et chaque jour ce ver ressort d'environ un pouce qui s'entortille, et il en est ainsi jusqu'à ce qu'il soit tout à fait sorti[1]. Nonobstant, il est défendu de boire quelque autre liquide que de l'eau et du lait de jument, et quiconque reconnu coupable d'avoir contrevenu à la loi est, dans les marchés en plein air, très cruellement frappé et fouetté! Il y a des fonctionnaires mandatés pour faire cela, et ils ont autorité pour entrer chez n'importe qui, pour fouiller afin de voir si la personne a de l'*aquavita*, du vin ou autre breuvage; quand ils en trouvent, ils cassent les récipients, altèrent la boisson et châtient les maîtres de céans avec la plus grande cruauté, et souvent s'ils s'aperçoivent au souffle d'un homme qu'il a bu, sans autre forme d'enquête il n'échappera pas à leurs mains.

Il y a un Métropolite[2] dans cette cité de Boghar, et c'est lui qui fait appliquer la loi avec autant de rigueur. On lui obéit plus qu'au roi, et il a le pouvoir de le déposer, d'en désigner un autre, selon son bon plaisir, et à sa convenance, comme il le fit pour le Roi qui régnait là-bas quand nous y étions, et comme il l'avait déjà fait pour son prédécesseur, car il le trahit, et un soir, l'assassina dans sa chambre, lui qui était un Prince qui aimait sincèrement tous les Chrétiens. Ce pays de Boghar fut à une certaine époque soumis aux Persans[3] et c'est le persan qu'on y parle à présent. Cependant c'est maintenant un pays totalement indépendant et il est continuellement en état de guerre avec les dits Persans en raison de leur religion, bien qu'ils soient tous mahométans[4]. Un de leurs motifs de guerre est que les Persans ne veulent pas se raser la lèvre supérieure comme le font les habitants de Boghar et tous les autres Tartares, ce qui pour eux est considéré comme un grand péché; ils les appellent Caphars, ce qui signifie incroyants, comme ils le font des Chrétiens.

Le roi de Boghar[5] n'a point grand pouvoir ni richesses, ses revenus n'étant que minces, et c'est sur la cité qu'il vit essentiellement, car il prélève la dime sur tout ce qui s'y vend, s'agissant des artisans comme

---

1. L'eau de Boukhara était notoirement mauvaise, car stagnante; on lui attribuait la maladie dont parle Jenkinson, le rishta ou ver de Guinée.
2. Le personnage de rang le plus élevé dans la hiérarchie des dignitaires mahométans est le sheikh ul Islam, qui préside aux réunions des Ulemas et est le principal conseiller spirituel du khan.
3. Pendant le khalifat, le pays et la cité de Boukhara formèrent une partie de la province de Khorasan. Ils furent sous l'autorité des princes de Perse jusqu'à la fin du Xe siècle.
4. Allusion à la haine qui opposa les sunnites aux shiites.
5. Le «roi» mentionné est le khan de Boukhara, probablement Abdullah khan, fils d'Iskender khan.

des marchands, au grand appauvrissement du peuple qu'il maintient en sévère état de sujétion. Quand il est à court d'argent, il mande ses fonctionnaires dans les boutiques desdits marchands pour s'emparer de leurs denrées pour payer ses dettes, et il obtient leur crédit par la force, comme il le fit pour me payer une certaine somme d'argent qu'il me devait en règlement de dix-neuf pièces de velours de laine. Leurs pièces de monnaie sont en argent et en cuivre, car ils n'ont point d'or. Ils n'ont qu'une pièce d'argent qui vaut 12 pence anglais, et quant aux pièces de cuivre ils les appellent pules et il en faut 120 pour faire 12 pence. On l'emploie plus fréquemment que l'argent que le roi fait monter ou descendre pour son plus grand profit un mois sur deux, et parfois deux fois dans le mois, sans se soucier de l'oppression exercée sur son peuple, car il ne s'attend pas à régner plus de deux ou trois ans avant d'être assassiné ou déposé, le tout au grand préjudice du pays et des marchands.

Le vingt-sixième jour du mois, je reçus l'ordre de comparaître devant ledit roi auquel je présentai les lettres de l'Empereur de Russie ; le roi nous traita fort aimablement, nous fit servir un repas en sa présence et me fit mander plusieurs fois en diverses occasions. Il s'entretint familièrement avec moi dans sa chambre privée, aussi bien du pouvoir de l'Empereur et du Grand Turc que de nos pays, lois et religions. Il nous fit tirer au fusil en sa présence et se livra lui-même à cet exercice. Mais, après nous avoir autant fêtés, il se révéla avant mon départ un vrai Tartare car, il s'en fut guerroyer sans me payer ses dettes et ne veilla pas à me faire payer avant son départ[1], bien qu'à la vérité il eût donné des ordres pour cela. Je fus cependant très mécontent et forcé de limiter mes exigences en acceptant des marchandises en paiement du reste, contrairement à mon attente, mais pour ce qui est d'honoraires plus satisfaisants et élevés, je ne pus les obtenir et je fus content d'être payé et renvoyé.

Cependant je me dois de louer et de reconnaître les mérites de ce roi barbare qui, aussitôt après mon arrivée à Boghar, ayant compris nos difficultés avec les voleurs, envoya cent hommes bien armés et leur intima la consigne formelle de ne pas revenir avant de les avoir tués ou de s'en être emparés. Ces derniers, obéissant aux ordres, fouillèrent les moindres recoins du pays, si bien qu'ils tombèrent sur la bande de voleurs et qu'ils en tuèrent une partie, tandis que l'autre s'échappait, en capturèrent quatre et les conduisirent devant le roi, et deux d'entre eux furent sérieusement blessés par nos fusils au cours de l'escarmouche. Après que le roi m'eût mandé pour que je les visse, il fit les pendre tous les quatre à la porte de son palais pour servir

1. Abdullah envahit le Khorasan cinq fois et il était sur le point d'effectuer sa première expédition — en fait des razzias — contre ce pays lorsque Jenkinson se trouvait à Boukhara en 1559.

d'exemple aux autres parce qu'ils étaient gentilshommes. Des denrées qui furent reprises, une partie me fut rendue, et telle fut la bonne justice que j'obtins de lui.

Il y a tous les ans dans cette cité de Boghar un grand concours de marchands qui voyagent en grandes caravanes depuis tous les pays adjacents, tels que l'Inde, la Perse, les Balkans, la Russie, et, dans le passé, de Cathay, quand les routes étaient praticables. Mais ces marchands sont si pauvres et si misérables, et ils apportent si peu de denrées, passant deux ou trois ans pour les vendre, qu'il n'y a aucun espoir de commerce qui vaille la peine de s'y intéresser.

Les marchandises qui sont apportées ici des pays déjà cités sont les suivantes.

Les Indiens apportent de fines batistes[1] dont les Tartares s'entourent la tête et toutes les autres sortes de batiste qui servent pour des vêtements faits de cotonnades et de grossière étoffe, mais pour ce qui est de l'or, de l'argent, des pierres précieuses et des épices, ils n'en apportent point. Je m'informai et appris que tout ce commerce va vers la mer Océane, et les ports d'où toutes ces choses proviennent sont au pouvoir des *Portugais*. Les Indiens repartent de Boghar avec des soieries travaillées, des cuirs rouges, des esclaves et des chevaux, etc., mais ils font peu de cas du velours de laine et autres étoffes. J'offris de faire du troc avec les marchands de ces pays qui venaient des parties les plus lointaines de l'Inde, même du pays du Bengale, et du fleuve Gange, afin de leur donner du velours de laine pour leur commodité, mais en échange de leurs marchandises ils ne voulurent point recevoir d'articles tels que l'étoffe.

Les Persans apportent ici de la toile grossière, du drap de laine, du lin, diverses sortes de soieries travaillées et bariolées, des Argomacks[2], etc. Ils rapportent des cuirs rouges avec d'autres denrées russes et des esclaves provenant de divers pays, mais de drap ils n'en achètent point, car ils en apportent eux-mêmes et ce drap leur vient, comme je m'en suis enquis, d'Alep en Syrie, et de certaines parties de la Turquie. Les Russes[3] apportant à Boghar des cuirs rouges, des peaux de mouton, du drap de laine de différentes sortes, des récipients en bois, des brides, des selles, etc. Ils remportent de là diverses espèces de marchandises en coton, diverses soieries, de la grosse toile, avec autres choses, mais cela ne vaut pas la peine d'en parler. Des régions du Cathay est importé

1. Batiste ou mousseline de coton.
2. L'argamak, ou cheval turkoman croisé d'arabe, a toujours été célèbre en Asie centrale. Des chevaux de cette race étaient envoyés en cadeaux aux tsars de Russie ou aux empereurs de Chine.
3. Dès le VIIIe siècle, on dit qu'un axe commercial allant de l'Inde à la Baltique passait par Boukhara, et les Arabes firent de cette cité leur «entrepôt» lorsqu'ils commerçaient avec les Khozars. Des marchands de Boukhara se rendirent à Tara, Tomsk et Tobolsk avant que Yermak conquît la Sibérie, et on les vit à Moscou au XVe siècle.

ici, en temps de paix et quand la route est ouverte, du musc, de la rhubarbe, du satin, de la soie damassée et bien d'autres choses: lorsque j'étais à Boghar, arrivèrent des caravanes provenant des susdits pays, excepté du Cathay, et la raison pour laquelle il n'en vint pas est de grandes guerres qui duraient depuis trois ans avant que je ne sois envoyé là et continuaient de durer entre deux grands pays et cités tartares, qui sont situés sur la route entre ladite Boghar et ledit Cathay, et certaines tribus barbares, que ce soient des Gentils ou des Mahométans, vivant en marge des cités susmentionnées. Les cités s'appellent Tashkend et Caskayre [Kashgar] et les populations en guerre contre Tashkent sont appelées Cassaks [Kazakhs], d'obédience mahométane. Ceux qui font la guerre au dit pays de Caskayre sont appelés Kings[1], Gentils et idolâtres. Ces deux nations barbares sont très puissantes, vivant dans les champs sans maisons ni villes, elles ont presque vaincu les cités susdites et ont ainsi coupé le chemin au point qu'il est impossible à quelque caravane que ce soit de passer indemne. Ainsi trois ans avant notre arrivée, aucune caravane n'était partie ou ne commerçait entre les pays de Cathay et de Boghare, et quand la route est libre c'est un voyage de neuf mois.

Pour parler du pays de Cathay, et d'autres nouvelles que j'ai apprises, j'ai jugé plus à propos de les réserver pour quand nous nous rencontrerions. M'étant reposé à Boghar pendant l'hiver, et ayant appris par moult questions le commerce qui se faisait là-bas, de même que dans tous les pays avoisinants, et le temps de l'année étant propice pour le départ de toutes les caravanes, le roi étant parti guerroyer et les nouvelles étant arrivées qu'il s'était enfui, tenant du Métropolite que je ferais bien de m'en aller car la ville allait sans doute être assiégée, je trouvai bon et approprié de me diriger en quelque lieu et décidai d'aller en Perse pour voir le commerce qui s'y faisait. Bien que je me fusse suffisamment enquis de celui-ci, tant à Astrakhan qu'à Boghar je m'aperçus que ce commerce n'était pas très dissemblable du commerce en Tartarie: mais au moment où j'aurais dû m'acheminer dans cette direction, j'en fus empêché par diverses raisons. L'une d'elles était les grandes guerres[2] qui avaient récemment commencé entre le Sophie et les rois de Tartarie et qui furent cause de la destruction des routes: Il y eut également une caravane détruite par des vagabonds et des voleurs; elle était venue de l'Inde et de la Perse munie d'un sauf-conduit, et environ dix jours avant d'arriver à Boghar, elle fut pillée et une bonne partie des voyageurs tués. Le Métropolite

1. Probablement une faute d'impression pour Kirghiz. Mais le peuple dont il s'agit était celui des Kalmouks qui, en raison de leur appartenance au bouddhisme, auraient été appelés «idolâtres».

2. C'est-à-dire les expéditions d'Abdullah contre le Khorasan.

de Boghar, qui est plus grand que le roi [1], me prit les lettres de l'Empereur de Russie — sans lesquelles j'aurais été capturé comme esclave en tout lieu — ainsi que toutes les marchandises que j'avais troquées contre du drap, pris de force au roi et à d'autres membres de sa cour en paiement d'argent qui m'était dû, mais qui n'étaient pas vendables en Perse. C'est pour ces raisons, et différentes autres, que je fus forcé de revenir à Mare Caspium par le même chemin que celui par lequel je m'y étais rendu. De sorte que le huitième de mars 1559, nous quittâmes ladite cité de Boghar en caravane avec six cents chameaux, et si nous n'étions pas partis quand nous le fîmes, moi et mon groupe nous aurions été en danger de perdre nos vies et nos marchandises. Car dix jours après notre départ, le roi de Samarcande arriva avec son armée et assiégea la cité de Boghar, le roi se trouvant absent car il était allé guerroyer contre un autre prince de sa famille, comme l'événement se produit dans ces pays, une fois tous les deux ou trois ans. Car c'est miracle si un roi règne quelque trois ou quatre ans, pour le plus grand malheur du pays et des marchands.

«The voyage of Mr. Anthony Jenkinson, made from the citie of Mosco in Russia, to the citie of Boghar in Bactria, in the yeer 1558», *in* E. Delmar Morgan et C.H. Coste éd., *Early Voyages and Travels to Russia and Persia by Anthony Jenkinson and other Englishmen*, Londres, The Hakluyt Society, 1886. Traduction de Jeanne-Marie Santraud.

PHILIPPE AVRIL

(vers 1668)

Au XVIIe *siècle l'Asie centrale est un vaste obstacle entre la Russie et la Chine. Plusieurs ambassades ou caravanes parviennent pourtant à atteindre Pékin au terme de longs mois de voyage. Les Russes veulent se garder le privilège de la voie terrestre. Ils restent discrets sur les itinéraires ou encore s'opposent aux investigations des autres Européens sur ces régions orientales.*

Demandant de nouveaux missionnaires pour la Chine, le père Verbriest avait souhaité qu'ils y fussent envoyés en passant par la Tartarie. Cette route n'étant plus pratiquée par les Européens, il fallait envoyer des éclaireurs pour reconnaître ces itinéraires perdus.

Jésuite français qui professait les mathématiques et la philosophie au lycée Louis le Grand à Paris en 1648, le père Avril fut désigné pour cette

---

1. Le clergé de Boukhara était tout puissant à cette époque et il exerçait son autorité d'une manière qu'il n'osa plus pratiquer par la suite lorsque les Mahométans perdirent beaucoup de leur influence en Asie centrale.

mission hasardeuse. Il partit de Marseille, rejoignit Alep, traversa le Kurdistan, atteignit l'Arménie, demeurant quelques mois à Erzurum où il étudia le turc et l'arménien. Il repartit par la Perse et la Tartarie mais fut arrêté dans son élan par le gouverneur d'Astrakhan, duquel il obtint avec difficulté l'autorisation de se rendre à Moscou. De là il espérait passer en Chine avec une caravane de marchands. Mais il se heurta aux interdictions du gouvernement russe et reçut l'ordre de repartir vers la Pologne. Une nouvelle tentative à Moscou ne put aboutir. Six ans après son départ, il débarquait à Toulon, le 30 septembre 1670.

En ce début du règne de Pierre le Grand, le père Avril put recueillir des informations sur six itinéraires différents pour rejoindre la Chine. Mais des légendes demeurent, notamment celle du prêtre Jean. Ses commentaires font le point, du côté occidental, des connaissances et des interrogations sur l'Asie centrale et sur le Tibet.

ITINÉRAIRES POUR SE RENDRE EN CHINE

Outre les fourrures des martres-zibelines qu'on trouve dans toute l'étendue de ce vaste pays qui est entre la Moscovie et la Chine, il y en a d'une autre espèce, qui ne sont ni moins précieuses ni moins belles. Ce sont les dépouilles de certains renards noirs, qu'on ne voit nulle part, que dans la Sibérie et le Kitay, et qu'on recherche avec d'autant plus d'empressement, que le débit qu'on en fait est toujours sûr et à un fort haut prix. Je ne sais si c'est la rareté ou la couleur extraordinaire de cette peau qui la fait si fort estimer, mais quand quelqu'un se présente pour l'acheter, on ne lui abandonne qu'à condition qu'il la remplie d'autant d'écus qu'elle peut en contenir.

Quoiqu'il y ait déjà fort longtemps que le commerce de cette sorte de marchandise est établi dans la Moscovie, il s'en fallait pourtant beaucoup qu'il ne fût autrefois sur le même pied qu'il est aujourd'hui. Avant la découverte des zibelines, on se contentait dans tout l'État de fourrures communes, et à celle d'hermine près, dont se servaient les personnes de qualité seulement, on n'en connaissait guère d'autres. Mais depuis la découverte qu'on a faite de ces animaux si recherchés, que le hasard plutôt que l'adresse a fait tomber entre les mains des Moscovites, ils ont fait paraître de si grands empressements pour contenter leur avarice aux dépens de ceux qu'ils ont vu s'entêter de cet ornement, qu'ils n'ont point fait difficulté de s'engager dans tous ces pays perdus, dans l'espérance d'y trouver de quoi s'enrichir.

Et c'est à la faveur de toutes leurs courses peu réglées, qu'ils se sont frayé plusieurs nouvelles routes, qui les ont conduits insensiblement jusqu'à la Chine. Comme tous ceux qui y sont allés aboutir, ont pris des voies presque entièrement différentes les unes des autres, aussi nous ont-ils appris quelles sont celles à qui l'on peut s'attacher, pour faire sûrement et en peu de temps ce voyage. Voici ce que les relations qu'on garde dans la Chancellerie de Moskou nous en ont appris de plus particulier.

La première route qu'on peut tenir pour aller par terre à la Chine, est celle des Indes et du Mogol, que le grand nombre de voleurs, et les vastes déserts qu'il faut passer, rendent très dangereuse et presque impraticable. Nous en devons la connaissance aux Jésuites, que tous ces dangers n'ont point rebutés. Les Tartares d'Astrakan et de Bokara, aussi bien que les Arméniens de Perse, n'ont pas laissé de prendre quelquefois cette route, après s'être bien précautionné, en se joignant à une bonne caravane.

La seconde est celle que tiennent aussi ceux de Bokara qui passent par les villes de Samarkand, Kaboul, Kachemire et Tourafan, et par plusieurs autres villes des Yousbecs, d'où ils se rendent à Barantola, que le siège du *Dalaé-Lama* rend la plus considérable de toutes celles de la grande Tartarie. Cette route ne laisse pas d'être un peu difficile à cause des sables qu'il faut traverser, et à cause des Calmoucs qu'on rencontre quelquefois sur le chemin: les Moscovites ne font pourtant pas difficulté de s'y engager, et on les a vu souvent descendre de Tobolsk à Bokara par Cazan pour faire ce voyage avec les Yousbecs, quelque facilité qu'ils aient d'aller à la Chine par le fleuve Obi.

La troisième est fréquentée par les Tartares des Yousbecs, par les Calmoucs engagés dans le commerce, et par les Moscovites même. De Tobolsk on passe d'abord le long de ces lacs, d'où on tire le sel auprès de l'*Irtichs* et du *Kama*, on va ensuite pendant quelque temps sur la première de ces deux rivières jusqu'à une ville qu'on nomme *Sinkamé*, d'où on continue son chemin par terre en passant par le pays des Calmoucs et des Monguls jusqu'à Kokutan, qui n'est éloigné que de huit ou dix journées de la célèbre muraille qui sépare la Chine de la grande Tartarie.

Cette route a aussi ses difficultés: on y manque quelquefois d'eau, et on n'y est pas à l'abri des Calmoucs, qui peuvent faire de la peine, si on n'est en état de leur résister. Le Taïso *Ajouka*, qui est le Kan ou le chef d'une Horde de ces Calmoucs, qui n'ont aucune demeure fixe et qui vivent à la manière des anciens Scythes, peut rendre ce chemin fort sûr et fort aisé; ce qu'on obtient de lui par le moyen de quelques petits présents. De Kokutan on peut entrer à la Chine par diverses portes de la grande muraille.

La quatrième suppose qu'on est passé par Tobolsk, et qu'on est allé par l'Obi et le *Szelinga* jusques à la ville de *Szelingui*, d'où l'on descend par terre jusqu'au pays des Monguls. On emploie huit semaines à aller depuis cette dernière ville jusqu'au lieu où demeurent le Taïso ou le Kan *Bechroesain* et le *Coutousta-Lama*: on obtient aisément de ce Taïso moyennant quelques honnêtetés, les guides et les voitures nécessaires avec de bonnes escortes pour aller jusqu'à la Chine. C'est la route que tiennent les marchands moscovites depuis qu'il y a guerre entre eux et les Chinois auprès du fleuve Yamour; et c'est aussi la plus sûre et la plus commode de toutes. On doit seulement faire provision d'eau et de bois en quelques endroits, et quoiqu'on trouve sur les chemins quelques voleurs, ils ne sont ni en si grand nombre, ni si cruels que partout ailleurs.

La cinquième est celle qu'a tenu Spartarius envoyé de Moscovie à la Chine, on passe par la Sibérie pour se rendre à *Nerezinski* qui est sur le fleuve *Szilka*: on va ensuite à *Dauri*, peu éloigné du fleuve *Naiunaj*, d'où l'on continue sa route jusqu'à *Cheria* qui est à l'entrée de la Chine. Il y a une égale distance de Nerczinski à Dauri, et de Dauri à Cheria.

Si nous en croyons cette relation, dont j'ai fait jusque-ici une fidèle copie, cette route est aussi sûre qu'elle est courte, parce que depuis Nerczinski jusqu'au fleuve *Argus* qui se jette dans le fleuve Yamour, on trouve toujours des Yachutchiki, c'est-à-dire des Moscovites qui chassent aux zibelines, et au-delà de ce fleuve, on passe par les terres de certains Monguls qui craignent extrêmement les Moscovites. Mais il y a apparence qu'on ne trouve pas maintenant toutes les sûretés qu'on trouvait auparavant chez les Monguls qui sont de ce côté-là, puisqu'on prend plus haut par *Albazin*, et qu'on fait un grand tour pour aller de là à la Chine, ou bien plus bas, en passant depuis Szelingui sur les terres du Taïso Bechroesaïn.

La sixième est aussi par Nerczinski et par le Mongul, d'où l'on se rend au lac *Dalaï*: On peut aller de Nerczinski à ce lac dans une semaine. On y trouve des sujets de l'Empereur de la Chine qui ont cultivé toutes les terres qui sont autour du lac, d'où l'on va en trois semaines à la Chine sur des chariots tirés par des bœufs. C'est de ce lac Dalaï que l'Argus, qui est une très belle rivière, prend sa source. Il est partout navigable, et on va dessus en fort peu de temps jusqu'au fleuve Yamour dans lequel il se jette. Auprès de l'Argus il y a des mines d'argent et de plomb; c'est là que demeure un Taïso considérable nommé *Sebdenkan*, qui s'est engagé de faire conduire trois fois l'année les marchands moscovites qui veulent aller à la Chine et de leur faire faire ce chemin fort sûrement en un fort petit espace de temps.

Il faut joindre à toutes ces relations celle qui donne une ample connaissance de tous les peuples qui sont aux environs de la Chine, qui nous fut communiquée par une personne fort sûre, qui l'avait tirée de la Chancellerie de Moskou, et à laquelle on peut ajouter d'autant plus de foi qu'elle s'accorde parfaitement avec les *Annales de la Chine*, qui sont à la fin de la *Philosophie de Confucius*, imprimée depuis peu par le Père Couplet Jésuite, et qu'elle est conforme au rapport de tous les voyageurs qui ont tenté la plus grande partie de toutes ces routes, dont on vient de voir la description.

La première nation est celle des *Bogdoi*, que les Chinois appellent Tartares Orientaux, et les Monguls *Niouchi*, ou *Nuchi*; leur pays est fort étendu et fort peuplé, ils ont plusieurs Taïso; c'est-à-dire Princes ou Kans. Il y a dans le Bogdoï une province particulière que les Moscovites appellent *Diutchari*, et les Monguls *Diourski*. Elle est située entre la Mer d'Orient et les grands fleuves *Chingala* et *Yamour*. Le peuple qui l'habite, quoique tributaire de la Chine, n'était pas autrefois fort connu. Comme il n'avait aucun Prince, on n'en faisait pas grand cas. On ne commença proprement à le connaître et à l'appréhender que lorsqu'il fut entré dans la Chine, et qu'il en eut subjugué six provinces. Il se serait entièrement rendu maître de ce grand Empire, si les Tartares des Yousbecs ne fussent venus pour secourir les Chinois, ou plutôt pour chasser les Bogdoï et se mettre en leur place.

Ils firent l'un et l'autre, et ils mirent sur le trône la famille d'*Irvena* [dynastie Yuan], qui après avoir régné jusqu'à l'an mille trois cent soixante-huit, fut chassée par les Chinois; qui mirent en sa place la famille de *Taiminga* [Ming]. Cette famille a régné paisiblement jusqu'à l'an mille six cent quarante-quatre, que les mêmes Diutchari sont entrés à la Chine, qu'ils ont à la fin entièrement subjuguée. Chunchi qui était leur Prince, a été le premier Empereur de cette nation, et le chef de la famille de *Taitsinga* [Qing] qui règne aujourd'hui dans la Chine.

Dans le Bogdoï on ne voit que des maisons de terre, comme dans la province de Dauri. Ces peuples font un grand commerce de fourrures de zibelines et de renards noirs, aussi bien que de racine de ginseng: ils ne sont pas riches en bétail: leurs chevaux sont fort petits, et ils ne les ferrent jamais. Pour eux ils ressemblent entièrement de visage et de taille aux Tartares de la Krimée; mais ils sont beaucoup plus polis et civilisés, à cause du grand commerce qu'ils ont avec les Chinois.

Ils n'ont à proprement parler aucune religion, mais on en voit plusieurs parmi eux qui portent des croix qu'ils appellent *Lamas*. Ils ont de l'inclination pour la Religion Chrétienne, et plusieurs se sont déjà faits Catholiques. Ils n'aiment point les Mahométans ni les Nestoriens, parce que ce sont eux qui donnèrent autrefois du secours aux Tartares Occidentaux, lorsqu'ils furent repoussés de la Chine.

C'est depuis ce temps-là que les Mahométans se sont établis à la Chine; il y en a grand nombre à Pékin, où ils ont sept mosquées hors de la ville. Ils parlent la langue persane plus communément que la turque.

Pour celle des Bogdoï elle a eu beaucoup de rapport à la langue ordinaire de Perse, leurs caractères sont fort semblables à ceux de cette langue; mais ils écrivent et lisent de haut en bas comme les Chinois, et ils ont plus de soixante lettres dans leur alphabet.

Il y a beaucoup de rubis et de perles dans les fleuves Yamour, Argus et Chingala, qu'ils ne manquent pas de pêcher. Quoique l'artillerie et la poudre ne leur soient pas inconnues, ils n'en font pas grand usage, soit que leurs canons qui sont fort mal faits, leur donnent trop de peine à remuer, soit qu'ils en voient assez peu d'effets, à cause que leur poudre dont ils ne savent la composition qu'à demi, n'a presque point de force. On remarque que les Tartares qui se sont rendus maîtres de la Chine, commencent à dégénérer de leur ancienne valeur.

Auprès de ces Tartares orientaux, on trouve à l'Occident un grand et vaste pays qui s'appelle *Mongul*. Il commence aux sources occidentales du fleuve Yamour, et s'étend jusqu'aux Tartares Calmoucs à l'ouest, il continue au Turquestan du côté du sud-ouest, et à la Chine du côté de l'Orient. Les Monguls sont séparés des Calmoucs par de grands déserts qui leur servent de remparts. Ils ont trois Princes qu'ils appellent Kans ou Taïso, qui sont tous trois d'une même famille: aussi entretiennent-ils une bonne correspondance entre eux, et ils s'envoyent fort souvent des présents: lors même que quelqu'un d'eux est attaqué, les autres vont à son secours. Le premier de ces Kans s'appelle *Tchertchinga*: ses États confinent avec le Bogoï et la Chine: On n'y voit ni villes ni villages, mais seulement quelques maisons dispersées çà et là, et en tout petit nombre. Aussi ces Moguls sont continuellement en course autour du lac Dalaï, et dans les terres qui sont auprès du fleuve Szelinga. Ce Kan a plusieurs Taïso sous lui, parmi lesquels est le Becroe-Saïn Kan qui se tient aussi auprès du fleuve Szelinga.

C'est dans ces États que le *Coutousta-Lama* fait sa demeure. Ce Coutousta qui n'est à proprement parler que le vicaire du Dalae Lama, ou Lama-Lamalow, est le Patriarche des Monguls, qui le respectent comme une divinité, ayant pour tous les Lamas une vénération très grande. Les mêmes Monguls entretiennent une bonne correspondance avec les Moscovites, à cause du voisinage de la Sibérie. Ils sont d'un naturel fort doux et fort pacifique. Il est assez rare de les voir brouillés ensemble, et lorsqu'il survient quelque démêlé parmi eux, le Coutousta qui les suit partout, apaise le différend ou par lui-même ou par les juges qu'il a établis dans tous les lieux où ils sont assemblés. Ils sont fort riches, et surtout en bétail, et ils ont un grand commerce avec les Moscovites. Leur pays est arrosé d'une grande quantité de rivières qui rendent leurs terres très fertiles, et qui porteraient de toutes sortes de fruits, s'ils voulaient les cultiver: toutes ces rivières se jettent dans le Szelinga.

Le second Kan s'appelle *Octieroikan*, et le troisième *D'Jan-Gari*. Mais comme on n'a pas eu grand commerce avec ces deux derniers, ils ne sont pas à beaucoup près si connus que le premier. Les Monguls haïssent fort les Bogdoï, parce que ceux-ci se sont emparés de la Chine, mais ils ne peuvent leur nuire, n'ayant point d'armes à feu.

Les Calmoucs occupent tout le vaste pays qui est entre le Mongul et le Volga jusqu'à Astrakan. Ils sont divisés en une infinité de Hordes qui ont chacune leur Kan particulier.

Le principal de tous ces Kans est celui qu'on appelle *Otchiourtikan*, qui prétend être des descendants du fameux Tamerlan. Il est très puissant, et il fait payer le tribut aux Moscovites et aux Yousbecs, faute de quoi il irait ravager leur pays. On dit même qu'il est fort magnifique, qu'il n'est vêtu que de blanc, et qu'il ne mange que dans de la vaisselle d'or. Nous avons vu à Moskou un officier français qui avait été dans la tente de ce Kan, lorsqu'il était près d'Astrakan à la tête de cent mille Calmoucs pour demander le tribut, et il nous a confirmé tout ce qu'on dit de sa magnificence, excepté qu'il n'a point vu chez lui de vaisselle d'or ni d'argent.

Les Calmoucs n'ont point de villes ni d'habitations fixes, ils n'ont que des tentes de feutre, qui sont fort propres et fort commodes. Il n'est point de nation qui soit si habile qu'eux pour camper et pour décamper en un instant. Ils doivent y être bien accoutumés, ne s'arrêtant que très peu de temps en un même lieu, et étant perpétuellement en course.

CHRISTIANISME ET LAMAÏSME TIBÉTAIN

Ils sont tous idolâtres, aussi bien que les Monguls, et toutes les autres nations de la grande Tartarie jusqu'aux Indes. Tous ces peuples reconnaissent pour chef de leur religion le Dalaé-Lama ou Lama-Lamalow, à la réserve de ceux de Bokara et de Samarkand, qui font profession du Mahométisme.

C'est dans le Royaume de *Tanchut*, qui s'étend depuis les Monguls, les Calmoucs et le *Turquestan*, entre la Chine et la Perse jusqu'aux Indes, que cet imposteur fait sa demeure. La capitale de cet État est la ville de Barantola, où il y a un Prince temporel nommé *Deva*. Le Dalaé habite dans une forteresse qui s'appelle *Beatalaé* [Potala], et qui est auprès de cette même ville. Il n'est pas concevable combien on a de respect pour lui dans toute la Tartarie. On envoie de tous côtés lui demander sa bénédiction, et lorsqu'il va à la Chine, il y est reçu avec de très grands honneurs.

Le Jésuite Adam Schall fit tout ce qu'il put pour dissuader l'Empereur Chunchi d'aller au-devant de lui selon la coutume, et de lui donner aucune marque de considération; mais l'Empereur tout persuadé qu'il était que ce Dalaé était un imposteur, n'osa suivre le conseil de ce Jésuite, et après l'avoir comblé d'honneur et de grâce, il le renvoya avec de magnifiques présents.

Les Tartares sont dans la persuasion que le Dalaé-Lama ne meurt jamais, et qu'il se renouvelle comme la Lune; lorsqu'il est sur le point de mourir, on cherche dans tout le Tanchut le Lama qui lui ressemble le plus, et dés que ce chef de leur fausse religion est mort, ils mettent celui-là en sa place, et cachent fort soigneusement le corps du défunt, qu'ils disent être renouvelé dans son successeur. Monsieur Tavernier dit la même chose du Roi du *Thibet*; mais il y a apparence qu'il a été mal informé, n'ayant point été sur les lieux, comme les Moscovites qui ont fait cette relation, et qui ont un très grand commerce avec les Tartares de qui ils ont appris de plus, qu'on ne laisse jamais voir à personne ce Dalaé, à moins qu'on ne veuille lui rendre tous les honneurs qu'il lui rendent eux-mêmes, en se prosternant devant, lui et l'adorant comme un Dieu. Cette relation ajoute que les Chinois appellent les Tartares *Mataï* à cause qu'ils n'ont point d'R dans leur langue. Je ne sais pas aussi pourquoi nous les appelons Tartares, car dans la Pologne, la Moscovie et la Tartarie même, on abrége leur nom, et on ne les appelle point autrement que Tatar.

Il paraît par tout ce que je viens de dire du Royaume de Tanchut que le Dalaé-Lama est sans contredit ce fameux Preste-Jean dont les historiens ont écrit si diversement. En effet, puisqu'on ne peut appliquer plus juste à personne qu'à lui tout ce que les différents auteurs en ont dit, il est bien plus naturel de le reconnaître dans cette contrée de l'Asie où il a toujours été, que de l'aller chercher dans l'Abyssinie où il ne fut jamais.

C'est aussi la sage remarque du savant Père Kircher, qui après nous avoir décrit, dans l'ouvrage curieux qu'il nous a laissé des particularités de la Chine, les mœurs et les coutumes des différents peuples qui sont autour de ce grand Empire, nous fait connaître la bévue des Portugais dans la recherche qu'ils ont faite de ce Prince extraordinaire, si connu dans le monde sous le nom de Preste-Jean, et dont on publiait alors des choses si particulières.

Pour éclaircir ce point de l'Histoire qui est tout à fait embarrassé, et pour détromper en même temps ceux qui auraient pu se laisser prévenir de tous les contes fabuleux qu'on a débités à son occasion comme des vérités constantes, il faut savoir que dans le temps que les Portugais cherchaient par mer les Indes Orientales, Jean Second envoya un de ses sujets, nommé Pierre de Coulan, pour les découvrir par terre, et il le chargea en particulier de s'instruire où régnait ce Preste-Jean dont on parlait alors si fort en Europe, sans savoir pourtant en quel lieu du monde était son Empire.

Le dessein de Jean Second était de faire alliance avec lui, persuadé qu'il était, par ce qu'il en avait ouï-dire, que c'était un Prince puissant, et qui faisait profession de la Religion Chrétienne. Pierre de Coulan pour s'acquitter des ordres de son Prince, passa en Asie, et pénétra même bien avant dans les Indes, où il apprit beaucoup de choses importantes et curieuses. Mais quelque diligence qu'il pût faire, il n'y trouva point de Preste-Jean, ni personne qui pût le lui faire connaître.

Seulement à son retour, étant au Caire, il ouït dire qu'en Éthiopie, au-dessus de l'Égypte, régnait un Prince riche et puissant, qui toutes les fois qu'il marchait en public, faisait porter la Croix devant lui, et qui était protecteur déclaré des Chrétiens.

Comme ces marques s'accordaient assez avec les indices qu'on lui avait donnés pour découvrir ce Roi qu'il cherchait, il n'en fallut pas davantage pour persuader à ce voyageur la chose du monde qu'il souhaitait le plus; il crut sans peine que le Preste-Jean était le Monarque des Abyssins, et il le crut si bien qu'il l'écrivit en Portugal, sans autre examen. On ne fut pas plus scrupuleux à Lisbonne. Cette nouvelle y fut reçue avec beaucoup de joie et d'applaudissement. Ceux qui firent le voyage d'Afrique les années suivantes, prévenus de cette opinion, ne contribuèrent pas peu à l'établir par leurs relations, en sorte que toute fausse qu'elle était, elle fut bientôt répandue dans toute l'Europe.

Quoique cette erreur grossière ait été réfutée par plusieurs habiles gens, et qu'on puisse en découvrir aisément la fausseté, par ce qu'ont écrit sur cette matière Damien de Goez, Nicolas Godigno, et Baltazar Tellez, qui étaient tous parfaitement instruits de ce qui regarde l'Éthiopie, je ne puis m'empêcher de faire remarquer avec Kircher, que la chronologie latine des Rois Abyssins ne fait aucune mention du Preste-Jean: aussi tous les auteurs un peu anciens qui en ont parlé, le placent communément en Asie, quoiqu'ils ne conviennent pas tous en quel endroit de cette partie du monde il a régné, non plus que de l'origine de son nom.

Un auteur moderne s'est imaginé que Preste-Jean était une corruption de *Prest-Arkan*, qui veut dire Roi des Adorateurs; d'autres avec aussi peu de raison le dérivent du mot latin Pretiosus Joannes. Quelques-uns ont dit que comme le nom de César était autrefois commun aux Empereurs, celui de Jean l'était aussi aux Princes dont nous parlons; qu'ils le portaient à l'honneur du Prophète Jonas, et que les Occidentaux y avaient ensuite ajouté celui de Preste ou *Preste*, par je ne sais quelle corruption de langage: non pas que ces Rois eussent véritablement le caractère sacerdotal; mais parce qu'ils faisaient porter ordinairement la Croix devant eux, à la manière de nos Archevêques, en qualité de protecteurs de la Religion Chrétienne.

Mais la conjecture de Scaliger me paraît plus vraisemblable que toutes les autres, et il a ce me semble le mieux rencontré, quand il a dit que Preste-Jean était une corruption du mot persan *Prestegiani*, qui veut dire apostolique, et qu'il y a bien de l'apparence que les Européens qui trafiquaient en Orient, ayant ouï parler confusément de ce Prince, qu'ils entendaient souvent nommer *Padischah Prestegiani*, lui avaient donné au hasard le nom de Preste-Jean qui avait assez de rapport à celui de *Prestegiani*, dont ils ignoraient la véritable signification.

Pour ce qui regarde l'endroit de l'Asie où le Preste-Jean a régné, il me semble qu'on n'a pas lieu d'en douter après ce qu'en ont écrit les anciens auteurs. Si on les examine bien, on verra que la plupart le placent dans ce vaste pays, qui depuis le Mogol s'étend vers l'orient et le septentrion jusqu'à la Chine. C'est ce que nous donne assez à connaître saint Antonin au troisième tome de son *Histoire*, où parlant des Tartares, il marque que leur Empereur envoya une puissante armée sous la conduite de son fils pour subjuguer ces peuples qui habitaient la petite Inde, que cette conquête étant achevée, les Tartares victorieux s'avancèrent contre les Chrétiens qui habitent la grande Inde, ou l'Inde supérieure; mais que leur Roi nommé Preste-Jean par le vulgaire, ayant amassé des troupes, marcha contre eux et les défit.

C'est aussi ce que dit encore plus expressément Paul le Vénitien qui connaissait ce pays mieux que personne, ayant demeuré, comme il fit, plusieurs années à la Cour du grand Kan des Tartares. Car le Royaume de *Tenduc*, ou comme quelques-uns lisent, *Tanchut*; ce Royaume, dis-je, où Marc Paul met le Preste-Jean est encore aujourd'hui, si nous en croyons les voyageurs, entre la Chine et l'Empire du grand Mogol. Ce qui s'accorde parfaitement avec le sentiment de ceux qui ont fait régner le Preste-Jean dans le Kitay, puisque comme j'ai déjà tâché de le faire remarquer, il ne faut pas croire que par le Kitay les Anciens aient voulu désigner seulement la Chine, ou quelque Royaume particulier; étant assez vraisemblable qu'ils comprenaient sous ce nom, tout le pays qui est entre l'Obi, le Volga et la Chine, comme sont encore aujourd'hui les Moscovites, qui nous en ont toujours parlé de la sorte.

L'unique chose qui pourrait faire de la peine dans ce que j'ai dit du Preste-Jean, est que ce Prince et les peuples qui lui obéissaient autrefois étaient Chrétiens, au lieu que le pays, qui est entre le Mogol et la Chine, se trouve maintenant rempli de Mahométans et d'Idolâtres. Mais il est certain que les choses n'ont pas toujours été sur le même pied qu'elles sont à présent, et que la Religion Chrétienne a fleuri dans ces terres barbares où règne aujourd'hui l'infidélité.

On sait que saint Thomas après le partage que les Apôtres firent entre eux de l'Univers, passa aux Indes pour les cultiver, qu'il pénétra jusqu'aux endroits les plus reculés et qu'il mourut enfin à *Méliapor*. Quelques auteurs ont écrit, et ce n'est pas sans vraisemblance, que la Chine même avait reçu l'Évangile par le ministère du saint homme. Quoi qu'il en soit, on ne doit pas, ce me semble, douter qu'il n'ait porté la Foi dans les pays qui sont plus en deçà vers l'occident, puisqu'on y trouve encore une contrée que les Mores, ennemis déclarés des Chrétiens, appellent par mépris *Kiaserstan*, c'est-à-dire, Pays des Infidèles, dont les habitants se nomment encore aujourd'hui les Chrétiens de saint Thomas, lesquels quoiqu'ils aient presque entièrement oublié leur ancien Christianisme, retiennent encore certaines coutumes qui marquent assez la religion que leurs pères ont professée; car outre qu'ils baptisent leurs enfants, ils portent encore peintes sur les temples et sur le front trois Croix de couleur rouge qu'ils expriment du bois de Sandal.

Mais quand dès la naissance du Christianisme l'Évangile n'aurait pas été porté dans ces terres barbares, il est indubitable qu'il y fut prêché les siècles suivants. Le monument célèbre qui fut trouvé à la Chine en mille six cent vingt-cinq, proche de la ville de *Sigansu*, est une preuve invincible de ce que je dis. Car il est marqué que six cents ans après Jésus-Christ, des prêtres syriens, ayant percé toute l'Asie, avaient annoncé la Loi Chrétienne dans ces extrémités du monde, où le seul zèle de la gloire de Dieu les avait attirés. Et Hayton ancien auteur, qui était du sang royal d'Arménie, rend témoignage qu'au treizième siècle, la Tartarie était remplie de Chrétiens, que Cublaï leur Empereur embrassa lui-même la Loi Chrétienne, et que son frère Haolon qui était Chrétien depuis longtemps, fit une guerre de Religion au Calife de Babylone, conquit sur les Mahométans la Palestine, rétablit le Roi d'Arménie, chassé par ces ennemis cruels du Christianisme, remit dans une liberté tranquille tous ceux que les Infidèles avaient proscrits et exilés, fit enfin rebatir une infinité d'églises à ses propres frais; tout cela à la sollicitation de la Princesse sa femme, qui se faisait un honneur infini d'être descendue d'un des trois Rois qui vinrent adorer Jesus-Christ nouvellement né.

C'est ce même Haolon, qui écrivit à Saint Louis lorsqu'il était en Chypre au temps de sa première expédition, pour le recouvrement des Saints Lieux. Saint Antonin dans l'histoire duquel on peut voir la lettre du Prince Tartare, marque que Saint Louis lui renvoya en qualité d'ambassadeurs des religieux de l'Ordre de saint Dominique chargés de riches présents, parmi lesquels était une partie de la vraie-Croix, et un dais d'une magnificence extraordinaire, sur lequel étaient représentés en broderie d'or les principaux mystères de la vie de J.-C.

Ceci arriva vers l'an mille deux cent cinquante six, et quarante ou cinquante ans après, c'est-à-dire au commencement du quatorzième siècle, plusieurs religieux de saint François envoyés vers le grand Kan, parcoururent le Royaume de Thibet, qui est proche de celui de Tanchut, quoiqu'on confonde assez communément l'un avec l'autre, et y convertirent un grand nombre d'Infidèles et de Païens.

Aussi le Père Andrada Jésuite Portugais, qui fit un voyage en ces Royaumes l'an mille six cent vingt-quatre, trouva parmi ces peuples beaucoup de dispositions au Christianisme. Il rapporte qu'ils avaient encore une idée de nos Mystères, quoique grossière et corrompue, qu'ils usaient même entre eux d'une espèce de confession, faibles restes de la foi, qu'ils ont autrefois embrassée, et qui peu à peu, s'est entièrement éteinte parmi eux.

On ne peut donc pas douter après ce que je viens de dire, que le

Royaume de Tanchut n'ayant pas toujours été idolâtre comme il l'est à présent, le Dalaé-Lama qui y réside aujourd'hui, ne soit le véritable successeur du fameux Preste-Jean qui y régnait autrefois, et il y a bien de l'apparence que ce Monarque venant à changer à mesure que la Religion se corrompait, devint quelque temps après le chef d'une religion nouvelle qui dégénéra enfin en idolâtrie.

Il est vrai qu'il n'est plus Prince temporel. Mais c'est un effet des guerres et des révolutions qui arrivent dans tous les États. Quoi qu'il en soit il est encore, comme j'ai déjà dit, dans une extrême vénération à tous les peuples Orientaux qui le reconnaissent pour chef de leur religion, et ce qu'il y a de remarquable, c'est qu'il porte le nom de *Lama*, qui en langue tartare, signifie la Croix, et les Bogdoï, qui conquirent la Chine en mille six cent quarante-quatre, et qui sont soumis au Dalaé dans les choses de la religion, ont toujours des croix sur eux qu'ils appellent aussi Lamas, et pour lesquelles ils ont un respect tout à fait extraordinaire, qui marque assez qu'ils ont été autrefois instruits du sacré mystère dont ce signe adorable nous est un mémorial éternel.

Philippe Avril, S.J., *Voyage en divers États d'Europe et d'Asie, entrepris pour découvrir un nouveau chemin à la Chine*, Paris, 1692.

II. Les desseins russes en Asie centrale

JOHN BELL
(1719-1722)

En juillet 1719, Pierre le Grand envoie une nouvelle ambassade[1] *auprès de l'empereur Kangxi. Elle est conduite par Lev Vasilevitch Izmailov. Elle compte parmi ses membres un médecin écossais, John Bell, qui était arrivé à Moscou en 1714. Les Écossais étaient assez nombreux à chercher fortune en Russie, sollicités comme d'autres étrangers en tant qu'experts par Pierre le Grand, ou tentés par l'aventure et les voyages. En 1715, John Bell est nommé médecin à l'ambassade russe en Perse, où il séjourne trois années. A son retour à Saint-Pétersbourg en 1718, il apprend qu'une autre ambassade, vers la Chine, se prépare. Sa candidature est acceptée et son voyage dure de 1719 à janvier 1722. Il n'en publiera le récit que quarante ans plus tard, en 1763. A son retour de Chine John Bell repartit presque immédiatement pour une troisième mission à Derbent, accompagnant Pierre le Grand pour lequel il avait une grande admiration. Il semble qu'il ait alors quitté le service des Russes, en 1722, et qu'il soit revenu en Écosse. Il retourna plus tard à Saint-Pétersbourg, en tant que secrétaire du ministre résident britannique, puis devint marchand à Constantinople, avant de se retirer définitivement à Atermomy, en Écosse, à partir de 1746.*

Lors de son voyage vers la Chine, John Bell séjourne dans les villes de Tobolsk et de Tomsk, cités insolites, avant-postes des terres sibériennes et d'Asie centrale. On y rencontre non seulement des populations allogènes mais également des prisonniers suédois, captifs après la guerre du Nord et la défaite de Poltava (1709). Certains d'entre eux, y compris des femmes, poursuivront leur «voyage» malgré eux, capturés par des Kalmouks et entraînés vers la Dzoungarie[2].

Mais ces villes sont aussi le point de départ des expéditions de pilleurs

1. Sur les précédentes ambassades russes en Chine, voir Introduction pages XI et XVI.
2. Sur l'odyssée de certains d'entre eux durant la première moitié du XVIIIe siècle, voir Henning Haslund, *Men and Gods in Mongolia*, Londres, 1935.

de tombes tartares. Les premiers qui exercèrent ce métier périlleux furent des paysans russes venus de l'Oural. Ils s'enfonçaient dans les steppes qui n'étaient pas soumises au pouvoir du tsar, et où les attiraient les tumulus circulaires. Ces steppes restèrent longtemps des lieux de pâturages pour les mortels ennemis des colons russes, les Kazakhs et les Kalmouks. Malgré les risques, les kourganes attiraient les pilleurs dès lors qu'on pouvait y trouver des butins de cinq à sept livres d'argent et d'or, comme le note dans son journal l'Allemand Messerschmidt. Les expéditions se rassemblaient donc dans des villes comme Tobolsk ou Tomsk et deux ou trois cents personnes partaient vers la steppe au printemps. Arrivés dans une chaîne de kourganes, les «travailleurs» se dispersaient en gardant leur fusil à portée de la main, et sans se perdre de vue.

La plupart du temps le butin était riche. Les parures d'or de cette époque ont été pour la plupart fondues avec l'or des tombes. Les pilleurs avançaient toujours plus vers l'est, jusqu'à vingt jours de marche. «Tout ce flot d'or eût probablement tari sans laisser de traces, n'eût été, l'intervention de Pierre le Grand. Tous les vases en or et en argent, les idoles, chaînes, colliers et bracelets, plaques de ceinture et boucles, auraient abouti sans tambour ni trompette au creuset. En effet même la magnifique collection que le confident et ami de Pierre, le Hollandais Witsen, se fit envoyer en 1716, subit finalement ce sort[1]*.»*

VIE QUOTIDIENNE A TOBOLSK

Tobolsk est située à une latitude de 58 degrés 40 minutes nord au confluent de l'Irtych et du Tobol. C'est ce dernier qui a donné son nom à la ville. Les fleuves sont tous deux navigables, et ce sur plusieurs centaines de kilomètres en amont de ce lieu. L'Irtych, grossi par les eaux du Tobol, devient imposant et va se jeter dans l'Obi. Ce site a été choisi par les Russes à la fois pour sa beauté et sa puissance. Auparavant les princes tartares avaient pour résidence un lieu situé à une trentaine de verstes au sud de Tobolsk, aujourd'hui abandonné et en ruines.

Tobolsk est fortifiée par de solides remparts en briques, parés de tours carrées et de bastions à intervalles réguliers; son approvisionnement militaire est tout à fait satisfaisant. Une fois dans la ville on découvre le palais du gouverneur, la cour de justice, plusieurs églises bâties en brique, en particulier une vaste cathédrale, et le palais de l'archevêché. Depuis les fortifications s'étend à perte de vue une campagne superbe, surtout vers le sud. A l'ouest aussi la campagne est dépourvue de relief, et recouverte de grands arbres. Les habitants sont pour leur plus grande part des Russes, ils exercent divers métiers; nombre d'entre eux sont marchands, et fort opulents d'ailleurs — grâce

1. Karl Jettmar, *L'Art des steppes*, Albin Michel, 1965.

au commerce florissant qu'ils effectuent jusqu'aux frontières de la Chine, sans oublier bien d'autres lieux dans leur propre pays.

Les Russes résident surtout sur les hauteurs. Au pied de celles-ci, dans les faubourgs, le long des rives, se trouvent plusieurs rues assez larges, dites rues tartares, où l'on aperçoit les derniers vestiges des anciens habitants de cette contrée. Ici comme ailleurs, ces personnes jouissent de la liberté de culte, ainsi que des privilèges s'attachant à leur profession. Par leurs coutumes, leur religion, leur langue, leur apparence, ils ressemblent aux Tartares de Kazan et d'Astrakhan. Une propreté méticuleuse règne dans leurs demeures. Ils sont d'une grande courtoisie vis-à-vis des étrangers, et ont la réputation d'être honnêtes; ce qui est un atout pour leurs affaires. Outre les fortifications mentionnées plus avant, l'ensemble des faubourgs est entouré d'un fossé et de palissades.

Lors de notre passage à Tobolsk, la Sibérie était administrée par M. Petrof Solovoy, vice-gouverneur, Capitaine de la garde, qui était tout à fait compétent à ce poste. Le gouverneur précédent, Kneaz Gagarin, avait été rappelé auprès de sa majesté pour s'être attiré son courroux; et son successeur, Kneaz Alexie Mikhaïlovitch Cherkaski, un gentilhomme tout à fait digne d'une charge aussi imposante, n'était pas encore arrivé.

Ici, comme dans la plupart des autres villes que nous avons traversées, nous avons pu voir de nombreux officiers suédois; entre autres, M. Dittmar, ancien ambassadeur du roi Charles XII de Suède. Il était natif de Livonia, et tenu en estime autant pour sa probité que pour ses compétences. L'ancien gouverneur l'appréciait beaucoup; il s'était d'ailleurs montré très bienveillant à l'égard de l'ensemble de ses compagnons d'infortune. Il leur était permis de se promener librement, d'aller qui à la chasse, qui à la pêche, et même d'aller rendre visite à leurs compatriotes. J'irais jusqu'à dire, pour ma part, qu'à mon avis, le plus grand service que Sa Majesté leur a rendu a été justement de les cantonner ainsi dans ces régions; où ils peuvent vivre convenablement à peu de frais, et jouir de toute la liberté dont peuvent disposer des personnes placées dans de telles circonstances.

Je me dois d'ajouter que ces prisonniers suédois, par leur dispersion à travers la plupart des villes de la région ont contribué à la civilisation des populations de ces régions éloignées; ils y ont introduit des arts, des techniques, inconnus avant leur arrivée.

Ayant reçu une éducation de qualité, la plupart des officiers, pour pallier quelque peu à l'ennui de leur captivité, consacraient leur temps à l'étude des arts les plus agréables et distrayants, plus spécialement la musique et la peinture; d'ailleurs certains y parvenaient à une grande perfection. J'eus l'occasion d'assister à quelques-uns de leurs concerts, et fus fort étonné de trouver là, une telle diversité dans les instruments et une telle harmonie.

C'est ainsi qu'ils prenaient plaisir à enseigner aux jeunes hommes et aux jeunes filles la langue française ou allemande, la musique, la danse, et d'autres arts d'agrément, cela leur attira bien des amis parmi les notables, ce qui est à la fois honorable et utile pour des personnes placées dans une telle situation.

A Tobolsk, l'effectif de la garnison est en général de 5 000 à 6 000 hommes, infanterie et cavalerie réunies, sans compter une réserve d'irréguliers. Cette troupe, ajoutée à la puissance défensive du site lui-même, constitue une protection efficace contre une éventuelle attaque de la part des Tartares voisins.

Les bois et les champs qui entourent Tobolsk sont très giboyeux; on y trouve le coq-limoge, le coq de bruyère, les gelinottes — ces dernières ont environ la taille d'une perdrix, leur chair est blanche et très délicate. Il existe également une autre espèce de gelinotte, un peu plus grosse, aux pattes plus rugueuses, qui devient blanche comme une colombe en hiver. Il y a aussi la perdrix, qui, l'hiver venant, prend son envol vers des climats plus tempérés; des bécasses, toutes sortes de bécassines, qui migrent à l'automne, une fois la couvée terminée. Pour ce qui est du gibier d'eau, aucun pays au monde ne peut en offrir une telle variété ni une telle abondance; il s'agit aussi d'oiseaux migrateurs. Dans mon *Journal persan* j'ai décrit les populations importantes de ce gibier d'eau sur les rivages de la mer Caspienne.

Ici aussi on rencontre divers types de petits oiseaux, de la taille d'une alouette, plus particulièrement ceux appartenant à la famille du pinson. Ils arrivent en Sibérie, en nombre considérable à l'automne, y demeurent jusqu'au printemps, puis disparaissent. Nombre d'entre eux sont blancs comme neige, certains tachetés, et d'autres tout bruns. C'est un plat très estimé.

J'ai également observé un très bel oiseau, qui a environ la taille d'un rossignol, des plumes rouges et jaunes lui garnissent les ailes et la queue, il a sur la tête une touffe de plumes brunes, qu'il redresse à loisir. Il s'agit sans doute d'un oiseau migrateur dans la mesure où je n'en ai trouvé aucune trace de reproduction en Europe ou en Asie, ce qui laisse supposer que l'ensemble de ces oiseaux migrateurs provient du continent nord-américain. Conjecture qui semblera d'autant moins fantaisiste que l'on tiendra compte du fait que ce sont là des oiseaux robustes, et que leur parcours n'est point aussi considérable qu'on l'imagine généralement.

Dans les bois il y a une grande variété d'animaux sauvages : des loups, des ours, des lynx, plusieurs espèces de renard, des écureuils, des hermines, des martres, des zibelines, des rosio-macks, appelés par les Allemands *feel-fress*. Leurs fourrures sont d'une qualité supérieure à celles des autres pays. Les terriers des hermines se situent généralement dans la plaine, et un piège appâté d'un peu de viande suffit à leur capture; celle-ci a lieu en hiver exclusivement, lorsque leur fourrure est entièrement blanche, et que dès lors elle atteint sa plus grande valeur. L'été, la plupart de ces animaux deviennent bruns; ce qui explique pourquoi en cette saison on ne se soucie pas de les tuer, puisque leur fourrure n'a plus d'utilité. Il faut mentionner aussi les loutres que l'on trouve dans les rivières et les lacs; leur fourrure est également très recherchée. En effet, dans ces contrées le commerce des fourrures et peaux de toutes sortes est florissant et très profitable. Il paraît que ces temps-ci on n'attrape pas beaucoup d'hermines, dans le voisinage, certains disent que c'est la fumée qui les fait fuir, ce qui, sans doute, est en partie, vrai — cependant j'ai tendance à penser pour ma part, que ces pauvres bêtes sont pourchassées toujours plus au nord, vers les bois sauvages, en raison de la grande valeur de leur fourrure. Les forêts sibériennes regorgent de venaison. L'élan, le renne, le chevreuil, ainsi qu'un nombre incroyable de lièvres dont la fourrure passe du brun en été, au blanc en hiver. Les lièvres sont attrapés dans des pièges, plus pour leur peau que pour leur chair, dont on ne fait guère cas dans ces régions. Les peaux sont vendues aux marchands et acheminées, en grandes quantités, vers Saint-Pétersbourg, et d'autres ports, en vue de leur exportation vers l'Angleterre, les Pays-Bas, et divers autres pays où elles serviront principalement à la fabrication de bonnets et couvre-chefs.

Après cette description de la faune terrestre, je passerai aux poissons. Peu de pays au monde, il me semble, peuvent rivaliser avec la Sibérie, quant à la quantité et à la qualité de ses ressources en cours d'eau navigables, fleuves ou lacs; et qui plus est, avec leur abondante production d'excellent poisson d'eau douce. Car, outre les variétés d'esturgeon, entre autres espèces, que l'on trouve dans la Volga, ainsi que dans les autres fleuves russes, il existe quelques espèces purement locales; c'est le cas de la muge, qui a la taille d'une carpe et dont la chair délicate est très estimée.

Au sud de Tobolsk, la terre est très fertile, produisant en abondance du blé, du seigle, de l'orge, de l'avoine, ainsi que diverses autres céréales. Les ressources en bétail sont abondantes aussi, celui-ci est nourri de foin pendant l'hiver. En un mot, c'est une contrée généreusement pourvue. D'après mon récit on comprendra que Tobolsk est loin d'être un lieu aussi inhospitalier qu'on le suppose généralement. Quelles que soient les opinions qui prévalent dans le monde, il appartient au voyageur de décrire les lieux et les choses, sans préjugé aucun et d'en présenter un tableau fidèle en tous points. Ce sera toujours le principe conducteur de mon récit. [...]

OBSERVATIONS CHEZ LES KALMOUKS

Mais je ne peux quitter Tobolsk sans vous donner quelques renseignements sur le célèbre fleuve Irtych, qui passe ici. Il poursuit sa course vers le nord-est, puissant mais paisible, arrosant plusieurs petits villages, recevant de nombreux autres cours d'eau moins importants, ainsi qu'une large rivière, la Konda, qui coule en direction de l'est, pour se jeter enfin dans l'Obi, à la hauteur de Samariofski-Yamm, une ville située à environ 600 verstes au sud de Tobolsk.

L'Irtych prend sa source dans un grand lac, le Korzan, situé au cœur d'un pays montagneux, à environ 1500 verstes au sud de Tobolsk. Les régions autour de ce lac sont habitées par les Kalmouks Noirs, une horde assez considérable en nombre et en puissance, dont le chef est le prince Kontaysha. Les Kalmouks sur la Volga sont issus de ces Kalmouks Noirs. Après avoir traversé, pendant plusieurs kilomètres, des paysages vallonnés et boisés, l'Irtych poursuit son cours dans une superbe plaine fertile, peuplée par des Kalmouks, pour parvenir jusqu'à une demeure, sur la droite en descendant le fleuve, dont le nom est Sedmi-Palati, ou les Sept Palais. Le spectacle offert par cet édifice aux proportions harmonieuses surgissant du désert est assez insolite. Selon certains Tartares, ce serait l'œuvre de Tamerlan, que les Tartares appellent Temyr-Ack-Sack ou Lame Temyr; selon d'autres cependant, il s'agirait plutôt de Genghis-Khan. D'après les renseignements que j'ai pu obtenir, le bâtiment est bâti en brique ou en pierre, il est d'une facture soignée, et intacte. Il y aurait sept appartements, d'où son nom. Plusieurs de ces pièces contiendraient des manuscrits de papier glacé, d'une belle calligraphie, et comportant un grand nombre d'enluminures.

Certains de ces parchemins sont noirs, mais la plupart sont blancs. Ils sont rédigés en torgoute, c'est-à-dire en kalmouk. Lors de mon séjour à Tobolsk, j'ai rencontré un soldat dans la rue, qui avait à la main une liasse de ces manuscrits. Il me proposa de les lui acheter; ce que je fis, la dépense n'étant point excessive, au contraire. Je les conservai jusqu'à mon arrivée à Londres, où je les distribuai parmi mes amis; entre autres, à sir Hans Sloane, amateur éclairé d'antiquités, et connaisseur érudit, qui a su les juger à leur juste valeur et leur a conféré une place dans son célèbre musée.

Deux de ces manuscrits ont été envoyés à l'Académie Royale à Paris, sur l'ordre de Sa Majesté Pierre le Grand. L'Académie lui a envoyé en retour une traduction, que j'ai pu voir à la chambre des trésors à Saint-Pétersbourg. Dans un cas il s'agissait d'une requête adressée à un prêtre ou lama; dans l'autre, d'une prière à la déité. Je ne me prononcerai pas quant à la fiabilité de ces versions. Les Tartares ont un profond respect pour les écritures sacrées, quelles qu'elles soient, comme en témoigne le soin qu'ils en prennent. Il n'est pas impossible que celles-ci contiennent quelque curiosité de l'antiquité, notamment quelque fragment d'histoire ancienne. En amont du Sedmi Palati, en remontant vers la source de l'Irtych, à travers monts et vallées, on trouve, à l'état sauvage, la meilleure rhubarbe au monde.

A quelques jours de voyage des Sept Palais, en descendant l'Irtych, sur la rive occidentale, se dresse une tour ancienne, Kalbazinsha-Bashna, la tour de Kalbazin. Puis, plus bas, sur la droite, le lac Yamishoff apparaît, flanqué d'un petit fortin que les Russes ont construit pour faciliter la récolte du sel, abondant fruit naturel de la conjonction du soleil et des eaux du lac; celui-ci est ensuite transporté par voie fluviale vers Tobolsk, et ailleurs. Ce fortin suscita une certaine jalousie chez le prince Kontaysha; celui-ci envoya un émissaire auprès du gouverneur de Sibérie pour exiger sa destruction; mais la requête ne fut pas entendue et le différend se transforma en rupture ouverte, il appartiendra à l'avenir de nous en apprendre la suite[1]...

En descendant toujours l'Irtych, on rencontre bientôt une autre colonie russe; il s'agit de Shelezinski, dont l'appellation provient d'un modeste cours d'eau des environs. En contrebas de Shelezinski se dresse l'imposante cité d'Omuska, qui elle aussi tire son nom d'une rivière. Ces emplacements sont tous deux situés sur la rive orientale de l'Irtych. Peu de choses à décrire avant d'arriver à Tara, petite ville étendue sur la rive occidentale, sur la route qui mène de Tobolsk à Tomsk en traversant la région de Baraba, dont je vous entretiendrai au fil de notre progression vers l'est.

Entre Tara et Tobolsk, l'on rencontre plusieurs petites villes et de nombreux villages, peuplés par des Tartares mahométans. Des ressources abondantes de blé, de bétail et d'excellents pâturages caractérisent cette région.

Je vous ai donc décrit le tracé du parcours de l'Irtych jusqu'à son arrivée à Tobolsk, puis de là jusqu'à ce qu'il se jette dans le fleuve Obi. Je n'ai rien à ajouter à mon propos concernant Tobolsk et la région qui l'entoure, le moment me semble donc venu de poursuivre plus avant notre route vers l'est; cependant avant de quitter ces lieux, il me semble qu'il conviendrait de vous faire part de quelques éléments relatifs au Kontaysha, le prince des Kalmouks, que j'ai mentionné plus haut. J'hésite d'autant moins à le faire que je dispose d'une information parfaitement fiable; d'une part parce que je l'ai obtenue de personnes ayant parcouru ces régions, et rencontré le prince; mais, d'autre part, plus particulièrment encore, parce qu'elle provient d'un gentilhomme

1. John Bell, qui passe dans cette région en 1719, semble ignorer que le fortin de Yamishoff (ou Jamyshev) a été attaqué en 1716 par les Kalmouks, et la garnison (dont des Suédois) massacrée ou emportée en captivité. (M.J.)

à l'esprit perspicace et ingénieux, qui occupe ici un poste gouvernemental, et qui fut investi, à plusieurs reprises, du rôle d'intermédiaire entre ce prince et le défunt gouverneur de Sibérie.

Les terres de ce prince sont encadrées par trois des plus puissants empires du monde; au nord par la Russie, à l'est par la Chine, et au sud par le pays du Grand Mogol. Des plaines désertiques le séparent des deux premiers, et une barrière de montagnes presque infranchissables du dernier. Au sud-ouest, ses frontières atteignent presque la Boucharie. Le Kontaysha est un prince extrêmement puissant, il peut rassembler, à la moindre alerte, une armée forte de centaines de milliers de cavaliers, tous guerriers vigoureux, munis d'arcs et de flèches, de lances et de sabres, montés sur d'excellents coursiers. Peu de princes peuvent en faire autant, à l'exception de Sa Majesté russe, et de l'Empereur de Chine. Ces Tartares sont des peuples nomades, vivant sous la tente tout au long de l'année, soit par goût, soit par nécessité. C'est là un mode de vie des plus anciens et des plus agréables. Il est fort plaisant de les entendre s'apitoyer sur le sort de ceux qui sont contraints de vivre toujours au même endroit et, qui plus est, de gagner leur pain à la sueur de leur front, ce qui est à leurs yeux la pire forme d'esclavage.

Le Kontaysha est toujours entouré d'au moins un millier de ses sujets, qui le traitent avec un grand respect et une grande vénération. Et il est vrai qu'il faut reconnaître qu'il est attentif aux besoins de son peuple; et aussi assidu dans l'administration de la justice, entre autres fonctions, qu'il le serait s'il s'agissait de ses propres enfants.

Les Kalmouks ne sont point un peuple aussi sauvage qu'on ne le prétend; d'après certains, il est bien moins risqué de voyager en leur compagnie, tant sur le plan matériel que sur le plan personnel, que ce n'est le cas dans d'autres pays.

Le Kontaysha reçut les envoyés du gouverneur de Sibérie aussi fastueusement que s'ils étaient les ambassadeurs de princes étrangers. Il semblerait que pour ces princes orientaux recevoir en souverain un simple gouverneur de Sibérie c'est déjà une manière de marquer l'immense considération que l'on a pour Sa Majesté le tsar. Voici comment ces cérémonies se déroulent en cette occasion.

L'envoyé et ses serviteurs furent admis dans la tente, où ils trouvèrent le Kontaysha, assis, entouré de la reine et de plusieurs de ses enfants. Il leur fit prendre place sur des tapis ou des nattes; car il faut préciser que les Kalmouks, comme la plupart des Asiatiques, n'utilisent point de chaises. On leur servit du thé avant de passer au dîner; et, après celui-ci, le Kontaysha leur signifia gracieusement leur congé, en disant à l'envoyé qu'il le recevrait le lendemain pour lui donner sa réponse à la missive du gouverneur, ce qu'il fit en effet. Cette réponse était formulée de manière aussi simple que concise. Il est vrai qu'un trait caractéristique des Tartares, c'est la concision et la clarté de leur style. J'eus l'occasion de lire plusieurs de ces lettres traduites, dont je fus fort agréablement surpris, dans la mesure où elles ne contenaient ni préambules fastidieux ni répétitions fâcheuses, qui ne servent qu'à embarrasser le lecteur.

Il n'y a pas si longtemps de cela, l'Empereur de Chine et le Kontaysha étaient en guerre l'un contre l'autre, au sujet de certaines villes frontalières dont ce dernier s'était emparé, et qu'il occupait à l'aide d'une puissante armée. L'Empereur réunit et envoya contre lui une armée forte de trois cent mille hommes, commandée par son quatorzième fils, qui est censé être le meilleur général parmi ses enfants. Malgré leur supériorité numérique, le Kontaysha eut raison des Chinois en plusieurs occasions. Enfin l'Empereur se résigna à négocier, et un accord de paix fut conclu à la satisfaction des deux parties.

Cependant il convient de tenir compte du fait que, d'une part, les Chinois avaient eu devant eux une longue et éprouvante marche à travers des terres stériles et désertiques, à l'ouest du mur de Chine; qu'en outre, ils étaient lourdement chargés d'armes et de munitions, sans oublier les charrettes ployant sous le poids des provisions prévues pour l'armée entière tout au long de sa marche; et que leur puissance était forcément déjà bien entamée lorsqu'ils rencontraient l'ennemi. D'autre part, le Kontaysha sachant pertinemment qu'une importante armée marchait sur lui, attendait patiemment à ses frontières que l'ennemi soit à quelques jours de marche du camp, envoyant aussitôt des détachements de cavalerie légère pour incendier les plaines, et dévaster la région. Il avait aussi recours à une tactique qui consistait à les harceler, de jour comme de nuit, par de fausses alertes, ce qui combiné au manque de vivres, les obligeait à battre en retraite avec des pertes considérables.

Cette stratégie de dévastation des terres est très ancienne chez les Tartares, et elle est commune à tous les Tartares, du Danube jusqu'à l'Orient. C'est une particularité qui en fait des ennemis plus redoutables encore pour une armée régulière, qui se voit dépourvue de toute subsistance alors que les Tartares, eux, n'en manquent guère, ayant toujours des chevaux de réserve, prévus à cet effet.

Il me reste seulement à ajouter que le Kontaysha est sans doute le même prince que celui qui figure sur nos cartes européennes sous le nom de Grand Cham de Tartarie. Étant donné qu'aucun Européen ne voyage dans ces contrées, ces cartes doivent être très peu fiables. Cependant il y a lieu d'espérer qu'avec le temps les Russes approfondiront leur exploration des parties orientales du continent asiatique.

Notre bagage ne parvint à Tobolsk que le 23 décembre. Les porteurs se reposèrent jusqu'au 27, puis reprirent la route, longeant l'Irtych en direction de Tara. L'ambassadeur et son escorte y prolongèrent leur séjour jusqu'à la fin de leurs vacances.

VOYAGE VERS TOMSK

Le 9 janvier 1720, nous nous mîmes en route pour Tara. Nous traversâmes un grand nombre de villages tartares, logeant la nuit dans leurs demeures, et nous réchauffant auprès d'un grand feu allumé dans l'âtre. Leurs demeures comportent en général une ou deux pièces, selon les moyens du propriétaire. On trouve une marmite en fonte à proximité de l'âtre pour la préparation des repas. A une extrémité de la pièce se trouve une banquette, haute de dix-huit pouces environ, et large de six pieds, entièrement recouverte de nattes, ou de peaux de bêtes, qui sert de banc le jour et de lit la nuit, pour l'ensemble de la famille. Les murs sont faits de bois et de tourbe; les poutres sont superposées l'une sur l'autre et entre chacune d'elles on étend une couche de tourbe. Tous les toits sont surélevés. En guise de fenêtre une ouverture carrée est pratiquée dans le mur et on y introduit un bloc de glace s'ajustant à cet orifice, ce qui laisse pénétrer un jour tout à fait convenable. Deux ou trois blocs suffisent pour tout l'hiver. Ces Tartares sont d'une propreté méticuleuse, tant dans leur personne que dans leur intérieur. Ils ne connaissent pas l'usage du four, contrairement aux Russes. On trouve en général un auvent près du logis pour abriter le bétail du soleil.

Nous poursuivîmes notre itinéraire le long des berges de l'Irtych, la rivière passant de notre gauche à notre droite selon le tracé de la route d'un village tartare à l'autre.

Le 15, nous atteignîmes Tara, bourgade située à environ 500 verstes de Tobolsk; nous n'avions pas traversé un seul village russe pendant tout ce temps, à l'exception d'un hameau en arrivant à Tara. La région comporte des bois, des champs de blé, et de beaux pâturages — ce que l'on devinait malgré la neige épaisse qui recouvrait le pays — d'après les provisions de fourrage (foin) et la bonne santé du bétail. C'était la première fois depuis que nous avions quitté Kazan que l'air nous semblait aussi doux.

Tara est située sur les berges de l'Irtych, c'est une ville fortifiée, protégée par un profond fossé, de solides palissades, ainsi que des tours carrées, qui lui permettent de résister aux attaques-surprise des Tartares, les Kossatshi-Orda, qui vivent à l'ouest de l'Irtych, qui sont des voisins querelleurs.

Ici nous avons refait le plein de provisions en vue de notre traversée du Baraba, mot qui signifie, dans l'idiome tartare, une plaine marécageuse. Le peuplement est ici composé d'un mélange de hordes tartares différentes, appelées Barabintzi d'après la région où elles vivent.

Ce sont des peuples pitoyablement démunis, vraiment miséreux, étant donné qu'ils sont traités en serfs à la fois par l'Empereur et par le Kontaysha; contraints de verser un impôt à chacun d'entre eux, en peaux et fourrures. Ils ne possèdent ni bétail, ni culture d'aucune sorte, hormis quelques cerfs domestiqués; et ils vivent principalement de chasse et de pêche. Ils ont pour habitude de sécher et de fumer le poisson qu'ils n'ont pas consommé l'été, pour l'hiver. Certains sont de foi mahométane, d'autres de foi kalmouk; mais ce n'est pas là une source de conflit.

Il est notoire que Baraba est le pays sur la route de Chine où il y a la plus grande abondance de vols; et cela n'est point le fait des autochtones, qui sont gens fort honnêtes et hospitaliers; mais celui des Kalmouks, qui viennent lever l'impôt dû au Kontaysha et qui en profitent parfois pour enlever, par la même occasion, quelques voyageurs ainsi que tous leurs effets. On entendit dire, qu'une bande d'entre eux, ayant eu vent du passage imminent de l'ambassadeur, l'attendait pour l'intercepter; celui-ci s'entoura donc de trente dragons et de quelques cosaques, choisis parmi la garnison de Tobolsk pour l'escorter jusqu'à Tomsk; ce qui était une protection suffisante contre toute tentative de la part des voleurs. En outre, il savait que le prince Kontaysha était un prince trop courtois pour autoriser ses sujets à s'attaquer à un ministre étranger qui ne lui avait fait aucun tort, nonobstant les conflits en suspens entre celui-ci et Sa Majesté le tsar.

Notre bagage nous attendait à Tara lorsque nous y arrivâmes, nous reprîmes donc la route le 18; arrivant le lendemain à un village russe, à soixante verstes de Tara, dernier village peuplé par des Russes avant la traversée du Baraba et l'arrivée sur les rives de l'Obi.

A chaque étape que nous faisions l'ambassadeur ne manquait pas de convoquer les chasseurs, de manière à connaître les ressources de la contrée en gibier et en bêtes sauvages. Chasser est l'une des principales occupations chez les jeunes ici; et c'est très profitable, car les fourrures se vendent à de très bons prix. Nous apprîmes qu'il y avait une abondance de gibier et de bêtes sauvages, mais peu de martres. Au printemps, des élans et des cerfs remontent du sud; et un grand nombre d'entre eux sont tués par les habitants, à la fois pour leurs peaux et leur chair. La viande qui n'est pas consommée dans l'immédiat est salée. Les peaux sont très larges et fournissent une excellente qualité de chamois. Une fois qu'il a repéré les empreintes d'un cerf dans la neige, le chasseur le poursuit, chaussé de ses chaussures de neige, avec son arc et ses flèches, ainsi que son petit chien, jusqu'à ce que l'animal soit épuisé. Car, la neige fond sur sa surface pendant la journée, puis la nuit cette couche gèle, mais sans durcir assez pour soutenir le poids d'un tel animal, et à chaque pas celui-ci s'enfonce profondément, la glace coupante lui lacérant les chevilles, le blessant; ainsi devient-il une proie facile pour le chasseur.

L'un de ces chasseurs me narra l'histoire suivante, qui me fut confirmée par plusieurs d'entre ses compagnons. Cela se passait en 1713, au mois de mars, il était parti faire un peu de chasse, et il tomba sur des empreintes de cerf, il les suivit; quand il rattrapa l'animal il ne fut pas peu surpris: en effet celui-ci n'avait qu'une corne, fichée en plein front. comme il n'était pas loin du village, il l'y conduisit pour l'y montrer, au grand plaisir des badauds. Puis il l'avait tué, en avait consommé la chair; et vendu la corne à un fabricant de peignes, à Tara, pour dix *altins* (pièces d'or), c'est-à-dire environ 15 pence sterling. Je me suis scrupuleusement renseigné sur la taille et l'aspect de cet unicorne (licorne), comme j'ai décidé de l'appeler, et l'on me confirma qu'il ressemblait tout à fait à un cerf. La corne, brunâtre, mesurait 28 pouces; elle s'enroulait en volutes jusqu'à un doigt de son extrémité et là se divisait en deux pointes très acérées.

Le 19, nous pénétrâmes dans le Baraba, nous y passâmes dix jours avant d'arriver à un village russe relativement important dont le nom était Tzauski Ostrogue, d'après un petit cours d'eau de ce nom; un des affluents de l'Obi, situé un peu à l'est d'ici. Il y a là un fortin, entouré d'un fossé et de palissades, doté de quelques canons, qu'occupe une milice du pays, dont la tâche est de prévenir toute incursion des Kalmouks. Notre escale n'y dura qu'un jour, le temps de nous reposer et de changer de montures, nous reprenions la route en direction de Tomsk.

Le Baraba mérite bien son nom, il s'agit bel et bien, d'une vaste plaine marécageuse. Il y a une abondance de lacs et de marais, des peupliers, des aulnes, des saules, ainsi qu'une variété d'arbres préférant les sols spongieux, en particulier de beaux spécimens de bouleaux dont l'écorce est aussi lisse et blanche qu'une feuille de papier, une végétation dense et fournie. Les lacs sont très poissonneux; on y rencontre aussi bien le brochet, la perche, la brème, l'anguille, qu'un curieux poisson appelé ici le karass, aux dimensions imposantes, aussi gras qu'il est grand. Celui-ci est séché pour les provisions d'hiver, car il fournit alors l'essentiel de l'alimentation locale. J'en ai mangé à plusieurs reprises, et je ne le trouve point mauvais. L'hiver, la neige fondue tient lieu d'eau. Les habitants de la plaine sont gens fort hospitaliers; et ne demandent rien en échange de leur hospitalité, si ce n'est un peu de tabac à fumer, ainsi qu'une rasade de cognac, dont ils raffolent. L'habit, pour les hommes comme pour les femmes, consiste en de longues pelisses de mouton, qu'ils obtiennent des Russes et des Kalmouks, en échange de fourrures qui valent bien plus. Comme ils ne portent rien d'autre, ni même de chemise, ils sentent très mauvais. Leurs huttes sont des habitations rudimentaires, à demi enfoncées dans le sol. Cependant, nous étions contents de les rencontrer, pour y faire une escale bienvenue par un climat si rude.

Les Barabintzi, semblables en cela à la plupart des tribus anciennes de Sibérie, comptent parmi elles un grand nombre de sorciers; qu'ils appellent des Shamans, et parfois, grands prêtres. Les femmes sont nombreuses dans cet emploi. Le peuple les vénère; ils prétendent communiquer avec le Shaytan, c'est-à-dire le diable; qui les tient informés, disent-ils, de tout ce qui a été, sera, où que ce soit. Notre ambassadeur, déterminé à connaître la véracité réelle de maintes histoires rapportées à leur sujet; demanda qu'on fît venir auprès de lui les plus célèbres d'entre eux dans les contrées que nous traversions.

Dans le Baraba, nous rendîmes visite à une dame dont les dons étaient célèbres. A notre arrivée chez elle, elle continua de vaquer à ses tâches ménagères sans se soucier aucunement de notre présence. Cependant, elle se détendit quelque peu après avoir fumé sa pipe et bu une rasade de cognac. Nos compagnons lui posèrent alors quelques questions anodines à propos de leurs amis; mais elle fit la sourde oreille, puis lorsqu'elle eut reçu un peu plus de tabac ainsi que quelques menus cadeaux, elle se mit en devoir de rassembler ses instruments de divination. Ce fut tout d'abord le Shaytan; qui ne consistait qu'en un morceau de bois, où était vaguement gravée une tête humaine, paré de maints chiffons de soie et de laines, de couleurs différentes; puis un tambourin, d'un diamètre d'un pied environ, garni d'anneaux de métal et de bronze, et de bouts d'étoffe. Elle se mit à entonner un air lugubre, s'accompagnant du tambourin, qu'elle frappait avec une baguette de bois; plusieurs de ses voisins, qu'elle avait appelés un peu plus tôt, vinrent alors lui apporter leur concours. Pendant cette scène, qui dura environ un quart d'heure, elle conserva auprès d'elle, dans un coin, la figurine ou Shaytan. Une fois le charme rompu, elle nous pria de lui poser nos questions. Ses réponses furent données avec une grande adresse, avec autant d'obscurité et d'ambiguïté que si elles avaient été prononcées par un oracle. C'était une femme jeune, d'une grande beauté.

Le 29 janvier, nous atteignîmes l'Obi, dont nous fîmes la traversée sur la glace, pénétrant dès lors dans des contrées où il y avait un plus grand nombre de colonies russes; et où nous ne manquâmes point de provisions, ni de montures de rechange quand nous en souhaitions. C'est un pays très boisé, sauf autour des villages; où se trouvent des champs de blé et des pâturages d'excellent aspect. Notre route se déployait devant nous, un peu au nord-est de Tzautski-Ostrogue.

Le 4 février nous parvînmes, sains et saufs, à la ville de Tomsk, dont le nom provient du noble fleuve Tomm, sur la berge orientale duquel cette ville se dresse.

LA VIE A TOMSK

La citadelle de Tomsk est située sur un promontoire, elle renferme la maison du commandant, les instances administratives, ainsi que la caserne de la garnison. Ici, comme ailleurs dans ce pays, les fortifications sont en bois. La ville est étendue au pied du mont, le long des berges du Tomm. Le paysage est gracieux et riant. Du sommet du mont vous découvrez un superbe panorama, qui s'étend à perte de vue, sauf au sud, où il est borné par des monts. Au-delà de ces monts, s'étale une vaste étendue aride dont les limites vont très loin au sud.

Dans cette plaine, à huit ou dix jours de voyage de Tomsk, il y a une quantité de tombes, et de lieux de sépulture de héros de l'antiquité; qui, selon toutes probabilités sont tombés là, au combat. Ces tombes sont facilement reconnaissables aux tumulus qui les surmontent. Quand eurent lieu ces batailles, et qui en furent les combattants, si loin au nord, voilà qui est incertain. Selon les Tartares du Baraba, il s'agirait des batailles menées par Tamerlan, ou Timir Ack-Sack, comme ils l'appellent ici, qui tenta maintes fois de réduire et de vaincre les Kalmouks. Chaque été, un grand nombre de personnes viennent de toutes parts, y compris de Tomsk, pour piller ces tombeaux; ils y trouvent, parmi les cendres des morts, des trésors d'or, d'argent, de bronze, et même des pierres précieuses; mais surtout des gardes d'épée et des armures. Il y a aussi quantité d'ornements de selle et de bride, et diverses autres parures équestres; parfois il y a des ossements de chevaux et même d'éléphants. D'où il ressort que lorsqu'on enterrait un général ou un personnage au rang élevé dans la hiérarchie, la coutume voulait que soient enterrés avec lui, sa monture préférée et son plus fidèle serviteur, ainsi que toutes ses armes. Cette coutume est toujours vivace chez les Kalmouks et d'autres hordes tartares, elle semble remonter très loin dans l'antiquité. Étant donné le nombre considérable de sépultures, plusieurs milliers d'hommes ont dû périr dans cette plaine; d'ailleurs les tombes sont fouillées depuis des années et il en reste encore à piller. Il arrive parfois que les fossoyeurs soient interrompus en plein ouvrage, et délestés de tout leur butin par des bandes de Kalmouks, qui ne supportent pas que l'on dérange les cendres des morts.

J'ai pu voir plusieurs spécimens d'armures, entre autres curiosités, qui étaient les produits de ces vols; plus particulièrement la figure d'un guerrier à cheval coulé dans le bronze, un ouvrage d'une haute qualité; des figurines représentant des cerfs, en or massif, qui étaient fendues en leur milieu, et percées de trous comme si elles étaient prévues en guise d'ornements pour un carquois, ou pour parer une monture.

Lors de mon séjour à Tomsk, l'un de ces fossoyeurs me confia qu'un jour ils étaient tombés sur un caveau cintré, où ils découvrirent les vestiges d'un homme, qui avait auprès de lui son arc et ses flèches, sa lance et quelques autres armes, étendus sur une dalle en argent. Dès qu'ils touchèrent le corps, celui-ci tomba en poussière. La dalle, ainsi que les armes, étaient d'une valeur considérable.

C'est non loin de ces tombes, dans une contrée douce et riante que la rivière Tomm prend sa source. Les Russes y ont bâti une bourgade qui s'appelle Kusnetsk. Les affluents sont le Kondoma, ainsi que divers petits cours d'eau; qui coulent vers le nord.

Dans les monts qui dominent Kusnetsk, il y avait eu récemment une prometteuse découverte de mines de cuivre, et quelques-unes d'argent; dont la qualité s'est nettement améliorée depuis mon dernier passage en ce pays.

Dans l'arrière-pays montagneux, et dans les bois des alentours on rencontre de nombreuses sortes de bêtes sauvages; en particulier l'urus, ou aurochs, l'une des bêtes les plus féroces au monde, la plus grande et la plus forte parmi les espèces à cornes. Leur vigueur et leur agilité au combat sont telles que ni les loups, ni les ours, ni les tigres, n'osent les attaquer. On les trouve également dans les bois en Pologne, ainsi que dans d'autres régions d'Europe. Étant donné qu'il s'agit là d'une espèce bien connue je n'en ferai point ici la description.

Dans ces bois on rencontre également une espèce de bovin, que les Tartares appellent *bubul*; cet animal n'est pas aussi grand que l'urus; il est gracieux de corps et de membres; il a l'encolure haute et une belle queue en panache, au crin soyeux et long, comme celui d'un cheval. Ceux que j'ai vus étaient domestiqués, et tout aussi dociles que tout autre type de bétail. On trouve aussi des ânes sauvages, dont j'ai vu un nombre considérable de peaux. Ils sont en tous points bâtis comme un âne ordinaire, de la tête aux sabots; mais leur robe est striée de brun et de blanc, comme celle d'un tigre.

Il ne faut pas oublier les chevaux sauvages, les alezans; qui ne se laissent pas apprivoiser, même lorsqu'ils sont capturés quand ils sont encore des poulains. Ces chevaux ne diffèrent en rien des autres, sauf qu'ils sont d'une extrême vigilance. L'un d'entre eux reste toujours aux aguets; à une certaine distance, sur les hauteurs; et au moindre signe de danger, il galope vers la horde, faisant tout le raffut qu'il peut; aussitôt ils prennent la fuite, comme des cerfs. L'étalon ferme la marche, hennissant, mordant, donnant des coups de sabot à ceux qui ne courent pas assez vite. En dépit de cette remarquable sagacité, ils sont souvent la proie des Kalmouks, qui arrivent parmi eux, montés sur des chevaux très rapides et les tuent de leurs lances. Les Kalmouks en apprécient beaucoup la chair, et leurs peaux leur tiennent lieu de couches. Voici donc la faune de cette région : d'ailleurs il en est d'autres sortes que l'on rencontre ici, comme dans le reste de la Sibérie.

Le Tomm, une fois qu'il a traversé successivement Kusnetsk, Tomsk, et quelques autres villes moins connues, se jette dans l'Obi, à la hauteur de Nikolsk, c'est-à-dire à environ cent verstes en contrebas de Tomsk, dans une région très verdoyante et boisée. C'est ici que le Tomm perd son nom, et vient grossir les eaux de l'Obi, qui prend une certaine envergure.

Les eaux du Tomm sont très poissonneuses; on y trouve plusieurs variétés d'esturgeon, de la muge. Voici comment ils pêchent ces poissons: ils plantent des pieux à travers le fleuve, une ouverture est découpée dans la glace autour du pieu; on prépare ensuite un feu sur un lit de pierres et lorsque le poisson aperçoit cette lueur, il s'arrête un instant — et c'est là que le pêcheur frappe avec sa lance. C'est un exercice qui exige une grande vivacité; car le poisson disparaît en un clin d'œil. Moi-même, j'en ai tué plusieurs de cette façon.

Maintenant que nous avons fait un petit tour sur le Tomm, et entrevu un peu le pays avoisinant, je vais vous entretenir un peu plus longtemps de la ville de Tomsk même.

Tomsk est avant tout un excellent comptoir pour les fourrures de toutes sortes; mais plus spécialement la fourrure de martre, de renard roux et noir, d'hermine, et d'écureuil. Les écureuils Teleutski, appelés ainsi en raison de leur région de provenance, passent pour être les meilleurs de cette espèce. Une longue raie noire leur court tout le long de l'échine.

Mis à part l'écureuil ordinaire, il en existe une autre variété ici, celle de l'écureuil volant. Il n'y a rien à signaler de particulier dans sa forme ou sa taille; hormis le fait qu'il a une membrane entre l'épaule et le haut de la cuisse, un peu comme l'aile d'une chauve-souris, qu'il étend en cas de besoin; ce qui lui permet de faire des bonds plus amples, d'arbre en arbre, que s'il n'était point pourvu de ces sortes d'ailes. Il est à noter que les hermines et les écureuils ne sont chassés qu'en hiver, puisqu'en été leur fourrure est brune, peu fournie, et de peu de valeur.

Nous demeurâmes plusieurs jours dans la ville de Tomsk, en attendant que notre bagage nous rejoigne. Nous y rencontrâmes plusieurs officiers suédois; qui étaient correctement logés, certes, dans un lieu fort éloigné, mais bien approvisionné. Nos gens, une fois reposés par deux jours d'arrêt, reprirent la route en direction de Ienisseïsk. […]

LA VILLE DE IENISSEÏSK

La ville de Ienisseïsk, qu'entoure une plaine riante, s'étend le long de la rive occidentale du Ienisseï, qui lui a donné son nom. C'est une ville importante et fort peuplée, protégée par un fossé, des fortifications et des tours carrées de bois. C'est un marché important pour les fourrures; en particulier celles d'animaux qu'ils appellent «piessy», qui sont bicolores, blanc et gris-perle. Ces bêtes sont attrapées très au nord d'ici. Elles ont la taille et la forme d'un renard; mais leur queue est courte et touffue, et leur fourrure, douce et épaisse, très légère et chaude, est très appréciée des nobles du nord de la Chine; qui s'en servent essentiellement pour en faire des coussins, sur lesquels ils s'assient en hiver.

Il y a aussi un autre animal, que les Russes appellent le *rosio-mack*, et les allemands le *feel-fress*; car ils estiment que c'est un animal qui mange bien davantage que les autres. J'en ai vu plusieurs encore vivants. Ils sont féroces, ils ont la taille et la forme d'un blaireau. La nuque, le dos, et la queue sont noires; mais l'abdomen est plutôt brun. Plus ils sont noirs, plus ils ont de la valeur. La peau, épaisse, n'est utilisée que pour des bonnets et des manchons. Il y a aussi des élans, et des cerfs. Ces derniers émigrent vers le sud quand l'hiver approche et reviennent au printemps. Sans oublier une grande population de lièvres blancs, dont je reparlerai plus tard.

Je ne dois pas omettre le renard noir, dont il y a une grande abondance dans la région de Ienisseïsk. Sa fourrure est extrêmement recherchée; elle est même souvent préférée à la zibeline, tant elle est légère et elle tient chaud. J'ai vu une de ces fourrures évaluée à cinq cents couronnes, et certaines dépasser de beaucoup cette somme.

Avant de quitter cette région, je vais vous décrire le parcours du Ienisséï, d'après les renseignements que j'ai pu rassembler à son sujet. Il prend sa source dans une contrée vallonnée, située très au sud d'ici. De nombreux affluents viennent grossir ses flots, et lorsqu'il parvient à Ienisséïsk, il est aussi large que la Volga. Des fleuves de ce vaste continent c'est celui qui est le plus long. La première agglomération de quelque importance lorsque l'on descend le fleuve, est Krassno-Yarr, le long de la rive occidentale. C'est un comptoir important, surtout de fourrures. Puis, les villages s'égrènent, plus nombreux maintenant, le long du fleuve jusqu'à l'embouchure du Tongusta, un large cours d'eau, venu de l'est, à quelques verstes de Ienisséïsk. S'ensuivent quelques colonies de moindre intérêt, enfin on atteint Mangaseïsk, une ville célèbre pour ses fourrures, et où est honoré un illustre saint, Vassili Mangaseïski, c'est un lieu de pèlerinage très fréquenté par les personnes dévotes de la région.

Plus en amont, le Ienisséï reçoit les eaux du Podkamena-Tongusta, un large fleuve, venu du sud-est; puis, à Mangaseïski il reçoit également l'affluent Turonchanski, venu de l'ouest. Le Ienisséï poursuit maintenant sa course vers le nord, et finit par se jeter dans l'océan. C'est un fleuve extrêmement poissonneux; on y trouve toutes sortes d'excellents poissons; les mêmes que ceux que j'ai décrits auparavant, mais en moindre quantité.

Nous quittâmes Ienisséïsk le 27, et parcourûmes environ sept ou huit verstes le long de la rive méridionale du fleuve, où devant l'épaisseur des bois nous dûmes rejoindre les bords du fleuve pour continuer. Là, la glace offrait un relief très accidenté. Ceci était dû aux forts vents d'ouest combinés avec un gel précoce, qui dressent l'un contre l'autre plusieurs blocs de glace, jusqu'à une hauteur de quatre ou cinq pieds parfois. Lorsque le gel survient dans un climat calme, la glace est tout à fait lisse, et n'offre aucune difficulté pour le passage des traîneaux. Le 28, nous poursuivîmes notre chemin le long du Ienisséï, rencontrant de temps à autre un village. Le climat était beaucoup moins rigoureux; mais l'hiver était présent partout, nulle trace encore de printemps. Le soir nous empruntâmes le Tongusta, dont la surface était aussi accidentée que celle du Ienisséï; mais comme les bois étaient trop épais et touffus pour nous livrer passage, nous dûmes continuer sur la glace.

Le lendemain nous poursuivîmes notre route sous une neige drue et un vent cinglant.

Le 1er mars nous rattrapâmes nos bagages et les dépassâmes; dans la mesure où il était plus sage de voyager sans pour autant trouver plus facilement logis et chevaux frais.

DESCRIPTION DU PEUPLE TONGUSI

Le voyage se poursuivit ainsi pendant plusieurs jours, le long des berges du Tongusta. Quelques maisons isolées, quelques villages étaient établis sur les berges. Un jour nous vîmes un prodigieux rassemblement de lièvres, tous blancs comme neige. Je n'exagère point quand j'estime leur nombre à plus de cinq ou six cents. Ils descendaient tranquillement le long du fleuve sur un chemin qu'ils s'étaient fait, non loin de la route de terre battue. Dès qu'ils nous aperçurent, ils s'enfuirent vers les bois, sans trop montrer de peur. D'après ce que j'appris, ces lièvres émigrent vers le sud, par nombres bien plus considérables, chaque printemps, et reviennent à l'automne, dès que les rivières gèlent et qu'il commence à neiger. Dans la plupart des villages, nous trouvions ce gibier en abondance; cependant les habitants n'en font pas grand cas; car ils attrapent plutôt les lièvres pour leurs peaux, dont ils tirent grand profit, que pour leur chair.

Les Tongusi, ainsi appelés en raison du fleuve sur les berges duquel ils sont établis, sont les descendants des peuples sibériens d'origine, et ils diffèrent aussi bien par la langue, que par les mœurs, les habits, la taille, et même pour leur allure, de l'ensemble des autres tribus que j'ai eu l'occasion de rencontrer. Ils n'ont point de demeure fixe, ils vont à loisir à travers les bois, ou le long des rivières, là où ils décident de s'arrêter, ils érigent une structure faite de quelques branches, convergeant toutes au sommet, ils la recouvrent ensuite d'écorces de bouleau cousues ensemble, laissant une ouverture au sommet pour l'évacuation de la fumée. Le foyer est dressé au centre. Ils sont d'une grande affabilité et tout à fait serviables, ils apprécient le tabac et le cognac. Ils possèdent, en général, un bon nombre de rennes, c'est là toute leur richesse.

Les hommes sont élancés et vigoureux, courageux et honnêtes. Les femmes sont de taille moyenne, et vertueuses. J'ai observé chez un grand nombre d'hommes, des formes ovales, comme des couronnes, au front et au menton ; et parfois un dessin, comme une branche d'arbre, partant du coin de l'œil et descendant jusqu'à la bouche. Ce dessin est réalisé pendant l'enfance : on perce la peau avec une aiguille, puis on frotte cet endroit avec du charbon, ce qui laisse des marques indélébiles. Ils ont le teint basané. Leur visage est moins plat que celui des kalmouks, mais leur expression est plus avenante. Ils ne connaissent aucune littérature, et vénèrent le soleil et la lune. Il y a beaucoup de shamans parmi eux, qui ressemblent beaucoup à ceux que j'ai décrits plus haut. J'ai entendu parler de certains shamans dont les dons de voyance étaient très supérieurs à ceux des shamans d'ici, mais ils vivent beaucoup plus au nord. Les individus de cette tribu ne supportent pas de dormir dans une pièce chauffée, mais préfèrent se retirer dans leurs huttes, pour s'y allonger autour du feu, sur des peaux de bête. Il est surprenant de voir à quel point ces créatures peuvent endurer le froid glacial de ces régions.

Les femmes sont revêtues d'une longue robe en fourrure, qui descend en dessous du genou, nouée à la taille par une ceinture. Cette ceinture est large de trois pouces, elle est en daim ; dont le poil, curieusement, est rabattu et brodé. A chaque extrémité se trouve un anneau pour suspendre une pipe, et quelques menus bibelots. Leurs robes sont aussi brodées le long de l'encolure et sur le buste. Leur longue chevelure noire est tressée, et enroulée autour de leur tête, elle est surmontée par un petit bonnet fourré, qui est, ma foi, fort seyant. Certaines portent des petites boucles d'oreilles. Elles ont aux pieds des brodequins, en daim également, qui leur montent jusqu'aux genoux, noués à la cheville par des lanières de cuir.

Le costume des hommes est très simple, et adapté à l'action. Il consiste tout d'abord en une courte veste, aux manches étroites, en daim retourné ; la culotte et les bas sont en daim aussi, d'une pièce et très moulants. S'y ajoute une pièce de fourrure, qui leur recouvre la poitrine et l'abdomen, qui est accrochée à une lanière qui passe autour du cou. Cette dernière est en général soigneusement brodée et décorée par leur épouse. Ils ont la tête ceinte par un bandeau fait de queues d'écureuils, pour protéger leurs oreilles du froid. Le sommet du crâne reste découvert, la chevelure retombe en une longue natte dans leur dos.

Pour armes, ils ont un arc et différentes sortes de flèches, selon le type de gibier qu'ils vont chasser. Les flèches sont toujours dans un carquois, qu'ils portent sur le dos, et l'arc, toujours prêt, à la main gauche. Ils ont aussi sur eux, une lancette et une hachette. Ainsi parés, ils n'ont pas peur d'attaquer les bêtes les plus féroces des bois, même l'ours le plus vaillant; car ce sont des hommes vigoureux, et d'habiles archers. L'hiver, qui est la saison de chasse des bêtes sauvages, ils utilisent ce que l'on appelle des chaussures de neige, sans lesquelles il leur serait impossible de progresser dans la neige épaisse. Celles-ci sont ainsi faites : une lamelle de bois très fine et très légère, d'environ cinq ou six pouces de large, pointues vers l'avant, et carrées derrière. Une lanière est fixée en son milieu, pour passer le pied. Ces chaussures rendent possible une promenade sans risques dans la neige la plus épaisse; le poids de la personne ne la fera point s'enfoncer plus d'un pouce; cependant ce type de chaussures ne peut être utilisé qu'en plaine. Ils en ont d'un autre genre pour gravir des collines, ils collent des peaux de phoques sous les planches, les poils dirigés vers l'arrière pour éviter de déraper en montant; ce qui rend l'ascension plus facile; et en outre cela fait glisser davantage lors de la descente.

La horde des Tongusi était considérable autrefois; mais ils ont été décimés par la petite vérole. Il est à remarquer que ce mal était inconnu chez eux avant l'arrivée des Russes parmi eux. Ce mal éveille chez eux une telle peur que lorsque l'un des membres d'une famille est atteint, le reste de la famille s'empresse de lui bâtir une hutte, de l'y placer avec des provisions et de l'eau, puis ils font leurs bagages et s'en vont, dans la direction du vent, portant chacun un pot de terre rempli de charbons ardents, se répandant en lamentations déchirantes tout au long du chemin. Tant qu'il y a du danger, ils ne revoient plus le malade. S'il vient à mourir, il est placé sur une branche d'arbre, solidement attaché à celle-ci pour l'empêcher de tomber.

Quand ils partent à la chasse, ils ne prennent avec eux aucune provision, ne comptant que sur ce qu'ils vont trouver. Ils mangent tous les animaux, que ce soit les ours, les renards, ou les loups. Chez eux, on apprécie aussi beaucoup les écureuils; par contre seule la menace d'une famine les contraindra à consommer la chair de l'hermine, dont le goût et le parfum sont si forts et âpres. Lorsqu'un Tongusi a tué un élan ou un cerf, il ne bouge plus jusqu'à ce qu'il ne l'ait entièrement dévoré, à moins, toutefois, que sa famille ne soit dans le voisinage, auquel cas il en ramène une part. Faire du feu n'est pas un problème, car le Tongusi emporte toujours avec lui de l'amadou; et si celui-ci lui fait défaut, deux bouts de bois frottés l'un contre l'autre feront l'affaire. Ils évitent de manger cru, à moins d'y être contraints par des circonstances extrêmes.

Les martres sont attrapées d'une manière toute particulière. Leur fourrure est si délicate que la moindre éraflure de flèche, le moindre chiffonnement des poils, nuisent considérablement à la vente. C'est pourquoi pour ce type de chasse, ils ne se munissent que d'un petit chien et d'un filet. Une fois qu'il a repéré les empreintes d'une martre dans la neige, le chasseur les suit pendant deux ou trois jours, jusqu'à ce que le pauvre animal, épuisé par cette poursuite, cherche refuge en grimpant dans un grand arbre; car ces animaux savent grimper aussi agilement qu'un chat. Alors, le chasseur étend son filet sous l'arbre et allume un feu. La martre, incapable d'en supporter la fumée, se hâte de descendre et se retrouve dans le filet. Certains chasseurs m'ont confié que lorsque la faim les tenaillait lors de ces longues chasses, ils avaient recours au stratagème suivant : ils disposaient deux fines planches, l'une contre l'estomac, l'autre contre le dos, ces planches étant reliées entre elles, il leur suffisait de les resserrer peu à peu pour moins ressentir les affres de la faim.

S'il est vrai que les Tongusi, en majorité, vénèrent la lune et le soleil, il existe néanmoins quelques exceptions. Ainsi j'ai rencontré parmi eux des personnes intelligentes qui croyaient à l'existence d'un être supérieur à ces astres, les ayant créés, eux et l'univers tout entier.

Que l'on me permette de rapporter ici que selon plusieurs sources il y aurait de grandes similitudes entre les hordes natives du Canada et les Tongusi. D'ailleurs la distance qui les sépare n'est point aussi considérable qu'on l'imagine généralement.

Le quatre mars nous sommes arrivés à un petit monastère, appelé Troïtza, et dédié à la Sainte Trinité. Une demi-douzaine de moines y résidaient, ils nous ont bien reçus, nous ont logés dans leurs cellules, et fourni des vivres et des chevaux frais. Le monastère est situé sur la rive septentrionale du fleuve, en un lieu isolé mais souriant, entouré de bois, de champs de blé, et de beaux pâturages. La plupart des villages sont situés sur la rive septentrionale, car elle est plus élevée que l'autre.

Nous reprîmes la route le jour même, longeant toujours le fleuve. Chaque jour, nous rencontrâmes de grandes troupes de lièvres qui se dirigeaient vers l'ouest, et de nombreux Tongusi dans leurs huttes. Il faut noter que la région qui se situe au nord de ce fleuve et qui s'étend jusqu'à l'océan glacial est déserte, à l'exception de quelques Tongusi dispersés sur les rives des fleuves; que l'ensemble de ces vastes terres est recouvert de forêts touffues et impénétrables. Le long du fleuve la terre est fertile, et produit du blé, de l'avoine, du seigle et de l'orge. Les habitants ont une méthode pour se débarrasser des gros pins : ils découpent une large bande de l'écorce, environ un pied de largeur, ce qui empêche la sève de monter, dès lors l'arbre se dessèche et dépérit au bout de quelques années. Ceci a aussi l'avantage de le préparer à être brûlé pendant la saison sèche; faisant ainsi d'une pierre deux coups, puisqu'ils déboisent tout en fertilisant le sol par les cendres, sans se donner trop de peine. Selon les Russes, le sol qui convient au pin d'Écosse est aussi celui qui convient au blé, ce qui n'est point le cas des sols où prédominent les autres conifères. Le sept, nous arrivâmes aux sources du Tonguski, au confluent de deux autres fleuves, l'Angara et l'Elimm. Le premier est issu du renommé lac Baïkal, il coule vers l'ouest, perdant son nom quand il rejoint le Tonguski. Laissant sur notre droite l'Angara et le Tonguski, nous longeâmes les rives de l'Elimm, dont les eaux étaient beaucoup plus calmes que celles du Tonguski. L'Elimm est un fleuve large et très navigable. Au sud, les berges sont très hautes et escarpées, recouvertes d'une dense forêt; au nord, par contre, on rencontre plusieurs villages, des champs de blé et des pâturages.

Nous continuâmes de remonter l'Elimm, en direction du nord-est, jusqu'au neuf, où nous arrivâmes à la ville d'Elimski, dont le nom provient de la rivière; c'est une ville qui est située au fond d'une étroite vallée, sur la rive méridionale de l'Elimm et cernée de hautes collines, de monts rocheux recouverts de forêts. Ce n'est point un centre important, son seul intérêt est d'être situé sur la route qui mène vers les parties orientales de la Sibérie; en effet, en général les voyageurs qui vont en Chine prendront plus au sud-est, vers Irkustski; et ceux qui vont vers Yakutski et Kamtzatski, plutôt vers le nord-est.

John Bell, *A Journey from St Petersburg to Pekin (1729-1732)*, Édimbourg, J. L. Stevenson, 1965. Traduction de Wendy Parramore.

JAN POTOCKI
(1797-1798)

On a appelé Jan Potocki (1761-1815) le père de l'ethnographie moderne, mais « ce grand seigneur fut aussi un infatigable voyageur[1]*. » Il est surtout célèbre dans la littérature française comme l'auteur du* Manuscrit trouvé à Saragosse.

Polonais, patriote jusqu'à ce que sa patrie fût absorbée par le grand empire voisin, il voulut devenir le grand inspirateur de la politique orientale des Russes et se mit au service de la cause du tsar. De ses recherches historiques sur les Slaves commencées en 1780 et auxquelles il consacra plusieurs ouvrages, il fut amené à s'intéresser au Caucase, aux peuples qui en étaient originaires et même à toutes les civilisations. C'est au cours de son voyage à Astrakhan (1797-1798), qu'il décrit avec un soucis d'ethnologue les populations rencontrées. Mais Jan Potocki insère aussi dans sa réflexion une dimension historique que lui inspire sa

1. Voir, dans la même collection, Jean-Claude Berchet, *Le Voyage en Orient*, 1985, et Claude de Grève, *Le Voyage en Russie*, 1990.

grande connaissance des Anciens. Fort du sentiment de supériorité du civilisé, il élabore un « Plan de civilisation » qui préfigure les étapes de l'extension russe en Asie centrale au XIX*e et au* XX*e siècle.*

SÉJOUR A ASTRAKHAN

Il y a déjà bien des années que mon occupation la plus chérie est de rechercher dans les bibliothèques l'origine et l'histoire des peuples de la haute Asie. Mais malgré les efforts de mémoire que j'y faisais, malgré le soin de revenir souvent sur les mêmes objets, j'avais de la peine à éviter les confusions des nations, et lorsqu'elles étaient déjà classées dans mes livres, elles ne l'étaient pas encore dans ma tête. Ici j'ai trouvé tous ces peuples réunis par le commerce. A mesure que je les fréquentais, tous les passages des auteurs me revenaient successivement à l'esprit, s'y rangeaient avec une facilité qui me devient surtout nécessaire à présent que je travaille à donner mes conclusions.

Je vais donc consacrer ce chapitre à donner une idée des principales nations que le commerce réunit à Astrakhan, et je commencerai à l'orient de la Volga. Or donc, la première horde que l'on y rencontre est celle des Koundour qui sont des Nogaï très ressemblants aux Tatars d'Astrakhan, comme tous les Nogaï. Ceux-ci demeurent près de Krasnoï-iar. Ils ont été sujets des Kalmouks Torgaout avant que ceux-ci fussent passés sur le territoire de la Chine. A présent ils sont sujets immédiats de l'empire russe.

Au-delà de l'Oural ou Iaïk sont les trois hordes des Kirghiz qui, je pense, est la même nation qui, sous le nom de Kherkhis (Κεϱχις), se trouve mentionnée dans les légations de Ménandre sous le règne de Justin.

Les Kirghiz sont, après les Turcomans, les plus mauvais voisins que l'on puisse avoir en Asie. La nation en général se dit soumise à la Russie, mais des aventuriers kirghiz ne craignent point de se mettre en campagne, quelquefois seuls, avec deux chevaux en laisse, de passer ainsi le Iaïk et la Volga, et d'enlever des sujets russes qu'ils vont ensuite vendre à Khiva; alors on use de représailles, et maintenant il se trouve à Astrakhan une trentaine de ces prisonniers kirghiz. Je les ai vus. Il m'a paru que leur physionomie, plutôt comprimée que camuse, tenait une sorte de milieu entre les Tatars et les Kalmouks. Mais ils sont plus grands et mieux musclés que ces derniers.

Les Tatars de Khiva sont incontestablement les Khoalites du Moyen Age et les Khvalintsy de Nestor, de qui la mer Caspienne a été appelée *Khvalinskoe more*. Ce peuple n'est nullement nomade. Il a des villages et une ville capitale dont les maisons sont en bois, mais bien recrépies en dedans et ornées de peintures artistement faites. Le khan de Khiva est toujours prisonnier dans son château, et ne fait que prêter son nom à l'autorité. Lorsqu'on en est mécontent, on le renvoie à Bukhara et l'on en fait revenir un autre à sa place. Ourghentch est une ville dépendante de Khiva, mais Tachkent a un khan particulier.

Grâce à l'activité des Kirghiz, presque chaque maison de Khiva a un ou deux esclaves russes. Ceux qui embrassent la religion musulmane obtiennent aussitôt leur liberté. On dit qu'un grand nombre d'entre eux prennent ce parti, se marient et augmentent la masse de la population et de l'industrie. Je tiens ces détails d'un Russe qui a été esclave à Khiva pendant plus de vingt ans. D'ailleurs, il y a toujours ici des marchands de cette nation, qui s'embarquent à Manghychlak et viennent en Russie avec autant de sécurité que s'ils ne blessaient pas habituellement le droit des nations en achetant des esclaves russes et en favorisant les brigandages des Kirghiz. Ils font encore pis, car ils échangent souvent des esclaves russes contre des persans enlevés par les Turcomans, si bien que les réclamations et même les rançons ne peuvent plus avoir lieu. J'ai vu ici un nombre de ces marchands; ils ont l'air singulièrement avides et grossiers; cependant j'ai entendu vanter leur bonne foi.

Boukhara donne le ton à tout le Turkestan. Le khan de la grande Boukharie réside aussi quelquefois à Samarkand. C'est lui qui vient d'envoyer à Pétersbourg un ambassadeur et un éléphant. On m'a dit qu'il avait à son service un grand nombre de Russes qui lui avaient formé une petite artillerie. De plus, il étaye sagement sa puissance d'une dose de théocratie, parlant toujours au nom du Coran. Lui-même est un Ouzbek descendant de Timour; mais les Boukhars des villes sont les Sarti, Tat, ou Tadjik. Ils font encore, comme autrefois, tout le commerce de la haute Asie, et il semble qu'une partie de leur ancien nom de Sogdiens se soit conservée dans celui de *sogdager* que les Persans donnent à tout marchand. Aujourd'hui, les Boukhars vont chercher les marchandises de la Chine à Kachgar; celles de l'Inde à Moultan, celles de la Russie à Orenbourg.

Les Turkmènes ou Turcomans bordent la mer Caspienne depuis Manghychlak jusqu'à Asterabat, et s'étendent même au-delà entre le Khorassan et le Mazanderan. Ces peuples peuvent fournir trente mille hommes à cheval. Ils sont purement nomades comme les Kirghiz; ils sont les Ouz de la Byzantine, les Ghoz des Arabes, et les Torki des chroniques de Kiev. Quoique le brigandage soit leur principale profession, ils font quelque commerce à Manghychlak où les bâtiments russes vont chercher leurs marchandises, mais les équipages n'osent pas aller à terre avant d'avoir des otages; encore cette précaution n'est-elle pas toujours suffisante. On peut conclure de là, qu'il serait malaisé d'aller connaître ce peuple chez lui. Mais il y a des Turkmènes établis en Russie qui peuvent nous en donner une idée suffisante.

Au-delà du Khorassan est le Kandahar, où règnent les Afghans; leur roi s'appelle Zaman chah. Ce titre de chah répond à celui de roi, et nul des successeurs de Nadir n'a osé le prendre en Perse. Mais le souverain des Afghans, peuple brave et considérable, peut y avoir plus de droits, parce que l'hérédité, gage de la sûreté des trônes, s'est mieux ancrée dans sa famille que dans celle des khans de la Perse, et de plus, sa nation a fait depuis peu des conquêtes considérables; on m'assure que non seulement ils possèdent plusieurs provinces de l'Inde, mais encore ce fameux royaume de Cachemire si célèbre par ses châles dont la possession est un objet de félicité pour les belles dames de plusieurs pays d'Europe. Nous avons ici un prince afghan, fils de cet Assad-khan, prisonnier du roi Héraclius de la Géorgie, dont il est question dans Gmelin; mais il a passé sa vie en Perse et ne connaît point son pays. Les Arméniens, qui ne laissent point que d'être curieux de leurs antiquités, soutiennent que les Afghans sont un peuple arménien, et sorti des plaines de Mouchkour, opinion que l'on trouve aussi consignée dans les ouvrages du colonel Gaerber.

Les Hindous établis à Astrakhan sont pour la plupart du Moultan et sujets des Afghans. Leur colonie est aujourd'hui de soixante-quinze individus. Ils ont avec eux des brahmes, des pénitents, de l'eau du Gange, qui sont l'attirail de leur religion. J'ai assisté à leurs prières du soir, elles sont adressées à Vichnou sous la figure du Salagrama. Leur culte ne manque pas d'appareil, autant du moins que le local le peut comporter; de plus l'on y est religieusement frappé de l'accord de leur cantilène avec le son des tamtams, mais surtout de leur air de parfaite confiance dans la petite puissance des petits magots dont leur autel est garni. Les Hindous d'Astrakhan mangent de la viande, mais pas celle de bœuf par respect pour la vache. D'ailleurs, ils achètent souvent des oiseaux auxquels ils rendent la liberté, ils donnent à manger aux chiens de la rue, et exercent divers autres actes de bienfaisance envers les animaux. Lorsqu'ils ont fini leurs affaires, ils vont dans un jardin qui leur est alloué, fument leur *callian*, mangent du lait et des fruits, s'extasient sur la beauté d'une fleur ou d'un brin d'herbe, admirent le créateur dans ses moindres ouvrages, et reviennent à leur caravansérail d'un air satisfait, paisible, même assez contents d'eux, surtout lorsqu'ils ont quelque habit gros vert ou cramoisi, qui sont les couleurs qu'ils préfèrent. Les jours de fêtes, ils se peignent en rouge et jaune le front et le haut du nez. Lorsqu'ils meurent, on brûle leur corps et l'on renvoie les cendres dans l'Inde. Autrefois ils y retournaient volontiers de leur vivant, mais ils commencent à s'apercevoir que la sûreté personnelle est aussi quelque chose, et j'en connais deux, un nommé Kaïnamal, l'autre Moandos, qui ont bâti des maisons à Astrakhan.

Je me souviens que, dans l'âge où l'esprit voudrait embrasser à la fois toutes les connaissances, dans cet âge heureux où l'homme est plein d'ardeur et d'énergie, j'aurais désiré lire, dans un été, tous les livres qui existaient alors sur l'histoire naturelle. Bientôt le hasard me conduisit à l'institut de Bologne, où je trouvai, à mon ravissement extrême, tous les objets de mon étude, rangés par ordre. J'éprouve ici la même chose. L'histoire des peuples de la haute Asie m'a beaucoup occupé, mais seulement dans les livres. Maintenant je les vois devant moi ces peuples, avec leurs traits caractéristiques, leurs ressemblances, leurs différences, leurs idiomes et leurs traditions. Je n'ai plus besoin de me créer une mémoire artificielle pour me rappeler tant d'idées peu liées entre elles. Tout ce que j'ai rassemblé à ce sujet se présente nettement à mon esprit, à la plus légère inspection, et s'y imprime d'une manière ineffaçable. Mais aussi je rencontre des difficultés : je vois des hommes à visage plat, qui me semblent appartenir à un même peuple ; mais ces hommes parlent des langues différentes. D'un autre côté, des hommes à visages dissemblables s'expriment de la même façon, et tous prétendent être les véritables Tatars de Gengis-khan.

Les marchands de Perse sont infiniment plus nombreux ici que les Hindous. J'en ai vu plus de deux cents rassemblés dans un caravansérail qu'ils avaient orné pour les fêtes de Hussein. Ce local était éclairé par une multitude de lanternes artistement peintes, dans le goût des transparents de la Chine. La solennité dura plusieurs jours ; on y représenta des drames qui faisaient fondre en larmes tous les Persans, et nous y maudîmes tout à notre aise le détestable Omar, eux parce qu'il avait persécuté la famille de Hussein, et moi parce qu'il avait brûlé la bibliothèque d'Alexandrie.

Mes recherches sur les antiquités, la langue et l'origine des Persans, m'ont donné une occupation très agréable. J'ai retrouvé dans le persan moderne les mots cités par Strabon : *paropamise*, couvert de neige ; *saropara*, coupeur de têtes, *tigrés*, flèche. Cette circonstance me fit présumer que le persan moderne ne doit pas être attribué à un mélange de parthe et que, par conséquent, les mots européens qui se rencontrent en grand nombre dans cette langue ne dérivent pas du parthe. Appuyé sur le témoignage de Strabon, je regarde les Perses comme une branche des Mèdes qui s'était soumise avant le temps de Cyrus. D'un autre côté, je ne pouvais concevoir pourquoi les Perses disparaissent tout d'un coup de l'histoire pour céder leur pays aux Mardes ? Je pense que ces Mardes pourraient bien n'être que les Mèdes ; Moyse de Korène m'a confirmé dans cette opinion, puisqu'en arménien il nomme un Mède Mar, et les Mèdes Marats. Présentement la langue turque a envahi presque tout l'Azerbaïdjan, mais on trouve encore dans les montagnes des dialectes à moitié persans qui sont peut-être des restes de l'ancienne langue médo-perse. Moïse, législateur des Hébreux, ne parle nullement des Perses ; il ne nomme que la grande tribu japhétique de Madaï. Si les Persans sont un rameau détaché d'une tige japhétique, alors la grande quantité de mots européens qui sont dans leur langue n'a plus rien qui surprenne.

Je cite ici Moïse, non comme auteur inspiré, mais comme un homme instruit dans les sciences de l'Égypte, où, selon les témoignages de Diodore de Sicile, on connaissait l'histoire de tous les pays. Moïse dit qu'il a été élevé par une princesse égyptienne; il n'est donc pas surprenant que Strabon dise que c'était un prêtre égyptien. Si Moïse eût tiré ses vers des Chaldéens plutôt que des Égyptiens, il me semble qu'il serait plus d'accord avec Bérose qui nous donne une idée assez exacte des annales de Babylone.

Tout ceci n'est pas une préface pour un nouveau système. Ce n'est qu'un coup d'œil sur la marche de mes recherches. Si elles me conduisent heureusement des langues et des peuples de l'antiquité aux langues et aux peuples des temps modernes, je le dois principalement au bonheur inespéré d'avoir trouvé un maître excellent pour apprendre à connaître les peuples actuels et leurs langues. Ce maître est Abas-khan, Persan de distinction, également recommandable par son esprit et par les qualités de son cœur. Aga-Mohamed-khan avait tant d'estime pour lui qu'il le nomma gouverneur d'Ispahan et ensuite du Ghilan. Moustapha-Kouli-khan le fit prisonnier dans cette dernière province et le mena en Russie comme otage pour la sûreté de sa famille qui était restée au pouvoir de son frère.

Lorsque j'arrivai à Astrakhan, la cour de Russie avait fait mettre Abas-khan en liberté. Il allait retourner auprès de son ancien maître, et désirait beaucoup m'emmener avec lui, me promettant l'accueil le plus favorable. Tout à coup nous apprîmes qu'Aga-Mohamed-khan avait été assassiné par ses propres esclaves. Cette nouvelle fut un coup de foudre pour Abas-khan; il tomba dans l'abattement. Peu de personnes vinrent le voir, peut-être par crainte de déplaire à Moustapha. Je fus surpris de voir un homme du caractère d'Abas-khan si affligé de la mort d'un personnage si cruel; mais il possédait la confiance d'Aga-Mohamed-khan, et d'ailleurs les Persans considèrent la cruauté comme une des prérogatives du pouvoir; ils pensent que sans cruauté il est impossible de régner en Perse, et beaucoup préfèrent la tyrannie à l'anarchie. Du reste, l'humanité avait un grand tort envers Aga-Mohamed-khan: un ennemi de son père en avait fait un eunuque quand il était encore enfant. Mohamed fut ensuite esclave à la cour de Kerim-khan, où il fut initié à tous les artifices de la politique persane. Enfin, il saisit une occasion favorable de développer ses talents contre l'infortuné Hedaïet-khan; et, comme on ne pouvait plus lui opposer de rival, il régna pendant près de dix ans sur toute la Perse. Le titre de chah était l'objet de son ambition. Il voulait subjuguer les princes du Caucase et ceux du Khorassan afin de ceindre avec d'autant plus d'éclat le diadème de Nadir; la mort mit un terme à ses projets orgueilleux. La Perse retomba dans l'anarchie.

Entre autres connaissances dont je suis redevable à Abas-khan, je lui dois celle de la langue talicha, qui n'est qu'un dialecte barbare du persan. Les Persans disent *fader* père, *moder* mère, *bouroder* frère; les Talicha disent *far*, *mour*, *boué*, ils nomment le chien non pas *spekhe* ainsi que je l'ai dit plus haut, mais *sepa*, qui ne diffère pas beaucoup du *spako* d'Hérodote. Du reste, il existe plusieurs dialectes dans le petit pays de Talicha; mon vocabulaire comprend ceux qui sont en usage près de la côte maritime. Hadji-Khassem, marchand de ce pays, me le dicta en présence d'Abas-khan qui a passé deux ans dans ce pays. Il y a en ce moment à Astrakhan un envoyé du khan de Talicha; mais comme il est malade, je ne l'ai pas encore vu.

VOYAGE DANS LA HORDE DE TUMEN, PRINCE KALMOUK

J'ai été par la poste cosaque jusqu'à Zamian où j'ai trouvé les gens du prince; tandis qu'ils prenaient les devants pour avertir leur maître de mon arrivée, je me suis embarqué sur un canot manœuvré par deux Cosaques. J'ai remonté la Volga pendant près de trois heures et suis allé débarquer au pied de la horde où le prince m'attendait à l'entrée de la tente qui m'était destinée, laquelle est tapissée en damas de la Chine, et de plus ornée d'un bon lit. Puis on nous servit un souper à l'européenne, et la conversation se fit en langue russe que Tumen parle fort bien ainsi que son fils Servedjal. Celui-ci a même fait d'assez bonnes études à Astrakhan.

Je me sers ici du mot «tente» qui cependant est impropre, et celui de *kibitka*, dont se servent les Russes, ne vaut pas mieux. Les Arabes vivent sous des tentes, mais les habitations mobiles des Kalmouks sont faites en treillis et recouvertes de feutre; on les ploie et on les charge sur des chameaux. Les Kalmouks nomment une telle habitation *ghir*. Celles des Tatars sont faites à peu près de même, mais elles sont plus petites et ne se défont pas; on les charge tout entières sur des chariots. Les Tatars les appellent *karatchou*, ce que j'explique ici pour n'y plus revenir par la suite. Strabon avait déjà parfaitement décrit les tentes lorsqu'il dit: «Les tentes des nomades sont de feutre et attachées aux chariots.»

Le 14 août, j'ai été réveillé par les sons d'une musique chinoise, et, à peine levés, nous sommes allés voir les prières des *ghelong*. Ils étaient trente dans une *ghir* et chantaient leurs hymnes, en s'accompagnant de divers instruments, qui tous ne m'étaient connus que pour les avoir vus fréquemment représentés sur les tapisseries de la Chine. De temps en temps ils faisaient avec la gorge le mouvement de quelqu'un qui va cracher, et l'on voyait bien qu'ils attachaient à ce signe extérieur l'idée d'une inspiration interne; d'ailleurs, rien n'a interrompu l'uniformité de leur psalmodie, qui a duré plus d'une heure. Ce qui m'a le plus frappé dans toute cette momerie, c'est l'air potelé des *ghelong*, qui contraste singulièrement avec les peaux sèches et tannées de tous les Kalmouks, et même des princes. Ensuite nous avons été chez le lama, qui n'assiste plus aux prières à cause de son grand âge, et, je crois, aussi à cause de sa dignité. Tout dans sa *ghir* avait l'air chinois et venait effectivement de la Chine. Lui-même n'y faisait aucune disparate. Au contraire, il m'a tout à fait rappelé les pagodes que l'on mettait autrefois sur les cheminées de nos salons. Au reste, on le regarde comme un puits de science et comme un modèle de sainteté. Je présentai à son éminence le volume du P. Georgi, intitulé *Alphabetum Tibetanum*, dans lequel elle lut le tibétain avec la plus grande facilité et une surprise non moins grande de voir qu'il y eût en Europe des livres dans sa langue sacrée, avec un privilège accordé à la propagande par le grand Lama lui-même.

Ensuite je lui dis que nous avions en Pologne un fils d'Amoursana. D'abord, le lama parut en douter et m'objecta que tous les enfants de ce prince avaient été conduits à Pékin. Mais j'expliquai qu'Amoursana avait eu un fils en Sibérie, et que cet enfant avait été conduit en Pologne; enfin, que j'avais en ma possession tous les *bourkhan* ou idoles que le dernier prince des Dzoûngar avait emportés avec lui. Alors le lama parut réfléchir profondément à ce que je lui disais, et il finit par avouer que mon récit lui semblait très probable. Mais le souvenir de la cour brillante du Khoung-taïchi où il avait passé sa jeunesse excita si vivement sa sensibilité que je crus devoir terminer ma visite, et l'on m'a dit ensuite qu'effectivement il avait fondu en larmes aussitôt que je fus parti.

Ayant ainsi rendu nos devoirs au chef du clergé, le prince Tumen me présenta à la princesse Nourdjan, son épouse, qui est jeune et très belle dans son genre; son teint surtout est d'autant plus remarquable que l'éclat en est relevé par deux grosses tresses d'un noir d'ébène. Nous la trouvâmes occupée à lire un manuscrit qui traitait des exploits de Gengis-khan. Ce qui me donna lieu de demander si l'on avait conservé quelque souvenir du peuple appelé Ouigour, auquel les Mongols empruntèrent leurs caractères. Tumen me répondit que chez eux l'on ne savait plus du tout ce qu'étaient les Ouigour, mais qu'il y avait une expression proverbiale qui disait: «Je ne comprends point le discours de cet homme, ce sera quelque Ouigour.» Ensuite je demandai s'il était resté quelques traces de cet ancien respect que les Mongols avaient pour le seuil des portes de leurs tentes, qui était tel, que lorsque nos moines Plan Carpin et Rubriquis avaient le malheur de les toucher seulement du bout du pied, on les rouait de coups, et même on les menaçait de la mort. Tumen me répondit que ce respect s'était conservé, qu'à la vérité l'on pouvait toucher le seuil, mais que l'on regarderait comme un péché de s'asseoir dessus. C'est peut-être de cette particularité que dérive l'expression de «Sublime Porte».

Tandis que nous nous occupions de ces questions historiques, la princesse donnait ses soins au jeune prince Houvacha, son fils, âgé de quatre ans. Tumen n'a eu de Nourdjan que cet enfant qui mérite toute sa tendresse, car c'est le plus joli Kalmouk que l'on puisse voir. La polygamie est permise chez les Kalmouks; toutefois on en voit peu d'exemples.

La visite se prolongea. On nous servit de l'eau-de-vie tirée du lait de jument et du thé au beurre et au bouillon. L'eau-de-vie est faible et d'ailleurs elle a quelque chose de gras, qui ne m'a pas paru agréable; le thé, que les Kalmouks font venir de la Chine exprès pour eux, ne ressemble pas du tout au nôtre. Il est en grandes tablettes, presque aussi dures et compactes que des briques. Chaque tablette est comme revêtue d'un papier très fin et chargé de caractères. Les Kalmouks en cuisant ce thé avec du lait et du beurre, en tirent une boisson saine, restaurante, et à laquelle on s'accoutume facilement. Aussi presque tous les Tatars en ont adopté l'usage.

Sur ces entrefaites une trentaine de figures assez étranges sont venues s'accroupir près de nous, c'était des Koundour, ou Koundourau campés dans les environs; ils venaient nous rendre leurs hommages; Tumen leur fit donner du *koumys*, et d'ailleurs ne semblait pas faire grande attention à eux. Eux, au contraire, lui rendaient des respects très extraordinaires, ce qui m'a paru nouveau de la part des musulmans à l'égard d'un païen. Mais ils respectent en lui le sang de Gengis-khan, son opulence et son caractère moral, qui est réellement très estimable et fort connu des Russes comme des nomades, et depuis le Iaïk jusqu'au Kouban.

Puis on servit le dîner dans lequel je donnai galamment la préférence à la chair de cheval que j'avais même demandée. Pendant que nous mangions, un musicien s'accompagnait en jouant du *ialgha*, instrument à cordes qui m'a paru avoir un son agréable. D'ailleurs je ne puis en donner aucune idée, parce qu'il ne ressemble pas à nos instruments d'Europe. Mais l'air favori du musicien ressemblait beaucoup à la chanson savoyarde *Ramonez-ci*, *ramonez-là*, seulement il ne finissait pas de même.

Après dîner, arrivèrent deux princes de la ligne de Dondouk-ombo. L'un s'appelait Moukouiken et l'autre Sandjoucha. Ils ne savaient point le russe, et n'avaient presque aucune idée étrangère à la vie nomade.

Puis il y eut une chasse très brillante. Les princes galopaient le faucon sur le poing. Les Tatars Koundour étaient de la partie, enfin la plaine était couverte de cavaliers. On prit autant de hérons qu'on voulut, et chacun s'en retourna chez lui fort content de sa journée.

Le 15 août j'ai passé la matinée à dessiner les *bourkhan*, ou idoles des chapelles, avec l'attirail du culte lamaïque. Tout cela était fort riche: les idoles garnies en perles, les instruments en argent et pierres fines. Le clergé est nombreux, hors de proportion.

Le chef de la secte lamaïque de la religion de Bouddha est le Dalaï lama, qui réside à Lhassa dans le Tibet. Il passe pour une incarnation du *bourkhan* (dieu) Aria balou. *Lama* est tibétain et signifie «mère de l'esprit, ou de la divinité»; *dalaï* est le mot mongol pour «mer» et désigne aussi tout ce qui est grand ou sans bornes. Le Dalaï lama s'appelle en tibétain *lama rimpotché*; les Mongols et Kalmouks lui donnent aussi le titre honorifique de *Khamouk gheghi aïladouktchi Dalaï lama*, c'est-à-dire «mère de la divinité, qui est le plus instruit parmi toutes les créatures».

L'autorité du Dalaï lama est si grande parmi les Mongols et les Kalmouks que tous leurs princes ou khans, à leur avènement au trône, lui envoient des ambassades et de riches présents. Souvent ils lui expédient aussi les cendres de leurs prédécesseurs pour recevoir sa confirmation et sa bénédiction. Les khans kalmouks qui se trouvaient sous la protection de la Russie faisaient partir ces ambassades en secret. Quelquefois, cependant, on leur permit de les envoyer par la Sibérie, par Kiakhta et par la Mongolie. On croit que ces ambassades ont influé sur la résolution prise par les Kalmouks Torgaut de quitter la Russie et de se réfugier sur le territoire chinois. Les Mongols de Selenghinsk, en Sibérie, font également de riches collectes pour le Dalaï lama, et, nonobstant les défenses sévères, lui envoient des prêtres avec des chameaux chargés d'argent et de choses précieuses.

Un autre grand patriarche du Tibet, appelé *Bogdo lama*, ou le lama auguste, réside dans le couvent de Djhachi loumbo, près de Jigâtsé. Les Tibétains l'appellent *Baïntchin rimpotché*, l'envoyé vénérable, et les Mongols lui donnent encore les noms de *Bogdo baïntchang* et *Bogdo gheghen*. Cette incarnation divine est plus ancienne que le Dalaï lama, mais les Kalmouks estiment le dernier beaucoup plus. Les sectateurs du Dalaï lama portent le nom d'*oulan sallatu*, ou bouffettes rouges. Toutes les tribus mongoles appartiennent à cette secte. Ceux du Bogdo lama sont appelés *chara malakhai*, ou bonnets jaunes. Autrefois la croyance de ceux-ci était la dominante au Tibet, mais quand le Bogdo lama et son clergé commencèrent à conférer des dignités ecclésiastiques à des femmes, il s'y forma un schisme violent qui occasionna des guerres sanglantes, et finit par la nomination du Dalaï lama à Lhassa. Actuellement la discorde entre eux est tout à fait terminée, de sorte qu'ils se visitent mutuellement pour se donner l'un à l'autre la bénédiction. Quoique le clergé mongol et kalmouk révère plus le Dalaï lama que le Bogdo lama, ses membres les plus éclairés ne nient pas que le dernier soit plus ancien et plus vénérable.

Après le Dalaï lama, sept *goussé*, en mongol *koutoukhtou*, tiennent le premier rang dans la hiérarchie lamaïque. Six d'eux résident dans le Tibet, et le septième, nommé en mongol *Gheghen-koutoukhtou*, et en tibétain *Djebdjin tomba goussé*, a son siège dans l'Ourga situé sur la rivière Tola, et au pied de la montagne Khan-oola.

Après le *koutoukhtou* viennent les *Tsordji-lama*, en tibétain *Tchoïdjèh-lama*, puis les *Radjamba*, ou qui savent tout, et enfin les *Gabdjou-lama*. Les prêtres de ces trois classes sont les seuls qui portent chez les Kalmouks le titre de *lama*, tandis que les Mongols le donnent aussi à des ecclésiastiques d'un rang inférieur. *Ghelong* est le nom de tous les prêtres ordonnés.

Dans cette horde-ci, qui n'est que d'environ mille *ghirs*, c'est-à-dire trois mille âmes mâles, il y a deux cent vingt individus religieux, tant prêtres que diacres ou sous-diacres, mais ils ne sont point inutiles. Outre les devoirs de leur état, ils s'occupent encore de l'éducation de la jeunesse, et s'en acquittent si bien que presque tous les Kalmouks, même les plus pauvres, savent lire et écrire, ce qu'on ne voit pas chez des nations plus policées. De plus, les *ghelong* copient les livres et perpétuent les bibliothèques. Enfin l'on trouve parmi eux des médecins habiles, particulièrement dans la connaissance des simples. Plusieurs Russes ont eu recours à eux et s'en sont bien trouvés. Aussi le peuple n'attend-il pas que les *ghelong* aillent mendier, il va volontiers au-devant de leurs besoins.

Après dîner j'ai vu une autre cérémonie religieuse, bien autrement compliquée que la veille. D'abord, les *ghelong* ont mis par-dessus leurs habits des camisoles très riches et des espèces de tabliers de damas de la Chine. Sur la tête ils avaient des mitres chargées d'images et de bandelettes. Tout ce costume ressemblait beaucoup à celui des bonzes de la Chine. Aujourd'hui il n'y a point eu d'instruments, seulement chaque moine avait une sonnette de cuivre dans la main gauche, dans la droite un outil sacré dont je n'ai pu savoir ni le nom ni l'usage. De plus, chacun avait devant lui des graines dans un morceau de drap et une tasse de cuivre. Avant de commencer les prières, ils ont mis un bandeau de taffetas sur leurs yeux, puis ils ont psalmodié à voix basse d'une manière assez ressemblante à celle de nos moines, mais toujours avec le mouvement de la gorge. De temps en temps ils joignaient leurs mains comme nous faisons pour prier. Puis, ils ont jeté en l'air une poignée de graines. Puis l'un d'eux s'est levé, a fait brûler de l'encens sur l'autel. Puis il a pris un vase sur lequel il y avait des plumes de paon. Il en a tiré une eau jaune qu'il a versée dans une coquille du genre des conques, et de là dans les tasses des moines. Ceux-ci en ont bu, en ont mis sur leur front, en ont offert aux dieux. Enfin ils ont suivi dans tout cela un rituel qui semble fixé avec beaucoup d'exactitude et soumis à de véritables canons.

Comme cette cérémonie a duré quelque temps, j'ai eu celui de crayonner le portrait de chaque prêtre en particulier. Demain je tâcherai de les mettre ensemble et en perspective, ce qui ne sera pas facile, vu qu'ils remplissaient exactement tout l'intérieur de la *ghir*, et qu'il est rigoureusement impossible de représenter tout l'intérieur d'un cylindre surmonté d'un cône, ce qui est la véritable forme d'une tente kalmouk. Dans ces cas-là les peintres prennent un parti, et c'est aussi ce que je ferai. Et si jamais mon dessin devient une planche, je l'accompagnerai d'explications, et d'excuses de n'avoir pu mieux faire.

Le matin nous avons été à la métairie, où j'ai vu des bergères assez jolies, occupées à traire des juments. En revenant l'on a encore pris quelques hérons, car les Kalmouks ne font pas un pas sans leurs oiseaux de proie. Chacun a le sien qu'il nourrit lui-même et dont il s'occupe toute la journée.

Après le dîner on a jugé une affaire galante; les coupables étaient un Tatar Koundour déjà d'un certain âge et une Kalmouk très jeune mais singulièrement laide. Cette cour d'amour a fini par quelques coups de *kantchouk* donnés et reçus de la meilleure grâce, avec gaieté et véritablement à la satisfaction de tout le monde. Je dois remarquer qu'à la métairie, le Lovelace tatar avait eu la complaisance de monter un cheval sauvage, et cette petite farce avait attendri les Kalmouks, sans quoi la bastonnade aurait été rude. Enfin, tout s'est bien passé, et demain nous dînons dans la horde de l'amant battu et content.

SUITE DU SÉJOUR CHEZ LES NOMADES

Le 19 août. Pendant les premiers jours que j'avais passés dans la horde de Tumen, il avait soufflé des vents très froids, puis un vent de mer assez chaud mais fort pénétrant. Cette intempérie eut des effets remarquables. Plusieurs Kalmouks furent enrhumés, ce qui leur arrive rarement. D'autres eurent la fièvre. Tumen lui-même fut incommodé, et comme de raison je m'en ressentis plus que les autres. C'est pourquoi j'ai quitté le camp et me suis retiré dans une maison très agréable que Tumen a fait bâtir pour y passer les hivers. Ce bon logement et les soins que l'on y a pris de moi n'ont pas tardé à me rétablir, si bien que je me trouve déjà en état de suivre la horde qui doit décamper demain. De plus, nous sommes d'un repas de noces. Din-Islam, le plus riche des Tatars Koundour, marie sa fille, et l'on m'assure que les fêtes qu'il doit donner à cette occasion surpasseront toute idée de magnificence.

Le 20 août. Je me suis rendu de bonne heure à la horde, que j'ai trouvée en marche. Un nombre infini de chameaux portaient les tentes et le bagage. Ils étaient conduits par des femmes à cheval, dont plusieurs avaient encore un enfant sur le devant de leur selle. Les hardes des plus pauvres étaient chargées sur des vaches. Personne n'était à pied ni en chariot, et le vieux lama lui-même était à cheval à la tête de son clergé octogénaire.

Nous suivîmes quelque temps la colonne, puis nous prîmes à droite, et nous nous enfonçâmes dans le territoire des Tatars Koundour, où nous avancions avec quelque peine, à cause d'une centaine de petites eaux qui entrent dans la Volga ou qui en sortent, et qu'il fallait passer sur des gués prétendus où l'on nage presque toujours. Cependant nous traversâmes plusieurs *aouls* des Koundour, et nous arrivâmes enfin à celui de Din-Islam, que nous reconnûmes de loin à la foule qui s'y rendait de toutes parts.

Notre premier hommage fut pour la troupe des jeunes filles qui s'étaient rassemblées sur une colline autour d'une escarpolette, mais à notre approche ces farouches personnes quittèrent leurs jeux, et en avançant nous ne vîmes plus rien qu'un tas de mouchoirs de soie.

Alors, Tumen s'adressant à elles en langue nogaï, leur fit un compliment dont le sens était qu'elles ne devaient point avoir peur de nous, vu que nous n'étions pas venus pour leur faire de la peine, mais seulement pour les prier de danser. Les douces paroles, accompagnées de la musique du *kabour*, apprivoisèrent les jeunes beautés qui daignèrent soulever leurs voiles et nous montrer le bout de leur nez camus, puis deux se levèrent et s'avancèrent vers nous. Un musicien ôta leurs voiles, et à ce signal elles commencèrent à danser, mais les yeux si fort baissés que je crois même qu'ils étaient fermés tout à fait. D'ailleurs, elles ne manquaient ni d'oreille pour la mesure, ni de grâce dans les bras. Lorsqu'elles eurent fini, elles mirent les deux mains sur leur visage avec l'air du plus modeste embarras, le musicien les couvrit de leurs voiles et elles se retirèrent. Quant au costume de ces jeunes filles, il était surtout remarquable par la quantité d'argent massif dont elles étaient couvertes, travaillé en chaînes, plaques, agrafes, boutons, amulettes, et autres objets semblables; les anneaux qu'elles avaient au nez étaient aussi très riches et garnis de pierres fines.

Ensuite nous allâmes voir les matrones, que nous trouvâmes occupées à commenter le trousseau de la mariée. Le costume des femmes ne diffère de celui des filles que par le voile qu'elles mettent sous leur bonnet, et il en est de même à Astrakhan.

Puis nous allâmes voir les apprêts du festin; l'abondance y présidait. On avait tué quatre chevaux, quatre bœufs et quarante moutons; de plus, les parents avaient apporté des queues de mouton, des têtes, des tripes, et d'autres morceaux fins et délicats. Ainsi l'on peut voir que rien ne manquait à la somptuosité de cette fête nuptiale, et que Din-Islam était un véritable Gamache de Tatarie.

Ensuite nous nous retirâmes dans une tente que l'on avait préparée pour nous, et je m'y entretins avec un mollah koundour appelé Begh-

Ali. Cet homme est assez instruit pour un Nogaï et, ce qui est encore plus rare chez eux, il paraît curieux de s'instruire davantage. On lui avait dit que je possédais une grammaire turque et il désirait infiniment l'avoir. Nous traîtâmes plusieurs points de l'histoire des Koundour, qui sont de véritables Nogaï. Mais aujourd'hui ils ont adopté l'usage des *ghirs* à la kalmouk, ce qui donne à leurs *aouls* un aspect tout différent, et l'hiver ils vivent dans des maisons aux environs de Krasnoï-iar. Ils ont cependant conservé l'usage des *ghilderga*, qui sont des espèces de fourgons qu'ils placent autour de leurs tentes pour s'en servir en guise d'armoires. Cette coutume est très ancienne, puisque les *Ambassades* de Ménandre en font mention. Chez quelques Nogaï qui ont conservé les anciennes mœurs, l'on y met aussi la fille aînée de la maison, ou la plus belle des filles, ou celle qu'on veut marier la première. Les campements des Koundour diffèrent aussi de ceux d'Astrakhan en ce que les habitants y sont fort séparés les uns des autres.

Enfin l'on apporta le dîner, qui fut servi dans des auges grandes et petites; la plus grande contenait un quartier de jument, dans les autres il y avait du mouton, du riz et du millet. J'avoue qu'il m'était impossible de jeter les yeux sur la pièce du milieu sans songer à toutes les charognes que j'avais jamais rencontrées sur les grands chemins; car c'est une ressemblance que la chair de cheval ne prend jamais, même lorsqu'elle est coupée en moindres morceaux, parce que la graisse est séparée d'une certaine manière qu'on ne voit pas dans les autres viandes. Le reste du repas était assez ragoûtant, mais ma santé n'était pas encore assez brillante pour pouvoir y faire honneur.

Après dîner tout le monde se mit à cheval et fit un cercle équestre autour des jeunes filles qui se balançaient sur l'escarpolette, puis il y eut des courses assez brillantes, puis on devait lutter. Mais, comme nous avions encore beaucoup de chemin à faire, nous prîmes congé de nos hôtes et nous remontâmes sur nos coursiers. Le soleil n'était pas encore couché lorsque nous arrivâmes sur l'Akhtouba, où nous trouvâmes des chameaux pour passer les plus honorables de la compagnie; le reste passa à la nage. Enfin la nuit était avancée lorsque nous arrivâmes au nouveau campement de la horde. Nous avions fait dans la journée plus de dix lieues à cheval, ce qui est considérable pour la première sortie d'un convalescent.

Le 21 août. Je me suis tenu tranquille et j'ai décrit la journée d'hier. Tumen m'a montré ses cottes de mailles qui ont chacune un nom, comme jadis l'épée de Roland qui s'appelait Durandal, et le sabre de notre roi Boleslaw qui s'appelait Szczerbiec. La plus remarquable des armures de mon hôte s'appelle Kistchim-kilintchik, ou la chemise Kistchim-khan. Elle est fort connue de tous les Tatars et même dans le Caucase.

Le 22 août, à Djid-hadji. Djid-hadji est appelé par les Russes

Seliternoï gorodok. J'y suis venu pour voir des ruines d'édifices tatars, mais mon attente a été trompée. Il ne reste des anciennes constructions que d'immenses amas de briques dont quelques-uns ont un côté émaillé en bleu, vert ou blanc; l'on y trouve même des traces de mosaïques. Quant aux quatre tours que l'on y voit encore, elles sont modernes, mais construites comme les murs d'Astrakhan, avec les briques anciennes. C'est un ouvrage d'un certain marchand appelé Kabeïkov. Ce qui prouve leur nouveauté, c'est d'abord le mortier qui ne consiste qu'en une mauvaise argile et ne peut se comparer à celui que les Tatars employaient autrefois, ensuite le bois des fenêtres qui est dans le goût moderne, enfin les tuiles vernissées qui sont mêlées avec les autres, tandis que les Tatars ne les emploient qu'aux portes et aux cymaises. Il paraît que les Russes ont voulu autrefois faire de ce lieu un point de défense pour leur navigation sur l'Akhtouba; ils avaient même élevé sur une de ces tours une échauguette en bois qui subsiste encore. [...] Entre les quatre tours dont j'ai parlé plus haut, sont encore d'autres débris de quelques maisons bâties en bois, et formant une apparence de places et de rues; mais aujourd'hui ces maisons n'ont plus ni portes, ni fenêtres, ni toit, ni habitants, si ce n'est des couleuvres et des tarentules, et une famille russe, très pauvre, qui fait un petit commerce avec les nomades des environs. Quant aux couleuvres, je ne sais pas ce qu'elles font dans un lieu si sec et élevé, mais il est sûr qu'on ne peut pas faire un pas sans en rencontrer. Pendant la journée sont venus plusieurs Tatars et Kalmouks, qui ont paru fort surpris de trouver ici des étrangers. Le soir, il est venu des hôtes d'une autre espèce; c'étaient des loups dont les hurlements mirent l'épouvante parmi quelques mâtins qui composent aujourd'hui toute la garnison de cette ancienne forteresse. La vue de ces ruines successives et de la misère actuelle, celle du vaste et uniforme désert, l'horreur qu'inspirent les animaux venimeux et malfaisants, font certainement du Djid-hadji l'un des séjours les plus mélancoliques qu'il y ait au monde.

A trois journées au nord-ouest de la route de Djid-hadji, une montagne isolée s'élève au milieu de la steppe; les Russes la nomment Bogdo-gora; les Kalmouks, Bogdo-oola. Le mot *bogdo* est mongol, et signifie «saint, grand, auguste». Ainsi, quand le cabinet de Saint-Pétersbourg donne à l'empereur de la Chine le titre de *Sa Majesté Bogdo-khanienne*, cela ne veut pas dire «*Khan donné par le ciel*»; on se sert d'un vieux mot qui fut probablement adopté en Russie à l'époque où les Mongols dominaient sur la Chine. Ici on raconte beaucoup de choses de ce mont Bogdo. On dit, entre autres, que sa cime est habitée par un génie kalmouk, qui n'y laisse grimper personne au-delà d'une certaine hauteur, et qui précipite dans l'abîme quiconque a la témérité de le défier. Une aventure si extraordinaire aurait eu assez d'attrait pour moi. Mais les nuits commençaient à être froides, les jours même ne sont plus assez chauds pour qu'après une forte pluie, ou après s'être mouillé en passant une rivière à la nage, on puisse se sécher. La fièvre que j'ai à peine vaincue me fait plus de peur que le génie; je renonce donc à la gloire de monter au séjour éthéré qu'il habite.

Le 23 août. Je suis arrivé assez tard à la horde. J'y ai trouvé les *ghelong* annonçant au peuple le jeûne appelé *Matseg.* Ils ont fait à ce sujet des cérémonies qui ont duré fort longtemps, et que je n'avais pas vues auparavant.

Le soir, il arriva des Tcherkesses que l'on fit danser. Il n'est pas surprenant que, ce peuple étant si voisin des Cosaques, leurs danses se ressemblent. Mais comment se fait-il que la danse des Norvégiens ait également de l'analogie avec celle des Cosaques? C'est ce que je ne suis pas en état d'éclaircir, quoique j'en aie été témoin à Copenhague.

Le 24 août. Aujourd'hui, il y a eu de grandes dévotions dans toute la horde; entre autres, chez la princesse Nourdjan. Elle tenait sur ses genoux un livre dont les feuillets étaient séparés, et elle les donnait successivement à quatre hommes laïcs, qui se tenaient à genoux près d'elle; ceux-ci les passaient les uns aux autres, et les chantaient comme un canon. Dans les autres *ghirs* l'on chantait aussi, ou bien on faisait tourner les *kurdé*, sortes de toupies qui sont censées prier lorsqu'elles tournent.

Puis j'ai été prendre congé du lama que j'ai remis sur le chapitre de la cour de Galdan-tséreng. Il m'a dit que de son temps on faisait monter le nombre des quatre races à trois cent mille *ghirs*, ce qui fait, d'après le calcul ordinaire des Russes, un million et huit cent mille âmes des deux sexes. Que de plus, les Turcs de la Petite Boukharie, soumise aux Khoung-taïchi, pouvaient former une population de quatre cent mille âmes mâles. Que ces Turcs ressemblaient en tout à ceux d'Astrakhan, qu'ils habitaient dans des villes et cultivaient des jardins. Il dit que de son temps Galdan-tséreng en avait fait venir un certain nombre pour établir des jardins sur les bords de l'Ili. Le lama m'a encore dit qu'il y avait dans ce pays-là un mont Bogdo-oola sur lequel les *ghelong* allaient faire leurs dévotions, et que dans les environs de cette montagne il avait vu des chameaux sauvages qui ne différaient en rien des autres, si ce n'est que leurs deux bosses étaient à peine sensibles. Ceux que l'on prend jeunes sont faciles à dompter, mais on ne fait aucun cas des vieux, et l'on ne cherche pas à les prendre, à ce que m'a dit le lama.

J'ai été rendre une dernière visite à la princesse et je pris le thé avec elle. Puis j'ai pris congé du brave Tumen et de son aimable famille, et je me suis mis en chemin pour Astrakhan, où je suis arrivé de bonne heure.

Je terminerai la relation de cette excursion chez les Kalmouks par une petite exhortation. Je pense qu'il serait temps de mettre à profit les livres mongols et tibétains, tant ceux que l'on trouve chez les hordes de ces cantons et en Sibérie, que la collection précieuse de l'académie de Saint-Pétersbourg. Pallas avait confié ce travail à un certain Jœhrig, frère morave de Sarepta qui, dans le commencement, étudia chez le vieux lama de cette province, ensuite alla chez les Bouriètes de Sibérie, et y demeura assez longtemps dans un couvent de *ghelong*; on dit qu'il est mort. Si, en effet, il ne vit plus, il faudrait le remplacer, ce qui ne serait pas impossible, car il y a, tant à Sarepta qu'à Astrakhan, des hommes qui sont en état de bien traduire les livres mongols. Le tangutain ou tibétain est plus difficile; les *ghelong* sont les seuls qui le comprennent, mais ils ne savent pas le russe. Il en est de même du gallik, alphabet qui tient le milieu entre le mongol et le tangutain. Un mot de la cour ferait merveille.

Ce travail vaut la peine qu'on s'en occupe, puisqu'on trouve dans ces différentes langues des livres de philosophie, d'astronomie, et de médecine, des tables généalogiques, des histoires et des contes. J'ai acquis un fragment de ces derniers qui sont entièrement dans le goût des *Mille et Une Nuits*; on m'a parlé d'une histoire d'*Ouchounderi-khan*, que l'on ne peut entendre sans verser de larmes. Que ne naît-il pour les langues mongole et tibétaine un nouveau Herbelot, qui soit pour ces idiomes ce que le premier a été pour le persan et pour l'arabe.

SÉJOUR A KALMOUK-BAZAR

Kalmouk-bazar, ou le marché des Kalmouks, est sur la rive droite de la Volga, à sept verstes au-dessus d'Astrakhan. C'est là le point de contact entre le peuple citadin et le nomade. Les Russes y portent de l'eau-de-vie, du pain et quelques mauvaises merceries; les Arméniens, du vin et des étoffes communes. Les Tatars y vont chercher des moutons pour leur marché d'Astrakhan; les Circassiens y travaillent en fer et en cuir. Enfin, les Kalmouks eux-mêmes y viennent vendre leurs bras, leur bétail et leurs feutres blancs. Mais leur extrême simplicité est cause que rarement ils font des affaires bonnes pour eux-mêmes, et de là vient la presse des marchands qui fait de Kalmouk-bazar un lieu très fréquenté.

Au midi de Kalmouk-bazar est une plaine inondée; au-delà une colline agréable, sur laquelle est une belle maison appartenant aux Voronin, famille actuellement composée de plusieurs membres, respectables par leur caractère moral ainsi que par la connaissance qu'ils ont de la langue kalmouk, et leurs liaisons avec les *noyon* ou princes kalmouks. Ils sont surtout les intimes amis de Tumen, ce qui forme à mon gré un préjugé en leur faveur.

Puis vient une autre plaine et d'autres alluvions, enfin un bourg tatar compris encore sous la dénomination de Kalmouk-bazar. C'est là que j'ai demeuré habituellement depuis le quinze de juillet. Alors les Tatars avaient déjà quitté leurs maisons, et campaient sous des hangars, tout à fait attenants à la bourgade, puis ils en descendaient, s'établissant dans la plaine toujours plus avant, à mesure qu'elle était abandonnée par les eaux de la Volga. Mais jamais ils ne se sont éloignés du bourg de plus de deux cents pas. Ainsi, leurs campements ne sont plus qu'un souvenir de la vie nomade et une manière de prendre l'air. Quelque peu considérable que soit cette distance, les Tatars s'y font suivre par leurs *mollah* qui ont, à cet effet, des mosquées portatives fort ressemblantes à des cages à poulets, dans lesquelles ils ont un air très comique. Le bourg de Solianka a sept mosquées et autant de *mollah*. De plus, les dévots ont encore des chapelles d'osier qu'ils traînent avec eux ; elles sont assez grandes pour qu'un homme puisse s'y prosterner à son aise.

Les hommes graves passent une grande partie de leur journée accroupis autour de la cage du *mollah*, à observer tout ce qui se passe dans la bourgade ; on les accuse de trop mêler le prochain dans leurs pieuses conversations.

Les hommes de mœurs plus faciles tuent le temps dans un petit camp séparé, où les femmes kalmouks vendent du lait de jument et de la viande de cheval. La poésie fait pour l'ordinaire le charme de ces petits comités. Le troubadour tatar s'accompagne d'une guitare à deux cordes. Le chevalet de son instrument touche à son oreille gauche, sa tête est penchée sur son épaule droite, et ses yeux fixés sur la terre, où il semble chercher des pensées ou des réminiscences. La plupart des poésies sont une suite d'allégories exprimées en deux vers, et qui n'ont pas de liaisons entre elles ; par exemple :

« J'ai laissé dans mon jardin une fleur que personne n'avait aperçue, je voyage et je rencontre sous mes pas un ravin escarpé. — Mon épervier et mon cheval ne connaissent plus ma voix. — Je voulais attraper un phénix (*oumâ-kouch*), et je n'ai trouvé que des corneilles dans mon filet. »

Nous ne pouvons pas bien sentir le sens profond de ces aphorismes allégoriques, mais il n'en est pas de même d'un auditeur tatar. Lorsque la pensée du poète est allée à son cœur, et qu'elle y a touché une corde sensible, il le fait connaître en levant la tête et en poussant un cri affreux, puis il remet son menton sur ses genoux et rentre dans le silence parce que les autres auditeurs n'étant pas émus au même distique, n'avaient pas bougé. Souvent le poète chante de véritables romances de chevalerie.

Mais la guitare a bien d'autres usages dans les mains des jeunes gens, et l'on juge aisément que le dieu qui se plaît aux désordres doit faire de furieux ravages dans les familles oisives, dont les demeures ne sont entourées que par de faibles enceintes d'osiers ou de roseaux.

Comme les habitants du même *aoul* sont tous parents, on se marie d'ordinaire dans les *aouls* éloignés, mais il se passe souvent des années entre les fiançailles et les noces, et l'on dit qu'en attendant, les cousins ont leur jeu et se font quelquefois écouter de leurs cousines. Ce que pourtant je ne voudrais pas assurer, car ce n'est point dans des contes galants qu'il faut chercher la peinture fidèles des mœurs d'une nation, mais ce que je puis certifier, c'est qu'à Madrid et à Cadix, je n'ai pas autant entendu racler de chansons amoureuses, et cela pendant des nuits entières.

Le mois d'août a été ici un temps d'allégresse et de joie; la récolte des melons d'eau inspirait partout l'activité et le goût des plaisirs. Partout on en mangeait, on en offrait ou bien l'on en vendait; une foule d'*arbas* (chariots), à voix criarde, les apportaient de la campagne, une foule de barques venaient d'Astrakhan pour les enlever. Des montagnes de ces melons garnissaient le rivage; la plaine et le fleuve offraient des tableaux également animés.

Puis le mouvement a diminué peu à peu, et dès les premiers jours de septembre chacun a songé à rentrer en ville et à y rapporter sa maison de campagne. On les faisait entrer dans la cour par-dessus la muraille, et on les mettait dans quelque coin où elles servaient encore de magasins. Cependant, notre bourg a toujours conservé un air de population, qu'il doit à ce que l'on y prend des barques pour passer à Astrakhan soit les voyageurs, soit les marchandises.

Il n'y a point de jour qu'il n'y vienne des caravanes de Tatars de la Kouma, du Kouban et des Cinq Montagnes, et j'ai eu l'occasion de m'entretenir avec des individus de toutes les races des Turkmènes, Nogaï, Kiptchak, etc.

Nous y avions aussi des Cosaques du Iaïk, mandés pour rétablir la sûreté sur les grandes routes, et les Cosaques Zaporogues qui revenaient de la guerre de Perse. Enfin, nous y avons eu une ambassade de Kirghiz[1], qui véritablement n'avait point l'air diplomatique.

Cette ambassade avait eu lieu pour l'échange de quelques prisonniers, car d'ailleurs les Kirghiz n'ont aucune relation avec Astrakhan. Leur principal commerce se fait à Orenbourg, et voici ce qu'on m'en a conté. Lorsqu'un Kirghiz arrive à la foire avec son bétail, une foule de marchands et d'interprètes russes se jettent sur lui, ils l'arrachent de dessus son cheval, le tirent par les bras et les jambes pour l'entraîner chacun à sa boutique. Cet empressement flatte le Kirghiz, mais il n'en fait point le semblant, et se détermine machinalement pour la boutique de celui qui le tire le plus fort. Le marchand étale tout ce qu'il a pour amener quelque échange, mais le kirghiz ne dit mot et regarde tout avec indifférence. Alors le marchand fait apporter de l'eau-de-vie, de la tisane de salsepareille, on boit, on

1. En réalité des Kazakhs. Voir note 2 page 200. Voir aussi texte page 214.

s'embrasse, le tout en vain. Enfin, quand le marchand juge que le moment est arrivé, il saisit le *kantchouk* du Kirghiz, et lui en sangle une douzaine de coups de toute sa force, alors on voit le Kirghiz sourire agréablement et l'affaire se conclut bientôt après. Comme les Kirghiz n'ont absolument aucune idée du prix des marchandises qu'ils acquièrent, on juge bien que ces échanges doivent être fort avantageux au détaillant moscovite. Voilà ce qu'on m'a conté, et ce que je distingue soigneusement de ce que j'ai vu par moi-même, ainsi que faisait Hérodote.

Les navires destinés aux voyages de Manghychlak viennent de ramener beaucoup de marchands de Khiva et des Turkmènes; je les ai vus à la douane, où ils se conduisaient avec tant d'emportement qu'on avait beaucoup de peine à les ramener à l'ordre.

J'ai aussi vu ces jours-ci une princesse tchétchène que les hasards de la guerre ont amenée jusqu'à Astrakhan. Elle est assez belle et bien élevée à sa manière, c'est-à-dire qu'elle sait le turc tel qu'on le parle dans le Chirvan, mais elle ne saurait se défaire des préjugés de sa nation. Elle trouve qu'un pays où on ne vole pas sur les grands chemins a toujours quelque chose de monotone et d'ennuyeux, et que pour elle un mouchoir volé lui fait plus de plaisir qu'un collier de perles qu'on lui achèterait. Elle dit que depuis le commencement du monde, les princes de sa maison ont toujours volé sur le chemin de Tiflis, ou sur celui de Tarkou, et que pour tout au monde elle ne voudrait pas que ses parents et ses amis sussent qu'elle a épousé un homme qui ne vit pas de rapines. Telles sont les mœurs du Caucase, à quoi il faut ajouter un grand mépris pour la vie, un grand respect pour l'hospitalité et l'amitié, avec un extrême penchant pour le mensonge et la perfidie, excepté à l'égard de son ami, qu'il n'est pas permis de tromper. En voilà assez sur ce sujet, j'en dirai davantage lorsque j'aurais vu de mes yeux.

Tandis que je m'occupais à Kalmouk-bazar de toutes ces races sauvages, Astrakhan m'a offert un spectacle nouveau pour moi. L'archevêque arménien officia pontificalement, couvert de la tiare patriarcale qu'il avait obtenue ou achetée des Persans, après le pillage d'Etchmiadzin, au pied de l'Ararat. La cérémonie était imposante et rappelait l'église primitive d'Orient plus que tout ce que j'ai jamais vu dans le même genre. Peu de jours après arriva Melik Djoumchioud, prince arménien très distingué par son mérite et son habileté dans les affaires. Il s'était trouvé à Chouchi, lorsque Agha-Mohamed-khan y fut assassiné, et m'en a dit des choses très intéressantes. Aujourd'hui les nouvelles de la Perse sont que Baba-khanserdar est maître de l'armée et des trésors, et que, pour faire preuve d'autorité, il vient de déposer le khan de Talicha. Ce Baba-khan est le neveu d'Agha-Mohamed-khan, et celui-ci disait ne travailler que pour lui transmettre l'autorité souveraine.

Enfin je n'ai pas voulu quitter Astrakhan sans avoir vu les bords de la mer Caspienne: la navigation sur le fleuve a été des plus agréables. J'y fis donc un petit voyage en compagnie de l'amiral Akhmatov et de sa femme. Mais arrivé au but, je n'ai trouvé que des rives noyées et couvertes de roseaux, et je doute que le pinceau même de Vernet pourrait réussir à en faire des tableaux. Cependant j'ai été un peu dédommagé pour ce manque de pittoresque par les pêcheries qui sont sur les îles de la Volga. Celles que l'on appelle *vatagha* sont des demeures bâties sur l'eau même, garnies de filets relevés en draperie, mais les *stany* méritent encore mieux l'attention d'un dessinateur. Ce sont des établissements passagers que les pêcheurs font dans quelques calanques; elles semblent de véritables décorations. C'est une rangée de huttes en nattes ou roseaux, des hameçons et des bouées enfilés en chapelets et relevés en festons, et puis des câbles, des nasses, des corbeilles, des lignes, des feux, des pavillons, des lits, des images, des barques. Cette grande variété de détails pourrait même difficilement être représentée dans un petit espace.

A présent je ne songe plus qu'à partir pour Kizliar, mais je croirais me rendre coupable d'ingratitude, si je terminais ce chapitre sans parler de ce que je dois à M. Arsénevski, gouverneur d'Astrakhan, ainsi qu'à tous les autres gens en place et habitants de cette ville. Leur empressement à favoriser toutes mes recherches ne m'a rien laissé à désirer, et prévenait mon zèle dans toutes les occasions d'instruction qui pouvaient s'offrir.

En 1805, Jan Potocki est nommé responsable scientifique d'une ambassade envoyée par la Russie en Chine. Début juin, il prend la route de Sibérie, atteint Irkoutsk en septembre, entre en Chine (en Mongolie) à la fin de l'année. L'ambassade, bloquée par des différends protocolaires, ne dépassera pas Ourga et devra rebrousser chemin. Sur le chemin du retour, notre voyageur met à profit sa présence dans la région pour descendre vers Barnaoul, la ligne de l'Irtych, Semipalatinsk. Dans son élaboration du « Système asiatique » il estime que le commerce avec la Chine est essentiel. « La politique asiatique est fondée tout entière sur un intérêt commercial », écrit-il. Quelle est la route la plus courte pour relier les deux empires? Quelles sont les places les plus judicieuses pour y établir des marchés?

MÉMOIRES SUR L'EXPÉDITION DE CHINE

Omsk, le 14 mai 1806

Mon Prince,

J'ai tout lieu de me féliciter du parti que j'ai pris de voir Barnaoul et la ligne de l'Irtych. J'ai par là complété mes connaissances asiatiques aussi bien que mes notions coloniales sur la Sibérie. Le soin que je prends de savoir serait encore peu de chose, mais j'y joins toutes les réflexions qui me mettent en état d'établir la discussion et de faire voir sous leur vrai jour les projets que l'on a déjà donnés et que l'on donnera encore sur des pays et des choses, que l'on connaît généralement très peu.

Je commencerai donc par vous parler de Buchtarma et d'un prétendu chemin très court qui doit conduire droit à Pékin. Ces idées viennent originairement du général Strandman. Et aujourd'hui qu'il est mort, il est difficile de dire, s'il a eu de mauvais renseignements ou de mauvaises cartes. Sûr est-il que ce chemin n'existe pas, puisque le désert de Gobi ne peut se traverser en long, mais seulement dans sa largeur!

Dès le temps de Marco Polo, tous ceux qui entraient en Chine par l'occident ne passaient point la Grande Muraille. Ils entraient dans le Schan-See par de hautes montagnes, qui séparent cette province d'avec le Tibet. Il en est de même aujourd'hui. Lorsque l'*amban*, qui commande à Kouldja, reçoit l'ordre de faire passer à Pékin quelque ambassadeur boukhare ou quelque prince kirghiz, on l'envoie à Ouroumtchi, de là à Turfan, puis à Chamil, enfin à Schatscheou, etc. J'ai vu à Semipalatinsk plusieurs Boukhares, qui avaient fait ce voyage. Ils ont eu jusqu'à Pékin quatre-vingt-seize jours de marche au lieu de cinquante ou même quarante que font les caravanes de Pékin à Kiachta, ce qui n'est que la moitié, car aux quatre-vingt-seize il faut ajouter trente de Buchtarma à Kouldja. De plus, les objets de commerce avec la Chine sont tous très volumineux, comme thé, nankin et drap. Le thé et le coton sont tous des produits du midi et de l'orient de la Chine. Comment pouvait-on les transporter avec avantage par les hautes montagnes du Schan-See? Enfin il faut observer que les marchands chinois de Maïmatcheng sont très défiants. Ils savent à peu près ce qu'ils peuvent débiter en Chine des marchandises de chaque espèce et font leurs marchés en conséquence. Quelle ne serait pas leur inquiétude si, dans le voisinage, il se faisait des marchés dont ils n'auraient pas connaissance!

Le commerce de la rhubarbe pourrait se faire avec avantage sur cette frontière. Mais comme la Couronne a un contrat avec le Boukhare Abderrhaïm, c'est son affaire de nous la porter à Kiakhta.

De plus, Buchtarma n'est point bien placé. Le chemin par terre n'est pas praticable pour les chariots, et le fleuve y est trop rapide. Le commerce qui sait toujours ce qu'il fait, s'est placé de lui-même à Semipalatinsk. Il s'est formé une petite colonne de marchands du Tachkent. Et par le moyen des Kirghiz, l'on tire de la Chine quelques produits du nord de l'Empire.

Il ne me paraît pas douteux que Semipalatinsk mériterait des encouragements et des allégeances. Semipalatinsk est précisément placé pour y faire un commerce interlope avec la Chine, car Buchtarma est trop sous le nez des corps de garde chinois. Enfin Semipalatinsk est précisément dans le cas d'un port-franc, où les marchands sortis des griffes des Kirghiz pourraient respirer, avant de tomber dans les serres des douaniers. A présent l'on a arrêté à la douane trois cents châles superbes appartenant à des Arméniens qui les ont taxés au-dessous de leur valeur. Sans doute ils ont eu tort, mais le commerce asiatique n'est pas le commerce européen. Celui-ci se fait par commission : le marchand sait ce qu'il fait venir, et il sait déjà à quel détailleur il le vendra. En Asie, un marchand risque non seulement son capital, mais sa vie. Il traverse vingt hordes de brigands, et s'il arrive, il croit sa fortune faite. Le pauvre Arménien dont on a arrêté les châles disait: «Les sultans kirghiz m'ont pris un châle chacun, et vous voulez me prendre tout.»

Si l'on croit qu'un port-franc à Semipalatinsk ferait tort aux douanes, il n'y a qu'à faire le port-franc de l'autre côté de la rivière, là où était l'ancien Mienovoï dvor.

Je ne vous parlerai pas du commerce de l'Inde que l'on voulait faire par le Tibet. Ce pays appartient à la Chine. Et l'*amban* qui le gouverne est un frère du *zergoutchey* de Maimatcheng. Je me propose de traiter ce sujet à fond dans mon «Système asiatique» qui sera pour moi ce qu'était le testament politique du cardinal de Richelieu, de Mazarin et de je ne sais combien d'autres fameux politiques.

Ce qu'il y a de sûr, c'est qu'il ne contiendra que des choses auxquelles j'aurai mis toute la réflexion dont je suis capable.

On s'en rapporte sur les relations asiatiques aux gouverneurs des frontières. Or le gouverneur d'Irkoutsk, qui est un marin retiré, voudrait avoir une flottille sur l'Amour. Le commandant de la ligne de l'Irtych, Lavrov, a des vues très justes, mais elles ne sont point d'accord avec celles du prince Volkonski, qui me les a communiquées. Il faut donc un système général, et c'est à quoi je veux travailler sous les ordres de Weydemayer ou de tout autre chef qu'on voudra me donner, mais non pas avec des têtes vides et légères comme il y en a dans le monde.

N'ayant point de réponse à la lettre que j'ai écrite à Sa Majesté, je pense qu'Elle ne désapprouve point que j'aille à Pétersbourg où je puis être utile sous plus d'un rapport. Je vais donc suivre la frontière asiatique jusqu'à Orenbourg. De là je passerai par Simbirsk pour voir la jonction de la Volga et de la Kama, car cela doit être beau à voir. Et puis j'irai jusqu'à Vladimir où j'attendrai vos ordres, car il n'est pas décent que j'aille à Moscou, et moins encore à Pétersbourg, sans en avoir l'autorisation formelle.

Il ne me reste plus, mon Prince, qu'à vous dire quelques mots sur les voyages entrepris par les ordres de Lavrov à Kouldja et à Boukhara. Ils ont été conçus et exécutés avec beaucoup de prudence et d'intelligence. Je ne vous parle pas du bel ordre qui règne à la ligne, et de la surprenante discipline des Cosaques de l'Irtych, car tout cela n'est pas de mon ressort. Il est sûr que ce Lavrov est un homme qu'on peut employer partout avec avantage.

Je me recommande à votre souvenir.

P.S. J'apprends dans ce moment les tristes événements qui ont eu lieu à Bakou. Permettez-moi de vous dire que ceci est encore la suite de défaut de système. Aucun prince asiatique ne résisterait à la Russie. Mais ils ne croient avoir affaire qu'au gouverneur général. Lorsque l'Araxe sera la frontière il n'y aura plus rien à demander aux Persans. Mais il faudra toujours une liaison politique avec le Khan de Tauris et par lui une influence en Perse.

Jan Potocki, *Voyages dans les steppes d'Astrakhan et du Caucase. Mémoires sur l'expédition en Chine (1805-1806)*, Fayard, 1980.

III. Avant la conquête russe

PHILIP EFREMOV[1]

(1774-1782)

En 1786 paraissait à Saint-Pétersbourg le Voyage de dix ans du sous-officier russe Efremov, aujourd'hui assesseur de collège, et ses aventures en Boukharie, à Khiva, en Perse et en Inde, et son retour en Russie par l'Angleterre, écrit par lui-même[2].

Voyage involontaire s'il en fut, puisque ce sous-officier russe, chargé de la défense d'un petit poste aux frontières de l'empire, dans la région d'Orenbourg, pendant la révolte de Pougatchov, en 1774, fut capturé par des nomades kazakhs et vendu comme esclave en Asie centrale musulmane. Il passa ainsi sept ans dans le khanat de Boukharie, la plupart du temps à faire la guerre pour son maître.

Nombreux furent les Russes, au XVIII*e siècle, qui vécurent ainsi captifs en Asie centrale ouzbèke, turkmène ou kalmouke... faits prisonniers à la guerre ou le plus souvent enlevés dans des raids. Quelques-uns eurent la chance d'en revenir. Efremov fut de ce nombre. Par bonheur, il fut à même de publier le récit de ses aventures.*

Le texte ci-dessous comporte la plus grande partie du récit de voyage lui-même (on a seulement résumé les trois dernières pages consacrées au retour de Lucknow à Saint-Pétersbourg par l'Angleterre), soit un quart du texte russe intégral, dont les trois autres quarts sont consacrés à la description politique, économique et sociale de la Boukharie, des nomades kazakhs, du Ladakh, du Tibet, et plus brièvement de Samarkand, Kashgar, Yarkand, du Cachemire, de l'Inde du Nord. Le

---

1. Je remercie Mme L. Boulnois de m'avoir fait connaître le récit de P. Efremov et d'avoir bien voulu insérer ses présentations, traduction et notes dans cette anthologie. (M.J.)

2. Sous le titre modifié *Voyage de neuf ans*..., l'ouvrage a connu deux autres éditions du vivant de l'auteur, en 1794 et 1811 ; puis une autre en 1893 dans la revue *Rousskaya starina* ; puis une cinquième en 1950, pour le deux-centième anniversaire de la naissance de l'auteur, et une sixième en 1952, les deux dernières présentées et utilement commentées par le géographe soviétique Eduard Makarovitch Mourzaev.

long chapitre sur le Tibet nous pose problème: il n'est pas présent dans toutes les éditions et il est identique, parfois mot pour mot, à un texte de Pierre Simon Pallas... La description la plus intéressante et la plus concrète est celle de la Boukharie (et c'est logique puisque l'auteur y a vécu sept ans) avec quantité de détails sur la sériciculture, le coton, l'alimentation, la filariose dont les habitants sont tous atteints, le costume, l'armée, la politique...

Outre l'aspect historique et documentaire du récit, on ne peut rester insensible à la leçon de patience, de courage et de fidélité que nous transmet, à travers sa manière d'écrire concrète et sans fioriture, ce jeune sous-officier d'origine modeste, capturé et vendu comme esclave à vingt-quatre ans, qui aurait pu faire une belle carrière militaire et devenir riche en Asie centrale — pourvu qu'il se fît musulman —, mais qui rejeta tout cela et résista à tout, pour rester fidèle à sa foi chrétienne et à son serment à l'impératrice.

NEUF ANS DE PÉRÉGRINATIONS

Je suis natif de Vyatka et fils de Sergheï Efremov, secrétaire du consistoire écclésiastique de cette ville[1], bouillant de zèle et d'empressement pour la mère miséricordieuse de notre patrie[2] je me suis engagé dans l'armée et j'ai été nommé en 1763 au régiment d'infanterie de Nijny Novgorod, où j'ai été fait caporal la même année, garde-magasin en 1765, sergent en 1769, et en 1774, en juin, j'ai été affecté au poste de Dongouz, ce que l'on appelait la route d'Iletzkaya Zachtchita[3], avec vingt soldats et Cosaques et un canon.

Nous cheminâmes sans obstacle, il n'y avait point alors de malfaiteurs[4] en vue, ce pourquoi j'arrivai bien au poste indiqué, où après plusieurs nuits passées tranquillement il nous arriva ce qui suit: à l'aube, une bande de mutins, forte de cinq cents hommes, nous tomba dessus. Si nombreux que fût ce ramassis de mutins et si audacieuse que fût leur incursion, le courage ne nous lâcha pas dans cet accrochage, et nous soutînmes leur attaque et repoussâmes leurs efforts

1. Philipe Efremov est né en 1750 à Vyatka, actuellement Kirov, chef-lieu de l'oblast' du même nom, dans l'actuelle Fédération de Russie.

2. Engagé à l'âge de treize ans, sous le règne de l'impératrice de Russie Catherine II (la Grande Catherine) qui régna de 1762 à 1796.

3. Dongouz: actuellement Dongouzkaya à environ 40 km au sud d'Orenbourg; Iletzkaya Zachtchita («la défense d'Iletzk»): actuellement Sol' Iletzk, à 40 km au sud de Dongouz. Dongouz constituait un poste avancé par rapport à la ligne de défense installée le long du fleuve Yaïk (le fleuve Oural) qui protégeait la Russie du côté de l'Asie centrale: ce qu'on nommait la «Ligne d'Orenbourg».

4. *Malfaiteurs* (et plus loin: *mutins, gueux enragés, émeutiers*): des hommes de la bande d'Emelyan Ivanovitch Pougatchov, chef d'une grande révolte paysanne partie de la région sud de l'Oural et qui s'étendit du fleuve Oural à la Volga, inquiétant sérieusement le gouvernement impérial, spécialement pendant l'année 1774.

avec succès jusqu'à midi; mais que peut la bravoure là où l'on est à un contre quarante? Cependant, malgré cela, je me berçais de l'espoir d'arriver, au moins, à nous éloigner de la bande qui nous pressait, à défaut de la maîtriser. Cet espoir nous enhardit quelques heures, mais nous vîmes plus tard qu'il était vain. Le canon que nous avions avec nous et les fusils dont chacun de nous était muni étaient les armes qui effrayaient le plus nos adversaires; ils n'osèrent s'approcher de nous tant que brillait l'éclair et que tonnaient les boulets, mais lorsque nous n'eûmes plus de poudre je vis notre perte inévitable, aussi, après avoir encloué le canon, je me mis en selle avec mes hommes, pensant me diriger sur Orenbourg et sauver ne fût-ce que quelques hommes de la captivité. Alors ces malfaiteurs se jetèrent droit sur nous, et lorsque la poudre nous manqua tout à fait et qu'il ne nous resta plus à tirer qu'un coup par fusil, alors je m'enfuis en tirant ma dernière balle, mais malheureusement cela ne freina pas l'impétuosité de ces gueux enragés, et l'un d'eux m'atteignit et me donna un coup de sabre, le long de mon fusil, qui me trancha le pouce de la main gauche, un autre me donna un coup de sabre au-dessus de l'oreille droite, et un troisième me blessa à la tête, au-dessus du front, d'un coup de pique. Blessé, défait, assommé, j'avais perdu conscience; je ne me rappelle pas ce qui m'est arrivé, à moi et à ceux qui se trouvaient avec moi; lorsque je repris connaissance, je me vis ligoté, avec beaucoup de mes camarades. Pour se faire une idée de la multitude de sentiments qui s'élevèrent alors en moi, qu'on imagine seulement un homme gravement blessé, jeté dans les fers et livré aux outrages d'émeutiers aveuglés par la haine et la cruauté. La fureur et le désespoir me déchiraient le cœur à tour de rôle. Je tendais toutes les forces de mon esprit vers cette idée: comment échapper à ce malheur ignominieux, mais que pouvait-on faire?

La bande qui nous avait défaits était nombreuse. Plein d'ardeur intérieurement, j'étais obligé de céder à la force et d'attendre avec patience ce que le sort ferait de moi. Après leur victoire sur nous, les malfaiteurs ne se souciaient pas, la nuit approchant, de s'attarder chez les habitants, qui auraient pu le leur faire regretter, et ils avaient longtemps erré par la plaine; mais à la fin la fatigue les força à s'arrêter, et ils sombrèrent complètement dans le sommeil. Comme cette bande se composait de Cosaques du Yaïk[1] et de paysans qui ne connaissaient pas les précautions à prendre en temps de guerre, ils ne mirent pas de sentinelles. Les voyant tous en proie au sommeil, je me mis à penser que c'était peut-être l'heure de mon salut, bandai tous mes muscles pour affaiblir les liens dont j'étais attaché, et mes efforts ne furent pas vains. Je me libérai le bras droit, et lorsque je me fus

1. Ceux-là étaient passés du côté de Pougatchov, tandis qu'Efremov avait avec lui des Cosaques d'un autre régiment, restés fidèles au gouvernement impérial.

moi-même libéré, voyant près de moi deux soldats étendus ligotés, je les détachai aussi, et, au milieu de la nuit, avec eux je m'évadai; nous atteignîmes au point du jour le fleuve Dongous, nous nous cachâmes dans l'herbe et nous nous reposâmes jusqu'au milieu du jour; nous pensions nous diriger ensuite sur Orenbourg, qui n'était pas bien loin de là — à peine quinze verstes[1].

Nous n'avions pas fait trois verstes que soudain nous rencontrâmes deux cents Kirghizes[2] venus d'au-delà des montagnes.

Affaiblis, tout à fait dépourvus d'armes, nous n'avions aucun moyen de nous opposer à eux: ils s'emparèrent de nous, nous firent monter sur leurs chevaux, les jambes attachées sous le ventre de l'animal, et nous emmenèrent dans leurs oulous[3], où ils nous gardèrent deux mois.

A la faveur de cette période de troubles, ces Kirghizes avaient déjà, auparavant, capturé pas mal des nôtres; ils emmenaient les uns en Boukharie et les autres à Khiva, où ils les vendaient sur différentes places: moi, j'ai été acheté en Boukharie par le khodja Gafour, je ne suis resté qu'un mois chez lui, après quoi il m'offrit en présent à son beau-père Daniar-bek, qui a tous pouvoirs en Boukharie et que l'on appelle *atalyk*[4], c'est-à-dire souverain. Il a quatre épouses et six concubines kalmoukes et persanes qu'il a achetées, et à l'époque où j'y étais il avait, en tout, de toutes ses épouses et concubines, dix fils et dix filles. Cet *atalyk* m'affecta à sa cour et à son palais, où sont enfermées ses épouses et ses concubines, comme garde, et j'y suis resté ainsi sous ce titre jusqu'à ce que je sois capable de bien parler leur langue, lorsqu'il vit que je pouvais m'exprimer sans peine, il m'ôta ces fonctions et me nomma dabacha, c'est-à-dire caporal, mit dix hommes sous mes ordres, et je commandai convenablement ces hommes qui m'étaient confiés. Il me faut ici rapporter une conversation que j'eus avec l'*atalyk*.

Un jour l'atalyk me manda par un de ses serviteurs: je me présentai devant lui; il m'annonça l'arrivée de Russie de Moume Irnazar[5] et me donna à lire une lettre que celui-ci avait apportée; moi, comme je prenais cette lettre et y voyais l'en-tête de notre souveraine infiniment

1. Une verste = 1,06 km.

2. En réalité, des Kazakhs. Aux XVII-XVIIIe siècles, on a tendance à dénommer «Kirghizes» ou «Kirghizes-Kaïsaks» tous les peuples nomades qui hantaient les steppes de l'actuel Kazakhstan occidental. Les «Kirghizes» d'Efremov, divisés en trois hordes, étaient connus comme fort pillards, spécialisés dans l'attaque des caravanes marchandes et dans le rapt aux limites mêmes des nations voisines. En concurrence avec les Turkmènes, ils vendaient leurs captifs comme esclaves à Boukhara et Khiva, et c'était là une des bases de leur économie.

3. Dans leur village, dans leur campement: chez eux.

4. Sorte de Premier ministre, le premier rang après le khan. Daniar-bek (Daniol-biy) fut *atalyk* de Boukhara de 1758 à 1785.

5. Ir-Nazar-baï Maksyoutov, envoyé boukhare en Russie où il se rendit par deux fois, en 1774 et en 1779.

miséricordieuse, je ne pus retenir les larmes de joie qui me venaient de voir cette lettre. L'atalyk me demanda ce que c'était; je lui répondis que c'était un passeport qui lui avait été remis afin qu'il circulât sans encombre en tous lieux se trouvant sous l'autorité bénie de la Russie; à ces mots il me demanda pourquoi, sur ce passeport, le sceau était placé en bas et non en haut; je satisfis sa curiosité en lui disant que selon l'habitude russe le titre de la très auguste impératrice se mettait en toutes circonstances avant que l'on n'appose le sceau; puisqu'on appose un sceau lorsqu'on signe un passeport ou tout autre document du même genre. L'atalyk réfuta cette coutume et rétorqua que par cette conception de l'utilisation du sceau la Russie avait pour objet d'humilier la vraie foi, la foi mahométane. Je lui répétai en guise de réponse que l'on écrit le titre de la souveraine russe en tête, et que l'on appose le sceau à la fin, parce que le titre signifie plus que le sceau. Il répondit: «Ce n'est pas vrai; la Russie veut nous humilier parce que nous sommes de la vraie foi, la foi mahométane.»

Là-dessus il me demanda pourquoi je pleurais: «Tu es entre mes mains, dit-il, et je ferai de toi ce que je veux.» Je lui répondis que je pleurais parce que l'en-tête de la souveraine russe m'avait rempli de joie et que j'avais pu voir une lettre écrite en russe. Par-dessus tout, lui dis-je, parce que, selon mon devoir, j'avais promis à Dieu tout-puissant et à ma très auguste souveraine de servir avec fidélité et obéissance jusqu'à la dernière goutte de mon sang[1] et que par suite d'un destin malheureux j'étais obligé de me consacrer à quelqu'un d'autre que ma patrie. Dans la suite, il voulut me convaincre d'embrasser la loi mahométane et me promit qu'il m'accorderait alors toute son indulgence; mais, comme je n'en étais pas d'accord, peu après il ordonna de me mettre à la torture.

Pour faire avouer un homme, ou l'amener à quelque chose, on met dans une grande auge de bois un poud[2] de sel, on verse dessus de l'eau bouillante; lorsque le sel est dissous et que l'eau est refroidie, on ligote l'homme que l'on veut torturer, on lui met un bâton dans la bouche, on le roule la nuque dans l'auge, et on lui verse l'eau salée dans la bouche; beaucoup meurent en vingt-quatre heures de ce tourment, parce que le sel ronge tout l'intérieur du ventre; si l'on veut sauver l'homme, après chaque séance de torture, qui dure une heure, on lui fait boire de la graisse de mouton fondue, chaque fois trois tasses de la taille d'une tasse de thé. La graisse attire à elle le sel et nettoie le ventre par en haut et par en bas; puis on met de la farine de froment dans un chaudron, on fait griller, on mélange avec de l'eau et de la graisse de mouton fondue, et on fait prendre cette bouillie à l'homme que l'on veut garder en vie. On m'a ainsi torturé pendant trois jours,

1. Tous les soldats russes prêtaient serment.
2. Un poud = 16,38 kg.

et après chaque séance de torture on me faisait absorber de la graisse de la façon que j'ai dite plus haut.

Voyant que toutes ses tortures restaient sans effet, l'*atalyk* me convainquit, au moins, de lui faire serment de le servir loyalement; je fis ce serment des lèvres, par force, et non du cœur, car mon âme n'avait d'ardeur que pour le service de l'impératrice de toutes les Russies.

Par la suite il me nomma *lenzibachi*, c'est-à-dire sergent, et mit cinquante hommes sous mes ordres; ainsi je me suis trouvé effectivement à son service, j'ai fait les campagnes militaires, et j'ai vu toutes les villes et toutes les routes de ce pays-là.

Un jour, combattant sous la ville de Samarkand, j'ai fait prisonnier un homme de cette ville. L'*atalyk* alors, voyant mon zèle à le servir, me nomma *youzbachi*[1], en russe *kapitan* (capitaine), et me fit don d'une terre qui produisait par an, de revenu, jusqu'à trois cents ducats de là-bas, de ceux qui se changent en Russie pour trois roubles, et il mit sous mes ordres cent hommes de diverses origines, dont vingt Russes.

Plus tard, avec son fils Chamrat bek je fus envoyé en Perse dans la ville de Mavr[2] et avec ce fils de l'*atalyk* il y avait deux mille combattants.

De Boukhara à la ville de Karakoul[3] il y a une journée de cheval, de cette ville au fleuve Amou-Darya trois journées, le chemin est de sable; il y a grande abondance de roseaux le long du fleuve, et par endroits de petits saules en buissons. Le fleuve a pas loin d'une verste de largeur, moins par endroits, il n'est pas très profond, de l'autre côté du fleuve se trouve la petite ville de Tcharjouï[4] qui appartient à Boukhara, la route à partir de cette ville est toute de sable. Dans les montagnes il y a de petits buissons de soskooul[5] et de l'herbe à absinthe; en route on utilise l'eau des puits; il y a six jours de trajet de Tcharjouï à la ville nommée Mavr. Le khan de Mavr s'appelle Baïryamali.

N'ayant rien gagné, Chamrat Bek prit la fuite, et dans cette course pour s'en retourner il lui mourut beaucoup d'hommes et de chevaux.

A mon retour de Boukharie, la gardienne des clefs de l'*atalyk* s'éprit de moi, et tenta de toutes les façons de faire de moi son mari, ce à quoi je ne voulus pas donner mon accord: elle montra ensuite un désir sincère de partir avec moi, où que je voulusse aller. Elle était Persane de naissance et avait été capturée encore toute jeune par les Boukhares; je lui promis de ne pas la laisser lorsque je trouverais une occasion de partir.

1. *Youzbachi*: chef de 100 hommes; *lenzibachi*: chef de 50 hommes; plus haut, *dabacha*: chef de 10 hommes. La campagne contre Samarcande se situe en 1780.

2. Merv; de la ville qui existait en 1780 il ne reste que des ruines, près de Baïram-Ali, à 30 km de la nouvelle Merv construite plus tard et qui se nomme actuellement Mary, dans la République du Turkménistan.

3. Karakoul', oblast' de Boukhara dans la République d'Ouzbékistan.

4. Tcharjouï: très près de l'actuelle Tchardjoou dans la République du Turkménistan.

5. Le saxaoul, psammophyte très répandu dans l'Asie centrale désertique (*haloxylon*).

Au bout de deux ans on m'envoya en mission à Khiva à la tête de quinze cents hommes de troupe, sous le commandement suprême de Badal-bek. En aval de Tcharjouï, le long de l'Amou-Darya, vivent des Tourkmyanes[1] dont il y a deux races: les uns s'appellent tyaka, les autres salour. Le long du fleuve, du côté qui est à eux, il y a en assez grande quantité de l'orme, du petit saule, et de l'herbe. Leur goût est de vivre dans un banditisme perpétuel, ils capturent des Persans et les vendent en Boukharie, à Khiva et tous lieux de ces régions. Des frontières tourkmyanes nous sommes allés jusqu'à la limite de Khiva, en huit jours jusqu'à la ville de Pitnyak où il n'y a qu'une seule grande porte, il y a une journée de cheval de là à la petite ville d'Azar Rest[2], et à partir de là une demi-journée. La petite ville de Bagatkala est un peu plus loin que celle-ci. Là eut lieu une bataille contre les Yamoutes de Khiva[3]; survint un youzbeghi de Khiva, il me tira un coup de fusil dont j'eus la joue droite et l'oreille brûlées de poudre, aussitôt je me jetai au galop à sa poursuite, avec fureur, me battis avec lui, lui tranchai la main droite[4], le fis prisonnier et l'amenai à mon chef Badal bek, ce pourquoi il me fit don d'un très beau cheval et d'un caftan de drap bleu. Puis il m'envoya en Boukharie avec une lettre pour l'*atalyk* pour redemander des troupes, et dans cette lettre il louait mes services.

FUITE ET PÉRÉGRINATIONS EN KACHGARIE, AU TIBET, EN INDE

Pour mes services l'*atalyk* me fit encore don de terres et d'argent et m'ordonna de me tenir prêt à retourner rejoindre ses troupes à Khiva, ordre qui me fournit la possibilité de m'enfuir. Je demandai à un scribe de me rédiger une lettre de créance comme quoi l'*atalyk* m'envoyait en ambassade dans la ville de Koukan[5], lui promettant une récompense en argent pour ce service; il m'écrivit cette lettre et je lui donnai cent ducats. Je montrai cette lettre à la gardienne des clefs dont j'ai parlé plus haut, en lui demandant de me procurer le sceau du khan; elle promit de me le donner, à la condition seulement que je l'emmènerais avec moi, ce que je promis — et ce que je fis effectivement[6].

1. Des Turkmènes des tribus Téké et Salor.
2. Azar Rest: Khazarasp dans la République d'Ouzbékistan.
3. Tribu turkmène des Yomoudes.
4. La main ou le bras (c'est le même mot en russe).
5. Kokand, dans l'actuel oblast' de Fergana, République d'Ouzbékistan.
6. Quant à l'accomplissement de sa promesse, les différentes éditions divergent: dans celle-ci, Efremov emmènera effectivement avec lui l'esclave persane (dont on n'entendra plus parler dans la suite du récit). Dans l'édition de 1893, il n'est pas mentionné qu'elle ait été laissée, ni emmenée. Dans l'édition de 1811, selon E. Mourzaev, l'auteur explique qu'il n'a pas pu l'emmener finalement, l'*atalyk* s'étant aperçu immédiatement de son absence et l'ayant fait chercher partout.

Comme l'*atalyk* avait l'habitude de toujours faire la sieste après midi, alors la gardienne des clefs s'empara du sceau, me l'apporta, et j'apposai le sceau sur ma lettre de créance; deux jours plus tard, l'*atalyk* me remit une lettre et m'ordonna de retourner à Khiva rejoindre ses troupes; mais moi, faisant mine d'aller les rejoindre, je m'en fus au galop à Koukan avec la gardienne des clefs et deux Russes; en cours de route on me donna partout des vivres en suffisance parce qu'on me prenait pour un ambassadeur.

Étant dans la ville de Marghylyan[1], j'appris que des marchands avaient l'intention de se rendre à la ville de Kashkar; j'achetai des marchandises semblables aux leurs et partis avec eux; en route je me fis appeler nagaï, parce qu'en Russie on nomme nagaï les Tatars qui vivent dans ces régions-là.

Avant d'arriver à Kashkar, l'un de mes compagnons mourut, et je l'ensevelis selon le rite chrétien, à la nuit, de peur que l'on sût que j'étais russe.

De Kashkar je gagnai ainsi, avec ces marchands, la ville de Yarkant[2]; un mois après leur arrivée à Yarkant, les marchands manifestèrent leur intention de se rendre à Tavat, ou Tibet[3], pour cela ils achetèrent différentes marchandises, et moi de même. J'achetai aussi un serviteur nègre, et fis route avec eux : le chemin passe à flanc de montagne, entre des monts au milieu desquels coule le fleuve appelé Atak; on y trouve peu de bois et d'herbe, et l'on s'arrête pour la nuit là où l'on trouve un espace dégagé.

Voici la nourriture que l'on prend en route : dans du thé on met de la farine d'avoine[4], on fait un mélange épais, et on mange cela en buvant le thé; quant à la nourriture des chevaux, on l'emporte avec soi, parce que c'est un endroit où il n'y a pas du tout de villages.

Quinze jours avant d'arriver à Tevat, on trouve une montagne excessivement haute, où l'air est lourd, où il y a perpétuellement du brouillard, les hommes et les chevaux ont la respiration coupée, et en meurent; mon deuxième compagnon russe y périt et je l'ensevelis selon nos rites; en tout nous avons fait trente-cinq jours de route avant d'arriver à Tevat ou Tibet.

---

1. Actuelle Marghilan, oblast' de Fergana dans la République d'Ouzbékistan.

2. D'après l'édition de 1893, Efremov se rendit d'abord à Aksou, à douze jours de voyage vers le nord-est, pour essayer de gagner la Russie par cette voie, mais, n'en trouvant pas le moyen, il était revenu sur Kachgar.

3. Les Russes désignaient alors sous le nom de Tevat, ou Tibet, la ville de Leh au Ladakh.

4. On s'attendrait à de l'orge: mais le mot russe (*tolokno*) signifie farine d'avoine, ou farine de grains d'avoine préalablement grillés; ici cette *tolokno* est, en outre, *pchenitchnoe*, c'est-à-dire de froment… d'autre part, d'autres textes russes mentionnent également l'avoine, et non l'orge, pour désigner la céréale dont on fait la tsampa.

J'ai passé vingt-cinq jours à Tibet, dans la province de Tsang[1]. Arrivèrent trois mendiants musulmans qui allaient à la Mecque vénérer le tombeau de Mahomet; je dis que j'allais là-bas aussi et, ayant pris langue avec eux, m'habillai comme eux de vêtements de mendiant. Nous voyageâmes à pied, parce qu'il est totalement impossible d'aller à cheval dans cette région-là à cause des immenses précipices et des chemins détestables; on porte même les marchandises à dos d'homme; tout ceci sera raconté dans ma description de Tibet.

A notre arrivée en Inde, dans la capitale, Delhi, avec les mendiants, ceux-ci se cachèrent de moi et disparurent sans laisser de trace, et je me retrouvai avec mon serviteur noir, ne sachant où aller. Un passant s'arrêta et engagea la conversation, me demandant qui j'étais, et je répondis que j'étais Russe. Il me dit qu'il était Arménien, qu'il s'appelait Siméon; il m'emmena chez lui et m'offrit le vivre et le couvert. Le lendemain il me demanda comment j'étais arrivé là, et je lui contai par quel malheureux destin j'avais été fait prisonnier et comment j'étais là. Il me promit de m'envoyer à un ami à lui, en territoire anglais, et de lui demander de me faire partir pour la Russie. Quinze jours plus tard, il me donna une lettre à remettre à son ami et m'envoya avec des marchands dans la ville de Lyaknaour[2].

Efremov allait-il enfin, sans nouvelles traverses, pouvoir rentrer dans son pays? Que non pas! Muni d'une lettre de l'Arménien Siméon pour un prêtre de ses amis, «originaire du Holstein», il arrive en quinze jours au caravansérail de Lucknow, en territoire anglais, et trouve le prêtre. Cependant le commandant britannique de la place tente de l'enrôler de force à son service, et le fait même arrêter. Il est libéré grâce au prêtre en question, qui le dit de ses amis, officier et d'une famille russe connue: revirement du commandant, qui envoie Efremov à Calcutta avec une lettre de recommandation pour un ami à lui... en trente-quatre jours de charrette à bœufs et de bateau sur le Gange, le voyageur russe gagne enfin Calcutta, dans l'espoir d'embarquer pour l'Europe. L'ami du commandant refusant de s'occuper de lui, il négocie enfin son passage, en vendant son esclave noir, sur un bateau britannique; via le cap de Bonne-Espérance et Sainte-Hélène, il atteindra les côtes d'Irlande en quatre mois et trois semaines de navigation, et de là l'Angleterre; à Londres il est pris en charge par la mission diplomatique russe, qui le rapatrie en Russie en août 1782.

Le 1er mai 1783, par décret impérial il est nommé praporchtchik (le

1. Dans l'édition de 1893, Efremov vend toutes ses marchandises à Leh, mais tous ses chevaux ont péri. Il reste seul avec son serviteur noir. Ici la «province de Tsang» pourrait être le petit royaume du Zanskar, dont le rajah habitait (habite encore, mais sans pouvoir) le château de Zangla.

2. Lucknow.

grade le plus bas dans la hiérarchie) au Collège (ministère) des affaires étrangères «en raison de sa connaissance du persan, du boukhariote et autres langues asiatiques»; il remplira plusieurs fonctions administratives dans diverses villes de Russie; il sera promu aux grades de protokoliste, puis d'assesseur de collège, en 1785. En 1810 il se trouve à Kazan, dans une situation restée modeste. La dernière trace que l'on ait de lui, en tant que retraité, est de 1811. On ignore la date de sa mort.

Voyage de dix ans du sous-officier russe Efremov, aujourd'hui assesseur de collège, et ses aventures en Boukharie, à Khiva, en Perse et en Inde, et son retour en Russie par l'Angleterre, écrit par lui-même, Saint-Pétersbourg, 1786.

GEORGE DE MEYENDORFF
(1820)

Existant surtout depuis la seconde moitié du XVIII*e siècle, sous le règne de Catherine, les échanges commerciaux avec l'Asie centrale se développent au début du* XIX*e, sous le règne d'Alexandre Ier. Les produits manufacturés russes trouvent peu de débouchés en Europe occidentale mais il ne manque pas de clients en Turquie, en Asie centrale, en Mongolie et en Chine.*

En juin 1820, le tsar nomme un chargé d'affaires auprès du khan de Boukhara, M. de Négri. D'Orenbourg, base avancée d'où partent la plupart des missions vers l'Asie centrale, l'expédition s'organise. Les dangers sont nombreux. Les ambitions russes sur ces régions commencent à prendre forme.

PRÉPARATIFS ET DANGERS DU VOYAGE

Les personnes attachées à l'ambassade qui devait se rendre à Boukhara, étaient arrivées à Orenbourg dans le courant d'août. Vers la même époque, les soldats cosaques et bachkirs, destinés à former l'escorte, furent désignés par le général en chef d'Essen, gouverneur militaire d'Orenbourg; mais cette troupe ne pouvait être réunie que pour la mi-septembre, et nous vîmes s'écouler la belle saison. Par des motifs d'économie, on avait d'abord voulu transporter les vivres dans des chariots; divers renseignements sur la nature du pays que nous avions à traverser nous en dissuadèrent. Il fut décidé que le transport des provisions se ferait sur des chameaux, et que l'on ne prendrait que vingt-cinq chariots pour les hommes qui pourraient tomber malades ou se blesser en route. Chaque chariot était attelé de trois chevaux, et conduit par un bachkir. Comme nous devions traverser des rivières dans la steppe des Kirghiz, on nous munit de deux bateaux placés sur des chariots. Ceux-ci étaient construits de manière qu'en les posant sur les deux bateaux, on en formait un radeau capable de porter une vingtaine d'hommes.

Une marche de deux mois dans le désert exigeait pour chaque soldat cent cinq livres pesant de biscuit, et pour chaque cheval quatre quintaux d'avoine; en outre, le gruau pour la troupe; un double approvisionnement de munitions pour nos deux pièces d'artillerie; une quinzaine de *kibitka* ou tentes en feutre; deux cents tonneaux pour transporter de l'eau dans les déserts; enfin plusieurs tonnes d'eau-de-vie. Trois cent vingt chameaux furent chargés des provisions de l'escorte, et trente-huit des bagages et des provisions des personnes attachées à l'ambassade.

Le gouverneur militaire avait fait prendre des arrangements avec des chefs kirghiz[1], pour que, moyennant cent dix roubles en assignations, les trois cent cinquante-huit chameaux dont on avait besoin fussent rendus le 15 septembre aux portes d'Orenbourg, prêts à porter six cent quarante livres chacun. Ce jour tant désiré parut; pas un Kirghiz n'arriva. Le marché d'Orenbourg ne fut pas en état de fournir la quantité d'avoine indispensable à notre escorte; il fallut donc envoyer dans les campagnes voisines, c'est-à-dire à cent cinquante verstes d'Orenbourg. Un propriétaire voulut bien faire battre l'avoine nécessaire; elle nous parvint à Orenbourg le 20 septembre.

L'entretien de l'escorte pendant son absence de Russie fut évalué à une somme d'environ soixante-douze mille roubles, qu'il était indispensable d'avoir en numéraire, afin de pouvoir s'approvisionner à Boukhara. L'exportation des monnaies russes étant défendue, il fallait se procurer des ducats; mais les marchands d'Orenbourg n'en avaient pas en assez grande quantité; on en fit donc chercher à Troïtski, ville distante de six cents verstes. Cette tentative ayant échoué, l'on finit par expédier un courrier, qui obtint la somme demandée à la bourse de Moscou, à quinze cents verstes d'Orenbourg.

Divers retards imprévus suspendirent ainsi notre départ. La belle saison avait disparu; la moitié de septembre s'était écoulé, et déjà de fortes gelées s'annonçaient; le mauvais temps commença, la pluie, la grèle et la neige se succédaient tous les jours.

Je me trouvais donc à la veille d'entreprendre un voyage pendant les froids, les ouragans, les giboulées des mois d'octobre et de novembre; alors je me rappelai les souffrances de l'armée de Timour sur le Sihoun, décrites par Cherefeddïn. «Les uns, dit-il, perdaient le nez et les oreilles; les autres voyaient tomber leurs pieds et leurs mains; le ciel n'était qu'un nuage, et la terre qu'un monceau de neige.» Les

1. Kazakhs. Voir notes pages 190 et 200, et texte page 214.

contrées que nous avions à traverser étaient encore bien plus septentrionales que celles où périt l'armée de ce conquérant; je plaignis nos pauvres soldats, qui, sans pelisses, allaient être exposés à toutes les intempéries d'un hiver toujours très rigoureux.

Nous eûmes plusieurs conférences avec les Kirghiz pour déterminer la route que nous allions prendre, et pour connaître les difficultés auxquelles nous devions nous attendre. Cinq d'entre eux furent désignés pour être nos guides; le plus considérable fut nommé leur chef, et en même temps celui d'une soixantaine d'autres Kirghiz, destinés à soigner, à charger et à conduire les chameaux.

Ces animaux appartenaient à différents propriétaires. Ils ne sont ordinairement réunis qu'en *koch*, ou troupeaux de vingt à soixante, conduits par un chef kirghiz. Les ballots furent répartis entre ces différens *koch*; l'on fit un essai en chargeant quelques chameaux, et l'on reconnut que les ballots allongés sont les plus propres pour les transports de cette nature.

Le 9 octobre arrivèrent les derniers chameaux qui nous étaient nécessaires: notre départ fut définitivement fixé au lendemain.

Enfin le 10, l'escorte entière, réunie sur la grande place d'Orenbourg, fut passée en revue par le gouverneur général. Il fit dire une messe, et bénir les voyageurs. La cérémonie religieuse, les chants sacrés, cette bénédiction qui précédait un si long voyage à travers d'immenses déserts, tout cela avait quelque chose d'imposant et de solennel, dont l'intérêt s'accroissait encore par le pressentiment des chances et des dangers auxquels une telle expédition pouvait être exposée.

En effet, ces dangers se présentaient en grand nombre; il était possible que les Kirghiz, toujours avides de pillage, toujours mécontents de voir des Russes explorer leurs déserts, vinssent tenter des attaques nocturnes: cette supposition n'était pas sans fondement; car non loin du Sir-déria, en 1803, le lieutenant Gaverdvosky fut assailli par les Kirghiz; par la défense la plus opiniâtre il parvint à peine à sauver sa personne : sa femme, son médecin, et les trois quarts de son escorte restèrent au pouvoir des nomades du désert.

En calculant même que les Kirghiz n'oseraient point attaquer une escorte aussi nombreuse que la nôtre, ils pouvaient brûler l'herbe et les roseaux dans les endroits de la steppe où nous passerions, pour multiplier ainsi les difficultés du voyage, ou même pour le rendre impossible. Un autre genre d'attaque fort usité parmi eux, c'est d'approcher pendant la nuit des chevaux qui paissent, et d'en enlever un grand nombre avec une incroyable célérité. Ces brigandages étaient fort à redouter, car quelques voleurs réunis, en surprenant nos sentinelles, pouvaient nous causer des pertes irréparables.

Le général d'Essen, qui prévoyait ces dangers, accepta avec plaisir l'offre que lui fit le puissant sultan kirghiz Haroun-ghazi Aboul-ghazi, d'accompagner l'ambassade jusqu'au Sir-déria, avec quelques centaines de Kirghiz dévoués. Le général attacha beaucoup de prix à cette offre, surtout à cause de l'influence morale qu'elle devait avoir sur les Kirghiz.

Cependant les Khiviens, qui occupent une partie des contrées au sud de la mer d'Aral, nous paraissaient encore plus à craindre que les Kirghiz eux-mêmes; car ces brigands, non moins adroits et plus unis, font quelquefois des excursions au nombre de quatre à cinq mille. Quoiqu'une masse semblable de cavalerie ne dût inspirer que peu de crainte à nos fantassins, l'escorte se trouvait néanmoins dans l'impossibilité de défendre un convoi de sept cents chameaux, y compris ceux des marchands boukhares qui s'étaient mis sous notre protection. La ruse dont se servent ces divers peuples pour enlever les caravanes, augmente la difficulté de les défendre; leurs attaques sont toujours aussi brusques qu'imprévues. Ils effrayent par des cris et des hurlements, les chameaux qui, une fois dispersés, tombent facilement en leur pouvoir. Le meilleur moyen de prévenir un désordre aussi funeste, est de faire accroupir ces animaux, qui alors ne se décident qu'avec peine à se lever; mais souvent on n'a pas le temps de prendre cette précaution, et dès lors la caravane est perdue; car se trouver sans chameaux dans la steppe des Kirghiz, c'est s'exposer à un danger des plus imminents: souvent il y va de la vie.

Outre les dangers de la route, nous pouvions en courir dans la Boukharie même, pays dominé par un peuple barbare et guerrier. Avant notre arrivée à Orenbourg, des marchands boukhares avaient dit confidentiellement à leurs amis: «Peut-être aucun des voyageurs chrétiens ne reviendra chez lui; quand même le khan de Khiva les laisserait passer, notre khan ne commettrait pas la faute de les laisser repartir. Pourquoi voulez-vous que les Chrétiens apprennent à connaître notre pays?»

MŒURS ET USAGES DES KIRGHIZ

Les contrées arrosées par le Sir forment le paradis de la steppe des Kirghiz, qui sont fiers de posséder un aussi grand fleuve dans leur territoire. L'objet de leur plus ardent désir est de pouvoir hiverner avec leurs troupeaux sur ses bords, où les froids sont beaucoup moins vifs qu'aux rives de l'Ilek, de l'Or, de l'Irghiz, qu'aux monts Moughodjar et Dourgatch, et que dans les sables du Cara-coum. Le long du Sir, les gelées ne sont jamais assez fortes pour faire périr les bestiaux, ni pour incommoder les hommes dans leurs huttes en feutre; mais depuis six ans les Kirghiz riches sont privés du plaisir de passer l'hiver sur ces bords fortunés; car leurs ennemis, les Khiviens, viennent les y piller dès qu'ils en trouvent l'occasion.

Les Kirghiz se plaisent à hiverner au milieu des roseaux qui sont assez touffus pour qu'on puisse s'y mettre à l'abri des ouragans. Ces nomades paraissent en général enclins à la mélancolie, et le murmure des ondes rapides du Sir charme leurs nombreux loisirs. Rien, en effet, ne porte plus à la rêverie que le bruit des flots d'une rivière qui, semblable au temps, s'écoule avec une rapidité monotone. Les Kirghiz passent souvent la moitié de la nuit assis sur une pierre à regarder la lune, et à improviser les paroles assez tristes sur des airs qui ne le sont pas moins. Ils ont aussi des chants historiques qui rappellent les hauts faits de leurs héros; mais ces sortes de poèmes ne sont chantés que par des chanteurs de profession; je regrette vivement de n'en avoir pas entendu. Souvent je dis à des Kirghiz que j'écouterais leurs chants avec plaisir; leurs impromptus n'étaient que des compliments, et ne valaient pas la peine d'être retenus; pourtant quelques fragments de chansons sont restés dans ma mémoire. Un beg kirghiz, homme riche, spirituel et chef d'une famille nombreuse, me chanta un jour ces paroles improvisées: «Vous qui voulez que je vous fasse entendre une chanson, je vous dirai qu'un beg pauvre, mais bon, vaut mieux qu'un khan mésestimé.» Ces mots rendaient parfaitement sa pensée; car il était ennemi déclaré du khan des Kirghiz. Ce même beg, passant un jour à cheval à côté de nous, tandis que nous déjeunions, fredonna ces paroles: «Voyez ces Russes qui déjeunent en mangeant de la viande de porc, et en buvant de l'eau-de-vie; ah! quels hommes!»

Un jeune Kirghiz entonna un jour la chanson suivante, composée par une jeune fille: «Vois-tu cette neige? eh bien! mon corps est plus blanc. Vois-tu couler sur la neige le sang de ce mouton égorgé? eh bien! mes joues sont plus vermeilles. Passe cette montagne, tu y verras un tronc d'arbre brûlé; eh bien! mes cheveux sont plus noirs. Chez le sultan il y a des mollas qui écrivent beaucoup; eh bien! mes sourcils sont plus noirs que leur encre.» Un autre Kirghiz me chanta: «Voyez cet aoul (assemblage de tentes) qui appartient à un richard; il n'a qu'une fille, le jour elle reste seule chez elle; la nuit elle se promène, et n'a pour compagne que la lune.»

Voilà un échantillon des idées des Kirghiz, enfants du désert, qui, excepté sous le rapport de la religion, sont restés indépendants de toute influence de civilisation étrangère; aussi, après avoir vu les Kirghiz, a-t-on une opinion exacte de ce qu'est un peuple nomade, chérissant sa liberté, et méprisant tout ce qui tend à lui imposer des entraves. Indompté, belliqueux, féroce, le Kirghiz seul, à cheval, s'élance dans le désert, et parcourt cinq ou six cents verstes avec une rapidité étonnante, pour aller voir un parent ou un ami d'une tribu étrangère. Chemin faisant, il s'arrête presque à chaque aoul qu'il trouve sur sa route; il y raconte quelque nouvelle, et, toujours sûr d'être bien accueilli, quand même on ne le connaîtrait pas, il partage la nourriture de ses hôtes. C'est ordinairement du *krout*[1], de l'*haïran* [2], de la viande, et, quand on en a, du koumes, boisson extraite du lait de jument, et très estimée dans le désert. Il n'oublie jamais l'aspect du pays où il a passé, et revient chez lui après quelques jours d'absence, riche en nouvelles histoires, se reposer auprès de ses femmes et de ses enfants. Ses femmes sont ses uniques ouvriers; ce sont elles qui font sa cuisine, façonnent ses habits, sellent son cheval; tandis qu'avec une nonchalance imperturbable, il borne ses soins à garder tranquillement ses troupeaux. J'ai vu le frère d'un sultan, très considéré chez les Kirghiz, faire paître ses moutons, monté sur son cheval, en habit de drap rouge, et voyager ainsi pendant une quinzaine de jours, sans croire déroger à sa dignité.

Les Kirghiz sont gouvernés par des *anciens*, des chefs de famille, des begs, des béhadir, des sultans et des khans.

Le titre de beg devrait être héréditaire; mais celui qui ne peut le soutenir par son mérite et ses qualités, le perd bientôt; tandis que celui qui sait se faire estimer l'obtient, soit par l'habitude qui s'établit insensiblement de l'appeler sultan, soit parce qu'une assemblée se réunit exprès pour lui conférer ce titre honorable.

Un *ancien* est ordinairement un vieillard dont on est habitué à suivre les conseils; il doit avoir de la fortune et une famille nombreuse; car il faut ces deux conditions, jointes à un esprit solide, pour commander à ces peuples. Quelles que soient les qualités morales d'un Kirghiz, s'il est riche, il aura toujours des amis, et il sera d'autant plus puissant que sa famille sera plus nombreuse.

Les béhadir sont des Kirghiz d'une bravoure reconnue, d'un esprit juste et entreprenant, et qui combattent en partisans pendant la guerre.

Les sultants sont les parents du khan; ils conservent presque toujours quelque influence sur les Kirghiz. On les nomme aussi *toura*, seigneurs, et ce titre les fait traiter avec plus d'égards que les gens du commun; mais s'ils sont sans mérite, ils ne trouveront nulle soumission chez les Kirghiz, auxquels on ne peut commander qu'en payant de sa personne.

Le khan a, par le fait, droit de vie et de mort sur les Kirghiz, qui n'ont de garantie contre son despotisme que dans l'opinion publique; nulle part cette opinion n'est aussi puissante que chez un peuple nomade. Le parti mécontent s'éloigne d'un chef injuste, et s'en choisit bientôt un autre. Le khan est donc obligé de s'en tenir aux usages établis, et de se conformer aux lois du Coran. Cette condescendance accroît son pouvoir; en effet, il a soin de s'attacher un molla qui lui soit entièrement dévoué, et qui explique les lois selon ses intérêts; et, comme le livre sacré et ses commentaires sont susceptibles de diverses interprétations, le khan sait en tirer parti pour se faire autoriser à des

1. Sorte de fromage, connu dans la Perse, l'Afghanistan, et jusque chez les Bachkirs.
2. Lait de brebis ou de chèvre, aigrelet et un peu coagulé.

démarches qu'il n'oserait entreprendre autrement. Il s'entoure aussi de conseillers, qui sont pour la plupart de vieux Kirghiz fort estimés dans la horde, et il tâche de les captiver par des libéralités ou par des flatteries.

Toutes ces précautions ne lui suffiraient cependant pas pour maîtriser l'inconstance de ses sujets, s'il ne savait aussi leur plaire par son activité, son courage et sa hardiesse, et leur imposer, quand il le faut, par une juste sévérité.

La puissance du khan repose donc sur l'assentiment général; une fois qu'il se l'est concilié, il peut régner despotiquement, pourvu cependant qu'il agisse dans l'intérêt national. Cette opinion limite ainsi son pouvoir; il en a besoin pour gouverner; malheur à lui s'il voulait la braver; la même force qui l'a rendu puissant ne tarderait pas à le renverser.

J'ai vu un exemple de l'inhumanité des Kirghiz. Plusieurs de ceux qui nous accompagnaient ayant cru reconnaître, dans un mendiant, un voleur qui était de leur horde, ils lui prirent son cheval et ses habits, lui lièrent les bras, et voulaient lui couper la tête, quoiqu'ils n'en eussent nullement le droit, n'attendant, pour terminer, que l'ordre qu'ils allèrent solliciter d'un jeune sultan, auquel leur chef avait délégué son pouvoir: celui-ci s'y opposa; le mendiant fut relâché, mais il eut bien de la peine à se sauver au milieu des injures dont on l'accablait.

Je fus témoin d'une autre scène qui montre bien leur férocité; le sultan Haroun-Ghazi, qui nous accompagnait, nous faisait précéder par quelques centaines de Kirghiz, qui attaquèrent à notre insu l'aoul du sultan Manem-beg Djanghazi, l'un de ses ennemis, attaché au parti du khan de Khiva. Le prudent Manem-beg, prévenu à temps des intentions de son adversaire, s'était enfui; mais ses femmes, son frère Iakach et tous ses troupeaux tombèrent au pouvoir des Kirghiz d'Haroun-Ghazi. Nous les vîmes près du Sir-déria. Les troupeaux furent conduits en Boukharie, et les femmes, logées dans trois tentes auprès du fleuve, furent exposées à la brutalité des frères du sultan. Le plus ardent de tous, homme d'une figure hideuse, (il avait perdu le nez,) contribuait plus que les autres à augmenter les tourments de ces infortunées captives. Les Kirghiz, loin de s'apitoyer sur leur sort, n'en parlaient qu'en riant: «C'est, disaient-ils, le droit du vainqueur, et personne ne peut le lui contester.» Iakach, gardé par cinq Kirghiz, et monté sur le plus mauvais cheval qu'on avait pu trouver, suivait Haroun-Ghazi, sans que celui-ci consentît jamais à le voir. Iakach avait servi de guide aux Khiviens, il y avait quelques mois, lorsqu'ils pillèrent Haroun-Ghazi. Ce malheureux était âgé de vingt-deux ans, sa figure était belle; prévoyant le sort qui l'attendait, il était triste et abattu.

Un vieux Kirghiz vint trouver le vainqueur, et lui dit: Mes fils ont été massacrés par Iakach, pendant l'excursion des Khiviens; Dieu et les hommes m'ordonnent de venger leur mort. Comme les Kirghiz reconnaissent la loi du talion, Haroun-Ghazi fut contraint de livrer son cousin germain, dont la mort fut décidée. Le vieux Kirghiz s'approcha d'Iakach, qui était à cheval, et lui tira par derrière un coup de fusil, qui le manqua: d'autres Kirghiz se jetèrent au même instant sur ce malheureux, lui ôtèrent ses habits pour ne pas les salir, et, sourds aux prières de la victime, ils lui scièrent impitoyablement la gorge comme à un mouton, avec un de ces petits couteaux qu'ils portent toujours avec eux; ensuite ils percèrent le cadavre avec leurs lances; et assouvirent ainsi la haine qu'ils avaient vouée à cet infortuné jeune homme.

Les Kirghiz sont très irascibles; la cause la plus légère, souvent même une attente déçue, suffit pour les porter à une vengeance cruelle.

Ces peuples, inquiétés plusieurs fois, depuis quelques années, par les Khiviens, implorèrent le secours des Boukhares, dont diverses caravanes avaient aussi été dévalisées par ces brigands; les Kirghiz croyaient que le gouvernement de Boukhara ne pouvait leur refuser des secours; trompés dans leur espoir, ils devinrent furieux, et résolurent de piller les caravanes boukhares à la première occasion. Un de leurs chefs coupa la queue de son cheval, la porta à Boukhara, chez le premier vizir, et lui dit: «De même que cette queue a été détachée de mon cheval, je me détache de vous; désormais, je serai votre implacable ennemi.» Il partit aussitôt, avec deux ou trois de ses amis, et il enleva huit chameaux et deux hommes. Telles furent les premières hostilités d'une guerre qu'il avait seul déclarée à toute la Boukharie. La conduite farouche et violente de cet homme peut donner une idée du caractère indompté de ces peuples.

Le plus simple motif suffit souvent pour que le Kirghiz le plus honnête se livre à son goût pour le pillage, tant l'esprit de rapine est enraciné chez ces peuplades, du moins dans la grande et dans la petite horde; car la moyenne, mieux gouvernée depuis plus d'un demi-siècle, s'est habituée à une certaine tranquillité, inconnue jusqu'à présent aux deux autres. C'est de cette ardeur belliqueuse, de cette indifférence pour les fatigues des longues excursions, et surtout de l'influence que le fanatisme exerce sur ces peuples grossiers, que leurs chefs ont su si bien profiter pour entreprendre de hasardeuses expéditions. On conçoit donc sans peine comment, après des hivers rigoureux qui font tant souffrir les Kirghiz, ces nomades, au désespoir, se rassemblent pour faire une excursion, et même pour se fixer dans un pays qui les tente par la douceur de son climat, par exemple, dans la Boukharie, si fameuse parmi eux, et si belle en comparaison de leurs déserts. C'est ainsi que des migrations de barbares pourraient se renouveler dans des pays où l'on fait peu d'usage du canon, et où les troupes régulières sont inconnues.

Je terminerai cette digression sur les Kirghiz, en faisant remarquer qu'ils ne se donnent jamais ce nom; ils se désignent par celui de *Kasak*, qui signifie homme à cheval, selon les uns, et guerrier selon les autres. Ils disent que les Bachkirs les appellent Kirghiz; mais ils ignorent d'où ce nom leur est venu, et ils ne le donnent qu'aux nomades de la grande horde. Celle-ci n'a point de khan pour chef; elle est sous la dépendance de divers sultans, dont quelques-uns implorent tantôt la protection de la Russie, tantôt celle de la Chine, afin d'en obtenir des présents. Les Kirghiz de la grande horde craignent infiniment les Chinois, dont la politique sévère, ou plutôt cruelle, est pourtant justifiée par la nécessité. Une caravane ayant été pillée non loin des frontières de la Dzoungarie, gardées par des avant-postes mandchous, les Chinois usèrent de représailles, et des milliers de Kirghiz, coupables ou non, payèrent de leur vie cette agression. Quelques exemples de ce genre mirent fin aux incursions des Kirghiz qui habitent auprès des frontières de l'empire chinois.

Dans les deux autres hordes, les khans doivent être confirmés dans leur dignité par la Russie, qui exerce même une grande influence sur leur nomination, et qui leur fait prêter serment de fidélité. De même que les hordes nomades des Turcomans paient un tribut aux khans de Khiva et de Boukharie, de même les Kirghiz pourront un jour devenir tributaires de l'empereur de Russie; mais il faut préalablement les défendre contre les Khiviens, et leur prouver ainsi l'efficacité d'une protection dont ils sentiront bientôt tout le prix.

Baron Georges de Meyendorff, colonel à l'état-major de S. M. l'Empereur de toutes les Russies, *Voyage d'Orenbourg à Boukhara; fait en 1820, à travers les steppes qui s'étendent à l'est de la mer d'Aral et au-delà de l'ancien Jaxartes*, Paris, 1826.

ALEXANDRE BURNES
(1832-1833)

Alexandre Burnes, né en Écosse en 1805, arriva à Bombay dès l'âge de seize ans, avec le grade de cadet dans l'armée des Indes. Il se fait remarquer rapidement pour ses connaissances du persan et par la rédaction d'études géographiques et politiques sur les régions de l'Indus. En 1831, lord Bentick, gouverneur général, l'autorise à faire un voyage de reconnaissance en Asie centrale, jusqu'à Balkh et Boukhara. Ce voyage, qui dure de janvier 1832 à début 1833, est un succès couronné par diverses récompenses dont la médaille d'or de la Société de géographie de Londres.

De retour en Inde en 1834, Burnes fut un des principaux acteurs de la politique anglaise dans la région, conduisant en 1836 des missions de négociations avec les souverains du Sind, de Kaboul ou de Kandahar. Il était accompagné de personnes remarquables comme le lieutenant John Wood, auteur de plusieurs mémoires Sur la navigation de l'Indus *ou d'un* Voyage à la recherche des sources de l'Oxus. *Ses recommandations sur la politique à tenir à l'égard de l'Afghanistan ne furent pas suivies et une expédition malheureuse jusqu'à Kaboul se termina par le massacre, le 2 septembre 1842, de plusieurs officiers parmi lesquels figurait A. Burnes.*

Au début du XIXe siècle, les États de Boukhara et de Kokand sont puissants. L'Empire russe connaît quelques démêlés avec les puissances d'Europe occidentale, ce qui détourne encore pour quelques années les ambitions du gouvernement de Saint-Pétersbourg de ces régions d'Asie centrale. A Boukhara, l'islam règne sur chaque moment de la vie quotidienne. Alexandre Burnes, alors lieutenant au service de la Compagnie des Indes, traverse entre 1831 et 1833 les régions qui vont de l'Indus à la Perse en passant par Boukhara. Son voyage dans ces régions est accueilli à juste titre comme un exploit: plusieurs de ses prédécesseurs y avaient perdu la vie.

LA SAINTE CITÉ DE BOUKHARA

Notre premier soin après notre arrivée fut de changer notre costume, et de nous conformer aux usages prescrits par les lois du pays. Une requête au ministre nous aurait peut-être exemptés de cette nécessité; mais ce parti était d'accord avec nos principes, et nous ne différâmes pas un seul instant à l'adopter. Nos turbans furent échangés contre de chétifs bonnets de peau de mouton avec le poil en dedans, et nous jetâmes nos ceinturons ou kammarband pour un morceau grossier de corde ou de tissu de chanvre. Nous laissâmes de côté le vêtement extérieur du pays, ainsi que nos bas, puisque ce sont des signes qui distinguent l'infidèle du vrai croyant dans la sainte cité de Boukhara. Nous savions aussi que les seuls musulmans peuvent aller à cheval dans l'enceinte des murs de cette ville, et un sentiment intérieur nous dit que nous devions être satisfaits si, au prix de ce léger sacrifice, il nous était permis de continuer à demeurer dans cette capitale. Un distique qui représente Samarcand comme le paradis de l'univers, nomme ausi Boukhara comme la force de la religion et de la foi; et impies et faibles comme nous l'étions, nous ne pouvions désirer d'essayer aucune épreuve parmi des hommes qui paraissaient être, du moins en apparence, de si grands bigots. Le costume que je viens de décrire n'est nulle part prescrit par le Coran, et il n'a été adopté dans ces contrées que deux siècles après le prophète, lorsque les préjugés de quelques-uns des califes découvrirent que les croyants devaient être distingués de quiconque n'était pas musulman.

Quand nous entrâmes dans la ville, les agents du gouvernement ne visitèrent même pas notre bagage; mais l'après-midi, un officier vint nous dire de nous rendre auprès du ministre. M. Gérard, étant encore souffrant de la fièvre, ne put m'accompagner, c'est pourquoi je m'acheminai seul vers *l'ark* ou palais, où le ministre demeurait seul avec le roi. Je ne pouvais revenir de mon étonnement à la vue de la nouvelle scène qui s'ouvrait devant moi, puisque nous marchâmes près de deux heures dans les rues de Boukhara avant d'arriver à la citadelle. Je fus aussitôt introduit; le ministre, ou suivant la qualification qu'on lui donne, le *kouch beghi* (seigneur de tous les begs), est un homme âgé qui jouit d'un grand crédit, il était assis dans un petit appartement précédé d'une cour particulière. Il me dit de m'asseoir en dehors, sur le pavé, mais en même temps montra dans ses manières une bonté et des égards qui mirent mon esprit très à l'aise. La dureté de mon siège et la distance à laquelle j'étais de lui ne m'accablèrent pas de douleur, puisque son fils, qui survint durant l'entretien, s'assit encore plus loin que moi. Je présentai au ministre une montre d'argent et un vêtement en tissu de cachemir que j'avais apportés exprès; mais il refusa de rien recevoir, disant qu'il n'était que l'esclave du roi. Ensuite il me questionna pendant près de deux heures sur mes propres affaires, et sur les motifs qui m'avaient amené dans un pays aussi éloigné que la Boukharie. Je répondis, conformément à l'histoire que nous racontions habituellement, que nous retournions dans notre patrie, et je montrai mon passeport délivré par le gouverneur général de l'Inde; le ministre le lut très attentivement. J'ajoutai que la Boukharie était une contrée si célèbre parmi les nations de l'Orient, que mon principal objet, en venant dans le Turkestan, avait été de la visiter. «Mais quelle est ta profession?» me dit le ministre. Je répondis que j'étais officier dans l'armée de l'Inde. «Mais, dis-moi, reprit-il, quelque chose de ce que tu sais.» Et alors il fit diverses observations sur les usages et la politique de l'Europe, notamment de la Russie; il en était très bien instruit. En réponse à des questions sur notre bagage, je jugeai prudent de lui avouer que j'avais un sextant, puisque j'étais convaincu qu'on viendrait examiner nos effets; il valait donc mieux se faire un mérite de la nécessité. Je lui appris également que j'aimais à observer les étoiles et les autres corps célestes, parce que c'était une étude très attrayante. Ces mots excitèrent l'attention du ministre, et il me pria avec une certaine gravité, et d'un ton de voix humble, de vouloir bien l'instruire d'une conjonction favorable des planètes et du prix du grain qu'elle devait indiquer pour l'année suivante. Je lui dis que nos connaissances en astronomie ne nous procuraient aucune notion de ces matières; réponse qui, il en convint, trompait ses espérances. En général, il parut être satisfait de ce que je lui exposai sur notre condition, et il nous assura de sa protection. Il nous avertit que durant notre séjour à Boukhara, il devait nous interdire l'usage de la plume et de l'encre, parce que cela pourrait donner lieu à ce que notre conduite fût présentée au roi sous un jour défavorable, et nous être nuisible. Il me dit aussi que la route à la mer Caspienne par Khiya avait été fermée l'année précédente; et que si nous avions le projet d'entrer en Russie, nous devions soit prendre le chemin qui de Boukhara va au nord, ou traverser le désert des Turcomans au-dessous d'Ourghendje, afin de gagner Astrabad, sur la mer Caspienne.

Deux jours après cette entrevue, je fus appelé de nouveau par le visir, et je le trouvai entouré d'un grand nombre de personnes respectables auxquelles il paraissait avoir le désir de me faire connaître. Je fus questionné d'une manière qui me fit croire que l'on avait conçu quelques soupçons sur notre compte; mais le visir me dit d'un ton enjoué: «Je suppose que tu as écrit sur Boukhara.» Ayant la première fois dit la vérité, je ne craignais pas de me contredire, et je répondis ingénument que j'étais venu pour voir le monde et les merveilles de Boukhara, et que, grâce à la faveur du ministre, je m'étais promené dans la ville, et j'avais examiné les jardins qui sont hors de ses murs. Le ministre me parut être le seul qui fût satisfait de ma sincérité, et me dit qu'il aurait du plaisir à me recevoir le soir. Il me demanda si j'avais à lui montrer quelque curiosité, soit de l'Inde, soit de ma patrie; j'exprimai mes regrets de mon impossibilité de le contenter sur ce point.

De retour à mon logis, il me vint dans l'idée que ce visir si curieux pourrait trouver du plaisir à la vue d'une boussole de nouvelle invention, munie de tout son appareil; mais je pensai aussi qu'il pourrait regarder le possesseur de cette pièce de mécanique compliquée sous un jour peu favorable. Néanmoins, je sortis avec l'instrument dans ma poche. Dès que je fus de nouveau en présence du kouch beghi: «Voici, m'écriai-je, une curiosité qui, je le crois, va te donner du contentement.» Et je lui montrai la boussole qui était absolument neuve, et d'un très beau travail. Je décrivis son utilité et je lui fis remarquer la perfection de l'ouvrage. Le visir, semblant avoir entièrement oublié qu'il n'était que l'esclave du roi, et ne pouvait rien recevoir, commençait à marchander le prix de cet objet, lorsque je l'interrompis, en lui assurant que je l'avais apporté exprès de l'Hindoustan pour lui en faire présent, parce que j'avais entendu parler de son zèle pour la cause de la religion, et que cet instrument le mettrait en état de désigner avec exactitude la position de la Mecque, et de rectifier le *kible* de la grande mosquée qu'il faisait maintenant construire à Boukhara; que par conséquent je ne pouvais rien accepter en retour, puisque nous étions déjà récompensés par une chose sans prix, sa protection. Le kouch beghi serra la boussole avec l'empressement et l'anxiété d'un enfant, et dit qu'il allait à l'instant la porter au roi, et lui décrire le génie miraculeux de notre nation. Je fus ainsi privé d'une de mes boussoles; c'était un bel instrument de Schmalcalder; mais j'en avais un second, et je pense qu'on conviendra que je ne le sacrifiai pas sans un ample retour. Si nous avions été à Boukhara sous quelque déguisement, et jouant un rôle que nous aurions pris, nos sentiments auraient été bien différents de ce qu'ils étaient en ce moment. Semblables à des hiboux, nous n'aurions osé nous montrer que le soir; mais après l'incident que je viens de raconter, nous sortîmes et nous nous promenâmes au grand jour, et nous visitâmes toutes les parties de la ville.

LE REGHISTAN OU GRAND BAZAR

Le lieu que je fréquentais ordinairement le soir était le *Reghistan*: on nomme ainsi une place spacieuse, près du palais qui en occupe un des côtés; sur deux autres s'élèvent des bâtiments massifs qui sont des colléges habités par les savants; sur le quatrième il y a une fontaine jaillissante, ombragée de grands arbres; c'est là que les oisifs et les colporteurs de nouvelles se rassemblent autour des marchandises d'Asie et d'Europe qui sont exposées en vente. Un étranger n'a qu'à s'asseoir sur un banc du Reghistan pour connaître les Ouzbeks et la population de Boukhara. Il peut y converser avec des naturels de la Perse, de la Turquie, de la Russie, du Turkestan, de la Chine, de l'Inde et de l'Afghanistan. Il y rencontrera des Turcomans, des Calmouks et des Kirghiz des déserts voisins, ainsi que des habitants de pays plus favorisés du ciel. Il peut observer le contraste que lui offrent les manières polies des sujets du grand roi, et les usages grossiers d'un Turc nomade. Il peut voir des Ouzbeks de toutes les contrées du Mavar-al-Nahar, et spéculer, d'après leur physionomie, sur les changements que les temps et les lieux produisent dans une famille du genre humain. L'Ouzbek de Boukharie, d'après son mélange avec le sang persan, n'est reconnu que difficilement pour un Turc. Les Ouzbeks du Kokhand, contrée voisine, ont subi moins d'altération, et les naturels de la Khivie, l'ancien Kharism, ont encore une rudesse de traits qui leur est particulière. On peut les distinguer de tous les autres à leur *kalpak*, bonnet en peau de mouton noire, haut d'un pied. Une barbe rouge, des yeux gris et une peau blanche, attireront quelquefois les regards d'un étranger; son attention se sera alors fixée sur un pauvre Russe qui a perdu sa liberté et sa patrie, et qui mène ici une misérable vie dans l'esclavage. De temps en temps on aperçoit un Chinois dans le même état déplorable, sa longue queue a été coupée, et sa tête est coiffée d'un turban, parce que de même que le Russe, il joue le rôle de musulman. Ensuite vient un brahmaniste, dans un costume qui ne lui est pas moins étranger qu'à son pays. Un petit bonnet de forme carrée et un cordon, au lieu d'une ceinture, le différencient du musulman, et ainsi que le disent les sectateurs du Coran, empêchent que ceux-ci ne profanent les salutations prescrites dans leur langue en les adressant à un idolâtre. Indépendamment de ces signes distinctifs, le naturel de l'Hindoustan est reconnaissable à son air de réserve, et à la manière étudiée dont il évite de se mêler à la foule. Il ne se réunit qu'à un petit nombre de personnes qui se trouvent dans les mêmes circonstances que lui. Le juif a un caractère aussi marqué que le brahmaniste; il porte un costume un peu différent et un bonnet conique: mais rien ne le fait mieux discerner que les traits si connus et propres au peuple hébreu. En Boukharie, ils composent une très belle race, et dans mes courses j'ai aperçu plus d'une femme qui me rappelait celles que le talent des peintres s'est plu à représenter. Des boucles de cheveux qui pendent sur leurs joues et sur leur cou relèvent les charmes de leur figure. On compte à peu près 4 000 juifs à Boukhara, ce sont des émigrants de Meched en Perse; ils s'occupent principalement de la teinture des toiles; ils sont traités de la même manière que les brahmanistes. Un Arménien égaré, vêtu d'une façon différente des précédents, fournit une image de cette nation errante; elle est peu nombreuse à Boukhara.

A l'exception des hommes dont je viens de parler, l'étranger contemple dans les bazars une masse de population de belle taille, blanche et bien vêtue, ce sont les musulmans du Turkestan. Un grand turban blanc et une pelisse (*tchoga*) de couleur sombre, par-dessus trois ou quatre autres du même genre, est le costume ordinaire; mais le Reghistan mène au palais, et les Ouzbeks aiment à paraître devant leur roi en vêtement de soie bariolée qu'ils nomment *adrass*; on y emploie les couleurs les plus éclatantes, et il serait insupportable pour tout autre qu'un Ouzbek. Quelques grand personnages sont habillés de brocart; on peut distinguer la gradation des rangs parmi les chefs, puisque ceux qui sont en faveur entrent à cheval dans la citadelle, tandis que les autres mettent pied à terre à la porte. Presque toutes les personnes qui vont rendre visite au roi sont accompagnées d'un esclave; quoique cette classe du peuple soit presque toute composée de Persans ou de leurs descendants, elle a un air particulier. On dit que les trois quarts des habitants de Boukhara sont issus d'esclaves; car on ne permet qu'à un petit nombre de captifs amenés de Perse au Turkestan de retourner dans leur patrie, et suivant ce qu'on dit universellement, il y en a beaucoup qui n'y sont nullement enclins. Une grande partie de la population de Boukhara ne se montre en public qu'à cheval; mais soit sur un coursier, soit à pied, elle est toujours bottée, et les piétons marchent sur des talons si hauts et si étroits, que j'avais beaucoup de peine, non seulement à cheminer, mais même à me tenir debout. Ces talons ont dix-huit lignes de haut, et l'extrémité inférieure n'a que six lignes de diamètre. Tel est le costume national des Ouzbeks; quelques gens de distinction ont par-dessus la botte un soulier qu'ils ôtent en entrant dans un appartement. Quant aux femmes, que je ne dois pas oublier, elles ne sortent généralement qu'à cheval, et elles s'y tiennent comme les hommes; un petit nombre va à pied; toutes sont cachées par un voile noir en crin. La difficulté de voir à travers cette enveloppe fait qu'elles regardent fixement les gens qu'elles rencontrent, comme dans une mascarade. Mais ici personne ne doit leur parler, et si quelque belle du harem du roi vient à passer, vous êtes averti de vous tourner d'un autre côté, et vous attrapez un coup sur la tête si vous négligez de vous conformer à cet avis, tant les belles de Boukhara la sainte sont sacrées.

Maintenant mon lecteur pourra probablement se former une idée de l'apparence des habitants de Boukhara. Du matin au soir la foule produit un bourdonnement, et on est étourdi du bruit de la masse des êtres humains qui sont en mouvement. Au milieu de la place, les fruits sont exposés en vente sous l'abri d'un morceau carré de natte soutenue par une seule perche. On est étonné de voir les marchands de fruits, employés, sans discontinuer, à débiter du raisin, des melons, des abricots, des pommes, des pêches, des poires et des prunes, à une suite non interrompue d'acheteurs. Ce n'est qu'avec difficulté que l'on se fraie un passage à travers les rues, on n'y parvient qu'en courant à chaque instant le risque d'être renversé par un homme monté sur un cheval ou un âne. Ces derniers animaux sont extrêmement beaux, et vont un pas d'amble très vif, quoique chargés de leurs cavaliers ou de fardeaux. On rencontre aussi des charrettes de construction légère, parce que les rues ne sont pas assez étroites pour que les voitures à roue n'y puissent point passer.

Sur tous les points du bazar il y a des gens qui font du thé; ils se servent, au lieu de théières, de grandes urnes d'Europe, dont on maintient la chaleur par un tube de métal. La passion des Boukhars pour le thé est je crois sans égale, car ils en boivent à toute heure, en tout lieu, et d'une demi-douzaine de manières; avec ou sans sucre, avec ou sans lait, avec de la graisse, avec du sel, etc. Après les vendeurs de cette boisson chaude, on voit ceux du *rahat i djan* ou du délice de la vie : c'est une gelée ou sirop de raisin mêlé avec de la glace concassée. Cette abondance de glace est une des choses les plus agréables qu'il y ait à Boukhara; on peut s'en procurer jusqu'au moment où le temps froid la rend inutile. En hiver on l'entasse dans des glacières; elle se vend à un prix qui est à la portée des plus pauvres gens. Personne dans cette capitale ne songe à boire de l'eau à moins qu'elle ne soit à la glace, et on peut voir un mendiant en acheter au moment où, tout en criant qu'il est misérable, il sollicite la charité des passants. Quand le thermomètre est à 90° (25° C), on peut dire que c'est une vue rafraîchissante d'apercevoir d'énormes masses de glaces coloriées, ramassées et entassées comme des boules de neige.

On n'en finirait pas de vouloir énumérer tous les marchands du Reghistan; je me bornerai à dire qu'il n'y a presque point d'objets qu'on ne puisse y acheter; on y trouve de la joaillerie et de la coutellerie d'Europe, à la vérité de qualité assez grossière; du thé de la Chine, du sucre de l'Inde, des épiceries de Manille. Si on veut ajouter à son instruction en turc ou en persan, on peut aller aux boutiques de livres, où les savants, ou bien ceux qui veulent en avoir l'air, examinent avec attention les ouvrages qui ont déjà passé par beaucoup de mains.

En s'éloignant le soir de cette foule agitée pour gagner les quartiers plus retirés, on traverse des bazars voûtés, maintenant vides, on passe devant des mosquées surmontées de jolies coupoles et décorées de tous les ornements qui sont admis par les musulmans. Après les heures de bazar, elles sont remplies par la foule qui vient à la prière du soir. A la porte des collèges, placés généralement en face des mosquées, on peut voir les étudiants prenant du loisir après les travaux du jour; ils ne sont ni aussi gais ni aussi jeunes que les élèves d'une université européenne; beaucoup d'entre eux sont des hommes d'un certain âge, graves et compassés; plus hypocrites peut-être, mais certainement non moins vicieux que les jeunes gens des autres pays. Au crépuscule tout ce mouvement cesse, le tambour du roi bat, d'autres dans tous les quartiers de la ville lui répondent, et à une heure marquée il n'est permis à personne de sortir de chez soi sans lanterne. D'après ces arrangements, la police de Boukhara est excellente, et dans chaque rue de grands ballots de toile restent pendant la nuit sur le devant des boutiques en toute sûreté. Le silence le plus profond règne jusqu'au lendemain matin que le bruit recommence dans le Reghistan. La journée s'ouvre par les mêmes rasades et libations de thé, et des centaines de petits garçons et d'ânes chargés de lait s'empressent d'arriver près de la foule affairée. Le lait se vend dans de petites jattes au-dessus desquelles flotte la crème; un jeune homme en apporte au marché vingt à trente dans des tablettes soutenues et suspendues à son épaule par un bâton. Quelque quantité qui puisse en être apportée, elle ne tarde pas à disparaître parmi le nombre prodigieux de buveurs de thé de cette grande cité.

Bientôt après notre arrivée, je rendis visite à nos compagnons de voyage, les marchands de thé, qui logeaient dans un caravanseraï, et étaient très affairés à déballer, vanter et vendre leur marchandise. Ils envoyèrent chercher au bazar de la glace et des abricots; nous nous assîmes et nous nous régalâmes ensemble. Un acheteur, me voyant dans cette société, me prit pour un marchand de thé, et me demanda la note de mon assortiment. Sa question me divertit beaucoup ainsi que les marchands; ils n'avertirent pas cet homme de son erreur sur mon compte, et nous continuâmes à converser ensemble. Il parla des nouvelles du jour, des dernières conquêtes du roi à Cheher Sebz, des menaces des Persans d'attaquer la Boukharie, ne soupçonnant nullement que je ne fusse pas un Asiatique.

En retour, nous reçûmes des visites de ces marchands et de beaucoup d'autres personnes qui venaient pour contenter leur curiosité à nos dépens. N'ayant pas la permission d'écrire, c'était pour nous un passe-temps agréable, parce que tout ce monde était très communicatif. Les Ouzbeks sont un peuple simple, avec lequel on a promptement fait connaissance, quoiqu'ils aient un singulier ton de voix qui semble marquer du mépris ou la colère pour la personne à laquelle ils parlent. Ils n'employaient jamais, pour nous saluer, aucune des formules usitées entre musulmans; ils semblaient avoir une autre sorte d'expressions dont les plus communes sont : «Puisse ta richesse s'accroître (*daoulet ziada*), ou puisses-tu vivre long-temps (*oumr daraz*)!» Néanmoins, avant de s'asseoir, ils récitaient toujours le *fatiha* ou la prière du Coran, en étendant leurs mains et se frappant la barbe; et nous en faisions autant. Plusieurs des gens qui nous rendirent visite manifestèrent des soupçons sur notre condition, et néanmoins ne montrèrent aucune répugnance pour converser sur toutes sortes de sujets, depuis la politique de leur roi jusqu'à l'état du marché. Quelle simplicité chez ces hommes! ils croient qu'un espion doit s'occuper de mesurer leurs forts et leurs remparts; ils n'ont aucune idée de la valeur d'une conversation. Avec cette promptitude de nos hôtes à faire des réponses, je n'éprouvais pas d'ennui à leur expliquer les usages de l'Europe; mais je dois conseiller au voyageur de se munir d'un fond considérable de cette sorte de connaissance avant d'entreprendre une pérégrination dans les contrées de l'Orient. On doit avoir quelques notions du commerce, des arts, des sciences, de la religion, de la médecine, et dans le fait, de chaque chose; toute réponse qui donne des explications vaut mieux que celle qui se borne à dire: «Je n'en sais rien», parce que l'ignorance réelle ou prétendue est interprétée comme un dessein volontaire de cacher ce qu'on sait.

LE MARCHÉ AUX ESCLAVES

Je saisis une occasion de voir le marché aux esclaves qui se tient tous les samedis matin. Les Ouzbeks conduisent toutes leurs affaires par le moyen des esclaves qui sont principalement amenés de la Perse par les Turcomans. Ces pauvres gens y sont exposés en vente, et occupent une quarantaine d'échoppes où on les examine comme du bétail, avec cette différence qu'ils peuvent rendre compte de ce qu'ils sont. J'allai à ce bazar un matin; il n'y avait que six pauvres créatures, et je fus témoin de la manière dont on les vend. On leur demande d'abord quelle est leur parenté, où ils ont été faits captifs, et s'ils sont musulmans, c'est-à-dire sunnites. Cette question est faite de cette manière, parce que les Ouzbeks ne regardent pas un chiite comme un vrai croyant. De même que chez les premiers chrétiens, un sectaire leur est plus odieux qu'un infidèle. Après que l'acheteur s'est assuré que l'esclave est un infidèle (*kaffir*), il visite son corps, examinant notamment s'il est exempt de la lèpre si commune dans le Turkestan, puis il marchande pour le prix.

Trois petits garçons persans étaient à vendre pour trente tillas d'or (500 F) par tête; il était surprenant de voir le contentement de ces pauvres enfants dans leur triste condition. J'entendis l'un d'eux raconter comment il avait été pris pendant qu'il gardait ses troupeaux au sud de Meched. Un autre qui entendait une conversation entre les spectateurs relativement à la vente des esclaves dans ce moment, leur dit qu'un grand nombre avait été enlevé. Son compagnon reprit alors avec une certaine émotion: «Toi et moi sommes les seuls qui pensons ainsi, à cause de notre infortune; mais ces gens doivent savoir mieux que nous ce qui en est.» Il y avait là une malheureuse fille qui avait été longtemps au service d'un homme maintenant obligé de la vendre, parce qu'il était devenu pauvre. Je suis certain que bien des larmes ont été versées dans la cour où je considérais cette scène; mais on m'assura de toutes parts que les esclaves sont traités avec douceur; comme un si grand nombre reste dans le pays après avoir été affranchi, il semble que cette assertion doit être vraie. C'est la Khivie qui approvisionne principalement le bazar aux esclaves de Boukhara. Des Chinois et des Russes y sont également vendus; mais rarement. Les sentiments d'un Européen se révoltent à l'idée de cet odieux trafic; un Ouzbek ne partage pas ces pensées, il croit rendre service à un Persan en l'achetant, et le voyant renoncer à ses opinions hérétiques.

Ce matin-là je passai du marché aux esclaves au grand bazar; la première chose qui frappa mes regards fut la punition des musulmans pris en faute contre la religion, le vendredi précédent. Il y avait quatre hommes qui avaient été surpris endormis à l'heure de la prière, et un jeune garçon qui avait fumé en public. Ils étaient liés les uns aux autres et le jeune fumeur ouvrait la marche, tenant à la main le houkah (la pipe). L'officier de police les suivait avec une courroie épaisse dont il les châtiait tout en marchant et criant à haute voix: «O vous! sectateurs de l'islamisme, contemplez la punition de ceux qui violent la loi!» Toutefois, il n'y eut jamais une telle suite de contradictions et d'absurdités, comme dans la pratique et la théorie de la religion à Boukhara. On peut acheter ouvertement du tabac et tout l'appareil nécessaire pour en aspirer la fumée; mais si on est aperçu fumant en public, on est immédiatement traîné devant le cazi, et puni par la bastonnade, ou placé sur un baudet et promené le visage barbouillé de noir, afin de servir d'avertissement aux autres. Si quelqu'un est surpris chassant aux pigeons le vendredi, il est aussitôt assis sur un chameau et montré dans les rues avec l'oiseau mort suspendu au cou. Quiconque est vu dans les rues aux heures des prières, et convaincu d'avoir l'habitude de cette négligence, paye une amende et est ensuite condamné à la prison, et cependant des misérables fréquentent les soirs les rues pour commettre des abominations non moins contraires au Coran qu'à la nature. Chaque chose présente réellement un tissu de contrariétés, et certainement nulle ne fut plus manifeste pour moi que la punition des coupables, passant avec tout l'appareil de la publicité, devant la porte même du bâtiment où des créatures humaines étaient mises de niveau avec les brutes de la terre; sans doute en opposition avec les lois de l'humanité, et non moins certainement en opposition avec les lois de Mahomet.

Les Hindous de Boukhara recherchaient notre société, parce que ces hommes semblent regarder les Anglais comme leurs supérieurs naturels. Dans tous les pays où nous passâmes, ils nous rendirent visite et ne voulurent converser avec nous qu'en hindoustani, ce qui était un gage d'union entre eux et nous. Ils semblaient jouir, dans cette contrée, d'un degré de tolérance suffisant pour les mettre en état de vivre heureux. L'énumération des restrictions auxquelles ils sont soumis pourrait cependant les faire regarder comme une race persécutée. Ils ne peuvent ni construire des temples, ni ériger des idoles, ni faire des processions; ils ne vont pas à cheval dans l'intérieur de la ville, et doivent porter un costume particulier. Ils payent un *djiza* ou droit de capitation, qui varie de quatre à huit roupies par an, mais qui est également levé sur quiconque n'est plus musulman. Ils ne doivent jamais ni insulter ni maltraiter un croyant. Quand le roi passe dans le quartier qu'ils habitent ils doivent sortir, se ranger en haie et lui souhaiter santé et prospérité; lorsqu'ils vont à cheval hors des murs, ils doivent en descendre s'ils rencontrent le monarque ou le cazi. Il ne leur est pas permis d'acheter des femmes esclaves, parce qu'un infidèle souillerait une fidèle; aucun d'eux ne transporte sa famille au delà de l'Oxus. Moyennant ces sacrifices, les Hindous vivent tranquillement à Boukhara; dans toutes les contestations et les procès, on leur rend la justice avec la même équité qu'aux musulmans. Je n'entendis citer aucun exemple de conversion forcée à l'islamisme; bien que depuis trois ou quatre ans trois ou quatre brahmanistes eussent adopté la doctrine du Coran. L'extérieur de ces gens est extrêmement posé et réglé; on serait tenté de supposer qu'ils ont renoncé à rire, à en juger par la gravité de leur physionomie. Ils parlent avec satisfaction de leurs privilèges, et sont très contents de la promptitude avec laquelle ils peuvent réaliser de l'argent, quoique ce soit au prix de leurs préjugés. On compte à peu près trois cents Hindous à Boukhara; ils vivent dans un caravanseraï dont la propriété leur appartient. Ils sont presque tous natifs de Chikarpour dans le Sindhi; depuis quelques années leur nombre s'est accru. Les Ouzbeks, et dans le fait tous les musulmans, sont vaincus par le génie commercial de ces hommes qui avancent des sommes très considérables pour le plus petit bénéfice.

Parmi les Hindous se trouvait un déserteur de l'armée britannique à Bombay; il vint aussi nous voir. Il était parti pour aller en pèlerinage à tous les temples du monde brahmanique, et dans ce moment il dirigeait ses pas vers les temples du feu à Bakou, sur les bords de la mer Caspienne. Il avait servi dans le vingt-quatrième régiment de cipayes; je connaissais plusieurs des officiers de ce corps, et ce fut avec plaisir que j'entendis leurs noms dans cette cité lointaine. J'écoutai avec intérêt le détail des aventures et des voyages de cet homme; il n'était pas effrayé de l'idée que je voulusse le dénoncer et le faire arrêter. Je le regardai comme un frère d'armes, et il m'amusa beaucoup par ce qu'il raconta de Mourad Beg chef de Khoundouz; il l'avait suivi dans ses campagnes comme bombardier. Quand ce coureur de pays vint chez nous pour la première fois, il était vêtu en pèlerin; mais on ne peut pas même à Boukhara se méprendre sur l'allure d'un soldat.

La maison où nous logions était extrêmement petite, et dominée de tous côtés; mais nous n'en éprouvions aucun regret, parce que cet inconvénient nous procura une occasion de voir une beauté turque, jeune et jolie femme qui se promenait sur un balcon voisin, et qui désirait de s'imaginer qu'elle n'était pas vue. Une fuite feinte ne fut pas même négligée par cette belle, que la curiosité excita souvent à jeter à la dérobée un coup d'œil sur les Firinghis. Comme notre gain était réel dans l'échange, elle ne nous incommodait nullement; mais malheureusement elle se trouvait trop loin de nous pour que nous pussions lui adresser quelques douces paroles.

Les femmes de Boukhara se teignent complètement les dents en noir; elles tressent leurs cheveux et les laissent pendre en longues nattes sur leurs épaules. Leur habillement diffère peu de celui des hommes; elles portent de même des pelisses; mais les manches, au lieu de servir à y passer les bras, sont retroussées par derrière, et attachées ensemble. Même dans leurs maisons, elles ont pour chaussure d'énormes bottes à la hessoise, faites en velours et extrêmement ornées, quel goût étrange pour des créatures qui sont toujours enfermées de s'affubler de bottes semblables comme si elles s'étaient préparées à entreprendre un voyage! Elles sont coiffées de grands turbans blancs, un voile couvre leur visage, et plus d'une jolie figure est ainsi condamnée à rougir sans qu'on s'en aperçoive. L'occupation de montrer sa beauté de la manière la plus avantageuse, occupation à laquelle les femmes consacrent une si grande partie de leur temps dans des contrées plus heureuses, est inconnue ici. Un homme peut tuer son voisin d'un coup de fusil s'il l'aperçoit à son balcon à d'autres heures que celles qui sont fixées. L'assassinat suit le soupçon; parce que les lois du Coran, relativement aux femmes, sont observées avec la plus stricte rigueur. Si la jalousie est une passion rarement connue des musulmans, elle est remplacée par un vice bien plus dégradant.

Pendant mon voyage dans le Caboul, j'avais souvent joui des agréments du bain, suivant l'usage des Orientaux. Je me procurai le même plaisir à Boukhara; mais je ne pus le goûter que dans certains bâtiments, les prêtres ayant affirmé que l'eau de tels et tels bains serait changée en sang si elle était souillée par une femme ou par un infidèle. Un bain oriental est trop connu pour que j'en fasse la description; mais l'opération est très singulière: vous êtes étendu de toute votre longueur, frotté, pétri, frappé; mais tout cela vous rafraîchit. Les bains de Boukhara sont très vastes. Plusieurs petites cellules voûtées entourent une grande salle circulaire à coupole, et sont chauffées à des températures différentes. Pendant le jour, la lumière arrive par les verres colorés de la coupole; la nuit, une seule lampe placée en bas suffit pour éclairer à la fois toutes les cellules. La portion du cercle tournée vers la Mecque est employée comme mosquée, et le mahométan sensuel peut y faire sa prière pendant qu'il goûte un des délices promis dans le paradis du prophète. Il y a dix-huit bains à Boukhara; un petit nombre est de très grandes dimensions; mais la totalité rapporte un revenu de 150 tillas ou 1 000 roupies. Cette somme peut servir à évaluer la quantité des habitants. Chaque personne paye au maître du bain dix pièces de monnaie de cuivre, dont 135 équivalent à une roupie; par conséquent, cent individus à peu près peuvent se baigner pour un tilla, et 150 pièces de cette monnaie donnent 15 000 personnes pour chaque bain: comme il y en a dix-huit, il en résulte que 270 000 individus y vont annuellement; mais on n'en fait usage que la moitié de l'année, durant les mois froids, et les pauvres ne peuvent jamais se procurer cette satisfaction.

En me promenant par la ville, je n'omis pas d'aller présenter mes respects au ministre, et au bout de dix jours M. Gérard fut en état de m'accompagner. Le ministre ne fit pas moins de questions que le nabab de Caboul sur la préparation des médecines et des emplâtres, et pria le docteur de la lui enseigner. Toutefois nous étions parvenus dans une région plus civilisée, en nous approchant de l'Europe, puisque le visir avait reçu de Constantinople de la quinine et d'autres médicaments. Nous restâmes avec le kouch beghi pendant qu'il s'occupait d'affaires; et nous le vîmes lever des droits sur les marchands, qui sont traités très favorablement dans ce pays. Les pièces de toile sont apportées, et une sur quarante est prise en guise de droits; ce qui laisse au marchand son profit, sans l'incommoder pour l'argent comptant. Un musulman n'a qu'à invoquer le nom du prophète, se frapper la barbe, et se déclarer pauvre, pour être exempté de tout droit. Un homme dit qu'il avait des témoins qui prouveraient qu'il était accablé de dettes, et qu'il les amènerait. Le ministre répliqua: «Prête serment, nous n'avons pas besoin de témoins.» L'homme s'étant conformé à cette demande, chacun des assistants s'écria: «Dieu est grand!» et récita le *fatiha*; les marchandises furent rendues sans avoir payé la moindre chose.

Quoique très disposé à juger très favorablement des Asiatiques, et ils gagnèrent dans mon opinion à mesure que je les connus mieux, je ne les ai pas trouvés exempts de mensonge; je crains donc que beaucoup de faux serments ne soient prêtés parmi eux.

LE ROI DE BOUKHARIE

Aucun prince n'a plus que les souverains de la Boukharie cherché à favoriser et à encourager le commerce. Sous le règne du dernier monarque, les droits n'étaient jamais payés que lorsque la marchandise avait été vendue, de même que dans le système des engagements d'une douane anglaise. Dans l'occasion actuelle, le visir s'étendit beaucoup sur le sujet du commerce, relativement à la Boukharie et à la Grande-Bretagne, et exprima un vif désir d'augmenter les relations entre les deux pays; il m'invita même à revenir comme ambassadeur pour cet objet, et n'oublia pas de me prier de lui apporter une paire de lunettes pour son usage. Notre liaison était maintenant établie sur un pied qui promettait beaucoup; je voulus profiter de la circonstance pour témoigner au kouch beghi le désir de présenter nos devoirs au roi. J'avais touché une corde délicate; car il me sembla que le ministre craignait que nous ne fussions chargés de faire au monarque quelque proposition qui devait lui rester cachée. «Je vaux bien l'émir, reprit-il (c'est ainsi qu'on appelle le roi), et si vous n'avez pas d'affaires à traiter avec lui, qu'est-ce que les voyageurs ont à faire avec les cours?» Je l'instruisis de notre curiosité sur ce point; mais il ne lui convenait pas que nous eussions cet honneur, et c'en fut assez pour nous faire abandonner notre dessein.

Néanmoins, j'étais décidé à voir le roi; et le vendredi suivant, à midi, j'allai à la grande mosquée, édifice construit par Timour. J'aperçus le monarque et tout son monde sortant de la prière. Il me parut âgé de moins de trente ans, et n'avoir pas une physionomie avantageuse; ses yeux sont petits, son visage est maigre et pâle; il était simplement vêtu d'une robe de soie, et coiffé d'un turban blanc. Il a quelquefois une aigrette en plumes, ornée de diamants. Un Coran était porté devant lui, et il était précédé et suivi de deux huissiers avec des masses d'or, lesquels criaient en turc: «Priez Dieu que le commandant des fidèles se conduise équitablement ! » Sa suite ne se composait pas de plus d'une centaine de personnes, la plupart en robes de brocart de Russie, et avec des sabres, que j'appellerai volontiers coutelas, ornés en or; c'est la marque de distinction de ce pays. Le roi actuel a plus de pompe que ses prédécesseurs; mais peut-être juge-t-il nécessaire d'affecter de l'humilité dans un temple, et au retour d'une cérémonie religieuse. Le peuple se rangeait de côté quand il passait, et se frappait la barbe en souhaitant paix au monarque. Je fis de même. Bahadour Khan, tel est le nom du roi, est très respecté de ses compatriotes. A son avènement au trône, il donna tout son bien particulier. Il observe avec exactitude les devoirs de la religion; mais il est moins bigot que son père, Mir Haïder. En tout, il se conforme aux préceptes du Coran, et on prétend même qu'il ne vit que de la capitation levée sur les juifs et les Hindous. On dit que les revenus du pays sont dépensés à entretenir les mollahs et les mosquées; mais ce jeune roi est ambitieux et belliqueux, et je regarde comme plus probable qu'il emploie ses trésors à l'entretien de ses troupes et à l'accroissement de sa puissance.

La vie de ce roi est moins digne d'envie que celle de la plupart des particuliers. L'eau qu'il boit est apportée de la rivière dans des outres, gardées et scellées par deux officiers; elles sont ouvertes par le visir, et l'eau est goûtée d'abord par ses gens, ensuite par ce ministre; ensuite l'outre, scellée de nouveau, est envoyée au roi. Les repas journaliers de ce monarque subissent les mêmes épreuves; le ministre mange, il donne des mets aux personnes qui l'entourent; elles attendent qu'une heure se soit écoulée pour juger de l'effet de ces aliments; ils sont alors renfermés sous clef dans une boîte et expédiés. Le roi en a une clef et le ministre une autre. Les fruits, les confitures, tout objet comestible passe par le même essai; on ne peut guère supposer que le bon roi des Ouzbeks mange jamais un plat bien chaud ou un dîner qui vient d'être préparé. L'usage du poison est commun, et on soupçonne fortement que l'élévation du roi sur le trône où il est maintenant assis, n'est pas exempte d'une distribution libérale de doses de ce genre. Un jour un Boukhar me présenta des figues; j'en pris une et je la mangeai pour lui montrer que j'appréciais le don. Cet homme m'avertit de me tenir sur mes gardes à l'avenir : « Parce que, dit-il, tu dois d'abord inviter celui qui te donne une chose à en manger, et, s'il le fait, tu peux en toute sûreté suivre son exemple. »

Peu de jours après mon arrivée à Boukhara, j'exprimai le désir de voir quelques-uns des infortunés Russes qui ont été vendus dans ce pays. Un soir, un homme vigoureux, ayant l'air mâle, tomba à mes pieds et les baisa. C'était un Russe, nommé Grégoire Poulakov; il avait été enlevé, vingt-cinq ans auparavant, durant son sommeil, à un avant-poste. Il était fils d'un soldat, et exerçait la profession de charpentier. Je lui dis de s'asseoir avec nous, et de nous raconter ses tribulations et ses aventures ; c'était l'instant de notre dîner, le pauvre charpentier nous aida à manger notre pilau. Quoiqu'il ne fût âgé que de dix ans à l'époque de sa captivité, il n'avait pas oublié sa langue maternelle, et son vœu le plus ardent était de retourner dans sa patrie. Il payait sept tillas par an à son maître, qui lui permettait de se livrer à son métier, et de garder tout ce qu'il pouvait gagner au delà de cette somme. Il avait une femme et un enfant également esclaves : « Je suis bien traité, dit-il ; je vais où je veux ; je m'associe à chacun, et je joue le rôle d'un musulman ; mais mon cœur brûle pour ma patrie, j'y servirais avec joie dans l'armée soumise au joug le plus despotique. Si je pouvais seulement la revoir, je mourrais volontiers. Je vous confie mes sentiments, mais je les cache aux Ouzbeks. Je suis encore chrétien (et le pauvre homme fit le signe de la croix à la manière de l'église grecque) : je vis parmi des gens qui détestent, très cordialement, tout homme de cette croyance. Ce n'est que pour ma tranquillité que je me dis musulman. » Ce pauvre diable avait pris tous les usages et toutes les façons d'un Ouzbek, et je n'aurais jamais pu le distinguer, si ce n'avait été à ses yeux bleus, à sa barbe rousse et à la blancheur de sa peau. Il s'informa avec beaucoup de chaleur s'il y avait quelque espérance de délivrance pour lui et ses camarades ; je ne pus lui donner d'autre consolation que de lui parler d'une rumeur relative à l'intention de l'empereur, de mettre fin, par une expédition armée, au trafic des esclaves. Il me dit que la dernière ambassade russe en Boukharie, sous la conduite de M. Negri[1], n'avait pas réussi à effectuer cet objet si désirable ; que cependant la vente des esclaves russes en Boukharie avait cessé depuis dix ans. Il n'y en avait pas cent trente dans tout le royaume ; mais en Khivie leur nombre augmentait comme auparavant. La totalité de ceux qui se trouvaient en Boukharie aurait été rachetée par l'ambassadeur, s'il ne s'était pas élevé des discussions religieuses sur la convenance de permettre, à des chrétiens devenus musulmans, de retomber dans leur idolâtrie. Les mollahs avaient vu des images peintes dans les églises russes, et aucun raisonnement ne pouvait les faire départir de ce qu'ils alléguaient comme le résultat de l'évidence de leurs sens, c'est que les Russes adorent des idoles.

Il existe généralement une différence d'opinion sur chaque matière, et celles des Russes et des Boukhars sur l'esclavage étaient très opposées. Les musulmans ne croient pas commettre un péché en réduisant les Russes en esclavage, soutenant que la Russie offre l'exemple d'un pays entier d'esclaves, notamment dans la manière despotique dont les soldats sont gouvernés. « Si nous achetons des Russes, disent-ils, les Russes achètent, sur notre frontière, des Kirghiz Kaïsaks, qui sont musulmans, et ils obsèdent ces hommes de menaces, de flatteries et d'espérances pour leur faire abandonner leur foi et les

1. Pour la relation de cette ambassade, voir pages 206 à 214.

rendre idolâtres. Considérez d'un autre côté les Russes en Boukharie, leur manière de vivre, la liberté, l'aisance dont ils jouissent, et comparez cela au pain noir et à la tyrannie inexorable qu'ils éprouvent dans leur patrie.» Ils finirent par parler de la cruauté du bannissement en Sibérie, qu'ils ne mentionnèrent qu'en frémissant d'horreur, et assurèrent qu'en plusieurs circonstances la crainte de ce châtiment avait contraint les Russes à chercher volontairement un refuge en Boukharie. Nous n'essaierons pas de décider entre les deux parties; mais il est triste pour les libertés de la Russie qu'elles puissent être mises en parallèle avec les institutions d'un royaume turc, dont la pitié est proverbialement mise de pair avec la tyrannie afghane.

Indépendamment des Russes, des Hindous et des Ouzbeks, le cercle de nos connaissances s'accrut bientôt à Boukhara, et la plupart des commerçants afghans recherchèrent notre société; nous ne pûmes qu'être flattés de l'opinion favorable qu'ils avaient du gouvernement britannique dans l'Inde. L'un d'eux, Servar Khan, négociant de Lohan, très riche, auprès duquel nous ne fûmes jamais introduits, nous offrit tout l'argent dont nous pouvions avoir besoin, et le fit d'une manière qui ne permettait aucun doute sur sa sincérité. Chir Mohammed, autre marchand natif de Caboul, fut pour moi d'un secours très utile dans nos recherches sur le commerce de l'Asie centrale. Nous étions constamment assaillis par des Afghans et même des Ouzbeks, pour leur donner des notes écrites de notre main, et attestant que nous les connaissions, parce qu'ils croient qu'une telle note est un engagement d'union avec les Anglais, et que sa possession leur assurerait au besoin une réception honorable dans l'Inde. Nous nous rendîmes aux vœux de ceux qui parurent mériter notre confiance.

Au nombre de nos amis était Ahmed Djoui, négociant cachemirien, homme habile et parleur; il souhaitait beaucoup que je l'aidasse dans la préparation d'une espèce de cochenille qui, je crois, ne peut être apprêtée qu'à Boukhara. Il y avait aussi Hadji Mirak, vieillard qui avait vu le monde depuis Canton jusqu'à Constantinople; il m'apporta en cachette d'anciennes et précieuses médailles bactriennes, qui sont agréables à un Européen. La plus intime de nos connaissances était peut-être notre hôte, Makhsoum, marchand ouzbek, qui commerçait avec Yarkend. Chaque jour il nous rendait visite, et généralement amenait quelques-uns de ses amis. Je veux citer un fait qui est très honorable pour lui. Il était très communicatif, et nous donna beaucoup de renseignements utiles. A mesure que notre intimité s'accrut, je lui adressai des questions précises sur les revenus et les ressources de la Boukharie, sur son étendue et sa puissance, et un jour je déployai en sa présence une petite carte du pays. Il me satisfit sur tous les points; puis, me priant de refermer ma carte, il me supplia de ne plus jamais montrer un tel papier à Boukhara, puisque des espions innombrables entouraient le roi, et que la vue de cet objet pourrait produire des conséquences fâcheuses. Il ne discontinua, du reste, ni ses visites, ni ses renseignements. A notre arrivée, le gardien du caravanseraï avait refusé de nous loger, parce que nous n'avions pas de qualité, et que nous n'étions ni commerçants ni ambassadeurs; mais Makhsoum nous offrit obligeamment sa maison. Ses voisins l'avaient querellé, ses amis l'avaient effrayé, et lui-même avait d'abord tremblé du risque qu'il courait. Maintenant le gardien du caravanseraï se cachait de honte, et Makhsoum partageait notre intimité; ses voisins imploraient sa protection pour nous être amenés, et notre société était plus recherchée que nous ne le désirions pour notre commodité.

DESCRIPTION ET HISTOIRE DE BOUKHARA

La tradition attribue la fondation de la ville de Boukhara à Sicander Dhul Carneïn ou Alexandre le Grand, et l'état physique du pays vient à l'appui de l'opinion que cette cité date des temps les plus reculés. Un terrain fertile, arrosé par un ruisseau, et entouré d'un désert, était comme un port pour le navigateur. Boukhara est située au milieu de jardins et d'arbres; on ne peut l'apercevoir à une certaine distance; c'est un lieu délicieux, et le climat y est salubre; mais je ne puis partager le sentiment des géographes arabes, qui en parlent comme du paradis de l'univers. Ferdouci, le grand poète persan, dit: «Lorsque le roi vit le Mavar el Nahar, il aperçut un monde de villes.» Cela peut être vrai par comparaison avec l'Arabie et les plaines arides de la Perse; mais les bords de quelques rivières de l'Inde offrent autant de richesses, de beauté et de fertilité.

La circonférence de Boukhara excède huit milles anglais, sa figure est triangulaire; elle est ceinte d'un mur en terre haut de vingt pieds et percé de douze portes. Conformément à la coutume de l'Orient, elles portent le nom des villes ou des lieux où elles conduisent. De dehors on aperçoit peu de grands édifices; mais quand le voyageur a pénétré dans l'enceinte, il suit son chemin entre des bazars élevés, bâtis en briques et voûtés, et rencontre chaque espèce de trafic dans un quartier séparé: ici les marchands de mousselines, là les cordonniers; une arcade est remplie de soieries, une autre de toiles. Partout il trouve des édifices vastes et solides, des collèges, des mosquées et de hauts minarets. Une vingtaine de caravanseraïs contiennent des commerçants de différentes nations, et une centaine de réservoirs et de fontaines construites en pierre de taille approvisionnent d'eau une population nombreuse. Boukhara est entrecoupée de canaux ombragés de mûriers, et qui amènent l'eau du Kohik; une croyance répandue parmi le peuple mérite d'être rapportée, c'est que le sommet du minaret le plus élevé, et qui a à peu près 150 pieds de haut, est au niveau de Samarcand. Du reste,

Boukhara n'est que médiocrement pourvue d'eau, la rivière coule à six milles de distance, et le canal n'est ouvert qu'une fois en quinze jours. En été les habitants de Boukhara sont quelquefois privés d'eau pendant des mois entiers, et pendant notre séjour, le canal avait été à sec durant soixante jours; la neige n'ayant pas fondu dans les terres hautes de Samarcand, la petite quantité d'eau de la rivière avait été consommée avant d'arriver à Boukhara. Par conséquent, la distribution de cet objet indispensable pour la vie devient une chose de la plus haute importance, et un officier du gouvernement est spécialement chargé de ce devoir. En définitive, l'eau est mauvaise et passe pour occasionner le ver de Guinée, maladie affreusement commune à Boukhara; les habitants disent qu'elle provient de l'eau, et ils ajoutent que ces vers sont les mêmes qui tourmentèrent le corps du saint homme et prophète Job.

Il y a à peine un jardin ou un cimetière dans l'enceinte des murs de Boukhara. A l'exception des édifices publics, presque toutes les maisons sont petites, et n'ont qu'un seul étage; cependant on en voit beaucoup de fort belles. Quelques-unes ont des parois intérieures en stuc, et très élégamment peintes; d'autres des arcades en ogive ornées de dorures et de lapis lazuli, et les appartements en sont à la fois élégants et commodes. Les habitations ordinaires sont en briques séchées au soleil, et soutenues par une charpente; toutes ont le toit plat. Dans les pays de l'Orient, une maison n'a pas de vue au dehors, parce qu'elle est entourée de toutes parts de murs élevés.

Le plus grand des édifices publics est une mosquée qui occupe un espace de 300 pieds, et dont le dôme s'élève à peu près au tiers de cette quantité; il est couvert en tuiles d'un bleu azur, vernissées; son aspect a de la magnificence. Ce temple est assez ancien, puisque sa coupole, endommagée par un tremblement de terre, fut réparée par le fameux Timour. Le minaret, qui est très haut, fut élevé en l'an 542 de l'hégire; il est en briques qui ont été distribuées en dessins très ingénieux. Les criminels sont précipités du haut de cette tour. Le prêtre principal est le seul qui ait la permission d'y monter, et seulement le vendredi, afin d'appeler les fidèles à la prière; on craindrait que de là il ne vît les appartements des femmes dans la ville. Le plus joli édifice de Boukhara est le collège du roi Abdallah. Les phrases du Coran qui sont tracées sur une arcade élevée, sous laquelle se trouve l'entrée, ont plus de deux pieds de dimension, et sont écrites sur les belles tuiles vernissées dont j'ai déjà parlé. La plupart des dômes de la ville sont ornés de la même manière, et leurs sommets sont couverts par les nids du *laglag*, espèce de cigogne et oiseau de passage, qui fréquente ce pays, et est regardé par le peuple comme d'un heureux augure.

Il paraîtrait qu'autrefois Boukhara ne fut pas une ville considérable. Son éloignement de toutes les autres parties du monde musulman lui a donné de la célébrité; d'ailleurs elle a été une des premières conquêtes des califes. On n'a pas de peine à concevoir que la nombreuse postérité des premiers commandants des fidèles cherchât la gloire dans ces bocages lointains et délicieux. Son nom fut répandu au loin par le grand nombre d'hommes doctes et religieux qu'elle produisit, et l'épithète de *chérif* ou sainte lui fut bientôt donnée par ses conquérants musulmans.

On regarde comme un signe certain de l'infidélité de dire que les murs des bâtisses de Boukhara sont tortueux; cependant leur architecture est si défectueuse, que je doute qu'il y ait dans toute la ville un seul mur qui soit d'aplomb. Les prêtres du temps présent affirment que dans tous les autres pays du globe la lumière descend sur la terre, mais qu'au contraire elle s'élève de Boukhara la sainte. On prétend que Mahomet, dans son voyage au ciel inférieur, observa ce fait, qui lui fut expliqué par l'ange Gabriel, comme le motif de cette appellation. Indépendamment de l'absurdité manifeste de ce conte, je me bornerai à dire que l'épithète de sainte est bien plus moderne que l'époque du prophète, puisque j'ai vu des monnaies qui ne la portent pas, et qui avaient moins de huit cent cinquante ans d'antiquité. Boukhara existait comme ville aux jours de Kizzil (Alp?) Arslan : elle fut détruite par Djinghis Khan, et menacée par Houlagou, son petit-fils. On rapporte, relativement à des négociations avec ce dévastateur, une anecdote que je me souviens d'avoir entendu raconter au sujet de quelque autre ville. Les habitants envoyèrent au conquérant un jeune garçon doué de sagesse, et accompagné d'un chameau et d'une chèvre. Quand le guerrier aperçut ce cortège, il demanda pourquoi on lui avait envoyé un tel blanc-bec pour député. «Si tu veux une plus grande créature, dit l'enfant, voici un chameau; si tu cherches de la barbe, voici la chèvre; si tu désires de la raison, écoute-moi.» Houlagou prêta l'oreille aux sages discours du jeune garçon; la ville fut épargnée et protégée, et il accorda aux habitants la permission d'agrandir leurs fortifications. Les remparts actuels ont été construits par Rahim Khan, du temps de Nadir Châh; et puisque l'équité de ses souverains suit la marche de l'accroissement de son étendue, Boukhara promet d'être une ville plus considérable dans les siècles modernes qu'elle ne le fut anciennement.

Je profitai de la connaissance que j'avais faite du mollah, en venant de Karchey, pour visiter son collège, le *médressé i cazi kalan*, qui est un des principaux édifices de ce genre à Boukhara. Ce prêtre et son compagnon, qui me régala de thé et causa longtemps, me fournirent les renseignements les plus détaillés sur ces sortes d'institutions. On compte dans cette capitale environ trois cent soixante-six collèges, tant grands que petits, et dont un tiers consiste en vastes bâtiments qui contiennent soixante-dix ou quatre-vingts étudiants. Beaucoup n'en ont que vingt, et quelques-uns seulement dix. Ces édifices ressemblent aux caravanseraïs: un bâtiment carré est entouré intérieurement d'un grand nombre de petites cellules nommées *houdjras*, qui sont vendues et ont une valeur de seize tillas; quelquefois elle s'élève jusqu'à trente. Une rétribution fixe est allouée au professeur et à chacun des écoliers qui demeurent dans l'enceinte; les collèges sont bien dotés; tous les bazars et les bains de la ville, ainsi que la plupart des champs des environs, ont été achetés à cet effet par des personnes pieuses. Suivant la loi, le revenu public est approprié à l'entretien de l'église; un quart de leur totalité y est employé à Boukhara; et le produit de la douane est également partagé par les prêtres. On trouve dans les collèges des hommes de toutes les contrées voisines, excepté de la Perse: les étudiants sont les uns jeunes, les autres âgés. Après sept ou huit ans d'études, ils retournent dans leur patrie après avoir accru leurs connaissances et leur réputation; quelques-uns continuent à demeurer toute leur vie à Boukhara. La possession d'une cellule donne à un étudiant un droit à certains émoluments annuels payés par la fondation ainsi que par le revenu public. Les collèges sont fermés la moitié de l'année par ordre du roi, afin de laisser à leurs habitants la possibilité d'aller travailler aux champs, et de gagner ainsi quelque chose qui accroisse leur pension. Que penseraient les membres des collèges d'Oxford et de Cambridge de l'occupation de faucher le froment? La saison des vacances est nommée *tatil*, et celle des études *tachil*. Les étudiants ont la faculté de se marier, mais ils ne peuvent amener leurs femmes au collège. Dans le temps des études, les classes sont ouvertes depuis le lever du soleil jusqu'à son coucher; le professeur est constamment à son poste; les écoliers disputent en sa présence sur des points de théologie, et il dirige le débat. Quelqu'un dit:«Prouve qu'il y a un Dieu, et à peu près cinq cents sortes d'arguments sont mis en avant; il en est de même des autres matières. Les étudiants s'occupent exclusivement de la théologie; elle a remplacé toutes les autres sciences; ils ignorent absolument même les annales historiques de leur patrie. Jamais on ne vit pareil assemblage de lourdauds; excepté l'observance de la prière, ils se conforment très peu aux préceptes de leur religion; mais ils ont de grandes prétentions à la régularité, et en affectent une excessive. [...]

A peu près à vingt-cinq milles au nord-ouest de Boukhara, et sur la limite du désert, on trouve les ruines de Khodjaoban, ancienne ville, que la tradition attribue au temps du calife Omar. Les musulmans remontent rarement au delà du siècle de leur prophète; ainsi leur assertion ne prouve rien. On peut se procurer beaucoup de médailles dans ce canton, et je suis heureux de posséder plusieurs beaux échantillons qui sont bien réellement du temps des monarques de la Bactriane. Ces médailles sont en argent, et de la grandeur d'un petit écu: d'un côté, elles offrent une tête, et sur le revers une figure assise.

L'exécution de la première est parfaite; l'expression des traits et l'esprit de l'ensemble font honneur à l'époque grecque, à laquelle on peut dire que ces pièces appartiennent. On apporta du même lieu de nombreuses antiques représentant des figures d'hommes et d'animaux gravées sur des cornalines et d'autres pierres dures. Quelques-unes portaient des caractères qui différaient de tous ceux que j'avais vus auparavant, et ressemblaient à l'hindi. Dans mes recherches de ces curiosités, j'entendis parler de pétrifications en formes d'oiseaux, et à peu près de la grosseur d'une hirondelle, qu'on avait trouvée dans les montagnes de Badakchan. Je ne vis pas ces morceaux, parce que le propriétaire était absent de Boukhara. Je suis d'autant plus disposé à croire à l'existence de tels objets, que j'ai vu une quantité innombrable de pierres, de la forme de petites tortues, qui avaient été apportées des chaînes supérieures de l'Himalaya. Cependant je ne pus pas accorder la même confiance aux contes qu'on me fit d'une ville enchantée et pétrifiée qui, suivant les Boukhars, est située à l'angle sud-ouest de la mer d'Aral, entre Ourghendj et Orenbourg. On la nomme *Barsaghilmis*, ce qui signifie en turc: aller et ne revenir jamais, puisque tel est, dit-on, le sort des curieux.

Dans un pays qui, tel que la Transoxiane, a fourni aux écrivains orientaux un si grand nombre de métaphores pour le paradis, et autant d'éloges, on peut s'attendre à entendre des contes qui conviennent aux *Mille et Une Nuits*. Les Boukhars croient de même très fermement à la magie; mais ils regardent l'Inde comme le siège de cette science: toutefois personne ne doute de son existence; et, suivant eux, l'art en est pratiqué journellement à Surate, où les magiciennes sont les femmes, tandis qu'au Bengale, ce sont les hommes. J'ai passé deux ans de ma vie à Surate, et ce furent deux années heureuses: j'y connaissais un grand nombre d'indigènes; j'y fis de nombreuses recherches relativement à leurs coutumes et à leurs opinions populaires; mais ce fut à Boukhara que j'appris pour la première fois que les femmes de Surate étaient des sorcières; je puis du moins affirmer que si elles font usage de sortilèges, ils consistent uniquement dans leurs charmes naturels. Je crois que l'éloignement donne lieu à la plupart des fables qui ont cours dans le monde. Aboul Fazil assurait, il y a trois cents ans, qu'il y avait dans l'Inde des hommes qui pouvaient manger le foie de quelqu'un, et cette opinion a depuis circulé, et est réputée vraie dans tous les pays de l'Asie.

UNE FAMILLE OUZBEKE

Des circonstances d'une nature particulière me firent faire la connaissance d'une famille ouzbeke très considérée à Boukhara: j'allai lui rendre visite un vendredi. Cette famille, originaire du Dacht

Kaptchak, s'était établie en Boukharie depuis cent cinquante ans environ. Un de ses membres était allé deux fois en ambassade à Constantinople, ce qui faisait donner à tous le titre de *bi*. Maintenant cette famille fait le commerce de la Russie, et a perdu considérablement à l'incendie de Moscou. Je crois qu'on ne se serait pas imaginé que cette catastrophe, avec toutes ses horreurs, aurait causé des calamités au centre du Turkestan. Je fus reçu par ces Ouzbeks tout à fait à la mode de leur pays, et forcé d'avaler une quantité de tasses de thé, au milieu d'un jour très chaud. Les Ouzbeks ont une singulière manière d'en user avec les personnes qu'ils réunissent chez eux, car c'est le maître de la maison qui devient domestique; il présente lui-même chaque plat, et il ne touche à rien avant que tout le monde ait fini. Ce sont des hommes remplis de bienveillance, et si la bigoterie est leur défaut dominant, la faute en est à leur éducation: je ne les ai jamais vus la manifester par des attaques contre les sentiments d'autrui; mais on peut la découvrir dans chaque action de leur vie et dans tout le contenu de leur conversation. Nous en vînmes à parler de la découverte faite récemment par les Russes de quelques veines d'or entre leur pays et la Boukharie. L'un des interlocuteurs s'écria que les voies de Dieu étaient impénétrables, puisqu'il avait caché ces trésors aux vrais croyants, et les avait révélés, très près de la surface de la terre, aux Kaffirs ou infidèles. Je souris; mais ces mots ne furent pas prononcés d'une manière qui pût offenser, car c'est ainsi que les Boukhars s'expriment entre eux sur les Européens. Quand je quittai cette société pour revenir chez moi, je fus frappé de la solennité avec laquelle le vendredi est observé dans les rues; elle ressemble beaucoup à la rigidité de l'observance du dimanche en Europe; et peut-être est-elle plus stricte, puisque le vénérable prélat qui est à la tête du diocèse de Londres trouva beaucoup à blâmer, sur ce point, toutes ses ouailles de la métropole. Nulle boutique ne peut s'ouvrir à Boukhara qu'après la prière d'une heure du soir; et l'on voit les habitants, vêtus de leurs plus beaux habits, s'empressant en foule d'aller à la mosquée. Il y a chez les musulmans une gravité, et dans leur costume quelque chose qui donne un caractère imposant à une réunion d'entre eux qui s'achemine vers le temple de Dieu.

Un mois s'était à peu près écoulé depuis notre arrivée à Boukhara, et il était nécessaire de nous occuper de la continuation de notre voyage; mais la route que nous devions suivre devint, d'après l'état de trouble du pays, un sujet de considération sérieuse. L'objet que nous avions en vue était d'atteindre les rivages de la mer Caspienne, et nous désirions les aborder le plus haut que ce serait possible; cependant des difficultés se présentaient de toutes parts. Depuis un an, aucune caravane n'était allée de Khiva à la mer Caspienne, à cause de démêlés sanglants des Khiviens avec les Khirghiz du step. Une caravane de

Boukhara se trouvait à Khiva, et une d'Astrakhan à Manghislak, sur la Caspienne; aucune des deux ne pouvait avancer avant que quelque ajustement eût été conclu, ce qui était plutôt désiré qu'espéré. On verra plus tard que bien nous en prit de ne pas accompagner cette caravane. Le chemin direct à Astrabad en Perse, à travers le territoire de Khiva, nous était également fermé, puisque le Khan de ce dernier pays s'était mis en campagne pour s'opposer aux Persans, et campait dans un désert au sud de sa capitale : il ordonnait que toutes les caravanes y fussent conduites. La route par Merv et par Meched était ouverte et plus sûre; il nous parut prudent de suivre la seconde, parce que nous aurions l'occasion de voir une portion du territoire de Khiva, et que nous pourrions faire le trajet jusqu'aux frontières de la Perse, et finalement parvenir aux côtes de la Caspienne, par le désert des Turcomans. Tous nos amis, Hindous, Arméniens, Afghans, nous dissuadèrent d'aller trouver le khan de Khiva, qui nous fut dépeint comme hostile aux Européens mais puisque nous étions décidés à courir tous les risques, et à nous avancer par le chemin qui nous mènerait vers lui, je me rendis chez le ministre, notre protecteur, et je l'instruisis de nos intentions. Il nous pressa de nous joindre à une caravane de deux cents chameaux, qui était sur le point de partir pour la Russie, et qui se dirigeait sur Troïtsk, ville de cet empire. Néanmoins cela ne s'accordait pas avec nos plans, parce que cette route avait été suivie par l'ambassade russe, et que nous désirions non pas entrer dans la Russie asiatique, mais atteindre la mer Caspienne. Le visir nous dit qu'il prendrait des renseignements sur le départ de la caravane, et que, puisque nous souhaitions de choisir le chemin qui nous conduirait aux frontières de la Perse, il nous prêterait son appui, autant que c'était en son pouvoir. La caravane n'attendait que ses ordres pour commencer son voyage.

VISITE D'ADIEU AU VISIR

Le 21 juillet nous fîmes notre visite d'adieu au visir de Boukhara, et dans cette audience de congé le caractère de cet homme si bon se montra sous un jour encore plus favorable que dans toutes nos entrevues précédentes où il avait été si bienveillant. Le kouch beghi est un homme de soixante ans; quoique sa barbe soit blanchie par l'âge, ses yeux brillent par leur vivacité; sa physionomie annonce de l'intelligence et même de la ruse, qui fait, dit-on, le trait le plus frappant de son caractère. Il nous adressa des questions remarquables sur notre langue, et me fit écrire en caractères persans tous nos noms de nombre, depuis un jusqu'à mille, ainsi que les mots les plus ordinaires pour désigner les choses indispensables à la vie. Il consacra près d'une heure à cette leçon, et regretta de n'avoir pas eu d'occasion commode d'apprendre l'anglais. Il me fit ensuite écrire mon nom dans cette langue, et le passant à M. Gérard il l'invita à le lire. Après cela, revenant à la médecine, il considéra avec beaucoup de plaisir un outil pour arracher les dents, duquel on lui expliqua le jeu. Il le fixa sur le bois de la porte et en arracha quelques morceaux. Puis il nous pria de revenir à Boukhara comme ambassadeurs pour le commerce, afin d'établir avec son pays des relations d'amitié et de négoce.

Alors il fit appeler le cafila bachi de la caravane et le chef des Turcomans, qui devait l'accompagner comme sauve-garde contre les attaques de sa tribu. Il écrivit leurs noms, ceux de leurs familles et de leurs habitations, et, fixant ses regards sur eux, il leur dit : «Je vous confie ces Européens; s'il leur arrive quelque accident, vos familles sont en mon pouvoir, je les exterminerai de dessus la surface de la terre. Ne revenez à Boukhara qu'avec une lettre certifiant, sous leur sceau, que vous les avez bien servis.» Puis, se tournant vers nous, il continua : «Vous ne montrerez le firman du roi, que je vous donne maintenant, que lorsque vous le jugerez nécessaire. Voyagez sans apparat, et ne faites pas de connaissances, parce que vous devez traverser un pays dangereux. Quand vous aurez terminé votre voyage, priez pour moi, parce que je suis un vieillard et que je vous veux du bien.» Là-dessus il fit don à chacun de nous d'un habillement qui, certes, n'avait pas un grand prix, mais qui en acquit un bien considérable par ces mots: «Ne partez pas les mains vides; prenez ceci et cachez-le.» J'adressai au ministre les remerciements les plus sincères au nom de mon compagnon et au mien. Le kouch beghi se releva, et levant les mains il récita la fâtiha; nous le quittâmes.

Je n'étais pas encore arrivé à ma porte qu'il m'envoya chercher de nouveau; je le trouvai assis avec une demi-douzaine d'hommes bien vêtus; il était évident qu'ils avaient parlé de nous. «Sikander (c'est ainsi qu'on m'appelait), je t'ai fait venir, me dit le kouch beghi, pour te demander si quelqu'un vous a molesté dans cette ville, ou vous a pris de l'argent en mon nom, et si vous nous quittez contents.» Je répondis que nous avions été traités en hôtes honorables, que notre bagage n'avait pas même été ouvert, et qu'on n'avait pas taxé nos effets, et que je me souviendrais toute ma vie, avec le sentiment de la plus profonde reconnaissance, de toutes les bontés dont on nous avait comblés dans la sainte cité de Boukhara. Ces mots terminèrent tous nos rapports avec le ministre; on conçoit que je n'ai rien à y ajouter. Je me séparai de ce digne homme le cœur ému, et en faisant des vœux les plus sincères, que je renouvelle encore, pour la prospérité de la Boukharie.

J'examinai alors le firman que le visir m'avait remis; son laconisme ne le rendait que plus précieux; il supposait que nous avions été présentés au roi, et cependant nous n'avions pas eu le bonheur de jouir de cet honneur. Il était écrit en persan, et peut se traduire ainsi:

«En ce temps, par la volonté de Dieu, deux hommes, Firinghis, partent pour leur patrie. Il est à propos que les gardiens des bacs, ainsi que les gouverneurs des villes et des territoires du royaume ne leur opposent aucun empêchement, parce qu'ils retournent dans leur patrie après avoir vu le roi, et avec sa permission.» Scellé du sceau de Nesir Oullah, émir de Boukhara.

L'après-midi nos chameaux furent chargés et prêts à se mettre en route. La dernière personne que nous vîmes dans notre maison fut notre hôte, qui accourut au milieu du tracas de nos préparatifs pour nous dire adieu. Il m'apportait en présent un joli bonnet très bien travaillé; je ne jugeai pas qu'il fût nécessaire de lui dire que dans un petit nombre de mois un changement de costume rendrait son cadeau inutile; je lui donnai en retour une paire de ciseaux, et nous nous séparâmes avec les plus grandes démonstrations d'amitié. Les chameaux partirent en avant; quant à nous, accompagnés d'un Ouzbek de notre connaissance, nous traversâmes pour la dernière fois les rues de Boukhara. On ne pouvait nous discerner du reste des habitants, car nous avions adopté tout leur accoutrement, et nous avions arrangé notre visage conformément à leurs sentiments. Je marchais toujours d'un bon pas, et dans toutes les occasions je montrais aussi peu de curiosité que le permettait le degré auquel j'étais parvenu de commander à ma physionomie. Nous n'excitions pas une grande attention, quoique de temps en temps un juif, dont notre costume nous rapprochait le plus, nous demandait depuis quand nous étions arrivés. Je ne puis pas dire que j'éprouvai beaucoup de regrets en sortant des portes de la ville, puisque nous allions être plus exempts de soupçons et avoir la faculté de monter à cheval et d'écrire. Nous avions néanmoins fait usage de la plume pendant la nuit, et à tâtons; mais alors même ce n'était pas sans crainte. Nous rejoignîmes la caravane à un demi-mille au delà des portes de Boukhara; on passa la première nuit au bivouac dans un champ.

Alexandre Burnes, *Voyages de l'embouchure de l'Indus, à Lahor, Caboul, Balkh et à Boukhara; et retour par la Perse, pendant les années 1831, 1832 et 1833*, Paris, 1835.

ARMINIUS VAMBÉRY

(1863)

Arminius Vambéry (1832-1913), arrivant à Constantinople en 1857, apprit le turc, dont il découvrit la parenté avec le magyar et qu'il se mit à pratiquer couramment. Cet orientaliste hongrois fut pour certains un aventurier et un personnage pittoresque. Ses connaissances linguistiques et théologiques étaient immenses mais il semble avoir eu quelques prédispositions pour amplifier ses mérites. Son Histoire de Boukhara *a été sérieusement critiquée par des spécialistes contemporains, mais le récit du voyage qu'il accomplit en 1863,* Voyage d'un faux derviche dans l'Asie centrale, *est un véritable roman d'aventures.*

Cinq ans avant l'entrée du général Kaufman à Samarkand (14 mai 1868), Vambery nous conduit dans les grandes villes saintes d'Asie centrale, Khiva, Samarkand, Karchi, Harat et dans la «Rome de l'islam», Boukhara. Voyageant sous un déguisement, il parvient à déjouer la suspicion des autorités civiles et surtout religieuses de ces contrées farouchement hostiles aux étrangers qui ne seraient pas musulmans.

ESCLAVES DES TURKOMANS

On me fournit aussi des renseignements favorables sur le sort d'une caravane alors dirigée du côté de Khiva. Mes amis me racontèrent que le khan de cette principauté, auquel les médecins recommandaient l'usage habituel du lait de buffle, avait expédié tout exprès à Geumuchtepe son chef de caravane (*kervanbachi*[1]) chargé de lui acheter deux couples de ces animaux. Ce personnage officiel avait poussé jusqu'à la ville d'Astrabad, et nous devions profiter de son retour pour assurer à notre voyage toute garantie de succès. Cétait effectivement mettre bien des chances de notre côté que de marcher sous la direction d'un homme qui, mieux que tout autre, devait avoir pratiqué les invisibles chemins du Désert.

Une chose m'étonnait dans tout ceci, savoir la répugnance marquée de beaucoup de mes compagnons de route pour ce pays où leur était prodiguée une hospitalité si généreuse. Déjà las de vivre au milieu des Turkomans, ils affirmaient que, pour tout homme doué de quelques sentiments humains, le spectacle des tortures infligées aux malheureux captifs persans devenait à la longue un véritable supplice. «Certes, disaient-ils, il ne s'agit que d'hérétiques, et pendant que nous traversions la Perse, leurs compatriotes ne nous ont guère épargnés; mais ce que souffrent ici ces misérables n'est véritablement pas à tolérer.» La compassion manifestée par ces hommes, dans le pays desquels le commerce des esclaves ne s'est pas introduit, et les imprécations que leur arrachait l'inhumanité des *karaktchi*[2], suffisent

1. Le *kervanbachi*, guide en chef des caravanes, est en général nommé par le khan et, généralement aussi, connaît à fond les diverses routes. Chacune d'elles a son kervanbachi particulier qui lui emprunte son nom et se trouve ainsi suffisamment distingué des autres.
2. *Karaktchi* : brigands.

pour donner une idée de la misérable condition à laquelle étaient réduits les infortunés prisonniers du Turkestan.

Essayons de nous figurer ce que doivent être les impressions d'un villageois des frontières persanes — fût-il compté parmi les plus pauvres de sa race — lorsque, victime d'une surprise nocturne, il se voit arraché à sa famille, et quand il arrive, souvent couvert de blessures, dans un lieu comme celui-ci. Il lui faut tout d'abord échanger ses vêtements habituels contre quelques haillons turkomans qui couvrent à peine une partie de son corps; les entraves dont il est chargé meurtrissent ses chevilles endolories et lui infligent à chaque pas une souffrance nouvelle; pendant les premiers jours, quelquefois pendant les premières semaines de sa captivité, on le soumet à la diète la plus rigoureuse. La nuit, pour prévenir toute tentative d'évasion, on charge aussi son cou d'une *karabogra* (anneau de fer) fixée à une cheville, de telle sorte que le bruit du métal trahit ses plus légers mouvements. Ses souffrances n'auront de terme que si ses parents ou amis peuvent payer sa rançon. Dans le cas contraire, il sera vendu sur place ou conduit, à marches forcées, du côté de Khiva et de Bokhara.

Mes oreilles ne s'habituaient pas au grincement de ces chaînes odieuses: bruit sinistre qu'on ne manque jamais d'ouïr sous la tente de tout Turkoman qui occupe un certain rang et affiche certains dehors. Notre ami Khandjan lui-même possédait des esclaves — deux jeunes gens de dix-huit à vingt ans —, et j'éprouvais une indicible émotion à voir chaque jour ces malheureux, presque enfants encore, traîner ainsi leur boulet. Il me fallait par surcroît écouter, sans mot dire, les injures, les imprécations dont on les chargeait au moindre prétexte de mécontentement. Le plus léger témoignage de pitié aurait d'autant plus vite excité les soupçons, que ma connaissance de leur langue natale portait ces infortunés à m'interpeller fréquemment. Le plus jeune de ces esclaves, un bel Irani aux cheveux noirs, me supplia d'écrire pour lui à ses parents qu'il adjurait de vendre maison et troupeaux pour le tirer de sa captivité; on pense bien que je ne lui refusai pas ce service. Un jour que je me croyais à l'abri de tout regard, je me permis de lui offrir une tasse de thé; mais par malheur, au moment où il étendait la main pour la prendre, je ne sais quel importun pénétra inopinément sous la tente; il fallut, modifiant mon geste, feindre une tout autre intention et même, pour plus de vraisemblance, frapper légèrement ce misérable.

Pendant mon séjour à Geumuchtepe, il ne se passa pas une nuit sans qu'un coup de fusil, parti du rivage, ne nous annonçât l'arrivée de quelque bateau-pirate chargé de butin. Le matin venu, j'allais réclamer, des héros victorieux, la dîme due aux Derviches, ou plutôt, je dois le dire, contempler les pauvres Persans aux prises avec les premières angoisses de la captivité. Mon cœur saignait devant ces horribles scènes; mais il fallait bien se bronzer là-dessus pour étudier, comme ils méritaient de l'être, ces contrastes frappants de vertu et de vice, de tyrannie et d'humanité, d'honnêteté scrupuleuse et de brigandage sans frein.

Une quinzaine s'était à peine passée, que je commençais, moi aussi, à me lasser de cette résidence et à jeter malgré moi des regards d'envie sur les frontières de la Perse. Nous n'en étions guère qu'à quelques lieues; mais par les mœurs, les habitudes, la manière de voir, Turkomans et Persans diffèrent aussi bien que si les deux peuples étaient placés à d'énormes distances l'un de l'autre, tant sont puissantes l'influence de la religion et celle des traditions historiques. Je souris parfois en songeant que les Turkomans, qui à certains égards se montraient si féroces, à ce moment-là même se mettaient en frais de pieuses réjouissances (*lillah*) auxquelles était nécessairement conviée toute notre société de pèlerins. Ces invitations se réitéraient plusieurs fois chaque jour. Je n'acceptais guère que les deux premières, témoignant par mon attitude que je désirais être dispensé de la troisième, auquel cas, celui qui m'avait invité prétendait, par ses bourrades, me contraindre à quitter ma tente, et d'après les règles de l'étiquette indigène, plus rudes étaient les coups de coude dont il régalait mes côtes, plus sincère et plus cordial se manifestait son désir de me voir assis à sa table. En pareille occasion, notre hôte étalait devant la tente quelques pièces de feutre, voire un tapis, s'il voulait se montrer plus particulièrement magnifique, sur lesquels les convives s'asseyaient en rond, par groupe de cinq ou six. A chacun de ces groupes était départie une vaste écuelle de bois, dont les dimensions et le contenu correspondaient au nombre et à l'âge de ceux qui devaient y puiser. Nous y plongions tour à tour, jusqu'à épuisement complet, nos mains entrouvertes. Je ne crois pas que la qualité des mets qui nous étaient servis ou la façon de les apprêter puisse intéresser nos gastronomes; aussi me bornerai-je à remarquer, en passant, que la viande de cheval et de chameau faisait le fonds habituel de ces repas primitifs, et je me garderai de mentionner celles qui nous tenaient lieu de venaison.

Pendant mon séjour chez Khandjan, il fiança son fils (âgé de douze ans, ainsi que je l'ai déjà dit) à une jeune fille alors dans sa dixième année. Cet événement domestique fut célébré par une fête à laquelle nous, ses hôtes, ne pouvions nous dispenser d'être présents. En pénétrant sous la tente de la fiancée, nous trouvâmes celle-ci absorbée dans un travail de broderie. Elle ne se dérangea pas un moment et ne parut pas s'apercevoir que nous étions là; pendant deux heures que dura cette visite, elle ne témoigna qu'une fois, — par un regard furtif dont je surpris la direction, — qu'elle se savait en présence d'étrangers. Durant le repas, composé en mon honneur de riz bouilli dans du lait,

Khandjan nous fit remarquer que la cérémonie des fiançailles avait été d'abord fixée à l'automne suivant, mais qu'il en avançait le terme pour qu'elle pût avoir lieu sous nos auspices, et afin que nos bénédictions fussent acquises à l'hymen projeté.

Je ne dois pas oublier que nous fûmes aussi reçus dans cette occasion par un *karaktchi* qui tout seul, à pied, non content de forcer trois Persans à se rendre, les avait chassés devant lui, comme autant de moutons, pendant plus de huit milles. Il nous paya les dîmes du butin, telles qu'on les perçoit au nom de l'Église; elles ne montaient qu'à la modique somme de deux *krans*, et Dieu sait avec quelle joie le brave homme nous entendit entonner, d'une voix unanime, la *fatiha* (bénédiction) qu'il avait si bien méritée! [...]

KHIVA

Rafraîchie et ravitaillée, notre caravane poussa vers la capitale. Nous traversâmes Gazavat où se tenait une espèce de foire hebdomadaire, et qui nous donna un premier aperçu de la vie khivane. La nuit s'écoula dans une prairie en avant de Cheikhlar Kalesi. Je fus en butte aux attaques d'une espèce de cousins, les plus gros et les plus effrontés que j'aie jamais connus. Ils nous harassèrent, aussi bien les animaux que les hommes, jusqu'au point du jour, et je n'étais pas de la meilleure humeur du monde quand il me fallut alors grimper sur mon chameau sans avoir pu fermer l'œil. Par bonheur, le pénible souvenir des tortures de l'insomnie s'effaça bien vite devant l'impression que les splendeurs printanières produisirent sur moi. A mesure que nous approchions de Khiva, la végétation devenait de plus en plus luxuriante. Je me figurai d'abord que cette ville devait gagner énormément à se montrer ainsi, souriante et belle, au seuil de ces déserts dont les formes hideuses flottent encore devant les yeux du voyageur. Mais ce n'est pas là un simple effet de contraste, et les environs de Khiva, peuplés de petits *havlis* [1] — forteresses naines qu'ombragent de hauts peupliers — avec leurs prairies à l'herbe dense et leurs champs fertiles, me semblent encore aujourd'hui aussi beaux que jamais, bien que je vienne de traverser la zone la plus gracieuse et la plus riche des régions européennes. Si les poètes d'Orient eussent porté de ce côté leur lyre inspirée, ils y eussent trouvé, mieux que dans les horribles déserts de la Perse, des tableaux et des sujets dignes d'eux.

La capitale du pays elle-même, s'élevant avec ses dômes et ses minarets au milieu de ces jardins, impressionne favorablement le spectateur qui la contemple dans le lointain. Un des traits

1. *Havli*, dans son sens littéral, se traduit par «rayon»; mais il est pris ici pour ce que nous appelons «enclos». Il renferme les tentes, les stalles d'écurie, les dépôts de produits rustiques; bref, tout ce qui constitue le domicile d'un paysan euzbeg.

caractéristiques du paysage est, parmi les cultures, la projection d'une langue de terre stérile appartenant à l'aride désert de Merv: il s'étend ainsi jusqu'à une lieue de la ville, comme pour tracer plus nettement le contraste de la vie et de la mort. Cette espèce de cap est désignée sous le nom de Teuyesit-chti, et nous l'apercevions encore alors que nous étions déjà parvenus aux portes de la ville.

Se figurera-t-on dans quelle situation d'esprit je me trouvai, au seuil de Khiva, quand je fus en demeure de réfléchir sérieusement aux risques énormes que mon déguisement allait me faire courir si mes traits européens venaient à le trahir dès l'abord? Je savais du reste que le khan de Khiva, dont la cruauté révoltait jusqu'aux Turkomans eux-mêmes, se montrerait plus inexorable qu'aucun de ses sujets si, par aventure, je lui inspirais la moindre méfiance. Il avait coutume, disait-on, de réduire en esclavage tous les étrangers suspects; ainsi venait d'être traité un natif de l'Indoustan, qui prétendait à une origine princière, et n'en était pas moins attelé maintenant, avec les autres esclaves, aux fourgons de l'artillerie. Mes nerfs étaient donc surexcités au dernier point; mais la peur, à proprement parler, n'avait aucune prise sur moi, une longue habitude m'ayant familiarisé avec le danger. Depuis trois mois, j'avais constamment devant les yeux cette mort violente qui, dans les entreprises comme la mienne, est encore le péril le moins redoutable; aussi, loin de me laisser aller à la crainte, je ne songeais qu'aux moyens par lesquels je pourrais, acculé par les circonstances, déjouer la surveillance jalouse d'un tyran bigot[1]. Je m'étais procuré, chemin faisant, d'exactes informations sur tous les Khivites d'une certaine notoriété qu'on avait pu voir à Constantinople. Celui dont le nom revenait le plus fréquemment était un certain Chukroullah Bay, lequel avait appartenu, pendant une dizaine d'années, à la cour du sultan. Je me rappelais vaguement sa physionomie, l'ayant vu à plusieurs reprises chez Ali Pacha, présentement ministre des affaires étrangères. — Cet individu, me disais-je, sera, qu'il le veuille ou non, une de mes relations anciennes: il connaît Stamboul, la langue qu'on y parle, la vie qu'on y mène, les grands personnages qu'on y rencontre, et comme le Constantinopolitain le plus madré, l'ex-ambassadeur du khan de Khiva ne pourra ni me désavouer ni s'empêcher de servir mes projets.

Au seuil même des portes, nous vîmes venir à nous plusieurs fidèles khivites, des mains desquels, sans descendre de chameau, nous reçûmes du pain et des fruits secs. Il y avait longtemps que d'aussi nombreux pèlerins ne s'étaient montrés dans la ville; aussi excitions-nous un

1. M. Vambéry ne dit point ici, et nous savons par des communications plus intimes, qu'il portait sur lui, soigneusement dissimulées dans les plis de son vêtement, quelques pilules préparées à son usage par le docteur T., médecin du chah de Perse. Elles l'eussent au besoin dérobé, par une mort plus douce, aux tortures effroyables de la question mahométane. (N.d.T.)

étonnement général, et les exclamations les plus enthousiastes arrivaient de toute part à nos oreilles: *Aman esden geldinghiz* («Soyez les bienvenus»); *Ha Chahbazim! Ha Arszlanim!* («Ah! mon faucon! mon lion!»). Quand nous entrâmes dans le bazar, Hadji Bilal entonna un de ces cantiques appelés *telkin*. Ma voix dominait toutes les autres, et mon émotion devint très réelle quand les gens qui m'entouraient se jetèrent sur moi pour baiser mes mains et mes pieds, que dis-je, les loques elles-mêmes qui pendaient autour de moi. Selon la coutume du pays, nous allâmes descendre au karavanseraï, qui sert également comme bureau des douanes et où l'arrivée des voyageurs, aussi bien que celle des marchandises, est soumise au plus rigoureux contrôle. Ainsi que cela peut se présumer, le témoignage personnel des chefs de caravane joue un grand rôle dans cette enquête. Les fonctions de directeur-général des douanes sont remplies à Khiva par le principal Mehrem (espèce de chambellan ou confident du prince). A peine ce fonctionnaire avait-il adressé à notre kervanbachi les questions d'usage, que le maudit Afghan, se frayant un chemin jusqu'à eux, s'écria d'une voix éclatante: «Nous avons amené ici trois intéressants quadrupèdes... et un bipède plus curieux encore.» Le premier membre de la phrase s'appliquant, cela va sans le dire, à nos buffles, premiers échantillons d'une race d'animaux inconnus dans ce pays; mais comme le second arrivait à mon adresse, je devins immédiatement l'objet de tous les regards, et parmi les murmures de l'assistance, je distinguais sans peine les mots de *djaniz*[1] (espion), de *Frenghi*, et d'*Ourous* (Russe).

Je refoulai de mon mieux le sang qui me montait aux joues et me préparais à quitter la place, lorsque le Mehrem m'enjoignit de demeurer. Pendant l'examen qu'il entama aussitôt à mon sujet, il se servit d'expressions souverainement discourtoises. Je m'apprêtais à lui répondre, quand survint Hadji Salih, dont l'extérieur commandait le respect, et qui, n'étant au courant de rien, parla de moi dans les termes les plus favorables à notre inquisiteur stupéfait; celui-ci, passant aussitôt du ton le plus rogue au sourire le plus accort, m'indiqua un siège à côté de lui. Hadji Salih me pressait par signes de me rendre à cette muette invitation; mais, affectant les dehors de l'homme offensé, je me retirai, au contraire, après avoir jeté au Mehrem un regard de courroux.

Ma première démarche, au sortir de là, fut de courir chez Chukroullah Bay, qui, sans être investi d'aucunes fonctions officielles, occupait alors une cellule dans le *medresse* (collège) de Mehemmed Emin-Khan, le plus bel édifice de Khiva. Je me fis annoncer comme un efendi arrivant de Stamboul, où j'avais eu le bonheur d'entrer en relations avec lui, ce qui ne me permettait guère de traverser Khiva sans frapper à sa porte. L'apparition d'un efendi à Khiva, circonstance

1. Du mot arabe *djasous*, qui a la même signification.

exceptionnelle entre toutes, causa quelque surprise au vieillard. Il vint lui-même au-devant de moi, et son étonnement s'accrut encore quand il se vit en face d'un mendiant couvert de haillons et singulièrement défiguré; ceci pourtant ne l'empêcha pas de me recevoir. A peine avions-nous échangé quelques mots dans le dialecte de Stamboul, que l'ancien ambassadeur, de plus en plus intéressé, m'adressa questions sur questions au sujet des nombreux amis qu'il avait laissés dans la capitale turque, et de la situation des affaires politiques depuis l'avènement du souverain qui règne aujourd'hui. Ainsi que je l'ai dit, j'avais toute confiance dans le rôle que je me préparais à jouer. Chukroullah Bay, de son côté, prêtant l'oreille aux détails que je lui donnais sur ses anciennes connaissances, et tout entier au plaisir d'entendre parler d'elles, était complètement hors de garde. Sa surprise, par exemple, ne diminuait pas. «Au nom de Dieu, cher efendi, me disait-il, que vous a pris de venir en cet affreux pays, et surtout de quitter pour nous ce paradis terrestre qu'on appelle Stamboul? — Ah, *Pir*[1]!» m'écriai-je en soupirant, et, sans un mot de plus, j'étendis une main sur mes yeux en signe d'obéissance. Le bon vieillard, musulman bien appris, ne pouvait se tromper sur le sens de cette espèce d'invocation. J'insinuais par là qu'appartenant à quelque ordre de Derviches, je remplissais une mission de mon chef (*pir*), mission à laquelle tout *mourid* (disciple) doit se dévouer, alors même qu'elle l'exposerait à perdre la vie. Cette explication lui parut satisfaisante, mais il demanda le nom de mon ordre, et quand je lui parlai des Nakichbendi, l'intelligent diplomate conjectura — je l'avais prévu — que Bokhara devait être le but de mon pèlerinage. Il voulait s'occuper sur-le-champ de me procurer un abri dans le *medresse*, où lui-même avait son domicile, mais je dus aussitôt l'informer de ma situation par rapport à mes compagnons de voyage, et ne tardai pas à le quitter avec promesse de réitérer promptement ma visite. [...]

LES RUDES COUTUMES DE KHIVA

Me proposant de nombreuses excursions à l'intérieur du pays, je désirais abréger autant que possible mon séjour dans la capitale, et j'en eusse bientôt fini avec tout ce qu'elle offre de curieux, sans les invitations du khan, des personnages officiels et des plus notables commerçants qui semblaient se donner le mot pour me faire perdre mon temps. A peine eut-on appris que le souverain était bien disposé en ma faveur, chacun voulut me faire asseoir à sa table, moi et les autres Hadjis. De là un véritable supplice qui consistait à me rendre tous les jours chez sept ou huit hôtes différents, et, par respect pour

1. Le mot *Pir*, qui signifie «directeur ou chef spirituel», représente assez bien celui de «Père», quand nous adressons ce dernier à un ministre de la religion.

la coutume, à prendre un léger repas dans toutes les maisons où j'étais reçu. Je frémis encore au souvenir de ce temps néfaste où j'étais forcé de m'asseoir avant l'aurore, dès trois à quatre heures du matin, en face d'un énorme plat de riz nageant dans de la graisse de mouton et sur lequel il fallait me jeter avec tous les semblants d'un appétit féroce. Combien de fois, en pareille occasion, n'ai-je pas soupiré après le pain azyme du Désert, et avec quel plaisir n'aurais-je pas échangé cette abondance malsaine contre un dénuement plus hygiénique!

Il est d'usage, dans l'Asie centrale, même à l'occasion d'une visite ordinaire, d'étendre le *destourkhan*[1]. Sur ce linge bariolé, on place généralement du pain pour deux personnes, et l'hôte à qui on le sert doit en manger quelques morceaux. «Être rassasié», voilà une expression qui n'est jamais admise dans ce pays-ci et qu'on regarde comme le signe d'une origine inférieure. Mes confrères en pèlerinage, grâce à leur brillant appétit, se montraient gens du meilleur ton. Je m'étonnais seulement de leur voir absorber une telle quantité de pilau, car je calculais que chacun d'eux devait avoir sur l'estomac, à l'issue de certains repas, deux livres de riz et une livre de suif, sans parler du pain, des carottes, des navets et des radis qui figuraient comme accessoires dans ces festins orientaux; et tout ceci arrosé, sans la moindre exagération, par quinze à vingt grandes platées de thé vert. En face de pareils héros, je faisais assez pauvre figure, et on s'étonnait généralement qu'un homme si versé dans la connaissance des livres ne possédât pas mieux les notions de la civilité la plus ordinaire.

Parmi les oulémas de la cité de Khiva, certains beaux esprits me ménageaient des tortures d'un autre genre. Ces merveilleux, qui préfèrent la Turquie et Constantinople à tous les pays du monde, voulaient tirer de moi, qui passais pour un type de l'érudition turco-islamite, un exposé complet de mainte et mainte *mescle*[2]. C'était une terrible épreuve pour ma patience que de voir ces Euzbegs au crâne épais, aux turbans énormes, entamer avec moi une polémique touchant les prescriptions sur la manière de se laver les mains, les pieds, la figure et l'occiput, ou bien chercher de bonne foi comment, pour ne violer aucun précepte sacré, le bon musulman doit s'asseoir, s'étendre, marcher, dormir, etc. Le sultan, successeur reconnu de Mahomet, et avec lui les grands de sa cour, sont réputés à Khiva pour des modèles accomplis en fait de pieuses observances. S. M. l'empereur des Turcs est, aux yeux de ces gens-ci, le type accompli du musulman: ils se figurent avec un turban long de cinquante aunes à tout le moins, une barbe épaisse, tombant plus bas que la ceinture, et une robe qui descend jusqu'aux orteils. On risquerait sa vie à vouloir rectifier ces idées en affirmant qu'il a les cheveux et la barbe rasés à la *Fiesko*, et que ses

1. Une serviette grossièrement tissée en fils de différentes couleurs. Elle est la plupart du temps fort malpropre.
2. Questions religieuses.

habits sont taillés, à Paris, par Dusautoy. J'étais vraiment peiné de ne pouvoir donner à mes auditeurs, souvent fort prévenants et fort aimables, les véridiques explications qu'ils semblaient attendre de moi; mais comment se risquer à les froisser ainsi dans leurs convictions les plus chères, si différentes de notre manière de voir et de nos idées?

Le *Teuchebaz* (couvent) où nous étions logés servait en quelque sorte de place publique, à raison de la pièce d'eau et de la mosquée encloses dans ses murailles; la cour, en conséquence, fourmillait de visiteurs des deux sexes. L'Euzbeg, avec son bonnet de fourrure en forme de turban et ses grandes bottes de cuir à semelles épaisses, se promène volontiers ayant pour tout vêtement, ou peu s'en faut, une longue chemise qui est en été son négligé favori. Je finis moi-même par l'adopter, m'étant aperçu que ce commode appareil, tant que la chemise gardait sa blancheur, se pouvait porter, voire aux bazars, sans choquer aucune idée de décence. Les femmes entourent leur tête de hauts turbans sphériques, fabriqués avec quinze à vingt mouchoirs de Russie. Je les vois encore, emmitouflées dans leurs larges robes et chaussées de bottes grossières, arpenter la ville à grands pas sous les rayons d'un soleil écrasant, pour rapporter au logis de lourdes cruches pleines d'eau. Bien souvent, l'une ou l'autre s'arrêtait devant ma porte, demandant un peu de *khaki chifa* (poudre de santé[1]), ou un *nefes* (souffle saint) pour quelque infirmité plus ou moins authentique. Je ne me sens pas toujours le courage de désappointer ces pauvres créatures, dont plusieurs me remettent en mémoire les blondes filles de l'Allemagne. Je m'approche en pareil cas de ma cliente accroupie sur le seuil: remuant les lèvres comme si je marmottais une prière, je pose un doigt sur la partie souffrante; à trois reprises je souffle avec force sur la malade; un soupir final s'exhale de ma poitrine, et l'acte solennel est accompli. Beaucoup de ces dames éprouvaient à l'heure même un notable soulagement, digne récompense de leur foi naïve.

Ce que nos oisifs d'Europe vont chercher dans les cafés, les Khivites le trouvent dans la cour de leurs mosquées, où la plupart du temps existe une pièce d'eau le long de laquelle des ormeaux et des palmiers magnifiques étendent une ombre épaisse. Bien que la chaleur de ces premiers jours de juin fût réellement accablante, je n'en étais pas moins forcé de me clore dans ma cellule sans fenêtres, car si je me laissais séduire par ces ombrages attrayants, je me trouvais aussitôt environné d'une foule compacte et harcelé des sollicitations les plus ridicules. Celui-ci voulait que je l'instruisisse dans sa religion; celui-là désirait savoir s'il existe au monde une cité comparable à Khiva; un troisième demandait à être renseigné, une fois pour toutes et d'une manière certaine, sur la question de savoir comment le dîner et le déjeuner du

1. C'est la poussière que les pèlerins ont ramassée dans une maison de Médine, tenue pour avoir été celle du Prophète. Les vrais croyants l'emploient comme une sorte de panacée pour diverses espèces de maux.

grand sultan lui sont chaque jour apportés de la Mecque, et s'ils ne mettent réellement qu'une minute à venir de la Kaaba sur les rives du Bosphore. Que penseraient ces bons Euzbeg s'ils savaient seulement quelle figure font sur la table d'Abdul Medjid les vins de Bordeaux-Lafitte et de Château-Margaux ? [...]

Notre métier de Hadji, sur ces entrefaites, était devenu aussi lucratif pour moi que pour mes collègues. Dans la seule ville de Khiva, mes collectes particulières produisirent environ quinze ducats. L'Euzbeg de ces contrées, bien qu'à peine dégrossi, est le plus noble type de l'Asie centrale, et je pourrais qualifier «d'agréable» mon séjour chez ces braves gens, si la sourde rivalité du Mehter et de Chukroullah ne m'avait tenu dans un danger permanent, le premier toujours disposé à me nuire pour faire pièce à l'homme par qui j'avais été présenté. Ne pouvant plus songer à contester mon origine turque, il tâchait d'insinuer au prince que j'étais un «Derviche pour rire», et probablement un agent secret du sultan de Bokhara.

Comme j'avais été mis au courant de cette intrigue, je ne fus pas surpris le moins du monde en recevant, peu après ma première audience, une seconde invitation à me rendre chez le khan. La chaleur était extrême, et il me paraissait déjà fort désagréable de me voir dérangé de ma sieste; mais ce qui me déplaisait par-dessus tout, c'était d'avoir à traverser la grande place du château où avaient été envoyés les prisonniers faits pendant la campagne contre les Tchaoudor, et où ils attendaient l'heure de leur exécution. Le khan, dont la suite était ce jour-là plus nombreuse qu'à l'ordinaire, me dit avoir appris que j'étais également versé dans les sciences mondaines, et que je possédais un beau style fleuri (le mot local est *insha*); il ajouta qu'il désirait beaucoup obtenir de moi quelques lignes écrites «à la manière de Stamboul». Certains que ceci lui avait été suggéré par le Mechter lui-même — très fier de sa réputation en fait de calligraphie et qui s'était fait renseigner par les Hadjis sur l'exacte portée de mes talents —, j'écrivis ce qui suit avec les objets de bureau qui me furent présentés séance tenante:

> Très majestueux, puissant, redouté monarque et souverain! Noyé dans ta royale faveur, le plus pauvre et le plus humble de ses serviteurs n'oublie pas que, selon le proverbe arabe[1]: «Ceux qui ont une belle écriture sont dénués d'esprit», et jusqu'à ce jour il a consacré peu de temps à l'étude de la calligraphie; aussi est-ce uniquement en mémoire du proverbe persan: «Tout défaut qui plaît au roi est une vertu» qu'il se hasarde à te soumettre ces lignes.
>
> (*Traduction littérale.*)

L'emphase extravagante des titres que je lui donnais — conformément, du reste, aux usages de Constantinople — chatouilla

1. *Doctores malè pingunt.*

délicieusement l'amour-propre du khan. Le Mehter était beaucoup trop stupide pour comprendre le sarcasme caché sous ces fleurs de rhétorique. On m'enjoignit de m'asseoir, et quand on m'eut servi une tasse de thé, accompagnée d'un morceau de pain, le khan me pria de causer avec lui. Nous ne parlâmes ce jour-là que de politique. Pour rester fidèle à mon caractère de Derviche, je les forçais à m'arracher parole après parole. Le Mehter était aux aguets, cherchant sous chaque mot la confirmation de ses doutes. Mais ce fut là peine perdue. Le khan, après m'avoir gracieusement congédié, m'enjoignit de prendre chez le trésorier de quoi défrayer mes dépenses quotidiennes.

Sur ma réponse, — que je ne savais pas où ce fonctionnaire avait ses bureaux, — on me fit escorter par un *yasoul* chargé en même temps d'autres missions, et les horribles scènes dont il me rendit témoin sont encore présentes à mon esprit. Je trouvai, dans la dernière cour, environ trois cents prisonniers Tchaoudor absolument déguenillés; ces malheureux, dominés par la crainte de leur prochain supplice et livrés de plus à toutes les angoisses de la faim, semblaient littéralement sortir du tombeau. On en avait formé deux sections: dans la première étaient ceux qui, n'ayant pas atteint leur quarantième année, devaient être vendus comme esclaves ou gratuitement distribués par le khan à ses créatures: la seconde comprenait ceux que leur rang ou leur âge avaient classés parmi les *aksakals*[1], et qui restaient soumis au châtiment infligé par le prince. Les premiers, réunis l'un à l'autre au moyen de colliers de fer, par files de dix à quinze, furent successivement emmenés; les autres attendaient, avec une résignation parfaite, qu'on exécutât l'arrêt porté contre eux. On eût dit autant de moutons sous le couteau du boucher. Pendant que plusieurs d'entre eux marchaient soit à la potence, soit au bloc sanglant sur lequel plusieurs têtes étaient déjà tombées, je vis, à un signe du bourreau, huit des plus âgés s'étendre à la renverse sur le sol. On vint ensuite leur garrotter les pieds et les mains, puis l'exécuteur, s'agenouillant sur leur poitrine, plongeait son pouce sous l'orbite de leurs yeux dont il détachait au couteau les prunelles ainsi mises en saillie. Après chaque opération, il essuyait sa lame ruisselante sur la barbe blanche du malheureux supplicié.

Spectacle atroce, je puis le dire! L'exécution aussitôt terminée, la victime, délivrée de ses liens et jetant de tous côtés les mains autour d'elle, cherchait à se relever. Parfois, trébuchant au hasard, leurs têtes s'entrechoquaient; parfois, trop faibles pour se tenir debout, ils se laissaient retomber à terre avec un sourd gémissement qui, lorsque j'y pense, me donne encore le frisson.

Si abominables que ces détails puissent paraître au lecteur, il me faut bien ajouter que ces cruautés se justifiaient par la loi des représailles,

1. Nous avons dit ailleurs que ce mot (littéralement «barbe-grise»), désigne les notables, les Anciens de la tribu tartare.

et que les Tchaoudor étaient ainsi punis pour avoir traité avec les mêmes raffinements de barbarie les membres d'une caravane euzbeg surprise par eux, dans le cours de l'hiver précédent, sur la route d'Orenbourg à Khiva. Elle comptait, dit-on, jusqu'à deux mille chameaux, et les Turkomans, — qui, après avoir pris possession d'une immense quantité de marchandises russes, auraient dû se contenter d'un si riche butin, — n'en dépouillèrent pas moins, de tout ce qu'ils possédaient en fait de vêtements et de denrées alimentaires, les Euzbeg Khivites dont elle se composait en grande partie. Ils périrent à peu près tous au milieu du Désert, quelques-uns de faim, les autres de froid. Huit à peine sur soixante parvinrent à se sauver.

Il ne faudrait pas regarder comme un cas exceptionnel l'horrible scène que je viens de décrire. A Khiva, comme dans toute l'Asie centrale, on n'est sans doute pas cruel pour le plaisir de l'être, mais on trouve de tels procédés parfaitement naturels, et la coutume, les lois, la religion s'accordent à les sanctionner. Le souverain actuel de Khiva voulait, tout simplement, se signaler comme «protecteur de la religion» et croyait y réussir en châtiant, avec une extrême rigueur, toute violation des préceptes sacrés. Il suffisait de jeter un regard sur une femme enveloppée de son voile pour être livré au *redjm*, conformément aux clauses pénales édictées dans les saints livres. En pareil cas, l'homme est pendu, et la femme, enterrée jusqu'au buste dans le voisinage de la potence, est lapidée jusqu'à ce que mort s'en suive. Le sol de Khiva ne fournit pas de cailloux, mais on les remplace par des *kesek* (boules de terre durcie). A la troisième décharge, une enveloppe de poussière a rendu méconnaissable cette victime infortunée dont le cadavre déchiré n'a déjà plus forme humaine, et on l'abandonne alors aux lentes angoisses de l'agonie. Ce n'est pas seulement contre l'adultère, mais contre beaucoup d'autres offenses à la religion que le khan a voulu promulguer la peine de mort, si bien que, dans les premières années de son règne, les Oulémas eux-mêmes se virent obligés de réprimer les entraînements de sa piété trop zélée. Malgré leur intervention, il ne se passe guère de jour sans que l'une ou l'autre des personnes admises à l'audience du prince ne soit emmenée hors du palais, après avoir entendu l'arrêt sommaire qui dispose définitivement de sa destinée: *Alib barin!* (Emmenez-le!)

Le *yasoul* me conduisit ensuite, — j'allais oublier ce détail, — chez le trésorier, qui me compta sans difficulté la somme à laquelle j'avais droit. Cette transaction, par elle-même, n'avait rien de fort intéressant, mais je trouvai ce personnage occupé d'un travail trop curieux pour que je le passe sous silence. Il assortissait les *khilat* (robes d'honneur) qu'on devait envoyer au khan pour récompenser les services hors ligne. Ces vêtements en soie, de couleur voyante et décorés de grandes fleurs en fils d'or, étaient de quatre espèces ou catégories différentes. On les désignait sous le nom de «robes à quatre, à douze, à vingt, à quarante têtes». Comme, dans les dessins ou les broderies dont elles étaient couvertes, je ne voyais rien qui légitimât une pareille appellation, je voulus savoir à quoi elle s'appliquait: on me répondit que les plus simples se donnaient au soldat qui rapportait quatre têtes ennemies, et les plus belles à celui qui en fournissait quarante. Quelqu'un ajouta que «si tel n'était pas l'usage du pays de Roum, je ferais bien de me rendre le lendemain matin sur la principale place, où j'assisterais à la distribution de ces glorieux emblèmes». Je n'eus garde, on le devine, de manquer à cette assignation, et je vis, en effet, arriver du camp à peu près cent cavaliers dont les vêtements poudreux avaient un air tout à fait martial. Chacun d'eux amenait au moins un prisonnier, et parmi ceux-ci, des femmes, des enfants, attachés soit à la queue du cheval, soit au pommeau de la selle; il portait de plus, sanglé derrière lui, un grand sac où se trouvaient les têtes enlevées à l'ennemi, témoignage irréfragable des hauts faits accomplis sur le champ de bataille. Son tour venu, il offrait les prisonniers soit au Khan, soit à quelque notable personnage, et, débouclant ensuite son sac qu'il saisissait par les deux angles inférieurs, il vidait aux pieds de l'agent comptable, — celui-ci les repoussant du pied comme s'il se fût agi de pommes de terre, — le monceau de têtes, barbues ou imberbes, en échange duquel il allait lui être octroyé des insignes plus ou moins honorifiques. Suivant l'importance de la livraison, il était porté sur les registres pour tel ou tel nombre de têtes, et la rétribution ne se faisait pas attendre au delà de quelques jours.

Nonobstant des coutumes si barbares, des spectacles si révoltants, c'est encore à Khiva et dans ses dépendances que j'ai passé, sous le déguisement de Derviche, les meilleures journées de tout mon voyage. Les Hadjis, auxquels on faisait si bon accueil, étaient en revanche excellents pour moi. Dès que je me montrais en public — et sans que j'eusse autrement besoin de solliciter leur charité, — les passants m'accablaient de menus cadeaux, vêtements, provisions, etc. Je prenais soin de ne jamais accepter une somme trop considérable, distribuant à mon tour, parmi ceux de mes frères qui n'avaient pas autant de prise sur la pitié publique, les effets les meilleurs et les plus élégants, tandis que je me réservais, comme il sied à un vrai Derviche, ce qui m'avait été donné de plus grossier et de plus pauvre. Malgré ces libéralités, ma situation financière avait changé du tout au tout, et, s'il m'est permis de l'avouer sans détour, je me voyais avec une véritable satisfaction pourvu d'un âne robuste, la ceinture garnie d'argent, à la tête d'une bonne garde-robe, possesseur de provisions abondantes, bref, équipé à merveille pour mes futurs voyages. [...]

LA NOBLE BOKHARA

Nous n'étions pas en route depuis plus d'une demi-heure, dans une campagne où de magnifiques jardins alternent avec des champs cultivés, lorsque Bokhara Cherif — «la noble Bokhara» comme on l'appelle ici — finit par se montrer avec ses nombreux édifices et ses tours massives, presque toutes surmontées d'un nid de cigognes[1]. A une lieue et demie de la ville, ou peu s'en faut, nous traversâmes la Zerefchan[2]. Elle coule dans la direction du midi, et malgré la force du courant, chameaux et cavaliers la passent à gué. Sur l'autre rive subsiste encore la tête d'un pont de pierre qui devait être assez élégamment construit. Dans son voisinage immédiat, les ruines d'un palais, également bâti en pierre. On me le signale comme une des œuvres du célèbre Abdoullah Khan Cheibani. A tout prendre, on ne voit aux environs de cette cité, la première de l'Asie centrale, presque aucune trace de son ancienne grandeur.

Notre route aboutissait à la *dervaze* (ou porte) Imam, située vers le couchant, mais nous ne la franchîmes pas, attendu que, notre *tekkie* se trouvant au nord-est, il eût fallu nous ouvrir un chemin à travers la foule qui encombre le bazar. Nous préférâmes, en conséquence, faire un circuit et longer le tour des remparts. En bien des endroits nous pûmes y constater d'énormes dégradations. De la *dervaze* Mezar par laquelle nous entrâmes, nous fûmes assez vite rendus au *tekkie*, ou monastère, qui devait nous donner asile. Ce vaste bâtiment carré n'a pas moins de quarante-huit cellules ouvrant, au rez-de-chaussée, sur une cour plantée de beaux arbres. Le *khalfa* (ou supérieur) actuel est le petit-fils du *khalfa* Housein, renommé pour ses mœurs saintes, et dont le *tekkie* lui-même a pris le nom. L'estime généralement accordée à cette famille est attestée par ce fait, que le petit-fils d'Housein est à la fois Imam et Khatib (ou chapelain) de l'émir, position officielle qui me rendait assez fier d'avoir un hôte pareil. Hadji Salih, classé parmi

1. Les rossignols abondent à Khiva, mais on n'y voit pas de cigognes. A Bokhara, c'est tout le contraire; là, vous ne trouverez guère une tour, un minaret, un édifice de quelque hauteur, où ne perche sur le toit, sentinelle à une patte, l'oiseau en question. Les Khivites raillent à ce sujet les Bokhariotes: «Chez vous, disent-ils, la cigogne, en claquant du bec, remplace l'harmonieux rossignol.»

2. La *Zerefchan* a son origine dans le lac Jokender-Keul, situé dans cette partie du Thien-Chan qu'on nomme Kachgar-Davan. Sa course de l'est se dirige à l'ouest. Jusqu'à Pendjkend nous la trouvons resserrée dans une vallée étroite, formée par deux lignes de hautes montagnes. Un peu plus loin cette vallée s'élargit mais la séparation du fleuve en deux branches principales n'a lieu qu'au pied du Tchobanata, au nord de Samarkand. L'une de ces branches, nommée *Ak derya*, coule vers le nord et, après avoir passé près des villes de Pendjchembe et Khalindja, se perd dans les sables, et seulement une petite partie des eaux tombe dans le lac de Karakeul: l'autre branche, connue sous le nom de *Kara derya*, baigne les villes de Yenghi-Kourgan et Kette-Kourgan, et s'unit avec la première près de Khalindja.

les *murid* (ou disciples) du saint, et qui dès lors était regardé comme un membre de la famille, m'avait servi d'introducteur. Le révérend abbé, personnage de bonne tenue et d'extérieur agréable, portant à merveille le turban blanc et l'habit en fine soie, me fit l'accueil le plus cordial; après une demi-heure d'une conversation aussi emphatique, aussi quintessenciée que possible, ce brave homme, de plus en plus satisfait, se mit à déplorer l'absence du *Badevlet*[1] (S. M. l'émir), qui le privait de me présenter immédiatement à la cour.

La cellule qu'il m'assigna, placée entre celle d'un Mollah très savant et celle de Hadji Salih, devenait par là même une chambre d'apparat; l'établissement d'ailleurs était rempli de personnages notables. Sans l'avoir fait exprès, j'étais tombé à Bokhara sur le principal centre du fanatisme islamite. En m'imprégnant de l'esprit qui régnait là, je devais m'y trouver plus à l'abri que partout ailleurs des soupçons officiels et des tracasseries administratives. Le «rapporteur» avait relaté mon arrivée comme un événement digne d'attention, et Rahmet-Bi, le premier officier de l'émir, chargé de gouverner Bokhara pendant que son maître faisait campagne dans le Khokand, venait d'ordonner que, ce jour-là même, les Hadjis fussent questionnés de près à mon sujet. Mais aux portes du *tekkie* s'arrêtait l'autorité de l'émir, et on attachait si peu d'importance aux investigations prescrites par son représentant, qu'on ne jugea même pas à propos de m'en parler. Mes bons camarades répondirent simplement aux promoteurs de l'enquête laïque: «Hadji Rechid n'est pas seulement un bon Musulman, mais encore un Mollah des plus instruits: élever contre lui le moindre soupçon, c'est se mettre en état de péché mortel.» Toutefois, ils me traçaient en même temps un plan de conduite, et je ne puis attribuer qu'à leurs précieux conseils, le bonheur que j'ai eu de quitter Bokhara indemne de toute mauvaise aventure. En effet, sans rappeler la triste fin des voyageurs qui m'avaient précédé dans cette capitale, j'ai pu constater qu'elle menaçait des plus grands périls, non seulement les Européens, mais l'étranger de toute race; et ceci, parce que le gouvernement y a perfectionné l'espionnage en raison des vices et des mauvaises dispositions qu'il est appelé à réprimer. Maîtres et sujets se valent, et rivalisent de perversité.

Je sortis, le lendemain de notre arrivée, sous la conduite d'Hadji Salih et avec quatre de nos compagnons, pour inspecter les bazars de la capitale. La «noble Bokhara», par l'irrégularité de ses rues, le délabrement de ses édifices, reste bien au-dessous de la moindre cité persane; une couche épaisse de poussière lui donne le plus misérable aspect; mais je n'en fus pas moins surpris en me trouvant, pour la première fois, au milieu de la foule qui encombre son principal bazar.

Ces marchés, à Bokhara, n'ont pas l'éclat et la magnificence de ceux qu'on voit à Téhéran, Ispahan et Tébriz. Néanmoins la diversité des

1. Traduction littérale: «le Fortuné».

races et des costumes qu'on y rencontre offre un spectacle très frappant aux regards d'un étranger. Parmi la multitude mobile dont il est entouré, les types de l'Iran se retrouvent à chaque pas: têtes fines, coiffées d'un turban blanc ou bleu, suivant qu'il s'agit d'un homme bien né, d'un Mollah, ou d'un négociant, d'un ouvrier, d'un domestique. C'est ensuite la physionomie tartare qui prédomine. Nous la rencontrons à tous ses degrés, depuis l'Euzbeg, dont le sang est fréquemment mélangé, jusqu'au Kirghiz qui a fidèlement conservé l'empreinte farouche de son origine. Pour reconnaître ce dernier, il n'est pas besoin de le regarder au visage; son allure ferme et pesante le distingue, à elle seule, du Tourani et de l'Irani. Mêlés aux représentants des deux principales races de l'Asie, vous remarquerez çà et là quelques Indiens (appelés ici Moultani) et quelques Israélites, en plus petit nombre. Les uns et les autres portent une ceinture de corde et un bonnet polonais qui les empêchent d'être confondus avec le reste[1]. L'Indien, avec sa marque rouge au front, sa figure jaune et repoussante, pourrait fort bien servir d'épouvantail aux corbeaux dans les champs de riz; le Juif, aux traits nobles et réguliers, à l'œil plein d'éclairs, fournirait à nos artistes les plus difficiles un modèle digne d'eux. On reconnaît aussi, à l'audace et au feu de leurs regards, des Turkomans, peut-être occupés à calculer le chiffre des dépouilles qu'un de leurs *alaman* trouverait dans les magasins étalés sous leurs yeux. Quelques Afghans, mais en petit nombre. Ceux de la caste inférieure, laissant ruisseler sur leurs longues chemises malpropres une chevelure inculte, jettent en travers de leurs épaules une pièce d'étoffe qui rappelle la toge romaine; mais ils n'en ont pas moins l'air de ces malheureux que l'incendie a chassés de leurs maisons et qui se précipitent dans la rue sans avoir pris le temps de s'habiller.

Tous les principaux bazars offrent cette confusion bariolée de Bokhariotes, de Khivites, de Khokandi, de Kirghiz, de Kiptchak, de Turkomans, de Moultanis, de Juifs et d'Afghans; mais bien que tout soit en mouvement autour de nous, je ne retrouve pas ici cette surabondance de vie tumultueuse qui caractérise, d'une manière si frappante, les établissements du même genre.

Je ne m'écartais guère de mes compagnons, me bornant à jeter de côté quelques regards sur l'étalage des magasins qui renferment principalement des marchandises russes, bien qu'on y puisse trouver, çà et là, un petit nombre d'articles provenant des autres pays d'Europe. En eux-mêmes, ils n'ont rien qui puisse attirer les yeux d'un natif du Frenghistan, conduit par le hasard dans cette ville presque inabordable, ils l'intéressent néanmoins, car il suffit d'une étiquette, d'une marque de fabrique pour lui rappeler leur origine, et il se croit alors en présence

1. C'est l'*elameti tefrikie* que tout sujet non musulman doit porter, selon le Koran, pour que la formule *selam aleikum* (la paix soit avec vous!) ne soit pas prodiguée en pure perte.

d'un compatriote. Ces mots: «Manchester» ou «Birmingham» faisaient malgré moi battre mon cœur, et j'avais à réprimer les imprudentes exclamations qui auraient pu me trahir. Les entrepôts de quelque importance — les maisons «en gros», comme on dit — sont ici très clairsemés, et bien qu'on vende du coton, des calicots, des mousselines, non seulement dans les deux cent quatre-vingt-quatre boutiques du *Restei tchit fourouchi* (marché spécial des cotonnades), mais aussi sur plusieurs autres points de la ville, j'oserais affirmer que mes bons amis «Hanhart et Cie», de Tébriz, débitent à eux seuls autant de ces articles que la ville de Bokhara tout entière, nonobstant la suprématie qu'elle affiche sur les autres cités de l'Asie centrale. Dans le bazar de celle-ci, la section que l'étranger visite avec le plus d'intérêt est certainement celle où on étale devant lui les produits du sol et de l'industrie indigènes; par exemple, ce beau tissu de coton, appelé *aladja*, où deux couleurs alternent en rayures étroites; puis différentes espèces de soieries, depuis ces mouchoirs impalpables qui ont à peine la consistance de la toile d'araignée, jusqu'à l'*atresz* pesant qui se manie à pleines mains. Le cuir travaillé y joue un grand rôle; l'art du découpeur, l'habileté des cordonniers méritent certainement nos éloges. On fait ici remarquablement bien les bottes à l'usage des deux sexes: celles des hommes ont des talons élevés qui se terminent en pointe de la largeur d'une tête de clou; celles des femmes, un peu épaisses à mon gré, sont fréquemment ornées des plus belles broderies de soie.

N'oublions pas le bazar et les magasins spéciaux où des vêtements étalés captivent le regard de l'acheteur. On épuise dans ces costumes tous les moyens de faire contraster les couleurs les plus éclatantes. L'Oriental d'ailleurs — que l'on trouve ici dans sa pureté native et avec ses instincts particuliers — affectionne le *tchakhtchoukh*, c'est-à-dire le frou-frou bruyant des étoffes neuves, et je prenais toujours plaisir à voir le marchand endosser le *tchapan* (l'habit) qu'il allait vendre, pour constater en se promenant de long en large, la qualité musicale du tissu. Fabriqués dans le pays même, et par des ouvriers dont le temps n'a rien de précieux, ces articles d'habillement sont à très bon compte. Aussi est-ce au marché de Bokhara que, des plus extrêmes confins de la Tartarie, les Croyants viennent renouveler leur garde-robe. Il n'est pas jusques aux Kirghiz, aux Kiptchak, aux Kalmouk qui ne sortent du Désert dans le même but, et le Tartare sauvage aux yeux obliques, au menton saillant, hennit de plaisir quand il échange son vêtement de cuir pour un léger *yekley* (habit d'été), symbole à ses yeux de la civilisation la plus raffinée. Bokhara est pour lui ce que Paris ou Londres peuvent être pour le provincial le plus arriéré.

Après trois heures de flânerie, je priai Hadji Salih de me conduire en quelque endroit où il me fût possible de me reposer et de me rafraîchir un moment. Il ne s'y refusa point, et traversant le *Timtche tchay fourouchi* (bazar au thé), nous allâmes ensemble sur le *Lebi hauz Divanbeghi* (le quai du réservoir de Divanbeghi). Relativement parlant, et pour une ville comme Bokhara, ce lieu de réunion, qui jouit d'une grande renommée, n'est pas dépourvu de certains mérites ; c'est une place à peu près carrée, au centre de laquelle on a creusé un réservoir profond, de cent pieds de longueur sur quatre-vingts de large ; il est bordé de pierres cubiques formant un escalier de huit marches qui descend jusques à fleur d'eau. Quelques magnifiques ormeaux, plantés çà et là sur le quai, abritent de leur ombre l'inévitable « boutique à thé » avec ses *samovars* (urnes-bouilloires) qui ressemblent à d'énormes tonneaux de bière. On les fabrique en Russie, à l'usage spécial de Bokhara ; et ils permettent d'offrir à tout venant une excellente tasse de thé vert. Sur trois côtés de la place, protégées par des nattes de roseaux, maintes et maintes échoppes volantes où on vend du pain, des fruits, des confitures, des viandes chaudes et froides. La foule affamée, qui se presse autour d'elles avec un bourdonnement d'abeilles, nous régale du spectacle le plus curieux. A l'ouest, le quatrième côté du parallélogramme affecte la forme d'une terrasse qui sert en quelque sorte de piédestal à la mosquée Mesdjidi Divanbeghi. Le long de sa façade, sous des arbres clairsemés, des conteurs publics, Derviches et Mollahs, célèbrent en vers et en prose, tandis que des acteurs les miment à côté d'eux, les exploits héroïques des prophètes et des guerriers illustres. A ces représentations en plein vent, les auditeurs et les spectateurs ne manquent jamais, ramenés par une insatiable curiosité. Au moment où j'arrivais, le hasard sembla prendre à cœur d'augmenter l'intérêt de cette scène étrange : nous y vîmes défiler la procession hebdomadaire des Derviches Nakichbendi, ordre célèbre qui eut Bokhara pour berceau et dont le principal établissement s'y trouve encore. Je garderai toujours le souvenir du tableau que j'eus sous les yeux quand ces sauvages enthousiastes, avec leurs grands bonnets pointus, leurs longs bâtons, leurs chevelures au vent éparses, se mirent à danser en rond, comme des possédés, tout en hurlant un hymne dont chaque strophe était d'abord entonnée par leur chef à barbe grise. L'œil et l'oreille ainsi captivés, j'oubliai bientôt ma lassitude. Mon compagnon fut réduit à m'entraîner de force dans une de ces échoppes que j'ai décrites plus haut, et là, quand le précieux *chivin* [1] nous eut été versé, voulant mettre à profit l'extase où il me voyait : « Que dites-vous maintenant de Chérif ? » me demanda-t-il avec une grimace d'exaltation. Je répondis, naturellement, que je m'y plaisais beaucoup ; et bien que mon interlocuteur, né dans le Khokand, ne dût voir ici que la capitale d'un pays ennemi, actuellement en guerre avec ses compatriotes, il n'en fut pas moins charmé que je n'eusse pu résister

1. Le *chivin* est une espèce de thé plus particulièrement recherchée que les autres.

aux séductions de la principale ville du Turkestan; aussi me promit-il solennellement que, dans le cours des journées suivantes, il me la montrerait sous ses plus magnifiques aspects.

En dépit du costume strictement bokhariote que j'avais cru devoir revêtir pour cette excursion — et bien que brûlé par le soleil de manière à être méconnaissable pour ma mère elle-même —, je ne me montrais nulle part sans être aussitôt entouré d'une foule de curieux. Que de poignées de main, hélas! et combien d'accolades passionnées! Ces braves gens m'assommaient au delà de ce que je pourrais dire. Un énorme turban[1] roulé autour de ma tête, un Koran de grand format suspendu à mon cou, me donnaient les dehors d'un Ichan ou Cheikh, m'obligeaient, par là même, à subir la corvée que j'avais arbitrairement encourue. Du reste, j'avais tout lieu d'être satisfait, car ma prétendue sainteté me mettait à l'abri des questions purement mondaines; on les réservait à mes amis, et j'entendais, sans être obligé d'y prendre garde, les observations discrètes que les assistants échangeaient à voix basse, tout en m'examinant avec une avide curiosité: «Quelle piété ne faut-il pas, disait l'un; pour venir ainsi de Constantinople à Bokhara, sans protection, sans escorte, visiter notre Baha-ed-Din[2]! — Oui, ajoutait un second, et nous aussi, nous allons à la Mecque, le Lieu saint par excellence, au prix de dérangements qui peuvent compter... Mais ces gens-ci (et il me montrait) n'ayant pas autre chose à faire, consacrent toute leur existence à la dévotion, à la prière et aux pèlerinages.» — «Bravo! bien deviné!» me disais-je à part moi, ravi de constater les bons résultats de mon déguisement. Et de fait, pendant mon séjour dans la capitale du Turkestan, je ne me vis jamais en butte aux soupçons d'une race naturellement méfiante, rusée, hostile à quiconque vient du dehors. Ma bénédiction était sollicitée de tous côtés; des groupes nombreux se formaient autour de moi lorsque je racontais, sur les places publiques, l'histoire édifiante du grand Cheikh de Bagdad, Abdoul Kadr Ghilani. Mon auditoire ne me marchandait pas les louanges, mais je n'en pus tirer autre chose, et la sainteté affectée de ce peuple contrastait singulièrement avec la piété sincère et la bienveillance des Euzbeg de Khiva.

Le gouvernement toutefois n'était pas aussi facile à tromper. Rahmet

---

1. Le turban, comme chacun sait, représente le poêle ou drap mortuaire que tout pieux musulman doit porter à la tête comme un perpétuel mémento de l'heure dernière. Le Koran n'assigne au *kefen* (voile funèbre) qu'une longueur de sept aunes. Mais les dévots excèdent souvent cette mesure normale et entassent sur leur tête cinq à six *kefen*, soit trente-cinq ou quarante-deux aunes de belle mousseline.

2. Baha-ed-Din, ou, suivant la prononciation bokhariote, Bavaddin, est un saint ascète, connu de tout l'islam et fondateur de l'ordre des Nakichbendi; ses disciples sont aujourd'hui répandus dans l'Inde, la Chine, la Perse, l'Arabie et la Turquie. Il mourut en 1388, et le couvent, la mosquée, le tombeau entouré de murs qui existent encore en mémoire de lui dans le village de Bavaddin, furent érigés par ordre d'Abdoul Aziz Khan, vers l'année 1490.

Bi, dont j'ai déjà parlé, ne pouvant m'aborder ouvertement, m'avait entouré d'espions. Ceux-ci, dans les entretiens qu'ils s'étaient ménagés avec moi, effleuraient à dessein toute espèce de sujets, sans manquer jamais d'en revenir au Frenghistan, peut-être avec l'espoir que je me trahirais, à mon insu, par quelque parole imprudente. Quand ils virent que je ne me prenais pas à leurs gluaux, ils commencèrent à m'entretenir de la passion des Frenghis pour la «noble Bokhara», et des châtiments qu'on avait dû infliger à certains agents secrets de cette race maudite, entre autres à deux Anglais, Conolly et Stoddart[1]. Ils me racontaient encore l'arrestation de quelques Frenghis, arrivés peu de jours auparavant et qu'on avait jetés dans les cachots de l'émir[2]; comment ils avaient apporté plusieurs caisses de thé saupoudré de poussière de diamants pour empoisonner tous les habitants de la Cité sainte; comment ils savaient changer le jour en nuit, et pratiquer mille autres artifices diaboliques.

Ces limiers étaient pour la plupart des Hadjis, qu'une longue résidence à Constantinople avait rendus capables de vérifier si je connaissais la langue qu'on y parle et les usages qu'on y suit. Lorsque je les avais écoutés quelque temps sans donner le moindre signe d'impatience, je prenais en général un air de dégoût en les priant de m'épargner de plus amples propos sur un pareil sujet: «J'ai précisément quitté Constantinople, leur disais-je, pour ne plus vivre parmi ces Frenghis, fils de l'Enfer, et qui semblent devoir au Démon l'intelligence dont ils sont doués. Maintenant que, grâce à Dieu, me voici dans la noble Bokhara, je ne veux pas mêler l'amertume de mes souvenirs à la félicité de mon existence actuelle.» Ainsi parlais-je encore au rusé Mollah Cherefeddin, l'*aksakal* des libraires, lorsqu'il vint à me montrer une liste des livres qu'un envoyé russe avait négligé d'emporter quelques années auparavant. C'est à peine si je laissai tomber sur ce catalogue un regard dédaigneux que j'expliquai en ces termes: «Allah soit loué de ce que ma mémoire n'est pas encore corrompue par la science et les livres des Frenghis!... cela n'arrive que trop souvent aux Turcs de Constantinople[3]...»

1. Le triste sort de ces deux martyrs n'a pas cessé d'être un secret, même dans le Bokhara, où circulent encore aujourd'hui sur leur compte les bruits les plus contradictoires. Le lecteur s'expliquera facilement qu'il m'était impossible, sans me trahir, d'adresser à qui que ce fût les questions nécessaires pour obtenir de nouveaux renseignements. Au surplus, ce déplorable incident a été si souvent commenté dans tous ses détails par Wolff, Ferrier, T.W. Kaye et d'autres écrivains, à titre officiel ou non, que je ne vois pas la nécessité de consigner ici les indications par moi recueillies sur ce point durant mon séjour à Bokhara.

2. C'étaient de malheureux Italiens qui, à ce qu'il semble, ont tout récemment obtenu leur liberté.

3. Un jour, le visir m'envoya un petit vieillard ridé qu'il me chargeait d'examiner pour savoir si cet individu était en effet, comme il en donnait l'assurance, un Arabe de Damas. De prime abord, ses traits me frappèrent et me parurent ceux d'un Européen.

Lorsque Rahmet Bi s'aperçut qu'il ne pouvait fonder aucune accusation sur le témoignage de ces émissaires, il prit le parti de me mander en sa présence [1]. Naturellement ce fut sous prétexte de m'inviter à un *pilow* public, où je comparus devant une espèce de tribunal composé d'Oulémas bokhariotes. J'entrevis, à peine sur le seuil, que l'épreuve serait dure; et en effet, notre conférence ne devait être qu'un long examen, durant lequel mon incognito passerait sous le feu croisé des questions les plus embarrassantes; Heureusement pour moi, le danger auquel j'étais exposé m'apparut lorsqu'il était encore temps d'y faire face; et, voulant me prémunir contre toute surprise, je me montrai moi-même fort curieux de mille et mille informations diverses. Au lieu de répondre, j'interrogeais; au lieu de me défendre, j'attaquais; et le docte aréopage eut à me rendre compte des nuances qui existent entre les différents préceptes religieux, *farz*, *sunnet*, *vadjid*, et *moustahab* [2].

L'ardeur que je manifestais produisit une impression favorable; et bientôt s'éleva une discussion des plus chaudes sur maints passages de l'*Hidayet*, du *Cherkhi Vekaye* et d'autres traités pareils. J'eus grand soin de m'y mêler avec force louanges pour les Mollahs Bokhariotes, que je proclamai supérieurs non seulement à moi, mais à tous les Oulémas de Constantinople. Il suffira de savoir que je me tirai sain et sauf de cette passe d'armes théologique. Les Mollahs, mes confrères, firent comprendre à Rahmet Bi, par leurs signes et leurs demi-mots, que son «rapporteur» avait commis une erreur grave et que, si on ne voulait pas me reconnaître pour un Mollah des plus distingués, j'étais digne, à tout le moins, de ces éclairs soudains qui portent la lumière divine dans l'âme du vrai Croyant.

A peine eut-il ouvert la bouche, mon étonnement et ma perplexité augmentèrent encore, vu que sa prononciation ne me paraissait en rien celle d'un Arabe. Il avait, disait-il, entrepris un pèlerinage au tombeau de Djafen-ben-Sadik (à Khoten, en Chine), et désirait repartir le jour même. Durant notre conversation, sa physionomie trahissait un embarras évident, et j'ai souvent regretté que le hasard ne nous ait pas réunis une seconde fois, car je suis très porté à croire que cet homme jouait un rôle semblable au mien.

1. Lorsque, huit ans plus tard, ce même Rhamet Bi était délégué de son souverain pour conclure la paix avec les Russes conquérants de Samarcand, un diplomate russe demanda au fonctionnaire bokhariote s'il se souvenait d'un derviche boiteux de Constantinople, qui visitait Bokhara quelques années auparavant, et s'il savait que ce derviche n'était qu'un Européen déguisé? «Eh bien, répondit Rahmet, je me souviens de lui et j'étais au courant de son secret; mais à cause de sa profonde science dans la théologie mahométane, je me gardais bien de le dévoiler.» Quelle différence entre Rahmet Bi au congrès russe et Rahmet ancien gouverneur de Bokhara, me dis-je à présent!

2. Ce sont les préceptes de l'Islam, gradués selon leur importance relative. *Farz* indique le devoir prescrit par Dieu et transmis par le Prophète; *sunnet* est la tradition qui émane du Prophète lui-même, sans inspiration divine. Les deux derniers mots — *vadjib* et *moustahab* — s'appliquent à des conseils religieux donnés par les plus récents interprètes du Koran. Les premiers sont obligatoires, les seconds facultatifs.

VIE QUOTIDIENNE A BOKHARA

A partir de cette journée mémorable, ma tranquillité ne fut plus troublée. Je menais une vie régulière s'il en fût. En premier lieu, avant de sortir de chez moi, je m'acquittais de tous les devoirs imposés aux Derviches et auxquels, en cette qualité, j'étais astreint. Puis je me dirigeais vers le bazar de la librairie, lequel renferme vingt-six boutiques. Les ouvrages imprimés y sont rares. J'ai vu, en revanche, là et dans les maisons des libraires (chacun gardant à part lui ce qu'il a de plus précieux), bien des trésors auxquels nos Orientalistes, soit historiens, soit philosophes, assigneraient une valeur incalculable. Placé comme je l'étais, je ne pouvais songer à aucune emplette de ce genre, d'abord faute de ressources pécuniaires, mais ensuite, et surtout, parce que la moindre apparence de préoccupations mondaines et de savoir mondain auraient fait tort à mon déguisement. Les manuscrits, en bien petit nombre, que j'ai rapportés de Bokhara et de Samarkand, n'ont pu être achetés qu'avec des peines infinies, et ce fut avec une véritable angoisse que je me vis forcé de laisser derrière moi tels et tels ouvrages qui auraient comblé plus d'une lacune importante dans nos études orientales. En quittant le marché aux livres, je me rendais d'habitude au Righistan (place publique), situé assez loin de là. Bien qu'il soit plus vaste et plus bruyant que le Lebi Hauz décrit ci-dessus, cette espèce de *forum* n'est pas à beaucoup près aussi agréable. On y trouve également une pièce d'eau entourée d'échoppes à thé; en se promenant sur le quai, on aperçoit, à une des extrémités de la place, l'Ark (palais fortifié) de l'émir, construit sur un escarpement de terrain. Une horloge est placée au-dessus de la porte, et le tout présente un aspect sinistre. Je ne passais guère sans frémir devant ce repaire de la tyrannie, où peut-être avait péri plus d'un voyageur venu avant moi, et sous les voûtes duquel, à ce moment même, languissaient, loin du pays, isolés de tout secours humain, trois malheureux enfants de l'Europe[1]. Quatorze canons de bronze richement travaillés et d'une longueur exceptionnelle avoisinaient ce portail menaçant. L'émir les avait envoyés à sa capitale comme trophées de sa campagne victorieuse dans le Khokand. Plus haut, à la droite du palais, s'élève la Mesdjidi Kelan, la plus grande mosquée de Bokhara, édifiée par Abdoullah Khan Cheibani.

Au sortir du Righistan, j'allais m'installer dans l'échoppe à thé d'un Chinois de Komoul[2], très familier avec la langue turco-tartare et qui passait pour bon musulman. Ce brave homme me témoignait une véritable amitié, malgré la distance qui séparait nos deux patries. Il se

1. Allusion aux Italiens dont il a été question plus haut.
2. Komul [Hami] est à quarante stations de Kachgar et à soixante de Bokhara.

plaisait à m'entretenir de la sienne et entrait dans mille détails sur la beauté du pays, les mœurs des habitants, l'excellence de la cuisine, etc. Mais c'était en matière de thé qu'il déployait surtout des trésors d'éloquence. Avec quel enthousiasme ne parlait-il pas de son arbuste chéri et des saveurs variées que présentent les feuilles de la même tige! Son magasin en refermait de seize espèces différentes, qu'il savait discerner au toucher[1].

Pendant mon voyage de Téhéran à Bokhara, mes compagnons m'avaient si souvent décrit cette dernière ville, qu'après huit jours de résidence je m'y trouvais absolument comme chez moi. Hadji Salih, dans le principe, m'avait conduit un peu partout; mais, plus tard, je parcourus seul les divers quartiers de la cité, ses bazars et ses collèges (*medresse*), ne me réunissant à mes amis que pour répondre aux invitations collectives d'un Tartare chinois, depuis longtemps établi à Bokhara. En ces occasions, on voyait ordinairement figurer sur la table plusieurs mets indigènes dont Hadji Bilal et nos autres compagnons avaient été longtemps sevrés. Il en est un dont je n'hésiterai pas à parler, car je puis le recommander en toute confiance à mes lecteurs. Le *mantouy* — c'est son nom — est une espèce de *pudding* où la viande hachée s'amalgame avec de la graisse et des épices. On le fait bouillir d'une façon particulière. Sur le feu est placé un chaudron rempli d'eau et dont la partie supérieure est recouverte, sauf un petit espace où l'on glisserait à peine son poing fermé. Au-dessus de cette baie, on dispose trois ou quatre tamis ou sacs solidement fixés l'un à l'autre; celui de dessous tient au chaudron lui-même par le mastic gluant dont on a pris soin de l'enduire. Dès que l'eau commence à bouillir et lorsqu'une suffisante quantité de vapeur filtre à travers les tamis, on loge le *mantouy*, d'abord dans celui du haut, puis dans les autres, successivement, jusqu'au dernier où s'achève la cuisson. On trouvera, peut-être bizarre cet emploi de la vapeur dans la cuisine traditionnelle des Chinois. Les *mantouy*, une fois bouillis, sont fréquemment sautés dans la graisse et reçoivent alors le nom de *zenbousi* (baiser de dame). Ceux de mes compagnons qui sont nés dans le Kachgar et le Yarkend ont également bien des plats préparés d'une

1. Je crois devoir en donner la liste complète: 1° *kyrkma*; 2° *akhbar*; 3° *ak kouyrouk*. Ces trois sortes, qu'on rencontre peu dans l'Asie centrale et la Chine, sont plus usitées en Russie, en Perse, en Europe; 4° *kara tchaj*; 5° *sepet tchaj*. Ces deux-ci, vendues comme le «kinaster» chinois sous forme d'oriques, ne se boivent que le matin avec de la crème et du sel; elles passent pour très stimulantes; 6° *chibaglou*; 7° *gore chibaglou*; 8° *chivin*; 9° *i kellesi*; 10° *beunghe*; 11° *pochoun*; 12° *pou-tchaj*; 13° *tun-tey*; 14° *gulbuy*; 15° *michk-gheuz*; 16° *lonka*. Ces onze espèces appartiennent à la catégorie des thés verts, les seuls que l'on goûte dans le nord de la Chine et dans l'Asie centrale; le dernier, le *lonka*, est regardé comme le plus précieux de tous; une seule feuille suffit pour parfumer une tasse au moins égale à deux des nôtres.

L'acheteur, pour apprécier le thé, goûte une feuille déjà passée à l'eau bouillante; cette feuille, quand il s'agit d'une bonne espèce, est particulièrement fine et tendre.

façon qui leur est particulière, mais de telles recettes ne peuvent trouver place que dans un *Parfait cuisinier tartare*.

Pendant tout mon séjour à Bokhara la chaleur fut à peu près intolérable; j'en aurais pourtant moins souffert si elle n'avait été aggravée par un autre fléau dont la crainte me tenait sans cesse en alerte. Je veux parler de la *richte* (*filaria Medinensis*) qui, pendant qu'elle sévit, atteint environ un dixième de la population. La crainte de ce mal me forçait à boire constamment, comme préservatifs, de l'eau chaude et du thé. On y est fait dans le pays et, tant que l'été dure, les Bokhariotes n'y prennent guère plus garde que nous n'en prenons à de simples rhumes. Le premier symptôme est une démangeaison qui se fait sentir au pied ou sur toute autre partie du corps; une tache lui succède, et un ver, de la grosseur d'un fil, prend naissance au cœur de l'endroit ainsi attaqué. Il arrive souvent à une aune de long, et on ne doit pas tarder plus de quelques jours à le dévider sur une espèce d'aspe ou de touret. En ceci consiste le traitement ordinaire, d'où ne résulte aucune souffrance très vive; mais si, pendant l'opération, le ver vient à se briser, les parties voisines s'enflamment aussitôt, et au lieu d'un seul parasite on en voit paraître huit à dix, ce qui force le malade à s'aliter pendant une semaine et lui occasionne un malaise intense. Les plus courageux se font extirper la *richte* au début même de la maladie. Les barbiers de Bokhara sont assez habiles pour tenir lieu de chirurgiens dans ces circonstances spéciales. Ils enlèvent en un instant la portion de chair où la démangeaison s'est fait sentir, et, quand le ver est extrait par ce procédé sommaire, la plaie se guérit bientôt toute seule. Ce mal, qui sévit aussi à Bender Abbasi (Perse), est quelquefois sujet à se reproduire deux étés de suite, même quand le patient a changé de climat dans l'intervalle de l'un à l'autre. C'est ce qui arriva au docteur Wolff, bien connu par ses voyages, et qui, au retour de l'Asie centrale, rapporta chez lui un de ces incommodes et longs souvenirs. Ce fut en Angleterre seulement que se manifesta le germe de l'insecte immonde, et sir Benjamin Brodie, le Dupuytren anglais, employa pour l'extraire la simple méthode des barbiers d'Orient. A leur climat détestable, à la mauvaise qualité de leurs eaux, les Bokhariotes sont encore redevables de plusieurs autres infirmités rebutantes. On remarque spécialement chez les femmes, — qui, à cela près, passeraient pour d'assez jolies brunettes, — des coutures, des cicatrices fort nuisibles à leur beauté; peut-être en doit-on chercher la cause indirecte dans l'existence trop sédentaire qu'elles mènent habituellement. Bokhara est pourvue d'eau par la Zerefchan (Distributrice de l'or). Cette rivière, qui coule au nord-est et dans le lit de laquelle on laisse s'accumuler toutes sortes de substances malsaines, suffit à grand-peine aux besoins de la cité. Aussi ces eaux n'y sont-elles admises qu'à de certains intervalles, tantôt de huit jours, tantôt de quatorze, selon la hauteur de l'étiage. Leur apparition — encore qu'elles soient passablement troubles, même à l'heure où on les introduit ainsi par la *dervaze* (ou porte) Mezar — n'en est pas moins pour les habitants une occasion de se réjouir. Ils commencent, jeunes et vieux, par se précipiter à l'envi dans les canaux et les réservoirs pour y faire leurs ablutions. On y baigne ensuite les chevaux, les vaches, les ânes, et seulement lorsque les chiens, admis les derniers, s'y sont un peu rafraîchis, on en interdit l'accès, afin que l'eau, désormais tranquille, puisse s'éclaircir et s'épurer. On pensera sans doute qu'il est un peu tard, après qu'elle s'est chargée de tant de miasmes délétères et de substances impures. N'importe, c'est ainsi que «la noble Bokhara» veille sur un des éléments les plus nécessaires à l'existence, cette Bokhara où des milliers d'étudiants viennent s'assimiler les dogmes d'une religion qui met la propreté au rang des vertus [1]. Ne fût-ce que par les tendances religieuses que j'y ai remarquées, soit dans le gouvernement, soit chez le peuple, Bokhara garderait une place éminente dans mes souvenirs. J'ai entendu fréquemment répéter autour de moi que «cette ville est le véritable appui de l'Islam [2]». En vérité, c'est trop peu dire; il faudrait l'appeler la Rome de l'Islam, puisque La Mecque et Médine en représentent la Jérusalem. Bokhara n'ignore pas cette suprématie, et s'en décore à la face de toutes les autres nations mahométanes. [...]

Quand on a traversé les déserts de l'Asie centrale, Bokhara, nonobstant tout ce qui lui manque, produit encore, à beaucoup d'égards, l'effet d'une grande capitale. J'avais maintenant à chaque repas d'excellent pain, des viandes cuites à l'eau, du thé, des fruits, etc. Je m'étais procuré deux chemises, et le bien-être de la vie civilisée avait repris pour moi tant de charme que j'éprouvai un véritable regret, lorsque le signal du départ me fut donné par mes collègues, pressés de rentrer dans leurs demeures lointaines avant que l'hiver ne fût venu les surprendre. Je projetais de pousser avec eux jusques à Samarkand, où la rencontre de l'Émir m'apparaissait comme une nécessité redoutable; dans une pareille passe, leur compagnie pouvait m'être utile à bien des égards. Une fois là, je me réservais de décider si je continuerais avec eux jusques à Khokand et Kachgar, ou si je reviendrais seul par Kerki, Karchi, Hérat. Mes excellents amis, Hadji Bilal et Hadji Salih, sans vouloir m'influencer en aucune manière, s'occupaient seulement de me rendre plus favorables les chances d'un retour possible. Pour m'assister autant qu'il était en eux, ils m'avaient présenté à un kervanbachi d'Hérat, jusqu'alors fixé à Bokhara, mais qui, à trois semaines de là,

1. *El nezafet min el iman*: «La propreté dérive de la religion.» Un des principaux apophthegmes de l'islam.

2. *Bokhara kouvveti Islam u din est.*

devait retourner définitivement dans son pays natal. Cet homme, appelé Mollah Zeman, était pour eux une connaissance de vieille date. Ils me recommandèrent à lui avec une sollicitude toute fraternelle, et il fut convenu, si je revenais de Samarkand, que nous nous rencontrerions, dans le délai ci-dessus fixé, à Kerki, de l'autre côté de l'Oxus. Cette démarche, premier avant-coureur d'une séparation finale, nous affecta péniblement les uns et les autres. Jusqu'alors, l'incertitude même de mes projets m'avait empêché de m'attrister; l'idée que je pourrais étendre mes voyages à Kachgar, Aksou et Khoten, — pays que n'a parcourus encore aucun homme d'Europe, — cette idée offrait à mon imagination les perspectives les plus attrayantes et les plus poétiques.

En me rappelant cette visite à Mollah Zeman, je ne dois pas oublier de décrire l'endroit où je le trouvai. C'était un karavanseraï approprié au commerce des esclaves; le bâtiment, de forme carrée, comprenait une trentaine de cellules, plus ou moins. Trois marchands en gros, adonnés à ce trafic abominable, s'étaient rendus locataires de tout l'immeuble et en avaient fait un dépôt pour les malheureuses créatures dont ils étaient détenteurs, soit qu'elles leur appartinssent directement, soit qu'ils fussent chargés d'en négocier la vente en qualité de simples courtiers. On sait, en effet, que les *karaktchi*, hors d'état de garder longtemps leurs captifs, les vendent ordinairement à quelqu'un de leurs compatriotes pourvu de ressources plus abondantes. Ce dernier les amène à Bokhara, et dans ces sortes de transactions c'est lui qui gagne le plus, car il traite directement avec le «producteur». A peine arrivé dans la capitale, il écoule toute la marchandise pour laquelle il trouve acquéreurs, et laisse le reste aux mains du *dellal* (courtier), qui se trouve ainsi plus spécialement chargé de la vente collective. A Bokhara et à Khiva, la créature humaine, de trois à soixante ans, est un article d'échange, à moins qu'une infirmité constitutionnelle, un vice rédhibitoire, ne la mette au ban du commerce. D'après les dogmes religieux, l'infidèle seul peut être réduit à la condition d'esclave; mais le Bokhariote qui, nous l'avons dit, n'a que les dehors de la dévotion, élude sans scrupules les préceptes sacrés; il s'empare indifféremment et des Persans chiites, déclarés infidèles depuis la première année du seizième siècle par le Mollah Chemseddin, et des sunnites eux-mêmes au besoin, lorsqu'il a pu les réduire, en les maltraitant de toute manière, à se déclarer shiites. Le Juif seul, reconnu «incapable», c'est-à-dire indigne de l'esclavage, échappe de sa personne à leur rapacité, privilège qu'il doit à l'aversion dont il est l'objet, mais dont le bénéfice compense parfaitement l'origine aux yeux des enfants d'Israël. Les Indous jadis profitaient d'une exception analogue. Plus récemment, à mesure que les émigrants d'Hérat se multipliaient à Bokhara, les Tekke ou Sarik établirent à leur égard une procédure nouvelle. Le malheureux sectateur de Vichnou est d'abord transformé en musulman, puis on le force à se déclarer shiite et, moyennant cette double conversion, déjà dépouillé de tout ce qu'il possède, il acquiert en outre ce «droit à la servitude» qui est censé le relever d'une sorte de déchéance.

L'esclave qu'on met en vente subit, quand il appartient au sexe fort, un examen public; on le garantit, en outre, exempt de tout vice caché qui le rendrait impropre au service, et le vendeur est tenu de ne dissimuler aucune des défectuosités physiques ou morales qui par leur nature échappent à une simple inspection.

Quant à l'esclave, il n'est jamais plus heureux que le jour où il sort des mains du marchand. Son nouveau maître, quel qu'il soit, ne lui infligera jamais des traitements aussi oppressifs, un asservissement aussi pénible que celui dont il a fait l'apprentissage dans l'espèce de «parc à bétail» où il vient de séjourner.

Les prix de ce marché particulier varient selon les circonstances politiques en vertu desquelles les Turkomans trouvent plus ou moins de facilités pour les *alaman* qu'ils entreprennent dans les districts voisins. C'est là, effectivement, ce qui augmente ou restreint la «production» de l'article à vendre. Exemple: Lors de mon passage à Bokhara, le *maximum* offert pour un homme dans la maturité de la force et de l'âge flottait entre quarante et cinquante *tilla*. Après une victoire où dix-huit mille soldats persans avaient été faits prisonniers le même jour, on a pu se procurer un esclave parfaitement valide pour trois à quatre *tilla*[1].

Après vingt-deux jours de résidence à Bokhara, je vis bien qu'il ne fallait pas songer à retarder nos amis, et nous résolûmes de partir immédiatement pour Samarkand. Comme les gens parmi lesquels nous vivions, fort prodigues de démonstrations amicales, se montraient d'ailleurs parcimonieux à l'extrême, nos finances étaient dans un mauvais état. Tout ce que la libéralité khivite nous avait permis d'amasser était maintenant à peu près épuisé; ainsi que la plupart de mes compagnons, j'avais dû me défaire de mon âne, et je m'étais muni, pour continuer le voyage, d'une carriole à deux roues. [...]

SAMARKAND ET KARCHI

Le jour où nous quittâmes Bokhara pour Samarkand, la caravane, diminuant toujours, en était réduite à deux charrettes, dans l'une desquelles nous étions installés, Hadji Salih et moi, tandis qu'Hadji Bilal et ses gens occupaient l'autre. Abrité du soleil par une tenture de nattes, j'aurais bien voulu m'établir paisiblement sur mon tapis; mais les secousses violentes de notre véhicule, essentiellement primitif, rendaient ceci tout à fait impraticable. A chaque cahot, poussés malgré nous l'un contre l'autre, nos têtes s'entrechoquaient comme les sphères

1. Cinq cents à huit cents francs dans la première hypothèse, de quarante à cinquante dans la seconde.

d'ivoire sur le tapis vert d'un billard. Pendant les premières heures, j'eus littéralement le mal de mer, pire encore que je ne l'avais ressenti sur nos chameaux, dont l'allure, je dirais volontiers le tangage, m'inspirait jadis de telles appréhensions. Le pauvre cheval attelé à notre large et lourde carriole, n'avait pas seulement à faire tourner dans le sable profond, ou dans la boue profonde, des roues très imparfaitement circulaires; il lui fallait aussi porter le cocher et son sac de provisions. Le Turkoman se demande avec raison si les Bokhariotes pourront jamais, une fois dans l'autre monde, se faire pardonner les mauvais traitements qu'ils infligent au cheval, la plus noble bête de la création.

Comme il était déjà nuit au sortir de Baha-ed-din, le conducteur (natif du Khokand), à qui la route n''était pas très familière, s'égara si bien, qu'au lieu de nous trouver à minuit dans la petite ville de Mezar, nous y arrivâmes seulement le matin. Elle est à cinq *tach* (ou *fersakhs*) de Bokhara, et on la regarde comme la première station sur la route de Samarkand. Nous ne fîmes qu'une halte fort abrégée, et atteignîmes vers midi Cheikh Karim, où nous rencontrâmes quelques-uns de nos anciens compagnons, ceux qui comptaient passer par Gidjdovan. Ce fut l'occasion d'un léger répit que nous nous donnâmes pour passer tranquillement avec eux une bonne partie de la soirée.

J'avais entendu dire merveille des cultures agricoles entre Bokhara et Samarkand; jusqu'alors cependant, et après une journée de marche, rien ne m'était apparu qui répondît à ce qu'on m'avait fait rêver. Des deux côtés du chemin, tout simplement, on ne voyait, à de rares exceptions près, que des terres plus ou moins travaillées; mais, le jour suivant, m'attendait une véritable surprise. Nous avions traversé le petit désert de Tcheul Melik (six lieues de long sur quatre de large), où se trouvent un karavansérai et un réservoir; autant vaut dire que nous étions arrivés dans le district de Kermineh, petite ville qui constitue la station du troisième jour. Là, toutes les heures, parfois même toutes les demi-heures, nous rencontrions un petit *bazarli djay* (endroit forain), comprenant plusieurs auberges et magasins de provisions, où d'énormes samovars, sans cesse en ébullition, nous promettaient le *nec plus ultra* du bien-être et les délices les plus enviées de l'existence tartare. Ces villages diffèrent absolument de ceux qu'on voit en Perse ou en Turquie; les cours de ferme y sont tout autrement peuplées de volailles, et les étables, de bestiaux. Bref, si les arbres étaient un peu plus nombreux, nous dirions qu'à partir des montagnes Pontos ce pays-ci est le seul qui rappelle nos contrées occidentales. Vers midi, nous fîmes halte dans un charmant jardin de Kermineh, à côté d'un réservoir recouvert d'épais ombrages. Mes amis semblaient me devenir plus chers, à mesure que se rapprochait davantage le moment de notre séparation, et je ne voyais pas comment je pourrais accomplir à moi seul le long voyage de Samarkand en Europe. Nous partîmes de

Kermineh au soleil couché, par égard pour l'épuisement de notre cheval, à qui la fraîcheur de la nuit devait procurer quelque relâche; vers minuit, nous nous arrêtâmes deux heures encore, espérant arriver le lendemain à notre station avant le début de la chaleur. Le long de la route, je remarquai des bornes milliaires[1] taillées en carré, les unes intactes, les autres brisées, et qui datent de Timour; il ne faut pas s'en étonner, puique Marco Polo, du temps d'Oktai, trouva des routes de poste régulièrement établies dans l'Asie centrale. On dit, au reste, que sur tout le parcours de Bokhara, vers Kachgar se rencontrent encore les vestiges d'une antique civilisation qui se pourrait suivre à la trace, nonobstant de fréquentes lacunes, jusque dans le centre de l'empire chinois. L'émir actuel, qui voudrait lui aussi se distinguer, a fait élever çà et là quelques petites terrasses destinées à la prière, et qui tiennent lieu des mosquées absentes, en rappelant au voyageur les devoirs religieux qu'il ne saurait omettre sans péché. C'est ainsi que chaque siècle accomplit son œuvre avec des préoccupations différentes.

Nous passâmes la soirée au village Mir dont la mosquée nous servit de karavanséraï. Elle s'élève au centre d'un joli parterre. Je m'étais endormi près d'une pièce d'eau, mais je fus brusquement tiré de mon sommeil par une bruyante querelle survenue entre des soldats turkomans. C'étaient des cavaliers Tekke, auxiliaires de l'émir pendant la campagne qu'il avait dirigée contre le Khokand, et ils s'en retournaient à Merv, emportant le butin fait sur les Kirghiz. L'émir, très désireux de les civiliser, avait offert le turban blanc à bon nombre de ces nomades, en leur témoignant qu'il serait charmé de les voir abdiquer leurs bonnets de fourrure. Tant qu'ils furent sous les yeux du souverain, ils obèirent à cette espèce de consigne, mais j'ai ouï dire qu'une fois partis, ils vendirent tous, sans exception, les turbans dont il les avait gratifiés.

De Mir nous allâmes à Kette-Kourgan (Grande forteresse). C'est le chef-lieu d'une province, et on y trouve les cordonniers les plus renommés de tout le khanat. Cette place forte est protégée par une épaisse muraille et par un fossé profond. Pendant la nuit, personne n'y entre, personne n'en sort, et nous dûmes rester dans un karavanséraï établi sur la route en dehors de la forteresse. Les chariots abondaient autour de nous, et de tous côtés les voies de communication présentaient l'aspect le plus animé, le plus brillant: il faut attribuer ceci à la guerre qui absorbe tous les moyens de transport entre Bokhara et Khokand. De Kette-Kourgan, un chemin spécial conduit à Karchi en traversant le Désert, et on prétend qu'il abrège de quatre lieues le trajet habituel de ce point à Samarkand; mais les voyageurs qui le prennent sont obligés d'emporter avec eux leur provision d'eau attendu que, si

1. *Tach*, en turc, veut dire «pierre», et le même mot s'emploie dans le sens de «mille». De même, le mot persan *fersang* (dont les Persans modernes ont fait *fersakh*) est un composé de *fer* (haute) et *seng* (pierre).

l'on trouve quelques sources à l'usage du bétail, celles où l'homme peut se désaltérer sont excessivement rares. Les prohibitions de police n'étant pas maintenues ici avec la même rigueur qu'à Bokhara, j'ai entendu, entre paysans et conducteurs, maintes discussions politiques. Ces pauvres gens sont enchantés quand on leur raconte les hauts faits de leur émir. A les en croire, il serait déjà passé du Khokand en Chine, et, lorsque tout l'Orient lui sera soumis, il prendra, disent-ils, possession de l'Iran, de l'Afghanistan, de l'Inde et du Frenghistan jusques à Roum (pays qu'ils regardent comme adjacents l'un à l'autre): bref, le monde entier, selon eux, doit se partager entre le sultan et l'émir.

Laissant derrière nous Karasou, localité de quelque importance, nous arrivâmes à Daul, la cinquième et dernière station avant Samarkand. Le chemin longeait la cime de quelques hauteurs d'où nous pouvions apercevoir sur notre gauche une certaine étendue de forêts. Elles vont, à ce qu'on m'assure, jusqu'à mi-chemin de Bokhara, et servent de retraite à deux tribus Euzbeg, les Khitai et les Kiptchak, fréquemment en guerre avec l'émir. Dans ces forêts, qui leur appartiennent et dont leurs membres connaissent tous les sentiers, tous les secrets refuges, elles sont à peu près inattaquables.

Les renseignements que j'avais recueillis à Bokhara diminuaient sensiblement à mes yeux l'importance historique de Samarkand. Cependant lorsqu'on me montra du côté de l'orient la montagne Tchobanata, un prolongement occidental de la chaîne de Thien-Chan, au pied de laquelle était située, me disait-on, la Mecque, si longtemps restée l'objet de ma curiosité, j'éprouvai un sentiment difficile à décrire. Après avoir attentivement contemplé le point qu'on me signalait ainsi, je gravis avec peine une colline élevée d'où m'apparut, au milieu d'une belle campagne, la capitale de Timour. Ses dômes, ses minarets de couleurs diverses, noyés dans les splendeurs du soleil matinal, et le caractère spécial, l'originalité du tableau qui se déroulait à ma vue produisirent sur moi, je l'avoue, une première impression tout à fait agréable.

Samarkand ayant en Europe un prestige extraordinaire, qu'elle doit à sa situation lointaine et au souvenir presque fabuleux de son histoire passée, je voudrais, à défaut de crayon, en donner ici une esquisse verbale. Pour cela je supposerai que le lecteur monte à côté de moi sur l'affreuse carriole où j'ai tant souffert. A l'orient, il verra la montagne dont j'ai déjà parlé. Elle a une cime arrondie en forme de dôme et couronnée par un petit édifice où repose Tchobanata (le saint patron des pasteurs). Au-dessous est la cité. Sa circonférence égale celle de Téhéran, mais les maisons y sont beaucoup plus éparses; néanmoins les massifs de ruines et les édifices les plus en vue lui donnent un aspect tout autrement majestueux. Le regard s'arrête d'abord sur quatre monuments élevés en forme de demi-dôme, qui servent de façades — ou si l'on veut de propylées (*pichtak*) — aux medresse. De loin, ils semblent former un seul groupe; quelques-uns, par le fait, sont à l'arrière-plan. A mesure que nous avançons, se montre d'abord un petit dôme nettement découpé; puis un autre, au sud, plus considérable et plus imposant; le premier est le tombeau, le second est la mosquée de Timour. Absolument en face de nous, sur la limite sud-ouest de la ville, s'élève, au sommet d'une colline, l'Arche ou citadelle, qu'entourent d'autres bâtiments, tombes ou mosquées pour la plupart. Supposons maintenant toutes ces fabriques séparées les unes des autres par des jardins touffus, et nous aurons une faible idée de Samarkand; — bien faible, dis-je, et bien approximative, car je me rappelle le proverbe persan: «Quand donc ce qu'on entend vaudra-t-il ce qu'on voit [1]?» Ai-je besoin d'ajouter, hélas! que l'impression produite par l'extérieur de la cité s'affaiblissait à mesure que nous approchions, et disparut complètement lorsque nous y fûmes entrés? Le désappointement est grand et amer quand il s'agit d'une ville comme Samarkand, dont les approches sont si difficiles, et qui impose tant de sacrifices à celui qui veut la connaître. Au moment où nous franchissons la *dervaze* (ou porte) de Bokhara, voyant que nous allions avoir à traverser la presque totalité du cimetière pour arriver aux quartiers habités, je ne pus m'empêcher de me rappeler ce vers que j'avais appris en Perse:

Samarcande du globe est le foyer central [2],

et, malgré mon enthousiasme, je partis d'un bruyant éclat de rire. Nous allâmes descendre tout d'abord dans un karavansérai voisin du bazar, où les Hadjis peuvent se prévaloir d'une hospitalité gratuite; mais, dès le soir même, nous fûmes invités à venir occuper une maison particulière, située au delà de ce karavansérai et près du tombeau de Timour. On jugera de ma surprise et de ma joie lorsque j'appris qu'un heureux hasard nous donnait pour hôte un des officiers de l'émir, spécialement préposé à la garde du palais de Samarkand.

La rentrée du souverain, à l'issue de la campagne victorieuse qu'il venait de faire dans le Khokand, était annoncée comme très prochaine, nos compagnons voulurent bien attendre, par égard pour moi, que j'eusse été présenté à l'émir, et qu'il m'eût été possible d'organiser mon voyage de retour avec quelques autres Hadjis de passage. Dans l'intervalle, j'employais mes journées à visiter tout ce que la ville peut offrir de curiosités anciennes; et, à cet égard, nonobstant son aspect misérable, il n'est rien dans l'Asie centrale qui puisse lui être comparé.

En ma qualité de Hadji, je devais naturellement commencer par les saints personnages; mais ce qui peut intéresser au point de vue

1. *Chouniden keï bouved manendi diden.*
2. *Samarkand seïkeli roui zemin est.*

historique se trouvant ici dans un rapport intime avec quelque pieuse légende, je tirais également plaisir et profit de tout ce que j'avais à étudier.

Les divers endroits où l'on vient en pèlerinage se comptent par centaines, dans la cité que j'explorais ainsi. Je ne signalerai que les plus remarquables.

I. LE HAZRETI CHAH-ZINDE
(Le Palais d'été de Timour)

Le véritable nom de Chah-Zinde est Kasim-ben-Abbas. Il passe pour avoir été un Koreïchite, et par conséquent jouit ici de la plus haute renommée, comme le premier entre ces Arabes qui introduisirent l'islamisme à Samarkand. Son sépulcre est en dehors de la ville, au nord-ouest, dans le voisinage du rempart et de l'édifice qui formait la résidence d'été du grand Timour. Ce dernier palais conserve encore aujourd'hui les traces évidentes de sa splendeur ancienne. Tous ses bâtiments sont situés sur un exhaussement du sol, et on y arrive par quarante degrés de marbre passablement larges. Une fois au sommet, vous êtes conduit vers un pavillon sis à l'extrémité d'un petit jardin. Là plusieurs étroits corridors mènent à une grande pièce d'où vous arrivez, par un couloir obscur, à la tombe du saint, pour le moins aussi ténébreuse. Outre la salle déjà mentionnée, il en est plusieurs autres dont les briques de couleur et le pavé de mosaïque brillent du même éclat que s'ils étaient sortis la veille des mains de l'ouvrier.

Chacun des appartements où nous entrions avait droit à un double *rikaat namaz* (salut avec génuflexion). Aussi mes jambes commençaient-elles à me faire mal lorsqu'on me conduisit dans un salon, pavé de marbre, où trois étendards, un vieux sabre et une cuirasse nous furent donnés à baiser comme reliques du célèbre émir. Pas plus que mes autres compagnons je ne leur refusai cet hommage, bien que j'eusse au fond de grands doutes sur l'authenticité des objets eux-mêmes. On me parla aussi de quelques autres reliques (sabre, cuirasse, Koran, etc.), mais sans qu'il me fût permis d'y jeter les yeux. En face de cet édifice, l'émir aujourd'hui régnant a fait ériger un petit medresse (collège) qui ressemble à l'écurie d'un palais.

II. MESDJIDI TIMOUR
(La Mosquée de Timour)

Cette mosquée est au midi de la ville : ses dimensions et ses décorations en briques peintes rappellent vivement la Mesdjidi Chah d'Ispahan, qui fut bâtie par ordre d'Abbas II. Cependant leurs dômes diffèrent; celui-ci affecte la forme d'un melon, tout à fait étrangère à l'architecture persane. Les inscriptions tirées du Koran sont en caractères sulus, rehaussés d'or; ce sont les plus belles que j'aie vues, après celles des ruines de Sultanieh.

III. L'ARCHE

(Citadelle — Salle d'audience de Timour)

On gravit pour monter à la citadelle une pente assez escarpée; l'ensemble des bâtiments comprend deux portions distinctes, dont l'une — qui forme en quelque sorte la carapace de l'autre, — se compose d'habitations particulières; la seconde est uniquement réservée à l'émir pour ses réceptions d'apparat. On m'avait décrit le palais comme très curieux; ce n'est, au fait et au prendre, qu'un édifice vulgaire, datant d'un siècle à peine, et qui ne m'a rien offert de remarquable. On me montra d'abord les appartements de l'émir, et l'*Aynekhane*, chambre tapissée de fragments de miroir, qui passe pour une des merveilles du monde. Elle avait à mes yeux beaucoup moins d'intérêt que l'endroit désigné sous le nom de *Talari Timour* ou «salle d'audience de Timour». C'est une longue cour étroite entourée d'une espèce de cloître ou de trottoir couvert. Sur la face opposée aux spectateurs se trouve la célèbre Keuktach (pierre verte) dont Timour avait fait le marchepied de son trône: autour d'elle venait se ranger, dans leur ordre hiérarchique, les vassaux accourus de toutes les parties du monde pour rendre hommage au redouté souverain. Dans l'espèce d'arène qui formait le rond-point central, trois hérauts étaient en selle pour porter immédiatement à l'autre bout de la salle les paroles du conquérant. La «pierre verte» ayant quatre pieds et demi de haut, quelque prisonnier de naissance illustre se prêtait toujours à faire office de tabouret ou de marche inférieure. S'il faut accepter une tradition bizarre, cette pierre colossale (dix pieds de long, quatre de large, hauteur indiquée ci-dessus) aurait été transportée de Brousse à l'endroit où nous la voyons. Fixée dans le mur, à la droite de la Keuktach, ressort une plaque de fer ovale et bombée qui ressemble à la moitié d'une noix de coco; une inscription arabe y est gravée en caractères koufites. On prétend qu'elle a été enlevée au trésor du sultan Bayazid Yildérim et qu'elle a servi d'amulette à l'un des Khalifs. Je vis aussi sur la muraille, derrière la pierre, deux firmans écrits en lettres divani, l'un du sultan Mahmoud, l'autre du sultan Abdul Medjid. Ils ont été envoyés de Constantinople à l'émir Saïd et à l'émir Nasr-Oullah; on lit sur l'une et sur l'autre le *Rukhsati-Namaz* (permission officielle de prier[1]), et l'investiture des fonctions de *reïs* (gardien de la religion), que les émirs d'autrefois revendiquaient à titre de privilège honorifique. Maintenant, ils se

1. C'est-à-dire de prononcer la prière du vendredi, ce qu'aucun sunnite n'oserait et ne peut faire avant qu'elle n'ait été articulée par le Khalif ou son successeur.

contentent, en montant sur le trône, de venir rendre hommage à la Keuktach. La pierre sainte n'a plus d'autre emploi officiel; mais les pieux Hadjis en font le but de leurs pèlerinages, et ne s'estiment en règle avec eux-mêmes que lorqu'ils ont prononcé trois *fatiha* et frotté dévotement leur tête sur ce piédestal d'où chaque mot sorti des lèvres de leur glorieux monarque retentissait, comme un ordre suprême, aux derniers confins de l'Asie. Les habitants de Samarkand parlent de Timour dans les mêmes termes que si la nouvelle de sa mort était tout fraîchement arrivée d'Otrar; et on m'a souvent demandé, en ma qualité d'Osmanli, quelles avaient pu être mes impressions au moment où m'était apparue la tombe d'un monarque qui avait infligé à «notre» sultan une si terrible défaite.

IV. TOURBETI TIMOUR
(Le Sépulcre de Timour)

Ce monument, placé au sud-ouest, consiste en une élégante chapelle, couronnée d'un dôme splendide et entourée d'un mur; dans ce mur extérieur s'ouvre une haute porte en arceaux, des deux côtés de laquelle se dressent deux petits dômes reproduisant en miniature celui dont nous venons de parler. L'espace compris entre la muraille et la chapelle est planté d'arbres, et ferait office de jardin si on l'entretenait avec un peu plus de soins. L'entrée de la chapelle est à l'ouest, et sa façade regarde le sud (*kible*), ainsi que le veut la loi. En entrant, on se trouve dans un espèce de vestibule qui aboutit directement au sanctuaire lui-même. Celui-ci est octogone, et dix petits pas en mesurent le diamètre. Au milieu, sous le dôme, c'est-à-dire à la place d'honneur, existent deux tombes placées côte à côte, la tête dans la direction de la Mecque. L'une est surmontée d'une très belle pierre vert foncé, large de deux empans et demi, longue de dix, épaisse de six doigts. Elle est posée à plat, en deux morceaux[1], sur le tombeau de Timour. La seconde, décorée d'une pierre noire à peu près aussi longue, mais un peu plus large, abrite les cendres de Mir Seid Berke, le maître spirituel de Timour, auprès duquel, par un sentiment de reconnaissance, le célèbre Émir voulut être enseveli. Tout autour sont d'autres pierres funéraires, petites ou grandes, marquant la place où reposent les femmes, les petits-fils et les arrière-neveux du grand homme; mais, si je ne me trompe, elles ont été apportées ici des différents points de la ville, à une date subséquente. Les inscriptions qu'on y lit sont en langue persane ou arabe. On n'y remarque aucune énumération de titres et celle de l'Émir

1. On assigne diverses raisons à cette circonstance particulière. Les uns disent que Nadir-Chah, victorieux, se fit adresser cette pierre, et qu'en route elle se brisa. D'autres affirment que, dès l'origine, elle se composait de deux fragments et provient d'une princesse chinoise (mongole).

lui-même est très simplement rédigée. Le nom de famille (Keureghen) n'est omis dans aucune d'elles.

L'intérieur de la chapelle, où des arabesques d'albâtre, dorées par endroits, s'enlèvent heureusement sur un beau fond d'azur, atteste le goût d'un véritable artiste et produit sur l'œil un effet merveilleux. Il nous rappelle l'intérieur du sépulcre de Meesume Fatma, que nous avons vu en Perse dans la ville de Kom[1]; mais tandis que ce dernier est surchargé d'ornements, la sobriété du second, sa simplicité grandiose lui donnent une supériorité marquée. A l'extrémité des tombes sont dressées deux *rahle*[2] où les Mollahs se relayent pour lire le Koran jour et nuit, aux frais du Vakf (fondation pieuse) qui alimente les dépenses du Tourbe. Ces Mollahs, aussi bien que les *moutevali* (intendants), sont choisis parmi les Tartares Nogai, conformément aux dernières volontés de l'Emir, qui prescrivit de confier le soin de ses restes à des hommes de cette race, fidèle entre toutes. Je rendis visite à l'inspecteur, chez lequel je fus forcé de passer la journée entière. A titre de faveur spéciale, il me permit de voir la vraie sépulture, honneur que les indigènes eux-mêmes obtiennent très rarement, si je dois l'en croire. Nous descendîmes par un long escalier de petites dimensions qui s'ouvre derrière l'entrée. Il conduit directement à une crypte reproduisant les proportions de la chapelle supérieure et décorée d'arabesques à peu près identiques. Les tombes y sont rangées dans le même ordre que celles d'en haut, mais on n'en compte peut-être pas autant. Celle de Timour renferme, à ce qu'on assure, des valeurs considérables; le fait néanmoins est invraisemblable, car il constituerait une infraction à la loi. Une *rahle* pareille à celles que nous avions déjà vues, supporte un Koran in-folio, transcrit sur une peau de gazelle. Il m'a été dit maintes fois, — et ces propos venaient de bonne source, — que cet exemplaire est celui qu'écrivit Osman, le secrétaire de Mohammed et le second des Khalifs. Timour l'aurait enlevé au trésor du sultan Bajazet et rapporté de Brousse dans sa capitale. On y tient caché ce précieux dépôt, attendu que le souverain de Bokhara, possesseur public d'un objet aussi rare, se verrait en butte au mauvais vouloir des autres potentats musulmans. En face du Tourbe, de manière à frapper les yeux de tous, se lit une inscription écrite en lettres blanches sur fond bleu: «Ceci est l'œuvre du pauvre Mohammed, le fils de Mahmoud, natif d'Ispahan.» Il m'a été impossible de lui assigner une date certaine.

1. Une sœur de l'Iman Riza qui, après l'avoir longtemps imploré, obtint enfin du khalif Meemoun la permission de visiter son frère, alors exilé à Tous (Mech'hed). Elle mourut à Kom, chemin faisant, et sa sépulture est un des lieux de pèlerinage que les Persans vénèrent le plus.

2. Tables ou pupitres à deux compartiments, sur lesquels, en Orient, se posent les livres saints.

A cent pas environ de l'édifice que je viens de décrire, s'élève un autre dôme, bâti simplement, mais vénérable par son antiquité, sous lequel repose une des épouses favorites de Timour, regardée, elle aussi, comme une sainte. Sur un des côtés du dôme pend une espèce d'écheveau qui passe pour contenir du *mouy seadet* (poil de la barbe du Prophète), et qui depuis bien des années préserve d'une chute complète — à ce qu'on assure du moins — ce bâtiment crevassé de toutes parts.

V. LES MÉDRESSE
(Collèges)

Quelques-uns sont encore peuplés; les autres, déserts, n'offriront bientôt plus qu'un monceau de ruines. Parmi ceux qu'on entretient avec le plus de soin, il faut compter le medresse Chiroudar et le medresse Tillakari, tous deux bâtis, à la vérité, bien après l'époque de Timour. Le dernier emprunte son nom aux dorures dont il est profusément orné, car *tillakari* veut dire «ouvragé d'or»; il date de l'an 1028 (1618), et fut érigé par un riche Kalmouk, nommé Yelenktoch, qui venait de se convertir à l'Islamisme; par le fait, cette portion du monument appelée *khanka* est décorée avec tant de richesse que l'intérieur de la mosquée d'Imam-Riza peut seul lui être préféré. En face de ces deux collèges se voit le medresse Mirza-Ouloug, construit en 828 (1434) par Timour, petit-fils de son glorieux homonyme, qui avait un goût passionné pour l'astrologie; mais dès l'année 1113 (1701) il était dans un tel état de délabrement que, selon l'expression de son historien, «les hiboux avaient pris dans ses cellules la place des étudiants, et qu'au lieu de rideaux de soie, leurs portes étaient tendues de toiles d'araignée». C'est dans ce bâtiment qu'on avait placé un observatoire célèbre dans le monde entier, lequel fut commencé en 832 (1440), sous la direction de trois savants, — Gayas-ed-Din Djemchid, Muayin Kachani, et l'Israélite Silah-ed-Din Bagdadi, — mais ne s'acheva que sous Ali Kuchtchi. Ce fut le second et le dernier établissement de ce genre qu'on ait élevé dans l'Asie centrale. Le premier avait été construit à Maraga, sous Helagou, par Nedjim-ed-Din, dont l'érudition était renommée. On m'a montré le site qu'il occupait jadis; c'est à peine toutefois si j'ai pu discerner quelques traces de ses murailles.

Ces trois medresse encadrent la principale place, ou le *righistan* de Samarkand, plus petit, il est vrai, que celui de Bokhara, mais garni d'échoppes comme ce dernier et fréquenté par des foules tumultueuses. A quelque distance de là, et dans le voisinage de la *dervaze* Bokhara, se trouvent les ruines considérables du medresse Hanym, qu'une princesse chinoise, femme de Timour, fit élever à ses frais, et qui réellement devait être magnifique. On assure qu'il a réuni jusqu'à mille étudiants, dont chacun recevait du *vakf*, pour subvenir à ses besoins, la somme annuelle de cent tilla (1300 fr.). Nous pouvons regarder ce chiffre comme une exagération orientale, sans pour cela nous refuser à l'évidence en niant la splendeur passée qu'attestent encore, restées debout, les trois murailles et la façade (ou *pichtak*) de ce collège monumental. Le *pichtak* surtout, dont les tours et le portail pourraient servir de modèles, a pour pavé une mosaïque de terre cuite dont la composition et le coloris me parurent d'une incomparable beauté; elle est tellement bien cimentée qu'il me fallut prendre des peines incroyables pour en détacher le calice d'une fleur, et encore ne pus-je en extraire intacte que la portion centrale avec trois feuilles repliées l'une sur l'autre. Bien que l'œuvre de destruction soit poursuivie avec ardeur, nous pouvons apercevoir dans l'intérieur des bâtiments, — où sont maintenant logées les carrioles de louage qui mènent à Khokand et à Karchi, — la mosquée avec sa *rahle* gigantesque, douée, dit-on, de propriétés merveilleuses; et la population de Samarkand en a certainement pour deux ou trois siècles avant d'avoir fait disparaître complètement ce colosse de brique et de marbre, sur lequel s'acharnent misérablement la pioche et le pic des vandales.

Outre les bâtiments que je viens d'énumérer, on rencontre çà et là d'autres tours et d'autres dômes, débris obscurs d'époques lointaines. Après toutes les investigations dont je pus m'aviser, et malgré des efforts assidus, je n'ai pu découvrir la moindre trace de cette bibliothèque gréco-arménienne que Timour victorieux aurait rapportée à Samarkand, s'il fallait en croire une tradition universellement accréditée. Cette fable, — je n'hésite pas à la déclarer telle, — eut pour origine le patriotisme excessif d'un prêtre arménien, nommé Hadjator, qui, venu de Kaboul à Samarkand, prétendit avoir découvert dans cette dernière ville d'énormes *in-folio* garnis de lourdes chaînes (comme ceux de Faust), et cela au fond de ces tours où, de peur des *djins*, pas un musulman n'oserait s'aventurer. Un savant français recueillit plus tard cette chronique suspecte, et la mit en œuvre dans son *Histoire des Arméniens*. Or, comme nous sommes en Europe tout aussi disposés que les Orientaux à nous complaire dans les récits où règne un certain mystère, quelques archéologues ne firent pas difficulté de croire que le conquérant asiatique avait pu expédier à sa capitale, éloignée d'une centaine de stations, deux à trois mille mules, chargées de manuscrits gréco-arméniens, afin que ses Tartares fussent à même de se familiariser, eux aussi, avec les langues et les annales étrangères. Timour était bien grand protecteur des sciences, mais il ne comprenait sous ce mot que les sciences strictement mahométanes.

Je ne saurais admettre, quant à moi, l'existence de cette bibliothèque mythologique; et je me trouve en contradiction non moins formelle avec ceux qui attribuent une origine chinoise aux monuments de

Samarkand. Les frontières politiques de la Chine commencent, il est vrai, à dix journées de cette ville, mais il faut six fois ce temps-là pour atteindre la Chine proprement dite, et pour peu qu'on ait une faible idée de l'extrême rigueur avec laquelle le Céleste Empire maintient la ligne de démarcation qui l'isole des autres pays, pour peu qu'on réfléchisse ensuite aux instincts *séparatistes* des véritables mahométans, on verra bien que les deux peuples, quoique limitrophes ne peuvent rien avoir de commun. L'inscription sur la façade du sépulcre de Timour — auquel ressemblent plus ou moins, comme style de décorations d'architecture, toutes les autres constructions de Samarkand — montre clairement qu'elles ont été bâties par des Persans ; ce fait est d'ailleurs confirmé quand on les compare aux monuments publics de Hérat, de Mech'hed et d'Ispahan[1].

C'est assez parler de l'antique Samarkand et de ses souvenirs historiques. La ville nouvelle, dont les murailles sont à une grande lieue en dedans des anciens remparts[2], compte six portes et quelques bazars qu'on peut regarder comme ayant survécu au reste de la vieille cité. Dans ces bazars se vendent, — à très bas prix, malgré leur réputation, — des objets fabriqués en cuir, et des selles de bois dont le vernis ferait honneur à nos ouvriers européens. Pendant ma résidence dans la capitale de Timour, les rues et les endroits publics regorgeaient de monde, le retour des troupes pouvant être regardé comme la principale cause de cette affluence extraordinaire. Quant à la population normale, je ne pense pas qu'elle excède quinze à vingt mille âmes, dont les deux tiers sont Euzbeg, et le reste se compose de Tadjik. L'émir, qui habite en général Bokhara, passe régulièrement à Samarkand deux ou trois mois de l'été ; cette ville, dont le site est plus haut que celui de la capitale, offre quelques avantages climatériques. La chaleur, insupportable à Bokhara, s'atténue singulièrement ici ; mais l'eau, qui m'avait été recommandée comme une véritable *abihayat* (ambroisie), m'a paru aussi mauvaise que possible.

Dehbid (le village des Saules) mérite par ses agréments une mention particulière. C'est en même temps un but de pèlerinage et de récréation, à une lieue de Samarkand, sur l'autre bord de la Zerefchan, peuplé par les descendants de Mahkdoum Aázam, mort en 949 (1542), et dont les restes y sont conservés. Les habitants possèdent un très beau *khanka* (monastère), et y recoivent les pèlerins avec l'hospitalité la plus cordiale. Dehbid est situé plus haut que Samarkand, et cependant, à

1. Ces remarques se rapportent au style des édifices. Pour ce qui regarde les ornements architectoniques, j'ai trouvé plus tard, dans un manuscrit historique, qu'ils étaient d'origine chinoise.

2. Il est possible que ces remparts délabrés aient marqué simplement la limite d'un faubourg. En effet, R.G. de Clavijo, qui fit partie en 1443 d'une ambassade envoyée à Timour, nous apprend que « la citadelle est à une extrémité de la ville », ce qui est encore vrai de nos jours. L'espace compris entre les murs ruinés et l'enceinte actuelle peut donc avoir été habité sans qu'il fît partie de la ville proprement dite.

ma grande surprise, j'y ai mangé des mûres au milieu du mois d'août. A midi même, je trouvais un abri contre la chaleur dans la grande avenue plantée en 1632, par ordre de Nezr Divabeghi, et dédiée au saint que je viens de nommer. Sur la route de Dehbid on me montra l'emplacement du fameux Baghi-Tchinaran (jardin des Peupliers). L'emplacement du palais est encore marqué par quelques pans de murailles écroulées; quant aux arbres, il n'en reste plus un seul.

Sans aller aussi loin que l'habitant de l'Asie centrale, et sans dire comme lui de ces immenses ruines, que «Samarkand ressemble au Paradis[1]», il faut cependant être juste et convenir que cette ancienne capitale éclipse, par sa situation et les richesses végétales dont elle est entourée, toutes les autres villes du Turkestan. Khokand et Namengan sont classées encore plus haut dans l'opinion des indigènes; mais un étranger qui n'a pas eu l'occasion d'en juger par lui-même est excusable de ne pas leur décerner une palme dont elles sont peut-être dignes.

Après huit jours passés à Samarkand, j'arrêtai mes résolutions finales, qui étaient de m'en retourner par la route dont il a déjà été question. Hadji Bilal n'aurait pas mieux demandé que de m'emmener avec lui jusqu'à Aksou, d'où il se proposait de m'expédier, soit à la Mecque par le Yerkend, le Thibet et le Kachmyr, soit — si les circonstances s'y prêtaient — à Bidjing (Pékin) en passant par Komoul; mais Hadji Salih désapprouvait ce plan de campagne qui me donnait à fournir une carrière démesurément longue par rapport aux faibles ressources dont je disposais: «Vous pourriez, j'en conviens, me disait-il, gagner Aksou, peut-être même Komoul, car jusqu'alors vous seriez au milieu de Musulmans et de frères tout disposés à révérer en vous un Derviche venu de Roum; mais à partir de là, vous ne rencontrerez plus que de noirs païens, et ceux-ci, — en admettant qu'ils vous laissent passer sans obstacles, — ne vous prêteront aucune assistance. Sur la route du Thibet vous rencontrerez peut-être des compagnons de voyage venant de Kachgar et du Yerkend, mais je ne saurais prendre sur moi la responsabilité de vous conduire présentement à Khokand, où règne la plus grande confusion par suite de la guerre qui vient de finir. Cependant il faut voir Khokand. Revenez donc aussitôt que le calme sera rétabli: mais pour le moment il vaut mieux regagner Téhéran par la voie d'Hérat avec les amis auxquels nous pouvons vous confier.» Bien que ces raisonnements de mon excellent ami me parussent marqués au coin de la plus saine logique, il se livrait en moi un combat intérieur dont le terme se fit attendre longtemps. Un voyage qui me conduirait par terre jusqu'à Pékin, à travers les anciennes demeures des Tartares, Kirghiz, Kalmouks, Mongols et Chinois — un trajet que Marco Polo lui-même n'aurait pas osé risquer, il y avait là de quoi

1. *Samarkand firdousi manend.*

parler fortement à mon imagination. Mais la raison me faisait entendre des conseils plus modérés: «Pour le moment disait-elle, c'est bien assez!» — Et, passant en revue ce que j'avais fait, les pays que j'avais traversés, les distances que j'avais parcourues sur des chemins non encore frayés : «Ne serait-il pas à regretter, pensais-je que j'eusse acquis en pure perte, si peu qu'elle vaille, l'expérience qui résulte pour moi d'une entreprise aussi hasardeuse? Je n'ai que trente et un ans; les désastres auxquels le sort m'a soustrait peuvent m'atteindre encore d'un jour à l'autre; mieux vaut, décidément, retourner sur mes pas.» Hadji Bilal me reprochait en riant ma couardise, et je ne sais pas au juste si le lecteur d'Europe ne m'accusera pas de faiblesse. Mais une vie passablement semée d'incidents m'a fait reconnaître la sagesse du proverbe turc : «L'œuf d'aujourd'hui vaut mieux que le poulet de demain.» C'est lui que j'invoque en ma faveur.

J'étais en pleins apprêts de départ, lorsque l'Émir fit son entrée triomphale, annoncée trois jours d'avance et qui attira sur le *righistan* une foule immense de curieux. La cérémonie toutefois n'eut rien de très magnifique. En tête du cortège marchaient environ deux cents *serbaz* qui, ayant passé leur accoutrement de cuir sur un costume bokhariote, méritaient plus ou moins la qualification de troupes régulières. Loin derrière eux venaient les différents corps, rangés en bon ordre, avec des étendards et des cymbales. L'Émir Mozaffar-ed-Din et son escorte de hauts fonctionnaires, coiffés de turbans blancs et portant des robes de soie où toutes les couleurs de l'arc-en-ciel s'étaient donné rendez-vous, me représentaient mieux un chœur de femmes dans l'opéra de *Nabuchodonosor*, qu'un véritable escadron de guerriers tartares. J'en dirai autant du personnel de la cour, chambellans, etc., parmi lesquels les uns portaient des bâtons blancs, et certains autres de longues hallebardes. Rien dans le cortège ne rappelait le Turkestan, si ce n'est parmi les gens de la suite un bon nombre de Kiptchak arrêtant le regard, aussi bien par l'originalité de leur physionomie mongole que par leur armure bizarre, composée d'arcs, de flèches et de boucliers.

L'Émir avait publiquement annoncé que le jour de sa rentrée serait une fête nationale. On avait donc mis en réquisition et apporté sur le *righistan* de monstrueux chaudrons comme ceux dont on se sert ici pour préparer le *pilow* royal et dont chaque chaudronnée est composée comme il suit : un sac de riz, trois moutons mis en morceaux, une grande casserole de suif (de quoi faire chez nous cinq livres de chandelles), un petit sac de carottes; — le tout placé sur un feu modéré de manière à bouillir ou pour mieux dire à fermenter pêle-mêle. Avec cela du thé à discrétion. De sorte que la mangeaille et la boisson allaient du même pas et ne s'arrêtaient guère.

Une *arz* (ou audience publique) devait avoir lieu le lendemain. Je voulus profiter de l'occasion pour me présenter à l'Émir sous la conduite et le patronage de mes amis; mais, à mon grand étonnement, nous fûmes arrêtés, sur le seuil même du palais, par un *mehrem* chargé de nous prévenir que Sa Majesté désirait me voir séparément. Ceci ne laissa pas de me porter un coup, et de faire naître chez tous un fâcheux pressentiment. Je suivis pourtant le *mehrem* et, après une heure d'attente, on me fit entrer dans un appartement que j'avais déjà eu l'occasion de visiter quelques jours plus tôt. J'y trouvai l'Émir, assis sur un matelas ou ottomane de drap rouge, parmi un grand nombre de manuscrits et de livres. Sans perdre un instant mon sang-froid, je lui débitai une courte *sura* que j'accompagnai de la prière en usage pour la prospérité du souverain; puis, après l'*amen*, auquel il se joignit lui-même, je m'assis à côté du royal personnage sans y être autorisé par le moindre geste ou la moindre parole. Cette démarche hardie, mais tout à fait compatible avec le caractère dont je me disais revêtu, ne parut pas lui déplaire autrement. Quant à moi, dès longtemps accoutumé à ne plus rougir, je soutins avec assurance le regard fixe qu'il attachait sur mon visage, probablement pour me faire perdre contenance.

«Hadji, me dit-il, tu es venu de Roum, à ce qu'on prétend, pour visiter les tombeaux de Baha-ed-Din et de nos autres saints?

— Oui, Takhsir[1] (sire); mais c'est aussi pour me ranimer par la contemplation de ta beauté sacrée (*djemali moubarek*), lui répondis-je selon les formes habituelles de ces sortes d'entretien.

— Voilà qui est singulier, reprit-il; et, véritablement, pour venir d'un pays si éloigné, tu n'avais aucun autre motif?

— Aucun, Takhsir, et cela n'a rien de surprenant. J'ai toujours désiré avec ardeur de voir Bokhara la noble et cette Samarkand enchantée «dont on devrait fouler le sol sacré plutôt avec la tête qu'avec les pieds,» ainsi que l'a remarqué le cheikh Djilal. D'ailleurs je n'ai point ici-bas d'autre affaire, et voici déjà longtemps que j'erre de toutes parts en véritable *djihanghechte* (pèlerin du monde).

— Que dis-tu là?... Boiteux comme tu es, et *djihanghechte*... Voilà, je le répète, de quoi surprendre.

— Que je sois ta victime[2], sire, mais ton glorieux ancêtre (la paix soit avec lui!), atteint de la même infirmité, n'en a pas moins été *djihanghir* (Conquérant du monde[3]).»

Cette réponse plut à l'Émir, qui m'adressa aussitôt une foule de questions, relatives à mon voyage et à l'impression produite sur moi par l'aspect de Bokhara et de Samarkand. Mes observations — que j'émaillais sans cesse de maximes persanes et de versets du Koran —

1. *Takhsir* signifie plus exactement «Monsieur»; on emploie cette expression aussi bien vis-à-vis des particuliers qu'en s'adressant à un prince.
2. Expression équivalente à notre : «Pardonnez-moi!»
3. Timour — que les émirs actuels de Bokhara revendiquent indirectement pour ancêtre — était boiteux, comme chacun sait; de là le surnom que ses ennemis lui donnaient: *Timour-lenk* (Tamerlan), ou Timour-le-Boiteux.

le prédisposaient en ma faveur, car il se pique d'être un Mollah (un érudit) et possède assez bien la langue arabe. Il donna ordre qu'on me fît présent d'un *serpay*[1] (vêtement) et de trente *tenghe* (vingt-deux à vingt-trois francs), puis, levant mon audience, m'enjoignit de revenir le voir à Bokhara.

Dès que le présent royal m'eut été remis, je courus en toute hâte rejoindre mes compagnons, qui se montrèrent enchantés de ma bonne fortune. On m'apprit (et rien n'est plus probable) que le rapport de Rahmet-Bi, formulé sur mon compte d'une manière assez ambiguë, avait éveillé les soupçons du prince. Je ne m'étais tiré d'affaire que par mon aplomb — je dirais volontiers mon effronterie — et la souplesse de ma langue: *Quot linguas cales, tot homines vales*, dit le proverbe latin, et jamais je n'en avais mieux apprécié la portée.

Après cette entrevue, mes amis me conseillèrent de quitter Samarkand en toute hâte, de ne m'arrêter nulle part, pas même à Karchi, et de gagner aussi vite que possible l'autre bord de l'Oxus, où parmi les Turkomans Ersari, renommés pour leurs qualités hospitalières, je pourrais attendre l'arrivée de la caravane à destination d'Hérat.

L'heure de la séparation était venue. Je n'ai guère de mots pour rendre les impressions déchirantes de ce moment; nos adieux furent également tristes de part et d'autre. Pendant six mois entiers nous avions partagé les mêmes périls, les mêmes privations, les mêmes angoisses, vivant de la même existence et plus étroitement liés par cette communauté de craintes et de fatigues que nous ne l'eussions été au sein du bonheur et des fêtes. Aussi toutes différences d'âge, de race et de position avaient-elles cessé d'exister pour nous, et nous nous regardions de très bonne foi, les uns et les autres, comme faisant partie d'une seule famille. Puis, se quitter ainsi sans aucune chance de jamais se retrouver, n'est-ce pas la mort ou peu s'en faut? Ajoutez, en ce qui me concernait particulièrement, les souffrances d'un vrai remords. J'étais tourmenté de cette pensée qu'il ne m'était pas permis de livrer le secret de mon déguisement à ces hommes si dévoués, si fidèles, les meilleurs amis que j'eusse au monde, et que j'en étais réduit à tromper les gens à qui je devais la vie. Je cherchais un moyen d'échapper à cette triste nécessité; j'aurais voulu pouvoir éprouver leur discrétion, mais le fanatisme religieux, dont l'Europe civilisée n'est pas tout à fait exempte, exerce sur les Orientaux, et plus spécialement sur les sectateurs de l'Islam, une influence des plus redoutables.

Ma confession, — d'un crime capital aux yeux de la loi mahométane[2], — n'aurait peut-être pas immédiatement rompu tous nos liens

1. Ce mot est la forme abrégée de *Ser ta pay* («de la tête aux pieds»). Il signifie un «habit complet», savoir: le turban, le surtout, la ceinture et les bottes.

2. Un *mourtad* (renégat) est condamné par elle à être lapidé jusqu'à ce que mort s'ensuive.

d'amitié; mais que d'amertume, que de regrets une déception pareille n'aurait-elle pas légués à mon brave Hadji Salih, si croyant, si sincère dans ses opinions religieuses. Non, décidément, il fallait lui épargner un chagrin aussi vif et m'épargner à moi-même tout reproche d'ingratitude. A quoi bon détruire une illusion qui lui était chère?... Je ne m'en sentis vraiment pas le courage.

Après avoir expressément et chaleureusement recommandé leur frère, leur fils, leur ami le plus cher, à quelques pèlerins avec lesquels je devais faire le voyage de la Mecque, ces bons camarades m'accompagnèrent,une fois le soleil couché, jusqu'à la porte de la ville où nous attendait la carriole que nos nouveaux associés avaient louée pour nous transporter à Karchi. Je pleurais comme un enfant lorsque, m'arrachant à leurs étreintes, je pris place dans ce grossier équipage. Mes amis de leur côté pleuraient aussi, et je les ai vus longtemps, — je les vois encore, — debout au même endroit, les mains levées vers le ciel, implorant pour mon voyage lointain la bénédiction d'Allah. Je me retournai bien des fois pour regarder de leur côté. Ils disparurent enfin, et je me surpris n'ayant plus sous les yeux que les dômes de Samarkand faiblement éclairés par les premiers rayons de la lune.

DE SAMARKAND A KARCHI

Mes nouveaux compagnons de route, venant du khanat de Khokand, étaient natifs de Mergolan, d'Ooch et de Namengan. Je ne m'arrêtai pas à parler d'eux avec détail. Ils étaient bien loin de représenter à mes yeux les amis que je venais de quitter, et nous n'étions pas destinés à rester longtemps réunis. Je m'attachai de préférence à un Mollah de Koungrat qui s'était joint à nous pour faire le voyage de Samarkand, et se proposait de m'accompagner jusqu'à la Mecque. C'était un jeune homme d'humeur facile, et aussi pauvre que je l'étais moi-même; il portait respect à mon érudition supérieure, et se montrait disposé à me servir.

Trois routes existent pour se rendre de Samarkand à Karchi. La première, par Chehri Sebz, qui décrit un vaste circuit, est la plus longue des trois; la seconde, passant par Djam, ne compte que quinze milles; mais il faut traverser un pays montueux et couvert de pierres, ce qui la rend difficile, sinon impraticable, pour les pesants véhicules dont on se sert ici; enfin la route du Désert, qui n'a guère plus de dix-huit milles. De manière ou d'autre, au départ, il fallait suivre le chemin de Bokhara jusqu'à cette hauteur d'où Samarkand m'était apparue pour la première fois. Nous inclinâmes de là vers notre gauche, en passant par deux villages situés au milieu de belles cultures. Trois milles plus loin, nous fîmes halte dans un karavanseraï (Robati Hauz), où la route se partage en deux branches dont la gauche se dirige vers Djam, la droite vers le Désert. Ce fut cette dernière que nous prîmes. Comparée à celles où je m'étais déjà frayé une voie, cette solitude prenait les proportions de la première friche venue. Les pasteurs y mènent de tous côtés leurs troupeaux, attirés par des puits nombreux qui fournissent une eau à peu près potable, et autour desquels les Euzbeg viennent constamment fixer leurs tentes. Ces puits sont pour la plupart très profonds, et dans leur voisinage immédiat un réservoir carré, de pierre ou de bois, reçoit l'eau qu'on en a tirée pour abreuver le bétail. Les seaux étant fort petits, et leur usage répété devant à la longue fatiguer les bergers, ceux-ci se substituent un âne, ou plus fréquemment un chameau; la corde est attachée à la selle, et c'est en s'éloignant à distance suffisante que l'animal finit par extraire le seau. L'aspect de ces appareils primitifs, des troupeaux qui viennent s'abreuver, des bergers au travail qui s'empressent et se multiplient, mêle je ne sais quoi de poétique à ce grand calme des heures qui précèdent la nuit, et je ne pouvais m'empêcher de constater la ressemblance de cette portion du Désert avec nos *puszta* (ou brandes) hongroises.

La rigueur avec laquelle sont maintenus les décrets de police promulgués par l'émir de Bokhara rend les routes si parfaitement sûres, que les moindres convois, et même les voyageurs isolés, traversent impunément le Désert. Le deuxième jour nous rencontrâmes, auprès d'un des puits que je viens de décrire, une caravane arrivant de Karchi. Au nombre des passagers était une jeune femme traîtreusement vendue par son mari à un Tadjik avancé en âge, moyennant la modique somme de trente *tilla*. Ce tour cruel ne lui avait été révélé qu'en plein Désert, et lorsqu'il était trop tard pour songer à fuir : aussi la malheureuse pleurant, poussant des cris, s'arrachant les cheveux, vint-elle se jeter à mes pieds comme une folle: «*Hadjim* (mon Hadji), disait-elle avec force sanglots, toi qui as lu les Livres, est-il écrit, je te le demande, qu'un musulman peut vendre une épouse qui l'a rendu père?...» Je me hâtai d'affirmer que c'était là un péché fort grave; mais le Tadjik ne fit que rire de ma décision, car, selon toutes probabilités, il s'était déjà mis d'accord avec le Kazi Kelan (juge suprême) de Karchi, et se savait assuré de voir valider son infâme contrat.

L'extrême chaleur nous empêchant de presser notre marche, il nous fallut deux jours et trois nuits pour arriver à notre destination. Karchi nous apparut comme nous débouchions sur un plateau où la route fait une nouvelle bifurcation: le chemin de droite conduit à Kette Kourgan; celui de gauche aboutit à la rivière qui arrive du côté de Chehri-Sebz et se perd dans les sables bien au delà de Karchi. Les deux milles qui nous restaient à franchir pour y arriver, se font au milieu de riches cultures et de nombreux jardins; la ville d'ailleurs n'ayant pas d'enceinte murée, la traversée des ponts vous indique que vous êtes à l'intérieur.

Karchi (autrefois Nakhcheb) est, par son étendue comme par son importance commerciale, la seconde ville du khanat de Bokhara. Elle se compose de la cité proprement dite, et de la forteresse (*kourgantche*). Cette dernière, sise au nord-ouest, n'a aucune valeur stratégique. Dans son état actuel, avec ses dix karavanseraï et son bazar richement fourni, il est probable que cette ville jouerait un rôle essentiel dans le commerce de transit organisé entre Bokhara, le royaume de Kaboul et les provinces indiennes, si les troubles politiques n'y mettaient obstacle. La population évaluée à 25 000 âmes, se compose en grande partie d'Euzbeg, et c'est parmi elles que se recrutent les meilleures troupes du Khan. On y voit figurer, en outre, un certain nombre de Tadjik, d'Indiens, d'Afghans et de Juifs. Ces derniers, en opposition avec toutes les règles du khanat, sont admis à chevaucher même dans l'intérieur de la ville. Envisagé sous le rapport manufacturier, Karchi se distingue par sa coutellerie de tout genre, moins toutefois que Hissar, située à peu de distance et qui lui fait une concurrence acharnée. Les lames fabriquées dans ces deux villes ne s'exportent pas seulement vers les centres commerciaux de l'Asie centrale; elles arrivent, par l'entremise des Hadjis, en Perse, en Arabie, en Turquie, où elles atteignent jusqu'à trois et quatre fois leur prix de revient. Parmi ces objets, il en est d'un genre tout particulier — à lames damassées, à poignées d'or ou d'argent ciselé — qui sont réellement d'un travail exquis et, par leur durée, par la finesse de leur trempe, laissent bien loin les plus fameux produits de Sheffield et de Birmingham.

Une des lettres par lesquelles mes amis me recommandaient aux différents Khans et Mollahs que je devais trouver sur ma route, était adressée à un certain Ichan Hasan, l'une des plus éminentes notabilités de Karchi. Je reçus de lui le meilleur accueil, et il me conseilla, vu le bas prix où était tombé le bétail en général, les ânes en particulier, d'acheter un de ces coursiers à longues oreilles; il me persuada aussi de faire comme les autres Hadjis, et d'employer le peu d'argent dont je disposais encore à me procurer des marchandises d'une revente assurée : couteaux, aiguilles, fil, verroteries, toiles à sac de Bokhara, mais, par-dessus tout, cornalines de Bedakhchan qu'on trouve ici à très bon marché. — C'était, disait-il, pour des pèlerins appelés comme nous à voyager parmi des tribus nomades, le seul moyen assuré de faire quelques profits et de pourvoir convenablement à nos besoins, une seule aiguille ou quelques grains de verre (*mondjouk*) pouvant çà et là nous défrayer de pain et de melons pendant toute une journée. — Je vis du premier coup d'œil que le brave homme avait raison, et le jour même, avec le Mollah de Koungrat, je réalisai une partie des emplettes ci-dessus spécifiées; en sorte que mon havresac *khourdjin*, à moitié rempli de manuscrits, le fut tout à fait de coutellerie. J'étais donc à la fois antiquaire, mercier, Hadji et Mollah, sans compter les fonctions accessoires que je remplissais comme dispensateur de bénédictions, de *nefes*, d'amulettes et d'autres merveilles.

Contraste bizarre! Il y a justement un an que j'exerçais à la fois toutes ces professions, et me voici dans la capitale anglaise, confiné entre quatre murs, et occupé à noircir du papier pendant huit à dix heures chaque jour. Là-bas, j'avais affaire à des nomades qui de mes verroteries choisissaient les plus brillantes, de mes amulettes celles qui avaient la plus large bordure écarlate; ici j'ai affaire aux éditeurs et à un public dédaigneux, dont les exigences sont bien autres que celles d'un jeune dandy Turkoman ou d'une brune fillette Djemchidi!

Je fus tout à fait surpris de trouver à Karchi, pour les récréations publiques, un établissement que ni à Bokhara, ni à Samarkand, ni même en Perse, je n'avais vu organisé sur une si grande échelle. C'est un vaste jardin portant le nom modeste de Kalenterkhane (maison de mendiants), et qui, situé au bord de la rivière, renferme entre plusieurs belles avenues des parterres entretenus avec soin. Le *beau monde* y afflue depuis deux heures de l'après-midi jusqu'à la tombée du crépuscule. De tous côtés fument les samovars entourés d'une double ou triple ceinture de clients et, pour quiconque a parcouru l'Asie centrale, le spectacle de cette foule joyeuse est une véritable rareté. On cite du reste les habitants de Karchi pour leurs heureuses dispositions, l'élégance de leur goût, la vivacité de leur esprit; ce sont, à vrai dire, les Chirazites du khanat de Bokhara[1].

Arminius Vambéry, *Voyages d'un faux derviche dans l'Asie centrale: de Téhéran à Khiva, Bokhara et Samarcand par le grand désert turkoman* (1873), traduit de l'anglais par E. D. Forgues, éd. You-Feng, 1987.

1. Allusion à la renommée dont jouissent en Perse les habitants de Chiraz.

IV. Après la conquête russe

BRONISLAS ZALEVSKI
(vers 1860)

Jusqu'au début du XIXe siècle les Russes se contentent, en Asie centrale, de controler une ligne de forts qui sont les avant-postes de leur conquête. Petites garnisons isolées dans la steppe, généralement au bord d'un cours d'eau, entrepôts, ces forts sont également des lieux de bannissement. Bronislas Zalevski a mis à profit ses années de déportation dans l'un de ces forts pour voyager dans la steppe kirghise [1]. Il complétait ses descriptions attentives de dessins : « Dessiner devenait pour moi autre chose de plus qu'un amusement passager. Les heures où j'avais le crayon en main étaient mes meilleures heures, celles du recueillement, de l'oubli de plus d'un chagrin poignant... »

LA VIE DES STEPPES KIRGHIZES

Les steppes kirghizes occupent le plateau élevé de l'Asie centrale. A partir des bords de l'Oural, ils s'étendent vers l'Orient en enveloppant la mer d'Aral et la partie septentrionale de la mer Caspienne. Les tribus Turkomanes, la Boukharie, Khiva, le khanat de Khôkand et au nord les possessions asiatiques de la Russie forment leurs limites. La partie qui relève du gouvernement général d'Orenbourg comprend à elle seule un territoire aussi grand que la France, l'Espagne et le Portugal ensemble. Le nom de steppe appliqué à toute cette région éveille par lui-même l'idée d'une vaste plaine. Les steppes kirghizes diffèrent essentiellement des steppes de la Russie méridionale et des steppes de l'Amérique : ils présentent avant tout l'aspect du désert. Plissés en légères collines comme les ondulations de la mer, aucunement boisés, silencieux, uniformes, situés presque aux confins de deux mondes, ils ont dès les siècles les plus reculés été foulés par les pieds des hordes qui débordaient de l'Asie sur l'Europe. Un jour,

1. Il s'agit en fait du pays des Kazakhs.

Gengis-Khan plaça dans leur voisinage immédiat, à Otrar, sa capitale provisoire; une autre fois et du côté opposé, campa la Horde d'or qui avait subjugué la Russie. Tout a passé sans laisser de traces, car les Mongols ne savent que détruire, sans pouvoir rien fonder. Et cette contrée immense, habitée par des peuplades errantes, paisibles et sans initiative, paraît n'être aujourd'hui encore qu'un chemin, qu'une étape d'une route plus longue pour des fils d'une autre terre et d'un autre ciel.

Malgré toute sa tristesse, le pays n'est pourtant point sans beauté, car Dieu en a déposé dans chaque coin de sa création; il a une originalité dont est frappé l'homme de l'Occident qu'y jette le sort. Rien n'y rappelle la vie européenne.

Dans ces steppes arides où il n'y a nulle route tracée et où tous les lieux se ressemblent, où les puits sont rares, et où, si l'on se trompe de direction, on peut errer des journées entières sans trouver une goutte d'eau, il est de toute impossibilité de s'avancer sans guide. Les Kirghizes connaissent parfaitement leurs steppes; ils s'orientent la nuit en observant les étoiles. L'étranger est donc obligé d'avoir pour guide un indigène, et il a tout d'abord en lui un échantillon des mœurs du pays. Le rôle du guide est de trouver de l'eau potable, des pâturages pour les chevaux et les chameaux, de choisir le chemin le plus court, et aussi de procurer des vivres, qui consistent presque toujours en mouton. Il devance la caravane de quelques dizaines de pas et lui indique sa route. Bien souvent on ne l'aperçoit au loin que comme un point dans l'espace; car s'il a découvert un endroit pour se reposer, il est allé plus vite, est descendu de cheval et s'est étendu sur l'herbe. A l'arrivée de la caravane, il reprend sa marche. D'ordinaire il y a deux guides, dont l'un reste auprès de la caravane, tandis que l'autre parcourt le steppe en tous sens pour découvrir, soit un puits, soit une prairie. Alors ils se font de loin des gestes pareils aux signaux des anciens télégraphes. Tantôt le premier guide lance son cheval au galop, lui faisant décrire, du levant au couchant, des cercles de plus en plus resserrés, puis de nouveau il tourne du couchant au levant, et tout à coup, s'arrêtant comme pétrifié, il se dessine à l'horizon comme un poteau indicateur. Ou bien il pousse plus loin, en tournoyant encore, et, accourant sur un monticule, il s'assied tranquillement à côté de son cheval. Ce sont autant de syllabes de l'abécédaire du steppe. Chaque Kirghize les comprend, et le guide resté auprès de la caravane lui donne la direction voulue.

C'est conduits de cette manière que les voyageurs font peu à peu connaissance avec la nature. Là, ainsi qu'ailleurs, elle a ses habits ordinaires et ses habits de fête, ses jours de joie et ses jours de larmes. La meilleure époque est celle du printemps; le steppe alors, dans bien des endroits, se revêt d'une herbe courte mais épaisse, parsemée de tulipes jaunes qui scintillent comme des étoiles. Les troupeaux rencontrent partout de la pâture en abondance et servent à leur tour de nourriture à l'homme. Une masse d'oiseaux couvrent les lacs et les ruisseaux ; tout respire une vie nouvelle. En été, au contraire, l'ardeur du soleil brûle les herbes, et le sable en est chaud à ce point qu'en y mettant des œufs, ils cuisent comme au feu. Beaucoup de lacs et de ruisseaux sont desséchés. Toute créature a soif d'une goutte d'eau. L'automne est doux, calme et serein ; parfois il orne d'une nouvelle verdure un bout de prairie et les bords des ruisseaux, comme si la nature voulait gratifier l'homme et les animaux de quelques belles journées encore, de quelque dernière parure, en compensation du rude hiver qui s'approche. Les gelées sont fortes et les neiges sont grandes ; les vents, que rien n'arrête sur cette immense étendue, forment d'horribles chasse-neige. On dirait que la vie de tout être est en suspens, à la merci d'un simple degré de gelée. Le steppe a néanmoins des moments de féerie qui feraient l'admiration des peintres et des poètes. Au temps des grandes chaleurs, il se produit des mirages en mille endroits. Soudain, le steppe entier se transfigure. A l'horizon, s'élèvent des montagnes, se dressent des édifices, des lacs brillent et, sur leurs eaux, semblent flotter des forêts et des îles magiques. Ces apparitions, aux couleurs étranges, resplendissent de lumière, attirent et fuient tour à tour, se transforment plusieurs fois, se dissipent et s'évaporent dans l'air, et disparaissent avec la lumière d'où elles émanent. Il faut connaître ces phénomènes pour ne pas succomber à leurs séductions, surtout à celles du lac lorsque les chaleurs sont accablantes. Quand on passe pour la première fois dans le steppe, on ne manque pas de s'élancer vers ces rivages enchanteurs dans l'espoir de s'y rafraîchir, et l'on n'en revient que plus altéré. Comme il n'y a presque pas de pluies en été, la monotonie du paysage est à peine interrompue par quelques rares nuages que colorent les rayons du soleil ; dans ce cas, l'horizon s'anime et s'éclaire, il varie à l'infini, jusqu'à ce qu'il retourne à son uniformité habituelle. Les couchers de soleil sont souvent fort beaux, surtout au delà de la mer Caspienne ; ils y étalent parfois des teintes d'une richesse indescriptible et que nul pinceau ne saurait jamais reproduire : mais cela dure à peine un instant.

Ce qui enivre durablement et produit même dans l'origine un véritable enchantement, c'est l'air si pur et tout embaumé par les plantes du steppe. Ce vaste horizon, cette étendue incommensurable, inspirent à l'homme un singulier sentiment de liberté. Chacun l'a éprouvé, mais, à la longue, chacun a fini par se sentir fatigué de la monotonie et, pour ainsi dire, du vide du désert.

Le steppe, d'ordinaire si calme, a aussi ses moments terribles. Quand l'ouragan que les indigènes nomment *bourane* vient à s'élever, on voit, malgré la sérénité du ciel, le steppe s'obscurcir ; en un clin d'œil, d'épais tourbillons de sable dérobent la lumière du jour; la respiration de l'homme est coupée, il perd presque connaissance. On ne saurait lutter contre cette force irrésistible qui balaye la surface de l'Asie centrale sans que nul obstacle n'en paralyse l'essor; elle renverse les tentes kirghizes et enlève des troupeaux entiers qu'elle noie ou enterre dans le sable. C'est un épouvantable fléau pour les lieux qui en sont visités. Les chameaux, pressentant l'approche du bourane, se couchent, allongent leurs cous du côté opposé au vent et crient d'une façon lugubre. Les chevaux effrayés se serrent les uns contre les autres en baissant la tête, et le voyageur s'arrête et se jette à terre. L'ouragan pousse des masses de sable devant lui, et souvent il semble que des poteaux blancs, ou plutôt des colonnes sablonneuses tournent sur elles-mêmes et montent vers le ciel. Ces ouragans de sable sont dangereux, mais les bourrasques de neige sont encore bien plus redoutables. Le bourane d'été passe vite, tandis que les ouragans d'hiver durent quelques fois plusieurs jours. Le voyageur qu'ils surprennent en chemin se blottit sous la neige et attend ainsi le retour du beau temps, car il est de toute impossibilité de lutter contre ces chasse-neige. Le fait suivant peut donner une idée de la violence de bouranes d'hiver.

Le commandant d'un des petits forts russes construits au milieu du steppe, voulant par un signal préserver de la bourrasque des hommes qu'il avait envoyés couper des roseaux, fit tirer le canon. On apprit ensuite que ces gens, bien qu'ils ne fussent qu'à une cinquantaine de pas du fort, n'avaient rien entendu, et que, ne pouvant se rendre compte de la direction qu'ils avaient à prendre, ils s'étaient couchés dans la neige. En effet, ils ne revinrent au fort que le lendemain, quand le vent eut cessé.

Si leur caractère général est le même, les différentes parties du steppe offrent chacune des traits particuliers qui les distinguent et qu'en dépit de son uniformité inouïe on doit rencontrer sur cet espace immense. C'est ainsi que le steppe qui s'étend de l'Oural à la mer d'Aral, très plat, monotone, exposé l'hiver aux gelées les plus rudes, est aussi plus riche en pâturages. L'espace qui sépare la mer d'Aral de la mer Caspienne est un désert presque entièrement dépourvu de plantes et d'eau. Les plaines qui s'étendent davantage vers l'intérieur de l'Asie, sur les bords du Syr-Darîa, sont çà et là couvertes de beaux arbustes et égayés par le cours de ce fleuve qui se déroule comme un magnifique ruban. Le *Manghichlak*, situé sur le bord oriental de la mer Caspienne et produit par l'exhaussement des couches calcaires, présente de belles montagnes de craie, aux formes fantastiques, la végétation y est pauvre, mais le ciel serein.

Ce qui est propre au steppe entier et en constitue la communauté d'aspect, ce sont les masses brillantes de sable et le scintillement des terrains imprégnés de sel qu'on nomme *Solontchak*. D'énormes quantités de sable sont répandues dans ces solitudes; le territoire le plus considérable s'appelle le *Kara-Koum* ou sables noirs, et occupe 300 kilomètres environ; d'autres portions du sol, connues sous les noms d'*Ak-Koum* ou sables blancs, ou de *Kok-Koum*, de *Barsouki*, de *Koum-Djarghan*, etc., sont moindres et ont, soit une cinquantaine, soit seulement une quinzaine de kilomètres d'étendue. Le vent balaye dans tous les sens ces bancs de sable, composés principalement de quartz fin et friable; à chaque instant, il les bouleverse jusque dans leurs profondeurs, tantôt il élève ou détruit des mamelons, tantôt il creuse des fossés qu'il comble presque aussitôt. Quand on s'engage au milieu de ces plaines arides, le sentiment du désert vous saisit, tout ce qu'on a lu ou entendu raconter du Sahara revient à la pensée. Aussi loin que la vue peut s'étendre, on n'aperçoit autour de soi que des monticules se succédant uniformément de distance en distance; à chaque pas le pied s'enfonce dans ce sol mouvant. Sur toute sa surface, qui paraît comme ondulée par le souffle du vent, le balancement de la moindre petite plante dessine des cercles et de bizarres figures, et le vent détache du sommet de ces collines sans consistance des tourbillons de sable de la même manière qu'il balaye les monceaux de neige pendant l'hiver. On sent instinctivement que si l'ouragan venait à s'élever, on serait englouti. L'aspect général varie tellement que parfois, à son réveil, le voyageur retrouve du côté gauche de sa tente des bancs de sable qu'il avait vus le soir à sa droite. Ces sables, soumis au moindre caprice des vents, ne sont point totalement dépourvus de plantes; ils en ont même qui leur sont particulières; la plante que les indigènes nomment *Koum-Archek* donne des grains dont ils font du gruau. Ces plantes des sables forment un effet bizarre; en lutte continuelle avec le vent, issues d'une terre mobile, elles se cramponnent pour ainsi dire à cette terre qui leur échappe. Leurs racines sont aussi démesurément longues et fortes. Ce qui n'était qu'une tige flexible dans le steppe même devient ici presque un tronc. Il y a pourtant quelques petites plantes qui ne tiennent qu'à une faible racine; elles sont à moitié sous le sable. Le vent les ensevelit et les découvre tour à tour, et, tout en déracinant les plantes vieillies, il en fait germer de nouvelles, car il est là l'unique agriculteur et laboureur. La nature a disposé les graines de ces plantes de façon que le vent puisse les emporter facilement; il les enlève donc, les disperse et les sème, puis il les recouvre d'une seconde couche de sable. C'est pourquoi, malgré la destruction incessante de ces pauvres plantes, les bancs de sable s'en revêtent de plus en plus, à ce qu'affirment les indigènes, si bien que, au bout d'un certain temps, leur nature peut s'en trouver modifiée. A l'extrémité de ces sables, le plus souvent on trouve des sources; la végétation y est plus riche, et il semble que cette contrée sombre et changeante soit bordée d'un large ruban de verdure.

Si l'on rencontre beaucoup de sables, les solontchaks sont infiniment plus nombreux; tout le steppe abonde en sel, mais on n'appelle *solontchaks* que les endroits tellement imprégnés de sel qu'ils en reluisent au soleil. Il y a deux espèces de solontchaks: les uns sont aussi durs que l'ardoise; les caravanes les franchissent en toute sécurité, sans laisser presque aucune trace; d'autres ont une surface qui semble également unie à l'œil, mais qui, comme une fondrière, ne présente aucune résistance, et sur laquelle on ne peut pas même passer à cheval. Ils sont tous dénués de végétation et ne servent à rien; ils reluisent parfois au soleil ainsi qu'une glace et contribuent à donner au pays le caractère aride du désert.

Les steppes ont leur flore et leur règne animal; la première consiste en plantes aromatiques, parmi lesquelles on compte une quinzaine d'espèces d'absinthes et quelques espèces d'aurones (*Abrotanum*), des amandiers, de l'ail et des oignons sauvages; ils abondent généralement en plantes farineuses et en plantes qui servent à faire engraisser très vite les chevaux et les bestiaux: elles ont toutes leurs noms spéciaux chez les Kirghizes, et les vieillards connaissent parfaitement leur botanique indigène.

Chaque partie du steppe a ses plantes à elle; le Manghichlak en possède le moins, et on en voit le plus dans les sables déjà mentionnés, depuis les montagnes de Moughodjar et sur les bords du Syr-Daria. Les îles de ce fleuve et de la mer d'Aral sont principalement couvertes de *saksaoul*, espèce d'arbustes résineux aux formes tortueuses et aux troncs rabougris; ces arbustes ont souvent huit ou dix pouces de diamètre; ils sont si durs qu'on ne peut les tailler qu'avec peine, et si cassants qu'on les emploie uniquement comme combustible, car ils donnent un bon charbon. On rencontre partout dans le steppe une plante appelée *kouk-pek*, qui a un petit feuillage rond et une fleur jaune microscopique, et de grandes racines qu'ils utilisent pour leur chauffage. Dans les ravins, au delà de la mer Caspienne, croissent quelquefois des mûriers, et aux bords du Syr-Daria un arbre appelé *djighda*, à l'écorce unie et brillante, aux fortes épines et aux belles feuilles argentées d'un côté seulement.

Le règne animal est représenté principalement par des chevaux sauvages appelés *koulanes*, par une espèce d'antilopes sauvages aux gros yeux noirs. Ces antilopes sont très agiles et très douces; les Kirghizes les nomment *saïghaks*. Le voyageur en rencontre souvent des troupeaux entiers. Une petite espèce d'animaux semblables aux kangourous sautillent dans les steppes; quelquefois aussi un renard, pareil au nôtre, ou un loup amaigri s'y glisse furtivement, cherchant du butin. Auprès de la moindre source s'abat toujours une nuée d'oiseaux; des alouettes noires deux fois plus grosses que les nôtres font résonner de leurs mélodies suaves le désert muet. Les bords de la mer d'Aral et les roseaux du Syr-Daria recèlent des tigres de la plus belle espèce (tigre royal) et un grand nombre de faisans. Les serpents, et surtout les lézards, sont fort nombreux dans les steppes; en outre il y a quantité de scorpions jaunes et noirs, de phalanges, leurs ennemies acharnées, enfin de grandes tarentules noires qui creusent des trous dans les steppes et y étendent leurs toiles.

Mais le vrai roi du désert, c'est le chameau, qui rend de grands services aux Kirghizes; il est entouré de soins, et quiconque a visité le steppe n'oubliera jamais l'impression profonde que produit dans l'âme humaine son cri prolongé et plaintif. Ce cri, quand on l'entend au milieu des rues et des jardins de nos villes, est perçant et désagréable, mais au milieu de cette étendue sans bornes, quand il retentit dans le lointain, pendant une chaude et calme nuit des steppes, il est imposant et sonore, et rappelle le son des orgues d'église. C'est en effet l'orgue du steppe, dont la puissance correspond à l'infini du désert et qui réveille dans l'âme de solennelles pensées. Les Kirghizes élèvent plus de chameaux qu'il n'en faut pour leur propre usage, car ils les louent aux caravanes; aussi, dans chaque aoul, à chaque halte de nuit, on peut entendre de ces sons plaintifs que le vent vous apporte; c'est la vraie musique du steppe, harmonie qui lui convient exclusivement.

Tout cet espace immense depuis l'Oural jusqu'au fort Perowski, à cinq cents kilomètres au delà de la mer d'Aral d'un côté, et de l'autre aux confins orientaux du Manghichlak, est habité par des peuplades errantes kirghizes qui se nomment les *Kaïsaks* (kaïsak ou kasak signifie chez eux homme libre). Issues de la fusion de différentes tribus de l'Asie centrale, parlant la langue tartare, ces peuplades ne sont pas de purs Mongols, mais possèdent cependant les traits caractéristiques de cette race et appartiennent indubitablement à cette famille. Le Kirghize est généralement bien bâti et très fort; il a souvent un nez aquilin, l'angle facial assez droit, les pommettes très saillantes, les yeux un peu obliques et déjà ressemblant à ceux des Chinois; la barbe et la moustache sont peu épaisses, souvent on aperçoit des types purement mongols. Si le monde antique plaçait le Tartare dans ces contrées inconnues et croyait reconnaître dans ces hommes sauvages la figure du Centaure, demi-homme et demi-cheval, il faut convenir que le Kirghize répond aujourd'hui encore à l'idée du Centaure. Il faut le voir à cheval; agile et adroit, il semble ne faire qu'un avec la selle, et accomplit ainsi, sans la moindre fatigue, les plus longs voyages. En revanche, il déteste les courses à pied, et évite même, quand il le peut, de faire une centaine de pas; il se fatigue vite. Le Kirghize ne se sent dans son élément que quand il est à cheval; sa langue, peu développée en général, abonde en expressions qui ont trait aux chevaux, pour lesquels il a par chaque année d'âge un nom particulier. Il ne lui a pas voué de culte comme l'Arabe, il n'a pas su élever et ennoblir sa nature, mais il s'en sert et ne saurait presque vivre sans son coursier, qui remplit une partie de son existence. Les Kirghizes ont perdu l'ancien esprit belliqueux de Gengis-Khan; au fond ils sont plutôt poltrons; les expéditions dans les steppes en ont fourni des preuves : bien des fois, des bandes considérables ayant aperçu les plaques d'acier des fourgons de l'armée russe briller au soleil, et les prenant pour des *zimberak* (c'est ainsi qu'ils appellent les canons), il y eut un sauve-qui-peut général. Employés comme auxiliaires dans l'expédition contre le fort khôkanien d'Akmetchet, par exemple, ils se creusaient des cavernes et y restaient cachés pendant la durée du siège; mais, une fois le fort pris et l'ennemi vaincu, les Kirghizes étaient les premiers à piller et mettre tout à sac. L'avidité leur a été propre de tout temps. Comme tous les poltrons, en général, ils sont très cruels envers les gens faibles et sans défense. On ne peut cependant nier qu'à côté d'une vive intelligence et d'un esprit très subtil ils n'aient une certaine bonhomie et une grande simplicité qui provient du genre de vie qu'ils mènent. Habile et rusé comme tout Mongol, le Kirghize est souvent d'une naïveté enfantine et d'une incroyable insouciance. Plein de curiosité et de paresse, il pousse l'attachement à son steppe au point de ne pouvoir presque pas supporter la vie ailleurs, surtout entre des murs; mais pas plus que les autres peuples d'Orient, il n'a d'idée de patrie, et obéit facilement et aveuglément à l'autorité. Les idées religieuses sont chez eux fort peu développées. Le voisinage de la Boukharie et de Khiva, ainsi que celui des Tartares d'Orenbourg, a contribué à répandre quelque peu certaines idées et certains usages du Coran. Leur genre de vie rempli de coutumes orientales les a fait classer parmi les disciples de Mahomet. En réalité ils ne le sont point au fond, et il serait difficile de définir à quel culte ils appartiennent, à moins que l'on ne veuille admettre comme profession de foi des notions générales de la Divinité. Ce qui est certain, c'est qu'ils ne font ni les ablutions ni les prières prescrites par l'islamisme; qu'ils n'ont ni mosquées ni mollahs, et ne connaissent aucunement les pèlerinages au tombeau du Prophète. Jamais les Kirghizes ne montrèrent au monde le fanatisme religieux des vrais mahométans; comme toute la race mongole, ils n'ont connu d'autre fanatisme que celui de la guerre et de l'extermination.

Les Kirghizes sont aujourd'hui un peuple exclusivement pasteur. Le gouvernement russe a voulu les habituer à l'agriculture et il en a fait l'essai aux bords de l'Oural et de l'Ilek. Les Kirghizes y avaient déjà de petites masures et on pouvait y rencontrer tantôt un chameau portant des gerbes d'orge ou de froment, tantôt un chariot chargé des mêmes produits, tantôt des femmes kirghizes leurs faucilles à la main. L'agriculture pourrait réussir dans ces localités, car la terre y est très fertile; mais ce ne sont que de rares exceptions, car en général le sol se prête difficilement à la culture, et cette occupation répugne tellement à la nature des bergers du steppe que, malgré tous les efforts, l'agriculture n'y prendrait jamais le développement voulu. On pourrait dire que les steppes ne sont destinés qu'à l'élevage d'un grand nombre de chevaux, moutons et autres bestiaux. On compare les steppes à la mer, et non sans raison: c'est la même immensité de l'espace que limite seulement l'horizon; les ouragans du steppe ressemblent aux orages sur mer; les mirages y sont pareils à une *fata morgana*, et enfin l'air y est sillonné de bandes d'oiseaux blancs semblables aux oiseaux de mer. Si le steppe rappelle la mer, les Kirghizes ont des analogies avec les marins. Comme eux, hâlés par les vents et les rayons du soleil, ils parlent en élevant la voix et crient même très fort, ainsi que des gens qui ont à se parler pendant les orages et les ouragans. En accomplissant leurs voyages sur le dos des chameaux, vraies barques des steppes, ils éprouvent un certain balancement équivalant au roulis; ils se dirigent d'après les étoiles, et, grâce à leur vue très perçante, ils distinguent aisément les objets les plus éloignés, comme s'ils se servaient de lunettes d'approche; Si l'on veut chercher d'autres points de comparaison, on peut en trouver de nouveaux dans la rencontre de deux voyageurs, qui dans le steppe est une vraie fête, une satisfaction pareille à celle que ressentent deux navires quand ils se croisent sur l'Océan; ils se sont aperçus de loin, et, tout en se rapprochant l'un de l'autre, ils commencent par s'interroger à l'aide de signaux, afin de savoir s'ils ont devant eux un ami ou un étranger, puis ils s'avancent toujours; ceux-ci replient leurs voiles pour un moment; ceux-là, sans descendre de cheval, de même que deux équipages s'informent des ports qu'on a quittés, se demandent de quel *aoul* ils viennent, où ils vont, quelle route a été suivie, s'il n'y a pas à craindre de voleurs ou de corsaires; puis chacun continue son chemin. Et l'ouragan, surtout en hiver, ne se déchaîne-t-il pas dans le steppe avec la même violence que la tempête sur les flots? Plus d'un y succombe. Mais comparaison n'est pas identité; le steppe n'a ni la vie puissante de la mer, ni sa variété infinie; il reste toujours un désert.

Les Kirghizes se divisaient autrefois en trois hordes: la grande, la moyenne et la petite horde. La grande horde, ou Horde d'or d'autrefois, nommée aujourd'hui de Boukhieyef, est la plus riche de toutes et habite le pays situé entre le Volga et l'Oural; la horde moyenne occupe les steppes qui font partie de la Sibérie méridionale. La partie du steppe dont nous donnons quelques paysages appartient à la petite horde. Divisée, comme toutes les autres, en tribus et familles, elle est dans la dépendance du gouverneur général d'Orenbourg, qui confirme les sultans et leur adjoint des employés de son choix.

KIBITKA OU TENTE KIRGHIZE

Comme les peuples pasteurs, les Kirghizes nomades devaient nécessairement inventer des demeures qui, tout en les préservant du froid et des chaleurs excessives, fussent commodément transportables d'une place à l'autre; Ce qu'on nomme une *kibitka* remplit parfaitement ces conditions: elle se compose de perches circulairement plantées et recouvertes de pièces d'un feutre grossier en poils de chameau. Ces perches, disposées à la base en grillage au moyen de petites courroies, et au sommet reliées par un cercle en bois, ont presque la forme d'une coupole, et c'est le caractère qu'affectent toutes les kibitka des Kirghizes un peu aisés. Les habitants du plat pays des steppes ont sans doute trouvé dans la voûte des cieux le premier modèle de cette architecture, qui d'ailleurs répond le mieux aux besoins locaux, car, étant arrondie, elle résiste davantage au vent; et sèche plus vite après la pluie. L'ouverture d'en haut sert tantôt de cheminée par laquelle s'achappe la fumée de l'âtre, tantôt de fenêtre éclairant l'intérieur, dans les chaleurs de la belle saison, alors qu'on prépare les mets en plein air. Quand les rayons du soleil deviennent brûlants, on bouche cette ouverture et on relève le bas du feutre, de manière à obtenir l'ombre et la fraîcheur dont on a besoin. Une pareille kibitka se démonte en un clin d'œil, et, en cas de changement de lieux, les perches et les feutres sont enroulés séparément et chargés sur le dos des chameaux. La dimension d'une kibitka varie selon les ressources de son propriétaire, elle atteint parfois jusqu'à vingt pas de diamètre, mais seulement chez les Kirghizes très riches; ces derniers savent même lui donner une plus belle apparence; le feutre en est blanc, les bandes qui enveloppent la kibitka sont élégamment brodées dans le goût oriental, des tapis sont étalés, des armes et différentes sortes d'ustensiles suspendus. Voilà quelle est l'habitation des sultans ou *Biy*, espèce de noblesse d'Orient que les Kirghizes appellent l'*os blanc*, pour la distinguer du commun. Au reste, quelques-uns occupent plusieurs de ces kibitka, en en réservant une à chacune de leurs femmes. Pour la masse des Kirghizes, une kibitka destinée au logement de toute une famille est d'un jaune gris, de la couleur ordinaire du poil de chameau, souvent noircie de fumée, sans ornements ni broderies, mais semblable, quant à la forme, aux habitations des riches. Il faut plusieurs chameaux pour transporter une grande kibitka de sultan, car les perches qui sont plus longues et les tissus plus grands augmentent sensiblement le poids; un chameau suffit néanmoins pour le transport d'une tente ordinaire de Kirghizes. Les pauvres qui ne sont pas en état de se faire une kibitka s'arrangent ce qu'on appelle une *djoulameyka*, qui est bien moindre, composée à peine de quelques perches liées au sommet ou maintenues dans un petit cercle de bois, et recouverte circulairement d'une seule pièce de feutre. Les plus pauvres passent, en été, la nuit dans le steppe, à la belle étoile, et, l'hiver, cherchent un abri dans les kibitka des riches ; ils sont appelés *baygouches* par les autres, et considérés sinon avec mépris, au moins avec dédain.

Dans le steppe, on rencontre parfois de pareilles kibitka isolées, mais le plus souvent on en trouve plusieurs ensemble, ce qui constitue un *aoul* ou petit village des steppes. Un aoul peut donner l'idée du genre de vie des Kirghizes, tellement leur existence est simple et uniforme. Au printemps et dans l'été, quand le ciel est serein, la vie se passe en dehors de la kibitka, qui ne sert alors que d'abri pour la nuit et de dépôt pour les ustensiles de ménage ; au contraire, tout s'y concentre l'hiver.

Le jour, l'aoul n'est guère animé ; les hommes qui aiment les exercices à cheval l'ont quitté pour la plupart, et ceux qui restent passent leur temps couchés au soleil ou assis à l'orientale, dans des bavardages sans fin. Les femmes surveillent la cuisine ; seuls les enfants vont et viennent, complètement nus le plus souvent, le ventre gonflé par le lait, qui est la base de leur nourriture, le visage hâlé, la tête rasée, à moins qu'on n'ait laissé au sommet, comme ornement, une mince et longue tresse de cheveux noirs, ce qui distingue ordinairement le benjamin de la famille. Les troupeaux à ces heures sont loin, le Kirghize garde seulement un ou deux chevaux, qu'il doit toujours avoir sous la main. A une petite distance reposent quelques chameaux, et près des kibitka il n'y a que les chiens, ces muets compagnons aimés des bergers, et qu'on est sûr de trouver près de chaque kibitka même isolée. Mais vers le soir, au coucher du soleil, la scène change : on ramène de tous les côtés les troupeaux, un nombre énorme de moutons, de chevaux du steppe, un peu de bétail, qui est toujours le moins nombreux, et enfin les chameaux. Cette masse, aux teintes si différentes, afflue ensemble. Les pâtres crient, les femmes et les filles courent traire les juments et les brebis ; le hennissement des chevaux, le bêlement des moutons, le cri grave mais perçant des chameaux, se confondent avec le bruit des hommes, et fréquemment l'éclat des rayons du soleil couchant ajoute à l'étrangeté de ce tableau. Dès qu'on a trait les juments et les brebis, examiné et compté le bétail, tout retombe de nouveau dans le silence, on chasse les troupeaux vers les pâturages de nuit, et la famille se rassemble pour le souper commun.

L'aoul se déploie en général à proximité de l'eau et des pâturages, et tant qu'ils suffisent rien ne bouge de place ; mais, dès que l'herbe fait défaut, on songe aussitôt à décamper. L'Ancien de l'aoul, nommé *aksakal*, c'est-à-dire barbe blanche, monte à cheval et va à la découverte d'un lieu favorable. Ces recherches durent plusieurs jours, et au retour du vieillard commencent parmi les hommes de bruyantes délibérations ; cependant, comme tous, et les vieillards principalement, connaissent très bien les steppes, le choix est assez vite fait. Alors l'*aksakal* donne le signal de se mettre en route, et tout le village s'ébranle sur un signe.

C'est un spectacle attachant: les Kirghizes qui se déplacent revêtent leurs habits de fête, leurs *Khalat* aux couleurs les plus voyantes, bordés, chez les riches, de galons d'or, et se parent comme pour une importante solennité. L'Ancien de l'aoul s'avance en tête, ses femmes le suivent à cheval sur des selles recouvertes de drap rouge ou de tapis; le reste suit comme il peut, qui à cheval, qui sur un chameau; parfois d'un panier accroché au côté d'une bête de somme, sortent les têtes rasées d'enfants kirghizes. Les coffres qui renferment le mobilier et les ustensiles de ménage trouvent aussi place sur le dos des chameaux ou des chevaux; les moutons du steppe, vigoureux et à longues jambes, portent les fardeaux les plus légers. Les pauvres ou *baygouches* vont à pied en chassant les troupeaux devant eux, et les chiens ferment la marche. Tous sont gais et ont un air de fête. Arrivé à destination, le guide s'arrête et indique l'emplacement de chaque kibitka. Les chameaux se couchent, et en un clin d'œil ils sont déchargés. Les tentes se déploient, et au bout de quelques heures il ne reste plus trace du voyage. La vie va son train habituel, et le steppe seulement, non foulé encore, témoigne que les habitants provisoires de cet endroit n'y sont que depuis peu: de même, à la place qu'ils ont quittée, il ne reste de vestiges de leur passage que le temps qu'il faut à l'herbe pour repousser et au vent pour effacer l'empreinte du sabot des chevaux.

Cette existence, qui se réduit à la satisfaction des besoins les plus simples, est joyeuse tant que dure la belle saison et qu'il fait chaud. Le printemps surtout est une période de gaieté et d'abondance. Les steppes alors se couvrent presque instantanément de verdure; les troupeaux amaigris pendant l'hiver regagnent bien vite leur ancienne vigueur; les juments et les brebis donnent du lait en quantité; aussi le Khirghize jouit de la chaleur, s'étend au soleil, visite les aouls voisins, en quête de nouvelles dont il est toujours avide, et partout mange et boit à satiété. Mais, lorsque l'hiver arrive, sa position devient pénible, souvent même réellement affreuse, et il faut être aussi endurci que lui pour pouvoir la supporter. Les plus riches recouvrent alors leur kibitka d'un double feutre, mais le plus grand nombre est obligé de passer les grands froids de l'hiver dans la même tente que pendant l'été; et les gelées, surtout dans les steppes et particulièrement dans ceux qui s'étendent de l'Oural à la mer d'Aral, atteignent parfois trente et quelques degrés Réaumur. Ils cherchent alors des endroits abrités, des ravins, des collines, qui les préservent des vents au moins d'un côté, entassent de la neige autour de la kibitka, et se serrent les uns contre les autres pour se réchauffer plus facilement. Au milieu, un feu entretenu par du fumier ne cesse dans le jour de brûler faiblement, et la nuit les petits enfants se couchent dans les cendres encore chaudes. Le lait diminue, ils souffrent souvent de la faim et presque toujours du froid.

La boisson favorite du Khirghize, son nectar, c'est le *koumys*, préparé avec du lait de jument. Dans chaque kibitka se trouve une grande outre appelée *saba*, en peau de cheval, et qui est placée sur un petit tabouret en bois à l'entrée de la tente: un bâton qui y est plongé, et qui, chez les riches, est orné d'incrustations variées, sert à remuer la boisson. On verse dans cette outre le lait fraîchement trait des juments : mêlé continuellement, il fermente et, au bout de quelques jours, donne une boisson qui, pour le goût, ressemble au petit-lait, mais qui est si forte, qu'enfermée dans des bouteilles elle mousse comme du champagne, fait sauter les bouchons, et que bue en assez grande quantité elle met en gaieté et enivre. Cette boisson contient tant d'éléments nutritifs, que l'usage en est prescrit aux poitrinaires; les malades qui vont se soumettre à cette cure au milieu des Kirghizes et en suivant le même régime qu'eux, c'est-à-dire en respirant l'air des steppes, en mangeant de la viande sans pain et en se donnant beaucoup d'exercice, reprennent bientôt de l'embonpoint et regagnent leurs forces. Il y a une autre boisson, appelée *ayran*, composée d'un mélange de lait de brebis, de vache et même de chamelle, qu'on fait aussi fermenter, mais qui est beaucoup moins estimée que le koumys, ne s'emploie que si ce dernier manque, et n'est généralement que la boisson des pauvres. Ce que les Kirghizes boivent de koumys paraîtrait incroyable à ceux qui n'y sont point habitués. Une fois préparé, le koumys dure tout le printemps, car le lait fraîchement versé dans la *saba* qui contient le koumys y fermente de lui-même et en gagne toutes les qualités.

La cuisine des Kirghizes n'est point du tout recherchée; comme nous l'avons dit, le laitage est la principale nourriture de ce peuple pasteur, et cela au point qu'au printemps et en été ils vivent pour ainsi dire dans une atmosphère de lait; leur kibitka, leurs vêtements, et il semblerait même jusqu'à leur personne, tout est imprégné d'une odeur de petit-lait. Ils ne connaissent point le pain. Le maïs et le millet, cultivés dans quelques endroits du Manghichlak et sur les bords du Syr-Darïa, servent parfois à préparer une sorte de galette sans levain, analogue aux matzoths des Juifs. Le plus souvent, ils emploient les diverses farines qu'ils peuvent se procurer à préparer la sauce des viandes; chez eux, de tous les plats de viande, le mouton est le plus commun et le cheval le plus estimé. Un Kirghize connaît excellemment l'anatomie du mouton, il en enlève la peau avec une grande dextérité et le dépèce habilement. Presque chaque partie du mouton s'apprête d'une manière différente; l'une est rôtie, une autre bouillie ou bien grillée sur des charbons; mais le plat le plus commun est le *bichbarmak* (c'est-à-dire, littéralement, les cinq doigts), appelé ainsi de ce qu'on le mange à la main, sans cuiller ni fourchette, et qui consiste en mouton coupé par petits morceaux et arrosé d'un peu de farine délayée dans de l'eau: ils retirent du chaudron une poignée de ce mets et la portent à leurs lèvres. Les saucisses en viande de cheval sont fort estimées; mais la friandise la plus grande, et que seulement les riches peuvent s'accorder, c'est le poulain. La viande des chameaux n'est mangée qu'à la dernière extrémité et par de pauvres affamés.

Le Kirghize n'est point adroit comme le Tcherkesse, dont le vêtement léger et serré à la taille ne gêne en rien les mouvements; il porte au contraire plusieurs larges *khalats* les uns sur les autres; il ne possède pas davantage la tempérance de l'habitant du Caucase, étant glouton de nature et d'inclination. Il sait, il est vrai, supporter au besoin, patiemment même, un jeûne de plusieurs jours; mais, dès qu'il s'est procuré des vivres, il en absorbe au delà de tout ce que pourrait imaginer un Européen. En entreprenant un lointain voyage, il aime à manger par prévision, et il est alors capable de dévorer à lui seul en entier un mouton. C'est ce qui fait peut-être que chez eux l'embonpoint est considéré comme une beauté ou au moins comme une qualité dont ils sont fiers, ainsi qu'ils le sont en général de tout bien-être.

Leurs ustensiles de ménage se composent de la *saba* mentionnée plus haut, de seaux également de cuir, et appelés *toursouk*, d'un trépied et d'un chaudron en fer où se préparent tous leurs mets, de grandes jarres dans lesquelles ils boivent le koumys, de quelques cruches en métal aux formes non européennes, d'une sacoche contenant leur briquet, d'un couteau appelé *psiak*, inséparable compagnon de leurs aventures, et de coffres qui sont leurs armoires à habits. Ils trouvent qu'ils n'ont jamais assez de vêtements, en collectionnent autant qu'ils peuvent et en tirent vanité. Leurs khalats, qu'ils reçoivent habituellement de la Boukharie, tissus d'une soie commune mais solide, sont très bigarrés. Ils apprécient beaucoup le drap, surtout les khalats ponceaux galonnés d'or. Le gouvernement russe leur en offre parfois en cadeau. Le Kirghize qui a reçu un khalat pareil ne néglige aucune occasion d'en faire parade: il est prêt à franchir quelques dizaines de kilomètres ou plus pour s'en montrer affublé, fût-ce devant un inconnu, mais qui occupe, selon son idée, une position élevée. Chez lui, dans l'aoul, il se met simplement en large pantalon et avec n'importe quelle veste. Durant les chaleurs, il erre au milieu du steppe, le plus souvent demi-nu, la tête couverte d'un énorme bonnet en peau de mouton. Ce bonnet, appelé *malakhaï*, est pour ainsi dire la toilette de rigueur du Kirghize. En été, il arrive qu'il est remplacé, chez le riche, par un haut chapeau de feutre blanc ou un léger capuchon de drap, mais c'est rare. Dans tout l'Orient on essaye de se tenir la tête chaudement, il en est de même dans les steppes kirghizes; le malakhaï est d'ailleurs, comme presque tout ce que possèdent les Kighizes, fort pratique. Très ample, doublé d'une peau de mouton bien souple, il lui sert aussi de coussin; pendant la pluie ou l'ouragan, il protège on ne peut mieux non seulement la tête, mais encore le cou et les épaules. Ils portent tous, sous le malakhaï, une petite calotte sur leur tête rasée; ils la nomment *tibiteïka*; elle leur vient de la Boukharie, et chez les riches elle est bordée de fourrures.

Déjà les riches sultans ont parfois des ustensiles européens, tels qu'une bouilloire et tout le service à thé, mais ce sont de très rares exceptions. Le plus grand luxe des kibitka consiste à les couvrir de tapis dont le prix varie beaucoup. Le pauvre Kirghize y déroule son feutre gris en poil de chameau, le riche a déjà ce même feutre en blanc avec des franges de couleur et un dessin quelconque: un grand propriétaire de haras étend des tapis de Boukharie ou de Khiva.

Le Kirghize est aussi amateur d'armes et se plaît à en faire étalage, quoiqu'il ne se distingue point par la bravoure. Lorsqu'il part pour une expédition, il prend toujours son énorme lance, appelée *naïza*, dont il pourrait atteindre de loin son ennemi, si, malgré sa longueur, elle n'était pas flexible; il a de plus au côté un sabre recourbé que l'on appelle *chachka*, un carquois avec des flèches, ce qui commence pourtant à sortir de leurs habitudes, et parfois des pistolets, mais presque toujours un *moultouk*: c'est un fusil très lourd et très long, encore à mèche, auquel s'adapte en général une sorte de piquet qui se transporte aisément avec le fusil et leur permet de mieux viser. Toutes ces armes, confectionnées dans l'Asie centrale et fort anciennes, sont plutôt pour la parade que pour l'usage suivi. Cependant les lames des sabres et les couteaux en acier, forgés à froid avec la patience propre aux habitants de l'Orient, sont bien trempés et excellents. Aujourd'hui la véritable arme dont le Kirghize se sert sans cesse, à la maison et dans ses expéditions de pillage, est la *nahayka*, appelée par eux *kamtcha*, tressée en lanières de cuir brut, qui a jusqu'à un pouce d'épaisseur, et qui, dans ces conditions, est positivement une arme; il en emploie habituellement une plus fine, qu'il sait faire sentir à sa femme, à ses subalternes et à ses chevaux; il l'a toujours à sa selle et souvent suspendue à son bras.

Aimant passionnément la course à cheval et ne faisant pour ainsi dire qu'un avec lui, le Kirghize a dû s'occuper de prédilection du harnachement, et la selle est pour lui un objet d'ostentation. Une grande plaque recouvre ordinairement le devant de la selle, qui, chez les riches, est incrustée de pierreries de différentes couleurs. Les brides sont enrichies de clinquants ainsi que le poitrail du cheval; les étriers, parfois en métal, sont aussi ornés à l'orientale, mais d'autres fois, surtout en hiver, ils sont de bois. Tout cela, le Kirghize l'étale dans sa kibitka les jours de fête, et particulièrement devant des étrangers. Des housses ponceaux, des couvertures de selle, des khalats sont alors exposés sur des coffres comme preuve d'opulence des propriétaires, et il ne faut pas s'en étonner, car l'opulence y donne droit au respect.

INTÉRIEUR D'UNE KIBITKA KIRGHIZE

Le Kirghize est hospitalier, et de même qu'il saisit avec empressement l'occasion d'aller partout où il espère trouver à manger et à boire à satiété, il aime aussi à avoir du monde chez lui. Les troupeaux et les haras, qui sont toutes ses richesses, lui donnent au printemps surtout une masse de lait qu'il lui serait impossible de consommer avec sa famille. Ce sont donc chez les riches, pendant la saison d'abondance, des réunions continuelles. Le maître de la maison ou l'hôte qu'il honore le plus particulièrement vient alors occuper la place la plus élevée, qui est au fond de la kibitka, en face de l'entrée. Le reste de la société se dispose en cercle, en ne laissant de place vide que celle qui sert habituellement de foyer. Tous s'assoient à l'orientale, les pieds croisés. Chacun de ceux qui entrent est obligé d'abord de remuer le koumys dans la saba qui est posée près de la porte, puis de rendre au maître le *salam*, en lui présentant en même temps ses deux mains unies, après quoi il se place près des autres. Les femmes versent le koumys, et les jattes remplies font le tour de la société.

Lorsque le printemps est propice et que le koumys abonde, tout inconnu, pourvu qu'il soit Kirghize, peut venir à ces grandes réunions, toujours il y trouve une place, et pas une jatte de koumys ne circule sans lui être offerte. La conversation alors est bruyante, le tabac à priser passe de main en main, et le festin finit seulement quand il ne reste plus une goutte de la boisson favorite. Mais lorsqu'il survient un étranger que le maître veut fêter, soit un sultan ou biy, soit même un *Batyr*, c'est-à-dire un homme qui passe pour être courageux et qu'on respecte dans les steppes, alors la réunion n'est plus aussi bruyante. Le maître commence par conduire le nouveau venu à la place la plus élevée, et, après lui avoir témoigné le plaisir que lui cause son arrivée, il déclare qu'à cette occasion joyeuse il fait tuer un mouton. Pendant que les femmes le préparent, les propos ne tarissent pas.

Le Kirghize aime passionnément à parler. Ses questions ne s'arrêtent jamais, à moins qu'il ne soit lui-même sultan ou l'aîné d'une tribu. Dans ce cas, il croit devoir garder sa gravité et ne pas s'engager avec des inconnus dans de longs entretiens; il répond par monosyllabes, ou bien il débite à de grands intervalles des sentences, ou bien encore, s'il reçoit un étranger et que lui-même sache le russe, il ne le laissera jamais voir. Il s'adresse à l'interprète et se fait traduire chaque mot, et ce n'est qu'après un certain temps qu'il redevient simple mortel, plus tard même ami, *kounak* de l'étranger, et alors il est content de parler et de questionner sur toutes choses. Une visite parfois ne suffit pas pour briser la glace, cela dépend des personnes. Ils font un grand cas de l'éloquence et la regardent comme preuve d'une parfaite éducation et d'une haute naissance. Quand un si haut personnage finit par desserrer les dents, un torrent de métaphores orientales s'échappe de ses lèvres; il parle avec une grande volubilité, en élevant la voix et en gesticulant.

Je me trouvais un jour chez un Kirghize nommé Iset Koutiebarew. C'était à cette époque un personnage intéressant et très populaire dans les steppes. Le plus riche de sa tribu, longtemps il ne voulut pas reconnaître le protectorat russe, et plusieurs détachements le cherchèrent en vain pendant plusieurs années dans les steppes. Il réussissait toujours à leur échapper et à disparaître dans l'espace. Ayant à la longue acquis la conviction que la lutte n'était plus possible, il se rallia avec toute sa tribu aux Kirghizes, sujets de la Russie, et rendit même plus d'un service au gouvernement russe. Appelé Batyr par les Kirghizes, il ne voulut accepter nul autre titre, prétendant que celui qu'il avait lui convenait le mieux, il resta chef de sa tribu, recevait les impôts, conciliait les discordes et remplissait l'office de juge.

Il nous reçut, moi et mon compagnon, avec toute la gravité orientale, entouré de ses frères et parents, et après avoir salué du salam malajkioum habituel, il nous conduisit dans la kibitka, et, nous ayant fait prendre place, il commença lui-même la conversation par des considérations générales sur la vie et sur les hommes.

Ainsi, par exemple, il dit que l'homme est comme un coffre fermé: en le regardant, on ignore ce qu'il contient. Peut-être des haillons, peut-être de riches vêtements. C'est ce qu'on ne sait pas avant de l'avoir ouvert. De même, on n'apprend à connaître ce que l'homme porte dans la tête et dans le cœur qu'en l'entendant parler, car la parole est comme la clef du coffre. Il répartissait aussi les amis en différentes catégories: ceux qui flattent pour qu'on les fête et les nourrisse, ceux qui sont à l'affût du bien d'autrui, ceux qui se réjouissent de prendre part à tout ce qui nous arrive d'heureux et qui nous délaisse dès que vient la misère et le malheur, et enfin ceux qui seront même prêts, au besoin, à donner leur tête pour nous. De ces derniers, ajouta-t-il, il ne s'en trouve presque pas sur la terre; mais un pareil *tamer* ou ami est le plus précieux trésor. Son long discours philosophique et cérémonieux, que les Kirghizes présents approuvaient en témoignant parfois leur admiration par des exclamations de : *Oy-boy-oy*, ne finit que lorsque les femmes apportèrent un chaudron avec du bichbarmak. Nous fûmes obligés d'en retirer la viande avec nos doigts, comme le faisait tout le monde. Le maître de la maison cherchait visiblement quelque chose dans le chaudron. Il en retira, à la fin, un morceau de graisse, que l'on ne coupe pas en aussi petits morceaux que la viande. Il l'approcha de sa bouche, en mordit une moitié et fourra l'autre dans la bouche de son hôte. C'est considéré, selon l'étiquette des Kirghizes, comme la plus haute attention, et quiconque veut passer pour un homme bien élevé doit rendre au maître la pareille. C'est ainsi que commencent les rapports plus intimes. Après le bichbarmak vint le koumys, puis le *pilaw*, c'est-à-dire encore une fois du mouton, mais préparé avec du riz et du raisin sec, puis de nouveau du koumys. La conversation devenait moins cérémonieuse et plus naturelle, et nos rapports meilleurs. Mais, l'amitié telle qu'on la comprend dans les steppes, ne peut se nouer qu'à l'aide de présents. Il est d'usage que le maître doit offrir à son hôte tout ce que celui-ci louange. Mais il sait bien aussi qu'à son tour il a le droit d'espérer ce qu'il trouvera de son goût. Sur cette base, nous arrivâmes bientôt à des relations très cordiales et à de grandes protestations d'amitié. Le maître de la maison nous offrit des chevaux et même un chameau; mais quand nous voulûmes sérieusement lui acheter un cheval de son haras, nous vîmes qu'en notre qualité de nouveau *kounak*, nous devions être joliment trompés, et voilà à quoi aboutit toute cette amitié.

Le Kirghize questionne sur toutes choses. Dans les parties des steppes les plus éloignées, où l'on voit rarement des Européens, un vêtement différent de celui des Kirghizes, les simples boutons même, prêtent déjà matière à des interrogations sans fin, et si l'on veut être un hôte aimable, il faut manger beaucoup et parler le plus que l'on peut; mais ce serait une inconvenance que de demander à un père de famille le nombre de ses enfants ou à une jeune fille si elle est fiancée.

Outre les réunions habituelles à l'époque du koumys, tout événement de famille est un motif à festin qui rassemble plus ou moins de convives, selon les ressources du maître de la maison. Noces, funérailles, naissance d'un enfant, fiançailles, etc., sont autant d'occasions d'inviter du monde. Un festin pareil se nomme *toy*, et si c'est un homme très riche qui le donne, alors on le fait savoir d'avance et les convives arrivent presque du steppe entier. Ces festins se terminent fréquemment par des courses, que les Kirghizes aiment passionnément et qu'ils organisent très souvent.

Un personnage respecté dans les steppes ou qu'entoure du moins au yeux de tous une certaine crainte, est le *Baksa* ou jongleur, espèce de charlatan, qu'on se plaît à appeler près des malades, qui joue aussi le rôle de devin et exerce différents métiers de ce genre. Son arrivée dans une kibitka attire toujours une foule de monde, une danse convulsive et qui finit par le mettre en un état presque cataleptique, des chuchotements et des tours de magie, une extrême adresse dans le jeu des couteaux, du reste, la connaissance des propriétés de maintes herbes, tout cela frappe l'imagination des pauvres et ignorants pasteurs qui ont encore une masse de préjugés. Un Baksa pareil ne quitte jamais un aoul sans avoir reçu des cadeaux.

Mais le personnage réellement aimé et qui est indispensable pour occuper et divertir une réunion des steppes est le Conteur. Il s'en trouve un grand nombre et c'est dans leur mémoire qu'est réfugiée toute la littérature des steppes.

Le Kirghize aime la musique, et à l'occasion il l'écoute avec attention; en voyageant seul dans les steppes, il aime à chanter à voix basse, mais c'est toujours le même air et sur la même note. S'ils improvisent des chansons, ce qu'ils font souvent en voyage, ils ne prennent d'ordinaire qu'un mot, le nom de l'objet qui leur tombe sous les yeux, et le répètent sans discontinuer, en changeant seulement d'intonation. Ainsi, par exemple, un Kirghize chantera pendant une heure : Montagne, montagne, montagne, cheval, cheval, cheval, etc. Rarement une véritable chanson s'adapte à la mélodie. Aussi ceux qui savent en composer sont-ils très appréciés. Aux festins, un tel barde des steppes reçoit beaucoup de viande et de koumys, et, s'il a réussi à bien amuser la société, on lui fait même présent de quelques moutons. Alors, en s'accompagnant de la balalayka, instrument à deux cordes, l'unique dans les steppes, il chante les louanges du sultan qui est là, du Batyr, ou bien il débite de vieux contes. Ceux-là offrent le plus d'intérêt. Simple comme les récits bibliques, ils ont en même temps le caractère original de la fantaisie orientale. Vrais productions du steppe, ils révèlent l'esprit local mieux peut-être que de longues descriptions. Les Kirghizes nomment ces contes *Irtheghié*. [...]

LES FEMMES KIRGHIZES

On peut aisément deviner, à leurs idées et à leur genre de vie, quel doit être chez les Kirghizes du steppe le rôle de la femme : or partout sa condition est ce qui reflète le mieux le degré de développement de chaque société. La Kirghize n'est ni enfermée ni jalousement soustraite aux regards des hommes ainsi que la musulmane; elle a, sous ce rapport, liberté complète, et dans la vaste étendue des steppes, avec la vie de bergers nomades, il ne pouvait en être autrement. Malgré cela, son sort dépend absolument du mari; elle est moins sa compagne que sa bête de somme. Tous les travaux sont à sa charge. Le Kirghize reste couché à moins qu'il ne passe son temps à bavarder, ou bien à courir à cheval. C'est la femme qui doit déployer et rouler les tentes, traire les juments et les brebis, préparer le repas; tisser le drap des vêtements ordinaires, veiller à l'ordre et arranger tout à la maison, et si le mari projette quelque excursion, c'est encore elle qui doit aller au haras; amener et seller le cheval, et tenir l'étrier au maître. Elle sert et distribue le koumys pendant les repas, mange quand les hommes ont fini, et est en un mot la cheville ouvrière de cette existence vagabonde. Une loi sévère la régit. Le Kirghize n'a ni harems, ni eunuques pour garder ses femmes, mais il a sa *kamtcha*, ou fouet, qu'il emploie souvent, et il est presque maître de la vie de ses femmes. Il suffit qu'il ait dit à sa femme trois fois durant tout le mariage le mot *tallyk* pour qu'elle soit considérée comme répudiée, ce qui, avec les natures emportées des fils des steppes, a fréquemment lieu. Les peines terribles qu'entraînait jadis l'adultère sont encore le sujet de nombreuses traditions. La mort par le couteau passait pour une légère punition. Le Kirghize qui avait trouvé un homme chez sa femme l'attachait à la queue d'un cheval qu'il lançait ensuite au galop. Quant à la femme, il la brûlait avec un fer chaud jusqu'à ce que mort s'ensuivît. Maintenant cela n'arrive plus, l'argent rachète le délit, mais ces sombres tableaux doivent encore vivre dans l'imagination des filles des steppes.

Les femmes kirghizes ne manquent pas de charmes dans leur jeunesse: un œil noir plein de feu, des cheveux aile de corbeau tressés en nattes nombreuses et fines, des dents blanches comme des perles, un visage frais et plein de santé, une certaine gaieté et aisance dans son allure et dans tous ses mouvements la rendent agréable, malgré ses pommettes saillantes et ses yeux étroits et relevés obliquement en dehors. Jusqu'à leur mariage elles portent une longue et large chemise tartare avec des manches très amples. Parfois, mais rarement, elles mettent par-dessus une sorte de veste. Elles aiment les colliers et le clinquant en général. Elles enfilent et passent à leur cou des petites monnaies d'or et d'argent, en entrelacent dans leurs cheveux, ou même les accrochent en guise de pendants d'oreilles; elles ont souvent une sorte de bracelet. Leurs chaussures, dont les pointes sont relevées et ornées de petites houppes en cuir, ressemblent en tout à celles des hommes.

Les femmes mariées rasent leur tête, aussi sont-elles forcées de la recouvrir. Elles l'entourent d'un énorme linge blanc qui, en s'élevant très haut, cache par le bas la bouche, le cou et même une partie des épaules. Cette coiffure est loin d'être jolie. Du reste, leurs chemises ne diffèrent pas de celles des jeunes filles, mais elles ont en plus des khalats pareils à ceux des hommes et souvent même de larges pantalons. L'habitude qu'elles ont de mettre au besoin plusieurs khalats à la fois en se ceignant d'une ceinture les fait apparaître fortes et gauches, et de loin elles ne se distinguent des hommes que par leur blanche coiffure. Accablées d'un travail continuel et rude, elles vieillissent très vite, deviennent laides et même, à un âge avancé, repoussantes.

Le Kirghize prend toujours une femme jeune. Aussi les jeunes filles ne restent pas longtemps sans trouver un mari. Lorsque la première femme a vieilli un peu, le Kirghize en prend une seconde, puis une troisième. Les riches en ont même parfois davantage, mais c'est du luxe. Chez ces derniers, chaque femme a une kibitka à part. En général, toutes logent dans la même kibitka; elles y suspendent pour la nuit une espèce de rideaux qui la partagent pour ainsi dire en autant de chambres qu'il y a de maîtresses. En réalité, il n'y existe qu'une maîtresse dont la supériorité est incontestée et qui a droit de commander aux autres, mais cette préséance, comme toute chose dans la famille, dépend de la volonté et du caprice du maître et arrive à échoir à la plus jeune, à celle qui a le plus d'attraits. Lorsque la famille change d'emplacement, la favorite, à cheval, est en tête; les femmes moins aimées, pour observer la gradation établie par le mari, montent des chameaux, et celle qui pour le moment est en disgrâce suit à pied, ce qui est une des plus grandes humiliations qui puissent lui être imposées. Il faut cependant rendre aux Kirghizes cette justice, que bien des fois la plus vieille, c'est-à-dire la première des femmes, reste maîtresse et quasi souveraine de la maison.

En tout pays, les charmes de la jeune fille exercent un certain empire et lui attirent la protection et le respect des hommes; chez les Kirghizes elle est l'objet d'égards d'autant plus grands qu'elle est en quelque sorte une fortune pour ses parents.

Le Kirghize qui veut prendre femme doit commencer par l'acheter en payant ce qu'on nomme le *kallym*, qui est débattu auparavant avec le père. Les parents concluent souvent cette espèce de marché lorsque les enfants sont encore petits et ne peuvent faire leur choix eux-mêmes. Le kallym, dont le montant varie suivant la position du jeune homme et de la fiancée, consiste en têtes de bétail, en plusieurs dizaines ou centaines de moutons et en un nombre correspondant de chevaux et même de chameaux. Il est rare que les pourparlers, pour le payement ne traînent pas en longueur, car les Kirghizes cherchent toujours à tromper, et le désir de spéculer sur les hauts et les bas dans le prix des moutons qui servent, au lieu d'argent, à leurs échanges, engendre une foule de querelles interminables. Dès que la moitié du payement est effectué, le fiancé acquiert le droit de visiter sa future chez ses parents, et on élève alors pour les deux jeunes gens, et à part, soit une kibitka, soit une djoulameyka, soit une simple tente, selon les ressources dont on dispose; mais le fiancé ne peut y entrer qu'après le coucher du soleil et doit en être sorti avant le jour. Si on l'y surprend à toute autre heure il est rossé à outrance par toute la jeunesse de l'aoul, conformément à un usage reçu. Les noces mêmes n'ont lieu que lorsque le kallym a été totalement acquitté; le mari emmène sa femme, qui passe alors définitivement de l'autorité paternelle dans la sienne, à son aoul ou dans sa kibitka.

D'après les anciennes coutumes, un kallym pareil était destiné à servir de dot à la jeune mariée; aujourd'hui, au contraire, surtout chez les pauvres, il devient la propriété exclusive du père, qui ne donne à sa fille qu'un certain nombre d'habits et d'ustensiles de ménage. Le mariage s'accomplit sans prêtre, car il n'y en a point dans les steppes. Il existe, du reste, certaines cérémonies et des prières que récite le plus âgé de l'aoul, car le respect de la vieillesse est un vestige de mœurs patriarchales que les Kirghizes ont gardé. Le fiancé doit encore faire mine d'enlever sa femme, la prendre de vive force, et les autres femmes font semblant de la défendre. A cette occasion les coups souvent pleuvent comme grêle. Mais tout cela s'efface et s'oublie déjà et n'est plus qu'une forme qu'a quittée la pensée qui l'animait jadis. Les parents se plaisent à reconduire le jeune couple; mais l'accompagnement inévitable d'une noce et réclamé par chacun est un repas (*toy*), car on y peut manger, boire et bavarder à discrétion.

C'est à la suite de pareils repas que de fraîches jeunes filles provoquent les jeunes gens à lutter d'adresse avec elles. Montée sur le meilleur coursier du haras, car la coutume exige qu'on le tienne prêt pour elle, la jeune fille, une kamtcha en main, engage les jeunes gens à la poursuivre et s'élance comme une flèche dans les vastes steppes; on vole sur ses traces et il s'agit de la prendre en courant par le milieu du corps. Plus d'un paye cher ces courses; l'amazone des steppes ne se laisse attraper que par celui qui lui plaît, aux autres elle distribue des coups bien appliqués. Il arrive parfois qu'ayant devancé de beaucoup ses poursuivants, elle rencontre, à un endroit convenu d'avance, un jeune homme d'un autre aoul ou d'une autre tribu, car le cœur a partout ses droits, et il bat violemment dans cette contrée. L'arbitraire du père qui dispose du sort de sa fille sans la consulter, la haine de deux tribus, très fréquente dans les steppes, et le plus habituellement la différence de fortune élèvent souvent des obstacles aux sentiments du cœur, qui pourtant finissent par triompher. La fuite est le seul moyen de salut, mais il faut de la présence d'esprit et de la finesse, afin de mettre en défaut la vigilance des parents et de tout l'aoul, de sortir en échappant aux regards, et de se rejoindre. Se dérober au ressentiment de ceux qu'on a trompés exige beaucoup de persévérance, et leur tenir tête beaucoup de courage.

Ces scènes ont encore lieu aujourd'hui. Un poète polonais, M. Gustave Zielinski, qui a passé plusieurs années parmi les Kirghizes de la Sibérie, a écrit un beau poème basé sur un événement conforme au génie des steppes: Deux amants fuyaient ainsi de l'aoul du père de la jeune fille, qui ne consentait pas au mariage. Ils avaient deux chevaux, et, selon l'usage des Kirghizes, en changeaient à tour de rôle pour qu'ils pussent les porter plus longtemps. Cependant le père avait envoyé à leur poursuite. Ne pouvant les atteindre, ses gens allumèrent les herbes des steppes. L'incendie ne tarda pas à gagner de vitesse les chevaux des fugitifs. Les deux jeunes gens, enveloppés de toutes parts, périrent ensemble au milieu des flammes, unis au moins dans la mort.

Mais si les types de Roméo et de Juliette sont rares dans le monde, ils sont à plus forte raison exceptionnels dans les steppes kirghizes.

Les femmes kirghizes sont pleines de préjugés. Elles ne cessent de recourir aux charlatans des steppes, et c'est une conviction généralement répandue chez elles que la possession de cheveux d'un homme complètement étranger, tel qu'un chrétien, par exemple, préserve des avortements et soulage dans les accouchements ; aussi réclament-elles souvent un pareil présent des voyageurs qu'elles rencontrent. On amène volontiers des étrangers près des femmes en couches, dans l'idée que leur présence facilitera la venue au monde de l'enfant. Les Kirghizes font dans ces circonstances un tapage extraordinaire, convaincus qu'ils sont que l'effroi aide à la délivrance de la mère.

Les femmes évitent de prendre la parole devant leur père et leur mari ; seulement, dès qu'elles restent seules dans la kibitka, elles bavardent énormément, et montrent beaucoup de curiosité et peu de modestie. En dehors des soins d'un ménage de berger, elles brodent, avec la patience propre aux races de l'Orient, les feutres et les essuie-mains, et ces travaux ne manquent pas de goût.

Bronislas Zalevski, *La Vie des steppes kirghizes*, Paris, 1865.

EUGÈNE SCHUYLER
(1873)

Quand Schuyler effectue son voyage en Asie centrale, Tachkent a été conquise par le général Tchernaïev huit ans auparavant, et l'expédition de Khiva est en cours. Pour ce diplomate, membre de la légation américaine à Saint-Pétersbourg de 1870 à 1876, les régions nouvellement ouvertes à l'expansion russe font penser à un curieux mélange de Nouveau Monde et d'exotisme oriental. A Tachkent notre auteur croit tout d'abord se retrouver dans quelque petite ville du centre de New York... mais rapidement il mesure toute la spécificité de l'Asie centrale, et l'originalité de cette époque, alors que l'influence russe reste encore très réduite dans la vie quotidienne.

Schuyler est un observateur remarquable, attentif aux détails, aux rapports du moment entre Russes et Asiatiques, comme au passé et à ses vestiges. Ses descriptions, notamment celles de Tachkent, de Samarkand et de Karchi, en font un guide irremplaçable en cette période de conquête russe de l'Asie centrale.

TASHKENT, VIE ET SOCIÉTÉ

Assis sur la terrasse au clair de lune, le soir de mon arrivée à Tashkent, j'eus beaucoup de mal à croire que j'étais en Asie centrale, j'avais plutôt l'impression d'être dans un des quartiers tranquilles de New York. Les larges rues poussiéreuses bordées d'une double rangée d'arbres ; le murmure de l'eau vive à tous les pas — à tout moment ;

les petites maisons blanches, situées légèrement en retrait de la rue, avec des arbres et une clôture devant; un large square, avec une pelouse et des massifs fleuris, au centre duquel se dressait une petite église — tout se combinait pour me donner cette impression d'être en terrain connu. Par contre, de jour, Tashkent faisait plutôt penser à une ville de l'Ouest américain — Denver, par exemple, bien qu'il lui manque l'affairement qui caractérise cette ville-là, les Sarts, enturbannés et en tuniques, remplaçant les Indiens et les mineurs. En effet, les villes ont leur situation en commun; Tashkent est bâtie sur la steppe, et doit ses arbres et sa fraîcheur aux canaux qui pourvoient d'eau fraîche toutes ses rues. Des peupliers et des saules, dont la croissance ici est très rapide, bordent les rues; d'ailleurs le moindre bâton planté dans la terre devient ici un arbre superbe; les jardins sont resplendissants; et j'ai vu, dans le jardin d'un laboratoire, un pêcher âgé de trois ans seulement arborer déjà des fruits. Il y a environ 600 maisons à Tachkent — il s'agit de la ville russe — et la population atteint 3 000 personnes, sans compter la garnison de 6 000 hommes. De nouvelles maisons et de nouvelles rues se construisent un peu partout, et en neuf ans la croissance de la ville a été prodigieuse. Cependant, en regardant de plus près on sent quelque chose d'artificiel dans tout cela; la population réelle, permanente, de la ville n'est pas volumineuse, car le commerce est limité, l'industrie inexistante, et, en dehors des commercants, personne n'habite ici, à moins d'y être contraint par ses obligations de service. Personne ne vient s'établir durablement à Tashkent, ce qui distingue cette dernière des villes américaines similaires; de plus, la plupart de ces charmantes maisons ont été construites grâce à des prêts gouvernementaux, qui, soit dit en passant, ne sont pratiquement jamais remboursés.

En général, les maisons sont en briques badigeonnées de plâtre, de couleur pastel et elles ont rarement plus d'un étage. En raison du manque de bois et de la cherté du métal, les toits sont fort curieux; entre les poutres du plafond des branches de saules sont ajustées les unes aux autres, puis l'ensemble est recouvert de roseaux, et d'une couche de tourbe et d'argile, d'ailleurs il faut en rajouter chaque année pour que le toit soit un tant soit peu imperméable. L'été, quand il ne pleut pas, ces toits sont excellents et très décoratifs, puisqu'ils sont souvent recouverts de coquelicots sauvages, de capriers et d'autres fleurs. Mais quand commence la saison des pluies à l'automne, il faut être très prudent: il se peut qu'il y ait trop d'argile; et que sous le poids, les poutres s'usant, l'ensemble s'effondre; ou encore qu'il n'y ait pas assez d'argile et qu'une seule averse suffise à creuser un trou béant dans le toit.

Les meubles et les ustensiles divers doivent être importés de Russie ou de Sibérie, car on ne trouve pas de menuisier ni de tapissier en Asie centrale, la simplicité est donc de mise. Cela dit, les maisons n'en sont pas moins confortables, en dépit de leur fragilité, et les larges canapés, la profusion de tapis turkoman, de coussins brodés, et les armes orientales accrochées aux murs donnent à l'ensemble un air d'élégance et de luxe.

Pendant l'été, ceux qui peuvent se le permettre quittent leurs maisons en ville pour aller se réfugier dans les jardins ombragés des faubourgs, où ils ont une maison similaire ou bien une *kibitka* kirghiz. Il n'y a rien de plus agréable que cela. Les ormes épais et les peupliers font écran à la chaleur; une fraîcheur constante émane du bassin carré et des canaux qui arrosent le jardin, un parfum de rose et de seringas recouvre l'ensemble. La *kibitka* est spacieuse et confortable; et si l'on y adjoint une tente-pavillon de Bukhara, avec ses parois décorées et variées, comme salon, le lieu de séjour en devient vraiment charmant. Lorsque à la nuit tombée les lanternes de papier se détachent sur le fond vert foncé des grenadiers, et que le rossignol chante tandis que les lumières jouent sur la surface tranquille des plans d'eau, on croirait un tableau tout droit sorti des *Mille et Une Nuits*.

Le palais du gouverneur général est de loin le plus bel édifice de Tashkent, il est vaste, et recouvert d'un toit de tôle. Il possède un immense jardin, dont la conception est très ingénieuse, il y a des collines, des arbres, des fleurs, des bassins, des canaux et même des cascades; et là, trois fois par semaine, la fanfare de la troupe vient jouer, et les jardins sont ouverts au public. C'est alors le lieu de rendez-vous de tous les Russes et d'une grande partie de la population locale, en effet les Sarts aiment à écouter la fanfare, qui joue parfois des airs d'ici. A côté du palais du gouverneur général se trouve un grand fort en construction, qui est destiné à protéger la ville. Ce fort est doté de canons lourds, et muni d'une garnison importante, bien que les régiments aient leurs quartiers en différents endroits, et que pendant l'été ils bivouaquent à l'extérieur de la ville.

Il y a bien sûr, le nombre habituel d'édifices publics sans lesquels une ville russe n'existerait pas; et puis il y a la petite église, ainsi que des fondations pour une grande cathédrale de pierre. Ceci semble presque un gâchis d'argent dans un endroit où il y a si peu de Russes, et où les missionnaires sont interdits. L'église suffit amplement aux besoins actuels, et tombe un peu en ruines, une négligence qui surprend les musulmans, qui se montrent tout aussi choqués par le peu de fidèles à assister régulièrement à la messe. Dans la mesure où leur propre religion n'est pas attaquée, les habitants traitent l'église avec déférence, bien qu'ils l'appellent *bud-khaneh* c'est-à-dire maison de l'idole, et les esprits les plus ouverts et curieux d'entre eux sont parfois intéressés par les services. La construction de cette cathédrale est considérée comme une expérience dangereuse, étant donné les tremblements de terre, bien qu'ils ne soient pas fréquents, et que le dernier tremblement de terre important remonte à un certain nombre d'années. J'en attendis un avec une grande curiosité, avec l'espoir de connaître une sensation inédite; hélas! il eut lieu pendant mon sommeil et je n'en entendis parler qu'à mon réveil. Il y avait eu trois secousses, vers cinq heures du matin, assez fortes pour faire trembler les murs et secouer les tableaux, et même faire tomber certains objets.

Il n'y a pas à proprement parler d'hôtel à Tashkent, bien qu'il y ait un ou deux endroits, tel que chez Gromof, où l'on trouve des chambres meublées et de quoi se restaurer, mais c'est sale et inconfortable. Il y a un restaurant potable, tenu par un polonais, Gizhitzki, qui loue une ou deux chambres aux voyageurs. Cependant, pour ma part je ne dépendais pas entièrement de ces possibilités, grâce à la *rencontre* providentielle que j'avais faite à Julek, l'on m'offrit un appartement dans une maison individuelle, où je fus reçu avec beaucoup d'amabilité et d'hospitalité. L'ordinaire à Tashkent est semblable à ce que l'on trouve dans n'importe quelle autre ville russe, et s'il existe des spécialités locales ou tout autre potentiel nouveau non exploité, les Russes ne l'ont pas encore découvert. Il y avait peu de bœuf et il était de qualité médiocre, mais on trouvait du mouton en abondance, bon marché et délicieux. Les premiers temps les colons se plaignaient du manque de pommes de terre, mais là où se trouvent des soldats russes il y a vite des choux, et maintenant l'on trouve tous les légumes ordinaires. Le gibier est abondant, mais il y a peu de poisson; car il n'y a toujours pas de pêche au Syr Darya où il y a beaucoup d'esturgeons. Des fruits d'excellente qualité et des melons de toutes sortes sont abondants et bon marché, mais j'ai entendu dire qu'il y avait de la difficulté à cultiver le seigle, et donc peu de pain noir. On peut trouver du vin, à quatre fois le prix du vin à Saint-Pétersbourg, et l'on peut même trouver de la bière brune anglaise — cette dernière est très appréciée ici — pour environ dix shillings la bouteille. Une bière extrêmement médiocre est brassée ici, et il existe plusieurs vins locaux, mais ils sont tous trop forts et aigres. Avec du temps et de l'expérience les choses ne peuvent que s'améliorer avec un tel climat et une telle abondance de raisin.

Évidemment il y a un club, aussi stupide et peu ressemblant à un club que d'habitude quand il s'agit d'un club russe. On peut y dîner fort mal tous les jours, et les hommes y passent habituellement lire le journal le jour où arrive le courrier, ou alors pour faire une partie de billard; mais en règle générale les gens y viennent plutôt pour les soirées mondaines pendant la saison d'hiver lorsque la salle de bal est ouverte et qu'il y a des concerts et des bals. De plus, on y trouve désormais une excellente bibliothèque, qui fut rassemblée à l'origine pour la chancellerie du gouverneur général, et qui depuis a été enrichie par de nombreux dons d'autres personnes. Aujourd'hui, elle contient environ 4 000 volumes, y compris les grands classiques de la littérature russe, allemande et française, ainsi qu'une superbe collection d'ouvrages et d'articles concernant l'Asie centrale.

Parmi les autres institutions, je devais mentionner le Laboratoire de chimie, qui a été construit sur une échelle bien plus vaste et plus coûteuse qu'il ne me semble nécessaire pour les besoins du pays ; ainsi que *La Gazette du Turkistan.* Il s'agit d'un hebdomadaire, dans lequel on trouve outre les affaires courantes, des articles d'histoire, d'ethnologie et des statistiques sur le pays, souvent très intéressants et dignes de foi. Par contre, aucune nouvelle du reste du monde, et même l'actualité en Asie centrale est rarement traitée, sauf par le biais de citations de journaux de Saint-Pétersbourg ou de Moscou. Il n'a que 300 abonnés, et coûte au gouvernement 22 000 roubles par an, soit 37 kopeks le numéro. Bien que j'ai souvent lieu d'être satisfait du contenu de ses articles, l'existence même de *La Gazette* me rend parfois perplexe. Il existe un supplément en turki pour encourager la lecture parmi les indigènes, mais lors de mon séjour à Tashkent son contenu provenait essentiellement des *Mille et Une Nuits.* A l'extérieur de la ville, à l'est, en direction de la foire, se trouve un large parc, appelé Ming-uruk (ou les mille abricotiers), qui fut autrefois le lieu favori de promenade vespérale de Tashkent. Comme son nom l'indique, il s'agit d'un vaste verger d'abricotiers, la plupart très gros et anciens, entouré d'une haute enceinte d'argile. Le jour même de mon arrivée il y avait des festivités dans ce parc, avec ses composantes habituelles : la tombola, la pelouse verte et les larges allées remplies de flâneurs et de promeneurs. On avait organisé un restaurant temporaire, et dans plusieurs tentes et pavillons les dames de Tashkent distribuaient les billets de loterie à vingt kopeks la pièce, avec une chance sur peut-être deux mille de gagner un petit lot. Les indigènes ont l'air de beaucoup apprécier ce type de jeux de hasard, et il semblerait que la plus grande partie des recettes de ces charitables petites loteries provient de la population sarte, séduite par l'idée de gagner quelque chose sans plus d'efforts que le fait de tirer un petit rouleau de papier d'une urne, de faire glisser sa bague de fil de fer, et de la dérouler. S'il y a le mot *allegri* sur le billet, c'est un coupon nul, par contre s'il y a un chiffre, il s'agit d'un lot. Maintenant que le jardin du gouverneur général est ouvert si souvent le Ming-uruk a acquis une mauvaise réputation, et l'introduction de bonnes routes, l'apparition de calèches et de voitures ont freiné l'équitation et les exercices équestres ; or, il y a trois ans les véhicules étaient rares et la boue profonde, les hommes et les femmes étaient tout le temps à cheval. Maintenant il n'y a guère que les officiers et les indigènes qui montent à cheval, et il arrive de plus en plus de voir des indigènes en voiture (*droshki*) — séduits par les charmes de la civilisation.

Pendant mon séjour en Asie centrale, je pris Tashkent comme quartier général, et j'y demeurais un certain temps à plusieurs reprises. Heureusement pour moi, sans doute, l'élite des cercles officiels (tout l'état-major) russes participait à l'expédition du Khivan, et j'étais ainsi coupé de la haute société. Parmi ceux qui restaient je fis de très intéressantes rencontres, bien qu'au début j'eus à souffrir d'une certaine méfiance. J'avais envoyé mes lettres de recommandation au général Kaufmann, au quartier général de l'expédition, et j'arrivai donc à Tashkent sans aucune recommandation. Pourtant, je crois que la méfiance initiale s'était déjà dissipée lorsque le général Kaufmann par retour du courrier approuva ma visite, et mes rapports avec les dignitaires étaient excellents. Après l'arrivée du général Kolpakofski de Vierny, qui faisait office de gouverneur général, l'on me traita avec une plus grande prévenance encore, et je pus réaliser tous mes projets; Cependant, peut-être n'est-ce d'ailleurs que de la curiosité, mais je regrette quand même de n'avoir pu observer la vie à la petite Cour — car vraiment il ne s'agit pas d'autre chose — telle qu'elle se déroule d'ordinaire à Tashkent. Le gouverneur général, ou Yarim-Padshah (demi-roi), comme on l'appelle, imite le train de vie des monarques asiatiques dont il est entouré. Il ne sort qu'accompagné d'une garde de cosaques triés sur le volet, et même son épouse et ses enfants ont leurs escortes. Celles-ci furent supprimées, il semble, après la remarque mal venue d'un officier récemment arrivé, qui innocemment s'enquit de la dame qui avait été arrêtée. Le gouverneur général sort assez peu, mais contribue à la vie sociale locale en donnant deux ou trois bals pendant l'hiver, auxquels est invitée l'élite de la population indigène ainsi que les Russes. Quelles divertissantes soirées ce doivent être. Les invités doivent être ponctuels, comme au palais d'Hiver à Saint-Pétersbourg, et là doivent attendre une bonne heure que le gouverneur général et son épouse, ainsi que sa suite pénètrent dans la pièce, où ils sont accueillis par des révérences. Aucune danse ne peut commencer avant cela, et l'étiquette est tellement plus stricte qu'à Saint-Pétersbourg, qu'aucun homme n'a le droit de s'asseoir en présence du gouverneur général. Le malheureux qui l'oublierait se verrait vite rappelé à l'ordre par un des aides de camp. Le gouverneur général serre-t-il chaleureusement la main de quelqu'un ou s'attarde-t-il auprès de lui une dizaine de minutes, aussitôt l'individu ainsi favorisé devient un personnage, et est tout de suite vu comme quelqu'un dont l'avenir est prometteur, et qui a une grande influence. Tel est l'effet des faveurs de cour.

Lorsque le gouverneur général revient à Tashkent des arcs de triomphe sont dressés en son honneur, et les fonctionnaires sortent de la ville à sa rencontre, enfin on salue son entrée à coups de canon.

Lorsqu'une branche du département des contrôles fut fondée à Tashkent on s'aperçut qu'il n'existait aucune loi permettant ce type de salut, et il y eut une requête pour que l'argent dépensé en poudre soit remboursé à la Trésorerie. L'argent fut payé, mais les saluts continuent, toutefois ils ne sont plus à charge de l'État. Les arcs de triomphe et les réceptions sont censés être un témoignage spontané du sentiment populaire, or ces manifestations n'ont rien de très spontané. A la prise de Khiva, il y eut une réunion pour décider de la forme à donner à la commémoration de cette victoire. Certains proposèrent un arc de triomphe permanent, d'autres des bourses d'étude pour les langues orientales — au nom du gouverneur général — dans une université. En fin de compte les deux suggestions furent retenues. L'argent devait provenir de contributions volontaires, mais tous les officiers et les dignitaires, même ceux qui résidaient dans d'autres parties du Turkistan, reçurent un courrier officiel de leurs supérieurs réclamant leur contribution, que peu d'entre eux osèrent refuser.

Hormis le gouverneur général, il y a aussi le gouverneur militaire et le vice-gouverneur, un état-major de généraux et d'autres grands dignitaires, car vu qu'il s'agit d'une capitale-miniature il faut que chaque département soit doté d'une administration centrale organisée sur une grande échelle. Les épouses et les familles de ces hauts représentants se considèrent elles-même comme des «sommités» de la société, et très supérieures aux autres dames des environs, car il ne faut pas croire que Tashkent manque de dames, la plupart des officiers sont accompagnés de leur épouse et de leur famille. En conséquence, la société est divisée en cliques et coteries, alors que, à l'exception des dignitaires les plus haut placés, quasiment tout le monde ici est venu pour fuir ses créanciers ou a été exilé pour éviter quelque catastrophe, ou alors est venu, alléché par le traitement plus élevé, ou la durée moins longue du service, ou encore dans l'espoir de faire rapidement fortune; et cela en conservant leurs idées saint-pétersbourgeoises. La même étiquette règne en ce qui concerne les visites en matinée, le port de l'habit, et d'autres usages de la société qui prévalent dans des villes russes plus importantes. Il est vrai que les gens se côtoient à des soirées théâtrales ou des soirées privées, qui ont lieu parfois au Club, ou au palais du gouverneur général, mais chaque coterie s'isole des autres, et il n'existe pas à proprement parler de vie sociale générale authentique. Ces divisions absurdes au sein d'une si petite communauté, ajoutées au fait que Tashkent est souvent vécu comme un lieu d'exil temporaire, sont très pernicieuses pour les jeunes officiers et fonctionnaires. Comme il y a peu de loisirs, que la vie sociale est morne et divisée, et que leurs violons d'Ingres, soit littéraires soit scientifiques ne sont guère encouragés, il ne reste aux officiers que peu d'alternative à la boisson et au jeu, et il y a de nombreux exemples de jeunes gens qui se sont ruinés complètement, ou qui ont dû être bannis de Tashkent — et il faut descendre bien bas pour être banni de Tashkent. Le nombre de suicides et de décès est important. Un auteur russe dont le talent commence à être reconnu, M. Karazin, qui fut autrefois officier en Asie centrale, a brossé un tableau fidèle de Tashkent dans son roman *Aux confins de l'Empire*. Je sais que ce livre est considéré comme étant diffamatoire à Tashkent, pourtant presque chaque personnage est reconnaissable, et le ton de la société qui y est décrit est, autant que j'ai pu le savoir, celui qui existait réellement il y a deux ou trois ans. Il y a eu depuis quelque progrès. La débauche et la dissipation s'y expriment peut-être moins ouvertement, mais le ton reste dans l'ensemble, le même. On est loin de chez soi, l'opinion publique est soit muette soit complaisante, et nombreux sont ceux qui se laissent aller à des comportements qui leur sembleraient inconcevables ailleurs.

Je ne pus qu'être frappé du degré d'ignorance du pays qui prévalait dans la communauté russe de Tashkent, mais également du manque total d'intérêt qu'elle manifestait pour celui-ci, et il leur parut souvent difficile de comprendre comment je pouvais m'intéresser à ce pays au point d'y être venu exprès, alors qu'il symbolisait aux yeux de tous ce qu'il y avait de plus exécrable. Bien sûr il y avait des exceptions, mais je parle d'une impression générale. Le nombre de Russes qui savent parler le persan ou le turki, ou qui s'intéressent ne serait-ce qu'un peu à l'histoire, aux antiquités, ou aux produits du pays, ou à n'importe quel autre aspect de la vie de ceux parmi lesquels ils vivent, est incroyablement réduit. Une branche de la Société d'histoire naturelle et d'anthropologie s'est créée à Tashkent, et les réunions avaient lieu chez le gouverneur général; mais, soit lourdeur de la présence officielle, soit manque d'intérêt réel, elle ne tarda pas à péricliter et à disparaître.

La branche de Tashkent de la Société pour l'encouragement du commerce russe est elle aussi très languissante.

Une Société d'Asie centrale a été constituée, mais elle a été interdite par les autorités.

De tout Tashkent, la personne qui s'intéressait le plus à la vie des autochtones était un certain M.P.; l'agent-délégué du ministère des Finances. Il avait appris le turki, et s'exprimait dans cette langue avec élégance et précision, sa maison était le lieu de rendez-vous des notables du coin. Son épouse partageait cet intérêt, et fréquentait la population locale, leur rendant visite et les recevant. En dehors de l'extrême gentillesse et de l'amitié de l'accueil que je reçus de M.P. et de sa famille, j'aimais à m'y rendre le plus souvent possible, car j'étais sûr d'y rencontrer à n'importe quelle heure de la journée un ou deux habitants du pays dont la conversation ou les récits étaient d'un grand intérêt et d'une grande pertinence. […]

Le lendemain de la prise de Tashkent une délégation de la ville vint au-devant du général Tchernaief. Il fit mander aussitôt son interprète, mais à son grand étonnement, le vénérable chef de la délégation se mit à lui parler en un russe parfait, de science, de philosophie, des bienfaits de la civilisation. Il s'avéra qu'il s'agissait d'un certain Alim Hadji Yunusof, un Tatar originaire de Penza, en Russie méridionale, qui avait été élevé à Moscou, qui avait fait le pèlerinage de La Mecque, et qui avait voyagé en Inde. Je devais le revoir souvent par la suite à Tashkent, et c'était certainement un des personnages les plus frappants que j'aie rencontré. Il était davantage philosophe que musulman, et sans arrêt à la recherche d'idées nouvelles. Pendant les vingt années qu'il avait passées à Tashkent, à l'époque où celle-ci était sous administration locale, il avait vécu de manière retirée, cultivant ses jardins et son coton, élevant ses vers à soie, collectionnant les concubines. Il avait essayé pratiquement toutes les races que l'on pouvait trouver là-bas et peu de temps avant ma visite avait convolé avec une jeune Persane. Il était assez évolué pour accepter d'aborder les affaires domestiques, et j'aperçus même une ou deux fois certaines de ses épouses. Là encore son idiosyncrasie se manifestait, et il me dit d'un air contrit que sa concubine favorite avait reçu son éducation parmi les Kirghiz, ce qui était simplement une manière polie de dire qu'elle était kirghiz. Depuis l'occupation russe il s'est essayé à des tâches civilisatrices, construisant des maisons, plantant du coton américain, mettant sur pied une usine à savon; il avait aussi tenté d'introduire des machines à tisser la soie, et des machines pour dégrossir le coton, mais je crains que la plupart de ces tentatives ne se soient soldées par des échecs. Sa vaste demeure dans la ville russe n'est pas encore achevée, et son usine à savon eut une fin précoce, devançant même la médaille d'argent qu'il décrocha à l'exposition de Moscou. Imperturbable, il poursuivit ses recherches. Je me rappelle plus particulièrement une des visites que je lui rendis dans son jardin dans les faubourgs de la ville. Quand je frappai à sa petite porte avec opiniâtreté, le Hadji lui-même vint nous ouvrir. Il vaquait à ses travaux agricoles, et apparut vêtu d'une ample tunique indienne rose, qui s'ouvrait devant et laissait voir un cou musclé et bronzé. Caressant sa longue barbe grisonnante, rabaissant ses manches, se nouant un foulard autour de la taille, il nous mena à travers sa vigne et ses grenadiers vers une natte étendue à l'ombre, où il nous régala de ses meilleures pêches et raisins, tout en nous entretenant des diverses maladies du mûrier, et des épidémies qui en résultaient chez les vers à soie, le tout émaillé de fines observations à propos de botanique et de jardinage. Le Hadji est un grand dévoreur de livres; ses intérêts sont des plus variés, et ses recherches lui ont valu d'être nommé membre de plusieurs sociétés érudites à Moscou et à Saint-Pétersbourg. En plus, c'est un homme de cœur et il est doté de bon sens; il en faudrait plusieurs de ce type à Tashkent. Hélas, il n'y est plus à l'heure actuelle, comme je vous le raconterai par la suite.

Après avoir donné un aperçu critique de la société de Tachkent, Schuyler nous conduit dans une visite approfondie de la ville, de ses bazars, des échoppes regroupées selon les spécialités des artisans. Une description méthodique et détaillée agrémentée de commentaires historiques et techniques s'ajoute à l'animation des rues et au mélange des populations.

LA VILLE INDIGÈNE

Si l'on prend la rue principale de la partie russe de Tashkent vers le nord on pénètre sans s'en rendre compte dans la ville indigène. Les bâtisses carrées en stuc font place à de longs murs de terre séchée et à de petites boutiques, en quelques instants l'endroit s'est complètement métamorphosé. Aucune ville en Asie centrale ne présente autant de variété que le Tashkent indigène, la ville originaire de Tashkent. Les rues sont tortueuses, et quand on se promène dans la ville, il y a toujours du nouveau, tantôt on monte, tantôt on descend, puis on tourne à gauche, à droite, pour se retrouver entre des murs élevés, ou bien parfois sous le portail en bois d'une mosquée dont le minaret se dresse bien haut dans le ciel, ou encore au bord d'un profond ravin, ou encore sur un pont de bois trapu qui enjambe des eaux tumultueuses. Partout les arbres débordent des murs, car il y a des jardins en abondance, et on peut quitter la rue pour prendre un chemin qui longe un ruisseau vers un moulin dont on entend grincer la meule, et on a l'impression d'être dans un coin de campagne perdu. C'est une chose curieuse un moulin asiatique. L'eau fait tourner une roue grossière dont l'essieu est garni de larges dents de bois, si on ose les appeler ainsi: sur ces dents reposent d'énormes poutres de bois, et au fur et à mesure que la roue tourne ces poutres dégringolent les unes après les autres le long des dents libérant ainsi l'autre côté qui est en forme de tête de marteau, et qui vient alors s'abattre avec force sur le mortier, pulvérisant le blé qui s'y trouve.

Parfois nous traversons le large jardin d'un *médressé*, c'est-à-dire d'une école, on y trouve des allées ombragées, des pelouses autour d'un bassin rectangulaire qui regorgent de promeneurs venus de la ville, car les élèves sont, pour la plupart d'entre eux, occupés à lire ou réciter leurs leçons dans leurs petites cellules. Dans certains de ces quartiers retirés de la ville, de vieux Sarts coulent des jours paisibles, sans la moindre envie d'aller voir la ville russe, on dit même qu'un grand nombre d'entre eux n'ont jamais vu d'« infidèle ». Les bâtiments anciens sont rares, et la plupart des mosquées sont petites et en piteux état. Les seules qui valent la peine d'être mentionnées sont la mosquée Hodja Akhrar, ancienne et en ruine, avec ses mosaïques brisées, et le médressé moderne à Beklar-Bek, avec ses tourelles et ses galeries en briques, qui domine le bazar. Les rues principales, par endroits, sont pavées de larges dalles, censées faciliter le passage des véhicules, mais qui sont plutôt des obstacles. Cela dit, il est possible que dans la boue de l'hiver et de l'automne, ces dernières puissent servir d'efficace point d'appui pour les piétons, mais en été elles sont profondément enfouies sous la poussière abondante et suffocante.

Les murs de Tashkent font, dit-on, environ vingt-cinq kilomètres de long, et il y avait auparavant douze portes, trois d'entre elles, du côté de la ville russe, ont été démolies récemment. Par endroits le mur atteint une hauteur de douze à quinze pieds, il est constitué de blocs de pisé, recouverts d'un enduit; sa base est plus large que son sommet, celui-ci est crénelé, il y a des ouvertures pour les canons. A mi-hauteur il y a parfois d'étroites plates-formes, également prévues pour les canons et les soldats. Une ruelle court entre le mur et les maisons. A l'extérieur des murs — la ville fait neuf kilomètres de large — les jardins s'étendent sur plusieurs kilomètres. Ces jardins, qui regorgent d'arbres, et qui, vus à une certaine distance, dissimulent entièrement la ville, sont encore magnifiques, bien qu'ils aient beaucoup souffert de l'occupation russe. Ils ont été détruits pour faire place à la foire mais également pour permettre les exercices et la parade des troupes. De plus, il y a eu beaucoup de destruction d'arbres pour des raisons de chauffage. Pour l'instant, le charbon que l'on fait venir d'au-delà de Hodjent, est très onéreux, et l'on trouve meilleur marché et plus agréable d'abattre les arbres fruitiers des vergers indigènes, brûlant ainsi du bois d'abricotier, de pêcher, et de cerisier, dont les réserves seront bientôt épuisées. La révolution des siècles a détruit la plupart des forêts et des cultures en Asie centrale, et malheureusement les colons russes, habitués comme ils le sont chez eux à voir dans les forêts des ennemies, et à gaspiller le bois, sont parvenus à décimer ce qu'il restait. Au-delà des jardins s'étend la steppe, qui part de Syr Darya, à quelque cinquante kilomètres d'ici, jusqu'aux montagnes. On aperçoit des villages, avec des arbres et des jardins, de toutes parts, car la population de ce district de Kurama est aussi dense que dans la vallée de Zarafshan. L'un de ceux-ci — Kuiluk, sur les rives du Tchirtchik — est la résidence du préfet russe, et comporte beaucoup de maisons de style russe; un autre, celui de Nogai Kurgan, est habité uniquement par des Tatars, qui s'y étaient réfugiés de Russie, ou qui étaient venus pour faire du commerce. A Kaplan-Bek on trouve un centre d'élevage de chevaux, qui est avant tout une sinécure pour les fonctionnaires russes. Alors que c'était nominalement une entreprise privée, mise sur pied pour l'amélioration des races de chevaux au Turkistan, elle avait reçu du gouvernement 5 000 hectares de terre prise aux Kirghiz et quelque vingt mille roubles en argent, et depuis s'est vu dotée de 15 000 roubles supplémentaires provenant d'un fonds placé dans une caisse d'épargne du secteur. Les montagnes, appelées Tchatkal, qui se trouvent à environ quarante-cinq kilomètres de Tashkent, contribuent à la beauté du paysage et contiennent quelques villages intéressants, habités par des Tadjiks, surtout au fond de la vallée du Tchatkal, où se niche la charmante petite ville de Hodjakent, avec ses frêles ponts posés sur de gros rochers.

La prospérité de Tashkent repose entièrement sur son approvisionnement en eau, qui est le plus important en Asie centrale. L'eau, dans sa totalité, provient de la rivière Tchirchik, qui descend le long des monts avoisinants en passant par un large canal, le Bos-su, qui part de la rivière à Niazbek, à quelque vingt kilomètres en amont de la ville. Ce canal se divise en quatre canaux, et ceux-ci avec toutes leurs ramifications desservent tous les quartiers de la ville. Pour les besoins en eau de la ville russe on décida de construire un nouveau canal, et la tâche fut attribuée à un ingénieur russe qui visiblement n'avait pas bénéficié du savoir-faire indigène dans l'art de l'irrigation. Il fit élever une digue monumentale et un fossé fut creusé non sans mal, or jusqu'à présent l'on n'a pas recueilli la moindre goutte d'eau, et l'ouvrage a été abandonné.

La ville se divise en quatre parties ou secteurs — Shaikantaur, au nord-est de la ville; Bish-Agatch, au sud, près de la ville russe; Koktchi, à l'ouest, et Sibzar, au nord-ouest. Selon la tradition ces quartiers auraient été autrefois des villages distincts, parfois rivaux, qui auraient progressivement fusionné en une grande ville avec le développement des échanges commerciaux. Chacun de ces quartiers possède ses propres *aksakals* (littéralement barbe-blanche), ou anciens, et son propre chef de police, l'ensemble de la ville étant gouverné par le commandant ou préfet russe, dont la vaste maison se situe dans le quartier le plus proche de la partie russe de la ville. Le commandant actuel, le colonel Medynski, qui vit en Asie centrale depuis l'époque du général Tchernaief a acquis une connaissance approfondie des gens qu'il administre. Il comprend en outre assez bien le turki pour ne pas être la dupe d'interprètes incompétents. Hormis le préfet et ses assistants les plus proches l'ensemble des officiers de la ville et de la police sont originaires de Tashkent, et l'ordre et la bonne marche du gouvernement sont tout à fait remarquables. Les crimes sont très rares, le vol étant le délit le plus commun; et il est possible de se promener ou d'aller à cheval dans n'importe quelle partie de Tashkent à n'importe quelle heure de la nuit sans courir le moindre risque, sans être agressé ou insulté. Je ne pus qu'être frappé par cet ordre si bien maintenu par la police indigène, et par la bonne entente qui régnait entre les indigènes et les Russes.

LES BAZARS DE TASHKENT

En Asie centrale, une ville, pour être digne de ce nom, doit posséder une mosquée *Jumma*, capable de contenir tous les habitants le vendredi, ainsi que les trente-deux guildes ou corps de métiers (*kasaba*) qui sont censés représenter la totalité du monde du commerce. Il y a sûrement eu trente-deux guildes ou corporations à l'origine, même s'il en existe beaucoup plus maintenant, mais ce nombre a dû être choisi parce que le corps humain est censé être constitué de trente-deux membres, et donc le corps des commercants doit comprendre trente-deux guildes lui aussi. De plus, chaque branche d'industrie, tels la cordonnerie ou le tissage de la soie, et ainsi de suite, doivent comporter au moins trente-deux sous-divisions; Toutes ces activités sont représentées au bazar, et nous allons maintenant visiter celui de Tashkent.

Nous prenons tout d'abord par la grand-rue qui divise Tashkent en parties presque égales, qui s'élargit et devient plus droite à mesure que nous avançons. Enfin, nous franchissons une petite colline recouverte de cailloux puis un pont un peu fruste qui passe au-dessus d'un des canaux qui alimente la ville en eau, sur la gauche se trouve un large bief de moulin. Là, commencent à apparaître les échoppes, une fonderie, une usine de cotonnades, des murs où sèchent des écheveaux de coton fraîchement teints, et devant nous se dresse le superbe médressé de Beklar-Bek qui marque l'entrée effective du bazar. Le portail franchi nous gravissons le chemin raide qui mène à la plate-forme de la mosquée, d'où l'on a une vue d'ensemble du bazar, et pourtant l'on ne voit que deux ou trois échoppes. Mais si l'on porte le regard au-delà de ce qui semble être une vaste plaine argileuse, vers la colline surmontée d'une autre mosquée, près de laquelle on voit le dôme d'un établissement de bains, on distingue tout juste les toits plats de terre séchée des échoppes et des maisons, parfois recouverts d'herbe et de coquelicots, c'est le bazar qui se niche dans la vallée qui passe, sinueuse, entre les collines. Ce n'est qu'une fois dedans que l'on peut se faire une idée du bazar, et encore faut-il plusieurs jours d'exploration pour commencer à réaliser ses dimensions, car le dédale des rues et la foule dense qui les peuple ne permettent pas de vue d'ensemble. Le piéton a tout intérêt à rester sur les bords surélevés, le long des boutiques, sinon il risque de passer sous les sabots des Kirghiz ou des Sarts qui sont des cavaliers très insouciants. A chaque rue, sa spécialité, voici la rue des marchands de soie, puis celle des joailliers, là ce sont les artisans du bronze, puis de temps à autre l'on aperçoit le portail d'une cour de caravansérail qui fait office à la fois d'auberge et d'entrepôt. Ici et là il y a des espaces dégagés, où l'on trouve quelques échoppes ou étals, que surmontent des ombrelles et des nattes de roseaux tressés, et tout autour des grappes de vendeurs ambulants. Ici on prépare des kababs et galettes grillés sur des morceaux de charbon, là une maison de thé, là encore le boulanger, puis vous aurez peut-être un homme assis en tailleur sur une plate-forme surélevée, qui propose aux enfants du sirop de canne et de la neige à un *tcheka* la portion. Le soleil inonde les rues mal protégées par les rares auvents, comme c'est toujours le cas d'ailleurs dans les bazars asiatiques, et la chaleur est intense. Chaque boutique n'est constituée que d'une petite pièce carrée, prolongée parfois par une pièce plus petite, le tout largement ouvert sur la rue, étant donné que les planches qui servent de devanture au magasin sont toutes ôtées pendant la journée. Le marchand est assis en tailleur sur un tapis ou une natte, ses articles sont disposés autour de lui ou derrière sur des étagères. La plupart des boutiques sont rarement assez grandes pour permettre la compagnie d'un ami ou deux à l'intérieur. Les clients restent en général à l'extérieur, ou restent à cheval, ou encore se tiennent sur le seuil de la boutique. L'ensemble du bazar a l'air vieux et fruste, on dirait que rien n'a changé ou n'a été amélioré depuis un siècle au moins. Le général Tchernaief proposait de tracer au milieu de la vieille ville deux larges boulevards se croisant à angle droit, et il y a longtemps que le préfet désire améliorer le bazar en y faisant tracer une large rue, bien pavée ou même macadamisée, qui la relierait au quartier russe de Tashkent. Ceci impliquerait le ravalement d'une certaine partie du bazar, ce qui serait susceptible d'être bénéfique non seulement pour le commerce, mais aussi pour la santé. Or ce projet a été jugé préjudiciable au commerce et trois fois rejeté par le gouverneur général. Ce dernier estimait que la population se détournerait de la foire créée récemment de l'autre côté de la ville et à propos de laquelle je reviendrai un peu plus loin.

Le grand jour au bazar de Tashkent est le mercredi; il n'y a pas forcément plus de clients que les autres jours, et les boutiques sont ouvertes tout autant les autres jours de la semaine, mais le mercredi il y a beaucoup plus d'affaires traitées, et des gens arrivent des campagnes avec leurs marchandises. Il y a alors une telle cohue que l'on peut à peine se déplacer. Je parle ici du grand bazar, car il y en a d'autres, moins importants, près des portes, et surtout l'Urda, qui se trouve à côté du quartier russe, près de l'ancienne citadelle (*urda*).

Récemment un nouveau bazar a surgi dans la ville russe, principalement dévolu à la vente de pain, de fruits, de viande et de légumes, et de menus objets; en fait il s'agit d'un marché pour les Russes. Ce dernier est fréquenté surtout le dimanche, ce qui lui donne son nom le «bazar du dimanche». Le fait que les Russes l'aient appelé «le bazar ivre» s'explique sans doute par le fait qu'il regorge de soldats en état d'ébriété, car à Tashkent ceux-ci bénéficient d'un régime assez laxiste, et il est notoire que les peines d'emprisonnement ne sont d'aucun recours contre l'alcoolisme.

J'allais souvent au bazar, seul ou parfois en compagnie du mollah ou d'amis, y marchandant avec les commerçants, ou m'asseyant un moment sur le pas de la porte j'aimais m'absorber dans la contemplation des artisans en train de travailler, ou des affaires en train de se faire. Les commerçants étaient toujours prêts à faire des affaires, mais toujours avec une certaine lenteur méthodique ; par exemple, ils ne vous montraient jamais plus d'un ou deux articles à la fois, puis quelques autres si les premiers n'étaient pas à votre goût, surtout ils n'avaient jamais l'air de vous faire acheter quelque chose. Si vous leur disiez que vous ne vouliez rien, mais que vous étiez venus tout simplement pour vous divertir, *tomasha*, ils étaient toujours prêts à vous expliquer et à vous montrer tout ce qui pouvait vous intéresser. Cependant leur stratégie commerciale était assez originale, en effet, ils n'acceptaient jamais de vendre l'ensemble de leur stock d'un article d'un coup ; ou s'ils le faisaient, en demandaient un prix plus élevé. Comme le disait un de ces marchands : « Eh bien, me voilà avec assez de marchandises pour une semaine, et si je vous vends le tout, comment vais-je m'occuper le reste de la semaine ? »

LES ORFÈVRES, LA DINANDERIE ET LES ARMES

Les joailliers m'intéressaient particulièrement. Toutes leurs boutiques sont rassemblées dans une petite rue, et c'était très agréable de les observer travailler les uns après les autres. Presque chaque fois ils me montraient quelque nouveauté qu'ils semblaient avoir oubliée la fois d'avant. Leur stock était toujours très réduit ; quelques boucles d'oreille et bagues en argent, quelques boucles de ceinture et des amulettes à porter dans la chevelure ou à l'épaule, parfois des colliers et des bracelets sertis de verre coloré. On trouvait très peu de pierres précieuses, et aucune de quelque valeur. Il y avait des turquoises en abondance, mais le plus souvent elles étaient de très médiocre qualité, et elles servaient à décorer les brides, les pommeaux de selle, ainsi que les pommeaux de sabres, où elles sont rassemblées grossièrement, serties dans de l'argent, puis limées et polies jusqu'à ce qu'elles se fondent en une surface uniforme, le résultat ressemble beaucoup à de la peau de chagrin. Leurs outils étaient très simples : un four actionné à la main, à l'aide d'un soufflet, de quelques barres et de pinces, de fines bandes d'argent et des fils de fer qu'ils transformaient en un ouvrage finement ciselé. L'or était très peu travaillé ; hormis quelques feuilles d'or qui étaient découpées en petits morceaux et assemblées à coups de marteau, puis appliquées à l'intérieur d'un moule. Parmi les orfèvres, il y avait un ou deux horlogers, des Tatars le plus souvent, qui réparaient des montres européennes, ou parfois, en fabriquaient de grossières imitations, avec des chiffres arabes sur le cadran. Le commerce des montres semble florissant, à en juger le nombre des indigènes plus nantis qui en possèdent tous une ou deux, qu'ils conservent en général à l'abri de goussets de cuir et qu'ils ont beaucoup de plaisir à montrer. On peut acheter à Bukhara une montre suisse ou anglaise en argent, de bonne qualité, aussi bon marché qu'à Moscou.

Les artisans du bronze occupent une autre rue, dans la partie sud du bazar, et tout le secteur résonne de leurs coups de marteau. Tout d'abord ce sont les samovars russes qu'ils réparent, qui frappent les yeux. Ils ne sont jamais fabriqués ici, ils sont tous importés de Russie, ce qui était déjà le cas avant l'occupation russe. Par contre, ils fabriquent eux-mêmes en grand nombre, les théières locales et les aiguières (*kumgan*) aux formes si gracieuses, et si finement ouvragées; parfois leurs parois sont recouvertes d'une fine couche d'étain, qui est ciselée pour réaliser un ornement avec deux métaux. Pourtant il ne semble pas qu'il y ait de maître-artisan très doué, ou alors il manque beaucoup de goût, car ces récipients sont rarement des ouvrages bien finis, souvent un pot superbement décoré se verra flanqué d'une poignée rudimentaire, mal équarrie. Ils fabriquent également des bassines pour la toilette, celles-ci sont recouvertes d'un plateau ajouré, décoré d'arabesques, pour recevoir l'eau versée sur les mains. Ici, comme cela se fait ailleurs, les ateliers se subdivisent en plusieurs branches, l'un ne s'occupant que de la fabrication des fonds d'aiguières, l'autre les soudant, un autre encore s'occupe des poignées, l'autre des couvercles, pendant que les derniers cisèlent les motifs sur les parois du récipient. Au fond on pourra apercevoir des tas de bouilloires en acier qui sont importées de Russie. Le fer qui est travaillé ici est importé, et les indigènes ne le travaillent pas beaucoup, sauf pour fabriquer des couteaux et des sabres. La plus grande partie des couteaux, des rasoirs et des ciseaux que l'on trouve sont en fer, bien qu'il y ait des couteaux dont la lame soit bordée d'acier, et d'autres uniquement en fer — souvent à partir d'anciens sabres — et ceux-là se vendent beaucoup plus cher. Les poignards occupent une telle place dans la vie des Asiatiques, que ce commerce emploie beaucoup de gens, pour la fabrication et la vente. Les manches sont presque toujours en os, souvent finement ouvragés, et presque chaque poignard possède son fourreau, souvent celui-ci est en cuir de cheval teint en vert. Ce dernier est ensuite accroché à la ceinture par une lanière de cuir agrémentée de tasseaux.

Peu de lames d'épée de qualité sont fabriquées à l'heure actuelle, étant donné que cet art semble avoir disparu dans cette partie de l'Asie. Les très belles lames proviennent de Perse, et sont transmises de père en fils. On y attache donc une grande valeur et elles sont rarement à vendre, même à un prix élevé. On m'a proposé deux ou trois sabres, qui semblaient de bonne qualité, à des prix allant de 10 à 20 livres. Il ne reste plus de bons couteliers dans le Turkistan russe, et même dans les provinces indigènes il n'y a pas de marché pour les lames sauf quand une guerre se prépare, et là les artisans sont débordés; mais en temps de paix ils fabriquent essentiellement des couteaux, des rasoirs et divers outils. Les lames d'épée sont parfois fabriquées à partir de lames de damas abîmées, et cette activité est très importante à Hissar, ainsi qu'à Samarkand, mais la manière plus courante de fabrication des lames reste d'en forger à partir d'un bon fer ou d'un acier malléable, et d'y souder une fine couche provenant d'aiguilles anglaises. Les indigènes apprécient ce type de lame car elle ne se brise pas, étant donné que son procédé de fabrication la rend souple et résistante. Une autre méthode, utilisée à Tolède, est celle qui consiste à fabriquer une lame à partir d'un fer à cheval ou même des clous de fer à cheval, d'y ajouter sur chaque côté de fines lames d'acier — celles qu'ils obtiennent à partir d'aiguilles anglaises ont la préférence — de même courbure et ensuite de souder l'ensemble, le tranchant sera obtenu par la soudure des deux bords en acier. Ici, la plupart des lames sont très recourbées, fort peu sont droites. La roue qui sert à les affûter est en bois, recouvert de cuir et d'une couche épaisse de poudre d'émeri. Une courroie passe deux fois autour de l'essieu horizontal, quelqu'un la tire dans un sens puis dans l'autre, ce qui met la roue en mouvement, pendant qu'un autre en approche le couteau à aiguiser.

Quant aux armes à feu, la seule qui soit fabriquée en Asie centrale est la carabine à mèche, le canon étant grosso-modo de style européen ou traditionnel, provenant principalement d'Inde et de Perse. Tashkent possède quelques fonderies, où l'on fabrique surtout quelques ustensiles domestiques, tels que des lampes, qui ressemblent beaucoup aux lampes des Romains, mais dont le travail est beaucoup moins soigné; ceci tient à la liquéfaction imparfaite des métaux en fusion qui rend les surfaces rugueuses. L'ensemble du procédé de fonte est très rudimentaire. La fonderie consiste en une cour, avec une baraque sur un côté, qui est toujours orientée vers le sud pour que le soleil puisse sécher les moules. Des morceaux de fer mélangés à du charbon sont disposés dans un pot de fer ouvert, dont l'intérieur est revêtu d'argile, qui est placé sur une forge alimentée par des soufflets actionnés à la main. Quand le fer a fondu, le pot est déplacé au moyen de pinces, et le contenu est, soit extrait (puisé) par petites quantités, soit en cas de gros articles, versé directement dans les moules, qui sont parfois très habilement exécutés. Les termes techniques et le nom même de cet artisanat (*dig-rizi* fabrication de bouilloire), étant en tadjik, laissent penser que cet artisanat est d'origine persane.

LES MAISONS DE THÉ, LES BARBIERS ET LES APOTHICAIRES

Accablés par la chaleur nous nous réfugions dans une maison de thé (*tchai-khana*[1]), dans laquelle un groupe d'indigènes échange les derniers potins, ou bien les rumeurs de l'expédition Khivan. Nous nous asseyons sur un divan tendu de soie, et le garçonnet — ces établissements semblent toujours être tenus par de jeunes garçons — jette une poignée de thé vert dans un pot en cuivre, le remplit avec l'eau du superbe *samovar* russe, qui trône dans l'entrée, le laisse reposer un instant sur les charbons ardents, puis nous l'apporte, avec un bol de porcelaine. Quelques sous donnés à un badaud nous procurent du sucre, du *kishmish*, c'est-à-dire des raisins, ou bien de petits pains ronds, et de délicieux abricots. Si on le désire il y a aussi des boulettes de viande du marchand du coin. Ces établissements ne vendent que du thé, et les indigènes apportent leur propre pain et raisin enveloppés dans les plis de leurs ceintures, qui servent de nappes quand ils sont déployés.

Nous concluons cette pause par une cigarette, tandis que nos voisins toujours occupés à deviser des potins du coin, aspirent quelques bouffées d'un imposant narguilé. En sortant de la maison de thé nous tombons sur un barbier occupé à raser le crâne d'un client. Il n'utilise point de savon, se contentant de mouiller abondamment le cuir chevelu, et avec une habileté remarquable fait disparaître les cheveux à l'aide d'un rasoir en fer, à l'air malcommode, planté au bout d'un manche en bois comme un porte-plume. Puis il rince à nouveau le crâne, l'essuie avec une serviette, et d'un coup de rasoir enlève deux à trois centimètres du milieu de la moustache. Que Dieu lui pardonne s'il touche à un seul poil de la barbe ou de l'extrémité des moustaches, par contre la tradition musulmane exige que la partie située immédiatement sous le nez reste glabre. Le barbier, comme c'est le cas dans tous les autres pays primitifs, est également chirurgien, et il pratique la saignée ou opère du mieux qu'il le peut, sans avoir le moindre lien avec l'apothicaire d'en face.

Les petits tiroirs, les boîtes rondes aux étiquettes colorées, les bouquets d'herbes séchées ne laissent planer aucun doute sur le type de commerce. On trouve là toutes les drogues de la pharmacopée asiatique. Il y a aussi des citrons séchés de Perse qui ont la taille d'une noix de muscade, mais qui lorsqu'ils sont brisés et trempés dans votre thé le parfument fortement, de petits miroirs, du papier d'arménie; sans oublier — comme l'indique le nom même de la boutique, *attar-khana*

1. Bien que les deux mots soient d'origine locale, cette expression fut introduite par les Russes et est entrée dans le vocabulaire courant. En se parlant entre eux, les Sartes disent généralement le *samovartchi*, employant un mot dérivé du russe, mais ceci il y a longtemps.

— tous les cosmétiques qui représentent cependant un nombre limité de ventes, étant donné que n'importe quel jardin offre les articles utilisés le plus communément.

Le plus indispensable est, sans doute, l'*usma*, une espèce de guède ou de bois (*Isatis*) qui donne la teinte noire utilisée pour dessiner les sourcils. Le jus des feuilles fraîches est pressé dans une tasse, et appliqué à l'aide d'une fine tige de roseau au lieu d'un pinceau, ou bien avec le doigt. La mode exige que l'on peigne non seulement les sourcils mais aussi l'intervalle entre eux, de manière à obtenir un trait continu. D'abord on obtient un vert douteux, puis quelques instants plus tard il se transforme en un bleu noir, mais il s'estompe assez rapidement et doit être renouvelé tous les deux ou trois jours. C'est une coutume si profondément ancrée que même les enfants de moins d'un an sont concernés. Le *surma*, poudre noire d'antimoine, est utilisé pour les cils, même par les hommes, et on lui attribue ici des vertus apaisantes en cas d'inflammation de l'œil causée par le vent ou la poussière. L'*upa*, ou blanc de céruse, qui vient de Russie, et la poudre de riz sont les ingrédients les plus utilisés pour blanchir le teint, mais ils ne sont utilisés que par les femmes au teint très jaune. Le teint nettement olivâtre, que l'on trouve parfois chez les Tadjiks de sang pur de Samarkand, n'est pas altéré par l'usage de la poudre, car il est très apprécié. Le rouge (*iglyk*) s'obtient en faisant tremper un morceau d'ouate dans une infusion de quelque plante appartenant à la famille des borraginacées. Le henné, pour les ongles, est remplacé par du baume (balsamon vulgaire). Les feuilles et les fleurs sont pilées, puis mélangées avec un peu d'alun, les ongles des doigts et des pieds sont enveloppés toute une nuit dans ce mélange, le matin ils sont teintés d'un roux tirant sur le jaune. Autrefois la coutume voulait que les femmes d'un certain âge se laquent les dents en noir, utilisant pour cela une poudre extraite de l'écorce du pistachier mélangée à des déchets (écailles de suie de forge), mais cette coutume a pratiquement disparu aujourd'hui. Il n'existe pas de pommade pour les cheveux, ceux-ci sont d'abord frottés avec du lait caillé puis rincés à l'eau chaude. J'ignore si c'est un effet de cette pratique ou non, mais les femmes ont des chevelures splendides ici, longues et épaisses, quoique un peu rèches. Les gens se parfument soit en portant sur leur personne un fragrant bouquet d'une plante, du basilic par exemple, soit, le plus souvent, à l'eau de rose, parfois à l'excès et cela peut rendre la compagnie des femmes très désagréable par moments. Les bains publics et les maisons sont souvent parfumés par des essences ou des racines que l'on fait brûler, dont un des spécimens les plus chers et les plus prisés est le *sumbul*, dont la nature est longtemps restée mystérieuse. M. Fedtchenko a réussi à en obtenir une racine vivante, qui a pu être plantée dans le jardin botanique de Moscou, et qui s'est révélée appartenir à l'espèce ombellifère, on lui donna le nom de *Euryangium Sumbul*.

On trouve deux types de savon, mais en général celui-ci est très sale et ne sent pas bon, ce qui s'explique par le fait qu'on l'obtient en faisant bouillir ensemble des cendres d'une des espèces de *Salicornia*, le tilleul, avec du suif de qualité inférieure. L'huile pour la cuisine, l'éclairage ou le chauffage est en général obtenue en pressant des graines, le plus souvent, il s'agit du *kunzhut*, c'est-à-dire de la graine de sésame. On utilise celle-ci essentiellement dans la préparation de la nourriture, mais elle dégage une odeur et un goût désagréables, car elle est mélangée à de l'*indau (*eruca) et à du coton. Étant donné que l'*indau* pousse au milieu du sésame, il est très difficile d'éviter le mélange, le coton, lui, sert essentiellement à augmenter le volume du résidu, ce qui est rentable en termes de fourrages. On tire également une huile à usage vétérinaire de l'*indau*. L'huile de lin est une des plus répandues après l'huile de sésame, elle est utilisée pour la préparation des mets, mais surtout pour l'éclairage. Les noix, les tournesols et graines de pavots sont aussi utilisés, en petites quantités, pour les amateurs plus riches. L'huile de chanvre, quant à elle, est peu utilisée en cuisine en raison de ses effets, semblables à ceux du haschish. Des graines du câprier l'on tire une huile de très bonne qualité qui brûle avec une belle flamme vive et sans fumer. Les bougies sont aussi produites avec du suif ordinaire, l'huile et les bougies se vendent dans des magasins différents.

TEINTURES, CUIVRES ET FEUTRES

On vend aussi des teintures dans des magasins de ce type. Mis à part l'indigo qui est importé d'Inde et du Brésil, ainsi que d'autres teintures qui viennent de Russie, et de la *Rubia Tinctorum* qui pousse à l'état sauvage et qui est aussi très cultivée dans les jardins, il y a des teintures dont l'emploi est peut-être propre au pays. L'une d'entre elles, l'*isparuk*, est le pied d'alouette jaune soufre (*Delphinium Sulphurum*) que l'on trouve en abondance dans les steppes. En faisant infuser ces fleurs on obtient une teinture d'un jaune magnifique, vif et permanent. Une autre teinture jaune est le *tuhkmak*, la fleur du *Sophora Japonica*. Le Pugak, lui, est un champignon qui pousse sur le mûrier, surtout dans le Khokand, on l'utilise pour teindre des peaux d'un vert jaunâtre. L'écorce de grenade est souvent employée pour teindre en noir. Mais la teinture noire la plus répandue est le *buzguntch*, qui n'est pas un fruit comme on l'a cru, mais la galle du pistachier. La cochenille est fréquemment utilisée pour teindre la soie en rouge. Elle provient surtout de Bukhara, bien que l'on trouve cet insecte facilement au printemps à Tashkent et dans le voisinage, sur les jeunes feuilles du frêne, du mûrier et d'autres arbres. Depuis que l'on utilise la *fuchsine* importée de Russie, l'utilisation de la cochenille et des autres teintures locales a baissé. C'est pourquoi au Khokand le Khan a interdit l'importation de la fuchsine, en disant qu'elle était de qualité inférieure. Une sorte d'encre de Chine est produite pour la peinture et l'écriture, celle-ci s'obtient en faisant bouillir ensemble du riz et de l'eau, et de la suie d'huile de lin. Quand l'épaisseur désirée est obtenue, on la met à sécher par petites plaquettes.

Il y a une rue entière de cordonniers, certains ne fabriquant que des galoches, d'autres ces bottes de cuir souple qui sont en vogue actuellement, d'autres des bottes d'équitation, dont les semelles sont cloutées et les talons pointus. Chaque boutique a sa spécialité, parfois il s'agit simplement de la découpe des semelles. Le tanneur utilise des méthodes extrêmement primitives, ses cuves sont en fait des trous creusés à même le sol, cependant il prépare le cuir de quatre manières différentes. Dans la première méthode les peaux sont mises à tremper dans une solution d'alun et de soude, puis débarrassées des poils, lavées, recouvertes d'une pâte à base d'orge, puis séchées et passées au suif. Les peaux de veau, de chèvre et de mouton sont préparées de cette manière aussi, sauf qu'au lieu d'être cirées, elles sont tannées avec de l'écorce de sumach (*Rheum Emodi*). Elles sont noircies avec un mélange de galle de pistachier et de vitriol. Les peaux de buffle et de yak, après avoir été mises à tremper dans le bain d'alun et de soude, sont salées et enfin, fumées. Une sorte de daim, essentiellement demandé pour l'équitation, est fabriqué à partir de peaux de chèvres et de moutons, de la même manière, puis teint en rouge avec du *Rubia Tinctorum*, et en jaune avec de l'*isparak*. Le *saura*, une sorte de peau de chagrin, qui entre dans la fabrication des bottes et des galoches surtout, est obtenu à partir de cuir de cheval et d'âne de façon similaire; sauf qu'au lieu de fumer les peaux, les tanneurs y tracent un réseau de lignes qui se croisent à l'aide d'un outil pointu, puis ils les recouvrent de graines de millet, y étendent un large morceau de feutre, enfin ils les piétinent ou les battent. Quand la surface est bien grêlée, les peaux sont mises à sécher; débarrassées des graines de millet, on y ajoute alors de la limaille de cuivre avec un peu d'arsenic et une autre substance, dont on ignore la composition, ce qui permet d'obtenir un beau vert vif.

Maintenant nous passons le long de rangées de selles, de brides et de harnais, laissant sur notre gauche les boutiques où l'on fabrique les chariots avec leurs larges et rudimentaires roues en bois, nous arrivons au bazar kirghiz, c'est-à-dire celui où l'on trouve les produits fabriqués par les peuples nomades; il s'agit surtout de tissus en poil de chameau, de cordes, de tapis et de carpettes, de montants de tente et de feutre. Le feutre est la spécialité des femmes kirghiz. Voici comment elles procèdent: elles disposent une natte par terre qu'elles recouvrent d'une fine couche de laine, qui est battue jusqu'à ce qu'elle soit bien aplatie. On arrose le tout d'eau, ou mieux encore d'une eau huilée, puis l'ensemble est roulé et lié aux extrémités et au milieu, roulé par terre, arrosé d'eau de temps à autre, et resserré. Lorsque ceci est terminé, elles le déroulent, et le réenroulent en enlevant la natte, pour une durée de plusieurs heures, l'arrosant toujours de temps à autre. Puis on le fait sécher au soleil. Certains feutres sont remarquablement fins et légers. Le feutre blanc est un des meilleurs, c'est celui qui vient de Kashgar, sur lequel trônent les dignitaires locaux quand ils accèdent à leurs fonctions. Quant aux tapis et aux carpettes fabriqués par les Kirghiz, ils sont d'une facture très primitive. Les Turcomans près de Karshi et les Tchardjui en fabriquent de bien plus beaux, mais on ne peut en trouver en quantité qu'à Bukhara. Nous trouvons aussi ici les marchands de grains et de farines de toutes sortes, et de coton, soit avec sa balle, soit nettoyé; puis un peu plus loin des étals où l'on trouve toutes les graines des plantes et fleurs de jardin connus ici.

LES HINDOUS, LES «CHEMINS» DE L'USURE

Dans le bazar on voit souvent de grandes grilles, derrière lesquelles se trouvent des cours emplies de marchandises. Ce sont des caravansérails, utilisés non seulement comme entrepôts par les marchands de gros, mais aussi pour héberger les marchands de passage. Trois des caravansérails hébergent presque exclusivement des Indiens, dont il y a des colonies importantes dans la plupart des villes majeures d'Asie centrale; On en trouve cent quarante rien qu'à Tashkent. La plupart d'entre eux sont originaires de Shikarpur, et bien qu'il y en ait dans toutes sortes de commerces, ils se spécialisent plutôt dans le prêt d'argent et l'usure. On les reconnaît facilement, outre les traits caractéristiques de leur peuple, à leurs pantalons serrés, leurs étranges vestes, leurs marques de castes rouges ou noires sur le front. Dès qu'ils réalisèrent que j'étais étranger, ils me reçurent avec la plus grande hospitalité, et chacun voulut me divertir. J'essayai en vain d'en trouver un qui parle anglais, pourtant certains pouvaient réciter l'alphabet et savaient compter, et même dire quelques phrases en anglais. Une niche avait été aménagée dans un coin pour servir de temple, et sur l'autel on avait disposé de nombreuses petites idoles, de curieuses pierres, ainsi que d'autres objets similaires. Je dus me déchausser avant d'entrer, mais une fois entré le prêtre prit beaucoup de peine pour tout m'expliquer, et j'eus toutes les peines du monde à le convaincre d'accepter une contribution pour son temple. Mon compagnon se fit passer pour un Anglais, bien qu'il éprouvât quelques difficultés à s'exprimer dans cette langue. Lors de notre départ, un des hindous nous demanda la permission de nous accompagner pour une partie du chemin. Il nous suggéra alors d'éviter la foule, et, l'air mystérieux, nous emmena par un chemin retiré qui longeait un petit cours d'eau. Cependant, mis à part l'éloge des Anglais, et les doléances à propos des Sarts, il n'avait aucune confidence à nous faire en particulier. Pourtant sa manière d'agir avait été si étrange que mon compagnon en conclut qu'il devait être là en mission secrète pour le compte du gouvernement indien, pour le tenir informé de l'état des choses à Tashkent. Ces hindous vivent à deux ou trois dans les caravansérails, cela pour deux raisons : d'une part, ils ne sont pas loin du centre commercial de la ville, d'autre part cela leur garantit une meilleure sécurité par rapport à des éventuels projets d'assassinats de leurs clients insolvables que s'ils habitaient des maisons éloignées.

Comme je le disais donc, leur occupation principale est l'usure, sans en avoir le monopole cependant, puisque les juifs, les Afghans, et même les indigènes musulmans, choisissent ce métier lucratif; en effet, on estime à mille le nombre d'usuriers à Tashkent. Les hindous prêtent en général sur des périodes de vingt-quatre semaines, les intérêts se paient chaque semaine à raison d'une *tenga* pour chaque *tilla*; c'est-à-dire à un taux d'un dix-neuvième, ce qui donne un gain d'environ cinq *tengas*, ou vingt-six pour cent par transaction, autrement dit de cinquante-six pour cent pour l'année. Parfois les taux d'intérêts sont beaucoup plus élevés, cependant un taux de quatre pour cent par mois semble équitable aux yeux des négociants musulmans. Dans la mesure où l'argent est ainsi remboursé par traites, il va de soi que même un usurier avec un capital modique peut en tirer un grand profit à l'année. La loi musulmane interdit de prêter de l'argent avec intérêt, et d'après la tradition prêter de l'argent gratuitement aux pauvres est une action bien plus noble, et elle sera récompensée davantage par le Seigneur que si vous donniez l'aumône. Or s'il est absolument interdit au musulman d'établir un contrat pour le paiement des intérêts, il est par contre tout à fait libre de recevoir des intérêts donnés volontairement par l'emprunteur. Des casuistes ont trouvé sans trop se donner de mal, divers «chemins», c'est-à-dire, divers moyens de contourner la lettre de la loi, qui, selon leurs origines sont appelés: chemin de Bukhara, de Samarkand, de Tashkent, et ainsi de suite. Voici, par exemple, le «chemin» de Tashkent. Pour recevoir l'intérêt de vingt roubles sur cent, les cent roubles sont prêtées sans intérêt, et un article de peu de valeur, un fouet par exemple, est vendu nominalement à l'emprunteur pour vingt roubles de plus. Cet article est *shari*, c'est-à-dire, autorisé, et doit toujours appartenir au vendeur. Le même genre de méthode est utilisé par le chemin de Bukhara, sauf qu'au lieu d'une vente nominale, un objet, souvent un livre, est offert à l'emprunteur, et pour la garde et l'utilisation de cet objet, ce dernier paie une somme correspondant à l'intérêt sur le prêt qui lui a été consenti. Il y a aussi le cas suivant: le prêteur achète à l'emprunteur quelque chose qui lui appartient, une maison par exemple, ou un cheval, à moins de sa valeur, lui payant par là, en même temps, la somme correspondant au prêt. Un acte est alors dressé devant le Cadi, dans lequel le prêteur promet de revendre la propriété à l'emprunteur à une somme qui correspond à la somme prêtée plus les intérêts. Or les musulmans sont bien conscients d'enfreindre quand même les commandements de leur foi, et parmi les châtiments qui attendent les usuriers il y a celui de l'enfermement dans un coffre en métal hermétiquement scellé, qui est ensuite livré aux flammes. Quand l'usurier se plaint pendant son châtiment, demandant en quoi il mérite une telle punition, le Tout-Puissant lui répond alors «Tu es puni parce que tu t'es livré à l'usure.» «Moi, je ne me suis pas livré à l'usure», répond-il alors, «j'ai vendu un objet tout à fait légalement.» «Eh bien, lui répond le Tout-Puissant, je ne te brûle pas toi, je me contente de chauffer le coffre.» Lorsque l'emprunteur est une personne qui a du bien et dont la probité est reconnue, le prêteur se contente d'une petite note dans son livre de compte, et en donne une similaire à l'emprunteur pour lui rappeler le paiement. Dans d'autres cas cependant, le reçu du débiteur est présenté au Cadi, et une caution importante est exigée.

PORCELAINES, BRODERIES, COTONNADES ET SOIES

Les boutiques des marchands de porcelaine et de poterie ne peuvent manquer d'attirer l'attention de l'amateur de terre cuite. La marchandise est souvent très primitive et sa façon souvent négligée, mais il y a une liberté et une invention dans le dessin, et une harmonie dans les couleurs qui font plaisir à voir, et qui rendent les plats les plus réussis dignes d'être utilisés à des fins purement décoratives. Les motifs sont en général en bleu et blanc, bien que l'on trouve à l'occasion un fond très légèrement bleu-vert, le jaune et le violet sont aussi parfois employés, mais rarement. La porcelaine chinoise est très appréciée par les habitants de Tashkent, et atteint des prix ridiculement élevés. La meilleure catégorie de la production indigène est donc appelée *tchini* (chinois), il s'agit d'une imitation maladroite de la porcelaine chinoise. On classe les pièces de Mohammed Shakyr de Hodgent parmi les meilleures, et il y a aussi de belles choses à Samarkand, et plus encore à Andijan. Dans les villages on trouve les formes courantes de poteries vernies et non vernies, celles-ci viennent de la ville. L'été les potiers font des tournées à travers la campagne, et fabriquent sur place, avec la glaise locale — chose aisée puisque les outils exigés sont peu nombreux et simples. La céramique courante et les tuiles vernies ont toujours existé, mais il semblerait que la fabrication du *tchini* eût été introduite très récemment dans la région par un certain Usta-Kasim de Samarkand, qui en avait acquis l'art à Meshed, d'où il était revenu en 1857. Les matériaux qui entrent dans la composition du *tchini* sont une argile blanche feldspathique (*gil-buta*) qui vient des montagnes de Karnan, au sud de Kermineh, et près d'Ablyk, entre Tashkent et Khokand; du quartz (*ak-tash*, pierre blanche; *tash-kum*, sable de pierre) que l'on trouve dans les montagnes du Zarafshan, ou sous forme de gravier sur les berges de cette rivière près de Samarkand, ainsi que de la chaux et de la soude (*ishkar*) provenant des cendres d'une espèce de *Salicornia*. Le vernis est fait à partir d'un mélange d'*ishkar* et d'oxyde de plomb, et parfois d'un peu d'étain, ce qui lui donne cet aspect irisé que l'on admire tant dans la céramique mauresque. Si l'on veut obtenir un vernis tirant sur le vert, un peu de vert-de-gris est ajouté. Quand le récipient est orné, les couleurs qui sont diluées avec de l'eau et un peu de pâte de cerise ou d'abricot, sont appliquées avec un pinceau fait de poil de chèvre sur la surface sèche du vernis avant la mise au four. Le lapis-lazuli donne le bleu, le *mag'l* (manganèse?) donne le violet, l'ocre donne le jaune, le vert-de-gris donne le vert. Des fouilles récentes à Samarkand montrent que le verre y a été fabriqué autrefois[1]. Or sa fabrication avait été oubliée pendant des siècles jusqu'à ce qu'une entreprise russe s'y mit, mais ce fut un échec en raison d'un défaut de construction des fours. Un fabricant de verre sibérien, Isseief, a ouvert une manufacture à Digmai, près de Hodjent, qui fut un succès jusqu'à ce que, pendant l'été 1875, elle fût mise à sac et brûlée par les Khokandiens.

Laissant derrière nous, sur les côtés, des échoppes où des hommes manient avec dextérité des rouets, des écheveaux et toutes sortes d'outils en bois actionnés par une courroie filant sur une tringle, et aux coins des ruelles, des femmes voilées de noir qui vendent des calottes et des ceintures brodées, nous parvenons à la rue où sont vendues les robes — que ce soit les robes russes de cotonnades imprimées ou celles de Bukhara, de soie bariolée, ou bien même en velours et en fil d'or —, les dernières étant bien sûr importées de Moscou. C'est aussi la rue des brodeurs. La broderie est ici un métier d'homme[2]. Le tissu, sur lequel le motif est esquissé à la craie, est tendu sur un cerceau, et l'artisan y fait passer avec une aiguille fichée dans un manche en bois le fil de soie avec une prodigieuse rapidité. La tâche est si aisée et les matériaux si bon marché que les prix des articles brodés sont relativement bas. Ici les gens utilisent la broderie essentiellement pour

1. Liu Yu, un émissaire chinois envoyé à Hulagu en 1259, dit: «Les fenêtres et les portes sont pourvues de verre.» Tch'ang Tch'un, écrivant quelques années plus tôt, nous dit que les carafes de vin ne sont qu'en verre.

2. C'est là un usage ancien, car un émissaire chinois envoyé à la cour de Gengis khan, en 1220, déclare: «La couture et la broderie sont exécutées par des hommes.»

décorer leurs calottes ainsi que leurs larges pantalons d'équitation en cuir, mais depuis l'arrivée des Russes, il y a eu une telle demande en coussins, nappes, et ainsi de suite, que les affaires ont le vent en poupe, et les prix aussi.

Des rangées entières de cotonnades, parmi lesquelles il est impossible de ne pas remarquer dans chaque boutique la part importante des tissus imprimés importés de Russie. Les produits du cru sont tous de texture très grossière. Une des principales parmi celles-ci est le *buz*[1], qui est surtout utilisé pour les chemises et les caleçons, en général il n'est ni blanchi ni teint. Les Russes l'appellent *mata*, un nom qui lui a été donné par erreur il y a très longtemps. En fait le *mata* désigne une mesure d'environ huit mètres, et donc le morceau de cette longueur, mais non le tissu lui-même. Le *daka* est un tissu beaucoup plus fin, une sorte de mousseline, dont la qualité la plus grossière sert pour les doublures des robes, et la plus fine à faire des turbans. Cependant, les meilleurs turbans sont fabriqués avec de la mousseline anglaise importée d'Inde. Comme il n'en existe pas de cette qualité en Russie, il n'y a pas eu de tentative d'en interdire l'importation. L'*alatcha* est un tissu rayé, qui est teint dans le fil. Le *kalama*[2] est d'une qualité supérieure, les rayures sont, en général, sur fond blanc. Il existe aussi des cotonnades imprimées de facture locale, parfois tricolore, qui sont imprimées à la main, à l'aide de blocs de bois.

En 1869, il y eut une tentative de faite pour voir jusqu'à quel point la production indigène pouvait subvenir aux besoins de la troupe, et on tenta d'utiliser le *buz*, au lieu du drap blanc russe habituel, pour les chemises des soldats. Mais les lourdeurs administratives ont tué le projet dans l'œuf, car selon les règlements en vigueur dans l'armée, qui ne semblaient pas être transformables, le tissu devait avoir une largeur de trente-cinq centimètres, or le *buz* avait une largeur de vingt-cinq centimètres tout au plus. Les fournisseurs, ne pouvant trouver le nécessaire à Tashkent, furent obligés d'avoir recours à Bukhara, où la production de coton est plus importante, et même là, il fallut ouvrir une manufacture spéciale à Hazhduin. En conséquence, cela n'a aucunement bénéficié à l'industrie de Tashkent, et de surcroît le prix du *buz* spécialement fabriqué pour l'armée revient aussi cher qu'un tissu importé de Moscou, étant donné les frais de transport, sans compter que le tissu importé aurait eu le mérite d'être plus épais et plus durable.

Les soieries les plus exquises sont fabriquées à Bukhara, puis

1. Les Russes ont transformé le mot en *biaz*, mais sa prononciation ressort clairement du proverbe suivant: «Suz birar, Buz birmas» (Il offre des mots, mais le *buz* il ne le donne pas).

2. L'origine de ce mot est intéressante. Il s'agit d'une abréviation de *kala-mal*, qui signifie marchandises russes ou citadines — *kala*, une forteresse ou une ville, désigne communément la Russie.

viennent celles de Khokand et Hodjent, puis celles de Khiva, celles de Tashkent étant les moins prisées. En vertu d'une interdiction dans le Coran, les soies pures sont réservées aux femmes et aux enfants, les hommes ne peuvent porter qu'un mélange de soie et de coton. Les motifs des soieries consistent en de longues bandes étroites, ou des bariolages de couleurs vives, surtout le rouge, le vert et le jaune, qui forment un dessin irrégulier, parfois même elles sont assez sobres. Cependant, il y a une tendance à l'heure actuelle, à faire des dessins plus réguliers pour plaire au marché occidental. Les couleurs sont tenaces, et la soie est ferme et brillante, même après plusieurs lavages. Parmi les produits de soie mélangée, les plus connus et les meilleurs sont le *bikasab* [1] et l'*adras*, tous deux sont tissés en de longues bandes étroites. Pour les faire briller on les frappe avec un outil plat en bois.

La fabrication de la soie fut introduite, dit la tradition, par la Chine à travers le Khotan, et de là se répandit à travers toute l'Asie centrale, mais à Tashkent, Hodjent et Samarkand elle avait totalement disparu, et ce, jusqu'à la capture de Merv par le Shah Murad Khan, en 1875. Ce dernier fit déplacer toute la population à Bukhara, où ils continuèrent l'élevage des vers à soie, ce qui était une de leurs occupations favorites. Pendant le règne d'Amir Nasrullah, les descendants de ces colons obtinrent la permission de vivre à Samarkand, et depuis ce temps-là l'élevage des vers à soie est devenu florissant, et est l'industrie principale de nombreux villages des districts de Zarafshan, Hodjent et Kurama.

LA FOIRE RUSSE DE TASHKENT

Si l'on prend en compte le rôle traditionnellement joué par les foires dans l'histoire du commerce russe, il peut sembler naturel que des personnes qui ignoraient tout de la vie commerciale s'imaginent qu'il était impossible de s'en passer, et qu'il fallait une foire pour créer un marché. C'était oublier que le commerce trouve ses propres voies, et qu'il ne s'accroît pas sur commande. C'était oublier aussi que le commerce est une chose très délicate et susceptible, et qu'on n'y touche pas en toute impunité. Cependant, toutes sortes d'arguments plausibles, parés de belles phrases furent adressés au gouverneur général, une pétition fut dressée, les marchands y apposant facilement leurs signatures — quand verra-t-on des commerçants russes refuser de signer une pétition, ou une allocution du gouvernement? — et les autorités donnèrent leur accord pour la création d'une foire, une commission fut désignée en 1870 pour en étudier le projet et préparer

1. Il paraît que le mot *bikasab* viendrait de *bi* signifiant «extérieur», et de *kasaba* signifiant «guilde», ou «corps de métier», ce qui démontre ses origines récentes.

l'organisation. Dans le décret nommant la commission les raisons de cette décision sont ainsi formulées : « L'échange des produits manufacturés des provinces intérieures de l'Empire contre les matières premières (coton et soie) des pays asiatiques s'est jusqu'à présent déroulé principalement dans deux foires : celles d'Irbit et de Nizhni Novgorod. Des relations plus amicales entre consommateurs et producteurs, et la stabilité des prix et des relations commerciales qui en résulteraient, seraient sûrement favorisées par le rapprochement du centre d'échange et des marchés d'Asie centrale. »

Ce qui est curieux c'est que lors de la première séance de la commission les commerçants qui venaient de signer la pétition pour la foire déclarèrent à l'unanimité que la foire d'Irbit, dont l'éloignement était souvent cause de plainte, n'avait aucune incidence sur le commerce en Asie centrale, alors que la foire de Nizhni Novgorod en avait tant qu'il était inutile de fonder une foire à Tashkent, car les prix en seraient inéluctablement gouvernés par ceux de Nizhni. Or ce furent les opinions des membres sans expérience commerciale qui prévalurent, et la commission institua deux foires, une au printemps et l'autre en automne, et donna l'ordre de construire les bâtiments appropriés. L'emplacement choisi se trouvait à trois kilomètres au sud-est de la ville russe, et à plus de huit kilomètres du bazar de la vieille ville. L'endroit fut choisi pour éloigner le commerce local des influences de la vieille ville, pour le soumettre au contrôle étroit du gouvernement, et de manière à faciliter cette tâche de contrôle.

On se mit à construire sur une grande échelle et sans regarder aux frais. Il y avait des bureaux pour l'administration, de larges caravansérails, et de nombreuses rangées de boutiques. Les initiateurs du projet avaient l'intention d'y transférer la totalité du marché de gros de la région. On accéléra le rythme de la construction, alors que les troupes, qui étaient le symbole de la puissance russe en Asie centrale, n'étaient même pas correctement logées. Pourtant, en dépit de tous leurs efforts, à l'ouverture de la foire en octobre 1870, on constata, qu'à l'exception des marchands russes, personne ne vint pour acheter ou pour vendre, et on ne réussit pas plus à convaincre les commercants indigènes de quitter leurs boutiques et d'en ouvrir de neuves dans le bazar, même avec la gratuité du loyer. Il fallut donc publier un décret selon lequel, pendant toute la durée de la foire, c'est-à-dire deux mois par an, tous les commercants locaux, à l'exception des vendeurs de provisions, fermeraient leurs boutiques du vieux bazar, et transféreraient leurs activités à la foire. Or, de nombreux commercants préférèrent, vu les frais et les distances, interrompre tout bonnement leurs activités entièrement pendant la durée de la foire, ou encore les poursuivre secrètement à domicile. En conséquence, on imagina de pénaliser par une amende ceux qui ne venaient pas à la foire, et il paraîtrait même que certains y furent amenés de force par les cosaques. Néanmoins il fallut reconnaître l'inefficacité de ces méthodes, et les négociants russes qui vendaient des articles aux indigènes à crédit et qui en recevaient des paiements au mois ou à la semaine, ne purent être payés, et demandèrent par une pétition adressée au gouvernement de permettre aux indigènes de rouvrir leurs négoces dans la vieille ville comme auparavant, sinon ils étaient eux-mêmes menacés de faire faillite. Les négociants russes n'appréciaient guère en outre d'avoir à gérer deux entrepôts, l'un à la foire, l'autre dans leurs locaux habituels. Les bâtiments sont donc vides et, selon de bonnes sources, la foire, quoique officiellement ouverte, a en fait, cessé d'exister.

SAMARKAND

«Il n'est pas un autre lieu d'Asie centrale dont le nom ait autant frappé l'imagination des Européens que Samarkand.» En 1369, Tamerlan fit sa capitale de cette ville principale de l'ancienne Sogdiane. Son rôle et son rayonnement déclinèrent durant les siècles qui suivirent. Quand Schuyler la visite, Samarkand est au début d'une nouvelle période d'essor.

Selon une vieille légende, au temps où les premiers missionnaires arabes voyageaient pour prêcher la religion de Mahomet, ils s'arrêtèrent sur cette colline; et après avoir découpé et fait cuire un mouton, ils décidèrent d'un commun accord de tirer au sort les directions qu'ils allaient suivre. Le premier mit sa main dans la marmite et en retira la tête, ce qui lui donna le droit de choisir, et il décida de rester à Samarkand; le deuxième eut le cœur et choisit de retourner à La Mecque; le troisième eut l'arrière-train et préféra Bagdad. C'est pourquoi, aujourd'hui encore, on appelle Samarkand la tête, et La Mecque le cœur de l'Islam. Celui qui resta à Samarkand reçut le nom de Tchupan-ata, père Berger. C'est sur cette colline que fut érigé le célèbre observatoire d'Ulug-Bek, où furent calculées les tables d'astronomie qui portent son nom. A ses pieds se trouvent ce qu'on croit être les vestiges d'un très ancien pont, construit en pierre et en briques, dont subsistent encore deux arches formant un angle droit, et les ruines d'une tour, semble-t-il, au coin des deux arches. Je ne pus obtenir aucun renseignement ni même entendre parler de la moindre tradition concernant l'origine de ces ruines, qu'on appelle le pont de Shadman-Malik. Nous avons ensuite longé le pied de la colline, jusqu'à ce que, arrivés au point le plus élevé de la route, nous voyions les toits d'argile, couronnés de grands dômes bleus et de tours élancées, et que nous sachions que nous avions atteint la fameuse Samarkand.

Quelle que fût sa beauté, cette vision ne dura pas longtemps, car nous descendîmes rapidement dans une étroite vallée entre maisons et jardins, et nous passâmes bientôt au pied d'une grande colline argileuse, percée d'innombrables cavernes, où on dit que des saints ont vécu en ermites. En bordure de la route courait un petit ruisseau, qui, après avoir traversé un champ vert, se perdit quelque part sous le mur de la ville. A notre droite se trouvaient les grandes tours et les dômes de la mosquée Shah Zindeh, et à notre gauche l'immense dôme de Bibi Khanym. Après être passés devant le cimetière, plein de tumulus et de sépultures en briques tombant en ruines, assaillis à chaque pas par les lépreux et les mendiants, nous avons franchi la porte de Shah Zindeh, et nous nous sommes trouvés sur le nouveau boulevard, ouvert par les Russes entre cette porte et la forteresse, avec son beau pavement et ses arbres qui donnent de l'ombre. Nous dûmes suivre cette route jusqu'au bout et faire le tour de la forteresse pour arriver au relais de poste, situé de l'autre côté, dans ce qui sera la ville russe.

Il n'y a pas d'hôtels à Samarkand, et on m'a recommandé de descendre chez un musulman, un *hodja*, où j'aurais probablement l'occasion d'étudier à loisir la vie des indigènes. Il vivait sur le boulevard, mais était absent de chez lui, aussi décidai-je de rester, pour le moment du moins, au relais de la poste, qui se révéla être un grand bâtiment, récent et propre. Après m'être restauré en prenant un bain et buvant du thé, je trouvai un *droshky* — car même à Samarkand il y a des droshkies — et j'allai à la citadelle me présenter au général Abramof, le gouverneur, pour lequel j'avais des lettres de recommandation. Il était chez lui et me reçut très cordialement; c'est un homme petit, aimable, aux cheveux bien gris malgré son jeune âge; il a une calotte noire, qu'il a le droit de porter en raison d'une blessure à la tête. En apprenant que je n'avais pas d'endroit où m'installer, il demanda au préfet de la ville de m'accueillir, à la suite de quoi mes bagages furent transférés chez le préfet dans l'après-midi. En sortant de chez le général, je ne pus résister à la tentation de faire le tour de la ville, et d'avoir un rapide aperçu de ses ruines merveilleuses. Depuis la citadelle elle-même, la vue était magnifique. Toute la ville s'étalait devant moi; les colonnes et les dômes des trois grandes mosquées se dressaient juste devant moi. A partir du milieu de la place du marché, de part et d'autre de celle-ci, des dômes en forme de melons s'élevaient au-dessus des toits plats des maisons, et l'horizon était fermé par une ligne de grandes montagnes dont le sommet était alors recouvert d'une neige éblouissante. Je commençai par aller au bazar pour avoir une idée de la richesse des mosaïques bleues et blanches qui ornaient encore les ruines des splendides mosquées. C'est là que je vis une foule importante rassemblée sur les marches d'une des mosquées, les plates-formes des baraques, et même assise en cercle sur le pavé. A l'intérieur de ce cercle, deux garçons récitaient des vers. «Ce sont des *hafistas*», me dit un spectateur, voulant dire par là qu'ils déclamaient des poèmes religieux. Chacun d'eux avait un livre, dont il ne se servait que pour le mettre près de sa bouche, afin d'orienter le son vers différentes parties du public. Leur déclamation était parfois si puissante et si criarde qu'ils se couvraient les oreilles des deux mains pour ne pas être rendus sourds par leurs propres cris, alors qu'à d'autres moments ils parlaient doucement, d'une voix bien modulée. Ces cris et ces mélopées monotones semblaient beaucoup toucher l'auditoire, et c'étaient des soupirs continuels et des exclamations étouffées. La personne qui m'avait déjà parlé, en voyant que je me montrais très intéressé, m'adressa de nouveau la parole, pour me demander si je ne trouvais pas tout cela très beau, et sembla ravie de me voir l'approuver. Je dis alors à mon cocher de me conduire au tombeau de Timur, mais il connaissait mal Samarkand et me conduisit en fait à la mosquée de Shah Zindeh. Je n'accordai que peu d'attention à la tombe du saint, car ma curiosité fut attirée par les cérémonies de la confrérie de Jahria dans la petite mosquée située à l'entrée. Le rituel ressemblait beaucoup à celui que j'avais vu à Tashkent, mais l'excitation semblait plus grande, et la mosquée était pleine de fidèles, qui regardaient tous attentivement les nombreux membres de la confrérie se battre et se pousser d'un côté à l'autre de la mosquée, aux cris continuels de «*Hasbi rabi jal Allah!*» («Le Seigneur me protège, gloire à Allah!»).

Plein des vives impressions laissées par tout ce que j'avais vu — car Samarkand est très différente de Tashkent, et semble, en tout cas, être le vestige d'un monde lointain — j'allais ravi chez le préfet, et après être passé par une grande cour entourée de vieux arbres au milieu de laquelle se trouvait une grande fontaine carrée, j'entrais dans la maison, une très belle maison dans le style local, à laquelle on avait ajouté des fenêtres pour satisfaire aux exigences du confort russe, et je trouvais un dîner qui m'attendait, ce qui, après deux jours et deux nuits de voyage dans la poussière, était particulièrement agréable. Cependant, j'étais incapable de rester tranquille, et avant la tombée de la nuit, je repris ma flânerie, pour contempler une fois encore la belle vue qu'on a de la citadelle, où, par chance, je rencontrais le cousin de vieux amis de Moscou, qui m'emmena chez lui, où je bus du thé et passais une excellente soirée. Je le vis beaucoup cette fois-là, et lors des deux séjours que je fis par la suite à Samarkand, je fus son hôte, et je dois tant à son aimable hospitalité, à sa conversation intelligente et à celle de ses amis, que je repense toujours à Samarkand avec un plaisir particulier, et que je considère cette ville comme un des endroits du monde où je me ferais une joie de retourner, à n'importe quel moment, et sous n'importe quel prétexte.

Il n'est pas un autre lieu d'Asie centrale dont le nom ait autant frappé l'imagination des Européens que Samarkand. Entourée d'un halo de mystère, visitée à de rares intervalles, préservant les traditions de sa splendeur derrière un mystère impénétrable, elle piqua longtemps la curiosité du monde. Les traditions locales attribuent sa fondation à Afrosiab, un héros mythique dont les conquêtes et les victoires sont légendaires en Perse et en Turquie, ainsi qu'en Asie centrale. Une colline située juste en dehors des murs de la ville, couverte de ruines et de tumulus, est nommée Kalai Afrosiab, et on dit que c'est l'emplacement originel de la ville. Quoi qu'il en soit, Samarkand entra dans l'histoire sous le nom de Marakand, la capitale de la Sogdiane au temps de sa conquête par Alexandre le Grand. Le sens de ce nom n'est pas établi; la terminaison *kand*, qui signifie ville, est courante en Asie centrale, mais quant aux dérivations de *Mara* ou *Samar*, on ne peut faire plus que des suppositions, très ingénieuses mais difficilement plausibles. Au temps d'Alexandre, c'était une grande ville florissante. Quinte Curce dit que ses murs avaient soixante-dix stades de circonférence, et que la citadelle était alors, comme aujourd'hui, entourée d'un autre mur. C'est ici qu'Alexandre tua son vieil ami et camarade Clytus, dans un accès de passion et d'ivresse; et Samarkand fut son quartier général pendant les combats contre les tribus montagnardes et pendant l'expédition contre les Scythes, de l'autre côté du Syr Daria, qui fut confondu avec le Tanais ou le Don — erreur qui fut reprise par les géographes ultérieurs par flatterie pour Alexandre, qui pensait avoir fait le tour de l'Asie et être rentré en Europe. La ville d'Alexandrie, qu'il fonda, est en général située à Hodjent, et ce n'était probablement qu'une simple collection de huttes de terre où quelques soldats infirmes fondèrent une colonie. Les exploits d'Alexandre ou d'Iskender Dulkarnain (l'homme à deux cornes) nous ont été transmis dans cette région par la légende, et sont connus de tous les habitants. Beaucoup de petits princes des régions montagneuses du haut Oxus se prétendent descendants d'Alexandre. Les généraux auxquels il confia ces provinces de Bactriane et de Sogdiane fondèrent en effet des dynasties — dites gréco-bactriennes — qui se perpétuèrent jusqu'à cent trente ans avant l'ère chrétienne, et introduisirent certains aspects de la culture grecque (entre autres le calendrier macédonien) dont il ne reste aujourd'hui aucune trace, à l'exception du grand nombre de pièces et de médailles aux effigies de Demetrius, d'Euthydème, d'Antimaque et d'autres, qu'on trouve souvent dans la steppe et dans les ruines autour de Samarkand. Il est curieux de constater que ces pièces furent grossièrement imitées par ceux qui à l'époque étaient à la tête des États environnants, ainsi que par les souverains ultérieurs. [...]

Le lendemain de mon arrivée, un Aksakal et plusieurs *jigits* reçurent l'ordre de me montrer toutes les ruines, et comme des amis m'accompagnèrent et que nous regardâmes tout soigneusement, cela nous tint largement occupés toute la journée. Nous allâmes d'abord à la mosquée de Shah Zindeh, que certains voyageurs ont appelée, à tort, le palais d'Été de Timur. Kasim Ibn Abbas, nous dit la tradition, arriva à Samarkand aux premiers temps de l'islam pour prêcher le Coran aux infidèles avec un grand succès, jusqu'au jour, finalement, où il succomba à l'ennemi sur ce lieu-même, et où il fut décapité. Mais l'infidèle ne devait pas triompher : recueillant habilement sa tête dans ses mains, Kasim sauta dans un puits situé non loin de là, dans lequel il est toujours, prêt à renaître un jour prochain pour défendre l'islam. C'est de là qu'il tient son nom de Shah Zindeh («le roi vivant»). Selon une prophétie qu'on dit vieille de cinq cents ans, il devait apparaître en 1868 pour infliger une défaite aux Russes; mais Samarkand était occupée, et Shah Zindeh n'est pas apparu, si bien que son renom est quelque peu retombé ces derniers temps. La mosquée, située sur l'emplacement de son martyre, fut érigée en 1323 par Timur, et était à l'origine sans aucun doute une véritable splendeur. Aujourd'hui encore, ses ruines sont — à une exception près peut-être — les plus belles d'Asie centrale. Devant se trouve un grand portail cintré construit en briques, revêtu de carreaux de porcelaine blanche, bleu clair et bleu foncé en mosaïque, reproduisant en de nombreux endroits des versets du Coran en alphabet coufique. Sur les deux côtés se trouvent de petites mosquées, maintenant presque en ruines. Partant de la porte cintrée, un grand escalier monte du côté de la colline. Les marches étaient autrefois recouvertes de blocs de marbre, mais à une ou deux exceptions près, elles ont été détruites, et il ne reste plus aujourd'hui que des briques inégales. Espacées sur les côtés se trouvent de petites mosquées servant de mausolées; et sur la droite, dans une petite cour recouverte par un dôme, se trouve le fameux puits dans lequel la silhouette de Shah Zindeh peut encore apparaître aux fidèles, surtout la nuit. Bien sûr, l'eau de ce puits a des vertus curatives. Sur la hauteur se trouvent plusieurs bâtiments munis d'un dôme, dont l'un recouvre la tombe du saint, et les autres les tombes de mollahs et de citoyens célèbres de Samarkand. Une de ces mosquées a un dôme en forme de melon, dont les carreaux sont presque tous tombés. Le bâtiment extérieur, cependant, est encore en bon état, et l'inscription qui fait le tour de la coupole est presque parfaite. Autrefois, les murs qui longent l'escalier étaient tous recouverts de mosaïques, mais la plupart des carreaux sont tombés, et on peut en ramasser par terre en grandes quantités. Parfois, il y avait une véritable mosaïque de briques recouvertes de porcelaine; d'autres fois, le mur de briques semble avoir été recouvert d'une sorte de vernis émaillé, car les motifs ne correspondent pas à la disposition des briques, et dans les endroits où l'émail est tombé, on voit facilement qu'il a été rajouté après coup. Les murs intérieurs des bâtiments sont eux aussi recouverts de mosaïques, parfois en briques, et parfois en pierres; quant aux divers arcs et dômes, ils sont couverts de stalactites en albâtre, dessinant des arabesques, toujours très belles. Les colonnes qui soutiennent les coupoles et les plafonds sont toutes en bois, plus grosses à leur sommet qu'à la base, et finement ciselées. Les briques émaillées utilisées dans ce bâtiment et dans les autres de Samarkand étaient à l'origine rapportées de Kashan, en Perse, où cet art était cultivé, et tous les grands édifices de Samarkand — comme on le voit d'après les inscriptions — furent construits par des architectes persans, ou par leurs élèves. La majorité des inscriptions sur les murs sont simplement des inscriptions du Coran; il y a quelques épitaphes, mais rarement importantes. Le *mazar*, ou mosquée, qui se trouve au-dessus de la tombe de Shah Zindeh, est divisé en deux ou trois salles. Nous avons vu un certain nombre de personnes se prosterner devant une niche, dans laquelle, derrière une grille, on distinguait difficilement un objet recouvert de morceaux de tissus, ressemblant à une momie assise bien enveloppée; ces morceaux de tissus sont de petites offrandes qui ont été déposées là à différents moments; ce sont des tapis de prières sur lesquels des musulmans se sont agenouillés, et qui ont été consacrés au saint par ceux dont les vœux avaient été exaucés ou qui voulaient lui manifester leur gratitude. Les mollahs, gardiens du tombeau, s'empressèrent de nous faire savoir que le saint acceptait les offrandes en espèces, et prirent sans hésiter nos pièces d'argent et nos billets russes. Dans la salle voisine, il y avait un grand Coran, qui faisait environ un mètre de haut sur soixante centimètres, magnifiquement enluminé avec des lettres à l'ancienne.

Juste en face de la mosquée de Shah Zindeh se trouve un petit bâtiment de briques construit dans le style ancien, qui fut autrefois une mosquée mais sert aujourd'hui de prison à la ville. Non loin de Shah Zindeh, mais à l'intérieur des murs de la ville, se trouve le beau médressé de Bibi Khanym. Ce collège fut construit, dit-on, en 1385 par Bibi Khanym, qui était l'épouse préférée de Timur et la fille de l'empereur de Chine. Il est remarquable non seulement par l'immense largeur de son portail d'entrée, mais aussi par l'immense coupole qui couronne le bâtiment principal. Cette coupole est double, et la coupole intérieure, bien qu'à demi cassée, soutient encore à son sommet la lourde colonne qui supporte la coupole extérieure, qui est elle aussi percée d'un grand trou. Pour entrer dans la mosquée principale, il faut traverser deux cours, autour desquelles se trouvent les cellules des mollahs. En raison des dégradations incessantes, causées en grande partie par des tremblements de terre, le médressé a cessé d'être utilisé il y a environ douze ans, depuis cette époque il a été transformé en marché pour le coton, et est plein de mulets et de chevaux (qui ont leurs écuries sur place), et de charrettes qu'on met ici en sécurité. A l'intérieur de la mosquée se trouve un grand lutrin en marbre soutenu par neuf piliers courts et épais, sur lequel était autrefois posé un grand

Coran. Les musulmans croient que pour guérir les maladies de la colonne vertébrale, il faut ramper sous ce lutrin dans tous les sens. De chaque côté de l'entrée extérieure se trouve un minaret élancé, dont les mosaïques tombent rapidement. Selon la tradition, un derviche dit un jour à Bibi Khanym qu'elle mourrait d'une morsure de tarantule; celle-ci demanda alors à Timur de ne pas être enterrée à la mode musulmane mais de reposer dans un cercueil. C'est à la suite de cela que Timur fit construire ce médressé et ces mosquées. L'argile nécessaire à la fabrication des briques fut trouvée en creusant sous le bâtiment, ce qui créa de grandes caves. Quand le médressé fut achevé, alors que Bibi le visitait, un grand serpent sortit des caves pour venir se chauffer au soleil. Les serviteurs de Bibi voulurent le tuer, mais elle les en empêcha et le caressa. A sa mort, Bibi fut parée de tous ses bijoux, mise dans un cercueil fermé avec des clous en or et placé dans cette cave. A cette nouvelle, des voleurs s'introduisirent dans la cave et dépouillèrent le corps de ses ornements; mais avant qu'ils n'aient pu repartir, le serpent apparut et ils succombèrent à ses morsures. Le lendemain, les gens eurent la surprise de découvrir les cadavres, et comprirent aussitôt le crime et le châtiment. Au début, personne n'osa remettre les bijoux à leur place. Finalement, un vieil homme les remit tous soigneusement sur le corps de Bibi; mais avant qu'il n'ait quitté la cave, la porte se referma toute seule, et il se retrouva enfermé à tout jamais. Il y a peu de temps, les autorités russes, en nettoyant les cours du médressé, trouvèrent une petite mosquée qui avait été entièrement dissimulée par les bâtiments environnants et était presque oubliée, et qui, leur dit-on, renfermait la tombe de Bibi Khanym. Peu de temps après, le toit de ce bâtiment s'effondra et traversa le plancher; on découvrit alors qu'il y avait là, en effet, une grande cave contenant de nombreuses pierres tombales portant des inscriptions en caractères anciens; mais ces inscriptions n'étaient que des pierres et ne contenaient ni noms ni dates. La cave n'eut pas plus tôt été ouverte que la croyance que le vieux serpent venait tous les jours se chauffer une heure au soleil se répandit dans la région.

Au centre du bazar, sur trois côtés de la grande place, appelée le *Réghistan* en imitation de celle de Bukhara, se trouvent les médressés Shir-dar, Tilla-Kari et Oulougbek. Le médressé Shir-Dar, qui occupe le côté est de la place, est censé avoir été construit vers 1648, par Yalang Tash Bakadur, héros uzbek, vizir d'Imam Kuli Khan, à partir des dépouilles du sanctuaire d'Imam Reza à Meshad. La façade est constituée de deux étages de cellules; des fenêtres cintrées donnent sur la place de part et d'autre d'un grand portail surmonté d'un arc. A chaque coin se trouvent des coupoles surmontées de dômes en forme de melons. Les côtés du médressé sont dépourvus de fenêtres, et aussi bien la façade que les côtés sont recouverts de carreaux travaillés. Le portail franchi, on arrive dans une grande cour autour de laquelle sont disposées les cellules, au nombre de soixante-quatre, destinées chacune à deux étudiants. Même à l'époque tardive de cette construction, le style de l'architecture persane dominait, et bien que Samarkand fût alors indépendante de la Perse, les coins supérieurs du portail, au-dessus de l'arc, sont ornés de carreaux jaunes et bleus représentant grossièrement le lion et le soleil, les armes de la Perse, bien qu'en réalité le lion ressemble plutôt à un tigre. Ce sont bien sûr ces mosaïques qui ont donné à ce médressé ce nom de Shir-dar («qui porte lion»). Devant ce bâtiment se trouve une plate-forme carrée surélevée, à un coin de laquelle figure une petite tombe conique ressemblant à une fourmilière, devant laquelle j'ai vu de nombreuses bougies allumées et d'autres offrandes votives. De l'autre côté de la place se trouve le médressé Oulougbek, construit vers 1420 par le souverain du même nom, mais qui n'a qu'un étage et ne contient que vingt-quatre salles. Il se trouve maintenant dans un état de délabrement avancé, alors qu'il fut autrefois le royaume des mathématiques et de l'astronomie. A chaque coin se trouve un grand minaret haut d'environ cinquante mètres, qui semble penché, bien que ce ne soit qu'une illusion d'optique, car un côté de la tour reste perpendiculaire au bâtiment alors que l'autre ne l'est pas, et il est possible de trouver un point de vue à partir duquel le minaret apparaît parfaitement droit. Pendant le siège de la forteresse par les Russes, un mollah rendit de grands services avec un petit faucon, du haut d'une de ces tours. A son retour, le général Kaufmann se fit amener le mollah considéré comme coupable, dont il ordonna l'exécution immédiate. Il est difficile de savoir pourquoi, surtout sans procès. Du côté nord de la place se trouve le médressé Tilla-Kari, construit comme Shir-dar par Yalang Tash. L'extérieur, avec son grand portail surmonté d'un arc, ses dômes, ses minarets aux coins et ses deux étages de fenêtres, est en ruine, mais la cour a été mieux conservée, et c'est dans l'ensemble un des plus beaux médressés. Du côté gauche de la cour se trouve la mosquée. On monte à la chaire par un bel escalier en bois sculpté, et l'espace qui entoure le *kibleh* est recouvert d'un riche ornement doré, qui semble être une feuille d'or recouverte d'une fine couche de vernis transparent. C'est probablement de là que vient le nom de ce médressé, Tilla-Kari («couvert d'or»).

Au sommet d'une petite colline au sud de la forteresse se trouve le bâtiment le plus intéressant de Samarkand, le Gour-Émir, ou tombeau de Timur. C'est un bâtiment octogonal, surmonté d'une coupole en forme de melon, et de deux minarets en ruine. Au-delà d'un portail recouvert d'une mosaïque cassée et d'une cour, on arrive à l'escalier qui mène à la mosquée. Au-dessus des portes figure une inscription en persan: «Cela a été construit par le faible esclave Mohammed, fils de

Mahmoud, d'Ispahan.» L'intérieur de la coupole est recouvert des habituels ouvrages en albâtre, et les murs sont recouverts de plaques hexagonales de gypse serrées les unes contre les autres; ce gypse transparent finement sculpté est souvent pris pour du jaspe. Du côté tourné vers La Mecque il y a une colonne et un grand étendard ancien avec une queue de cheval qui vole. La pierre tombale de Timur occupe exactement le centre de la mosquée, et c'est un bloc d'une pierre noire verdâtre, long de deux mètres, large de trente-cinq centimètres et haut de trente-trois, plat sur le dessus et non de forme pyramidale, comme on l'a représenté. Il a été cassé ou coupé en deux en son milieu, et un des coins inférieurs a été cassé et poli par la suite, comme on le voit grâce à une partie qui a disparu. Autour du bord, il y a une inscription très compliquée en lettres anciennes, qui donne le nom et les titres de Timur, ainsi que ceux de tous ses ancêtres, et la date de sa mort, 807 (1405). A droite de ce bloc se trouve un autre bloc de marbre gris, de la même taille ou presque, avec une inscription qui montre qu'il s'agit de la tombe de Mirza Oulougbek, petit-fils de Timur, mort en 853 (1449). Le derrière et une partie du dessus sont recouverts de plâtre. De l'autre côté du tombeau de Timur se trouve un bloc de marbre gris à la mémoire d'Abdullatif Mirza, fils d'Oulougbek, mort en 854 (1450). Il y a des blocs de pierres dédiés à trois autres fils d'Oulougbek; et à côté, entre le tombeau de Timur et l'étendard, se trouve un bloc de marbre gris dédié à Mir Seid Belki Sheikh, le professeur de Timur, mort deux ans après lui. Les murs de la mosquée sont recouverts de diverses inscriptions, certains étant des textes du Coran et d'autres des poèmes religieux; dans la salle voisine il y en avait un que mon mollah me traduisit de la façon suivante: «Si j'étais vivant les gens ne seraient pas contents», sans date ni nom. Après être entrés dans cette salle, à gauche de la mosquée principale, nous sommes descendus par un escalier étroit dans la crypte située en dessous, et nous avons trouvé les tombeaux de Timur et de ses descendants, placés exactement sous les pierres du rez-de-chaussée. Les tombes sont sous la terre, et on ne voit que des blocs de marbre gris couverts d'inscriptions compliquées. La crypte elle-même, qui est très vaste, est en briques cuites gris clair, et elle est toujours en parfait état, car c'est un ouvrage remarquable. Cette mosquée, et les tombes elles-mêmes, étaient dans un état lamentable aux débuts de l'occupation par les Russes, et c'est à eux qu'on doit les réparations qui ont été effectuées; c'est par leurs soins que tout a été remis en état et qu'un gardien a été affecté à la mosquée. La belle balustrade en pierre sculptée qui fait le tour du monument dans la salle du dessus était très abîmée quand on l'a trouvée, mais elle a maintenant été complètement restaurée. Dans un petit bâtiment proche de là se trouvent les tombes des épouses de Timur.

La citadelle contient plusieurs mosquées et plusieurs tombes, dont une, surmontée d'une très belle coupole en forme de melon, est dédiée au saint local Kutf-i-Tchirdani, et a ceci de remarquable que l'inscription en mosaïque faisant le tour de la coupole, par souci de symétrie dans les lettres, ne représente que le début du grand article de foi sans cesse répété, dont les paroles sont *La Allah, La Allah, La Allah* («Il n'y a pas de Dieu, il n'y a pas de Dieu»). Les fidèles musulmans suppléent au reste, sans penser une seule fois que l'inscription soit profane.

Dans la citadelle se trouve aussi l'ancien palais d'Amir, qui contient le célèbre *kok-tash*, aujourd'hui utilisé par les Russes comme hôpital militaire, bâtiment insignifiant de briques non cuites recouvertes d'argile.

La cour, que l'Amir utilisait pour toutes les cérémonies, est fermée sur trois côtés par une véranda élevée à un mètre ou un mètre vingt au-dessus du sol. Tout est très simple. Les fines colonnes grossièrement sculptées soutiennent une corniche en briques. Au milieu se trouve une grande pierre octogonale d'un mètre ou d'un mètre vingt de haut, avec un dessus carré, dans laquelle se trouve un cylindre creux, peut-être une fontaine, mais ressemblant à s'y méprendre à des fonts baptismaux.

Le kok-tash, qui se trouve sur la véranda faisant face à l'entrée, est un bloc de marbre gris-blanchâtre de forme oblongue, dont le dessus est poli, incrusté d'arabesques sur le côté, et orné de petits pilastres aux coins. Il fait trois mètres dix de long, un mètre cinquante de large, et soixante centimètres de haut, sans compter le socle en briques et en plâtre de vingt centimètres de haut sur lequel il repose. On a souvent dit de cette pierre qu'elle était bleue ou verte, le mot *kok* désignant en général une de ces couleurs, et Lehmann (si tant est qu'il ne s'agisse pas d'une remarque de l'éditeur de son texte) affirme, à l'évidence par ouï-dire, que cette pierre est du lapis-lazuli. En réalité, *kok* est un terme général pour couleur et veut même dire gris, comme dans le sport du *kok-büra*, «loup gris». Le terme pourrait donc s'appliquer au marbre. Le nom de la pierre a probablement une autre origine. Baber parle du palais construit par Timur dans la citadelle de Samarkand comme d'un palais imposant, haut de quatre étages, et connu sous le nom de *kok-sarai*, tout comme le palais de Timur à Kesh était appelé *ak-sarai*, ou «palais blanc». Le *kok-sarai*, selon Baber, a ceci de remarquable: chaque prince de la race de Timur qui monte sur le trône le fait en cet endroit, et celui qui est mis à mort pour avoir aspiré au trône l'est ici. Si bien que c'est devenu une expression commune que de dire qu'un tel prince a été condamné au *kok-sarai*, pour laisser entendre très clairement qu'il a été mis à mort. Le *kok-tash*, dit-on, a servi de fondation au trône de Timur, et doit probablement son nom au fait que c'était la célèbre pierre qui se trouvait dans le *kok-sarai*.

Le couronnement du roi sur le *kok-tash* est devenu une coutume, et selon la légende, la pierre était tombée du Ciel, et n'aurait pas laissé un faux khan, ou un khan sans ascendance authentique, s'approcher d'elle; jusqu'en 1822, lors de la rébellion contre Abul Feiz Khan, il lui fut reproché de ne s'être pas assis sur le *kok-tash* conformément au rituel, et les rebelles proclamèrent à sa place Rejen Khan, qui fut consacré de la façon habituelle. Quand les Russes prirent la ville, il y avait un bloc de plâtre dur décoré formant un dossier à cette pierre et la faisant ressembler à un trône. Ce bloc, aujourd'hui tombé et posé contre un mur du bâtiment, est à l'évidence d'une date très récente. Les Russes ont entouré la pierre d'une jolie rampe en bronze ornemental, pour la protéger. Derrière la pierre elle-même se trouve une grande niche surmontée d'un arc, décorée d'albâtre dans le style dominant, sur un des côtés de laquelle est apposé un morceau de métal ressemblant à une demi-noix de cacao; on y voit une inscription en arabe, ce qui montre que ce morceau de métal signalait autrefois la tombe d'un saint. Voici ce que dit l'inscription: «Ceci est la tombe du Sheikh Imam, l'Ermite Hodja Akhmet Rodoveri Isbak El Khivi. Que Dieu lui pardonne, ainsi qu'à ses parents et à tous les musulmans qui sont morts. Daté du vingt-deuxième jour du mois de Moharrem de l'an 550 (1155) de l'Hégire de Mahomet.»

Il y a d'autres vestiges témoignant de l'ère florissante de Samarkand dans les faubourgs de la ville. Parmi lesquels le *Ishrat-Khana*, construit, dit-on, par la femme de Timur pour y être inhumée, mais qui fut transformé en palais: ce monument produisit une telle impression sur Timur que celui-ci prit subitement son épouse dans ses bras en le voyant. La plus belle de ces ruines est la mosquée de Hodja Akhrar, un grand bâtiment carré, avec un portail élevé et un porche dont les carreaux ont été très bien préservés. Les lions perses reparaissent ici sur le porche. A l'intérieur de la cour se trouvent les chambres des étudiants, et en face de l'entrée une mosquée de belle taille, où, au moment de notre visite, nous trouvâmes les élèves et leurs professeurs en train de réciter les prières du soir. Au-delà se trouve un grand jardin, ainsi qu'un cimetière, où reposent les restes de Hodja Akhrar lui-même, autrefois célébré non seulement pour sa sainteté mais pour son immense richesse. Selon la tradition, Hodja Akhrar vécut il y a quatre cents ans environ à Tashkent, et s'appelait à l'origine Ubeidullah, mais fut appelé Akhrar (consacré à Dieu) pour sa piété. Il se consacra à la religion dès sa première jeunesse, et entra dans l'ordre religieux de Nakshbendi, dont il devint, après la mort du *pir*, le chef. On raconte que, alors que plusieurs jeunes frères de cet ordre faisaient leur pèlerinage à La Mecque, l'un d'entre eux, se trouvant à Rum, guérit le khalife d'une grande maladie par la prière et la lecture d'une bénédiction que son maître lui avait donnée. En témoignage de gratitude, le khalife lui donna la possibilité de choisir ce qu'il voulait, et le frère demanda le Coran d'Othman, le troisième khalife, qui était conservé dans le trésor du khalife. On disait que ce Coran avait été écrit par Othman lui-même, que celui-ci était chez lui en train de l'écrire quand il fut assassiné, et que son sang avait giclé sur le livre, qui en porte des traces. Le khalife fut obligé d'accomplir sa promesse, et le célèbre Coran fut emporté à Tashkent, où il ajouta plus encore à la célébrité du saint. Par la suite, lorsque Hodja Akhrar retourna à Samarkand, il apporta avec lui ce Coran, qui fut conservé dans sa mosquée après sa mort, posé sur un grand lutrin en pierre; C'est un manuscrit d'une très grande beauté, rédigé entièrement en lettres coufiques sur parchemin; lorsque les Russes occupèrent Samarkand, aucun érudit local n'était capable de le déchiffrer. En voyant la valeur que les Russes accordaient à cette relique, certains mollahs fanatiques pensèrent à l'emporter à Bukhara, mais cela fut interdit par le général Abramof; et les imams de la mosquée proposèrent eux-mêmes de la vendre 125 roubles, en disant qu'elle leur avait rapporté de l'argent, parce que les gens venaient et payaient pour avoir le privilège de l'embrasser et de le toucher, mais que, comme cela était fini, autant valait pour eux s'en défaire. On leur donna donc l'argent, et ce Coran est maintenant à la Bibliothèque impériale de Saint-Pétersbourg.

Le bazar de Samarkand est relativement insignifiant, beaucoup plus petit que ceux de Tashkent et d'Hodjent, même s'il est assez grand pour les trente mille habitants que compte aujourd'hui Samarkand. Les parties principales du vieux bazar sont le *timi*, un grand bâtiment octogonal couvert, où on vend les petites choses, et une ou deux maisons en bois pour la soie et le coton. Outre les hindous et les juifs, il y avait là de nombreux Afghans, et il n'était pas rare d'y rencontrer des derviches, ou *kalendar*, comme on les appelle. Ils sont autorisés à fréquenter la ville et à faire la quête, mais il leur est interdit de prêcher ou de réciter des prières. J'allais un matin avec mon mollah au *Kalendar Khana*, situé juste aux portes de la ville. Cet endroit, qui appartient à l'un des rares ordres de derviches qui subsistent à Samarkand, est un grand jardin contenant une ou deux mosquées, et un certain nombre de petites cellules. Nous avons trouvé là quelque sept ou huit adeptes d'apparence misérable et lorsque nous eûmes salué leur *pir* ou chef, et accepté le thé qu'il nous offrit, ils nous proposèrent de chanter. Cependant, il se passa un petit moment avant qu'ils ne fussent assez nombreux pour pouvoir constituer un chœur, car beaucoup d'entre eux étaient en ville, et les autres dormaient, allongés dans diverses parties du jardin, ou étaient à demi hébétés par le *nasha* (ou haschich) qu'ils avaient fumé. Finalement on en persuada plusieurs de venir, et lorsqu'ils eurent fumé ensemble une bonne pipe de *nasha*, pour avoir l'inspiration nécessaire, ils revêtirent leurs plus vieilles robes (des guenilles), mirent leurs besaces en bandoulière, et se coiffèrent des grands chapeaux coniques qui sont l'élément indispensable de leur costume sacré. Ils se mirent alors l'un derrière l'autre et commencèrent à chanter tantôt en persan et tantôt en turc. Leur psalmodie n'était pas sans attrait. Un ou deux vers étaient chantés par le chef, puis tout le groupe entonnait le refrain. Lorsqu'ils se furent échauffés, ils chantèrent de plus en plus vite, et malgré tous les efforts du chef, sa voix était presque inaudible à cause des cris des autres, qui, sans attendre la réponse, chantaient, ou plutôt criaient, continuellement. Leur chant, à la gloire du fondateur de leur ordre, disait à peu près ceci :

Une bête sauvage crie dans le désert : ô Tout-Puissant!
(Refrain) *O Dieu, notre ami!*
Il n'en est pas d'autre que Toi,
O Dieu, notre ami!
Nous n'avons d'autre protecteur que Toi,
O Dieu, notre ami!
Notre chef est Nakshband Duvana,
O Dieu, notre ami! etc.

Quand nous étions las d'un chant, un autre commençait et finalement ils en commencèrent un très sauvage et rapide, avec force bonds, prosternations et tournoiements, mais ces exercices, à part ceux de la voix, n'avaient rien de violent. Aussi fanatiques qu'ils fussent, ils ne virent aucune objection à se donner en spectacle devant moi, car ils étaient sûrs de recevoir un *sillau*, ou cadeau, à la fin, et ils n'eurent aucun scrupule à accepter l'argent qu'on leur proposa. Toute l'affaire, comme ils le savent très bien eux-mêmes, est une comédie jouée par goût du lucre. Il y en a peu parmi eux qui se soucient de piété ou de religion, si ce n'est pour le profit qu'on peut en tirer. Alors que j'étais sur le point de partir, le chef m'adressa une requête, en me disant que cet établissement de derviches avait été fondé longtemps auparavant dans de pieuses intentions; qu'il se consacrait à l'accueil des pauvres, des malades, et des aveugles, et des personnes qui n'avaient pas d'autre refuge, et que le seul moyen qu'ils avaient de le faire vivre était de recueillir les contributions des fidèles de toute la ville. Ils me prièrent donc de faire connaître aux autorités les buts pieux et charitables qu'ils avaient en vue, et de leur demander de les autoriser comme auparavant à réciter leurs prières et à faire leurs sermons en public. Je leur répondis que j'avais entendu dire que c'était interdit parce que nombre d'entre eux avaient eu l'habitude de fulminer contre les Russes, et de prêcher la haine et l'hostilité contre les infidèles. Ce qu'ils nièrent vigoureusement, en me disant qu'ils ne voulaient aucun mal aux Russes, qui les traitaient bien. Je parlai par la suite au préfet de la requête qu'ils m'avaient adressée, qui ne l'étonna pas le moins du monde; mais il me dit que, malgré leurs dénégations, on n'avait que trop d'exemples de leur duplicité, et que souvent des officiers, en passant sans se faire remarquer, avaient entendu des parties de leurs sermons, qui consistent en général en vieilles légendes remontant au temps où les gens avaient été asservis par l'infidèle à cause de leur vie et de leurs pratiques impies, et finissaient par un appel au repentir, qui devait permettre le départ des infidèles. L'islam est souvent représenté sous la forme d'une chamelle blanche opprimée par une tribu de païens.

Les juifs, qui, sous la domination des Russes, ont ici des droits au moins égaux à ceux du reste de la population, ne sont pas les moins intéressants des habitants de Samarkand. Autrefois, ils étaient obligés de vivre dans un quartier spécial, dans lequel ils sont aujourd'hui encore pour la plupart, et il leur était interdit de circuler à cheval à l'intérieur des murs de la ville, ou de porter une ceinture autre qu'une corde. Le mépris qu'ont les musulmans pour les juifs est tel qu'ils ne les jugent même pas bons à faire des esclaves. Comme j'avais exprimé le désir d'acheter des antiquités, un juif vint un jour me trouver avec des pièces grecques et des pierres gravées. A sa façon, il était une curiosité. C'était le fils de Mamoun, un célèbre négociant juif en lapis-lazuli de Bukhara, qui se lia au docteur Wolff lors de l'enquête que mena celui-ci sur l'assassinat de Stoddart et de Connolly. Son père et lui allèrent en Grèce en voyage d'affaires, et décidèrent ensuite d'aller en Europe; mais pour y parvenir ils durent devenir sujets britanniques à Bombay, et demander des passeports britanniques. Après un séjour de plus d'un an à Londres, le père rentra à Bukhara, où il se trouve actuellement tandis que le fils alla à Paris, où il passa trois ou quatre ans, après quoi il trouva le moyen d'aller à Samarkand. Il parle anglais moyennement, et très bien français; C'était une chose amusante de le voir dans son petit manteau de Paris, véritable Européen au milieu de ses compatriotes avec leurs calottes et leurs longues robes. Les juifs se rasent la tête, comme les musulmans, gardent deux longues mèches sur les tempes, si possible frisées, et pour le reste adoptent le costume local. Mamoun me proposa de m'emmener dans le quartier juif, et un matin nous sommes partis ensemble. Nous avons commencé par aller à la nouvelle synagogue, qui fut construite par un riche juif du nom de Mushti Kalantar. De chaque côté d'un large portique se trouvaient deux grandes pièces munies d'un bureau pour le rabbin, décorées simplement, mais bien. Au fond se trouvaient un certain nombre de trous de pigeons, où étaient placés les rouleaux de la loi, dont aucun n'était très ancien. Le rabbin et son assistant étaient en train de faire cours à deux classes d'enfants vifs et gais dans deux salles voisines contiguës. Le rabbin, homme très intelligent, était venu du Maroc dans les premiers temps de Samarkand, car même alors la synagogue existait, mais son existence était soigneusement cachée aux autorités. De la synagogue nous sommes allés à la maison de Kalantar, et nous sommes restés longtemps assis dans le jardin sous les arbres, tandis qu'une jolie jeune fille au visage sans voile cueillait et nous apportait des bouquets de roses. Ce n'est qu'au bout d'un certain temps que Kalantar lui-même, homme vénérable à la barbe grise, arriva pour prendre le thé avec nous. Les juives, bien qu'elles ne portent pas le voile chez elles, ont dans la rue le visage dissimulé comme les musulmanes, pour éviter les remarques désagréables et insultantes.

Je fis à Samarkand la connaissance de Abdur Rahman Khan, ancien souverain de l'Afghanistan et neveu de Shir Ali, l'actuel Émir. Dost Mohammed Khan laissa seize fils. Sa mort déclencha de nombreuses rivalités autour de sa succession, jusqu'à ce que Shir Ali finisse par s'imposer à Kabul, et par être reconnu par les autorités indiennes en tant qu'Émir légitime. Plusieurs de ses frères, cependant, refusèrent de se soumettre à lui, et organisèrent des rébellions; parmi eux se trouvait Afzul Khan, ou plutôt son fils Abdur Rahman Khan, car Afzul lui-même ne joua qu'un rôle passif dans cette lutte. Lorqu'il reçut l'ordre de venir à Kabul, Abdur Rahman Khan partit se réfugier à Bukhara, tandis que son père était immédiatement emprisonné par Shir Ali, qui était furieux. Cela se passait à la fin du mois de novembre 1864. Au printemps suivant, il y eut une autre rébellion. Azim Khan lança une insurrection mais fut défait par Shir Ali et conduit à Kandahar. Abdur Rahman Khan réunit alors des troupes de Bukhara et entra en Afghanistan où tout lui réussit. Il s'empara de Balkh, et fit directement route sur Kabul, qui lui fut livrée; le 1er mars 1866, il fit son entrée dans la ville et libéra son père qui y était emprisonné. Shir Ali subit deux autres défaites, et à la fin de l'année 1867 s'enfuit à Herat. La lutte continua deux années encore; Afzul Khan mourut, et Abdul Rahman Khan fut proclamé Émir. Finalement, Kabul fut prise en 1868; Abdur Rahman Khan et Azim Khan subirent une défaite totale, et s'enfuirent à Meshad. En juillet 1869, Abdur Rahman Khan envoya des messagers à Samarkand pour demander l'autorisation de se réfugier en territoire russe; on lui répondit que s'il n'avait nul autre endroit où aller, il aurait l'autorisation de venir. Il arriva donc à Tashkent en mars 1870, et fut bien reçu. Le gouvernement russe lui alloue environ vingt-cinq mille roubles par an, et insiste pour qu'il reste à Samarkand. Il a plusieurs fois demandé l'autorisation d'aller à Saint-Pétersbourg, mais elle lui a toujours été refusée. Il y a quatre ans environ, il a demandé au général Kaufmann de lui donner cent mille roubles, en disant qu'avec cette somme il pourrait lancer une insurrection contre l'Afghanistan dont il espérait qu'elle tournerait à son avantage. Le général Kaufmann refusa de lui donner cette somme, et lui dit que les Russes ne souhaitaient pas être mêlés aux affaires afghanes. Cependant, comme il vit très tranquillement dans le jardin de l'Émir à Samarkand, et ne peut guère dépenser, malgré tous ses messagers et ses correspondants secrets, plus de cinq mille roubles par an, il doit maintenant avoir presque assez pour préparer l'expédition en question.

Étant très désireux de le voir, je fis demander quand je pourrais me présenter chez lui. Il me répondit qu'il me ferait lui-même d'abord l'honneur de venir à moi, et fixa sa visite au lendemain. Vers une heure, un messager entra, et me dit que le prince afghan était en route. Avec le respect dû à une personne royale, même déchue, nous allâmes bien sûr à la porte pour l'accueillir; Abdur Rahman Khan est un homme grand et bien bâti, avec une grosse tête, et un visage au type afghan très marqué, presque juif. Il a de longues mèches qui pendent sur le côté, et une grande barbe noire frisée. Il a un port d'une grande dignité, et chacun de ses mouvements dénote un fort caractère, celui de quelqu'un habitué à commander.

Il était vêtu d'un costume à demi militaire — un long caftan de couleur sombre orné de larges galons argentés, avec des brandebourgs de galon argenté, une ceinture en argent finement ouvragé, et un sabre de cavalerie en argent. Il avait sur la tête un turban blanc rayé de bleu. Notre conversation porta naturellement pour l'essentiel sur l'Afghanistan: le prince avait beaucoup à dire sur certaines informations qui se répandaient alors, selon lesquelles une armée avait été envoyée par Shir Ali à Seistan. Il refusait de croire le bruit selon lequel Iskender Khan, qui vivait maintenant en Angleterre, avait fait la paix avec Shir Ali, et avait été placé à la tête de l'expédition. Une autre information venait de nous parvenir, selon laquelle les Anglais étaient en train d'attaquer Herat, et on nous dit même le nombre de soldats qui avaient été envoyés de Shikarpur et d'autres points de l'Indus. Abdur Rahman m'expliqua que cela serait impossible sans opérations préalables sur le golfe Persique, et qu'on en aurait obligatoirement entendu parler; après m'avoir demandé un crayon et une feuille de papier, il me traça les contours d'une carte de l'Afghanistan et les routes qui mènent d'Inde à Kabul, à Herat et à Kandahar. Sa conversation était de temps à autre interrompue, selon la coutume orientale, par des questions sur la santé des personnes auxquelles il parlait, et ses meilleurs vœux en leur faveur. Bien qu'il fût d'habitude réservé, il était tout disposé à parler avec moi, et sans dire particulièrement de mal de Shir Ali, il manifesta clairement son hostilité vis-à-vis de lui. Il évoqua la rumeur selon laquelle Shir Ali avait interdit qu'on mentionne son nom à Kabul sous peine de mort, en disant en riant que cela ne changerait pas grand-chose, et que les gens, simplement, penseraient à lui deux fois plus. Il avait la certitude qu'il lui suffisait de se déclarer pour avoir toute la population avec lui, parce que Shir Ali était détesté de tous les Afghans à cause de sa complaisance à l'égard de l'Angleterre. Je lui demandai si les subsides accordés à Shir

Ali par les Anglais avaient un effet quelconque sur les sentiments des Afghans. Il me dit que, pour ce qui était des dispositions des Afghans à l'égard de l'Angleterre, ils n'avaient pas le moindre effet, mais qu'ils en avaient peut-être un sur la personne de Shir Ali. Les Anglais pourraient accorder à l'Afghanistan tous les revenus de l'Inde que les gens ne les aimeraient pas davantage. Je lui demandai alors si les Afghans seraient d'accord pour participer à une attaque lancée contre l'Inde par un pays en guerre avec l'Angleterre. Il me répondit que si on certifiait aux Afghans que cette attaque visait la présence anglaise en Inde, et qu'ils étaient convaincus que la guerre n'était pas menée contre l'Inde, mais contre la domination anglaise, ils y participeraient volontiers sans réclamer d'argent, et sans se faire prier. Lors de son séjour à Samarkand, il avait assez bien appris le russe, si bien qu'à l'occasion il répondait aux questions sans attendre qu'on les lui traduise en persan; une fois, notamment, à la grande confusion de l'ami qui me servait d'interprète, qui ne voulait pas traduire littéralement ma question car celle-ci ne lui plaisait pas vraiment. Le prince resta avec moi pendant plus d'une heure, et en prenant congé il me dit qu'il me ferait savoir quand il pourrait me recevoir, mais je n'entendis jamais plus parler de lui, et lors de mes visites ultérieures à Samarkand, je ne l'ai pas vu. On m'a dit qu'il menait une vie si paisible et si modeste qu'il ne souhaitait pas montrer à des étrangers la façon dont il était installé. Il ne semble pas vraiment content de la façon dont le traitent les autorités russes, qui, en tout cas, ne se servent pas de lui pour intriguer. Il a dit un jour, sur un ton plutôt amer, que la première fois qu'il était venu à Tashkent on avait mis à sa disposition une voiture du gouverneur général, que lors de sa deuxième visite il avait eu une voiture ordinaire, mais que lorsqu'il était venu pour la troisième fois, on l'avait laissé marcher à pied.

L'occupation de l'Asie centrale par les Russes a mis en lumière l'existence de nombreux aventuriers, pour l'essentiel des Russes, qui avaient fui de Sibérie ou d'Orenbourg, et qui avaient joué différents rôles dans les États locaux. Il se trouve encore des hommes de ce genre à Bukhara et à Khokand, tandis que d'autres ont fait la paix avec les autorités russes et sont restés dans les zones occupées.

J'ai beaucoup entendu parler de l'un de ces hommes, mais malheureusement il est mort du choléra avant mon arrivée à Samarkand. C'était un Polonais du nom de Gerburt von Fulstein, qui, alors qu'il était très jeune, avait été envoyé à Omsk pour raisons politiques.

En ce temps-là, il régnait une grande agitation chez les Kirghiz, et il était beaucoup question du fils du sultan Sanjar, qui, disait-on, avait été emmené par les Russes, et instruit par eux. Gerburt se retrouva sur la route entouré par un groupe de Kirghiz, qui affirmèrent immédiatement reconnaître en lui le disparu, et qui l'emmenèrent avec eux dans la steppe, et finalement au Turkestan. Le Khan de Khokand avait épousé une fille du sultan Sanjar, qui pour plus de sûreté fut autorisée à le voir: elle déclara immédiatement que c'était son frère. Il fut alors reçu comme il convient à un parent du Khan, et fut nommé Bek de Namangan. Il mena là une telle vie de débauche et de dissipation, en étant ivre constamment, que le Khan jugea nécessaire de le faire partir et de le garder auprès de lui. Lorsque l'Émir de Bukhara prit Khokand, il emmena Gerburt avec lui, et le nomma à un poste important à la Cour. Il était à Samarkand au moment de la prise de la ville par les Russes, et en raison de sa connaissance des indigènes et de leurs langues, on lui attribua une fonction modeste, dans laquelle il se rendit utile. Quand il racontait son histoire, il disait qu'il ne savait parfois plus lui-même s'il était vraiment polonais ou kirghiz.

Un aventurier d'un autre genre s'est trouvé à deux reprises à Bukhara lors du séjour que j'ai fait là-bas. Il se présentait comme le khan Zadeh Arash Kul, prince persan, désireux de se rendre à Bukhara pour des affaires relatives à ses propriétés.

Pour une quelconque raison, sa conduite éveilla les soupçons, tant à Tashkent qu'à Samarkand, et on pensa qu'il pouvait s'agir d'un trafiquant de fausse monnaie. Il ne fut pas autorisé à se rendre à Katta Kurgan, sous prétexte que son passeport n'était bon que pour Samarkand, et on lui fit rebrousser chemin. Il retourna jusqu'à Jizakh, se procura un passeport pour Katta Kurgan, et y alla directement. La frontière, à Katta Kurgan, est l'objet d'une surveillance très étroite, et le préfet se méfie beaucoup de tous les personnages suspects. Comme cet homme n'avait pas de lettres délivrées par les autorités, ordre fut donné de ne pas le laisser aller à Bukhara, et tous ses efforts pour s'échapper la nuit restèrent vains. Lorqu'on se fut plaint de lui parce qu'il avait vécu longtemps dans le relais de poste au détriment des autres voyageurs, on lui ordonna de partir. Sur le chemin du retour, il abandonna sa voiture à une étape de Atyashkent, et en continuant à pied, il en prit une autre à une étape dans l'autre sens, afin de mieux échapper aux regards. Quand cela fut découvert, les soupçons pesant sur lui furent plus forts encore, mais toute trace de lui avait disparu. Une année plus tard on découvrit que c'était un criminel du nom de Babaef, qui avait été condamné à partir pour la Sibérie pour avoir usurpé le titre de prince Goktchaiski. Il réussit à sortir de Russie, mais fut arrêté à Vienne et envoyé à Moscou, où il mourut peu après en prison.

C'est à Samarkand que j'ai vraiment découvert les soldats russes d'Asie centrale. Bien sûr, j'en avais vu beaucoup à Tashkent et ailleurs, très souvent ivres dans la rue; mais c'est ici que je les ai vus pour la première fois dans leurs casernes, leurs campements, à l'exercice, et au travail. Lors de mes deux visites ultérieures à Samarkand, j'ai habité chez mon ami T., dans le camp placé sous son commandement. Ce camp était situé en dehors des murs, dans plusieurs grands jardins; celui dans lequel nous étions était celui de la mosquée appelée Namazga, qui sert essentiellement pendant les grandes fêtes. En son centre se trouvait un grand étang carré, et il était bordé par une plate-forme herbeuse entourée de grands ormes. C'est là que se dressaient nos tentes — de grandes maisons en toiles, commodes et bien meublées, avec les domestiques et la cuisine à l'arrière; non loin de là, des deux côtés, se trouvaient de longues rangées de baraquements, aux toits et aux parois en toile — car ici l'été il pleut rarement, quand il pleut. La mosquée avait été transformée en salle à manger et en salle de billard pour les officiers. Là nous vivions au grand air, les toiles de nos tentes relevées pour laisser passer l'air, et en passant avec nos couvertures et nos coussins d'un côté à l'autre de l'étang, pour suivre l'ombre. On installait alors un nouveau campement, plus loin sur la plaine, à un endroit où les troupes peuvent faire l'exercice et défiler plus à leur aise, mais malheureusement l'endroit est totalement dépourvu d'arbres, bien que dans deux ans il y aura probablement un bocage immédiatement autour des baraquements, qui sont permanents, et construits en briques non brûlées. Dans différents endroits de la ville, on voyait des soldats en train de creuser l'argile, de la mélanger à l'eau, de la couler dans des moules, et de mettre les briques à sécher au soleil. Le sol est tellement particulier ici que de telles briques peuvent être fabriquées partout, ainsi quand quelqu'un désire construire un mur autour de son jardin, ou même ériger une maison, ou il creuse son propre terrain, ou il vide un fossé le long de la route pour obtenir le matériau nécessaire. La chaleur du climat exige un uniforme adapté: les soldats ont ici des vareuses blanches en coton ou en lin, et de larges pantalons en peau de mouton teintée en cramoisi avec du colorant ou du jus de grenade, et enfilés à l'intérieur de grandes bottes. Cet uniforme n'est pas seulement pittoresque, il est aussi approprié pour les soldats, dont les mouvements sont totalement libres, et qui paraissent beaucoup plus robustes et virils que dans leurs uniformes d'hiver mal coupés, grossièrement taillés dans un drap épais de couleur sombre.

En général, j'étais réveillé le matin par le *réveillé* des tambours et des clairons; et dès qu'on voyait la fontaine à thé de mon ami sur la table à l'ombre, et qu'on savait qu'il était levé, les sergents venaient au rapport. Un jour j'allai au mess des soldats, et j'y trouvai tout en très bon ordre, et la nourriture — pain blanc et soupe au chou, ou bouillon de mouton — excellente. Le soir, en général, les orchestres du bataillon jouaient, ou les chœurs de soldats chantaient; car chaque bataillon possède son propre chœur de chanteurs choisis, qui chantent diverses chansons, composées ou bien par eux-mêmes ou bien par un officier, qui célèbrent les combats auxquels ils ont participé. Certaines de ces chansons ne manquent pas de verve, et à l'occasion elles sont trop véridiques au goût de certains de leurs commandants. A neuf heures, les chansons se terminaient toujours par la prière du soir, et ensuite la paix régnait dans le camp, mais pas nécessairement le sommeil. Les soldats mènent ici une vie assez active, et apparemment agréable. Au cours de leurs campagnes, ils ont assurément démontré une grande énergie, une capacité merveilleuse à endurer la fatigue et les épreuves, et ils sont toujours gais et faciles à vivre.

Une ou deux fois par an, ceux dont l'engagement arrive à son terme sont renvoyés chez eux avec femmes et enfants, avec des chameaux fournis pour le voyage. J'assistai au départ d'une de ces caravanes, le soir où j'ai moi-même quitté Tashkent. C'était extrêmement amusant ; presque tous les hommes étaient ivres — ne venaient-ils pas de prendre congé de leurs camarades ? — et c'est avec beaucoup de difficultés que leurs épouses, ou certains de leurs compagnons, restés sobres, parvenaient à les faire tenir sur le dos bosselé des chameaux, où ils s'allongeaient ou s'asseyaient au milieu de piles de bagages. Parfois, l'un d'entre eux tombait sans avoir l'air de se faire mal, et on parvenait, difficilement, à le remettre en selle. Il est étrange qu'on ne semble faire aucun effort pour inciter les soldats et leurs femmes à rester sur place comme colons. Beaucoup resteraient volontiers, du moins un certain temps, mais ils sont influencés par le privilège du voyage retour, qu'ils perdent s'ils n'en profitent pas immédiatement.

La société russe de Samarkand est très peu nombreuse et il y a, jusqu'à présent très peu de nouvelles maisons. Un nouveau quartier est néanmoins en projet du nouveau côté de la citadelle, où les rues et les maisons surgissent peu à peu. Lors de mes visites, tout ce quartier était un théâtre de poussière et de désordre. Il n'y a que deux ou trois négociants, la population est constituée par les officiers et les fonctionnaires, et par ceux qui accompagnent le camp ; comme seuls deux ou trois officiers sont mariés, la société russe est presque aussi masculine que celle des indigènes. Dans ces régions éloignées, la cérémonie du mariage n'est pas considérée comme de la première importance, et la société ne peut pas se permettre d'être trop pointilleuse.

Il est impossible de ne pas être frappé par la différence existant entre l'administration de Samarkand et celle de Tashkent. Presque tous les fonctionnaires semblent avoir à cœur le bien-être du pays, et être consciencieux dans leur travail. Ils sont, pour la plupart, ce qui reste de ce qu'on appelle les « hommes de Tchernaief », car beaucoup d'entre eux étaient avec ce général lors de sa première campagne en Asie. Le général Abramof, commandant de la province, a commencé comme capitaine en second, mais grâce à sa grande bravoure et à son élan dans tous les combats auxquels il a participé, il a réussi à obtenir le grade de général de division, et nombre de distinctions et de décorations. C'est un homme très actif, et il connaît bien tout le pays. Je ne crois pas qu'il y ait un seul village placé sous sa juridiction qu'il n'ait pas visité. Il s'efforce de se tenir au courant de tout ce qui se passe, et, bien que sa volonté fasse la loi à Samarkand — étant donné que les règlements administratifs en vigueur dans le reste du Turkistan n'ont jamais été appliqués à cette province —, il est très désireux d'agir toujours avec justice, et dans l'esprit de la loi russe. Il est habilement secondé dans son administration par des hommes qui connaissent bien les gens auxquels ils ont affaire. Le préfet de la ville était, en ce temps-là, le capitaine Syrtlanof, un gentilhomme musulman d'origine bashkir, parlant très bien kirghiz, turc et persan. Alors que j'habitais chez lui, j'eus une excellente occasion de voir de quelle façon il administrait les affaires de la ville. Les habitants étaient contents de lui, non seulement parce qu'il était musulman, mais parce qu'il pouvait écouter en personne leurs doléances, trancher leurs disputes, et parce qu'il était — ce qui est assez rare pour mériter d'être mentionné — profondément honnête. Ayant à cœur les intérêts de la population, il établit à Samarkand un excellent hôpital, et facilita la fondation d'une école pour enfants musulmans, qui connaît un grand succès. Pour le moment, elle a atteint l'objectif consistant à inciter de nombreux mahométans de premier plan à y envoyer leurs enfants pour qu'ils y apprennent le russe. Malheureusement, tant pour la population que pour les intérêts du gouvernement russe, le capitaine Syrtlanof n'est plus là. Le gouverneur général s'est mis dans la tête que c'était un fanatique, et l'a révoqué.

KHOKAND

Bien que vassal de l'empire russe, le khanat de Kokand est encore éloigné de l'autorité du tsar. Sa situation géographique, enchâssée dans un écrin de haute montagne, préserve, il est vrai, l'originalité de la vallée du Ferghana.

Khokand est une ville moderne, elle a tout au plus cent ans. C'est pourquoi ses rues sont plus larges, et la ville elle-même plus spacieuse que la plupart des villes asiatiques. Elle est de forme presque carrée et l'on me dit qu'elle a plus de cinq cents mosquées, ce qui, si l'on compte en moyenne trente maisons par paroisse, donne une population de soixante-quinze mille. Ce chiffre me paraît plausible, bien que la ville puisse abriter entre ses murs beaucoup plus d'habitants encore.

Depuis le toit du caravansérail, l'on embrasse toute la ville du regard, et non seulement la ville, mais aussi le khanat. Dans les environs immédiats, il y a les grands toits de terre plats du bazar. La plupart des rues sont couvertes aussi, ce qui permet de s'y déplacer aisément à pied d'un bout à l'autre. Tout près à gauche se trouve un groupe de mosquées et de médressés de brique gris-rouge avec de hauts dômes en forme de melon, et des corniches couvertes de carreaux de céramique bleue et blanche représentant des textes du Coran. Devant nous se trouve le pont en brique de Kish-kupriuk, avec son arche très prononcée, qui enjambe le ruisseau qui divise la ville en deux, et au-dessus se dresse le grand médressé Khan. A gauche on voit la magnifique façade et le portail du palais du Khan, qui brille de tout l'éclat de ses carreaux de céramique neufs : bleus, jaunes, et verts — car on vient de le construire. Tout autour il y a des toits en terre, à demi enfouis sous une végétation luxuriante, et encerclant le tout, il y a le vert vif des jardins et des vergers. Le terrain étant plat, la ville n'est pas aussi pittoresque que Tashkent, mais ce défaut est compensé par la vue superbe que l'on a des montagnes. A l'ouest et au sud-ouest se trouvent les petites collines près du Hodjent, au nord les grandes montagnes du Tchatkal. A l'est et au sud se dresse la magnifique chaîne enneigée des Alai qui forme la frontière du khanat. On voit que l'on se trouve au cœur de la petite vallée charmante de Fergana. Si l'on se trouvait à quelques mètres d'altitude de plus, on verrait le fleuve qui lui donne vie : le Syr Darya.

Lors de mes promenades à cheval à travers la ville, j'ai réussi à en voir la majeure partie. J'y ai vu presque tout ce qu'elle a d'intéressant, quoiqu'il ait été particulièrement pénible de nous déplacer à cheval à cause de la chaleur. Nous étions tenus d'être rentrés pour sept heures du soir, heure à laquelle le bazar était fermé. Ainsi nous perdions le moment le plus agréable de la journée. De surcroît, je me faisais insulter à tout bout de champ (mais je ne fus jamais attaqué), et l'obligation d'être toujours sur mes gardes diminuait quelque peu le plaisir de la visite.

Dans une grande place carrée ouverte au bout du bazar, là où l'on vend des fruits toute la journée, il y a deux grands médressés, de belles constructions de brique rehaussée par endroits de carreaux de céramique bleus, et surmontés de dômes et de tourelles bleues. L'un s'appelle Ali, et fut construit par Mussulman Kul. L'autre — encore inachevé — fut commencé par le sultan Murad Bek, le frère du Khan, pour exaucer un vœu. Près du pont dont j'ai déjà parlé se trouve le grand médressé Khan, construit par Madali Khan, et qui contient assez de chambres pour héberger deux cents mollahs. Celui-ci ne fut jamais terminé selon le plan original. Dans la partie est de la ville se trouve le médressé Mir, construit par Narbuta Bili il y a environ quatre-vingts ans, et juste à côté se trouve un grand cimetière. Une école primaire est rattachée à la mosquée du cimetière. Je m'y suis arrêté une fois pendant une demi-heure. J'y ai bavardé avec les mollahs qui ont été très aimables et courtois, malgré le fait que je sois étranger. J'étais venu là pour voir le monument érigé pour l'épouse de Modali Khan, sur lequel figuraient les vers célèbres que l'on cite si souvent:

Makshar Kuni Kuram diram ul sarvi kommati
Har anda kham kurunmasa kil kur kiyumati[1].

Il s'avéra cependant que ce monument avait été détruit par l'Amir Mozaffar Eddin lorsque celui-ci occupait le Khokand, parce qu'il était inconvenant de rendre pareil hommage à une femme.

L'une des principales curiosités de Khokand est la fabrique de papier, située aux abords du Minyatchu-vorak. La majeure partie, si ce n'est la totalité du papier utilisé en Asie centrale est fabriqué soit ici, soit dans le petit village de Tcharku, situé lui aussi dans le Khokand. Les chiffons sont tour à tour pilonnés et macérés jusqu'à ce qu'ils forment une pâte épaisse dont on fait une boule. Ensuite des portions de cette pâte sont mélangées à de l'eau dans une bassine. Le fabricant de papier prend un tamis oblong fait d'herbes fines tendues sur une armature de bois, et y dispose une certaine quantité de pulpe, la secouant et l'inclinant jusqu'à ce qu'elle soit également distribuée sur toute la surface. Après l'avoir laissé reposer quelques instants, il la retourne sur une planche. Un homme seul peut faire de la sorte environ trois cents feuilles par jour; celles-ci sont empilées l'une sur l'autre avec des couches de feutre intercalées entre elles et soumises ensuite à une forte pression pour en extraire l'eau. Le matin, on les sort et on les accroche pour les faire sécher à un mur qui est exposé au sud. On leur applique un apprêt et elles sont polies par d'autres artisans au bazar. L'apprêt le plus souvent employé est une sorte de dextrine que l'on trouve à l'état presque pur dans les racines du *shirash*, une plante appartenant à la famille des lys, et le polissage est fait en le frottant avec une grosse pierre lisse. Ce procédé fait presque doubler la valeur du papier — passant de quinze à vingt ou trente kopeks la feuille. On ne jette pas le papier défectueux, car lors du passage à l'apprêt, les trous et les interstices sont bouchés au moyen d'étroits rubans de papier. La surface est si unie qu'il faut les regarder en transparence pour en découvrir les défauts. Ce papier, qui est le plus souvent de couleur grise, mais aussi parfois rose et bleu, est très dur et résistant, et convient parfaitement à l'encre gluante dont se servent les autochtones. Il ne peut servir aux Européens, et les Russes sont obligés d'en importer.

Le bazar principal de Khokand est de loin le bazar le mieux construit

1. J'espère voir lors de la Résurrection / Cette beauté si frêle / Si alors je ne la vois pas, / J'irai voir après le Jugement.

de ceux que j'ai vus en Asie centrale. Il est très régulier — toutes les rues s'y croisent à angle droit. Beaucoup de magasins sont construits en brique cuite. Les rues sont larges et l'ensemble du bazar est recouvert d'un toit soutenu par des poutres bien au-dessus des habitations, ce qui fait que le bazar lui-même est à l'ombre, cependant que l'air frais pénètre par les côtés. Depuis l'incendie survenu il y a environ deux ans, l'on a encore amélioré une partie du bazar lors de sa reconstruction. Le bazar est ouvert deux jours par semaine, le jeudi et le dimanche. Le commerce y semble important.

Les bazars de Khokand, comme dans la plupart des villes du khanat, appartiennent au Khan lui-même, qui en a pris possession il y a quelques années, et qui en perçoit directement les loyers. Certains ont été achetés, et il n'en a payé qu'une petite partie de leur valeur réelle. Il s'est tout simplement emparé de certains autres, se contentant d'affirmer à leurs propriétaires qu'ils en avaient tiré profit suffisamment longtemps, et qu'il comptait maintenant en bénéficier à son tour. Les revenus du bazar sont loin d'être négligeables. Le Sarai du cocon rapporte mille huit cents tillas, c'est-à-dire huit cent dix livres, bien qu'il ne soit ouvert que pendant les six ou sept semaines durant lesquelles les cocons sont en vente. Les chambres du Zekat Sarai où je suis descendu se louent à deux cents tillas (90 livres) l'an. Ceci avantagera beaucoup les Russes lorsqu'ils entreront en possession du Khokand, car les revenus des bazars deviendront propriété d'État, alors que dans la plupart des villes prises par les Russes — comme Tashkent ou Hodjent, les revenus appartiennent à des particuliers, ou sont astreints par des *waqf* à des fins religieuses ou charitables.

Comme je vivais au milieu du bazar, il m'était souvent donné d'y flâner, et d'observer les différents métiers qui s'y exerçaient. Mais il ne différait en rien, ne comportait rien qui n'existât dans celui de Tashkent; pas plus que les denrées qui s'y vendaient n'étaient de meilleure qualité, à l'exception peut-être des cravaches. Celles qui sont fabriquées à Khokand sont d'excellente qualité et se vendent très bon marché.

Je fus frappé par le nombre considérable de goitres chez les marchands. Il me semble qu'un marchand sur trois souffrait de cette désagréable maladie. Je ne sais si cela a un quelconque rapport avec le fait de boire l'eau qui provient de la fonte des glaciers. Mais c'est un fait que les cours d'eau qui traversent la ville se forment à la fonte des glaciers, quoique ceux-ci soient à une distance de nombreux kilomètres. C'est la seule ville où je remarquai cette affection, mais j'ai entendu dire qu'elle est également très répandue à Kashgar et à Yarkand.

La structure du bazar oblige à prendre des précautions supplémentaires contre l'incendie et les brigands, et le bazar ferme à sept heures du soir. Une patrouille de soldats le parcourt. Le défilé de ces soldats était toujours un spectacle amusant. Les différentes troupes approchaient en marchant au pas pour se mettre en place à certains endroits, et l'on sortait les deux chariots de pompiers. L'un était de fabrication russe, l'autre en était l'imitation locale maladroite.

Il y a environ douze mille soldats à Khokand. La discipline qui règne parmi eux est très relâchée. Dans les compagnies que j'ai vues il n'y avait pas deux hommes vêtus ni armés de la même façon. Certains avaient des bâtons, d'autres des fusils ou des mousquets à pierre, ou le plus souvent, à mèche. D'autres encore n'avaient pour toute arme que le gourdin local, dont la tête ronde en laiton est attachée par un joint. Les officiers avaient, en plus de leurs ceinturons et de leurs épées, des baguettes de commandement. Certains soldats étaient vêtus à la manière indigène, d'autres d'un mélange de vêtements dans le style russe et le style indigène. L'uniforme le plus répandu semblait être une large veste et un pantalon. Le choix de la couleur, ainsi que celui du nombre et de la disposition des boutons étaient laissés à la discrétion du soldat. Les boutons étaient tous européens, et il y avait peu de cadeaux qui fassent plus plaisir au Khan qu'un assortiment de boutons. Beaucoup d'entre ceux-ci étaient simples, mais la plupart étaient d'anciens boutons militaires russes, et parmi le nombre, il y avait des boutons français, allemands, et même anglais, ces derniers venant probablement d'Inde. Les ordres indiquaient que certains des instructeurs avaient reçu leur formation en Inde, d'autres en Russie. Parmi eux, trois m'ont particulièrement frappé: *slushai na karaul* («attention» en russe, «portez armes») et *ardja* («reposez armes»).

Lorsque des brigands sont arrêtés, ils sont sévèrement punis : au premier délit, ils perdent une main. Les récidivistes et ceux qui ont commis des crimes plus graves risquent l'exécution sommaire. Lorsque l'on procède à l'exécution d'un criminel (ce qui se produit très souvent), il est d'abord promené par les rues du bazar. Le bourreau le suit, tandis que la foule le hue et le lapide. Soudain, sans prévenir, lorsque le bourreau estime que le spectacle a assez duré, il saisit la victime par la tête, lui plonge le couteau dans la gorge, et la lui tranche. Le corps s'écroule au sol, où on le laisse pendant plusieurs heures, puis il est emporté et le sang est recouvert de sable.

J'ai manqué de justesse une mise à mort de ce genre, car trois personnages avaient subi ce sort un ou deux jours avant mon arrivée, et peu après que j'ai quitté Khokand, les rebelles qui avaient été impliqués dans la récente insurrection furent exécutés et le bazar baignait littéralement dans leur sang, qui pénétra même dans le Sarai où j'étais resté. Plus de cinq cents personnes furent exécutées alors.

En plus de l'égorgement, la pendaison est une punition relativement fréquente, surtout dans les petites villes, il arrive que l'on enterre les criminels vivants, ou plus épouvantable encore, qu'on les empale. Lors de l'empalement, la victime est attachée à une charrette, les jambes liées aux brancards, tandis que le pal est attaché à une autre charrette. On l'en transperce avec une extrême violence, puis on plante le pal dans le sol. Ou encore la victime est délicatement juchée au sommet d'un pieu pointu déjà fiché en terre, et ce sont les passants qui lui tirent les jambes. De cette manière le prisonnier peut endurer des souffrances atroces pendant un ou deux jours.

Que le bazar ferme si tôt fut pour moi une des choses les plus pénibles, car cela nous immobilisait dans la cour du Sarai, étouffante et parfois nauséabonde, pendant la partie la plus fraîche et la plus agréable de la journée. On nous empêchait même de quitter le Zekat Sarai et d'aller juste au coin de la rue au Khan Sarai, où vivaient les autres marchands russes. Il nous était permis, il est vrai, de passer un moment sur le toit, mais dès que la garde était en place, nous n'avions pas le droit d'y rester.

Les Russes qui se trouvaient alors à Khokand étaient principalement des agents et des employés des deux maisons de Pupyshef et des sociétés Bykofski et Kolesnikof.

Le commerce principal consiste à importer de Russie des tissus et des calicots imprimés, et de les échanger contre de la soie et du coton — les principaux produits d'exportation du pays. Très souvent, les marchands sont obligés de vendre à Khokand et à Bukhara des tissus imprimés aux prix de Moscou, ou même moins cher, ce qui leur fait perdre tous les frais de transport. Ils font ceci dans l'espoir de se rattraper en achetant de la soie et du coton à bas prix, en les vendant à grand profit, et aussi en reversant rapidement l'argent qu'ils ont ainsi gagné aux fabricants des tissus imprimés, avant que la période de crédit ne touche à sa fin. Ceci leur fait économiser des mois d'intérêts. Ensuite, ils obtiennent un autre lot, ou disposent de l'argent entre-temps.

Il est vrai que des traités commerciaux existent actuellement entre la Russie et tous les Etats d'Asie centrale, mais les chefs d'État ne comprennent pas ce qu'ils signifient, et ne s'en soucient guère. Les commercants russes vivent en permanence dans une situation désagréable, voire même dangereuse. […]

Afin d'éviter d'être insultés, et même blessés, les commerçants russes, lorsqu'ils devaient arpenter les rues, avaient l'habitude de se vêtir selon la coutume locale. Il ne leur était pas permis d'habiter où bon leur semblait dans la ville. Ils étaient obligés de se limiter aux Sarais des bazars. Il leur était également interdit de fréquenter les indigènes. Le Khan interdisait aux commerçants du coin d'inviter les commerçants russes chez eux. Un jour, alors qu'un commerçant russe avait invité plusieurs clients locaux à dîner, les autorités de Khokand en furent extrêmement mécontentes. Je ne puis m'empêcher de penser qu'il en serait autrement si ces commerçants étrangers étaient anglais ou américains. Ils n'accepteraient jamais de vivre à l'étroit dans de petits appartements inconfortables, privés de tout agrément, sans parler des luxes tels que la poste. Les gouvernements locaux ont élevé de vives objections à l'établissement de communications postales sur leurs territoires. Ainsi, à moins d'envoyer une lettre de Tashkent par messager spécial, il faut la faire porter par quelqu'un du coin, qui peut très bien l'oublier pendant des jours, ou qui la lance par l'ouverture de la porte en passant, souvent en piteux état, car, habituellement, les autorités frontalières, ou celles de la ville, l'ont ouverte. Il me fut difficile de croire cela jusqu'à ce que je l'aie vu de mes propres yeux, et il est difficile aux Russes de croire que leur gouvernement, qui prétend se trouver en Asie centrale à cause des avantages commerciaux que cela représente, et qui a déclaré que le Khokand était un état vassal, protège si mal ses commerçants, et soit si mal informé — même à Tashkent — de l'état du pays. Il était naturel de penser que les Russes avaient un agent commercial attitré en place à Khokand, et que les marchands se regrouperaient naturellement autour de lui. Un tel agent serait sous la protection de cosaques, ou du gouvernement de son pays. Il obtiendrait au fil des ans que le gouvernement local se plie à toutes les exigences du gouvernement russe. Mais rien qui ne ressemblât aux «résidents» anglais des États indiens n'existait ici. Les Russes n'avaient ni agent secret ni agent d'aucune sorte à Khokand. Les relations diplomatiques sont entretenues par l'envoyé du Khokand, Mirza Hakim, résident à Tashkent, qui n'avait pas toute la confiance de son gouvernement et qui était soupçonné et méprisé par tous ses compatriotes, ainsi que par le diplomate russe (qui résidait à Tashkent également). Cet agent fit, en l'espace de deux ou trois ans, un court voyage à Khokand, où, en tant qu'invité officiel du gouvernement, il fut entouré d'espions, accaparé par les dostars-khans et l'échange des cadeaux, et ne put se faire une idée de l'état véritable du pays. Selon des rumeurs persistantes mais sans grand fondement, il était soudoyé par le Khan. Les marchands se plaignaient de ce que en général on les traitât avec impolitesse, et qu'on n'accordât aucune foi aux descriptions ainsi qu'aux déclarations qu'ils pouvaient faire, lorsque celles-ci ne concordaient pas avec les théories officielles qui déterminaient la politique de Tashkent.

Au Zekat Sarai, nous recevions souvent la visite d'un hôte dont la conversation nous amusait et nous instruisait toujours. C'était un réfugié russe, dont l'histoire était des plus curieuses. Mina Yevgrafef Gretchenko (on l'appelait Yevgraf, le plus souvent) était un cosaque de Novotcherkask, qui avait servi aussi bien dans le Caucase que dans la garde impériale. Pour une raison inconnue, on l'avait envoyé à Omsk, en Sibérie. Selon lui, il avait eu un différend avec un camarade lors d'une partie de cartes, au cours de laquelle il lui avait lancé une bouteille, le laissant mort ou gravement blessé. Il estima alors prudent de décamper. Comme il avait beaucoup d'amis qui lui offraient leurs services pour le faire, il put disposer de nombreux faux passeports et de différents vêtements de rechange. C'est ainsi qu'il se rendit à Arkhangelsk, qu'il gagna le jour même où le dernier paquebot à destination de l'Angleterre venait de partir. Comme on l'y considérait avec soupçon, il redescendit l'Oural et arriva à Petropavlovsk après l'avoir échappé belle à plusieurs reprises. Le premier jour à Petropavlovsk, il rencontra une connaissance d'Omsk, et comme il craignait d'être reconnu, et aussi comme il n'avait pas le choix, il traversa la steppe en direction du Turkistan, où il se porta volontaire pour s'engager dans l'armée khokandienne. En effet, il n'y avait rien d'autre à faire. De plus, le malheureux fut obligé de se convertir à l'islam, et il prit le nom de Suleiman Kul. C'était il y a plus de vingt ans. Dans un premier temps, il épousa la fille d'un prisonnier russe. On raconte que l'amour qu'il éprouvait pour elle n'était pas étranger à sa décision de se réfugier dans le pays. Il a servi dans différentes branches de l'armée. Il a participé à presque toutes les batailles contre les Russes. Il est à présent *yuz-bashi*, c'est-à-dire centurion dans l'artillerie. Après la mort de sa première femme, il épousa une fille du pays, et il vit maintenant entièrement à la manière indigène. Cependant, il n'est musulman que du bout des lèvres, et demeure un patriote russe à part entière. Il serait enchanté de rentrer — ne serait-ce que pour une journée — en terre russe. Il pourrait le faire en se faisant passer pour un Tatar, mais il a toujours des amis en Russie, et ne veut pas retourner vers eux par ce moyen. Il voudrait rentrer en Russe et en chrétien, en ayant effacé son passé. Il parle et lit toujours couramment le russe, en dépit de son long exil. C'est un homme vif et plein de finesse, parfaitement au fait de ce qui se passe dans le pays. Il pourrait être d'une grande utilité aux Russes s'ils savaient tirer parti de lui [1]. [...]

A UTCH KURGAN, RÉSIDENCE TEMPORAIRE DU KHAN DE KHOKAND

La vie à Utch Kurgan était plutôt morne. La proximité du Khan, les foules de soldats, de Kiptchaks et de toutes sortes de gens, qui emplissaient les rues, jointes à la forte chaleur, faisaient qu'il était désagréable de sortir. De plus il n'y avait pas grand-chose à voir d'autre que les gens. Nous étions obligés de nous lever tôt, car une fois le

1. En 1875, Yevgraf sauva les vies du colonel Skobelef et de M. Weinberg durant leur retraite forcée au moment de la révolution qui renversa Khu Dayar Khan, et les accompagna à Hodjent. Depuis il a été pardonné par l'empereur.

soleil levé, il n'y avait plus aucune chance de dormir en plein air, et nous n'avions rien à faire de toute la journée que de rester allongés et de parler avec les différents pensionnaires de la maison, ou déambuler dans le jardin et regarder leurs occupations. C'était l'occasion rêvée d'étudier la vie des habitants de la maison d'un riche noble, car il y avait un grand nombre d'employés de maison. Dans un coin, trois ou quatre cuisiniers s'occupaient toute la journée de tuer et de dépecer des moutons, de laver du riz et d'en faire du pilaf, car Rahmet Ullah Bek entretenait une garde de deux cents soldats qu'il était obligé de nourrir. Il y avait aussi les chevaux à panser, ainsi que trois faucons aux soins desquels un vieillard et deux garçons se consacraient exclusivement: il fallait les nourrir, les entraîner, et jouer avec eux, en prévision d'une autre chasse. L'intendant en chef du Bek était aussi son tailleur, et je le regardai découper deux morceaux entiers de calicot en chemises et en pantalons. Il y avait un secrétaire âgé, qui avait très peu à faire si ce n'est apprendre à lire à Namet Illah, le jeune fils du Bek, sur qui veillaient trois ou quatre autres hommes. Quand tous ces gens n'étaient pas occupés à leurs propres tâches, soit ils nous parlaient et examinaient les objets que nous avions apportés avec nous — presque tout suscitait leur curiosité — soit ils regardaient les opérations des cuisiniers, en se réjouissant d'avance de leur dîner. De distractions il n'y en avait point, étant donné que tous les jeux étaient interdits. La danse, les jongleurs, ainsi que les spectacles comiques étaient interdits, me dit-on, dans le khanat, le Khan — homme licencieux, — ayant reconnu ses errements, et ayant adopté, pour son peuple en tout cas, un semblant de vertu. On priait peu; parfois, l'après-midi ou au coucher de soleil, quelques individus pieux étendaient leurs tapis et suppliaient Allah. Mais la prière n'était pas, comme dans les grandes villes, un passe-temps ou un élan de ferveur. Je remarquai un pauvre vieillard qui semblait sans arrêt en train de prier. Lorsque je le désignai, j'appris qu'il s'agissait d'un *iskatchi* — un homme qui gagne sa vie en prenant sur lui les péchés des morts, et consacre donc sa vie à prier pour sauver leurs âmes. Il correspond au «mangeur de péchés» de la frontière galloise. A l'exception du livre employé par le secrétaire qui donnait sa leçon quotidienne au plus jeune des fils, il n'y en avait pas, pas plus qu'il n'y eût quiconque qui s'occupât de dire des contes. C'était une vie très paresseuse et indolente, quoique parfaitement conforme aux bienséances.

Une fois par jour, nous recevions un mouton entier pour notre groupe, mais il nous revenait de le tuer et de le faire cuire. Comme l'un des chauffeurs d'*arba* s'avéra vite le meilleur cuisinier, c'est à lui qu'échut la tâche de faire la cuisine.

Pendant les quelques jours que je passai dans ce jardin, j'appris beaucoup aussi bien sur les habitudes que sur les superstitions de la vie musulmane. Par exemple, on m'apprit à manger du melon. Selon le Coran, lorsque l'on tue un animal pour le manger, on doit lui couper la gorge, afin d'en laisser couler tout le sang. Par association d'idées, l'on traite pareillement le melon. D'abord on lui coupe la gorge, c'est-à-dire que l'on pratique une petite incision du côté opposé à la tige, puis on lui coupe la tête, en en coupant une petite tranche, ensuite, on le coupe dans le sens de la longueur, et d'un coup ou deux coups de couteau adroits, on sépare la chair de la peau, et on la coupe en fines lamelles que l'on décale. Lorsqu'un homme boit de l'eau, il doit avaler la première gorgée doucement, en répétant à voix basse le nom d'Allah, puis prendre deux gorgées, puis enfin autant qu'il en veut. Lorsque quelqu'un est pris de hoquets, il est courant qu'on lui dise : « Tu m'as volé quelque chose », cela est censé porter bonheur. Si l'on éternue lorsqu'on nous parle, cela prouve que la personne qui nous parle a raison. Éternuer trois fois porte malheur. Bâiller est un péché, et c'est aussi très dangereux. Cela provient d'une partie du cœur où réside le mal : le *Hazzi shaitan*, qui se prépare à recevoir un esprit maléfique. Mohammed ne bâillait jamais, car, alors qu'il était âgé de quatre ans seulement, l'ange Gabriel le saisit un jour dans le désert tel un oiseau fondant sur sa proie, et lui coupa cette partie du cœur. C'est ainsi que, si l'on bâille, on doit toujours porter la main à la bouche en tournant la paume vers l'extérieur, afin d'éloigner les esprits maléfiques qui viendront tout de suite vers vous. Parmi les personnes les plus puritaines, le rire aussi est mauvais. On dit que Hanify, l'un des célèbres docteurs musulmans, perdit la moitié de l'Asie musulmane parce qu'il avait ri. Siffler aussi est mauvais. Si un mari siffle, cela portera malchance à sa femme. Si les enfants sifflent, ils perdront père ou mère. Siffler est censé faire venir le vent et les Kirghiz sifflent souvent pour cette raison. Un bourdonnement dans les oreilles signifie qu'un homme est mort, et l'on dit toujours une prière. Il y a une très belle légende à ce propos. Au paradis, il y a un arbre dont chaque feuille porte le nom d'une âme. Ce que les hommes appellent bourdonnement dans les oreilles n'est autre chose que le bruit de froissement d'une feuille qui tombe. Si le son que l'on perçoit est comme un tintement de cloche, c'est une âme chrétienne dont la feuille est tombée et qui doit mourir. Ainsi, pour chaque religion, le son est différent. Il existe aussi beaucoup de superstitions semblables en ce qui concerne les mouvements des différentes parties du corps, appelés *tentakmak*. Il y a un petit oiseau appelé *karlagatch*, dont la queue fourchue tremble en permanence. Cette queue, si vous la portez sur vous, vous protège toujours de la malchance. Elle orne donc souvent la coiffe des femmes. Il y a une croyance au sujet du *karlagatch*. Si, lorsque vous voyez cet oiseau pour la première fois au printemps, vous creusez un trou profond sous la pointe de votre pied droit, vous trouverez un morceau de charbon. Muni de ce charbon, postez-vous devant la mosquée, en ayant soin de vous munir également d'une fine baguette. Scrutez la foule. Passera enfin une fille portant un grand chapeau. Touchez-la de la baguette, faites qu'elle s'arrête et pénètre avec vous dans la mosquée. C'est alors que vous pourrez lui demander son chapeau, qui vous permettra de vous déplacer en toute invisibilité.

Parmi les Kirghiz, la pie *taka* est un très mauvais signe, et l'on surveille attentivement ses allées et venues. Si un Kirghiz en entend crier une, il sort regarder si la pie est à l'est, cela signifie des invités; à l'ouest, un voyage; au nord, la malchance; au sud, un événement remarquable. Pour ce qui est du corbeau, il y a des superstitions semblables, parmi lesquelles il est dit que le *karga* — corbeau ordinaire — et le *kok-karga* — corbeau vert des steppes — ne s'étaient jamais rencontrés avant l'arrivée des Russes. Jusqu'à ce jour, le corbeau noir s'enfuyait avant l'arrivée du vert, maintenant, on voit les deux oiseaux ensemble. Le trébuchement, ainsi que le renâclement d'un cheval au cours d'un voyage sont censés porter bonheur. A Bukhara, si un cheval trébuche en traversant une rivière et que le cavalier se mouille, on considère que c'est d'excellent augure. Rencontrer une femme à pied, ou les mains vides, c'est avoir de la malchance. Au contraire, rencontrer quelqu'un à cheval, surtout un jeune homme avec quelque chose dans les mains, porte bonheur. Si un lapin de garenne croise le chemin d'un voyageur, cela annonce la malchance, et le plus souvent, il rebrousse chemin.

Ce sont cependant les moutons — déjà sa principale richesse — qui fournissent au Kirghiz son meilleur moyen de prévoir l'avenir. On place toujours un tibia de mouton au-dessus de la porte d'une *kibitka* comme protection contre les voleurs, et les hommes en emportent parfois en voyage comme talisman. Pour me prouver l'efficacité de ce talisman, l'un des *jigits* me raconta l'histoire d'un Kirghiz que sa femme, comme il partait en voyage, implora d'emporter une petite poche qu'il devait fixer à la selle de son cheval, et qu'il ne devait jamais détacher. A la fin du quarantième jour de voyage, alors que son cheval était épuisé, la poche attira son regard. Il se demanda ce qu'il transportait depuis si longtemps. En ouvrant la poche, il découvrit quarante os. Se disant qu'ils étaient certainement inutiles, il les jeta. Pendant la nuit, il fut attaqué par des brigands qui l'observaient depuis quarante jours, et qui le dépouillèrent de tout ce qu'il avait, y compris sa monture.

La façon la plus répandue de deviner le tour que vont prendre ses affaires est de placer une omoplate de mouton — dont on a soigneusement gratté la chair — sur la braise. Elle brûle petit à petit, et les fentes, la couleur, ainsi que les petits éclats qui en tombent, représentent le bonheur ou la malchance, ou les divers accidents qui peuvent arriver au cours d'une expédition. Quand un Kirghiz se prépare à effectuer une expédition de pillage, ou n'importe quelle tâche qui requiert à la fois de l'adresse et de la chance, il essaie toujours cette méthode. Parfois même, il s'arrête en chemin, fait du feu et consulte cet oracle. La *kumalak* est une autre forme de divination très répandue, qui se pratique au moyen de boulettes sèches de crottin de mouton. Le Kirghiz en choisit quarante et une, et les répartit en trois tas plus ou moins égaux. Ensuite il en prend quatre à la fois de chaque tas, jusqu'à n'en laisser que quatre au plus par tas. Il répartit de nouveau ce qui reste de boules en trois tas, et de nouveau il en retire quatre par quatre, jusqu'à ce qu'il en reste trois rangées de trois tas. Ce qu'il reste, il le divise par trois, ce qui donne un résultat de un, deux ou trois. On se fait expliquer le nombre et les positions des boules par un devin expérimenté, pour l'intense satisfaction ou pour la déception de la personne qui veut connaître l'avenir. Dans les villes, on remplace le crottin par de petites pierres, ou par des osselets, quoique les Kirghiz voient d'un mauvais œil une telle profanation. On les transporte même toujours sur soi dans une poche, afin de ne jamais se trouver démuni de moyens de divination. Ce procédé ressemble par plusieurs aspects à la cartomancie pratiquée par les tziganes, ainsi que par presque toute femme russe, quel que soit son âge. Parmi la population sédentaire, surtout dans la haute société, l'on consulte l'avenir par des méthodes plus raffinées, pratiquées par des individus dont c'est la profession. Dans toutes les grandes villes, il y a des astrologues attitrés. Un *falbin* prévoit l'avenir, en ouvrant au hasard le Coran, et en essayant d'expliquer le premier verset sur lequel il tombe, de façon à éclairer le déroulement de l'événement en question. Il y a un autre livre que l'on consulte de cette façon: le Jalal-Eddin-Rumi de Masnavi. Cette méthode ressemble en tous points à la *sortes vigilantes* ou au tirage au sort de passages de la Bible, pratiques de certaines sectes chrétiennes. On accorde beaucoup d'importance aux rêves, et leur explication est toujours un sujet d'angoisse. Il y a par exemple, le procédé dit *istakhari*, où l'on prie afin de faire un rêve prémonitoire. La méthode habituelle est de consulter un saint homme et de réclamer la décision du ciel concernant le point sur lequel on désire être éclairé. Le saint homme, lorsqu'il se retire pour la nuit, fait certaines prières type, que l'on juge indispensables, et fait un rêve qui a un rapport avec la circonstance, qu'il explique le lendemain. Le test d'un rêve est la méthode presque toujours employée lorsque quelqu'un désire intégrer une communauté religieuse. Cette personne se présente au *pir* ou chef, et demande à devenir membre. La nuit même, il récite les prières istakkari et le matin relate son rêve au *pir*, en fonction de quoi, selon les caractéristiques du rêve, sa candidature sera acceptée ou refusée.

Un soir, au coucher du soleil, je partis avec Andrei me promener le long de la rivière, et regarder la foule; nous croisâmes une cavalcade dont faisaient partie les deux fils du Khan, des jeunes gens de seize à dix-huit ans, d'apparence stupide, l'un portant un faucon au poing. Nous marchâmes en direction du jardin du Khan, où se tenaient des soldats et des *jigits*. Un ou deux se précipitèrent pour nous serrer la main, et nous saluèrent poliment, mais on nous informa bientôt qu'il était interdit de passer par là, et on nous ordonna de nous retirer. Aussitôt retournés, un autre représentant de l'ordre vint vers nous, et nous dit que si cela nous était agréable, nous pourrions continuer, et regarder le pont au-dessus du Naryn. Il s'agit d'un grand pont en bois grossier, construit sur des piliers en caissons de bois remplis de pierres, qui s'avancent jusqu'à former une pointe en amont de la rivière (comme tous ces ponts), pour le protéger des blocs de glace charriés par la rivière. Il a été construit il y a environ quarante ans. Lorsque nous revînmes, le Khan sortait juste de ses prières, et nous dûmes attendre quelques instants pendant que l'orchestre jouait un hymne khokandien. La musique était curieuse, l'orchestre étant composé de quatre tambours, trois ou quatre cors, et autant de clarinettes. Nous entendîmes l'amusante complainte d'un soldat de l'*aksakal* qui se plaignait d'avoir été injurié par un camarade. Lorsque nous passâmes devant la tente où se tenait le Khan, et que nous fîmes le *salaam* habituel, nous le vîmes bien. En arrivant chez nous, le représentant qui nous avait accompagnés exprima sa surprise que l'on nous ait permis de sortir seuls, et nous accabla de reproches d'avoir osé une chose si inconsidérée. Par conséquent, lorsque nous allâmes nous baigner ce soir-là, pas plus loin que de l'autre côté de la route, nous eûmes une garde du corps armée de fusils à mèche et de sabres. Elle fut d'abord composée de trois, puis de huit hommes, qui s'assirent sur les rochers et nous surveillèrent. Je ne pus m'empêcher de me remémorer certaines histoires de prisonniers parmi des brigands napolitains, et de me demander qui paierait notre rançon. [...]

ANDIJAN

Pendant que mes hommes pliaient bagages le lendemain, j'eus le temps d'inspecter le jardin, qui était grand et vraiment très beau. Il était très bien irrigué, et en plus des arbres fruitiers qu'il contenait, il était planté de grenadiers, de cognassiers, de vigne, de coton, d'asters de Chine, et d'autres fleurs. Bien que les jardins de ce pays soient les lieux où l'on se tient en été, les habitants n'y ont que rarement des maisons. Ils préfèrent dormir en plein air sur une plate-forme surélevée que l'on peut couvrir de tapis. Parfois une tente ou *kibitka* est montée, et il se trouve toujours quelques pierres ou petits monticules de terre où l'on fait du feu, et où l'on place les marmites pour la cuisson des repas.

Je parlai longuement avec le Serdar, et lui donnai une robe de soie comme celle que j'avais reçue du Khan, ce qui lui fit très plaisir — car il n'en avait sans doute jamais reçu d'aussi belle. Il fut immédiatement félicité par les badauds. C'est curieux qu'en Asie un homme remercie rarement pour un cadeau, avant d'avoir été félicité de l'avoir reçu. Et même là, on ne remercie que des félicitations que l'on reçoit. Sauf dans de pareils cas, où les cadeaux représentent un paiement — très élevé, d'ailleurs — de l'hospitalité que l'on a reçue, la pratique des cadeaux — très répandue en Asie — est un fléau. On ne peut refuser un cadeau sans offenser, et lorsqu'on accepte un cadeau, on doit rapidement en offrir un en retour de valeur égale ou supérieure. D'ailleurs, si un homme vous offre des raisins, il vous dira *Sillau kiryak* («un cadeau est nécessaire»). A Tashkent, les habitants diront même à un Russe exactement quelle somme ils s'attendent à recevoir de lui et aucune vente ne peut être effectuée ou service rendu sans qu'il s'ensuive une demande immédiate d'un *sillau*. On les accepte, d'une mine impassible, comme allant de soi.

Le Serdar nous accompagna à travers la ville, qui se remplissait de campagnards de toutes sortes: Uzbeks, Kiptchaks et Kirghiz, car c'était mardi, jour de bazar. Nous traversâmes des jardins interminables, et des villages occasionnels sur plus de six kilomètres et arrivâmes au Syr Darya où mon hôte me laissa, après m'avoir fait franchir les trois larges cours d'eau en charrette. Je dus m'asseoir sur un siège surélevé, car l'eau couvrait le fond de la charrette. Pendant six autres kilomètres, nous traversâmes des jardins, nous perdant une fois à cause de mauvaises indications, mais ayant pu rapidement retrouver notre chemin, nous atteignîmes Andijan vers midi.

Le grand canal Khan, qui traverse la ville, débordait, ce qui fit que pour nous rendre au palais du Bek pour savoir où nous devions loger, et pour revenir de là au bazar, nous fûmes obligés de faire un tour des deux tiers de la ville. La remarque de Baber au sujet des neuf cours d'eau qui traversaient la ville me semblait littéralement juste.

On me donna une maison avec cour au bazar, la même qu'avait occupée Fedtchenko lors de son voyage d'exploration, ainsi qu'en témoignaient les inscriptions sur les murs. Bien que commode à beaucoup d'égards, elle était très désagréable par l'odeur nauséabonde que nous respirions à chaque bouffée d'air; c'était la véritable odeur des bazars de l'Asie centrale. Vers le soir, je fis une promenade à travers le bazar, qui est grand et beau, car Andijan est la deuxième ville après la capitale, et de plus, elle est ancienne. Je vis plusieurs médressés et nombre de beaux caravansérails de brique cuite, décorés de carreaux de céramique plus beaux que ceux que j'avais pu voir à Khokand ou à Tashkent. Une escorte de soldats et d'officiers m'accompagna et, bien qu'ils gênassent un peu mon passage, ils me le facilitèrent par endroits, en faisant dégager la foule qui m'entourait à chaque pas. De retour chez moi, j'envoyai Andrei chez le Bek, pour lui demander à quelle heure je pourrais lui rendre visite. Lorsqu'il atteignit le palais, on lui saisit les coudes, et on le traîna devant le Bek avec tout le cérémonial habituel, là le Bek lui dit qu'il me recevrait le lendemain matin si tel était mon souhait, mais qu'il désirait savoir pourquoi j'étais si pressé, car selon l'usage une audience n'était obtenue qu'après un ou deux jours. Le Bek était Nasr' Eddin, fils aîné du Khan, et héritier du trône — ce pourquoi on l'appelait le plus souvent Khan Zada, ou fils du Khan.

Lorsque, à l'heure fixée, très matinale, nous arrivâmes au palais, qui est un bâtiment neuf, construit avec toutes les dépendances et les écuries, dans le style russe, à partir de dessins russes, nous trouvâmes le Bek encore endormi, et dûmes attendre quelque temps dans la cour étouffante, où nous fûmes entourés d'une foule de curieux. Enfin, je protestai, et dis qu'à moins que l'on me conduisît dans une pièce à l'intérieur du palais où je pourrais attendre que le Bek me reçoive je rentrerais chez moi. Je fus alors prié de gagner une pièce remplie de serviteurs et d'hommes du Bek qui mangeaient des raisins et des noix, et buvaient du thé, et avec qui je passai un moment assez amusant. Je découvris que deux d'entre eux étaient des Tatars qui comprenaient le russe, car le Bek s'était entouré de serviteurs tatars.

Enfin, on vint nous chercher, et nous pénétrâmes dans la grande cour intérieure, accompagnés par un représentant officiel qui nous dit ce qu'il fallait faire. Nous vîmes le Bek assis à une fenêtre à droite dans un bâtiment en face de nous. Nous saluâmes, et nous approchâmes de lui sur la véranda, où nous dûmes rester debout pendant l'entretien, alors que lui demeurait à l'intérieur. Cependant, il n'y avait aucune cérémonie de la sorte dont on usait avec le Khan. Le Bek me tendit la main, que je pris, puis il nous demanda de nous approcher de la fenêtre, et de lui parler. Je trouvai agréable ce jeune homme d'environ vingt-cinq ans, au visage joufflu, qui paraissait avoir bon caractère, et être un bon vivant. Il avait passé près d'un mois à Tashkent, et avait acquis jusqu'à un certain point des manières russes — en tout cas en ce qui concerne la dissipation, car en plus du champagne, il avait l'habitude de boire beaucoup de vodka; il me dit que, maintenant que j'étais venu, nous devions toujours rester de bons amis, et qu'il comprenait parfaitement les raisons de ma visite, car il n'y avait pas deux villes semblables au monde. Il me dit qu'il était lui-même allé à Tashkent pour voir quelque chose de nouveau, et qu'il s'y était fait beaucoup d'amis. Il me demanda ensuite quand je partais. Je lui dis que je voulais partir le jour même, et lui demandai un *jigit*, sur quoi il me dit que je devais rester plus longtemps, car il avait passé vingt jours à Tashkent, et je devais donc en passer autant ici. Je lui répliquai que je ne disposais que de peu de temps, et que j'avais déjà passé deux semaines dans le pays. Il répondit à cela que Andijan était très différente de Tashkent, que je devais rester voir ce qui était curieux, et que je pourrais aller où je voudrais. C'est pourquoi j'acceptai de rester jusqu'au lendemain matin, puis lui présentai une corne à tabac en argent. Ses yeux s'illuminèrent alors et il me dit en russe en souriant: *Na pamiat* («en souvenir»). Après quelques compliments je fis une révérence, et, conformément au protocole, lui demandai si l'on me permettait de me retirer. Il accepta gracieusement, et l'on m'emmena dans une petite pièce de l'autre côté de la cour, où l'intendant du Bek m'offrit une tasse de thé et un *dostar khan* de bien plus mauvaise qualité que ceux que j'avais reçus de n'importe quel petit fonctionnaire de village. Je venais à peine de porter la tasse à mes lèvres que l'intendant m'apporta une robe de soie de deuxième main, rouge filée d'or, en donna une ordinaire à Andrei, et me dit que je pouvais partir, ce que je ne me fis pas répéter deux fois, après être retourné dans la cour saluer le Bek.

Ici, comme ailleurs, j'ai rapporté ces détails personnels, et apparemment sans importance, parce qu'ils offrent une idée de l'esprit et de la disposition des autorités de Khokand envers les Russes. Bien que voyageant à titre privé, j'étais arrivé muni d'une lettre de recommandation chaleureuse des autorités russes, qui supposaient que leur souhait, auprès du Khan, équivaudrait à un ordre, et que l'un comme l'autre serait exécuté docilement. Lors de mon retour à Tashkent, lorsque je relatai les incidents de mon voyage, on manifesta un grand étonnement, et certains allèrent jusqu'à dire que je les avais beaucoup exagérés.

Le plus amusant de la visite que je rendis au Khan Zada fut le retour, lorsque, m'étant soumis à l'étiquette à laquelle même l'envoyé russe s'était plié, je fus obligé de porter ma robe. Il me fallait parcourir plus d'un kilomètre et demi pour me rendre au bazar. Me voyant ainsi vêtu, et accompagné de plusieurs représentants envoyés par le Bek, les gens se levèrent et me saluèrent sur mon passage. L'un des hommes envoyés par le Bek était chargé de me dire que son maître aurait été heureux de me recevoir tranquillement le soir même, en ami, mais qu'il craignait son père, qui venait dans un ou deux jours, qui n'aimait pas les Russes, et qui ne voulait pas que ses sujets aient trop de rapports avec eux. Il se ferait un plaisir, cependant, de faire tout son possible pour moi. Il dit que si j'étais sans vodka, et que j'en désirais, il serait heureux de m'en envoyer. Je ne sais s'il pensait me rendre service en m'envoyant son breuvage préféré, ou si c'était une chose dont les Européens ne pouvaient se passer. Sans doute la dernière hypothèse est-elle la bonne, si j'en juge par ce qu'il avait vu à Tashkent.

Je dis au messager que je voulais visiter la forteresse. Mais, en dépit de la permission que j'avais reçue du Bek en personne, il me dit qu'à moins qu'il ne retourne en obtenir l'ordre du Bek, ce serait impossible. Il retourna donc, mais ne revint pas avant que la journée ne fût bien avancée. En attendant, deux Tziganes (Liuli) vinrent nous regarder : elles chantèrent pour moi, me présentèrent des fleurs, et firent de leur mieux pour que je leur donne de l'argent, ce qui nous amusa grandement. Les Tziganes — loin d'être rares dans ce pays — ressemblent beaucoup aux Kirghiz, mais on les en distingue facilement, car ils sont plus beaux, et leurs traits sont plus réguliers.

Quand le messager revint enfin avec la permission requise, nous allâmes à la nouvelle forteresse, Yangy Urda, qui contient l'ancien palais du Bek — un triste petit bâtiment de terre — et quelques nouvelles constructions — de toute évidence d'inspiration russe. La garde était placée avec ses armes près de quelques vieux canons de bronze, dont certains étaient visiblement de fabrication chinoise, et avaient sans doute été pris à Kashgar. Étant donné la proximité et l'ascendant antérieur des Chinois, il est étonnant que des traces de leur influence n'aient pas été découvertes ici, ainsi que dans d'autres villes. Les soldats étaient aussi ridicules d'apparence que tous ceux que j'avais pu voir auparavant, et l'officier en chef portait des épaulettes russes décorées de la marque de l'empereur Paul Ier. Sur le chemin du retour, nous nous arrêtâmes à l'arsenal où l'on fabriquait des mousquets grossiers. Les machines sont actionnées par l'eau, et elles sont à tous points de vue supérieures à celles de la fabrique de Khokand. Je vis là, à mon grand étonnement, des dessins de bâtiments, apparemment copiés de livres d'architecture français, et portant des inscriptions en français, telles que : «plain» et «élévation» (*sic*). Je supposai alors que quelques dessins français avaient été obtenus et recopiés par l'architecte, mais j'appris par la suite qu'il y avait un juif anglais ou français, responsable de l'arsenal, qui était alors absent, à mon grand regret, car il aurait probablement pu me fournir beaucoup de renseignements intéressants.

Andijan, aujourd'hui une ville de vingt mille habitants, et la deuxième ville du khanat après Khokand, ainsi que l'une des plus anciennes, me fit une impression très agréable. Je ne sais pas si cette impression était due aux rues pittoresques et aux nombreux jardins, au palais du Bek, qui ressemblait tant à une maison de campagne, au puissant canal débordant ses berges, à l'allure vive et pleine d'entrain des habitants, ou à la grande variété des aliments. Sans doute était-ce dû à l'ensemble, et la dernière raison n'était pas la moindre. Malheureusement, je n'avais apporté aucun ustensile de cuisine, car on m'avait dit que je trouverais partout de quoi manger. C'était tout à fait vrai, mais nous nous lassions de ne manger que des plats de mouton gras et sans goût comme on les sert d'ordinaire dans ce pays, et il était difficile de trouver d'autres mets. En même temps, il faisait trop chaud, et le soir j'étais trop fatigué pour indiquer à mes domestiques de nouvelles — et meilleures — façons de faire la cuisine. A Andijan, cependant, je pus obtenir des œufs, très frais, des poulets, que je fis couper en deux et rôtir à la broche sur les braises, et du poisson frais, un vrai régal, car c'était le premier que je mangeais depuis des mois.

Le lendemain matin, un jeudi, un représentant vint me dire que le Khan Zada était parti pour Utch Kurgan voir son père et qu'en conséquence j'étais dispensé d'adieu officiel. Il me présenta, en même temps, dix *tillas* d'argent pour mes frais de voyage.

La route menait vers le nord-est, à travers les collines d'où j'eus une très belle vue sur la vallée d'Andijan, puis traversait une petite vallée où se trouvait un village appelé Kashgar. Il y avait ensuite de nouvelles collines, puis de nouveau une vallée assez belle, avec des champs cultivés et des arbres au premier plan, et des collines dénudées et escarpées derrière. Plus loin encore, on distinguait les lointaines montagnes dont les sommets portaient encore quelques traces de neige. Nous descendîmes dans cette vallée, et laissant derrière nous le petit ruisseau, après une vingtaine de kilomètres à cheval, nous fîmes halte au village de Hodjavat, où il y a un grand bazar le samedi. Dans un champ ouvert, en bordure de la ville, se dressait la potence du village: deux poteaux très hauts et très minces, bien enfoncés dans le sol, réunis au sommet par une petite barre transversale à laquelle on suspendait le criminel. A ce moment-là, il n'y avait aucun corps suspendu. La plaine ici était bien cultivée, mais après avoir traversé la rivière, nous fîmes le tour de quelques rochers calcaires et de feldspath saillants.

La chaleur était intense, et nous fûmes soulagés, vers cinq heures, d'arriver à Ush, après un voyage de cinquante kilomètres en tout depuis Andijan. Là on me donna une maison confortable, avec une grande cour propre, près du «trône de Salomon». Le célèbre rocher de Takht-i-Suleiman est une haute arête nue, de pierre rugueuse, qui se détache au milieu de la plaine, en bordure de la ville, comme c'est souvent le cas au Khokand. Selon une vieille tradition, c'est là que Salomon établit une fois son trône, pour surveiller cette partie du monde. Par un mélange de traditions Salomon est censé avoir été tué ici. Sans doute ce Salomon était un héros ou un saint du pays que l'on a confondu avec le roi juif. Un *mazar* — tombeau — carré, solide et décoratif, placé au sommet, recouvre, dit-on, son corps, et, près de lui, on vous montre différents trous ronds, tels qu'en fait dans les ravins l'action combinée des galets qui roulent et de l'eau, où les nombreux chiens noirs qu'il amena avec lui auraient bu son sang, et mangé son corps. Ce rocher représente comme une pierre d'achoppement pour les géographes, à cause des témoignages exagérés qui nous sont parvenus à son sujet. Mir Izzet-ullah dit que le Takht-i-Suleiman était «une montagne près d'Ush, où l'on visite encore le tombeau d'Asef Barkhi, le vizir de Salomon; il est de grande taille». Nazarof, un Russe, qui y était en 1814, dit: «A droite, sur une falaise de ces montagnes, nous vîmes deux bâtiments anciens, sous lesquels il y a une grande grotte. Le guide nous dit que ces bâtiments s'appellent le trône de Salomon, et que les Asiatiques de la région viennent chaque année célébrer leur culte ici, car ils croient que, là, les esprits s'inclinaient devant Salomon. Personne n'habite ces bâtiments.» En réalité, ces bâtiments sont petits et complètement insignifiants, et ont tout au plus cent ans. Baber ne cite pas le trône de Salomon dans sa description d'Ush, bien que j'incline à croire que la colline qu'il nomme Bara-kof est la même, car il n'y a aucune autre colline aux alentours immédiats. Sous le rocher, il y a un grand jardin, qui contient deux ou trois petites mosquées, où habitent une fraternité de reclus et leur Ishan, à qui le pèlerin doit offrir une gratification. Après être monté par le chemin étroit et très raide qui mène au sommet, j'atteignis une large plate-forme de brique et de pierre, construite devant le tombeau, d'où j'avais une vue splendide de toute la vallée, de la rivière, de la ville, des routes qui allaient dans toutes les directions. J'apercevais aussi les villages qui se trouvaient tout au long de l'étroite gorge dans les petites collines par où passe la rivière, et le panorama splendide des monts Alai, où l'on me montra les différents cols qui mènent vers le sud. On distinguait vaguement les montagnes à la frontière du Kashgar. On m'apprit que Kashgar était à trente-cinq *tash* — plus de trois cents kilomètres d'ici, soit à cinq jours de cheval. Ush est une grande ville, située de part et d'autre de la rivière, que franchit un pont. De l'autre côté, il y a une forteresse, un bâtiment sans intérêt, et de ce côté-ci, il y avait le grand bazar, plein ce jour-là, car c'était justement jour de bazar. Mais je n'y vis rien d'extraordinaire.

De retour chez moi, je découvris que mon propriétaire avait fait venir un homme qui parlait russe, afin d'apprendre ce dont je parlais avec mon interprète. Mais le *jigit* m'était resté fidèle, et avait dit qu'il ne pouvait permettre cela, car dans pareil cas, j'enverrais sur-le-champ un messager au Bek pour m'en plaindre. [...]

KARSHI ET BUKHARA

Plus proche de l'Amou-Daria, Karchi et surtout Boukhara étaient sur la route des caravanes descendant vers Harat et l'Afghanistan vers Machhad et la Perse, vers Peshawar et l'Inde. Marchés et caravansérails étaient nombreux. Malgré un environnement insalubre, Boukhara «la noble» avait bonne réputation et la ville passe encore pour être un musée de l'architecture de l'Asie centrale depuis le Xe siècle.

Les douze kilomètres jusqu'à Karakak furent un trajet charmant, la route passait par la steppe à travers des champs, des fossés, à notre droite la rivière se rapprochait puis s'éloignait. La chaine Hissar n'était guère visible à travers la brume humide. De temps en temps je croisais des paysans et des campements de nomades uzbeks. Près de Karakak, le Serkar et sa suite vinrent à ma rencontre.

Une tente de Bukhara avait été dressée dans une cour près d'un bassin et mon petit déjeuner était prêt. A midi, je quittais Karakak, qui est un village sans grand intérêt, et parcourais dix kilomètres de plus jusqu'à Sham où je fus logé dans une *kibitka* à côté d'un bassin vide dans le jardin d'une mosquée. Le lendemain à deux heures trente du matin je repartis tranquillement, ne m'arrêtant qu'une fois pour une tasse de thé et un petit somme de cinq minutes, sous un auvent à Kanavat, un gros bourg à quatre kilomètres de Karshi. Je rencontrais le sous-bek et sa suite trois kilomètres plus loin, tout le monde mit pied à terre et il y eut les accolades et salutations d'usage, chacun ayant à cœur de conserver le plus de dignité possible en évitant d'être trop prompt à descendre de cheval. J'avais vite appris s'il fallait que je mette pied à terre le premier ou le dernier ou s'il fallait observer le fonctionnaire qui venait à ma rencontre et descendre en même temps que lui.

Karshi, où j'arrivai vers neuf heures, est entourée de vastes jardins, comme la plupart des villes d'Asie centrale. Cela nous semble insolite ici car la rivière est déjà asséchée bien avant d'atteindre Karshi même si, au temps jadis, elle s'écoulait jusqu'à l'Amu Darya. En été l'irrigation s'effectue uniquement par accès aux puits. L'eau est tirée des puits soit à la main soit à l'aide de moyens rudimentaires — par exemple, des roues munies de jarres en argile.

Il y avait plusieurs puits le long de la route en approchant Karshi et il y avait des hommes tirant et déversant l'eau dans les abreuvoirs pour des cavaliers et leurs chevaux. La rue principale était pavée de dalles massives. Dans le temps sûrement bien posées mais à présent périlleuses pour des cavaliers amateurs, je préférais donc emprunter les trottoirs pavés. Les maisons en pisé avaient le plus souvent deux étages. En approchant la citadelle je rencontrai le sous-bek, un très bel Uzbek, il me conduisit chez lui sur la place de la citadelle où il me logea dans une confortable chambre à deux lits. La chambre était meublée de plusieurs chaises et d'une table d'une hauteur convenable. Habituellement dans la plupart de ces maisons, même lorsqu'elles avaient été préparées en vue d'une occasion spéciale, les chaises étaient toujours de trente centimètres plus hautes que les tables.

Je fus alors informé que mon hôte, le Bek Mureddin Khan, un garçon de dix-huit ans, deuxième fils de l'Amir et héritier du trône, était parti à Khuzar, à trente-cinq kilomètres de distance. Après le dîner on me proposa d'aller admirer le jardin au pied d'une colline au sommet de laquelle s'élevait la maison. Là, dans l'ombre, des tapis étaient disposés pour moi au bord d'un profond étang desséché. Il n'y avait guère d'eau courante sauf en hiver. Le Divan Begi descendit me voir et on discuta un long moment, je conversais aussi un long moment avec plusieurs autres militaires, qui d'ailleurs me fournirent avec beaucoup d'amabilité tous les renseignements dont ils disposaient au sujet de la route vers Kerki et Hissar, ainsi qu'au sujet du pays qui s'étendait au-delà. La soirée s'acheva avec les divertissements habituels.

Le matin suivant, on m'apprit que le Bek était de retour, mais comme je n'avais pas entendu de saluts militaires et que personne ne semblait être allé à sa rencontre, je commençais à croire que son absence avait été simulée. On me demanda si je désirais le voir et je répondis que je serais très heureux de lui présenter mes salutations respectueuses bien que je n'eusse pas grand-chose à lui dire. Le Divan Begi ayant transmis ce message au Bek, il revint me dire que j'aurai un rendez-vous à une heure! Au même instant, j'envoyai un mot au Divan Begi pour lui dire que j'étais prêt et il retourna chez le Bek me disant que comme je n'avais pas encore été présenté au père, l'Émir, mon hôte officiel, il n'osait pas me recevoir, mais que si j'insistais, il pourrait peut-être d'une manière informelle; tout cela était raconté avec l'espoir que je ne serais pas offensé. Je répondis que ma demande de le voir était uniquement une question de protocole bukharan et que si j'avais une envie de faire la connaissance du Bek, je céderais et renoncerais évidemment. Une fois de plus, le messager était de retour me disant que le Bek était ravi que je ne sois pas offensé et espérait qu'on prolongerait notre séjour. Je reçu comme cadeaux de sa part: cinq très beaux vêtements et un cheval blanc bridé, orné de cornalines et de turquoises. C'était en effet un véritable cheval racé, le meilleur que je reçus pendant tout mon séjour, mais je faillis me casser le cou car il prit la fuite la première fois que je le montai. A mon tour, j'envoyai au Bek des cadeaux et aussi des excuses pour mon départ précipité. A partir de ce moment là jusqu'au soir de mon départ, je ne fis que recevoir son trésorier, secrétaire et plusieurs autres fonctionnaires. A mon retour à Samarkand j'appris que sa décision de ne pas me recevoir était due à son orgueil blessé: je n'avais pas apporté une lettre de présentation de la part du général Abraham pour lui, alors que j'en avais pour les autres Beks. Ce fut un oubli de ma part car je n'avais pas prévu de faire un détour par Karshi, pensant trouver une route plus directe de Shabrisak à Bukhara.

Le matin, je visitai la grande ville, comme ce n'était pas un jour de marché elle semblait quasi déserte. Près de la citadelle se trouvaient trois médressés de cent trente élèves: l'Abdullah Khan (quatre-vingts élèves) le Beki (cent élèves). Quittant la place, je trouvais un *sardoba*, une citerne importante, couverte par une maison aux arcades, près d'un bain à coupoles, le meilleur sinon le seul près de la place. Le bazar était largement couvert, aux ruelles pavées, mais très peu de marchandise était en évidence.

Les jours de marché néanmoins, le bazar était bondé de commerçants. Les champs autour de Karshi regorgent de coquelicots plantés pour leurs graines et de tabac. Celui de Karshi est censé être le meilleur d'Asie centrale. On trouve des mûriers en abondance, bien que la production de soie soit négligeable. Karshi est un centre important du commerce céréalier, c'est un des points d'approvisionnement principal pour le marché de Bukhara. En effet c'est ici que sont rassemblées les céréales provenant des quatre coins de la vallée fertile du Kashka Darya, et même celles des alentours du Hissar, puis elles sont transportées à Bukhara. C'est également aux alentours de Karshi que l'on trouve les mines d'où provient ce sel gemme rose de qualité si excellente, si particulière, que l'on trouve en abondance dans toute l'Asie centrale. On le trouve dans les montagnes au sud de Karshi, à dix kilomètres environ. Bien que Karshi soit placée sur la route du commerce entre l'Inde, l'Afghanistan et Bukhara, elle n'en bénéficie nullement, dans la mesure où la totalité des marchandises sont transportées directement à Bukhara sans être déballées — certaines marchandises, le thé par exemple, pour revenir ensuite à Karshi. C'est pour cela que le thé ainsi que certains produits indiens, sont plus chers à Karshi qu'à Bukhara. Karshi est aussi le marché principal pour les produits turcomans, et plus particulièrement pour leurs superbes tapis. Cependant ces derniers sont, pour la plupart d'entre eux, expédiés à Bukhara où ils se vendent plus cher, et je ne pus en trouver à cette saison. C'est aussi un des principaux marchés d'esclaves. Je demandai à voir le marché aux esclaves et l'on me montra le Sarai, mais je ne vis aucun esclave, on me dit que le lendemain, jour de bazar (mardi), il y en aurait sûrement. A côté du bazar, il y a un autre médressé qui s'appelle le Médressé Sarai. Après avoir franchi la porte occidentale de la ville, je contournai la ville en passant à travers des jardins pour arriver devant une imposante mosquée, située au sud, qui est tout spécialement utilisée en période de Ramadan et lors du festival de Kurban, à l'occasion duquel ses vastes jardins se remplissent d'une foule de gens, qui associent leurs prières à une série de danses et de divertissements. L'intérieur de la mosquée était très simple, il y avait neuf voûtes de pierres. La façade de la mosquée était très belle et bien proportionnée, celle-ci, comme la coupole, était recouverte de carreaux de céramique bleus et blancs qui étaient disposés de manière à former des versets du Coran; mais partout où ces derniers étaient accessibles ils avaient été sciemment et gratuitement endommagés, parfois même des briques entières manquaient. Du sommet j'obtins une vue superbe de toute la ville et de ses alentours. Cette mosquée a été construite il y a trois cents ans environ, par un certain Biki, un simple Uzbek, qui devint Biki et qui fut nommé gouverneur de Karshi par Abdullah Khan, car, une fois, alors que ce dernier s'était perdu lors d'une partie de chasse, ce Biki l'avait rencontré et l'avait remis sur la bonne route, avec une remarquable courtoisie alors qu'il ignorait tout de son rang. Il s'agit là du Biki qui fit construire le médressé portant son nom.

Peu de temps après avoir quitté la ville, par la route de Bukhara, nous traversâmes le lit alors sec d'une rivière en empruntant un pont qui avait neuf arches en brique, construit par Abdullah Khan. Les arches se sont toutes effondrées mais il reste les piliers en brique, et un pont en bois a été construit. Il paraît qu'au printemps l'eau monte tellement qu'elle emporte le pont de bois, et celui-ci est remplacé une fois que les eaux sont basses. Après une vingtaine de kilomètres parcourus en quatre heures à travers des terres bien cultivées, j'arrivais à Karsan, où, en raison de la stupidité du messager qui nous avait précédés, je dus attendre un bon moment dans les rues obscures du bazar, et il était presque minuit lorsque enfin je pus me rendre à l'endroit qui avait été préparé à mon intention. Je pus enfin pénétrer dans le jardin d'une mosquée, où je dînais, et où, pour la première fois, je trouvais l'air presque trop frais pour dormir à la belle étoile.

Il paraît difficile d'exagérer le caractère désagréable du voyage de Karshi à Bukhara. Après avoir quitté Karsan, et pendant toute la durée du voyage, il n'y avait absolument rien d'autre que du sable et quelques postes délabrés bâtis sur des puits d'eau saumâtre, qui eux aussi, comme le reste par ici, datent de l'époque d'Abdullah Khan. La chaleur était intense, et un vent puissant nous projetait constamment du sable fin dans les yeux et les narines, ce qui rendait le trajet très pénible. Souvent le sable avait à ce point recouvert la route qu'il était impossible de la discerner, cependant il y avait toujours, au loin, le dôme d'une citerne ou quelque autre objet pour nous orienter. Fort heureusement pour moi, des tentes avaient été dressées dans la plupart des postes, à quoi s'ajoutaient d'autres préparatifs pour me recevoir; il y avait de l'eau fraîche, des fruits, et des victuailles en abondance — sans cela, le voyage aurait été des plus pénibles. Il fallait autant que possible voyager très tôt dans la matinée, puis se reposer dans un poste au moment le plus chaud de la journée, pour reprendre ensuite la route le soir venu. Comme j'avais emporté avec moi l'*arba* pour les bagages, quand j'étais trop fatigué il m'arrivait de m'y étendre et me protégeant du soleil et du vent au moyen d'un morceau de feutre, de piquer un petit somme. Les postes sont toujours ceux qui sont indiqués dans la liste de Khanikof.

Le matin du deuxième jour, j'arrivai à Karaul, poste important, dont le caravansérail est en relativement bon état; celui-ci comporte une série de chambres voûtées, surmontées de petits dômes, autour d'une cour carrée. J'y rencontrai une garde importante; j'avais eu une escorte importante depuis les deux derniers postes en raison du risque qu'il y avait d'être attaqué par les Turcomans : les caravanes sur la route de Bukhara étaient de temps à autre, disait-on, parmi leurs cibles. Ici, on était en pleins préparatifs pour recevoir l'Amir, qui était en route pour Karshi et Shahrisabs. On nous avait dit qu'il avait déjà quitté Bukhara pour aller vers les jardins, qu'il était attendu dans cinq ou six jours, or vers midi un homme vint annoncer que l'Amir se trouvait à une vingtaine de kilomètres du poste de Karaul, que si je voulais le rencontrer il me fallait soit partir immédiatement soit m'arrêter là jusqu'au lendemain matin. Je fis répondre que lorsqu'il ferait plus frais à la tombée de la nuit, je me rendrai au campement de l'Amir, mais que si j'avais su qu'il venait je l'aurais attendu à Karshi. Quelques heures plus tard, l'homme revint avec une réponse — mon message n'avait pas été cru.

Lorsque enfin j'eus rassemblé assez de courage pour faire face à la chaleur, ce fut pour me retrouver face à face avec le détachement avancé de la garde de l'Amir, et tout au long d'une dizaine de kilomètres, effilochés le long de la route, je croisais des régiments importants de soldats, dont j'estimai le nombre à environ huit mille en tout. C'était une bien curieuse armée — des hommes arborant toutes sortes d'uniformes, à pied, à cheval ou à dos d'âne ou de chameau, souvent ils étaient à plusieurs sur une monture, et comme ils étaient en marche, il n'y avait aucun ordre. La plupart des hommes étaient armés de mousquets, mais certains avaient des fusils à pierre, ou à percussion, d'autres plus nombreux avaient des piques et des épées. Il y avait plusieurs canons, partiellement démontés, et dont les pièces étaient chargées sur les chameaux, puis trois autres grosses pièces d'artillerie lourde, tirées par des chevaux et des chameaux. La troupe des jeunes nobles, qui faisait partie de la garde personnelle de l'Amir, avait plus d'allure, elle était mieux habillée et il y régnait nettement plus de discipline. La troupe était accompagnée d'une fanfare, où figuraient un grand nombre de tambours, de trompettes et de clarinettes. Il y avait beaucoup de bannières, l'une d'entre elles, je me rappelle, représentait une théière rouge sur fond blanc. Les Afghans étaient nombreux parmi les soldats, on les reconnaissait immédiatement non seulement à leurs traits mais à leurs longs cheveux noirs. L'un d'entre eux se mit à nous menacer et à nous insulter, et les représentants qui nous accompagnaient eurent fort à faire pour éviter un conflit. Enfin, après avoir franchi quelques collines basses, rocailleuses, et avoir chevauché dans un sable profond, nous aperçûmes devant nous plusieurs étangs d'une eau saumâtre aux reflets argentés dans la lumière du coucher de soleil, et juste à côté, la garde de l'Amir en sentinelle devant un enclos en terre séchée, où étaient gardées les femmes choisies parmi son harem pour l'accompagner dans son voyage.

Mozaffar Eddin, s'il n'avait pas la sévérité et la forte personnalité de son père, en avait tout de même hérité le caractère capricieux et la cruauté. Ses sujets le détestent, et craignent encore plus le mauvais œil qu'il est censé avoir; ainsi quand ils sont en sa présence, ils ne manquent jamais de s'en prémunir en faisant secrètement le signe qui annule ce pouvoir. Lors de ces déplacements annuels à Karshi et Shahrisabs, il est toujours accompagné de son armée, moins pour assurer sa protection, que pour s'assurer de sa fidélité, et empêcher qu'un fils mécontent ou encore un bey séditieux ne gagne sa faveur en son absence, et qu'alors il se retrouve coupé de la capitale. Il prend plaisir à se venger sur les habitants de Sharisabs en leur faisant subir les inconvénients qu'impliquent la présence de ses troupes et les exactions des soldats. J'avais fait mes bagages et je me préparais à partir lorsque les présents de l'Amir arrivèrent; il y avait quatre longues robes et une monture superbement caparaçonnée. Le Taksaba me dit que l'Amir possédait une villégiature à Kakan, à une dizaine de kilomètres de Bukhara, et une autre à une quinzaine de kilomètres, et me demandai de choisir laquelle je préférais habiter. Je m'attendais à cette proposition, car on m'avait prévenu que l'on essaierait de m'empêcher d'habiter en ville, où il me serait trop facile de me rendre compte de ce qui s'y passait. Or comme je désirais voir le plus de choses possible, et que je n'avais pas la moindre envie de faire de longs trajets tous les jours, je lui répondis que je préférais m'installer dans la ville même, ce qui ne sembla pas tellement lui plaire; mais après un bref moment de réflexion, il me dit qu'il avait lui-même une demeure là-bas et qu'il serait content que j'en dispose, qu'il allait la faire préparer. Le campement où nous étions se situait à environ quinze kilomètres des murs d'enceinte de la ville, et au bout de quelques kilomètres on commenca à apercevoir les jardins et les champs qui entouraient la ville. Les murs et les clôtures semblaient en meilleur état, mais les arbres étaient plus petits et moins nombreux que dans les faubourgs de Tashkent et de Samarkand.

A mesure que nous nous rapprochions de la ville, la foule de gens allait grossissant — des paysans, des marchands, des mollahs — à pied, à cheval, ou encore à dos d'âne. C'était jour de bazar, et chacun s'en revenait chargé d'emplettes. Nous traversions village après village, et la route tout entière, qui n'était qu'une suite d'échoppes et de boutiques, semblait n'être qu'un interminable bazar. Enfin nous aperçûmes sur notre gauche le dôme bleu de la mosquée Namazga, émergeant de la verdure du jardin, tandis que devant nous se dressaient les hauts murs d'argile de la ville. La porte Sallia-Khani était assez moderne en comparaison, deux grosses tours de brique cuite la dominaient. Nous continuâmes notre route à travers des ruelles étroites revêtues d'un mélange d'argile et de pierres — en cette saison c'était presque aussi bien qu'une route macadamisée — le long du canal, traversant le bazar, où une foule épaisse de curieux m'entoura, m'empêchant presque de passer. Nous vîmes beaucoup de mosquées et de médressés, parcourûmes le Righistan et ses marchés, l'*ark*, la citadelle se dressait à ma droite, puis encore d'autres ruelles étroites, presque jusqu'aux murs de la ville du côté de la porte Uglan, où se trouvait la maison qui m'était destinée. On traversait un étroit passage pour se retrouver dans une large cour dont la partie à gauche était réservée aux chevaux, celle-ci donnait à son tour dans une autre cour dont les maisons occupaient deux côtés, tandis que le troisième servait aux étables. J'y occupais deux larges pièces à l'étage, avec un grand balcon; une table et des chaises avaient été prévues, mais la table était si basse que je dus retourner les chaises sur le côté pour rétablir un semblant de proportions harmonieuses. A l'extrémité du balcon se trouvait un vaste entrepôt rempli de vêtements, de matelas et d'oreillers en soie, du pain, des mousquets et armes diverses, des harnais et parures de selle, ainsi que des bocaux contenant toutes sortes de sucreries. Le rez-de-chaussée était réservé aux mirzas et aux domestiques, il servait également de cuisine. En fait, la maison n'appartenait pas au Taksaba, comme il me l'avait dit, mais à quelqu'un d'autre, dont je devais faire la connaissance par la suite; on y avait logé récemment plusieurs Russes de passage à Bukhara.

Pendant la semaine que je passai à Bukhara, mes journées se déroulaient presque toujours de la même façon. J'effectuais ou je recevais des visites dans la matinée puis je me promenais à cheval en ville, à la découverte des mosquées et médressés, et du bazar. Le soir il y avait toujours quelque divertissement prévu, en général des danses, et il y avait presque toujours quelques amis à la maison. A Khokand, je m'étais vite lassé de la nourriture locale — du pilaf et du mouton toujours cuisiné de manière très grasse — et j'avais pris des mesures pour tenter de changer un peu les choses; mais comme je n'avais de choix qu'entre du mouton, parmi le meilleur que j'aie pu goûter cela dit, ou des gallinacées aussi anciennes qu'elles étaient coriaces, mon menu ne pouvait être bien varié, vu qu'il n'y avait ni beurre, ni légumes, ni aucune épice. J'enseignais à mes domestiques comment préparer des rognons en sauce, des côtes d'agneau, des œufs de diverses manières, du foie cuisiné dans de la graisse de queue de mouton — le substitut le plus facile à trouver du bacon — bref, je mangeais avec délectation. Cette graisse, appelée *kurdiuk*, provient de l'arrière-train des moutons à grosses queues, c'est de loin la partie la plus fine de l'animal. On ne trouvait plus les premiers melons de la saison, mais ceux de la mi-saison commençaient à arriver, ils étaient plus gros, leur chair plus ferme et leur goût tout aussi bon. Il y avait deux sortes de pêches en abondance, ainsi que toutes espèces de raisin, cependant ces derniers n'égalaient pas ceux de Crimée ou d'Europe occidentale. Les raisins Husseini et Sahibi, de bonne renommée, étaient particulièrement délicieux; les non moins célèbres prunes bukhariotes qui mûrissaient à cette époque me parurent acides et dures; mais les figues violettes, que je goûtais pour la première fois, me ravirent. Il semblait y avoir des fleurs en abondance, car on m'apportait deux ou trois bouquets de fleurs fraîchement cueillies par jour, et les indigènes, qui adorent les fleurs, ornent souvent leurs calottes de petits bouquets de menthe, ou d'autres herbes odorantes, juste au-dessus de l'oreille.

J'avais été mis en garde maintes fois au sujet de l'eau à Bukhara, par laquelle on peut attraper le *reshta*, un ver fort désagréable qui n'apparaît qu'un an plus tard sur la peau. Mais l'on m'assura que de l'eau fraîche venait d'arriver à Bukhara, la digue de Samarkand ayant été réparée, et qu'il y avait aussi l'eau de puits qui était absolument sans danger. Néanmoins, je demandais à mes domestiques de systématiquement faire bouillir l'eau qu'ils m'apportaient. Je doute cependant qu'ils l'aient toujours fait. L'été suivant j'examinai anxieusement mes jambes, craignant d'y voir apparaître le désagréable parasite, mais j'eus la chance d'y échapper. Il est certain que l'eau des étangs doit être très malsaine.

Outre mes propres domestiques, il y en avait plusieurs qui étaient rattachés à la maison, ainsi que trois ou quatre secrétaires, dont j'étais à la charge et qui avaient pour mission de m'accompagner partout où j'allais. D'une manière générale, ils étaient extrêmement courtois et ne cherchèrent jamais à m'empêcher d'aller où je voulais en ville, ni de voir ce que je voulais voir.

Les murs des maisons de Bukhara ont pour but de protéger celles-ci des regards des voisins, cependant les toits plats permettent d'observer à loisir ce qui se passe dans la cour du voisin, si l'on veut se donner cette peine; et comme j'avais suscité pas mal de curiosité, ainsi que l'avaient fait les danses et autres divertissements prévus en mon honneur, les murs et toits environnants étaient toujours noirs de monde, des femmes et des enfants; bien des fois je surpris les voiles de crin qui dissimulaient le visage des femmes en règle générale soulevés, pour constater la beauté ou plutôt l'absence de beauté des femmes de Bukhara.

Je dormais dans une chambre sur un lit de camp que j'avais apporté avec moi; mon interprète, lui, préférait dormir sur le balcon. Un soir on nous lanca des pierres ou des poignées de terre, et mon interprète en reçut sur son lit; dès lors il y eut un garde posté sur le toit pour décourager d'éventuels agresseurs. Cela dit, ce jet de projectile n'était pas forcément un acte d'hostilité, on pouvait tout aussi bien y voir un signe amical.

Un soir on m'emmena dans un des jardins de l'Amir, situé juste après la porte d'Uglan, pour assister à un combat de béliers. Le jardin, bien que vaste, et parfois utilisé par l'Amir pendant l'été, n'était pas florissant; à cause du manque d'eau, les arbres étaient rabougris et la vigne languissait. Les combats de béliers ont toujours été un des divertissements favoris des Uzbeks, mais ils étaient un peu tombés en désuétude depuis un certain temps. Les paris vont bon train, malgré leur stricte interdiction par la loi musulmane. Cette fois-là, le combat ne fut pas des plus réussis. Quatre superbes béliers furent amenés et ils engagèrent aussitôt le combat, mais après quelques chocs, trois d'entre eux se retirèrent, on tenta en vain de les faire revenir; ils voulaient bien se combattre les uns les autres; mais dès que le plus gros d'entre eux, le gagnant, apparaissait, ils prenaient la fuite.

Je ne m'étonne guère de l'excellente réputation de Bukhara auprès des Asiatiques — officiellement on l'appelle *al sherif*, «la noble», sans doute pour des raisons religieuses — car en dépit de tous ses désagréments, c'est une ville qui me fit une très forte et très agréable impression.

Il suffisait de se promener dans la rue pour s'apercevoir aussitôt qu'il s'agissait d'une capitale — que ce soit la foule de promeneurs bien vêtus, sur des chevaux richement caparaçonnés, la place du marché bondée de badauds, et même l'étroitesse des rues et la hauteur des maisons, les nombreux bazars, la multitude des transactions qui s'y réalisaient constamment. Chaque jour il y avait une telle effervescence que l'on se serait cru un jour de bazar, c'était bien là une véritable métropole. Pour les habitants d'Asie centrale, et particulièrement pour ceux des steppes, les loisirs relativement anodins autorisés à Bukhara étaient loin d'être méprisables. On y trouve un grand nombre de mosquées, d'ailleurs la prière semble être tout autant un agréable passe-temps qu'autre chose. Il y a un grand nombre de magasins dans lesquels les palabres vont bon train, d'excellents bains, et même, d'après ce que je me suis laissé dire, des établissements moins recommandables. Généralement, les villes d'Asie centrale se ressemblent toutes — toujours ces rues sinueuses, ces hauts murs de terre, dont la couleur même finit par vous exaspérer, cette absence de fenêtres aux maisons, toujours ces mêmes toits plats — cependant, Bukhara semble avoir plus de caractère que les autres; les maisons ont le plus souvent deux étages, des balcons ornés de treillis et de balustrades ouvragées. Il n'y a que peu de jardins, et les arbres même sont très rares, excepté aux alentours des bassins des mosquées, ainsi que le long d'un canal ou deux, ce qui donne à la ville un tout autre aspect que Tashkent ou Khokand. Lors de mes chevauchées matinales j'eus tout loisir de découvrir la ville dans sa presque totalité, et d'examiner tous les bâtiments intéressants soit par leur histoire, soit par leur architecture. Les mirzas qui m'accompagnaient étaient tout étonnés par mon sens de l'orientation, et que je sache leur indiquer la direction à prendre pour arriver à telle porte ou telle mosquée. A une ou deux reprises, le Kush Begi fit demander comment je pouvais connaître l'existence de certaines localités. Ils ignoraient que j'avais l'excellent plan établi par Khanikof, si tant est qu'ils puissent en comprendre l'existence.

Non loin de ma maison, au nord-ouest de la ville, se trouvait le Righistan, la place publique, au pied de la citadelle, l'*ark*; elle est entourée de superbes mosquées et médressés. La partie occidentale de la place — qui est un peu plus élevée que le reste, — où se rassemblent les badauds, les promeneurs, — comporte un large bassin entouré d'arbres derrière lesquels on trouve toutes sortes d'échoppes et de commerce, le barbier, des maisons de thé. L'autre partie de la place est plutôt réservée aux bouchers, aux pelissiers, à divers petits artisanats. C'est là, le vrai centre de la ville, et de l'aube jusqu'à la prière du soir la place fourmille de monde. A droite de la citadelle, au pied de ses hauts murs on trouve plusieurs canons, dont quelques-uns seulement semblent encore en bon état, les autres sont tout à fait inutilisables. Certains proviennent de Khokand, et ont sans doute été pris aux Chinois à Kashgar, car ils sont décorés de dragons et autres motifs semblables. Quant à l'*ark*, il se dresse sur un promontoire carré, qui a été construit comme le montrent les poutres qui apparaissent çà et là à travers les murs de terre. Puis il y a une enceinte crénelée, dont la porte est surmontée de deux imposantes tours, et plus haut encore on aperçoit une horloge avec des chiffres arabes, l'œuvre de Giovanni Orlandi, un Italien réduit en esclavage à Bukhara. A l'entrée une pente très raide vous mène au sommet, où se trouve le palais de l'Amir, sa trésorerie, la demeure du Kush Begi, une mosquée, l'*abkhaneh*, le réservoir d'eau, qui sert également de prison, ainsi que le *kana-khaneh*, lieu de supplice attesté, où l'on avait coutume de jeter des hommes pour y être lentement dévorés vivants par la vermine et les tiques. L'on m'avait dit que ce donjon n'existait plus; or à Bukhara on me soutint le contraire, m'affirmant que des criminels y avaient été enfermés très récemment encore — par contre la rumeur selon laquelle en l'absence de prisonniers les tiques sont nourries avec de la viande crue est plus douteuse. Une fois franchie la voûte, à droite de l'entrée, il y a une plate-forme; c'est là que le Kush Begi a pour devoir de se tenir et d'apprendre de toute personne qui entre ce qu'elle vient faire à la forteresse. En l'absence de l'Amir, lorsque le Kush Begi est retenu au palais, un officier le remplace. Dans ce passage une série d'objets curieux accrochés au mur arrêtent le regard: un gigantesque fouet de sept pieds de long, qui est censé avoir appartenu au célèbre héros

Rustam, le bâton en forme de serpent d'un saint, des haches de guerre et des hallebardes de toutes sortes, des marteaux *aibalta*, une étrange racine rapportée par un pèlerin de La Mecque, et ainsi de suite. En un mot, il s'agit là du musée de l'Amir.

Contournant l'*ark* par la droite et descendant l'étroite ruelle encadrée de hauts murs, nous arrivâmes à une mosquée, appelée Masjid Baliand, une mosquée prévue pour la *Jumma*, la grande prière du vendredi. Une mosquée de ce type est censée pouvoir contenir tous les habitants d'une ville; celle-ci a en effet une capacité de dix mille personnes à portée de voix de l'officiant. C'est une des plus importantes et plus solides constructions de Bukhara. A l'intérieur une large cour qu'entourent des arcades en brique, protégeant des larges allées. Les murs, surtout ceux du fond et des côtés, où le sol est plus bas, sont soutenus par des étais massifs. Les murs sont en brique. La façade, qui n'est pas en très bon état, comporte un large porche voûté recouvert de carrelages en porcelaine disposés en arabesque, et le toit est surmonté de dômes également recouverts de carrelages. En face de cette mosquée se dresse le grand minaret, *manari kalian*. Il est orné d'étranges et magnifiques motifs gravés dans la brique, et coiffé d'un énorme nid de cigogne. On l'utilise parfois pour des châtiments, de son sommet les auteurs de crimes odieux sont projetés dans le vide. Le dernier à avoir été puni de la sorte fut le célèbre voleur Baban, qui s'était réfugié à Samarkand, d'où il fut rapatrié par le général Abramof en 1871. De l'autre côté de la place se trouve le médressé Miri-Horab, un édifice à la fois imposant et élégant. Les cent dix chambres des élèves donnent sur la galerie qui entoure la cour. Les voûtes sont très belles, décorées de motifs en brique et de carrelages colorés; dans certaines niches les voûtes sont en albâtre ouvragé, et ressemblent, par leurs motifs, à ceux de l'Alhambra.

Une fois le bazar traversé, nous nous retrouvâmes devant plusieurs grandes mosquées et médressés. Deux des médressés les plus imposants sont le médressé Kukoltash et le médressé Divan-Begi, en face de ce dernier il y a une grande place pavée qu'entourent deux mosquées, au milieu il y a un bassin carré appelé Liabehaus Divan-Begi. L'ombrage des rangées de mûriers du bassin en fait un des lieux de prédilection des flâneurs de Bukhara; tout autour il y a des maisons, des boutiques, des barbiers, ainsi que des échoppes où l'on peut trouver des plats cuisinés. Le bassin ayant, selon la doctrine musulmane, les dimensions suffisantes pour assurer la pureté constante de son eau — l'on y voit des gens faire leurs ablutions, boire, ou encore se baigner à toute heure de la journée. Non loin de là se trouve un autre médressé, d'apparence assez ordinaire, l'Irnazar-Eltchi, qui fut fondé par l'impératrice Catherine II de Russie, qui fit un don de 40 000 roubles pour la construction d'un institut à Bukhara à l'intention des Tatars et autres

Russes musulmans. Irnazar Eltchi était un émissaire bukhariote envoyé auprès de l'impératrice, et d'après la version locale, cet argent lui fut donné à la suite d'une *liaison* qu'elle aurait eue avec lui. C'est dans la partie occidentale de la ville, vers la porte Talipan que se trouve le grand médressé Kosh, médressé Abdullah Khan, qui est censé avoir été construit par ce souverain. Il se compose de deux vastes édifices se faisant face de part et d'autre de la rue, construit d'après le style habituel, à deux étages et des galeries qui courent le long d'une cour intérieure. Un peu plus loin dans la même rue, près de la porte de Sheikh-Jelal on tombe sur les médressés Jubar et Hodja-Jelal, un large bassin, le Haus-Van, et le cimetière de Jubar. Il n'est pas rare de trouver ainsi des cimetières à l'intérieur des murs de la ville. Aucune des mosquées et aucun des médressés de Bukhara n'est aussi ancien que les magnifiques ruines de Samarkand, sinon la mosquée Baliand, laquelle, dit-on, fut construite par Timur sur les ruines d'une autre, et restaurée par Abdullah Khan. Cependant, le style d'architecture est le même — on retrouve les façades ornées de carrelages et les dômes bleus, à la différence près que les édifices sont beaucoup moins élevés, et les minarets et tours plus rares.

Les Bukhariotes raffolent des bains de vapeur, et les bains publics abondent ici. Le meilleur se trouve dans le bazar. J'y fus amené un soir vers neuf heures ; le bazar était déjà pratiquement désert, mis à part quelques gardiens de nuit, les rues n'étant que faiblement éclairées ici et là par des lampes suspendues à des cordes. Le bain lui-même est presque identique au bain turc, et il est bien inférieur à ce que l'on peut trouver dans les pays civilisés. On pénètre dans une large pièce autour de laquelle sont disposées des plates-formes surélevées recouvertes de tapis ; là on se déshabille, puis enveloppé d'un large drap, on entre dans une seconde pièce où il fait déjà beaucoup plus chaud ; là, il y a une série d'alcôves voûtées carrées ou octogonales, comportant des niches individuelles pour les baigneurs. On y reste le temps de s'accoutumer à la température, puis on passe dans la pièce la plus chaude. Là, après vous avoir étendu sur le ventre, on vous asperge d'eau pour activer la sudation, tandis que le garçon de bains vous frictionne, vous masse vigoureusement, et s'emploie à faire craquer toutes vos articulations. Cette expérience vous laisse dans un état de faiblesse avancée. Puis on vous ramène dans la salle précédente, on vous place dans un des recoins ; là vous êtes soigneusement lavé avec du savon et de l'eau, et le massage recommence. Puis enroulé dans votre serviette, vous êtes mené vers la première salle. Là, appuyé contre un coussin, on vous offre des fruits et du thé vert, enfin on s'habille tranquillement. Il n'y a pas, à vrai dire, de tarif fixe, cela est laissé à la discrétion du client. Ce genre de massage est très apprécié des Bukhariotes, même lorsque celui-ci ne s'accompagne pas d'un bain.

Il leur arrive d'ailleurs souvent d'avoir recours aux garçons de bains pour se faire masser à domicile le soir pour s'endormir.

Parmi les nombreux bazars de Bukhara, les plus imposants sont celui de Righistan et de Tchar-su. Ce dernier occupe le centre de la ville, et s'étend quasiment de l'*ark* jusqu'au-delà du médressé Divan-Begi. Le bazar de Tchar-su est intéressant à plus d'un titre — s'il n'a pas l'air grandiose du bazar de Khokand, de nombreux indices viennent en rappeler le caractère ancien en tant que lieu d'échange important. En effet, de part et d'autre de chaque rue, on trouve d'innombrables échoppes et caravansérails qui servent d'entrepôts, mais surtout il y a de nombreux *timis*, ce sont des bâtiments de brique ou de bois, comportant des allées qui, partant du centre, rayonnent dans toutes les directions. Le commerce y est spécialisé, le *timi* Abdullah Khan, par exemple, se spécialise dans la soie, le velours, les tissus en général. D'autres rassemblent les commerces des cotonnades, des chaussures, des calottes ou encore des turbans, ou des couteaux.

Bukhara est à l'évidence le centre commercial principal de cette partie de l'Asie, et l'on y trouve des produits venant du monde entier. Outre les cotonnades et les calicots russes, j'y ai vu de nombreux produits anglais et même des produits français et allemands. Les produits anglais sont appelés *Kabuli* en raison de leur passage, lors de l'importation, par l'Afghanistan. Ils sont un peu plus chers que les produits russes. D'après ce que j'ai pu constater, les produits anglais sont surtout fabriqués par des firmes grecques, telles que Ralli et Cie, Petrocochino et Cie, Schillizi et Cie, ainsi que par des sociétés à Calcutta. Parmi divers articles, j'ai trouvé des revolvers américains, à des prix plus intéressants qu'à Tashkent. D'ailleurs, curieusement, le sucre russe est également meilleur marché ici qu'à Tashkent; celui-ci est souvent réimporté de Bukhara à Tashkent. Lors de mon passage, il n'y avait qu'un marchand russe à Bukhara. Il s'agissait de Shmelef, l'agent de la firme des frères Bykof. Il occupe deux petites pièces dans l'Aim Sarai, et son négoce comprend non seulement les cotonnades, mais aussi des articles de fantaisie, des babioles de tous genres. Il me dit que la majeure partie du commerce russe était entre les mains des Tatars, mais qu'il existait d'importantes possibilités malheureusement inexploitées. Un négociant modeste pouvait même réaliser plus de bénéfices qu'un négociant plus important, s'il vivait à Bukhara, à condition qu'il vende des articles européens pour lesquels il y avait une demande, et qu'il le fasse en personne. Ce petit commerçant aurait la possibilité de vendre tout son stock d'un coup, de récupérer l'argent dû aussitôt et ainsi de renouveler son capital au moins trois fois par an, en réalisant un bénéfice de 50 % chaque fois. Pour un commerçant résidant à Bukhara il est facile de récupérer l'argent dû, ce qui n'est pas le cas pour les commerçants d'Orenbourg, de Troitsk, ou de Petropavlovsk qui perdent beaucoup d'argent en faisant crédit à des commerçants de Bukhara. Malheureusement, la loi russe interdit le commerce extérieur à tous, sauf aux commerçants membres de la première guilde. De plus, les frais d'adhésion à la guilde sont prohibitifs pour les petits commerçants. Les commerçants russes, s'ils sont, jusqu'à un certain point, vêtus à la manière des autochtones, ne sont pas obligés ici de se plier aux mêmes exigences qu'à Khokand. A d'autres égards aussi, le traité commercial n'est pas mieux appliqué, dans la mesure où les marchands doivent verser, en plus des 2,5 % de taxe à l'exportation, une taxe supplémentaire illégale, sur le coton, d'au moins 3 %.

Eugène Schuyler, *Turkistan: Notes of a Journey in Russian Turkistan, Khokand, Bukhara and Kuldja*, 1877. Traduction de Wendy Parramore.

FRED BURNABY
(1873)

Depuis le passage de Vambéry les mœurs à Khiva paraissent avoir peu changé, malgré la conquête, récente il est vrai, par les Russes. Bien qu'une partie du mythe qui entourait ces États se soit effondrée, l'exotisme et l'étrange demeurent. La rivalité entre Britanniques et Russes a gagné en intensité. Mais le plus étonnant est sans doute que deux mondes, russe et turkestan, se côtoient sans se pénétrer, plus soucieux de se contenir mutuellement que de se connaître. A quelques kilomètres de Khiva, de ses mosquées et de ses bazars, la vie de garnison du fort de Petro-Alexandrovsk [1]*, avec ses bals et ses concerts, est parfaitement anachronique.*

UNE VISITE A KHIVA

Enfin, nous approchions du but! J'apercevais Khiva derrière un rideau d'arbres, dont l'épais couvert me laissait cependant voir quelques minarets peints et des dômes recouverts de tuiles multicolores. Des vergers entourés de murs hauts de huit à dix pieds et de longues lignes de mûriers s'offraient de tous côtés à nos yeux.

Les deux Khiviens ouvraient la marche; je les suivais immédiatement; j'avais endossé ma pelisse de fourrure noire au lieu de ma capote de peau de mouton, afin d'inspirer aux habitants de Khiva une plus haute opinion de ma grandeur. Nazar, monté sur le cheval qui

1. Qui deviendra Turtkul, et que Ella Maillart visitera après la prise du pouvoir soviétique (cf. p. 526).

buttait, formait l'arrière-garde. Il crut devoir dire au chamelier d'aller rejoindre par derrière le messager et la caravane. Mon petit secrétaire prétendait que, puisque l'importance d'un homme se traduit par le nombre de ses quadrupèdes, il valait mieux ne pas étaler ma pauvreté sous ce rapport et renoncer complètement à faire caravane. Enfin, nous entrâmes dans la ville, carré long entouré d'une double enceinte de murailles. Cette première ligne de défense a environ cinquante pieds d'élévation ; le soubassement de la partie inférieure de la construction est en brique et la partie supérieure en argile sèche. La ville est située dans l'intérieur, à un quart de mille environ, de ce mur d'enceinte. Quatre grandes portes massives, aux crampons de fer, défendent l'entrée de la place, l'une au nord, l'autre au midi, la troisième à l'est et la quatrième à l'ouest ; mais, auprès de ces portes, les murs tombent en ruine en plus d'un endroit.

La ville est, comme je l'ai dit plus haut, entourée d'une seconde enceinte moins élevée que la précédente ; au pied de celle-ci est une tranchée à moitié comblée par des décombres ; l'espace qui se trouve entre ce mur et la tranchée sert aujourd'hui de cimetière. On y voit des centaines de tombeaux. Entre les deux murs d'enceinte se tient le marché ; c'est là qu'on s'approvisionne ; on vend toute sorte de denrées, et, outre des denrées, des bestiaux, des chevaux, des moutons, des chameaux. C'est aussi un lieu de refuge pour les charrettes chargées de blé et de foin.

Ici, une solive d'un sinistre aspect a été érigée ; c'est le poteau sur lequel on pend les voleurs ; d'autres châtiments sont réservés aux meurtriers. Le dernier supplice des assassins est bien autrement hideux ; on leur ouvre la gorge de part en part, comme à un vil animal. Je dois dire que la plupart des actes sanguinaires qu'on met sur le compte du khan sont purement fictifs ; ils ont été inventés par l'imagination moscovite en quête d'un fait dont elle puisse se faire un grief et un prétexte pour s'approprier le bien d'autrui. La peine capitale, au contraire, n'a jamais été appliquée que lorsque les lois ont été violées, et il est sans exemple que le khan ait fait exécuter personne arbitrairement.

La ville est donc défendue par la double enceinte ci-dessus mentionnée et par seize canons ; ceux-ci, n'ayant que des boulets pleins et pas d'obus, restèrent sans effet contre les Russes. Le Khan a, par malheur pour lui, négligé de profiter du moyen de défense que lui offraient les jardins clos de murs disséminés dans la ville ; il eût peut-être suffi de transformer chacun d'eux en position fortifiée pour avoir raison de l'invasion et enrayer la conquête.

Il est difficile de se rendre compte du nombre des habitants d'une ville orientale en chevauchant à l'entour. Cependant, j'évalue la population de Khiva à trente-cinq mille habitants environ. Les rues sont larges et propres; les maisons des riches, construites en briques vernies et en tuiles bariolées, frappent d'autant plus l'œil que le cadre sombre qui les entoure sert à les mettre en relief. Il existe neuf écoles dans la ville; les plus nombreuses, qui comptent environ cent trente élèves, ont été fondées par le père du khan. Ces édifices sont voûtés et surmontés de dômes recouverts de briques peintes; l'aspect éblouissant des coupoles sollicite tout d'abord l'œil du voyageur qui approche de la ville.

Nous traversâmes ensuite un bazar en tout point semblable à celui d'Ourgentch. Une charpente en chevrons, recouverte de nattes, posée en travers de la rue, défend marchands et chalands des rayons du soleil. Une foule compacte nous suivait, chacun m'approchant et me regardant avec une curiosité si audacieuse que les deux Khiviens qui me faisaient escorte durent user énergiquement de leur fouet pour me conserver mes coudées franches. Les Khiviens, désirant sans doute me donner une très haute idée de l'étendue de la ville, me firent faire mille circuits avant d'arriver à la porte de mon compagnon. Des serviteurs s'empressèrent de venir prendre nos chevaux; les Khiviens mirent pied à terre, nous saluèrent profondément, puis franchirent les premiers la porte d'entrée, qui était en bois massif. Nous nous trouvâmes dans une cour carrée non couverte; des colonnes y soutenaient une terrasse d'où l'on domine une fontaine ou plutôt un bassin. L'aspect de cette cour rappelle celui du *Patio* dans la maison d'un riche à Cordoue ou à Séville. Nous entrons par une porte un peu plus basse que celle que j'ai déjà décrite, mais en tout autre point semblable, dans une longue pièce étroite à l'extrémité de laquelle s'élève un dais tendu avec de beaux tapis. Il n'y a pas de fenêtres, le verre étant un luxe qui a fait son apparition dans la capitale depuis peu de temps seulement. L'appartement est éclairé par une lucarne pratiquée d'un côté, treillissée à jour, et par un espace ménagé dans la voûte décorée d'élégantes arabesques. Les deux portes ouvrant sur cette cour sont sculptées comme un ivoire chinois. Au milieu de cette pièce se trouve l'âtre, dont on alimente la chaleur par du charbon. Mon hôte m'offre la place d'honneur près du feu, se retire à l'écart, se croise les bras sur la poitrine, puis, prenant un air humble, me demande la permission de s'asseoir.

On dépose alors à mes pieds un plateau chargé de raisins, de melons, d'autres fruits encore, tout aussi frais que s'ils venaient d'être cueillis. L'hôte apporta lui-même une bouilloire et une tasse; après avoir versé quelques gouttes du liquide bouillant, il mit ces deux objets près de moi. Il m'invita ensuite avec une grande sollicitude à lui demander tout ce dont j'aurais besoin, me disant que le khan entendait qu'on ne négligeât rien de ce qui pouvait me rendre le séjour de sa capitale agréable. J'exprimai le désir de prendre un bain; tout de suite on envoya un domestique en commander un au chef de l'établissement balnéaire de la ville. Au bout d'une heure, Nazar vint me prévenir que le bain était préparé, mais il ajouta que l'établissement était situé au centre de la ville, et qu'il fallait s'y rendre à cheval. L'hôte marchant en tête, et Nazar à l'arrière-garde, tenant d'une main un savon et de l'autre une brosse à cheveux; ce dernier objet intriguait beaucoup les indigènes; les Khiviens, dont on pourrait croire la boîte osseuse en ivoire poli, n'ont, en effet, pas de raison pour soupçonner l'usage de ce petit outil.

L'établissement comprenait trois grandes pièces voûtées; autour de la première, il y avait plusieurs divans faits de terre battue et recouverts de tapis et de coussins. Le maître de la maison, assis sur l'un de ces sièges, m'engagea à venir prendre place à côté de lui; il m'offrit aussi une pipe. Je l'acceptai, me rappelant que la sagesse des nations conseille de hurler avec les loups. Ce tabac, dont j'aspirai quelques bouffées, me prit à la gorge de la manière la plus désagréable. On me servit ensuite des sorbets, puis je passai entre les mains du garçon chargé de me déshabiller. Lorsqu'il arriva à la fameuse ceinture de cuir qui contenait ma fortune, sa curiosité parut très visiblement excitée.

« Qu'est-ce que cela peut être?

— De l'or», lui répondis-je sans hésiter.

Il est inutile de laisser voir aux Asiatiques qu'on les soupçonne d'improbité ou d'indélicatesse. L'expérience m'a convaincu que la confiance qu'on leur témoigne est le moyen le plus efficace d'exciter chez eux des scrupules de conscience. Je lui remis donc ma ceinture en le priant d'en prendre soin pendant le temps que je resterais dans l'étuve; là-dessus il me salua profondément, en me montrant sa tête d'un air qui voulait dire qu'il répondait sur celle-ci de l'objet que je venais de lui confier. Il me conduisit ensuite dans une seconde salle où se trouvait un brasier plein de charbon sur lequel étaient entassées de grandes pierres incandescentes; le domestique jeta dessus force seaux d'eau, laquelle en se vaporisant se répandit dans l'air ambiant avec une densité extraordinaire. La force d'ébullition, qui croissait avec la chaleur, produisit un nuage blanc d'une telle épaisseur que le domestique disparut bientôt complètement à ma vue. Je restai environ une demi-heure dans cette atmosphère brûlante, ensuite on me plaça près d'un large réservoir d'eau glacée; le domestique prit un seau, le remplit d'eau et m'en inonda vigoureusement de la tête aux pieds. C'était la dernière phase de l'opération, car on me fit passer brusquement dans le cabinet de toilette sans procéder, comme en Turquie, à aucune espèce de massage.

Là, je trouvai nombreuse société; les notables de la ville s'étaient donné rendez-vous pour voir un étranger qui, quoique chrétien, se montrait si zélé dans la pratique des ablutions. Je liai conversation avec un vieux mollah parlant un peu l'arabe. Il était allé deux fois à la

Mecque; il me parla du capitaine Abbott, qu'il avait vu à Khiva quarante ans auparavant; il était persuadé que ce voyageur avait dû, comme moi, passer par l'Inde et Hérat pour atteindre Khiva.

«Quel charmant homme! me dit-il en parlant d'Abbott; ses connaissances médicales ont rendu ici la santé à plus d'un malade! Nous avons appris depuis, avec bien du regret, qu'il avait été massacré par les Russes, qu'est-ce qui a pu les pousser à commettre un tel acte de cruauté?»

Je l'informai que le capitaine Abbott était, au contraire, revenu sain et sauf en Angleterre; et il en rendit grâce au ciel avec un accent dont on ne pouvait suspecter la sincérité.

«Votre compatriote était ici à l'époque où les Russes tentèrent de s'emparer de Khiva, continua-t-il; nous présumions qu'une armée de l'Inde nous viendrait en aide, mais nous n'avons eu besoin de personne: l'hiver a été pour nous le meilleur et le plus puissant des alliés; des milliers de ces chiens de Russes sont morts de froid. Louange à Dieu!»

Cette pieuse exclamation, qui est la même en arabe et en tartare, fut dévotement répétée par tous les assistants.

Comment les Russes ont-ils pu réussir à s'emparer de Khiva?

«Ils sont venus en été; Allah, cette fois-là, n'a pas arrêté l'ennemi dans sa marche.

— On prétend que quelques-uns de vos compatriotes ont empoisonné des puits dans le désert. Est-ce vrai?»

Le vieillard fit un mouvement d'indignation et me dit:

«Empoisonner les puits que Dieu nous a donnés! Oh! non, jamais! Ce serait un crime à ses yeux.»

A ce moment, Nazar revint avec nos chameaux; je serrai la main aux personnes de distinction présentes, qui se levèrent par politesse, et je partis ensuite en emportant les bénédictions du vieux prêtre, qui, grâce à ma connaissance de l'arabe, me regardait sinon comme un mahométan, du moins comme un mollah très distingué dans mon pays.

Dans l'après-midi, je reçus la visite du trésorier du khan. C'était un homme gros et grand, d'environ quarante ans et d'une physionomie repoussante. Il avait le plus vif désir de connaître mon état et de savoir si j'étais ou non envoyé à Khiva par mon gouvernement; il parut fort surpris que je n'eusse pas été arrêté en route.

«Vous n'êtes pas allé au fort Petro-Alexandrovsk?

— Non.

— Ah! alors cela s'explique, me dit-il avec un sourire ironique. Les Russes ne vous portent pas dans leur cœur, cela se voit, quoique vous viviez en bonne intelligence et non à l'état de guerre.

— Croyez-vous que cela dure encore longtemps?» lui demandai-je.

Le trésorier fit alors une moue pleine de superbe, et me dit en m'indiquant du doigt la direction de l'Orient:

«Ils avancent; vous aurez bientôt l'occasion de vous donner la main; nous étions, il y a quatre ans, presque aussi éloignés d'eux qu'ils le sont de vous aujourd'hui, et vous n'avez pas beaucoup de Blancs dans l'Inde.

— Nous en avons assez pour écraser les Russes», lui dis-je.

Puis je lui demandai quand je pourrais offrir mes hommages au khan. Le trésorier me dit que son souverain me recevrait le lendemain dans l'après-midi, et me quitta.

Le soir, les visites se succédèrent sans interruption. La présence d'un Anglais à Khiva excitait au plus haut degré la curiosité des indigènes. J'ai toujours plaint les étrangers de distinction qui viennent à Londres lorsqu'on les mène au Jardin zoologique le dimanche. La foule les regarde comme des spécimens de gorilles ou de chimpanzés arrivés depuis peu d'un pays récemment découvert. On ne fait plus alors aucune attention aux bêtes curieuses. Chaque geste, chaque mouvement, chaque pas du nouveau débarqué est épié par tous. C'est à croire qu'il n'est pas fait de chair et d'os comme tout le monde, et qu'il n'a rien de commun avec le reste des mortels.

Telle était ma situation.

La partie la plus prosaïque de mes faits et gestes, celle de mon repas, fut surtout intéressante pour les naturels; ma fourchette et mon couteau les jetèrent dans un étonnement extrême. Un Khivien, qui se croyait sans doute plus avisé que les autres, s'empara même de ma fourchette, qu'il tourna et retourna; bref, en cherchant une combinaison pour s'en servir, il se l'enfonça bel et bien dans la joue; cette maladresse, il faut l'avouer, provoqua chez ses compatriotes un fou rire général. Nazar et le guide ne firent aucune tentative pour préserver ma liberté.

«C'est leur habitude, disait Nazar, en crachant par terre; ce sont de pauvres barbares qui manquent absolument de savoir-vivre; ils désirent vous faire honneur et vous le montrent à leur façon. Si vous étiez Russe, croyez bien que vous n'exciteriez pas au même degré la curiosité du public.»

La soirée avançait; je voulus écrire, et ôtai à cet effet mon encrier de son étui; mais grande fut ma déception, car non seulement l'encre était gelée, mais le verre était fendu! Le froid sévissait toujours avec une grande vigueur; je ne pouvais plus, du reste, en apprécier l'intensité que par mes impressions personnelles, puisque mon thermomètre s'était brisé en route. Un peu de charbon sans ardeur me réchauffait médiocrement; les courants d'air qui faisaient rage de tous côtés ne me permettaient pas de me déshabiller dans des conditions de température si inclémentes. Je pris donc le parti de m'envelopper dans ma pelisse, et, ainsi fourré, de me coucher sur mon sommier à air. Rien ne surprit plus les indigènes que ce spécimen d'industrie étrangère lorsque je leur eus démontré comment il se pouvait transformer en radeau, il prit à leurs yeux bien plus de valeur encore.

« Comment ! disait l'un, nous pourrions traverser l'Amou sur cette frêle embarcation ?

— Comme c'est doux et léger ! continuait l'autre en soulevant ledit objet entre le pouce et l'index.

— Les Russes n'ont pas de ces inventions ingénieuses », ajoutait un troisième qui avait passé quelque temps au fort Petro-Alexandrovsk.

UNE AUDIENCE AUPRÈS DU KHAN

La nouvelle que le khan allait me donner audience s'était répandue en ville avec une rapidité extraordinaire ; les rues étaient remplies d'une foule énorme accourue pour me voir. Il n'est peut-être pas de pays au monde ou l'on parle autant de l'Inde que dans l'Asie centrale. Tout ce qu'on raconte de notre richesse, de notre puissance, vient des Afghans et des Bokhariens ; ces bruits ont fait la boule de neige en voyageant ; les richesses que contenait le fameux jardin découvert par Aladin n'auraient pu soutenir la comparaison avec les trésors fabuleux de l'Hindoustan ! Après avoir parcouru quelques rues étroites, bordées de maisons bondées de curieux jusque sur le haut des toits, nous dûmes franchir un petit espace de terrain plat, carré et ouvert, où l'on exécute, paraît-il, les criminels condamnés à avoir la gorge fendue de part en part.

Le palais du khan est un vaste édifice orné de piliers et surmonté de dômes recouverts de tuiles éclatantes, qui brillent au soleil et frappent tout d'abord l'œil du voyageur qui arrive à Khiva. Une garde de trente à quarante hommes se tient à la porte du palais. Nous passâmes ensuite dans une petite cour ; les gardes du khan portaient tous de longues robes de soie de différentes formes ; d'éclatantes ceintures enroulées autour de leur corps et de grands chapeaux cylindriques sur leur tête bronzée complètent leur costume. Cette cour est entourée de bâtiments peu élevés ; cette partie du palais est habitée par les gens de service. De tout jeunes garçons à l'aspect efféminé, les cheveux tombant sur les épaules et vêtus comme de petites femmes, se promènent de long en large en vrais désœuvrés.

Nous franchîmes ensuite une porte ouvrant sur un passage très bas de plafond ; nous longeâmes pendant quelque temps des corridors fort malpropres et si peu élevés que je dus souvent me courber pour ne pas me frapper la tête contre la voûte ; puis nous entrâmes enfin dans une grande pièce carrée où nous trouvâmes le trésorier du khan assis et entouré de trois mollahs accroupis à l'orientale. Quelques autres individus se tenaient humblement à l'extrémité opposée de la salle. Le trésorier et ses compagnons comptaient des liasses de billets de banque et des rouleaux de pièces d'argent. Ces sommes, à peine versées par les sujets du khan, étaient envoyées à Petro-Alexandrovsk comme tribut au Tsar.

Sur un signe du trésorier à l'un de ses subalternes, celui-ci poussa immédiatement dans ma direction une grande boîte en bois de fabrication russe destinée à me servir de siège. Après m'avoir fait les salutations d'usage, le trésorier continua son travail; il ne me souffla mot de la prochaine partie du programme. Nazar s'assit par terre, en ayant bien soin de se placer aussi loin que possible d'un individu armé d'un cimeterre, qu'il prenait, je crois, pour l'exécuteur des hautes œuvres.

Après être resté dans ce milieu un quart d'heure environ, un messager entra et avertit le trésorier que le khan m'attendait. Nous traversâmes de nouveau un long corridor conduisant à une cour intérieure, au milieu de laquelle était construite une salle de réception, grande tente formant dôme. Le trésorier souleva alors une tenture fort épaisse et me fit signe d'entrer, puis je me trouvai face à face avec le fameux khan. Le dos appuyé sur des coussins, il était assis sur de beaux tapis de Perse et se chauffait les pieds près d'une grille circulaire remplie de charbons ardents. Dès qu'il me vit, il porta la main à son front, salut que je lui rendis en touchant mon chapeau; ensuite il m'invita à m'asseoir près de lui.

Avant de raconter notre conversation, je crois intéressant de décrire le souverain : sa taille dépasse la hauteur moyenne de celle de ses sujets; il a au moins cinq pieds dix pouces; il est bien fait; la figure est forte et massive, le front bas et carré, les yeux grands et noirs, le nez droit et les narines bien ouvertes; la barbe et les moustaches noires comme du charbon, la bouche fort grande avec des dents, irrégulières, mais blanches; le menton, quelque peu caché par la barbe, diffère complètement comme ligne des autres parties du visage.

Il paraît avoir environ vingt-huit ans; son sourire est gracieux et naturel; je remarquai chez lui le petit clignotement de l'œil particulier aux Orientaux. Une expression espagnole dépeindrait en deux mots l'ensemble de sa personne: «il est *muy simpatico.*» Je fus très surpris, je l'avoue, après tout ce que j'avais lu dans les journaux russes sur les actes cruels de ce féroce potentat, de trouver quelqu'un ayant l'air non seulement parfaitement inoffensif, mais cordial. Il ne ressemblait en rien, heureusement pour lui et pour ses sujets, à son trésorier, qui avait une physionomie véritablement vile et repoussante. On dit, du reste, ce dernier adonné aux vices et aux habitudes dépravées que les Orientaux contractent malheureusement si souvent. Le khan, se tournant vers un de ses gens, lui donna un ordre dont j'eus bientôt l'explication, car on apporta le thé presque instantanément, et on me le servit dans une petite tasse de porcelaine.

Nous entamâmes alors la conversation à l'aide de trois truchemans: Nazar, un interprète kirghiz sachant le russe, et enfin un mollah qui avait passé quelque temps en Égypte et qui parlait l'arabe. Le khan, lorsqu'il ne voulait pas être entendu des autres personnes de sa suite, adressait à mi-voix ses questions à son interprète kirghiz, qui me les traduisait ensuite.

Le khan me demanda tout d'abord quelle distance il y a entre l'Angleterre et la Russie, sa seconde question avait pour objet de savoir si les Anglais et les Allemands ne forment qu'un seul et même peuple. Son bagage de connaissances géographiques était, à coup sûr, fort léger.

J'avais heureusement dans ma poche une carte de Wyld indiquant les pays situés entre l'Angleterre et l'Inde : je la déployai et la plaçai devant le khan.

Il me demanda tout d'abord où se trouvait l'Inde, et je le lui montrai. « Non, dit-il, l'Inde est là », en m'indiquant de la main la direction du sud-est.

Le khan, qui était assis, regardait la carte par le côté du sud, et ne pouvait comprendre qu'il fallait par cela même la lire en sens inverse.

N'étant pas très sûr de la direction où se trouvait le nord, je demandai ma boussole à Nazar, qui la portait toujours autour du cou. Lorsqu'il me la passa, la physionomie des gens du khan trahit une grande anxiété ; tous avaient l'air de craindre l'explosion de quelque machine infernale. Le souverain reconnut cependant tout de suite l'usage de cet instrument, et dit qu'il possédait deux boussoles qui lui avaient été données par des voyageurs.

Orientant donc ma carte au nord, je montrai au khan tous les différents lieux qu'il avait mentionnés, lui indiquant avec le doigt la direction qu'il aurait à suivre s'il voulait les visiter.

Il s'imaginait que l'Afghanistan appartenait à l'Angleterre ; il fut très frappé des dimensions de l'Inde et du petit espace que la Grande-Bretagne occupait sur la carte.

« La Chine, d'où l'on tire le thé, vous appartient-elle aussi ? » me dit-il, persuadé qu'il était que l'Angleterre avait les mêmes relations avec le Céleste Empire que la Russie avec le Khokand.

Le khan, plaçant alors sa main sur l'Hindoustan, me fit observer que l'Inde, si grande qu'elle fût, ne l'était cependant pas autant que la Russie, dont il ne pouvait couvrir toute la surface sur la carte qu'avec les deux mains.

Je lui fis observer que ce n'est pas la superficie d'un empire qui en fait la puissance ; que l'Inde comptait presque trois fois plus d'habitants que l'empire russe tout entier, et que, de plus, la reine régnait sur une étendue de territoire (non indiquée sur la carte) tellement vaste que le soleil ne se couchait jamais sur ses États.

Il demanda ensuite s'il était vrai que le fils de notre reine eût épousé la fille du Tsar, ainsi que les Russes le lui avaient dit, prétendant que c'était une preuve de l'amitié qui existait entre l'Angleterre et la Russie, et d'une communauté d'intérêts qui amènerait peut-être un jour le rapprochement des deux souverains en Orient.

Il se montra aussi fort désireux de savoir si les Anglais ont autant d'amitié pour les Russes que ceux-ci le prétendent. «Ce qui me vient d'un autre côté que du leur mérite considération, me dit-il, et à entendre les Bokhariens, l'affection qui existe entre les deux pays n'est pas vive, les habitants de l'Inde ne désirant nullement voir leurs *chers amis* devenir leurs voisins.

«Vous avez fait la guerre à la Russie, il y a quelques années, ajouta-t-il, et vous étiez les alliés du sultan; ce fait a causé dans l'Asie centrale une grande émotion; nous avons suivi toutes les phases de cette guerre avec d'autant plus d'intérêt, que nous pensions que vous nous défendriez de la même manière si nous étions attaqués. On m'a raconté que vous aviez alors pour allié un autre khan, et que vous vous étiez emparés d'une certaine partie du territoire russe. Maintenant est-il vrai que le khan, votre allié, ait été vaincu depuis lors, et que les Russes, se moquant de vous et prétendant que vous ne pourriez vous battre sans le secours de celui-ci, aient repris tout le territoire que vous aviez conquis?»

J'affirmai au khan que pas un pouce de territoire ne nous avait été enlevé; que notre prétendue frayeur de la Russie était un bruit non moins faux qu'absurde; que l'Angleterre avait déjà battu la Russie, et qu'elle saurait encore en triompher au besoin. Mais j'ajoutai que la nation anglaise était essentiellement pacifique, qu'elle ne cherchait pas querelle à ses voisins, et qu'elle ne leur faisait jamais la guerre que pour se défendre contre leurs agressions.

«C'est très bien», dit le khan. Puis, après quelques moments de silence, il ajouta: «Pourquoi l'Angleterre n'est-elle pas venue à mon secours lorsque j'ai envoyé une mission à lord Northbrook?»

Je répondis au khan que, n'étant qu'un simple voyageur, je ne pouvais le renseigner sur notre politique.

«Eh bien! dit le khan, vous verrez les Russes marcher sur Kashgar, ensuite sur Bokhara, puis sur Balkh et de là sur Merv et Hérat; il faudra bien que vous les arrêtiez quelque jour, que votre gouvernement le veuille ou non; je sais que l'Inde est riche, très riche même; je sais aussi que la Russie a une armée nombreuse, très nombreuse; mais ce que je sais encore mieux, c'est qu'elle a peu d'argent pour la payer; ne suis-je pas, hélas! ajouta-t-il mélancoliquement en regardant son trésorier, une des ressources pécuniaires du Tsar?

«Nous autres mahométans, continua le khan, nous comptions sur l'Angleterre parce qu'elle était venue en aide au sultan; mais vous avez laissé les Russes prendre Tashkent, me battre, en un mot, et se frayer un chemin vers Khokand. Que ferez-vous relativement à Kashgar? Défendrez-vous Kashgar, oui ou non?

— Je regrette, pour ma part, que les Russes aient pris Khiva; il eût été facile de les en empêcher; mais quant à Kashgar, je ne puis rien préjuger, n'étant pas dans les secrets de l'État.

— Vous n'avez pas de khan à la tête des affaires? me demanda-t-il.

— Non, répondis-je, mais une reine, conseillée par ses ministres, qui sont censés représenter l'opinion du pays.

— Cette opinion ne change-t-elle pas?

— Très fréquemment; la preuve en est que, depuis la prise de Khiva, le ministère qui est à la tête des affaires suit une ligne de conduite diamétralement opposée à celle du précédent; d'autres changements succéderont à celui-ci... A mesure que le pays se développe en civilisation et en progrès, il réclame de nouvelles libertés; il faut lui donner satisfaction en choisissant, pour le représenter, des hommes d'opinions très différentes. La reine, elle, n'est pas révocable; elle ne saurait commettre de fautes; toute la responsabilité du gouvernement incombe aux ministres, qu'on prend, bien entendu, dans la majorité.

— La reine peut-elle faire couper la tête à ses sujets, si bon lui semble?

— Non, pas avant que l'accusé ait été jugé selon la loi. Je comparerai volontiers nos magisrats à vos mollahs; si l'accusé est réellement coupable, il est à peu près sûr d'être condamné à mort et pendu.

— Alors la reine ne fait jamais décapiter aucun de ses sujets?

— Non.

— L'Hindoustan me semble devoir être un pays merveilleux, d'après ce que le chargé d'affaires que j'ai envoyé là il y a quelques années m'a raconté de vos chemins de fer et de vos télégraphes: mais les Russes en ont aussi.

— Oui, nous leur avons prêté de l'argent, et nos ingénieurs sont allés chez eux construire des voies de fer et des lignes télégraphiques.

— Les Russes vous ont-ils payé?

— Oui; ils se sont conduits très loyalement avec nous.

— Avez-vous dans votre pays, des juifs comme ceux de Bokhara?

— Un des habitants le plus riches de Londres est un juif.»

Le khan dit alors quelques mots à son trésorier; puis, s'adressant de nouveau à moi, il ajouta d'un ton fort triste:

«Pourquoi alors me prennent-ils tant d'argent?»

Le trésorier, pour toute réflexion, lança un «hum!» plus mélancolique encore. Ce *hum!* revenait sans cesse sur les lèvres du khan et de son entourage.

Le khan me salua alors profondément, signe de convention particulier à tous les souverains pour congédier leurs visiteurs.

«J'ai donné des ordres pour qu'on vous fasse voir tout ce qu'il y a de curieux dans ma capitale», me dit-il.

Puis il m'adressa de la main un signe d'adieu.

Je pris alors congé du khan en le remerciant de l'honneur qu'il m'avait fait; après quoi, je repris le chemin de mon logis.

La population, partout sur notre passage, nous saluait respectueusement, car le bruit s'était instantanément répandu que j'avais reçu du khan un accueil des plus flatteurs. [...]

LA GARNISON DE PETRO-ALEXANDROVSK

Peu à peu, nous nous rapprochâmes de Petro-Alexandrovsk; nous découvrîmes à l'horizon des points noirs qu'on nous dit être le fort construit depuis peu. L'émissaire qui m'avait apporté la lettre du khan éperonna son cheval, et, piquant des deux, me laissa derrière avec mes gens. «Il a pris les devants pour signaler votre arrivée», me dit-on.

Quelques minutes encore, et nous faisions nous-mêmes notre entrée dans Petro-Alexandrovsk.

C'est sur l'emplacement même d'une maison et d'un jardin appartenant jadis à un oncle du khan de Khiva que le fort a été construit; on s'est servi des matériaux de cette maison pour ériger le fort et les murs qui l'enceignent.

Au milieu d'une cour carrée, s'élève une habitation bien bâtie et d'un agréable aspect; un drapeau hissé sur le bâtiment, devant lequel deux sentinelles marchent de long en large, me fait présumer que cette maison spacieuse est la résidence du commandant du district de l'Amou-Darya. Mon guide, toujours en proie aux idées noires que lui inspirait l'acte de faiblesse qu'il avait commis en me menant directement à Khiva, m'informa mélancoliquement que nous étions devant la demeure du fameux colonel Ivanoff.

Un des gens du colonel nous dit qu'il était à la chasse, un jeune officier vint alors au-devant de moi avec empressement, m'appela par mon nom et me dit:

«Nous comptions sur vous plus tôt; venez avec moi, je vous prie; on a préparé une chambre à votre intention.»

Je suivis cet officier, et, tous deux, nous entrâmes dans un corps de logis habité par quelques officiers de la garnison; ils étaient réunis dans une petite pièce, discutant en commun les questions du jour. Je fus présenté à chacun d'eux, et, sans se faire prier, ils se mirent à causer avec moi. Leur conversation était pleine d'enseignements. J'appris que le fameux télégramme m'avait été expédié par le duc de Cambridge, commandant en chef de l'armée anglaise, et qu'il m'intimait l'ordre de revenir au plus tôt dans la Russie d'Europe. Cette pièce fatidique m'attendait depuis quelques jours au fort; il était évident que, si je me fusse rendu là directement, je n'aurais jamais vu Khiva. Un peu plus tard je reçus un billet du colonel Ivanoff, qui me prévenait de son retour de la chasse et me mandait sans retard. Je trouvai un homme ayant plus de six pieds, et qui paraît d'autant plus grand qu'il est plus mince; le type allemand est chez lui très prononcé; ses lèvres sont ombragées de moustaches teutoniques. Le colonel m'accueillit d'abord assez froidement, mais il ne tarda pas à se dérider et à plaisanter de ma déconvenue.

«C'est trop fort, disait-il, de vous avoir laissé pénétrer si loin pour vous arrêter incontinent dans l'exécution de votre plan.

— C'est heureux, lui répondis-je, que je ne sois pas venu ici d'abord.

— En effet, riposta Ivanoff; lorsque j'ai reçu la dépêche et que j'ai vu que vous n'arriviez pas, j'ai envoyé un courrier au fort n° 1 pour prévenir que vous étiez sans doute allé jusqu'à Bokhara, et que vous nous aviez ainsi laissé le bec dans l'eau, comme on dit vulgairement. Mais, laissez faire! nous vous aurions bien rattrapé là.

— C'est la fortune de la guerre, dis-je; toujours est-il que j'ai vu Khiva!»

A ces mots, le colonel fronça légèrement le sourcil.

«Khiva! dit-il, la belle affaire! Rien n'était plus facile à votre compatriote, le major Wood, officier du génie qui était ici l'année dernière, que d'aller visiter cette ville; eh bien! j'avoue qu'il ne m'en a même pas parlé [1].

— J'espère, du moins, dis-je, que je ne serai pas obligé de repasser par les chemins que j'ai déjà parcourus. Qu'importe que je retourne à Saint-Pétersbourg *via* Tashkent et la Sibérie ou par Krasnodovsk et la mer Caspienne!

— Mes ordres sont péremptoires à cet égard, me dit le colonel. Vous devez vous rendre à Kasala par la voie la plus courte; mais vous pouvez, si vous voulez, écrire au général Kolpakovsky, commandant en chef des troupes russes dans le Turkestan. Je lui enverrai votre lettre par le courrier qui partira ce soir, porteur de la nouvelle de votre capture. Si vous retournez à Kasala dans quelques jours, vous trouverez probablement là une réponse du général.»

Je dînai, ce même soir, chez Ivanoff, en compagnie de son petit état-major, composé d'officiers fort intelligents et très sobres. Cette dernière qualité mérite d'être signalée, vu surtout la rareté du fait en Russie. Nous devisâmes longuement sur la situation de l'Angleterre et de la Russie; tous, nous fûmes unanimes à dire que ces deux nations devraient vivre en bons termes, mais que leurs intérêts sont si diamétralement opposés, qu'un jour ou l'autre un conflit éclatera infailliblement entre elles.

Le colonel me parla à peu près en ces termes: «Rien ne me serait plus facile que de m'emparer de Merv, si le gouvernement m'y autorisait; j'y ferais construire un fort beaucoup plus important que celui de Petro-Alexandrovsk; ici, c'est une précaution inutile.» Du

1. Il faut croire que le colonel et le major ne s'étaient pas bien compris ou que l'atmosphère de l'Asie centrale avait légèrement affecté la mémoire du colonel, car le major Wood m'a affirmé le contraire.

reste, l'ouvrage auquel on donne le nom pompeux de fort n'est, en réalité, qu'un rempart de terre sèche.

«Les Khiviens ajouta-t-il, sont des gens très calmes; ils ne nous cherchent jamais noise et payent très exactement leur tribut. Quant aux Turcomans, c'est une autre paire de manches; ils sont turbulents, inquiets, et se querellent continuellement avec nos Kirghiz; mais j'ai trouvé le bon moyen pour les calmer: m'étant rendu maître d'une de leurs bandes armées qui traversait l'Oxus, j'ai fait traduire devant un conseil de guerre deux de mes prisonniers, qui s'entendirent condamner à mort et furent pendus sans miséricorde. Depuis ce temps-là, les Turcomans se montrent beaucoup moins entreprenants; néanmoins, ils ont fait, à Merv, main basse sur un de mes hommes.

— Eh bien! lui dis-je en l'interrompant, a-t-il été jugé et pendu?

— Non, mais ils me demandent, en retour de sa liberté, une rançon d'autant plus considérable, qu'on leur a dit que leur prisonnier est un officier. Or, ils peuvent être sûrs que je ne leur payerai pas la somme qu'ils réclament.

— Rien ne nous serait plus facile que de nous emparer de Merv, dit un officier. Il est des gens qui parlent de la difficulté d'atteindre cette ville; mais que le gouvernement nous laisse faire, et, d'ici huit jours, nous délivrerons là à nos Cosaques des billets de logement.

— C'est révoltant, ajoutait un troisième interlocuteur, tous nos camarades de Tashkent et de Khokand absorbent croix, rubans et récompense, tandis qu'ici nous ne pouvons rien obtenir.»

Le colonel Ivanoff avait eu un avancement fort rapide; à peine âgé de trente-deux ans, il avait sous ses ordres trois mille hommes, auxquels on était sur le point d'ajouter un millier de Cosaques environ. Cela devait donc porter les forces russes dans le district de l'Amou-Darya à quatre mille hommes au bas mot. Le gros des forces russes est massé à Petro-Alexandrovsk; d'autres dépôts sont établis à Lagu et à Nookoos, petit fort situé à quatre-vingts milles environ de Petro-Alexandrovsk, sur la rive droite de l'Oxus.

La nomination du colonel Ivanoff au grade de général paraissait imminente; on supposait qu'il recevrait ce titre au retour du général Kaufmann de Saint-Pétersbourg.

Dans la soirée, on apporta un journal intitulé: *Russki Mir* (*Le Monde russe*). Il contenait un article sur le grand nombre d'officiers allemands qui se trouvent occuper un rang élevé dans l'armée russe; cette feuille attribuait, en outre, à la population des provinces de la Baltique un chiffre tout à fait disproportionné avec celui du reste de l'Empire.

Il était clair, d'après le langage non équivoque tenu devant moi, que les sentiments des officiers russes sont loin d'être sympathiques à leurs camarades allemands. En dépit de ses moustaches teutoniques, le colonnel Ivanoff est antiprussien, et tous les officiers russes de la garnison sont, à cet égard, dans une communauté parfaite de sentiment avec lui. Je fus, du reste, très frappé, pendant tout le cours de mon voyage en Russie, de l'inimitié qu'inspirent à toutes les classes de la société les Autrichiens et les Prussiens. La conduite des premiers pendant la guerre de Crimée a engendré contre eux des griefs que la rivalité supposée des deux pays à l'endroit de Constantinople accentue encore bien davantage aujourd'hui.

Les officiers russes avouaient bien franchement que leur armée se trouve, en ce moment, dans un état de transition qui ne leur permet pas d'engager une lutte avec une puissance aussi formidable que la Prusse; mais ils semblaient non moins persuadés qu'il leur suffirait de cinq années de paix pour pouvoir opposer l'obstacle le plus sérieux aux progrès de l'Allemagne.

Quant à l'Autriche, ils n'en parlaient qu'avec le plus souverain mépris; on eût dit, à les entendre, qu'elle ne conservait sa place au soleil et sur la carte européenne que grâce à la tolérance des empereurs Guillaume et Alexandre. L'armée autrichienne ne jouit pas de l'estime des officiers russes, loin de là. Je crois cependant que la moindre tentative contre l'empereur François-Joseph modifierait promptement leurs appréciations à cet endroit. L'Autriche a profité de la leçon de Sadowa; l'épreuve, loin de l'abattre, l'a singulièrement relevée et fortifiée. Nulle armée en Europe ne possède aujourd'hui de meilleurs instruments de combat que les officiers et les soldats autrichiens.

L'élément féminin se composait, à Petro-Alexandrovsk, de trente femmes, toutes femmes ou filles d'officiers de la garnison. Il y a bal une fois par semaine dans un club récemment ouvert. Ces belles exilées volontaires sont arrivées au fort en été, par les steamers qui font le service entre Tashkent et Petro-Alexandrovsk, en suivant le Syr-Daria, la mer d'Aral et l'Oxus. Pour porter remède à la monotonie désespérante de l'existence qu'on mène dans cette résidence, ces dames ont eu l'initiative du bal hebdomadaire en question. Le colonel Ivanoff me fit aimablement inviter à celui qui devait avoir lieu le soir même; on me donna également pour le lendemain l'espoir d'assister à une course entre lévriers et faucons, genre de chasse qui est un des passe-temps favoris des habitants de l'Asie centrale.

DÉPART POUR LA CHASSE

Le lendemain matin, c'est à peine si nous avions fini de déjeuner, lorsqu'un officier vint nous avertir de nous préparer à partir pour la chasse. Vite j'enfourchai mon petit cheval, qui, malgré mon poids, bondissait sous moi non moins aisément que sous un jockey aussi léger qu'une plume. Je trouvai tout le monde sur le pont, suivant l'expression familière. Il y avait des hommes et des chevaux de toutes les tailles;

de grands cavaliers montés sur de petits chevaux et de grands chevaux montés par de petits cavaliers. Tous les officiers étaient en tenue, quelques chasseurs bokhariens ou kirghiz, vêtus de robes écarlates, formaient l'arrière-garde de la cavalcade. Six ou huit lévriers menés par couples suivaient l'officier chargé de diriger la chasse. C'était un colonel ayant tout à fait le physique de l'emploi et dont le flair cynégétique était, paraît-il, sans rival. Personne ne connaissait comme lui, m'assura-t-on, les habitudes et mœurs du lièvre craintif et les halliers les plus giboyeux du pays.

Un Khivien, monté sur un beau cheval alezan, portait au poing le faucon qui, bien encapuchonné, devait jouer plus tard un rôle important dans le divertissement du jour.

Les Kirghiz nous assourdissaient de leurs cris; tous les chiens du fort, attirés par ce vacarme, faisaient cercle autour du cortège; la chasse proprement dite ne devait commencer que huit milles plus loin. Nous franchîmes cette distance en dévorant l'espace; galoper ventre à terre jusqu'au lieu du rendez-vous était compté pour un des plaisirs les plus vifs de la journée.

Le pays, plat et nu, n'offrait aucun obstacle à nos ébats, si ce n'est cependant quelques fossés larges de huit pieds au moins qui nous barraient le passage. Mais nos chevaux les franchissaient comme par enchantement. A l'approche du premier de ces obstacles, les Kirghiz et les Bokhariens ne me quittèrent pas des yeux, curieux de savoir comment mon petit coursier allait se tirer d'affaire avec son pesant fardeau; mais il ne broncha pas, et d'un bond infernal me transporta de l'autre côté du fossé.

En admettant que Daniel Lambert, ce gentleman dont l'embonpoint est légendaire en Angleterre, fût ressuscité pour la circonstance, je suis certain que mon vigoureux petit cheval aurait également triomphé de la difficulté de sauter avec une telle charge.

De temps en temps un Bokharien passait près de nous en poussant des cris perçants et en distribuant libéralement des coups de fouet sur le dos de quelque chien traînard qui traversait la piste.

Tout à coup notre grand veneur arrêta son cheval, mit pied à terre et nous annonça que nous étions enfin sur le champ de bataille. C'était une plaine étroite, parsemée de petits bouquets de chétifs arbustes; au-dessus de ce taillis qu'on dominait facilement, on apercevait une surface plane et brillante qui rappelait les glaces de Venise taillées en biseau. L'Oxus se déroulait devant nous, des tas de neige amoncelée sur les rives du fleuve nous permettaient d'en apprécier la largeur. A peine le signal de se mettre en chasse fut-il donné, que nous nous échelonnâmes tous les uns à la suite des autres, ayant soin de laisser entre nous une distance d'une quinzaine de mètres environ. C'est ainsi que nous nous frayâmes passage au milieu des ronces et des taillis. Un cri aigu, discordant, presque diabolique, poussé par un des Kirghiz vêtu d'une robe écarlate, nous avertit qu'un lièvre fuyait dans l'épaisseur du fourré.

Les Russes, les Cosaques, les Kirghiz et moi le poursuivîmes à bride abattue jusqu'à la rivière, vers laquelle le pauvre animal transi de peur se dirigea. Nos chevaux descendirent ou plutôt glissèrent sur la berge, puis traversèrent le fleuve et trouvèrent, à un demi-mille environ de la rive, un autre taillis si inextricable qu'on pouvait craindre que les chiens ne fissent défaut. Le cavalier qui portait le faucon le lança dans les airs. L'oiseau chasseur fondit sur le lièvre et lui sauta sur le dos aussi facilement qu'un chat sur une souris. Les lévriers accoururent l'œil en feu, la gueule ouverte et la langue pendante; mais en chiens bien dressés, ils se tinrent à distance respectueuse du faucon.

L'officier qui dirigeait la chasse arriva alors comme un foudre de guerre, mit pied à terre, fit main basse sur le lièvre et donna de nouveau le signal de voler à d'autres exploits. Nous poursuivîmes ainsi jusque dans leurs derniers retranchements cinq autres lièvres desquels le faucon eut également raison, puis nous regagnâmes le fort aussi vivement que nous l'avions quitté.

Le soir, je me rendis au club, que je trouvai transformé en salle de bal, ainsi que le veut l'usage une fois par semaine; en dehors de ce jour exceptionnel, ce cercle est exclusivement destiné aux officiers. Dans la salle de bal, vaste parallélogramme, un parquet venu du nord s'étalait sous nos pieds. Une grande pièce contiguë à celle-ci était disposée pour le souper. J'y vis des officiers déjà installés autour de nombreuses petites tables chargées de vin de Champagne et de vin de Bordeaux. Lorsque j'entrai, la musique militaire, à laquelle sont empruntés les éléments de l'orchestre, jouait un quadrille. Les Russes ont une manière particulière de le danser : le cavalier commence par se munir de deux chaises, en offre une à sa danseuse et garde l'autre pour lui; chaque couple reste ainsi assis jusqu'au moment où son tour arrive de prendre part d'une manière plus active à la contredanse, dont la dernière figure me révéla de nouvelles variantes chorégraphiques; mes jeunes compatriotes eussent été fort empêchés de s'y mêler sans une répétition préalable.

Au quadrille succéda une valse, qui bientôt emporta dans son tourbillon la phalange intrépide; mais ce n'est pas pour y savourer longtemps les douceurs d'une étreinte tournoyante, car on change de partenaire à chaque instant. C'est un coup d'œil vertigineux.

Je trouvai également à la mazurka un caractère tout particulier; le cliquetis des éperons est de rigueur, chaque cavalier marquant le rythme de la mesure, en frappant le sol du talon. Au milieu des uniformes variés des officiers russes et des Cosaques qui nous entouraient, on avait peine à se croire dans l'Asie centrale et sur le territoire khivien.

Fred Burnaby, *Une visite à Khiva. Aventures de voyage dans l'Asie centrale*, traduit de l'anglais par Hephell, Plon, 1877.

GABRIEL BONVALOT

(1880)

Bonvalot (1853-1933) fit une première mission d'exploration en Asie centrale en 1880. Avec Guillaume Camus, il se rendit de Samarkand à l'Amou-Daria, puis, revenu en 1882 dans la même région il remonta le Zerafchan et une partie de ses affluents. Le compte rendu de ses deux voyages fut publié dans deux ouvrages: En Asie centrale, de Moscou en Bactriane *(1884),* En Asie centrale, du Kohistan à la mer Caspienne *(1885).*

Dès 1886, Bonvalot repartait via Téhéran pour l'Afghanistan et tentait de rejoindre l'Inde. Il y parvenait en août 1887, après avoir surmonté bon nombre de difficultés et ce succès lui valut la médaille d'or de la Société de géographie.

Le 1er septembre 1889, avec le jeune prince Henri d'Orléans, il entamait un nouveau voyage à partir du Xinjiang. De Kuldja, où le père Dedeken se joignit à eux, ils traversèrent les Tian Shan, entrèrent au Tibet, franchirent plusieurs passes des Kunlun à plus de 6 000 mètres et traversèrent les immenses plateaux de l'ouest tibétain. Ils furent obligés de renoncer à leur progression vers Lhassa alors qu'ils en étaient à 60 kilomètres. Poursuivant vers l'est, ils arrivèrent au Sichuan, puis à Hanoi, en septembre 1890. Le récit de cette longue exploration parut sous le titre : De Paris au Tonkin, à travers le Tibet inconnu, *en 1892.*

Bonvalot, rentré en France, se fit le défenseur de la colonisation, par ses écrits et par ses conférences. Élu du parti nationaliste en 1902, il n'eut pas cependant de rôle politique marquant.

Voyageur attentif aux détails, Bonvalot «explore» avec un œil de reporter. En 1880, lors de son premier voyage en Asie centrale, les mœurs à Karchi sont toujours assez rudes, mais les passions pour les jeunes danseurs toujours aussi vives.

LA VILLE DE KARCHI

Le 29 avril, nous sommes derechef très bien installés dans la maison que nous avons habitée au mois de mars.

Nous resterons ici plusieurs jours à attendre des nouvelles du Turkestan russe et d'Europe qu'un djiguite va chercher à Samarcande. Notre désir est d'aller à Bokhara, qu'on nous a beaucoup prôné; mais nous ne pouvons le faire convenablement que munis de lettres de recommandation de l'excellent général Kaufmann. Nous envoyons un télégramme de Samarcande à Tachkent, et la triste réponse nous parvient que le gouverneur général est frappé d'une paralysie qui le prive même de l'usage de la parole. Il faut attendre son rétablissement, et, dans le cas où le malade ne reviendrait pas à la santé, l'arrivée de son successeur qui nous donnera les lettres de recommandation nécessaires. Nous remettons donc à plus tard notre visite à Bokhara.

Lors de notre premier séjour à Karchi, la place de beg était vacante; maintenant, de par la toute-puissante volonté de l'émir, un jeune homme d'une vingtaine d'années occupe ce poste fort important. Le jeune beg semble vouloir faire très bien les choses, et nous traiter comme des gens de haut rang; il envoie coup sur coup plusieurs de ses fonctionnaires demander des nouvelles de notre santé. Comment nous portons-nous? Comment ne nous portons-nous pas? etc., etc. Nous ripostons par des compliments du même genre. Abdoul est, du reste, dressé à la manœuvre; il suffit de lui commander: réponds ce qu'il faut; et comme une machine au ressort déjà monté qu'on met en mouvement en pressant un bouton, maître Abdoul déroule sans s'arrêter et en termes choisis une série de phrases toutes faites qu'il remanie plus ou moins suivant les circonstances. Abdoul est Samarcandais, et dame! à Samarcande, on a du savoir-vivre; il sait saluer avec grâce, boire une tasse de thé en arrondissant le bras, et puis on l'appelle «mollah», il est notre homme de confiance, il passe pour savoir lire et écrire, et il a soin de s'exprimer en dialecte persan. On le considère avec respect.

Les personnages les plus marquants de Karchi viennent nous rendre visite. Ils prétendent venir de la part du beg; la réalité est qu'ils se dérangent pour satisfaire leur curiosité. Ils n'ont pas tous les jours l'occasion de passer un quart d'heure à regarder des Faranguis, tout en buvant une tasse de thé. Ils pressent Abdoul de questions: — Parlons-nous la langue des Russes? Notre pays est-il près de celui des Anglais? Si nous ne parlons pas la langue russe, nous sommes donc du pays de Roum?

— Non, répond Abdoul, ce sont des Faranguis.

— Des Faranguis; mais plus loin que Roum, il n'y a que des Faranguis.

Pour eux, le mot Faranguis désignent tous les Occidentaux qui ne sont ni Russes ni musulmans. Ils placent l'Angleterre à l'orient de leur pays, dans la direction des Indes, mais plus loin, car les produits anglais leur arrivent de ce côté.

— Que viennent-ils faire dans notre pays?

— Leur émir les a envoyés pour voir, et ils retourneront lui raconter ce qu'ils auront observé. Ils ramassent aussi des plantes, des insectes, des oiseaux qu'ils lui rapporteront.

Avant de nous quitter, ils nous prient de la part du beg de rester à Karchi aussi longtemps qu'il nous plaira, de tout examiner à notre aise dans la ville, en un mot de nous comporter comme dans notre propre pays.

Un après-midi, Abdoul, qui est en quête de divertissements, nous annonce la présence dans le voisinage d'un loulli[1] qui montre un ours, et lui fait exécuter différents tours «très amusants à regarder». Il le fait entrer dans la cour.

Le loulli est introduit, il s'incline poliment. Il tire par une corde un ours de taille moyenne, à poil roux, aux griffes blanches, qui en font une variété spéciale à l'Asie centrale. Il est âgé d'environ trente-cinq ans, il a les cheveux longs couleur de jais, la peau bistrée, la tête très expressive avec des traits réguliers et un peu lourds, l'œil noir et grand. Il est de taille assez élevée, robuste, la jambe nerveuse. Sauf moins de finesse dans l'ensemble de l'individu, c'est presque un gitano de Grenade. Il se dit originaire des environs de Delhi et né sur les bords du Gange. Il est venu dans le Turkestan par l'Afghanistan et le Bokhara. A Kokan[2], des loullis lui ont vendu l'ours encore petit, il lui a arraché les incisives, lui a passé dans le museau une forte cheville de bois, comme font les Kirghiz à leurs chameaux, et c'est alors qu'a commencé l'éducation de la pauvre bête, à coups de bâton. Maintenant l'ours sait plus d'un tour qu'il exécute lourdement au grand plaisir des badauds emplissant la cour de notre logis. Pendant toute la durée de la «représentation», le loulli chante sur un air monotone des paroles qui sont en même temps des explications pour les spectateurs, et pour l'ours des ordres qu'il exécute chaque fois que son maître pousse un «han» formidable produit en ventriloquant. Le montreur tiraille le nez de l'animal, le menace de son gourdin, et l'ours saute comiquement sur ses pieds de derrière comme un danseur; puis il porte un bâton sur le bras ainsi qu'une mère son enfant; puis il est le voyageur appuyé sur son bâton qu'on lui place ensuite en travers sur la nuque, et les pattes à chaque extrémité, il marche. Ensuite il est fatigué de la longueur du chemin, et s'étend sur le dos pour dormir; il se relève et fume le tchilim figuré par un brin de bois qu'on lui met au coin de la gueule. Sans interruption le loulli chante, pousse ses «han»; la sueur ruisselle sur son visage. L'ours salue, et la séance est close par une lutte corps à corps entre l'homme et la bête, qui est vaincue comme il convient, l'homme étant le roi des animaux.

Tel est le spectacle dont le programme ne varie guère partout où

1. Bohémien errant.
2. Ancienne capitale du khanat de même nom dans le Ferghanah.

l'on rencontre des montreurs d'ours, recrutés principalement parmi les bohémiens, en Occident aussi bien qu'en Orient.

Nous donnons une pièce de monnaie au loulli, qui se confond en remerciements; des morceaux de pain à l'ours, qui grogne de plaisir; puis les deux artistes se retirent en faisant fuir à toutes jambes les curieux entassés sous le porche.

Dans cette même journée, nous recevons la visite du plus vieil homme de Karchi et probablement du Bokhara, où les centenaires n'existent probablement pas, car on y vieillit vite. Ce patriarche, qui arrive à cheval, a quatre-vingt-douze ans; il est possible qu'on ait exagéré pour la circonstance; en tout cas, il ne paraît pas beaucoup plus jeune, et sa barbe est d'une blancheur de neige. Il est de taille moyenne, encore droit, s'exprime avec facilité, et son geste est vif. Il a, dit-il, les petits-enfant de ses petits-enfants. La chose est possible dans ce pays où l'on marie les filles à douze ou treize ans et quelquefois les garçons à seize ou dix-sept. Notre visiteur nous renseigne sur la culture du sol et les modifications qu'on a pu y apporter de son vivant; il nous conte également l'histoire des vents et des pluies aussi loin en arrière que sa mémoire peut porter. Il confirme ce qu'on nous a dit à Gouzar, à savoir que, depuis dix ans, la quantité d'eau est plus grande dans les rivières, et qu'il pleut plus souvent, ce qui tient, selon lui, à une plus grande masse de neige dans les montagnes.

A peine notre visiteur est-il sorti que la pluie tombe comme une preuve à l'appui de ses dires, et le vent du sud-est souffle précisément.

Et il se passe ceci: tandis que les Afghans attendent à Mazari-Cherif que la passe de Bamiane soit praticable, que la neige soit fondue, afin de pouvoir porter à Abdourhanan-Khan les cadeaux que l'émir de Bokhara lui envoie à contre-cœur, sans le moindre espoir d'être payé de retour, le vent apporte en compensation, au pays de celui qui donne, l'humidité prise aux cimes des montagnes afghanes qui sera la source de bien d'autres richesses.

Nous visitons le plus grand et le plus confortable des hammams de Karchi. Il a été construit aux frais d'un riche marchand, le même qui a fait paver à l'instar de l'Occident une des principales rues de la ville. Le plan de l'édifice a été fourni par un architecte de Bokhara.

Le bain est ouvert à tout le monde moyennant une légère rétribution. Les revenus de l'établissement sont affectés à l'entretien d'une médressé qui accueille des élèves nombreux.

Le donateur a laissé la réputation d'un saint homme, car il a fait grandement les choses. Ce hammam, qui passe pour être le plus beau du Bokhara, est le mieux installé et le mieux construit de tous ceux que nous avons fréquentés en Asie. On entre d'abord dans une grande salle au plafond très élevé; une lampe à huile suspendue à une poutre laisse tomber de ses trois longs becs une lumière tremblotante. C'est là qu'est réuni le personnel du bain, les serviteurs, les masseurs musculeux, à peine vêtus, qui se tiennent à la disposition des clients. En l'air, les linges sèchent sur des cordes tendues. Tout autour, une estrade large et élevée, couverte de nattes, court le long des murailles; elle sert de vestiaire pour les habits que le baigneur entasse simplement à côté de lui. C'est aussi là qu'on prend une légère collation au sortir des étuves, qu'on dort, le temps de se reposer de la fatigue du massage, et qu'au grand divertissement des habitués, les jeunes danseurs viennent étudier leur art et répéter leurs exercices en petite tenue. Dans cette académie de danse naissent des passions qui font faire des folies aux débauchés, et commettre des meurtres aux jaloux.

Une allée en pente mène aux piscines, par des couloirs se succédant à angle droit. A l'extrémité de chaque couloir, sous des voûtes cintrées, on a ménagé des bancs de pierre recouverts de nattes; les baigneurs s'y étendent pour l'essuyage. On pénètre ensuite dans une salle ronde, faiblement éclairée; au milieu, dans la buée, on distingue un banc s'enroulant à une large table en maçonnerie, ronde comme le fût tronqué d'une colonne colossale. Sur la table, une lampe à bec; sur le banc, des écuelles de cuivre battu qui servent à puiser l'eau aux réservoirs placés sous des voûtes basses, au fond de chambres qui partent en éventail de la salle centrale. Suivant le plus ou moins d'aptitude du baigneur à la cuisson de son propre individu, celui-ci va puiser aux réservoirs une eau plus ou moins bouillante, se promène sur les dalles plus ou moins chaudes et s'asperge. Si un massage lui agrée, de solides gaillards se présentent; le «patient» se couche à plat ventre sur les dalles, les jambes allongées, les deux mains placées sur la tête qu'on appuie sur une pelote de linge. Une fois la position prise, l'exécuteur enfourche sa victime et la «travaille» des pieds et des mains. Il procède d'abord au massage du dos, puis à celui des bras et des jambes; il est très habile et pousse un sifflement de mitron travaillant au pétrin ou un grognement d'animal qui s'acharne. Il fait jouer chaque articulation, craquer les doigts de la main, les orteils du pied, les tire, tord les reins à droite, à gauche, vous retourne sur le dos, et tout le corps y passe, toujours avec des grognements ou des sifflements. L'opération terminée, le masseur lave le «cadavre» et l'essuie.

Entre deux ondées nous visitons la ville, en compagnie de mirza Iva Dila. C'est le fils de l'«emistre», comme dit Abdoul, qui veut prononcer ministre. Le mirza est un grand et beau garçon élégant, toujours somptueusement vêtu, aimant à plaisanter et à jaser; c'est un jeune homme de bonne famille, assez insignifiant, qui est quelque chose par son père. On l'a attaché à la personne du beg de Karchi.

Il nous mène voir le pont qui est la merveille de Karchi et du Bokhara, où les ponts se comptent sur les doigts; on se sert de gués, d'un emploi plus difficile, mais d'une construction moins coûteuse. Le pont a environ quatre-vingts pas de long; il est construit en briques cuites, assez large pour qu'une arba et deux cavaliers passent de front.

— Un beau pont! dit fièrement le mirza.

— Par Allah! un très beau pont, répondis-je.

Et mon admiration enorgueillit le mirza qui n'a rien vu de mieux, et ne se doute guère de ce que les Européens ont construit dans ce genre.

Du pont, il nous conduit chez un potier. Un ouvrier ousbeg, très musculeux, vêtu d'un simple caleçon de toile, pétrit la terre avec ses pieds.

— Combien de temps vas-tu piétiner la terre?

— Durant une journée, nous dit-il; puis je la travaille un peu avec les mains, et elle peut être modelée.

— Combien vends-tu la plus chère de tes cruches?

— Un quart de tenga.

— Veux-tu nous montrer de quelle manière tu fabriques une cruche ou un pot?

— Volontiers.

Il nous fait entrer dans son atelier, où est installé son tour en bois et perpendiculaire. L'ouvrier pose une motte de terre sur la plate-forme, et au moyen de ses pieds, il la fait tourner rapidement sur son pivot. En un instant, sans autre outil que ses mains, il confectionne un vase d'un galbe assez gracieux.

Le mirza lui demande: — Combien de temps t'a-t-il fallu pour apprendre ton métier?

— Six ans.

— Tu es donc bien bête! Et les curieux rient de bon cœur. Cependant des ouvriers potiers du voisinage sont venus nous voir; ils sont tous très robustes et très musclés, mais de taille petite.

Quand le vase est tourné, on le met sécher au soleil, puis cuire au four pendant une nuit. Le four est chauffé avec des broussailles recueillies dans la steppe.

Après la poterie, c'est une des fabriques de marmites de fonte, dont Karchi fait un grand commerce, que nous allons visiter. La matière première est apportée de Russie à dos de chameaux.

L'avant-veille de notre départ pour le Chahri-Sebz, le mirza vient nous annoncer que le beg enverra le soir des danseurs donner une représentation en notre honneur.

A la tombée de la nuit, des serviteurs apportent des lanternes et les accrochent à une corde tendue entre deux des piliers qui soutiennent le toit de la galerie. Sur le sol, on étend un tapis de feutre. Des brasiers où brûle l'excellent charbon de *Saxaoul* sont alignés à une extrémité du tapis, à l'intention des musiciens. De massives chandelles de suif sont allumées et jettent de vives lueurs sur le visage des curieux qui se presssent dans la cour. Quelques coups de tambourin annoncent l'arrivée des artistes, et le public court à leur rencontre et les entoure. Abdoul est rayonnant de joie, et il les reçoit avec un empressement significatif. Abdoul est un amateur, c'est visible. Nous nous installons au fond de la galerie, au bord du tapis.

Les trois musiciens, armés de tambourins qui composent l'orchestre, vont s'agenouiller devant les brasiers; ils tiennent leur tam-tam au-dessus du feu, et la chaleur fait tendre les parchemins. De temps à autre, ils donnent un coup sec pour constater le degré de tension. Les danseurs s'approchent et nous saluent à tour de rôle. Ils sont cinq. Les deux plus grands portent le costume des femmes, les trois autres ont conservé leurs vêtements d'hommes. Ils s'accroupissent contre le mur, les jambes croisées, face au public. Deux serviteurs sont spécialement chargés d'éclairer les artistes avec des torches, de façon qu'on les voie bien.

L'aîné des danseurs a seize ans, le plus jeune douze. Ils sont de petite taille relativement à leur âge. Ils ont les traits fins, la figure efféminée, l'œil agrandi par le maquillage, les cils teints et les sourcils réunis au bas du front par un trait noir. Leurs cheveux, rasés sur le sommet de la tête, sont longs à partir des tempes. Ceux qui ont le costume de femme portent de fausses nattes maintenues par un foulard lié sur la tête, et dont les pans flottent sur leurs épaules. Ils ont des bagues aux doigts. Leurs culottes sont serrées aux chevilles, et leur khalat est pincé à la taille.

Les trois plus jeunes ouvrent le ballet; l'un d'eux a les traits d'une pureté remarquable, il est très beau, et la foule l'accueille par des paroles flatteuses. Il répond par ses sourires les plus lascifs, et met dans ses poses le plus qu'il peut de volupté. Ni l'un ni l'autre de ces danseurs ne possède convenablement son art; ils doivent leur succès surtout à leur jeunesse. Ils sont bientôt las et vont s'accroupir à la place qu'ils occupaient auparavant. On leur sert le thé, et Abdoul veille à ce qu'on ne leur ménage point le sucre.

Les deux premiers sujets entrent en scène. Ils ont des grelots aux poignets et aux chevilles. Tous deux sont des danseurs hors ligne; ils font preuve de beaucoup d'agilité et de précision. L'un, surtout, a dans ses mouvements et ses gestes une grâce surprenante et féminine. Son corps souple, ses mains et ses pieds délicats, ses grands yeux noirs voilés de cils longs et soyeux, sa figure fine, d'un modèle ferme, un ensemble aux lignes douces et agréables en font l'expression vivante et complète, le type de cet hermaphrodite que les Grecs et l'antiquité ont tant aimé. Ce n'est plus l'homme, ce n'est pas la femme; c'est un être bizarre que recherchent des hommes à l'œil trouble, mâles de mauvais aloi qu'on rencontre à chaque pas dans les villes d'Asie.

Maintenant, le premier sujet est debout, il met de l'ordre dans son ajustement de femme; les tam-tams résonnent, la cadence est lente. Sur place, il lève légèrement le pied droit placé en équerre, le laisse tomber avec un mouvement peu accentué de la hanche opposée; en même temps il bat des mains, laissant glisser la main droite sur la paume de la main gauche immobile à hauteur de la figure, et il secoue chaque fois la tête en mesure, les grelots résonnent. Puis les tambourins accélèrent la cadence, et il glisse en avant et en arrière avec les mêmes gestes des mains et des pieds. Les musiciens chantent, hurlent sur une note très aiguë; le danseur écarte les bras horizontalement comme quelqu'un cherchant l'équilibre, et ramène à chaque pas une main près de la tête, tandis qu'il en éloigne l'autre. Ensuite il va les bras ballants, avec des secousses des épaules, la tête penchée en arrière, puis les mains sur les hanches, alternant le pied qu'il pose en avant. La cadence devient très rapide, et il exécute sur place des pirouettes vertigineuses pendant plus d'une minute. Les musiciens hurlent comme des damnés en se balançant, puis ils frappent un coup retentissant, et le danseur s'arrête subitement. Il reprend la figure qui ouvre le ballet; la cadence est de nouveau lente, il vient à petits pas, les bras en l'air, avec un sourire, s'accroupir en face de nous. Son compagnon qui le copie exactement est à ses côtés. Il se penche en arrière au point que la tête touche le sol, il se tord sur ses reins mollement, se redressant avec un tressaillement nerveux à un «ouah!» formidable de l'orchestre. Il chante avec un déhanchement lent et continu, frappe des mains, caresse ses nattes, imite la femme qui coud sur son genou, qui se pare, huile ses cheveux, touche délicatement ses seins. A ce moment, la cadence est lente, et les déhanchements ininterrompus sont accompagnés de mouvements de ventre en avant, comme ceux du fandango. Les deux batchas se relèvent, marchent les bras en l'air, tournent plusieurs fois sur eux-mêmes, se balancent sur place, en arrondissant les pans de leurs robes, relevés au-dessus de la tête. Pour finir, ils prennent un bâton de chaque main, pirouettent en les frappant l'un contre l'autre au-dessus de la tête, puis l'un d'eux se pose sur un genou pendant que l'autre tourne toujours et frappe sur le bâton que lui présente son compagnon, autant de fois qu'il lui fait face. Ils alternent dans la suite, s'agenouillant à tour de rôle. Ils jettent finalement les baguettes. L'«étoile» seule reste en scène; il fait le tour du tapis en chantant, pirouette plusieurs fois avec une vitesse inimaginable, excité par les chants de l'orchestre. Enfin, un dernier coup de tam-tam, et il tombe à genoux, s'incline, puis il se relève et va boire la tasse de thé qu'il a bien méritée.

CHASSE AU FAUCON DANS LE BOKHARA

On nous parle d'étangs situés dans les environs de Chirrabad. D'après le tok-saba lui-même, ils seraient couverts de roselières épaisses où les oiseaux aquatiques pullulent. Nous prions notre hôte de nous y faire conduire et de nous donner en même temps l'agrément d'une chasse au faucon. Un matin, de bonne heure, un homme vient nous prévenir que le scribe du beg se tient à notre disposition, qu'il va nous conduire aux étangs, qu'on a fait jeûner un faucon la veille, et que tout est prêt pour la chasse; on nous attend. Nous sautons à cheval, et par le chemin taillé dans la berge, grimpant à notre aire de barons, nous joignons dans le lit caillouteux du Darya l'élégant cavalier qui se détache sur un nerveux cheval blanc, le faucon capuchonné perché sur le poing ganté de cuir, le petit tam-tam de chasse accroché à la selle. Le soleil resplendit. Par une brusque association d'idées, je retourne en arrière de cinq siècles; la lumière éclatante, en m'obligeant à cligner de l'œil, me fait entrevoir la forteresse comme un de nos vieux châteaux forts, et, le temps de passer le gué, je ne suis plus un pauvre voyageur, mais un seigneur du Moyen Age que le retour du printemps arrache à la vie monotone du castel et fait descendre en plaine, où il va se dégourdir en courant les derniers canards et les premières outardes. Le fauconnier salue et se met immédiatement en marche dans la direction du sud-ouest.

Aux abords de la ville, à droite et à gauche du chemin, on voit des tépés[1] artificiels ayant la forme de quadrilataires; ils sont échelonnés vers le nord et le sud. D'après le guide, ils supportaient autrefois des forteresses dont les pans de murs en terre encore debout seraient les restes. Notre fauconnier est un savant qui a lu dans les livres, et il nous explique qu'au temps où Bactres était la première ville de Bokhara, on construisit sur les frontières de solides forteresses pour arrêter les incursions des infidèles du pays voisin. Les principales sont Chirrabad, à l'entrée des montagnes; Pendjekent sur le Zérafschane; Khodjent, sur le Syr-Darya; les places fortes furent reliées ensuite par un cordon de forts de moindre importance, espacés entre chacune d'elles et placés sur ces monticules qui sont l'œuvre des hommes.

Voilà un petit village d'Ousbeks à l'aspect assez misérable, avec des saklis à l'intérieur desquels habitent des gens qui disent appartenir à la tribu des Kitai Kiptchaks. C'est tout ce qu'ils savent d'eux-mêmes. Ceux que je vois sont de taille moyenne, avec des yeux petits, la face presque carrée, le nez souvent crochu et comme collé à la figure.

Une heure et demie de cheval suffit pour atteindre les étangs qui

1. Mottes.

s'étalent de l'est à l'ouest, dans une dépression du terrain. Ils sont les tronçons d'un ancien lac, séparés quelquefois par de minces bandes de terre qui s'élargissent avec les progrès de l'assèchement. Un cavalier peut les traverser en maints endroits; mais il faut des précautions; on risque de perdre pied. L'eau est limpide, elle repose sur un fonds de vase dégageant une odeur fétide dès qu'on le remue.

On ne nous a point trompés, et c'est la première fois que la réalité répond aux espérances que les discours des indigènes ont éveillées en nous. Du fourré des roseaux s'élève une forte rumeur d'oiseaux qui s'agitent; on entend des cancans, des battements d'ailes, des claquements de bec; sur les bords, des passereaux multicolores chantent leur chanson; dans les clairières vont des hérons graves, des spatules qui lèvent cérémonieusement les pattes en marchant. Les canards turbulents sont les plus nombreux. Mais le fauconnier n'est point touché de cette intensité de vie; il faut un détour pour prendre contre le vent, et, se postant à l'extrémité de l'étang le plus éloigné, il frappe un coup sur son tam-tam, qui rend un son éclatant. A ce bruit inusité, les oiseaux qui sont près du cavalier fuient dans la direction opposée. Le bruit des ailes et les cris d'alarme des fuyards sont assourdissants. Ils se réfugient à l'extrémité de l'étang.

Le fauconnier continue sa manœuvre, qui a pour but de chasser devant lui les oiseaux et de les rassembler tous sur un point. Il avance sans leur laisser le temps de se remettre de leur effroi, fait retentir le tam-tam, et les oiseaux s'élèvent, tournoient sur place, car ils hésitent à quitter l'étang où ils ont l'habitude de vivre; puis deux coups frappés avec force et de suite les mettent en déroute, et, ahuris, éperdus, ils se dispersent; les uns retournent à la première retraite à l'autre bout de l'étang, les autres se débandent et se précipitent tumultueusement vers l'étang voisin. Mais le fauconnier est là, il a desserré le nœud coulant passé à son pouce qui retient l'oiseau par la patte, il le décapuchonne rapidement, et, lui facilitant l'essor, le jette sur les fuyards; le faucon file, se mêle à la troupe en désordre, et, d'un coup de son terrible bec, arrête un canard, l'emprisonne de ses serres, tombe sur le sol. Son maître, qui a mis son cheval au galop, arrive au même moment, capuchonne le chasseur et le place sur son poing. La chasse est continuée de cette manière.

Comme nos braconniers suivent la bête que mènent les chiens d'autres chasseurs, de même les faucons sauvages planent au-dessus de nos têtes et attendent l'occasion favorable de se mêler à la partie. Tout à coup, l'un d'eux fond sur un canard, il le tient, un de ses confrères veut le lui prendre, et c'est entre les deux ravisseurs une lutte acharnée. Abdou-Zaïr accourt d'un côté, moi de l'autre; les faucons nous aperçoivent, ils lâchent prise et s'élèvent dans les airs, tandis que le canard rase modestement le sol à tire-d'aile et regagne les roseaux en poussant des cancans qui marquent sa joie d'en être quitte pour quelques plumes arrachées.

Cette chasse est pittoresque, mais moins fructueuse que la chasse au fusil. Elle présente aussi le grave inconvénient qu'un beau jour, le chasseur ailé, en humeur de vagabonder, ne daigne plus répondre à l'appel de son maître, qu'il s'envole et ne revient plus. Un Ousbeg, qui s'était joint à nous, eut cette malchance; il n'en parut point désolé et, tout de suite, suivit la chasse au moultik avec autant d'attention que nous-mêmes la chasse de sa façon. Il voyait à son tour du pittoresque dans ce qui nous semblait banal, et poussait des exclamations de joie chaque fois qu'une pièce tombait.

Au retour de notre chasse, nous trouvons dans le bazar un conteur entouré de peuple. Le premier mois de l'année est toujours un mois de réjouissance, et alors les conteurs, les danseurs, qui ont donné leurs premières représentations devant les gens des villes, s'en vont les continuer en province. Ils gagnent à petites journées un lieu de pèlerinage, où ils sont assurés de trouver des spectateurs et de faire de bonnes recettes. En chemin, ils s'arrêtent dans les petites villes où il leur est fait bon accueil, car on les voit rarement. Ils voyagent comme nos bateleurs du temps des mystères, et, s'ils le peuvent, commercent par la même occasion.

Les Sartes qui, chaque année, s'en vont prier sur la tombe d'un saint, sous la conduite de derviches, ne manquent jamais d'emporter une pacotille pour trafiquer. Ils mènent ainsi de front leurs intérêts d'ici-bas et ceux d'en haut. En ce moment, beaucoup de fidèles du Bokhara, de Samarcande, du Ferghanah, vont à Mazari-Chérif prier sur la tombe d'Ali. Un de ces pèlerins nous a offert des bottes; il s'était probablement aperçu que les miennes étaient éculées. Un autre emportait des pièces de cotonnade de fabrication russe. Des *batchas*[1] de Samarcande, qui connaissaient Abdou-Zaïr, allaient également de l'autre côté de l'Amou. Ces gens étaient surtout attirés par l'annonce des fêtes qui devaient se donner à Mazari-Chérif, au retour des jeunes princes afghans. Ils présument qu'elles dureront assez longtemps, le séjour des princes devant se prolonger dans cette ville jusqu'au jour où ils pourront se diriger ves l'Hindou-Kouch. Or, les passes de Bamiane ne sont libres de neige qu'au mois de mai.

Le soir, le fauconnier du beg nous explique tout au long l'art d'affaiter un faucon sauvage. On commence par le dompter en lui couvrant la tête et le plaçant sur un perchoir suspendu auquel on imprime un balancement continu. S'il est rebelle, on l'affaiblit en le nourrissant à peine. Pour le dresser à chasser tel ou tel oiseau, on ne lui en fait pas voir d'autres, et, après l'avoir fait jeûner, on lui présente

1. Littéralement, «garçon» en persan. Nom donné aux danseurs.

celui qu'on veut l'accoutumer à prendre, et on le laisse se repaître. Une fois repu, on lui couvre la tête de nouveau. Après plusieurs expériences de ce genre, l'oiseau qu'on a d'abord présenté mort lui est présenté vivant dans une chambre fermée; il s'en empare immédiatement, et on le lui laisse dévorer.

Souvent cette dernière épreuve est tentée en plein air, car le faucon a été bien entraîné par le régime auquel on l'a soumis. On l'accoutume à voler contre le vent, ce qui est un avantage, le faucon ayant les ailes très puissantes et le chasseur pouvant surprendre le gibier plus facilement.

Aussi longtemps que dure la chasse, on permet au faucon d'arracher seulement quelques lambeaux de sa proie, de façon à aiguiser sa faim. La chasse terminée, on le laisse dévorer jusqu'à réplétion parfaite.

Quand un faucon privé s'oublie à chasser pour son compte et s'éloigne de son maître, celui-ci le rappelle d'un cri spécial, et il se pose sur le sol ou bien sur le poing qu'on lui tend.

Les Kirghis de Sibérie dressent les aigles à chasser la gazelle.

Voici la méthode qu'ils emploient: ils prennent une peau de gazelle, l'empaillent plus ou moins bien, et chaque fois qu'ils donnent à manger à l'aigle, qu'ils affament préalablement, ils lui découvrent les yeux en présence de cette peau, après avoir eu soin de placer de la viande dans les orbites des yeux de la gazelle. Au bout de quelques séances, l'aigle se pose, sans hésiter, sur la tête de la gazelle, et fouille les yeux, où il trouve sa nourriture; puis on le fait chasser. Des cavaliers bien montés poursuivent la gazelle; l'aigle est lâché, il plane, aperçoit la chèvre qui fuit, la poursuit, se précipite sur sa tête; il se tient campé sur le cou de sa proie, l'étourdit de ses ailes qu'il agite avec force, lui déchirant les yeux à coups de bec. La malheureuse bête ralentit bientôt sa course, les cavaliers la rejoignent et la saignent.

Gabriel Bonvalot, *En Asie centrale, de Moscou en Bactriane*. Paris, 1884.

EDGAR BOULANGIER
(1886)

Un peu plus à l'ouest, sur la rive occidentale de la mer Caspienne, Bakou — capitale de Khans inconnus — est devenue une cité moderne, ville du pétrole. Edgar Boulangier, ingénieur des ponts et chaussées, visite en 1886 les installations industrielles en connaisseur. A proximité des torchères subsistent les derniers adorateurs de Zoroastre!

BAKOU ET LES SOURCES DE PÉTROLE

Bakou, 20 septembre 1886. — Quand on vient de visiter le désert turkmène, les ruines du Vieux-Merv, le chemin de fer transcaspien, il semble que le mieux à faire soit de rentrer tranquillement chez soi, sans chercher de nouveaux sujets d'admiration.

Mais cependant quel crime ce serait de passer à Bakou, la ville du feu éternel, sans s'y arrêter ! Nulle part peut-être, à la surface du globe, la nature n'a entassé tant de merveilles pour frapper les yeux du vulgaire, tant d'énigmes pour déconcerter les savants.

Le petit vapeur de la Compagnie Lebed, qui me ramène d'Ouzoun-Ada, double la pointe d'Apchéron vers huit heures du matin, après une traversée de vingt heures, longe la côte méridionale de la presqu'île maudite, entre enfin dans la vaste rade où cent navires peuvent mouiller à l'abri de toutes les tempêtes. Tout au sud, les montagnes de Lenkoran dressent dans le ciel brumeux leurs cimes aiguës ; puis je distingue les établissements de la marine militaire, la ville persane aux murailles crénelées et la nouvelle cité russe avec ses maisons grises parfaitement alignées ; la ville noire et les nuages de fumée qui l'étouffent. A dix heures nous jetons l'ancre à l'appontement de la douane, qui s'avance de 100 mètres en mer ; les provenances de la Transcaspienne doivent y passer la visite. Il y a vingt autres appontements en bois, sans compter les établissements de bains[1], bâtis sur pilotis, dans le port de Bakou ; quelques-uns mesurent 200 mètres de longueur ; la plupart appartiennent à des Compagnies particulières. Ils s'échelonnent, le long de la courbure du rivage, en partie seulement garni de quais, sur un développement d'environ 2 kilomètres. Ces chiffres donnent une idée de l'importance commerciale de Bakou, aujourd'hui le second port de la mer Noire, demain peut-être le premier. La population a sextuplé depuis vingt ans ; elle a passé de 10 000 à 60 000 âmes. La petite capitale de khans inconnus est devenue, sous l'administration russe, l'un des plus riches centres manufacturiers qui soient au monde. L'exploitation du pétrole, sagement conduite par le gouvernement, a pu donner ce résultat.

A l'étranger, si vous avez besoin de renseignements ou de conseils, il ne faut pas manquer de rendre visite à nos représentants du corps consulaire. Vous êtes assurés de trouver auprès d'eux, quel que soit

1. C'est là qu'au mois de septembre 1887, l'infortuné général Schepeleff, l'un des officiers les plus remarquables de l'armée russe, trouva la mort en se baignant dans l'eau tranquille. Ayant plongé, il se trompa d'orientation et remonta, non à la surface libre, mais sous le plancher des cabines. On le retrouva, respirant encore, cherchant à soulever ces planches maudites, les bras convulsivement enlacés autour d'un pieu… Le prince Dondoukoff-Korsakoff était présent à cette scène navrante ; on dut l'empêcher de se tuer sur le corps de son ami.

leur grade, le plus aimable accueil. Ceci est vrai surtout à Bakou. Les intérêts français y sont confiés à un homme qui joint à la plus haute compétence industrielle l'abord le plus facile et la complaisance la plus inépuisable. M. Thyss a passé quarante-six ans de sa vie en Russie; il est l'un des piliers de la grande maison Nobel: quelle bonne fortune d'avoir un pareil guide pour visiter les sources de naphte, les mines où se préparent les différentes huiles, l'acide sulfurique, la kérosine, la vaseline, etc., sans compter les vestiges d'un passé qui remonterait à Zoroastre, le fondateur du parsisme!

Après un déjeuner rapide dans un excellent hôtel européen dont le seul tort — encore n'est-ce pas sa faute — est d'exhaler dans ses moindres recoins et jusque dans sa cuisine un pénétrant parfum de pétrole, je saute dans un *phaéton* de belle apparence, qui prend au grand trot de son attelage tatare le chemin de la *Villa Pétrolia*. Trois kilomètres environ séparent la Ville blanche de l'agence consulaire de France, et il faut traverser la Ville noire dans toute sa longueur. Ma voiture roule avec un infernal bruit de ferraille dans les rues de la cité russe, de belles rues bien tracées, bien pavées, bien vivantes; puis elle s'engage dans un petit désert de sable de 300 à 400 mètres de longueur, où les chevaux n'avancent qu'à grand-peine; enfin nous sommes sur un terrain solide de couleur rougeâtre, nous circulons entre des mares pleines d'un liquide qui ressemble à de l'huile de foie de morue: ce liquide c'est le résidu de la distillation du naphte naturel, et la coloration en même temps que la consistance du sol tient à ce qu'il est imprégné de ce résidu. On aura peine à le croire: les pluies sont si rares dans cette partie du littoral caspien que l'arrosage des rues de Bakou ne se fait pas toujours avec de l'eau douce [1]; on y emploie les résidus de pétrole. Ils coûtent 1 kopeck le poud, autrement dit 20 centimes les 16 kilogrammes, si l'on suppose au rouble-papier sa valeur nominale de 4 francs. Ces porteurs d'eau que vous voyez à cheval entre deux barils ou deux outres vont distribuer à domicile la ration nécessaire à l'alimentation; s'ils étaient chargés de la voirie, leur métier serait souvent une sinécure. Il n'est pas jusqu'aux trottoirs qui ne soient recouverts avec un asphalte provenant du naphte, mais un asphalte tellement sensible à l'action du soleil, que vous y enfoncez comme dans de la boue à moitié durcie.

Cependant nous voici arrivés au beau milieu de la Ville noire, c'est-à-dire d'un ramassis d'usines, grandes et petites, qui fument à qui mieux mieux, sauf trois ou quatre, les plus importantes et les mieux outillées, celles qui appartiennent à des Européens et *mangent leur fumée*. La plupart, dirigées par des Arméniens, ne se font aucun scrupule de vous envoyer au passage des torrents de gaz aussi malpropres qu'irrespirables. Il est bon de se hâter, et mon automédon

1. La hauteur annuelle de pluie tombée à Bakou est seulement de 0 m 36.

fouette ses chevaux à tour de bras pour gravir une colline couronnée par trois énormes récipients que vous prendriez pour des gazomètres; ce sont des réservoirs de naphte. Le mauvais pas est franchi, le vent pousse la fumée derrière nous, et de la hauteur où nous sommes la vue s'étend au loin sur la baie de Bakou et les coteaux désolés d'Apchéron. A nos pieds, au bord de la mer, apparaît une espèce d'oasis à moitié verdoyante; quelques jolies et spacieuses maisons se tiennent compagnie dans la solitude de ce désert sablonneux. Construites par MM. Nobel, elles sont habitées par le haut personnel de leurs établissements; on y respire en été beaucoup mieux que dans la Ville blanche, à cause des vents régnants du sud-est. Ce petit paradis a été baptisé la *Villa Pétrolia*.

Le phaéton s'arrête à la demeure du consul de France; il y a vingt jours que nous nous sommes séparés, et nous nous retrouvons comme de vieux amis qui ne se sont pas vus depuis dix ans. M. Thyss, vieil hôte de la Russie, est Alsacien; voilà la clef du mystère. Notre plan de campagne est bientôt arrêté: nous remettons au lendemain la visite des sources et la soirée sera consacrée à la ville persane.

Seulement il n'y a pas deux chemins pour venir à Bakou, et je dois avaler de nouveau la fumée de ces intelligents Arméniens. Comme consolation, M. Thyss m'offre de m'introduire dans un milieu sulfureux, c'est-à-dire qu'il veut bien, en passant, me montrer en détail sa fabrique d'acide sulfurique, organisée d'après un système dont il est l'inventeur. C'est tout simplement une perfection. Dans un espace relativement restreint, une production colossale est régulièrement conduite par un très petit nombre d'ouvriers. Et le prix de revient est d'autant plus faible que le minerai de Pétrovsk ne coûte pas bien cher et que les résidus de pétrole employés comme combustible ne coûtent rien du tout. Ici, comme pour les locomotives du Transcaspien ou les fourneaux domestiques installés par ordre du général Annenkoff, c'est le *pulvérisateur* qui permet d'obtenir un jet de flamme occupant toute la longueur du foyer[1]. Mais les foyers de Bakou sont immenses, comme peuvent l'être ceux de nos grandes usines ou de nos vaisseaux de guerre, et la vapeur d'eau mélangée aux poussières de pétrole s'y précipite avec un bruit intense pour former une énorme gerbe enflammée. Ce spectacle d'un cylindre métallique complètement vide de matière combustible, rempli par une flamme que l'on allonge, que l'on arrondit, que l'on aplatit à volonté en changeant l'embouchure du tuyau d'où elle s'élance, frappe d'étonnement. Un jour prochain viendra

1. MM. Nobel emploient le brûleur Lentz, qui est muni de deux tubes, l'un amenant le combustible liquide, l'autre la vapeur de la chaudière. Les deux tubes se rencontrent dans le brûleur, qui est construit de façon que le combustible, dégouttant d'un diaphragme à crans, est enlevé par des jets de vapeur mêlée avec de l'air. Le brûleur est fixé en face de l'ouverture du fourneau, et la flamme horizontale qu'il produit est projetée à l'intérieur de celui-ci. (Boverton-Redwood.)

où toute la marine russe sera chauffée par ce système si économique et qui n'offre pas le moindre danger. La routine française voudra-t-elle suivre cet exemple[1].

Une promenade dans le vieux Bakou est intéressante à plus d'un titre. Inutile d'aller en Perse pour se faire une idée sommaire de l'architecture persane. La conquête de la Transcaucasie orientale par les Russes ne date pas de si longtemps que la capitale ait perdu son cachet. Ces ruelles étroites, tortueuses et sales, bordées de maisons blanches aux toits plats, dont les portes sont le plus souvent fermées et les habitants invisibles, n'ont pas changé depuis un siècle; leur dédale inextricable couvre toujours le flanc de la même colline escarpée; ce sont encore les mêmes minarets, les mêmes petits dômes surmontant les salles de bains, tout cela fait de boue et de crachat, et badigeonné à la chaux. Puis il y a le bazar, moins remarquable par sa petitesse que par le silence qui y règne; assis sur leur séant dans de misérables échoppes, les mercantis persans vous offrent sans sourciller des collections variées de pierres fausses, de turquoises surtout; la turquoise est originaire de ce pays; c'est donc ici, comme à Tiflis, qu'il faut le plus se méfier. Vous trouvez aussi à acheter de beaux tapis de Perse, mais ils coûtent moins cher à Askhabad. Ceci doit vous encourager à faire le voyage.

Les seuls monuments remarquables de cette vieille cité en train de disparaître sont la Tour de la jeune fille, et la citadelle ou palais des khans.

La Tour de la jeune fille, haute d'environ 30 mètres au-dessus de la mer, s'aperçoit si bien du large que les Russes l'ont surmontée d'un sémaphore et d'un feu de port. La légende raconte qu'un khan de Bakou ayant voulu imposer à sa fille, merveilleusement belle, une union qui lui répugnait, celle-ci finit par y consentir à la condition que son père ferait bâtir une tour très élevée: la construction achevée, elle y monta et se précipita dans le vide, préférant la mort au malheur et à la honte.

La citadelle possède une porte curieuse et bien conservée. Étaient-elles assez hautes ces murailles de pierres garnies d'embrasures de canons! Car les Persans avaient des canons; ils en ont même encore, puisque j'ai eu l'honneur de voyager avec un ex-colonel autrichien qui est aujourd'hui général en chef de l'artillerie du schah et retournait à Téhéran. Mais quels canons ou quels canonniers! Les cavaliers turkmènes sabraient tout cela d'importance il y a dix ans, et je vous laisse à penser si les Russes en ont été longtemps incommodés dans

1. Dans ce système d'appareils pulvérisant le combustible liquide au moyen d'un jet de vapeur, il est nécessaire de chauffer d'abord la chaudière avec un combustible différent, ou d'employer un appareil indépendant pour produire de la vapeur, jusqu'à ce que la chaudière ait été elle-même suffisamment chauffée.

leur siège de Bakou. Leur seule perte sérieuse fut celle de leur général, assassiné lâchement par un soi-disant fanatique, au moment de la remise des clefs de la citadelle; un monument a été élevé à sa mémoire.

Au pied de l'ancienne citadelle il existe aujourd'hui un vaste jardin dont les bosquets poussiéreux et les arbres rabrougris ont une mine passablement lamentable, car je vous prie de croire qu'ils ne sont pas arrosés tous les jours. C'est le jardin Michel. Les allées ne sont point sablées : comment pourrait-on y tenir les jours de grand vent? Elles sont enduites de bitume, comme de vulgaires trottoirs; cette nouveauté, si bien justifiée, surprend tout d'abord. Toutes les allées convergent, par une pente insensible, à une vaste terrasse d'où l'on jouit d'un coup d'œil magnifique. Là est installé le cercle, le *Kroujoc*, superbe établissement qui possède une salle à manger où l'on boit et mange jusqu'à des heures invraisemblables. Les Russes ont-ils tort ou raison d'être tant soit peu noctambules? On doit reconnaître, en tout cas, qu'ils ne s'en portent pas plus mal. Preuve que chez les peuples jeunes, pleins de sève, la nature s'accommode très bien de certains écarts de régime.

Nous rentrons à l'hôtel en suivant les larges quais qui se développent au pied de la nouvelle ville. Le flot de la mer vient se briser mollement sur les blocs qui protègent le pied des murs verticaux de ces quais, construits suivant toutes les règles de l'art. Combien de ports français, et non des moins connus, seraient heureux d'en avoir de pareils!

Une grande animation règne; le soleil se couche derrière les collines tapissées de cimetières persans, et les promeneurs affluent pour respirer la brise du soir. Beaucoup d'uniformes, beaucoup de jolies toilettes. Ce n'est pas la peine de venir si loin pour retrouver les modes de Paris sur les épaules de femmes non moins séduisantes que les Parisiennes. Heureusement le beau sexe indigène nous apparaît dans la personne de femmes tatares qui lavent leur linge à la mer, agenouillées sur les enrochements.

Rien de plus pittoresque que ce lavoir en plein air; rien de plus drôle que toutes ces grenouilles plus soucieuses de se cacher la figure que le... mollet. Mais leur peau, je vous le jure, n'eût pas tenté saint Antoine.

La nuit est venue; M. Thyss retourne à la Villa Pétrolia, nous prenons rendez-vous pour le lendemain matin et je reste seul à mes réflexions.

Quel étrange pays nous allons visiter!

La chaîne du Caucase se termine à ses deux extrémités par des contreforts de nature volcanique, où les forces souterraines n'ont pas cessé d'agir à l'époque actuelle.

C'est à l'Orient, dans cette funèbre pointe d'Apchéron, que l'activité des réactions intérieures paraît avoir atteint son maximum. Réactions mécaniques, réactions chimiques: *grammatici certant*. Le fait est que le sol y est, en maints endroits, couvert de cratères de boue en ébullition, que son relief se modifie presque incessamment, que des gaz inflammables s'échappent de certaines fissures et qu'il peut suffire d'une étincelle pour allumer l'incendie. Montez sur la Tour de la jeune fille, par une nuit calme et sombre: vous avez quelques chances de voir la presqu'île couverte de lueurs phosphorescentes. Cette année même, un de ces volcans de boue a lancé jusqu'à 300 pieds de hauteur une trombe gazeuse qui s'est enflammée pendant la nuit; tout le ciel a été rempli de fantastiques lueurs rouges; une heure après, la combustion cessait aussi brusquement qu'elle avait commencé, à la grande joie des habitants, frappés d'épouvante.

Si au XIXe siècle ce phénomène arrête l'attention des esprits les plus sceptiques, on comprend qu'il ait paru surnaturel aux peuples superstitieux de l'antiquité. Depuis Zoroastre jusqu'à nos jours, les adorateurs du feu ont considéré Bakou comme un lieu sacré, où ils venaient en pèlerinage du fond de l'Asie centrale; les ordonnances de l'empereur chrétien Héraclius, qui fit éteindre le feu entretenu par les prêtres parsis, les persécutions des Arabes, conquérants de la Perse, qui voulurent imposer leur religion aux vaincus, ne purent triompher d'une résistance qui ne recula pas devant l'expatriation. Et le temple est resté debout, et quelques fidèles traversent encore l'océan Indien pour y adorer le symbole de la divinité. Nous ferons comme eux demain, puisque l'occasion s'en présente à peu de frais. [...]

LE FEU SACRÉ ET LA DOCTRINE DE ZOROASTRE

Le chemin de fer Bakou-Balakhani se prolonge jusqu'au plateau de Sourakhani, qui fut le premier centre d'exploitation, où l'on voit encore quelques puits en activité. Un seul tuyau suffit à conduire leur pétrole aux raffineries de Bakou, et ce n'est pas en leur honneur que Sourakhani mérite d'être visité. Là se trouve le temple ou la chapelle des adorateurs du feu. Un petit édifice carré que surmonte un dôme percé d'une multitude de cheminées minuscules, décoré de cintres, de festons, de créneaux, s'élève au milieu d'une cour entourée d'un mur de style non moins indien. Toutes ces cheminées donnaient autrefois passage aux gaz enflammés, et les fidèles se prosternaient en foule devant le feu éternel. Grandeur et décadence des religions! Le lieu sacré n'est plus entretenu que par deux misérables parsis, auxquels les exploitants du voisinage veulent bien faire l'aumône d'une minime partie des gaz qu'ils ont captés, et les seuls pèlerins venus depuis plusieurs années sont les mécréants occidentaux. Il n'en est pas qui n'ait pris plaisir à enflammer avec une allumette les gaz qui se dégagent des fissures du sol, et n'ait — à son insu sans doute — commis le sacrilège de les éteindre en soufflant dessus.

Apprenez, en effet, pour le cas où vous visiteriez un temple de cette espèce, que la loi de Zoroastre défend de s'approcher du feu autrement que la bouche couverte d'un bandeau et les mains enveloppées d'un linge. Le feu, alimenté par du bois et des parfums, vient-il à s'éteindre? on le rallume par le frottement de deux corps durs ou bien à l'aide d'une lentille de verre. Souffler sa lampe ou sa bougie avec la bouche est une profanation digne de mort, il faut se servir d'un éventail; on ne peut éteindre un incendie qu'en l'étouffant sous la terre et les pierres : le contact de l'eau serait une souillure.

Ne rions pas trop de ces superstitions, qui révèlent toutes les craintes que la perte du feu dut inspirer aux hommes des âges primitifs; ne nous étonnons pas que le feu, nécessaire à la vie, soit devenu l'objet d'un culte de la part des premières générations humaines qui possédaient des moyens bien imparfaits pour l'entretenir ou le renouveler. On ne connaissait pas alors les inventions de la science moderne, pas même les allumettes chimiques. Le vent, la pluie, d'autres circonstances pouvaient entraîner des conséquences désastreuses, affamer les villages ou les tribus. Dans le principe, le feu qui brûlait au foyer de chaque habitation était la plus précieuse ressource de ses habitants, et son entretien était confié à la vigilance du père de famille. Plus tard, quand la civilisation se fut perfectionnée et que la conservation du feu eut cessé d'être une nécessité de premier ordre, les prêtres s'arrogèrent le droit d'y veiller. On construisit alors des édifices consacrés à son entretien et qui devinrent sacrés comme le feu lui-même. Mais cette usurpation sacerdotale est à coup sûr postérieure à Hérodote, car le grand géographe déclare que les Perses, disciples de Zoroastre, n'avaient pas de temples et ne connaissaient pas les idoles; entourés d'idolâtres, ils furent de véritables iconoclastes.

Les souvenirs d'une religion qui a rempli deux mille ans de la vie du monde et exercé une grande influence sur les dogmes postérieurs, se pressent dans votre esprit à la vue de cette petite chapelle dont les ruines parlent assez éloquemment de la fragilité des conceptions humaines.

Dégageons la doctrine de Zoroastre des légendes orientales qui l'enveloppent, comme celle de Brahma et de Bouddha: le libre arbitre, la résurrection générale des corps, le péché originel, l'immortalité de l'âme, l'existence d'un Être suprême (Ormuzd), essentiellement bon, et d'un principe du mal (Ahriman), qui finira par être vaincu, telles en sont les bases. Le paradis est promis aux justes, l'enfer attend les méchants, mais non pas un enfer éternel: on pourra mériter d'en sortir, parce que les fautes humaines, émanant d'un être fini, ne sauraient entraîner une punition infinie. De plus, l'enfer de Zoroastre ne renferme pas les flammes de l'enfer chrétien. Comment admettre que les damnés puissent être dévorés par l'élément bienfaiteur, image de l'Être suprême? Le feu est le principe universel du mouvement et de la vie. Par lui tout respire; la terre lui doit sa fécondité, l'animal son existence, l'arbre sa végétation. Non seulement il anime les êtres, il forme aussi leurs rapports, et son action n'est pas moins ancienne que le monde.

Ajouterai-je que les autres éléments doivent être honorés par les hommes purs? Si la religion de Zoroastre défend d'enterrer les morts ou de les jeter dans les fleuves, suivant l'usage hindou, c'est pour ne pas souiller la terre ou l'eau. Les cadavres sont abandonnés en pâture aux oiseaux et aux bêtes féroces; les grenouilles, les tortues, toutes les bêtes qui salissent et troublent les rivières, sont vouées à la destruction. Un cadavre a-t-il été enseveli? il faut un demi-siècle pour purifier la terre et la remettre en culture[1].

A côté de ces prescriptions, qui nous paraissent singulières, que de bonnes choses dans cette antique religion! Zoroastre recommande sans cesse le mariage à ses disciples: «C'est un malheur que de mourir dans le célibat... Une fille devient coupable si elle parvient à l'âge de dix huit ans sans être mariée; et si elle meurt vierge, l'enfer l'attend jusqu'à la résurrection générale des êtres.» Hérodote et Strabon affirment que les rois de Perse faisaient des présents, chaque année, à ceux de leurs sujets qui avaient la plus nombreuse famille.

Et les obligations réciproques des époux, il faut voir avec quelle sollicitude cette question est traitée par le prophète:

«Être fidèle, et remplir le devoir conjugal une fois au moins tous les neuf jours: telles sont les principales obligations du mari. Celles de la femme sont la soumission, le respect et l'obéissance. Des récompenses sont promises aux épouses qui, bien instruites, regardent leurs maris comme leurs maîtres; et des peines sont réservées aux épouses indociles, assez mal instruites pour ne pas reconnaître le pouvoir auquel elles sont subordonnées.»

Toutes les lois civiles et morales de Zoroastre respirent la sagesse et l'équité. Pureté de pensées, pureté de paroles, pureté d'actions: ainsi se résume la doctrine. Ceux qui s'y soumettront sont assurés «d'une longue vie, d'une santé forte, d'une postérité nombreuse, de riches troupeaux».

La vie agricole est, en effet, recommandée, comme la plus propre à combattre le mal sous toutes ses formes. «Le prêtre et le guerrier sont, sans doute, indispensables à la société des hommes, le premier pour entretenir le culte du vrai Dieu, le second pour repousser les violences des enfants d'Ahriman»; mais tout le monde ne peut pas être bonze ou soldat.

1. La mort, œuvre d'Ahriman, exige, de la part de ceux qui en sont témoins, des ablutions et des cérémonies sans fin. Pour la mort d'un chien, les prescriptions sont les mêmes que pour celles d'un homme. Maltraiter un chien est un grave délit; le tuer, c'est un crime.

Le parsisme conserva sa pureté des premiers âges jusqu'à la conquête de Babylone par Cyrus; puis on le voit s'imprégner d'éléments étrangers, judaïques surtout[1], pour aboutir à la secte des *Guèbres* contemporains, malheureux parias dont le seul crime fut de ne pas se convertir à l'islamisme. Décimés par les persécutions, ils se retirèrent dans des lieux déserts, surtout dans les montagnes du Khorassan, où ils purent redresser leurs autels et vivre misérablement des fruits de la terre. Avec leurs longs cheveux, leur barbe inculte, leur bonnet de laine allongé en pointe, vous les prendriez pour d'anciens mages. La décadence de cette race méprisée dans toute l'Asie centrale est complète.

Tout autre a été le sort des Guèbres qui ont eu l'heureuse idée de chercher refuge dans l'Hindoustan.

La tolérance exemplaire des brahmanes leur a adouci les peines de l'exil, tout en leur permettant de se livrer à toute espèce de travaux. Leurs négociants occupent aujourd'hui des positions considérables dans les ports de l'océan Indien, et s'ils font le commerce de l'argent, c'est, dit-on, sans pratiquer l'usure, que défend strictement le dogme de Zoroastre. Ajoutez que leur charité mérite toutes les louanges; ils n'hésitent pas à secourir toutes les infortunes, sans distinction de religion. L'un d'eux donna un jour 500 000 francs au gouvernement anglais pour bâtir un hôpital à Bombay; il fut créé baronnet. D'autres, à la suite d'un incendie qui éclata à Surate (1838), donnèrent 250 000 francs. Enfin le plus monstrueux banquet dont l'histoire fasse mention — malheureusement Rabelais ne l'a pas connu — fut offert par un banquier parsi, à l'occasion de l'inauguration d'un temple: il réunit de 50 000 à 60 000 convives!

Ceci doit donner à penser que le culte des adorateurs du feu n'est pas mort, et que la modeste chapelle de Bakou pourra se relever de ses ruines. Si ces lignes tombent par hasard sous les yeux d'un riche parsi de Bombay, Madras ou Calcutta, les architectes russes peuvent préparer leurs projets de restauration.

Edgar Boulangier, *Voyage à Merv, les Russes dans l'Asie centrale et le chemin de fer transcaspien*, Paris, Hachette, 1886.

1. Cyrus trouva à Babylone des Juifs déportés.

V. Les marches sibériennes

Cœur géographique de l'Asie, l'Altaï est une région peu visitée. Pourtant c'est le confluent des empires, le carrefour des mondes chinois, mongol, russe, sibérien. Mais ce n'est pas une région de passages, qui se font plus au nord ou au sud. L'Altaï est donc pour certains une zone de refuge, y compris pour ceux qui, avant notre ère, y ensevelirent dans des grands kourganes les chefs de quelques tribus scythes, pour d'autres une terre d'aventures. Depuis toujours l'homme, le chasseur y a trouvé des réserves de gibier extrêmement riches. C'est aussi depuis des siècles une terre qui recèle de l'or.

THOMAS W. ATKINSON
(1856)

Dans cette région que les Russes abordent à partir de la fin du XVIII*e siècle, il y avait eu le précédent de la collection d'objets de bois, d'os, de bronze, amassée par l'ingénieur Florov, directeur de l'exploitation des mines de l'Altaï entre 1793 et 1830. Peu après la visite d'Atkinson, en 1856, Wilhem Radloff, professeur à Barnaoul, commencera des fouilles scientifiques qui seront à la base des recherches et des connaissances des tombes scythes. Les recherches et les découvertes prendront encore plus d'importance dans cette région avant la Première Guerre mondiale et sous le pouvoir soviétique.*

Au milieu du XIX*e siècle, au moment de la visite d'Atkinson des amateurs, ingénieurs des mines, médecins, etc., continuent à découvrir ou à exploiter les merveilles naturelles, archéologiques, minières de la région.*

BARNAOUL

Depuis mon premier hiver à Barnaoul, j'ai visité presque toutes les villes de Sibérie; j'y suis resté suffisamment longtemps pour lier connaissance avec ses habitants, participer à leurs loisirs et à leurs divertissements. Mais dans aucune ville je n'ai trouvé de population aussi agréable qu'à Barnaoul. Ils ont un excellent orchestre dirigé par un de sous-officiers, un très bon musicien et violoniste honnête, qui a fait son éducation musicale à Saint-Pétersbourg. Sous sa direction, ils interprètent admirablement et avec beaucoup d'effet la plupart des opéras. A Barnaoul, il y a trois dames qui jouent très bien du piano, et pendant l'hiver, elles donnent deux ou trois concerts amateurs qui pourraient rivaliser avec ceux de n'importe quelle ville européenne. Ils donnent aussi plusieurs bals en décembre et janvier, au moment où de nombreux jeunes officiers reviennent des montagnes, où ils étaient restés coupés de leurs amis pendant huit ou neuf mois. Quelques riches marchands font le commerce des fourrures ou d'autres produits locaux qu'ils envoient en février à la foire d'Irbit, par où transitent toutes les fourrures qui viennent des vastes forêts de Sibérie.

Des marchands européens spécialisés les achètent en grandes quantités. De la marchandise arrive de Russie, d'Allemagne, d'Angleterre et de France dans cette foire où les marchands sibériens l'achètent pour la redistribuer dans chaque ville de cette vaste contrée.

Il y a des casernes à Barnaoul, et habituellement de six à huit cents soldats sont postés dans la ville. La population, y compris ces derniers, atteignait en 1856, environ dix mille personnes. Les ouvriers vivent dans des petites maisons en bois, propres et confortables pour la plupart, et presque tous les paysans élèvent des vaches et des chevaux. Ceux qui sont employés dans les fonderies travaillent deux semaines sur trois; ceci remplace les vacances fixées selon le calendrier, qui pourraient interférer avec les activités du «Zavod».

Fondre de l'argent est une activité très malsaine et les ouvriers souffrent beaucoup des fumées qui s'élèvent des fourneaux et qui leur donnent des coliques dues au plomb (saturnisme). Ceux qui sont employés à couper du bois, brûler du charbon de bois, transporter ces matériaux, ou à d'autres travaux qui s'effectuent obligatoirement à l'air libre, jouissent d'une excellente santé. Peu — pour ne pas dire pas — d'Européens sont plus robustes et plus courageux. Ils sont capables d'endurer — et souvent le font — de très grandes fatigues, au cours desquelles ils sont exposés à de grands changements de températures sans s'en ressentir le moins du monde.

La rivière Ob est un cours d'eau magnifique qui coule dans une vallée large de douze verstes; de nombreux petits bras divisent cette vallée en îles dans lesquelles poussent de grands arbres. En mai, quand la neige a fondu sur toutes les terres basses, cette rivière devient un fleuve puissant, inondant l'essentiel de la vallée. Mais en juin, quand la neige fond dans les montagnes, l'eau en recouvre toute la largeur, d'un bout à l'autre, seule dépasse la cime des arbres comme des îles, entre lesquelles le flot immense déferle vers l'océan Arctique. A cette époque-là, les paysages sont vraiment grandioses le long de la vallée de l'Ob, tout spécialement quand on les regarde au soleil levant ou au couchant. Les tons rouge et or du ciel sont reflétés sur l'immense étendue d'eau, bordée de chaque côté par la forêt d'un violet profond qui s'étend sur des centaines de verstes, si loin qu'il est parfois difficile de distinguer l'horizon dans les nuances dorées du ciel.

De la mi-juin environ jusqu'au premier août, cette vallée est très attrayante pour les chasseurs. On y trouve des milliers de bécasses sur les rives du fleuve, et dans l'herbe le long des nombreux lacs qui se forment quand l'eau se retire. En 1848, le fleuve Ob était exceptionnellement haut, inondant le pays, et recouvrant des terres habituellement épargnées; ce qui m'a, en l'occurrence, gardé prisonnier, puisqu'il me fut impossible de voyager tant que les eaux débordaient.

Autour de la première semaine de juillet, à Barnaoul, je fus invité par le directeur à intégrer un groupe de quatre, à la chasse à la bécasse dans la vallée de l'Ob. Nous dînâmes avec lui à une heure, puis nous nous mîmes en route, ayant seize verstes à parcourir avant d'arriver à l'endroit qu'il avait choisi pour notre opération. Il était presque quatre heures quand nous arrivâmes sur le terrain et fûmes prêts à commencer à tirer. Il était prévu que nous devions nous rencontrer à l'endroit où la voiture était garée, à sept heures pour prendre le thé. Mes trois amis avaient chacun un bon chien, moi pas; nous nous séparâmes et quelques minutes plus tard, le massacre commença. On m'avait dit de marcher près du bord de l'eau; c'est ce que je fis, et bientôt des oiseaux s'envolèrent, dont plusieurs s'échappèrent sans qu'une seule de leurs plumes ne soit touchée. Après quoi, je pris la chose plus tranquillement, et en tuai plusieurs, pendant que mes amis entretenaient un feu nourri non loin de là. Je sentais maintenant qu'un bon chien me serait bien utile. Après avoir tiré sans discontinuer pendant environ une heure et demie, nous nous rencontrâmes tous non loin de la voiture, où nous étions convenus de boire quelque chose et de vider les gibecières.

La mienne n'était même pas à moitié pleine, mais en ce qui concerne mes amis, c'était différent; le vin était tiré et bu, et les oiseaux éparpillés par terre. Nous nous déplaçâmes alors le long des buttes recouvertes d'herbe, entre les grandes mares, et la fusillade reprit. A sept heures, nous fûmes de nouveau appelés à la voiture, le thé était prêt, et de nombreuses autres bonnes choses étalées sur l'herbe. Avant de s'asseoir, chacun compta le produit de sa chasse: le mien fut vite dit — j'avais tué vingt-trois bécasses; le Directeur en avait tué quarante-deux, l'Apothicaire en compta soixante et une; et mon ami de l'Oural avait abattu soixante-douze bécasses en un peu moins de trois heures et demie. Après avoir vu son monceau de gibier, je lui donnai le nom de «puissant chasseur» et on l'appelle Nimrod encore maintenant. Je doute beaucoup qu'aucun de mes compatriotes en ai jamais tué autant en si peu de temps. Depuis j'ai de nouveau pratiqué ce type de chasse, et souvent avec la même équipe, mais je ne les ai jamais vus en tuer davantage. Une fois, Nimrod en avait tiré soixante dix-huit, et trent-huit est le plus grand nombre que j'ai jamais atteint en une fois; mais sans l'aide des chiens. Pendant la saison de la chasse à la bécasse, quand l'eau recouvre une partie de la vallée de l'Ob, des accidents arrivent occasionnellement.

Par une très belle journée de la fin du mois de juin, le chef des mines avait invité mon ami Nimrod et un autre à chasser la bécasse avec lui. Cette fois-là, ils avaient choisi le haut de la vallée de l'Ob, un endroit situé à environ seize verstes de Barnaoul. Ils dînèrent avec le Directeur et partirent immédiatement dans sa tarantass, voyageant à bonne vitesse vers l'endroit d'où ils devaient descendre dans la vallée. La pente était abrupte mais l'homme les conduisit jusqu'en bas lentement mais sûrement. Là, ils se rendirent compte qu'ils devaient traverser une grande nappe d'eau pour atteindre des terrains plus élevés où laisser la voiture contenant les provisions; l'endroit était d'ailleurs bien situé pour chasser. On demanda au cocher s'il connaissait suffisamment le chemin pour éviter les trous d'eau; il répondit par l'affirmative et se mit en marche. Après avoir parcouru environ une centaine de pas, il glissa du talus, la voiture se renversa et le trio se retrouva dans l'eau. Par chance, leurs fusils, munitions et provisions étaient à l'abri dans les caisses. Après avoir barboté quelques minutes, ils se dégagèrent, la voiture fut redressée et replacée en terrain sec.

Ils tinrent conseil pour décider de l'attitude à adopter. Comme la journée était très chaude et les bécasses nombreuses, l'idée de renoncer à leur partie de chasse leur paraissait insupportable. Le directeur proposa d'envoyer le cocher à Barnaoul, à cheval, chercher des vêtements secs. Mais en l'attendant, il leur demanda d'enlever leurs vêtements mouillés, de vider leurs longues bottes de chasses remplies d'eau de la mare puis de les remettre pour commencer à chasser la bécasse sans plus attendre. Il les rassura en leur affirmant que le brandy que chacun d'eux avait ingurgité en plus de l'exercice, éviterait toute conséquence néfaste. Aussitôt dit aussitôt fait, le cocher sauta sur son cheval, traversa le lac, et il fut bientôt en train de gravir la pente raide; puis il partit au galop vers Barnaoul, portant la nouvelle de leur infortune — mais trois heures, au moins, s'écoulèrent avant qu'il ne pût leur apporter des vêtements secs.

Les chasseurs se préparèrent immédiatement à donner l'assaut aux bécasses. Ils enlevèrent leurs vêtements mouillés et les étendirent sur l'herbe, leurs bottes et leurs chapeaux à larges bords complétant leur toilette. Et c'est ainsi, avec seulement la tête et les jambes couvertes, la gibecière en bandoulière, et le *patrone-tasches* attaché autour de la taille, qu'ils se mirent en marche. On raconte que les chiens regardèrent cet original équipement avec un muet étonnement; mais ils tinrent bon, la tête haute et la queue tendue, et poursuivirent leur tâche.

Deux ou trois minutes plus tard, les bécasses s'envolaient, mais leurs efforts pour s'échapper ne servirent à rien, face aux guetteurs à l'œil vif et à la main ferme qui manquaient rarement leur coup. Une fois pris par le jeu, ils oublièrent leur mésaventure, leur costume, l'heure — entièrement absorbés dans l'excitation du moment; et quand l'homme rentra ils parurent étonnés de le voir arriver. Aucun d'eux ne fut le moins du monde gêné de cette exhibition, et leur aventure a déjà pris l'envergure d'une légende locale.

A l'automne, il y a un tas d'autres animaux à chasser: en fait, les *tetery* ou les coqs de bouleaux, peuvent être chassés en août; les perdrix en septembre; mais la chasse continue l'hiver. Quand la première neige est tombée la chasse aux coqs de bouleaux est un sport fantastique, et on le pratique ainsi: on prépare un traîneau ordinaire tiré par un cheval ou deux, en le remplissant presque entièrement de paille; le chasseur s'assoit dessus et se dirige vers l'intérieur de la forêt tout en surveillant alentour. Quand il voit les oiseaux il avance jusqu'à être à portée de fusil, puis s'arrête. Le chasseur doit tirer sur l'oiseau situé le plus bas. Quand ce dernier tombe, les autres le regardent au sol et restent donc assez immobiles dans les arbres. J'en ai plus d'une fois tiré trois sur la branche d'un même arbre avant que la volée ne se disperse. Quand les oiseaux sont partis, l'homme ramasse le gibier, le jette dans le traîneau, et repart. Dans ces bois, il n'est pas difficile de tuer de quinze à vingt couples de coqs en une journée. Ceci n'est possible qu'avec un fusil à plomb qui ne produit qu'une petite détonation et est très précis.

On ne trouve pas de cerfs sauvages près de Barnaoul. Il faut aller les chercher à quelque soixante ou cent verstes de là. En hiver, il y a beaucoup de lièvres, et les loups sont plus nombreux que ce qui serait souhaitable. Une fois, je suis tombé sur un groupe de sept — ils n'étaient pas à plus de soixante ou soixante-dix pas et je n'avais pas de fusil, pas même un bâton. Nous nous sommes dévisagés sans bouger pendant trois ou quatre minutes; puis ils se sont tranquillement éloignés à la queue leu leu dans un bois de jeunes pins, où je les ai perdus de vue; ceci se passait à une demi-verste de la ville. Après cela, je suis revenu plusieurs fois le matin au même endroit, muni de mon fusil à double canon chargé, et aussi d'une carabine, mais je ne les ai plus jamais rencontrés.

LE NORD DE L'ALTAÏ

Mon ami le directeur me proposa de l'accompagner dans sa visite aux mines d'or de l'Altaï. C'était une occasion à ne pas manquer, qui devait me conduire dans une région nouvelle, vers les sources du fleuve Tom. Nous quittâmes Barnaoul le 15 juin, et descendîmes le fleuve Ob en bateau jusqu'à Bieloiarskoï, où une voiture à chevaux nous attendait pour nous transporter jusqu'à un village sur le Tom. Pendant un bon bout de chemin, après avoir quitté la vallée de l'Ob, la campagne est plate et sans intérêt; mais à chaque poste, des chevaux nous attendaient, la relève s'effectua en quelques minutes, et ils galopèrent sur la route à toute vitesse. Après avoir poursuivi notre course toute la nuit, au petit matin nous atteignîmes une épaisse forêt dont la traversée nous prit plusieurs heures. Au milieu de la journée environ, nous nous arrêtâmes pour déjeuner sur la berge d'une petite rivière coulant tranquillement dans son lit de pierre; un grand nombre de poissons (des ombres) folâtraient dans le calme de ses eaux; une vision qui aurait enchanté «le vieil Isaak». Quelques verstes plus loin, nous arrivâmes dans une région plus découverte, et dans une des petites vallées nous avancions au milieu de plantes plus hautes que la voiture. J'en sortis et découvris qu'il s'agissait de férule, du fenouil géant de quelque dix pieds trois pouces de haut. Mon compagnon apprit au village voisin, que seulement cinq semaines auparavant, la terre sur laquelle il poussait était couverte de neige. Cela peut paraître presque incroyable, et pourtant c'est un fait. J'ai souvent remarqué la rapidité de la croissance des plantes en Sibérie quand je passais plusieurs heures à faire un croquis, dans un endroit où elles germaient autour de moi.

A trois heures environ, nous atteignîmes Tomsky Zavod — des usines métallurgiques appartenant à la Couronne, où l'on fabrique autant la fonte que les barres. C'est là que le général Anossoff commença à fabriquer les «boulat», avec lesquels il essaya de confectionner des lames damassées et c'est là qu'il a proposé de construire le Birmingham de l'Altaï. Non loin de là, on extrait un minerai de fer d'une qualité très supérieure; mais il y a un énorme inconvénient : une faible provision d'eau pendant la saison sèche. J'ai croqué l'endroit, non pas compte tenu de sa beauté ou de sa grandeur, mais en souvenir du lieu que mon ami aurait tellement transformé s'il avait vécu suffisamment pour mettre ses plans à exécution. Nous dînâmes là, et continuâmes notre voyage dans la soirée — toujours à travers une région boisée, que les ombres de la nuit obscurcirent rapidement. Juste quand le jour pointait, nous passâmes par la ville de Kouznetsk, qui compte environ deux mille huit cents habitants; parmi eux de nombreux Cosaques, un nombre considérable de Tartares qui se consacrent à la chasse, et le reste, des Russes. Les Tartares et les Kalmucks apportent dans cette ville une grande quantité de peaux. C'est là qu'ils paient le tribut aux officiers du gouvernement; le fait est notoire que chaque chasseur — Tartare ou Kalmuck — sélectionne ses peaux les meilleures et les plus chères pour l'Empereur. J'espère que Sa Majesté pourra se les procurer.

Après avoir passé Kouznetsk, nous atteignîmes bientôt le fleuve Tom, où des barques avaient été préparées pour nous. Pendant que nous passions dans le village je remarquai qu'un grand nombre de paysans dormaient dans la rue. C'était des ouvriers en chemin vers le *priesk*, qui ne voulaient pas aller plus loin. Un officier et un groupe de soldats les avaient pris en charge pour les conduire dans les mines, et pendant qu'on préparait le thé, celui-ci était allé les voir. Quelques minutes plus tard il réapparut et raconta qu'il avait tenté par tous les moyens de convaincre ces hommes de s'embarquer mais sans succès. Le Directeur le renvoya avec un blâme.

Alors que nous prenions notre petit-déjeuner, environ quatre cents paysans se rassemblèrent devant le cottage, en attendant de voir le Directeur. Quand notre repas fut terminé, il ouvrit la fenêtre, et demanda pourquoi ils restaient là au lieu de continuer leur route vers les mines. De la foule, un homme s'avança immédiatement, et dit qu'ils ne remonteraient pas en barque le fleuve Mrassa, mais qu'ils n'avaient aucune objection à y aller par voie de terre. Un certain nombre de Cosaques étaient là, prêts à obéir à n'importe quel ordre. Le Directeur leur dit de donner à l'homme vingt-cinq coups de verge. En un instant il se retrouva étendu sur le sol, deux Cosaques maintenant ses jambes, deux autres ses bras et sa tête, ses vêtements furent enlevés et de chaque côté vint se placer un Cosaque tenant une verge pareille à la plupart de celles utilisées à Eton. L'ordre fut donné et un coup cinglant s'abattit, suivit instantanément par un autre du côté opposé. Après en avoir reçu une demi-douzaine il hurlait qu'il allait y aller. Le directeur stoppa l'opération et en cinq minutes tous les hommes couraient vers les embarcations. Cette affaire étant réglée, nous poursuivîmes notre route et trouvâmes nos barques prêtes, chacun de nous en avait une avec deux hommes pour ramer et un Cosaque pour s'occuper de nos affaires. Nous fûmes bientôt à flot sur le Tom, qui à cet endroit fait trois fois la largeur de la Tamise à Westminster. A midi environ, nous arrivâmes en face d'un village tartare, joliment situé au pied de jolies collines qui deviennent montagnes plus au nord-est.

Après avoir dépassé ce village, la vallée s'élargit, les collines reculent loin du fleuve des deux côtés, laissant une très large étendue de riches pâturages mais on ne voit pas le moindre troupeau de bétail en train de paître dans ces prairies. La plupart des habitants des villages situés sur le Tom sont des chasseurs, et ils mènent une vie très dure et solitaire, vivant très isolés dans les montagnes. Le soir nous arrivâmes dans un village russe (padobas) où nous passâmes la nuit et soupâmes de délicieux poisson frais, tout juste pêché dans le Tom par un Tartare. Le matin, après avoir remonté le fleuve à la rame pendant environ deux heures, nous atteignîmes l'embouchure du Mrassa et y bifurquâmes. Notre route allait à présent presque tout droit vers le sud, en remontant ce cours d'eau ample et rapide qui, il me semble, allait bientôt nous conduire au fin fond des montagnes. Les rames étaient maintenant rangées sur les côtés et les bateliers attrapèrent de longues perches avec lesquelles ils propulsaient le bateau; mais c'était un travail lent et difficile. Chaque verste nous entraînait vers des décors plus somptueux, où des rochers de granit s'élevaient à des altitudes impressionnantes, découpés en formes singulières et pittoresques, souvent couronnés de pins et de bouleaux penchés, qui apportaient une grande diversité aux panoramas.

Nous nous arrêtâmes pour dîner à l'ombre de quelques magnifiques rochers, de poisson frais, (des ombres), attrapés au filet peu après notre arrivée. Ils étaient jetés presque directement de la rivière sur le pain et immédiatement placés devant nous. J'appréciai bien davantage ces dîners rustiques qu'une fête chez Monsieur le Maire — le site et la brise des montagnes donnant une saveur particulière au repas.

Mes hommes, qui connaissaient le pays, avaient hâte de repartir au plus vite, car le ciel était noir, et nous avions déjà entendu tonner au milieu des montagnes dans la direction où nous allions. Je fis une esquisse de l'endroit; pendant ce temps les nuages s'amoncelaient derrière les montagnes, en amont du fleuve. Les gens m'avertirent qu'un énorme orage allait bientôt éclater, et me recommandèrent de rester, car nous ne pourrions atteindre le prochain poste en moins de quatre heures. Il était six heures quand nous nous assîmes dans la barque pour partir; les hommes ramèrent admirablement, faisant avancer l'embarcation plus vite que d'habitude. Mais les nuages devenaient maintenant plus noirs, le tonnerre plus tonitruant, et environ une heure après notre départ l'orage était sur nous; la foudre s'abattit sur les forêts, et l'écho du tonnerre résonnant de montagne en rocher, était du plus splendide effet. C'était peu avant que l'orage ne nous frappe de toute sa puissance, et que la pluie se mette à tomber à torrents; nous continuâmes pourtant mais avec un vent fort et un courant rapide contre nous, ce qui ralentissait notre avancée. C'est quand enfin, la nuit jeta son voile de noirceur épaisse sur la montagne et sur les flots, que l'orage devint vraiment sublime; c'était l'obscurité matérialisée, déchirée par moments de flashes roses ou rougeâtres éclairant les rochers ou les arbres. L'éclair semblait s'accrocher aux branches mortes pendant un instant, faisant scintiller les gouttelettes d'eau qui devenaient gouttes de feu — c'était grandiose. Les heures défilaient, pourtant, l'orage continuait à gronder. Quand, soudain, près du bord, nous dérangeâmes un animal qui poussa un affreux grognement; quelqu'un dit que c'était un ours, mais nous ne pûmes le voir. Peu après, les hommes déclarèrent qu'ils ne savaient pas si nous étions encore loin du poste, mais qu'ils ne pouvaient aller plus loin avec la barque. Ils la poussèrent sur la berge, et nous étions en train de discuter de ce qu'il convenait de faire, quand nous entendîmes un clapotement de rames non loin de nous. Il venait d'une barque avec quatre hommes à son bord, envoyés par mon ami qui craignait que quelque accident nous soit arrivé; deux hommes frais sautèrent dans notre embarcation, et nos pauvres compagnons dans la leur. Nous progressâmes alors tellement plus facilement qu'en moins d'une heure j'avais rejoint notre petite cabane, et quand j'eus changé mes vêtements mouillés, il était plus de minuit. Nous nous assîmes pour dîner, nous régalant de l'excellent poisson frais placé devant nous, après ce voyage de six heures et le fracas de l'orage. Le lendemain, je découvris que nous étions au pied des grands rapides du Mrassa — la forte pluie tombée dans les montagnes pendant la nuit ajoutant encore au grandiose du paysage.

En cet endroit, le fleuve déferle et vient se jeter avec une fureur extraordinaire sur des masses de granit dans un rugissement terrible. Nos embarcations avaient été tirées sur la rive pendant plus d'une verste en remontant le rapide. C'était un spectacle merveilleux de voir l'eau bouillonnante et tourbillonnante, se jeter sur cette pente rocheuse, roulant parfois devant elle d'énormes blocs de granit qui produisaient des détonations comme celles d'une pièce d'artillerie chaque fois qu'ils se retournaient.

L'OR DE L'ALTAÏ

L'été avant ma visite — ici même — un ami à moi l'avait échappé belle. C'était l'officier qui avait la charge des mines d'or de cette région et transportait donc l'or à Barnaoul. La manière habituelle de descendre ce fleuve est sur un petit radeau construit avec des troncs d'arbres; à l'endroit où ils embarquent on le dirige avec deux rames ou avec des perches si nécessaire. L'or est mis en sûreté dans une solide caisse en bois cerclée de fer; les bagages de l'équipe sont placés sur le radeau en guise de sièges; on y ajoute quelques branches et de l'herbe bien longue pour équilibrer le tout et le rendre plus confortable. Ce jour-là, l'officier était assisté de sept ou huit hommes; ils descendirent le fleuve sans embûche, et arrivèrent aux rapides en temps voulu, profitant du courant au milieu du cours d'eau; Là, il faut savoir s'arrêter à temps, tirer le radeau sur la berge, décharger tous les bagages, les transporter jusqu'à la partie inférieure du torrent bouillonnant, les placer sur un autre radeau, et continuer le voyage vers le Tom. Dans ce cas-là, accident ou maladresse empêchèrent de traîner le radeau sur le bord. Malgré tous les efforts déployés, l'officier dut se rendre à l'évidence, c'était impossible. Il donna alors l'ordre du sauve-qui-peut et tous se jetèrent à l'eau; heureusement, après une lutte terrible, ils arrivèrent tous sains et saufs sur la berge, juste à temps pour voir le radeau projeté comme un boulet de canon. Avant qu'il ait parcouru deux cents pas il fut déchiqueté et ses fragments disséminés sur les flots houleux.

La caisse contenant l'or était lourde et tomba au fond immédiatement. L'officier avait quelques bagages et une boîte contenant des billets, le tout suffisamment léger pour être emporté par le courant et retrouvé plus tard à quelque distance de là, très endommagé. Également une peau d'ours *shube* (manteau), qui descendit le fleuve environ soixante verstes, s'emmêla dans des buissons, et quand l'eau se retira, resta accrochée en haut des branches, bien au sec. Un jour, un chasseur kalmuck passait à quelque distance de là, et vit ce qu'il prit pour un ours. Rampant prudemment jusqu'à être à portée de fusil, il visa soigneusement et tira; mais comme il ne vit même pas la peau s'envoler, il pensa que la balle avait raté son but. Il ne tarda pourtant pas à répéter l'opération. Quand il se rendit compte que ceci ne réveillait toujours pas la bête, il marcha vers le fauve, et c'est alors qu'il réalisa qu'il avait gaspillé de la poudre et des balles sur une peau d'ours *shube*. Plus tard dans l'été, quand l'eau fut bien descendue, plusieurs hommes furent envoyés pour chercher la caisse d'or. Après maintes difficultés, ils la découvrirent au fond d'un trou profond entre de gros rochers. Ainsi tout ce qui avait été perdu fut retrouvé.

Après m'être hissé sur la berge et avoir escaladé les rochers pour trouver les meilleurs angles panoramiques des chutes en différents points — ce qui me récompensa amplement de ma peine — je rejoignis mes amis, qui avaient continué directement vers le haut des rapides. Nous nous assîmes alors dans nos embarcations respectives; les hommes reprirent une fois de plus leur dur labeur consistant à nous pousser contre le courant, ce qui, au fur et à mesure que l'on monte, se révèle de plus en plus difficile en même temps que le spectacle devient de plus en plus merveilleux; j'ai vraiment trouvé quelques-uns des plus beaux panoramas de ce côté-ci du fleuve. Les rochers de granit s'élèvent à une hauteur impressionnante, certains de leurs sommets sont nus, d'autres sont bordés de bouleaux et de cèdres, alors que des buissons et de petits arbres poussent dans les crevasses. Les rochers sont cassés en colonnes et pinacles, certains sont blancs, d'autres jaunes ou gris — du plus bel effet au milieu du feuillage d'un vert et rouge intenses.

Nous avions à présent atteint l'embouchure du fleuve Orton, près de sa confluence avec le Mrassa, et nous y bifurquâmes, suivant son cours vers l'est. Nous étions au milieu d'un magnifique paysage; j'en croquai le plus possible et regrettai profondément que les circonstances m'empêchent de remonter l'Orton jusqu'à sa source qui se trouve dans un massif de hautes montagnes entre les fleuves Tom et Mrassa. La campagne dans cette région est très sauvage; les pics, vertigineux et déchiquetés, innombrables. La navigation se faisait de plus en plus difficile. Mon carnet de croquis et mon fusil en main, je partis à l'aventure, souvent loin devant, et trouvai ainsi le temps de dessiner sans retarder mon groupe. Un étroit, mais profond cours d'eau, coulant du nord au sud, arrêta ma progression, et m'obligea à remonter dans le bateau. A l'heure prévue, nous atteignîmes la portion du fleuve la plus rapide, dégringolant entre d'énormes rochers — certains juste sous la surface de l'eau, d'autres affleurant. Plusieurs fois le torrent nous obligea à reculer, mais nullement impressionnés, mes hommes essayèrent de nouveau, et avec beaucoup de mal, parvinrent à passer; Nos difficultés n'étaient pas encore terminées. Nous n'étions pas allés bien loin quand nous butâmes sur un énorme bloc contre lequel le courant frappait violemment. Pour le contourner sans s'écraser dessus, il fallait à la fois beaucoup d'adresse et de courage. A l'approche du rocher, nous recevions l'eau en pleine figure — c'était vraiment une lutte à mort, nous avancions pouce par pouce. En fait, il aurait suffi qu'une des rames se brise pour que nous nous pulvérisions sur les rochers — puis au fond de l'eau — en un clin d'œil. Au moment-même où nous passions le rocher, un des hommes glissa, et en un clin d'œil, la barque se remplit d'eau à moitié; heureusement, nous pûmes revenir sur la berge, y décharger les bagages et vider l'eau. Ce passage était le plus dangereux du fleuve et avait été nommé «Anossof Kamen». Lors de la première visite du général dans les mines d'or, quand il passa par là, son embarcation fut propulsée contre ce roc, se remplit d'eau et coula. Toute son équipe tomba à l'eau mais fut sauvée par d'autres barques qui suivaient.

Au début, tout ceci peut sembler fort désagréable, mais ici on s'habitue vite à des incidents somme toute insignifiants et qui vont de pair avec la sauvage nature environnante. Après avoir passé plusieurs autres rapides, nous arrivâmes à l'endroit où nous attendaient hommes et chevaux pour nous conduire aux mines de Petropavlosk. Ayant abandonné nos embarcations, nous fîmes une plaisante course à cheval à travers la forêt, où je pus tirer quelques bécasses, et tard dans la soirée, nous arrivâmes aux mines. À part l'or, il n'y a là rien de particulièrement intéressant. Nous dormîmes cette nuit-là dans les mines, et reprîmes le lendemain matin, notre course dans les montagnes jusqu'à une autre mine d'or, à environ trente verstes de là. Il était prévu que deux hommes qui connaissaient bien le pays m'accompagneraient où que je choisisse d'aller et ceci me permit d'aller admirer de splendides paysages de montagne.

Nous quittâmes la piste qui conduit d'une mine à l'autre et nous dirigeâmes vers Petropavlosk Belock, où je pus faire de nombreux croquis, cette région étant particulièrement sauvage et grandiose. D'immenses forêts de cèdres recouvrent les vallées — en certains points si épaisses qu'il nous était presque impossible d'y forcer notre chemin. Plus loin, nous traversâmes une végétation des plus luxuriantes, qui s'élevait bien au-dessus de nos têtes. C'est là que j'ai trouvé des férules de plus de douze pieds de haut, avec des bouquets de fleurs jaunes de dix-huit pouces de diamètre. On m'a dit que les ours adorent ça. Et aussi les delphiniums (pieds-d'alouette) avec de longs épis de fleurs bleu foncé et d'autres d'un bleu plus pâle; de même que les deux variétés d'aconit, une bleue et l'autre jaune pâle. Non loin de là il y avait des roses rouges et roses, deux sortes de géraniums, et plusieurs autres fleurs que je n'avais jamais vues auparavant. Pour moi, ceci était vraiment un très joli jardin, au milieu d'un paysage sauvage et accidenté. Tard ce soir-là, je rejoignis mes amis dans les mines de Tsaravo-Nicholiovsky.

Ce village se trouve sur un terrain en pente dans une petite vallée dont la beauté et la fertilité ont été détruites par les opérations de lavage de l'or qui se pratiquent ici depuis plusieurs années. A l'époque de ma visite on m'avait dit qu'on employait environ six cents hommes pour creuser et laver la terre pour en récupérer l'or. J'avais observé les différentes opérations et les machines utilisées dans l'Oural; mais ici, je les ai trouvées totalement différentes dans leur construction, toutes mues à l'énergie hydraulique.

HISTOIRE D'OURS

Ces machines furent conçues et construites par l'officier dont le *shube* a reçu les deux balles du chasseur. À l'époque de ma visite l'endroit était très insalubre et il y avait beaucoup de patients à l'hôpital. La fièvre due au typhus était répandue plus que la normale parmi les travailleurs cet été-là, et en avait déjà tué un grand nombre. Mon vieil ami le docteur Gabler était là pour en rechercher la cause, et adopter les mesures les plus efficaces pour en stopper les ravages. Je me promenais dans des régions de montagnes où les ours étaient nombreux; nous suivions leurs traces mais sans jamais en voir un seul. Je suis passé par des endroits où d'effrayants combats avec ces animaux avaient eu lieu. Un très gros avait été vu par des bûcherons à environ quinze verstes des mines; et deux hommes, l'un d'eux chasseur, très réputés pour leur audace et leur adresse, décidèrent de faire sa connaissance.

Après avoir erré quelque temps, ils repérèrent sa trace encore fraîche dans l'herbe épaisse couverte de rosée. De toute évidence, il était tout proche; ceci les rendit prudents et il se préparèrent à l'action. A ce moment-là, un énorme grognement leur déchira les oreilles et il bondit d'un fourré à environ vingt-cinq pas d'eux; puis il resta à humer la brise et mesurer l'adversaire.

Le chasseur tira, et la balle le toucha mais pas dans une partie vitale. Immédiatement, l'animal blessé chargea, l'autre homme, moins expérimenté, ne tira pas avant d'avoir atteint une distance de vingt pas. Mais il rata son coup. Alors, la brute se souleva sur ses pattes de derrière et, soulevant la terre sous lui, se jeta sur le premier attaquant, lui assenant un coup qui lui arracha le cuir chevelu et le lui retourna sur la figure, puis il se mit à lui dévorer le bras en remontant petit à petit vers l'épaule. L'homme hurla à son compagnon de charger et tirer, mais quand celui-ci vit son ami si affreusement mutilé, il s'enfuit, l'abandonnant à son sort.

Il atteignit les mines tard le soir et raconta ce qui était arrivé; mais il était trop tard pour faire quoi que ce soit pour le chasseur déchiqueté. L'officier demanda qu'une grosse équipe soit prête à partir le lendemain matin, avec le poltron pour guide. Ce dernier les conduisit à travers la forêt jusqu'à l'endroit où le combat avait eu lieu, et dont il restait encore des traces éloquentes. Mais il ne restait rien de la victime à part quelques lambeaux de vêtements et son fusil. A en croire l'état de l'herbe, il n'y avait pas de doute que l'homme avait été emporté dans l'épaisse forêt. Une recherche des plus assidues fut alors entreprise; parfois la piste se perdait mais les poursuivants de l'ours connaissaient trop bien la forêt pour échouer, et effectivement, ils finirent par découvrir son garde-manger. Il avait traîné le chasseur dans une masse dense de bois et de buissons; pour rendre l'endroit encore plus sûr, il avait cassé une grande quantité de branches qu'il avait entassées sur le corps. Elles furent vite enlevées quand ils trouvèrent l'homme, vivant — à leur grande surprise — bien qu'affreusement mutilé et sans connaissance aucune.

On coupa immédiatement des branches pour faire des perches entre lesquelles on attacha des couvertures de selle. Un cheval fut attaché devant, un autre derrière, et le bout des perches assuré dans les étriers — le tout formant un moyen de transport très commode. Le blessé fut installé avec délicatesse sur les couvertures puis la pénible marche de retour commença, aussi rapide que possible.

Une fois arrivé aux mines, il fut emporté directement; le docteur pansa ses blessures, faisant appel à tout son art médical et à toute la gentillesse qui l'animait; son patient survécut mais resta longtemps inconscient de tout ce qui se passait autour de lui.

Après plus de deux mois, une légère amélioration survint, et sa raison sembla revenir. Sa première question concerna l'ours; puis il fit allusion à sa propre défaite. Il ne parlait de rien d'autre et réclamait constamment son fusil pour aller tuer « Michael Ivanitch » (l'ours). Les médecins pensèrent que sa tête était sérieusement atteinte. Plus il retrouvait de forces et plus grandissait en lui le désir de se mesurer encore une fois avec son puissant et féroce ennemi, tellement, qu'il fut considéré nécessaire de le placer sous une sorte de surveillance.

L'été était passé et l'automne arrivait; le givre avait brûlé le feuillage, lui donnant des teintes dorées et cramoisies; et comme tout le monde pensait que le pauvre fou avait oublié son aventure, on le surveillait beaucoup moins. Il ne laissa pas passer cette occasion, il quitta l'hôpital en secret et se dirigea vers son cottage. Toute la famille était absente, sauf quelques jeunes enfants, il put donc prendre son fusil et des munitions et se pourvoir d'une hache et d'une miche de pain noir qu'il rangea dans son sac. Alors, armé et approvisionné, il quitta le village dans l'après-midi sans avoir été vu sauf des enfants, et se perdit dans la forêt.

Quand on découvrit qu'il s'était échappé, on envoya des gens dans plusieurs directions pour le chercher; mais ils revinrent bredouilles. Plus d'une semaine passa pendant laquelle on ne sut rien de lui, puis un jour, il entra dans l'hôpital, portant la peau d'un énorme ours noir sur les épaules, et la jetant par terre il s'exclama: « Je vous avais bien dit que je l'aurais. » Cet homme était un bon vieux chasseur, ce n'est pas l'esprit de revanche qui le poussa à cet acte téméraire; le fait est qu'il ne pouvait pas supporter l'idée de la défaite. Maintenant il avait lavé sa réputation, il était content; sa santé aussi se rétablit. D'ailleurs ce ne fut pas le dernier ours qu'abattit son fusil meurtrier.

A partir de Tsaravo-Nicholiovsky, notre chemin traversait les montagnes jusqu'au Tom, où un radeau avait été construit pour nous transporter vers les mines d'or de Belasenskoï. Le paysage n'est pas particulièrement grandiose ni sauvage, en comparaison bien sûr avec d'autres coins de l'Altaï; car en Europe il serait considéré comme prodigieux.

Thomas W. Atkinson, *Oriental and Western Siberia: a narrative of seven years' explorations and adventures in Siberia, Mongolia, the Kirghis steppes and chinese Tartary...*, Londres, 1858. Traduction de Catherine Derivery.

JULES LEGRAS
(1897-1898)

Jules Legras était ce qu'on appellerait aujourd'hui un « spécialiste » de la Russie. Aussi, citant les voyageurs qui l'ont précédé, Boulangier, Cotteau ou Meignan, il les qualifie de « promeneurs ». Envoyé en mission par le ministère de l'Instruction publique, son enquête porte sur la Sibérie qu'il traverse en 1897 et 1898. Il est amené rapidement à rectifier l'objet de son étude et s'intéresse au problème du peuplement de l'Asie russe: «Depuis que l'on a brusquement crevé la digue qui séparait l'Europe de l'Asie, c'est le flot envahisseur et perturbateur qu'il convient surtout d'étudier.» Il est ainsi conduit à visiter les franges septentrionales de l'Asie centrale, l'Altaï et le nord de la Mongolie, là où s'établissent les contacts entre les populations russes et asiatiques.

LA PROVINCE DE L'ALTAÏ A LA FIN DU XIXe SIÈCLE

30 mars. — Après une longue nuit de cahotements doux dans le train, me voici, au lever du soleil, parvenu à la rive gauche de l'Obi, où je vais prendre des chevaux pour gagner Barnaoul. Dans la petite gare (elles sont déjà toutes trop petites, en Sibérie), la cohue est brutale: chacun tient à se restaurer avant d'aller, de l'autre côté du fleuve gelé, prendre le train qui mène vers l'est. Pour moi, j'ai bientôt trouvé un cocher pour me conduire au premier relais de poste, dans un traîneau de paysan, simple caisse en bois et en nattes, où je m'allonge pêle-mêle avec mes bagages. Nous partons dans le matin radieux. Je ne me lasse pas d'admirer les effets de lumière dans ce pays: ceux qui n'ont jamais vu un lever de soleil sur la steppe neigeuse ne sauraient comprendre un tel enthousiasme, qui se fige dans les mots rebelles. Dans ces contrées où le ciel reste pur presque aussi longtemps que sous les tropiques, mais prend des teintes adoucies et fondues, la lumière se diffuse infiniment sur toutes choses. Nous ne connaissons pas ici d'ombres violentes; nous n'avons que des nuances et des transparences. En outre, la gaze de vapeurs qui enserre le ciel bleu emprunte aux diverses inclinaisons du soleil des colorations qui sont si tendres que l'œil ne peut s'en détacher. C'est donc une joie sans égale que de glisser, chaudement vêtu, par les chemins glacés qui luisent comme des miroirs blancs. Bientôt, nous atteignons le fleuve, et nous voilà lancés au grand trot sur la glace. L'Obi est énorme à cet endroit: il a, selon les places, de 1 200 à 1 800 mètres de large; mais, couvert d'une croûte de neige, il ne se distingue de la plaine que par les caprices de ses rives brodées d'un feston noir de forêts. Une piste serpente sur le fleuve, évitant les blocs de glace, qui, par endroits, se sont superposés en muraille cyclopéenne; sur cette piste, lentement, au pas, glissent les traîneaux des paysans qui transportent des marchandises vers le sud de la Sibérie. Ils s'en vont par files de cinquante, soixante, cent traîneaux, tout noirs de loin, sur la neige blanche; ils s'en vont, d'une allure résignée, suivant tous les méandres de la piste qu'ils obstruent, et ce long chapelet noir semblerait à peine vivant, si les chevaux, tous ensemble, à chaque pas, comme pour s'aider, ne faisaient un hochement de tête. Quand nous atteignons l'une de ces files, mon cocher hèle les conducteurs d'arrière-garde, qui sommeillent ou rêvent dans leur pelisse, et, de groupe en groupe, le cri se propage: «Arrête!» La file, enfin, s'est arrêtée. Si la piste est large, et si les cochers sont complaisants, on nous fait, sur le côté, un passage. Mais, le plus souvent, mes chevaux sont obligés d'entrer dans la neige non frayée, où ils s'enfoncent jusqu'au poitrail. Ce sont alors des jurons sans fin, et mon cocher, un jeune paysan de mine sympathique, svelte dans son paletot fourré, se retourne pour éclater de rire, chaque fois qu'il a lancé à pleine gorge quelqu'une de ces affreuses injures sibériennes : il nous a vengés, pense-t-il, du retard et du bain de neige. Deux fois, mon traîneau culbute — et mes plaques de photogaphie, grand Dieu! Mais, tout cela n'est qu'un hors-d'œuvre; j'en verrai bien d'autres, sans doute!

Au premier relais, à Berzka, je quitte la glace du fleuve et je loue un traîneau pour toute l'excursion. C'est un monument que ce traîneau: une caisse en bois, extrêmement lourde et solide, posée sur deux patins, et recouverte à moitié par une capote rigide. N'ayant plus besoin, désormais, de déménager à chaque station, je m'installe confortablement. D'abord, tout au fond de la caisse, un lit de foin (il n'y a pas de sièges, dans les véhicules sibériens); sur ce foin, deux couvertures. Je suis vêtu d'un pardessus ouaté recouvert lui-même d'une pelisse en peau de mouton; aux pieds, deux paires de bas de laine et deux paires de *pimy* caucasiennes, sorte de bottes souples en poil de chèvre tressé, à la fois imperméables et chaudes. Une fois assis, ou plutôt à demi couché, je me couvre jusqu'au menton d'un plaid en laine, d'une couverture en fourrure et d'une toile imperméable sur laquelle je rabats le tablier. Mes bagages, calés à mes côtés, me soutiennent. Dans cet équipage, je puis bien affronter les – 20° ou – 25° centigrades que j'aurai certainement cette nuit; j'irais même jusqu'à – 30° ou – 35°; mais, au delà, je devrais échanger ma pelisse en mouton contre une *dakha*, faite d'une peau de renne et d'une fourrure, adossées cuir à cuir. J'évite heureusement ce surcroît de dépenses et d'embarras: ne me répète-t-on pas, depuis huit jours, que l'hiver est bien fini!

Les intervalles des stations varient de 25 à 40 kilomètres; mais, aux relais, tandis qu'on attelle, je sors rarement de mon traîneau, me contentant d'un verre de lait et d'un morceau de pain noir qu'on m'y apporte. Vers deux heures, cependant, j'ai fait halte dans un grand bourg, et commandé un samovar et des œufs. Une vieille maman, indolente et grasse, tient la maison de poste: elle a près d'elle en ce moment une de ses filles et un garçon de quinze ans secoué de fièvre. Je donne à ce pauvre diable quelques doses de quinine, et me mets en devoir de confectionner des œufs brouillés. La jeune fille qui m'aide à cette opération est d'une laideur toute sibérienne, mais elle a de bons yeux doux et francs, et rit à pleine gorge. Je casse les œufs, j'y mêle un peu de lait, et je bats : c'est un événement, et tous, jusqu'au cocher, me regardent faire. La jeune paysanne se charge de surveiller la cuisson : « Veux-tu goûter? lui dis-je, quand tout est prêt. — Oh non ! c'est jour de jeûne, nous ne pouvons pas manger d'œufs ! » — et de rire.

Toute la journée et toute la nuit, je glisse au grand trot, parfois au grand galop de ma *troïka*. Le paysage, tout plat, n'offre de charme que grâce aux jeux de la lumière : tantôt une coulée de rayons d'or, tantôt une vision rapide, au crépuscule, de bouleaux frêles et comme vaporeux se détachant sur la ganse lilas qui encercle le bord du ciel. Au dernier relais, il faisait nuit encore, et après avoir payé mes chevaux, je m'étais rendormi. Quand je m'éveillai, au jour naissant, je glissais de nouveau sur la glace de l'Obi que nous avions rejoint, entre des bouquets de saules poudrés de givre ; puis, tout à coup, à un tournant, un grand pin maritime se détacha en contre-haut : il avait des formes si capricieusement esthétiques, et des tons sombres si harmonieux sur le fond opale du ciel froid, que ce fut un sentiment d'adoration pure qui me saisit, à cette infixable jouissance des yeux...

Enfin, voici les gorges au-delà desquelles la ville est tapie. Des centaines de traîneaux sont là, resserrés dans une passe étroite ; la montée est très sévère, et, comme la neige y a fondu, on est contraint de glisser à même la terre gelée. Les chevaux peinent, se ramassent, se détendent sous les sifflets, les encouragements tendres, les coups, et, dans un pêle-mêle bizarre, mais pittoresque, au prix de mille efforts, tous ces traîneaux se hissent peu à peu. On se sent ici très loin de toute civilisation, et l'on se dit que, dans ces gorges dénudées, tous les hivers, longtemps encore, sous le ciel fin, peineront, durement et sans profit, les laborieux petits chevaux roux.

Barnaoul est une petite ville bâtie (ou plutôt, ajustée, car elle est toute en bois) sur des collines de sable : elle n'est pas de celles qui, par leur pittoresque, attirent l'étranger. J'y suis venu afin de recueillir quelques renseignements généraux sur la région de l'Altaï, dont elle est le centre administratif, et dont il m'est impossible, cette année, de visiter les profondeurs. L'Altaï est le nom d'une chaîne de montagnes qui forme une partie de la frontière sibéro-chinoise : par extension, on désigne du même nom la province que limite cette chaîne, c'est-à-dire la plus importante des *Terres du Cabinet*. On appelle en Sibérie : *Terres du Cabinet* les territoires qui font partie du domaine personnel de l'Empereur. Le Tsar est, en effet, l'un des deux propriétaires qui se partagent la Sibérie ; l'autre propriétaire, c'est l'État russe. A d'infimes exceptions près, ces deux puissances possèdent l'immense territoire de l'Asie russe. On croira sans peine que les Tsars se sont réservé la meilleure portion. C'est à peu près comme si deux hommes se partageaient la France, de telle sorte que l'un eût toute la terre labourée et toutes les forêts, tandis que l'autre, modestement, se contenterait des vignobles. Les «grands crus», c'est-à-dire les bons coins de la Sibérie, s'appellent *Terres du Cabinet*. Le Tsar tout seul les administre et en touche les revenus; il est vrai qu'il est, dit-on, déchargé de ce dernier soin par un certain nombre de *tchinovniks* chamarrés d'or, qui mènent grand train à ses frais. Cette propriété privée du souverain est placée sous le contrôle de fonctionnaires spéciaux qui, bien que représentants d'une personne privée, sont néanmoins considérés comme fonctionnaires de l'État, qui les paye et les pensionne. C'est un piquant imbroglio.

Toute cette province de l'Altaï présente pour la Sibérie une importance considérable : extrêmement fertile, jouissant d'un climat plus doux et surtout plus régulier que celui des *gouvernements* septentrionaux, elle est moins sujette aux écarts de récolte. Elle peut donc, dans une certaine mesure, régulariser les prix du blé dans le reste de la Sibérie, ou même, parfois, y prévenir des famines partielles. Elle est desservie par un fleuve immense l'Obi; aussi le transport du grain depuis Barnaoul jusqu'à Krivochokovo (point où le Transsibérien franchit l'Obi), ou jusqu'à Tomsk, est-il d'un prix extrêmement faible. En outre, le grain n'est pas le seul produit que la province de l'Altaï puisse expédier dans le reste de la Sibérie: sans même compter les minéraux et le charbon de terre, il faut y joindre, par exemple, la viande et le sel. On comprend que je ne pouvais exclure une pareille province du cercle de mes investigations, dont le but était précisément de déterminer certaines modifications économiques et sociales de la Sibérie contemporaine. Pour cette fois, tout au moins, n'ayant pas le temps d'explorer le pays en détail, je voulais recueillir des renseignements, des livres, et quelques confidences auprès des gens qui, à Barnaoul, l'administrent ou le voient administrer. Hélas! mon enquête a été bien courte! A peine avais-je pris possession d'une chambre dans l'auberge du lieu, que déjà la température s'était élevée au-dessus de zéro. Dans la ville haute, la neige et la glace fondaient, et des torrents d'eau boueuse bondissaient sur la pente: dans la ville basse, toutes les dépressions formaient des étangs noirâtres. Le dégel, la terrible *Razpoutitza* des Russes, était à nos portes. On désigne de ce nom le laps de temps qui s'écoule entre le moment où la neige fondue ne livre plus passage aux traîneaux, et celui où la terre, d'abord liquéfiée par le printemps, a repris assez de consistance pour supporter les roues d'une voiture. Durant cette période, l'endroit où vous êtes vous sert de prison : il serait aussi vain que téméraire de tenter de circuler au temps de la vraie *Razpoutitza*. Or, l'arrêt forcé peut durer quinze jours ou trois semaines: j'eusse été au désespoir de prendre tout ce temps à Barnaoul — en pareille saison.

Cependant, en dépit de mes anxiétés, j'ai trouvé en Sibérie peu de villes où je me sois senti aussi à l'aise qu'à Barnaoul. Comme Omsk, c'est un centre administratif, et l'on y trouve réunies une nombreuse société de gens cultivés qui se fréquentent les uns les autres. C'est là un des plus sérieux avantages de la petite ville, et il n'est pas un coin de Sibérie ou l'*Intelligentsia* m'ait paru plus unie et, partant, plus puissante qu'ici. Agronomes, chimistes, forestiers, ingénieurs, médecins, statisticiens, fonctionnaires de l'État ou du *Cabinet*, ils se réunissent sans éclat pour discuter ou pour agir, c'est-à-dire pour fonder et entretenir quelque modeste établissement d'utilité publique: une école, un ouvroir, une infirmerie, une bibliothèque, un musée. Oh! les bonnes matinées sérieuses et pleines que j'ai passées chez Serge Ivanovitch C... Oh! les soirées douces, familiales, occupées à écouter les observations pénétrantes et parsemées d'humour de Nicolas Dmitrévitch Z... et de quelques-uns des hôtes qu'il réunit en mon honneur autour du samovar! Un courant de sympathie s'établit tout de suite entre ces hommes et moi, et je voudrais que, si jamais ils lisent ces lignes, ils se persuadent que j'ai emporté de leur groupe autre chose que la fugitive reconnaissance d'un touriste pressé. Sur les événements d'Europe, ils me questionnent avec passion; mais ils me renseignent aussi, sans se lasser, sur les événements locaux, sur l'immigration arrêtée provisoirement, sur la question si difficile en Sibérie des engrais efficaces, sur la nature de la terre et sur la production du blé, sur les lectures populaires, sur l'assistance médicale, sur le régime des forêts, sur les mines d'argent, les gisements de fer et de houille qui viennent d'être cédés par le *Cabinet* à une grande compagnie — bref, sur toutes les questions vitales de cette riche province. On me conte aussi l'histoire du dernier recensement. Je savais déjà qu'en Russie, il avait causé des désordres graves, et que, près de Kazan, un employé avait été tué par la foule. Dans la steppe sibérienne, il avait aussi provoqué une effervescence dont j'avais appris les détails à Omsk: sur les feuilles de recensement distribuées aux Kirghizes et traduites dans leur langue, on avait oublié de retrancher la question relative au service militaire. Les Nomades, qui sont exempts de ce service, ont cru à une atteinte portée à leurs droits déjà lésés par la défense qui leur a été faite d'aller cette année à la Mecque, par crainte de la peste: on a dû leur distribuer de nouvelles feuilles explicatives. Dans l'Altaï, les plus sérieuses difficultés ont été causées par la présence d'un fort contingent de Vieux Croyants. Cette secte n'admet pas le ministère des prêtres: elle a ici des partisans parmi des populations rurales que l'on cite comme des modèles de tempérance et d'activité: mais, naturellement, les popes orthodoxes ne cessent de les persécuter. Le recensement leur en a fourni un nouveau moyen. Les Vieux Croyants se marient légalement sans prêtres, par une simple déclaration à la police. Les popes en ont profité pour traiter, sur les feuilles de recensement, leurs femmes de concubines, et leurs enfants d'enfants illégitimes. Il en est résulté des plaintes, des démarches officielles... N'a-t-on pas, dans ces simples indications, une idée singulière de cet enchevêtrement de races et de religions que présente la Sibérie, et de ce qu'il faut au gouvernement russe de tact et de flexibilité pour faire avancer du même pas cette masse confuse?

Hélas! il me faut me hâter. Chaque jour, le dégel devient plus menaçant; si je m'attarde auprès de mes hôtes si chers, les cochers ne répondent plus de me tirer d'ici avant la réfection des routes. Nicolas Dmitrévitch ne me laisse plus perdre une minute: il me conduit de l'un à l'autre, fièvreusement. Puis, il m'annexe: c'est dans sa famille, dans son *home* si cordial que je dois prendre mes repas. Les personnes que je n'ai pu atteindre encore viennent me trouver là, et me donnent des brochures, des livres, des chiffres, des renseignements sur les objets de leur compétence. C'est un travail accablant, mais il m'est facilité par l'obligeance la plus affectueuse et la moins banale. En quatre jours, ici, j'ai recueilli autant de notes et de renseignements statistiques que dans telle autre ville en trois semaines. Par exemple, je n'ai pas eu le temps de les vérifier; mais mes hôtes veillaient sur moi et ne laissaient point passer d'affirmation douteuse. Si je sais quelques petites choses justes sur l'Altaï, c'est à Nicolas Dmitrévitch et à Serge Ivanovitch que je le dois: ils ont fait le travail, je l'ai cueilli seulement.

Ces quelques jours charmants de hâte, de courses dans l'eau boueuse, d'interviews, de visites d'établissements, de causeries enjouées ou sérieuses, de discussions douces dans un cercle ami, ces quatre jours sont passés. J'ai serré des mains, j'ai embrassé des barbes, je pars. Il est sept heures du soir; j'espère que la gelée va bientôt durcir la route. Les domestiques m'ont bordé dans mon traîneau, où j'étouffe maintenant, et cinq fort chevaux, au lieu de trois, y sont attelés: le cocher espère, de cette façon, me sortir de la ville en me traînant sur la terre nue. Il fait un soir superbe, avec des transparences de crépuscule que nos contrées ne connaissent pas: au ciel, une planète, je ne sais laquelle, brille, si grosse, si lumineuse, si proche, semble-t-il, qu'un frisson me saisit à la contempler. Je repasse par les gorges nues, solitaires à cette heure sombre, j'atteins les bouquets de saules, dépouillés de leur givre vaporeux, puis la glace du fleuve, sur laquelle, déjà, un demi-pied d'eau miroite; enfin, au premier relais, au bout de trois heures, je respire: désormais, m'assure-t-on, j'aurai de la neige en quantité suffisante pour continuer ma route. Je m'endors, réveillé de temps à autre par les cochers qu'il faut payer; je m'endors, rompu de fatigue, et sans me soucier des dangers légendaires de la forêt sibérienne.

5 avril. — Je m'éveille complètement à l'aurore, reposé, rafraîchi, et, dans cet état de bien-être physique, je savoure l'effet de neige le plus merveilleux qu'il m'ait jamais été donné de contempler. C'est une joie inexprimable des yeux que ces clartés tendres, ces couleurs simples et fondues, ce rose, ce bleu et ce blanc, atténués, semble-t-il, par le froid, et par on ne sait quelle buée indécise qui flotte à l'horizon. Puis, le soleil paraît, et alors, c'est une émotion à chaque brin d'herbe. Tout là-bas, de grands bouleaux clairsemés ont leurs moindres ramilles gantées de givre, et semblent d'énormes bouquets blancs dans des étuis bruns. Un peu plus loin, ils m'apparaissent, je ne sais pourquoi, comme une foule de gigantesque communiantes qui marchent, toutes un peu penchées en avant, vers les splendeurs roses de l'horizon. Et les grandes herbes folles que nous frôlons sont blanches aussi, et les perdrix blanches qui, près de nous, sans s'effaroucher, restent immobiles au bord de la route, semblent avoir, également, revêtu une livrée et jouir comme moi de cette paix blanche ensoleillée. Mais, par exemple, tout objet vivant paraît noir sur cette neige: des hommes que nous croisons ont la barbe engivrée, et, dans ce collier blanc, leur visage prend un air cocasse: on dirait des pantins noirs avec des taches roses, des bonshommes artificiels jovialement peinturlurés pour faire contraste… Le soleil m'a laissé longuement jouir de ces merveilles simples qu'il contemplait, lui aussi, le curieux; puis, il les a fondues, et mon rêve s'est évanoui. Je ne crois pas oublier jamais l'indicible émotion de ce lever du jour. Il m'a payé de bien des heures tristes, et j'y ai vu comme un symbolique retour à la nature, après les faussetés poussiéreuses de notre Occident affairé…

Jules Legras, *En Sibérie*, Armand Colin, 1899.

GABRIEL BONVALOT[1]

(1880)

Dans les espaces, immenses et monotones qui s'étendent de la Sibérie à l'Asie centrale, les conditions du voyage sont rudimentaires. C'est certainement une manière de mieux pénétrer les réalités locales. Le moyen de transport le plus courant et le plus pratique est le

1. Sur Gabriel Bonvalot, voir notice p. 406.

tarantass[1]. *Les voyageurs européens qui le découvrent, tels Bonvalot ou Edmond Cotteau[2], ne manquent pas de rapporter leurs expériences... avec des avis partagés.*

VOYAGE EN TARANTASS

A partir de Yékatérinbourg jusqu'à Tachkent, nous voyagerons en tarantass.

On a bien dénigré ce véhicule, on l'a qualifié d'instrument de torture! On lui reproche le manque de ressorts dans un pays où les distances à parcourir sont immenses, où villes et villages sont clairsemés, les charrons introuvables et les routes si longues, alternativement si boueuses et si poussiéreuses qu'il est impossible de les entretenir... à moins que chaque habitant de Sibérie ne devienne un cantonnier, sans excepter les femmes et les enfants en bas âge. Brave tarantass, on t'a calomnié! Une voiture basse, à quatre roues, presque entièrement en bois, est l'idéal des véhicules dans un pays où les accidents de voyage ne sont pas rares. On peut le réparer facilement et vite, car on trouve toujours du bois et des hommes sachant manier la hache. En somme, un bon tarantass plie et ne rompt pas. Comment ose-t-on se plaindre d'un véhicule avec lequel on peut courir huit mille kilomètres d'un trait, par des routes qui ne valent pas toujours le plus mauvais de nos chemins de traverse?

«On est mal assis dans le tarantass, dit certain voyageur anglais, on a les côtes brisées par des cahots continus, on en descend éreinté; impossible d'y dormir. Ayez bien soin d'emporter des coussins à air que vous placerez au bon endroit, ajoute-t-il; sans ces meubles indispensables, le voyage vous sera une torture de tous les instants.»

A ces plaintes nous répondrons qu'il ne faut pas voyager assis dans le tarentass. Et pourquoi ne pas imiter les Russes? Ils entassent du foin et de la paille dans la boîte de la voiture; dessus, ils placent leurs matelas et s'étalent dans un lit d'oreillers. Grâce à ces précautions, les secousses du roulis sont amorties, et ils peuvent voyager jour et nuit sans fatigue insupportable.

Qu'on nous permette un conseil à l'adresse de quiconque devra user de ce genre de locomotion. Qu'il fasse choix d'une voiture solide et munie d'excellentes roues. L'économie qu'il croira réaliser en achetant à bas prix une voiture d'occasion et déjà fatiguée, dont les fêlures se cachent sous un vernis tout frais, se traduira dans la suite par une perte de temps et d'argent, sans compter le désagrément d'échouer sur une

---

1. E. Littré donne du tarantass la définition suivante: «Nom, en russe, d'une voiture à quatre roues, posée sur deux jeunes arbres dans toute leur longueur, qui forment ainsi ressort.»
2. Dont l'extrait suit p. 450.

route déserte par une nuit obscure et froide ou par une journée d'orage. Il n'aura pas fait cinq cents verstes qu'une jante des roues se détachera, ou bien l'essieu se rompra au moment où la fatigue oblige à dormir, et l'on se réveillera sur la route. Que le voyageur achète donc son tarantass dans une fabrique de renom, et qu'en outre, il fasse provision de sucre, de thé, de graisse à roues et de... patience.

Car s'il a demandé au staroste les chevaux pour six heures du matin, c'est seulement à sept heures qu'il verra venir le yemtchik conduisant sa troïka qui trottine, la douga[1] posée sur le cou du cheval qu'il monte. On n'attelle pas non plus aussi rapidement que le désire celui qui attend, et quand le voyageur, heureux d'être emporté à toute vitesse, croit enfin être parti, bien parti, un trait casse, une courroie se desserre, et chaque fois on fait halte. Mais à part ces à-coups qui reviennent à peu près chaque jour, c'est d'un relais à l'autre une course folle. Et puis, si la poussière n'est point trop dense, on a des compensations: on voit le paysage se dérouler de chaque côté de la route, on a la compagnie et la conversation parfois amusante du yemtchik russe ou kirghiz, coiffé de l'inévitable bonnet en peau de mouton. Le yemtchik ne se lasse point d'exciter ses chevaux du geste de la main, feint de lancer le coup de fouet, en même temps qu'il siffle pour en imiter le bruit. Et le cheval du milieu, la tête maintenue droite par la courroie de la douga, allonge les jambes démesurément, toujours au trot; les chevaux qui le flanquent galopent, la tête penchée et à demi tournée, comme pour regarder le conducteur. Du départ à l'arrivée, entre les bêtes et l'homme, c'est un entretien dont celui-ci fait naturellement tous les frais: il leur prodigue des excitations, des promesses, des menaces, des compliments, et les gabions espacés comme des jalons pour indiquer la route lors des tempêtes de neige, semblent courir l'un après l'autre. Et quand on voyage la nuit, aussi longtemps que la lune ne disparaît pas à l'horizon, quel plaisir de revoir l'étoile qui brille devant soi, chaque soir, et de rêver en la fixant obstinément comme un phare! Et l'on va, on va.

Gabriel Bonvalot, *En Asie centrale, de Moscou en Bactriane*, Plon, Nourrit et Cie, 1884.

1. Arc en bois qu'on fixe à l'extrémité des limons au moyen de lanières de cuir; on y attache les clochettes qui égayent la route et aussi les courroies qui maintiennent levée la tête du trotteur.

EDMOND COTTEAU
(1881)

Edmond Cotteau fut un infatigable voyageur, journaliste spécialisé dans le reportage géographique. Il commença par collaborer au Temps, *pour lequel il fit plusieurs visites sur le continent américain, rapportées dans un ouvrage en trois volumes. Il devint dès lors « voyageur professionnel », collaborant au* Tour du Monde *qui avait la primeur de ses récits.*

En 1881, il se rend d'Europe au Japon, en passant par la Sibérie.

DES CONDITIONS DU VOYAGE

La petite ville de Barnaoul, à 400 verstes au sud de Tomsk, sur l'Ob, m'a été dépeinte sous les couleurs les plus favorables : la terre y est d'une fertilité extraordinaire, la végétation luxuriante, les fruits abondants et la vie à très bon marché : ce serait, au dire des voyageurs, une sorte de paradis sibérien.

L'hôtel Tiedskoff, de Tomsk, n'est pas beaucoup meilleur que celui de Tiumen. Je ne trouve dans ma chambre qu'un ameublement tout à fait primitif. Il y a cependant un petit lit en fer, mais sans matelas ni couvertures ; naturellement, pas de draps, encore moins de serviettes. On dirait vraiment que l'eau, dans ce pays, est une marchandise de prix, tant elle est parcimonieusement distribuée. C'est dans le corridor commun que se trouve l'unique appareil destiné à la toilette des voyageurs. Un récipient de cuivre, qui peut contenir au plus deux litres, est suspendu au mur ; le fond en est traversé par une tige mobile, terminée par une boule formant soupape. Chaque fois qu'on la soulève pour se laver les mains, l'ouverture livre passage à un mince filet de précieux liquide. Le bassin métallique fixé au-dessous est le seul vase mis à la disposition des voyageurs, pour quelque usage que ce soit. Cependant le maître d'hôtel, gros homme joufflu, et barbu, paraît se donner beaucoup de mal pour être agréable à ses hôtes. Toutes les fois qu'il me rencontre dans les escaliers, il m'accable de vigoureuses poignées de main ; comme il ne parle que le russe, ses bons offices se bornent à cette démonstration extérieure.

Plusieurs marchands chinois sont logés à l'hôtel ; c'est ici que je rencontre, pour la première fois depuis mon départ, les fils du Céleste Empire. Du reste, Tomsk est deux fois plus près de Pékin que de Paris ; aussi y voit-on, je crois, bien plus de Chinois que de Français.

M. Meyer avait fait acheter par un de ses correspondants un bon tarantass qui était remisé dans la cour. A midi, par une pluie battante, nous procédons à l'installation des bagages et des provisions de toute sorte. Les chevaux de poste, retenus dès la veille, ne tardent pas à arriver. Aucun de nos compagnons n'est encore prêt à partir; on nous regarde avec envie; nous sommes fiers d'être les premiers sur la route.

Mon apprentissage du tarantass, entre Ékaterinbourg et Tiumen, ne m'avait donné qu'une idée incomplète de cette manière de voyager. J'avais subi cette première épreuve sans trop de fatigue, et, ne m'attendant pas à rencontrer plus de difficultés par la suite, j'étais porté à taxer d'exagération les récits des voyageurs. Mon illusion ne devait pas être de longue durée; avant même de sortir de Tomsk, il fallut bien me rendre à la triste réalité. La route, déjà exécrable en ville, suit un faubourg long de plusieurs verstes qui, débouchant dans la campagne, se convertit en une large avenue, couverte d'une boue noire et profonde, d'où nos chevaux, malgré leur ardeur, ne peuvent se dépêtrer. On l'évite en prenant, sur les côtés, de petits chemins coupés, à chaque pas, de fondrières et de fossés pleins d'eau. Bientôt toutes ces routes s'entrecroisent; la plaine n'est plus qu'un marais où il faut toute l'habileté du *yemstchik* et la vigueur de nos quatre chevaux attelés de front pour pouvoir avancer. Dans certains endroits, la vase atteint une telle profondeur que notre voiture s'enliserait entièrement, si on n'avait pris la précaution de jeter, sur ce sol défoncé, des troncs d'arbres qui forment une sorte de plancher branlant. Lorsque nous nous engageons sur ces dangereuses passerelles, disloquées par un long usage, nous éprouvons une série de ressauts et de contrecoups si violents qu'il me semble impossible de pouvoir continuer dans de pareilles conditions. A chaque instant, je crois que notre équipage va être mis en pièces et j'attends le choc suprême et définitif qui terminera mon supplice. A demi couchés sur les bagages mal assujettis, cramponnés énergiquement, les pieds arc-boutés contre le siège du cocher, tantôt nous roulons l'un sur l'autre, tantôt nous sommes lancés en l'air, où nous pensons nous briser la tête contre les ferrures de la capote, puis nous retombons brusquement d'une hauteur de plusieurs pieds, pour être projetés aussitôt sur les angles de notre affreux véhicule. Ce premier relais est de 30 verstes, que nous parvenons je ne sais comment, à franchir en moins de quatre heures, pendant lesquelles la pluie n'a pas cessé un instant.

J'admire notre yemstchik qui a fait des merveilles; certes il a bien gagné les 20 kopeks de pourboire que nous lui donnons pour sa peine. Mais que dire de nos chevaux? Ils manquent d'élégance et ne sont pas beaux à voir, avec leurs longs poils que l'étrille n'a jamais touchés. Mais quels incomparables animaux pour sortir d'un mauvais pas et soutenir une allure toujours rapide à travers tant d'obstacles. Ils sont plus petits que les chevaux anglais, mais bien plus durs à la peine. Les chevaux de Tomsk forment une race très estimée; de plus, grâce à l'abondance des pâturages, ils sont à très bon marché; on peut avoir un excellent cheval pour 100 francs.

Le système d'attelage usité en Sibérie est très ingénieux, et tend à diminuer autant que possible la fatigue des animaux. Tout repose sur la *douga*, pièce de bois courbée en forme d'arceau, et placée au-dessus de l'encolure du cheval du milieu; aux étrangers, cet appareil semble, au premier abord, inutile et encombrant, tandis qu'en réalité il est de la plus grande utilité. En effet, les deux extrémités de la *douga* servent comme de ressorts pour maintenir l'écartement des brancards, qu'une corde serrée tend au contraire à rapprocher. Le collier reposant sur cette corde, constamment tendue, devient fixe et ne pèse plus sur le garrot; Le cheval du milieu, libre de traits, est placé entre les deux brancards qui ne touchent jamais son corps; les autres chevaux sont attachés simplement de chaque côté par des cordes; Quel que soit leur nombre, l'ensemble forme toujours ce qu'on appelle «une paire» ou bien une *troïka*.

J'ai maudit tout à l'heure notre tarantass qui n'en peut mais; souillée d'une épaisse couche de boue, misérable d'aspect, cette vaillante voiture n'en a pas moins supporté, sans broncher, une épreuve à laquelle tout autre véhicule européen eût succombé dès le début.

Le deuxième relais, de 14 verstes, est encore plus mauvais, si c'est possible. A la maison de poste, nous sommes rejoints par le tarantass de M. Sawitsky; il passe devant nous grâce à son *podorojné* officiel qui prime le nôtre, et nous marchons de conserve, avançant toujours, malgré l'état horrible des chemins et les obstacles sans cesse renaissants.

M. Meyer ayant un podorojné, je n'avais pas eu besoin d'en prendre un autre à mon nom et, pour cela comme pour le reste, je supportais la moitié de la dépense, d'ailleurs peu élevée.

Au sujet de cette pièce, qui joue un rôle si important dans les voyages en Sibérie, quelques mots d'explication sont nécessaires.

Il y a trois sortes de podorojné : celui de courrier, l'officiel et l'ordinaire.

Le premier est réservé aux courriers de cabinet; cependant, par faveur spéciale, des personnages importants peuvent en obtenir. L'heureux porteur de cette pièce, timbrée de trois cachets, a le droit de réquisitionner les meilleurs chevaux de la station, et a le pas sur tous les voyageurs. Les maîtres de poste doivent toujours tenir en réserve trois chevaux, pour le cas où un courrier viendrait à se présenter. De plus, il ne leur est alloué qu'un certain nombre de minutes pour changer l'attelage, et la course doit s'effectuer à grande vitesse, dans des conditions normales de 14 à 15 verstes à l'heure, si l'état de la route le permet. Le service de la poste aux lettres est assimilé à cette première classe.

La seconde classe est le podorojné officiel, marqué de deux cachets.

Il est aussi très estimé, car on ne le donne qu'aux officiers de terre et de mer et aux personnes au service du gouvernement. Celui qui en est muni a l'avantage de passer les ponts et les bacs gratuitement; il n'a rien à payer non plus pour le graissage de ses roues; il est tenu seulement de fournir le suif. Toutefois, en cas de manque de chevaux, il n'a pas le droit d'en réquisitionner; il lui faut attendre que le dernier attelage rentré ait pris un repos de cinq heures; après quoi, il peut partir avant les autres voyageurs, quand bien même ceux-ci seraient arrivés avant lui.

Celui de la troisième classe, ou podorojné ordinaire, n'a qu'un seul cachet. On le délivre aux simples particuliers, marchands ou autres, sans distinction de titre ou de rang. C'est celui que nous avions, et qui ne nous donnait le droit d'avoir des chevaux que quand la poste, les courriers et les fonctionnaires de l'État avaient déjà été servis. Il est vrai que lorsque les chevaux de la station font défaut, on a la ressource de s'adresser aux paysans; mais alors il faut perdre beaucoup de temps, débattre les prix et, en somme, payer infiniment plus cher des chevaux moins bons.

On comprend, dès lors, combien il importe de prendre rang aussitôt après l'arrivée. En descendant de voiture, on présente son podorojné au smotritiel (maître de poste) qui l'enregistre immédiatement sur un livre à ce destiné, et vous annonce s'il a des chevaux disponibles. S'il n'en a pas pour le moment, il vous dira à quelle heure vous pourrez en avoir; mais vous ne serez jamais sûr de votre fait, car, à chaque instant, il peut survenir un nouveau voyageur dont le podorojné prime le vôtre. Le registre du smotritiel doit faire mention de l'heure de l'arrivée et du départ de chaque voyageur, de sorte que, pour qui sait lire le russe, il est facile de vérifier si toutes les troïka qui doivent être mises à la disposition du public sont réellement en service. Enfin, si vous croyez avoir quelque sujet de plainte, vous pouvez consigner vos observations sur un livre spécial. Tous ces documents sont vérifiés de temps en temps par l'autorité supérieure.

Tant qu'il trouvera des chevaux aux stations, un Russe ne s'arrêtera jamais en route. Dix, quinze, vingt nuits passées en tarantass ne l'effraient nullement; il arrive ainsi à franchir en été 200 verstes par jour, soit 213 kilomètres, et bien davantage en hiver, alors que les roues sont remplacées par des patins et que la neige a nivelé les chemins. Les Sibériens sont fiers de l'organisation de leur service postal, et aiment à se vanter de la rapidité merveilleuse avec laquelle ils franchissent d'énormes distances. Mais ce qu'ils ne disent pas, c'est que leurs routes sont détestables, qu'il faut renoncer à tout confort, et enfin être doué d'une constitution particulière pour supporter les fatigues, les misères et les privations de toute sorte, qui sont l'accompagnement obligé d'un voyage en tarantass.

Nous arrivons au milieu de la nuit au quatrième relais. Le maître de poste n'a pas de chevaux, disponibles. D'autres voyageurs, venus avant nous, attendent leur tour, prenant du thé ou dormant sur les bancs de la station. Parmi eux se trouve M. Sibiriakoff, dont je me rappelais avoir vu le nom inscrit en lettres d'or dans le grand salon de l'hôtel Continental, à Paris, lors du banquet offert, le 5 avril 1880 par la Société de Géographie au professeur Nordenskiöld, au retour de son grand voyage d'exploration dans les mers sibériennes. L'heureuse expédition de 1878-1879 avait eu lieu grâce à l'appui de S. M. le roi de Suède et de Norvège, et aussi aux libéralités du Suédois Oscar Dickson et du Russe Alexandre Sibiriakoff.

Ce richissime négociant, propriétaire de mines d'or dans la Sibérie orientale, vient de Saint-Pétersbourg et se rend à Irkoutsk, où il habite pendant l'été. Afin de gagner du temps, il a préféré prendre la voie de terre, par Omsk, et il vient de faire 2000 verstes d'une seule traite, par des chemins affreux. Un accident est arrivé à son tarantass, et il attend le jour pour le faire réparer. M. Sibiriakoff parle parfaitement le français; il m'apprend qu'il a quitté Saint-Pétersbourg, douze jours après moi, le 26 mai, et qu'il espère être rendu chez lui dans une huitaine; il m'invite à venir le voir à Irkoutsk. Il aura employé ainsi vingt-deux jours et autant de nuits à faire ce voyage. Il est difficile d'aller plus vite en cette saison; en hiver on pourrait gagner facilement trois ou quatre jours. On raconte même qu'il y a une douzaine d'années, le gouverneur général de la Sibérie orientale, mandé d'urgence par l'empereur, a accompli ce même trajet de 6000 kilomètres en onze jours. Mais on ne dit pas combien de chevaux sont morts sur la route. C'est là un tour de force qui aura peu d'imitateurs.

Pendant que nous causons ainsi, mon compagnon n'a pas perdu son temps: il a trouvé des chevaux de paysans, que l'on consent à nous louer à un prix quintuple du tarif de la poste. Aussi, malgré l'obscurité et le mauvais temps, nous ne tardons pas à nous remettre en route. Il est essentiel de prendre l'avance sur les voyageurs que nous avons vus à la station.

Les chemins sont tout aussi mauvais qu'auparavant; inutile de dire que je n'ai pu fermer l'œil de la nuit. Dans la journée, au moins, je pouvais me rendre compte de ce qui se passait autour de moi, prévoir jusqu'à un certain point les chocs les plus formidables, et prendre quelques précautions pour en amortir l'effet. Cette suprême ressource m'est interdite; nous subissons, sans discontinuer, d'épouvantables secousses que les ténèbres rendent encore plus effrayantes. C'est au point que je me demande sérieusement si je ne suis pas devenu fou, pour être ainsi venu, de gaieté de cœur et sans que rien m'y forçât, me soumettre à de pareilles épreuves. Singulier voyage d'agrément, en effet, que celui que je fais en ce moment!

Heureusement, au mois de juin et par 56 degrés de latitude, les nuits ne sont pas longues. Au point du jour, nous passons en bac une petite rivière, une heure après, une seconde beaucoup plus large, et enfin, à huit heures, nous arrivons à la cinquième station où, malgré notre fatigue, nous apprenons avec plaisir qu'il y a des chevaux disponibles.

Entrons maintenant à la maison de poste, et laissons souffler ces malheureuses bêtes qui viennent de faire une trentaine de verstes, sans un instant de répit, à travers des fondrières indescriptibles. Leur repos ne sera pas long, et l'on n'aura guère d'égards pour leurs services. Dans ce pays si riche en pâturages on ne leur donnera pas même une brassée de foin. Couvertes de boue et de sueur, elles continueront à recevoir sur le dos la pluie battante, sans que l'on songe à les mettre à l'abri, ou à les protéger par une couverture. Puis, au bout d'un quart d'heure, quand le yemstchik aura bu sa vodka et savouré son thé, il enfourchera le meilleur de ses chevaux, et reviendra à la station d'où il est parti ; les pauvres bêtes devront s'estimer heureuses, si on ne les ramène qu'au petit trot, et si on leur permet de tondre quelque peu l'herbe qui croît sur les bords de la route. Ce n'est qu'une fois rentrées à l'écurie qu'elles recevront leur maigre pitance, avec la perspective de recommencer la même course, cinq heures plus tard, de jour ou de nuit et n'importe par quel temps.

Dans la région que nous parcourons, les maisons de poste appartiennent au gouvernement. Elles sont de bois, comme celles des paysans, mais généralement plus grandes et mieux bâties ; elles se trouvent ordinairement à l'une des extrémités du village ; on les reconnaît à un grand poteau bariolé de blanc et de noir, indiquant le nom de la station et sa distance en verstes depuis Moscou. Le plus souvent un portique, faisant avance sur la rue, abrite un escalier de quelques marches. La maison renferme le logement du smotritiel et la chambre réservée aux voyageurs. L'ameublement de cette dernière est fort simple ; il se compose uniquement d'une table avec un chandelier, de trois ou quatre chaises et de quelques bancs ou canapés, plus ou moins bien rembourrés, parfois même pas du tout, lesquels avec beaucoup de bonne volonté peuvent servir de lits. Indépendamment de l'icône (image sainte grossièrement enluminée et entourée d'un cadre de clinquant, que l'on retrouve infailliblement dans toute habitation russe ou sibérienne et devant laquelle brûle constamment une petite lampe) on voit, appendu à la muraille, un tableau indiquant les distances entre les deux stations voisines, le tarif des chevaux calculé d'après le nombre de verstes, et enfin des renseignements détaillés sur la route et l'état dans lequel elle se trouve. Le portrait du tzar, les photographies du maître de la maison et des membres de sa famille, complètent parfois cette décoration primitive. Le voyageur a le droit d'occuper cette chambre gratuitement, pendant tout le temps qu'il attendra les chevaux, et même, s'il juge à propos d'y séjourner pour un motif quelconque, il n'aura absolument rien à payer pendant les deux premiers jours.

Le prix des chevaux est très modéré dans la Sibérie occidentale. On paie 1 kopek et demi, par verste et par cheval, soit 4 kopeks et demi par troïka. On ne donne pas moins de trois chevaux ; si la route est difficile et l'étape longue, il arrive souvent que le maître de poste vous en fournit quatre et même cinq ; mais on ne paie toujours que pour trois. Ainsi, par exemple, pour un trajet de 22 verstes (23 kilomètres et demi), la dépense totale sera à peu près d'un rouble, soit au taux actuel, 2 F 50. On ne doit rien de plus au maître de poste, cependant, pour se concilier les bonnes grâces de ce personnage important, on fera bien de lui abandonner quelques kopeks, pour faire un compte rond. Rigoureusement on n'est pas tenu de donner quelque chose au yemstchik, mais il est d'usage de le gratifier d'un pourboire de 10, 15 ou 20 kopeks ; les cochers ne manquent pas de se redire l'un à l'autre la somme qu'ils ont reçue, et proportionnent l'allure des chevaux à la générosité du voyageur. Pour faire face à toutes ces dépenses, il est essentiel de se munir, avant de quitter les villes, de deux sacs, l'un renfermant la monnaie de billon, l'autre les petites pièces d'argent, et aussi d'un nombre raisonnable de billets de banque d'un rouble. Sans cette précaution, on éprouverait de grandes difficultés dans les villages, pour se procurer de la petite monnaie ou pour changer de gros billets.

Maintenant il est temps d'aborder la question de la vie matérielle. On a déjà vu qu'il ne fallait pas songer à dormir dans un lit ; mais on ne peut pas se passer de manger en route. Or, nous conseillons au touriste tant soit peu difficile, ou simplement tenant à des heures réglées pour ses repas, de renoncer à tout projet de voyage en Sibérie ; car, en ce pays, non seulement on ne sait jamais quand on pourra manger, mais encore on est certain de ne trouver sur la route aucun aliment sérieux.

Il est vrai qu'on se procurera presque toujours, et à très bon marché, du lait excellent, assez souvent du pain noir (le blanc ne se trouve que dans les villes), quelquefois des œufs durs, plus rarement une bouteille de kvas ou de *kislitchi* (sorte d'hydromel mousseux), mais rien autre chose. J'ai vu affichée, parfois, une liste assez longue de plats, avec le tarif en regard de chaque article. Le maître de poste, s'il les avait, serait tenu de les fournir au prix marqué ; mais comme il n'a jamais rien, cette carte qui fait venir l'eau à la bouche du voyageur affamé n'est, en définitive, qu'une mauvaise plaisanterie. Il ne faut donc compter que sur les provisions que l'on apporte avec soi.

La seule chose que vous ayez le droit d'exiger du maître de poste, c'est l'eau bouillante qui doit vous être fournie à toute heure du jour ou de la nuit. L'ustensile qui sert à la préparer s'appelle *samovar*. En Sibérie comme en Russie, c'est un objet d'absolue nécessité ; c'est la première chose qu'achètera le paysan qui veut se mettre en ménage; toute sa vie il l'entretiendra soigneusement et l'emportera même avec lui en voyage, ainsi que je l'ai vu faire aux pauvres émigrants sur les bateaux de l'Ob et de la Kama.

Le samovar est une grande urne en cuivre poli, pouvant contenir trois, quatre ou cinq litres d'eau, et traversée, de haut en bas, par un cylindre dans lequel on place des charbons ardents. Le feu ne tarde pas à faire bouillir l'eau, qui s'écoule à volonté au moyen d'un robinet. La partie supérieure de l'appareil est évasée en forme d'entonnoir; on y adapte la théière, dont le contenu se maintient ainsi à une température très élevée. Le grand avantage du samovar est de fournir, sur la table, de l'eau constamment bouillante. Les voyageurs ont toujours avec eux leur provision de thé et de sucre. A peine arrivé à la station, on s'occupe à préparer la boisson favorite. C'est un heureux moment et qui fait oublier bien des misères. J'ai toujours trouvé en Russie, et surtout en Sibérie, le thé excellent; il est vrai que l'on n'y consomme guère que des produits de choix, importés directement de la Chine par les caravanes, et n'ayant pas eu à subir l'influence fâcheuse d'une longue traversée maritime. Les Russes en font une énorme consommation; je les ai imités et je m'en suis bien trouvé. A chaque arrêt, j'en prenais plusieurs grands verres, et je trouvais dans cette boisson délicieuse un généreux stimulant, qui remplaçait jusqu'à un certain point une nourriture plus substantielle et m'aidait à supporter les fatigues parfois excessives du voyage. J'ai déjà dit qu'on ne prend jamais le thé dans des tasses, ce qui me paraît plus logique, car, à travers la transparence du cristal, on juge mieux du degré de force de la liqueur, que vous dosez à votre gré au moyen du samovar. Il est à remarquer que je n'ai jamais vu un verre se casser au contact de l'eau bouillante. Une tranche de citron remplace, dans le thé russe, le nuage de crème dont on fait usage chez nous. Le maître de poste fournit les verres et la théière, et «une» petite cuiller qui sert, à tour de rôle, aux buveurs de thé. On lui donne en échange de tout cela une pièce de 10 ou 15 kopeks.

Grâce aux provisions que M. Meyer a achetées à Tomsk, nous faisons un déjeuner que la faim assaisonne, et nous nous remettons en route, sans perdre de temps.

Les petits chevaux sibériens, quoique surmenés constamment, sont si ardents qu'il faut avoir soin de leur tenir la tête pendant qu'on les attelle. Nous montons les premiers, et le plus doucement que nous pouvons, pour n'imprimer aucune secousse au tarantass. Au moment où le cocher saute à son tour sur le siège, l'homme qui tenait les chevaux s'esquive; ils partent aussitôt à fond de train, entraînant derrière eux, comme un léger tilbury volant sur une belle route, la lourde machine oscillante qui trace un profond sillon dans la fange.

Chaque départ s'effectue ainsi. Plus tard, lorsque la première impulsion s'est ralentie, la vue seule du fouet, brandi dans les airs par le yemstchik, suffit à leur faire reprendre leur allure endiablée. Le passage des ravins est particulièrement effrayant: le commencement de la descente se fait assez bien et avec une lenteur prudente; mais, peu à peu, le poids de la voiture entraîne les chevaux; le cocher les retient d'abord, puis les laisse libres de courir et les excite ensuite, de manière que la fin de la descente s'accomplît avec une rapidité vertigineuse: l'élan est tel qu'une bonne partie de l'escarpement opposé est franchie au triple galop. Mais où la situation est encore plus critique pour les voyageurs, c'est lorsqu'il se trouve, dans l'intervalle, un pont à passer. On peut être certain que le sol, raviné par les pluies, formera un trou profond en avant du premier tronc d'arbre. Je laisse à penser quel choc épouvantable se produit à l'instant où les roues de la voiture lancée à toute vitesse viennent heurter l'obstacle. La première fois que je fus emporté ainsi, je crus à un réel danger; mais j'ai vu si souvent se renouveler cette effrayante manœuvre, que j'ai fini par m'y habituer, acquérant d'un autre côté la conviction que le tarantass, grâce à sa construction spéciale et à sa longueur extraordinaire, est une voiture inversable. Il faut dire aussi que les cochers sibériens sont d'une habileté merveilleuse; avec leurs chevaux demi-sauvages, harnachés tant bien que mal, au moyen de lambeaux de cuir et de cordes usées, ils ont fini par m'inspirer une confiance à peu près illimitée. Avec eux, quel que soit l'état des chevaux, aucun accident sérieux n'est à redouter.

Nous roulons ainsi toute la journée. Vers midi la pluie a cessé. On nous dit que nous avons passé la plus mauvaise partie de la route.

Le pays que nous traversons est couvert de forêts de bouleaux et de pins. Dans les plaines infinies où serpente l'Ob, un renflement de quelques mètres au-dessus du niveau général prenait le nom de montagne. Ici, la campagne présente un autre aspect; ce n'est plus un terrain absolument plat; ce n'est pas non plus un pays de montagnes, ni même de collines, c'est un territoire largement ondulé et coupé de ravins peu profonds, mais aux pentes abruptes. Pas une pierre, et c'est fort heureux; car la violence des secousses que nous éprouvons est amortie par la fange. Que de gens naissent, vivent et meurent, au milieu de ces terres noires, sans avoir jamais vu, je ne dirai pas un rocher, mais une simple pierre! Il est vrai que cette absence de matériaux solides rend l'entretien des chemins très difficile: c'est peut-être pourquoi on ne les entretient pas du tout.

Les maisons de poste sont espacées à des distances qui varient entre 18 et 25 verstes. Dans l'intervalle, on traverse un ou deux villages, le plus souvent à cheval sur l'un des nombreux cours d'eau qui vont à l'Ob. Ce sont les parties les plus difficiles de la route: entre deux rangées de cabanes de bois toutes exactement semblables, s'étend un bourbier noir et infect, composé d'un amalgame de fange et de fumier détrempé par les pluies, où nos malheureux chevaux pataugent d'une façon désespérée, enfonçant parfois jusqu'au poitrail.

Comme les maisons des paysans ne sont pas soutenues par des fondations en maçonnerie, et qu'elles reposent directement sur le sol, il arrive souvent que le terrain s'affaisse, entraînant avec lui une partie de la construction, qui s'incline alors tout d'une pièce, de la façon la plus lamentable. Cependant aucun danger d'écroulement n'est à craindre, car les troncs d'arbres qui la composent sont solidement reliés entre eux. Tant que ces maisons sont neuves, elles demeurent à peu près d'aplomb; mais sous l'influence des années et des dégels du printemps, elles arrivent à prendre les positions les plus invraisemblables.

Lorqu'une maison est uniquement destinée à l'habitation des hommes, elle se compose ordinairement d'un simple rez-de-chaussée. Mais si le propriétaire possède des bestiaux et s'il se livre à une exploitation rurale, il habitera un premier étage élevé au-dessus de ses écuries; des petites constructions basses, servant de magasins pour les denrées ou de réduits pour les animaux, entourent une cour tellement pleine de fumier, qu'en temps de pluie on ne peut y circuler qu'en s'aventurant sur des troncs d'arbres, jetés çà et là en guise de passerelles. En Sibérie je n'ai jamais vu utiliser l'engrais; la terre est si fertile et si facile à travailler qu'on obtient sans peine de fort belles récoltes; et puis, comme ce n'est pas le terrain qui manque, si un champ est fatigué on passe à un autre. Le paysan ne se donne pas la peine de transporter le fumier, dont il paraît même ignorer l'utilité. Partout on le regarde comme encombrant et sans valeur, et on s'en débarrasse en le jetant à la rivière, s'il s'en trouve une à proximité.

A la nuit tombante, nous arrivons à Marinsk, petite ville de 5 000 habitants, neuvième relais à 211 verstes de Tomsk. La maison de poste est plus grande, plus propre et mieux construite que celles où nous venons de passer; on nous donne du pain à peu près blanc.

Le lendemain, 11 juin, nous sommes rejoints par un tarantass où nous retrouvons des personnes de connaissance : ce sont les dames de Blagovestchensk qui ont accepté la compagnie d'un jeune officier; grâce au podorojné officiel de ce dernier, elles ont pu voyager très vite, et n'ont jamais manqué de chevaux. Nous mettons en commun nos provisions, et nous faisons à la station un déjeuner fort gai.

La route est décidément meilleure, cependant il y a encore de bien mauvais pas; parfois, d'effroyables secousses me rappellent à la réalité. Le temps est devenu agréable, et, pour changer de position, je fais un relais entier sur le siège à côté du yemstchik, admirant la campagne, très belle sous sa parure printanière, et dont le relief commence à s'accentuer.

Au seizième relais, dans le gros village de Bogotalskaia, je suis témoin d'un incendie qui a déjà dévoré plusieurs maisons et menace de prendre des proportions considérables. Des paysans, porteurs de seaux et d'échelles, se pressent sur le lieu du sinistre; d'autres, armés de haches, abattent les constructions voisines qui pourraient aider le feu à se propager. On jette de l'eau sur le foyer, mais en bien petite quantité; je n'ai vu fonctionner aucune pompe. Il ne m'a pas paru qu'il existât un corps de pompiers régulièrement organisé; tout semblait se passer dans la plus grande confusion. Je ne sais pas ce qu'il en est advenu, car l'incendie n'a pas retardé notre départ d'une minute, et nous avons quitté la station sans nous en préoccuper davantage.

Les incendies, dans ces villages entièrement construits en bois, sont encore rendus plus fréquents par l'usage qu'ont les habitants de laisser brûler, nuit et jour, une lumière devant l'image de leur saint favori. Nous voyons souvent, sur notre passage, de grandes places noires couvertes de débris calcinés. Les compagnies d'assurances ne feraient pas ici de bonnes affaires; du reste, on me dit qu'elles refusent d'assurer les maisons des paysans.

Edmond Cotteau, *De Paris au Japon à travers la Sibérie*, Paris, Hachette, 1885.

VI. L'Asie centrale soviétique

ELLA MAILLART

(1932)

Ella Maillart aura suivi toutes les routes d'Asie en commençant en 1932 par parcourir le Turkestan soviétique. C'est la dernière année du premier plan quinquennal au cours duquel les bouleversements de la société soviétique ont été les plus importants. Des millions de koulaks sont déportés en Sibérie et en Asie centrale. Les structures politiques et économiques, sans parler de celle des services de la sécurité, se sont mises en place. En Asie centrale soviétique, le passé et le futur, en un curieux mélange, se côtoient. Les révolutionnaires tentent de transformer les habitudes locales. Exilés, Basmatchis, pionniers, les rencontres se succèdent sur un fond d'histoire qui s'estompe. Ella Maillart se rend aux limites du territoire soviétique, à la frontière chinoise: «Que ne donnerais-je pour aller plus loin, vers l'inconnu!»

FROUNZÉ

Au matin, nous arrivons. Routes, poussière, population, murs, jardins, entrepôts en construction. Sur le fronton de la gare, Frounzé est écrit en russe et en kirghise latinisé. Par terre, il y a deux gros paquetages: feutres pliés, nattes d'osier, perches noircies, chaudrons, couvertures piquées, surmontées d'un grand cercle de bois, le faîte de la yourte; une tente démontée est prête à voyager.

Pendant que nous chargeons notre matériel sur une carriole, je photographie un groupe compact d'une quarantaine de Kirghises dont les chapeaux sont autant de petits points blancs.

— Que faites-vous, me dit Volodia, ils sont gardés par des soldats!

— C'est vrai. Mon appareil vient encore de l'échapper belle: on ne m'a pas vue.

A la recherche d'un toit sous lequel camper, nous suivons la carriole qui cahote sur les cailloux et dans des ornières profondes de terre brune. L'eau claire des montagnes coule dans les *aryks*, fossés qui bordent les grandes avenues plantées de peupliers. Elles sont dessinées à angle droit, à chaque croisement on enjambe l'eau rapide.

Les trottoirs sont bordés de murs en pisé qui, de cinquante mètres en cinquante mètres, sont percés d'une haute porte à deux battants: l'entrée dans la cour d'une maison indigène qu'on ne voit pas. Par endroits, une maison russe, avec des fenêtres asymétriques et les trois degrés de sa porte à auvent.

C'est une ville-jardin avec de rares bâtiments publics, banque, école, restaurants. Autrefois Pichpek, on a rebaptisé la ville du nom de Frounzé, originaire d'ici, et qui fut commissaire à la Guerre, avant de mourir en 1925. La Kirghisie est une république soviétique qui compte un million d'habitants et sa capitale, Frounzé, quarante mille.

Nous échouons dans une *tchaï-khana* indigène, ou maison de thé. Sol en terre battue, première salle avec tables et bancs, deuxième salle grand dortoir, et derrière, cour murée abritant quelques chevaux, un lave-main «compte-gouttes» et les cabinets. Au premier étage où nous nous installons, deux chambres donnent sur une galerie agrémentée d'un haut-parleur rouillé et assourdissant. Il n'y a que des banquettes de bois nu, mais chacun voyage avec ses couvertures. Une femme lave le plancher au lysol.

Du balcon, le spectacle est fascinant: à droite, de hautes montagnes avec des taches de neige forment l'horizon, plus près la verdure des arbres, et à nos pieds le grouillement de la grand-place où se tient le bazar, amas de bicoques, kiosques, gargotes en plein air, chars apportant fruits, légumes et fourrage, traînés par des couples de chameaux attelés, le bât en grosse laine tissée encadrant leur bosse avant. Les rênes partent d'une muserolle en corde qui leur encercle la mâchoire.

Lorsqu'ils sont accroupis, on dirait d'énormes cygnes au cou orné d'un jabot; sur leur dos, ils portent leurs deux bosses comme des petits bruns et duvetés. En ruminant, la chair flasque de leurs lèvres démesurée laisse voir la pâte épinard qu'ils ont fabriquée avec de la luzerne. L'œil bombé est captivant: surface luisante et à la fois brune profondeur polie centrée d'un noir insondable, adouci par les grands cils mats qu'on devine doux comme des poils de chenille marron.

Tout le monde vit accroupi sur les talons, la femme qui garde les bêtes, la fillette aux douze tresses qui racle sa tranche d'arbouse, l'Ouzbek coiffé d'un chapeau melon (d'où peut bien sortir ce couvre-chef?) qui marchande avec un camarade à casquette de cuir, le Kirghise qui vend des tapis, son cousin le Kazak qui ne fait rien...

Les femmes russes, pas assez souples pour s'accroupir, se perchent sur le rebord de leur char à échelle: 5 roubles la tasse de miel, un rouble la lipiochka, 12 roubles le kilo de saucisse de cheval que Mila achète en grande quantité avant que tout ne soit liquidé, ce qui ne tarde guère. Un rouble le bol de soupe que nous buvons chez le Chinois du coin.

Odeur de friture, de crottin, de boue, il pleut maintenant à torrents et cela sent le foin coupé.

Des hommes cependant sont à la file et se battent pour gagner les premières places devant le guichet du Tsentrospirt où la vodka se débite dès cinq heures. La bagarre s'envenime... Quelle instinctive curiosité se cache en nous pour qu'un duel à coups de poing nous fascine toujours? Une chemise s'arrache d'un dos, et l'homme roule dans la boue d'où il ne bouge plus. L'autre prend la bouteille pleine d'un liquide transparent et la casse contre une roue de char.

Nos hommes reviennent fourbus de leurs nombreuses démarches. Il nous faut un camion pour atteindre notre premier but, le haras au bord de l'Issik. Le camion-poste renvoie son départ pour éviter un embourbement certain, car la route est inondée. Trois autres camions disponibles sont mobilisés par l'expédition Pograbetzki dont les trente membres campent encore dans un wagon.

La base de la S.T.P. est inexistante; les deux garçons qui en ont la charge n'ont eux-mêmes pas d'habitation, ne peuvent nous aider pour notre ravitaillement et ne savent si Karakol possède une base.

L'ingénieur du service météorologique habite sous une tente.

Le chef de la Guépéou est absent. Auguste insiste et obtient quand même un permis général pour la continuation de notre voyage, et bien lui en prend.

Ce matin, en me levant, je chancelle: dessèchement intérieur et gorge serrée indiquent fièvre et angine. Trente-six heures d'aspirine et de gargarismes transforment cela en un gros rhume. C'était le moment, car l'œil de mes camarades disait nettement:

— Toi, on ne t'emmène pas si tu commences une typhoïde!

Et nous avons un camion pour demain. Mais, avant de partir, je veux aller me baigner pour me débarrasser de mes puces, désir qui tourne à l'obsession depuis que je suis sortie du train étouffant. Ici surtout, où les épidémies sont latentes, il est très important d'avoir les cheveux et le corps le plus propre possible.

Près du torrent que la route enjambe, je trouve les *bania*; pour un rouble cinquante, dans une chambre en pierres surchauffées, deux robinets donnent à profusion eau chaude et froide, dans deux grands baquets: de quoi lessiver copieusement soi-même et ses habits.

Puis je veux à tout prix rendre visite à un déporté trotzkyste dont j'ai appris l'adresse par cœur. Mais je ne veux pas que mes camarades le sachent; cela pourrait leur déplaire, ils ne savent pas que je suis sans opinion politique, et poussée seulement par la curiosité. Ils craindraient aussi qu'on pût les accuser d'avoir pris avec eux une personne louche…

Je prétends me porter beaucoup mieux et vouloir partir pour une promenade solitaire. Je vais, demandant mon chemin, me donnant l'air aussi russe que possible, ce qui ne m'est pas trop difficile grâce à mes ancêtres nordiques — ils me sont enfin utiles à quelque chose!

Qu'a fait Vassili Ivanovitch? Que fait-il encore peut-être? S'il est surveillé, on me surprendra et mon voyage sera interrompu à l'instant même… Mais le risque est en moi, m'éperonne les côtes, il faut que j'aille de l'avant, avec dans la bouche un amer goût déprimant de quinine! Mes oreilles bourdonnent, la fièvre est martelante, la soirée me semble étrange. Je me souviens soudain qu'à Berlin, au cours d'une vie monotone, pour ne pas perdre l'habitude du risque, je lui donnais rendez-vous à jour fixe dans l'autobus en n'achetant pas de billet.

Je biaise d'angle en angle et m'approche infailliblement. Les femmes profitent des derniers rayons du soleil pour laver leur chaudron dans l'aryk. Les hommes, accroupis en groupe, débouchent leur fiole de tabac pilé.

Je frappe. On me dit d'entrer. Un groupe soupe autour d'une lampe à pétrole.

— Vassili Ivanovitch a déménagé, me répond-on en me donnant une nouvelle adresse.

Devant une autre maison russe, je heurte une porte capitonnée. Pas de réponse. J'entre: un primus mugit dans l'antichambre où flotte une odeur de pétrole. J'appelle.

— Oui, c'est moi, entrez! Qui est là?

— C'est Ella, bonsoir!

Jet d'exclamations! Qui êtes-vous? D'où venez-vous? Que faites-vous ici? Comment avez-vous su l'adresse? D'où savez-vous le russe? Vous arrivez de Paris, c'est incroyable! Il faut que je vous embrasse! Que se passe-t-il là-bas en plus des conférences mondiales, du fascisme et du chômage? Que pense-t-on de la Russie? Où est Trotzky? A-t-il de l'influence? Quelles sont les conditions de vie à Moscou?

La chambre est blanche, éclairée à l'électricité. Un lit, trois chaises, une malle, une table. Du thé qu'on m'offre avec du pain et du fromage en me disant:

— Ne vous gênez pas, il y en a encore.

En face de moi, un homme grand et large, en blouse russe écrue, au visage régulier, front haut, cheveux châtains abondants, grandes arcades sourcilières abritant des yeux bleu foncé extraordinairement vivants et francs: une belle tête. Ils sont un groupe qui se réunit chaque soir; déportés pour trois ou six ans, avant tout parce qu'ils ont critiqué ouvertement les mesures gouvernementales dont ils ne voulaient en aucun cas endosser les responsabilités. La femme de Vassili reviendra bientôt de Tachkent. Sur le lit, une jeune Géorgienne aux cheveux noirs, habillée de rouge, «fait» de la malaria.

Un homme entre, la barbiche pointue, yeux étincelants derrière un lorgnon, crâne chauve:

— Mais où donc vous ai-je déjà vue? Venez-vous de passer à la maison quand nous soupions?

— Oui, c'était moi, je vous reconnais.

— Ah, ça, par exemple! C'est bien la peine de débarquer de Paris, de quelque sept ou huit mille kilomètres d'ici! Savez-vous pour qui on vous a prise? Pour la blanchisseuse!

Je suis incapable de répondre à toutes les questions qu'on me pose, et jamais je n'ai autant regretté de ne pas m'être davantage intéressée aux problèmes politiques.

Vasili Ivanovitch m'explique:

— Je suis gratte-papier dans un bureau, de quoi gagner ce que je mange. Mais si je fournis un travail plus intéressant, même en heures supplémentaires, vite on me change de service. Il me faut faire timbrer régulièrement mes papiers à la police; autrement, on est assez libre. Patients? Oui, nous le sommes sans effort; mais impossible de savoir où sont les nôtres, s'ils sont déportés, s'ils peuvent s'organiser... Où va notre pays? Pour peu que Staline continue ainsi, tout est perdu. Il ne pourra plus jamais «ravoir» les paysans. Alors, où irons-nous?

«Ici bien sûr, les nationaux (nom donné aux indigènes) détestent les Russes, qui sont les colonisateurs. On leur a bien dit que les Russes d'après la Révolution étaient tout différents, mais eux-mêmes n'ont pas encore beaucoup à dire dans le gouvernement. On leur donne des places honorifiques ou des postes d'agents de liaison, d'interprètes entre les Kirghises et l'État. Ceux qui seraient assez cultivés pour remplir d'autres charges seraient aussi capables de critiquer intelligemment... Oui, je sais, ils ont leurs journaux, leur langue, leurs écoles, mais tout doit rester immuablement dans la ligne dictée de Moscou.

«Que de fautes commises, alors qu'ils étaient tous si contents de voir disparaître le tsarisme, cause de tant d'abus.

— Il est près de onze heures, me dit-on, et vous êtes éloignée de plus de trois kilomètres de votre tchaï-khana. La nuit est trop sombre pour sortir, on va vous arranger un lit par terre.

Mais mes camarades doivent déjà s'inquiéter de mon sort, et nous quittons demain Frounzé à la première heure. Aussi «la blanchisseuse», comme on m'appelle, use ce qui lui reste de volonté pour partir tout de même.

On m'a demandé tant de choses que je ne sais pas que la tête me tourne, vide comme celle d'un nouveau-né qui regarde le monde pour la première fois! Vassili m'accompagne. Les peupliers ne font qu'un avec la nuit noire. On se dirige au bruit que font les aryks rapides qu'on saute au hasard.

Après de nombreux bains de pied, je réintègre enfin ma banquette dans l'obscurité de l'auberge.

Au réveil, je me fais gronder sérieusement par Capa; elle traduit ainsi l'opinion générale, la mienne y compris!

Un bruit étrange fait heureusement diversion au moment où on allait me poser des questions : clochettes au grave son étouffé, agitées lentement, qui, on ne sait pourquoi, évoquent une solitude dangereuse. Nous nous précipitons: une file imposante de chameaux, chargés chacun de deux ballots carrés de laine, marche si posément qu'on songe à un ralenti de film.

Le guide kirghise, sur un âne minuscule, remorque la première bête par une longe en laine tressée, ornée de doubles et triples pompons très décoratifs. Deux clochettes sont accrochées sous le museau, et sur le nez la muselière est garnie de laine hérissée en touffe. Les naseaux de la bête suivante sont reliés au bât de la précédente par une corde. Ils vont ainsi, tous du même pas désarticulé. D'autres cloches pendent au cou des bêtes: elles sont en forme de cylindre régulier, et rendent un son émouvant.

Ils viennent de Kachgar, en Chine.

KARAKOL

Le fond d'un golfe boisé sert de port à Karakol. A l'un des deux appontements, un grand vapeur, le *Kirghisie-Soviétique*, bat pavillon rouge. Plus loin, deux goélettes aux mâts de flèche plus hauts que les arbres de la rive; de chantier naval, pas trace.

La foule d'immigrants débarque et chacun monte la pente rapidement avec son chargement; les débrouillards ont déjà trouvé une carriole pour les emmener. Ils sont nombreux, ceux qui quittent ainsi chaque jour les villes pour venir s'établir dans une lointaine région. Nous attendons une occasion en mangeant des petits pois crus; puis nous décrouvrons une cuisine populaire où il reste encore des pommes de terre bouillies et des pastèques pour calmer notre faim.

Vue d'ici, à quelques kilomètres de distance, Karakol semble une forêt de verdure au milieu de champs de céréales, au pied de hautes montagnes.

Le charretier, belle tête d'Ukrainien, nous conduit à la Leninskaya où se trouve la «base» de tourisme. De même qu'à Frounzé, les avenues sont larges, bordées d'eau courante et plantées de peupliers splendides.

Une cour avec un abri pour les chevaux; devant la maison, deux grandes tentes; à l'intérieur, un dortoir avec une quinzaine de couchettes. Une expédition géologique est là par intermittence, travaillant tout l'été dans la région.

Les journées suivantes se passent en démarches nombreuses et décourageantes auxquelles je ne comprends pas grand-chose: d'heure en heure, les nouvelles sont contradictoires et nous précipitent des hauteurs ensoleillées de l'espoir aux sombres gouffres du pessimisme. Jamais nous ne partirons! Ce fut un tel tour de force déjà d'avoir pu quitter Frounzé et d'être parvenus jusqu'ici!

Il y a les écuries d'État où un Arménien petit et gros n'a plus que trois chevaux : tout a déjà été acheté par des expéditions précédentes. Après un jour de réflexion, ce personnage important décide de faire descendre de la montagne les trois montures qui nous manquent encore. Mais lorsque Auguste arrive, croyant trouver tout en ordre, il ne voit plus qu'un cheval boiteux! L'Arménien se moque-t-il de nous?

Au marché des chevaux, Volodia a mis la main sur un Djiguite venu tout exprès pour nous d'un village voisin; comme ce cavalier qui sera notre guide ne sait pas le russe, il part au bazar chercher un camarade qui doit devenir notre interprète; Mais ni l'un ni l'autre ne réapparaît: le Djiguite aurait échoué au clou, paraît-il!

Puis d'autres chevaux, que nous aurions pu louer seulement, disparaissent aussi.

Cela ne nous empêche pas de tout préparer comme si nous allions vraiment partir. Courses dans les bureaux de ravitaillement pour obtenir des bons de beurre, de fromage, de blé, de pain, sans lesquels on ne peut rien acheter. Nous passons au Raïkom (comité du rayon) dont le président, un Kirghise dominé par le portrait de Lénine, nous donne des renseignements et lit avec une lenteur incroyable les documents que nous lui soumettons. Les rideaux de velours violet, les tables tendues de drap rouge et deux téléphones étincelants ont fort grand air.

Mystère à débrouiller des nombreux départements et de leurs attibutions respectives. Il y a nos bons à faire viser; ensuite, le blé qu'il nous faut porter au moulin à six kilomètres de là. Au Brinzetrust, l'homme plonge une longue sonde acérée dans un tonneau et en retire un échantillon de beurre jaune en forme de copeau; le brinzé est un fromage blanc, très salé et bon marché. Allons chercher les neuf kilos de pain qui nous sont alloués; la boulangerie est au bout d'un champ où les cavaliers de la Guépéou exercent leurs beaux chevaux. En attendant le retour du gérant, nous regardons les boulangers brasser sans cesse la lourde masse flasque et collante contenue dans un baquet de bois. Nous payons 2 roubles 25 et partons chacune avec une brune et pesante boule de chaleur sous le bras.

Au bazar, acheté pour quatre roubles de broussailles, puis du sel; Volodia ayant rapporté la farine, les deux femmes kirghises qui habitent le cube de terre au milieu de notre cour se mettent au travail.

Le feu est allumé dans le grand four en terre séchée, adossé au mur. A la farine, la jeune femme joint de l'eau salée, de la levure, trois louches de beurre fondu, puis elle commence à pétrir, pèse de son poing fermé avec toute la force de son bras musculeux cerclé d'argent; elle est agenouillée sur un morceau de feutre. Sa robe, si rapiécée qu'on ne sait quelle en est l'étoffe originale, est fermée sur la poitrine par une épingle double. Elle s'arrête pour allaiter sa petite; nous ne pouvons nous parler, mais l'enfant se plaint, fiévreux, et la mère me sourit tristement. Son simple visage joufflu est beau à sa manière: il semble être modelé dans du bois dont il a la couleur; grand front, pas d'arcade sourcilière, nez petit, bien dessiné, à la racine aplatie, yeux noirs écartés aux coins relevés, aux paupières supérieures gonflées... Avec son fichu rose en crochet de coton sur la tête, elle a quelque chose d'une madone lasse.

La mère libère la pâte des couvertures qui la recouvrent, en fait des boules qu'elle aplatit de la paume et dont elle marque le centre à l'aide d'un instrument garni de cinq clous. Le four est chaud, on en sort le bois, et par l'orifice supérieur les galettes sont plaquées contre les parois intérieures; puis on les retire, cuites à point.

Nous avons ainsi deux sacs de *toukatch* qui se conservera bien pendant le voyage.

A chaque instant, nous traversons le bazar, cœur de la ville, pour y chercher des fruits — trois pommes pour un rouble — des légumes, des selles avec leur harnachement. Le spectacle est fascinant: la terre est jonchée des objets hétéroclites qui constituent une foire aux puces, et les types humains sont d'une variété à ravir les amateurs de pittoresque.

Il y a de nobles Kirghises — à tout seigneur tout honneur — à maigre barbe pointue, yeux acérés, portant le bonnet de velours bordé d'astrakan gris ou noir, large couronne régulière; certains de ces bonnets n'ont qu'une toute petite bande de fourrure, sorte de toque ourlée... Ils sont toujours sur leurs petits chevaux, ayant l'étrier long; d'épaisses couvertures cachent la selle de bois. Leurs femmes portent un énorme turban d'une blancheur éclatante: l'étoffe aux spirales très fines et parallèles, non pas croisée comme dans le sud, passe sous le menton, imposant bandage de tête! Ce sont les *manaps*, les patriarches, chefs de tribu de qui dépendaient souvent des centaines de yourtes.

D'autres ont encore la coiffure d'été en feutre blanc, au fond pointu de pagode, partagé en quatre quarts par des coutures, aux bords doublés de velours noir, relevés selon la fantaisie du propriétaire. Ils portent toujours plusieurs manteaux vagues. Il y a les Chinois Dounganes, plus osseux que les Kirghises, imberbes, à peau jaune verdâtre.

Tous les types de Russes, à barbe blonde ou sans barbe, à casquette dure ou souple, en cuir ou en coutil: avec de hautes bottes ou pieds nus, en blouse russe ou en chemise moderne; les femmes, mouchoir autour de la tête, grosse figure ronde, avec un panier au bras.

Les Ouzbeks ont le sourcil touffu très noir; sur la tête, le calot rond brodé; ici leurs femmes ne sont pas voilées, mais portent encore le *parandja*, ce manteau posé sur la tête et dont les fausses manches pendent par-derrière, bordées de passementerie. Les vieilles n'ont qu'un œil d'actif: elles cachent l'autre derrière le second pan du manteau.

Les petits Kirghises ont parfois leur bonnet de velours surmonté d'une touffe de duvet d'aigle du plus bel effet.

Le velours est ici le comble de l'élégance et les cavalières aisées portent des redingotes unies aux couleurs éclatantes verte, rouge ou violette.

Chacun vend, et de tout; il arrive, s'accroupit, et dépose à terre ce qu'il a, vieille ferraille, couteaux, souliers, étoffes, verres, casseroles. Un Kirghise devant ses tapis de feutre, les *kochmous*, est très absorbé: miroir en main, il s'épile la moustache. A côté de lui, un garçon fait marcher une machine à coudre pour voir si elle est en bon état. Un spécialiste en bouteilles vides voisine avec le vendeur de vieilles chaussures, où un client tord le cuir d'une botte en tous sens. Des skis reposent sur un samovar. Un noble Kirghise achète un poignard; il porte d'énormes lunettes chinoises jaunes.

Les yeux s'épient: un amateur s'avance-t-il? Jusqu'où pourra-t-on pousser le marchandage? Le prix est exorbitant, on part horrifié, dédaigneux, puis revient plus tard avec une nouvelle proposition; Comme une araignée dans sa toile, le vendeur n'a pas bougé: il faut payer cent roubles pour une selle et ce qui l'accompagne.

Mila est étonnante; elle sait quelques mots de leur langue, appris l'an passé au Pamir. Elle marchande maintenant un grand paravent bleu et rouge aux dessins géométriques; il est fait d'une quantité de tiges d'osier assemblées, entourée chacune de fils de laine; cette légère paroi double le feutre des yourtes et c'est le cadeau qu'une mère prépare pour le mariage de sa fille.

Plus loin, cuisines en plein air, *pelméniés* dans leur chaudron, friture de *pirojkis* à l'ombre d'un toit en paille. Bousculade, on crie au chapardeur, la poussière voltige...

Quantité de vendeurs ambulants; ils présentent leur camelote à bout de bras: belles louches en osier blanc, chemises, vieilles jumelles, verres de lampes, faucons chasseurs, vieux primus, sacs vides en serpillière. Lorsque le vendeur n'a pas ce que vous voulez, il dit un mot à un compère, et au bout d'une demi-heure, l'article désiré vous est offert.

Devant une toile de fond à colonnade, le photographe d'un geste engageant essaie de faire sourire une famille aux yeux mongols figée par l'émotion. Un lugubre trio passe entre les charrettes du marché aux légumes, récoltant des aumônes dans un seau : une femme et un homme aveugles et pâles, conduits par une fillette, chantent tous trois, sans interruption à tue-tête.

Un maigre et sale derviche passe avec sa calebasse en bandoulière. Assis au bord de l'eau courante, un vieux rabat son pantalon en loques et se livre à une chasse aux grands fauves, puces et poux insatiables.

Les barbiers abondent et, selon la coutume musulmane, rasent les crânes de leur nombreuse clientèle ; en russe, leur enseigne dit « Parrikmakherskaya » et en turc-djagataï « Sastarass ». Dans la rue principale, devant un caravansérail, il y a un grand rassemblement de chevaux qui attendent leurs maîtres, l'outre à *koumouiss* pendue à la selle. Pour opérer, les maréchaux-ferrants amarrent le cheval sous une traverse maintenue par deux poteaux ; la bête saisie sous le ventre semble suspendue.

Quand nous ne pouvons plus tenir sur nos jambes, nous faisons comme les indigènes ; assis sur l'estrade de la tchaï-khana, nous buvons le thé vert non sucré en regardant la rue ; d'abord on chauffe le bol avec du thé qu'on remet dans la théière et, lorsqu'on a bu, on lance toujours par-dessus bord la dernière goutte...

Le boulanger travaille à côté de nous : assis sur ses talons au-dessus de son four en terre, il pose son disque de pâte crue sur une pelote d'étoffe, se penche, engage son bras à l'intérieur du four et y plaque la lipiochka. Devant lui s'élève la pile déjà cuite ; lorsqu'un cavalier passe pour en acheter, il ne met pas pied à terre, il se trouve toujours un gamin pour les lui tendre.

Son voisin l'Arménien fait son *chachlik* au-dessus d'un brasero rectangulaire ; la viande grésille ; un rouble les trois brochettes.

Un chameau passe au trot, remorquant une carriole.

J'aimerais pouvoir tout observer sans arrière-pensée ; mais il y a l'incessant souci de l'avenir. Les chevaux étant si difficiles à se procurer, mes compagnons suggèrent que, plutôt que de les accompagner, j'aille du côté de Karkara et de sa grande foire.

Je me trouve aujourd'hui avec Volodia chez le rédacteur du *Kolkhose Tououssou*, journal local paraissant en kirghise tous les trois jours — tire à trois mille et coûte cinq kopecks. Cet homme intelligent nous renseigne sur la région et sa collectivisation presque totale.

— Notre camarade Ella aimerait venir avec nous dans la haute montagne. Mais comme la région est presque inhabitée, ne croyez-vous pas qu'elle observerait mieux les Kirghises en restant dans la plaine ?

— Mais rien ne m'empêche de faire cela à mon retour, dis-je.

— Il ne faut pas qu'elle manque une occasion de voir la Syrte, où vivent les nomades, répond le rédacteur ; ensuite elle comprendra la valeur des transformations accomplies.

— Mais, ajoute Volodia, elle n'est pas assez chaudement équipée.

Qu'à cela ne tienne. Je cours acheter une fourrure pour en doubler mon sac de couchage. Question habillement, je suis pourvue.

Me voici marchandant, puis acquérant pour quinze roubles une peau de bique à longs poils noirs. Sitôt rentrée à la base, je la tape, je la brosse, la bats à tour de bras ! Puis je saute à la Guépéou dont dépend la région frontière des T'ien Chan où nous allons et, montrant mon passeport, je demande au chef si je peux me joindre à mes camarades.

— Certainement, me répond-il. Alors vous êtes sur le point de partir ?

— Mais non, il n'y a pas de chevaux disponibles, on nous renvoie d'un jour à l'autre ! Notre Auguste parle même de se pendre !

— Comment donc, qu'est-ce à dire ? Je vais m'informer auprès des marchés de chevaux.

Y suis-je pour quelque chose ? Mais le lendemain Volodia arrive à cru sur le dos d'un cheval, avec un petit air content de soi qui lui va à ravir et rend ses yeux, sous son chapeau de piqué tout mou, aussi brillants que son nez mis à mal par les coups de soleil. Les nez de Volodia et d'Auguste seront plus tard l'objet de préoccupations attendrissantes qui s'étendront même aux naseaux du cheval de Mattkerim.

Mattkerim, c'est l'interprète, malin et bavard sous une toque de karakul, qui nous sert de truchement avec Djokkoubbaï, notre guide silencieux.

Nous avons un cheval chacun et une bête de somme pour tous. Nous les menons ferrer avec des crampons à cause des glaciers et rochers. J'ai tout à apprendre de ces bêtes-là : si on les approche par-derrière elles ruent, si on les tient par la bride elles mordent votre avant-bras. Seigneur ! Que vais-je devenir ?

Nous rions comme des bossus : nos chevaux, payés en moyenne au bas prix de quatre cents roubles, sont tous des juments, et engrossées par des ânes, paraît-il. Cela nous aidera sans doute à les revendre avec bénéfice, sans parler de l'âne, bien entendu, à notre arrivée à Alma-Ata. Mais quelle surprise auront les acquéreurs lorsque à la mise bas ils verront des mulets et non les poulains escomptés !

Auguste et Volodia sont sans cesse taquinés, nous leur disons qu'ils partent à la tête d'un harem !

Une jument a certainement un tempérament très calme, me dis-je dans la cour de la base, tout en m'exerçant à monter en selle d'un coup. Mais je « plane » aussitôt, et me retrouve par terre, ayant accompli un demi-tour ! J'avais laissé la longe fixée à la corde qui traverse la cour, croyant qu'ainsi je resterais sur place. Mais la bête avançant, la corde m'avait désarçonnée. Je ne sais pas qui m'a vue, mais je suis fort penaude.

A la prison, dont les hommes sont organisés en artel (communauté d'artisans), nous faisons ajouter des clous à mes souliers et ressouder un de nos primus; il a fondu hier soir dans notre chambre en cuisant un beau chou-fleur, délicatesse que nous voulions nous offrir depuis huit jours au moins.

Nous vivons sous le portrait en chromo de Lénine; il est couvert d'une armée de mouches, ainsi que les rideaux de cotonnade rouge, les fenêtres, et la table sur laquelle sont posés nos vivres.

Notre groupe de cinq s'entend bien et nous ne nous gênons pas mutuellement. Auguste, ce veinard, a une lampe électrique de poche et, la nuit, j'entends qu'il l'allume pour épier sous sa couverture lorsqu'une puce le harcèle. Quant à moi, je dois attendre la clarté du jour pour me livrer à de semblables recherches. On dit aux hommes: «Regardez par la fenêtre pendant trois minutes!» C'est ainsi qu'on procède aussi lorsqu'on panse les blessures résultant de notre folle chevauchée à Tcholpan-Ata. Chaque journée commence avec le même refrain:

— Plokho spala, blokha, koussala! (Mal dormi, la puce a mordu!)

On se lave au bord du filet d'eau que chaque maison emprunte pour quelques mètres à l'aryk voisin. On compte vingt mille âmes à Karakol; un bon nombre d'habitants placés en amont de vous-même s'est déjà servi de la même eau avant vous; on crache et on vide les lavures de vaisselle loin du ruisseau, en formant le vœu que vos prédécesseurs aient agi de même! Puis on n'y pense plus: l'eau claire est si innocente!

Cependant, Capa est dérangée depuis quelque temps, avec une forte fièvre. On la met à la diète; dysenterie, typhoïde, typhus, tout est possible. Ce soir, elle chante même dans sa couchette tandis que Mila est soucieuse, se taille habilement une blouse à capuchon, en toile huilée; elle en colle les coutures avec une solution de caoutchouc. Il faut savoir se tirer d'affaire lorsque les magasins ne peuvent vous fournir ce dont on a besoin.

Revenant du marché, je croise une procession d'«enfants d'octobre» vêtus seulement d'un caleçon de toile bleue; «nationaux» bruns et Russes blonds sont mélangés. Un petit Kirghise est comique au possible, le seul à avoir des bas; ils sont maintenus par-dessus sa culotte, par une ceinture et des jarretelles de femme. Une jeune fille énergique les dirige. Il y a, paraît-il, huit mille pionniers dans le district. Je voulais me renseigner sur le mouvement Komsomol, au congrès duquel j'ai assisté. En allant vers leur salle de réunion, j'ai vu dans le parc un *kamerniy baba*, grande pierre dressée sur laquelle est faiblement sculpté un visage humain qui m'a fait penser aux têtes pointues de l'île de Pâques; c'est très vieux, peut-être préhistorique et connu surtout en Mongolie où il semble que cela ait dû perpétuer le souvenir d'un héros. Quelles suppositions fera-t-on dans dix mille ans lorsqu'on découvrira peu à peu des Lénine en bronze sur tout le continent? Il faut que j'en parle à H. G. Wells, il a oublié de prévoir le cas dans son livre sur l'avenir... Mais cela n'est qu'une parenthèse sans importance.

Le chef des komsomols m'avait dit de passer à son bureau; j'y fus plusieurs fois, il n'y avait personne. On y entre comme dans un moulin; j'y restai deux heures à mettre mes notes à jour. A tout moment on entrait et, me prenant pour une secrétaire, on me posait des questions en kirghise auxquelles je ne pouvais répondre.

AK-BEL OU LES VALLONS DÉSOLÉS

La terre noire a partout absorbé la neige. Chaque touffe d'herbe est duvetée d'édelweiss laineux. Les sabots des chevaux sortent du sol dans un décollement sonore. L'horizon est large et nous descendons la plaine du Naryn, vaste et dénudée.

Au moment de quitter la rivière pour nous élever sur la gauche, nous retrouvons la grande piste du col de Bedel, c'est-à-dire une vingtaine d'ornières parallèles, chacune profonde d'une quarantaine de centimètres et que les chevaux cherchent à éviter.

De cent en cent mètres, je vois un petit tas de pierres; ce ne sont pas des «obos» sacrés comme en Mongolie, destinés à apaiser la colère des dieux. Ces cailloux doivent seulement empêcher que les chevaux ne piétinent les jalons de bois fichés en terre, premiers signes d'un essai de route.

Les sommets proches sont ronds, couverts d'immenses champs de neige que le dégel a régulièrement cannelés comme des moules à pâtés. Grand bruit dans mes oreilles: le vent puissant pousse tout le ciel devant lui, car nous sommes au point le plus exposé d'Ak-Bel — le Dos-Blanc — col ouvert aux quatre points cardinaux. De petites fleurs jaunes et bleues sont aplaties dans l'herbe.

Mattkerim pousse un cri: là-bas dans un ravin, à terre, un aigle est en train de se battre. Nous continuons pour nous dérober à sa vue. Mattkerim galope pour le prendre par-derrière, fait feu, mais revient bredouille.

Pendant que je regarde la carcasse blanche et démesurée d'un chameau, mon cheval bute, s'agenouille et je lui passe par-dessus en faisant délicatement un demi-tour!

— Ella, il faudra relever la tête de ton cheval à la descente!

Sur notre droite, au premier plan, un gigantesque pain de sucre noir s'élève, cône de scories semble-t-il, sorti d'un paysage de Dante, le Kara-Saï. A gauche, au deuxième plan, se profile un long dos de montagne peu élevée qui, à intervalles réguliers, envoie dans notre direction des côtes décharnées, habillées d'une irréelle terre rose.

Le sommet du Borkoldoï, masse rocheuse écrasée sous un immense plateau de neige, est en avant, assez loin. Tout de suite après le Borkoldoï vient le célèbre Bedel et la descente vers Ouch-Tourfan. Mattkerim prononce ce nom comme nous; mais Djokkoubbaï articule Tourp'han, avec un *p* très aéré. Prise sur le fait, c'est la variation où le *f*, *v* germanique devient *p*, *b* en latin. Maintenant je comprends pourquoi on n'appelait pas la jeune femme du premier aoul Fatma et pourquoi sur la gare de Frounzé on lit en kirghise «Prounzé». Pour Vorochilof, on dit en kazak Borochilop, et les journaux ne sont, paraît-il, pas compris du peuple.

Hiuan-tsang, venant de Koutcha, suivit cette route après avoir passé au pied du Khan-Tengri. Peut-être a-t-il mis pied à terre là où je viens de mordre la poussière? Sur ce trajet, sa caravane perdit treize hommes. Il dit parlant des T'ien Chan, les monts Célestes: «Cette montagne de glace forme l'angle nord du Pamir. Elle est fort dangereuse et son sommet s'élève jusqu'au ciel. Depuis le commencement du monde, la neige s'y est accumulée et s'est changée en blocs de glace qui ne fondent ni au printemps ni en été. Des nappes dures et brillantes se déroulent à l'infini et se confondent avec les nuages. Si on veut les fixer on est ébloui de leur éclat. On rencontre des pics glacés qui s'abaissent en travers, sur les côtés de la route et dont certains ont jusqu'à cent pieds de hauteur, les autres plusieurs dizaines de pieds de largeur. Aussi ne peut-on traverser ceux-ci sans difficultés, ni gravir ceux-là sans péril. Ajoutez à cela des rafales de vent et des tourbillons de neige dont on est assailli à chaque instant; de sorte que même avec des souliers doublés et des vêtements garnis de fourrure, on ne peut s'empêcher de trembler de froid. Lorsqu'on veut manger ou dormir on ne rencontre aucun endroit sec où se reposer. On n'a alors d'autre ressource que de suspendre la marmite pour préparer ses aliments et d'étendre des nattes sur la glace.» (René Grousset.)

Nous contournons l'échine aux côtes roses. A nos pieds, parallèle à celle du Naryn, s'étale une large vallée; en cherchant bien du regard dans les flancs peu marqués de son relief, on remarque les points clairs de quelques yourtes au soleil, œufs de mouche dans les replis d'une pièce de viande... Nous ne descendons pas vers elles.

Pendant plusieurs jours nous allons ainsi, de vallon en vallon, du Teuz à l'ak-Tach. Je crois toujours que quelque chose va se montrer, paysage nouveau, aoul, que sais-je...

Grandiose désolation. Comme en mer, la monotonie donne un relief extraordinaire aux moindres événements.

— Halte! Mattkerim a perdu un caoutchouc! Il faut qu'il retourne le chercher.

La terre, par places, laisse ramper une petite plante grasse aux protubérances écarlates, vraies gouttes de sang.

Dès que le soleil se voile, il fait si froid que je dois me protéger les oreilles d'une écharpe. Une vieille foulure me fait mal à la cheville à force d'avoir mon poids dans les étriers à la descente. Mais ce qui m'ennuie le plus, c'est ma molaire: elle s'est fendue sur un morceau de pain, et lorsque je mâche c'est comme si une aiguille me perçait la gencive. Un abcès peut se former d'un jour à l'autre: ce sera charmant!

On avance, l'œil fixé sur les nervures qui se creusent à chaque pas dans les fesses du cheval qui vous précède. Les pensées ennuyeuses surgissent à la fin de la journée avec la fatigue, lorsqu'il fait froid, faim, sommeil tout à la fois. A chaque petite combe où il y aurait de l'eau et de l'herbe pour les bêtes, j'attends le signal de la halte. Mais il faut trouver un vieux campement, trace de yourtes, grands ronds pâles d'herbe foulée. Là seulement on découvrira du combustible, crottin de cheval et bouses de vache séchées par le soleil — le kisiak.

Les hommes plantent la tente, nous empilons les gâteaux de bouse sur nos bras; avant de les ramasser, on les retourne du pied pour voir s'ils sont bien secs dessous. Un foyer est construit; cela brûle bien, comme des braises, sans flammes mais donnant beaucoup de chaleur. La senteur âcre du kisiak s'attache aux habits et c'est l'odeur dégagée par tous les nomades que j'ai rencontrés. On s'y habitue vite et on l'accueille avec plaisir, le soir, lorsqu'elle annonce un aoul animé. Seul un voyageur hâtif peut la prendre pour l'odeur de la crasse.

La nuit il gèle. Heureusement que j'ai doublé mon «sac à puces» avec ma jupe et la laine de chameau d'Aralskoié Moré.

Pendant ces nuits sous la tente, je me rends enfin compte que les singes sont mes frères — malgré tous les sacrifices que mes parents se sont imposés pour parfaire mon éducation.

Imaginez-vous être confortablement installé sous la tente sombre, au chaud dans votre sac de couchage entre deux compagnons que vous touchez dès que vous bougez. A moitié endormi, vous sentez quelque chose de gênant sous la peau, comme une miette de pain. est-ce une puce ou seulement une vieille morsure qui se réveille. Non, ça se promène, descend sous la manche et s'arrête maintenant: cela va encore se nourrir de vous! Mais c'est bien localisé, juste sur le milieu du poignet; alors, sans secousses, la deuxième main s'approche en rampant: un doigt s'abat sur la proie, l'assomme, la roule, et la saisit à l'aide du pouce.

Pour la tuer à coup sûr, il faut la partager en deux. Mais, prisonnier de votre sac, vous ne pouvez pas à chaque capture réveiller vos voisins en faisant de la lumière. Dans l'obscurité, je vous défie de faire deux morceaux de la chose dure, petite comme un grain de poivre. Vous voilà avec ce mangeur d'hommes entre les doigts, hésitant minute après minute sur la tactique à suivre. Mais somme toute, la langue et les dents sont bien plus habiles que les ongles : et voilà, l'affaire est liquidée, c'est tout simple, la «chose» a été prise par la langue, craquée en deux et crachée. Enfin débarrassée de l'ennemi, on peut dormir!

Nous chassons aussi pour de vrai. Il y a des pigeons qui agrémentent la soupe et que Mila a plumés, petites choses grises et molles, tout en avançant à cheval. Mattkerim a des yeux de lynx et voit le gibier de très loin, mais dans son excitation il pousse des rugissements tout à fait contraires à l'art cynégétique le plus élémentaire.

— Arrkharr! Tam na prava! (Argalis là-bas à droite!)

Un troupeau est descendu dans la vallée, il faut lui couper la retraite. Djokkoubbaï abandonne sa bête de somme et galope au sommet d'un versant dominé par une paroi de rochers; les deux Kirghises ne sont déjà plus que des miniatures de cavaliers. Les argalis, gros animaux mesurant un mètre vingt à l'épaule, vivent jusqu'à 6 000 mètres d'altitude; ils paissent sous la neige en hiver, recherchant les versants dégarnis par le vent. Pour dormir, ils remontent vers des hauteurs inaccessibles.

Ces mouflons sont très difficiles à repérer, minuscules rectangles, à peine plus clairs que leur entourage.

Pa... ha! Un coup de feu. Paâ... un second qui résonne de paroi en paroi. La troupe entière aux derrières blancs galope vers la montagne, s'égrène le long d'un éboulis, ce n'est plus qu'une traînée de poussière montée en coup de vent!

Aucun résultat.

Vallées aux cours d'eau desséchés. Collines criblées de trous de marmottes. Des gardes-frontière nous rattrapent au galop. Dédale de canyons profonds creusés dans la roche: les Cinq-Fentes, travail des démons selon la légende. Mamelons tout en gravier fin, sans végétation. Puis combes identiques, se succédant sans cesse, les *maïnaks* au sol jonché d'ossements; crânes d'argalis aux cornes d'étonnante envergure, régulièrement rayées, dont les deux racines couvrent tout le front. Il serait facile d'en ramasser quelques douzaines pour qui voudrait se vanter de chasses épiques!

Lorsqu'on croise des Kirghises, on s'arrête et on boit du koumouiss; l'outre pend à l'arrière de la selle, on plie le col souple et le lait fluide, presque transparent, coule dans le quart d'aluminium. Ils sont toujours armés et le vent, brûlant leur visage, en fait de vrais Karakirghises.

Bains rapides dans des ruisseaux glacés dont on sort en poussant un «ah» de ressuscité!

Rencontré au détour du sentier, voici le plus imposant des spectacles: trois cavaliers kirghises, aigle au poing.

Le premier d'entre eux porte de grosses lunettes noires de glacier. Les autres observent notre étonnement muet. Les rapaces sont énormes, c'est le seul mot possible — si puissants que je ne vois pas quel autre pourrait être le roi des oiseaux.

De l'épaule saillante, l'aile pend, plumes noires et brillantes, comme une armure aux plaques superposées. Chaque oiseau a la tête coiffée d'un capuchon de cuir qui l'aveugle. Ils poussent des cris évoquant dix portes qui grinceraient. Le bec à pointe crochue est à la hauteur du front de l'homme. Les serres noires, immenses, sortent de leur gaine grise de peau écailleuse et s'étalent sur le gant de cuir. Le gant, pour qu'on puisse tenir les rênes, est taillé avec un doigt et un pouce; du bec l'oiseau essaie d'en arracher un morceau. Par un nœud coulant, une longue lanière est fixée à une patte. Le poignet de l'homme est posé sur une fourche en bois qui elle-même est fichée dans la selle.

La nuque des aigles est une touffe de plumes blanches ébouriffées. Capuchon enlevé, l'œil apparaît, implacable, brillant comme une pierre précieuse.

Sur la croupe d'un cheval de bât, des peaux raides de loup, de bouquetin et de marmotte sont pendues en grand nombre.

Une marmotte est repérée, cernée; l'oiseau libéré de sa lanière est lancé. Il ne vole pas très haut, fond vers la marmotte, lui coupe la retraite en se mettant devant le terrier. Elle entend du bruit, veut entrer chez elle et tombe dans les serres fatales. Le Kirghise arrive, achève la marmotte, attache l'aigle et lui donne les entrailles à manger.

La bête finira dans notre soupe et Capa en adopte la peau:

— C'est le début de ma pelisse, dit-elle en la fixant à sa selle.

Les hommes sont racés: barbiche, moustache tombante, petit nez droit peu élevé à la racine, pommettes hautes, leurs «rides de soleil» sont bien marquées en patte au coin des yeux.

Il paraît qu'un jeune aigle, quatre ou cinq jours après son premier vol, peut déjà attraper un lièvre en compagnie de sa mère. Au bout d'un mois, il s'attaque à un renard. Pour capturer un aigle au filet, on l'attire à l'aide d'un pigeon.

Puis, pendant quarante jours et quarante nuits, on le fatigue, le portant sans arrêt, encapuchonné. On lui donne de la viande une fois par jour en la coupant dans un plat avec de l'eau. On lui découvre alors les yeux pour qu'il la voie. Après les quarante jours, on fixe de la viande sur l'épaule d'une chèvre qu'on éloigne de dix pas au moment de nourrir l'aigle. La deuxième fois la chèvre est à vingt pas, la troisième fois à cinquante pas. L'aigle est ainsi dressé et on l'habitue à la voix de l'homme. On le tient toujours un peu affamé pour qu'il chasse mieux. On me disait qu'un aigle bien dressé vaut plusieurs chevaux.

Fauconnerie, art du Moyen Age, c'est ici ton berceau! Je pense à Attila dont la bannière était ornée d'un faucon.

Le soir, parfois, nous découvrons quelques yourtes dont les toits fument lentement. Un échange de visites nous procure du koumouiss pétillant et du lait caillé.

Plusieurs fois, nous mettons en fuite des troupeaux d'argalis que nous n'arrivons pas à cerner.

Mattkerim chantonne machinalement le même refrain toute la journée. Au réveil, c'est aussi lui qu'on entend en premier : à peine debout, il crache avec bruit et fréquemment. Les matinées sont belles, mais la journée apporte régulièrement une bourrasque de neige. Nos cirés sont toujours disponibles et nous ne quittons pas nos gants de laine.

LA VIE DES ISOLÉS

Dix ou quinze yourtes sont dressées au pâturage d'Ak-Chiriak ; l'eau qui passe à nos pieds s'en va mourir dans les sables de la Chine, après avoir rejoint le Yarkend-Daria ou Tarim.

L'une des yourtes est la coopérative où on vend de la viande d'ours à cinquante kopecks le kilo. Mais l'ours n'est plus frais, personne n'en veut ; le chasseur a trop attendu pour le céder, après avoir essayé de le vendre lui-même ! La coopérative me semble démunie de tout, probablement parce que c'est la fin de la saison.

Des Kirghises vivent ici toute l'année, les chutes de neige étant insignifiantes à cause de la sécheresse.

Une autre yourte sous les ordres d'un *feldcher* — aide-chirurgien — sert d'ambulance. Les indigènes y viennent chaque jour, arrivant parfois de très loin. Le feldcher suit le campement dans ses déplacements ; et ce n'est pas un petit travail d'emballer toutes les bouteilles qui, alignées sur la table, font ressembler la yourte à un bar original.

Il y a peu de cas de syphilis, à ce qu'on me dit. Abcès, maladies des yeux — les borgnes sont nombreux — parce que la fumée âcre du kisiak provoque des ophtalmies, quoiqu'on vive toujours aussi près de terre que possible pour l'éviter. Peu de tuberculeux. Le feldcher donne un onguent pour la cuisse du cheval de Capa.

Les faces larges et brunies des femmes sont rieuses. Elles se promènent tout en filant et, d'un coup de main, font tourner le fuseau contre leur cuisse. L'une d'elles a une bague en argent ciselée et une broche chinoise qui comprend un cure-dents, un cure-oreilles grand comme une petite cuiller et un cure-ongles, le tout finement ciselé.

Elles s'amusent beaucoup de nous voir nous baigner dans le ruisseau où nous nous lavons la tête. Moment incomparable : sentir l'eau argentée vous envelopper tandis que le regard se pose sur les sommets de neige…

Un gamin chevauche un petit yak gris à queue opulente, drôle d'animal bossu qui fait penser aux bisons poilus. Il donne un lait gras peu abondant mais très épais.

Deux gardes-frontière qui dépendent d'une base de la Guépéou proche s'arrêtent sous notre tente. En échange de nombreux argalis abattus, ils ont reçu des articles d'exportation : grammophone, accordéon, balalaïka et cigarettes qui font nos délices. Il y a longtemps que nous sommes réduits, comme tous les Russes, à rouler du tabac dans un bout de journal.

— Mais pourquoi avez-vous une base dans ces montagnes-ci ?

— Il faut aussi surveiller les cols les moins fréquentés qui mènent en Chine. La contrebande de l'opium va bientôt commencer, maintenant que nos récoltes sont faites.

— Est-ce possible qu'il y ait des carrioles dans la région. J'ai vu des traces de roues dans la poussière, dis-je encore.

— Non, ce sont des poutres pour la construction de notre bâtiment ; il y en a mille trente-quatre, que nous faisons traîner depuis Barskaoul, par des chameaux robustes.

Ils s'éloignent dans un galop, la mentonnière de leur bonnet pointu flottant derrière eux.

Agenouillés près d'une yourte, un groupe d'indigènes inclinent régulièrement leurs têtes jusqu'à terre. Je me précipite pour photographier ces musulmans fidèles qui prient sans doute. Je m'approche : ils foulent du feutre humide en le roulant sous leurs avant-bras ! Le feutre est ainsi travaillé après avoir été, encore à l'état laineux, enveloppé, traîné, piétiné à l'intérieur d'une natte de paille.

Au moment de partir, je m'aperçois que j'ai égaré l'écran jaune de mon appareil. Je le cherche et remarque soudain une vieille femme qui le tient devant son œil et regarde ainsi le soleil !

Au campement supérieur, un immense métier à tisser est installé. Tendus à leurs deux extrémités, les fils doubles de la chaîne s'allongent sur une trentaine de mètres. Une femme, genoux aux épaules, est accroupie, à cheval sur la bande beige en crin de chameau ; elle lance sa navette d'un côté à l'autre. Du haut de trois perches réunies en leur sommet, une corde soutient la planche qui soulève la chaîne et fait se croiser les fils. A espaces réguliers, d'un coup de battant poli, la femme resserre le tissu.

La bande étroite devient une gabardine sèche et imperméable comme celle dont sont faits les amples *tchapans* des hommes, manteaux raglan portés par chacun. La commère qui tient compagnie à la tisseuse file, sa laine brute massée sur le dos de la main.

Je souris en pensant que cette étoffe ferait fureur chez nous où l'élégance suprême est d'avoir des tissus faits à la main !

On m'observe amicalement. Un gamin aux jambes arquées, aux

revers de manteau ornés de deux douzaines de boutons de nacre, vient s'amuser avec moi. Quelques rares cheveux sortent de son bonnet.

Il veut à tout prix mettre son doigt sur mes dents aurifiées et chaque membre de la famille se précipite pour admirer le travail de mon dentiste !

La fileuse regarde dans le viseur de mon appareil ; elle a compris et fait un signe de la main pour indiquer que tout est rapetissé. Je ne peux déjà plus compter tous ceux qui ont placé cet appareil devant leur œil ! Les uns trouvent tout de suite comment on procède, d'autres s'obstinent à garder le viseur trop éloigné — tous sont impressionnés par l'étrange objet.

Les hommes, bien sûr, ne font rien et surveillent la scène en souriant.

Dans une yourte, un malheur a dû arriver : des cris s'élèvent, des lamentations. Un cavalier est venu de la plaine, sa bête ruisselle encore tandis qu'il boit du koumouiss. Il a annoncé un deuil, Zahissa a perdu son frère. Contagion : de toutes les yourtes montent des cris de détresse pendant dix minutes environ. Le cavalier exténué se couche à plat ventre pour se faire piétiner le dos et les reins par un enfant ; remède ingénieux contre les courbatures et que je me vois mettant en pratique par exemple à la fin d'un match de hockey ou d'une course de ski ! L'homme rentre dans la yourte, se tourne vers le sud-ouest, s'agenouille, passe ses mains sur son visage, prie en silence et touche la terre du front.

C'est la seule fois, pendant tout mon séjour dans les montagnes, que j'ai remarqué quelqu'un en prière.

Le crépuscule vient. Je vais, avec Mme Issil Khan à figure de Chinoise, rabattre les juments vers la poulinière, lui portant son seau à goulot en cuir repoussé. Au milieu d'un pré les jeunes bêtes sont attachées à une corde fixée en terre. Rusée, ma compagne s'approche d'une jument et lui passe brusquement un licol dont une boucle sert à soulever une patte de derrière, empêchant tout mouvement. Le poulain amorce la tétine, puis la femme trait, genou en terre. Après, elle rend la mère à son petit.

La préparation du koumouiss est un art d'origine mongole. L'outre est propre à conserver les ferments ; le cuir a été tanné au-dessus de la fumée ; le breuvage pique comme un frais vin blanc vaudois. Au nouveau lait on mélange toujours un tiers du lait de la veille ; puis on le laisse reposer dans la tiédeur de la yourte avant de le baratter.

Seul le lait de jument ne fait pas de grumeaux en fermentant ; le koumouiss est alcoolisé pendant les six premières heures, puis tourne en acide lactique.

Tandis que je me rôtis la face et que mon dos gèle d'autant plus par contraste, on me raconte l'histoire du manap Kendeur, le dernier patriarche.

Homme intelligent, tenu aujourd'hui pour un saint, il avait été nommé chef des Kirghises. Avant la grande insurrection de 1916 dont j'ai déjà parlé, une délégation lui rendit visite pour lui demander quelle était son opinion.

— Apportez-moi un seau plein de sable, dit-il.

Lorsque le seau fut devant lui, il prit une poignée de sable qu'il relâcha aussitôt en disant:

— Maintenant, retrouvez les grains que j'ai eus en main!

Cela signifiait clairement : «Nous sommes submergés par les Russes et ne pouvons rien faire contre eux ou sans eux.»

Avant que la révolte n'éclatât, il partit en Chine avec tous les siens. Cela représentait un grand nombre de familles, le manap ayant sous sa protection tous les parents pauvres et les faibles. La tribu de Sarabaguich, le plus riche manap, comptait 700 yourtes.

Plus tard, Kendeur revint dans sa région d'Ak-Sou, sans avoir à subir la moindre représaille. Lorsqu'il mourut, en 1927, une foule innombrable assistait à son enterrement; on compta même que 5 000 Russes vinrent lui rendre un dernier hommage.

Les manaps principaux, environ 150 pour la région de Karakol, s'occupaient des problèmes d'ordre général. Les frontières de la Syrte étaient connues de chacun, délimitées par l'usage depuis des temps très anciens, et les nomades retrouvaient chaque année leurs pâturages. L'herbe étant plus rare que dans les Alpes, les déplacements sont plus importants que ceux nécessités par notre transhumance, mais réglés par les mêmes lois. Pour être véridique, il faut abandonner la croyance à des nomades libres, allant toujours de l'avant où bon leur semble.

Maintenant, la Syrte, propriété de l'État, a reçu de nouvelles délimitations, pas toujours pratiques. Les chefs des fermes collectivisées ne savent pas encore ordonner les changements de pâturage au bon moment. Ils ont engagé les Kirghises pour soigner le bétail; ceux-ci se croient exploités et travaillent mal, le bétail diminue.

Bien des erreurs ont été commises, car on estime que le cheptel n'est plus qu'un tiers de ce qu'il était. Au moment du grand partage, on distribua des animaux aux familles pauvres; parfois, celles-ci ne surent pas s'en occuper, ils périrent ou furent transformés en viande de boucherie afin de permettre un profit immédiat.

D'autres réquisitions servirent à former des domaines d'État où le bétail arriva avant que personnel ou étables fussent à même de les accueillir. Des pertes furent encore à enregistrer.

Ou encore dans les champs, les tracteurs firent disparaître les bêtes de trait. La machine faisant le travail, on aurait pu paraître koulak en gardant les chevaux: on s'en débarrassa. Si le moteur avait une panne, le travail était interrompu. A ces récriminations des mécontents, les nouveaux fonctionnaires consultés me répondent qu'il s'agit d'une période de tâtonnements inévitables lors de pareilles expériences et que l'adaptation commence à s'effectuer.

Les dirigeants se rendant compte du danger, une grande propagande a lieu en ce moment en faveur du cheval, de la vache et du mouton.

EXPLORATION AU TAUREAU BLANC

Descente d'une falaise le long d'un sentier croulant. Rivière importante qu'on traverse à gué, d'un pas hésitant, l'oreille assourdie par la rumeur de l'eau hérissée. Effroi créé par ces eaux opaques qui tout à coup seront peut-être profondes…

Route à l'est, droit vers la Chine et la chaîne du Kokchal qui en marque la frontière. Tout récemment, cette région était encore une zone franche n'appartenant à personne.

Nous nous enfonçons dans la gorge du Kaitché dont nous remontons le cours d'eau, passant incessamment d'une rive à l'autre. Nos chevaux se refusent à franchir une marche rocheuse au milieu de l'eau vive; nous les abandonnons à Mattkerim qui les fait passer un à un, dans le torrent jusqu'au poitrail, tandis que nous faisons de la varappe sur les rochers de la falaise.

La vallée s'évase. Dans un éboulis de cailloux, je découvre avec émerveillement une sorte de rosier sauvage; les fleurs rouge foncé, déjà fermées, ressemblent à de petites tulipes qui pousseraient sur un chandelier à plusieurs branches.

La pluie crépite, à peine avons-nous eu le temps de dresser notre tente dans un petit pré. Capa se couche aussitôt avec des douleurs d'appendicite. Les primus fonctionnent et réchauffent l'atmosphère.

— Tu es bien douillette, me dit Mila parce que j'arrache une touffe d'herbe sous mon sac de couchage — il faut pouvoir dormir sur n'importe quoi!

Un coup de fusil nous réveille! Sommes-nous attaqués par des bassmatchis? Non, c'est le matin, Djokkoubbaï revient de la chasse : il a blessé en vain un bouquetin. A vrai dire, je crois qu'il est allé reconnaître la route à suivre, car il n'est encore jamais venu ici.

La vallée est fermée par une montagne haute et abrupte, pyramide coiffée d'un glacier. Nous devons bifurquer à gauche vers le col de Djengart; mais Djokkoubbaï s'engage à faux dans un ravin secondaire et nous regagnons la vallée principale.

Là, une plaque d'herbe très verte est écrasée encore par un poids parti depuis peu.

— Un ours a dormi là, dit Mattkerim qui a repéré les excréments de la bête.

Grande excitation : de chaque trou de rocher, nous voulons faire un antre à explorer. Des traces les relient entre eux, sans doute faites par des bouquetins.

Enfin nous trouvons la vraie vallée et nous nous y élevons rapidement. La piste que nous venons d'abandonner continuait entre deux grandioses parois rocheuses et arrivait bientôt au col de Kaitché, porte du Sin-Kiang. Un peu plus loin à vingt kilomètres, et à gauche, c'était le premier poste chinois ! Magie des mots ! Inconsciemment j'étais prête, je le sais, à suivre quiconque serait alors passé, allant vers l'est.

Mattkerim est plein de sollicitude pour le nez rose de son cheval, tout crevassé par les coups de soleil, paraît-il. Il le badigeonne avec une pommade noire à l'ichtyol donnée par le feldcher et, dernière protection, il plaque un papier sur le tout !

Les dernières herbes sont dépassées. Deux versants se rencontrent et nous restons sur leur ligne de jonction : à gauche une montagne en gravier schisteux noir, à droite un glacier couvert de neige blanche éclatante, calotte régulière d'un sommet invisible.

Du côté du Kaitché, deux pointes jumelles tout en glace jaillissent dans un envol audacieux. Ce sont elles, sans doute, les deux lames acérées qui firent nommer le col Kaitché — les Ciseaux.

Au Djengart, nous sommes environ à 4 770 mètres d'altitude et plongeons du regard au nord, dans une vallée encaissée, secrète et inhabitée. A gauche, traînées verticales rouges, bleues puis jaunes, de gigantesques pentes de cailloux sur lesquels nous dérapons. A droite, paroi de rocs majestueux au pied de laquelle serpente un glacier-rivière qui se casse en séracs après être venu d'un sommet isolé comme le Cervin. Il faut descendre à pied, les jambes des bêtes tremblent. Sur la moraine, les sabots crèvent des flaques gelées.

Mattkerim a tiré deux poules de montagnes, grosses bêtes dodues au plumage moucheté. Incessante, la descente continue, fatigante pour les genoux. En face de nous, dans une brèche de la montagne, un glacier a débordé et pend au-dessus de la vallée grise.

Après avoir dressé le camp, nous trouvons avec peine un peu de crottin de cheval pour notre feu : il n'y a que de rares chasseurs qui viennent ici, et avec une permission spéciale.

— A Moscou, lorsque je verrai des crottes bien sèches, j'irai instinctivement les ramasser, remarque Volodia.

Des rafales de neige, intermède journalier, nous envoient sous la tente.

On nous observait sans que nous le sachions. Nous l'apprendrons plus tard en offrant l'hospitalité à Osman, Kirghise armé d'une *vintovka* à fourche (fusil).

— Je me suis caché quand je vous ai vu descendre. J'ai pris vos bâtons pour des fusils nombreux et cru que nous étiez des bassmatchis. Mais en voyant le feu et la tente j'ai été rassuré.

— Y en a-t-il par ici?

— Sait-on jamais? Voulez-vous de la viande? J'ai caché un demi-bouquetin sous la grosse pierre carrée, là-bas. [...]

Au petit jour, branle-bas: il s'agit d'aller reconnaître, à l'est, le col d'Ak-Ogouz qui mène au Sin-Kiang.

A cheval, nous traversons la rivière, nous élevant ensuite lentement d'étage en étage, sur une moraine. A chaque palier on traverse le lit plat d'un lac desséché.

Au pied d'un glacier, fleuve qui s'étale, nous choisissons la moraine latérale à notre gauche. Les poules courent sur les hauteurs comme autant de lapin folâtres. Pied à terre; nous quittons Mattkerim et les chevaux.

On repère des traces de passage sur les cailloux, et, jalonnement macabre, des ossements. On ne fait pas cinquante mètres sans voir des côtes, des sabots, des vertèbres de bétail.

L'autre rive est dominée par une dent gigantesque, semblable à l'Aiguille-Verte, dont toute la face nord est plaquée d'un glacier hérissé.

Notre moraine a la forme d'immenses vagues de pierre; à chaque reprise, il y a un petit plateau d'une dizaine de mètres carrés, blanchi par des os éparpillés.

Chacun de ces replats a dû servir d'abri aux nomades fuyant avec leurs troupeaux exténués. Ce devait être en hiver parfois; sous la neige, les bêtes ne voyaient pas les fondrières dressées par chaque caillou. Affamées, elles mouraient où elles se couchaient. Des crânes de chevaux apparaissent à demi ensablés.

Après le soulèvement national de 1916, alors que les Cosaques exterminent les Kirghises, tous ceux qui le purent passèrent au Sin-Kiang. Mais, là-bas, les Chinois n'avaient aucune raison de protéger ces Kirghises musulmans, d'origine turco-mongole: leur bétail fut volé peu à peu. Dénués de tout, ils décidèrent alors de rentrer chez eux. C'était l'hiver, ils périrent en route par milliers.

Ceux qui atteignirent leurs villages trouvèrent sur leurs terres des Russes qui ne leur vinrent pas en aide, bien sûr.

Révoltés à nouveau, les Kirghises affamés se vengèrent comme ils purent. C'était la fin de la grande année 17; peu à peu, les Russes démobilisés revinrent du front, devenus Rouges après la révolution. Trouvant à chaque pas des marques de ravages, ils usèrent de représailles, se livrant à leur tour à des exécutions.

Ceux qui ont vécu alors à Karakol m'ont dit:

— Ce fut atroce, on ne peut pas en parler: il n'y a pas de mots pour les choses qui se sont passées.

— Mais au début de cette révolte, y eut-il seulement cette opposition au service militaire?

— La vérité n'est pas bonne à dire: les temps ne sont pas révolus. A la Douma à Pétersbourg en novembre 1915, il y eut trois interpellations déposées : par une faction de socialistes, par les cadets et par les musulmans. Elles restèrent sans réponse et en février déjà, la révolution éclatait.

Selon la version officielle, ce sont des agents provocateurs qui sont la cause de tout: le tsarisme avait alors besoin d'un prétexte pour sévir.

Quoi qu'il en soit, des malheureux passèrent sur les traces mêmes que je suis. Pourtant, ce col est peu fréquenté à cause de son élévation — environ 4900 mètres — et d'une rimaye dans le glacier près du sommet.

La moraine s'arrête, nous sommes sur une immense plaine de neige, encerclée de montagnes. Nous montons lentement vers la rimaye que nous passons encordés, à plat ventre, en jetant un coup d'œil dans la faille obscure.

Encore quatre cents mètres de neige profonde à brasser : nous sommes au col, arête semée de cailloux sur lesquels nous nous asseyons.

A nos pieds, sans neige, un vallon de gravier noir descend rapidement. Là, plus que quelques kilomètres avant d'arriver à la première ville chinoise, Tourfan [Uch-Tourfan].

Mais, levant les yeux, regardant droit devant nous par-dessus ces contreforts secondaires, quel est ce poudroiement jaunâtre qui, régulier, monte à l'assaut du ciel comme une mer de poussière? Une imperceptible ligne d'horizon se devine là où le jaune se mue en bleu du ciel : ce ne peut être que le Gobi, l'océan de sable sans limites, le Takla Makane terrible…

Voici à mes pieds l'un des buts que je m'étais proposés: les montagnes chinoises habitées par les Kirghises, le Sin-Kiang bouleversé par des courants opposés. Plus loin m'appellent Koutcha, Bäzäklik, les grottes aux cent mille bouddhas, les fresques tokhariennes qui font revivre toute une aristocratie indo-européenne dont la civilisation étonnante florissait au VIIe siècle…

J'ai avec moi tout ce qui m'est essentiel, à l'exception de mon sac de couchage. Je pourrais partir seule pour Tourfan, quelques kilomètres à pied ne sont pas pour m'effrayer. Seulement, je n'ai pas de visa; à Berlin, à Moscou, on m'a dit qu'il fallait compter cinq à six mois pour obtenir une réponse d'Ouroumtchi, la capitale.

Que ne donnerais-je pour aller plus loin, vers l'inconnu!

«… l'aventure n'est pas ce qu'on imagine, un roman. Elle ne s'apprend pas dans un livre. L'aventure est toujours une chose vécue, et pour la connaître il faut avant tout être à la hauteur pour la vivre, vivre et ne pas avoir peur!» a écrit Blaise Cendrars.

Quelle joie ce serait de descendre là, de couper les ponts derrière soi, marche grisante vers l'inconnu aux mille visages...

Non, je n'ai pas assez de cran! Pour une fois je me laisse impressionner par ce que les gens m'ont prédit: emprisonnement immédiat comme personnage suspect.

Droit au nord des Indes, c'est ici le 80e degré de longitude, presque sur la même ligne que Delhi!

Triste demi-tour, dos tourné à mon désir, longue descente sous un ciel tourmenté.

TACHKENT

Foule bigarrée à la gare. J'arrive à porter mes sacs, l'un sur le dos, l'autre sur l'épaule, le bras opposé passant par-dessus la tête pour empêcher le poids de glisser.Tram jusqu'à la place Voskrochensky. Plus loin, à la Ikanskaya, le bureau de la «base» est encore fermé, j'y entre par la cour et me fais du thé. Une employée arrive, déjeune d'une pomme et de pain. Le secrétaire vient, je montre mes papiers et il m'envoie à la vraie «base».

Encore pris le tram à la rue Lénine; il quitte la ville russe, avenue bordée de peupliers, aryks et maisons basses. A l'entrée de la ville indigène, je descends à Chai Khan Taour.

Quelques marches; après une porte à coupole, passage dallé aux échoppes de perruquiers, avenue de peupliers où les Ouzbeks alignés vendent des pommes, des raisins, des lipiochka, des carottes coupées, des friandises de confiseur. Mosquées désaffectées, technicum dans une maison basse où je vois par la fenêtre les élèves devant leur table, grande estrade de tchaï-khana en plein air, avec des portraits de chefs de l'URSS cloués sur les montants, une ruelle... Il faut que je m'arrête pour me reposer. Enfin, je débouche dans la seconde Djarkantcha; au 58, une cour plantée d'arbres, une galerie dont l'une des deux chambres, réservée aux femmes, compte une dizaine de couchettes. Une jeune fille me reçoit et me donne le dernier lit disponible. Cette «base» était autrefois l'itchkari, le logement réservé à la partie féminine de la maison d'un riche bek.

Pour manger, il faut aller en ville, mais ici je retrouverai chaque soir mes voisines, journalistes, économistes, étudiantes; quelques-unes ont un mari, qui vit dans la chambre voisine. Nous échangeons nos impressions et nous nous faisons part de nos découvertes.

Pilniak qualifie Tachkent de ville extraordinairement ennuyeuse; il parle sans doute de la moitié russe de cette immense capitale de

500 000 âmes, si tant est qu'on peut, comme dit Kisch, compter au nombre des âmes les communistes qui la nient et les femmes musulmanes auxquelles le Coran en refuse une.

Mais pour la première fois, je me trouve dans une grande agglomération orientale et, avant que tout ne soit modernisé, je m'empresse de voir ce qui reste de la vieille vie.

Tout me surprend : les étroites rues pavées, coudées en labyrinthes, le nombre de femmes voilées, silhouettes de cercueils dressés, avec le contour raide et monolithique du parandja. Sur les têtes, un paquet ou une corbeille en équilibre. Cela n'a aucun sens de parler de voile : c'est treillis qu'il faudrait dire, tant est rigide et sombre cette toile en crin de cheval qui leur blesse le bout du nez, qu'elles pincent entre leurs lèvres lorsqu'elles se penchent pour regarder la qualité du riz qu'on leur offre, le regard pouvant seulement filtrer lorsque le tchédra est perpendiculaire devant les yeux. A l'endroit de la bouche, un rond mouillé reste marqué lorsqu'elles se redressent, que les nuages de poussière ambiante viennent vite poudrer. Usés, les tchédras sont roux et crevés, comme mangés des mites… La plupart des femmes ont des robes courtes, des bas et des souliers manufacturés.

En voici trois, tas mauves et gris sur le plateau d'une carriole, harem qui déménage, sans doute ; en veston, coiffé du calot brodé, accroupi sur le dos du cheval, les pieds sur les brancards, est-ce le mari ?

L'*arba*, le véhicule indigène, me plaît beaucoup avec ses immenses rayons ; il n'a que deux roues, de plus de deux mètres de haut, pratiques pour rouler dans la boue haute ou le sable profond ; elles ne sont pas cerclées de fer, mais d'énormes clous à tête ronde les garnissent, étincelant au soleil et laissant dans la glaise humide une curieuse empreinte de crémaillère. Les brancards sont si haut placés que je crains toujours qu'ils basculent et soulèvent le cheval !

On entend courir les petits aryks souterrains ; à un carrefour, leur eau alimente un étang opaque ; l'harmonie des couleurs est belle : vert sombre de l'eau à l'ombre, vert clair au soleil, vert argent de la touffe ronde d'un saule, jaune de la poussière des murs en terre, et jaune-blanc de quatre arbas abandonnés au pied du mur, brancards à terre.

La rue est obstruée par l'immense charge de foin rectangulaire, plus large que haute, posée sur un chameau à jabot et à noirs « manchons » latéraux. L'homme est perché au sommet.

J'essaie de gagner Ourda, la ville indigène, par un chemin détourné et je m'égare à plusieurs reprises.

Voici une porte ouverte au milieu d'un mur ; petit donjon-minaret au-dessus de la porte ; j'entre. A droite, un jardin avec un tremble, figuiers, cactus, étang. A gauche, grande véranda soutenue par deux rangées de colonnes cannelées en bois, fermée à mi-hauteur par une barrière en bois ajouré : sol recouvert de nattes devant le *mirhab*, la niche orientée vers La Mecque, devant laquelle on priera, car c'est une mosquée. Les murs sont des panneaux plâtrés. Calme, soleil, solitude… Je rêve les yeux errant vers les caissons du plafond sculptés et enluminés de dessins en arabesques. Je m'imagine que les plafonds des temples chinois sont semblables.

Voici le va-et-vient de la foule, des vendeurs de sorbets, d'eau gazeuse, les barbiers qui opèrent au coin de chaque maison: nouveau condamné, le patient penche la tête en avant et ses cheveux tombent dans la serviette qu'il a autour du cou et qu'il tend en avant.

Devant la boulangerie, une file imposante attend l'ouverture de la porte; contre le trottoir, les pains noirs s'empilent dans un arba à toit arqué. Les hommes sont vêtus du khalat, ample manteau ouaté aux rayures verticales vertes, mauves, noires et blanches qui font ressembler leurs manches à d'énormes chenilles. Le grand fichu qui sert de ceinture inscrit son triangle dans le dos.

Un pont enjambe une eau verte; de la berge s'élève une ruelle assez raide à côté d'une mosquée à véranda. L'autre rive montre à nu le sable jaune de sa falaise entre les poutres et pilotis qui soutiennent de misérables masures sur le point d'être détruites. La crise du logement est due en partie à toutes ces démolitions dans la vieille ville, les reconstructions n'allant pas aussi vite que prévu.

Sept barbiers opèrent côte à côte, enroulés dans leur tablier de garçon de café; l'un d'eux, un vieux, a une barbiche pointue et blanche, des lunettes de fer sur le nez, et sur le front, sortant de sous son calot collant, un brin de fenouil. Son client plisse un front pitoyable : la moitié de son crâne est couverte d'une toison noire épaisse et l'autre côté brille, tout blanc.

Un saule pleureur se penche sur l'eau rapide d'un aryk central dans lequel un porteur d'eau vient remplir ses deux seaux pendus à un gros bâton; puis l'eau s'engouffre sous l'estrade d'une fraîche tchaï-khana, où les brochettes de mouton grésillent sur un brasero.

La rue monte vers le dôme immense d'une mosquée et passe sous un portique orné de banderoles rouges. La foule est une cohue qui gêne la marche. Voici la rangée des vendeurs de tabac, leurs feuilles jaunes en tas par terre, sur un journal, à côté d'eux leur pipe, calebasse surmontée d'un fourneau et munie d'un long tuyau de bambou latéral.

Bagarre, deux hommes se tapent dessus; une marchande craintive se lève, emportant ses assiettes de beurre; je la suis, et pour quinze roubles lui achète un peu de sa pâte jaune et molle. Elle me dit: «C'est du pur beurre de vache…»

Des mangeurs accroupis en cercle ne se sont pas dérangés pour si peu. Une Ouzbek — fichu blanc, gilet noir sur son ample robe-chemise blanche — vend le plov, le riz gras aux carottes coupées, qui remplit une cuvette en émail recouvrant un seau à moitié plein de braises. On arrive, on tend un rouble, elle prend un bol au fond à peine garni et vous le donne avec une cuillère en bois; les jeunes et les Russes s'en servent, mais mon voisin barbu transforme le bout de ses doigts en creux fort utile. Mon autre voisin mange, gardant sur sa tête un grand sac plein de grains.

Devant moi, panier au bras, en compagnie d'une belle dame blonde, j'ai cru reconnaître la taille invaisemblablement serrée et les bottes en toile grise d'un de nos voisins à Tcholpan-Ata. Je le file; une rixe sauvage devant un kiosque qui vend du savon me le fait perdre. Je le retrouve et nous sommes fort étonnés de nous revoir ainsi.

— Oui, notre voyage dans la Syrte a été splendide, inoubliable; et vous-même, avez-vous bien terminé vos vacances?

— Mais figurez-vous que je sors de l'hôpital après une forte dysenterie, je ne sais pas ce que j'ai pu manger.

— Et vous avez été bien soigné?

— Oh! oui, je ne peux pas me plaindre.

— Et où allez-vous ainsi?

— Je cherche un morceau de viande pour la soupe.

Nous sommes sous la halle aux bouchers; pour gagner chaque étal, il faut percer un quintuple cercle de chercheurs.

— C'est tout du chameau, me dit-il.

En effet, je reconnais ces immenses côtes peu arquées, semblables à celles qui jonchaient les pistes des T'ien Chan.

— Quel en est le goût?

— Oh! ce n'est pas mauvais, mais je me suis mis en tête de trouver du bœuf, quoique cela coûtera plus cher, je pense, quatorze ou quinze roubles le kilo.

Je le laisse à son fatigant examen pour aller vers le coin des selliers; sur le trottoir, des cordonniers vendent ces bottes très souples que portent les femmes à l'intérieur de leurs galoches. A Paris, Vera m'a demandé de lui en rapporter une paire.

— Quinze roubles, dis-je.

— Non, vingt, cuir... très beau!

— Quinze roubles, pas plus; coopérative douze roubles seulement.

— Coopérative peau mauvaise...

Tout cela est imprégné d'une odeur de poussière, de paille hachée, d'excréments de chameau, de cheval et d'homme, ces derniers reconnaissables à leur relent douceâtre.

Je quitte ces vendeurs inflexibles pour aller me reposer dans une tchaï-khana: on y sent la moindre brise qui passe. Un Russe et un Ouzbek parlent à côté de moi. Le Russe parti, j'offre un morceau de sucre à l'homme que je trouve sympathique et que j'aimerais faire parler.

— Oui, dis-je, la vie est bien intéressante ici; je viens de loin pour vous rendre visite et voir comment ça fonctionne; mais diable! Le plov est bien cher!

— Ah! vous venez de là-bas! Chez vous, en Frankistan, le riz pousse-t-il? Savez-vous ce qu'ils ont fait ici? Ils ont donné l'ordre de planter le coton partout. Alors la charrue a passé, détruisant nos petites rigoles de rizières, établies et entretenues depuis longtemps avec tellement de soin. Après, quand ils ont vu que le blé ne venait pas facilement, ils ont dit: «Replantez un tiers de riz.» Mais maintenant on ne peut plus, toutes les rigoles sont mortes... Et encore, savez-vous, les clés? Autrefois on n'en avait jamais vu; tout restait ouvert, maisons et magasins. Maintenant on se ruine en cadenas et on vous vole à tout moment.

Voulant visiter le club féminin, je reviens par une rue parallèle, à chaque instant en arrêt devant des types humains captivants, pâles Iraniens à moustaches noires, Tziganes basanés au large front osseux, Tadjiks qui me rappellent les visages rencontrés en Méditerranée, dix femmes assises sur un trottoir; toutes les dix derrière leur treillis noir ont sur les genoux une pile de tjibitjéikas à vendre. Des quartiers de cheval sont accrochés au coin d'une maison.

Près de deux splendides dromadaires accroupis, un Ouzbek s'affaire; la ligne fière de leur mufle aquilin n'est pas abîmée par un trou, ils n'ont qu'une muserolle faite avec une chaîne.

Un couple aveugle avance, bâtons tendus et jouant de l'accordéon.

Au coin de la place, une grande imprimerie. Dans un square, devant une ancienne médressé (université musulmane), une statue de Lénine, le bras pour toujours dressé; encore quelques pas, voici le club, bâtiment qui ressemble à une école.

A un gardien qui ne comprend pas le russe, je demande le camarade Achmetof. Dans une classe au premier étage, une leçon de lecture est donnée au moyen d'une petite brochure qui raconte l'histoire du prolétariat. Quinze jeunes femmes et fillettes s'appliquent; leurs parandjas et le treillis du tchédra sont empilés sur les rebords des fenêtres. Leurs sourcils épais sont réunis par un trait noir artificiel, car il paraît que des sourcils joints sont signe d'un tempérament passionné; elles ont le type des Turques ottomanes, face pâle et ronde aux grands yeux.

Pour ne pas les déranger, j'ai pris place sur un banc et tâche de me faire oublier; ma voisine allaite un petit garçon couché dans sa couverture, nu, si ce n'est une trop courte blouse à col marin; de sa main droite, tantôt elle suit le texte, tantôt elle immobilise les pieds de son petit matelot!

J'attends la fin de la leçon; elles remettent leur parandja sur leur tête. Comme je m'approche pour examiner un tchédra, elles m'en tendent un en me faisant signe de le mettre, ce qui les remplit de joie.

L'instituteur en veston, après leur avoir expliqué que je viens de loin, me montre la pouponnière, la salle des visites médicales, la bibliothèque. Au rez-de-chaussée, grande salle de spectacle.

— Ce soir, il y a une réunion de conférences, vous devriez revenir.

— Non, merci, je ne suis pas libre.

Je n'ose pas lui dire que ces éternelles conférences m'ennuient, elles sont toutes identiques, que ce soit à Naltchik, à Karakol ou à Moscou, elles me font penser aux moulins à prières tibétains : nécessité de développer la culture chez les indigènes, d'éduquer les masses, d'édifier le socialisme grâce au nivellement des classes, le socialisme dont seul l'avènement sauvera le monde de la faillite capitaliste.

Même si c'est notre salut à tous, il faudrait l'orchestrer avec un peu plus de variété.

Après d'innombrables détours dans la vieille ville, nous arrivons chez l'instituteur; j'ai voulu voir comment vivait sa femme. Au fond d'une impasse obscure, le mur est percé d'une porte : cour minuscule, limitée à gauche par une paroi en osier, à droite par un péristyle; en face, la chambre propre, où le seul meuble est un petit lit, sûrement fait d'une planche tant il est dur.

Par terre, une pile de livres scolaires. Les murs partagés en panneaux symétriques et plâtrés sont creusés de petites niches pour bols, théières, assiettes; sur le sol, un tapis, un coffre, des couvertures. Une nappe est posée sur le tapis; la cuisine se fait dehors; la femme — pieds nus, laissant ses babouches à l'entrée — apporte sur un plateau de cuivre la soupière contenant le lapcha. Nous mangeons avec des cuillers de bois.

La jeune femme me plaît : mince sous sa robe vague, grands yeux vifs, taches de rousseur, longues tresses châtain clair de cheveux frisés, elle est expressive et je la devine intelligente. Mais elle ne sait pas un mot de russe. Son mari me dit :

— Vraiment, vous la trouvez jolie? Moi pas. Elle étudie au Technicum pédagogique. Bien sûr, elle n'est plus voilée.

La jeune femme attend, pour manger et boire, que son mari ait fini. Par terre, son bébé joue avec un soulier.

Nous ressortons sans que le mari lui ait dit au revoir.

La distribution d'eau se fait partout grâce aux aryks; on commence seulement à établir des canalisations et colonnes montantes dans les quartiers bien construits. C'est un travail colossal, car la ville couvre une superficie immense, les maisons n'ayant pas d'étage par crainte des tremblements de terre.

Je termine la soirée au théâtre ouzbek; une troupe indigène y donne une adaptation fort intelligente de *La Fontaine aux moutons* de Lope de Vega, pièce que j'avais vue excellemment jouée à Moscou il y a deux ans par la troupe du théâtre juif blanc-russien lors des premières Olympiades théâtrales.

CHEZ UN DÉPORTÉ ANARCHISTE

Chaque soir je vais chez lui.

Si j'avais su alors qu'il devait mourir peu après, combien j'aurais osé poser de questions et attaché une plus grande importance à ses paroles! Que nos rapports avec ceux que nous estimons seraient différents si nous pensions toujours leur parler pour la dernière fois!

Mais alors, je le laisse surtout raconter à bâtons rompus, évoquer le passé, sa vie à Genève où il était réfugié pendant la guerre. Il me disait:

— Vous connaissez ce petit restaurant sur la plaine de Plainpalais? J'y allais toujours manger des fondues!

Âgé de cinquante-deux ans, il est grand, fort, front puissant, moustaches blondes, yeux un peu trop ouverts, de tempérament vite excité.

— Nicolas, ne t'emballe pas, lui dit sa femme pâle, trop pâle, digne, sûre d'elle, qui rit parfois facilement et semble alors une toute jeune fille blonde.

Des deux, elle seule travaille dans un bureau; il faut que sa paie suffise au ménage. Le soir, elle prépare le souper quand elle rentre. Pour gagner leur chambre, il faut passer par la pièce du propriétaire dont seul, en guise de porte, un pan d'étoffe nous sépare. A cause du voisin, il faut se méfier de ce que nous disons en russe; il est à l'affût d'un prétexte pour renvoyer Nicolas et donner sa chambre à l'un de ses amis.

Pour que nos conversations en français n'excitent pas trop sa curiosité, Anna lui dit que nous nous sommes connus jadis en exil.

Sans que Nicolas comprenne pourquoi, on lui est hostile. Les emplois qu'il postule lui sont refusés; il a pourtant prouvé son intelligence dans un domaine éloigné de la politique anarchiste, puisqu'il a travaillé des années à l'Association scientifique caucasienne de Tiflis qu'il a fondée; il parcourait alors les montagnes pour ce travail. Il est las de voir chaque espoir avorter, me confie Anna.

Aussi est-ce avec enthousiasme qu'il envisage de sortir de l'impasse, selon ma suggestion: né en Russie, il a adopté un nom russe au début de sa vie de militant anarchiste, mais il est de nationalité tchèque par son père. Avec l'intervention de Masaryk qu'il a autrefois bien connu, il pourrait obtenir son rapatriement.

— Et Anna? fis-je.

— Elle me suivra tôt ou tard; ce ne sera pas la première fois qu'elle passera une frontière interdite pour me rejoindre. Sous Kerenski déjà, elle a réussi à pénétrer en Russie pour venir soigner les blessés, pressentant la Révolution d'octobre. Sur le point d'être trahie, elle a su froidement abattre un officier.

— Qu'il aille, s'il le peut, dit-elle. Il faudrait qu'il se soigne. Arrêté à Tiflis, sans que nous ayons jamais bien su ce qu'on lui reprochait, il a pourtant été condamné à trois ans de prison; mais comme il souffrait des suites d'une pleurésie, au bout de deux ans on lui a permis de venir à Tachkent.

— Oui, j'avais attrapé cela en 1923, lorsque je faisais de la propagande à Kaboul. Je venais à peine de me remettre d'une forte attaque de malaria qui m'avait obligé à quitter Angora où je travaillais pour notre département d'informations.

— Nicolas, mange ton raisin... Et tu n'as pas bu ton thé!

— Ah! du raisin, en ai-je maraudé dans les vignobles du Valais! Vous savez, j'ai parcouru toutes vos montagnes à pied : quel souvenir merveilleux. Mon père, agronome, était aussi zoologue et de lui je tiens ma seule religion, la nature. Mais la vie était très dure alors pour moi à Genève. L'Internationale social-démocrate avait abandonné ses positions pour devenir chauvine, il y avait aussi une brèche dans l'Internationale anarchiste : Kropotkine appelait à l'aide pour défendre la Révolution française contre l'impérialisme germanique. J'avais foi en l'idée de Bakounine exprimée dans son ouvrage classique : *L'Empire germanique du knout et la Révolution sociale*.

« Nous décidâmes de grouper les collaborations des internationalistes anarchistes restés fidèles. Nous mettons nos derniers sous à publier le *Tocsin* (*Nabat*) que nous faisions pénétrer en Russie en fraude. Très mal payé, je travaillais alors dans une ferme comme jardinier, tout en suivant des cours de droit et de sciences sociales à votre Université.

« Ce n'est qu'après la Révolution d'octobre que j'ai pu avoir l'espoir de rentrer en Russie. Je me joignis au dernier groupe d'émigrés qui arriva à la forteresse de Dunabourg en janvier 17. Nous avons traversé la frontière dans un train exterritorial mené par le camarade suisse Platten.

« Et j'ai aussi parcouru les Pyrénées, l'Andorre et le sud de la France à pied. J'ai travaillé longtemps en Catalogne avec les ouvriers espagnols, pris part à la grève générale de 1911.

— Mais comment, ou pourquoi êtes-vous devenu anarchiste?

— Mon père avait déjà reçu une éducation démocratique. Puis nous avons habité en Ukraine dans le Donbass, région de mineurs et de paysans. Je m'intéressais à la littérature locale, aspirais à une rénovation avec les Cosaques Zaporogues et nous détestions l'impérialisme russe qui étouffait l'Ukraine. Ma mère était Russe.

« Alors, il y eut une grève du charbon, le gouvernement ayant excité les paysans contre les mineurs. Meurtres en masse et beaucoup d'ouvriers envoyés aux travaux forcés.

« A l'école, je suis devenu meneur malgré moi, faisant des conférences sur les mouvements révolutionnaires. Nous avions un répétiteur, Stroumiline, qui nous faisait beaucoup lire et nous connaissions bien le marxisme élémentaire. Tout en prenant des cours du soir, je me mêlai alors à la vie des ouvriers pendant plusieurs années, m'adonnant à un travail socialiste révolutionnaire. Pour terminer mon éducation de ce côté-là, je décidai d'aller à l'étranger. Ah! le *Roi-Alexandre Ier*, c'est le cargo sur lequel je me suis engagé à Odessa; bien sûr, il a fallu que je me dispute avec le capitaine; celui-ci donna mon passeport qui était faux à une agence chargée de me rapatrier. Mais je réussis à m'échapper dans un port de la Dobroudja.

— Mais, interrompt Anna, tu intéresserais bien plus Ella en lui racontant des histoires de Boukhara. Ella, savez-vous? Vous devez absolument obtenir une interview de Faïsoulla Khodjaief et essayer de le photographier avec son turban. Il est si beau que toutes les femmes en sont amoureuses.

— Faïsoulla le président du Conseil des commissaires d'Ouzbékistan?

— Oui, et l'un des sept membres du Comité exécutif central de l'URSS. Les bruits les plus étranges courent sur son compte. On dit qu'il est très riche, nationaliste enragé qui donne le change à Moscou d'une manière inconcevable; il semble être le meilleur des communistes, mais il aurait eu partie liée avec les Anglais...

« Je l'ai bien connu au moment de la liquidation de l'émir de Boukhara. Sous les ordres de Frounzé et de Kouibichef, je travaillais au bureau militaire de la Révolution. Comme secrétaire, j'étais responsable de l'affermissement du comité Jeune-Boukhare à la tête duquel était Faïsoulla. Il imitait le mouvement Jeune-Turc et aurait voulu obtenir une constitution sur la base du chériat. Peu à peu, les Jeunes-Boukhares se joignirent au Parti communiste; après l'ultimatum que Kolessof avait envoyé à l'émir Seid-Mir-Alim en 18, alors que nous avions dû reculer devant les paysans de la région, la tête de Faïsoulla avait été mise à prix par l'émir qui exécutait tous ceux dont il n'était pas sûr.

« Nos troupes ayant été victorieuses en 1920, je fus à la tête de la délégation qui se rendit à Boukhara, République nationale populaire, dont Faïsoulla était président. Ce n'est qu'en 24 que la République soviétique d'Ouzbékistan a été formée avec les districts de Khiva, Boukhara, Samarcande, Tachkent et le Ferghana.

— Mais qu'y a-t-il là qui le rende suspect?

— J'oublie de dire qu'en 18, le gouvernement soviétique du Turkestan l'avait expulsé. Il s'était sauvé à Orenbourg, où l'ataman

Doutof, qui était un chef blanc, l'arrêta. Mais il le libéra après avoir obtenu de lui des renseignements très importants sur Tachkent. A fin juillet, Faïsoulla part pour Moscou afin d'y défendre ses karakuls d'une valeur de cinq cent mille roubles. Il en revient transformé en bolchevik.

— Et comment a-t-il gagné la confiance du Parti ?

— Mais je ne sais pas s'il la possède, cette confiance. Trois fois il a été menacé d'expulsion. En 25, il était contre la réforme agraire, puis il était opposé à l'« ouverture » des femmes — il a lui-même deux femmes, une à Tachkent, l'autre à Boukhara — et troisièmement, il était contre la politique des kolkhoses. Il s'était tiré chaque fois d'affaire en écrivant une lettre d'excuses. Mais les bolcheviks ont besoin de lui : comme trait d'union entre eux et les indigènes. Aujourd'hui il est le seul représentant de l'ancien comité révolutionnaire Jeune-Boukhare.

— Croyez-vous que les Ouzbeks soient capables de se gouverner par eux-mêmes ?

— Certainement, un jour ou l'autre... Ils sont tous d'une ambition folle : avant même de savoir bien écrire, ils veulent être chefs d'un service et méprisent les emplois subalternes. Là où en Europe il faudrait une personne seulement, il en faut ici quatre au moins : mauvais rendement du travail, mais il est étonnant déjà qu'il y ait du travail de fait, ne l'oublions pas. Ils sont très fiers d'être dans un bureau, mais si on leur donne une place responsable, ils sont craintifs et n'osent pas agir. J'ai vu une lettre au bas de laquelle un chef avait écrit : « Suis d'accord, mais ne peux pas signer. » En 23, le président de l'Exécutif Akhoun Babaef était encore illettré. Ikramov, secrétaire du Parti, indique 48 % d'illettrés en 1933 dans les membres du Parti, selon les données officielles du bureau de l'Asie centrale.

— Et que disent les « nationaux » de ce que la vie soit si chère ?

— On leur montre l'électricité, les conduites d'eau, les écoles. On leur explique que le deuxième plan quinquennal fera face aux demandes décuplées d'articles courants...

— A la poste, l'autre jour, comme j'envoyais un télégramme en France, l'employée me demanda si j'étais étrangère, puis elle ajouta d'un ton monotone, en contraste avec les paroles définitives qu'elle prononçait : « Ici, je n'y tiens plus. J'en ai assez. On ne sait plus que manger. Avec des heures supplémentaires, je gagne 90 roubles par mois, de quoi manger neuf jours à ma faim. »

(Soulignons ici, une fois de plus, le danger d'une monoculture trop hâtivement instaurée qui a, sur le moment et avant les adaptations nécessaires, produit les mêmes inconvénients que dans tant de pays d'Europe et d'Asie.)

— Oui, penser à ce qu'on pourra manger, c'est le problème perpétuel. Mais vous pouvez aller au Torgsin ?

— J'y ai été une fois seulement, pour acheter du savon.

— Et vous n'y avez pas rencontré les nègres?

— Non, quels nègres?

— On en a fait venir six d'Amérique pour les questions concernant le coton. Ils vont tous les jours au Torgsin s'approvisionner en whisky, biscuits et boîtes de conserves.

SARMARCANDE L'INCOMPARABLE

Lorsque, passante hâtive, je visite un lieu impressionnant, je souhaite toujours pouvoir y rester quelques jours, jouir en tout repos de ce qui s'en dégage! Voir le lent soleil jouer avec les ombres du cloître de Monreale, passer la nuit au-dessus du cirque de Delphes et sentir jusqu'au matin l'atmosphère y vibrer sous la première flèche du soleil.

Vivre dans la cour carrée d'une médressé de Samarcande! Voilà... le rêve est réalisé. Quel plus beau cadeau faire au voyageur pour le récompenser d'être arrivé jusqu'ici? Il y a peu de touristes: j'ai une chambre pour moi seule, ancienne cellule dallée blanchie à la chaux, très haute de plafond, minuscule fenêtre au-dessus de la porte; une couchette, une cuvette émaillée, une table sur laquelle j'installe ma cuisine: c'est tout. Mais c'est un monde.

Il me faut deux jours pour bien connaître ma médressé Tilla Kâri, en persan la mosquée Dorée. Dans chacun des quatre murs de la cour, il y a dix grandes niches ogivales; chaque niche centrale est très vaste, arche entourée d'une façade où étincellent les mosaïques de toutes couleurs; c'est l'iwan, le portail classique.

L'iwan, à gauche en entrant, est surmontée d'une immense coupole abritant le lieu où l'on prie, la mosquée fermée.

De ma cellule, je vois deux Européens — complets et feutres gris — entrer dans la cour, guide rouge dans la main. Devant ma chambre, je vide ma cuvette d'un geste large à l'instant où ils se dirigent vers moi venant du bureau où ils se sont renseignés. C'est à moi qu'ils en veulent, m'apportant les amitiés d'une amie allemande que j'ai à Moscou.

Le bas de mon unique robe est tout déchiré; je ne suis vraiment pas présentable, dirait ma mère. Tant pis, ça m'est bien égal... (Pas tant que ça, puisque chaque matin j'essaie de raccommoder ce qui ne peut plus l'être.) Peut-être m'inviteront-ils à dîner à leur hôtel où il doit y avoir de la vraie viande. Non, bien sûr, je suis trop minable. Ils s'en vont. Ciel! Qu'ils ont l'air engoncés dans leur complet, lorsqu'ils croisent un souple Ouzbek!

L'Ouzbek passe, son tchapan à fleurs serré par le mouchoir en triangle, une théière à la main.

Quatre femmes sont accroupies au milieu de la cour, tas sombres sous le parandja ; je les rejoins. Nous échangeons des sourires. Elles n'ont pas de tchédra et deux d'entre elles sont ravissantes ; elles pincent les pans du parandja dans leur bouche. Qu'y a-t-il ? Sérieuses soudain, elles cachent leur figure, se lèvent et trottent toutes les quatre vers leur maître et seigneur qui les appelle de la porte.

Dans un coin de la médressé, au centre d'une cave, un Ouzbek remplit de bois un immense four rond ; c'est le potier qui prépare sa cuisson et je viens souvent lui tenir compagnie. Le foyer incandescent transforme l'endroit en un soupirail d'enfer qui me fait rêver. Puis l'homme bouche les orifices avec des briques et de la terre boueuse. Il m'explique qu'on a perdu la formule de préparation des émaux bleus des mosaïques.

En allant aux latrines, dans une arrière-cour, j'ai découvert un tas de briques en terre crue grâce auxquelles je peux monter sur le toit de la médressé, longue terrasse où le vent fait trembler des plantes desséchées. Chaque indigène, avant de s'enfermer dans la maisonnette de l'arrière-cour, émiette une brique et en emporte des morceaux avec lui. Évidemment, chacun ne peut pas avoir du journal sur soi mais à vrai dire, une brique est encombrante à transporter, vous l'avouerez... Dans le désert ou dans les fossés, j'ai aussi remarqué que les accroupis font toujours le même geste de ramasser une poignée de sable... Plus tard, j'apprends que par ce procédé ils remplacent les ablutions ordonnées par le Coran.

De ma terrasse solitaire où je reste des heures, mon regard plane sur la mer de toits plats qui entourent de minuscules cours intérieures. Des arbres touffus ombrent les bassins, réservoirs d'eau. Au-dessus de la mosquée, où je me trouve, le toit est enflé à intervalles réguliers par de parfaits hémisphères qui projettent des ombres ovales, rondeurs désirées par la main, autant de demi-mappemondes sur lesquelles le soleil joue. Plus haut, j'arrive à l'étroite galerie, au pied du tambour qui soutient la coupole.

D'ici, je vois bien l'échafaudage de briques vulgaires, coulisse de décor, qui forme l'envers de Tilla Kâri dont la vraie façade regarde la place du Réghistan. Je vois aussi le haut des minarets gigantesques, tours d'usines vierges de fumée.

Fait curieux : je vais visiter une ville dont je ne sais rien que la magie de son nom. De même pour Bagdad, lourd de signification, je ne trouve au fond de ma mémoire aucune image préconçue. Il m'est donc impossible d'aller au-devant d'une déception : tout sera du domaine de la découverte.

Sortons.

A l'ombre sous le porche, l'écrivain public dort, la tête sur son tchapan plié, attendant la clientèle. Devant lui, à côté du portefeuille et du plumier, maintenu par la théière, il y a un échantillon de son écriture.

En face, le photographe-à-la-minute a aussi exposé le résultat de son travail. Il opère : sa cliente « dont le ventre est mûr » soulève un instant son tchédra — figure trop ronde, yeux splendides, sourcils joints par le kohol. Son amie, très moderne au contraire, en jupe courte, blouse et calot brodé, paie le photographe.

La place du Réghistan est une grande chose. Trois côtés sont formés par les hautes façades de médressés que l'architecte Viatkin a restaurées avec amour. Les travaux commencés au début du siècle durent encore. Il faut bétonner partout où l'architecture de mauvaises briques est désagrégée par vent, soleil, pluie et gel ; les revêtements d'émail se décollent.

La médressé Ouloug Bek est belle dans sa grande simplicité : trou sombre de l'immense iwan, arche murée prise dans le cadre carré de la façade émaillée aux dessins géométriques.

A chaque angle s'élève un minaret isolé ; dont les briques dessinent des losanges de couleur bleu sombre ; les coupoles intermédiaires sont écroulées. Le minaret de droite est en réparation : il penchait. En tirant lentement depuis un an et demi sur les câbles qui le sanglent à mi-hauteur, on le redresse, évitant ainsi de faire saillir et tomber les briques décoratives.

A la mort de Viatkin, il y eut une grande cérémonie sur le Réghistan.

Cette médressé, la plus ancienne et la plus importante d'Asie centrale, fut construite en 1417 par Ouloug Bek, le savant petit-fils et successeur de Timour-Lenk. Grand mathématicien et astronome, il avait des ennemis parce qu'il voulait laïciser les universités. Les militaires dirigés par son fils complotèrent et le tuèrent. Son élève préféré put sauver tout son important matériel scientifique et se réfugia à Constantinople en 1450.

En face, est-ce besoin de symétrie ou manque d'imagination, s'élève Chir Dâr, réplique d'Ouloug Bek construite deux siècles plus tard. L'architecte Jalank Touch était un personnage important à la cour de l'émir. Les coupoles sont debout, à l'ombre de la façade immense, œufs côtelés aux secteurs en relief. C'est surtout au Turkestan que les coupoles sont surélevées par de hautes constructions cylindriques. Également, ce qui n'a été remarqué nulle part ailleurs, les angles des murs ainsi que les minarets s'évasent vers le haut.

Contrairement à la règle, un animal est représenté sur les mosaïques de la façade, sorte de lion. Partout des phrases en caractères arabes servent de décoration et disent : « L'architecte a bâti l'arche du porche si parfaitement que le ciel entier s'en mord le doigt d'étonnement, croyant voir une nouvelle lune. »

Ailleurs : « Seul l'aigle de la pensée touchera le sommet de cette médressé.» Et ce qui m'enchante encore: «Jamais dans les siècles, l'artiste acrobate de la pensée, par la corde de la fantaisie, n'atteindra le sommet interdit du minaret.» — «Tu es le grand guerrier, Jalank Touch Bahadour, si on ajoute les chiffres de ton nom, on obtient la date de la fondation (1028 de l'hégire).»

Impossible de visiter Chir Dâr qui sert de lieu de détention pour des bassmatchis dont le procès s'instruit depuis plusieurs mois.

Construite en 1630, la façade de Tilla Kâri est différente: deux étages d'arcades en flanquent l'iwan central.

Au centre du Réghistan, foule compacte que je perce avec peine: elle fait cercle pour admirer, bouche ouverte, les tours d'un saltimbanque.

Derrière Chir Dâr, il y a une place ronde occupée par un petit marché sous une coupole où la foule grouille, vendant de tout: calots brodés, savons, tabac, lacets, étoffes, foulards, bas, rubans, crêpes grasses dans une poêle, morceaux de mouton sur un grand plateau à l'abri d'un couvercle en dôme d'étoffe, sorbets neigeux aux cristaux étincelants.

Les cavaliers écartent la foule de la main. Attention! Un isvochtchik veut passer; ce sont mes Allemands. Mon sourire le plus mondain répond à leur coup de chapeau...

Ruelles de différents métiers où dans le demi-jour des avant-toits, symétriques, les minuscules se font face; artisans accroupis, savetiers, menuisiers; là, les forgerons disparaissent dans la terre jusqu'aux genoux afin d'être à la hauteur de leur enclume posée sur le sol. Chaque fois que le soufflet fonctionne, ravivant le charbon, une vision d'humide Angleterre se dresse devant moi, tant le fumet de l'anthracite est semblable à celui qui plane partout là-bas.

Dans la ruelle sonore des rétameurs, une boutique où luisent des vieux cuivres encadre admirablement la tête d'un jeune Ouzbek qui fait aiguiser des couteaux: les blancs et noirs des yeux brillants chatoient à l'ombre de l'énorme fourrure mordorée aux poils souples de sa toque.

— Renard, sans doute, lui dis-je.

— Non, chat...

C'est vrai, les chats de Boukhara...

Ruines de Bibi Khanoum, grandeur écroulée.

Deux montants immenses à l'entrée, massives piles de briques recouvertes par endroits de carreaux de faïence; vaste cour de quatre-vingt-huit mètres de long qui fut dallée, maintenant plantée d'arbres. Au centre, surélevée de deux marches, splendide, portée par huits pieds cubiques, une table en pierre sculptée était destinée à soutenir le Coran d'Osman. Elle était autrefois dans le sanctuaire et l'une de ses inscriptions dit qu'Ouloug Bek la fit transporter de Djitti, en Mongolie; c'est le Koursen, la pierre sous laquelle rampent les femmes stériles, le matin à jeun.

A gauche, petite mosquée à galerie où le muezzin hurle et crie du haut de sa tourelle.

En face, enfin, l'arche énorme, haute de vingt-cinq mètres, le porche de l'immense mosquée dominée par un quart de dôme craquelé, coupole turquoise qui étincelle et rend le ciel pâle. C'est le même bleu que l'éblouissant petit lac de Kachkassou, le bleu mongol classique qui vous transporte d'aise. Le porche est flanqué de grands minarets octogonaux, où les briques turquoise et bleu marine dessinent des motifs en relief dans les murs; des carreaux de faïence sont plaqués sur les parois du portique. Pour mieux voir ce qui reste de cette coupole qui s'élève à cinquante-cinq mètres, j'enjambe le mur d'enceinte. De là, je vois un acrobate se promener dans les hauteurs: il se procure du bois, descelle les poutres prises dans les briques de la voûte. C'est un bois lisse, dur et couleur de framboise. L'homme part avec son butin. Le sol est jonché de briques vernies. L'intensité du bleu sombre est indicible à côté des gaies turquoises.

La mosquée cathédrale fut trop rapidement construite, en cinq ans, de 1398 à 1404. Âgé de soixante-dix ans, juste avant de mourir en 1405, Timour s'y faisait encore porter en civière pour en surveiller les arrangements. Le temps, les tremblements de terre et les coups de canon de la conquête russe, en 1868, en ont fait une ruine qu'on ne peut sauver; la coupole est tombée en 1882.

Mais où sont les nombreuses colonnes en pierre qui s'élevaient sur le pourtour? L'écrivain contemporain Chérif-Ed-Din écrit qu'il y en avait 480 de cinq mètres de haut. Pour les transporter, quatre-vingt-quinze éléphants étaient venus des Indes. D'innombrables ouvriers et spécialistes avaient été envoyés de toutes les contrées environnantes.

On dit que Bibi Khanoum, princesse mongole et femme préférée de Timour, avait décidé de faire construire une splendide salle du trône pour son mari. Timour, qui guerroyait au loin, semant partout la ruine, lui envoyait à cet effet ses prisonniers les plus capables.

La princesse visitait chaque jour les travaux. Son architecte arabe, follement amoureux d'elle, faisait traîner la construction afin de la voir plus souvent. Impatiente, elle demanda:

— Que faut-il faire pour accélérer ces travaux?

— Me permettre de baiser ta joue.

Elle refuse. Mais on apprend que Timour revenant est déjà arrivé à Merv. Elle consent; à la dernière seconde cependant, elle interpose sa main. Mais le baiser est si ardent qu'il brûle tout de même sa joue, la marquant d'une tache noire impossible à faire partir. Aussi ordonne-t-elle à toutes les femmes de se voiler la face. Timour, lors de son retour, s'en étonne:

— C'est pour préserver la modestie des femmes, explique-t-elle.

Timour apprend la vérité, ordonne de murer la Khanoum vivante dans son mausolée élevé en face de la mosquée. Comme on poursuivait l'architecte arabe, réfugié au sommet d'un minaret, il lui pousse des ailes et il s'envole vers Meched. (Les uns attribuent la tache à ce que Bibi Khanoum trahit son mari, ne fût-ce qu'en paroles. D'autres, au contraire, soutiennent que la tache apparut parce que Bibi Khanoum n'avait pas tenu sa parole donnée à l'architecte amoureux. Cette tache ne resta pas longtemps sur la joue; mais une coutume s'établit de nommer «visage noir» ceux qui manquent à la parole donnée ou à leur devoir.)

En 1369 déjà, Timour s'était installé à Samarcande qui comptait alors 150 000 habitants et il avait restauré la ville ruinée en 1218 par son ancêtre Tchinghiz Khan.

Le Gour Emir ou mausolée de Timour, terminé en 1404, est dans une autre partie de la ville, à l'ombre d'acacias légers. Lui-même désirait être enterré chez lui à Kerk; il avait fait élever cet édifice superbe sur l'emplacement d'un ancien tombeau pour son petit-fils, entouré là de deux saints hommes. Mais ses successeurs en décidèrent autrement. Fort impressionnant lorsqu'on le voit soudain au bout d'une ruelle tortueuse où passe dans l'ombre une femme «fermée», le mausolée dresse son étincellement au-dessus des bas murs terreux et sans fenêtres de la ville, melon énorme embouti sur un cylindre de même diamètre. On s'approche et distingue, brillant au soleil, sur le tambour haut de sept mètres, les énormes caractères koufiques (première écriture arabe) décorativement inscrits avec des briques blanches encadrées de bleu foncé.

S'approchant encore, on découvre le haut édifice octogonal qui supporte le tout. Dans la cour d'entrée, un porche isolé se dresse au milieu des arbres, couvert d'arabesques et de motifs géométriques aux couleurs bleues et vert foncé d'une grande finesse. Tout près du mausolée, lorsqu'on lève la tête vers la coupole, les tranches de melon en relief semblent appartenir à un étrange ballon sphérique, captif de la verdure.

On entre par un passage voûté et détourné. La salle des tombeaux est sombre: le soleil y pénètre en pastilles blanches au travers d'une petite fenêtre ajourée. Derrière une balustrade d'albâtre, le sarcophage de Timour est un simple bloc rectangulaire en néphrite vert foncé, sorte de jade rare venu des Indes. Autour de lui dorment quelques-uns de ses ministres et enfants, Ouloug Bek entre autres. A côté de la pierre de cheik Séid Bereke s'élève la grossière perche du *bountchouk* qui indique toujours la tombe d'un saint. Au-dessus d'un revêtement de marbre et d'albâtre incrusté de jaspe, les murs laissent voir des traces de peinture et de dorure.

Dans une crypte, sous cette salle, se trouve la dépouille de Timour près de son professeur.

Timour-Lenk, le «boiteux de fer» qui sema le désastre depuis les Indes jusqu'en Égypte, sut créer à Samarcande des monuments qui émerveillent...

A la sortie du mausolée, un saint homme attend, muet, le client qui lui achètera la copie des inscriptions gravées dans la néphrite de Timour, disant: «Ceci est le tombeau du puissant sultan, le miséricordieux khan Amir Timour... Gurkhan (gendre du khan). Tchinghiz Khan est de la lignée des ancêtres de ce digne sultan ici enterré dans cette crypte sainte et splendide. La mère de l'émir Bouzandchara était Alankouwa qui se singularisa par son honnêteté et sa droiture sans reproche. Elle fut fécondée par un rayon de lumière qui entra dans sa chambre ouverte et qui, prenant la forme d'un homme, lui annonça qu'il était le descendant du croyant Alija fils de Talib : ses vrais descendants régneront pour toujours sur la terre.»

Mais en dehors de la ville, ce qui m'a le plus impressionnée à Samarcande, c'est Chah Zinda, le Roi vivant et sa rue de tombeaux. Commencé en 1326, c'est le plus ancien monument élevé après la conquête mongole à la mémoire de Koussam, fils d'Abbas, cousin de Mahomet.

Des allées touffues d'un parc, on aperçoit les monticules jaunes, désolés, déserts, desséchés d'Afrossiab, immense surface morte couverte de tombes. Et là, pêle-mêle, au flanc de cette solitude, sortent des têtes d'obus d'une dizaine de mausolées, sur les murs desquels étincellent des vestiges d'émail.

En bas, au bord de la route, des Ouzbeks barbus sont assis au pied de la porte d'entrée revêtue de carreaux vernis.

A l'intérieur, on voit un grand escalier au-dessus duquel s'élève à gauche la mosquée au dôme turquoise de la nourrice de Timour. Arrivé à l'arche blanche qui est au sommet des marches, on s'arrête, étonné... Cinq façades de mosquées en miniature bordent les deux côtés d'une ruelle dallée.

L'orgie de couleurs, d'arabesques, de ciselures, d'incrustations, la finesse des mosaïques, le raffinement des contrastes sont indescriptibles. (Personnellement, je suis loin d'être enthousiasmée par les «persaneries», si ce n'est les tapis dont la fantaisie ordonnée, chaude et veloutée m'enchante toujours.)

A gauche, les façades d'émir Zadé, fils de Timour et de sa première femme Tourkan se touchent... Et maintenant, soudain, je comprends ce qu'est un tapis persan : il reproduit la devanture merveilleuse des mosquées, la porte ogivale encadrée, l'arche-iwan — immuable comme notre croix — elle-même réplique exacte du mihrab, la niche ovale en nid d'abeilles, le sanctuaire devant lequel le moullah s'agenouille toujours, «jamais lassé, semble-t-il, de sa sainte gymnastique».

L'intérieur de Tourkan-Aka où se trouvent plusieurs pierres tombales est beau; le plafond-coupole est couvert d'un rayonnement de mosaïques géométriques. En face de Tourkan-Aka reposent l'émir Houssain, une sœur et une fille de Tamerlan.

La ruelle fait un coude; ses murs ont perdu leurs plaques d'émail. Trois mausolées se dressent encore avant un deuxième porche près de deux vieux arbres dont les fragments sont souverains contre les maladies. Puis on pénètre dans une petite cour, merveille incomparable. L'outremer répond à la turquoise, le bleu marine à l'émeraude, le cobalt à la terre de Sienne, le lapis-lazuli à l'ocre; les couleurs semblent se mirer l'une dans l'autre et, soutenues par les teintes chaudes des briques naturelles, créent un chant qui s'élance vers le bleu du ciel.

Les mosquées de Koutlouk et Nouri, femme et fille de Timour, se font face. Au fond, c'est saint Achmed. Les éblouissantes colonnes de Koutlouk en turquoise unie sont profondément sculptées, ce qui est tout à fait particulier au Turkestan.

Le moullah, sous la coupole du porche, ouvre la porte de bois incroyablement ouvragée qui mène par différentes chambres obscures jusqu'à la mosquée du Chah Zinda, le saint Kassim, aussi nommé Koussam. Il avait converti la Sogdiane à l'islamisme au VIIe siècle mais fut attaqué par des chrétiens nestoriens. Son armée anéantie, il s'échappa; un ange lui fit découvrir une grotte où il se réfugia et vit encore. Au moment où son cheval mourait, il jeta son *kamtcha* (cravache) qui poussa et devint les deux arbres près du porche. On dit aussi que, décapité par les païens, il se retira dans un puits avec la tête dans ses mains, attendant le moment de purger la terre des infidèles.

Dans la chambre précédant la tombe se dressent des bountchouks, queues de cheval pendues à une perche entourée de bouts d'étoffe, gage chacun d'un sacrifice offert. La queue est un emblème de force: le cheval avait pu partir et l'homme inébranlable garder la queue dans ses mains! Le tombeau est dans l'obscurité, inaccessible derrière une grille.

L'immense espace désert qui s'étend derrière Chakh Zinda, dépourvu du moindre brin d'herbe, formé de collines poussiéreuses, parfois de tombes étagées, simples voûtes de brique, petits tunnels qui se désagrègent, est nommé Afrossiab.

C'était le nom du neuvième roi de la dynastie perse Pechdadian, Turc de naissance; il fut le roi le plus célèbre d'une vieille dynastie et son nom représente tout ce qui est très âgé dans les annales du pays. On dit qu'il aurait vécu onze siècles avant J.-C.

Afrossiab, immense masse informe où chaque siècle met une couche de poussière de plus, regorgeant de débris de poterie, que représente-t-elle? On voit nettement quatre cercles de collines où les fouilles montrèrent qu'au centre vivait la dynastie régnante, puis venaient les marchands, les militaires et enfin le cercle des jardins cultivés.

Encore aujourd'hui, les Ouzbeks lisent ou se racontent les hauts faits d'Iskander Soulkarnéin (Alexandre de Macédoine) qui aurait fondé Marakanda. Ce grand conquérant arrive ici en 334 avant J.-C.; il tue alors son ami Clitus, puis épouse Roxane, la fille du chef iranien de la région, et marie ses guerriers aux femmes du pays : il veut lier l'Europe à l'Asie par le lien d'un hymen légitime et par la communauté de leur descendance.

Alexandre ne rencontra pas de Turcs dans le Turkestan qui s'appelait alors Sogdiane ou Transoxiane. Il y vit les Parthes, archers montés, et les Bactres, dont le pays est la terre d'origine du chameau. La religion principale, le mazdéisme, suivait les préceptes de Zoroastre, fondés sur la lutte de l'ombre et de la lumière. Plus tard, le mithraïsme fera des adeptes jusque dans le monde romain tandis qu'inversement le christianisme nestorien, parti de la Syrie romaine, se répandra jusqu'en Chine. Au nord, au-delà du pays des Scythes inconnus, insoupçonnés, vivaient les Huns innombrables.

Le grand projet international d'Alexandre s'écroule avec lui-même: il meurt à Babylone, âgé de trente-trois ans, ayant pris la fièvre à la suite d'un banquet trop copieux. La terrible Roxane assassine sa rivale, fille de Darius et seconde femme d'Alexandre; elle met au monde un fils qui sera assassiné en même temps qu'elle-même.

Alors, le général Séleucus prend la direction des affaires et fonde en Perse la dynastie séleucide qui régnera près de trois siècles.

Puis les Sassanides dominent l'Iran pendant quatre siècles; ils ne sont que peu inquiétés par les premiers nomades, les Huns hephthalites qui, en 475, conquièrent le Gandhara en Afghanistan.

Mais avec le début de l'islam, au VIIe siècle, le royaume des Sassanides tombe aux mains des Arabes mangeurs de lézards. En 643, on parle d'un conquérant nommé Samar, et c'est grâce à lui peut-être que la ville s'appellera Samarkanda.

De 873 à 1004, la dynastie iranienne des Samanides s'établit à Boukhara, défendant l'Iran contre le Touran et les hordes turco-mongoles qui s'y agitent. En 980 naît à Boukhara Ibusina — Ibn-Sinâ — ou autrement dit Avicenne, le prince des médecins, célèbre dans les universités arabes.

Au XIe siècle, des Turcs seldjouks venus de la steppe kirghise envahissent le pays, forment de petits États, deviennent sédentaires, musulmans sunnites, et défendent même les califes abbassides de Bagdad.

Mais le terrible XIIIe siècle approche. Là-bas, le fils de Yesouguéi Bahadour, l'Empereur Inflexible, conquiert la Chine avec ses quatre fils — quelles heures ils ont dû vivre ensemble ces cinq hommes! — et s'apprête à recréer un empire T'ou Kiou comme celui du VIe siècle. Aux yeux de Tchinghiz Khan, le chah de Khorezm et Boukhara, le seldjouk Mohammed, est un simple baron turc islamisé. Mais le chah perd la tête, refuse de se soumettre, ne protège pas la route des caravanes et, en 1220, Tchinghiz Khan ravage Samarcande et Boukhara. C'est le régime de la terreur mongole, le *yassak* — interdiction. Les généraux du khan rattrapent Mohammed expirant sur les bords de la Caspienne et conquièrent tout ce qui est turc jusqu'à la mer Noire.

Six siècles d'islam sont anéantis; Houlagou le Mongol, qui règne sur la Perse, tue en 1258 le dernier calife abbasside.

Au XIVe siècle, Timour refait l'unité du Turkestan. A la langue persane, il substitue le turc djagataï (du nom du second fils de Tchinghiz). Il massacre, construit des pyramides avec les crânes de ses victimes, n'épargne que les poètes, les savants et les derviches qu'il groupe à sa cour. Depuis son enfance, il avait les cheveux blancs et n'avait jamais pleuré, dit-on. Il boitait, et pourtant aurait pu assommer le héros Roustam, tant il était fort. Il aimait la vérité par-dessus tout et tuait quiconque lui avait menti.

Les Timourides tadjiks sont expulsés par les Ouzbeks au XVIe siècle et, faisant régner la terreur, ces derniers se mettent à la tête du khanat de Khorezm (Khiva). Ils descendaient du fils aîné de Tchinghiz, Djoudji, qui avait régné sur le Kiptchak, et d'Ouzbek Khan, le huitième et célèbre khan de la Horde d'Or.

En 1717, l'expédition que Pierre le Grand envoie à la recherche de la route des Indes est massacrée à Khiva. Les émirs de Boukhara, à partir de 1784 et jusqu'à leur fin, sont de la dynastie des Manguites, originaires des montagnes du Tadjikistan.

Les Russes, sous le général Perovsk, commencent à s'immiscer au Turkestan en 1839. Tachkent est conquise en 1865. Le général Tchernaief, en 1866, bat 40 000 Boukhariotes avec 3 600 hommes. Samarcande est prise et l'émir achète la paix 1 875 000 francs.

En 1920, c'est la République de Faïsoulla Khodjaief qui, avec l'aide des Rouges, se transforme en 1924 pour former la République socialiste soviétique d'Ouzbékistan. Nouveau mariage de l'Asie avec l'Occident, russe cette fois et non plus macédonien. Qu'en sortira-t-il?

LE PRÉSENT

Je me suis fait des amis et les retrouve chaque jour après leur travail à la grande tchaï-khana en face du Réghistan où nous bavardons en croquant pistaches et amandes salées d'ouriouks (petits abricots).

Maroussia est belle, c'est évident. Elle a voulu devenir artiste de cinéma à Leningrad où elle faisait de la danse; mais son mince visage aux yeux de sombres pervenches est trop fin pour l'écran, j'imagine. Grande, élancée, ses larges épaules sont voûtées, comme découragées.

Elle ne vit que pour son camion. De ses mains fines et allongées, elle tient le volant huit et dix heures de suite lorsqu'elle fait des heures supplémentaires, et reste toujours souriante, alors que la fatigue a raison de ses camarades masculins. Et, fichtre ! le camionnage au Turkestan est loin d'être un sport pour demoiselle !

Partant de la minoterie, nous livrons les sacs de blé dans les kichlaks environnants. Ce qui est qualifié de route a des ornières si profondes que Maroussia, sans se départir de son sourire enchanté, fait de la haute voltige sur les talus. A tout moment, je crois qu'on verse... La route est coupée par les aryks d'irrigation, profonds caniveaux qui transforment le sol de lœss en étang de boue gluante.

Dans les étroites ruelles de la vieille ville, le chic est de prendre les tournants rapidement, sans entailler les murs des maisons. Pour nous laisser passer, les piétons s'engouffrent dans une porte. Le jeu est dangereux, car les femmes sont assourdies par leur parandja et souvent n'entendent rien.

En cas de panne, Maroussia devrait réparer la machine elle-même, mais ses hommes d'équipe font tout pour elle, et je crois bien qu'elle les couperait en morceaux qu'ils diraient encore merci.

— Eh ! grosse oie ! dit notre Persan à moustaches noires et beau crâne chauve sous le calot, en s'adressant à une femme sur la route.

— Tiens, Ella ! j'ai quelque chose pour toi.

Et il me passe des noix avec un biscuit.

Pour eux, Maroussia a toujours des bonbons dans sa poche. Elle gagne cent cinquante roubles et prépare un examen de mécanicien qui lui permettra de gagner davantage.

A la cantine de la minoterie — soupe aux choux, pommes de terre aux piments — elle me présente à un jeune chauffeur arménien, Ruben. Il veut absolument que nous fassions la connaissance de sa femme et de son jeune fils ; petit, il a de splendides yeux dorés, ombrés de cils noirs qui bouclent jusqu'à ses sourcils.

En bande, nous voilà partis, bras dessus bras dessous sur le large trottoir du boulevard qui descend.

— Vois-tu, m'explique Maroussia, quand je suis avec ces copains-là, je ris sans arrière-pensée ; on se comprend. Et puis je les aime, ils sont vivants, c'est bon d'être avec eux. Ils ne font pas de phrases quand ça va mal : ils s'épaulent mutuellement. Hier, Vania apporte un cornet de pommes de terre au Persan en lui disant : « Il paraît qu'il y a longtemps que tes petits n'ont plus joué aux boules avec des patates ! » Et Yann disait tout à l'heure : « Avec la viande à dix roubles la livre, ça vaudra bientôt la peine de transformer son derrière en bifteck ! » Ils sont carrés, francs, ce n'est pas comme les femmes avec leurs incessantes jérémiades.

Passant devant un kiosque qui débite de la bière, je me permets d'être sceptique lorsqu'on me dit qu'elle est incomparable.

— Une tournée pour cinq! commande le Persan.

Le liquide est rafraîchissant mais aqueux, et les bocks énormes pour un rouble. Ruben se met en tête d'offrir aussi une tournée: il n'y a plus qu'à s'asseoir sur le trottoir pour reprendre des forces.

Chez l'Arménien, lorsqu'on apprend que j'irai peut-être à Merv, on écrit une lettre pour le père et le grand-père qui vivent là-bas et chez qui il faudra que je descende pour leur porter des nouvelles de leurs enfants. — Minuscule chambre très pauvre, à l'européenne, avec des rideaux blancs.

Maroussia livre tous les jours à la fabrique Khoudjoum et j'y vais pour voir comment on fait la soie. Sitôt qu'on ouvre la porte de la halle centrale, on étouffe, pris dans la chaude buée d'une étuve.

Devant leur établi, les femmes, aux mains blanchies et ramollies par l'eau bouillante, font mijoter dans un baquet les cocons jaunâtres, fèves flottantes dont il faudra attraper le bon bout pour les dévider. On les sort avec une écumoire, l'ouvrière suivante prend les filaments sept à sept : ils formeront le fil qui s'enroule en écheveau raide et brillant. Quelques femmes ont des voiles transparents sur la tête, d'autres un foulard roulé en turban, ou encore le calot national. Toutes ont dans le dos des petites tresses noires qui serpentent sur les attaches de leur gros tablier.

Les machines portent des plaques d'origine italienne. Construite en 1927, la fabrique occupait alors 144 ouvrières; elle permet de fournir du travail aux femmes émancipées qui viennent ici aujourd'hui au nombre de 850. Au premier étage, on se promène entre des allées d'écheveaux étincelants, blancs ou jaune d'or, soie grège, qu'on examine méticuleusement. Les ouvrières sont payées à la tâche; des écheveaux livrés par chaque travailleuse, on extrait 400 tours qu'on échantillonne. Le résultat est marqué sur un registre: 11 veut dire trop épais, 13 à 15, c'est bien.

Redescendue dans la salle de la filature, je cherche une ouvrière jeune et sympathique que je puisse accompagner chez elle pour me rendre compte comment elle vit. Elles sont presque toutes vieilles et laides. Mais je dirige la surveillante vers la seule jolie fille entrevue: grande, elle a une blouse de velours brun, d'abondants cheveux noirs plantés bas sur son large front, de longs yeux surmontés d'encore plus longs sourcils, le nez droit; elle me sourit tout en jonglant avec des fils invisibles.

— C'est une juive, excellente ouvrière qui est dans une brigade de choc. Vous savez que nous avons rempli les 112 % du plan pour notre usine…

Je remarque que la juive est la seule à pincer le bout de ses fils de soie entre ses lèvres: elle a ainsi les mains libres et travaille rapidement.

Nous attendons la jeune femme à la sortie; elle semble inquiète tandis que nous marchons à ses côtés. Elle ne sait pas le russe, seulement le tadjik, c'est-à-dire le farsi, le vieux perse, et nous devons attendre d'être chez elle pour qu'une voisine fasse l'interprète.

Autour d'une grande cour aux buissons verts, des maisons neuves, toujours en terre, faites d'un rez-de-chaussée, devant lesquelles pendent des couvertures ou de la lessive. C'est là que notre juive possède une chambre; sur le plancher, un kilim; sur un tréteau en planches, les couvertures sont cachées sous un *souzaneh*, — tenture brodée de grands motifs ronds et rouges. Dans le corridor, un primus, c'est tout. Gênée, elle ne répond pas à mes questions et reste craintive.

— Est-ce que j'ai mal travaillé? demande-t-elle. On doit être mécontent de moi si on fait ainsi une enquête chez moi.

Je ne peux pas la distraire de sa préoccupation ni effacer le pli qui fait se toucher ses deux sourcils.

— Que c'est lugubre! Le ciel me préserve de jamais travailler dans une usine, dit Maroussia lorsque nous sortons de la fabrique de tricotage.

— Viens quand même avec moi à l'artel des brodeuses, et ne ris plus quand je demanderai pour la centième fois: «Dévoilée, mariée, illettrée?»

Maroussia est libre: son camion est en panne, je l'ai vu sur la fosse du garage. Est-ce une panne forcée, et Maroussia est-elle de la Guépéou, chargée de me surveiller? Je n'en sais rien. Je ferai et dirai ce que je veux.

Au soleil, par terre dans une cour et sur les galeries de l'étage, des femmes accroupies sur des nattes brodent. A côté d'elles, les babouches et la théière. Elles sont toutes très dignes — même les vieilles à lunettes sous leur large fichu sombre.

La directrice est énergique, maigre, vêtue d'un imperméable gris à ceinture, emmitouflée dans un fichu de mousseline mauve; elle a mal à la gorge; au-dessus de son front, il y a le nœud blanc d'un mouchoir qui doit faire le tour de sa tête. Elle est précise, intelligente.

— Au début, en 1929, nous étions sept. Nous allions dans les maisons parler avec les femmes qui toutes savent broder. Maintenant, lorsque nous avons assez de matière première, nous sommes 250 femmes en ville et 150 dans les kichlaks; 120 roubles est la paie d'une bonne ouvrière, 12 celle d'une femme qui vient seulement pour avoir sa carte de pain. En quatre jours elles font une chemise. Celles qui viennent ici travaillent sept heures par jour; les autres, à la maison, on ne peut pas les surveiller.

— Mais vous-même, êtes-vous Ouzbek?

— Mon père était Persan.

— Et vous étiez voilée?

Maroussia ne sourit pas.

— Oui, jusqu'en 27, à l'encontre des ordres formels de mon mari qui était instituteur. J'ai dû commencer à lui obéir lorsque j'ai vu qu'il allait se fâcher définitivement.

— Mais les drames qu'on met sur le compte de cette question continuent-ils à se produire?

— Oui. Il faut faire attention. La libération de la femme crée du mécontentement dans les ménages. Les vieilles qui gagnent s'en moquent. Pour les jeunes, c'est toujours la même rengaine: «Je ne veux pas que tu sortes comme ça», dit l'homme. Nous instituons une petite cour pour juger les scènes de famille. Il faut faire entendre raison au mari qui voit des mauvaises choses partout. Seule l'instruction finira par ouvrir les yeux aux hommes.

Après avoir vu les nappes, les blouses, les chemises, les serviettes brodées reproduisant les motifs classiques des souzaneh, nous visitons la boutique des tjibitjeika: on se croirait chez le marchand de melons! Tous les calots enfoncés les uns dans les autres sont couchés sur les étagères. Le brocart, coupé en secteurs, est empilé, prêt à être cousu.

— Je fais venir de Moscou, nous dit l'Arménienne, deux wagons de chasubles et surplis de popes que je devais payer de suite; mais voyez la difficulté: avec l'ancien système de livraison au trust, le paiement ne se fait qu'à longues échéances. Aussi je manque d'argent. Il y a des ouvrières qui n'ont pas été payées depuis deux mois, sauf les Russes qui, elles, n'ayant ni vache ni jardin, ne peuvent attendre.

La directrice se tait pour fumer le tchilim gargouillant, la pipe à eau qui passe de main en main, simple tube en fer-blanc à tuyau de pipe recourbé.

Comme nous rions de voir des têtes de petits anges blonds en carton peint fixés par une broderie au fond des calots, la femme nous dit:

— Oui, jadis les Russes se signaient devant ces images; maintenant, ce sont les calots qui ont le plus de succès dans les montagnes du Pamir.

Les femmes bavardent tout en travaillant; elles semblent être ici parce que cela leur fait plaisir. Quelle ambiance différente de celle des deux usines précédentes.

— Les vieilles causent moins, boivent aussi moins de thé et travaillent bien mieux, dit en souriant l'Arménienne dont nous prenons congé.

Pendant que sur la galerie d'un estaminet indigène nous mangeons le plov, j'explique à Maroussia que je ne suis pas contente.

— Je veux entrer en contact plus direct avec les femmes indigènes, en ville et à la campagne. J'aimerais trouver un village où je puisse habiter et travailler aux champs avec les femmes.

— Serge va nous aider. Il m'ennuie un peu, mais tant pis; il est peintre et a vécu plusieurs mois à la campagne. Il est occupé à la réorganisation du musée installé à Oulougbek. Dans la cour de la médressé, Benkof, le célèbre peintre, travaille à une toile éclatante: «La Journée du 8 Mars au Réghistan», fête de l'émancipation féminine, les tchédras sont alors brûlés en grand tas.

Serge nous fait grimper au sommet du minaret pour admirer la vue: «Samarcande la plus belle du globe» est à nos pieds.

A l'est, le tiers supérieur des chaînes de montagnes est blanc de neige. A nos pieds, on dépave la place du Réghistan pour en abaisser le niveau à sa hauteur originale; la foule à la file attend l'autobus qui conduit à la ville russe et à la gare. Dans les caravansérails, les petits ânes braient; leur bruit est aussi inséparable du paysage que la lumière cristalline du Turkestan.

Là-bas sur la colline nue d'Afrossiab, derrière la grande mosquée Khazrat Khaisar aux belles colonnes de bois, une mosquée plus petite avec son simple péristyle me rappelle brusquement le temple sobre de la Victoire Aptère sur l'Acropole.

Serge est si ému par la présence de Maroussia qu'il en bégaie. Cela doit être merveilleux d'avoir en soi une telle capacité d'émotion! Je m'esquive et rends visite à la directrice du bureau féminin:

— Oui, la loi soviétique refuse le mariage avant seize ans, exige un certificat de santé et interdit une seconde femme. Il faut bien savoir qu'autrefois, à sa naissance, une fille était moins considérée qu'un chien, tandis qu'une fête salue la venue d'un fils; lui seul est baptisé.

» En ville, l'activité d'une fille était nulle, elle cousait, regardait travailler sa mère et portait le tchédra un ou deux ans avant son mariage. On ne lui enseignait pas à écrire de peur qu'elle ne correspondît avec des hommes. Selon le chériat, le commentaire des lois, si un mari n'est pas écouté de sa femme, il peut la battre; A la campagne, elles travaillent dans les champs sans être voilées; leur vie est plus libre. Le kalim qui achetait une femme ne pouvait être de moins de dix dergamofs — de 5 roubles-or — et la fête du mariage mangeait le kalim.

» Une veuve pouvait se remarier à sa guise. Chez les Kirghises, elle épousait son beau-frère afin que ses possessions restent dans la famille.

» Elles ne vont pas à la mosquée mais prient sur les tombeaux et donnent de l'argent au cheik, le moullah supérieur; elles ignorent tous soins médicaux, et ne consultent que la falbin, la femme chaman qui exorcise. Aussi les maladies vénériennes étaient-elles innombrables. Vous pouvez vous rendre compte du travail qu'il faut accomplir dans tous les domaines. Autrefois, il n'y avait qu'une seule sage-femme à l'hôpital de Samarcande. Nous avons aujourd'hui 10000 lits dans nos hôpitaux: en 1916, il y en avait 900.

Quel labyrinthe que cette campagne de Samarcande! Serge nous mène de champ en champ, de ruelle en ruelle. On demande: «C'est loin jusqu'aux ruines, à droite de la route?» Le passant répond: «Jusqu'où le cri porte...»

Frappons à une porte de bois, chez un *tchorni rabotnik* (ouvrier journalier). Voix de femmes qui questionnent:

— C'est moi, Serge, l'ami de Mustapha. Est-il chez lui?

Pas de réponse.

Las d'attendre, nous repartons, lorsque la porte s'ouvre. Petite cour, au fond de laquelle une galerie partagée en deux est voilée par des cotonnades. Dans le côté réservé aux hommes, où nous entrons, Mustapha est couché.

— Oui, j'ai de la fièvre depuis deux mois; mais je vais mieux. Serge, vous venez seulement maintenant me voir malgré votre promesse! Les femmes n'avaient pas compris qui était là et ne vous faisaient pas entrer.

— Je vous amène une étrangère qui aimerait voir comment vivent les femmes et comment tout se passe chez vous.

Une fillette apporte le thé, deux bols pour quatre et le *kichmich*, ces merveilleux raisins secs tout roses et sans pépins.

Mustapha tremble, mais s'assied quand même pour faire les honneurs.

— Oui, je comprends; que ton amie aille à côté rejoindre les femmes.

Dans le compartiment voisin, des enfants jouent sur les couvertures, une femme accroupie file, des théières sont dans les niches des murs: un berceau, un coffre, c'est tout. Dans la cour, le four.

— Mustapha malade! C'est triste. Où a-t-il mal?

Et je montre ma tête, mon ventre, mon dos successivement.

— Deux mois déjà...

— Tabib (docteur) venu?

— Oui, oui.

— Qu'a-t-il dit?

— Tiffé.

C'est le typhus! Charmante nouvelle. Et nous avons bu dans le même bol.

— Non, dis-je à Mustapha plus tard. Merci de votre invitation. Je ne passerai pas la nuit ici : j'ai vu ce qui m'intéressait.

LE PROCÈS DES BASSMATCHIS

Je suis réveillée par un fait insolite: des sabots de chevaux résonnent sur les dalles de ma médressé... Je me précipite pour regarder. Des miliciens montés et armés surveillent l'installation de nombreuses chaises en face de l'arche-iwan d'entrée. C'est le jour tant attendu du jugement des bassmatchis dont le procès s'instruit depuis plusieurs mois.

Du haut de ma fenêtre, perchée en équilibre instable, j'essaie de photographier la cour peu à peu envahie par la foule. J'aimerais trouver un autre point de vue, mais j'ai peur qu'encore une fois mon appareil ne soit séquestré. Je sais... je vais monter sur les toits comme je fais chaque matin. Mais non, le couloir au fond de la cour est interdit, gardé par un milicien.

Payons d'audace. J'arrive à me faufiler jusqu'au podium où trois juges bavardent en attendant les inculpés. Je leur montre mon appareil, leur dis que j'ai une autorisation et demande si je peux rester près d'eux. Ils hésitent puis acquiescent. L'un porte un imperméable gris et une casquette de toile blanche dont la visière abrite son nez aquilin d'Arménien. Les deux autres ont la tjibitjéika et le tchapan ouzbek rayé vert et mauve. Derrière eux, au fond de la niche, les portraits jumelés de Marx et de Lénine. Pendu à la voûte de briques émaillées, un étendard de velours grenat, sur lequel est brodé un homme debout à un comptoir et qui fait fonctionner la balance de la justice devant un spectateur intéressé. Par terre, au pied de la grande ogive, je vois la tête énorme de Staline dans le ciel d'un photomontage quinquennal. Un grand tapis est étendu sur le podium; au milieu, une table derrière laquelle le procureur est assis, maigre, isolé dans son manteau noir, la tête prise dans une toque de fourrure, noire aussi; sur l'angle de la table couverte d'une cotonnade rouge est posé le buste de Lénine en bronze, dont les reliefs saillent sous la lumière blanche du jour pluvieux, sourcils froncés, front aux bosses enflées; fait curieux, le procureur lui ressemble, même regard perçant, moustaches tombantes et barbiche maigre.

Plus bas, sur le sol de la cour, plusieurs greffiers écrivent en persan; leur table est couverte d'un brocart rose et or.

Escortés, les inculpés arrivent. Ils sont une quarantaine, tous indigènes, serrés dans leurs manteaux ouatés, bariolés et rapiécés. Un homme est pieds nus, mains croisées sur son tchapan à roses, et pose une bouilloire devant lui.

— Voilà Amrista, me dit mon voisin, leur chef.

— Lequel?

— Le plus petit, avec un calot vert.

Épaules tombantes, crâne rond et maigre, yeux enfoncés, bouche mince, il se drape en guignol dans son vêtement, plaisantant avec la foule.

— Il a déjà été emprisonné douze fois, me dit mon voisin au splendide turban négligé. Il a toujours réussi à s'échapper, se moque de la police. Il leur a dit: «Mais tuez-moi seulement, que voulez-vous que cela me fasse? Ils sont vingt qui prendront ma place.»

Derrière la corde qui limite l'emplacement réservé aux inculpés, il y a une rangée de femmes engoncées dans des parandjas blancs fermés par le tchédra de crin noir, présences anxieuses et immobiles : les femmes, les mères des accusés. Indifférents, leurs enfants s'amusent par terre. Derrière elles, un mur de têtes masculines qui observent la scène en badauds, échantillons de tous les mélanges humains asiatiques, depuis la face quasi japonaise jusqu'au Bachkir blond mélangé de Slave.

Deux magnifiques chiens policiers sont tenus en laisse par un milicien.

Un juge lit les noms, prénoms et qualités de chacun, en ouzbek puis en russe, d'une voix monotone, inintelligible.

A la gauche d'Amrista, un petit vieux à la barbe blanche en collier, cou maigre tendu par l'effort d'écouter, ouvre d'immenses yeux bleus étonnés : on lui donnerait vraiment le Bon Dieu sans confession.

— Le gros, tout près de vous, est tailleur de sa profession, mais il a tué huit personnes déjà.

Le jour, chacun d'eux s'occupait de son métier: orfèvre, journalier, balayeur, cafetier. Le soir, ils se réunissaient, discutaient les lois nouvelles, critiquaient le gouvernement, créaient des mécontents, organisaient des razzias contre les fermes soumises au bolchevisme, développaient la campagne de sabotage.

On a groupé sous le nom de bassmatchis, qui veut dire voleur et bandit, tous les ennemis des soviets, les brigands libérés de prison à la Révolution, les contre-révolutionnaires nationalistes partisans de Seid Mir Alim Khan, l'ancien émir de Boukhara, ou encore les Russes blancs, anciens tsaristes.

Dans les cercles non soviétiques, le mot indique un rebelle nationaliste. La résistance acharnée qu'ils offrirent obligea pendant longtemps les troupes rouges à être constamment en grand nombre sous les armes au Turkestan.

Le mouvement bassmatch est né après la chute du gouvernement provisoire de Kokand qui essaya de prendre la direction des affaires au Turkestan à la suite de la Révolution. Après cinquante ans d'occupation russe, pendant lesquels aucune organisation intérieure n'avait pu se faire jour, ce subit esprit de résistance a plusieurs causes. Depuis la fin des khanats, la conscience nationale s'est développée. Puis l'instinct de préservation pousse à l'insurrection, parce que la conquête rouge a été forcément sévère, anéantissant sur le moment les récoltes de coton et provoquant pour un temps la famine par l'abus des réquisitions. Les bandes organisées, ramassis de criminels au début, sont appelées à l'aide par le gouvernement de Kokand. Ils se transforment alors en héros libérateurs agissant au nom de la population.

A Tachkent, sous le commandement du général Djounkovski, les Russes blancs organisent la contre-révolution avec l'aide des Anglais; mais ces derniers s'en vont pour protéger le gouvernement «soviétique» d'Achkhabad, opposé à la dictature bolchevique.

A ce moment-là, pendant les premières années de la Révolution, la théorie moscovite disait : seul un Russe peut être dictateur au Turkestan (*Pravda* du 20 juin 1920).

Cette sévérité antinationale, sans question de classe, serait d'après les adversaires du régime à l'origine de la révolte générale.

Quant aux soviets, ils voient les sources de l'insurrection dans l'exploitation impérialiste sous l'ancien régime. Ils promirent la réparation des injustices tsaristes; cependant, le mouvement bassmatch se développa après leur avènement.

Bien sûr, il y eut aussi des révoltes avant la Révolution, ainsi que je l'ai raconté en détail pour celle des Kirghises en 1916; pour sauver son prestige, le gouvernement d'alors essaya de mettre la faute sur des agents provocateurs turcs. Mais le général Ivanov-Rinov ayant sévi, lorsque l'ordre de mobiliser les hommes de dix-neuf à quarante-trois ans fut commué en travaux militaires, un calme relatif fut rétabli.

Entre Ouzbeks et Turkmènes de Khiva, il y a eu aussi souvent des conflits que les Russes eurent à résoudre. En 1916, Djounaid s'empare de Khiva et, à la tête de ses guerriers, il tient le khan de Khiva, Seid Asfendiar Bahadour Khan, à sa merci. Mais Djounaid doit évacuer Khiva devant les troupes punitives du général Galkine. Les Russes sont alors l'objet de sa haine, même lorsqu'ils sont bolchevistes; il reprendra Khiva pour deux ans, en 1918, après le départ du colonel Zaitsev. En 1924, avec l'aide des commerçants et du clergé, il rentre à Khiva, mais l'Armée rouge, ayant enfin écrasé les bassmatchis du Pamir, se tourne contre lui et l'oblige à partir.

Un arrangement a lieu, que Djounaid respecte jusqu'au moment où l'exécution de quelques-uns de ses partisans l'amène à montrer les dents; on doit déclarer la mobilisation générale, décréter la ligne du chemin de fer en danger, et convoquer le comité révolutionnaire militaire pour pouvoir le ramener à l'obéissance.

Selon les dires de certains, cette soumission du Turkestan par les Rouges aurait coûté plus de vies que la conquête russe cinquante ans auparavant.

Le Ferghana, cependant, avait toujours été calme avant de devenir le berceau du mouvement bassmatch que des écrivains soviétiques eux-mêmes qualifient de réaction inévitable contre la politique anti-musulmane des soviets.

Le troisième Congrès des soviets du Turkestan, en novembre 17, refuse aux musulmans le droit de participer à l'organisation du gouvernement. Le Congrès national de Kokand essaie alors de remédier à cet état de choses. Il n'avait ni armes ni argent, mais seulement foi en la Révolution communiste, bien plus que dans une lutte contre le gouvernement central russe. Mais on reproche au pouvoir des soviets de ne rien faire pour évacuer les troupes rouges qui vivent sur le pays.

Staline répond même: «Anéantissez la section militaire russe au Turkestan par vous-mêmes, si vous en avez la force avec votre prolétariat et votre paysannerie, et si la population la considère étrangère au pays.» (D'après le livre de Vadim Tchaikin *L'Exécution des vingt-six commissaires de Bakou*, Moscou, 1922.)

En 18, Kokand est bombardée. Cet essai de gouvernement disparaît. Mais les révoltés nombreux sèment l'insurrection. Le mouvement bassmatch est alors assez fort — mais ne sait que formuler quelques demandes qui rendront le programme soviétique plus acceptable aux musulmans. En 22-23, la réforme agraire est repoussée, on arrête la sécularisation des *vakoufs*, les biens des mosquées, on tolère les écoles musulmanes. A la suite de ce rapprochement, quatre mille bassmatchis passent aux bolcheviks.

Il n'y avait pas alors d'idéal national commun, mais seulement un désir d'autonomie.

Le Ferghana avait vu ses relations coupées d'avec le reste du Turkestan; les insurgés se découragent et deviennent des armes aveugles dans les mains d'aventureux kourbachis, ou chefs guerriers, comme Madamine Bek, ancien forçat; ce dernier se rallie aux soviets. Kourchirmat, son rival, qui commande toutes les forces antisoviétiques du Ferghana, l'accuse de trahison et le tue; mais en 23 il sera obligé de se retirer en Afghanistan.

Les bassmatchis déforment le but de la lutte, divisent au lieu d'unir; chacun veut être le maître et ne pas reconnaître les autres.

Il n'aurait pas été difficile de les soumettre alors, mais le pillage constant effectué par les Rouges indisciplinés recrée des révoltes. L'émir s'était enfui dans les montagnes en 1920 et Ibrahim Bek, à la tête des insurgés, se battait pour lui.

Dès après la soviétisation de Boukhara, le mouvement bassmatch reprend, soutenu alors par les intellectuels qui craignent de voir l'opposition disparaître. Au cours de conférences secrètes, on cherche à donner une forme politique au mouvement. L'autonomie qui représente un lien avec l'État russe est inadmissible; seule l'indépendance nationale est possible. Ce Comité pour la libération nationale de l'Asie centrale, sans argent, sans armes, décide de faire appel, en 1921, au consul britannique de Kuldja et de proclamer le Turkestan «République démocratique indépendante».

Mais ce comité est arrêté; au procès, le procureur en condamne les membres, basant son accusation sur le chériat: les inculpés ont appelé à l'aide le pays ennemi des musulmans, les infidèles britanniques, qui oppriment les places saintes de Médine et de La Mecque.

Les Rouges ont liquidé les fronts «blancs» en 21 et battu les bassmatchis.

A Bakou (au Ier Congrès des peuples de l'Orient, du 1er au

8 septembre 1920), où le camarade Zinovief lui refuse la parole, Enver Pacha se trouve comme délégué des révolutionnaires africains et hindous ; il regrette alors son association avec Moscou lorsqu'il apprend les excès des bandes rouges. On disait que les trésors de l'émir étaient envoyés à Moscou « en présent de la part du peuple reconnaissant du Boukhara ».

En novembre 21, Enver arrive soudain à Boukhara pour se rendre compte de ce qui s'y passe. Il croit voir alors que sous le couvert de la libération des peuples, la politique des soviets au Turkestan est la continuation de celle de l'ancien régime.

Les Jeunes-Boukhares au pouvoir, comme Faïsoulla et Osman Khodja, lui expliquent qu'ils sont prisonniers de l'Armée rouge et n'ont pas obtenu l'indépendance promise.

Enver voit qu'il ne pourra rien réaliser à Boukhara. Sous prétexte d'aller chasser, il part vers le Tadjikstan d'où il envoie son premier message au gouvernement central : il l'invite à retirer ses troupes de la région et parle d'organiser la République du Turkestan alliée aux soviets, avec une politique étrangère commune. « Alors, ajoute-t-il, avec les forces révolutionnaires du Turkestan, je vous promets de chasser les Anglais des Indes. »

Gendre du calife sultan de Constantinople, Enver, ami des intellectuels musulmans, est peu connu des mécontents avec lesquels il s'associe. Il commet une faute en se nommant grand vizir de l'ex-émir Seid Alim, despotique et détesté associé des baïonnettes tsaristes.

Le Ferghana et Samarcande ne reconnaissent pas sa suprématie, l'émir Seid Alim lui-même se méfie de l'ancien chef des Jeunes-Turcs et le soupçonne de vouloir réaliser à son bénéfice l'unité des populations turques du Touran.

Le gouvernement de Boukhara décide d'envoyer chez Enver une commission de révision sous la présidence d'Osman Khodja afin de réprimer l'insurrection. En réalité, cette commission devait aider Enver dans sa lutte contre Moscou.

Mais Osman doit s'enfuir à Stamboul ; Faïsoulla a l'intention de le rejoindre huit jours plus tard mais, gardé à vue, doit rester.

Cependant, Enver est fort ; en Turkménie, Djounaid est aussi pour lui, mais les bassmatchis sont incapables de concevoir un empire panislamiste, ils ne peuvent penser qu'à la création d'un État régional. Ibrahim Bek, serviteur de l'émir, refuse de marcher avec lui. Pour finir, Enver Pacha est cerné dans les montagnes du Tadjikstan et tué le 4 août 1922.

Toutefois, la rébellion se développe en même temps que les rivalités entre chefs bassmatchis. Chaque Kourbachi ne pense qu'à se saisir d'une région pour s'y déclarer bek et y faire régner le féodalisme d'autrefois.

Avec la prise de Garm, les Rouges gagnent du terrain dans les hautes montagnes. C'est alors que l'émir envoie un long appel à la Société des Nations et à ceux «qui aiment la paix et respectent la justice».

En 24, les soviets accusent l'Angleterre de fomenter des troubles en Asie centrale. Faïsoulla Khodjaief dit alors que les bassmatchis ne sont que des bandes indisciplinées ayant perdu tout caractère politique. La République autonome du Tadjikstan est formée en 1925; quatre ans plus tard, le pays est promu au rang de République socialiste soviétique au même titre que l'Ukraine ou l'Ouzbékistan.

Jusqu'en 1931, Ibrahim Bek était à la tête des bandes révoltées, jouissant d'une grande autorité. Au centre du Pamir, dans la région de Hissar, il y avait les tribus des Lokaï et des Matchaï, connues pour leur indiscipline. Elles étaient régies par des beks tout-puissants aux mœurs féodales qui pillaient le pays. Les paysans se révoltaient parfois, tuaient le bek et s'enfuyaient, devenant bassmatchis.

Le paysan ayant payé son tribut au bek se reconnaissait le droit de piller à son tour ses voisins; Ibrahim Bek, dont le père était cependant riche meunier, empruntait souvent des chevaux à ses voisins comme il arrive fréquemment dans ce pays. Il était craint parce qu'il tirait bien. Il s'élève contre Enver, prend parti pour l'émir au nom duquel il envoie des proclamations dans le pays. Les Tadjiks sont contre Ibrahim Bek, Ouzbek Lokaï, partisan de l'émir de Boukhara, un Ouzbek Manguite: cette lutte de tribus est appelée lutte des classes par les soviets. Le 26 juillet 1931 seulement, Ibrahim est capturé avec son second et un cavalier. Il est emmené à Tachkent où il doit être encore captif.

Mais j'en reviens au procès qui se déroule.

Les accusés se lèvent et sont tous conduits à l'intérieur de la mosquée où on les fouille. La foule se pousse pour mieux les voir, et les deux petits arbres plantés au milieu de la cour plient jusqu'à terre d'une manière incompréhensible, les feuilles des branches sortent sous les bras des spectateurs.

La foule va-t-elle se ruer pour libérer l'un ou l'autre des prisonniers? Non, on les regarde. Deux à deux, escortés, ils vont faire une courte visite de l'autre côté du passage voûté au bout de la cour…

Les bassmatchis reprennent leur place, grelottant de froid, cachant leurs mains dans leurs longues manches. Amrista doit avoir la malaria, il est vert sous la pluie qui tombe. Le gras tailleur au visage faux a ses bajoues qui frissonnent. Tous, maintenant, ils baissent la tête, la laissent pendre en avant, à bout de force, le menton touchant les clavicules. Toutes les nuques rasées et nues, hors du khalat qui bâille, semblent tendues dans l'attente d'un coup de hache…

Si l'instant n'était pareillement grave, ce serait presque comique, toutes ces têtes sans exception courbées à l'extrême: je pense à ces réunions de prière où chacun exagère sa pose recueillie pour rendre sa contrition plus édifiante.

Sur le podium, l'homme lit toujours, les syllabes se succèdent sourdes, gutturales, bizarrement élidées, fins de mot brusquement accentuées.

Un cri, long hurlement... Les femmes se ruent, passent sous la corde. Les dix-neuf accusés dont on vient de lire les noms sont condamnés à mort ! Bagarre déchirante...

Sabre au clair, les miliciens montés forcent leur passage parmi les khalats et les turbans, les petits arbres à nouveau sont fauchés par la tourmente, les femmes sont arrachées de force et éloignées de leurs hommes.

Violemment bousculée moi-même, il m'est difficile de voir ce qui se passe et j'emploie toutes mes forces à me défendre. Impossible de regagner ma place, et peu après la foule s'écoule. J'entrevois une dernière fois le bassmatch aux pieds nus, sa bouilloire d'émail bleu écaillé passée au bras : oui, jusqu'à la minute de la mort, la carcasse humaine veut être nourrie.

Dans la cour vide, les petits arbres se sont redressés miraculeusement, les chaises sont renversées.

Quand je me réveille le lendemain, Lénine médite, seul sur sa table. On empile les chaises pour les enlever. Un Ouzbek passe, vêtu d'un épais manteau d'hiver noir, sa théière de faïence blanche à la main ; ses bottes résonnent dans la cour à nouveau vide et silencieuse.

Dans les journaux, je n'ai pas trouvé le moindre détail concernant le procès des bassmatchis.

BOUKHARA LA DÉCLASSÉE

Le chemin de fer m'emmène à Kagan, gare de Boukhara, à quelque 250 kilomètres de Samarcande. Grâce à un employé qui m'a mise de force en tête de queue, j'ai obtenu une place dans le train normal. J'étais triste de quitter Samarcande dont j'aime la vie animée, fourmillement au milieu duquel je me sentais à l'aise, marché de la farine où il est presque impossible d'avancer, grand bazar couvert au pied de Bibi Khanoum, tchaï-khanas innombrables aux tréteaux pittoresquement dressés à l'ombre d'un beau karragatch...

Maroussia avait peine à croire à mon départ lorsque je lui disais au revoir devant les grandes écoles du boulevard Vséoboutch.

Ma timide voisine est une vieille paysanne russe qui ne quitte pas des yeux le pain que je mange, et je partage avec elle ce que j'ai.

Cette ligne transcaspienne allant de Krasnovodsk à Tachkent fut construite en 1882, sans plan quinquennal, « d'une manière presque américaine par la rapidité d'exécution, ce qui confirme le fait que les méthodes et la vie russes ont une analogie frappante avec les coutumes de l'Oncle Sam», remarque Rickmers en 1913.

Mais Boukhara est bien loin de l'Amérique et de la Russie. Des ruines et des tombes, c'est ce que je vois en premier. Aux portes de la ville entourée d'une muraille de dix milles s'étale le champ des morts, s'élève, faudrait-il dire, car les petits tunnels parallèles sont empilés les uns au-dessus des autres.

Fameuse Boukhara aux cent cinquante mille habitants, ville des cigognes, tour de la science musulmane, force de l'islam, où les étudiants venus de partout se réunissaient au nombre de vingt mille dans tes cinquante médressés, qu'es-tu devenue?

Il fallait alors quinze ou vingt ans pour être consacré «iman» ou chef de mosquée. A côté du Coran, on enseignait la rhétorique, l'art oratoire, la poésie et la logique. Le cours était commencé à la manière du Yémen: levant les yeux, tournant les paumes des mains vers le visage, et la barbe étant caressée en dernier! (Il y avait 15 médressés à Tachkent, 30 à Kokand et 6 à Samarcande en 1848.)

Ses cruels émirs ont préparé sa ruine, écrasant le peuple d'impôts, faisant mettre à mort par plaisir. Au musée, on voit les instruments de supplice dont les bourreaux se servaient. Un donjon était plein d'insectes immondes, punaises qu'on élevait spécialement pour la torture des prisonniers; quand il n'y avait pas d'hommes à leur donner, on les nourrissait de viande crue.

Au centre de la ville aux rues sales et tortueuses, j'habite à la base de tourisme, au premier étage, dans la cour d'une médressé.

Au coin de la place, il y a une prise d'eau où, pour quelques kopecks, des Boukhariotes viennent remplir leurs énormes outres luisantes à bretelles. Boukhara, arrosée par les derniers canaux d'irrigation venus du Zerafchane, avait la plus mauvaise eau du Turkestan; 95 % des habitants souffraient des fièvres. Au moment de la crue, tous les bassins de la ville, les haous se remplissaient d'eau: c'était le réservoir général autour duquel se déroulait la vie. On venait y puiser d'eau, y faire ses ablutions, on lessivait, lavait les bols à thé... La saleté en était prodigieuse.

C'est par l'eau que la plupart des habitants attrapaient l'embryon du ver de Guinée, le richta, ce qui signifie «fil de coton» — lequel vit sous la peau et atteint parfois jusqu'à un mètre de long. Les barbiers en débarrassaient progressivement leurs clients: ils tournaient chaque jour quelques centimètres de l'animal sur une allumette; il fallait procéder avec prudence, sinon le ver se cassait et tout était à recommencer.

Maintenant, le Labihaous, devant ma médressé Dinan Bégui, est à sec, il n'y a plus d'endroit où s'abriter de la poussière suffocante, il n'y a plus de pittoresques réunions sur les gradins humides, mais l'eau est saine — le richta est mort.

Par contre, le ravitaillement est devenu si difficile que la chasse au pain est l'événement principal de la journée.

J'ai le droit d'aller manger au restaurant des «spécialistes» où la nourriture est bonne, mais trop chère pour mon budget — trois à quatre roubles le repas. Ailleurs, il faut batailler pour obtenir de minuscules portions de soupe et de goulache, simple ramassis d'os en sauce.

Alors je cuis chez moi. J'ai une carte de ration qui en principe devrait me permettre d'obtenir quatre cents grammes de pain par jour. Je vais régulièrement à la coopérative où, avec une quarantaine de personnes, j'attends l'arrivée des pains. Si vous n'êtes pas sur place, vous risquez de manquer le moment propice ou d'arriver lorsque tout est vendu. Quand vient mon tour, je dois me disputer avec le vendeur et souvent il ne me donne rien.

Les gens attendent, bavardent et plaisantent; il n'y a pas de récriminations: on sent qu'ils sont devenus totalement philosophes... Chez nous, on entendrait parler de catastrophe, les mines seraient tragiques, accompagnées de mouvements désordonnés. Ici, ce n'est pas d'après les jeux de physionomie qu'on peut deviner les paroles échangées; j'entends:

— Les rations sont diminuées encore; trois cents grammes à l'ouvrier manuel, six cents aux spécialistes.

— On assure qu'à partir de février, nous mangerons du blé canadien...

La voisine vous demande de garder sa place pendant qu'elle va acheter un oignon et un chou pour la soupe. Je ne peux pas m'empêcher de leur dire que de l'autre côté de la terre le blé est brûlé dans les locomotives ou jeté à la mer. On croit que je mens.

— Eh bien, s'ils sont pareillement idiots, quelque chose va bougrement de travers là-bas, dit un vieux tout souriant.

Une rumeur: on apporte le pain brun et chaud dans le magasin. L'homme coupe les portions avec son long couteau qu'il trempe dans un baquet d'eau tiède et la faille, à chaque coup, fume encore; la mie humide colle au couteau et fait de longs fils brillants. Le goût est doucereux et je pense qu'il y a beaucoup de djougara dans la farine.

En s'en allant, chacun grignote le coin de son morceau.

Le kilo de pommes de terre vaut trois roubles; sur le marché aux légumes, je ne découvre que carottes et oignons. Le riz, nourriture principale des indigènes, vaut six et huit roubles le kilo. Un petit vieux a dans la main six œufs qu'il me cédera pour trois roubles, mais il ne veut pas m'en vendre deux seulement.

Si un passant se promène avec une lipiochka dans la main, on l'arrête pour la lui arracher et lui demander où il l'a trouvée. On court à l'angle de la place indiquée, le petit vendeur est déjà dépouillé et s'en retourne, sa grande corbeille plate en équilibre sur la tête.

Il y a des mendiants, ils grelottent et doivent avoir les fièvres.

J'essaie de voir ce que les autres mangent. Revenant de l'Ark, l'ancienne citadelle ou kremlin, je repère un restaurant «fermé» réservé aux ouvriers de l'usine électrique. Vers 5 heures 30, lorqu'ils sont tous partis, s'il reste quelque chose dans les chaudières, les cuisiniers veulent bien servir quelques passants. Pour quatre-vingt-cinq kopecks, il y a toujours une bonne soupe suivie de riz ou de macaronis.

Flânant devant une maison en construction, j'entends un entrepreneur dire à son maçon:

— Je te paierai demain, la banque n'avait plus d'argent liquide aujourd'hui.

— Gardez-le, mon argent, je ne sais pas qu'en faire. C'est du pain qu'il me faut. Du pain: mes petits m'en demandent à la maison!

Un instant de silence.

— Qu'est-ce que je peux faire avec trois cents grammes par jour? Il est si mouillé qu'il est lourd, et ça représente rien.

Alors l'entrepreneur disparaît et revient avec son pain qu'il donne sans mot dire. Que peut-il faire d'autre?

Je vais au soviet de la ville; j'aimerais visiter la communauté juive de Boukhara, réputée pour la pureté de sa race et de ses traditions. J'aimerais aussi qu'on m'indiquât un élevage de moutons karakul, dont on exporte la fourrure. On m'envoie au comité communiste où il n'y a jamais personne: tout le monde est parti dans les kichlaks, former des brigades de choc pour la récolte du coton, car ce qui prime tout, ce sont les chiffres du Plan à remplir.

Je ne peux pas me lasser de voir vivre autour de moi. Il y a des rues où le trafic indigène fourmille; *Pocht!* («Attention!») crient les âniers et les *arbakechs*, en taillant leur chemin dans la foule où chacun cherche à acheter ou à vendre.

Accroupie contre un mur, j'écoute le flux et le reflux de cette humanité mouvante: je suis au centre d'une fourmilière et comprends soudain où va chaque fourmi.

Deux fils du désert, reconnaissables à leur teint bronzé, leur pas lent et sûr, examinent un tas de kichmichs, puis goûtent les petits raisins; ils appellent un troisième camarade qui porte des bottes kazaks à talons pointus et cambrure Louis XV. Le prix demandé le fait éclater de rire; ils s'éloignent.

Il y a de grands turbans en laine grise, très pratiques pour porter un verre de lampe entre deux torsades et l'isoler ainsi de la bousculade. Sous le rond-point couvert où la foule est la plus dense, tout le monde rit lorsque les bœufs d'un attelage poussent les corps de leurs cornes.

Un vendeur de pommes crie sans cesse qu'on ne stationne pas devant son étalage.

Deux Afghans au turban noir sont tentés par une pièce de satinette jaune vendue par un Russe qui leur dit:

— Compte mes mètres, compte seulement, ils y sont.

Un tiers bénévole fait l'interprète.

Des femmes vendent un bric-à-brac inqualifiable. Si une faïence chinoise ou un *tekinski* (tapis de Boukhara) apparaît, dans les dix minutes il est acheté par des spécialistes que je retrouve chaque jour faisant leur tournée. Le moindre morceau de tekiner, sombre tapis fait par la tribu des Tékés, vaut cent roubles; il sert principalement à fabriquer les *kourdjouns*, les bissacs dont chaque indigène charge son âne, son cheval ou son chameau. On me dit que leurs dessins géométriques stylisent toujours la yourte au centre du grand pâturage, l'aryk qui le partage, les fleurs et le cheval dans le champ.

Ma voisine de chambre porte deux bracelets et un pendentif en vieil argent travaillé qu'elle vient d'acheter, quoiqu'on lui prédise toutes les contagions possibles.

A l'embouchure d'un foyer de tchaï-khana, des gamins accroupis se chauffent les mains; au-dessus d'eux, des femmes piaillent en vendant des chemises (l'une d'elles a une étoile d'or dans la narine).

Un mendiant passe, prend quelques braises dans son écumoire, fait brûler des feuilles sèches dont il vous offre le parfum.

Personne ne sait ce qu'est mon Leica, mais sitôt que je le manie, chacun se précipite et veut l'acheter. L'instinct commerçant est vivace dans cette métropole déchue. Tout le monde grignote quelque chose, amandes, ouriouks ou raisins pris à un marchand en passant.

Un camion roule, laissant traîner après lui une rare odeur d'essence; habituée aux relents poussiéreux d'urine, la narine en reste toute surprise. Mais pour comprendre la vie des fourmis qui m'entourent il faut faire comme elles: acheter ou vendre. Je me promène mains en avant, offrant une tondeuse mécanique, achetée jadis en prévision d'une longue croisière à voile. J'en demande vingt roubles, prête à descendre jusqu'à dix; j'ai aussi un couteau et une montre à deux shillings de chez Woolworth.

Les requins habituels se jettent sur moi dès que j'entre dans la ruelle où les ferblantiers martèlent, décidés qu'ils sont à ne pas laisser s'échapper une occasion.

Un homme à barbe rousse, aux yeux peints, aux ongles rougis, tâte la lame avec dédain... Bonne affaire: je retire trente-cinq roubles du tout et m'achète une pastèque pour quatre roubles.

A peine ai-je palpé un pantalon de flanelle brandi par un grand Russe que ce dernier me dit rudement, ainsi qu'ils font tous: «Prends, mais prends-le donc!» comme s'il était fâché que je sois si bête de laisser passer une occasion pareille pour trente roubles.

Parfois je m'arrête brusquement, sur le point de tendre la main à un homme, malgré son turban, tant il me semble que je le connais depuis toujours. C'est sans doute un Tadjik et je le devine du même sang que moi.

Devant la tchaï-khana, une fille indigène peinte, aux vulgaires dents proéminentes, boit, seule. A ses pieds, les vendeuses de calots sont presque étouffées par la foule lorsqu'une télègue passe. Le boucher braille, assailli au milieu de ses morceaux de chameau écarlates.

Nombreux sont ceux qui pourraient dire avec le derviche qui passe orné de sa calebasse: «La pauvreté est ma gloire.» Un marchand de nougat a froid aux mains et les cache sous ses aisselles; sa narine est pleine d'un jus jaune.

Une femme tient les deux côtés de son fichu olivâtre dans sa bouche mouillée. Des vieilles aux paupières blanches, avec des croûtes brunes au coin des lèvres, tendent un bol en bois. La pluie tombe et ravive les couleurs sur les épaules ouatées des khalats usés...

Tous, partout, ne sont que des cadavres encore vivants qui luttent plus ou moins fortement... Moi aussi, immobile, à regarder. Tout dépend du plus ou moins.

La population est tombée à 40 000 habitants: pour une maison debout, il y en a trois qui s'écroulent, car l'habitation meurt avec le chef de famille; chacun construit sa demeure.

Il y a des tombeaux sur les toits : «Un saint a mérité d'être enterré là, de conserver sa place au milieu des vivants, d'échapper au cimetière de la dune, à cette terrible égalité où précipite la mort musulmane et toute mort. Des chiffons et des touffes de cheveux flottent à la fenêtre grillagée.» (Henri de Monfreid.)

Partout traîne cette odeur un peu moisie de vieux sabre pas aéré; elle s'accentue dans les grands cimetières où le sentier de lœss rend le pas silencieux. C'est une mer de bosses toutes identiques à travers laquelle je louvoie pour atteindre un bouquet d'arbres flamboyant de toutes les couleurs automnales; le vent a amassé les feuilles mortes dans la cour d'une mosquée abandonnée, entourée d'un péristyle à colonnes.

Je retrouve la même odeur à la mosquée Tchor Minar, aux cellules en ruine, orbites noires et vides. L'entrée passe sous quatre minarets groupés, casqués de turquoise et surmontés chacun par un nid de cigognes.

Dans la rue, un ivrogne tombe; à chaque fois qu'il essaie de se relever, des femmes aux fichus multicolores rient à gorge déployée.

Dans un autre cimetière, on démolit les tombes pour dégager le mausolée d'Ismaïl le Samanide, lentement enlisé. Des alvéoles étagés sort un air froid qui sent la terre pourrie et un peu aussi les vers morts des cocons amoncelés. Les os et les étoffes décomposés gisent parmi les décombres. Le mort n'est pas écrasé par la terre : on construit une voûte au-dessus de lui.

Le mausolée d'Ismaïl, le plus ancien monument au Turkestan — il date du Xe siècle — est un petit hémisphère sur un cube de briques incolores dont le relief forme un dessin géométrique.

Mais la tombe de Tchétchma Ayoup — la source de Job — est bien plus curieuse, simple cône de briques saillantes qui s'élève solitaire au-dessus des tombes anonymes. On dit que Job, arrivé ici, se baissa pour boire et que, pendant ce temps, un abri poussa autour de lui.

Oui, la mort est partout, dans ces nombreuses médressés abandonnées où les briques vernissées jonchent le sol, dans ces grands bassins aux gradins asséchés, étranges arènes, et dans les patios abandonnés.

Mais ce qui survit est émouvant comme nulle part ailleurs. Oh ! ce bouquet étonnant de fraîcheur dans la façade de faïence d'Abdoul Aziz, peut-on l'oublier ? Pureté des lignes, élégance des proportions, joie des couleurs, ce bouquet résume la médressé au beau nom, sa cour ouverte et riante, ses deux salles aux fresques de pourpre et d'or, aux plafonds en stalactites.

En face, l'austère Ouloug Bek à la cour resserrée, aux murs élevés, au silence encadré, provoque la méditation. Mystère des proportions classiques, sa haute arche-iwan bordée d'une colonne en torsade éveille en moi la vénération. Construite au XVe siècle, deux cents ans avant la branlante Abdoul Aziz, elle est solide et se passe d'étai.

Dans le style grandiose, la mosquée Kalân — la grande — est imbattable.

Du haut des cinquante-deux mètres du minaret de la Mort, dont elle est flanquée et d'où l'émir faisait tomber les condamnés à mort, on voit sa cour immense, sa coupole turquoise au-dessus du sanctuaire et son fronton central devant le petit pavillon aux ablutions.

Les jours de fête, un colossal tapis rouge couvrait les dalles. Quel ensemble féerique cela devait composer avec les soies brochées que portaient tous les grands de la terre !

Puisque la Kalân date du XIe siècle, d'ici j'aurais pu voir en 1220 Tchinghiz Khan monter en chaire — avec ses cent cinquante mille hommes, il venait de prendre la ville — se proclamer le fléau d'Allah et ordonner aux docteurs de donner à manger à ses chevaux dans les caisses à Coran.

Les côtés de la cour sont faits d'une triple arcade voûtée soutenue par d'énormes piliers cubiques ; il y fait sombre et sur mes épaules pèse une lourdeur de cathédrale romane. L'autel, le mirhab, n'est qu'un rectangle de dessins émaillés.

La lumière est si belle qu'il lui faut des lignes pures où frapper, elle n'aurait que faire de vitraux et de sculptures.

Dehors, sur le vaste terre-plein au pied de Chir Arab, la plus grande école de Boukhara, grouille et rugit l'incessante vente aux enchères. Surélevés, de chaque côté du portique, deux adjudicateurs hurlent les offres: manteaux, tchapans, coussins, machine à coudre, fichus, pièces de soie, couteaux, bottes, tout y passe. La multitude se meut, minuscule au pied de l'immense façade creusée de niches sur deux étages.

Vambery, le hardi voyageur déguisé en pèlerin, vint à Boukhara au temps où l'émir mettait à mort tout Européen entré dans la ville.

Turban sur la tête, Coran pendu au cou, il a traversé une foule semblable, tandis qu'on lui demandait de distribuer son haleine sainte, et la poudre contre les maladies, ramenée de Médine, de la maison du Prophète.

Contraste frappant, la grande place devant l'Ark est solitaire; au-dessus de leur porte monumentale, les palais de l'émir abritent un technicum pédagogique. Au milieu de la place s'élève la tour métallique du château d'eau. Le haous, encore plein d'eau, est au pied de la mosquée Bala Khan, club des travailleurs: c'est une immense galerie tout en bois sculpté, au toit soutenu par la double rangée de hautes colonnes en bois qui vont s'amincissant, fûts de palmiers parallèles.

Ici, c'est la Bible à la main qu'un autre Européen arrive en 1843, le Révérend Joseph Wolff. «Ces pauvres âmes obscures touchaient dévotement le Livre», dit-il. Il venait s'enquérir du sort de deux compatriotes, Stoddart et Conolly, lesquels avaient été agréés par l'émir comme représentants commerciaux.

Ils s'étaient rendus coupable de quelque manquement de tact et les intrigues de cour avaient envenimé leur cas jusqu'à le rendre fatal. Aussi la visite de Wolff était-elle risquée.

«Sa Majesté l'émir Nasir Oullah Bahadour, écrit-il, assis sur le balcon de son palais, nous regardait; autour de nous, des milliers de personnes. Tous les yeux m'observaient pour voir si je me plierais à l'étiquette. Lorsque le Shekaul (ministre des Affaires étrangères) me toucha l'épaule, je me soumis non seulement trois fois, mais m'inclinais incessamment en disant: (Paix sur le Roi, Salamat Padishah!) jusqu'à ce que Sa Majesté éclatât de rire et tous les autres autour de nous.»

Wolff était vêtu de noir et de rouge, car il portait sa robe de clergyman chaque fois qu'il rendait visite à l'émir. Sa Majesté lui demanda la raison de ces couleurs.

— Le noir indique que je porte le deuil de mes chers amis, et le rouge que je serais prêt à verser mon sang pour ma foi.

C'était un homme terrible, ce Nazir Oullah: il avait tué cinq frères afin de monter sur le trône. Nazir Oullah était tel un chien affamé de sang parce qu'il avait eu une nourrice kazak et qu'on appelait les Kazaks des mangeurs d'hommes, les accusant de se nourrir de cadavres.

L'émir remarquait curieusement :

— Je peux tuer autant de Persans que je veux, personne ne bouge. A peine ai-je touché à deux Anglais que, de Londres la lointaine, arrive une mission pour s'enquérir.

A ce moment, la ville comptait 180 000 habitants et chaque maison possédait son esclave persan.

Tout ce passé est bien mort. En ce moment, c'est le coton seul qui compte, et les moullahs hostiles à l'ouverture des tchédras se font battre par les femmes.

Le coton pourra-t-il ressusciter Boukhara, ville déclassée ?

TOURTKOUL

Deux tentes dans un champ de coton : c'est le port. On ne peut rien construire, l'eau ronge la falaise et les blocs de sable s'effondrent dans un grand bruit sourd. Une arba me dépose à deux kilomètres de là, sur la place principale, devant la maison du gouvernement, et j'y entre pour qu'on m'indique où loger.

— Mais il doit y avoir une base de tourisme en formation, nous avons voté une subvention.

— Pourriez-vous aussi me dire où je dois aller pour me joindre à une bonne caravane allant vers Astrakhan ou Orenbourg ?

— Mais de Koungrad ou de Tachaous, c'est trente à quarante jours qu'il faut compter pour gagner Orenbourg, et vous gèlerez ! Je vous le déconseille. Vous ne savez pas ce que c'est d'être à dos de chameau par – 30° de froid.

Dans un autre bureau, sur la même place immense, le président de la Société de Tourisme prolétarien, un jeune Karakalpak à moustaches, est transporté de joie à ma vue :

— Vous êtes notre première touriste. Camarades ! Une touriste : une touriste de Paris, de France !

— Qu'est-ce que c'est que touriste ? lui demande son secrétaire.

— C'est… mais vous avez vos papiers ? Toi, écris dans ce cahier… Ella… Non, pas là… Ça c'est la destination des touristes.

Le secrétaire m'accompagne à la maison du Dekkan — l'auberge du paysan.

Le patron est loin : sa fillette me dit qu'il n'y a pas un mètre carré de libre. En effet, les dortoirs sont combles. Crise de logement. Tourtkoul, autrefois Petro-Alexandrovsk, compte 20 000 habitants.

Je retourne au bureau et tempête :

— Vous vous moquez des touristes ! Vous n'avez fait aucun arrangement pour les loger. Pourquoi me faites-vous perdre des heures inutilement? Signez-moi des bons de pain, sucre, thé, huile et riz, et je repartirai aussitôt.

Alors un employé russe, calme et précis, me dit:

— Venez avec moi, il y aura bien de la place chez nous.

Quand nous arrivons, sa femme est là, la soupe est prête, et sa fillette revient de l'école.

Pendant dix jours, je serai l'hôte de cette famille charmante. La femme fait régulièrement sécher au four des croûtes de pain qu'elle envoie dans une caisse à son fils étudiant à Tachkent. Dix jours, parce que j'ai décidé de développer ici mes films délicats, craignant soudain qu'ils ne se voilent après six mois de changements successifs de température. En quoi j'avais tort.

Ayant trouvé du révélateur chez un architecte passionné de photographie, je passe mes nuits dans la maison commune, lorsque la chambre noire est disponible.

Pour laver les films, pas d'eau courante. Les aryks sont à sec à cette saison; il faut aller au puits, où il y a encore de l'eau de l'Amou-Daria; elle est excellente si on laisse reposer le limon. L'eau des autres puits, claire comme du cristal, serait tout à fait néfaste, étant saumâtre.

La lune, heureusement, éclaire la fosse aux abords glissants de glaise mouillée.

Mais le froid arrive, avec le grand vent du Kizil-Koum, le désert des Sables-Rouges. Les feuilles sont arrachées des arbres et les gens s'emmitouflent. De quart d'heure en quart d'heure, je fais de la gymnastique violente pour me réchauffer.

C'est alors, victime de ma nervosité, dans la crainte lancinante de voir mes négatifs se détériorer, que j'abîme le rouleau de mon ascension au Sari-Tor, vues prises grâce à d'héroïques efforts de volonté. Ma bêtise m'a rarement paru aussi lourde à porter que ce jour-là.

Pour les grandes fêtes de la Révolution, une estrade est bâtie sur la place; un arc de triomphe porte les mots «Prêt au travail et à la défense» sous le profil du dirigeant Vorochilof.

Portant leurs étendards et leurs panonceaux, les délégations arrivent nombreuses : les écoles, bureaux, kolkhoses; au milieu des noirs manteaux d'hiver, curieux groupe des femmes indigènes entourées de leurs blancs voiles de tête.

Le clou de la journée, c'est, sur seize kilomètres, la procession de deux cent cinquante arbas et de quinze cents chameaux chargés de coton qui va être échangé contre du blé.

Le président de la République est un Karakalpak intelligent, au discours net et bref, amplifié par les haut-parleurs: «La socialisation est à peine esquissée, les résultats sont déjà admirables, il faut persévérer, seul moyen de vaincre l'ignorance générale.»

Dans la foule, Russes et «nationaux» sont mélangés. Il est bien difficile de deviner ce que pensent les yeux étroits de ces derniers. Le vent agite la barbe blanche des vieux; les jeunes, imberbes, sont nets et propres. Leurs chapeaux mériteraient une étude détaillée depuis le «toppo» bien collant, le calot cannelé, jusqu'à la tchougourma énorme, variété de saule pleureur au poil frisé; il y a la *kabardinka* d'astrakan gris à fond de velours, et le grand plateau rond en karakul; la *papakha* bien pommée comme un gros chou. Et aussi beaucoup de visages bruns sous la tulipe renversée de leur bonnet de fourrure claire à trois pétales touffus: les deux mentonnières libres relevées et la visière rabattue en arrière.

Les sables commencent aux portes mêmes de la ville, au pied de la muraille crénelée.

Un chameau est immobile près d'une yourte où je suis tout heureuse d'être invitée à boire le thé.

Le samovar étincelle au soleil; la femme a des bagues d'argent au pouce et à l'index avec lesquels elle tient son bol.

Ses robes sont très blanches, un fichu de soie jaune est posé sur sa coiffure, blanche elle aussi. Ses traits pleins et parfaits me la font comparer à une prune reine-claude.

Le calot de son garçon est broché d'or, orné de grelots et d'une touffe de plumes; craintif, il ne peut être photographié que lorsque son père barbu le tient de force. Au fond de la yourte brillent trois coffres bardés de plaques de laiton. La yourte est riche, doublée de kochmous brodés.

Un jeune parent arrive, communiste, étudiant au Technicum pédagogique, très intéressé de constater, lorsqu'il lit la marque de fabrique de ma montre, que lui et moi avons le même alphabet. Il repart, ayant pris avec lui les cartes de pain de la famille.

Parfois, j'interromps mon travail photographique pour voir ce qui se passe dans la grande salle voisine. Une séance des syndicats a réuni les jeunes «nationaux» de la ville.

Pendant les discours, les conversations particulières font grand bruit, ainsi que les départs et arrivées incessants. On chante quelques mesures de *L'Internationale* à la fin de chaque discours et de sa traduction, et chaque fois que le nom de Staline est prononcé!

Mon voisin interdit à un Karakalpak de fumer, mais devant nous, un Russe grille impunément sa cigarette en journal.

Celui qui a fini son exploit oratoire se rassied, étouffant avec peine le contentement qui le submerge.

Le fichu rouge des communistes va fort bien aux petites Karakalpaks de type japonais.

Au marché, la viande est pendue en grande quantité aux râteliers des bouchers et vaut seulement 5 roubles le kilo; 8 roubles la livre de beurre, 3 lipiochkas pour un rouble, 30 kopecks les pommes de terre; tas d'oignons blancs énormes, tas de melons, de tomates, de piments: Tourtkoul est un pays de cocagne.

Friture de poisson dont l'odeur donne faim; rôtisseur de chachlik entouré de spectateurs, drapé dans un tablier à manches; tabac vert en poudre qu'on tamise, et qui rend l'atmosphère irritante, étouffante: chacun travaille par terre, assis sur ses talons.

A la file, des hommes attendent devant un petit comptoir de la coopérative: galoches et allumettes. Au milieu de la chenille noire formée par leurs bonnets, un Kirghise aux yeux triangulaires apporte la blancheur de son feutre pointu.

Les femmes indigènes sont coiffées de tout un échafaudage enturbanné; elles ont parfois une petite marguerite en argent dans la narine. Elles se saluent en mettant leur main devant la bouche puis mutuellement dans le dos l'une de l'autre.

Les vieux vont, se tenant par la main.

Chez le fabricant de lipiochkas, les galettes s'amoncellent par centaines. Le four occupe un tiers de la chambre sombre. Son entrée a la hauteur d'un homme; un jeune Persan à l'œil noir, d'un geste rapide, engage son bras jusqu'à l'épaule dans l'intérieur pour y plaquer la galette contre les parois; il est coiffé d'une tiare en étoffe et protège son visage de la chaleur par un mouchoir passé sous le menton et noué au sommet de la tête.

Le patron aux yeux jaunes est Tadjik, ses autres ouvriers barbus sont Ouzbeks. Dans l'arrière-chambre, par terre, sur un trépied, des oignons mijotent, recouverts d'un beau plat en faïence vert paon.

Mais par-delà le marché au bois — chameaux, jambes en X, chargés des racines tordues du saxaoul — le plus étonnant, c'est de voir les innombrables arbas dételées, hérissement de roues gigantesques aux rayons plats, les ânes, les chevaux, les chameaux, grand garage d'une métropole asiatique.

Puissant grincement rauque des chameaux dont on brutalise les naseaux: pour les faire s'accroupir, on pèse sur la corde qui pend de leur nez. Tout duvetés, les petits tètent, leurs bosses à peine indiquées par deux touffes de poils bruns; chameliers et arbakechs, assis sur les talons, conversent ou marchandent près de leurs sacs de grains; les grandes roues des arbas se reflètent exactement dans l'eau immobile d'un lac de purin; des pères de famille passent, portant un enfant assis dans leurs mains croisées sur leurs reins...

Et là, splendides, isolés, pilonnant le sol de leurs pattes enchaînées, deux rois du désert ont une cour d'admirateurs: leurs mufles à tous deux débordant de crème fouettée, écume compacte. Sur la tête du dromadaire élancé s'élèvent deux fières aigrettes de laine, une sur le nez non percé, l'autre sur le front; partant de son serre-tête, quatre rangées de pompons dégradés pendent le long de son cou. Au-dessus des genoux, bracelets de grelots; en pendentif de collier, une clochette.

L'autre bête est un chameau énorme, massif, au cou puissant qu'il renverse comme fait un cygne; il se gargarise alors à grand bruit et lance au ciel des jets d'écume qui retombent dans son jabot, flocons blancs de bave mousseuse.

Tous deux ont un haut plumet à l'arrière de leur selle recouverte d'un beau tapis. Du ventre pendent encore des pompons tombant des sangles.

Plus loin, dans les froides avenues désertes, le vent siffle: d'étroites petites rues sales, cela «fait vivant» et tient chaud, mais de grandes rues sales ce n'est plus qu'une lugubre banlieue...

J'ai téléphoné au port deux fois; on annonce la venue du *Komounar* à destination de Kopalik, le port de Novo-Ourguentch, par où il faut passer pour aller à Khiva. Je suis anxieuse de partir au plus vite: si ce froid continue, la mer d'Aral va geler bientôt et la navigation sera interrompue.

Je vais au garage des autos de l'État, armée d'un papier qui me donne le droit d'être transportée au port. Le chauffeur m'envoie promener et part: il me manque une signature! Rage: le temps est précieux!

Retourner au Sovnarkom, joindre le secrétaire en question — il tombe de fatigue et porte une barbe de trois jours, lui toujours correct comme un Anglais, quel travail vient-il de fournir? — et j'arrive trop tard au bord du fleuve.

— Ça ne fait rien, me dit le caissier. D'un moment à l'autre une vedette peut partir.

— Bien, je reste ici. Vous m'aviserez.

Des familles campent sous la tente des passagers. Le froid oblige chacun à disparaître sous ses couvertures. Dans le champ, j'arrache des tiges de djougara qui m'isoleront de la terre.

Je me fais du thé; au moment où je beurre mon pain, ma voisine tend la main, elle prend du beurre qu'elle fond dans ses paumes avant de s'en frotter les cheveux, brillantine primitive qui entrave, paraît-il, les évolutions des poux. Son bébé pleure. Incessants cris d'enfant, toujours identiques, à croire que c'est toujours le même qui se déplace avec vous! Pour le faire taire, la mère fait encore plus de bruit que lui et le tapote fortement. Tout le monde a la goutte au nez.

Près des grands cayouks amarrés, les matelots font une tente conique avec la voile supportée par les avirons; ils m'offrent du thé et je me réchauffe à leur feu. Une vieille femme au turban compliqué est à côté de moi: ce n'est plus de la buée, mais un petit nuage qui s'élève de son bol. Les hommes ont des têtes de brigands enfantins.

La nuit est glaciale. Le vent fait claquer la toile de notre grande tente.

Engourdie par le froid, je me lève tard. En me voyant entrer au bureau, l'employé s'écrie:

— Je vous ai oubliée, un petit moteur vient de partir. Mais il y a ici Danieletz, le chef du port de Kopalik, qui va repartir d'un moment à l'autre.

Une auto arrive devant le bureau. Un homme sort qui me dit:

— Vous êtes l'étrangère de France. Suivez-moi immédiatement.

Pas le temps de regimber, nous démarrons.

— Mais j'ai toutes mes affaires éparpillées, ma cuisine, et mon appareil surtout.

— Je téléphonerai au port qu'on rassemble le tout.

De quoi suis-je coupable? Si l'homme veut faire rassembler mes choses, c'est qu'on ne me ramènera pas tout de suite. Peur... Si un bureau veut faire du zèle, il trouvera une photo que je n'aurais pas dû prendre, les bassmatchis, ou les vues de l'avion. Et toutes mes notes restées sur place! Ai-je au moins détruit les traces des visites faites aux déportés?

Quel enfant je suis, c'est le manque d'expérience qui m'a fait tomber dans le panneau!

Explications:

— Pourquoi ne vous êtes-vous pas annoncée au bureau?

— Mais je dépends de la S.T.P. où je suis enregistrée. Et je suis venue dans votre bâtiment presque tous les jours, pourquoi ne m'avoir rien demandé?

— Nous pensions que vous passeriez l'hiver ici. Votre passeport est en règle. On va vous ramener au port.

KHIVA

Un petit moteur descend enfin le fleuve et nous pose, Danieletz et moi, sur la berge, quelque trente kilomètres en aval, avant de s'engager dans un canal latéral. Nous attendons. Passe un minuscule cayouk où hommes et marchandises sont entassés. Danieletz, type de marin costaud, le hèle impérieusement. Nous filons, emportés par le courant.

— Avec de la veine, si le froid s'arrête, vous pouvez arriver à Kantouziak à temps. La navigation sur l'Aral est toujours bloquée le 22 ou 24 novembre. Dans cinq jours, le «Lastotchka» doit descendre l'Amou: c'est votre seule chance.

A Kopalik, immense entrepôt de sacs et de ballots à ciel ouvert, je loue une arba qui me mène pour dix roubles à Novo-Ourguentch.

Les pistes profondes traversent un désert monotone; il faut près de trois heures pour couvrir douze kilomètres.

Je me fais conduire chez le receveur des postes; c'est un Ouzbek qui m'avait offert l'hospitalité lorsque je l'avais rencontré sur le *Pélican*. Je suis fort contente de pouvoir grâce à lui éviter le caravansérail où il faut constamment surveiller ses effets.

Chez lui, dans la chambre unique, on vit à la manière ouzbek, mangeant et dormant par terre. Sa jeune femme aux tresses souples, pantalons longs enfouis dans les bottes minces, timide, ne sachant pas le russe, est entourée de ses deux petits enfants.

Elle mange après son mari et arrose le plancher avec le thé resté au fond des pialas. Le gros poêle ronfle, brûlant du tourteau de graines de coton, plaques minces qu'on casse comme de la brique. L'homme, maître et seigneur, dort dans le lit.

Le lendemain, l'arba de la poste part pour Khiva et je me juche sur les grands sacs de cuir contenant le courrier, prête à faire ainsi trente-cinq kilomètres.

Sitôt sortie du centre important de Novo-Ourguentch, la campagne s'étale, jaune et beige de lœss.

Les murs des fermes ont un aspect africain, avec leurs grands motifs géométriques gravés dans le pisé et, de distance en distance, leur imitation de piliers ronds larges à leur base.

Les aryks sont à sec. Des équipes nombreuses en déblaient le fond. Tout près, les tchiguirs sont démontés — système d'irrigation pour élever de l'eau dans une roue à pots comme les norias. L'âne, tout autour de la plate-forme ronde, tirait le bras qui faisait monter quatre cents litres à la minute. La grande roue et ses cruches cassées sont par terre.

Sur la route aux ornières profondes, lorsqu'on va croiser une arba, il y a un moment intéressant : quel est celui qui cédera le pas à l'autre ? Il arrive qu'on s'arrête nez à nez et l'attelage le plus pressé bifurque vers le talus. On s'arrête pour faire boire le cheval ; la terre autour du trou du puits disparaît sous une carapace de glace. Un karagatch séculaire abrite un mazar, lieu de sépulture ; trois petits mausolées dominent les tombes communes, leurs coupoles surmontées d'une boule verte brillante, comme une pomme de mât.

Au milieu de la journée, on s'arrête pour boire du thé au bord de la route : les arbakechs silencieux sont accroupis devant le foyer de la tchaï-khana.

Mélancolie d'un automne aride sous un soleil blanc. Dans les champs, on cueille le coton dont les tiges sèches sont sans feuilles. Un grand four à briques qui fume, des pylones de T.S.F., des murs, voilà Khiva. Dans la cour de la poste, je m'adresse au jeune chef, un Russe :

— J'aimerais me rendre chez le conservateur du musée afin de lui demander l'hospitalité pour deux jours. Est-ce loin d'ici ?

— Oui, assez... Mais c'est un Ouzbek qui ne sait pas le russe. Vous feriez mieux de rester chez nous...

Proposition que j'accepte aussitôt. Sa femme est vive, le bouscule et s'occupe de son bambin tout en servant le thé.

Entre un employé de poste, un Allemand à barbe pointue et yeux bleus. En réponse à mon étonnement, il dit:

— Nous sommes une colonie allemande installée à Ak-Metchet depuis cinquante ans, venus de notre République de la Volga. A l'hôpital, ce grand bâtiment en face de vous, il y a mon frère, comptable, qui est malade de la jaunisse; se fillette a une pneumonie et peut-être pourrez-vous la photographier; nous aurions alors un souvenir d'elle si elle ne se remettait pas. Mon frère a aussi fait des études de théologie et il dirige parfois nos réunions de prière: nous sommes mennonites.

Nous traversons la rue. Dans la cour de l'hôpital, la coopérative a ouvert un kiosque où se sert le personnel de l'établissement. Deux contrôles sévères, et nous pénétrons dans une antichambre où nous posons nos manteaux pour revêtir un sarrau blanc.

Herr Quiring est couché, fin visage allongé à moustaches, front haut émacié comme celui de Romain Rolland. La fillette dolente encadrée de petits cheveux blonds me répond à peine. Sa mère soigne les deux malades, jeune femme rieuse aux belles dents, aux graves yeux gris, front large sous le diadème de ses épaisses tresses blondes.

— Nous autres Allemands, nous ne pouvons pas nous plaindre, nous avons de bons emplois et nous gagnons bien. Vous devriez visiter notre colonie à quatorze kilomètres d'ici.

— Mammi, quand verrons-nous les photos?

— Il faut attendre que la demoiselle ait fini son long voyage, là-bas, encore plus loin que Berlin.

La mère habille l'enfant; en guise de rubans dans les cheveux, elle fait un nœud avec de la gaze. La petite sourit enfin, quand je lui dis, appareil paré:

— Montre-moi combien tu aimes ta maman!

Elle lui passe alors les bras autour du cou et la serre très fort.

Pour éviter une récidive d'arrestation comme à Tourtkoul, je m'annonce à la Guépéou avant de me promener dans Khiva, la ville des rossignols.

Dans l'enceinte de Nourlla-Baï, réservée aux personnages importants, l'habitation relativement moderne du dernier khan, transformée en bibliothèque publique — sombres salles en bois peint — s'élève au milieu d'imposantes allées de noirs karagatchs.

Là, sur un piédestal, éclate la blancheur d'un buste de Lénine en marbre; lui faisant face, un haut-parleur est fixé sur une colonne.

Le haram, bastille crénelée, est entouré de murailles à donjons. Les nombreuses cours à hauts balcons et loggias soutenus par d'élégants piliers de bois abritent un institut pédagogique; autrefois s'y morfondaient les quatre-vingts femmes du khan.

Je me demande où fut hébergé le captain Burnaby que toute la population venait regarder comme un phénomène parce qu'il mangeait avec une fourchette et un couteau. C'était au milieu du siècle dernier. Un Khivite, voulant l'imiter, se trompa et se perça la joue avec la fourchette !

Somme toute, chez nous, cet instrument n'est guère en usage que depuis Louis XIV.

Au hasard, je vais dans les ruelles tortueuses et secrètes. Comme à Boukhara, domine l'impression d'abandon, mais ici avec quelque chose de plus sauvage, de plus fermé.

Voici l'énorme minaret inachevé de Madamine Khan, cône tronqué où brillent les plaques de faïence, croisillons en bandes superposées; il est au coin d'une célèbre médressé qui est à visiter, paraît-il. Mais, au-dessus de la porte gardée, je lis: «*Domzak*», c'est la prison. Je parlemente en vain.

Madamine Khan, ennemi du tsar, fut trahi par un Turcoman en 1855 et poignardé. On porta sa tête au shah de Perse avec toutes les cérémonies réservées aux Achéménides, les premiers des Samanides.

L'esclavage fut aboli en 1873. On compte qu'il y avait alors dans toute l'oasis du Khorezm — ou plus exactement Khorzem, de «Khor»: abject, et de «zem»: tribu — 50 000 esclaves prisonniers de guerre environ, sur une population de 500 000 à 600 000 habitants. Chaque Russe bien constitué coûtait au marché quatre-vingts tillas (seize francs d'alors) et il y avait 5 000 esclaves russes. Les femmes persanes étaient préférées aux femmes russes.

Dans la cour d'une médressé sévère, les teinturiers travaillent: leurs baquets rectangulaires sont faits dans une grande pièce de cuir.

Arrêtée par un ronflement sourd, je vois, par une meurtrière percée dans une maison, un petit âne à la croupe pointue, aux yeux bandés tourner autour d'une chambre, entraînant une meule qui moud de la farine.

Du haut d'un immense minaret-cheminée, où je monte en compagnie de trois écoliers, je découvre à l'ouest le désert de Karakoum — les Sables-Noirs — au-delà de l'oasis. Ce côté de la ville ressemble à un damier : carrés blancs des toits mélangés aux carrés sombres des courettes.

Au nord, au contraire, s'élèvent les mosquées, les médressés.

A mes pieds brillent les briques d'or du mausolée de Palouan Ata, le «Puissant» en persan; ce fut un très érudit champion de lutte qui avait étudié longtemps aux Indes. Devant l'iwan de son entrée, une cour régulière à cellules, un puits, un arbre avec un gros chat. Mais, à l'entour, entassées au hasard sur les toits où pousse même un arbre à chiffons votifs, où sont fichées des perches-bountchouks, les tombes sont autant de billots blanchis par la poussière.

Encore une médressé occupée par un artel de tisseuses arméniennes, fichu posé sur leur calot plat. Qu'elles me font pitié! Par ce froid mordant qui rend leurs doigts raides et violets, elles sont assises toute la journée devant leur métier fixé au-dessus d'une fosse creusée à même le sol de chaque cellule. Les murs renvoient les échos des coups de battant: l'une d'elles soupire et reprend son chant lorsque je pars.

Mais le plus étonnant c'est le Daché Oulou, la maison de pierre, ancien harem des khans. Deux pièces forment le musée où est entassé tout le bric-à-brac laissé par les princes. Il n'y a pas ici de grande grenouille en faïence coiffée d'un haut-de-forme comme à Chir Boudoum, le palais d'été de l'émir de Boukhara (je me demande quel est le farceur qui avait apporté ce présent-là?), mais il y a des armes, habits, portraits dédicacés, instruments de torture.

Toutes les parois de la grande cour principale ornée d'un puits sont couvertes de panneaux émaillés; au premier étage, huit vérandas en bois sculpté se font suite. Par un couloir voûté qui sent le bois qu'un bûcheron fend dans une chambre, on gagne une première cour. Les murs de trois façades sont percés au premier étage pour faire place à de grandes loges en bois sculpté et peint. Le quatrième côté n'est qu'un immense péristyle haut de deux étages, au toit de caissons peints, soutenu par de minces colonnes de bois renflées à leur base.

Toutes les parois sont recouvertes de motifs émaillés. Et l'impression de raffinement et d'opulence qui s'en dégage est une chose qui ne s'oublie pas. En un instant, l'œil palpe pour ainsi dire cette sobre orgie de décor qui devait être celle d'un palais des *Mille et Une Nuits.*

Au milieu de cette cour de quinze mètres de côté, s'élève une plate-forme circulaire haute de quatre marches : emplacement où une yourte était dressée pour les hôtes de marque. Au Moyen Age aussi, les Ouzbeks conservaient leur yourte dans les villes qu'ils construisaient.

Une seconde cour tout aussi impressionnante lui fait suite, et je reste immobile, émue d'avoir pu contempler des murs pareils. Tapissez un palais de classiques brocarts Empire, entourez-les de listons assortis et vous aurez une faible idée de ce que ces murs déploient dans ces cours désertes où roule seul l'appel des colombes. Assurément, «chez le Mongol nomade tout le luxe consistait dans l'application de broderies et tentures sur les parois de sa tente. Devenu sédentaire, il demande à ses palais et à ses mosquées de lui donner une impression analogue par des applications de céramique.» (René Grousset.)

LES ALLEMANDS D'AK-METCHET

Montée sur une bicyclette, je me grise de vitesse dans les rues de Khiva, frôle les chaudronniers bruyants, effarouche les gamins, débouche en trombe du souk couvert en ruine, fais de la haute voltige pour éviter les ornières profondes. La foule me regarde avec admiration et je suis fière comme si j'étais le génial inventeur de ce moyen de locomotion.

Il existe trois bicyclettes à Khiva et, chance inespérée, un Russe de la poste a condescendu à me prêter cet objet rare. Tous les employés étaient groupés sous les têtes de Lénine et de Staline pour voir si l'étrangère savait vraiment bien s'en servir.

Je dépasse un cortège d'écoliers conduit par deux femmes indigènes, passe sous une porte de la ville et pars vers le sud, vers Ak-Metchet, la deuxième oasis, où est la colonie allemande.

On me disait à la poste:

— Vous savez, ils ont leurs fêtes à eux: tout d'un coup, on les voit arriver avec de beaux habits, endimanchés. Ils viennent tous les trois jours au marché avec leur beurre et leurs fruits.

— Et quand ils sont arrivés dans le pays, ils ont dû promettre au khan qu'ils n'élèveraient pas de cochons pendant cinquante ans!

— Ils ont de la chance : ils reçoivent des paquets de riz et de pharmacie d'Allemagne.

Champs desséchés, fermes-fortins, pistes encombrées par les déblais d'aryks. Je pédale depuis longtemps: deux fois j'ai cru toucher au but et maintenant je vois des arbres très très loin, de l'autre côté du désert!

Là, dans le sable épais, je m'enlise, dérape et me dépense en vain. Le seul moyen est de garder le plus de vitesse possible jusqu'au moment de la chute inévitable. De grandes étendues couvertes de sel font croire à de la neige fraîche. J'arrive en nage, toute réjouie à l'idée de parler à des Européens dans quelques minutes... Je me dirige vers une ferme de belle apparence entourée de peupliers jaunissants, aux fenêtres à rideaux blancs. J'entends:

— Maria, *wer kommt dort*?

En allemand, je demande à un jeune homme où habite Otto Theuss. Je m'attends à une explosion d'étonnement. Pas du tout; discret, grave et blond sous son bonnet fourré, il m'indique un groupe d'habitations dont je ne vois que les cours de ferme. Des vaches boivent à une fontaine couverte, conduites par un Ouzbek. Deux jeunes filles s'occupent de moi, timidement. De l'eau dans un seau, une cuvette blanche, un savon, un essuie-mains; table de cuisine, fourneau en briques, tout est net comme les angles de la maison.

— Oh oui! disent-elles, cela donne beaucoup de travail, il faut réparer le pisé chaque année: il se fend, s'émiette, laisse passer la pluie.

Dans la chambre — les filles posent leurs sabots avant d'entrer — une grande table et des bancs, un poêle en terre, des versets bibliques aux murs, un buffet de campagne, deux tantes à lunettes qui tricotent dans leur fauteuil droit. Sur un guéridon, la *Vossische Zeitung* qui arrive ici en dix-huit jours. Les tantes ne cachent pas leur étonnement.

— En bicyclette vous êtes venue? Et seule! Vous n'avez pas peur?

— Ah! vous venez de Kirghisie? Moi aussi: j'ai quitté Aoulié-Ata où la vie devenait trop difficile pour nous. De la Volga, nous avons aussi des parents qui arrivent; maintenant, nous sommes trois cent quarante dans la colonie. On se serre pour nous faire place.

— Oui, je lisais dans Ali Suavi que Khiva si isolée a toujours été une terre de refuge; mais dites-moi, les Ouzbeks voisins doivent prendre exemple sur votre colonie si bien dirigée?

— Cela les laisse indifférents: ils n'ont pas besoin de tout ce qui nous est indispensable. Un Turkmène a vécu deux ans dans notre famille, un garçon intelligent qui, pour finir, parlait notre dialecte *platt-deutsch* comme un des nôtres. Savez-vous ce qu'il nous a dit quelques jours avant son départ? «Vous êtes des drôles de gens compliqués, vous autres; pourquoi faut-il qu'une personne passe son temps trois fois par jour pour laver quinze assiettes, et des couteaux et des fourchettes, alors que seul un plat est nécessaire?»

Le souper est prêt, on s'assied. Otto Theuss fait une courte prière à haute voix dans laquelle il veut bien mentionner l'étrangère de passage.

Ici, l'âge seul importe. Et même les fils mariés parlent à voix basse, un œil louchant vers le père. Je retombe en enfance, tourne sept fois ma langue avant de poser une question et mâche lentement pour n'avoir pas fini avant les autres. Nous mangeons des œufs à la coque avec du pain bis beurré et du café au lait. Il y a du miel pour les aînés. Les visages sont honnêtes, propres, avec des taches de rousseur. Les fronts carrés montrent l'obstination qui a sauvé leur groupe il y a cinquante ans. Les femmes ont des cheveux tirés avec une raie au milieu et des tresses en chignon.

— Oui, j'ai fait un bon voyage; à Karakol et à Tourtkoul, j'ai observé les meilleures conditions de vie, dans les deux villes les plus éloignées du chemin de fer que j'aie visitées.

— Les nouvelles que nous lisons dans notre journal allemand au sujet de l'Europe ne sont guère réjouissantes.

— Oui, on croirait que les hommes se provoquent mutuellement à commettre des erreurs…

— Chaque jour, nous remercions Dieu de ce que nous n'avons pas oublié nos principes…

Otto Theuss est petit, yeux bleus, moustaches rousses; son crâne osseux est chauve. Il donne avant tout l'impression d'être pratique et décidé. J'ose enfin lui confier l'ignorance où je suis de ce que sont des mennonites.

— Notre secte a été fondée en Hollande par Menno Simons au début du XVIe siècle; elle réunit ceux qui croient aux doctrines des anabaptistes et s'oppose à la violence, à la guerre et aux autorités civiles. Il y eut tout de suite des adeptes à Zurich et à Bâle aussi. Nous sommes un demi-million dans le monde. Nous avons trois principes: ne jamais toucher une arme, ne pas prêter serment, parce que notre oui doit être oui, et recevoir, le baptême seulement après avoir appris et cru.

» Autrefois, le roi de Pologne nous fit venir de Frise pour assécher les marais de Dantzig. Plus tard, après la révolution de 1848, le service militaire devint obligatoire pour les habitants de la Prusse. Alors nous demandâmes asile au tsar pour une centaine de nos familles. Il y avait déjà des colonies prussiennes en Russie mais, grâce au train, les dernières venus s'installèrent avec beaucoup d'objets de chez nous.

» D'après nos écrits, nous savions que notre migration vers l'est n'était pas terminée. On annonça que le service militaire serait obligatoire en Russie en 1881. Alors, encouragés par le général Kaufmann, gouverneur du Turkestan, qui nous promettait des terres et nous garantissait la liberté, nous quittâmes la Volga le 3 juillet 1880 en route pour Tachkent. Dix mille des nôtres sont aussi partis pour l'Amérique.

» Il paraît qu'à ce moment-là le mouton valait un rouble trente à Ouralsk. Mais le voyage fut très pénible. Nous faisions quatre verstes à l'heure. A Aktioubinsk, il n'y avait plus d'avoine pour nos chevaux. A travers le désert, il fallut faire transporter nos chars démontés par quatre cents chameaux. Regardez : les montants de cette porte sont faits avec un brancard.

» Nous passâmes l'hiver près de Tachkent et quelques-uns s'établirent à Aoulié-Ata. En 1881, Alexandre II assassiné, Kaufmann fut frappé d'une attaque, sans que rien ait été fixé par écrit à notre sujet.

» Décidés à demander asile à l'émir de Boukhara, nous repartîmes, passant par Samarcande. Les nôtres ont alors vu de curieuses mœurs sous les yourtes; ils s'étonnèrent de voir manger de la viande de chameau, et qu'un seul bol fît le tour de l'assemblée. On dépeçait un mouton en soufflant sous la peau par une patte, répandant ainsi les microbes.

» Les beks locaux n'étaient pas d'accord avec l'émir et, pour finir, ce fut Asfendiar, Khan de Khiva, qui nous donna des terres.

» Le khan avait besoin de nos charpentiers très habiles qui polissaient bois et parquets; il apprit par eux que les Turkmènes avaient volé nos chevaux et nos vaches. Il envoya des Djiguites pour nous protéger. Et c'est alors que nous avons reçu Ak-Metchet où il avait cent trente-neuf abricotiers.

» Khan et dignitaires étaient Ouzbeks; ils abusaient de leur position avantageuse, en amont sur l'Amou-Daria, pour couper parfois l'eau d'irrigation destinée aux Turkmènes. C'est ce qui motivait les incursions de ces derniers.

Chacun est déjà parti lorsque je me lève, et je déjeune seule. Une jeune fille me conduit chez le vieux Riesen.

Les façades de toutes les maisons basses forment les quatre côtés de la grande place, qui est semblable à celles qu'on voit en Prusse. Un jardinet muré, avec deux peupliers devant chaque entrée, est égayé par le montant blanc des fenêtres.

— Quels sont les prénoms à la mode maintenant en Allemagne? me demande-t-elle. Si vous saviez comme nous aimerions varier nos Gretchen, Louisa, Eva, Rosa, Dorothée...

— Avez-vous des Brigitte et des Marlène?

Emil Riesen, le vieux maître d'école, barbu et édenté, aux beaux yeux gris, porte en lui un monde de souvenirs, tous les événements de cette époque originale.

— Nos débuts ici furent difficiles: nous arrivions sans un sou. Nous vendions pour quatre-vingts kopecks au marché des petites lanternes que nous fabriquions, et puis des chaussettes, des blouses. L'un de nous a réparé le phonographe du khan. Sur tous les meubles que nous faisions pour lui, il y avait des décalcomanies qu'il aimait beaucoup. Comme je savais l'ouzbek, c'était toujours moi qui étais chargé des démarches officielles. Au moment du couronnement de Nicolas II, le khan Seid Mouhamed Rahim me prit avec lui comme interprète à Moscou où il loua un palais pour trois cents roubles par mois. Comme la tsarine lui demandait ce qu'il pensait de Moscou, il répondit qu'il se sentait mieux dans son trou de lièvre à Khiva. Il n'était à vrai dire qu'un paysan intelligent, à l'opposé d'Ispendal qui mangeait avec nos instruments et pouvait être l'égal du tsar.

Riesen me montre une série de photographies où les dignitaires de la cour sont tous revêtus de splendides khalats brochés.

— Le khan nous aimait mieux que ses sujets et nous donnait des khalats quand nous devions apparaître à sa cour. Il était prêt à me payer très cher pour que je devienne musulman.

— Mais cette photo? C'est une ferme américaine.

— Oui, c'est chez ma sœur au Kansas, où j'ai passé six mois après avoir été déporté à Angora: j'avais été accusé d'espionnage pour le compte de l'Allemagne et je fus libéré à la chute de Kerenski.

Pendant que nous bavardons, sa femme, douce petite souris, remplit ma musette de biscuits à l'anis et me fait signe que je peux continuer à vider le plat posé sur la table.

Chez la voisine, les femmes filent avec un grand rouet.

Au milieu de la place, deux cubes en pisé, nets, avec des fenêtres blanches: l'école et la maison de prière. Cette dernière, ici au centre d'une République soviétique, est émouvante dans sa simplicité ensoleillée. Des rangées de chaises, séparées par un couloir qui mène au pied de trois marches: là, un pupitre noir se détache devant le mur blanchi à la chaux. Sur le pupitre je lis : *«Herr! Hilf mir!»*

Un harmonium, un beau candélabre, c'est tout.

— Nous n'avons pas de pasteur, mais plusieurs de nos frères sont appelés tour à tour à lire et à commenter régulièrement la Bible.

Dans la classe règne une bienfaisante chaleur quand on vient du dehors. Côté filles, côté garçons; des cartes de géographie, une mappemonde, un tableau noir entre les deux fenêtres. Un paquebot de la Hamburg Amerika Linie.

On se lève quand nous entrons et on entonne un cantique, puis la leçon de lecture reprend dans un récit biblique. Ce sont les mêmes livres qui servent depuis vingt ans.

Les doigts suivent, mais Elisa est prise en flagrant délit d'inattention.

Comme chaque mennonite d'Ak-Metchet, la physionomie du maître est pétrie d'honnêteté soucieuse: que réserve l'avenir à cette colonie où la communauté vient en aide à chacun?

Il a fallu que je vienne jusqu'au milieu du Turkestan pour comprendre la force de la propreté, et la discipline d'une croyance...

Ella Maillart, *Des monts célestes aux sables rouges*, Paris, Grasset, 1934.

Troisième partie

L'ASIE CENTRALE CHINOISE OU TURKESTAN CHINOIS

«Il y a peu de vastes régions dans le monde, écrivait Owen Lattimore, qui combinent comme le fait le Xinjiang l'isolement et une riche littérature de voyages, mais également de sciences naturelles et sociales. Bien que le Xinjiang n'ait jamais été ouvert au touriste ordinaire, il a été le théâtre des plus grandes recherches et publications géographiques, géologiques, botaniques, archéologiques et historiques des XIXe et XXe siècles. Parmi ceux qui ont contribué à cette littérature figurent, depuis le Moyen Age, Plan Carpin, Guillaume de Rubrouck, et Marco Polo; chez les Britanniques, Atkinson et Shaw, ainsi que Forsyth, et plus tard Ney Elias, Younghusband, Stein et Skrine; chez les Russes, Prjevalski, les frères Grum-Grjimailo, Kozlov, Obruchev et bien d'autres; les Français, Grenard et Pelliot, les Allemands Grünwedel, Le Coq, ainsi que de nombreux écrivains et linguistes; l'Autrichien Merzbacher; l'historien hollandais De Groot; l'Italien de Filippi; Sven Hedin et de nombreux jeunes Suédois et Danois comme Bergman et Haslund; et enfin des Américains comme Schuyler et Huntington. Et il est plus aisé de citer une liste longue plutôt qu'une courte, parce que les matériaux consacrés au Xinjiang ont débouché sur de nombreux commentaires, recherches et interrogations en de nombreux pays [1].»

Terre de découvertes de l'espace et du temps, ces régions ne furent jamais faciles à atteindre ou à pénétrer. Aux défenses naturelles, hauts reliefs de l'Himalaya, du Pamir, des Tian Shan, vastes déserts et rigueurs climatiques, s'ajoutaient les interdits ou les menaces des hommes : révoltes, massacres, brigandages.

Terres de l'ouest (Xiyu) dès avant notre ère, «nouveaux domaines» (Xinjiang) à partir du XIXe siècle, ces territoires de l'Ouest chinois ont

1. Owen Lattimore, dans une introduction à *Sinkiang, Frontier of the Chinese Far East*, par Martin R. Norins, John Day Company, New York, 1944.

également été appelés Turkestan chinois ou même Turkestan oriental. C'est qu'on y trouve en majorité des populations d'ethnie et de culture turques, qui entretiennent depuis des siècles des liens traditionnels avec cet ensemble géographique et humain qui va jusqu'aux rivages de la Méditerranée. Mais l'Asie centrale, vers l'est, s'étend au-delà du Xinjiang et déborde sur le Gansu et le Qinghai, jusqu'aux limites du monde chinois.

Aux XIXe et XXe siècles, les voyageurs occidentaux avaient bien des raisons de s'intéresser à ces terres réputées inaccessibles : l'histoire, enfouie dans les villes mortes des déserts ; la politique, que la rencontre des empires alimentait de ses rivalités et de ses intrigues.

I. Sur la manière de voyager

Grandes traversées de déserts, séjours prolongés en altitude, froids ou chaleurs intenses attendent pendant des semaines voire des mois, les voyageurs qui affrontent l'Asie centrale chinoise. La préparation est une phase essentielle du voyage, qui est bien souvent une aventure. Les négligences conduisent parfois à l'échec. Les circonstances sont variées et les avis sur la manière de procéder divergent.

CLARMONT PERCIVAL SKRINE
(1922-1924)

C. P. Skrine (1888-1974) était un agent de l'Indian Civil Service depuis 1912 quand il fut désigné comme consul général à Kachgar de 1922 à 1924. Cette nomination fut pour ce spécialiste des populations du versant sud de l'Himalaya et du Pamir une heureuse étape dans une carrière qui se déroula essentiellement en Perse, au Baloutchistan et en Inde.

Le récit de son séjour à Kachgar et des voyages que lui imposaient ses fonctions parut en 1926 sous le titre Chinese Central Asia. *Durant les deux années, accompagné de sa femme Doris Forbes Whitelaw (D. dans le texte), il parcourut la plupart des régions du Sud-Xinjiang, y compris certaines vallées du Pamir. Il s'est attaché à décrire agréablement son séjour et ses déplacements, ses rapports avec les autorités et la population locale, ainsi que la culture et les mœurs des sédentaires des oasis et des nomades des montagnes.*

VOYAGER CONFORTABLEMENT

Mon aide de camp en charge du Mir Munshi, devait nous rencontrer le 26 octobre à Yarkand, d'où partait ma tournée officielle. Pour le voyage au Qaratash, je louai un taël la journée (soit environ trois shillings) sept chameaux poilus à deux bosses d'Asie centrale que je confiai aux bons soins d'un jeune porteur andijani aux cheveux clairs, que D. surnomma Brian O'Flynn, parce qu'il portait d'énormes pantalons en peau de mouton dont le cuir était à l'extérieur et la laine à l'intérieur. Pour le voyage dans les montagnes, notre groupe fut renforcé par la venue d'un de nos amis russes, M. Paul Nazaroff, un géologue de Tashkent, qui avait la particularité d'être le seul Russe parlant anglais à Kashgar. Notre suite était composée de Hafiz, Sangi Khan et le vieux lancier, Rahim Khan, comme aides de camp; Ahmad Bakhsh comme maître d'hôtel et valet de chambre; Murad Shah comme cuisinier et Yakub comme «chevalier du balai» et homme à tout faire. Il y avait aussi un lad kachgari, dont j'ai oublié le nom, qui s'occupait des chevaux. Nous montions tous des chevaux sauf Yakub et le palefrenier, pour lesquels nous louâmes un couple de chameaux. J'avais l'étalon noir badakhshi qui avait presque eu raison de moi à Astore en juin mais qui était maintenant beaucoup plus calme, et D. montait son hongre bai préféré, Ferghana. Les chameaux portaient trois petites tentes à deux toits avec les accessoires de salle de bain et les meubles au grand complet, y compris de confortables lits de camp et matelas modèle Rurki, et des valises contenant le linge de maison et les *yakdans* — les coffres de transport — pour nos affaires personnelles, des lampes tempête et l'huile pour brûler dedans, une autre table pour les repas, la batterie de cuisine et trois *yakdans* de provisions pour la cuisine, un chameau chargé de maïs pour les chevaux, une grande tente à un toit et dix jours de rations de pain pour les hommes, une planchette d'arpenteur et des instruments de relèvement, des fusils et des cartouches, et enfin et surtout, une baignoire en bois recouverte d'étain à l'intérieur extrêmement solide, construite sous mes conseils par un charpentier Kashgari, avec deux bidons d'huile pourvus de poignées où chauffer l'eau du bain.

On peut déjà se rendre compte que nous ne fîmes aucun effort pour voyager léger. Personnellement, et bien que j'aie vécu à la dure assez souvent je ne suis pas adepte de ce que j'appelle en terme de voyage «la théorie de la brosse à dents», sauf quand il est essentiel d'économiser le temps ou l'argent. La plupart des gens qui voyagent dans les régions sauvages — même ceux qui sont au service du gouvernement et bénéficient de généreuses indemnités de déplacement — ou se font gloire de se passer de bains et de chemises propres et subissent toutes sortes de privations inutiles, ou, plus souvent, adoptent une attitude fataliste et disent: «Il faut vivre à la dure de toutes façons; le trekking est toujours inconfortable comparé à la vie sédentaire; plus on a de bagages et de serviteurs plus on a d'ennuis; mieux vaut jouer le tout pour le tout, voyager léger et retourner à la civilisation le plus vite possible.» Bon, peut-être ne suis-je pas de la race des pionniers, mais j'essaie toujours quand je pars camper, d'emmener avec moi une quantité raisonnable de civilisation. Je trouve que des repas réguliers et bien cuisinés, des oreillers et un vrai matelas (bien que bourré de coton du «bazaar») et des bains quotidiens, même si ce n'est que dans une baignoire en toile, ajoutent tellement à mon plaisir de voyager qu'ils valent largement la peine que l'on se donne et les dépenses que l'on engage. L'opinion de D. est la même, et elle est légitimement fière du fait que durant tous nos voyages, sauf accident, nous avons toujours eu le thé du matin, un petit déjeuner chaud avec thé ou café, une grande variété de sandwichs pour le déjeuner, le thé de l'aprè-midi et un dîner composé de trois plats suivis d'un café. Nous avons rarement manqué de pain anglais et de légumes verts. Nous avions l'habitude de partir avec une bonne réserve de pain Daud et un sac de légumes, après quoi les courriers qui partaient après nous chaque semaine de Kashgar avec nos lettres et le courrier officiel nous apportaient plus de pain, de plum-cake et de légumes verts. On pouvait obtenir des épinards et des pommes de terre dans la plupart des villes, des poulets et des œufs dans chaque village de plaine, du mouton et des produits frais partout, même dans les montagnes les plus sauvages. Quand le pain était hors de portée, D. se mettait au travail et faisait des scones sur les plaques de tôle, trois ou quatre douzaines à la fois, et aussi des petites madeleines au chocolat et de la pâte feuilletée pour les friands à la saucisse et les feuilletés à la confiture. Certaines de ses pâtes feuilletées les mieux réussies étaient faites sur ou près des glaciers car, expliquait-elle, on y dispose d'autant de glace qu'on le désire, à portée de la main qui plus est, pour refroidir les ingrédients autant que ses doigts. Tout ceci entraîne ce que, aux Indes, nous appelons *bundobust* et rend la caravane difficile à manier selon les standards du voyage «brosse à dents». Mais il faut se rappeler que dans les pays musulmans, à chaque instant — je ne peux parler d'aucun autre —, le prestige de chacun (et par conséquent celui du pays qu'il représente), dépend beaucoup de la taille de sa caravane. Personne ne vous respectera pour être un voyageur courageux et un amateur de vie simple. On pensera simplement que vous n'êtes pas un vrai *sahib* et n'avez pas les moyens de voyager plus confortablement.

Clarmont Percival Skrine, *Chinese Central Asia*, Londres, Methuen and C° Ltd, 1926. Traduit par Catherine Derivery.

PETER FLEMING

(1935)

Écrivain moins prolifique que son frère Ian, créateur de James Bond, Peter Fleming (1907-1971) fut un journaliste et un voyageur au talent incontesté, qui avait révélé son humour et son non-conformisme dans un premier livre qui relatait un voyage au Brésil. Journaliste du Times, *il avait couvert les événements de Chine du Nord juste avant de partir de Pékin, en 1935, pour rejoindre Kachgar, à travers le Qinghai et les oasis du sud du Takla-Makan. Entreprise hasardeuse et pleine d'inconnus, sinon de dangers, car les révoltes du Xinjiang font de cette région une terre inaccessible d'où d'ailleurs ne parviennent plus de nouvelles. Peter Fleming se lance dans cette aventure avec Ella Maillart.*

Leur voyage a deux objectifs: savoir ce qui se passe au Xinjiang, hermétiquement clos aux étrangers alors que de nouvelles rébellions mettent la région à feu et à sang, et... se faire plaisir. Pour cela il choisit avec l'«intrépide voyageuse et camarade sans égale» de voyager léger, pourvu d'un équipement sommaire mais efficace.

VOYAGER SANS EXCÉDENT DE BAGAGES

Le voyageur qui entreprend une chevauchée de trois ou quatre milliers de kilomètres ne saurait éviter de ressentir quelque émotion. Il peut être agité, sentimental, anxieux, insouciant, héroïque, bruyant, picaresque, songeur, ou être animé de bien d'autres sentiments; en tout état de cause, il doit prendre conscience de son insanité, et il n'y manque pas. C'est un peu comme si l'on s'installait quelque part avec l'intention de lire le *Faerie Queene*[1] d'un bout à l'autre, pire même. N'étant pas encore rompu à l'allure nonchalante et majestueuse des caravanes, il découvre, dans le contraste entre la lenteur de la première étape — si courte — et le trajet infiniment long lui restant à couvrir, une amère dérision. Son imagination, son sens du drame n'admettent pas ce début mesquin, pour une si vaste entreprise. Son esprit est rempli d'ambitions démesurées, son corps, campé sur sa monture, esquisse les premiers mouvements qui permettront leur orgueilleuse réalisation, à une allure qui souvent ne dépasse pas celle des vieilles dames que l'on pousse en petite voiture. Il se rend compte alors de sa folie.

Il en était ainsi pour moi, sinon pour Kini, plus philosophe. Le chameau bactrian, chargé et marchant d'un pas normal, parcourt

---

1. Immense poème épico-lyrique en douze chants dédié par Spenser à la reine Élisabeth Ire.

environ trois à quatre kilomètres à l'heure. Nos quatre bêtes, conduites par un Mongol aux cheveux d'argent et aux manières d'archevêque, quittèrent Tangar à une allure dont la circonspection me semblait intolérable, et s'engagèrent dans une étroite vallée entre des collines sombres et moroses. Un vent aigre nous soufflait au visage. Le ciel était de plomb. Une fois encore, je retrouvais dans le contour dénudé des collines, dans la monture ébouriffée entre mes jambes, dans la sensation du fusil jeté en travers de l'épaule, une impression d'Écosse, de retour vers la maison après une chasse à l'affût dans la lande d'automne.

Le chargement des chameaux mérite ici d'être décrit. Nous emportions peu de chose en dehors de nos effets personnels, et des quelques objets de luxe déjà mentionnés; bref, nos chameaux ne transportaient rien de plus que ceux des Chinois et des Mongols. Les principaux colis étaient : deux grands sacs de grain pour les chevaux, de la farine, du riz, du *mien* de deux sortes, de la tsamba, du sucre, quelques oignons et pommes de terre, une provision de petits cubes de biscuit inaltérable, cuit d'après une recette de Kini et remplaçant le pain, une certaine quantité d'ail, quelques pommes piquées et desséchées, un sac de raisins secs de Tourfan, un petit baril d'alcool chinois dont l'odeur était détestable, une marmite achetée sur place et notre tente miniature.

A l'occasion de cet inventaire qui comprend, autant qu'il m'en souvienne, toutes nos provisions (et le voyage m'a donné une bonne mémoire pour les questions de nourriture), il me faut expliquer ce qu'est la tsamba. Cette denrée connue des voyageurs du nord de la Chine et de la Mongolie sous le nom de «tsomien», constitue la base de la nourriture au Thibet. Elle consiste en une farine d'orge séchée, mais même dans une bonne lumière, elle évoque plutôt quelque fine sciure de bois. On la prend dans le thé, avec du beurre s'il y en a, ou avec de la graisse de mouton fondue à défaut de beurre, ou sans rien du tout le cas échéant. On emplit de thé son bol de bois peu profond, on y laisse fondre le beurre (habituellement rance, celui-ci dégage une bonne odeur de fromage), on y ajoute alors une poignée de tsamba. Cette dernière commence par surnager; peu à peu, comme le château de sable de nos enfances, sa base est entamée par le liquide. On l'agite du doigt, et quand elle est saturée et a atteint la consistance d'une pâte, on pétrit celle-ci jusqu'à tenir en main un gâteau mou, tandis que l'écuelle se trouve vide et nette. Le petit déjeuner est servi.

La tsamba mérite d'être recommandée à divers égards; si j'étais poète je lui consacrerais une ode. Elle est reconstituante, digeste, et bon marché. Pendant près de trois mois nous avons eu de la tsamba au breakfast et de la tsamba au repas de midi, et ce régime n'était ni lassant pour l'appétit ni si monotone qu'il pourrait paraître. Une des grandes qualités de ce mets provient de ce qu'on peut en varier le goût et la consistance à volonté. On parvient à en tirer un gâteau, à le préparer en porridge; il est susceptible de s'adapter au goût du sucre, du sel, · du poivre, du vinaigre, ou, dans des circonstances exceptionnelles, à celui de la Worcester Sauce, «dont on n'avait précisément qu'une bouteille». Et comme si cela ne suffisait pas, on peut la marier au cacao, au lieu de thé. Je n'irai pas jusqu'à dire qu'on ne s'en fatigue jamais, mais de tout autre produit, on se lasserait bien plus vite.

Il fallait compter aussi, dans le chargement des chameaux, diverses espèces de monnaie. Le problème des paiements était une affaire d'importance. Par l'intermédiaire des Postes chinoises, cette remarquable institution, j'avais été à même de transférer l'ensemble de notre capital de Pékin jusque dans les villes de l'Ouest; il m'avait suffi de verser un chèque à la succursale pékinoise et de retirer des dollars à Lanchow et à Sining. Mais le dollar argent mexicain en usage en Chine est une monnaie volumineuse, et la région que nous avions à traverser avait la réputation de manquer de sécurité; on ne pouvait se flatter de trouver toujours, dans une valise chargée d'argent, un atout; à vrai dire, elle était susceptible de se muer en une cause majeure de sujétion. Aussi transportions-nous le minimum d'espèces — six cents à sept cents dollars au plus, dissimulés en différents points de notre attirail. Avec le reste de notre capital — un peu plus de mille dollars — j'avais acquis à Lanchow un lingot d'or de douze onces; outre qu'il pouvait être facilement caché, il présentait l'avantage d'être négociable partout où l'on pouvait disposer d'une lime et d'une balance. A l'intention des collectivités mongoles les plus reculées, qui souvent n'avaient pas l'occasion d'employer l'or ou l'argent, nous avions emporté huit briques de thé et une grande quantité d'étoffes de couleur à bon marché, l'un ou l'autre de ces produits constituant toujours une monnaie d'échange.

Nos approvisionnements et notre équipement, qui auraient fait rire aux larmes toute expédition moderne digne de respect, se révélèrent entièrement appropriés à nos besoins et aux exigences de la route. Le mérite en revient à Kini, qui dirigea l'intendance avec une prévoyance infaillible, et dont les instincts de ménagère, peut-être un peu rudimentaires par rapport au type féminin le plus accompli, firent un excellent contraste avec ma dédaigneuse insouciance en ces matières. Il n'y avait rien de vraiment nécessaire qui fît défaut, quoiqu'un réchaud Primus eût été le bienvenu, et que n'ayant pu nous procurer une cuvette, nous en fussions réduits à nous laver (quand cela nous arrivait par hasard) dans la poêle à frire. En tout cas, rien de ce que nous emportions n'était superflu, et quand le voyage s'éternisa, jamais l'occasion ne se présenta de nous demander pourquoi diable nous nous étions encombrés de telle ou telle chose; aucun article ne provoqua notre exaspération grandissante par son inutilité, fait sans précédent, je crois, dans l'histoire des expéditions.

Ce jour-là, notre parcours se borna à une courte demi-étape. Le crépuscule nous surprit à dix kilomètres de Tangar; nous étions heureux de pouvoir nous arrêter, le vent froid était devenu glacial et il commençait à geler. Prétendant qu'il y avait des bandits dans cette région, Li insista pour nous faire coucher dans des maisons aussi longtemps qu'on en rencontrerait encore; c'est ainsi que nous nous trouvâmes installés presque luxueusement sur un k'ang, tandis que Li, avec une certaine vantardise qui ne dissimulait pas complètement sa propre perplexité, tentait de nous situer dans l'esprit d'une famille sino-mongole. Les murs de la chambre étaient décorés d'anciennes images, crues et de couleurs vives, évoquant la guerre russo-japonaise (avec légendes en russe); ainsi donc, en des temps reculés, elles avaient dû échouer là, à des lieues et des lieues d'Ourga et d'Ouroumchi... On nous servit du thé et des bols de *mien*. Tout avait un air étrangement irréel. Il était difficile de croire que nous étions vraiment en route, impossible d'imaginer tout ce qui nous attendait d'insolite; le présent semblait un rêve. Tournant le dos à la Tartarie, Kini se réfugia ce soir-là dans les réalités plus prosaïques des aventures d'Arsène Lupin.

A notre réveil, la neige nous attendait. Ayant endossé quelques vêtements de plus, et après avoir déjeuner, nous reprîmes la route dès que les chameaux furent chargés, suivant l'étroite vallée qui se dirigeait plutôt vers le sud que vers l'ouest. A deux reprises, nous rencontrâmes des troupeaux de yaks se rendant à Tangar, bêtes hirsutes, affaiblies, de couleur noire ou grise, occupées à ruminer tout en avançant péniblement. Les bouviers, amorphes dans leurs peaux de mouton, sifflaient pour les exciter; chaque homme portait en travers des épaules un mousqueton ou un fusil à mèche dont l'appui fourchu saillait, à la mode barbare, hors du canon. A midi (pour éviter, je crois, un poste de douane chinois), la caravane quitta la piste principale et bifurqua vers l'ouest dans une vallée plus étroite, plus désolée, et des plus romantiques. Des ramiers passaient en éclair, tournoyaient au-dessus des rochers; nul autre signe de vie. Bientôt pourtant, étagés sur le versant, apparurent les toits flamboyants d'une vaste lamaserie; à notre grand regret, tempéré pourtant par une sensation de froid extrême, l'étape du jour s'arrêtait là.

Peter Fleming, *News from Tartary*, Londres, 1936. Version française: *Courrier de Tartarie*, traduit par S. et T. Bourgeois, Paris, éd. Phébus, 1989.

ELLA MAILLART
(1935)

Ella Maillart a déjà l'expérience de ses voyages en Asie centrale soviétique quand elle accompagne Peter Fleming dans cette traversée audacieuse de Pékin à Kachgar. Chacun se partage les tâches selon ses capacités... ou ses préférences. Ils se sont joints sur une partie du trajet à une caravane de Mongols.

VIE DE LA CARAVANE

Jour après jour notre existence se déroule selon la règle immuable des siècles; Avant l'aube, sans heurt ni bruits inutiles, deux cent cinquante chameaux, une trentaine de chevaux et environ quatre-vingts êtres humains se disposent au départ.

Les chameaux, qui restent bâtés la nuit, ont dormi accroupis en demi-cercle près des ballots de leurs propriétaires, jonchant le sol de petites crottes rondes et noires comme de grandes olives: avec la cendre des feux, c'est toute la trace que laissera notre passage. Et sans les restes analogues des caravanes précédentes, nous n'aurions pu faire cuire notre soupe.

Torses bruns et nus dégagés de la pelisse de mouton, hommes et femmes s'affairent; ils lancent habilement une corde sous le ventre du chameau au moment où il s'accroupit, ils ficèlent les sacs, et d'un dernier coup de reins arriment les charges à bloc. Et déjà le premier groupe s'ébranle, retournant à la piste quittée la veille.

Le ciel est gris, lourd de froid, et le globe opaque du soleil se lève au-dessus de collines pelées.

Pendant que Li selle mon cheval et que Peter défait la tente, j'emballe les vivres dans la cantine; beurre, petits cubes de pain aussi dur que du biscuit de mer, viande froide, cacao, sucre, tsamba et confiture. Puis, notre caravane partie, accroupis près des cendres encore chaudes, nous retardons l'instant de reprendre la lente marche monotone. Nous avalons un dernier bol de thé, j'accroche la bouilloire à ma selle, j'enfouis mon quart d'émail dans mon bissac, et n'ai plus qu'à chercher une motte de terre pour sauter en selle. A l'écart, tourné vers Lhassa, devant un bâton qu'il a planté en terre, le prince fait ses prières matinales.

En un temps de galop, je rattrape l'immense chenille qui rampe vers l'ouest. Nous ne sommes qu'une vingtaine de cavaliers, voyageurs privilégiés qui pouvons aller où bon nous semble, à la vitesse qui nous plaît. J'admire dans notre groupe un beau Doungane au nez droit d'Arabe, qui deviendra notre ami, ainsi qu'un jovial Mongol aux yeux intelligents, coiffé d'un feutre rond comme celui d'un clergyman : il s'appelle Gounzoun et doit appartenir à la maison du prince.

Peter, en général, ne tarde pas à se mettre en chasse avec sa petite carabine, et montée sur Slalom je prends son poney à la remorque, contente de moi quand je parviens à passer un fossé en saut couplé. Et je vois Peter au loin qui poursuit des oies sauvages et plusieurs fois se couche pour tirer; mais, si bon fusil quand il chasse seul à l'étape pour remplir chaque soir notre marmite, il est gêné quand il chasse le long de la caravane. Il est poursuivi par le Bosco qui, poignard en main, s'apprête déjà à saigner la victime en bon Doungane: ce personnage bouffon, qui nous rappelle le «bo's un» de *Tempest*, crie sans cesse pour indiquer où les oiseaux se sont posés… et les oiseaux s'envolent… et Peter les rate. Et enfin, peu habitué à tirer sous les regards intimidants de deux cent cinquante chameaux, mon compagnon finit par abandonner la partie, et je lui ramène son poney.

Chaque fois que je trotte derrière la silhouette de Peter, j'envie les talents d'un caricaturiste: le poney disparaît sous le manteau militaire de son maître, dont les jambes pourraient, je crois, se toucher sous le ventre de l'animal. Mais la plupart du temps nous chevauchons loin l'un de l'autre, comme si nous cherchions à ne pas nous voir pendant quelques heures. Notre état d'esprit est très différent : Peter découvre avec émerveillement la vie des nomades, vie vieille comme le monde… Il est tout aux joies de l'initiation. Moi, au contraire, je retrouve une partie de mon passé et je continue en quelque sorte le voyage commencé au Turkestan russe; je connais déjà l'odeur des chameaux, leur haleine fétide quand ils ruminent, je sais la halte au point d'eau, la collecte du crottin pour le feu et les joies que procure le thé bouillant; je n'ignore pas la recherche des bêtes égarées à la poursuite de leur pâture, ni le silence des nuits où les yeux brûlent d'avoir trop regardé dans le vent. J'aime cette vie primitive où je retrouve la faim qui transforme en joie solide chaque morceau mis sous la dent, la saine fatigue, qui fait du sommeil une volupté incomparable, et le désir d'avancer que chaque pas réalise.

Unis par le désir de réussir dans notre entreprise, nous nous entendons à merveille. Mais en somme nous n'envisageons pas les choses sous le même angle. Peter, tous les soirs, me répète comme un refrain: «Soixante lis de moins d'ici Londres!» C'est pour me taquiner, et je le prie de se taire, car je veux oublier que le retour est inévitable. Je suis même sans désir de retour. Je souhaiterais que le voyage pût se prolonger toute la vie; rien ne m'attire en Occident où je sais bien que je me sentirai seule parmi mes contemporains, dont les préoccupations me sont devenues étrangères. A Londres j'avais cru Peter révolté contre la vie des villes. Maintenant que je le vois impatient de la retrouver, je me demande s'il n'y a eu là qu'une affectation de bon ton. Mais comment savoir même s'il est sincère aujourd'hui, ou paradoxal, ou s'il me mystifie? Autant de questions que ses compatriotes seront seuls, j'imagine, à pouvoir résoudre. Ce qui est sûr, c'est que Peter semble craindre moins de finir au fond d'une prison d'Ouroumtchi que de ne pas être de retour à temps pour chasser la grouse en Écosse. Nous allions traverser un des plus beaux terrains de chasse du monde, mais c'est en vain que yaks et koulanes du Tibet, mouflons, bouquetins et markhors de l'Hindoukouch seraient à portée de fusil. Quel compagnon surprenant! Tient-il à accomplir cet exploit unique de chasser dans la même année le tur du Caucase, le canard de Shanghaï, l'antilope du Koukou Nor et le cerf d'Écosse?

Quoique marchant au pas, Slalom gagne peu à peu la tête de la procession qui couvre plusieurs kilomètres. Sur un poney lent et hirsute, une vieille femme est notre chef de file, semblable à un clown sous son chapeau pointu; ses cheveux embroussaillés cachent les rides de son visage tanné, et dans sa main elle tient la cordelette de crin qui tire le nez du premier chameau, le seul qui ait à son cou une longue cloche au son sourd. Lorsqu'elle a trop froid elle met pied à terre, et raidie par ses rhumatismes, elle marche comme un automate, traînant sur le sol gelé ses lourdes bottes éculées. Son manteau énorme balaie la terre, un briquet brinquebale à sa ceinture. La marche régulière, implacable de cette vieille Norne entraîne comme une impression de fatalité.

De dix en dix chameaux environ, marche un conducteur mongol. Haut perchés entre les charges, emmitouflés comme des vieilles, sont installés les Dounganes ou Hués-hués chercheurs d'or, les vieux Mongols qui égrènent leur rosaire en marmonnant des prières; on entend les coups secs avec lesquels les fumeurs vident leur pipe contre leur talon.

Avec le balancement de la marche, les cargaisons prennent souvent de la gîte; alors un Mongol à cheval vient se mettre contre le chameau, et tout en avançant, il soulève la caisse d'un coup d'épaule pour rétablir l'équilibre. Mais la plupart du temps, à contrecœur, il faut en venir aux grands moyens: la cordée est arrêtée, la bête s'accroupit, on défait la longue corde passée en huit sur les extrémités des piquets de bât, et l'arrimage est refait. Le chameau à profité de l'arrêt pour allonger son cou comme un cygne jusqu'aux touffes d'herbe les plus éloignées.

Pendant ce temps toute la caravane a défilé et la cordée immobilisée a du retard. Pour la rattraper, les bêtes sont encouragées d'un guttural: «Oo-ok!» que nous n'aurons que trop d'occasions de proférer nous-mêmes par la suite.

Après quelques heures de marche, la corde, qui au départ pendait d'un chameau à l'autre, se tend; les cous, d'abord dressés, s'abaissent, et fatiguées les bêtes ralentissent l'allure.

Smig m'avait dit de ne pas prendre de pelisse, le climat du Tsaidam n'étant pas vraiment froid, mais en réalité je suis obligée de marcher, tant je claque des dents, malgré tous les gros habits amoncelés sur moi. Par vent debout, je rabats avec plaisir les oreillettes de mon bonnet de fourrure mandchourien. Un seul signe annonce la fin de l'hiver: la laine pend en guenille le long des cuisses étroites des chameaux: ils muent, et la peau lisse qui apparaît, gris-de-fer, ressemble au caoutchouc des pneus usés. Les caravaniers, tout en marchant à côté de leurs bêtes, leur arrachent le poil floconneux pour filer une souple cordelette, destinée à remplacer bientôt celle qui mène, déjà usée, leur chameau par le nez.

Souvent je rejoins le groupe des marchands chinois à cheval, qui ont des silhouettes de langoustes grâce aux longues antennes du chevalet de pointage fixé à leurs fusils. Nous galopons tous en excitant nos montures à se dépasser, horde déchaînée d'êtres sauvages, vêtus de peaux de bêtes, poussant des cris et cavalcadant à la conquête du désert. Mais le premier ravin rencontré nous arrête; là, couchés à l'abri, nous attendons que la caravane nous rejoigne, annoncée par le grelot attaché au cou des chiens de garde...

La conversation de ces marchands est loin d'être aisée. Ils veulent savoir le prix de mes bottes cloutées ou de mes gants de ski, puis ils s'étonnent d'apprendre que je ne suis pas Anglaise comme Peter. De mon côté je m'informe lesquels d'entre eux sont disciples de la «hsiao chao» (la «petite foi» ou Islam, opposée à la «grande foi» ou bouddhisme). Ils viennent presque tous de Ho-chow, ville musulmane au sud de Lanchow. Seul le plus jeune d'entre eux connaît les caractères chinois, et même les caractères romains imprimés sur ma carte de visite. Ce garçon éveillé veut savoir à quelle distance nous sommes de la France.

«Notre caravane y parviendrait, dis-je, si pendant dix mois elle couvrait chaque jour trente kilomètres comme aujourd'hui.»

Ces marchands suivent docilement la caravane, mais sitôt qu'ils trouveront des Mongols au campement, ils s'abattront sur eux, comme autant de vautours, leur vendront tout ce qu'ils peuvent et les forceront presque à s'endetter. Et quelles possibilités n'offre pas une population qui ignore encore l'usage de la chemise!

Vers deux heures de l'après-midi, nous arrivons à l'étape. Nous n'avons guère couvert que vingt-cinq ou trente kilomètres en huit heures, mais il faut que les bêtes aient le temps de brouter avant la nuit. C'est à celui qui aura le plus vite fait bouillir son thé sous la tente, et les premiers arrivés sont avantagés: ils n'ont eu qu'à se baisser pour ramasser les argols combustibles dans le pan de leur manteau. Avant de boire, très pieux, le Mongol fait le tour de sa tente pour lancer une cuillerée de thé en offrande aux quatre points cardinaux.

De même que les indigènes, au milieu de la journée et au petit déjeuner, nous mangeons la tsamba : dans du thé bouillant et salé on fait fondre un morceau de beurre auquel on mélange de la farine d'orge grillée; on malaxe le tout d'une main habile et l'on en fait une boulette solide, prête à être mangée.

Mais c'est le soir, à l'arrivée au camp, que nous faisons le seul vrai repas de la journée. Je mettais à cuire dans la marmite, avec des pâtes ou du riz, le gibier que Peter avait rapporté : quartier d'antilope, oie sauvage, lièvre, canard, parfois un faisan. Il arrivait aussi que nos voisins nous donnent un morceau d'âne sauvage ou de yak domestique; ou encore qu'un patient, reconnaissant des soins que j'avais pu lui donner, m'apporte un peu de mouton ou une assiette de petits cubes de pain grillé qui remplaçait le *manto* ou pain de la ville. Enfin, j'avais ma provision d'oignons et de fruits secs. Outre ma marmite, j'avais une poêle à frire fort originale. Dans les auberges, les Chinois se lavent les mains et le visage dans un récipient de laiton brillant, à fond plat, à bords presque verticaux, et j'en avais acheté un, le trouvant moins fragile et moins encombrant qu'une cuvette d'émail. En route, je le casais dans la marmite; à l'étape nous y mettions l'eau tiède dont nous bassinions nos visages brûlés; puis Li me le rapportait au moment du repas, et j'y faisais parfois sauter la viande ou revenir au beurre mes abricots séchés. Jamais, disais-je à Peter en me rappelant mes précédents voyages, je n'avais vécu aussi luxueusement que depuis que j'avais joint mon sort à celui d'un «old Etonian».

Deux fois par jour il fallait nourrir les chevaux d'orge et de pois cassés, aussi durs que de la pierre. Retirant un jour sa musette à Slalom, j'y découvris une couronne de molaire...

Et enfin venait la nuit. Le vent, qui avait mugi toute la journée dans nos oreilles bourdonnantes, et qui, chargé de poussière ou de neige, avait brûlé nos visages, s'acharnait maintenant contre nos tentes, moins destinées à nous protéger contre le froid que contre sa poussée continue.

Cette existence, évoquée dans telle métropole d'Occident, me remplirait de nostalgie. Mais je m'étais si complètement intégrée à la vie de la piste, à la vie des bêtes, à celle des éléments, qu'il me semblait l'avoir toujours menée. C'était l'Occident qui me paraissait irréel, et je l'avais tellement oublié que même un effort de mémoire ne parvenait plus à me le restituer quand je m'endormais.

Li ayant raconté que nos caisses contenaient des merveilles telles qu'une boîte qui faisait de la musique et des remèdes nombreux, il fallut céder aux demandes et faire marcher mon minuscule «Mikiphone»; nous n'avions que trois disques et lorsqu'on en arrivait à la partie chantée, les auditeurs ne cachaient pas leur plaisir.

Mais surtout, jour après jour, des malades vrais ou non, défilaient sous ma tente. Je traitais les plaies au permanganate puis à la pommade iodoformée. Je consultais avec sérieux la liste de mes médicaments lorsque je me trouvais dans l'embarras ; je faisais avaler de l'huile de ricin à ceux qui se plaignaient de maux de ventre, ou de la quinine aux hommes qui avaient « grand chaud puis grand froid ». Ceux qui toussaient ou se plaignaient de leurs rhumatismes — fait peu surprenant étant donné la mode mongole si décolletée — recevaient quelques pilules japonaises de « Jintan », panacée universelle à base de cachou. Aux Mongols dont les yeux étaient depuis longtemps enflés et rougis par l'âcre fumée des argols, je montrais comment se laver avec un peu de ouate et de thé. Un jour, d'un coup de lame de rasoir, je libérai l'abcès d'une main enflée ; pour laver cette main crasseuse, j'avais dû la baigner une demi-heure dans de l'eau quasi bouillante.

Les Mongols ne se lavent pas, dit-on, de peur d'être transformés en poissons après leur mort. D'autre part l'eau des puits leur semble chargée de maléfices ; issue de l'intérieur de la terre où règne le principe femelle, elle ne sera bonne qu'exposée à l'air et au soleil, qui font partie du monde mâle des régions supérieures. Mais cette saleté inouïe n'est guère incommodante en hiver, où le froid affaiblit même l'odeur du beurre rance dont leurs pelisses sont imbibées.

Ella Maillart, *Oasis interdites. De Pékin au Cachemire, une femme à travers l'Asie centrale en 1935*, Paris, Payot, 1984.

II. L'Himalaya et le Pamir

Formidables ensembles montagneux, Himalaya et Pamir protègent l'accès du Xinjiang sur ses approches méridionales. Les points de passage ne sont pas nombreux: le corridor de Wakhan, les cols de Mintaka et de Mustagh. Depuis toujours les hommes ont suivi les mêmes itinéraires et les explorateurs de la fin du XIXe siècle marchent dans les traces de Xuan Zang, de Marco Polo ou de Bento de Goes.

FRANCIS YOUNGHUSBAND
(1889-1891)

Tout destinait Francis Younghusband (1863-1942) a devenir l'un des grands acteurs de la politique britannique en Asie centrale et au Tibet. Né dans le nord-ouest de l'Inde, où il revenait à dix-neuf ans après sa formation à Sandhurst, il était le neveu de l'explorateur Robert Shaw, qui avait été le premier Européen à traverser le Karakoram et à atteindre Yarkand et Kachgar.

Il fut aussi un des héros du Grand Jeu, qui opposait Britanniques et Russes, sur les plateaux ou dans les passes du Pamir ou du Karakoram, anxieux de prévenir les intrigues qui devaient permettre à l'empire russe d'étendre son influence jusqu'en Inde. Sa carrière commença par des missions de reconnaissance vers la passe de Khaybar, qui conduit en Afghanistan, ou dans le Cachemire; Mais ce sont surtout ses voyages en Mandchourie, puis de Pékin à Kachgar, et au Cachemire, par une longue route qui l'avait amené à s'enfoncer dans les immenses régions désertiques traversant la Mongolie, puis suivant la ligne des oasis du nord du bassin du Tarim, qui firent sa renommée et lui valurent la médaille d'or de la Société de géographie de Londres.

Il poursuivit sa carrière en menant des expéditions, dont les objectifs étaient liés au Grand Jeu, dans le Pamir et dans le Turkestan.

Francis Younghusband, devenu personnage légendaire, fut choisi en 1903 par lord Curzon, vice-roi des Indes, pour conduire ce qui allait devenir l'expédition de Lhassa (1903-1905). Major au moment de cette nomination il fut promu colonel, et, accompagné d'une forte escorte armée, il franchit la passe de Jelap en décembre et pénétra au Tibet. Après cette expédition, qui fut un désastre diplomatique (voir plus loin dans la partie Tibet), Younghusband, dont la réputation demeura intacte, se retira du service public du gouvernement de l'Inde. Il se consacra dès lors à ses responsabilités de président de la société royale de géographie et du comité du mont Everest, mais surtout de religion, en créant en 1936 le World Congress of Faiths.

Pendant ses expéditions dans le Pamir, en 1889 et 1890, Francis Younghusband est au contact avec des Russes qui opèrent comme lui dans des missions de reconnaissance. Des officiers des deux camps, accompagnés de Gurkhas, de Patans ou de Cosaques, explorent cet enchevêtrement de massifs, de chaînes, recherchent et reconnaissent les points de passage et des itinéraires. C'est une zone sensible où les frontières de la Chine, de l'Afghanistan, du Cachemire et de la Russie sont encore imprécises. Dans ces lieux insolites, dont les altitudes des vallées et des cols varient entre 4 000 et 6 000 mètres, les rencontres de Younghusband avec les officiers russes, le capitaine Grombtchevsky et le colonel Yonoff, dans le Pamir, illustrent à merveille l'état singulier des relations qui liaient dans la rivalité ces étonnants « explorateurs ».

EN BORDURE DU PAMIR JUSQU'A HUNZA

On considère généralement le Raskam comme le bras principal du fleuve qui baigne Yarkand, mais l'Oprang, autre bras de ce fleuve, est encore inexploré, et c'est en lui que l'on doit certainement voir le bras principal. Des deux, c'est le Raskam qui est le plus long; il a cent-quatre-vingts milles depuis sa source et il fut exploré par Hayward jusqu'à son confluent avec l'Oprang à Chong Jangal. Pour ce qui est de l'Oprang, j'en ai maintenant exploré tout le cours en remontant presque jusqu'à sa source, et il ne fait pas plus de cent-cinquante milles, mais, en octobre tout au moins, il double son volume d'eau, ce que l'on comprend aisément si l'on pense à l'énorme superficie de glaciers qui se trouvent le long de la chaîne principale qu'il arrose.

Entre ces deux bras de la rivière Yarkand se dresse une chaîne qu'à ma connaissance on ne peut traverser qu'au col d'Aghil. Elle est orientée en gros vers le nord-ouest, en parallèle et à mi-chemin entre la chaîne Mustagh et la partie ouest des montagnes Kuen-lun. Elle a cent vingt milles de long et sa ligne est hérissée d'une série de pics orgueilleux dont le plus élevé doit atteindre près de vingt-trois mille pieds. Lorsqu'elle est sur le point de rejoindre les montagnes Mustagh, on trouve quelques vastes glaciers comme ceux qui emplissent les vallées descendant de la principale ligne de partage des eaux, mais, à son extrémité ouest, on ne voit point ces immenses «mers de glace» et on ne rencontre que les glaciers de moindre importance sur les pentes les plus élevées. Le flanc des montagnes est totalement dénudé et il n'y a, au fond des vallées, que de rares broussailles.

Akal Jan, Kirghize du Pamir de Tagh-dum-bash, mais que j'avais rencontré à Shahidula, lorsque nous explorions les cols, s'était rendu chez lui dans le Pamir et avait rassemblé des chameaux et des yacks que maintenant, de son propre chef, il avait conduits à Chong Jangal. Il était aussi porteur d'une lettre du lieutenant Bower qui, avec le commandant Cumberland, avait continué jusqu'au Pamir de Tagh-dum-bash en passant par Shahidula, Kugiar et Sarikol. Cette lettre m'informait que le capitaine Grombtchevsky, explorateur russe de renom, qui l'année précédente avait fait route jusqu'à Hunza, se dirigeait maintenant vers le Ladakh et que nous nous rencontrerions probablement en cours d'expédition. Impatient de voir le lieutenant Bower, je lui envoyai de toute urgence un message pour qu'il tâche de me rejoindre à Tashkurgan et je quittai Chong Jangal le 21 octobre, descendant la rivière Yarkand vers le Pamir de Tagh-dum-bash.

Nous vîmes de nombreuses traces de cultures et le Kirghize nous dit que, jusqu'à une quarantaine d'années auparavant, cette vallée comptait encore bon nombre d'habitants, et que même maintenant les Kirghizes du Tagh-dum-bash cultivent, de temps à autre, des parcelles de terre dans les vallées latérales, là où ils sont bien dissimulés en cas d'attaques par les Kanjuti. On y trouve des arbres aussi, et dans la vallée de l'Uruk il y a encore quelques abricotiers.

Les poneys étaient à présent complètement épuisés et, bien qu'à cet endroit la route fût bonne, même sans fardeau à porter, ces bêtes ne pouvaient rivaliser avec les chameaux chargés. Les chameaux et les yacks emmenés par Akal Jan suffisaient au transport de tous nos bagages; aussi je me débarrassai des poneys et les renvoyai au Ladakh. Lorsqu'on travaille à de pareilles altitudes dans ces montagnes, la route étant toujours difficile et l'herbe dans les campements très rare, il est impossible de faire marcher les poneys presque sans relâche, comme j'avais dû le faire, et à l'avenir, dans les explorations du même genre, il conviendrait, si possible, de prendre des dispositions pour assurer des relais.

Au campement, près du confluent de l'Ilisu avec la rivière Yarkand, je reçus une lettre du capitaine Grombtchevsky, écrite en turki, et m'annonçant qu'il avait fait halte à Khaian-aksai et qu'il était impatient de faire ma connaissance. Je répondis, en persan et en anglais, que j'étais heureux de pouvoir rencontrer un voyageur aussi distingué et que je ferais en sorte de le rejoindre au campement le lendemain.

Le 23 octobre, nous nous mîmes en marche pour Khaian-aksai, quittant la vallée de la rivière Yarkand et remontant une vallée étroite dont le fond était presque obstrué par une abondance de saules. En contournant un éperon, nous vîmes, un peu plus loin, le campement russe. Alors que nous chevauchions dans sa direction, un homme de belle prestance, en uniforme russe, sortit d'une des tentes et se présenta comme le capitaine Grombtchevsky. Il avait environ trente-six ans, il était grand et bien bâti, ses manières étaient agréables et affables. Il m'accueillit avec une extrême cordialité et me présenta à son compagnon de voyage, Herr Conrad, naturaliste allemand. Après une brève conversation, il m'invita ensuite à partager son dîner, substantiel repas de soupe et de ragoûts, arrosé d'abondantes rasades de vodka.

C'était la première fois que deux expéditions d'explorateurs, une russe et une anglaise, se rencontraient aux frontières de l'Inde, et notre intérêt réciproque était grand. Le capitaine Grombtchvesky était déjà allé à Hunza, lors d'une expédition aventureuse dans cette région, à travers le Pamir, en 1888, c'est-à-dire l'année qui précéda notre rencontre. Dans les circonstances présentes, son intention, m'informa-t-il, avait été de percer jusqu'au Penjab par Chitral ou le Kâfiristan, mais l'émir de l'Afghanistan lui avait refusé l'autorisation de pénétrer dans le territoire afghan qui se trouvait sur sa route. Il avait, dans ces conditions, traversé les Pamirs et il espérait maintenant entrer au Ladakh et au Cachemire; il écrivait au ministre britannique résident au Cachemire pour en solliciter la permission.

Le groupe sous la direction du capitaine Grombtchvesky se composait de sept Cosaques, d'un munshi qui l'avait accompagné l'année précédente à Hanza, et d'un domestique. Il habitait sous une petite tente légère en forme de parapluie; Herr Conrad, le naturaliste, habitait sous une autre; les Cosaques habitaient sous une légère tente-abri ouverte aux deux extrémités, ce qui devait être une solution peu confortable lorsque les vents mordants de ces sommets se déchaînaient; et les domestiques habitaient une quatrième tente. Tel était leur petit campement. C'étaient les Cosaques qui paraissaient tout faire; ils parcouraient les pentes le matin à la recherche des poneys, ils leur donnaient à manger, les sellaient, procédaient à leur chargement pour la randonnée. Ils constituaient une escorte pendant la marche et, la nuit, le capitaine Grombtchevsky avait une sentinelle montant la garde près de sa tente. Pour tout ce travail, ils paraissaient médiocrement équipés. J'ai déjà évoqué la piètre construction qui leur servait de tente; leur nourriture semblait maigre et insuffisante car elle se composait presque exclusivement de mouton. Ils en mangeaient même les tripes. Ils n'avaient de farine que rarement car il n'y en avait que quatre-vingt-dix livres dans le campement, pour toute l'expédition et pour trois mois. A la vérité, il faut reconnaître la générosité de notre gouvernement sur ce point, car le contraste entre les deux expéditions était frappant. Les Ghurkas avaient deux confortables petites tentes munies de tapis de sol imperméables ainsi que des *numdahs* et tout ce qu'il était possible de concevoir pour leur bien-être et, comme j'avais reçu une généreuse somme d'argent pour les frais de l'expédition, mes hommes avaient tout de même plus que ce dont ils avaient besoin en mouton, farine, riz, thé et sucre, bien que nous eussions quitté depuis soixante et onze jours le dernier village où l'on trouvât des vivres et que tout ce que nous transportions provînt du territoire chinois où les autorités auraient pu les confisquer. Mais, quoique les Cosaques ne m'eussent pas donné l'impression d'être bien traités, c'étaient de braves gars, solides et courageux, qui paraissaient tout à fait aptes à s'acquitter de la rude besogne qui leur incombait. C'étaient des hommes de petite taille mais trapus, d'en moyenne cinq pieds six pouces, le teint clair, d'apparence absolument européenne et ressemblant beaucoup à nos paysans anglais. Ils étaient vêtus de vareuses kaki, de culottes serrées et de grandes bottes leur recouvrant le genou; par dessus tout cela, ils portaient une longue capote marron et, la nuit, un lourd manteau en peau de mouton descendant jusqu'aux chevilles. Pour armes, ils avaient un fusil et une épée. Dans l'ensemble, si je résume l'impression qu'ils me laissèrent, ils étaient «taillés à la hache et prêts à tout».

Le capitaine Grombtchevsky s'exprimait librement sur de nombreux sujets et ne tarissait pas d'éloges lorsqu'il parlait de l'armée russe. Le soldat russe, disait-il, allait là où on lui en donnait l'ordre sans se poser de question; pour lui, le général commandant une armée était le père qui pourvoirait à tout ce qui était en son pouvoir, et si, après une rude journée de marche, il ne trouvait ni eau à boire ni nourriture, il ne se plaignait toujours pas mais poursuivait allègrement son chemin jusqu'à la mort, et, après lui, beaucoup d'autres Russes étaient là pour le remplacer. En preuve de cette affirmation, Grombtchevsky cita maint exemple de campagnes en Asie centrale et il ne fait aucun doute que le soldat russe est courageux, endurant, toujours de bonne humeur et résigné à son sort; mais il est également vrai que les généraux russes et leurs états majors ont souvent fait preuve d'incapacité s'agissant de correctement répartir de gros effectifs et que la conscience d'avoir en permanence une masse d'hommes en réserve les a poussés à tant de négligence que la vie de force soldats russes a été sacrifiée faute de précautions nécessaires. Ceci n'a peut être pas grande importance lorsque la guerre est aux frontières, mais lors d'une expédition où chaque homme doit être transporté sur des centaines de milles à travers des régions où presque tous les vivres dont il a besoin doivent aussi être transportés, un général ne peut se permettre de perdre des hommes par négligence.

Dans le courant de l'après-midi, le capitaine Grombtchevsky me demanda de passer en revue les Gurkhas qui nous escortaient, et je les fis aligner à cet effet. L'officier russe les passa en revue et me fit ensuite ses commentaires. Le sous-officier gurkha, pensant que le capitaine devait forcément faire allusion à leur petite taille, me pria à voix basse de lui dire que les Gurkhas qui m'accompagnaient étaient anormalement petits, mais que, dans le reste du régiment, les hommes étaient beaucoup plus grands que le capitaine Grombtchevsky lui-même. L'officier russe dépassait largement six pieds de haut, tandis que, dans un régiment gurkha, la moyenne de taille doit être de six bons pouces en moins, car les Gurkhas sont un peuple petit et trapu. Aussi, je ne pus me rendre responsable d'une «exagération» si flagrante, mais je racontai au capitaine Grombtchevsky comment le Gurgha avait cherché à lui en imposer, ce qui l'amusa énormément. Il admira beaucoup l'allure des Gurkhas et la précision et la tenue des quelques exercices qu'ils accomplirent. Il avait cru, dit-il, que les troupes indigènes de l'Inde étaient des francs-tireurs, mais il voyait à présent qu'elles valaient n'importe quelle troupe régulière. Les Gurkhas, je le pense, étaient tout aussi impressionnés par l'allure martiale de l'officier russe; mais, à ma surprise, je remarquai qu'ils ne fraternisaient pas avec les Cosaques, comme il est connu qu'ils le font avec les soldats britanniques, et je m'aperçus que la raison en était qu'ils nourrissaient un certain mépris à l'égard des Cosaques dont la solde était moindre et l'équipement inférieur aux leurs. C'est une manière tout à fait orientale de voir les choses; mais, quant à moi, j'étais très frappé par l'excellence et les nombreuses qualités des Cosaques. Aucun officier ne pourrait rêver soldats de meilleure trempe qu'eux.

J'éprouvai tant de plaisir en la compagnie du capitaine Grombtchevsky que je fis halte auprès de lui pendant un jour, et me mis en route pour le Pamir de Tagh-dum-bash le 25 octobre. Au moment de quitter le campement, pour rendre les honneurs à l'officier russe, je fis présenter les armes aux Gurkhas et le capitaine Grombtchevsky, en réciprocité, donna l'ordre aux Cosaques de «porter les épées». Nous nous quittâmes alors, le capitaine Grombtchevsky formulant l'espoir d'une rencontre prochaine, soit en temps de paix à Saint-Pétersbourg, soit en temps de guerre sur la frontière indienne; dans un cas comme dans l'autre, je pouvais compter sur la chaleur de l'accueil. Cette rencontre avec un officier russe me fit grand plaisir. Certes, les Russes et nous sommes rivaux, mais j'ai la certitude qu'individuellement les officiers russes et les officiers anglais sympathisent beaucoup plus qu'ils ne le font avec les ressortissants de nations avec lesquelles ils vivent en paix. Nous jouons tous deux une forte partie et nous ne nous en porterions pas mieux d'un iota en essayant de le cacher.

Le lendemain, 26 octobre, nous traversâmes le col du Kurbu, en route pour le Pamir de Tagh-dum-bash. Ce col est facile, quatorze mille sept cents pieds de haut, et il est tout à fait accessible aux animaux portant un chargement. Le changement de paysage était maintenant très frappant. Au lieu des gouffres profonds et des pentes vertigineuses auxquels nous étions jusqu'à présent habitués dans les vallées des rivières Yarkand et Oprang, nous trouvâmes à présent des étendues ouvertes, presque planes, larges d'environ quatre ou cinq milles, descendant entre des chaînes de montagnes dominant les vallées de quelques milliers de pieds seulement. Il y avait aussi de l'herbe à foison et point n'était besoin de se fatiguer à chercher de bonnes pistes pour les poneys car, sur ce Pamir, on peut aller où l'on veut. Mais le vent cinglait dur, et bien que la température pendant la nuit ne descendit généralement pas en dessous de zéro (Fahrenheit), ce vent était beaucoup plus épuisant que le froid dont nous avions souffert récemment sur la rivière Yarkand. Là-bas, certes, le thermomètre descendait tout aussi bas que sur le Pamir; mais il n'y avait généralement pas un souffle d'air, il n'y avait pas de vent pour vous faire pénétrer le froid jusque dans la moelle des os.

Notre premier campement fut établi en un lieu appelé Ilisu où une des tentes de feutre kirghizes avait été dressée à mon intention, et où le chef du Pamir, nommé Kuch Mohammed Bey, était venu à ma rencontre. Il n'était pas très avenant de mine et il avait la mauvaise réputation de fournir au Rajah Kanjutti les renseignements susceptibles d'assurer le succès de ses coups de main; mais il se montra assez amical envers moi et me donna toute l'aide que je demandai. Il y avait de quoi être content car en réalité, il était sous l'autorité des Chinois et aurait pu créer des difficultés, car je n'avais pas sur moi de passeport chinois et devais me fier aux relations amicales que j'établirais avec les habitants pour traverser le pays sans encombre.

Le lendemain, je quittai mon escorte et me mis en route pour aller à la rencontre du commandant Cumberland et du lieutenant Bower à Tashkurgan à quelque soixante-dix mille de là. J'y arrivai le jour d'après et les trouvai campés quelques milles plus bas. Le plaisir de revoir des Anglais, de pouvoir parler dans ma propre langue, on peut bien l'imaginer.

Ils étaient partis de Leh environ deux semaines avant moi et, en compagnie de M. Dauvergne, ils avaient fait route par Shahidula jusqu'au col de Kilian et, de là, ils avaient pris la direction de l'ouest jusqu'à Kugiar, ville près de laquelle ils avaient rencontré le colonel Pieotsof, explorateur russe, qui avait succédé à feu le général Prjevalsky à la tête de l'expédition au Tibet. D'après eux, le groupe disposait de quatre-vingts à cent chameaux, en plus de quelque vingt poneys. La garde comprenait vingt-cinq Cosaques, et ils n'avaient pas de domestiques indigènes, les Cosaques faisant tout le travail. Ils habitaient sous des tentes de feutre et, selon toute apparence, ils voyageaient confortablement et en prenant leur temps. De Kugiar, le commandant Cumberland avait traversé la vallée de la Tisnaf, qu'il décrit comme très belle et abondante en fruits, atteint la rivière Yarkand, d'où il avait remonté la rivière Tung, riche en fruits elle aussi, jusqu'à Tashkurgan. Cette route n'a jamais été franchie par des Européens et, si l'on en croit le commandant Cumberland, il semble qu'elle ne soit pas facile en raison de la succession des cols franchissant des éperons qui descendent des grandes chaînes à traverser.

Eux aussi avaient rencontré le capitaine Grombtchevsky et avaient été aussi frappés que moi par sa cordialité, bien qu'ils l'eussent averti des difficultés qu'il rencontrerait vraisemblablement pour obtenir l'autorisation d'entrer au Ladakh accompagné comme il l'était d'une escorte de Cosaques.

C'était maintenant le plein hiver et, comme il fallait encore explorer deux cols dans la chaîne principale, il me fallait d'urgence rejoindre mon groupe. C'est pourquoi je dus prendre congé à nouveau du commandant Cumberland le 30 octobre et revenir sur mes pas en descendant vers le Pamir de Tagh-dum-bash. [...]

Les Sarikolis semblaient être à notre égard dans de très amicales dispositions, et, alors que je traversais Tisnaf, petit village fortifié à un mille ou deux au nord de Tashkurgan, le chef vint à ma rencontre et me convia instamment à entrer pour prendre un petit déjeuner, offre que je fus très heureux d'accepter. Il me conduisit vers une maisonnette et il m'apporta du pain et du thé qu'il partagea avec moi.

J'appris que cette année-là de nombreux fugitifs en provenance de Shignan avaient été refoulés ici par les Afghans, mais que la plupart d'entre eux avaient été renvoyés par les Chinois après avoir reçu du gouverneur de Shignan l'assurance qu'on ne leur ferait pas de mal.

Tashkurgan et la région environnante avaient reçu la visite du colonel Gordon accompagné de quelques-uns des membres de la mission Forsyth à Yarkand en 1874. Ils se rendaient dans le Wakhan et au Grand et au Petit Pamirs et je n'ai besoin de rien ajouter à la description que l'on trouvera dans le compte rendu de la mission.

Le Pamir de Tagh-dum-bash dont Tashkurgan peut être considéré comme la limite la plus septentrionale n'avait pas reçu la visite du colonel Gordon et de son groupe; c'est pourquoi une rapide description peut être intéressante.

Du Pamir, on peut dire qu'il commence une avancée au col de Khunjerab et une autre au col de Wakhujri et qu'il s'étend au nord vers Tashkurgan où débute le territoire du Sarikol. Le Pamir est principalement peuplé de Kirghizes mais il y a aussi un petit nombre de Sarikolis. Tous élèvent de grands troupeaux, le menu et le gros bétail, mais on ne trouve plus de cultures ou d'habitations au-delà de Tashkurgan. Le Pamir lui-même est un plateau large de quatre ou cinq milles qui monte en pente douce des deux côtés vers les chaînes montagneuses qui l'entourent. Il donne l'impression d'avoir été jadis une profonde vallée entre deux chaînes de montagnes comblée maintenant par les «débris» provenant d'anciens glaciers.

En raison de l'insuffisance des chutes de pluie, cette vallée n'a pas été déblayée et débarrassée de ces *débris*[1] et, en conséquence, c'est maintenant un plateau à haute altitude. Le Pamir s'élève de dix mille pieds à Tashkurgan pour atteindre quatorze mille trois cents pieds au col de Khunjerab. Il est essentiellement recouvert d'arbustes broussailleux et rabougris et de graviers, mais on y découvre aussi de belles étendues de bonne herbe. Le combustible y est rare et les habitants utilisent en général la bouse pour alimenter leur feu.

La totalité des habitants, femmes et enfants compris, ne dépasse probablement pas trois cents. Ils sont quelque peu rudes d'écorce, la plupart peu recommandables, ayant fui pour une raison ou pour une autre de Shahidula, des Alai, ou du Pamir de Tagarma. Leur chef, Kuch Mohammed, était en fait un Kirghize d'Andijan, mais les Chinois l'avaient placé là et il avait pour mission de surveiller la frontière dans cette direction. Il était néanmoins aussi à la solde du chef de Hunza, qu'il semblait tenir en beaucoup plus haute considération qu'il ne tenait les Chinois.

Le 30 octobre, je rejoignis mon escorte sur la rivière Karashkur et le lendemain je me mis en route pour le col de Khunjerab que venait d'explorer le lieutenant Bower. En chemin je dépassai un campement qui était celui d'un Sarikoli qui m'invita très aimablement à prendre une collation; son fils avait traversé l'Inde pour se rendre à La Mecque et il savait un peu d'hindoustani. Il fut ravi de rencontrer un Anglais avec lequel il pouvait parler et il me raconta tout ce qui lui était arrivé en Inde.

Depuis quelques jours, de gros nuages se rassemblaient et, au cours de la nuit que je passai dans une yourte dressée pour moi par Akal Jan, nous eûmes une abondante chute de neige. On ménage généralement dans les yourtes un grand trou de deux ou trois pieds de diamètre au sommet pour permettre à la fumée de sortir. Ce jour-là en me réveillant je trouvai le sol de la yourte recouvert par la neige qui, lorsque le feu s'était éteint, était entrée par cette ouverture. Cette neige tombait toujours en gros flocons à l'extérieur; elle s'étendait sur toute la région, de sorte que l'exploration du col ne s'annonçait pas comme une entreprise très prometteuse.

---

1. En français dans le texte anglais.

Cependant, je pris la route, en compagnie de deux hommes fiables, laissant le reste du groupe à l'arrière, et, marchant dans la neige, nous atteignîmes le sommet du col à midi. La route était parfaitement praticable, de sorte que nos montures nous conduisirent jusqu'en haut du sommet. Sur l'autre pente, néanmoins, on pouvait voir que la route descendait à travers une gorge étroite; au-delà, se trouve un col conduisant à une chaîne moins haute, qui, à cette époque de l'année, est infranchissable. Ici, les montagnes ne semblaient pas très élevées en comparaison de celles que l'on pouvait voir plus à l'est. Il y a un autre col, le col d'Oprang, qui, au sommet d'une vallée latérale conduit à la rivière Oprang, à Shor-Bulak, donnant ainsi la possibilité d'une autre route, celle du col de Kurbu. Cette route a cependant la réputation d'être très difficile et on ne l'emprunte plus maintenant.

Il paraît qu'il y a une quantité d'*ovis poli* dans cette région, et Bower m'avait dit qu'il en avait tiré six près du col de Khunjerab; mais il neigeait tant ce jour-là que l'on ne put voir trace d'un seul. Je ne vis que quelques loups qui chassent ces *ovis poli* et qui attrapent les vieux béliers quand leurs cornes sont devenues si lourdes qu'elles retardent leur course.

VERS LE COL DE MINTAKA (1889)

Alors que je descendais du col en direction du petit campement qui avait été dressé à son pied, la neige cessa, le vent tomba, le soleil fit son apparition, et l'air entier s'illumina de particules brillantes. C'est un très curieux phénomène. Je pensai d'abord qu'il était dû au soleil luisant sur de minuscules particules de neige, mais je me rendis vite compte qu'aucune neige ne tombait, et je suis tout à fait incapable d'expliquer la provenance de ces particules lumineuses. Le Kirghize m'informa que ceci avait généralement lieu après une chute de neige et que c'était, dans les jours à venir, présage de grand froid. De fait, le thermomètre descendit rapidement, et, à six heures du soir, nous avions moins cinq degrés Farenheit au-dessous de zéro; mais c'est alors que le vent se leva, faisant remonter le thermomètre à zéro. Il ne retomba pas pendant la nuit, bien que nos sens eussent l'impression que la température était bien au-dessous de zéro.

Il ne restait plus qu'un col à explorer, et je me hâtai de revenir en arrière pour contourner le col de Mintaka, car je commençais à craindre que la neige ne m'empêchât de traverser la chaîne pour gagner Hunza. En redescendant vers le campement d'Akal Jan, j'eus la chance de voir une bande d'*ovis poli* au loin; je parvins à m'en rapprocher à distance convenable, mais pas suffisante pour les tirer, et, le temps que j'arrive à un rocher derrière lequel j'espérais pouvoir en tuer un, je m'aperçus qu'ils avaient disparu tout au haut du flanc de la montagne et qu'on ne pouvait les distinguer que par télescope, alors qu'ils me regardaient dédaigneusement du sommet du pic le plus élevé. Cette chasse aux *ovis poli* me révéla à quel point mes forces avaient faibli récemment du fait d'avoir passé autant de temps en altitude. De plus, faute d'avoir eu un cuisinier convenable, j'avais petit à petit perdu l'appétit et je n'avais plus l'endurance requise pour des efforts violents. Mais, heureusement, le Pamir de Tagh-dum-bash est d'accès si facile qu'on peut le traverser partout à cheval.

Le 4 novembre, je rejoignis l'escorte des Gurkhas à Karachukur où elle était restée pendant que j'explorais le col de Khunjerab. Ils étaient depuis dix jours au repos et furent assez contents de se remettre en route.

Le lendemain, nous remontâmes le Karachukur jusqu'à Mintaka Asai. C'est là que la rivière qui descend du ciel de Mintaka se jette dans le Karachukur lequel descend du col de Wakhujrui qui conduit à Wakhan. Il y a aussi une route qui conduit de la vallée du Karachukur, par le col de Baijih à Aktash, sur le petit Pamir. Elle est praticable par les poneys et, cette année-là, le capitaine Grombtchvesky l'emprunta.

Au cours de la marche, Kuch Mahommed m'invita à prendre le petit déjeuner à son campement situé près de la route. J'y rencontrai deux Kashgaris, fonctionnaires envoyés par le Taotai chinois de Kashgar pour enquêter sur la situation à la frontière.

Après avoir pris mon petit déjeuner, je me remis en route, mais je fus dépassé en chemin par ces deux Kashgaris qui arrivèrent au campement de Mintaka Aksai peu avant moi. Ils y trouvèrent une tente réservée pour quelqu'un et, lorsqu'ils demandèrent à Kuch Mohammed pour qui elle était, on leur dit qu'elle avait été préparée à mon intention. Cette nouvelle les rendit furieux et ils exigèrent de savoir pourquoi on ne leur avait pas, à eux aussi, dressé une tente. Kuch Mohammed tenta de les calmer, mais il ne leur offrit pas la tente et je fus heureux à mon arrivée qu'on me l'eût gardée, bien que, lorsque j'appris l'incident, je fus surpris que Kuch Mohammed n'eût pas cédé: j'étais en territoire chinois et ces deux-là étaient fonctionnaires chinois alors que je n'étais qu'un voyageur anglais ordinaire. On donna simplement une place aux Kashgaris dans l'une des tentes des Kirghizes, et, peu après mon arrivée, j'appris qu'ils avaient ordonné l'expulsion de tous les Kirghizes qui étaient là et les avaient prévenus de prendre garde à ce qu'ils faisaient. Ils s'emparèrent aussi de mon interprête, commencèrent à l'interroger sur mes activités et demandèrent mon passeport. Lorsque j'appris la nouvelle, je leur envoyai un message les priant de ne pas toucher à mes domestiques et leur disant que s'ils voulaient des renseignements sur ce que je faisais, j'étais tout à leur disposition pour les leur fournir et que, quand j'en aurais le loisir, je les enverrais chercher et ils pourraient me poser toutes les questions qu'ils désiraient.

Le lendemain, je leur fis dire que j'étais disponible et leur donnerais toutes les précisions souhaitées. Ils se présentèrent à ma tente et, après leur avoir offert du thé et les avoir traités avec politesse, je leur dis que je retournais à présent en Inde par Hunza et que je traversais simplement le Pamir de Tagh-dum-bash en m'y rendant. Je leur dis que la Chine et l'Angleterre étaient en bons termes et que, bien que n'ayant pas en ce moment de passeport, car je ne m'étais pas rendu compte que j'aurais à traverser une partie du territoire chinois, j'avais fait le voyage deux ans auparavant depuis Pékin, capitale de la Chine, muni d'un passeport au sceau de l'empereur, jusqu'à Yarkand même et Kashgar. En entendant cela, les fonctionnaires kashgari se déclarèrent parfaitement satisfaits, les Chinois et les Anglais étant toujours amis, mais désireux que je misse par écrit ce que je leur avais dit pour qu'ils puissent le montrer au Taotaï de Kashgar.

C'est une requête à laquelle je consentis volontiers, et, après d'autres thés et d'autres politesses, nous nous séparâmes fort civilement. Peu après, les Kirghizes vinrent me prévenir que les fonctionnaires kashgari avaient donné l'ordre de me prêter tout le concours dont j'aurais besoin.

Ce devait être mon dernier jour parmi les Kirghizes. C'est pourquoi il fallait que je me libère de toutes mes dettes envers eux et que je leur fasse des cadeaux pour les services qu'ils m'avaient rendus. Je payai donc généreusement la location des chameaux, yacks, etc., et je remis aussi à chacun des trois chefs quelques présents. Eux, cependant, avaient entendu un compte rendu exagéré des cadeaux que j'avais faits au Kirghize de Shahidula, et ils s'attendaient à recevoir plus que ce que je leur avais donné. L'un d'eux, Juma Bai, eut par la suite l'impertinence de me renvoyer mon cadeau en me disant qu'il était insuffisant. Je lui dépêchai immédiatement mon interprète avec un mouton dont Juma Bai m'avait fait présent le jour précédent et les cadeaux qu'il m'avait renvoyés, et je lui dis de jeter le thé, l'étoffe, etc. que je lui avais donnés, sous ses propres yeux, de lâcher le mouton dans la vallée, et d'exprimer mon extrême mécontentement de l'insulte qui m'était faite.

Il se trouva que Juma Bai vivait au même endroit que les deux Kashgaris. Quand ils virent ce qui arrivait, les Kashgaris s'en prirent à Juma Bai et le tancèrent vertement pour avoir offensé un hôte tel que moi, et le reste des Kirghizes, prenant exemple sur eux, se retourna contre le malheureux Juma et lui infligea une raclée.

Puis les deux autres chefs kirghizes vinrent me présenter force excuses, manifestant l'espoir que je ne leur en voulais pas, à eux aussi, et le lendemain, lorsque nous nous séparâmes, ils étaient pleins de gentillesse et témoignaient leur bon vouloir.

Le 8 novembre, nous passâmes le col de Mintaka. La montée pendant environ mille pieds est très abrupte, et près du sommet une quantité de neige considérable venait de tomber. A la vérité, la neige tombait maintenant de façon continue sur toute l'étendue des montagnes, mais, le temps que dura notre passage, le ciel resta dégagé, et, bien que la neige fût molle et que nous nous y enfoncions jusqu'aux genoux, les yacks transportèrent néanmoins les bagages sans trop de grosses difficultés. L'altitude est de quatorze mille quatre cents pieds, bien que les montagnes environnantes s'élèvent vraisemblablement à largement vingt-deux mille pieds. La descente est également abrupte. Elle conduit en zigzags rocailleux jusqu'à la moraine d'un glacier; mais, quand on a passé tout cela pendant à peu près un mille et demi, il n'y a plus de problème et la route descend le long d'un ruisseau jusqu'à Murkush. Nous rencontrâmes là des fonctionnaires Kanjuti, envoyés par le chef pour nous attendre à l'arrivée, avec vingt coolies pour transporter mes bagages, et je pus donc renvoyer les Kirghizes ainsi que les yacks qui avaient emmené notre chargement de l'autre côté du col.

Mais les Kirghizes ne sont pas un peuple doué de beaucoup de qualités; ils sont avares, âpres au gain et versatiles. Aussi, je m'en séparai sans regret ou sans désir spécial de renouer des liens avec eux.

Nous étions maintenant de nouveau sains et saufs sur la rive sud de la ligne de partage des eaux de l'Indus et nos explorations étaient terminées car la mission du colonel Lockhart, en 1886, avait remonté la vallée de l'Hunza en se rendant au col de Kilik. Mais cette vallée où nous pénétrions à présent était pleine d'intérêt parce qu'il y vivait un peuple primitif et peu connu et que le paysage y était grandiose. Comme nous faisions route de Murkush, simplement campement, à Misgah, premier village, nous traversâmes des gorges où, de chaque côté, se dressaient des escarpements rocheux d'une hauteur prodigieuse. Les montagnes semblaient monter presque à pic, du lit de la rivière pendant des milliers de pieds jusqu'à leur point le plus haut, pics neigeux qui nous forçaient à pencher la tête en arrière à angle droit pour en voir le sommet.

A mesure que nous descendions la vallée, la température se réchauffait de plus en plus; nous avions laissé derrière nous les rafales de vent qui nous gelaient jusqu'à la moelle, et l'atmosphère était de moins en moins raréfiée au fur et à mesure que nous quittions les hautes altitudes des Pamirs et retrouvions les régions où l'on pouvait cultiver les céréales. Nous emplissions nos poumons d'un air plus riche, aux propriétés plus vivifiantes, une force nouvelle semblait nous envahir et l'impression de torpeur générée par le froid et la raréfaction de l'air disparaissait lentement…

RENCONTRE DU COLONEL YONOFF (1891)

Nous allions tout droit vers cette magnifique montagne, le Mustagh-ata, qui s'élevait à vingt et un mille pieds au-dessus des plateaux sur lesquels nous nous trouvions et, quittant Kashgar, après trois jours de marche, nous entrâmes dans le défilé du Gez qui, dans le sens ascendant était rude, et presque impraticable pour les poneys. Lorsque la rivière qui coule dans le défilé est basse, on peut faire avancer les poneys dans son lit; mais à cette époque, en été, quand elle coule à pleins flots, il faut faire gravir aux poneys deux ou trois mille pieds, sur un éperon, puis les faire redescendre pendant un mille ou deux, à nouveau au fond de la vallée, une fois de plus remonter une pente, et ainsi de suite jusqu'au sommet. A flanc de montagne, il n'y avait presque jamais de sentier, et les poneys devaient peiner pour se frayer un chemin parmi les rochers et les galets, montant et descendant des pentes à peine moins raides que le toit d'une maison. Mais une fois au bout du défilé, nous nous trouvâmes sur un plateau ouvert, entouré de tous côtés par des montagnes, mais lui-même absolument plat. A gauche, en sortant du défilé, s'étendait un grand lac. Il n'était indiqué sur aucune de mes cartes, bien que la région ait été bien étudiée et, un peu plus tard, je fus intrigué en découvrant force sables mouvants recouvrant la partie inférieure des montagnes basses et arrondies sur la berge opposée. Comme l'eau du lac arrivait jusqu'au flanc de la montagne, il était difficile de comprendre d'où le sable provenait; mais je remarquais que le lac n'avait que quelques pieds de profondeur, et qu'après la fonte des neiges, il se réduit à un simple marécage, laissant voir, en même temps, de larges dépôts de sable que le vent transporte jusqu'au flanc des montagnes. Ce lac était un prolongement du Balun-kul.

Le paysage à ce point changea complètement. Sur le cours supérieur de la rivière Gez, les vallées étaient toutes profondes et étroites, encaissées entre des abrupts, et, à l'entrée du défilé, à gauche, la masse montagneuse du Mustagh-ata paraissait avoir été soudain projetée vers le haut avec violence, et les flancs déchirés de la montagne se révélaient tout juste sortis du bouleversement. Mais, au-delà du défilé, en direction des Pamirs, les montagnes étaient toutes arrondies, les vallées principales étaient des plaines ouvertes et plates, et même les vallées latérales étaient larges et peu profondes. Aucun arbre n'y poussait. Les pentes étaient brunes et recouvertes uniquement d'armoise vulgaire, mais au fond de la vallée, l'herbe était luxuriante, très drue à cette époque de l'année et charnue.

Au lac Bulun-kul, le lieutenant Davison et moi nous séparâmes. Il partit en direction de l'ouest vers le Pamir d'Alichur, par le col d'Ak-berdi qu'il était, à mon avis, le premier Européen à traverser. C'est un col facile, comme la plupart des cols du Pamir et il mène directement vers le Rang-koul. Pendant ce temps, je faisais route vers le petit Kara-koul, un lac dont les alentours sont absolument uniques. Aucun autre lac au monde ne peut s'enorgueillir d'avoir deux pics de plus de vingt-cinq mille pieds chacun s'élevant de ses berges. Là, sur le rebord du «Toit du Monde», s'étendait cette jolie nappe d'eau bleu clair, avec ses pentes herbeuses, et les deux hautes montagnes montant la garde, comme deux sentinelles, au-dessus de ses rives. Ces pics montagneux sont le Mustagh-ata et un autre, que M. Ney Elias, qui le découvrit, nomma le mont Dufferin. Ils ne s'élèvent pas tels des cimes anfractueuses, mais en masses colossales et de manière si régulière et si égale que l'ascension en semble tout à fait aisée et entraîne le voyageur à escalader les sommets couverts de glace, et, de là, à promener son regard sur «le Toit du Monde», à contempler les lointains Himalayas, et jeter un coup d'œil circulaire sur les vastes plaines du Turkestan jusqu'aux montagnes Célestes qui séparent la Russie de la Chine. Aucune des montagnes que j'ai vues ne semble d'un accès plus facile, et d'aucune autre on n'a une vue aussi étendue; la Russie, l'Inde et la Chine, chacun des trois pays se serre contre sa base.

Près du Kara-koul il y avait plusieurs campements de Kirghizes et leurs nombreux troupeaux paissaient les riches pâtures autour du lac. De là, je passai par le col facile de Ulah Rabat dans la vaste plaine de Tagarma et arrivai au Turkestan où je me rendais maintenant pour la troisième fois. Après un jour de halte pour m'y approvisionner, je partis le 5 août et m'acheminai vers le Pamir de Tagh-dum-bash, dans l'intention de continuer jusqu'à Gilgit par le Baroghil ou quelque autre col qui me conduirait en territoire chitral. Il pleuvait considérablement à cette époque de l'année et des lieux que deux ans auparavant j'avais vus desséchés et brûlés par les gels de novembre verdoyaient sous l'abondance de la jeune herbe estivale.

Pendant tout ce temps, les nouvelles nous parvenaient qu'un petit détachement russe était entré dans les Pamirs et les déclaraient territoires russes et en arrivant au Pamir de Tagh-dum-bash je trouvai plusieurs familles kirghizes qui s'étaient enfuies devant les Russes. Je traversai le col de Wakhijrui, à quinze mille six cents pieds, col facile, avec un petit lac au sommet, et un tapis de gentianes, d'edelweiss et de coquelicots jaunes sur le sol. Puis, je descendis dans le lit de la rivière Oxus et passai le Pamir-i-Wakhan, désert à cette époque de l'année mais habité, l'hiver, par les Wakhis, en direction de Bozai-Gumbaz où j'arrivai le 10 août. On a depuis tant écrit sur ce lieu qu'on pourrait facilement imaginer qu'il s'agit d'une ville ou d'un grand village, alors que la seule construction en cet endroit est la tombe d'un chef de clan kirghize qui y fut assassiné et que la seule population est formée de Wakhis qui viennent de temps à autre et sont nomades. Je trouvai là un campement de dix Cosaques. Ils montaient la garde sur les approvisionnements qu'avait laissés le groupe principal des Russes parti en reconnaissance en direction du col de Baroghil. Il n'y avait aucun officier parmi le groupe de Cosaques demeuré à Bozai-Gumbaz; aussi je fis halte jusqu'au retour des officiers car j'avais hâte de les rencontrer. Parmi les Cosaques de ce groupe j'en reconnus un qui avait fait partie de l'escorte du capitaine Grombtchevsky en 1889, et je pus lui montrer une photographie de nos deux groupes, prise lors de notre rencontre par l'officier russe qui m'en avait envoyé un tirage de Saint-Pétersbourg, accompagné d'une aimable invitation à lui rendre visite à Margillan.

Le 13 août, le groupe de reconnaissance revint. En regardant par l'ouverture de ma tente, je vis environ vingt Cosaques et six officiers sur leurs montures, le drapeau russe flottant en avant. J'envoyai un domestique avec ma carte, invitant les officiers à entrer et prendre quelques rafraîchissements. Certains vinrent et celui qui avait le commandement se présenta comme le colonel Yonoff. Lui et ses compagnons étaient vêtus de vareuses «kaki» flottantes, ils portaient des pantalons bouffants, de grandes bottes, et la traditionnelle casquette russe à visière couverte d'étoffe blanche. Le colonel Yonoff portait aussi sur la poitrine une croix de Malte en émail que je reconnus être la Croix de St. George, décoration russe la plus prisée, et je lui fis aussitôt compliment de cette haute distinction. Le colonel Yonoff était un homme modeste, aux manières paisibles, d'un type très différent de celui du capitaine Grombtchevsky. Il était d'approche moins facile que ce dernier et parlait peu; mais, de toute évidence, ses officiers le respectaient et j'appris par eux qu'il s'était grandement illustré pendant la campagne de Khiva. J'offris aux officiers russes du thé et du vin russe que M. Lutsch, secrétaire du consul, avait eu l'amabilité de me procurer de Margillan; je dis alors au colonel Yonoff qu'il m'était venu aux oreilles qu'il annonçait aux Kirghizes que les Pamirs étaient territoire russe, et je lui demandai si tel était bien le cas. Il me répondit par l'affirmative et me montra une carte où les frontières revendiquées par les Russes étaient indiquées en couleur. Ces frontières incluaient tous les Pamirs, à l'exception du Pamir de Tagh-dum-bash, et descendaient jusqu'à la ligne de partage des eaux de l'Hindu-Kush par le col de Khora Bhort.

Les officiers russes demeurèrent avec moi pendant environ une heure, puis ils me quittèrent pour procéder à leur propre campement, m'invitant toutefois à venir dîner avec eux ce soir-là. Quand je retournai les voir, je m'aperçus qu'ils étaient pliés en deux dans de minuscules tentes. Ils vivaient à trois dans une tente qui n'était pas assez haute pour qu'on s'y tînt debout, et, pendant le dîner, il y avait juste assez de place pour que sept d'entre nous puissent s'accroupir sur le sol, une nappe au milieu, trois officiers de chaque côté, et le dernier au bout. Ce n'est pas étonnant que ces Russes aient trouvé l'aménagement de mon propre campement luxueux. Je disposais de ce qu'il est convenu d'appeler chez les Kaboul la tente d'un officier en campagne, d'à peu près huit pieds de long, de large et de haut, avec un coin pour le bain, et fermée d'un double rabat. J'avais aussi un lit, une table et une chaise. Pareil luxe fit la stupéfaction des Russes ; mais ils n'étaient simplement en campagne que pour peu de temps tandis que moi j'étais parti de l'Inde pour voyager pendant plus d'un an. L'ensemble de la tente et de l'équipement du camp en mobilier ne pouvait tenir sur le dos de quelques poneys, et lorsqu'il n'est pas nécessaire, comme c'est le cas dans les Pamirs, de limiter les moyens de transport nécessaires et de profiter du confort plutôt que de ne prendre qu'un demi-chargement et de vivre dans des conditions lamentables. En cas de nécessité, les officiers britanniques partent sans la moindre tente, mais quand ils peuvent prendre leurs aises en général ils le font.

Nous nous faufilâmes dans la petite tente, et la séance commença par l'inévitable verre de vodka. Suivit le dîner dont l'excellence me surprit autant que l'aménagement de mon campement avait surpris les Russes. Les Russes paraissent toujours capables de cuisiner des soupes et des ragoûts bons au palais tout comme à la santé et qui rassasient, plats que les indigènes de l'Inde ne semblent jamais pouvoir imiter. Les Russes avaient des légumes, un luxe pour moi, des sauces, des condiments et, en plus de la vodka, deux sortes de vin et d'eau de vie différentes. Bien qu'un seul parmi les six Russes parlât le français, ils étaient très hospitaliers et très cordiaux, et, à la fin du dîner, le colonel Yonoff proposa un toast à la santé de la reine Victoria tandis que j'en proposai un à la santé de l'empereur de Russie.

Il y avait, en plus du colonel Yonoff, un officier d'état major de Saint-Pétersbourg, deux officiers cosaques, un médecin et un ingénieur topographe du nom de Benderski qui était allé à Kaboul avec la mission russe de 1878 et qui avait aussi relevé des plans dans les Pamirs au cours de l'expédition d'Ivanoff en 1883. Le colonel Yonoff me montra alors les relevés que le groupe venait de faire et la route qu'ils avaient suivie à travers l'Hindu-Kush. Ils étaient allés de Bozai-Gumbaz au col de Khora Bhort (appelé aussi Baikra et Tash-kupruk, et maintenant par les Russes le « Yonoff »). Ils avaient traversé cette région, puis, virant à l'ouest, ils s'étaient dirigés vers le cours supérieur de l'Ashkuman ou rivière Karumbar, et de là, traversant sur sa partie inférieure la ligne de partage des eaux, ils avaient atteint la vallée de la rivière Yarkhun, de là ils étaient remontés vers le col de Darkot d'où, une fois au sommet, ils avaient vu à leurs pieds la vallée de Yasin. Depuis qu'ils avaient passé le Khora Bort, ils étaient sur le côté indien de la ligne de partage des eaux et sur un territoire généralement considéré comme appartenant à Chitral. Du col de Darkot, ils étaient partis de nouveau en direction du nord et ils avaient franchi le col de Baroghil ou, plus exactement, une autre dépression dans la chaîne de montagnes à une faible distance de là et, passant par le poste afghan de Sahad, ils avaient remonté la vallée du Panja jusqu'à Bozai-Gumbaz. Les Cosaques étaient tous à cheval et ils eurent des difficultés à atteindre le col de Khora Bhort, mais ils paraissaient très satisfaits du résultat de leur voyage. Ils s'imaginaient néanmoins que l'existence du col de Khora-Bhort était inconnue des Anglais, et ils furent stupéfaits lorsque je leur montrai un passage du livre de l'explorateur français Capus où ce col est mentionné. Il avait également été minutieusement étudié par l'officier du génie anglais, le capitaine Tyler.

Nous pâssames ensemble une longue soirée, accroupis sur le sol de la petite tente et parlant très librement de sujets qui nous intéressaient réciproquement. Les officiers russes étaient impatients de savoir à quelle distance, sur l'autre versant de la chaîne, ils pourraient s'approvisionner, car, tout au long des quatre cents milles effectués depuis leur point de départ à Osh, on ne trouve pas de céréales. Ils me dirent aussi qu'ils se posaient des questions sur la désignation que nous avions faite d'un représentant politique à Gilgit faisant ainsi de l'endroit un important poste avancé, alors que nous n'avions pas de représentant à Chitral et ne semblions pas nous intéresser à ce lieu. A l'époque, bien que des officiers britanniques soient allés à Chitral en mission temporaire, nous n'avions pas de représentant nommé en permanence là-bas et, assez curieusement, c'est moi qui, deux ans plus tard, fus envoyé comme premier représentant permanent dans ces positions importantes.

Ce n'est qu'après minuit que le dîner prit fin. Le colonel Yonoff et tous les officiers m'escortèrent jusqu'à ma tente à un demi-mille de là et nous prîmes congé après force protestations d'amitié. Le lendemain ils partirent pour le Pamir Alichur. J'attendais pendant quelques jours, comptant sur la venue de Davison car nous aurions continué ensemble jusqu'à Gilgit.

Mais, trois nuits plus tard, alors que j'allais me coucher, j'entendis un bruit de sabots de chevaux sur les pierres à l'extérieur de ma tente et, regardant au dehors, je vis, sous le brillant clair de lune, environ trente Cosaques montés, rangés en ligne, le drapeau russe au centre. Je revêtis vivement un manteau et j'envoyai mon domestique pour demander à l'officier de commandement de se donner la peine d'entrer. Deux ou trois officiers mirent pied à terre et je m'aperçus qu'il s'agissait du colonel Yonoff et des mêmes officiers que ceux que j'avais quittés trois soirs auparavant. Le colonel Yonoff me dit qu'il avait quelque chose de très désagréable à m'apprendre. Alors, très courtoisement et poliment, avec maintes excuses, il m'informa que ce matin-là alors qu'il était au lac Victoria, sur le Grand Pamir, il avait reçu une dépêche de son gouvernement avec mission de me reconduire, sous escorte, du territoire russe en territoire chinois. Il me dit qu'il lui était très désagréable de se trouver dans l'obligation d'accomplir ce devoir car j'étais officier, et lui aussi, alors que cette tâche incombe généralement aux représentants de la police; de plus, notre rencontre passée avait été très amicale et il avait nourri l'espoir que j'aurais déjà quitté Bozai-Gumbaz, lui épargnant ainsi la nécessité de remplir cette désagréable obligation.

Je lui dis que je ne considérais absolument pas être en territoire russe et que, de toute façon, je retournais en Inde; mais le colonel Yonoff me répondit que, d'après ses cartes, Bozai-Gumbaz faisait partie du territoire russe et qu'il avait ordre de me reconduire sous escorte en territoire chinois, pas britannique. Je lui demandai alors ce qu'il ferait si je refusais de le suivre et il me rétorqua qu'il aurait, dans ce cas, recours à la force. Il n'y avait, évidemment, rien à répondre face à cet argument, car il disposait de trente Cosaques tandis que je n'avais pas un seul soldat avec moi. C'est pourquoi je l'informai que, dans ces conditions, il me faudrait me soumettre à toutes les exigences qu'il pourrait vouloir m'imposer, mais que je ne le ferais pas sans élever une protestation, et que je rendrais compte de tout l'incident à mon gouvernement. En dehors de ceci je n'avais donc rien d'autre à ajouter.

Le colonel Yonoff m'exprima une fois de plus ses regrets d'avoir à me traiter conformément aux ordres qu'il avait reçus et il me dit qu'il irait jusqu'à modifier les mesures qu'il devait prendre et m'autoriserait à continuer seul mon chemin, au lieu de m'escorter. Il me présenta alors un formulaire d'accord en français aux termes duquel il était dit que, obéissant aux ordres du gouvernement russe, il devait me forcer à quitter le territoire russe, que j'avais accepté, non sans protester, d'obtempérer, et que je reprenais la direction du territoire chinois par le col de Wakhijuri, et ne reviendrais par aucun des nombreux cols qu'il énuméra, ce qui comprenait tous les cols connus traversant la ligne de partage des eaux des Pamirs depuis les alentours des Alai jusqu'au col de Baroghil. Après avoir signé cet engagement et en avoir fait une copie, j'exprimai au colonel Yonoff l'espoir qu'il considérait cette affaire réglée, que nous retrouverions nos rapports de bonne amitié, et qu'il dînerait avec moi. Il avait laissé ses bagages loin derrière lui et il était presque minuit. Dans ces conditions, nous soupâmes très simplement, puis les officiers russes s'en retournèrent à leur campement et me laissèrent seul une fois de plus. Le lendemain matin, je fis mes bagages et me mis en route pour le col de Wakhijuri. Lorsque j'arrivai à hauteur du campement des Russes, le colonel Yonoff et ses compagnons vinrent me souhaiter bonne route et m'exprimèrent leurs plus sincères regrets d'avoir à traiter un ami comme ils avaient dû le faire. Ils m'offrirent un quartier d'*ovis poli*, gibier qu'ils avaient tué la veille, et nous nous séparâmes dans les meilleurs termes possibles considérant les circonstances.

Quant à moi, naturellement, je rendis immédiatement compte de l'incident à mon gouvernement et, treize jours après, malgré l'éloignement des Pamirs, l'ambassadeur de Grande-Bretagne à Saint-Pétersbourg avait élevé une protestation auprès du gouvernement russe, dont l'issue fut que l'ambassadeur de Russie à Londres présenta ses excuses à lord Salisbury pour acte illégal de la part du colonel Yonoff. Le gouvernement russe a maintenant déclaré dans l'accord sur les Pamirs que Bozai-Gumbaz, lieu que le colonel Yonoff avait proclamé territoire russe, n'était pas dans la zone d'influence russe.

Francis Younghusband, *The Heart of a Continent*, Londres, John Murray, 1896. Traduit par Jeanne-Marie Santraud.

AUREL STEIN
(1906)

Sir Aurel Stein reçut les éloges les plus flatteurs de ses contemporains et éminents collègues spécialistes. «Plus grand explorateur d'Asie depuis Marco Polo», pour l'un, «ayant réalisé les entreprises les plus audacieuses et les plus téméraires qu'aucun archéologue ait jamais tentées en Asie centrale», pour d'autres, il fut, selon Owen Lattimore qui fut lui-même parmi les plus grands voyageurs et historiens de cette région, «le seul homme de sa génération en qui se mêlaient de façon tout à fait extraordinaire l'érudit, l'explorateur, l'archéologue, et le géographe». Pour résumé, il a été désigné comme «le géant de l'archéologie de l'Asie centrale [1] *».*

Né à Budapest en 1862, il apprend les langues orientales dans les universités de Vienne et de Leipzig. Il reçoit son doctorat à Tubingen à vingt et un ans et se rend en Angleterre. A Oxford et au British Museum, il étudie l'archéologie, les langues orientales et classiques, à l'exception du chinois, ce qu'il regrettera amèrement plus tard à Dunhuang.

En 1888, il se rend en Inde, à Lahore, et entre au département de l'éducation. Il devient l'ami du père de Rudyard Kipling, auprès duquel il reçoit sa formation sur l'iconographie indienne. Puis il commence ses premières incursions dans l'Inde du nord-ouest.

Il lance sa première grande expédition en mai 1900 en franchissant

1. Peter Hopkirk, *Bouddhas et rôdeurs sur la route de la soie*, Paris, Arthaud, 1981.

le Karakoram, sur les traces de Sven Hedin, qui a signalé les vestiges des villes enfouies dans le Takla-Makan. C'est un grand succès qui lui a permis d'établir l'existence d'une ancienne civilisation bouddhiste en ces régions reculées et jusqu'alors inexplorées. Les découvertes de Stein allaient stimuler l'élan des orientalistes européens et japonais qui se lancèrent dans ces régions d'Asie centrale dès 1902, dans ce qu'on a appelé une véritable course internationale aux trésors du Takla-Makan et des autres régions de l'Ouest chinois.

Stein fit deux autres voyages: l'un en 1906, le plus fructueux; l'autre en 1915. Sa dernière tentative, en 1930, dans des conditions politiques nouvelles, lui apprenait que désormais les Chinois tenaient à protéger leurs trésors archéologiques de l'avidité des étrangers.

En 1906, Aurel Stein se rend donc pour la seconde fois dans le Turkestan chinois. Du nord de l'Afghanistan, par le corridor de Wakhan, jusqu'à Tachkurgan, il suit le même itinéraire que d'autres illustres voyageurs: le pèlerin chinois Xuan Zang, Marco Polo, Bento de Goes.

Il arrive que Stein passe par les mêmes bourgades ou sites que ses contemporains. Par exemple, comme Younghusband, il s'arrête dans le camp kirghiz de Bozaï-Gumbaz, perdu dans le Pamir. A l'acteur du Grand Jeu succèdent le regard et les réflexions de l'archéologue et de l'historien, et son talent génial à faire revivre le passé. Il en sera de même sur certains points déjà visités quelques années auparavant. Il s'attardera surtout sur les sites de Niya, de Miran, et il séjournera en plein hiver à Lulan, dans le grand désert de Lop, que Hedin avait repéré lors de son passage de 1901.

A Dunhuang, il fait ensuite sa plus grande découverte en accédant à la grotte des manuscrits où était cachée et entassée une montagne de documents écrits en chinois, sanscrit, sogdien, tibétain, turc oriental et runique, ouïgour et dans d'autres langues inconnues, ainsi que de nombreuses et précieuses peintures bouddhiques.

LE CORRIDOR DE WAKHAN ET LES SOURCES DE L'OXUS

Nul doute n'était possible désormais; nous approchions des Pamirs. Après une nuit glaciale où le thermomètre était descendu jusqu'à moins 32 degrés Celsius, nous nous lançâmes sur des terrains caillouteux et, par endroits, marécageux, en direction du col inférieur, connu sous le nom de Dasht-i-Mirza Murad. En traversant ce col, la route coupe à travers le sud de la vallée de l'Oxus, à présent plus large. Une marche de quinze kilomètres sur des plateaux alluviaux recouverts par de grandes étendues de neige nous conduisit vers un éperon d'où je pus, pour la première fois, repérer dans la direction du nord-est les collines vallonnées du petit Pamir. En raison de la pureté de l'air qu'on trouvait à cette altitude, notre objectif du jour, le camp kirghiz à Bozai-gumbaz, ne paraissait guère éloigné. C'est à cet endroit que la source du Ab-i-Panja se jette dans un ruisseau qui coule depuis le lac Chakmaktin sur le petit Pamir. Plus loin, dans la direction de l'est, je revis avec joie les sommets enneigés montant la garde aux abords du corridor de Wakhan et des sources de l'Oxus.

C'est à ce moment-là de mon voyage de retour sur le toit du monde qu'un site archéologique attira mon attention. Il s'agissait d'un petit édifice plutôt bien préservé et dont j'avais déjà entendu parler. Connu sous le nom de Karwan-balasi, la tradition locale prétendait qu'il avait été construit en guise de tombeau à la mémoire d'un fils de marchand qui trouva la mort à cet emplacement, voilà bien longtemps de cela. Les ruines révèlent une étroite cellule — 2,7 mètres de large sur 3 mètres de long. La construction en était solide et faite de dalles de pierre jointées par du mortier et dont les parois s'élèvent encore jusqu'à une hauteur de quatre mètres environ, l'ensemble étant surmonté d'un dôme à présent détruit. L'orientation sud-ouest de l'édifice, c'est-à-dire dirigée vers La Mecque, avec une porte placée sur l'autre côté de la construction, suggère que ce tombeau fut édifié à l'époque du prophète Mahomet. Les autres détails de la construction étaient plus intéressants encore — les trois étages extérieurs, divisés par des corniches proéminentes, les dimensions, etc. — et correspondaient point par point au petit stupa de Thol, c'est-à-dire aux derniers vestiges bouddhistes que j'avais vus en 1900, au sud de l'Hindu Kush, à proximité des Pamir, du côté de Gilgit et de Hunza. L'exemple d'un ancien modèle d'architecture bouddhiste adapté au mahométisme n'aurait pas pu trouver meilleure illustration.

Peu après midi, sous un soleil radieux, nous atteignîmes Bozai-gumbaz. Nous étions heureux de pouvoir enfin nous abriter des vents glaciaux qui soufflaient à ces altitudes sous des tentes de feutre, appelées *kirghas*, et que Mohamed Isa, qui surveillait le pâturage kirghiz sur les Pamir afghans, avait fait dresser pour nous accueillir. Une fois à l'abri, il m'était difficile de croire que six ans s'étaient écoulés depuis que j'avais reçu l'hospitalité kirghize sur le toit du monde. Tout me paraissait familier — les tapis de feutre de couleurs éclatantes étendus sur le sol, les filets disposés au pied des tentes et d'autres détails simples que la tradition et l'absence de toute variété dans les ressources locales avaient standardisés dans ces cantonnements de nomades.

Je revis également les mêmes rudes visages tartares, tannés par le soleil et dont les traits paraissaient taillés comme dans le bois. L'hospitalité était toujours aussi rudimentaire quoique chaleureuse. Entendre une fois de plus, le turque aigu de nos hôtes kirghiz était un véritable enchantement pour mes oreilles. Ce qu'ils avaient à raconter cependant, tandis que nous buvions du thé et des bols de lait chaud, n'était pas réjouissant. Les chutes de neige de ce dernier hiver avaient été exceptionnellement importantes et s'étaient produites fort tard dans la saison. Dans les vallées, il y avait jusqu'à deux mètres de neige alors qu'habituellement on n'en comptait guère plus d'un pour cette même période de l'année. Depuis des semaines, les yacks peinaient pour trouver leur pâture habituelle. Ainsi, les pertes de ce bétail, qui constitue le capital des Kirghiz, avait été terriblement lourdes partout dans les Pamir. Leurs moutons avaient souffert presque autant. Dès lors, il était facile de comprendre que l'arrivée d'un groupe si nombreux d'invités officiels de Wakhan, paraîtrait, compte tenu de cette situation particulière, comme un fardeau supplémentaire.

Je souhaitais par dessus tout imposer notre compagnie le moins longtemps possible. Toutefois, une pause d'une journée à Bozai-gumbaz était indispensable et cela pour plusieurs raisons. Les Wakhis, dont l'aide nous était absolument indispensable pour traverser le défilé, avaient besoin de repos après leurs efforts de la veille; rassembler de nouvelles bêtes de somme à partir des campements kirghiz éparpillés dans toute la région prendrait beaucoup de temps, et enfin il était capital d'envoyer des Kirghiz en direction des versants chinois pour assurer le transport dont nous aurions besoin, tout de suite après avoir effectué la traversée jusqu'au mont Taghdumbash. Plusieurs mois auparavant, j'avais informé M. Sher Mohammed, le «Munshi politique britannique» à Sarikol, de mon itinéraire et de l'aide que j'escomptais en matière de transport. Depuis Chitral et Mastuj, j'avais télégraphié à Gilgit afin de lui communiquer, via Hunza, la date probable de notre arrivée. Toutes ces précautions prises, il fut néanmoins déconcertant de découvrir qu'à Bozai-gumbaz aucune nouvelle n'était parvenue du Taghdumbash et cela depuis des mois.

Le 24 mai, je profitais de notre pause pour me rendre sur la côte ouest du lac Chakmaktin, situé à une distance d'environ vingt kilomètres de Bozai-gumbaz, sur le petit Pamir. Sur le chemin, nous vîmes une tour de guet en ruines sur un plateau faiblement élevé connu sous le nom de Karaul-dong ainsi qu'une source tiède et quelque peu sulfureuse qui se trouvait un peu en aval de ce même plateau. Nous poursuivîmes notre route en traversant sans presque nous en apercevoir, le col inférieur qui sépare la vallée d'Ab-i-Panja et le bassin du Murghab, ou Ak-su, l'autre bras principal de l'Oxus. Par une bifurcation géographiquement intéressante que je pris plaisir à observer minutieusement, le ruisseau Chilap Jilga, qui débouche dans ce défilé depuis la chaîne montagneuse au nord, rejette une partie de ses eaux vers Bozai-gumbaz et l'Ab-i-Panja, et une autre partie dans le lac Chakmarktin, le bassin des sources du Mourghab. Il était curieux de penser que, tandis qu'une partie des eaux rejetée dans le ruisseau Chilap atteindraient le vrai lit de l'Oxus en quelques heures, l'autre partie de ces mêmes eaux, provenant du même névé, allait devoir traverser plus de cinq cent soixante kilomètres à travers les Pamir russes et les gorges de Roshan avant de rejoindre l'Oxus.

De l'endroit où nous nous trouvions, sur la rive du lac Chakmaktin, le large bassin du petit Pamir qui s'étendait en direction du nord-est, n'était qu'une terre désolée, faite de marécages en partie gelés et de glacis, et sur laquelle on ne décelait aucun signe de retour du printemps. La sensation d'élévation résultant des chaînes de montagnes qui nous entouraient et dont les sommets atteignaient 5 400 mètres, était sensiblement atténuée par l'altitude où nous nous trouvions nous-mêmes, soit 3 900 mètres, selon les estimations de la Pamir Boundary Commission. Et cependant, il régnait partout une impression d'immensité qui me rappelait celle que j'avais éprouvée, voilà plusieurs années de cela lorsque, sur les sommets de Muztagh-ata, j'avais eu le sentiment de regarder à travers le toit du monde. L'œil pouvait porter jusqu'à une distance de quatre-vingts kilomètres. Au nord, en suivant le cours de l'Ak-su, bien au-delà de quatre-vingts kilomètres je pus reconnaître les pyramides escarpées de glace qui s'élèvent à 6 300 mètres d'altitude et qui donnent sur les vallées du Tash-Kurghan et du Tagharma.

En dépit d'un ciel dégagé, un vent glacial souffla du sud-ouest toute la journée durant. J'étais donc heureux d'accepter l'invitation faite par Mohammed Isa de visiter son propre campement situé dans une petite cuvette abritée, à proximité du débouché du Chilap Jilga. C'était une kirgha merveilleusement douillette, recouverte de tapis de feutre de couleurs vives. Les nombreux coussins brodés et d'autres objets de luxe importés de Ferghana révélaient la richesse et l'aisance du propriétaire. Du lait délicieusement crémeux bouillait dans le grand chaudron sur un feu de racines de Teresken. Habituellement, c'était sur le crottin séché et nauséabond des yacks qu'on faisait le feu. La femme du chef sortit du *purdha* fait de roseaux joliment tressés, tenant à la main des tasses de porcelaine précieuse ainsi qu'une grosse théière en cuivre pour célébrer cette visite — et pour jeter aussi un coup d'œil sur l'hôte étranger. Aucun Européen n'avait été vu dans cette région depuis 1895, c'est-à-dire depuis l'époque du Pamir Boundary Commission. Je pus recueillir nombre d'informations utiles de la part de Mohammed Isa relativement à la centaine de familles kirghizes qui, venant du côté russe, s'étaient installées depuis sur le Pamir afghan et continuaient à faire paître leurs troupeaux dans la région. L'impôt annuel officiel perçu par le gouverneur de Wakhan — à savoir, un mouton sur dix — me paraissait plutôt mince. Pourtant, je me demandais si le sens inné d'indépendance des Kirghiz, facilité par l'aisance avec laquelle ils se déplaçaient tantôt vers le côté russe, tantôt vers le côté chinois, n'avait pas, en fait, pour vertu de se prémunir de l'acquittement d'autres impôts, moins officiels ceux-là.

Il était également intéressant d'apprendre que l'ancienne route du commerce, le long de l'Oxus, depuis Badakhshan, jusqu'à Sarikol et Yarkand était toujours fréquentée durant l'été par d'entreprenants commerçants bajauris. Je ne m'étonnais pas que toute la quantité de marchandises qui transitent dans les deux sens ne s'élevait à guère plus de cent poneys, compte tenu du fait que le commerce entre l'Afghanistan et le Turkestan chinois était sérieusement réduit par les conditions économiques actuelles des deux régions en même temps que par la forte concurrence des Russes et des Indiens. Hakim Mansur Khan me fit part de l'intention de l'Amir de faire construire à toutes les étapes de l'Oxus des *sarais* jusqu'au corridor de Wakhan et ce, afin de faciliter le passage. Même sans de tels aménagements, je pouvais facilement imaginer le commerce renaissant sur cette vieille route directe, à la condition qu'on abolisse les impôts de toutes sortes à l'ouest des Pamir. Quant aux obstacles naturels, ils paraissent négligeables, si on les compare à ceux qu'affrontent les commerçants indiens qui, depuis le Kashmir, traversent les montagnes Karakoram et Kun-Lun. [...]

KIZ-KURGHAN, LA FORTERESSE DE LA PRINCESSE

La descente du mont Taghdumbash, de la chaîne des Pamir, que j'entreprenais le 28 mai à Kök-török, me conduisit sur un terrain déjà familier, puisque je l'avais parcouru lors de mon premier voyage en 1900. Ainsi le compte rendu de cette étape n'en sera-t-il que plus bref.

Après une nuit de repos à Tigharmansu, où la kirgha confortable et propre de Mohammed Yusuf Beg faillit bien me faire renoncer à ma propre petite tente, nous entreprîmes la longue descente vers le *karaul*, autrement dit, vers le poste d'observation de Bayik. Il était plaisant d'écouter en chemin tout ce que mon hôte avait à me raconter. Depuis notre première rencontre, les événements lui avaient été particulièrement favorables. Aujourd'hui, ce Sarikoli jovial, heureux propriétaire de mille moutons et de plusieurs douzaines de chameaux et de yacks, était devenu un homme cossu dont la dignité pouvait à présent se comparer à celle de beg (que j'avais gagné ou, plutôt, acheté à l'amban chinois du Tash-Kurghan). Doté d'une haute taille, avec ses cheveux clairs et ses yeux bleus, Mohammed Yusef Beg était l'incarnation même du type *homo alpinus* dont les exemples sont fréquents au Sarikol. Je pensai au vieux Benedict Goez, ce jésuite laïque qui, en 1603, traversant l'Oxus supérieur pour se rendre au Sarcil, ou Sarikol, souligna les ressemblances qui existaient entre le peuple sarikoli et le peuple flamand.

Au Mintaka Karaul, où la route pour Hunza bifurque vers le sud, j'eus la chance de rencontrer les deux coursiers daks qui portaient le courrier que M. Macartney avait envoyé depuis Kashgar, voilà de cela une dizaine de jours. Bien entendu, je n'hésitai pas à retenir «la poste de sa Majesté» pendant quelques heures afin de profiter de ce transport et envoyer mon propre «sac postal», rédigé en vitesse, à destination des Indes et de l'Europe. Par la suite, combien de fois ma volumineuse correspondance ne fit-elle pas partie du fardeau que portent avec entrain, trois fois par mois à travers le col enneigé et les terribles gorges de cette région, ces montagnards de Hunza, si prestes et si hardis?

Des bourrasques de vent glacé du sud nous fouettaient au visage jusqu'à Bayik, puis le lendemain encore, sans faiblir, tandis que nous poursuivions notre descente jusqu'au moment où le fleuve Taghdumbash fait un détour vers le nord. Là, je pus examiner les vestiges d'une très ancienne forteresse qui, bien qu'elle fût d'une réelle importance historique, m'avait échappé par malchance lors de mon précédent voyage. J'étais heureux de me retrouver sur le même chemin que Hsüan-tsang, le célèbre voyageur chinois qui, en 642 de notre ère, alors qu'il revenait des Indes, après un long pèlerinage aux lieux saints bouddhistes, passa du Badakhshan à travers les Pamir et jusqu'à Sarikol. Dans ses Mémoires, il relata la curieuse légende de la famille royale de cette région.

Selon une tradition populaire ancestrale, la famille royale faisait remonter ses origines jusqu'à une princesse de la dynastie chinoise Han. Celle-ci avait été promise au roi de Perse. En allant rejoindre son époux royal, la princesse atteignit Chieh-p'an-t'o, ou Sarikol, lorsque les routes à l'est et à l'ouest furent barrées par des voleurs. Pour assurer sa sécurité, son escorte la conduisit sur le sommet d'une montagne isolée et entourée de falaises escarpées. Bien qu'ainsi protégée, la princesse y reçut cependant les visites du roi du soleil. La princesse se trouva *enceinte*[1] et, une fois la route libérée, son escorte la persuada de demeurer à Sarikol et d'y fonder son règne. On raconte que les chefs qui gouvernent cette région montagneuse sont les descendants du fils du roi du soleil et de la princesse.

En 1900, j'avais entendu parler (mais trop tard pour que je puisse m'y rendre) des vestiges d'anciennes murailles perchées sur les falaises périlleuses qui surplombent la rive gauche du fleuve Taghdumbash. Selon une histoire bien connue chez les Sarikolis et les Kirghiz, le roi Naushirwan, un ancien souverain perse, avait installé sa fille dans cette même région pour assurer sa sécurité. Cette légende s'attache toujours aux ruines que l'on découvre et explique leur nom populaire de Kiz-Kurghan, qui signifie en turque «la tour de la princesse». Cette histoire était, bien évidemment, un reliquat authentique de la version plus

1. En français dans le texte.

développée, telle qu'elle avait cours à l'époque de Hsüan-tsang. J'étais donc très impatient d'étudier le site et les ruines de cette tour.

La Kiz-Kurghan était située sur la limite est d'un haut éperon déchiqueté qui descend à pic du nord-ouest jusqu'au fleuve, exactement à l'entrée de l'étroit défilé qui s'étend de Ghujakbai à Dafdar. En nous approchant, arrivant du sud sur la rive abrupte, la pointe de l'éperon ressemblait à un promontoire rocailleux, quasi isolé et qui, au sud comme à l'est, se découpe en falaises presque perpendiculaires, dont la plus haute crête s'élève à environ 210 mètres au-dessus du fleuve Taghdumbash. Notre observation suivante nous permit de découvrir des pans rocheux où toute escalade était impossible, protégeant ainsi l'endroit sur la face nord et ouest, de tout ce qui pouvait arriver de la vallée étroite et serpentée qui répondait au nom de Kiz-Kurghan Jilga.

Au sud-ouest seulement, un col inférieur et étroit fait le lien entre ce repaire de montagne et l'éperon qui se trouve derrière. Avec bien des difficultés, je grimpai jusqu'au col, accompagné du géomètre et de Naik. Notre chemin nous conduisit sur une pente raide d'éboulis et, plus loin, dans un couloir de débris de pierres plus périlleux encore. A cause de la superstition qui, en général, empêchait les Sarikolis de se rendre sur le site des ruines, le jeune guide qui nous accompagnait, par exemple, n'y était jamais monté auparavant. Partout sur la pente élevée étaient répandus des débris de bois de genévrier, ou *archa*, qui paraissaient anciens, si bien que je pus me faire une idée de la construction des vieux murs que l'on apercevait au-dessus de nos têtes. Arrivés au col qui ne mesurait à peine que six mètres de large, nous entreprîmes l'escalade sur environ quarante-cinq mètres d'une *arête*[1] rocailleuse et étroite, d'où je pus me rendre compte que ma conjecture était valable. Car les anciennes murailles qui se dressaient devant nous sur le bord ouest de la plus élevée d'une suite de terrasses formant le sommet du promontoire, révélèrent de curieuses rangées de broussailles noyées en couches régulières entre des assises de briques séchées par le soleil. Un bastion massif de plus de deux mètres carrés barrait l'entrée depuis le col en passant par la crête étroite. Pourtant, nous parvînmes à grimper tant bien que mal le versant délabré et nous traversâmes en escaladant le mur effrité, d'une longueur de dix-huit mètres, qui reliait ce bastion aux principaux postes de défense. L'état de délabrement du mur et les précipices en dessous rendirent notre avancée pour le moins délicate.

Une fois hissé sur ces murailles, on pouvait clairement distinguer que celles-ci se poursuivaient sur une distance d'environ cent trente-cinq mètres, du sud-est au nord-ouest puis, passé un énorme bastion qui faisait l'angle, elles continuaient en droite ligne vers le nord. Hauts de plus de six mètres là où ils étaient encore bien préservés, et rasés

1. En français dans le texte.

jusqu'aux fondations partout ailleurs, ces murs avaient servi autrefois de remparts imprenables pour ce sommet isolé, dirigé à l'ouest, et qui était la seule pointe vulnérable. Même en cet endroit, cependant, à part le col étroit que nous avions traversé, les pentes étaient bien trop abruptes pour être escaladées par qui que ce fût. Partout ailleurs, des murs droits en pierres se dressaient sur des dizaines de mètres en constituant des défenses naturelles insurmontables. Depuis le bord ouest, le sommet de la colline descendait en pente vers le nord et vers l'est en une suite de terrasses qui avaient probablement fourni assez d'espace pour établir des abris. Mais de ces abris, sans doute construits à l'aide de pierres grossièrement taillées, il ne restait que des décombres en tas informes. En deux emplacements, je reconnus la place de petits réservoirs où était recueillie l'eau de pluie et celle qui résultait de la fonte des neiges.

La construction solide par elle-même, en raison des murs fortifiés, aurait suffi de preuve pour confirmer l'ancienneté du site. Les murs atteignaient en moyenne cinq mètres d'épaisseur et, hormis les gros blocs de pierre utilisés pour les fondations, ils étaient tous constitués d'un assemblage étonnamment régulier de briques étroitement imbriquées. Les briques, séchées au soleil et cependant solides, mesuraient treize centimètres de largeur, trente-huit de longueur et trente de hauteur. Ni le matériel — un argile fin mélangé à une grande quantité de cailloux — ni l'eau nécessaire pour fabriquer les briques, n'était disponible sur le site. L'acheminement sur place de ces matériaux dut rendre le travail de la construction plus difficile encore. Comme à Kansir, l'hypothèse la plus vraisemblable était que de fines couches de broussailles (il s'agissait ici de bois de genévrier, qu'on trouve encore dans quelques-unes des vallées avoisinantes) avaient pour principale fonction de se substituer au plâtre mouillé avec lequel on cimente les briques. Le manque d'eau à une telle altitude dut rendre le plâtre difficile à fabriquer. Les observations faites ultérieurement sur le vieux mur de la frontière chinoise dans le désert à l'ouest de Dunhuang confirmèrent globalement cette dernière hypothèse.

Toutefois, indépendamment de l'origine et du but de cette curieuse méthode de construction, j'étais convaincu que cet ancien repère de montagne était bel et bien le même que celui que Hsüan-tsang avait vu ou dont il avait entendu parler. La façon dont il relate la légende qui avait cours à cette époque ne laisse aucun doute sur le fait que cette forteresse était déjà en ruines, et cela bien avant qu'il ne l'ait découverte. La tradition populaire locale, telle que Hsüan-tsang l'avait entendue, datait cette forteresse de l'époque Han, lors des premières influences chinoises dans le bassin du Tarim. Je me sentis comblé de joie à l'idée que, au moment même où je repris son propre itinéraire en Asie centrale, des preuves archéologiques sur le site en question confirmèrent de nouveau l'authenticité souvent vérifiée des indications de mon saint patron chinois. Mais il était également frappant de constater que l'aridité du climat qui règne dans ces montagnes pouvait à elle seule fournir la preuve de la persistance de ces ruines dans un milieu aussi exposé.

Après avoir rapidement dessiné un plan des ruines, nous redescendîmes tandis que la lumière du jour commençait à décliner. Je me sentis plus que jamais impressionné par la puissance naturelle de la situation de Kiz-Kurghan. L'étroit sentier qui longeait la rive gauche du fleuve était dominé sur toute sa longueur par des murailles rocheuses. Ces falaises se dressaient si abruptement qu'un système de cordes et de poulies aurait permis aux défenseurs de ces fortifications d'accéder directement à l'eau du fleuve. Toute position proche du repère de montagne était impossible à cause du fleuve et de la gorge sinueuse de Kiz-Kurghan Jilga, formant une gigantesque fosse naturelle bordée de part et d'autre par d'abrupts escarpements qui s'élevaient sur une hauteur de plusieurs dizaines de mètres.

TASH-KURGHAN, LA FORTERESSE DE PIERRE

En descendant le défilé élargi du fleuve Tash-Kurghan, je passai devant d'anciens champs de culture en terrasse sur lesquels on pouvait encore apercevoir les vestiges des canaux provenant de la vallée de Kara Jilga. Cela me fit comprendre que la Kiz-Kurghan avait autrefois servi de défense, non seulement à la grande route depuis les Pamir, mais également aux anciennes limites occidentales des cultures agricoles de Sarikol. A Pisling, où nous passâmes la nuit à proximité de deux huttes en terre et de quelques tentes de feutre occupées en permanence par des Sarikolis, je découvris des champs de culture récemment labourés. Comme à Dafdar, un hameau d'immigrés Wakhan, situé de l'autre côté du fleuve, le climat rigoureux rendait incertaines les récoltes d'avoine.

En effet, il n'y avait aucun signe printanier, ni dans l'air ni sur le sol lorsque le lendemain, 31 mai, nous effectuâmes notre descente, longue de soixante-cinq kilomètres à travers la large vallée découverte jusqu'à Tash-Kurghan. Sur la rive gauche et jusqu'à l'embouchure de la Taldekul Jilga, nous passâmes devant de vastes étendues de terre en terrasse aménagées pour l'irrigation, d'une largeur de presque un kilomètre et sur une distance de treize kilomètres. Preuve était faite non seulement que la culture était possible dans cette région élevée du Sarikol central mais encore, qu'une croissance régulière de la population rendait cela nécessaire. En 1900, lorsque je descendis la rive droite du fleuve, je ne pus manquer de noter les dommages qu'avait causés une longue série d'attaques militaires depuis le Hunza et cela jusqu'en 1891. En rendant si aléatoire toute occupation permanente de la vallée, ces attaques avaient fortement réduit la population tandis que les terres, qui avaient été apparemment autrefois occupées, n'étaient plus cultivées aujourd'hui.

Depuis 1900, une certaine ère de prospérité était revenue et il y était dans l'ordre du possible que les terres que je voyais à présent de nouveau réappropriées (et que le peuple de Tash-Kurghan ne cultivait qu'une fois tous les trois ou quatre ans) seraient à la longue cultivées tous les ans. En fait, sur la rive droite, un esprit de reconquête s'était déjà manifesté sous la forme d'un nouveau canal creusé à un coût important par l'un des Ihsans qui représentent dans cette région l'autorité de l'Aga Khan, au sein de la secte Mullai qu'on trouve partout disséminée sur le territoire. Le canal devait diriger l'eau du fleuve vers les prés fertiles de Ghan que j'avais observés en 1900, mais qui n'étaient alors que des pâturages d'été.

Cependant, une fois éloignée des ruisseaux fertilisants qui descendent vers l'ouest depuis les sommets enneigés, la rive gauche du fleuve se transforme en un terrain vague de *dasht*[1] caillouteux, bordé de petites dunes. Le ciel s'était assombri d'un seul coup, comme pour être en harmonie avec le paysage stérile, si bien que nous dûmes effectuer les derniers trente-huit kilomètres de notre route sous les coups répétés d'un vent glacé du nord qui nous fouettait le visage. Je n'avais donc que fort peu de temps pour m'intéresser aux cultures alternées qui se pratiquaient à huit kilomètres au-dessus de Tash-Kurghan et qui n'avaient pu voir le jour que grâce à ce nouveau canal creusé sous les auspices officiels chinois. Je me sentis d'autant plus reconnaissant à l'égard des Chinois qu'en arrivant, je trouvai une petite maison dans le plus pur style chinois traditionnel et prête à nous abriter.

La fatigue accumulée et les préparations nécessaires pour entreprendre un trajet rapide jusqu'à Kashgar me retinrent deux jours durant dans le modeste petit village qui fait office de capitale du Sarikol. Les ruines de l'ancien village fortifié, occupant un plateau remarquable qui se dresse au-dessus de la rive gauche du fleuve répondaient point par point à la description qu'en avait faite Hsüan-tsang. (Un autre pèlerin bouddhiste, Sung Yün, bien avant Hsüan-tsang, avait également fait cette même description.) Le fort chinois moderne construit sur un coin du site ancien, demeurait inchangé par rapport à ce que j'avais déjà vu, voilà de cela six ans. Néanmoins, quelques changements significatifs avaient eu lieu entre-temps. Un peu avant la guerre avec le Japon, le consul général russe de Kashgar avait réussi à installer une garnison de Cosaques sur cette position dominante de Sarikol afin de mieux contrôler les opérations de commerce ou de

1. Étendue désertique de graviers.

contrebande en direction des Pamir russes. L'administration chinoise de province, inquiète quant aux motivations de cette nouvelle prise de position, estima nécessaire d'y répondre par le retrait du commandant militaire qui, avec une poignée de soldats inexpérimentés, avaient représenté l'autorité chinoise sur cette frontière ouest de l'empire. Les Chinois firent ainsi de cette région du Sarikol, au moins sur papier, un district administratif normal sous le contrôle d'un *amban*[1] civil.

Il est vrai que ni la faible population de ces vallées (dont le commerce et les impôts avaient été auparavant gérés par leurs chefs locaux), ni le malheureux amban, installé dans cette misérable zone montagneuse au climat sévère, strictement privé de ressources fiscales, n'eurent raison de se réjouir de ce changement. Toutefois, il y avait à présent un *ya-mên*[2] de type réglementaire dans le fort chinois, tandis qu'à l'autre bout du site, pour moitié en ruines, s'élevaient les murs du fortin russe avec un capitaine et une quarantaine de Cosaques d'Orenbourg pour partager les plaisirs de la résidence. Munshi Sher Mohammed, l'ancien et seul représentant «politique» à ce croisement de trois empires, avait quelque peu souffert des inconvénients de cette honorable isolation. La présence actuelle de ces dignitaires rivaux fournissaient les motifs d'une concurrence diplomatique en même temps qu'une sorte de société accompagnée de nouvelles responsabilités.

Quant à moi, j'étais reconnaissant de cette mise à disposition d'une maison neuve pour m'y reposer, dernière réalisation de l'amban en matière de travaux publics. Un petit bazar, composé d'un comptoir en terre et situé juste en dessous de la modeste maison de Sher Mohammed, attestait également des bonnes intentions de l'amban. Pourtant, l'exécution de ces travaux, plus certaines récompenses exigées contre cette forme d'exil officiel dans une telle région, avait coûté cher aux pauvres Sarikolis. C'est compte tenu de tout cela que l'amban avait jugé prudent de se retirer à Kashgar, laissant les habitants adresser leurs griefs à une plus haute autorité. De fait, lorsque je rendis la visite que le secrétaire de l'amban m'avait faite en me rendant au ya-mên, je dus me contenter, non pas de la présence de l'amban, mais du spectacle des objets qui révélaient ses goûts à la mode: des photographies, des gravures russes en couleur, un phonographe, et d'autres choses encore du même genre et qui semblaient étrangement déplacées dans les quartiers désolés et misérables du fort. Mais le monde changeait, apparemment, et cette transformation avait même lieu au Pamir.

Mes impressions furent davantage réconfortées lorsque j'accompagnai Sher Muhamad afin de présenter mes respects au capitaine Bobusheff qui commandait la garnison russe. L'espace à

1. Représentant du gouvernement chinois.
2. Bâtiment officiel en Chine.

l'intérieur du petit poste, une sorte de baraque fortifiée de forme carrée, était plutôt réduit. Cependant le capitaine, un beau et jeune officier aux cheveux clairs, ainsi que sa femme ne semblaient pas avoir trop souffert de leur exil dans cet endroit si désolé, et m'acueillirent d'une façon particulièrement chaleureuse. Le repas de midi que je partageai avec mes hôtes et le *feldscher*, ou assistant-chirurgien militaire, se passa d'une manière fort agréable: car, par chance, le capitaine et moi-même pouvions compenser notre manque de vocabulaire dans nos langues respectives en conversant couramment en langue turque. Le capitaine attendait avec impatience d'être relevé de son poste isolé dans quelques mois. Toutefois, en dépit de toutes les privations en matière de confort et de société auxquelles ils avaient été soumis pendant deux ans et demi, ni lui ni sa femme ne semblaient vouloir rejeter la faute sur Sarikol. A cette exception près que lorsque je citai l'expression locale selon laquelle il y a, à Sarikol, neuf mois d'hiver et trois mois d'été, d'un sourire résigné, on me pria de remarquer que leur été avait déjà commencé. Le vent glacé du nord soufflait toujours dans la vallée et il n'y avait encore aucune feuille sur les quelques peupliers et les saules de la région. Il était difficile de croire à la réalité de cet été sarikoli. Mes hôtes avaient deux petits garçons qui, malgré tous ces inconvénients, grandissaient harmonieusement. La veille de mon départ, lorsque la femme du capitaine, poussée par un authentique mouvement de bonté et une perception intuitive du point faible de ma situation, m'envoya deux énormes et excellents pains cosaques, je fus heureux de répondre à ce précieux cadeau en envoyant une boîte de chocolats — chocolats qui, je le savais, seraient appréciés par les enfants.

DE TASH-KURGHAN VERS KASHGAR

A Tash-Kurghan, je divisai mon équipe. Rai Ram Singh devait rester à l'arrière pour entreprendre son travail de relevés de mesures des environs. Il devait ensuite étudier une partie de la vallée du fleuve Tash-Kurghan, jusque-là inexplorée puis, ultérieurement, poursuivre son travail vers le nord à travers les contreforts qui se trouvent situés à l'est de la grande chaîne montagneuse Muztagh-ata. Quant à moi, je voulais atteindre Kashgar aussitôt que possible afin d'y organiser une caravane avant que mon vieil ami et aide M.G. McCartney, C.I.E., le représentant du gouvernement indien, ne partît rejoindre son campement d'été dans les collines.

La route la plus directe vers Kashgar était la voie des caravaniers qui traverse les grands éperons qui rayonnent du mont Muztagh-ata vers le sud et le sud-est. Comme je ne l'avais jamais empruntée auparavant et qu'elle offrait plusieurs points d'intérêt archéologique, j'étais particulièrement satisfait de pouvoir le faire à présent. En revanche, je décidai de parcourir cette voie en six jours au lieu de dix, et cela malgré mes bagages. Tôt le 3 juin, je partis de Tash-Kurghan et, après avoir choisi avec Ram Singh un point de base convenable pour la triangulation près de Tiznaf, je descendis le fleuve dans un défilé désolé et tortueux, connu sous le nom de Shindi. Ce défilé, ainsi que la gorge qui se trouvait à proximité, plus étroite encore, et vers laquelle la route tourne au petit hameau de Shindi, devient infranchissable dès la première fonte des neiges. Pour accéder alors au plateau chichiklik, il faut chercher une autre voie de passage sur le col supérieur de Kök-moinak.

Cette année, on disait que le col était encore couvert d'une neige profonde. J'étais donc heureux de pouvoir l'éviter en poursuivant ma route, le 4 juin, depuis notre campement de nuit à Kara-kapa jusqu'à atteindre la berge du ruisseau qui s'écoule du Chichiklik. Mon avancée dans la gorge devint bientôt terriblement difficile, compte tenu de l'accumulation de masses de rochers qui s'y entassaient ainsi que de la pente abrupte qu'on y découvrait des deux côtés. A plusieurs reprises, les bagages durent être déchargés et portés par les hommes. De fait, il était deux heures de l'après-midi lorsque nous atteignîmes, à plus de 4 200 mètres, les côtes de pierrailles qui conduisent au Maidan, ou plateau, de Chichiklik.

Je trouvais curieux d'observer à cette allure une plaine quasiment dépourvue de relief, d'une longueur de quatre kilomètres du nord au sud, et d'une largeur d'un kilomètre et demi, bordée de toutes parts de faîtes enneigés, et de me rendre compte de mes propres yeux à quel point ce spectacle correspondait à la description qu'en avait faite Hsüan-tsang en parlant d'un espace plat de «quelques centaines d'hectares» qu'il avait découvert en route pour Kashgar, à une distance de deux jours de marche de la capitale de Sarikol, «au milieu des quatre montagnes qui appartiennent à la chaîne est des montagnes Ts'ung-ling». Ce pèlerin avait noté les redoutables problèmes rencontrés par des caravanes de commerçants sur ce haut plateau désolé ou, «été comme hiver, tombent de grandes quantités de neige, accompagnées par des vents glacés et des orages». Il rapporte aussi une vieille histoire d'une grande troupe de marchands, avec des milliers d'hommes et de chameaux, qui périrent ici sous le vent et la neige. Un homme saint de Sarikol aurait recueilli les objets précieux laissés par la caravane et, avec les profits qu'il en tira, il aurait fait construire un hospice pour servir d'abri aux voyageurs.

Les indications topographiques données par Hsüan-tsang m'avaient persuadé que cet endroit était bel et bien le Chichiklik Maidan ; de plus, les rapports que j'entendis de mon caravanier yarkandi, Mohammedju, ainsi que ceux de mes hommes sarikoli, étaient convaincants quant aux pertes que ce haut plateau, désolé, exposé aux vents et aux neiges, fait courir aux animaux et parfois aux hommes tous les ans. Mais j'avais à présent la satisfaction supplémentaire de repérer, sur un monticule près du centre de la plaine, les fondations d'un enclos carré, dont chaque côté faisait une trentaine de mètres, construit de murs de pierres massives et grossièrement taillées. Cela semblait être les vestiges de l'hospice que mon pèlerin chinois avait mentionné. De plus, les tombes en ruines que je croyais voir à l'intérieur semblaient confirmer la validité de cette histoire. Car n'avais-je pas trouvé ailleurs, dans mes voyages en Asie centrale, la continuité du culte local démontré si souvent par les musulmans pieux qui préféraient enterrer leurs morts dans des sites déjà sacrés, même s'ils l'étaient d'abord par la tradition bouddhiste? Il y avait également la preuve pratique que l'endroit aurait convenu à un hospice, par la forme de deux huttes construites dans des mesures chinoises, à une distance d'environ cent quatre-vingts mètres. Alors qu'elles ne dataient que depuis l'époque où le Sarikol avait un amban, les huttes paraissaient déjà être délabrées.

Après nos expériences sur le Baroghil et Wakhjir, les champs de neige que nous rencontrâmes sur le Chichiklik Maidan, plutôt fermes sous un ciel gris et lourd, ne m'impressionnèrent guère. Je ne pus m'empêcher pourtant de me rendre compte des épreuves que dut présenter ce plateau désolé, qui s'élevait à 4 500 mètres au-dessus de la mer, en pensant aux récits laissés par Benedict Goez, le jésuite laïque que le zèle missionnaire avait poussé en 1603 de la cour de Akbar à la recherche du pays légendaire de Cathay. Depuis les hameaux de la «province de Sarcil», c'est-à-dire Sarikol, Goez et le grand *kafila* de marchands auquel il s'était attaché pour sa sécurité, atteignirent en deux jours «le pied de la montagne que l'on appelle Ciecialith (Chichiklik). La neige y était très profonde et, lors de la descente, plusieurs membres de l'équipe moururent du froid. Notre jésuite en réchappa à peine, car ils passèrent en tout six jours dans la neige. Ils atteignirent enfin Tanghetar (Tangitar), qui appartient au royaume de Cascar».

A la tombée de la nuit nous descendîmes tant bien que mal jusqu'à Tar-bashi, à environ 900 mètres plus bas, où un beg kirghiz nous offrit l'abri confortable de ses tentes en feutre. Le lendemain matin, nous entrâmes dans le défilé profond en direction de l'est, connu sous le nom approprié de Tangi-tar, c'est-à-dire, «la gorge étroite», à travers lequel la route d'hiver passe vers l'est. Sur plus de trois kilomètres, le chemin suit le lit du ruisseau entre de hauts murs de rochers, en surplomb dans certains endroits, ce qui, dans le cas d'une soudaine inondation, ne laisserait aucune issue. Heureusement, la fonte des neiges était tardive et, avec l'aide des yacks kirghiz, nous passâmes avec nos bagages sans incident. A un endroit particulièrement étroit, où des mares profondes d'eau agitée entre d'énormes rochers glissants nous empêchaient d'avancer, je remarquai de grands trous creusés dans la pierre sur les deux côtés, destinés, selon toute apparence, à faire un pont. Ce travail paraissait sans doute très ancien. Mais pour moi, il y avait un autre signe des temps anciens qui hantait ce passage menaçant et infranchissable, au printemps comme en été. Il s'agissait là, probablement, du défilé étroit où le précieux éléphant de Hsüan-tsang, qu'il avait ramené des Indes, s'était perdu dans les eaux lors de la panique provoquée par une attaque de voleurs, comme il est rapporté dans sa biographie.

Plus bas, à l'endroit où le défilé s'élargit, nous vîmes les premiers arbustes et les premières fleurs près du pâturage kirghiz. Après avoir grimpé une autre vallée abrupte et traversé l'éperon de Torart couvert de loess, nous atteignîmes notre camp pour la nuit à Chihilgumbaz. A part un certain nombre de tombes kirghizes en ruines (l'origine du nom de «Quarante Dômes»), on trouve quelques champs d'avoine au fond de la vallée. Quittant la route vers Yarkand qui bifurque vers le sud-est, nous montâmes, ce matin du 6 juin, jusqu'aux crêtes étirées du Kashka-su Dawan. Abondamment tapissées de lœss et paraissant à certains endroits plutôt duvetées, ces crêtes, malgré l'altitude de presque 4 000 mètres à laquelle elles paraissent situées, semblaient fournir d'excellents pâturages, voire les plus étendus connus à ce jour sur les bords du bassin du Tarim. Je me réjouis de revoir des fleurs familières, de petites jonquilles blanches ainsi qu'une espèce d'iris typique à la région du Kashmir.

Sir Aurel Stein, *Ruins of desert Cathay*, Londres, MacMillan and Co, 1912. Traduit par Denis Beneich.

CLARMONT PERCIVAL SKRINE

(1922-1924)

Les diplomates britanniques nommés au consulat général de Kachgar devaient rejoindre leur poste par un itinéraire aussi original que dangereux, à travers la passe de Mintaka, l'une des plus hautes de l'Himalaya. En 1922, l'itinéraire que suit Clarmont Percival Skrine[1] *est à peu de choses près celui de la route qui a été construite entre la Chine et le Pakistan et achevée en 1967.*

Bénéficiant durant son séjour d'une exceptionnelle période de paix, et remplissant consciencieusement ses fonctions, Skrine parcourut

1. Sur C. P. Skrine, voir notice, p. 545.

une bonne partie du territoire relevant du consulat général, plus de 800 000 km², soit une étendue comparable à celle de la France et de l'Espagne. Parmi ses terres de prédilection une vallée reculée du Pamir, que Skrine baptisa pour lui-même, la « Vallée heureuse », lui offrit, un lieu idéal de villégiature estival, loin de Kachgar et de son étouffante chaleur de l'été.

DE MINTAKA A KASHGAR

Un temps magnifique favorisa notre traversée de la passe de Mintaka, sur la grande ligne de partage qui sépare l'Inde de la Chine. Seuls les derniers 1 200 pieds[1] de l'ascension sont vraiment à pic, mais le chemin est rude tout du long, et la raréfaction de l'air ralentit le pas vers la fin. En haut du col, mon anéroïde indiquait une hauteur de 15 600 pieds, une vue imprenable sur tout le glacier Mintaka et les forêts de pics dolomitiques bizarrement rongés nous donnèrent envie de nous attarder, mais nous nous hâtâmes de passer les prairies détrempées par ce qui restait de neige sur le plat du col, car nous étions impatients de voir ce qu'il y avait derrière. Ce fut un grand moment quand nous posâmes le pied pour la première fois sur le sol — ou plutôt les rochers — chinois et pûmes contempler vers le nord et le Pamir. Le contraste avec la région du Hunza-Nagar que nous venions juste de traverser, sautait aux yeux. Ce qui frappe tout d'abord en regardant le Pamir, c'est sa netteté et son étendue. Le sol, l'eau, les contours des collines paraissent tellement plus nets et plus purs que les rochers désagrégés et décrépits, les rivières boueuses et les sinistres montagnes noires de la terrible région du sud du Mintaka. De plus, le niveau général du « Toit du Monde » est tellement haut, de 10 000 à 14 000 pieds, que même si des montagnes grimpent jusqu'à 18 000 ou 19 000 pieds, elles ne donnent pas l'impression d'une hauteur écrasante ; elles sont comme rapetissées par les vastes espaces tout autour.

Au pied le plus au nord du col, nous attendait le groupe qui venait du Tashqurghan pour nous rencontrer. Il y avait Sharif beg, un grand, jeune et beau Kirghiz volumineux dans son manteau fourré, ses bottes russes et son grand bonnet bordé d'astrakan ; c'était le *beg*[2] de Mintaka et il représentait l'*amban* chinois ou juge du district de Sariqol. Puis il y avait Nadir beg, qui figurait sur la liste du consulat comme « gardien à Sariqol » pour un salaire royal de quinze Rs (une livre) par mois, mais qui était en fait un opulent propriétaire terrien, possédait plusieurs chevaux et ressemblait plus que quiconque à un officier indien. Beaucoup d'autres begs kirghiz et tajik étaient venus de leurs campements jusqu'à Mintaka Aghzi, des gens vigoureux, au poil dru

1. Un pied égale 0,304 m.
2. Beg ou bey, mot d'origine turque, désignant les souverains vassaux du sultan.

et à l'humeur agréable, qui avaient l'air sincèrement contents de nous voir. Accompagnés de cette escorte, nous ne fîmes qu'une bouchée du mile de vallée nue mais verte et souriante qui menait à Lopgaz, où des tentes kirghiz (aq-ois [1]) avaient été préparées pour nous.

Dès que nous eûmes installé notre campement, nous invitâmes les beg à prendre le thé. Ils étaient timides au début mais une fois qu'ils se furent habitués et eurent appris comment tartiner un *scone* écossais avec du miel anglais, ils s'amusèrent beaucoup. Ils parlaient tous un persan plus ou moins intelligible comme la plupart des Sariqolis, ainsi n'y avait-il pas de problème de conversation.

Le lendemain (3 juillet), pour la première fois, notre caravane tout entière était composée de yaks, en tout six à monter et dix-huit porteurs de bagages; ils parcoururent les vingt-sept miles jusqu'à Paik en dix heures et demie. Pour nous, la transparence scintillante et la revigorante pureté de l'air, le gazon printanier s'étendant sur des miles sous les sabots de nos chevaux, la sensation de liberté sans limites que procure un galop de cheval dans l'immense Pamir, tout contribuait à rendre mémorable cette chevauchée matinale de Lopgaz à Mintaka Aghzi. Nous prîmes un solide petit déjeuner, sous un rocher, juste à la jonction des rivières Karchanai et Mintaka, ignorant encore ce qui nous attendait.

A peine avions-nous parcouru un mile, que nous tombâmes sur quatre ou cinq *aq-ois*, ressemblant à d'énormes champignons en boutons, entourées d'innombrables moutons et chèvres et de quelques yaks paissant tranquillement dans le large pré. C'était le campement de l'un des beg que nous avions reçus pour le thé la veille, et il était hors de question de refuser qu'il nous rende l'hospitalité. En conséquence, nous fûmes bientôt assis en tailleur sur le sol de l'*aq-oi* la plus grande, en train d'ingurgiter d'énormes quantités d'un excellent pain plat et circulaire, de thé, de crème, d'abricots secs et de *poi*, un riche lait de yak caillé. Grâce à l'air du Pamir, G. et moi nous comportâmes très bien en toute occasion, à la plus grande satisfaction de nos hôtes; en fait, le poi saupoudré de sucre et étalé en couche épaisse sur du pain kirghiz bien frais, constitue un repas de roi. Pendant tout ce temps nos hôtes restaient debout sans manger; selon la coutume universelle et quelque peu gênante des hôtes en Asie centrale. Les femmes nous intéressaient autant que nous les intéressions, D.[2] en particulier bien sûr avec son costume de cavalier quasi masculin. Elles ne sont pas voilées et même pas particulièrement timides; un joli visage carré aux pommettes saillantes, assez claires de peau; si ce n'était leur costume bizarre, elles auraient pu venir de n'importe quel village scandinave. Leur vêtement est sans aucun doute délicieusement

1. Tentes de feutre.
2. Doris Forbes Whitelaw, la femme de l'auteur.

pittoresque. Au contraire des hommes, elles portent le turban, mais d'une manière inconnue en Inde ou en Perse. En calicot blanc neige, enroulé serré et bien net, plat sur le dessus, la coiffure féminine des Kirghiz du Pamir ressemble à un grand bol de crème chinois perché sur la tête de celui qui le porte. On s'attend à ce qu'il se renverse d'un instant à l'autre. Pourtant, ses belles utilisatrices, non seulement le maintiennent en équilibre sans difficulté, mais y accrochent aussi, derrière, un long ruban de soie allègrement brodé qui leur tombe presque jusqu'aux chevilles. Leurs robes de fête sont également de ce type, très colorées, en coton ou en soie de Bokhara. En somme, un groupe de beautés kirghiz sur une pelouse dans la lumineuse lumière du soleil de leur Pamir natal est vraiment un agréable spectacle. Les Kirghiz ont beaucoup de goût pour les couleurs: l'intérieur de leurs huttes est recouvert de tapisseries richement colorées de rouge et de bleu, des pièces de satin d'Andijan, des articles de cuir teint, et le plus réussi de tout, de grandes nattes en osier décorées de leurs motifs caractéristiques en fils de laine teints.

Avec la plus grande difficulté et des serments d'amitié éternelle, nous nous arrachâmes enfin à l'accueillante tente de nos hôtes — pour être confrontés, seulement un mile plus loin, à un campement encore plus grand et plus opulent appartenant à un autre beg, où nous dûmes répéter la même performance. Bien sûr, il eût été extrêmement préférable de manger moins de *poi* et de pain kirghiz tartiné de crème, ici, que dans la tente du beg rival. D'ailleurs quand nous en eûmes terminé avec toutes ces politesses nous pouvions à peine nous hisser sur nos chevaux. Je crains que nous n'ayons été visiblement soulagés, quand, en réponse à nos anxieuses questions, nous fûmes informés que les dix-sept miles de route jusqu'à Paik ne nous réservaient plus la moindre hospitalité.

A Mintaka Aghzi («l'embouchure du Mintaka»), nous étions à quelques miles aussi bien de la frontière avec le Wakhan afghan que de celle avec le Pamir russe, ainsi, tout près de nous, venaient se cotoyer trois empires et un royaume.

Mis à part quelques Kirghiz avec leurs troupeaux, cette charmante et verte région semble être habitée entièrement par des marmottes dorées (*Arctomys aurea*). Ces petits animaux nous ont fait rire avec leur cri bizarre, comme le sifflement moqueur d'un gamin, l'étonnant bout noir de leur queue et la manière effrontée qu'ils ont de nous dévisager depuis le bord de leurs terriers, prêts, au moindre geste, à y entrer comme un diable dans sa boîte.

Au petit poste chinois de Paik, battu par les vents, à 12650 pieds au-dessus du niveau de la mer, le sort du sous-officier — et de ses dix hommes en piteux état — n'était vraiment pas enviable. Il paraissait avoir fumé de l'opium, et il y avait de quoi. Ce détachement fut relevé peu après notre passage. Son installation à Paik pendant ces quelques années avait été une conséquence indirecte de la Grande Guerre.

Le lendemain matin, en chemin pour Dafdar (vingt-deux miles), nous eûmes tout d'abord beaucoup de problèmes avec la caravane, composée cette fois de six chameaux et cinq yaks. Je les ai d'ailleurs racontés ainsi dans une lettre à ma famille:

> «Les gens de ce pays n'ont aucune idée de la manière de charger un chameau. Ils semblent penser qu'il faut percher le plus grand nombre possible de paquets sur le dos de la bête, puis attacher autour une simple corde, et finir par accrocher des quantités d'articles de toutes sortes sur tout ce qui dépasse; le résultat étant qu'avant que l'animal ait pu parcourir un demi-mile, plusieurs boîtes de conserve, lanternes, paniers, boîtes à chapeau et autres babioles se sont détachés et que l'équilibre initial du chargement s'en trouve détruit. Le tout glisse alors sous le ventre du chameau qui prend peur et s'emballe. Un chameau qui s'emballe du trot lourd et gauche typique de sa race, avec plusieurs quintaux de bagages divers dégringolent de son dos comme des feuilles en automne, est un des spectacles les plus drôles qu'on puisse imaginer quand il s'agit des bagages de quelqu'un d'autre; mais quand ce sont vos propres caisses de whisky, vos coffres de médicaments ou vos yakdans favoris qui pendouillent du ventre de la bête, l'humour de la situation ne vous apparaît pas si clairement. Ceci est arrivé à chacun des chameaux et à la plupart des yaks dans les deux premiers miles de notre marche et nous dépensâmes beaucoup d'énergie et d'explications à aider les hommes à remettre les bagages. Une fois que les chameaux eurent été chargés comme il faut, c'est-à-dire avec les paquets séparés en deux parties compactes, bien arrimées de chaque côté de l'animal et s'équilibrant l'une l'autre, tout alla bien; mais croyez-vous que les propriétaires retinrent la leçon? Pas du tout. Le lendemain matin tous les bagages étaient perchés en haut des chameaux exactement comme avant.» [...]

De Dafdar, où vivait une colonie prospère de Wakhi immigrants d'Afghanistan qui avait fait fleurir le désert comme une rose, la route est plate et presque anonyme tout au long des trente-quatre miles jusqu'à Tashqurghan; seule la chaîne du Saryqol finement escarpée sur la gauche, et, par temps clair, un coup d'œil au loin à l'immense dôme blanc du Muz Tagh Ata en face, relèvent la monotonie du paysage. A trois miles de Tashqurghan, dans une ferme éloignée du Tughlan Shahr, nous nous trouvâmes dans une réception qui réunissait l'*aqsaqal* ou agent britannique à Tashqurghan, le *pir* local ou chef de la secte Maulai et quelques autres Maulais et sujets britanniques. Notre premier *chah-jan*, la réception de campagne si caractéristique du cérémonial de l'Asie centrale chinoise, eut lieu dans une ferme. Nous aurions préféré manger nos sandwiches mais pour ne pas décevoir les bons sujets britanniques, nous fîmes de notre mieux avec les *pilaus*, de la crème aigre et du pain local. A peine avions-nous terminé la dernière bouchée dont nous étions capables qu'on nous informa que le *pir* des Maulais nous invitait à une fête similaire, chez lui, à un mile de là ! Il n'y avait rien d'autre à faire que grimper sur nos destriers et nous mettre en route pour la maison du *pir* avec autant d'empressement reconnaissant que possible. Une vraie procession nous suivit à travers champs. Pendant ce temps-là, un orage se préparait, et alors que nous n'avions pas fait la moitié du chemin, une vraie douche de pluie et de grêle s'abattit sur nous. Comme il n'y avait apparemment qu'une seule table et trois chaises à Tughlan Shahr et qu'elles devaient donc servir pour les deux réceptions, nous eûmes le plaisir de voir notre table galopant devant nous sur un cheval folâtre, suivie de près par les chaises. A une centaine de yards de la maison, la table commença à tomber en morceaux et ses pieds s'éparpillèrent bientôt dans les champs; pourtant, le cavalier qui la portait restait assez imperturbable; des petits garçons, tout excités, ramassaient les morceaux et nous fûmes bien étonnés de retrouver le meuble, richement habillé d'une nappe aux couleurs vives et presque littéralement croulant sous la nourriture, nous attendant dans le salon de réception du *pir* !

Entre Tughlan Shahr et Tashqurghan, la rivière coule en plusieurs bras à travers des prairies d'herbe bien tondue, couverte de vaches, de poneys et d'ânes qui paissent. Tashqurghan est le siège d'un *amban* chinois ou juge de district et ce gentleman aurait dû, nous avait-on dit, faire tirer trois salves et sortir ses troupes en l'honneur de notre arrivée. A notre grand soulagement, il considéra que nous n'étions pas assez importants et s'abstint de le faire; il se contenta d'envoyer sa grande carte de visite en papier rouge par l'intermédiaire de son secrétaire et interprète, une personne à l'air malin, parlant remarquablement le persan, le turc et le chinois en plus de son tadjik maternel. La maison de l'*aqsaqal*, utilisée comme maison d'hôtes par les voyageurs britanniques, est bien située sur une falaise surmontant le *bazaar*, encore qu'assez réduite. Elle consiste en une cour extérieure où donnent les quartiers des serviteurs, et une autre à l'intérieur, agréablement ombragée par des saules, avec deux petites chambres de *sahib* et une cuisine. C'est là que nous nous installâmes assez confortablement pour les trois nuits que nous passâmes à Tashqurghan.

LA ROUTE DE MONTAGNE VERS CATHAY

Le nom Tashqurghan signifie en turc, « la forteresse de pierre » et l'endroit est probablement identique au λίθινος πύργος duquel Ptolémée parle comme ayant été la marche la plus occidentale de Seriké (Chine). A cette époque, les Chinois l'appelaient Hopanto et c'était la capitale du district frontière portant ce nom. Aujourd'hui, une fois de plus, c'est le quartier général de l'*amban* chinois de Pu-li ou Sariqol, qui gouverne une longue bande de terre le long du bord oriental du plateau du Pamir. Sariqol devint un district administratif au début de ce siècle, quand il se fit plus important au point de vue chinois à cause de l'occupation du Pamir voisin par la Russie. Il est vrai que pendant des années, le gouvernement du tsar garda un détachement d'infanterie à Tashqurghan, sans se soucier du fait que c'était un territoire chinois. Le robuste fort en brique qu'ils avaient construit est toujours en bon état bien qu'il soit resté vide depuis son évacuation en 1920 par ce qui restait de l'ultime garnison cosaque du Pamir. Ethniquement, le district est intéressant car il est peuplé en proportions égales par deux races très contrastées. Il y a d'abord les Tajiks, qui sont des spécimens remarquablement purs de la race d'origine *Homo Alpinus* qui ont habité ce coin perdu de la haute Asie depuis l'aube de l'histoire. Ensuite, les Kirghiz. Ces derniers appartiennent à la tribu appelée par les Russes Kara-Kazak; c'est la branche la plus australe de la grande race des Kirghiz, et ils ne peuvent vivre si loin au sud que dans le Pamir, dont l'extrême hauteur compense la basse latitude et produit un climat aussi rigoureux que celui des steppes.

Deux routes entièrement différentes, chacune longue d'environ dix étapes, relient Tashqurghan à Kashgar. Celle utilisée habituellement en été est la plus à l'est, la route Chichiklik qui, après avoir passé quatre cols (entre 12000 et 16000 pieds d'altitude) et traversé trois vallées différentes, peuplées, peu abondamment, de Kirghiz, débouche sur la grande plaine d'Asie centrale, près de la ville, prospère, de Yangi Hissar. La route d'hiver passe par le nord; elle part de Tashqurghan, traverse le col, facile, de Ulugh Rabat (environ 13500 pieds) dans la direction du Rangkul Pamir, passe devant les merveilleux lacs du petit Qarakul et Basikul, puis redescend dans les gorges vertigineuses de la rivière Gez qui coupe à travers la chaîne de Kashgar entre les grands massifs recouverts de glace du Kongur (25146 pieds) et de Chakragil (22180 pieds). Elle ressort dans la plaine de Kachgarie à Tashmalik, d'où on peut rejoindre la ville en deux étapes. Sariqol doit être le district le plus impopulaire du Turkestan oriental pour les officiels chinois. Sa capitale, située à 10250 pieds au-dessus du niveau de la mer, a un climat que l'on pourrait décrire comme partagé en trois mois de printemps et neuf mois d'hiver; le plus gros des dix jours de voyage nécessaires pour rejoindre la civilisation la plus proche, doit être effectué à cheval au lieu de la charrette de Pékin, tant appréciée du voyageur «céleste»; enfin et surtout, les habitants sont une bande turbulente, très différents des timides et paisibles Turcs des plaines. Peu étonnant alors que le gouverneur du Turkestan chinois à Urumchi ait la plus grande difficulté à trouver des hommes pour ce poste. Mais il finit toujours par les trouver quand même, et mieux encore il les relève et les remplace si (comme on peut s'y attendre dans un lieu si éloigné de tout contrôle) ils se conduisent mal; un fait qui illustre bien l'efficacité du contrôle du gouverneur Yang sur un district qui n'est pas à moins de deux mois de voyage de son quartier général. Mais bien que les *ambans* doivent se considérer comme des Ugolins condamnés à un enfer de froid, le visiteur estival à Tashqurghan trouvera sûrement beaucoup d'agrément dans la merveilleuse clarté et pureté de son air, ses immenses prairies parcourues de cours d'eau transparents et la jolie forme des montagnes qui se dressent en rangées étincelantes tout autour, mais pas trop près. Bien en évidence parmi elles, se trouve le Muz Tagh Ata, «Père des Montagnes de Glace», resplendissant de toute son énorme masse de blancheur, sur le vert éclatant des prés. Bien qu'il s'élève à 24 388 pieds, l'énormité du Muz Tagh Ata diminue sa beauté, qui n'a rien de comparable par exemple avec celle du Rakaposhi ou du Nanga Parbat; mais sa seule dimension est impressionnante, et la vaste étendue de ses champs de neige et de ses glaciers, dont la blancheur est d'une intensité que l'on ne trouve pas dans les neiges de plus basse altitude, en font un impressionnant spectacle. L'immense vallée du Sariqol est parsemée d'accueillantes petites fermes, chacune d'entre elles se nichant confortablement à l'ombre d'un bosquet de saules. La terre est remarquablement riche; blé, orge et avoine semés en mai sont moissonnés en octobre, et on obtient habituellement deux récoltes de luzerne. Des orchis pourpres au parfum sucré, des gentianes, des vesces de toutes les couleurs et des primevères de grande taille bordent les chemins en juin et juillet. L'*amban* de Sariqol, notre première connaissance dans le monde des officiels chinois, n'était pas un bon exemple de sa charge. Il était fumeur d'opium, et peu après notre arrivée à Kashgar il fut relevé de son poste. Je lui rendis visite le premier matin, et étais décidé à être poli bien qu'il nous ait pratiquement ignorés la veille. Quand j'arrivai, seulement une demi-heure après l'heure fixée pour le rendez-vous, rien n'était prêt. L'*aqsaqal* et moi-même dûmes rester debout dans la salle d'attente du *yamen* (ou habitation des magistrats) parmi une foule curieuse d'hommes à tout faire et de parasites, avant qu'un serviteur n'apporte à la hâte une petite table, deux chaises et quelques confiseries peu ragoûtantes. Finalement l'*amban* arriva et nous nous assîmes. Un pâle thé vert au fort goût d'eau chaude pour toute boisson, la conversation fut, j'ai le regret de le dire, quelque peu languissante, le vieil *amban* étant de toute évidence sous l'effet de l'opium; quant à mon style, il était un peu coincé par la «galerie» debout tout autour de nous et qui épiait chaque syllabe, chaque bouchée. Je fus soulagé de pouvoir m'échapper après environ vingt minutes de cet amusement. L'*amban* était en meilleure forme quand il me rendit la politesse l'après-midi même, et fit de son mieux pour faire amende honorable. Ceci nous encouragea à l'inviter ainsi que son jeune fils, le commandant de la garnison accompagné de son assistant, et le *pir* des Maulais à prendre le thé le lendemain. Je découvris par la suite que c'était une erreur d'inviter le *pir*, car un Chinois s'assoit rarement à table avec ses sujets. D. passa la matinée entière à faire des scones et des confiseries et la petite fête fut un réel succès. La conversation battait son plein, l'*amban* étant assez bavard. Il s'adressait en chinois à l'assistant, qui traduisait en turc à Nadir beg, qui me traduisait en persan et moi en anglais pour D. Ainsi :

L'*amban* (à l'assistant). — Quel âge a la *tai-tai* (dame)?

L'assistant (à Nadir beg). — Quel âge a la *khanum*?

Nadir beg (à moi). — Quel âge a la *mem-sahiba*?

Moi (à D.). — Quel âge avez-vous?

D. (à moi). — Vint-cinq.

Moi (à Nadir beg). — *Bist o pani.*

Nadir beg (à l'assistant). — *Zhigima-besh.*

L'assistant (à l'*amban*). — Vingt-cinq (ou l'équivalent en chinois!)

Question suivante de l'*amban* sur le même mode : « Comment se fait-il que, à cause du froid intense de ces régions barbares, nous et nos sujets portions des quantités de vêtements jusqu'au menton, alors que la *tai-tai* ne porte rien qu'une jupe et un vêtement collant coupé loin du cou? » Sensation à l'arrivée de cette question! Après quelque délibération, nous concoctâmes une réponse pertinente dans le sens que le pays d'où venait la tai-tai, l'Écosse, est extrêmement froid, bien plus froid que le Pamir chinois, et que donc ce dernier lui semblait à elle assez chaud, d'où l'insuffisance de son costume!

Après le thé, D. rendit visite aux femmes du commandant de la garnison et de l'assistant. Elle me raconta ensuite que les deux étaient *tajiks* et que la femme de l'assistant était très jolie. Après la visite chez elles, les dames raccompagnèrent D. dans sa chambre, et elle dut leur montrer ses robes et les occuper jusqu'à huit heures moins le quart, heure à laquelle elles partirent finalement.

La dernière étape de notre longue marche, de Tashqurghan à Kashgar par la route Chichiklik, fut, sous de nombreux aspects, la plus intéressante de toutes. Nous dormîmes chaque nuit dans des tentes kirghiz qui avaient été rassemblées pour nous par le beg du voisinage; des dispositions en ce sens étaient prises chaque jour dans le district de Tashqurghan, par un excellent aide tajik ou *yayieh*, envoyé par le magistrat de Tashqurghan. Notre transport était pris en charge de la même manière, poneys, yaks, chameaux et ânes selon les disponibilités; Dès que nous entrâmes dans le district de Yangi Hissar un employé de l'*amban* local vint à notre rencontre et nous rendit le même service.

Le pilier du groupe était Nadir beg, déjà mentionné quand il s'était joint à nous au Mintaka; il s'occupait de nous d'une manière tout à fait paternelle et nous nous prîmes d'une grande affection pour lui.

Grand, bel homme à la barbe noire, gai et énergique, d'environ quarante ans, bon cavalier au corps musclé, Nadir était un splendide spécimen de la race Tajik; il était particulièrement utile sur le chemin de Sariqol car il semblait connaître chacun des habitants, qu'ils fussent Tajik ou Kirghiz, depuis leur enfance. Il était également doté d'un solide sens de l'humour. Je n'oublierai jamais comme il riait en nous racontant ce que son jeune fils lui avait dit en voyant Gerard Price portant une protection imperméable en soie huilée par-dessus son casque colonial. «Papa, dit le petit garçon, pourquoi le sahib porte un estomac de mouton sur la tête?» Le problème du ravitaillement n'était pas aussi difficile à résoudre que nous le craignions. Le lait, la crème et le beurre étaient toujours disponibles chez les Kirghiz, mais nous ne pûmes obtenir des œufs qu'une fois ou deux, et du poulet, jamais. Au magasin de l'hindou «Bunnia» à Tashqurghan, D. put se réapprovisionner en farine, huile, fruits secs, noix, pour le reste du voyage.

Le 9 juillet, nous quittâmes Tashqurghan en grandes pompes, notre caravane comptant alors dix-sept poneys et un âne. L'*amban* fit amende honorable pour avoir ignoré notre arrivée en organisant un *chah-jan* ou thé d'adieu, très sophistiqué, accompagné d'une parade de la garnison de Tashqurghan au grand complet. Ceci eut lieu sur le bord de la route à environ un mile du *bazaar*. Dans la hutte de verre à trois murs, utilisée pour ces cérémonies, D. et moi nous assîmes sur le bord d'une plate-forme de chaque côté d'un plateau en bois contenant un bol chinois de thé vert pour chacun de nous et deux ou trois soucoupes de raisins secs, d'amandes et d'une étrange confiserie chinoise à fort goût de poussière. D'un côté, à l'intérieur du «pavillon de réception», s'assirent l'*amban* et le commandant de Tashqurghan, de l'autre côté G et notre *aqsaqal*, pendant que l'interprète de turc, debout, fit de son mieux avec l'*aqsaqal* pour entretenir une conversation pesante entre nous et le Chinois. La parade consistait en une trentaine d'hommes et quatre énormes bannières rouges; l'exercice fut des plus réussis, jusqu'à ce que je demande à prendre une photo de l'armée. Le commandant dut alors faire marcher ses troupes dans un sens puis dans l'autre sur la moitié du terrain pendant un bon moment avant de réussir à les faire placer devant l'objectif. Nombre d'adieux et de serrements de main complétèrent la cérémonie. Il faut noter ici que quand un Chinois serre la main, il serre sa propre main, l'autre personne faisant la même chose en face de lui, les deux s'inclinant bien bas pendant ce temps-là.

Dégagés enfin de tout ce cérémonial, nous prîmes une fois de plus grand plaisir à un vivifiant petit galop sur l'herbe du Pamir. Au-delà de Tiznaf et de Chashman, parmi les immenses champs de maïs et les riches pâturages on trouve des groupes de minuscules fermes, chacune avec son bouquet de saules; puis on passe les boucles de la rivière, coulant claire comme du cristal à travers prés, avec des parties larges et profondes; une rivière à truites possible mais inexploitée.

En quittant la vallée du Sariqol à dix miles au nord de Tashqurghan, nous montâmes régulièrement pendant cinq heures et campâmes à 12 300 pieds dans l'étroit ravin Darshart.

Le lendemain nous traversâmes le col Kök Moinak (15 400 pieds) assez peu enneigé. Il y avait un seul obstacle sérieux sur la route vers le sommet, à environ deux miles du lieu de campement de Darshart. La piste avait été entièrement dévastée par un ruisseau qui dégringolait en cascade sur une centaine de yards entre des murs perpendiculaires, et il était plus loin partiellement bloqué par des blocs de glace surplombant le lit du ruisseau. En travaillant dur, cela nous prit plus d'une heure de faire passer la caravane à travers ces passes étranglées. Notre camp cette nuit-là, à 14 500 pieds sur le plateau Chichiklik («moucheté», c'est-à-dire fleuri) fut le plus haut que nous ayons expérimenté.

De Chichiklik, la route la plus courte à Toilebulung descend à travers le Tangitar ou «gorge sombre», qui aux dires de tous est bien nommé, si étroit et sombre est le passage et si rude et caillouteux est le lit du ruisseau. A la saison des crues il est d'ailleurs dangereux et nous préférâmes le contourner, en deux étapes, par la *jilga* (vallée) du Yambulak. Sur le chemin, nous traversâmes le Yangi Davan (nouveau col) dont le sommet était couvert d'amples champs de neige ferme et qui s'avéra se situer à 16100 pieds au-dessus du niveau de la mer. Ce fut le plus haut col que nous passâmes entre Srinagar et Kashgar. D'en haut, à notre grande surprise et pour notre plaisir, nous vîmes en dessous de nous, au nord, un ravissant lac du plus pur saphir, enroulé autour du pic enneigé, au début de la vallée du Yambulak. Ce lac n'est porté sur aucune carte; il mesure bien un demi-mile de large et quand nous le vîmes, il était, à cause de l'altitude, partiellement recouvert de la glace de l'hiver.

Dans la vallée du Yambulak, nous fîmes connaissance pour la première fois avec ces Kirghiz authentiques et originaux, du type que nous allions connaître par la suite et tant apprécier. A cinq miles du col, en descendant, au beau milieu de l'un de ces blizzards d'été du Pamir, aussi soudains que vite passés, nous trouvâmes le chef de la petite communauté, Ibrahim beg, et son fils Juma, en train de nous attendre avec du thé et un petit tapis étendu sur le sol humide. La politesse nous obligea à nous arrêter au moins cinq minutes, le temps de faire semblant de siroter le thé salé (les Kirghiz n'ont pas les moyens de s'offrir du sucre pour mettre dans leur thé, aussi utilisent-ils du sel, bien qu'ils préfèrent de beaucoup le thé sucré) et de sentir les flocons de neige s'insinuer dans nos cous. Deux miles plus loin, à 12 650 pieds, nous arrivâmes aux *aq-ois* dressées de chaque côté du torrent dans une courbe abritée de la vallée. Le soleil de l'après-midi s'était mis à briller fort, et comme nous passions les premières huttes, ses rayons illuminèrent merveilleusement une scène idyllique — trois ou quatre jeunes filles kirghiz portant leur jolie robe et leur étrange turban, trayant les chèvres et les brebis au bord de l'eau, pendant que les hommes et les enfants les regardaient.

Le lendemain matin, nous nous réveillâmes pour trouver un soleil radieux baignant une joyeuse scène composée de yaks, de leurs petits, d'ânes, de poneys, de brebis, de chèvres, d'enfants aux cheveux bouclés, de femmes habillées de toutes les couleurs et enturbannées de blanc et d'un ou deux hommes hirsutes (les autres étaient encore au lit) sur un fond d'*aq-ois* comme de gros champignons, rivière écumante et flanc de colline vert et escarpé. J'avais décidé de m'arrêter une journée dans cet endroit charmant, en partie pour permettre à la caravane de se reposer et pour partir faire à pied la reconnaissance d'un col appelé le Merki Davan, par lequel j'espérais traverser le haut de la vallée du Qaratash et gagner ainsi l'accès à l'un des «blancs» de la carte, que sir Aurel Stein m'avait recommandé d'explorer.

En bref, Gerard Price et moi, assistés de Juma beg avec ses hommes et ses yaks, nous atteignîmes une hauteur de 16500 pieds sur un contrefort enneigé, duquel nous pûmes voir que le dit col était tout à fait hors d'atteinte pour notre caravane. Ce n'était rien d'autre qu'une haute arête de rocher d'au moins 17000 pieds de haut, recouverte de neige profonde même du côté sud et défendue par des talus de glace à pic.

Pendant ce temps-là, D. passa une journée épuisante mais amusante avec les dames kirghiz, qui lui réclamèrent toutes des traitements médicaux (en général sans beaucoup de nécessité) et semblèrent apprécier les pastilles de quinine et l'huile de castor même plus que les breloques, la verroterie et autres petits cadeaux que D. avait apportés pour elles. En tout cas, elle se rendit très populaire, car le lendemain matin, quand nous repartîmes vers la vallée, leurs adieux furent des plus affectueux, et elles l'accompagnèrent sur une longue distance dans la vallée. L'une des plus jeunes était absolument ravissante; son portrait en couleurs, fait par D. à cette occasion, n'est pas injustement flatteur. Pourtant, en règle générale, les visages des femmes kirghiz, bien qu'ayant un front haut et plaisant, sont trop plats pour être vraiment beaux.

A mesure que nous défilions dans la vallée du Yambulak, elle se fit plus étroite que jamais et ses côtés plus hauts et plus escarpés. La profusion de fleurs sauvages fut une révélation; anémones, primevères, boutons d'or, ancolies, gueules de loup, campanules, asphodèles et beaucoup d'autres dont nous ne connaissions pas le nom, poussaient en multitude, particulièrement aux endroits où les chèvres et les brebis ne pouvaient pas les attraper. Des cascades de roses sauvages poussaient dans chaque lézarde de ces rochers perpendiculaires. Parmi les très rares habitants que nous rencontrâmes, il y avait un personnage intéressant; c'était le *qasi* ou juge local de Koserad, en route vers Tashqurghan à cheval avec trois ou quatre hommes. Il y avait été convoqué par l'*amban* pour rapporter des cas conformes au *shar'iat* ou loi du Qur'an. Le groupe passait la rivière à gué juste comme nous arrivions, une image pittoresque; le vieux juge de village à la barbe blanche, avec son livre de *dala'il* (jurisprudence) et son *qur'an* enveloppé dans un linge sous son bras, montait droit comme un i et vigoureux à la tête de sa suite.

Cette nuit-là (14 juillet), nous campâmes dans le — sauvage et grandiose mais moins vert et fleuri — pays de Toilebulung, le quartier général d'hiver des Kirghiz de Yambulak qui cultivent leurs récoltes là et enterrent leurs morts dans de curieux petits mausolées à coupole. L'altitude était de seulement 9 650 pieds; c'était la première fois que nous étions descendus à quatre chiffres, depuis Gircha dans la vallée de l'Hunza, seize jours auparavant. Nous nous épongions le front et nous plaignions du renfermé de ces vallées basses, jusqu'à ce que l'un de nous signale que nous étions pourtant beaucoup plus haut que les stations de montagne indiennes les plus élevées.

Le lendemain, nous fîmes nos adieux aux Kirghiz de Yambulak avec beaucoup d'invitations et de promesses de leur rendre visite de nouveau un jour. J'avais déjà donné au vieil Ibrahim beg, très solennellement, un cadeau officiel sous la forme d'une montre. Juste avant de partir, je découvris qu'il l'avait vendue à Hafiz pour cinq taels (environ quinze shillings). Comme elle ne valait qu'environ quatre taels, et que je voulais bien montrer au Kirghiz l'énormité de l'insulte qu'il avait faite à l'Empire britannique je le réprimandai publiquement, lui repris la montre, lui fis rendre les cinq taels à Hafiz, puis lui donnai un cadeau en liquide de quatre taels à la place de la montre. Je supposai alors que Hafiz voulait réellement une montre pour savoir l'heure et lui vendis celle du gouvernement pour quatre taels. Le lendemain, l'un des autres serviteurs me dit qu'Ibrahim avait racheté la montre à Hafiz pour quatre taels et demi, pensant sûrement que s'il y avait un tel remue-ménage sur cette affaire, c'est que ça devait être un bon investissement. Ce ne fut pas avant d'avoir rejoint Kashgar que j'appris la suite de l'histoire par Harding, qui passait par Yambulak deux jours après nous. C'est qu'Ibrahim beg avait de nouveau changé d'avis sur la montre et l'avait vendue au serviteur de Harding pour trois taels et demi! Les Turcs comme les Kirghiz sont nés commerçants et vendraient leur propre nez si on leur en donnait un bon prix. [...]

LA VALLÉE HEUREUSE

Arrivés à Kaying Bashi, nous plantâmes nos tentes à un endroit que nous avions remarqué au mois d'octobre précédent car c'était un site idéal pour un campement d'été: au bord de la forêt de sapins deux miles au-dessus de l'*aq-oi* dans laquelle nous étions restés alors. Il y avait là un pré d'herbe grasse à côté d'un torrent venant du glacier, à 10400 pieds d'altitude, protégé, d'en dessous, par une arête couverte de genévriers et d'épines-vinettes et, de dessus, par une longue bande de hauts sapins descendant de la forêt principale, dont un des arbres, plus grand que tous les autres, s'élevait fièrement à son extrémité. Nous étions tous joyeux comme des enfants jouant dans le sable quand nous nous fûmes installés dans notre campement cet après-midi-là; D. et moi parce qu'un rêve était devenu réalité et que nous avions gagné notre «Vallée heureuse» en dépit de tous les obstacles; les serviteurs parce qu'une énorme *aq-oi* était fournie par les Kirghiz du campement situé à un mile de là en haut de la vallée, en sorte qu'ils disposaient d'une cuisine magnifique et d'un office où bavarder autour du feu, en plus des tentes que nous avions apportées pour eux; Zakir Haji, le porteur, à cause de l'herbe abondante qui recouvrait entièrement le fond de la vallée, et sur laquelle ses poneys pourraient paître gratuitement aussi longtemps qu'ils le voudraient.

Dans ce paradis reculé de forêts et de rivières, d'immenses montagnes et de glaciers suspendus d'un vert pâle, de clairières dans les bois et de prairies luxuriantes, de jardins de rocaille naturels remplis de centaines de sortes différentes de fleurs alpines, nous passâmes trois semaines de vacances inoubliables. C'était extraordinaire de penser qu'une petite Suisse comme celle-ci pouvait exister, insoupçonnée, dans ces mêmes montagnes à travers lesquelles, par différentes routes, des chasseurs, des officiels et des explorateurs étaient allés à Kashgar ou en étaient revenus, depuis les années soixante-dix. Au début, le temps était incertain et il plut la plupart des après-midi et quelquefois toute la nuit. Mais nous avions suffisamment de confort dans nos tentes imperméables à deux toits et assez d'occupation à «l'intérieur»; d'ailleurs, il faisait presque toujours merveilleusement beau le matin. Pendant la dernière partie de notre séjour, le temps s'améliora et nous eûmes plusieurs journées absolument parfaites. [...]

Les Kirghiz d'une vallée comme Kaying sont de vrais nomades car ils vivent presque entièrement de leurs troupeaux et déplacent leurs tentes de place en place selon la saison et l'état du pâturage, tout comme font les tribus turques et balouches de Perse et du Balouchistan. Mais alors que ces derniers couvrent de larges territoires et voyagent parfois cent miles ou plus, de leurs pâturages d'été à ceux d'hiver, le parcours total des Kirghiz de Kaying ne dépasse pas dix miles d'un bout à l'autre. Leurs *yailaqs* ou pâturages d'été, sont situés au pied des glaciers, entre 11 500 et 12 000 pieds au-dessus du niveau de la mer; en avril et mai, et de nouveau en octobre et novembre, ils plantent leurs tentes là où nous les avons trouvées la première fois, à 9 000-9 500 pieds, dans la partie la plus large de la vallée; leur *qishlaq*, ou lieu de campement d'hiver, se trouve à Bash Kupruk sur les rives du Qaratash, juste avant sa jonction avec la rivière Kaying, 7 000 pieds au-dessus du niveau de la mer. Les habitants de Chopkana et de Qaratumush Jilghas, contigus, ont des distances plus courtes encore entre leurs campements d'été et ceux d'hiver, respectivement sept et cinq miles. Bien qu'aucun officiel chinois n'ait jamais pénétré ces gorges difficilement accessibles, elles sont en fait sous la juridiction de l'*amban* de Yangi Hissar, qui prélève un impôt par l'intermédiaire du *beg* du cercle de Qaratash, notre ami Sabit. Le *beg* est responsable auprès du juge du district pour l'encaissement de la rente et le maintien de la loi et de l'ordre; lui à son tour, s'en remet aux *unbashis* ou chef (littéralement, «chef de dix») des différentes vallées encaissées, ne visitant lui-même son cercle qu'une fois ou deux par an[1].

Les Kirghiz de la vallée du Kaying cultivent seulement quelques acres d'orge et mangent peu de pain. Leur aliment de base est le lait et ses dérivés, le *katak* ou crème aigre et le *qurut* une sorte de fromage. Dans la plupart des tentes on trouve aussi un chaudron de *mash* en préparation, la soupe déjà mentionnée, contenant de la farine et du lait. On fabrique le *qurut* en faisant sécher de la crème aigre dans des peaux de bouc; il faut suspendre les peaux de bouc pleines de crème à environ huit pieds du sol sous des filets en corde attachés entre quatre poteaux. Le filet préserve des aigles et des faucons, et la hauteur du sol isole des chiens et des autres animaux. Quand un Kirghiz doit quitter sa maison pour une journée ou plus, il emporte avec lui pour toute nourriture quelques boules de *qurut* qu'il complète avec de la rhubarbe sauvage et du céleri qu'il sait pouvoir trouver dans la montagne. Le pain est cuit en miches solides, le seul levain utilisé étant du petit lait; les familles les plus pauvres ne peuvent que rarement s'en offrir, heureusement pour leurs intestins.

---

1. Les quatre divisions du cercle de Garatash, avec le nombre (nominal) de foyers qu'ils contiennent pour le calcul des revenus, sont ainsi réparties:

— Qaratash, c'est-à-dire la vallée principale au-dessus de la jonction du Chimghan avec la source principale, soixante foyers;

— Chimghan, avec Tersöze et d'autres vallées adjacentes, soixante foyers;

— Khanterek, c'est-à-dire la vallée principale et ses branches en dessous de la grande gorge, comprenant Kaying, Chopkana, Yapchan, etc., trente foyers;

— Terek Kichik (au milieu des montagnes situées à l'est du Qaratash), cent foyers.

L'imposition d'une division type, comme celle de Chimghan, est ainsi calculée: quatre *saghins* de fromage, c'est-à-dire la production de quatre yaks en un an; quarante cordes en poil de chameau; cent *charaks* de farine d'orge (1 *charak* = 20 livres); dix yaks ou poneys en prêt pour des transports éventuels. En plus, le beg prélève un mouton par foyer pour lui-même; il ne reçoit aucune rémunération des autorités chinoises.

La viande est encore plus un luxe; on tue le mouton seulement dans les grandes occasions, puis on le fait bouillir dans de grands chaudrons, et non rôtir. Parfois, un des *mergens*, les chasseurs de la communauté, réussit à tuer une biche avec son vieux fusil à mèche, et alors c'est la fête.

Une vallée comme Kaying est presque économiquement autonome. Lors de leurs rares expéditions à Yangi Hissar, les hommes achètent des bottes, des tissus de coton de Kashgar, de la mousseline et des mouchoirs de couleur pour les dames, des couteaux etc., à des vendeurs ambulants venus des plaines, qui visitent la vallée deux ou trois fois pendant la saison. L'argent de ces achats provient de la vente des surplus de produits locaux, qui restent après le paiement de l'impôt et des autres exigences du beg. Ces produits comprennent, le bétail, la laine brute, la corde et les nattes en poil de chameau ou de yak, le fromage, les peaux de renard roux, et les cornes d'ibex[1]. Les sept familles de Kaying Bashi élèvent environ vingt-cinq yaks, dix poneys, trente têtes de bétail ordinaire et une demi-douzaine de chameaux, en plus des quelques animaux que possèdent les habitants des vallées adjacentes de Sarigh Yon et Ghorumda. Le nombre total de moutons et chèvres dans la vallée, dit-on, varie entre trois et quatre mille.

Il n'y a pas de maison (*tam*) dans le Kaying Jilgha, seulement quelques abris en branches sous des arbres ou contre des rochers en surplomb (*kotan*). Les yourtes (*aq-ois*) utilisées par les Kirghiz, bien que plus petites et plus pauvres, sont similaires à celles décrites par miss Sykes dans le Pamir russe[2]. La taille moyenne de l'état des tentes varie beaucoup selon les différentes régions; on en a trouvé de plus grandes et plus élaborées dans le voisinage du petit lac Karakul dans le Pamir chinois; celles que l'on a vues dans le Tian Shan au nord-est de Kashgar étaient plus petites et moins décorées mais plus solides, avec des couches de feutre plus épaisses et pas du tout aussi succinctes.

Une yourte légère comme l'*aq-oi* avec un toit en forme de dôme aplati et seulement recouverte de feutre est loin d'être étanche; même si elle est solide, elle est assez inadaptée au climat humide et orageux

1. Un commerçant de Kashgar paiera jusqu'à deux taels et demi ou trois taels (6 shillings 7 pences à 9 shillings) pour une peau de renard roux de première qualité; les cornes de cerf et d'ibex sont utilisées par les Chinois dans la fabrication de certaines drogues et médecines.

2. Les chiffres donnés par miss Sykes (dans *A travers les déserts et les oasis d'Asie centrale*) pour le coût d'une *aq-oi* sont beaucoup plus élevés que dans la vallée du Qaratash. On m'a dit que les quarante tiges courbes du toit et les pièces de treillis qui composent la structure d'une *aq-oi*, coûtent 2 tengas (4 pences) chacune, et les feutres neufs, de 8 à 15 taels (21 shillings 4 pences à 2 livres). Les cordes de poil de chameau et les longues sangles de laine (*taghar*) avec lesquelles la structure est attachée sous les feutres, sont entièrement faites à la main, mais pourraient être achetées pour 3 ou 4 taels; au total disons 2, 3 livres. Probablement, les chiffres de miss Sykes comprennent les tapis, les cloisons, les coussins, etc., qui meublent une *aq-oi*; ceux-ci, si le propriétaire est riche, peuvent valoir beaucoup d'argent.

des Alpes de Kongur. Que les habitants s'y soient tenus, refusant de se construire des maisons comme les Kirghiz du Qizil Tagh, est un exemple remarquable de fidélité tenace aux coutumes ancestrales. Ils ont un grand avantage pourtant sur les habitants du Pamir comparativement sec ; à la place des petites quantités de plantes sèches et de bouse qui sont le seul combustible accessible dans la région, ils disposent d'une quantité illimitée de bois de chauffage de la meilleure qualité, sapin, genévrier, etc., tout autour d'eux. Quand il fait froid ou humide, vous êtes toujours sûr de trouver un feu ronflant dans une *aq-oi*, et c'est bien agréable.

Le problème que représente l'ouverture circulaire du toit, qui tient lieu de cheminée, ouverte même pendant les fortes pluies, est résolu d'une manière ingénieuse. La couverture de feutre est tirée presque entièrement — mais pas complètement — par-dessus ; le coin du feutre opposé au sens de la pluie est alors relevé au bout d'une fourche, loin du bord de la «cheminée», formant ainsi une sorte de ventilateur vertical repoussant la pluie. L'autre côté de la fourche est maintenu fermement dans le vide au moyen de cordes attachées sur les côtés de la yourte. Les *aq-ois* supportent très bien les bourrasques, leur forme étant conçue de telle sorte que plus le vent est fort, plus la structure adhère au sol. Je n'ai jamais entendu parler d'une *aq-oi* qui se serait envolée. Quoi qu'il en soit, pour être absolument sûr, on place parfois une grosse pierre dans la yourte et la structure en bois est attachée au toit par une corde.

L'installation des *aq-ois* est toujours faite par les femmes, qui sont remarquablement rapides à ce travail. J'en ai vu une grande, montée par deux jeunes filles en une demi-heure. Une *aq-oi* de taille moyenne représente la charge de trois chameaux ou yaks une fois pliée. Pour les courtes distances, elles peuvent être déplacées toutes montées par dix ou douze hommes, qui se placent tout autour à l'intérieur de la structure et la soulèvent au signal donné. Comme ils ne voient pas où ils vont, ils sont dirigés par quelqu'un de l'extérieur.

L'intérieur d'une *aq-oi* traditionnelle est plein d'intérêt. Un feu brûle gaiement au milieu, surmonté d'un chaudron de *mash* qui mijote tranquillement. Du côté le plus éloigné de la porte se trouve l'*ashkhana* ou cuisine, dissimulée du reste de la hutte par des nattes de couleurs vives, faites de roseaux tressés bien serrés avec de la laine teinte. Dans ce sanctuaire, la femme conserve le lait, frais et caillé, ainsi que la crème dans de grands bols en bois ; en fait, c'est plus une crèmerie qu'une cuisine. Un autre arc du cercle est occupé par un rang de très jeunes agneaux, couchés ou debout, bien attachés à une corde fixée en bas le long des parois. Quand il pleut, les jeunes agneaux restent la plus grande partie de la journée à l'intérieur des tentes ; un jour, alors que j'avais trouvé refuge pour la nuit dans une *aq-oi* et que je m'étais jeté sur le feutre étendu pour moi, je fus surpris de sentir que ce que j'avais pris pour un oreiller à la tête du tapis, se mettait à remuer quand je posais ma tête dessus; c'était un agneau solitaire, très laineux et très étonné.

Autour des parois, aux piques — bien pratiques — formées par le bout des treillis, pendaient tout un tas de bazars; des *bashtiks* ou sacoches de toutes les couleurs en patchwork ou en cuir peint, des tamis, des chapeaux bordés de fourrure, de grands écheveaux de laine récemment filée, des peaux pleines de lait caillé, des hachettes, des *chapan* ou édredons, etc. Il y a habituellement un *dotar*, une guitare à long manche, faite avec une gourde, et un vieux fusil à mèche très long, avec un chevalet de pointage attachée au canon. Un quart de la circonférence est occupé par une pile de feutres enroulés, de coussins et de couvertures; la richesse des propriétaires peut être précisément jaugée à la taille de cette pile, exactement comme celle d'un paysan dans une forêt allemande, peut l'être, selon Mark Twain, à la taille du tas de fumier devant la maison.

Dans certaines parties du Pamir chinois, on dit que les Kirghiz sont en train de s'éteindre, mais je ne pense pas que ce soit le cas dans les Alpes de Kongur. Nous avons noté que très peu de foyers ont moins de deux enfants, une femme en avait eu quatre et une autre a dit à D. qu'elle en avait eu huit. La mortalité infantile est élevée et la race n'est pas prolifique; si elle l'était, les problèmes malthusiens posés seraient insolubles dans un pays où les pâturages, bien que d'excellente qualité, sont strictement limités en quantité. Mais les Kirghiz du bassin du Qaratash ne sont, en aucune façon, décadents ou débiles, et la population, peu nombreuse, est en augmentation. Vu leur complète ignorance de l'hygiène et des règles de la diététique, c'est une race en extrêmement bonne santé, grâce sans aucun doute, à leur vie au grand air, évitant d'avoir des maisons. La maladie principale que D. a rencontrée lors de ses consultations amateur (extrêmement appréciées et qui n'ont eu, que je sache, aucun résultat fatal) étaient les maladies de peau, les indigestions, et autres troubles stomacaux, ainsi que des ulcères qui ressemblaient dans certains cas à de la tuberculose. Certains visages étaient grêlés par la variole, mais pas gravement. Il est intéressant de noter que les Kirghiz du Qizil Tagh qui ont abandonné les tentes et pris des maisons, sont sujets aux épidémies et sont probablement en voie d'extinction. Dans une des vallées de cette région, nous sommes passés dans un endroit qui avait été décimé trois années auparavant par l'épidémie d'une maladie mortelle et qui était alors désert. Bien que les Kirghiz ne se lavent jamais, leur *aq-ois* sont, en règle générale, soigneusement balayées et exemptes de vermines, et nous fûmes rarement inquiets quand nous eûmes l'occasion d'y dormir.

Les femmes, comme nous l'avons déjà signalé, sont franches,

courageuses, indépendantes et naturelles, en contraste rafraîchissant avec leurs sœurs turques, en tout cas dans les villes.

«Il y a une sorte d'"écossaiserie" en elles», dit D. dans une de ses lettres sur Kaying Bashi. «Un bon sens qui manque complètement aux gens des plaines. Elles aiment les gants de laine, la mousseline, les miroirs, les boutons, les épingles, etc., à cause de leur utilité, pas seulement pour leur nouveauté, et préfèrent avoir de l'étoffe unie pour faire une robe ou un manteau, qu'un yard ou deux de satin de couleur vive que la femme turque recherchera immédiatement... Dans cette vallée, il y a une dame très coquette et extrêmement séductrice, mais elle est l'exception qui confirme la règle, et la plupart d'entre elles traitent simplement les hommes en égal, bien que peut-être, elles les trouvent un peu stupides!»

Dans le Chopkana Jilka, il y avait une fille turque de Yangi Hissar, mariée à un Kirghiz. D. remarqua tout de suite comme elle était différente des autres, plus sophistiquée et loin d'être aussi efficace. Elle était comme un poisson hors de l'eau, pauvre fille, et pas du tout heureuse. Le seul exemple de métis Turc-Kirghiz que nous ayons croisé, était un petit homme, assez jeune à l'air souffreteux, appelé Tash Mulla, qui se joignit à nous dans le Yapchan Jilgha. Il était trop malin et entreprenant, et nous ne l'aimions pas autant que certains Kirghiz de pure souche.

La force et le courage des femmes sont étonnants. Ce sont de splendides travailleuses, elles ne font pas seulement tout le travail de la maison, mais elles traient les yaks, les vaches, les chèvres et les brebis, elles tissent les couvertures et les autres articles de laine, elles fabriquent les cordes, montent et démontent les *aq-ois* et bien d'autres choses encore. Les hommes ont tendance à être paresseux et ils aiment gratter la guitare jusque tard dans la nuit et traîner au lit le matin. Mais ils sont rudes, capables de grands efforts et ne laissent en aucune façon tout le travail aux femmes, comme on le dit d'habitude des hommes d'autres communautés kirghiz. Ils ont la responsabilité de la culture des champs d'orge, ainsi que de la sécurité des troupeaux dans la montagne. Celui qui pense que les hommes kirghiz vivent une sinécure, devrait essayer de garder trente yaks qui n'en font qu'à leur tête ou deux cents moutons sur un pâturage de 5 000 pieds de dénivelé, incliné à 45 degrés.

Il n'y a pas de terrain de chasse plus intéressant pour le naturaliste que ces vallées étroites mais bien arrosées et abritées, placées comme des îles entre, d'un côté, une ceinture de terres absolument incultes au pied de la montagne et, de l'autre, le désert enneigé de la grande chaîne de montagne. Il doit y avoir beaucoup d'intéressantes variétés locales, peut-être même des espèces nouvelles, parmi la faune abondante de la seule vallée du Kaying, si seulement nous avions eu les connaissances et la compétence pour les recueillir. Les léopards des neiges existent mais heureusement pour les Kirghiz, ils sont peu communs; l'un d'eux avait tué un jeune yak et dix moutons juste avant notre arrivée en juin 1923. J'ai vu plusieurs troupeaux d'ibex; c'était dur de ne pas pouvoir les suivre, mais un homme ne peut pas servir deux maîtres, et je dus choisir entre les délices de la chasse et le culte plus sévère, mais plus productif, de la planche à dessin. Les loups existent dans certaines vallées mais les Kirghiz en ont débarrassé Kaying. Comme je l'ai déjà mentionné, on attrape à l'occasion des renards roux et nous vîmes des marmottes dorées en abondance à une hauteur de 12 000 pieds. Un curieux rongeur de la taille d'un cochon d'Inde, vit dans la forêt de sapins à 11 000 pieds, ainsi qu'une très petite hermine rouge. Les lièvres pullulent dans les bois de genévriers à 10 000 pieds. L'endroit le plus élevé où j'ai trouvé de la vie animale est à 16 000 pieds; là, j'ai vu courir sur la neige une petite araignée à huit pattes qui est probablement la même que celle vue à une très grande altitude par les alpinistes du mont Éverest. J'ai aussi remarqué un minuscule animal comme un lézard d'environ un pouce de long, sur la moraine du glacier Torbashi à 14 500 pieds. Les oiseaux aussi sont bien représentés, notamment l'aigle noir, plusieurs sortes de faucons, la perdrix aux pattes rouges, le coq des neiges tibétain, le crave à bec rouge, le corbeau, la pie à longue queue, le biset et beaucoup de petits oiseaux ordinaires de l'Europe du Nord.

J'ai déjà parlé de l'étonnante profusion de fleurs sauvages qui, en juin et juillet, transforment les moraines frontales des glaciers ainsi que les marais, les prés et les clairières des forêts en véritables jardins.

Nous nous consacrâmes autant à la botanique d'amateur qu'à nos autres recherches, et autant que notre totale ignorance de la botanique nous le permettait. Au cours de nos deux visites d'été à Kaying Bashi nous avons prélevé quelque trente-sept variétés et conservé les graines de sept ou huit d'entre elles. Et puis D. a peint la plupart des plus jolies à l'aquarelle. La fleur qui nous a le plus intéressés est une sorte de souche pourpre et rampante à l'odeur sucrée, qui poussait seulement dans de petites parcelles isolées parmi les pierres détachées des moraines glaciaires entre 13 000 et 14 000 pieds au-dessus du niveau de la mer. Elle était de loin la fleur qui poussait le plus haut que nous ayons rencontrée. A notre retour en Angleterre, nous présentâmes notre petite collection aux Royal Botanic Gardens, de Kew. Pour le profane, tout son intérêt, selon les experts de Kew, était qu'elle appartenait à un type distinctement centre-asiatique plus qu'himalayen, bien que les vallées en question soient situées seulement à environ cent quatre-vingts miles à vol d'oiseau de régions similaires dans le Kashmir du Nord mais dont la flore est himalayenne. Comme la plupart des fleurs, les conifères des alpes de Kangur appartiennent à l'espèce Tian Shan plutôt qu'à celle de l'Himalaya ; à l'exception des petits bois de sapins que nous avons vus dans le Qizil Tagh et de ceux dont nous avons entendu parler en un ou deux points de la vallée de la rivière Yarkand, ils marquent la dernière limite sud-est où pousse le sapin Tian Shan (*picea schrenkiana*). Sur mille deux cents miles à l'est — l'entière étendue du grand Kunlun et des chaînes de l'Altyn Tagh — on ne trouve pas un seul sapin ; puis, viennent les forêts du Nan Shan, qui poussent sous les vents chargés d'humidité du lointain Pacifique.

Une semaine avant la fin de notre séjour, nous proclamâmes un « jour de fête » et y invitâmes tous les Kirghiz des vallées de Kaying et avoisinantes. Une vingtaine d'hommes et autant de femmes, certaines portant leurs bébés, n'hésitèrent pas pour venir à traverser des sommets vertigineux et des torrents grondants. La réunion fut ouverte par huit de ces hommes qui firent une démonstration du jeu de *oghlak* en notre honneur, dans les grands prés un demi-mile en dessous de notre campement. Ce jeu, appelé aussi *baigu* ou *baskashi* ou « l'arraché de la chèvre » (par les Afghans), est une sorte de rugby-football à cheval, joué « tous contre tous », avec la carcasse sans tête d'une chèvre tuée peu avant, en guise de ballon. C'est un jeu rarement pratiqué sauf en l'honneur de quelque visiteur distingué, qui joue le rôle d'arbitre et paie la chèvre. L'arbitre désigne un rocher plat ou une marque sur le sol en guise de but ; les joueurs luttent entre eux pour prendre possession du « ballon » et celui qui réussit file à toute vitesse avec le cadavre en travers de sa selle. Les autres le poursuivent et le bousculent jusqu'à ce qu'il le laisse tomber ; l'un d'eux se penchant en dehors de la selle, réussit à l'attraper et tout recommence. L'objectif est de lancer le « ballon » dans le but, et celui qui le fait le plus souvent gagne le jeu.

Pendant le jeu, nous nous sommes rendu compte que les dames invitées étaient assises à l'écart à quelque distance de là, en un groupe pittoresque sur le flanc de la montagne ; il semble que selon les coutumes Kirghiz les femmes et les enfants ne sont pas autorisés à regarder jouer au *oghlak*. Après le jeu, nous partîmes tous en groupe à travers le bois vers le campement, emmenés par le vainqueur gardant la chèvre attachée à l'arçon de sa selle en trophée de victoire. Depuis la veille au soir, les femmes de Kaying Bashi avaient cuit du pain dans leur tente à nos frais ; trois moutons — un pour les dames et deux pour les hommes — avaient mijoté la moitié de la matinée dans de grands chaudrons qu'on avait apportés du campement pour l'occasion, et le thé avait infusé sur le bidon de kérosène, sur le feu de notre cuisine. Les femmes et les enfants s'assirent en cercle sur des nattes et des feutres près de la tente de D., pendant que les hommes, que j'avais pris en compte, formèrent un cercle séparé sur l'herbe à trente yards de là. D. avait réquisitionné toutes les tasses de thé et les bols à soupe en bois de toute la vallée pour ses invités, mais les hommes n'y prêtèrent pas attention; chacun d'eux ôta sa ceinture en étoffe, l'étala devant lui comme un *dastarkhwan* ou nappe, et attendit que l'un des serviteurs ou moi-même lui serve dessus sa part du savoureux contenu des chaudrons. Pendant ce temps-là, les dames avaient déjà attaqué les généreuses portions de pain et de mouton — que D. et Ahmad Bakhsh faisaient passer — arrosées de bols répétés de thé enrichi de sucre et de lait de yak. Certains avaient apporté une contribution spéciale à la fête sous la forme d'étranges pâtisseries frites qu'ils partageaient avec leurs amis. Une bonne dame de Chopkana nous a bien amusés en dépliant un grand mouchoir rempli d'une sorte de petit pain au lait, frit; les autres étaient prêtes à lui tomber dessus quand elle s'en saisit brusquement et dit en désignant le groupe des hommes: «Non, ça c'est pour les "autres" invités!» Alors, les petits pains frits furent portés en triomphe aux hommes, au grand plaisir de l'orgueilleuse donatrice. Quand tout fut terminé sauf les petits morceaux que certaines dames rangèrent dans leurs mouchoirs rouges pour les enfants qu'elles avaient laissés à la maison, on prit des photos et les femmes passèrent en groupe dans la tente de D. pour des médicaments et une initiation aux mystères de la toilette. Les hommes, après les cigarettes et un intervalle respectable pour la digestion, passèrent un tumultueux après-midi à base de courses de brouettes et de trois pattes, de combats de coqs et de compétitions de divers autres sports originaux.

Les coutumes de mariage chez les Kirghiz vivant dans ces vallées reculées et isolées de la chaîne de Kashgar diffèrent à certains égards de celles décrites par de précédents auteurs à propos des Kirghiz de l'Asie centrale russe, moins isolés et donc probablement moins primitifs. Il pourrait donc être intéressant d'enregistrer l'information que j'ai obtenue en les observant, à la fois à Kaying et lors de la réception de mariage à laquelle, comme je l'ai déjà raconté, nous avons assisté en avril dernier, dans la haute vallée du Qaratash. La conception du mariage qu'ont ces montagnards est exactement l'inverse de celle des Turcs des plaines. A Kashgar, les femmes sont au rabais, les épouses sont bon marché et le divorce encore plus. Chez les Kirghiz, au contraire, les filles sont très recherchées, et un candidat fiancé ou son père devra payer une forte dot, qui varie habituellement entre dix et trente yaks ou leur équivalent en bétail d'autres sortes. D'ordinaire, quand un garçon atteint l'âge de six ou sept ans, et peut donc être considéré comme viable jusqu'à l'âge adulte (la mortalité infantile chez les Kirghiz n'est pas inférieure à celle des Turcs), ses parents le fiancent à la fille d'un voisin d'environ le même âge. Cette transaction, connue sous le nom de *qalam*, est habituellement le résultat d'un long marchandage sur le prix de la fiancée, dans lequel les membres féminins des deux familles jouent un rôle déterminant.

Supposons que le prix soit fixé à dix yaks, les parents du garçon paient un premier acompte annuel d'un yak, les parents de la fille donnent au garçon en échange une chemise ou un manteau en gage de fiançailles, et le *qalam* est réalisé. Il peut toutefois être rompu n'importe quand avant le *nikah* par consentement mutuel, auquel cas, les acomptes sont remboursés. Quand tous les yaks ont été payés et que le jeune couple a atteint l'âge de, disons, quatorze ans et seize ans respectivement, l'entourage de la fiancée invite tous les voisins à une fête durant laquelle le mariage est annoncé. La fiancée et le fiancé n'assistent pas à ce «petit déjeuner de mariage», restant dans leur tente, à l'arrière-plan, toute la journée. La fête et l'avis de mariage, connus sous le nom de *nikah*, constituent le mariage, puisqu'il n'y a pas d'autre cérémonie. Le fiancé ne peut toutefois pas encore emmener la jeune mariée chez lui. Elle continue, pour une période variant entre deux et cinq mois, à vivre chez ses parents. Et lui, pendant ce temps-là, fabrique et meuble une *aq-oi* avec ses feutres, ses couvertures, ses tapisseries, ses paravents, sa batterie de cuisine, ses coussins, ses bols à lait, et tous les accessoires nécessaires à un jeune couple. Pendant cette période, le jeune marié vit dans sa propre tente si elle est proche, sinon dans une *aq-oi* qui lui est prêtée par les parents de la mariée et il la visite chaque semaine ou chaque dix jours. Ces visites sont supposées rester secrètes vis-à-vis du père qui ne doit pas voir le marié entrer ou sortir de la tente de la mariée. Pendant toute cette période, il ne doit jamais être vu par son beau-père sauf s'il porte son bonnet et ses bottes et tient son fouet à la main comme s'il était un étranger venu de loin. Jusque-là, si la femme est infidèle (et uniquement dans ce cas), le père du marié peut demander le remboursement de la dot et rompre le mariage. Quand l'*aq-oi* est terminée, le marié en prend possession ainsi que de sa femme, c'est l'occasion d'une démonstration de résistance par les parents de la fille — une survivance évidente du mariage avec idée de capture. Un an après (pas avant), la femme peut «donner le divorce» à son mari en lui rendant le prix payé pour elle — exactement le contraire de ce qui arrive dans les plaines, où c'est le mari qui (s'il le veut) «donne» le divorce à sa femme.

Clarmont Percival Skrine, *Chinese Central Asia*, Londres, Methuen and Co Ltd, 1926. Traduit par Catherine Derivery.

III. Le bassin du Tarim

Entre les Kunlun et les Tian Shan, le bassin du Tarim a été protégé des invasions massives par son intense sécheresse. Au sud comme au nord, sur plus de 1500 kilomètres d'est en ouest, une frange d'oasis a vu passer au cours des siècles caravanes et voyageurs isolés, premiers envoyés chinois des Han, pèlerins en quête des textes sacrés du bouddhisme, commerçants transportant de la soie vers le monde méditerranéen, acheteurs de chevaux pour les empires, les frères Polo commerçants vénitiens, Bento de Goes au début du XVIIe siècle.

Il faut attendre le XIXe siècle pour que des voyageurs ou des explorateurs européens s'aventurent à nouveau dans le bassin du Tarim, région isolée par excellence, gardée par les hauts reliefs du Tibet, du Pamir et des Tian shan, ainsi que par la farouche hostilité des populations musulmanes. Seul un pouvoir fort à Pékin permettait un contrôle chinois effectif sur la région. Régulièrement, un cycle révolte-répression répandait des vagues de massacres.

Le Grand Jeu avait déclenché un intérêt nouveau pour la Kashgarie, dont les souverains étaient courtisés par les Russes, et qui pouvait devenir une base de départ vers l'Inde. Partis du versant sud de l'Himalaya, une première poignée d'audacieux atteignit Khotan (William Johnson en 1865), puis Yarkand et Kachgar (Robert Shaw en 1868). Cependant la fin du XIXe siècle vit apparaître une nouvelle race de voyageurs, explorateurs aux exigences plus scientifiques que politiques, défricheurs du passé.

Les conditions naturelles de ces régions arides ont permis une conservation exceptionnelle de documents, parfois les plus anciens connus dans le monde, papiers, livres, jalons d'une valeur inestimable dans l'histoire de l'humanité, et plus particulièrement de l'histoire des relations entre les civilisations orientales et occidentales. Ces découvertes ont notamment permis de comprendre que le monde chinois n'a pas vécu dans l'isolement et que des courants d'échanges et d'influences ont emprunté des voies passant par ces régions d'Asie centrale, maillon essentiel entre l'Orient et l'Occident.

LE DÉSERT DE TAKLA-MAKAN

SVEN HEDIN
(1899)

Sven Hedin fut l'un des plus grands explorateurs du monde. Francis Younghusband qui le rencontra à Kachgar en 1890, alors qu'il n'avait que vingt-quatre ans, fut impressionné par sa personnalité : « Le docteur Sven Hedin m'impressionna par sa véritable stature d'explorateur-physicien robuste, cordial, d'humeur égale, calme et persévérant... Je l'enviai pour ses dons linguistiques, ses connaissances scientifiques, obtenues auprès des meilleurs maîtres en Europe, et ses talents artistiques : il semblait posséder toutes les qualités d'un voyageur scientifique, complétées par le caractère calme et indépendant de ses ancêtres nordiques[1]*. »*

Pendant quarante années, ce Suédois, qui avait une formation de géographe et de cartographe, couvrit l'Asie centrale et le Tibet d'explorations audacieuses et souvent dangereuses.

Âgé de vingt et un ans il avait commencé par un premier voyage en Perse et en Asie centrale russe. A la suite de cette expédition il avait estimé nécessaire de compléter sa formation en géologie physique, zoologie et géographie physique, et s'était inscrit dans les universités de Stockholm et de Berlin.

En 1890, il effectua son premier voyage à Kachgar, une simple reconnaissance suivie de trois expéditions dans le Takla-Makan, en 1895, et de 1899 à 1902. Durant sa première expédition plusieurs de ses hommes y laissèrent leur vie, et il s'en fallut de peu pour qu'il mourût lui-même de soif.

Sven Hedin avait été fasciné par les légendes qui entouraient ce désert où, disait-on, des villes mortes contenant des trésors étaient englouties dans les sables à des journées de marche. Il fut le premier à les atteindre, à en donner les premières descriptions, et à en rapporter des pièces archéologiques du plus grand intérêt.

1. F. Younghusband, *The Heart of a Continent*, *op. cit.* ; George Kish, *Tibet au cœur, la vie de Sven Hedin*, Paris, éd. R. Chabaud, 1988.

De 1906 à 1908, Hedin explora le Tibet occidental et revint en Europe où il fut comblé d'honneurs, non seulement par la Suède, mais par la plupart des pays occidentaux. Enfin, de 1926 à 1935, il fut chargé d'études de faisabilité pour un trajet aérien Berlin-Pékin, pour le compte de la compagnie Lufthansa, et d'une route vers l'ouest chinois, pour celui du gouvernement de Nankin.

Le prestige de Sven Hedin fut sérieusement terni par ses engagements politiques avant et pendant les deux conflits mondiaux. En tant qu'admirateur de l'Allemagne, il avait soutenu ardemment l'Allemagne impériale, de Weimar, et Hitler.

Sven Hedin a contribué à découvrir les derniers grandes régions inconnues du monde. Sa personnalité exceptionnelle, ses talents de géographe, son courage, demeurent dans l'impressionnante œuvre écrite qu'il a accomplie jusqu'à sa mort en 1952.

LA DESCENTE DU FLEUVE TARIM

De la rivière Yarkand, Sven Hedin part, en septembre 1899, pour entreprendre la traversée du Takla-Makan en bateau, en descendant le Tarim, qui aboutit au Lob Nor. Pour le géographe, les déplacements spectaculaires de ce lac étaient une énigme à résoudre.

Nous voici, enfin, sur le Tarim. Seulement à partir de la réunion du Yarkend-Daria issu du gigantesque Karakoroum et de l'Aksou-Daria sorti du Tian-Chan, le grand fleuve de l'Asie centrale porte ce nom.

Le paysage est maintenant tout différent. Plus de méandres brusques, plus de ces innombrables replis qui mettaient ma patience à une si rude épreuve. Le Tarim coule presque rectiligne ; c'est un immense chenal, large de plus d'un kilomètre, au milieu duquel l'eau se tortille entre d'immenses grèves pour, ensuite, se réunir en nappes qui ont l'apparence de lacs. C'est terriblement monotone, encore plus uniforme que le Yarkend-Daria, où le voisinage des berges boisées apportait quelque variété.

Dans la journée du 30 octobre, passé le confluent du Khotan-Daria indiqué par une trouée dans la forêt.

Pour le moment il est complètement à sec et son lit se trouve à plusieurs mètres au-dessus du Tarim.

Pendant la courte période de l'année durant laquelle il contient de l'eau, le Khotan-Daria doit être une rivière puissante ; de fait, au-delà de son confluent, le Tarim s'élargit notablement et ses grèves d'alluvions deviennent beaucoup plus étendues.

Depuis l'Aksou-Daria, le volume des eaux s'est considérablement élevé: 72 mètres cubes à la seconde; le 29, 79 mètres, évidemment par suite de la fermeture des canaux d'arrosage.

Tandis que nous nous enfonçons de plus en plus profondément vers le cœur de la mystérieuse Asie, tous les êtres vivants qui ont le moyen de quitter ce pays l'abandonnent pour des contrées privilégiées pendant l'hiver. Chaque jour, des milliers et des milliers d'oies passent au-dessus de nos têtes, venant du Lob-Nor et se dirigeant vers les Indes. Elles volent à une hauteur de deux cents mètres, en poussant sans arrêt des cris perçants. A peine une troupe a-t-elle disparu à l'horizon qu'une autre arrive. Ces passages sont une véritable distraction au cours de cette monotone navigation. Ces pèlerins sans peur trouvent leur chemin à travers les airs, aussi sûrement que les eaux descendues des montagnes et des glaciers se dirigent vers le Lob-Nor. Peut-être, comme la goutte d'eau, subissent-ils une direction que leur impose une force de la nature. J'incline, cependant, à croire que ces volatiles sont capables d'un certain raisonnement concernant la direction qu'ils suivent, le choix des lieux de halte, enfin les dangers qui peuvent les menacer; à cet égard les cris qu'ils poussent sont une indication.

Deux jours durant, nous faisons bonne route, emportés par un courant rapide (72 mètres à la seconde); mais voici de nouveau la tempête d'est. Tout un jour nous devons demeurer amarrés à la rive.

Dans la nuit le thermomètre descend à – 8,1 °C. La température de l'air et celle de l'eau baissent d'une manière constante et régulière. D'un jour à l'autre, il est donc évident que les premières glaces vont se former. Chaque matin, le sol des rives que l'inondation a laissées humide, est gelé; seulement dans l'après-midi il se ramollit.

Sur le foyer installé à l'arrière de la barge flambe un grand feu; autour, mes gens, pelotonnés dans de chaudes fourrures, babillent sans trêve ni merci, racontant des histoires de l'autre monde. Parfois le silence s'établit et, dans le calme de la solitude, monte la voix de Kader faisant la lecture à ses camarades. A tour de rôle, les bateliers vont, eux aussi, prendre un air de feu; moi, je demeure toujours cloué à ma table de travail, littéralement glacé. Seulement lorsque le fleuve garde pendant quelque temps la même direction, je puis m'échapper et aller me réchauffer.

Nous filons toujours bon train, 4,7 kilomètres à l'heure environ. A partir de Balik-Ôlldi (*le poisson mort*), la vitesse de la dérive augmente encore, dans un bras du Tarim récemment formé et que nous suivons pendant deux jours.

Il y a trois ans, le fleuve s'est transporté vers la droite et s'est creusé de ce côté un nouveau lit. L'ancien chenal, le Kona-Daria, est maintenant complètement à sec.

Sans cesse les eaux travaillent à modifier les contours du fleuve. Le matin, dans les régions où les berges sont escarpées et baignées par les eaux, à chaque instant résonnent de longs et sourds grondements d'éboulement, comme si on abattait tout un quartier de ville. Ce sont des pans des rives que le dégel détache et qui tombent à l'eau.

Dans la section nouvellement formée, le Tarim ressemble à un corridor creusé dans le sable. A chaque instant des glissements s'y produisent. Leur chute dans le fleuve soulève une poussière d'eau; de loin une fumée semble flotter à la surface du courant. A plusieurs reprises nous faillîmes recevoir de ces avalanches. Un jour les hommes assis tranquillement à l'arrière furent surpris par un flot déterminé par un de ces éboulements.

Dans ces parages règne un véritable maelström qui nous emporte rapidement.

Tout à coup Kacim pousse des cris désespérés et commande l'arrêt immédiat. Le chenal se resserre; tout au plus, il est large de vingt mètres, et, juste au milieu, apparaît un îlot formé d'une barricade d'arbres et de roseaux.

Si nous donnons contre l'obstacle, nous sommes perdus, c'est le naufrage certain. Nous ne sommes plus qu'à cinquante mètres de l'écueil, et ce sont des cris, des malédictions, des interjections, une rumeur de gens qui sentent le frisson de la mort.

Heureusement, les bateliers n'ont pas perdu la tête. D'un bond l'un d'eux saute à terre, avec une amarre; comme un singe, il grimpe en s'accrochant à la berge absolument à pic. En même temps nous enfonçons les gaffes et de toutes nos forces nous essayons d'enrayer.

La manœuvre réussit à temps; à quelques mètres de la barricade la barge s'arrête. Nous recevons bien quelques paquets d'eau, de droite et de gauche, mais ce sont incidents sans importance en comparaison du danger que nous avons couru.

A force de tirer en arrière et de pousser ensuite avec les gaffes, l'équipage parvient à placer la barge face au chenal. Cela fait, on laisse porter, et, en un clin d'œil, le rapide est franchi dans un tourbillon d'écume.

Cette partie du Tarim est absolument déserte. Nulle part un être vivant. Plus loin seulement nous trouvons des bergers autour d'un *mazar*[1], le mazar d'Ala-Koungleï-Bousrougvar.

Les hommes demandent à bivouaquer aux environs pour aller remercier le saint musulman d'avoir étendu sur nous sa toute puissante protection dans la traversée du rapide.

3 novembre. — L'hiver n'est plus loin. Une petite nappe voisine du camp est, ce matin, recouverte d'une pellicule de glace. Heureusement le courant nous emporte toujours bon train.

A Tellpel, où nous nous arrêtons pour la nuit, habitent neuf familles

1. Sanctuaire. (*Note du traducteur.*)

de bergers avec huit mille moutons. Ces pasteurs sont également pêcheurs. Pour capturer le poisson ils emploient des filets montés sur une fourchette triangulaire, mobile sur un axe disposé au niveau du fleuve, que l'on baisse ou que l'on relève à volonté au moyen d'une corde fixée au sommet de l'appareil. De loin on dirait des ailes de chauve-souris.

Le 4 et le 5 novembre, le fleuve se resserre entre des berges nettement marquées et redevient torrentueux.

De chaque côté, une steppe infinie de roseaux dominée par quelques dunes couvertes de tamaris, une mer de verdure hérissée d'îles.

Cette section du Tarim, le Kôk-Tjöll-Dariasi, comme l'appellent les indigènes, est également de date récente; il y a seulement huit ans que le fleuve, changeant de cours, s'est ouvert un passage à travers ce territoire. Ces déplacements se produisent sur des distances relativement courtes et ont toujours lieu à droite, c'est-à-dire vers le sud. La nouvelle berge ne porte aucun peuplier, tout naturellement; les arbres n'ont point encore eu le temps de croître. Au contraire, sur la rive nord, la forêt est épaisse, mais elle est menacée par la retraite de l'eau. Encore quelques années, et de ces bois merveilleux il ne restera plus que des souches desséchées.

Heureux, dit-on, les gens qui n'ont point d'histoire; heureux sont les jours pour lesquels le livre de bord ne renferme que les résultats des observations. Si les incidents constituent la partie la plus intéressante et la plus brillante des souvenirs de voyage, au moment où ils se produisent ils n'amusent certes pas l'explorateur, et, loin de les rechercher, il applique tous ses efforts à les éviter.

7 novembre. — Nous devons approcher d'une région plus habitée. Fréquemment apparaissent des huttes de roseaux ou d'argile, et des canots tirés au sec sur la rive. Ces embarcations, creusées dans des troncs de peuplier, très longues et très étroites, sont de véritables pirogues; elles sont munies à l'avant d'une sorte de poignée à laquelle est attachée une corde, à l'arrière d'une petite plate-forme servant de siège. La rame a la forme d'une pelle. [...]

10 novembre. — C'est définitivement l'hiver. Une matinée atrocement froide avec une brume humide qui rampe sur la terre. Le sol, la berge, la cabine sont couverts de givre. Jusqu'à 11 heures du matin le thermomètre demeure au-dessous de zéro; dans la journée, seulement pendant cinq heures, il s'élève au-dessus du point de congélation.

Nous partons de Tjimen au milieu d'un grand concours de population. Les rives sont entièrement garnies de curieux venus pour assister au spectacle de l'appareillage. Il est ma foi, fort imposant. C'est une véritable flotte que porte maintenant le Tarim; quatre embarcations: la barge, la barque garde-manger, le canot démontable, et, en avant, une pirogue montée par un pilote indigène.

Nous faisons une très longue étape. Le vent est favorable aujourd'hui; c'est un avantage dont il est bon de profiter. Sous son souffle puissant la barge file rapidement sur les nombreux tours et détours que décrit le fleuve vers l'est. Dans la partie septentrionale de ces boucles, le Tarim pénètre dans la forêt; partout ailleurs c'est la sempiternelle steppe de roseaux, parsemée de dépôts laissés par la crue.

Ce soir il fait bon se chauffer à l'énorme brasier que les hommes ont allumé. Toute la journée je suis demeuré à moitié gelé à la table d'observations pour ne pas omettre un seul des méandres dessinés par ce fleuve tortueux. Désormais nous emporterons chaque jour une provision de bois pour le cas où le soir nous serions forcés de nous arrêter dans une région dépourvue de végétation.

Le 11, nous passons devant plusieurs campements de bergers qui gardent des troupeaux appartenant à des habitants de Chah-Yar.

Le matin, tous les bras et toutes les baies qui se trouvent abrités, sont gelés; des aiguilles de glace apparaissent même sur les rives ouvertes et dérivent ensuite au fil de l'eau.

Toujours des passages d'oies. C'est par milliers que, chaque jour, ces émigrants défilent au-dessus de nous. Leurs convois atteignent souvent une longueur de plusieurs centaines de mètres. Ce sont, sans doute, des retardataires que seuls les froids de ces jours derniers ont déterminés à se mettre en route.

Il n'y a presque plus une feuille aux peupliers; après avoir dépouillé leur parure automnale, les arbres attendent maintenant l'hiver. [...]

Les jours s'écoulent paisibles, dans une uniformité absolue. C'est toujours le même train de vie, régulier comme la marche d'une horloge.

A 6 heures et demie du matin, on me réveille. Un moment fort désagréable que celui de la toilette par un froid de – 11 à – 12 °C. Les vêtements ayant la température de l'air ambiant, il semble que l'on revête une couche de glace. La rapidité avec laquelle je les enfile est directement proportionnelle à la hauteur du thermomètre.

A 7 heures, première série d'observations météorologiques; après quoi, je cours me rôtir au beau brasier autour duquel les hommes avalent leur déjeuner. Dès que je parais, tous me saluent d'un cordial et joyeux *salam aleïkoum!* Ces braves gens ont bon appétit. Le menu du premier repas se compose de mouton et de pain arrosés d'un soi-disant bouillon de thé. Auprès du feu je prends également mon thé. Cela fait, j'exécute diverses observations; après quoi je prononce le solennel *mangélé* (laisse porter); aussitôt, les amarres sont retirées, les gaffes enfoncées et la barge poursuit sa longue navigation, en glissant sur la nappe molle des eaux lourdes.

Le fleuve est maintenant très profond, et les échouages deviennent de plus en plus rares. Lorsque nous touchons, presque toujours il suffit de pousser sur les gaffes pour nous renflouer.

L'arrière de la barge présente un coup d'œil pittoresque avec son grouillement d'hommes, de chiens, de moutons, de poulets, dans un décor de sacs, et de linge au sec. Au-dessus flotte l'épaisse fumée du feu allumé sur le foyer d'argile. Son long panache qui s'étire dans l'air immobile donne à notre barque primitive un faux air de vapeur. Et tout l'équipage se livre aux travaux les plus divers comme à bord d'un grand navire en mer. Ceux qui ne sont pas de quart boulangent, lessivent, reprisent leurs effets, ou fabriquent quelque ustensile. Nazer est en train de façonner une longue rame destinée à servir de gouvernail dans les remous. De leur côté, Kacim et Kader travaillent également à des rames. Lorsque la conversation devient languissante, tous entonnent des chants qui réveillent le silence du désert. Vers le soir, généralement le bruit se calme; on songe aux délices prochaines du bivouac. Mais le temps presse; l'hiver aiguillonne notre marche. Nous continuons à naviguer après le coucher du soleil, aussi longtemps que cela est possible.

Sur ces rives solitaires, aucun feu ne paraît, seuls les rayons de la lune nous guident par leur paillettement d'argent sur les cernes de l'eau.

Lorsque je commande *indi toktamiss!* (stop!) c'est un brouhaha général. En un clin d'œil, la barge est amarrée; quelques tisons du foyer sont lancés à terre, et bientôt le feu tant désiré pétille joyeusement. La batterie de cuisine est débarquée, et quelques instants plus tard, dans une large marmite mijote le pouding, un ragoût de mouton et de légumes.

On apporte ma cantine, et, je m'installe à côté du brasier. Tous les ingrédients nécessaires à la cuisson du pouding ayant été préparés à bord avant de débarquer, le plat de résistance du repas est promptement prêt, Islam m'annonce alors cérémonieusement que le dîner est servi. Après avoir mangé, les hommes se pelotonnent dans leurs peaux autour du feu et s'endorment bientôt profondément. Que ne puis-je suivre leur exemple! Mais avant de me reposer il me faut mettre au net la carte de la journée et le résultat de toutes les observations. Ce travail me retient à ma table une partie de la nuit, et mon cabinet n'est pas précisément chaud: 10 à 12 °C au-dessous de zéro!

L'HIVER APPROCHE

14 novembre. — Nuit très froide. Autour de la flottille s'est formée une épaisse couche de glace que nous devons briser pour reconquérir la liberté. Les sables des rives, profondément gelés, sont durs comme le roc, et ils résonnent singulièrement sous le choc des gaffes. Dans la journée le premier glaçon est signalé : une petite plaque qui ne mesure guère plus de 0,50 m^2, un messager de mauvais augure.

Il ne passe plus une seule oie. Décidément c'est l'hiver, nous jouissons de nos derniers jours de liberté. Cette région, brûlée par le soleil pendant l'été, va se transformer en un paysage polaire.

La vigie annonce quatre hommes immobiles comme des statues sur les bords du fleuve. Cette rencontre va amener un peu de variété dans la monotonie de notre existence. Lorsque nous approchons, saisis de peur, ils s'enfuient dans les bois, laissant derrière eux quatre chiens hargneux qui nous font la conduite pendant un bon moment, en nous montrant les dents et en aboyant furieusement.

La nuit venue, Rehim Baï, un des guides, part en avant avec le canot muni d'une énorme lanterne chinoise dans laquelle brûle une lampe à huile très puissante. Il navigue ainsi à plusieurs centaines de mètres en avant de la barge. Grâce à ce moyen, je puis continuer à relever le cours du fleuve, en opérant mes visées sur la lanterne. Très amusant ce miroitement de la lumière sur l'eau au cœur des déserts de l'Asie. Une réminiscence de Venise !

Le lendemain, près de Källälik, à la halte de midi, une hutte en argile, très soigneusement construite, entourée d'étables pour les moutons. Un chien, quelques agneaux, des poulets en sont les seuls habitants pour le moment ; à la vue de la flottille, les propriétaires ont, eux aussi, pris la fuite dans les bois. Ils ne doivent pas être loin ; une marmite est au feu et le désordre de la pièce indique son abandon tout récent.

Mes hommes battent les buissons aux environs ; après de longues recherches ils réussissent à joindre un gamin, mais il est tellement effrayé qu'il demeure bouche close.

A quels récits fantastiques donne naissance notre navigation sur le Tarim ? Très certainement nous devons être les héros de légendes que l'imagination orientale enveloppe de ses couleurs brillantes.

Le 16, le pilote embarqué à Tjimen me quitte ; il ne connaît pas le fleuve plus loin ; il est donc nécessaire de nous assurer le concours d'un nouveau guide. Alors commence une véritable chasse à l'homme. Dès que la vigie apercevra un indigène, immédiatement on s'arrêtera à distance pour ne pas l'effrayer, puis on essayera de le joindre.

Après plusieurs heures d'attente, nous découvrons un berger occupé à garder son troupeau ; nous réussissons à l'approcher sans éveiller son attention ; mais, dès qu'il nous aperçoit, il prend ses jambes à son cou. Il faut absolument que nous entrions en communication avec lui. Nous fouillons les environs ; enfin, nous parvenons à mettre la main sur notre homme. De notre mieux, nous le rassurons sur nos intentions pacifiques et réussissons à lui arracher quelques paroles.

Nous apprenons ainsi que, pas loin d'ici, sur la rive gauche, se trouvent des habitations permanentes. Le renseignement était exact et parmi ces indigènes nous pûmes recruter un pilote.

Maintenant la couche de glace qui recouvre les lagunes des rives ne fond plus pendant le jour, et, sur les bords du fleuve se forment des bancs de glace qui augmentent sans cesse en étendue.

Le tigre est fréquent dans ces parages. Bien qu'armés de mauvais fusils, les bergers n'hésitent pas à l'attaquer avec le secours d'un piège très ingénieux. Lorsque ce félin a réussi à s'emparer d'un cheval, d'une vache ou de quelque autre proie, il entraîne le cadavre dans la brousse, et, après un consciencieux repas, abandonne la dépouille pour revenir s'en repaître, lorsqu'il sentira plus tard la faim. Le tigre suit toujours un sentier frayé; les chasseurs peuvent donc d'après les pistes, savoir dans quelle direction il s'est retiré, de quel côté, par suite, il retournera à son garde-manger. En travers du sentier que le carnassier prendra pour aller retrouver son charnier, les indigènes installent un piège composé de deux volants qui se referment, lorsqu'une pression, exercée dessus, détermine leur déclenchement. Quelle que soit sa force, le tigre ne peut se débarrasser de ce collier de fer, et, après l'avoir traîné, il est bientôt épuisé et devient une proie facile. Mais telle est la crainte que ce fauve inspire aux chasseurs qu'ils ne l'attaquent qu'après l'avoir laissé errer pendant une semaine avec cet attirail. Encore les indigènes ne l'approchent-ils qu'à cheval pour pouvoir fuir au plus vite si la bête venait à fondre sur eux.

Jusqu'au 17, nous sommes pilotés par un chasseur de tigres qui a renom de grande adresse.

Dans cette région, le Tarim est étroit et tortueux, entouré d'un dédale de fausses rivières et de bras morts, qui ne sont remplis qu'à l'époque de la crue. A gauche, s'étend une très longue lagune, à droite, le Hassanak-Daria, une dérivation, qui ne devient un chenal qu'aux hautes eaux.

La carte que j'ai dressée, au prix de tant de peines, donne l'état du fleuve au moment où je l'ai exécutée, mais dès l'année prochaine elle ne sera plus exacte. Le Tarim est, en effet, le cours d'eau le plus changeant qui existe au monde; tantôt il s'ouvre un nouveau lit et abandonne l'ancien, tantôt il coupe un méandre qu'il a d'abord dessiné; tantôt il remplit une lagune, tantôt, au contraire, il vide celles qui existaient primitivement.

Le 18 novembre, rencontré les premiers indigènes du Lob, un vieillard et ses deux fils montés sur leurs pirogues et venus là pour pêcher. Profonde est leur stupeur lorsqu'à un détour, ils aperçoivent tout à coup la flottille; heureusement ils ne prennent pas la fuite. Après de longs pourparlers, le vieux accepte de demeurer avec nous pour nous piloter.

Au-delà d'Atjeal, le fleuve n'est plus large que de vingt mètres, mais sa profondeur s'élève à sept mètres. Et nous glissons toujours rapides entre les hautes terrasses auxquelles la gelée a donné maintenant la consistance de la pierre.

Les couchers de soleil sont absolument féeriques. Le ciel s'embrase et toute la steppe reluit d'un reflet d'incendie, tandis que, entre ces plans d'une tonalité si intense, le fleuve déroule sa moire luisante. Çà et là, dans cette nappe sombre éclatent des réveils de couleurs produits par les blancs des lagunes glacées, ou par les scintillements des glaçons sur lesquels miroitent les derniers rayons du soleil couchant.

Entre temps, le pilote nous offre le spectacle d'une pêche dans les conditions particulièrement curieuses. Il y a là une fausse rivière, très étroite, déjà recouverte d'une couche de glace suffisamment épaisse pour porter le poids d'un homme. Dans ces flaques d'eau claire et tranquille, les poissons ont, paraît-il, l'habitude de se réunir.

A l'entrée de cette baie, notre pilote établit un barrage de filets; après quoi il lance, avec une adresse merveilleuse, sa pirogue sur la glace, la rompt sous le choc, et, s'aidant de sa pagaie, avance ainsi jusqu'à l'extrémité supérieure de la nappe. Bientôt, le courant a débarrassé le lac de toute la glace; le pêcheur chasse alors le poisson vers le filet, en l'effrayant au moyen de sa rame, et on n'a plus qu'à relever le barrage pour avoir plusieurs fritures.

L'hiver, les indigènes trouvent une ressource alimentaire importante dans la capture des poissons réfugiés dans les lagunes, qui sont alors complètement isolées du fleuve. Ne pouvant casser la couche cristalline, très épaisse à cette époque, ils chassent le poisson vers les filets, en l'effarouchant par des coups de rames répétés sur la glace. [...]

A chaque pas, pour ainsi dire, les preuves des déplacements du Tarim apparaissent avec une netteté remarquable. A Ketjik, par exemple, on voit, sur la gauche, un très large lit aujourd'hui à sec et ensablé. Après avoir été pendant plus de cinquante ans, le principal chenal d'écoulement des eaux, il a été abandonné, il y a quatre ans. Plus nous avancerons vers l'est, de plus en plus instable deviendra le Tarim; finalement il acquerra aux environs du Lob-Nor le maximum de puissance de divagation. Dans cette région, d'une année à l'autre, l'emplacement des lacs et du fleuve change; il est, par suite, clair que le bassin dans lequel il se termine doit, lui aussi, changer de place, et le Lob-Nor être un lac migrateur, se déplaçant du nord au sud, ou du sud au nord, absolument comme la boule d'un pendule, représenté par le Tarim.

La durée des oscillations de ce réseau hydrographique est de plusieurs siècles; dans l'histoire de la terre, une telle période n'est guère plus longue que le battement du pendule dans la vie de l'homme.

J'invite les *beg* à monter à bord, et à toute vitesse nous nous engageons dans le nouveau lit du Tarim, précédés par deux canots indigènes.

Le courant est ici de 100 mètres à la minute. Le chenal est tantôt parsemé d'îlots bas, à peine visibles, ou de barricades d'arbres et de roseaux, tantôt étroit et torrentueux. A tout instant, il faut manœuvrer prestement, afin de parer à un choc qui pourrait être néfaste. A plusieurs reprises ce n'est qu'au prix d'efforts surhumains que la lourde machine peut être écartée d'un banc perfide et maintenue dans le fil du courant. Toute la journée nous demeurons sous la menace d'une catastrophe.

22 novembre. — Traversée d'un bout de désert. Dans l'épaisse masse des sables, le Tarim s'est foré un passage; l'eau invisible a eu raison de tous les obstacles.

De chaque côté du fleuve, des dunes; les plus hautes atteignent quinze mètres. Parfois leur nappe jaune s'anime de taches vertes: un peuplier, ou un long taillis de tamaris culminant au-dessus d'une étroite bande de roseaux.

Nulle part trace de vie; point d'hommes, point de gibier, point même de corbeaux ni de vautours, les hôtes habituels du désert. On n'entend qu'un murmure d'eau amorti; une impression de cimetière. Et chaque heure nous amène de plus en plus loin au milieu de cette solitude morte.

Les indigènes qui servent d'éclaireurs à mon escadre ne se sont jamais auparavant aventurés dans ce nouveau fleuve. Ils sondent le chenal avec leurs pagaies, puis se portent rapidement en avant pour nous attendre au prochain coude, s'ils découvrent quelque «danger».

Plus loin, un passage émouvant. Le fleuve est divisé en cinq bras. A travers le bouillonnement des eaux, nous laissons porter, après avoir réussi à reconnaître le chenal le plus profond. Le passage est étroit, la barge râcle les deux rives; enfin, elle passe, elle arrive à l'embouchure du canal, lorsque soudain elle s'arrête lourdement sur un banc. De tous côtés les fonds sont très petits et la pesante arche demeure immobile. Nous ne pouvons rester là; les éclaireurs accourent à notre secours; à force de poussées, on réussit à faire glisser peu à peu la barge sur le sable et à la renflouer.

Depuis plusieurs jours le courant est trop fort pour que le fleuve puisse se couvrir de glace, mais je ne me berce pas d'un espoir qui serait vain. Chaque nuit, la température devient de plus en plus basse; à 8 heures du soir, le thermomètre marque déjà – 6 °C. Nous jouissons à coup sûr de nos dernières heures de liberté.

24 novembre. — Par la plus grande des chances nous échappons aujourd'hui à un désastre.

C'était le long d'une rive concave contre laquelle le courant, s'exerçant dans toute sa force, avait déterminé des éboulements. Entraîné par un glissement de terre, un peuplier était tombé perpendiculairement à la berge, barrant le chenal sur un tiers de sa largeur et à un mètre environ au-dessus de l'eau; le restant du lit était occupé par un tourbillon qui déterminait un contre-courant.

Les canots pouvaient passer aisément par-dessous l'obstacle, mais il n'en allait pas de même pour la barge, en raison de ses superstructures. Si nous entrions en collision avec le tronc de l'arbre, la tente et la cabine étaient arrachées; si elles résistaient au choc, l'arrêt brusque, avec le fort courant qui nous poussait, devait fatalement amener le remplissage immédiat de la barge par l'arrière, par suite un naufrage certain.

La barge tenait la tête du convoi. Tout à coup, Palta, posté à l'avant, pousse un grand cri d'alarme; il a aperçu le peuplier à quelque soixante mètres devant nous; Immédiatement les hommes lancent à l'eau leurs gaffes et de toutes leurs forces essaient d'arrêter l'impulsion. Vains efforts; ils saisissent alors les avirons qu'ils ont façonnés quelques jours auparavant et «scient», c'est-à-dire rament en sens inverse du courant, afin d'enrayer.

Mais précisément, en ce point, le fleuve forme un rapide très violent. Dans quelques instants une catastrophe va se produire.

Je bondis à l'avant pour saisir ma carte, mes dessins, mes carnets; à tout prix je veux sauver ces documents qui représentent un labeur acharné de plusieurs mois. Tandis que j'opère ce sauvetage, les hommes travaillent avec une énergie décuplée par l'imminence du péril, je dirai même de la mort. Le naufrage, dans ce tourbillon, c'est certainement pour plusieurs d'entre nous la noyade.

Islam et le *beg* sont à l'avant, armés de haches pour essayer d'abattre l'obstacle, en tout cas d'amortir le choc, pendant que l'équipage s'efforce de déborder et de pousser la barge dans le tourbillon à gauche.

Au moment où le choc fatal est imminent, obéissant à la forte impulsion des gaffes et des rames, la barge s'écarte, rase le peuplier et va donner dans les remous. Le tourbillon nous rejette du côté de l'obstacle. Alim, empoignant une corde, saute alors dans l'eau glacée, gagne la rive gauche et nous hale hors de cette passe dangereuse.

Après cette violente émotion, le calme était revenu à bord et je me disposais à faire honneur à un plat de poisson auquel Islam avait apporté tous ses soins; tout à coup derrière nous, des cris stridents de détresse se font entendre; Il est évidemment survenu quelque accident à la barque-tender demeurée à l'arrière-garde. Nous nous trouvons au milieu du fleuve et un bon moment s'écoule avant qu'il soit possible d'atterrir sur la rive droite. Dès que la barge est stoppée, les hommes sautent à terre et s'élancent à travers la brousse, dans la direction d'où sont partis les cris.

Peut-être Kader et Kacim, ces braves serviteurs qui m'ont témoigné tant de dévouement, ont-ils trouvé la mort, et cela juste au moment où nous arrivons au port. On juge de mon angoisse à la vue d'un messager accourant à toute vitesse.

Il est, en effet, arrivé un accident à la barque des provisions, mais les hommes sont sains et saufs; c'est l'essentiel. L'embarcation a donné sur un bois flotté échoué, dont la tête n'était recouverte que d'une mince couche d'eau, et, poussée à l'arrière par le courant, tandis qu'elle était accrochée à l'avant, elle a chaviré. Kader, qui ne sait pas nager, s'est accroché au démontable au moment du naufrage, tandis que Kacim s'est cramponné à la souche qui a déterminé l'accident. Tous les comestibles qui remplissaient la barque s'en vont maintenant au fil de l'eau; des corbeilles de fruits et de farine, des seaux, des casseroles, des poêlons. Les pilotes, montés sur leurs rapides pirogues, font la pêche de toutes ces épaves et réussissent à les sauver presque toutes. Une hache, une pelle, une lanterne, avec divers autres objets de moindre importance, furent seules perdues, perte, d'ailleurs, très sensible, car de pareils ustensiles, d'une utilité quotidienne, ne peuvent être remplacés facilement dans le désert.

... Au paysage mou et uniforme des jours précédents, succède un panorama grandiose. Sur la rive droite, à pic au-dessus du fleuve, se dresse le Tokkous-Koum, une chaîne de dunes gigantesques. Du sommet que j'atteins péniblement, une vue extraordinaire se découvre; une mer de sable, hérissée de hautes vagues, s'arrêtant brusquement devant le fleuve.

Le Tarim trace ici une limite nette et tranchée entre deux éléments différents, le sable et l'eau; telle une côte séparant la mer de la terre ferme.

Plus loin un village, Al-Kattik-Tjekké. Dix familles, comprenant une quarantaine de personnes, sont installées là dans de pauvres huttes de roseaux.

FIN DE LA NAVIGATION SUR LE TARIM

Le terme de notre navigation approche rapidement; si, dans le jour, la température de l'eau s'élève au-dessus du point de congélation, en revanche, chaque nuit, elle descend graduellement. Tous les matins, au réveil, les embarcations sont emprisonnées dans une épaisse nappe de glace formée pendant la nuit.

Dix jours après que le fleuve aura commencé à charrier, il sera entièrement pris, annoncent les indigènes. Je surveille donc attentivement l'apparition des premiers glaçons.

Le 28, au matin, le Tarim est couvert d'une bouillie de glace molle et poreuse, d'une sorte de marmelade de cristaux et d'aiguilles. Elle se forme sur le fond, en tout cas en dessous de la surface des eaux, et s'agglomère ensuite à la surface en flaques.

La présence de ce magma annonce certainement la prise prochaine du fleuve. Lorsque se produit ce prélude de la congélation, tout le poisson se réfugie dans les lagunes. Les indigènes renouvellent alors les prodiges de la pêche miraculeuse, et, en quelques jours, font des provisions qui les alimenteront tout l'hiver.

Une matinée triste et froide sous un ciel nuageux.

A coups de hache et de pic les bateliers dégagent les embarcations de leur berceau de glace, puis nous poursuivons le voyage sur le fleuve tout blanc à travers le lent défilé des glaçons.

Les blocs ne sont pas encore assez épais pour résister à l'ardeur du soleil, peu à peu ils disparaissent, et, à 4 heures du soir, le Tarim devient absolument libre.

Maintenant nous sommes avertis; dans dix jours, si les indigènes disent vrai, la navigation sera terminée.

29 novembre. — L'hiver a fait un nouveau progrès: – 16 °C cette nuit. Le fleuve a un aspect arctique. Il est si chargé de glaçons qu'au premier abord il semble entièrement pris, mais tous ces blocs bougent, tous dérivent au fil de l'eau et il en vient toujours d'amont. C'est un défilé ininterrompu, comme un trottoir roulant.

Hier soir nous avons eu la malencontreuse idée de bivouaquer sur les bords d'une petite lagune. Très abritée, cette lagune s'est trouvée, ce matin, solidement gelée, et ce n'est pas un petit travail de dégager la flottille.

Les glaçons sont beaucoup plus épais qu'hier. Lorsqu'ils s'abordent, il se produit des grincements, des bruissements, puis des craquements suivis de fracas comme si des piles de vaisselle tombaient réduites en miettes. D'autres fois, il y a des bruits, d'abord sourds et étouffés, puis, tout d'un coup, clairs et nets comme le son lointain des cloches que la brise apporte.

Lorsque le soleil brille, sur le dos blanc du fleuve s'allument des milliers de diamants. Ce ruissellement de clarté, ce murmure ininterrompu des glaces, ce pétillement constant produit par la fusion des cristaux déterminent une sorte d'état hypnotique chez le spectateur. Impossible de s'arracher à la vue de ce glissement blanc toujours pareil.

Le magma glaciaire se compose de petites flaques extrêmement minces et d'aiguilles. Lorsqu'elles flottent, elles sont complètement blanches; s'enfoncent-elles, elles prennent la couleur de l'eau. De cette bouillie sont constitués les glaçons; ils sont au plus larges d'un mètre et ont les angles arrondis à la suite des chocs constants qu'ils se donnent les uns les autres ou qu'ils éprouvent contre les rives. Les fragments détachés dans ces collisions forment, sur le bord extérieur des plaques, de petites murailles hautes de 0,10 mètre environ, absolument blanches, tandis que le milieu du bloc, imprégné d'eau, se transforme peu à peu en une masse compacte, d'un bleu foncé.

Quoique le soleil soit aujourd'hui resplendissant, il ne parvient pas, cependant, à faire fondre tous les glaçons comme hier à midi; le fleuve, sur la moitié de sa largeur, en est couvert.

30 novembre. — Encore un jour de répit. La nuit n'a pas été froide, quelques degrés seulement sous zéro. La prise du fleuve n'a pas fait de progrès; il y a même aujourd'hui moins de glace qu'hier.

Voyage très monotone. A droite toujours de hautes dunes; aucune habitation, aucun feu; seulement de temps à autre un faisan, un oiseau de proie, ou quelques corbeaux.

1er décembre — De très bonne heure je suis réveillé par des crépitements contre la coque de la barge. Ce bruit est produit par les glaces de fond qui montent à la surface. Cette ascension a lieu aussitôt après le lever du soleil; durant la nuit elle ne paraît pas se produire, en tout cas je n'ai point entendu ce grincement contre les parois de la barque.

Le matin, le lit du fleuve doit être recouvert d'une couche de glace, cela me paraît certain; en effet, de bonne heure les gaffes rencontrent au fond un sol dur et résistant tandis que, plus tard, lorsque la glace s'est détachée, le lit devient mou et les perches enfoncent dans du sable, semble-t-il.

Temps superbe, même chaud; le thermomètre s'élève à + 5 °C. Une seule fois nous touchons. Nous sommes d'ailleurs avertis de la présence des bancs par les glaçons. Ces plaques ayant à peu près le même tirant d'eau que notre nef, lorsque nous les voyons arrêtées et accumulées sur un point, c'est qu'il y a là un haut fond.

Le Tarim présente toujours le même aspect. Une suite de longues courbes conduisant dans le nord-est, accompagnées d'une ceinture de forêts derrière laquelle jaunit le désert. En un point où les sables atteignent le fleuve, je débarque pour prendre diverses photographies. [...]

Dans cette région le fleuve a un cours presque rectiligne.

Durant la nuit il s'est produit une légère élévation de niveau. L'eau demeure toujours très chargée de sédiments, la formation de la glace de fond et ensuite son ascension à la surface contribuent évidemment pour une part importante à la présence de ces troubles.

Le désert s'éloigne du Tarim et sa lisière septentrionale demeure maintenant cachée.

Les lagunes parasites sont toujours nombreuses; l'étroit canal qui les met en communication avec le fleuve est maintenant à sec, et le poisson qu'elles renferment se trouve pris comme dans une trappe. Ces nappes portent le nom des indigènes qui ont le droit exclusif d'y pêcher.

Sur la gauche nous ne sommes pas éloignés de l'Ouyen-Daria, une branche du Tarim qui est bordée de bois magnifiques. Entre les deux cours d'eau, une forêt continue a pris possession d'un territoire occupé jadis par le sable.

Une triste journée, un temps gris, morose, et toujours le désert. Aucune trace humaine. Nos pilotes ne connaissent guère cette partie du fleuve; il est donc nécessaire de découvrir au plus vite d'autres indigènes.

Vers la fin du jour le soleil perce, enfin, le rideau de nuages; c'est alors une illumination féerique. Tout le couchant est en feu; un immense incendie paraît flamber là-bas très loin, et tout l'espace rougeoie de sa lueur. Peu à peu, ce décor d'apothéose s'atténue, puis finit par s'éteindre dans la grisaille du crépuscule, bientôt il ne reste plus qu'une traînée jaune à l'horizon; elle aussi diminue progressivement, et bientôt c'est la nuit noire.

Chaque barque est alors munie de lanternes. L'obscurité n'est pas assez profonde pour que nous ne poursuivions pas la route pendant quelque temps encore. Les heures sont précieuses, chacune représente un gain inestimable.

Avec ces fanaux glissant à la surface de l'eau au milieu des glaçons, le Tarim prend un aspect extraordinaire; des lueurs jaillissent de tous côtés, couvrant de feux l'eau et la glace; on dirait une fête vénitienne.

Lorsque je commande la halte, ces points brillants s'arrêtent, avancent vers la rive et courent ensuite sur la berge comme de gros insectes phosphorescents.

La nuit est maintenant complètement noire. Pour installer le campement et pour chercher le bois nécessaire au bivouac, les hommes ont l'idée de s'éclairer en faisant flamber les roselières qui couvrent la rive. En quelques minutes toutes ces herbes sèches forment un brasier gigantesque; les environs du bivouac se trouvent illuminés dans leurs moindres détails.

3 décembre. — Un vrai paysage polaire. Dans les «étroits», le fleuve est entièrement recouvert de glaces flottantes; nous avons l'air d'une expédition arctique travaillant à travers la banquise. Seulement lorsque le Tarim s'élargit, des flaques d'eau libre apparaissent au milieu de la blancheur en dérive.

Des heures et des heures, sans jamais se lasser, on contemple ce défilé qui ne finit jamais et on demeure attentif à ce bruissement singulier des glaces, la musique de ce désert infini!

Les flaques de glace adhérentes au rivage deviennent de jour en jour plus étendues; avant peu elles se rejoindront et formeront pont en travers du courant. L'emprisonnement est imminent!

... Le fleuve est maintenant très large et, de chaque côté, se découvre une perspective infinie. Plus de courbes ni de méandres; à perte de vue, une grande avenue d'eau, toute blanche de glace, comme une route dans la direction de l'hiver qui nous guette là quelque part.

Soudain, deux cavaliers; un peu plus loin, en voici dix autres. Ce sont des éclaireurs envoyés par le *beg* de Teis-Köll à notre recherche. Dès qu'ils nous ont aperçus, ces différents groupes se signalent les uns aux autres notre approche, en allumant de grands feux; la télégraphie primitive!

Ces émissaires nous annoncent que la caravane, après un arrêt de trois jours à Teis-Köll, est partie pour Arghan que, au départ de Laïlik, je lui avais indiqué comme point de jonction de nos deux groupes. D'une heure à l'autre, le fleuve peut être complètement solidifié, aussi bien j'expédie immédiatement à mes gens un courrier avec ordre de s'arrêter et de nous attendre.

Les indigènes nous informent, du reste, que nous ne devons plus compter sur une longue navigation.

Le Tarim est généralement pris dans les premiers jours de décembre, et il demeure captif jusqu'au commencement de mars; pendant une quinzaine ensuite, il est couvert de glace poreuse.

Dans cette région éloignée des sources du fleuve, la crue se manifeste seulement au commencement d'août; elle atteint son maximum à la fin de septembre ou au début d'octobre. Le niveau baisse ensuite progressivement, puis demeure stationnaire pendant quelque temps avant la prise par les glaces; plus tard, il s'élève de nouveau, en soulevant la carapace cristallisée, pour descendre après définitivement. Cette élévation du niveau postérieure au gel est déterminée, affirment les indigènes, par le fait que, en aval, les eaux seraient retenues par un barrage de glaçons. En juin se produit l'étiage; à cette époque le Tarim peut être traversé à cheval en plusieurs endroits.

Ici, loin des montagnes, la différence de niveau entre les hautes eaux et l'étiage est beaucoup moins grande que sur l'Aksou-Daria ou le Yarkend-Daria. Plus on avance vers l'est, plus cette différence s'atténue; les innombrables lagunes qui bordent le Tarim, absorbent une partie des apports de la crue, et régularisent ainsi le débit du fleuve. La crue du printemps, si forte sur l'Aksou-Daria, le Yarkend-Daria, le Khotan-Daria, le Kizil-Sou, perd en route une partie de sa puissance.

A Momouni-Ottogo, nous reprenons le contact avec les indigènes; cet événement ramène la gaieté parmi mon monde.

BLOCUS PAR LES GLACES ET HIVERNAGE

Toute la journée du 4 décembre, dérive très rapide. A chaque instant nous heurtons des bancs de glace accolés aux berges ou des trains de glaçons que les remous font tournoyer au milieu du fleuve. La barge est heureusement solide, et ces abordages n'amènent pas la moindre avarie.

La forêt de peupliers disparaît progressivement. A Karaoul, où nous campons le soir, à l'embouchure de l'Ouyen-Daria, le pays devient absolument nu. Çà et là seulement quelques bouquets de tamaris et quelques massifs de roseaux dans l'encadrement de petites dunes.

A Karaoul, notre petite troupe est renforcée par l'arrivée de Parpi Baï, un de mes fidèles serviteurs de 1896, un vétéran de l'exploration en Asie centrale. Parpi a accompagné Bonvalot et le prince Henri d'Orléans, plus tard Dutreuil de Rhins et Grenard; il a même assisté au drame sanglant qui a terminé si malheureusement cette dernière mission française.

Le lendemain, séjour à Karaoul, pour obtenir les coordonnées géographiques de cette position importante et pour exécuter diverses observations hydrométriques.

Karaoul est situé au sommet de la courbe très accentuée que le Tarim décrit vers le sud-est pour aller se perdre dans le Lob-Nor.

Ici, le débit du Tarim est encore de 55,7 m^3; celui de l'Ouyen-Daria se réduit à quelques mètres. Cette dernière rivière roule des eaux absolument pures et transparentes; longtemps après le confluent, elles forment une bande claire dans la masse bourbeuse du Tarim; les deux nappes coulent l'une à côté de l'autre sans se mélanger. L'Ouyen-Daria ne charrie pas encore.

7 décembre. — Le dernier jour de notre longue navigation.

Nous avons appris ce matin que la caravane nous attend au Yanghi-Köll et qu'au-delà le fleuve est complètement pris depuis deux jours. Avant la nuit nous arriverons au Yanghi-Köll; nous prendrons là nos quartiers d'hiver.

Le Tarim présente un aspect complètement nouveau. Il s'allonge presque rectiligne vers le sud-est; à gauche, une steppe infinie, parsemée de très rares peupliers; à droite, le désert avec son rempart de dunes bordières, et une file de lacs enfermés dans les vagues de cette mer de sable.

Le chenal est absolument encombré de glaçons; en quelques points nous devons nous frayer un passage de vive force, absolument comme des explorateurs polaires à l'assaut de la banquise.

Sur la rive droite, près de l'émissaire des lacs riverains du fleuve, apparaissent des villages abandonnés à la suite d'une épidémie de variole survenue il y a sept ans. A Seit-Köll, habitaient vingt-trois familles, à Touzalgoutch, neuf; un peu plus en aval, près du Teis-Köll, vingt-cinq. Les autorités chinoises ont donné à ces émigrants des terres sur la rive gauche; mais ces pêcheurs, transformés du jour au lendemain en agriculteurs ne savent guère tirer du sol le profit qu'ils pourraient en obtenir au prix d'un peu de travail.

Que l'on ne vienne plus qualifier la Chine de pays attardé dans le sommeil du passé et réfractaire au progrès. Depuis cette épidémie de variole survenue sur les bords du Tarim, les autorités du Céleste-Empire ont rendu le vaccin obligatoire pour les habitants de la région, mais ces primitifs ignorants font tous leurs efforts pour échapper à l'inoculation préventive.

Bientôt nous rencontrons de nos caravaniers venant au-devant de nous. A notre vue, ces braves gens manifestent une joie naïve qui m'émeut véritablement. Jamais ils n'avaient cru à la réussite de mon entreprise; tous étaient persuadés qu'ils ne reverraient aucun de nous.

Maintenant, la jonction des deux groupes est opérée, le premier chapitre de ma longue exploration se termine par un succès. Puissent les autres avoir la même issue heureuse!

Le point où la banquise ferme le fleuve n'est plus éloigné que de quelques heures de navigation. Le jour baisse, n'importe, je ne veux m'arrêter que devant l'obstacle et je donne l'ordre de poursuivre la route à la lueur des lanternes; Aucun accident ne me semble à craindre, le cours du fleuve est régulier et les heurts des glaçons inoffensifs contre la solide coque de la barge.

Tout à coup l'horizon rougit d'un reflet d'incendie; la lueur grandit lentement, et, en devenant plus nette, nous montre les silhouettes du camp de la caravane établi à quelques mètres de l'embâcle.

Encore quelques minutes, la barge grince contre les glaçons de la rive, puis s'arrête. Notre navigation est terminée, et de suite je cours me chauffer à la gaie flambée du brasier. [...]

LA TRAVERSÉE DU TAKLA-MAKANE

Sven Hedin avait une grande expérience du Takla-Makan pour l'avoir traversé ou pénétré plusieurs fois, caractéristique qu'il partageait avec Aurel Stein. En se rendant du Tarim à l'oasis de Tcherchen (Qarqan), il termine la fin du siècle dans la désolation du désert.

Traverser le Takla-Makane du Yanghi-Köll à Tchertchen, c'est-à-dire du Tarim au pied du Kouen-Lun, tel est l'itinéraire que j'ai arrêté.

Le succès de cette entreprise dépend de la rapidité de la marche. En conséquence les bagages sont réduits au strict minimum: du pain et de la farine de froment grillée pour deux semaines, du riz et de la farine ordinaire pour dix jours, quelques conserves, du thé et du sucre. A Tchertchen, les ressources seront suffisantes pour nous ravitailler pour le retour. Ajoutez à cela une cantine d'instruments, de cartes, de matériel photographique, les effets de campement. Le tout est chargé sur sept chameaux. Un cheval de selle que je me réserve et deux chiens complètent le convoi. Quatre hommes seulement me suivent, dont naturellement Islam Baï. Afin de faciliter les premières marches et d'augmenter nos ressources en vivres, trois chameaux et trois hommes nous accompagneront pendant les quatre premiers jours.

La garde du camp est confiée au Cosaque Sirkine. Il a la responsabilité de tous les bagages et de tous les animaux que je laisse; de plus, pendant mon absence, il devra exécuter les observations météorologiques régulières, changer les feuilles du barographe et du thermographe. Depuis plus d'une semaine, j'initie cet intelligent soldat aux pratiques de la météorologie; la rapidité de ses progrès me donne l'assurance qu'il se montrera à la hauteur de cette mission de confiance.

Le départ est fixé au 20 décembre.

Lorsque, à 7 heures, Islam vient me réveiller j'ai un moment d'hésitation. Le vent souffle du sud-est en tempête. Mon brave Islam, comme ses camarades, n'a guère envie d'abandonner les délices du camp pour s'enfoncer dans les sables dont, mieux que personne, il connaît les terribles dangers. De sorte qu'il me demande si, en dépit de la tourmente, nous partirons.

Le mauvais temps rendra, certes, les premiers pas pénibles; mais du moment où il n'y a pas péril, une résolution doit être accomplie. L'indécision et la faiblesse sont les pires ennemis du voyageur; à tous ses gens il doit inculquer l'impression nette d'un esprit ferme. Et pourtant il n'est pas précisément agréable de quitter par un froid pareil un abri chaud et confortable.

Les chameaux traversent le Tarim sur la glace; de l'autre côté commence la fastidieuse opération du paquetage. Trois animaux portent les effets de campement et les vivres, un le maïs nécessaire aux bêtes, trois la provision d'eau, c'est-à-dire des sacs remplis de glaçons. Les chameaux de l'escouade de soutien reçoivent des charges de bois et de glace. Pour leur permettre d'affronter les grands froids, tous sont revêtus d'épaisses couvertures.

… Voici le Tana-Bagladi. A l'extrémité méridionale du lac, les hommes cassent la glace pour abreuver le convoi. De longtemps les animaux ne retrouveront pareille occasion; ils paraissent, du reste, en avoir conscience: ils boivent longuement et abondamment; après chaque lampée, ils soufflent, et agitent leurs babines, leur bave gèle immédiatement, et, de leurs barbiches pendent de longs filaments de glace.

Ces bêtes prudentes n'osent s'aventurer avec leurs charges sur la glace; pour leur donner confiance nous jetons du sable autour des abreuvoirs. Avant le départ toute la caravane boit son soûl: le cheval, les chiens, les hommes; la provision de glace est calculée pour vingt jours, mais la prudence commande d'être très économe de la précieuse denrée.

Nous escaladons les dunes riveraines. Une première journée de marche est toujours pénible, et c'est avec une vive satisfaction que, le soir venu, chacun accueille l'ordre de faire halte pour le bivouac. Dans un taillis de roseaux poussés autour d'une mare, une niche est pratiquée; ce sera notre abri pour la nuit avec le ciel pour toiture.

Le lendemain, nous suivons les *bayirs*, une véritable route au milieu du labyrinthe des dunes. Orientés dans le S. 35° O., ces monticules de sables nous imposent cette direction.

Le sol des bayirs constitué par une fine poussière humide ne résiste pas. Les chameaux enfoncent jusqu'à une profondeur de 0,40 mètre; l'animal qui tient la tête du convoi doit faire une trace absolument comme dans la neige. Dans ces conditions la marche est lente: 3 kilomètres à l'heure.

Tous ces bayirs présentent les mêmes formes; tous sont orientés nord-est-sud-ouest, et, tous sont larges d'un kilomètre seulement. Ces dépressions offrent la plus complète ressemblance avec des bassins lacustres; l'eau seule y fait défaut.

Plus avant dans le désert nous verrons apparaître, sur les bords de ces bayirs et sous le sable, des terrasses d'argile. Si elles n'ont pas été produites par l'érosion éolienne, elles doivent dériver, à coup sûr, de la présence de l'eau. Ces formations ressemblent à de très anciennes *strandlinie*[1] creusées par des fleuves ou par des lacs. Ces cuvettes sont à mon avis d'anciennes dépressions lacustres; leur forme et leurs étagements concentriques de terrasses recouvertes d'efflorescences salines militent en faveur de cette hypothèse. Les bassins du Yanghi-Köll, du Bach-Köll présenteraient le même aspect, s'ils venaient à s'assécher. Je crois, pour ma part, qu'il y avait là un immense lac.

Un véritable désert que le Takla-Makane. Pas une plante, pas un insecte, nulle part trace de vie organique.

Dans la journée, étape de 22,4 kilomètres; le soir, bivouac par 11 °C de froid.

23 décembre. — Tourmente de nord-nord-est, le vrai *bourane*. Le ciel est chargé de nuages, tout obscurci par les tourbillons de sable que le vent soulève. Point de vue; si les bayirs ne canalisaient, en quelque sorte, notre marche, nous nous égarerions.

Plus nous avançons dans l'intérieur du désert, plus les monticules de sable séparant les dépressions augmentent d'étendue et de hauteur, et, souvent pendant plusieurs heures, le terrain devient très mauvais. Parfois même ces collines sont si larges, que, sur leurs sommets, nous nous perdons et manquons l'entrée du bayir suivant. Seulement après de longues recherches nous retrouvons le fil des dépressions. Ailleurs les cuvettes sont coupées par des systèmes de petites dunes; autant

1. Vocable norvégien, adopté dans le vocabulaire géologique pour désigner les berges de nappes disparues ou les rives de nappes actuelles, alors qu'elles s'élevaient à un niveau supérieur à celui qu'elles ont aujourd'hui.

d'obstacles qui retardent la marche et qui nous font entrevoir l'avenir sous de sombres couleurs.

Épuisés, nous avançons lents et silencieux, nous attendant à chaque instant à parvenir à la fin de la longue avenue qui nous a conduits jusqu'ici. Subitement, au sommet d'un monticule, une nouvelle dépression très longue se découvre, offrant un terrain singulièrement favorable.

Au milieu de ce grand bayir se montrent plusieurs terrasses d'argile auxquelles leur stratification horizontale donne de loin l'aspect de ruines.

Le camp est installé près d'une de ces terrasses. Sombre et triste, le bivouac. L'économie la plus stricte s'impose à l'égard de notre provision de bois; donc plus de grandes flambées joyeuses autour desquelles la caravane passe la soirée dans un babillage incessant. La consommation est fixée à trois bûches par jour, deux pour le repas du soir et une pour le déjeuner. Aussi bien, tout le monde s'endort de bonne heure sous la clarté froide de la lune. Nous sommes, d'ailleurs, épuisés par les sables mouvants.

Le lendemain, bien que notre couche ne soit ni chaude ni moelleuse, réveil tardif. Lorsque, les uns après les autres, nous nous étirons hors de nos fourrures, un beau soleil brille, illuminant de clarté fauve le désert silencieux.

Ici nous nous séparons des hommes qui doivent revenir au camp du Tarim. Dans deux jours ils retrouveront un abri confortable, tandis que nous, nous poursuivons notre marche vers l'inconnu.

Toujours dans les bayirs. Aujourd'hui nous rencontrons la treizième cuvette, et toujours des terrasses. Dans la partie la plus creuse, à une profondeur de quelques décimètres, se trouve une couche de sel; c'est la meilleure preuve que jadis ces dépressions ont été occupées par des lacs salés.

Après quelques heures de marche relativement facile, le passage est barré par de hautes collines de sable; péniblement les chameaux les escaladent, puis les descendent. Jamais nous ne verrons donc la fin de ces épuisantes montagnes russes. Les dunes atteignent parfois une hauteur de soixante mètres.

Pour pénétrer dans une nouvelle cuvette, nous voici contraints, après une journée très fatigante, de descendre le talus d'un énorme monticule de sable mouvant.

Impressionnés par cette solitude et rapidement fatigués par la marche sur ce sol sans consistance, les hommes demeurent silencieux pendant l'étape. Dès que je donne l'ordre d'établir le bivouac, immédiatement leur entrain habituel reparaît, et ce sont des conversations ininterrompues pendant que chacun vaque à ses occupations. On décharge les bêtes, on les panse ensuite, tandis qu'Eurdek prépare le repas du soir et fait fondre la glace.

C'est aujourd'hui veille de Noël, la grande fête de famille chez nous autres Scandinaves. Jamais encore je n'ai passé ce jour aussi tristement. Seul le froid me rappelle la patrie lointaine.

Tout autour de nous une solitude absolue; pas le moindre rayon de gaieté ne pénètre dans ce trou creusé comme un tombeau au milieu des sables. Nous nous enfonçons dans nos pelleteries comme des souris dans leurs tanières. Longtemps je m'amuse à suivre la flamme vacillante de notre maigre feu; quelque indigente qu'elle soit, n'est-elle pas pour nous autres, explorateurs perdus dans le désert, comme le reflet de la brillante clarté qui luit là-bas au pays natal, dans la joie de la famille?

25 décembre. — Le désert nous apporte son présent de Noël sous la forme d'un long bayir. Il est si étendu qu'il a l'aspect d'une vallée; je dois faire remarquer qu'il est orienté presque nord-sud. La muraille de dunes qui le borde à l'est atteint une hauteur de cent mètres environ. Au fond de cette dépression le sol est constitué par une fine poussière noire, saline, mais qui ne renferme pas un grain de sable.

La traversée de cette dépression est un repos. Au delà, pour sortir de ce trou, recommence la lassante ascension des dunes, et ici elle est singulièrement pénible. Le sable file sous la moindre pression, si bien que, pour éviter que les chameaux ne viennent à dégringoler ces pentes, il faut, avec les pelles, établir un sentier en corniche.

Le froid est rendu atroce par une tourmente. Nous gelons littéralement sur place; en même temps impossible de voir à trois pas devant soi. L'air est tout rempli de sable, nous en respirons, nous en mangeons; partout il s'insinue. Au moment où j'écris cette relation, deux ans et demi plus tard, des feuillets de mon carnet de route tombe encore du sable.

Devant ce déchaînement des éléments mes hommes perdent contenance; ils ont l'impression qu'ils vont être engloutis par ce simoun. Islam, lui-même, qui pourtant a passé par des dangers autrement plus terribles dans ce même Takla-Makane, manifeste une crainte enfantine. Je suis occupé toute la soirée à rassurer mes gens.

26 décembre. — Mauvaise journée. Presque toujours marche sur le sable, et quel sable! Des dunes très hautes qui coulent sous votre poids. Vous gravissez 1 mètre et vous dégringolez de 0,50 mètre.

Suivant mon estimation, nous devons être à peu près à moitié route entre le Tarim et l'ancien lit du Tchertchen-Daria. D'après la carte de Roborovsky, cet ancien lit se trouve à soixante-cinq kilomètres au nord du cours actuel de cette rivière; il renferme très certainement des puits et des pâturages, bref les ressources nécessaires à la remise sur pied de la caravane. Cette nouvelle met tous mes gens de joyeuse humeur.

Le 27, de bon matin, le camp est levé. Les hommes ont hâte de sortir de cette solitude oppressante, et d'arriver dans une région moins inhospitalière.

Pendant la nuit, le thermomètre est descendu à – 20 °C au moment du départ il marque – 18 °C.

Un instant le soleil brille, mais cela dure peu. Les nuages arrivent rapides et étendent bientôt leur tristesse habituelle sur ce désert épouvantable.

L'air est absolument calme; aussi bien, loin de sentir le froid, en marchant sur ce sable mobile, j'ai tellement chaud que je dois quitter mon pardessus.

Tout à coup, du haut d'une dune j'aperçois de larges taches noires dans un bayir. Qu'est-ce que cela peut bien être?

En toute hâte je dévale dans la cuvette; sur la pente je trouve les débris de végétaux apportés là par le vent.

Ces taches noires sont des touffes de roseaux, il y a là une véritable oasis! A cette vue les caravaniers ne peuvent retenir un cri de joie! Depuis une semaine ils n'avaient pas vu un brin de verdure. A coup sûr ce bayir n'offre rien moins qu'un aspect fertile, mais en comparaison de l'épouvantable désert sans vie, c'est le paradis!

Dans cette cuvette à l'aspect enchanteur, nous campons pour permettre aux chameaux de pâturer et de s'y refaire. Le régime du maïs auquel ils sont soumis ne leur convient guère; ces roseaux vont leur donner de nouvelles forces qui nous permettront d'atteindre sûrement le but.

Il est à coup sûr extraordinaire de rencontrer de la végétation au milieu des sables, à cent vingt ou cent quarante kilomètres de l'eau la plus voisine. L'hypothèse d'un effluent du Tarim s'étendant jusqu'ici est inadmissible; l'eau ne peut, non plus, venir du Tchertchen-Daria éloigné de cent cinquante kilomètres. Il est probable que cette dépression est un reste du lit de l'ancien fleuve de Kara-Mourane.

Les chameaux reçoivent chacun trente litres d'eau; ils les avalent d'un trait comme une simple tasse de thé; après quoi ils sont envoyés au pâturage. Ces roseaux sont, pour nous également, les bienvenus; ils nous procurent du combusbible en abondance et toute la soirée un grand brasier flambe joyeusement.

… La soirée est d'une incomparable grandeur. Les masses de nuages qui, toute la journée, ont endeuillé le ciel s'écartent. Au ras de l'horizon, un soleil radieux jaunit dans un poudroiement d'or, embrasant les franges et les rondeurs des lourdes nuées. Ce ciel hérissé de saillies flamboyantes semble refléter les dunes illuminées par le couchant. Cette radieuse clarté s'éteint rapidement; de sitôt, hélas! elle ne reparaîtra pas.

Le lendemain, le ciel bas d'habitude et tourmente d'est; on y voit à peine. C'est le temps normal en cette saison; les circonstances sont donc rarement favorables pour les observations astronomiques ou pour la photographie.

A travers le poudroiement de sable qui obscurcit le ciel, impossible d'apprécier exactement les distances. Un monticule tout voisin de vous prend l'aspect d'une chaîne de montagnes lointaine; un bayir s'ouvre sous vos pas, alors que la minute d'avant il semblait situé à plusieurs kilomètres en avant. Avec cela il est très difficile de choisir la route la plus aisée et le froid est pénétrant.

Une chose étrange que ce sable, un élément supplémentaire, intermédiaire entre la roche et l'eau. Quoique dérivant des granites, il obéit aux mêmes forces que l'eau; comme l'Océan, il est soulevé par le vent en hautes vagues, et, comme les lames, avance sous l'impulsion de la brise, lentement, mais avec une force irrésistible.

A travers le voile du simoun un nouvel objet noir attire mes regards dans un bayir. J'approche; à mon grand étonnement je découvre un tamaris. Autour, ondulent des nappes épaisses de roseaux. Je m'arrête dans cette nouvelle oasis, allume un feu et attends tranquillement l'arrivée de la caravane. Elle marche aujourd'hui pesamment, retardée par un chameau malade. A un kilomètre du camp la pauvre bête tombe pour ne plus se relever.

Aujourd'hui dixième jour de marche à travers le désert. Les plus grosses difficultés sont maintenant vaincues, les régions mortes sont passées; progressivement nous allons nous rapprocher d'une région vivante; le tamaris rencontré aujourd'hui l'annonce du moins. Ce pauvre petit arbre souffreteux est pour nous un heureux présage.

L'étape est aisée; toute la journée nous suivons un long bayir. Il s'étend régulier comme un ancien lit de fleuve, interrompu, çà et là par de petits monticules. Ces obstacles franchis, une nouvelle perspective se découvre entre les murailles de sable, comme une rue entre de hautes constructions.

A chaque instant des pistes de lièvres et de renards; le sol n'est donc plus réfractaire à la vie. Voici, d'ailleurs, de nouveaux tamaris.

Le terrain est excellent. Qui aurait pu penser qu'au milieu de cette immensité sablonneuse existerait, pour ainsi dire, une belle route? Mais dans la vie rien n'est jamais parfait. Si nous pouvons avancer aisément, en revanche nous sommes transpercés par un vent pénétrant; je ne puis demeurer en selle, tellement le froid est vif; toute l'étape je la fais à pied.

Au bas du col qui termine ce bayir, nous passons la nuit. L'eau doit, me semble-t-il, se rencontrer ici à une faible profondeur. En effet, après avoir creusé un trou de 1,38 mètre les hommes trouvent une nappe d'excellente qualité (température: + 8,2 °C). Mais la source donne très lentement; dans la soirée seulement elle n'a fourni que la quantité d'eau nécessaire à deux chameaux.

Ce campement est véritablement très confortable; tout ce qui est indispensable à la vie d'une caravane s'y trouve réuni: l'eau, le bois, le pâturage. Il manque bien un abri contre la pluie de sable qui nous inonde continuellement; pour remédier à cet inconvénient, avec un morceau de feutre et des branchages, Islam construit une espèce de tente qui protège relativement contre les assauts de l'ouragan. Avec le beau feu qui flambe devant nous, le froid devient ainsi supportable.

Bêtes et gens donnent des signes évidents de fatigue; par mesure de prudence je prescris donc un repos d'un jour dans ce lieu de délices, et je n'ai qu'à me féliciter de cette décision. Après avoir bu et pâturé, les chameaux paraissent tout joyeux, manifestant leur satisfaction par des sauts et des bonds au milieu des roseaux.

... Et toujours en escadrons ininterrompus, de gros nuages, passent au-dessus de nos têtes, poussés vers l'est. A la surface du sol, le vent souffle en sens contraire.

31 décembre. — Le dernier jour du siècle! Au réveil, les étoiles brillent dans un ciel limpide et paisible. Hélas! il s'enfuit bientôt, ce beau temps, pour être remplacé par la grisaille habituelle. Des nuits claires et calmes, des jours nuageux et venteux, tel est le régime de ce pays en hiver.

La caravane parcourt aujourd'hui 24,3 kilomètres, la plus longue étape qu'elle ait fournie durant ce voyage. Toute la journée, cheminé dans des bayirs.

1er janvier 1900. — Un triste jour de l'an, et un triste commencement de siècle.

Dès le réveil, le ciel est gris et nuageux; température – 15 °C. Si le premier janvier offre le présage de ce que sera l'année, notre avenir est fort triste.

En tout cas, la première partie de la journée est facile à travers un bayir qui n'en finit pas.

A l'extrémité de cette dépression, une déconvenue nous attend. Gravissant les monticules qui ferment cette avenue, nous nous trouvons dans un labyrinthe de hautes dunes et point d'autre bayir en vue! Au moment de toucher le port, nous rencontrons le terrain le plus difficile et le plus décevant que l'on puisse imaginer. Plus trace de végétation; nous sommes au milieu d'une mer de sable en furie, de tous côtés des dunes, des dunes et encore des dunes; dans toutes les directions, surgissent des crêtes et des sommets de pyramides de sable, l'horizon présente la silhouette d'une dent de scie.

Les montées et descentes perpétuelles sur ce sol mouvant fatiguent la caravane. Après une étape de quatorze kilomètres seulement, nous

nous arrêtons fourbus, au pied d'un tamaris entouré de souches mortes et de quelques roseaux.

Toute la nuit il neige. Le lendemain matin le paysage a un aspect arctique: partout le sable disparaît sous un blanc manteau. Avec ce revêtement immaculé les dunes ont l'air de montagnes de neige.

Étrange, en vérité, ce pays: brûlé l'été par un soleil torride et, l'hiver, glacé par des froids polaires.

Sur les pentes exposées au sud, la neige disparaît dans les premières heures de la matinée: seules quelques plaques persistent dans les creux abrités durant l'après-midi.

La marche est absolument épuisante. Maintenant, plus de bayirs, un océan de sable qui ne finira jamais…

Il y a ici deux systèmes de dunes qui se croisent à angle droit; il est donc évident que le régime des vents est dans cette région moins régulier que plus au nord.

A 4 heures du soir, la neige reprend, cette fois très drue, et bientôt éclate une véritable tourmente, aussi violente que celles des hivers nordiques. Le ciel et le sol se fondent en une blancheur pulvérulente.

Dans ces conditions, la marche à travers le labyrinthe des dunes devient impossible.

Sur ces entrefaites, dans une éclaircie, une tache noire apparaît à deux kilomètres en avant; cela doit être quelque tamaris ou quelque touffe de roseaux. A tout prix il faut l'atteindre : par un pareil temps une bonne provision de combustible est indispensable. Pour arriver jusque-là, un véritable effort s'impose; nous sommes tellement épuisés qu'à chaque pas il nous prend l'envie de nous coucher sur le sol glacé. Enfin, voici la tache noire : un tamaris; un bon brasier est assuré.

La fatigue des chameaux nous impose encore une halte d'un jour. Pour les réconforter, on les abreuve. L'eau se rencontre ici à une profondeur de 1,13 mètre; elle est légèrement saumâtre.

Toute la journée, neige abondante; pour tuer les heures, je lis un vieux journal auprès du feu, sous la pluie des flocons. Pas très facile; à chaque instant je dois secouer le papier pour chasser les cristaux qui recouvrent les caractères.

La nuit suivante est très froide. Le thermomètre descend à – 30,1 °C; le lendemain, à 9 heures, au moment où je me lève, il ne monte pas au-dessus de – 24 °C. Une température fort peu agréable pour procéder à sa toilette en plein air. Par tous les temps, j'ai conservé, au cours de mon voyage, l'habitude de quitter chaque soir mes vêtements de jour et de prendre le costume de nuit.

La neige a été si abondante que je me réveille littéralement enfoui sous une épaisse couche de ce froid duvet. Pour me dégager, Islam est obligé de prendre une pelle et un balai. Cette couverture a contribué à me tenir chaud, et je n'ai point senti la basse température de la nuit.

Neige toute la journée ; le thermomètre ne dépasse pas – 13 °C ; avec le vent debout, cette température est extrêmement pénible.

Le terrain, heureusement, n'est pas trop mauvais. Nous réussissons à éviter les dunes les plus difficiles, et, à plusieurs reprises, nous avons la chance de rencontrer des bayirs, ouverts précisément dans la direction que nous suivons. Quoique peu étendus et remplis de sable, ils offrent, cependant, un terrain singulièrement plus favorable que le dédale des dunes.

Sur les pentes exposées au sud, la neige disparaît promptement, absorbée par l'intense évaporation qui règne dans cette région. Sur les versants septentrionaux ainsi que dans les dépressions, elle demeure, au contraire. De là un effet très curieux : vers le nord, on ne voit que du sable ; vers le sud, une nappe blanche montant en hautes vagues.

5 janvier. — Les épaisses nuées qui nous ont accompagnés continuent à se décharger. Toute la nuit, il a neigé ; le matin, la couche est si dense que les bagages sont enfouis ; pour les retrouver il faut aller à la pêche.

Absolument comiques les chameaux avec leurs barbiches, et leurs touffes de poils poudrées à blanc ; ils ont l'air de bêtes déguisées en vieillards de leur espèce.

Pas une plaque de sable n'est aujourd'hui visible. Cette blancheur infinie a des tonalités variées d'une délicatesse merveilleuse.

Dans la matinée, les pentes tournées vers l'ouest et qui demeurent à l'ombre sont d'un fin bleu d'acier ; en s'élevant, elles se nuancent de diverses gammes de bleu et de blanc pour finir, au sommet, dans un rayonnement immaculé baigné de soleil.

Devant ce moutonnement blanc, toujours la même impression d'une chaîne de montagnes enneigées.

L'espace est rempli d'un tel éblouissement que, pour éviter l'ophtalmie, nous sommes obligés de prendre des conserves absolument comme des explorateurs polaires.

Dans certains endroits la neige est verglacée ; si nous avions des *skis*, de ces longs patins dont les Scandinaves font un si merveilleux usage, la marche serait singulièrement aisée et rapide. Qui aurait pu penser que ce moyen de locomotion pût être employé dans ce désert ?

A chaque instant, des giboulées fondent sur nous ; elles masquent l'horizon dans un rayon d'un kilomètre, et c'est, ma foi, fort heureux. La vue de la région qui s'étend devant nous n'est guère encourageante. De tous côtés des dunes de plus en plus élevées ; pas le plus petit lambeau de terrain qui ne soit couvert de sable, pas la moindre trace de végétation vivante ou morte.

Cette neige facilite la marche en rendant le sol plus stable ; au contact du sable et sous la pression des pas des hommes et des animaux, il se produit un phénomène de regel qui rend le terrain consistant.

6 janvier. — La mer de sable est toujours très tourmentée, ses vagues de plus en plus hautes.

Le soir, campé dans un véritable trou au milieu de dunes énormes, le plus mauvais bivouac de tout le voyage.

Lorsque je me couche, le thermomètre marque – 20 °C, jamais nous n'avons autant souffert du froid.

Le lendemain, enfin, un ciel dégagé! Au nord il est d'un bleu merveilleux, tandis que, dans le sud, de longues nuées blanches s'étirent sur les croupes neigeuses des dunes; par-dessus ce satinement, très loin, apparaît la chaîne du Kouen-Lun.

En scrutant l'horizon à la lunette, je découvre une série de raies noires se détachant avec vigueur sur la neige, ce ne peut être évidemment que des souches mortes. Nous obliquons dans cette direction; le soir, en effet, nous arrivons au milieu de bouquets de peupliers desséchés. C'est la fin de nos fatigues et de nos souffrances. Ces vestiges de végétation annoncent l'approche du Tchertchen-Daria.

Les hommes s'en donnent à cœur joie; ils coupent et abattent, et ont bientôt amoncelé un énorme tas de bois. Un peuplier qu'ils ne peuvent jeter bas, ils le font flamber comme une gigantesque allumette, histoire de s'amuser. Pour ne pas geler comme la nuit dernière, les caravaniers ont une idée très ingénieuse; ils creusent une large fosse, y entassent une épaisse couche de braise ardente, la recouvrent ensuite de sable et s'étendent par-dessus.

8 janvier. — Aujourd'hui, d'après mes calculs, nous devons sortir de l'enlisement des sables. Pour donner du cœur à mes gens, je leur annonce, au moment du départ, que nous bivouaquerons ce soir, hors du désert, sur les bords du Tchertchen-Daria.

Pendant la journée, nous passons tour à tour par des alternatives d'espoir et de désespérance. Au début de l'étape, les souches mortes sont fréquentes, il n'y a donc aucun doute, la fin du désert n'est plus loin; puis, voici qu'elles deviennent plus rares, bientôt elles disparaissent même complètement. Une vague inquiétude nous prend; serions-nous encore éloignés du but tant désiré? Et de suite le babil de la caravane s'arrête; la troupe, tout à l'heure joyeuse, prend une allure d'enterrement. Avec cela le terrain devient très difficile, des dunes et toujours des dunes. Non, cela ne peut durer.

Enfin, du sommet d'un monticule de sable, se découvre à l'horizon une ligne sombre continue, très nette sur la blancheur du sol: la forêt riveraine du Tchertchen-Daria.

On presse aussitôt l'allure; une heure plus tard, les premiers tamaris se montrent. La limite entre le désert et la zone forestière présente ici une démarcation très précise; pas une touffe ne dépasse l'alignement général des bois vers lesquels le sable descend en une longue pente très douce. Les tamaris sont de suite très compacts; les chameaux ont tout juste la place de passer entre leurs touffes; souvent même ils doivent décrire d'infinis zigzags pour franchir ces taillis.

Un peu plus loin, nous croisons la route de Tchertchen au pays de Lob, nous sommes donc bien hors du désert! Un quart d'heure après, le camp est installé sur les bords du Tchertchen-Daria. Le fleuve n'est qu'une nappe de glace luisante.

En dix-neuf jours nous avons traversé le Sahara asiatique, franchissant une distance de deux cent quatre-vingt-cinq kilomètres à travers les sables, sous la morsure de froids polaires. Et ce résultat a été atteint sans autre perte que la mort d'un chameau.

La rapidité et la facilité de cette marche sont dues à la rencontre des bayirs; sur les deux tiers du trajet, ces dépressions nous ont offert une route toute tracée. Combien différent eût été le voyage s'il nous eût fallu couper toujours à travers les dunes!

Une ancienne édition de la carte d'état-major russe, représentant les régions au sud de la Sibérie, trace une route sillonnant le Takla-Makane de Tatran à un point situé un peu à l'ouest de Karaoul. Cette indication qui, peut-être bien, repose sur un fond de vérité, m'avait suggéré la pensée d'entreprendre la traversée hasardeuse du désert, que nous venons d'accomplir. Il n'est pas, en effet, impossible, à mon avis, que jadis une telle route ait existé.

Le lendemain, repos pour faire pâturer les animaux et pour prendre le point. Les observations astronomiques, par des températures de – 14 °C et de – 25 °C, manquent de charme. Le soir le maniement des vis du théodolithe m'occasionne de cruelles morsures de la gelée.

En explorant les environs du camp, Eurdek découvre un berger; mais à la vue d'un étranger, le pauvre homme prend immédiatement la fuite, et ce n'est qu'après de longs palabres que le caravanier réussit à le rassurer. Il le détermine finalement à nous vendre un mouton, et c'est par une bombance que s'achève notre expédition.

Deux jours de marche et nous arrivons à Tchertchen, une grande ville. Elle compte cinq cents familles. Le *beg*, un excellent ami de mon précédent voyage, m'offre l'hospitalité dans sa maison: c'est une des rares fois que j'eus l'occasion de dormir sous un toit pendant mon exploration de trois ans en Asie centrale.

Durant mon séjour à Tchertchen, m'arrive d'Europe un copieux courrier. Pendant de longues heures je m'absorbe dans la lecture des lettres et des journaux; elle me donne la sensation de la famille et du pays. Comment cette poste a-t-elle pu m'arriver à Tchertchen?

Il était entendu, en effet, avec le consul Petrovsky, que ses courriers devaient me rejoindre dans le pays de Lob et passer par Aksou, c'est-à-dire au nord du Takla-Makane. Islam, qui est une mauvaise langue, raconte que ledit courrier avait une «amie» à Kérya, que, pour passer quelques jours avec elle, il a fait le crochet de la route du sud, et que nous devons cette heureuse rencontre à un pur hasard. L'exprès fût-il, en effet, arrivé un jour plus tôt à Tchertchen, le *beg*, ignorant notre approche, l'aurait laissé continuer sa route vers Yanghi-Köll. En tout cas, grâces soient rendues à la beauté de Kérya qui m'a valu ces messages bienfaisants : sans elle, ma poste ne m'aurait été remise qu'à mon retour au camp de Yanghi-Köll.

A Tchertchen, tous les indigènes me parlent de ruines situées au milieu des sables à Andere-Terem, à cent soixante-dix kilomètres dans l'ouest. L'un d'eux affirme qu'il y a là une tour en faïence bleue, haute de dix mètres, du plus singulier effet; à la vue de ce monument, il aurait été saisi de terreur, croyant à une apparition, et incontinent aurait pris la fuite. Les assertions de tous ces gens sont évidemment empreintes d'exagération et souvent contradictoires; aussi, pour résoudre la question, je décide de pousser jusqu'à Andere-Terem.

Sven Hedin, *Dans les sables de l'Asie*, Paris, F. Juven, 1904.

LA LIGNE SUD DES OASIS

Paisibles ou agités par la turbulence des populations locales, les oasis du sud du Takla-Makan peuvent être de somnolentes bourgades, bienvenues ou accueillantes après la traversée de l'étape, ou des bastions d'une révolte en cours.

AUREL STEIN[1]
(1906-1908)

Ville enfouie sous les sables, l'ancienne oasis de Niya est à cinq jours à cheval au nord de l'actuel Minfeng. Aurel Stein découvre le site en 1901, guidé une première fois par les « chercheurs de trésor » locaux. Il y retourne en 1906 et procède à une seconde série de recherches. Il extrait plusieurs documents et objets ayant trait à l'histoire de cette oasis, active sous les dynasties han et jusque vers la fin du III*e* *siècle de notre ère, puis progressivement abandonnée par ses habitants, vraisemblablement en raison de la désertification de cette*

1. Sur Aurel Stein, voir note p. 578.

région. Aurel Stein mit au jour de nombreux documents kharoshti[1] *qui prouvaient d'une manière inattendue l'extension si loin vers l'est à cette époque, de l'emprise indienne. Mais surtout, il découvrit des sceaux avec des représentations d'Éros, d'Heraklès et d'Athéna, preuves de l'existence des échanges et des influences du monde méditerranéen jusqu'au cœur de l'Asie centrale, et la liaison avec le monde chinois.*

SUR LE SITE DE L'ANCIENNE OASIS DE NIYA

Les ombres étirées du soir rendaient les hautes dunes au nord-ouest doublement imposantes. Je parvins cependant à entraîner mon équipe à marcher trois kilomètres supplémentaires et cela avant que la tombée de nuit ne nous contraigne à faire halte. Grâce à mon plan détaillé du site, je savais que nous nous trouvions à présent près de quelques ruines que j'avais repérées le dernier jour de mon précédent séjour et que j'avais été obligé de laisser inexplorées, comme on remet quelque chose à plus tard, à l'occasion d'une prochaine visite. Tandis que l'on dressait ma tente, je partis à la recherche de ces ruines. Bientôt, je mis le pied sur des madriers enfouis sous le sable.

La distance déjà parcourue pour arriver sur le site ajoutée aux autres difficultés surmontées me donnèrent l'impression d'être un pèlerin qui atteint son but sacré après de longs mois de vagabondage. Au milieu de ces ruines, je découvris, en surface, un grand madrier en bois décoré et sculpté dans le style Gandhara. Je m'assis dessus et prêtai attention au profond silence qui régnait tout autour de moi. Je songeai à cette vie qui fleurissait sur ce sol, il y a mille sept cents ans de cela et qui, à présent, n'était plus soumise qu'aux forces rivales du sable et de l'érosion. Je connus alors, ce soir-là, l'un des plus heureux moments de quiétude qui m'ait été donné.

Le lendemain matin, je divisai mon équipe. Ram Singh, le topographe, fut dépêché vers le nord-est avec trois chameaux et une provision suffisante d'eau potable. Il avait pour mission de chercher les ruines qu'Islam Akhun, un villageois de Niya, avait proposé de nous faire découvrir, situées à une courte distance de marche depuis le site où nous nous trouvions. Il devait ensuite se diriger en direction du nord jusqu'au désert, progressant autant que possible en une journée sans épuiser les chameaux. Avec le reste de mon équipe, je poursuivais la route indiquée par Ibrahim, sur les hauts plateaux de sable vers le nord-nord-ouest, à la recherche des habitations en ruines sur lesquelles mon ancien guide était tombé lors de ses propres vagabondages, deux

1. Le kharoshti est un alphabet dérivé de l'araméen, probablement introduit dans le nord-ouest de l'Inde à l'époque d'Alexandre le Grand (vers – 326) et utilisé jusque vers 400 dans le nord-ouest de l'Inde et plus tard en Asie centrale.

ans auparavant. Nous avancions très lentement sur les dunes abruptes, enserrées dans un labyrinthe de monticules de sables recouverts de tamaris. Je n'atteignis la plus proche de ces ruines qu'après une heure entière de marche. Il s'agissait des ruines d'une habitation de bois, à demi recouverte par une grande dune, un peu au-delà de la limite à partir de laquelle s'étendait le tamaris vivant.

Poursuivant ma route plus de trois kilomètres durant sur des dunes absolument désertiques, je passai, l'une après l'autre, les anciennes maisons déjà signalées. Elles suivaient une ligne à côté de ce qui avait dû être le prolongement au nord-ouest d'un canal autrefois alimenté par la rivière Niya. Cette ligne était située à seulement trois kilomètres au nord-nord-ouest de la ruine la plus au nord que nous avions pu découvrir en 1901. Les dénivellations accentuées par l'entassement du sable avaient alors dissimulé ces anciennes maisons. Pour établir mon campement, je choisis une parcelle de terre érodée près de la limite nord des ruines. Sans perdre une minute, j'entrepris le travail de la journée en me rendant sur le site de la plus éloignée de toutes les maisons en ruines que nous pûmes repérer.

Il s'agissait d'une habitation de dimension relativement étroite, recouverte d'un mètre de sable seulement, et qui fournissait à Naik Ram Singh et à ses hommes une parfaite leçon de fouilles. Elle était située sur le prolongement étroit de ce qui semblait être une terre surélevée, compte tenu de la dépression produite tout autour par l'érosion du vent, s'étendant sur la ligne d'un petit canal d'irrigation encore signalé par des rangs de peupliers morts, jonchant le sol. Dès que le parterre de la pièce, à l'angle ouest de l'habitation, fut mis au jour, nous découvrîmes un grand nombre de documents en kharoshti[1] sur bois. Outre la satisfaction de cette première trouvaille d'un *takhta*, que je récompensai avec quelques pièces chinoises en argent, j'eus la très grande joie de voir apparaître, dans chacun des trois salons de cette maison, morceau après morceau, cet ancien document rédigé en langue indienne, que l'on devait probablement au dernier locataire des lieux — sans aucun doute, un officiel mineur du milieu du troisième siècle de notre ère, qui avait laissé là ses documents au rebut. Des tablettes rectangulaires du type officiel, avec des couvertures serrées en bois faisaient office d'enveloppes; des tablettes doubles, en forme de coin, communément utilisées pour de brèves correspondances quasi officielles; des planches de bois rectangulaires contenant des rapports de toutes sortes — tout cela était contenu dans les vestiges de la première ruine.

Les hommes de l'équipe apprirent sous peu à gratter le sable qui se trouve à la surface du sol et cela de manière convenable. Ravis d'annoncer leurs trouvailles, ils venaient me prévenir pour que je puisse

1. Voir note page précédente.

achever ce travail délicat. Bien que mes explorations précédentes m'aient familiarisé avec les formes apparentes de ces documents, je ne pus m'empêcher de ressentir une certaine émotion lorsque, après avoir enlevé le sable fin qui collait à la surface, je fus convaincu que plusieurs tablettes en coin possédaient encore leurs attaches de fil et même, sur quelques-unes, des sceaux en argile. Comme j'étais heureux d'y découvrir des représentations d'Éros et une autre qui probablement figurait Hermès, laissées là par l'impact des gravures en creux classiques.

Les outils ménagers qui se trouvaient sur ce site m'étaient également familiers. Les débris d'une chaise en bois agrémentée de motifs sculptés élaborés dans le style gréco-bouddhiste, des instruments de tissage, une forme de botte, un grand plateau, une souricière, etc., tels furent les objets que je pus reconnaître au premier regard en raison de ma précédente expérience. Je pus également expliquer tout de suite les différentes méthodes employées dans la construction des murs de plâtre et de bois afin d'instruire Naik Ram Singh. En dépit de l'érosion provoquée par le vent qui avait dénivelé le terrain attenant jusqu'à une profondeur d'environ quatre mètres et demi en dessous du niveau original, détruisant ainsi une partie de la charpente, la cuisine et les lieux communs ainsi que les enclos aux murs tressés de jonc étaient encore apparents.

Dans l'après-midi, encombrés par les objets découverts durant ces premières heures de travail, nous retournâmes en direction des plus imposantes ruines qui se trouvaient près de notre campement. Là, les murs comme les objets qu'on aurait pu y trouver avaient été entièrement détruits sous les effets de l'érosion, alors que les madriers massifs, blanchis, réduits à l'état d'échardes se dressaient encore très haut, marquant ainsi l'emplacement de l'ancienne charpente. Cependant, lorsque j'examinai le sol en dessous de ce qui me paraissait avoir été un lieu d'aisance extérieur ou encore une étable d'une surface d'environ quatre mètres carrés et demi, je compris aussitôt qu'il s'agissait des couches successives d'un énorme tas d'ordures. Mes expériences passées me donnèrent toutes les raisons de fouiller dans cette carrière peu attirante; les odeurs nauséabondes qu'émettaient pourtant les ordures, et cela même après dix-sept siècles, étaient doublement pénibles à cause du vent frais de l'est qui agitait une poussière fine remplie de microbes, la renvoyant directement au visage, dans la gorge et dans le nez.

Notre persévérance à découper au travers des différentes couches d'ordures amassées sur l'emplacement de l'étable fut enfin récompensée lorsque nous rencontrâmes, à plus de deux mètres sous la surface, un petit enclos en bois qui mesurait deux mètres et demi par un mètre de côté, le tout sur plus d'un mètre de hauteur. Cet enclos avait probablement fait office de réceptacle à ordures pour une ancienne habitation. Au milieu des ordures plus volumineuses, mélangées à différentes sortes de graines et semences, nous découvrîmes de curieux fragments d'espèces les plus diverses — des torchons de tissus aussi variés que la soie, la laine, le coton ou le feutre; les éléments d'un tapis en laine; du cuir et du feutre brodés; des cordes tressées; des pointes de flèche en bronze et en fer; des fragments de beaux bois laqués; ainsi que des instruments brisés en bois et en corne. Plus gratifiante encore était cette trouvaille de plus d'une douzaine d'étroites bandes de bois, pareilles à des étiquettes, sur lesquelles étaient inscrits des caractères chinois exquisement tracés et que l'interprétation donnée ultérieurement par Chiang-ssu-yeh confirma comme étant des notes accompagnant des cadeaux.

Toutefois, ce ne fut qu'au travers d'une analyse et d'une traduction toutes deux très savantes, livrées par mon collaborateur sinologue M. Chavannes plusieurs années plus tard, que je compris tout l'intérêt qui s'attachait à ces petites archives. Chavannes montra que pas moins de huit de ces étiquettes avaient été fixées à des cadeaux de bijoux que des membres de la famille royale s'offrirent ou reçurent de leurs sujets, peut-être à l'occasion du Nouvel An. Sur une face de l'étroite bande de bois, le donateur inscrivait son nom, faisant mention du cadeau et de ses bons vœux; tandis que sur l'autre face était indiqué le nom ou le titre du destinataire. Dans un cas, c'était la mère du roi offrant un cadeau et ses salutations à son fils; dans un autre, c'était la femme du prince héréditaire qui adressait ces cadeaux à l'une des épouses du roi, etc.

La plupart de ces personnages «royaux» sont désignés par leur nom. Toutefois, compte tenu du fait qu'ils appartenaient à la famille d'un petit chef local qui régnait sur quelques oasis, il semble peu probable que ces personnages soient jamais un jour identifiés dans les archives historiques chinoises. Et cependant, il était intéressant de trouver que l'une des épouses royales était décrite comme «la princesse de Chü-mo», c'est-à-dire du territoire qui correspond au Charchan actuel, situé à dix jours de marche en direction du nord-est. Ces reliques charmantes qui avaient appartenu à une royauté jusque-là ignorée par l'histoire chinoise et découvertes dans ce réceptacle à ordures, provenaient-elles de la grande demeure, aujourd'hui détruite par l'érosion, qui se trouvait à quelque distance de là? Ou bien encore, cette boîte, avant d'être enterrée sous les ordures de l'étable, avait-elle appartenu à une maison plus importante et d'une période plus ancienne, aujourd'hui complètement disparue?

Tout au fond de l'enclos se trouvait un petit tas de maïs, encore dans leur gerbes et parfaitement préservés. Tout à côté il y avait deux souris momifiées que la mort avait surprises alors qu'elles grignotaient ces graines.

Le dégagement de ces dépôts d'ordures se poursuivit durant une partie du second jour, mais avant même qu'il ne fût terminé, le nombre d'hommes disponibles m'avait permis d'entamer, sous la supervision de Naik Ram Singh, les fouilles de la chaîne des petites ruines qui s'étendaient dans la direction du sud. Lorsque je pus regrouper tous mes hommes à cette tâche, les progrès furent aussi rapides que j'aurais pu souhaiter. Quelques-unes des habitations avaient subi de véritables dégâts à la suite de l'érosion si bien qu'il ne restait derrière les murs qu'un peu de sable. D'autres habitations avaient été mieux protégées. Dégager le sable qui s'était entassé dans les pièces (dans une ou deux pièces, jusqu'à la hauteur du plafond), exigea de la part des hommes des efforts considérables. Pourtant, les hommes maniaient leur *ketmans*[1] avec une persévérance surprenante et les exhortations amusantes et quelquefois sévères d'Ibrahim Beg, ainsi que l'encouragement fourni par de petites récompenses payées contre les premières trouvailles de valeur, suffirent pour les faire bien travailler dix à onze heures par jour. Je travaillais moi-même plus longuement encore à faire des plans précis et à enregistrer toutes les observations et les découvertes.

Des archives kharoshti en bois —, qu'il s'agisse de lettres, de comptes, de projets ou de mémorandums —, furent trouvées dans presque chacune de ces habitations et cela, sans compter les sculptures de bois d'architecture, des objets ménagers et des instruments en bois, tous révélateurs de la vie quotidienne et des travaux domestiques comme, par exemple, des instruments de tissage et de cordonnerie. Bien que les derniers habitants de ce modeste Pompei n'aient rien laissé de réellement précieux, le nombre de pièces individuelles, aménagées d'une cheminée et de bancs fournissait la preuve du confort dans lequel ces gens-là vécurent. Invariablement, ou presque, on pouvait retrouver près des maisons des débris de jardins clôturés et d'avenues de peupliers ou encore de fruitiers. Dans certains endroits, là où les dunes les avaient protégés, les troncs blanchis et décharnés de ces vergers, des mûriers pour la plupart, se dressaient encore à une hauteur de plus de trois mètres. Ailleurs, ils jonchaient le sol ou parfois encore, il ne restait que les souches comme dans le cas des grands peupliers bordant autrefois un réservoir à la limite sud de ces habitations — habitations dont je pus retracer avec précision les emplacements au pied d'un grand cône de tamaris.

Avec une partie si considérable de ces habitations anciennes dans un état de préservation presque parfait, il fut bientôt facile de s'y sentir chez soi. De grands efforts d'imagination n'étaient pas nécessaires pour se figurer l'allure originale, si bien qu'il n'y eut aucun effet de véritable surprise pour nous impressionner. Pensant constamment aux traits

1. Outil qui ressemble à la fois à une pelle et à une pioche.

similaires que l'on retrouve aujourd'hui dans les habitations modernes du Turkestan, je trouvai par moment que je manquais pour le moins de déférence à l'égard de l'ancienneté de ces reliques d'un passé enterré voilà dix-sept siècles.

J'étais d'abord fasciné par la stérilité absolue et les larges vistas du désert qui m'entouraient. Les ruines à l'extrémité nord du site continuaient au-delà de la zone des tamaris vivants. Comme la mer ouverte au large, les dunes jaunes s'étendaient devant moi, avec rien pour rompre leur monotonie onduleuse à l'exception du tronc blanchi des arbres ou les rangs de poteaux brisés, marquant les maisons, s'élevant çà et là au-dessus des crêtes de sable. La sensation d'être en mer était constante et, plus d'une fois, les vestiges observés à une certaine distance évoquaient curieusement l'image d'un naufrage dont on ne voyait plus que les épaves. Il y avait aussi, pour accompagner cette sensation, le vent frais et le grand silence qu'on rencontre en mer.

Pendant les premiers jours, je trouvai difficile de limiter mes pensées aux diverses tâches qui me réclamaient sans écouter l'appel des sirènes du désert qui m'attirait vers le nord. Comme j'aurais aimé être libre et pouvoir avancer de plus en plus loin dans cette vaste contrée inconnue et déserte, au-delà des dernières dunes qui se profilaient à l'horizon ! Bien qu'un certain nombre d'observations pratiques m'aient interdit archéologiquement parlant, de rêver à des «cités enterrées» éloignées au nord, je désirais par-dessus tout laisser tous soucis de côté pour mieux plonger dans cet océan de sable.

Je ressentis cette tentation plus que jamais lors des marches guidées par Ibrahim sur les dunes vers le sud-est, tandis que nous nous dirigions vers les ruines situées les plus au nord et qui avaient été explorées en 1901. Le soir était d'une superbe clarté et les effets de couleur produits par les teintes rouges du crépuscule, diffusées sur les demi-lunes de sable jaune étaient hypnotisants. Je venais d'atteindre mon but lorsque les yeux perçants de mon guide aperçurent les chameaux du topographe se dirigeant vers nous. Dans cette vaste étendue de dunes uniformément hautes, même la silhouette d'un homme debout sur une crête constitue un point aussi facilement repérable qu'un monument. Lorsque Ram Singh arriva à notre hauteur, j'appris avec regret que l'expédition guidée par Islam Akhun, le villageois du Niya qui avait proposé de nous montrer des ruines récemment découvertes à l'est, avait été un échec total.

Il avait persisté dans la direction du nord et cela malgré ses propres indications antérieures. Après une longue journée de marche sans avoir rencontré la moindre ruine, il avoua qu'il s'était perdu. Le lendemain, il tenta de reprendre son trajet, cherchant des points de repère vers le sud-est. Mais sa confusion devint si manifeste à la fin que le topographe jugea plus prudent de retourner vers mon campement avant que les chameaux, qui révélaient des signes d'épuisement, ne s'écroulent. Lors de cette odyssée, Ram Singh avait atteint un point à vingt kilomètres plus au nord par rapport à mon dernier campement de 1901. Son témoignage relativement à l'absence totale de vestiges d'habitations anciennes m'aida grandement à me concentrer sur des tâches plus concrètes et plus pressantes. Curieusement, quoi que les dunes fussent perpétuellement en mouvement, le topographe avait trouvé à son campement, dans la direction du nord, un groupe de *toghraks*[1] vivants — signe, peut-être, que l'eau du sous-sol de la rivière Niya était plus près de la surface à cet endroit que dans la plus grande partie du site ancien.

Il paraissait probable que Islam Akhun, comme son homonyme, le faux-monnayeur Khotan de joyeuse mémoire[2], s'était permis d'exagérer quelque peu la valeur de ses connaissances de la région. Cependant, son témoignage quant aux ruines qui auraient dû se trouver à l'est du site que nous avions déjà exploré ne pouvait demeurer invérifié, simplement parce qu'il s'était trompé dans ses repères de direction. Le lendemain matin, Ibrahim, avec deux compagnons entreprenants et une gourde d'eau, fut envoyé pour faire une reconnaissance en éclaireur dans la direction de l'est. Quant à moi, j'avais si bien avancé dans le dégagement des ruines du groupe nord-ouest, que je pus me permettre d'utiliser les chameaux qui transportaient la nouvelle provision d'eau, pour aménager mon camp un peu plus vers le sud, et cela dès le quatrième jour. Trois chameaux ne suffirent pas pour transporter l'ensemble des bagages et des provisions. Heureusement, l'équipe d'ouvriers était disponible pour nous prêter main forte. Ils prirent alors tout ce que les chameaux n'avaient pu transporter jusqu'au site des ruines. Le soir, une fois les fouilles terminées, les ouvriers rechargèrent tout l'équipement pour le transporter jusqu'au nouveau camp et cela sans émettre la moindre protestation. Il faisait très sombre lorsque nous atteignîmes l'emplacement du nouveau camp. Je restai longtemps assis à côté du feu nourri de vieux bois avant que tous les hommes n'arrivent et que ma tente ne soit dressée.

DÉCOUVERTE D'ARCHIVES SECRÈTES

J'avais choisi, afin d'y installer mon nouveau campement, un ensemble de ruines situées à l'extrémité ouest d'un site, découvert tardivement et que je n'avais pu, par conséquent, explorer systématiquement lors de ma dernière visite. C'est pour cette raison

1. Peupliers sauvages.
2. Aurel Stein fait ici allusion à Islam Akhoun, faussaire, qui réussit à vendre des «documents en langue inconnue», soit disant trouvés dans les cités enfouies du désert, qui intriguèrent les orientalistes à la fin du siècle dernier. Stein démasqua l'imposture en 1901. (M.J.)

que, depuis, j'avais toujours espéré revenir sur le site en question. Très rapidement, j'eus la preuve gratifiante que ces vestiges que j'avais, pour ainsi dire, si longtemps mis de côté, méritaient effectivement toute mon attention. Tôt le matin du 24 octobre, sur l'emplacement d'une petite structure presque entièrement rongée, située au sud de cet ensemble de ruines, nous découvrîmes à peu près trente-cinq lettres officielles rédigées sur des plaquettes de bois, ainsi que d'intéressants morceaux de bois laqué et quelques paniers faits, selon toute vraisemblance, de bambou tressé.

Encouragé par ces dernières découvertes, je dirigeai mes hommes vers la grande résidence en ruines, la plus proche de l'habitation n° XII là où mes fouilles de 1901 s'étaient achevées. Sur ce dernier emplacement, notre moisson de trouvailles s'avéra plus riche encore que je n'aurais jamais osé l'espérer. J'avais déjà trouvé, en dégageant les pièces à l'angle nord de la salle centrale, quelques beaux morceaux de sculptures sur bois, notamment une excellente architrave de style Gandhara, ce qui laissait penser que le propriétaire de l'habitation avait été un homme assez riche. Son statut de personnalité officielle d'un certain rang me fut suggéré par le fait que, dans un appartement étiré en longueur et étroit, situé à l'angle est de la salle centrale, à laquelle il communiquait par une série de fenêtres pourvues, parfois de volets, parfois de treillage, se trouvaient des documents kharoshti en bois bien préservés et de bonne taille, y compris une tablette mesurant presque un mètre de long avec sur les deux faces ce qui paraissait être des projets de diverses lettres.

L'espoir de trouver davantage de choses dans ce bureau fut bientôt concrétisé lorsque les premiers coups de *ketman* mirent au jour des dossiers groupés de documents en bois enfouis sous le sol d'une pièce attenante à la grande salle centrale du côté sud. Cette dernière pièce mesurait environ huit mètres sur trois mètres et demi. La plupart de ces documents étaient en forme de «coin» pareils à ceux que l'on utilisait pour transmettre des ordres de mission; d'autres, sur des tablettes oblongues, constituaient une liste de comptes, parfois des listes diverses, et des «papiers de bureau», si l'on peut se permettre cet anachronisme. Selon toute vraisemblance, nous étions tombés sur les dossiers du *daftar*[1] d'une personnalité officielle, dossiers qui avaient été abandonnés en cet endroit et qui avaient été fort bien préservés sous une couche de sable d'environ deux mètres de hauteur. Coup sur coup, plus de soixante documents de ce type furent excavés sur une surface d'un mètre carré. Une fouille méticuleuse du reste de la pièce révéla encore d'autres objets. Quelques-uns furent découverts aux divers coins de la pièce et parfois sous les murs, si bien qu'il y avait

1. Secrétaire.

tout lieu de penser qu'ils avaient été laissés en ces endroits bien avant que l'habitation ne fût abandonnée.

Le grattage du sol se poursuivait lorsque l'honnête Rustam, l'ouvrier le plus expérimenté et le plus fidèle de ma «vieille équipe», fit une bien curieuse découverte. J'avais déjà remarqué, lors de la première fouille, un bloc d'argile ou de plâtre qui ressemblait à un fragment de mur écroulé, près du mur nord de la pièce, à proximité des paquets de tablettes. Bien qu'il fût vraisemblable qu'une telle chose se trouvait là par hasard, je donnai tout de même l'ordre de ne pas y toucher. Mais lorsque Rustam retira, entre ce morceau d'argile et le mur, un double coin bien préservé et qui portait encore son sceau d'argile ainsi que ses attaches de fil, je ne pus plus maintenir mon ordre et la fouille se poursuivit. A peine cela s'était-il produit que je vis Rustam dégager avec impatience le sol de ses mains, un peu comme mon petit terrier fait lorsqu'il creuse des trous de rat. Avant même de pouvoir poser la moindre question, je vis Rustam, l'air triomphant, extraire de la terre, à une profondeur d'environ quinze centimètres sous le sol, un document rectangulaire complet dont le double sceau était intact et l'enveloppe encore fermée. Les doigts de Rustam s'appliquaient à présent à élargir le trou tout autour, et nous vîmes bientôt que l'espace situé près du mur et en dessous des fondations était rempli de couches serrées de documents identiques à celui que nous venions de mettre au jour.

Il était évident que nous avions mis là le doigt sur des archives secrètes et mon exaltation n'en était que plus considérable; car, outre l'intérêt des documents en eux-mêmes ainsi que leur état de bonne conservation, les circonstances dans lesquelles ils se trouvaient dissimulés allaient sûrement nous fournir de précieux renseignements. Je dus maîtriser mon impatience afin que le sol alentour fût plus largement dégagé, et cela afin de pouvoir extraire les tablettes sans les briser, ni rompre l'ordre dans lequel elles avaient été placées à l'origine. Ce faisant, la nuit tomba bien avant que je ne pusse retirer toutes les archives déposées sous les fondations du mur. Tandis qu'une grande double tablette rectangulaire passa entre mes mains, puis une autre, au moment où la couche de poussière fut nettoyée, je notai avec une satisfaction accrue qu'à l'exception de deux ou trois doubles tablettes, elles possédaient toutes leurs attaches intactes et scellées sur l'enveloppe d'une façon réglementaire.

Ce n'était pas seulement la conservation parfaite de ces documents ainsi que leur valeur en tant que nouveau matériel pour l'étude de la langue et de l'époque qui me ravissaient exclusivement. Ce qui me procura également un autre motif de ravissement, ce fut de pouvoir trouver, à la suite de ces découvertes récentes, la confirmation évidente de certaines hypothèses émises auparavant. Plusieurs considérations m'avaient laissé supposer qu'il s'agissait là d'accords ou de contrats qui devaient demeurer confidentiels sous leur fermoir original afin que, si besoin était, leur validité pût être établie par une cour de justice lors d'un procès. Tant que le sceau en argile qui figurait au centre de la couverture de la tablette, ainsi que l'attache (le fil qui passait en dessous du sceau serrait en même temps les tablettes et leurs couvertures) n'étaient pas cassés, il était impossible de modifier le texte écrit qui se trouvait à l'intérieur. Je tenais là une imposante série de documents, tous cachetés comme des actes notariés et des contrats le seraient, et tous portant des étiquettes qui n'étaient pas, évidemment, d'un style commun d'adresse. S'agissait-il de contrats ou d'accords que l'officiel qui habitait cette maison avait placés en sécurité, ou encore, ces documents faisaient-ils référence à des terres dont il était propriétaire?

Seul un déchiffrage complet des documents, sur lequel il ne fallait pas compter avant plusieurs années, pouvait fournir des réponses à ces dernières questions. Mais dans le même temps, je notai que les exceptions elles-mêmes semblaient confirmer mon hypothèse. Lorsque tard ce soir-là j'examinai deux lettres sur bois, les seules de la série qui aient été ouvertes, je découvris qu'elles contenaient une correspondance privée adressée de manière très formelle à l'honorable Cojhbo Sojaka, «dont la vue est chère aux dieux et aux hommes». J'avais donc déduit à la suite de cette indication que cet honorable officier avait habité la maison, à cause de l'adresse invariablement stipulée par les ordres de bureau qu'il recevait sur ces tablettes en forme de coin. (Une grande quantité de ces tablettes avait été découverte dans l'après-midi, enfouies dans le sol de la même pièce.) Je me demandai cependant quel pouvait bien être le contenu de ces lettres pour déterminer Cojhbo Sojaka à les garder avec les contrats, etc., comme des papiers représentant une certaine valeur.

Dans l'obscurité naissante du crépuscule et, plus tard, à la lumière d'une chandelle, tandis que je retirais du sol document après document, j'eus l'impression d'être un véritable chercheur d'or. Attendu que l'opération exigeait un soin extrême pour ne pas endommager les sceaux en argile, je compris que je ne pourrais pas achever ma tâche cette nuit-là. Je fis donc recouvrir l'emplacement afin de protéger le site contre toute fouille clandestine de la part des hommes de l'équipe qui auraient peut-être tenté d'aller chercher dans une telle cachette quelque chose de plus précieux que de simples *khats*[1] en bois. Puis, je plaçai sur l'espace ouvert ma petite table de camp sens dessus dessous et, en attachant les pieds avec du fil aux poteaux de fondation de la maison, en scellant les attaches, je disposai une sorte d'enchevêtrement que le plus malin des braconniers n'aurait pas su contourner sans se trahir. Ibrahim Beg «l'honnête» monta la garde sur les trésors laissés pour la nuit. Il dut dormir dans le bureau de Sojaka

1. De vieux documents.

et, puisque le risque d'incendie des charpentes séchées interdisait tout feu, je craignais qu'il n'ait passé une nuit glaciale. Les températures les plus basses atteignaient déjà huit degrés en dessous de zéro.

Tandis que j'achevais la mise en place de mon piège, scellant les fils avec une très belle reproduction d'une pièce d'or de Diodotos, le premier roi grec bactrien, et sur laquelle Zeus était représenté dirigeant ses foudres, je songeai à la pérennité victorieuse de l'art du graveur grec, au travers des siècles et des vicissitudes. Cela était également vrai pour ce site éloigné et étrangement désolé. Lorsque je découvris les sceaux en argile des documents soigneusement enveloppés que j'avais portés sous ma tente, je me rendis compte qu'ils étaient presque tous intacts comme au moment de l'impression, et que la plupart étaient des gravures de facture classique et représentant la déesse Pallas, Hercule avec sa massue et peau de lion sur le dos, Zeus, ainsi que quelques bustes surmontés d'un casque.

La plupart de ces tablettes portaient dans le creux de leur enveloppe, la marque de deux et parfois même de trois sceaux, ce qui étayait sérieusement l'hypothèse selon laquelle de tels documents contenaient des accords ou des contrats signés devant un ou plusieurs témoins. Parmi les tablettes qui ne présentaient qu'un seul sceau, deux indiquèrent le titre officiel du commandant chinois à Shan-shan, ou Lop Nor, en caractères chinois. L'importance attachée à la conservation des sceaux se vérifiait sur plusieurs tablettes où un emballage en soie était bien serré autour du creux comblé par l'argile du sceau.

Le déblaiement qui se poursuivit le lendemain matin nous permit de porter le nombre de documents parfaitement conservés à environ trente-cinq, ce qui était de loin la plus importante série d'archives complètes jamais découverte dans toutes les ruines. Je me demandais à quel moment je pourrais enfin rompre les attaches de ces documents. Ce fut une étrange sensation que celle de me sentir détenteur, *de facto*, des documents de Sojaka, alors que ces documents faisaient probablement état de titres de propriétés terriennes et d'autres biens immobiliers. Certes, ils étaient restés enterrés pendant des siècles, sous les dunes silencieuses et ces sombres cônes de sable couverts d'arbrisseaux de tamaris enchevêtrés et mourants. Cependant, j'étais devenu si attaché à cette steppe désolée, si fascinante et si paisible, que j'eus la vive tentation d'en revendiquer tous mes droits légaux, à la condition, bien entendu, qu'il y ait un *amban*[1] prêt à déchiffrer «mes» actes notariés et à en reconnaître la légitimité! [...]

Au cœur de l'hiver, Aurel Stein poursuit ses explorations vers l'est du Tarim. Dans la région de Lob Nor, connue depuis comme lieu d'expérimentation nucléaire de la Chine, il vient prospecter les

1. Représentant officiel chinois.

sites d'anciennes garnisons perdues aux limites de l'empire chinois du IIIe siècle, qui avaient été découvertes par Sven Hedin.

PREMIÈRES FOUILLES AU SITE DE LOP NOR

Cette première nuit de repos sur le site des ruines, après tous les efforts qu'il nous avait fallu accomplir pour l'atteindre, fut particulièrement délicieuse. La température, qui n'excéda pas dix-huit degrés en dessous de zéro le matin du 18 décembre, favorisa la forte tentation de rester au chaud sous les tapis et les fourrures. Pourtant, les raisons ne manquaient pas de profiter au maximum de notre passage dans cette région. J'étais donc debout à l'aube. Une heure plus tard, les différentes équipes selon lesquelles j'avais organisé notre transport se tenaient prêtes à partir en suivant le programme que j'avais établi au cours de notre dernière marche. Tous les chargements devaient être laissés dans notre campement près de ce groupe principal de ruines, les précieux sacs de glace étant entassés auprès de ma tente, dans un endroit en évidence et cependant protégé contre tout braconnage éventuel. Cinq chameaux devaient retourner à notre dépôt qui se trouvait à mi-chemin pour en ramener les provisions et la glace que nous y avions laissées, ainsi que celle qui avait été ramenée depuis à dos d'âne.

Le convoi principal de chameaux devait se diriger vers le nord aux sources salées d'Altmish-bulak afin de pouvoir s'y reposer et paître. Tokhta Akhun, qui devait les y conduire, avait accompagné Huntington l'année précédente lors de son téméraire voyage en direction de Altmish-bulak, en traversant l'ancien lit du lac incrusté de sel à l'est des marécages de Kara-koshun. Ayant donc visité les deux groupes de ruines de Hedin, je pouvais compter sur Akhun pour arriver rapidement à la source la plus proche. Il estima que même sans chargement, il faudrait aux chameaux deux jours pour s'y rendre. Par la suite, il devait, après un bref repos, retourner lui-même avec un chameau vers le groupe des ruines situées à l'ouest et, de là, faire route vers l'ouest et le sud-ouest à la recherche d'autres ruines éventuellement explorables.

Je confiai une plus courte mission de reconnaissance à Rai Ram Singh. Elle consistait à effectuer un relevé précis des positions occupées par les ruines dont le récit populaire de Hedin faisait mention, à l'ouest du site que nous avions atteint mais que le plan de route, reproduit à petite échelle dans le texte, ne pouvait bien évidemment pas indiquer. J'estimai que le grand nombre d'hommes qui se trouvaient à ma disposition m'aiderait à terminer au plus vite l'inspection des ruines que j'avais rapidement parcourues ce matin-là. Hassan Akhun reçut donc l'ordre de renvoyer, le 23 décembre au plus tard, un nombre suffisant de chameaux pour transporter notre campement à proximité des ruines occidentales.

Les chameaux et les hommes, libres de tout chargement, paraissaient impatients de quitter notre campement désertique et, peu après huit heures, je me trouvai seul avec mes ouvriers dans la paix et la solitude de cet endroit. Lorsque je regardai autour de moi depuis la haute base du stupa, en dessous duquel ma tente se trouvait, tandis que les hommes pour une fois terminaient leur repas matinal à la lumière du jour, je fus frappé en découvrant que la vue de nos travaux de prospection me semblait à la fois étrangement familière et cependant chaque fois nouvelle. Les ruines des maisons de bois et de plâtre, dont les poteaux blanchis se dressaient, brisés comme autant de signes de naufrages, sur des terrasses de terre élevées, ressemblaient indéniablement aux structures du site de Niya, dont je me souvenais si bien. Mais comme le paysage était différent !

Plutôt que l'étendue de dunes et des cônes de sable légèrement ondulants, l'œil ici ne saisissait rien sinon l'image bien découpée d'une série sans fin de *yardangs* d'argile dure, tous pointés dans la même direction, comme s'ils avaient été sculptés par l'impitoyable vent du nord-est. Les *yardangs* [1], comme les dunes, évoquaient la mer; non pas une mer en mouvement, mais plutôt une mer solide et glacée, bouclée par d'innombrables crêtes de pression. La vue était dégagée sur des kilomètres. Toutefois, à part l'agglomérat d'habitations en ruines au sud et au sud-est du stupa, mes puissantes jumelles topographiques ne révélèrent aucune trace de structure en ruines sauf, dans le lointain au nord, quelques amas éparpillés et construits apparemment de briques. Il semblait difficile de croire qu'une seule maison en bois isolée ait pu subsister sous les effets d'une érosion aussi dévastatrice.

Au cours du travail que j'entreprenais à présent, venaient se mélanger des aspects curieusement familiers et cependant chaque fois nouveaux. Le dégagement du sable accumulé dans les structures en ruines, l'examen des débris disséminés sur les pentes érodées en dessous, etc., n'étaient pas des choses nouvelles pour ma «vieille équipe» de Niya. Je savais par avance, en fait, que les vestiges des deux sites dataient tous deux de la même période. Pourtant, la sensation d'effectuer ces opérations routinières sur un site déjà étudié par un explorateur européen, était, pour moi, une sensation nouvelle. L'ouvrage fascinant de Hedin, avec son chapitre sur «Les ruines de Lop Nor ancien», et les excellentes illustrations qu'il contenait, m'avaient suffi pour connaître les caractères généraux de ces ruines, découvertes en 1900 par le plus grand des hasards, sans oublier les vestiges qu'il avait pu mettre au jour lors de sa seconde visite en 1901. Ses «trouvailles» avaient été véritablement importantes, et les indices historiques qu'elles

1. Terrasses érodées par le vent, dans le désert.

révélaient étaient authentiques. D'un séjour de six jours, pourtant, Hedin n'avait pu en consacrer que trois aux fouilles du groupe situé à l'est, et un seul jour au groupe situé à l'ouest. Il n'avait eu que cinq hommes à son service, dont aucun n'était expérimenté pour de tels travaux. De plus, le nombre de ruines était relativement important. Il était donc évident, et cela dès le début, qu'une exploration approfondie du site par un archéologue était nécessaire dans l'intérêt de la science. Mais qui aurait pu dire si ce site, après avoir été tant étudié, avait encore quelques mystères à livrer?

La chance voulut que les toutes premières ruines vers lesquelles j'envoyai mes hommes nous donnèrent bien des raisons d'espérer faire quelques découvertes. Il s'agissait des vestiges d'une maison qui avait été, manifestement, plus spacieuse autrefois, occupant le sommet d'une petite terrasse bien érodée, située à une distance d'à peine quarante-cinq mètres au sud du stupa. Au travers les murs délabrés, construits de bois et de clayonnage identiques à ce que l'on trouvait à Niya, on pouvait encore discerner la forme de quatre pièces, dont une qui mesurait plus de neuf mètres de long. De nombreux débris de madriers répandus sur les pentes de la terrasse, surtout à l'est et au sud, indiquaient la position des autres parties de la maison ainsi que les endroits où la terre avait été désertifiée par l'érosion du vent. Le niveau du sol avait été ainsi abaissé de cinq mètres et demi au sud. Le sable amoncelé dans les pièces encore existantes faisait bien moins d'un mètre de profondeur.

Pourtant, c'est grâce à ce sable que certaines petites reliques intéressantes purent être conservées. La première d'entre elles fut une étroite languette de bois, large de un centimètre vingt, qui comportait une inscription en caractères chinois, sur une colonne, exactement comme les anciens documents chinois que j'avais mis au jour lors de ma première visite au site de Niya en 1901. Des découvertes, semblables à celles de Hedin, sur des ruines dont je parlerai bientôt, m'avaient déjà préparé à trouver d'autres languettes de bois étroites du même type, en ce lieu. Mais c'était une surprise bien gratifiante de découvrir, tout de suite après, deux tablettes en bois oblongues portant quatre ou cinq lignes d'écriture un peu pâlie, mais encore déchiffrable, en kharoshthi. Je n'avais guère osé espérer trouver si loin vers l'est des archives dans cette ancienne langue indienne.

Une seconde languette de bois chinoise fut mise au jour dans un coin d'une pièce attenante. Puis, pendant que nous dégagions soigneusement les divers débris qui s'étaient accumulés parmi les madriers répandus sur les pentes érodées, des cris successifs de «Khat!» signalèrent bientôt la découverte d'archives chinoises sur papier. Il y avait une demi-douzaine de fragments de documents, grands et petits. Mieux préservées et plus curieuses encore étaient ces couches serrées de papiers sur lesquels étaient inscrits des textes chinois, et qui paraissaient avoir servi de fond à une grande peinture bouddhiste élaborée sur une fine couche de plâtre. Ne subsistaient plus que des teintes pâlies, et l'image représentée n'était pas clairement identifiable. L'écriture en colonnes régulières sur ce fond de papier suggérait qu'il s'agissait d'un texte ou d'un rapport officiel.

Sur les pentes recouvertes de débris, nous découvrîmes également deux documents kharoshti de bois qui laissaient supposer, et cela à première vue, quelques aspects intéressants. Il y avait une tablette de couverture d'un document en forme de coin dont l'inscription avait été effacée par le frottement du sable; mais les divers aspects de cette tablette (le creux qui recevait l'argile du sceau et le trou par lequel passait le fil) prouvaient que le système élaboré de «papier à lettres» ancien trouvé dans cette région éloignée à l'est du bassin du Tarim, était le même que celui découvert dans la région de Khotan. Mais l'autre document sur bois, beaucoup plus grossier en apparence, me fit remarquer une différence essentielle. C'était un morceau oblong taillé dans une écorce épaisse, provenant vraisemblablement d'un tronc de tamaris et sur lequel étaient inscrites deux longues lignes de texte en kharoshti. D'apparence étrangement grossière, ce document me fit cependant penser aux tablettes lisses et bien polies découvertes sur le site de Niya. En examinant de plus près les autres archives kharoshti qui venaient d'être découvertes, je remarquai que leur surface rugueuse et craquelée était due moins à l'exposition du vent et du sable qu'à la qualité du bois de toghrak, ou peuplier sauvage. Le terek ou peuplier cultivé était quant à lui utilisé invariablement pour les archives de Niya.

La rareté des tonnelles dans les environs de ces ruines, confirmée par plusieurs observations faites depuis, était également un détail signifiant. Dans toutes les structures découvertes à l'est des sites de Lop Nor, le bois de construction employé provenait des peupliers sauvages coupés dans les bosquets qui bordaient le fleuve. A proximité de ce site, je ne vis aucune trace d'arbre de jardin comme le terek, le jigda ou le mûrier, si fréquemment rencontrés dans tous les vieux sites, de Khotan à Uash-shahri. Plus tard, en examinant les sites occidentaux du Lop Nor, je n'observai que dans une seule ruine, qui paraissait avoir été une résidence d'une certaine importance, les troncs morts d'une ancienne tonnelle. D'emblée, par conséquent, il devenait évident que les ressources de la culture locale n'auraient pas suffi pour expliquer la présence d'anciennes occupations.

Les découvertes faites sur le site de cette première ruine ne se limitaient pas à des archives écrites. Il y avait plusieurs autres reliques d'un intérêt notable. Deux fragments d'un tapis en laine furent mis à jour dans un coin de l'une des pièces. Les morceaux du tapis avaient conservé leurs couleurs — des teintes marron, un rouge bordeaux profond, des reflets chamois et un bleu vif d'une fraîcheur encore remarquable. La technique de fabrication de la trame, de laine et de poils, ressemble beaucoup à celle qu'on utilise aujourd'hui pour tisser les tapis japonais modernes et bon marché. Toutefois, une description complète de cette technique ne peut être donnée ici. C'était le premier exemple d'un ancien et véritable tapis en laine trouvé jusque-là dans le Turkestan chinois, si bien que ma satisfaction en le découvrant n'en fut que plus considérable. Je n'avais guère le temps de l'examiner de près, pourtant. Le grattage du sol permit de mettre au jour une autre découverte, tout aussi importante à l'égard de l'histoire des anciens modes de tissage du tissu. Sur une parcelle de terre attenante, du côté nord de la ruine, qui pourtant ne laissait guère supposer le moindre vestige d'une habitation, nous découvrîmes une petite balle de soie jaune légèrement enroulée, séchée et friable au point qu'elle se brisa en deux morceaux lorsqu'on la souleva. Cette petite balle de soie avait un diamètre de cinq centimètres et la pièce, une fois déroulée, mesurait quarante-huit centimètres de large.

Il était curieux de tomber ainsi, d'emblée, sur une relique si bien conservée et représentative de l'ancien commerce de la soie en Chine. Ce commerce, comme de nombreuses considérations m'avaient laissé le croire, s'était déplacé vers l'ouest pendant les premiers siècles de notre ère sur cette même route indiquée par ce village en ruines. Parmi les ruines de celui-ci, ainsi que sur d'autres sites, nous découvrîmes un grand nombre de petits bouts de soie de différentes couleurs provenant probablement de morceaux de vêtements. Cette balle de soie, à elle seule, illustrait la véritable forme dans laquelle le plus fameux produit du pays des Séres était transporté vers l'Occident lointain. Il était inutile de spéculer sur les raisons pour lesquelles la balle de soie avait été laissée sur place lorsque les derniers habitants abandonnèrent l'édifice, ou comment elle avait pu échapper à ceux qui cherchaient sur le site du village déserté tout objet de valeur ou simplement utile. Je ne doutais plus que la largeur de la pièce de soie était celle qui était adoptée dans le commerce d'export de la Chine lorsqu'en retournant à Miran, je découvris sur un site de ruines un grand bout de soie dont les bords étaient préservés et dont la largeur mesurait également quarante-huit centimètres.

Je ne peux ici décrire en détail le nombre de petits ustensiles, tels que des cuillères, des baguettes, des débris de vaisselle en bronze ou en bois laqué, qui se trouvaient sur le site de la première ruine. Je ne peux me permettre, non plus, de faire autre chose qu'une simple référence à la récolte abondante de petits objets en métal, en verre et en pierre qui furent recueillis lors du tout premier jour de fouilles à proximité des ruines. Il y avait une abondance de fragments de miroirs en bronze, parfois avec une décoration en relief sur le revers; des bagues et des morceaux de boucles; des fermoirs et d'autres ornements personnels bien fignolés en bronze; des sceaux en pierre décorés géométriquement; de petites cloches agréablement travaillées en forme de grelots, etc.

Cette abondante récolte de perles de verre, de plâtre ou de pierre, souvent de couleur vive, laissait croire que le beau sexe avait été bien représenté en ce lieu où la vie et tous ses plaisirs avaient disparu voilà si longtemps. Plus frappante encore peut-être était la profusion de pièces de monnaie chinoises en cuivre, à trou carré, et qui étaient toutes, sans exception, d'un type courant lors de la première et de la seconde dynastie des Han. On ne pouvait échapper à l'impression que cette occupation, petite dans son étendue et limitée en ressources naturelles, avait néanmoins connu une importante circulation d'argent et, par là, des échanges commerciaux significatifs.

Je n'avais que peu de temps à consacrer à de telles considérations. Dès la fin du dégagement de la structure isolée, je déplaçai ma bande d'ouvriers vers le sud-ouest où, à une distance de quatre-vingt-dix mètres du Stupa, se dressaient les ruines d'une structure plus importante. Elle occupait la partie est d'une parcelle de terre de cent quatre-vingts mètres de large qui, grâce à la protection fournie par ces ruines-ci et les restes d'encore une demi-douzaine de petites habitations, avait échappé à la division en *yardangs* et apparaissait à présent comme le centre même d'un vaste espace autour duquel on avait construit. L'érosion des terres alentour atteignait parfois une profondeur de quatre mètres.

Dans la structure principale, qui paraissait avoir inclus un enclos de grosses briques séchées au soleil, les murs épais de trois appartements étroits se dressaient encore à une assez bonne hauteur. Je reconnus facilement l'endroit où Hedin avait découvert des archives chinoises en papier et en bois. Il avait retiré quarante-deux tablettes, ou plutôt ces étroites bandes de bois de petite dimension, ainsi qu'environ deux cents morceaux de papier, des couches de débris dans l'un des appartements. Néanmoins, une fouille complète dans les débris qui avaient été jetés de cet appartement, ainsi que parmi ceux qui étaient répandus sur la pente sud, révéla un grand nombre de fragments de papier et de bois portant des inscriptions. Dans les bouts de bois fins et recourbés qui en constituaient la majorité, il était facile de reconnaître les «copeaux» des languettes de bois chinoises de taille régulière (24,1 cm de long et 1,3 cm de large) qui avaient été rabotés afin d'être réutilisés comme support à un texte. Puisque le matériel utilisé pour ces languettes de bois semblait être du pin lisse et très souple, introuvable dans les environs, l'économie faite en réutilisant ce vieux «papier à lettre» était facile à expliquer.

Laissant quelques hommes passer soigneusement ces débris au crible sous la supervision d'Ibrahim Beg, je me concentrai sur les restes d'une grande structure de bois et de clayonnage qui avaient autrefois constitué une sorte d'aile ouest de l'édifice marqué par les briques que je viens de mentionner. D'énormes poutres de Toghrak étaient éparpillées sur la pente est; quelques poteaux, qui semblaient avoir soutenu le hall central, se dressaient encore à une hauteur de quatre mètres. Selon les informations disponibles sur les documents trouvés par Hedin, il était fort probable que ce bloc de pièces avait constitué une résidence officielle chinoise. Le déblaiement minutieux une fois effectué ne révéla rien, sinon quelques grandes volutes sculptées en bois de toghrak, et qui avaient probablement servi de décoration au support du toit.

Pourtant, lorsque je dirigeai les hommes vers une parcelle de terre attenante, située à l'ouest, et qui semblait avoir été occupée par un cabinet extérieur ou une cour découverte, ils découvrirent rapidement plusieurs archives chinoises en bois et en papier. Parmi la trentaine de languettes de bois, quelques-unes étaient intactes; d'autres n'étaient carbonisées qu'à une extrémité, ayant servi, vraisemblablement, de mèches. Hélas! je n'avais pas de sinologue à mes côtés, même pas Chiang-ssu-yeh, pour m'expliquer le sens de ces inscriptions. Il était cependant facile de deviner l'usage grâce à l'une des languettes de bois, qui était toujours rattachée par un fil de cheveux tressés à un autre objet, malheureusement manquant. L'interprétation de M. Chavannes, trois ans plus tard, démontra que cela avait marqué le sac de grains offert à Kuan, un noble soldat appartenant au détachement de la garnison.

Compte tenu des découvertes intéressantes de cette première journée, je passai une soirée heureuse jusqu'à ce que l'obscurité me poussât à l'abri de ma petite tente. Le vent glacé du nord-est devenait toujours plus rude le soir, et il était plaisant de penser que les hommes, devant leur feu de camp brûlant à l'intérieur des ruines en briques, avaient en fait plus chaud que moi dans ma tente douillette. Pour me réchauffer, je n'avais sous ma tente outre deux bougies que je laissais brûler, avant que le besoin d'air frais ne me contraigne à les mettre à l'extérieur, un petit poêle arctique contenant des braises. Personne n'avait autant de confort que Dash, mon petit terrier qui, équipé de son propre manteau de fourrure, pouvait se réfugier sous les couvertures de mon lit, y trouvant la chaleur et l'oubli de toutes les privations. Il avait choisi sa couverture préférée et se mettait en dessous tout seul lorsque je n'étais pas là pour le border moi-même. Avec une température nocturne tombant rapidement à moins 25 degrés en dessous de zéro, je n'aurais jamais pu rester hors du lit aussi tard que je le faisais, si je n'avais eu ce sac doublé de fourrure que j'avais ramené du Kashmir et dans lequel je m'enfonçais, sans même retirer mes grandes bottes.

EXAMEN D'UNE ANCIENNE CONSTRUCTION

Dans le froid glacé du matin du 19 décembre, nous nous mîmes au travail en dégageant une ruine plutôt bien préservée, située à une distance d'environ cinquante-quatre mètres au sud-ouest de ce que nous appelions le «Yamên». Ni les dimensions des douze pièces encore repérables, ni même la taille du bois n'étaient véritablement considérables. Pourtant, environ un mètre de sable s'était amoncelé à l'intérieur des murs brisés. La construction de bois et de clayonnage rappelait le modèle rencontré sur le site de Niya et nous laissait espérer quelques découvertes. Nos espoirs ne furent pas déçus. La première pièce, qui avait dû être utilisée comme la pièce la plus chaude pour y passer les nuits d'hiver, possédait d'épais murs en argile compressé, une grande cheminée et de larges bancs. Nous ne découvrîmes rien ou presque dans cette pièce si ce n'est quelques menus morceaux d'un tapis à motifs floraux dont les teintes étaient encore vives.

Cependant, dans un passage qui séparait cette pièce d'une autre plus vaste, située dans l'angle ouest de la maison, nous découvrîmes trois grandes tablettes rectangulaires avec non seulement leur couverture de bois et leur petite cavité à sceau, mais encore dont l'inscription en kharoshti était bien préservée. Deux des trois tablettes étaient emballées d'un tissu marron à la trame serrée et se trouvaient sur une épaisseur de sable d'environ un mètre. Selon toute vraisemblance, ces tablettes avaient dû tomber d'un récipient accroché plus haut sur le mur. A part le bois de Toghrak duquel elles étaient taillées (et non de peuplier de culture), ces documents étaient conformes sous tous leurs aspects (disposition, cursive, etc.) aux traits qui m'étaient si familiers depuis mes découvertes au site de Niya. En tant que rapports officiels, ces tablettes rectangulaires devaient indiquer une date. Tandis que je la cherchais avec impatience, je fus persuadé que dans ce cas également, la datation du document suivait les années du règne d'un maharaja; son nom était probablement Dugaka, mais se distinguait par sa forme des noms des souverains mentionnés habituellement dans les archives de Niya. Il était évident qu'ici aussi le contrôle chinois, militaire et politique avait autorisé l'administration indigène à gouverner en remettant toute juridiction entre les mains de la famille souveraine locale.

Il était fort probable que la maison dans laquelle nous étions en train d'effectuer ces fouilles avait autrefois abrité un représentant de ce souverain indigène de la région de Lou-Lan. Cette idée fut confirmée lorsque nous découvrîmes également qu'au moins douze tablettes kharoshti se trouvaient parmi un petit tas de débris, situé à proximité de la pointe nord de la structure principale. Elle marquait peut-être un ancien lieu d'aisance situé à l'extérieur de la maison. Parmi ces tablettes, il y avait des lettres de forme rectangulaire ainsi que des lettres en forme de coin, des registres et des rapports rédigés sur des tablettes oblongues. Le bois sur lequel avait été consignés quelques-uns de ces rapports avait blanchi et s'était craquelé à force d'être exposé. Il restait assez de signes écrits cependant, pour apporter la preuve que cette collection de documents en son entier avait appartenu au daftar d'un personnage officiel quelconque. Ce dernier fait, ajouté à la découverte des documents kharoshti sur d'autres ruines du site, ainsi que les observations que je pus en tirer quant à l'endroit et aux conditions de la découverte, confirmèrent la conclusion signifiante que la même ancienne langue indienne, que l'on avait rencontrée dans les archives du site de Niya, était également en usage dans les régions du Lop Nor, chaque fois qu'il s'agissait de l'administration et des affaires des indigènes. Compte tenu de la distance considérable qui existe entre Khotan et Lop Nor, cette extension uniforme d'une cursive et d'une langue indienne, répandue jusqu'à l'extrémité est du bassin du Tarim, est d'un intérêt historique tout à fait conséquent.

Cette découverte, comme tant d'autres, qui semblait alors si simple et si évidente, ne manqua pas, par la suite, de soulever de nouvelles questions. Dans la région de Khotan on pouvait expliquer, au moins en partie, l'usage officiel d'une langue indienne par la vieille tradition locale mentionnée par Hsüan-tsang, invoquant l'immigration indienne comme un élément important constitutif de la population locale. Mais si éloigné vers l'est, au seuil même de la Chine, l'usage identique de cette langue étrangère administrative semblait révéler au contraire une domination politique exercée par des envahisseurs indiens, domination qui s'exerça un moment sur le bassin du Tarim en entier. S'agissait-il donc d'une forte et durable empreinte laissée par la conquête indo-scythe du côté de la Bactriane, dont nous apercevions des échos à travers la tradition bouddhiste en Chine? Cela aurait expliqué au moins pourquoi le contrôle impérial chinois dans ces régions pendant le premier ou deuxième siècle de notre ère aurait été provisoirement interrompu. Ou bien cette influence d'une puissance, dont la base se trouvait au nord-ouest de l'Inde, remonterait-elle à une date plus reculée?

Il m'était impossible pour le moment de consacrer plus de temps à ces passionnantes questions. Laissant à Naik Ram Singh la responsabilité de la supervision des hommes qui devaient dégager à la fois les pièces restantes de ce que nous baptisâmes «la maison du Beg» pour la distinguer du *ya-mên* ainsi que le terrain attenant, je me mis à examiner de plus près les environs du groupe principal de ruines. Tandis que je longeais le bord sud du site, mon regard fut attiré par une longue terrasse qui s'élevait au-dessus du sol érodé, comme les

Yardangs à côté mais qui s'en distinguait, cependant, en se prolongeant de l'est vers l'ouest. En m'approchant de la terrasse et en examinant le sommet de celle-ci, je pus rapidement identifier les restes délabrés d'un rempart fait d'argile compressé. En certains endroits, les ruines du rempart se dressaient encore jusqu'à une hauteur excédant parfois un mètre. L'épaisseur maximum de ce mur était d'un mètre et demi. La plus longue partie continue de ce rempart que je pus identifier sur le côté sud mesurait quatre-vingt-un mètres de long.

Ces quelques vestiges de muraille avaient protégé de l'érosion une terrasse étroite sur laquelle était disséminée une grande quantité de débris de poteries. A l'intérieur, adossé à un bout du mur, je décelai les traces d'une structure faite de joncs. A part cela, le rempart était éloigné des autres édifices. Guidé par cette indication, je découvris bientôt des fragments de mur correspondants, plus courts mais dont le mode de construction était identique. Ce deuxième mur se prolongeait sur une ligne droite le long du côté nord du groupe principal de ruines. Çà et là, la hauteur du mur atteignait encore deux mètres et demi, et les couches de petites branches de tamaris insérées à intervalles réguliers pour renforcer l'argile étaient facilement repérables. La distance entre les murs nord et sud que je mesurais ainsi était d'environ cinq cents mètres.

Restait à présent à déterminer la position des murs est et ouest car ils avaient sans doute fait partie des fortifications de ce petit fortin. Une telle représentation s'avéra particulièrement difficile. Je cherchai, mais en vain, sur le côté est des ruines, au-delà du stupa, un signe quelconque d'un mur continu parmi les Yardangs qui sillonnaient la terre avec la régularité d'un champ labouré. En désespoir de cause, je dus conclure que le frottement constant du terrible vent nord-est, ainsi que le sable qu'il poussait devant lui, avaient d'abord ouvert une brèche dans ce mur est, marqué aujourd'hui par une tranchée de Yardang, puis cassé et emporté tous les fragments du rempart en argile qui auraient subsisté cependant, mais seulement s'ils s'étaient trouvés sur les hauts des terrasses d'érosion. Comme ces terrasses étaient ici très étroites et découpées suivant de petites entailles, le processus d'effacement s'expliquait pleinement. Le résultat, cependant, me paraissait inexplicable jusqu'à ce que les murs est en ruines dans quelques villages chinois autour de An-hsi, que j'eus l'occasion de visiter quelque six mois plus tard, m'en révèlent les étapes intermédiaires. Le vent puissant qui avait pratiqué une brèche dans le mur est avant de le détruire entièrement, avait également endommagé gravement le mur ouest qui se trouvait sur son chemin. Une fois le premier obstacle éliminé, la force d'impact du vent sur le second mur n'avait sans doute fait qu'augmenter.

Dès lors, la disparition totale de la face ouest du mur ne m'étonna plus guère. Par chance, je pus encore déceler la ligne qu'il avait occupée, en observant deux blocs d'argile effrités qui se dressaient face à face à mi-chemin entre les murs nord et sud existants, à l'ouest du groupe principal de ruines. Un examen attentif de ces blocs révéla qu'il s'agissait de vestiges des deux bastions massifs, tours qui avaient encadré la porte principale du fortin. L'épaisseur des bastions avait été de plus de sept mètres. Ils se dressaient encore à près de cinq mètres au-dessus du sol. Sur le sol autour de ces ruines, on pouvait voir encore des morceaux de bois lourd qui avaient fait partie, selon toute vraisemblance, du cadre de la grande porte. La distance entre les murs sud et nord faisait à peu près trois cent trente-trois mètres. Si l'on suppose que l'espace contenu par le rempart avait été carré — comme c'était habituellement le cas dans les villages fortifiés chinois —, tous les vestiges identifiables, ceux des habitations, par exemple, se seraient trouvés alors à l'intérieur de ces murs.

A l'extérieur, seules deux structures en ruines avaient subsisté. Toutes deux étaient construites d'une solide maçonnerie et paraissaient avoir servi de fondement au sanctuaire. Grâce à leur caractère massif, elles avaient jusque-là échappé à l'érosion. L'une des deux, située à moins d'un kilomètre au nord-est du fortin, était réduite à la taille d'une petite pyramide haute de trois mètres et dont chaque bord à la base mesurait dix mètres et demi. Comme c'était le cas pour chaque grande structure du site, tout cela reposait sur une fondation de deux couches de branches de tamaris mélangées à de l'argile.

L'autre bloc, à proximité du coin sud-est de l'espace muré, était plus imposant; Autrefois, les bords de sa base avaient sans doute mesuré quinze mètres. La hauteur de la terrasse d'érosion sur laquelle elle se dressait faisait presque cinq mètres, à quoi il fallait rajouter plus de quatre mètres de la maçonnerie existante. Ce qui ne manquait pas de rendre cette dernière pièce particulièrement impressionnante. Il était évident qu'en ce lieu l'érosion due au vent avait été accrue par l'activité humaine. Un tunnel, sans doute creusé par des chercheurs de trésors antiques, avait été percé dans le bloc à travers son centre jusqu'à la face ouest. Il ne restait aucune trace de la superstructure qu'avait dû soutenir cette masse de maçonnerie. Du revêtement en stuc qui avait probablement orné ses côtés, il ne restait rien non plus.

Il était curieux de remarquer en cet endroit, ainsi que parmi les ruines qui se trouvaient à l'intérieur des murs, la profusion de vestiges d'arbrisseaux de tamaris qui avaient autrefois poussé au pied de l'étendue des débris et plus bas, sur les pentes érodées. Cela avait sans doute contribué à la conservation des ruines, et les branches mortes se répandaient sur les pentes de la plupart des terrasses. On trouvait également parfois dans les tranchées d'érosion, de petits cônes de tamaris et des tamaris clairsemés, tous morts. A proximité du Ya-mên, je découvris même un petit massif de tamaris vivant. Tout cela laissait supposer que l'eau avait atteint ce terrain longtemps après que le fortin eut été abandonné par les hommes, et même postérieurement à la disparition de la végétation sauvage.

Mullah et mes hommes ne parvinrent à trouver aucune trace de ruines, ni à l'est, ni au sud. Mais au nord, depuis la position dominante qu'offrait le stupa du site principal, on pouvait déceler deux mottes d'argile brisées au-dessus des *yardangs*. Je me lançai immédiatement dans cette direction afin de pratiquer quelques examens. A une distance de plus de trois kilomètres au nord-nord-est, je tombai sur les ruines d'une structure solide en briques à deux étages, atteignant une hauteur de quatre mètres et demi. L'état de délabrement des bords, qui devaient mesurer onze mètres de long, m'empêcha de déterminer le type d'édifice auquel il correspondait. Il s'agissait fort probablement de la base d'un sanctuaire. Cette base était construite à partir de briques séchées au soleil, de grande taille, comme on les découvrait habituellement sur ce site (48 cm sur 28 cm sur 7,5 cm). Outre ces premières briques, de plus petites, très dures et sûrement cuites, étaient répandues plus bas et provenaient peut-être d'une superstructure. A cent dix-sept mètres au nord-ouest, je repérai l'emplacement d'une assez grande structure à côté des débris de bois massif, y compris des madriers de toghrak d'une longueur de plus de six mètres, éparpillés sur la terre désertique et érodée.

Après avoir traversé deux kilomètres et demi sur un terrain terriblement bosselé en direction ouest-nord-ouest, je tombai sur les restes d'un plus petit monticule de briques dont la structure attenante faite de bois ressemblait à celle que nous avions rencontrée plus tôt. Dans ce cas aussi, l'érosion avait été trop forte pour laisser quelque chose à examiner. En retournant au campement, pourtant, à moins d'un kilomètre de là, je traversai un vieux lit de rivière qui me permit de faire quelques observations intéressantes. La rivière serpentait de l'ouest à l'est et semblait se rattacher au lit que nous avions traversé le 17 décembre, lors de notre approche du site. La largeur variait de quarante-cinq à cinquante-huit mètres cinquante. Les rives, marquées clairement par des toghraks morts et des cônes de tamaris, descendaient abruptement à une profondeur de quatre mètres et demi à six mètres.

Le fond du lit était plutôt plat, couvert d'un sable fin et dépourvu de *yardangs*. Grâce à la profondeur du lit de la rivière, ainsi que l'orientation de son cours, qui ne suivait pas la direction du vent dominant du nord-est, l'érosion en cet endroit avait été minime. L'érosion avait été, peut-être même, retardée par le sable lourd amoncelé dans le lit lors de la dessiccation. Il n'était guère commode de déterminer, sans preuves directes de son ancienneté, si ce lit avait existé au moment où le site était occupé par les hommes, ou s'il s'était formé ultérieurement, lors d'un retour provisoire du fleuve.

Avant de continuer vers Dunhuang, Aurel Stein explore l'ancienne ville et forteresse de Miran, qui fut occupée vers la fin de la dynastie Tang, par une garnison de Tibétains alors maîtres de la région. Il découvre un temple bouddhique, des fresques avec des anges et la signature d'un artiste, Titus, peut-être un Romain, «voyageur» ayant étrangement poussé jusqu'aux limites de l'empire chinois.

LES RUINES DE LA FORTERESSE DE MIRAN : LA DÉCOUVERTE DE DOCUMENTS TIBÉTAINS

Sous l'abri de ma petite tente, que le grand vent secouait et qu'il faillit plus d'une fois renverser, je m'occupais jusque très tard dans la nuit à nettoyer et, autant que possible, à numéroter les documents découverts dans la journée. Tandis que je les tenais entre mes mains engourdies, je pensais aux difficultés de traduction qu'ils susciteraient dans l'avenir, sans parler de la calligraphie elle-même, serrée et très cursive. La littérature tibétaine, bien qu'elle abonde en textes canoniques bouddhistes et en œuvres religieuses, ne possède que très peu d'écrits profanes. Pour une élucidation totale des documents, tels que ceux qui furent découverts dans la forteresse de Miran, une perspicacité philologique doublée d'une connaissance intime de la langue vivante ainsi que des coutumes du Tibet étaient absolument essentielles. Le docteur révérend A. H. Francke de la mission Morave, de Leh — l'un de mes anciens collaborateurs dont l'autorité est reconnue en matière d'antiquités du Tibet de l'Ouest — est le confrère indispensable pour cette tâche et, à ma grande satisfaction, il a accepté d'y participer. Pourtant, des obligations de dernière minute survenues à la suite de ses propres recherches l'empêchèrent de se libérer quelques mois durant avant de pouvoir s'adonner à l'examen complet de mes documents tibétains.

Pour l'heure, je dois me contenter de faire un bref résumé des indications qui ressortent de l'examen préliminaire qu'il fit de quelques documents sur bois et sur papier, ainsi que d'autres notes qui me furent aimablement communiquées par mon ami le docteur F. W. Thomas, l'érudit bibliothécaire de l'Indian Office.

Les informations jusque-là disponibles ne laissaient aucun doute sur la plupart des archives tibétaines quant à leur contenu. Comme je crus dès le début, celles-ci consistaient en divers papiers administratifs, rapports, demandes, etc., adressés dans leur grande majorité aux officiers qui commandaient la garnison tibétaine. Les questions militaires semblent être les plus nombreuses et offrent des indications sur l'état de confusion qui régnait dans cette région. Parmi la vingtaine de documents déjà traduits quoique partiellement, six font référence à des accrochages avec des groupes hostiles. Sur une tablette adressée à l'officier en chef du Grand Nob, nous apprenons qu'un convoi fut capturé et des troupes contraintes de riposter. Sur une autre tablette, le «conseil du fort de Petit Nob» raconte au «grand Seigneur, l'officier général en chef» comment, lorsqu'ils étaient occupés à renforcer les moyens de défense, l'ennemi lança une attaque, tuant leurs familles et détruisant leurs provisions. Une tablette provenant d'une petite oasis réclamait un secours d'urgence pour défendre la frontière nord menacée, et signalait des émeutes au Tibet de l'Ouest. «Gonflez vos poumons et hâtez-vous!», ainsi s'achevait l'appel contenu dans ce document.

Une pétition curieuse était rédigée par un vieil officier qui se plaignait de ne pas avoir reçu la récompense promise pour ses services, et qui laissait entendre qu'il les lui fallait avant qu'il ne repoussât de nouvelles incursions ennemies. Ailleurs, nous lisons le rapport concernant une expédition punitive, les déplacements de la cavalerie ennemie, les directives pour le transport de munitions, etc. Un rappel de compte urgent est sollicité par le gouvernement suprême auprès de certains dignitaires; certaines dépenses sont autorisées sur des points précis, relatifs aux salaires et aux transports. Dans une des tablettes, Jehu-Iho, qui se définit lui-même comme le «serviteur des quatre ministres du Tigre», signale sa présence au Petit Nob après avoir accompli sa mission et, constatant le manque d'instructions nouvelles, demande, navré, de se faire mettre à pied. Dans un document sur papier, encore difficile à lire en raison de l'incrustation de la terre, nous trouvons une lettre privée destinée à un officiel de haut rang recommandant pour son usage un médicament fait d'excrément de mouton bouilli mélangé à du beurre, à de la farine d'orge ainsi qu'à d'autres ingrédients savoureux. En raison du manque de matériel en papier, le revers de cette feuille servit à quelqu'un d'autre pour faire l'interminable demande d'un passeport scellé afin de pouvoir retourner chez lui. Un document plus imposant encore, daté d'une année du cycle de douze ans et portant l'impression rouge de neuf sceaux, contient de curieux rapports de procès concernant la vente d'un esclave capturé lors d'une récente guerre, esclave dont un prêtre se débarrasse sous certaines garanties dans le cas d'une évasion.

Il serait hors de propos ici de discuter des nombreux points d'intérêts soulevés par ces archives en matière de paléolographie, d'orthographe et de singularités linguistiques. Ces archives font partie des plus anciens monuments de la langue écrite, et éclaireront sans doute l'organisation sociale et militaire d'une période où le Tibet jouait un rôle important dans l'histoire politique de l'Asie centrale. L'identification des noms de lieux cités constituera une tâche intéressante et fructueuse. Il suffirait ici de signaler que parmi ces noms, nous trouvons celui de «Cherchen», la référence la plus ancienne à l'oasis aujourd'hui appelé Charchan; et que le nom «Nob» cité ci-dessus fournit manifestement le lien phonétique longtemps cherché entre la forme «Na-fo-po» employée par Hsüan-tsang en désignant la région de Lop Nor, et celle de «Lop» employée par Marco Polo, que sir Henry Yule avait déjà identifiée comme étant le dérivé médiéval de ce même mot. Si le site de Miran, comme le suggère fortement la tablette citée en premier, était connu des Tibétains comme le «Grand Nob», il est fort probable que par «Petit Nob», ils entendaient Charklik. Cette distinction correspondrait précisément à celle qui est indiquée dans les annales Han entre les deux endroits principaux de Shan-shan (Lou-Lan), ou Yu-ni «le vieux village» à l'est, et I-hsun, ou «nouveau village». Ces deux endroits correspondent aujourd'hui, je crois, respectivement à Miran et Charklik.

Quels que soient les détails qui restent à glaner de ce riche recueil de documents, on peut considérer déjà comme certain que l'occupation de la forteresse de Miran et sa construction se situeraient probablement durant la période de domination tibétaine en Turkestan chinois et dans les régions limitrophes à l'est. Bien que nos matériaux historiques relatifs à cette période soient encore peu nombreux, nous savons que cette période de domination tibétaine dut se poursuivre vers les régions de l'ouest depuis la chute du pouvoir chinois à la fin du huitième siècle jusqu'à la fin du neuvième siècle. La disparition totale de l'influence et du contrôle chinois dans le bassin du Tarim, qui marque cette époque dès son début et explique l'obscurité qui l'entoure, est signalée par le fait signifiant que, parmi les mille morceaux écrits qui furent découverts durant les fouilles de Miran, pas la moindre trace d'écriture chinoise ne s'y trouva.

Curieusement cependant, tandis que je mettais fin à mes fouilles, un document très intéressant qui n'était pas tibétain fut mis au jour dans l'appartement attenant à la face intérieure du rempart nord et qui ne contenait qu'une petite couche de débris. Il s'agissait d'un paquet de papier fripé qui, une fois déplié, apparut comme une très large feuille (mesurant 30 cm sur 30 cm) ainsi que deux morceaux déchirés d'une autre feuille sur laquelle courait une écriture forte et lapidaire. Je reconnus immédiatement ces derniers signes comme étant du turque runique, l'écriture turque la plus ancienne, découverte il y a vingt ans dans certaines inscriptions bilingues datant du début du huitième siècle de notre ère sur les fleuves Orkhon et Yenissei.

Le professeur V. Thomsen, l'illustre savant danois qui eut le mérite d'avoir été le premier à déchiffrer l'écriture et la langue des célèbres monuments de Mongolie, accepta d'entreprendre la publication de cette archive de Miran. La traduction provisoire qu'il me fournit démontre que le document contient une longue liste de noms turcs à qui avaient été distribuées, soit en personne, soit par le biais de quelques représentants, des assurances diverses, plus probablement, des passeports. Plusieurs termes employés pour désigner les destinataires semblent confirmer que la plupart d'entre eux, sinon tous, appartenaient à une force militaire turque. Nous pouvons en conclure qu'il s'agissait là d'un document datant de la période précédant la domination tibétaine, lorsque le bassin du Tarim était occupé par diverses tribus turques du nord contre lesquelles les Chinois tentèrent, avec divers degrés de succès, d'imposer leur contrôle politique.

Je ne pus déceler, ni à l'intérieur de la forteresse de Miran, ni autour, un signe quelconque indiquant que l'endroit avait été occupé en permanence lors du règne des Ouighours, qui repoussèrent les Tibétains en 860 de notre ère, ni lors de la période mahométane. Compte tenu du fait que, aujourd'hui encore, un ruisseau intarissable et suffisant à l'irrigation coule à quelques kilomètres de la forteresse, on ne peut expliquer cet abandon rapide, qui suivit l'occupation tibétaine, par un assèchement progressif de la zone, quels qu'aient été les changements survenus sur le terrain depuis. Comprendre cet abandon devient plus facile lorsque nous tenons compte des faits géographiques qui rendaient la position de Miran si cruciale aux Tibétains, et pour eux seuls. Ici, ils détenaient la «clé» de la route directe entre les oasis sud du bassin du Tarim et Dunhuang. Comme pour la bifurcation citée au-dessus, qui mène au nord de Lop Nor, cette route dut servir de ligne principale de communication avec la Chine depuis les derniers siècles avant Jésus-Christ, et dont l'importance dut augmenter lorsque l'autre devint impraticable en raison de la dessiccation vers le quatrième siècle de notre ère.

Le fait majeur pour la garnison tibétaine à Miran résidait probablement dans ce petit oasis où débouchent les deux routes les plus directes qui mènent du Tibet central et de Lhasa, à travers les hauts plateaux et les chaînes des Kun-lun, jusqu'à l'extrémité est du bassin du Tarim. Par conséquent, Miran dut servir de point d'appui stratégiquement vital. Une fois que le pouvoir tibétain eut disparu de ces vastes zones montagneuses, Miran dut perdre son importance. Car, pour le trafic sur la route ancienne depuis Khotan et les autres oasis du sud, jusqu'à Dunhuang et la Chine, durant les périodes Ouighour, mahométane à ses débuts, et mongole, Charklik se présentait comme une base bien plus favorable.

Il est donc aisé de comprendre pourquoi Miran ne figure nulle part dans les écrits de Marco Polo, dans lesquels «le village de Lob» signifiait vraisemblablement Charklik. Sans aucun doute, lorsque la caravane de ce Vénitien, en route pour le «désert de Lob», passa devant la vieille forteresse, les murailles effritées qu'il voyait étaient tout aussi muettes et désertées qu'elles le sont aujourd'hui. Une fois, tard le soir, lorsque le grand vent glacial soufflait au plus fort, une importante caravane de soixante ou soixante-dix chameaux, chargés de thé en brique de Dunhuang, passa à côté de notre camp désolé près de la muraille de la forteresse. Les commerçants entreprenants de Kashgar, à qui appartenaient les bêtes, étaient pressés de trouver de l'eau et du combustible, et ne s'arrêtèrent que pour nous saluer brièvement, alors que nous étions les premières personnes qu'ils avaient rencontrées depuis plus de trois semaines. Puis, comme le fantôme d'une époque lointaine, toute la caravane bruyante se dissipa dans l'obscurité.

Sir Aurel Stein, *Ruins of desert Cathay*, Mac Millan and Co, Londres, 1912. Traduit par Denis Beneich.

CLARMONT PERCIVAL SKRINE
(1922-1924)

Entre 1922 et 1924, le consul général à Kachgar fait sa tournée d'inspection dans les oasis du sud du Takla-Makan. Reçu par les autorités locales et par les petites communautés «britanniques» (les Indiens ou Afghans établis dans ces oasis), Skrine[1] *décrit la vie des populations où se cotoient de multiples ethnies, originaires de toutes les régions d'Asie.*

DE YARKAND A KERIYA
EN PASSANT PAR KHOTAN

Du point de vue de la variété, du charme et de l'intérêt de l'ancien monde, la route qui va à Khotan et Keriya est peut-être inégalée en Asie centrale, et rien ne me ferait plus plaisir que de lui consacrer une demi-douzaine de chapitres. Mais c'est, relativement, un chemin bien battu, et je dois me limiter aux impressions et expériences qui diffèrent de celles d'autres voyageurs ou qui y ajoutent quelque chose.

Yarkand et la route de Khotan ont peu changé depuis le premier voyage de sir Aurel Stein en 1900, et encore moins depuis 1915, quand miss Sykes visita cet endroit en compagnie de son distingué frère. D.[2] et moi avons testé la plupart des mêmes auberges, maisons d'accueil et «jardins» privés, nous avons participé aux mêmes banquets chinois interminables mais habituellement amusants, nous avons siroté du thé et mené des conversations polyglottes aux mêmes innombrables

1. Sur C. P. Skrine, voir notice p. 545.
2. Doris Forbes Whitelaw, la femme de l'auteur.

réceptions en plein air, contemplé les mêmes foules dans les «bazaars» kaléidoscopiques, et nous sommes délectés des mêmes paysages de campagne aux riches couleurs et aux horizons désertiques illimités.

En raison de l'arrivée tardive de la saison notre séjour à Yarkand à l'aller, fut limité à onze jours, à la grande déception des nombreux sujets britanniques de différentes races pour lesquels une visite de leur consul général est un grand événement. Nous n'eûmes pas autant de chance que sir A. Stein, qui résida dans ce qui avait été autrefois le palais de Niaz Hakim beg, le dernier indigène souverain de Khotan; cette intéressante relique du temps jadis était, nous a-t-on dit, tombée en ruines et nous logeâmes dans une petite maison de campagne agréable bien que pleine de courants d'air, dans un jardin connu sous le nom de Bar Gah, juste assez éloignée du «bazaar» pour être tranquille et «campagnarde». Bryan O'Flynn et les chameaux furent payés ici même, et on loua des carrioles pour notre voyage de deux cents miles à Khotan le long du désert de Takla-Makan. Nous le fîmes en neuf étapes, sans compter un arrêt de six jours à Karghalik et un jour à Guma, à quarante et un et quatre-vingt dix-huit miles respectivement de Yarkand.

A Khotan, nous fûmes pendant quatre jours les invités de Sahib Badruddin khan, un vieil ami et assistant de sir Aurel Stein, lors de son travail archéologique dans le Khotan et dans les oasis de Keriya. Les extraits suivants, issus de journaux intimes et de lettres, couvrent la période qui commence à notre arrivée à Yarkand le 28 octobre jusqu'à notre départ de Khotan pour Keriya le 28 novembre 1922.

Yarkand, le 29 octobre 1922. — Notre arrivée à Yarkand, hier, fut de toute évidence un événement de première importance. L'excitation était beaucoup plus grande et les préparatifs de la réception plus élaborés que quand nous vînmes à Kashgar en juillet dernier; je suppose qu'ils sont relativement blasés en ce qui concerne les consuls, à Kashgar. En fait, l'*aqsaqal*[1], Tilla khan, était venu nous attendre du côté Kashgar de Kok Rabat, la veille, à vingt-cinq miles de la ville; c'est un Maulai du Wakhan qui ne parle pas urdu mais seulement persan. A cinquante miles de la ville un large groupe d'Hindous et de Musulmans vinrent à notre rencontre sur la route, surtout, je pense, dans un but intéressé. Le vrai «Chah-Jan des sujets britanniques» — ou cérémonie du thé — eut lieu sur le bord d'un canal à trois miles de la «porte de Kashgar» de la ville. Là, nous attendaient une centaine de personnes, représentant treize ou quatorze races différentes; des Hindous, des Musulmans, des Pendjabis, des Afghans, des Kashmiris, Sindhis et Chitralis, et même un Arménien, un gentleman très respectable en chapeau mou.

1. Ici, représentant d'une communauté étrangère, ici britannique, avec des fonctions moindres que celles d'un consul.

Parmi eux, il y avait un assez jeune et timide Yarkandi, de toute évidence intelligent et bien élevé, appelé Murad Qari, qui m'est déjà devenu sympathique; c'est le fils d'une mère turque et d'un ancien et célèbre *aqsaqal* anglais, Khan Bahadur Mulla Sabit. Nous prîmes part tous ensemble au thé avec les énormes quantités habituelles de fruits, puis, après un discours approprié dans mon meilleur persan, une singulière procession se forma pour la marche dans Yarkand. A l'exception des plus gros *bunnias* (commerçants) hindous qui venaient en carrioles chinoises, tous les sujets britanniques étaient montés, les plus pauvres à dos d'âne et le reste à cheval; certains destriers empruntés pour l'occasion étaient à peine domptés. Je ne fus donc pas surpris quand notre chef du personnel, Nasir, me supplia en aparté, de ne pas dépasser la vitesse d'un trot lent car il se souvenait qu'une fois, en pareille occasion un consul général était parti au petit galop, la moitié des chevaux s'étaient emballés et plusieurs loyaux sujets britanniques avaient mordu la poussière! En conséquence, D. et moi-même réglâmes une allure prudente et même ainsi, de petites charges de cavalerie menaçaient de temps à autre de nous emboutir par derrière, cependant aucun contretemps désagréable ne se produisit pendant que nous défilions, suffoqués par la poussière, le long des deux miles de grand-route poussiéreuse et bordée de saules. Le premier signe de nouvelles agitations fut un rassemblement de ce que, de loin, nous prîmes pour l'armée chinoise mais s'avéra, après plus ample inspection, être une rangée de mendiants en chapeaux côniques bordés de peau de mouton, vêtus de haillons incroyablement sales. Ceux-ci nous accueillirent non seulement par de plaintives invocations d'Allah, aux cris de «*Padshas! zakat!*» («L'aumône, Ô roi!») mais aussi par une fusillade de pétards chinois qui provoqua presque la débandade de tout le cortège. Un peu plus loin, au détour d'une rue, nous nous trouvâmes face à face avec la véritable armée du Sinkiang, cavalerie et infanterie, dont les clairons résonnaient sauvagement; des aides de camp en uniforme et des secrétaires chinois en manteau noir vinrent à notre rencontre en s'inclinant avec à la main les cartes de visite en papier rouge de leur maître et peu après, descendus de cheval, nous nous retrouvions en train de serrer les mains molles et peu habituées de la hiérarchie locale. Celle-ci comprenait le juge de Yarkand, un Cantonais vif et intelligent; le commandant de la garnison, un vieux général du Yunnan dans une chemise en soie couleur crème, avec une tête, comme le dit D., absolument ravagée par l'âge; un capitaine peu bavard sanglé dans un manteau gris, et un ou deux juges auxiliaires en calotte et vêtements civils chinois.

Extrait d'une lettre de D. datée du 29 octobre 1922.

«Ce matin (dimanche), je suis allée à l'église de la mission, et suis passée par les "bazaars" au retour. J'ai vu certains types de personnes extraordinaires — des hommes à l'air étrange et sauvage portant une toque carrée en fourrure et des vêtements en loques, au visage mongol et aux yeux de fou! Des vieux et des vieilles ratatinés, simple tas de chiffons, se traînant dans les rues. De gros *begs*, habillés originalement de tuniques et pantalons noirs et chaussés de longues bottes, avec de merveilleux manteaux rayés par-dessus. Des visions voilées avec des petites toques en velours bordées de fourrures, de vieux Chinois avec leur visage de noix brune, et de magnifiques bébés chinois comme des petites boules de pâte. Ce que doivent être les jours de marché je ne peux pas l'imaginer, car on m'a dit que des gens de toute sorte et des plus extraordinaires viennent des déserts et des marécages autour de Yarkand.»

Yarkand, le 5 novembre 1922. — Yarkand est une ville plus grande mais moins bien située que Kashgar. Elle est construite entièrement sur du plat, et il n'y a pas de rivière qui la traverse, comme à Kashgar, et de laquelle on puisse obtenir un *coup d'œil*[1] de la ville et de ses murs. La seule chose que l'on puisse voir n'importe où de l'extérieur, est un tronçon des énormes remparts, en bon état, autour de la ville nouvelle, mais quelque peu délabrés autour de la vieille ville contiguë; plus loin, des faubourgs avec de longs «bazaars» éparpillés, en brouillent la vue. Une fois à l'intérieur des murs toutefois, on est frappé par la taille des «bazaars» aux longs toits, beaucoup mieux construits que ceux de Kashgar, par les coins bizarres et les angles pittoresques desquels on peut jeter des coups d'œil à travers une embrasure de porte..., des cours d'humbles demeures, des auberges, des bassins avec des maisons en bois à moitié écroulées et des saules pleureurs retombant par-dessus. Des magasins d'alimentation et des épiceries, des forges et des boutiques de vêtements d'occasion et des menuiseries, partout des masses de gens aux vêtements exotiques. Le plus notable dans les rues, ce sont les mendiants, véritables miracles de grotesque maigreur en haillons... Bien que délicieux en cette saison, Yarkand doit être chaud et malsain de juin à octobre; il y a encore beaucoup de mouches et de moustiques à l'entour et la malaria (pas la plus grave pourtant) sévit. Le crétinisme universel est affligeant; une personne sur quatre rencontrées à un goitre. C'est sans aucun doute dû à la mauvaise eau que les gens boivent; bien que deux larges rivières, le Yarkand et le Tiznaf, descendent des montagnes assez près de la ville, aucune tentative n'a jamais été faite pour amener leurs eaux jusqu'à la ville par des canaux, et l'approvisionnement de Yarkand consiste seulement en un grand nombre de bassins d'eau semi-stagnante éparpillés à travers la ville. Ils sont remplis seulement une fois par an quand la rivière Yarkand est en crue et qu'ils peuvent être approvisionnés par le débordement des champs irrigués en dehors des murs; ils ont l'air de n'avoir jamaîs été nettoyés depuis des siècles, bien que, je suppose, ils doivent l'être de temps en temps.

1. En français dans le texte.

La campagne autour de Yarkand est délicieuse, même si sa totale platitude n'est pas rompue par des cours d'eau avec de hautes falaises de limon comme dans les oasis du Kashgar. Les fermes, les moulins, les tombeaux religieux et les «bazaars» des villages sont presque entièrement construits en bois, mais les maisons et granges ne sont pas de fragiles châteaux de cartes comme leur contrepartie dans la vallée du Cashemire; elles sont solides, ont l'air confortables et rassurantes, comme les vieilles fermes anglaises. Tout est vieux, établi depuis longtemps, paisible et prospère; la campagne bien boisée, avec ses larges champs, ses canaux remplis jusqu'au bord, et ses fermes grouillantes de bétail, chevaux, moutons et chèvres, ânes, volaille, et ses enfants aux joues roses font penser à une sorte de Hollande asiatique.

Yarkand est, si c'est possible, encore plus central asiatique et reculée que Kashgar, à cause de son plus grand éloignement de la frontière russe, et donc de l'Europe et de la «civilisation». Une diversité encore plus étonnante de races est représentée dans les rues, comprenant les suivantes: Andijanis (sujets musulmans russes du Ferghana); Badakhshis (du Badakhshan afghan); Baltis (des vallées les plus au sud du Karakoram); Bokharans; Chinois; Chitralis; Dulanis (aborigènes de la vallée de la rivière Yarkand); Gilgitis (en majorité esclaves libérés ou leurs enfants); Kanjutis (hommes de Hunza et Nagar); Kashmiris; Kirghiz; Ladakhis (du Petit Tibet); Pathans, Afghans et Britanniques; Hindous du Pendjab; Musulmans du Pendjab; Shighnis (de Roshan et Shighnan, du haut Oxus); Sindhis (prêteurs d'argent de Shikarpur); Tajiks (du Pamir chinois); Tungans (musulmans du Sinkiang et du Kansu); Turcs; Wakhis (du Wakhan et des vallées de l'Hindu Kush).

Parmi eux, les Turcs forment la grande masse de la population; en comparaison, les Chinois sont peu nombreux et sont limités aux officiels et à leurs parasites, à quelques marchands de Tientsin et à quelques petits commerçants; les Tungans sont en général négociants; les Kirghiz et les Tajiks viennent des montagnes et les Dulanis des marais du bas du fleuve. Tous ceux-là sont de nationalité chinoise; les autres sont des «voyageurs» ou «des hommes qui viennent de l'autre côté des montagnes» (*dawan-ashti*) c'est-à-dire des étrangers, parmi lesquels les sujets russes d'Andijan et de Bokhara sont représentés vis-à-vis des Chinois par leur propre chef l'*aqsaqal*, alors que les Badakhshis, Baltis, Chitralis, Gilgitis, Kanjutis, Kashmiris, Ladakhis, Pathans, Pendjabis hindous et musulmans et Sindhis, s'en remettent à l'*aqsaqal* britannique et à ses *naibs* ou assistants pour chaque communauté.

Posgam, le 11 novembre 1922. — Nous nous sommes finalement échappés de Yarkand et avons pris la route de l'ancien royaume de Khotan. Notre caravane est maintenant formée d'un tarantass et de quatre carrioles chinoises tirées par deux chevaux chacune, sauf quand la route est couverte de sable et qu'on doit louer un cheval supplémentaire ou plus pour chaque carriole au prix d'un shilling la journée chacun, le prix fixé pour chaque carriole à deux chevaux est de vingt taels kashgars soit environ trois livres pour le voyage à Khotan. Nous utilisons le tarantass avec nos propres chevaux, de la même manière que le voyageur persan utilise sa mule la plus rapide; il met sur l'animal appelé *abdari*, sa literie, son tapis de prière, son samovar et des tasses, son pot à eau, quelque nourriture et son serviteur personnel. C'est un bon plan car cela réduit l'inconfort d'arriver à une morne étape (*manzil*), longtemps avant sa caravane.

Pas moins de quatre différents thés d'adieu en différents points de la route qui sort de Yarkand retarda notre départ jusqu'à environ midi. Deux heures de petit galop à travers un pays de larges champs absolument plats, fortement boisé, des canaux et des fermes à l'air prospère, nous menèrent jusqu'à la maison d'un riche sujet britannique originaire de Chitral qui avait une dispute compliquée concernant le droit de passage et le droit d'eau avec son voisin d'à côté, un colon kashmiri. Après avoir badiné pendant un moment autour de différents plats tout en sirotant du thé, D. entra pour voir les dames de la maison et je sortis avec les deux hommes pour me rendre avec eux sur les lieux du litige. Quand il me sembla que l'incessant échange d'arguments et de vociférations (tout à fait à la façon des Indiens et tellement peu à celle des Turcs si arrangeants) avait assez duré, je l'interrompis net en proposant fermement des solutions et en les référant à un comité plus ou moins volontaire de vieux barbons, avec la stricte injonction de me soumettre leur décision à mon retour de Keriya. Personne ne sera plus surpris que moi si des réponses bien pensées à toutes ces questions me sont fournies par ces arbitres en temps utiles; je souhaite simplement que les vieux barbons en question arrivent à obtenir une réconciliation entre les parties et se libèrent ainsi de la responsabilité de décider à ma place.

Quelques miles plus loin, nous arrivâmes au fleuve Yarkand ou (comme on le nomme plus bas) le fleuve Tarim, un intéressant cours d'eau. Sa partie supérieure draine certaines des régions parmi les plus difficiles du monde, les solitudes vierges d'Oprang et les terribles gorges de Raskam au nord de la chaîne principale du Karakoram. Puis, sur mille miles, il force son chemin à travers l'épouvantable désert du Takla Makan, tout ça pour se perdre à la fin dans les lacs et les marais de Lop Nor, derniers souvenirs de ce qui fut un jour la grande mer d'Asie centrale. En novembre, les différents canaux peuvent être facilement passés à gué à cheval; mais on peut se rendre compte du volume d'eau et du trafic, en été, au nombre de gros ferry-boats maladroits, échoués sur la plage de chaque côté des deux canaux principaux. Posgam est un nouveau district qui a été détaché de la lourde charge de Karghalik et placé sous la juridiction d'un magistrat de troisième catégorie. Un *yamen* et de beaux bazaars tout neufs en bois, sont construits par les Chinois à l'est du village. C'est seulement un parmi les nombreux nouveaux districts, dont la création a été rendue nécessaire du fait de l'augmentation de la population et l'extension des cultures, pendant les trente dernières années.

Karghalik, le 13 novembre 1922. — Hier, nous avons eu une expérience étonnante, quand deux escadrons de cavalerie sont arrivés en force pour nous escorter dans la ville. L'un d'eux, accompagné de sa clique et portant un tas de bannières, marchait devant nous, et l'autre avec sa clique également et encore plus de bannières, nous suivait. Les deux orchestres jouaient en même temps, mais leur répertoire étant limité, ils remplissaient les blancs en jouant des gammes à la trompette, l'un contre l'autre. Juste au moment où la clique de derrière commençait avec sa note la plus basse, comme le beuglement mourant de dix mille vaches folles, celui de devant finissait avec la plus haute, qui ressemblait à un nombre équivalent d'ongles rayant un gigantesque tableau noir. Chaque note durait environ deux minutes, en un diminuendo et crescendo irréguliers, au fur et à mesure que les différents trompettistes perdaient leur souffle puis le retrouvaient. Nous avons baptisé cette représentation, «le bruit de Ma», en souvenir du vaillant commandant, capitaine Ma, un gendre du Titaï.

A part la poussière qu'elle soulevait et les sons atroces qu'elle émettait, la cavalerie de Karghalik et sa clique sont un vrai plaisir. Hier, alors que nous passions la garde d'honneur, le «beau sabreur» qui la commandait, nous gratifia d'un «salut de l'officier» du plus grand chic. Très impressionné, je passai devant elle, rayonnant, soulevant mon chapeau en signe de respect. Toutefois, l'effet fut quelque peu gâché quand le cheval de l'officier commença à s'agiter et qu'il dut le frapper sèchement sur l'arrière-main avec le plat de son épée à plusieurs reprises avant de le faire revenir en position correcte! Une autre fois, alors qu'au coin d'une rue, nous étions tombés de nouveau sur la cavalerie, nous prîmes au dépourvu le marchand qui dirigeait la clique «bruit de Ma», sans sa trompette. Des hurlements et des précipitations frénétiques dans tous les sens, et tout semblait perdu, quand le gamin qui s'était entraîné avec la trompette de l'autre côté de la route, fit irruption et la rendit à son légitime propriétaire, qui s'empressa de souffler son premier *do* assourdissant juste à temps pour affoler nos chevaux au passage. La situation était sauve!

La présence ici de tant de troupes montées avait probablement quelque chose à voir avec le fait que le pâturage est très riche dans les montagnes au-dessus de Karghalik et que c'est donc un pays producteur de chevaux, témoins les milliers de poneys appartenant à des porteurs karghaliks qui travaillent sur la route de Leh. L'*amban* d'ici est mandchou, le seul magistrat de cette redoutable race que nous ayons en Kachgarie; on note immédiatement la différence de type, la partie supérieure de son visage étant presque comme celle d'un Européen, pas plate comme celle d'un Chinois.

Karghalik, le 15 novembre. — Le dîner qui nous fut offert aujourd'hui au *yamen* était unique en cela que trois dames chinoises étaient présentes, y compris la femme de notre hôte mandchou, à côté de laquelle j'étais assis tout à fait comme si elle avait été «un démon étranger» comme moi-même. C'était extrêmement intéressant. Les dames étaient timides au début, mais dès que D. et notre secrétaire chinois eurent réussi à les mettre à leur aise, elles entrèrent de plain-pied dans la plaisanterie et la réunion fut des plus agréables. Il y avait aussi là quelques enfants, dont une petite fille de dix ans, aussi jolie qu'une gravure, et qui le savait; triste à dire, elle était maquillée comme un pot de peinture. Il y eut un intermède amusant quand on apporta une vieille boîte d'asperges toute cabossée et quand notre hôte me demanda de lui en lire le mode d'emploi. Il expliqua qu'elle lui avait été offerte par un voyageur anglais qui avait dîné avec lui, mais qu'il n'avait pas pu la manger car personne dans cette maison ne pouvait lire les instructions. Nous serions curieux de savoir dans combien de temps vont apparaître les premiers symptômes de botulisme.

Guma, le 18 novembre. — En raison de l'extrême complication des thèmes évoqués par l'*amban*, je dus rallonger notre séjour à Karghalik de trois à six jours. Ceci nous obligea à parcourir les trente-cinq miles jusqu'à Chulak Langar en une seule étape, essentiellement à travers le désert. Pour arranger les choses, l'*amban*, dont l'amabilité personnelle était aussi excessive que l'obstination officielle, insista pour que nous mangions avec lui, à 8 h 30 le jour de notre départ. Une obligation d'autant plus pénible qu'à cause de cela et des différents thés d'adieu, nous ne pûmes finalement nous échapper des faubourgs de Karghalik qu'après midi. D. chevaucha avec moi sur dix-huit miles, puis nous l'installâmes avec un matelas et un tas de draps et de couvertures dans le tarantass. Le soleil se coucha et avec lui se leva un vent glacé du désert, alors que nous étions encore à douze miles de l'auberge isolée vers laquelle nous nous dirigions. Ce dernier tronçon fut le plus dur de tous. Les chevaux fatigués étaient incapables de tirer le tarantass à plus de trois miles à l'heure environ, et de temps en temps je devais donner un coup de main aux deux aides pour le sortir d'une dune de sable — reconnaissant toutefois envers les exercices qui me réchauffaient. Nous étions tous morts de fatigue, quand enfin, à neuf heures d'une nuit étoilée et glacée, nous entrâmes dans le grand *serai* de pierre construit dans les années soixante, par ce tyran soucieux du bien public, Yakub beg «Bedaulat». Chulak Langar est situé à un des points les plus froids de toute la route de Khotan, sur un léger ressaut de terrain face au désert, son nom même commémore une tragédie du froid; Chulak veut dire «estropié» en souvenir d'un pauvre homme qui échoua au *serai* il y a plusieurs années, bras et jambes gelés et y resta comme mendiant jusqu'à sa mort. Au sud, des collines de gravier s'étendent en montant jusqu'au Kunlun bleu coiffé de neige; après de fortes pluies, et quand la neige fond au début de l'été, un filet d'eau descend dans une petite vallée, et remplit le grand réservoir carré duquel l'auberge tire son eau. Dans la vallée, il y a aussi quelques pauvres petits prés et quelques acres de pâturages appartenant à l'aubergiste. Au nord, dans la clarté de l'aube, la vue est indiciblement imposante et sinistre; les dunes jaunes du Takla Makan, comme les vagues géantes d'un océan pétrifié, s'étendent en myriades innombrables jusqu'au lointain horizon, avec ici ou là, une énorme montagne de sable, une dune royale, dominant ses camarades. Elles semblent crier silencieusement, ces dunes, pour que les voyageurs s'y engouffrent, pour que des caravanes entières soient avalées, comme tellement d'autres l'ont été dans le passé.

Le 19 novembre. — Guma est une petite ville prospère avec des maisons en bois entourées de vergers et de buissons de mûres. Ces dernières alimentent d'ailleurs une florissante industrie locale, la fabrication de papier grossier à partir de l'écorce de mûrier réduite en pâte — un lien avec le passé en fait, car le processus est tout à fait le même que celui utilisé par les Chinois pour fabriquer le papier au début de l'ère chrétienne. Un autre lien avec le passé, d'une autre sorte, me fut illustré un matin au *yamen*. J'y rencontrai un homme portant une cangue (*shal* en turc) c'est-à-dire un joug en bois lourd et carré, cadenassé autour du cou. Cette ancienne méthode chinoise visant à punir les mauvais payeurs a depuis longtemps été officiellement abolie tant en Chine elle-même que dans le Sinkiang, mais elle survit de toute évidence, dans les coins reculés; les cangues, m'a-t-on dit, varient de poids entre vingt et soixante livres, et même plus, on les laisse sur le cou du débiteur jusqu'à ce qu'il ait payé. Il peut se déplacer comme il lui plaît dans les limites du *yamen*, mais doit être nourri par sa famille car il ne peut atteindre sa bouche.

Guma est sur le bord même du Takla Makan, duquel nous eûmes un aperçu si impressionnant de Chulak Langar. C'est un merveilleux endroit pour les chercheurs de trésors, qu'on appelle «taklamakanchis», et que l'on rencontre tout le long de la bordure du grand désert; des hommes en haillons, toujours pleins d'espoir, genre vagabonds, qui passent leur vie à fouiller les ruines des anciens temples et tombes bouddhistes au fin fond des sables du Takla Makan. A l'occasion, ils trouvent quelques pièces ou sceaux ou flocons de feuille d'or utilisés en décoration; mais je n'ai jamais entendu parler d'aucun d'eux devenu riche en faisant cela. D'un point de vue archéologique, les activités des «taklamakanchis» omniprésents, sont à deux tranchants; Stein reconnaît avoir beaucoup de dettes envers eux, y compris l'aide, directe ou indirecte, qu'ils lui ont apportée dans la découverte de ses principaux sites; mais il a beaucoup plus souvent eu à déplorer le dommage qu'ils ont fait aux tombes et aux temples, aux stupas et aux maisons d'habitation.

Zawa, le 23 novembre 1922. — Nous ne sommes plus en Kashgarie maintenant; nous sommes sur l'ancien territoire de Khotan, «le royaume de Jade». Il y a une claire sensation de bord-du-désert dans cette campagne, bien que fertile et attentivement cultivée. On le remarque la première fois qu'on arrive à Guma après la longue étendue de désert à partir de Karghalik. On avance plus loin vers l'est; le grand Taklan Makan à gauche, est presque au plus large; les Kunlun à droite sont une chaîne aride; ici ou là, à l'improviste, on tombe sur une bande de désert ou sur un village isolé dans le sable; car ici, comme au Kansu, loin à l'est, l'inexorable *Gobi* — le mot signifie tout simplement «désert» — gagne à partir du nord-ouest, repoussant l'étroite ligne de cultures contre le mur de quinze cents miles de long du Tibet. Nous avons passé un village entier en pleine agonie: une pointe de dunes au nord l'avait coincé contre le pied de la montagne aride; toutes les maisons avaient été abandonnées sauf deux ou trois auxquelles les propriétaires s'accrochaient désespérément, bien que le sable se soit entassé jusqu'au toit. Dans ces régions, le lœss, bien qu'apparemment pas moins fertile quand on l'arrose, est plus léger à la fois en poids et en couleur, que le lœss jaune de Kashgar. Le climat est évidemment plus chaud, comme on peut s'y attendre, car les maisons des pauvres sont toutes faites de clayonnage d'argile recouverts de boue, pas comme les solides maisons en brique des oasis de Kashgar. Les gens aussi sont plus vivaces et émotifs, comme il convient dans le Sud; on le remarque tout de suite chez les petits garçons dont l'esprit entreprenant et l'effronterie dans la poursuite d'un *tamasha* (c'est-à-dire un voyageur étranger et sa femme) doivent être vus pour être crus. Les habitants des oasis du Sud sont de grands amateurs de pigeons. A l'extérieur de chaque ferme on peut voir de grands mâts avec des barres en croix en haut et des files de gros pigeons perchés dessus au coucher du soleil. Si vous jetez du grain sur le sable du «kaptar mazar» ou temple du pigeon de *qumrabat Padshahim* (littéralement «le château de mon roi dans le sable»), dans le désert entre Guma et Khotan, des milliers de pigeons vont fondre sur vous, une sorte de voie lactée de pigeons; leurs roucoulements et leurs myriades d'ailes font le bruit de la mer. [...]

Khotan, le 28 novembre. — On se souvient bien du nom de Stein dans ces régions, autant parmi les Turcs que parmi les sujets britanniques, et toutes les antiquités autres que l'or rapportées par les «taklamanchis» ou chercheurs de trésors du Takla Makan sont considérées comme sa propriété et doivent être gardées pour lui. J'ai entendu beaucoup d'histoires sur le grand explorateur; comment sur les terrifiantes Qaranghu Tagh ou «Sombres Montagnes» au sud de Khotan, il construisit un pont au-dessus d'un gouffre avec du fil de fer puis traversa avec son équipe; comment dans la même montagne, il était gelé et avait dû s'aliter et aurait péri si on n'avait pas obtenu de l'aide sur la route de Leh, etc. Un épisode, probablement assez banal s'il a vraiment eu lieu, semble avoir particulièrement impressionné les Khotanis. On raconte qu'un tombeau à coupole complètement enterré dans le sable fut découvert par Stein. Une seule petite ouverture y donnait accès, trop étroite pour que Stein lui-même puisse y entrer, c'est pourquoi il appela des volontaires, mais aucun des hommes de la région ne voulait s'y risquer. Finalement, l'expert indien, Ram Singh, se décida. Il se glissa à l'intérieur et quand il en ressortit un peu plus tard, il était aveugle!

Notre voyage de Khotan à Keriya et retour, était du genre course au boulot, et mes lettres ont peu d'intérêt pour le lecteur ordinaire. La deuxième fois que nous visitâmes cette région reculée du monde, au printemps 1924, nous pûmes consacrer du temps à visiter le pays et à étudier ses gens. Cette fois-là nous partîmes tout droit à Keriya (cent trois miles) en quatre étapes, y restâmes trois jours avant de retourner à Khotan en quatre autres jours. Nous utilisâmes les poneys comme moyen de transport pour ce voyage, les routes du désert étant trop sablonneuses pour les carrioles. Nous marchâmes trente cinq miles le premier jour jusqu'à une auberge de désert isolée appelée Beshtoghraq Langar, ou l'«auberge des Cinq Peupliers du désert», passant à vingt miles de Khotan, à travers le siège du nouveau district florissant de Lop.

L'auberge des Cinq Peupliers du désert s'avéra être une collection de taudis en boue séchée, crasseux et abandonnés, isolés dans les dunes de sable sur une bande de désert de vingt-cinq miles de large. Heureusement que la halte suivante, Chira, allait être une jolie petite ville absolument enfouie sous les vergers. A mi-chemin entre Khotan et Keriya, nous fûmes rejoints par l'*aqsaqal* britannique de ce dernier district, un Afghan charmant et courtois, jouissant d'un grand prestige local et d'une fortune considérable, nommé Ghulam Muhammad, qui insista pour que nous dormions dans une confortable maison appartenant à sa femme turque, une dame de Chira. Le lendemain, près de Domoko, un petit incident amusant et instructif arriva. Nous nous promenions à cheval paisiblement avec Murad Qari et deux aides, quand nous remarquâmes une foule de gens dans les champs à deux cents yards de la route; nous allions voir ce qui se passait, quand une partie de la foule aperçut notre petit groupe, trottant tranquillement dans les champs. A notre grande surprise, ils s'enfuirent en courant comme des lapins; l'alarme se répandit, et l'instant d'après la foule entière se dispersait dans tous les sens. Seuls quelques chiens à l'allure féroce restèrent pour nous recevoir. Qari se rendit tout de suite compte de ce qui se passait, et nous informa que nous venions d'interrompre un combat de chiens. J'envoyais Hafiz rattraper les fugitifs pour leur dire de ne pas avoir peur de nous; peu à peu ils commencèrent à revenir et bientôt nous étions entourés par une centaine de villageois à l'air penaud, dont certains conduisaient des chiens de type chow-chow, massifs, aux oreilles coupées. Je pensai tout d'abord que les combats de chiens étaient interdits et que les joueurs de Domoko nous avaient pris pour le bras de la loi; mais Qari m'assura qu'il n'en était rien et que la fuite de la foule n'était due à rien d'autre qu'à une frousse instinctive à la vue de cinq étrangers chevauchant vers eux.

Rien d'étonnant alors qu'une poignée de Chinois avec une armée de papier suffisent parfaitement à faire régner l'ordre dans toute la Kashgarie!

Lors de mon séjour à Keriya, j'étais particulièrement anxieux d'obtenir une vue et si possible un télépanorama de l'extrémité occidentale de l'Altun Tagh ou montagnes d'or, une chaîne appartenant au massif des Kunlun et s'étendant du sud-est de Keriya sur huit cents miles dans la direction du nord-est. Nous pûmes en fait nous accorder un coup d'œil sur l'objet de nos désirs, mais il était cruellement prématuré et inadéquat. Tard dans l'après-midi du 30 novembre, sur la route entre Domoko et Qarakir Langar, nous eûmes le souffle coupé à la vue éloignée de deux pics grandioses des montagnes d'or, tous les deux de plus de vingt et un mille pieds de haut, à soixante cinq miles au loin, de l'autre côté du désert; mais le lendemain, la fatale brume de poussière, qui est bien pire ici qu'à Kashgar, les masquait, et nous ne les revîmes plus.

Une particularité du district de Keriya en dehors des zones cultivées, est l'herbe drue qui recouvre la campagne sur des centaines de miles carrés. Comme il n'y a pratiquement pas de chutes de pluie dans cette partie du monde, ces savanes doivent être dues au sous-sol comparativement gorgé d'eau s'infiltrant des lointains Kunlun. Chira et Gulakhma et d'autres oasis sur la route de Keriya doivent leur existence à cette eau, qui réapparaît en sources nombreuses après un passage souterrain de quarante ou cinquante miles en dessous de la bande de désert absolument aride entre la route principale et les villages au pied des Kunlun.

A Keriya, il y a une sensation de «fin du monde» assez différente. La plupart des autres petites villes en Kashgarie sont situées sur des routes principales, et sont témoins d'un flot continuel de trafic; elles ont au moins deux pavillons de thé au bord de la route, un de chaque côté de la ville. D'un autre côté, Keriya est presque, encore que pas tout à fait, un cul-de-sac; c'est le *Ultima Thule* de Kashgarie dans cette direction. A l'exception des insignifiants hameaux du désert, Niya, Charchan et Charkhliq, il n'y a rien d'autre que du désert sur huit cent soixante miles entre Keriya et Tunhwang[1], la ville la plus à l'ouest de la province de Kansu. Le voyage jusqu'à Tunhwang, ou Dukhan comme l'appellent les Turcs est praticable seulement en hiver, quand on peut transporter l'eau sous forme de glace à dos de chameaux à travers le terrible désert de Lop, qui occupe l'essentiel des quatre cent cinquante miles qui séparent Charkhliq et Tunhwang et comprend cent cinquante miles du lit incrusté de sel de l'ancienne mer de Lop. Occasionnellement, peut-être deux fois par an, une caravane de chameaux apporte par cette route, des soieries, du thé, de la porcelaine de la grande Chine à Khotan et Yarkand puis retourne avec des tapis, du jade de Khotan et des vêtements en coton de Kashgar; des commerçants privés vont et viennent entre Keriya et Charchan mais dans l'ensemble on peut dire que le trafic régulier s'arrête à Keriya. Une bonne route conduit dans la ville du côté ouest, avec au bord un pavillon de réception, exceptionnellement bon. Aucun officiel, hôte étranger ou autre visiteur méritant une tasse de thé, ne vient jamais à Keriya par l'est.

Pendant notre séjour à Keriya, nous restâmes dans la confortable maison de l'*aqsaqal*, dans le centre de la ville. Mon travail avec l'*amban* me laissait peu de temps pour faire du tourisme. Si on en jugeait par le comportement des habitants, nul doute que la principale curiosité de Keriya, pendant que nous y étions, était nous-même. On s'habitue vite aux foules béates de spectateurs dans les contrées reculées d'Asie centrale; mais la curiosité des Keriyaliks dépassait toutes les bornes. L'endroit semblait avoir cessé toute activité pour la durée de notre visite et être occupé à rien d'autre qu'à nous regarder; je devrais plutôt dire à regarder D., car elle attirait dix fois plus de public que moi. Il faut se souvenir que, avec la notable exception de Mrs. Littledale dans les années 90, aucune Européenne n'était jamais venue à moins de cent miles de Keriya, auparavant. Les habitants, en foule, suivirent chacun de nos pas, à l'intérieur et à l'extérieur de la ville. En sorte que nous, qui nous serions fait couper en petits morceaux pour passer quelques vacances à Keriya, dûmes rester à la maison. Sans jamais désarmer, la populace prit position sur les toits alentour, attendant que nous mettions le nez dehors. Il est absurde de se plaindre des mauvaises manières des habitants, comme le font certains voyageurs dans ces circonstances; leur curiosité est parfaitement naturelle et il faut s'en accommoder. Quel Londonien ne regarderait pas avec insistance s'il voyait passer un *beg* de Keriya flânant sur

1. Dunhuang.

Picadilly en costume local avec un aigle au poignet et les dames de son harem le suivant à une distance respectueuse?

Clarmont Percival Skrine, *Chinese Central Asia*, Londres, Methuen and Co Ltd, 1926. Traduit par Catherine Derivery.

PETER FLEMING[1]

(1935)

Après avoir traversé les étendues désertiques du haut plateau du Qinghai, Peter Fleming et Ella Maillart, redescendent vers les oasis du Takla-Makan. Ils sont partis de Pékin quatre mois auparavant. Exténués, n'ayant connu que des espaces désolés pendant plusieurs semaines, ils découvrent la félicité de l'oasis de Cherchen (Qarqan).

DE CHERCHEN A KERIYA

Hommes et bêtes avançaient en chancelant; nous en étions à notre quatrième étape en trente-six heures, et Tuzun lui-même, parti tout frais cinq jours plus tôt, donnait des signes d'épuisement et de défaillance. Les dunes ne tardèrent pas à reparaître; les animaux se débattaient gauchement et l'allure baissait de pied. Les chameaux manifestaient des symptômes de détresse, un des ânes était tout à fait boiteux, et un autre, par pure faiblesse, boula comme un lapin sur une pente. Une sorte de paralysie maligne frappait l'expédition.

Nous savions que nous approchions de Cherchen, mais il arrive un moment, lorsqu'il faut souffrir de la fatigue et des privations, où la pensée se limite à la nécessité impérieuse de tenir bon. Nous en étions là. Un mois de voyage aurait aussi bien pu nous séparer de notre but, que quelques heures seulement : sa proximité nous laissait totalement indifférents. Il nous était tout aussi impossible de concevoir une idée que de voir plus loin que le prochain rideau de dunes; le sursis, sans aucun doute, nous avait été accordé, mais nous étions encore prisonniers. Notre cerveau nous disait que nous en étions à la dernière étape, mais nos cœurs, nos corps, ne recevaient de cette assurance qu'un réconfort tout académique. Nous nous absorbions dans la tâche d'en finir avec un mauvais pas.

Le soleil se coucha. Les ânes allaient en vacillant à contrecœur, et les chameaux éreintés affichaient cette dignité qui accompagne les catastrophes; il était clair que nous n'atteindrions pas Cherchen cette

1. Sur Peter Fleming, voir notice p. 548.

nuit-là. Puis soudain, du sommet d'une haute dune, mon œil perçut, au loin vers le nord-ouest, une ligne d'étranges proéminences. L'horizon, qui pendant des mois avait été plat et sans caractère, ou déchiqueté et dépouillé, bourgeonnait ici de formes qui paraissaient s'écarter des créations géologiques. Je tirai mes jumelles...

J'avais l'impression de scruter une autre planète. Le vert des arbres, à l'approche du crépuscule, tournait au gris bleuâtre, mais c'étaient des arbres, il n'y avait pas à en douter — une phalange profonde, compacte, pointillée ici et là des cimes élancées de hauts peupliers. Nous nous attendions certes à quelque phènomène, mais celui-ci semblait incroyable; nous nous étions tellement accoutumés à la vie de nomades, à un monde vide et hivernal, que nous n'étions pas préparés à une image si concrète, si délicieuse de printemps et de vie domestique. La paisible et luxuriante silhouette qui s'offrait à nous évoquait un genre d'existence auquel nous étions étrangers depuis trop longtemps.

Elle ne semblait pas très éloignée, mais à supposer même qu'elle ne le fût pas plus qu'il ne paraissait, nous ne pouvions pas l'atteindre avant la tombée de la nuit, et je me refusais par principe à aborder une communauté de caractère incertain dans l'obscurité et le ventre vide. Nous descendîmes donc vers le lit de la rivière, et le campement fut dressé parmi les tamaris infestés de moustiques. Les tentes furent plantées sous le clair de lune, et nous avions rarement été aussi bien. Il y avait de l'eau courante pour la toilette, et un dosage exactement approprié d'inquiétude et de fierté de soi — le sentiment opportunément conjugué du devoir bien accompli et de l'approche d'événements décisifs —, aussi nous sentions-nous de bonne humeur et dispos. Nous avions également besoin de sommeil: nous lui avions à peine consacré deux heures sur la bonne quarantaine qui venaient de s'écouler.

Le lendemain matin, quatre mois exactement après avoir quitté Pékin, nous faisions notre entrée dans l'oasis de Cherchen.

Pendant deux heures, l'œil aux aguets, nous franchîmes de biais le lit large et sans limites de la rivière. Nos yeux ne quittaient guère le mur de végétation qui couronnait la rive lointaine. Elle semblait extraordinairement touffue, comme la jungle. Aucun signe encore de vie humaine, rien d'autre que cet écran opulent mais impénétrable; que cachait-il? Il recelait, en toute certitude, les arbitres du sort de l'expédition, les avant-postes des armées rebelles tounganes. Pour qui nous prendraient-ils? Il y avait là ample matière à méditation.

Mais en atteignant les arbres, nous cessâmes de méditer. L'étonnement et la joie nous submergèrent. J'imagine que le monde — à l'exception de la terre et de la mer — n'offre aucun contraste plus frappant que le désert et l'oasis. Nous passions brutalement d'un univers à un autre. Nulle période de transition, nous glissions dans la fraîcheur et l'enchantement, aussi facilement et brusquement qu'un plongeur. A un moment donné, nous trébuchions dans le lit exposé de la rivière, harcelés par la réverbération et par un vent chargé de sable, l'instant d'après nous descendions un sentier étroit sous le murmure protecteur des peupliers, des mûriers et des frênes.

Des arbres jalonnaient la route qui serpentait à travers une mosaïque de petits champs bien dessinés, plantés de chanvre, de riz et d'orge. Des hommes en robes blanches, l'air avenant, s'accoudaient sur leurs pioches pour nous regarder passer. Ici et là, une connaissance de Tuzun s'avançait avec une douce interjection : *Yakshi kelde!* Pressions de mains, caresses aux barbes, regards de curiosité dans notre direction. Partout la chanson de l'eau s'écoulant dans les canaux d'irrigation. Une jeune femme coiffée d'un bonnet rose vif, occupée à baigner son enfant, se voila précipitamment la face à la vue d'infidèles. Des maisons basses aux murs de boue, aux charpentes de bois, s'élevaient sous les arbres, entourant des cours à demi couvertes. Des femmes nous épiaient ou s'enfuyaient sous l'abri de leur porche. Un coq chantait...

Un coq chantait! Le son familier, oublié depuis près de trois mois, marquait définitivement notre retour à un monde où les hommes avaient des foyers; nos pensées s'orientèrent avec convoitise vers les œufs que devaient receler tous ces poulaillers! D'après mes souvenirs, les sons représentaient, en ce qui me concerne, le côté le plus vivant d'une aventure étrange et inoubliable. Le vent dans les feuilles, le gazouillement de l'eau, l'aboiement d'un chien, les appels des hommes dans les champs — ces bruits, particulièrement le premier, changeaient la nature même de notre univers, meublaient l'atmosphère d'intimité, évoquaient des souvenirs effacés mais combien puissants. Puis un coucou jeta son cri paresseux; l'essence du printemps que nous avions manqué, l'essence de l'été que nous avions brusquement surpris se mêlaient dans ce cri et m'inspiraient la vision de pelouses parsemées de grands arbres, de jeunes lapins décampant dans les genêts, d'un mur chargé de lierre tout bruissant de moineaux : vision que le coucou rendait singulièrement tangible et proche.

Nous pénétrions à l'intérieur de l'oasis dans une sorte de délire. En tête s'avançaient les chameaux décharnés, patiemment suivis du petit détachement d'ânes. Cynara, portant Kini, progressait avec réticence, crispant les oreilles et soufflant des naseaux; elle n'avait encore jamais vu un arbre, et se sentait grandement décontenancée par ces végétations monstrueuses.

Bientôt, sans raison apparente, nous faisions halte auprès d'une humble maison, et nous y étions accueillis par des amis ou des connaissances de Tuzun, qui nous installaient sur une plate-forme dans leur cour, et nous apportaient du pain, du lait caillé et des abricots mûrs, nos premiers fruits depuis le mois de mars. Une douzaine de femmes firent leur entrée en fou rire, pour dévisager Kini, et tinrent une controverse animée au sujet de son sexe. Tuzun, par une délicate attention, lui présenta une rose. Il était extraordinairement aimable; deux jours auparavant, je lui avais fait cadeau d'un gril en fer dont nous n'avions plus l'emploi; et depuis lors, par un excès de scrupule, il le portait en toutes circonstances sur son dos, refusant de charger nos ânes fatigués d'un objet ne nous appartenant plus.

Parmi les hommes, on parlait beaucoup d'un *aksakal*. Le terme signifie «barbe blanche» et peut s'appliquer au chef vénérable de toute collectivité; par exemple, nous avions trouvé un *aksakal* à Bash Malghun. Mais il constitue également le titre officiel donné aux agents locaux du consul général britannique à Kashgar, dont, à notre connaissance, chaque oasis importante avait été pourvue précédemment, en vue de résoudre les questions touchant aux intérêts des sujets anglais de la province — généralement des commerçants de l'Inde. Nous n'avions guère l'espoir, après deux ans de sanglante guerre civile, de trouver un *aksakal* aussi loin que Cherchen; je n'avais pas non plus été capable de tirer au clair si l'*aksakal*, entre les mains duquel on se proposait de nous remettre, était un ressortissant de la couronne, ou des cercles locaux. En tout cas, il y avait là un rayon d'espoir, venant d'une source si inattendue.

Les feuilles bruissaient dans le vent, les coucous appelaient, les femmes bavardaient, et sans m'en apercevoir, je sombrais dans le sommeil. A midi, on m'éveilla pour me faire prendre un repas de *mien* et de légumes bouillis comparables à des radis insipides; ensuite il nous fallut à nouveau charger, prendre congé de ces gens aimables, et nous mettre en route vers la demeure de l'*aksakal*. Il nous sembla déplacé que l'un de nous dût aller à pied, et l'on se procura un âne pour Kini. Quand nous eûmes parcouru un peu de chemin, un homme surgit du bord de la route et me tendit des abricots dans une coupe de bois. Cynara, frappée d'attaque par une générosité aussi spontanée, s'effondra le nez dans la poussière; elle n'avait pas encore trouvé son équilibre dans la civilisation.

Sur ces entrefaites, nous arrivions à un autre bras du cours d'eau qui creusait au centre de l'oasis une large dépression peu profonde. Comme nous quittions les arbres, le soleil féroce nous procura une vague réminiscence du désert. Dans l'eau boueuse, de jeunes gamins se baignaient bruyamment, tandis qu'un fort troupeau de chameaux pâturait dans la verdure des berges; gras et de poil ras, comparables à des caricatures tronquées de monstres préhistoriques, ils contrastaient violemment avec nos bêtes hirsutes, aux silhouettes de Rossinantes.

Comme nous pataugions à travers la rivière, j'aperçus à une certaine distance deux cavaliers remontant le courant à plein galop; chevaucher si dur dans la chaleur de midi indiquait sûrement…

Alors je compris. Comme s'il s'agissait d'un fragment d'histoire lu antérieurement et me revenant tout à coup à la mémoire, je compris qu'ils venaient nous couper la route. A leur approche, je distinguai des uniformes kaki. L'instant d'après, nous étions interpellés en chinois. Nous nous immobilisions. Tuzun avait l'air sombre.

En ouragan, les Tounganes venaient d'effectuer une arrivée théâtrale: un officier et un simple soldat armé d'un fusil. Mais au premier abord, notre attention se concentra non sur les hommes, mais sur les chevaux. Luisants comme des phoques, avec des encolures aux courbes héraldiques, ils nous dominaient: deux magnifiques Badakshani de cavalerie de l'Afghanistan. Nous avions oublié qu'il existait au monde des chevaux aussi forts, aussi brillants, aussi bien nourris. Nous en perdîmes le souffle. Nous étions éberlués.

Ce sentiment ne dura pas. L'officier, qui portait une petite moustache de vedette de cinéma et se tenait fièrement, s'enquit de notre but et de notre identité. M'en remettant au meilleur de ma technique chinoise, je répondis en termes légers et anodins.

Que non, nous n'étions pas Russes. Quelle grave erreur! J'étais anglais et elle était française. Mon modeste nom était «Maître Graveur sur pierre» et le sien «Cheval de Bonne Volonté Internationale». Voici nos cartes... Ma profession? Officier Correspondant Extraordinaire du Journal-Pour-l'Entendement-Éclairé-du-Lettré. Un grand journal anglais. Mon Aîné en avait-il entendu parler? (Je fis donner la «Grosse Caisse», mais, hélas, sans grand succès en cette circonstance; «Mon Aîné» garda une expression froide et indifférente.) Nous venions de Pékin, voyage très fatigant. Nous allions à Kashgar, et ensuite en Angleterre. Notre but? Oh, nous faisons un «*yu li*», nous étions des gens de voyages...

Le terme *yu li*, qui s'applique à tant d'actions inconsidérées des étrangers, portés à se rendre de leur plein gré en des lieux inconfortables situés «Au-delà de la Muraille», constituait lui aussi une carte importante dans mon jeu; les traits de l'officier, s'ils restaient encore soupçonneux, devinrent moins perplexes. Avions-nous des passeports en règle?

— Bien sûr! m'écriai-je, certainement, nous avons des passeports en règle!

Et j'émis un rire joyeux à la seule idée que nos papiers pussent ne pas être en ordre.. tout en songeant: «Cette fois, nous sommes bons!»

— Allons au bazar, dit l'officier. Vos passeports doivent être examinés.

— Mais nous nous rendions chez l'*aksakal*...

— Ce n'est pas prudent. Il y a des bandits sur la route, répliqua mécaniquement l'officier.

Le prétexte banal, cousu de fil blanc et transparent à force d'avoir servi à des générations entières de fonctionnaires, me rappela de façon on ne peut plus vivante que notre sort reposait une fois de plus entre des mains chinoises. Souriant béatement, m'excusant par des plaisanteries de mon mauvais chinois et de notre apparence minable dans un endroit si choisi, nous nous mîmes en route. A l'exception de Tuzun, tous les Turkmènes de notre suite s'étaient évaporés opportunément. Le simple soldat chevauchait, d'un air méfiant, le fusil en travers de l'arçon et l'œil sur nous.

— Je suppose que nous devons nous considérer en état d'arrestation, dis-je à Kini.

Kini supposait la même chose.

RULE BRITANNIA

Tout en espérant ardemment que la foule prendrait notre escorte pour une garde d'honneur, nous nous dirigions vers le bazar, qui est — nous le découvrîmes plus tard — le centre à demi citadin de toute oasis. Nous étions surpris, et inquiets, de voir nos gardiens porter des brassards où se remarquaient l'étoile bleue du Kuomintang et l'écusson de la 36e division[1]. C'étaient les insignes du Gouvernement Central, alors que nous avions cru les Tounganes indépendants de Nankin, qui les avait formellement accusés de rébellion; si, comme il semblait maintenant probable, ils faisaient preuve de loyalisme ou cherchaient à en donner l'impression, le fait que nous étions dépourvus de passeports en bonne et due forme pouvait manquer tout à fait d'agrément. Nous étions de plus en plus anxieux.

Entre temps, nous arrivions au bazar. Dans le demi-jour des rues tendues de stores de nattes, le commerce semblait en suspens, peu de gens circulaient et les devantures étroites des boutiques étaient closes par des volets de bois. L'âne de Kini créa une diversion en s'engouffrant de côté sous un porche, manœuvre que notre escorte, grâce à Dieu, n'interpréta pas de façon péjorative. L'instant d'après, nous étions rendus à destination — une petite cour couverte entourée de chambres étroites comme des cellules; celles-ci étaient toutes verrouillées, et personne ne paraissait monter la garde. L'endroit pouvait être une auberge ausi bien qu'une prison; très probablement — d'après notre expérience — il relevait des deux fonctions. Nos bagages furent déchargés et entassés dans la cour, et les bêtes mises à l'écurie. On nous enjoignit de remettre nos passeports et de rester où

1. Grâce à un rapport favorable de Lo Wen-kan, qui en 1933 inspecta en avion la province en qualité de «commissaire pour la Pacification», les armées tounganes avaient été officiellement incorporées dans l'armée de la République chinoise comme 36e division; quand leur chef, Ma Chung-ying, fut mis hors la loi, son commandement, à ma connaissance, ne lui fut pas retiré.

nous étions. L'officier disparut; nous l'entendîmes descendre la rue au galop.

La nouvelle de notre arrivée s'étant répandue, un flot de physionomies curieuses s'encadrèrent dans la porte. Des calottes, des chapeaux bordés de peau de mouton s'agitaient en tous sens, tentant d'obtenir un aperçu cohérent de ces deux êtres qui devaient figurer, dans la majorité des cas, les premiers Blancs que leurs propriétaires eussent jamais vus. Un Turkmène graisseux et déplaisant, qui se prétendait tenancier de l'auberge, fit du zèle et résorba la foule en demandant des volontaires pour balayer une pièce. A quelques soldats toungânes et à certains Turkmènes qui parlaient le chinois, nous confiâmes d'un air détaché et superficiel notre identité et notre lieu d'origine. Tuzun, fidèle mais embarrassé, n'appréciait évidemment pas le tour que les événements avaient pris. J'éprouvais moi-même une terrible inquiétude au sujet des passeports. La foule s'agitait et murmurait. Les hirondelles allaient et venaient au ras du toit. Le bruit courut de l'arrivée de l'*aksakal*. Une heure s'écoula lentement.

Soudain, un bruit de sabots se fit entendre à l'extérieur. La foule s'écarta respectueusement. L'officier s'avança, et, à ma stupéfaction indicible, il nous rendit nos passeports.

— En règle? dis-je.

Il fit un brusque signe de tête et s'en fut. Notre passeport le plus récent — celui qui avait été émis de si mauvaise grâce à Sining — était visé d'un cachet rouge.

Phénomène inexplicable. Les Chinois, en ce qui concerne les documents officiels, sont des plus méticuleux; si ignorants qu'ils fussent de la nécessité d'un passeport spécial de Nankin, les militaires du quartier général de Cherchen devaient avoir remarqué, sur le papier qu'ils visaient, et qui nous autorisait seulement à circuler au Chinghaï, l'absence de toute mention relative au Sinkiang. D'après ma connaissance de la bureaucratie chinoise, l'incident était sans précédent; il ne pouvait davantage s'expliquer par l'hypothèse que personne, au quartier général, ne savait lire ni écrire: à côté du cachet apparaissait à présent une ligne de caractères. Pour être enfin en mesure de comprendre notre chance, il nous fallut poursuivre notre route et être à maintes reprises retenus par des autorités qui firent ressortir à juste titre que nous n'avions aucune raison de nous trouver au Sinkiang, et qui inclinaient à méconnaître le visa de Cherchen. Si nous avions rencontré l'une de ces autorités en ce lieu, nous aurions, je pense, été refoulés.

Pour le moment tout au moins, le destin nous souriait et tout allait bien. Un jeune homme prétentieux, aux grands yeux romantiques, se présenta en mauvais chinois comme membre de la maison de l'*aksakal*; il nous apprit non seulement que son maître était en route pour venir nous souhaiter la bienvenue, mais qu'il était en fait l'*aksakal* britannique. En l'attendant, nous buvions du thé et partagions le pain avec les personnages les plus importants parmi le groupe des curieux; nous nous sentions blasés, sans élan, maintenant qu'un terme temporaire avait été mis à notre incertitude.

L'*aksakal* arriva, monté sur un beau cheval couvert d'un magnifique tapis de selle, et suivi d'un serviteur conduisant une seconde monture. C'était un Afghan de belle prestance, à l'aspect vénérable, au port digne et à l'œil avisé; il nous salua respectueusement et sembla sincèrement content de nous voir. Il parlait du nez, en langue turkmène, hindoustane et afghane, mais ignorait malheureusement le chinois; les interprètes, toutefois, ne manquaient pas, et nous comprîmes que nous étions invités chez lui. Les animaux furent chargés une fois de plus. Kini partit à vive allure sur la seconde monture de l'*aksakal* en compagnie de ce dernier, et je suivis comme je pus, au rythme des chameaux, Cynara étant incapable d'un tel élan.

Il y avait une heure de route entre le bazar et la maison de l'aksakal. Le vent était tombé et le crépuscule était étrangement paisible. Les tourterelles lançaient leur appel. Des silhouettes vêtues de blanc glissaient à travers champs vers leurs demeures, et le murmure confidentiel de leurs conversations frappait agréablement des oreilles mises depuis si longtemps au diapason de la solitude. L'éclat des feux rougeoyait dans l'embrasure des portes. Des perchoirs d'oiseaux, que les Turkmènes disposent sur des poteaux de quinze mètres de haut, symbolisaient la grâce de foyers où la vie cessait d'être une lutte farouche, où il y avait place pour la douceur. Tout faisait un contraste des plus vifs avec nos efforts interminables de naguère, sur les hauts plateaux livrés au seul désert.

Enfin apparut la vaste maison, de construction récente, qui devait être notre résidence pendant plusieurs jours. Un mur entourait un jardin d'abricotiers et de vignes; au-dessus de l'entrée se balançait un emblème de fabrication locale, d'un dessin peu orthodoxe, mais infiniment rassurant et qui n'était rien de moins que l'Union Jack. Je mis pied à terre, confiai Cynara à un serviteur, et pénétrai sur les domaines relevant, en dernière analyse, de Feu Sa Majesté le Roi George V.

CHERCHEN OU LA TERRE PROMISE

Les Chinois avaient jadis fait de Cherchen (à l'exception de Charklik, la plus isolée sans doute des oasis qui bordent le Takla Makan) une colonie pénitentiaire. A nos yeux, ce lieu représentait non l'Ile du Diable, mais la Terre Promise. Nous y étions logés sur un amas compact de tapis, dans une pièce qui suggérait l'éphémère et le plateau de cinéma. Nous devions y rester cinq jours. Le soir de notre arrivée, l'officier commandant la garnison toungane du lieu nous dépêcha un présent de quatre poulets et d'un panier d'œufs, ce qui acheva de dissiper à tout jamais nos craintes. Un énorme souper d'œufs fut expédié, et notre repos nocturne (pris à l'abri d'un toit qui semblait peser sur nos épaules) s'en trouva, malgré notre grande fatigue, quelque peu compromis.

Un interlude sédentaire s'ensuivit, largement ponctué de repas, et entre les repas, de collations. Des victuailles traînaient en général à portée — galettes de pain ou morceaux de sucre russe — et en dehors de courts entractes succédant immédiatement au déjeuner, nous ne pouvions nous retenir de faire un sort à tout ce qui nous tombait sous la main. La faim accumulée depuis quatre mois s'assouvissait aux dépens de toute pudeur. Encore assez voisins du règne animal en ceci, nous commencions par ailleurs à réapprendre certains raffinements. C'étaient des ablutions sans fin, et Kini me coupa les cheveux avec l'enthousiasme que les femmes apportent à ce genre d'occupation, mais avec une dextérité très supérieure à la moyenne. Installés à une table bancale — fruit d'une pensée prévenante — qui tranchait curieusement sur le décor, nous composions des missives à nos familles; pour la première fois ce n'étaient plus là des lettres d'adieux. Elles respiraient sinon la vaine gloriole, du moins le contentement parfait de soi, et faisaient augurer notre retour pour dans deux à trois mois... bref, le genre de lettres que tout ami soucieux de notre sort aurait été ravi de recevoir après un aussi long silence; malheureusement, elles étaient destinées à être interceptées — comment et par qui, je l'ignore — cependant que nous les battions de trois bonnes semaines au poteau d'arrivée. A Londres, elles nous parurent ridicules.

Une sur cinq des journées passées à Cherchen fut consacrée à des visites officielles. Il semblait que le titre de Ssu Ling, ou Commandant en Chef, fût détenu concurremment par deux officiers différents, et nous fîmes preuve d'impartialité en «posant des cartons» chez l'un comme chez l'autre, et en consommant chez les deux d'énormes quantités de thé au sucre russe et de cigarettes de même origine. L'un des Ssu Ling — on le disait thibétain, mais il était plus probablement de sang mêlé — se présentait sous l'aspect d'un homme efflanqué et distrait, portant une petite moustache et ne paraissant pas jouer un rôle capital. Le second était un jeune officier désabusé et capable, à la bouche mince et cruelle, à la parole hachée; il nous reçut sur une estrade entièrement recouverte de tapis, dans un yamen rien moins que chinois, où erraient des soldats en petite tenue blanc sale incongrûment couronnés d'un casque colonial visqueux. Une autre de nos visites fut pour l'autorité civile, sorte de maire, un Turkmène comme dans la plupart des oasis. Il était absent, mais un lynx captif, gracieux et farouche, arpentant une petite enceinte à l'intérieur de la cour, fixa cette séance dans ma mémoire.

Comme à l'ordinaire au Sinkiang, le bazar ne donnait de signes d'activité qu'un seul jour par semaine. (Les bazars sont des points de repère reconnus par le calendrier. «Restez donc jusqu'au prochain bazar», nous disait toujours l'*aksakal.*) Pendant notre séjour, le marché fut calme. La moitié des magasins restaient fermés, car une récente occupation militaire avait paralysé le commerce en imposant toute une série de réquisitions et d'extorsions arbitraires. Les quelques boutiques encore ouvertes étaient des baraques peu profondes, grandes comme des placards, et leurs étagères exhibaient un amoncellement de pacotille russe à peine teinté d'un soupçon de Japon, d'Europe centrale, de Manchester et des Indes. A part son approvisionnement particulièrement pauvre (dû à sa position écartée), le bazar de Cherchen reproduisait fidèlement les rivalités de commerce internationales de toute la Province: la Russie en tête, le reste nulle part.

C'est avec avidité que nous nous jetions sur les bruits et les bribes de commérages qui faisaient le tour des arrière-cours fraîches et des petites pièces obscures : une espèce de soulèvement en faveur de l'indépendance venait d'être réprimé à Charklik, et plus d'une centaine de personnes avaient été exécutées. La famille de l'instigateur turkmène aurait été expédiée sur Khotan en otage. Une ambassade de onze membres avait traversé Cherchen, allant de Sining à Khotan en suivant le Chemin du Désert qui passe par Tunghwang. On disait qu'une photographie du mystérieux Ma Chung-ying, agrémentée d'écriture russe, avait été mise en circulation, je ne sais où. Hami n'aurait pas encore entièrement succombé à l'influence soviétique... Nous étions depuis si longtemps sevrés de toute nouvelle que nous faisons nos choux gras de ces potins obscurs, impossibles à confirmer.

L'*aksakal* était un hôte charmant et plein de prévenances. Bien que résidant à cinq semaines de Kashgar et n'ayant jamais eu l'occasion d'entrevoir aucun des consuls qui avaient été ses supérieurs hiérarchiques, ni de poser le pied sur le sol britannique, il faisait preuve d'un attachement non dénué de snobisme mais néanmoins touchant, envers l'Empire dont il servait les intérêts. Des rares hommes blancs qu'il avait approchés, celui dont entre tous il aimait à s'entretenir était Ishtin Sahib; le premier moment d'ahurissement passé, il nous fut possible d'établir l'identité de ce personnage sublime comme étant celle de Sir Aurel Stein. D'un bout à l'autre des oasis du Sud, on continue d'entourer le souvenir du grand explorateur de sentiments de respect et d'admiration.

Nous jugions qu'un repos s'imposait; mais il n'était guère facile d'en prendre; la réputation des prodiges opérés par notre pharmacie avait malheureusement été ébruitée, et à peine arrivés, il nous fallut déjà nous consacrer à un flot ininterrompu de clients qui réclamaient nos soins. La série fut ouverte par un malade de choix, nul autre que le plus important des commandants militaires de l'endroit. Il arriva tel un ouragan, à la tête d'un régiment de cavalerie, précédé de trompettes tonitruantes. Dans un cliquetis d'armes et un nuage de poussière, nos visiteurs se précipitèrent sur nous ventre à terre, et l'escorte entière nous envahit en s'émerveillant de notre machine à écrire et de notre petit grammophone. Ils étaient armés de pied en cap mais avec une certaine fantaisie, et afin de ne pas manquer au faste, avaient amené avec eux une mitrailleuse antique et solennelle que portait un cheval de bât.

Leurs fusils présentaient de l'intérêt comme, du reste, en cette partie mal achalandée du globe, tout objet non rudimentaire tombé entre les mains de l'habitant. Là, tout ce qui n'était pas de fabrication locale avait son histoire, celle de son itinéraire, et un pedigree extravagant de propriétaires successifs. On pouvait, des heures durant, laisser courir son imagination autour d'une jaquette en haillons de coupe européenne, ou d'une boîte de conserve portant la marque de fabrique d'une ville lointaine.

Les armes à feu des Tounganes étaient d'une disparité remarquable. Parmi celles-ci, l'une d'elles n'était autre qu'une Winchester calibre 303, modèle sport ancien, héritage (à n'en pas douter) d'une expédition de passage. Il y avait aussi un antique fusil de munition japonais, plusieurs Snyders, une carabine allemande (1890) et un Lee-Enfield de la frontière indienne dont le chiffre V.R. (Victoria Regina) fixait la date avec un certain manque de précision. Mais celui qui, de tous, piquait le plus ma curiosité, était un Remington portant la marque 1917 et grossièrement estampillé du double aigle impérial de Russie. J'eus par ailleurs l'occasion de voir d'autres exemplaires de ces armes hybrides, et présume que les Américains les fournissaient aux effectifs blancs au temps de l'intervention sibérienne.

Le commandant toungane souffrait d'une hernie; nous ne pouvions rien faire de plus que de lui donner une pommade, et espérer que «ça s'arrangerait»; mais plusieurs de ses gardes du corps furent purgés et désinfectés avec succès. Après leur départ, qui se fit dans un grand bruit de sabots et de sonneries discordantes, ce fut au tour de la roture de nous envahir. Durant quatre d'entre les cinq jours que devait durer notre séjour, pas une heure ne se passa sans que nous fussions dérangés. Ils arrivaient implorants et pleins de timidité. A chaque fois se renouvelait la même attente, cependant que l'on partait à la recherche d'un interprète bénévole parlant chinois; venait ensuite le questionnaire déjà familier: «Quelle sorte de maladie? Tête? Jambes? Ventre? Est-ce ou n'est-ce pas la maladie du froid-chaud? Cette maladie, depuis combien d'années? Dors-tu? Manges-tu?» En général, après quelque malaxation de notre part et pleurnichements de la leur, cela finissait par la formule prononcée par nous à contrecœur et qui venait briser leurs espoirs: «Pour ce genre de maladie, nous n'avons pas de baume.»

Parfois nous avions visiblement affaire à un tire-au-flanc, d'autres fois à un farceur, et nous eûmes même la visite de la jeune femme d'un fonctionnaire, «malade imaginaire» jusqu'au bout des ongles et très «grand style»: accroupie sur le tapis, elle fumait en se servant d'un long fume-cigarette, comparant le luxe de sa maison de Pékin à la rusticité primitive de Cherchen, tout en lissant sa robe fourreau de ses doigts délicats. Mais la plupart du temps, la consultation n'avait rien de drôle. Il n'existait pas de médecin dans l'oasis, et le plus proche résidait à la Mission suédoise de Yarkand, soit à plus de trois semaines de voyage en direction de l'ouest. Ils avaient mis en nous tous leurs espoirs, et dans neuf cas sur dix nous ne pouvions rien pour eux. Leurs regards disaient leur déception.

Des vieillards, voûtés ou boitant, récitaient d'une voix chevrotante la litanie de leurs souffrances. Des enfants aux maladies de peau innommables recevaient les soins de Kini avec l'apathie de ceux qui ne comprennent pas. Des femmes voilées, en petits groupes timorés et inquiets, le devant de leurs robes noires lourdement rebrodé de vert, nous présentaient les petits corps décharnés, légers comme des plumes de leurs nouveau-nés, et pleuraient en nous voyant hocher la tête. L'une d'elles, comme nous la priions d'avancer, leva son voile et découvrit, non un visage, mais une masse de chair informe et à vif; on nous expliqua que deux jours auparavant, s'étant trouvée mal, elle avait fait une chute dans le feu.

Le plus affreux était qu'ils se refusaient à croire que nous ne pouvions rien pour les soulager, que notre pauvre petit stock de remèdes déjà bien diminué ne contenait pas la panacée à tous leurs maux. Ils pleuraient et geignaient, et nous quittaient en nous accusant secrètement de cruauté ou d'avarice... ou des deux à la fois. Aux impaludés, nous avions la ressource de donner de la quinine, et celle de désinfecter ceux qui souffraient de plaies, en y ajoutant quelques conseils d'hygiène; mais la grande majorité demeurait en dehors du rayon étroit de nos connaissances et de nos médications. Se posait dès lors un cas de conscience: était-il juste d'éveiller leurs espoirs en leur donnant une petite pilule sans efficacité, puisqu'à condition d'emporter quelque chose, ils partaient satisfaits? Ou bien leur déception éventuelle serait-elle encore plus pénible qu'un refus positif et immédiat de notre part? En fin de compte, nous crûmes bon de décider qu'il ne pouvait y avoir grand mal à leur laisser un peu plus longtemps leurs illusions, et tout nouvel arrivant reçut un petit paquet de quatre ou cinq pilules de Jintan. Le Jintan est un produit japonais très répandu en Chine, et (à en croire les réclames), souverain contre toute la gamme des maladies du monde. Les petites pastilles argentées et microscopiques paraissaient inoffensives. La dose minimum en est de vingt, et nous n'en possédions que deux petits flacons ; c'est dire que la valeur de nos menus paquets ne dépassait pas celle d'un symbole.

Peter Fleming, *Courrier de Tartarie*, traduction S. et T. Bourgeois, Paris, éd. Phébus, 1989.

IV. Les Tian Shan et le Gansu occidental

La route de la soie est en fait un large écheveau et les itinéraires qu'empruntaient les voyageurs depuis l'Antiquité suivaient les lignes d'oasis qui ceinturent le désert du Takla-Makan ou qui longent, au nord, les Tian Shan, les monts Célestes. Jusqu'aux limites du Gansu occidental, qui s'enfonce dans l'Asie centrale comme une ultime poussée des terres cultivées venant du monde chinois, la Grande Muraille protégeait des incursions des Barbares. De tous temps ce fut une zone de passage entre l'Orient et l'Occident.

A partir de la fin du XIXe siècle, et encore plus au début du XXe, les voyageurs européens sont nombreux à emprunter cette voie. Stein, Le Coq, Pelliot et bien d'autres y feront des recherches sur la plupart des sites. Des maisons de commerce, russes ou établies dans les grandes villes chinoises de la côte, y installeront des comptoirs. Des missionnaires tenteront, sur ces terres traditionnellement marquées par le bouddhisme et l'islam, de répandre l'Évangile. Après la révolution de 1917, des armées russes blanches ou des réfugiés en haillons et affamés y passeront, se dirigeant vers l'est. Mais au début des années trente, l'automobile et l'avion vont faire leur apparition dans les grandes traversées du continent.

AUREL STEIN [1]
(1905-1906)

Faisant le tour complet du Takla-Makan, sir Aurel Stein, après avoir procédé à des recherches couronnées de succès dans les villes mortes du sud et de l'est du désert, remonte vers le Gansu. A l'extrémité

1. Sur Aurel Stein, voir notice p. 578.

occidentale de la Grande Muraille, ses trouvailles au pied des tours de guet, ses observations autour de Jiayuguan, font ressurgir la vie des garnisons des «Limes».

L'EXTRÉMITÉ OCCIDENTALE DE LA GRANDE MURAILLE

Jamais encore je n'avais autant ressenti l'étrange fascination inspirée par cette frontière désolée que durant ces jours que je passai à tracer les relevés des vestiges des murailles et des tours de guet sur des kilomètres et des kilomètres de désert de gravier, au-delà des marais salants. Il y avait, bien entendu, les tours pour servir de repères aux mesures des distances. Toutefois, lorsque je me mis à chercher à l'est de notre premier camp à proximité du lac, la muraille que ces tours étaient censées surveiller, je trouvai ma tâche compliquée par de curieux traits topographiques. Déjà auparavant, en empruntant la route de Lop Nor, nous avions remarqué des lacs et des marécages dans les dépressions au nord. Ce ne fut qu'en me rendant à chacune des tours que nous avions vues, qui se dressaient au loin vers le nord dans ce qui paraissait alors être une étendue uniforme de gravier, que je compris à quel point le sol sur lequel les ingénieurs de l'époque Han avait avancé leur frontière, était accidenté.

Ce qui semblait n'être qu'une plaine, s'étendant au pied des collines désolées du Kuruk-tagh, s'avéra, en fait, être une série de bas plateaux couverts de gravier et séparés par un grand nombre de dépressions tortueuses. Une carte à grande échelle serait nécessaire pour bien rendre compte de cette configuration complexe de terrain, qui ressemblait à une ligne de côte avec des langues plates de terre séparant les baies et les criques. Les plus grandes dépressions étaient partiellement occupées par des marécages alimentés par des sources et s'étendaient parfois sur une largeur d'environ deux kilomètres. Des lits de roseaux denses bordaient les étendues d'eau, et des marais couverts de sel longeaient la ligne du bassin hydrographique vers le nord-ouest. Ailleurs, toute trace d'eau avait disparu de la surface de la terre; des tamaris et autres broussailles robustes se mêlaient à des pousses de roseaux, ainsi qu'à des floraisons salées, démontrant ainsi qu'il y avait effectivement de l'eau dans le sous-sol de ces *nullahs*[1]. Les marécages et les marais d'eau salée étaient impraticables pour nos poneys et nous dûmes souvent faire des détours de plusieurs kilomètres pour nous rendre aux ruines.

Tout de suite après la conquête de ces marais, agencés comme les fossés d'une course d'obstacles, arriva le moment, plus excitant encore, de la recherche des vestiges de l'ancienne muraille. Cette muraille, je l'appris bientôt, avait été infailliblement dressée sur chaque solide

1. Lit de rivière asséché.

morceau de terre qui aurait pu offrir aux incursions ennemies un passage, et qui se poursuivait jusqu'au bord des criques marécageuses. En fait, de multiples preuves me fournirent la certitude que cet alignement de la muraille avait été délibérément choisi par les anciens ingénieurs chinois afin de compléter leur ligne de défense avec les défenses naturelles du terrain, s'épargnant ainsi des travaux de construction supplémentaires.

Là où la terre était molle et couverte de broussailles, à proximité des marécages, l'œil n'apercevait pas au premier examen la moindre trace d'*agger*, c'est-à-dire, de tertre qui aurait signalé l'ancien emplacement de la muraille; car les vestiges du rempart, faits de couches intercalées de terre et de faisceaux de roseaux, étaient bien endommagés en raison de l'humidité qui remontait du sous-sol. Les traces étaient encore plus dissimulées par cette végétation grossière qui se nourrit de la terre salée. En atteignant encore le plateau de gravier, cependant, un regard sur ses bords allait me révéler la ligne familière de la muraille.

En plusieurs endroits, la muraille s'élevait encore à une hauteur considérable, attirant le regard même à grande distance. La force de l'érosion avait été diminuée contre la muraille en raison de sa situation sur un terrain inférieur, ainsi qu'en raison d'une particularité du matériau utilisé — toujours des couches de gravier et de faisceaux — matériau qui avait assuré une plus grande uniformité. Peut-être aussi compte tenu de l'orientation de la muraille qui coïncidait avec celle des vents dominants. Ailleurs, pour quelque raison que ce fût, les deux mille ans et la violence des vents, qui ne cessent de souffler sur cette vaste vallée désertique, avaient infligé des dommages bien plus graves encore. Il fallait scruter le sol pour repérer l'ondulation du terrain sur la ligne qu'avait suivie la muraille. Même là où l'œil ne percevait qu'un quelconque alignement, les bouts des faisceaux de roseaux bien disposés qui transperçaient le gravier en fournissaient une indication définitive; de plus, un seul coup de *ketman* eut déterré la maçonnerie régulière. Lors de ces chevauchées de reconnaissance, Tila Bai était le plus souvent mon seul compagnon et je lui étais très redevable de posséder une vue aussi perçante ainsi qu'un grand sens de l'observation qui lui permettaient de repérer de loin ces faibles traces de la muraille.

Une fois décelé l'alignement d'une partie spécifique du plateau, il était aisé de le suivre jusqu'au bout, car il continuait droit vers la tour de guet la plus proche, en direction de l'est. Il n'était pas difficile non plus de repérer ces tours, puisque leur emplacement avait été choisi en vue des avantages du terrain qui dominait les dépressions les plus proches. Ce qui avait facilité la tâche des soldats qui autrefois avaient monté la garde ici nous aidait aujourd'hui à trouver leurs quartiers en ruines. Quels que fussent le degré de détérioration des tours et la largeur des dépressions marécageuses qui interrompaient la continuité de la muraille et nous séparaient de notre prochain but, les masses de maçonnerie brisée suffisaient presque toujours à nous guider; car elles étaient situées sur un terrain élevé bien au-dessus du niveau moyen des plateaux.

Aux endroits où l'étendue de la muraille à surveiller était considérable, et où, parallèlement, l'élévation offerte par le terrain était insuffisante, les tours avaient été construites massivement et d'une hauteur d'au moins sept mètres et demi. Là, la maçonnerie bien posée (ou l'argile dur battu et posé en couches régulières) était en général assez solide pour résister à toutes les vicissitudes du temps. La couche initiale de plâtre épais était, bien entendu, tombée là où elle n'était pas protégée par les quartiers construits contre le pied de la tour. Souvent, sur le sommet, l'effet d'érosion des vents avait découvert le bois lourd de toghrak qu'on y avait inséré pour consolider la maçonnerie.

Cependant, là où le tertre en argile, sur lequel une tour était construite, assurait de lui-même une vue dominante, la tour avait été construite avec moins de hauteur. La raison en était sans doute l'économie d'efforts et de moyens qui caractérise si bien toutes les œuvres de la civilisation chinoise. Dans les cas où il était facile d'accéder par un escalier normal, je découvris sur le sommet, non pas une simple plate-forme de garde, mais une petite pièce qui devait offrir aux soldats un meilleur abri.

Les murs de ces petites salles de garde avaient été forcément plus endommagés que la tour qui se trouvait en dessous. Pourtant, leurs débris rendirent encore possible l'accès au sommet. Tandis que je balayais du regard cette vaste étendue morne de marais et de gravier de Sai, agrémentée seulement par une étroite ligne de bosquets de toghrak ou encore par une surface étincelante d'eau salée, il m'était facile d'imaginer les existences monotones qui s'étaient déroulées en ce lieu. Les conditions de vie d'autrefois — et dont j'avais de nombreuses preuves — n'ont pas eu la possibilité de beaucoup changer. Les mêmes matériaux dont étaient construites murailles et tours confirmèrent que le terrain surveillé par les troupes des empereurs Han consistait, à leur époque comme à la nôtre, en un désert nu et marécageux, ainsi qu'en quelques broussailles et fourrés de roseaux qui pouvaient subsister.

En levant les yeux en direction du nord, vers la longue chaîne de sombres collines nues découpée sur l'horizon, le contraste qui s'en dégageait la rendait presque jolie. Et pourtant, là aussi, tout paraissait atteint d'une torpeur morbide. Aucune trace de végétation ne subsistait sur le glacis détritique qui descendait vers la large vallée du désert et les ravins rapprochés les uns des autres qui sillonnaient les coteaux austères semblaient être creusés par des pluies telles que cette région n'en avait pas connu depuis des milliers d'années. Aucune des vallées de ce côté-ci du Kuruk-tagh ne possède de puits ni de source. Je voyais, du moins, les sommets merveilleusement hérissés des crêtes avec, dans le fond, les pics rocheux d'une région reculée et inconnue, et l'infinie palette des couleurs, du beige ou violet, qui soulageait les yeux après le gris triste et uniforme du Sai et l'éclat pénible des marais salants. Aucun signe de vie n'était là pour distraire mes pensées du passé; pas un bruit dans les airs, pas un seul mouvement, seul l'air chaud vibrant au-dessus du sol et envoyant des mirages ondulés sur l'horizon.

Au milieu d'une telle solitude, il ne fallut faire aucun effort pour appréhender la signification de chaque vestige appartenant à ce passé lointain durant lequel cette frontière désertique avait connu une occupation permanente. A mes pieds s'étendaient les débris des anciens quartiers occupés par les soldats de la garde, ainsi que ceux qui s'étaient accumulés à l'extérieur; rien n'avait été touché ni par l'homme, ni par les animaux, ni même par les agents plus destructifs encore que sont l'humidité et le sable. Compte tenu des grands vents glaciaux qui soufflaient sur le désert six mois de l'année durant et de la chaleur torride qui s'abat les six autres mois, il n'était guère surprenant que les soldats en garnison ici n'aient pas été tentés de s'éloigner de leurs tours. Par conséquent, tout ce dont ils n'avaient pas besoin était jeté dans des coins, ou à côté de la tour et de la muraille. Avec une facilité inouïe, je pouvais à présent tout récupérer.

La couche la plus fine de gravier — ce que, bien entendu, la maçonnerie effritée fournissait en abondance — avait suffi pour maintenir dans un parfait état de conservation des objets même très périssables tels que des morceaux de vêtements, des tablettes de bois, des flèches, de la paille et des ébréchures. Tous ces objets étaient à peu près en sécurité dans cette terre qui n'avait vu que très peu de pluie depuis deux mille ans, qui était éloignée de toute irrigation ou autre perturbation humaine, et dont la surface plate n'avait guère souffert de l'érosion du vent. Souvent, un petit grattage sur la pente avec le talon de ma botte ou le bout de ma cravache révélait les emplacements où le détachement de gardes qui occupaient les tours avaient l'habitude de jeter leurs ordures.

AUX AVANT-POSTES, FACE AUX HUNS

Avec tous les rapports, déclarations et enquêtes qu'une organisation militaire développée, sans doute pourvue d'une équipe de scribes, avait envoyés sur cette chaîne de tours de guet à la frontière plus de deux siècles durant, était-il étonnant que je me fusse habitué à trouver presque à la surface de la terre des archives datant de l'époque du

Christ ou d'une période plus reculée encore? Ce travail pouvait être accompli avant que mon équipe ne se fût rendue à chacun des postes en ruines, et que Chiang-ssu-yeh fût présent pour lire et interpréter ces «vieux papiers» aussi bien que possible et cela du premier coup d'œil. Il fut alors curieux d'entendre le contenu des archives qui relataient des attaques anticipées, des mouvements de renforts de troupes, des visites d'inspection des officiers supérieurs et, plus souvent, des détails banals comme la distribution de rations, d'armes et de vêtements. Je pensais que l'essentiel de cette correspondance n'était peut-être qu'une copie des ordres destinés aux quartiers généraux qui était, par la suite, destinée à ces installations solitaires, pareils aux petits postes isolés qu'on trouve situés sur les lignes de télégraphe le long de notre frontière indienne, et qui tentent de compenser le manque total d'intérêt local en maintenant un flot constant de nouvelles en provenance du monde lointain, ce qu'ils appelaient des «messages de service».

Beaucoup plus importante était la certitude croissante, grâce aux dates que mon infatigable secrétaire m'aida à déchiffrer, que cette ligne de frontière datait de la fin du deuxième siècle avant Jésus-Christ, lorsque l'expansion chinoise en Asie centrale débuta sous l'empereur Wu Ti. Les dates des archives remontaient de plus en plus dans le passé, jusqu'aux documents datés du début du premier siècle avant Jésus-Christ, durant la période T'ien-han; il devint alors certain que la muraille et les tours de guet qui en faisaient partie étaient identiques à celles qui étaient situées à intervalles réguliers depuis Chiu-ch'üan (ou Suchou) jusqu'à la porte de Jade. Selon les annales Han, ces dernières furent construites en 110 av. J.-C., lorsque les Hsiung-nu lançaient des attaques sur les missions commerciales et politiques chinoises à l'ouest, et que l'empereur fut contraint de dépêcher des expéditions dont le résultat était la subjugation de Lou-Lan et l'établissement de la puissance militaire chinoise dans le bassin du Tarim.

Nul doute n'était possible : le but de ce *limes*, ou rempart, était de protéger le territoire au sud du Su-Io Ho. Ce territoire était indispensable en tant que base et voie de passage pour les forces et les missions politiques chinoises envoyées pour étendre et consolider le contrôle impérial dans le bassin du Tarim et ses environs. Il était également évident que l'ennemi au nord et au nord-ouest, contre lequel il avait fallu défendre cette base et cette ligne de communication, était les Hsiung-nu, les ancêtres des Huns qui, quelques siècles plus tard, feraient boire leurs chevaux dans le fleuve Danube et dans celui du Pô.

Ce fait établi, comme l'horizon semblait s'élargir en espace et en temps! L'existence même de ce rempart soulignait l'important fait géographique que la région désertique des collines au nord des marécages de Su-Io Ho, aujourd'hui impraticable en raison du manque d'eau, devait dans le passé servir de voie de passage aux petits groupes d'attaquants. Historiquement parlant, il était passionnant de penser que l'extrémité occidentale de la Grande Muraille n'avait pas été construite en tant que défense passive — idée si facilement associée à chaque «muraille chinoise» —, mais, semblable aux remparts romains du siècle suivant, elle avait plutôt servi à maintenir la route ouverte pour une avancée stratégique rigoureuse. J'écrirai davantage sur de telles affinités et liens historiques plus tard.

Mes pensées m'entraînèrent jusqu'aux frontières romaines que j'avais visitées. Dans le même temps, il était aisé d'oublier le passage des vingt siècles écoulés, en observant les humbles accessoires de la vie quotidienne qui s'était déroulée sur cette steppe désolée s'étendant devant moi. Certes, les hommes avaient disparu — ceux qui avaient monté la garde comme ceux contre qui cette frontière avait été tracée en plein désert. La nature, cependant, n'avait guère changé, et sa force sur ce terrain n'était pas parvenue à effacer le travail des hommes.

Jamais auparavant, je n'avais à ce point compris l'insignifiance de deux mille ans, dans un endroit où l'activité humaine est suspendue et la nature engourdie, que lors de mes longues chevauchées solitaires de reconnaissance parmi les débris d'une tour de guet importante. Découpée sur l'horizon par la lumière du soleil couchant, chacune des tours de la muraille était perceptible à une distance d'une quinzaine de kilomètres, et parfois de plus loin encore, étincelante dans la lumière jaunâtre comme si le plâtre qui avait recouvert les différentes faces existait toujours pour les mettre en valeur. Tandis que je les observais au loin, ainsi que ces étendues de muraille s'élevant entre elles comme un trait droit marron au-dessus du gravier gris du désert, comme il était facile d'imaginer qu'on les surveillait encore et que des yeux vigilants scrutaient les plateaux et les *nullahs* trompeurs en direction du nord, avec ce talent d'observation né de la familiarité acquise au contact d'un ennemi rapide et rusé!

Les pointes de flèches en bronze que je ramassai en grand nombre près de la muraille et des tours constituaient la preuve que les attaques et les alertes étaient fréquentes sur cette frontière. Inconsciemment, mon œil cherchait le terrain broussailleux bordant les marais salants où les attaquants huns auraient pu se rassembler avant de lancer une attaque à la faveur du crépuscule. Combien de fois ne m'étais-je amusé sur la frontière nord-ouest de l'Inde à chercher des lignes d'approche que nos amis, des hors-la-loi Wazir ou Afridi de l'autre côté de la frontière, auraient pu emprunter! Une fois la chaîne des postes franchie, la route était ouverte aux attaquants huns pour atteindre n'importe quelle partie de l'oasis de Dunhuang ou les occupations humaines situées à l'est. Certes, la steppe désertique qui s'étend au nord de la muraille aurait pu représenter un obstacle bien plus menaçant que la chaîne des tours de guet. Mais ces intrépides cavaliers n'avaient-ils pas déjà traversé de grands déserts presque aussi rudes avant de se rendre sur les plaines du Danube pour devenir le fléau de l'instable empire romain ? La notion de temps ainsi que celle d'espace risquaient de s'effacer tandis que je réfléchissais sur ces mêmes Huns que les empereurs Han avaient si longtemps tenté d'éloigner hors de leurs frontières, alors qu'ils allaient, quelques siècles plus tard, secouer la puissance de Rome et celle de Byzance.

Les rayons obliques du soleil couchant révélèrent du passé d'autres choses bien plus concrètes encore. Dans cette lumière la ligne de la muraille se distinguait clairement sur des kilomètres, et cela, même aux endroits délabrés au point de n'être plus qu'une longue et basse proéminence de terrain transpercée, çà et là, de faisceaux de roseaux. C'était à ce moment-là que l'œil était le plus disposé à reconnaître un trait, comme un sillon curieusement droit, qui longeait parallèlement la muraille à une distance de neuf mètres de celle-ci. En l'examinant de plus près, je m'aperçus qu'il s'agissait d'un sentier étroit mais bien défini, creusé dans la terre caillouteuse par les patrouilles qui l'avaient arpenté des siècles durant. Ce chemin curieux réapparaissait à côté de la muraille à des kilomètres de la route des caravanes ; on le voyait à chaque endroit où les vestiges de la muraille étaient suffisamment hauts pour le protéger contre le sable et les cailloux poussés par les vents du nord et du nord-est. Cette explication m'aurait paru simpliste, si je n'avais pas eu de nombreuses occasions de remarquer avec quelle persistance ce gravier conservait toutes les traces de pas et de roues de voitures.

Je tombai fréquemment sur ces traces de roue menant à des dépressions qui avaient fourni du pâturage ou du combustible ; ces deux motivations qui avaient poussé les bergers de Dunhuang à s'y rendre avaient désormais disparu depuis longtemps. Pourtant, les traces laissées ne serait-ce que par un véhicule isolé traversant ainsi le Sai étaient exceptionnellement repérables et continues. Plus tard, je m'étonnai de voir que les traces que nous-mêmes avions faites avec nos poneys en suivant la muraille pour la première fois, lors de notre voyage à Dunhuang deux mois auparavant, paraissaient aussi récentes que si nous venions tout juste de passer. Nous connaissions par triste expérience la force des grands vents qui, entretemps, avaient soufflé sur cette vallée désertique presque tous les jours. J'ai appris depuis que les mêmes observations ont été faites par des voyageurs expérimentés, français et autres, sur des étendues de gravier dans le Sahara.

Une autre preuve, tout aussi frappante de la capacité de préservation de la terre et du climat de ce désert, me fut fournie par une observation qui me laissa perplexe, du moins au début. En plusieurs endroits autour des tours de guet examinées lors de mes premières reconnaissances, j'avais remarqué, lorsque la terre attenante à l'intérieur de la muraille était assez plate, une série d'étranges monticules en rangs réguliers, et disposés en quinconce. Un examen plus attentif révéla que ces structures, mesurant chacune moins d'un mètre de côté et jusqu'à deux mètres de hauteur, n'étaient construites que de fagots de roseaux, posés en travers dans des couches intercalées. Un peu de sable et de gravier y était mélangé; mais je ne pus déterminer si cela était fait exprès ou dû au sable et aux cailloux qui, poussés par de grands vents, s'y étaient accrochés. Des branches de toghrak, insérées à la verticale, avaient dû maintenir les couches de faisceaux lorsque celles-ci furent posées.

Ce type de renforcement n'était plus nécessaire, car l'effet du sel contenu dans les branches et dans la terre était de pétrifier les roseaux, du moins en apparence et en texture, bien qu'en détachant un roseau en particulier, on s'apercevait que la fibre, elle, était encore flexible. La régularité avec laquelle étaient disposés ces étranges tas de *kumush* [1] ancien, près des tours de guet et à une distance de quatorze à quinze mètres l'un de l'autre, me fit penser qu'ils avaient servi de protection, comme un Zariba (c'est-à-dire, une petite palissade de broussailles comme on rencontre en Afrique). Une telle hypothèse avait l'avantage de réconcilier le fait évident que quelques-uns d'entre eux avaient été brûlés, leur position étant indiquée par de nombreux fragments calcinés. Cependant, je dus rejeter cette idée par la suite, en découvrant des structures semblables irrégulièrement disposées sur des faîtes étroits où la terre près des tours était accidentée par des ravins ou autrement restreinte.

La véritable explication se présenta lorsque je repérai des fagots de branches de toghrak, semblables aux autres, mais moins réguliers, entassées de la même manière près de l'extension sud-ouest des remparts, où ce bois était abondant et qu'on trouvait dans la construction de la muraille. Je me souvins alors que les dimensions des autres fagots, qu'il se fût agi de roseaux ou de branches de toghrak, correspondaient exactement à celles des fascines utilisées pour la construction de la muraille. L'idée me vint que ces curieux monticules n'étaient rien d'autre que des tas de fagots mis de côté près de la muraille, afin d'être prêts pour des réparations urgentes. Ainsi les brèches pouvaient-elles être réparées sans que les hommes fussent obligés de parcourir de grandes distances pour aller cueillir et ramener les matériaux nécessaires. Cela me fit penser aux piles de traverses de chemin de fer que l'on voit entassées dans les gares. Si des tas de paille sans protection arrivent à résister aux effets destructeurs de deux mille ans, on doit reconnaître la qualité exceptionnelle de préservation du climat et des conditions du désert de Dunhuang. L'usage successif

1. Roseaux du désert.

des matériaux entassés peut expliquer les hauteurs des piles, qui varient entre trente et deux cent dix centimètres, qui existent toujours à proximité d'un poste d'observation.

Restait à expliquer pour quelle raison quelques-uns de ces tas en divers postes avaient été réduits par le feu en fragments calcinés. Il était facile de supposer que des attaquants avaient causé ces dommages. Pourtant, l'explication la plus plausible ne se présenta pas avant que les traductions faites par M. Chavannes ne me montrent la fréquence des références aux signes de feu dans les archives découvertes dans les postes. Sans doute, de tels signaux étaient-ils le plus souvent allumés sur le haut d'une tour. Cependant, lorsque le temps l'exigeait, ou qu'un grand feu était nécessaire pour pénétrer l'obscurité de la nuit, il était plus simple de mettre feu à un tas entier. Cette hypothèse fut confirmée par le fait que les vestiges calcinés se trouvaient toujours à un point de la disposition en quinconce où le risque de propagation du feu était minime…

VESTIGES AUPRÈS D'UNE ANCIENNE TOUR DE GUET

Tandis qu'il était aussi fascinant d'examiner la terre tout le long de cette frontière si désolée que d'étudier les vestiges de la muraille, des tours, des quartiers et des armes, je sentais cependant qu'il fallait des archives écrites pour restaurer une image de la vie qui se déroulait en ce lieu ainsi que de l'organisation qui avait permis son implantation dans le désert. Le hasard n'aurait pas mieux illustré ce dernier point lorsque je tombai, à l'emplacement d'un poste où les vestiges existants étaient très limités, sur d'abondantes archives en bois jetées du bureau du commandant, un demi-siècle avant Jésus-Christ. Ces archives dataient toutes de la même période, et provenaient d'un poste éloigné de la route principale. Elles n'avaient pas d'importance particulière en elles-mêmes, mais étaient d'autant plus utiles pour fournir une image plus exacte de l'administration dominante telle qu'elle s'exerçait parmi les troupes stationnées sur la frontière. Je suis très redevable à l'égard de la perspicacité critique et de l'érudition dont M. Chavannes a fait preuve, en travaillant sur tous les documents traduisibles retrouvés sur les remparts. Profitant des fruits de son travail, je me propose d'offrir un bref résumé des principaux sujets intéressants du point de vue historique que contenaient les archives de ce poste, et de les augmenter, ou, nécessaire, par des informations générales glanées à partir du reste des documents.

Dès la première inspection effectuée par Chiang, mon espoir fut que ces archives nous révéleraient des détails quant à la force, la distribution, la vie, l'intendance et l'équipement des troupes. Cet espoir semblait justifié. Depuis, il a été pleinement concrétisé. Dans l'introduction d'un ouvrage à paraître, M. Chavannes montre que les troupes à la frontière comprenaient des compagnies régulières, ou des *tui*, créées à la suite d'un décret impérial et rattachées en permanence à des groupes de combat. Un grand nombre d'archives retrouvées au poste T. W. B parlent de la compagnie Ling-hu (ou «décimeurs de barbares») d'une façon qui ne laisse aucun doute sur le fait que ces troupes se trouvaient en garnison en cet endroit-là, et y avaient ses quartiers généraux. Une vingtaine de compagnies sont citées dans les archives de différents postes, et dans la plupart des cas, il est encore possible de déterminer la section de la frontière que chacune aurait pour mission de protéger. Curieusement, un rapport trouvé au poste T. W. B cite clairement un décret impérial concernant la création de la compagnie Ling-hu ainsi que de deux autres compagnies basées à proximité, et ordonne que ce décret soit affiché «dans un endroit convenable pour l'information de tous».

Chaque compagnie avait un chef, souvent cité comme étant le destinataire des ordres provenant des quartiers généraux. Le poste de chaque compagnie s'appelait *ting*. L'un des documents précise que l'effectif d'une certaine compagnie était de cent quarante-cinq soldats et, selon M. Chavannes, ce chiffre est plus ou moins représentatif de l'effectif de chaque compagnie. Les documents font mention des officiers sous les chefs de compagnies, c'est-à-dire ceux qui étaient chargés des tours de guet (les *hou-chang*) et, sous les officiers, mention était faite de leurs assistants. Les soldats du rang, dont nous ignorons le nombre mais qui faisaient un roulement, avaient pour mission de transmettre les signaux de feu, de patrouiller sur la frontière, et de chercher le combustible, les provisions, etc., dont nos archives parlent si souvent. Des compagnies individuelles étaient en garnison dans les petits groupes de tours de guet et, par extension, ces premières constituaient les sections de la «barrière», comme on appelait le *limes*, sous les ordres des officiers supérieurs. A l'extrémité occidentale du *limes*, le contrôle était exercé par le chef militaire de la porte de Jade, ou Yü-mên, qui dépendait, de façon directe ou indirecte, du gouverneur de la commanderie de Dunhuang.

Dans les archives du bureau de la compagnie Ling-hu, nous trouvons de nombreuses illustrations de la routine administrative qui maintenait occupés les différents maillons de la hiérarchie des frontières. Il y a des notifications de nouvelles nominations au commandement d'un groupe ou d'une compagnie voisine; des injonctions strictes de respect du règlement antérieur concernant les hommes, les animaux et les véhicules franchissant «la barrière»; citant parfois des dates, et suggérant des préparatifs de convois pour le trafic des caravanes identique à celui que connaît la porte de l'Inde c'est-à-dire la Khyber

Pass, ainsi que des instructions pour la diffusion des ordres. On apprend que des chefs de compagnie étaient rappelés aux quartiers généraux pour discuter de certaines questions, ou pour être affectés à la supervision du grenier. Nous trouvons des rapports de cas relatifs à des maladies, d'octrois de permission, et, çà et là, ce qui semble être des constatations quasi-confidentielles sur le comportement de certains officiers et des accusations portées contre eux.

Les visites d'inspection sur la «barrière» par des officiers supérieurs ou par le gouverneur de la commanderie de Dunhuang étaient annoncées à l'avance. C'était une précaution raisonnable pour pallier, du moins provisoirement, les imperfections des hommes, telles qu'elles sont reconnues avec beaucoup de regret dans un rapport à propos d'une tour de guet. Il est intéressant de voir avec quelle fréquence les ordres s'adressent aux «fonctionnaires indigènes», qui étaient apparemment, eux aussi, chargés de surveiller la frontière; car cela correspond à la politique chinoise actuelle que d'employer des fonctionnaires indigènes pour garder des postes lointains comme, par exemple, sur le Pamir et parmi les Kirghiz des Kun-lun. Notre connaissance des réalités auxquelles de tels ordres font référence serait sans doute plus complète si beaucoup de ces lettres n'avaient pas laissé au coursier la peine d'expliquer les détails à haute voix; bien que les fonctions de l'expéditeur et du destinataire, la date et le nom du messager y soient précisés. Compte tenu de la complexité de l'écriture chinoise et du style officiel, ainsi que de la difficulté à s'entourer de copistes compétents à tous les petits postes, cette procédure orale devait être favorisée par les officiers pressés qui s'adressaient aux indigènes.

Parmi la masse de correspondance qui traite des incidents administratifs ordinaires et les nombreux rapports concernant l'économie interne des détachements militaires, il est très gratifiant de mettre la main sur quelques documents qui nous offrent des aperçus sur le pouvoir politique qui créait et protégeait la frontière. On ne saurait répondre que difficilement à la question de savoir comment de tels documents, apparemment en provenance de la chancellerie impériale, se sont trouvés dans un poste militaire isolé.

Néanmoins, l'analyse savante de M. Chavannes identifie l'un des documents retrouvés dans le tas de débris du poste T. W. B comme un décret impérial ordonnant l'établissement d'une colonie militaire. Malheureusement, l'édit n'est pas daté et la tablette n'est pas intacte. Bien que la colonie ait dû être créée dans le territoire de Dunhuang, l'exécution de l'ordre impérial fut confiée au gouverneur de Chiu-ch'üan, c'est-à-dire de Suchou actuel. Ce centre important, à la suite de son occupation en 115 av. J.-C., semble avoir servi, en fait, de base principale à l'influence politique que la Chine, sous l'empereur Wu Ti (140-85 av. J.-C.), étendait de plus en plus vers les régions occidentales.

Deux mille soldats de la garnison du poste de Dunhuang, et d'autres venant de Chiu-ch'üan, sous les ordres d'un état-major complet et accompagnés de fonctionnaires indigènes, reçurent l'ordre «de se rendre sur le site et d'y établir une colonie agricole». Le gouverneur fut chargé «d'examiner en personne la configuration du terrain et de choisir une situation convenable. Profitant des obstacles naturels, un rempart doit être édifié afin de pouvoir exercer le contrôle à distance».

Ce document, qui constituait le récit direct d'une étape de l'expansion chinoise dans ces steppes, est d'un intérêt historique considérable. Toutefois, nous ne pouvons déterminer ni la date précise de ce document ni l'endroit exact de cette nouvelle «colonie» militaire. La référence aux «obstacles naturels», ainsi que l'endroit où le document fut découvert, nous laissent penser qu'il s'agirait d'un emplacement situé à la frontière. J'ai déjà signalé l'ingéniosité avec laquelle les ingénieurs chinois profitaient des défenses naturelles des lagunes et des marécages. Il n'en reste pas moins vrai qu'en raison des conditions climatiques, toute occupation agricole aurait été impossible sur cette frontière durant la dynastie Han. Ni les dépressions marécageuses, qui étaient probablement plus considérables encore à cette époque-là, ni les plateaux nus de gravier où l'irrigation était impossible, n'auraient pu fournir les champs nécessaires à une «colonie agricole».

Si en effet le décret impérial fait référence à l'occupation d'une partie du *limes*, à l'ouest de Dunhuang, la seule explication à cela reste que la terre nécessaire pour retenir ces troupes pouvait être acquise par une extension de l'oasis déjà existante, et les produits de cette terre distribués parmi les détachements qui se trouvaient à proximité de la muraille. Il est vrai que plus d'une fois les archives font référence à une «délimitation», ou un «dégagement» des «champs célestes» parmi les corvées imposées aux soldats des postes. Compte tenu des conditions sur place, cependant, il semble plus raisonnable d'interpréter cela comme une référence au dégagement des lits de roseaux et de broussailles, qui auraient nui à la surveillance efficace de la frontière, plutôt qu'à des tâches agricoles qui auraient été impossibles sans irrigation.

Je me permets de signaler en passant que deux tablettes découvertes dans le même tas de débris contenaient des décrets impériaux. Ces décrets eux-mêmes ne peuvent être interprétés avec précision; et cependant le style d'écriture et d'expression utilisé pour transmettre l'accord de l'empereur coïncide avec les formules de convenances de l'époque.

VIE DE GARNISON SUR LA MURAILLE

Il est aisé de comprendre la raison pour laquelle les archives du bureau d'un petit chef de région offrent plus de détails sur ses troupes que sur la politique et l'organisation qui les employait à la surveillance de cette route traversant le désert. Il est intéressant de noter que les rapports citant les noms des soldats qui reçurent des articles d'équipement, ou autre chose, indiquent également avec précision leur canton, sous-préfecture et province d'origine. Par conséquent, nous pouvons vérifier que la plupart de ces «soldats de garnison», pour les désigner avec précision, venaient des provinces éloignées du Shanxi et du Honan; et que seule une poignée d'hommes venait du Gansu, du Sichuan et de Dunhuang même.

Il semblerait que la plupart des soldats aient été des fantassins; pourtant, nous trouvons des références aux cavaliers ainsi qu'aux messagers montés. De nombreux reçus et récépissés montrent que chaque soldat recevait six dixièmes d'un boisseau de maïs par jour. De plus, il était payé selon la durée de son service. La durée de la période de service pour laquelle un soldat pouvait recevoir sa solde était calculée selon un système sophistiqué, avec des réductions pour les mois courts du calendrier luni-solaire; mais avec la précision que deux jours passés sur la frontière compteraient pour l'équivalent de trois, ce qui ne manque pas de souligner la dureté des conditions de vie rencontrées sur le front. Les sous-officiers étaient payés en pièces d'argent. Le rapport de commissaire dans un des postes fait mention de provisions pour les chiens de garde, ce qui prouve que les chiens faisaient partie de l'unité militaire.

Plusieurs des inventaires révèlent que les armes fournies par l'administration aux soldats réguliers comprenaient une épée, une arbalète et un bouclier. Le plus souvent, la puissance d'une arbalète est définie en fonction de la force qu'il fallait pour la tendre. Ainsi les arbalètes de trois à six *shih* se différencient-elles; un *shih* étant l'équivalent de cent vingt livres chinoises. La grande variété des pointes de flèche que nous découvrîmes confirmèrent ces distinctions quant à la taille et à la puissance des arbalètes. Lorsque l'usure de l'arbalète avait diminué sa puissance jusqu'à rendre l'arme inconciliable avec les standards, ce fait était enregistré. La distribution réglementaire de flèches était de cent cinquante par soldat; il y avait deux types de flèches, mais tous deux munis de pointe de bronze. Un carquois était également fourni. Quant aux boucliers, ils provenaient de la manufacture du Honan et, selon les inventaires, leur date de fabrication était également indiquée. Tout défaut de fabrication est noté dans l'inventaire ou dans le rapport de distribution.

En plus des armes, les soldats recevaient gratuitement leurs vêtements. Des tuniques et des habits de lin noir figurent souvent dans les inventaires, ainsi que le prix payé pour ces effets par le commandant de compagnie. La profusion de haillons de soie de différentes textures découverts dans les tas de débris s'accordent avec la mention d'une «tenue informelle» en soie blanche, tenue qui figurait dans la liste des équipements de chaque soldat. Cette liste comporte également une tente, ce qui explique que les logements, dont les ruines sont encore repérables, n'auraient jamais pu abriter tout l'effectif qui, selon nous, se trouvait en garnison à cet endroit. Les listes du magasin du gouvernement comprennent souvent des réserves de fils de soie et de chanvre pour les arbalètes, ainsi que des haches, des marteaux et d'autres outils. Une grande masse en bois dont on se servait pour planter les tentes fut découverte. Elle était en si bon état de conservation que je ne pus m'empêcher de la donner aux hommes qui s'en servirent durant tout le reste de notre voyage.

Nul doute n'était possible que le principal devoir des détachements affectés au *limes* était de fournir des soldats de garde pour les tours de guet, afin de donner l'alerte par signaux tout le long de la ligne, au cas où des attaquants seraient en vue. Le nombre de languettes de bois sur lesquelles est enregistrée l'heure de réception des signaux ou les préparatifs nécessaires pour les envoyer, suffirait en soi à prouver que ce système de télégraphie optique était en usage à la frontière. Les multiples informations glanées à partir des anciens textes chinois traduits par M. Chavannes montrent cependant que le système de signaux par feu se pratiquait sur les frontières de l'empire bien avant l'époque Han. Ces derniers textes soulignent la distinction entre les signaux de feu utilisés la nuit et ceux de fumée perceptibles le jour, et cette même distinction se retrouve dans les archives sur bois. D'autres archives indiquent que l'un des délits les plus graves était de manquer de retransmettre un signal dès réception de celui-ci en allumant immédiatement un autre feu.

Les archives ne font aucune référence aux appareils servant à varier de tels signaux selon les divers messages à transmettre. Pourtant, d'autres textes traduits par M. Chavannes révèlent que la force des attaquants était communiquée par une répétition proportionnelle des signaux, ce qui laisse croire que des appareils à signaux étaient en usage à l'époque Han. Ailleurs nous apprenons que le général Ma Chêng, en réorganisant les défenses de la frontière du nord, en 38-43 apr. J.-C., disposait les signaux de feu par intervalles de dix li, soit quatre kilomètres; ce qui s'accorde bien avec la distance à laquelle on pouvait voir depuis les tours sur les anciens remparts de Dunhuang, tout en tenant compte des diverses configurations du terrain.

Un tel système de télégraphe optique était sans doute insuffisant pour assurer de façon permanente la transmission rapide d'avertissements ou d'importants messages. D'où les références aux messagers montés qui, en changeant de monture à chaque étape, pouvaient parcourir de grandes distances à une vitesse considérable. La présence de ces montures est confirmée par la profusion de crottins que nous découvrîmes à chaque emplacement de tour, quelle que fût l'étroitesse du logement qui se trouvait à proximité. Un extrait de poème traduit par M. Chavannes, bien qu'il fasse référence à une partie de la frontière située bien plus à l'est, offre une image si claire d'une telle scène que je ne peux m'empêcher de le reproduire ici :

> Tous les dix li, un cheval se lance ;
> Tous les cinq li, une cravache est levée bien haut ;
> Un ordre en provenance du général protecteur des régions transfrontalières est arrivé avec la nouvelle que les Huns attaquaient Chiu-ch'üan [Suchou] ;
> Mais à ce moment-là les flocons de neige tombaient sur les collines où s'étend la barrière, et du feu des signaux ne s'élevait aucune fumée.

La garde sur les tours et sur la muraille ou la « montée de la barrière », selon l'ancienne expression chinoise, ne constituait pas l'unique mission des soldats. De nombreux documents sur bois font état des différentes natures de corvées. Les soldats devaient édifier des défenses, ce qui supposait, sur l'extrémité occidentale de la muraille, l'utilisation de fagots de roseaux. Ils devaient également ramasser des combustibles pour les signaux par feu, ce qui n'était pas aisé là où les tours se trouvaient à des kilomètres des dépressions où poussaient les broussailles. A certains postes, les soldats fabriquaient de soixante-dix à cent cinquante briques par jour, probablement suivant leur taille ; ils entassaient ces briques, recouvraient de plâtre les murs des quartiers, et leur travail était mesuré d'une manière précise en pieds carrés. Le transport des provisions et des munitions jusqu'aux différents postes semble avoir constitué l'essentiel des corvées. A cette fin, des calculs élaborés nous informent du nombre de jours passés, des distances parcourues par jour ainsi que le poids transporté par chaque homme. Aucune mention n'est faite de paiement pour de telles corvées, même si celles-ci furent minutieusement enregistrées, apparemment pour rendre équitable la répartition des tâches.

L'existence monotone de ces petites garnisons fut interrompue de temps à autre par des incidents et de sérieuses alertes. Bien que les archives du site T. W. B ne traitent que d'une période relativement brève (65-57 av. J.-C.), elles nous fournissent cependant les preuves de ces perturbations. Dans un des documents, dont malheureusement la plus grande partie est effacée, nous pouvons lire le rapport selon lequel « Un cavalier barbare fut repéré chevauchant vers une tour de guet, l'arc armé ; dès la première riposte des nôtres, il se retira. » Selon toute vraisemblance, néanmoins, une attaque grave était anticipée, car les «chariots et les cavaliers reçoivent l'ordre de se tenir sur leur garde» et «les hommes occupant les tours doivent guetter les signaux de feu et maintenir la frontière dégagée». Ailleurs, nous trouvons une référence à un événement plus ancien lorsque «des attaquants brûlèrent et pillèrent les quartiers d'un bataillon, exterminant deux cents personnes».

Le fait que la ligne gardée ait servi incidemment à empêcher l'évasion de déserteurs ou d'autres «personnes recherchées» est attesté par des notices portant le nom de chacun de ces individus. En fait, beaucoup de textes chinois, aussi anciens que ceux de l'époque T'ang, révèlent qu'il fallait une autorisation particulière pour sortir de la «barrière». Il y a également quelques lettres privées; il est regrettable que par leur brièveté et leur excès de formules de politesse si propre au style épistolaire chinois en vigueur, leurs contenus sont d'un faible intérêt historique. Bien que courtes et formelles, ces lettres communiquent cependant une impression de lassitude et d'exil, impression qui résultait d'un long séjour sur cette frontière morne et éloignée. En effet, comparés à ces postes désertiques, ceux de notre frontière nord-ouest de l'Inde se présentent plutôt comme de véritables paradis. [...]

JIAYUGUAN

La nuit tombait lorsque je m'approchais de la petite oasis de Ta-han-chuang. A l'extérieur des murs du hameau fortifié, deux sous-officiers et une demi-douzaine de soldats vêtus de grandes capes rouges s'alignèrent en rang pour m'accueillir; C'était un poste éloigné appartenant à la garnison de Jiayuguan, et dont la mission était de surveiller le flanc de la Grande Muraille, orienté vers les montagnes. Parmi les hommes se trouvait un enfant, âgé de cinq ans environ, qui avait bonne mine et qui portait courageusement la cape rouge laissée par son père; les manches en touchaient presque le sol. Je trouvai ma tente dressée sur la rive d'un ruisseau murmurant, parmi les champs en terrasse d'où s'élevait l'odeur des fleurs dans l'air frais du crépuscule. Plusieurs beaux arbres étaient visibles sous le clair de lune, bordant le petit ruisseau. J'avais l'impression d'établir mon camp à nouveau dans un coin tranquille du Kashmir.

Le lendemain matin, 19 juillet, mon impression de Ta-han-chuang demeura favorable. Les prés étaient recouverts d'herbe verte et de fleurs; car à cette altitude, à environ 2310 mètres au-dessus de la mer, le printemps n'avait pas perdu sa fraîcheur. Tandis qu'on chargeait les bagages, je me promenais sur un petit plateau sur lequel s'était tenue la réception militaire de la veille. Sur le coin nord-ouest se dressait une grande tour de guet en ruines. Observée de loin, elle semblait avoir été arrachée des remparts désolés du désert pour être réinstallée sur son emplacement actuel. Elle reliait, par des murs à créneaux, un enclos carré dans lequel se trouvaient les quartiers délabrés de la garnison. Les soldats ressortirent immédiatement, toujours vêtus de leur grande cape écarlate, y compris l'enfant soldat. De petits coins de jardins potagers bordaient le poste à moitié détruit et, en direction de l'est, un peu en aval, je découvris les sources qui alimentaient le ruisseau s'écoulant sur les prés à l'intérieur d'un large lit de rivière asséchée.

La marche jusqu'à la Grande Porte fut longue et fatigante; car sur le *sai* [1] caillouteux, où ne poussaient que de médiocres touffes de broussailles, le soleil dardait et sur la pente est il n'y avait pas, pour une fois, le moindre souffle d'air; la chaleur et l'éclat de la lumière n'en étaient que plus intenses. L'image lointaine des tours de Jiayuguan avait disparu, remplacées par de sombres mirages découpés sur l'horizon et qui évoquait des bosquets d'arbres. L'air paraissait chauffé à blanc et scintillait comme une étendue d'eau. Au sud, s'élevaient chaîne après chaîne des montagnes dont les sommets enneigés resplendissaient, plus imposants encore que ceux que nous avions repérés depuis Tu-ta-fan. Tandis que nous traversions la vallée, la longue chaîne dénudée bordant la route qui mène du nord jusqu'à An-hsi et au Turkestan, approchait. Je la scrutais avec impatience, cherchant les traces de la muraille ancienne qui aurait dû longer le pied de la montagne en direction de Yü-mên-hsien et du Su-lo Ho. Après une marche de plus de vingt-cinq kilomètres et demi, je tombai enfin sur la grande route près de l'endroit où la gorge de Ho-shan-k'ou creuse un vaste sillon en travers de la pointe sud-est de la chaîne. Je vis alors trois grandes tours perchées sur des contreforts peu élevés. En dépit de leur plâtre blanc, elles pouvaient être très anciennes, vestiges de la ligne fortifiée que je cherchais. Pourtant, elles étaient trop éloignées de notre chemin pour pouvoir être examinées le jour-même.

Je n'avais pas besoin de ruines pour apprécier l'importance historique de l'étroite piste sur laquelle nous poursuivions notre marche en direction de l'est. J'étais conscient du fait que j'empruntais à présent la même voie que celle qui avait été utilisée par l'expansion chinoise vers les «régions occidentales», plus de deux mille ans durant. Ces crêtes horriblement nues, sillonnées par un labyrinthe d'étroits ravins, durent surplomber les toutes premières expéditions chinoises lancées à la conquête du Turkestan. Combien de ces milliers de soldats et d'administrateurs, passant par ici en direction de l'exil que représentait l'Asie centrale, avaient survécu assez longtemps pour pouvoir reprendre le chemin du retour «à l'intérieur de la Muraille», eux qui le souhaitaient tant?

Dans les Annales de la dynastie Han ainsi que dans celles de dynasties plus récentes, l'histoire militaire et officielle de l'expansion chinoise vers l'ouest est amplement signalée. Mais où nous faudrait-il

1. Désert de graviers.

chercher les détails humains et dignes d'être notés de ces existences perdues durant de si nombreux siècles de conflits entre les Huns et les Turcs, les Tibétains et les Arabes? Tandis que je réfléchissais sur les déserts mornes qui, hier comme aujourd'hui, constituent quatre vingt-dix pour cent des régions convoitées entre l'Oxus et la frontière du Gansu, les sacrifices en vies humaines et en moyens que l'empire du Milieu avait dû payer pour cette politique d'expansion de l'Asie centrale vers l'ouest, me semblaient alors hors de toute proportion. Et cependant, que saurions-nous du passé de ces vastes régions, des grandes migrations dont les dernières vagues influencèrent le destin de l'Europe et celui de l'Inde, sans l'illumination transmise à travers les archives de ceux qui, des siècles durant, avaient gardé les routes vers l'Occident lointain ouvertes pour la Chine?

J'étais donc particulièrement disposé à apprécier ce que Chiang disait relativement aux sensations qu'évoque la porte de Jiajuguan parmi les exilés chinois modernes. Quels soupirs dut-elle entendre de la part de tous ceux qui avaient été poussés par le devoir, l'ambition ou, plus souvent, l'inhumaine pauvreté, vers les «nouvelles possessions» tous les ans! Comme tant d'autres en franchissant cette porte, les yeux pleins de larmes, Ssu-yeh avait dit au revoir à la vraie Chine voilà dix-sept ans de cela. A présent, alors que nous approchions à nouveau de la célèbre porte, Ssu-yeh partageait mon excitation. Mais son comportement, aussi brave fût-il, trahissait néanmoins une sorte de regret nostalgique; car il croyait que ce retour *intra murum* ou *kuan-li-t'ou* — «à l'intérieur de la Barrière» selon l'expression chinoise — n'était pas le dernier. Un trajet de trois mois séparait toujours Chiang de sa maison du Hunan, où il avait laissé sa femme et leur nouveau-né. Compte tenu du fait qu'il lui faudrait encore des années de travail pour mettre de côté assez d'économies afin de prendre sa retraite, il avait renoncé à l'idée de retourner voir sa famille jusqu'à ce que la période d'exil fût achevée.

Six kilomètres de terrain caillouteux en pente douce nous conduisirent enfin à un large sommet dont l'extrémité orientale touchait la muraille de Jiayuguan. A une distance de trois kilomètres nous apparut la tour de la porte, comprenant plusieurs étages et toute en bois. Puis, en nous approchant, nous vîmes la muraille en argile qui s'étend dans les deux directions à partir du fort carré qui protège la porte. Depuis le sud on pouvait la voir d'une distance de onze kilomètres, jusqu'au pied d'un contrefort des Nanshan. A partir du nord, la tour était dissimulée par le sommet sur lequel nous nous tenions. Sur la pente d'un éperon rocheux près de l'extrémité est de la gorge de Hao-shan-k'ou je m'aperçus de son tracé à la faveur de la lumière du soleil couchant.

Nul doute n'était possible; la position de la barrière, censée interdire toute approche depuis l'Occident barbare jusqu'aux oasis situées au pied nord des Nanshan, avait été choisie avec un vrai sens de la topographie. Les larges glacis entre les montagnes enneigées et les collines désertiques du Pei-chan n'auraient pu être protégés plus aisément qu'ici. Bien que je comprisse l'utilité de construire la barrière en cet endroit, en raison de tous ses avantages naturels, une question archéologique et intéressante du point de vue historique me laissa perplexe. Quelle était la relation entre cette muraille, si bien préservée et de toute apparence plus récente, et une autre muraille que je voyais sur la plaine au nord-est et dont seuls quelques vestiges demeuraient?

Je savais que, selon la plupart des ouvrages scientifiques, qu'ils fussent chinois ou européens, l'ancienne Grande Muraille qui protège la frontière nord du Gansu se terminerait en longeant une partie de l'oasis de Suchou jusqu'au pied des Nanshan. Cependant, la muraille que je regardais à présent, se prolongeant du sud-ouest au nord-est, n'était pas une continuation de l'autre. Apparemment, elle rejoignait la Grande Muraille en angle droit; mais elle était si éloignée de l'extrémité nord de la Grande Muraille que je considérai sur-le-champ la possibilité d'une autre époque de construction et d'un tout autre motif pour cette édification. Inutile de presser ma petite équipe de toutes les questions qui me venaient à l'esprit. Avec cette feinte persistance d'ignorance totale qui semble constituer pour les indigènes leur défense préférée face aux étrangers, ils n'acceptèrent de reconnaître que la muraille qui se trouvait juste devant nous.

Il y avait néanmoins bien des choses intéressantes à observer et à apprécier ce soir-là, sans me préoccuper davantage des questions d'histoire. A l'extérieur de la porte massive et sa tour imposante, se tenait un groupe pittoresque de soldats et d'officiers que Shuang Ta-jên, le chef de la garnison de Jiayuguan avait envoyés pour m'accueillir. J'avais pu éviter une réception plus officielle encore de la part de ce «seigneur de la Porte» lui-même, comme on l'aurait désigné au Kashmir, seulement en lui adressant, le matin même, un petit billet de protestation. Dès la fin de la cérémonie, nous nous dirigeâmes vers la Muraille où une agréable surprise m'attendait. A la place du rassemblement de bicoques en terre et d'auberges que je m'apprêtais à trouver, je vis, depuis le faîte caillouteux donnant sur la Muraille, une splendide étendue verte de prés bordés d'arbres, à proximité du bord sud du petit village fortifié gardant la Grande Porte. Une suite de sources, s'écoulant au pied est du faîte, expliquent cette verdure ainsi que le nom de Jiayuguan, qui signifie «la barrière de l'agréable vallée».

Je conduisis ma caravane tout de suite en passant par une large fente pratiquée dans la muraille. A peine avais-je choisi un bosquet d'arbres sous lequel je comptais planter ma tente, que Shuang Ta-jên sortit avec beaucoup de prestance de son fortin. C'était un homme âgé et fort charmant, d'une grande et authentique gentillesse. Depuis le début de son exercice de commandant, une douzaine d'années auparavant, le flot constant de personnalités officielles et autres franchissant cette Porte aurait pu diminuer l'enthousiasme de son hospitalité. Toutefois, il déclina toutes mes excuses destinées à lui éviter le souci d'une collation donnée en mon honneur en son *ya-mên*. Bientôt nous fûmes si absorbés par notre conversation que j'en oubliai mon fort désir de prendre un bain et de me changer, et me laissai entraîner sans discuter au *ya-mên* du vieux et jovial commandant.

La promenade, quoique brève, à travers les portes et les rues de Jiayuguan était un véritable ravissement pour mes yeux. Les hauts murs d'argile rougeâtre, bien entretenus, avec leurs créneaux et leurs nombreuses tours, me rappelèrent le Moyen Age, et l'Orient tel qu'on le découvre dans les vieux récits d'anciens voyageurs. Nous dûmes passer sous au moins trois grandes portes voûtées avant d'atteindre le petit *Castrum*, ou camp, dissimulé derrière les remparts. L'illusion n'était en rien diminuée par le fait que toutes les portes étaient aussi grandes ouvertes que celles des pubs des rues de Londres, et que de petits tas de pierres disposés sur le parapet constituaient l'unique armement. A l'intérieur de la seconde porte, je découvris un beau temple, datant peut-être (du moins, le disait-on) de l'époque Ming, orné d'une profusion de sculptures de bois tandis que le toit était coiffé de superbes tuiles vertes vernissées. Le petit village enfoncé à l'intérieur paraissait tristement délabré; la moitié des maisons qui se trouvaient sur l'unique rue n'étaient plus que des ruines sans toit. Pourtant, le *ya-mên* du commandant demeurait une habitation confortable; et les plates-bandes bien entretenues de la cour intérieure contrastaient agréablement avec le bois délavé de la maison.

Combien j'étais reconnaissant de la considération que me portait mon hôte qui, avant de nous servir un repas simple mais appétissant, fit apporter des serviettes, du savon et des cuvettes remplies d'eau chaude! De toute évidence, il s'était donné la peine d'étudier les us et coutumes de tous ceux qui franchissaient ses portes. Le temps passa rapidement tandis que nous parlions de l'histoire de ces déserts et des vicissitudes auxquelles la dernière rébellion tungan avait réduit son peuple. Shuang Ta-jên était arrivé ici avec les forces de Liu Chin-t'ang afin de reconquérir le Turkestan. D'une façon animée, il décrivit les grands efforts que leur avait coûtés la traversée des régions désertiques entre Jiayuguan et Hami. Une heure plus tard, en me rendant avec Chiang à notre camp sous la clarté de la nouvelle lune, j'estimai que je n'aurais pu espérer recevoir un accueil plus chaleureux que celui que je venais de recevoir à la Porte occidentale de l'empire du Milieu.

Sir Aurel Stein, *Ruines of desert Cathay*, Londres, MacMillan and Co, 1912. Traduit par Denis Beneich.

MILFRED CABLE ET FRANCESCA FRENCH

(1923)

Après avoir passé vingt et un ans dans la province du Shaanxi, en Chine, trois femmes missionnaires[1] *de la mission Centre-Chine se mettent en route vers l'ouest en juin 1923, décidées à enseigner et à évangéliser les populations qu'elles rencontrent en traversant le Shaanxi, le Gansu, la Mongolie (la frange méridionale) et le Xinjiang, puis l'U.R.S.S. pour rentrer en Angleterre à la fin de la même année.*

UNE MISSION CHRÉTIENNE A KANTCHÉOU

Le soleil avait disparu depuis longtemps quand notre troupe atteignit les grandes portes de Kantchéou. Après être passés entre les forges flamboyantes qui déploient toujours leur activité dans le voisinage des auberges, nous enfilâmes de sombres ruelles tortueuses d'où l'on apercevait vaguement les toits des temples; finalement on mit pied à terre à la porte d'un grand bâtiment, soigneusement abrité derrière de hautes murailles.

Quelques minutes plus tard, nous étions assises devant un repas délicieux, arrosé d'un thé fort désiré, dans une pièce qui aurait pu sembler nue à certains, mais qui nous parut le dernier mot du confort. Nous avions en effet voyagé pendant dix-huit heures, sous la morsure acérée d'un vent du nord-est, sans autre nourriture que des beignets froids, frits dans une huile de lin rance, et nous étions brisées de fatigue.

Il était plus de minuit quand enfin nos têtes lasses se posèrent sur l'oreiller. Nous avions quitté Héoutchéou en juin; nous étions maintenant au mois de mars et nous avions déjà parcouru 2400 kilomètres depuis notre départ.

Dès l'aube, nous éprouvâmes cette impression particulière de repos dominical qui pénètre une communauté chrétienne, seule à célébrer, en terre païenne, le Jour du Seigneur.

Chacun dans la maison, même s'il ne possède qu'un seul costume, le lave et le nettoie avant de s'en revêtir. Toutes les chambres et toutes les cours sont balayées et rangées et, dès l'aurore, les chants retentissent. Ce jour-là également, charpentiers et maçons employés à la Mission reçoivent leur paye, comme de coutume, bien qu'on ne leur demande aucun travail.

---

1. Milfred Cable et Francesca French étaient accompagnées en 1923 d'Evangelina French.

C'était un grand jour pour l'Église de Kantchéou, bien plus grand que nous ne l'imaginions tout d'abord. Nous pensions rester seulement quelques jours parmi eux, mais nos hôtes savaient qu'il n'en serait rien; ils étaient au courant de certains faits, d'ordre spirituel, dont nous n'avions pas encore connaissance. L'appel au sermon matinal réunit donc tous les fidèles et les sympathisants.

La vérité ne nous apparut qu'au moment où le docteur Kao, se levant pour parler aux fidèles, rappela que depuis quatre ans cette petite communauté chrétienne ne cessait de prier avec lui pour que Dieu leur envoyât des femmes de son choix, capables de leur apporter ce qui manquait à leur connaissance des Saintes Écritures et de contribuer à leur édification.

«Ce n'étaient pas des jeunes femmes que nous attendions, vous le savez, mes Frères; mais des femmes mûries par l'expérience, l'adversité et les durs travaux. Souvenez-vous aussi que dans nos prières nous demandions deux femmes d'un certain âge, ayant toutefois conservé la vigueur de la jeunesse car, vous ne l'ignorez pas, le Kansou ne convient pas aux êtres faibles. Tout cela, nous le pensions, mais nous ne savions où trouver des femmes présentant de telles qualités. Et maintenant les voici! Dieu nous a envoyé non pas deux mais trois de ces femmes. Les voici, parmi nous ce matin; vous devinerez leur âge à leurs cheveux gris; mais le seul fait d'être arrivées jusqu'ici prouve qu'elles sont de force à subir les plus rudes épreuves. Jusqu'à ces derniers temps, je craignais qu'elles n'allassent s'établir en quelque ville éloignée, plus au sud; c'est à cause de cela que deux ou trois d'entre vous m'accompagnèrent, il y a trois semaines, dans une lamaserie tibétaine où, dans le recueillement absolu, nous avons exposé à Dieu nos désirs. Il nous a exaucés, au delà de nos espérances. Il ne nous reste plus qu'à lui rendre grâces!»

Au cours de la réunion, on entendit les rapports des délégués qui avaient, pendant la semaine, fait des tournées d'évangélisation. Deux d'entre eux revenaient d'une expédition dans le pays connu sous le nom de Kéou Wai, situé au delà de Soutchéou, hors de la Grande Muraille de Chine. Tous les fidèles écoutaient ces exposés avec la plus grande attention et il nous apparut que cette Église vivait vraiment selon l'esprit de saint Paul qui se reconnaissait débiteur de l'humanité tout entière.

Bientôt on vint nous demander de faire la classe aux chrétiens des deux sexes, pendant les mois d'été. Nous hésitions, car nous nous étions promis de ne nous laisser détourner sous aucun prétexte de notre but: nous rendre dans le pays non évangélisé dont nous avions maintenant atteint le seuil. Mais, à notre joyeuse surprise, nous découvrîmes que cette pensée était au premier plan, parmi les préoccupations du docteur Kao et de son entourage.

«Nous avons une proposition à vous faire, dit le docteur Kao; vous nous causerez en l'acceptant la joie la plus vive. Voulez-vous préparer vous-mêmes un groupe d'hommes et de femmes? Et je vous promets que bon nombre d'entre eux vous accompagneront dans vos tournées d'évangélisation.»

Ce fut pour nous un trait de lumière, les ordres jusqu'alors mystérieux devenaient lumineux, et nous reconnûmes la sagesse des dispositions providentielles qui rendaient possible l'organisation d'un groupe d'évangélisation où les dons de chacun, Européen et Chinois, trouveraient leur meilleure utilisation.

A cette époque, nous avions comme compagnons sous ce toit hospitalier, un prince mongol et son épouse. Le prince, ancien client du docteur Kao, était accompagné d'une suite nombreuse. Il faisait un de ces voyages interminables, fréquents dans cette partie du monde, qui ont pour but l'accomplissement d'un vœu dans quelque lointaine lamaserie du Tibet. Il était le chef d'une tribu kalmouke fixée aux confins de la Mongolie, dans les monts Altaï. Ce prince était encore à neuf jours de Kantchéou, quand son jeune fils se trouva atteint d'une pneumonie. La princesse, folle d'anxiété et craignant pour la vie de l'enfant, fit à cheval neuf étapes en cinq jours, tenant son petit serré dans ses bras, dans l'espoir d'arriver à temps chez le docteur Kao. Galopant à bride abattue, un homme était parti en éclaireur pour annoncer son arrivée, et l'on prépara des chambres pour elle et sa suite. L'enfant était dans un état critique et la maladie arrivait à son paroxysme quand le père les rejoignit. Lorsque celui-ci apprit que la vie de son fils était en péril, il releva la tête avec un geste impérieux d'autocrate et s'écria: «J'ai amené l'enfant ici; le reste vous regarde. Il faut le guérir. C'est vous le médecin et non pas moi.»

La princesse accepta d'être emprisonnée entre quatre murs, juste le temps nécessaire pour monter sa tente dans la grande cour; puis on y transporta le jeune malade. C'est là qu'elle nous reçut. En entrant nous eûmes l'impression qu'un conte des *Mille et Une Nuits* s'était matérialisé devant nos yeux. De splendides tapis de haute laine recouvraient le sol; des coffres en marqueterie étaient appuyés au treillis qui soutenait la tente de feutre. Une ouverture, pratiquée au-dessus d'un brasero qui brûlait lentement, laissait échapper la fumée en même temps qu'elle permettait à l'air et à la lumière de pénétrer. Le petit malade était étendu sur un divan bas, sa mère à son chevet; à notre arrivée, elle se leva avec une grâce majestueuse et s'avança pour nous accueillir. Sa longue chevelure tombait en deux tresses brillantes, accentuant le pur ovale de son visage, et enfermées dans des gaines de pierres fines qui faisaient corps avec la coiffure royale. Le jade, l'or et l'argent couvraient sa poitrine. Un vêtement de satin, d'un sombre éclat, tombait de ses épaules jusqu'à terre. Dans une seconde tente qui servait de cuisine se trouvait la servante. Une troisième était à peine assez grande pour une personne; le lama de la famille y habitait, et il y préparait son repas qu'il prenait seul. Plus loin, un enclos contenait une vingtaine de chevaux pour les besoins immédiats, car ni le maître ni ses hommes n'auraient imaginé de faire à pied la moindre course. A quelque distance de la cité se trouve un endroit où les pâturages sont abondants; c'est là que paissaient les troupeaux et les chevaux. Les divers membres de la suite personnelle du prince se promenaient librement dans la Mission. Les uns escaladaient les toits, d'autres regardaient ce qui se passait dans la maison par les trous des écrans en papier qui tiennent lieu de fenêtre, ou encore, ils suivaient le docteur en lui demandant des médicaments. Quant au prince, c'était un homme de trente-six ans, d'un physique splendide. Des yeux bleu-vert, largement écartés, dans un visage bronzé, révélaient une âme indomptable et aventureuse. A la taille du guerrier, il joignait la naïveté de l'enfant. Ne parlant pas très couramment le chinois, il se faisait toujours accompagner d'un interprète métis, jeune homme aux yeux bridés, à l'esprit vif, et fort bavard. Un pistolet et un couteau de chasse pendaient à la ceinture du prince, et l'on avait l'impression qu'à la plus légère offense, il aurait vite fait de se servir du pistolet et ne manquerait certainement pas son but.

Pendant quelques jours, ces gens amoureux de la liberté se plièrent aux contraintes de la vie policée, puis l'ordre fut donné de lever le camp et d'aller planter les tentes à dix kilomètres de Kantchéou. Avec une surprenante rapidité, les tentes de peaux de chèvres furent roulées, les coffres de marqueterie remis dans leurs boîtes, les couvertures enveloppées et ficelées. On attacha le tout sur les bâts des chameaux agenouillés qui, tout en broyant leur fourrage, regardaient l'assistance d'un œil moqueur et vindicatif. La princesse elle-même enfourcha un splendide chameau réservé à son usage personnel et dont la selle était ornée de curieuses incrustations en métal.

Toute la troupe se mit alors en marche vers les pâturages avoisinants où le docteur Kao alla soigner le petit malade jusqu'à complète guérison. Le résultat de cet heureux événement fut une invitation cordiale à visiter la tribu kalmouke dont le prince était chef, occasion unique d'entrer en relations avec un peuple autrement inaccessible.

Marco Polo a parlé de Kantchéou où il résida très longtemps et occupa même le poste de gouverneur: «La ville, dit-il, possède plus de dieux que d'hommes.» Ce dicton est courant aujourd'hui encore chez les habitants. Ils se vantent que le nombre des temples et des sanctuaires de leur cité est si grand qu'on n'en a jamais pu faire le compte exact.

La ville est admirablement située et abondamment irriguée. On y trouve plusieurs lacs, plantés de joncs, qui fournissent la matière première à l'industrie des nattes tressées. Outre ces grandes étendues d'eau, il existe de nombreux étangs, alimentés par des nappes souterraines provenant de la fonte des neiges du Tibet. Le niveau de l'eau est des plus irréguliers: quelquefois les enfants viennent pêcher au bord de ces étangs; d'autres fois, ils débordent et deviennent la grande artère de la ville. Les rues sont bordées de beaux arbres: peupliers, acacias et saules dont les racines s'abreuvent aux sources souterraines et qui sont d'une beauté splendide.

Comme on l'imagine aisément, les gens de Kantchéou se montrent en toutes circonstances superstitieux et dévots. Toutes les riches demeures ont leur sanctuaire particulier, souvent un hall splendide, où l'on conserve les tablettes des ancêtres et où l'on brûle de l'encens devant les idoles. Tous les soirs, au coucher du soleil, les cloches sonnent de tous côtés : ce sont les femmes qui, dans chaque maison, tirent une corde mettant en mouvement un carillon de neuf cloches, suspendu au-dessus de l'autel. On entend en même temps le son monotone d'un tambour de bois creux, en forme de crabe, dont le battement exprime, sur un triple rythme, que la fin dernière de la terre, de la matière et même de la vie est le néant. «Monde est néant! Tout est néant! Je suis néant!» Tel est le message du tambour à chaque être humain, en cette cité des dieux innombrables.

Beaucoup de femmes de Kantchéou mènent une vie des plus ascétiques. Non seulement elles se soumettent au régime végétarien tel qu'on l'entend généralement, mais elles bannissent jusqu'à l'oignon, l'ail, le vinaigre et le poivre rouge, condiments indispensables pour relever leur fade nourriture, tant elles craignent d'accorder les plus légères satisfactions à leurs instincts.

Pendant les moins de printemps, chaque jour ou presque amène le retour de quelque fête qui attire la foule dans l'un ou l'autre des temples du voisinage. Des troupes de bateleurs vont d'une foire à l'autre, répétant leurs exercices devant la foule toujours dense des villageois. Ceux-ci rangent leurs chars à bœufs en un large demi-cercle, face à la scène. Les femmes restent toute la journée dans ces chars, exposées aux ardeurs du soleil. Presque toutes les jeunes femmes et les jeunes filles se fardent et se poudrent ces jours-là, au point de transformer leur visage en un masque inexpressif. Leurs cheveux sont admirablement coiffés et parés de fleurs artificielles. La plupart des enfants ont le front, le nez et le menton ornés de minuscules dessins géométriques, rouges, en forme de cercles.

A quelque distance du théâtre, les marchands de comestibles installent les tréteaux où ils vendent toutes sortes de provisions cuites. On sert sur de petites soucoupes du porc frit, ou bouilli dans une sauce épaisse, qui se mange avec des baguettes, ainsi que des pâtés de viande rissolée, assaisonnés de vinaigre et de poivre rouge. On apprécie beaucoup certain gros gâteau de riz à l'étouffée, farci de fruits de jujubier. Les abricots secs, macérés dans l'eau, donnent une boisson rafraîchissante très demandée. Un peu plus loin, on voit de longues tables, abritées d'un auvent, où les hommes restent des heures à siroter du thé en jouant aux cartes.

Dans les temples, les idoles sont parées de soies chatoyantes. Dès qu'une famille arrive, elle va se prosterner et brûler de l'encens devant l'un des différents autels. On allume à la lampe du sanctuaire de minces feuilles de papier jaune, sur lesquelles sont peintes des prières aux dieux ; on les agite au vent, on les lance vers le ciel ; suivant la façon dont ces feuilles montent et la hauteur à laquelle elles s'élèvent, les divinités sont favorables ou courroucées. Quelques-unes des femmes les plus âgées ont toujours mené une vie ascétique ; elles sont prêtes à tous les sacrifices pour obtenir de renaître sous de meilleurs auspices dans leur prochaine incarnation, et elles exécutent les exercices rituels avec une dévotion touchante.

En ces jours de fête, on expose tout ce que le temple contient de trésors et de soies brodées, ainsi que de merveilleux paravents et parasols en plumes de paon. Dès que les musiciens du théâtre ambulant commencent à jouer, le bruit que font marchands et promeneurs est complètement couvert. Cymbales, flûtes, tambours résonnent à qui mieux mieux et, au-dessus, pointe le fausset des metteurs en scène, annonçant les détails de la représentation.

Les jardins qui entourent les temples sont entretenus avec soin. Les pivoines odorantes ouvrent leurs fleurs quand pêchers et poiriers perdent leurs pétales. Pendant tout l'été, une floraison splendide décore les jardins fantaisistes des pagodes ; des lacs et des ponts en miniature forment un premier plan aux montagnes sacrées, construites à la même échelle. Tout cet ensemble, depuis le ciel bleu-turquoise, la chaîne des montagnes neigeuses et les somptueux parterres de fleurs, jusqu'aux bannières de soie brochée et aux costumes éclatants de la foule, forme une débauche de tonalités violentes, véritable régal pour l'œil.

Lorsqu'une pareille multitude d'hommes et de femmes se rassemble, c'est pour le missionnaire une occasion excellente qu'il ne doit pas laisser échapper. Toute la communauté chrétienne travailla avec zèle à la confection d'une grande tente, pouvant abriter près de trois cents personnes, et destinée à nous servir de lieu de réunion dans les foires.

A Chantan, ville située à deux étapes de Kantchéou, nous eûmes pour la première fois l'occasion de nous en servir. On interrompit tous les cours pour permettre à dix-huit étudiants de nous accompagner. Quatre hommes, sous la direction du docteur Kao, partirent en avant pour trouver une cour vide à notre convenance et apposer des affiches de propagande chrétienne partout où il était possible de le faire.

Les préparatifs d'une telle expédition doivent être minutieusement étudiés. Les seuls lits qu'offrent les auberges ou les maisons à louer sont de simples plates-formes de boue séchée, dans une pièce vide; chacun de nous devait donc se munir d'une couverture ouatée dans laquelle s'enrouler la nuit. Cette couverture servait à la fois de matelas et de couvre-pieds. Il fallait se munir aussi de deux marmites assez grandes pour y cuire le riz ou le macaroni nécessaire à toute l'expédition. Chacun emportait son bol et ses baguettes.

On plaça les piquets de tente et les cordages au fond de la charrette. Le poids des sacs de riz et de farine et celui des munitions du missionnaire, bibles et tracts religieux, atteignait une tonne. Pendant tout le voyage, maîtres et élèves, européens ou chinois, devaient tout partager en frères.

La blancheur immaculée de la tente, avec ses jolis drapeaux claquant au vent et sa décoration de claires banderoles portant des versets de l'Écriture, formait un tableau gai et attirant dans l'enclos que nous avions choisi à la foire. Dès que les accords de notre petit harmonium et le chant des hymnes s'élevèrent, les auditeurs, en foule, envahirent la tente.

Pendant quatre jours, la prédication, les chants et la vente des livres se poursuivirent sans interruption; la tente, malgré ses vastes dimensions, ne pouvait contenir le flot de gens qui se pressaient pour voir et entendre ces manifestations étranges.

Dans cette foule, les Musulmans à barbes noires et les Turkis coiffés de turbans coudoyaient les Tibétains et les Mongols aux faces plates. A chacun d'entre eux nous étions en mesure de fournir les Saintes Écritures dans sa propre langue. Ces peuplades voisines de la Chine parlent et entendent le chinois, mais elles ne savent pas le lire. Une fois, deux jeunes Sibériens qui s'occupaient du commerce des peaux se mêlèrent à la foule. Ils emportèrent une copie du Nouveau Testament, en langue russe.

La fatigue qu'impose une telle expédition est considérable. Dès l'aube, toute la communauté est affairée; les repas sont préparés de façon telle qu'ils ne peuvent guère mettre en appétit. Le déjeuner du matin se compose d'un bol de riz et d'une petite soucoupe de navets marinés; à midi, des pâtes cuites à l'eau et des choux; le soir, un verre d'eau de riz avant de se coucher. Il faisait une chaleur épouvantable sous la tente, en ce mois de juin, mais nous ne pouvions nous arrêter tant que nous trouvions des auditeurs bénévoles. Les nuits étaient peuplées et agitées; nous étions au beau milieu de la saison que le calendrier chinois nomme «Insectes énervés».

Vers le soir, notre cour s'emplissait de jeunes soldats musulmans, venus d'une caserne voisine pour écouter nos chants et les causeries simples et familières du docteur Kao sur la religion. Nous leur apprenions des cantiques. *En avant, soldats chrétiens!* avait un succès tout particulier. Ils prenaient part au chant avec ardeur et entonnaient vigoureusement le refrain. Aux dernières lueurs du jour, l'appel du muezzin s'élevait invariablement de la mosquée, pour la prière, et notre chœur militaire s'évanouissait pour répondre aux injonctions de l'autorité.

Pendant l'expédition de Chantan, deux incidents inoubliables se produisirent.

C'était le dernier jour de la foire, la tente était repliée, et à la fin de l'après-midi nous nous promenions au milieu des temples. L'idole que l'on venait de fêter portait encore son costume de gala; son mobilier et sa garde-robe étaient toujours en exposition: sa literie, ses vêtements de rechange, son rince-doigts et son miroir, étalage misérablement puéril. D'autres dieux étaient assis autour d'elle, hideux suivants ou compagnons qui grimaçaient, menaçaient, louchaient, lorgnaient et minaudaient, paraissant deux fois plus effrayants dans le demi-jour du crépuscule. Or, aux pieds de cette idole, quelques hommes étaient groupés, écoutant une lecture faite à haute voix par l'un d'eux; si grande était leur attention qu'ils ne s'aperçurent pas de notre présence. Et cette histoire était celle du Fils prodigue, tirée de l'évangile selon saint Luc.

Le jour suivant, nous quittions Chantan; nous avions coutume de marcher en tête des voitures pendant les premiers kilomètres, afin de goûter un peu de tranquillité et de solitude. La fatigue nous fit asseoir au bord d'un champ où les pavots d'opium, en pleine floraison, formaient une étendue nuancée de couleurs opalines, baignée d'une exquise et douce lumière argentée. Au bout de quelques minutes, un musulman du Turkestan apparut, monté sur un âne, et portant une collection de brochures chrétiennes. Il mit pied à terre et s'approcha en disant: «Je vous ai vues dans la tente hier, quand j'ai acheté ces petits livres; vous êtes fatiguées; peut-être n'avez-vous pas de quoi louer un âne pour rentrer chez vous. Prenez donc le mien. Vous pourrez le monter à tour de rôle; je retourne aussi à Kantchéou et vous ne pouvez faire à pied un voyage de quatre-vingt-dix kilomètres.»

DE SOUTCHÉOU A YUMEN

L'ancienne ville de Soutchéou, connue sous le nom de Kieoukiuan — la source du Vin — a disparu, remplacée par la ville actuelle, bâtie il y a peu d'années. Se souvenant que la cité primitive avait été détruite lors de la grande invasion musulmane de 1862, les nouveaux colons avaient édicté une loi défendant aux Mahométans de résider à l'intérieur des murs; ceci explique pourquoi le faubourg oriental de la ville est devenu le centre des affaires traitées avec les marchands du Turkestan qui sont musulmans.

Aux abords de la cité se trouve une jolie pagode qui a conservé le nom de «Source du Vin». Il existe toujours, dans ses jardins, un bassin couvert de roseaux où sourd, sans fin, une eau murmurante qui miroite au soleil.

Une grande porte donne accès à ce faubourg oriental, le quartier le moins chinois que nous eussions rencontré jusqu'alors. Des groupes de voyageurs, vêtus de tuniques ouatées, en cotonnade rayée, se saluent aux portes des auberges; leurs culottes flottantes sont serrées dans de grandes bottes de cuir. Ils portent une espèce de turban auquel ils doivent le surnom de *Chantow* que leur donnent les Chinois et qui signifie «tête à turban». Un grand nombre d'entre eux ont des barbes noires frisées, mais certains ont par contre le teint clair, les cheveux et la barbe roussâtres. Ils parlent un langage qui nous était complètement inconnu; on nous apprit plus tard que c'était du turki, langue qui n'a aucune analogie avec le chinois.

Les étalages exhibent des pièces de cotonnade tissées dans le Turkestan, dont les dessins et les coloris sont totalement différents de ceux des étoffes chinoises, des tapis aussi et des selles somptueuses; beaucoup de ces *Chantow* sont assis près de gros tas de raisins secs, d'abricots et de melons séchés.

Le dôme et le croissant d'une blanche mosquée apparurent bientôt; au moment où nous franchissions les portes, une bande d'écoliers musulmans s'en échappa. Ils venaient de prendre une leçon d'arabe et d'étudier le Coran sous la direction de l'iman. Ils étaient tous remarquablement beaux, mais avec un air de fierté arrogante qu'on ne voit jamais aux écoliers chinois.

Plus loin, des forgerons étaient occupés à ferrer des chevaux magnifiques; toutes les auberges regorgeaient de monde. Ce faubourg de l'Est sert de relais aux voyageurs; ils s'y reposent avec leurs bêtes, renouvellent leurs provisions en vue d'un voyage pénible, réparent leurs chariots et changent les essieux dont l'écartement doit avoir quelque trente centimètres de plus pour affronter les pistes du désert.

Notre première nuit s'écoula dans une chambre exposée au nord, humide et froide, qui appartenait à une auberge bruyante, sale et pleine de monde. Le lendemain nous découvrîmes une petite cour où se trouvait un logement, avec une minuscule cuisine où notre domestique pouvait préparer les repas. Il appartenait à un marchand de Kashgar que ses affaires appelaient fréquemment à Soutchéou, Hankéou et Pékin. Quelques années auparavant, les tractations de son négoce le mêlèrent à une affaire où il encourut la disgrâce d'un personnage haut placé; il fut arrêté et enfermé dans ce quartier de la prison chinoise qui correspond à l'ancienne «prison pour dettes» de l'Angleterre. Il n'y avait eu ni procès, ni jugement à plus forte raison. Toutes ses réclamations étaient renvoyées d'un tribunal à l'autre, chaque nouveau juge refusant d'éclaircir l'affaire ou de prendre une décision, craignant de s'attirer le courroux de quelque autre notable dont pouvait dépendre sa propre charge. A l'époque de notre arrivée, l'emprisonnement de M. Li, devenu une vieille histoire, était un emprisonnement purement théorique puisqu'il était autorisé à aller et venir à son gré, pourvu qu'il ne dépassât pas l'enceinte de la ville. Il fut l'un des premiers à nous rendre visite; c'était un homme avisé, possédant une grande expérience du monde. Sa mentalité et son aspect révélaient un adepte de l'Islam; mais ses malheurs l'avaient poussé au vice bien chinois de l'opium. Il parut néanmoins très content de nous voir occuper son logis et nous pressa de ne point hésiter à l'avertir si le gérant ne nous donnait pas toute satisfaction.

La nouvelle de notre arrivée ne tarda pas à se répandre dans la ville. Nous n'avions pas encore présenté nos devoirs aux principaux fonctionnaires civils et militaires, que déjà quelques élèves des collèges de l'endroit venaient nous demander de leur enseigner l'anglais. Il fallut refuser avec persévérance, pendant plusieurs semaines, pour convaincre ces jeunes gens zélés que ni l'argent ni la perspective d'assurer notre prestige ne nous amèneraient à enseigner les langues et que nous n'étions pas là pour aider de jeunes ambitieux à accéder aux emplois administratifs.

Un après-midi, la cour de l'auberge fut envahie par une troupe de soldats aux uniformes gris qui escortaient le ministre de la Défense, venu en personne nous rendre notre visite. Cet aimable vieillard était sur le point de fêter ses soixante-dix ans. Il s'intéressait grandement à toutes les questions d'Orient et d'Occident. La visite dura une heure et demie et elle nous parut très courte; la conversation effleura toutes sortes de sujets. Par malheur, le jeune Bienvenue porta un coup sérieux à notre prestige: il était fort peu habitué aux grands de ce monde, et l'émotion lui dérangea tellement la cervelle qu'il oublia de mettre les feuilles de thé dans la théière et nous servit tout juste de l'eau claire!

Le jour même de notre arrivée, nous avions commencé à chercher un logis définitif et visité dans ce but toutes les maisons vides qui semblaient pouvoir nous convenir; aucune ne faisait notre affaire. L'une était trop sombre, une autre lugubre ou infestée de rats, sans parler de la raison qui en éloignait généralement les locataires : certain fantôme bruyant refusant de se tenir tranquille. Un quartier général convenable était cependant indispensable à notre œuvre; nous étions certaines que Dieu nous viendrait en aide. Nous décidâmes de ne nous embarrasser de rien et d'attendre tranquillement à l'auberge que le ciel nous envoyât un logis.

Notre espoir ne fut pas trompé; peu de jours après, le docteur Kao nous fit savoir qu'il avait reçu des propositions d'un des habitants les plus considérables de Soutchéou; cet homme offrait de louer une de ses maisons vides pour y installer l'école biblique. Il avait même ajouté aimablement qu'il serait très heureux si les trois dames voulaient bien s'installer dans le pavillon bâti dans le jardin attenant, qui était alors complètement inoccupé. C'était un conte de fées, un peu trop beau pour être vrai. Néanmoins, quelques jours plus tard, nous transportions nos pénates dans la délicieuse propriété de Tchang-si-yé.

Un chemin la traversait; d'un côté se trouvaient les deux cours de l'école biblique. Dans l'une donnaient les pièces d'habitation; dans l'autre, une grande salle, pouvant servir aux classes et aux cultes du dimanche. La troisième était un terrain vague, mais nos auxiliaires eurent tôt fait de la niveler et d'en faire un jardin potager; on y planta aussi la tente destinée aux prédications. L'entrée de la maison particulière de M. Tchang se trouvait de l'autre côté du chemin. Par là nous pénétrions dans un charmant jardin fleuri, contigu à un verger. Sous le ciel sans nuages de ce mois d'octobre, les arbres fruitiers, dorés par l'automne, faisaient un effet ravissant; le sort nous avait gâtées cette fois. Une maisonnette de bois sculpté s'élevait devant le parterre; elle était assez peu solide, uniquement composée de moulures délicates et de papier blanc, mais elle donnait sur un site merveilleusement ensoleillé et sur les sommets neigeux des montagnes tibétaines, dont quelques-unes s'élèvent à 4500 mètres. L'unique pièce intérieure était immense et contenait deux *kangs*, en alcôve. On transforma immédiatement la partie centrale en salle à manger et salon de réception tandis qu'on aménageait les alcôves en salon-bureau-chambre à coucher. Le parquet était de terre battue, et il n'y avait pas de plafond. Le toit se composait de quelques poutres en bois de sapin, recouvertes de planches à l'extérieur. […]

Notre nouveau domicile était situé dans le plus beau quartier de la ville. La plupart des familles du voisinage jouissaient, comme nous, de splendides jardins, entre notre quartier et le mur ouest de la cité s'élevaient les temples les plus importants; des boqueteaux de jeunes arbres ajoutaient à leur beauté. L'endroit était calme et exempt de l'agitation qui règne dans le quartier des affaires, car il n'existe pas de porte à l'ouest de la ville. La forteresse-frontière de Kiayukouan [Jiayuguan], où finit la Grande Muraille, se trouve à trente kilomètres de là, aussi le dicton populaire dit-il que «Kiayukouan est la porte ouest de Soutchéou». Les génies du vent et de l'eau (Feng shui) seraient offensés si l'on perçait cette muraille; et les habitants de Soutchéou seraient terrifiés, craignant que la ville ne soit inondée par là.

Notre première visite fut pour un temple, bâti sur de vastes esplanades, où mène une splendide avenue de peupliers. Tout en marchant, nous discutions les détails de la vie qui nous attendait, lorsqu'une inscription, sur la porte du temple, attira nos regards. Elle est suspendue entre deux énormes guerriers qui gardent l'entrée et, le javelot à la main, opposent un défi au visiteur susceptible de contester la suprématie des dieux de ce temple.

Alors? Vous êtes donc venus aussi? telle est la teneur de l'inscription qui frappa nos regards. Notre saisissement fut si fort que nous eûmes l'impression d'avoir entendu quelqu'un prononcer ces mots. Oui, nous étions venus, sachant parfaitement qu'une lutte mortelle s'engagerait entre les puissances représentées par les dieux d'ici et celles pour lesquelles nous combattions. Ce fut donc avec un sentiment de gravité que nous pénétrâmes. Dès l'entrée, on se trouvait dans le «Tribunal Infernal». Tel est le nom que porte le sanctuaire où les horreurs des supplices bouddhiques sont représentées par des personnages modelés dans l'argile; ces figures, aux couleurs crues, sont étonnantes de vigueur.

C'est d'abord l'histoire d'un homme qui vient de mourir; il est dépouillé de sa chair, et doit commencer sa pénible pérégrination à travers les enfers. Son âme va recevoir maintenant la punition de tous les péchés commis par son corps. Dans la scène suivante, plusieurs êtres désincarnés se prosternent devant le dieu qui préside, pendant que la conduite terrestre de chacun d'eux est soigneusement pesée sur des plateaux. Tout autour, des êtres plus infortunés encore subissent différentes tortures: les uns sont plongés dans une mer de sang; d'autres sciés en deux sur des madriers; d'autres enfin sont broyés comme grain dans un moulin. Aux envieux, on crève les yeux; aux calomniateurs, on arrache la langue; des hameçons enfoncés dans la chair des luxurieux leur ôtent la peau par lambeaux. Çà et là, des pèlerins traversent en tremblant des ponts légers, suspendus au-dessus de précipices affreux; ils ne peuvent échapper aux mystérieux dangers de l'abîme que dans la mesure où ils ont pratiqué le renoncement autrefois. Un peu partout, les favoris du cruel juge surveillent les souffrances de leurs victimes, dont chaque attitude exprime la plus extrême angoisse. Pour finir, on voit l'âme, ayant subi son châtiment, se préparer à la réincarnation, au moment où la Roue de la Vie, dans sa révolution, s'apprête à lui offrir une nouvelle existence. Le personnage représenté là va entrer dans le corps d'un porc; l'artiste atteint le suprême degré du réalisme. Bien que ce soit pour se rouler dans la boue, l'espoir de respirer de nouveau l'air pur, de se chauffer aux rayons bienfaisants du soleil et de revivre la vie familière de la terre emplit l'âme errante d'une joie indescriptible, merveilleusement exprimée par le coup d'œil que lance le personnage, par-dessus son épaule, au moment précis où l'expression porcine descend sur ses traits comme un masque.

Un vieux prêtre conduisait une troupe d'adorateurs, venus brûler du papier d'or et d'argent, simulant des pièces de monnaie; c'est le sacrifice que l'on juge approprié au soulagement des défunts. Ces gens venaient de perdre leur père; ils l'imaginaient errant à travers le séjour des douleurs et faisaient de leur mieux pour le secourir. En tête du groupe marchait le fils du défunt, un homme qui certainement se montrait clairvoyant et intelligent dans les circonstances ordinaires de la vie; mais qui, à cet instant, l'esprit aveuglé par le paganisme, cherchait à faire comprendre aux bourreaux qu'il avait les moyens de racheter la condamnation de son père en payant le prix qu'il plairait aux divinités d'exiger. La fumée montait et le trésor fictif s'évanouissait. Sans aucun doute, les dieux s'arrangeraient maintenant pour qu'une partie au moins de la dette du mort fût remise!

La première chose à faire était d'apprendre notre arrivée aux habitants de Soutchéou; grâce à des affiches la nouvelle se répandit très vite et fut bientôt sur toutes les lèvres: «Les chrétiens sont là!» C'était pour nous une heureuse coïncidence que toute la ville en fête célébrât à ce moment le soixante-dixième anniversaire du ministre de la Défense. Des milliers de gens accouraient des districts environnants et des fonctionnaires en grand nombre venaient de loin, avec leurs familles, apporter leurs souhaits. On préparait des réjouissances théâtrales pour les hôtes, ainsi que de grands festins interminables. Tout cela nous réjouissait fort, car nous envisagions la possibilité d'atteindre un cercle plus large d'auditeurs. Toute la bande se mit immédiatement à l'œuvre; on prépara des paquets de livres et de brochures, ornés de rubans en papier rose, complément nécessaire à la présentation de tout cadeau. Nous les distribuâmes aux nouveaux venus qui se déclarèrent enchantés et les emportèrent avec soin.

On fit ensuite le plan d'études des élèves, de façon à le combiner avec de nombreuses heures d'évangélisation active. Dès midi, les hommes quittaient la maison pour aller, pendant deux heures, prêcher dans les rues de la ville, dans les faubourgs ou les villages avoisinants, et vendre des Évangiles. Ils rendaient visite à chaque boutiquier et offraient, dans les restaurants de Soutchéou qui sont fort réputés, de jolies affiches illustrées pour décorer les murs; cette offre était très souvent acceptée avec reconnaissance. Les hommes les plus rassis, ceux dont la foi était la plus forte, allaient visiter les quartiers musulmans. Ceux que l'on charge de cette mission doivent s'attendre à être insultés; il ne faut pas répondre, il faut même savoir garder son sang-froid lorsqu'on voit des gens vous acheter des livres uniquement pour les mettre en pièces sous vos yeux. Pour l'évangélisation du faubourg nord, nous choisîmes quelques âmes généreuses et simples. Ce faubourg se compose presque exclusivement de vastes enclos où les chameliers mongols installent leurs caravanes, apportant le coton de Hami, les raisins de Turfan, le poil de chameaux de Barkoul, et l'astrakan noir de Koutché.

Les femmes allaient avec nous de porte en porte dans toute la ville, tâche très importante, car le missionnaire, dès qu'il entre dans une ville se trouve en présence d'une grave difficulté: toutes les portes se ferment automatiquement devant lui, tout comme la mentalité des habitants est naturellement hostile à son message. Son entreprise est ardue et les lois de la pesanteur jouent en faveur de l'obscurantisme. Il ne faut donc négliger aucune chance, si minime soit-elle, d'établir une prise de contact. Une femme qui coud devant sa porte se laissera prendre, le plus souvent, à une remarque de ce genre:

— Quelle bonne couturière vous faites! Où avez-vous donc appris ce joli point?

Et elle vous demandera si vous savez coudre, faire la cuisine et fabriquer des sandales. Une autre fois, ce sera à vous de répondre à des remarques faites sur votre passage par deux vieilles dames, désireuses d'éprouver votre connaissance de leur langue: «Elles mettent une jupe tous les jours! Comment fait-elle tenir ces verres sur son nez? On voit à leur tête qu'elles sont nées sous une bonne étoile!»

Il faut toujours répondre à ces remarques, et faire passer le pince-nez de mains en mains. La curiosité provoque souvent une invitation; on vous propose d'entrer vous reposer; il faut toujours accepter. En partant, on est généralement encouragé et récompensé, par des commentaires de ce genre:

— Elles sont très liantes! On les prendrait pour des femmes de chez nous! Nous irons les voir la semaine prochaine.

Et parfois, venues par simple curiosité, ces femmes restent pour se convertir.

Un précoce hiver succéda bientôt à l'automne, et les restrictions ordonnées par le «Dieu de la Terre» furent levées, de sorte que nous pûmes acheter une charretée de terre de lœss et procéder enfin à la réfection de notre home. Une cheminée, faite entièrement de briques, dans laquelle on fixa une grille composée d'une demi-douzaine de barreaux, fit une cuisinière très acceptable. Un bidon d'huile de paraffine, introduit dans le fond, nous servit de bouilloire. Nous installâmes aussi un poêle en fonte que nous avions apporté à grands frais et avec bien du mal. Non seulement il augmenta beaucoup notre confort, mais au cœur de l'hiver il s'avéra d'une nécessité absolument vitale.

Nous visitâmes plusieurs échoppes de charpentiers, dans l'espoir d'y trouver des meubles tout faits; tables, bancs ou tabourets, mais les seuls articles à vendre étaient partout des cercueils: rouges, noirs, bleus, vernis ou bruts, ils s'étalaient devant nous avec des airs engageants; mais pour les vivants, rien! Par bonheur, notre aimable propriétaire vint à notre secours: il nous prêta une table et trois tabourets. Les marchands de cercueils nous procurèrent toutes les planches que nous pouvions désirer; placées sur des briques et des boîtes, elles nous servirent de buffet, de bibliothèque, de bureau et de lits. Un abri, attenant à la maison, fut transformé en dortoir pour les élèves femmes. Tout était prêt; nous caressions l'illusion d'être parfaitement installées, mais les voisins branlaient la tête avec sagesse, disant: «Attendez un peu que viennent les vents!»

Notre optimisme se dissipa vite; un soir, nous fûmes éveillées par le mugissement inquiétant d'un vent violent qui secouait les cimes des peupliers, faisant voltiger leurs dernières feuilles. Cet assaut avant-coureur fut bientôt suivi d'un hurlement extraordinaire. Le gros de la tempête fondait sur la ville, amenant des tourbillons de sable qui fouettaient de biais notre pavillon, comme une salve d'artillerie. Sans une seconde d'interruption, la rafale se mit à balayer la maison, pénétrant par les fragiles fenêtres de papier, nous inondant de gravier jusque dans nos lits. Impossible de dormir, et quand le jour se leva, nous vîmes notre chambre littéralement ensevelie sous une épaisse couche de poussière venue du désert de Gobi. La forme de nos têtes se découpait sur les oreillers et, par terre, le sol était ridé comme au bord de la mer à marée basse. L'expérience nous apprit que le seul moyen de se débarrasser de cette poussière est de l'arroser et de passer tous ses moments libres à la piétiner pour l'aplatir. Ce remède n'est d'ailleurs pas souverain; la poussière demeura là tout l'hiver, et de petits objets y disparaissaient souvent, pour ne réapparaître que plus tard, lors d'un arrosage supplémentaire!

Pendant quarante-huit heures, la terrible rafale continua sans arrêt. Pas une goutte d'eau ne tomba; quand elle cessa enfin, nos cheveux, nos sourcils, notre peau et nos vêtements étaient couverts de poussière, nous étions dans un état d'épuisement physique et de tension nerveuse qu'expliquait le fluide électrique dégagé par l'ouragan. Quand une caravane est prise dans une pareille tourmente, elle est en grand péril, il arrive souvent que charrettes, chevaux et conducteurs, disparaissent à jamais sous les sables, après avoir été d'abord mis en pièces.

Après coup, la vue de notre chambre nous fit comprendre la nécessité de boucher les crevasses et les trous des boiseries. Les grandes feuilles de papier brun que les Sociétés bibliques emploient pour expédier leur marchandise par la poste, nous tirèrent d'embarras. Pendant une journée entière, nous taillâmes des bandes que notre vieux serviteur fixait avec de la colle sur chaque fissure laissant trop visiblement passer le jour.

A l'ouest, Soutchéou est totalement sans défense contre l'immensité du Gobi et, au nord, contre les sables de la Mongolie; aussi ce genre d'accidents était-il fréquent. Étant donnée notre installation défectueuse, nous envisagions l'hiver avec une certaine appréhension.

Prévoyant que notre vie serait alors forcément assez rude, nous ajoutâmes une doublure de poil de chameau à nos vêtements chinois déjà ouatés; ainsi équipées, nous nous préparâmes à affronter des températures de 25 degrés au-dessous de zéro.

Pendant ce premier hiver, nous eûmes la chance de trouver du lait excellent chez un fermier musulman; mais les approvisionnements sont très variables dans ces parages non seulement de ville à ville, mais aussi d'une année à l'autre. Au bout de quelques mois, une maladie du bétail emporta presque toutes les vaches et le lait nous fit complètement défaut. On peut acheter du mouton, du yack et du porc à Soutchéou, mais toutes ces viandes sont mauvaises. Par contre, les légumes sont excellents et les œufs abondent. Notre repas quotidien se composait — à la chinoise — de riz ou de macaroni. Pendant plusieurs mois de l'année, il est impossible de se procurer aucune espèce de graisse pour la cuisine, sauf l'huile de lin dont les gens du Kansou usent couramment; malheureusement, malgré tous nos efforts, jamais nous ne pûmes nous accoutumer à son goût rance et l'avaler sans dégoût.

Nos provisions d'hiver se composaient encore d'une grande quantité de blé que nous moulions nous-mêmes, suivant nos besoins et qui nous donnait en abondance le son destiné à garnir les grandes cuves où l'on conserve les œufs, unique moyen de les empêcher de geler.

Notre première expédition eut lieu avant l'hiver, car en cette saison il est trop difficile de voyager. Elle débuta par un petit voyage à la forteresse de Kiayukouan, située à une trentaine de kilomètres. La route traverse un pays inculte et pierreux en s'élevant légèrement; il nous fallut six heures et demie pour arriver. Le paysage est triste, malgré la beauté de la chaîne des monts Richthofen, entièrement recouverte d'un blanc manteau de neige, et les nombreuses rivières aux eaux merveilleusement transparentes que nous rencontrions. Trois kilomètres avant d'arriver, on aperçoit une porte fortifiée, haute de plusieurs étages, flanquée de chaque côté d'un mur d'argile, qui se continue vers le sud, pendant onze kilomètres, jusqu'au pied des montagnes du Tibet. De grandes prairies, arrosées de nombreux cours d'eau, s'étendent de ce côté; c'est pourquoi on a donné au pays le nom de Kiayukouan, qui signifie «La Muraille de la Riante Vallée». La position de cette forteresse a été judicieusement choisie en vue d'arrêter les envahisseurs venant de l'Ouest; elle se trouve au point de jonction des collines dénudées du Nord et du Sud.

Au pied des murs, un pont de bois traverse une rivière, d'où le chemin s'élève en pente rapide jusqu'à l'entrée du quartier sud où sont toutes les auberges. Il faut franchir deux portes voûtées, pour entrer dans la première enceinte qui contient les ruines d'une petite bourgade à peu près inhabitée aujourd'hui. Ses très beaux murs extérieurs, avec leurs remparts crénelés et leurs tours, ainsi que le *yamen* et les casernements qui sont encore occupés, donnent un air médiéval et important à cette cité qui ne serait sans eux qu'un village en ruines.

Une porte imposante se trouve au nord; au delà, les ondulations du désert s'étendent à perte de vue, balayées par les vents froids de l'hiver. A cent mètres de cette porte, une inscription gravée sur la pierre annonce que l'on est devant «la plus Grande Muraille du monde». La désolation du lieu est inexprimable; si jamais la douleur humaine a marqué un endroit, c'est sûrement Kiayukouan: depuis des siècles, un flot toujours renaissant d'humanité souffrante défile sous ses voûtes. Fonctionnaires disgraciés, condamnés de droit commun, prodigues sans asile, hors-la-loi en fuite, tous ont dirigé leurs pas vers cette sombre porte; c'est par là qu'ils ont quitté à tout jamais leur pays natal. Les murs voûtés sont couverts de poèmes sortis de cœurs brisés; personne ne quitte la Chine par cette route sans douleur et sans larmes.

Quand j'aurai franchi ton seuil, ô Kiayukouan,
Mes larmes ne tariront jamais.

Le plus célèbre des exilés qui parcoururent ce calvaire fut Lao-Dzi, grand sage et grand philosophe. Il tourna le dos, en cet endroit, au pays qui avait rejeté son message, pour aller chercher l'oubli dans la solitude qui s'étend au delà.

Depuis notre passage, un message d'espérance luit, au milieu de toutes les inscriptions tragiques. Il est inscrit en lettres rouges, assez grandes et assez hautes pour frapper tous les yeux, même ceux qu'obscurcissent les larmes:

Le Christ Jésus est venu dans le monde pour sauver les pécheurs.

DE LA PORTE DE JADE A TOUENHOUANG

A cinq jours de Kiayukouan, le voyageur aperçoit au loin, se détachant sur l'horizon, une tour légère, gracieuse, qui s'élève au-dessus des remparts d'une ville. C'est Yumen — «La Porte de Jade» — par où l'on accède à l'Asie centrale. On la voit de loin et elle est le trait distinctif de la jolie petite ville qui porte le même nom.

De vieux documents qui remontent à l'an 104 avant Jésus-Christ signalent Yumenkouan — «La Barrière de Jade» — comme la dernière des forteresses dressées de place en place, depuis Kieoukiuan — l'ancienne Soutchéou — en direction du nord-ouest, jusqu'à la frontière du Kansou. Sir Aurel Stein et d'autres savants se sont livrés à des recherches nombreuses en vue de déterminer la position exacte de cette forteresse. Sir Aurel Stein la place au delà de Touenhouang, deux cent trente kilomètres à l'ouest de la petite ville qui porte aujourd'hui ce nom; d'autres pensent que cette porte mystérieuse n'était autre que l'antique Kiayukouan qui est, tous s'accordent pour le dire, l'équivalent moderne de la Barrière de jadis. Une opinion locale, cependant, confirme l'assertion de Breitshneider: la moderne Yumen serait bâtie sur l'emplacement de l'antique Porte de Jade.

Cette ville ne diffère pas beaucoup dans son aspect des autres villes de la frontière du Gobi, sauf par cette porte curieuse dont ses habitants sont on ne peut plus fiers. Elle se trouve dans une zone bien arrosée et la terre est cultivée jusqu'aux remparts. Il nous fallut pour y atteindre traverser une mer de boue; les travaux d'irrigation étaient en cours et, suivant la négligence habituelle aux agriculteurs du Kansou, l'eau dont on n'avait pas besoin dans les champs était détournée et coulait à flots sur la grande route.

Les quelques jours passés dans cette ville furent très heureusement remplis; les gens s'intéressaient particulièrement à nos prédications et nous écoutaient volontiers. Le matin de notre départ, comme nous quittions l'auberge, une vieille femme tira l'une de nous par la manche et chuchota d'un air mystérieux: «Un mot au sujet de ce qui a été perdu!» Nous nous demandions de quoi il s'agissait. Avait-elle eu par hasard quelque renseignement concernant notre paquet de livres disparu? Voyant notre expression de curiosité, la vieille s'enhardit: «Vous êtes de “Saintes Femmes”, dit-elle, vous connaissez les choses secrètes, les choses cachées, les choses que nul ne peut deviner. Voulez-vous me dire, avant de partir, le nom du brigand qui a emmené ma vache?»

A cinquante-cinq kilomètres de là se trouve Pouloungki, une ville qui jadis a dû compter au moins cinquante mille habitants, mais n'offre plus aujourd'hui que des ruines, quelques pauvres auberges et un mur d'enceinte immense.

Pendant les quelques nuits suivantes, nous rencontrâmes d'autres villes et villages déserts; aucun mot ne peut exprimer l'extraordinaire impression que l'on éprouve en traversant, au clair de lune ou dans la lueur pâle et incertaine de l'aube, ces cités du passé dont les rues désertes sont parfois encore clairement tracées, dont les maisons abandonnées, aux seuils béants, se dressent vides de chaque côté du chemin. De temps immémorial le désert de Gobi s'avance à pas furtifs; il approche, comme une bête indolente, saisit doucement sa proie et l'absorbe gloutonnement; puis, replet, satisfait, il se couche triomphant. Le paysage environnant est empreint d'une indicible désolation; on dirait un paysage lunaire, mais à la place des volcans éteints, ce sont ici des cités, des villes et des villages morts.

Il court toutes sortes de légendes sur cette région. Pouloungki est, dit-on, l'Éden primitif de la race humaine; des trésors cachés gisent enterrés dans des cavernes profondes; les démons hantent tout le voisinage; un trou dans le sol, où l'on descend par des marches, peut être un repaire de bandits, ou bien l'entrée de quelque grotte des *Mille et Une Nuits*, où s'amoncellent des pierreries éblouissantes.

On nous a conté à ce sujet des histoires précises. Des hommes, bien connus, réussirent en creusant le sol à pénétrer un jour dans une de ces cavernes remplie de trésors; à la lueur des torches, ils virent leur butin; ils allaient s'en emparer, quand un brusque mouvement d'ailes se produisit au-dessus d'eux, les précipitant violemment sur le sol et les remplissant d'une panique telle qu'ils se sauvèrent comme des fous, oubliant tout le reste. Des chauves-souris, dira-t-on? Non, ils s'étaient enfoncés trop profondément dans la terre pour qu'il fût possible d'en rencontrer; d'ailleurs, jamais, de mémoire d'homme, cette grotte n'avait été ouverte. Une autre fois, un groupe de chercheurs pénétra dans les profondeurs d'un puits souterrain; ces hommes aperçurent, à leur grande stupéfaction, une faible lueur. Ils s'approchèrent et découvrirent une toute petite lampe à huile qui brûlait; la flamme était minuscule, mais indubitablement d'origine humaine; il y avait une mèche, alimentée par un énorme réservoir d'huile végétale suffisant à entretenir le feu pendant des siècles! Pour nous convaincre de la réalité de ces assertions, on nous montra certains vases remarquables, d'une antiquité incontestable, découverts au cours de fouilles opérées dans le même lieu, et dignes de figurer dans un musée. On peut errer indéfiniment dans ces cités désertes, mélancoliques, abandonnées, où, les nuits d'orage, le vent se plaît à hurler et à lancer en l'air, dans les avenues oubliées, des tourbillons de sable, semblables à des derviches tourneurs; rien n'est trop étrange, trop fantastique, quand on a erré quelques heures en ces lieux, pour que l'imagination se refuse à l'admettre.

De jour, nous étions sujettes à cette illusion du désert qui s'appelle le mirage. Maintes et maintes fois, nos lorgnettes nous signalèrent au loin un granc lac; des arbres bordaient cette nappe d'eau brillante; mais quand nous approchions, il ne restait rien que le sable couleur fauve et la ligne interminable de l'horizon.

Un matin — nous étions arrivés à l'auberge à minuit — une très vieille femme nous offrit deux petits choux, trois navets et un peu de vinaigre; elle avait entendu dire que trois «Prêcheuses de Vérité» étaient arrivées durant la nuit et elle avait résolu d'être la première à leur souhaiter la bienvenue.

Nous découvrîmes qu'elle vivait seule, dans une misérable cabane. Néanmoins elle aspirait, par-dessus tout et de toutes les forces de son être, à plaire aux dieux par la pureté de ses actes, d'où son désir ardent de nous connaître, pour aprendre de nous le «Chemin de la Vie». Elle vivait seule, et n'avait aucun parent proche; elle fit venir, lors de notre visite, un jeune homme chargé d'écouter nos paroles afin de l'aider, après notre départ, à se rappeler nos précieuses instructions.

Il y avait quelque chose d'indiciblement émouvant dans la façon dont elle buvait ardemment la vérité du Christ; elle répétait avec le plus grand respect les courtes prières que nous lui apprenions; et quand, le matin du départ, nous allâmes à l'aube lui dire adieu, elle voulut se laver le visage et peigner ses cheveux avant de prononcer les paroles sacrées, estimant qu'il était irrévérencieux de s'adresser au Seul Vrai Dieu sans préparation. Une âme pareille, rencontrée sur le chemin de la vie, laisse un souvenir inoubliable. Elle était mûre pour l'appel de Dieu; elle l'entendit et fut comblée de joie.

La ville suivante était Ngansi; elle aussi promet de disparaître sous les sables envahissants; ils se sont déjà amoncelés autour d'elle jusqu'à la hauteur des remparts. C'est un lieu froid, balayé par les vents, exposé de tous côtés; on n'y trouve ni charbon, ni bois. Le vent y souffle, dit-on, tous les jours de l'année; mais, en hiver, sa violence est si terrible que toutes les boutiques sont fermées et la vie tout entière arrêtée. Chacun vit alors, mange et dort sur son *kang*, chauffé au crottin, et il n'est pas surprenant que bon nombre de ces gens cherchent dans les fumées de l'opium le moyen de tuer les heures mornes. Ngansi se trouve au carrefour où la grande piste, venant de Soutchéou, oblique vers Hami et le Turkestan oriental, et rencontre la route principale qui mène à l'oasis de Touenhouang, située à quatre étapes de là, au sud-ouest. La renommée de Touenhouang était déjà venue jusqu'à nous. Nous avions reçu à Soutchéou un groupe d'archéologues américains de l'Université de Harvard, qui s'étaient rendus là dernièrement, dans le but d'examiner les trésors artistiques de cette oasis. N'ayant pu y réussir, ils retournaient à Pékin, emportant de la population de Touenhouang une impression assez défavorable. [...]

LA MERVEILLEUSE CITÉ DE HAMI

Bientôt une petite voiture de forme curieuse apparut; c'était un camion de munitions qui avait servi pendant la guerre et que M. Hunter avait acheté à Ouroumtchi, aux Russes. A notre approche, le petit véhicule s'arrêta sur le bord de la route; un homme grand, bien droit, vêtu de la grossière cotonnade blanche des Turkis, en descendit. Un instant nous hésitâmes, nous demandant si c'était M. Hunter ou quelque marchand turki; mais son maintien le distinguait du Chantow, du Kirghize et même du Russe. Nous sautâmes de la voiture pour serrer la main de ce compatriote qui, bien que vivant à six semaines de nous, était notre plus proche voisin sur la route du Nord-Ouest. Ses yeux bleus avaient une expression de simplicité et de candeur; il avait la barbe et les cheveux tout blancs; toute sa personne respirait la douceur et la dignité. Originaire des Hauts-Plateaux d'Écosse, il est venu, il y a plus d'un quart de siècle, en Asie centrale et s'est installé à Ouroumtchi où il habite depuis lors. Il fait de fréquentes tournées au loin, depuis Tchougoutchak, sur la frontière de Sibérie, jusqu'à la vallée de l'Ili, Barkoul et Hami, Tourfan et Kashgar.

Nous échangeâmes quelques mots, au bord du chemin; il nous dit que des chambres étaient retenues pour nous à Hami, dans une auberge confortable, et nous engagea à nous reposer, nous promettant de venir nous voir à la fin de l'après-midi. Puis, avec la courtoisie d'autrefois, il nous conduisit à notre charrette, s'inclina, et disparut sous la toile qui abritait sa petite voiture.

Hami est de beaucoup la plus grande et la plus fertile des oasis que nous avions traversées. Dix kilomètres avant d'apercevoir la ville, on roule déjà à travers un pays très cultivé, bien arrosé, entre des champs de blé, de coton, de millet, de maïs et de sorgho. Une belle avenue d'arbres conduit à la ville. Le ciel était sans nuages et, dans le lointain, les pics neigeux de la chaîne de Karlik Tagh étincelaient au soleil. A ce moment un groupe de jeunes filles, en longues robes rouges et voiles flottants, descendaient la route en courant, poursuivant un troupeau d'oies turbulentes. Elles donnaient une perfection suprême à ce tableau de vie prospère, aux couleurs vives.

Les beautés de Hami dépassèrent notre attente, si grande qu'elle fût. Notre auberge était située dans le vaste quartier commerçant qui s'étend hors les murs de la ville; le propriétaire était un riche Turki musulman. Quand nos conducteurs entrèrent dans la cour spacieuse, bordée de parterres fleuris, entourée de rangées de chambres bien construites, nous eûmes peine à croire qu'il s'agissait bien de l'*auberge* annoncée modestement par M. Hunter. On nous donna trois pièces communicantes qui n'avaient pas encore été occupées. Le papier des fenêtres était neuf; le *kang* possédait une literie toute fraîche; tout était d'une propreté immaculée. Il n'y avait pas d'écurie et, après avoir déchargé les bagages, nos conducteurs, avec les voitures et les mules, se dirigèrent vers une auberge plus modeste. Nous avions à notre disposition une petite cuisine, pour nous toutes seules, où nous faisions nos repas dans notre batterie de cuisine personnelle. Malgré nos promesses de ne cuire ni porc, ni lard, ni aucune espèce de viandes prohibées, toute cette grande famille musulmane préféra se servir d'une autre cuisine plutôt que de risquer d'être souillée par le contact des Gentils.

Le propriétaire nous reçut lui-même et nous offrit dès notre arrivée un melon, digne de la réputation de la ville. Une heure plus tard, un repas abondant était prêt: riz, bon pain de Chantow, mouton haché, frit avec des aubergines, haricots verts sautés dans la graisse de mouton avec des tranches de concombre; le tout accompagné de thé à «l'eau douce» en abondance et suivi de tranches de cantaloups. Un festin digne des dieux!

Avant la fin du repas, M. Hunter arriva, nous apportant un monceau de lettres, dont la lecture occupa le reste de la journée.

Le propriétaire nous expliqua que son auberge était nouvellement construite et destinée à recevoir les marchands susceptibles de faire un long séjour à Hami. Elle n'était pas encore ouverte officiellement; mais quand son vieil ami, M. Hunter, lui avait demandé de nous recevoir, il n'avait pu lui refuser cette faveur, étant donné surtout le long voyage que nous venions d'accomplir.

Cette journée fertile en événements se termina par un tub à l'eau chaude; pour la première fois depuis notre départ de Soutchéou nous avions de l'eau chaude en quantité suffisante pour nous offrir ce luxe.

Quelques jours furent consacrés à la visite détaillée des trois colonies qui forment la cité de Hami. D'abord une ville, entourée de murs et bien construite, où s'élève le palais du khan, connu des Chinois sous le nom de Wang Yi.

Gengis-Khan, au treizième siècle, donna cette oasis à son fils Chagataï, et Hami, depuis lors, a été gouvernée par une succession de khans qui sont aujourd'hui assez sages pour reconnaître la suzeraineté de la Chine et éviter ainsi les difficultés qui résulteraient d'une politique d'indépendance.

Un peu plus loin se trouve une autre ville qui contient les bâtiments du *yamen* chinois et de la garnison; une grande partie de la population chinoise y réside. Hors de ces deux villes, tout autour et entre elles, des rues animées et des bazars couverts forment le quartier commerçant chinois et turki. Des parcs splendides que traverse un large canal, bordent la ville musulmane. Tous les terrains avoisinants sont consacrés à la culture maraîchère intensive et, au delà, jusqu'à l'extrême limite de l'oasis, qui mesure onze kilomètres du nord au sud, et huit de l'est à l'ouest, la terre est cultivée par les fermiers turkis.

Comme toujours, nous saisîmes la première occasion venue pour rendre visite aux femmes de notre propriétaire. Elles habitaient de riches appartements, donnant sur des cours intérieures ornées de fleurs. Le harem comprenait les quatre femmes réglementaires, de nombreux enfants, ainsi qu'une parente veuve et sa fille.

Les jeunes filles de Hami portent des robes aux couleurs vives, faites d'une seule pièce et percées d'un trou par où on passe la tête et qu'ensuite on referme sur l'une ou l'autre épaule. Les toutes petites filles elles-mêmes portent des robes qui descendent jusqu'à la cheville. Un voile, généralement en mousseline blanche, mais parfois en soie de couleur, couvre la tête et descend jusqu'aux genoux. Il cache les mains et quand les jeunes filles se trouvent en compagnie mixte, elles le déplacent adroitement, de manière à couvrir leur visage ou à le dégager à volonté. Les femmes mariées ne sont pas voilées et elles semblent jouir d'une certaine liberté. Leurs vêtements blancs, flottants, ajoutent beaucoup au charme de ces belles créatures, grandes et brunes, et leur sont un admirable instrument de coquetterie, propre à allumer la curiosité et le désir. Le visage des jeunes femmes porte une ligne noire épaisse, rejoignant les deux yeux au-dessus du nez, et il s'encadre de deux longues nattes soyeuses qui pendent sur la poitrine. Elles ont les pieds nus; à la maison elles portent des pantoufles sans talons; pour sortir elles mettent généralement des bottes à revers, et parfois des brodequins de velours brodés de paillettes. Une toque ronde, sans bord, complète leur toilette; elle se porte par-dessus le voile et le maintient en place. La coiffure de Hami a sa forme et sa décoration particulières et l'initié la distingue facilement de celles des autres villes.

Depuis que le nom de Hami est connu en Europe, la réputation d'hospitalité de ses habitants l'accompagne et, de nos jours encore, le voyageur peut compter recevoir en cette ville un accueil particulièrement amical. Sa situation géographique en est peut-être la cause; c'est un peu celle d'une île déserte dans une mer immense, avec cette différence que l'oasis est une île de verdure et que l'océan est de sable. Cette région bien arrosée produit plus qu'il ne faut pour nourrir sa population; ses parcs, ses cours d'eaux, ses fleurs, ses légumes et ses fruits abondants justifient amplement le nom de «paradis terrestre» que lui donnent les habitants de Soutchéou.

Les rues et les bazars nous fascinaient. Des hommes, venus de toutes les régions de l'Asie, se mêlent librement dans les artères animées; pourtant, chaque race a son commerce spécial. Les maraîchers se disent originaires de Tientsin; les banques et les boutiques de changeurs sont tenues par des gens du Chansi; les chaudronniers et les colporteurs sont originaires du Honan; les raccommodeurs de porcelaine sont toujours prêts à parler de Sechuan, leur lointaine patrie. La qualité elle-même des marchandises révèle les différences de races. Les fines cotonnades, les soieries et les étoffes délicates sont l'apanage exclusif des Chinois; les cotonnades rayées, aux couleurs éclatantes et barbares, les tapis, les couvertures, les sacoches et tous les articles de laine sont vendus par les Turkis. Les Chantow déploient des étalages attrayants de pains, à la croûte dorée, auprès desquels les pâles flûtes des Chinois, cuites à la vapeur, font pauvre figure. Les fruits et les légumes, cultivés par des Chinois, sont vendus par des Turkis dont les étalages regorgent de carottes, d'aubergines, de haricots verts de toutes espèces, dont certains ont des gousses rondes mesurant plus d'un pied. Les courges poussent en telle abondance qu'elles justifient bien le nom donné autrefois à Hami: «L'Oasis des Courges.» Les oignons, les poivres verts juteux, gros comme des oranges, le céleri, la laitue, les concombres poussent à profusion; mais les maraîchers de Tientsin dédaignent les fèves et les gros haricots que cultivent les fermiers chantow, non pas à titre de légumes, mais comme nourriture pour les bêtes.

La saison était trop avancée pour les fruits; on voyait cependant sur le marché des petites pommes, et les premiers melons faisaient leur apparition. Le meilleur melon du Turkestan porte le nom de «hami». C'est un gros fruit rugueux, à la chair ferme, blanche parfois, mais plus souvent orangée, et au goût exquis. Le melon d'eau (*citrullus vulgaris*) atteint des dimensions énormes et l'on trouve, comme en Chine, des variétés de *tien koua*, *mien koua* et *siang koua* que les Chinois préfèrent à toutes les autres. La culture du melon est devenue en ce pays un art délicat. Sur un terrain sablonneux ou pierreux les plants sont disposés, de manière à ce que chaque fruit repose sur un endroit sec, ensoleillé, où il absorbe la chaleur des rayons torrides. Le jardinier travaille sans cesse dans son jardin; il arrose, il taille, il soigne les tiges et quand le fruit est arrivé à maturité, son aide et lui s'installent dans une petite cabane pour surveiller jour et nuit, à tour de rôle, leur précieuse marchandise. Quand le melon est encore tout jeune, sa peau tendre reçoit la marque du propriétaire et cette marque, lors de la maturité, reste imprimée en relief, blanche et dure, sur le fruit.

Un jour, avec un bon assortiment d'évangiles et de brochures en arabe, accompagnées de l'évangéliste chinois, nous allâmes faire quelques visites dans le quartier musulman. Au moment où nous franchissions la porte, un vieil iman à barbe blanche, en turban blanc et longue robe, nous croisa. Près de lui marchait une femme grande et très belle, en robe de cotonnade bleu pâle et voile blanc, qui portait une cruche d'eau sur la tête. Le tableau rappelait tellement la Galilée que nous eûmes un instant d'émotion en nous rappelant que nous n'étions point à Nazareth, mais dans la «cité avilie de Camoul»; c'est en ces termes que Marco Polo parle de cette oasis du désert.

Comme toujours, les femmes nous invitèrent à entrer chez elles, quand nous avions peine à nous comprendre, il se trouvait toujours là quelque interprète, car les musulmans aiment ajouter une Chinoise à leur harem et beaucoup de ces gens sont bilingues. Les salles de réception ressemblent assez à celles des habitations chinoises, mais le *kang* est beaucoup plus bas, non chauffé et recouvert de beaux tapis. La coutume veut que l'on se déchausse avant d'y monter. La garde-robe de la famille est rangée dans de beaux coffres, ornés d'incrustations; sur les tables se trouvent de grands plats de cuivre, où l'on sert le mets national, le *pillau*, et des pots de cuivre et d'étain pour les purifications.

Chaque maison compte plusieurs femmes et beaucoup d'enfants. Le chiffre de la population de ces villes, tel qu'il figure sur les cartes et dans les livres, est très inférieur à la réalité. L'accroissement extraordinairement rapide de la natalité et la venue des étrangers ont porté le nombre des habitants à un chiffre très supérieur à celui des statistiques.

Après avoir visité quelques demeures, il fallut aller voir un saule remarquable qui est une des curiosités de Hami. Cet arbre se compose d'un assemblage d'environ cinquante troncs, bizarrement noués, compliqués, entrelacés et qui pourtant, dit-on, procèdent d'une seule racine dont les ramifications ont envahi plusieurs jardins. Après avoir admiré cette merveille, nous regagnâmes la voiture et déballâmes notre paquet de livres. La nouvelle se répandit aussitôt et une bande de gamins excités nous entoura bientôt; chacun voulait acheter un livre. Notre expérience des gamins musulmans, effrontés et insolents, nous avait appris la prudence; avant de consentir à vendre un seul exemplaire de l'Évangile, notre évangéliste expliqua qu'à chaque page de ce livre le nom de «Huda» (Dieu) est écrit et qu'il faut donc le traiter avec le plus grand respect. Néanmoins, tout notre stock de livres disparut en un clin d'œil: jeunes et vieux se les arrachaient, et quand la provision fut épuisée on en réclamait encore, avec une telle persistance que notre conducteur dut exciter Molly du fouet. Nous quittâmes le quartier musulman au galop, poursuivis par une bande d'écoliers offrant des surenchères pour obtenir un livre.

Milfred Cable et Francesca French, *Par la porte de Jade*, Paris, Plon, 1935.

PIERRE TEILHARD DE CHARDIN
(1931)

Grand voyageur sur la terre, Teilhard de Chardin (1881-1955) fut ébloui par l'Orient lors d'un premier voyage en Égypte, où il séjourna de 1906 à 1908. Il consacra un tiers de sa vie à l'Asie. Il visita plusieurs régions de Chine entre 1923 et 1940, et fit plusieurs incursions en Mongolie.

Dans une de ses correspondances datée du 13 avril 1929, il relate une rencontre avec Sven Hedin à Pékin; C'est l'époque où ce dernier se heurte à des difficultés pour lancer de nouvelles expéditions vers le Xinjiang, tandis que la montée nationaliste chinoise s'affirme:

«La fin de mon séjour à Pékin a été intéressante et occupée. Je suis allé voir Sven Hedin. Nous avons eu trois heures de conversation amicale et même intime. Hedin est un most facinating man *qui doit prodiguer ses charmes. J'ai l'impression qu'avec moi il y a eu une touche plus personnelle, et ceci pour une raison que je ne soupçonnais guère. En 1926, quand il préparait son départ au Turkestan, Hedin s'est heurté aux susceptibilités chinoises en matière de propriété scientifique et il a été le premier à accepter les conditions chinoises en matière d'expédition de recherches sur le territoire chinois. A ce moment, je ne m'en suis pas douté, il a été critiqué par ses meilleurs amis européens qui lui reprochaient de passer aux Chinois. Or, à cette date, l'ayant rencontré, je lui ai conseillé de faire confiance aux Chinois et de marcher avec eux. Il m'en garde une reconnaissance touchante, comme s'il avait vécu sur ma parole pendant*

tous les mois qui ont précédé sa réussite, laquelle est complète : il a maintenant la pleine confiance des Chinois les plus xénophobes et n'a que des amis dévoués parmi ceux qu'il a emmenés avec lui.»

Quand s'organise l'expédition Citroën à travers l'Asie, la «Croisière jaune», sous la direction de Georges-Marie Haardt, le père Teilhard de Chardin fait partie du groupe Chine, qui part de Pékin en avril 1931. Il note l'évolution du climat politique et social, l'apparition de la «conscience d'une nation moderne». Il précise encore: «Du côté scientifique, l'ère des "expéditions étrangères" en Chine est sans doute finie. Seuls des isolés comme moi seront encore admis et même recherchés[1]*.»*

Peiling-Miao, 22 mai. Au nord du fleuve Jaune. — Déjà fait 800 kilomètres depuis le 12 mai à travers la belle Mongolie. Deuxième jour, tempête de neige, troisième jour, tempête de sable. Maintenant, temps merveilleux. Déjà, en ces quelques jours, j'ai rassemblé un nombre important de données géologiques vraiment *illuminating* quant à la structure du Gobi. C'est encourageant pour l'avenir. Le type de recherche rapide que je prévoyais se démontre possible et fructueux. Voyage agréable, du reste. Cette immense étendue, pareille à la mer, sillonnée d'âpres crêtes rocheuses, peuplée de gazelles, piquée de lamaseries blanches et rouges, parcourue de Mongols aux vêtements sales et éclatants est extrêmement «prenante», d'autant plus peut-être qu'à force de la connaître, je m'y installe comme dans un milieu familier. Camarades charmants, du reste.

Peiling-Miao est un nœud important de pistes aboutissant à tous les centres notables de la Chine. Longues files de chameaux chargés d'opium dissimulé sous d'inoffensifs chargements de peaux. C'est tout un trafic organisé, entre gouverneur chinois, princes mongols et chefs de bandits. La localité se compose d'une belle lamaserie blanche, rouge, et dorée et deux auberges chinoises, le tout installé dans une gorge granitique, au bord d'un filet d'eau claire. Quelques ormeaux rabougris dans les ravins et de ravissants abricotiers couverts entièrement de fleurs roses. Une population envahissante de lamas drapés dans leurs toges rouges.

16 juin, à Suchow, à l'ouest de Kansu, à proximité relative du Turkestan, après 1200 kilomètres effectués dans les plus extraordinaires et austères solitudes que j'aie jamais rencontrées. Vents de sable, gazelles, moutons sauvages et surtout passionnant travail géologique. Nous pensons repartir dans deux jours en direction de Khami et de Turfan. Le point délicat est d'entrer au Sinkiang (Turkestan), où les difficultés politiques sévissent [...]. En attendant, nous jouissons de

1. Teilhard de Chardin, *Lettres de voyage (1923-1955)*, Paris, Grasset, 1956.

l'épaisse verdure de Suchow dont les peupliers et les eaux claires font tache au milieu des sables, au pied de la barrière neigeuse du Nan-Chan (bordure nord du Thibet).

Dans un appendice au récit de l'Expédition Citroën Centre-Asie, P. Teilhard indique l'un des aspects révélateurs pour le géologue de ce point du parcours où le plateau du Gobi vient finir insensiblement au pied de la grande arête des monts Nan-Chan ou monts Célestes:

Comme deux passages se fondent l'un dans l'autre au long d'un film, le cadre change... Une crête plus haute que les précédentes dessine les 4000 mètres et plus du Karlik-Tagh. A ses pieds, le pays s'affaisse à perte de vue en direction de l'Ouest... L'équilibre est rompu en faveur d'une structure nouvelle. En la place du froncement sans limite de la pénéplaine gobienne, deux éléments absorbent le regard: l'énorme arête des monts Célestes et, à ses pieds, amorcé par le trou de Turfan (200 mètres au-dessous du niveau de la mer), l'immense dépression où le Tarim, roulant parmi les brousses de peupliers sauvages un cours aussi puissant que celui du fleuve Jaune, va perdre ses eaux dans le bassin mouvant du Lop-Nor. Une seule chaîne, et un seul bassin. Par pure simplification et interdigitation du relief on se trouve avoir passé, presque insensiblement, de la monotonie mongole aux formes monumentales de la Haute-Asie.

Turfan, 7 juillet. — Par 40°, le torse nu, j'écris, face à une vue bien émouvante:

Au premier plan, des rangées de peupliers effilés, en arrière, une enceinte de côtes rouges et grises, encerclant la dépression au-dessous du niveau de la mer où nous nous trouvons. Au-delà, une longue barrière frangée de neige, le Bogdo-Ula, suite du Tian-Shan. Nous voici à Turfan, au cœur du Turkestan chinois. C'est un grand chemin parcouru depuis Suchow. Franchi des déserts plus déserts que ceux que je connaissais. Le pays devient plus grandiose dans toutes ses lignes. En parvenant, au terme de cette randonnée, aux oasis du Sinkiang, c'est la surprise de se trouver parmi des gens qui rappellent infiniment plus le Proche que l'Extrême-Orient. Infime minorité de Chinois et prédominance de types arabes, turcs et persans. Presque tout ce monde est mahométan; il y a des mosquées et des minarets, on entend le muezzin. Hommes majestueux, solennels et barbus. Les femmes ont sur la tête une petite calotte ronde et de longs cheveux tombant en deux nattes sur leurs longues robes voyantes. Figures de bohémiennes, absolument. Je te raconterai, mais plus tard, à la faveur de quels événements, nous avons pu franchir la frontière de cette belle région, jalousement fermée. Victor Point est décidément un chef remarquable. Nous sommes maintenant reçus avec des égards et une gentillesse charmants. Travail de plus en plus passionnant. Me voici au cœur d'une des régions les plus mystérieuses et les plus sacrées de la géologie. J'arrive, me semble-t-il, à l'expliquer grâce à un rattachement établi pas à pas avec la Chine orientale.

Sous peu nous entamons la dernière grande étape, les 1200 kilomètres qui nous séparent du Pamir. Arriver à Kashgar ne nous paraît plus invraisemblable. [...]

Urumchi, Turkestan chinois, 1er août. — Entrés au Sinkiang par surprise, à la faveur de certains troubles politiques, nous sommes, depuis un mois, immobilisés à Urumchi, capitale de la province. Comblés d'égards... mais prisonniers. Plus aucun espoir, semble-t-il, d'aller plus loin vers Kashgar. Au fond de tout cela, il y a la malveillance de Nankin pour toute expédition étrangère en Chine. Je m'y attendais depuis toujours et n'espérais même pas arriver aussi loin en Asie centrale.

Urumchi est au pied du Tian-Shan, versant nord. Climat bien plus frais que Turfan. On pressent l'Europe à mille détails: figures des gens, types de cultures, aspect des fleurs et des arbres. [...]

27 août 1931. — Nous nous sommes enracinés dans une pagode qui domine Urumchi, campée dans de grands arbres. Vue admirable: l'interminable chaîne du Tian-Shan avec des sommets de 5 000 et 6 000 mètres étincelants de neige. Je suis allé il y a quelques jours dans les bois de sapin qui s'étendent entre 2 000 et 3 000 mètres. On se serait cru dans les Alpes si les chalets n'avaient pas été remplacés par des yourtes kirghizes. Tapis de géraniums, d'aconits, d'arnicas.

Ces excursions sont malheureusement exceptionnelles. Dans l'ensemble, nous nous ennuyons plutôt ici. A cinquante ans, il est vexant de perdre du temps, alors que tant de travail m'attend à Pékin, mais perdre beaucoup de temps est, d'expérience universelle, une des dépenses à envisager quand on s'aventure au Sinkiang.

Alors, finalement remis par la force incoercible des circonstances en présence de moi-même — sans compensations extérieures tangibles — je me trouve dans l'obligation de plonger dans l'Unique Nécessaire, et tel me paraît être le résultat le plus inattendu et le plus substantiel de mon voyage : avoir pénétré plus avant dans le goût et l'appréciation des événements, indépendamment de tout ce qu'ils peuvent avoir d'agréable ou de désagréable. L'événement devenant «adorable[1]» uniquement parce qu'il a le privilège d'être la forme prise par le Réel naissant. Et c'est ainsi que, parmi l'agitation du camp, je commence à me recueillir et à écrire un peu. Je rédige, en première approximation, un mémoire sur les résultats de mes recherches entre Kalgan et Urumchi. Et je pense que je finirai par écrire une série de réflexions

1. P. Teilhard aimait à citer ce mot du grand savant chrétien qu'était le géologue Pierre Termier: «Tout ce qui arrive est adorable.»

sous le titre: «Prière dans la durée[1].» Ce serait, tout à la fois, une interprétation, une possession, une acceptation et une transfiguration du Monde, suggérées à propos des interrogations, des anxiétés, des émotions les plus fondamentales et les plus communes de l'Homme: découvrir, subir, vieillir, attendre (tous effets ou formes de la durée).

Deux autres sujets me tenteraient aussi : «L'univers personnel» (ébauché dans les papiers que je t'ai envoyés au printemps) et un travail sur «la conversion du Monde» (observation sur l'état actuel des religions). Ce sera sans doute pour plus tard[2].

Urumchi, 27 août 1931. — Sauf l'isolement du Monde civilisé (le Sinkiang est probablement la région la plus fermée de la terre[3]), nous ne sommes pas mal ici. Le temps devient graduellement celui d'un magnifique automne, presque perpétuellement ensoleillé. L'apparition du jour est radieuse, et au soleil couchant les crêtes imbriquées d'où le sommet neigeux du Bog-Do-Ula s'échappe comme une fleur hors de son calice, s'enveloppant de mauves extraordinaires. Par ailleurs, grâce à des travaux mécaniques qui occupent le groupe des mécanos, le personnel est suffisamment uni, malgré que l'inaction tende à augmenter certains plans de clivage. L'arrivée du groupe Pamir, avec le Grand Chef, renouvellera favorablement l'atmosphère. En attendant, une société intellectuelle s'établit entre Point, le Docteur, l'Ingénieur Brull, le jeune Raymond, naturaliste, et moi [...]. En fait, depuis la guerre, je ne m'étais jamais trouvé autant replongé dans la brutale complexité humaine.

Notre situation demeure la même: toujours bloqués dans notre camp par la doucereuse hostilité du gouverneur. A force de pression diplomatique, on a obtenu que M. Haardt serait autorisé à venir nous rejoindre ici. Mais le gros de notre caravane ne pourra pas aller à sa rencontre et tout m'indique que je vais avoir à moisir ici jusqu'à la Toussaint, date probable de l'arrivée de M. Haardt, et le départ pour Pékin. J'espère avoir d'ici là l'autorisation de circuler un peu pour travailler, mais ce n'est pas sûr. Ci : tout un été perdu et un automne passé loin de Pékin, sur lequel je comptais beaucoup pour un travail nécessaire et précis au laboratoire.

Au premier abord, je parais payer un peu cher les avantages que m'a valus une tournée au Sinkiang. En fait, je n'ai pas trop à me plaindre. D'une part, perdre des semaines et des semaines est le sort commun de tous ceux qui se sont aventurés dans ce pays (Hedin en sait quelque chose). D'autre part, je prends de plus en plus conscience de l'énorme

1. A notre connaissance, ce projet n'a pas été réalisé.
2. Ces deux essais ont été réalisés.
3. Les voyageurs peuvent envoyer quelques lettres par l'Inde ou la Russie, mais ils n'en peuvent recevoir aucune.

progrès que ce voyage, si bref a-t-il été dans sa partie utile, a fait faire à mes connaissances géologiques.

Aksu, 24 septembre 1931. — Voyage de quinze jours. Jamais aucune automobile n'avait fait la route, qui serait impossible pour des voitures à roues. Les chenilles ont traversé les passes rocheuses, les marais, les rivières et les sables.

Le Tian-Shan devient de plus en plus majestueux : plus de 7 000 mètres d'altitude à Aksu, et au sud l'immense dépression du Tarim se dessine avec une sauvagerie impressionnante. La vie humaine (on pourrait presque dire la vie tout court) se restreint à un chapelet d'oasis installées entre les marais du Tarim et les énormes nappes de graviers descendant des montagnes.

Végétation malheureusement monotone: saules, peupliers, tamaris. Plus aucun Chinois en dehors des administrateurs et de quelques marchands. Hommes barbus et enturbannés, trottant sur leurs ânes, femmes strictement et heureusement voilées, bazars encombrés de tapis, muezzins chantant à pleine voix la prière du soir à tous les coins des petites villes. Apparition d'Afghans, de Persans et d'Hindous. Ce n'est plus du tout l'Extrême-Orient. Et, en fait, ne suis-je pas à mi-chemin entre Pékin et Paris?

Je t'écris d'un fort joli jardin, appartenant à un gros commerçant d'Aksu, sous une tonnelle d'où pendent de puissantes grappes de raisin et, à côté, de pêchers et de pommiers, croulant sous les fruits. Ciel constamment pur, mais légèrement brumeux, chaleur de fin d'été. Tout ceci est admirable et fort reposant — très différent d'Urumchi, au nord des montagnes, où nous avons eu juste avant mon départ de pénétrantes impressions d'automne en Auvergne.

… Rédigé un mémoire sur la première partie du voyage qui me donne une idée plus nette des problèmes à surveiller au retour.

La Prière dans la Durée est presque achevée dans ma tête. J'ai clairement fait un pas, d'autre part, dans la conscience que je suis maintenant sur la pente descendante de la vie.

Avec la fusion, maintenant prochaine, au groupe Pamir, le genre de l'expédition va évidemment beaucoup changer. Bien plus d'étiquette, mais aussi beaucoup plus de ressources intellectuelles […]. D'un autre point de vue, la rencontre avec M. Haardt signifie le commencement de la marche en arrière. Personne ne voit encore bien clairement comment s'effectuera ce retour, avec un matériel usé par près de 5 000 kilomètres, dans un pays très difficile et dans des conditions politiques pas absolument sereines. Le hic est de rattraper Suchow. Là seulement nous trouverons du ravitaillement pour la mécanique. Je ne doute pas qu'on se tire d'affaire, mais nous ne serons pas à Pékin avant la fin de décembre. C'est à Suchow, soit dit en passant, que nous espérons trouver notre courrier. […]

Je partage personnellement avec Hackin et le commandant Pecqueur[1] une chambre commode où nous faisons un charmant ménage.

Les affaires se sont tassées avec le gouvernement qui se montre fort aimable. Les Chantous viennent de faire la paix vers Khami, cessant la révolte qui avait rendu si dramatique notre entrée au Sinkiang et menaçait de nous fermer la route commode du retour.

Dans ces conditions nous frayons davantage avec la «société» locale que nous connaissons mieux: Russes, Danois, et aussi la curieuse «Princesse Palta» une Mongole devenue Parisienne jusqu'au bout des ongles, avec qui des membres de l'Expédition ont dansé à Paris et à Pékin. Et les réceptions s'entremêlent joyeusement avec la préparation des fourrures et du ravitaillement nécessaires pour le retour à Pékin. L'autre jour, c'était une soirée donnée par l'expédition suédoise (qui quitte) où les danses russes m'ont paru si jolies. Une vraie joie pour moi a été de retrouver ici Norin, le géologue de Sven Hedin, qui travaille dans le pays depuis quatre ans. Nous avons passé tous les deux des heures entières à construire la géologie de l'Asie centrale, avec le rare plaisir de discuter sur de vastes espaces que nous connaissons et aimons tous les deux.

Norin part pour Kashgar et l'Inde. Je voudrais bien le suivre. Mais ma fortune est évidemment liée à M. Haardt pour quelques mois encore. Les éléments nouveaux, très spécialement M. Hackin, directeur du musée Guimet et Le Fèvre, l'historiographe que tu connais peut-être par son livre sur la Russie, ont changé l'atmosphère. Mais quelle arche de Noé! [...] L'essentiel pour moi c'est que je puisse maintenant faire entrer l'Asie centrale dans mes constructions géologiques personnelles: ceci vaut bien une année de vie, même à cinquante ans...

Pierre Teilhard de Chardin, *Lettres de voyages (1923-1955)*, recueillies et présentées par Claude Aragonrès, Paris, Grasset, 1956.

ANNE PHILIPE

(1948)

Quand Anne Philipe (1917-1989) traverse l'Asie centrale, une époque est en train de s'achever. C'est avec un Dakota qu'elle va de Nankin à Ürümqi. De la capitale du Xinjiang, le voyage se poursuit en camion jusqu'à Kachgar, et de là une caravane la conduit à travers le Karakoram, sur le versant pakistanais.

La guerre civile ravage la Chine. Le pouvoir nationaliste vit ses derniers mois sur le continent. Au Xinjiang, le temps semble avoir à

1. Capitaine de corvette.

peine modifié les scènes et les habitudes, mais les bouleversements s'annoncent.

L'intelligence du regard, le naturel et la simplicité du cœur courent dans les pages de celle qui deviendra l'auteur du Temps d'un soupir *et d'autres livres qui portent attention au précaire comme aux vérités durables.*

OUROUMCHI

Au premier regard, Ouroumchi[1] me paraît un grand village qui n'est pas encore une ville ou ne l'est plus. Des maisons grises et des terrains vagues bordent les longues rues de terre battue trop larges pour le nombre de véhicules. Les passants sont vêtus de noir. Les hommes chaussés de bottes et coiffés d'une casquette. Parfois une tache de couleur éclate: une robe chinoise.

Les agents de police, en uniforme impeccable — gants blancs jusqu'au-dessus du coude — perchés sur des guérites, dirigent la circulation: d'interminables caravanes de chameaux. Princiers, la lippe blasée, le dos chargé de sacs de charbon, ils avancent lentement, les uns derrière les autres, chacun relié au précédent par une corde fixée à une cheville de bois qui leur traverse les narines. Des attelages qu'un son de clochettes annonce de loin les dépassent en galopant. Des ânes trottinent par petits groupes conduits par un seul homme qui fait claquer son fouet. Des cavaliers — ce sont parfois deux jeunes garçons rieurs et graves, montés sur le même cheval — se promènent, s'arrêtent çà et là pour bavarder avec des amis, puis repartent au galop. Parfois un camion ou quelque vieille voiture de maître débouche à un carrefour en klaxonnant bruyamment.

Telle fut ma première image d'Ouroumchi. Mais bientôt je découvris que la ville était faite d'une série de villages bien distincts les uns des autres et tous ceinturés dans la même double enceinte de muraille.

Au-delà c'est le désert. On dit qu'à un certain endroit s'étend un terrain brûlant connu sous le nom de «la Plaine Enflammée». Les oiseaux évitent de survoler cet espace blanc d'efflorescence en été, grisâtre en hiver au milieu de la neige.

Ouroumchi se dresse au pied des Tian-chan, les Montagnes Célestes, et, sur la rive droite de Lan-Soun. Elle fut fondée sous la dynastie des Han et fut jadis le Bichbalik des Mongols et des Turcs. Son importance varia suivant les époques; elle fut plusieurs fois anéantie et toujours reconstruite.

C'est le gouvernement chinois qui, au siècle dernier, l'a choisie comme capitale. La situation est bonne en effet pour un «seigneur»

1. Un recensement fait en 1912 annonce 70 000 habitants.

qui se sait dans un pays où les révoltes éclatent comme le feu. Il ne se sent pas encerclé, il peut veiller au calme de la Dzoungarie naturellement instable et turbulente, prendre son pouls; il peut aussi surveiller les caravanes qui sillonnent les pistes entre la Chine et l'Inde. Enfin, il commande le seul défilé praticable pour des troupes munies de canons. Défilé par où l'armée chinoise fit du reste irruption en Kachgarie, en 1871, quand s'unissant à une autre armée venant de Hami, elle dispersa les forces de Yacoub Beg, le chef musulman qui pendant quatorze ans régna sur le pays.

Nous sommes les hôtes du gouvernement chinois, et comme tels nous habitons à «la Maison militaire des invités». Deux chambres plutôt confortables, ni belles ni laides, mais d'un style bâtard, y sont à notre disposition. Elles sont meublées de deux lits, d'une table, d'une bassine et d'un broc à eau, d'un fauteuil aux ressorts exténués au point d'être presque morts et d'un très beau poêle russe, rond, montant jusqu'au plafond, encastré dans le mur mitoyen, et chauffant ainsi les deux pièces à la fois.

Deux soldats ont pour mission de nous servir; ils s'en acquittent fort mal. L'un est grand, naturellement élégant, et se met au garde-à-vous dès qu'il croit qu'on s'adresse à lui; l'autre est petit, avec des jambes arquées et a toujours l'air absent; je l'appelle Petite Merveille. On leur a sans doute expliqué qu'il ne fallait pas nous quitter; dès que nous arrivons, ils entrent avec nous et restent plantés là. Comme ils ne veulent pas avoir l'air inoccupés, ils changent les objets de place, activent le feu, examinent l'appareil de photos, puis s'arrêtent enfin en position de repos. La seule chose qu'ils s'obstinent à ne pas faire, c'est le ménage, et la poussière s'accumule. Exaspérée, je me réfugie parfois dans la pièce du fond. Je les injurie en français d'une voix suave. Cela ne les peine nullement. Ils ne comprennent pas

Le premier Officiel que nous voyons est M. Liou, le «chef du bureau des Affaires étrangères du Sin-Kiang». Il habite à l'écart des rues principales, celles qui m'ont semblé grises et tristes. On arrive chez lui par un petit chemin de campagne. L'herbe y est encore rousse, les arbres nus; l'hiver n'est pas oublié.

M. Liou nous reçoit avec toute la politesse et la retenue chinoise. Il nous observe et nous questionne:

— Pourquoi venez-vous au Sin-Kiang?

Que de fois déjà, à Nankin, on nous a posé cette question, et que de fois encore on nous la posera!

— Nous ne voulions pas rentrer en France directement; nous avons pensé que rejoindre l'Inde en caravane à travers le Sin-Kiang et les Pamirs serait intéressant et beau.

C'est l'exacte vérité, mais jusqu'à présent elle n'a convaincu personne.

— Vous savez que c'est un très long voyage et un voyage incertain, insiste M. Liou.

— Oui, mais nous voulons le faire. Comment peut-on rejoindre Kachgar?

— Il n'y a pas de service entre Ouroumchi et Kachgar; toutefois, des camions ou des caravanes font le voyage pour transporter des marchandises.

— A qui devons-nous nous adresser pour trouver des places dans un camion?

— Vous pourriez peut-être aller voir de ma part le général Chao, c'est lui qui dirige toute la circulation, poursuit M. Liou, sans grand enthousiasme.

C'est drôle, en Chine, on ne parle jamais d'un caporal ou d'un capitaine; c'est à se demander s'il existe des grades intermédiaires entre le pauvre gars de deuxième classe et le général. Puis il continue:

— Mais une fois que vous serez à Kachgar, êtes-vous sûrs de trouver une caravane pour aller vers l'Inde?

— Pour le moment, nous voulons rejoindre Kachgar; une fois là, nous verrons comment organiser la suite du voyage.

M. Liou sourit, hoche la tête, cligne les paupières et dit simplement:

— Il ne faut pas être pressé, n'est-ce pas?

M. Liou est prudent, sage sans doute, et réservé certainement. J'aime bien ce calme visage intelligent, nuancé de tristesse. Il parle français lentement, mais sans faute et en choisissant soigneusement ses mots. Il nous présente sa femme. Petite, un long nez, des lèvres rentrées, mais un pétillement chaleureux dans les yeux, elle paraît avoir une cinquantaine d'années. Elle est polonaise et parle beaucoup plus que son mari. J'apprends rapidement qu'ils ont habité en Russie et que leurs enfants y poursuivent leurs études. Je suis un peu étonnée quand elle me parle de religion.

— Je suis très religieuse, me dit-elle tout à coup, assise sur le bord de son fauteuil, les mains jointes sur ses genoux, Dieu nous enseigne à être bon.

Je l'écoute me parler de la misère, de la nécessité d'aider son prochain. Tout cela sonne un peu faux pour moi, mais je me sens toujours émue si quelqu'un trouve sa voie pour devenir meilleur.

Moi aussi, je voudrais parler, mais les questions qui me brûlent les lèvres sont si importantes que je n'ose les formuler. Il faudrait les poser d'une manière détournée, et je ne la trouve jamais ou trop tard. Peut-on demander de but en blanc: «Que pensez-vous de Tchang Kaï-chek?» ou «Espérez-vous que Mao Tsé-toung sera bientôt là?» Je me hasarde cependant:

— Si le Sin-Kiang était attaqué par les communistes, résisterait-il longtemps?

Après un silence, M. Liou me répond:

— Peut-être quinze jours.

Puis il se tait.

Je sais qu'il faut être plus prudent encore au Sin-Kiang qu'à Nankin. Les Chinois officiels que je rencontrerai ici sont des représentants du gouvernement ou des militaires et la proximité de la frontière russe qui longe le Sin-Kiang sur plus de mille kilomètres rend sûrement la situation on ne peut plus délicate.

A Nankin, à Changhaï ou à Pékin, il n'y a pas de problème, tout le monde est contre Tchang; cela ne veut pas dire que tout le monde soit communiste.

Je pourrais l'écrire en deux colonnes:

Mao, c'est l'espoir; Tchang, le chemin sans issue.

Mao, c'est le bol de riz pour chacun; Tchang, la richesse pour quelques-uns.

Mao, c'est le travail pour tous; Tchang, la misère et le chômage pour presque tous.

Mao, c'est le départ du Blanc; Tchang, c'est la présence «amicale» des G.I.

Or, ceux-ci ne sont pas aimés, il faut bien le dire, ils se conduisent le plus souvent comme des gosses mal élevés, gosses de riches qui n'ont aucune idée de ce qu'est la pauvreté. Je me souviens de ces deux G.I. jouant, sans la moindre malice, sous les yeux ahuris des gosses de la rue, à se lancer des oranges jusqu'à ce qu'elles éclatent. Ce n'est pas mieux quand, généreux, passant dans leur jeep, ils jettent aux enfants, avides et souriants, du chewing-gum et des bonbons, comme on lance des noisettes aux petits singes dans les zoos. Cette exaspération populaire se cristallisa en janvier 1947, quand deux G.I. violèrent à Pékin une étudiante. Toutes les universités se mirent en grève, les étudiants défilèrent dans les villes et réclamèrent le départ des troupes.

Il y a autre chose aussi. Le temps est venu pour une révolution.

Et que de gens pourtant ne veulent pas ou ne savent pas encore le voir! Je me souviens de certains dîners élégants à l'ambassade de France de Nankin, où l'on discutait du Kuo-Ming-Tang et de l'Armée rouge. J'entendais des phrases de ce genre: «Vous savez, Tchang, Mao, tout cela c'est la même chose. Il y a toujours eu des bandes de rebelles ici. Il ne faut pas oublier que nous sommes en Chine!»

Si de ne pas savoir regarder n'est qu'un défaut regrettable pour l'homme de la rue, cela devient un crime pour le diplomate.

Mais revenons à Mme Liou. Elle vient de commander du thé; une servante russe nous le sert dans de grands verres. Nous continuons à bavarder, assis autour d'un grand poêle. Par la fenêtre, j'aperçois un bout de jardin: un saule un peu grêle, quelques bouleaux au tronc satiné, un banc de bois et le chemin qui conduit à la grille... Qu'y a-t-il dans l'air qui fait que ce jardin n'a rien de chinois? Une courbe? Une proportion?

Quand nous quittons les Liou, il fait presque nuit. A la politesse succède, me semble-t-il, un début de sympathie.

«Il ne faut pas être pressé.» M. Liou a certainement raison. Mon impatience de quitter Ouroumchi vient de ce qu'il me semble que le vrai voyage ne commencera qu'au départ de Kachgar. Jusque-là, c'est le prologue. De toute façon, il nous faut attendre Wahid et trouver le camion qui nous transportera.

Le général Chao est absent pour quelques jours. M. Liou nous a pris en charge. «Il y a des choses que vous devez voir. Demain, nous irons visiter le barrage que nous construisons, vous verrez quel travail.» Il y a de la fierté dans sa voix.

Le lendemain, le ciel clair annonce le froid. Le vent souffle en rafale comme s'il voulait déraciner la ville entière. C'est le vent de Tourfan, une oasis que nous avons survolée en venant et qui est à deux cents mètres au-dessous du niveau de la mer. Malgré la tempête, on vient nous prendre tôt le matin. M. Liou n'est pas là, mais un grand garçon blond se présente, l'air d'un gosse, la pipe aux lèvres: «Dressen, le vice-consul américain». Il nous présente deux Chinois; tous les deux s'appellent M. Wang; je les confonds quelque temps, mais finis par comprendre que l'un est le directeur d'un journal chinois, l'autre, l'ingénieur qui dirige les travaux du barrage.

C'est la première fois que je découvre la campagne: une immense plaine coupée çà et là de mamelons, vagues immobiles, et, tout au bout, à l'horizon, des montagnes couvertes de neige. Pas la moindre trace d'herbe ou de feuillage: le vert est exclu du paysage. Quelle beauté, quelle noblesse dans les proportions et dans l'harmonie des couleurs! Rien de tendre ici — je ne puis m'empêcher d'évoquer les doux paysages de l'Ile-de-France — mais une sorte d'héroïsme et de nudité.

Sur la piste, les caravanes de chameaux luttent contre les rafales; elles avancent lentement, dépassées par des cavaliers, dont on ne voit que la poussière qu'ils soulèvent.

Nous arrivons au bord d'une rivière. Sur les deux rives, des attelages et des chameaux rassemblés cherchent les endroits peu profonds pour passer à gué. Les hommes empoignant les bêtes par la bride les forcent à avancer. Je les regarde se battre contre la tempête, contre le sable qui aveugle et les pierres saillantes qui les gênent infiniment plus que l'eau peu profonde. Un grand détour nous amène jusqu'à un large pont de bois; c'est l'écluse. Elle n'est pas encore terminée, mais elle réglementera le débit de la rivière (qui n'est heureusement pas toujours aussi faible qu'en ce moment) et les eaux du lac, qu'un canal amènera jusqu'ici.

Bientôt, abandonnant la plaine, nous prenons un chemin de montagne. Tout à coup, après des virages sans fin, le lac de l'Oie Rouge apparaît, entouré de collines jaunes, illuminé par le soleil, irisé par le vent, immense turquoise pâle enchâssée d'or. Dans la plaine qui vient mourir sur l'autre rive, le vent soulève des tourbillons de sable. Je reste émerveillée par ce paysage qui n'est pas à l'échelle humaine. L'homme n'y a pas encore sa place. Il me semble qu'il faudra des géants pour apprivoiser cette nature.

Trente kilomètres nous séparent d'Ouroumchi. J'ai l'impression d'être dans un autre monde. Des ouvriers chinois vivent ici depuis plusieurs mois, isolés de tout et de tous. M. Wang nous dit tristement: «L'outillage est mauvais, les conditions de travail sont mauvaises, l'hiver il gèle parfois à moins trente, seuls les Chinois peuvent résister», mais son visage rayonne de fierté quand il nous montre les plans qu'il a conçus et quand ensuite il nous fait visiter les différents chantiers. D'un geste large, il nous montre le lac:

— Vous voyez, il contient 40 millions de mètres cubes d'eau et cette année 15 000 mous de terre ont été irrigués (1 mou = 1/15e d'hectare), mais quand il sera agrandi, quand il contiendra 100 millions de mètres cubes d'eau et que le grand canal et les petits canaux d'irrigation auront été tracés, alors, dans trois ans, il irriguera 100 000 mous de terre.

L'eau: la question vitale pour le Sin-Kiang. Eau = Vie.

Wang semble très jeune, mais il est souvent difficile de préciser l'âge d'un Chinois entre vingt-cinq et quarante ans. Vous croyez parler à un jeune étudiant ou à une timide jeune fille et vous apprenez qu'ils ont un fils de vingt ans.

Disons que Wang a entre trente et quarante ans. Il a fait ses études d'ingénieur à Nankin, puis il a vécu aux Indes pendant quatre ans pour se spécialiser dans les questions d'irrigation.

La visite des «Fermes modèles», qui bénéficieront du plan d'irrigation, est moins enthousiasmante. Toutes sont habitées par des Chinois, placés là par le gouvernement qui les habille (en uniforme militaire), les loge, les nourrit, paye leurs heures de travail et prend leurs récoltes. Des soldats armés et abrutis gardent l'entrée de chaque ferme, personne n'a l'air très gai. Ce n'est pas Le Travail dans la Joie.

A un moment, aux côtés d'un paysan, je regarde un poulain jouer avec sa mère, il décrit de grands cercles autour d'elle. Soudain, le paysan fonce sur quelque chose. Je le suis des yeux: un loup que je n'avais pas remarqué s'apprêtait à bondir sur le poulain. L'homme pousse de grands cris, d'autres paysans accourent et tous se lancent à la poursuite de la bête. Il fait encore froid et des bandes de loups affamés osent s'aventurer jusqu'aux alentours des fermes.

Tard dans la soirée, nous regagnons Ouroumchi. Avant de nous séparer, le second M. Wang nous invite à aller voir un de ces jours les locaux du journal et le vice-consul nous propose de «visiter» un camp kirghize:

— Vous verrez, c'est très curieux.

Nous acceptons les deux invitations.

Le lendemain, il neige. La ville devient féerique, belle et propre. Les chiens grelottent de froid, la queue entre les pattes. Ils cherchent refuge dans tous les endroits un peu abrités. C'est l'enfer de naître animal en Chine. Que de chevaux j'ai vu tomber à Nankin, épuisés, squelettiques, couverts de plaies, ne réagissant plus ni au fouet ni aux coups de pied! Mais combien d'hommes et de femmes meurent de faim et de froid, chaque année, dans les villes et les campagnes? Le temps des Sociétés protectrices des animaux n'est pas encore venu!

Bientôt le vent se lève, chasse les nuages, et dès que le soleil brille, la neige fond et les rues redeviennent plus noires que jamais.

Je commence seulement à découvrir Ouroumchi et ses habitants: Dounganes, Ouigours, Ouzbeks, Kirghizes, Kazaks, Russes blancs. La diversité de la population est étourdissante. Depuis des siècles les conquérants se sont succédé, laissant chaque fois derrière eux une nouvelle couche d'habitants. Les Chinois, peu nombreux, occupent les postes clefs. On ne les voit guère dans les rues. Les femmes dounganes se reconnaissent entre toutes, avec leur visage de poupée passé à la poudre de riz, leurs sourcils précis et arqués, leurs lèvres aussi rouges que les fleurs artificielles qu'elles piquent dans leurs cheveux lisses coiffés avec une frange. Elles marchent à petits pas — les pas des Chinoises — en faisant claquer leurs sandales de bois.

Ceux que je préfère sont les Kirghizes et les Kazaks. Que l'un d'eux débouche à l'entrée du bazar et je ne puis plus le quitter des yeux. Il apporte avec lui, dans ses gestes, dans son regard — un regard bleu parfois — dans son bonnet de fourrure, dans les plis de son manteau une sorte d'indépendance fière et généreuse. Homme de la steppe, son pouls ne bat pas au même rythme que le pouls de l'homme de la ville. Il descend de cheval et le voilà moins beau, comme le cygne qui sort de l'eau. Il parcourt du regard les étalages, fait son choix et repart au galop comme s'il avait hâte de quitter la ville.

Tout le monde ici est musulman, mais pas une femme n'est voilée.

Les Russes blancs ressemblent aux Russes blancs du monde entier. Ils sont venus là, plutôt qu'ailleurs, Dieu sait pourquoi, et ils y sont restés. Ils continuent à parler russe et leurs enfants aussi.

Le bazar n'est pas animé à cette époque de l'année. Ni légumes ni fruits, à part quelques melons, mais des sacs d'épices, différentes farines et de la viande dégoulinante de sang suspendue par gros quartiers. Les chiens attirés, mais peureux, guettent les déchets; aussitôt que l'un d'eux s'approche une pierre lancée avec force le fait fuir en hurlant. Tout à côté de la boucherie, plusieurs coiffeurs rasent et tondent à tour de bras.

Parfois quand nous sommes seuls, nous partons en voiture à cheval. Nous faisons au conducteur un signe vague qui signifie: «Allez où vous voulez, marchez pendant longtemps.» Un jour ainsi, nous découvrîmes un petit parc planté de saules et de bouleaux. Il avait neigé et seuls les oiseaux s'étaient donné rendez-vous dans le jardin désert; ils jouaient dans les arbres et en faisaient tomber la neige.

Des petits ponts comme ceux des dessins chinois enjambaient un ruisseau, des kiosques abandonnés et des bancs vides suggéraient un décor de théâtre. A deux pas de là un misérable jardin zoologique vivait au ralenti; les animaux s'étaient terrés au fond de leur cage. Une antilope consentit à venir manger des cacahuètes dans ma main, mais un loup efflanqué et son voisin un petit renard, l'œil triste, le poil mat, couchés en rond comme si chacun ramassait le plus possible sa solitude, ne me témoignèrent pas la moindre attention. Deux ours enchaînés se balançaient d'avant en arrière. Un couple d'aigles lamentables, les ailes rognées, le regard fixe et dur, se terraient immobiles comme si déjà on les avait empaillés. Seule, une jeune panthère, couchée sur le dos, la tête renversée, les pattes détendues, buvait de tout son corps un rayon de soleil.

Les journées deviennent trop courtes; nous n'avons plus le temps de faire et de voir tout ce qui nous intéresse. Chaque fois que nous voyons M. Liou nous lui demandons si le général Chao est rentré.

— Non, pas encore, je vous ai dit qu'il ne fallait pas être pressé!

La présence de deux Français est maintenant connue. Un matin nous recevons une invitation à déjeuner de Massoud Sabri, le président du Sin-Kiang. Son secrétaire, un Chinois, vient nous chercher en voiture. Le Président, grand vieillard maigre, avec un beau visage aux traits réguliers où brillent deux yeux sombres, nous accueille sur le perron de sa propriété. Son expression rêveuse, douce — un peu trop peut-être — devient nettement triste quand il ne sourit plus. Il semble las. Serait-il aussi un peu mou comme je l'ai entendu dire? Trop conciliant à l'égard du gouvernement de Tchang?

Nous sommes les seuls invités. Il nous fait entrer dans une grande pièce aux doubles fenêtres et aux murs nus. Je voudrais m'approcher de deux grands poêles qui, à chaque extrémité, réchauffent le salon, mais il nous fait signe de nous asseoir au centre, là où il fait glacial. Des fauteuils et des canapés dessinent un rectangle précis autour d'un épais tapis de laine. J'ai l'impression qu'on n'a jamais vécu dans cette pièce tant elle est froide et anonyme; oubliée depuis longtemps, une vieille horloge européenne ne marque pas les heures.

Nous conversons en anglais, par le truchement d'un interprète turki. Dès que le Président ouvre la bouche, il se précipite: «Le Président dit que...» Après les souhaits de bienvenue: «Le Président demande pourquoi vous êtes venus au Sin-Kiang?» Bien sûr. Pendant que nous expliquons une fois de plus que nous venons ici parce que cela nous intéresse de passer aux Indes par les Pamirs en caravane, etc., deux jeunes servantes vêtues de robes rouges nous passent des verres de thé, fières des lourdes tresses qui leur tombent sur les reins, elles les font voler autour d'elles chaque fois qu'elles tournent la tête. Le temps passe lentement; il est plus de deux heures quand enfin nous nous mettons à table. Le Président nous désigne en français nos places. Je m'en étonne. «Oui, oui, j'ai fait mes études de médecine à Istambul bien avant la Première Guerre et là j'ai appris le français, mais je ne l'ai plus jamais parlé depuis.» Et c'est la première fois et la dernière fois qu'il s'exprime dans notre langue.

Pendant le déjeuner il lève plusieurs fois son verre à notre santé, nous répondons de même, les toasts succèdent aux toasts. Mais le Président ne boit pas — son secrétaire le fait pour lui. Il s'en excuse. Plusieurs verres d'un affreux cognac sucré me coupent bras et jambes et me soulèvent le cœur. Que n'ai-je un secrétaire? Rien à voir avec le délicieux vin chinois, servi chaud dans de petites coupes, qui chauffe la bouche, s'épanouit dans le gosier et donne une ivresse légère et joyeuse.

Massoud Sabri continue à s'intéresser à notre voyage. L'interprète traduit:

— Le Président dit qu'il connaît très bien la Passe du Karakoram.

François interroge:

— Le Président l'a-t-il traversée?

— Oui, il y a quelques années pour se rendre aux Indes.

Je demande très innocemment si c'était un voyage d'agrément.

— Le Président dit que non, il avait à quitter le Sin-Kiang très rapidement.

Nous acquiesçons.

— Oui, pour des raisons politiques.

Et après un silence, il continue:

— Plus tard, je suis revenu, vous savez, ce pays est très instable.

Et nous sourions tous.

François demande au Président si le pays entre Kachgar et les Indes est beau.

— Le Président dit, reprend l'interprète, qu'il n'a pas eu le temps d'admirer le paysage, mais qu'il espère qu'il n'en sera pas de même pour vous.

Nous l'espérons tous.

En partant, je demande à Massoud Sabri l'autorisation de le photographier: il me l'accorde avec un charmant sourire. Il nous souhaite bon voyage et nous regarde partir du haut de son perron. Pour la première fois depuis que nous sommes à Ouroumchi nous venons de passer quelques heures avec un Turki! Encore faut-il que ce soit le Président! [...]

Ce n'est que trois jours avant notre départ, alors que nous ne l'espérions plus, que nous recevons une invitation du consul général d'U.R.S.S. Nous sommes convoqués pour quatre heures. Wahid veut absolument nous accompagner: «Je veux voir des communistes; je n'en ai jamais vu. Cela doit être merveilleux.» Je crains bien que n'ayant pas été invité il ne soit pas reçu, mais il est comme un enfant: «Réellement, je veux venir.»

Et à 3 heures et demie, nous partons tous dans une voiture à cheval. Je suis déjà passée souvent devant le consulat (il a la réputation d'être la plus belle habitation de la ville). De la rue, on ne voit qu'un long mur hérissé de tronçons de bouteilles et on entend aboyer les chiens.

Cette fois, nous nous arrêtons devant la grande grille qu'un domestique ouvre aussitôt. Je découvre un très beau parc, des allées bien tracées, de grands arbres, des pelouses encore rousses de l'hiver et plusieurs grandes maisons. Nous nous arrêtons devant celle qui doit être le consulat. François descend seul pour expliquer la présence de Wahid; il revient quelques minutes plus tard: il faut une invitation pour être reçu par le consul. Wahid fait son visage de nègre. Il s'en va profondément déçu et ne nous regarde pas tandis que la voiture tourne et s'éloigne.

Le consul général et ses deux secrétaires nous accueillent protocolairement dans le hall d'entrée où dominent les portraits de Lénine et de Staline. Puis ils nous font monter au premier étage. La femme du consul nous attend dans un grand salon, assez laid, presque luxueux. C'est une femme souriante, un peu terne, boulotte, blonde, encore jeune. La conversation part très vite sur Moscou. Le consul et sa femme sont visiblement amoureux de leur ville. Ils nous montrent des albums de photos. Voici leur appartement,voici une rue en ruine et la voici reconstruite plus belle qu'elle n'était avant. Et tout naturellement, nous parlons de la guerre. L'un et l'autre y ont pris part; ils en parlent avec des larmes dans les yeux comme s'il s'agissait de la souffrance imposée à un être aimé. La femme rouvre un instant son album pour me montrer une photo de son fils:

— Il vient de nous quitter pour aller se marier à Moscou.

Elle le referme, puis continue:

— Je n'ai pas le temps d'être triste, car j'ai beaucoup de travail. Nous avons une école soviétique ici.

Et par la fenêtre elle me montre un des bâtiments que j'ai vu en arrivant:

— J'y fais la classe moi-même.

Je suis un peu étonnée et je lui demande:

— Y a-t-il tant d'enfants soviétiques ici?

— Oui, d'abord tous les enfants de nos collaborateurs et du personnel et puis notre enseignement est très bon, c'est le meilleur, alors les enfants russes qui sont nés à Ouroumchi abandonnent l'école russe de la ville pour venir chez nous. Nous en avons de plus en plus. Nous leur projetons aussi des films que nous recevons de chez nous. Ils apprennent ainsi à connaître leur pays et à l'aimer. Nous avons notre propre salle de cinéma. (Et par une autre fenêtre, elle me montre un autre bâtiment.) Demain soir, nous passons des documentaires, venez les voir; ce n'est pas une séance pour enfants; c'est pour faire connaître notre cinéma aux habitants d'Ouroumchi.

Je l'écoute parler et je pense que tout cela est de la bonne politique, intelligente et de l'excellente propagande. Il n'y a pas de doute, le Russe est plus capable que l'Américain ou que l'Anglais de comprendre la Chine. Il sait quelle méthode et quelle technique employer. Les autres restent «l'étranger» qui essaye avec plus ou moins de bonne volonté ou d'intelligence de se mettre à la portée de la psychologie de l'Asiatique. Le Russe, lui, y est de plain-pied, il n'a pas à faire d'effort pour comprendre une mentalité éloignée de la sienne, d'abord parce que géographiquement il est plus proche, ensuite parce qu'il a toute l'expérience de l'organisation des Républiques soviétiques d'Asie centrale voisines d'ici. Chinois et Russes peuvent être amis ou ennemis, mais ils parlent sans doute un langage que chacun des partenaires comprend. Américains et Chinois parlent deux langues différentes.

Vers six heures, nous pensons qu'il est convenable de prendre congé. Je suis du reste impatiente de retrouver Wahid qui doit nous attendre la mort dans l'âme. Mais il n'est pas question de partir. Une servante ouvre une porte à double battant. Nous entrons dans la salle à manger; une somptueuse table y est dressée: caviar, beurre frais, poissons, zakouskis, vodka nous tendent les bras. Je suis éblouie et me sens une envie irrésistible de caviar et de vodka. Après les premières gorgées, les visages se détendent, les conversations deviennent moins sérieuses, moins graves, le rire reprend sa place. Nous parlons de tout et de rien. Je ne puis m'empêcher de demander d'où viennent ces choses succulentes.

— Mais par avion, directement de chez nous. C'est à quelques heures d'ici!

Eh oui!

Une heure plus tard, nous chantons en chœur au son d'un piano incroyablement faux. On n'a pas dû en jouer depuis des années.

Nous nous quittons très bons amis, sûrs de nous retrouver le lendemain au cinéma et nous promettons d'aller voir dès notre arrivée à Kachgar le consul russe. On nous reconduit en voiture. Le chauffeur est une femme impeccablement stylée.

Il ne nous reste plus que deux jours. Nous déjeunons chez les Paxton, le consul américain. Rentrés hier à Kachgar, ils ont ramené Mrs. Shipton, la femme du consul anglais de là-bas. Elle continue son voyage vers la Chine et de Changhaï rejoindra l'Angleterre. Elle me paraît charmante, on sent qu'elle aime et qu'elle connaît bien le pays.

Chez les Paxton, rien de protocolaire. On entre au consulat comme au moulin:

— *Hello; how are you? Have a drink? Cigarettes?*

Paxton nous met en garde contre le genre de camion que nous prenons:

— Le voyage peut être long. Vous pouvez avoir une panne; elles sont interminables dans le désert. Et s'il y a parmi vous un voyageur de commerce qui trouve l'occasion de vendre sa marchandise, le camion attendra car les bénéfices seront partagés avec le chauffeur.

Ces perspectives ne m'effraient pas beaucoup et s'arrêter dans une oasis peut être intéressant. La panne me séduit moins.

Le soir, les Liou nous invitent à un repas d'adieu. Mrs. Shipton est là. C'est une réunion intime, apaisante, un peu nostalgique. En deux semaines, nous nous sommes connus, une sympathie a grandi et nous allons nous quitter sans doute pour ne jamais nous revoir.

Dans la soirée, nous voyons les films russes. Ce sont d'excellents documentaires presque tous en couleurs. Deux me paraissent remarquables: «Les secrets de la nature», qui montre la vie des plantes, la façon dont elles se reproduisent et dont elles réagissent au monde qui les entoure. L'autre est un film plus technique sur la formation des cristaux.

Plusieurs Chinois assistent à la représentation, mais pas un seul Turki.

La veille du départ, je fais des achats avec Wahid: il est prudent d'emmener quelques boîtes de conserves, de jus de fruits, des biscuits et des fruits secs. On ne sait jamais! Si M. Paxton disait vrai!

Au crépuscule, nous nous promenons à cheval dans la campagne. Les collines y succèdent aux collines et de chacune d'elles je découvre un nouvel horizon et parfois des caravanes si lentes, si régulières dans leur marche qu'on oublie qu'elles sont composées d'hommes et de bêtes qui éprouvent la faim, la soif, la fatigue. Je suis heureuse à cheval. Je m'y sens bien, seule, avec les idées claires. J'observe les oreilles de ma monture pour connaître son humeur et quand elle galope, j'écoute le bruit de ses sabots.

Voici la dernière soirée d'Ouroumchi. Dans ma chambre, je mets mes notes à jour, à la lueur romantique d'une bougie; j'écris quelques lettres en France. M. Liou les fera partir au prochain courrier. Je ferme les cantines et je m'endors en écoutant le vent, qui gémit dans le grand poêle.

D'OUROUMCHI A KACHGAR

A seize ans, j'aimais les animaux, la mer, les forêts, les fleurs, j'aimais aussi quelques hommes. Aujourd'hui, j'aime avant tout les hommes et j'en déteste quelques-uns parce qu'ils trahissent précisément leur qualité d'homme.

A ceux qui n'aiment pas l'homme, je conseille d'aller dans le désert. Là, ils apprendront à l'aimer, à être ému jusqu'aux larmes par sa présence, par ses luttes, son courage, son intelligence.

C'est ici, dans ce désert, que j'ai compris la beauté humaine d'une ville: l'œuvre de l'homme.

Voici donc cette célèbre «Route de la Soie», qui fait chanter l'imagination: une piste à peine tracée dans une solitude brûlante et sans merci. A gauche et à droite, devant et derrière, des cadavres et des squelettes d'animaux jonchent la terre. Chameaux, ânes, mules et chevaux sont morts ici, épuisés par la fatigue, la soif ou la faim. La caravane les a abandonnés, les loups et les aigles les ont achevés, les vautours enfin se sont acharnés sur leurs dépouilles; Les morts d'hier voisinent avec les plus anciens. Ceux-ci, squelettes blancs, propres, nets, brillant dans le soleil, dessinent des formes étranges: berceaux des cages thoraciques, courbes des échines, jeux d'osselets des colonnes vertébrales; ils n'ont plus rien de tragique, leur chair ne témoigne plus de leur souffrance. Ceux-là, au contraire, encore sanglants et puants, crient leur misère, renversés sur le dos, les pattes tendues vers le ciel ou simplement allongés ou bien encore appuyés contre la paroi d'un rocher.

Les vautours, plongés dans leur proie, relèvent la tête quand nous passons. Leur bec dégouline de sang et d'entrailles. Les serres enfoncées dans la chair, ils nous regardent fixement, prêts à se défendre.

Parfois un coup de vent nous enveloppe d'une odeur infecte, odeur triste, dégoûtante, odeur de mort.

Et le camion poursuit sa route à travers ce champ de bataille auquel presque aucun passager ne prête attention. Ce qui me paraît bouleversant, horrible, semble chose habituelle, familière à l'habitant du désert.

La piste n'est que trous et bosses, cassis; il lui arrive même de disparaître pendant un ou deux kilomètres. Inlassablement, le chauffeur passe de la première à la seconde et de la seconde à la première. Les secousses sont si fréquentes qu'elles deviennent un rythme monotone que je ne remarque plus.

A l'arrière, hissée sur deux mètres de ballots et de colis, bien appuyée sur la cabine, presque confortable en somme, j'absorbe le soleil et, le gosier sec, j'avale le sable; je regarde surtout de tous mes yeux le spectacle du désert. Un matin, un des mécaniciens m'a cédé sa place à côté du chauffeur. C'était horrible. La chaleur du moteur, son odeur, les rafales de sable m'ont rendue malade en quelques minutes. Mais là-haut, en plein air, je respire. Le commencement et la fin du jour m'amènent un vent frais, divin, qui me rafraîchit. J'essaye chaque matin de prolonger son souvenir et dès l'après-midi d'imaginer ce qu'il sera le soir. Ainsi les heures chaudes me paraissent plus courtes.

Je découvre la beauté de l'oasis. L'île au milieu de l'océan, le bonheur quand on désespère, rien n'est plus beau, ni plus exaltant, que l'apparition de l'oasis après le désert.

Tout à coup, à l'horizon, alors que le crépuscule commence à bleuir le ciel, une ligne verte se dessine. Ce n'est pas un mirage puisqu'elle grandit et se rapproche. Les premiers arbres couverts de sable sont encore frêles, pauvres, maladifs, mais à mesure que l'on pénètre dans l'oasis, ils deviennent plus fiers, plus beaux, d'un vert éclatant et somptueux. La piste se transforme en un chemin bordé de champs cultivés par les hommes et les femmes. Les garçons et les filles vont chercher l'eau aux puits, ils rient et se parlent. Les enfants conduisent les troupeaux de moutons et de chèvres vers les abreuvoirs. Il y a dans l'air une sorte de douceur extraordinaire. Je me sens apaisée, confiante, heureuse de vivre.

Ce soir, nous abordons dans l'oasis doungane de Karachar comme on aborde dans un port après la pleine mer. Il n'y a que deux jours que nous avons quitté Ouroumchi et telle est la force du désert que déjà, je me souviens de ce départ comme d'une chose lointaine.

Nous sommes arrivés, tôt le matin, dans un grand garage en plein air. Il ne s'y trouvait que des camions. Nous avons demandé lequel était celui pour Kachgar comme on demanderait à la Porte Maillot le car pour Pontoise. On était justement en train de le charger: bidons, sacs, ballots s'entassaient jusqu'à la limite des montants de bois. Après une heure d'attente, le chauffeur et les deux mécaniciens, tous trois chinois, sont arrivés les mains dans les poches, l'air flegmatique. Enfin deux passagers nous ont rejoints. Alors, grimpant d'abord sur le moteur, ensuite sur la cabine, nous nous sommes installés au-dessus des colis et nous sommes partis. A peine avions-nous franchi les portes de la ville, ouvertes sur le désert, que le camion s'est arrêté. Un à un ou par petits groupes, les voyageurs sont arrivés. J'ai compris que c'est là qu'avait lieu le deuxième départ, le vrai, celui des passagers «clandestins», qui, ignorés sans doute du général Chao, apportent un bénéfice net au chauffeur. Nous étions quinze lorsque nous sommes repartis. Un grand Turki, maigre, le visage marqué par la petite vérole, avec un regard illuminé et une pomme d'Adam saillante, s'est installé près de nous. Il emmenait pour seul bagage un bonnet de fourrure —

il portait un chapeau de feutre blanc — et son Coran qu'il a précieusement accroché, avec ses grandes mains tremblantes, à la barre de bois qui nous sert d'appui. Tout de suite, il s'est mis à parler ourdou avec Wahid et quand il a appris que Wahid était musulman, il est devenu tout à fait amical, presque affectueux.

— Vous allez à Kachgar, c'est mon pays, c'est un joyau. Et après, où allez-vous? Et où vont les étrangers? a-t-il ajouté en nous regardant.

Wahid a raconté le voyage que nous voulions faire, que de Kachgar nous désirions rejoindre les Indes par la route du Karakoram. «Moi, je vais à La Mecque, je ne ferai que passer à Kachgar. Il faut que je rejoigne le Pakistan.» Et puis, sa voix change pour dire: «Le Pakistan est un État fort maintenant. Il a conquis son indépendance.» Quel éclair dans les yeux! J'ai entendu «Pakistan» et compris le sens de sa phrase avant que Wahid ne la traduise.

Ce jour-là, c'était donc hier, nous avons roulé longtemps sans nous arrêter. Ouroumchi sur le versant nord des Tian-chan se trouve sur le Pé-Lou, la route du Nord; il nous fallait rejoindre le Nan-Lou, la route du Sud qui, elle, passe au sud des Tian-chan. A Paiyango, une petite oasis, nous nous sommes arrêtés quelques instants. Le Musulman — c'est ainsi que j'appelle l'homme-au-Coran car j'ignore son nom — nous a pris sous sa protection. Il nous a apporté de l'eau pour nous rafraîchir le visage et nous laver les mains, puis il a commandé du thé et des melons qu'il a tenu à nous offrir.

C'est après Paiyango que nous avons rejoint la piste que les passagers ont appelée «La Route de la Soie». Elle était déjà célèbre au temps des Huns et Ptolémée la décrivit avec précision. Au crépuscule, Toqsoun, enfin, est apparue de loin. Nous y avons passé notre première nuit dans une petite chambre de torchis où nous avons bien dormi sur un *kang*, dont la dureté ne m'a nullement gênée.

Un très vieux Turki nous a déjà quittés. Son fils l'attendait à la descente du camion. Ils ne s'étaient pas revus depuis plusieurs années. Ils se sont salués, puis longuement étreints et j'ai vu qu'en serrant son fils dans les bras, le vieux père pleurait.

Les autres passagers ont dormi à l'abri du camion. Dès le lever du soleil, leurs prières m'ont réveillée. Nous avons repris la route, si monotone avec son défilé de squelettes. Chaque détail prend l'importance d'un événement. Nous avons croisé un paysan, pieds nus, portant un sac et un bâton en guise de canne. Il venait de Koutcha et allait à Ouroumchi. Le cœur bat plus fort ici quand on rencontre un être humain.

Un peu plus loin un camion en panne bouchait la route. Le chauffeur et le mécanicien attendaient depuis quatre jours qu'un véhicule passe. L'accident n'était pas grave: un pneu crevé. Mais la roue de rechange était morte et ils n'avaient rien pour réparer. Dans un petit ravin au bord de la piste deux lots de poules liées par les pattes achevaient de mourir. Quelques-unes battaient encore faiblement des ailes, mais la plupart inertes, raides, ne bougeaient déjà plus.

Parfois, succédant au sable et aux cailloux, des rochers noirs et brillants bordaient la piste, mais de toute la journée je n'ai pas aperçu un seul arbre. Nous nous sommes arrêtés pour déjeuner à Koumouche, une petite oasis sans gaieté et sans verdure. Les rares maisons semblaient misérables, inhabitées. Je n'y ai vu qu'un poste militaire chinois où flottait le drapeau et, dans un ruisseau, un grand chien paralysé traîné par des enfants. Nous avons trouvé à manger dans une échoppe en plein air. Sur un feu de bois, du riz cuisait et de l'eau chantait, et sur une petite table des bols, des verres, des baguettes et quelques épices bien rangées étaient protégés du soleil par un toit de branchages qui prenait appui sur un mur et sur deux piliers de bois.

L'après-midi j'ai vu les premiers troupeaux d'antilopes et bientôt le désert s'est adouci: ici et là un arbre, puis des terrains marécageux plantés de roseaux ont succédé au sable et enfin, perdues dans la solitude, plantées là comme par miracle, quelques yourtes mongoles. Les femmes nous ont regardé passer en souriant, les hommes très loin de la piste dirigeaient leurs troupeaux de gros moutons disparaissant sous la laine, et dont la queue fournit, paraît-il, une graisse savoureuse.

Bien après la tombée de la nuit, nous sommes arrivés à Karachar. Un soldat chinois nous attendait. A travers les rues déjà endormies il nous a conduits jusqu'à la caserne. Deux officiers nous ont accueillis sans nous laisser une seconde de répit. Il a fallu parler, sourire et vers 11 heures absorber un grand repas. J'avais une idée fixe: dormir.

C'est le matin. J'ai oublié ma fatigue. Après un confortable petit déjeuner: riz, poisson et thé, nous nous promenons tous les trois dans la ville. Nous y rencontrons des Thibétains; Wahid se sent très ému en les voyant:

— C'est mon peuple, le peuple de mon pays.

Il devient sentimental, prêt à la confidence; tout en marchant il me parle. Ses phrases sont parfois sans suite. Elles traduisent pourtant avec précision ses angoisses, son instabilité:

— C'est la première fois que je parle avec une femme. Tout le monde est contre nous. Je ne sais pas ce qu'il faut faire? Se tourner vers la Chine? L'Inde? Le Pakistan? Le Thibet manque de force politique. Nous ne sommes représentés nulle part dans le monde. Il n'y a pas une seule bonne école au Ladakh. Toute ma génération va faire ses études à l'étranger. Pour les Occidentaux, nous sommes un sujet de curiosité, rien de plus. Notre culture est tout à fait différente de la culture indienne. C'est une culture thibétaine. Nous irons au Ladakh, les femmes vous apporteront des fleurs et vous chanteront des chansons et vous leur donnerez un peu d'argent. Il y a de l'eau courante sous chaque maison et cela aussi est comme une chanson. En hiver, quand il gèle, on entend l'eau courir sous la glace.

Jamais Wahid ne m'a tant parlé. Occupée à l'écouter, je ne regarde pas autour de moi.

Une heure plus tard, c'est un autre Wahid qui galope dans les environs de Karachar où nous essayons de merveilleux chevaux prêtés par les Chinois. Cette fois il est heureux comme un enfant, beau comme un dieu. Il traverse et retraverse la plaine de part en part, à toute vitesse et chaque fois plus vite. Quand il passe, le temps d'un éclair, j'entrevois le blanc de ses yeux et l'éclat de ses dents. Il pousse des hurlements et presque couché sur son cheval, lui enserre l'encolure avec ses deux bras sans se préoccuper des rênes. Il me crie: «*I am speaking horse language.*» Wahid galopant, c'est inoubliable et beau comme une œuvre d'art.

Les chevaux de Karachar sont réputés dans tout le pays. Très forts, tout en rondeur et cependant musclés, leur silhouette est celle des dessins et des sculptures chinois. Ce sont des coursiers infatigables. Ils parcourent facilement deux et trois cents kilomètres par jour et leur galop est d'une grande douceur.

A la fin de la matinée, nous quittons l'oasis. Le camion marche maintenant droit vers l'ouest. Au nord, à notre droite, les montagnes des Tian-chan viennent mourir au bord de la piste tandis qu'à notre gauche, au sud commence le désert de Takla Makan. Soudain, au détour d'un virage, une belle rivière insolite et merveilleuse. Le vent chante dans les arbres et la rivière chante en coulant entre ses rives. Tout à coup c'est le bonheur. Un pont de bois enjambe l'eau et conduit à quelques maisons cachées derrière un rideau d'arbres. Que cette eau est claire et rafraîchissante! Et comme il est triste qu'elle se perde dans le sable avant d'irriguer les terres. J'ai l'impression d'un gaspillage monstrueux. Ne peut-on rien faire pour éviter cela? N'y a-t-il pas des travaux à entreprendre? Les oasis ne formeront-elles jamais un ruban presque ininterrompu au lieu d'être quelques îlots de vie?

La Koutcha — c'est le nom de la rivière — vient du lac Bagrach (le Bagrach-Koul), elle descend vers le Tarim où elle arrive épuisée. Ici, à Bash-Akin, non loin du lac Bagrach, elle est profonde, rapide, c'est encore une rivière pleine de force. En arrivant, je trouve l'endroit si charmant que je veux le photographier; comme je prends mon appareil, un soldat chinois que je n'avais pas remarqué, bondit sur moi. Je ne comprends pas ce qu'il m'explique en chinois, mais il n'est pas difficile de voir qu'il me refuse le droit de prendre des photos. Tout en le regardant cependant, je presse le déclic de mon Rolleiflex.

Et puis la route continue. Le désert d'un côté; la Koutcha et la belle oasis de Kourla de l'autre. Nous ne nous y arrêtons pas, mais j'y vois des vergers, des champs et des prairies d'un vert lumineux. Au fur et à mesure que nous avançons vers l'ouest le temps est plus chaud et les cultures plus avancées. Nous faisons halte dans l'après-midi à Tim où nous mangeons un bon *polâo* — riz sauté avec du mouton, des oignons et des raisins secs — que nous partageons avec le Musulman.

Les autres passagers nous saluent chaque matin, mais nos rapports s'arrêtent là. Ce sont sept Turkis et trois Chinois. Je me demande quel est le métier du Musulman. Une allure de grand seigneur, des vêtements de mendiant et pour tout bagage ce bonnet de fourrure qu'il porte le matin tôt ou le soir après la tombée de la nuit et son Coran qu'il ne quitte jamais et qu'il touche plusieurs fois par jour. Chaque soir, à l'heure où le soleil se couche, il récite ses prières. Les autres le regardent faire. Il a l'air d'être habité par une foi passionnée et son comportement trahit souvent un désir de rendre service et une volonté de sacrifice, il monte le dernier dans le camion et y prend la place la plus inconfortable, il mange à peine et ne boit jamais qu'après tous les autres. Il est le seul passager à s'être ému des squelettes qui jonchaient le sol.

Ce soir, après avoir dépassé Charchill, la route devient interminable. La nuit enveloppe le désert. Presque tout le monde s'endort. Le chauffeur allume les phares. C'est alors que le Musulman commence à chanter en ourdou, d'une belle voix forte, gutturale, chaude. Plusieurs de ces chants sont révolutionnaires. Wahid me les traduit. L'un est pro-pakistanais, l'autre antisoviétique, un troisième enfin antichinois: «Le Turkestan aux Turkis» y revient comme un leitmotiv. Il chante longtemps. Quant il se tait, nos compagnons réveillés restent silencieux. Il me semble discerner une sorte de gêne. Dans le ciel, les étoiles brillent si intensément qu'elles paraissent trembler. Il fait presque froid. Un Chinois entonne à son tour un chant. Est-ce une réponse? Ni François ni Wahid ne parviennent à comprendre ce qu'il dit. Le Musulman cherche à capter notre attention et tandis que nous nous blottissons entre les sacs et que je flotte au bord du sommeil, il commence un long récit que Wahid traduit phrase par phrase: «Je vais vous raconter comment le prophète Job nous apprit à fabriquer de la soie. Dieu, voulant éprouver Job, lui envoya une foule de poux et son corps bientôt ne fut plus qu'une plaie que ravagaient un nombre infini d'insectes. Job souffrait en silence, se contentant de louer Dieu. Un jour, il se trouva trop faible pour remuer, il pria sa femme de reprendre un ver qui venait de s'échapper et de tomber à terre et de le replacer dans la plaie qu'il venait de quitter. «Puisque Dieu m'a ordonné, dit-il, de fournir mon corps en pâture aux vers, je serais criminel de priver celui-ci de la nourriture qui lui est due»; et la femme du prophète fit ce qui lui était commandé. Voyant cela, Dieu eut enfin pitié de son serviteur. Sur son ordre, l'ange Gabriel descendit sur la terre, frappa le sol de son aile, et fit jaillir une large source d'eau vive dans laquelle il plongea le patient. Job recouvra la santé; les vers qui rongeaient son corps le quittèrent et toutes les plaies se cicatrisèrent. Cette source d'eau vive subsiste encore aujourd'hui; elle s'appelle la «mer de Lumière» et tous les croyants viennent s'y baigner pour recouvrer la santé de l'âme et du corps.

«Quant aux vers qui avaient quitté le prophète, ils rampèrent sur un mûrier voisin, en mangèrent les feuilles et se tissèrent un nid qui les emprisonna complètement. C'était le cocon. Cependant, Job en prit un dans sa main, dit à Dieu: «Voudrais-tu m'apprendre comment sont formés ces cocons afin que ton peuple en profite et se rappelle avec reconnaissance le souvenir de son serviteur.» A peine eut-il achevé sa phrase qu'un homme apparut et lui dit : «Je suis le trésorier de Dieu et je ne demande qu'à t'instruire. Prends un cocon, plonge-le dans l'eau et frappe-le longtemps avec une verge d'osier.» Job fit ce qu'on lui demandait, et il se trouva que le cocon était de la soie, la plus riche et la plus soyeuse. Job écrivit aussitôt un livre où tout ceci fut raconté pour la plus grande gloire de Dieu et de son fidèle serviteur.»

Le Musulman se tait et nous nous endormons enfin.

Des branches qui me frôlent le visage me réveillent. Nous arrivons à Yangissar. Les arbres, comme toujours, annoncent l'oasis que nulle lumière ne révèle. Il est plus de minuit. Tout est silence. Le chauffeur s'en va réveiller un soldat chinois qui arrive les yeux pleins de sommeil, en finissant de boutonner son uniforme. Il nous conduit dans une chambre. Nous n'avons même pas le courage d'allumer une bougie pour voir si l'endroit est propre (pas une puce, pas une punaise depuis le départ de Nankin) et nous nous endormons comme des masses sur le *kang*.

Je me sens encore abrutie de sommeil lorsque le lendemain à six heures nous reprenons la route. Je bois plusieurs verres de thé sucré pour me secouer. Il fait beau. Il fait bon. Ce n'est pas la chaleur sèche, brûlante, irritante du milieu de la journée. Chaque matin la fraîcheur, et je ne sais quelle sorte de légèreté dans l'air, me donnent du courage pour plusieurs heures.

Nous rencontrons un camion en panne. Le chauffeur seul dans sa cabine, sa provision d'eau et de fruits secs à ses côtés, attend le retour du mécanicien parti chercher une pièce de rechange à quelques jours de marche. Cette attente lui paraît tout à fait naturelle. Il explique à Wahid que lorsqu'il fait trop chaud il s'étend à l'ombre de son camion. Nous ajoutons quelques provisions aux siennes et nous repartons.

Le Musulman respire avec bonheur aujourd'hui. Il chante, puis s'arrête et parfois bavarde avec Wahid. «J'approche de mon pays...» Wahid lui demande s'il connaît le chinois. «Non», répondit-il simplement. Mais il parle volontiers du Pakistan. «Je n'y suis pas encore allé, mais j'y passerai bientôt.» Et sur un ton un peu emphatique

— qui m'inquiète — il continue: «Nous, musulmans, nous admirons le Pakistan. C'est le plus jeune État musulman. Nous, musulmans, nous parlons ourdou, la langue officielle du Pakistan.»

J'interroge:

— Pourquoi l'ourdou est-il devenu la langue officielle du Pakistan?

— Parce que l'ourdou est une langue musulmane; elle s'écrit avec des caractères arabes. Les peuples du monde musulman, Persans et Turcs entre autres, sont venus aux Indes comme militaires, missionnaires ou commerçants. Leurs langages se sont mêlés entre eux et avec les dialectes indiens pour créer une nouvelle langue supranationale: l'ourdou[1].

Après avoir traduit ces phrases, Wahid me précise: «Moi, je ne suis pas fanatique du tout. Je suis musulman parce que j'ai été élevé ainsi, Dieu ne m'intéresse pas beaucoup.»

Et avec un sourire espiègle, il ajoute comme s'il déclamait un poème: «Je suis un tiers femme, un tiers homme, un tiers animal. Pas du tout un dieu; ce n'est pas un job intéressant.» Et il conclut en éclatant de rire. Je suis assez effrayé par le fanatisme musulman que je découvre au Sin-Kiang — je me souviens notamment de la soirée ouigour, à Ouroumchi — il me semble qu'il est aveugle et va à l'encontre de tout progrès. Sans doute la pourriture du Kuo-Min-Tang a-t-elle aidé à y précipiter beaucoup de musulmans qui, autrement, reconnaîtraient la nécessité de collaborer avec la Chine.

Il n'est que neuf heures quand nous entrons à Bougour. Pour la première fois, les inscriptions écrites sur les pancartes ou les murs sont rédigées en deux langues : chinoise et turque. Le Musulman touche l'épaule de François et la mienne pour nous le faire remarquer et pour la première fois aussi les marchands de journaux vendent des journaux russes. Le chef civil de Bougour nous accueille, c'est un Turki très fier de parler chinois. Il nous conduit chez le commandant militaire, un Chinois bien entendu. Je lui pose quelques questions sur l'oasis; je puis rarement le faire, car nous arrivons toujours très tard et nous repartons très tôt. J'apprends ainsi que la ville comprend trente mille habitants, tous Turkis sauf les militaires et quelques commerçants chinois. Je remarque du reste chaque jour qu'à mesure que nous avançons vers l'ouest, le nombre des Chinois diminue. Chaque oasis aussi petite soit-elle possède sa caserne. Ici Chinois = militaire et militaire = Chinois. Je n'aime pas les militaires. Presque tous ceux que je rencontre forment une caste fermée, privilégiée, qui me les rend d'autant moins sympathiques. Le chef militaire m'étonne davantage en me donnant le nombre d'étudiants et d'écoliers: trois mille, c'est-à-dire un habitant sur dix! Et vingt-sept écoles!

1. Ourdou signifie «langue du camp militaire». D'autre part, notre mot «horde» vient du mongol «ordou».

Je voudrais me promener un peu, mais le camion repart. Je ne vois que la rue principale, large, de la même couleur que les maisons sans étages. Quelques femmes cachent leur visage. J'ai de moins en moins l'impression d'être en Chine. Les Chinois sont là, pourtant, plus ou moins régulièrement depuis plus de deux mille ans !

L'oasis de Koutcha n'est pas loin. Nous y arrivons au début de l'après-midi. Elle est belle. Grouillante de monde, bourdonnante de bruits. Tout y est couleur : les femmes portent des costumes où le rouge domine. Dans les échoppes, des tissus verts, jaunes, blancs, rouges, mauves, claquent dans le vent.

Les mlitaires chinois nous attendent. Ils sont six ; dont le gouverneur, un homme gras, mou et nerveux. Plein de suspicion à notre égard, il nous interroge longuement sur les buts de notre voyage. Cela ne nous était plus arrivé depuis Ouroumchi.

Le lendemain, nous prenons le petit déjeuner chez lui. Du jardin que domine la salle à manger, viennent des bruits étranges, on dirait des bruits de chaînes, réguliers et assez lents ; ils m'inquiètent et dominent pour moi le bruit des conversations. Il faut que j'attende la fin du repas pour savoir ce qu'ils signifient. Je vois alors par la fenêtre plusieurs prisonniers enchaînés par les pieds. Ils travaillent sous la direction d'un soldat. Certains transportent des pierres ou de la terre ; d'autres ratissent les allées ou soignent les fleurs et les arbres. [...]

Le gouverneur nous propose d'aller visiter les grottes de Qyzyl. Il nous prête de beaux chevaux de Karachar et, accompagnés d'un officier et d'un garde du corps, nous partons. Nous trottons quelque temps dans des sentiers de sable, puis la ville meurt et le désert naît sans transition. Ce changement brutal m'émeut chaque fois de la même façon.

Les grottes, creusées dans une falaise blanche qui domine la plaine, sont visibles de loin. Nous galopons vers elles. Après le soleil brûlant, leur fraîcheur et leur ombre sont merveilleuses. Elles contiennent de belles fresques bouddhiques du Gandhara (nord de l'Inde) exécutées au VIIIe siècle. Koutcha était alors un royaume vassal de la Chine où régnait la dynastie T'ang. Un motif composé de saints a gardé sa beauté. Les courbes et les couleurs — blanc, bleu, rose et mauve — sont imprégnées d'une grande douceur presque tendre. Pas un visage n'est intact — victimes d'une révolte musulmane en 1932 — tous ont été volontairement effacés. La trace des outils est bien visible. On imagine les hommes envahissant les grottes, s'acharnant sur les visages dont la représentation est interdite par le Coran. Paul Pelliot vint à Qyzyl au cours du même voyage qui lui fit découvrir Toen-Houang, il en parle dans le rapport qu'il fit à son retour : « L'ancien bouddhisme, dit-il, a laissé non loin de Koutcha, à Qyzyl et à Qoum-tourâ, des *ming-uï* particulièrement importants. Les *ming-uï* sont des groupes de grottes artificielles ornées de peintures murales et aménagées jadis en sanctuaires bouddhiques. Ceux de Qyzyl et de Qoum-tourâ sont les plus importants sur tout le versant sud des monts Célestes. Le professeur Grünwedel les avait déblayés avant notre arrivée et nous nous sommes contentés d'y prendre un bon nombre de photographies.»

Nous rentrons lentement à Koutcha. Dès que nous quittons le désert, l'officier nous conduit par des chemins ombragés d'arbres qui suivent les sinuosités d'un ruisseau. Nous nous arrêtons dans une ferme où l'on nous offre un verre de thé. En entrant dans Koutcha, je vois une sorte de monstre effrayant. Enfermé dans la cour d'une maison, le visage tourné vers nous, il marche à quatre pattes comme un animal et nous regarde passer à travers les barreaux de la grille.

J'essaie de prendre quelques photos de la ville, mais notre garde du corps veille. Dès que je sors mon appareil, il s'inquiète et m'empêche de m'en servir avec autant de politesse que de ruse.

Un riche Turki offre un banquet en l'honneur du gouverneur d'Aksou — où nous passerons dans quelques jours. Nous sommes invités. Il habite à l'écart de la ville, au bord du large lit de la rivière où coule un filet d'eau. Quand nous arrivons, les tables sont déjà dressées en plein air, à l'ombre des arbres, sur des estrades recouvertes de tapis. Le gouverneur, un noble vieillard, préside le repas. Les domestiques apportent des moutons entiers et des plats de *polâo*. On découpe la viande et chacun plonge alors la main dans les plats. Il en ramène ce qu'il peut, non sans en laisser tomber chaque fois un peu sur la table. Un orchestre accompagne les ripailles. Plusieurs invités se lèvent et dansent à tour de rôle. Aucune danse ne me paraît intéressante, sauf une peut-être: elle est exécutée par un homme. Il tient dans chaque main un bol et tout en dansant il les cogne l'un contre l'autre en marquant la mesure. Nous sommes environ deux cents invités. Je suis la seule femme. Chinois et Turkis se parlent peu et se tiennent chacun de son côté. Tout au long de la clôture du jardin et à la porte d'entrée, des soldats armés, une vingtaine, montent la garde. Vers la fin du repas — mais c'est un repas sans fin: les plats de *polâo* et de mouton se renouvellent indéfiniment — un des invités m'entraîne chez lui, dans une maison voisine. Il montre du doigt mon appareil photographique et m'explique par des gestes qu'il voudrait des photos de ses femmes et de ses filles. Quand j'arrive dans la maison des femmes, je suis accueillie par de grands éclats de rire suivis d'une fuite éperdue. Je reste seule, après quelques minutes le mari revient avec plusieurs femmes. Ses épouses? Ses filles? Très apeurées, elles ne rient plus et se laissent photographier sous l'œil sévère du Turki;

Notre absence est passée inaperçue. A table, la nourriture continue à affluer, moutons après moutons. Le soleil se couche. Quelques musulmans partent réciter leur prière dans le jardin. Ils reviennent ensuite et recommencent à manger.

En même temps que les autres invités, après avoir passé trois heures à table, nous prenons congé de notre hôte. Les voitures à cheval attendent à la porte. Elles s'ébranlent les unes après les autres. Des cavaliers nous dépassent, mais tous nous suivons le lit de la rivière. La soirée est calme et douce. On rit, on plaisante. Chacun veut aller plus vite que son voisin. Attelages et cavaliers font la course et c'est au galop que nous entrons dans Koutcha déjà silencieux et endormi.

Le matin suivant, je me retrouve perchée en haut du camion. Le paysage change. Nous roulons dans une vallée étroite entre deux chaînes de montagnes tranchantes, effrayantes, dressées vers le ciel comme de gigantesques dents de scie. Elles prennent des reflets verts et noirs. J'ai l'impression d'étouffer dans un immense aquarium tapissé de rochers et vidé de son eau. Pas un arbre, pas une touffe d'herbe. Un monde minéral et étrange. Le silence devient oppressant. Nous grimpons par un chemin qui n'est guère plus large que le camion. Au bord de la piste, trois vautours dévorent un cheval encore sanglant. Alourdis, ils prennent difficilement leur vol et nous manquons de les écraser. A l'horizon, je distingue les Tian-chan, couvertes de neige, étincelantes dans le soleil.

Nous nous reposons quelques minutes dans une caserne chinoise, isolée au milieu des montagnes. Sur les murs, je lis, grossièrement écrit en anglais: «*Drill and organise the military to protect the people and the country.*» Puis la route redescend vers un grand plateau. Pour la première fois, elle est bonne et nous roulons vite.

Nous déjeunons à Baï. C'est le jour du *bazaar*. La foule dense, colorée comme celle de Koutcha, envahit complètement la rue. Elle bouge lentement, énorme serpent qui ondule entre deux rangées d'échoppes et de maisons. Un homme sur dix, une femme sur quatre environ, sont affligés d'un goître. Certains atteignent une grosseur monstrueuse.

Le Musulman ne trouve plus son Coran. Il le cherche partout. Complètement désemparé, il va et vient autour du camion, demande aux passants s'ils ne l'ont pas vu, puis fouille entre les ballots, mais ne trouve rien. Alors, le visage immobile, les yeux fermés, seule sa pomme d'Adam descendant et montant dans sa gorge, il se tait. Le lui a-t-on volé? Est-il tombé sur la route ce matin?

L'après-midi est écrasant de chaleur. Je ne retrouve pas le désert. Nous croisons plusieurs petites caravanes et quelques paysans. Le costume des femmes a changé; Elles portent une coiffure blanche et, par-dessus, un bonnet noir, posé en avant et légèrement sur le côté. Nous avançons très lentement. Des troupeaux d'antilopes filent devant nous. Notre arrivée ne les effraie pas et nous passons près d'elles. Le Musulman les appelle et leur jette des galettes de maïs; elles s'enfuient aussitôt et tous les passagers se moquent de lui. Je vois les premiers vols de canards sauvages et les premières fleurs: elles sont mauves, on dirait de la bruyère. Comme elles me paraissent belles! Avec le soleil couchant, les Tian-chan s'allument de couleurs rouge et turquoise. Ce soir nous avons notre première panne. Nous nous enlisons dans le sable. Tous les passagers descendent et poussent le camion : en vain. Les roues patinent et s'enfoncent de plus en plus. Je m'aperçois alors que nous parcourons ces 1 200 ou 1 500 kilomètres de désert sans une pelle, sans une corde, sans même une planche. La nuit descend. Personne ne s'inquiète. Tout le monde, au contraire, parle et profite de cet arrêt pour boire un peu d'eau ou manger du melon. Quelqu'un suggère de mettre des peaux de moutons sous chacune des roues. C'est une bonne idée. Nous repartons sans difficultés.

Comme chaque soir, les passagers chantent. Aujourd'hui, les Chinois commencent, puis le Musulman, triste encore de la perte de son Coran, le regard fixé sur l'horizon, répète plusieurs fois son chant qui devient une lamentation: «Le Turkestan aux Turkis». Pour la première fois, aucune étoile dans le ciel, mais des nuages. Les phares donnent des formes étranges aux rochers et aux arbres. Quelques petits rongeurs, des musaraignes peut-être, traversent la piste, éblouis et effrayés par la lumière.

Nous nous arrêtons devant une maison à l'entrée d'une oasis, le chauffeur appelle, quelqu'un ouvre la porte. Nous demandons à manger. J'entends des bruits de voix dans la nuit. Nous avons réveillé toute une partie du village. On vient faire cercle autour du camion. On nous offre du thé. Le Musulman, disparu sans que nous nous en apercevions, sort d'une maison les mains chargées de petits pains chauds fourrés de viande. Il nous les donne; insiste pour que nous les mangions tous: «Ici, je suis chez moi; vous êtes mes hôtes», dit-il à Wahid. Des gouttes de pluie tombent. C'est comme une caresse. Nous repartons. Pendant quelques minutes, nous marchons entre deux allées d'arbres, très hauts. Dans l'obscurité, je ne vois que leurs troncs, droits comme des colonnes.

Chacun dort, enveloppé dans ses manteaux. Il pleut sans bruit. A deux heures, nous arrivons à Aksou. Le chauffeur entre dans la cour d'une ferme inhabitée. Nous nous engouffrons tous dans deux grandes pièces vides. Sans même le *kang* traditionnel. Rien que des planches.

Quand le jour se lève, il fait gris. La terre exhale une odeur de pluie. Devant la maison, je patauge avec délices dans la boue grasse et visqueuse. Les officiels chinois, *the ruling class*[1] comme les appelle Wahid, prévenus de notre arrivée, viennent nous rendre visite très tôt, confus de ne pas nous avoir accueillis cette nuit. Le général Liou — un visage intelligent et sympathique — nous invite à déjeuner dans un

1. La classe dirigeante.

petit restaurant. Au moment de nous quitter, son domestique lui apporte un poulet rôti, des abricots séchés et un gâteau. Le général nous les offre en nous souhaitant bon voyage et en nous recommandant bien d'emporter à boire.

Dans la ferme, chaque passager fait ses provisions d'eau et de nourriture. Les mécaniciens vérifient le moteur. Le chauffeur dort encore. La prochaine étape, la dernière, sera la plus dure. Pendant trente-six heures, nous allons rouler sans traverser d'oasis, sans presque nous arrêter. Depuis le départ d'Ouroumchi, le chauffeur suscite mon admiration et mon étonnement. Je lui ai toujours vu un air de grande tranquillité, une allure désinvolte. On dirait que la fatigue glisse sur lui, comme l'eau sur le marbre. Le sourire et la cigarette aux lèvres, le feutre sur l'oreille, l'air propre, il semble aussi reposé aujourd'hui que le matin où nous avons quitté Ouroumchi.

C'est le 1er mai. Nous quittons Aksou à quatre heures de l'après-midi. Le sol est encore détrempé et assez dangereusement, nous dérapons deux fois. Le désert nous absorbe, sans transition, à la sortie de la ville. La nuit tombe vite. Arrêt de quelques minutes dans un petit village d'aspect misérable. Sans quitter le camion, nous entamons nos provisions. Le Musulman part à la recherche d'un verre de thé qu'il nous apporte aussitôt. Les chiens du village nous entourent: squelettiques et couverts de plaies. Nous leur jetons nos déchets. Les plus forts les dévorent. Les plus faibles regardent. Avant de repartir, les Turkis récitent leur prière. Le Musulman change de chapeau. La pluie a rafraîchi le temps, il fait presque froid. Les étoiles naissent une à une. C'est l'heure où l'on commence à chanter. Puis c'est l'heure du silence. Serrés les uns contre les autres, au creux des ballots et des bidons, nous essayons de dormir. Les secousses et les changements de vitesse m'y font renoncer. Je regarde le ciel, j'écoute la respiration de mes compagnons qui accompagne le ronflement du moteur et le grincement des ressorts. Vers trois heures, nous nous arrêtons. Personne ne se réveille. Le chauffeur et les mécaniciens sortent de la cabine. Enroulés dans des couvertures, ils s'endorment au pied du camion. Je sommeille un peu. Le jour me réveille. Il prend possession de la terre en quelques minutes. Nous sommes en plein désert. Route droite devant et derrière nous. Les Tian-chan au nord. Le désert au sud. Sur le sable, les empreintes de gazelles dessinent des formes de fleurs. De loin, je vois arriver un homme. Je ne réalise pas immédiatement combien c'est étrange: comme un papillon au milieu de l'océan. Il nous rejoint. C'est un Chinois; presque encore un gosse. Il nous demande à boire et à manger. Ensuite, il explique que son camion est en panne, près d'ici, un cylindre cassé, et qu'il part à Aksou chercher de l'aide. Les mécaniciens le convainquent de repartir avec nous vers Kachgar. Il accepte. A quelques kilomètres, nous trouvons son camion. Le jeune

Chinois réveille le chauffeur endormi, lui dit que nous l'emmenons à Kachgar et lui remet la provision d'eau qu'il avait prise.

Le désert implacable, menaçant, comme anormal, stérile, le contraire de la vie. Il devient bouleversant d'y voir courir deux gazelles, ou voler deux oiseaux. Wahid est très impressionné par lui.

Les habitants de Kachgarie racontent une légende sur la formation du Takla Makan: «Aux temps anciens, c'était un pays florissant, recouvert de nombreuses rivières, d'épaisses forêts et d'une multitude de villes et de villages. Les habitants pieux et vertueux, devinrent corrompus. Dieu patienta longtemps, mais finalement décida de les punir. Pendant une nuit obscure, le sable tomba en masse du ciel et tous les habitants furent ensevelis, excepté Vali qui était resté vertueux et que Dieu prévint du désastre. Il s'éloigna vers le nord, aux environs d'Aksou, où il passa le reste de sa vie. Son tombeau est resté un lieu de pèlerinage.»

On appelle parfois le Takla Makan, «le pays des hommes péris» ou «des villes punies» et certains habitants prétendent que dans le désert on entend le chant des coqs et que l'on voit des hommes sortant des tombeaux et errant dans les montagnes de sable.

Au début de l'après-midi, les montagnes des Tian-chan resplendissent de la beauté de leurs couleurs: jaune clair, turquoise, orange, rouge, rose; elles sont bordées de mamelons coniques lisses, presque symétriques d'un jaune et d'un orange éclatant. Une légère brume de chaleur les enveloppe, rend plus lumineux l'éclat de leur couleur et moins net la précision de leurs contours. Vers 5 heures, les premiers arbres apparaissent à l'horizon. Les Turkis deviennent de plus en plus joyeux: ils se sentent chez eux. Wahid nous raconte: «Quand un Turki arrive au Pakistan ou au Ladakh, on ne lui demande pas s'il vient du Sin-Kiang, mais s'il vient des «Six villes», c'est-à-dire Khotan, Karghalyk, Yarkand, Kachgar, Aksou et Koutcha (les six villes principales de l'ouest).»

Nous nous arrêtons enfin dans un caravansérail. Il tombe presque en ruine et semble abandonné. Mais dès que nous arrivons, un marchand nous propose des pastèques. Nous les dévorons. Un âne qui s'est approché sans qu'on le remarque mange d'un air sage et satisfait les peaux que nous jetons. Des enfants viennent mendier, personne n'y prend garde, sauf le Musulman qui leur refuse de l'argent, mais va chercher dans le camion tout ce qui lui reste de provisions et le leur donne. Avant de repartir, nous nous rafraîchissons tous dans un petit ruisseau qui jaillit là et disparaît cent mètres plus loin. Le chauffeur nous promet que nous arriverons à Kachgar vers dix heures.

La route serait bonne si elle n'était coupée tous les cent mètres par de profonds caniveaux. Les montagnes des Tian-chan deviennent de moins en moins hautes. Nous nous en éloignons. Plusieurs rivières coupent la piste. Le chauffeur s'y engage sans hésitation. Nous soulevons des gerbes d'eau. La nuit descend sans que nous rencontrions âme qui vive. Rien n'annonce Kachgar. Le chauffeur a dû se perdre, car nous errons pendant plusieurs heures par des chemins qui finissent tout à coup dans des marécages ou dans le sable. Nous traversons et retraversons plusieurs fois la même rivière. A chaque endroit difficile, un des mécaniciens descend, inspecte les alentours, en s'éclairant avec les phares ou sa lampe de poche, il essaie de trouver une issue et nous repartons en marche avant ou en marche arrière.

Il est bien plus de minuit quand nous entrons dans Kachgar. Nous nous arrêtons sur une place. C'est le terminus. Tout le monde descend; toutes les marchandises sont déchargées. Le Musulman nous demande de l'argent pour payer la dernière partie de son voyage et nous salue très cérémonieusement. Quand nous repartons seuls, pour la ville chinoise éloignée de près de dix kilomètres de Kachgar, le camion vide me paraît énorme, j'y suis comme dans une cage; il a perdu son poids et, léger, rebondit sur la route. Le chauffeur et les mécaniciens s'arrêtent devant un restaurant pour dîner. Nous sommes si fatigués que nous ne bougeons pas. J'aperçois entre les planches quelques lumières tremblotantes. Surtout je sens une odeur merveilleuse: l'odeur des acacias en fleur. Le désert est aussi l'absence des odeurs. Celle-ci me ravit, je voudrais la boire. Dans la rue, un homme joue du luth. Et je m'endors heureuse entre les acacias et la musique. Les chocs me réveillent. Nous franchissons les portes de la ville chinoise. De chaque côté de la rue, irréelle de silence, de petites maisons blanches, lisses, collées les unes aux autres, brillent dans la nuit.

Le camion s'arrête devant une caserne. Nous ne trouvons aucun garde. Nous ne savons pas si c'est là que nous devons descendre. Le chauffeur nous conduit dans une grande pièce meublée de tables. Nous les rapprochons les unes des autres. Nous y étendons nos sacs de couchage et nous nous endormons.

Anne Philipe, *Caravanes d'Asie*, Julliard, Paris, 1955.

V. Dunhuang

Situés dans le corridor naturel qui relie la Chine au Xinjiang et à l'Asie centrale, l'oasis de Dunhuang et le monastère de Mogaoku (ou grottes des Mille Bouddhas, qianfo dong), méritent une place à part.

Les archéologues occidentaux qui écumaient l'Asie centrale commencèrent à entendre parler des grottes de Dunhuang vers la fin du XIXe siècle. De vagues rumeurs concernant la découverte accidentelle d'une grande quantité de documents anciens, dont certains dans des écritures non chinoises, attirèrent l'attention de sir Aurel Stein lors de son passage à Dunhuang en mars 1907. Ayant réussi à convaincre l'« inventeur » de ce véritable trésor, un prêtre taoïste, Stein acquit pour une somme dérisoire une première cargaison (pas moins de trente caisses de documents, de rouleaux, de brocarts), puis une seconde, un peu plus modeste en 1914 (cinq caisses). Dans le sillage de sir Aurel Stein d'autres orientalistes, français (Pelliot), américain, japonais, russe, contribuèrent au « nettoyage » du site au profit des grandes bibliothèques étrangères.

NICOLAÏ PRJEVALSKI

(1879)

Pour les Russes, Nicolaï Prjevalski (1839-1888) est resté l'archétype de l'explorateur. Jeune officier il avait mené une première mission d'exploration en 1867-1869 dans le bassin de l'Oussouri, notamment autour du lac Khanka. Après la conquête des territoires d'Asie centrale (Boukhara est prise en 1868), la Haute-Asie appartenant à l'empire des Qing méritait des reconnaissances. La Société de géographie de Saint-Pétersbourg, soutenue par le ministère de la Guerre, organisa une mission qui devait explorer la Mongolie et le Tibet oriental. On en confia la direction à Prjevalski. Parti de Kiakhta en 1871, il couvrit plus de 12000 kilomètres en passant par Ourga (l'actuel Oulan Bator), Kalgan, le désert de l'Alashan (Helan Shan), les environs du lac Koukou Nor, une partie du bassin du Tsaidam, et retour par Ourga[1]. *Récompensé pour cet exploit par la médaille de Constantin, on mit à sa disposition peu après 24000 roubles pour repartir vers le Tibet en 1876.*

De Kuldja, Prjevalski traverve la vallée de l'Ili, les Tian Shan de l'est, le Gobi, pour rejoindre le Lob Nor et, atteignant les cols de l'Altin Tagh (Altun Shan), commence à progresser sur le plateau du Qinghai. Devant le froid et le manque d'eau, il doit abandonner. Il repart en 1879 vers le Tibet, progresse jusqu'à 260 kilomètres de Lhassa, mais doit rebrousser chemin après s'être heurté aux Tibétains qui refusent de le laisser progresser. Lors d'une quatrième expédition, il explore le Tibet occidental, le Tsaidam, la région des sources du Yangzi et du fleuve Jaune. Il s'apprêtait à lancer une autre expédition vers le Tibet quand il mourut à Kara-Koul, devenu sur ordre du tsar, Prjevalsk.

De ses expéditions, « qui , selon Yule, sont parmi les plus hardies et les plus persévérantes », Prjevalski rapportera des récits qui se veulent « objectifs », précis, riches d'observations zoologiques, géographiques et de relevés savants, sans compter d'impressionnantes collections de milliers de spécimens d'oiseaux, reptiles, mammifères, plantes et minéraux. Mais il refuse les histoires colorées et vivantes, chargées de pittoresque et d'exotisme. On lui a reproché d'avoir « manqué d'art » dans ses descriptions, mais il se voulait avant tout homme de science. Cette émotion, qu'il n'exprimait pas dans ses récits de voyage, il la ressentait pourtant intensément: « Plus le temps avance, plus il me semble que j'ai laissé dans les lointains déserts de l'Asie quelque chose de bien cher que l'Europe ne peut pas me rendre. C'est que là-bas pousse une herbe bien précieuse; c'est la liberté, liberté sauvage il est vrai, mais exempte d'entraves et presque absolue. Les fatigues, les périls, sont oubliés ou ne servent qu'à donner plus de reliefs aux moments de joie et de satisfaction intérieures. Aussi le voyageur passionné ne rêve plus qu'à ses aventures passées; devant ses yeux défile incessamment le panorama de cet heureux temps qui l'engage à substituer au confort de la vie civilisée les fatigues et les labeurs d'une existence vagabonde, mais pleine de liberté et de ravissement. »

En 1879, deux expéditions passent à Dunhuang. L'une est celle du comte Széchenyi, dont l'un des membres, le professeur de Loczy, président de la Société géographique de Hongrie, signalera en 1902 à sir Aurel Stein l'intérêt archéologique des grottes. L'autre est celle de

1. Le récit de ce voyage parut en français sous le titre *Mongolie et pays des Tangoutes*, Paris, 1880.

Prjevalski, dont l'objectif est Lhassa. Pour ce dernier la découverte des grottes de Mogao est fortuite...

DUNHUANG, OASIS ANONYME EN 1879

L'oasis de Sa-tcheou, nommée aussi Doun-Khouan, est située à l'extrémité méridionale du désert de Khami, au pied des monts Nan-Chan. Elle est arrosée par la rivière Dan-khé, dont le courant est très rapide, mais qui en été n'arrive pas jusqu'au Bouliountsir, parce que ses eaux, très troubles, sont captées par les canaux d'irrigation de l'oasis, dont elles fertilisent le sol.

Cette oasis est à 1 110 mètres d'altitude; elle a 25 verstes du nord au sud et environ 20 de l'est à l'ouest. Toute sa surface est habitée exclusivement par des Chinois, dont les *fanzas* disparaissent dans la verdure des saules, des peupliers et des ormes. Autour de la ville il y a de nombreux jardins où mûrissent à profusion les pommes, les poires et les abricots. Les *fanzas* sont généralement entourées d'un petit potager, et les intervalles des unes aux autres sont remplis par des champs admirablement cultivés, où l'on sème de préférence du froment, de l'orge, des pois et du lin. Au mois de juin les blés étaient déjà en épis.

Dans la partie méridionale de l'oasis, à 4 ou 5 verstes des jardins et des champs, s'élèvent des monticules de sable qui s'étendent à l'ouest et aboutissent probablement au Lob-nor.

Malgré la fécondité de cette oasis, la flore sauvage n'est pas riche en espèces; nous n'y avons trouvé que des plantes déjà connues. Quant aux animaux, il y a, comme dans toute cette région, des loups, des renards, des lièvres. A certaines époques les dzeyrans, ou antilopes à queue noire, descendent du Nan-Chan en grandes troupes et ravagent les champs cultivés. En fait d'oiseaux, nous avons remarqué le freux (*Corus frugilegus*), le lanier (*Lanius Isabellinus*), des pigeons, des hirondelles, des moineaux, mais peu d'oiseaux chanteurs. Notre seule découverte zoologique fut un faisan que l'on considère comme une espèce particulière au pays, bien qu'il ressemble beaucoup au *Phasianus torquatus*; du reste tous les faisans de l'Asie centrale ont entre eux une grande ressemblance. Nous avons trouvé aussi un petit serpent, l'*Eryx jaculus*, unique représentant de la famille des boas dans l'hémisphère septentrional. La population totale de l'oasis s'élevait alors à environ dix mille adultes mâles. Il nous a été impossible d'avoir le moindre renseignement sur le nombre des femmes et des enfants. Pour le type, la langue, le costume, ils ne diffèrent pas des autres Chinois de l'Asie centrale. Ceux qui habitent la ville ont la figure flétrie, abjecte; ceux des campagnes sont moins laids, mais tous sont sujets à différentes maladies de peau.

La ville ressemble à toutes les villes chinoises; elle est entourée d'un mur en terre; les rues sont étroites et malpropres. Le commerce, peu étendu, se borne aux choses de première nécessité. Malgré les instances de l'autorité locale, nous avons installé notre camp à 6 kilomètres de la ville, au milieu d'une prairie où nos chameaux trouvaient largement à paître; bien nous en prit, car nulle part nous n'avons rencontré une populace plus insolente et plus grossière. Lorsque notre interprète se rendait dans la ville avec un ou deux Cosaques pour faire les acquisitions indispensables, la foule se jetait au-devant d'eux avec des éclats de rire, des huées et les épithètes les plus malsonnantes. Si les Cosaques, impatientés, distribuaient quelques vigoureux coups de poing, les éclats de rire et les injures redoublaient; ils étaient obligés de se quereller avec tous les marchands, plus voleurs les uns que les autres. Il nous fallut huit jours pour faire nos achats, et, sans l'intervention de l'officier de notre escorte, nous n'en serions jamais venus à bout.

Contrairement à ce qui s'était passé à Khami, les autorités de Sa-tcheou nous reçurent très froidement; on refusa de nous donner un seul guide, sous prétexte que personne ne connaissait les chemins à travers la montagne.

En même temps on cherchait à nous intimider par cent contes sur les brigands qui infestaient la route, sur les froids affreux, sur le manque d'eau et d'herbe, etc. Avec beaucoup de calme je répondais que, si je ne trouvais pas de guide, je saurais m'en passer, sur quoi on me demanda huit jours pour réfléchir, mais sans doute pour demander les ordres à Soutcheou, où se trouvait momentanément le *tso-tsountan*, ou commandant en chef de l'armée.

Mon intention était de me rendre dans les montagnes de Nan-Chan et d'y passer un mois ou un mois et demi; ce temps me paraissait nécessaire pour étudier la localité, pour bien nous reposer, nous et nos bêtes, et enfin pour nous procurer un guide qui voulût bien nous conduire au Thibet, ou tout au moins à Tsaïdam. Afin d'empêcher les autorités d'envoyer l'ordre de nous en refuser, je déclarai que mon projet consistait seulement à explorer les abords de la montagne et qu'ensuite je reviendrais à Sa-tcheou. A cette condition on me donna pour guide un officier avec trois soldats.

Nous avons levé le camp le 21 juin au matin. A peine avions-nous fait 3 verstes vers le sud, que l'immense désert apparut brusquement devant nous. Heureusement, après 12 autres verstes, nous avons tout à coup rencontré un charmant ruisseau bordé d'ormes. Il paraît que nous nous trouvions dans un endroit sacré, que les Chinois nomment *Tchen-Fou-Doun*, ou les Mille Cavernes; personne à Sa-tcheou ne nous en avait dit un mot. Nous étions en effet en face de cavernes creusées de main d'homme, disposées en deux étages irréguliers et communiquant entre elles par de petits escaliers, sur une longueur d'à peu près 1 kilomètre[1]. Si donc il n'y en a pas mille, il y en a au moins plusieurs centaines, grandes et petites. Peu d'entre elles sont intactes; le temps et les Dounganes les ont fort endommagées. A l'extrémité méridionale est bâti un temple qu'habite une sorte de moine (*khéchen*) chargé de la garde de ce sanctuaire; selon lui, ces excavations datent du temps de la dynastie des Khans et ont coûté des sommes immenses; c'est tout ce qu'il en savait.

Les petites cavernes ont de 8 à 10 mètres de profondeur, de 6 à 8 mètres de largeur et 8 de hauteur. En face de l'entrée de chacune d'elles est une idole de grandes dimensions, représentant le plus souvent le Bouddha; de chaque côté sont trois divinités subalternes dont les attitudes et les visages sont variés.

Les grandes cavernes ont des dimensions doubles; les statues y sont aussi plus grandes; les murs et le plafond sont décorés avec plus de soin; enfin le Bouddha est placé au milieu du sanctuaire sur une estrade, et les dieux subalternes sont rangés le long des murs.

Deux de ces idoles placées dans des cavernes particulières sont remarquables par leurs dimensions. La première, nommée *Da-Fou-Ian*, mesure de 25 à 27 mètres de hauteur; son pied a 6 mètres de longueur, et la distance entre les deux pouces de ses pieds est de 12 mètres; la seconde, appelée *Djo-Fou-Ian*, est moitié moins haute.

Le long des murs de ces deux temples sont de grandes idoles couchées. L'une d'elles représente une femme entourée de ses enfants; il y en a soixante-douze.

A l'entrée des grandes cavernes sont des statues en terre glaise représentant des héros. Les uns sont armés de glaives ou de serpents, les autres sont montés sur des éléphants ou des dragons; plusieurs ont d'affreuses têtes d'animaux. Dans une de ces cavernes nous avons vu une grande pierre couverte d'une inscription en caractères chinois, au-dessus desquels sont d'autres inscriptions dans une langue inconnue. Auprès des portes et même dans l'intérieur, il y avait des cloches et des tambours, qui servaient sans doute aux cérémonies religieuses lors des jours de pèlerinage en ces lieux.

La rivière près de laquelle on a creusé ces cavernes ou temples se nomme Chouïgo; elle se forme d'une multitude de petites sources qui descendent de la même montagne et se réunissent dans un profond ravin qui la coupe en deux parties. Les rochers des bords de ce ravin sont très escarpés et il nous fallut faire un long détour pour passer de l'autre côté. La chaîne a 12 verstes de largeur; sur le versant opposé à celui par lequel nous l'avions abordée, elle s'abaisse insensiblement

1. Il s'agit des fameuses grottes de Touen-Houang, site bouddhique établi sur l'un des itinéraires de la Route de la soie, célèbre pour ses grottes décorées de peintures et de sculptures, aménagées pour la plupart entre le Ve et le XIIIe siècle.

dans une vaste plaine, au-delà de laquelle le mont Nan-Chan se dresse majestueux et sauvage.

En cet endroit deux de nos guides, l'officier et un soldat, nous quittèrent pour retourner à Sa-tcheou; il ne nous resta qu'un agent de police et son adjoint. Ceux-ci nous conduisirent à dessein (nous l'avons su depuis) dans un lieu inextricable où ils nous déclarèrent qu'ils ne savaient plus leur chemin. Furieux, je les congédiai et me mis immédiatement en quête d'un moyen d'arriver à la grande montagne, dont nous ne devions plus être bien éloignés. Ils avaient cru nous forcer à rétrograder, mais leur plan fut déjoué. Après bien des difficultés pour nous orienter, nous parvînmes à regagner le Dan-khé et à le remonter par sa rive gauche. Après avoir marché 17 verstes dans un chemin assez commode, nous atteignîmes le lieu où cette rivière s'éloigne de la haute montagne; il nous parut utile d'y camper pour mettre un peu d'ordre dans nos affaires.

La haute plaine que nous venions de traverser couvre un des contreforts du Nan-Chan; elle est très accidentée et s'élève jusqu'à 2 280 mètres d'altitude. Elle n'est arrosée que par le Dan-khé, qui s'y creuse un lit très profond, où il roule ses eaux boueuses. Cette tranchée a de 20 à 30 mètres, ses parois sont souvent verticales, et les bords en sont couverts de saules, d'oliviers sauvages entremêlés d'épines-vinettes et de clématites. Nous n'y avons vu nulle habitation, bien qu'on pût y reconnaître des ruines de *fanzas*.

Plus haut, dans la montagne, les rives du Dan-khé renferment des mines d'or, exploitées par les Chinois avant l'insurrection doungane ainsi qu'en témoignent des puits abandonnés, profonds de 15 à 20 mètres, des habitations d'ouvriers creusées dans la montagne, et même des canaux destinés au lavage de l'or.

Pour trouver la route que nous aurions à suivre, j'organisai deux reconnaissances: l'une se composait du préparateur Koloméitsef et du Cosaque Trintchinof; ils avaient l'ordre de suivre d'aussi près que possible le cours supérieur du Dan-khé; de mon côté, avec le sous-officier Ouroussof, je me dirigeai droit au sud. Nous n'emportions comme bagage qu'un chaudron pour chauffer de l'eau, un peu de thé, quelques livres de *dzamba*, et chacun notre couverture. A peine étions-nous en route qu'un violent orage éclata; le chemin se transforma subitement en un torrent d'eau boueuse large de 4 mètres et profond de 1 pied; il fallut un peu de patience; dès que la pluie eut cessé, l'eau disparut comme par enchantement ne laissant derrière elle qu'une vase glissante. En pénétrant dans la montagne, nous entendîmes tout à coup des voix humaines: une minute après, nous nous trouvions en présence de deux Mongols. Ils étaient à cheval, tenant chacun un second cheval en main; effrayés de cette rencontre inattendue, ils voulurent tourner bride, mais déjà nous étions à côté d'eux. Ils nous dirent qu'ils étaient des bergers à la recherche de leurs troupeaux égarés; je crois plutôt que c'étaient des voleurs de chevaux, mais peu m'importait, et, comme ces gens-là devaient connaître tous les sentiers de la montagne, je leur proposai de nous accompagner à notre bivouac. Ils refusèrent net; alors je leur déclarai qu'ils y viendraient de force, et que, s'ils essayaient de fuir, je leur brûlerais la cervelle. Tremblants, ils nous suivirent, et, chemin faisant, reprenant courage, ils nous demandèrent quel était notre chef et où nous allions. Lorsque nous revînmes au camp, il était tard; on les fit souper, on les régala de thé, puis on les fit coucher sous bonne garde. Le lendemain, voyant qu'on ne leur faisait point de mal, et stupéfaits d'apprendre que l'*oros-khoun* (l'homme russe) qui les avait arrêtés la veille était le chef de l'expédition, ils nous promirent de nous indiquer la route de Tsaïdam.

L'après-midi du même jour, nous étions en marche avec nos guides improvisés. Il nous fallut repasser sur la rive droite du Dan-khé, et, après en avoir suivi la vallée pendant environ 5 verstes, nous nous engageâmes dans un défilé qui sépare la grande chaîne d'un rameau tournant au nord-est. La montée et la descente étaient escarpées, mais le sentier était bien frayé, et, revenus dans la vallée du Dan-khé, nous y avons passé la nuit. A 3 kilomètres en amont, nous avons abandonné cette rivière pour suivre un de ses affluents, le Koukou-oussou, et nous sommes parvenus à une magnifique prairie arrosée de plusieurs ruisseaux et couverte d'une herbe succulente. Les bords du Koukou-oussou étaient garnis de tamaris, qui pouvaient nous fournir un bon combustible; je résolus d'y faire halte pour explorer la montagne.

Deux Cosaques allèrent avec les guides reconnaître la route; ils revinrent le lendemain et nous dirent que les Mongols les avaient conduits jusqu'aux premiers campements de leurs congénères du Tsaïdam. Ce fut avec regret que ces gens nous quittèrent, après avoir reçu la récompense que nous leur avions promise.

Trintchinof et Koloméitsef ne nous rejoignirent que le cinquième jour; ils nous racontèrent qu'ils avaient suivi le Dan-khé sur une longueur de 100 verstes et que cette rivière coule tout le temps au pied de la gigantesque chaîne. Ils n'avaient pas pénétré jusqu'à la source, mais elle ne devait pas être bien loin. Ils avaient rencontré des Chinois, dont l'un parlait le mongol; ces hommes exploitaient sans doute l'or en cachette. Ils avaient également vu des postes abandonnés et une petite forteresse qui autrefois avaient dû garder la route de Sa-tcheou aux mines. Ce Chinois leur avoua qu'on racontait que nous étions venus pour reconnaître les gisements d'or, et que c'était par ce motif que les autorités s'étaient efforcées de nous empêcher de pénétrer dans les montagnes. De plus on craignait de nous voir découvrir une nouvelle route pouvant permettre aux Russes d'entrer directement dans le Thibet, toujours mal soumis à l'empire chinois. Cette dernière information était peu rassurante; elle nous faisait prévoir de nouvelles difficultés lorsqu'il s'agirait de nous rendre à la capitale du dalaï-lama.

Nicolaï Prjevalski, *Sur le toit du monde: Mongolie, Dzougarie, Thibet (1870-1880)*, Phébus, Paris, 1988.

AUREL STEIN[1]
(1907)

On pense que la grotte secrète découverte en 1900 par le moine taoïste Wang, et dont les premiers documents furent acquis sept ans plus tard par sir Aurel Stein a été murée vers 1035. La plupart des documents étaient écrits en chinois, mais il y en avait également de nombreux en tibétain et quelques-uns en sanscrit, sogdien, persan, ouighour (turc), et même, pour l'un d'eux, un recueil d'extraits de l'Ancien Testament, en hébreu. On y découvrit aussi le plus vieux livre connu au monde, daté de 868.

Devant ce trésor inestimable, cette «énorme montagne de documents anciens», Stein, incertain de l'attitude du prêtre taoïste, gardien des lieux, se demanda s'il aurait le temps d'«extraire quelques-unes des perles avant que la coquille se referme». «Bien des raisons nous pressaient à travailler avec toute l'énergie et la célérité possibles, et d'autres nous conseillaient d'afficher une insouciance étudiée et une calme assurance. Je dois avouer que la tension et l'anxiété des journées chargées qui suivirent furent immenses.»

LA GROTTE AUX MANUSCRITS DE DUNHUANG: RUMEURS D'UN TRÉSOR CACHÉ

Il était impossible de consacrer plus de temps à ce travail administratif, sans faire la moindre pause, alors qu'à proximité se trouvait un site d'un intérêt tout à fait exceptionnel. Ce site, pour ainsi dire, attendait ma première visite, suite à une promesse que je m'étais faite voilà de cela si longtemps. En 1902 déjà, mon ami le professeur L. de Loczy, le célèbre directeur de la Société géographique de Hongrie, avait attiré mon attention au sujet des grottes sacrées bouddhistes, plus connues sous le nom de «grottes des Mille Bouddhas», ou encore Ch'ien fo-tung. Ces grottes se trouvaient au sud-est de Dunhuang. En qualité de membre de l'expédition du comte Széchenyi et, par conséquent, en tant que pionnier de l'exploration géographique moderne au Gansu, mon ami le professeur de Loczy s'y

1. Sur Aurel Stein, voir notice p. 578.

était déjà rendu en 1879. J'avais été très impressionné par la description enthousiaste qu'il avait donnée des superbes fresques et sculptures en stuc observées sur place, et qu'il avait rattachées à l'art antique indien, sans être lui-même féru en ce domaine. Telle fut, en effet, l'une des principales raisons pour lesquelles j'avais poursuivi mon expédition si loin dans la direction de l'est et jusqu'en Chine.

Le 16 mars, je pus enfin me rendre pour la première fois aux grottes célèbres qui abritaient les temples à propos desquelles mon esprit était resté si longtemps détourné. Chiang-ssu-yeh, Naik Ram Singh et l'un des subordonnés de Lin Ta-jên devaient m'accompagner dans ce voyage. Le ciel s'était dégagé bien plus rapidement que je n'aurais osé espérer après les journées entières de vents glaciaux et de sable. Il faisait plutôt beau le matin, même si tout retard devenait pénible à cause du froid. Nous dûmes cependant subir un tel désagrément, car les attentes étaient inévitables dans ces régions. Le *ya-i* [1] qui devait nous accompagner et porter l'appareil de photographie, avait jugé bon de louer un poney plutôt que sa monture habituelle, un âne robuste. De fait, il n'était toujours pas au rendez-vous alors que nous étions déjà prêts.

A huit heures et demie du matin, notre petite équipe s'ébranla enfin en direction du sud-est. Sur les franges sud de l'oasis, les collines grises couvertes de dunes, d'où le nom de Sha-chou ou «ville des Sables» qui lui fut donné par la suite, se dressaient d'une façon imposante derrière les arbres nus bordant les routes. La plus grande partie de notre chemin à travers l'oasis était bien en dessous du niveau des champs, ce qui me fit penser à Khotan, dans le Turkestan. Toutefois, un simple coup d'œil sur les champs eux-mêmes suffit pour me rendre compte que le Turkestan était bien loin derrière nous. Car ici, les lotissements étaient labourés et nivelés si soigneusement qu'ils ressemblaient à des tables de billards. Au Turkestan, en revanche, de petites digues d'irrigation divisent les champs et créent des terrasses. On ne voyait rien de la sorte dans ce dernier paysage.

Après deux kilomètres et demi seulement, la route déboucha sur un glacis de gravier parfaitement stérile. Il n'y avait pas de dunes, mais une longue ligne, pareille à une muraille, faite de quelques collines sablonneuses s'étendant vers l'est, à notre droite, jusque dans le lointain brumeux. Un petit édifice isolé se dressait comme un «témoin» sur la terre érodée. Ce n'était pas une ruine, mais un sanctuaire entouré d'annexes modestes utilisées par les moines. Les habitants étaient absents, sans doute pour participer aux cérémonies qui avaient lieu dans le village afin d'éradiquer l'épidémie apparemment de grippe qui sévissait. L'apparence de ces mornes collines me rappellait celle des escarpements, également dénudés, des terrasses qui s'étendaient depuis les monts Kunlun autour de Karghalik et jusque sur les plaines

1. Personnel du *ya-men*, c'est-à-dire du bureau du pouvoir local.

environnantes. Deux tours en ruines paraissaient être des *Pao-t'ais*, ou tours de repère. Toutefois, quelle que fût la popularité de ces grottes, et cela depuis des siècles, il était peu probable qu'elles fussent indiquées sur la route par des signes aussi officiels que ces tours. En effet, après ces deux tours, nulle autre n'apparut sur notre chemin.

La traversée d'une quinzaine de kilomètres, une fois achevée, nous rapprocha de la dépression peu profonde indiquant le débouché du ruisseau qui coulait à proximité des grottes sacrées. Tout à coup, un petit sanctuaire solitaire apparut parmi les plis d'un glacis alluvial de gravier. Il ne pouvait guère être très ancien, car la maçonnerie sculptée qui ornait le faîte des murs ainsi que les frises, ressemblait au travail que j'avais remarqué dans les sanctuaires du village, et le plâtre jaune paraissait récent. Pourtant, la structure entière portait tous les signes d'une détérioration prématurée. Le toit en tuiles, avec ses briques cannelées, révélait plus d'une brèche; celui d'une cellule attenante s'était complètement effondré. Cependant, les images colorées en stuc représentant un Bouddha et des serviteurs que je ne pus identifier, constituaient encore, malgré quelques membres manquants, des objets de culte. Devant eux se trouvaient les petites boîtes de sable dans lesquelles on plante les cierges allumés. Au pied des murs et sur toute leur surface se trouvaient des bandes de papier rouge portant toutes sortes de messages rédigés en caractères chinois; il s'agissait sans doute de courtes prières ou de dédicaces votives.

A proximité du seuil de la porte, une grande cloche rouillée, ébréchée en plusieurs endroits, pendait d'un support. Grâce à la traduction de Chiang, je compris à partir des caractères chinois serrés couvrant la surface de la cloche qu'il s'agissait d'un texte bouddhiste. Plus précise et plus gratifiante encore était l'indication selon laquelle l'inscription comportait une date. Certes, cette date n'était pas ancienne, ne remontant qu'au début du siècle dernier; mais cela me rassura sur le fait que la précision chronologique si caractéristique des Chinois était observée par le culte bouddhiste dans cette région. Combien de fois n'ai-je pas souhaité que ce même sens de la valeur des dates précises ne soit pas plus répandu parmi les Indiens pieux!

Le petit sanctuaire bouddhiste, avec son aspect de délabrement et de désolation, me prépara fort bien pour ce qui m'attendait dans les grottes sacrées. Elles nous apparurent à environ un kilomètre de là, tandis que nous nous dirigions vers la vallée silencieuse, en longeant un petit ruisseau peu profond qui venait d'être libéré de l'étreinte des glaces de l'hiver. Il n'y avait aucune trace de végétation sur les pentes grises et étrangement érodées des éperons de la chaîne de petites collines à l'est, descendant jusqu'au débouché du ruisseau. Cependant, toute idée de nature défunte qu'évoquaient ces faîtes et tertres ridés et dénudés me quitta lorsque je vis, dans les falaises agglomérées presque perpendiculaires, dressées sur la droite, les premières grottes.

Les parois rocheuses étaient criblées d'une multitude de sombres cavités. La plupart d'entre elles étaient de petite taille, étagées en terrasses irrégulières du pied (où elles étaient presque lavées par le ruisseau) jusqu'au sommet du précipice. Çà et là on voyait des marches reliant les grottes. Pourtant, une grande partie des parois était éboulée; si bien qu'il paraissait, depuis cette perspective, que le seul moyen d'accéder aux grottes était de recourir à des cordes suspendues, ou encore par un échafaudage élaboré, aussi pénible que coûteux à édifier. Tout cela me fit penser aux images d'habitations troglodytes des anachorètes que j'avais vues représentées sur des tableaux italiens voilà de cela bien longtemps; Peut-être était-ce ce souvenir, ou bien la vision inconsciente des tas de débris magnifiques que tels ou tels saints troglodytes auraient laissés dans leurs trous, qui me persuada que ces recoins avaient été peuplés d'une ruche de moines bouddhistes. Je me demandai avec quelle difficulté ils avaient dû grimper pour se rendre mutuellement visite.

L'illusion ne dura guère. Je retraversai la plaque de glace fine jusqu'à l'endroit le plus bas, où les rangs de grottes s'élevaient non du lit de gravats, mais d'une bande d'alluvions fertiles. Je remarquai immédiatement que tous les murs visibles depuis les entrées étaient couverts de fresques. Les grottes des Mille Bouddhas étaient bel et bien habitées, non par des moines, mais par des images de Gautama Bouddha lui-même. Cette multitude de grottes constituait en fait des sanctuaires, et je me pressai d'aller voir ce qu'ils contenaient.

La preuve que ces temples-grottes avaient toujours leurs gardiens résidents tenait au fait qu'il y avait de belles lignes d'arbres entretenus, apparemment des ormes, qui s'étendaient au pied des falaises criblées, ainsi que dans la présence des habitations situées en amont du ruisseau, jusqu'à l'endroit où la rive s'élargissait. Et pourtant, il n'y avait aucun signe de présence humaine pour nous accueillir, aucun guide pour nous distraire. Un nombre impressionnant de grottes — toutes très rapprochées les unes des autres — s'offrait à notre regard; elles étaient amoncelées l'une sur l'autre dans le plus grand désordre quant à la disposition et les étages. Devant la plupart de ces grottes, on voyait une sorte de véranda creusée dans la pierre tendre, et dont les murs et plafonds étaient couverts de fresques aux teintes pâlies. Des marches grossièrement taillées dans la paroi, et des galeries taillées plus grossièrement encore, menaient aux grottes supérieures. Beaucoup d'entre elles paraissaient être sur le point de s'écrouler et, dans les grottes les plus élevées, il y avait manifestement des sanctuaires, mais qui étaient devenus complètement inaccessibles.

En faisant ma première visite, je n'avais aucun point de repère. Quelques-unes des plus grandes grottes inférieures comprenaient des premières chapelles élaborées, faites en bois, et d'apparence indéniablement moderne; ce qui indiquait qu'une restauration récente avait eu lieu. Néanmoins, je découvris bientôt que même ces sanctuaires contenaient beaucoup de fresques et de statues anciennes. En passant rapidement d'une cellule à l'autre, mon regard ne put embrasser plus que les traits généraux des fresques et certains des traits techniques de la sculpture en stuc.

Les fresques, de par leur composition comme par leur style, avaient la plus grande affinité avec les vestiges de représentation bouddhistes transférées des Indes au Turkestan de l'Est. Ces représentations m'étaient déjà familières depuis mes fouilles dans les sanctuaires à Dandan-oilik ainsi que dans d'autres sites autour de Khotan. Dans la représentation des formes et des visages, pourtant, l'influence chinoise se faisait sentir sensiblement; les traits et les teintes n'étaient pas légers mais, au contraire, appuyés avec une exubérance de couleurs harmonieuses. Le bleu et le vert foncé dominants créaient un effet tout à fait évoquateur du style tibétain.

Je ne pus douter un seul instant que les plus belles de ces fresques dataient de l'époque de la dynastie T'ang. Quant aux autres, qu'elles fussent dans leur état original ou retouchées par des restaurateurs modernes, il était évident que j'avais là devant moi le travail de peintres fidèles aux traditions artistiques de cette période T'ang. Les sujets et les tailles des peintures murales variaient sensiblement d'un sanctuaire à l'autre, tandis que le plan et la disposition des fresques faisaient preuve d'une grande uniformité. Du seuil d'une première chapelle de forme oblongue — entièrement exposée à la lumière et le plus souvent sérieusement endommagée — un large et haut couloir conduisait à une cellule carrée à haut plafond, taillée dans la pierre, et dont la surface atteignait les quatre mètres carrés. D'habitude, à l'intérieur de la cellule on trouvait un groupe d'images reposant soit sur une plate-forme élevée, soit sur une sorte de niche placée face à l'entrée. Tous les murs étaient plâtrés et comportaient des fresques. Les fresques sur les murs du couloir représentaient souvent des rangs de bodhisattva en procession ou assis en gradins. A l'intérieur des cellules, les fresques étaient disposées sur des panneaux dont les bords étaient travaillés; lorsque la surface des murs était importante, ces panneaux étaient disposés en série. Pour la plupart, ces images étaient des représentations de Bouddha, seul ou en groupe, entouré d'adorateurs divins et de serviteurs dont les formes et les attitudes étaient variées. On y voyait également des scènes de paradis bouddhiste, des légendes de Bouddha et d'autres saints, des représentations de la vie religieuse dans les endroits de culte, etc.

Que la décoration murale fût constituée par de telles compositions pieuses, ou simplement par la multiplication à l'infini de bodhisattva et de saints dont la piété bouddhiste se délecte, tous les détails du dessin et de l'arrangement des images divines reflétaient l'influence du modèle indien. Notamment dans les images de Bouddha, la fidélité aux traits de visage et de la pose, ainsi qu'un drapé du vêtement, tels qu'ils sont élaborés par l'art gréco-bouddhiste, était la plus frappante. Les frises et les panneaux, représentant de toute évidence la vie quotidienne des moines et d'autres adorateurs, ainsi que les bordures à motifs floraux, semblaient indiquer que les artistes chinois s'étaient permis d'exprimer librement leur goût pour les décors de paysages sophistiqués, pour des rondeurs gracieuses, ainsi qu'une inclination très prononcée pour la notion de mouvement. Toutefois, le goût local n'avait pas osé transformer la sérénité digne des traits, ni les gestes simples mais impressionnants, ni même la richesse gracieuse du drapé dont l'art classique, tel qu'il était parvenu dans la vallée de l'Indus, avait illustré l'incarnation de Tathagata et ses multiples manifestations.

Il était plus difficile, cependant, de se faire une idée quant au style et à la valeur des vestiges des sculptures; car le statuaire en stuc friable avait beaucoup souffert de la détérioration du matériau utilisé — de l'argile mou — ainsi que de l'intervention d'iconoclastes, en même temps que du zèle des pieux restaurateurs. Dans presque tous les sanctuaires que j'examinai, l'image dominante était celle de Bouddha assis, atteignant parfois une taille colossale. A ses côtés se trouvaient toujours des groupes plus ou moins nombreux de bodhisattva et des serviteurs, se tenant debout.

Parmi les représentations ornementées et joliment drapées qui flanquaient la plate-forme en fer à cheval supportant les sculptures dans les plus grands sanctuaires, je reconnus aisément les images des duarapala[1], c'est-à-dire, des «Gardiens des Quartiers» célestes; il y avait également quelques images des principaux bodhisattva. Quant au reste, je compris, dès le début, qu'il me faudrait de longues études et des conseils autorisés en matière de religion pour tout connaître. Mais pouvais-je espérer obtenir de tels conseils en ce lieu sacré qui paraissait si abandonné? Et mon secrétaire honnête, lui-même ignorant tous les détails de la mythologie et l'iconographie bouddhistes, réussirait-il à saisir et à reproduire les explications techniques de ce cicérone tant espéré? Je regrettais vivement alors, comme maintes fois auparavant depuis mon arrivée à Dunhuang, mon manque total de connaissances en sinologie.

Il était gratifiant de noter l'absence totale de ces formes monstrueuses à plusieurs têtes et plusieurs bras que le bouddhisme mahayana de l'Extrême-Orient partage avec le développement plus tardif de ce culte au Tibet et dans les montagnes frontalières au nord des Indes. Il était

1. Demi-dieux, gardiens des portes des sanctuaires hindous comme des temples bouddhiques et des «cieux» appartenant aux diverses divinités hindoues et bouddhiques. (M. J.)

plus rassurant encore de constater la fidélité aux traditions sculpturales développées dans l'art gréco-bouddhiste. Certes, les têtes et les bras de la plupart des statues étaient, malheureusement, des copies modernes et peu fidèles à cause d'une restauration maladroite. Dans plusieurs cas, cependant, les corps et leurs drapés avaient survécu sans altération, et leurs teintes exquises avaient échappé à toute transformation. Je savais que la profusion d'images dorées, et la fréquence d'un colossal Bouddha suivant des attitudes différentes, constituaient un détail ancien. Les restaurateurs modernes semblaient avoir concentré leurs efforts sur ces dernières images. Par conséquent, face à plusieurs représentations géantes de Bouddha assis, hautes de plusieurs étages, ces mêmes restaurateurs avaient construit des premières chapelles en bois peint de couleurs vives et couvertes de papier écarlate portant toutes sortes de messages rédigés en caractères chinois.

C'était sûrement en voyant ces images colossales — dont quelques-unes atteignaient presque trente mètres de hauteur — et en observant le culte dont elles étaient l'objet, que Marco Polo tira l'inspiration, dans son chapitre sur Sachiu (c'est-à-dire Dunhuang), d'un long récit sur les étranges coutumes d'idolatrie du peuple de Tangut.

«Les idolâtres parlent une langue bizarre. Ils ne sont pas commerçants, mais plutôt agriculteurs. Ils disposent d'un grand nombre d'abbayes et d'églises abbatiales remplies d'idoles de plusieurs types auxquelles ils font honneur avec beaucoup de révérence, les idolâtrant et faisant de nombreux sacrifices avec mille et une cérémonies», et ainsi de suite.

Apparemment, Dunhuang avait conservé ses traditions de piété bouddhiste jusqu'à l'époque de Marco Polo. Cependant, il y avait de nombreuses indications d'archaïsme qui prouvaient que la plupart des sanctuaires et des vestiges contenus dans les grottes des Mille Bouddhas remontaient à l'époque T'ang, lorsque le bouddhisme florissait en Chine. Dunhuang, la pointe la plus à l'ouest de la Chine proprement dite, avait alors profité de la protection impériale, presque deux siècles durant, contre les Turcs au nord et contre les Tibétains au sud. Lors de la période suivante, cependant, et jusqu'à la souveraineté des Mongols (c'est-à-dire, deux générations avant la visite de Marco Polo), ces régions avaient subi des incursions barbares de toutes sortes. La splendeur des temples, ainsi que le nombre de moines et de religieuses établis dans ces régions, avait sans aucun doute diminué durant cet intervalle.

En passant rapidement d'une grotte à l'autre, suivi de près par mon secrétaire, nous rencontrâmes enfin l'un des jeunes moines indigènes que j'attendais. Il s'agissait d'un jeune *ho-shang*[1] qui avait la responsabilité religieuse d'un groupe de petites maisons et chapelles situé parmi les champs et les bosquets face à l'extrémité sud des

1. Moine bouddhiste.

grottes. C'était un homme intelligent et paisible, aussi discret que je pouvais l'espérer, et qui comprit rapidement les motifs de mon intérêt. Sur son visage je ne décelai aucun trait chinois et, comme parmi tant de physionomies aperçues autour de Khotan, curieusement, la sienne avait quelque chose d'indien. Mais je connaissais passablement le peuple de Dunhuang pour reconnaître le mélange racial que l'on rencontre à ce point de croisement entre la Chine, le Tibet et les hameaux quasi-aryens du bassin du Tarim.

Notre guide nous conduisit au temple où nous découvrîmes une grande inscription en chinois gravée sur du marbre et qui fournissait le récit des travaux pieux exécutés en ce lieu à l'époque T'ang. Puis, il nous conduisit vers deux sanctuaires où sont conservées des reliques épigraphiques, de plus petite taille, datant des dynasties Sung et Yüan. Hélas! je dus en laisser l'examen entier à Chiang-ssu-yeh qui, avec cette espèce de ravissement authentique des Chinois à l'égard de tout ce qui est paléographique, fut bientôt absorbé par son étude des caractères gravés dans le marbre. Il était réconfortant de savoir qu'à quelques exceptions près, ces vers avaient déjà été publiés par M. Chavannes à partir des frottis ramenés par M. Bonin.

A Dunhuang, Zahid beg m'avait fait part d'une vague rumeur selon laquelle il y aurait eu une énorme cache de manuscrits anciens, découverte par hasard dans l'une des grottes voilà de cela quelques années. J'étais d'autant plus impatient d'en savoir davantage que quelques-uns des manuscrits n'étaient peut-être pas d'origine chinoise. On rapportait que ce trésor avait été redissimulé dans l'un des sanctuaires suite à des ordres officiels. Secrètement Chiang et moi-même avions discuté longuement de la meilleure façon d'accéder à la cachette et, si nécessaire, de la manière de surmonter l'obstacle des religieux. J'avais partagé avec mon dévoué secrétaire tout le fruit de mes expériences aux Indes en matière de la diplomatie relative aux moines indigènes qui étaient, le plus souvent, aussi ignorants qu'avides. Sa compréhension rapide m'assura que les méthodes que j'avais évoquées marcheraient également sur le territoire chinois.

L'absence du moine taoïste chargé de surveiller les manuscrits nous empêcha de commencer tout de suite. Le jeune moine, pourtant, nous mit sur la bonne voie. Je laissai donc le *ssu-yeh* [1] l'accaparer dans une conversation privée. je fis une rapide inspection des grottes qui se trouvaient à l'extrémité sud, ainsi que de celles qu'on trouvait près du sommet de la falaise. J'étais dans la grotte contenant les inscriptions les plus modernes, lorsque Chiang se joignit à moi; il était enthousiasmé du succès de sa propre enquête.

La cache des manuscrits avaient été découverte dans un grand sanctuaire situé un peu plus vers le nord et dont les murs portaient les

1. Le secrétaire, ici Chiang-ssu-yeh, collaborateur chinois de Stein, recruté à Kachgar.

marques d'une récente restauration. L'entrée du temple avait été barrée auparavant par des éboulements de pierres et l'amoncellement de sable. Après l'avoir dégagée et procédé à la restauration dans la cellule et sa première chapelle, les ouvriers avaient remarqué une fente dans le mur du couloir. Intrigués par ce détail, les ouvriers découvrirent ainsi une ouverture pratiquée dans un petit recoin taillée à même le rocher, sur la droite, derrière le mur en stuc.

On disait que cette niche était pleine de rouleaux de manuscrits rédigés en caractères chinois mais dont la langue n'était pas le chinois. Le nombre de rouleaux aurait constitué plusieurs chargements de tombereau. La nouvelle de la découverte parvint aux quartiers généraux de la province et, après que quelques-uns de ces manuscrits avaient été envoyés à Lan-chou, le vice-roi donna l'ordre de les remettre tous à leur emplacement original. Par conséquent, à présent ces mystérieux messages non déchiffrés se trouveraient derrière la petite porte soigneusement refermée. Le sanctuaire, bien que décoré de fresques et de stucs bouddhistes, était sous la responsabilité d'un moine taoïste qui partageait paisiblement la garde du site en compagnie d'une petite fraternité de Ho-shangs, ou moines bouddhistes.

Ce moine se trouvait dans la région de l'oasis, vraisemblablement en train d'effectuer une tournée de mendicité avec ses acolytes. De fait, Chiang n'eut pas l'occasion de poursuivre son enquête initiale. Par chance, le guide spirituel du jeune moine, un Sramana d'origine tibétaine, avait emprunté l'un des manuscrits pour donner un éclat supplémentaire au décor de sa petite chapelle privée. Le *ssu-yeh* persuada notre cicérone de nous prêter ce document. Il s'agissait d'un rouleau de papier superbement conservé, d'une largeur de trente centimètres et d'une longueur de treize mètres, une fois déroulé. J'ouvris avec Chiang ce document devant la cache originale. L'écriture était, en effet, chinoise. Néanmoins, mon savant secrétaire avoua qu'il n'en comprenait pas un traître mot.

Ce rouleau était-il la preuve d'une langue autre que le chinois, ou simplement l'indication de l'étrangeté de la phraséologie du bouddhisme chinois aux yeux d'un lettré élevé dans les textes classiques chinois ? Une formule répétée à plusieurs reprises attira notre attention : le mot *pu-sa* est la contraction chinoise du terme sanscrit signifiant « bodhisattva ». Cela suffit pour prouver que le texte était bouddhiste, et pour stimuler mon appétit de voir la collection dans son intégralité. Le papier paraissait étonnamment frais et solide ; la surface était lisse et la texture, fine. Mais, compte tenu du climat aride et de la cache si bien abritée, les apparences ne révélèrent aucune indication de la date du rouleau. Je dus donc m'empêcher de formuler la moindre spéculation sur de telles questions jusqu'à ce que nous puissions accéder à toute cette bibliothèque cachée.

Le fait que ces sanctuaires soient toujours des lieux de culte et cela, malgré toute l'ostensible détérioration, fut pour moi une nouveauté. Je m'inquiétais de voir les dommages causés par les restaurations bien intentionnées; mais j'étais plus troublé encore par les problèmes que la sacralisation du site pourrait entraîner à l'égard d'une exploitation archéologique. Les moines résidents seraient-ils suffisamment aimables — et conscients du monde matériel — pour se masquer le regard devant l'usurpation d'objets sacrés? Et, si tel était le cas, pourrions-nous compter sur leur influence spirituelle pour soulager les scrupules des laïques — plus superstitieux encore — qui fréquentaient ces lieux de pélérinage, ou *tirtha* en hindou? Seul le temps et l'expérience pourraient répondre à de telles questions.

Entretemps, j'étais satisfait de pouvoir me concilier les grâces du jeune bouddhiste avec une offrande appropriée. J'aime toujours être généreux à l'égard de ceux dont j'espère faire «mes propres» moines indigènes, ou *purohitas*, sur les sites de culte ancien. A la différence de mes pandits indiens lors de telles circonstances, lorsqu'ils pouvaient — indirectement — se procurer quelques «honneurs spirituels», Chiang-ssu-yeh, avec toute sa sagesse, me conseilla de le faire avec modération. Un cadeau trop généreux risquait d'éveiller des suspicions quant à mes objectifs. Je reconnus la justesse de sa remarque et par conséquent ma *dakshina*, c'est-à-dire «mon offrande», n'était qu'un morceau d'argent, qui valait à peu près trois roupies, ou quatre shillings. La lueur de satisfaction dans le regard de Ho-shang me fit comprendre que le peuple de Dunhuang, quelles que fussent ses autres faiblesses, n'avait pas celle de trop gâter les moines pauvres. Quant à Chiang, je crus déceler dans son attitude un peu de ce mélange curieux de respect pour le culte et de pitié embarrassée pour l'ignorance de ses serviteurs. Autrefois, cette attitude n'avait jamais facilité les relations entre mes collègues savants au Kashmir et les moines indigènes sur les lieux de pèlerinage auxquels nous nous rendions pour des raisons archéologiques.

La nuit tombait avant que je ne pusse m'arracher de ce nid d'abeilles splendide de temples sur un fond stérile de rochers et de sable. La route que nous empruntâmes au retour grimpa sur une terrasse le long d'une pente raide et recouverte de pierres détritiques; puis nous traversâmes le plateau de gravier qui borde le pied des collines extérieures. Le vent de l'ouest nous transperçait les chairs. La lumière crépusculaire fut rapidement remplacée par l'obscurité la plus complète. De fait, rien ne put troubler les images que je gardais des couleurs vives et de la pompe solennelle de ces époques révolues, dont les surabondantes découvertes de cette journée m'avaient si fortement marqué.

UNE JOURNÉE AU LAC DU CROISSANT DE LUNE

A peine étais-je revenu à mon camp de Dunhuang après avoir subi à la fois la fascination et les difficultés du séjour de l'ancienne frontière du désert que, une fois de plus, je fus fortement attiré par les temples des Mille Bouddhas qui se trouvaient dans les grottes situées au pied des collines sablonneuses des régions du sud-est. Depuis ma visite du mois de mars, lorsque j'avais recueilli les informations sur la grande collection de manuscrits anciens découverte dans l'un des temples, l'attrait de ces grottes sacrées et de leur valeur historique avait, bien entendu, augmenté. Impatient d'entreprendre les opérations, je dus cependant maîtriser ma fougue.

Le pèlerinage annuel aux sanctuaires commença juste après mon retour à Dunhuang, et je n'avais pas besoin des allusions polies de la part de mes amis les *Ambans* pour me persuader que ce n'était pas le meilleur moment pour me rendre sur le site. On disait que la grande fête, une sorte de foire religieuse, avait attiré dix mille pèlerins de Dunhuang. Quelques jours plus tard, en découvrant une file de tombereaux chargés de paysans accompagnés de leur femmes, vêtues de couleurs gaies, ma décision de retarder l'expédition s'avéra fondée. Je connaissais suffisamment les lieux de pèlerinage indiens pour savoir qu'en de telles circonstances, il valait mieux observer l'humanité vivante plutôt que de fouiller à la recherche d'objets anciens.

Par conséquent, je dus patienter cinq jours encore avant de commencer. J'avais de quoi m'occuper entretemps. je réglai les comptes en utilisant le système primitif d'une monnaie en argent souvent impur et qui n'était pas frappée; je réparai les tentes et l'équipement sévèrement endommagés par le vent du désert; j'envoyai enfin mon courrier par le biais d'un petit commerçant qui partait pour Khotan en passant par la route de montagne. Je dois avouer que je ne regrettai pas la pause que cette attente m'imposait. L'oasis était de toute beauté à ce moment de l'année, avec ses champs verdoyants comme une pelouse entretenue et les petits iris bordant la route. Les arbres feuillus, des ormes pour la plupart, étaient également beaux à voir; les petites maisons qui se trouvaient à l'ombre de ces arbres paraissaient plus que jamais importantes, malgré ces honnêtes Cathayiens qui vivaient au petit bonheur.

Bien que ce fût un peuple peu travailleur, surtout dans la région du désert, il était néanmoins très jovial et poli lorsqu'il se trouvait dans les champs de ses propres fermes. A mon retour avec la récolte de documents anciens, Wang Ta-lao-ye, le savant magistrat, m'avait fait un accueil proche de l'enthousiasme; à présent il m'assurait que le peuple de Dunhuang s'habituait peu à peu à mes manières, quoi qu'elles leur aient paru étranges au début. Curieusement, nous dûmes ce changement d'attitude à notre équipe bizarre d'ouvriers issus des taudis. Certes, ils nous avaient donné bien du souci avec leur indolence et leur désir constant de s'enfuir; mais une fois revenus des steppes désertiques vers leur région familière, ils avaient, apparemment, fait de leur mieux pour améliorer notre réputation en racontant des histoires à propos de nos soins paternels quant à la distribution de récompenses et de médicaments; celle des rations que nous avions fournies régulièrement, sans les déduire des salaires, etc. Bien entendu, je savais que ce crédit qu'ils nous accordaient avait été gagné par l'attention, la gentillesse et la patience de Chiang-ssu-yeh à l'égard des plus humbles d'entre eux.

Jamais auparavant je n'avais si bien senti le charme «vieux monde» de cette frontière assoupie du vrai Cathay, que lorsque je me retirai au fameux sanctuaire du lac du Croissant de Lune pour une journée d'écriture paisible. Le sanctuaire était dissimulé dans les hauts sables au delà du bord sud de l'oasis, à une distance de moins de cinq kilomètres du village. Pour un vagabond du désert rien n'aurait pu être plus convenable, pensais-je, que ce petit lieu de pèlerinage entouré de dunes s'élevant à plus de soixante-quinze mètres. Le petit lac limpide était en forme de croissant et d'une longueur de moins de cinq cents mètres; d'où son nom et son caractère sacré aux yeux de la population indigène. Les sources délicieuses qui s'écoulaient entre les énormes dunes, sans risquer d'en être étouffées, auraient été vénérées aux Indes comme la résidence d'une grande *naga*, ou divinité du printemps. Sans doute, plus d'un bouddhiste indien traversant Dunhuang en direction de la Chine s'était senti étrangement chez lui.

Près de l'extrémité est du croissant, où se trouve le débit du lac, il y avait de petits prés où nos poneys se délectèrent de l'herbe la plus savoureuse qu'ils aient goûtée. Sur la côte sud du lac, sur des terrasses qui s'élevaient depuis le bord de l'eau, se trouvaient bon nombre de jolis temples modernes ornés d'un mélange bizarre de statues et de fresques bouddhistes et taoïstes. Face à eux, sur l'autre rive du lac on voyait la célèbre colline de sable résonnante, souvent mentionnée dans des anciennes archives chinoises (on pourra lire les notes savantes, dans la traduction de sir Henry Yule du livre de ser Marco, notamment le chapitre intitulé «La province de Tangut»).

Je m'étais rendu en cet endroit isolé pour travailler sans être dérangé — en *purdah*, selon notre expression anglo-indienne. Chiang, pourtant, qui seul m'avait accompagné, ne put résister à la tentation de grimper jusqu'au sommet de l'énorme dune, chaussé de délicates bottes de velours, uniquement pour le plaisir de se laisser glisser sur la pente et entendre le «grondement miraculeux» qui en résultait. Ceci était caractéristique de son vif désir de découvrir les «vraies vérités». Nous entendîmes en effet le grondement et Chiang, ravi, le nota dans son journal.

A part cela, nul bruit ne me dérangea toute la journée durant. Malgré sa popularité, affirmée par la multitude d'inscriptions votives, l'endroit demeura désert à cause de la fête des Mille Bouddhas. Seule une silhouette se déplaçait, celle d'un moine pittoresque et amical, qui se souvenait du cadeau que je lui avais fait au mois de mars lors de ma première visite. De temps à autre, tandis que j'écrivais dans l'ombre du vaste hall, le vieil homme s'approchait pour me regarder de près, puis se retirait sur la pointe des pieds; le souvenir des moines familiers des sanctuaires et des tombes indiens me revint à l'esprit.

Assis en plein air avec Chiang pour prendre ensemble le thé et un repas frugal, je lui fis part du plaisir que je ressentais d'avoir pris cette paisible et solitaire journée de repos avant d'entamer le travail qui nous attendait dans les grottes des Mille Bouddhas. Il exprima lui aussi sa satisfaction; puis, avec un humour commun et un goût pour la superstition religieuse, il ajouta une autre raison pour justifier le retard de nos travaux. Il avait entendu la légende selon laquelle, à la suite de la fête annuelle, les dieux et les génies locaux de Ch'ien-fo-tung enverraient invariablement un orage de vents violents pour nettoyer l'endroit sacré des débris laissés après le pique-nique pieux des pèlerins. Il valait mieux attendre, par conséquent, me dit-il, jusqu'à ce que le balayage divin soit achevé. Compte tenu des grands vents qui soufflent presque sans arrêt dans la vallée de Su-lo Ho, on pouvait être sûr que la population ne serait pas déçue.

LE RETOUR AUX GROTTES

Le 21 mai, par conséquent, tandis que nous nous dirigions vers les grottes sacrées, nous rencontrâmes un nuage de poussière créée par un orage survenu la veille. Par chance, ces grands vents qui soufflent de An-shi jusqu'aux déserts de Pei-shan existent depuis tant de siècles qu'il n'y a presque plus de sable fin à déplacer. Par conséquent, ce qui à Khotan aurait rendu l'air irrespirable ne constituait en fait pas plus qu'une protection bienvenue contre la chaleur du soleil. Bien évidemment, nous avions dû attendre jusqu'à midi pour que tous les tombereaux soient chargés de nos bagages.

Les quelques kilomètres de terrain que nous traversâmes jusqu'au bord de l'oasis étaient très verdoyants, plaisants à voir avec le jeune maïs cultivé dans les grands champs, et les iris sauvages d'un bleu éclatant poussant à profusion sur le bord des routes en creux. Les agriculteurs paraissaient avoir du mal à reprendre leur monotone labeur après la fête. Devant la plupart des maisons les femmes étaient assises, joyeusement inoccupées, toujours habillées de leurs robes de fête bigarrées. Jamais je ne pus regarder les pieds déformés de ces paysannes sans m'étonner de la force de la mode qui subjugue cruellement même les femmes les plus humbles dans ce pays. Ce que leurs sœurs riches citadines pouvaient plus facilement oublier devait être un véritable obstacle pour ces femmes de la campagne. L'obéissance à de telles conventions d'auto-torture nécessite l'étau de fer d'une civilisation antique.

Une fois passé les limites de l'oasis, il n'y avait plus aucun signe de vie sur la large piste qui longe cette steppe grise de gravier au pied de la chaîne de collines sombres. Et pourtant, des milliers de voyageurs venaient de passer par là. Le paysage était semblable lorsque nous tournâmes vers la vaste vallée impressionnante et que nous approchâmes de l'endroit où les falaises compactes et sombres laissent apparaître les ouvertures béantes des grottes petites et grandes. Voilà des siècles de cela, lorsqu'il y avait encore un peu d'humidité pour habiller ces collines de verdure, le petit ruisseau avait créé la vallée. Aujourd'hui il tarissait en cet endroit en raison de l'évaporation qui se produisait au-dessus du lit comblé de pierres. Au-delà du lit, là où la frange de terre irrigée masquait, de ses ormes et de ses peupliers, le seuil des principales grottes, flottait une ombre apaisante. La scène était identique à celle que j'avais connue lors de ma première visite en mars, et je fus convaincu que le site avait retrouvé son climat de désolation silencieuse.

J'avais de bonnes raisons d'apprécier ce retour au calme. Durant les mois qui s'étaient écoulés depuis mon arrivée, le bon peuple de Dunhuang avait fait preuve de zèle et d'attachement, en dépit de toutes les vicissitudes, aux principes du culte bouddhiste dans ce mélange bizarre qu'est la religion populaire chinoise. La fête annuelle qui venait d'avoir lieu n'était guère nécessaire pour me faire comprendre que les grottes, malgré l'apparente détérioration dont elles étaient victimes, constituaient toujours un véritable lieu de culte «par essence». Je savais donc qu'il faudrait, par prudence, limiter mon travail d'archéologue sur les fresques et les sculptures à l'étude des photographies et à la composition de plans, etc. Bref, il me faudrait travailler d'une manière qui ne susciterait pas le ressentiment populaire et les risques que cela implique.

Cependant, il était inutile d'ignorer le fait que ce qui avait maintenu mon esprit des mois durant, et qui m'attirait à présent avec la force d'un aimant, étaient en fait des espoirs bien concrets. Mon objectif était de trouver le dépôt caché des manuscrits anciens qu'un moine taoïste avait découvert par hasard, voilà de cela deux ans, alors qu'il effectuait des restaurations dans les grottes. Je savais que ce dépôt était toujours gardé dans la petite chapelle annexe où il avait été mis à jour; et qu'il y avait tout lieu d'être circonspect lors des premières tentatives que je ferais pour y accéder. Ce que mon judicieux secrétaire avait appris sur les caractéristiques et les habitudes du gardien me disait qu'il fallait avancer lentement et avec précaution. Chiang avait déjà persuadé Wang Tao-shih, le moine en question, d'attendre mon arrivée plutôt que de partir faire un tour dans le district pour vendre des bénédictions et des fétiches ainsi que pour percevoir des dîmes hypothétiques au profit du temple.

J'étais heureux ce soir-là d'obtenir un bon logement pour toute mon équipe ainsi que pour les bagages qu'on avait ramenés depuis Dunhuang. Par chance, Ch'ien-fo-tung ne compte que deux habitations, en plus de ses grottes, et elles étaient inoccupées pour le moment; le seul occupant était un Lama tibétain gros et jovial qui s'y était abrité à la suite d'un long vagabondage parmi les Mongols montagnards. Mes Indiens s'installèrent dans une cour, et Naik trouva une pièce qu'il transforma en chambre noire. Dans l'autre habitation mes ouvriers mahométans s'abritèrent sous les toits à moitié écroulés des cabinets extérieurs. Un couloir, qui avait toujours une porte et des fenêtres à treillage, servit de dépôt secret pour ma collection d'antiquités — ainsi que pour toutes celles qui viendraient.

Mieux encore, une bande de terre cultivée qui s'étendait devant les grottes sur environ un kilomètre offrait l'endroit idéal pour planter ma tente, sur l'herbe et sous les arbres fruitiers. Mes amis mandarins avaient insisté pour que je sois accompagné d'un sous-officier et de quelques soldats des troupes enrôlées à Dunhuang. Il y avait suffisamment de place pour eux et pour le *ssu-yeh* sous les grandes vérandas et dans les couloirs face aux grottes situées en regard de notre camp. Chiang trouva une pièce délicieusement fraîche au pied d'un colossal bouddha en position assise, et dont la hauteur atteignait trois étages; avec son sens inné de la propreté, Chiang avait transformé l'endroit en un lieu douillet, couvert de tapis. Plus tard, lorsqu'il fit plus chaud, je me servis de l'antichambre d'une autre grotte près de celle de Chiang comme d'un *daftar*. Après tout ce que nous avions vécu durant l'hiver et le printemps, il y avait de quoi considérer notre situation comme idéale, malgré l'eau quelque peu salée du ruisseau, dont le topographe se plaignait, l'accusant d'avoir réveillé son rhumatisme.

Le lendemain matin, j'entrepris ce qui devait paraître aux yeux des indigènes comme étant l'objectif de ma visite, à savoir, l'étude des principales grottes et les photographies des fresques les plus remarquables. J'évitai de longues conversations avec le *tao-shih*[1], qui était venu m'accueillir sur ce qu'il était en droit de considérer, tout le reste de l'année, comme étant son domaine. Le tao-shih était quelqu'un

1. Moine taoïste; il s'agit ici et par la suite de Wang-tao-shih, le gardien des grottes. (M. J.)

de très étrange, timide et nerveux, avec de temps à autre une expression de ruse qui n'était pas des plus encourageantes. D'emblée, il me parut évident que j'avais affaire là à un personnage difficile à cerner.

Plus tard, en faisant des photographies d'un des temples en ruines près du grand sanctuaire où avaient été découverts les manuscrits, je ne pus m'empêcher de jeter un coup d'œil sur le couloir d'entrée par lequel on accédait à la cache. Lors de ma visite précédente, l'ouverture étroite du recoin était fermée derrière une porte en bois; je fus navré de constater qu'à présent, l'étroite ouverture avait été murée à l'aide de briques. S'agissait-il d'une précaution pour empêcher le barbare trop curieux d'avoir le moindre aperçu des trésors dissimulés? Je pensai à l'identique méthode utilisée par les moines djaïns de Jesalmir pour interdire au professeur Bühler tout accès à leurs textes anciens. Psychologiquement, je me préparai pour un difficile et long siège.

La première tâche fut de me procurer le droit de consulter tous les manuscrits et cela, à l'endroit même où ils avaient été déposés. Ainsi seulement pouvais-je espérer déterminer le type exact et la date approximative de la collection de documents dissimulée derrière le mur du couloir. Pour ce faire, Chiang partit le matin voir le temple d'une autre grotte restaurée où le moine habitait; puis, il essaya discrètement de le sonder sur les aides que nous allions recevoir, ce qui s'avéra être une bien longue affaire. Encouragé par la promesse d'un don généreux, au profit du principal sanctuaire, la diplomatie du *ssu-yeh* donna de meilleurs résultats que je n'aurais osé espérer. Le saint gardien du trésor déclara que le mur de briques avait été dressé à l'encontre de la curiosité des milliers de pèlerins qui étaient venus récemment. Pourtant, le *tao-shih* était suspicieux et ne se laissa pas convaincre de nous faire la promesse de nous autoriser à consulter l'intégralité de la collection. Il accepta, avec beaucoup de réserves, de me montrer uniquement les documents qu'il avait sous la main. Oubliant un instant les convenances de la négociation diplomatique, et se laissant emporter par son zèle, Chiang fit allusion à l'éventualité de mon désir de me procurer un ou deux de ces documents pour mes futures études. Le *tao-shih* se montra alors si agité, en raison de ses scrupules religieux ainsi qu'en raison du ressentiment qu'il pourrait susciter parmi le peuple, que mon perspicace secrétaire jugea plus opportun d'abandonner ce sujet pour le moment.

Après des heures de tergiversations diplomatiques, Chiang ne quitta pas la chapelle-cuisine du moine sans avoir obtenu un renseignement capital. Selon la rumeur qui courait à Dunhuang, la découverte avait été rapportée, au moment des faits, au *tao-t'ai* à Suchou et lui-même en avait informé le vice-roi du Gansu. On disait également que le vice-roi avait donné des ordres pour le transport de quelques-uns des documents ainsi que pour la mise en sûreté de la collection entière.

Toutefois, nous n'avions aucun moyen de vérifier ces dires. Si de tels ordres avaient été effectivement donnés et, par conséquent, un inventaire officiel établi, les choses allaient devenir pour nous bien plus compliquées.

Par bonheur, ces craintes éprouvées par Chiang furent apaisées par le moine lui-même. Au cours de leur conversation, ce dernier s'était montré parfois très bavard, comme beaucoup de gens nerveux, et fit ainsi quelques révélations. On avait, en effet, envoyé quelques rouleaux de textes chinois, apparemment bouddhistes, au *ya-mên* du premier adjoint du vice-roi à Lan-chou. Une fois délivré, le contenu des rouleaux était demeuré un mystère, ou simplement, n'avait pas suscité d'authentique intérêt. L'administration s'était donc contentée d'une vague déclaration selon laquelle la collection entière constituerait sept chargements de tombereau et, craignant peut-être le coût du transport ou même celui d'un examen attentif, elle avait laissé le tout à la charge du *tao-shih* en qualité de gardien du temple.

Outre cette dernière information, l'essentiel du compte rendu que Chiang me fit de la conversation n'était pas très encourageant. En dépit du ton optimiste que Chiang avait l'habitude de donner à ses observations, il y avait tout lieu de croire cependant que l'état d'esprit très particulier du moine constituerait un véritable obstacle. Il était manifeste que compter exclusivement sur des pots-de-vin pour lui faire changer d'avis serait une chose inutile. J'estimai donc qu'il serait plus judicieux d'étudier ce personnage en le rencontrant personnellement. Cette après-midi là, accompagné de Chiang, je rendis visite au *tao-shih* et lui demandai de voir son temple restauré. Le temple était toute sa fierté en même temps que le centre de son existence à Dunhuang. Il répondit à mon vœu sans hésiter. Tandis que nous traversions la première chapelle remplie de sculptures en bois récemment doré et peint, et que nous passions par le haut couloir donnant accès à la cellule principale, je ne pus m'empêcher de jeter un coup d'œil à droite où un affreux travail de maçonnerie dissimulait toujours la porte de la chapelle secrète. Ce n'était pas le moment de poser des questions à mon guide pieux quant au contenu du recoin mystérieux. Je lui faisais donc part de mon intérêt à l'égard de tout ce que son zèle lui avait fait accomplir dans le dégagement de la cellule et de sa décoration sacrée.

La restauration n'avait été que trop complète. Au milieu de la grande cellule, qui faisait environ quatre mètres carrés, se trouvait une estrade ancienne mais replâtrée, en forme de fer à cheval. Sur le dessus, je vis une collection de statues neuves en argile, de taille colossale, plus laides que toutes les autres que j'avais vues dans ces grottes. Le bouddha assis au centre, et les disciples, les saints, et les «gardiens des régions» disposés avec symétrie de part et d'autre, démontrèrent à quel point l'art sculptural s'était détérioré à Dunhuang. Toutefois, ni cela ni le contraste flagrant entre ces statues, le bon goût et l'excellente conservation des fresques sur les murs et sur le plafond, n'était imputable au *tao-shih*. Son dévouement à l'égard de ce sanctuaire et de la tâche religieusement digne qu'il s'était fixée en le restaurant, étaient authentiques. Huit ans avant ma visite, il était arrivé ici en provenance du Shanxi. Pauvre mendiant manquant de ressources, il s'était installé dans les grottes en ruines et, choisissant ce temple en particulier, il s'était mis à le restaurer pour lui redonner son éclat d'origine.

A cette époque-là, le couloir était bloqué par le sable provenant du dépôt des limons du ruisseau. La première chapelle était également en mauvais état. En pensant à tous les efforts, à la persévérance et à l'enthousiasme dont cet humble moine avait dû faire preuve en mendiant pour obtenir l'argent nécessaire pour le dégagement du sable et les travaux de réfection (car, en plus de la première chapelle, il y avait plusieurs temples sur les étages supérieurs construits en briques solides et en bois), je ressentis une sorte de respect à l'égard de cet étrange petit bonhomme qui se trouvait à mes côtés. Il était évident, en voyant la manière dont il vivait avec ses deux acolytes et en écoutant tout ce que l'on disait à son propos à Dunhuang, qu'il ne dépensait rien pour lui-même. Cependant, sa liste d'abonnements charitables et ses comptes, qu'il présenta avec fierté par la suite à Chiang-ssu-yeh, révélèrent des sommes impressionnantes qui avaient été recueillies à la suite de bien des efforts au cours des années; tout avait été investi dans les travaux du temple.

Chiang devina rapidement que le *tao-shih* ignorait tout de l'érudition chinoise, et que ses connaissances générales étaient également très limitées. Je savais donc qu'il serait inutile de lui parler de mes intérêts archéologiques, du besoin d'éléments de première main pour les études d'histoire et d'antiquité chinoises, etc., comme j'en avais l'habitude avec des officiels savants de ce pays, toujours prêts à s'intéresser pour de tels sujets. La présence du moine, avec son mélange singulier de zèle pieux, d'ignorance naïve et de ténacité astucieuse me rappela fortement les anciens pèlerins bouddhistes chinois qui, simples d'esprit mais solides par la foi (et par la superstition) s'étaient rendus aux Indes et cela, malgré d'invraisemblables difficultés.

Plus d'une fois déjà, mon attachement bien connu à la mémoire de Hsüan-tsang, le plus grand de ces pèlerins, m'avait permis d'être entendu par des savants aussi bien que par des gens simples. Wang tao-shih en avait sans doute entendu parler. Entouré par ces signes d'un culte bouddhiste toujours vivant, quelque peu déformé mais néanmoins authentique, je crus bon de lui faire part, aussi bien que je pûs à l'aide de mon peu de chinois, de mon dévouement à l'égard du saint voyageur, lui racontant que j'avais suivi ses traces depuis les Indes, parcourant dix mille li au travers des montagnes et des déserts lugubres, et qu'au cours de mon pèlerinage je m'étais rendu sur le site actuel de bien des sanctuaires que lui-même avait visités et décrits, sans jamais tenir compte de l'inaccessibilité de ces endroits, ni de leur état de ruines.

J'avoue qu'il ne me coûte jamais rien pour devenir éloquent sur le sujet de mon «saint patron chinois», lui qui m'avait tant aidé dans mon travail. A présent, il m'était d'autant plus facile d'en parler que j'aperçus dans les yeux du *tao-shih* une lueur d'intérêt — et cela, chez un homme si timide et si nerveux. Chiang répondait à des questions et soulignait au maximum ma familiarité avec les archives et les voyages de Hsüan-tsang. Je pus alors voir quelle impression cela faisait sur le moine, dont l'expression m'avait laissé si perplexe auparavant. Bientôt je fus persuadé que le *tao-shih*, quoique illettré et indifférent à l'égard du bouddhisme, était devenu, à sa façon, aussi admirateur du «T'ang-sêng», l'éminent «moine de la période T'ang», que je l'étais moi-même.

J'en eus la preuve formelle lorsqu'il nous conduisit à l'extérieur sur la loggia spacieuse et récemment construite, nous montrant avec fierté les murs qu'il avait fait décorer par un artiste de Dunhuang. Il s'agissait d'une série de fresques animées représentant des scènes caractéristiques des aventures de la vie du grand pèlerin. Ces légendes fantastiques avaient transformé Hsüan-tsang, selon les croyances populaires en Chine, en une sorte de saint Munchausen. Certes, ces aventures ne se trouvent pas dans ses authentiques mémoires, ni même dans la sérieuse biographie qui lui fut consacrée. Mais quelle importance une telle différence de conception pouvait-elle bien avoir? J'étais heureux de laisser mon crédule cicérone raconter longuement les merveilleuses histoires de voyage illustrées par chaque fresque. Voilà Hsüan-tsang arraché de la terre et soulevé jusqu'aux nuages par un démon maléfique, puis rendu à ses pieux compagnons grâce à la force de sa prière ou à celle de sa magie. Deux figures, l'une avec une tête de cheval, l'autre avec une tête de taureau, sont représentées comme ses serviteurs réguliers. Ailleurs, on le voyait combattre un féroce dragon pour qu'il lui rende le cheval qu'il venait d'avaler, et ainsi de suite.

L'image qui véritablement attira mon attention illustrait un thème curieusement adapté à notre situation. Mais ce ne fut que plus tard qu'à plusieurs reprises, j'appliquai la morale qui s'en dégageait. On voyait T'ang-sêng debout sur la rive d'un torrent et, à son côté, sa fidèle monture chargée d'énormes paquets de manuscrits. Pour les aider à traverser le torrent avec un tel chargement, il y avait une grosse tortue qui nageait dans leur direction. Il s'agissait-là, sans doute, d'une référence aux vingt chargements de poney que constituaient les écrits et les reliques sacrées que ce voyageur avait rapportés des Indes. Mais le pieux gardien interpréterait-il cette leçon manifeste de façon à me permettre de ramener quelques manuscrits anciens, que le hasard avait mis sous sa responsabilité, au siège du bouddhisme, s'attribuant ainsi une gloire spirituelle? J'estimai néanmoins qu'il valait mieux de pas aborder un tel sujet pour le moment. En quittant le *tao-shih*, je sentis qu'un lien nouveau et fiable était en train de se créer entre nous.

L'OUVERTURE DE LA GROTTE AUX MANUSCRITS

Je laissai le *ssu-yeh* derrière afin de profiter au mieux de l'impression favorable que nous avions faite sur le moine. Le *ssu-yeh* avait également pour mission de demander au moine de nous prêter bientôt quelques-uns des manuscrits, comme il nous l'avait promis. Mais ce dernier était devenu à nouveau très nerveux et remit la livraison, d'une façon très vague, «à plus tard».

Pourtant, toute appréhension disparut à la fin. Tard dans la nuit, Chiang, silencieusement ravi, avança à tâtons vers ma tente, portant un paquet de rouleaux chinois que Wang tao-shih venait de lui remettre en secret, dissimulés sous son ample robe noire, première livraison des documents promis. Quant à l'inscription et au papier, les manuscrits paraissaient très anciens, et contenaient probablement des textes canoniques bouddhistes. Chiang ne pourrait s'en assurer qu'à la suite d'un examen approfondi.

Le lendemain à l'aube Chiang revint avec une expression de triomphe et d'émerveillement sur le visage, déclarant que ces beaux rouleaux de papier contenaient la version chinoise de certaines «Sutras» du canon bouddhiste qui avait été, selon les colophons, ramené des Indes et traduits par Hsüan-tsang lui-même. Il était étrange de découvrir dès le début de l'entreprise le nom de mon saint patron chinois et de tomber sur ce qui devait être des anciennes copies de son œuvre de traducteur des textes sacrés. Tout cela nous frappa comme un signe de bon augure. N'était-ce pas T'ang-sêng lui-même, dit Chiang, qui à un moment opportun avait révélé l'endroit secret à un moine ignorant afin de préparer pour *moi*, son admirateur et disciple des Indes lointaines, une récompense convenable aux confins occidentaux de la Chine proprement dite?

Wang tao-shih dans son ignorance ne pouvait pas savoir que Hsüan-tsang était l'auteur de ces écrits lorsqu'il choisit le paquet de documents. Chiang ssu-yeh se rendit compte tout de suite que cette découverte impressionnerait le moine crédule comme une intervention spéciale à mon égard de la part de l'illustre voyageur. Il se pressa donc de mettre le *tao-shih* au courant et, justifié par cette preuve tangible du soutien venant du saint vénéré, de renouveler sa demande de libre accès à la cache des manuscrits. L'effet fut sidérant. Sous peu, Chiang revint et déclara que nous pouvions être persuadés que l'augure à présent porterait ses fruits. Quelques heures plus tard, il découvrit que le mur bloquant l'entrée du recoin avait été retiré. Lorsque le moine ouvrit la porte, Chiang eut un aperçu d'un espace bourré jusqu'au plafond de paquets de manuscrits. Je m'étais éloigné intentionnellement du temple du *tao-shih* toute la matinée durant mais, lorsque j'appris cette dernière nouvelle, je ne pus plus maîtriser mon impatience de voir par moi-même le trésor en question. Ce jour-là il faisait chaud et les «soldats» qui m'avaient suivi toute la matinée avec mes appareils de photographie, faisaient à présent la sieste, s'étant endormis profondément après avoir fumé de l'opium. Seul Chiang m'accompagna au temple.

Je retrouvai le moine toujours en lutte avec ses scrupules et ses appréhensions. Pourtant, influencé par l'allusion quasi divine, il reprit le courage nécessaire pour ouvrir devant moi la porte de l'étroite entrée qui conduisait depuis le large couloir de devant, jusqu'au recoin taillé à même le rocher, situé à un peu plus d'un mètre du sol. En découvrant la petite pièce, j'ouvris grands les yeux. Entassés en couches successives et dans un désordre indescriptible je vis, à la faible lumière d'une petite lampe tenue par le moine, une masse solide de paquets de manuscrits s'élevant à une hauteur de trois mètres. Le volume de la pièce était d'environ quatorze mètres cubes. Le petit espace dégagé permettait à deux personnes de se tenir debout. Il était manifestement impossible d'effectuer un examen des manuscrits dans ce «trou noir». De plus, il allait falloir beaucoup d'effort physique pour enlever tous les manuscrits.

Suggérer le déplacement des paquets jusqu'à la grande cellule du temple, où nous aurions pu les examiner à l'aise, eût été prématuré. Wang tao-shih était alors très anxieux, craignant de perdre sa position — et ses patrons — à la suite des rumeurs que des passants pourraient propager sur lui dans la région de l'oasis. Pour l'heure, je dus donc me contenter de son offre de nous laisser enlever un paquet ou deux à la fois et d'en examiner le contenu rapidement dans un espace moins réduit du temple. Heureusement, les restaurations qu'il avait effectuées — à part la belle loggia déjà mentionnée — comprenaient une sorte de spacieuse première chapelle, flanquée de part et d'autre d'une petite pièce avec une porte et des fenêtres couvertes de papier. Nous eûmes ainsi un «salon de lecture» pour profiter de cette étrange bibliothèque ancienne. Nous y étions convenablement dissimulés de tout observateur, même si un fidèle venait pour se prosterner devant l'énorme et très laide statue de Bouddha placée à présent dans le temple.

Tandis que le *tao-shih* s'occupait de retirer quelques paquets, j'examinai de près le mur du couloir derrière lequel on avait caché le trésor. Le moine nous avait dit que, lors de son arrivée aux grottes des Mille Bouddhas voilà de cela huit ans, cette entrée était presque complètement bloquée par les amoncellements de sable. Compte tenu de l'état des grottes avoisinantes et du niveau relativement bas de ce temple en question, il était fort probable que cette accumulation de sable ait atteint trois mètres de hauteur à l'entrée. Avec seulement quelques ouvriers, qu'il paya avec les dons pieux (qui d'ailleurs avaient mis terriblement longtemps avant d'arriver), il avait fallu à notre *tao-shih* deux ou trois ans pour dégager entièrement le large couloir, sur une profondeur de douze mètres.

Une fois cette tâche accomplie, et tandis qu'il s'occupait à remplacer les vieux stucs délabrés par de nouvelles statues sur l'estrade de la cellule, il avait remarqué une fente dans le mur couvert de fresques situé à la droite du couloir. Il lui semblait qu'il y avait, derrière la surface plâtrée, non pas le conglomérat solide dans lequel avaient été taillés à la fois la cellule et le couloir mais, plutôt, un petit recoin. En élargissant cette ouverture, il découvrit la petite niche et le trésor qu'elle contenait, tels que je pouvais me rendre compte moi-même à présent.

Emmurée dans le mur orienté à l'ouest de la pièce, on avait découvert une dalle de marbre noire couverte d'une belle inscription en chinois. Depuis, elle avait été déplacée à la gauche du couloir où elle était plus accessible. Cette inscription contient les panégyriques impériaux d'un pèlerin chinois du nom de Hung-pien qui avait visité les Indes et qui, à son retour en Chine avec des reliques et des textes sacrés, s'était installé dans ces sanctuaires pour consacrer le restant de ses jours à la traduction des textes ainsi qu'à d'autres travaux pieux. La date de l'inscription indiquait 851 apr. J.-C., ce qui me persuada sur-le-champ que le dépôt des manuscrits devait avoir eu lieu après le milieu du neuvième siècle.

Cependant, avant de trouver des archives datées parmi les écrits eux-mêmes, il n'y avait aucune autre indication de l'ancienneté, à l'exception du style des fresques qui recouvraient les murs du couloir. Compte tenu de l'état de la surface des murs autour de l'ouverture, le *tao-shih* nous expliqua que des fresques avaient également recouvert le plâtre qui enduisait autrefois ces mêmes murs. Ces fresques, représentant sur une grande échelle des bodhisattva marchant en procession et chargés d'offrandes, étaient fort bien exécutées dans un style que l'on rencontrait fréquemment dans d'autres grottes. Ces décorations murales n'avaient subi aucune restauration et me paraissaient très anciennes. Pour de nombreuses raisons il semblait improbable qu'elles puissent remonter à une époque précédant celle de la dynastie Sung, qui avait elle-même précédé la grande conquête mongole au treizième siècle.

Mon vœu de découverte parmi ce trésor de manuscrits importants et intéressants fut donc exaucé. L'énormité du trésor, pourtant, évoqua en moi certains doutes. Aurions-nous le temps de tout parcourir, de manière approfondie, tout ce qu'il y avait dans cette montagne de papiers? Avec ce moine timoré, influencé par ses craintes mondaines et ses scrupules spirituels, aurions-nous le temps d'extraire quelques perles avant que la coquille ne se referme? Bien des raisons nous pressaient à travailler avec toute l'énergie et la célérité possibles, et d'autres nous conseillaient d'afficher une insouciance étudiée et une calme assurance. D'une façon ou d'une autre, nous parvîmes à répondre aux exigences contradictoires de la situation. Je dois avouer, néanmoins, que la tension et l'anxiété des journées chargées qui suivirent furent immenses.

Les premiers paquets à émerger du «trou noir» consistaient en des rouleaux épais de papier, hauts de trente centimètres et contenant des textes canoniques bouddhistes traduits en chinois. Tous étaient en excellent état et trahissaient pourtant des signes d'ancienneté en raison de l'état du papier ainsi que d'autres détails. Les bandes de papier jaunâtre, extrêmement bien faites et fortes, et parfois longues de neuf mètres, étaient bien enroulées, à la façon des papyrus grecs, autour de bâtons de bois dur dont les pommeaux étaient sculptés ou marquetés. Tous portaient des marques de fréquente lecture et de manipulation; souvent le pli extérieur protecteur, et le morceau de soie qui avait servi à lacer le document, avaient été arrachés. Mais sur les plis extérieurs intacts, Chiang put lire le titre du Sutra, le numéro du chapitre, etc.

La littérature bouddhiste dépassait les connaissances de Chiang, comme c'est le cas aujourd'hui pour la plupart des Chinois lettrés. Moi-même, quoique familier avec les écrits sacrés bouddhistes rédigés en langue indienne, travaillais avec un désavantage fatal: l'ignorance totale du chinois littéraire. Ce que Chang put lire ne m'aida point. Mais sa lecture m'assura d'un point précis : tous les chapeaux des premiers paquets étaient différents. Mon appréhension de trouver cette même répétition stupide de quelques textes, tous les mêmes, à laquelle se délecte le bouddhisme moderne au Tibet et ailleurs aujourd'hui, disparut. Je demandai au *ssu-yeh* de préparer une liste initiale des titres. Cependant, tandis que le gardien dévoué de ces trésors trouvait de plus en plus de courage et retirait paquet après paquet de manuscrits, toute tentative d'en dresser le catalogue dut être abandonnée. Un tel déluge nécessitait une véritable armée de scribes lettrés.

Parmi les écrits chinois, des textes tibétains furent mis au jour. Ils étaient également enroulés, bien que divisés en sections bien marquées, en raison de l'écriture à l'horizontale, plutôt qu'en colonnes verticales à la chinoise. J'étais persuadé qu'ils contenaient des parties des grandes collections canoniques, connues aujourd'hui sous le nom de Tanjur et

Kanjur. Lors de son premier examen, Chiang ne découvrit aucun colophon dans les rouleaux chinois qui aurait pu fournir la date précise de la rédaction de ces textes et, en raison de leur longueur, il aurait fallu y consacrer trop de temps pour les dérouler et faire des recherches.

Par conséquent, j'étais doublement ravi de découvrir, sur l'autre face d'un rouleau chinois, un texte écrit dans la forme cursive du brahmi indien semblable à celle que j'avais trouvée sur les textes bouddhistes des sites de la région de Khotan. Ceci fut la preuve indéniable que le gros des manuscrits remontait à une époque où l'écriture indienne et une connaissance du sanscrit dominaient encore dans le bouddhisme de l'Asie centrale. Cette indication, qui montrait l'ancien lien entre ces établissements religieux et l'éducation bouddhiste tel qu'ils avaient été transférés dans le bassin du Tarim, me donna l'espoir de découvrir des documents directement liés aux recherches indiennes et occidentales.

Tous les manuscrits semblaient être dans le même état qu'au moment de leur dépôt. Quelques paquets n'étaient fermés que par une corde, et étaient dépourvus d'emballage. Cependant, même cette négligence n'avait en rien affecté le papier. Je ne décelai aucune trace d'humidité. En effet, quel meilleur endroit pouvait-on trouver pour conserver de telles reliques, qu'une niche taillée à même le rocher de ces collines terriblement stériles, hermétiquement protégées du peu d'humidité contenu dans l'atmosphère de cette vallée désertique? Les reliques sous la terre la plus aride n'auraient pas mieux échappé aux dégâts que ces masses de manuscrits qui, dans cette chambre de pierre où, dissimulées derrière un mur de briques et protégées par les amoncellements de sable, n'avaient pas été dérangés depuis des siècles.

Comme j'étais reconnaissant de cette protection lorsqu'en ouvrant un gros paquet emballé d'une épaisse toile colorée, je trouvai des peintures sur soie et sur lin, des ex-voto de soie et de brocart, avec d'innombrables fragments variés de papier et de tissu peints. La plupart des peintures étaient de dimensions réduites, longues de moins d'un mètre, et avaient servi de bannières pour les temples, comme l'indiquaient leurs banderoles et leurs sommets triangulaires pourvus de fils d'attache. De telles montures les rendirent d'autant plus impressionnantes une fois pendues. Plusieurs d'entre elles étaient en bon état, et toutes se trouvaient dans la même position qu'au moment du dépôt.

Les bannières en soie étaient le plus souvent enroulées; en les déroulant on voyait de splendides peintures représentant des bouddhas et des bodhisattva qui avaient quelque chose d'indien. Il y avait également des scènes légendaires bouddhistes. Je n'eus pas le temps de les examiner de près, mais je remarquai plusieurs traits externes. Rattachées au bas de chaque bannière, il y avait eu, ou il y avait toujours, trois ou quatre longues banderoles de soie peinte en couleurs vives, tenues en position par une traverse de bois laqué ou peint. Le sommet triangulaire consistait en un bout de brocart ou de soie dont les bords étaient brodés, et une banderole en descendait de part et d'autre. En haut et en bas de l'image oblongue, deux bouts de bois ou de bambou tendaient la bannière.

La soie utilisée pour ces images était presque invariablement faite d'une gaze très fine. Tandis qu'elles flottaient à l'air, la lumière transperçait le voile. Ceci était important, puisque pour être vues correctement, les bannières avaient été suspendues près des porches qui à eux seuls, servaient à illuminer les temples des grottes. En raison de leur transparence, elles avaient été peintes sur les deux faces. Quelques-unes avaient été endommagées. Cela résultait non pas de leur ancienneté mais de l'usage qu'on en avait fait dans les temples. Les déchirures avaient été réparées ou, dans certains cas, l'image entière avait été remontée sur un fond de tissu ou de papier.

Quels que fussent les avantages d'un si délicat tissu, les désavantages en devinrent évidents lorsque je trouvai des circonvolutions de peintures sur des pièces de soie bien plus hautes, selon les mesures faites plus tard, et qui atteignaient deux mètres. Elles avaient été très serrées et souvent mal enroulées au moment du dépôt, et elles étaient excessivement pliées par conséquent. Il aurait été trop délicat de les ouvrir car, après des siècles de compression et d'air sec, le fin tissu était devenu d'une fragilité extrême. en soulevant un pli çà et là, pourtant, je m'aperçus que les scènes représentées étaient aussi élaborées que celles qui couvraient les murs des vieilles grottes. Bien que je fusse tenté d'y chercher des inscriptions votives qui révéleraient des dates, je dus patienter, de peur de les endommager.

Le temps manquait également pour étudier attentivement ces objets sur place, comme j'aurais aimé pouvoir le faire. Mon principal souci était de savoir combien d'entre eux je pourrais soustraire de cette prison morne et des risques encourus par l'indélicatesse de leur gardien. Je fus aussi ravi qu'étonné de voir que ce dernier n'attachait pas beaucoup d'importance à ces belles reliques d'art ancien de l'époque T'ang. Par conséquent, j'osai mettre rapidement de côté les meilleures peintures sur soie, lin, et papier, «pour une inspection approfondie». Dans le premier paquet, j'en trouvai plus d'une douzaine. Je désirai fortement m'emparer de tout le contenu, car même parmi les fragments se trouvaient des pièces superbes et chaque bout de soie avait sa propre signification historique. Pourtant, il ne fallait pas montrer trop d'empressement et je me maîtrisai autant que je pus, déterminé à revenir à la charge dès que le terrain serait préparé pour d'autres acquisitions.

Le moine paraissait indifférent à l'égard de ce genre de découverte. Son espoir secret de distraire mon attention des rouleaux précieux de textes canoniques chinois (*Ching*), en sacrifiant les peintures sur soie, le poussa à chercher et à retirer, avec plus d'énergie que jamais, des paquets qu'il aurait classés sous la rubrique «vieux papiers». J'étais ravi de cela, car dans le premier paquet je découvris, mélangé à des textes chinois et tibétains, une quantité considérable de feuilles de papier oblongues rédigées en écriture indienne, plus connue sous le nom de brahmi d'Asie centrale.

Une fois mises en ordre, ces feuilles s'avérèrent faire partie d'une demi-douzaine de manuscrits de forme pothi, dont quelques-uns étaient en sanscrit et d'autres encore en différentes langues «inconnues» du bouddhisme du Turkestan. Plusieurs d'entre ces manuscrits étaient de grande taille avec des feuilles longues de 53,3 centimètres. Depuis, quelques-uns furent identifiés comme complets. Dans cette mesure-là, aucune de mes découvertes précédentes d'écriture brahmi ne pouvait se comparer à celle-ci. De plus, cette dernière découverte était en meilleur état de conservation. Ce premier jour, donc, Chiang et moi-même travaillâmes sans repos jusqu'à fort tard. Nous tombâmes parfois, parmi les rouleaux chinois et tibétains, sur des feuilles d'écriture indienne. Nous trouvâmes également des rouleaux chinois dont le revers comportait la forme cursive du brahmi d'Asie centrale.

Bien que je fusse ému par ces découvertes inespérées, je ne pus oublier la principale tâche pratique qui était, pour le moment, plus importante que tout le reste. Il fallait maintenant la docilité du moine, l'empêcher de céder à sa crainte d'une intrusion et de rumeurs hostiles parmi ses patrons. A l'aide du doux pouvoir de persuasion de Chiang-ssu-yeh, et grâce à tout ce que je pus démontrer en matière de dévouement à l'égard du bouddhisme en général et de mon saint patron en particulier, nous réussîmes mieux que je ne l'aurais espéré à amadouer le moine. Je vis l'expression timorée du moine se transformer en contentement face à notre propre satisfaction de découvrir ce qui lui semblait être dépourvu de toute valeur. Quoique fatigué de grimper sur les tas et de porter de gros paquets, il paraissait se résigner à la tâche, même si ce n'était que pour le moment.

Lorsque l'obscurité de la grotte nous força d'arrêter pour la journée, une pile considérable de manuscrits et de tissus peints se trouvait sur un côté de notre «salon de lecture», attendant que nous la déplacions afin d'effectuer un «examen plus approfondi», selon notre expression diplomatique. La question était de savoir si Wang Tao-shih serait disposé à encourir le risque du déplacement de ces documents et, ce faisant, prendre notre parti. Des mots comme «vente» et «achat» n'eurent guère convenu. Il était également évident que le déplacement devait se faire dans le secret le plus absolu. Par conséquent, en sortant de la grotte, nous avions tous les mains vides et n'étions donc pas suspects.

Certes, nous étions épuisés, mais je profitai de cette occasion pour engager la conversation avec le moine sur le sujet de notre héros et saint patron commun, l'éminent Hsüan-tsang. Je ne pouvais pas réclamer une meilleure preuve de son soutien et de sa faveur que le fait d'avoir pu observer un tel trésor de reliques de sa propre époque et provenant, du moins en partie, de ses propres voyages aux Indes; et tout cela, dans une grotte restaurée et gardée par un admirateur si fervent. Une fois de plus, tandis que nous nous tenions sur la loggia, je laissai le *tao-shih* pontifier sur les invraisemblables aventures du T'ang-sëng telles qu'elles étaient illustrées sur ses précieuses fresques murales. Le panneau qui montrait Hsüan-tang revenant des Indes avec sa monture chargée de manuscrits sacrés constituait l'apologue le plus efficace que je pus avancer pour souligner mon vif intérêt pour les reliques que le *tao-shih* avait découvertes sans pour autant les mettre au jour.

La susceptibilité du moine lui fit admettre qu'en lui permettant de tomber sur ces précieuses archives bouddhistes, le saint avait montré que la réclusion perpétuelle dans un trou sombre n'était pas le destin qu'il souhaitait pour de tels documents. Le moine avoua également qu'il était lui-même incapable de les apprécier convenablement. N'était-ce pas évident, répondit Chiang avec toute la force de sa douce logique, qu'en me permettant — moi, un disciple fidèle de Hsüan-tsang — de rendre accessibles aux élèves occidentaux les reliques littéraires et autres, qu'une découverte providentielle avait placées entre ses mains, il accomplissait en même temps un véritable acte de piété? Nous ne pûmes faire qu'une légère allusion à une considération secondaire, celle du don généreux au profit du sanctuaire, don par lequel cet acte serait récompensé.

Quelles que fussent les impressions produites par de telles conversations sur l'esprit du bon *tao-shih*, qui vacillait constamment entre les craintes pour sa sainte réputation et une astucieuse compréhension des avantages à tirer en m'aidant, le jour s'acheva sur un résultat très positif. Suivant ses propres conseils, j'avais laissé le *ssu-yeh* seul pour résoudre le problème de l'obtention discrète des manuscrits et tissus peints choisis. Il était tard dans la nuit lorsque j'entendis des pas. C'était Chiang, venu pour s'assurer que personne ne traînait près de ma tente. Un peu plus tard, il revint avec un énorme paquet sur l'épaule. A l'intérieur se trouvait tout ce que j'avais choisi pendant la journée.

Le *tao-shih* avait trouvé le courage d'accepter mes demandes, à la condition exclusive que nous soyons les seuls à être au courant du marché. De plus, dit-il, tant que j'étais sur le sol chinois je n'avais pas le droit de révéler la source de ces «découvertes» à qui que ce soit. Lui-même avait peur d'être vu en dehors de son temple. Le *ssu-yeh*, toujours plein de zèle et d'énergie, avait pris l'initiative de servir de porteur. Sept nuits de suite il se rendit ainsi à ma tente, tandis que tous les autres dormaient, et en faisant preuve des mêmes précautions. Mince comme il l'était, il peinait sous le poids toujours croissant des chargements; finalement, il dut effectuer la livraison par étapes. Pour ses mains, habituées seulement à porter une plume et du papier, cette tâche fut assez pénible. Je n'oublierai jamais la bonne humeur et le dévouement avec lesquels mon plus précieux collaborateur accomplit cette tâche.

LES TRÉSORS DE LA GROTTE AUX MANUSCRITS

Il serait inutile de décrire dans le détail comment les recherches se poursuivirent, jour après jour, sans arrêt, ou d'établir une chronologie de toutes les découvertes intéressantes qui récompensèrent ces curieuses «fouilles». Dès le début, il était évident que le contenu de cette petite chapelle avait été déposé dans la plus grande confusion. Toute information qui aurait fourni une connaissance de la position des paquets au moment de leur découverte avait été entièrement effacée lors du premier dégagement (dont le but fut une recherche de trésors, comme l'avoua le *tao-shih*) et lors du second, lorsque la grande dalle de marbre noire fut enlevée du mur ouest et placée dans le couloir. La chance déterminerait également quels paquets le *tao-shih* nous donnerait.

Ces fouilles hâtives ne constituaient pas les meilleures conditions d'appréciation de l'importance de tout ce qui me passait par les mains. L'étude systématique que je voulais faire de chaque objet prendrait des années de travail d'un spécialiste. Je tenterai d'avancer les révélations qu'un tel travail a déjà fournies dans un chapitre futur. Je dois me contenter à présent de faire un résumé rapide des découvertes qui me frappèrent sur le moment et qui m'aidèrent à tirer des conclusions quant à l'histoire de cette cache d'anciens trésors.

Après tout ce que j'avais appris durant le premier jour, je pus apprécier avec plus de facilité la valeur particulière des paquets de divers textes, de tissus peints, d'ex-voto, et de papiers de toutes sortes qui, manifestement, avaient été mis en dépôt lorsqu'ils ne servaient plus. Ces paquets-ci se distinguaient clairement, par leur forme et leur fermoir irréguliers, des autres contenant des rouleaux de textes bouddhistes rédigés en chinois ou en tibétain. Heureusement, cette irrégularité avait incité le *tao-shih* à les mettre en haut de la pile de paquets, que j'appelle pour ma part, «paquets de bibliothèques». Il les retira à présent parce qu'ils étaient les plus accessibles.

C'est de ces paquets «mélangés» qu'émergea la plupart des manuscrits et feuilles détachées d'écriture indienne, ainsi que ceux de forme *pothi*. Le plus important d'entre eux fut un document écrit en sanscrit sur des feuilles de palmier remarquablement bien conservées. Il y en avait soixante-dix toutes longues d'au moins 51 centimètres. La petite écriture, belle cependant et lisible qui couvrait ces feuilles avait certains traits paléographiques qui ne laissèrent aucun doute sur la date du manuscrit à savoir, au moins, au troisième ou au quatrième siècle après Jésus-Christ, ce qui en faisait les documents en sanscrit les plus anciens jamais découverts jusqu'alors. Le texte n'en avait que plus de valeur. Or, ces feuilles furent identifiées depuis comme faisant partie d'une œuvre appelée «le Canon bouddhiste du Nord». Le matériau du document indique qu'il fut écrit aux Indes. Quel pèlerin avait bien pu amener ce texte aux limites de la Chine?

Comme dans les documents écrits en cursive indienne à la façon des Pothis, je trouvai parmi les rouleaux d'écriture brahmi indienne un modèle du genre. Il s'agit d'un rouleau gigantesque, en papier, long de plus de vingt et un mètres et large de trente centimètres. La face intérieure était entièrement couverte de brahmi, écrite plutôt droit, d'un type connu par les élèves sous le nom de Gupta. Sur la face extérieure, deux oies étaient représentées. Elles étaient fort bien dessinées se tenant debout face à face sur des fleurs de lotus. En examinant le texte rapidement, je ne trouvai que des prières d'invocation dans un sanscrit impur familier aux bouddhisme du Nord. Il y avait également des listes des noms de bouddhas, etc. L'examen initial de mon éminent collègue le Dr. Hoernle, révéla depuis que parmi ces prières se trouvent des centaines de vers de cette langue «inconnue» dont j'avais rencontré la trace lors des fouilles autour de Khotan. aucune «clé» cependant, ne fut trouvée parmi ces textes susceptibles d'aider à leur traduction. Je raconterai plus tard comment le Dr. Hoernle trouva cette «clé», aidé de deux textes bilingues que je ramenai des grottes des Mille Bouddhas.

En dehors de leur intérêt philologique, et quelle que fût la langue dans laquelle ils furent écrits, ces textes possèdent une valeur historique fournissant la preuve tangible que les communautés de moines, établies à Dunhuang parmi une population essentiellement chinoise, maintenaient jusqu'à une date relativement avancée, des liens directs avec d'autres moines vivant dans le bassin du Tarim, au travers duquel le bouddhisme atteignit la Chine. Outre ce lien ancien avec les «régions de l'Ouest», l'abondance de textes tibétains confirme indéniablement que le bouddhisme de Dunhuang fut touché par une influence venant du sud à une période précise. J'avais trouvé depuis le début, dans les «paquets mélangés», des centaines de feuilles de *pothis* tibétains, constituant de toute évidence des portions considérables du canon bouddhiste. Les paquets de feuilles furent souvent mélangés dans le plus grand désordre, mais les tailles différentes, longues d'au moins soixante centimètres, m'aideraient plus tard à mettre de l'ordre.

Outre ces livres de feuilles détachées, avec leurs trous à reliure mais sans fil, je découvris également que, parmi ce qui restait dans la chapelle, la proportion de paquets contenant des rouleaux tibétains était considérable. N'étant pas un expert du Tibet, je n'avais aucun moyen de vérifier si les textes contenaient différentes portions de l'énorme collection canonique connue sous le nom de Kanjur et Tanjur; ou encore, s'il s'agissait simplement d'une répétition infinie des prières et des textes telle que les Tibétains les aiment encore aujourd'hui. Pourtant, je remarquai que le papier des *pothis* tibétains paraissait bien plus ancien que celui des rouleaux, et que sa texture se différenciait de celle des textes chinois. J'en tirai la conclusion que la plupart des *pothis* avaient été importés du Tibet, tandis que les rouleaux avaient été écrits par des moines tibétains indigènes.

Par bonheur, la présence flagrante de manuscrits tibétains n'exigea pas d'hypothèse supplémentaire. Aucun doute n'était possible quant aux preuves chronologiques fournies par les manuscrits. Grâce à des archives historiques chinoises traduites par M. Chavannes, y compris la belle inscription datée 894 apr. J.-C. découverte dans l'une des grottes situées la plus au sud, je savais que le territoire de Dunhuang et une grande partie de Gansu avaient été conquis par les Tibétains en 759 ap. J.-C. Cependant, à peine un siècle plus tard, en 850, Chang I-ch'ao, le gouverneur héréditaire de Dunhuang, rompit ses liens avec les pouvoirs tibétains et se mit aux services de l'empereur de Chine, permettant ainsi aux Chinois de rétablir une sorte de suzeraineté sur ces steppes occidentales. Ce pouvoir dut s'estomper lors des troubles qui suivirent la dynastie T'ang au début du dixième siècle. Lorsqu'un émissaire chinois à Khotan traversa, en 938 apr. J.-C., les territoires qui correspondent aujourd'hui à An-hsi et Dunhuang, il découvrit qu'ils étaient de nouveau sous le contrôle tibétain, quoique la population soit demeurée essentiellement chinoise, et que l'administration également soit restée entre les mains d'un chef indigène appartenant à la grande famille de Ts'ao.

Le pouvoir tibétain à Dunhuang connut son zénith depuis le milieu du huitième siècle jusqu'au milieu du neuvième. C'est à cette période que le Tibet connut sa plus grande puissance en Asie, contrôlant de vastes territoires du Gansu et même de la Chine centrale. A partir de 766 apr. J.-C., les Tibétains s'emparèrent, au fur et à mesure, des territoires du Turkestan de l'Est; en 790, ils brisèrent enfin l'étreinte des garnisons isolées chinoises qui avaient lutté si longtemps pour maintenir le protectorat impérial dans les terres lointaines au nord et au sud des Tianshan. Bien que la puissance du Tibet se soit plutôt affaiblie après 850, son influence se fit néanmoins longtemps sentir dans la région de Dunhuang. Ce lien politique entre Dunhuang et le Tibet, directement démontré deux siècles durant, explique la raison pour laquelle le bouddhisme tibétain fut si bien représenté parmi les vestiges de la grotte murée.

Mais les éléments étrangers de la bibliothèque du temple ne provenaient pas uniquement du sud du Tibet. Compte tenu de l'épanouissement du bouddhisme dans le royaume puissant établi par la tribu turque des Ouighours après 860 de notre ère, à Turfan, à Hami et dans la partie nord-est du bassin du Tarim, avant de s'étendre jusqu'à Kan-chou au dixième siècle, je ne m'étonnai point de tomber sur des manuscrits ouighours contenus dans plusieurs paquets. Quelques-uns de ces manuscrits étaient de petits volumes in quarto, écrits sur des feuilles de papier fin, pliés et cousus à la chinoise. Ils étaient également tout à fait complets. Les rubriques et les gloses chinois que je trouvai dans certains documents indiquèrent que le contenu était d'inspiration bouddhiste, et mon ami le Dr. E. Denison Ross, sinologue averti, approuva cette conclusion.

Ce script ouighour dérive de l'écriture syriaque, et son usage dans des écrits turcs remonte avant la diffusion de l'Islam parmi les populations turques en Asie centrale. Nous en découvrîmes également sur le revers de plusieurs rouleaux chinois. D'emblée, je remarquai que les caractères étaient bien moins cursifs et avaient une forme plus affirmée que dans les livres manuscrits et les textes ouighours que je connaissais déjà. Ce ne fut qu'après mon retour en Europe que je me rendis compte de la nature de la langue de ces rouleaux. Il s'agissait du sogdien, dialecte iranien utilisé pour des traductions anciennes de littérature bouddhiste, traductions faites dans les régions appelées Samarcande et Bokhara. Cette hypothèqe fut démontrée par les brillantes recherches du professeur F. W. K. Mûller sur les manuscrits découverts à Turfan. Pour avoir atteint les steppes de la Chine proprement dite, quel rôle important cet élément iranien, avec son langage et sa curieuse écriture, dut-il jouer dans la propagation du bouddhisme sur l'ancienne «route du Nord»!

Cet aspect polyglotte des lieux saints bouddhistes de ces régions fut à nouveau souligné lorsque je découvris des fragments de texte écrit dans la plus ancienne écriture turque, le turc runique. Il n'y a que peu d'années que cette écriture fut connue, grâce aux fameuses inscriptions d'un prince turc, découvertes sur les rives du fleuve Orkhon en Sibérie du Sud et déchiffrées par le professeur V. Thomsen. Plus étrange encore, au milieu d'un de ces paquets, se trouvait un étroit rouleau, long de quatre mètres et demi, portant un texte remarquablement écrit dans la forme particulière de l'écriture syriaque que des découvertes récentes sur les sites de Turfan relient le plus souvent aux écrits manichéens. Pour quelle raison ce manuscrit quasi calligraphique se trouvait-il dans la chapelle bouddhiste s'il contenait en effet un texte manichéen, compte tenu du fait que le manichéisme fut le rival du bouddhisme et de la chrétienté à travers toute l'Asie centrale?

Les diverses archives en chinois étaient moins belles à première vue mais présentaient un véritable intérêt. Ces paquets de «vieux papiers» contenaient des lettres, des certificats monastiques et des comptes. En raison de la particularité du papier comme de l'écriture, j'appris rapidement à les distinguer parmi la masse de textes religieux. Ces archives seraient probablement d'une grande valeur éducative quant aux détails de l'organisation monastique dans cette région durant les siècles précédant la fermeture de la grotte, ainsi que sur les conditions politiques comme celles de la vie privée. Plus important encore, je pus identifier avec précision la date des archives.

Le peuple chinois, guidé par sa culture et ses pratiques commerciales, reconnut toujours l'importance des dates précises. Par conséquent, je recueillis un grand nombre de documents datés, dont plusieurs étaient quasi officiels, si bien qu'il me fut possible d'en tirer des conclusions quant à la date de fermeture définitive de ce grand dépôt de manuscrits et de reliques sacrées. La grande majorité des documents dataient du neuvième et du dixième siècle de notre ère. Parmi ceux qui dataient du dixième siècle, la plupart ne remontaient pas avant les années 950. Aucun de ces documents n'appartenait à la période suivant le règne de l'empereur Chên Tsung (998-1022 apr. J.-C.). Je pus en déduire que le recoin en question fut muré au début du onzième siècle. Nul doute n'est possible; cet acte fut inspiré par la peur d'une incursion destructrice, et l'indication chronologique notée ci-dessus suggère un lien avec la conquête de Dunhuang par les Hsi-hsia, conquête qui eut lieu entre 1034 et 1037 de notre ère. Cette conclusion est confirmée par l'absence totale de documents écrits dans les caractères spéciaux qu'adopta le fondateur de la dynastie Hsi-hsia en 1036.

Néanmoins, cette petite grotte abritée avait sans doute servi antérieurement de dépôt à toutes sortes d'objets sacrés n'ayant plus d'utilité dans les sanctuaires. Cette hypothèse fut attestée par plusieurs petits sacs soigneusement remplis de fragments de textes sacrés et de lambeaux de peintures sur soie. De telles reliques insignifiantes n'auraient pas été rassemblées dans des sacs avec tant de soin, si une urgence quelconque avait eu lieu. Étant donné cette évidence, je fus certain que bien des objets dans la chapelle étaient déjà très anciens au moment où ce dépôt fut finalement muré. Un an plus tard, Chiang Ssu-yeh examina notre collection chinoise et découvrit une série de rouleaux de manuscrits dont les dates précises remontèrent jusqu'au troisième siècle de notre ère, confirmant ainsi mes premières hypothèses. Malgré cela, je savais qu'il faudrait encore de longues études d'expert en Europe avant que la plus ancienne date soit enfin établie.

Je travaillais hâtivement, car nous ne savions jamais combien de temps nous pourrons compter sur l'indulgence du *tao-shih*. J'étais ravi et en même temps quelque peu accablé par ce flot incessant de documents. Même dans le cas des reliques d'art et des manuscrits non chinois et non tibétains, dont je pus estimer la valeur, il n'y avait aucune possibilité d'approfondir mon examen. Je pus seulement mettre certains de ces documents de côté pour «une étude approfondie» — terme poli pour désigner «enlèvement». Ce qui m'obsédait le plus alors était mon ignorance en sinologie. J'aurais troqué la moitié de ma science indienne pour un dixième d'une connaissance de la Chine. Même avec l'aide de Chiang, je n'étais jamais sûr de ne pas laisser derrière moi un document d'importance historique ou littéraire dans cette masse étouffante d'écrits canoniques bouddhistes.

Je parvins, cependant, à obtenir des aperçus encourageants dans cet embarras de richesses. Parmi les rapports monastiques apparemment distribués sous le sceau de l'abbé du principal établissement, je repérai l'ancien nom du site de Ch'ien-fo-tung, épelé ici San-chieh-ssu, ou «temples des Trois Régions». Par la suite, j'appris qu'aujourd'hui encore on distingue trois divisions parmi les grottes, bien que l'ancien nom du site soit désormais oublié. Je trouvai également des rouleaux complets estampés du sceau des «temples des Trois Régions» et qui avaient donc appartenu à une bibliothèque générale monastique.

Comme je fus ravi de découvrir un rouleau fort bien conservé, avec une estampe bien dessinée pour frontispice. Le rouleau était couvert d'un texte dont la date de rédaction correspondait à 860 de notre ère. Ce fut la preuve définitive que l'art d'imprimer des livres avec des estampes en bois se pratiquait bien avant la date habituellement attribuée à cette pratique, c'est-à-dire la période Sung. Donc dès le neuvième siècle, le niveau technique avait été développé autant que la procédure le permettait. Parmi les rouleaux chinois, il y avait également de jolis dessins et des estampes de gravure sur bois dont on reconnaissait la qualité artistique sans avoir besoin d'un expert.

Cinq jours de travail fatigant eurent pour résultat de permettre la lecture rapide de tous les paquets divers qui risquaient de contenir des manuscrits particulièrement intéressants, des peintures ou d'autres reliques que je voulais sauver en tout premier lieu. Par chance, la dernière fois que le *tao-shih* avait remis ses trésors dans le «trou noir», le genre de chose que je cherchais avaient été placées sur le haut du tas ou dans des endroits plus ou moins accessibles; car ces objets étaient, bien sûr, moins faciles à ranger que les rouleaux chinois et tibétains. Mais ma tâche ne serait pas achevée tant qu'il resterait ce rempart solide de paquets de manuscrits empilés contre les murs. Je devais les sortir et les examiner, eux aussi. Cela ne manquerait pas d'être difficile pour plusieurs raisons, mais la discrétion et de nombreuses pièces d'argent judicieusement administrées avaient jusque-là réussi à contrebalancer les soubresauts timorés du *tao-shih*. L'effort nécessaire pour dégager la chapelle entière aurait sûrement découragé un esprit même plus têtu que celui de notre saint «bibliothécaire». Compte tenu de cela et du risque accru de découverte, Wang Tao-shih se montra alors tout à fait réfractaire à la poursuite de nos observations. Néanmoins, nous étions déjà parvenus à le mener d'une concession à une autre, et nous poursuivions notre stratégie en le privant du temps de la réflexion.

Avec bien des soupirs et maintes plaintes, à l'abri des portes fermées à double tour du temple, le moine se mit enfin à cette énorme tâche, aidé par une sorte de serviteur dont la discrétion était fiable. Dans les premiers moments, j'avais craint que le menu *tao-shih* ne soit écrasé par un éboulement de manuscrits. A présent je me demandai si l'effort nécessaire pour extraire les documents ne finirait pas par l'épuiser. Il tint bon, pourtant, et le soir du 28 mai, les paquets réguliers de rouleaux chinois, en tout plus de 1050, ainsi que les rouleaux tibétains, avaient été transférés et rangés dans la spacieuse cellule principale du temple.

Tous les paquets ou presque étaient emballés et cousus dans une rude toile de lin. Les bouts étaient en général ouverts et, tandis que Wang nous les passait, les uns après les autres, Chiang et moi-même, nous avions à peine le temps de voir si parmi les rouleaux il y avait des feuilles de *pothis*[1] dans les manuscrits brahmi, des images pliées ou d'autres reliques intéressantes, afin de les extraire du lot et de les mettre de côté. Nous n'eûmes donc pas le temps de regarder chaque rouleau individuellement, ni de chercher des traces de l'écriture indienne ou d'Asie centrale, sur l'extérieur ou à l'intérieur des documents.

Bien que la réticence du *tao-shih* rendît le travail superficiel, ma ténacité quant au dégagement fut récompensée lorsque je découvris plusieurs paquets tout au fond de la pile. Le *tao-shih* s'en était servi pour transformer une plate-forme d'argile assez basse en fondation pour le mur sur lequel s'entassaient des manuscrits. Malgré l'écrasement des paquets, je retirai un bon nombre de peintures sur soie de tailles différentes, ainsi que des morceaux de tissu brodé. Un de ces morceaux de tissu contenait une superbe image brodée, remarquable pour son dessin, ses couleurs et la finesse du tissu; il s'agissait d'un bouddha représenté entre des bodhisattva, grandeur nature, et dont je parlerai un peu plus tard.

Notre moine fut peut-être stimulé par le labeur et l'envie à présent d'en finir; peut-être encore craignait-il que nous nous approchions à

1. «Le *pothi*, ou livre indien, est un paquet de feuillets longs, étroits et coupés en carré, percés sur un côté en un ou deux endroits. Deux plaques de bois un peu plus larges, percées pour coïncider avec les trous dans les feuillets, sont disposées à l'extérieur comme protection. On passe un long cordon dans les trous et l'on en entoure plusieurs fois le tas de feuillets non reliés.» (Albert von Le Coq; voir p. 843.)

présent des seuls textes qui lui importaient, les sutras chinois. Quelle qu'en fût la raison, cependant, le *tao-shih* se mit à parler affaires, pour ainsi dire, réclamant un don (*pu-shih*) considérable pour son temple. En même temps, il déclara que toute cession de textes sacrés (*chings*) était hors de question. Je fus heureux d'aborder le sujet; car j'avais compris bien avant cet incident que mon devoir à l'égard de ma conscience m'obligeait à faire tous les efforts possibles pour sauver la collection entière du risque de dispersion progressive et de perte, qu'elle encourrait fatalement en demeurant en cet endroit.

Dans le même temps, je ne pus guère ignorer les difficultés et les objections que cela soulevait. J'étais incapable de calculer avec certitude la valeur philologique de cette masse de textes canoniques chinois qui constituait le gros de la bibliothèque. J'étais également incapable d'identifier les textes les plus valables en termes d'histoire ou de littérature. Le déplacement de tant de documents nécessiterait plusieurs tombereaux, ce qui entraînerait trop de publicité, incitant le ressentiment religieux à Dunhuang, sinon de plus graves conséquences encore. Tout travail futur de ma part serait alors interdit en Gansu.

Néanmoins, j'étais prêt à affronter ces risques plutôt que de renoncer à la tentative de sauver le trésor. Chiang-ssu-yeh, en dépit de ses craintes justifiées par la connaissance qu'il avait des mœurs indigènes, fit de son mieux pour convaincre le *tao-shih* que le déplacement de la collection jusqu'à «un temple d'études en Ta-Ying-Kuo», c'est-à-dire en Angleterre, constituerait en fait un acte que bouddha et ses arhats approuveraient en le considérant comme un geste pieux. Il souligna également que la somme que j'étais prêt à verser (j'avais fait allusion à la somme de quarante fers à cheval, soit cinq mille roupies, et j'étais prêt à en acquitter le double si nécessaire, en versant le complément de ma poche) permettrait à Wang de retourner au Shanxi, sa province natale lointaine, pour y mener une vie tranquille, si jamais Dunhuang devenait hostile à son endroit. Il pourrait encore utiliser tout l'argent pour le temple avec la possibilité de se l'approprier, avec son contenu, en vertu des restaurations qu'il y avait effectuées.

Cela fut en vain. Le bon moine fut effrayé à l'idée de perdre un seul de ses précieux *chings*. Cependant, il avait fermé les yeux — avec résignation, certes — chaque fois que j'avais mis de côté quelque chose d'intéressant. Pour la première fois dans l'histoire de notre relation, l'ambiance fut tendue. Notre délicatesse et notre comportement le plus exquis furent mis en œuvre pour éviter une brouille. Ce que le *tao-shih* craignait, avec tous les signes d'une sincère anxiété, c'était que toute réduction de ces piles de textes sacrés fût certainement remarquée par ses patrons, ceux-là mêmes qui l'avaient aidé à dégager et à restaurer le temple, de leur assentiment connu de tous. Par conséquent, la position qu'il avait obtenue dans la région après huit années de pieux labeurs, ainsi que l'œuvre de sa vie seraient détruites. Il se fit mille reproches pour avoir cédé des objets sacrés sur lesquels ses patrons avaient tout autant de droit que lui-même. Il insista de façon entêtée pour les consulter avant d'avancer dans cette opération. Au fond de mon cœur, je ne pus lui reprocher d'avoir de tels scrupules, ni même les contredire.

Ces discussions épisodiques durèrent deux longues journées et cela afin que je puisse gagner du temps pour mes examens des divers paquets. Je parvins au terme de ces examens le soir du second jour. Mais lorsque je retournai au temple, tôt le lendemain, pour entamer l'inspection approfondie des paquets chinois (à la recherche de textes d'Asie centrale et autres), je fus navré de constater que le *tao-shih*, saisi par l'inquiétude la veille, les avait tous remis, ou presque, dans cette lugubre prison. Son humeur maussade ajouta à notre anxiété. En dépit de tout cela, l'avantage que nous avions en possédant déjà bien des chargements de manuscrits et d'objets anciens de grande valeur, ainsi que le désir indéniable du *tao-shih* de se procurer une somme considérable, menèrent enfin à ce que je peux qualifier comme un succès important dans cette lutte diplomatique.

Le moine accepta de me livrer cinquante paquets bien conservés de rouleaux chinois et cinq tibétains, en plus de mes choix antérieurs parmi les divers paquets. Pour tout cela, quatre fers à cheval d'argent, soit 500 roupies, lui furent remis. En calculant la valeur archéologique de tout ce que je ramenais contre cette somme, j'eus l'impression de faire une excellente affaire. Bien évidemment, à la suite d'une lutte si âpre, je ne perdis pas de temps à extraire les lourds chargements de rouleaux chinois et tibétains. Jusque-là, mon dévoué *ssu-yeh* était venu tant bien que mal à ma tente chaque nuit chargé des «choix» quotidiens. Pour cette nouvelle tâche, cependant, sa force physique n'eut guère suffi. Par conséquent, Ibrahim beg et Tila, mes honnêtes serviteurs, furent appelés en renfort. Après deux trajets nocturnes, dissimulés dans l'ombre de l'abrupte rive du fleuve, les énormes sacs furent transférés en sûreté à ma «réserve» sans que personne — même parmi mes propres hommes — ne s'en fût aperçu.

La nervosité du moine avait augmenté suite à sa longue absence de l'oasis et de ses habitués. Il eut alors hâte de reprendre son tour de mendicité saisonnier dans le district de Dunhuang. Mais, il revint une semaine plus tard, assuré que le secret n'avait pas été découvert et que son influence spirituelle, telle qu'elle était, n'avait en rien diminué. Nous parvînmes donc à gagner un autre point en obtenant le droit d'ajouter encore une vingtaine de paquets à mon choix initial contre, bien entendu, un don approprié au profit du temple.

En faisant les bagages, les rouleaux de manuscrits remplirent sept caisses, et les peintures, broderies, et diverses autres reliques en occupèrent cinq. L'opération délicate que fut l'emballage m'occupa durant les journées où il était impossible de faire des photographies dans les grottes. Il y eut un petit problème concernant le besoin d'acquérir autant de caisses sans provoquer les suspicions à Dunhuang. Heureusement, j'avais prévu cette difficulté et amené avec moi quelques caisses vides. Les autres caisses furent obtenues progressivement et discrètement. Ainsi tout se passa sans anicroche.

A présent, le bon *tao-shih* semblait à l'aise de nouveau. Il était presque disposé à reconnaître le fait qu'en sauvant pour les études occidentales les reliques de la littérature et de l'art bouddhistes antiques, que l'ignorance indigène aurait tôt ou tard négligées ou perdues, je faisais un geste pieux. Lorsque le moment fut venu de dire au revoir aux «Mille Bouddhas», le visage jovial aux traits anguleux avait repris son expression de timidité et de satisfaite sérénité. Nous nous séparâmes dans une totale concorde. Je me permets de noter que je reçus une preuve de la quiétude de son esprit lors de mon retour à An-hsi quatre mois plus tard, lorsqu'il accepta l'enlèvement d'un autre lot de plus de deux cents paquets chinois et tibétains, à destination du «temple d'études» dans l'Occident lointain.

Mais le moment où je ressentis le plus grand soulagement fut celui où les vingt-quatre caisses, si lourdes de ce trésor sauvé de son étrange cache, ainsi que les cinq autres caisses contenant des peintures et d'autres reliques d'art provenant de la même grotte, furent enfin déposés en sûreté au British Museum.

Sir Aurel Stein, *Ruins of desert Cathay*, MacMillan and Co, Londres, 1912. Traduit par Denis Beneich.

MILFRED CABLE ET FRANCESCA FRENCH[1]

(1923)

Quand ces femmes missionnaires passent à Dunhuang, la Chine est dans un état d'anarchie avancée et des vagues de xénophobie ne sont pas rares. Sir Aurel Stein est venu remplir ses dernières charrettes de documents huit années auparavant. Nos voyageuses visitent les grottes de Dunhuang entre deux passages de l'expédition de Harvard, constituée de Landon Warner et de Horace Jayne. Seul Warner pourra revenir pour étudier les fresques des grottes.

Ces missionnaires anglaises ne manquent pas de signaler la présence du prêtre taoiste Wang, qui avait été l'interlocuteur de Aurel Stein, de Pelliot et d'autres encore. Avec candeur, elles en font l'éloge. La foi

1. Sur M. Cable et F. French, voir notice p. 724.

qui les pousse les amène à reconnaître, parmi les Apsara des peintures murales, une représentation de Jésus-Christ. Il ne semble pas qu'elles aient noté les ravages causés par quelques centaines de Russes blancs, autres voyageurs fuyant la révolution, qui, dans leur migration vers l'Est chinois, avaient dû séjourner dans ces grottes, y allumant des feux, griffonnant sur les visages impassibles des Bouddhas.

L'OASIS DE TOUENHOUANG

Touenhouang, au dire des habitants des cités voisines, est un lieu si charmant qu'on l'appelle à juste titre le «Petit Pékin»; mais quatre jours de voyage particulièrement durs le séparent de Ngansi, la ville la plus proche; on nous avertit que nous n'y parviendrions pas sans peine. On nous conseilla donc de remplir toutes les bouteilles que nous possédions, d'emporter un sac de pain et un autre de farine et de remplir tout l'espace libre de nourriture pour nos bêtes. En quittant Ngansi, nous nous dirigeâmes tout droit vers une longue chaîne volcanique que nous avions déjà aperçue en venant et que nous devions suivre, cette fois, tout le temps du voyage. L'aspect de ces montagnes change constamment; tantôt elles sont proches, tantôt lointaines; elles passent du bleu au pourpre et au gris argent, suivant la position du soleil. Elles sont absolument dénudées, striées d'innombrables chutes d'eau qui disparaissaient dans un plateau sablonneux, en pente douce. La soi-disant auberge, qui marque chacune des étapes n'est qu'abri rustique, habité par deux hommes, et dont l'unique puits offre une eau saumâtre. La dernière nuit fut la plus dure de toutes. La piste courait sur une étendue de sable qui étincelait à la lueur des étoiles. Nous aspirions à un peu de repos, mais en arrivant à l'auberge, on nous annonça que la provision de fourrage était presque épuisée; il n'y en avait plus assez pour nourrir encore une fois les bêtes, il fallait donc repartir, quatre heures plus tard, pour que les mules eussent encore la force de franchir l'étendue de sable mou qui nous restait à traverser. Après une courte halte, il fallut donc partir, à quatre heures du matin; nous étions glacées jusqu'aux os par le vent âpre qui soufflait, épuisées par le manque de sommeil; nous nous sentions à bout de résistance. Les dernières heures avant l'aube se traînaient lentement; point de poteaux télégraphiques pour nous réconforter, la ligne ne va pas jusqu'à Touenhouang; nous n'avions pour nous guider que les bornes qui se dressent entre les étapes et qui, de jour, sont visibles à plusieurs kilomètres de distance. Enfin notre conducteur s'arrêta devant une petite cabane; les hommes firent un bruit d'enfer à la porte, une vieille femme finit par ouvrir. Quelques minutes plus tard, un feu de bois pétillait, nous rendant la vie et l'espoir; nous nous pressions autour de cette flamme dans la petite masure envahie par les fumées de l'opium.

La vieille femme, voyant que nous étions transies de froid, jeta une poignée de feuilles séchées dans un pot d'eau bouillante et nous prépara une infusion à laquelle elle attribuait de merveilleuses propriétés reconstituantes. Était-ce dû à cette plante, au feu ou à la sympathie, toujours est-il que nous repartîmes réconfortées.

Il nous fallut encore six heures pour atteindre les portes de Touenhouang; pendant l'heure glaciale qui précède le lever du soleil, nous eûmes la chance de trouver une botte de paille, tombée d'une charrette de paysan; elle flamba joyeusement et sa chaleur nous ranima.

La ville est entourée de tous côtés de vergers qui ressemblent à des parcs; ils sont arrosés d'eau courante, des milliers d'arbres poussent là, des poiriers principalement dont les fruits sont une des gloires de la cité. Les premières gelées avaient marqué les feuilles et le paysage était d'or flamboyant. C'était le quatorzième jour de la huitième lune (1er octobre), la veille de la fête de la Lune; ce jour-là on offre à cet astre toute espèce de fruits. Sur les étalages, dans les rues, s'amoncelaient les «gâteaux de lune», les pommes, les raisins et les mandarines; spectacle fort séduisant pour nous, après ce pénible voyage!

La situation géographique de Touenhouang en fait un centre très important; elle se trouve au point où convergent les routes de Lhassa, de la Mongolie, de l'Inde et de la Sibérie du Sud. Les marchands de Khotan, de Yarkand et de Kashgar passent par là et il n'est pas rare de rencontrer à Touenhouang des caravanes de soixante ânes qui ont voyagé cinquante jours sur la frontière sud du désert de Takla-Makan. Touenhouang est une ville qui, sous divers noms, a tenu une place importante dans l'histoire du territoire connu aujourd'hui sous le nom de Kansou Nord Occidental. En 165 avant Jésus-Christ, on sait, par les documents, que ses habitants furent battus, et dispersés; ils reparaissent plus tard, ce sont les Indo-Scythes du Punjab. Le nom le plus ancien de la ville était Chatchéou — La Cité des Sables — et elle porte encore fréquemment ce nom, sur les cartes. En l'an 400 de l'ère chrétienne, elle fut la capitale de l'État du Liang occidental. Les Tibétains l'ont occupée et elle a servi aux Chinois de poste avancé contre les Huns. On a découvert, enfouis dans cette région, des documents en écriture hindoue, khoroshti et brahmanique, et d'autres d'une écriture inconnue qui ressemble à l'araméen.

De la cité antique, il ne reste qu'un mur en ruines et un enclos, en grande partie cultivé par les maraîchers. Une ville plus petite qui s'élève de l'autre côté du fleuve, l'a remplacée; son faubourg oriental est devenu le quartier commerçant, occupé surtout par des Turkis musulmans qui prennent maintenant possession, peu à peu, de la campagne; il n'est pas rare de voir, dans les champs, la robe rouge ou le voile flottant d'une femme musulmane. Il ne faut pas chercher bien loin la raison de ce changement dans la population; l'opium et sa néfaste influence en sont la cause. Riches et pauvres, jeunes et vieux, fermiers, commerçants, artisans, tous négligent leur besogne pour fumer l'opium; on admet couramment que le peuple de cette région descend la pente, incapable de résister aux musulmans à qui leur religion interdit de s'abandonner à ce vice, ce qui leur donne une incontestable supériorité sur ses victimes.

Néanmoins les souvenirs de la prospérité passée et l'importante situation occupée actuellement par le gouverneur militaire, confèrent aux habitants de Touenhouang un certain sens de leur dignité; le visiteur ne peut manquer d'être frappé par le fier maintien du peuple de ce lieu reculé. [...]

LES CAVERNES DES MILLE BOUDDHAS

A peine étions-nous arrivées à Touenhouang que tous les gens distingués et instruits se mirent à nous poser la même question: «Avez-vous entendu parler des cavernes des Mille Bouddhas, à trente kilomètres d'ici?» Tous furent également ravis d'apprendre que la réputation de ces œuvres d'art était mondiale. «Eh bien! nous disait-on avec insistance, il faut aller vous rendre compte, par vous-mêmes, de la différence qui existe entre ces peintures et celles de votre pays.» Mais nous nous rappelions la récente déconvenue du groupe de Harvard[1]; nous savions que la situation était délicate et il fallut de pressentes instances pour nous décider à annoncer notre intention de nous rendre à Kienfoutong.

Quelques jours plus tard, les préparatifs de l'expédition commencèrent; mais nous restions toutes prêtes à abandonner ce projet, s'il soulevait la moindre protestation dans les milieux officiels. Le jour du départ venu, on attelait les bêtes, quand un officier fit son apparition dans la cour; il nous annonça fort courtoisement qu'une escorte militaire nous accompagnerait, car la route était difficile et déserte. Il ajouta, nous voyant prêtes à partir: «Partez quand vous voudrez, l'escorte vous rejoindra sans peine.» Nous n'étions pas loin, en effet, quand un soldat à cheval s'approcha de la voiture au galop. «Demandez-lui son honorable nom, dit la doyenne de l'expédition, du fond de la charrette, et combien il a d'enfants.» Une conversation amicale s'engagea immédiatement; le soldat goûta de nos poires et partagea notre déjeuner, en échange, il nous fournit des renseignements innombrables et plus ou moins exacts sur toute la région. Le chemin n'était pas facile à trouver et, passées les terres fertiles qui entourent la ville, notre caravane ne rencontra pas un seul être humain avant

1. Il s'agit de l'expédition de 1923 de Landon Warner, du Fogg Art Museum de Harvard, et de Horace Jayne, du musée de Pennsylvanie. (M. J.)

d'arriver à Kienfoutong; nous aurions inévitablement perdu un temps précieux, sans le secours de notre escorte. Il fallut d'abord avancer péniblement, sur des sables mous, ensuite monter un glacis de gravier absolument stérile. A l'est s'étendent des dunes élevées dont l'aspect se modifie sans cesse sous l'action des vents. La tradition affirme qu'elles recouvrent les ruines d'une civilisation très ancienne. De vieux documents signalent au moins deux villes, jadis gouvernées par des princes mongols, et dont aucune trace n'existe plus aujourd'hui. On a l'impression de traverser une région jadis très peuplée, frappée par un cataclysme qui n'a épargné que Touenhouang, îlot de verdure dans cet océan de sables. Après trois heures de voyage, le gravier dur fit place à des galets arrondis, semés de parcelles de mica; il fallut suivre ce qui semblait le lit d'un fleuve disparu, bordé de falaises en conglomérat; nous nous élevions graduellement, contournant les dunes et, tout à coup, une oasis verte apparut, plantée de beaux peupliers jeunes, dont certains étaient encore d'un vert très vif, tandis que les autres avaient déjà tourné au jaune pâle. Nous étions à Kienfoutong.

Le gardien bénévole des cavernes des Mille Bouddhas est un homme fort intéressant. A lui tout seul, sans aucun secours, il a amélioré énormément cet endroit. Prêtre taoïste, de la province de Houpé, il est venu il y a vingt-huit ans faire un pèlerinage à Kienfoutong; à cette époque, ce n'était qu'une solitude déserte où un ruisseau murmurant se perdait dans les sables. Wang-tao-shi — c'est ainsi qu'il se nomme — utilisa cette eau pour l'irrigation; de ses propres mains, il planta tous les arbres et sema ce qui lui était nécessaire pour vivre avec ses acolytes. Il construisit un abri, spacieux et confortable, comprenant un vestibule élevé, frais, entouré de petites chambres; tout cela est d'une propreté immaculée; lui-même occupe une petite chambre et une minuscule cuisine. Il a fait de nombreuses tournées pour recueillir l'argent nécessaire à l'entretien des cavernes; de temps à autre, de grosses sommes lui sont venues, en échange de certains vieux manuscrits qui appartiennent aujourd'hui à divers musées. Mais il ne s'est jamais enrichi; il a tout dépensé pour l'entretien des temples.

Les cavernes, creusées de main d'homme dans le rocher escarpé, lui donnent l'aspect d'un rayon de miel; chacune contient une représentation différente du Bouddha et porte un nom approprié; ce sont: «Le temple de la Précieuse Trinité», «le Palais du Bouddha Solitaire», «le Sanctuaire de Çakya-Mouni». Les murs sont complètement recouverts de fresques, extraordinairement bien conservées grâce à la sécheresse du climat; la façade s'est écroulée par endroits et nombre de sanctuaires, parmi les plus élevés, sont complètement ouverts aujourd'hui; on les voit très bien de la vallée. L'atmosphère est d'une limpidité merveilleuse et ces temples offrent un spectacle admirable. Autre avantage, la lumière éclatante du soleil pénètre dans les sanctuaires, dont certains seraient absolument inaccessibles si l'on n'avait pratiqué de petites portes de communication dans une longue suite de grottes. On peut errer là indéfiniment. [...]

Dans un des temples les plus vastes, un personnage, totalement différent de ceux qui l'entourent, nous frappa tout spécialement et retint notre attention. C'est un homme, debout près d'un arbre; son visage porte une expression très douce, douloureuse et humaine; il pourrait très bien représenter Notre-Seigneur Jésus-Christ, nous en fîmes la remarque entre nous. Chose curieuse, à notre retour à Touenhouang, on nous demanda si nous avions remarqué que notre Jésus avait sa place dans le Panthéon de Kienfoutong.

A leur extrémité sud, les cavernes contiennent des œuvres plus modernes et le grotesque terrifiant des temples chinois reparaît. Dans un des sanctuaires, la divinité est entourée d'une banderole portant son nom: l'Impitoyable. De chaque côté se tiennent ses acolytes; l'un, une figure terrible, noire et décharnée, a pour mission d'exciter les hommes au suicide par l'opium. Il est certes épouvantable; mais l'autre, une femme, est incomparablement plus horrible; elle est l'instigatrice du suicide par le coup de couteau dans la gorge. Elle ne porte aucun emblème de sa mission, mais tous les traits de son visage insinuant, son regard hardi, impérieux, évoquent la Puissance du Mal, capable d'emporter les dernières hésitations dans une âme assaillie par cette affreuse tentation. Des Chinoises nous ont conté que mainte jeune mariée s'est tranché la gorge, après une visite à ce temple. Nous fûmes si profondément impressionnées par cette image atroce que nous le croyons sans peine.

Kienfoutong est habituellement un lieu désert, visité par quelques rares pèlerins. Mais, pendant une semaine de l'année, les fidèles se pressent par milliers dans ces temples et l'air est chargé des fumées de l'encens. Des femmes aux pieds bandés, en foule, risquent leur vie sur les sentiers escarpés et croulants qui mènent aux galeries supérieures; elles tiennent, en dépit de leur fatigue, à visiter tous les temples, sans en excepter un seul, de crainte de perdre le bénéfice de toutes leurs peines et d'encourir, par leur négligence, la malveillance d'une seule divinité.

LE LAC DU CROISSANT DE LUNE

A notre retour à Touenhouang, notre enthousiasme pour les trésors artistiques du temple des Mille Bouddhas était si grand que nos amis nous conseillèrent de visiter une autre merveille de la région, le lac du Croissant de Lune. «Kienfoutong, nous disaient-ils, est l'œuvre de l'homme, mais le lac du Croissant est l'œuvre des dieux.»

Ce lac se trouve à cinq kilomètres à peine de la ville; mais il est si curieusement situé qu'on peut passer à trente mètres de lui sans se douter de son existence. On nous avertit que la route était mauvaise. Nous partîmes un beau matin, de bonne heure, ayant attelé nos trois meilleures bêtes à la petite charrette. Au bout d'une heure, nous nous trouvions au pied des dunes qui s'étendent au sud; en regardant à droite et à gauche nous avions la conviction d'être dans le bon chemin et, pourtant, impossible de savoir dans quelle direction il fallait continuer.

Finalement nous tournâmes à droite, mais presque aussitôt notre mule de brancard fit une mauvaise chute. Incapable de sortir son pied du sable mou, et entraînée par les deux autres, elle tomba la tête la première et resta le nez et la bouche complètement enterrés dans le sable. Le conducteur poussa un cri et notre second homme vint à la rescousse; ils purent heureusement dégager la pauvre bête avant qu'elle n'étouffât complètement. Pendant ce temps le doyen Liu qui dirigeait l'expédition partit en avant; il escalada une dune, haute d'une centaine de mètres, et nous fit signe de le suivre. L'ascension fut des plus laborieuses; à chaque pas nous enfoncions jusqu'au-dessus des chevilles; finalement il fallut enlever nos chaussures et continuer l'escalade en marchant sur nos bas. Arrivées sur la crête, nous n'apercevions toujours rien, hormis l'immense étendue des sables; un pas de plus cependant et, dans l'étroit espace qui nous séparait de la dune suivante, apparut le plus délicieux des paysages en miniature: un petit lac bleu saphir, en forme de croissant, entouré de pentes sablonneuses qui, par un curieux phénomène d'optique, chatoyaient, avec des reflets nacrés d'une exquise douceur. De l'autre côté du lac s'élevait un petit temple et un abri, au milieu d'un groupe d'arbres; ce tableau se réflétait dans l'eau où d'innombrables petits canards noirs, au bec blanc, prenaient leurs ébats, plongeant et reparaissant continuellement. Ils trouvaient le courant si fort qu'arrivés à l'extrémité ouest du lac, ils s'élevaient au-dessus de l'eau et préféraient rentrer à tire d'aile plutôt que de remonter le courant.

Il nous fut donné de constater un phénomène curieux. On nous conseilla de nous laisser glisser le long de la dune, en nous aidant des mains; nous trouvâmes ce moyen de locomotion très simple et très commode, car la surface du sol se déplaçait avec nous. A un certain endroit, un son éclatant, clair, vibrant, répondit à nos mouvements; on eût dit qu'un instrument de musique puissant résonnait au centre même de la colline.

Ce lieu porte aussi le nom de Porte du Tonnerre, en raison des bruits extraordinaires que l'on y entend parfois; le vallon tout entier vibre et résonne d'un bruit qui ressemble à un roulement de tambour et le sable, mû par les vibrations, se met à rouler indéfiniment, pendant des heures. Il est stupéfiant que ce petit lac et les temples qui l'entourent ne soient pas depuis longtemps enterrés sous les dunes. Si fort que soit le vent, il est certain qu'il ne permet jamais au sable de se déposer sur la surface du lac, sinon une seule saison des vents suffirait à modifier complètement l'aspect du paysage.

Les pèlerins bouddhistes appellent souvent ce lac la Porte dérobée du Paradis. A moins de cent mètres de l'abri se trouve une dépression du sol, comblée par les sables; les bâtiments d'un temple y ont disparu presque complètement. Une nappe d'eau se trouvait là, jadis, aussi limpide que le Lac du Croissant lui-même. Sa pureté fut troublée par deux femmes qui voulurent forcer l'entrée du paradis par la porte de cristal de cette eau pure. Rejetant leurs vêtements, elles plongèrent pour ne plus jamais reparaître; le lac se retira immédiatement et disparut sous les dunes mouvantes.

Milfred Cable et Francesca French, *Par la porte de jade*, Paris, Plon, 1935.

VI. Turfan

L'oasis de Turfan, à plus de 600 kilomètres à l'ouest de Dunhuang, est située dans une dépression presque aussi profonde que celle de la mer Morte. Une population indo-européenne y développa la première civilisation dont on ait relevé les traces, à une époque antérieure au début de l'ère chrétienne. Durant les premiers siècles de notre ère le bouddhisme se répandit dans la région, apportant avec lui une littérature et un art développés.

Des missionnaires manichéens et chrétiens nestoriens commencent à atteindre l'oasis de Turfan au Vᵉ ou au VIᵉ siècle, et leur influence rivalise, sans jamais la dépasser, avec celle des bouddhistes, apportant dans la région de nombreux éléments des cultures persane et même byzantine.

Au VIIᵉ siècle l'oasis est conquise par les Chinois (dynastie Tang) et passe sous leur contrôle d'une manière épisodique. Plus importante encore fut la conquête de l'oasis aux VIIIᵉ et IXᵉ siècles par une puissante tribu turque, les Ouïgours, qui firent d'Idiqut leur capitale, près de l'actuelle Turfan, adoptant la civilisation qu'ils y trouvèrent. Dès lors Turfan, situé au cœur du continent, va devenir le point central où se rencontrent tous les courants culturels d'Asie, ouvert à l'ouest et au sud aux influences religieuses de l'Inde, de la Perse, de la Syrie, à l'est à l'hégémonie de la Chine, tandis que pour le nord elle représente le centre culturel d'un empire perdu qui s'étendait loin sur les tribus nomades de Mongolie et même de Sibérie. La civilisation ouïgoure atteint son apogée aux IXᵉ et Xᵉ siècles, mais Turfan resta un important centre culturel bien après sa conquête par Genghis Khān. Ce stupéfiant mélange de populations, de cultures, de religions a fait de Turfan un lieu fascinant de découvertes d'une immense richesse[1].

1. Voir Thomas F. Carter, *The Invention of Printing in China and its Spread Westward*, New York, 1925.

Les trésors des cités mortes de l'ancienne route de la soie, cette grande artère transasiatique qui reliait la Chine à l'empire romain attirent, au début du XXe siècle, l'attention d'un petit nombre d'archéologues et orientalistes étrangers. C'est alors, à Turfan comme à Dunhuang, le début d'une course pour rafler et remporter vers les grands musées européens une masse impressionnante de sculptures, de manuscrits, de peintures murales découpées à la scie.

ALBERT VON LE COQ

(1904-1905)

Les Allemands lancèrent quatre expéditions archéologiques en Asie centrale, entre 1902 et 1914. Ils choisirent comme objectif la région de Turfan d'où, en 1897, le Russe Klementz avait rapporté de nombreuses fresques et documents. La première expédition allemande était composée de membres du musée ethnologique de Berlin : le professeur Grünwedel, spécialiste de l'art bouddhique, George Huth, un historien, et Théodor Bartus, personnage truculent et homme à tout faire. Cette expédition fut un tel succès — pourtant bien modeste par rapport à ce qui allait suivre — que le Kaiser et Krupp, celui-ci pour la seconde fois, contribuèrent au financement d'une autre expédition dont la direction fut alors confiée à Albert von Le Coq, Grünwedel et Huth ne pouvant y participer en raison de leur mauvais état de santé.

Albert von Le Coq (1860-1930) se révéla aussi habile que Sven Hedin et Aurel Stein. Fils d'un marchand de vin huguenot de Berlin, il se mit assez tardivement à l'étude des langues orientales (arabe, turc, persan, sanscrit) et entra à l'âge de quarante-deux ans au département de l'Inde du Musée ethnologique de Berlin. Deux ans après, en 1904, il partait avec Bartus pour Turfan qu'ils atteignaient le 18 novembre.

Après avoir fait le plein de découvertes, A. von Le Coq eut à choisir entre se rendre à Dunhuang, ayant entendu parler lui aussi d'une grotte remplie de manuscrits, et repartir vers Kachgar, où Grünwedel avait annoncé son arrivée. Ayant confié la décision à une pièce de monnaie, il abandonna Dunhuang, laissant ainsi à Aurel Stein le temps d'y parvenir et de devenir le découvreur de la grotte aux manuscrits.

Avec ces quatre expéditions, les Allemands rapportèrent dans leur musée une quantité considérable de fresques, statues, documents, dont une partie fut malheureusement détruite pendant les bombardements de Berlin, entre 1943 et 1945.

DEUXIÈME EXPÉDITION : TURFAN-KARAKHOJA

[...] Quelques jours après, nous prîmes congé et nous nous dirigeâmes vers Turfan.

Ayant traversé la chaîne de montagnes, nous descendîmes dans la singulière dépression de Turfan qui, selon le géographe américain, Ellsworth Huntington, se trouve en partie à plus de trois cents pieds en dessous du niveau de la mer. Elle est entourée de collines rouges et dénudées, étrangement déchiquetées et déchirées ; le nom de ces chaînes (Kum-tagh, ou Montagnes de Sable, et Chol-tagh, ou Hauteurs Désertiques) indique clairement la nature de cette région montagneuse. L'impitoyable soleil de l'Asie centrale déverse ses rayons dans cette dépression où ils sont absorbés par les roches rouges qui irradient à nouveau la chaleur au coucher du soleil. Il ne faut pas s'étonner, dans ces conditions, qu'une chaleur tropicale règne ici — notre thermomètre enregistra souvent 130° Farenheit — et que les indigènes désignent cette oasis comme le Turkestan de l'Hindoustan.

Pour se protéger de la chaleur, les habitants aisés de Turfan ont des pièces souterraines où la température est certainement plus basse que dans le reste de la maison. Mais, pour ma part en tout cas, j'ai toujours trouvé insupportable d'y rester, car non seulement l'atmosphère y est quelque peu confinée mais toute personne qui tente de s'y reposer est tourmentée par des hordes de moustiques et de maringouins. Les insectes nuisibles sont nombreux à manifester leur présence. Il y a des scorpions dont la piqûre est très grave et, de plus, une espèce de grosse araignée qui, malgré son corps de la taille d'un œuf de pigeon, fait des sauts prodigieux sur ses longues pattes velues. On l'entend broyer avec ses mâchoires et il paraît qu'elle est venimeuse, bien qu'à ma connaissance elle n'ait piqué personne.

Une autre araignée, beaucoup plus petite, celle-là, noire et velue également, vit dans des trous du sol. Elle inspire une grande frayeur et sa morsure est, dit-on, sinon mortelle, du moins extrêmement anémiante et dangereuse. Les cafards, eux aussi, sont de répugnants insectes, de la longueur du pouce, avec de gros yeux rouges et de redoutables antennes. Pour qu'un homme fût malade comme un chien, il lui suffisait de se réveiller un beau matin avec un de ces insectes grimpé sur son nez, ses gros yeux fixés sur lui et ses longues antennes essayant de s'en prendre aux yeux de sa victime. Terrorisés, nous saisissions la chose et nous l'écrasions ; elle dégageait alors une odeur pestilentielle. Heureusement, il n'y avait pas de punaises, bien qu'il y eût abondance de puces mais qui ne nous importunaient pas beaucoup. Le pou, en revanche, est l'animal domestique de tout le Turkestan et du Tibet. En ce qui nous concerne pourtant, nous n'eûmes pas trop à souffrir de cette vermine, car je m'étais procuré de la lotion anti-poux.

Cette lotion est à base de mercure. On l'étalait entre deux feuilles de buvard et cette lotion «en sandwich» découpée en longues bandes était répartie dans nos poches extérieures. Le mercure s'évapore à la chaleur et tue poux et lentes. Tout domestique nouvellement embauché dans notre campement était tenu, avant d'entrer, de se laver au savon au mercure. Pendant ce temps, on enroulait ses vêtements dans le même genre de bandes de buvard imbibé de mercure et on les étalait au soleil. Lorsqu'il avait fini de se laver, tous les poux étaient morts, tués par l'action combinée du mercure et des féroces rayons de soleil.

Partout où le riche lœss de l'oasis de Turfan est suffisamment arrosé, le sol produit les récoltes les plus luxuriantes, dont les plus connues sont les melons, les raisins et les grenades.

Le maïs, le millet, et particulièrement une belle espèce de froment sont produits en abondance; on dit qu'il y a deux récoltes de froment par an, produisant, d'après les chiffres, de quarante à quarante-six grains pour l'ensemencement d'un. Du coton d'une exceptionnelle qualité y est également cultivé.

Mais la condition essentielle pour toute l'agriculture dans cette région, c'est l'eau. A la vérité, quelques petits cours d'eau descendent des hauteurs montagneuses au nord dans la vallée. Mais cet apport d'eau, puisque c'est à peine s'il pleut en ce lieu, ne peut fournir qu'à une partie des champs le précieux liquide qui leur est nécessaire. Ceci bien que les indigènes, qui n'ont aucun instrument de mesure et n'ont que leur large et lourde pioche (*ketman*) sachent si bien et si intelligemment calculer l'emplacement des canalisations en fonction des pentes, à tel point qu'ils tirent le meilleur parti possible de la quantité d'eau disponible. Ces incroyables tours de force sont le résultat de milliers d'années de pratique et d'expérience. On le voit aussi dans un dispositif très efficace mis en place par ces gens pour orienter dans la plaine les sources coulant de la montagne. Ces canalisations, appelées *kariz* en persan, sont conçues comme suit; Après avoir déterminé l'exact emplacement de la source, un grand nombre de puits de forage, souvent très profonds, sont creusés en une longue ligne droite là où le sol s'élève en pente. Quand ces puits sont mis en place, ils sont joints l'un à l'autre par des tunnels, la source est dirigée alors vers le trou le plus élevé, descend le long du tunnel, et, puisque ces puits sont moins en pente que le terrain, l'eau jaillit à l'endroit désiré dans la plaine. Cette tâche difficile est l'œuvre de gens qui n'ont aucune aide scientifique.

La région entre les montagnes et l'oasis est coupée par ces *kariz*, et, la nuit, ils constituent un danger pour tout étranger à cheval, puisque leurs ouvertures, en forme de cratères, sont toujours béantes.

La répartition de l'attribution d'eau relève du *miràb* (en persan: «roi de l'eau»). On l'appelle aussi *su nung bägi* (en turc), ce qui signifie la même chose; ou encore, en persan, *bàràndàd* («dispensateur de la pluie»). Il doit tenir des registres à jour et, en général, seuls les indigènes les plus intelligents, les plus honnêtes, les plus riches, ont la charge de ces fonctions.

Se servait-on des *kariz* au temps du bouddhisme? N'ont-ils été mis en service qu'à une époque plus récente? C'est une question que je ne m'aventurerais pas à trancher. Dans tous les cas, ces canalisations sont toujours en usage et, lors de notre voyage à Komul, un *ingénieur des eaux* venu de Turfan construisait quelques *kariz* pour le *wang* («roi») de Komul.

Un exemple que je connais personnellement montre l'avantage que l'on retire de ces *kariz*. Le *wang* de Lukchun s'en fit construire quelques-uns pour un montant de soixante-dix *yambu* (un yambu équivaut à dix-neuf livres en gros). La première année, ils lui rapportèrent soixante yambu, mais la seconde quatre-vingts.

En descendant de la montagne, nous arrivâmes dans une singulière vallée nommée, en raison de sa haute falaise abrupte en lœss (Yär), le ravin de Yär. En cet endroit, deux petits cours d'eau se réunissent en un terrain marécageux et, sur leurs berges, s'élèvent de hautes falaises sur les pentes abruptes desquelles il y a des temples dans les grottes, mais sur la surface plane au sommet on trouve les ruines d'une ville fortifiée. Cette ville, dont l'agencement des rues peut encore être aisément reconnu en certains endroits, fut à une époque la capitale du royaume des Ouighours. Elle est aujourd'hui désignée sous le nom mi-turc mi-mongol de Yar-khoto («la ville falaise»), alors que son nom chinois est Kiao-ho.

De cet endroit, le prochain lieu à atteindre est la ville musulmane de Turfan. Comme c'est le cas de nombreuses villes de plus grande importance dans ce pays, on trouve, à une plus ou moins grande distance de la vieille cité, fortifiée de murs et de tours et habitée par des indigènes, le *Yanghi-shahr*, ou ville nouvelle, généralement encore plus solidement fortifiée, cantonnement de la garnison chinoise et, naguère, lieu de refuge — même si ce lieu ne fut pas toujours absolument sûr.

Toutes ces villes ont un air de famille qui saute aux yeux. Les rues serpentent entre de hauts murs qui enserrent soit des jardins soit des cours; souvent, aussi, elles sont entourées de maisons aveugles, — ou elles s'élargissent en une rue formant un *bazar*. C'est là que l'on trouve les boutiques; ce sont de pauvres petites constructions en torchis, avec une plate-forme de chaque côté de la porte pour la présentation des marchandises.

Pour se protéger contre l'ardeur excessive des rayons du soleil, de chaque côté de la rue on a fixé dans le sol des troncs de peupliers ou de petits saules qui servent de support à une charpente de gros roseaux ou de branchages. Sur cette charpente, des paquets de joncs et de broussailles du même genre sont placés, de sorte que l'on peut se livrer au négoce à l'ombre.

Après avoir traversé les quelque douze miles qui séparent Yarkhoto de la Vieille Ville, nous fîmes notre entrée à cheval dans cette dernière, pour le plus grand intérêt des habitants. Les femmes et les enfants se pressaient sur tous les toits et de tous les côtés s'élevait le cri de «*Uruss! Uruss! Uruss käldi!*» («Les Russes! les Russes! Voilà les Russes!»).

Mais il y eut un prompt changement de décor. Comme nous chevauchions à travers le *bazar*, Bartus fut reconnu par un boucher, homme énorme qui se rappelait l'avoir rencontré lors de la première expédition et l'accueillait à présent aux cris joyeux de «*Bàtur! Bàtur!*» Son nom, Bartus, dans le Turkestan oriental, est prononcé *bàtur*, titre que les Grands Mongols, sous la forme de Bahàdur, ont introduit en Inde où il est toujours conféré aux gens de marque. A Turfan, il signifie presque «héros», coïncidence qui ne contribua pas peu à notre renommée. Et maintenant, c'est «*Parang käldi*» («Ce sont les Francs») que l'on criait. Puisque les Russes sont si profondément haïs, nous trouvâmes très plaisante l'explication de la situation.

Le roi de Lukchun avait déjà envoyé à notre rencontre une délégation de notables (un *istikbàl*), qui nous reçut avec le repas coutumier (*dastarkhan*) consistant en toutes sortes de mets, thé et fruits. Nous nous sentimes revivre, tout particulièrement, après la tension des journées de notre expédition en montagne, grâce aux délicieux melons, raisins et grenades.

De la ville musulmane de Turfan, la route conduit, à travers un terrible désert, à Karakhoja.

En dehors de la Ville Nouvelle de Turfan se dresse une mosquée avec un haut minaret. Cette tour est, par endroits, incrustée de tuiles modelées et perforées, mais elle est construite, comme la mosquée, dans la brique résistante, séchée à l'air (en espagnol: *adobe*), commune dans le pays. Le style de son architecture est celui des bâtiments de même nature à Samarcande, Boukhara, et Khiva.

Autrefois, des voyageurs ont vu en ce minaret le clocher d'une ancienne communauté chrétienne nestorienne. Pourtant, il ne s'agit pas de cela, mais plutôt d'une construction relativement moderne. L'inscription que l'on trouve sur une colonne dans la mosquée indique que l'édifice fut érigé ou restauré vers 1760 par le célèbre Amin Khojam Khanlyk, fondateur de la famille royale de Turfan-Lukchun.

Dans le voisinage, il y a de vastes cimetières musulmans dont certaines tombes ont un dôme. La plus grande de ces tombes a une cour d'entrée entourée d'un mur. Ce mur est couronné de créneaux de différentes hauteurs et, aux points de jonction du mur avec la tombe elle-même, ce mur porte en représentation une roue, symbole bouddhiste. Ici aussi, le bouddhisme a laissé des traces.

NOTRE VIE ET NOS TRAVAUX A KARAKHOJA

Enfin, le 18 novembre, nous arrivâmes sur les lieux de nos fouilles, la vieille ville en ruines de Khocho que l'on nomme aujourd'hui Karakhoja. Dans les dialectes indigènes on l'appelle Apsùs (Éphèse), ainsi que la cité de Dakianus (du nom de l'empereur romain Decius, persécuteur des chrétiens) et Idikuchari. Son vieux nom chinois était Kao-chang. Le nom de Dakianus s'explique par le fait que, dans le tout proche voisinage, dans la vallée du Tuyoq, il y a le mausolée sacré des Sept Dormeurs qui, même à ce jour, continue d'être célèbre pour son caractère sacré et reçoit la visite de pèlerins musulmans venus de régions aussi lointaines que l'Arabie ou l'Inde. Mais les musulmans ne furent pas les premiers à introduire la légende en ce lieu — l'Islam ne gagna pas ces pays avant les XIIIe ou XIVe siècles — car elle remonte à l'époque bouddhiste, comme je le montrerai plus loin.

La vieille ville est un immense carré s'étendant sur environ un kilomètre carré ou deux cent cinquante-six arpents. Le vieux mur massif est encore, en de nombreux endroits, en bon état de conservation. Il a presque vingt-deux yards de haut et il est construit de terre battue, comme on le fait encore communément de nos jours, depuis la Perse jusqu'à la Chine. Des tours nombreuses — soixante-dix d'entre elles sont encore debout — renforcent ce mur, dont la solidité diminue vers le haut, mais qui, dans sa partie inférieure, est si massif que ceux qui l'ont construit auraient pu aménager des appartements entiers dans sa masse, surtout près des portes.

La maçonnerie des portes est détruite, mais il semble qu'il y ait eu une porte fortifiée au milieu de chacun des quatre murs qui entourent la ville et il y avait apparemment une cinquième porte à l'angle nord-ouest du mur.

Les édifices sont en trop mauvais état pour permettre de retrouver clairement le tracé des rues, mais deux grandes artères — l'une allant du nord au sud et l'autre de l'est à l'ouest — semblent s'être croisées au centre de la ville près de la ruine K que nous identifions comme le mausolée des rois manichéens des Turcs ouighours. Le plan de fondation de la ville paraît donc, sans aucun doute, suivre celui du *castrum* romain.

Les édifices de la ville sont, sans exception, des temples, des monastères, des tombeaux — bref, uniquement des édifices religieux car nous n'avons pas réussi à trouver une seule exception à ce type de construction. L'architecture, dans chaque cas, est soit iranienne (avec toit en forme de dôme), soit indienne (stupa). On ne trouve pas d'édifices chinois, pas plus à l'oasis de Turfan que dans n'importe quelle colonie de peuplement que nous visitâmes [1].

C'était une ville de temples et une nécropole dont les solides fortifications en temps de guerre constituaient un refuge pour les habitants qui vivaient hors les murs dans les simples maisons de torchis. Ces maisons de torchis, du même type probablement que celles qui servent d'habitations de nos jours, ont disparu sans laisser la moindre trace. Certains parmi les habitants actuels, cultivateurs originaires du Turkestan oriental, ont leurs modestes demeures en dehors des murs de la ville, les maisons de certains autres s'alignent dans une longue rue. Le nombre total d'environ mille cent habitations forment trois colonies de petite importance, soit Abàd, Astàna, et Karakhoja.

Nous mîmes pied à terre au *sarai* du fermier Saut (Sàbit) chez lequel la première expédition avait vécu et qui nous reçut avec une joie évidente. C'était un type extrêmement rusé qu'il nous est impossible de qualifier autrement que de grand coquin, mais il commettait ses coquineries avec tant d'adresse et d'élégance qu'il n'était pas possible de lui en vouloir longtemps. Sa famille logeait ailleurs et on nous donna la meilleure pièce — elle faisait un peu plus de cinq yards carrés — qui communiquait avec d'anciens passages et logements construits dans le mur de la ville. C'est là que nous devions résider pendant onze mois.

Dès le premier jour, nos rapports avec les indigènes furent extraordinairement amicaux bien qu'il y ait eu un accident immédiatement après notre arrivée. L'un des fils de notre logeur avait joué avec un browning et s'était malheureusement blessé. La balle lui traversa le bras gauche entre les deux os de l'avant-bras, sans toutefois affecter un seul vaisseau sanguin, un seul nerf ou un seul os. Cette nation a un tel pouvoir d'endurance qu'en quelques jours la blessure était parfaitement guérie.

Peu de temps après, nous eûmes la visite de Amin Khoja, roi de Lukchun, dernier descendant des rois de Turfan, qui nous invita à déménager dans son palais (*orda*). Nous dûmes décliner cette invitation puisque c'est dans la vieille ville que nous opérions et nous n'avions aucun désir de faire à cheval, deux fois par jour, les treize miles qui nous séparaient de Lukchun. Notre refus, cependant, ne gâcha en rien

1. Chez les Persans, l'édifice à dôme, dans sa forme la plus simple, consiste en un bâtiment carré dont le toit en coupole comprend deux sections hémisphériques. Les angles à ciel ouvert sont fermés par de petits arceaux en forme de coquillage. Le stupa indien est généralement un bâtiment disposé en nombreux polygones et, en principe, pourvu d'une pièce de petite dimension dans laquelle on garde les reliques des saints ainsi que quelques manuscrits, objets précieux, pièces de monnaie, bijoux ou les cendres des notables incinérés. Beaucoup de ces temples sont un mélange des deux styles de construction, seulement dans ce cas le stupa est un simple pilier rectangulaire ou carré, devant lequel on construit une *cella* carrée au toit en forme de dôme et, de là, d'étroits couloirs, recouverts de toits cylindriques, entourent le pilier.

nos bonnes relations avec le prince. Nous nous hâtâmes néanmoins de lui rendre aussitôt une visite de politesse à Lukchun.

Le lendemain, nous nous mîmes au travail. Quelques belles têtes de facture classique modelées dans de l'argile nous furent immédiatement apportées et, bientôt après, quelques paysans me conduisirent au centre de la ville où ils avaient abattu un mur étroit, de construction plus récente, dans un vaste édifice ressemblant à une grande salle. Derrière ce mur, sur le mur d'origine, apparurent les restants d'une grande peinture murale représentant un homme plus grand que nature vêtu comme un prêtre manichéen, lui-même entouré de moines manichéens (*electi*) et de religieuses (*electae*) portant aussi la tenue blanche de leur ordre. Tous ces personnages, peints à une plus petite échelle, portaient sur la poitrine leurs beaux noms persans écrits en caractères sogdiens. Nous avons toutes les raisons de penser que nous étions là en présence de la représentation traditionnelle de Manès, fondateur de la religion manichéenne. Le tableau est une des pièces principales de notre collection. Sa découverte met fin à l'idée que les manichéens n'avaient pas d'églises (ni de lieux voués au culte) ornées de peintures; cette salle, qui n'était que l'une des salles du même genre dans ce bâtiment, était sans doute l'un des «réfectoires de jeûne» de cette fascinante religion.

Nos expéditions arrivèrent trop tard à Karakhoja. Seraient-elles venues plut tôt qu'un nombre plus grand de ces remarquables peintures gréco-sassanides aurait certainement été préservé. Nous aurions conservé aussi beaucoup plus de la littérature de cette communauté religieuse, étant donné son importance autant pour l'histoire des religions que pour celle des langues; un des paysans me dit que, cinq ans avant l'arrivée de la première expédition, dans les ruines de l'un des temples que l'on avait abattus pour faire des champs là où se trouvait leur site, il avait découvert de grandes charretées (*araba*) de ces manuscrits «à petits caractères» (c'est-à-dire manichéens) que nous recherchions avec tant d'ardeur. Beaucoup étaient décorés d'enluminures en or et couleurs. Mais il eut peur, premièrement, du caractère sacrilège de ces écrits et, deuxièmement, que les Chinois n'utilisent la découverte comme prétexte à de nouvelles exactions; aussi jeta-t-il toute la bibliothèque à la rivière!

Les manuscrits manichéens se présentent sous quatre formes différentes, à savoir: l'ancien rouleau de parchemin; la pliure (longue feuille de papier pliée en accordéon); le livre indien; et le livre relié à l'européenne. Le *pothi*, ou livre indien, est un paquet de feuillets longs, étroits et coupés en carré, percés sur un côté en un ou deux endroits. Deux plaques de bois un peu plus larges, percées pour coïncider avec les trous dans les feuillets, sont disposées à l'extérieur comme protection. On passe un long cordon dans les trous et on en entoure plusieurs fois le tas de feuillets non reliés. Les écrits manichéens sont rédigés sur parchemin, sur papier, sur cuir souple à gants et sur soie. Nous trouvâmes des restants de belles reliures rappelant l'art égyptien; elles sont faites de cuir repoussé et gaufré, parfois poinçonné et souvent orné de dorures. Absolument splendide dût être cette reliure faite d'écaille de tortues artistiquement taillée et décorée à la feuille d'or dont nous trouvâmes un fragment. Mais si ce fragment faisait partie d'un livre occidental ou chinois, nous l'ignorons.

Les manuscrits manichéens se distinguent par leur calligraphie savante, par l'amour de l'ornement artistique en toute chose, qu'il faut reconnaître comme le don particulier aux Iraniens, première nation civilisée de l'Asie. Ils sont écrits en caractères manichéens, forme claire, lisible et très belle des caractères syriens; ou encore en caractères sogdiens, écriture vigoureuse, dont l'alphabet, avec quelques modifications, a été adopté par les Ouighours, les Mongols occidentaux (ou Kalmouks), et les Mandchous qui l'ont emprunté aux Ouighours. Ces caractères viennent d'une écriture sémite encore inconnue.

Les Indiens du Turkestan se servaient essentiellement de la forme nationale du livre, le *pothi*, le rouleau et la pliure, ainsi que de tablettes en bois. Ils enduisaient parfois le papier d'une pâte (farine de froment et craie).

Il arrivait que les Turcs manichéens se fussent servis aussi du singulier alphabet «runique», ainsi nommé en raison d'une certaine ressemblance superficielle avec les runes des peuples germaniques. Ce mode d'écriture turc atteste une intuition profonde de la phonétique de la langue turque et n'a pu être inventé que par des hommes portés sur les sciences. C'est une preuve flagrante de l'état de civilisation avancée chez les anciens Turcs.

Le grand philologue danois, le professeur Vilheim Thomsen, de Copenhague, réussit il y a quelque temps à déchiffrer ces caractères surprenants et fort difficiles dont jusqu'à présent le seul exemple connu était celui des monuments de pierre des Orkhons. Lorsque, par la suite, je découvris des manuscrits rédigés en ces caractères, je mis aussitôt de côté la page la meilleure dans l'intention de l'offrir en modeste hommage, lors de mon retour à Berlin, aux réflexions du talentueux décrypteur.

Grünwedel m'avait chargé de m'occuper tout spécialement des fouilles dans trois groupes de ruines particuliers. Nous nous acquittâmes de cette mission, mais malheureusement avec le manque de succès total déjà prévu par Bartus; et, de plus, pendant la période écoulée depuis la première expédition, les indigènes avaient fait force ravages en creusant sans cesse car les ruines de la ville sont pleines de choses diverses que les habitants actuels utilisent. D'abord, il y a la poussière de lœss que les orages de printemps ont entassée au cours des siècles parmi les ruines et qui, mélangée comme elle l'est aux débris de statues écrasés et piétinés, constitue un engrais de qualité.

Un autre élément, encore plus significatif se trouve dans les peintures sur le revêtement d'argile des murs; dans tous les cas, les musulmans abominent ces reproductions et c'est pourquoi, partout où on les découvre, elles sont abîmées, du moins au visage.

En effet, on croit encore que lorsque des hommes ou des animaux sont représentés par des peintures, sauf si l'on détruit au moins leurs yeux et leurs bouches, ils ressuscitent la nuit, descendent de là où ils sont, et font toutes sortes de misères aux hommes, aux bêtes et aux récoltes! Mais à l'entour des villages, on gratte ces superbes aquarelles pour en faire de l'engrais destiné aux champs épuisés. Les Chinois qui jouent le rôle de fonctionnaires dans le pays, ne se soucient pas de ces déprédations; ils sont tous confucianistes et méprisent le bouddhisme comme la religion des «petites gens». (Ce n'est que lorsque nous trouvâmes des pierres avec des inscriptions chinoises que l'intérêt de ces fonctionnaires fut suscité; nous ne fûmes autorisés à conserver que celles de caractère bouddhiste.)

Les poutres des portes étaient aussi très recherchées dans les temples anciens car il y a pénurie de bois de chauffage et de bois de construction dans la plaine basse autour de Turfan. Les belles terres cuites qui recouvraient le sol de nombreux temples faisaient également l'objet de bien des convoitises. Jadis les indigènes étaient en quête de trésors et on prétend qu'ils firent de précieuses découvertes : pièces de monnaie, or, statuettes en argent, etc.

Finalement, la population augmentant, les paysans furent anxieux d'avoir des terres. On déblaya en totalité certains quartiers de la ville en enlevant peu à peu les ruines, puis les vieux sites et le sol furent nivelés, des canalisations amenées dans la ville en ruines et avec elles l'humidité, cause de si grands dégâts.

J'eus ainsi la douleur de découvrir, dans le mausolée manichéen K, une bibliothèque entièrement détruite par l'eau. Quand j'eus exhumé la porte de la poussière de lœss et du sable entassés là, nous trouvâmes sur le seuil le cadavre desséché d'un moine bouddhiste assassiné, sa robe rituelle toute entachée de sang. La pièce entière dans laquelle cette porte conduisait était recouverte jusqu'à une profondeur d'environ deux pieds d'un amas de ce qui, lorsque nous y regardâmes de plus près, se révéla être le restant de manuscrits manichéens. L'eau mêlée au lœss avait imbibé les papiers, les avait collés les uns aux autres et, dans l'affreuse chaleur de l'été (habituelle ici), tous ces livres précieux étaient devenus du lœss. J'en pris quelques exemplaires et les fis soigneusement sécher dans l'espoir de sauver certains de ces manuscrits; mais, une fois séparées, les pages se désagrégèrent et tombèrent en petits fragments sur lesquels on pouvait voir encore ce qui demeurait de lignes magnifiquement écrites, entremêlées de traces d'enluminures exécutées en or, bleu, rouge et jaune. On avait perdu là un fabuleux trésor!

Sur les murs, nous trouvâmes des fresques d'une facture parfaite, mais elles aussi avaient beaucoup souffert. Dans un étroit passage près de la bibliothèque, nous découvrîmes une énorme quantité de textiles, les uns de type persan, les autres de type chinois et, entre autres choses, suspendues au mur, des peintures sur toile manichéennes, représentant un homme et une femme dans la tenue sacerdotale des prêtres manichéens. Ces peintures votives dans les temples ont la forme des peintures chinoises et japonaises que l'on suspend aux murs (*kakemono*); on les retrouve à la fois dans la religion manichéenne et la religion bouddhiste et elles semblent avoir une origine occidentale.

Dans la partie nord-est du même bâtiment, nous trouvâmes un groupe de quatre édifices surmontés d'un dôme, de style persan. Dans l'un d'entre eux, Herr Bartus eut la chance de faire la première des plus importantes découvertes de manuscrits manichéens, dont une splendide miniature montrant, d'un côté, des prêtres manichéens en tenue sacerdotale et quelques lignes écrites en langues sogdienne et ouighoure et, de l'autre, une rangée de musiciens, de même qu'un parchemin décoratif de toute beauté et quelques lignes écrites en rouge et en caractères sogdiens tardifs où se trouvaient mentionnés le nom et le titre d'un roi ouighour mais qui étaient malheureusement endommagés par endroits.

Dans l'un des bâtiments au sud, surmonté d'un dôme que nous appelâmes «la pièce aux cadavres», nous fîmes une horrible découverte. La porte extérieure de ce bâtiment était murée. Le dôme s'était en partie écroulé à l'intérieur, mais, au-dessus de lui, une voûte avait été construite, et l'on avait bâti par-dessus, plus tard, un temple bouddhiste dont le restant des murs ne s'élevait plus qu'à une faible hauteur. Nous reconnûmes néanmoins sur ces murs les vestiges de peintures murales bouddhistes, représentant essentiellement des démons de la période lamaïste. Après avoir tout examiné, nous pratiquâmes une ouverture dans le sol et trouvâmes les vestiges du vieux toit en forme de dôme, et c'est alors que, soudain, nous tombâmes sur un enchevêtrement de cadavres entassés, empilés les uns sur les autres, ceux d'au moins une centaine d'hommes assassinés. A en juger par la manière dont ils étaient habillés, il s'agissait de moines bouddhistes. La première couche de cadavres était intacte: peau, cheveux, yeux desséchés, et les blessures terribles dont ils étaient morts étaient souvent bien visibles et reconnaissables. Un crâne, en particulier, avait été fendu du sommet jusqu'aux dents par un horrible coup de sabre.

Il est probable que la date du terrible coup du sort qui, selon toute apparence, détruisit la vieille ville doit remonter au milieu du IXe siècle, car, à cette époque, le gouvernement chinois, pour contrôler l'action des moines, avait décrété que tous ceux-ci — qu'ils fussent chrétiens, manichéens ou bouddhistes — devaient retourner à la vie civile, prendre un métier, se marier, avoir des enfants, payer des impôts et se faire soldats en accord avec le règlement en vigueur dans l'État; tout refus d'obtempérer était passible de mort. Ici, comme toujours, on obtint le même résultat : les hommes qui avaient la foi préférèrent la mort à l'obéissance passive et ceci provoqua sans doute la tragédie.

Nous accomplîmes notre tâche dans les conditions les plus difficiles car en hiver un vent incroyablement froid et mordant soufflant du nord-est balayait la ville, alors qu'en été la chaleur dans la cuvette de Turfan était si forte que même les vêtements les plus légers étaient trop lourds. Cependant, en général, nous devions travailler en des lieux sans ombre et exposés en plein soleil. Il était intéressant de voir Herr Bartus, originaire de la Poméranie, devenir de plus en plus rouge, tandis que, moi, de souche française, je virais au noir sous la brûlure du soleil.

La poussière de lœss était particulièrement éprouvante. Souvent, elle remplissait l'air sans que nous ayons remarqué la légère brume de poussière, mais souvent aussi, de mars en mai, quand les orages de printemps se déchaînaient, elle arrivait dans un tourbillon de nuages brun foncé. Comme il ne pleut à Turfan que tout au plus une fois tous les dix ans, et comme la circulation des carrioles indigènes (*araba*), dont les deux roues cerclées de fer dépassent la tête d'un homme, est intense, les routes étaient coupées par des ornières profondes et le lœss, amalgamé à elles, y était réduit à la finesse de la poussière. Pendant que nous procédions aux fouilles, cette poussière s'élevait toujours en nuages qui nous faisaient péniblement suffoquer, et le soir nous crachions de nos bronches des jets de lœss solidifié. Ce brouillard de lœss absorbe les rayons calorifiques, mais les rayons lumineux perdent aussi de leur clarté sous son action. Ainsi, toutes les premières photographies que je pris furent sous-exposées; ce n'est qu'après les six premières semaines de notre séjour là-bas lorsque, sortant à l'air libre, je vis soudain pour la première fois les montagnes couvertes de neige, que je compris qu'un brouillard de lœss avait tout ce temps-là dissimulé ces montagnes à notre vue.

Notre nourriture était la simplicité même: riz mélangé à de la graisse de mouton ou graisse de mouton mélangée au riz! En été, la graisse de mouton rancissait vite, et bien que le *palao*, riz cuit à la vapeur et mélangé à cette graisse, soit en lui-même un mets nourrissant et savoureux, dans l'intense chaleur, nous étions excédés au suprême degré de cette nourriture, quelque peu rance comme jamais elle ne manquait de l'être.

Toute l'année, il y avait des melons et des raisins, ainsi que des fruits secs; le pain était excellent et cuit par notre logeuse dans le four indigène appelé un *tonur* (ou *tanur*). Ce four, d'antique invention, provient sans nul doute, comme son nom, de Mésopotamie. Il consiste en une ouverture en forme de cratère pratiquée dans un four rond, que l'on chauffe de l'extérieur. Les femmes grimpent au sommet du four quand le cratère est assez chaud, pétrissent la pâte pour lui donner la forme requise, et elles la claquent de leurs mains contre la brûlante paroi interne où cette galette plate reste collée jusqu'à complète cuisson. Elle se détache alors, et ressort, débarrassée de toute la poussière qui s'y serait collée, l'on obtient ainsi un pain excellent à la consommation.

Sans notre pain et notre thé nous n'aurions certainement pas résisté, car la consommation excessive de fruits, surtout de pêches et d'abricots, provoque souvent des troubles d'estomac et d'intestins qu'il est difficile de soigner par grande chaleur et qui prennent fréquemment une forme dangereuse. Comme nourriture en conserves, nous n'avions apporté que quelques douzaines de boîtes de sardines et de la purée de pois cassés.

Pour ce qui est de l'alcool, nous avions quatre bouteilles d'arac et de rhum qui ne nous tentaient que rarement; par la suite, j'en passai plus de trois bouteilles à la troisième expédition. D'autre part, mes sœurs m'avaient donné en cadeau au moment du départ une douzaine de bouteilles de Veuve Clicquot Ponsardin qui, frappées à la mode du pays, se révélèrent une boisson des plus revigorantes après un labeur épuisant. La bouteille, enveloppée dans un morceau de feutre humide, est suspendue dans un courant d'air et si l'on maintient le feutre humide l'évaporation préserve magnifiquement la fraîcheur du contenu.

Nos heures de travail s'étalaient du lever du jour, souvent même avant quatre heures du matin, jusqu'à sept heures du soir. C'est alors qu'on payait les ouvriers, qu'on consignait et emballait les découvertes, qu'on faisait la liste des dépenses, le courrier, et que l'on prenait le simple repas du soir.

C'est alors aussi que malheureusement la cour se trouvait envahie de malades qui venaient de loin pour être guéris de leurs maux par les messieurs étrangers. Dans la plupart des cas, il s'agissait de rhumatismes et de malaria et, comme la quinine et le salicylate faisaient merveille, ces requêtes devinrent à la longue extrêmement inopportunes. Il était triste, c'est certain, d'avoir en face de soi des hommes frappés de maladies incurables, mais nous les renvoyions chez eux nantis de quelque médicament inoffensif et toujours réconfortés en dépit de tout.

Un jour où je remplissais les fonctions du médecin, un oiseau de proie survola la cour. D'un bond, je me levai pour voir de quel oiseau il s'agissait, sortis précipitamment dans la rue et me heurtai à une petite vieille qui se tenait à la porte en pleurant. Stupéfait, je lui demandai: «Pourquoi pleurez-vous comme ça, grand-mère?» Alors, elle me répondit: «Je ne peux pas vous en donner cinq, vous savez.» Je lui demandai encore: «Cinq quoi, grand-mère?» Et elle me répondit: «Oh, Monsieur, ne savez-vous pas que votre logeur nous prend à chacun d'entre nous, les malades, cinq pièces à payer comptant avant que nous puissions entrer vous voir.» J'étais extrêmement contrarié, fis entrer la vieille femme et lui demandai de répéter ce qu'elle m'avait dit, ce que les autres malades confirmèrent.

La ruse de Saut me mit tellement en colère que je lui infligeai quelques bons coups du fouet que je portais toujours à la ceinture. C'est la seule fois que j'ai frappé un indigène, de toute ma vie. Je lui dis aussi que je me plaindrais de lui au roi de Lukchun qui ferait le nécessaire pour qu'il ait sa bonne ration de gourdin. Saut disparut et nous allâmes nous coucher, mais nous venions à peine de nous endormir que de bruyantes lamentations montant de nombreuses voix s'élevèrent de l'autre côté de la porte. Le vieux renard avait envoyé sa grand-mère, sa mère, sa femme, sa superbe fille, Zuwide Khan, ses nièces et toutes les femmes de sa famille; chacune d'entre elles apportait qui une poignée de raisins secs, qui deux morceaux de sucre, qui un peu de thé ainsi que d'autres présents appréciables du même genre, qu'elles m'offrirent en pleurant à gros sanglots; tandis que, d'un commun accord, elles m'imploraient de pardonner, une fois de plus à leur petit-fils, fils, mari, père, etc. C'était une scène à la fois si comique et si touchante que je me laissai persuader et promis d'absoudre le coupable de son châtiment s'il se conduisait mieux à l'avenir.

La terreur des femmes n'était pas sans fondement. Il est exact que le roi, autrefois tout-puissant, est, depuis le retour du pouvoir aux Chinois, soumis à leur contrôle. Un fonctionnaire chinois est nommé à Turfan, et c'est lui qui dispose du vrai pouvoir, un peu à la manière d'un résident anglais à la cour d'un prince indien. Cependant, bien que le roi n'ait pas le pouvoir de faire exécuter qui que ce soit, il a celui d'ordonner la bastonnade. Le châtiment est infligé soit avec le «petit», soit avec le «gros» gourdin. Le gros gourdin est une longue tige de bambou dont le sommet est aplati un peu à la manière de nos avirons de compétition. Le coupable condamné à la bastonnade est allongé sur le sol, le dos nu, et si impitoyablement battu avec ce bambou que le sang jaillit au premier coup et qu'il suffit de vingt-cinq coups pour tuer un homme.

Le roi, ou *wang* de Lukchun est un Turc, jeune et beau, septième en ligne directe de descendance du fondateur du royaume de Turfan, Amin Khoja Khan, qui régnait sur la région de Turfan en 1760. Nous possédons au musée de Berlin le portrait en pied de ce prince, exécuté à l'époque pour l'empereur Kien-Lung. Ce qui frappe c'est le nez, long, mince et droit tandis que les yeux sont bleus. Ainsi survivaient en cet homme les caractéristiques de la race tocharienne, même mille ans après son extinction. Notre jeune ami portait le nom de son ancêtre le plus célèbre.

A la fête de Chagan, au début de décembre, nous fûmes invités à son palais et ce fut une grande festivité. Sous les piliers de la grande salle du palais étaient assis en deux longues rangées les dignitaires de Amin Khoja dans leur tenue d'apparat, le *wang* lui-même au bout de la grande salle, et Bartus et moi respectivement à sa droite et à sa gauche.

Il y avait à côté de nous un énorme brasero mais le charbon de bois ne brûlait pas bien et la fumée m'incommodait beaucoup. On nous servit un repas de gala, commençant par des fruits — raisins, melons, noix, pistaches —, des bonbons russes et du thé excellent dans lequel le roi, pour nous honorer, déversa malheureusement du sucre à poignées. Puis vinrent le potage au mouton, de savoureuses côtelettes de mouton bouillies, et, pour finir, un énorme *palao*, du riz cuit à l'étouffée avec de la graisse de mouton et de la volaille, des raisins secs, des carottes en tranches et des coings — plat d'un goût excellent et nourrissant pourvu que la graisse ne soit pas rance.

Le repas se déroula, comme l'exigeait impérativement la stricte étiquette, dans un silence plein de dignité et je m'y ennuyai quelque peu. Enfin, les nobles seigneurs passèrent leurs doigts dans leur barbe, dirent leur *Allahu abkar!* et, après maints *salaam*, sortirent en rang de la salle.

Le *wang* nous convia alors dans ses appartements privés où, peu de temps après, ses chanteuses, femmes de haute taille et de formes harmonieuses, nous firent entendre des chansons. Elles n'étaient accompagnées que d'un seul musicien qui, avec un archet, tira de sa *si-tär*, instrument à long col ressemblant à un violon, des airs extrêmement mélodieux. La manière de chanter de ces femmes imposantes — elles n'étaient plus de première jeunesse — différait beaucoup du braillement nasal des Arabes et du glapissement des Chinois que j'ai toujours trouvés absolument insupportables.

Je sollicitai du *wang* la faveur de m'envoyer ces chanteuses à Karakhoja pour que je puisse enregistrer leur chant sur mon phonographe. Celui-ci tint parole et, peu après notre retour à Karakhoja, ces dames arrivèrent dans un carrosse décoré de couleurs vives (on l'appelle un *ma-pa* ici), en compagnie de leurs domestiques, et notre logeur les reçut avec force courbettes. On libéra pour elles deux pièces où elles firent leurs ablutions et se parèrent, puis nous les reçûmes dans notre chambre où nous avions suspendu aux murs, en cette occasion, nos couvre-lits rouges pour décorer l'endroit comme en un jour de fête, et on leur servit le rafraîchissement léger habituel (*dastarkan*). Elles étaient très intimidées au début mais retrouvèrent bientôt leur sang-froid, d'autant plus qu'elles manifestèrent un goût prononcé pour le champagne français.

Je sortis alors la «boîte à chansons» (*näghma sandüq*), installai le récepteur et priai la première de ces dames de chanter dans le dispositif. Elle était un peu effrayée, mais elle se reprit bientôt et se mit à chanter dans l'appareil d'une voix forte — si puissante à la vérité que les vibrations du récepteur de métal furent captées en même temps que les notes qu'elle émettait par la cire du rouleau. C'est en vain que je priai la deuxième dame de chanter plus doucement; toutes deux étaient, sans nul doute, un peu intimidées et semblaient souhaiter dissiper leur crainte en chantant excessivement fort. Après avoir enregistré plusieurs airs, je les remerciai et les congédiai, toutes heureuses du *tila* (pièce d'or) russe que chacune avait reçu. Le même après-midi, elles rentrèrent à Lukchun.

Les rouleaux sont maintenant à Berlin, à l'Institut de psychologie auquel je les ai malheureusement donnés. Personne n'a étudié ces documents d'une beauté si remarquable et si mélodieuse. Les gens pensent qu'ils écoutent des airs européens!

Cet événement eut des résultats ennuyeux. Grâce à l'étrange rapidité avec laquelle toute nouvelle possible se répand dans le pays par les commérages du *bazar*, les *zamìndàrs* («propriétaires») du voisinage apprirent que les chanteuses du *wang*, célèbres pour leur beauté, avaient chanté dans une magique boîte à chansons appartenant au monsieur étranger. Le deuxième jour après cette visite, je m'aperçus, à ma contrariété, qu'en plus des nombreux malades, des vieillards dignes et bien habillés m'attendaient dans la cour de notre *sarai*. Ils se levèrent avec grande politesse et force *salaams*, et me demandèrent si j'accepterais de leur faire écouter les chansons de ces dames. Comme ils étaient inhabituellement polis, j'acquiesçai. Mais d'autres personnes vinrent chaque jour, si bien que ces visites nous firent perdre beaucoup de temps.

Par conséquent, un jour où le nombre des visiteurs était particulièrement élevé, j'invitai dans ma chambre les trois vieillards les plus âgés, leur offris du thé, etc., et leur tins le discours suivant:

«*Ai düstlarim à!* O, mes amis! Vous savez qu'il y a deux sortes de magie — la magie blanche, celle d'Allah, et la noire, celle de *Schaitan* (Satan).»

Le chœur: «*Bali turam!* Oui, en vérité, seigneur!»

«Bon, alors vous savez qu'Allah nous a donné, à nous les Francs, un plus grand *hikmat* (entendement) qu'à vous», le chœur: «*Balì turam!*») «et qu'il nous est permis de pratiquer les deux sortes de magie, alors que vous ne pouvez pratiquer que la blanche!» (Le chœur: «*Balï turam!*») «Bon! Je m'inquiète pour vous; la boîte à musique, c'est de la magie noire; à l'intérieur il y a un petit *Schaitan* et c'est lui qui écrit les paroles et qui les chante ensuite. Maintenant, allez le dire aux autres. Si, malgré cela, vous désirez encore entendre ces chansons, je les jouerai, mais d'abord il faut que vous sachiez tout cela.»

Avec un air sérieux, ils se passèrent les doigts dans la barbe, et, ce faisant, poussèrent de pieuses exclamations, s'en allèrent et parlèrent aux autres. Juste trois minutes après, ils étaient de retour. «*Taksir turam!* Tu veux simplement te débarrasser de nous. Il n'y a pas de *Schaitan* là-dedans; c'est seulement une *makina* («machine») que vous, les Francs, vous avez inventée et, s'il vous plaît, laissez-nous entendre les chansons.»

Je fus ravi de cette réponse qui témoignait carrément, en cette occasion, de l'ancienne civilisation de ce peuple, et je leur donnai un festival de boîte à chansons. Les vieillards se balançaient avec délectation, et ils s'en furent, comblés.

Mais, à partir de ce jour-là, un des fils de notre logeur, baptisé «Tête de Mouton» par Bartus, gamin incroyablement doué, apprit comment faire marcher l'appareil. Il s'en tira à merveille et je m'en trouvai grandement soulagé. [...]

Nous fouillâmes beaucoup d'autres ruines dans la vieille ville, entre autres la grandiose pyramide en terrasses, au sud-ouest de la porte est. Sa façade fait plus de vingt yards, et, à une époque antérieure, les nombreuses niches abritaient de grandes statues de Bouddha, soit dorées, soit peintes. La dorure avait été passée avec prodigalité, sous la forme d'épaisses feuilles d'or et les murs eux-mêmes, sur une large surface en yards au carré, en étaient incrustés. Ceux qui avaient détruit cet édifice avaient raclé le précieux métal de leurs sabres, mais, en plusieurs endroits, il avait échappé à leur attention. Il y a un autre monument tout à fait semblable, à cela près que les terrasses sont moins nettement dessinées; il est tout près, à Àstàna, et c'est probablement de lui que vient le nom de ce lieu, puisque le mot persan, *astana*, a, parmi d'autres significations, celle de «lieu de repos ou de sommeil», ainsi que celui de tombe d'un saint. Un autre édifice semblable, mais sans terrasse, se dresse près de la petite ville de Syrkyp, au nord-nord-est de Lukchun. Dans les niches de ce monument, on trouve encore les restes de statues de Bouddha peintes. De plus, à Syrkyp, des vases superbes sont fabriqués avec le sable noir de la montagne.

Dans d'autres ruines de la vieille ville, nous trouvâmes, en fabuleuses quantités, des documents indiens endommagés, plus ou moins détruits. Les pages en étaient souvent si déchirées que chaque lambeau ne montrait rien qu'une seule lettre d'indien nagari; dans tous les cas, c'est essentiellement par hostilité envers le bouddhisme qu'ils avaient été abîmés.

Il convient aussi de préciser que des documents relatifs à toutes les religions pratiquées dans le pays ont été découverts dans le même mausolée; d'où l'on conclut que les bouddhistes, les chrétiens, les manichéens et quelques zoroastriens semblent avoir fréquenté les mêmes lieux de culte — fait qui, si notre hypothèse est correcte, indique une grande toléance — ... ainsi que l'important pouvoir politique des rois turcs ouighours.

Les ruines de l'église que Grünwedel désigna sous le vocable de *gamma* (Γ) étaient d'une grande beauté. La haute tour *stupa*, avec ses magnifiques moulures, était encore en bon état et contenait sans doute également des inscriptions votives. Mais nous ne pûmes nous décider à démolir ce beau bâtiment. D'autres ruines révélaient les hautes voûtes étroites qui ressemblent à celles que l'on trouve dans le grand palais sassanide à Ctesiphon. Je ne comprends toujours pas la raison de ces voûtes.

Mais — et l'affirmation ne peut pas être exagérée — tous les bâtiments qui existent encore sont soit persans soit indiens, alors qu'on ne trouve aucune trace d'architecture chinoise, même ici à Khocho, où, cependant, les Chinois dominèrent longtemps.

Nous réussîmes aussi à effectuer quelques découvertes d'importance dans les temples en dehors de la ville. Un petit bâtiment sur la berge est de la rivière, au sud du pont et au nord du gué, suscita notre curiosité à cause du portrait peint à l'aquarelle, presque effacé par les années et les intempéries, d'un chevalier sur son cheval portant un labarum décoré d'une croix. Seules, les structures générales étaient intactes, mais les fondations étaient si abîmées qu'il fallut renoncer à toute idée de le restaurer. Les murs révélaient une particularité en ce sens que des murs intérieurs avaient été dressés, épais seulement d'une pierre, devant les murs d'origine qui entouraient le bâtiment, cachant ainsi les fresques anciennes. Cette façon religieuse de restaurer les bâtiments — dans notre pays la peinture ancienne aurait été simplement recouverte d'une couche de badigeon — était utilisée, semble-t-il, non seulement quand un temple devait être dédié à une autre divinité de la même religion, mais aussi quand une église manichéenne ou chrétienne devait servir au culte des adeptes d'une autre croyance.

Nous avons déjà montré comment l'image de Manes a été découverte ainsi entourée d'un mur. Cet autre petit temple, selon toute apparence voué au culte chrétien, lieu de prières nestorien ou secte du même genre, avait perdu son caractère chrétien lorsque de nouveaux murs avaient été érigés à l'intérieur. Mais, quand les murs les plus récents furent abattus, on trouva des vestiges de vieilles peintures murales seulement par endroits, car, beaucoup de dégâts étaient dus à la neige fondue tombant d'en haut goutte à goutte par un interstice dans le mur. Une silhouette fut néanmoins conservée, celle d'un prêtre, dans la tradition byzantine, qui semblait porter un encensoir et un vase d'eau bénite. Il se tient debout, devant une rangée de trois personnes, dessinées à une échelle plus petite et tenant dans les mains des branches de feuillage vert. Derrière le groupe, on aperçoit la patte de devant d'un cheval; de toute évidence, son cavalier s'est approché pendant que le prêtre officiait. Ce prêtre n'est ni un moine bouddhiste ni un moine manichéen, car les deux se reconnaissent à leurs vêtements sacerdotaux. Peut-être faut-il voir là la célébration des Rameaux? Dans tous les cas, la manière de peindre indique des influences occidentales qui sont plus récentes que l'art ghandara.

Sur le chemin de Tuyoq sont encore debout deux bâtiments en ruines que Grünwedel désigne respectivement par les lettres russes Z et B.

Le premier se composait de plusieurs chapelles avec des représentations de Bouddha assis, certaines à une échelle gigantesque. Quelques belles peintures murales de style ouighour subsistaient sur ces murs, mais aussi des restaurations plus tardives, de même style, comme en ont imité les Chinois.

Dans la chapelle orientée vers l'est, nous trouvâmes le grand socle d'un Bouddha en état de nirvana, lui-même détruit. Sur le devant du socle, on avait étalé une mince couche de stuc pour cacher les peintures anciennes. Quand on eut retiré le stuc, elles apparurent à la lumière en bon état de conservation. Elles représentaient des moines en un style pictural qui rappelait incontestablement l'art roman.

Nous fîmes une importante découverte dans la ruine B (caractère russe). Là encore, les peintures anciennes avaient été recouvertes par une décoration murale postérieure, apparemment lamaïste tardif (peut-être XIIIᵉ siècle?). De toute façon, la restauration avait été accomplie plus brutalement qu'à l'accoutumée, lorsque la puissance des Ouighours était à son zénith.

Sur la face ouest du mur où se trouvait la porte, à droite de l'entrée, nous trouvâmes, dans un renfoncement pratiqué dans un mur de construction plus récente, un torse magnifique de presque cinq pieds de haut. La partie supérieure de la statue, qui était fixée au mur par de solides chevilles en bois, avait considérablement souffert. Non seulement la tête et les épaules avaient disparu, mais la neige, tombée parfois en abondance, ou les torrents de pluie — très rares, il est vrai, mais en même temps très violents quand ils se produisent — avaient déposé en petits filets, un amalgame de terre et d'eau sur la partie supérieure du corps, et avaient, dans une certaine mesure, détruit la couleur des vêtements.

La statue se dresse sur un trône semi-circulaire en forme de lotus, dont les feuilles étaient sans doute rouges et bordées de blanc. Le soubassement, décoré de fruits, avait peut-être été peint en vert, mais aujourd'hui il ne révèle que des traces du fond blanc — la bordure qui apparaît sous les feuilles est en plâtre —, particularité ajoutée comme indispensable à l'érection de la statue. Les pieds ne sont pas très bien modelés et, de plus, ils ont souffert lorsqu'on a emmuré la statue ; les tuiles non cuites avaient simplement été placées dessus. Ce qui est laid, aussi, est la manière dont les orteils dépassent le bord du soubassement.

La statue elle-même rappelle beaucoup certaines statues de l'art ghandara. Les drapés des vêtements tombent en lignes non encore déformées par l'incompréhension qu'à l'Asie orientale des formes classiques. Très caractéristiques aussi sont les lourds plis qui, de chaque côté, tombent des épaules ou de l'avant-bras, lequel manque à présent mais qui, sans aucun doute, s'élevait comme pour dispenser un enseignement. On remarque d'abondantes traces de peinture verte, ce qui paraît indiquer que ces plis faisaient partie d'un manteau jeté sur les autres vêtements. La tunique flottante en dessous enveloppe le corps de plis gracieux ; la peinture a disparu jusqu'aux genoux, si bien que l'on voit la couleur brunâtre des matériaux utilisés. Depuis les genoux jusqu'aux bord des superbes plis, la couleur, bien conservée, prend de plus en plus d'éclat. La statue porte deux sous-vêtements — tout ce que l'on voit du premier est un lambeau rouge triangulaire, à gauche, entre les plis du grand manteau, de la tunique portée en dessous, et la bande étroite d'un autre sous-vêtement que l'on distingue sous l'extrémité en rouge.

Cette belle statue, un Bouddha de style ghandara presque pur, s'avéra être pour nous une grande énigme ; car nous ne pouvions nous empêcher de nous demander pourquoi cette facture de l'art antique avait survécu dans la sculpture, alors que, dans la peinture, les éléments d'origine grecque, indiquaient déjà des signes d'influence d'Asie orientale. Cette statue n'est en aucune manière la seule à avoir conservé son caractère hellénique. La première expédition avait aussi trouvé des têtes de caractère typiquement grec, et de tels spécimens de sculpture nous tombèrent également nombreux entre les mains. Les Bouddhas sur toutes les peintures murales témoignaient déjà de la même incompréhension du drapé des plis, ainsi que les visages d'Asie orientale de la période chinoise plus tardive. Il ne fait aucun doute que cette sculpture appartenait à la même période que les peintures — pourquoi aussi n'en avait-elle pas été marquée de la même façon ?

Au moment où nous fîmes cette découverte, nous ne savions pas encore que la sculpture du Turkestan oriental est un art où l'on travaille à partir de moules dont on se sert pour faire les statues.

Ce n'est qu'à la troisième expédition que nous trouvâmes quelques modèles de moules faits en stuc dans les ateliers des monastères de Kyzyl ; et, à Shorchuck, Herr Bartus réussit à exhumer trente de ces moules provenant d'un atelier semblable.

Cette découverte apportait la solution de l'énigme, car le moule d'origine se trouvait simplement reproduit dans ces nouveaux moules, et s'il arrivait qu'un moule fût cassé ou hors d'usage, un nouveau était coulé, par un procédé mécanique, dans le moule d'origine, et on en fabriquait de nouveaux comme auparavant[1].

Pendant la période turque, étant donné l'apport croissant de sang étranger, un changement se produisit peu à peu dans l'idéal que la nation se faisait de la beauté, et les têtes montrent clairement comment, après une période relativement courte, vers le IXe siècle, les moules avaient été volontairement modifiés pour répondre davantage aux normes de l'Asie orientale. Les yeux sont moins enfoncés, les sourcils ainsi que le contour des paupières supérieures et inférieures deviennent plus obliques, le nez est plus court, la coiffure typiquement grecque est méconnue et stéréotypée. Finalement, l'artiste donne à son moule la chevelure raide et rude de la race d'Asie orientale et... la tête grecque est devenue typiquement chinoise. Il est aisé de comprendre comment, en peinture, le type persiste infiniment moins. Même les Sassanides avaient déjà barré la route à l'Orient hellèniste, et, d'Iran ou d'Inde, il ne venait que peu de gens, et ceux-ci, à l'exception de riches marchands, n'étaient que des moines honorant le célibat. Mais la route vers l'Asie orientale était toujours ouverte et de l'Orient, des Asiatiques, des Turcs et des Chinois arrivèrent dans le pays en nombre toujours accru; c'est ainsi que le mélange de sang étranger se fit de plus en plus prononcé.

Si, à cette époque, un maître acceptait dans son atelier un élève de

1. Puisqu'il n'y avait au Turkestan oriental aucune pierre qui convînt, les moules étaient faits à partir de boue, mélangée à des poils d'animaux, des fibres végétales ou de la paille hachée — parfois aussi, mais moins souvent et surtout dans les régions occidentales, on se servait de stuc. Les visages, les oreilles, avec leurs boucles d'oreille, les bras, les jambes, les mains, les pieds et toutes les autres parties de l'individu, étaient coulées, chacune séparément, dans les moules.

Les grandes statues étaient ainsi constituées en nombreux fragments séparés, les parties pas très épaisses remplies des mêmes matières et de fagots de roseaux et séchées au soleil. Puis, les pièces séparées étaient réunies par de grossières petites chevilles en bois, ou parfois, aussi, simplement attachées ensemble par de la corde en paille; les mains, etc., étaient fixées et la statue entière — elles sont toujours en mi-relief — était aplatie par derrière et revêtue d'une couche de glaise et fixée au mur du temple avec des chevilles de tamaris. Après quoi, le devant était rendu lisse, les articulations colmatées, le tout repassé soigneusement d'un badigeonnage d'argile, couvert d'une mince couche de stuc, enduit de peinture à l'eau et doré d'une épaisse feuille d'or. La feuille d'or était découpée en petits carrés, appliqués et échampis à la peinture noire ou par un beau carmin transparent (le dernier surtout dans les miniatures des livres). Pour que la décoration d'or prenne un vigoureux relief, sur de nombreuses statues particulièrement précieuses, on modèle tout d'abord les ornements à l'aide d'une pâte blanche très ferme (du stuc, peut-être?), puis on applique sur celle-ci les petits carrés de feuille d'or et la peinture, tout angle d'or rugueux est recouvert de peinture, et l'ornement d'or, maintenant en relief, reçoit une polissure éclatante à l'aide d'un poinçon de jade ou d'un objet semblable. Nous ne trouvâmes la preuve de ce procédé technique que dans les très belles peintures murales de la Ruine B à Kocho. On utilisa par la suite un procédé du même genre pour peindre des miniatures sur papier, mais, sur les miniatures sur papier que nous avons, il n'est pas encore en usage.

sang-mêlé, il introduisait ainsi chez lui un œil étranger, une main étrangère et c'est pourquoi le changement de facture intervint beaucoup plus vite en peinture qu'en sculpture. La peinture également, pas moins que la sculpture, faisait fi des moyens mécaniques. Nous avons trouvé des pochoirs faits en papier, et même certains en papier fin pour peindre sur toile, *boehmeria*[1], soie ou papier, et certains faits en une sorte de carton-pâte pour les fresques. Le tableau était esquissé en marquant les contours sur le pochoir de papier. Puis les lignes ainsi tracées étaient perforées et le pochoir était placé soit sur le mur lisse et blanchi, soit sur les étoffes délicates citées plus haut, et l'on passait dessus un sac percé de petits trous et rempli de poussière de charbon de bois. Les fins contours ainsi obtenus étaient reliés par un trait continu et enfin recouverts de peinture. Les peintres étaient si bien entraînés que c'est à peine s'ils avaient besoin du tracé — comme bien des peintures le montrent — et ils ne s'y conformaient pas exactement; jusqu'à un certain point, ils traçaient à grands traits l'image de chaque dieu, de chaque saint, etc., qui leur était si profondément familier, comparables en cela au Chinois qui écrit des lettres compliquées dont chacune est, de plus, une œuvre d'art en elle-même.

Au sud de ces deux temples, se trouvent deux groupes de tombeaux. Ce sont des édifices persans au toit en dôme, encore désignés sous le vocable persan de *gumbaz*. La coupole recouvrant beaucoup d'entre eux est formée de deux dômes placés l'un au-dessus de l'autre.

Dans l'une de ces tombes, nous découvrîmes un petit bonnet tel qu'en portent de nos jours encore les jeunes filles au Turkestan oriental. Il avait été trempé de sang, de sorte que, bien évidemment, sa propriétaire s'était réfugiée dans la tombe et y avait été assassinée. Il est clair, si l'on en juge par les broderies, que le bonnet date de la période bouddhiste, car il représente un être mythique (*garuda*) qui appartient à la mythologie bouddhiste.

LES SITES DES TEMPLES DE SANGIM AGHYZ, BAZAKLIK, CHIKKAN KOL ET TUYOQ

[...] La rivière de Karakhoja fraye son chemin quelque peu tumultueux à travers les roches en lœss de cette vallée. C'est une gorge sombre et mystérieuse, aux pentes abruptes dressant leurs sommets menaçants le long de la berge ouest du courant; pierres et avalanches de boue dévalant fréquemment en torrents pendant la fonte des neiges en montagne et s'écrasant en bas sur ses sentiers étroits. En dépit du caractère rébarbatif du paysage, le versant gauche ou ouest du ravin est parsemé d'un tracé de temples, tandis que les hauteurs à droite sont

1. *Boehmeria*: étoffe tissée dans les fils de ramie *(boehmeria nivea)*.

occupées par de nombreux monuments commémoratifs indiens (stupas), dont certains s'élèvent au bord même du courant.

Ces stupas contiennent les restes de cendres d'incinération, des fleurs artificielles, des offrandes votives — gravures de saints sur papier — et de très nombreux manuscrits. C'est un fait saisissant que, dans un de ces monuments, à l'endroit où la rivière fait un coude, l'on ait découvert la page presque parfaite d'un livre manichéen parmi les fragments de nombreux manuscrits bouddhistes indiens. Comment est-elle arrivée là?

Il y a douze édifices sur la rive gauche, ruines de monastères bouddhistes, et temples de la première période (du VIIIe au XIe siècle). La plupart sont des constructions en adobe, bien que certains soient des temples excavés, avec terrasses et bâtiments en façade. Les monastères en adobe sont sans exception de solides fortifications avec des portes et des tours massives. L'aspect du ravin est, sur toute sa longueur, des plus inquiétants, car les gorges sauvages qui creusent les hauteurs confèrent au paysage un caractère romantique, presque surnaturel.

Nous trouvâmes dans ces temples deux bibliothèques : l'une fut découverte par Herr Bartus dans les cellules des moines d'un grand couvent et était assez importante pour remplir plusieurs sacs de blé. Ces manuscrits étaient presque tous rédigés en caractères turcs anciens et en caractères ouighours; on y traitait de religion et c'étaient des fragments d'une sorte de drame décrivant la rencontre des fidèles et des damnés avec un messie bouddhiste, Maitreya (Maitreya Samiti). On indique dans les colophons des chapitres qu'il s'agissait d'une traduction de langue tocharienne en turc et l'on mentionne aussi le nom de l'auteur.

Plus tard, dans un autre endroit, nous trouvâmes des fragments dudit manuscrit tocharien, qui, à son tour, comme on le précise à la fin des chapitres, est aussi une traduction de l'indien.

C'est moi qui devais découvrir le deuxième manuscrit dans un étrange édifice, annexe d'un petit temple, sur la terrasse du temple n° 10. Il se composait essentiellement de traductions en turc de légendes bouddhistes.

Çà et là, nous découvrîmes des manuscrits manichéens et indiens également, mais nous fûmes très contrariés par l'incident suivant. Nous avions travaillé très durement à effectuer des fouilles dans le temple souterrain «Constellation» situé à l'entrée du ravin sans faire, néanmoins, la moindre découverte. Tandis que nous nous affairions là, deux vieilles femmes allèrent travailler en face de nous, sur l'autre berge du cours d'eau, parmi plusieurs tertres informes. Certains d'entre eux n'étaient que des tas de lœss formés là par hasard, mais il y en avait un que l'on avait ouvert dans un but précis car il s'agissait d'une stupa en ruines et elle fournit à ces chercheuses de trésor, à notre barbe, quelques étranges têtes de démons et une grande quantité de manuscrits tochariens et indiens rédigés en divers caractères indiens. Nous fûmes dans l'obligation de racheter leur butin pour un prix relativement élevé à ces horribles femmes : environ neuf shillings pour une centaine de beaux feuillets de manuscrit.

Nos bénéfices nets, jusqu'alors, dans la vieille ville de Karakhoja et dans le ravin Sangim n'étaient pas tout à fait négligeables, mais ils ne correspondaient en aucune manière aux espérances nourries par ceux qui nous avaient envoyés en ces lieux. Fréquemment arrivaient des lettres du conseiller Pischel dans lesquelles il exprimait sa conviction que j'avais déjà en ma possession une masse gigantesque de manuscrits, sculptures et peintures murales. Sa Majesté s'était aussi souvent informée avec intérêt des résultats fructueux sans nul doute consécutifs à notre expédition. Mais nos découvertes jusqu'à présent étaient loin de répondre à des espérances aussi démesurées.

Grünwedel m'avait demandé de ne pas m'occuper des bâtiments du grand monastère de Murtuk, mais de lui réserver les temples encore non visités dans ce site. Les nouvelles concernant son arrivée changeaient cependant à chaque lettre. Une fois, il était sur le départ, la fois d'après, il ne pouvait se décider à entreprendre le voyage, ce qui gênait tous mes projets. Lorsqu'un jour une lettre arriva annonçant que Grünwedel avait décidé de ne pas venir, je pris la décision, pour que l'expédition remporte de toute façon au moins un seul grand succès, de pousser en avant vers ce site et de dépouiller un des nombreux temples de ses peintures. Nous fîmes donc un voyage d'exploration à Murtuk.

Pour y parvenir, le voyageur suit le ravin Sangim en direction du nord jusqu'à l'endroit où le cours de la Murtuk s'écoule entre des falaises abruptes pour se jeter dans la rivière qui descend impétueusement la vallée de la Sangim. Ce voyageur doit alors grimper au sommet des hautes falaises sur la berge droite pour suivre une route étroite qui, serpentant sur ces falaises, conduit au site du monastère de Bazaklik qui se trouve un peu au sud du gros village de Murtuk. Celui qui se rend au monastère de Bazaklik (en turkestan oriental : «le lieu où il y a des peintures, des décorations») arrive dans son voisinage immédiat sans apercevoir ce grand site une seule fois. En un seul et unique endroit il est possible d'apercevoir le temple, mais c'est précisément là que les moines d'antan ont érigé un mur — dont certains pans sont encore debout — qui protégeait leur site des regards de ceux qui passaient par là. Partout on a la preuve évidente des efforts faits par les habitants des monastères pour s'assurer le maximum d'isolement, loin des activités et des actions de ce monde.

La route s'élargit tout à coup et se termine dans un vaste plateau sablonneux derrière lequel s'élèvent de hautes collines aux formes curieuses. Même de là, on ne voit pas le monastère car il est situé sur une terrasse, environ dix yards au-dessus du lit de la rivière et à la même distance en dessous du bord de l'escarpement de l'espace plat s'étendant sur la courbe en fer à cheval de la haute berge. Ce n'est que lorsque le voyageur parvient tout près de ce rebord qu'il voit le bâtiment sur sa terrasse.

Il y avait là jadis deux petits édifices aux toits en forme de dôme — l'un à l'extrémité supérieure, l'autre à l'extrémité inférieure du groupe de bâtiments, mais, seul, celui de l'extrémité supérieure existait encore, et, malgré son état de grand délabrement, on pouvait le visiter. Il y avait à l'intérieur un petit escalier raide et étroit — lui aussi menaçant ruine — qui descendait à la terrasse. On pouvait probablement en déduire que ces deux petits bâtiments étaient ceux par lesquels on accédait autrefois au site par le haut.

La terrasse principale est au nord du groupe de bâtiments et à son extrémité nord se dressait un grand monastère avec les cellules pour les moines. Contigu à ce monastère et suivant le cours d'eau vers le sud, s'étaient dressés toute une rangée de temples qui étaient tous sans exception si recouverts par le sable de la chaîne de montagnes située derrière eux et par la poussière de lœss recouvrant l'ensemble du pays, que tout ce que l'on pouvait en voir était l'angle d'un mur ou le toit arrondi d'un temple qui saillaient çà et là des hauts tas de sable.

Les bâtiments — dans le passé ils étaient sans nul doute reliés les uns aux autres par des structures de bois — sont soit des constructions en pierre, soit des temples souterrains creusés dans l'argile ou la pierre molle; d'autres, encore, comme c'est le cas dans le ravin de la Sangim, combinent les deux systèmes, avec une entrée en adobe érigée devant un temple excavé.

Au total, une centaine de temples existent toujours là-bas. Un grand nombre de ceux qui sont au sud avaient cependant été adoptés comme habitations par les gardiens de chèvres, et les peintures avaient été abîmées par la fumée de leurs feux. Nous ne pouvions qu'espérer récolter une belle moisson dans ces temples entièrement enfouis sous les sables. Après nous en être rendu compte, nous décidâmes de nettoyer quelques-uns des temples endommagés par les troupeaux de chèvres et de nous y établir. Puis nous nous mîmes au travail.

C'est alors qu'un messager envoyé par le gouverneur chinois de Turfan m'apporta une lettre de Pischel exprimant ses plus joyeuses espérances. Mais jusqu'à présent nous n'avions rien trouvé qui valût la peine d'être mentionné. Un jour, cependant, la chance nous sourit. Nous avions entrepris de mettre au jour un grand temple et nous étions parvenus jusqu'à la grande salle constituant l'entrée devant la cella.

Malheureusement les fresques dans cette salle se révélèrent entièrement détruites; tout ce que l'on pouvait en voir était un vague contour.

Les couloirs étroits, qui dans ces temples entourent souvent la cella, existaient ici aussi, mais ils étaient pleins, depuis le sol jusqu'au haut des murs, du sable de la montagne assez tassé. Avec quelque difficulté, je grimpai sur ces tas de sable dans le couloir de gauche, mais, au cours de mon ascension, le sable glissa sous le poids de mon corps, de sorte que, à force de soulever les pieds aussi haut que possible et à force de piétiner pour assurer mon équilibre, je déplaçai des quantités du sable qui se trouvait là.

Soudain, comme par miracle, je vis sur les murs ainsi dégagés à ma gauche et à ma droite des peintures magnifiques aux couleurs aussi éclatantes que si l'artiste venait de les terminer. Quelle ne fut pas ma joie! J'agitai mon chapeau et appelai Bartus qui travaillait de l'autre côté; il me rejoignit et nous nous serrâmes la main de plaisir. Si nous pouvions sauver ces peintures, le succès de l'expédition était assuré. Nous continuâmes de progresser lentement, écartant les masses de sable, le résultat étant que nous vîmes à l'entrée des couloirs, de chaque côté, une peinture représentant trois moines plus grands que nature.

Il s'agissait de portraits et, à la vérité, sur les deux côtés du corridor de gauche, des peintures représentaient des moines indiens en tuniques jaunes, leurs noms indiens écrits en caractères brahmi de l'Asie centrale, tandis que, à droite, dans le couloir à main droite, il y avait une peinture représentant trois moines d'Asie orientale vêtus en violet, et à gauche dans le même couloir, une peinture du même genre représentant trois moines indiens en tuniques jaunes.

Ces moines portaient aussi sur la tête de petites plaques avec leur nom et, là encore, les noms des Indiens étaient écrits en indien, tandis que ceux d'Asie orientale étaient à la fois en caractères chinois et ouighours.

Il était intéressant de noter que les Turcs, qui avaient érigé ces temples alors qu'ils étaient au sommet de leur puissance (au IXe siècle), ne se contentaient pas du travail au pochoir pour les visages, mais que, de toute évidence, ils cherchaient à personnaliser le visage de chacun des moines représentés — qu'ils cherchaient, en un mot, à faire des portraits. Cet essai ne fut jamais tenté dans les œuvres indo-aryennes plus anciennes; on utilisait les mêmes pochoirs pour tous les visages et on ajoutait ensuite l'inscription : ceci est le chevalier X, Y ou Z, selon le cas.

Pareille indifférence à l'égard des portraits est d'autant plus frappante que les peintures de la période plus ancienne sont d'une qualité nettement supérieure si on les compare à ces peintures plus tardives, marquées comme le sont ces dernières des signes évidents d'un art moins pur.

Tandis que nous continuions à déblayer les couloirs nous découvrîmes sur les murs, qui avaient treize pieds de haut, quinze peintures gigantesques de Bouddhas de différentes époques — trois sur chacun des murs extérieurs, les plus longs, et deux sur chacun des murs intérieurs, les plus courts, de ces couloirs. Devant ces Bouddahs sont agenouillés soit des princes indiens vêtus comme dans la mythologie indienne, soit des brahmanes en peaux de tigre et guêtres, ou, encore — et ceci confère un plus grand intérêt à ces peintures — des hommes habillés en costumes nationaux, portant dans les mains des présents.

On reconnaît des types très différents, certains distinctement persans avec des coiffures faites de plumes d'aigle, de curieux chapeaux ou des turbans. Ils ont des traits aquilins, des cheveux foncés et parfois roux, auquel cas leurs yeux sont peints en vert ou en bleu.

Encore plus frappantes sont les représentations d'hommes à cheveux roux et aux yeux bleus, aux visages d'un type européen accusé. Nous établissons une relation entre ces personnages et la langue aryenne que l'on trouve en cette région dans tant de manuscrits, lesquels étaient, comme nous en avons par la suite apporté la preuve, tochariens. Ces personnages à cheveux roux portent des jarretelles partant de leurs ceintures pour maintenir en place le haut de leurs longues bottes de cuir souple — singulière particularité ethnographique qu'on ne trouve, à ma connaissance, nulle part ailleurs, à l'exception des figures de pierre qui ornent les tumulus scythes dans la Russie du Sud et en Crimée, et que l'on voit en modèles exactement semblables sur les nombreux tumulus qui se dressent tout le long des Montagnes Célestes jusqu'au tréfonds de la Mongolie.

Ces tumulus appartiennent à un âge de bronze identique à celui des *kurgans* (en russe: *kyrgan* signifie «tertre funéraire»), ou tumulus de la Russie du Sud. Mon opinion est que ces tumulus dans le sud de la Sibérie et en Mongolie jalonnent la route que ces Indo-Européens ont prise à l'ère préchrétienne pour atteindre la Chine.

Un autre type humain se présente une fois seulement : il est d'un fort caractère sémite, et doit correspondre à un type rencontré chez les Syriens, dont un bon nombre, en qualité de chrétiens nestoriens, avaient construit ces monastères sur les éperons des montagnes nord de la ville chinoise de Turfan. Dans ces conditions, l'homme représenté doit s'être converti au bouddhisme.

La cella du temple que nous avions mise au jour mesurait deux yards et quart au carré. En cet endroit, pourtant, la tempête avait si souvent, dans ses tourbillons, projeté le sable le long des murs que c'est seulement à la hauteur d'un yard et demi, hors d'atteinte des forces de la tempête, qu'une couche de sable déposée là en permanence avait protégé les peintures. C'étaient des peintures extraordinaires. L'une, face à la porte, représentait un étang d'où s'élevait un curieux arbre stylisé protégé par des dragons et qui jadis portaient le trône d'un *Avalokitesvara*[1] (*Kwannon*).

Le trône a disparu mais, à droite et à gauche de l'étang, restent encore deux affreux démons, qui ont chacun six mains, dont ils menacent deux petits gobelins à tête de cochon et d'éléphant agenouillés à leurs pieds. A gauche, près de l'étang, apparaît la silhouette d'un brahmane qui s'appuie sur une béquille, frappe du pied l'air en colère, soutenu par un disciple qui fronce les sourcils, habillé lui aussi d'une peau de tigre. Cela donne l'impression que ce brahmane s'est affronté à ce dieu et qu'il n'a remporté que la deuxième place.

Suit, en haut, une rangée de divinités indiennes extravagantes, mais, au-dessus de ces dieux brahmaniques, la peinture est entièrement détruite. Sur le côté gauche de la cella, on voit un roi sur un cheval blanc magnifiquement peint; il part pour la chasse, suivi d'écuyers et de courtisans. Dans un coin se tient le scribe muni de son écritoire et de sa plume.

Sur le côté droit de la cella on voit une bien étrange scène: une chasse aux *garudas* — créatures fabuleuses aux corps humains mais avec les griffes, les ailes et des têtes d'oiseaux — qui ont emporté un enfant. Un autre enfant dont elles se sont emparées est déjà en sécurité; les *garudas* sont poursuivies par des archers et des lanceurs de lasso et elles sont capturées. Nous avons des raisons de penser qu'il s'agit là de la dernière interprétation des personnages dans l'histoire de Canymède sculptée par Léocharés, version Asie orientale.

Finalement, dans les angles, se tiennent les quatre gardiens du monde, en armures et assistés de leurs démons.

Sur les murs, à gauche et à droite de la porte de la cella, il y avait, en plusieurs rangs, l'un au-dessus de l'autre, les portraits des bienfaiteurs turco-ouighours; d'un côté, les hommes et de l'autre les femmes, personnages de rang royal ou noble, dont on peut encore déchiffrer quelques noms, en caractères ouighours, sur le médaillon à côté de chacun. A l'origine, ces personnages s'étageaient sur trois rangs; dans le rang inférieur, on voyait, grandeur nature, la moitié du portrait du prince sur un côté de la porte, de la princesse de l'autre côté et, au-dessus, respectivement de chaque côté, deux hommes et deux femmes, tandis que, au-dessus encore, on distinguait un rang de trois hommes et de trois femmes. Seul subsistait des hommes de rang supérieur, avec trois personnages; quant aux femmes, il n'y avait plus que deux personnages dans le rang du milieu. A force d'un travail long et difficile, nous parvînmes à enlever toutes ces peintures. Après un voyage de vingt mois, elles arrivèrent en bon état à Berlin où elles

1. Ancienne divinité du bouddhisme, seigneur de la compassion. Très populaire en Chine (Guanyin-Kwannon).

occupent une salle entière du musée. C'est un des rares temples dont la totalité des peintures ont été transportées à Berlin.

Ici, dans les montagnes, l'air était moins oppressant qu'à Turfan et ici, également, nous travaillions de l'aube au couchant et étions moins importunés par les visiteurs. Cependant, à deux reprises, nous eûmes une visite vraiment désagréable, comme je vais le raconter.

La montagne qui s'élève derrière le site du monastère est blanche comme neige, mais elle est régulièrement inondée de teintes cramoisies sous les rayons du soleil levant et du soleil couchant. En face de cette montagne s'étend un amas de sable montagneux noir au profil nettement découpé; en dessous s'étend le plateau, recouvert, comme les ruines elles-mêmes, de la teinte dorée du lœss jaune.

Mais quand nous vîmes la lune prendre d'énormes proportions en montant dans le ciel, la couleur de la montagne et du lœss changea d'une manière surprenante. Le pic montagneux tourna au bleu violacé, l'entassement de sable noir tourna au vert avec des reflets dorés, mais le lœss prit les teintes les plus merveilleuses et les plus magiques, variant avec la luminosité ou l'ombre dans laquelle il se trouvait — ici cramoisi, là violet, tantôt bleu, puis d'un noir d'encre —, bref je n'ai jamais vu une telle extravagante et prodigieuse symphonie de couleurs que celle qui nous ravissait chaque soir lorsque la lune brillait d'un vif éclat.

Et, par ces nuits-là, lorsque nous allions nous coucher, nous étions longs à trouver le sommeil, malgré la fatigue; les impressions et l'activité de la journée étaient trop fortes pour permettre à nos esprits de connaître immédiatement le repos. Dans le silence de mort qui règne constamment là-bas le bruit tumultueux du cours d'eau tombant sur les rochers au pied de la gorge à flanc de montagne résonnait tel un rire de mépris. Malgré l'incroyable et indescriptible beauté du paysage, il ne manquait pas de créer une atmosphère bizarre et inquiétante et l'on comprenait pourquoi, dans tous ces temples, les hideux démons étaient là sur les murs.

C'est par une nuit semblable, alors que tout était calme comme la mort, que des bruits effroyables s'élevèrent soudain comme si on avait lâché une centaine de diables. Nous nous levâmes d'un bond, terrifiés, nous emparâmes de nos fusils et nous précipitâmes dehors sur la terrasse. Là, saisis d'horreur, nous vîmes toute la gorge en fer à cheval remplie de loups qui, la tête dressée, aboyaient à la lune en hurlements prolongés.

Nos domestiques se hâtèrent de nous rassurer en nous disant: «Maître, maître, il ne faut pas avoir peur, ils ne vous feront pas de mal.» Et c'était également vrai. Après quelques coups de fusil dont l'un toucha un des visiteurs, ces animaux nous laissèrent ayant dévoré le cadavre de leur compagnon. La scène se reproduisit une fois encore, mais, la seconde fois, elle ne nous troubla en rien.

Le loup, comme le tigre dans les régions inhabitées du nord et de l'ouest, particulièrement près de Shikho et Manas, près de Maralbashi et aussi au Lop-Nor, est dans ce pays un animal relativement inoffensif. Je n'ai entendu parler que d'un cas où un être humain ait été tué par des loups. C'est lors de la tragique histoire à Karakhoja d'une jolie petite fille de douze ans (de notre connaissance) que l'on devait marier contre son gré, à un homme de soixante ans. Elle s'enfuit à Lukchun à travers le désert mais elle ne parvint qu'à mi-chemin, là où un orme colossal, au bord d'une source, servait de lieu de repos parmi les sables désertiques. Elle s'y coucha pour se reposer et fut attaquée par les loups dans son sommeil. Tout ce que l'on retrouva par la suite furent des lambeaux de ses vêtements maculés de sang et ses hautes bottes montantes, ses jambes encore à l'intérieur.

Alors que nous terminions nos travaux à Bazaklik, mon cheval me donna un violent coup de sabot dans le genou et je fus si sévèrement touché que je ne pus monter à cheval de dix jours car je devais, pendant ce temps, me servir de béquilles. Mais le soir, après avoir fini mes leçons de turc, je décorais les murs de notre chambre de proverbes et de poèmes en arabe, persan, allemand, latin, grec, et dans les langues européennes que je parlais couramment, et, au-dessus de l'entrée, j'écrivis en grandes lettres: «caverne des Voleurs».

Ces décorations murales se révélèrent source de revenus pour notre logeur qui, par la suite, les montrait moyennant finances. Il en fit les honneurs, comme d'une merveille, à un contre-amiral allemand qui s'était échappé des prisons japonaises!

Le roi de Luchkun, informé de ma mésaventure, vint me supplier de lui donner le cheval, qui était très fort et très beau, pour son carrosse de cérémonie, puisque cet animal était dangereux à monter, et il m'offrit en échange un bon petit cheval de selle. Je fus ravi de me débarrasser de ce cheval et d'avoir en échange un produit de l'étalon de Pi-Chang; aussi j'acceptai la proposition. Le roi m'envoya alors un très grand cheval — on le désigna par la suite dans tout le pays sous le nom de *chong at* («le grand cheval»), un bai à la magnifique allure relevée. Il allait à l'amble mais à une vitesse que les autres chevaux ne pouvaient atteindre qu'au galop. Après mon steppeur gris, cette nouvelle bête était un véritable fauteuil à bascule et je commençai à prendre du plaisir aux longues randonnées que nous devions quotidiennement effectuer. Je me servis de ce cheval tous les jours pendant tout le temps que nous passâmes au Turkestan; je terminai par la traversée des Himalayas sur son dos et, finalement, je le vendis au Cachemire pour cent cinquante roupies.

Dans le Turkestan oriental, les chevaux sont traités d'une manière différente de la nôtre. Lorsqu'on atteint un relais, un jeune garçon, tout d'abord, fait marcher le cheval autour de la cour pendant une heure au moins; puis, après avoir quelque peu desserré la selle, on attache la tête de l'animal à une poutre pour qu'il ne puisse pas la laisser tomber. A minuit, on lui donne de l'eau et de la luzerne, puis on lui donne à manger du blé, et principalement du petit mil. Je considérais cette manière de procéder ridicule, mais je dus m'y plier, les hommes de mon escorte maintenant que si on faisait boire le cheval plus tôt ses sabots se mettraient à enfler et qu'il serait hors de service. Pour éviter au cheval le surmenage, lorsqu'il ne peut plus avancer, les indigènes découpent un bout de cartilage dans ses naseaux. Si ce traitement sert à quelque chose et si l'usage en a prouvé le bien-fondé, je ne puis le dire.

Au voisinage de Murtuk, entre le village de Bazaklik et le ravin de Sangim, en allant vers l'ouest de la chaîne des monts, il y a un autre petit site appelé Chikkan Kol. Nous le découvrîmes lors de notre première expédition à Murtuk et nous y travaillâmes pendant quelques jours dans le froid le plus mordant. Le site se compose d'un certain nombre de temples excavés dans un ravin près d'un grand lac et là, sur les bords du lac et sur une île au milieu d'une eau peu profonde, nous découvrîmes des ruines bouddhistes. Les fouilles que nous pratiquâmes révélèrent de grands dégâts créés par l'eau, cependant nous récupérâmes quelques belles têtes (du type *kwannon*), ainsi que des manuscrits et des broderies. A l'extérieur des temples dans le ravin, nous prîmes des peintures et des fresques qui, bien qu'assez gravement détériorées, nous indiquèrent que nous nous trouvions en présence d'un site datant du VIIe siècle. Elles rappelaient par leur facture les peintures murales de Tuyoq et, comme elles, sont les peintures les plus anciennes provenant de l'oasis de Turfan. Dans les voûtes, nous trouvâmes les intéressants toits «en lanterne», non taillés dans le roc comme Kyzyl et Korish, mais seulement peints sur le dôme; on rencontre les mêmes toits en lanterne dans les sociétés religieuses de Bamian (en Afghanistan) et au Cachemire, dans les beaux temples en pierre qui montrent si clairement l'influence de l'art grec.

Le toit en lanterne remonte à une architecture de poutres en bois à laquelle ont encore recours les paysans en Arménie, Afghanistan, au Cachemire et dans le Petit Tibet. Passé aux temples de roc il arrive via le Turkestan jusqu'à la Chine et la Corée; dans le premier de ces pays, il a généralement été transformé en une toute simple décoration peinte, mais dans le second on le trouve encore dans de nombreux temples creusés dans le roc comme en Occident.

Albert von Le Coq, *Les Trésors enfouis du Turkestan chinois*, Oxford University, 1985. Traduit par Jeanne-Marie Santraud.

VII. La vallée d'Ili

Cernée de terrains de parcours reconnus depuis les origines par des peuples nomades, pasteurs, pillards ou conquérants, la vallée de l'Ili compte parmi les lieux peu nombreux de la Basse Asie centrale propices à la vie sédentaire. Oasis de vallée, elle offre deux conditions essentielles à des établissements humains : l'abri des vagues de froid et des grands vents de montagne et une distribution suffisante d'eau d'arrosage.

C'est une région au passé riche mais sans grands vestiges historiques : jusqu'au milieu du XVIIIe siècle, les nomades y vivent en maîtres. Ici l'espace se prête au galop, aux passages et aux campements. Point de grottes sculptées comme à Dunhuang, pas de mosquées anciennes comme à Samarkand ou à Boukhara. L'ultime refuge des derniers Genghiskhanides n'est réduit qu'en 1757. Coincés entre les canons mandchous à l'est, et les fusils moscovites à l'ouest, les Mongols dzoungars sont exterminés par les troupes chinoises. C'est finalement, après de nombreux siècles de chevauchées et de razzias, la revanche du sédentaire sur le nomade, de la culture sur la steppe. C'est au tour des grands empires continentaux d'y ajuster une frontière commune au cœur de l'Asie. La vallée de l'Ili depuis cette époque est un lieu privilégié d'affrontements ou d'accommodements, selon les politiques qui prédominent entre les lointaines capitales, entre la Russie tsariste et la Chine impériale, entre l'Union soviétique et la Chine populaire[1].

1. Pour une histoire de la vallée d'Ili, nous renvoyons à notre ouvrage, *Le Milieu des Empires* (R. Cagnat et M. Jan), R. Laffont, 2e éd., 1990, p. 396 à 410.

EUGÈNE SCHUYLER

(1873)

Eugène Schuyler[1]*, visite la vallée de l'Ili en 1873. Deux ans auparavant les troupes russes ont occupé ces terres chinoises sous le prétexte de préserver leurs intérêts dans cette région ravagée par les révoltes musulmanes qui s'étaient étendues du Shaanxi jusqu'à l'Ili à partir de 1862*[2].

Dans cette vallée naturellement riche, Schuyler constate les ravages provoqués par les luttes ethniques. Il s'interroge sur l'avancée russe en Asie centrale, alors qu'elle est en pleine expansion. Il rencontre aussi, fragile maillon de l'histoire, les restes de la communauté catholique établie à partir du XIII*e siècle par les jésuites à Almalig et établie à Kuldja*[3]*. Son récit, toujours précis, est un vivant témoignage de cette période de l'ultime avancée de l'empire russe dans cette région.*

ALTYN-IMEL

Quittant le poste d'Altyn-Imel, nous prîmes à droite, et montâmes une longue côte peu abrupte jusqu'à une légère dépression dans la chaîne de montagnes basses qui nous séparait de la vallée de l'Ili, — le col d'Altyn-Imel, appelé «la selle d'or». Évidemment il existe une légende à ce sujet, celle d'un chef kalmouk qui, poursuivi par ses ennemis, se voit contraint d'enterrer sa selle en or sous ses pieds; or il est plus probable que c'est cette appellation qui est à l'origine de la légende et non l'inverse, surtout quand on regarde la silhouette de la crête. La descente sur l'autre versant fut beaucoup plus raide; la route zigzaguait entre des pentes escarpées et rocailleuses, un ruisseau la longeait, en murmurant, marquant son passage d'une fine bande de verdure. A nos pieds, s'étendait une vaste plaine, cernée au nord et à l'est par des montagnes, cependant qu'au sud on distinguait au loin les scintillements de l'Ili. Cette plaine caillouteuse était une route excellente, et trois heures et demie nous suffirent pour parcourir les quarante-six kilomètres qui nous séparaient de la gorge de Koibyn; pas le moindre signe de vie aux alentours, à l'exception d'un troupeau de saigas, ainsi qu'un vieux loup gris qui s'enfuit hors de portée de fusil.

---

1. Sur E. Schuyler, voir notice p. 309.
2. Sur cette question, voir I. Hsü, *The Ili Crisis, a Study of Sino-Russian Diplomacy, 1878-1881*, Oxford University Press, 1965.
3. Voir première partie: Pascal de Vittoria, p. 88, et Jean de Marignolli, p. 92.

Koibyn est une crevasse naturelle dans les monts, elle sert de lit pour un petit ruisseau et constitue, pour sa plus grande part, l'unique voie d'accès. La route est suffisamment éprouvante par beau temps, mais que Dieu secoure le voyageur qui se trouve dans cette gorge tortueuse et interminable lorsqu'éclate un violent orage, car alors des torrents d'eau dévalent chaque rocher, et en quelques minutes l'eau atteint un niveau impressionnant. Malgré son inconfort, ce voyage fut très agréable, en particulier grâce aux rochers escarpés, et à la superbe variété de teintes qu'ils offraient, passant de l'ocre, au vermillon, au violet, en raison du minerai d'ocre et de fer qu'ils contenaient, ainsi qu'à la végétation, véritablement foisonnante, pour des montagnes asiatiques, qui ornait le fond de la crevasse, ainsi que les îlots du lit du ruisseau. Sur un petit plateau situé à l'extrémité du défilé, se trouvait une fruste baraque, où nous dénichâmes, non sans peine, un Russe et quelques Kalmouks, qui parvinrent après un temps considérable, à nous fournir un attelage frais. Une route en lacets le long de la paroi de la gorge épuisa les montures, mais une fois cet obstacle franchi, nous progressâmes rapidement à travers la plaine vers Borokhudzir, où les murs blancs des casernes trouaient l'obscurité de vagues lueurs. Ce fut jadis le poste russe le plus reculé de la frontière de l'ancienne province chinoise de Kuldja, et l'on y détacha un corps d'observateurs pour empêcher toute transgression de la frontière russe, lors de l'insurrection dungan.

Le trajet parcouru le lendemain fut d'un intérêt douloureux, car il y avait autour de nous, à chaque instant, les traces des dévastations et du gâchis causés par la récente insurrection, que ce soit les canaux desséchés, les champs abandonnés, les forêts décimées, ou le spectacle désolant des villes saccagées et réduites à néant qui abritaient une population si travailleuse et prospère il n'y a pas dix ans.

A quelque distance de Borokhudzir il fallut traverser la rivière Usek qui, en cette saison de basses eaux, coulait en une série de petits ruisseaux à travers une vaste étendue pierreuse. Ce n'était pas à vrai dire un trajet dangereux, et pourtant ce fut épouvantablement pénible et lent, et je craignais à tout instant que les roues de la voiture ne soient arrachées. En juin et juillet, cependant, quand les eaux se gonflent des neiges fondues, le courant est très rapide et dangereux, et lorsque la rivière déborde de son lit, toute la steppe environnante est transformée en un vaste marais, des nuées de moustiques assaillant le voyageur jusqu'à le rendre à moitié fou. Fort heureusement lors de mon voyage il y eut si peu de ces pestes que j'eus à peine besoin du beau chasse-moustique chinois fait de crins blancs qu'un ami m'avait enjoint d'emporter avec moi comme étant un article indispensable pour un tel voyage. De l'autre côté de la rivière on discerne à peine sur un promontoire rocheux escarpé (*yar* ou *jar*) les ruines de la ville de

Jarkent, et un peu plus loin nous pénétrâmes dans les ruines d'une autre ville jadis florissante, Akkent. Là, il nous fallut patienter un bon moment car il n'y avait pas d'attelage de rechange, et je mis cet intervalle à profit pour déambuler à travers les ruines, car il restait de nombreux murs encore debout, certains étaient recouverts de tuiles finement ouvragées, d'autres, d'étranges fresques.

Laissant Akkent derrière nous, la route se mit à longer les murs de Tchimpantzi. Ceux-ci étaient encore en parfait état, malgré la disparition des portails; mais à l'intérieur, on ne trouvait pas une seule maison intacte. Juste à côté de l'entrée je remarquai une large salle sur laquelle se trouvait une série d'inscriptions en caractères chinois, mandchou, et arabes, que je recopiai soigneusement, pensant qu'elles pouvaient être de quelque intérêt. Quand je montrai cette copie, et me la fis traduire, je découvris avec beaucoup d'amusement que j'avais pris toute cette peine pour recopier la plaque gravée d'un dignitaire chinois, car j'appris que sous le gouvernement chinois, chaque fonctionnaire était tenu d'afficher son nom et ses titres en gros caractères au-dessus de sa porte. Souvent il s'agissait de caractères peints, mais les plus aisés d'entre eux les faisaient graver dans la pierre.

Les ruines de Khorgos (Kurgash), qui étaient situées un peu plus loin, ne consistaient qu'en quelques monticules de terre déjà à moitié recouverts de végétation. Jadis s'étendait ici, sur un rayon de plusieurs dizaines de kilomètres, une forêt artificielle plantée par les Chinois, et entretenue par un système d'irrigation régulière.

Avec le massacre et la fuite des habitants le système d'irrigation a été abandonné, et les arbres sont en train de mourir rapidement. J'ai vu cette forêt dans chacune des étapes de son déclin, passant des arbres sains, verts, vigoureux, à de grands arbres desséchés, à ceux qui sont déjà morts, ou alors de jeunes arbres languissants et maladifs, des endroits où les arbres ont déjà disparu, et où la steppe aride et stérile a repris le dessus. Après avoir traversé une autre ville dévastée, qui s'appelle Alimtu, dont le nom provient du ruisseau qui l'arrose, et dont sans doute l'ancienne Almalyk n'est pas éloignée, j'arrivai à la ville de Tchin-tcha-ho-dzi, — ville épargnée, car elle abritait une population en majeure partie musulmane. Elle offrait au regard un curieux spectacle — ses impressionnants remparts, épais et crénelés, surmontés de hautes tours, ses portes voûtées, ses larges avenues, et cette odeur typiquement chinoise, une odeur qu'il m'est presque impossible de décrire, un mélange d'opium, d'ail, et de saletés de tous genres; mais que l'on n'oublie jamais une fois qu'on l'a sentie. Je la reconnus immédiatement, car c'était une dose extraordinairement concentrée de cette odeur à la fois curieuse, âcre et à peine perceptible qui émane des caisses, et des colis venant de Chine ou du Japon. Il était trop tard pour visiter la ville, et après avoir rapidement changé de chevaux, et parcouru quelques kilomètres de plus, nous arrivâmes à Suidun, où nous attendait, avec une hospitalité exquise, le capitaine Bozhovitch, un Monténégrin au service des Russes.

La première chose que je fis le lendemain matin fut de parcourir la ville. Un tel «changement de décor» en l'espace de cinq jours, c'est-à-dire le temps du trajet de Tashkent à Kuldja, est rare. Les lacis de ruelles tortueuses avaient fait place à de larges avenues rectilignes, ombragées; au lieu des maisons de torchis sans fenêtres, dont les murs aveugles vous confrontaient à chaque coin de rue, il y avait de superbes édifices en brique, aux façades merveilleusement travaillées et décorées, surmontés de toits de tuiles, et dont les fenêtres et portails étaient ornés d'élégants treillissages. Au lieu de femmes enveloppées dans de longues tuniques sans formes, et de visages dissimulés par d'épais voiles de crin noir, il y avait de robustes femmes, vives et souriantes, occupées à bavarder tranquillement, et dont les merveilleuses coiffures étaient piquées de soucis orange vif, ou surmontées de coquets calots qui contrastent admirablement avec le bleu indigo de leurs robes. Au lieu de Sarts et d'Uzbeks vêtus de larges tuniques et de turbans, des Chinois et des Dungans aux jupes matelassées, et vestes courtes, portant de longues moustaches et des nattes.

Une promenade faite sur les remparts, dont l'épaisseur était telle que l'on aurait pu y construire une route, me permit de me faire rapidement une idée de la ville, qui est bâtie d'après le même plan que toutes les autres villes fortifiées de la province. La ville elle-même est de forme presque parfaitement carrée, entourée d'une haute et épaisse muraille dont les deux faces sont recouvertes de briques. Le sommet des remparts est crenelé, et il y a une porte au milieu de chaque côté, protégée par un bastion circulaire et une tour au toit pentu. Il n'y a pas de fossé à l'extérieur de l'enceinte, les jardins et les villages commencent aussitôt. Des quatre portes partent deux larges rues qui se croisent au milieu de la ville, chaque quartier se divisant ensuite de façon indépendante au moyen de ruelles et d'allées. Tout est construit en brique, les façades s'ornent souvent de larges tuiles carrées disposées en losange, auxquelles s'ajoutent sur les côtés, de larges disques décorés, également de brique travaillée avant d'être cuite. Ces briques étaient d'excellente qualité, de quatre à six fois plus grandes que les nôtres, de teinte grise et très dures. Il était évident qu'il y avait eu beaucoup de soin à la fois dans le choix de l'argile, son mélange, le moulage (les arêtes des briques étaient tranchantes), ainsi que dans la cuisson. Les toits étaient en général incurvés à partir du faîtage, on y utilisait le même matériau que pour les briques, en tuiles alternativement concaves et convexes, la dernière rangée étant la plupart du temps ornée de pendentifs sculptés représentant le visage d'un lion. Les extrémités du toit se redressaient comme le bord d'un chapeau, et on y voyait souvent des dragons ou quelque autre figure animale décorative. Les fenêtres étaient toujours serties d'un élégant treillis ou grillage, parfois finement ciselé, à l'intérieur duquel on trouvait, en guise de verre, du papier huilé. Presque toutes les maisons possédaient un petit jardin avec des arbres, des légumes et des fleurs. L'édifice de loin le plus intéressant était la mosquée des Dungans, c'est-à-dire des musulmans de langue chinoise, celle-ci est construite comme une pagode, avec deux ou trois étages, dont la hauteur va s'accroissant à mesure que l'on s'élève, et dont chacun est recouvert d'un toit incurvé, orné à ses extrémités de motifs sculptés et façonnés. La mosquée se dressait au fond d'une cour délimitée par les demeures des *mullah*. L'intérieur était vide, il n'y avait rien d'autre que quelques plans de La Mecque qu'accompagnaient des inscriptions en arabe et en chinois, ainsi que des prières et des versets du Coran calligraphiés en grands caractères sur des parchemins suspendus. Devant ce qui est maintenant le corps de garde, mais qui fut sans doute une résidence de fonction, se trouve un grand lion en pierre assis sur un socle gravé. Dans sa gueule entrouverte il tient une grosse balle qui est taillée dans la même pierre, et qui roule librement dans sa gueule, mais qui ne peut en être retirée sans briser l'ensemble. C'est La-tchu-yan, un Dungan rebondi, à l'air jovial, qui était maintenant l'Aksakal de la ville, depuis la prise de pouvoir par les Russes, qui me servit de guide à travers la ville et qui m'invita ensuite chez lui. Au-dessus de la porte se trouvait, comme c'était le cas autrefois, l'inscription en trois langues relatant son nom et son état. Son salon n'était pas très spacieux, mais il était très confortable, la vue donnait sur un petit jardin, il y avait une abondance de vases, de porcelaine et de paravents.

Malgré les odeurs, j'éprouvais une vive envie de me promener dans le bazar, qui s'étendait sur une grande partie de l'une des grandes rues qui traversaient la ville. En plus du grand nombre de boutiques situées de chaque côté de la rue, il y avait toute une foule de petits étals, à peine couverts par une natte en guise d'ombrelle, et la plus grande partie des transactions semblait se tenir à ciel découvert. Tout ici différait de l'Asie centrale — non seulement les articles d'usage ordinaire, mais même les légumes. On trouvait des betteraves, de grosses aubergines, des oignons, ainsi qu'une série de légumes inconnus à Tashkent; des miches d'un pain très léger et très blanc, et d'ailleurs totalement insipide, mais c'était du vrai pain quand même, et non des gâteaux. Même les boucheries étaient différentes, et il y avait des échoppes où l'on vendait des bonbons et du sucre d'orge. Je fus fort intrigué par le tableau des barbiers officiant en plein air, devant leurs échoppes. Le client était placé sur un tabouret étroit, puis on l'étendait presque complètement en arrière sur une banquette recouverte de rotin, et là il fermait les yeux et semblait être sur le point de subir une pénible intervention chirurgicale.

Partant de Suidun en compagnie du capitaine Bozhovitch, La-tchu-yan, et de quelques aides, je me dirigeai vers les ruines de l'ancienne capitale de la région, connue sous plusieurs noms, Ili, Hoi-yuan-tchen, la nouvelle Kuldja, ou Mantchou Kuldja. Pendant l'ensemble du parcours, un peu moins de dix kilomètres, la route traversait une contrée qui était autrefois soigneusement cultivée, mais dont il ne restait maintenant que des étendues dévastées. Enfin nous arrivâmes vers les faubourgs de la ville, et des amoncellements de ruines apparurent de tous les côtés, parfois on apercevait une maison sans toiture, ou un pan de mur entier isolé. Bientôt les ruines nous cernèrent, elles s'étendaient aussi loin que portait l'œil, jusqu'aux murs mêmes de la forteresse. C'était les faubourgs et la ville extérieure peuplée par les marchands, ainsi que par tous ceux qui n'étaient ni Mandchou, ni Chinois : un total, m'a-t-on dit, d'environ soixante-quinze mille personnes. A l'intérieur des remparts, qui avaient résisté, c'était le même tableau qui s'offrait à nos yeux ; sauf qu'ici la destruction était encore plus totale. On voyait encore nettement les deux grandes avenues, trop larges pour être ensevelies sous les décombres ; mais les autres rues disparaissaient sous les maisons effondrées, et on en devinait difficilement le tracé. De la tour majestueuse qui se dressait à l'intersection des deux grandes avenues, il restait deux étages ; ailleurs il n'y avait plus que des pans de murs. De nombreux édifices, surtout les édifices officiels, avaient été entièrement rasés ; ce n'était cependant pas le cas du palais du gouverneur, qui avait été détruit par les troupes assiégées quand elles surent qu'il n'y avait plus aucun espoir. Le sol était jonché de fragments de céramique, parmi lesquels je trouvai quelques pièces de monnaie chinoise, parfois il était blanchi par les éclats d'os humains, on trouvait même des crânes et des squelettes presque complets. Rien de ce qui pouvait encore servir n'avait été laissé sur place ; jusqu'aux poutres faîtières des maisons, arrachées pour faire du feu ou de nouvelles constructions. Me tenant au sommet des remparts, dont chaque côté mesurait environ mille quatre cents mètres, je me rendis compte de l'étendue du site et de l'ampleur de la dévastation. De chaque côté il y avait des maisons éventrées, ou bien des monceaux de briques, et immédiatement sous les murs coulait l'Ili, autrefois si animée, maintenant entièrement déserte. Sur la droite on apercevait quelques pans de mur blancs, ceux de la fabrique russe. Dans l'ensemble de la ville, il n'y a plus que deux ou trois maisons habitées, il s'agit de Dungans qui s'y sont installés récemment. En s'y dirigeant pour y prendre le thé, on y découvrit dans une cour juste à côté, un imposant temple bouddhiste, les fresques dont s'ornaient ses murs n'étaient qu'à demi effacées, par contre les grandes statues qui semblaient surtout être des ouvrages de céramique, avaient été réduites à néant. Devant ce temple, comme c'était le cas devant la plupart des édifices officiels, courait un mur très ornementé, et autrefois l'espace entre celui-ci et le temple était strictement interdit à qui que ce soit. En effet transgresser cet interdit devant la résidence du gouverneur était puni par la peine de mort.

Comme je faisais une remarque à La-tchu-yan au sujet de l'état d'abandon total des lieux, il répondit ceci: «C'est un sol maudit, personne ne viendra plus jamais vivre ici», et avec un rire bref il me raconta comment il avait lui-même été à la tête de l'armée dungan qui occupa l'endroit. Je l'accablai alors de questions, mais comme ses réponses devaient être d'abord traduites du chinois en tarantchi par un interprète, puis du tarantchi en russe par un autre, la conversation était ardue. Cependant il me fit un résumé fort laconique. «Nous fîmes le siège de cette ville pendant deux ans; enfin nous la prîmes. Ce matin-là elle comptait soixante-quinze mille habitants, armée comprise; le soir il n'en restait pas âme qui vive.» La plupart furent massacrés séance tenante; un grand nombre ont préféré tuer leur famille eux-mêmes et se donner la mort ensuite; certains s'enfuirent vers la steppe, mais furent tués quand même, ou bien y périrent de faim quelques jours plus tard. [...]

Je fis une autre excursion à partir de Suidun, vers le lac Sairam Nor, au nord de la chaîne du Borokhoro. Le capitaine Bozhovitch me fournit une escorte de six cosaques, et j'eus en outre pendant le premier jour la compagnie d'un jeune officier russe. Comme il y avait encore une grande distance à faire par la route, nous prîmes un raccourci à travers la prairie pendant une quinzaine de kilomètres jusqu'à l'orée du ravin Talki. En raison d'une erreur de la part de notre guide kirghiz nous nous perdîmes, et nous dûmes faire un long détour, traversant des plaines arides parsemées d'herbe desséchée et jaunie, puis une steppe recouverte d'un épais tapis d'armoise, un peu plus haut. L'entrée du ravin ne ressemblait guère à celles que j'avais eu l'occasion de voir. En effet au lieu de s'élever graduellement vers les hauteurs, pénétrant peu à peu dans la montagne, nous nous trouvâmes tout à coup devant une faille dans un impressionnant massif montagneux surgi pour ainsi dire en plein milieu de la plaine; devant nous, la rivière Talki jaillissait, bondissante, en une succession de jolies cascades. L'ascension commença immédiatement. Au détour d'un tournant, quelques pas nous suffirent pour perdre la plaine de vue, et pour nous retrouver cernés par deux hauts murs de roc, apparemment au cœur de la montagne.

Après avoir vu tant de montagnes sévères et arides, je n'étais absolument pas préparé au charmant spectacle qui s'offrait à mes yeux. Une végétation superbe, surtout sur le versant oriental du ravin, où croissaient en abondance les pommiers et les abricotiers sauvages, les ormes, les peupliers et les saules, auxquels venait s'accrocher, comme des guirlandes de fête, le feuillage bien familier et fourni du houblon sauvage. On était alors en automne, et les feuilles des arbres avaient pris des teintes jaunes et rouges d'un éclat que je ne pensais pas retrouver hors des États-Unis. La route était d'excellente qualité sur l'ensemble du parcours, c'était l'ancienne route chinoise, et bien que les ponts aient été détruits, cela ne nous dérangeait pas étant donné que nous étions à cheval. Cette route avait été construite par les Mongols pour assurer la communication avec l'Asie centrale, et vu le nombre de fois que nous avons été contraints de traverser les eaux limpides mais glaciales du Talki, je pense qu'il devait y avoir au moins les quarante-huit ponts mentionnés par les historiens de jadis. La route fut réparée par les Chinois lors de leur conquête de la province et ne fut abandonnée qu'au moment de l'insurrection récente. Sa remise en état complète ne reviendrait pas très cher.

Environ cinq kilomètres plus loin dans le défilé nous arrivions à un poste de cosaques, où nous devions faire étape, la nuit et le froid arrivant très rapidement. La demi-douzaine de cosaques qui s'y trouvaient, dont la solitude avait été ininterrompue tout l'été sauf lors du passage des Kirghiz en transhumance, ou de l'occasionnelle visite soit du topographe, soit de l'expert, furent enchantés de retrouver des camarades et de se régaler des moutons que nous avions pris soin d'emporter. En guise de contribution à ce repas, certains d'entre eux se dirigèrent vers le torrent et en ramenèrent de beaux poissons. En dépit de la chaleur pendant la journée, la nuit fut très froide et nous étions bien contents de bénéficier d'un feu allumé toute la nuit dans la kibitka. Le lendemain matin je poursuivai ma route en direction du lac, malheureusement l'officier russe qui me tenait compagnie reçut un ordre de son commandant qui demandait son retour pour prendre en charge une compagnie de soldats qui avaient terminé leur service et qui rentraient chez eux. Il me fallait donc continuer seul.

Au fur et à mesure que nous avancions, les parois de la vallée se resserraient, se faisant de plus en plus escarpées. Enfin, après avoir parcouru une dizaine de kilomètres nous gravîmes une colline très raide, et nous n'avions pas plus tôt posé le pied sur les roches plates du sommet qu'un tableau d'une beauté incroyable nous apparut. Juste en dessous, à une altitude déjà de sept mille deux cents pieds, s'étendait le lac de Sairam Nor, d'un bleu profond, de forme ovale, d'environ quinze kilomètres de long sur dix de large, il était entouré de hautes montagnes, on apercevait les cimes enneigées de celles qui étaient derrière. Il me sembla discerner le col qui menait vers la vallée de Borotala, et à l'est on distinguait nettement une ouverture qu'empruntait l'ancienne route pour aller vers Manas et Urumtsi. Après avoir contemplé ce panorama, nous descendîmes vers le bord du lac, où nous

nous reposâmes un moment près d'une petite source d'eau délicieuse et déjeunâmes. L'eau du lac est légèrement salée et ne convient pas pour faire du thé. Vue du rivage, l'eau était parfaitement limpide, et permettait de voir de petits objets au fond, même à distance. Les gens du pays soutiennent que le lac rejette sur la rive toute impureté qu'il reçoit, et affirment que l'on n'y trouve aucun poisson. Je me suis promené assez longuement le long du lac sans en apercevoir, pas plus que les crevettes que M. Dilke affirmait avoir trouvées ici. La légende veut que l'esprit du lac apparaisse sous la forme d'un bouc de pierre, doté d'immenses cornes et d'une épaisse barbe et que cette apparition soit suivie de malheurs. Dans les montagnes à l'ouest et au sud-ouest, on trouve de nombreuses sources d'eau chaude, aux vertus médicinales, ici elles sont appelées *arasan*. Au-delà des montagnes Ohala-tau au nord se trouve la vallée de Borotala, cours d'eau qui arrose des plaines sablonneuses parallèles à l'Ili, mais exactement dans le sens inverse, terminant sa course dans le lac Ebi Nor. La pente du terrain est assez singulière car il y a une dénivellation de six mille cinq cents pieds dans les cinquante kilomètres qui séparent le Sairam Nor et l'Ebi Nor. La route ordinaire du courrier en direction de Tchugutchak quittait la route allant de Urumtsi à Sairam Nor à la hauteur de Kur-kara-usu, mais il existait également un autre chemin plus direct pour les voitures — la traversée du défilé de l'Ala-tau près de la pointe du lac Ala Kul, à un endroit qui s'appelle Sabada, connu pour ses violentes rafales de vent. Il s'agit d'une profonde entaille à travers la montagne, et lorsque le vent vient de l'est, il souffle avec une telle force lors de son passage à travers ce couloir qu'il se fait sentir jusqu'à Sergiopol, cent quatre-vingts kilomètres plus loin.

Lorsqu'il passa par là, M. Zakharof ne rencontra qu'un vent moyen d'après les Kirghiz, cependant il fut contraint de quitter immédiatement la route et de prendre un raidillon à travers la montagne. Les cosaques qui le devancaient furent immobilisés plusieurs jours de suite à cause de leurs yeux abîmés par le sable et les graviers. Il me confirma la véracité des récits de Rubruquis[1] et des autres; selon lesquels quand un vent violent soufflait, il était réellement impossible aux chevaux ou aux chameaux d'y résister, et que parfois ce vent charriait de larges pierres.

Nor est un mot mongol qui signifie «lac», l'équivalent de *kul* en turc; en revanche l'origine du mot *sairam*, qui en chinois s'écrit *sai-li-mu*, n'est pas encore éclaircie. Klaproth traduit le nom mongol, *Sairam Tchagan Nor*, par «Le grand lac de la Tranquillité». Apparemment il s'agit du même lac, *Sut-Kul* ou «lac de Lait», que celui qui est mentionné par le roi Hethum dans son *Voyage à la cour*

1. Guillaume de Rubrouck.

de Mangu Khan. Le vieux moine Tch'ang Tch'un en donne une excellente description que je ne peux m'empêcher de citer.

«Une fois que nous eûmes quitté le désert de sable, nous voyageâmes cinq jours, nous arrêtant sur le versant nord du Yin Shan. Le lendemain, à l'aube, nous reprîmes vers le sud le long d'une longue pente pendant cinquante ou soixante kilomètres, et nous nous arrêtâmes le soir pour nous reposer. L'air était froid; il n'y avait pas d'eau. Le lendemain nous poursuivîmes notre route, voyageant en direction du sud-ouest, quant à une distance d'environ vingt li, nous apparut un lac splendide, qui faisait environ cent li de circonférence, entouré de tous côtés par des cimes enneigées, qui se reflétaient dans ses eaux. Le maître l'appela le lac du Paradis. Longeant ses rives nous descendîmes vers le sud, et de tous les côtés ce n'était que falaises vertigineuses et pics escarpés. Les montagnes étaient recouvertes jusqu'au sommet d'épaisses forêts, surtout de bouleaux et de pins de plus de cent pieds de haut. La rivière serpente à travers la gorge sur une distance d'environ soixante ou soixante-dix li, avec un courant rapide, parfois elle se transforme en torrent. Le second prince, qui accompagnait l'empereur lors de son voyage vers l'ouest, fit d'abord tracer une route à travers ces montagnes, taillant à même la roche, et fit construire quarante-huit ponts avec le bois coupé sur la montagne. Les ponts sont si larges que deux voitures peuvent s'y croiser sans danger. Nous avons passé la nuit dans le défilé, et le quittant au matin, nous avons pénétré dans une large vallée qui s'étendait d'est en ouest; fertile et bien arrosée comme en témoignait l'herbe abondante qui la recouvrait, elle était parsemée de mûriers ou de jujubes.»

A quelque quinze kilomètres de Suidun, vers l'est, se trouve l'ancienne Kuldja, ou Kuldja tartare, connue autrefois sous l'appellation de Kuren. Sous la domination chinoise ce fut la capitale administrative des Tarantchis et des Musulmans, puis la capitale des insurgés, et c'est maintenant le chef-lieu administratif des Russes.

En route j'ai vu les ruines de Bayandi, l'une des six grandes forteresses construites par les Chinois pour contrôler la région, maintenant il n'en reste que quelques pierres éparpillées.

A Kuldja, je fus très chaleureusement reçu par le colonel Wartmann, qui est logé dans l'ancien palais du Sultan dans la citadelle. A l'extrême courtoisie et à la chaleur de l'accueil qu'il me réserva, et que je n'oublierai jamais, s'ajoutait un charme supplémentaire pour ce séjour dans une ville si déconcertante, si éloignée de toute civilisation; celui d'un service et d'un personnel irréprochables, d'une propreté méticuleuse, ainsi que tous ces petits riens qui contribuent tant au confort d'un foyer anglais.

Mais le plaisir et le confort domestiques ne suffirent pas à me détourner longtemps de l'étrange univers extérieur. La ville ressemble beaucoup à Suidun, sauf qu'elle a été bâtie à une échelle plus grande et plus imposante. De forme carrée, chaque côté mesurant environ un kilomètre et demi, elle est entourée de hauts et épais remparts, suffisamment solides pour résister à une attaque vigoureuse, et dont la largeur au sommet permettrait d'y faire passer des voitures. Là encore, deux grandes avenues qui se croisent à angle droit divisent la ville en quatre parties, elles-mêmes subdivisées par des lacis de ruelles et d'allées.

Très vite l'on s'aperçoit que Kuldja était une ville tartare à l'origine, et que le vernis de la civilisation chinoise y est superficiel. Mis à part les deux mosquées et quelques bâtiments officiels qui appartiennent au gouvernement, il n'y a que peu de traces d'architecture chinoise dans les grandes rues, ainsi que dans les allées moins importantes. L'ensemble des maisons sont en torchis, avec des toits plats, comme dans les contrées uzbek d'Asie centrale. Même le palais dans la citadelle ne porte guère de traces du goût chinois, hormis quelques treillissages et quelques ornementations murales. Bien sûr, il a été remis en état, mais en fait il ne diffère guère, ses dimensions mises à part, de la demeure de quelque riche marchand à Tashkent. La plupart des longues rues du Bazaar-Kutche, juste aux pieds de la citadelle, sont la chasse gardée des commerces tarantchis, assez insignifiants, et modestes, dans l'ensemble; mais au-delà des faubourgs, là où commencent les quartiers de Dang Dungan et Maimatchen, le bazar est tenu par des Chinois et des Dungans, sans discrimination. La plupart des magasins sont plus grands et plus confortables qu'à Tashkent, et le commercant est séparé des clients par un comptoir, ou au moins par une barre. En plus des magasins il y avait de nombreux vendeurs qui ne disposaient de rien d'autre qu'une planche de bois et de tréteaux pour présenter leurs marchandises, d'autres encore, simples vendeurs ambulants, portaient l'ensemble de leurs articles sur un plateau suspendu à leur cou.

En dépit de visites répétées, je n'y trouvai pas grand-chose de précieux provenant de l'époque chinoise; tout ce qui avait quelque valeur ou attrait, comme, par exemple, les bronzes ou la porcelaine, avait été acheté par les Russes dès la conquête, et aujourd'hui l'on n'a guère de chance de trouver quoi que ce soit si ce n'est en usant d'un procédé qui ressemble par trop à un abus de pouvoir — en demandant à l'Aksakal de vous faire envoyer les gens qui ont quelque chose à vendre. Tous les articles de jade de qualité ont été peu à peu rachetés par les marchands chinois, et expédiés vers la Chine en passant par Kiakhta. Les seuls articles que je pus trouver étaient des objets de moindre valeur, des baguettes, des chaussons, des lunettes, des boutons de mandarin, des arcs et des flèches.

L'on me fit visiter plusieurs fabriques, situées à la lisière du bazar, et parmi celles-ci, une fabrique de papier extrêmement intéressante, ainsi qu'une fabrique de vermicelles, où la pâte après avoir été préparée selon les règles, était disposée sur une planche perforée élevée à quelques pieds au-dessus du sol, et descendait par son propre poids à travers les trous.

Les deux édifices les plus remarquables de la ville sont les grandes mosquées; la Jumma, mosquée des Tarantchis, qui se trouve à l'intérieur des murs, et la mosquée Dungan, juste à l'extérieur. Celles-ci, si l'on juge d'après leur taille et leur style d'architecture chinois, ont sûrement été financées par le gouvernement. Leurs façades sont entièrement recouvertes de larges tuiles en forme de losange, les murs ainsi que les frises des corniches sont richement décorés d'arabesques en céramique. Les toits sont larges et incurvés, avec les extrémités qui se redressent, si typiques du style chinois. La mosquée Dungan possède un superbe minaret, fait d'une série de pavillons surmontés de leurs petits toits, ce qui est d'un effet tout à fait curieux. Le sol de la mosquée est recouvert de dalles, et l'intérieur est dépourvu d'ornementations, à l'exception toutefois de l'endroit indiquant la direction de La Mecque.

Il n'y a qu'un seul temple bouddhiste à Kuldja, et il n'est pas tout à fait achevé; mais ce qui retint davantage mon attention que ce dernier ou les mosquées, c'était une petite église chrétienne qui avait été fondée bien des années auparavant par des missionnaires français et italiens. Ces catholiques, qui avaient été plusieurs années sans voir de missionnaires, ont été parmi les premiers à accueillir les troupes russes lors de l'occupation. Après avoir traversé une ou deux cours et d'étroits passages nous arrivâmes à l'église, qui consistait en une petite pièce. En dehors d'un autel rudimentaire et d'un crucifix, il y avait deux gravures, l'une représentant le Christ, l'autre la crucifixion. Au-dessus de l'autel se déployait une large inscription en caractères chinois. J'en demandais la signification au sympathique jeune diacre qui nous accompagnait. Il éprouva quelques difficultés à formuler sa réponse, puis finalement il articula lentement «Deus». C'était là toute l'étendue de son latin parlé, mais quand je lui tendis un des missels, il en fit une lecture tout à fait convenable, bien qu'avec une prononciation pour le moins singulière. Quant à savoir s'il comprenait ce qu'il lisait, c'est une tout autre affaire.

Lors d'une de mes promenades, j'eus l'honneur d'être accompagné par Bushri Haupti, l'Aksakal tarantchi de la ville, un homme encore jeune et séduisant, qui doit son titre au fait qu'il est excellent cavalier et qu'il sut gagner les faveurs du dernier sultan. Les récents bouleversements lui ont permis d'amasser une fortune considérable, et il gouverne avec rigueur sinon avec justice. Où que nous portâmes nos pas, toutes les couches de la population semblaient le considérer avec un mélange de respect et de crainte, et s'empressaient de lui fournir force détails lorsque je désirais examiner quelque chose; mais si agréable fût-elle, sa compagnie ne me sembla pas être le meilleur moyen de gagner la confiance des gens. Je choisis plutôt de me promener seul, jetant un coup d'œil dans les boutiques, observant à la dérobée les manufactures et les mosquées, et déambulant paresseusement à travers les bazars et les squares, pour regarder les enfants jouer, ou admirer les femmes tarantchis, avec leurs robes bleues et leurs charmants calots brodés, au lieu d'y aller en compagnie d'un dignitaire comme Bushri Haupti. Par contre, j'étais bien embarrassé si je voulais poser des questions, car à défaut de Bushri Haupti, il me fallait le concours d'au moins deux interprètes, l'un pour le russe et le tarantchi, l'autre pour le tarantchi et le chinois.

Un matin, un officier de ma connaissance m'invita à prendre le petit déjeuner en sa compagnie au principal restaurant chinois. Le rez-de-chaussée était réservé aux gens de condition modeste, et l'étage supérieur à ceux qui désiraient un repas plus copieux, ou plus luxueux — un luxe tout relatif, disons-le. Des tables en bois étaient disposées le long des murs, avec des bancs rudimentaires; cependant à la table que l'on nous avait préparée, un peu à l'écart, il y avait des chaises chinoises. Le bois avait été soigneusement récuré et tout était rigoureusement propre. La pièce faisait en même temps office de cuisine et de salle à manger. Un grand four était placé au milieu de la pièce, et au fond des cuisiniers en tabliers blancs s'affairaient, hachant, mélangeant, découpant les multiples ingrédients nécessaires à la préparation de la grande diversité de plats qu'exigeait tout repas digne de ce nom.

Ce que nous mangeâmes exactement je ne saurais le dire; mais des ordres très stricts avaient été donnés selon lesquels seuls les volailles et l'agneau devaient entrer dans la préparation des mets, à l'exclusion du porc dont les Chinois raffolent, et dont la consommation, dans ces contrées, n'est pas toujours recommandable. Je trouvai l'ensemble, excepté quelques sauces, très agréable au goût, et le raffinement dans la préparation comme dans l'exquise présentation des plats, augmenta encore le plaisir que je pris à ce repas. Tout était servi dans de petites coupes, et l'on nous fournit des baguettes, alors qu'en règle générale les Chinois ont toujours les leurs avec eux, de plus mon ami avait eu l'idée de faire apporter des couverts. La disposition, la présentation des plats reflétaient l'exquis raffinement qui présidait à l'ensemble du repas; par exemple, l'agneau avait été découpé en fines lamelles, et disposé symétriquement dans un bol, les bords gras de la viande ayant été teintés d'un rose délicat. Il y avait une salade composée de très fines tranches de radis, dont chacune était parfaitement blanche et entourée d'une fine bande rouge, que venaient relever quelques lamelles de poivron vert ou le vert foncé de quelque poireau. D'autres plats, comme par exemple ceux de volaille accompagnée de riz, étaient légèrement teintés de safran, ou alors décorés du rouge vif de poivrons frais, ou du vert foncé d'un poireau. L'abondance de légumes que l'on trouvait ici était surprenante, surtout après leur rareté en Asie centrale. Nous avions apporté une bouteille de vin, car la seule boisson en dehors du thé, est un alcool extrêmement fort appelé diversement *ju*, *junjun*, ou *shauju*. Cet alcool est obtenu par la fermentation de l'orge, du sorgho, du riz et d'autres céréales, et contient jusqu'à soixante pour cent d'alcool pur, une importante quantité d'huile de fusel, et parfois même un mélange opiacé. Le goût en est mauvais et l'odeur excessivement nauséabonde. Le peu que je goûtai ressemblait à du feu liquide. Sous la domination chinoise, le *ju* était distillé sous contrôle gouvernemental, et faisait l'objet d'une taxe. Il semblerait que sa fabrication soit libre maintenant, mais récemment il a fallu en interdire la vente près des casernes ou des postes militaires, car ses effets peuvent être très nocifs. Les soldats russes en raffolent tout particulièrement, en raison, paraît-il, de la durée prolongée de l'ivresse qu'il leur procure. Ils affirment que quand ils émergent de leur enivrement, il leur suffit d'aller se chauffer au soleil, pour aussitôt se sentir bien à nouveau.

Sur ordre du commandant, Bushri fit venir un soir des musiciens et des comédiens chinois. Les instruments de musique étaient peu nombreux et simples, l'un des musiciens avait une sorte de flûte, un autre, une guitare à deux cordes, cependant que le troisième s'occupait du rythme en frappant d'une baguette de bois trois bols de porcelaine de tailles variées, qu'il tenait à la main. La musique était très singulière, et je n'y étais pas suffisamment accoutumé pour bien en apprécier la beauté. Cette beauté devait exister, vu le vif plaisir qu'y prenaient les gens du pays. Puis il y eut quelques danses exécutées par un homme habillé en costume chinois traditionnel, et qui tenait un long bâton de bambou couvert de petites clochettes et de pièces de métal tintantes. Les comédiens n'étaient que deux, un homme, et un garçonnet habillé en femme. Ils étaient vêtus du costume chinois traditionnel, auquel s'ajoutait, pour l'occasion, un maquillage fait de farine et d'un peu de craie rouge, d'étranges perruques, d'accessoires de pacotille. Le premier morceau, une sorte d'opéra où alternaient les chants, représentait d'abord une romance, puis les joies de la lune de miel, et pour finir le désarroi de l'épouse après la trop longue absence de son mari parti en voyage d'affaires. Il revenait alors, mais seulement pour raconter à sa femme ses malheurs, il avait perdu tout son argent et était totalement ruiné, il lui faisait ensuite des remontrances parce qu'elle avait dépensé le peu qui lui restait en son absence. S'ensuivaient des reproches mutuels, des menaces de suicide et de meurtre, puis une réconciliation, extrêmement comique. L'autre morceau était une farce, mais si typiquement chinoise qu'il me fut impossible de comprendre de quoi il s'agissait. Apparemment — à en juger d'après les rires des quelques spectateurs qui comprenaient le chinois — les plaisanteries étaient des plus grossières.

La population de la ville de Kuldja, que l'on estime d'environ 10 000 âmes, est constituée pour la moitié de Tarantchis. Le nombre de Tarantchis dans l'ensemble de la province atteint maintenant 40 000. Le baron Kaulbars donne les chiffres suivants pour la population totale de la province: 130 000 — qui se répartissent ainsi: les Tarantchis, 40 000; les Dungans, 10 000; les Chinois et les Sibos, 5 000; les Kalmouks, 30 000; les Kirghiz, 35 000; enfin, les Torgots, 10 000. Le nombre de Dungans est sans doute exagéré, par contre les Chinois sont plus nombreux en réalité. D'autres enquêteurs chiffrent la population totale à moins de 100 000. Nous savons qu'avant l'insurrection les Dungans étaient 60 000, les Chinois 100 000, et les Mandchous 80 000, qui ne sont plus maintenant qu'à peine 500. Selon ces sources, la population nomade n'a pas beaucoup changé, dans la mesure où elle n'a pas trop pâti de l'insurrection. La population totale pendant la domination chinoise aurait été de 350 000, c'est-à-dire trois fois et demie la population actuelle. Par là on se fait une idée des ravages de la guerre, de la dégradation du commerce, de l'agriculture, et de la richesse du pays qu'a entraînée le massacre de la population.

Cependant les ressources de la province demeurent importantes. Le sol est fertile, et il suffirait de soins et de travail patients pour le rendre productif. Quant aux minéraux, les montagnes en recèlent en quantité, du fer, du cuivre, et du charbon d'excellente qualité, à moins de vingt kilomètres de Kuldja. Le charbon est extrait en permanence, car il s'agit de l'unique combustible de la population, et malgré la hausse de prix générale résultant de l'occupation russe, le prix du charbon, varie selon la qualité, de 3 à 5 kopeks le *pud* (5 à 8 shillings la tonne). Les autres denrées sont aussi bon marché. Le bœuf et le mouton coûtent 1,50 à 2 pence la livre, et une volaille revient à 2 pence. La farine coûte 20 kopeks, ou 7 pence pour un *pud* de 36 livres; le blé non moulu vaut la moitié, et le riz encore moins cher, les autres céréales étant encore meilleur marché. Les prix des céréales et de la farine ont doublé et même triplé depuis l'arrivée des Russes, en 1870 un peu moins de 100 livres de farine d'excellente qualité revenant à 18 kopeks. Pour le moment le commerce de cette province n'est guère important, et même à l'époque de la domination chinoise, malgré les efforts des Russes pour promouvoir le commerce, ni les exportations ni les importations n'ont jamais atteint 30 000 livres par an.

Tout ce que j'ai pu voir dans la vallée de l'Ili m'incitait à croire que c'est, à tous les égards, la partie la plus riche des provinces asiatiques récemment occupées par les Russes. Vu l'incertitude qui plane actuellement — étant donné que le gouvernement russe ne s'est pas encore prononcé quant à ses intentions touchant cette province, soit la garder, soit la rendre aux Chinois — la colonisation russe n'est pas permise. Bien que Kuldja offre de riches perspectives pour la main-d'œuvre russe, il n'est pas évident que les paysans russes, avec leur manque de discipline, parviennent à tirer autant de ces terres, et à subvenir aux besoins d'une population aussi importante que ne le faisaient les Chinois, avec leur sens de l'économie et leur système d'agriculture si bien organisé. Pourtant il semblerait bien que ce soit la seule partie de l'Asie centrale qui puisse jamais rapporter autant qu'elle coûte; d'autre part, pour des raisons, entre autres, économiques, il semblerait très peu avisé de la part des Russes de la laisser aux Chinois, même si les Chinois y envoyaient une armée suffisamment forte pour y faire régner l'ordre au cas où la province leur reviendrait. A l'heure actuelle, comme les Russes n'y ont qu'une garnison assez peu importante, le calme n'est maintenu dans la population qu'en raison de la haine mutuelle entre les différentes races qui la composent. A l'époque de mon séjour il y avait des rumeurs d'une force chinoise en route, et de l'évacuation prochaine des Russes. J'entendis un Tarantchi dire: «Dès que les Russes auront le dos tourné nous massacrerons tous les Chinois et les Dungans restants.» Les quelques Chinois restant à Kuldja ont souvent affirmé leur intention, soit de précéder, soit d'accompagner les Russes, au cas où ceux-ci s'en iraient.

Les fonctionnaires russes sont évidemment très embarrassés par la durée incertaine de leur influence; étant donné qu'ils considèrent cette occupation comme pouvant n'être que temporaire, ils ne peuvent pas prendre la moindre mesure susceptible d'améliorer durablement le sort des habitants ou l'état du pays. Cependant des mesures temporaires ont été prises par le colonel Wartmann, qui a fondé une petite école, à la fois pour les soldats russes et les indigènes souhaitant apprendre le russe, à laquelle il a réussi à attirer environ une trentaine d'enfants du pays. Au même moment, six fils de cosaques étaient placés dans une école dungan, et à l'époque de mon séjour là-bas, développaient rapidement de sérieuses compétences à la fois en chinois et en kalmouk. Étant donné que je n'ai entendu parler que d'une seule personne parmi les Russes qui maîtrise ces langues, ces garçons s'avéreront sans aucun doute d'une grande utilité d'ici un ou deux ans.

Eugène Schuyler, *Notes of a Journey in Russian Turkestan, Khokand, Bukhara and Kuldja*, New York et Londres, Scribner, Amstrong and Co, 1877. Traduit par Wendy Parramore.

GABRIEL BONVALOT[1]

(1889)

G. Bonvalot traverse la vallée de l'Ili et les Tian Shan en 1889. Les Chinois ont retrouvé leur souveraineté sur la vallée après la signature du traité de Saint-Pétersbourg de 1881. Les insurgés de la décennie précédente ont suivi le reflux russe. L'autorité chinoise reste fluide.

LA VALLÉE DE L'ILI EN 1889

Le 2 septembre, nous quittons Djarkent. En marchant à petites journées, nous sommes le 6 à Kouldja, où le consul russe et son secrétaire nous offrent la plus cordiale hospitalité. Nous passons de bons moments chez les membres de la mission belge. L'un d'eux, le Père Dedeken, a terminé son engagement, il doit retourner en Europe, et, comme il a un rendez-vous à Changhaï, il s'en ira à la côte avec nous et peut-être nous accompagnera en Europe. Le père parle chinois, il est décidé et nous sommes heureux de le voir grossir notre troupe. Son serviteur, Bartholomeus, l'accompagnera; c'est un Chinois honnête, chose extrêmement rare, paraît-il, mais très entêté, ce qui est très commun en Chine, nous dit-on.

Le prince Henri, Dedeken, Rachmed, Bartholomeus et moi formerons le noyau de l'expédition. Nous avons encore un interprète, nommé Abdoullah, parlant chinois et mogol; autrefois il a accompagné l'illustre Prjevalsky. Il nous paraît un honnête garçon, mais sa vanité, sa vantardise, son bavardage nous inquiètent.

Le récit des souffrances qu'il a éprouvées dans le Tsaïdam épouvante nos gens. Ce babillard infatigable semble prendre à cœur de nous décourager de rien entreprendre en dehors des sentiers battus. Il faut dire que le consul russe de Kouldja ne nous encourage pas non plus, et lorsque Henri d'Orléans lui dit que nous allons essayer d'arriver à Batang, il a un sourire d'incrédulité et il l'engage à ne pas se leurrer de cet espoir.

Il nous fait observer que nous n'avons pas d'escorte, pas de tente de feutre, pas de passeport chinois. L'expérience nous a démontré qu'on peut se passer de ces trois choses, indispensables au dire du consul.

En ce qui concerne le passeport, je dois dire que la principale cause de notre réussite a été de n'avoir pas prévenu à l'avance le Tsong-li-yamen de Pékin. En demandant un passeport pour voyager dans les parties peu visitées de la Chine, nous aurions éveillé l'attention de la

1. Sur Gabriel Bonvalot, voir notice p. 406.

diplomatie chinoise. Les mandarins nous auraient donné les plus chaleureuses lettres de recommandation, sauf, une fois notre itinéraire connu, à envoyer d'avance des ordres pour que tous les moyens soient employés afin de nous barrer la route et de nous obliger à rebrousser chemin. Tel a été le sort de tous les voyageurs en Chine, depuis feu Prjevalsky jusqu'à Richthofen, au comte Bela Szecheny et à tant d'autres, arrêtés dans leurs entreprises par des procédés divers.

Après avoir complété notre caravane tant bien que mal à Kouldja, il nous manque, pour continuer notre route, l'autorisation du gouverneur chinois de la province. Elle nous est accordée après une visite où l'étiquette est très bien observée, en ce sens qu'on nous offre trois tasses de thé et une bouteille de champagne. Le gouverneur nous accorde deux sauvegardes pour nous conduire aux frontières de la province d'Ili.

Le 12 septembre, la petite colonie européenne nous fait gracieusement la conduite jusqu'à la porte de la ville. On nous souhaite cordialement bon voyage, bon retour en France, et puis on se sépare.

Nous voilà donc enfin en selle; nous nous dirigeons sur l'est, mais une fois le Tian-chan franchi, nous changerons de direction. C'est le Tonkin que nous visons. Pourrons-nous jamais l'atteindre, et par quel chemin?

La route est creusée dans le lœss: c'est bien la poussière du Turkestan. On en sort, et le sol, le paysage, la culture de la plaine me rappellent les environs de Samarcande et de Tachkent. Les faces glabres, les yeux bridés, les longues tresses des hommes disent qu'on est en Chine. La fertilité de cette vallée d'Ili est remarquable; aussi depuis quelques années se repeuple-t-elle très rapidement. Beaucoup de Tarantchis qui avaient fui sur le territoire russe retournent aux places que leurs pères ont cultivées. Beaucoup d'émigrants viennent de Kachgarie, même de la Chine orientale. Longtemps encore les bras manqueront à cette terre qui peut nourrir des centaines de milliers d'habitants.

Nous laissons à notre droite la vallée d'Ili, et jusqu'à Mazar, posé sur un affluent du Kach, nous suivons une route commode. Fréquemment nous rencontrons des villages abandonnés par des Tarantchis qui, ayant pris part au massacre des Chinois, ont fui quand ces derniers ont reçu la province d'Ili des mains de la Russie.

Les maisons tombent en ruines, elles se perdent maintenant dans un bocage de saules, de peupliers, de vignes; les herbes folles encombrent les jardins, les canaux d'irrigation sont à sec et les champs en jachère. Ces terres, désertes maintenant, n'ont pas cessé d'être généreuses; elles se sont parées de verdure, et l'aspect en est riant.

Nous trouvons dans la province d'Ili, au-delà de Mazar, beaucoup de Kirghiz sibériens que la bonté des pâturages des affluents de l'Ili a attirés. Ils ont conservé les chefs qu'ils avaient élus étant sujets russes. Par ordre du mandarin chinois, d'accord en cela avec les tribus, ces chefs élus transmettront le pouvoir à leurs descendants.

A côté de ces Kirghiz très riches, nous voyons des Kalmouks très pauvres. Les bons pâturages, les riches troupeaux appartiennent aux premiers; les autres sont relégués dans les moins bonnes places, qu'ils cultivent sans acquérir l'aisance. Ces Kalmouks ne payent vraiment pas de mine. Ils sont chétifs, mal nourris, mal logés, mal vêtus, et ils ont l'air placide plutôt qu'énergique ou intelligent. Cependant ils sont depuis longtemps chargés de la défense du pays, ils ne peuvent quitter la place qui leur a été assignée sans demander une permission à leur chef. Ils sont attachés à la glèbe; on les réquisitionne pour faire la police, pour le service d'estafettes; ils doivent être armés et tenir prêts le sabre, le fusil à mèche ou l'arc. Leurs «bannières», au nombre de vingt, répandues dans le Tian-chan, jouent, fort mal, le rôle de ces familles qu'en Autriche on installa au sud de l'empire, en Croatie-Slavonie, dans la région dite des «Confins militaires».

Leurs voisins ne paraissent pas les tenir en haute estime, car un Kirghiz à qui je fais remarquer combien ces Mogols ont la physionomie douce me répond en riant:

«Cela est vrai. Ils sont bons comme les vaches.

— Comment?

— Parce qu'on peut les traire à volonté.»

Il paraît que les Kirghiz, qui sont audacieux, bien armés et sans scrupules, ne se gênent pas pour tromper et piller ces Mogols. Les voleurs étant musulmans transigent facilement avec leur conscience, attendu que les volés sont bouddhistes, c'est-à-dire des gens qui n'ont pas de «livre», ni Bible ni Coran, par conséquent les derniers des hommes.

Les autorités chinoises interviendraient rarement pour rendre justice à ceux qui sont lésés : les coupables sont presque toujours insaisissables; dans la montagne ils se cachent facilement, et puis, à ce propos, on peut obtenir de leur famille ou de leur tribu soit un impôt arriéré, soit un cadeau qu'en temps ordinaire le mandarin se verrait refuser.

Lorsque les brigandages sont tels que toute sécurité a disparu, la ruse est employée; avec de belles paroles, avec des promesses, on attire en ville le chef qui est l'instigateur du désordre, et l'on s'en débarrasse d'une manière quelconque. Par exemple on le met dans une cage entre deux pals, et pour que les méchants tremblent, on laisse le prisonnier mourir dans cette horrible posture. L'agonie dure parfois une semaine.

Les nomades, ayant perdu leur chef, sont un peu désorientés, et l'on profite de cet état d'esprit pour exiger une sorte de soumission. Les autorités chinoises ont réussi à enregistrer nombre de Kirghiz, à les étiqueter pour ainsi dire. En effet, des cavaliers qui nous croisent portent au cou une tablette renfermée dans un sac de feutre. Je demande ce que cela signifie, et l'on m'explique que depuis quelque temps tout Kirghiz, avant de se rendre à la ville, doit se présenter d'abord chez son chef et lui demander une tablette de ce genre. Dessus est écrit son nom en turc, en chinois, en mogol : c'est un passeport qui lui permet de circuler librement dans les bazars. Aux époques de troubles, tout Kirghiz surpris sans cette tablette est arrêté par les soldats chinois et puni des peines les plus terribles.

En rentrant dans sa tribu, le voyageur doit rendre à son chef son passeport sur bois : on contrôle ainsi les absences et l'on a un moyen de faire un peu la police de la montagne. Ces hommes chevauchant avec la tablette qui leur bat la poitrine me font comprendre la puissance incroyable des administrations; vis-à-vis de la faiblesse d'intérêts particuliers disséminés elle est énorme. Les autorités chinoises, à force de patience, sont parvenues à tenir ces nomades qui se riaient d'eux et à leur passer au cou la cangue de la loi. Et lorsqu'on parle aux coupables du *yamen* (tribunal), ils entrevoient l'image confuse d'une maison avec de hauts murs, où siège au fond de plusieurs cours se suivant un homme entouré d'une foule qui lui obéit, un homme qui se fait lire des papiers relatant exactement des faits passés depuis des années et qui, à des dates fixes, fait distribuer des coups de bâton, ordonne qu'on empale, qu'on coupe des têtes, et cela le plus tranquillement du monde. Ces arrêts sont inscrits avec une pointe de bambou sur une mince feuille de papier; on les exécute, et l'on note même de quelle façon ils ont été exécutés. Ces «dossiers», disons le mot, sont pour l'illettré un objet d'étonnement, et la machinerie administrative lui paraît une sorte de monstre, auquel il est impossible d'échapper et qui poursuit implacablement, comme faisaient autrefois les Euménides à chevelure de vipères.

Le 15 septembre, nous avons quitté Mazar. Si le pont sur le Kach n'avait été emporté à la suite d'un orage, nous aurions franchi cette rivière pour nous rendre dans la vallée du Koungez par une passe voisine. Il nous faut prendre plus au nord, à travers la montagne, et aller chercher un gué plus haut. Après avoir grimpé, puis suivi les ondulations des collines incultes, nous apercevons la vallée, sorte de terrasse au pied des montagnes, steppe grisâtre tachetée de tentes peu nombreuses et où quelques troupeaux errent. Elle est dominée à l'est par un chaînon plus élevé que celui du nord, dont les pentes nous semblent nues et dont les cimes ne sont point blanches de neige.

Les bords de la rivière offrent un aspect assez riant. Elle se déroule ainsi qu'un ruban à travers des bocages verts formés par des peupliers, des saules, des tamaris qui ont encore quelques fleurs, des réglisses, des épines-vinettes, des framboisiers sauvages. L'eau est abondante et l'herbe est drue partout où la rivière s'est répandue. Dans les fourrés les faisans abondent.

Après un village abandonné nous traversons la petite rivière de Nilka et quittons la vallée marécageuse pour regrimper sur le plateau qui la borde. Au milieu de hautes herbes on rencontre des surfaces défrichées où les Mogols ont leurs tentes de feutre. Elles sont plus petites que celles des Kirghiz, plus basses, plus pointues vers le sommet. Ces Mogols sont occupés à battre le blé dans les aires en plein vent, de la même manière que font les peuples primitifs qui n'emploient point de machines. Une perche est plantée au milieu du blé posé sur le sol. Des bœufs réunis sur une même ligne sont attachés à cette perche et tournent autour. Ils piétinent lentement la moisson. Des enfants les houspillent d'une baguette. Ces enfants, nus comme à l'heure de leur naissance, sont malingres. Leur ventre est trop saillant, et leur peau, exposée au soleil, presque noire, paraît jetée sur leur ossature, qu'elle semble vouloir quitter chaque fois qu'ils élèvent leurs bras et font saillir les cercles de leurs côtes et les angles de leurs omoplates.

Le soir du 16 septembre, nous sommes sur les bords du Kach, qui est large d'au moins 200 mètres au point où nous devons le franchir, car il se ramifie et forme des îlots nombreux. Son cours est assez impétueux. Demain matin, à l'heure où les eaux sont plus basses, avant le lever du soleil, notre caravane passera sur l'autre rive, sans encombre, nous l'espérons.

De notre bivouac nous apercevons au nord des points blancs dans la plaine, au pied des montagnes. Ce sont, paraît-il, des tentes de lamas qui se livrent aux travaux de la moisson. La récolte terminée, ils reviendront hiverner dans le monastère, bâti sur la rive gauche de la rivière.

Le lendemain, comme nous avons l'assurance de rejoindre facilement notre caravane, que la traversée du gué retardera dans sa marche, nous visitons le grand lama maître du monastère.

Notre arrivée près des tentes est annoncée par les aboiements furieux de superbes mâtins à long poil. Le bruit fait sortir des lamas jeunes et vieux qui écartent à coups de pierres ces bêtes très vigilantes. Nous disons l'objet de notre visite au plus âgé d'entre eux; celui-ci envoie en avant-coureur deux jeunes moinillons, et lui-même nous conduit poliment à la demeure de son chef. L'individu qui nous sert de cicerone possède une tête énorme, un col assez long, de petits yeux et une face très large et toute grêlée de verrues. Cela ne constituerait pas une physionomie avenante, si la bouche à grosses lèvres n'avait un sourire aimable qui efface cette laideur. Il paraît que cet excellent homme, dont il serait difficile de fixer au juste l'âge, est un médecin célèbre. Nous ne savons quels sont les honoraires que les malades lui payent, mais nous pouvons dire qu'il ne fait pas de grands frais de toilette. Sa coiffure est une calotte de cuir crasseuse surmontée d'une houppe, petite calotte d'enfant de chœur, qui est vraiment minuscule pour cette énorme tête, par rapport à laquelle elle a, à peu près, les proportions d'un pain à cacheter posé sur une mandarine. J'allais oublier — tant cette tête me préoccupe — de vous dire que l'ajustement de cet Hippocrate consiste en une longue robe de bure lui tombant aux pieds et qu'une corde serre à la taille. Ce long corps maigre est terminé par de petits pieds enfermés dans une sorte de bas en cuir brut : cette chaussure ne mérite pas le nom de botte.

Le grand lama nous accueille poliment sur le seuil de sa tente de feutre blanc, la plus grande de toutes. Il soulève lui-même la portière et nous invite avec une grande affabilité à pénétrer dans sa demeure. Nous ne nous faisons pas prier et nous nous asseyons à l'orientale à gauche de l'entrée.

Ce grand lama paraît avoir une soixantaine d'années. Comme tous les prêtres de sa religion, il a les cheveux courts; étant naturellement imberbe il n'a pas besoin de se raser. Ses traits sont réguliers, surtout comparés à ceux de son médecin. La face est assez large, bien entendu, mais l'œil noir est très intelligent, la bouche est fine, les sourcils sont bien marqués. Il a de l'aisance dans les gestes, de l'onction dans la voix. Nous ne serions pas étonné qu'il administrât fort bien sa congrégation. Il nous semble être un «homme remarquable». De temps à autre il prise du tabac rouge qu'il verse sur l'ongle de son pouce; il le puise à une bouteille ovale de jade que ferme une cheville à tête d'argent. Il veille à ce que l'on nous serve le thé au beurre, boisson favorite des Mogols et des Thibétains, avec laquelle je fais aujourd'hui connaissance et que je trouve à mon goût.

Derrière notre hôte est posée sur une estrade une statuette dorée qui représente le grand lama de Lhaça; le grand lama que j'ai sous les yeux me paraît lui ressembler beaucoup, il semblerait qu'il s'est «fait la même tête». En tout cas, il a la même physionomie souriante.

Rien dans cette tente n'indique une recherche, un besoin de propreté, une velléité de luxe. Tout y est à peu près également négligé. La seule richesse apparente consiste en une rangée de petits flacons de jade posés sur un coffre recouvert d'une étoffe jaune. En face de l'entrée un autel est dressé et des images saintes sont enfermées dans une sorte de tabernacle ou de chapelle portative dont la forme me rappelle celles que j'ai vues en Italie. Et comme en Italie ou en Espagne, ces images sacrées de Bouddha sont portées chez les malades qui le demandent, afin de faciliter la guérison, à laquelle collabore également le médecin au moyen de remèdes bénits.

Un grand bruit de tam-tams et de cymbales attire notre attention: on sonne la prière. C'est le moment de prendre congé du grand lama, qui se lève, nous serre la main, et nous souhaite bon voyage avec cette figure toujours aimable des bouddhas en statue et qui convient aussi aux bouddhas en chair et en os. Le vieil homme nous accorde sans hésiter l'autorisation de visiter la pagode construite près du monastère d'hiver.

En sortant, nous apercevons les cymbaliers qui sont postés devant une grande tente, laquelle est affectée au service religieux durant la moisson. Les lamas sont presque tous dans les champs et le nombre de prieurs est très petit : il se compose surtout de jeunes garçons, tous en calotte d'enfant de chœur, tête rasée, avec une longue robe monacale serrée aux reins par une ceinture.

Le monastère consiste en une réunion de maisons dans le goût (!) mogol et formant un carré. Rien de plus simple que l'architecture de ces constructions : quatre murs, une porte, une fenêtre, un âtre, un trou dans le plafond; sur le toit, du fourrage, des guirlandes de prières, et c'est tout. Autant que nous pouvons juger par les fentes des portes fermées, l'ameublement est nul; nous apercevons quelques coffres, quelques hardes, quelques outils. Au reste, les lamas, fidèles à leurs habitudes de nomades, habitent, nous assure-t-on, même pendant la saison froide, leurs tentes de feutre, dressées dans les cours que forment les habitations. Elles sont bâties avec de la terre, des moellons, des perches, et elles servent à l'usage du bétail autant qu'à celui des hommes.

La pagode est neuve, ses murailles sont blanchies à la chaux. La grande porte ouverte, nous pénétrons dans une sorte de grange rectangulaire. Tout d'abord notre regard se porte sur l'autel, où brillent les flammes de lampes à huile qui font reluire la dorure des statues. L'une de celles-ci représente Bouddha jeune, souriant, assis sur un trône. Derrière, un lama en métal doré sourit le plus aimablement du monde comme Bouddha; comme lui aussi, il possède de longues oreilles, pour mieux entendre les prières, sans doute; il tient les mains opposées l'une à l'autre en ayant l'air de se préparer à applaudir, tout en restant très digne.

A côté du grand autel, une chapelle de plus modestes proportions abrite la statue d'un personnage vêtu de jaune, ayant un tablier sur les genoux et un chapelet à la main; il serait le successeur du grand lama, et son rôle serait analogue à celui d'un saint, car il aurait charge d'intercéder en faveur des fidèles et de transmettre leurs prières à qui de droit.

Sur la table de l'autel sont alignées de petites tasses contenant de l'huile. A côté on voit des aiguières de bronze, des sonnettes, des paquets d'images, des plumes de paon en trophée, des ballots de livres saints et de prières imprimées, des fioles renfermant des graines ou des odeurs, et d'autres menus objets dont la valeur est grande, car ils ont été apportés de la sainte ville de Lhaça. Les côtés de la nef, si l'on peut employer ici ce mot, servent de hangar et de remises, car nous apercevons des coffres, des caisses, des peaux, des tapis, des marchandises diverses et même des treillis de tentes. Le sol est battu et cela donne à la pagode un air de propreté. Avant de partir, le lama faisant l'office de bedeau nous montre un tambourin, qui est l'orgue dont ici on accompagne les prières, et, frappant un coup sur les cymbales destinées au même usage, il nous engage, le doigt levé, la bouche béante, à en admirer la sonorité. Ces cymbales ont en effet des vibrations très harmonieuses.

Ayant franchi le Kach, nous arrivons, le soir, par une petite passe, dans la vallée du Koungez. Nous campons non loin d'une mine de cuivre où nous trouvons une imperceptible source qui nous donne assez d'eau pour le thé. Nous sommes dans une steppe aride.

Le 18 septembre, nous campons dans les roselières aux bords du Koungez, à une place nommée Timourlik. Sur la rive opposée on distingue un grand campement de Kirghiz. Est-ce notre présence qui les décide? Est-ce que le temps est venu pour eux de chercher d'autres pâturages? En tout cas, durant la nuit ils rassemblent leurs troupeaux, plient leurs tentes, et le matin dès l'aube ils ont disparu.

Nous passons le Koungez à 10 kilomètres de là, car nous devons nous diriger vers le sud-est, vers la vallée de Tsakma, et la passe qui y mène se trouve en amont de la rivière. Nous sommes maintenant sur la route suivie par Prjevalsky. Jusqu'à présent la traversée des chaînons du Tian-chan qui nous barrent la route n'offre pas de grandes difficultés : nous faisons une promenade charmante. La température est agréable, quoique le 18 nous ayons, à une heure de l'après-midi, + 38 degrés à l'ombre. Le minimum de la nuit est – 9 degrés, juste ce qu'il faut pour qu'on s'enveloppe avec plaisir dans les longues couvertures ouatées.

Aussi les Kirghiz qui le 19 nous offrent l'hospitalité se disent-ils les plus heureux des hommes. Ils ont de l'eau en suffisance : près des montagnes ils sèment le millet et le blé; dans la plaine ils abreuvent leurs troupeaux à volonté, l'herbe abonde, le bois ne manque pas, car les rives du haut Koungez sont de véritables bocages, où nous reconnaissons à l'état sauvage les saules, les peupliers, le pommier à fruits petits et âcres au goûter, le poirier, l'abricotier, le chanvre, la réglisse, le houblon. Avant de passer dans la vallée de Tsakma, nous campons dans un véritable bois où rôdent les sangliers, les cerfs, les renards, les faisans et, hélas! aussi les loups, qui nous dévorent quatre moutons bien gras dont nous nous proposions de faire un excellent rôti. Nos chasseurs poursuivent des ours sans les atteindre. Ces animaux foisonnent dans la montagne.

Ces Kirghiz habitaient autrefois en terre russe, dans les environs de Lepsinsk. Ils sont venus sur le territoire chinois parce qu'ils manquaient de chemins de parcours pour leurs troupeaux. L'impôt qu'ils payent aux Chinois serait de dix pour cent. Ils sont très gais, bien nourris, vigoureux, rougeauds comme tous ceux qui vivent à l'air vif de la montagne. Ils ne nous ont pas paru aimer le travail. Ils passent leur temps à flâner d'une tente à l'autre, à manger, à dormir, et de temps en temps ils vont à la chasse. Plusieurs étaient armés de carabines Berdane, auxquelles ils avaient adapté une fourche pour assurer le tir.

Le 20 septembre, nous quittons ces braves Kirghiz, qui sont les derniers que nous verrons. Je ne crois pas que leurs tribus se soient répandues plus à l'est.

Le 22 septembre est pour nous le premier jour un peu pénible. Il tombe une pluie plus que rafraîchissante, et pas un de nos hommes n'a le désir de se mettre en route. Les deux guides que le gouverneur chinois nous a donnés prétendent ne pas connaître de route vers la vallée de Tsakma, et l'interprète Abdoullah, qui se charge de nous en montrer une, nous mène droit à une impasse. Nous rebroussons chemin, et le simple bon sens nous fait découvrir une passe commode: elle le serait du moins si la pluie n'avait rendu la montée difficile. Nous sommes sur la terre argileuse de la steppe et nos chameaux ne tardent pas à glisser, à hurler de rage; quelques-uns d'entre eux s'abattent et voilà notre caravane arrêtée. On les relève avec peine, et, pour éviter de nouvelles chutes, on fauche des herbes et des broussailles avec le tranchant des sabres et l'on étale à ces maladroits animaux une litière sur laquelle ils conservent l'équilibre. On les fait avancer en les excitant par des cris proférés dans les langues les plus variées : vous auriez entendu le russe, le kalmouk, le turc, le chinois, le français et même le flamand. Quant à ces deux dernières langues, c'était la première fois qu'on les parlait dans ce recoin des monts Célestes.

On gagne une crête, on descend dans un thalweg, puis on remonte sur un plateau, où nous nous abritons sous un superbe bouquet de pins. Un morceau de pain tiré de la poche et des groseilles cueillies au groseillier voisin constituent un frugal déjeuner de halte.

La pluie cesse lorsque nous sommes en haut de la passe. Près de la ligne de faîte nous trouvons un sentier à peine tracé sur le rebord d'une gorge.

Soudain un coup de vent fait une large déchirure horizontale dans le voile de brume jeté sur le paysage et nous apercevons au loin, vers le sud, des montagnes couvertes de forêts que poudre la neige; au-dessus, des bataillons de gros nuages noirs, qui pelotonnent lentement. Puis la brume s'efface peu à peu, et, à mesure que les choses s'éclairent, l'œil se promène avec satisfaction sur une large vallée que nous ne supposions pas aussi proche. Une banderole d'arbres verts marque les sinuosités de la rivière Tsakma qui traverse une steppe s'étendant vers l'ouest. Cette steppe recouvre d'un tapis grisâtre les flancs de la vallée: on croirait qu'elle est parfaitement unie et qu'elle descend sans un pli jusqu'aux bocages du bas. Mais des taches moins ternes se dessinent sur ce tapis décoloré; on les fixe du regard, et l'on voit bien qu'elles se meuvent, on avance et, on n'a pas à en douter, ce sont des gazelles, que notre approche inquiète. La peur les prend, elles partent de toute la vitesse de leurs jambes invisibles, et il semble qu'elles volent à ras du sol. C'est alors que nous constatons que la pente qui, dès l'abord, nous semblait aplanie, ne l'est pas, car les gazelles descendent, disparaissent, montent, reparaissent et nous dessinent toutes les ondulations d'un désert bosselé, bien nu, où quelques plaques vertes dans les creux marquent le séjour de l'eau descendue de la montagne.

L'horizon étant plus net, grâce à la brise, l'espace grandit vers l'ouest et se développe si loin que la rivière ne se voit plus comme un fil, et qu'elle finit par se perdre dans un infini uniforme.

Nous campons sur un terre-plein naturel, près d'un bocage où la rivière circule. On allume de grands feux, un grand séchage est organisé. On sacrifie une brebis grasse. La gaieté est générale. Les moutons qui nous restent sont liés les uns aux autres et tenus entre les feux dans le cercle que feront les chameaux et les chevaux, ce soir. On craint les loups: ils pourraient nous réduire à la famine.

Cette contrée, où se voient des traces de sangliers, de cerfs, de loups, d'ours, est fréquentée par les chasseurs: les cendres d'un feu en plein air, des tisons calcinés, un abri de branchages, nous le prouvent.

Sous un pin, entre deux énormes racines, nous découvrons un gîte très confortable. Le sol est battu, la chambre à coucher est une épaisse litière d'herbes sous une voûte où l'on doit se glisser. Bien entendu qu'en s'éveillant il ne faudrait pas gesticuler, mais on peut dormir à l'abri de presque tous les vents; on peut allumer un feu à ses pieds, passer la nuit sans qu'il risque trop d'être éteint par la pluie, car les fines pointes toujours vertes des branches superposées ne laissent passer aucune goutte. Le gibier foisonne non loin de là; on peut certainement tuer des cerfs, puisque voilà les solides os de leurs jambes que les loups ont renoncé à croquer. En outre, de l'eau délicieuse et du bois à discrétion sont à deux pas.

Gabriel Bonvalot, *De Paris au Tonkin à travers le Thibet inconnu (1889-1890)*, Paris, Stock, 1980.

VIII. Kachgar

Kachgar fut longtemps une ville inaccessible, objectif rêvé d'explorateurs audacieux, le «paradis du désert», une sorte de Tombouctou de l'Asie centrale, embellie par les récits des voyageurs musulmans qui, après la traversée des déserts qui l'entourent, en rapportaient des récits fabuleux. Ce fut aussi l'un des hauts lieux du Grand Jeu (*the Great Game*), le point d'observation des rivalités russe et britannique de la fin du XIXe au milieu du XXe siècle.

Le consulat russe puis soviétique (actuellement transformé en hôtel), et surtout le consulat britannique, Chini-Bagh[1], connurent des heures palpitantes, durant lesquelles des personnages dignes des romans de Kipling séjournaient entre deux aventures.

FRANCIS YOUNGHUSBAND
(1890)

Le 1er novembre 1890 Francis Younghusband[2] revient à Kachgar où, écrit-il, «ma mission officielle devait me retenir pendant tout l'hiver». Mission dans le cadre du Grand Jeu qui l'amène notamment à entretenir des relations suivies, mais parfois difficiles, avec le consul russe Petrovski. Pendant ce court séjour, il aura aussi l'occasion de rencontrer les grands noms de l'exploration dans ces régions : Sven Hedin, Dutreuil de Rhins, Grenard, etc. D'autres personnages, appartenant à l'histoire de Kachgar, apparaissent au cours de ces rencontres : George Macartney, le père Hendriks...

1. Chini-Bagh: jardin chinois.
2. Sur F. Younghusband, voir notice p. 559.

UN HIVER A KASHGAR

Mes conversations avec M. Petrovski étaient un des aspects intéressants de mon séjour à Kashgar. C'était un homme qui avait une grande expérience du monde, qui avait passé de nombreuses années à saint-Pétersbourg, ainsi que dans le Turkestan russe et à Kashgar. Il s'était documenté de manière approfondie sur les sujets touchant à l'Inde et à l'Asie centrale; il possédait un certain nombre de nos meilleures publications et rapports parlementaires, et comme tous les Russes, parlait avec aisance et franchise de tout ce qui ne se rapportait pas immédiatement à la vie politique locale, qui nous concernait tous deux de très près. C'est ainsi que j'eus le loisir de voir de quelle façon nous étions perçus par les autres.

M. Petrovski avait lu le rapport de la commission sur l'exploitation dans les manufactures, ainsi que nos rapports sur la législation sur le travail en usine, enfin des articles parus dans la presse au sujet des grèves continuelles dans les entreprises. Tout cela lui avait fait penser que notre situation n'était pas des meilleures. Quarante mille hommes détenant l'ensemble des richesses du pays, alors que les trente-six millions restants étaient pressés jusqu'au dernier sou: telle était l'idée qu'il se faisait de l'Angleterre. Il comparait cela à l'état des choses en Russie. En Russie il n'y avait pas de gouffre entre riches et pauvres. Les grèves, qui étaient à ses yeux de petites révolutions, n'existaient pas, et tout le monde vivait heureux et en paix sous le règne du tsar.

Quand je voyais un Russe intelligent avoir une conception aussi déformée de l'état des choses en Angleterre, et tenir des propos aussi optimistes sur la situation en Russie, il m'arrivait souvent de remettre en question nos propres certitudes quant à ce qui se passait en Russie.

Mais c'était dans les critiques qu'il faisait de notre politique en Inde et en Asie centrale que je le trouvais le plus intéressant et peut-être le plus judicieux. Un des points sur lesquels il revenait souvent était notre manière de traiter les sujets indigènes. Il trouvait que nous nous montrions trop distants, et trop froids et arrogants. Et je pense que là, il faut plaider coupable; car cette faculté de se rapprocher davantage de ceux que nous administrons, ajoutée à nos autres qualités, nous rendrait quasi parfaits. Lorsque des Anglais travaillent avec des indigènes sur le terrain, par exemple dans le cadre du service, ou de l'exploration ou de la reconnaissance, les deux nationalités s'entendent très bien et des liens solides s'établissent. Mais il est vrai que de façon générale l'Anglais éprouve la plus grande difficulté à «sortir de sa réserve» avec des étrangers, quels qu'ils soient. Rares sont ceux, en effet, à avoir ce tempérament cordial et chaleureux qui attire et rapproche les gens. Pourtant, extirpez cet Anglais de son bureau de malheur en Inde, éloignez-le de toute la rigueur des règlements administratifs du cantonnement, faites-le vivre parmi les indigènes, de manière à ce que ceux-ci le voient et que lui les voie, et vous verrez fondre cette froideur, et les indigènes s'aperçoivent qu'en fait il y a beaucoup de chaleur humaine derrière cette froideur apparente. Les bureaux et les règlements sont apparemment un mal nécessaire si l'on veut une administration efficace conforme à nos normes occidentales, mais si nous nous enfermons complètement derrière ces barrières, perdant ainsi le contact avec les populations, alors les craintes du consul russe quant aux conséquences de notre froideur se réaliseront sûrement.

M. Petrovski ne tenait pas les Chinois en grande estime. Il les méprisait, et ne leur trouvait guère de qualités. L'administration était corrompue, l'armée mal dirigée et mal équipée, et l'empire dans son ensemble miné par les sociétés secrètes. Cependant ce que M. Petrovski connaissait de l'empire chinois se bornait, en réalité, à Kashgar, et il ne s'était jamais aventuré à plus de cent soixante kilomètres de distance dans la région, et encore moins en Chine même. En outre je fus fort surpris d'apprendre que ni lui ni personne parmi son service ne parlait le chinois, alors qu'il y avait de nombreuses années qu'ils vivaient dans le Turkestan chinois, et qu'ils dépendaient d'un Musulman pour toute interprétation. N'importe quel consul britannique en Chine devra savoir parler chinois, il doit passer des examens dans cette langue, et même pour mon bref séjour dans le Turkestan l'on m'avait fourni les services d'un interprète anglais qualifié et d'un secrétaire cantonais. Il semblait donc que sur ce point important qu'est l'apprentissage de la langue des gens que nous devions administrer, nous nous donnions beaucoup plus de mal que ne le faisaient les Russes.

D'ailleurs ce n'est pas le seul cas où les Russes se distinguent par leur peu d'empressement à apprendre la langue du pays. Au Turkestan c'est l'exception plutôt que la règle qu'un officier russe parle la langue du pays, et sur les six officiers que je devais rencontrer plus tard dans les montagnes du Pamir, seuls deux parlaient le turki, alors qu'ils étaient nommés de façon permanente dans le Turkestan. Mais il faut dire que les Russes qui parlent une langue étrangère la parlent en général fort bien; mais que contrairement à ce que l'on pense communément, la grande majorité des officiers russes ne parle que le russe.

Égayé par ces conversations avec des marchands d'Asie centrale, ou avec le consul russe et son personnel, l'hiver à Kashgar passa plus vite qu'on ne l'aurait cru possible dans un coin aussi perdu. Nous eûmes la chance aussi de recevoir plusieurs visiteurs venant d'Europe. Le premier fut M. E. Blanc, un voyageur français, qui avait séjourné plusieurs mois au Turkestan, et qui de ce fait était tout à fait disposé à nous renseigner, le consul de Russie ou moi-même, sur un point ou un autre concernant l'Asie centrale. La visite suivante fut celle du jeune voyageur suédois, le Dr Sven Hedin, qui me sembla correspondre en tous points à l'explorateur idéal — une constitution robuste, un caractère chaleureux et cordial, un grand sang-froid et de la persévérance. Son séjour fut bref, il arriva à Kashgar en provenance du Turkestan russe, mais il avait déjà effectué un remarquable voyage en Perse, et depuis ses voyages l'ont mené des monts du Pamir, au Thibet, au Turkestan chinois. Je lui enviais ses dons linguistiques, son érudition scientifique, obtenue sous l'étude des meilleurs professeurs, ainsi que ses talents artistiques; il possédait non seulement toutes les qualités d'un explorateur scientifique, mais y ajoutait de surcroît la tranquille indépendance d'esprit de ses ancêtres nordiques.

Quelque temps après nous recevions la visite de M. Dutreuil de Rhins et de son compagnon M. Grenard, qui me firent l'honneur de rester chez moi pendant leur escale de deux semaines à Kashgar, avant leur exploration du Thibet qui devait durer trois ans, et qui s'acheva de manière si tragique par le meurtre de De Rhins par des Thibétains. M. de Rhins avait environ quarante-cinq ans, et avait passé la majeure partie de sa vie dans la marine marchande et la marine nationale française. Cela faisait plusieurs années qu'il étudiait le Thibet; son expédition avait été préparée avec le plus grand soin et la plus grande rigueur, et cela se vérifiait tout spécialement dans ses observations astronomiques. Nous eûmes des entretiens prolongés ensemble, et je me souviens avoir été particulièrement frappé par une remarque qu'il fit au sujet des relations existant entre les Français et les Allemands. Il affirma que ni lui ni la majorité des Français ne désiraient une guerre avec l'Allemagne, mais que si les Allemands déclaraient la guerre il s'enrôlerait immédiatement en qualité de simple soldat. Lors de la guerre franco-allemande il avait servi comme officier.

Ayant rassemblé le matériel de transport nécessaire, M. de Rhins et son compagnon partirent pour le Thibet. Macartney et moi-même les accompagnâmes au-delà des portes de la ville, et nous nous séparâmes très cordialement, après les avoir assurés que l'on se retrouverait un jour à Paris. Je reçus ensuite quelques lettres de la part de M. de Rhins, du Thibet; mais il n'en revint jamais. Il fut attaqué par des Thibétains, on lui attacha les bras et il fut jeté dans une rivière et périt noyé; c'est ainsi que disparut l'un des explorateurs les plus intrépides, courageux et persévérants que la France ait donné. Trois ans après avoir quitté Kashgar son compagnon, M. Grenard, rentra à Paris, où il s'occupe de faire publier la relation de son voyage.

Tels étaient nos visiteurs, mais il y avait aussi la présence d'un résident européen permanent à Kashgar, le père Hendriks, un missionnaire hollandais, que j'avais rencontré en 1887, et qui y vit toujours. Tous les jours il venait faire un tour en notre compagnie, histoire d'échanger quelques idées, et il continue à m'écrire régulièrement. Sa tâche est rude et ingrate, et il avait souvent l'air accablé par les obstacles qu'il rencontrait. Mais son enthousiasme et son optimisme étaient illimités, et jamais on ne vit d'homme aussi bon. Souvent ses méthodes de conversion me surprenaient, et les autorités russes ne le voyaient pas d'un très bon œil : mais c'était un homme qui avait beaucoup voyagé et beaucoup étudié, et il était capable de parler n'importe quelle langue, du mongol à l'anglais, et des sujets les plus divers, que ce soit les structures géologiques de l'Himalaya ou ses nombreux conflits avec les autorités russes. En Europe les gens seraient fort surpris de voir dans quel dénuement pouvait vivre un homme si érudit, et à quelle misère le réduisait l'exercice de sa vocation. Peu de temps après notre arrivée il était venu dîner avec nous, et le lendemain matin quand il vint nous rendre visite il nous dit qu'il avait mieux dormi que d'habitude. Je lui en demandai la raison, et il répondit que ce devait être le fait d'avoir mangé de la viande en dînant avec nous. C'est alors que nous apprîmes qu'il ne vivait que de pain et de légumes, car il n'avait que dix ou douze roupies par mois pour vivre, et qu'il logeait dans un taudis, que lui prêtaient les Chinois. Dès ce jour, bien sûr, il prit un ou deux repas par jour avec nous, et nous, de notre côté, étions enchantés d'avoir sa compagnie.

Le retour de Beech et Lennard, qui revenaient du Maralbashi, juste avant Noël, nous permit d'organiser avec le concours du consul russe, de son secrétaire, de son fils, de l'officier cosaque de la garde du consul, et du père Hendriks, un joyeux dîner de Noël. Beech avait un excellent plum-pudding en boîte, qui explosa littéralement quand on l'ouvrit, et j'en avais un aussi, qu'un ami m'avait gentiment fait parvenir d'Inde, et qui arriva le jour de Noël, et nous pûmes donc montrer à nos amis russes en quoi consistait le plum-pudding anglais, dont ils avaient tant entendu parler mais qu'ils n'avaient jamais vu.

Francis Younghusband, *The Heart of a Continent*, Londres, John Murray, 1896. Traduit par Wendy Parramore.

LADY MACARTNEY

(1898-1918)

Georges Macartney (1867-1945) fut en poste à Kachgar pendant vingt-huit ans, de 1890 à 1918. Il y était arrivé à l'âge de vingt-quatre ans, accompagnant F. Younghusband, de deux ans son aîné.

Fils d'un Écossais, sir Halliday Macartney, et d'une Chinoise, il maîtrisait parfaitement le chinois et devint un confident des responsables locaux. Il devait faire toute sa carrière dans cette bourgade perdue, mais d'une grande importance pour la politique de Londres. Il devint consul général en 1912, et quitta Kachgar en 1918. Officiellement il devait veiller aux intérêts de la communauté indienne britannique de Kachgar et des oasis de la région. En fait, il était surtout tenu de surveiller les agissements des Russes, de Petrovski, le consul russe arrivé avant lui.

En 1898, George Macartney se maria en Angleterre au cours d'un congé et revint avec sa jeune femme de vingt et un ans, Catherine Borland (1877-1949). Pendant les vingt ans qui suivirent les Macartney résidèrent à Chini-Bagh. Ils eurent trois enfants, deux garçons et une fille : Eric, Robin et Sylvia.

Pour les voyageurs de passage à Kachgar, explorateurs de renom, et grâce à l'hospitalité de George et de Catherine, le consulat général avait la réputation d'être un havre d'accueil et de confort après d'éprouvantes traversées de montagnes ou de déserts.

George Macartney, dont le nom est étroitement lié à l'histoire des relations russo-britanniques dans cette région, n'a pas laissé de récits de son expérience personnelle[1]*. Les souvenirs de sa femme, qui relate l'ambiance de la vie à Chini-Bagh, ainsi que les principaux événements de la vie à Kachgar, n'en sont que plus précieux.*

CHINI-BAGH: PREMIÈRES IMPRESSIONS

Le lendemain matin je goûtai un des grands plaisirs que réserve ce genre de voyage — le fait de se réveiller dans un lit douillet en sachant qu'il n'est pas nécessaire de se hâter de reprendre la route.

La plupart du temps nous avions dormi sur un sol dur et souvent inégal, que même nos matelas ne suffisaient pas à amortir, et j'étais devenue experte dans l'art de m'enrouler autour des aspérités. Cependant la fatigue et l'air vif nous avaient fait dormir d'un sommeil profond en dépit de l'inconfort. Mais je fus très agréablement surprise de trouver ici un lit tout prêt, avec un matelas à ressorts. Il avait été fabriqué par un officier russe pour son épouse, et mon mari le lui avait acheté très cher quand ils quittèrent Kashgar.

A mes yeux d'Anglaise la maison était extrêmement pittoresque. Elle n'avait pas d'étages en raison des fréquents tremblements de terre, et occupait trois côtés de la cour. Le quatrième comprenait le portail, et la loge, où il y avait toujours quelqu'un pour demander à toute personne le but de sa visite.

Quand je jetai un coup d'œil par la fenêtre, je constatai avec étonnement que nous surplombions un ravin, et que la fenêtre n'était qu'à six pieds du bord. Cette position élevée nous offrait un panorama

1. Clarmont Percival Skrine et Pamela Nightingale ont cependant écrit *Macartney at Kashgar*, publié à Londres en 1973, à partir des notes personnelles et de différents documents de George Macartney.

magnifique, s'étendant jusqu'aux montagnes enneigées que nous avions traversées en venant.

A nos pieds passait une route où semblaient défiler en permanence des ânes et des chevaux chargés. Au-delà, on devinait ce qui avait été, en été, des champs de melons, de riz, de coton, et de trèfle. Maintenant, ce n'était plus que chaume desséché et un sol blanchi et recouvert de salpêtre. Cette substance blanche et poudreuse sort de la terre, dès que celle-ci n'est plus cultivée. J'ai entendu dire que c'est bon pour les melons, et c'est ce qui explique que ceux de Kashgar figurent parmi les meilleurs du monde.

Au milieu des champs il y avait un triste lopin de terre en forme de triangle, qui était entouré d'un mur, on y voyait quelques monticules de terre et des croix russes. C'était le cimetière russe. Plus loin je discernai la rivière qui arrosait Kashgar, la Kizil-Su, où des garçonnets nus, à cheval, abreuvaient un grand nombre de chevaux en pleine rivière. Par quel miracle ils se maintenaient sur les croupes mouillées de ces chevaux dans cette tenue d'Adam, je ne le sais: les chevaux n'avaient qu'une corde autour du cou et cependant ils les maîtrisaient parfaitement. Puis il y avait une troupe d'ânes attendant que l'on remplisse leurs seaux d'eau, pour la vente en ville.

Sur l'autre berge du fleuve, les teinturiers étendaient de longues bandes de coton qu'ils venaient de teindre en un superbe rouge profond obtenu à partir de roses trémières noires. Plus bas, sur la rivière, un long ruban de charrettes, de gens, d'animaux s'étirait à travers le pont toute la journée. Tout le monde avait l'air de chanter ou de crier, et de temps à autre une longue et étrange note résonnait à travers le brouhaha général. C'étaient les meuniers des nombreux moulins situés le long de la rivière, qui soufflaient dans des cornes de bélier pour demander encore de la farine à moudre. Au-delà de la rivière et de toute l'animation qui y régnait, il y avait des falaises de lœss, des cultures en terrasses et des arbres, et plus loin le désert et les montagnes blanches des Tian-Shan.

Nous allâmes sur le toit plat de la maison. A l'ouest et au sud se dressaient les géants de neige du Pamir, avec le pic du Kongur, qui s'élève à près de vingt-quatre mille pieds, le plus élevé d'entre eux, comme un mur blanc gigantesque, ils avaient l'air incroyablement proches dans l'air limpide du matin. Il était rare de les voir aussi nettement, car un voile de poussière rendait la visibilité assez mauvaise, surtout au printemps et en été, où pendant des semaines entières, l'air était brumeux, mais laissait quand même pénétrer le soleil.

A l'origine, c'était une maison indigène, bâtie autour d'une cour centrale, sans étage, et comme les maisons locales, elle ne possédait pas de fenêtres, les pièces étant éclairées par des lucarnes. Comme toutes les maisons d'Asie centrale, elle était d'apparence morne et sévère, car on n'en voyait de l'extérieur qu'un haut mur de terre séchée. Les murs avaient une épaisseur d'environ deux pieds, ils étaient en brique séchée au soleil, recouverte, à l'extérieur, d'une couche de boue, et à l'intérieur, d'une couche de gypse qui les rendait blancs et lisses. Je découvris bientôt l'avantage des murs épais, car ils conservent la chaleur en hiver, et la fraîcheur en été.

Lorsque mon époux vint pour la première fois à Kashgar en 1890, en compagnie du capitaine Younghusband, dont c'était le grade alors, ils furent amenés à cette même maison avec son jardin, qui devait devenir vingt-quatre ans plus tard le consulat général britannique. L'ancien édifice fut entièrement rasé, et une imposante demeure à l'européenne fut construite au même endroit.

Lors de mon arrivée en 1898, l'européanisation avait déjà commencé. Le verre était presque inconnu à Kashgar et pour les fenêtres on utilisait du papier huilé; c'était déjà mieux que les lucarnes. Fort amicalement, M. Petrovski avait prêté à mon mari un large panneau de verre encadré pour une des fenêtres, hélas ils eurent bientôt une dispute et il fallut rendre le précieux morceau de verre.

On avait remplacé les immenses cheminées traditionnelles qui dégagent si peu de chaleur et tant de fumée par de grands fourneaux russes en fonte; et les sols avaient été nivelés. Dans une pièce de type traditionnel, les trois quarts du sol sont surélevés en une sorte de plate-forme de deux pieds de haut, qui est recouverte d'épais tapis, et qui fait office de canapé ou de lit. On avait laissé en revanche ces curieuses petites entrées à double battant, où il fallait se courber pour entrer, et les nombreuses niches creusées dans les murs. Je me pris d'affection pour ces niches aux formes bizarres, il est vrai aussi qu'elles étaient très pratiques.

Un beau jour, peu de temps après mon arrivée, un marchand russe arriva avec une caravane entière de panneaux vitrés, que nous autres Européens nous empressâmes d'acheter; c'était un verre de qualité très médiocre, et tout y paraissait déformé. Je m'amusai souvent à observer les gens à travers ce verre, riant des formes étranges qu'ils prenaient lors de leur passage. Mais c'était quand même du verre, et il laissait entrer le soleil. Plus tard, nous fîmes construire une véranda, ce qui améliora grandement l'aspect de la maison. Malheureusement les ouvriers indigènes oublièrent d'en fixer solidement les éléments, ce qui fit qu'elle s'effondra comme un château de cartes au premier tremblement de terre un peu fort. Elle fut reconstruite, plus solidement cette fois. Notre ameublement était très rudimentaire. Bien sûr, tout était artisanal et de simple bois blanc, car on ne trouvait ni peinture ni vernis. C'étaient les chaises qui m'amusaient le plus, tant elles étaient originales.

Quand mon mari se retrouva dans ce coin perdu de Kashgar, son seul ami fut un prêtre catholique hollandais, le père Hendricks. Je raconterai son histoire plus tard. Ils décidèrent donc de fabriquer des chaises, n'ayant que le sol ou des caisses pour s'asseoir. Ni l'un ni l'autre n'était ébéniste, et ils n'avaient pas la moindre notion de la manière de concevoir une chaise confortable. La première chaise créée montrait nettement l'influence des premières années monastiques du père Hendricks. Très haute, il fallait presque y grimper pour s'asseoir, et une fois assis poser ses pieds sur la barre, sinon ils pendaient dans le vide. Le dossier du siège était droit et se dressait bien au-dessus de ma tête, le siège lui-même ne faisait qu'à peine six pouces de large. Impossible d'y trouver un peu de repos, tant on était occupé à ne pas perdre l'équilibre. Puis il y en avait d'autres, chacune s'éloignant de plus en plus du modèle de la stalle du chœur dans une ancienne chapelle. Enfin ils réussirent à en faire une qui était relativement confortable, mais dont le siège était affreusement dur, car il n'était pas façonné.

Quand M. Högberg[1] arriva, il essaya de fabriquer un fauteuil à bascule, que mon mari lui acheta. Allez savoir pourquoi, lorsque l'on y prenait place, les pieds et la tête se balançaient alors que le reste du corps demeurait complètement immobile, et l'on se sentait passablement ridicule. On en scia les bascules, et on obtint un fauteuil de détente confortable, car le dossier et le siège étaient de tapis tendu, ce qui le rendait doux et reposant. Mais quelques tapis aux couleurs vives, des nappes et des coussins parvinrent à faire oublier bien des défauts, et quand j'eus terminé mon abat-jour de soie verte pour la lampe à paraffine, l'ambiance devint très familiale et accueillante. Très rapidement nous réussîmes à obtenir des chaises autrichiennes et un fauteuil à bascule américain qui fonctionnait normalement.

Une des premières épreuves qui m'attendaient était le tour d'inspection et la première confrontation avec le personnel. On commença par la cuisine, et là je reçus mon premier choc. On entra par une petite porte et l'on se retrouva dans une pièce sombre et enfumée que n'éclairait qu'une lucarne. Assis à même le sol de terre battue, se trouvaient notre cuisinier indien et son aide, un jeune Kashgari occupés à faire un gâteau. Devant lui il y avait une terrine remplie d'œufs, et il les cassait dans la paume de sa main brune et sale, laissant les blancs couler à travers ses doigts vers un bol, placant les jaunes dans un autre bol. Il faut croire que mon expression dégoûtée ne lui échappa point, car il dit qu'il valait mieux que je m'en aille, et que je le juge d'après l'excellence de ses plats, et non d'après la cuisine. Il est vrai qu'il nous servit des plats vraiment délicieux, mais je regrettai parfois de l'avoir vu au travail.

1. M. Högberg était un missionnaire suédois.

Nous avions cinq domestiques personnels, un cuisinier, un aide de cuisine, un domestique pour le service à table et les travaux ménagers, un palefrenier et un jardinier. Le jardinier était un tout petit vieillard, un Kashgari, presque un nain, qui parlait toujours comme si ses plantes et lui étaient en étroite communication. Si vous lui demandiez pour quand il prévoyait les haricots, il répondait de façon fort pittoresque: «Ils me disent que c'est pour demain.» Puis il y avait trois gardes gouvernementaux, le Jemadar et deux Chuprassis, revêtus d'étonnants uniformes rouge et or et portant d'énormes turbans blancs, ils précédaient toujours mon mari quand celui-ci effectuait des visites officielles. Enfin il y avait quatre hommes pour le courrier qu'il fallait acheminer jusqu'à la prochaine poste indienne, à dix ou quinze jours de route de Kashgar, selon le temps qu'il faisait et la saison.

Cette noble armée m'intimidait au plus haut point, car je ne pouvais leur parler, et je ne pouvais exprimer mes sentiments bienveillants qu'en souriant et en hochant la tête. Et l'on se sent vite ridicule et gauche à ne faire que ça. Mais ils étaient si gentils et zélés, que très rapidement cette gêne disparut et je me serais sentie en confiance avec eux n'importe où.

Pour compléter la colonie britannique, il y avait deux *munshis* (ou secrétaires) indiens, et un *munshi* chinois, avec leurs familles, ainsi qu'un assistant de l'hôpital indien en guise de conseiller médical. Ces derniers, et les domestiques, résidaient juste à l'extérieur de notre enceinte et cela formait un véritable petit village.

Notre jardin était vaste et très pittoresque, il avait deux niveaux, reliés entre eux par une volée d'escaliers. Dans le jardin du haut se trouvait le verger, ainsi que le potager, et il y avait là de splendides pêches, abricots, figues, grenades, des mûres blanches et noires; plus tard mon mari y greffa des plants anglais de pommes, de poires, de reines-claudes, de cerises, à partir d'envois venus d'Angleterre. Je ne pense pas qu'il y ait un seul endroit au monde qui puisse rivaliser avec Kashgar pour les vergers.

Le jardin inférieur était ombragé par les saules, les ormes, les peupliers, et un arbre indigène appelé Jigda.

Adossé à la maison, et abrité par elle, se trouvait un vignoble assez étendu, dont mon mari promettait qu'il donnerait du raisin en abondance. Pour le moment je ne voyais que treilles et monticules de terre. L'hiver l'on enterre le raisin, les figues, et les grenades pour les protéger du gel. Mais l'endroit le plus fascinant du jardin en était la terrasse immense qui s'étendait sur toute sa longueur; elle était abritée par un treillage à claire-voie, et de grands peupliers droits bordaient le chemin. De cette terrasse on pouvait embrasser du regard toute la campagne et observer à loisir les gens sur les routes et dans les champs, jusqu'au lit de la rivière.

Au milieu du jardin se trouvait le bassin qui, au printemps, servirait de réservoir d'irrigation. En cette saison il était à sec, tout comme l'ensemble de petits canaux d'irrigation qui s'égaillaient dans tous les sens. Il ne restait pas une feuille aux arbres, ni le moindre brin d'herbe. Le tableau aurait été bien désolant en hiver si le soleil n'était venu égayer quelque peu les choses, quand les tourbillons de poussière le lui permettaient.

Je fus ravie de découvrir que mon mari s'était entouré d'une véritable famille de chiens, car avec eux je pouvais parler et ils se prirent d'affection pour moi dès le début. Pendant ses années de solitude, mon mari avait eu de bien curieux compagnons, dont j'étais bien contente qu'ils n'aient pas tous survécu. En effet, les loups, les léopards, les renards ne m'attiraient pas vraiment. J'adorais les cerfs et les gazelles, et peu après mon arrivée l'on me fit cadeau d'un couple d'oies apprivoisées, qui décidèrent de vivre dans la maison, et pendant que madame l'oie couvait ses petits, monsieur le jars venait s'asseoir près de moi dans le salon pour oublier sa solitude.

Quelques semaines plus tard, Mme Raquette, l'une des dames suédoises, m'apporta le plus adorable chaton, qui fit aussitôt valoir ses droits en s'attaquant aux chiens, les refoulant hors de la pièce. Il devint un superbe matou, et nos enfants l'appelèrent «Tonton matou», jusqu'à sa mort, de vieillesse, dix-sept ans plus tard, très peu de temps avant que nous quittions pour toujours Kashgar. […]

Lors de mon arrivée à Kashgar, on ne trouvait pratiquement pas de marchandises étrangères au *bazaar*, et tous les habitants portaient le *kham* rouge traditionnel, à l'exception de quelques très riches beys, qui s'habillaient de velours. Il n'y avait quasiment pas de commerce russe, et le sucre était rare. C'était merveilleux de penser que la cité n'avait pas changé d'apparence depuis des siècles, avec ses rues et ses bazars, ses habitants y vivant et s'habillant de la même manière que leurs ancêtres. La manière de voyager aussi était restée inchangée depuis l'époque où Marco Polo traversait ces contrées en chemin vers la cour de Kubilai-Khan au treizième siècle.

Cependant, très rapidement après mon arrivée un grand changement se produit. Des tissus, des marchandises, des ustensiles, des meubles et des installations, du sucre et de la farine blanche commencèrent à arriver par caravane de Russie et d'Inde. Les riches négociants se mirent à faire construire des maisons de style occidental, utilisant même des chaises et des tables, et tout le monde se mit à porter les cotonnades russes aux larges motifs, aux couleurs criardes, en général, il s'agissait d'affreuses roses sur un fond de couleur vive.

Peu de temps après mon arrivée, j'envoyai quelqu'un m'acheter un rouleau de coton blanc, mais quelle ne fut ma surprise quand il m'en rapporta avec la marque bien familière de «Coats» dessus en russe!

Les tailleurs utilisaient des machines à coudre «Singer» qui n'avaient pas l'air tout à fait à leurs places et c'était d'un effet curieux quand on les voyait utilisées par un homme accroupi sur ses talons dans une obscure boutique de bazar.

Ma première promenade dans la ville fut une expérience mémorable. En arrivant au portail devant la maison, il y avait une large flaque au milieu du chemin. Je me préparai à sauter par-dessus lorsqu'un vieux Chinois tout ratatiné s'avança, portant un panier sur le dos. Il nous fit une profonde révérence, mit son panier dans la flaque, et me tendit galamment la main de manière à ce que je traverse la flaque en passant sur son panier. Cette pensée pleine de considération et la grâce qu'il y mit me touchèrent énormément. De plus, manifestement il n'y avait là pas la moindre attente de *bakshish*.

Les choses se corsèrent quand j'arrivai au bazar; un attroupement se forma; des femmes et des enfants essayaient de toucher mes vêtements, de voir mon visage, et bientôt nous ne pûmes littéralement plus bouger. Ils n'étaient pas du tout hostiles, mais très curieux et intrigués, et nous appelaient sans arrêt *Feranghis* ou *Franks*. Mais je n'en pouvais plus. Non sans mal on réussit à s'entasser dans une boutique, et le marchand nous offrit immédiatement du thé et des gâteaux. La foule essaya d'y pénétrer à son tour, mais nos domestiques, qui fort heureusement nous accompagnaient, parvinrent à la disperser. Un peu plus tard on regagna la maison en prenant par de petites ruelles.

Un certain temps s'écoula avant que je ne m'aventure à nouveau dans la ville; pourtant avant de quitter définitivement Kashgar, j'ai pu me promener dans les bazars, seule, en toute tranquillité, sans me faire remarquer. Il est vrai qu'entre-temps les femmes européennes étaient devenues un spectacle si ordinaire qu'il n'y avait plus de quoi en faire toute une histoire.

Un jour lors d'une promenade à la campagne, nous fûmes suivis par deux hommes, qui se demandaient à haute voix ce que je pouvais être. L'un disait que je ne pouvais pas être une femme puisque je portais une ceinture; l'autre répondait qu'il était impossible que je sois un homme, puisqu'on ne voyait pas mon pantalon et que je n'avais pas de chevaux, mais tous deux tombaient d'accord sur le fait que je ressemblais à une femme, puisque je n'avais pas de barbe. De toute évidence, j'étais une véritable énigme pour eux.

Un jour un gamin accourut devant moi, et levant son visage vers moi il me lança: «Exactement comme un singe.» Puis il prit ses jambes à son cou. [...]

LA RÉVOLUTION CHINOISE A KASHGAR

Au printemps 1912, des rumeurs et des bruits de révolution commencèrent à circuler. On parlait de meurtres d'*ambans* chinois dans des villes à l'autre bout de la province, vers la Chine intérieure. Les troubles éclataient d'abord en un endroit puis en un autre; mais se rapprochaient de plus en plus de Kashgar, à la vive inquiétude des fonctionnaires de Kashgar, qui commencèrent à se terrer dans leurs *yamêns* et certains même, dans leurs caves. Le 5 mai, un dimanche, mon mari alla rendre visite à Yu-en, le *Tao-tai*[1], qui se cachait dans son *yamên* depuis des semaines. Celui-ci savait pertinemment qu'il serait le premier à pâtir si les troubles éclataient à Kashgar.

Mon mari fut fort surpris de le trouver bien plus détendu, allant et venant à sa guise dans son *yamên*; le *Tao-tai* lui raconta comment lui-même et d'autres *ambans* avaient donné une somme importante d'argent au parti révolutionnaire : ils espéraient donc que les choses allaient s'arranger. Mon mari, quant à lui, y voyait plutôt le début d'un chantage prolongé. Le *Tao-tai* lui montra un bracelet de jade qu'il portait, en disant ces mots: «Vous voyez ce magnifique morceau de jade — il est parfait, sans le moindre défaut, sans la moindre fissure. Tant qu'il demeure dans cet état, ma vie sera sauve le temps que je l'aurai sur moi.»

Mon mari venait de rentrer et me racontait tout cela, pendant que nous prenions le thé dans le jardin. A cet instant précis, quelqu'un arriva en courant, rapportant que les troubles avaient éclaté à Ak-su, la ville la plus importante au nord-est de Kashgar, et que tous les *ambans* avaient été assassinés. Alors on sut que Kashgar ne serait pas épargnée et on songea au bracelet de jade du vieux *Tao-tai*.

Deux jours plus tard, le mardi 7 mai au matin, notre domestique nous réveilla à quatre heures pour nous annonçer qu'un cosaque était venu prévenir que M. le consul de Russie, M. Sokoff, venait nous voir. Il nous fut facile de deviner les raisons de cette visite matinale; d'ailleurs la nuit précédente, avant d'aller se coucher, le domestique chargé de garder la chambre forte dans le bureau, était venu demander à mon mari s'ils pouvaient être deux, et aussi s'ils pouvaient avoir des armes, car ils n'étaient point rassurés, vu les rumeurs et l'émoi qui régnaient en ville.

Mon mari se leva à l'instant, s'habilla et fourra son revolver dans sa poche le plus discrètement possible. Il me dit de m'habiller, d'habiller les enfants et de réveiller tout le monde. Demeuraient avec

1. Le gouverneur de la province.

nous alors, mon beau-frère, Donald, ainsi que M. Hunter[1], de la mission de Chine continentale. Quelques minutes plus tard M. Sokoff, accompagné de quelques officiers russes, arriva avec la nouvelle qu'au moment où il nous parlait des combats se livraient dans la ville, que toutes les portes étaient fermées et qu'on ignorait ce qu'il s'y passait exactement.

C'est très curieux les idées absurdes que l'on a dans des circonstances vraiment dramatiques. Je me disais que, si nous devions être tués, il nous fallait au moins porter, les enfants et moi, une tenue impeccable. C'est ainsi qu'à la grande surprise des Russes, nous fîmes tous notre apparition, à quatre heures trente du matin, vêtus de blanc immaculé comme pour une garden-party ! On entendit quelques coups de feu, mais à part cela le silence complet, et il semblait impossible que quoi que ce soit d'épouvantable puisse se produire par un matin d'été paisible comme celui-là.

Enfin, alors que nous nous apprêtions à prendre notre petit déjeuner, un homme qui représentait les révolutionnaires apparut sur le mur de la ville agitant une carte rouge, qu'il jeta vers un de nos domestiques accouru vers lui. Son message était le suivant : que plusieurs *ambans* avaient été tués, dont notre pauvre ami *Tao-tai* (en dépit de son bracelet de jade), son épouse et le *hsien-kuan*. Il ajouta que nous n'avions pas lieu d'être inquiets, qu'étant donné notre qualité d'Européens, nous serions sains et saufs, mais qu'il valait mieux cependant rester chez nous pendant quelques jours étant donné qu'il pouvait y avoir des débordements, des éléments incontrolables. Qu'il s'agissait avant tout d'une question chinoise.

Nous nous mîmes à déployer tous les drapeaux britanniques en notre possession, il y en avait cinq sur l'ensemble de la concession; puis mon mari enjoignit les sujets britanniques d'en faire autant chez eux. Comme ils n'en possédaient pas, ils se mirent à en fabriquer en toute hâte, et il faut dire qu'il y en eut de bien singuliers.

M. Hunter était habillé à la chinoise, il portait même la natte; mon mari insista pour qu'il la coupe et pour qu'il s'habille à l'européenne. Sinon il risquait d'être pris pour un Chinois et tué. C'était un homme grand et fort, et aucun des vêtements de mon mari ne lui allait. Nous fîmes donc appel à M. Höberg, car ils étaient de la même taille, pour lui demander un complet et un chapeau; et c'est ainsi que nous parvînmes à le transformer en ce qu'il était à l'origine — un magnifique Écossais.

Aux environs de midi l'une des portes de la ville s'ouvrit, et un

1. George Hunter, autre personnage légendaire d'Asie centrale. Prêtre, grand voyageur dans ces régions où, pendant cinquante-sept ans (moins quelques mois passés dans une prison soviétique), il évangélisa les populations locales, traduisant l'Évangile en cinq langues d'Asie centrale. Cable et F. French, inévitablement, le rencontrèrent lors de leur voyage vers Urümqi où il mourut en 1946. (M. J.)

certain nombre de fonctionnaires chinois réfugiés en sortirent et vinrent nous retrouver, dissimulés dans des carrioles par des habitants compatissants. Nous leur donnâmes asile, dressant des tentes quand les chambres étaient pleines, jusqu'à ce qu'il n'y ait plus de place. Ils étaient tous absolument terrorisés, car les routes grouillaient de révolutionnaires, qui déambulaient en brandissant des épées biseautées, macabrement tachées de sang.

La veuve et le fils, encore enfant, du hsien-kuan tué furent parmi les premiers. Elle faisait vraiment de la peine à voir, car elle avait assisté au carnage de son mari, une véritable boucherie, et quand ils avaient saisi l'enfant pour lui faire subir le même sort, elle s'était jetée sur eux, les implorant de l'épargner et, comme ils avaient de plus gros poissons en vue, ils l'avaient relâché. Elle n'arrêtait pas de gémir: «J'ai tout vu et je ne pourrai jamais l'oublier.» Une des femmes avait un bébé âgé de quelques jours à peine, et le choc qu'elle avait subi était tel qu'elle ne pouvait plus le nourrir. Je lui donnai des biberons et de la nourriture (car le plus jeune de nos fils avait à peine un an) et tant qu'elle demeura chez nous, très souffrante la plupart du temps, l'enfant resplendit de santé. Plusieurs hauts fonctionnaires dont les têtes étaient mises à prix, vinrent loger dans nos tentes dans le jardin pendant de nombreuses semaines.

Cinq jours après ces événements, deux des missionnaires suédois arrivaient chez nous tard dans la nuit, avec un homme à l'air tout à fait pitoyable, habillé selon la mode locale, porté sur le dos de leur domestique. Une fois à l'abri chez nous, mon mari découvrit qu'il s'agissait en fait d'un fonctionnaire qui était porté disparu depuis ce fatidique mardi matin. Il avait opprimé le peuple lorsqu'il avait été au pouvoir et la foule voulait sa peau déclarant qu'aucune somme d'argent n'épargnerait sa vie. Le pauvre homme était à moitié fou, car il avait été caché dans un four à pain pendant cinq jours par un boulanger compatissant, pourtant sujet natif du pays, avec pour unique subsistance un morceau de pain que le boulanger lui avait fait parvenir de temps à autre. Il nous aurait été impossible d'assurer sa sécurité étant donné son passé car nous n'avions pas la moindre garde armée. Le seul endroit où il pouvait vraiment être protégé était le consulat russe, que gardaient soixante cosaques.

C'est ainsi qu'après l'avoir nourri, mon mari et son frère le convoyèrent discrètement à travers les champs et le remirent, sain et sauf, aux Russes. Là, il fut immédiatement enfermé à clef dans une pièce, et ne fut plus revu jusqu'à ce que, plusieurs semaines plus tard, il émergea déguisé en cosaque, pour être aussitôt envoyé en Russie avec deux vrais cosaques transportant le courrier; de là il regagna la Chine.

Quand la foule ne le trouva pas, le jour des meurtres, ils s'emparèrent de son jeune fils pour le tuer à sa place. Une de ces brutes lui assena un coup de sabre sur la tête, lui faisant une terrible entaille. La mère se battit comme une lionne pour son fils et elle réussit à le récupérer et à s'enfuir avec lui chez des habitants généreux, qui les cachèrent sous des tas de fourrage dans un grenier; c'est ainsi qu'ils passèrent des journées entières dans la chaleur de l'été. La blessure de l'enfant demeura sans aucun soin, et elle s'infecta, attirant les mouches jusqu'à ce qu'enfin elle ne fût plus qu'une masse grouillante de vers.

Les infirmières suédoises ayant entendu parler par un de leurs malades de cette pauvre Chinoise et de son enfant, pénétrèrent courageusement en ville à leur recherche, puis les ayant trouvés, s'arrangèrent pour les évacuer discrètement vers leur hôpital, où la blessure guérit et l'enfant se rétablit complètement grâce à un traitement prolongé et patient. Puis, en compagnie d'autres femmes et enfants chinois, ils furent rapatriés en Chine. La mère ignorait tout du sort de son mari, et le croyait mort. Imaginez leur allégresse à tous deux quand ils se retrouvèrent des mois plus tard, dans leur domicile familial au Hunan, tous sains et saufs. Mais rares étaient les histoires qui finissaient aussi bien.

Le lendemain du jour où la révolution avait éclaté dans la vieille ville, Yang-Ta-jen, le *Hsie-tai*, était chez nous en train de discuter avec mon mari de la situation. C'était un des rares *ambans* encore en vie. Quand soudain un homme arriva en toute hâte pour annoncer que la ville chinoise était en proie à une vive agitation, et que les *ambans* qui s'y trouvaient étaient en train de se faire massacrer. Le *Hsie-tai* sauta sur son cheval sans perdre une seconde, et partit au galop vers la ville nouvelle, accompagné de quelques hommes. Lorsqu'il arriva à la porte, il y rencontra une foule démontée qui se pressait autour d'un Chinois qu'elle s'apprêtait à exécuter. Le *Hsie-tai* demanda ce que l'homme avait fait. «Il a coupé sa natte», répondit-on. Le *Hsie-tai* arracha sa calotte, en disant: «Regardez, j'ai coupé la mienne, alors vous devez me tuer en premier, et vous le tuerez après.» Ils admirèrent tant son cran qu'ils lui firent un *kow-tow*, et déclarèrent qu'ils ne toucheraient pas à un homme courageux. «Alors laissez partir aussi ce misérable», leur dit-il, et ils le laissèrent partir. Il découvrit que certains *ambans* avaient déjà été assassinés, mais que le *Tao-tai* était encore en vie, caché dans son *yamên*.

Le même jour dans l'après-midi on reçut un télégramme en provenance de la ville nouvelle, disant que la foule était déchaînée et qu'elle s'avançait vers la vieille ville pour piller et brûler, et qu'elle ne respecterait pas les Européens.

Il était évident qu'il fallait se préparer au pire. On demanda aux sujets britanniques d'apporter et de mettre leurs biens précieux à l'abri dans la pièce qui pouvait le mieux être défendue, et qui nous abriterait, nous, en cas de nécessité. Mon mari et son frère convinrent même des dispositions à prendre pour évacuer les femmes et les enfants si la foule s'avérait trop puissante, mais cela je ne l'appris que bien plus tard. L'on prépara des rouleaux de pansements, et je m'occupai de préparer des provisions et des vêtements pour les enfants au cas où il faudrait prendre la fuite et aller se cacher dans un lieu déjà choisi.

Nos domestiques s'armèrent comme ils le purent — couteaux, bâtons, vieux sabres et ainsi de suite… —, même notre gouvernante, miss Cresswell, emporta le grand couteau à découper et la pierre à aiguiser en allant au lit. Quand tout fut terminé, nous apprîmes que l'une des infirmières suédoises s'était armée d'une grande seringue remplie d'acide capable d'aveugler une foule pendant plusieurs jours. Quelle arme efficace! Une fois les préparatifs achevés, nous nous couchâmes tout habillés, pendant que Donald et M. Hunter, tour à tour, montaient la garde autour de la maison et dans le jardin.

Fermer l'œil était impossible après une journée pareille, mais c'etait déjà bien de pouvoir s'allonger. Tout était étrangement calme, et nous commencions à somnoler, lorsqu'à minuit trois coups de canon retentirent, faisant trembler la maison. D'un bond tout le monde fut debout, et on accourut de toutes parts, pensant que l'attaque avait commencé. Alors on attendit, on attendit encore, et rien ne se passa, enfin les coqs chantèrent, les oiseaux se mirent à pépier, et le soleil, fidèle au poste, se remit à briller. Il est difficile d'imaginer à quel point ces sons naturels nous soulagèrent après une nuit si tendue. Nous devions apprendre par la suite que les émeutiers étaient partis de la ville nouvelle mais que pour une raison inconnue ils avaient rebroussé chemin. La seule explication que je peux avancer est formulée par Tennyson ainsi : «On obtient plus de choses par la prière qu'on ne l'imagine dans ce monde.» Et ce ne fut pas la seule occasion où j'eus lieu de m'en aperçevoir. A plusieurs reprises, des forfaits étaient prévus pendant la nuit, et chaque fois ils échouèrent. Les coups de canon qui nous avaient réveillés étaient les derniers hommages rendus par les meurtriers eux-mêmes, lors de la cérémonie de mise en bière de leur victime, le *Tao-tai*, qui se déroula en bonne et due forme. Les hommes qui avaient assassiné son épouse, une vieille dame, furent sévèrement blâmés par le reste des révolutionnaires, pour s'être attaqué à une femme, mais ils répondirent que dans la lumière incertaine de l'aube ils l'avaient prise pour son mari.

Environ une semaine après ces événements à Kashgar, le mouvement révolutionnaire s'était étendu jusqu'à Yangi-Hissar, à deux jours de voyage en direction de Yarkand. Il avait été décidé d'y assassiner l'*amban* un certain jour, et celui-ci vivait dans la terreur. Ce jour-là un tourbillon de poussière énorme, ou *buran*, fit son apparition. Il passa par Kashgar, nous laissant plongés dans l'obscurité, et on le vit se diriger vers Yangi-Hissar à travers le désert. La colonne de poussière avait un aspect si inhabituel que les gens commençèrent à s'inquiéter; puis la nuit noire recouvrit la ville, bien plus noire que lors des *buran* précédents; un vent violent se mit à souffler, si violent qu'on ne pouvait rester debout; ils décidèrent que les dieux étaient mécontents de leur projet d'assassinat et le remirent. Avant que le courage ne leur revînt, des ordres émanant du gouvernement révolutionnaire à Kashgar arrivèrent, leur interdisant tout autre assassinat, et c'est ainsi que cet homme eut la vie sauve et qu'il n'y eut plus de sang répandu.

Dès le début, mon mari et Donald se promenèrent sans escorte à travers la ville, pour montrer aux Chinois qu'ils se fiaient à leur parole donnée, selon laquelle l'on n'avait rien à craindre. Rien n'impressionne autant les Chinois que l'absence de peur. Ils n'étaient pas du tout hostiles, et Donald me demanda de laisser Éric, qui avait alors neuf ans, l'accompagner un jour lors d'une de ces promenades à cheval, évidemment à la grande joie d'Éric, ravi à l'idée de traverser la cité. Quant à moi, je l'avoue, je l'étais beaucoup moins, mais je me dis que si cela pouvait améliorer le sentiment de confiance, il fallait qu'il y aille. Quand ils furent parmi les soldats, Donald ressentit une vive inquiétude, car ceux-ci s'attroupèrent autour d'Éric, immobilisant son poney. Or ce n'était là que la manifestation de leur plaisir à le voir, car ils lui firent un accueil des plus amicaux, lui offrant des sucreries et des gâteaux, c'était l'authentique amour chinois des enfants qui ressortait chez des hommes capables des pires atrocités. Dès ce jour, ils traversèrent régulièrement le camp des soldats, sans le moindre incident.

Les deux aînés, qui étaient en âge de comprendre ce qui se passait, sans toutefois en mesurer vraiment la gravité, ne s'inquiétaient pas tellement. Il est vrai qu'ils s'en remettaient complètement à leur père, en qui ils avaient une totale confiance. Miss Cresswell, elle aussi, était toujours calme et pleine de ressources. Ce qui me déconcertait le plus c'était de regarder les enfants dormir sereinement, alors que mon imagination infatigable se donnait libre cours sur ce qui pouvait arriver avant que la nuit soit passée.

Cet état de choses dura deux mois. Le pays était gouverné par un boucher et un barbier, et les rares *ambans* qui restaient étaient totalement à leur merci. Les consuls refusèrent de les reconnaître malgré leur désir manifeste d'entretenir des relations amicales avec mon mari et M. Sokoff.

La vie continua, nos réfugiés restant avec nous. Leurs poursuivants venaient parfois jusqu'au portail mais ils n'osaient jamais passer outre le drapeau anglais, alors qu'ils savaient bien que nous ne disposions pas de garde pour les repousser. Nos splendides «Union Jack» flottèrent aux vents pendant six mois ou plus et nous les aimions pour tout ce qu'ils représentaient.

Une fois la période la plus critique passée, le *Ti-tai* de la ville nouvelle s'arma de tout son courage pour venir nous rendre visite. Son escorte était composée d'un groupe de soldats appartenant au nouveau régime. J'entrai le voir, car je connaissais son épouse et aussi pour témoigner de l'amitié particulière que nous avions pour lui. Il me demanda si je n'avais point été trop inquiéte et bouleversée pendant la révolution. «Non, ai-je répondu, pourquoi l'aurais-je été alors que vous, les Chinois, nous aviez promis qu'il ne nous arriverait rien?» Il sembla très content de cette réponse. «De toute façon, ajouta mon mari, même s'il vous avait été facile de nous tuer tous, vous auriez eu à en répondre devant le gouvernement britannique, et cela aurait été beaucoup moins simple.» Alors il se retourna vers les soldats qui se pressaient à la porte, et leur dit: «Voilà, vous avez entendu? N'oubliez jamais que le gouvernement britannique vous tiendra pour responsable de la vie de ces personnes.» Ils hochèrent tous la tête gravement. C'était si puéril, ils avaient l'air si solennel et ils étaient pourtant si risibles que nous avions bien du mal à garder notre sérieux.

Environ deux mois plus tard un régiment russe arriva pour faire régner l'ordre dans le pays.

Il y eut encore quelques rebondissements quand, à l'occasion de malentendus et d'excès de zèle militaire de la part des Russes, ces derniers et les Chinois en arrivèrent presque à se battre. Il faut dire que nous nous sentions beaucoup plus rassurés depuis l'arrivée des troupes russes, et leur présence suffisait à apaiser le pays. Mais à mon avis ces militaires devaient estimer qu'ils étaient là sous de faux prétextes, et une vie paisible et monotone n'était pas pour leur plaire. Le jour de leur arrivée, le consul russe organisa une grande réception en leur honneur, à laquelle tous les Européens étaient conviés, dans un jardin à quelque distance de Kashgar au bord d'une oasis.

Après les temps difficiles que nous avions traversés on peut imaginer notre émotion à la vue de ce régiment de cavalerie, précédé de sa fanfare, qui venait vers nous à travers le désert. Les officiers étaient en train de mettre pied à terre, et les présentations venaient de commencer, lorsque à la surprise générale on vit arriver le *Ti-tai*, entouré de quelques-uns des nouveaux éléments du régime révolutionnaire, qui venaient présenter leurs amitiés aux Russes.

En fait, mon mari avait dit au *Ti-tai*, qu'étant donné qu'il ne serait pas avisé de s'opposer à l'arrivée des Russes, le mieux était encore de les traiter en honorables invités. Le colonel en charge se tourna vers mon mari et demanda: «Mais que cela signifie-t-il? L'on nous avait laissé entendre qu'il nous faudrait entrer les armes à la main dans Kashgar, et au lieu de cela nous sommes reçus en vieux amis!» La plus grande partie du régiment prit ses quartiers à quelques kilomètres de Kashgar, cependant que le reste allait étoffer la garde du consulat.

Mais ces vaillants soldats se lassèrent bien vite de cette vie ennuyeuse et monotone, et de petites bagarres commencèrent à éclater entre des cosaques enivrés et les soldats chinois. Puis un soir, alors que nous nous préparions à nous coucher, un messager du consul russe accourut pour nous dire qu'on allait faire sauter la porte de la ville, et qu'il fallait s'attendre à un certain désordre et à de sérieux affrontements. Or voici ce qui fut à l'origine de ces décisions draconiennes de la part des Russes ! — Quelques heures plus tôt, avant la fermeture de la porte de la ville au coucher du soleil, un groupe de cosaques se promenaient à cheval dans le bazar. Il se trouvait que c'était un jour particulier de l'année où les Chinois avaient coutume de brûler de l'argent-papier devant certains lieux saints à la mémoire des disparus. Les cosaques, intéressés par cette cérémonie, descendirent de leurs chevaux, sans les attacher, et contemplèrent le spectacle. Ils remarquèrent que la flambée était un peu trop proche à leur goût d'une demeure russe, et en firent la remarque aux Chinois, qui leur répondirent de s'occuper de ce qui les regardait. Ce qui déclencha une vive altercation, pendant laquelle les cosaques oublièrent complètement leurs chevaux. Soudain un coup de tonnerre retentit, effrayant les bêtes, qui partirent au galop à travers le dédale de ruelles, passèrent la porte et filèrent droit vers leurs écuries au consulat. C'était l'heure du coucher du soleil, et la ville ferma ses portes, une lourde grille de fer vint se rabattre derrrière elle, emprisonnant les cosaques pour la nuit.

Lorsque les chevaux revinrent sans leurs cavaliers, on courut en prévenir le consul. Il se tordit les mains et s'exclama: «Oh, mes pauvres cosaques, coincés dans la ville, ils vont se faire massacrer ! Il faut aller à leur secours.» On fit venir aussitôt les troupes stationnées à quelques kilomètres, elles arrivèrent au grand galop, l'air important, se réjouissant d'avoir enfin l'occasion d'exercer leurs talents. Vers minuit ils firent sauter la serrure de la porte, et l'ouvrirent.

Un violent orage s'était abattu sur la ville dès la tombée de la nuit, et la pluie dévalait les rues en torrents, mais les troupes pénétrèrent dans la ville au galop, sans désemparer, et la trouvèrent complètement déserte. C'était une véritable ville fantôme, car tout le monde était soit couché, soit à l'abri de l'orage, et les cosaques qui étaient à l'origine de toute l'histoire, tout occupés à se divertir dans une maison de thé, ne se doutaient pas un instant du tracas qu'ils causaient, et ne furent retrouvés que le lendemain.

Or pour ne pas perdre la face, le colonel posta un certain nombre de ses hommes sur la place centrale du marché, en envoya d'autres sur les toits de la mosquée, offensant ainsi les *mullah*, pendant que d'autres patrouillaient les rues et partaient à la recherche des cosaques perdus. Et c'est ainsi qu'ils passèrent la nuit sous la pluie battante.

Les fonctionnaires chinois, bien à l'abri de l'orage dans leurs *yamêns* à toute épreuve, ignoraient tout ce qui se passait, et ce n'est que le lendemain matin qu'ils découvrirent, à leur grand étonnement et leur plus grande indignation, la porte de la ville forcée, et la ville elle-même occupée par les soldats russes.

Le *Ti-tai* s'en vint immédiatement retrouver mon mari. «Quelle est la signification de tout ceci?», demanda-t-il avec indignation. «Cela ressemble beaucoup à une déclaration de guerre, et j'ai donné des ordres pour que les canons soient dressés sur les remparts de la ville et pointés en direction du consulat russe.» Mon mari avait toujours conseillé aux Chinois de ne pas provoquer les Russes, car ceux-ci en profiteraient, et il dit donc au *Ti-tai* que ce qu'il avait de mieux à faire c'était de donner un contrordre, et de traiter l'incident comme une méprise de la part des Russes, ce qui était d'ailleurs manifestement le cas. Et l'incident se termina ainsi, les Russes réparant la porte!

Enfin les Chinois se décidèrent à transférer une partie des soldats révolutionnaires à Urumtchi, la capitale des «Nouvelles Possessions» [Xinjiang], et leur départ devait avoir lieu la nuit, en automne 1912, ils passeraient par la porte du nord et puis par la route de Maralbashi. Cette nouvelle avait fait l'objet de maintes discussions dans le bazar toute la journée et il n'était guère probable que les Russes n'en soient pas informés.

Ce soir-là après le dîner, mon mari et son frère se promenaient le long de la route qui longeait le consulat russe, et ils furent surpris de voir l'ensemble du régiment des cosaques monté et prêt à partir. Mon mari s'approcha alors nonchalamment du consul, qui parlait avec le colonel, le complimenta sur la fière allure de ses hommes, et demanda d'un air détaché la raison pour laquelle ils se mettaient en route à une heure si tardive. Le consul lui répondit qu'ils allaient faire quelques manœuvres sur la route de Maralbashi, étant donné qu'ils avaient manqué d'exercice ces derniers jours. Or c'était cette même route que devaient emprunter les troupes chinoises, et quoi de plus probable que les deux régiments, se rencontrant dans l'obscurité, en viennent à se battre?

Mon mari rentra et dépêcha un domestique auprès des Chinois avec un message leur faisant part de sa surprise devant le fait qu'ils déplacent des troupes de nuit, sans en prévenir officiellement les consuls étrangers. De plus les cosaques russes étaient sur la route de Maralbashi en train d'exécuter des manœuvres, et un accident pourrait vite arriver dans l'obscurité!

Très peu de temps après un domestique chinois arriva avec la carte rouge du *Ti-tai*, avec un message selon lequel les plans avaient été modifiés, et que le départ des troupes avait été remis à huit heures du matin, le lendemain, par la porte Est! Puis l'homme continua son chemin, et alla porter le même message aux Russes. Le lendemain matin, les cosaques rentrèrent l'air maussade, ayant passé la nuit à attendre les soldats chinois. Ainsi fut évitée une confrontation.

On apprit par la suite que la révolution qui s'était étendue sur l'ensemble de la Chine avait été fomentée par une gigantesque société secrète qui avait d'innombrables ramifications dans toutes les provinces. Des gens appartenant à tous les rangs de la société, du plus élevé au plus bas, en faisaient partie; et l'on soupçonnait fortement le *Hsie-tai* de Kashgar d'en être membre, ce qui aurait expliqué pourquoi il avait survécu alors que les autres *ambans* étaient mis à mort, et comment il avait pu jouer un rôle important alors que le pays était aux mains des révolutionnaires. L'objectif et le but principal de la société secrète aurait été, apparemment, d'arracher le pouvoir et les possibilités de s'enrichir qui l'accompagnent, à ceux qui le détenaient, et de s'en emparer pour leur propre compte. Peu à peu les choses rentrèrent dans l'ordre. L'ancien régime reprit le pouvoir. Le boucher et le barbier furent décapités, et leurs partisans devinrent de bons citoyens. Mais de nombreux fonctionnaires chinois qui avaient survécu durent payer très chèrement leurs vies, avec l'argent qu'ils avaient extorqué des gens.

Les révolutionnaires avaient mis un point d'honneur à éviter tout incident avec les étrangers, et il n'y eut pratiquement aucune perte à déplorer chez les Russes ou les Anglais de leur fait. La tâche principale de mon mari avait été d'éviter toute confrontation entre les révolutionnaires et les troupes russes, et grâce à l'influence que réussit à exercer auprès du ministère des Affaires étrangères russes, le regretté sir George Buchanan, qui était alors notre ambassadeur à Saint-Pétersbourg, les troupes russes furent retirées après avoir occupé Kashgar pendant près de deux ans.

Lady Macartney, *An English Lady in Chinese Turkestan*, Londres, 1931. Traduit par Wendy Parramore.

CLARMONT PERCIVAL SKRINE

(1922-1924)

Sir Clarmont Skrine[1] *fut consul général britannique à Kashgar de 1922 à 1924, en une de ces rares périodes de paix et de stabilité qu'a connue cette partie de l'Asie centrale. Les récits de Skrine sont parmi les plus détaillés et les plus vivants sur Kashgar. Il ne manque pas d'en vanter les charmes à travers toutes les saisons.*

1. Sur C. P. Skrine, voir notice p. 545.

CHINI-BAGH ET LA VIE A KASHGAR

La première impression que l'on a en arrivant au consulat général est une impression de verdure et de fraîcheur; de citronniers et d'acacias, de peupliers, de platanes et d'arbres fruitiers de toutes sortes; de peupliers hauts et fournis se dressant comme un mur face au soleil, et de peupliers plus minces dont les feuilles sont blanches en dessous et qui frémissent silencieusement à la moindre brise, telles des mains de fées s'agitant en signe d'au revoir; de plusieurs jardins superposés sur trois niveaux différents, avec un verger et une pergola de vigne, et puis un petit pré et un épais fourré de saules pleureurs, puis un étang parsemé de lotus, puis un pavillon décoré dans le plus pur style chinois, le tout se mêlant à des arbres et des myriades de fleurs et de légumes. Quant à la maison elle-même, elle est confortable, surtout après la longue expédition à travers les montagnes et le désert qu'il faut entreprendre pour y arriver. Les chambres sont à vrai dire un peu petites, d'après des critères anglais tout au moins, surtout si on les compare au hall, à la salle à manger et au salon, dont les proportions majestueuses ne manquent pas d'impressionner favorablement les visiteurs russes et chinois quant à la dignité de l'Empire britannique. Le portail imposant, flanqué d'un côté par les quartiers des domestiques et de l'autre par les bureaux administratifs y contribue tout autant.

Cependant le principal titre de gloire du consulat est sans aucun doute sa terrasse au nord-ouest. Ni le chemin d'arrivée ni la façade au sud-est ne donnent la moindre idée du panorama que l'on aperçoit pour la première fois à travers les portes-fenêtres du salon. Quand on arrive sur la longue terrasse, avec son cadran solaire et son parapet de brique séchée, on se retrouve au sommet d'un promontoire escarpé surplombant la vallée large et peu profonde de la rivière Tümen. Immédiatement au-dessous, se trouvent les arbres du jardin inférieur avec son mur; puis une route étroite où défilent toute la journée les paysans en route pour la ville animée ou en revenant; un peu plus loin un champ de melons, ainsi que des rizières bordées de saules, avec à gauche l'empiètement d'une falaise sur laquelle sont juchés quelques maisons et quelques arbres et à l'extrémité de laquelle se trouve un petit sanctuaire en torchis. Puis la rivière au tracé sinueux, dont les eaux en été se gonflent des neiges fondues des Tien-Shan. De l'autre côté de la rivière les rizières continuent, puis des falaises de lœss, aux pieds desquelles viennent se nicher quelques maisons et quelques moulins à eau enfouis dans les saules; plus loin encore, des arbres et des fermes s'étendent jusqu'à l'extrémité septentrionale de l'oasis à huit kilomètres, où contrastant nettement avec le reste du paysage une vaste étendue de désert rocailleux se déploie au pied des monts curieusement plissés des Tien-Shan.

Quel bonheur, cette terrasse! Toutes les chambres donnaient dessus, ou bien sur une petite véranda qui se trouvait juste au-dessus, où je dormais toute l'année sauf par temps très froid. Comme il était agréable, en sirotant son thé matinal, de regarder le soleil se lever sur la vallée et d'écouter les différents bruits du matin qui montaient des champs et des fermes, les sons aigus amortis par la distance; le pépiement des oiseaux, le chant du coq, les femmes qui s'appelaient, le braiement des ânes, le chant des garçonnets, l'aboiement des chiens, le grincement des roues des chariots et, le mercredi, les plaintes mélodieuses des dévotes qui priaient au petit temple de Sultan Buwam près de la rivière; et surtout ce son particulier qui nous semblait contenir en essence tout le charme de Kashgar — la note des cornes des meuniers qui demandaient du grain à moudre. Il s'agit d'une corne de bouc qu'ils utilisent à cet effet, et pour nous les sons agréables qui montaient vers nous des moulins au bord de la rivière la matin étaient comme les «cornes du pays des elfes qui retentit au loin».

Le soir aussi la terrasse était notre coin préféré, lorsque les falaises en face reflétaient les derniers rayons de soleil et que des nuages irisés s'étiraient au-dessus des Tien-Shan au loin; lorsque de la route résonnaient les sabots des chevaux et des ânes et montaient les voix des villageois rentrant du marché, et que l'appel à la prière des mosquées de la ville retentissait dans toute la vallée. Mais si la vue que l'on avait de la terrasse était déjà très étendue, celle que l'on avait du toit de la tour était, ou pouvait être immense. Hélas, un air parfaitement cristallin est rare en Kashgarie à cause de la fine poussière de lœss qui épaissit toujours un peu l'atmosphère; mais il y a deux saisons pendant l'année, le début de l'été et la fin de l'automne, où l'air pouvait être pratiquement cristallin, le matin, et laisser voir nettement les chaînes de montagnes les plus éloignées depuis le sommet de la tour. Et quel panorama alors! tout au moins en novembre lorsque les feuilles des arbres ne nous les masquaient plus en partie. Du sud à l'ouest en passant par le nord-est ils s'étendaient, ces remparts qui isolent Kashgar du reste de l'Asie. En effet au nord les piémonts des Tien-Shan, qui n'étaient pas enneigés, n'étaient guère impressionnants et on n'apercevait qu'ici et là des cimes plus élevées. Mais tout le long de l'horizon au sud-ouest, à cent kilomètres de distance, se dressait un impressionnant rempart de neiges éternelles, aux formes tantôt découpées et irrégulières, tantôt lisses et rondes, dont seuls les sommets les plus élevés venaient rompre la ligne, comme les tourelles de marbre d'une citadelle des dieux. Il s'agissait de la chaîne de Kashgar, cent soixante kilomètres de long et dont les sommets atteignent de dix-huit à vingt-cinq mille pieds de haut, qui isole le plateau majestueux des Pamirs, des déserts et des oasis de la cuvette du Tarim.

Il n'est pas aisé d'analyser la fascination qu'excercent sur nous les cimes élevées vues de loin; tant de choses dépendent des associations que l'on fait. Consciemment ou inconsciemment le grimpeur pense aux arêtes et aux cheminées, aux plaques verglacées qui l'attendent; le naturaliste, le géologue et l'arpenteur, à l'univers neuf et varié qui se déploie devant eux, et le chasseur aux belles têtes qui s'y cachent. Mais personne n'apprécie «les monts» autant que les habitants occidentaux des contrées asiatiques; et je ne parle pas seulement de ceux pour qui ils représentent un contraste agréable après la monotonie accablante des plaines, mais aussi de ceux qui ont connu le désert. Pour ceux qui ont connu les deux, la liberté sans limite des horizons du désert est plus exaltante que les sentiers étroits des montagnes, mais il n'en est pas moins vrai que les sources et les ruisseaux, les bois et les fleurs, les pentes verdoyantes des collines sont d'autant plus appréciés qu'ils s'opposent à des souvenirs d'étendues arides et de lits de rivières desséchés et craquelés par le soleil. Il en était ainsi pour nous, qui avions connu les terres arides du Baloutchistan et du sud-est de la Perse, une grande part de l'attrait de cet horizon de cimes neigeuses était le fait qu'il recelait, en quelque sorte, une promesse de prés fleuris et de verts vallonnements profonds à explorer, de «bois frais et pâturages nouveaux» bien cachés derrière les rochers et les crêtes accidentées.

Mais les séductions du paysage de Kashgar ne sont pas seulement dues à l'éloignement. Le sol est constitué de cet étrange composé que l'on appelle du «lœss», qui n'est rien d'autre qu'une très fine couche de poussière de sable, qui est en suspens dans l'air et qui est disposée en couches stratifiées de diverses épaisseurs. Le lœss a deux caractéristiques: d'une part, sa prodigieuse fertilité, qui est telle qu'il suffit d'y planter un bâton et de l'arroser régulièrement pour le voir devenir un arbre; la seconde étant sa tendance à la stratification verticale plutôt qu'horizontale. La première caractéristique en fait une terre qui se prête admirablement à la culture et dans la mesure où les montagnes environnantes fournissent une irrigation suffisante, la terre est partout cultivée, des saules et des peupliers bordent les canaux d'irrigation et les fermes sont enfouies sous une verdure foisonnante. La seconde donne tout son charme à un paysage aux formes découpées par de nombreuses rivières et des falaises abruptes qui ont rarement plus de trente ou quarante pieds de haut, avec leurs silhouettes ciselées et leur teinte ocre, avec des fermes juchées sur leurs bords et des moulins nichés en contrebas, des arbres et des champs cultivés partout où c'est possible et de la verdure jaillissant du moindre recoin.

Les parties les plus irriguées de l'oasis donnent une impression de paix et de sérénité intemporelles, celle d'une civilisation qui a traversé les siècles sans changer. Il y a peu d'exemples aussi frappants de la vitalité et de la permanence d'une population rurale plongeant ses racines profondément dans la terre, surtout quand cette terre dépend aussi étroitement pour sa culture d'un système élaboré d'irrigation. Sur le plan politique, la Kashgarie a eu une histoire aussi mouvementée que n'importe quel autre pays. Au cours des deux derniers millénaires les Chinois l'ont conquise cinq fois, quatre fois ils en ont été chassés. La durée totale de leur occupation, à ce jour, n'est que d'environ quatre cent vingt-cinq années; le reste du temps la Kashgarie a été la proie d'une succession de peuples conquérants. Tour à tour les Huns, Yüehchich ou Scythes indiens, les Hephthalites ou Huns blancs, les Tibétains, les Turcs Uigurs, les Qara Khitai, les Mongols à l'époque de Genghis khan, les Mongols dzungar et les Turkis des Khanats transcaspiens l'ont conquise et perdue. En dehors de ces bouleversements majeurs, à différentes époques, la guerre civile a fait rage entre les villes importantes, Kashgar, Yarkand, Khotan et Aqsu. Cependant à travers les âges, génération après génération, les paysans ont continué à exploiter les crues d'été descendant des montagnes pour leurs cultures de blé et d'orge, de riz et de millet, de coton, de maïs et de melons alors qu'au-dessus d'eux déferlaient les vagues successives de conquérants. Chaque fois qu'un conquérant ou un tyran s'est montré trop exigeant à l'égard des paysans, sa cupidité a causé sa chute. Un exemple récent vient encore l'illustrer de manière éloquente, il s'agit du cas de Yakub Beg, l'aventurier khokandi qui, après avoir organisé une rébellion réussie contre les Chinois en 1865, régna ensuite sur le pays pendant douze ans dans le plus pur style des despotes chinois. Sous sa férule, selon Stein, la population de certaines oasis diminua de moitié, et la superficie des terres cultivées se réduisit sensiblement. A tel point qu'en 1877, quand les Chinois revinrent en force, ils furent accueillis à bras ouverts par la population et le pouvoir de «l'Émir» autoproclamé s'effondra comme un château de cartes. [...]

KASHGAR, LA SEREINE

Il est vrai qu'en Kashgarie il n'y a pas lieu de parler de progrès moral ou intellectuel. Il n'y a pas d'autres écoles que les écoles coraniques, ou les *mollahs* n'enseignent que l'écriture, la lecture et le Coran. Une censure stricte s'applique à tout ouvrage imprimé traitant de sujets d'actualité, et même toute nouvelle, toute dissémination d'idées ou d'opinions écrites, quelles qu'elles soient, parmi la population chinoise ou musulmane. Évidemment cela peut sembler choquant d'un point de vue idéaliste et démocratique. Mais après tout, si le plus grand bonheur du plus grand nombre demeure encore le *summum bonum* d'une communauté, ce que certains esprits vieux-jeu persistent à croire, alors cela peut se justifier. Quoi qu'il en soit, dans ce monde du vingtième siècle où tout n'est que précipitation et presse à scandale, compétition sans répit et publicité envahissante, l'on me pardonnera d'espérer — égoïstement, sans doute — qu'une partie du monde demeure le plus longtemps possible à l'abri de tout cela et que la population continue à y mener une existence paisible, sereine, simple mais loin d'être inculte, sans voitures ni cinémas, sans journaux ni téléphones, sans radio ni publicité, sans chemin de fer ni route asphaltée; un pays vivant comme au Moyen Age, aux mœurs d'un pittoresque difficilement imaginable — l'arcadie de Cathay. [...]

Quels jours heureux nous passâmes à Chini-Bagh, mais le temps passait trop vite; à peine rentrions-nous d'une excursion que déjà nous nous occupions de la suivante. D'aussi beaux jours impliquent un climat tout aussi exceptionnel; et il faut dire que le climat était tout à fait à la hauteur de sa tâche. Pour ceux qui adorent le soleil, mais qui tiennent à un hiver digne de ce nom, le climat de Kashgar atteint presque la perfection. Pendant toute la durée de notre séjour il n'y eut pas un seul jour sans soleil, ne serait-ce qu'une heure, et quatre jours sur cinq il brillait toute la journée. Certes, il ne brillait pas toujours de tout son éclat, en raison du voile de poussière déjà évoqué, mais il brillait. La pluviométrie moyenne annuelle à Kashgar est d'environ cinq centimètres. Les intempéries et les orages surviennent dans la période qui va de début mars jusqu'à fin juillet, mais sont suffisamment prévisibles pour causer le moins de désagréments possible aux amateurs de «vie au grand air[1]». Le fermier turki apprécie quelques gouttes de pluie au début de l'été, mais pas davantage. Il y a quelques années lors d'une sécheresse, les habitants de Kashgar avaient demandé à un mollah en vogue de prier pour faire venir la pluie. Il s'exécuta avec beaucoup de ferveur, et peu après une pluie torrentielle s'abattait sur les champs, détruisant totalement la récolte. En conséquence, à la demande des Kashgaris, l'*amban* condamna le pauvre mollah à mille coups de fouet! Je me souviens de mon étonnement lorsque, lors d'une des premières averses que nous eûmes à Kashgar je vis par la fenêtre le jardinier se précipitant pour rentrer les géraniums; aux questions qu'on lui fit il répondit, que comme tout le monde le savait fort bien, l'eau de pluie était très mauvaise pour les fleurs et qu'il rentrait les fleurs pour les sauver. Or quand il pleut, il est peu recommandé de sortir avant que le sol ne soit sec car l'argile du lœss devient si glissante qu'il est presque impossible de garder son équilibre. Étant donné le caractère très «continental» du climat — le Turkestan chinois est le pays le plus éloigné de la mer de tous les pays du monde — la moyenne annuelle des températures enregistrées est d'environ 100 degrés Fahrenheit; les températures les plus basses, en janvier, se situent autour de zéro, et la température la plus élevée à l'ombre atteint de

1. En français dans le texte.

103 à 105 degrés. Un autre trait particulier qui découle de cette «continentalité» est le fait qu'avril est un mois bien plus chaud qu'octobre, ce qui n'est pas le cas dans les autres régions du globe.

En hiver le sol gèle jusqu'à un pied et demi de profondeur, et il n'y a plus d'eau dans les canaux d'irrigation entre le quinze novembre et la fin février en raison du gel. Pourtant l'hiver à Kashgar n'a rien de très redoutable. Il est vrai que le ciel est parfois voilé d'une fine poussière et que pendant quelques jours le thermomètre ne remonte pas au-dessus de zéro. Mais la plupart du temps le soleil brille, et quant au vent, cette terreur des pays froids, il n'y en eut pas qui mérite que l'on s'y attache. Protégée sur trois côtés par de majestueuses chaînes de montagnes, Kashgar a la chance d'être à l'abri du vent en hiver, ce qui, en dépit du gel prolongé, rend le froid plus supportable. De grandes flambées dans la cheminée le soir venu contribuaient aussi au bien-être. En effet une des premières choses que l'on fit en arrivant au consulat fut d'installer des cheminées à l'anglaise, à la place des sinistres poêles russes qui s'y trouvaient: de massifs cylindres d'un noir brillant, comme des cheminées de locomotive géante, qui défiguraient la pièce et chauffaient ou trop ou pas assez. En général il y a une ou deux petites chutes de neige pendant l'hiver, mais la neige ne tient pas longtemps au soleil, sauf lorsqu'il y a une couche de glace en dessous. Au printemps et au début de l'été il y a quelques orages, soit des tourbillons de poussière, soit de la pluie, soit les deux à la fois et cela vient varier agréablement un ensoleillement monotone, sans oublier la limpidité exquise de l'air après. Vers juillet ou août, le climat peut devenir, pendant de courtes périodes, assez désagréablement étouffant d'après nos critères européens, mais pas d'après des critères indiens; les *punkahs* (ventilateurs) sont inconnus ici, j'avoue que parfois je n'aurais pas été mécontent d'en avoir un. Les nuits sont rarement d'une chaleur oppressante, sauf exceptionnellement juste avant un orage. Un autre inconvénient de l'été à Kashgar ce sont les insectes. Les moustiques et les phlébotomes sont pénibles, mais ce n'est toutefois pas comparable avec l'état des choses dans les plaines indiennes; les nôtres sont plus petits et moins résistants que dans l'Hindustan, et on se tire d'affaire avec un mélange d'huile de citronnelle et de pétrole. La nuit il vaut mieux se munir d'une moustiquaire en mousseline, à moins de dormir en plein air et loin des murs.

L'on aurait pu s'attendre à ce que les villes du Turkestan chinois, où les conceptions d'hygiène et de santé sont des plus frustes, soient de véritables foyers de maladies et qu'elles soient régulièrement balayées par des épidémies de toutes sortes. En particulier l'on pourrait croire que les villes qui dépendent pour leur approvisionnement en eau de petites rivières, de canaux et d'étangs, serait la cible privilégiée du fléau du choléra, comme c'est le cas dans l'est de la Perse et en Afghanistan où règnent des conditions similaires. Or, et c'est là un fait remarquable, le choléra, le typhus et la peste demeurent inconnus ici, bien qu'ils ressurgissent régulièrement à Ferghana et Boukhara, immédiatement à l'ouest d'ici. Plus étonnant encore, alors qu'il y a en abondance des chiens domestiques et des chiens errants, et bien que parfois ils deviennent fous et se mettent à mordre, on n'a jamais vu de cas d'hydrophobie, alors qu'elle est relativement courante du côté russe des Tien Shan. Les seules maladies infectieuses graves que l'on trouve ici sont la typhoïde et la variole, qui semblent endémiques; cependant dans les deux cas, le taux de mortalité n'est pas très élevé, malgré le manque de médecins formés en Europe et d'hôpitaux, et les Européens n'y sont pas vraiment exposés. La seule maladie qui semble atteindre un certain nombre d'Européens est une forme relativement bénigne de malaria qui prévaut dans les régions où la riziculture est importante. Dans l'ensemble, on peut dire que la Kashgarie est un des pays les plus sains d'Asie. Tout au moins, telle fut notre expérience, car à l'exception d'un seul refroidissement qui alita D. pendant une semaine ou deux lors du premier mois de septembre là-bas, nous ne connûmes ni l'un ni l'autre un seul jour de maladie pendant la totalité de notre séjour dans le Turkestan chinois. [...]

Le début de l'été est à Kashgar une saison de matins cristallins et de midis au ciel d'un bleu indigo tacheté par des flottilles de nuages nacrés. Mais il ne faut pas croire que le climat est d'une perfection monotone. Toutes les deux semaines environ l'atmosphère s'épaissit et la chaleur devient plus étouffante, ce qui annonce un *buran* ou un tourbillon de poussière, et de la pluie. Comparés à ceux du sud de la Perse ou du nord de l'Inde, ces *burans* ne sont pas très redoutables, plus à l'est, aux bords du Takla-Makan, ils peuvent devenir plus impressionnants. D'abord un vent qui se lève, un ciel beige, la sensation d'une fine poussière de lœss qui s'infiltre dans les yeux et crisse sous la dent; ceci pendant des heures, parfois une journée entière, puis on entend le martèlement et la rumeur d'une pluie tiède qui ne dure qu'une ou deux heures, laissant derrière elle l'air limpide et frais, le jardin odorant et le paysage haut en couleurs. La couleur — voilà la note dominante de l'été à Kashgar. Si la Nature offre une riche mosaïque d'émeraude, de turquoise et d'ocre, l'Homme n'est pas en reste, et se pare de toutes les couleurs de l'arc-en-ciel. Habitué au blanc défraîchi ou au gris poussière des vêtements de l'Inde du Nord et du Baluchistan, au carmin efficace mais monotone des femmes du Rajputana[1] et de l'Inde centrale, du blanc étincelant ou du noir charbon de leurs sœurs en Perse et en Mésopotamie, j'ignorai ce que pouvait être « la splendeur

1. L'actuel Rajasthan.

orientale» avant de voir les bazars à Kashgar par un matin d'été. La fête de l'Aid Seghir qui termine le jeûne du Ramadan tombait en mai lors de notre première année à Kashgar. A cette occasion tous ceux qui le peuvent, hommes, femmes et enfants, revêtent des vêtements neufs — et c'est à la portée de presque tout le monde, étant donné que les soies teintes de Khotan sont extrêmement bon marché et que même les produits de meilleure qualité de Ferghana et Boukhara sont loin d'être onéreux. Les voiles chatoyants, les robes et les chapeaux ronds des femmes viennent se mêler aux longs *chapans* rayés violet, vert et jaune que portent leurs maris. Mais le tableau le plus beau est celui offert par les joyeuses bandes de fillettes qui vont par les rues en se tenant par la main, vêtues de cotonnades et de soieries de toutes les couleurs de l'arc-en-ciel, leurs chevelures parées des roses rouges qu'on leur lance depuis les étalages des fleuristes. Il est vrai que les couleurs sont parfois très crues, le vert et le jaune, le magenta et le vermillon, le mauve et le bleu paon; mais curieusement même les contrastes les plus criards parvenaient à s'harmoniser sous le ciel bleu et par rapport aux teintes chaudes des maisons en bois et des falaises de lœss à l'arrière-plan. Parmi un grand nombre d'images frappantes, il en est une qui se détache plus particulièrement dans mes souvenirs. Il s'agit d'un majestueux coucher de soleil sur les Tien-Shan, baignant d'une lumière dorée les fermes et les feuillages; sur le pas de la porte d'une ferme où a eu lieu une fête, un groupe de femmes est resté à bavarder un moment avant de se quitter; leurs voiles, leurs robes et leurs calots forment une magnifique composition d'orange, de bordeaux, de vert pomme, de rose vif, de violet, d'indigo et de jaune citron, l'ensemble étant encore enrichi et nuancé par la lumière dorée; au-delà, les longues murailles brunes du vieux Kashgar.

Sir Clarmont Percival Skrine, *Chinese Central Asia*, Londres, Methuen and Co Ltd, 1926. Traduit par Wendy Parramore.

PETER FLEMING

(1935)

Pour Peter Fleming et Ella Maillart[1] *l'arrivée à «Kashgar-Les-Bains» est le retour à la civilisation. Avec verve et ironie, ils notent les délices du confort et les potins de la ville*

1. Sur P. Fleming et sur E. Maillart, voir notices p. 548 et 461.

KASHGAR-LES-BAINS

Kashgar, qui se trouve à cinq ou six semaines de voyage de l'Inde, à travers des cols de 5 000 mètres, doit sembler à la plupart des gens un lieu perdu et barbare; mais pour nous, son nom exotique était synonyme de civilisation.

Les transports d'enthousiasme qui marquèrent notre arrivée furent sans pareils. Découvrir est agréable, mais redécouvrir l'est bien plus; il est difficile d'apprécier un bain plus que nous le fîmes; nous n'en vaions plus pris depuis cinq mois et demi. Généralement (ce devait être notre cas aux Indes), le retour de la vie primitive à la vie civilisée se fait par étapes, par des transitions progressives et non par un passage brutal d'un mode d'existence à un autre. Les dernières journées émoussent le contraste; tant de commodités secondaires, mais non sans valeur, reparaissent avant l'arrivée au but, qu'on ne parvient guère à conserver le souvenir de l'impression produite par la privation de tous les agréments dont on bénéficie à nouveau.

Mais il n'en fut pas ainsi pour nous au terme du chemin du désert. Un soir nous dormions sur le sol, nous buvions du thé dans des gobelets, nous mangions du pain grossier, nous étions aux prises avec les autorités, nous provoquions des regards curieux, nous redoutions la chaleur du lendemain; vingt-quatre heures plus tard, nous étions assis dans des fauteuils confortables, pourvus de boissons fraîches, de journaux illustrés, tandis qu'un grammophone jouait et que tous soucis, toutes privations, étaient bannis de notre horizon. L'aventure était divine. Les plus minces accessoires de la vie civilisée se paraient d'un air étrange et charmant de nouveauté. Le fait, par exemple, de s'asseoir devant une table pour manger semblait à la fois comique et agréable, et les domestiques qui passaient les plats avaient quelque chose de la magie des «djinns». Quant à dormir dans un lit, c'était là aussi une coutume excentrique et distrayante; en fait, cela semblait si bizarre que la première nuit je n'en dormis presque pas.

Notre séjour à Kashgar dura une quinzaine; nous menions une vie de château dans un décor délicieusement exotique, agrémentée dans la première manière de John Buchan, de mélodrame international. Arthur Barlow, le vice-consul, m'avait vu à l'œuvre plus d'une fois à Oxford, mais il était de nature indulgente et prêt à oublier le passé. Il fut extraordinairement aimable envers nous, et lorsque, quelques jours après notre arrivée, le colonel et Mrs Thomson-Glover revinrent des collines, je reconnus que je n'avais jamais abusé d'une ·meilleure hospitalité. Le Consulat se composait d'une agréable maison et d'un ravissant jardin, situés sur une petite éminence en dehors de la ville. De la terrasse, la vue s'étendait à travers la vallée verte et bigarrée d'une petite rivière, vers les montagnes trop rarement visibles.

C'est sur cette terrasse que Mrs Thomson-Glover avait été atteinte d'un coup de feu l'année précédente. Elle observait, avec d'autres personnes, les troupes tounganes poursuivant de près une racaille de Turkmènes-Kirghizes qui venaient d'être délogés de leur domination éphémère dans la Vieille Cité. Les soldats se ruaient à travers la vallée dominée par le Consulat, lorsque l'un d'eux s'agenouilla et ouvrit le feu sur le groupe des Blancs. Il était à une distance de trois cent cinquante mètres, et d'après le niveau habituel de l'aptitude au tir des Chinois, le groupe ne courait pas un grand danger. Mais l'homme se trouvait être un tireur adroit, ou tout au moins chanceux, et Mrs Thomson-Glover, nature particulièrement indomptable, qui n'avait guère pris la peine de se mettre à couvert, eut l'épaule traversée d'une balle. La ville fut toute la nuit en effervescence, il y eut des scènes tragiques devant les grilles du Consulat; des remparts de la citadelle qui le dominaient, les balles se perdaient par intermittence dans le parc. Parmi les victimes du personnel consulaire se trouvait le docteur, qui reçut des blessures dont il mourut ultérieurement. Il semblait clair que les chefs tounganes n'étaient aucunement responsables de cet affront; il est probable qu'il avait été fomenté par des émissaires de la Province, qui avaient le plus de raisons d'en vouloir aux Anglais.

A Kashgar, nous nous abandonnions sans honte à une vie paresseuse, mangeant, dormant, jouant et posant interminablement des questions à nos hôtes résignés. La ville est, non sans raison, très sujette à la fièvre d'espionnage, et le soir de notre arrivée, les rumeurs du bazar rapportaient qu'un agent britannique accompagné d'un Russe blanc déguisé en femme était arrivé de Khotan. Le coup était dur pour Kini, mais le lendemain soir, nous jouions tous deux au football avec la garde des Hounzas du Consulat, si bien que ce bruit eut une existence moins éphémère que de coutume.

La colonie étrangère à Kashgar est très réduite, et pendant notre séjour, les missionnaires suédois qui, avec le personnel consulaire anglais, composent l'essentiel de l'élément non russe, se trouvaient absents dans les collines. Les Russes formaient un milieu mélangé, difficile à évaluer. Leur consulat était très important et comprenait une agence commerciale dotée de nombreux employés. Nous nous y rendions souvent, Kini et moi, pour nous baigner dans leur piscine. Ils se montraient toujours très aimables envers nous, mais nous avions l'impression de les déconcerter.

Les Russes ont entretenu pendant longtemps, à mon égard, des idées bizarres et romantiques. Un jour, en sibérie, à l'aide de beaucoup de vodka, je découvris en partie ce que contenait mon «dossier» de la Guepeou: «Ce jeune homme est un écrivain en faveur auprès de l'aristocratie anglaise, et a servi comme volontaire dans l'armée japonaise.» La presse soviétique, tout aussi flatteuse, et tout aussi inexacte, me traite généralement de «vétéran journaliste». Mais ce qui me mit en joie, ce fut la série de trois articles que le *Daily Worker* publia sur moi à mon retour, attaquant ce que j'avais écrit dans le *Times* sur la politique en Asie centrale, et exposant «les motifs véritables» de mon voyage. Je ne pus jamais tirer complètement au clair quels furent ces motifs, car les articles n'étaient pas très bons; de plus, le nombre des lecteurs du *Daily Worker* au courant de mon exposé dans le *Times* devant être infime, cette publication était dépourvue de toute portée en matière de journalisme. Mais elle avait démasqué en moi un agent louche (quoique balourd) des intrigues impérialistes, une sorte de Lawrence véreux, et je ne pouvais me défendre d'éprouver du plaisir à être pris tellement au sérieux.

Nous menions à Kashgar une vie très agréable. Dans la soirée, nous jouions au tennis avec les Russes, ou bien au football, ou au volley-ball avec la garde hounza, forte de quinze hommes. Ceux-ci — de grands et vigoureux montagnards des hautes régions de la route de Gilgit — formaient un détachement de la Compagnie hounza des Scouts de Gilgit, et portaient sur leurs képis une tête de bouquetin en argent, insigne de ce régiment romantique; c'étaient de grands enfants charmants, et nous nous étions pris d'amitié pour eux. Deux fois par semaine il y avait séance de polo, organisée et dirigée avec brio — malgré sa blessure — par Mrs Thomson-Glover, et les Hounzas, dont c'est le jeu national, s'y distinguaient par leur extrême ardeur. En plus des poneys, le Consulat était abondamment pourvu d'un grand nombre d'animaux variés: chiens, pigeons, canards sauvages, un jeune chameau et un aigle acheté à un fauconnier kirghize. Il y avait aussi une bibliothèque honorable. Le séjour, dans cette maison, était vraiment délicieux.

Une bonne partie de notre temps se passa en visites officielles. J'en garde un souvenir confus. Toute la ville, en fait, était sous la coupe de la police secrète, des conseillers russes et du Consulat soviétique, et la plupart des hauts fonctionnaires n'étaient que des effigies décoratives. [...]

Les entrevues officielles mises à part, la ville offrait peu de distractions, et nous n'en avions d'ailleurs pas besoin. Naturellement, il y avait toujours la ressource du bazar. Les marchandises, l'architecture, l'atmosphère étaient semblables à celles de Yarkand, Khotan, Keriya; mais la foule était différente par certaines nuances. Les Kirghizes aux yeux bridés, les Tadjiks barbus des collines circulaient avec un soupçon de crânerie parmi les Turkmènes volontairement plus effacés. Ici et là, la raideur d'un voile noir en crins de cheval, les rayures vives d'une robe, trahissaient une femme d'Andijan ou de Samarkand. A l'occasion, un camion russe d'Ouroumchi survenait et dispersait les groupes de philosophes réunis sur l'esplanade déserte, devant la mosquée principale. Plus rarement encore, un «conseiller» russe — admirablement monté, costumé en trappeur mais ne portant pas l'uniforme — descendait la rue au trot; le renflement de sa poche, son regard pénétrant mais furtif, son air d'insidieuse importance se conformaient magnifiquement aux règles d'un mélodrame discret. En résumé, on se sentait au terme du désert mort, qui avait absorbé — apparemment sans les avoir digérées — les avant-gardes de plus d'une civilisation; on sentait la proximité d'une autre puissance, d'autres races qui veillaient au-delà de la brume poussiéreuse et des montagnes.

Mais le cadre était familier, même si les acteurs et leur jeu faisaient preuve de plus de variété et de profondeur qu'auparavant. Des murs de la ville, on ne voyait qu'un amas de toits plats faits de boue, interrompus çà et là par les corniches recourbées et décorées de démons d'un yamen ou d'un temple. A travers les rues poussiéreuses et ensoleillées trottaient des ânes, fidèles à leur allure si caractéristique, chargés de blocs grisâtres de sel ou de paquets de fourrage et de combustible. Les mêmes piles de pain, de légumes et de fruits, dans les boutiques en plein vent, attiraient les mouches universelles mais déjà moins envahissantes. Le même sucre russe, le même parfum russe, les mêmes cigarettes et allumettes russes prédominaient toujours parmi les denrées étalées par des marchands plus ambitieux. Des files de chameaux arpentaient la ville, allant porter vers l'ouest — au rythme de leur célèbre démarche balancée — des ballots de laine et d'autres marchandises à travers les défilés qui mènent à la tête de ligne russe d'Osh, dans l'Andijan. Mais on percevait ici une différence; les longes n'étaient plus fixées à des chevilles de bois mais à des licols brillamment ornés. Ce petit détail, plus que tout autre, nous rappelait que nous avoisinions une frontière de races.

DES AILES AU-DESSUS DU TURKESTAN

Il n'y eut qu'un incident notoire durant notre séjour: l'arrivée de deux avions soviétiques venant de Tachkent. Peu avant notre passage, une épidémie de peste pulmonaire s'était déclarée dans l'oasis; on supposait que la maladie avait pris naissance parmi les marmottes, dans les défilés de la frontière soviétique. Les deux consulats avaient mis leurs docteurs à la disposition des autorités municipales, et tous deux avaient envoyé chercher du sérum contre la peste.

Il me faut ici faire une digression, pour décrire un ornement particulièrement amusant du décor de Kashgar. Il s'agit du poste de transmission de T.S.F. du consulat soviétique. Son existence était un secret jalousement gardé, mais connu de toute la Province. Les Russes dissimulaient sa présence ou s'efforçaient de la cacher, car ils n'avaient pu obtenir du gouvernement de Nankin l'autorisation nécessaire, et n'avaient par conséquent aucun droit de le posséder en ces lieux. Toute la situation était fausse, et son côté divertissant se manifestait au maximum lorsque les Anglais se trouvaient en présence des Russes. Les Britanniques recevaient leurs nouvelles du monde extérieur par le courrier du Transhimalaya; les plus récentes étaient les courts Bulletins Reuter parvenus par le terminus de la ligne indienne de télégraphe à Misgar; les Russes, par contre, avaient les journaux de Moscou, qui ne dataient que d'une quinzaine et parfois moins. Bien qu'il fallût par politesse ignorer l'existence de la T.S.F., il était légitime d'admettre qu'ils étaient mieux informés que les Anglais. Aussi leur demandions-nous toujours des nouvelles; il était dramatique de voir alors leurs visages s'assombrir sous l'effet de la concentration, leurs doigts comptant inconsciemment les jours écoulés, tandis qu'ils faisaient un tri entre les informations recueillies par trop récemment et celles qu'avaient apportées les journaux datant de quinze jours.

Je ne sais si, dans ces circonstances, ils se permirent l'indiscrétion de demander le sérum par T.S.F. à Moscou; mais leur provision était attendue bien avant celle des Anglais qui, même si elle était venue par avion à Gilgit, avait encore à subir un minimum de quinze jours par courrier à pied jusqu'à Kashgar. On apprit en outre que le sérum russe viendrait entièrement par la voie de l'air. (La barrière montagneuse à la frontière soviétique est beaucoup moins élevée et plus étroite que celle des Indes; faute de terrain d'atterrissage entre Gilgit et Kashgar, un semblable vol par-dessus l'Himalaya ne pourrait être entrepris qu'au prix de grands risques.)

Pourtant les jours passaient et le sérum russe était toujours en route. L'épidémie de peste réprimée par les docteurs des consulats tirait à sa fin quand les avions soviétiques arrivèrent, devançant de quarante-huit heures seulement le courrier à pied porteur du sérum des Indes.

La rumeur prétendait que trois avions avaient pris l'air, mais que deux seulement avaient atterri à Kashgar. Ils tournèrent longuement au-dessus de la ville étonnée, curieuse nouveauté argentée se détachant sur l'azur immuable — présage peut-être prophétique dans le ciel de l'Asie centrale. Un fonctionnaire important prit la peine de nous assurer qu'ils venaient d'Ouroumchi, exemple typique de la grossière mauvaise foi des cercles officiels du Sinkiang, qui mettent une hâte maladive à nier tout symptôme d'influence soviétique dans les parages. Le Consulat des Soviets quant à lui ne chercha pas à dissimuler le fait que les avions arrivaient de Russie, comme c'était d'ailleurs parfaitement leur droit.

En plus du vaccin, ils amenaient deux médecins et une doctoresse. Un banquet fut offert par les autorités lors de notre dernière soirée à Kashgar, en partie en leur honneur, en partie pour nous. Les invitations étaient pour sept heures, mais le groupe du Consulat britannique, qui fit son entrée à huit heures et demie, était parmi les premiers arrivants. Les tables étaient dressées dans un pavillon couvert de verdure ayant appartenu à un riche Turkmène qui, comme beaucoup d'autres de sa sorte, avait disparu de la société de Kashgar et probablement de ce monde.

En descendant de voiture, nous découvrîmes que les musiques de la garnison étaient alignées le long de l'allée conduisant au portail. Les musiciens n'étaient ni nombreux ni bien équipés, mais lors de notre passage dans leurs rangs, ils émirent à bout portant une explosion d'harmonie qui nous fit presque sauter la tête. Le jardin, comme nous l'atteignions, se révéla, malgré ses lanternes, d'aspect plus martial que mondain. On ne sait jamais ce qui peut arriver lors d'un banquet à Kashgar, et chacun de nos hôtes officiels avait prudemment amené sa garde du corps personnelle. Des soldats turkmènes et chinois erraient partout, les fusils à répétition, les sabres d'exécution étaient mis bien en évidence, et les pistolets Mauser des serviteurs heurtaient le dossier de nos chaises de façon sinistre, tandis qu'ils se penchaient par-dessus nous pour passer les plats.

Le repas était préparé à la mode européenne, et la vieille coutume anglaise de servir la bénédictine avec le potage fut scrupuleusement observée. Il y avait aussi du cognac du Caucase, mais Kini et moi eûmes le bon esprit de nous saisir d'une vodka colorée (étiquetée, pour une cause inconnue, «English Bitters»), et de nous en tenir à cette boisson honnête et pure. Le commandant des troupes turkmènes s'abstenait naturellement de tout alcool, mais les autres étaient loin de suivre son exemple, et au moment de passer aux discours, l'atmosphère était lourde de bienveillance.

Presque chacun fit un discours, mais celui que je préférai fut prononcé par le général Liu Pin. Il s'exprima d'un air agressif, dans un chinois rauque, et quoiqu'il marquât une pause de temps à autre, pour permettre aux nombreux interprètes de traduire ses réflexions en anglais, en turkmène, en russse, elle n'était jamais de longue durée. Mais les interprètes ne lâchaient pas prise, si bien que quatre discours se déroulèrent bientôt simultanément en quatre langues et à un rythme fiévreux. Le général Liu, vêtu d'un costume vert dont la vareuse à col ouvert se complétait par un ceinturon, et dont la ressemblance avec un étudiant des Beaux-Arts enrôlé dans quelque chœur d'opéra n'était compromise que par l'énorme pistolet automatique suspendu à sa hanche, exposa avec complaisance l'état paisible et prospère de la Province, remercia les deux consulats pour l'aide apportée à combattre la peste et termina par une péroraison sur Kini et moi. Il fit l'éloge de la Société des Nations (on savait que Kini venait de Genève) et du Journal-Pour-l'Entendement-Éclairé-du-Lettré avec une chaleur qui aurait semblé excessive, même à leurs plus fervents admirateurs, si le général n'avait achevé son allocution en avouant de façon désarmante qu'il ne gardait pas le moindre souvenir des paroles qu'il venait de prononcer ni des raisons qui l'avaient poussé à les prononcer. Sur ce, au cri de «Y.M.C.A.!» il se mit à danser d'une manière incertaine, mais avec une grande vigueur, et Kini se laissa bientôt entraîner à se joindre à cette exhibition improvisée. Personne ne fut assassiné.

Peter Fleming, *Courrier de Tartarie*, traduction de S. et T. Bourgeois, Paris, éd. Phébus, 1989.

ANNE PHILIPE
(1948)

Pour Anne Philipe, au terme de sa traversée en camion de la ligne des oasis, depuis Ürümqi, et avant de traverser le Karakoram avec une caravane, Kachgar est inoubliable. Elle ne le doit ni à sa beauté ni à sa richesse, mais à un charme plus secret qu'Anne Philipe nous fait partager.

Peu après, et pour plusieurs décennies, Kachgar redeviendra une ville inaccessible. Déjà, en 1948, bien des choses commencent à changer. Chini-Bagh est devenu consulat pakistanais.

KACHGAR

Kachgar (altitude: 1300 mètres), «La belle oasis du sud-ouest», «le Joyau», «le Paradis du désert». Je me souviens du Musulman évoquant la douceur de ses printemps, la saveur de ses fruits, la beauté de ses fleurs. J'entends encore sa voix prononçant «Kachgar» comme on prononce le nom de l'être aimé. Amoureusement, respectueusement. Mais on peut voir Kachgar avec d'autres yeux! Filippo de Filippi par exemple ne cache pas sa déception: «Comment est-il possible que ces maisons de boue adossées les unes aux autres sans laisser d'espaces pour les ruelles ou les rues, que ces gens médiocres, représentent ce qui reste d'une région légendaire qui fut le centre le plus renommé du grand continent euro-asiatique, théâtre de luttes séculaires entre les diverses races de migrations de peuples entiers qui transportaient des éléments des civilisations bouddhiste, chrétienne et musulmane.» Et Filippi explique ainsi la déchéance de Kachgar : «C'est le changement du climat, la sécheresse progressive, qui transforma en désert la vaste plaine, riche de villages et de cités aujourd'hui ensevelies sous les sables, où sévissaient les luttes féroces entre les Iraniens et les

Touraniens qui provoquèrent la destruction de l'irrigation, l'invasion par les sables des canaux et la dispersion de l'eau précieuse dans la plaine.»

Le Kachgar que je découvre chaque jour m'apparaît auréolé d'une sorte de tendresse. Peut-être est-elle avant tout visuelle? Le bleu très pâle du ciel, l'argent des feuillages, la couleur sable des sentiers, des rues et des maisons se mêlent jusqu'à presque se confondre à certaines heures du jour. Nulle luxuriance. Ce n'est pas la croissance désordonnée, profuse, d'une terre débordante de richesse. Les arbres y sont comptés. La fertilité y est œuvre de l'homme.

La ville habituellement calme s'énerve le jeudi. Ce jour-là, le jour du bazaar, la grande place de la mosquée, asymétrique et nue, prend un air de fête. Au petit matin, les marchands s'y installent. Dès neuf heures, la foule se presse coude à coude, se compresse et se bouscule lorsqu'une file d'ânes ou de chameaux se faufile parmi elle. Fruits et légumes, cotonnades et soieries, épices et farines, peaux de moutons, selles et harnachements de cheval, parures, poules et brebis, sacs de toiles ou de laine, thé, riz, allumettes, ferrailles; tout s'achète, se marchande ou se convoite. Rares sont les couples. Les femmes, monstrueusement déguisées sous leur bourka[1], s'arrêtent, repartent, discutent, papotent, tours ambulantes et aveugles. Tours d'ivoire aussi car le bourka doit rendre étrangère au monde, à tout désir d'apprendre ou de connaître.

Les cercles se forment autour du conteur et du joueur de luth. Les enfants et les vieillards sont les spectateurs les plus ardents. Pieds nus, vêtus de haillons, mais coiffés d'une belle toque brodée, ils écoutent pendant des heures, visages attentifs et prompts à l'émotion, le récit passionnant ou la mélodie qui toujours se répète. Nul Chinois, sauf quelques agents de police.

Parfois, un homme ou une femme, étrangers à la ville, cherchent le repos loin du bruit, dans une rue déserte, telle cette jeune mère kirghize profondément endormie, serrant son bébé contre elle tandis que l'âne les veille tous deux.

Non loin du conteur, à la gauche de la mosquée, se tiennent les restaurants ambulants. Ils sont là pendant toute la semaine, mais le jour du bazaar on fait la queue pour déguster les succulents kébabs, brûlants, croustillants, épicés à point; le lait caillé rafraîchi avec de la glace pilée; les longues tranches de pastèques qui désaltèrent mieux que tout au monde.

A deux pas de la mosquée s'ouvre le jardin public. Un chemin, planté d'une double rangée de peupliers, en fait le tour. Le calme y règne: pépiement de moineaux — les mêmes que ceux de Paris —

1. Costume porté par les femmes pour sortir et qui les dissimule totalement de la tête aux pieds.

roucoulement de colombes, croassement de corbeaux, battement d'ailes autour des nids. Des hommes flânent, bavardent, dorment à l'ombre des arbres ou se font masser tout habillés.

Dès le crépuscule, chacun retourne chez soi. Les routes s'encombrent de petites caravanes d'ânes. Lourdement chargés, l'air appliqué et sage, ils trottinent dans un nuage de poussière. Les voitures à cheval ressemblent à des jouets d'enfants : capotes arrondies et pimpantes en tissus de couleurs éclatantes, harnachements de cuir où le bleu et le rouge dominent. De longues files de chameaux quittent la ville.

Le lendemain, Kachgar retrouve son calme. La place de la mosquée à nouveau déserte abrite les petits restaurants et le marchand de selles et de ferrailles. Seules, les rues qui y aboutissent gardent leur animation. Chacune d'elles vend sa spécialité: rue des ferrailles, etc. Les boutiques ne sont guère plus grandes qu'une armoire. Devant chacune d'elles, le marchand, abrité du soleil par un auvent de toile, attend le client en sommeillant ou en bavardant avec ses collègues.

Aux deux extrémités du jardin public, les élèves suivent les classes en plein air. Les garçons d'un côté, les filles de l'autre. Celles-ci, presque toutes habillées de robes rouges et les cheveux séparés en petites nattes, plongent le nez dans leur livre, tandis que leurs yeux furètent à droite et à gauche, à la recherche de distractions possibles. Je garde un souvenir heureux de ce parc apaisant où s'unissent les voix d'enfants et les chants d'oiseaux.

Cependant, je n'avais pas encore trouvé ce qui rend Kachgar inoubliable et qui ne tient ni à sa beauté ni à sa richesse. C'est un charme plus secret. Je l'ai découvert peu à peu. La première fois, en regardant charger une caravane dans la cour d'une ferme et les hommes se dire adieu gravement. Une autre fois, en croisant une caravane sur la route: les hommes et les bêtes d'une maigreur inhabituelle semblaient à bout de force et avançaient comme des somnambules. J'ai senti l'air du grand large. Marin et caravanier ont le même regard: ils connaissent les mêmes espaces infinis, l'effort journalier et continu dans la solitude, la lutte de chaque instant pour la vie. Les caravaniers d'aujourd'hui assument la relève de ceux d'il y a deux mille ans: même ténacité. Kachgar, l'oasis des grands départs et des grands retours, a mis des siècles à mériter sa beauté.

Dans quelques jours, notre tour viendra de partir et alors seulement je sentirai que le voyage commence.

Eric Shipton, le consul anglais, nous a accueillis chez lui pour la durée de notre séjour. Etre dans une maison me semble merveilleux. Celle-ci est aimable et familière entre toutes. Kachgar nous entoure et non pas les murs d'une enceinte militaire, prisonniers eux-mêmes dans les murailles de la ville chinoise. Les autorités militaires se sont inclinées avec gentillesse devant notre désir d'accepter l'hospitalité de

Shipton. Je me souviens de notre premier réveil dans Kachgar. Arrivés dans la nuit, nous nous étions installés dans cette caserne en apparence déserte. Dès l'aurore, un bruit de fanfare nous réveilla. Les clairons sonnaient l'appel. Aussitôt, des soldats envahirent notre pièce, allant et venant, ouvrant les placards et les fenêtres, parlant à voix haute. Ni aimables ni grossiers. Ils ignoraient notre présence. Nous n'existions pas.

A neuf heures tapant, on frappait à la porte: une ordonnance venait nous prévenir que les autorités militaires nous attendaient à la «Maison militaire des invités du gouvernement». La courtoisie demandait que nous ne les fassions pas attendre et que nous nous présentions dans une tenue convenable. Longtemps, nous avons secoué nos vêtements, tellement imprégnés de poussière qu'ils en avaient changé de couleur. Impalpable comme une poudre de riz, elle s'était infiltrée jusqu'au fond de nos cantines, incrustée dans notre peau et dans nos cheveux.

A la Maison militaire des invités du gouvernement, le général Lu nous avait reçus. Il nous avait fait visiter les deux chambres qui nous étaient réservées tout en s'excusant, ainsi que l'exige la politesse, qu'elles soient si inconfortables et si laides. Elles appartenaient à la même famille que celles d'Ouroumchi et de Koutcha : des lits, une table, un grand poêle russe. Rien n'y manquait, ni l'odeur un peu rance ni les verres de thé encore fumant qu'un domestique avait sans doute déposés un peu avant notre arrivée.

C'est ce jour-là que nous étions allés saluer Eric Shipton et qu'il nous avait proposé d'habiter chez lui.

Shipton vit ici depuis plusieurs années. Ce grand alpiniste — un des plus grands du monde — représente, depuis cette année, non plus l'Angleterre, mais, avec l'assentiment de celle-ci bien entendu, le jeune Pakistan.

Charmant, avec un air rêveur, il parle rarement de ses grandes ascensions. Quand il y fait allusion, on a peine à croire, tant sa modestie est grande, que l'on se trouve en face d'un des rares hommes qui aient affronté l'Everest.

C'est le temps du repos et des vacances. Je retrouve les plaisirs oubliés : boire du thé exquis et dévorer des toasts chauds en regardant une pelouse bien ordonnée, savourer les délices d'un vrai bain, bouquiner dans le grand *living room*, devant la cheminée sans feu, au fond d'un fauteuil confortable. Certains jours, nous fouillons Kachgar avec avidité; d'autres fois, nous partons à cheval, découvrir les champs et les fermes qui prolongent la ville. Wahid est un peu étonné et désorienté par cette vie qu'il côtoie sans doute pour la première fois.

— La façon de vivre occidentale est tout à fait différente de la nôtre. J'ai vu une auto pour la première fois quand j'avais seize ans. Avant j'en avais entendu parler; je les appelais des maisons roulantes.

Je n'aime pas sentir Wahid empêtré dans ses complexes. Je regarde son air contraint dans son costume occidental. Sa cravate l'occupe, ses souliers étroits le gênent. Et dès qu'il sort, il porte un chapeau de feutre et des lunettes noires qu'il ne quitte jamais. Je pense au Wahid triomphant, passant sur son cheval, rapide comme une flèche, dans la plaine près de Karachar en hurlant: «*I am speaking horse language.*»

Chaque matin, Shipton part à son travail. Il nous laisse en liberté, seuls, délicieusement désœuvrés. Il pousse l'art de l'hospitalité jusqu'à donner l'impression qu'il ne s'occupe pas de nous alors que tout est réglé pour notre confort et notre bien-être. Ce n'est pas tout. Shipton s'occupe aussi de l'organisation de notre voyage et nul ne pourrait mieux le faire. Il connaît aussi bien les caravaniers que les différents itinéraires possibles. Il insiste pour que nous renoncions à prendre la route du Karakoram, très dure, pas très intéressante et totalement déserte, et nous conseille de partir par celle de Gilgit qui traverse la passe de Mintaka. Elle est plus longue, mais belle et nous y rencontrerions des Kirghizes infiniment sympathiques et généreux. Nous nous laissons convaincre sans peine et Shipton cherche donc une caravane qui parte bientôt pour Gilgit et accepte de nous emmener.

Anne Philipe, *Caravanes d'Asie*, Paris, Julliard, 1955.

Quatrième partie

LA MONGOLIE

Deux mondes s'abouchent ici : Pour y monter quels obstacles ! quelle refoulée des caravanes ! quels gains répétés ! quels espoirs !

M'y voilà dis-tu ? Souffle. Regarde : à travers l'arche de la Longue-Muraille ; toute la Mongolie-aux-herbes déploie son van au bord de l'horizon. C'est toutes les promesses : la randonnée, la course en plaine, l'ampleur de l'étape infinie, et l'évasement sans bornes, et l'envolée, la dispersion.

«La passe», *Stèles*, VICTOR SEGALEN.

But lointain des envoyés du pape et de Saint Louis au Moyen Age[1], la Mongolie devint pendant quelques siècles une zone de passage pour les émissaires et marchands des empereurs de Russie et de Chine. Leurs itinéraires longeaient le sud de la Sibérie, remontaient la vallée de la Selenga, passaient par Ourga, capitale de tentes, et après avoir traversé le Gobi, aboutissaient à Kalgan (Zhangjiakou).

Par excellence terre de contrastes et de nomades, la Mongolie est aussi l'aire de contact entre les empires russe et chinois. Désert, steppe, montagnes boisées, les grands espaces saisissent le voyageur. Sur ces vastes étendues, comme dans le Turkestan chinois ou au Tibet, le voyage se confond avec l'évasion sans limites.

---

1. Voir première partie «Les précurseurs venus d'Occident : envoyés et missionnaires du Moyen Age».

I. Événements

PÈRES GERBILLON ET PEREIRA
(1689)

A la fin du XVIIe siècle, la progression des Russes jusque sur les confins traditionnellement chinois aboutit à des conflits dans le bassin de l'Amour. Finalement, en 1689, l'empereur Kang Xi envoie une délégation à Nertchinsk, une ville russe. L'ambassade est accompagnée d'une véritable petite armée et de deux jésuites, les pères Gerbillon et Pereira. Chaque partie souhaite le succès des discussions, les uns pour des raisons de sécurité, les autres dans l'espoir de voir se développer les échanges commerciaux. Les jésuites servent d'interprètes pour le mandchou, le chinois et le latin, les Russes ne parlant ni le mandchou ni le chinois, et les Chinois ne parlant pas le russe. Le journal tenu par les jésuites rapporte dans le détail les négociations entre les représentants russes et chinois, parfois en s'attribuant un rôle déterminant que des historiens ont contesté. Spectacle des hommes et de la nature, c'est le récit très vivant du premier traité signé par la Chine avec une puissance étrangère.

LE TRAITÉ DE NERTCHINSK (1689)

Le 18 [août], le Plénipotentiaire moscovite arriva à *Niptchou* avec une partie de sa suite, ils venaient tous sur des jangades, sur quelques-unes desquelles il y avait des tentes : aussitôt qu'il fut arrivé, il envoya en donner avis à nos Ambassadeurs par un des Gentilshommes de sa suite, et leur faire compliment de sa part. Ce Gentilhomme dit aussi, que les Conférences ne pourraient commencer que dans deux ou trois jours, parce que tout leur monde n'était pas encore arrivé.

Nos *Tagin* firent des plaintes du dernier Député qu'on leur avait envoyé, et chargèrent ce Gentilhomme d'avertir son Maître, qu'à l'avenir il n'envoyât pas de ces sortes de gens qui ne feraient que brouiller les affaires : ensuite ils envoyèrent eux-mêmes deux Officiers de considération pour complimenter aussi le Plénipotentiaire moscovite sur son arrivée; nos gens furent extrêmement contents de la civilité avec laquelle il les reçut et leur parla.

Le temps fut couvert le matin, et il plut à diverses reprises; vers le soir l'air redevint serein: tout le jour fut assez tempéré.

Le 19, tout le jour se passa en allées et venues de la part de nos Ambassadeurs et du Plénipotentiaire de Moscovie pour déterminer le jour, le lieu, le temps, et la manière dont ils se pourraient assembler, et conférer ensemble de leurs affaires.

Le temps fut froid le matin, ensuite assez tempéré jusqu'après-midi, qu'il s'éleva un grand vent de nord-est qui rendit l'air froid: la nuit il tomba de la pluie en abondance.

Le 20, le jour se passa encore en allées et venues comme le précédent, pour traiter des Préliminaires, et enfin on convint de part et d'autre que la première Conférence se ferait le vingt-deux; que nos Ambassadeurs passeraient la rivière accompagnés de quarante des Mandarins de leur suite, et de sept cents soixante Soldats, dont cinq cents demeureraient avec leurs armes rangés en bataille sur le rivage, au lieu même où demeureraient nos barques; que cet endroit serait aussi également distant du lieu des Conférences et de la Forteresse; que les deux cents soixante autres Soldats suivraient les Ambassadeurs jusqu'au lieu des Conférences, et qu'ils demeureraient debout derrière eux à une certaine distance; que les Moscovites se rangeraient aussi en bataille devant la Forteresse au nombre de cinq cents hommes, armés à égale distance, et que le Plénipotentiaire moscovite serait suivi de quarante Officiers de sa suite, et de deux cents soixante Soldats, qui demeureraient aussi debout à égale distance que ceux de nos Ambassadeurs; que ces deux cents soixante Soldats de part et d'autre ne porteraient point d'autres armes que l'épée, et qu'afin qu'il n'y eût point de supercherie, et qu'on ne portât point d'armes cachées, nos gens visiteraient les Soldats moscovites, et les Moscovites visiteraient aussi nos Soldats; que nous posterions une garde de dix hommes du côté de nos barques, afin que tout fût égal; que les Ambassadeurs s'assembleraient chacun sous leurs tentes, lesquelles seraient mises l'une contre l'autre, comme si les deux n'en faisaient qu'une, et qu'ils seraient assis sous ces tentes vis-à-vis l'un de l'autre, sans aucune supériorité de part ni d'autre.

Nous n'aidâmes pas peu à rassurer l'esprit de quelques-uns de nos Ambassadeurs, qui traitant pour la première fois de ces sortes d'affaires, manquaient d'expérience et avaient de la peine à se fier à la bonne foi des Moscovites, appréhendant toujours qu'on ne leur dressât quelque embûche. Nous leur expliquâmes ce que c'était que le droit des gens, et nous leur fîmes entendre que le Plénipotentiaire n'avait fait de la difficulté au commencement, que parce qu'il avait lui-même peine à croire, qu'on vînt avec un aussi grand appareil de guerre, lorsqu'on n'avait d'autre intention que de traiter de la paix.

Le temps fut encore froid presque tout le jour, il plut même l'après-midi, mais il ne tomba que quelques gouttes; le vent ne fut pas si grand que le jour d'auparavant.

Le 21, des Maréchaux de Camp allèrent de la part de nos Ambassadeurs visiter le terrain où se devaient tenir les Conférences, et marquer les lieux de part et d'autre où chacun devait se placer, et les Soldats devaient être rangés : on dressa aussi les tentes destinées aux Ambassadeurs.

Le temps fut froid tout le jour, et il fit un très grand vent de nord-ouest, le Ciel presque toujours couvert.

Le 22, dès la pointe du jour on fit passer huit cents Soldats avec leurs Officiers, dont trois cents devaient être rangés proches de la tente de nos Ambassadeurs, et cinq cents devaient rester avec nos barques à égale distance du lieu des Conférences et de la Forteresse, suivant les conventions faites le jour précédent: nous passâmes aussi avec les Maréchaux de Camp pour aller attendre nos Ambassadeurs de l'autre côté: lorsque tout était prêt, un incident qui survint, pensa tout gâter.

Le Plénipotentiaire moscovite était seulement demeuré d'accord, que les cinq cents Soldats débarqués demeureraient dans les barques mêmes, et les gens lui ayant rapporté qu'ils étaient rangés sur le bord et plus avancé du côté du lieu où se devaient tenir les Conférences, que l'on ne l'avait déterminé, il envoya demander la raison de ce changement : nos Ambassadeurs, qui n'avaient jamais fait de négociations de paix avec une autre Nation, et qui n'avaient nulle connaissance du droit des gens, ne se fiaient pas trop aux Moscovites; ils craignaient qu'on ne leur tendît quelque piège, et ils voulaient mettre leurs personnes en sûreté, ne sachant pas que le caractère d'Ambassadeurs rend inviolable et sacrée la personne de celui qui en est revêtu à ses plus grands ennemis même.

Ainsi ils nous firent prier d'aller trouver les Plénipotentiaires moscovites, et d'obtenir d'eux la permission de laisser leurs Soldats en bataille sur le rivage, ce que les Plénipotentiaires moscovites nous accordèrent, après que nous leur eûmes représenté que nos Ambassadeurs n'ayant aucune connaissance ni des coutumes des autres Nations, ni du droit des gens, et n'ayant jamais fait aucun traité semblable à celui-ci, on devait se prêter à leur peu d'expérience, si on ne voulait s'exposer à rompre la négociation, avant même qu'elle fût commencée. Les Plénipotentiaires moscovites voulurent cependant qu'on leur promît qu'il ne passerait pas davantage de Soldats, et qu'on n'en mettrait point d'autres en bataille.

Avec tout cela nous eûmes bien de la peine à déterminer nos Ambassadeurs à passer la rivière, à cause des défiances que leur inspirait particulièrement le Général des Troupes de l'Empereur dans la Tartarie orientale, qui avait été souvent trompé, lorsqu'il avait eu affaire aux Moscovites; mais nous leur apportâmes tant de raisons, qu'enfin ils se laissèrent persuader, et se déterminèrent à passer la rivière, et à entrer en Conférence.

Ils vinrent suivis des Officiers de leur suite, tous revêtus de leurs habits de cérémonie, qui étaient des vestes de brocart d'or et de soie, où l'on voyait les Dragons de l'Empire: ils avaient préparé leurs étendards et leurs lances ornées; mais quand ils furent avertis de la pompe avec laquelle venaient les Plénipotentiaires de Moscovie, ils prirent le parti de marcher simplement, et sans autre marque de leur dignité, qu'un grand parasol de soie qu'on portait devant chacun d'eux.

Les deux cents soixante Soldats moscovites qui devaient être proches du lieu de la Conférence, selon qu'on en était convenu, vinrent en bataille avec des tambours, des fifres, et des musettes, ayant leurs Officiers à leur tête; le Plénipotentiaire vint ensuite à cheval, suivi de ses Gentilshommes et d'autres Officiers. Il avait cinq trompettes et une timbale, et quatre ou cinq musettes, qui se mêlant au son des fifres et des tambours, faisaient une mélodie assez agréable : ce Plénipotentiaire avait pour Collègue le Gouverneur de *Niptchou*, et de toutes les terres des Grands Ducs qui sont de ce côté-ci, et un autre Moscovite officier de la Chancellerie, qui avait aussi le titre de Chancelier de l'Ambassade.

Le Chef de l'Ambassade s'appelait *Theodoro Alexieviez Golovvin*, Grand Panetier des Grands Ducs, Lieutenant Général de Branxi, et fils du Gouverneur général de la Sibérie Samoiede, et de tout le pays, qui depuis Tobolsk jusqu'à la mer Orientale, est soumis à la Couronne de Moscovie; il était superbement vêtu, ayant sur une veste de brocart d'or un manteau ou casaque aussi de brocart d'or, doublé de martre zibeline, la plus noire et la plus belle que j'aie vue, et qui vaudrait assurément plus de mille écus à *Peking*; c'était un gros homme de taille un peu basse et fort replet, mais au reste de bonne mine, et qui savait tenir son rang sans affectation : il avait fait préparer sa tente d'une manière fort propre; elle était ornée de plusieurs tapis de Turquie, et il avait devant soi une table avec deux tapis de Perse, dont l'un était d'or et de soie: sur cette table étaient ses papiers, son écritoire, et une horloge assez propre; nos Ambassadeurs étaient tout simplement et sans façon sous une tente de toile assis sur un grand banc, sans autre ornement que le coussin que les Tartares portent toujours avec eux, s'asseyant à terre à la façon des Orientaux.

Du côté des Moscovites, il n'y avait que les trois, dont j'ai parlé, qui fussent assis: les deux premiers dans des fauteuils, et le dernier sur un banc; tous les autres étaient debout derrière leurs Chefs. De notre côté, outre les sept *Tagin*, qui avaient tous le titre d'Ambassadeurs et voix délibérative dans les affaires, lesquelles étaient assis vis-à-vis les Plénipotentiaires moscovites, il n'y avait que le Père et moi qu'on fit asseoir à côté de nos Ambassadeurs dans l'espace qui était entre eux et les Moscovites: quatre Maréchaux de Camp étaient aussi assis derrière les Ambassadeurs; tous les autres Officiers et Mandarins étaient debout.

Dès que tout le monde eut pris sa place, ce qui se fit avec toute sorte d'égalité, car on avait mis pied à terre de part et d'autre, on s'était assis, et on s'était salué en même temps; les Moscovites exposèrent leur commission par la bouche d'un de leurs Gentilshommes de l'Ambassade, qui était Polonais de Nation, et qui avait étudié en Philosophie et en Théologie à Cracovie; il s'expliquait aisément et assez clairement en Latin. Après avoir exposé leurs commissions, ils prièrent nos Ambassadeurs d'exposer la leur à leur tour, et de commencer à parler d'affaires: ils s'en excusèrent, voulant obliger les Moscovites à s'expliquer les premiers.

Après bien des cérémonies qui se firent civilement de part et d'autre, pour se déférer l'avantage et l'honneur de parler le premier; enfin le Plénipotentiaire de Moscovie demanda à nos *Tagin* s'ils avaient plein pouvoir de traiter de la paix et des limites, et il offrit en même temps de montrer les siens, écrits dans des Patentes en bonne forme: nos *Tagin* refusèrent de les voir, et s'en rapportèrent à leur parole. On convint que l'on ne parlerait point de tout le passé, ni des affaires de moindre conséquence, jusqu'à ce qu'on eût déterminé les bornes qu'on devait mettre en ces deux Empires, ce qui était le seul point d'importance qu'on avait à traiter.

Saghalien oula ainsi appelé par les Tartares, c'est-à-dire, le Fleuve noir, et par les Moscovites *Onon amour*, est un Fleuve qui prend sa source dans les montagnes, qui sont entre *Selengha* et *Niptchou*, et qui a son cours de l'Occident à l'Orient, portant de grands bateaux dans l'espace de plus cinq cents lieues jusqu'à la Mer Orientale, où il va se décharger à la hauteur d'environ 53 ou 54 degrés, après s'être grossi de plusieurs autres Rivières; on m'a assuré qu'il avait près de quatre ou cinq lieues de largeur vers son embouchure.

Le Plénipotentiaire de Moscovie proposa que ce Fleuve fît la séparation des deux Empires, en force que tout ce qui serait au nord du Fleuve, appartînt à la Couronne de Moscovie, tout ce qui est au sud du même Fleuve appartînt à l'Empire de la Chine; nos Ambassadeurs n'avaient garde de consentir à cette proposition, ayant des Villes et des Terres assez peuplées qui sont au nord de ce fleuve, et surtout la chasse des zibelines étant dans les montagnes qui sont au-delà du Fleuve.

C'est pourquoi ils firent une proposition exorbitante, et demandèrent beaucoup plus qu'ils ne prétendaient obtenir. Ils proposèrent donc que les Moscovites se retirassent jusqu'au-delà de *Selengha*, laissant cette place, celle de *Niptchou*, d'*Yacfa*, et toutes leurs dépendances à leur Empire, auquel ils disaient qu'elles avaient autrefois toutes appartenues, ou payé le tribut, parce que du temps que les Tartares occidentaux au regard de la Chine, s'étaient rendus maîtres de cet Empire, tous les autres Tartares qui habitent ce pays-là, leur payaient aussi le tribut; mais les Moscovites ne manquèrent pas de réfuter les raisons qu'ils apportaient, pour prouver que ces terres leur appartenaient de droit plutôt qu'aux Moscovites.

Enfin comme il était presque nuit lorsque cette contestation s'éleva, et que l'un et l'autre parti se défendait de faire d'autres propositions, chacun voulant laisser faire les avances à son Compétiteur, la première Conférence finit, et après avoir conclu qu'on en commencerait une autre le lendemain, et qu'elle se ferait de la même manière que la première; les Ambassadeurs se donnèrent mutuellement la main, se firent compliment, et se séparèrent contents les uns des autres.

Le temps fut fort serein et fort chaud tout le jour.

Le 23, le Plénipotentiaire moscovite envoya demander des nouvelles de la santé de nos Ambassadeurs, et les fit inviter à venir à la seconde Conférence: nous y allâmes aussitôt, et après que chacun eut pris sa place dans le même ordre que le jour précédent, on fut encore assez longtemps à se prier l'un l'autre à parler le premier, et à faire d'autres propositions.

Les Moscovites dirent que puisque nos Ambassadeurs redemandaient des terres qu'ils prétendaient leur appartenir, c'était à eux de marquer quelles étaient ces terres, qu'au reste leur première proposition n'était pas recevable.

Nos Ambassadeurs assignèrent d'autres bornes, et se réduisirent à demander que les Moscovites ne passassent pas *Niptchou*, ajoutant qu'ils leur laissaient cette place, pour pouvoir de là venir trafiquer à la Chine.

Les Moscovites bien loin de consentir à une pareille proposition, répondirent en riant, qu'ils étaient fort obligés à nos Ambassadeurs de ce qu'ils voulaient bien ne les pas chasser de cette place, et les y laisser dormir en repos: ils leur dirent ensuite de faire quelqu'autre proposition plus raisonnable, et à laquelle ils pussent donner les mains: mais nos Ambassadeurs persistèrent dans leur demande, et les Moscovites s'étant obstinés de leur côté à ne rien offrir, la Conférence se termina plus froidement que la précédente. Nos Ambassadeurs piqués de la raillerie des Moscovites, envoyèrent chercher leurs tentes, comme ne voulant plus rentrer en Conférence avec des gens dont ils se croyaient maltraités, et desquels ils espéraient peu de satisfaction.

Le temps fut pluvieux presque tout le jour.

Le 24, tout le jour se passa en délibération : nous sûmes que nos

Ambassadeurs avaient fait la proposition d'abandonner *Selengha* et *Niptchou* aux Moscovites, et qu'ils s'étaient servis pour cela d'un Interprète mongou, paraissant ne se pas fier entièrement à nous, peut-être parce que le Plénipotentiaire de Moscovie nous marquait de la confiance, et qu'il avait peine à se servir d'un Interprète mongou, quoiqu'il en eût deux avec lui, ou plutôt comme nos Ambassadeurs entendaient et parlaient la plupart la Langue Mongole, ils aimaient bien mieux s'expliquer par eux-mêmes.

Ayant donc appris la proposition qu'ils avaient faites le jour précédent, nous leur rendîmes un peu d'espérance, en les assurant que nous ne doutions pas que les Moscovites ne cédassent *Yacfa*, et une partie des terres qui sont entre cette place et celle de *Niptchou*; cela leur fit recommencer leurs délibérations, et nous y ayant appelés, nous nous offrîmes à aller vers les Plénipotentiaires moscovites, sous prétexte de nous éclaircir sur ce qui s'était dit la veille: ils résolurent de nous y envoyer le lendemain, et de se déclarer absolument sur les dernières bornes qu'ils voulaient mettre entre les deux Empires, selon les ordres exprès qu'ils en avaient de l'Empereur.

Il plut tout le jour et toute la nuit.

Le 25, au matin, lorsque nos Ambassadeurs étaient sur le point de nous envoyer à *Niptchou*, il arriva un Député des Moscovites, qui venait demander à nos *Tagin*, qu'en cas qu'ils ne voulussent pas faire d'autres propositions, ils donnassent des lettres déclaratives de ce qui s'était passé dans les deux Conférences, et des propositions qu'on y avait faites de part et d'autre, en offrant d'en donner aussi de leur part, afin que chacun en pût faire un fidèle rapport à son Maître.

Nos Ambassadeurs qui avaient eux-mêmes fait cette proposition sur la fin de la dernière Conférence, répondirent que les Moscovites leur envoyassent premièrement ces lettres déclaratives, et qu'ensuite ils leur en enverraient de pareilles; mais le Député moscovite voulait qu'on fît encore une conférence, dans laquelle si l'on ne convenait pas de part et d'autre, on se donnerait mutuellement ces lettres, auxquelles chacun mettrait publiquement son sceau, à quoi nos Ambassadeurs refusèrent de consentir.

Peu après que ce Député fût retourné, nous allâmes vers les Plénipotentiaires moscovites comme de nous-mêmes, et sous prétexte de nous éclaircir de ce qui s'était passé dans la dernière Conférence, où nous n'avions pas assisté. Les Moscovites, qui désiraient autant la paix que nous, témoignèrent être fort aises de notre arrivée: nous leur déclarâmes d'abord que s'ils n'avaient envie de céder la Forteresse d'*Yacfa*, avec le Pays qui est aux environs, qu'il était inutile de se fatiguer davantage, parce que nous savions certainement que nos Ambassadeurs avaient ordre exprès de ne faire aucun traité sans cette condition; qu'au reste pour ce qui était du pays depuis *Yacfa* jusqu'à

Niptchou, et du côté du nord du fleuve *Saghalien*, nous ne savions pas précisément jusqu'où nos gens pourraient se retrancher, mais qu'ils pouvaient voir eux-mêmes en quel lieu entre ces deux places d'*Yacfa* et de *Niptchou*, ils voudraient mettre les bornes des deux Empires, et que nous ne doutions pas que nos Ambassadeurs, par le désir qu'ils avaient de la paix, ne fissent tout ce qu'ils pourraient de leur part pour y parvenir.

Le Plénipotentiaire moscovite répondit, que puisque cela était ainsi, il priait nos Ambassadeurs de lui faire savoir leur dernière résolution: nous allâmes rapporter cette réponse.

Il plut encore tout le jour et toute la nuit suivante.

Le 26, un Député des Plénipotentiaires moscovites vint trouver nos Ambassadeurs pour savoir leur dernière résolution: on lui montra sur une grande carte qu'avait un de nos *Tagin*, les bornes qu'on prétendait mettre entre les deux Empires: ces bornes étaient d'un côté un ruisseau ou une petite rivière nommée *Kerbetchi*, qui prend sa source proche d'une grande chaîne de montagnes qui s'étend depuis là jusqu'à la mer Orientale, et qui est au nord de *Saghalien oula*, dans lequel cette petite rivière vient se décharger à trente ou quarante lieues de *Niptchou*, et on assigna le sommet de ces montagnes pour bornes des deux Empires; en sorte que tout le pays qui s'étend du haut de ces montagnes vers le midi, appartiendrait à l'Empire de la Chine, et tout le pays qui s'étendait vers le Nord de l'autre côté des mêmes montagnes, demeurerait aux Moscovites, aussi bien que celui qui s'étendait vers l'ouest, au-delà de cette même rivière de *Kerbetchi*.

De l'autre côté, c'est-à-dire, au midi du fleuve *Saghalien oula*, on assigna pour bornes la rivière d'Ergoné, qui prenant sa source d'un grand lac qui est au sud-est de *Niptchou*, à soixante-dix ou quatre-vingts lieues, vient aussi se dégorger dans le fleuve *Saghalien oula*; nos Ambassadeurs voulaient donc que tout le pays qui est à l'est et au sud de cette rivière d'*Ergoné* leur appartînt, et que ce qui est au-delà appartînt tellement aux Moscovites, qu'ils n'habitassent cependant que le pays qui est entre le fleuve *Saghalien oula*, et une chaîne de montagnes qui se trouve au sud de ce fleuve à peu de distance, et qu'ils n'avançassent pas plus avant dans les terres qui appartiennent aux Tartares de *Kalka*, dont la plupart se sont assujettis depuis peu à l'Empereur de la Chine.

Peu de temps après le départ de cet Envoyé moscovite, nous allâmes aussi vers les Plénipotentiaires moscovites pour leur expliquer encore cette dernière résolution de nos Ambassadeurs, et leur demander la leur. Il survint une difficulté touchant le pays de *Kalka*, où nos Ambassadeurs prétendaient qu'on mettrait aussi des bornes, afin que les Moscovites ne pussent pas s'y étendre, parce que le Roi de *Kalka* s'était tout récemment rendu Tributaire de l'Empire de la Chine. Les

Moscovites, au contraire, qui prétendaient avoir été offensés par les Tartares de *Kalka*, ne voulaient point que nos gens se mêlassent de leurs affaires, ni qu'ils parlassent de mettre des bornes dans un pays qui ne leur appartenait pas: ainsi ils répondirent, que quand il serait vrai que le Roi de *Kalka* se fût soumis à l'Empire de la Chine, il n'avait pu y soumettre son pays, dont le Roi d'*Eluth* l'avait dépouillé depuis un an, et l'avait forcé de se retirer sur les terres de l'Empereur de la Chine.

Nous revînmes donc vers nos Ambassadeurs pour éclaircir cette difficulté: ils consentirent aisément à ce que les Moscovites désiraient savoir, qu'on ne traiterait pas de cette affaire sur laquelle ils n'avaient aucune commission, mais ils ajoutèrent, que quand la paix du Roi de *Kalka* serait terminée avec le Roi d'*Eluth*, on verrait quelle résolution il y aurait à prendre.

Nous allâmes le même jour rapporter cette réponse aux Moscovites, qui nous proposèrent une autre difficulté: nous avons, dirent-ils, une peuplade au-delà de la rivière d'*Ergoné*, qu'absolument nous ne voulons pas perdre: Vos Ambassadeurs eux-mêmes n'ont demandé que *Yacfa*. Cette réponse nous obligea de retourner encore vers nos Ambassadeurs, afin de savoir leur sentiment sans quoi nous ne pouvions tirer une réponse positive des Plénipotentiaires moscovites.

Il plut ce jour-là presque tout le jour, et la rivière grossie de ces pluies, déborda et inonda presque tout notre camp.

Le 27, nos Ambassadeurs ayant consenti que les Moscovites démolissent les maisons qu'ils avaient bâties à l'Orient de la rivière d'*Ergoné*, et qu'ils les transportassent au-delà à l'Occident : nous allâmes dès le matin porter cette dernière résolution aux Plénipotentiaires moscovites, et leur demander positivement la leur : après que nous eûmes bien expliqué l'intention de nos Ambassadeurs, ils nous répondirent qu'ils allaient aussi de leur côté marquer sur leur Carte les bornes qu'ils prétendaient mettre entre les deux Empires, et qu'au reste c'était leurs dernières résolutions, dont ils ne se départiraient jamais, et qu'ils ne céderaient pas un pouce de terre au-delà.

Après cet exorde le Chef des Plénipotentiaires nous marqua ces bornes un peu au-delà d'*Yacfa*, en sorte que cette place et tout ce qui est à son Occident leur demeureraient : aussitôt que nous les eûmes entendus, nous nous levâmes pour nous retirer, en leur reprochant qu'ils avaient abusé de notre bonne foi, puisque leur ayant déclaré fort nettement, que s'ils n'étaient pas dans la résolution de céder *Yacfa* et les terres des environs, il n'était pas besoin de traiter davantage, ce qu'ils n'avaient pas laissé de faire; et qu'ils avaient amusé nos Ambassadeurs, en leur faisant espérer qu'ils leur céderaient cette place; qu'il était maintenant difficile qu'on pût se fier à eux, ni continuer les négociations.

Nous revînmes incontinent porter cette réponse: nos *Tagin* l'ayant entendue, tinrent aussitôt Conseil, où ils firent entrer tous les Officiers de guerre, Généraux et particuliers. Il fut résolu dans ce Conseil général, que nous passerions tous la rivière, et que postant nos Troupes de telle manière que la Forteresse de *Niptchou* demeurât comme bloquée, on ramasserait tous les Tartares qui, mécontents de la rigueur avec laquelle les Moscovites les traitaient, cherchaient à secouer leur joug, et à passer dans le parti de l'Empereur. On donna donc les ordres pour faire passer nos Troupes cette nuit-là même de l'autre côté de la rivière, et on envoya en diligence cent hommes sur des barques vers *Yacfa*, afin que se joignant à quatre ou cinq cents hommes qu'on avait laissés près de cette place, ils coupassent toutes les moissons, et ne laissassent plus rien entrer dans la Forteresse.

Mes Moscovites s'étant aperçus que tout notre camp était en mouvement, jugèrent bien qu'il n'y avait pas à espérer qu'on consentît à leur proposition: c'est pourquoi ils envoyèrent leur Interprète ce soir-là même, pour essayer de renouer la négociation, sous prétexte de venir faire des protestations, qu'ils avaient toujours une sincère intention de travailler à la paix, et de demander que l'on se donnât l'un et l'autre une déclaration par écrit et en bonne forme de ce qui s'était passé à leurs Conférences. L'Interprète fit entrevoir que l'intention de ses Maîtres était de céder *Yacfa*; mais il disait que parce que nous leur demandions trop, ils n'offraient rien.

Nos Ambassadeurs répondirent que pour des déclarations ils ne s'en mettaient pas en peine; et que comme ils avaient déclaré leur dernière volonté, ils n'avaient plus rien à ajouter; qu'au reste, si les Plénipotentiaires moscovites voulaient s'y rendre, ils avaient toujours la même inclination pour la paix; mais qu'ils ne pouvaient pas attendre davantage, et qu'ainsi si l'on avait quelque réponse à leur donner, il fallait qu'elle vînt cette nuit là même.

L'interprète pressa beaucoup qu'on nous renvoyât le lendemain vers les Plénipotentiaires moscovites; mais nos Ambassadeurs répondirent qu'inutilement nous envoyeraient-ils, puisqu'ils n'avaient rien de nouveau à leur faire savoir; sur quoi ce Député promit qu'il reviendrait le lendemain apporter la dernière résolution de ses Maîtres.

Après le départ de ce Député nos Ambassadeurs tinrent de nouveau Conseil, et ils nous ordonnèrent d'y assister : ils étaient demeurés d'accord de passer la rivière, et de dépêcher à *Yacfa* pour faire couper les grains, parce que les Plénipotentiaires moscovites leur avaient ôté toute espérance de paix; mais cet Interprète étant venu ce soir-là déclarer que ses Maîtres étaient encore près de rentrer en négociation, et nous ayant fait espérer qu'ils abandonneraient *Yacfa*, nos Ambassadeurs étaient incertains du parti qu'ils devaient prendre, craignant d'un côté que ce changement des Moscovites ne fût une feinte pour gagner du temps, et prévenir nos desseins; et d'un autre côté appréhendant que s'ils passaient la rivière, il ne se fît quelque acte d'hostilité qui achevât de ruiner toutes les espérances de la Paix, et qu'ensuite l'Empereur ne trouvât mauvais qu'ils eussent rompu la négociation.

Dans cette irrésolution ils cherchaient à s'assurer de notre suffrage, et tâchaient de nous faire entrer dans leur sentiment; mais nous refusâmes de leur donner sur cela aucun conseil. Nous leur répondîmes que notre profession ne nous permettait pas de nous mêler de ces sortes d'affaires; que d'ailleurs ils étaient en plus grand nombre, plus éclairés, et plus expérimentés que nous, et qu'il leur était aisé de se déterminer au parti le plus sage: comme ils pressentirent que non seulement nous ne désespérions pas d'une prochaine paix; mais même que nous penchions plus à croire qu'elle se ferait véritablement, ils envoyèrent un contrordre à ceux qu'ils avaient dépêchés pour couper les grains d'*Yacfa*; mais il était trop tard, on ne put les atteindre; ils continuèrent cependant toute la nuit à faire passer la rivière à nos Troupes.

Le temps fut assez serein tout le jour.

Le 28, au matin les Députés moscovites revinrent à nos Ambassadeurs, et offrirent de la part de leurs Plénipotentiaires de céder *Yacfa* à l'Empire de la Chine, à condition pourtant qu'il serait rasé, et qu'on ne le rebâtirait plus; ils furent pareillement d'accord que la rivière d'*Ergoné* servirait de bornes aux deux Empires; mais ils prétendaient que la Peuplade qu'ils avaient à l'orient de cette rivière, leur demeurât; en un mot ils consentaient presque à tout ce qu'il y avait de plus essentiel dans les propositions que nos Ambassadeurs avaient faites avant que de se séparer. Ils demandèrent ensuite avec instance qu'on nous envoyât vers leurs Maîtres, pour mettre la dernière main à cet ouvrage, mais ils furent refusés.

Comme pendant cet entretien nos Troupes commencèrent à paraître de l'autre côté de la rivière sur le haut des montagnes, au bas desquelles étaient placés le Bourg et la Forteresse de *Niptchou*, nos Ambassadeurs avertirent les Députés de la résolution qu'ils avaient prise de passer la rivière, non pas à dessein de faire aucun acte d'hostilité, mais seulement pour être plus commodément, puisqu'ils ne pouvaient plus demeurer dans un camp inondé, et aux environs duquel il n'y avait plus de fourrages. Ils ajoutèrent que si les Plénipotentiaires moscovites voulaient enfin consentir aux conditions qu'ils avaient proposées, et le leur faire savoir au plus tôt, qu'ils attendraient encore une heure ou deux sans passer la rivière, sinon qu'ils iraient de l'autre côté attendre sa réponse proche de *Niptchou*.

Les Députés moscovites s'en étant retournés, nous attendîmes leur retour près de deux heures; mais comme personne ne paraissait, nos Ambassadeurs s'embarquèrent et nous avec eux; nous passâmes la rivière à trois lieues au-dessous de la Forteresse, où nos Troupes avaient presque toutes passé. On avait ordonné que le Quartier général des Troupes serait à l'endroit même du passage dans une petite vallée et sur le penchant des montagnes; que les barques se rangeraient des deux côtés de la rivière, et que les soldats se camperaient sur ses bords auprès des barques: la plupart du bagage demeura de l'autre côté avec une garde suffisante pour la défendre de toute insulte; cependant on avait fait avancer toutes les Troupes jusqu'à la vue de *Niptchou*, et on les avait placées par escadrons et par pelotons, en sorte qu'elles occupaient tout l'espace qui est entre les deux rivières de *Saghalien oula*, et de *Niptchou*, et qu'elles ôtaient aux Moscovites toute communication de ce côté-là.

Dès qu'ils s'aperçurent du passage de nos Troupes, ils ramassèrent leur monde et leurs troupeaux aux environs de la Forteresse, et ils placèrent des Corps de Garde avancés, pour observer le mouvement de nos Soldats.

Aussitôt que nous fûmes passés de l'autre côté de la rivière, nous montâmes à cheval avec nos Ambassadeurs, et nous avançâmes jusqu'au pied des montagnes, à un bon quart de lieue de la Forteresse de *Niptchou*: nous trouvâmes sur le chemin plusieurs escadrons de nos Troupes en bataille, la cuirasse sur le dos.

A peine fûmes-nous parvenus à la vue de la Forteresse de *Niptchou*, que nous aperçûmes les Députés des Plénipotentiaires moscovites, qui ne nous ayant plus trouvés dans notre premier camp où ils étaient allés nous chercher, venaient droit à nous; ils apportaient la résolution de nos Plénipotentiaires, qui consentaient presque à tout ce que nos Ambassadeurs avaient souhaité pour les bornes des deux Empires: il ne restait que quelques difficultés peu considérables, et les Députés moscovites demandaient que pour les terminer, ils nous envoyassent vers leurs Maîtres.

C'est à quoi nos Ambassadeurs eurent beaucoup de peine à consentir: ils ne pouvaient se fier à des gens dont ils croyaient avoir été trompés, et ils craignaient qu'on ne cherchât à les amuser, en traînant la négociation en longueur, pour avoir le loisir de se précautionner, ou même qu'on ne nous retînt dans la Forteresse.

Ce ne fut donc qu'à force de prières qu'ils me laissèrent aller seul, sans autre suite que quelques domestiques, et sans vouloir permettre que le Père Pereira m'accompagnât. Je vis en entrant dans la Bourgade que les Moscovites avaient placé dans la rue quinze pièces de campagne: le calibre en était petit, mais elles étaient la plupart fort longues, et toutes de bronze, aussi bien qu'un mortier que je vis dans la rue. J'achevai là de convenir avec les Plénipotentiaires des bornes qu'on poserait entre les deux Empires, et des autres principales conditions de la paix; de sorte que je la tins entièrement conclue: je retournai porter cette agréable nouvelle à nos Ambassadeurs, qui attendaient mon retour avec crainte et impatience: tout le monde eut beaucoup de joie d'apprendre l'heureux succès de la négociation.

Ce même jour plusieurs Troupes de *Mongous* ou de Tartares de *Kalka*, qui s'étaient faits Vassaux des Moscovites, dont ils étaient maltraités, envoyèrent des Députés à nos Ambassadeurs pour leur faire savoir qu'ils désiraient se soumettre à l'Empereur de la Chine, et se retirer sur ses terres; ils les priaient de les recevoir, et de les aider à passer la rivière; ils étaient assemblés au nombre de plus de mille avec toutes leurs familles et leurs troupeaux, et les jours suivants leur nombre grossit considérablement.

Nos Ambassadeurs ne voulurent rien leur promettre pour ne pas apporter d'obstacle à la paix; mais ils leur firent espérer, que si les Moscovites ne consentaient pas aux articles qu'ils avaient proposés, ils les recevraient avec joie dans leur parti.

Le temps fut serein tout le jour et assez chaud depuis midi jusqu'au soir: nos Ambassadeurs commencèrent à reconnaître la faute qu'ils avaient faite de ne nous pas donner assez de crédit dans le commencement de la négociation, et depuis ce jour-là ils nous honorèrent de toute leur confiance.

Le 29, les Plénipotentiaires moscovites envoyèrent des Députés à nos Ambassadeurs pour leur faire plusieurs demandes, dont ils prétendaient faire autant d'articles de paix : les plus considérables étaient.

Premièrement, que dans les lettres qu'on écrirait ci-après aux Grands Ducs leurs Maîtres, on y mettrait leurs titres, ou tout au long, ou du moins en abrégé, et qu'on ne mettrait dans ces lettres aucuns termes qui marquassent de la supériorité ou de l'infériorité dans les Empereurs de l'un et de l'autre Empire.

2°. Que si l'on s'envoyait mutuellement des Ambassadeurs pour se faire part l'un à l'autre des principaux événements des deux Empires, ces Ambassadeurs seraient traités avec toute sorte d'honneurs; qu'on ne les obligerait à aucune bassesse; qu'ils rendraient les lettres de leurs Maîtres en main propre à l'Empereur, vers lequel ils seraient envoyés; et qu'ils auraient liberté entière dans les lieux où ils se trouveraient, et à la Cour même.

3°. Que le commerce serait libre des deux côtés, et que les Sujets de l'un et de l'autre Empire pourraient, avec la permission des Gouverneurs, sous la juridiction desquels ils se trouveraient, aller librement où bon leur semblerait, et faire leur commerce des terres d'un Empire dans celles de l'autre.

A la première et à la seconde demande nos Ambassadeurs répondirent, que comme ils n'avaient point apporté d'instruction sur cela de leur Maître, et que d'ailleurs comme on n'avait jamais envoyé d'Ambassadeurs de la Chine en aucun autre Royaume, ils ne pouvaient rien déterminer: qu'il ne leur appartenait pas non plus de régler le style des lettres de leur Empereur, mais qu'ils pouvaient assurer en général que les Sujets des Grands Ducs, et à plus forte raison les Ambassadeurs seraient toujours reçus avec distinction; et ils accordèrent sans peine la troisième demande, mais ils faisaient difficulté de consentir qu'on la mît par écrit dans le Traité de paix, disant, que comme c'était une affaire de peu de conséquence, il ne leur serait pas honorable de la mêler avec les règlements des limites, qui était proprement l'affaire qu'ils étaient venus traiter.

Enfin ces Députés moscovites prièrent nos Ambassadeurs de faire mettre par écrit les articles dont on était convenu, et de dresser le Traité de paix, comme ils prétendaient qu'il devait l'être; ils demandaient qu'ensuite on le leur communiquât, afin qu'après l'avoir vu, ils pussent donner pareillement le leur, ce qu'on leur promit.

Le temps fut serein tout le jour et chaud l'après midi, la nuit il fit du tonnerre et un orage.

Le 30, tout le jour fut employé à dresser la minute du Traité de paix, et nous passâmes la nuit à le traduire en Latin.

Le temps fut serein et tempéré tout le jour.

Le 31, nous portâmes cette traduction Latine des articles de la paix aux Plénipotentiaires, et après que nous la leur eûmes lue, ils en demandèrent copie, ce que nous leur accordâmes, et ils promirent d'y rendre incessamment leur réponse.

Le temps fut serein et tempéré tout le jour.

Le premier jour de Septembre les Plénipotentiaires moscovites envoyèrent demander à nos Ambassadeurs l'explication d'un article, dans lequel, on avait inséré quelque chose, dont on ne leur avait point parlé; car on avait écrit que les limites des deux Empires se fixeraient à une chaîne de montagnes qui s'étend depuis la source de la petite rivière de *Kerbetchi* au nord-est, jusqu'à la mer Orientale et Boréale, et qui finit par une langue de montagnes qui entre jusque dans la mer.

Cette chaîne de montagnes s'appelle *Nossé*; sur quoi il est à remarquer que les montagnes qui sont à la source de *Kerbetchi*, forment deux chaînes de hautes roches, dont les unes s'étendent presque droit à l'est, et courent à peu près en ligne parallèle au fleuve *Onon* ou *Saghalien Oula*, et c'était celles-là que les Moscovites prétendaient devoir faire les limites des deux Empires.

L'autre chaîne s'étend au nord-est, et c'était celle où nos gens voulaient établir les bornes de leur Empire. Or entre ces deux chaînes de montagnes, il y a une vaste étendue de pays, et plusieurs rivières, dont la principale est appelée *Oudi*, sur les bords de laquelle les Moscovites ont plusieurs colonies: c'est en ces endroits que se trouvent les plus précieuses zibelines, les renards noirs, et autres fourrures.

C'est aussi au bord de la mer qui est entre ces deux montagnes, qu'ils pêchent ces grands poissons, dont les dents sont plus belles et plus dures que l'ivoire, et dont les Tartares font un grand cas; ils en forment des anneaux qu'ils mettent au pouce droit, pour ne se pas blesser en tirant de l'arc.

Nos Ambassadeurs répondirent, qu'ils prétendaient que ce serait la chaîne de montagnes nommée *Nossé*, qui marquerait les bornes; sur quoi les Députés moscovites se retirèrent, nous disant, qu'ils ne croyaient pas que leurs Plénipotentiaires y donnassent jamais leur consentement.

Le 2, les Moscovites n'en voyant point de nouvelles, nos Ambassadeurs se trouvèrent embarrassés, et virent bien que pour vouloir plus qu'ils n'avaient ordre de demander, ils se mettaient en risque de rompre la négociation, et de ne rien conclure. Ils tinrent conseil, et nous appelèrent.

Nous leur répondîmes nettement que sans nous mêler de cette affaire, et sans leur donner aucun avis, nous ne croyions pas que les Moscovites leur accordassent ce qu'ils avaient demandé, vu qu'on n'avait point du tout fait mention de ce Nossé, quand on était convenu des bornes des deux Empires; et nous ajoûtâmes qu'ils ne savaient peut-être pas quelle étendue de pays il y avait jusqu'à cette montagne de Nossé: ils furent fort surpris lorsque nous leur apprîmes qu'il y avait plus de mille lieues en droiture depuis Péking jusqu'à ces montagnes de Nossé, ce qui est très vrai selon la carte des Moscovites que nous avions vue; car ces montagnes sont marquées dans le lieu où elles entrent dans la mer presqu'au quatre-vingtième degré de latitude septentrionale.

Cela leur fit prendre le parti de nous demander si nous voulions bien aller vers ces Plénipotentiaires, pour tâcher de renouer la négociation, et de faire en sorte que cette étendue de pays se partageât entre les deux Couronnes; ce qu'il y avait de désagréable, c'est qu'ils prétendaient qu'anciennement ces Terres leur avaient appartenu, et ils le disaient d'un ton à faire croire qu'ils en étaient persuadés.

Comme on était sur le point de nous faire partir, on vint avertir nos Ambassadeurs, qu'il venait un Cavalier moscovite, accompagné de quelques Tartares, qui apportait un papier. Cela fit surseoir notre départ, jusqu'à ce qu'on eût vu de quoi il s'agissait.

Ce papier était une protestation fort bien faite et fort éloquente, que les Plénipotentiaires faisaient à nos Ambassadeurs de la sincérité avec laquelle ils avaient procédé dans cette négociation; l'intention qu'ils avaient témoignée de conclure la paix, en cédant tout ce qu'ils pouvaient; qu'au reste comme on leur demandait des pays auxquels on n'avait jamais marqué avoir de prétention dans toutes les lettres qu'on avait écrites à leur Empereur ou à ses Ministres de la part de l'Empereur de la Chine, ils prenaient Dieu à témoin qu'ils n'avaient aucun pouvoir, non-seulement de disposer, mais même de traiter de ces pays, qu'ainsi ils ne pouvaient en aucune manière écouter une pareille proposition; mais que pour faire voir encore davantage la sincérité de leur inclination à la paix, ils étaient prêts de consentir qu'on laissât ces terres en neutralité pour en traiter dans la suite, quand on aurait pris sur cela les instructions et les ordres nécessaires; que si nos Ambassadeurs persistaient dans leur demande, ils protestaient à la face du Ciel et de la Terre, qu'ils ne seraient point responsables des maux que causerait une guerre à laquelle ils s'efforçaient de mettre fin, ni du sang qui s'y répandrait; que de leur part ils étaient résolus à ne point attaquer nos gens, quand bien même la paix ne se conclurait pas; mais qu'ils se défendraient de leur mieux s'ils étaient attaqués, et qu'ils comptaient sur la protection de Dieu, qui connaissait la droiture de leurs intentions.

Cette protestation écrite en Latin, et dont nous expliquâmes le sens, fit sur nos Ambassadeurs tout l'effet que les Moscovites eussent pu désirer. Ils étaient déjà fort ébranlés, comme je l'ai fait remarquer; ainsi ils répondirent avec douceur qu'ils avaient aussi-bien que les Moscovites la plus forte inclination pour la paix, à laquelle ils voulaient apporter de leur part toutes les facilités imaginables; mais que comme il se faisait tard, ils se réservaient à nous envoyer le lendemain pour faire savoir leurs intentions aux Plénipotentiairres moscovites.

Le temps fut encore serein et tempéré tout le jour.

Le 3, nous allâmes porter cet article des limites modifié, de telle sorte que les Plénipotentiaires moscovites en demeurèrent satisfaits: on convint que l'article qui concerne la partie des terres qui est entre ces deux chaînes de montagnes demeureraient indécis, jusqu'à ce qu'on en eût informé les deux Empereurs, et connu leur résolution.

En allant à la Bourgade de *Niptchou*, nous trouvâmes que les Moscovites l'avaient fortifiée, en l'environnant d'une espèce d'estacade formée des poutres dont ils avaient fait les jangades, sur lesquelles le train des Plénipotentiaires était venu; cette estacade était principalement faite pour empêcher les Tartares d'entrer à cheval dans la Bourgade.

Le temps fut serein et tempéré tout le jour.

Le 4, les Plénipotentiaires moscovites envoyèrent le projet des articles de paix, selon qu'ils l'avaient conçu; on convint presque de tout: nous en prîmes une copie que nous traduisîmes toute la nuit; mais auparavant nous allâmes encore demander un éclaircissement sur quelques difficultés que nos Ambassadeurs ne voulaient pas passer. La principale consistait en ce que les Moscovites voulaient qu'on écrivît dans le Traité de paix, que la Forteresse d'*Yacfa* ne serait jamais rebâtie, à quoi nos gens refusaient de consentir, quoiqu'ils n'eussent aucun dessein de la rétablir.

Le temps fut inconstant pendant tout le jour, et il plut un peu le soir.

Le 5, nous allâmes encore trouver les Plénipotentiaires moscovites, pour leur porter le Traité de paix, selon que nos Ambassadeurs l'avaient projeté. Il y eut du débat sur quelques paroles que les Moscovites demandaient que l'on ajoutât, ou que l'on retranchât, sur quoi il fallut consulter de nouveau nos Ambassadeurs; comme il ne s'agissait que de quelques formalités et de choses de peu de conséquence, ils donnèrent les mains à tout, afin de finir, et de songer au retour, parce que la saison était déjà avancée.

Le temps fut serein tout le jour.

Le 6, nous achevâmes enfin de régler de part et d'autre la Formule du Traité de paix: nous le dressâmes, l'Interprète des Moscovites et moi, selon la pensée de nos Ambassadeurs, et nous convînmes de la manière dont il serait signé, scellé, et juré par les Ambassadeurs des deux partis.

Le temps fut fort serein tout le jour.

Le 7, nous fûmes presque depuis le grand matin jusqu'au soir avec les Plénipotentiaires moscovites, et leur Interprète, pour écrire les deux exemplaires Latins du Traité de paix, parce qu'il fallut encore disputer le terrain, et passer une partie de la journée en allées et venues, pour convenir de quelques formalités, sur lesquelles les Moscovites formaient à tout propos des chicanes.

Enfin nous achevâmes de mettre au net ces deux exemplaires Latins du Traité de paix, conçus presque dans les mêmes termes: toute la différence consistait, en ce que dans l'exemplaire que je dressai pour nos Ambassadeurs, l'Empereur de la Chine était nommé avant les Grands Ducs de Moscovie, et nos Ambassadeurs avant leurs Plénipotentiaires; au lieu que dans l'exemplaire des Moscovites, ils avaient mis leurs Grands Ducs en premier lieu, et s'étaient mis eux-mêmes avant nos Ambassadeurs.

Jean-Baptiste du Halde, *Description géographique, historique, chronologique, politique et physique de la Chine et de la Tartarie chinoise*, Paris, Le Mercier, 1735.

JULES LEGRAS [1]

(1898-1899)

L'un des objectifs du traité de Kiakhta, signé en 1728, était, pour les Mandchous, de maintenir la Mongolie en dehors de l'influence russe. Les contacts et les échanges commerciaux se concentraient en quelques points frontaliers dont Kiakhta devint rapidement le plus important. Là, les marchands russes et chinois échangeaient leurs produits sous le contrôle des représentants de la cour des Qing. En fait, assez rapidement, les marchands chinois surent profiter des circonstances pour contrôler le commerce avec les Mongols et pour appauvrir progressivement ces derniers. En 1772, P.S. Pallas visite Kiakhta, notant l'abondance et la diversité des produits échangés. Dans son récit de voyage, publié en 1794 en français sous le titre Voyages du professeur Pallas dans plusieurs provinces de l'empire de Russie et dans l'Asie septentrionale, *il relevait — en non moins de trente pages! — la liste détaillée des marchandises proposées, l'essentiel étant constitué d'une étonnante variété de peaux et de fourrures.*

Un peu plus d'un siècle plus tard, en 1897 et 1898, Jules Legras passe par le lac des Oies et visite à son tour Kiakhta. Le lieu n'a pas perdu de son pittoresque, mais les échanges ont diminué: les routes maritimes ont détourné vers les villes cotières chinoises l'essentiel du courant commercial.

KIAKHTA A LA FIN DU XIXe SIÈCLE

Pour me rendre à Kiakhta, j'ai le choix entre deux routes: l'une suit la vallée de la Selenga, en contournant la pointe orientale des monts Khamar Dabane qui la séparent du lac; l'autre s'engage directement dans la montagne: cette dernière est plus courte et plus pittoresque; c'est, naturellement, celle que je choisis. Cette route qu'on appelle le «*tract* des marchands» a été construite par les marchands de thé de Kiakhta, désireux de gagner cent ou cent cinquante kilomètres en évitant à leurs rouliers le détour de Verkhné-Oudinsk : elle est charmante, et elle repose des monotonies de la steppe occidentale. Les hauteurs entre lesquelles monte la piste poussiéreuse, sont couvertes de pins, de cèdres et d'arbres à feuillage; elles sont extrêmement riches en minerai de fer, et voici que déjà une usine s'y installe. A nos côtés roule un gave écumant et joyeux, et les éboulis de rochers sur lesquels il sautille, les pins accrochés sur la pente; l'horizon qui, peu à peu, se dégage sur des lointains violets, tout cela me donne des

1. Sur J. Legras, voir notice p. 440.

impressions de vallée pyrénéenne. Nous montons toujours; la route, patiemment, s'élève le long des cimes en les contournant, et, malgré l'accablante chaleur, j'éprouve une surprise joyeuse à me retrouver, si loin, comme dans un paysage connu, presque familier. Le lac, un instant, apparaît, bleu pâle, dans une buée, puis tout à coup, l'eau bondissante, qui depuis quelque temps nous avait quittés, se montre de nouveau, et je m'aperçois qu'elle glisse sur un autre versant. Sur les sommets que la route côtoie, j'aperçois, à certaines clairières, des buissons où les passants bouriates ont, en guise de prière, attaché aux menues brindilles des chiffons multicolores. Une descente, au soleil déclinant, vers la vallée qui s'assombrit dans la fraîcheur croissante, une descente au grand trot, au grand galop, folle par endroits, une descente délicieuse et grisante, m'amène à la station d'Oudounga où je me décide à passer la nuit, afin de ne pas arriver trop tôt chez un riche Bouriate auquel je dois rendre visite demain. Le maître de poste lui-même me conseille de ne pas m'étendre sur un banc de sa maison: «Il y a tant de vermine, dit-il, que nous avons failli en perdre notre petit enfant, dont le corps n'est qu'une plaie!» Reconnaissant du conseil, je passe la nuit dans ma voiture, ma bonne petite voiture tapissée de foin.

29 juillet. — Une journée pénible, occupée à de lentes pérégrinations, par une atroce chaleur, à travers des *oulousses* ou campements bouriates. Ces rusés indigènes profitent de mon ignorance de la langue mongole pour me jouer, pour m'exploiter, et pour modifier contre mon gré mon itinéraire. Ils conduisent lentement mon tarentass, de village en village, à travers une longue vallée sans arbres et sans eau. Aux stations, je pénètre çà et là dans leurs demeures, et j'y trouve chaque fois, dans la pièce d'apparat, l'étagère sacrée où reposent les statuettes des dieux, quelques livres saints, des amulettes, et une dizaine de coupes contenant des céréales. Ces Bouriates me font parfois une sinistre impression. Je vois encore un vieillard énorme, nu jusqu'à la ceinture; à mon arrivée, il ricanait sur le pas de sa porte en causant avec deux ou trois compatriotes accroupis sur leurs jarrets, et je crus un instant me trouver en face d'un conciliabule de sauvages.

Le soir enfin, mon tarentass pénétrait dans une sorte de vaste plaine entourée de montagnes, et toute tapissée de plantes aquatiques, comme si elle constituait le fond d'un lac récemment desséché: bientôt j'apercevais le fameux lac des Oies, et faisais mon entrée dans le village sacré qui s'étale sur ses rives plates.

Le grand prêtre, ou *Khambo lama*, du monastère bouriate (*Datzane*) du lac des Oies, met à la disposition des visiteurs une grande maison, espèce d'hôtellerie confortable à la russe. Deux aspirants lamas m'en ouvrent les portes et transportent mes bagages dans la salle à manger, qui doit me servir de chambre, tandis que le salon est réservé au Prince

Oukhtomski, attendu dans quelques heures. Le prince revient de Chine, où il a porté au Fils du Ciel les présents du Tsar. A peine installé, je vois entrer chez moi un lama très obséquieux, très sale et très corpulent: il parle russe et m'annonce qu'il est envoyé par le grand prêtre, dont il est le secrétaire, pour régler les détails de la visite que je dois lui faire demain. L'excellent homme est bavard: comme, aux frais de son maître, on m'offre un dîner précédé de *vodka*, je lui abandonne mon apéritif, et, de suite, nous sommes les meilleurs amis du monde. Il me donne sur toute la société de copieux détails, et quand il me quitte, je suis au courant de la vie qu'on mène dans la sainte bourgade.

Le lendemain, levé dès l'aube, je fais toilette, et j'attends la visite du *chérétouï*. Le grand prêtre est en effet absent; malade, il se repose dans un couvent moins assiégé de visiteurs que n'est celui-ci. C'est le *chérétouï* qui le remplace : or, pour des raisons que j'ignore, probablement à cause des préparatifs nécessités par l'arrivée du prince Oukhtomski, il préfère me rendre visite à l'hôtel, plutôt que de me recevoir dans ses appartements. Vers neuf heures, le cortège fait son entrée. Le *chérétouï*, Baldanichi Djordjiévitch Djorjief, est un petit vieux, un peu voûté, au visage très large, avec un nez écrasé, et des yeux si minces qu'ils se réduisent à une ligne transversale. De toute sa petite personne saluante et souriante se dégage une impression de bonhomie futée. Bien qu'il soit, après le grand prêtre, le plus haut dignitaire de la confrérie, je ne distingue guère dans son vêtement les signes de ses fonctions élevées: il est vêtu, comme tous les lamas de sa suite, d'une robe en soie jaune où sont brochées des images du Bouddha. En bandoulière, il porte, comme eux, une sorte d'écharpe libre en soie rouge, très longue et très large, drapée comme une toge: c'est le symbole des vœux monastiques. Il ignore, ou bien feint d'ignorer le russe, et nous causons par l'intermédiaire d'un lama qui écorche misérablement cette langue. La conversation est peu animée, on le comprend. Nous échangeons des politesses, des souhaits, quelques questions. Les petits yeux du *chérétouï* observent sur ma figure l'effet de ses paroles tandis qu'on me les traduit, et, dans ce regard souriant et inquisiteur du prêtre bouriate, je ne sais trop ce qui domine le plus: la bonhomie, la moquerie ou l'astuce. J'obtiens de lui la permission de visiter les curiosités du temple, et nous nous séparons après avoir échangé des cadeaux: je lui offre une pièce légère d'argenterie russe; il me remet une grande écharpe en soie bleue, où sont brochées des images du Bouddha, et une petite statuette en plâtre de Çakia-Mouni. Nous sommes satisfaits l'un de l'autre.

Le temple, que je m'empresse de visiter, est un édifice en bois, constitué par trois étages superposés qui vont en diminuant, et qui se terminent par un toit aux angles retroussés, à la chinoise. La grande salle d'en bas est tout encombrée de colonnes grêles; en outre, d'innombrables bandes d'étoffe y sont suspendues de très haut, et s'agitent au moindre vent. Les bancs sont perpendiculaires à la muraille dans laquelle s'ouvre la porte d'entrée ; en ce moment, une trentaine de fidèles psalmodient des prières à la mesure donnée par un gong, et dans un rythme de plus en plus rapide qui finit par devenir presque affolant. En face de l'entrée, au fond de la salle, court une balustrade, derrière laquelle sont des armoires vitrées qui contiennent des statues de dieux : un Bouddha, un dieu de la fécondation, des dieux hideux et des dieux paisibles, puis enfin, une statue en cuivre représentant une déesse, *Nohon Hédékhé*, toute charmante, avec une taille mince, une poitrine et un cou gracieux, et une attitude paisiblement hiératique, qui fait comprendre et permet d'accepter sans répugnance le troisième œil qu'elle porte perpendiculairement au milieu du front. Je ne sais si c'est un véritable lama qui a sculpté cette œuvre : en tout cas, pour posséder une telle connaissance de la femme, il a dû prendre son temps, avant de prononcer ses vœux monastiques.

Au premier étage, nouvelle salle et nouvelles armoires, avec de nouveaux dieux plus sombres, plus terribles. C'est là aussi que l'on conserve les oripeaux, les déguisements grotesques et les masques hideux qui servent aux lamas pour célébrer la grande fête du *Tsame*, avec ses danses et ses processions symboliques.

Enfin, une dernière échelle de bois m'amène au deuxième étage, où, dans deux petits réduits qui se font face, reposent, à droite, un dieu clair, à gauche, un dieu sombre, monstre horrible et terrifiant. Les Bouriates n'ont pas multiplié dans leur temple les figures de dieux, mais ils les ont soigneusement choisies !... Une petite échelle encore à grimper en compagnie de mon lama empêtré de sa robe jaune, et je débouche sur la terrasse qui domine le temple. Les dieux dorés et les dieux noirs s'oublient brusquement dans cette lumière splendide. A nos pieds s'étalent les toits symétriques du village saint, habité uniquement par des lamas et par des aspirants à cette fonction ; c'est une bourgade tranquille, toute en bois, avec des clôtures de planches enfermant des cours nues. Du gazon pousse dans les rues, où se promènent lentement, pieusement, en robes multicolores, les prêtres bouddhiques. Sur la gauche, on aperçoit des collines pierreuses, dénudées, désolées ; mais, dès que le regard s'en détache, il erre librement sur le lac bleu, dont les rives sont si basses, et l'eau si paisible, qu'on ne distingue plus, par endroits, la ligne qui les sépare. Je reste longtemps à regarder ce petit village de planches écrasé par la chaleur, sur la plaine sablonneuse et nue, et mon guide ne sait trop pourquoi je prolonge ainsi ma méditation. Je songe que les Russes, si jeunes encore de civilisation, ont instinctivement trouvé le moyen de s'assimiler les peuples. Si nous avions La Mecque en notre possession, nous y enverrions des képis galonnés, des pantalons rouges, quelques bouteilles d'absinthe, et toute une série de fonctionnaires : les

Russes, dans cette Mecque en miniature, n'ont pas un *tchinovnik*: leur seul représentant ici, est, il est vrai, un rusé compère, mais il n'est que loueur de chevaux, et ne fait pas de propagande…

Je continue à visiter des temples. L'un d'eux n'est qu'une sorte d'énorme hangar dans lequel loge à l'ombre et au sec une gigantesque statue de Bouddha. On me fait ensuite visiter l'imprimerie rudimentaire où l'on tire à la main des épreuves sur planches en bois gravées. Enfin, ma promenade se termine chez un vieux prêtre, frère de l'ancien *Khambo-lama*: partout, dans les appartements meublés seulement de nattes épaisses et de rares étagères sacrées, partout règne la propreté scrupuleuse à laquelle tient si opiniâtrement une partie de l'Extrême-Orient. On m'offre du thé préparé à la façon bouriate: du thé en briques bouilli, cuisiné avec du lait aigre et divers ingrédients.

Cependant, tout le monastère est en émoi. Le prince Oukhtomski, que l'on attendait le matin, ne doit arriver que dans l'après-midi, et l'on se prépare à le recevoir. Tous les lamas de distinction ont revêtu leurs plus belles robes d'apparat, et, depuis une heure, ils sont debout dans la cour de l'hôtel, tandis que des guetteurs, perchés au haut du temple, scrutent l'horizon. Deux fois, tout ce monde est sorti comme appelé par une alerte; mais, pourvu d'une jumelle à prismes extrêmement puissante, je les ai détrompés. Le soleil, impitoyablement, nous grille. De ma fenêtre, je puis examiner à loisir les costumes qu'ont revêtus mes hôtes. Les uns sont en robes jaunes, les autres en grenat, et je ne puis m'empêcher de les comparer à une assemblée de professeurs de Faculté. Mais les coiffures bizarres des lamas déconcertent quelque peu mon imagination: les uns portent de grands panaches jaunes, les autres des bonnets jaunes, de forme pyramidale, agrémentés de rubans verts; d'autres, enfin, ont la tête couverte d'une coiffure énorme, toute plate, jaune, bien entendu, qui jure singulièrement avec les hautains couvre-chefs de leurs collègues. Tous ces hommes bizarrement accoutrés se promènent de long en large en plein soleil, interrogeant l'horizon, échangeant entre eux des réflexions que je ne comprends pas, puis des rires brefs… Lassé d'attendre, je pars enfin.

31 juillet. — Je suis arrivé vers midi, par une chaleur abominable, dans la bourgade de Kiakhta, but de mon excursion, et je bénis le ciel qui me délivre pour quelques jours des tortures du voyage par les traîtresses ornières de la plaine sablonneuse, ou sur les bords infestés de moustiques de la rivière Sélenga. Je suis arrivé muni seulement de trois lignes de recommandation pour une famille qui, de suite, s'est ouverte à moi, et, depuis une demi-heure, je suis l'hôte de MM. Touflef et Voronine, que je ne connaissais pas ce matin!

J'ai fait aujourd'hui visite à Maïmatchine, la ville chinoise. Sa muraille d'enceinte n'est pas éloignée de cent mètres de la dernière maison de Kiakhta. Les deux villes se touchent pour ainsi dire, malgré le poteau qui indique entre elles la ligne de la frontière russo-chinoise. Le mur d'enceinte est fait de terre glaise, de paille hachée et de lattes en bois léger : elle s'écaille par endroits, ailleurs, elle s'effrite à son sommet : elle est pour moi, dès le premier coup d'œil, comme un symbole de la Chine qui se désagrège. A l'entrée des poternes sont postés des flâneurs en haillons; et, quand on pénètre dans la rue qu'ils semblent garder, on est d'abord incommodé par les senteurs qui s'en dégagent: les mauvaises odeurs de toute sorte, provenant des négligences de la voirie, et, par-dessus tout, une odeur indéfinissable, fade et pénétrante, écœurante au premier abord, l'odeur du Chinois. Les rues sont extrêmement étroites; c'est tout juste si l'on a de quoi s'y ranger d'un chariot qui passe: elles sont vaguement pavées de dalles et de pierres disjointes. Chose étrange, les vastes portes cochères des magasins entre lesquels on circule, sont en général propres, bien soignées, ornées d'un auvent festonné et gaufré. Lorsqu'on pénètre dans les cours ainsi défendues, et qu'on parvient à faire taire les petits chiens à nez camus qui se jettent à votre rencontre, on est surpris du contraste que présente avec la rue bruyante et sale, l'intérieur des maisons de commerce. La cour est en général égayée d'étagères où sont posés des pots de fleurs joliment soignées : on y voit des lauriers-roses, des géraniums, des fleurettes de toute sorte. Puis encore on aperçoit, pendues aux murs de la cour, de petites cages rondes contenant des oiseaux du genre des cailles. Le magasin s'ouvre mystérieusement devant vous, et vous pénétrez dans une pièce sombre, fraîche, soigneusement tenue. Le fond du magasin est généralement occupé par une espèce d'estrade basse, qui recouvre la caisse d'un grand poêle: c'est là que les personnages principaux de la maison s'allongent, côte à côte, perpendiculairement à la cloison, comme des soldats dans un corps de garde, sur des feutres épais enveloppés d'étoffes multicolores. La paroi qui ouvre sur la cour est constituée par des châssis mobiles en baguettes de bambou offrant des dessins capricieux; les vitres y sont rares: on les remplace le plus souvent par du papier huilé ou par de l'étoffe. Tout est si bien rangé, si propre, dans cette pièce, que l'on a peine à croire que la rue chinoise soit si proche. Les meubles, sans être des pièces de musée, sont cependant, pour la plupart, élégants; ils sont en bois verni agrémenté de quelques cuivres. Voici, par exemple, une haute armoire en bois de couleur sombre, sans une corniche, sans une ciselure, mais avec quatre petites pièces de cuivre incrustées: cela est d'un goût sévère, d'un goût sûr qui me fait plaisir. Je m'enquiers de la destination de ce joli meuble: un jeune garçon s'avance, saisit des poignées dissimulées dans les cuivres, et ouvre les deux battants : l'armoire est tout simplement destinée à cacher un minuscule escalier qui sert à atteindre, au haut de la pièce, l'ouverture où se loge le couvercle du calorifère! Le fond de la pièce est occupé par des vitrines. Les marchands, avec de bienveillants sourires, sortent de là cent bibelots : de la faïence commune, de menus ustensiles de ménage, des bouliers-compteurs, des baguettes à manger, des tasses à thé avec leur couvercle, des soucoupes en métal, en forme de fleur épanouie, des aiguières en métal pour verser le vin bouillant, des godets de faïence destinés à recevoir ce vin, en un mot les mille petites choses nécessaires à la vie courante. Puis, voici que du fond de placards sombres, on sort devant nous des paquets enveloppés de papier de soie et ficelés avec soin : un à un, avec une adresse et une prestesse singulière de leurs longs doigts effilés, les commis ouvrent ces paquets, en font voir le contenu, puis, en un tour de mains, les ficellent de nouveau : cette fois, ce sont des bibelots rares: des dieux en bronze doré, des soieries, des foulards, des pièces d'étoffe, des mouchoirs brodés en couleur, des thés, des livres de prière et des livres obscènes, des images... Les maîtres de la maison se montrent très aimables, très accessibles à ma curiosité d'Européen. Ils se laissent questionner sur mille détails, et annoncent leurs prix tranquillement, sans faire l'article.

Toutefois, le magasin n'absorbe pas la maison tout entière. On aperçoit des pièces dans lesquelles nul ne vous invite à pénétrer, des pièces intimes, je pense, avec un autel domestique. Ailleurs, voici des ateliers. Près d'une fenêtre, un artiste accroupi grave patiemment des caractères sur une planche. Plus loin, des commis, leurs larges manches retroussées, comptent de l'argent russe, des billets, qu'ils feuillettent de leurs doigts maigres. D'autres causent et rient à tout instant, subitement, sans qu'un sourire préalable m'ait fait deviner qu'ils plaisantaient. Un grave Chinois, étendu sur un banc, lit un livre imprimé de haut en bas; près de lui, deux jeunes garçons s'exercent à écrire: le regard attentif, la main droite à demi tendue, et les doigts recourbés en dedans, ils tiennent le pinceau fin et s'exercent à des pleins et à des déliés savants. Il fait si frais, dans ces maisons chinoises, jalousement closes, que ce doit être, par cette chaleur, une vraie joie que d'y travailler...

L'escorte mongole qui a eu mission d'accompagner depuis Ourga jusqu'à la frontière russe le prince Oukhtomski et sa suite, est encore arrêtée aux portes de Maïmatchine. C'est une rare occasion pour moi d'observer un campement exotique. Mes hôtes m'y ont conduit, après dîner, à la fraîcheur. Les tentes sont dressées sur un épaulement de terrain auquel la ville s'appuie vers le sud-ouest. En ce moment, tout ce monde dîne ou cuisine. Les soldats mongols n'ont pas des figures bien rassurantes: je préférerais, ce me semble, voyager seul plutôt que de les avoir à mes trousses. Ils sont vêtus de misérables chemises de coton, et chaussés de bottes lâches. L'un d'eux, qui passe près de nous complètement nu, me fait involontairement reculer, comme un sauvage de mes souvenirs d'enfant. Dans des trous creusés en terre, les feux sont allumés; les poêles sont posées sur le gazon qui leur sert de trépied, et les cuisiniers y font frire, dans une huile abominable, des choses sans nom; j'aperçois pourtant des crêpes: le Vatel chinois les retourne en les saisissant, à même la poêle, de ses longs doigts, et il les remue de cette même fourchette naturelle, dont la trace y reste imprimée en noir. Assis sur un tabouret, devant un petit banc, un officier chinois, gras et jovial, fait la dînette avec ses deux baguettes en os. Il absorbe prestement le contenu des petits bols qu'on lui présente, et, quand il a fini, il entre avec nous en conversation, au moyen de ce *sabir* russo-chinois qui sert ici aux relations de frontière. Il est tout heureux de nous faire voir une montre en argent qu'il a reçue en cadeau du prince Oukhtomski, tandis qu'un de ses collègues mongols, un vieux à bonne figure bronzée, cherche à nous vendre un cendrier en forme de tête de chien qui lui a été offert à la même occasion, et dont il n'a que faire, bien entendu, dans la steppe. Un soldat, arrêté près de nous, écoute la bouche entrouverte, cette conversation à laquelle il n'entend rien, et continue machinalement à gratter, comme ferait un singe, son corps nu jusqu'à la ceinture. Ces hommes sont accueillants, familiers sans transition, et, dans leur misère et leur saleté, contents sans doute de leur vie vagabonde; ils n'ont pas l'air trop malheureux.

Pour revenir à Kiakhta, nous sommes passés près des jardins que cultivent les maraîchers de Maïmatchine. Les légumes de toute espèce s'y pressent comme chez un jardinier de nos pays: la terre, dans ces petits enclos, semble d'une fertilité remarquable; on en comprend la raison, lorsque l'odorat vous avertit du genre d'engrais que l'on y emploie. Ces maraîchers produisent à très bas prix des légumes de première qualité, dont se nourrissent presque exclusivement leurs compatriotes, et que leurs colporteurs vont offrir de maison en maison, sur leur longue balance, à Kiakhta et à Troïtskosavsk. En vérité, rien n'est plus frappant que la différence que l'on observe des deux côtés de cette frontière : ici, le Russe dont la maison s'étale largement, avec des cours, des hangars, des dépendances, un terrain énorme perdu en pure perte, sans profit pour lui-même ni pour son exploitation; là-bas, au contraire, le Chinois économe et industrieux, content de peu, patient et tenace, qui, sur un espace de terre grand comme la main, entasse du travail et des produits utiles. Il semblerait, à première vue, que le grand voisin, qui aime ses aises et vit au large, soit bien près de devenir tributaire du patient Asiatique : est-ce par un singulier caprice que l'histoire a décidé que le contraire seul se réaliserait de nos jours? Ou bien faut-il voir la raison de cette apparente anomalie dans ce fait que, dans la Russie moderne qui prend son essor, la volonté ferme et la hardiesse d'entreprise sont surtout en haut et dirigent un peuple docile et malléable — tandis que, dans cette Chine qui se désagrège, le labeur patient, la volonté de lutter se retrouvent seulement dans les couches moyennes de la population, et qu'un gouvernement faible et incertain ne sait pas les utiliser?

2 août. — J'ai passé une partie de la journée à visiter le *Gastinny Dvor*; c'est l'hôtel des thés de Kiakhta. C'est dans cet énorme bâtiment blanc que passent et séjournent tous les ballots de thé qui traversent la Mongolie pour venir en Russie. Depuis que la Russie possède les grands paquebots de la *Flotte volontaire* qui établissent des communications directes entre les ports de l'Extrême-Orient et ceux de la mer Noire, la plus grande partie du thé qu'elle consomme lui est apportée directement par mer de Han-K'éou à Odessa. Ce mode de transport est naturellement beaucoup moins dispendieux que le traînage ou le roulage par les routes et par les déserts du continent asiatique. Aussi le thé ne prendrait-il plus ce dernier chemin, si, d'une part, l'on n'avait établi une douane différentielle grâce à laquelle les thés de Kiakhta ne payent que 325 francs par 100 kilogrammes, tandis que ceux d'Odessa payent 525 francs, et si, d'autre part, la Sibérie n'avait elle-même besoin de thé. C'est, en réalité, cette dernière raison qui prévaut: la Sibérie, en effet, ne consomme guère de ce thé en feuilles que nous connaissons, mais beaucoup plutôt du thé en briques, presque inconnu en Europe. C'est surtout celui-ci qui pénètre à Kiakhta et dont s'occupe le *Gastinny Dvor*[1]. Aussi bien le thé en feuilles ou *baïkhovy* ne donne-t-il ici que peu de souci. Comme il est de qualité supérieure, les expéditeurs russes ou chinois se donnent la peine de l'empaqueter avec grand soin. On se contente ici de vérifier le contenu de quelques caisses prises au hasard dans chaque envoi: c'est cette vérification qui sert de base à la déclaration douanière. La douane d'Irkoutsk se contente, elle aussi, de faire ouvrir trois caisses prises au hasard, et établit, sur la moyenne du poids constaté, le bordereau de paiement.

Les briques de thé donnent beaucoup plus de travail. Qu'est-ce, d'abord, qu'une brique de thé? Elle présente l'aspect d'une tablette en bois noirâtre, longue de 25 à 35 centimètres, large de 18 et épaisse de 2 centimètres. On la fabrique en soumettant à une forte pression les feuilles de thé préparées d'une façon spéciale. Pour l'employer, on en casse un morceau, que l'on met à infuser comme du thé ordinaire: tous les indigènes de la Sibérie, et tous les paysans, se contentent de ce thé en briques, très bon marché, peu encombrant et facile à transporter. En raison même de leur relatif bon marché, les briques sont emballées avec peu de soin: elles arrivent à Kiakhta dans des corbeilles en nattes tressées, et formées de deux moitiés égales qui s'emboîtent l'une dans l'autre. Chaque brique, marquée au nom du fabricant, est

1. Le thé en briques paye 525 F de douane par 100 kilos à Odessa, et 62,50 F seulement à Irkoutsk.

enveloppée de papier, et la corbeille qui les contient est elle-même empaquetée dans une espèce de tapis de laine rude ; mais ces précautions sont loin d'être suffisantes, et les caisses parviennent à Kiakhta dans un état lamentable. Transportées en barques, à dos de chameau, et sur des chariots traînés par des bœufs, manipulées par cent mains différentes, toutes plus grossières les unes que les autres, oubliées dans des coins, abandonnées sans abri, à même la terre et sous la pluie, jetées brutalement les unes contre les autres dans les transbordements, soumises, en un mot, à toutes les aventures et à tous les dangers d'un voyage de plusieurs mois à travers la Chine et le désert mongol, ces caisses présentent, à leur arrivée ici, un bien piteux aspect. Souvent aussi l'intérieur en est gâté comme l'extérieur : des briques sont cassées, effritées, mouillées ; d'autres manquent à l'appel. Il faut donc constater toutes ces différences et remédier à tous ces dégâts dont, il faut l'ajouter, les charretiers mongols sont responsables. Ce sont eux, en effet, qui volent ou laissent voler le contenu des caisses, et qui, surtout, enlèvent les tapis d'enveloppe et les cordes, ces dernières de préférence, car elles sont un des objets d'échange le plus courants dans la steppe de Mongolie. Quand, par exemple, un charretier veut, à Ourga, se procurer du pain, il donne au boulanger quelques-unes des cordes qui se trouvent dans son chargement, et laisse ensuite, sans murmurer, le marchand de Kiakhta déduire de son salaire la valeur de ce précieux article[1]. Grâce à tous ces désordres, les dégâts causés par le transport sont si considérables que j'ai pu voir un envoi de 150 caisses dont 130 étaient avariées.

Les briques, une fois parvenues dans le *Gastinny Dvor*, sont reprises une à une, brossées avec soin et triées. On forme alors, avec les vieux emballages, de nouvelles caisses que l'on transporte au cousage.

Le cousage est une spécialité de Kiakhta : il s'applique également au thé en briques et en feuilles. Le thé, en effet, tant qu'il n'a pas acquitté les droits de douane, est une marchandise de valeur moyenne : les avaries qu'il peut subir sont des pertes, sans doute, mais des pertes peu considérables, en regard de celles que constitue l'avarie d'une caisse lorsqu'elle a franchi la frontière douanière. Or, les risques du transport à travers la Sibérie sont considérables, — ou l'étaient, du moins, avant l'établissement du chemin de fer. Lentement, sur des chariots découverts, les transports s'acheminent en longues files vers le port fluvial le plus prochain : ce sont des milliers de kilomètres qu'il faut franchir au pas, dans la boue, dans les fondrières, dans la neige, sous la pluie qui fait rage, et à travers une humidité que ne connaît pas la Mongolie. Des mois et des mois s'écoulent, avant que le thé parvienne à destination : il faut, de toute nécessité, l'assurer contre les dangers de ce voyage. Pour y parvenir, on coud les caisses dans des peaux de

1. Son salaire lui est payé en grosses briques de thé de qualité inférieure.

bœuf préalablement désinfectées au moyen d'un bain chimique, d'où elles sortent aussi molles que de la peau de chamois. Les couseurs entrent alors en scène. Ce sont des ouvriers adroits qui reçoivent 20 copecs (0 fr. 55) par caisse, et sont capables d'en coudre de quinze à vingt par jour. Ils sont armés d'une aiguille de quinze centimètres environ, légèrement recourbée, plate, mais munie, près de la pointe, d'une palette dont les côtés sont tranchants. Avec cet instrument sans apparence, ils sont capables de fendre une peau dans toute sa longueur. Voici comment ils travaillent: la peau une fois étendue par terre, poil en dedans, l'ouvrier y mesure la largeur de la caisse, et fend rapidement ce qui dépasse à droite et à gauche. Il réunit les deux extrémités par un surjet fait avec une lanière molle. Il se sert ensuite des débris de peau pour couvrir les deux côtés restés libres. Ces ouvriers travaillent avec une rapidité fébrile: incessamment, les débris volent autour d'eux, tranchés par la palette de leur aiguille, et la caisse, en un tour de main, se trouve recouverte de la peau qui, en séchant, l'étreindra et lui servira d'imperméable bouclier. Désormais, on pourra la manier brutalement ou l'oublier sous la pluie, elle ne craint plus rien: son emballage la rend à la fois élastique, et insensible aux intempéries. Malheureusement, la couture des caisses de thé revient assez cher: on en estime les frais à 2 rbl 35 en moyenne pour le thé en briques, et à 3 rbl 25 pour le thé en feuilles (6 fr. 35 et 8 fr. 75), et ces frais ne sont rendus nécessaires que par le transport lent usité en Sibérie; dès qu'il sera possible d'utiliser le chemin de fer ou des paquebots, le cousage deviendra inutile, et la différence sera sensible pour ceux des commerçants qui expédient, bon an mal an, 20 000, 50 000, 80 000 ou 100 000 caisses de thé!

Une fois cousues, les caisses sont livrées à un entrepreneur qui se charge de les faire transporter jusqu'à leur lieu de destination, qui est le plus souvent Nijni-Novgorod, ou bien Irbit, où se tient, au mois de février, la grande foire de Sibérie[1].

Toutefois, avant de quitter le *Gastinny Dvor*, chaque caisse de thé est soumise à un impôt local qui s'élève pour le thé en briques, à 16 + 2 copecs, et pour le thé en feuilles, à 35 + 3 copecs. Cet impôt,

1. Au mois de septembre 1898, le chemin de fer ayant atteint Irkoutsk, les conditions de transport vont sans doute changer. L'administration fait aux marchands de thé des conditions assez avantageuses: 2 rbl par *poud*, depuis Irkoutsk jusqu'à Nijni. Dès lors, il suffira de faire transporter les caisses de Kiakhta à Irkoutsk (par eau, par terre ou sur la glace), ce qui, selon la saison, coûte de 2 à 4 roubles. Le grand entrepreneur de Tomsk, M. Koukhtérine, se chargera seulement alors d'assurer la manipulation des caisses durant leur trajet par voie ferrée, d'exécuter les chargements et les transbordements, le tout au prix de 1 rbl 25 ou 1 rbl 50 par caisse. Il y aura donc à la fois une apparente diminution des frais actuels du transport et, en même temps, une accélération véritable dans la longue traversée. Qu'arrivera-t-il alors? le Gouvernement augmentera d'autant les droits de la douane d'Irkoutsk, et, une fois de plus, dans cette Sibérie colossale qui sert de champ d'expérience à toutes les fantaisies de ses ministres, il tuera une industrie qui allait renaître en se modifiant.

appelé *akcidensia*, est employé, fort judicieusement, à des entreprises d'utilité publique: ces 2 et ces 3 copecs supplémentaires vont au lycée de filles, à l'école réale, et à l'école municipale. Quant au reste des fonds, il sert, par exemple, à l'entretien des routes, et c'est en partie grâce à cet argent que l'on a établi le *tract des marchands*.

En somme, on le voit, Kiakhta ne subsiste que pour remédier au mode défectueux du transport des thés à travers la Chine et la Mongolie; le cousage, lui aussi, n'est nécessaire que pour remédier aux dangers du transport sibérien. Le cousage sera peut-être abandonné demain; quant à Kiakhta, son avenir ne semble pas non plus très brillant. Les transports directs et à bonne vitesse rendront inutiles les travaux qu'on exécute dans son entrepôt: elle ne sera plus alors qu'une station frontière sur la route des caravanes...

Par le soleil brûlant, je suis retourné à Maïmatchine. J'ai passé quelque temps à bavarder chez le brave Syn-taï-loun. Il nous a offert, dans sa boutique fraîche, du thé et cent petites friandises nouvelles pour moi: des fruits secs dont le noyau est sucré, des bonbons au poire, des lamelles de pommes séchées, une espèce de flan à base de confitures sèches; et enfin même, une pipe et un narghilé. La pipe minuscule se fume en deux bouffées; quant au narghilé tout petit, tout mince et gracieux, sa fumée fraîche n'est pas désagréable.

En continuant ma promenade, j'ai vu la prison, un petit bâtiment en terre glaise et en lattes, bas, sordide, funèbre: l'intérieur, vide en ce moment, en est meublé de poêles et de planches de corps de garde. Près de là, dans un coin, voici la potence. Un groupe de Chinois pauvres et de Mongols, accroupis sur leurs talons, causent et rient bruyamment. L'un d'eux a prié un camarade de lui gratter le dos, et, pour que l'opération soit plus efficace, l'obligeant ami a relevé la robe pour atteindre la peau nue... et il gratte... je me revois au palais des singes!...

Le temple de Maïmatchine fait, du dehors, une jolie impression. Il est logé au fond d'une vaste cour toute ornée de fleurs et d'arbustes en caisses, et dont la partie antérieure est occupée par un théâtre. A l'intérieur, c'est à peine si l'on peut circuler, tant est grand l'encombrement des statues. C'est une salle très ornée, très sombre, avec des vases, des sculptures, et d'énormes statues de dieux ventrus et hideux, dont quelques-uns sont revêtus de robes de soie.

Hors des portes de la ville, sous le soleil et dans la poussière, s'étale un marché grouillant d'Asiatiques: Mongols, Chinois et Bouriates, de toutes les formes et de toutes les couleurs, depuis le blanc jusqu'au noir, en passant par le jaune citron et le bronze clair; avec cela, les costumes et les coiffures les plus variés, les plus disparates: guerriers en robe jaune et en bonnet conique à bords retroussés; Chinois en robe bleue; portefaix en haillons indéfinissables, coiffés d'un chapeau champignon tout blanc, avec un gland rouge; désœuvrés de toute espèce; mendiants, acheteurs. Ceux-ci en flânant d'étalage en étalage; ceux-là font la cuisine en plein vent; un troisième, accroupi devant un petit banc, déjeune à grands coups de baguettes. Un flâneur qui, sous un auvent en toile, allongé par terre, cause avec un marchand, a relevé, pour avoir plus frais, sa robe bleue jusqu'aux épaules. Qui donc, d'ailleurs, s'offenserait de la nudité qu'il étale, puisque les femmes n'ont pas le droit de s'approcher de la frontière? Des marchands, accroupis devant des étalages de bric-à-brac ou de produits alimentaires, attendent paisiblement la pratique; des artisans patients travaillent à leur métier, presque dans la rue; des hommes empoussiérés conduisent de longues files de chariots attelés de bœufs trapus; de temps à autre, un haquet bien propre débouche de la ville au petit trot d'un cheval: deux Chinois rieurs et bien tenus y sont assis; où vont-ils? A Ourga, la ville sainte, ou bien à Oulane Bourgasse, le village où l'on s'amuse?... Puis, enfin, des cavaliers mongols, presque debout sur leurs petits chevaux vifs et trotte-menu, passent à toute vitesse, faisant écarter la foule par de gutturales exclamations. C'est un remue-ménage, un grouillement, un brouhaha, une saleté, une infection, un imprévu vraiment extraordinaires, sous ce soleil aveuglant et brûlant, et parmi cette poussière. [...]

4 août. — Mes hôtes m'ont mené, en voiture, à Oulane Bourgasse; c'est une sorte de *Yochiwara* mongol à l'usage des Chinois, un lieu de plaisir où les Célestes se rendent en cachette du préfet de Maïmatchine, très sévère gardien de la vertu de ses administrés. Nous filons au grand trot sur la piste inégale qui coupe la steppe mongole: une herbe touffue recouvre le sable, et çà et là, des ruminants y paissent. A l'horizon bleuissent des montagnes, et dans tout l'intervalle, si loin que la vue s'étende, tout est nu et désolé. A mi-chemin, nous nous arrêtons pour photographier une yourte de Mongols pauvres, et l'on nous invite à y prendre le thé. La yourte est formée de feutres tendus sur un bâti de branches: des hommes y sont accroupis, et, quand nous y arrivons, à notre rencontre s'avance un enfant tout nu, et chaussé de grandes bottes. La maîtresse du logis est fort accueillante: assez jeune encore, elle n'est point laide, mais sa coiffure est bizarre: ses cheveux, collés comme une coque de Japonaise, s'écartent de sa tête en l'encadrant de deux gigantesques oreilles. Au centre de la yourte est un fourneau surmonté d'un chaudron où bout un liquide noirâtre; on nous le sert comme du thé, dans des tasses en bois, après l'avoir filtré tant bien que mal au moyen d'un petit balai de bouleau, et y avoir mélangé du lait aigre.

Nous arrivons enfin à Oulane Bourgasse. C'est un village de yourtes mongoles, aussi mal habité que mal fréquenté. En nous y promenant, malgré les efforts de quelques indigènes pour nous écarter, nous apercevons... la voiture peinte, à carreaux multicolores, dont se sert le *tjur-gou-tchèye*, le préfet de Maïmatchine! Le vertueux fonctionnaire est plus sévère pour ses administrés que pour lui-même... Des femmes en robes de soie de couleurs éclatantes apparaissent de temps à autre, sous la conduite d'un domestique sordide: en nous voyant, elles se hâtent, et détournent leur visage peinturluré, qu'encadrent les coques monumentales de leur coiffure. Partout, on voit des vieilles femmes ridées, ratatinées, des Mongols malpropres, des enfants et des chiens: c'est un bien laid village, un village sinistre de yourtes basses.

7 août. — J'ai quitté avant-hier la petite ville, et après trente kilomètres de voiture par les lentes ondulations de la steppe mongole, je suis arrivé chez un des grands marchands de thé de Kiakhta, A. M. Louchtnikof. Nous sommes à Oust-Kérane, une petite localité où, à grands frais, les principaux marchands de Kiakhta se sont créé, porte à porte, de belles maisons de campagne. On éprouve une grande surprise à voir surgir de la steppe nue une oasis de verdure; j'en ai éprouvé une plus grande encore à trouver réunie dans une maison aussi confortable une société aussi nombreuse et aussi brillante. Alexis Mikhaïlovitch, qui souffre de rhumatismes, ne quitte pas son fauteuil roulant; c'est un homme d'une rare intelligence, et la maladie, qu'il supporte stoïquement, sans une plainte, sans une allusion, comme s'il l'ignorait, n'a pas éteint la vivacité de son esprit, ni voilé la malice de sa conversation de pince-sans-rire. Il a encore onze enfants vivants, six filles et cinq garçons, partagés entre des occupations diverses, depuis le commerce jusqu'aux arts plastiques, en passant par le journalisme et l'armée. Il aime la vie large, et, condamné lui-même à l'immobilité, trouve sa joie dans un mouvement incessant d'invités qui se pressent dans sa maison. Je ne sais pas au juste combien nous sommes ici: trente personnes, au bas mot. La famille d'abord, non pas complète, certes, mais nombreuse pourtant, puis les invités des parents, les amis des enfants, des visiteurs de passage que l'on voit seulement à un repas, et qui disparaissent; d'autres, au contraire, qui ont leur chambre et qui visiblement — comme moi, je l'avoue — se plaisent et s'oublieraient volontiers dans cette fraîcheur et dans ce milieu choisi.

Notre vie est des plus simples: le matin, un bain glacé dans la petite rivière, puis des promenades à pied dans la prairie, en voiture ou à cheval dans la forêt lointaine, en canot sur la rivière bordée de saules; le reste du temps, on cause, on lit, on travaille à sa guise, avec la plus entière indépendance. Je me sens reposé, rafraîchi, par la sympathie rencontrée partout dans cette hospitalière maison, par cette accueillante sympathie qui vous enveloppe sans gêner vos mouvements, et vous caresse sans minauderie. C'est là une véritable hospitalité russe, et un véritable accueil de braves gens. Toute cette société variée, marchands, officiers, ingénieurs, littérateurs, flâneurs, touristes, va et vient sans gêne autour du maître de la maison cloué sur son fauteuil roulant.

Alexis Mikhaïlovitch, qui joue volontiers avec sa chaîne de montre, une longue chaîne de cou, ornée d'un gros diamant, fait rouler son fauteuil de groupe en groupe, dissimulant sa souffrance, ne troublant pas par une seule plainte cette jeunesse active, lançant à l'un et à l'autre des remarques plaisantes ou caustiques, animant cette société qu'à lui seul il soutient par son incessant labeur.

J'ai trouvé ici le directeur de l'excellent journal d'Irkoutsk, la *Revue orientale* (*Vostotchnoyé Obozréniyé*): Ivan Ivanovitch Popof, gendre de M. Louchnikof. C'est un homme tout jeune encore, fort intelligent, d'un abord captivant; il est très au courant des affaires de la Sibérie orientale, sur lesquelles son journal est le mieux informé. C'est avec lui surtout ou bien avec Véra Alexéevna, sa femme, que je cause longuement de ces questions sibériennes que je suis venu étudier. Ils me mettent au courant de la vie intime de leur journal, plus âgé, plus compact que le *Stepnoye Kraye* d'Omsk pour lui conserver son caractère de feuille honnête et courageuse. Ces braves amis me captivent, et les heures, en leur compagnie, passent vite. Malheureusement, j'ai peu de temps à moi: les renseignements, d'ailleurs fort utiles, que j'ai recueillis ici sur le commerce du thé ne justifient pas un long séjour à Oust-Kérane, et, d'autre part, mon enquête précise est terminée à Kiakhta. J'étais, jusqu'à ce soir, incertain encore de la route que je suivrais pour atteindre Tchita: reprendre le grand *tract* en passant par Verkhné-Oudinsk ne me souriait guère; d'autre part, les renseignements directs que l'on m'avait donnés ici m'avaient contraint à abandonner mon projet de passage par la vallée du Chilok, et de visite aux eaux de Yamarovka. Sur ces entrefaites, sont arrivés ici deux ingénieurs: l'un, Nicolaï Siméonovitch Bogolioubski, est directeur du district minier du gouvernement d'Irkoutsk: il a le titre d'Excellence, mais il est, malgré ce titre, parfaitement simple et bon. Une visite rapide que je lui avais faite à Irkoutsk m'avait laissé cette impression qui s'est bien vite confirmée ici. Avec lui voyagent: son fils, Vikenti, un bavard et charmant bambin de onze ans, et un ingénieur de district, Antone Antonovitch Lévitzki, un homme d'apparence distraite, rêveuse, timide. Or, voici qu'en causant, le *général* (c.-à.-d. l'Excellence) m'a proposé d'aller, en sa compagnie, visiter une petite mine d'or qu'il doit inspecter avant de rentrer à la capitale. C'est pour moi un grand détour car il me faut, si j'accepte, revenir jusqu'au sud du lac Baïkal; mais l'occasion est trop belle pour que je la refuse. Nous partons demain.

8 août. — J'ai grand-peine à me séparer de mes braves hôtes de Kiakhta et de toute cette société accueillante. Cependant, je dois partir. Un dîner chinois, chez Si-Fâ-youn, est offert à M. Bogolioubski, et la virtuosité que j'ai acquise dans le maniement des deux baguettes m'amuse assez pour me distraire de ces pensées et de cet énervement du départ qui sont une des tortures du grand voyage. Une dernière tasse de thé exquis, et nous nous séparons. M. Touflef tient à m'accompagner dans sa voiture jusqu'à Troïtskosavsk, et de là, les ingénieurs et moi, nous partons, chacun dans notre équipage. Mes pensées ne sont pas gaies : je sens si bien que le temps presse! Il ne me reste que trois mois de congé, et j'ai à traverser des étendues immenses en Sibérie, avant d'atteindre le Japon, où je voudrais faire un pèlerinage artistique, après tant d'impressions rudes.

9 août. — Nous roulons depuis trente heures, de station en station; nous avons traversé la Selenga, la nuit, dans des ténèbres profondes, avec du vent et des appels incompréhensibles des bateliers sur le bac; puis nous avons atteint la vallée de la Djida que nous ne devons plus quitter. La plaine cultivée par des Bouriates, s'est monotonement déroulée devant nous: ce soir, enfin, énervés, lassés, maussades, nous avons fait halte au village de Kharatsaïka, tant pour laisser reposer Vikenti que pour aller aux informations.

10 août. — La route a atteint les montagnes, et ce sont maintenant, de temps à autre, des défilés difficiles ou même dangereux, dont nous récompensent seulement les échappées de vue sur les hauteurs arrondies, sur l'horizon fin et les bleus délicats des lointaines vallées. Des pentes effrayantes nous obligent, sur l'invitation des cochers, à descendre de voiture: des montées leur succèdent, qui sont si escarpées, que l'on doit caler les tarentass avec une barre de fer *ad hoc*, pour les empêcher de rouler en arrière et d'entraîner les chevaux. Les villages que nous traversons sont peuplés de Cosaques, et, je dois le dire, je les ai abordés avec une prévention de sympathie, réaction innocente contre tout le mal qu'on dit des Cosaques en Sibérie. Mon indulgence a été punie. Nulle part, en ce pays où l'homme est si volontiers hostile à l'homme, je n'avais encore rencontré autant de grossièreté, d'impudence, de paresse, de ruse cauteleuse, non pas envers moi seul, puisque je ne suis rien ici, mais envers le personnage que j'accompagne. Les Cosaques de la Djida méritent hautement la détestable réputation qu'ont acquise leurs frères dans le reste de la Sibérie. J'en suis au point de leur préférer jusqu'aux Bouriates!... Nous sommes enfin arrivés au village de Tsékir, où nous laisserons nos équipages, pour monter dans ceux que le propriétaire de la mine d'or (un de nos voisins, à Oust-Kérane) doit envoyer à notre rencontre.

12 août. — La route de montagne qui mène au placer est abominable : elle est tournante, capricieuse, boueuse, creusée de fondrières, vaguement réparée au moyen de troncs d'arbres non fixés, sur lesquels les chevaux glissent et trébuchent, tandis que la voiture bondit follement sur ses ressorts. Nous mettons plus de quatre heures à franchir 25 verstes. Mais tout a une fin: nous sommes parvenus sains et saufs à la mine Glafirovski où l'intendant, en redingote et cravate blanche, a reçu avec de grands saluts Son Excellence monsieur l'inspecteur, et, ce qui était pour nous quatre infiniment touchant, nous a offert un substantiel déjeuner. Après deux jours passés à examiner, soit seul, soit en compagnie d'un ingénieur, les installations du placer et de la mine voisine, Nikolski, voici l'essentiel de cè que j'ai vu de l'exploitation.

Les placers se trouvent à cinq ou six kilomètres de la frontière chinoise, dans le fond de vallées larges, traversées par un mince filet d'eau. Le sable aurifère est ici presque à fleur de terre, et l'on comprend combien cette circonstance est avantageuse : il est transporté, sur de petits haquets à un cheval, jusqu'au bâtiment central auquel on accède au moyen d'un plan incliné; à une hauteur de 7 ou 8 mètres, se trouve une plate-forme munie d'un trou béant dans lequel on verse le contenu du haquet. Cette ouverture communique avec un cylindre creux, percé de trous de grandeur décroissante, traversé d'un courant d'eau, et animé d'un mouvement de rotation. La force centrifuge chasse les gros cailloux qui s'échappent (parfois en compagnie de grosses pépites) d'un côté, tandis que les terres et les sables légers sont entraînés par le courant d'eau, en cascade lente, sur un plan incliné à échelles, muni de feutres, et se rétrécissant de plus en plus. De la sorte, un premier dépôt d'or impalpable se fait sur les feutres; quant à la boue, généralement assez lourde, qui se retrouve tout en bas des échelles, on la recueille précieusement, et on l'apporte sur un autre tout petit plan incliné où coule un mince filet d'eau, et que surveille un grand Cosaque. Armé d'une palette, le Cosaque délaie lentement la boue dans l'eau glissante. Son œil exercé ne laisse échapper qu'après examen les minces petites pierres et les parcelles de terre. Peu à peu, la boue s'éclaircit, se lave, diminue. Il ne reste plus qu'un tout petit tas qui s'agite au frémissement de l'eau. L'ouvrier y verse alors du mercure, et, après l'avoir agité quelques minutes, il laisse échapper au fil de l'eau tout ce que le mercure n'a pas englobé. Il ne reste plus alors qu'à verser, séance tenante, dans un creuset, l'amalgame sans apparence que l'on a ainsi obtenu, et à soumettre ce creuset à l'action de la chaleur. Le mercure, vite évaporé, laisse derrière un métal jaunâtre, poreux, laid, très lourd: c'est de l'or...

Mais, patience, cet or n'appartient pas encore au propriétaire pour le compte duquel on l'a extrait. Il faut que celui-ci vende sa récolte de métal précieux, et qu'il la vende à l'État. Non seulement, il fait des dépenses très importantes pour organiser son exploitation, subit des tracasseries sans nombre, des impôts directs énormes[1], et des impôts indirects considérables; mais encore, il lui faut payer, nourrir tout son personnel, et attendre lui-même, pour rentrer dans ses fonds, que soient remplies les formalités draconiennes qu'exige la loi russe...

J'ai visité avec intérêt les bâtiments annexes, l'infirmerie, devant

1. 5 % sur une quantité de 1 à 3 pouds (16-48 kg); — 10 % de 4 à 5 pouds; — 15 % à partir de 6 pouds (96 kg).

laquelle, enchaînée à un pieu, se démène une louve, Maroussia, folâtre et caressante, malgré l'inconsciente menace de sa formidable mâchoire; les dortoirs enfin, ou casernes des ouvriers. Ce sont des hangars noirs, humides, d'une saleté indescriptible. Les hommes sont là, sales, déchirés, fatigués. Certes, ils constituent, en leur genre, une espèce d'écume de la population sibérienne, mais comment oublier que ce sont des hommes, quand on sait que ces ouvriers sont esclaves d'un contrat qui les lie durement sans que, sous aucun prétexte, ils le puissent rompre? Certes, la loi russe a fait beaucoup pour assurer leur bien-être; mais, quel est l'*ispravnik* qui assure dans les placers l'exécution de la loi, quand il se voit payé à la fois (et officiellement) par l'État et par les propriétaires? Se plaindre? à qui les mineurs se plaindraient-ils? Tous les intérêts sont ici ligués contre eux, et, demain, quand ils seront libres, qui donc à la ville, située à 1 000 ou 1 200 kilomètres de la mine, qui donc se souciera de leur plainte? Certes, ce que je dis ne s'applique pas spécialement aux mines de la Djida: je parle en général (et sur la foi de renseignements nombreux) des mines répandues dans les profondeurs de la Sibérie. Je me dis, d'ailleurs, que ces tristesses sont inévitables. Le propriétaire d'un placer ne peut guère, autour de lui, semer la charité ni créer le bien: le travail auquel il se livre est hors de proportion avec ce qu'il en retire, gain ou perte: c'est un jeu qui le peut ruiner, comme aussi l'enrichir tout à coup: l'argent du jeu est rarement bienfaisant. La besogne des chercheurs d'or a quelque chose de fiévreux, d'anormal, qui en fera toujours une exception funeste parmi les travaux de la grande industrie.

13 août. — Comblés de provisions et d'amabilités par l'intendant, à qui le départ de l'inspecteur enlevait sans doute un grand poids, nous sommes repartis à la fraîcheur du soleil levant, par notre route épouvantable. La route, malgré ses invraisemblables cahots, est fort jolie: elle traverse des forêts de cèdres et de mélèzes de dimensions colossales, des verdures étranges, çà et là rehaussées par l'argent des bouleaux, des ruisselets murmurants et limpides, des vallées qui s'étalent, innocentes sous la rosée, mais dont le fond herbeux est plein d'or. De Tsékir, où nous avons repris nos équipages, nous avons refait au soleil une partie de la route, qui, dans l'obscurité, nous avait, à l'aller, paru si périlleuse. La nuit arrivée, le clair de lune nous est venu en aide, et c'est, cette fois, sans émotion, que nous avons retraversé les chemins raides de la montagne. Tous les villages où nous passons depuis deux jours sont situés au milieu de ravissantes montagnes boisées qui me font souvent penser aux Vosges, et entre lesquelles, parmi des rochers abrupts et des éboulis de pierres coupantes, la Djida, patiemment, avec d'infinis méandres, se faufile en murmurant. Il y a là des sites admirables, mais, décidément, la vie leur manque, et ce perpétuel désert fatigue. Peu à peu, la vallée s'élargit et semble montrer comme le fond d'un lac desséché, où les grands villages étalés voient, à la moindre pluie, leurs rues transformées en marécages. Dans ces villages, je suis frappé par la rareté du verre à vitres: tantôt, il est remplacé par du papier huilé ou par de l'étoffe, tantôt, la vitre est composée d'une infinité de petits éclats de verre habilement soudés les uns aux autres au moyen de bandes en écorce de bouleau, qui, placées en dedans et en dehors, et cousues ensemble avec du fil blanc, forment comme une rainure profonde où les morceaux de verre, sur lesquels elles débordent, sont retenus assez solidement. Ces bandes d'écorce qui suivent les arêtes du verre cassé, arrivent à former des dessins capricieux que je recommande aux collectionneurs.

14 août. — Nous roulons, ce matin, au grand trot, sur un chemin creusé en corniche au flanc de hautes collines, et qui passe par des prés touffus semés d'une floraison dont la richesse et la variété sont incomparables. Je remarque d'étranges marguerites violet pâle, au cœur jaune, les fleurs lilas de l'ail sauvage, les grosses boules bleues des innombrables chardons, des fleurettes blanches, jaunes, roses, et enfin, des fleurs en étoiles d'un bleu si foncé qu'on les croirait teintes: quelle joie pour l'œil que ce sourire de la Sibérie rude, au seuil même de l'automne qui la guette!

Nous repassons par les mêmes villages qu'à l'aller: nous y trouvons les mêmes hôtesses, les mêmes œufs durs, les mêmes concombres! Puis, au lieu de continuer notre route vers l'est, nous obliquons au nord-est pour gagner Verkhné-Oudinsk. Cette fois, les *oulousses* bouriates, où nous prenons des chevaux, me font meilleure impression qu'il y a quinze jours: le grade de M. Bogolioubski fait merveille parmi ces Jaunes cauteleux. Il me reste même, au milieu de ma fatigue, une délicate impression. Ce soir, nous nous étions arrêtés, Antone Antonovitch et moi, pour prendre le thé dans une yourte, tandis qu'on préparait nos chevaux. Une femme était là, accroupie sur ses talons, devant le fourneau qui occupait le centre de la pièce: elle nous servit du thé bouriate dans des tasses de bois, puis, consciente de l'admiration discrète que nous inspiraient son délicieux visage bronzé et ses formes pleines, elle resta près de nous, à demi souriante, s'attifant ingénument d'un châle, avec une coquetterie de sauvage cent fois plus visible, mais plus charmante aussi, que celle d'une civilisée.

15-16 août. — Me voici de nouveau sur le bord du lac des Oies: de nouveau, je traverse les marécages où s'ébattent sans défiance grues, hérons, cigognes, vanneaux, canards; de nouveau, je gravis l'interminable montagne désolée qui mène à Sélenguisk, et me fait penser à la montagne des pierres parlantes dans *Les Mille et Une Nuits*. Cet après-midi, enfin, j'ai pris congé de M. Bogolioubski et de son charmant petit garçon Vikenti. Mais, auparavant, nous avons visité ensemble, au nord du lac des Oies, les travaux de prospection de la couche carbonifère. La houille est ici partout, mais elle est de mauvaise qualité, circonstance fâcheuse, car elle eût été fort utile au chemin de fer, dans ces parages où le bois fait défaut.

Je n'ai pas parlé encore d'Antone Antonovitch Lévitzki ; je n'ai pas dit combien il est bon et intelligent. C'est un de ces hommes qu'on n'apprécie bien qu'à la longue, à l'user. On pourrait passer à ses côtés sans le remarquer, tant il s'efface, ou sans désirer le connaître, tant il se renferme. Mais, quand on l'approche vraiment, quand il sent qu'il peut s'ouvrir, être prévenant sans éveiller de défiance, et affectueux sans provoquer d'indiscrétions, quel délicieux compagnon de voyage, quel ami on trouve en lui ! Hier soir, à peine seuls, il m'a forcé à monter dans son tarentass, tandis que le mien, avec mes bagages, filait devant nous. J'ai passé à ses côtés, sur le matelas qui tapisse son équipage, une nuit délicieuse. Il faut dire que je suis sensible à ce détail, car, depuis Kiakhta, je n'ai jamais cessé de passer la nuit dans ma voiture, même quand nous avons fait station durant la nuit. Ce matin même, qu'aurais-je fait sans Antone Antonovitch ? Lorsque nous sommes arrivés en face de Verkhné-Oudinsk, sur la rive gauche de la Selenga, nous avons trouvé la grosse rivière débordée, comme le sont en ce moment tous les cours d'eau de la Transbaïkalie.

Jules Legras, *En Sibérie*, Paris, A. Colin, 1899.

FERDINAND OSSENDOWSKI

(1921)

L'affaiblissement du pouvoir mandchou permet aux forces nationalistes et indépendantes mongoles de s'affirmer au moment où éclate la révolution chinoise de 1911. Le gouvernement tsariste, dont le soutien est sollicité par le nouveau pouvoir mongol qui s'est constitué à Ourga, reste prudent. Il tente de freiner les ambitions d'indépendance et de « Grande Mongolie » du nouveau pouvoir mongol, et veut éviter un conflit avec la Chine, tout en soutenant l'autonomie de la Mongolie extérieure.

La révolution de 1917 va permettre aux Chinois, dans un premier temps, de reprendre le contrôle de cette région qui devient province chinoise en 1919. Dans un deuxième temps, la Mongolie connaît une période de grande confusion avec le repli des troupes blanches, l'intervention indirecte du Japon, l'avancée de l'armée rouge, la débandade des armées chinoises sous ces différentes pressions. Les révolutionnaires mongols organisés et soutenus par la Russie soviétique, vont finalement prendre le pouvoir en 1921 et déclarer l'indépendance de la Mongolie.

Ferdinand Ossendowski, ancien ministre des Finances du gouvernement de l'amiral Koltchak, fuit la Sibérie en 1921 et passe en Mongolie où il est entraîné dans le tourbillon des combats et des massacres où tous les camps s'affrontent. Il se retrouve près du lac Kosogol au milieu des belligérants, puis à Ourga où il rencontre le «baron fou», Ungern-Sternberg. Nul doute qu'Ossendowski a rajouté à ces événements une part de fantastique, pour n'en laisser qu'un témoignage douteux. Néanmoins son récit traduit l'extravagance de la situation que connaît la Mongolie en ces années fondamentales pour son histoire.

JOURS D'ÉPREUVES

Une fois de plus nous nous trouvions plongés dans le tourbillon des événements. Pendant les quinze jours de notre absence, il s'était passé beaucoup de choses Le commissaire chinois, Wang Tsao-tsun, avait envoyé onze messagers à Ourga, mais aucun d'entre eux n'était revenu. La situation en Mongolie était loin d'être claire. Le détachement russe s'était augmenté par suite de l'arrivée de nouveaux colons et continuait secrètement son existence illégale, bien que les Chinois en fussent avisés par leur omniprésente organisation d'espionnage. Dans la ville, aucun des citoyens russes ou étrangers ne quittait sa maison; tous restaient armés, prêts à agir. La nuit, des sentinelles montaient la garde dans les cours. Toutes ces précautions étaient dues à l'attitude des Chinois. Par ordre de leur commissaire, tous les marchands chinois pourvus de fusils en armèrent leur personnel et livrèrent ce qui leur restait aux fonctionnaires qui armèrent une troupe de deux cents coolies. Ils prirent ensuite possession de l'arsenal mongol et distribuèrent ces nouveaux fusils parmi les maraîchers du *nagan houschoun*, où se trouvait toujours une population flottante de journaliers chinois du bas peuple. Cette populace se sentait forte maintenant; ils se réunissaient pour discuter avec passion et se préparaient évidemment à quelque agression soudaine. Le soir, les coolies enlevaient dans les magasins les caisses de cartouches pour les porter au *nagan houschoun*, et l'attitude de cette racaille devenait d'une audace intolérable. Ces coolies et ces irréguliers arrêtaient et fouillaient les passants, cherchant à provoquer des rixes qui leur permettraient de s'emparer des objets qu'ils convoitaient. Nous apprîmes, de source chinoise, en secret, que les Chinois préparaient un pogrom contre tous les Russes et les Mongols d'Ouliassoutaï. Nous savions bien qu'il suffisait de mettre le feu à une seule maison, au bon endroit, pour que toute l'agglomération de ces constructions en bois soit en flammes. La population tout entière se prépara à se défendre; on augmenta le nombre des sentinelles dans les enclos, on désigna des chefs pour les différents quartiers de la ville, on organisa un corps de sapeurs-pompiers, on tint prêts des chevaux, des charrettes et des provisions en vue d'une fuite précipitée. La situation empira quand la nouvelle arriva de Kobdo que les Chinois y avaient fait un pogrom, tuant plusieurs des habitants et brûlant toute la ville après une orgie de dévastation et de pillage. La plupart des gens s'enfuirent dans la forêt sur la montagne, mais c'était pendant la nuit et ils n'avaient ni vêtements chauds ni nourriture. Les jours suivants, les montagnes environnant Kobdo entendirent des cris de détresse et de mort. Le froid glacial et la famine causèrent la mort des femmes et des enfants exposés en plein air à la température d'un hiver de Mongolie. Les Chinois en furent bientôt avertis. Ils ne firent qu'en rire, et organisèrent bientôt une grande réunion au *nagan houschoun* pour discuter la question de savoir si on ne pourrait pas livrer la ville à la populace et aux irréguliers.

Un jeune Chinois, fils d'un cuisinier employé chez l'un des colons, nous révéla le complot. Nous décidâmes aussitôt de faire une enquête. Un officier russe se joignit à mon camarade et à moi, et, sous la conduite du jeune Chinois, qui nous servit de guide, nous parcourûmes les alentours de la ville. Nous fîmes semblant d'aller simplement faire une promenade, mais nous fûmes arrêtés par la sentinelle chinoise qui gardait la sortie de la ville, sur la route menant au *nagan houschoun*. Elle nous avertit, d'un ton hostile, que personne n'avait le droit de sortir de l'enceinte. Tout en parlant, je remarquai qu'entre la ville et le *nagan houschoun* étaient postées des sentinelles chinoises tout le long de la route et qu'une foule de Chinois se dirigeait de ce côté. Nous vîmes aussitôt qu'il était impossible d'arriver à la réunion par cette voie, et nous cherchâmes une autre route. Nous sortîmes à l'est, longeâmes le camp des malheureux Mongols que les impôts chinois avaient réduits à la mendicité. Eux aussi, évidemment, attendaient avec anxiété de savoir comment les choses allaient tourner, car, malgré l'heure tardive, personne ne dormait. Nous glissâmes sur la glace et tournâmes par la rivière dans la direction du *nagan houschoun*. En passant à l'extérieur de la ville, nous avançâmes avec précaution, nous cachant derrière tous les obstacles. Nous étions armés de revolvers et de grenades et savions qu'un petit détachement était tenu prêt dans la ville à venir à notre secours si nous étions en danger. D'abord le jeune Chinois allait en tête, mon camarade attaché à ses pas comme son ombre, et lui rappelant de temps en temps qu'il l'étranglerait comme un poulet s'il faisait le moindre geste pour nous trahir. Je crois bien que le jeune guide ne trouvait aucun plaisir à cette expédition, mon gigantesque ami le suivant de près, haletant. Enfin les palissades du *nagan houschoun* furent en vue et rien ne nous en séparait plus que la plaine découverte où l'on aurait facilement distingué notre groupe : aussi nous décidâmes d'approcher en rampant, un par un, le Chinois restant cependant auprès de mon camarade. Heureusement il y avait des tas d'engrais gelés sur la plaine, dont nous nous servions pour cacher notre avance vers la limite de l'enclos. Les voix de la foule excitée nous servaient de points de repère. Nous profitions de l'obscurité pour écouter et observer et nous remarquâmes ainsi deux choses extraordinaires dans notre voisinage immédiat.

Un autre spectateur invisible assistait, en même temps que nous, à cette réunion chinoise. Il était couché sur le sol, la tête passée par un trou que les Chinois avaient creusé sous la barrière. Il était absolument immobile, et ne nous avait évidemment pas entendus. Tout près, dans un fossé était couché un cheval blanc, les naseaux enveloppés, et un peu plus loin se trouvait un autre cheval sellé, attaché à un poteau.

Dans la cour régnait un vacarme infernal. Deux mille hommes hurlaient, discutaient, brandissaient leurs fusils avec des gestes frénétiques. Presque tous étaient armés de fusils, de revolvers, de sabres et de haches. Parmi la foule circulaient les irréguliers, causant constamment, distribuant des papiers, donnant des explications. Enfin un grand Chinois à larges épaules monta sur la margelle d'un puits, brandit son fusil au-dessus de sa tête et commença une tirade d'une voix forte et dure.

— Il affirme aux gens, nous dit notre interprète, qu'ils doivent faire ici ce que les Chinois ont fait à Kobdo, qu'ils doivent exiger du commissaire l'assurance qu'il donnerait des ordres à sa garde pour qu'elle n'empêche pas l'exécution de leur plan. Il nous dit aussi que le commissaire chinois doit se faire livrer toutes les armes que possèdent les Russes. «Ensuite nous nous vengerons sur les Russes de leur crime de Blagoveschensk en 1900, quand ils noyèrent trois mille Chinois. Restez ici pendant que je vais voir le commissaire et lui parler.»

Il sauta de la margelle et se dirigea rapidement vers la porte conduisant à la ville. Aussitôt je vis l'homme couché se dégager la tête du trou, prendre son cheval blanc dans le fossé, courir détacher l'autre cheval et les reconduire de notre côté, dans la direction opposée à la ville. Il y laissa le second cheval et se cacha derrière le coin du *houschoun*. L'orateur sortit, et voyant son cheval de l'autre côté de l'enclos, mit son fusil en bandoulière et se dirigea vers sa monture. Il était arrivé à peu près à moitié chemin quand l'étranger embusqué au coin de la palissade partit soudain au galop et, en un éclair, saisit l'homme, l'arracha au sol, le jeta en travers du pommeau de sa selle où nous le vîmes bâillonner avec un morceau d'étoffe le Chinois à moitié étranglé et partir au grand galop avec lui à l'ouest de la ville.

— Qui pensez-vous que ce soit? demandai-je à mon ami.

Il me répondit aussitôt:

— Tout en lui me rappelait ce mystérieux Lama Vengeur et sa façon de s'adresser à son ennemi ressemblait bien à celle de Touchegoun.

Plus tard, dans la nuit, nous apprîmes que quelque temps après le départ de l'orateur qui était allé demander au commissaire de les aider dans leur entreprise, sa tête coupée avait été jetée par-dessus la palissade au milieu de l'auditoire qui l'attendait et que huit irréguliers avaient disparu entre le *houschoun* et la ville sans laisser de traces. L'événement terrorisa la populace chinoise et calma les esprits échauffés.

Le lendemain nous reçûmes un secours inattendu. Un jeune Mongol arriva au galop d'Ourga, le manteau déchiré, les cheveux défaits tombant sur ses épaules, un revolver visible à la ceinture. Se dirigeant aussitôt vers le marché où les Mongols sont toujours assemblés, il s'écria sans descendre de cheval :

— Ourga est pris par nos soldats mongols et le *Chiang Chun* (général) baron Ungern ! Bogdo Houtouktou est devenu notre khan ! Mongols, tuez les Chinois et pillez leurs boutiques ! Notre patience est à bout !

Dans la foule s'éleva une rumeur. Le cavalier fut entouré d'une multitude d'hommes posant toutes sortes de questions. Le vieux *saït* mongol, Choultoun Beyli, qui avait été révoqué par les Chinois, fut aussitôt informé de la nouvelle et demanda qu'on lui conduisît le messager. Après l'avoir interrogé, il l'arrêta pour excitation à l'émeute, mais refusa de le livrer aux autorités chinoises. J'étais avec le saït à ce moment et je l'entendis formuler sa décision à ce sujet. Quand le commissaire chinois, Wang Tso-tsun, menaça le saït, l'accusant de lui désobéir, le vieillard se contenta d'égrener son rosaire en disant :

— Je crois que ce Mongol a dit vrai et que bientôt nos rôles seront renversés.

Je devinai que Wang Tsao-tsun lui aussi croyait à l'exactitude de la nouvelle, car il n'insista pas. Dès ce moment, les Chinois disparurent des rues d'Ouliassoutaï comme s'ils n'avaient jamais existé, et parallèlement, les patrouilles d'officiers russes et de colons étrangers les remplacèrent. Une lettre reçue à ce moment augmenta encore la panique chez les Chinois : elle annonçait que les Mongols et les Tartares de l'Altaï, sous la conduite de l'officier tartare Kaïgorodoff, avaient couru à la poursuite des pillards chinois, qui fuyaient avec leur butin récolté au sac de Kobdo, les avaient rattrapés et massacrés sur les limites du Sinkiang. La lettre disait encore que le général Bakitch et les six mille hommes internés avec lui par les autorités chinoises sur les bords de l'Amyl avaient reçu des armes et étaient partis rejoindre l'*attaman* Annenkoff, interné à Kouldja, en vue de se mettre en liaison avec le baron Ungern. Ce bruit n'était pas fondé, car ni Bakitch ni Annenkoff ne pouvaient avoir cette intention : Annenkoff avait été déporté par les Chinois au plus profond du Turkestan. Cependant la nouvelle produisit une véritable stupéfaction parmi les Chinois.

Juste à ce moment, arrivèrent chez le colon russe Bourdoukoff, trois agents du soviet d'Irkoutsk, nommés Saltikoff, Freimann et Novak : ils agirent auprès des autorités chinoises pour les amener à désarmer les officiers russes et à les livrer aux rouges. Ils persuadèrent la Chambre de Commerce chinoise de demander au soviet d'Irkoutsk d'envoyer un détachement de rouges à Ouliassoutaï pour protéger les Chinois contre les détachements blancs. Freimann apporta avec lui des imprimés de propagande communiste en langue mongole et des instructions pour commencer la reconstruction de la ligne du télégraphe d'Irkoutsk. Bourdoukoff lui aussi reçut des messages des bolcheviks. Le quatuor mena ses négociations très habilement et bientôt Wang Tsao-tsun entra dans leurs vues. Une fois de plus, les jours passés dans l'attente d'un pogrom à Ouliassoutaï étaient revenus. Les officiers russes s'attendaient à être arrêtés. Le représentant d'une des maisons américaines m'accompagna chez le commissaire pour parlementer avec lui. Nous lui signalâmes l'illégalité de ses actes, car il n'était pas autorisé par son gouvernement à traiter avec les bolcheviks tant que le gouvernement des soviets ne serait pas reconnu par celui de Pékin. Wang Tsao-tsun et son conseiller Fu Hsiang furent visiblement ennuyés de savoir que nous connaissions leurs connivences avec les agents bolcheviks. Il nous assura que sa garde de police suffirait à empêcher tout pogrom de ce genre. Il était exact que sa police était excellente, car elle était composée de soldats expérimentés et disciplinés sous les ordres d'un officier sérieux et capable; mais que pouvaient faire quatre-vingts soldats contre une populace de trois mille coolies, mille marchands armés et deux cents irréguliers? Nous lui expliquâmes combien nos appréhensions étaient fondées, et insistâmes pour qu'il empêchât toute effusion de sang, le prévenant que la population étrangère et russe était résolue à se défendre jusqu'au bout. Wang ordonna aussitôt qu'on établît des gardes de police dans les rues et cela nous valut des scènes curieuses, les patrouilles chinoises, étrangères et russes parcourant la ville. Nous ne savions pas alors qu'il y avait même trois cents hommes de garde en plus : c'étaient les hommes de Touchegoun Lama, cachés non loin de là dans la montagne.

Une fois encore la situation changea brusquement. Le saït mongol fut avisé par les lamas du monastère voisin que le colonel Kazagrandi, après avoir battu les irréguliers chinois, s'était emparé de Van Kure, et avait formé des brigades de cavalerie russo-mongoles, mobilisant les Mongols sur l'ordre du Bouddha Vivant et les Russes sur l'ordre du baron Ungern. Quelques heures plus tard, on apprit que, dans le grand monastère de Dzain, les soldats chinois avaient tué le capitaine russe Barsky et qu'en guise de représailles les troupes de Kazagrandi avaient attaqué et chassé les Chinois de cet endroit. Au moment de la prise de Van Kure, les Russes arrêtèrent un communiste coréen qui arrivait de Moscou avec de l'or et des brochures de propagande pour se rendre en Corée et en Amérique. Le colonel Kazagrandi envoya ce Coréen avec son or au baron Ungern. Au reçu de cette nouvelle, le chef du détachement russe fit arrêter les agents bolcheviks, et les fit passer en jugement, en même temps que les meurtriers des Bobroff. Pour Saltikoff et Novak, des doutes s'élevèrent; de plus Saltikoff réussit à s'échapper tandis que Novak, sur le conseil du lieutenant-colonel Michaïloff, partit pour l'ouest. Le chef du détachement russe donna l'ordre de mobiliser les colons russes et prit ouvertement Ouliassoutaï sous sa protection, avec l'agrément tacite des autorités mongoles. Le saït mongol, Choultoun Beyli, réunit un conseil des princes mongols de la région, dont l'âme était le célèbre patriote mongol Hun Jap Lama. Les princes exigèrent aussitôt des Chinois qu'ils évacuassent tout le territoire autrefois soumis à la juridiction du saït Choultoun Beyli. Il y eut des négociations, des menaces et des querelles entre les éléments chinois et mongols. Wang Tsao-tsun proposa un projet d'accord que quelques-uns des princes mongols acceptèrent; mais Jap Lama, au moment décisif, jeta sur le sol le document chinois, dégaina son poignard et jura qu'il mourrait plutôt de sa propre main que de signer cet accord de trahison. En conséquence, les propositions chinoises furent rejetées, et les antagonistes commencèrent leurs préparatifs pour la lutte. On mobilisa tous les Mongols de Jassaktou Khan, de Sain Noion Khan, et des domaines de Jahantsi Lama. Les autorités chinoises mirent en position leurs quatre mitrailleuses et se préparèrent à défendre la forteresse. Des délibérations continuelles avaient lieu entre Chinois et Mongols. Enfin notre vieille connaissance, Tzéren, vint me trouver en ma qualité d'étranger impartial, et me communiqua la double requête de Wang Tsao-tsun et de Choultoun Beyli me priant de calmer les deux éléments hostiles et de préparer un accord équitable entre eux. Des requêtes semblables furent présentées au représentant d'une maison américaine. Le lendemain soir, nous tenions notre première réunion arbitrale en présence des délégués chinois et mongols. Elle fut orageuse et passionnée: aussi perdîmes-nous tout espoir de remplir avec succès notre mission. Cependant, à minuit, quand les orateurs furent fatigués, nous réussîmes à établir un accord sur deux points : les Mongols déclarèrent qu'ils ne voulaient pas faire la guerre et qu'ils désiraient régler cette affaire de manière à conserver l'amitié du grand peuple chinois, tandis que le commissaire chinois reconnaissait que la Chine avait violé les traités qui légalement avaient accordé indépendance pleine et entière à la Mongolie.

Ces deux points formèrent la base des délibérations à la seconde réunion et nous fournirent le point de départ pour la réconciliation. Les négociations continuèrent pendant trois jours et finirent par tourner de telle sorte que nous pûmes formuler nos propositions d'accord. Les articles principaux établissaient que les autorités chinoises devaient rendre aux Mongols les pouvoirs administratifs et les armes, désarmer les deux cents irréguliers et quitter le pays; les Mongols, de leur côté, devraient laisser sortir de leur pays, avec armes et bagages, le commissaire chinois et sa garde de quatre-vingts soldats. Ce traité sino-mongol d'Ouliassoutaï fut signé par les commissaires chinois Wang Tsao-tsun et Fu Hsiang, par les deux saïts mongols, par Hun Jap Lama et les autres princes, ainsi que par les présidents des Chambres de commerce russe et chinoise et par nous-mêmes en qualité d'arbitres. Les fonctionnaires chinois et leur escorte commencèrent aussitôt à préparer leurs bagages pour le départ. Les marchands chinois restèrent à Ouliassoutaï, le saït Choultoun Beyli, qui avait repris ses fonctions et son autorité, garantissant leur sécurité. Le jour du départ arriva. Les chameaux chargés remplissaient déjà la cour du *yamen* et les hommes n'attendaient plus que leurs chevaux qu'on devait leur envoyer de la plaine. Soudain le bruit se répandit partout que les chevaux avaient été volés pendant la nuit et emmenés vers le sud. Des deux soldats envoyés sur leurs traces, un seul revint, rapportant la nouvelle que l'autre avait été tué. L'étonnement que cet événement fit naître dans toute la ville causa une véritable panique parmi les Chinois. Elle ne fit qu'augmenter lorsque les Mongols, arrivant d'un poste de relais à l'est, annoncèrent qu'en différents endroits, sur la route menant à Ourga, ils avaient découvert les cadavres de seize des soldats envoyés par Wang Tsao-tsun chargés de messages pour Ourga. Ce mystère devait bientôt nous être expliqué.

Le chef du détachement russe reçut une lettre d'un colonel cosaque, V.-N. Domojiroff, contenant l'ordre de désarmer immédiatement la garnison chinoise, d'arrêter tous les fonctionnaires chinois, de les faire transporter sous escorte à Ourga pour les livrer au baron Ungern, de s'emparer d'Ouliassoutaï par la force, s'il était nécessaire, et de rejoindre son détachement. Au même moment un messager du *houtouktou* de Narabanchi arriva au galop, porteur d'une lettre annonçant qu'un détachement russe, sous le commandement de Hun Baldoun et du colonel Domojiroff, avait pillé les magasins chinois, tué les marchands et était venu au monastère demander des chevaux et des vivres. Le *houtouktou* demandait assistance car le conquérant féroce de Kobdo, Hun Baldoun, pouvait facilement mettre au pillage le monastère isolé et sans protection. Nous recommandâmes avec insistance au colonel Michaïloff de ne pas violer le traité qui venait d'être signé, et de ne pas décourager les étrangers et les Russes qui avaient pris part à son élaboration, car ce serait imiter le principe bolchevik qui faisait de la traîtrise l'arme principale du gouvernement. L'argument toucha Michaïloff: il répondit à Domojiroff qu'Ouliassoutaï était déjà en son pouvoir, sans combat, que sur l'hôtel de l'ancien consulat flottait le drapeau tricolore de Russie; que les irréguliers avaient été désarmés, mais qu'il était impossible d'exécuter les autres ordres sans violer le traité sino-mongol qui venait d'être signé à Ouliassoutaï.

Chaque jour des messagers étaient envoyés par le *houtouktou* de

Narabanchi à Ouliassoutaï. Les nouvelles devenaient de plus en plus inquiétantes. Le *houtouktou* signalait que Hun Baldoun était en train de mobiliser les mendiants et les voleurs de chevaux, qu'il les armait et faisait leur instruction militaire, que les soldats prenaient les moutons du monastère, que le «Noyon» Domojiroff était constamment en état d'ivresse, et que ses protestations n'étaient accueillies que par des sarcasmes et des injures. Les envoyés donnaient des renseignements très vagues sur la force du détachement, quelques-uns parlant de trente hommes, d'autres disant que Domojiroff en avait huit cents. Nous ne savions que penser et bientôt les messagers cessèrent de venir. Toutes les lettres du saït restèrent sans réponse et ses envoyés ne revinrent pas. Il n'y avait plus de doute : ils avaient été tués ou faits prisonniers.

Le prince Choultoun Beyli décida d'y aller lui-même. Il emmena avec lui les présidents des Chambres de commerce russe et chinoise ainsi que deux officiers mongols. Trois jours passèrent sans qu'on reçût de ses nouvelles. Les Mongols commençaient à être inquiets. Alors le commissaire chinois et Hun Jap Lama adressèrent une requête au groupe des étrangers, les priant d'envoyer quelqu'un à Narabanchi afin d'essayer de résoudre la difficulté, de persuader Domojiroff de reconnaître le traité, et de ne pas permettre l'insultante violation d'un accord entre les deux grands peuples. Notre groupe me demanda une fois de plus d'accomplir cette mission pour le bien public. Je pris avec moi comme interprète un jeune colon russe, neveu de Bobroff, merveilleux cavalier, courageux et plein de sang-froid. Le lieutenant-colonel Michaïloff me donna un de ses officiers pour m'accompagner. Munis d'un *tzara* qui nous assurait les meilleurs chevaux de poste et les meilleurs guides, nous fîmes très rapidement le chemin qui m'était maintenant familier vers le monastère de mon vieil ami Jelib Djamsrap, *houtouktou* de Narabanchi. Bien que la couche de neige fût épaisse en certains endroits, nous fîmes entre cent soixante et deux cent quarante kilomètres par jour. [...]

L'HORREUR DE LA GUERRE

A l'aube, le lendemain matin, on m'amena le splendide chameau blanc et nous partîmes. Mon escorte était composée de deux Cosaques, de deux soldats mongols et d'un lama avec deux chameaux portant la tente et les provisions. Je craignais toujours que le baron, ne voulant pas disposer de moi en présence de mes amis à Van Kure, n'eût l'idée de préparer un voyage au cours duquel il serait facile de se défaire de moi sur la route. Une balle dans le dos et tout serait terminé. Par conséquent je me tenais toujours prêt à tirer mon revolver et à me défendre. Je pris soin tout le temps d'avoir les Cosaques en face de moi ou à mes côtés. Vers midi nous entendîmes au loin une sirène d'automobile et nous vîmes bientôt le baron Ungern passer à toute vitesse. Il avait avec lui deux officiers et le prince Daichin Van. Le baron me salua très cordialement et me cria :

— Je vous reverrai à Ourga !

— Ah ! pensai-je, je vais donc arriver à Ourga. Je pourrai par conséquent voyager tranquille. A Ourga j'ai beaucoup d'amis, sans compter les soldats polonais avec qui j'étais à Ouliassoutaï et qui m'avaient devancé dans ce voyage.

Après ma rencontre avec le baron, mes Cosaques furent pleins d'attention pour moi et cherchèrent à me distraire en me disant des histoires. Ils me racontèrent leurs batailles, avec les bolcheviks en Transbaïkalie et en Mongolie, avec les Chinois près d'Ourga, la découverte qu'ils firent sur plusieurs soldats chinois de passeports communistes venant de Moscou ; ils me parlèrent de la bravoure du baron Ungern qui restait assis près d'un feu de camp, à fumer et à prendre le thé, en ligne, sans être jamais touché par une balle. Une fois, soixante-quatorze balles percèrent son manteau, sa selle et les caisses qui se trouvaient à côté de lui : aucune ne le toucha. C'était une des raisons de sa grande influence sur les Mongols. Ils racontaient qu'avant une bataille il avait fait une reconnaissance à Ourga avec un seul Cosaque et qu'à son retour il avait tué un officier et deux soldats chinois avec sa canne de bambou (*tashur*) ; qu'il n'emportait avec lui rien que du linge de rechange et une paire de bottes ; qu'il était toujours calme et joyeux dans la bataille, grave et morose aux rares jours de paix ; et qu'on le trouvait toujours près de ses soldats quand ils se battaient.

Je leur racontai, en retour, ma fuite en Sibérie et le temps passa rapidement. Nos chameaux trottaient tout le temps, si bien qu'au lieu de faire trente kilomètres par jour nous en faisions près de quatre-vingts. Mon chameau était le plus rapide de tous. C'était une énorme bête, toute blanche, avec une magnifique crinière ; le baron Ungern l'avait reçu en présent d'un prince mongol en même temps que deux zibelines noires. Calme, vigoureux, ce hardi géant du désert était si grand que je me croyais en haut d'une tour. Après avoir traversé l'Orkhon, nous rencontrâmes le premier cadavre de soldat chinois, couché sur le dos, les bras étendus, en plein milieu de la route. Quand nous eûmes franchi les monts Burgut, nous entrâmes dans la vallée de la Tola au bout de laquelle se trouve Ourga. La route était jonchée de manteaux, de chemises, de chaussures, de casquettes et de bidons que les Chinois avaient jetés dans leur fuite ; ils y avaient laissé beaucoup de leurs morts. Plus loin, la route traversait un marécage de chaque côté duquel gisaient des monceaux de cadavres d'hommes, de chevaux et de chameaux, des voitures brisées et des débris de toute sorte. C'est ici que les Thibétains du baron Ungern détruisirent le train de combat des Chinois en fuite ; étrange et lugubre contraste que le spectacle des monceaux de cadavres à côté de la vie du printemps renaissant. Sur les étangs, des canards sauvages d'espèces variées sillonnaient la surface de l'eau; dans l'herbe haute, les grues se livraient à leurs danses étranges, se faisant la cour; sur les lacs, des cygnes et des oies glissaient en grands troupeaux; dans les endroits marécageux, semblables à des taches de lumière, apparaissaient des couples de turpans, oiseaux sacrés aux brillantes couleurs. Sur les hauteurs, des dindes sauvages gambadaient et se battaient tout en mangeant; des compagnies de perdrix *salga* passaient en sifflant; tandis que sur le flanc de la montagne, à peu de distance, les loups lézardaient paresseusement au soleil, jappant et aboyant par instants comme de jeunes chiens joueurs.

Le quatrième jour nous atteignîmes les rives de la Tola quand il faisait déjà nuit. Il nous fut impossible de trouver le gué, et je forçai mon chameau à entrer dans le fleuve pour chercher un passage. Heureusement je découvris un endroit peu profond, bien qu'un peu vaseux, et nous pûmes traverser sans difficulté. Nous pouvions nous en féliciter, les chameaux exposant le voyageur à des surprises désagréables en pareille occasion; quand ils trouvent que l'eau est trop profonde, et leur vient autour du cou, au lieu d'avancer en nageant comme le font les chevaux, ils se laissent flotter sur un côté, ce qui est, vous le devinez, assez ennuyeux pour les cavaliers. Nous plantâmes notre tente près de la rivière.

Vingt-cinq kilomètres plus loin, nous traversâmes un champ de bataille où eut lieu le troisième grand combat pour l'indépendance de la Mongolie. C'est ici que les troupes du baron Ungern s'opposèrent à l'avance de six mille Chinois qui arrivaient de Kiakhta pour défendre Ourga. Les Chinois furent mis en déroute et laissèrent quatre mille prisonniers. Cependant ceux-ci tentèrent de s'échapper pendant la nuit. Le baron Ungern envoya à leur poursuite les Cosaques de Transbaïkalie et les Thibétains, et c'est leur œuvre dont nous vîmes les résultats sur ce champ de mort. Il restait encore environ quinze cents cadavres sans sépulture: on en avait enterré à peu près autant, d'après ce que me dirent les Cosaques qui avaient pris part à cette bataille. Les morts portaient d'atroces blessures provenant de coups de sabre; partout des équipements et autres débris gisaient épars. Les Mongols quittèrent la région avec leurs troupeaux, et les loups les remplacèrent; beaucoup étaient cachés derrière les pierres ou dans les fossés quand nous passâmes. Des meutes de chiens devenus sauvages se battaient avec des loups pour la possession de cette affreuse proie.

Enfin nous quittâmes ce lieu de carnage consacré au dieu maudit de la guerre. Nous approchâmes d'un cours d'eau rapide et peu profond: les Mongols, sautant à terre, enlevèrent leurs casquettes et se mirent à boire. C'était un cours d'eau sacré passant à côté de la demeure du Bouddha Vivant. De cette vallée sinueuse nous passâmes dans une autre où une crête montagneuse couverte de forêts épaisses et sombres apparut devant nous.

— Le saint Bogdo-Ol ! s'écria le lama. La demeure des dieux qui protègent notre Bouddha Vivant !

Bogdo-Ol est l'énorme nœud qui relie trois chaînes de montagnes : Gegyl au sud-ouest, Gangyn au sud, et Huntu au nord. Cette montagne, couverte de forêts vierges, est la propriété du Bouddha Vivant. Les forêts sont remplies de presque toutes les variétés d'animaux que l'on trouve en Mongolie mais la chasse n'y est pas permise. Tout Mongol violant cette loi est condamné à mort ; les étrangers sont expulsés. Il est interdit, sous peine de mort, de franchir le Bogdo-Ol. Un seul homme osa transgresser cet ordre : ce fut le baron Ungern qui traversa la montagne avec cinquante Cosaques, pénétra dans le palais du Bouddha Vivant, où le pontife d'Ourga était tenu prisonnier par les Chinois, et l'enleva.

DANS LA CITÉ DES DIEUX VIVANTS, DES TRENTE MILLE BOUDDHAS ET DES SOIXANTE MILLE MOINES

Enfin nous avions devant les yeux la demeure du Bouddha Vivant ! Au pied de Bogdo-Ol, derrière des murs blancs, s'élevait un édifice blanc, couvert de tuiles d'un bleu verdâtre qui luisaient au soleil. Il était entouré d'une riche verdure que tachetaient de-ci, de-là, les toits fantastiques de sanctuaires et de petits palais. Du côté opposé à la montagne, un long pont de bois traversait la Tola et reliait la demeure à la cité des moines, la cité sacrée, vénérée dans tout l'Orient sous le nom de Ta Kure ou Ourga.

Ici habitent, outre le Bouddha Vivant, des foules de faiseurs de miracles, de prophètes, de sorciers et de docteurs. Tous ces personnages sont d'origine divine et honorés comme des dieux vivants. Sur le haut plateau, à gauche, se dresse un vieux monastère dominé d'une énorme tour rouge : on l'appelle la cité des lamas du Temple ; il contient une gigantesque statue dorée de Bouddha assis sur la fleur de lotus ; des dizaines de temples, de sanctuaires, d'obos, d'autels en plein air, de tours pour les astrologues, une cité grise de maisons basses et de *yourtas* où vivent à peu près soixante mille moines de tous âges et de tous rangs ; des écoles, les archives sacrées, des bibliothèques, les demeures des étudiants bandis, et les auberges pour accueillir les hôtes venus de la Chine, du Thibet, du pays des Buriats et de celui des Kalmouks.

En bas du monastère, se trouve la colonie étrangère où habitent les marchands, russes et chinois, pour la plupart. C'est là que le bazar oriental mêle ses foules multicolores et affairées. A un kilomètre de là, l'enclos gris de Maimachen entoure ce qui reste des boutiques chinoises, tandis qu'un peu plus loin, on voit une longue rangée de maisons particulières russes, un hôpital, une église, une prison et, enfin, l'édifice bizarre à quatre étages, en brique rouge qui fut autrefois le consulat russe.

Nous étions à peu de distance du monastère quand je remarquai plusieurs soldats mongols à l'entrée d'un ravin, traînant trois cadavres qu'ils voulaient y cacher.

— Que font-ils? demandai-je.

Les Cosaques se contentèrent de sourire sans répondre. Soudain ils se dressèrent en saluant militairement. Du ravin sortit un cavalier monté sur un petit cheval mongol. Comme il passait près de nous, je remarquai ses épaulettes de colonel et sa casquette verte à visière. Il m'examina de ses yeux froids, sans couleur, que surplombaient d'épais sourcils. Un peu plus loin, il enleva sa casquette et s'épongea le crâne, qu'il avait chauve. Mes yeux remarquèrent l'étrange ondulation du sommet de la tête. C'était là l'homme à la tête en forme de selle contre lequel m'avait mis en garde le vieux devin du dernier relais avant Van Kure!

— Qui est cet officier? demandai-je.

Bien qu'il fût déjà à une bonne distance en avant de nous, le Cosaque répondit à voix basse:

— Le colonel Sepaïloff, commandant d'armes à Ourga.

Le colonel Sepaïloff, le personnage le plus noir de la tragédie mongole! Autrefois, mécanicien, puis gendarme, il avait gagné ses galons rapidement sous le régime tsariste. Il se tortillait sans cesse, nerveusement, parlait constamment, d'une voix gutturale et désagréable, éclaboussant de salive son interlocuteur, tout son visage contracté de spasmes. Il était atteint de folie et le baron Ungern le fit examiner deux fois par une commission de spécialistes, lui ordonnant le repos complet, espérant ainsi débarrasser ce personnage de son mauvais génie. J'appris plus tard que ce sadique exécutait lui-même les condamnés, plaisantant et chantant tandis qu'il les mettait à mort. Il courait sur lui des histoires macabres et terrifiantes. Toute la gloire de cruauté qu'on prêtait au baron Ungern appartenait à Sepaïloff.

Le baron m'avoua quelques jours plus tard que le colonel l'inquiétait, car celui-ci était bien capable d'exécuter son chef tout comme un simple condamné. De plus, Sepaïloff avait rencontré en Transbaïkalie un sorcier qui lui avait prédit la mort du baron, si celui-ci renvoyait son collaborateur. Aussi le baron redoutait-il Sepaïloff, dominé qu'il était par la superstition de cette prophétie. Le colonel ne connaissait aucune pitié pour tout ce qui était bolchevik ou associé à ceux-ci, de près ou de loin. C'est que les rouges l'avaient torturé en prison et, après sa fuite, avaient massacré toute sa famille. Il se vengeait maintenant.

Je descendis chez un marchand russe, et je reçus aussitôt la visite de mes compagnons d'Ouliassoutaï qui m'accueillirent avec joie, après avoir eu des inquiétudes sur l'issue de mon expédition à Zain Chabi et Van Kure. Je pris un bain, fis un peu de toilette et sortis avec eux. Nous entrâmes au bazar. Il y avait foule. Dans les groupes bizarres d'acheteurs et de marchands qui criaient à tue-tête, les couleurs éclatantes des étoffes chinoises, les colliers de perles, les boucles d'oreilles et les bracelets donnaient un air de fête; les uns tâtaient des moutons vivants pour savoir s'ils étaient assez gras; des bouchers découpaient de grands morceaux de mouton dans les carcasses suspendues à leur étal; partout les fils de la plaine plaisantaient et riaient. Les femmes mongoles, avec leurs hautes coiffures surmontées de lourds bonnets d'argent, plats comme des soucoupes, admiraient les rubans de soie de toutes couleurs et les longs colliers de corail; un grand Mongol, d'aspect imposant, examinait un troupeau de splendides chevaux et discutait le prix avec le *zahachine*; un Thibétain, noir, vif, décharné, venu à Ourga pour offrir des prières au Bouddha Vivant, ou peut-être porteur d'un message secret de l'autre dieu de Lhassa, était accroupi et marchandait un portrait du Bouddha au Lotus taillé dans l'agate; dans un autre coin une foule de Mongols et de Buriats s'était rassemblée autour d'un marchand chinois vendant des tabatières finement peintes, en verre, en cristal, en porcelaine, en améthyste, en jade, en agate et en néphrite: l'une d'elles, en néphrite verte, veinée régulièrement de brun, et sculptée, représentait un dragon enroulé autour d'un groupe de jeunes filles; le marchand en demandait dix jeunes bœufs; le rouge des longues lévites et des petites casquettes brodées d'or des Buriats se mêlait au noir des manteaux des Tartares et de leurs petites toques de velours qu'ils portent au sommet de la tête. La foule des lamas fournissait l'arrière-plan de cette tapisserie bigarrée, avec leurs robes jaunes et rouges, leurs capes négligemment jetées sur leur épaules et leurs coiffures variées, champignons jaunes, bonnets phrygiens rouges ou casques des anciens Grecs. Ils se mêlaient à la multitude, causant avec sérénité, égrenant leurs rosaires, disant la bonne aventure, cherchant surtout des riches Mongols à soigner ou à exploiter, à l'aide de révélations, de prédictions, ou d'autres mystères. L'espionnage religieux et politique se pratiquait sur une grande échelle. Des Mongols, arrivant de Mongolie intérieure, étaient entourés sans cesse d'un réseau invisible et serré de vigilants lamas. Sur les bâtiments flottaient des drapeaux russes, chinois et mongols; une petite boutique portait la bannière étoilée; sur les tentes étaient arborés les rubans, les carrés, les cercles, les triangles des princes et des particuliers attteints de la petite vérole ou de la lèpre, et qui en mouraient. Tout se mêlait en une masse éclatante sous le brillant soleil. Par moments on voyait les soldats du baron Ungern qui se pressaient, en uniforme bleu; des Mongols et des Thibétains en habits rouges, avec des épaulettes jaunes, portant le swastika de Gengis Khan et les initiales du Bouddha Vivant;

des soldats chinois appartenant à un détachement de l'armée mongole. Après la défaite de l'armée chinoise deux mille de ces braves implorèrent le Bouddha Vivant de les enrôler dans ses légions, lui jurant fidélité. On les accepta et ils formèrent deux régiments portant, à la casquette et aux pattes d'épaules, des dragons chinois argentés.

Comme nous traversions le marché, tournant le coin, et faisant retentir sa sirène, arriva une grande automobile. Elle contenait le baron Ungern, vêtu de sa tunique mongole en soie jaune avec une ceinture bleue. La voiture allait très vite mais il me reconnut, fit arrêter et descendit pour m'inviter à l'accompagner jusqu'à sa *yourta*. Sa tente était très simplement arrangée; elle était dressée dans la cour d'un magasin chinois (*hong*). Son quartier général se trouvait dans deux autres *yourtas*, à peu de distance, et ses serviteurs occupaient une des maisons chinoises. Quand je lui rappelai sa promesse de m'aider à atteindre un port sur le Pacifique, le général me regarda de ses yeux brillants et me répondit en français:

— Mon œuvre ici tire à sa fin. Dans neuf jours commence la guerre contre les bolcheviks et j'entre en Transbaïkalie. Je vous prie de bien vouloir rester ici jusqu'à cette date. Il y a des années que je vis en dehors de toute société civilisée. Je suis seul avec mes pensées et je voudrais vous les faire connaître. Nous causerons et vous verrez que je ne suis pas le «baron fou de sang» comme mes amis m'appellent, ni le «sévère grand-père» comme disent mes soldats et mes officiers, mais un homme tout simplement qui a beaucoup cherché et plus encore souffert.

Le baron resta silencieux quelques minutes, puis continua:

— J'ai réfléchi à ce qu'il convient de faire pour votre groupe. J'arrangerai tout. Mais je vous en prie, restez encore avec moi pendant ces neuf jours.

Que faire? J'acceptai. Le baron me serra la main et commanda du thé.

Ferdinand Ossendowski, *Bêtes, Hommes et Dieux. L'Énigme du roi du monde*, traduction de Robert Renard, Paris, Plon, 1924. Rééd. «J'ai lu», 1969.

II. Cités et steppes

La nature en Mongolie absorbe tout dans une sorte d'indifférence qui souligne encore plus qu'ailleurs l'incongruité des villes et des bourgades. Contrastes encore et toujours entre les spectacles de cette nature immense qu'embellissent aux différentes heures de la journée les couleurs du ciel, les reflets sur la steppe et le désordre, la crasse des villes.

OURGA

Premiers établissements fixes d'un peuple nomade, les monastères du bouddhisme lamaïque venu du Tibet donnent naissance aux villes mongoles. Ourga, la capitale de la Mongolie moderne, devenue Oulan-Bator, s'étire sur la rive nord de la vallée de la Tola. Aux limites des reliefs sibériens et de la Taïga au nord, à celles de la steppe et du Gobi au sud, ce fut pendant longtemps une agglomération de yourtes rassemblées autour de quelques rares édifices religieux et bâtiments officiels. Ce fut aussi une étape essentielle pour les voyageurs allant de Russie en Chine.

G. TIMKOVSKI
(1820-1821)

Jusqu'au XIXe siècle, l'Asie centrale «était pour la géographie une contrée à peine mieux connue que les régions intérieures de l'Afrique, à peine mieux parce que les réalités physiques de l'Asie intérieure étaient faiblement éclairées par la lumière très floue des légendes sur les voyages de Marco Polo et d'autres personnages médiévaux, tout comme des ouvrages géographiques chinois auxquels des sinologues, cartographes et géographes aussi célèbres que Rémusat, Klaproth, Humboldt et Ritter consacrèrent des années entières pour les traduire, les interpréter et les adapter aux cartes existantes» (V. A. Obroutchev).

L'avancée russe en Asie centrale et le développement des échanges avec la Chine s'accompagnaient d'une exploration systématique de ces régions peu ou mal connues. Les noms de nombreux géographes et explorateurs russes sont étroitement liés à ces découvertes. Un rôle de premier plan revient à P. Sémionov-Tianchanski pour ses descriptions de l'ensemble des Tian shan. Prédécesseurs ou contemporains de Sémionov, il convient de rappeler non seulement Prjevalski, mais également E. Kovalevski, N. Bitchourine, Palladi Kavarov, et, un peu plus tard, Groum-Grjimaïlov, Kozlov, Pevtsov, Potanine.

G. Timkovski est l'un d'entre eux. En 1820 et 1821, se rendant à Pékin en traversant la Mongolie, il fait une étape à Ourga.

A deux heures après-midi, nous étions à peine en état de continuer notre route. La descente de la montagne était roide et le chemin couvert de cailloux, que les torrents de pluie y avaient apportés. Depuis le Gountoû jusqu'à l'ourga, nous parcourûmes dix-huit verstes au sud, dans un ravin situé entre deux hautes montagnes et arrosé par le Sélbi, rivière petite, mais rapide, que nous fûmes obligés de passer à gué plusieurs fois, à cause de son cours sinueux. Elle prend sa source dans les montagnes qui sont au nord-est, et se joint, près de l'ourga, au Tôla. Nous avions rencontré une quantité de yourtes; les buffles étaient nombreux; les petits de ces animaux cherchaient leur nourriture sur la cime des plus hauts rochers. On avait peine à comprendre comment ils avaient pu y atteindre, et comment ils s'y tenaient. En plusieurs endroits, on apercevait des files de sapins et de mélèzes, si bien alignés, qu'on les aurait crus plantés à dessein.

A sept verstes de l'ourga, on voit à droite du chemin un petit temple, et à gauche, dans un ravin étroit, un autre, bâti en bois et peint en blanc; à deux verstes plus loin, à gauche, un très grand temple, d'architecture tibétaine; il est entouré de montagnes en amphithéâtre; sur le point le plus élevé, on lisait plusieurs caractères d'une grandeur colossale, en pierres blanches et en langue tibétaine. Nos conducteurs mongols nous dirent qu'ils contenaient la célèbre prière *Om ma ni bat me khom*.

Le soleil était couché lorsque nous arrivâmes à l'ourga dans la cour russe, située à l'est de la résidence du Ghéghèn-khoutoukhtou, et à deux verstes de la rive droite de la Tôla. L'ourga consiste en iourtes; la soirée étant nébuleuse, nous ne l'aperçûmes qu'à la distance de trois verstes. Nous en avions parcouru vingt-cinq dans la journée.

Les sentinelles mongoles, armées d'arcs et de flèches, qui gardaient les portes, retinrent le peuple, qui se rassemblait en foule pour voir les voyageurs russes. Notre logement, comme toutes les habitations de l'ourga, était entouré d'une palissade en pieux; dans la première cour, il y avait une tente pour la garde; dans la seconde, on avait placé pour nous quatre iourtes très spacieuses, derrière lesquelles se trouvait une petite maison chinoise, composée de deux chambres; dans une autre cour à droite, on avait posé la iourte du *toussoulakhtchi*, et à gauche, deux semblables pour le *bitkhéchi* et le *bochko*. La première porte d'entrée était assez large, mais la seconde était si étroite que nos bagages ne purent passer; il fallut arracher une partie de la palissade, avec la permission de deux zakirokhtchi, ou officiers. Alors nos seize chariots entrèrent, avec assez de peine, dans la deuxième cour. Une partie du bagage fut portée dans la petite maison qu'avait habitée la mission russe, en 1807 et 1808, et qui était passablement délabrée.

Le bochko Ourghentaï vint dans la cour, à la rencontre de la mission. Le soir, je reçus dans la iourte la visite du toussoulakhtchi Idam et du *zakirokhtchi* Darmâdzâp, inspecteur de notre cour: tous ces officiers étaient vêtus de blanc, à cause du deuil.

16 septembre. — Pendant la nuit, le thermomètre marqua six degrés au-dessous de zéro; à huit heures, il tomba de la neige fondue.

A dix heures du matin, le *dzargoutchi* Hoai vint du Maï ma tchin de l'ourga, de la part du *vang* et de l'*amban*, nous complimenter, l'archimandrite et moi, sur notre heureuse arrivée. Nos conducteurs l'amenèrent. Il était accompagné de deux bitkhéchi mandchous, membres du *yamoun*, ou tribunal de l'ourga, et d'un autre fonctionnaire public. Hoai et les deux premiers étaient vêtus de robe bleu foncé, dont la coupe ressemble beaucoup à celle de l'habit russe; ils portaient par dessus une robe blanche de deuil et une *magouaztsi*, ou demi-pelisse de peau d'agneau, à larges manches, la fourrure en dehors. Ces personnages étaient accompagnés d'une suite nombreuse de domestiques. Ils s'entretinrent avec nous en langue mongole, par le secours de notre interprète, et après s'être informés si notre voyage de Kiakhta à l'ourga avait été heureux, ils nous demandèrent si nous comptions faire un long séjour à l'ourga. Je répondis que, craignant des retards, et vu la saison avancée, nous y resterions au plus quatre ou cinq jours. Ils répliquèrent fort obligeamment, en nous invitant à prendre le temps nécessaire pour nous reposer. Je remis la décision de cette affaire au vang et à l'amban, et je réitérai à nos conducteurs mes remerciements des soins et des politesses qu'ils m'avaient témoignés en route. Les dignitaires mandchous ne manquèrent pas de nous apprendre que leur *houangti* «s'était élevé aux cieux». Je leur témoignai mes regrets de la perte d'un empereur aussi vertueux, en leur donnant l'espoir que les bienfaits de son digne successeur viendraient bientôt consoler le peuple. Quand ils nous annoncèrent que le vang et l'amban étaient prêts à nous recevoir le lendemain, je repartis que les membres de la mission s'empresseraient de profiter de cette permission, et que de plus j'étais chargé par le gouverneur d'Irkoutsk, en ma qualité d'inspecteur, de faire agréer, aux autorités de l'ourga, mes hommages et des présents. Le *térigoun* Khartsagaï s'enquit aussitôt si ces présents venaient de la part du gouverneur général ou de celle du gouverneur civil; je lui dis qu'ils étaient envoyés par ce dernier. Le dzargoutchi Hoai m'offrit sa tabatière, politesse usitée chez les Chinois, les Mandchous et les Mongols. Nos gardes furent traités avec du thé. [...]

A midi, nous allâmes au Mai ma tchin, ou faubourg des marchands, et chez le dzargoutchi; les ecclésiastiques étaient en voiture, les étudiants et moi nous étions à cheval. Le bitkhéchi Tchhing, le bochko Ourghentaï, le toussoulakhtchi Idam, et sa suite, le térigoun Khartsagaï, nous accompagnèrent. Le faubourg marchand, éloigné de quatre verstes à l'est de notre cour, est situé sur les bords du Tôla. Le chemin est inégal et pierreux. Ce Mai ma tchin est beaucoup plus grand que celui de Kiakhta; toutes les maisons sont en bois et assez mesquines. Les rues, larges et boueuses, sont garnies d'un grand nombre de boutiques remplies de différentes marchandises. A notre arrivée, la foule nous suivit malgré les cris de deux officiers civils, qui, conformément à l'usage suivi en Chine, chassaient les importuns à grands coups de fouet. Le dzargoutchi vint à notre rencontre, dans la cour, nous accueillit avec beaucoup de politesse et nous conduisit dans sa demeure, où l'on avait construit un salon exprès pour recevoir ses hôtes. L'habitation du dzargoutchi de Kiakhta est plus commode et plus élégante. Les Mongols qui nous accompagnaient, furent placés à une table séparée, à l'entrée de l'appartement, à l'exception du bitkhéchi et du bochko, qui restèrent à la nôtre. Le dzargoutchi nous traita tous très amicalement; il parla de ses élèves, MM. Lipovtsov et Novosselov, et parut flatté de mon observation, que le nom de Hoai-lao yé était connu dans la capitale de la Russie. Le dzargoutchi me demanda combien de temps nous comptions séjourner à l'ourga. Je répondis que ses sollicitations nous avaient fait prendre le parti d'y rester sept jours;

que trois étaient déjà écoulés, et que nous désirions profiter des quatre qui restaient pour nous occuper des préparatifs de notre voyage ; que du reste tout dépendait du vang. Le dzargoutchi nous conseilla de nouveau de nous bien reposer, en ajoutant que le temps était froid et pluvieux, et que, d'après les règles de l'astrologie chinoise, il avait choisi un jour heureux pour notre départ, et qu'il en parlerait aux gouverneurs de l'ourga. Naturellement nous le remerciâmes de cette preuve de sa bienveillance pour nous.

Après le dîner, à trois heures, ayant bu chacun une tasse de thé sans sucre, nous prîmes congé du dzargoutchi. Khartsagai et Idam, en se retirant, se mirent à genoux devant le dzargoutchi, usage observé par les Mongols, envers les dignitaires chinois ; les Mandchous, les Chinois et les Mongols, même dans les plus grandes cérémonies, n'ôtent jamais leurs bonnets ; ils ne témoignent leurs respects qu'en inclinant d'une manière presque insensible les mains vers la terre, et en fléchissant les genoux. Devant des princes et des généraux, on s'agenouille trois fois, en s'avançant un peu chaque fois. Devant l'empereur, on répète le salut neuf fois à trois reprises différentes ; en se prosternant jusqu'à terre.

A notre retour, nous vîmes beaucoup de tentes nouvellement dressées ; elles appartenaient à des Mongols qui allaient adorer le nouveau *khoutoukhtou* ; on en attendait encore d'autres. Un grand nombre de seigneurs et de simples particuliers de la tribu de Khalkha, s'étaient rassemblés à l'ourga ; ils se préparaient à célébrer la grande fête du khoutoukhtou. La mort du bogdo-khan vint tout arrêter. Tous les sujets de l'empereur sont, par suite de cet événement, tenus de porter le deuil pendant près de trois mois ; les lamas sont obligés de faire des prières particulières, pendant quarante-neuf jours, en honneur du monarque défunt.

Pour donner une idée de la fête célébrée par les Mongols, à la manifestation du nouveau khoutoukhtou Ghéghèn, je vais rapporter les détails de celle qui eut lieu en 1729, dans l'ancienne ourga, située sur l'Iben qui se jette dans l'Orkhon.

Le 22 juin, à la deuxième heure du jour, c'est-à-dire au lever du soleil, le principal temple de l'ourga fut décoré pour la fête. On avait placé vis-à-vis l'entrée, l'idole du bourkhan Aioûcha[1] ; à gauche on avait élevé un trône orné de pierres précieuses et de riches étoffes ; des sièges en bois avaient été arrangés dans le temple pour les lamas. La sœur du khoutoukhtou défunt, trois khan mongols, un amban, ayant une plume de paon sur son bonnet, et envoyé de Péking par l'empereur Young-tching, le père du nouveau khoutoukhtou, les trois khan des Khalkha et plusieurs autres Mongols de distinction, assistaient à la fête. Le nombre des lamas s'élevait à peu près à vingt-six mille, et celui du

1. Les Lamaïtes lui adressent leurs prières pour vivre longtemps.

peuple, hommes, femmes et enfants, à plus de cent mille. Après que les personnages les plus considérables se furent réunis dans le temple, on fit placer devant la porte, sur deux rangs, deux cents lances avec des pointes dorées et ornées de figures de bêtes sauvages en bronze. On forma en même temps une ligne de deux cents Mongols avec des tambours et de grandes trompettes en cuivre. Quand tout fut prêt, on vit sortir du temple six lamas, portant sur un fauteuil la sœur du khoutoukhtou défunt; elle était suivie des khan, des vang et de tous les dignitaires, très richement vêtus; le cortège marcha en silence jusqu'à la iourte du nouveau khoutoukhtou, qui demeurait avec son père Darkhantchin Tchin-vang[1]: elle était éloignée de plus d'une verste du temple. Une heure après, le khoutoukhtou régénéré parut, conduit par les principaux seigneurs mongols et les plus anciens lamas, qui le tenaient par la main et sous les bras. Ils le firent asseoir sur un cheval magnifiquement harnaché; la bride était tenue d'un côté par un *khoubilgan* ou prêtre d'un rang distingué, et de l'autre par le Ta-lama ou doyen des lamas, neveu du vang Dounchin. Quand le khoutoukhtou sortit de la iourte, les lamas entonnèrent des hymnes en son honneur, au son des instruments. De leur côté, les seigneurs et le peuple s'inclinèrent très profondément, en levant les mains vers le ciel. Le cortège du khoutoukhtou s'avança lentement vers le temple; la sœur du khoutoukhtou défunt, que le nouveau appelait également sa sœur, le suivait dans une chaise à porteur. Venaient ensuite le plus ancien lama, Nomïn-khan, envoyé par le dalaï-lama; l'amban chinois, tous les lamas, le vang et les autres Mongols de distinction. Le peuple suivait des deux côtés.

L'intérieur de la place formée devant le temple, renfermait six iourtes, ornées sur le sommet de pointes dorées d'où pendaient de riches étoffes de couleurs différentes. Arrivé à la barrière, le cortège s'arrêta; les lamas, placés le plus près du khoutoukhtou, l'enlevèrent de son cheval, avec les marques du plus profond respect, et l'introduisirent dans l'enceinte par la porte du sud. Après y être restés une demi-heure, les plus anciens lamas le conduisirent par la main dans le temple où entrèrent également sa sœur et tous les dignitaires. L'envoyé du dalaï-lama, aidé des personnes de sa suite, le fit asseoir sur un trône; puis l'amban annonça au peuple l'ordre de l'empereur de rendre au khoutoukhtou les honneurs dus à son rang. Alors, tout le monde se prosterna trois fois jusqu'à terre; ensuite on plaça devant lui, sur une table, plusieurs *khonkhô*, ou clochettes en argent, dont les lama font usage pendant les cérémonies religieuses. On avait eu soin de tenir en réserve la clochette dont le khoutoukhtou s'était servi avant sa régénération, afin de connaître s'il s'apercevrait qu'elle n'était pas avec

1. Ce prince mongol avait épousé une parente de l'empereur Young-tching. Cette famille avait le bonheur de donner un khoutoukhtou.

les autres. Le khoutoukhtou, après avoir jeté ses regards sur les clochettes, dit aux lamas, qui étaient auprès de lui : « Pourquoi ne m'avez-vous pas apporté ma clochette habituelle ? » Ces mots entendus, les khan, les vang, les lamas et tout le peuple s'écrièrent : « C'est le véritable chef de notre religion, c'est notre khoutoukhtou ! »

Alors sa sœur s'approcha la première de lui pour recevoir sa bénédiction ; elle fut suivie de l'amban, des principaux lamas, des khan et des autres seigneurs. Cette cérémonie terminée, tous ces personnages se retirèrent. Le khoutoukhtou resta dans le temple jusqu'au soir, pour donner sa bénédiction aux autres lamas et au peuple.

Le 23 juin, à une heure après minuit, l'amban et les autres seigneurs revinrent dans le temple autour duquel le peuple était déjà assemblé. A trois heures, au lever du soleil, le khoutoukhtou, conduit par les anciens lamas, arriva et s'assit sur son trône. L'amban lui offrit les présents de l'empereur : c'était un plateau en or, pesant 300 *lan* (environ 28 livres), au milieu duquel était enchâssées huit pierres précieuses. Sur le plateau on avait posé des *khadaks*, valant 1 000 *lan* (2 000 roubles) en argent, et 81 pièces de drap d'or et d'argent. Une note écrite sur chacune d'elles, indiquait que la façon avait coûté 300 *lan* (600 roubles) en argent ; enfin l'amban présenta quatre-vingt-un plats chargés de confitures et différentes autres choses. Il offrit ces choses en donnant au khoutoukhtou des marques du respect le plus profond, et les accompagna de félicitations au nom de son souverain. Il finit par solliciter la bénédiction du khoutoukhtou, au nom de l'empereur, et lui adressa ce discours : « Grand pontife, toi qui es incorruptible comme l'or, et dont la splendeur égale l'éclat des diamants, protège l'empire comme tu l'as fait du temps de mon père et répands ta grâce et ta protection sur mon règne. »

Le khoutoukhtou accepta les présents de l'empereur, et lui donna sa bénédiction en posant les deux mains sur la tête de l'amban ; ensuite il la donna également aux lamas et au peuple ; chacun, pénétré de l'idée consolante de la recevoir de la Divinité même, s'avança l'un après l'autre, et montra un respect, une ferveur et un recueillement exemplaires.

L'après-midi, on dressa quatre grandes tentes et une infinité de petites, à la distance d'une demi-verste du temple, en laissant au centre un grand espace pour l'exercice de la lutte. Les grandes tentes furent occupées par les khan et les autres seigneurs. Les combattants, au nombre de deux cent soixante-huit de chaque côté, entrèrent par deux points opposés. Les luttes durèrent jusqu'au soir, les noms des vainqueurs furent proclamés, les vaincus furent obligés de quitter l'enceinte. A la fin il ne resta plus que trente-cinq vainqueurs.

Le 24 juin, tous les Mongols allèrent de nouveau au temple pour faire leurs dévotions et adorer le khoutoukhtou. Le 25 juin, le

Dzassaktu-khan et le vang Tsetsén offrirent au khoutoukhtou leurs dons, consistant en vaisselle d'or et d'argent, étoffes de soie, khadaks et thé. Les Mongols de toutes les classes s'empressèrent également, par des présents, à prouver leur dévotion et leur respect au pontife. Un simple Mongol lui donna trois cents chevaux. Les marchands chinois, qui se trouvaient alors à l'ourga, offrirent cent cinquante pièces de satin et quatre cents caisses de thé en briques.

Le 27, les luttes recommencèrent; le temps était extrêmement chaud; les combattants furent accablés de fatigue. Alors les khan prièrent les lamas de faire pleuvoir. Au bout d'une demi-heure le temps se couvrit; il tomba quelques gouttes de pluie. Les fidèles l'attribuèrent au pouvoir des lamas, quoiqu'aussitôt après la chaleur se fît de nouveau sentir.

Depuis le 28 juin jusqu'au 3 juillet, les luttes eurent lieu tous les jours. Le 3 juillet, les khan et les autres seigneurs mongols, accompagnés du peuple se rendirent avec les trente-cinq vainqueurs au district d'Ourakhoû, situé sur les bords de l'Orkhon, à plus de cinquante verstes de l'ourga.

Le 5 juillet, il y eut sur les bords de l'Orkhon une course de chevaux qui parcoururent une distance de dix-huit verstes; on fit courir à la fois onze cent dix chevaux, dont cent furent déclarés les meilleurs. Ils reçurent des noms distingués, et leurs maîtres obtinrent des présents et des prérogatives.

Le 6 juillet, il y eut au même endroit une course de seize cent vingt-sept chevaux, âgés de six ans. Le but n'était éloigné que de seize verstes. Les maîtres des cent premiers arrivés obtinrent également des présents.

Le 7 juillet, il y eut une troisième course entre neuf cent quatre-vingt-quinze chevaux de quatre ans. Ils eurent à franchir un espace de douze verstes. Les maîtres des cent premiers arrivés furent récompensés comme l'avaient été les autres.

Ces trois mille sept cent trente-deux chevaux appartenaient tous à des Mongols de la tribu des Khalkha. Le même jour, après la course, les trente-cinq vainqueurs à la lutte, divisés en deux troupes, combattirent entre eux. Les sept vainqueurs furent ramenés à l'ourga.

Pendant ces courses et ces luttes, trois cent deux archers mongols tirèrent au but avec des flèches, à une distance de vingt-cinq toises. Chaque archer tira quatre fois de suite. Vingt-cinq, qui atteignirent le but chaque fois, ou même trois fois seulement, furent déclarés excellents tireurs.

Le 8 juillet, les Mongols retournèrent à l'ourga. Le lendemain matin, les vingt-cinq archers vainqueurs tirèrent entre eux sur le même emplacement où la lutte avait eu lieu la première fois.

L'après-midi, on dressa, auprès de l'habitation du khoutoukhtou, une iourte très richement décorée, dans laquelle il fut conduit par la main. On portait devant lui plusieurs idoles, et l'on brûlait des parfums dans des encensoirs d'argent. Entré dans la iourte, on le fit monter sur son trône; chacun alla s'asseoir à la place qui lui était destinée. Ensuite, on apporta du thé en briques, préparé dans des tasses d'argent. On en présenta au khoutoukhtou et à sa sœur. Le premier, après l'avoir goûté, le rendit, et donna l'ordre d'en verser une partie dans chaque théière. Dès que cela eut été effectué, on offrit une tasse de ce thé, d'abord au khoulbilgan et au dalama, et ensuite à tous les personnages distingués. Quant à ceux qui n'avaient pas de tasses, on leur versa de ce thé dans le creux de la main. Chacun le but avec une vive satisfaction, comme une eau sainte, reçue des mains mêmes du khoutoukhtou.

Ensuite, les sept lutteurs recommencèrent leur combat, qui dura depuis dix heures du matin jusqu'à minuit. Un Mongol, nommé Babéï Ikédzân (le grand éléphant solide), du *kochoun* du vang Tsetsén, resta vainqueur. La lutte terminée, on ramena le khoutoukhtou dans son habitation, en observant les mêmes cérémonies qu'en le conduisant à la iourte; ensuite, chacun se retira chez soi.

Le 10 juillet, il y eut, dans la tente du Touchétou-khan, un dîner auquel assistèrent tous les seigneurs de distinction et les principaux lamas. Après le dîner, on tira des flèches. On avait choisi, dans chaque *djassak*, les meilleurs tireurs; leur nombre était de cent; les dix qui tirèrent le plus loin, furent proclamés les plus habiles et reçurent des présents semblables à ceux qu'on avait donnés aux lutteurs.

Le 11 juillet, à quatre heures du matin, les khan et les autres seigneurs se réunirent dans l'habitation du khoutoukhtou, et délibérèrent jusqu'au soir sur les noms à donner aux vainqueurs au tir et à la lutte, noms destinés à les faire connaître à la nation, et à conserver leur gloire dans la postérité. Le nom de *Lion* fut donné, d'une voix unanime, au premier lutteur, qui déjà portait celui de *Grand Éléphant solide*; les autres reçurent également, suivant leur ordre, des noms d'animaux ou d'oiseaux courageux.

Celui qui obtenait le nom se prosternait d'abord devant le khoutoukhtou, et s'inclinait ensuite, trois fois jusqu'à terre, devant les khan et les vang: chacun de ces derniers le gratifiait d'un khadak ou morceau d'étoffe blanche. Après cette cérémonie, le *khâlgatchi* le conduisit autour de l'enceinte, en annonçant au peuple son nom et ses exploits.

Le premier lutteur reçut pour récompense un fusil, une cuirasse, quinze bœufs et vaches, quinze chevaux, cent moutons, un chameau, mille briques de thé, quelques pièces de satin, et plusieurs peaux de renard et de loutre. Les autres eurent des dons proportionnés à leur force et à leur agilité. Des récompenses pareilles furent distribuées parmi les tireurs; le dernier lutteur et le dernier tireur obtinrent, chacun deux vaches et deux moutons.

La fête se termina le 12 juillet, qui fut le jour du départ.

Une fête semblable est célébrée tous les ans par les Mongols; ils se rassemblent à un des *obo* de leur horde (*aimak*).

Le nom entier du khoutoukhtou actuel est: *Djab-Dsioûng Dombo khoutoukhtoû Ghéghèn.*

19 septembre. — Le bitkhéchi et le bochko, nos conducteurs, qui allaient au tribunal ou yamoun de l'ourga, vinrent me voir à sept heures du matin pour savoir ce que nous désirions obtenir du vang pour la continuation de notre voyage. Je demandai:

1° La fourniture à chaque campement que nous rencontrerions sur notre route, depuis l'ourga jusqu'à Khalgan, de quatre iourtes, de bois et d'eau; ce qui lui avait été accordé depuis Kiakhta jusqu'à l'ourga;

2° La faculté de laisser jusqu'à notre retour, sous la garde du dzargoutchi, une partie des vivres de nos cosaques, consistant en biscuits;

3° La permission d'être présenté au khoutoukhtou, faveur qui avait été accordée aux inspecteurs des missions précédentes; et, si cela n'était pas possible, de me permettre de présenter mes hommages au *chandzab*, premier directeur des affaires du khoutoukhtou. Dans le cas où cette dernière requête ne serait pas jugée admissible, je demandai à pouvoir, ainsi que les étudiants et nos cosaques, entrer librement dans l'ourga.

A dix heures du matin, on nous apporta les présents que le vang et l'amban envoyaient au chef et aux autres membres de la mission, en retour de ceux que nous leur avions faits. Telles sont, chez les Asiatiques, les conditions des liens d'amitié et de politesse. La première démarche, pour faire connaissance avec quelqu'un, doit être accompagnée de présents; chacun s'empresse alors de prouver sa reconnaissance par un don, ne fût-ce qu'une bagatelle. Ovide dit avec raison : *Vulgus utilitate amicitiam probat* (c'est d'après l'intérêt que le peuple apprécie l'amitié). Les présents du vang et de l'amban consistaient en pièces de soieries de la Chine: c'était du satin bleu et du taffetas broché. Je fis des cadeaux aux porteurs.

Une demi-heure après, le bitkhéchi et le bochko, en revenant du tribunal, entrèrent dans ma iourte, où se trouvait le chef de la mission; voici les réponses qu'ils rapportaient à nos demandes:

1° Le vang, siégeant au yamoun, refusait de nous accorder les iourtes parce qu'elles n'avaient pas été fournies auparavant. Il observait d'ailleurs que la mission voyageait pour ses propres affaires et à ses frais.

Nos conducteurs, remarquant notre mécontentement à ces paroles, et pensant, d'après l'observation de l'archimandrite, que nous souffririons extrêmement du froid dans le désert de Gobi, nous tranquillisèrent en nous faisant espérer qu'ils pourraient nous procurer deux iourtes, du chauffage et de l'eau.

2° Je ne pouvais être présenté au khoutoukhtou parce que ce pontife était trop fatigué du long voyage qu'il venait de terminer, pendant lequel il avait donné sa bénédiction à plus de cent mille fidèles;

3° Quant aux biscuits, nous pouvions nous-mêmes prendre des arrangements avec des marchands du Mai ma tchin de l'ourga.

A la fin de la soirée, Idam vint me voir. Quoiqu'il ne se fût pas trouvé avec le vang et l'amban quand il fut question devant eux de nos demandes, cependant, comme il avait eu un entretien avec le premier, pour d'autres affaires, il me donna l'explication des réponses. [...]

20 septembre. — Idam vint à huit heures du matin chez moi s'informer si réellement il ne me restait plus du camelot dont j'avais fait présent à l'amban. Quoiqu'Idam me dît que le vang en désirait pour son fils aîné, qui était sur le point de partir pour Péking, les officiers mongols me demandaient si fréquemment de cette étoffe, soit directement, soit d'une manière détournée, que je pensai, ou qu'elle plaisait beaucoup au vang, ou qu'il était jaloux du drap bleu offert en présent à l'amban par le gouverneur d'Irkoutsk. Les demandes réitérées de drap de cette couleur, que nous adressaient les personnes attachées au vang, nous confirmèrent dans notre opinion. A notre grand regret, nous n'avions plus ni drap bleu ni camelot.

Idam me dit qu'Arabdàn Dordji, fils aîné du vang, désirait vivement faire ma connaissance; je me hâtai de répondre que je serais extrêmement flatté de lui rendre visite.

A dix heures du matin, nous allâmes voir la ville; nous étions montés sur des chevaux mongols. J'étais accompagné de deux officiers de cosaques, de l'interprète, de trois cosaques, de l'hiérodiacre, des étudiants et des ecclésiastiques. Demit, Darma-dzap et plusieurs Mongols nous escortaient. Nous visitâmes d'abord le temple et les habitations du khoutoukhtou qui étaient éloignées d'une verste, à l'ouest de notre demeure. L'enceinte était si haute qu'elle nous empêcha de distinguer l'architecture des bâtiments. Les temples construits dans la direction du sud au nord, avaient des toits peints en vert; un de ces temples était entouré d'une grille dorée. Pour se conformer à l'usage des habitants des steppes, le khoutoukhtou occupe une iourte au milieu de l'enceinte; les khan mongols et les khan de la Boukharie, de Khiva, etc., demeurent également dans des iourtes. A quelque distance des temples on aperçoit un grand édifice en bois: c'est l'école où les lamas apprennent à lire les livres tibetains, et à jouer des instruments en usage pour la musique religieuse.

Afin de ne pas être importunés, nous avions choisi, pour notre visite, l'heure du dîner; malgré cette précaution, nous fûmes bientôt entourés d'une foule de Mongols qui nous incommodaient beaucoup. Pour remédier à cet inconvénient, le chandzab nous envoya deux de ses khâlgatchi.

Derrière l'école, il y a un bâtiment dans lequel on prépare le repas des *khouvarak*, ou écoliers des lamas. On en compte ici plus de mille qui vivent aux frais du khoutoukhtou. Au nord-est, on voit l'habitation du chandzab, composée de plusieurs iourtes; tout auprès, est un bâtiment où l'on conserve le trésor du khoutoukhtou; il est couvert d'un toit en terre, et ressemble à une maison de paysan. Au nord-ouest, sont les magasins. Près de la porte, il y a une enceinte qui renferme les chameaux, les chevaux, les moutons et les autres animaux offerts au khoutoukhtou. Les temples sont sur une grande place. Devant les principales portes, qui sont tournées vers le midi, il y a une petite place entourée d'une balustrade en bois, peinte en rouge. C'est là que les lamas pratiquent leurs cérémonies. Tous les jours de fête, on chante des prières et l'on brûle des parfums sur un petit échafaudage en bois, placé au sud. De chaque côté de la grande place, s'étendent des cours entourées de palissades; dans chaque cour, il y a une grande iourte, élevée sur des poutres, et recouverte de toile de coton blanche. Ce sont les temples particuliers des khan de Khalkha.

Les habitants de l'ourga, tant ecclésiastiques que laïques, demeurent dans des iourtes; quelques-unes sont ombragées par des saules qui croissent dans les cours. Les rues sont si étroites, que deux hommes à cheval ont de la peine à y passer de front.

Sur la rive gauche du Tola, vis-à-vis des temples, s'élève le Khan-ôla, ou mont impérial[1]. Un de ses flancs offrait des inscriptions de dimension colossale, formées de grandes pierres blanches. Elles sont en mandchou, chinois, tibétain et mongol, et signifient: *joie céleste*, et expriment les sentiments des Khalkha, à l'occasion de la régénération du khoutoukhtou; la taille des caractères suffit pour faire connaître la haute importance de cet événement : on les distinguait parfaitement de notre cour. La partie supérieure de la montagne est couverte de bois; dans les parties inférieures on a placé des iourtes, habitées par des gardes (*tsagdâ*) chargés d'éloigner quiconque tenterait d'approcher d'un lieu consacré à l'homme-dieu. Un repos éternel règne dans ces vallées, qui ne sont habitées que par des troupeaux de chèvres sauvages.

1. M. Igoumenov, qui habite actuellement la ville d'Irkoutsk, dit, dans ses Nouvelles de la Mongolie, imprimées dans le journal intitulé *Le Messager sibérien*, de 1819, relativement à cette montagne: «Le Khan-ôla est renommé chez les Khalkha par une grande réunion qui s'y fait tous les trois ans. Là, se rédigent par écrit les suppliques du peuple. On y propose toute entreprise utile, et on y juge les querelles et les différends particuliers. Au midi, il y a un temple dont la splendeur répond à l'importance de cette assemblée. La montagne est roide du côté nord, et penche vers le midi; cette chaîne de montagnes se prolonge jusqu'à quarante verst; sa hauteur n'excède pas beaucoup celle des montagnes de la frontière sud de la Sibérie.» — Cette comparaison ne pourrait se faire qu'avec celles des montagnes de la Sibérie qui s'élèvent bien au-dessus du lac Baïkal, et dont les pointes de granit sont couvertes d'une neige éternelle. Mais le Khan-ôla doit être regardé, par sa situation sur le plateau élevé de l'Asie moyenne, comme beaucoup plus haut que ces montagnes.

En approchant des bords du Tola, nous vîmes le camp du Touchétou-khan, qui était arrivé depuis peu. C'est à peu de distance de ce lieu que le Selby mêle ses eaux à celles du Tola. La surface de la plaine est coupée d'étangs bourbeux et de lacs. Près du château du vang, on nous montra l'endroit destiné, dans les grandes solennités, aux luttes, aux tirs et aux courses de chevaux. L'extérieur de ce château, dont le toit est fort simple, n'annonçait nullement la résidence d'un prince, descendant de Tchinghiz-khan, et époux d'une infante chinoise, d'un prince élevé dans une cour brillante, du seigneur le plus puissant parmi les Mongols, enfin d'un ministre dont le crédit est bien connu sur les bords du golfe de Finlande, et peut-être même sur les rives de la Tamise. La maison était entourée d'une palissade et de bouleaux dont la verdure contrastait avec la blancheur des iourtes On avait conduit des ruisseaux d'eau vive depuis leur source, sur les montagnes voisines, jusque dans l'intérieur de la cour du château. En général, les Chinois s'efforcent de transporter les dons de la nature jusque dans les villes.

Nous prîmes ensuite à gauche, en traversant la prairie et passant devant le jardin du vang; il est entouré d'une haie, et ressemble beaucoup à un potager. On y voyait de petits étangs, un puits, des choux et un pavillon délabré environné de saules. Deux beaux chevaux y pâturaient.

Nous passâmes devant la maison des ambans de l'ourga; elle n'est éloignée de celle du vang que d'une demi-lieue, et située entre deux bras du Selby. Sur l'un des deux, on a construit un pont assez long pour les piétons et les cavaliers; En général, les habitations des gouverneurs de l'ourga ressemblent aux maisons des fermiers propriétaires en Europe.

Une heure après que nous fûmes rentrés chez nous, l'archimandrite témoigna le désir de profiter du beau temps pour se promener, avec les autres membres de la mission, sur les bords du Tola; mais le bitkhéchi Tchhing refusa de les faire conduire, en donnant pour excuse qu'il n'avait pas la permission officielle du vang. Demit observa que les gens de Péking tenaient extrêmement aux formalités. «Quant à nous autres Mongols, ajouta-t-il, nous nous adressons au vang à tout instant; n'importe en quel lieu.» Puis il entama à ce sujet une discussion avec les Chinois qui finirent par nous permettre de sortir de la cour.

En conséquence, nos cosaques allèrent à la ville, sous la conduite de deux khalgatchi qui furent ensuite bien récompensés de leur peine. Le plus âgé, né dans les steppes, vivait à ses frais à la cour du khoutoukhtou; l'autre avait presque l'air d'un Européen. Ils nous apprirent que le khoutoukhtou recevait de l'empereur une somme fixe pour subvenir aux frais de sa table. Les troupeaux de ce pontife-dieu sont sacrés. Les bergers qui les conduisent ont la faculté de prendre la laine et les peaux des bêtes qui meurent naturellement. Tous les ans, le khoutoukhtou envoie une quantité déterminée de chevaux et de moutons à l'empereur et au dalaï-lama.

21 septembre. — [...] A trois heures, j'envoyai l'inspecteur du bagage avec l'interprète, au Mai ma tchin, pour faire divers achats; Le dzargoutchi leur accorda un guide, et consentit à prendre sous sa garde une partie des provisions des cosaques. En attendant, nous fîmes une petite promenade sur les bords du Tola, au grand mécontentement d'un soldat de la garde, qui nous accompagna, et qui ne pouvait concevoir comment nous trouvions du plaisir à marcher. Les Mongols, de même que la plupart des habitants de l'Asie, habitués à monter à cheval, n'aiment pas à aller à pied, et regardent même cet exercice comme humiliant.

Ayant passé sur deux petits ponts, construits sur les deux bras du Selby, qui est très rapide, nous vîmes la maison de l'amban beissé, qui est fort bien construite, puis une autre plus petite, destinée aux mandarins chinois qui viennent à l'ourga pour affaires de service. Des canaux conduisaient l'eau du Selby dans les potagers de ces maisons. La demeure de l'amban est à peu de distance; à côté, il y a un étang qui est également alimenté par le Selby. Les prairies qui l'entourent sont couvertes de bestiaux. Quant aux chameaux, ils ne broutent que des buissons.

22 septembre. — A dix heures du matin, on nous apporta les présents que les fils du vang nous envoyaient en retour des nôtres: c'étaient des étoffes de soie de la Chine.

Le dzargoutchi étant venu nous faire ses adieux, je le priai de faire accélérer notre départ, autant qu'il lui serait possible; il répondit qu'il n'avait pas beaucoup d'influence au yamoun, et ajouta que le bruit de notre départ s'étant répandu, il avait voulu nous voir auparavant. Ces paroles nous firent espérer que bientôt nous pourrions quitter l'ourga, mais cet espoir dura peu; nous apprîmes le soir, par nos conducteurs, que vraisemblablement nous serions obligés de rester jusqu'au 1er octobre, afin que nous eussions, comme l'avait dit le gouverneur, le temps de nous remettre entièrement de nos fatigues. Je me plaignis de l'humidité qui altérait visiblement nos santés, et de la mauvaise nourriture de notre bétail et de nos bêtes de somme qui appartenaient au gouvernement, et dont j'étais responsable. J'ajoutai que je craignais beaucoup qu'en traversant le désert de Gobi, tous ces animaux ne périssent, comme cela était arrivé à la mission, en 1807. Pénétré de la justesse de mes observations, le toussoulakhtchi me demanda si nous désirions que nos bêtes de somme prissent les devants pour trouver une meilleure nourriture, ou si nous voulions partir. Notre réponse unanime fut «*Partir!*» Les Mongols nous promirent d'y réfléchir.

23 septembre. — Après le dîner, nous fîmes une promenade à pied sur le chemin du Mai ma tchin, au-delà de la maison du beissé; nous avions l'intention de suivre les bords de la Tola; mais le Mongol qui nous accompagnait nous prévint qu'ils étaient très marécageux. Après avoir passé la demeure du beissé, nous montâmes une colline sur laquelle nous vîmes un *soubourgan*, ou pyramide sacrée des bouddhistes, érigé par un prince mongol; son piédestal, de forme carrée, était en pierres brutes liées avec une composition d'argile et de paille. La pyramide était en briques grises, et l'intérieur, qui était creux, avait été rempli de sable et de pierres; près du soubourgan nous rencontrâmes un Mongol, prince du troisième rang, qui vivait en nomade dans le désert de Gobi. Il était venu à l'ourga pour rendre hommage au khoutoukhtou; mais surtout à cause de la mort de l'empereur. Tout le monde attendait avec une vive curiosité les premiers actes du nouveau souverain. Ce Mongol nous regarda avec beaucoup d'intérêt; l'habillement de nos ecclésiastiques parut fixer principalement son attention; il était surpris de ce que nous parlions couramment le mongol, et de ce que l'archimandrite et l'interprète possédaient parfaitement le mandchou. Ce prince, vêtu d'une robe bleue, montait un magnifique cheval noir; il était suivi de cinq domestiques.

Du haut de cette colline, la vue plane sur la Tôla, et sur la ville dont on découvre les temples brillants. Au sud, s'étend le mont Khan-ôla; au nord, la ville est protégée contre les vents froids par de hautes montagnes; à l'ouest, on aperçoit la demeure du vang et celle de l'amban, une quantité de iourtes qui font partie de la ville, de vastes prairies, et à l'horizon, les sommets d'une chaîne de montagnes; à l'est, des prairies et des montagnes, le Mai ma tchin, et au loin des masses de granit nues. Cette quantité de tentes destinées à loger les fidèles qui viennent adorer le khoutoukhtou, leurs chevaux et leurs chameaux, répandus çà et là, donnaient un mouvement extraordinaire à ces lieux, qui d'ailleurs présentaient aux yeux l'image d'un désert.

Le climat de l'ourga est très rude; l'humidité naturelle de ces contrées, entourées de montagnes abondantes en sources, est encore augmentée par le voisinage du mont Khan-ôla, dont les cimes colossales dominent la ville au sud, et neutralisent la salutaire influence des vents chauds. Le canton est tellement froid, que même les plantes potagères souffrent des frimas et des gelées du matin. Les habitants de l'ourga sont donc obligés d'avoir recours aux potagers de Kiakhta, qui sont également une ressource pour les Russes vivant à la frontière. A deux verstes au-dessous de l'ourga, on trouve un emplacement qui serait beaucoup plus convenable pour y former un établissement.

En revenant sur la rive gauche du Selby, nous passâmes devant la demeure d'Akhaï koung, chef de la police de l'ourga; elle était entourée d'une palissade, renfermant des magasins et des iourtes; celle du propriétaire était couverte d'une toile bleue. Le chef de la police juge les affaires conjointement avec le chandzab, ou maréchal de la cour du khoutoukhtou, parce que la plus grande partie des habitants se compose d'ecclésiastiques soumis à la seule juridiction du chandzab. On dit que, ni les lamas, ni même le khoutouktou, ne prennent aucune part aux décisions de ce juge. On évalue le nombre des habitants de l'ourga à sept mille, dont cinq mille lamas.

Le soir, nous sommes allés, avec notre inspecteur du bagage, chez Idam. Les Mongols le raillèrent en disant qu'il nous faisait rarement des visites afin de nous obliger à venir chez lui. Idam, qui aime à parler par métaphores tirées des productions de la nature, leur répondit:

«Un vieil arbre qu'on laisse seul, risque facilement de tomber; mais quand il est soutenu par de jeunes pousses, il peut résister encore longtemps aux tempêtes.»

Cela signifiait qu'étant plus jeunes que lui, les courses étaient moins pénibles pour nous que pour lui. Il nous dit qu'on s'était occupé de notre voyage, et que, dans une heure, on devait envoyer un rapport au vang. Je ne manquai pas de lui recommander fortement nos intérêts.

24 septembre. — L'inspecteur, qui vint me voir ce matin à neuf heures, m'apprit qu'à deux journées, à l'ouest de l'ourga, on trouvait des sources minérales chaudes, dont la plupart étaient sulfureuses. C'est ce que confirmait une odeur de soufre qui parvenait jusqu'à nous. Dans quelques maladies, les Mongols, guidés par les conseils de leurs lamas, font usage de ces eaux; rien n'est disposé pour recevoir les malades: quand ils arrivent, on creuse des trous qui servent de cuves.

Quelque temps après, le bitkhéchi et le bochko arrivèrent; ils sortaient du yamoun. Ils nous dirent, d'un air triste, que le vang, considérant que nous étions venus dans le Céleste Empire en vertu d'un traité inviolable, sous la dynastie actuelle, avait résolu de nous laisser continuer notre route, et que, dans le cas même où il lui parviendrait, de Péking, des ordres qui nous concerneraient, il aurait le temps de nous les faire connaître pendant notre voyage. Cette nouvelle nous causa une joie extrême; je fis faire à l'instant les préparatifs de notre départ afin de nous mettre en route dès le lendemain.

A l'heure du dîner, le bitkhéchi vint me voir; il paraissait très mécontent; les Mandchous nous en apprirent le soir la raison. Le vang n'avait pas reçu chez lui le bitkhéchi ni le bochko; on leur avait dit seulement au tribunal, que le térigoun, qui était mongol, avait, d'après l'avis unanime des dignitaires mongols, présenté la veille au soir un rapport au vang, sur la nécessité de nous laisser continuer notre voyage. Le prince avait donné son adhésion au rapport. Cette démarche avait singulièrement blessé l'orgueil des deux Chinois. Ils se permirent, sur le compte des Mongols, des réflexions satiriques qui finirent même par dégénérer en calomnies.

G. Timkovski, *Voyage à Pékin à travers la Mongolie en 1820 et 1821*, Paris, Librairie orientale de Dondey-Dupré, 1827.

CATHERINE DE BOURBOULON
(1862)

La courte vie de Mme de Bourboulon, née Catherine Fanny Mac Leod (1827-1862), fut marquée par le voyage. Née en Écosse, émigrant avec sa mère à Boston à l'âge de cinq ans, voyageant avec sa tante en Amérique latine, elle épouse, à vingt-quatre ans, un diplomate français qui est nommé en Chine — une Chine qui s'ouvre à peine sous la poussée étrangère. Après de multiples aventures, le couple quitte Pékin le 17 mai 1862 et rentre en Europe par la voie terrestre, c'est-à-dire par la Mongolie et la Russie.

C'est un voyage audacieux et difficile pour cette femme à la santé fragile mais d'une grande énergie. Il commence, au-delà de la Grande Muraille, par la traversée du Gobi «avec toute sa majesté et qui vous parle d'autant plus de Dieu que rien n'y rappelle les hommes». Contrairement à bien d'autres voyageurs, et sans doute parce qu'elle découvrait la capitale de la Mongolie extérieure après avoir subi l'épreuve du désert, Ourga lui apparaît comme une ville agréable. Le moment du passage, le printemps, tardif en Mongolie, y est également pour beaucoup dans cette impression idyllique.

Sur pied de bonne heure, la caravane quitte Dolon vers six heures du matin; à onze heures elle atteignit la station de Sousouloutou, la dernière avant Ourga. Le vice-consul de Russie dans cette ville, M. Schechmaroff, accompagné d'un officier et de vingt cosaques rangés en ordre de bataille, y attendait les voyageurs avec des voitures attelées à la russe, troïkas et tarentas. Sous une tente ornée de fleurs et de draperies de soie de toutes couleurs, était servi un déjeuner splendide, car il y avait une nappe (luxe inouï en Sibérie!), du beurre, du pain frais, une oie sauvage, et un rôti de mouton cuit avec du vrai bois et non avec du crottin, comme au désert.

«Toute malade que j'étais, ce fut avec une grande joie que j'aperçus à Sousouloutou les bonnets à poil et les lances des cosaques! Les chevaux vigoureux des troïkas, attelés en éventail avec leur harnachement couvert de sonnettes qu'ils agitaient en frappant du pied et en mâchant leur mors, avaient un air européen à côté de nos petits coursiers à longs poils montés par de sauvages cavaliers. Décidément, j'en avais assez, du désert! La tenue, la régularité, la discipline des cosaques, les boutons dorés de leur officier, jusqu'à l'habit à queue de morue du vice-consul, me représentaient la civilisation et me faisaient tressaillir le cœur; il me semblait que j'allais guérir tout de suite, que je rentrais dans ma vie ordinaire après avoir passé par les angoisses d'un cauchemar étrange, et, chose bizarre, cette impression que je reçus spontanément me fit réellement du bien, et ma santé alla en s'améliorant à dater d'Ourga. Qui sait ce qui serait arrivé de moi, si j'était restée plus longtemps sous le poids de l'abattement moral et plysique que me causait le désert?»

La joie des voyageurs fut encore redoublée par l'arrivée d'un courrier mongol expédié de Pékin avec des lettres et des journaux d'Europe. C'est une sensation presque cruelle à force d'être vive que de recevoir des nouvelles de ceux qu'on aime, de se dire que leur main a scellé le cachet qui vous arrive inviolé jusqu'au fond des solitudes les plus ignorées et les plus impénétrables.

Cette réception solennelle avait été ordonnée par M. Boroïkin, titulaire du consulat d'Ourga, qui avait passé l'hiver à Pékin d'où il avait expédié ses ordres à M. Schechmaroff. Après le déjeuner, qui fut très cordial, chacun prit place dans les voitures russes qui partirent aussitôt au triple galop: aller plus lentement serait une injure pour la qualité des personnages qui y prennent place, et il faut se résigner à se faire casser la tête afin de tenir son rang.

A partir de Sousouloutou on se dirige, vers l'ouest, à travers une belle prairie où il n'y a pas de route tracée; à gauche la vue est bornée par des montagnes boisées couvertes de sapins, à droite de petits cours d'eau qui vont se jeter dans la rivière Toula courent en zigzag dans la vallée. En approchant d'Ourga, la prairie se resserre, les montagnes se rapprochent, la vallée diminue, et on se trouve tout à coup près de la rivière qui roule claire et rapide, mais guéable, sur un lit de gravier.

De ce gué on jouit d'un panorama splendide: la Toula, parsemée de petits îlots, plantés d'aulnes, de saules et de peupliers, divise en plusieurs bras ses eaux transparentes, qui murmurent parmi les cailloux, et reflètent la silhouette de ses rives pittoresques; au-delà, l'immense prairie dans laquelle est située Ourga s'étend, comme un tapis de velours vert, jusqu'à l'horizon où elle va se confondre avec l'azur du ciel. Un mouvement, une agitation extrême animent ce magnifique paysage : des troupeaux de bœufs, de moutons, de chèvres sont disséminés dans les gras pâturages gardés par des bergers déguenillés; des hordes de chevaux à demi sauvages se poursuivent en se jouant; des bandes de yacks tout blancs, réunis en cercle, forment comme des taches sur l'horizon verdoyant; une foule de femmes et d'enfants allant puiser de l'eau à la rivière, des pêcheurs, des vanniers, des baigneurs errent le long de ses rives; au loin on aperçoit, avec ses rues en palissade et ses maisons qui sont des tentes, la ville d'Ourga qui ressemble à un vaste campement, dominée sur la gauche par les coupoles, les clochetons, les mille pagodes dorées des deux palais du dieu vivant des lamas, le Guison-Tamba; enfin, pour couronner ce magique point de vue, à droite et jetant ses contreforts de rochers dans la Toula où ils forment des rapides, s'élève la montagne sacrée, le mystérieux asile de toutes les superstitions bouddhiques, couverte d'une forêt impénétrable dont la verdure sombre est interrompue, de place en place, par de grandes pierres blanches taillées et consacrées par les caractères de l'écriture symbolique.

En arrivant à Ourga, on se dirigea tout de suite vers le consulat russe sur lequel était arboré le pavillon français à côté du pavillon national. L'arrivée des voyageurs fut saluée par des pétards et des fusillades; une masse innombrable de curieux, incommodes mais pacifiques, en encombrait les abords; les cosaques d'escorte traitaient les Mongols plus que cavalièrement, et écartaient les plus récalcitrants à coups de fouet. Tout le personnel du consulat était en uniforme, interprètes, officiers de cosaques galonnés jusque sur les coutures. Il faut cela dans ces pays sauvages, où la richesse des vêtements est un insigne de la majesté personnelle.

Le consulat russe est l'ancien palais du mandarin chinois chargé, par le souverain du Céleste Empire, d'entretenir des rapports politiques avec le Guison-Tamba, chef spirituel et temporel des Khalkas. Ce palais se compose de trois vastes cours, plantées d'arbres et entourées de bâtiments à toits chinois, peu élevés et d'une architecture mesquine. L'ensemble forme un carré long en profondeur environné d'une forte palissade de pieux; on pourrait presque y soutenir un siège. Le pavillon qu'on avait réservé au ministre de France, au fond de la troisième cour, était meublé à la russe assez confortablement avec des fauteuils en maroquin vert, des tapis anglais, des tables et des bureaux en bois peint, mais il n'y avait pas de lits! (Il n'y en a d'ailleurs nulle part en Sibérie, où ce meuble, le plus indispensable de tous, est regardé comme superflu.) Mme de Bourboulon était si souffrante qu'elle ne put même visiter le consulat. On s'occupa de suite de lui organiser un appartement où elle pût se reposer des fatigues passées, et reprendre assez de force pour affronter les nouvelles épreuves qui l'attendaient dans les forêts et les montagnes du pays des Khalkas. Quant à la suite du ministre, faute de logements suffisants pour la recevoir, on la logea sous une vaste tente dans la première cour.

On ne se trouve pas dans une des villes les plus mystérieuses de l'Extrême-Orient, connue à peine depuis quelques années par les Européens, sans éprouver une grande curiosité. Dès le lendemain de son arrivée, M. de Bourboulon voulant se promener sans escorte au milieu de la capitale mongole (on lui avait garanti la mansuétude des habitants), s'achemina de bonne heure à travers le quartier russe vers les bords de la Toula. La grande prairie, où pâture le bétail des habitants d'Ourga, a dans cet endroit plus de deux kilomètres de large. A sa vue, à son costume insolite, les grands bœufs mugissaient, les yacks portaient en avant leurs cornes recourbées, les chevaux galopaient en détachant des ruades, les chiens fauves montraient leurs crocs aigus et grondaient sourdement, tandis que les bergers immobiles regardaient avec de grands yeux farouches. Après avoir bravé toutes ces menaces tacites, M. de Bourboulon arriva sur les bords de la Toula, et s'assit sur un tertre au pied d'un bouleau. En extase devant ce magnifique paysage, un des plus beaux qu'il soit donné à l'homme de contempler, heureux d'entendre murmurer à ses pieds les eaux pures de cette belle rivière, et jouissant avidement, après les déserts arides et uniformes qu'il venait de traverser, de la fertilité de cette riche et pittoresque nature, il était là, plongé dans une rêverie délicieuse, quand il entendit un bruit confus de paroles derrière lui: c'étaient des Mongols de la haute classe, des *taï-tsi* ou gentilshommes qui s'efforçaient de lui faire comprendre par leurs signes multipliés, que s'il désirait traverser la rivière, ils le passeraient volontiers en croupe sur leurs chevaux. Pendant qu'il les remerciait de son mieux de leur offre obligeante, leurs serviteurs poussaient vers la rivière une nombreuse troupe de poulains qu'ils venaient d'acheter à Ourga. L'attitude de ces Mongols était pleine de dignité et tempérée en même temps par une expression de douceur et une extrême politesse. Un bonnet en soie cramoisie doublé de peaux de martre et orné d'une plume de faucon, un manteau en soie jaune et en fourrure, une pelisse également cramoisie, et de longues guêtres de velours noir composaient ce costume élégant; ils ne portaient d'autres armes qu'un léger sabre chinois. Quel qu'en fût son désir, M. de Bourboulon ne pouvait, faute d'interprète, entrer en conversation avec ses interlocuteurs, et ceux-ci le quittèrent bientôt, non sans l'avoir profondément salué; lui-même rentra quelques instants après au consulat sans nouvelle aventure.

Le capitaine Bouvier fut moins heureux dans la promenade qu'il entreprit le même jour: après avoir traversé la Toula, il avait voulu pénétrer dans la montagne sacrée; mais au bas de l'enceinte, des lamas campés sous des tentes se portèrent en foule au-devant de lui, et lui firent comprendre par des signes menaçants qu'il ne devait pas s'avancer dans cet asile du divin Bouddha; plusieurs tentatives qu'il renouvela sur d'autres points, échouèrent de même; la montagne était gardée partout et la consigne la plus sévère s'opposait à l'introduction de tout profane dans ces lieux consacrés à la divinité.

M. de Bourboulon avait un désir extrême de visiter la montagne sacrée qui avait pour lui l'attrait de la chose défendue. M. Schechmaroff en ayant obtenu, non sans peine, l'autorisation d'un des grands conseillers du Guison-Tamba, Mme de Baluseck, Mme de Bourboulon qui avait voulu prendre un peu l'air, le ministre de France et le vice-consul s'y rendirent dans une tarenta escortée par un peloton de cosaques. Dès qu'on fut arrivé à la Toula, les cosaques se préparèrent à donner la représentation d'une grande pêche à la mode de leur pays; on fit asseoir les spectateurs, qui avaient passé la rivière à cheval, dans une île entourée de deux petits bras, sur un tapis de verdure magnifique à l'ombre de bouleaux et de saules pleureurs centenaires, tandis que les pêcheurs, frappant de leurs pieds l'eau où ils étaient plongés jusqu'au menton, barraient la rivière avec un tramail sur lequel ils rabattaient en un large demi-cercle un filet analogue à une senne. Ce qu'il y avait de plus curieux, c'était l'adresse merveilleuse avec laquelle les cosaques, armés de longs couteaux barbelés, transperçaient au passage les saumons et les truites qui cherchaient par des bonds prodigieux à franchir le barrage. Trois coups de filet furent successivement donnés, et chacun sous l'invocation d'une des dames présentes remplaçant ainsi le saint, sans l'intercession duquel un Sibérien n'oserait accomplir aucun des actes de sa vie. Ce patronage est un honneur fort prisé dans le pays, et les cosaques paraissaient attacher beaucoup de prix au résultat plus ou moins heureux de la pêche, suivant les personnes auxquelles le coup de filet avait été dédié. Les produits merveilleux en furent étalés aux pieds des spectateurs: c'étaient des perches, des brochets, des anguilles, des truites, des saumons, plusieurs sortes de poissons blancs d'espèces nouvelles, et un silure très curieux muni de barbillons formidables. Les plus belles pièces furent emportées dans des paniers, tandis que le fretin était abandonné aux pasteurs et aux femmes qui, sous prétexte de venir puiser de l'eau, avaient assisté avec envie aux exploits des cosaques. Le thé fut servi sous les beaux ombrages de l'île; puis Mme de Bourboulon, encore trop faible pour gravir la montagne, reprit dans la tarenta le chemin du consulat.

Après son départ, tout le monde dut franchir à cheval le bras le plus large et le plus profond de la Toula; on contourna ensuite la montagne en suivant une prairie où de nombreux troupeaux de yacks, appartenant au Guison-Tamba, paissaient sous la garde de lamas, bergers à la tête rasée et aux guenilles rouges, accompagnés de chiens féroces que les cosaques eurent toutes les peines du monde à empêcher de se jeter sur les visiteurs.

Enfin on arriva aux pentes accessibles de cette montagne vierge que ne foulent les pieds d'aucun profane, et où aucun sentier n'est tracé. L'ascension était fort pénible, il fallait par endroits s'aider des pointes de rochers, et se soulever à force de bras pour gagner les tertres étroits qui formaient les échelons de cet escalier gigantesque. Le site était nécessairement sauvage et désolé, la montagne tout entière étant assise sur un piédestal de granit. Des blaireaux au poil roux, rayé de noir, d'une race particulière, fuyaient au petit trot en regardant leurs tanières; d'autres, moins timides, assis ou couchés dans les rochers, considéraient tranquillement les visiteurs. Différents en cela de l'espèce d'Europe, ces animaux semblent ne pas craindre le grand jour, et, comme ils ne sont ni chassés, ni même dérangés, et qu'on leur porte la même vénération qu'à tous les êtres vivants qui habitent ces lieux sacrés, ils sont devenus d'une familiarité extrême. En montant davantage, le terrain devient moins rocailleux, et on entre sous une forêt de pins à cimes droites comme des peupliers, et d'un port superbe; dans les clairières et au milieu d'un gazon vert éblouissant, s'élèvent les grands rochers blancs et taillés qu'on aperçoit du bas de la vallée; des versets sacrés y sont tracés en caractères gigantesques et dorés: ce sont d'autres tables de la loi. Voici le sens d'un de ces versets traduits par Gomboé: «L'homme qui veut triompher de ses vices, doit imiter celui qui déroule les perles d'un chapelet: s'il extirpe un à un ses mauvais penchants, il obtient la perfection; s'il veut lutter corps à corps, il s'expose à être vaincu.» Toutes ces inscriptions sont tirées des livres sacrés attribués à Çakyamouni, le fondateur du bouddhisme; les unes contiennent les principes de la morale la plus pure, les autres relatent les événements principaux de la vie du dieu.

Aucun lama ne pénètre dans cette partie de la montagne, où les grands dignitaires religieux ont seuls droit d'aller se recueillir avec le Bouddha qui passe dans toute la Mongolie pour y faire des apparitions. Quelques yacks ou bœufs à demi sauvages échappés de la vallée en sont avec les blaireaux, les renards et les oiseaux de proie, les seuls habitants. Le respect qu'on porte à ces lieux sacrés est si grand qu'aucun berger ne se hasarderait à aller y reprendre les animaux de son troupeau qui s'y sont réfugiés, et encore moins à y ramasser du bois, quelque recherché qu'il soit dans le pays: s'il échappait aux sabres des gardiens, il craindrait d'être frappé de mort par la majesté du Bouddha.

De ce point culminant, on jouit du coup d'œil le plus féerique sur la ville d'Ourga et la rivière dont tout le panorama se déroule à vos pieds; à cette heure de la journée, par un beau soleil de printemps, les toits, les coupoles, les kiosques dorés du palais d'été du Guison-Tamba, majestueusement assis au bord de la Toula étincellent parmi les massifs de saules, de peupliers et d'aunes dont il est entouré, tandis que son enceinte en albâtre crénelée et sculptée se déroule comme une ceinture de brocart d'argent sur le velours vert de la grande prairie.

La descente de la montagne sacrée fut encore plus longue et plus difficile que l'ascension; on se glissa par des sinuosités de l'escarpement, où il eût été impossible de soupçonner qu'il y eût un passage praticable; enfin, plus bas, on retrouva les chevaux qu'on dut mener à la main jusqu'aux rives de la Toula.

La montagne sacrée n'est pas la seule qui ait le droit de porter ce nom: la chaîne tout entière couronnée de sapins et entourée de rochers est consacrée à Bouddha, et gardée avec la même sévérité; mais celle-ci en est la cime la plus haute, la plus célèbre et la plus vénérée.

Maintenant à quelle cause doit être attribué le respect qu'ont ces nomades pour les lieux élevés? Ne serait-ce pas qu'habitués à vivre dans la platitude infinie des steppes, ils ont dû adorer comme un miracle de Dieu ces monts qui rapprochent l'homme du ciel? Ne serait-ce pas aussi que les admirables forêts qui les couronnent, en regard de l'aridité du désert, leur ont inspiré cette sainte horreur des bois dont parlent les poètes anciens, et qui fut une des croyances les plus vives du paganisme, créateur des divinités sylvestres?

La ville d'Ourga ou du Grand Kouren[1] est bâtie sur une suite de collines situées à deux kilomètres de la rivière Toula, dont elles sont séparées par la grande prairie que nous avons déjà décrite. Au sommet de la plus haute s'élève l'ancien palais du Guison-Tamba, actuellement abandonné; les tentes des riches Khalkas et des lamas sont plantées tout autour dans des enceintes-palissades distribuées assez régulièrement, de manière à former de grandes places et des rues tournantes; au versant de cette colline est un quartier habité par des marchands russes et chinois où s'élèvent quelques baraques; c'est le centre du commerce; au versant opposé et plus loin de la rivière, dans un escarpement profond où coule un ruisseau, est le nouveau palais du Guison-Tamba, construit seulement il y a quelques années. Au nord-est, et séparée par une plaine d'un kilomètre, se trouve la ville chinoise, entièrement habitée par des négociants et des colons du Céleste Empire; enfin, la seconde colline à droite, en revenant vers la Toula, est occupée par le quartier russe bâti en baraques de bois, contenant de vastes hangars pour le dépôt des marchandises, et dominée par les bâtiments du consulat et les kiosques de l'habitation d'un prince khalka. Sauf les coupoles des trois palais du Guison-Tamba, Ourga ne présente aucun monument: c'est l'aspect d'un immense campement de nomades. Cette ville qui renferme un grand nombre de lamaseries ne compte pas moins, dit-on, de trente mille lamas ou prêtres bouddhistes; d'après l'évaluation des Russes, elle contiendrait en outre quarante mille habitants séculiers. Cette réunion de tentes et de baraques forme donc la cité la plus importante et la plus singulière du nord-est de l'Asie.

Quatre jours de repos ayant rendu quelque force à Mme de Bourboulon, elle put monter à cheval pour parcourir cette célèbre capitale de la Mongolie; l'étroitesse et le mauvais état des rues rendaient impossible un autre moyen de locomotion. On commença par visiter les nouvelles fondations du consulat russe destiné à être bâti à la sibérienne, c'est-à-dire avec des bases en pierres de taille, et des murs en plateaux de sapin équarris en traverses horizontales, et adroitement enchevêtrées avec des angles arrondis.

De là on gagna la ville chinoise par la plaine qui la sépare d'Ourga,

---

1. Ce dernier mot veut dire «enceinte»; il désigne les palissades de pieux qui entourent chaque habitation.

plaine qui présente, en regard de l'incurie et de la paresse des Khalkas, le spectacle de la plus grande activité. Une foule de maraîchers chinois s'y sont établis, utilisant, pour fertiliser les terres, les eaux du petit ruisseau qui traverse plus bas le ravin de la ville sacrée; on voit dans leurs jardins des asperges, des choux, des carottes, des navets, des concombres, des pastèques, des salades de toute sorte et surtout de l'oignon et de l'ail; des pommes de terre jaunes et rondes, de l'espèce qu'on fit venir en Chine pour nos troupes, y sont cultivées sur une grande échelle; des poiriers, des pêchers, des pommiers, des vignes y étalent leurs fruits déjà formés malgré la rigueur du premier printemps. Ce spectacle d'abondance prouve tout ce que l'industrie humaine pourrait tirer de la culture de ce magnifique pays, situé à la latitude de Paris, et que les habitudes nomades des indigènes ont réduit à ne produire que des bestiaux et des chevaux. Malgré le grand froid des hivers, la bonté du sol et la chaleur des étés rafraîchis par de fréquents orages, font de la Mongolie septentrionale un des pays les plus fertiles de la zone tempérée. La ville chinoise est une miniature des grandes villes de l'empire: les rues, percées au cordeau, y sont bordées de constructions en bois peint et verni; on y compte une foule de maisons de thé, de pavillons de plaisir, de boutiques de toute sorte pleines d'objets manufacturés que les Chinois échangent à grand bénéfice contre les matières premières du pays, telles que feutres, peaux, cuirs, fourrures, suifs, pierres précieuses brutes, etc. Mme de Bourboulon étant entrée dans une boutique pour y faire quelques emplettes, prétendit que c'était un bonheur pour elle de rencontrer, après un mois de désert forcé, la civilisation relative d'une ville chinoise, que les odeurs fades du bois de santal qu'on y brûle, du musc dont sont imprégnés les vêtements, de l'ail même que mangent les habitants lui montaient à la tête et lui produisaient une sensation agréable. Après tout, c'était se retrouver en pays de connaissance.

Quoi qu'il en soit, la ville chinoise d'Ourga est loin de sentir bon: une foule de pêcheurs qui exploitent les lacs et les rivières des environs y font sécher et fumer en plein air, sur des claies en bois, le produit de leur pêche; de là, ils les expédient jusqu'en Chine, ou bien les vendent à bon prix aux Khalkas, trop paresseux pour se livrer à cet exercice pénible. En outre on fait pourrir comme engrais les poissons communs qui ne servent pas à l'alimentation, et ils sont employés à fumer la terre.

Il y a aussi dans cette ville, beaucoup de trappeurs qui prennent au piège les loutres, renards bleus, hermines, martres et zibelines, et qui font un grand commerce de pelleteries.

Entrés par la porte haute de la ville chinoise, les voyageurs en sortirent par le bas de la plaine, et pénétrèrent dans la ville mongole par le ravin qui sépare les deux collines sur lesquelles elle est bâtie. Ils firent le tour du palais habité actuellement par le Guison-Tamba. Cet édifice est tellement vénéré des Mongols que, dès qu'ils en approchent, ils se prosternent devant ses remparts, la tête dans la poussière ou dans la boue. Le palais est entouré d'une vaste enceinte de murs en albâtre, construits en festons de la forme la plus élégante, c'est-à-dire qu'ils se composent de colonnes surmontées d'animaux sculptés, et reliées ensemble par des murailles dont le chaperon, couvert de tuiles dorées, forme une série de festons réguliers. Par les intervalles, on aperçoit le vaste parc qui entoure le palais, avec ses arbres centenaires, ses eaux aménagées dans des bassins en rocaille, ses statues, ses escaliers de marbre, et les milliers de cellules des lamas qui, venus de loin pour adorer le Bouddha vivant, ont la permission de demeurer dans l'enceinte sacrée. Le palais lui-même, d'une architecture grandiose, est en pierre d'albâtre, et les toitures chinoises de ses coupoles, de ses kiosques, de ses clochetons sont également couvertes en tuiles dorées. Autour s'étend un dédale de petites rues, formées par les palissades en sapin qui entourent les tentes de chaque famille. Quelques Khalkas ont cependant imité les Russes et commencent à se bâtir des baraques fixes. Des bouleaux, des peupliers, des saules pleureurs ombragent toutes les habitations, et donnent à ce quartier un aspect pittoresque et agréable; en revanche, on ne saurait peindre la saleté de ces ruelles encombrées d'immondices et d'ordures sans nom dont les tas montent jusqu'au haut des palissades et servent de garde-manger aux porcs et aux chiens errants.

On se dirigea ensuite vers la ville haute par une rue plus large et mieux entretenue, coupée de distance en distance par de vastes places plantées. Une nombreuse population s'y pressait: des milliers de lamas jaunes et rouges suivaient à cheval, attirés par la curiosité, tandis qu'une escorte de cosaques précédait les voyageurs; les femmes au costume bariolé, aux longues tresses pendant sur les épaules, les petits enfants tout nus, de vieux lamas à la tête et aux vêtements sordides, des pâtres habillés de manteaux en jonc, sortaient de leur tente pour voir passer le brillant cortège.

Catherine de Bourboulon, «L'Asie cavalière, de Shangaï à Moscou (1860-1862)», *Le Tour du monde*, 1864-1865. Rééd. Phébus, 1991.

NICOLAÏ PRJEVALSKI
(1870)

C'est une autre vision d'Ourga que donne Nicolaï Prjevalski[1] *en y passant en 1870. Il se rend alors à Pékin avant de continuer vers d'autres régions de Mongolie orientale et le Tibet.*

A peine huit ans après Catherine de Bourboulon, le grand

1. Sur N. Prjevalski, voir notice p. 783.

explorateur relève surtout, bien que sommairement, les contrastes entre la richesse des monastères et la misère de la population. La saison — l'hiver — qui est précoce et redoutable en Mongolie, contribue à donner d'Ourga une image de désolation.

Nos marchands louent habituellement des chameaux et un guide mongol, et traversent le Gobi en caravane. On attelle un chameau à une voiture chinoise en forme de caisse, suspendue sur deux roues, et le voyageur, enfermé dans ce véhicule, est obligé de s'y tenir couché en tournant le dos au chameau, s'il ne veut pas avoir les pieds plus élevés que la tête. Même au pas, les secousses que l'on éprouve dans une telle boîte sont intolérables.

C'est un semblable équipage que nous louâmes à un négociant de Kiakhta. Nous traitâmes avec un Mongol, moyennant 70 *lans*[1], pour nous conduire jusqu'à Kalgan, et la durée du trajet fut fixée à quarante jours. Ordinairement on gagne Kalgan en vingt-cinq jours, mais nous voulions avoir le temps d'examiner la contrée tout à notre aise.

Je franchis sans difficultés les 300 verstes[2] qui séparent Kiakhta d'Ourga. Cette ville est la principale de la Mongolie septentrionale. Elle est connue chez les nomades sous le nom de *Bogdo Kourène* ou *Da Kourène*, c'est-à-dire l'« Enceinte sacrée ». Le nom d'*Ourga* vient du russe *ourgo*, qui signifie « palais[3] ». La ville est partagée en deux quartiers : le quartier mongol et le quartier chinois. C'est le premier qui s'appelle proprement Bogdo Kourène ; le second, qui est à 4 verstes à l'est du premier, s'appelle Maïmatchine. Ourga compte trente mille habitants ; la population de Maïmatchine se compose exclusivement de fonctionnaires et de négociants chinois. Toutes les maisons sont construites en pisé.

Au premier plan de la ville mongole se dressent les temples avec leurs coupoles dorées, et le palais du *houtouktou*, image de la divinité sur la terre. Ce palais ne diffère pas beaucoup des temples, dont le plus grand et le mieux bâti est celui du *maïdari*, censé devoir un jour régner sur le monde. C'est un haut édifice carré, avec un toit en terrasse et des murs crénelés. Dans l'intérieur se voit la statue du maïdari, représenté sous la forme d'un homme assis et souriant. Cette statue est haute de 5 sagènes, et pèse, dit-on, 8 000 pouds[4]. Elle est en cuivre, a été fabriquée à Dolon-Nor, et transportée par morceaux à Ourga.

Devant la statue du maïdari est dressée une table couverte d'offrandes, parmi lesquelles on remarque, à une place honorable, un

1. Le *lan* chinois vaut 2 roubles, soit 8 francs en comptant par roubles argent. Le rouble papier vaut environ 3 francs 47 centimes.
2. La verste est de 500 *sagènes* à 2,13 mètres l'un, un peu plus d'un kilomètre.
3. C'est la traduction de l'ancien nom mongol de la ville, qui s'appelait, au XVIe siècle, Karchi.
4. Le *poud* équivaut à 16,38 kg.

vulgaire bouchon de carafe. Les murs de l'édifice disparaissent sous une grande quantité de petites idoles et de tableaux sacrés.

Les habitants du quartier mongol d'Ourga sont pour la plupart des lamas ou ecclésiastiques. Leur nombre atteint près de dix mille personnes. Pour les Mongols, Ourga, au point de vue religieux, ne le cède qu'à Lhassa (en mongol *Meungké Dzou*, «le Sanctuaire éternel»).

A Ourga réside un houtouktou, espèce d'archevêque. Dans beaucoup de temples de Mongolie et à Pékin résident d'autres houtouktous ou *hyghens*; mais leur sainteté est au-dessous de celle de leur collègue de Bogdo Kourène, et quand ils paraissent devant lui, il faut qu'ils se prosternent comme le commun des mortels.

Au-dessus du houtouktou d'Ourga, dans la hiérarchie bouddhiste, il n'y a que le ban-tchin-erdem et le dalaï-lama («Prêtre-Océan») de Lhassa.

La nullité personnelle du dalaï-lama et son manque de relations de parenté avec les familles puissantes du pays (il est toujours choisi parmi les familles pauvres) sont pour les Chinois la meilleure garantie, sinon de leur suzeraineté en Thibet, du moins de la tranquillité de ce turbulent voisin. Dans le fait, la Chine a toutes raisons de se tenir sur ses gardes. Qu'un homme intelligent et énergique monte sur le trône du dalaï-lama, sur un signe d'un homme tous les nomades se lèveront de l'Himalaya jusqu'en Sibérie. Animées par le fanatisme religieux et la haine de leurs oppresseurs, ces hordes sauvages ne tarderaient pas à faire irruption en Chine, où il ne leur serait pas difficile de tout bouleverser.

L'influence du clergé sur ces grossiers nomades n'a pas de limites. Pour eux, le plus grand bonheur — bonheur qui ne s'acquiert qu'à beaux deniers — c'est d'adresser leurs prières au prêtre, d'obtenir sa bénédiction, ou de toucher simplement le bord de sa robe. Aussi les temples de Mongolie sont-ils colossalement riches; les pèlerins y affluent et nul n'y serait admis les mains vides.

A l'exception des temples et d'un petit nombre de maisons chinoises, toutes les autres demeures de la ville mongole sont ou des tentes en feutre, ou de petites cabanes en pisé. Les unes et les autres sont toujours entourées de palissades. Tantôt ces habitations s'étendent sur un même alignement, et forment alors des rues; tantôt elles sont groupées sans aucun ordre. Au milieu de la ville s'élève le bazar, où le principal article de vente est le thé en brique.

L'aspect du quartier mongol est d'une malpropreté repoussante. Les immondices de toute nature encombrent les rues. Sur la place du marché stationnent de nombreuses bandes de mendiants affamés. Quelques-uns d'entre eux, surtout de vieilles femmes, y ont établi leur domicile. Il est difficile de se représenter un spectacle aussi hideux. Parfois une pauvre mendiante âgée et infirme se couche par terre, et les habitants lui font la charité de vieilles pièces de feutre dont elle se construit une sorte de tente; la malheureuse vit là, jour et nuit, enfoncée dans l'ordure, en demandant aux passants de quoi soutenir sa triste existence. Quelquefois, en hiver, pendant les tempêtes de neige, d'autres mendiants, plus vigoureux, l'arrachent de sa tanière pour s'y mettre à sa place, et l'infortunée meurt de froid au milieu de la rue. Si la mort vient la frapper dans sa cabane, les approches sont encores plus épouvantables, car la moribonde, qui a conservé sa connaissance, se voit entourée d'une troupe de chiens affamés n'attendant que son dernier souffle pour se disputer son cadavre. Ces animaux flairent de temps en temps la figure et les mains de l'agonisante, et si un mouvement ou un soupir indique que la vie n'a pas encore abandonné le corps, ils vont s'asseoir à quelques pas et attendent patiemment.

A l'époque de notre séjour à Bogdo Kourène, il circulait des bruits effrayants sur les Dounganes[1], insurgés musulmans qui avaient pillé Ouliasoutaï, et menaçaient la ville sainte. Aussi, dans le but de parer à toutes les éventualités, le gouvernement avait-il renforcé la garnison mongole de deux mille Chinois. Ces troupes paraissant toutefois encore insuffisantes, le gouvernement russe s'était décidé à faire entrer dans la place un détachement de six cents fantassins et cosaques, avec deux pièces de canon, pour protéger notre consul et nos intérêts commerciaux.

Cette garnison russe stationna plus d'un an dans la ville, et ce fut grâce à elle que les insurgés renoncèrent à leur projet de mettre à sac la «ville sainte».

Nicolaï Prjevalski, *Sur le toit du monde. Mongolie, Dzoungarie, Thibet (1870-1880)*, Paris, Phébus, 1988.

ÉMILE BOUILLANE DE LACOSTE
(1904)

Au début du siècle, Bouillane de Lacoste, officier de l'armée française avait été chargé d'une étude sur la prolongation du Transsibérien à travers la Mandchourie. Il parcourut ensuite pendant plusieurs années la Perse, le Beloutchistan, l'Himalaya, l'Afghanistan, le Pamir, et finalement la Mongolie. Il réalisa l'une des rares expéditions françaises dans cette région du monde en visitant de nombreux sites archéologiques de la Mongolie centrale et occidentale et en traversant l'Altaï.

13 mai. — Il est midi. Nous faisons halte pour laisser reposer les chevaux de nos troïkas au centre d'un large col, dans une jolie clairière où le printemps qui commence fait pousser des milliers de grosses anémones violettes. Autour de nous, les mélèzes géants profilent leurs silhouettes délicates sur le bleu très doux d'un ciel merveilleusement pur. Une brise, si légère qu'on en sent à peine le souffle, nous apporte les parfums de la forêt, et cette caresse embaumée d'arômes, le gai soleil, la paisible harmonie du paysage, tout cela nous fait oublier en un instant la bise glaciale et les tourmentes de neige qui nous ont poursuivis pendant la route...

Voilà cinq jours que nous avons quitté Kiakhta, la ville frontière sibérienne. Par un vague chemin bordé de précipices et de marécages, coupé de gués profonds et d'éboulis, nous avons eu beaucoup de mal à franchir les chaînes compliquées des monts Kenteï, mais nous venons d'atteindre au col du *Karon Kouï*, le dernier massif, et ce soir même, nous coucherons dans la cité sainte des Mongols.

Deux Français m'accompagnent[1]: le docteur du Chazaud, médecin de 1re classe de la Marine, et M. Zabieha, le collaborateur de mon voyage autour de l'Afghanistan. Avec eux, je me propose de parcourir la région des steppes, d'explorer cette «Terre des Herbes» si peu connue et pourtant si riche d'antiques souvenirs. Nous allons essayer d'en noter les aspects, d'en étudier les mœurs, d'en découvrir les ruines, tandis que la civilisation n'en a pas encore modifié le caractère. Bientôt, sans doute, viendront les ingénieurs..., alors il sera trop tard: des usines élèveront leurs cheminées géantes et des rails multiplieront leurs doubles lignes sinueuses en ces mornes solitudes où vivaient jadis les merveilleux coureurs d'aventures, dont les noms seuls faisaient trembler l'Europe et qui se nommaient les Huns, les Turcs, les Mongols...

Maintenant, nos *tarentas* descendent au galop rapide de leurs attelages une pente labourée d'ornières si profondes que nous y risquons la culbute à chaque tour de roue. C'est une course folle: il faut se cramponner aux banquettes pour ne pas être précipité hors des chariots qui rebondissent contre les pierres avec un bruit sinistre de ferrailles, dont s'affolent les troupeaux rencontrés sur la route.

Deux grands monastères apparaissent plus loin vers notre gauche. Bâties à mi-hauteur, leurs constructions multicolores[2] dégringolent le long des pentes gazonnées, où de pieux lamas ont écrit en lettres colossales[3] les paroles sacrées de la prière bouddhique: *Om mani padmé houm*[4].

1. Notre mission avait été organisée sous les auspices du ministère de l'Instruction publique, avec le concours de l'académie des Inscriptions, de la Société de géographie, du Muséum et du Comité de l'Asie française. — 1909.

2. Les temples mongols sont, pour la plupart, peints de bandes verticales blanches, noires, rouges, bleues et jaunes qui sont les couleurs des cinq éléments sacrés [Feu, Eau, Métal, Bois, Terre].

3. Ces lettres sont faites de larges pierres plantées dans le sol et blanchies à la chaux.

4. La traduction littérale de cette invocation n'est guère possible. La religion bouddhique, comme toutes les religions du reste, est ésotérique et exotérique. Au peuple ignorant les formules toutes faites, les cérémonies, les croyances grossières; aux prêtres,

Le soleil va se coucher dans une poussière d'or quand nous atteignons enfin les huttes faites de planches qui sont les faubourgs d'Ourga. De toutes parts, on voit briller les dômes des vieux temples, et la brise du soir fait flotter gaiement au sommet de leurs mâts les mille petites oriflammes couvertes d'inscriptions, dont les Mongols superstitieux aiment entourer leurs demeures.

Voici la place du marché, à peu près vide maintenant; ensuite une ruelle étroite où nous bousculons quelques promeneurs affolés, une minuscule rivière avec des chevaux à l'abreuvoir, et soudain l'arrêt brusque devant une maisonnette basse faite de terre battue.

Elle est habitée, cette pauvre masure, par une famille de braves commerçants sibériens qui, de la meilleure grâce du monde, acceptent de nous loger, nous et nos bagages, tout le temps que nous resterons à Ourga. Il ne nous en coûtera que cinq roubles par jour... C'est infiniment moins cher que nos hôtels parisiens, il est vrai que c'est aussi moins confortable: n'importe, nous acceptons d'enthousiasme.

14 mai. — La capitale religieuse des Mongols comprend deux agglomérations distinctes, éloignées l'une de l'autre de six kilomètres environ, et construites toutes deux sur la rive droite de la Tola. La première, dénommée *Bodgo Kouré* [1] (le Monastère sacré), est la ville indigène où se trouvent les temples, les lamaseries, l'ancien palais du Bouddha-Vivant... Quant à la seconde, exclusivement peuplée de Chinois, elle porte le nom de *Maïmatchin*. Entre les deux s'élèvent les élégantes constructions du quartier russe. Ce sera là le but de notre première sortie, car il nous tarde de saluer le Consul général, M. Chichmarieff, et de le remercier du mot de bienvenue qu'il a eu la délicate attention de nous faire porter hier par un de ses attachés.

Son Excellence nous reçoit très aimablement et se met à notre entière disposition pour tout ce dont nous pourrions avoir besoin pendant notre séjour. Il nous a fait préparer des chambres dans sa résidence, mais nous nous excusons de ne pouvoir accepter: ici l'on serait beaucoup trop loin de la ville. Mieux vaut rester dans l'isba sibérienne; cela rendra plus facile notre étude des mœurs mongoles, et nous nous trouverons en outre, de la sorte, à proximité des bazars où nous devons faire d'innombrables achats.

Après différentes visites aux fonctionnaires et aux officiers russes, nous reprenons au plus vite le chemin de notre *home*, car il nous tarde de décacheter le volumineux courrier trouvé ici et qui va, pour un instant, nous rapprocher des amis de France. Une lettre, à Paris, ce

aux penseurs, aux évolués la philosophie plus haute et plus noble, la connaissance du sens caché des mystères... Lorsque le pauvre hère murmure: *Om mani padmé houm!* il demande simplement la conjonction des symboles de la fécondation humaine, mais l'initié sait, lui, qu'il appelle la réalisation supérieure de l'harmonie terrestre et céleste résumée par ce mot: amour;

1. Altitude: 1 350 m.

n'est rien: banale invitation, rappel d'une démarche à faire..., rien que les mille petites nécessités de la vie; mais à l'étranger, aux portes du désert, lorsqu'on se sent si loin de tout et de tous, combien vous émeut une simple enveloppe! Et quelle puissance évocatrice dans ces minces carrés de papier remplis de pensées chères, de souvenirs, de menus fait de là-bas.

17 mai. — Notre première visite est pour le gouverneur chinois de la province — l'*Amban* — dans l'ancienne pagode qui lui sert de résidence: visite tout officielle, où les questions intéressant notre voyage ne seront pas traitées. Ce soir on nous rendra notre politesse, puis nous échangerons des cadeaux. Alors seulement, il sera possible de parler affaires... ainsi du moins en décident les rites millénaires qui régissent le protocole dans le Céleste Empire.

Hier, nous avons pu faire une longue promenade à travers les différents quartiers de Bogdo Kouré, et prendre le premier contact avec les Mongols.

Les environs d'Ourga sont absolument désolés; pas un arbre, pas la plus petite herbe verte ne vient rompre la monotonie d'une immense plaine caillouteuse, où le vent du nord, presque quotidien, soulève une poussière jaunâtre qui bien souvent obscurcit l'horizon. L'aspect de la ville elle-même n'est guère plus réjouissant. Dans les rues, sur les places publiques s'amoncellent — parmi d'énormes tas d'immondices — des cadavres d'animaux, des détritus de toute espèce, autour desquels rôdent des chiens par centaines.

Bêtes hideuses à l'œil mauvais, au poil hirsute, aux dents de loup, ces chiens sont toujours en quête d'une proie, et quand, la nuit venue, la ville leur est tout entière livrée, ce sont des batailles épiques, des hurlements féroces, des cris de détresse qui durent jusqu'au lever du jour. Sans eux, Ourga serait un immense charnier, car les Mongols n'enterrent pas les cadavres — la religion le leur défend — mais ils les déposent sur le sol aux portes de la ville. Aussi bien, les nombreux ossements qui font à la cité sainte comme une effroyable ceinture de squelettes, avertiraient-ils le voyageur ignorant de cette macabre coutume.

Souvent même, on n'attend pas que le malade ait rendu le dernier soupir pour le jeter à la voirie. Dans la crainte que l'esprit du mort ne vienne quelque jour hanter la hutte familiale, on couche le mourant dans la rue; et il reste là, couvert de haillons sordides, sous la seule garde de chiens affamés qui attendent l'instant où, la mort ayant fait son œuvre, ils pourront enfin se précipiter sur le cadavre et le déchirer en lambeaux...

A l'exception des temples et d'un petit nombre de maisons en pisé bâties à la chinoise, les demeures de la cité sainte se composent pour la plupart de tentes de feutre, comme en possèdent tous les nomades d'Asie centrale. Ces tentes rondes, au toit conique — appelées *yourte* par les Kirghizes et *ghir* par les Mongols — sont entourées ici d'une enceinte carrée faite de troncs de jeunes mélèzes, et rien n'est triste comme ces longues rangées de perches uniformément grises. Pourtant, çà et là, émergeant de cette forêt de pieux, des coupoles dorées brillent au soleil: ce sont les toitures des temples, parmi lesquels le plus célèbre est le sanctuaire du *Maïdari*, du dieu qui, suivant les prophéties bouddhiques, doit un jour régner sur le monde.

Les habitants d'Ourga sont des Kalkas, ils représentent la race mongole pure: visage couleur de brique, pommettes saillantes, nez fortement écrasé. Les hommes, aussi bien que les jeunes filles, ont les cheveux nattés à la mode chinoise. Quant aux femmes mariées, elles se coiffent singulièrement : une raie tracée derrière la tête partage la chevelure en deux parties égales qui sont lissées de manière à former comme deux moitiés de disques légèrement échancrés à l'intérieur, et qui encadrent la tête. On enduit ces disques de colle forte pour leur donner la rigidité voulue, puis l'édifice est consolidé par des barrettes d'argent ciselé, recouvertes d'émaux. A la hauteur des épaules, les cheveux reprennent leur liberté et sont alors tressés en deux longues nattes terminées par une pièce d'argent [1].

Les Kalkas s'habillent à peu près comme leurs voisins les Kirghizes: robe descendant au-dessous du genou, pantalon très large serré dans des bottes aux fortes semelles. Seul, leur chapeau apporte à l'ensemble du costume une note originale et pittoresque; c'est un bonnet pointu, aux bords très relevés et garnis de fourrure, qu'on pose sur le sommet de la tête; derrière flottent deux larges rubans écarlates. Les jeunes filles ont le même accoutrement que leur père ou leurs frères, mais les femmes mariées — outre la coiffure en oreilles d'éléphant — se vêtent d'une longue robe de soie brochée dont les manches, ornées d'un parement fait d'étoffe plus claire, se terminent au-dessus de l'épaule par une protubérance rembourrée, rappelant un peu nos «manches à gigot» de jadis.

18 mai. — Aujourd'hui nous allons visiter, en compagnie d'un saint lama que nous a présenté notre propriétaire, l'un des principaux monastères de Bogdo Kouré. Le monticule sur lequel est construite cette lamaserie — est-ce un symbole? — lui fait un piédestal d'ordures et de détritus parmi lesquels rôdent les chiens affamés. Nous cheminons à présent dans les ruelles bordées de pieux peinturlurés de rouge sombre qui précèdent les sanctuaires. De temps à autre une porte, peinte de cette même couleur de sang, s'ouvre dans la muraille des mélèzes, et l'on aperçoit alors, au centre d'une petite cour semée d'herbes folles, tantôt une yourte, tantôt une maisonnette chinoise avec ses *vitres* de

1. Cet agencement bizarre ressemble un peu à des oreilles d'éléphant qui auraient été posées au-dessus de la nuque.

papier. Tout cela paraît bien misérable et comme abandonné depuis des siècles.

Mais nous voici sur une large esplanade où s'élèvent plusieurs temples d'une belle architecture chinoise: clochetons dorés qui resplendissent au soleil, toitures de tuiles vertes, divinités effroyables peintes le long des murs. Ici, nous dit-on, se trouve la sépulture d'un des «dieux-vivants» les plus vénérés parmi tous ceux ayant régné à Ourga. Malheureusement il est interdit aux profanes de franchir le seuil du lieu saint, et nous n'avons même pas la satisfaction, les portes étant closes, d'admirer les trésors que la piété d'une longue suite de pèlerins a certainement réunis autour du précieux catafalque.

Une tente de toile aux dimensions colossales dresse tout à côté sa grande pyramide grise; de l'intérieur s'échappe un bourdonnement semblable à celui que ferait une classe d'écoliers ânonnant leurs leçons. C'est bien, en effet, une classe; le maître — un beau vieillard ceint de la toge pourpre et coiffé du bonnet jaune des lamas — surveille une centaine de séminaristes à la tête rasée, qui sagement assis, les mains jointes, récitent à voix haute les prières bouddhiques.

Soudain, sur tous les bancs des applaudissements éclatent car la leçon vient de finir, et la foule bruyante des élèves se précipite hors de la tente. Foule curieuse, en vérité; étrange réunion d'adolescents et de quadragénaires! La plupart ont de quinze à vingt ans, ils sont gais, ils rient et se bousculent, mais quelques-uns, dont la barbe grisonne, paraissent abrutis de misères et de privations. Jamais ceux-ci ne parviendront à la prêtrise. Que leur importe? Les malheureux tournent sans se lasser la roue des moulins à prières et, préférant à la rude existence du désert la torpeur du séminaire, ils récitent interminablement leurs chapelets.

Nous entrons: devant l'autel, un pauvre autel aux ors ternis, le professeur dit une dernière oraison tandis que cinq ou six de ses disciples font la toilette de la salle. Les uns rangent les tapis qui recouvraient les bancs; d'autres armés de grands balais poussent devant eux, sans hâte, les graines de pastèque et de tournesol grignotées par milliers durant la classe. Peu d'ornements, aucune image de la divinité, mais suspendue tout à côté des palettes flexibles qui servent à corriger les mauvais élèves, de longues banderoles où sont inscrites, en caractères mongols ou thibétains, les multiples invocations de la foi bouddhique.

31 mai. — C'est vers un sanctuaire particulièrement vénéré que nous nous dirigeons ce matin, vers le temple du Maïdari où viennent journellement se prosterner les pèlerins accourus en foule des steppes les plus lointaines.

Nous marchons le long des rues silencieuses, tristes couloirs invariablement bordés de ces insipides murailles, de pieux qui entourent les maisonnettes ou les yourtes occupées par les moines. Le murmure d'un ruisseau anime cette partie de la ville, et nous devons passer l'eau plusieurs fois sur des ponts primitifs, faits de simples planches jetées d'une rive à l'autre. Sous la lumière crue du matin, le quartier est d'une désolation infinie; pourtant, bien que les chiens y soient rares, une certaine propreté règne dans les ruelles du monastère.

Grâce au lama qui nous accompagne, nous pouvons franchir le seuil du lieu saint, et nous débouchons alors sur une étroite esplanade au centre de laquelle se dresse un surprenant édifice. Avec ses épaisses colonnes quadrangulaires couvertes de longues bandes polychromes, son fronton plaqué de grands clous d'or, ses étroites fenêtres, il rappelle les temples de l'ancienne Égypte.

Un vieux gardien loqueteux, qui surgit brusquement d'une petite yourte comme un diable sort de sa boîte, entrebâille devant nous les battants d'une seconde porte, et nous pénétrons à l'intérieur du temple où, dans la pénombre, se devine tout un peuple de statues et d'images, tout un fouillis de banderoles et d'ex-voto. L'air est imprégné d'un parfum de santal et d'encens mêlé à d'autres odeurs plus profanes; l'obscurité, le silence, cet amoncellement de dieux produisent sur les nerfs une impression bizarre. Quelque chose de mystérieux, de subtil comme un souffle d'ombre, flotte autour de nous.

Cependant, nos yeux finissent par s'habituer aux ténèbres; nous distinguons peu à peu la masse géante du Bouddha[1]. La divinité, dont la statue colossale mesure douze mètres de haut, est presque entièrement recouverte de ces innombrables écharpes bleues, faites d'étoffe légère, que les Mongols offrent aussi bien à leurs dieux qu'à leurs princes, chaque fois qu'ils ont une requête à formuler.

Véritable garde d'honneur, des figurines de Bodhisatwas grossièrement sculptées et peintes s'amoncellent aux pieds du futur rédempteur, un peu comme la foule des Lilliputiens entourant Gulliver endormi... Et le long des murs, rangés sur des étagères, s'alignent par milliers de tout petits Bouddhas qui sommeillent béatement, dans l'attente du jour où, d'un geste de sa large main, le dieu les animera pour qu'ils l'assistent dans son œuvre de régénération spirituelle.

Là, se trouve également un trône recouvert d'admirables broderies chinoises sur lequel prend place le Bouddha-Vivant d'Ourga, chaque fois qu'il vient ici présider aux cérémonies religieuses. Tout auprès sont des châsses merveilleusement ornées, remplies d'ornements sacerdotaux filigranés d'or et d'argent...

Mais quelle impression de tristesse nous causent ces splendeurs! On se croirait au fond d'un hypogée plutôt que dans un temple. Tout y est morne et figé, sans grâce, sans mouvement et sans vie:

1. Cette œuvre d'art, image du Maïdari, faite d'argile plaquée de cuivre doré, fut moulée à cette même place, il y a quatre-vingts ans, par des artistes venus du Dolon Nor.

caractéristique décourageante de cette religion qui annihile les volontés, aveulit les âmes, et à laquelle peu de siècles ont suffi pour transformer en un peuple de fainéants et de lâches, la nation jadis la plus valeureuse du monde.

Maintenant, le gardien a refermé derrière nous la lourde porte rouge. Nous errons sur l'esplanade, caressés par un tiède et pâle soleil printanier. De pauvres lamas, si maigres et si décharnés qu'on les dirait centenaires, font deux par deux le tour du temple. Ils marchent lentement, comptent dix pas, se prosternent la face contre terre en murmurant une courte oraison, puis ils se lèvent pour recommencer plus loin. Chaque couple accomplit les mêmes gestes, prononce les mêmes formules, s'arrête à la même place, avec une allure figée d'automate qui surprend à peine aux abords du saint lieu.

Une curieuse petite boutique faite de planches vermoulues retient un moment notre attention: c'est une sorte de mont-de-piété tenu par des lamas, où les pèlerins, que la rapacité des prêtres a dépouillés une première fois, viennent échanger leurs modestes bijoux et jusqu'à leurs habits contre des barres d'argent ou des briques de thé, lesquelles seront l'offrande ultime qui doit obtenir la réalisation des vœux longtemps formulés. Quand ils n'ont plus rien, les malheureux s'en retournent; leurs mains et leurs poches sont vides, mais ils gardent au cœur l'espoir, un espoir invincible sur lequel n'aura prise aucune déconvenue.

Si le Mongol s'appauvrit, en revanche le sanctuaire voit augmenter son trésor; petit à petit, la fortune du peuple passe entre les mains de ces moines innombrables qui, lentement mais sûrement, sont parvenus à plier toutes les âmes à une obéissance passive. Assemblés en communauté dans leurs monastères ou dispersés sous les yourtes de la steppe, les lamas savent faire argent de tout: à la fois prêtres, sorciers, médecins, banquiers et vétérinaires, ils interviennent sans cesse dans l'existence du simple nomade, de celui qui n'est ni noble ni prêtre, du *Khara Mongol*, le Mongol noir, comme il se nomme lui-même par opposition au lama, le Mongol blanc, l'homme à la tête rasée.

Les religieux bouddhistes qui peuplent les grandes lamaseries d'Ourga sont des lamas jaunes, et appartiennent à la secte des Gé-lougpa: il y en a plus de 12 000 dans la capitale, qui peu à peu sont venus se grouper autour de leur *Gheghen* dont l'autorité, la puissance miraculeuse égalent presque celles du Dalaï-Lama.

Ce Bouddha-Vivant fort peu dévot, dit-on, est très attaché aux biens de ce monde. Sa résidence, agréable villa construite à l'européenne, est située à deux kilomètres environ d'Ourga. Jouissant ainsi d'une certaine indépendance loin de ses mortels adorateurs, le dieu mène, si l'on en croit les mauvaises langues, une existence des moins édifiantes...

Plus intelligent, mieux conseillé peut-être que ses prédécesseurs, il n'a jamais voulu paraître à la cour de Pékin, convaincu, bien à tort sans doute, que pareil voyage risquerait de mettre fin pour toujours à son règne terrestre. Quoi qu'il en soit, le Gheghen actuel vient d'atteindre l'âge de 43 ans, phénomène d'autant plus extraordinaire que jamais aucun autre avant lui n'avait pu dépasser la vingt-cinquième année. […]

Émile Bouillane de Lacoste, *Au pays sacré des anciens Turcs et des Mongols*, Paris, Émile-Paul, 1911.

VALLÉE DE L'ORKHON ET VILLES DE L'OUEST : OULIASSOUTAÏ ET KOBDO

Dans la haute vallée de l'Orkhon, gisent les vestiges épars des capitales des premiers Empires turcs et mongols. Sur ce berceau de peuples conquérants s'élève l'enceinte des stupas du monastère d'Erden Dzou, insolite muraille dans l'immensité de la steppe. Plus à l'ouest, bourgades perdues, Ouliassoutaï et Kobdo sont encore les avant-postes de l'Empire chinois agonisant.

ÉMILE BOUILLANE DE LACOSTE

(1904)

3 juillet. — Aux premières lueurs de l'aube, Sandzaï ouvre la tente, et je reste ébloui devant la splendeur d'une aurore plus merveilleuse, peut-être, que le crépuscule d'hier au soir. Le ciel est irradié de longs nuages incandescents pareils à des coulées de cuivre, et ces étranges vagues de feu illuminées par en dessous mettent des lueurs d'incendie dans les innombrables flaques d'eau de la vallée.

Le spectacle est d'une richesse, d'une magnificence indescriptibles. Et dans la tente pénètre, en même temps que cette orgie de lumière, une bouffée de parfums, comme si l'on avait fait brûler devant notre porte des cassolettes d'encens. Toutes les petites plantes mouillées par l'orage nous envoient leurs délicates odeurs balsamiques; on se croirait dans une de nos vieilles églises de France par un gai matin de fête carillonnée…

Nous allons franchir aujourd'hui la ligne de hauteurs qui borde à l'est la moyenne vallée de l'Orkon. Elle se compose de plusieurs chaînons mal articulés, mais généralement orientés N.-S., que nous traversons sans trop de peine. De nombreux troupeaux de moutons et de chevaux y pâturent une belle herbe verte, sous la garde de jeunes bergers qui manient, avec une légèreté surprenante, cette immense gaule terminée par un nœud coulant, dont les Mongols se servent en guise de lasso.

Vers midi la caravane parvient au dernier col du massif: d'ici l'on domine, comme du haut d'un observatoire, cette vallée de l'Orkon large de vingt kilomètres, qu'une chaîne finement dentelée limite en face de nous dans un lointain violet. Les chameaux ont été arrêtés avant la descente, et tandis qu'ils broutent d'un air nonchalant les jolies plantes parfumées qui croissent à cette altitude, nos hommes, groupés sur une grande roche surplombante, se montrent tout là-bas, au pied des hauteurs, le point où doit se trouver le saint monastère d'Erden Dzou... Alors, pour la première fois, ces nomades grossiers, ces coureurs de steppe au visage impassible, nous paraissent véritablement émus; c'est qu'ils songent que demain, ce soir peut-être, ils apercevront le fameux couvent dont on leur a si souvent parlé chez eux, durant les longues veillées d'hiver.

A vol d'oiseau comme nous la voyons, la plaine apparaît sans une pierre, sans une yourte, sans un arbre même, et sa teinte d'un vert jaunâtre sous le grand soleil de midi ajoute encore à la morne tristesse du paysage: on dirait le fond d'un immense lac qui se serait desséché depuis des siècles. Et l'on a peine à s'imaginer que ce soit là le cadre où jadis évoluaient les escadrons du plus grand capitaine des temps modernes, le point où l'empereur Djangiz Khan avait voulu fonder sa capitale Khara Koroum.

Nous voici maintenant sur la pente, dégringolant parmi les roches un sentier à peine visible et malaisé pour les chameaux. Mais tout a une fin, même les pires choses, et la descente achevée sans encombre, c'est alors une promenade dans une herbe touffue où nous dérangeons au passage des troupeaux de gazelles blondes qui broutaient.

A mesure qu'on avance les montagnes d'Erden Dzou, au lieu de se rapprocher, s'enfoncent dans un lointain toujours plus sombre. Elles tremblent imprécises au-dessus des mille petits lacs transparents du mirage. Il semble que nous ne parviendrons jamais à franchir ces vastes étendues, que nous n'atteindrons jamais ces ruines vers lesquelles nous tendons depuis Ourga... De fait, la chaleur est si brûlante, la caravane si cruellement torturée par les mouches, que, renonçant à Khara Koroum pour aujourd'hui, nous campons sur les bords de la première rivière rencontrée...

Et le soir, après un bain dans l'eau rapide et claire qui rafraîchit délicieusement, je rêve à tout ce que fut cette vallée il y a sept siècles, et je pense que cette nature, toujours la même, est pareille à celle qu'admira le grand empereur lorsqu'il préparait les fameuses campagnes qui devaient étonner le monde.

ARRIVÉE A KHARA KOROUM

4 juillet. — D'ordinaire, nos hommes paressent volontiers quand arrive l'instant de bâter les chameaux ou de plier les tentes. Pour rien au monde ils ne se mettraient à l'ouvrage avant d'avoir bu leurs douze bols de thé réglementaires et c'est une affaire d'état que de les décider à partir de bonne heure. Mais aujourd'hui tous sont prêts dès l'aurore, tous même Dacha, le chamelier, qui ne pense plus à son mal et qui siffle, joyeux, pour faire agenouiller ses bêtes.

Le soleil brûle atrocement; il inonde de feu la vaste plaine calcinée, toujours déserte, où nous cherchons à deviner, parmi les petits lacs bleus tremblotants du mirage, la masse sombre du monastère d'Erden Dzou…

Elle surgit enfin, isolée dans la steppe, et dominée par la chaîne bleuâtre des montagnes qui sont sur l'autre rive de l'Orkon. Peu à peu les détails se précisent: on aperçoit les clochetons des temples, derrière une muraille dont l'uniformité grise est à peine égayée par une série de pylones tout blanchis de chaux neuve qui dressent vers le ciel, comme les créneaux d'une forteresse, leurs curieuses pointes fuselées.

Notre caravane approche; maintenant elle longe le pied des remparts avant d'aller camper sur les bords d'un ruisseau, à moins d'un kilomètre du couvent… Mais quel vide, quel silence! Pas un lama ne se montre aux abords du saint lieu. On n'entend rien, aucun aboiement, aucun cri…, rien que le pas feutré des bêtes et l'appel sourd des chameliers.

Et le contraste est étrange entre ce silence angoissant et l'animation des temps passés, alors que les sons brefs des trompettes, le hennissement des chevaux, le cliquetis des armes, le fracas des escadrons mettaient un grouillement de vie intense là où nous ne rencontrons plus aujourd'hui que solitude farouche et désolation.

Qu'est devenue la ville merveilleuse des Khans mongols, la capitale de l'immense empire qui s'étendait des rives bleues du Danube à la mer de Corée? Où est-il le sanctuaire trois fois saint, illustre entre tous, vers qui accouraient les foules enthousiastes, avides de se prosterner devant les Bouddhas sauveurs?

Avant peu, ces bâtisses que ronge la lèpre des siècles, ces murailles qu'il est impossible faute d'argent de relever vont disparaître. Sur elles s'accumulera le sable du désert, quelques ruines seules subsisteront, puis ce sera l'oubli total, définitif… Et le voyageur n'aura même plus, pour lui rappeler le souvenir de l'antique et triomphante Khara Koroum, la vision de cette lamaserie délabrée qui parle encore du grand empereur, mais qui en parle à voix basse, un peu comme les hypogées muets des rives du Nil reflètent la splendeur évanouie des Pharaons.

Au pied du sanctuaire déserté, on éprouve une impression de malaise étrange à évoquer l'histoire glorieuse, si brillante et cependant si brève, de la ville fondée ici même il y a environ sept siècles.

Les chroniques rapportent, en effet, qu'après avoir reçu des princes mongols l'étendard impérial, Djangiz Khan quitta la Kéroulen et vint établir son camp sur les rives de l'Orkon; mais ce fut seulement son fils Ogotaï qui, en 1235, construisit la capitale de l'empire... Un voyageur européen, Guillaume de Rübrük, eut la bonne fortune de voir ce magnifique seigneur dans l'éclat de sa puissance. Des artistes, des prêtres, des aventuriers, venus de tous les points du monde à la suite des armées conquérantes, envahissaient la cour du monarque. Il s'y trouvait même un Parisien, lequel, au dire de notre explorateur, embellissait les jardins de Khara Koroum, y bâtissant d'élégantes fontaines où «le vin, le lait, la cervoise coulaient en des bassins d'argent».

Malheureusement ces merveilles ne devaient avoir qu'une durée bien éphémère. Dès le début du XIVe siècle, lorsque l'œuvre de conquête fut terminée, l'empire se désagrégea vite. Khara Koroum perdit son titre de capitale, et ses habitants peu à peu retournèrent à la prairie pour reprendre la vie nomade, la seule qu'ils aiment réellement, ayant dans le cœur, plus impérieux que tout au monde, le goût de l'espace immense et de la liberté.

Mais ils gardèrent fidèlement le souvenir de la cité fabuleuse, et lorsque vers 1585 les Mongols du Nord songèrent pour la première fois à ériger un monastère en l'honneur de Bouddha, ce fut sur les ruines de la ville fondée par Ogotaï qu'ils décidèrent de construire leurs temples.

Nous avons installé notre campement[1] non loin d'une source claire, à quelques centaines de pas de l'angle sud-ouest de l'enceinte. Malgré les apparences, nous croyons impossible que la caravane ait échappé aux regards vigilants des lamas. Dissimulés derrière leurs remparts ils ne nous en surveillent pas moins, et discutent, à n'en pas douter, sur l'accueil qu'il conviendra de nous faire.

Du reste notre attente est courte, voici les bons moines qui s'acheminent vers le camp. En notre honneur ils ont arboré des robes rouges toutes neuves, dont l'éclatant coloris parsème de pourpre l'herbe de la steppe. De loin, ils ressemblent à des coquelicots géants dans un champ de blé vert.

L'un d'eux pousse bravement jusqu'à nous. C'est un solide gaillard, à la physionomie brutale: un laïque si j'en juge d'après sa longue tresse chinoise. A peine assis, il nous déclare, avec la rudesse qui caractérise

1. Altitude: 1 575 m.

le Mongol, qu'étant chargé de la police de la région, nous devons lui remettre nos passeports.

« J'ignore, ajoute-t-il, si vous aurez l'autorisation de visiter les sanctuaires, mais je transmettrai votre désir au religieux qui remplace le grand lama, actuellement en voyage, et je vous rapporterai sa réponse en même temps que vos papiers. »

Ce préambule n'est pas encourageant ; néanmoins nous faisons contre mauvaise fortune bon cœur et nous essayons, au lieu de chasser ce policier malappris, de l'amadouer avec quelques cadeaux dans l'espoir qu'il plaidera mieux notre cause.

Peine perdue ! Notre homme revient au bout d'une heure, annonçant que les moines sont peu disposés à ouvrir pour nous les portes de leurs temples. Toutefois, si nous voulons le suivre, il nous guidera bien volontiers et fera en sorte que satisfaction soit donnée à Nos Excellences.

Nous voilà donc en route pour le monastère à la suite du chef policier. L'enceinte franchie, nous nous trouvons devant une succession de ruelles étroites, bordées comme à Ourga de poteaux de mélèzes et jalonnées de grands pylônes blanchis à la chaux, de ces monuments en forme de tiare que les nomades appellent *Sobourka* et qui, pour la plupart, recouvrent la sépulture d'un ex-Bouddha-Vivant... En voici justement un de dimensions colossales ; notre guide explique qu'il fut construit en 1789 et que, d'après les archives du couvent, il contient 100 000 statuettes de Bouddha, 5 500 dessins représentant le Sobourka lui-même, plus une importante collection de reliques.

Bientôt nous débouchons sur une grande place où s'élèvent les principaux temples. Quoique bien déchus de leur ancienne splendeur ils gardent encore, avec leurs élégants portiques, leurs façades polychromes, une certaine majesté et ce je ne sais quoi d'attirance mystérieuse qu'ont les lieux où il fut beaucoup prié.

De lourdes stèles de granit — surchargées d'inscriptions thibétaines ou mongóles — s'alignent sur l'esplanade ; leurs parois ont été frottées par tant de lèvres qu'elles ont pris une patine luisante et grasse, comme le poli de l'airain. Deux d'entre elles supportent un lion de pierre, brillant lui aussi d'une longue suite de dévotions et tout affublé d'oripeaux. Et, pour escorter ces vieux monolithes, il y a d'innombrables sobourkas rangés correctement sur deux rangs, qui font songer à un défilé de jeunes communiantes.

Une plate-forme surélevée occupe le centre de la place ; c'est ici qu'à certaines époques de l'année, les lamas viennent exécuter leurs danses rituelles. Jadis cette plate-forme supportait, nous dit-on, la tente d'Abataï Khan[1], le fondateur du monastère... Et devant ce large cercle

1. Cette tente, depuis longtemps déjà, a été transportée dans un des temples d'Ourga où on la conserve religieusement.

de pierre, une multitude de bergeronnettes étourdies et confiantes se baignent avec de petits cris joyeux, dans une mare à moitié desséchée où le soleil à son déclin met des reflets couleur d'iris.

C'est l'heure apaisée du soir; les prêtres s'installent en groupes sur l'esplanade gazonnée. Ils récitent leurs chapelets d'un air pensif et recueilli, tandis que de jeunes séminaristes, encore pleins de la fougue de leurs quinze ans, jouent dans le bavardage et les rires au jeu national de l'*Arbre blanc*...

Notre policier, lui, nous a quittés, allant, affirme-t-il, chercher les clefs des sanctuaires. Quand il revient, ce sont des airs embarrassés, des explications confuses sur le portier introuvable, le supérieur qu'on ne peut déranger dans ses oraisons. Bref partie manquée. Il est trop tard pour tâcher de fléchir l'impitoyable consigne; force nous est donc de battre en retraite et nous nous éloignons furieux, sous le regard narquois des moinillons que notre mésaventure paraît divertir follement. [...]

6 juillet. — Au lever du soleil le temps s'est complètement remis au beau, et dans un ciel lavé par l'orage, seuls de minces flocons blancs traînent encore, pareils à de longues écharpes. Très probablement nous camperons avant midi sur l'emplacement d'une autre ville morte — Khara Balghassoun, la capitale des Ouïghours.

Il est en effet singulier de penser que cette moyenne vallée de l'Orkon est demeurée, depuis les temps les plus reculés jusqu'au XIVe siècle, le centre politique des tribus nomades qui vivaient au nord du grand désert. D'après ce que l'on sait actuellement, trois grandes capitales y furent fondées. La première par les Turcs, tout à côté du lac Nor; la seconde par les Ouïghours, à Khara Balghassoum; la dernière enfin par les Mongols, à l'endroit où s'élève aujourd'hui le monastère d'Erden Dzou.

Comme hier nous foulons de gais pâturages où des troupeaux de bœufs broutent paisiblement. Çà et là des cylindres de pierre, d'anciennes meules sans doute, émergent à demi des hautes graminées. Mais nous devons bientôt quitter la rive du fleuve, beaucoup trop marécageuse pour nos bêtes lourdement chargées, et, faisant un détour sur la gauche, nous nous dirigeons vers les premiers contreforts de la montagne.

A présent la chaleur devient intolérable; les mouches acharnées tourmentent nos chevaux qui s'agitent, pointent, font des ruades furieuses, et ne nous laissent à leur tour aucun répit.

Très loin dans la plaine une masse sombre commence à surgir, que le mirage, plus net aujourd'hui et plus trompeur, dédouble et fait apparaître très haut dans le ciel: on dirait une île au milieu d'un grand lac paisible. Peu à peu cependant, à mesure que nous avançons, cette masse redescend vers le sol, et nous voyons bientôt sous son aspect véritable l'imposante levée de terre qui fut jadis la forteresse des Ouïghours.

Sans trop nous préoccuper de la distance qui nous sépare de l'Orkon, et désireux de camper sur les lieux mêmes où nous aurons à travailler, nous dressons nos tentes tout auprès de la citadelle. Du reste nos chameliers iront à la corvée d'eau autant de fois qu'il sera nécessaire; quant aux animaux du convoi, matin et soir on les conduira boire au fleuve.

Le campement est tout à fait installé vers midi[1]. Nous espérons pouvoir nous mettre à la besogne aujourd'hui même; malheureusement nous avons compté sans l'orage. Il se déchaîne avec une telle furie, les averses tombent si violentes, que nous devons rester prisonniers jusqu'au soir sous nos pauvres abris de toile.

Pourtant j'ai hâte de savoir si vraiment nous avons atteint Khara Balghassoum, et si les ruines de la stèle trilingue, déjà reconnues par les Russes[2], se trouvent bien aux environs.

Un Mongol, dont la yourte est voisine du camp, vient précisément nous rendre visite. Nous lui offrons le thé de bienvenue et la conversation s'engage:

— Y a-t-il des pierres taillées de ce côté de la steppe?

— *Barkoué* (il n'y en a pas).

— Sais-tu comment se nomme le lieu où nous campons?

— *Mitekoué* (je l'ignore).

Et durant près d'une heure, malgré notre insistance, nous n'obtenons que des réponses identiques. *Barkoué*, *Mitekoué!* voilà tout ce que sait dire l'entêté nomade; il n'en veut pas démordre, et quoi que nous fassions nous n'obtiendrons rien de plus... Cela me remet en mémoire la réflexion pleine de justesse d'un missionnaire français rencontré jadis au Yunnan. «La Chine, expliquait-il, est le pays du *Manman* et du *Tcha-pou-to* : le pays du *doucement* et de l'*à peu près.*» Et je me console du résultat négatif que je viens d'obtenir, en me répétant que la Mongolie pourrait s'appeler le pays par excellence du *Barkoué* et du *Mitekoué*.

Sur ces entrefaites, la pluie ayant enfin cessé, nous sortons respirer l'air du soir qui nous arrive saturé des parfums de la steppe. Alors que voyons-nous? A moins d'un kilomètre, couchés dans l'herbe, les nombreux fragments de la stèle fameuse et, détail pittoresque, notre Mongol de tout à l'heure qui rassemble à cet endroit ses moutons pour la nuit!...

7 juillet. — Le temps radieux va nous permettre de tenter une première exploration de la citadelle. Sa masse grise marbrée de vert se profile sur le bleu pur du ciel, évoquant à nos regards la carapace

1. Altitude: 1 490 m.
2. Iadrintzeff en 1881, Heikel en 1890 et Radloff en 1891.

bizarre d'une monstrueuse bête endormie. Elle dresse les talus de ses tours et de ses parapets au milieu d'une plaine immense, qui s'étend de l'Orkon aux premiers contreforts de la montagne.

Les remparts, hauts d'environ dix mètres, sont constitués par une épaisse muraille de briques non cuites, couvertes d'une couche de terre gazonnée. En certains endroits ces revêtements paraissent intacts, en d'autres, au contraire, ils se sont éboulés et laissent à nu le mur d'argile tout élimé par le frottement des sables et strié de minuscules sillons qui sont les traces accumulées des érosions éoliennes. Un large fossé, à sec aujourd'hui, entoure les remparts bien protégés en avant par une demi-lune, et flanqués sur chaque face latérale de huit tours, alignées parallèlement à la crête du parapet.

Nous pénétrons dans la forteresse par le côté qui regarde l'Orkon, par la «gorge» de l'ouvrage. A gauche un important «réduit», qui défendait la porte, occupe tout l'angle intérieur. Plus loin, presque au centre du quadrilatère, un donjon élève sa large tour démantelée bien au-dessus de l'enceinte. C'est là sans doute que se tenaient les veilleurs aux aguets, c'est du haut de cet observatoire incomparable qu'ils regardaient surgir de tous les points de la steppe les hordes ennemies... Alentour vole une nuée de corbeaux que notre visite a dérangés. Ils sont à présent les seuls habitants du lieu et l'on n'entend plus, dans ces ruines mortes pour toujours, que le cri funèbre des grands oiseaux noirs sondant au loin les vastes solitudes pour essayer d'y découvrir quelque cadavre abandonné.

Quant à nous, nous apercevons sur cette lande brûlée par le soleil d'innombrables petites levées de terre en forme de rectangle, qui font songer aux plates-bandes de nos jardins d'Europe. Combien y en a-t-il de ces étroits rectangles serrés les uns contre les autres? Des milliers! Et chacun d'eux marque l'emplacement de ce qui fut autrefois une demeure où des hommes ont vécu, aimé, haï, souffert...

Quittant enfin la citadelle, nous errons à l'aventure parmi ces ruines que nous avons eu la curiosité d'approcher. Le plan de la capitale des Ouïghours est très nettement encore dessiné sur le sol. Grâce aux levées de terre, on en peut compter les maisons, on en peut suivre jusqu'aux plus étroites ruelles. Il semble d'ailleurs que cette vaste agglomération comporte plusieurs cités distinctes juxtaposées. L'une après l'autre, elles furent sans doute détruites puis rebâties un peu plus loin, et comme cela périodiquement pendant des siècles, jusqu'au jour de l'anéantissement définitif.

Mais tant de guerres, tant d'invasions ont ensanglanté la capitale, tant de conquérants y ont régné qu'on ne sait presque rien de son histoire. La stèle trilingue elle-même a voulu garder son secret, et il est à craindre que l'inscription mutilée qui en couvre les débris ne demeure mystérieuse éternellement...

Les habitations, qui devaient être en bois, ne laissent subsister d'autres traces que le talus sur lequel on les avait construites : toutefois nous trouvons çà et là, couchés dans l'herbe, quelques lourds fragments de granit. Striés en tout sens par le burin, correctement taillés en équerre, ils ressemblent à des débris de meules ; je croirais plutôt que ce sont des socles de colonnes, de ces colonnes de bois dur et poli comme en possèdent la plupart des maisons chinoises. A tout instant apparaissent aussi, sous une mince couche de terre, les larges tuiles grises peu incurvées, semblables à celles qui se fabriquent encore à Pékin.

Mais comme tout cela est morne, lugubre... Il n'y a rien de vivant nulle part, et les fleurs de la steppe ne poussent même plus sur le sol effroyablement desséché. Nous ne rencontrons, au retour, qu'une gazelle à la silhouette fine et gracieuse, dont le pelage fauve se confond presque avec la tonalité générale du terrain.

Que fait-elle donc ici ? S'est-elle égarée ? Ou bien — l'endroit étant des plus favorables à la superstition — serait-elle par hasard la réincarnation de quelque Ouïghour des anciens temps ?...

Les disciples de Bouddha n'hésiteraient point à proclamer la chose, s'ils voyaient, comme nous, la gazelle marcher à petits pas, flairant le sol, cherchant, dirait-on, une trace perdue sous le linceul des graminées. Elle est en vérité charmante la petite chèvre sauvage, et nous faisons un long détour pour ne pas l'effrayer.

Midi est proche : l'heure accablante de la chaleur torride et du mirage. Mieux vaut ne pas s'attarder, nous reprendrons plus tard l'étude de la capitale fantôme.

Par malchance de lourdes nuées qui semblent dégringoler de la montagne, comme autrefois les armées ennemies, ont envahi le ciel. Les premières gouttes de pluie nous surprennent bien avant notre arrivée au campement, et tout aussitôt, avec une brusquerie déconcertante, le cataclysme se déchaîne dans toute son horreur. Fracas de la foudre, éclairs livides, grêle, coups de vent fous, bref toute la lyre. Une fois de plus nous sommes immobilisés sous nos tentes, impatients de savoir quand nous pourrons prendre l'empreinte de la fameuse inscription trilingue.

8 juillet. — Tout le monde est levé dès les premières lueurs du matin, car le ciel, d'une admirable pureté, nous promet une bonne journée de travail. Sans perdre une minute, il faut profiter de l'aubaine et commencer bien vite l'estampage.

Un de nos chameaux porte les tonnelets, les brosses, le papier, tout l'attirail nécessaire. A sa suite nous nous acheminons vers l'endroit où sont épars les fragments de granit.

On doit tout d'abord laver avec soin les inscriptions, les recouvrir ensuite de papier, et battre avec une brosse jusqu'à ce que la pâte humide ait pénétré dans les moindres interstices, épousant parfaitement la pierre, ses saillies et ses creux. Cela fait, on place une seconde feuille sur la première, on humecte légèrement, on tamponne… et l'on recommence. Il ne reste plus qu'à laisser sécher. Les huit ou dix feuilles de papier, se soudant les unes aux autres, formeront une plaque d'épais carton où seront reproduits en relief tous les détails de la gravure[1].

Le monument de Khara Balghassoun, taillé dans un granit rosé, se composait à l'origine de trois parties principales : le socle, la stèle quadrangulaire et le chapiteau. D'après ce qui reste du socle, on peut croire que celui-ci représentait une tortue, l'emblème de la longévité chez les peuples jaunes. Sur la carapace était encastrée la stèle que surmontait un élégant chapiteau, où des dragons finement sculptés déroulent encore aujourd'hui les anneaux sertis d'écailles de leurs longs corps entrelacés. Une énorme sphère couronnait l'ensemble de cet obélisque bizarre élevé, croit-on, à la gloire des Ouïghours vers la fin du VIIIe siècle[2].

Quant aux inscriptions écrites en trois langues différentes — chinois, ouïghour ou syriaque et turc primitif — elles sont tellement mutilées qu'il n'a pas été possible jusqu'à présent d'en interpréter le sens général[3].

Les heures passent et nous travaillons toujours avec ardeur, interrogeant à chaque minute l'horizon, du côté où se montrent d'ordinaire les nuées sombres, annonciatrices de l'orage. Chacun s'emploie de son mieux, les chameliers comme les autres, et je prends plaisir à voir nos Mongols, si apathiques d'habitude, frapper la pierre à tour de bras. C'est aujourd'hui dans cette solitude une agitation fiévreuse, un continuel va-et-vient… Mais personne ne songe à parler tant la besogne presse, et l'on n'entend, dans le grand silence des heures brûlantes, que les petits coups secs et répétés de nos battoirs qui claquent en cadence, faisant comme un bruit gai de lavandières.

9 juillet. — Décidément le ciel nous gâte ; pas d'orage en perspective. Peut-être, dans ces conditions, pourrons-nous finir aujourd'hui. Pourtant il fait une chaleur torride, on est aveuglé par la réverbération du soleil sur la pierre polie… N'importe, oubliant nos fatigues de la veille nous continuons sans relâche, et c'est seulement au crépuscule, quand le souffle moins brûlant du soir vient rafraîchir la grande plaine endormie, que nous regagnons notre camp ; un peu las, un peu brisés, certes, mais tout heureux de la tâche enfin terminée.

---

1. Si l'on songe que la stèle de Khara Balghassoun comporte vingt-cinq fragments, dont quinze avec inscriptions durent être ainsi estampés, on imagine sans peine la somme de travail que cela représente. Et je ne parle ni des photographies ni des plans.

2. Le professeur Heikel, explorateur finlandais, estime que le monument devait avoir une hauteur totale de 6 m sur une largeur moyenne de 1,70 m.

3. Sauf pour quelques parties de l'inscription chinoise.

Demain nous quitterons Khara Balghassoun, du moins ce qu'il en reste, et par-delà cette vallée de l'Orkon d'une si désolante aridité, nous irons planter nos tentes sur les ruines d'une troisième cité plus vieille encore et plus mystérieuse: la capitale des Turcs de la steppe, Kocho Tsaïdam.

RUINES DE KOCHO TSAÏDAM

10 juillet. — Aboiements féroces des chiens, appels des Mongols, galopade effrénée des troupeaux… Nous n'avons pas fermé l'œil de la nuit. On aurait dit vraiment qu'une bataille se livrait autour de nos tentes, comme si les anciens Ouïghours, surgissant de leurs tombes, avaient chargé soudain pour quelque suprême assaut.

Non, cette étrange *fantasia* était due tout simplement à la présence de trois grands loups descendus de la montagne en maraude, et qui sont repartis avant la jour, chargés de butin, nous dit-on.

Il faut faire comme les loups gris et songer à quitter la place, car le soleil est déjà haut sur l'horizon. Nous voici donc en route, cheminant parmi des pâturages semés de trous et de fondrières où les chameaux peinent lamentablement, puis c'est le passage d'un gué difficile dont la caravane se tire à son honneur.

A présent nous escaladons les pentes qui dominent la rive droite de l'Orkon. Vue d'ici la plaine apparaît immense, toute bariolée du même jaune et du même rose, et coupée par les méandres du fleuve qui s'étire paresseusement comme un grand reptile au repos. On aperçoit dans le lointain la masse grise de la forteresse déformée, grossie par le mirage, et plus près, juste au-dessous de nous, un lac bleu minuscule où plusieurs couples de canards fauves promènent leur progéniture.

Malheureusement les marécages, la belle herbe fleurie, tout cela nous ramène nos impitoyables tortionnaires. Une armée de petites mouches s'abat sur la caravane, sur les chameaux particulièrement dont les naseaux, les yeux sont envahis par de véritables essaims. C'est en vain qu'ils se débattent… Rien n'y fait, les assauts redoublent, le sang perle à grosses gouttes le long de leurs flancs amaigris, et les pauvres bêtes résignées marchent quand même, s'en allant vers d'autres souffrances d'un air indifférent et las.

Il est près de midi quand nous quittons les pentes gazonnées de tout à l'heure. Brusquement le sol change d'aspect, nous avançons maintenant parmi les pierres sur une lande monotone et vide, couleur de cendre. Au loin commence d'apparaître un point noir qui se détache sur le fond grisâtre des montagnes, et malgré le mirage, nos yeux habitués aux solitudes n'ont pas de peine à deviner que c'est là le but vers lequel nous tendons. Bientôt nous franchissons le Kokchin Orkon, où les animaux du convoi s'abreuvent longuement, puis une dernière croupe rocailleuse à gravir et nous montons les tentes pour la halte définitive.

Près du campement[1] se dresse l'un des monolithes, celui qui fut élevé en 732 à la gloire du prince Kül Téghin; plus loin, à un kilomètre environ vers le sud-ouest, se trouve la seconde «pierre éternelle» gravée trois ans plus tard pour perpétuer la mémoire de Bilghä Kaghan, le frère de Kül Téghin[2].

Nous nous trouvons sur le lieu même où les Tou-Kiou, les ancêtres des Turcs et des Mongols, ont jadis élevé leur capitale.

La première pierre est fort malheureusement encastrée dans une petite chapelle construite voici deux ans, paraît-il, et déjà plus qu'à moitié ruinée. Mais si les murs des deux faces latérales s'écroulent, celui du fond est demeuré intact. Il recouvre, sous une épaisse cloison de briques cimentées, l'ensemble de l'inscription gravée en turc primitif. Force nous sera donc — grâce à la stupidité de quelque prince bien intentionné, mais dans la circonstance vandale inconscient — de quitter la place sans avoir même aperçu cette longue page d'histoire, que les explorateurs russes, plus heureux, parvinrent à dessiner il y a vingt ans.

Pourtant, une compensation nous est réservée. La face antérieure de la stèle, complètement dégagée, permet de distinguer très nettement tous les caractères de l'inscription chinoise ainsi que les dragons entrelacés du chapiteau. Non loin du monument repose ce qui jadis en formait le socle: une tortue géante dont la tête n'existe plus, mais dont la carapace, avec ses écailles rugueuses, a été respectée par les siècles. Çà et là nous découvrons, couchés dans l'herbe comme des morts après la bataille, plusieurs grandes figures de pierre. Il y en a sept qui dorment ainsi sur la lande déserte, toutes les sept décapitées[3] mais néanmoins fort intéressantes et fort belles[4]. Les détails du costume, les armes, jusqu'aux boucles des ceinturons, tout est encore à peu près intact et prouve que les nomades n'ont modifié ni leurs vêtements ni leurs parures depuis l'époque de notre Moyen Age.

Oui, ces grands corps décapités marquent encore superbement la place où s'élevait jadis l'antique Kocho Tsaïdam. Longtemps ils ont ouvert leurs yeux de marbre sur la steppe d'alentour, alors que leurs silhouettes altières faisaient comme une garde d'honneur au monolithe mystérieux… Puis les siècles ont passé, fauchant des têtes, renversant

1. Altitude: 1 450 m.

2. L'écriture paléo-turque, qui recouvre aux trois quarts les stèles de Kocho Tsaïdam, fut déchiffrée pour la première fois en 1893, simultanément à Saint-Pétersbourg et à Copenhague, par MM. Radloff et Thomsen. Ces savants donnèrent un an plus tard une traduction à peu près identique des deux pages d'histoire gravées il y a douze siècles.

3. Il est dit dans de vieilles chroniques que, chez les anciens Turcs, les vainqueurs emportaient toujours comme trophée la tête des ennemis tués pendant la bataille.

4. Elles ont été, comme les monolithes, taillées dans un marbre gris constellé de parcelles de quartz et de schiste.

des corps, et les hommes de pierre, lassés de leur interminable veille, se sont un jour étendus au pied de la stèle pour y dormir éternellement.

Ce prince Kül Téghin! — *Sage Kaghan*[1] *qui ressemble au ciel et qui est venu du ciel!* — Combien ma pensée monte vers lui ce soir, tandis que je contemple sa «pierre éternelle» teintée d'un rose délicat par la lumière du couchant.

«Lorsque le ciel bleu en haut et la sombre terre en bas furent créés, entre les deux naquirent les fils des hommes. Au-dessus des fils des hommes s'élevèrent mes ancêtres...» Ainsi débute l'inscription turque.

«Ceux qui possédaient un empire, nous les avons rendus sans empire; ceux qui avaient un Kaghan, nous les rendîmes sans Kaghan; nous leur avons fait ployer les genoux, nous les avons obligés à baisser la tête... Ô peuple turc, repens-toi!

«Le ciel, afin que le nom et la réputation du peuple turc ne fussent pas perdus, avait élevé mon père le Kaghan et ma mère la Katoun. Le ciel qui leur avait donné l'empire m'établit moi-même comme Kaghan. Pour que le nom et la réputation du peuple turc demeurent dans les mémoires, j'ai passé, pour l'amour du peuple turc, la nuit sans dormir et le jour sans prendre un instant de repos. Avec mon frère cadet Kül Téghin j'ai travaillé à mort... Pour rétablir le peuple j'ai entrepris vingt-deux expéditions à la tête de grandes armées... Ensuite, comme la fortune me suivait et que le destin m'était propice, j'ai ramené à la vie le peuple mourant, j'ai donné des habits au peuple nu, j'ai enrichi le peuple pauvre, j'ai rendu nombreux le peuple qui était en petit nombre.

«Mon frère cadet Kül Téghin, qui m'a voué son travail et sa force, est mort à son tour après avoir tout fait pour les institutions... Il était âgé de trente et un ans lorsque nous avons lutté contre Tchatcha-Sengun. D'abord il monta le cheval gris de Tadikin-Tchour et attaqua. Ce cheval fut tué là. En second lieu il monta le cheval gris Ichbara Yamater et attaqua. Ce cheval fut tué là. En troisième lieu il monta Kédimlig, le cheval bai, et attaqua. Son attaque est dans le souvenir de beaucoup d'entre vous, ô nobles Turcs!...

«Le centre d'où se gouvernait l'empire, c'était la forêt d'Eutuken. Habitant de ce pays, j'entrai en relations avec le peuple chinois. L'appel du peuple chinois qui nous donne sans peine tant d'or, tant d'argent et de soieries, cet appel était doux, ces richesses étaient molles... En se laissant vaincre par leurs doux appels et leurs richesses molles, beaucoup des tiens, ô peuple turc! ont succombé.

«Si tu vas dans ce pays-là, ô peuple turc! tu mourras. Mais si demeurant dans le pays d'Eutuken, tu envoies des caravanes et des convois, et si tu restes dans la forêt où ne sont ni richesses ni chagrin, tu continueras à conserver un empire éternel, ô peuple turc! et tu te rassasieras davantage...

1. Souverain, prince.

« Comment tu as rassemblé le peuple turc et gouverné l'empire, je l'ai inscrit ici. Tout ce que j'ai à dire, je l'ai inscrit sur la pierre éternelle… De chez le Kaghan des Chinois, j'ai fait venir des sculpteurs… Je leur ai fait ériger à part l'édifice, et tailler à part les sculptures… J'ai fait tailler cette pierre dans un âpre lieu, et je l'ai chargée d'inscriptions [1]. »

Est-il assez âpre, en effet, ce lieu sauvage !… Aux lueurs indécises du crépuscule finissant, les statues décapitées apparaissent comme enveloppées d'un suaire couleur de cendre. Le sol alentour est gris, les montagnes sont grises, et ce paysage qui a vu tant de choses vous étreint le cœur. Tout est sombre, tout est douloureux ; on sent planer sur la lande pierreuse quelque chose qui est peut-être l'âme héroïque et farouche du premier prince turc, et, par instants, il semble qu'on entende une voix chuchoter dans le vent du soir ce cri de suprême angoisse : « Ô peuple turc, repens toi ! »

11 juillet. — Avant midi, nous en avons terminé avec les estampages et les photographies du premier monolithe, et nous devons songer maintenant à la seconde pierre, la stèle de Bilghä Kaghan. Celle-ci, dont la conservation laisse beaucoup à désirer, repose sur le sol, brisée en quatre gros fragments. Des statues décapitées l'entourent ; elles sont d'un style analogue aux précédentes sauf deux, faites d'un marbre blanc très pur, qui par leur dessin mieux fini et leurs lignes plus harmonieuses rappellent un peu les figures de la Grèce antique. On retrouve également ici un large cube de granit, percé en son milieu d'une ouverture cylindrique. De nos jours les Mongols s'en servent comme d'une miraculeuse piscine : lorsqu'un de leurs enfants, voire même un de leurs agneaux est en danger, ils emplissent d'eau ce cube de pierre et y plongent à plusieurs reprises le malade, espérant obtenir ainsi la guérison.

Tout d'abord un grave problème se pose. Comment parviendrons-nous, ne possédant pas d'appareil de levage, à faire basculer le fragment le plus gros, un énorme bloc qui pèse à lui seul plusieurs tonnes ? Il doit pourtant nous livrer son secret, tout son secret… Nous ne partirons pas avant.

Par bonheur quelques nomades sont venus visiter le campement ; ils acceptent d'aller battre la steppe au galop rapide de leurs petits chevaux et promettent de nous amener le renfort indispensable. Bref, deux heures plus tard quinze robustes Mongols se trouvaient réunis, et grâce à de solides troncs de mélèzes, utilisés comme leviers, nous réussissions après beaucoup d'efforts à retourner le bloc géant… Le lendemain soir, les photographies, les plans, les estampages, tout était heureusement terminé.

1. *Inscriptions de l'Orkon* déchiffrées par V. Thomsen (seconde livraison).

On ne peut se faire une idée de ce que furent ces journées de travail ininterrompu, dans l'effroyable solitude d'un désert hostile sous les morsures brûlantes d'un soleil de feu qui nous tombait sur la nuque comme du plomb fondu et nous faisait redouter quelque insolation grave. Cependant la bonne humeur, l'entrain, l'activité de tous restèrent admirables. Et je vois encore le docteur et Zabieha, après douze heures de labeur acharné, travaillant le premier jour jusque fort avant dans la nuit à la lueur d'un misérable fanal de campagne...

Vers le soir, un seigneur d'importance vient nous rendre visite. Sa longue barbiche, son bouton de corail, sa tunique de soie nous indiquent que c'est un prince de haute lignée. Il nous dit qu'ayant appris la présence en ces parages de nobles étrangers, il accourt pour nous saluer et pour prendre de nos nouvelles.

La bonne histoire en vérité! Curieux et défiant comme tous ses compatriotes, il a tenu à se rendre compte par lui-même de ce que nous faisions. Mais ses efforts pour comprendre nos explications restent vains. Inutile d'essayer de lui faire saisir l'importance que nous attachons à une inscription qui restera toujours lettre morte pour lui. Intervertissant les rôles, je préfère l'interroger discrètement sur le pays et son histoire. Hélas, malgré les nombreuses tasses de thé qui lui sont généreusement offertes et les menus cadeaux dont on le comble, il reste fermé comme un coffre-fort. A mes questions, même les plus banales, il répond par l'éternel *Mitekoué* — je ne sais pas — avec quoi les Mongols ont réponse à tout. En bonne justice il paraît vraiment d'une ignorance qui dépasse les bornes, ce brave vieux seigneur, car au moment de prendre congé, il nous demande avec une naïveté désarmante «si les Français n'appartiennent pas à quelque tribu mongole».

13 juillet. — La série est au beau. Depuis trois jours il n'y a pas eu d'orage, et ce matin le ciel est encore d'une pureté merveilleuse. Pourtant nous devons retarder le départ, à cause des chevaux qui, ayant brisé leurs entraves, se sont enfuis on ne sait où... Ils n'apparaissent que bien après le lever du soleil, ramenés par d'honnêtes bergers mongols; et fatigués de leur escapade, fourbus un peu, ils baissent la tête, les petits chevaux endiablés, avec la mine penaude de déserteurs surpris par les gendarmes. Ne nous y fions pas, ils recommenceront à la première occasion favorable; c'est à nous de les mieux garder et de les mettre dans l'impossibilité de fuir vers les herbages tentateurs, qui fleurent bon le trèfle ou le sainfoin, et dans lesquels folâtrent librement de jeunes cavales.

A peu de distance du campement, nous rencontrons deux tombes entourées de statues à peine dégrossies. Ces tombes sont faites de quatre grandes dalles posées debout, formant comme une auge, comme un gigantesque coffret de pierre. Une composition d'origine chinoise, très finement sculptée, en orne les parois: elle représente deux phénix face à face, tenant une pomme dans leurs becs…

Le sol est toujours aride, l'herbe est rare, brûlée, roussâtre; le soleil darde impitoyablement sur les mamelons où serpente la caravane. Quoi qu'il en soit, nous finissons par atteindre le Kokchin Orkon, et sitôt après l'avoir franchi, tout se transforme; notre marche n'est plus qu'une agréable promenade le long des prairies en fleurs qui longent la rive gauche. Des bécasses, des vanneaux, des canards se lèvent sous le pas de nos chevaux, et sans les impitoyables moustiques, nous jouirions là d'une fin d'étape délicieuse.

Il est environ trois heures lorsque nous prenons la résolution de camper sur la berge, au bord de laquelle coule l'étroite rivière. Nous n'avons pas eu depuis longtemps pour y planter nos tentes un site aussi riant, aussi pittoresque, aussi reposant pour les yeux.

L'horizon est borné vers le nord par une ligne de collines sombres, curieusement dentelées, où s'accrochent à mi-hauteur dans un arrangement fantaisiste les maisonnettes blanches et rouges d'une importante lamaserie. Au pied des collines s'étend le grand lac Ogheï Nor, sillonné en tous sens de cygnes et d'oies sauvages; puis c'est, derrière nous, la vallée de l'Orkon avec ses pâturages verdoyants qui s'allongent à l'infini dans la direction de Khara Koroum.

Une large yourte de feutre est montée non loin de notre campement; elle abrite un Russe assez misérable qui vit là tout seul pendant la belle saison, échangeant contre des briques de thé, les fourrures et la laine que lui apportent les nomades. […]

OULIASSOUTAÏ, «LA VILLE DES PEUPLIERS»

26 août. — C'est par une matinée radieuse que nous allons pénétrer dans la capitale politique de la «Mongolie extérieure», dans cette *Ville des peupliers* où ne pousse plus même un tamaris, et dont les abords sont encombrés de huttes sordides et de détritus malodorants.

Voici l'antique forteresse chinoise, vaste quadrilatère flanqué sur ses quatre angles de tourelles massives. La lourde porte en est hermétiquement close, aucune sentinelle ne veille sur les remparts démantelés; seuls des chiens hurlent à l'intérieur, signalant notre passage.

Encore deux kilomètres à cheminer dans la plaine caillouteuse, puis nous longeons l'escarpement qui abrite Ouliassoutaï des vents du nord: étrange falaise en forme de proue de navire, où les Mongols ont su nicher de façon pittoresque un petit temple polychrome, amusant, délicat, coquet comme un bibelot d'étagère et dont les clochetons biscornus se reflètent pour le plaisir des yeux, dirait-on, dans le pur cristal de la rivière… Sitôt ce curieux promontoire franchi, les premières maisons apparaissent enfin. Mais il n'y a rien par ici qui rappelle une capitale, et la vision de ce misérable hameau, de ces sombres masures bâties de boue séchée au soleil, est des plus mélancoliques.

Guidés par Zabieha, venu hier reconnaître les lieux, nous gagnons maintenant notre futur logis. C'est une vaste maisonnette chinoise assez propre d'aspect, où nous pourrons sans trop de peine nous organiser un intérieur confortable. Tandis que nos hommes, fervents amateurs de *camping*, installeront leurs tentes dans la cour devant notre porte, les animaux — pour lesquels il serait impossible de trouver ici du fourrage — vont partir, sous la conduite de trois indigènes, vers de plus fertiles vallons.

Le Consul de Russie est absent, mais son secrétaire, un jeune Sibérien fort aimable, vient nous rendre visite apportant un volumineux courrier. Et c'est avec une joie mélangée de quelque émotion qu'on ouvre en grande hâte toutes les enveloppes… Les dernières nouvelles, nous les avions reçues à Ourga, et depuis lors nous ne savions rien, absolument rien de ce qui avait pu se passer dans le monde.

Sur le tard, l'aménagement du logis terminé, nous partons faire un tour dans la capitale à peine entrevue ce matin. Combien minuscule, du reste ! Pas même l'étendue d'un de nos villages français[1]… Quelques centaines de masures chinoises étroitement groupées au centre d'un vallon, que dominent de hautes montagnes dénudées, avec des silhouettes mollement arrondies où pointe de loin en loin la pyramide empanachée d'un obo gigantesque.

Ouliassoutaï est malgré tout un centre géographique important, un véritable carrefour où quatre routes[2] viennent se joindre, où quatre torrents viennent également s'unir pour former le *Bogdo Gol*, la Rivière sainte… Et c'est pourquoi, sans doute, Pékin y transporta jadis le siège du gouvernement général de la Mongolie septentrionale.

Nous voici longeant l'unique ruelle, bordée de maisonnettes basses aux petites vitres de papier, aux enseignes impressionnantes, où de nombreux Célestes et quelques Russes débitent leurs marchandises. Peu variées, ces marchandises, dont le groupement hétéroclite n'est pas fait pour charmer le regard. Larges marmites en fonte, harnachements bariolés, cotonnades bleues, bonnets pointus, lourdes bottes aux fortes semelles, briquets d'argent ou d'acier poli, tabatières de jade, voilà tout ce qui constitue l'assortiment de l'une quelconque de ces boutiques.

Ils ont, en vérité, bien peu de besoins les pauvres nomades, et puis ils ont si peu d'argent… Du reste, le commerce de détail ne mérite

---

1. 2 000 habitants dont une centaine de Russes, 500 Mongols, le reste Chinois (fonctionnaires, marchands et soldats).
2. 1° Kosso Gol et Irkoutsk ; 2° Ourga ; 3° Pékin ; 4° Kobdo et l'Altaï sibérien.

guère qu'on s'en occupe ; ce n'est point là l'objectif des importantes *firmes* venues de Pékin, de Kiakhta ou d'Irkoutsk s'installer à Ouliassoutaï. Non, la grosse affaire, celle qui rapporte, c'est uniquement l'exportation de la laine et des pelleteries ; il s'en traite chaque année ici même pour plusieurs millions de roubles, nous dit-on.

A cette heure les petites échoppes sont vides car les clients ont regagné leurs tentes. Devant la porte, assis sur de hauts tabourets, les commerçants pansus philosophent en regardant monter vers le ciel la fumée bleue de leurs longues pipes à fourneau de cuivre, et dans l'air attiédi du soir flotte ce parfum spécial — mélange de santal, de tabac et d'opium — qu'on retrouve sous toutes les latitudes, partout où vivent en communauté plus d'une demi-douzaine de Chinois...

Nous visitons les pagodes, richement ornées de dragons et d'enluminures, mais construites toutes pour les Fils du Ciel, et ne présentant ainsi aucune originalité ni dans la construction, ni dans les accessoires du culte. Devant l'une d'elles qui doit servir en même temps de tribunal, nous admirons les entraves, fouets, cangues et autres instruments de torture destinés à semer l'effroi parmi les *apaches* de la région. Ces objets sont, d'ailleurs, revêtus d'une épaisse couche de poussière ; des araignées facétieuses ont même tissé leurs toiles dans l'ouverture circulaire de l'une des cangues, la plus lourde, la plus redoutable... Pas de gardiens, pas un soldat devant la porte, mais suivant l'usage millénaire une douzaine de vieux fusils bien alignés le long du mur et des drapeaux en quantité : loques vétustes qui pendent lamentablement. Et je songe, comme malgré moi, aux mannequins bourrés de paille qu'on arbore si souvent chez nous parmi les récoltes, pour effrayer les moineaux.

C'est d'ailleurs un peu la cité de la Belle au bois dormant, cette infime capitale ! Quelques rares piétons, des chiens errants, deux ou trois Mongols dépenaillés... Où sont-ils donc les beaux cavaliers d'Ourga ? où sont les lutteurs, les musiciens, et les lamas en robe pourpre ? Ici tout semble mort, tout est silencieux. On n'entend rien dans l'étroite ruelle endormie, sinon le cri bref des éperviers et le gazouillis des hirondelles dont les zigzags rapides tracent des hiéroglyphes sur un ciel de plus en plus rose.

Le soleil a disparu derrière les montagnes farouches, l'air est glacial ; l'une après l'autre les petites boutiques ferment. Il faut terminer là notre promenade et reprendre le chemin du logis. Pauvre logis, du reste, simple maisonnette chinoise, mais qui va nous paraître ce soir une confortable demeure, avec ses épaisses murailles, son toit solide, sa porte fermant au verrou... Tout cela est en vérité si étrange, si nouveau pour les nomades que nous sommes !

Et maintenant rentrés chez nous, la porte bien close, nous éprouvons une joie puérile à entendre chanter le samovar, tandis qu'au-dehors la bise siffle et que les chiens dépeceurs de cadavres commencent de hurler à la lune désespérément.

27 août. — Nous avons aujourd'hui une fort intéressante causerie avec le Consul russe M. Dolbéjeff. Sa femme et lui nous accueillent le mieux du monde et nous initient avec beaucoup de bonne grâce aux détails de leur existence parmi les Mongols. Voici trois ans qu'ils résident tous les deux à Ouliassoutaï: séjour peu gai, ma foi, pour un jeune ménage, d'autant moins gai que l'installation est tout à fait primitive.

Le Consulat, reconnu seulement par la Chine au début de cette année, ne comporte ni docteur comme à Ourga, ni détachement de cosaques. Quant aux communications postales, elles sont d'une lenteur qui défie toute concurrence: pour atteindre le bureau de poste et de télégraphe le plus rapproché [1], il faut parcourir 1 500 kilomètres et traverser un des cols les plus élevés de l'Altaï.

L'après-midi se passe en travaux divers; notre docteur opère de fort savantes mensurations sur quelques naturels complaisants. Nous devons aussi, pour ne pas manquer aux usages, faire déposer nos cartes [2] chez les trois plus hauts fonctionnaires de la cité — le Gouverneur général, l'Amban chinois et l'Amban mongol — puis demain ce seront les visites. Perspective peu réjouissante, mais corvée nécessaire.

29 août. — En attendant l'heure qui doit amener les mandarins sous notre toit, nous allons profiter avec Zabieha d'un ciel particulièrement propice pour revoir la petite ville, un appareil photographique à la main. Quant au docteur, il veut explorer les ravins des environs et tâcher d'y découvrir des crânes sensationnels: mission délicate entre toutes, et dont les Mongols doivent ignorer le but véritable... Ces nomades simplistes, si on leur demandait leur avis, ne manqueraient pas de déclarer que les morts sont fort bien là où ils sont et que point n'est besoin de transporter leurs os dans un laboratoire de notre Muséum national. Du reste on ne les consultera pas, et le docteur plein d'enthousiasme s'en va tranquillement sur son poney, suivi de Bouddha — le joyeux compère — dont les vastes bissacs serviront à dissimuler la cueillette espérée.

Mais l'heure des visites protocolaires a sonné... Le premier nous arrive le *Djian Djiun*, Gouverneur général de la Mongolie et Commandant en chef de l'armée; plusieurs hauts fonctionnaires majestueux et dignes l'escortent ainsi qu'il convient. C'est un vieillard de petite taille, à la barbiche en pointe, dont l'œil est pétillant d'esprit:

1. Poste de Kasch Agatch, situé sur la frontière sibérienne aux sources de la Tchou, affluent de l'Obi.

2. Cartes de visite chinoises, bien entendu, c'est-à-dire larges feuilles de papier rouge portant nos noms inscrits en caractères chinois.

il fut jadis ministre des Colonies à Pékin et tout, dans ses manières, révèle le grand seigneur habitué des cours.

Après lui se présente l'Amban chinois, un fort aimable homme, très européen de goûts et d'allures. Il nous parle longuement de son séjour à Lhassa, où il demeura pendant trois ans et dont il a gardé le meilleur souvenir. «Le climat, les habitants, le paysage, tout est beaucoup plus agréable là-haut, nous dit-il, que dans cette affreuse Mongolie où le froid est toujours impitoyable, alors que, dans la capitale thibétaine, la rivière ne gèle pas régulièrement chaque hiver.» Déclaration assez étrange et qui renverse pas mal de mes idées sur la température de Lhassa... Au demeurant notre aimable causeur à l'âme en fête, il nous l'avoue, parce que dans moins d'une semaine il prendra la route de Pékin, disant un éternel adieu aux rives du Bogdo Gol. Et son sourire montre avec quelle joyeuse impatience pareil départ est attendu.

Ce sera tout pour aujourd'hui, car l'Amban mongol nous fait dire qu'il retarde sa visite de vingt-quatre heures. Excuses multiples autant qu'imaginaires sans doute, mais sait-on jamais?

30 août. — Cette fois il est exact au rendez-vous, notre prince mongol. Un vrai géant, avec une figure de brute, une encolure de taureau et dans la bouche deux ou trois surdents qui ajoutent encore à son aspect bestial. Détail étrange, la physionomie du bonhomme évoque d'une façon frappante les traits de l'ogre dans une admirable gravure des *Contes* de Perrault illustrés par Gustave Doré; et ceci est d'autant plus curieux que les ogres de la légende étaient, à n'en pas douter, les descendants d'une antique tribu mongole, la tribu des *Ougres*. Par quelle sorte de divination mystérieuse le peintre a-t-il trouvé l'expression juste? On ne saurait le dire. Mais le fait est là patent, indéniable, et, tout en causant avec ce seigneur de très haute lignée, je revois mon enfance et le gros in-folio relié de maroquin rouge qu'on me donnait à lire quand j'avais été sage.

A l'encontre des mandarins chinois, notre visiteur ne s'embarrasse pas dans les formules de politesse. Un bonjour à chacun de nous, sa tabatière de jade offerte à la ronde, et le voilà qui prend nos carabines, en démonte les pièces, s'amuse à faire jouer le mécanisme de répétition, et comme un enfant veut toucher à tout. J'ai même quelque peine à lui enlever des mains notre lorgnette dont il a grande envie et pour laquelle il offre une somme fantastique... Son inspection terminée l'Amban se lève brusquement, dit à peine bonsoir puis sort en coup de vent, selon la coutume des vrais Mongols de la prairie.

C'est aujourd'hui jour de réjouissance; on va fêter Irlik Khan, le souverain juge des morts, et dès l'aurore on a enguirlandé, pavoisé tout le village. Riches et pauvres, Mongols ou Chinois, ils ont sorti ce qu'ils avaient de plus magnifique; lanternes, drapeaux, banderoles, larges fleurs en papier se balancent au fronton des petites boutiques, mettant une note joyeuse, un peu criarde, dans l'étroite ruelle si sombre d'habitude.

La fête véritable ne commence qu'à la tombée du jour. Devant le sanctuaire où est enfermé le grand Irlik, on allume d'abord une série éblouissante de fusées, de gerbes, de chandelles romaines : pétarade effroyable, avec accompagnement de gongs et de tam-tams, qui va chasser au loin les mauvais esprits. Soudain, sur un signe des prêtres, le vacarme cesse comme par miracle et le cortège s'organise pour le départ. En tête marchent les porteurs de lanterne, précédant une vingtaine de jeunes Chinois qui arborent des motifs lumineux — bateaux, pagodes, vases de fleurs — fixés sur une planchette, on verra pourquoi tout à l'heure. Puis vient le dieu, promené dans une superbe chaise à porteurs hermétiquement close[1] qu'entoure la foule bruyante des lamas.

A présent la procession est parvenue à l'autre extrémité du village et tandis qu'on rentre la statue dans sa pagode, sans formalités cette fois et sans feu d'artifice, tout le monde court vers la rivière où les Chinois vont lancer leurs jolis motifs lumineux. Et rien n'est gracieux, poétique même, comme de voir les petites lumières tremblotantes s'en aller doucement au fil de l'eau.

Là-haut, dans un ciel profond si parsemé d'étoiles qu'on le dirait, lui aussi, en pleine fête illuminée, la grande lune ronde éclaire superbement. Il semble qu'il y ait vraiment une douceur particulière, plus chaude, plus veloutée, plus tendre dans les rayons qu'elle pose ce soir sur toutes choses…

L'une après l'autre, roses, vertes ou bleues, les jolies barques de rêve ont disparu. Les lanternes chinoises se sont éteintes, on n'entend plus vibrer les gongs… C'est fini, les bords de la rivière sont maintenant déserts, et la foule amusée rentre dans le village en chantant les louanges du redoutable Irlik, aux aboiements lugubres des chiens qui déjà se battent autour des cadavres. […]

KOBDO, LA VILLE BLANCHE

23 septembre. — Le vent toute la nuit a secoué nos tentes; un vent âpre, froid qui nous vient des hautes cimes de l'Altaï et qui est comme le signe avant-coureur du terrible hiver mongol.

Nous commençons l'étape dans un sinistre désert aux ondulations couleur d'ocre pâle, mamelonnant parmi des vagues rocheuses où se montre de temps à autre la silhouette fugitive de quelque jolie gazelle apeurée[2]. Durant des heures nous grimpons ainsi de cratère en cratère,

1. D'après le Consul, c'est là un indice certain d'hiver rigoureux. Quand l'hiver doit être tempéré, la chaise du dieu reste ouverte, et M. Dolbéjeff ajoute que les lamas se trompent rarement dans leurs prévisions.
2. Gazelle gris fauve, à ventre blanc, que les Mongols nomment *soulti*.

pour aboutir enfin à une étroite passe murée par des cônes plus sombres, presque noirs. Il doit être fréquenté, ce col farouche, par des dieux bien puissants car les indigènes y ont accumulé, en un solennel obo, un amoncellement colossal de cailloux tout enguirlandé de cornes, d'omoplates et de chiffons multicolores.

C'est maintenant la descente rapide à travers un couloir sinueux, interminable... Puis soudain les collines s'écartent, et nous apercevons alors très loin au-dessous de nous — dans un désert grisâtre, coupé de grandes arêtes parallèles et dominé par les pointes neigeuses de l'Altaï — la petite ville blanche qui est Kobdo. Et tandis que Zabieha continue vers l'oasis afin d'y découvrir une demeure, le gros de la caravane campera jusqu'au soir dans un vallon bien abrité, où reste encore un peu d'herbe jaunie pour nos bêtes.

A l'heure pourpre du couchant, nous dégringolons les dernières pentes qui nous séparent des pierrailles de la plaine. Vue d'ici Kobdo, avec ses murailles claires et ses arbres touffus, fait songer à quelque village du Turkestan chinois. Rien n'y rappelle la décrépitude, la tristesse d'Ouliassoutaï ou d'Ourga, rien sauf le paysage effroyablement désolé qui l'entoure et dont aucune description ne saurait dire l'horreur.

Il n'y a pas un arbre, pas une plante, ni yourte, ni troupeaux dans ce désert, et si l'on ne voyait au-dessus du village quelques flocons de fumée bleue, on pourrait croire que les habitants eux-mêmes se sont enfouis vers des lieux moins hostiles; Voici pourtant, groupés devant la porte d'une pagode où nous devons loger, tous les notables du village...

Rapides salutations aux Chinois, cordiales poignées de main aux Russes, et notre imposante caravane défile entre les deux rangées de dieux rébarbatifs qui, suivant la coutume, gardent ici l'entrée du temple. En effet, nous avons hâte de prendre possession de notre domicile, nous avons hâte aussi de régler le sort des animaux. Comme à Ouliassoutaï, chameaux et poneys vont partir vers de lointains pâturages sous la garde de trois bergers centenaires. Quant au logis, c'est une maisonnette chinoise toute neuve, construite pour le gardien de la pagode. On y serait fort bien s'il était possible d'en chauffer les trois ou quatre petites chambres. Par malheur, le bois manque totalement à Kobdo, l'argol de même! Nous nous demandons avec anxiété comment — dans cette demeure aux parois de carton — on va pouvoir lutter contre un froid de 6 à 8 degrés au-dessous de zéro... Bah! nous avons les pelisses en peaux de chèvre achetées à Ouliassoutaï, et puis il faut bien s'entraîner pour l'hiver qui approche à grands pas.

24 septembre. — Je m'éveille tard ce matin, heureux malgré tout de songer que les mille préoccupations coutumières vont m'être évitées durant quelques jours. Pourtant les nuits étaient plus paisibles sous la tente; on n'y était pas dérangé comme ici par les grelots du chien de garde, par les sonnettes du sanctuaire ou par le sifflement de la brise à travers les fissures des vitres de papier.

La pagode qui nous sert de logis est une pagode purement chinoise, construite suivant les rites millénaires avec ses cours successives, séparées par des temples à clochetons : au demeurant fort simple et bâtie en pisé. Elle occupe l'extrémité du village, ouvrant d'une part sur la plaine déserte, de l'autre sur une large avenue plantée de peupliers géants. Là-bas, tout au fond de ce boulevard étonnant par sa propreté et sa belle ordonnance, on aperçoit les créneaux de la forteresse, et c'est entre les deux constructions — le sanctuaire et la caserne — que les maisonnettes de Kobdo groupent leurs petits cubes de terre battue, tous uniformément passés à la chaux, en un rectangle qui n'a pas un demi-kilomètre de long.

Pas de yourtes, pas de maisons sordides, pas d'immondices non plus, mais de jolies demeures bien blanches, des ruisseaux jaseurs, des arbres vénérables… Nous ne sommes décidément plus chez les nomades par ici. De fait, la ville n'est guère peuplée que de Russes, de Chinois et de Sartes venus des oasis du Turkestan[1], et ce sont ces derniers — maçons, menuisiers ou maréchaux ferrants — qui ont donné son aspect musulman à l'antique cité mongole.

Vers midi, allant rendre visite à l'Amban, nous pénétrons dans la forteresse : vaste quadrilatère entouré d'une muraille croulante, bonne tout au plus à se garder contre les loups et les chacals de la montagne. Aucun soldat, bien entendu, devant la porte grande ouverte; personne à l'intérieur. Pourtant nous finissons par découvrir, cachée dans un pittoresque fouillis de fleurs et de branchages, la modeste demeure de notre Amban… Il regrette Pékin, le brave homme, et nous l'avoue bien franchement; je crois même qu'il compte les jours — comme un petit troupier de chez nous — et que le soir, en se couchant, le pauvre mandarin s'écrie dans un soupir: «La classe! Par Confucius la classe!» En tout cas la neurasthénie le guette, et il compte absolument sur la science du docteur du Chazaud pour chasser de son esprit les idées noires.

En quittant ce malheureux «déraciné», nous allons voir les quelques Sibériens habitant le village. Ils ne semblent pas regretter le pays natal[2] comme leur voisin d'en face, mais ils en sont aussi beaucoup moins éloignés et, plus heureux que l'Amban, ils peuvent revenir chez eux chaque année pour y passer les mois d'hiver… Cinq grosses maisons de Biisk ont ici des représentants qui importent de la farine, du thé, des cotonnades, exportant en retour des pelleteries et des

1. La population de Kobdo comprend environ: 35 Russes et 800 Chinois (commerçants); 100 Sartes (artisans); 200 Mongols (domestiques et caravaniers).

2. La plupart sont natifs de Biisk, sur l'Obi. Ils n'ont pas de Consul, mais un Starchina ou prévôt des marchands, qui règle avec l'Amban les affaires peu importantes.

laines[1]. C'est justement l'époque de l'exode annuel des caravanes; dans peu de jours, nous dit-on, des centaines de chameaux quitteront Kobdo pour la frontière sibérienne.

Émile Bouillane de Lacoste, *Au pays sacré des anciens Turcs et des Mongols*, Paris, Émile-Paul, 1911.

L'ORDOS

Région fermée à l'ouest, au nord et à l'est par la grande boucle du fleuve Jaune, et au sud par la Grande Muraille, ce fut durant de nombreux siècles une terre de contacts et d'affrontements entre Xiongnu et autres peuples nomades, et Chinois sédentaires.

PIERRE TEILHARD DE CHARDIN

(1923)

Pendant l'été et l'automne 1923, le père Teilhard de Chardin[2] voyage dans l'Ordos. Les Mongols s'y font rares sous la poussée de la colonisation des paysans chinois.

Ces paysages, aussi beaux que mélancoliques, lui inspirent réflexion et commentaires sur un monde évanoui.

En surface. Juin 1923. — Depuis quelques jours nous avons quitté Paɔ-Téou, terminus de la voie ferrée qui, de Pékin, par Kalgan et la Ville Bleue, transporte le voyageur, d'une marche de plus en plus incertaine, depuis la Chine européanisée et maritime, jusqu'aux marches de Mongolie. Un beau soir, par la porte d'Occident (celle des caravanes qui vont à l'Ala-Chan et au Thibet) nous avons franchi les murailles crénelées entre lesquelles s'entassent les maisons grises, à toit plat, de la petite cité. Et depuis lors au pas de nos dix mulets porteurs du matériel d'exploration, nous déambulons sur les pistes qui, par un grand détour, conduisent à Ning-Hia.

---

1. Les Russes de Kobdo font de 1 million à 1 300 000 roubles d'affaires par an. Ils se plaignent beaucoup de la concurrence chinoise contre laquelle il est impossible de lutter.

2. Sur Teilhard de Chardin, voir p. 748.

Derrière nous, presque tout de suite, nous avons laissé la première des barrières rocheuses qui séparent la vallée du Fleuve Jaune du tout à fait haut plateau asiatique. Dès la deuxième étape, nous nous sommes engagés dans les gorges de l'Oula-Chan, faites de gneiss à grenats et de marbre blanc. Hier encore nous étions au pied du Lang-Chan, là où des nappes de roches plissées montent à l'assaut du vieux socle cristallin de la Chine. A ce moment, le dirai-je, le Nord m'attirait comme un aimant. Encore quelques étapes, pensais-je, à travers ces étendues grises ouvertes devant nous, — encore quelques degrés franchis de cet escalier de montagnes dont nous avons déjà monté deux marches, et ce serait l'accès aux solitudes du Gobi, l'entrée dans une terre pleinement mystérieuse.

Il a bien fallu infléchir vers le sud la marche de la caravane. L'objectif du voyage, en effet, ce n'est pas le grand désert mongol. Nous cherchons à gagner le pays des Ordos, ce plateau mal connu qui forme, au nord du Kansou et du Chensi, une sorte de massif carré, doublement encadré, sur trois de ses côtés, par les eaux du Hoang-Ho et une longue sertissure de montagnes. Si nous croisons, en ce moment, aussi haut dans le Nord, c'est parce que la sécheresse et les bandits conjugués rendent impraticable la route directe, à travers les sables.

Aujourd'hui, nous tournons le dos au Gobi. Et mon regard a déjà oublié les larges vallées torrentielles où, parmi les cailloux et l'herbe rare, on voit passer, le nez au vent, les bandes de gazelles. Nous traversons les steppes basses du San-Tao-Ho.

A perte de vue, autour de nous, sur la vaste plaine nivelée autrefois par le Fleuve Jaune, ondule l'herbe des steppes, le sighi, dont la tige pleine et dure est parfois aussi haute qu'un homme à cheval. Entre ses touffes, un petit arbrisseau à fleurs blanches, dont nous goûterons plus tard les fruits pareils à des grains de grenades, forme de gros buissons. Çà et là, quelques tamaris signalent une maison de terre où vivent des Chinois bronzés, à demi nus. Les Mongols ne sont plus ici. Pasteurs au caractère d'enfants, ils cèdent peu à peu leur ancien domaine aux agriculteurs retors et tenaces venus de l'Est. C'est à peine si, dans tout le San-Tao-Ho, nous pourrons voir une seule de leurs yourtes.

La saison des vents jaunes est passée. Le sable chassé de l'Ouest n'obscurcit plus le ciel. Il se contente de tourner en rond, par petits tourbillons. De ces tornades minuscules, hautes de cinquante à cent mètres, on voit parfois dix, vingt individus, errant sur la steppe. Et je pense instinctivement aux colonnes de fumée qui marquaient jadis la chute des gros obus, dans les plaines de Flandre.

Ce soir, du haut de mon mulet, je regarde par-dessus la mer jaune paille des sighis, se profiler, à ma droite, en bleu perle, la crête dentelée du Chara-Narim-Oula, bordure orientale du haut plateau mongol. Et puis, à un moment, je tourne à gauche la tête. Or voici que, par-dessus la nappe jaune des sighis, une autre terre m'apparaît — rousse et mauve celle-là, sous les rayons du soleil qui descend. Cette teinte, je la reconnais du premier coup. Je l'ai vue tant de fois, des bords du Nil, quand je regardais à l'Ouest, vers la mer Rouge ! C'est la couleur que prennent, au crépuscule, les pierres brûlées du désert et le sable des dunes. Voici l'Ordos, enfin, — la Terre promise !

Juillet. — Notre tente est dressée au milieu du désert, à l'angle nord-ouest de l'Ordos. Autour de nous, un large cirque, d'une centaine de mètres de hauteur, incurve ses falaises de terre rouge. Il fait très chaud, et nous n'avons pour boire que de l'eau puisée à une source dont les bords sont givrés de sel. Pas d'autre verdure que les touffes isolées de singulières plantes désertiques, aux tiges ligneuses, aux feuilles grasses ou piquantes, où on est tout surpris de reconnaître, ici un liseron, là un sarrazin ou une labiée, — plantes familières sous un étrange costume. Pas d'autres voisins qu'un Mongol, caché dans sa yourte, à deux kilomètres, derrière une crête. Nous campons dans les Mauvaises Terres.

Les Mauvaises Terres n'ont ni ombre, ni fraîcheur. En revanche, ici comme en Amérique, leur sol nu et déchiré est un champ incomparable pour la paléontologie. Dans les couches claires qui rubannent la falaise rouge, à proximité du camp, gisent pêle-mêle les débris de puissants pachydermes et de petits rongeurs. Tout le jour, nous demeurons penchés sur le sable blanc, et les trésors s'accumulent sous la tente. La faune a été riche, en Ordos, au Pliocène. Elle l'est encore aujourd'hui, à sa manière, témoin cette belle femelle d'argali, au poil gris et luisant, grande comme un ânon, que l'on a ramenée ce soir, à grand-peine, jusqu'au bivouac. Le faon déjà vigoureux, court encore, en bramant sur la crête du cirque.

Nous ne pensions pas ouvrir aussitôt la chasse aux fossiles. Mais la Mongolie est pleine de surprises pour les chercheurs. Elle nous en réserve encore plus d'une, ce mois-ci, tandis que, à petites journées nous descendrons vers le sud, à travers l'Arbous-Oula, jusqu'à la plaine féconde, riche en fruits magnifiques, où Ning-Hia la musulmane, trop petite pour les murailles qui l'entourent, dort parmi les rizières, au pied de la barrière bleue du Grand Ala-Chan.

De cette partie du voyage, le passage de l'Arbous-Oula restera dans mes souvenirs, comme la plus belle étape. Les innombrables strates de cette montagne sauvage, môle avancé de l'Ala-Chan sur la rive droite du Fleuve Jaune, se ploient mollement en deux longs plis concentriques qui paraissent déferler sur les solitudes de l'Est. A la crête démantelée de la plus orientale de ces vagues, l'érosion a détaché une vaste plate-forme longue et large de plusieurs kilomètres, — l'Enclume de Gengis-Khan, disent les Mongols. Non loin de l'Enclume, une lamaserie est nichée au fond d'un cirque de grès, auprès d'une source.

Nous lui demanderons l'hospitalité d'un jour. Comme les moines de partout et de toujours, les lamas savent choisir avec une habileté extrême l'emplacement de leurs demeures. Aussi est-ce chaque fois une joie pour les yeux de découvrir tout à coup, au fond des retraites les plus inattendues, quelqu'un de leurs monastères. Sur le groupe géométrique des bâtiments rectangulaires, blancs et rouges, des hampes dorées étincellent au soleil. Çà et là, un moine passe, en toge pourpre ou jaune. A ce spectacle le regard est charmé et le cœur s'ouvre à la paix. Malheureusement, pour admirer les lamas et les lamaseries, il faut les regarder de loin. Dès qu'on s'approche, les brillantes façades se ternissent, et les robes aux teintes vives apparaissent sales et déchirées. Ceux qui les premiers ont créé ces asiles dans le désert étaient sans doute des hommes véritablement grands, des prophètes dont la pensée découvrait quelque chose de très beau dans le Monde, et par-delà le Monde. Aujourd'hui, sur le visage terne de leurs successeurs, on cherche anxieusement, mais en vain, le plus fugitif reflet de cette ancienne vision.

Août. — A travers d'interminables côtes, couvertes d'armoises odorantes, de réglisses à feuilles d'acacia, d'éphédras aux tiges de prêles et aux fruits en forme de framboises, nous avons gagné l'angle sud-est de l'Ordos, but définitif de notre voyage. Une fois encore notre tente est dressée au milieu du désert, dans un cercle de falaises de terre. Mais ici le désert sourit, et les falaises sont grises, jaunes et vertes, au lieu d'être blanches et rouges. Nous campons au fond du cañon tortueux, découpé à 80 mètres de profondeur, en pleine steppe, par le Chara-Ousso-Gol, dont les eaux, boue liquide, bruissent à côté de nous sur un seuil de pierres. Tout près de nous encore, s'élève la demeure originale que le Mongol Wanschok s'est creusée dans un îlot de terre détaché de la falaise. On accède par un souterrain à l'intérieur de cette petite forteresse: et du haut de ses remparts, on surveille entièrement la petite plaine d'alluvions formée au fond du cañon, par la rivière au temps où son lit était moins profond. Que pourraient tenter les bandits contre cette citadelle?

Nous devons beaucoup à notre ami Wanschok. C'est lui qui nous reçoit sur ses terres, et qui nous laisse fouiller des gisements qui lui appartiennent. Bien mieux: c'est lui qui est devenu notre meilleur chercheur. Pour lui et ses cinq fils il a fallu ouvrir un chantier à part. Et c'est un curieux spectacle de voir le vieux Mongol, assis au bord du remblai, inspecter gravement les fossiles extraits, mettre soigneusement à part les éclats de pierre taillée, diriger paternellement l'effort des jeunes travailleurs au torse cuivré et aux cheveux longs.

Cependant, la maîtresse du château mongol est sortie du donjon, guidant son troupeau de chèvres noires capricieuses et de calmes moutons blancs. Comme toutes les femmes d'ici, elle porte le casque en perles de corail d'où pendent, sur le front, des médailles d'argent, et, sous cette lourde coiffure, qui immobilise sa tête, sa marche est raide et balancée, comme celle des porteuses d'amphores. Elle monte sur la plus haute des dunes qui font au ravin une couronne d'or. Et là, dénouant son écharpe, elle l'agite en chantant, pour elle.

Tout un mois, nous resterons sur les rives du Chara-Ousso-Gol, fleuries de genêts lilas et d'une sorte de lavande à épis bleu profond que les Mongols appellent incorrectement mais si joliment, l'armoise des argalis. Entre les dunes, les plants serrés d'un petit ail à fleurs roses étendent un tapis moiré, pareil à celui qui égaie, dit-on, en cette saison, la tristesse du Gobi.

Tout cela sent bon et luit gaiement à la chaude lumière. La steppe est vraiment belle sous sa parure fugitive, aux derniers jours d'été.

Septembre. — Sortant, pour une semaine, de Mongolie, nous avons poussé, à l'est, une pointe d'exploration jusqu'en Chine proprement dite. Pour nous, entrer en Chine, c'était franchir la Grande Muraille. Là où nous l'avons passé, le vieux rempart était presque entièrement détruit et noyé dans les sables. Pourtant, de li en li, les tours qui jalonnent sa ligne demeuraient encore assez fièrement debout; et, jusqu'à l'horizon, à droite et à gauche, on voyait leurs silhouettes décroissantes s'échelonner le long des montagnes qui bordent, à l'est et au sud, les steppes mongoles.

Ces montagnes, où nous avons voyagé dix jours, sont toutes faites de lœss, la fameuse Terre Jaune (grise, faudrait-il dire) de Chine. A une date pas très ancienne, cette terre jaune, accumulée par les eaux et par le vent, devait former, sur le Chensi et le Kensou, un manteau à peine ondulé, épais quelquefois de cent mètres et plus. Et puis, par suite d'un brusque et violent surcreusement de toutes les rivières et de tous les ruisseaux, ce manteau a été déchiré, et il continue à se déchirer, profondément. Le pays, aujourd'hui, n'est plus qu'un réseau invraisemblable de crevasses, à parois verticales, parmi lesquelles on se sent aussi perdu et paralysé qu'au milieu des arbres d'une forêt ou des vagues de la mer. Impossible d'aller droit devant soi. Les seuls chemins pour voyager sont le lit des torrents, ou bien des pistes étroites qui, tantôt se glissent contre les parois de terre, tantôt zigzaguent sur les crêtes entre les crevasses. Les pistes, naturellement, sont précaires. Quant aux lits des torrents, il faut s'en défier. Après un orage qui a éclaté en amont très loin parfois, un inoffensif ruisseau peut se transformer subitement (nous l'avons vu) en un tourbillon furieux, profond de plusieurs mètres, dont le premier flot accourt avec la vitesse d'un cheval au galop.

Dans ce pays de circulation difficile, la population habite des grottes creusées au flanc des collines. Tout ce qui reste de terre non atteinte par l'érosion est âprement cultivé. Le millet, le sorgho, le blé noir, le chanvre mûrissent dans des lambeaux de champs, entre les déchirures du sol. Rien n'est poignant comme cette agonie d'une terre magnifique luttant contre une destruction que rien ne saurait arrêter. En quelques coins privilégiés, les eaux n'ont pas encore accompli leur œuvre sauvage. Les collines, alors, s'arrondissent agréablement, ornées çà et là d'un bouquet de jujubiers, ou bien couronnées bizarrement d'un ailante solitaire. Et dans cette éclaircie ménagée par le hasard au milieu d'une région tourmentée, le voyageur aime à voir lui sourire la Chine des images.

Nous autres, géologues, venus, ici comme en Ordos, en quête des Mauvaises Terres, nous ne nous laisserons pas prendre à la paix confortable des champs mollement ondulés. Nous nous enfoncerons, au contraire, dans les fentes les plus profondes de la montagne, celles où la Terre Rouge apparaît, comme une chair blessée, sous les épaisses couches grises. Là blanchissent les os des rhinocéros, des girafes, des antilopes, qui erraient ici, au Miocène, comme ils le font aujourd'hui dans les prairies tropicales de l'Afrique. Là encore, au-dessous des hautes murailles de lœss, sont disséminés les vestiges d'un Homme dont les yeux ont regardé la Chine avant qu'elle n'eût revêtu sa robe de Terre Jaune.

Mais déjà noircissent dans les champs, l'épi doucement ployé du millet et de la lourde massue rigide des sorghos. L'automne et le froid vont descendre sur les plateaux d'Asie. La saison est venue, pour les passants, de regagner les plaines, plus douces, de Chine orientale.

En profondeur. Octobre. — Sur une lourde barque rectangulaire qui suit en tournoyant le fil des eaux troubles, nous descendons le Hoang-Ho, de Ning-Hia à Pao-Téou. Nous refaisons rapidement, par eau, le chemin suivi péniblement, quatre mois plut tôt à dos de mulet. Et par-delà le rivage couvert de cygnes, de pélicans, de canards, et de centaines d'oies sauvages, je cherche à reconnaître les diverses étapes du chemin d'aller.

Voici les plis entassés de l'Arbous-Oula; et puis les falaises rouges désertiques où nous avons tué l'argali; et puis la mer jaune des sighis du San-Tao-Ho. Voici succédant à l'Ala-Chan, les chaînes désolées qui encadrent l'Ordos: d'abord le Chara-Narim-Oula qui va du sud au nord — et puis le Lang-Chan, bientôt suivi de l'Oula-Chan, qui s'allonge de l'ouest à l'est.

Or, pendant que je regarde sous la claire lumière d'un soleil déjà froid, défiler ces profils sévères, la question se pose à mon esprit, inévitable: «De ce voyage de quatre mois en Mongolie, qu'est-ce que je rapporte? Ici, autour de moi, dans le fond de la barque, soixante caisses sont empilées, lourdes de fossiles et de pierres. Mais cela, c'est du matériel, de l'extérieur… Dans l'intime de mon être, au cours de ce long pèlerinage en Chine, qu'ai-je gagné? Quelle parole profonde m'a-t-elle dite, la grande Asie?»

Autrefois, il y a vingt ans, si j'avais été engagé dans ce voyage, je serais parti, je crois, avec l'espoir obscur de soulever un peu, en m'avançant sur une terre inconnue, pour en sonder l'histoire, le rideau qui cache aux hommes le Grand Secret. J'étais un peu comme ces naïfs anciens qui pensaient que les dieux habitent les lieux cachés du monde et qu'à nos plus lointains aïeux ils se sont surtout montrés.

Cette illusion qu'on peut approcher de la Vérité par un voyage, je l'ai perdue depuis longtemps. Je le savais en quittant l'Europe: l'espace est un voile sans couture, sur lequel on peut cheminer indéfiniment sans rencontrer le moindre jour ouvert sur les zones supérieures de l'être — et la lumière que nous croyons voir briller au fond du passé n'est qu'un mirage ou un reflet venu d'en haut. Plus le Monde est pris loin et en arrière, moins il existe, plus, par la suite, il est pauvre et stérile à notre pensée. Aussi n'ai-je éprouvé aucune déception, cette année, en ne recevant la moindre impression vive ni de la vue de steppes où les gazelles courent comme aux temps tertiaires, ni de la fréquentation des yourtes où les Mongols vivent comme il y a mille ans. On ne trouve rien de vraiment nouveau ni dans ce qui est ni dans ce qui fut.

Cependant, en abordant sur les rives de Chine, j'apportais encore un espoir. Si par elle-même, me disais-je, l'exploration de l'espace et du passé est un effort dans le vide, si la seule véritable connaissance des choses gît dans la prévision et la construction de l'Avenir graduellement réalisé par la Vie — quelle meilleure occasion puis-je souhaiter de m'initier et de m'associer à l'édification du Futur que d'aller me perdre, de longues semaines, dans la masse en fermentation des peuples de l'Asie? Là sans doute, je rencontrerais en formation les courants nouveaux de pensée et de mystique qui s'apprêtent à rajeunir et à féconder notre monde d'Europe. La terre pour devenir adulte a besoin de tout son sang. Quelle peut bien être la sève qui circule dans les vieilles branches humaines d'Extrême-Orient?

De longues semaines durant, j'ai été noyé dans la masse profonde de peuples asiatiques. Et voici que, ramassant mes souvenirs et mes impressions, je suis contraint de m'avouer, au moment d'émerger, que, dans cette direction-là aussi, ma recherche a été vaine. Nulle part, dans les hommes que j'ai croisés ou dont on m'a parlé, je n'ai aperçu le moindre germe destiné à croître pour la vie à venir de l'humanité. Absence de pensée ou pensée vieillie, ou pensée d'enfants, je n'ai pas rencontré autre chose pendant mon voyage. Un missionnaire thibétisant qui revient du Kou-Kou-Nor aux confins de l'Himalaya, m'a bien assuré qu'il y avait encore là-bas deux ou trois solitaires, à sa connaissance, qui nourrissent leur vie intérieure à la contemplation des périodes cosmiques et de l'éternel enfantement du Bouddha. Mais ces rares héritiers d'une pensée vénérable — semence réservée pour une saison nouvelle — ce n'est pas un passant comme moi qui peut les reconnaître.

Je n'aurai rien vu en Mongolie qui ait éveillé en moi de l'« autre vie ».

Pèlerin de l'Avenir, je reviens d'un voyage entièrement acccompli dans le Passé.

Mais est-ce que le passé, vu d'une certaine manière, n'est pas transformable en avenir? Est-ce que la conscience plus étendue de ce qui est et de ce qui fut n'est pas la base essentielle de tout progrès spirituel? Est-ce que toute ma vie de paléontologue n'est pas soutenue par l'unique espoir de coopérer à une marche en avant? La Mongolie m'a paru assoupie, — morte peut-être. Est-ce qu'il n'y a pas un moyen de faire parler même les morts?

Le mot secret que j'attendais de la Chine, je l'ai entendu, peut-être, la veille de mon départ, alors que, accoudé aux créneaux de la petite chrétienté fortifiée de Belgaçoum, je regardais le soleil descendre dans le ciel ardent de la steppe.

A ma gauche, lisses et crevassées, les montagnes de lœss s'arrondissent au frôlement des rayons obliques.

A droite, parmi les champs de sarrazin encore roses, on devinait les ruines d'une ancienne ville Si-Hia, rasée autrefois par les hordes mongoles.

Ainsi donc, pensais-je, un effort désespéré pour vivre a été donné en ces lieux. Dans un cadre à peine différent de celui que je vois, des troupes magnifiques d'animaux ont cherché avidement l'herbe et la lumière. L'homme, ensuite — un homme dont les débris gisent par soixante mètres de fond sous les sables, tout proches du Chara-Ousso-Gol —, a lutté contre des éléments encore incompréhensibles et sauvages. Beaucoup plus tard, Gengis-Khan a traversé cette plaine dans tout l'orgueil de ses victoires.

Et aujourd'hui, de toute cette immense poussée vers un peu plus d'être, il ne reste rien — rien que de pauvres cultures qui se défendent péniblement contre l'envahissement du sable.

Rien?...

Je fixai l'astre d'or, qui baissait, entraînant avec soi, derrière les dunes, l'innombrable coloris des choses. Et alors, il me sembla que, devant moi, il n'y avait plus le soleil de feu, mais le foyer même de la Vie Terrestre, qui se couchait sur le désert mongol, — pour se lever *chez nous*. Et, de toute l'Asie qui s'endormait dans la nuit, je crus entendre monter une voix qui murmurait : « Maintenant, frères de l'Ouest, à votre tour ! »

A notre tour. — Oui, repose-toi, vieille Asie, aussi lasse dans tes peuples que ruinée dans ton sol. A l'heure qu'il est, la nuit tombe, et la lumière a passé en d'autres mains. Mais, cette lumière, c'est encore toi qui l'as allumée et qui nous l'as donnée. Sois tranquille : nous ne la laisserons pas défaillir. Tu n'auras pas travaillé en vain. Du reste, abritée au cœur de quelques sages, ta vie (ta vie propre — pas celle que nous voudrions t'imposer) n'est pas éteinte. Elle brillera encore demain, peut-être, sur tes plateaux démantelés.

A notre tour. — Oui, je le crois plus que jamais.

Les sceptiques, les agnostiques, les faux positivistes se trompent. A travers les civilisations qui se déplacent, le Monde ne va pas au hasard ni ne piétine, mais sous l'universelle agitation des êtres, quelque chose se fait, quelque chose de céleste sans doute, mais de temporel d'abord. Rien n'est perdu dès ici-bas pour l'Homme, de la peine de l'Homme. Persuadé que la seule science est de découvrir la croissance de l'Univers, je m'inquiétais de n'avoir vu au cours de ce voyage que les traces d'un monde évanoui. Et pourquoi donc cet émoi ? Le sillage laissé derrière elle par l'humanité en marche nous révèle-t-il moins bien son mouvement que l'écume jaillie, ailleurs, sous l'étrave des peuples ?

Je me le redis ce soir, en suivant, au-dessus du fleuve, le jeu des nuages d'or et rouges, que barre, en noir foncé, un vol tendu d'oies sauvages : l'heure à laquelle il faut regarder l'Extrême-Orient, si on veut le comprendre, ce n'est pas à l'aurore ni au grand midi ; c'est au crépuscule, quand le soleil, emportant dans sa gloire les dépouilles de l'Asie, se lève, en plein triomphe, sur le ciel d'Europe.

Choses mongoles, Fleuve Jaune, octobre 1923.

DANS LES PATURAGES DU CHAKAR

RÉGIS-ÉVARISTE HUC

(1844-1846)

Les Souvenirs d'un voyage dans la Tartarie et le Thibet *ont connu un immense succès populaire. Ils le doivent non pas aux savantes descriptions de son auteur mais au rythme d'un récit qui se déroule d'étapes en tableaux. Le texte du père Huc (1813-1860) a été une référence pour beaucoup d'autres voyageurs qui se sont rendus en Mongolie et surtout au Tibet. A l'exception de Prjevalski — qui regrettait l'imprécision autant que les descriptions colorées, et qui alla jusqu'à proclamer que l'ouvrage de R.-É. Huc était une supercherie —, tous jusqu'aux plus grands louèrent les qualités d'observateur et la justesse des traits décrits par l'auteur. Ces textes sont plus qu'une évocation d'une époque lointaine. On peut encore les consulter sur le terrain et y trouver en maintes occasions une bonne dose d'actualité...*

Enfin, pour achever d'épanouir nos cœurs, nous entrions dans les belles plaines de la bannière rouge, la plus pittoresque du Tchakar.

Tchakar[1] signifie en mongol *pays limitrophe*. Cette contrée est bornée, à l'est, par le royaume de Gechekten: à l'ouest, par le Toumet occidental; au nord, par le Souniout, et au midi par la Grande Muraille. Son étendue est de cent cinquante lieues en longueur, sur cent en largeur. Les habitants du Tchakar sont tous soldats de l'empereur, et reçoivent annuellement une somme réglée d'après leurs titres Les soldats à pied touchent douze onces d'argent par an, et les soldats à cheval vingt-quatre.

Le Tchakar est divisé en huit bannières — en chinois *paki* — qu'on distingue par le nom de huit couleurs, savoir: bannière blanche, bleue, rouge, jaune, blanchâtre, bleuâtre, rougeâtre, jaunâtre (ou plus exactement, jaune unie, jaune bordée, blanche unie, blanche bordée, rouge unie, rouge bordée, bleue unie, et bleue bordée). Chaque bannière a son territoire séparé, et possède une espèce de tribunal nommé Nourou-Tchayn, préposé à la connaissance des affaires qui peuvent survenir dans la bannière. Outre ce tribunal, dans chacune des huit bannières, il y a un chef nommé Ou-Gourdha. Enfin, parmi ces huit Ou-Gourdha, on en choisit un, qui est en même temps gouverneur général des huit bannières. (La haute surveillance sur les huit bannières des Tchakars est exercée par le maréchal tartare de Kalgan.) Tous ces dignitaires sont établis et logés par l'empereur de Chine. Au fond, le Tchakar n'est qu'un vaste camp, où stationne une armée de réserve. Afin sans doute que cette armée soit toujours prête à marcher au premier signal, il est sévèrement défendu à ces Tartares de cultiver la terre. Ils doivent vivre de leur solde et du revenu de leurs troupeaux. Tout le terrain des huit bannières est inaliénable. Quelquefois il arrive qu'on en vende aux Chinois; mais toujours la vente est déclarée nulle et invalide par les tribunaux.

---

1. La Mongolie est peuplée par trois races principales: les *Mongols*, les *Turks* et les *Chinois*. Les Turks occupent l'Ouest, les Chinois le Sud, où ils défrichent le pays; tout le reste du pays est habité par les Mongols. Les Mongols se divisent en nombreuses tribus. Les principales sont: au nord les *Khalkhas* (le conquérant Gengis-Kang (1164-1227) appartenait à ce groupe); à l'ouest les *Kalmouks* (divisés en Bouriates, Tourgouts et Eleuths), dont la plus grande partie a débordé dans le Thibet, la Sungarie et la Sibérie; à l'est les *Tchakars*. Le nom de Tartares (et de Tartarie) donné quelquefois aux Mongols et à la Mongolie s'applique seulement au groupe septentrional. (*Géographie* de Richard.)

C'est dans les pâturages du Tchakar que se trouvent les nombreux et magnifiques troupeaux de l'empereur. Ces troupeaux se composent de chameaux, de chevaux, de bœufs et de moutons. Il y a trois cent soixante troupeaux, qui contiennent chacun douze cents chevaux. D'après ce nombre, il est facile d'évaluer l'innombrable multitude d'animaux que possède l'empereur. Un Tartare, décoré du globule blanc, est préposé à la garde de chaque troupeau. A certaines époques, les inspecteurs généraux viennent en faire la visite; et s'ils trouvent un déficit dans le nombre, le berger en chef est tenu de compléter le troupeau à ses frais. Malgré cette mesure, les Tartares ne se font pas faute d'exploiter, à leur profit, les richesses du Saint-Maître; ils ont recours à un échange frauduleux. Quand les Chinois ont un mauvais cheval ou un bœuf décrépit, ils le conduisent aux bergers de l'empereur qui, pour une somme très modique, leur permettent de choisir à volonté dans les troupeaux. Par ce moyen, ayant toujours le même nombre d'animaux, ils peuvent jouir de leur fraude avec paix et assurance.

Jamais par un plus beau temps nous n'avions parcouru de plus belles contrées. Le désert est quelquefois hideux et horrible; quelquefois aussi il a ses charmes, charmes d'autant mieux sentis qu'ils sont plus rares, et qu'on les chercherait vainement dans les contrées habitées. La Tartarie a un aspect tout particulier; rien au monde ne ressemble à un pays tartare. Chez les nations civilisées, on rencontre partout sur ses pas des villes populeuses, une culture riche et variée, les mille produits des arts et de l'industrie, et les agitations incessantes du commerce. On s'y sent toujours entraîné et emporté comme dans un immense tourbillon. Dans les pays au contraire où la civilisation n'a pu encore se faire jour, ce ne sont que des forêts séculaires avec toute la pompe de leur exubérante et gigantesque végétation; l'âme est comme écrasée par cette puissante et majestueuse nature. La Tartarie ne ressemble en rien à tout cela. Point de villes, point d'édifices, point d'arts, point d'industrie, point de culture, point de forêts; toujours et partout c'est une prairie, quelquefois entrecoupée de lacs immenses, de fleuves majestueux, de hardies et imposantes montagnes; quelquefois se déroulant en vastes et incommensurables plaines. Alors, quand on se trouve dans ces vertes solitudes, dont les bords vont se perdre bien loin dans l'horizon, on croirait être, par un temps calme, au milieu de l'Océan. L'aspect des prairies de la Mongolie n'excite ni la joie ni la tristesse, mais plutôt un mélange de l'une et de l'autre, un sentiment mélancolique et religieux qui peu à peu élève l'âme, sans lui faire perdre entièrement de vue les choses d'ici-bas; sentiment qui tient plus du ciel que de la terre, et qui paraît bien conforme à la nature d'une intelligence servie par des organes.

On rencontre quelquefois dans la Tartarie des plaines plus vivantes et plus animées qu'à l'ordinaire; c'est lorsque la beauté des eaux et des pâturages y attire de nombreuses familles. On voit alors s'élever, de toute part, des tentes de diverses grosseurs, semblables à des ballons gonflés par le gaz et déjà prêts à s'élancer dans les airs. Les enfants, le dos surmonté d'une hotte, courent çà et là dans les environs à la recherche des argols, qu'ils vont amonceler tout à l'entour de la tente. Les matrones donnent la chasse aux jeunes veaux, font bouillir le thé au grand air, ou préparent le laitage; tandis que les hommes montés sur des chevaux fougueux, et armés d'une longue perche, galopent dans tous les sens, pour diriger dans les bons pâturages les grands troupeaux qu'on voit se mouvoir et ondoyer dans le lointain, comme des flots de la mer.

Toutefois, ces tableaux si animés disparaissent souvent tout à coup, et on ne rencontre plus rien de ce qui naguère était si plein de vie. Hommes, tentes, troupeaux, tout semble s'être brusquement évanoui. On aperçoit seulement dans le désert des cendres amoncelées, des foyers mal éteints, quelques ossements que se disputent les oiseaux de proie, seuls vestiges qui annoncent que le nomade mongol a la veille passé par là. Et si l'on demande la raison de ces migrations subites, il n'y en a pas d'autre que celle-ci: les animaux avaient dévoré l'herbe qui recouvrait le sol; le chef a donc donné le signal du départ, et tous ces pasteurs ont plié leur tente; ils ont poussé devant eux leurs troupeaux, et sont allés chercher ailleurs, n'importe où, de nouveaux et plus frais pâturages.

Après avoir cheminé pendant la journée entière, à travers les délicieuses prairies de la bannière rouge, nous allâmes camper dans un vallon qui paraissait assez habité. A peine eûmes-nous mis pied à terre, que de nombreux Tartares s'empressèrent de venir à nous, et de nous offrir leurs services. Après nous avoir aidé à décharger nos chameaux et à construire notre maison de toile bleue, ils nous prièrent d'aller prendre le thé sous leurs tentes. Comme il était déjà tard, nous demeurâmes chez nous. Les visites furent remises au lendemain; car les hospitalières invitations de nos voisins nous déterminèrent à stationner un jour parmi eux. Nous étions d'ailleurs bien aises de profiter de la beauté du temps et du site, pour réparer complètement les avaries que nous avions essuyées la veille.

Le lendemain, le temps qui ne fut pas employé à notre petit ménage et à la récitation du bréviaire, nous le consacrâmes à visiter les tentes mongoles. Pendant que Samdadchiemba gardait le logis, nous nous mîmes en tournée. Nous dûmes d'abord veiller avec le plus grand soin à la sûreté de nos jambes, contre lesquelles s'élançaient avec rage des troupes de chiens énormes. Un petit bâton suffisait pour notre défense; mais, aussitôt que nous étions arrivés à l'entrée d'une tente, nous devions déposer nos armes en dehors du seuil de la porte; ainsi l'exige le cérémonial tartare. Entrer dans l'intérieur de la tente la main armée d'un fouet ou d'un bâton, c'est l'injure la plus sanglante qu'on puisse faire à la famille; c'est leur dire en style figuré: «Vous êtes tous des chiens.»

La manière de se présenter chez les Tartares est franche, simple, et débarrassée des innombrables formalités de l'urbanité chinoise. En entrant, on souhaite la paix à tout le monde en général, en disant: *Amor* ou *Mèndou*; puis on va s'asseoir rondement à droite du chef de famille, qui est accroupi à l'opposite de la porte. Chacun alors prend, dans une bourse suspendue à la ceinture, la petite fiole de tabac à priser; on se la présente mutuellement, en accompagnant l'offre de quelques paroles de politesse: «Les pâturages sont-ils gras et abondants? vos troupeaux sont-ils en bon état? les cavales sont-elles fécondes? — Avez-vous chevauché en paix? la tranquillité règne-t-elle en route? etc.» Après ces paroles d'usage, prononcées de part et d'autre avec une excessive gravité, la ménagère tend la main aux étrangers, sans rien dire. Ceux-ci retirent promptement de leur sein leur écuelle de bois, indispensable *vade-mecum* des Tartares, la présentent à la ménagère, qui la leur rend bientôt après remplie de thé au lait. Dans les familles un peu aisées, on sert ordinairement devant les visiteurs une tablette chargée d'une modeste collation: du beurre, de la farine d'avoine, du petit millet grillé et des tranches de fromage; le tout distribué séparément dans quatre petits coffres en bois vernissé. On choisit à volonté quelques-unes de ces friandises tartares, qu'on mélange avec le thé. Ceux qui veulent traiter leurs hôtes magnifiquement, et de la manière la plus splendide, enfoncent à côté du foyer, dans les cendres chaudes, une petite bouteille en terre cuite, remplie de vin mongol. Ce vin n'est autre chose que du petit-lait, qui, après avoir été soumis pendant quelque temps à une fermentation vineuse, est enfin grossièrement traité par la distillation, dans un appareil qui fait office d'alambic. Il faut vraiment être né Tartare pour s'accoutumer à une pareille boisson; la saveur en est fade, et l'odeur empyreumatique.

La tente mongole affecte la forme cylindrique depuis le sol jusqu'à demi-hauteur d'homme. Sur ce cylindre de huit à dix pieds de diamètre est ajusté un cône tronqué, qui représente assez bien le chapeau d'un quinquet. La charpente de la tente se compose, pour la partie inférieure, d'un treillis fait avec des barreaux croisés les uns sur les autres, de manière à pouvoir se resserrer et s'étendre comme un filet. Des barres de bois partent de la circonférence conique, et vont se réunir au sommet, à peu près comme les baguettes d'un parapluie. Cette charpente est ensuite enveloppée d'un ou de plusieurs épais tapis de laine grossièrement foulée. La porte est basse, étroite, mais pourtant elle a deux battants; une traverse de bois assez élevée en forme le seuil, de sorte que, pour entrer dans la tente, il faut en même temps lever le pied et baisser la tête. Outre la porte, il y a une autre ouverture pratiquée au-dessus du cône. C'est par là que s'échappe la fumée du foyer. Un morceau de feutre peut la fermer à volonté, par le moyen d'une corde, dont l'extrémité est attachée sur le devant de la porte.

L'intérieur de la tente est comme divisé en deux parties; le côté gauche, en entrant, est réservé aux hommes; c'est là que doivent se rendre les étrangers. Un homme qui passerait par le côté droit commettrait plus qu'une grossière inconvenance. La droite est occupée par les femmes; et c'est là que se trouvent réunis tous les ustensiles du ménage; une grande urne en terre cuite pour conserver la provision d'eau; des troncs d'arbre de diverses grosseurs creusés en forme de seau, et destinés à renfermer le laitage, suivant les diverses transformations qu'on lui fait subir. Au centre de la tente est un large trépied planté dans la terré, et toujours prêt à recevoir une grande marmite mobile, que l'on peut placer et retirer à volonté. Cette marmite est en fer, et de la forme d'une cloche. Derrière le foyer, et faisant face à la porte, est une espèce de canapé, meuble le plus bizarre que nous ayons rencontré chez les Tartares. Aux deux extrémités sont deux oreillers terminés à leur bout par des plaques de cuivre doré et habilement ciselé. Il n'existe peut-être pas une seule tente où l'on ne trouve ce petit lit, qui paraît être un meuble de nécessité absolue; mais, chose étrange et inexplicable! durant notre long voyage, nous n'en avons jamais vu un seul qui parût fabriqué de fraîche date. Nous avons eu l'occasion de visiter des familles mongoles où tout portait l'empreinte de l'aisance, de l'opulence même; mais toujours ce singulier canapé nous a paru une chose guenilleuse et d'une vétusté inexprimable. Quoique ce meuble s'en aille toujours en lambeaux, il dure pourtant toujours, et ne cesse de se transmettre de générations en générations. Dans les villes où se fait le commerce tartare, on a beau parcourir les friperies et les dépôts de monts-de-piété, on ne rencontre jamais de ces meubles ni vieux ni neufs.

A côté du canapé, vers le quartier des hommes, on place ordinairement une petite armoire carrée, où sont renfermées les mille et une bagatelles qui servent à enjoliver le costume de ce peuple simple et enfant. Cette armoire tient aussi lieu d'autel à une petite idole de Bouddha: cette divinité, en bois ou en cuivre doré, est ordinairement accroupie, les jambes croisées, et emmaillotées jusqu'au cou d'une écharpe de vieux taffetas jaune. Neuf vases en cuivre, de la grosseur et de la forme de nos petites verres à liqueur, sont symétriquement alignés devant Bouddha: c'est dans ces petits calices que les Tartares font journellement à leur idole des offrandes d'eau, de lait, de beurre et de farine; enfin quelques livres thibétains enveloppés de soie jaune complètent l'ornement de la petite pagode. Ceux dont la tête est rasée, et qui gardent le célibat, ont seuls le privilège de toucher ces prières;

un homme noir commettrait un sacrilège s'il s'avisait d'y porter ses mains impures et profanes.

De nombreuses cornes de bouc, fixées à la charpente de la tente, complètent l'ameublement des habitations mongoles; c'est là que sont suspendus des quartiers de viande de bœuf ou de mouton, des vessies remplies de beurre, des flèches, des arcs et un fusil à mèche; car il n'est presque pas de famille tartare qui ne possède au moins une arme à feu. Aussi nous avons été bien surpris que M. Timkowski ait pu écrire, dans la relation de son voyage à Pékin[1], ces mots étranges: «Le bruit de nos armes à feu attira les Mongols; ils ne connaissent que leurs arcs et leurs flèches...» L'écrivain russe aurait pu savoir que les armes à feu ne sont pas si étrangères aux Tartares qu'il se l'imagine; puisqu'il est actuellement prouvé que, déjà vers le commencement du XIIIe siècle, Gengis-Kang avait de l'artillerie dans ses armées.

L'odeur qu'on respire dans l'intérieur des tentes mongoles est rebutante et presque insupportable, quand on n'y est pas accoutumé. Cette odeur forte, et capable quelquefois de faire bondir le cœur, provient de la graisse et du beurre dont sont imprégnés les habits et les objets qui sont à l'usage des Tartares. A cause de cette saleté habituelle, ils ont été nommés *Tsao-Ta-Dze*[2] (Tartares puants) par les Chinois, qui, eux-mêmes, ne sont pas inodores, ni très scrupuleux en fait de propreté.

Parmi les Tartares, les soins de la famille et du ménage reposent entièrement sur la femme; c'est elle qui doit traire les vaches et préparer le laitage, aller puiser l'eau quelquefois à une distance éloignée, ramasser les argols, les faire sécher, et puis les entasser autour de la tente. La confection des habits, le tannage des pelleteries, le foulage des laines, tout lui est abandonné; elle est seulement aidée, dans ces travaux divers, par ses enfants, quand ils sont encore jeunes.

Les occupations des hommes sont très bornées; elles consistent uniquement à diriger les troupeaux dans les bons pâturages, et ce soin est plutôt un plaisir qu'une peine pour des hommes accoutumés dès leur enfance à monter à cheval. Ils ne se donnent de la fatigue que lorsqu'ils sont obligés de poursuivre des animaux échappés. Alors ils

1. *Voyage à Pékin à travers la Mongolie*, par M. G. Timkowski, chap. II.

2. *Tsao-Ta-Dze.* Répandant sur leur passage cette odeur de bouse de vache dont tout Mongol est imprégné, à ce point que, même dans les ténèbres, ces gens dénoncent leur présence à plus de vingt pas, de là vient que les Chinois les appellent ironiquement *Saotadze*, ou *Tsaotadze*, Tartares puants.

Les descriptions des anciens missionnaires parlent de cette odeur en ces termes: «Après tout quelque soin qu'ils (Mongols) prennent, on les sent dès qu'ils approchent, ce qui leur a apparemment attiré des Chinois le nom de Tsaotadze. Leurs tentes mêmes ont presque toujours une odeur de brebis, à laquelle on a de la peine à s'accommoder: ainsi le meilleur parti qu'on puisse prendre, quand on est tombé dans ce nouveau monde, où les peaux de bêtes servent d'habits, et les maisons sont portées sur des charrettes, c'est de faire renverser sa tente, et la faire ensuite redresser dans un lieu éloigné du premier de quelques pas afin que l'air s'évapore insensiblement.» (Du Halde. IV, 37.)

se mettent au grand galop sur la piste; ils volent plutôt qu'ils ne courent, tantôt sur le sommet des montagnes, tantôt dans de profonds ravins, jusqu'à ce qu'ils aient ramené au troupeau la bête qui s'était enfuie. Les Tartares vont quelquefois à la chasse; mais dans cet exercice ils ont toujours plutôt en vue l'intérêt que le plaisir; ils ne s'arment du fusil ou de l'arc que pour tuer des chevreuils, des cerfs et des faisans, dont ils font ordinairement cadeau à leurs rois. Pour les renards, ils les prennent toujours à la course; ils craindraient autrement de gâter la peau, qui est très estimée parmi eux. Les Tartares se moquent beaucoup des Chinois, quand ils les voient prendre des renards par ruse, et en faisant des chausse-trapes, où ces animaux vont se précipiter pendant la nuit. Pour nous, disait en notre présence un chasseur de la bannière rouge, nous y allons franchement : quand nous apercevons le renard, nous sautons à cheval, et nous lui courons sus, jusqu'à ce que nous l'ayons atteint.

A part les courses à cheval, les Tartares mongols vivent habituellement dans une profonde oisiveté, ils passent une grande partie de la journée accroupis dans leur tente, dormant, buvant du thé au lait, ou fumant la pipe. Pourtant, le Tartare, lui aussi, est parfois flâneur, et peut-être autant qu'un Parisien; mais il flâne d'une autre manière, il n'a besoin ni de canne ni de lorgnon. Quand il lui vient en tête d'aller voir un peu ce qui se passe par le monde, il décroche son fouet suspendu au-dessus de la porte; il monte sur un cheval toujours sellé à cet effet, et attaché à un poteau planté à l'entrée de la tente. Alors il s'élance dans le désert, n'importe de quel côté; s'il aperçoit un cavalier dans le lointain, il se dirige vers lui; s'il voit s'élever la fumée de quelque tente, il y court, et toujours sans autre but que de pouvoir causer un instant avec quelque étranger.

Régis-Évariste Huc, *Souvenirs d'un voyage dans la Tartarie et le Thibet (1844 à 1846)*, Paris, Le Livre de poche, 1962.

LA MONGOLIE ORIENTALE

La steppe n'est pas seulement continuité et monotonie des étendues. Au cœur de la Mongolie orientale, les rives du Dalaï-Nor peuvent s'ourler de vagues…

PIERRE TEILHARD DE CHARDIN[1]
(1923)

Tchifang est une grande ville chinoise de près de cent mille habitants, située au milieu d'une large plaine entourée de plateaux basaltiques. Je n'ai fait que traverser la ville qui est très étendue et formée de sept grandes rues parallèles, recoupées par de petites rues transversales. Les grandes rues sont aussi larges que des boulevards de villes européennes, mais bordées de petites maisons basses, sans étage, qui sont presque toutes des boutiques. Il y a là dedans une vie commerciale intense, mais en petit — les tentatives pour créer de grandes maisons ayant été boycottées par les petits marchands.

[…] En l'absence de chemin de fer et de bonnes routes, c'est encore ici la Chine toute pure. Rien, du reste, ne ferait deviner qu'on est en Mongolie. Les Mongols sont maintenant plus au nord, ou bien ils sont absolument chinoisés. Nous les trouverons à l'état pur dans quelques jours. Nous sommes arrivés en vue de ce plateau un soir, au crépuscule. En sortant du col par lequel on y accède, nous avons aperçu une grande plaine jaune et morne d'où venait un vent glacé. Le soleil descendait derrière les hautes cimes mongoles. C'était un spectacle assez impressionnant. Somme toute, en cette saison particulièrement, le pays est extrêmement âpre et austère. Depuis que nous nous y trouvons, il s'élève tous les deux ou trois jours des grands vents froids (du Nord et du Nord-Ouest) qui soulèvent des nuages de poussière. On croirait qu'il y a du brouillard ou qu'il va pleuvoir: ce n'est que du sable impalpable qui remplit l'air. Les torrents ont encore des masses de glace dans leurs parties humides […]. Comme nous traversons un pays à peu près inconnu géologiquement, j'amasse beaucoup d'observations intéressantes. Il y a un assez grand nombre d'animaux quaternaires traînant dans le pays (rhinocéros, cheval, cerf, bœuf musqué…), mais pas de gisement important. Tous nos espoirs sont au Gobi.

Je finis ma lettre après une petite promenade au «Rocher rouge» qui s'est montré jonché de restes néolithiques, et, chose plus intéressante, d'écailles d'œufs d'autruche (laquelle a dû vivre ici jusqu'à une époque relativement récente).

Linn-Si, 26 mai 1924. — Je t'écris de Linn-Si, mais demain ou après-demain ce sera le départ avec six chars à bœufs mongols enfin trouvés, chars à deux roues rudimentaires, qui peuvent passer presque partout. Cela va être six semaines sans communications aucune avec le monde civilisé. Le travail m'empêchera de sentir l'isolement.

Ces deux dernières semaines ont été occupées à explorer les environs

1. Voir ci-dessus, p. 1051.

de Linn-Si [...]. Le pays est vraiment très imposant. Il est sillonné du sud-ouest au nord-est par toute une série de barrières porphyriques, dentelées comme des scies, séparées par de larges vallées ondulées où, en dehors des colonies chinoises, on n'aperçoit qu'une immense étendue de pâturage et de steppes, avec quelques yourtes (tentes) mongoles. Un soir, j'ai vu, sous un dernier rayon rouge du soleil couchant, toutes ces barrières s'éclairer à la fois comme des écrans, en pourpre d'intensité décroissante à mesure que les chaînes étaient plus distantes. La structure du pays était mise en évidence d'un seul coup, de la manière la plus poétique qui se puisse imaginer. Le long de la rivière Tchaga-Mouren, les pâturages sont particulièrement beaux. Les bœufs et vaches y errent par centaines, et à la nuit, ces grands troupeaux rentrent docilement, conduits par un Mongol à cheval, tenant parfois un lasso porté par une longue perche...

Au bord du Shiling-Gol, 2 juin 1924. — Je suis installé près de ma tente dans un décor à la fois sauvage et biblique, à proximité de pasteurs mongols. A l'ouest et au sud, un cercle de collines ondulées, nues, mais complètement gazonnées, représente les restes d'un ancien plateau dominant d'une centaine de mètres la vallée du Shiling-Gol. Au nord et à l'est rien qu'une plaine sablonneuse couverte d'une graminée des steppes, où le Shiling-Gol fait serpenter un petit ruban d'eau claire, destiné à se perdre dans les sables, à quelques kilomètres au nord. Tout à côté de nous, un groupe de tentes (yourtes) mongoles, plantées au milieu du steppe comme des champignons noirs. L'air est plein de bêlements d'agneaux qui cherchent à retrouver leurs mères respectives dans un troupeau descendu de la montagne. Des Mongols à longs cheveux et grandes bottes, deux lamas, l'un jaune l'autre rouge, se promènent autour de nous avec une curiosité d'enfants. Le ciel est bleu clair avec quelques gros nuages blancs.

Nous sommes arrivés ici hier, après un voyage de cinq jours depuis Linn-Si. La route, d'abord, a franchi une chaîne de montagnes, et nous a conduits dans une large vallée verte bordée de murailles rocheuses. Puis cette vallée remontée jusqu'à son origine nous a fait accéder par un col étroit sur le haut plateau mongol. Et là, presqu'aussitôt nous avons rencontré des sortes de marécages où déambulaient paisiblement les grues, — les sources du Shiling-Gol que nous n'avons pas cessé de descendre vers le nord-ouest.

Depuis quatre jours nous ne voyons pas un pouce de terre cultivée. Pas d'arbres mais des pâturages intacts. Dans les vallées beaucoup de yourtes sauvagement gardées par leurs chiens et dont les Mongols eux-mêmes, par suite, n'approchent qu'armés d'une trique. En dehors des eaux courantes, solitude immense. Du haut des sommets on ne voit qu'une véritable mer (un clapotis) de collines vertes plissées en tous sens, qui courent d'un horizon à l'autre.

C'est fort pittoresque. Mais ce n'est pas là le pays «détruit», les «mauvaises» terres d'Ordos et du Gobi occidental que j'espérais trouver. Nous allons voir ce que va nous donner dans la semaine qui vient la plaine où nous allons entrer demain. Jusqu'ici j'ai l'impression d'avoir perdu la partie que je joue ce printemps (au point de vue paléontologique). Du point de vue géologique, au moins, il me semble que je fais du travail sérieux. Mais ce n'est pas exactement ce que Boule et moi espérions de cette campagne. Espérons toujours.

10 juin 1924. — Nous avons trouvé aujourd'hui nos premiers fossiles du Gobi. Peu de choses : quelques débris de cheval, gazelle, rhinocéros..., mais très fossilisés et qui permettent d'ouvrir un chapitre nouveau du tertiaire chinois. La masse de ces sables est énorme, mais ils n'apparaissent que très peu dans les éboulis, et je me demande si nous arriverons à enrichir notre maigre série d'échantillons. En tout cas, voici une trouvaille marquante; c'est une satisfaction.

Depuis le Shiling-Gol, le voyage s'est fait dans un immense pâturage, plus ou moins sec, plus ou moins désolé — mais la couverture reste la même.

Pas un champ, même pas grand comme un mouchoir de poche. En dehors des vallées, peu ou pas de yourte. En revanche, sur la piste où les étapes sont rigoureusement commandées par les puits, on croise, une ou deux fois par jour, des convois de chars mongols (100 à 200 à la file) portant ou revenant de porter à la Chine le sel des lagunes (Nor) du Nord-Ouest. Très peu d'animaux sauf un petit lièvre gros comme un rat (le lagonnys) qui pullule et des aigles, dont je trouve un nid ou une aire à presque chaque rocher où je monte. Sur les eaux du Shiling-Gol, au contraire, la vie s'est concentrée; les gazelles ici sont plus nombreuses, ainsi que toutes sortes de canards et d'échassiers. La Mongolie du Gobi est vraiment un pays aussi sauvage et a des habitants aussi primitifs que l'Afrique centrale. De loin en loin, une lamaserie, et sur chaque pointe rocheuse remarquable, des tas de pierres appelés Obo (à la fois autel et repère pour la route) où le fidèle Mongol ajoute une pierre en passant. A un kilomètre du camp, un de ces obos, complet et compliqué, compte une dizaine de tas de pierres surmontés chacun d'un fagot que le vent d'Ouest a rabattu, comme la flamme d'une torche.

Ces symboles muets, ces autels toujours déserts, disséminés dans la solitude, sont vraiment quelque chose de mystérieux, de sauvage et d'impressionnant. Les nuits, quand notre caravane est seule aux puits, sont d'une couleur et d'une majesté merveilleuses. Nous avons eu très chaud, puis hier il a un peu gelé. C'est la semaine de la Pentecôte, j'aime à penser que l'«esprit du Christ a rempli la Terre...» comme l'Église le répète ces jours-ci. Et je prie pour toi.

[Quinze jours plus tard (25 juin) dans les dunes entre Kalgan et le Dalaï-Nor.]

Voilà quinze jours que je n'ai pas ajouté une ligne à ces pages [...]. Nous avons fait du chemin, depuis deux semaines. En deux jours, nous sommes allés du Shiling-Gol au Dalaï-Nor (extrémité ouest) [...]. Cette dernière période a été satisfaisante au point de vue paléontologique. Notre pointe suprême vers l'Ouest, nous a menés en pleins terrains fossilifères. Pas de beaux spécimens d'exposition, mais de nombreux spécimens permettant d'établir une faune variée pour deux terrains (miocène et pliocène) à peine connus en Mongolie et bien plus au sud (du côté de Kalgan) et que nous avons trouvés en surfaces énormes et puissance considérable. Ces trouvailles vont fixer un point important de la géologie du Gobi et de l'Asie. En outre, tout le long du Dalaï-Nor, et à l'ouest, sur plus de 100 kilomètres, j'ai eu la surprise de trouver une chaîne de volcans quaternaires, aussi frais que nos puits d'Auvergne. Je me demande si jamais personne les a signalés et je croirais plutôt que non.

Je finis par «comprendre» et aimer les immenses étendues faiblement gazonnées, coupées de rivières et de Nor où je suis perdu depuis un mois. Le Dalaï-Nor est vraiment majestueux. C'est une vraie petite mer (plus de 40 kilomètres de long) où les vagues moutonnent, où les goélands crient et où l'on est perpétuellement surpris de voir que l'eau ne rejette ni une algue ni une coquille marine.

30 juin. Dans la steppe à une dizaine de jours au nord de Kalgan. — Nous sommes campés dans une ancienne vallée, aujourd'hui sèche et complètement gazonnée. A une dizaine de kilomètres au sud une chaîne arrondie, lisse, et gazonnée, aussi, que nous franchirons demain, nous sépare du pays où nous commencerons à trouver des colons chinois et des champs; et aussi un certain nombre de produits comestibles (riz, œufs,...), dont nous sommes privés depuis quelques jours, nos domestiques chinois ayant mal fait le ravitaillement. Le temps qui était demeuré froid jusqu'au 20 juin est devenu chaud, tout en demeurant aussi brutal: orages et bourrasques presque tous les jours. Licent invente sans cesse un dispositif nouveau pour consolider la tente. Il a fallu quatre jours pour traverser les dunes. Malgré le charme des bouquets de saules et des petits lacs qui séparent les collines de sable, nous avons émergé avec joie de cet océan. J'ai eu, pour finir, une vision extraordinaire: du haut d'une colline dominant le pays d'environ 150 mètres, le spectacle étrange d'un moutonnement de vagues blanches piquées de vert, qui occupait une bonne moitié du tour d'horizon et se prolongeait à perte de vue, absolument comme la mer. A ma gauche, à cinq ou six kilomètres, un grand Nor. A ma droite, à peu près à la même distance, un chapelet de cinq à six Nors encore plus grands. Derrière moi, la ligne de montagnes vertes, que nous traverserons demain. Tout autour de moi, enfin, une colline gazonnée, plantée de vieux ormeaux tordus, disséminés comme des pommiers dans un pré, sur une dizaine de kilomètres carrés. Et puis, personne, aucun bruit. Trois grands obos muets avec leur attirail de fagots et de perches, attestaient que ce lieu était sacré. J'y ai offert le monde de la Mongolie au Christ, que personne, sans doute, n'y a jamais invoqué — en cette région complètement en dehors de l'influence des missionnaires. Moins majestueux mais d'une poésie plus pénétrante sont les petits lacs ou Nors dormant dans un cercle de collines, où les grues, les cygnes, les oies, les spatules, de beaux canards aux couleurs éclatantes nichent et nagent avec presque aussi peu de timidité que les oiseaux d'un jardin public. Hier encore notre tente était dressée auprès d'un de ces Nors. La soirée était délicieuse (fait assez rare dans ce pays à climat brutal, où 48 heures ne se passent guère sans bourrasques ou sans orages). Je regardais le soleil descendre sur les immenses croupes basses et lisses qui fermaient l'horizon. Dans le ciel doré, un gros nuage noir isolé laissait bizarrement tomber une pluie violette.

Le voyage s'est terminé sans autre incident que la magnificence du paysage en descendant sur Kalgan. Après avoir cheminé des semaines durant sur une surface aux croupes ondulées et au sortir d'une vaste dépression marécageuse, nous sommes brusquement arrivés au bord d'un palier de 800 mètres. Au-dessous de nous, un chaos de cimes rocheuses déchiquetées (les montagnes sous la plaine !), puis le ruban vert de larges vallées fécondes : telle nous est apparue, comme un décor entièrement nouveau, la Chine, « la Grande Brillante », comme disaient les anciens Mongols, fascinés par la Terre promise dont les excluait la Grande Muraille.

Pierre Teilhard de Chardin, *Lettres de voyages (1923-1955)*, Paris, Grasset, 1956.

III. Hommes et dieux

LE TOMBEAU DE GENGIS KHAN

Marco Polo fut le premier à rapporter que Gengis khan «fut enterré au grand mont Altaï». Il précisait même: «Et sachez qu'une certaine coutume est observée: tous les Grands Cans et grands seigneurs tartares qui descendent de la lignée de Genghis Khan, quand ils sont morts, sont portés pour être ensevelis, à une très grande montagne qui est appelée Altaï. Et quel que soit le lieu de leur mort, fût-il à cent journées, car ne veulent pas être ensevelis en d'autre lieu.»

Aucun auteur chinois, musulman ou occidental n'est d'accord pour situer le lieu où fut inhumé Gengis Khan. Seuls les Mongols le savaient. Mais, pour des raisons de sécurité la sépulture de leur empereur et de ses descendants (car ils furent tous enterrés au même endroit), ils ne l'ont jamais révélé. Pourtant, d'après un certain passage de l'*Histoire secrète des Mongols*, qui date de 1241, ce serait dans les monts Kenteï que Genghis khan aurait choisi sa future sépulture[1].

COMTE DE LESDAIN

(1906)

Selon les historiens chinois, Gengis khan est mort dans les monts Liupan, à l'ouest du shaanxi. Pour le comte de Lesdain, diplomate en poste à Pékin, qui effectue en 1906 un «voyage au Tibet par la Mongolie», le tombeau de Gengis khan est à Edchen Koro[2] *(Ejin Horo), où il se rend.*

1. Louis Hambis, notes dans *La Description du monde de Marco Polo*, Klincksieck, 1955.
2. Le tombeau y est «revenu» en 1954 après une longue errance provoquée avant la guerre sino-japonaise par des motivations politiques: les nationalistes mongols avaient retrouvé le tombeau, puis les nationalistes chinois le transportèrent dans le Gansu, en 1939, avant qu'il n'aille jusqu'au Qinghai en 1949. Détruit pendant la révolution culturelle, il a été reconstruit depuis.

Notre intention était de traverser de part en part les Ordos en suivant une diagonale qui devait aboutir à Ning-hsia dans la province du Kansuh. En chemin nous devions payer une visite à quatre des rois mongols, et visiter le monument si vénéré qui abrite les restes du plus grand conquérant que le monde ait connu: Genghis-Khan.

La route à suivre pour arriver au palais de Djongar, le premier des princes que nous visitâmes, passe par une succession de dunes de sable, de plaines en partie cultivées par des paysans chinois, et de terrains rocheux. Une seule rivière, la Eulrou Ho, courant au nord-est, traverse le plateau, et l'eau n'y atteint pas au mois de juillet plus de 5 à 6 pouces de hauteur.

Le palais occupait il y a quelques années une position différente. Probablement les herbes y sont devenues de moins bonne qualité, car le Prince alors régnant a transporté dans une autre plaine le siège de son gouvernement. En arrivant au sommet d'une petite montagne on découvre soudainement plusieurs bâtiments, qui, étant situés dans un presque absolu désert, paraissent magnifiques: ce sont les palais. Celui qu'habite le roi est entouré d'une enceinte de 5 mètres de haut, en ruines, et qui possède deux entrées; l'une, celle du sud, donne directement sur les bâtiments royaux. Ceux-ci sont simplement une grande maison chinoise, construite dans le style cher aux Célestes, à trois cours centrales, à fenêtres de bois ouvragées avec de petites vitres, ici et là remplacées par des morceaux de papier. Les murs sont en briques, en briques également les cours, et cela suffit pour donner à l'ensemble de la demeure un aspect presque confortable.

Non loin, se dressent les oriflammes, et les prières écrites sur des lambeaux d'étoffe, qui indiquent le temple où le prince sacrifie dans les grandes circonstances, en cas de maladie dans les troupeaux, de manque de pluie, ou lorsque ses affaires vont mal à la cour de Pékin.

Ce personnage ne tarda pas à venir nous visiter. A peine étions-nous installés dans une aile de son palais qu'il apparut, revêtu du costume officiel et suivi par une séquelle de ministres crasseux. Il nous fit servir un mouton cuit entier, ce qui est, en Mongolie, une façon d'honorer les gens, et un dîner assaisonné à la façon qu'il croyait être européenne. Répondant à mes questions au sujet du tombeau de Genghis-Khan, il m'assura que j'en étais fort éloigné, qu'il était impossible d'y parvenir et que personne n'en possédait la clef! C'était aussi peu aimable que possible, d'autant plus que son prédécesseur, salué par l'explorateur français, Charles Bonin, en 1898, lors d'une pointe de quelques jours dans le nord des Ordos, était fort incliné à rendre service aux Européens. Le premier il annonça à notre compatriote la date exacte de l'attaque des Légations de Pékin et du soulèvement boxeur. Bonin se fit un devoir d'en avertir immédiatement sa Légation, qui, au lieu de prendre des mesures, ou tout au moins de se livrer à une enquête et de prévenir les autres Légations, le traita de lunatique, classa sa lettre dans un dossier, l'oublia… et fut attaquée à l'heure dite. Je rapporte ce fait, qui n'est pas unique, simplement pour prouver que tout ce qui se passa en Chine en 1900 pouvait être évité, et que le sang de bon nombre d'hommes pouvait être épargné.

L'ancien prince de Djongar n'habitait pas dans cette demeure, mais s'était bâti, un peu plus au nord, et au-dehors du mur de défense, un fort élégant petit palais, d'une architecture soignée et situé au centre d'une espèce de parc. Dans une des cours intérieures se trouvaient des pots de roses et des jets d'eau, ce qui est un vrai luxe aux Ordos. Une ou deux des nombreuses épouses qu'il a laissées derrière lui y vivent actuellement, et coulent le reste de leurs jours à regretter le temps passé et à fumer l'opium.

Le monarque actuel est marié à une toute jeune femme, et il n'a donc qu'une épouse légitime, mais il a généreusement offert l'hospitalité à sa tante et à la fille de cette dernière. Nous les allâmes voir, et je ne crois pas avoir jamais trouvé, dans aucune maison chinoise, une plus forte odeur d'opium que dans l'appartement de ces deux femmes. Leur vie s'écoule absolument inutile et inoccupée, et l'on se demande comment elles peuvent résister à l'ennui. L'absence totale d'instruction les aide sans aucun doute. Comme le jour touchait à son déclin, le premier ministre insista pour nous faire visiter le *yamen* de la justice, et nous nous rendîmes à son désir. Ce yamen, dont il paraissait très fier, est plutôt misérable, et possède pour tout mobilier un coffre-fort en bois sculpté, formidablement renforcé de barres de fer, et des chaînes destinées aux criminels. Le coffre-fort est vide et les chaînes rouillées, car il se commet peu de crimes aux Ordos, et lorsqu'il en survient, le meurtrier échappe toujours.

Au soir, nous reçûmes encore un dîner envoyé par le prince, et le lendemain matin nous quittâmes son palais, escortés de mandarins et de soldats armés de couteaux énormes et de fusils fabriqués sur place, longs, encombrants, maintenus par une faible armature de bois. On les tire, de même que les fusils thibétains, à l'aide d'une fourche, et le résultat de leur feu n'est effectif qu'à une très faible distance.

Le palais de Djongar, tout simple qu'il était, devait par la suite nous paraître une merveille en comparaison de la pauvreté et de l'exiguïté de ceux que nous devions visiter.

Nos guides avaient ordre de nous conduire auprès du roi Wangtse, et toute nouvelle tentative pour amener dans la conversation le tombeau de Genghis-Khan ayant été reçue froidement, toutes les réponses ayant évidemment été mensongères, j'avais cru plus politique de sembler abandonner la question. Je n'y avais cependant pas renoncé et je comptais, pour parvenir à mon but, sur les indications laissées par Bonin, sur la chance et sur la ruse.

Notre route était directement sud-ouest et coupait un nombre assez considérable de rivières, moyennes et petites. Aussi la contrée était-elle fort différente de ce que l'on peut appeler un désert.

Des champs, des chaumières, des moissons séchant au soleil, dans chacune des nombreuses petites vallées que nous eûmes à traverser. Cette partie des Ordos est peuplée, fertile, et récompense largement le travail des cultivateurs. Aussi ces derniers sont-ils tous des Chinois, qui, en général ont éprouvé dans leur contrée des mauvaises fortunes successives, ont eu maille à partir avec leurs mandarins, et sont venus chercher le vivre, le couvert et la tranquillité sous la bannière d'un prince mongol. Celui-ci trouve à leur installation dans son petit royaume un double avantage; le moyen d'imposer des taxes, si faibles soient-elles, et d'acheter sur place, à un prix beaucoup plus faible que s'il était obligé de commercer sur les marchés chinois, les graines que lui et ses gens consomment. La grande proie du Chinois est en effet le Mongol, dont la naïveté et la stupéfiante inertie en font un gibier aisé à plumer. Jamais il ne fait le commerce dans une boutique et jamais il ne cultive la terre; ce sont là pour lui des occupations trop serviles; jamais il n'exploite une mine, ce serait attirer sur la contrée les malédictions des génies des montagnes; jamais en un mot il ne met à profit les richesses naturelles du sol. C'est le triste résultat de son orgueil, de sa paresse et de ses superstitions. La seule occupation qu'il considère digne de sa haute origine est le métier des armes. Pékin paie à chaque soldat mongol un subside très minime qui suffit à ses besoins immédiats. Il pourvoit au reste par la vente de ses troupeaux de chevaux ou de ses moutons, aux marchands chinois qui parcourent sans cesse la contrée en tous sens. Aux Ordos, le prix moyen d'un bon cheval, non ambleur, est de 10 à 15 taels soit de 30 à 45 francs. Les animaux auxquels on a enseigné l'amble, et qui y excellent, atteignent des prix beaucoup plus élevés : de 40 à 50 taels. Un mouton se vend un tael, un bœuf 5 à 6.

Après quelques étapes et une halte de deux jours près d'un petit village chinois, halte occasionnée par un soudain accès de fièvre, je crus avoir des raisons de nous trouver très rapprochés du tombeau du grand Empereur, et, sans éveiller les soupçons de mon escorte mongole, j'allai à un groupe de paysans chinois venus pour admirer la caravane et leur demandai où se trouvait Edchen-Koro, qui est le nom mongol de cette place sacrée. «Vous n'en êtes pas à une journée de marche», me répondirent-ils, «en prenant cette sente, vous y arriverez ce soir». Immédiatement j'ordonnai le départ et au lieu de me rendre sur la route que les guides me pressaient de suivre, je pris le chemin d'Edchen-Koro! Leur figure piteuse nous fut un grand sujet de joie pendant quelques minutes. L'un d'eux disparut sur-le-champ pour porter au prince Djongar la désastreuse nouvelle de notre visite aux tombeaux.

Effectivement, le soleil était encore haut sur l'horizon lorsque nous distinguâmes, à un tournant du sentier qui courait depuis le matin par monts et par vaux, une masse blanche sans architecture et sans beauté, surmontée de deux boules dorées. C'était Edchen-Koro. Le tombeau est situé sur le flanc d'une petite montagne, à quelque 50 mètres au-dessus d'un pauvre village où réside le gardien qui a charge des clefs. Il est orienté du nord au sud et est surélevé par une terrasse d'un mètre environ. Cette terrasse est entourée d'une palissade de pièces de bois espacées, et n'a qu'une porte, vermoulue et branlante, ouverte au sud. L'aspect en est si délabré que l'on se sent étreint d'une impression pénible lorsqu'on franchit cette entrée misérable pour se rendre dans ce qu'on peut appeler le Tabernaculum. Deux tentes minuscules, situées l'une derrière l'autre, et communiquant entre elles par une porte intérieure très basse, faites de feutres insuffisamment entretenus qui laissent passer la pluie et le vent par leurs déchirures, sont le «monument» destiné à commémorer le renom du plus grand conquérant que le monde ait connu, de celui qui a possédé de son vivant une étendue de territoire plus grande que n'importe quel monarque de n'importe quelle époque, de celui dont le nom répandait la terreur, et intimait l'obéissance des bords de la mer Jaune aux Marches de Pologne.

Les cendres du corps de Genghis-Khan sont déposées dans une espèce de coffre en forme de cube, posé sur un autre de bois, fait de colonnettes de couleur, orné de peintures sur toutes ses faces, sauf celle orientée au sud, qui est recouverte d'une plaque de cuivre du plus beau travail, représentant une divinité entourée de quatre animaux, dont il est assez difficile de reconnaître le genre. Chaque côté de ce coffre, qui fait office d'urne funéraire est agrémenté d'une poignée de cuivre doré, qui sert à le soulever et me paraît être l'emblème de l'éternelle migration de celui qui a tant parcouru de contrées de son vivant, et qui même après sa mort n'a pas trouvé le repos absolu. Son tombeau, en effet, n'a pas toujours occupé cet emplacement, mais il est difficile de savoir exactement où les premiers descendants du grand Empereur déposèrent ses restes. Ce qui est certain, de l'aveu même des Mongols, c'est l'époque relativement récente où les tentes d'Edchen-Koro ont été dressées.

De ce que fut Genghis-Khan, de ce qu'ils ont été eux-mêmes, ils n'ont pas la moindre idée. De leurs conquêtes sur le vieux monde, de leurs luttes contre les Chinois, de leur défaite finale par manque d'organisation, ils ne savent rien. Ils ne connaissent pas davantage l'époque où Genghis-Khan a vécu. Le gardien du tombeau, interrogé à ce sujet, me répondit qu'au moins trois mille ans s'étaient écoulés depuis sa mort, et, lorsque j'essayai de préciser les dates et de le persuader de son erreur, il me tourna simplement le dos et s'en alla fermer scrupuleusement les portes de la première tente qui sert d'antichambre, après avoir éteint la lampe de graisse de mouton allumée à notre entrée, et que, lorsqu'il se prosterna, il prit dans ses mains et éleva.

Il existe donc, en somme, bien peu de choses à voir, et encore moins à admirer à Edchen-Koro. Les tentes ne contiennent rien de vraiment remarquable, l'urne exceptée. Comme partout ailleurs, dans les temples grands et petits, des oriflammes de couleur, des pièces de soie sales et poussiéreuses, quelques bibelots, un miroir au-dessus de l'urne, d'interminables prières écrites sur des étoffes, un baldaquin de soie, remplissent aisément la tente principale qui ne mesure que 4,5 mètres de long sur 3 mètres de large. Détail à noter: cette tente est la seule tente de feutre que j'aie vue de forme ovale. Quant à la première, elle est absolument vide.

Le territoire d'Edchen-Koro est sous le contrôle du roi de Wangtse, et la clef du coffre funéraire est déposée en son palais. Quant aux Mongols chargés de la garde du tombeau, ils forment une petite tribu appelé Targat (en langue mongole, qui ne paie pas d'impôts). Le fait qu'ils veillent sur les restes du grand homme suffit à les exempter de la faible rétribution annuelle qui pèse sur leurs compatriotes.

Je dois avouer que nous nous attendions à trouver un monument somptueux ou tout au moins décent, élevé à la mémoire du grand Empereur, et que la découverte du réel et lamentable état de chose nous a été une déception. Sans les deux boules dorées qui les surmontent, ces deux tentes passeraient aux yeux des voyageurs entièrement inaperçues. Peu après avoir quitté Edchen-Koro l'aspect de la contrée change complètement. Aux ravines, aux petites montagnes coupées de faibles cours d'eau, succède l'étendue sans limites des immenses plaines vertes, plaines où les troupeaux abondent, où les Chinois se font plus rares.

Çà et là, quelques villages sont absolument déserts, et nous campons le premier jour en un point abandonné, où il nous est même difficile de pourvoir à nos besoins. Le mandarin mongol, un bouton du troisième rang, en cristal bleu clair, à qui le prince de Tchongar avait donné la charge de nous conduire chez son voisin, et de nous procurer en route le couvert et les provisions, est un véritable vaurien. D'un âge indéterminé, il est comme tous les fumeurs d'opium, sans aucune énergie. Je suis obligé de l'attendre le matin, car il n'a jamais fini de fumer ses pipes et ne semble pas désireux de se mettre en route, et je dois faire les plus grands efforts pour me retenir de lui infliger une punition corporelle. Par sa faute nous ne trouvons rien de préparé à l'étape et nous préférerions voyager seuls qu'avec un semblable majordome.

Comte de Lesdain, *Voyage au Thibet par la Mongolie. De Pékin aux Indes*, Paris, Plon, 1908.

CHAMANES ET LAMAS

Parmi les «découvertes» des voyageurs occidentaux qui se rendent en Mongolie, et en particulier dans les régions septentrionales, les chamanes et leurs pratiques suscitent des réactions diverses où se mêlent curiosité, scepticisme ou mépris.

JOHN BELL
(1719)

John Bell[1] au cours de son voyage de Saint-Pétersbourg à Pékin, alors qu'il accompagne l'ambassade d'Izmailov envoyée en 1719 par Pierre le Grand, fit la connaissance d'un chamane bouriate à Irkoutsk.

Le 10 [avril 1719], nous nous sommes divertis avec un chamane bouriate célèbre, qui était aussi un lama, ou prêtre, et qu'on avait fait venir de loin. Comme ces chamanes font grand bruit dans cette partie du monde, et qu'ils sont tenus, par les gens communs et ignorants, pour être inspirés, je donnerai quelques détails sur le comportement de celui-ci en particulier, au travers desquels il apparaîtra que tout ceci est une imposture.

Il a été présenté à l'ambassadeur par le commandant, et il était accompagné de plusieurs chefs de sa tribu, qui lui montraient beaucoup de respect. C'était un homme d'environ trente ans, d'un aspect et d'un comportement sérieux. Lors de la présentation on lui a offert une tasse de cognac, qu'il a bue, mais il a refusé d'en boire davantage.

Après un peu de conversation, on l'a prié de montrer quelques échantillons de son art; mais il répondit qu'il ne pouvait rien faire dans une maison russe; il y avait là quelques images de saints qui empêchaient sa réussite. Le spectacle fut donc reporté dans une tente bouriate dans les faubourgs. C'est ainsi que le soir nous nous rendîmes au lieu convenu, où nous trouvâmes le chamane, avec plusieurs de ses compagnons, autour d'un petit feu et fumant du tabac. Nous nous

1. Sur John Bell, voir notice p. 151.

plaçâmes d'un côté de la tente, laissant l'autre à lui-même et à ses compatriotes; il n'y avait pas de femmes avec eux. Après environ une demi-heure, le chamane s'assit jambes croisées sur le plancher, très proche de charbons ardents qui brûlaient dans le foyer, tourné vers ses compagnons; puis il prit deux bâtons, longs chacun d'environ quatre pieds, un dans chaque main, et commença à chanter un air lugubre, battant la mesure avec les bâtons; ses accompagnateurs reprirent en chœur. Durant cette partie du spectacle il a tourné et contorsionné son corps dans toutes les positions jusqu'à ce qu'à la fin, s'étant mis dans un tel état de fureur sa bouche écumait, ses yeux étaient rouges et lui sortaient de la tête. Il s'est alors levé sur ses jambes, s'est mis à danser, comme un fou, et il s'est mis à piétiner le feu de ses pieds nus. Ces mouvements non naturels étaient, selon le commun des gens à attribuer aux interventions d'une divinité; et, en fait, on aurait presque pu le croire possédé par un démon. Complètement épuisé par la danse, il s'est reculé jusqu'à la porte de la tente, et lança trois hurlements terrifiants, par lesquels, selon ses compagnons, il appelait le démon à lui indiquer les réponses aux questions qui pourraient être posées. Puis il revint et s'assit avec un grand calme, disant qu'il était prêt à répondre à toute question qui lui serait posée. Plusieurs d'entre nous lui en posèrent; il répondit à toutes sur-le-champ mais en des termes tellement ambigus qu'on ne pouvait rien en tirer. Puis il fit quelques tours de passe-passe; comme de se frapper avec un couteau, et de le ressortir par sa bouche, de se transpercer le corps avec une épée, et encore d'autres tours sans intérêt. En bref, il est parfaitement évident que ces chamanes sont une bande de prestidigitateurs qui abusent les ignorants et les crédules.

John Bell, *A Journey from St Petersbourg to Pekin (1729-1732)*, Édimbourg, J.-L. Stevenson, 1965. Traduction de Michel Jan.

LES «MISSIONNAIRES ANGLAIS»
(1818-1840)

Un siècle plus tard, un petit groupe de missionnaires, connus sous le nom de «missionnaires anglais» s'établit en Transbaïkalie, d'abord dans la petite ville de garnison de Selengisk, puis dans des maisons qu'ils firent bâtir de l'autre côté de la Selenga, et finalement dans les bourgades de Xodon et d'Ona, chez les Bouriates xori, établis au nord-est de ceux de Selengisk. Leur séjour parmi les Bouriates a duré plus de vingt ans, entre 1818 et 1840. Ils firent la connaissance de plusieurs chamanes et lamas, dont le xamba lama du lac des Oies. Ils eurent la chance d'assister à des séances chamaniques, non pas en tant que voyageurs et spectateurs éphémères pour lesquels on aurait mis en scène des représentations artificielles, comme cela semble avoir été le cas pour Izmailov et John Bell, mais en qualité de voisins des Bouriates, qu'ils connaissaient bien personnellement et qui les connaissaient bien aussi.

En 1822, lors d'un séjour chez les Xori, M. Swan [l'un des «missionnaires anglais»] entra dans une tente où se trouvaient suspendues ce qu'il a appelé des «idoles chamaniques». Il écrit:

> Nous avons posé des questions à leur sujet — Pour quoi étaient-elles efficaces? Leur adressait-on des prières? Les adorait-on? Les gens ont cru que nous plaisantions, que nous avions voulu seulement les faire rire. Même quand ils ont compris que nous ne plaisantions pas, ils semblaient plutôt portés à traiter le sujet d'une manière légère et n'étaient pas du tout prêts à écouter un discours sérieux au sujet du péché et des dangers de l'idolâtrie.

Deux semaines plus tard, M. Swan assistait à une cérémonie chamanique, dont il nous a laissé la description suivante:

> En nous approchant des tentes, j'ai aperçu nombre de gens qui s'occupaient vivement de quelque chose, et deux grands feux qui brûlaient. J'ai découvert que c'étaient des chamanes occupés à leurs cérémonies. J'ai abandonné mon traîneau sur la colline, et suis descendu vers ces pauvres gens. Un vieillard d'aspect féroce était l'acteur en chef de cette manifestation de superstition. Ses vêtements étaient ornés d'un tas de haillons de toile rouge, et un amas de plumes bleues, vertes et rouges, tordues en une espèce de lanière, lui tombait des épaules. Il tenait dans la main un fouet fabriqué des mêmes étoffes, qu'il faisait claquer pendant qu'il effectuait une petite ronde, en répétant bruyamment, et avec des gestes violents, une prière ou invocation. Cette prière était en mongol, mais je n'en ai rien pu distinguer sauf le mot *tengri* [ciel] qu'il répétait souvent. Hors du cercle qu'occupait le chamane, se trouvaient deux hommes, dont chacun tenait un mouton, et un troisième qui tenait un bouc. Ces animaux allaient bientôt être offerts en sacrifice. Peu de temps après, le chamane s'est arrêté et a pris un récipient qui contenait ce qui semblait être du beurre, dont il a inséré un peu dans la bouche des animaux. Un autre homme a fait de même avec du blé, et puis il a lancé en l'air ce qui restait. Le chamane a fait un geste et, immédiatement, les victimes furent jetées sur le dos et tuées. Pendant ce temps, je conversais avec un homme qui se tenait près de moi, et qui m'a dit qu'une femme du voisinage était malade et que le but de cette cérémonie était de lui faire recouvrer la santé.
>
> J'avais laissé mon grand manteau dans le traîneau et, ne pouvant plus supporter le froid, je les ai quittés. Après mon départ, on a fait bouillir une partie de la chair des animaux, mais sans en ôter la peau. Leurs membres sont restés intacts. Ensuite, on enfile le cadavre sur une longue perche solidement fichée en terre et on le soulève en l'air. [Notons que

M. Swan parle maintenant d'une manière générale et ne raconte plus.] Il y a beaucoup plus de chamanes ici que chez les Bouriates de Selenginsk, et on peut voir les restes de sacrifices semblables devant à peu près chaque tente, sacrifices faits en cas de maladies ou pour assurer la protection des animaux ou la réussite des entreprises.

Le soir, les chamanes se rendent chez M. Swan. L'un d'eux parle russe, et ils discutent de religion. M. Swan continue:

J'ai essayé de leur expliquer, en peu de mots, la doctrine des Saintes Écritures sur le bon Dieu et sur le seul médiateur entre lui et l'homme. Ils voulaient savoir ce que je pensais de leurs cérémonies chamaniques. Je leur ai dit sans hésitation: «Elles sont inutiles. Vous ne comprenez pas ce que vous adorez.» Puis je leur ai demandé: «A quoi bon le sacrifice des moutons de cette pauvre femme?» Celui qui parlait russe m'a répondu que beaucoup d'entre eux ne croyaient plus aux mômeries chamaniques et qu'ils n'avaient aucun respect pour elles. En particulier, ils donnaient à contrecœur le bétail que les chamanes ordonnaient de tuer. En même temps, ils avaient peur de désobéir aux ordres d'un homme comme le vieux chamane. Ces chamanes, comme les magiciens des Indes, font semblant de manger du feu ou du fer, ou de se donner des coups de poignard, etc., afin de convaincre les gens qu'ils possèdent abondance de pouvoirs.

Peu d'années après la fin de la mission, un pasteur anglais du nom de Brown, qui avait résidé longtemps à Saint-Pétersbourg en assurant la correspondance officielle entre les missionnaires et leur quartier général à Londres et connaissait donc très bien la situation en Sibérie, publia une petite histoire de la mission.

Parmi les anecdotes intéressantes, celle-ci se base sur une lettre reçue de Sibérie:

Le lama mongol qui était ici l'année passée nous a rendu visite encore une fois, et nos pauvres gens trompés courent après lui, les uns afin d'apprendre quel sera le dénouement de leurs maladies, les autres pour savoir ce que sont devenus leurs amis défunts et à quelle renaissance ils ont atteint dans le monde invisible.

Le lama fait semblant de poignarder les gens de son épée. Il est possédé, comme le croient les gens, par un esprit qui s'appelle Dorlic ou Soizin; il court çà et là d'une manière folle dans la lumière de quatre feux que les gens ont allumés et, *à la manière des chamanes* [c'est moi qui souligne, C.R.B.], il bondit, danse et se met en furie. Puis, faisant semblant de rassembler dans le corps d'un seul homme tous les péchés de l'assistance, il poignarde cet homme et le frappe, afin de chasser les péchés. Il a ainsi poignardé le fils de Galdan, le lama, que vous connaissez, et il l'a frappé et contusionné si sévèrement que les gens ont eu de la peine à le retirer encore en vie de ses mains. En fait, je ne peux dire s'il est un des prophètes mensongers dont parle le Christ, mais certainement il trompe les gens qui le prennent pour un dieu à forme humaine.

M. Brown ajoute que le lama est parti avec quinze chevaux, «en récompense de ses blagues et de ses mensonges».

Cinq ans après l'incident que nous venons de raconter, il a assisté à *une autre cérémonie chamanique*, qu'il a voulu comparer avec celle du bouc émissaire du temps de Moïse, et dont il a donné une description détaillée et précise :

Ils appellent cette cérémonie «lâcher le bouc[1]». A cette occasion, l'animal qu'on avait fourni était plutôt un chevreau. Deux chamanes, ou *boo* [*böö*] comme on les nomme, ainsi que deux chamanesses, *odagan*, étaient présents. Un jeune homme était assis contre la paroi de la tente où il «habillait le bouc», c'est-à-dire qu'il attachait des anneaux de laiton, des morceaux de corail et autres ornements à ses membres, son cou, ses oreilles, etc., ce qui prit plus d'une demi-heure. Deux ou trois lampes allumées étaient placées sur une table du côté ouest de la tente, devant les images en peau de mouton. Devant la table on avait placé les deux cannes chamaniques, appelées chevaux car leurs bouts sont ornés d'une tête de cheval. Des anneaux et des morceaux plats de fer étaient suspendus afin de produire un tintement en bougeant. A côté on avait enfoncé une épée en terre, et on verra immédiatement quel en était le but.

Le plus jeune des deux chamanes commença l'office en jouant quelques minutes de sa guimbarde, instrument qu'emploient les chamanes pour invoquer les objets de leur adoration et, comme ils disent, pour se mettre mentalement en état d'entrer en contact avec eux. Puis on fit passer la guimbarde à l'une des chamanesses, qui commença à en jouer de la même façon. Pendant ce temps, le plus jeune des chamanes se leva. Il ôta sa ceinture et suspendit une plaque ronde en laiton à son cou. Puis il se tourna vers la table où brûlaient les lampes et, prenant dans sa main un cierge qu'il faisait onduler continuellement au-dessus de la table, il commença à marmotter à voix basse une espèce de prière ou incantation. Cette prière était en mongol, mais il parlait d'une voix tellement basse et si peu distincte que je ne pouvais en comprendre un seul mot. Ceci dura quinze à vingt minutes. Puis, continuant ses invocations, il empoigna les deux cannes, une dans chaque main, en tenant aussi l'épée dans la main gauche, la pointe tournée vers le sol, et se tourna vers le feu au milieu de la tente. On lui donna une tasse en bois dans laquelle un homme qui se tenait à ses côtés versa peu à peu du lait; le chamane en jeta d'abord dans le feu, puis, successivement, par le trou du toit de la tente vers l'est, l'ouest, le sud et le nord. Ensuite, le chamane se mit à prononcer des mots d'une voix plus forte, et à faire des gestes plus violents. Son corps entier devint très agité et, après avoir chancelé çà et là dans la tente pendant quelque temps, il s'assit à sa place. Le vieux chamane, qui était complètement aveugle et, paraît-il, très faible, se leva, prit les deux cannes mais pas l'épée et se mit à prier. Au début, sa voix était basse, ses mouvements tranquilles, mais il devint de plus en plus actif à mesure qu'il frappait la terre de ses cannes.

1. J'ignore quelle est l'expression mongole qui a pu fournir cette traduction. Mostaert donne, dans son *Dictionnaire ordos*, l'expression *xoni dzoliglox*, «donner un mouton au lama qui dit les prières en échange de la vie d'un malade».

Il commença à pousser des sons étranges, à siffler comme un chat, à gronder comme un chien en colère; ses jambes se sont mises à frémir et son corps à trembler. Puis il se mit à sauter avec une souplesse et une énergie dont je n'aurais jamais cru capable un homme aussi faible que lui; il poursuivit cet exercice jusqu'au complet épuisement et s'affaissa alors sur le plancher.

L'autre chamane se leva pour la seconde fois et prit les deux cannes et l'épée. La foule qui avait envahi la tente s'écarta autant que possible, et on enleva les poteaux de bois qui soutenaient le toit de la tente afin de libérer encore de l'espace et de permettre au chamane de contourner le feu. Il semblait se trouver dans un état d'encore plus grande extase. Il marchait, ou pour mieux dire, il chancelait autour du feu, appuyé sur les deux cannes; de temps en temps, il sautait violemment et, apparemment, en ignorant la présence de l'assistance. Au milieu de ces exploits, il ôta ses bottes et commença à retirer, de ses mains, les cendres brûlantes du feu qu'il répandit à côté du foyer. Il garda même un morceau de charbon ardent dans la main mais, comme je pouvais le voir, de sorte que celui-ci ne pouvait le brûler. Puis il se mit à danser pieds nus sur les cendres ardentes, mais cela non plus ne semblait pas extraordinaire car il dansait si rapidement qu'il éparpillait les cendres de ses pieds de sorte qu'elles ne pouvaient le brûler. Pour terminer cette rigolade, car à mon avis ce n'était qu'une rigolade, il déposa les deux cannes et, toujours chancelant, mit la pointe de l'épée contre sa taille et contre sa poitrine, puis s'approcha de la porte. Appuyant la poignée de l'épée contre le mur et la pointe vers sa poitrine, il se pencha dessus comme s'il voulait se l'enfoncer dans le corps. Enfin, elle semblait lui entrer dans le corps et il se mit à se tortiller comme s'il en avait vraiment été percé et qu'il cherchait à l'extirper. Il s'approcha du jeune homme qui pendant tout ce temps avait tenu le bouc pour qu'il l'aidât; le jeune homme saisit la poignée et tira de toutes ses forces. J'ai quand même remarqué que le chamane tenait l'épée par la lame et qu'après avoir bien lutté il l'a laissée glisser entre ses doigts, de façon qu'elle semblait sortir par saccades de son corps. Il se tenait le dos tourné à l'assistance et, ainsi personne n'a été en mesure de voir si l'arme l'avait ou non transpercé. Mais tout cela n'était, à mon avis, qu'une pantalonnade, et Gendeng, mon secrétaire, n'a pas craint de le dire ouvertement. Il saisit l'épée et parodia la cérémonie, faisant semblant de se poignarder, ce qui ne provoqua qu'un sourire parmi l'assistance. Pendant toute la représentation, les gens n'avaient cessé de parler, de rire et de fumer leur pipe sans manifester le moindre intérêt. Puis le vieux chamane se leva encore une fois et refit son exhibition, mais avec moins d'entrain. De temps en temps, il s'arrêtait brusquement. Il tournait ses yeux aveugles comme s'il voulait voir quelque chose et lançait quelques noms, demandant si tel ou tel se portait bien et était heureux. L'autre chamane répondait «bien» à voix basse. Ensuite furent prononcés les noms des «amis défunts» et le vieillard fit semblant de voir les esprits qui s'occupaient d'eux dans le monde invisible et de converser avec eux.

Toutes ces cérémonies étaient préalables au lâcher du bouc et alors ils se mirent à discuter sur les moyens de procurer un cheval à «l'homme idoine» qui conduirait l'animal dans le désert. Deux autres hommes devaient l'accompagner à l'endroit distant de plusieurs verstes, là où il n'y avait pas de tentes. Parfois, m'a-t-on dit, le chamane frappe le bouc d'un coup d'épée mais on ne le tue jamais, et après qu'il a été relâché on ne s'en occupe plus. On ne le voit d'ailleurs plus car sans doute est-il la proie des loups. J'aurais voulu attendre jusqu'à la fin, mais je compris que les chamanes allaient continuer à répéter leurs blagues jusqu'à l'aube et que ce ne serait qu'à ce moment-là que le bouc serait lâché. Par conséquent, je rentrai chez moi avec mes compagnons, impressionné plus qu'un peu par ces singulières cérémonies.

Pour autant que j'aie pu apprendre, cette cérémonie n'a rien à voir avec l'idée d'expiation des péchés et le bouc n'est pas censé les emporter. Les chamanes la considéraient comme une offrande aux *ongon*, c'est-à-dire aux esprits qu'ils adorent, afin qu'ils soient bien intentionnés à leur égard et qu'ils leur accordent des grâces sur le bétail et sur tout ce qu'ils entreprendraient. Il semblerait donc que les cérémonies n'ont d'autre objet que d'obtenir des biens temporels ou de détourner les malheurs. Ces pauvres gens n'ont d'ailleurs rien pu dire sur l'origine de cette cérémonie. Ils ne situent pas la source de leur religion plus loin que l'île d'Olxon, dans le lac Baïkal, où se trouve, selon leurs croyances, la résidence la plus sacrée et la plus honorée de ceux qu'ils adorent.

Charles R. Bawden, «Chamanisme et lamaïsme en Mongolie septentrionale», *Études mongoles et sibériennes*, n° 18, 1987. (Citations extraites de *Quarterly Chronicle of transactions of the London Missionary Society*, 1825 et 1829.)

ÉMILE BOUILLANE DE LACOSTE

(1904)

Bouillane de Lacoste[1]*, au cours de son séjour à Ourga, assiste à une séance de chamanisme. Il rapporte aussi, indirectement, l'étonnant partage et la cohabitation du chamanisme et du lamaïsme.*

2 juin. — Le Consul général de Russie m'avait recommandé de ne pas quitter Ourga sans aller voir un des nombreux *chamans* qui opèrent dans la ville sainte, et longuement il m'avait entretenu de ces fameux sorciers, charlatans ou faiseurs de miracles, dont certains ont acquis une réputation extraordinaire.

Notre interprète s'est chargé de nous procurer une entrevue avec le plus célèbre d'entre eux, avec celui que le Bouddha-Vivant ne manque pas de venir consulter deux fois par mois, et c'est ce soir, au coucher du soleil, que nous devons nous rencontrer avec lui.

1. Sur É. Bouillane de Lacoste, voir notice p. 1020.

Le chaman — dans la circonstance une femme, et qui plus est une princesse — habite en dehors des faubourgs; il nous faut encore parcourir ces étroites ruelles tortueuses et sales, que les chiens affamés remplissent de leurs furieux aboiements. Enfin nous voici devant la palissade qui cache aux yeux des profanes l'antre de la sorcière. Deux coups vigoureux frappés à la porte de cèdre, et nous sommes au centre d'une petite cour carrée, dans un angle de laquelle s'élève une maisonnette de terre battue. La dame du logis nous accueille le plus gracieusement du monde : elle est en tenue de ville et a mis sa robe des grands jours. Près d'elle se tient une amie qui l'aide à faire les honneurs. Sur son invitation, nous nous asseyons en demi-cercle autour du foyer, puis une conversation banale s'engage, agrémentée de bols de thé, de cette mixture innommable que les Mongols affectionnent particulièrement.

Le ciel, qui était tout à l'heure d'une belle couleur carminée, se teinte de mauve peu à peu; tranquillement le jour s'en va... Tandis que la servante allume les petites lampes de cuivre, tandis qu'elle jette sur le brasier une poudre verdâtre qui emplit la chambre d'une fine odeur d'aromate, la sorcière, elle, revêt l'une après l'autre les différentes pièces de son costume: tunique multicolore faite de minuscules morceaux rapportés, diadème en plumes de hiboux, long masque de soie prune, ceinture écarlate. Et ce déguisement invraisemblable — qui tient à la fois de l'arlequin et de l'Apache du Far-West — est recouvert de mille sonnettes, grelots et autres colifichets qui se heurtent au moindre geste, faisant une petite musique grêle, continue, impressionnante.

Ainsi parée pour le mystère, la chaman s'agenouille, récite une courte oraison, saisit un tambourin ornementé lui aussi de sonnailles, puis l'invocation rituelle commence: mélopée bizarre qu'accompagne un balancement des épaules et que rythme le grondement du tam-tam... Pendant une demi-heure elle se trémousse de la sorte, agitant la tête en tous sens, hurlant son chant farouche entremêlé de plaintes aiguës, et toujours scandé par les coups sourds du tambourin. Elle s'exalte, se suggestionne elle-même. Bientôt la voici possédée de l'esprit familier: alors, effrayante, elle se dresse, se frappe le front contre les murs, retombe, se dresse encore, hurlant plus fort jusqu'au moment où elle s'écroule vaincue, inerte, avec un grand cri.

Maintenant notre chaman est en communication directe avec l'au-delà : les paroles prophétiques vont sortir de sa bouche... Elles en sortent, en effet, mais très lentement, comme à regret, et l'Esprit vaticine en une langue barbare, inconnue des profanes. Par bonheur, accroupie dans l'ombre, l'amie complaisante veillait : elle traduit à mesure les mots que l'autre murmure d'une voix de plus en plus basse, et la prédiction s'achève brusquement sur un dernier souffle exhalé, à peine perceptible.

On comprend sans peine que les Mongols soient saisis d'une crainte superstitieuse en présence de pareils magiciens, lesquels opèrent le plus souvent la nuit, à la faible lueur d'une veilleuse. Leur danse bizarre scandée de hurlements frénétiques, le tapage infernal du tambourin, la senteur troublante des aromates, tout cela est bien fait pour troubler l'imagination. D'ailleurs, ce fameux tam-tam sur lequel sont tracés des caractères mystérieux est l'objet d'une vénération particulière; il inspire aux grands enfants que sont les nomades plus de terreur parfois que le chaman lui-même, car les Mongols croient fermement que le devin en use un peu comme nos sorcières d'autrefois se servaient de leur balai pour se transporter au royaume des ombres... Certains même sont convaincus que, pendant l'invocation, les esprits tutélaires, les *guides du voyant*, s'y rassemblent et lui dictent ses oracles.

L'heure est venue de quitter la jeteuse de sorts et, sous la pâle clarté lunaire, nous voici errant à travers la ville endormie. Je demande alors à notre interprète comment il se fait que ses compatriotes, tous bouddhistes fervents, soient encore si fortement attachés à leurs chamans?

«C'est, me dit-il, que les chamans nous parlent des choses de la vie, tandis que les lamas nous entretiennent uniquement des choses de la mort.»

Et ce soir-là, nous ne causâmes pas plus avant.

Émile Bouillane de Lacoste, *Au pays sacré des anciens Turcs et des Mongols*, Paris, Émile-Paul, 1911.

FERDINAND OSSENDOWSKI[1]

(1921)

Lors des tentatives d'indépendance des Mongols, à la suite de la révolution chinoise de 1911, le gouvernement chinois dut s'opposer à un aventurier kalmouk, originaire d'Astrakhan, appelé parfois le «faux lama», Jia lama en chinois, ou encore Tushegun lama, qui se prétendait descendant du grand guerrier du XVIII*e* *siècle, Amursana. Quand l'Histoire devient tumultueuse sur une terre où les esprits et les légendes règnent, d'autres légendes surgissent sans peine. Ossendowski participe au fantastique et mêle à des événements réels, vécus en 1921, des récits étranges comme sa rencontre avec le Tushegun lama.*

Cette rencontre se situe quelques années avant que ce dernier ne se réfugie dans le Gobi noir (d'où son autre appellation «Lama du Gobi

1. Sur F. Ossendowski, voir notice p. 977.

noir»), où les révolutionnaires mongols iront l'assassiner au milieu de sa bande.

LE MYSTÉRIEUX LAMA VENGEUR

Nous prîmes un repos bien mérité dans cette *yourta* après nos deux jours de voyage où nous avions fait deux cent soixante kilomètres à travers la neige par un froid glacial. Nous causions librement et avec insouciance en goûtant la chair juteuse du mouton de notre repas du soir, quand soudain nous entendîmes une voix sourde et rauque:

— *Sayn*, bonsoir!

Nous tournâmes la tête vers l'entrée de la tente et nous vîmes un Mongol de taille moyenne, trapu, vêtu d'un manteau à capuchon en peau de daim. A sa ceinture il avait ce même grand couteau gainé de cuir vert que nous avons vu au cavalier qui était parti si précipitamment.

— *Amoursayn*, répondîmes-nous.

Il détacha rapidement son ceinturon et se débarrassa de son manteau. Il était debout devant nous, vêtu d'une merveilleuse robe de soie, jaune comme de l'or battu, avec une ceinture d'un bleu magnifique. Son visage tout rasé, ses cheveux courts, son rosaire de corail rouge et sa robe jaune, tout nous disait que devant nous se tenait quelque grand-prêtre lama, avec un gros revolver Colt sous sa ceinture bleue!

Je me tournai du côté de notre hôte et de Tzaren, et je lus sur leurs physionomies la crainte et la vénération. L'étranger vint auprès du feu et s'assit.

— Parlons russe, dit-il, en prenant un morceau de viande.

La conversation commença. L'étranger commença par critiquer le gouvernement du Bouddha Vivant à Ourga.

— Là-bas, ils délivrent la Mongolie, prennent Ourga, mettent en fuite l'armée chinoise et ici, dans l'ouest, on ne nous avertit pas. Nous ne bougeons pas ici, tandis que les Chinois massacrent nos compatriotes et pillent. Bogdo Khan pourrait, j'en suis sûr, nous envoyer des émissaires. Comment se fait-il que les Chinois peuvent envoyer les leurs d'Ourga et de Kiaktha à Kobdo, pour demander de l'aide, et que le gouvernement mongol ne puisse en faire autant? Pourquoi?

— Les Chinois vont-ils envoyer des renforts à Ourga? demandai-je.

Notre visiteur se mit à rire bruyamment et dit:

— J'ai saisi tous les émissaires, pris leurs lettres, et je les ai renvoyés… sous terre.

Il se mit à rire de nouveau et regarda autour de lui, de ses yeux flamboyants. Alors, seulement, j'observai que ses pommettes et ses yeux avaient des traits différents des Mongols de l'Asie centrale. Il ressemblait plutôt à un Tartare ou à un Kirghiz. Nous gardions le silence et fumions nos pipes.

— Dans combien de temps le détachement de Tchahars va-t-il quitter Ouliassoutaï ? demanda-t-il.

Je répondis que nous n'en avions pas entendu parler. Il nous expliqua que les autorités chinoises de la Mongolie intérieure avaient envoyé un fort détachement mobilisé parmi les tribus guerrières des Tchahars qui errent dans la région bordant la grande muraille à l'extérieur. Le commandant en était un notoire chef de Hounghoutzes promu par le gouvernement chinois au rang de capitaine, parce qu'il avait promis de soumettre aux autorités chinoises toutes les tribus des districts de Kobdo et de l'Urianhai. Quand il apprit où nous allions et pour quelles raisons, il nous assura qu'il pouvait nous donner les renseignements les plus précis et nous éviter d'aller plus loin.

— De plus, c'est très dangereux, dit-il, car Kobdo sera incendié et il y aura des massacres. Cela, je le sais.

Quand il apprit notre malheureuse tentative pour traverser le Thibet, il nous témoigna une attention sympathique et nous dit avec un sincère sentiment de regret :

— J'étais le seul à pouvoir vous aider dans cette entreprise, le *houtouktou* de Narabanchi ne pouvait rien. Avec mon laissez-passer, vous auriez pu aller n'importe où au Thibet. Je suis Touchegoun Lama.

Touchegoun Lama ! Que d'histoires extraordinaires j'avais entendu raconter à son sujet ! C'est un Kalmouk russe qui, en raison de sa campagne de propagande pour l'indépendance du peuple kalmouk, fit la connaissance de nombreuses prisons russes sous la domination du tsar et continua, pour la même cause, sous le gouvernement des Soviets. Il s'échappa, s'enfuit en Mongolie et aussitôt eut une grande influence parmi les Mongols. En effet, c'était un intime ami et élève du Dalaï Lama à Lhassa, le plus savant des lamaïstes, célèbre comme thaumaturge et comme docteur. Il avait une situation presque indépendante dans ses relations avec le Bouddha Vivant et obtint le commandement de toutes les tribus nomades de la Mongolie occidentale et de la Dzoungarie, étendant même sa domination politique sur les tribus mongoles du Turkestan. Son influence était irrésistible, car elle était fondée sur la connaissance de la science mystérieuse, comme il l'appelait. On me dit aussi qu'elle était basée, en grande partie, sur la terreur qu'il inspire aux Mongols. Quiconque a désobéi à ses ordres a péri. Nul ne savait le jour ni l'heure, où, soit dans la *yourta*, soit à côté du cheval galopant dans la plaine, l'ami puissant et étrange du Dalaï-Lama n'apparaîtrait pas. Un coup de couteau, une balle de pistolet, ou des doigts vigoureux serrant le cou comme un étau, voilà les procédés de justice secondant les plans de ce faiseur de miracles.

A l'extérieur de la *yourta*, le vent sifflait et mugissait, claquant la neige contre le feutre tendu. A travers le grondement du vent arrivait le bruit de voix nombreuses où se mêlaient des cris, des gémissements et des rires. Je sentais que dans une pareille contrée, il ne devait pas être difficile de frapper de stupeur les tribus nomades avec des miracles, car la nature elle-même offrait le cadre. J'avais à peine eu le temps de réfléchir à tout cela que Touchegoun Lama leva la tête, fixa brusquement ses yeux dans les miens et dit :

— Il y a beaucoup d'inconnu dans la nature. C'est l'art de se servir de cet inconnu qui produit le miracle ; mais ce pouvoir n'est donné qu'à un petit nombre. Je veux vous le prouver et vous pourrez me dire ensuite si vous avez déjà vu quelque chose d'analogue.

Il se leva, retroussa les manches de sa robe jaune, saisit son couteau et marcha vers le berger.

— Michik ! debout ! lui commanda-t-il.

Quand le berger fut debout, le lama lui déboutonna sa blouse et dégagea la poitrine. Je ne pouvais pas encore comprendre quelle était son intention, quand soudain le Touchegoun enfonça de toute sa force son couteau dans la poitrine du berger. Le Mongol tomba, couvert de sang et je remarquai que la soie jaune du manteau du lama en était éclaboussée.

— Qu'avez-vous fait ? m'écriai-je.

— Chut ! Taisez-vous, murmura-t-il, tournant vers moi son visage maintenant tout blême.

Avec quelques coups de son couteau, il ouvrit la poitrine du Mongol ; je vis les poumons de cet homme respirer doucement, et je distinguai les battements du cœur. Le lama toucha de ses doigts ces organes mais le sang ne coulait plus, et le visage du berger était tout à fait calme. Il était couché, les yeux fermés, semblant dormir du plus profond sommeil. Comme le lama commençait à lui ouvrir le ventre, je fermai les yeux de terreur : quand je les ouvris, peu de temps après, je fus encore plus confondu de voir le berger, sa blouse toujours ouverte, sa poitrine à l'état normal, dormant tranquillement, couché sur le côté. Touchegoun Lama, assis paisiblement près du feu, fumait sa pipe et regardait le feu, plongé dans ses réflexions.

— C'est merveilleux ! lui avouai-je. Je n'ai jamais rien vu de pareil.

— De quoi parlez-vous ? demanda le Kalmouk.

— De votre démonstration ou « miracle », comme vous dites, lui répondis-je.

— Je n'ai jamais rien dit de semblable, répliqua le Kalmouk d'une voix froide.

— Avez-vous vu ça ? demandai-je à mon compagnon.

— Quoi ? me dit-il d'une voix endormie.

Je m'aperçus que j'avais été victime du pouvoir magnétique de Touchegoun Lama ; mais je préférai cela au spectacle de la mort d'un innocent Mongol, car je n'avais pas été jusqu'à croire que Touchegoun

Lama, après avoir éventré ses victimes, pouvait si facilement les recoudre.

Le lendemain, nous prîmes congé de nos hôtes. Nous décidâmes de rentrer, notre mission étant accomplie. Touchegoun Lama nous expliqua qu'il «allait parcourir l'espace». Il voyageait par toute la Mongolie, vivant aussi bien dans la simple *yourta* du berger et du chasseur que sous la tente splendide des princes et des chefs de tribus, entouré de vénération profonde et de crainte religieuse, attirant à lui et s'attachant riches et pauvres par ses miracles et ses prophéties. En nous disant adieu, le sorcier kalmouk sourit malicieusement.

— Ne parlez pas de moi aux autorités chinoises.

Puis il ajouta:

— Ce que vous avez vu hier soir n'était qu'une pauvre démonstration. Vous autres, Européens, vous ne voulez pas admettre que nous autres, nomades incultes, nous possédions le pouvoir de la science mystérieuse. Si vous pouviez seulement voir les miracles et le pouvoir du très saint Tachi Lama, quand, sur son ordre, les lampes et les cierges devant la statue de Bouddha s'allument d'eux-mêmes, et quand les icônes des dieux commencent à parler et à prophétiser! Mais il existe un homme encore plus puissant et plus saint.

— Est-ce le Roi du Monde à Agharti? interrompis-je.

Il me regarda fixement, stupéfait.

— Avez-vous entendu parler de lui? me demanda-t-il, les sourcils froncés par la réflexion.

Quelques secondes après, il leva ses yeux étroits, et dit:

— Un seul homme connaît son saint nom; un seul homme est allé à Agharti. Et c'est moi. C'est la raison pour laquelle le très saint Dalaï-Lama m'a honoré, et c'est pour cela que le Bouddha Vivant d'Ourga me redoute. Mais c'est en vain, car je ne m'assiérai jamais sur le saint trône du pontife de Lhassa ni n'atteindrai ce qui nous a été transmis depuis Gengis Khan jusqu'au chef de notre église jaune. Je ne suis pas moine. Je suis un guerrier et un vengeur.

Il sauta vivement en selle, fouetta son cheval et partit en trombe, nous jetant en partant la phrase d'adieu des Mongols: «*Sayn! Saynbana!*»

Sur le chemin du retour, Tzeren nous raconta les centaines de légendes qui entourent Touchegoun Lama. Une anecdote, en particulier, m'est restée dans la mémoire. C'était en 1911 ou 1912, à l'époque où les Mongols essayaient de se libérer par les armes de la domination chinoise; Le quartier général chinois était à Kobdo, en Mongolie occidentale; il y avait là environ dix mille hommes commandés par les meilleurs officiers. L'ordre de s'emparer de Kobdo fut envoyé à Hun Baldoun, un simple berger qui s'était distingué pendant la guerre contre les Chinois, et qui avait reçu du Bouddha Vivant le titre de prince de Hun. Féroce, sans peur, et doué d'une force herculéenne, Baldoun avait plusieurs fois mené à l'attaque ses Mongols, pauvrement armés, et chaque fois avait été obligé de battre en retraite après avoir perdu beaucoup de ses hommes sous le feu des mitrailleuses. Touchegoun Lama arriva inopinément. Il rassembla tous ses soldats et leur dit :

— Vous ne devez pas craindre la mort. Vous ne devez pas battre en retraite. Vous vous battez pour votre patrie, la Mongolie, et vous mourez pour elle, car les dieux lui ont réservé un destin grandiose. Regardez quelle sera sa destinée !

Il fit un grand geste de la main, embrassant tout l'horizon, et les soldats virent la contrée alentour recouverte de riches *yourtas*, de pâturages où se trouvaient de grands troupeaux de chevaux et de bestiaux. Sur la plaine apparurent de nombreux cavaliers dont les montures étaient richement sellées. Les femmes étaient vêtues de robes de la soie la plus fine ; elles avaient aux oreilles des anneaux d'argent massif ; leurs chevelures coiffées avec art étaient garnies d'ornements précieux. Des marchands chinois conduisaient une interminable caravane, offrant leurs marchandises à des Saïts mongols d'allure distinguée, qui, entourés de *tziriks* ou soldats aux brillants uniformes, négociaient fièrement avec les marchands.

Bientôt la vision disparut et Touchegoun parla :

— Ne craignez pas la mort ! C'est la délivrance de notre pénible travail sur la terre et la voie qui mène à la béatitude éternelle. Tournez-vous vers l'Orient ! Voyez-vous vos frères et vos amis qui sont tombés dans la bataille ?

— Oui, nous les voyons ! s'écrièrent les Mongols étonnés, tout en contemplant un groupe de demeures qui auraient pu être des *yourtas* ou des arches de temple, baignées de lumière chaude et douce. De larges bandes éclatantes de soie rouge et jaune recouvraient les parois et le sol ; les piliers et les murs étaient étincelants de lumière ; sur un grand autel rouge brûlaient les cierges du sacrifice dans des candélabres d'or, tandis que des vases d'argent massif étaient pleins de lait ou de noix ; sur des coussins moelleux épars sur le sol, étaient assis les Mongols tombés dans l'attaque précédente contre Kobdo. Devant eux étaient dressées des tables basses, laquées, recouvertes de mets fumants, de chairs succulentes de mouton et de chevreau, de hautes aiguières, remplies de vin et de thé, des assiettes de *borsuk*, gâteaux sucrés et exquis, du *zatouran* aromatique couvert de graisse de mouton, du fromage sec, des dattes, des raisins secs, des noix. Tous ces soldats tombés dans l'attaque fumaient des pipes d'or et conversaient joyeusement.

Cette vision disparut à son tour et, en face des Mongols ravis dans cette contemplation, il ne restait plus que le mystérieux Kalmouk, la main levée.

— Au combat ! Et ne revenez pas sans la victoire ! Je suis avec vous dans la bataille !

L'attaque commença. Les Mongols combattirent furieusement, périrent par centaines, mais leur élan les porta au cœur même de Kobdo. Alors révécut la scène, depuis longtemps oubliée, des hordes barbares détruisant les cités européennes. Hun Baldoun fit porter devant lui un triangle de lances ornées d'oriflammes rouges ; c'était le signe par lequel il livrait la ville aux soldats pendant trois jours. Le meurtre et le pillage commencèrent. Tous les Chinois y trouvèrent la mort. La ville fut brûlée, les murs de la forteresse furent détruits. Ensuite Hun Baldoun vint à Ouliassoutaï et y détruisit aussi la forteresse chinoise. Les ruines s'en dressent encore, avec leurs créneaux abattus et leurs tours démantelées, les portes devenues inutiles, et ce qui reste des bâtiments officiels ou des casernes détruits par l'incendie.

Ferdinand Ossendowski, *Bêtes, Hommes et Dieux. L'Énigme du roi du monde*, Paris, Plon, 1924. Rééd. «J'ai lu», 1969.

Cinquième partie

LE TIBET

« Quel est donc le charme redoutable de ce pays étrange où toujours sont retournés ceux qui l'avaient une fois entrevu ? Pour retrouver ses montagnes et ses hommes, on repasse la mer, on traverse des royaumes entiers, toute la Chine, au pas lent des chameaux ou des mules.

« On arrive alors, dans des déserts glacés, si hauts qu'ils ne semblent plus appartenir à la terre, on escalade des montagnes affreuses, chaos d'abîmes noirs et de sommets blancs qui baignent dans le froid absolu du ciel. On y voit des maisons pareilles à des donjons massifs, toutes bourdonnantes de prière et qui sentent le beurre rance et l'encens. Ce pays est le Tibet, pays de pasteurs et de moine, interdit aux étrangers, isolé du monde et si voisin du ciel, que l'occupation naturelle de ses habitants est la prière[1]. »

Comme dans bien d'autres parties de l'Asie centrale, les voyageurs subissent les contrastes du Tibet. « Charme redoutable », pour reprendre l'expression de J. Bacot, mais également hostilité sous des formes très diverses. Quelle que soit l'époque, le milieu naturel hostile a longuement participé à la faillite de la pénétration étrangère. Les longs séjours des missionnaires, aux XVIIe et XVIIIe siècles, n'en sont que plus stupéfiants. Les échecs des expéditions de la fin du XIXe et du début du XXe siècle n'en sont que plus faciles à comprendre.

« Mille difficultés attendent dans ces régions le voyageur européen, écrivait Prjevalski au siècle dernier, les hommes et la nature semblent se liguer contre lui. La raréfaction de l'air, résultant de l'énorme altitude, épuise ses forces et celles des animaux. Les variations brusques du climat, les froids, les bourrasques, l'absence de combustible, l'insuffisance du fourrage, l'âpreté des défilés à travers les montagnes, tels sont les premiers obstacles contre lesquels il faut lutter. Ajoutez

1. Jacques Bacot, *Le Tibet révolté* (1912), Paris, R. Chabaud, 1988.

la population méfiante, même hostile envers tout étranger, les tracasseries et la mauvaise foi des autorités locales [1].»

Depuis le retour du pouvoir chinois à Lhassa en 1951, et malgré l'ampleur des moyens mis en œuvre pour contrôler la région autonome, les résultats limités de l'assimilation s'expliquent eux aussi par cet isolement du «toit du monde». Jusqu'à quand l'originalité de la culture tibétaine sera-telle préservée par ces barrières naturelles?

1. Nicolaï Prjevalski, *Sur le toit du monde. Mongolie, Dzoungarie, Tibet (1870-1880)*, Paris, Phébus 1988.

I. Les précurseurs

LA MISSION JÉSUITE AU TIBET

ANTÓNIO DE ANDRADE
(1625)

On a longtemps pensé qu'Odoric da Pordenone[1] *avait été le premier Européen à atteindre le Tibet, dès le* XIV*e siècle. Il en avait en effet donné une description succincte dans le récit de son voyage autour de l'Asie, mais vraisemblablement à partir d'informations recueillies lors de son passage dans le Sichuan.*

António de Andrade, jésuite portugais, semble avoir été en fait le premier voyageur occidental à pénétrer dans cette région du monde, en 1625, au cours d'une mission qui le conduit dans la partie occidentale du Tibet. Il trouve bien des points communs entre la religion chrétienne et celle des Tibétains... Au cours d'un second voyage, accompli dès l'année suivante, et tout en rapportant que ces régions sont faiblement peuplées, il garde l'espoir d'un grand intérêt pour l'action missionnaire :

« L'unique désagrément que nos missionnaires trouveront ici, c'est le défaut de population, en comparaison de l'Indostan qui regorge d'habitants. Mais si les villes sont moins peuplées et moins marchandes, elles sont plus propres aux travaux apostoliques, car il y a moins de corruption et de vices. En outre, ce royaume est la porte d'une infinité d'autres plus grands, de la même secte, et où on parle à peu près le même langage.

« Le 11 avril 1626, nous posâmes en présence du roi, et avec beaucoup de cérémonie, la première pierre de notre église de Caparange... »

Je vous écris par la voie de Bardinara, à cinq journées de Seranagar. Nous avons trouvé des chemins très difficiles, et on nous dit que les rochers de Casimil (Cachemir), en comparaison de celui qui nous reste,

1. Voir p. 84.

sont des plaines agréables et unies. D'ici à trois jours, nous arriverons aux montagnes de neige que nous voyons déjà.

En passant à Seranagar, le gabellier a voulu fouiller dans notre paquet; et y ayant trouvé notre pierre d'autel, deux mouchoirs, un grand et un petit tableau de Notre-Dame, il nous les a pris. Il nous a arrêtés là six jours entiers, nous promettant de nous laisser aller de jour en jour. Nous serions maintenant tout près du Thibet; au reste, nous arriverons à la cour de ce royaume dans huit jours.

Le 30 mars 1624, nous partîmes d'Agra, le père Marquez et moi, pour accompagner le roi de Mogor (le grand Moghol.) Nous arrivâmes à Dely, d'où plusieurs Gentils allaient pour faire un pèlerinage à une fameuse pagode, éloignée d'Agra d'un mois et demi de chemin. Comme depuis vingt ans nos pères ne cessaient de répéter qu'il se trouve des états chrétiens dans ces contrées, voyant que je pouvais avoir compagnie, je résolus de connaître un peu le pays par moi-même, avec d'autant plus de facilité, qu'il suffisait au roi d'avoir un seul de mes compagnons pour aller à Cachemir. Je me mis donc en route pour le Thibet avec un frère et deux valets. Nous partîmes de Dély de très-grand matin vêtus à la Mogoresque, avec un autre habillement dessous. A peine sortis des portes de la ville, nous quittâmes le premier costume et nous parûmes avec nos jupes flottantes et nos turbans, sans être reconnus par les chrétiens, ni par les serviteurs qui nous avaient quittés au voyage de Laor. Nous nous écartâmes de la grande route pour sortir des domaines du roi par le plus court trajet possible. Arrivés à l'extrémité des terres de l'Indostan, nous trouvâmes des montagnes qui appartiennent au prince de Seranagar; ce ne fut pas sans peine que nous passâmes par son territoire. Les gardes nous prenaient pour des Moghols fugitifs, qu'ils ont ordre d'envoyer liés et garottés au roi. Ils persistaient d'autant plus dans cette idée, que nous ne pouvions être regardés, ni comme des Gentils, ni comme des marchands. Cependant Dieu permit qu'on nous laissât aller, en considération de notre franchise.

Nous commençâmes donc à gravir ces hautes montagnes, qui n'ont peut-être pas leurs pareilles sur le globe. Il suffit de dire qu'il faut marcher plus de deux jours entiers pour en franchir une seule. Dans certains endroits, le passage est si étroit, que nous ne pouvions mettre qu'un pied devant l'autre, et il faut marcher de cette manière une bonne partie du chemin, tantôt passant de côté, tantôt s'accrochant au rocher avec les mains; de manière que si l'on faisait un faux pas, on serait sûr d'être abîmé et mis en pièces. Ces rochers sont si droits, qu'on les croirait tirés au cordeau. La rivière de *Ganga* (le Gange) coule à leur pied comme dans un abîme; et l'immense quantité d'eau qu'elle roule parmi ces rochers et ces précipices, fait un bruit affreux, répété par les échos, ce qui augmente encore l'effroi du voyageur, tremblant sur un sentier étroit. Si la montée est difficile, la descente est encore plus périlleuse, puisque l'on ne sait où s'accrocher. Nous fûmes contraints plusieurs fois de marcher à reculons et de mettre un pied après l'autre, comme si nous descendions une échelle; mais nous voyions des Gentils qui bravaient ces difficultés pour honorer leurs dieux. Parmi eux il s'en trouvait plusieurs avancés en âge qui se traînaient sur la route, et dont l'exemple nous invitait à vaincre tous ces désagréments pour un bien autre motif que le leur.

Les Gentils ont coutume d'aller en compagnie l'un après l'autre; le chemin trop étroit ne leur permet pas d'aller deux de front. Ils marchent en criant: *Ye badiznate, ye, ye.* Vive notre grande pagode.

Celui qui marchait le premier commençait, et tous les autres répondaient.

Après la première journée, nous trouvâmes diverses pagodes, toutes richements décorées avec des lampes allumées, d'une forme étrange, ridicule, abominable. Elles étaient desservies par des prêtres nommés *Giogues*; leur mine seule annonçait qu'ils étaient des ministres de satan. Nous en vîmes un entr'autres déjà fort vieux, avec les ongles et les cheveux énormément longs et une moustache affreuse. Cet être monstrueux, immobile comme une statue, recevait tous les hommages des pèlerins sans ouvrir la bouche. Ceux-ci se prosternaient devant lui, et lui baisaient les pieds avec un profond respect. J'aurais bien voulu qu'on lui fît le même traitement que deux mois auparavant, un autre plus difforme encore que celui-ci, avait éprouvé, de la part du roi du Mogor. Allant un jour à la chasse à Agmis, le long d'un vaste étang, où les gentils se rassemblaient en grand nombre pour leurs superstitions, ce prince rencontra un de ces giogues: il avait les cheveux longs de douze palmes, les ongles au moins d'une, et était absolument nu. Tout le monde courait lui baiser les pieds et d'autres parties du corps. Le roi s'aperçut que le saint restait toujours immobile, sans lui donner aucune marque de respect. A peine fut-il de retour de la chasse qu'il l'envoya chercher; mais celui-ci répondit, que si le prince voulait le voir, il devait lui envoyer une chaise et des porteurs. Cette réponse ne fit qu'irriter le roi, qui ordonna qu'on l'amenât par les cheveux. Il était impossible de se refuser à une pareille invitation; «ou tu es le diable, dit le prince, ou tu es son vrai portrait; il est impossible de voir rien de plus affreux que ton individu. Allons qu'on lui coupe les cheveux, qu'on lui rogne les ongles; et après l'avoir nettoyé, qu'on l'étrille de la bonne manière. Tirez-le de ma présence, et conduisez-le dans toutes les rues, pour que les enfants et le peuple vengent les dévots des honneurs qu'ils lui ont rendus.»

Mais revenons à nos montagnes, la plupart sont couvertes d'arbres, depuis le pied jusqu'au milieu, et ce sont différentes espèces de pins d'une étonnante grandeur. Les uns ressemblent à nos pins d'Europe, les autres plus verts ne rapportent aucun fruit, et sont aussi droits et deux ou trois fois plus hauts que le clocher de Goa.

Nous avons trouvé dans plusieurs endroits des peupliers en grand nombre, des poiriers chargés de fruits, des cannelliers, des cyprès, des limoniers et de très grands rosiers avec des fleurs, beaucoup de mûres sauvages noires comme les nôtres, d'autres jaunes et rouges, toutes très savoureuses.

J'ai vu une montagne toute couverte d'arbres de Saint-Thomas, leurs branches n'ont point de feuilles, mais des fleurs fort touffues, les unes blanches, les autres comme celles de l'Inde, épaisses et jointes ensemble de telle manière, que toute la montagne paraît non pas fleurie, mais une seule fleur. Je n'en ai jamais rencontré de plus agréable en ma vie.

Il y a encore plusieurs autres arbres, comme des châtaigniers, mais infructueux et qui produisent néanmoins de très belles fleurs, et en telle abondance, que chaque branche semble un bouquet si bien disposé, qu'il ne se peut désirer rien de plus beau. La terre est couverte de fleurs de roses, de lys. Il y a aussi beaucoup de menthe semblable à la nôtre, à l'exception qu'elle a la feuille un peu plus petite. A la vérité on trouve un charme dans cette marche : ce sont les fontaines qui coulent parmi les montagnes. Les unes jaillissent du haut des rochers, les autres semblent sortir des pierres mêmes qui bordent le chemin. Leur eau est extrêmement claire et fraîche.

Enfin, nous arrivâmes à Seranagar, ville où le prince fait sa résidence. C'est la seule qu'il possède, car le pays est rempli de villages. Les habitants diffèrent, pour les mœurs, de ceux de l'Indostan. Ils n'égorgent pas les moutons, mais les étouffent, bien persuadés que le sang retenu dans le corps de l'animal, rend sa chair plus savoureuse ; ils ne les écorchent ni ne les éventrent, mais ils se contentent de brûler légèrement la peau et les mangent à demi crus et presque tout sanglants. Ils ne portent pas de chaussures, et ont les pieds pleins de crevasses et tout calleux. La peau en est si dure, qu'ils marchent sur des cailloux pointus sans se blesser.

On nous examina bien exactement dans cette ville ; on nous demanda qui nous étions, où nous allions, et quel était le but de notre voyage. Nous ne pouvions nous faire passer pour des marchands, puisque nous n'avions pas de marchandises. Je me contentai donc de répondre que j'étais Portugais, que j'allais chercher un de mes frères, que l'on croyait perdu, mais que j'avais appris qu'il pouvait être au Thibet depuis plusieurs années. En visitant nos hardes, ils trouvèrent nos soutanes noires, ce qui les surprit beaucoup ; et ils nous demandèrent ce que nous voulions en faire. Je leur dis que dans le cas où j'aurais le malheur d'apprendre la mort de mon frère, je m'habillerais en deuil à la mode de mon pays. Ils ajoutèrent foi à nos discours et nous laissèrent aller au bout de cinq jours. Nous continuâmes encore de marcher pendant quinze jours parmi des montagnes moins escarpées que celles que nous avions déjà traversées. Après celles-ci nous en trouvâmes d'autres couvertes de neige, où nous fûmes transis de froid. Nous traversâmes le Gange plusieurs fois, non pas sur des ponts de cordes comme auparavant, mais sur la neige qui le couvrait. Le fleuve roule dessous cette neige avec un grand fracas, il est surprenant qu'il ne l'entraîne pas, étant aussi fort et aussi rapide. A la vérité, la montagne voisine se décharge sur le fleuve d'une partie de la neige qu'elle reçoit; de manière que cette neige tombe si abondamment et s'accumule sur l'eau en telle quantité, qu'elle y forme des montagnes, avec des ouvertures dispersées çà et là, par lesquelles on voit l'eau couler avec un bruit épouvantable. Le malheureux voyageur ne sait quand cette neige fondra, et craint à chaque instant de voir sa tombe s'entrouvrir sous ses pas. Enfin, un mois et demi après notre départ de Seranagar, nous arrivâmes à la pagode Badid, située sur les confins de ce royaume. On voit à cette pagode un grand concours de pèlerins de différents pays, tels que de Ceylan, Bisnaga, etc.

La pagode Badid est au pied d'une montagne d'où sortent plusieurs fontaines excellentes, parmi lesquelles il y en a une si chaude qu'on ne peut y tenir la main. Elle se divise en trois branches, et va se rendre à trois étangs, et se mêle avec de l'eau froide, ce qui forme un bain tiède où les pèlerins se plongent avec la ferme persuasion que cette immersion rend leur âme pure et nette de toutes souillures. C'est pour eux le comble du bonheur d'approcher de ces bains salutaires. Les brachmanes mènent l'idole à la source d'eau chaude. Voici les fables qu'ils racontent pour expliquer ce phénomène.

L'élément du feu se repentant de tous ses péchés, d'avoir brûlé tant de maisons, de villes, de forêts; d'avoir ruiné tant de campagnes, alla demander du secours à Badid. Celui-ci lui ordonna de se mettre à ses pieds pour être délivré de toute souillure. Le feu se trouva très heureux d'être aux pieds de Badid; et s'y plaçant, il échauffa l'eau. S'il en est ainsi, dis-je aux brachmanes, si le feu reste aussi soumis sous les pieds de Badid, pourquoi ne cesse-t-il de faire les mêmes ravages? Ils me répondirent que le feu qui dévaste maintenant le monde, n'est que le quinzième de cet élément: les quatorze autres sont sous les pieds de Badid. Ils ajoutèrent que la pagode avait la vertu de transformer en or tout ce qu'on en approchait; mais le saint, indigné de l'avarice d'un serrurier qui jeta une immense quantité de fer dans le feu qui brûle au pied de cette idole, refusa de continuer ce miracle. Ils me racontèrent encore une foule d'impertinentes impostures de cette nature; mais il est vrai au moins que l'on y recueille des offrandes immenses, tant en or qu'en pierres précieuses. Excepté trois mois de l'année, cette pagode est toujours ensevelie sous la neige. Alors les villages voisins sont déserts; car les habitants se retirent à trois ou quatre journées de-là, dans un endroit où il tombe bien moins de neige.

Cette contrée est encore soumise au prince de Seranagar, les naturels diffèrent de ses autres sujets pour les mœurs et le langage. Ils mangent le mouton cru à mesure qu'ils l'ont écorché; la graisse et les nerfs du pied passent pour les morceaux friands; ils déchirent les entrailles et les mangent assez mal lavées. Quelquefois ils font cuire la viande, mais très peu; car ils prétendent que la viande entièrement cuite perd son goût et sa saveur. Ils mangent la neige comme nous mangeons le pain. Voyant un enfant d'environ deux ans qui s'amusait à manger un morceau de neige, je le lui ôtai des mains, craignant qu'il ne se fît mal, et lui donnai quelques grains de raisin. Il les mit dans sa bouche et les rejeta bientôt, en pleurant le mets que je lui avais enlevé.

En un mot, les hommes de tous les rangs mangent de la chair crue, le riz et les légumes comme on les apporte des champs; cependant ils sont tous bien portants et ne connaissent pas les coliques, si fréquentes parmi les Indiens. Les femmes labourent les champs, et les hommes filent; elles portent, au lieu de perles, des feuilles semblables à celles du palmier, entrelacées et roulées comme deux fuseaux, qui sortent des oreilles, s'entortillent ensemble autour du visage et sont longues d'une palme et demie.

Nous nous arrêtâmes dans le dernier village nommé *Manà*, pour attendre la fonte des neiges dans un désert qui conduit au Thibet, et par lequel on ne peut passer que durant deux mois de l'année; pendant les dix autres mois tous les chemins sont obstrués. C'est là que commencent d'énormes montagnes que l'on ne peut franchir en moins de vingt jours. On n'y trouve ni habitations, ni arbres, ni herbes, rien, en un mot, que des rochers presque toujours couverts de neige. Pendant les deux mois où le chemin est praticable, la terre est découverte en certains endroits, et dans d'autres, la neige est si solide qu'on peut marcher dessus. Il ne s'y trouve point de bois, ni même aucun combustible, de manière que les voyageurs ne peuvent manger que de l'orge grillé; ils le jettent dans l'eau aux heures de repas, et font ainsi un mets dans lequel ils trouvent à boire et à manger: c'est leur unique aliment dans ce désert. Ils en mangent une grande quantité. Tant par le malaise que par une certaine exhalaison pestilentielle qui sort de la terre, tout-à-coup on éprouve une révolution violente et intérieure qui vous fait périr en un quart d'heure. J'attribue ces morts subites à la cessation de la chaleur naturelle interceptée par le grand froid, et surtout à la mauvaise nourriture.

Quand on présume que le passage est libre et praticable, les gouverneurs des pagodes envoient au roi du Thibet des ambassadeurs avec des présents, pour lui demander la permission d'expédier des caravanes dans ses États. Tandis que nous attendions la réponse, disposés à partir avec la première caravane, le roi de Seranagar envoya des ordres pour qu'on se saisît de nos personnes et qu'on nous amenât vers lui pieds et mains liés. Alors je résolus de partir secrètement et de traverser ce désert, quoique ce ne fût pas encore le moment. Après avoir pris tous les renseignements nécessaires, je laissai mon compagnon dans le village, avec la certitude qu'on ne lui ferait aucun mal, et me mis en chemin avant le jour, avec deux serviteurs chrétiens et un homme du pays pour nous servir de guide. Nous avions chacun un balandran pour nous couvrir, et une besace où étaient quelques comestibles. Nous marchâmes deux jours et hâtâmes le pas le plus qu'il nous fût possible, les neiges commençant déjà à nous donner bien de la peine. Le matin de la troisième journée, nous vîmes arriver trois hommes envoyés par le gouverneur du lieu d'où nous étions partis. Ils nous dirent que nous n'avions qu'à retourner sur nos pas, si nous ne voulions pas nous exposer aux plus grands châtiments; et se tournant vers notre conducteur, ils lui annoncèrent que sa femme et ses enfants étaient en prison, qu'ils y mourraient, que sa fortune était déjà confisquée; ensuite ils m'adressèrent des menaces terribles, et ajoutèrent que je mourrais immanquablement de fatigue au milieu des déserts. On se doute bien que notre guide ne nous fut pas longtemps fidèle; il rebroussa chemin. Quant à moi, qui savais celui que je devais suivre, je passai outre avec mes deux valets; et les émissaires n'eurent pas le courage de nous en empêcher. Alors, nous nous engageâmes dans le désert, avec d'autant plus de difficulté, que de temps en temps nous enfoncions dans la neige, tantôt jusqu'à la poitrine, et tantôt jusqu'aux épaules. Pour l'ordinaire, nous en avions jusqu'aux genoux; souvent nous fûmes obligés de nous trainer de notre long sur la neige, comme si nous nagions: de cette manière, nous enfoncions infiniment moins. Tels étaient les travaux du jour; la nuit n'était pas propre à nous reposer. Obligés d'étendre un de nos manteaux sur la neige, nous nous couchions dessus, et nous nous couvrions des deux autres le mieux que nous pouvions. La première journée il neigea si fortement depuis quatre heures après midi jusqu'à la pointe du jour, que nous ne pouvions pas nous voir, quoique nous fussions tous trois côte à côte. Pour ne pas rester ensevelis sous la neige, nous étions obligés de nous lever et de secouer nos manteaux. Nous avons perdu le sentiment dans différentes parties du corps, principalement aux pieds, aux mains, au visage. Une fois en voulant prendre quelque chose, il me tomba un morceau du doigt; je ne le sentis pas et ne m'en aperçus qu'en voyant le sang couler le long de ma main. Nos pieds s'enflèrent et devinrent si engourdis, que nous n'aurions pas senti un fer chaud. En outre, nous n'avions plus d'appétit et nous manquions d'eau. Il y avait bien quelques fontaines, et la rivière Ganga n'était pas loin, mais tout était couvert; et pour remédier à notre soif, nous fûmes obligés de manger de la neige. Quand le soleil paraissait, nous la faisions fondre dans un plat d'airain. Nous cheminâmes de cette façon jusqu'à ce que nous arrivâmes au sommet de toutes ces montagnes où se voit le lac d'où sortent la rivière de Ganga et une autre qui arrose les terres du Thibet. Nous avions alors presque perdu la vue; mais j'avais moins souffert que mes deux valets, par les soins que j'avais pris. Cependant je restai plus de vingt-cinq jours sans pouvoir lire une lettre de mon bréviaire.

Après ces hautes montagnes, on trouve les immenses plaines du Thibet; mais malheureusement nous ne pouvions plus rien distinguer; il nous était même impossible de reconnaître les chemins et les passages fréquentés; nos yeux fatigués et éblouis ne voyaient partout que du blanc. Alors nous perdîmes les marques et points de reconnaissance qui nous avaient jusqu'alors guidés dans notre marche, et nous désespérâmes d'arriver jamais au terme de notre voyage. Cependant nous n'étions qu'à cinq lieues de la ville royale; mais ne découvrant qu'une plaine couverte de neige, et manquant de provisions et de forces, nous conférâmes sur ce que nous avions à faire. Cette nuit là, il fut décidé entre nous, que nos serviteurs s'en retourneraient au village où nous avions laissé mon compagnon; ils pouvaient s'y rendre en six jours. Quant à moi, je devais rester au pied de la montagne, blotti dans un coin où la neige serait fondue et où je trouverais une grande pierre pour me garantir du vent. Le lac dont j'ai parlé, m'aurait fourni amplement de l'eau, et j'avais encore assez de provisions pour six à huit jours, en attendant l'arrivée de mon compagnon ou de quelque voyageur qui pourrait me conduire au Thibet.

Dès le grand matin, j'engageai mes serviteurs à partir, en leur recommandant de presser le pas. Pour les encourager et les déterminer, je leur représentais qu'ils connaissaient déjà la route et qu'ils n'avaient qu'à descendre. Mais bientôt ils fondirent tous en larmes et me dirent qu'ils n'avaient pas le courage de m'abandonner, ni de faire quatre pas sans moi. J'insistai sans rien obtenir, heureusement pour eux, car ils seraient immanquablement morts en route. Je fus donc obligé de retourner sur mes pas avec eux, non sans crainte d'être retenus prisonniers dans ce village. Le chemin me paraissait d'autant plus aisé, qu'il n'y avait qu'à descendre. Cependant mes valets eurent beaucoup de mal; les ampoules de leurs pieds les empêchaient de marcher. Nous nous traînâmes ainsi durant trois jours et demi consécutifs. Vers la fin du jour, nous entendîmes la voix d'un homme qui criait dans le désert; et quoiqu'il nous fût impossible de l'apercevoir, nous dirigeâmes nos pas vers l'endroit d'où cette voix partait. Nous rencontrâmes un paysan qui me donna des nouvelles de mon compagnon. Les habitants de *Manà*, loin de s'opposer à son départ, voulaient qu'il le hâtât; ils étaient en outre très inquiets sur mon sort, et regrettaient beaucoup de m'avoir laissé partir seul, parce que le roi les rendrait responsables des accidents qui pourraient m'arriver. Ces nouvelles, et surtout la convalescence de mon compagnon, me comblèrent de joie. En outre, je ne craignais plus d'être arrêté et retenu prisonnier. Le guide qu'on avait envoyé au-devant de nous, m'assura que les habitants de Manà avaient prié et payé le gouverneur, pour qu'il permît à mon compagnon de venir me joindre. Cet homme était chargé de m'apporter quelques rafraîchissements, de la farine d'orge, du miel et quelques habits pour nous défendre contre le froid. Après avoir marché trois jours sous sa conduite, nous arrivâmes à trois journées de Manà dans un endroit où il était tombé très peu de neige, et où l'on trouvait plusieurs cabanes pour se mettre à couvert. Nous nous y reposâmes quelques jours; et pendant notre séjour, mon compagnon arriva avec la caravane. Il ne me reconnut que lorsque je lui sautai au col pour l'embrasser. Cependant je me portais alors mieux que jamais, et je n'avais d'autre incommodité qu'une grande faiblesse d'yeux qui ne me permettait pas de supporter la lumière. Mais les naturels mêmes du pays qui nous accompagnèrent, n'étaient pas beaucoup mieux. Ils souffraient infiniment, malgré les instruments dont ils se servent pour se garantir de la réverbération du soleil sur la neige. Nous restâmes un mois et demi dans cet endroit pour attendre la fonte des neiges, ensuite nous prîmes le chemin par lequel j'avais déjà passé; mais il était alors praticable.

Le roi du Thibet était déjà informé de notre arrivée, et sachant que nous venions d'un pays très éloigné, il avait donné ordre aux chefs de la caravane de prendre soin de nous, et qu'on me fît entendre qu'il me procurerait tout ce que je voudrais dans son empire. Trois jours avant notre arrivée, nous reçûmes de sa part trois chevaux, pour moi, pour mon compagnon et notre valet. Ils ne pouvaient venir plus à propos; car à notre arrivée dans la ville, le peuple se précipitait en foule autour de nous, et toutes les femmes étaient aux fenêtres pour nous voir comme des objets extrêmement rares et curieux. Le roi ne se montrait pas, mais la reine était sur un belvedère de son palais; nous lui fîmes une profonde révérence en passant, et nous allâmes descendre dans une maison disposée pour nous recevoir. Le roi s'imaginait que nous étions des marchands; on lui avait dit que nous apportions des bijoux d'un grand prix; en outre. il était loin de penser qu'il y eût un autre motif que le gain, capable de nous déterminer à entreprendre un voyage si pénible; cependant il fut bientôt détrompé, ce qui apaisa un peu l'excès de sa joie, et il différa deux ou trois jours de nous donner audience: cependant il nous fit demander quel était le motif de notre voyage. Je répondis que je n'étais pas venu au Thibet pour vendre ni pour acheter, puisque je n'étais pas négociant, que j'étais très reconnaissant des offres qu'on m'avait faites de sa part, avant mon arrivée, mais que je le suppliais de m'accorder une heure d'audience, pendant laquelle je lui exposerais les raisons qui m'avaient amené dans ses États; je l'assurais d'avance qu'il les apprendrait avec la plus grande satisfaction. Je ne tardai pas à recevoir la permission et l'ordre de l'aller trouver. Il nous fit l'accueil le plus affectueux; un seul de ses cousins assistait à l'audience; et un More de Queiximir nous servit d'interprète; je lui dis que je m'étais déterminé à braver toutes les fatigues et les dangers d'un long voyage, pour savoir par moi-même s'il était chrétien, comme je l'avais entendu dire; et que, comme il était très possible qu'il s'éloignât maintenant de la foi de ses pères, je m'empresserais de lui annoncer, aiñsi qu'à son peuple, la vraie religion, etc. Le More ne répéta qu'une partie de mon discours, parce qu'il s'aperçut bien de mes intentions. Mais il ne me trompa pas longtemps, sa manière seule de s'exprimer me fit soupçonner sa fidélité, alors je le menaçai sérieusement non seulement de le faire châtier, mais encore de prendre un Gentil sur qui je pourrais compter, dans le cas où je le prendrais en faute.

Le roi nous fit encore parler pour que la reine, cachée derrière une portière, écoutât toute notre conversation. Mais, cédant au tourment de la curiosité, elle envoya dire au roi qu'elle voulait absolument nous voir, et bientôt elle parut; elle nous parla toujours, et depuis ce moment, assista régulièrement à toutes les audiences qui nous furent accordées. Elle témoigna combien elle était fâchée de ce que nous ne savions pas la langue du pays. Enfin, on nous congédia en nous disant qu'on voulait traiter de ces objets avec plus d'étendue et de commodité. Le lendemain, je fus appelé de bonne heure; un Gentil nous servait d'interprète, et après une longue conversation, le roi ordonna qu'on me laissât librement entrer chez lui, à quelque heure que je me présentasse. Chaque jour il nous faisait de nouveaux présents; il nous envoyait des moutons, du riz, de la farine, du beurre, des raisins, et des vins. Les raisins étaient de deux sortes: les uns fort petits et noirs, mais très doux, les autres, gros, blancs, et fort aigres; on les apporte, ainsi que le vin, de dix ou douze journées de l'endroit où nous étions.

Peu de jours s'étaient écoulés depuis notre arrivée, cependant il fallait déjà songer à notre départ, car le temps approchait où je devais, d'après mes projets, me rendre auprès du Moghol; et de peur de trouver tous les passages obstrués par les neiges, je demandai au roi mon audience de congé. Il le remit pendant plusieurs jours, et finit par me dire qu'il ne l'accorderait qu'autant que je lui promettrais, par un serment, de revenir l'année suivante. J'y consentis, en stipulant cinq conditions qu'il m'accorda sans la moindre difficulté. Les voici:

1°. Qu'il me donnerait la liberté de prêcher l'évangile dans tout son royaume, sans éprouver d'obstacle de la part de qui que ce soit.

2°. Qu'il m'accorderait un emplacement pour bâtir une église et un oratoire.

3°. Que je ne me mêlerais en aucune manière du commerce.

4°. Que si dans la suite quelques marchands portugais venaient trafiquer dans ces contrées, nous ne serions pas obligés de leur prêter notre ministère, ni de faire aucune fonction de courtage.

5°. Qu'il promettait de ne croire aucune des calomnies que les Mores de Queiximir ne manqueraient pas de vomir contre nous.

La reine me donna à peine le temps de finir et s'écria: «Ah! ne craignez rien de leur part, nous les connaissons trop bien; les Mores sont aussi scélérats que la religion qu'ils professent. Nous avons tant d'horreur pour leur caractère méchant et atroce, que nous ne leur permettons pas même de demeurer dans notre ville. Ils y font leurs affaires pendant le jour, et n'ont garde d'y loger.»

Le roi ne parut pas avoir une meilleure opinion des Mores, car il applaudit au discours de son épouse. Il me fit expédier une patente scellée de ses armes, dont voici la teneur:

«Nous, roi du grand royaume du Thibet, ayant éprouvé un plaisir extrême de l'arrivée du père Antoine, Portugais, pour enseigner la sainte loi dans notre pays, et le regardant comme notre maître, lui octroyons pleine et entière puissance et faculté de prêcher librement et enseigner à nos peuples ladite foi, défendons à qui que ce soit de le troubler dans cet exercice.

«Ordonnons de plus qu'il lui sera accordé un emplacement pour y construire une église. Consentons que s'il arrive chez nous des marchands étrangers, ledit père et ses compagnons, ne se mêlent ni de leurs achats, ni de leur vente; afin qu'ils ne fassent rien d'incompatible avec la dignité de leurs fonctions.

«Promettons en outre, de n'ajouter foi à aucun des rapports qui pourraient nous être faits sur leur compte par les Mores, étant bien certains que ceux-ci suivent une loi pleine d'erreurs, et que leur plus doux plaisir est de contrarier ceux qui professent la vrai religion.

«Nous demandons surtout avec les plus vives instances, au grand père provincial, de nous envoyer de nouveau ledit père Antoine pour l'instruction de nos sujets.

«Donné à Caparangue, scellé de nos armes.»

Il me remit encore d'autres lettres scellées de la même manière et adressées aux Mores par lesquelles il commandait à tous Queiximir d'Agra et de Laor, qui trafiquent dans ces villes, de faire tout ce dont ils seraient requis par moi ou par nos autres pères, et de faire transporter nos hardes exemptes de tous péages, aussi franches que si c'était les siennes. En un mot, il prit toutes les précautions pour nous éviter, pendant notre voyage, toutes les impositions et les taxes dont on est écrasé.

Le premier jour que nous vîmes le roi, on visita, comme c'est l'usage, nos petits ballots pour voir ce que nous portions avec nous.

On y trouva un portrait de la Vierge et de son fils; peint sur cuivre, lequel plut infiniment au roi et à la reine, quoiqu'il ne manque pas de peintures passables dans leurs États. On y trouva aussi de petites croix que nous avions apportées des isles de Salcette, des *agnus dei* couverts de verre, des médailles, une haire et des disciplines. Le roi demanda bien exactement l'usage de chacune de ces pièces. Quelques jours après nous ayant témoigné la meilleure volonté, il me demanda quelques-unes de ces béatilles pour lui, pour sa femme, pour le prince et ses neveux; mais je ne les lui accordai pas aussitôt, et le fis attendre presque jusqu'au moment de mon départ. Alors je lui donnai entr'autre objet le tableau dont j'ai parlé et qu'il reçut avec le plus grand respect.

DE NOTRE DÉPART

Il était aisé de voir combien le roi et toute sa cour étaient fâchés de notre départ; en nous disant le dernier adieu, il nous recommanda bien de revenir le plus tôt possible, parce que *nous emportions son cœur avec nous*. Il nous fit accompagner non seulement jusqu'aux extrémités de son royaume, mais même jusqu'au-delà du désert, en recommandant secrètement que partout on eût soin de nous fournir gratuitement et à discrétion de la viande, du riz et du beurre. Trois jours après notre départ, nous vîmes arriver de sa part trois hommes qui nous apportaient dans des paniers plus de deux mille pêches, petites, à la vérité, mais d'un goût extrêmement agréable. Ils nous dirent que ces fruits avaient été envoyés au roi, d'une ville éloignée de onze ou quinze journées de chemin. Il nous invitait à les recevoir d'aussi bon cœur qu'il nous les offrait, en témoignage d'amitié. Il nous recommandait surtout de lui donner de nos nouvelles.

Arrivés aux montagnes du désert, nous renvoyâmes les gens qui nous accompagnaient et qui ne s'en retournèrent qu'avec peine; car ils craignaient que le roi ne trouvât mauvais qu'ils nous eussent quitté si tôt sans sa permission.

Peu de temps après notre départ, il lui survint quelques affaires qui lui causèrent beaucoup d'inquiétude et de chagrin. Trois de ses gouverneurs s'étant soulevés, ainsi que leurs vassaux, et son armée étant occupée à les faire rentrer dans le devoir, le souverain de Seranagar l'attaqua si inopinément, qu'on vit son armée aux portes de la ville avant qu'on sût au Thibet ses intentions hostiles. Le roi croyant n'avoir rien à craindre de ce côté, avait dirigé toutes ses forces contre les rebelles qui, selon toutes les apparences, s'entendaient avec le prince de Seranagar. Il entra donc sur le territoire du Thibet par trois endroits différents, arrêtant tous ceux qui pouvaient porter la nouvelle de son arrivée. D'un autre côté, il envoya une armée de cinquante-huit mille hommes, avec quinze mille arquebusiers et vingt pièces de canon; de l'autre, seize mille hommes; enfin une troisième armée un peu moins considérable.

Le principal corps investit une forteresse voisine du Thibet, qui n'était défendue que par trente hommes. Ceux-ci, quoique saisis à l'improviste, ne laissèrent pas d'opposer une vigoureuse résistance, et firent même, pendant la première nuit, une sortie dans laquelle ils tuèrent au moins trois cents hommes, pénétrèrent jusqu'à la tente du général, et enlevèrent une enseigne royale; mais comme ils étaient en très petit nombre, ils se battirent en retraite vers leur forteresse, et ne tardèrent même pas à l'abandonner, après en avoir enlevé tous leurs effets.

Les habitants du Thibet sont très valeureux et bien exercés au maniement des armes. Ceux de Seranagar ne savent que labourer la terre. En outre, la neige qui tomba en abondance en fit périr une grande quantité.

On prit aussi des espions qui passaient de l'autre côté; mais on les remit en liberté, parce qu'ils se dirent chargés d'une lettre du gouverneur de la pagode de Badid, qui assurait qu'ils avaient été mandés pour négocier la paix. Ceux-ci étant de retour, nous dirent que la première question que le roi leur avait faite, avait été pour s'informer de nous, et il parut très satisfait quand il eut appris que l'on nous avait laissé passer, et que nous étions dans leur pays.

L'autre armée, effrayée d'un gros de cavalerie qui venait sur elle, força le général à faire la paix. Le passage de la montagne d'où elle tirait ses vivres, étant déjà fermé, il lui était très dificile de reculer et très dangereux d'avancer, car les troupes du Thibet grossissaient chaque jour.

Nous n'en étions pas moins inquiets à Manà sur le sort d'un prince qui nous avait si généreusement traités. Cependant tous les rebelles étant réduits, la paix fut bientôt rétablie dans le Thibet.

Les villes du Thibet sont grandes et très abondamment fournies de blé, de riz et de fruits de toute espèce. Cependant la ville royale où nous séjournâmes, et qui est la première du côté de l'Inde, est située dans un pays bien stérile; car il ne croît un peu de blé que dans les endroits où l'on peut attirer de l'eau de la rivière. Il y a cependant beaucoup de bestiaux, c'est-à-dire, des moutons, des chèvres et des chevaux. On fait plusieurs lieues sans trouver un arbre, ni même de l'herbe, excepté dans le voisinage des fontaines et de la rivière. Il faut attribuer cette stérilité à la neige qui séjourne neuf mois sur la terre, et au défaut de pluie. A la vérité, pendant les trois autres mois, l'herbe croît avec abondance, et les bestiaux paissent dans la campagne; ensuite ils passent dans d'autres contrées.

Il n'y a ni sucre, ni beurre, ni légumes, ni volaille, mais on en apporte d'autre part, de manière que l'on ne manque pas même de viande. Les Mores Queiximirs prétendent que l'enfer est situé sous ce pays, et expliquent ainsi sa stérilité.

Les habitants ont en général d'excellentes qualités; ils sont bons, valeureux, se livrent aux exercices militaires et ont beaucoup de piété. Ils font de longues prières, surtout à la pointe du jour. Tous, sans excepter les enfants, portent au col de grands reliquaires d'or et de laiton; les reliques sont de petites pièces de papier, qui contiennent des mots ou même des passages de leurs livres sacrés dont leurs prêtres font usage.

Ils s'habillent de draps fins, portent des bonnets comme ceux des soldats italiens[1]; leurs casaques diffèrent beaucoup de celles des habitants de l'Indostan; ils ont tous des bottines bien cirées.

Leurs prêtres, qu'ils nomment *Lambor*[2], sont très nombreux. Les uns vivent en communauté, comme nos religieux, les autres chez eux, comme nos prêtres séculiers. Ils font tous profession de pauvreté; ils ne subsistent que d'aumône; leurs vie est édifiante; ils gardent le célibat, consacrent la plus grande partie du jour à la prière au moins deux heures le matin, et autant le soir, et se servent de chant comme nous, pour adresser leurs hommages au très-haut.

Un homme qui a deux enfants, en fait un *Lambor*, le frère unique du roi l'est.

En général la nation est bonne et honnête, il est rare même parmi les séculiers d'entendre un mot malhonnête; leurs maisons d'oraison ressemblent à nos églises, elles sont très bien tenues, des peintures en ornent les plafonds et les murailles. Peu recherchés dans leur toilette, ils donnent beaucoup de soin à l'embellissement de leurs églises.

Leurs idoles sont d'or, nous en vîmes une à Caparangue; c'était une femme assise, avec les mains levées, elle passait pour la mère de Dieu. Ils croient au mystère de l'Incarnation, et disent que le fils de Dieu s'est fait homme; ils adoptent également le mystère de la Trinité, et assurent que Dieu forme trois personnes dans une. Ils ont aussi la confession et vont se confesser à leur grand lambor; ils ont des bénitiers en commun et très polis où les particuliers viennent puiser de l'eau pour l'emporter chez eux. Ils se purifient dans ces bassins et semblent en recevoir une espèce de baptême. Ils ont horreur du Mahométisme et se moquent des Gentils. En traversant le désert, nous passâmes auprès d'une pagode où les Gentils, selon leur coutume, firent beaucoup de cérémonies, sacrifièrent des moutons. Ils croient bien fermement qu'à chaque cérémonie le diable entre successivement dans le corps d'un des assistants et lui fait faire des choses extraordinaires. Celui que nous vîmes prit une épée et s'en donna d'abord plusieurs coups avec

1. L'auteur écrivait en 1624. (N.d.T.)
2. Je crois qu'il faut lire *Lambas*, corruption de *Lama*. (N.d.T.)

une grande furie, et se jeta ensuite sur tous ceux qu'il rencontrait, courant çà et là pour jeter des pierres, et criant que c'était le diable qui lui inspirait cette furie. Deux envoyés du roi du Thibet se trouvaient présents à cette scène, et rirent de toutes ces extravagances. Ils dirent qu'elles prouvaient bien clairement toute la turpitude et la fausseté de la religion des Gentils. Cependant les Thibétains ont eux-mêmes certaines cérémonies ridicules, qui tiennent beaucoup du Gentilisme. Le premier jour de chaque mois, les lambas s'assemblent; et après avoir chanté au son des instruments, ils font une procession qui dure la plus grande partie du jour, et à laquelle ils portent des enseignes, des tambours et des trompettes. Ils parcourent ainsi la ville au son des instruments. Au milieu d'eux s'élèvent trois horribles figures du diable pour chasser de la ville, disent-ils, tous les diables. On n'oublie pas non plus les exorcismes qui doivent les effrayer et les empêcher de nuire. Après toutes ces cérémonies, chacun s'en retourne tranquillement chez soi, bien certain qu'il n'a rien à craindre du diable pendant tout le mois. Plus avant dans l'intérieur des terres, il y a d'autres royaumes limitrophes de la Chine, qui ont la même langue et la même religion que le Thibet. Tandis que nous étions à Caparangue, nous y vîmes arriver plus de deux cents marchands, avec une grande quantité d'articles que les Chinois leur avaient apportés dans leur pays. Les marchandises d'un débit courant sont des habits de soie, de la porcelaine, de la tchiac[1], qui est, si je ne me trompe, une espèce de boisson très chère, fort usitée au Thibet, et d'autres articles de cette espèce.

D'Agra, ce 6 Novembre 1625.
ANTÓNIO DE ANDRADE.

Voyages au Thibet faits en 1625 et 1626, par le père de Andrade, et en 1774, 1784 et 1785 par Bogle, Turner et Pourunguir, traduits par J.-P. Parraut et J.-B. Billecoq, Paris, Imprimerie de Hautbout l'aîné, 1796.

IPPOLITO DESIDERI
(1716)

Le témoignage du père Desideri sur ses voyages au Tibet a été longtemps limité à une lettre parue en 1781 dans les Lettres édifiantes et curieuses écrites des missions étrangères. *Un important manuscrit (cinq cents pages environ) de Desideri était retrouvé en 1875. C'est*

1. Lisez *Tcha*, c'est-à-dire du thé. (N.d.T.)

seulement vingt-neuf années plus tard, à la suite de nombreuses difficultés, que ces Mémoires furent publiés. Desideri est le premier à donner dans ses écrits une description complète du Tibet, de sa flore et de sa faune, des mœurs de ses habitants, de l'organisation sociale, et surtout à présenter complètement le lamaïsme. Grâce à sa parfaite maîtrise du tibétain, de son long séjour au Tibet et de ses multiples observations, il apportait dès le milieu du XVIII*e siècle une connaissance scientifique de ce pays, du peuple et de sa civilisation. « La personnalité qui émerge est celle d'un homme doux et humble, plein de compréhension humaine et de sympathie, honnête et confiant jusqu'à la candeur*[1]*. »*

Lettre du Père Ippolito Desideri, Missionnaire de la Compagnie de Jésus, au Père Ildebrand Grassi, Missionnaire de la même Compagnie, dans le Royaume de Maïssur. Traduite de l'Italien.

A Lassa, le 10 Avril 1716.

Mon Révérend Père,

La Paix de Notre Seigneur.

Ayant été destiné à la Mission de Thibet, je partis de Goa le 20 Novembre 1713, et j'arrivai à Suratte le 4 Janvier 1714. Comme je fus obligé d'y faire quelque séjour, je profitai du loisir que j'avais pour m'appliquer à la langue persane. Le 26 de Mars, je pris la route de Delhy, et j'y arrivai le 11 Mai. J'y trouvai le Père Manuel Freyre qui était destiné à la même Mission, et ce fut le 23 Septembre que nous commençâmes ensemble notre marche vers le Thibet. Nous passâmes par Lahor, où nous arrivâmes le 10 d'Octobre, et nous eûmes la consolation d'y administrer les sacrements de la Pénitence et de l'Eucharistie à quelques Chrétiens destitués de Pasteurs. Nous partîmes de Lahor le 19 d'Octobre, et en peu de jours nous nous trouvâmes au pied du Caucase.

Le Caucase est une longue suite de montagnes très hautes et très escarpées. Après en avoir passé une, on en trouve une seconde plus haute que la première: celle-ci est suivie d'une troisième; et plus on monte, plus on trouve à monter, jusqu'à ce qu'on arrive à la plus élevée de toutes, qui se nomme *Pir-Pangial.*

Les Gentils ont un profond respect pour cette montagne; ils y apportent des offrandes, et ils rendent un culte plein de superstitions à un vénérable vieillard, auquel ils prétendent que la garde de ce lieu est confiée. C'est là sans doute un reste du souvenir qu'ils ont de l'histoire

1. Filippo de Filippi, *An Account of Tibet, the Travels of Ippolito Desideri of Pistoia, S.J. (1712-1727)*, Londres, 1932.

fabuleuse de Prométhée, lequel, selon la fiction des Poètes, fut attaché au Caucase.

Le sommet des plus hautes montagnes est toujours couvert de neiges et de glaces. Nous employâmes douze jours à passer ces montagnes à pied, traversant avec des peines incroyables d'impétueux torrents, qui se forment de la fonte des neiges, et qui se précipitent avec rapidité à travers les pierres et les rochers. Ces rochers et ces torrents auxquels il faut résister sans cesse, rendent ces passages extrêmement difficiles, et je me suis souvent vu forcé de m'attacher à la queue d'un bœuf de charge qui passait en même temps que moi, pour n'être pas emporté par la violence de ces courants: je ne parle point du froid extrême que j'ai eu à souffrir, pour n'avoir pas pris la précaution de me pourvoir de vêtements convenables à un si rude climat.

Ce pays de montagnes, quoique d'ailleurs si affreux, ne laisse pas d'être agréable en plusieurs endroits par la multitude et la variété des arbres, par la fertilité du terroir, et par les différentes peuplades qu'on y rencontre. Il y a quelques petits États dont les Princes dépendent du Mogol. Les chemins ne sont point partout si impraticables, que des voyageurs ne les fassent à cheval, ou dans un *giampan*, qui est une espèce de Palanquin.

Le 10 de Mars, nous arrivâmes à Kaschemire: la prodigieuse quantité de neiges qui tombe pendant l'hiver, et qui ferme absolument les passages, nous obligea d'y demeurer six mois. Une maladie causée apparemment par les premières fatigues que j'avais essuyées, me réduisit à l'extrémité. Je ne laissai pas de continuer l'étude de la langue persane, et de faire des recherches sur le Thibet: mais quelque soin que je pûs prendre, je n'eus alors connaissance que de deux Thibets: l'un s'étend du septentrion vers le couchant, et s'appelle petit Thibet, ou *Baltistan*: il est à peu de journées de Kaschemire; ses habitants et les Princes qui le gouvernent, sont Mahométans et tributaires du Mogol. Quelque fertile que soit d'ailleurs ce pays, il ne peut être que très stérile pour les Prédicateurs de l'Évangile; une longue expérience ne nous a que trop convaincus du peu de fruit qu'il y a à faire dans les contrées, où la secte impie de Mahomet domine.

L'autre Thibet , qu'on nomme le grand Thibet ou *Buton*, s'étend du septentrion vers le levant, et est un peu plus éloigné de Kaschemire. La route en est assez fréquentée par les caravanes qui y vont tous les ans chercher des laines; on passe d'ordinaire par des défilés. Les six ou sept premières journées ne sont pas fort rudes, mais dans la suite les chemins deviennent très difficiles à cause des vents qui y règnent, des neiges, et de la rigueur extrême du froid très piquant; à quoi il faut ajouter la nécessité où l'on est de prendre le repos de la nuit sur la terre nue, quelquefois même sur la neige ou sur la glace.

Le grand Thibet commence au haut d'une affreuse montagne, toute couverte de neige, nommée *Kantel*. Un côté de la montagne est du domaine de Kaschemire, l'autre appartient au Thibet. Nous étions partis de Kaschemire le 17 Mai de l'année 1715, et le 30, fête de l'Ascension de Notre-Seigneur, nous passâmes cette montagne, c'est-à-dire, que nous entrâmes dans le Thibet. Il était tombé quantité de neige sur le chemin que nous devions tenir; ce chemin, jusqu'à *Leh*, qu'on nomme autrement *Ladak*, qui est la forteresse où réside le Roi, se fait entre des montagnes, qui sont une vraie image de la tristesse, de l'horreur, et de la mort même. Elles sont posées les unes sur les autres, et si contiguës, qu'à peine sont-elles séparées par des torrents, qui se précipitent avec impétuosité du haut des montagnes, et qui se brisent avec tant de bruit contre les rochers, que les plus intrépides voyageurs en sont étourdis et effrayés. Le haut et le bas des montagnes sont également impraticables; on est obligé de marcher à mi-côte, et le chemin y est d'ordinaire si étroit, qu'à peine y trouve-t-on assez d'espace pour poser le pied; il faut donc marcher à pas comptés et avec une extrême précaution. Pour peu qu'on fît un faux pas, on roulerait dans des précipices avec grand danger de la vie, ou du moins de se fracasser les bras et les jambes, comme il arriva à quelques-uns qui voyageaient avec nous. Encore si ces montagnes avaient des arbrisseaux auxquels on pût se tenir, mais elles sont si stériles, qu'on n'y trouve ni plantes, ni même un seul brin d'herbe. Faut-il passer d'une montagne à l'autre? on a à traverser des torrents impétueux qui les séparent, et l'on ne trouve point d'autre pont que quelques planches étroites et tremblantes, ou quelques cordes tendues et entrelacées de branchages verts; on est souvent contraint de se déchausser pour appuyer le pied avec moins de risque. Je vous avoue que je frémis encore au seul souvenir de ces affreux passages.

La difficulté des chemins n'est pas la seule incommodité de cette route; il faut y joindre le froid le plus piquant, des vents furieux, des neiges abondantes, la nécessité de dormir sur la terre, exposé aux injures d'un si rude climat, et de ne se nourrir que de la farine de *Sattu*, qui est une espèce d'orge. Les habitants du pays la mangent telle qu'elle est, pour nous, nous la prenions d'ordinaire en bouillie, et ce n'était pas un petit avantage de pouvoir trouver un peu de bois pour la faire cuire.

Les yeux souffrent une nouvelle incommodité de la réverbération des rayons du soleil, qui, tombant sur la neige, éblouissent et rendent presque aveugle. Je fus obligé de me bander les yeux, ne laissant de jour que ce qui était précisément nécessaire pour me conduire. Enfin, de deux en deux jours on trouve des Douaniers, qui, non contents d'exiger les droits ordinaires, demandent tout ce qu'il leur plaît, et à quel titre il leur plaît.

Dans ces Provinces montagneuses on ne trouve point de grosses villes; il n'y a point de monnaie particulière, on se sert de celle du Mogol; chaque pièce vaut cinq Jules Romains. Le commerce se fait plus ordinairement par l'échange des denrées. Nous fîmes à pied le voyage de Kaschemire à *Ladak*, qui dura quarante jours, et nous n'y arrivâmes que le 25 Juin. Ce Royaume du second Thibet, commence, comme je l'ai déjà remarqué, au mont *Kantel*, et s'étend du septentrion vers le levant. Il a un seul *Ghiampo* ou Roi absolu; celui qui règne aujourd'hui se nomme *Nima Nangial*; il a sous lui un Roi tributaire. Les premières peuplades qu'on rencontre sont Mahométanes; les autres sont habitées par des Gentils, moins superstitieux qu'on ne l'est dans les autres contrées idolâtres.

Voici ce que j'appris de la Religion du Thibet. Ils appellent Dieu *Konciok*, et ils semblent avoir quelque idée de l'adorable Trinité; car tantôt ils le nomment *Konciok-cik*, Dieu un, et tantôt *Konciokfum*, Dieu trin. Ils se servent d'une espèce de chapelet, sur lequel ils prononcent ces paroles: *Om, ha, hum*. Lorsqu'on leur en demande l'explication, ils répondent que *Om* signifie intelligence ou bras, c'est-à-dire, puissance; que *ha* est la parole; que *hum* est le cœur ou l'amour, et que ces trois mots signifient Dieu. Ils adorent encore un nommé *Urghien*, qui naquit, à ce qu'ils disent, il y a sept cents ans. Quant on leur demande s'il est Dieu ou homme, quelques-uns d'eux répondent qu'il est tout ensemble Dieu et homme, qu'il n'a eu ni père ni mère, mais qu'il est né d'une fleur. Néanmoins leurs statues représentent une femme qui a une fleur à la main et ils disent que c'est la mère d'*Urghien*. Ils adorent plusieurs autres personnes qu'ils regardent comme des Saints. Dans leurs églises on voit un autel couvert d'une nappe avec un parement : au milieu de l'autel est une espèce de tabernacle, où, selon eux, *Urghien* réside, quoique d'ailleurs ils assurent qu'il est dans le Ciel.

Les Thibétains ont des Religieux nommés *Lamas*. Ils sont vêtus d'un habit particulier, différent de ceux que portent les personnes du siècle: ils ne tressent point leurs cheveux, et ne portent point de pendants d'oreilles comme les autres; mais ils ont une tonsure semblable à celle de nos Religieux, et ils sont obligés à garder un célibat perpétuel. Leur emploi est d'étudier les livres de la Loi, qui sont écrits en une langue et en des caractères différents de la langue et des caractères ordinaires. Ils récitent certaines prières en manière de chœur. Ce sont eux qui font les cérémonies, qui présentent les offrandes dans les Temples, qui y entretiennent des lampes allumées. Ils offrent à Dieu du blé, de l'orge, de la pâte, et de l'eau dans de petits vases fort propres. On mange comme une chose sainte ce qui a été offert de la sorte. Les *Lamas* sont dans une grande vénération: ils vivent d'ordinaire en communauté, et séparés de tout commerce profane: ils ont des Supérieurs locaux, et outre cela un Supérieur général, que le Roi même traite avec beaucoup de respect.

Le Roi et plusieurs autres de sa Cour nous regardaient comme des *Lamas* de la Loi de Jésus-Christ, venus d'Europe. Lorsqu'ils aperçurent que nous récitions notre office, ils eurent la curiosité de voir les livres que nous lisions, et ils nous demandaient avec empressement ce que représentaient les images qu'ils y trouvaient. Après les avoir bien examinées, ils disaient tous ensemble, *Nuru*, cela est fort bien. Ils ajoutaient deux choses: 1°. que leur livre est assez semblable au nôtre, c'est ce que je ne puis me persuader; ce qui me paraît de plus certain, est qu'à la vérité plusieurs d'entre eux savent lire leurs livres mystérieux, mais que personne ne les entend. 2°. Ils disaient souvent: «Oh si vous saviez notre langue, ou bien si nous comprenions la vôtre, que nous aurions de plaisir à vous entendre expliquer votre Religion»! ce qui fait voir que ces Peuples seraient assez disposés à goûter les vérités chrétiennes.

Les Thibétains sont d'un naturel doux et docile, mais inculte et grossier. Il n'y a parmi eux ni sciences, ni arts, quoiqu'ils ne manquent pas d'esprit. Ils n'ont point de communication avec les Nations étrangères: nulle sorte de viande ne leur est interdite; ils rejettent la métempsycose, et la polygamie n'a point de lieu parmi eux; trois articles en quoi ils sont bien différents des Idolâtres Indiens.

Quant à la nature du climat, il est fort rude, ainsi qu'on peut l'insérer de ce que j'ai dit. L'hiver est presque la seule saison qui y règne toute l'année. En tout temps la cime des montagnes est couverte de neiges; la terre ne produit que du blé et de l'orge: on n'y voit presque ni arbres, ni fruits, ni légumes. Les maisons sont petites, étroites, faites de pierres posées grossièrement et sans art les unes sur les autres. Ils n'usent que des étoffes de laines pour leurs vêtements. Depuis que nous sommes à *Ladak*, nous n'avons eu pour logement que la cabane d'un pauvre homme de Cachemire qui vit d'aumônes.

Deux jours après notre arrivée, nous allâmes visiter le *Lompo*; c'est la première personne après le Roi, et on l'appelle son bras droit. Le 2 Juillet, nous eûmes la première audience du Roi, qui nous reçut assis sur son trône. Le 4 et le 8, nous fûmes appelés pour la seconde et troisième fois, et alors il nous traita plus familièrement. Le 6, nous rendîmes visite au grand *Lama*; il était accompagné de plusieurs autres *Lamas*, dont un est fils du *Lompo*, et un autre est proche parent du Roi. Ils nous reçurent avec beaucoup d'honnêtetés, et nous présentèrent quelques rafraîchissements selon l'usage du pays.

Ces honneurs et ces témoignages d'amitié n'empêchèrent pas qu'on ne nous inquiétât. Le commerce de laine attire à *Ladak* quantité de Mahométans qui viennent de Cachemire. Quelques-uns d'eux, soit par jalousie, soit par haine du nom chrétien, dirent au Roi et à ses Ministres, que nous étions de riches Marchands, qui portions avec nous des perles, des diamants, des rubis, diverses pierreries, et d'autres marchandises précieuses. Il n'en fallut pas davantage pour donner lieu à quelques vexations. Un député de la Cour vint faire la visite dans notre logis: tout lui fut ouvert, et le rapport qu'il fit au Roi, excita sa curiosité. Il se fit apporter une corbeille et une bourse de cuir où étaient nos petits meubles, c'est-à-dire, du linge, des livres, divers écrits, quelques instruments de mortification, des chapelets et des médailles. Le Roi ayant tout examiné, dit hautement qu'il avait plus de plaisir à considérer ces sortes de meubles, qu'à voir des perles et des rubis.

Telle était ma situation, et je ne pensais plus qu'à fixer mon séjour dans un pays où j'étais résolu de souffrir tout ce qu'il plairait au Seigneur: j'étais même au comble de la joie d'avoir enfin trouvé un état fixe, où je pourrais travailler au salut des âmes: je commençais déjà à apprendre la langue, dans l'espérance de voir un jour naître, parmi ces rochers du Thibet, quelque fruit agréable aux yeux de la divine Majesté, lorsqu'on nous apprit qu'il y avait un troisième Thibet. Après plusieurs délibérations, il fut conclu, contre mon inclination, que nous irions en faire la découverte. Ce voyage est d'environ 6 à 7 mois, par des lieux déserts et dépeuplés. Ce troisième Thibet est plus exposé aux incursions des Tartares qui sont limitrophes, que les deux autres Thibets.

Nous partîmes donc de *Ladak* le 17 Août de l'année 1715, et nous arrivâmes à *Lassa*, d'où j'ai l'honneur de vous écrire, le 18 Mars 1716. Je vous laisse à conjecturer ce que j'ai eu à souffrir durant ce voyage au milieu des neiges, des glaces, et du froid excessif qui règne dans ces montagnes. Peu après notre arrivée, certains Tribunaux du Royaume nous firent une affaire assez embarrassante. Il a plu à Dieu d'apaiser cet orage de la manière que je vais vous le raconter; Je passais devant le Palais pour me rendre à un de ces Tribunaux; le Roi, qui m'aperçut d'un balcon où il était avec un de ses Ministres, s'informa qui j'étais. Ce Ministre était instruit de notre affaire; et comme il est plein de droiture et d'équité, il prit cette occasion de représenter au Prince l'injustice qui nous était faite. Le Roi me fit appeler sur-le-champ, et donna ses ordres afin qu'on cessât de nous chagriner.

Quelques jours après étant allé rendre visite au Ministre dont je viens de parler, il me fit des reproches avec bonté sur ce que je ne m'étais pas encore présenté au Roi. Je m'excusai sur ce que la coutume du pays ne permettant pas d'approcher des Grands sans leur faire quelque présent, je n'avais rien qui méritât d'être offert à un si grand Prince. Mon excuse toute légitime qu'elle était, ne fut pas écoutée. Il me fallut donc obéir, et me rendre au Palais. Plus de cent personnes de distinction se trouvèrent dans la salle, qui demandaient audience. Deux Officiers vinrent prendre leurs noms selon la coutume, et portèrent la feuille au Roi, qui me fit entrer aussitôt avec un grand *Lama*. Le présent du *Lama* était considérable, et le mien de très peu d'importance: cependant celui du *Lama* resta à la porte, selon l'usage, et le Roi se fit apporter le mien; et pour témoigner combien il en était content, il le garda auprès de lui: ce qui est, en cette Cour, une marque singulière de distinction. Il me fit asseoir vis-à-vis et fort près de sa personne; et, pendant près de deux heures, il me fit une infinité de questions, sans parler à qui que ce soit de ceux qui étaient présents. Enfin, après avoir fait mon éloge, il me congédia. Je cherchai plusieurs fois à profiter des bonnes dispositions du Prince, pour l'entretenir, dès cette première visite, de notre sainte Religion, et de la Mission que j'étais prêt d'entreprendre dans ses États; mais les circonstances ne me le permirent pas. Ce Prince est Tartare de Nation; il y a quelques années qu'il a conquis ce Royaume, qui n'est pas fort éloigné de la Chine, car on ne compte que quatre mois de voyage d'ici à Pékin. Il en est venu depuis peu un Ambassadeur qui s'en est déjà retourné.

Après ce petit récit, mon Révérend Père, que je viens de vous faire de ce qui s'est passé dans le cours de mes voyages, et depuis que je suis arrivé dans la Capitale du troisième Thibet, il ne me reste plus qu'à vous demander, comme je le fais avec instance, le secours de vos prières. Après tant de courses pénibles, j'en ai un extrême besoin pour me soutenir dans les travaux attachés au ministère auquel la bonté divine a daigné m'appeler, tout indigne que j'en sois. C'est donc dans la participation de vos saints sacrifices que j'ai l'honneur d'être, etc.

Lettres édifiantes et curieuses, écrites des missions étrangères, t. XII: *Mémoires des Indes*, Paris, 1781.

EXPÉDITION DANS LE GRAND DÉSERT DE NGNARI GIONGAR

Trescij-Khang est situé au bord d'un terrible désert dont la traversée n'exige pas moins de trois mois. Nous ne trouvions pas de guide, et tenter de traverser seuls cette vaste et stérile étendue aurait signifié une mort certaine; mais le lama, le gouverneur et le responsable du fort se mirent en quatre pour découvrir quelqu'un qui connaissait le désert ou comptait regagner le troisième Tibet[1]. Quelque temps passa, puis Dieu, qui n'abandonne jamais ceux qui ont placé en Lui toute leur confiance, nous procura la meilleure escorte dont nous pouvions rêver. A deux jours de voyage de Trescij-Khang s'étend un grand district nommé Cartoa (Gartok[2]) où une puissante garnison de troupes tartares et

1. Celui de la capitale, Lhassa. (M. J.)

2. Gartok étant situé à 112 kilomètres de Tashigong, il serait difficile de courir cette distance en deux jours. Mais le père Wessels précise que le district de Gartok était composé de deux territoires, Gar Yarsa et Gar Gunsa: selon lui, car Gar Gunsa ne se trouve qu'à 48 kilomètres de Tashigong.

Les mentions figurant entre parenthèses dans ce texte ainsi que les commentaires qui les accompagnent sont de la plume de Felippo de Filippi. (N.d.E.)

tibétaines soumises au roi du troisième Tibet a pour mission non seulement de défendre Trescij-Khang et les divers villages environnants, mais d'interdire l'approche des bandits par les sentes mal connues et de prévenir toute invasion du pays. Naguère commandées par un chef tartare, ces troupes obéissaient depuis deux ans — date de la mort du chef — à son épouse (*baptisée Caçal selon Freyre*[1]); cette noble dame venait d'être autorisée à retourner à Lhassa avec ses soldats afin que la garnison soit remplacée par des troupes fraîches placées sous les ordres d'un autre commandant, et elle s'était rendue à Trescij-Khang début octobre pour y prendre d'ultimes dispositions. Lui étant présentés, nous la suppliâmes de nous permettre de faire route jusqu'à Lhassa sous sa protection. La princesse répliqua très affablement qu'elle ferait tout ce qui était en son pouvoir pour nous aider et nous rendre ce long et délicat périple aussi agréable que possible — elle ajouta même qu'avoir l'occasion de secourir deux lamas originaires d'une contrée lointaine était pour elle un grand honneur, et elle insista pour que nous dînions chaque soir en sa compagnie jusqu'à la fin de son court séjour à Trescij-Khang.

Nous quittâmes Trescij-Khang le neuf octobre, après avoir fait tous les préparatifs nécessaires; puis nous arrivâmes le onze à Cartoa, où nous attendîmes que la princesse fût elle-même prête à partir.

En tête de notre caravane chevauchaient les serviteurs de la princesse et quelques escadrons de cavaliers tartares, suivis par la princesse et ses dames tartares (toutes à cheval), ses ministres et les officiers de son armée; après quoi venait le gros de la cavalerie tartare, à côté de laquelle nous caracolions le plus souvent; cependant que l'arrière-garde était composée de cavaliers, en partie tartares, en partie tibétains, des bagages, des provisions et d'une multitude d'hommes à pied tenant des chevaux par la bride. Partis de Cartoa pendant la seconde quinzaine d'octobre, nous arrivâmes le neuf novembre au point le plus élevé pouvant être atteint durant la traversée de ce désert nommé Ngnari-Giongar[2]. Cet endroit est hautement vénéré par tous ces gens, car est censé y avoir vécu un certain Urghien, fondateur de l'actuelle religion tibétaine dont je reparlerai plus tard. A l'entour s'élève une montagne

1. Freyre, qui accompagne Desideri dans son voyage. (M. J.)

2. Le Ngari est la région habituellement désignée sous le terme de Tibet occidental. Elle coïncide avec la province moderne du Hundes. Orazio della Penna la divise en trois districts: celui de Ngari Sankar à l'ouest; de Ngari Purang au centre; et de Ngari Tamo à l'est, en bordure du Tsang. Cependant que Henry Strachey appelle la région «Nari» et y dénombre trois grandes provinces: Mangyul, à la frontière du Népal; Nari Khorsum, qui comprend le Purang, où sont situées à la fois Kangri, le lac Manasarowar et le mont Kailas, et Gar ou Gartok, où se trouvent Tashigong, Rudok et Guge et que traverse la rivière Sutlej; Maryul, qui est composée du Ladakh et du Baltistan.

Le Ng-nari Giongar de Desideri correspond au district qui abrite le lac Manasarowar et le mont Kailas, ou au Purang de Henry Strachey. La meilleure description du Nari et du Hundes et de leurs habitants a été brossée par Ch. A. Sherring.

de hauteur démesurée et de large circonférence, lieu horrible, désolé, escarpé et affreusement froid au sommet toujours enveloppé de nuages et aux pentes immuablement couvertes de neige et de glace (le mont Kailas).

A fleur de rocher est creusée une caverne où ledit Urghien passe pour être demeuré quelque temps dans une solitude absolue, pratiquant l'automortification et se livrant à de continuelles méditations religieuses. Cette caverne est maintenant un temple qui est consacré à ce même Urghien, temple auquel est attaché un misérable monastère servi par un lama et quelques moines. En plus de visiter la caverne et d'y apporter des offrandes, les Tibétains tournent dévotement autour de la base de la montagne, ce qui leur prend plusieurs jours et doit leur valoir selon leur croyance de grandes indulgences.

La neige qui tapissait les flancs de la montagne me brûla tant les yeux que je faillis perdre la vue; je n'avais pas de lunettes, et le seul remède contre ces brûlures, ainsi que je l'appris de notre escorte, consistait à se frotter le visage avec de la neige.

L'hiver est la meilleure période pour voyager dans ces pays, car la neige fournit de l'eau potable et les routes sont impraticables en été pendant trois mois du fait de la pluie. Bien entendu, il n'est nécessaire d'emprunter cette route que quand, ainsi que nous en avions l'intention, le voyageur souhaite accéder au Tibet à partir du Cachemire.

Le premier décembre, nous pénétrâmes dans une région plus plane presque sans neige nommée Toscioà, où nous fîmes halte deux jours afin de laisser reposer hommes et chevaux. Nous y aperçûmes plusieurs tentes dressées par les bergers qui arpentent le désert pour y faire paître les troupeaux de chevaux, de mules, et surtout de vaches de montagne appartenant au grand lama et au roi. Après quoi nous atteignîmes une plaine baptisée Retoa, où s'étire un lac si vaste qu'il faut plusieurs jours pour en faire le tour. Certains y voient la source du Gange, mais, d'après mes propres observations comme sur la foi de ce que m'ont appris les divers individus qui connaissaient cette contrée et l'ensemble du pays Mongol, il me semble plutôt que le mont Ngnari Giongar précité donne naissance non seulement au Gange, mais aussi à l'Indus. Le Ngnari Giongar étant le plus haut sommet de cette région, les eaux s'écoulent dans deux directions : à l'ouest, à travers le deuxième Tibet vers le Tibet inférieur, jusqu'à ce qu'elles parviennent dans les montagnes du Cachemire et forment le large et navigable Indus à proximité du Guzarat inférieur[1]. Tandis qu'à l'est un autre puissant réseau de torrents se jette dans le lac Retoa et finit par constituer le Gange. Ces données s'accordent avec les comptes rendus détaillés des

1. Au nord de Lahore passe le Ravi, qui est un affluent du Chenab, cependant que le Chenab coule aux environs de la ville de Gujarat. L'Indus ne suit pas du tout le même itinéraire. Freyre mentionne bien le Ravi.

anciens écrivains sur le sable aurifère découvert dans le Gange. Ces narrations seraient mensongères si la source du grand fleuve était située ailleurs, car ce n'est que sur les berges et dans les sables du lac Retoa que sont recueillies d'importantes quantités d'or après que les pluies et les eaux de fonte des neiges les ont charriées jusque-là depuis les pentes du mont Giongar. Si l'on admet que la source du Gange se trouve sur cette montagne, les antiques écrivains disent alors la vérité et mes propres observations confirment leurs dires. Les Tibétains et les marchands se rendent d'ailleurs de temps à autre sur ces terrres pour y ramasser de l'or pour leur plus grand profit; et, comme je l'ai déjà indiqué, ce peuple superstitieux fait également des pèlerinages en direction du lac, déambulant pieusement autour de ses rives et pensant gagner ainsi de grandes indulgences [1].

Le vingt-deux décembre, nous nous engageâmes dans une autre vaste plaine et y découvrîmes encore plus de tentes dressées par les gardiens des troupeaux de bétail appartenant au roi ou au grand lama. Je me dois de préciser que, quoique tout à fait stérile et dépeuplé, cet immense désert procure des revenus considérables au roi et au grand lama en raison non seulement de l'or qui y est recueilli, mais aussi des innombrables charges du meilleur beurre qui est baratté avec le lait de ces vaches de montagne, des taxes acquittées par les marchands qui passent par Cartoa et de divers autres produits de la région.

Le quatre janvier 1716, nous sortîmes enfin du grand désert et atteignîmes une grosse localité dénommée Ser-Kia (Saka dzong [2], également transcrit Serchia); nous constatâmes que cette place était solidement fortifiée, ainsi qu'il le sied à une ville frontière, où réside un puissant gouverneur, chef de la province de Zang-to (le Tsang supérieur).

Ne vous ayant donné qu'une brève description de notre traversée du désert, je vais ajouter quelques détails pour vous faire mieux

---

1. Bien que cette partie de l'itinéraire de Desideri soit encore une fois fort peu détaillée et que Freyre la passe totalement sous silence, il ne fait aucun doute que cette haute montagne est le vénéré mont Kailas (6714 m), sur les pentes duquel a séjourné Padma Sambhava (l'Urghien de Desideri), et que le lac Retoa n'est autre que le lac Manasarowar. Pour atteindre le district où s'étend ce lac, Desideri doit avoir emprunté le col de Jerko La (4937 m). Mais «Tosciá» ne peut être Tokchen, car cette région est située au-delà du lac Manasarowar, en direction de l'est.

Les propos de Desideri sur la source du Gange reflètent les opinions de ses contemporains. Le manque de précisions géographiques et l'incertitude des noms interdisent d'émettre des hypothèses pertinentes ou d'établir une comparaison fructueuse avec les explorations des explorateurs parvenus ultérieurement dans la région du lac. C. Wessels a recensé les concordances possibles et discuté les notes de Sven Hedin sur le même sujet.

2. Sven Hedin est resté plusieurs jours à Saka Dzong en juin 1907; le capitaine G. C. Rawling, qui participa à l'expédition à Lhassa vers Gartok en 1904-1905, décrit Saka comme un «village composé de quelque vingt-cinq maisons éparses aux murs en pisé, entouré d'un sol marécageux»; mais il n'en ajoute pas moins que c'est «une place d'une importance considérable... située au centre d'un très vaste district».

comprendre les difficultés que nous avons affrontées... Pour commencer, le voyageur reste trois longs mois sans croiser aucun village ni aucune créature vivante; il doit donc se munir de toutes les provisions nécessaires — thé, beurre, farine ou orge grillée, et une viande tellement pétrifiée par le froid qu'elle se conserve très longtemps, comme notre jambon. Il faut non seulement emporter des provisions pour les hommes, mais aussi de l'orge et de la farine pour les chevaux, car le sol est en général si enneigé que nul brin d'herbe n'y affleure. L'eau est gelée, si bien que le cuisinier doit faire fondre de la neige ou de la glace au-dessus d'un feu; mais l'on ne peut espérer trouver du bois dans le désert — seules quelques broussailles épineuses y poussent çà et là —, et celui qui désire allumer un feu doit par conséquent se contenter de l'alimenter avec les excréments séchés des chevaux et du bétail. Votre lit, la nuit, est la Terre qu'il faut fréquemment débarrasser de sa couche de neige, et votre toit est le ciel, dont tombe une neige poudreuse ou à moitié fondue. Vous pouvez certes vous abriter sous des tentes de fabrication tartare, qui sont des sortes de maisons rondes et transportables, mais il importe alors de disposer d'animaux pour les convoyer et de serviteurs pour les ériger. Les tentes classiques en toile de lin offrent un certain confort, mais elles sont très incommodes, car il est extrêmement difficile d'enfoncer dans le sol sableux ou gelé les gros piquets de fer destinés à les assurer contre les violents assauts des vents; cependant que la neige et le givre les raidissent et les rendent très pesantes. Les vêtements constituent un autre grand problème: si vous voulez rester propre et décemment vêtu, vous exposez votre corps au froid cinglant et courez le risque de perdre le nez, les doigts, les orteils ou même la vie; si vous recherchez au contraire l'utilité plutôt que la propreté, il vous faut supporter le poids considérable des peaux de mouton et endurer la crasse et les insectes qui s'y accumulent lorsque vous les avez longtemps portées. Avant de quitter Trescij-Khang, nous-mêmes, nos trois serviteurs chrétiens et l'interprète infidèle avions endossé ces manteaux tartares dits «posctins» (*poshtins*), qui sont également portés par les Tibétains et les prêtres en voyage. Ces vêtements en peau de mouton descendent jusqu'aux genoux, la laine étant tournée vers l'intérieur et la peau extérieure se trouvant garnie d'une fine étoffe laineuse ou d'une cotonnade de couleur produite en Chine; comme ils ne protègent pas les jambes ni la tête, j'avais fait fabriquer à Trescij-Khang pour nous et nos gens de longues bottes en peau de mouton, ainsi que des bonnets couvrant non seulement la tête, mais les oreilles et le cou — j'ai constaté par la suite que mon invention, qui m'avait été inspirée d'une part par l'instinct de conservation, d'autre part par le désir de défendre nos serviteurs contre les gelures ou même contre la mort, était d'usage courant parmi les membres de notre escorte. Les Tartares, tout comme les Tibétains, se dissimulent aussi le visage avec une sorte de demi-masque en tendre peau d'agneau, et j'avais acheté également plusieurs de ces masques (afin de préserver leurs yeux de la réflexion des rayons de soleil renvoyés par la neige, ils portent de même un écran concave tissé à partir de poils de bœufs ou de chevaux noirs). En outre, bien que ce périple se passât à cheval et non à pied, il n'en fut pas moins très fastidieux, car nous nous ébranlions chaque matin avant l'aube et ne mettions plus pied à terre avant le coucher du soleil. Les montagnes, la glace, le manque de pâtures ou les chutes de neige continuelles entraînèrent la mort de nombre de nos chevaux: nous étions partis de Lhatà avec sept montures, mais seules deux de nos bêtes parvinrent à Lhassa, l'une fourbue et blessée, l'autre en si piteux état qu'elle périt quelques jours après notre arrivée. Et s'ajoutaient enfin à cela les routes dangereuses de cet horrible pays : elles ne cessent de monter et de descendre au sein de terribles montagnes enneigées et glacées, exposant les voyageurs aux rigueurs du climat et aux âpres morsures des vents.

Je vous décrirai rapidement notre mode de vie... Au point du jour, l'autre père et moi-même nous levions, démontions notre tente gelée et la chargions sur le dos d'un cheval en même temps que notre argent et quelques objets de première nécessité, puis nous sellions nos montures et celles de nos serviteurs et de notre interprète, buvions notre thé ou *cia* (*cha*) et rassemblions les ustensiles de cuisine. Après quoi nous chevauchions jusqu'au coucher du soleil. Une fois parvenus au terme de notre étape et après avoir choisi un lieu de campement aussi dépourvu de neige que possible, nous dressions de nouveau notre tente, cherchions des grosses pierres pour l'arrimer, dessellions les chevaux, défaisions nos paquetages et nous mettions en quête de bouses et de crottins secs pour nourrir le feu. Pendant que nos domestiques préparaient le dîner, nous chantions les mâtines et les laudes pour la journée suivante et récitions d'autres prières. Puis nous nous retirions sous notre tente après avoir encore vérifié que nos chevaux avaient été convenablement abrités, abreuvés et alimentés. La nuit était une interruption dans nos fatigues plutôt qu'un véritable repos, car le froid intense et l'intolérable harcèlement des insectes nichés dans nos vêtements ne nous permettait de dormir que d'un œil.

Mais, malgré cet inconfort et ses souffrances, nous étions abondamment réconfortés par l'affectueuse bonté et la paternelle assistance de Dieu, pour le seul service Duquel nous avions entrepris cette équipée et nous étions volontairement exposés à tout ce qui pourrait advenir. Nous ne nous ressentions donc guère de nos tribulations, mais conversions entre nous ou avec d'autres avec courage et entrain et l'esprit comblé, comme si nous voyagions pour notre amusement ou notre plaisir. Et le soin bienveillant, presque maternel, avec lequel la princesse se préoccupa de notre bien-être nous fut aussi d'une grande aide… Par exemple, comme je l'ai déjà indiqué, trouver des combustibles pour le feu ou du fourrage pour nos chevaux fatigués était une tâche des plus ardues, et la princesse nous offrit presque chaque soir une partie de ses propres réserves; tout comme elle nous fit parfois apporter un mouton vivant ou quelque pièce de gibier, du riz et d'autres présents du même genre. Notre interprète m'ayant enseigné les rudiments de sa langue, elle avait pris l'habitude de me mander auprès d'elle pendant que nous cheminions; lorsque nous atteignions notre lieu de campement, elle ordonnait que l'on panse mon cheval et m'invitait sous sa tente, qui avait été préparée à l'avance, jusqu'à ce que l'autre père et nos gens arrivent; me faisant servir des rafraîchissements, elle m'interrogeait alors sur notre pays, l'Europe, nos coutumes, notre Sainte Loi, les images des saints de mon bréviaire, ma façon de prier et la signification de mes oraisons, mes expéditions dans d'autres contrées et les mœurs que j'y avais observées.

Le vingt-deux novembre, alors que la nuit avait déjà commencé à tomber, je pris congé de la princesse, pensant que l'autre père était arrivé avec nos gens; mais ils n'étaient pas encore là. Très inquiet, j'attendis jusqu'à la troisième heure de la nuit, où j'aperçus enfin nos trois serviteurs chrétiens accompagnés du cheval de bât. Je leur demandai anxieusement où étaient passés le père et l'interprète; ils me dirent avoir reçu l'ordre de laisser leurs compagnons derrière eux: son cheval s'étant effondré d'épuisement, le père avait décidé d'attendre sur place que la pauvre bête retrouve ses forces. Encore plus alarmé, je réclamai le Gubra de la princesse — c'est-à-dire son Premier ministre — et appris qu'il se trouvait sous la tente de sa maîtresse; je lui envoyai donc un message dans lequel je le suppliai de m'accorder un court entretien. La princesse m'invita sur-le-champ à pénétrer sous sa tente pour que je lui explique ce que je voulais, après quoi elle commanda à plusieurs cavaliers tartares de partir immédiatement à la recherche du père en emmenant avec eux un cheval de rechange, et me fit asseoir à sa table pour que je soupe en sa compagnie. Comme les ténèbres étaient profondes, les cavaliers tartares remontèrent nos traces en poussant de grands cris; puis, après de longues heures, ils finirent par trouver le père enseveli dans la neige et l'interprète à demi gelé: incapables de relever le cheval et dépassés par l'arrière-garde, les deux hommes n'avaient pas osé bouger de peur de s'égarer. Les Tartares hissèrent le père sur la monture de secours et l'interprète sur son propre cheval, qui était en assez bonne condition, et ils les conduisirent jusqu'à notre tente, où un bon feu avait été allumé et un souper préparé à l'instigation de la princesse. Outre ces attentions, la princesse fit prendre des nouvelles du père dès le lendemain matin, et elle lui prêta l'un de ses chevaux en attendant que nous fussions en mesure d'en acheter un autre. Quelques jours plus tard, n'en pouvant plus d'escalader et de descendre ces pentes lourdement enneigées, mon cheval refusa d'avancer; mettant pied à terre, je remarquai que son dos présentait une large plaie; je poursuivis donc ma route en le tenant par la bride, m'efforçant de ne pas perdre le contact avec les autres. La princesse, qui passait par hasard par là, me dit de remonter en selle et de chevaucher à ses côtés jusqu'à ce que nous parvenions au prochain terrain de campement. Aussitôt après que je lui eus montré dans quel état était ma bête, elle ordonna à l'un de ses officiers de me céder sa monture, puis prit ses dispositions le soir même pour que deux de ses chevaux soient mis à notre service jusqu'à la fin du voyage. Je pourrais encore vous narrer maintes autres anecdotes, mais je m'en dispenserai de crainte d'être trop prolixe; celles que je viens de raconter suffiront à établir que notre escorte nous fut bien fournie par la providence: sans cette Divine assistance, nous n'aurions que très difficilement survécu à un périple aussi rude et périlleux.

Quand nous parvînmes à Lhassa, la princesse ne séjourna que peu de temps à la Cour: elle en partit très vite afin de rejoindre un couvent de sa secte où elle devint nonne. Si bien qu'après avoir véritablement maîtrisé sa langue, je ne pus la revoir et avoir ainsi l'occasion de l'initier à notre Sainte Foi, comme je l'aurais ardemment souhaité. Mais j'adresse de constantes et ferventes prières à Dieu pour qu'Il la récompense de tous les bienfaits dont elle nous a comblés, pour qu'Il l'illumine, la convertisse et lui accorde son salut éternel.

INSTALLATION A LHASSA ET PRÉSENTATION AU ROI

Comme on l'a vu, nous atteignîmes la première localité habitée, nommée Serchia (ou Ser-Kia), le quatre janvier 1716, et ce fut là que la princesse tomba gravement malade. La caravane étant immobilisée en raison de son état, la princesse nous pria de ne pas poursuivre notre chemin sans elle, arguant qu'elle désirait avoir la gloire de nous conduire sains et saufs jusqu'au terme de notre long voyage. Le vingt-huit, elle allait beaucoup mieux, et nous nous remîmes donc en route. Nous croisâmes maints petits villages mais seulement deux grandes villes, Secchia et Giegazzè[1] [Sakya et Shigatse], dont je parlerai plus

1. Selon Freyre, ils seraient arrivés à Sakya le 15 février; ils y auraient laissé la princesse tartare et auraient continué seuls, atteignant Shigatse le 29 février et Lhassa douze jours plus tard. Le récit de Freyre diffère sur ce point de celui de Desideri : ce dernier affirme qu'ils demeurèrent à Sakya du 4 janvier jusqu'au 28 du même mois pour permettre à la princesse de se rétablir et n'en repartirent qu'ensuite avec le reste de la caravane.

Ni Desideri ni Freyre ne disent être passés par Gyantse, qui est situé sur la route habituellement empruntée par les voyageurs allant de Shigatse à Lhassa. Desideri est toutefois plus explicite dans le livre II de son ouvrage: il y indique que Gyantse, Sakya et Shigatse se trouvent sur la route qui mène à Lhassa depuis le grand désert.

tard quand je décrirai ce troisième Tibet; nous demeurâmes plusieurs jours dans l'une et l'autre de ces places. Enfin, le dix-huit mars 1716 — soit deux ans et quatre mois après que j'eus quitté Goa, un an et demi après notre départ de Delly et dix mois entiers après que nous soyons sortis du Kascimir —, nous entrâmes par la grâce de Dieu dans la cité de Lhassa, capitale de ce Tibet qui avait été préalablement choisie comme l'un des sièges de nos missions. Mon compagnon, qui avait toujours vécu sous des climats chauds, redoutait le froid intense et l'air raréfié; de sorte qu'après s'être arrêté quelques jours à Lhassa pour s'y reposer, il en repartit (*le seize avril*) par la route plus fréquentée qui traverse le Népal et retourna vers l'Hindustan. Je restai temporairement solitaire, unique missionnaire et même seul Européen présent dans cet immense pays des trois Tibet.

Ayant retracé mon voyage de Goa à Lhassa, je vais maintenant brosser un bref compte rendu de mon séjour en ce royaume, de ce que j'ai pu accomplir pour cette mission et de certains événements auxquels je fus mêlé. Peu après notre arrivée à Lhassa, je fus convoqué au palais et reçu par un haut dignitaire tartare nommé Ton-drup-ze-ring, commandant en chef de l'armée. Avec moult courtoisie et force bontés, il me demanda d'où je venais, quels étaient mon rang et ma profession, quelle affaire m'avait amené dans le royaume et combien de temps je comptais m'y attarder. Je lui répliquai que je venais d'une terre lointaine, séparée de la sienne non seulement par de vastes et innombrables pays, mais par des mers larges et étendues: que j'avais voyagé d'ouest en est, partant de l'Europe pour arriver au Tibet. Quant à mon rang, je dis être prêtre et donc exercer le métier de Lama, ma religion comme ma charge m'obligeant à guider mon prochain vers le droit chemin pour le sauver de l'erreur et lui enseigner notre Sainte Foi, qui seule permet de gagner le Ciel et le salut éternel. C'était là, ajoutai-je, mon unique souci, car je voyais que lui et ses semblables baignaient dans l'erreur et n'avaient personne pour leur montrer les chaînes qui les entravaient ou les abîmes où ils seraient précipités pour leur perdition éternelle; je lui précisai que j'avais effectué ce long et redoutable voyage d'un bout à l'autre de la terre et traversé tant de mers et de pays à seule fin de leur apporter la lumière de l'Évangile et de dissiper le sombre nuage d'ignorance qui les enveloppait; bref, par ces termes et d'autres similaires, je m'appliquai à lui faire comprendre que je n'avais nulle autre motivation et ne m'étais rendu au Tibet que dans le but de leur inculquer notre Sainte Foi. Concernant la durée de mon séjour, je dis encore qu'à moins d'en être empêché par le roi ou de recevoir un ordre contraire de mon supérieur, mon seul désir était de pouvoir continuer ma tâche aussi longtemps qu'il me serait prêté vie. Par la grâce de Dieu, mes réponses plurent au commandant en chef : il se déclara très satisfait de mes propos et m'encouragea vivement en m'annonçant que non seulement je serais libre de poursuivre mon œuvre, mais que le roi et tous ses compatriotes aimeraient entendre mes importantes nouvelles; puis il me congédia en m'assurant de son amitié et de sa protection et s'en alla relater au roi le contenu de notre entretien.

Un autre Tartare appelé Targum-trescij (sDe-srid), Premier ministre et personnage très en faveur auprès du roi, me fit mander pour me proclamer que non seulement il m'aiderait et me protégerait, mais serait pour moi un ami loyal et authentique. Ces propos me réjouirent, moins en raison du précieux avantage que constituaient de telles promesses en ce lointain pays que parce que je songeai que cet appui me permettrait peut-être d'être progressivement autorisé à enseigner notre Sainte Foi sans obstacle au sein de ce royaume, ou même à la cour. Le vingt-huit avril, ainsi que cela avait été convenu, je pénétrai dans le palais, mais le ministre se trouvait dans les appartements privés du roi; entendant mes pas, il sortit de ces appartements et me conduisit dans sa propre suite, où il m'honora de maints témoignages d'affection et me réassura de sa cordiale et indéfectible amitié, insistant pour que je fasse de même. Ce n'étaient pas des paroles en l'air, puisqu'à partir de ce jour il me donna tant de gages de réelle amitié que tous furent stupéfaits d'observer une telle familiarité entre deux hommes de races différentes qui ne s'étaient auparavant jamais rencontrés. Sachant que j'étais dans le palais, le roi exprima le souhait de s'entretenir avec moi, et le ministre me proposa d'être reçu par son souverain en audience particulière; mais, pour diverses raisons parmi lesquelles figurait mon désir d'exciter davantage la royale curiosité, je refusai humblement un si grand honneur, alléguant que la coutume voulait que l'on ne se présentât pas les mains vides devant une si auguste personne et faisant remarquer que je n'avais rien à offrir; le ministre me garantit que le roi ne se formaliserait pas si je comparaissais devant lui les mains vides, et il s'efforça de me plier à ses arguments; je n'en déclinai pas moins l'invitation, promettant de revenir au palais dans deux jours... Je regagnai donc mon logis et achetai quelques objets à des marchands étrangers, y ajoutant deux *Pietre Cordiali* également dites «pierres de Gaspar Antonio», un *cocco* (un pot?) de baume brésilien et un petit vase de pommade contre l'apoplexie; puis j'attachai à chacune de ces offrandes une étiquette rédigée en langage et en caractères tibétains où je précisai leur efficacité et spécifiai comment il convenait de les utiliser[1]. Le premier mai, j'entrai dans les pièces du palais occupées

1. J'ai consulté plusieurs traités de pharmacologie ancienne sans réussir à trouver la trace de ces *Pietre Cordiali* ou «pierres de Gaspar Antonio». Le baume brésilien était probablement un mélange de divers onguents tels que le baume du Pérou, le baume de Tolu, etc. La pommade contre l'apoplexie, également nommée «baume aromatique», contenait de la cire d'abeille, du beurre de muscade, du baume péruvien, de l'huile d'ambre, de l'essence de girofle et de l'extrait de lavande.

par le vice-roi (le Premier ministre Targum-trescij), lequel m'introduisit dans la salle d'audience en compagnie d'un grand nombre de Lamas, de gouverneurs et d'autres personnages après avoir préalablement examiné mes présents. Conformément à la coutume de ce peuple, des officiers étaient postés derrière les portes de la grand-salle afin de recevoir les cadeaux des sujets introduits. Je m'apprêtais à donner les miens quand le roi, que le vice-roi venait d'avertir de ma présence, regarda dans ma direction et me fit signe de déposer mes dons au pied du trône. Il contempla attentivement chaque objet, se fit lire les étiquettes et fut manifestement ravi, puisqu'il ordonna que l'on dispose mes cadeaux à ses côtés. Puis, enjoignant à tout le monde de s'asseoir, il m'invita à prendre place en face de lui, non loin du trône. Il s'adressa d'abord à l'un des Lamas principaux, puis à un autre; après quoi il se tourna vers moi et me posa nombre de questions, concluant son interrogatoire en me demandant ce qui m'avait conduit si loin de mon pays. Je lui répondis ce que j'avais déjà rétorqué au ministre, et le roi m'interrogea alors sur certains points de notre religion tout en me demandant quelle opinion nous avions de la leur. M'exprimant avec toute la déférence voulue, je profitai de l'occasion pour le supplier humblement de m'autoriser à m'exprimer librement et sans contrainte en public comme en privé pour expliquer la vérité de notre Sainte Foi à lui-même, à sa cour et à tous ses sujets. Le roi m'accorda la permission sollicitée au cours d'un discours très flatteur… Il commença par chanter mes louanges auprès de l'assemblée en me présentant comme un érudit versé en toutes sciences et un orateur énergique et persuasif résolu à faire triompher la vérité avec franchise et sincérité. Puis il m'assura de sa sollicitude en me promettant de veiller sur moi comme un père veille sur son fils et en me déclarant que je pourrais demeurer sans crainte dans son royaume et sa capitale, car il me protégerait contre quiconque tenterait de me molester; ensuite de quoi il se dit désireux de bavarder avec moi et m'engagea à me perfectionner dans sa langue pour que nous puissions converser librement sans l'aide d'un interprète. Il précisa qu'il me convoquerait de temps à autre à cet effet, et donna l'ordre que l'on m'introduise dans ses appartements chaque fois que je souhaiterais le voir.

A midi, n'ajoutant rien de plus, le roi nous renvoya, et je ne saurais assez décrire l'étonnement de l'assemblée devant les insignes faveurs qui m'avaient été dispensées. Après que je fus sorti de la grand-salle en compagnie du vice-roi et que celui-ci m'eut reconduit dans sa suite, le peuple m'entoura pour me congratuler, et certains me raccompagnèrent même dans ma demeure ou me dépêchèrent des messages de félicitation.

La grâce divine ayant fait en sorte que ma mission débute sous d'aussi favorables auspices, je m'appliquai avec la plus grande ardeur à mon œuvre apostolique, et plus particulièrement à l'étude de la langue tibétaine. Depuis ce jour jusqu'à mon départ du Tibet, je m'assignai pour règle d'étudier depuis l'aurore jusqu'au coucher du soleil, et pendant près de six ans je ne bus rien d'autre que du *cia* du matin jusqu'au soir, sauf les jours de fête les plus sacrés ou dans les occasions extraordinaires.

PRÉSENTATION DE LA RELIGION CHRÉTIENNE ET CRITIQUE DU LAMAÏSME

En plus d'étudier diligemment cette langue, j'entrepris d'écrire un ouvrage en tibétain pour expliquer les linéaments de notre Sainte Foi et réfuter leur fausse religion. La substance de ce livre visait d'abord à démontrer combien est mensongère la doctrine, répandue parmi ces incroyants, selon laquelle tout homme pourrait être sauvé quelle que fût sa religion : je m'attachai à leur prouver l'absolue nécessité de reconnaître la grande et essentielle vérité aux termes de laquelle une seule foi conduit au Ciel et au salut éternel.

Je démontrai ensuite les vertus de la vraie foi, vertus dont tout homme préoccupé de son propre bien et de son salut éternel devrait dévotement attester la prééminence; et j'y exposai enfin les divers signes et distinctions au moyen desquels les hommes peuvent trancher entre les religions multiples et opposées qui sont apparues de par le monde, en séparant la vérité de l'erreur. Aussitôt que le roi et son ministre apprirent que je préparais ce livre, ils se montrèrent impatients que mon entreprise aboutisse; je dirais même que, jusqu'à leur tragique trépas, ils me semblèrent incapables de parler d'autre chose que de religion : ils s'enquirent sans relâche de la grande différence existant entre notre Sainte Foi et leur secte ou religion. Afin de ne dévier en rien de la vérité mais aussi pour ne pas les décourager, je leur expliquai que toute religion comporte deux éléments principaux : en premier lieu, des principes, des maximes ou des dogmes auxquels il convient de croire, en second lieu des préceptes, des conseils ou des instructions enseignant ce qu'il faut faire ou ne pas faire. Ce à quoi j'ajoutai que notre religion et la leur différaient fondamentalement quant au premier de ces points, mais qu'elles étaient très proches dans le deuxième domaine : cette explication les consola, et elle les encouragea grandement en leur montrant que la Grâce Divine les éclairait peu à peu et guidait leurs pas.

Vers la fin du mois de décembre 1716, ayant par la Grâce de Dieu achevé la rédaction de mon ouvrage et en ayant fait intégralement copier le contenu précédé d'une dédicace au roi, je demandai quand je pourrais remettre mon œuvre à son royal destinataire. Le souverain me fit répondre qu'il ne souhaitait pas me recevoir en privé, mais préférait me rencontrer au cours d'une audience publique et solennelle dont il me laissait le soin de fixer la date. Choisissant le jour de l'Épiphanie, je me rendis donc au palais le 6 janvier 1717 après avoir célébré la Sainte Messe et prié Dieu de bien vouloir m'appuyer dans mon entreprise: j'y fus accueilli avec force démonstrations de joie par le vice-roi, qui alla immédiatement annoncer mon arrivée au roi. Conformément à la coutume de ce pays, les noms de tous ceux qui sollicitaient une audience furent soumis à l'approbation préalable du monarque, et nombre de Lamas, de Debás [De-pa], de gouverneurs ou d'autres personnages se trouvaient là. Quand la cérémonie de remise des offrandes fut terminée, je présentai mon livre enveloppé d'une soierie chinoise blanche et fleurie, elle-même drapée dans une large pièce d'étoffe de même nature. Le roi ordonna qu'on lui apporte mon cadeau, il déplia lui-même l'étoffe extérieure et la soierie, dénoua de ses propres mains ces cordons par lesquels tout texte tibétain est attaché[1]. Puis, commandant à toutes les personnes présentes de s'asseoir, il me fit signe de m'installer sur un siège placé en face du trône. D'une voix claire, il se mit alors à lire ma dédicace louangeuse, s'arrêtant ensuite pour décliner modestement mes éloges et me féliciter des progrès fulgurants que j'avais accomplis dans l'apprentissage de sa langue. Après quoi il continua à lire tout en s'interrompant de temps à autre pour émettre quelque remarque, jusqu'à ce que, fatigué par cette

1. Les textes religieux tibétains, qu'ils soient manuscrits ou imprimés, sont constitués de feuilles détachées de format rectangulaire, longues d'au moins soixante centimètres et larges de quinze à dix-huit centimètres, numérotées et placées l'une sur l'autre entre deux planchettes en bois (la planchette supérieure est souvent ornée de bas-reliefs représentant des divinités). L'ensemble est en général enveloppé dans des soieries ou des étoffes damassées maintenues par des cordons, et à une extrémité du texte pend une étiquette où est écrit le titre de l'ouvrage. Le titre est toujours rédigé en sanscrit, mais il peut aussi être suivi d'un titre tibétain quand le texte a été traduit dans cette dernière langue à partir de la première. Les copies des ouvrages sacrés sont effectuées par des moines, qui sont fréquemment de très habiles calligraphes. Les textes les plus précieux sont écrits sur des lignes longitudinales tracées alternativement à l'or, à l'encre et au cinabre ou à l'or, à l'argent et au cuivre rouge; dans certains cas, ils sont décorés de miniatures en bordure ou au centre des pages. Les pages sont faites d'un papier épais et robuste souvent de couleur noire ou bleue, obtenu en collant ensemble plusieurs feuilles de papier fin.

Ce papier est fabriqué avec plusieurs plantes textiles — selon Hodgson, avec les couches intérieures de l'écorce d'une variété de daphné *(Daphne Cannabina)* qui pousse au Bhoutan et au Népal. Mais d'après Giorgi, Turner et Kawaguchi, il serait plutôt élaboré à partir des fibres d'une racine. Macdonald écrit que des manufactures de papeterie sont installées dans les grandes villes; et il précise que le papier grossier serait fabriqué avec de l'écorce de daphné, tandis que le papier plus fin serait issu des racines d'une plante vénéneuse que l'on trouve dans le pays. Giorgi nous informe que le meilleur papier est produit dans le Takpo, et le papier plus ordinaire dans le Tsang; il décrit aussi et dessine les *instrumenta literaria*: le calame en roseau taillé, le *graphiarium* ou plumier et le grand encrier; selon cet auteur, l'encre employée serait une encre de Chine diluée dans de l'eau pure.

tâche, il demande à un moine influent de s'approcher de son trône et de reprendre la lecture là où il l'avait abandonnée. Après avoir écouté attentivement pendant quelque temps, le roi récupéra le livre et regarda dans ma direction, me disant que j'exposais là divers principes diamétralement opposés à ceux de sa religion, mais qu'il n'en concevait pas moins que ces principes pouvaient être justes et sains méritant une discussion sérieuse et argumentée. Il précisa toutefois que deux points le troublaient grandement: d'après ce qu'il comprenait, nous croyons en un être suprême, unique, spirituel et incorporel et rejetons absolument la métempsycose, ou transmigration des âmes. Le roi, qui possédait un intellect aussi subtil que délié, émit plusieurs critiques et objections sur ces deux thèmes, auxquelles je répliquai en citant nos doctrines. La conversation, exclusivement consacrée à ces problèmes, se poursuivit jusqu'à midi, heure à laquelle le roi s'adressa à l'assistance pour exprimer son vif contentement: il fit encore une fois mon panégyrique, me prêtant toutes sortes de qualités imméritées. Puis il se tourna vers moi et se déclara hautement satisfait du cadeau que je venais de lui offrir, affirmant qu'il achèverait la lecture de cet estimable et précieux traité à tête reposée et le relirait encore et encore; tout comme il m'apprit qu'il donnerait mon texte aux lamas les plus éminents et intelligents pour qu'ils l'examinent et le discutent à loisir, puis m'informerait du résultat de ces débats. Après quoi l'audience prit fin.

Un jour de mars, je fus convoqué au palais, où le roi m'annonça qu'il avait lu et médité mon livre et que plusieurs lamas et docteurs l'avaient également examiné: au terme de leur lecture, les maximes et principes formulés dans mes pages leur avaient semblé bien exposés et solidement étayés, mais aussi totalement opposés à leurs dogmes et opinions. Il considérait par conséquent qu'il serait inopportun de se prononcer définitivement sur des matières aussi capitales avant d'avoir soigneusement pesé l'une et l'autre face de la question. C'est pourquoi il avait décidé que moi-même, les docteurs et lamas de ses universités engagerions un débat sur le sujet; conscient de la gravité et de l'importance d'une telle procédure, il souhaitait que je ne sois pas pris par surprise et voulait que je n'ignore rien des armes que mes adversaires pourraient employer. Il ajournait donc la date de cette confrontation afin que j'aie le temps de me plonger dans leurs livres religieux et leurs auteurs classiques et puisse m'initier à leur dialectique. Il désirait pour cette raison que j'assiste à quelques-unes des discussions qui étaient fréquemment organisées dans les universités de son pays, et avait ordonné que je sois admis dans tout monastère ou toute université où j'aimerais pénétrer, que l'on m'y prête tous les ouvrages que j'aurais besoin de consulter, et que les passages difficiles me soient expliqués par les docteurs et les maîtres. Il me pria enfin de coucher par écrit tous les raisonnements et arguments que j'aurais à opposer aux croyances de leur secte. Je m'empressai d'obéir à ces recommandations qui correspondaient si parfaitement à mes propres vœux : je choisis de me rendre au monastère de Ramo-che[1] ou de la Grande Chèvre situé près du palais et de mon propre logis, et m'appliquai à mes études avec toute la diligence dont j'étais capable.

Filippo de Filippi, *An Account of Tibet, the Travels of Ippolito Desideri of Pistoia, S.J. (1712-1727)*, Londres, 1932. Traduction de Christian Cler.

LES ENVOYÉS DU VICE-ROI DES INDES

GEORGE BOGLE

(1774-1775)

George Bogle, malgré son jeune âge, remplit parfaitement la mission que lui avait confiée Warren Hastings. Il devait se renseigner sur ces contrées inconnues, mais sans se rendre à Lhassa. Le dalaï-lama qui y résidait était un garçon de quinze ans et le pouvoir réel était entre les mains du tashi-lama (panchem-lama), établi à Xigazê (Chigatse). Sixième panchem-lama, Jetsun Poldan Ye She, est la figure la plus marquante des grands lamas réincarnés, un homme aux qualités

1. Selon Rockhill, le terme Ramo-che signifie «vaste enceinte». Comme l'écrit Desideri, il ne s'agit pas d'une école ni d'une université, mais d'un monastère bâti dans le quartier nord de Lhassa. Chandra Das décrit le célèbre temple, précisant qu'il aurait été édifié par la princesse chinoise Konjo (Wen-chang) et que les reliques de cette princesse y seraient conservées. Il souligne de même qu'une demi-douzaine de moines vivaient dans les étages supérieurs de la bâtisse, alors qu'à l'époque du voyage de Desideri, un monastère était accolé à l'édifice. Waddell et Candler disent tous deux que le bâtiment tombait en ruines ; Waddell affirme cependant que le temple de Ramo-che fut construit par Sron-tsan Gam-po afin d'abriter les statues apportées non par son épouse chinoise, mais par son autre femme, la princesse népalaise Bhri-kuti. L'autre temple de Ramo-che, qui s'élève à l'extérieur des murs de la cité, est consacré au Bouddha Sakya Muni.

Desideri ne mentionne pas les autres monastères mineurs de Lhassa : Chomo-ling et Tengye-ling, qui sont situés dans la ville ; ou Kunde-ling et Tsecho-ling, qui se trouvent dans ses faubourgs. Bien que la population de moines logée dans chacun de ces établissements ne dépassât pas deux cents à deux cent cinquante individus, c'était parmi les abbés de ces quatre monastères qu'était choisi le Gyalpo — c'est-à-dire le régent qui gouvernait pendant la minorité du dalaï lama. Aujourd'hui [1905], les lamas de Tengye-ling sont dispersés, et les locaux de l'ex-monastère abritent la poste et le télégraphe de Lhassa.

multiples, bienveillant, tolérant et d'une grande courtoisie. Il reçut Bogle en son lieu de résidence, le Tachi Lumpo.

TESHU LUMBO

Nous passâmes au pied du Teshu Lumbo[1], qui est bâti sur la pente inférieure d'une colline escarpée. Le toit du palais, qui est très vaste, est tout en cuivre doré, cependant que les bâtiments sont construits en briques sombres. Les maisons de la ville se dressent l'une au-dessus de l'autre; quatre églises aux ornements dorés se fondent dans le décor, et l'ensemble présente une apparence princière. Maintes cours sont spacieuses, carrelées de pierres et ceintes de galeries. Les ruelles, qui sont également pavées, sont étroites. Le palais est affecté au lama et à ses officiers, mais il abrite aussi les temples, les entrepôts de grain, les magasins, etc. Le reste de la ville est entièrement peuplé de prêtres, dont le nombre s'élève peut-être à quatre milliers[2]. Les croquis de l'endroit que le lama m'offrirait par la suite donneront une meilleure idée du site que tous les comptes rendus que je pourrais rédiger; car nulle description d'un lieu ne saurait brosser un tableau exact de sa configuration.

J'accompagnai d'abord le lama jusqu'à ses appartements, puis fus conduit dans les miens aussitôt après m'être retiré. Ils étaient tout neufs, ayant été édifiés et achevés par le Chanzo Cusho[3] pendant que le lama séjournait à Dsheripgay. J'y disposai d'une chambre, et Mr. Hamilton d'une autre. Le logement qui me fut attribué ne me parut en rien inférieur à toutes les autres habitations du Teshu Lumbo; et, bien que n'étant guère doué pour ces exercices descriptifs, je vais néanmoins m'efforcer de vous en donner un aperçu... On entrait par une porte composée d'une seule pièce de bois, peinte en route; les gonds de fer, artistement décorés, étaient cerclés en leur milieu d'un large anneau de même facture entouré d'un carré de satin blanc, si bien que l'on ne

1. Turner note que le Teshu Lumbo est situé à 29° 4' 20'' de latitude nord, mesurés à partir de six hauteurs méridiennes du soleil, et à 89° 7' de longitude est. Le «Pundit» de 1865 indique que la latitude de Shigatze, qui se trouve à peu de distance de Teshu Lumbo, est de 29° 16' 32'' nord, et que l'altitude par rapport au niveau de la mer s'y établit à 3 603 m. Schlagintweit orthographie le terme «Tashil-hunpo», mais il cite la translittération exacte, qui est «bkhra shis lhun po» (la montagne de la Grâce); Mr. Bogle, dans son glossaire, traduit le vocable *Lumbo* par «pays», alors qu'il faut plutôt entendre «colline» ou «bloc de pierre». (C. R. M.)

L'orthographe la plus courante est actuellement Tachi Lumpo ou Tashilhunpo, mais la transcription la plus exacte est bien celle que donne Schlagintweit. Le chinois (pinyin) écrit: Za shen lun bun si. (M. J.)

2. Mr. Hodgson nous dit que, quelques années plus tôt, la petite vallée du Népal comptait quelque 5 000 Bandyas, qui semblent équivaloir aux prêtres de Bogle.

3. Le frère du teshu-lama. (M. J.)

risquait pas d'érafler la dorure en repoussant la porte derrière soi. La porte pivotait sur deux chevilles découpées dans des madriers et logées dans deux trous creusés en haut et en bas; elle était fermée par un loquet et un mentonnet de fer, ainsi que par une serrure de fabrication chinoise longue d'une trentaine de centimètres. La pièce, qui mesurait environ quinze mètres sur neuf, était interrompue par neuf piliers de bois carrés badigeonnés d'une peinture rouge striée de raies blanches qui leur donnaient un aspect cannelé. Il y avait à l'ouest deux petites fenêtres aux volets en bois, mais je ne les ouvris jamais, car le plafond de ma chambre comportait une ouverture de neuf mètres sur quatre mètres cinquante qui me dispensait suffisamment de lumière. Le côté sud n'était clos que par quelques planches branlantes et négligemment fixées que l'on pouvait ôter pendant la journée et remettre en place le soir venu — elles reposaient sur une poutre elle-même soutenue par les deux piliers centraux, qui étaient beaucoup plus longs que les autres. Les murs, en plâtre, étaient de couleur verte, cette teinte étant brisée ici et là par quelques bandes bleues et jaunes. Les chapiteaux des piliers, ainsi que les poutres qui constituaient les quatre coins de l'ouverture dont je viens de parler, étaient agrémentés de gravures curieuses et dorées auxquelles s'ajoutaient des festons représentant des dragons et des fleurs. Le sol, en argile crayeuse parsemée de petits galets, formait déjà une magnifique terrasse lisse grâce au labeur acharné d'un jeune *gylong*[1]: polie chaque matin pendant trois ou quatre heures par des garçons chaussés de patins de laine, cette esplanade acquerrait dans quinze ou vingt ans un poli égal à celui des autres parquets du palais, qui n'avaient rien à envier aux plus fins de nos marbres veinés. Quant à la chambre de Mr. Hamilton, elle était à la fois plus petite et plus chaude que la mienne.

Du jour de notre arrivée au Teshu Lumbo jusqu'au 18 janvier 1775, le lama reçut des visites et des présents. Parmi ses adorateurs figurèrent notamment les membres d'une grande caravane de Kalmuks, qui lui offrirent des talents d'argent pour son reliquaire, ainsi que des fourrures, des coupons de soie et des dromadaires. Ils séjournèrent un bon mois au Teshu Lumbo puis repartirent par Lhassa, où ils restèrent une dizaine de jours avant de regagner leur propre pays, situé à environ trois mois de voyage vers le nord.

Je n'assistai à aucune de ces réceptions: je me contentai de demeurer dans mes appartements, où venaient suffisamment de visiteurs; car des foules de *gylongs* avaient pris l'habitude de pénétrer dans ma chambre à toute heure pour me voir, ou de monter sur les toits pour m'observer (parmi ces derniers se trouvaient notamment les Killadars[2] de Shigatzé, vêtus de leurs atours féminins). Je n'interdis jamais ma porte à

1. Moine. (M. J.)
2. Gouverneur d'un fort dans l'Hindoustan. L'équivalent tibétain est Dêbu. (M. J.)

quiconque: je proposais à mes visiteurs une prise de tabac et les autorisais à jeter un regard sur les chaises et autres objets — ce qui provoquait toujours une exclamation du genre: «*Pah-pah-pah, tze-tze-tze!*» —, après quoi ils se retiraient et laissaient la place à d'autres; ce manège dura, plus ou moins, pendant tout le temps de mon séjour au Teshu Lumbo.

Le lama descendit dans la grand-salle qui jouxtait mes appartements, afin de bénir les fidèles. Elle était longue de dix-huit mètres et large de quinze; le plafond était soutenu par un certain nombre de hauts piliers, et les murs ornés de peintures mythologiques. Le lama était perché sur un trône surélevé par des coussins et niché à l'intérieur d'une alcôve située à une extrémité de la pièce. Il y avait aussi un autre trône sur sa droite, un peu moins haut et appartenant au Chanzo Cusho — mais celui-ci ne l'occupait pas: il était installé sur un coussin bas disposé au pied du trône du lama, le *Sopon Chumbo*[1] restant debout à leurs côtés. Juste à l'extérieur de l'alcôve se tenaient les quatre lamas inférieurs, auprès desquels était posé mon coussin: j'étais assis tout près d'eux, faisant face à un lama kalmuk qui avait été récemment dépêché par le Khalka lama (que les Hindous nomment Taranath[2]) et qui côtoyait lui-même le vakìl du dalaï-lama; Le vakìl de Cheyt sing était placé derrière moi et Mr. Hamilton, du côté de la porte où le suivaient encore un vakìl venu du Kashmiri Mull et d'autres Hindous. Je m'avançai aussitôt que le lama se fut assis, le saluant trois fois en m'inclinant profondément puis lui tendant mon écharpe pour qu'il la prenne dans ses mains: il me parla pendant environ deux minutes, s'enquérant de ma santé et me demandant ce que je pensais de Teshu Lumbo ou si mon logement était à mon goût. Après quoi une vaste foule se dirigea vers le trône: des *gylongs*, des *annìs*[3], des Kampas, des Kalmuks, les gouverneurs de tous les châteaux voisins, des hommes, des femmes et des enfants vinrent présenter leurs offrandes au lama et se prosterner devant lui, apportant des bourses d'or, des talents d'argent, des étoffes de satin chinois, des ballots de thé ou de fruits, des carcasses de mouton séchées, des sacs de fleurs ou de riz, des petites images entourées d'un morceau de satin jaune drapé comme une cape, des ouvrages religieux, des bâtons d'encens, des baguettes appelées *pyes* et toutes sortes d'autres articles. Les individus de rang inférieur n'offrirent qu'un foulard blanc en satin: ils s'approchèrent à leur tour du lama, qui leur toucha la tête comme je l'ai déjà décrit; Les jeunes *gylongs* se retiraient immédiatement après cette imposition des mains; mais j'observai avec plaisir que le lama ne manquait pas

1. Second par le rang dans l'entourage du teshu-lama, il était Mandchou. (M. J.)
2. Le taranath-lama est le troisième pontife des Bonnets jaunes (la secte Gelugpa), les deux autres étant le dalaï-lama et le teshu-lama. Le taranath réside au nord du Tibet, parmi les tribus khalka de Mongolie extérieure, près d'Urga.
3. Nonnes. (M. J.)

de dire un mot à certains des *gylongs* les plus âgés: il conversa avec plusieurs d'entre eux durant une ou deux minutes, employant ce ton affable et engageant qui «conquiert le cœur des hommes». Là-dessus, le lama et tous ceux qui étaient assis burent une tasse de thé; la mienne me fut versée avec la théière d'or du lama, honneur que je ne partageai qu'avec le Chanzo Cusho, les lamas inférieurs et les vakíls du dalaï-lama et du Taranath. Parmi l'assistance se trouvait une troupe de quinze jeunes garçons âgés de sept à douze ans; coiffés de turbans blancs, habillés de chintz colorés ou de riches indiennes et tenant une petite hache dans la main droite. Ces enfants dansèrent devant le lama au son des hautbois, des flûtes, des timbales et des cloches, en marquant la mesure avec leurs haches, leurs sautillements, leurs tournoiements et maints autres mouvements que je ne me hasarderai pas à décrire — on me dit que c'était une imitation de danse sadak[1]. Une autre partie du spectacle consista en des débats publics conduits par deux groupes de deux *gylongs*; leurs échanges avaient trait à la religion: ils portaient probablement sur l'immortalité de l'âme, ou sur la nature immuable de la vérité et de l'erreur; mais mon ignorance de la langue tibétaine me rendit leurs propos tout à fait inintelligibles. Ces discussions étaient ponctuées de force vociférations et emportements simulés qu'embellissaient de puissantes démonstrations telles que des claquements de mains, des hochements de tête, etc.: toutes ces gesticulations me semblèrent assurément déplacées et ridicules, car elles différaient totalement des gestes auxquels nos orateurs européens nous ont habitués, et qui constituent pour nous les véritables étalons de la justesse et de la grâce. Puis le dîner fut servi... On dressa devant le lama six longues tables basses chargées de plats en bois peint où s'entassaient des fruits secs chinois et kashmiri, du sucre, des gâteaux à la mélasse et des confiseries, des piles de biscuits torsadés, des carcasses de moutons séchés et diverses autres nourritures; deux tables similairement garnies furent disposées en face du Chanzo Cusho; et du pain, des morceaux de mouton séché, des assiettes de fruits et des douceurs furent posés devant moi et chacun des convives. Après que nous eûmes bu une tasse de thé, on nous amena des bols de mouton haché et de riz et de mouton pilés et bouillis jusqu'à être réduits en compote, mets que je dévorai avec appétit; à la suite de quoi on nous servit encore sur la même assiette en bois une articulation de mouton bouillie et une autre rôtie. La viande était dure et tendineuse, mais le lama me fit apporter un excellent gigot de mouton bouilli pris à sa propre table et m'engagea à en manger en accompagnant son invitation d'un sourire. Quand nous eûmes achevé notre repas, le *Sopon Chumbo* distribua les fruits, sucreries, etc. Selon une liste préétablie, donnant

1. Turner écrit que le Sopon Chumbo portait le titre de *Sadík*; le terme, synonyme du bhoutanais *Zempi*, signifie «porteur de coupe».

certains aliments au peuple resté à l'extérieur du palais et répartissant les autres reliefs entre ses invités: ma part me fut remise sur de la vaisselle d'argent. Puis tout le monde se retira.

Le lama monta ensuite visiter les nouveaux appartements en empruntant un escalier dérobé où je grimpai à sa suite. Pénétrant d'abord dans la galerie située au même étage que ma chambre, il s'approcha de la statue du dieu Sakya érigée en son milieu pour se jeter trois fois à ses pieds. Et puisque me voici arrivé à ce point de mon récit j'en profiterai pour décrire ce temple...

Il contenait treize gigantesques personnages qui auraient atteint une hauteur de deux mètres cinquante s'ils avaient été représentés debout; mais, à l'exception du dieu de la guerre et d'une autre effigie, ils étaient tous assis en tailleur. Ces colosses, qui étaient en cuivre doré, portaient un pot de fleurs ou une coupe de fruits sur les genoux; ils étaient figurés revêtus d'un manteau, et la tête ceinte d'une couronne ou d'une mitre; tous les détails — notamment les draperies — étaient fort bien exécutés. Également en cuivre doré, les trônes où ils reposaient étaient sertis de turquoises, de cornalines et d'autres pierres de peu de valeur; leurs moulures et ornements étaient de bon goût. Derrière chaque personnage, le mur était aussi ouvragé que les lourds cadres dorés des portraits de nos aïeux ou de nos miroirs; et l'on apercevait encore des vases de porcelaine dont certains étaient d'une grande beauté, ainsi que quantité de récipients en porcelaine et en verre — la verroterie provenait à la fois de Chine et d'Europe — emplis de grains de blé, de fruits ou de fleurs d'eucalyptus: ils s'ajoutaient à toutes sortes de coquillages, à de grosses conques enchâssées dans une monture d'argent, à des œufs d'autruche, des noix de coco, des cymbales et maints autres objets, composant ainsi un tableau des plus hétéroclites. Les statues avaient le cou cerclé de corail, de perles aux formes irrégulières, de cornalines, d'agates et d'autres pierres, décorations qui se retrouvaient sur leurs couronnes. Le plafond de la galerie était tapissé de satins de styles différents, certains chinois, quelques-uns kalmuks et d'autres originaires d'Europe — ceux-là étaient arrivés par voie de terre, à travers la Russie. La galerie était éclairée au sud par cinq fenêtres, et les murs qui séparaient ces fenêtres portaient des tableaux représentant diverses divinités ou des scènes célestes. Le côté opposé où se dressaient les statues, était fermé sur toute la longueur du couloir par une grille en fer forgé. Le lama passa derrière cette barrière et traversa la galerie de bout en bout, jetant du riz sur les effigies — c'était une sorte de consécration; puis nous nous assîmes pour boire du thé, et il m'expliqua la signification de certains tableaux tout en me précisant la provenance des soieries tendues au-dessus de nos têtes. A chaque extrémité de la galerie se trouvaient enfin d'importantes collections de livres déposés dans des petites niches, ou plutôt des pigeonniers. Ayant achevé notre thé, nous empruntâmes un autre escalier dérobé pour aboutir à ma chambre, où le lama répandit aussi du riz; après avoir examiné l'ameublement et contemplé mes pièces d'échec rangées en ordre de bataille sur la table, il pénétra dans la chambre de Mr. Hamilton et y accomplit les mêmes rites de dédicace; après quoi je le laissai regagner l'aile du palais où il logeait.

Le lendemain matin, le lama se rendit de nouveau dans la grande salle, où nous étions tous rassemblés. Mais pourquoi devrais-je revenir sur des cérémonies dont j'ai déjà donné une description si minutieuse et si lassante?

Je reçus la visite de Debo Patza, qui était l'un des quatres généraux tibétains, et veillai à l'accueillir avec tous les honneurs dus à son rang. Il m'apprit qu'il passait me voir à la demande du lama, qui lui avait déclaré qu'il se devait de présenter ses respects à un étranger venu d'un pays si lointain et dépêché par les souverains de l'Hindustan. Il se montra à la fois enjoué et charmant, et nous nous installâmes pour jouer aux échecs après avoir un peu conversé et bu une ou deux tasses de thé; bien que les pièces de mon jeu lui fussent totalement inconnues, il livra une rude bataille, et je crois bien que le général eût remporté la victoire si nous avions disputé une autre partie; mais il devait partir le jour suivant pour Lhassa, où l'ordre allait lui être donné de se diriger vers le pays de Demo Jong[1] afin de s'opposer aux troupes à la tête desquelles le Rajah de Gorkha avait envahi cette contrée.

Le 25, Debo Dinji me fit aussi ses adieux. C'était le gouverneur d'un château appartenant au teshu-lama, situé à six jours de voyage en amont de Tsanpu; et, comme nul justiciable soumis à l'autorité du lama n'était mis à mort, tous les grands criminels lui étaient envoyés pour qu'il abrège leur existence en les enfermant dans un cachot sans eau ni nourriture. Il m'avait rendu de fréquentes visites sous mes tentes pendant que je me trouvais sur la route, en ne s'embarrassant d'aucun protocole: son allure comme ses manières étaient celles d'un fermier qui aurait grandi trop vite. Il exhalait une forte odeur de tabac, et il m'était arrivé de songer qu'il avait l'esprit un peu dérangé... Par exemple, il était persuadé que la tenue des Anglais était exactement semblable à celle des Russes: cela, sous le prétexte que la tunique et la casquette (dont la coupe était carrée au lieu d'être ronde) que je portais avaient été offertes au lama par des Tatars Turki[2]; je ne m'étais pas donné la peine de le détromper, d'autant que cette méprise m'avait permis d'entrer dans ses bonnes grâces. Il m'affirma aimer les Russes parce qu'ils étaient les ennemis des Chinois, qui étaient un peuple vil, perfide et scélérat; la fougue avec laquelle il abordait toujours le thème

1. C'est-à-dire le Sikkim.
2. On peut repérer là un exemple des confusions causées par l'usage indifférencié des termes «Tatar» et «Tartare».

de la trahison me surprit grandement, jusqu'au jour où j'en compris la raison: je découvris qu'il avait servi Wang Cusho, dernier Rajah du Tibet traîtreusement assassiné à Lhassa par les Chinois quelque vingt-cinq ans plus tôt[1].

Le Chauduri[2], natif de Palpa[3] dont j'ai parlé ailleurs, me rendit de même visite en compagnie d'autres Hindustanis. Les vakíls de Cheyt Sing et du Kashmiri Mull vinrent également me voir, et répétèrent fréquemment leur démarche; les discours qu'ils me tinrent n'ayant pas de relation avec notre présent propos, je m'abstiendrai de les rapporter; mais je remarquerai toutefois que les compliments exagérés qu'ils m'adressèrent et l'humilité servile qu'ils me témoignèrent me furent moins agréables que les manières franches et honnêtes des Tibétains. Car qu'est la conversation, qu'est la société, sans sincérité?

Le lama devait recevoir les vakíls envoyés depuis Lhassa par le dalaï-lama et Gesub Rimboché[4] pour le féliciter de son retour, et il me demanda d'assister à l'entrevue. La cérémonie se déroula dans le grand temple situé au sud du palais. Je me tenais moi-même sur un balcon d'où je pouvais observer l'intérieur du bâtiment: le lieu regorgeait de *gylongs* vêtus de manteaux et coiffés de bonnets jaunes, assis l'un à côté de l'autre aussi près qu'il est possible de l'être. Quand le lama pénétra dans le temple, il se prosterna trois fois en direction de l'autel et de l'effigie de son Dieu, puis grimpa sur son trône surélevé par des gradins. Nous dîmes maintes prières tout en buvant quelques tasses de thé, après quoi arriva le vakìl du dalaï-lama: les mains chargées d'un large plateau d'argent curieusement bosselé où étaient disposées cinq parts de riz, il resta debout devant le lama en compagnie de trois autres personnages, haranguant son hôte durant un bon quart d'heure. Je souffris pour lui, et pensai même une ou deux fois qu'il allait s'effondrer sous le poids de son fardeau. Pendant tout ce temps, ni le lama ni aucun autre membre de l'assistance ne prit la parole; puis, une fois le discours du vakìl achevé, le lama répondit à son visiteur par une brève allocution et saisit une poignée de riz qu'il lança vers l'autel; à la suite de quoi il prit la lettre que le dalaï-lama lui avait adressée conjointement à quatre ou cinq petites statues, de nombreux livres et quelques conques montées dans de l'argent, et plaça le tout sur son trône, juste devant lui. Ensuite défilèrent les porteurs de présents:

1. Wang Cusho avait été invité en 1749 dans la demeure des *ambas*, ou résidents chinois à Lhassa, qui l'avaient étranglé. Ce meurtre avait entraîné le massacre des Chinois, lui-même payé par l'octroi de maintes concessions au gouvernement de Pékin.

2. Un ministre, ou comme ici, un officiel de haut rang des douanes, au Népal.

3. Palpa est une ville du Népal érigée sur la rive droite du fleuve Gandak, à 180 km de Kathmandu.

4. Gesub Rimboché est le président du Conseil des Cinq, et le chef de l'exécutif pendant la minorité du dalaï lama. *Rimbochay*, *Rimboché* ou *Rimpoché* signifie «précieux», ou «joyau».

chaque homme transportait un talent d'argent, une pièce de soie ou un sac de thé; quand tous les cadeaux du dalaï-lama furent offerts, ceux de Gesub furent apportés, du même style que les précédents mais d'une moindre valeur — je dénombrai au total quelque cent talents d'argent, cent vingt coupons de soie et soixante ballots de thé. Pendant que tout cela se déroulait, un grand nombre de suppliques furent lancées dans le Temple conformément à la coutume, chacune étant liée à une écharpe en satin blanc: les *gylongs* se les passèrent de main en main jusqu'à ce qu'elles parviennent au pied du trône, où elles furent ramassées et données au lama. On me dit que les auteurs de ces billets réclamaient surtout des prières pour les malades ou pour les âmes des défunts qui venaient d'expirer. Le lama lut une ou deux de ces requêtes, après quoi il récita une longue oraison à laquelle fit chorus une prière des *gylongs*. Puis tout le monde s'en alla.

Comment aurais-je pu échapper à ces assommantes cérémonies? Et comment pourrais-je rendre agréable le récit de l'existence monotone et fastidieuse que je menai à Teshu Lumbo? La vie y était monastique au plus haut degré: il n'y avait que des prêtres, les journées étaient rythmées du matin jusqu'au soir par les chants de prières et le son des cymbales ou des tambourins. Le lama se montrait fort prévenant, j'étais en bonne santé et mon esprit ne connaissait ni le souci ni l'inquiétude. Mais mes occupations — mon apprentissage de la langue tibétaine, l'écoute des histoires qu'on me narrait sur les fakirs et les Kashmiris ou mes conversations maladroites avec les nombreux tibétains qui fréquentaient mes appartements — ne me procuraient que de mornes et insipides distractions, bien inférieures aux plaisirs que dispensent nos sociétés occidentales; dénués de ces mille petits divertissements qui nous amusent sans que l'on sache pourquoi et vus de surcroît à travers le terne filtre de la description, mes jours à Teshu Lumbo ne peuvent sembler qu'affreusement tristes et inintéressants.

Avant la venue des Pyn Cusho[1], j'avoue que les heures les plus plaisantes qu'il me fut donné de vivre furent celles que je passai à m'entretenir avec le lama, ou à jouer aux échecs. L'arrivée d'une grande troupe de Kalmuks me fournit des adversaires en nombre suffisant... Leurs méthodes de jeu différaient des nôtres en trois domaines: le privilège d'avancer de deux cases était réservé au premier pion joué au cours de la partie; le roque et le pat leur étaient inconnus; et l'égalité était déclarée quand le roi restait tout seul sur l'échiquier, sans pièces ni pion amis: c'était un principe généreux. Quand je commençai à me mesurer aux Tatars, je fus souvent vaincu; car, dès lors qu'un Sibérien s'assoit pour disputer une partie d'échecs, il demande à deux ou trois de ses compatriotes de l'assister, et tous rapprochent alors leurs vastes crânes dénudés pour réfléchir de concert

1. Les neveux du teshu-lama. (M. J.)

et se consulter sur les coups à jouer. Finalement, je découvris comment triompher de ces ligues en employant les armes mêmes qui m'étaient opposées: si je ne pus convaincre un Sibérien de m'affronter en combat singulier, je ralliai à ma cause un nombre égal de Tatars avec qui je battis mes adversaires à plate couture.

Peu après que cette troupe fut arrivée au Teshu Lumbo, le lama entreprit de visiter différents temples, et il me pria toujours d'être présent. Une petite tente fut dressée pour moi sur les toits, et je pris l'habitude de passer toute la durée du premier office — en général, de l'ordre de deux heures — à boire du thé et à manger du mouton bouilli ou des sucreries tout en jouant aux échecs avec les Kalmuks. Après quoi on m'appelait pour les prières, et je demeurais encore une heure ou deux assis sur un coussin aux côtés du Chanzo Cusho, installé sur un balcon qui dominait les temples. Les *gylongs* étaient tous placés comme je l'ai déjà indiqué; les prières étaient pour la plupart chantées par des voix multiples, le plus souvent harmonieuses; et, les jours de fête exceptés, les offices étaient célébrés dans la plus grande bienséance. Les prêtres attachés à ces temples étaient bien mieux éduqués que ceux du pays du Deb Rajah, et ils ne se servaient des livres en usage à Tassisudon dans aucun de leurs offices. A l'occasion de certaines festivités, je vis toutefois apparaître un homme vêtu d'habits aux couleurs cérémonielles et coiffé d'un chapeau de cardinal orné de têtes de mort, qui sautillait et se trémoussait tout en faisant des gestes étranges : ce manège s'accompagnait d'oblations d'huile, d'eau-de-vie, de riz, etc., et le danseur accomplissait toutes ces opérations en tenant à la main un crâne humain, une clochette, une dague ou une hache. Entre les offices, le lama me faisait parfois reconduire dans une petite chambre située au-dessus des toits. Pendant mon séjour au Teshu Lumbo, je crois bien avoir passé quinze ou vingt jours au temple, car je ne manquai jamais de venir quand on me le demandait.

Ce même jour, les vakíls dépêchés par le dalaï-lama et Gesub Rinboché vinrent me saluer. L'un d'eux, prêtre de son état, portait l'habit de son ordre, tandis que l'autre était paré d'atours féminins. Ils m'avaient amené des barils et des coffrets contenant les présents de Gesub Rinboché. Les ouvrant, j'y trouvai du whisky distillé en Chine, divers petits gâteaux de la même provenance, une sorte de poisson séché plus petit qu'un vairon et des champignons déshydratés dont on me dit qu'ils avaient été ramassés à Pékin. Le whisky était plus fort et meilleur que celui fabriqué au Tibet; le pain était fait à partir d'une farine très fine, mais il était trop cuit et la pâte n'avait pas été pétrie; et nous fûmes incapables d'apprêter le poisson, mais les champignons améliorèrent agréablement l'ordinaire peu savoureux de notre table. J'accueillis les vakíls comme il se devait: ils restèrent une heure auprès de moi puis s'en retournèrent, ne me laissant guère satisfait de leurs manières et de leur conversation.

Les fêtes du nouvel an s'approchant, les parents du lama convergèrent de différentes régions du pays pour lui présenter leurs respects. Apparurent ainsi son cousin le Debo de Teshu-tzay, escorté de son épouse et de sa famille; ses nièces, les deux annís que j'avais déjà rencontrées à Teshu-tzay; leur mère Chum Cusho; leurs deux frères, les Pyn Cushos; et une demi-sœur nommée Durjay Paumo, femme lama qui était l'abbesse d'un monastère érigé près du lac Piate[1] et qu'habitait l'esprit d'une vieille femme morte plusieurs siècles auparavant. Toutes les dames, ainsi que le Debo et son épouse furent logés dans une maison bâtie au milieu d'un bosquet d'arbres centenaires qui poussaient au pied du palais, les Pyn Cushos étant hébergés quant à eux dans une tente kalmuk plantée non loin de là. Ces gens demeurèrent deux mois au Teshu Lumbo, intervalle durant lequel Mr. Hamilton guérit Durjay Paumo et Chum Cusho des maux qui les affligeaient depuis de nombreuses années cependant que j'en profitai moi-même pour nouer des liens plus étroits avec les Pyn Cushos. Les deux frères vinrent souvent passer deux ou trois heures en ma compagnie, et je descendis parfois jusqu'à leur tente pour chanter avec eux, fumer, boire du *chang*[2] ou les écouter jouer de la flûte ou de la guitare, instrument que l'aîné maîtrisait à la perfection. Nous fîmes de brèves excursions dans la campagne; puis je les accompagnai sur leurs terres de Rinjaitzay, où je passai cinq ou six jours fort plaisants dans leur château. L'aîné avait vingt-sept ans, et son cadet vingt-deux.

Il y avait encore un troisième frère, qui se destinait à la carrière ecclésiastique. Il était lama ou grand-prêtre[3], mais n'était pas encore autorisé à officier en raison de sa jeunesse. Il me rendait également de fréquentes visites et je prenais le plus grand plaisir à lui montrer mes biens, car il était aussi vif que curieux; mais les devoirs de sa charge ne lui permettaient pas de participer à nos joyeuses réunions. Le lama Allî avait seize ans; petit pour son âge mais fort beau et très rouge de peau, il possédait cet heureux tempérament que semblaient partager tous les membres de la famille du teshu-lama.

Le premier jour du nouvel an tibétain, tout le monde, à la seule exception du lama, se rassembla dans la vaste cour qui s'étendait sous le palais. Les galeries étaient noires de monde, et j'étais placé comme d'habitude à côté du Chanzo Cusho, sur le balcon le plus élevé. Les festivités débutèrent par une danse effectuée par des pitres masqués, puis nombre de bannières furent déployées et un cortège de *gylongs* revêtus d'habits colorés et pourvus de cymbales, de tambourins, de

1. Lac également dit Palti, ou Yamdok-cho.
2. Le terme *chang*, ou *ckhang*, désigne tout alcool fermenté.
3. Probablement *khanpo* ou abbé, responsable d'un monastère ou *vihar*.

trompettes, de hautbois ou de tambours tourna en rond à l'intérieur de la cour. Après quoi une vingtaine de *gylongs* munis de masques représentant différentes têtes d'animaux (pour la plupart sauvages) et habillés comme pour une mascarade interprétèrent une danse ponctuée de mouvements grotesques, identiques (mais mieux exécutée) à celle que j'avais précédemment observée à Tassisudon. Là-dessus, un papier où apparaissait une figure masculine tracée à la craie fut étendu à même le sol: maintes cérémonies bizarres dont la signification m'échappa totalement furent accomplies autour de ce dessin, puis il fut finalement maintenu au-dessus d'un grand feu allumé dans un coin de la cour, où il se consuma avec moult explosions et volutes de fumée. On m'apprit que ce personnage était censé figurer le démon, mais je ne suis pas assez versé dans la mythologie tibétaine pour entrer dans ces détails. Tout ce que je puis affirmer, c'est qu'il était peint en blanc et que ses traits étaient réguliers; qu'il incarnât ou non «cet être qui arpente la face de la terre en cherchant des créatures à dévorer», je ne pus m'empêcher de songer qu'il ressemblait beaucoup à un Européen.

J'eus aussi une entrevue avec le vakíl de Prithi Narayan[1], Rajah du Népal: il m'offrit deux moutons, quelques roupies, du riz, des épices, etc.; j'ai relaté ailleurs notre conversation.

Un grand nombre de Kalmuks rendirent visite à Mr. Hamilton. Il crut dans un premier temps qu'ils sollicitaient quelque médicament, mais il ne tarda pas à être détrompé... Lui faisant chacun présent d'une écharpe conformément à la coutume de ce pays, les Kalmuks lui déclarèrent que sa haute réputation en matière de sciences occultes était parvenue jusqu'à leurs oreilles, et qu'ils souhaitaient donc qu'il leur dise la bonne aventure; ils lui présentèrent en même temps leurs mains, le priant de leur exposer d'abord ce qui leur était arrivé l'année précédente — test destiné à prouver ses talents divinatoires —, puis de poursuivre en les éclairant sur leur destinée future: Mr. Hamilton, un moment tenté de pousser la plaisanterie jusqu'à son terme, déclina cette redoutable épreuve. Moi-même, j'ai souvent été pris pour un prestidigitateur et des requêtes similaires m'ont été adressées, mais seulement de la part de mes plus proches connaissances. Je ne doute pas qu'un expert en chiromancie ou une bande de gitans trouveraient ici à faire fortune; car, bien que je n'aie aperçu nul shaman dans cette contrée, les Tibétains croient fermement en la divination — cette attitude semble d'ailleurs commune à presque toute l'humanité: seuls la récusent nos philosophes européens, qui sont trop sages pour ajouter foi à n'importe quoi.

Le Debo de Teshu-tzay vint me voir, apportant avec lui deux tables couvertes de fruits secs et de sucreries. Je lui proposai de lui rendre

1. Pertab Singh Sah Deva, apparenté également à la dynastie Gorkhali, lui succéda en 1771 et régna sur le Népal jusqu'en 1775. Prithi Narayan était son père.

sa visite, mais il ne me fit jamais quérir; et je ne voulais pas paraître trop soucieux de cultiver son amitié, car un tel zèle eût altéré mes relations avec les Pyn Cushos, qui n'étaient pas en très bons termes avec le Debo. La raison de cette inimitié tenait au fait que sa femme leur appartenait également, mais c'est là une étrange histoire sur laquelle il ne m'appartient pas de m'étendre.

Nous passâmes la journée du 15 février en compagnie des Pyn Cushos, sous des tentes qui avaient été dressées pour nous sur les flancs d'une colline proche du Teshu Lumbo. Les concours de tir à la cible, les épreuves de course, les chants et les danses des paysans constituèrent nos seuls divertissements, car il était impossible de chasser ou de tuer des animaux si près du palais. Nos amis avaient organisé une grande fête en notre honneur, et, ignorant nos goûts, ils avaient pris soin de disposer de toutes les chairs et volailles imaginables. Après le dîner, des tables garnies de fruits furent installées devant nous, et nos hôtes insistèrent pour que nous acceptions des vêtements et des chevaux. Puis nous regagnâmes le palais après avoir bu beaucoup de thé et de *chang*. Je montai le destrier kalmuk que les Pyn Cushos venaient de m'offrir, mais le trouvai moins docile qu'on me l'avait dit: j'eus le plus grand mal à l'empêcher de s'emballer.

J'allai immédiatement présenter mes respects aux dames... Chum Cusho était une veuve âgée de cinquante-cinq ans, toujours pleine d'entrain et d'une complexion rubiconde; on voyait à ses restes qu'elle avait été belle femme. Chum avait été nonne dans sa jeunesse, et son mari, le frère du lama, avait été *gylong*, mais l'un et l'autre s'étaient découvert de telles affinités qu'ils avaient décidé de rompre leurs vœux de célibat. Le lama en avait beaucoup voulu à son frère, et il ne l'avait plus admis en sa présence pendant de nombreuses années. Après la mort de son époux, Chum Cusho, qui était au soir de sa vie, avait renoué avec la religion: prononçant de nouveaux vœux de chasteté[1] et renonçant à toutes ses parures, elle était partie en pèlerinage vers les temples du Népal, de Palpa, etc., vêtue d'une pauvre robe. Depuis cette époque, le lama l'avait traitée avec la plus grande bonté, et il avait étendu sa bienveillance à ses enfants. Ses fils, les Pyn Cushos, et ses filles, les annís, se trouvaient auprès d'elle; nous bûmes ensemble maintes tasses de thé accompagnées de mouton, de potage, de fruits, etc., et la vieille femme fut aussi gaie qu'un pinson.

La mère m'accompagna dans les appartements de Durjay Paumo, que nous trouvâmes assise en tailleur sur un coussin bas, habillée d'une robe de *gylong* qui lui dénudait les bras à partir des épaules. Durjay était aussi la fille du frère du lama, mais il l'avait conçue avec une autre épouse. Âgée de vingt-sept ans, elle avait les traits fins et délicats

1. La secte des «Habits rouges», qui est la plus ancienne, tolère le mariage; alors que celle des «Habits jaunes», aujourd'hui dominante au Tibet, ne le tolère pas.

des Chinoises, quoique un peu irréguliers; ses yeux et ses dents étaient magnifiques, son teint clair au point de sembler blafard et maladif; et son visage affichait une expression de langueur et de mélancolie peut-être occasionnée par la morne existence qui était la sienne. Elle avait gardé sa chevelure, privilège dont ne jouissait aucune des autres vestales qu'il m'avait été donné de rencontrer: peignés en arrière sans le moindre bijou, ses cheveux retombaient en tresses sur ses épaules. Son *chawa*, comme celui du lama, était censé dispenser une bénédiction, et je ne manquai pas de recevoir la mienne. Après l'avoir saluée et lui avoir offert mes présents, je m'agenouillai et elle tendit le bras — un bras qui appartenait sans conteste à «la plus belle dame du pays» — pour poser une main sur ma tête. Son hospitalité ne fut en rien inférieure à celle de sa mère, mais Durjay Paumo parla peu: si la vieille femme n'avait pas été là, notre conversation serait vite retombée. Ce fut la seule visite que je lui rendis, mais Mr. Hamilton passa la voir presque chaque jour.

Les deux nonnes étaient aussi gaies et rieuses que leur mère. L'aînée, âgée de vingt-sept ou vingt-huit ans, avait le teint sombre et des traits durs. La plus jeune allait sur ses dix-neuf ans: elle était très belle, et sa peau était très colorée. Elles étaient vêtues comme des *gylongs*: le crâne rasé et les bras nus, elles portaient une veste de ratine pourpre s'arrêtant peu après la taille et avaient les épaules couvertes d'un fichu rouge en grosse laine; une jupe de serge rouge descendant au-dessus des genoux complétait la tenue, et des chausses rouges aux semelles de cuir et attachées sous le genou leur protégeaient les jambes. Comme les prêtres, elles n'avaient le droit d'arborer aucun type d'ornement à l'exception des quelques perles de corail que laissait voir leur rosaire.

Peut-être me pardonnera-t-on de mentionner un épisode qui déborde quelque peu le cadre de ce mémorandum; mais la justice que je dois à mes amis tibétains m'oblige à en faire état. Devant les nombreuses marques de civilité que le Teshu lama et tout son entourage m'avaient témoignées aussi bien que pour me concilier les bonnes grâces des habitants de ce pays dont j'étais selon toute vraisemblance le premier Anglais à fouler le sol, je décidai d'offrir quelques présents aux parents du lama; j'achetai donc des perles de corail, sachant que cette matière est fort prisée dans cette partie du monde. Je m'en munis lorsque j'allai rendre visite au Chum Cusho et à ses filles, et ne vins à bout de leur refus qu'à l'issue de longs palabres. Les Pyn Cushos m'opposèrent encore plus de résistance, et je crois bien qu'il me fallut argumenter une bonne heure sous leur tente avant qu'ils ne consentent à accepter mes perles; ils me dirent: «Vous venez d'un pays lointain, c'est notre rôle que de vous rendre votre séjour agréable; pourquoi voudriez-vous nous faire des cadeaux?» Cet épisode dépeint plus éloquemment le caractère des Tibétains que tous les volumes que je pourrais écrire sur ce sujet.

Le lama des Sokpos[1] — un peuple kalmuk — vint s'entretenir avc moi. Il comptait parmi les prêtres du Taranath[2], et je crois que le titre de lama ne lui avait été délivré que par courtoisie. Il était originaire du Ladak, mais avait vécu longtemps en Sibérie; c'était un homme très plaisant, et il m'avait apporté un pot plein de thé ainsi qu'une écharpe. Je voulus lui rendre sa politesse, mais il se déroba en mettant en avant ses obligations auprès du teshu-lama. Il resta quelque temps au palais après que les Kalmuks furent partis pour Lhassa, et me rendit une autre visite avant de se mettre en route.

Durant cette même période, je m'attelai à un travail qui me prit beaucoup de temps et me fut fort pénible: le lama m'avait demandé de lui écrire un compte rendu où je décrirais l'Europe. L'exercice, je le confesse, me sembla très ardu, car il supposait que je me mette à la place d'un Tibétain voyageant dans nos contrées et imagine ensuite tout ce qui pourrait le frapper. J'eus également le plus grand mal à traduire mes pensées dans la langue tibétaine: car je ne pus éviter de recourir à un interprète, et l'on sait à quel point ces gens-là préfèrent en général suivre le fil de leurs propres idées plutôt que de s'en tenir strictement aux vôtres. J'entrepris néanmoins de passer en revue la France, l'Angleterre et d'autres pays; mais, ne disposant pas d'ouvrages de référence sur lesquels m'appuyer, je fus incapable d'achever mon œuvre; quoi qu'il en soit, mon ébauche réjouit le lama et contenta son inlassable curiosité[3].

Alors que Mr. Hamilton revenait de chez Durjay Paumo, il aperçut un groupe d'individus qui entouraient un jeune *gylong*. Le garçon était puni pour ne pas avoir appris ses leçons: quatre comparses le maintenaient à terre, un cinquième lui donnant la bastonnade. Je pense qu'aucun ancien élève de nos *public schools* européennes ne s'avisera pour autant de taxer les Tibétains de cruauté!

Comme je l'ai déjà dit, les Pyn Cushos fréquentaient assidûment ma chambre. Ils vinrent un jour accompagnés de leurs sœurs, les deux nonnes me prièrent de leur montrer mes habits de *Fringy*[4]. La cadette

1. Les Sokpos occupent l'est du Tibet septentrional; les Horpos, qui sont des Turcs, habitent l'ouest de cette même région.

2. Les *Gelupka*, ou secte bouddhiste tibétaine des «Bonnets jaunes», sont placés sous l'autorité de trois lamas qui portent le titre de dalaï-lama, teshu-lama et Taranath-lama. Le Taranath vit en Mongolie, dans le pays des Khalkas — Turner écrit Kharkas.

3. Une copie de ce curieux et intéressant document a été conservée. Mr. Bogle décrit l'Europe telle qu'elle était en 1770: il s'étend sur les auberges et les diligences, les voleurs de grands chemins, les duels, les parlements de France et d'Angleterre et diverses autres institutions de l'ancien monde. Ce texte est toujours étudié au Tibet, et c'est à partir des informations qu'il contient que les hommes d'État de cette région isolée se forgent une idée de l'Angleterre et de l'Europe.

4. Les Asiatiques qualifient les Européens de *Fringy* (Franc) ou de *Feringhi* (Portugais).

accepta d'enfiler mon manteau, et nous nous amusâmes tous beaucoup. Mais qui pourrait rapporter ces petits propos insignifiants qui agrémentent toute conversation et font si agréablement passer le temps?

Le prêtre qui m'apportait chaque matin du thé et du riz bouilli de la part du lama se nommait Debo Dinji Sampu. Âgé d'une cinquantaine d'années et marqué par la petite vérole, c'était un homme simple et droit dont le doux regard respirait la sincérité. Il avait fini par comprendre assez bien mes imparfaites tentatives d'expression dans sa langue, et nous bavardions longuement ensemble. Je l'aimais beaucoup et il me rendait une affection à la mesure de la mienne, me démontrant ainsi sa sagacité. Il transportait toujours une boîte d'excellent tabac où il me laissait puiser sans ladrerie. Mais, en dépit de ses immenses qualités, Debo Dinji répugnait tout autant que ses compatriotes à se laver les mains et le visage... Un beau matin, je le convainquis d'user pour la première fois de sa vie d'eau et de savon: son teint changea du tout au tout et l'aventure dut lui plaire, puisqu'il me sembla se contempler dans mon miroir avec satisfaction; mais cet acte l'exposa tant aux avanies de ses amis qu'il ne voulut plus jamais répéter l'expérience[1].

Clements R. Markham, *Narratives of the Mission of George Bogle to Tibet and of the Journey of Thomas Manning to Lhasa*, Londres, Trübner and Co., 1879. Rééd. Mānjuśrī, New Delhi, 1971. Traduction de Christian Cler.

THOMAS MANNING
(1811)

Jusqu'à l'expédition britannique de 1904, Thomas Manning était le seul Britannique à avoir visité Lhassa. Ses biographes et compatriotes semblaient s'en excuser et relevaient que l'expérience asiatique de cet excentrique, qui avait duré douze ans, de 1806 à 1818, à Canton puis en Inde, avait été précédée et suivie d'épisodes marqués par Napoléon. La première fois en 1803, quand notre homme qui résidait à Paris reçut «son passeport qui fut le seul que Napoléon eût jamais signé à un Anglais pour se rendre en Angleterre après le début de la guerre»; la seconde en juillet 1817, quand Manning sur le chemin du retour fit une escale à Sainte-Hélène et rencontra l'Empereur pour lui dire que celui-ci lui avait accordé son passeport quinze ans auparavant. Son

1. Au Népal, Mr. Hogdson soudoya un jour une mère tibétaine pour qu'elle l'autorise à laver son enfant: il souhaitait observer sa complexion, qui lui paraissait singulièrement claire et blanche; mais le gamin se débattit tant qu'il faillit avoir une crise d'épilepsie.

récit n'a rien de scientifique. Peut-être se souvenait-il d'une lettre de son ami Charles Lamb qui lui avait conseillé d'une manière humoristique « de ne plus lire de livres de voyages, car ce ne sont que des mensonges ».

Manning dans ses mémoires sur son séjour à Lhassa se préoccupe peu en effet de l'environnement tibétain. Il est bien plus sensible aux détails de sa vie personnelle, aux tracasseries dont il est l'objet. Pourtant, rapportant par le menu l'histoire de ses contacts avec les principaux acteurs de la capitale, il témoigne de ce qui apparaît comme une constante de la « question » tibétaine : les brutalités ou autres erreurs des résidents chinois, l'hostilité latente entre Tibétains et Chinois, l'arrogance et l'incompétence de la bureaucratie impériale...

LHASSA[1]

Notre premier souci fut de nous procurer des chapeaux convenables. Le général nous en avait offert un fort seyant et très léger, mais il avait une petite tête cicéronienne (seulement par la forme) et son présent ne m'allait pas plus qu'à mon *munshi*[2]. Le *munshi* m'avait averti qu'il ne fallait surtout pas élargir ce chapeau, car il serait alors déformé et inutilisable : si l'étranger que j'étais pouvait peut-être se permettre de le porter, lui n'oserait jamais l'arborer devant ses compatriotes chinois — il ne pourrait le mettre qu'à la maison ; mais il n'en décida pas moins de faire retailler l'objet pour le transformer en un excellent couvre-chef dont il ne se sépara jamais. Le chapelier chez qui nous nous rendîmes prit nos mesures, nous prêtant deux coiffures en attendant qu'il eût achevé son travail. Et nous apprîmes sur ces entrefaites que c'était l'heure où les troupes chinoises étaient passées en revue : elles étaient logées dans un petit campement dressé aux portes de la ville, où les mandarins les inspectaient journellement et surveillaient leurs exercices. Ces nobles personnages se trouvaient encore sous leurs tentes, ce qui impliquait qu'ils ne seraient pas de retour aux tribunaux avant le soir ; cette nouvelle dissipa immédiatement la culpabilité qui pesait si lourdement sur la conscience de mon *Munshi*.

J'avais très peur que le mandarin tatar ne se souvienne d'avoir aperçu mon visage à Canton ou se rappelle mon nom, ou qu'il ait entendu parler d'un Anglais correspondant à ma description : peut-être savait-il qu'un étrange visiteur avait été soupçonné de vouloir gagner l'intérieur du pays. Sans compter qu'il était accompagné de quelques serviteurs cantonais qui étaient encore plus susceptibles de m'avoir repéré ou

1. Le Pundit de 1866 atteignit Lhassa le 12 janvier et y demeura jusqu'au 21 avril. Il dit que cette cité a un périmètre de 4 km et s'étend dans une plaine entourée de montagnes. Toujours selon le Pundit, Lhassa est située à 29° 39' 17'' de latitude nord, et son altitude par rapport au niveau de la mer est de 3 566 m.

2. Le serviteur chinois de Thomas Manning. (M. J.)

d'avoir été informés de mon passage... Je dissimulai mes yeux du mieux que je le pus sous des lunettes chinoises, puis nous nous dirigeâmes vers les tribunaux. La marche me parut fort longue, car mon talon était endolori et je souffrais terriblement de la chaleur: je ne cessai de ronchonner tout bas. Arrivant devant les mandarins, je me pliai pour la première fois de ma vie au cérémonial du *ketese*; mon *munshi* craignait que l'expérience ne fût pas à mon goût, car il savait combien les Européens répugnent à courber l'échine; mais je n'élevai aucune objection, d'autant que je m'étais toujours demandé quand j'aurais l'occasion d'accomplir ces fameuses génuflexions du *ketese*; si bien que, quand j'eus le choix entre un ou trois *keteses*, je choisis en général d'en exécuter trois. Face aux mandarins tibétains, je m'agenouillai parfois ou fis mine de tomber à genoux, bien que cela déplût à mon *munshi*: il souhaitait que cette marque de respect fût réservée aux seuls Chinois. En fait, les Chinois des classes populaires ne s'embarrassent pas de ces formalités quand ils côtoient les mandarins du Tibet: ils ne sont pas censés leur rendre les hommages qui leur sont dus, et ils les insulteraient s'ils leur témoignaient des égards inférieurs à ceux qu'exige leur rang. Quant à moi, ne privilégiant aucun des deux partis, je voulais les traiter l'un et l'autre aussi équitablement que possible.

Mais le mandarin tatar ne risquait pas de me reconnaître: le vieux renard était myope comme une taupe, et il ne voyait guère plus loin que le bout de son nez. Lui et ses pareils me posèrent quelques questions, s'enquérant très poliment de ma santé et des lieux où j'avais couché durant mon trajet, après quoi ils m'affirmèrent avoir personnellement veillé au choix de mon logement. J'aurais préféré qu'ils s'abstiennent de cette déclaration — ce n'étaient que des mots creux, car ils ne s'étaient en réalité pas davantage préoccupés de mon hébergement que de la viande ou du riz qui m'avaient été offerts à mon arrivée: tout cela m'avait été dispensé par les gens du grand lama ou par les mandarins tibétains. Néanmoins, quand je découvris par la suite que notre chambre était extrêmement froide et inconfortable et m'en trouvai si mal que je demandai à l'échanger contre une autre — chose qui aurait pu être accomplie sans la moindre difficulté —, mon *munshi* s'opposa à mon projet avec la plus grande énergie: il m'objecta que les nobles mandarins nous avaient fourni ce logis, et qu'en changer les eût offensés. Il était évident qu'ils se souciaient comme d'une guigne de l'endroit où j'habitais du moment que je payais mon loyer, mais tel est l'impact de la terreur superstitieuse que les mandarins inspirent aux Chinois! Notre chambre était vaste; sur les murs nord et ouest se découpaient deux étroites fenêtres dépourvues de papier qui ne laissaient entrer nul rayon de soleil, cependant qu'au milieu du toit béait une large ouverture (elle formait un carré d'au moins un mètre vingt de côté) par laquelle un vent glacial s'engouffrait jour et nuit. Je fus contraint d'étendre mon mince matériel de couchage sur un sol grossier, pierreux et inégal — ou plutôt à même la terre, car on ne pouvait qualifier cette surface de sol... On nous avait donné deux gros coussins, mais ils étaient d'épaisseurs différentes et j'ignorais comment les utiliser: mon *munshi*, pour qui ces petites opérations n'avaient pas de secret, n'eut pas l'obligeance de me renseigner ni de m'aider; bien que son sac de couchage fût beaucoup plus épais que le mien, je n'eus pas plus tôt rejeté mes coussins qu'il s'en empara pour s'en faire une literie: il disposa l'ensemble sur sa grande caisse lisse en prolongeant l'installation au moyen d'une chaise et d'autres dispositifs; et il me laissa dormir maintes et maintes nuits dans cette pénible posture, tardant à demander que des coussins soient fabriqués à ma mesure ainsi que je l'en avais prié. Chacun de mes ordres, chacune de mes transactions, transitait inévitablement par son intermédiaire: il m'avait supplié d'éviter de m'expliquer en chinois et de feindre d'ignorer les caractères de cette langue, arguant qu'il aurait autrement de grands ennuis; j'avais agréé à sa requête, la jugeant raisonnable. Tous mes interlocuteurs commençaient donc par s'adresser à mon *munshi* et, chaque fois que j'essayais d'agir par moi-même, j'étais renvoyé à lui et prié de lui préciser ce que je souhaitais. Ma maîtrise du chinois était assurément très imparfaite, mais je n'avais aucune chance de progresser si personne ne conversait jamais avec moi! Mon oreille n'était habituée qu'à la prononciation pékinoise: je comprenais très bien ce que les mandarins disaient, mais comment aurais-je pu communiquer avec les vulgaires Chinois de Lhassa, qui parlent à toute allure le dialecte du Sichman en employant fréquemment des tournures argotiques, des provincialismes ou des expressions idiomatiques et ne soignent aucunement leur prononciation? Un Français ou tout autre Européen s'adapte aisément au visiteur étranger: il répète ses propos, donne des synonymes ou fait de son mieux pour expliciter tel ou tel terme obscur. Mais il n'en va pas de même du Chinois; si vous vous méprenez sur le sens d'un seul vocable, toute la phrase vous échappe: il n'accepte jamais de modifier ses dires ou de les expliquer. Son urbanité n'est pas en cause, c'est seulement une question de coutume: il conclura immédiatement qu'une infranchissable barrière interdit toute conversation entre vous et lui. Si l'on pense qu'à ces mœurs peu accommodantes s'ajoutait l'idée erronée que j'ignorais presque totalement la langue chinoise, on mesurera les obstacles qu'il me fallut surmonter chaque fois que je tentai de parler le chinois à Lhassa.

Mon *munshi* m'avait déclaré d'emblée avec force lamentations qu'il ne pouvait ni ne voulait poursuivre mon instruction linguistique tant que nous serions dans cette cité: il avait peur. Je le pris au mot, m'abstenant de solliciter ses leçons même quand il me semblait que nous pouvions deviser en toute sécurité et que lui-même brûlait d'envie de pratiquer son anglais; mais il ne céda pas à la tentation, et nous n'échangeâmes presque aucune phrase en chinois pendant notre séjour à Lhassa, tout comme nous renonçâmes à discuter des richesses de cette langue — l'effroi le rendit si maussade, désagréable et hargneux que j'en arrivai de toute façon à limiter au maximum nos conversations, de crainte qu'il ne s'ensuive quelque querelle... Quand nous déménageâmes et que je pus disposer d'une chambre pour moi tout seul — la solitude m'était nécessaire, car je souffrais d'un rhumatisme articulaire et ne mangeais quasiment rien —, nous prîmes l'habitude d'être séparés toute la journée, et je continuai après ma guérison à prendre mes repas de mon côté. Ce changement ne nous empêcha pas de vivre en assez bonne intelligence : il passait me voir dans ma chambre chaque soir après le souper et restait un moment assis à mes côtés, me demandant de lui expliquer le sens de certaines expressions anglaises; et je m'exécutais toujours avec empressement, sans cesser de lire les textes chinois qui étaient en ma possession... Il me voyait parfois feuilleter d'encombrants dictionnaires et m'échiner à trouver ce qu'il aurait pu m'indiquer en une seconde. Il était clair qu'il comprenait parfaitement les données de la situation et les raisons de ma réserve; mais comment aurais-je pu m'exposer à l'humiliation d'essuyer un refus ou d'obtenir une réponse inconvenante en formulant comme une requête ce que j'eusse été moralement en droit d'exiger de façon autoritaire? Il aurait dû me demander si je souhaitais poursuivre mes études avec lui: la moindre concession de sa part aurait suffi à dissiper ma froideur... Je dois aussi préciser que j'avais prêté un petit roman chinois à un Chinois de Giansu [Gyangtze], qui s'était bien gardé de me le renvoyer; et, bien que mon *munshi* lui eût écrit à plusieurs reprises et que nous sachions l'un et l'autre que les lettres étaient parvenues à bonne destination, ce Chinois avait eu l'incorrection de conserver l'ouvrage et de ne pas répondre à nos missives. Cette négligence m'avait fort contrarié, car ce roman m'avait été recommandé: je l'avais emporté avec moi dans le dessein de le lire à Lhassa pour perfectionner mon chinois tout en me distrayant. Faute de cette œuvre, j'étais contraint de relire des textes que je connaissais déjà.

Le lendemain matin, nous allâmes présenter nos respects aux deux principaux Thalungs[1]. Nous nous installâmes sur des coussins pour boire du *suchi* sous leurs tentes, et nos interlocuteurs nous demandèrent si notre logement nous plaisait. Je profitai de l'aubaine pour leur indiquer que je trouvais ma chambre trop froide et désirais en louer une autre, souhait auquel ils répondirent par des propos courtois n'engageant aucun des deux partis: ils me déclarèrent que je ferais

1. Les quatre principaux magistrats de Lhassa portent le titre de «Thalungs»; le terme est employé à la fois par les Tibétains et par les Chinois. (N.d.A.)

mieux de demeurer dans le logis qui m'avait été assigné, mais qu'ils acceptaient néanmoins de m'en fournir un autre si tel était mon désir et qu'ils régleraient le loyer à ma place. Je voulus leur stipuler que je tenais à payer de ma poche tout ce qui me serait accordé, mais mon guide chinois hésita à traduire mes propos. Il semblait de nouveau redouter de s'opposer à la volonté des mandarins et des magistrats, bien que l'attitude du Thalung attestât que ce fonctionnaire n'aurait sans doute pas refusé que j'acquitte moi-même mon loyer. Il n'avait manifestement formulé cette offre que du bout des lèvres, se sentant obligé par les convenances de me faire cette proposition.

Je m'enquis auprès du Thalung de la date à laquelle je devais aller saluer le grand lama, et il me conseilla de prendre d'abord quelques journées de repos. La suggestion m'enchanta, car j'étais très sale et n'avais pas les idées très claires. Mon visage et mon front, exposés au soleil ardent pendant les huit jours de notre voyage de Giansu à Lhassa, étaient rouge vif, notamment du côté droit : j'en étais presque défiguré. Et je préférais disposer d'un peu de temps pour préparer et nettoyer mes présents. Nous passâmes une partie de ces journées à rendre visite à divers mandarins et magistrats.

A quatre ou cinq kilomètres de la ville étaient postés des soldats et trois mandarins militaires. Le plus haut en grade me demanda si j'avais déjà séjourné à Canton. Je lançai à mon *munshi*: «Que dois-je dire?» et celui-ci répondit à ma place en affirmant que je n'avais jamais mis les pieds dans cette cité. Si je n'avais pas été devancé, j'aurais été enclin à dire toute la vérité et à revendiquer ma nationalité anglaise, car je ne me sentais coupable d'aucun délit; mais le *munshi* m'en dissuada énergiquement: peut-être eut-il raison... Un autre de ces prétendus mandarins militaires avait le même rang que le général de Giansu, et il lui était apparenté. Il se montra fort poli, m'invitant à m'asseoir et ordonnant que l'on me serve du thé. Quand il comprit que l'invitation ne le concernait pas, mon *munshi* me parut comme pris de folie: il répondit aux interrogations du mandarin par des monosyllabes si secs que sa brusquerie m'alarma. Jamais je n'aurais imaginé que le mauvais caractère de mon guide pût atteindre de tels sommets! S'il était passé par là tout seul, mon *munshi* n'aurait pas été convié à s'asseoir; j'étais un respectable étranger, je l'emportais sur lui par l'âge et ma barbe me donnait droit au respect... Je ne puis imputer son mécontentement à aucune raison sensée; je présume seulement que son soudain accès d'irritation et de mauvaise humeur fut occasionné par les faits que je viens de relater, puisqu'il survint aussitôt après que je me fus assis. Je ne lui parlai de l'incident ni sur le moment ni plus tard, et il ne l'évoqua pas non plus. Il se ressaisit peu à peu cependant que nous chevauchions vers notre logement.

VISITE AU GRAND LAMA

Le matin du 17 décembre 1811, je gravis la montagne — c'est ainsi que les Tibétains nomment le Potala — pour saluer le grand lama et lui remettre mes cadeaux. Je n'avais pas grand-chose à lui offrir… Il me restait à peine un tiers du fin coupon de drap que je lui avais destiné, et encore n'avais-je sauvé cette étoffe de la rapacité des Bhoutanais qu'en la cachant dans la malle de mon *munshi*. Les deux paires d'aiguières en porcelaine où j'avais compté mettre des fleurs (artificielles) étaient malheureusement demeurées à Giansu. Mais je disposais également de deux beaux chandeliers en cuivre que j'astiquai et fourbis de mon mieux, en y plaçant deux bougies de cire afin de leur donner meilleure apparence; ces chandeliers appartenaient en fait à la Compagnie des Indes orientales : ils m'avaient été prêtés à Canton, et je les avais honnêtement remis aux magasiniers de la Compagnie en quittant cette ville, mais mon fidèle seviteur chinois les avait repris. Il avait profité de l'arrivée d'un colis qui m'était expédié depuis Canton vers Calcutta pour les ranger dans son coffre en même temps que d'autres objets qu'il pensait m'être utiles; les découvrant, je les avais emmenés à Lhassa sans aucun scrupule, certain que l'honorable Compagnie non seulement me pardonnerait ces pratiques frauduleuses, mais serait très heureuse d'apprendre le noble et respectable usage que j'avais fait de ses chandeliers. J'avais aussi projeté de donner au grand lama quelques pièces d'argent tibétaines, mais on m'avait précisé que, vu la modicité de la somme, l'offrande ne paraîtrait généreuse que si elle était constituée de monnaie étrangère. Je détenais par bonheur trente nouveaux dollars: je les avais emportés en même temps que trente morceaux de zinc dans le but de procéder à des expériences de galvanisation; quand je leur avais montré ces dollards brillants, les Chinois de Giansu m'avaient proposé de me les acheter pour en orner leurs ceintures, et je me dis donc que je possédais là un présent digne d'être remis au grand lama. Je lui attribuai par conséquent vingt de ces pièces, en réservant six autres pour le Tí-mu-fu ou Hu-lu-tu, qui est le plus haut magistrat — ou, comme on dit parfois, le roi — du Tibet[1]. (Ce Tí-mu-fu est lama : il est hiérarchiquement supérieur au Tajin qui dirige en théorie les mandarins chinois, bien que ces derniers ne se privent pas d'empiéter sur ses fonctions et le traitent dans la pratique comme un égal). Je m'étais par ailleurs chargé d'une certaine quantité d'authentique eau de lavande Smith, que je versai dans deux jolis flacons pareillement destinés au grand lama et au Tí-mu-fu. Je m'étais

1. Il s'agit du Gesub Rimboché de Bogle et Turner, ou du Nomenkhan de Huc. Le Pandit de 1866 affirme que ce dignitaire était choisi jadis parmi les lamas des quatre monastères entourant Lhassa, à savoir Kontyaling, Tankyaling, Chumuling et Chuchuling, mais que le titre est aujourd'hui réservé au supérieur du monastère de Dibong [Drepung].

enfin muni d'une abondante réserve de thé de Nankin, qui passe à Lhassa pour une boisson rare et délicate et y est tout à fait introuvable.

Nous chevauchâmes jusqu'à la base de la montagne où le palais[1] est bâti — je serais presque tenté de dire où il a poussé, car il domine le paysage comme une sorte d'excroissance végétale; mais nous fûmes vite obligés de mettre pied à terre. Entre la plate-forme où nous abandonnâmes nos montures et la salle où le grand lama reçoit ses visiteurs nous attendait une longue et pénible ascension : nous dûmes gravir quelque quatre cents degrés consistant pour une part en des marches de pierre taillées à même la montagne, pour l'autre en des échelons de bois menant d'un étage au suivant à l'intérieur du palais; et ces degrés n'étaient même pas continus : sur la montagne, où la montée était aisée, l'escalier s'interrompait par intervalle pendant plusieurs pas, cédant la place à un terrain rocailleux. Nous atteignîmes finalement la vaste terrasse où se dressent les appartements privés et la salle de réception: nous nous y reposâmes un moment, y préparant nos présents et conférant avec l'interprète chinois du lama. Nous avions déjà rencontré cet interprète: il nous avait rendu visite dans notre logis. Chinois par son père et Tibétain par sa mère, il avait vécu de nombreuses années à Pékin et en Tatarie chinoise. Il parlait maintes langues mais n'en était pas moins totalement illettré, car il n'avait appris à lire et à écrire dans aucun de ces idiomes. C'était un homme mélancolique et sévère, aux manières étranges : le plus souvent extraordinairement économe de ses paroles, il se lançait parfois dans d'interminables narrations ou des discours-fleuve qui contrastaient avec son silence habituel. J'ignore si cette particularité était ou non un indice d'avarice, mais il semblait pauvre en dépit de sa bonne place. Le bruit courait qu'il se ruinait pour des femmes; car, malgré son titre et sa robe de lama, il n'était pas contraint au célibat: il avait une épouse et un fils.

Le Tí-mu-fu se tenait dans la salle de réception aux côtés du grand lama. Sa présence, dont je n'avais pas été avisé avant mon entrée, me remplit de confusion : car j'ignorais dans quel ordre il me fallait les saluer... Je me prosternai en direction de l'un et de l'autre, touchant trois fois le sol de la tête devant le grand lama et une seule fois devant le Tí-mu-fu; après quoi j'offris mes cadeaux, remettant moi-même les pièces au grand lama et à son acolyte à l'intérieur d'une jolie écharpe de soie. Pendant que j'exécutais mes *keteses*, des serviteurs maladroits laissèrent tomber et brisèrent la bouteille de lavande que je destinais au Tí-mu-fu; bien entendu, je n'étais pas censé remarquer l'incident, mais le liquide odoriférant s'écoula auprès de moi et je ne pus m'empêcher d'observer la scène du coin de l'œil tout en m'inclinant. Après avoir tendu l'écharpe au grand lama, j'ôtai encore mon chapeau

1. Le Potala.

et lui présentai mon crâne rasé de frais pour qu'il y impose ses mains. Puis, aussitôt la cérémonie de présentation achevée, mon *munshi* et moi-même nous assîmes sur deux coussins placés non loin du trône du lama, où l'on nous apporta du *suchi*: il était excellent et j'aurais volontiers repris du breuvage, mais on m'arracha ma tasse avant que je l'eusse vidée. Le lama retint toute mon attention; âgé de sept ans, il avait les gestes simples et naturels d'un enfant princier bien éduqué; son visage était d'une beauté attendrissante, et ses traits dénotaient la gaieté de son caractère: sa bouche arborait en permanence un gracieux sourire qui illuminait tout son être. De temps à autre — en particulier quand il me regardait — ce sourire se transformait presque en un petit rire : ma barbe et mes lunettes l'amusaient certainement, mais je le verrais aussi s'esclaffer sans retenue à l'occasion des fêtes du nouvel an (j'assisterais à ces fêtes depuis un coin tranquille d'où je pourrais observer à loisir comment il recevrait les divers visiteurs venus au palais ou manipulerait les curieux objets sortis pour l'occasion).

Peu après que nous nous fûmes installés sur les coussins, le lama entreprit de nous poser des questions que nous écoutâmes et auxquelles nous répondîmes debout : il s'adressa à l'interprète chinois en tibétain, lequel interprète s'adressa à mon *munshi* qui me parla en latin; et je répondis dans cette dernière langue, mes propos étant traduits et rapportés à leur destinataire par la même voie. J'avais en effet pris l'habitude de parler latin avec mon *munshi*: il n'était pas de sentiment ou de nuance que nous fussions incapables d'échanger. La communication fut donc rapide en dépit de toutes ces médiations, et les questions et réponses formulées avec une précision dont j'ai tout lieu de croire qu'elle est fort rare en Asie — du moins quand on emploie des interprètes. Le lama me posa les questions habituelles imposées par les usages: il me demanda si je n'avais pas affronté trop de difficultés ni été en butte à trop de tracasseries pendant mon voyage, ce à quoi je répliquai promptement en déclarant que j'avais bien eu quelques ennuis, mais que ces tracas étaient amplement contrebalancés par le bonheur que me procurait sa rencontre et que je n'y pensais donc plus du tout. Mes propos eurent l'heur de plaire au lama et à ses proches: ils leur montrèrent que je n'étais pas un paysan rustaud, mais un visiteur civilisé informé des règles de la politesse. Puis une petite corbeille de fruits secs fut disposée devant nous, mes hôtes firent signe à mon serviteur de l'emporter, et nous nous retirâmes sans autre forme de procès — car telle est la coutume quand on prend congé d'un prince: il convient simplement de ne pas lui tourner le dos avant d'avoir fait deux ou trois pas, et encore est-ce là une formalité dont on peut se dispenser…

Juste avant que nous fussions passés de la grand-salle à la terrasse, l'interprète nous invita à l'attendre un moment sous la galerie pendant qu'il retournerait s'entretenir avec le grand lama. Nous obtempérâmes, et il revint peu après pour me demander si je souhaitais dire autre chose à son maître. Je répondis que j'avais une requête particulière à adresser: je le priai de supplier le grand lama de bien vouloir m'offrir des ouvrages traitant de sa religion et de l'histoire ancienne de son pays et d'autoriser l'un de ses lamas qui comprenaient le chinois à m'aider et à m'instruire... J'ignore si mon *munshi* se montra insuffisamment pressant, si l'interprète transmit mal mon message ou si le lama et ses gens refusèrent d'accéder à ma supplique, mais ma demande ne fut que très imparfaitement satisfaite : je recevrais en tout et pour tout un ouvrage censé contenir l'essentiel des prières et méditations tibétaines. Nul autre livre ne me serait donné, et personne ne viendrait jamais m'expliquer ces textes ni me dispenser les enseignements que je sollicitais. Sur le moment, la réponse du lama fut assez vague: il me fit dire qu'il ne disposait pas de copies convenables des livres qu'il souhaitait me donner, mais qu'il en ferait effectuer une et me l'offrirait ultérieurement... Quoi qu'il en soit, cet entretien avec le lama m'impressionna au plus haut point : je fus la proie de sensations si étranges que je faillis en pleurer. Une fois de retour dans ma chambre, je m'abîmai dans de profondes réflexions et pris note des événements que je venais de vivre (voir mon grand livre[1]).

Je m'efforçai de faire le portrait du lama; quoique très maladroit de mon crayon, je parvins à produire un élégant visage, mais mon œuvre ne me satisfit pas; je traçai donc un autre dessin qui me parut moins beau que le précédent, mais qui était à certains égards plus ressemblant. En s'inspirant de ces deux croquis et en suivant mes instructions, un peintre habile pourrait très certainement exécuter un bon portrait de mon modèle.

Ma qualité de médecin me valut ensuite un très grand nombre de visites. Comme je n'exigeais pas d'honoraires, les gens vinrent me consulter pour les maux les plus insignifiants, certains allant jusqu'à se plaindre de symptômes imaginaires — peut-être souhaitaient-ils simplement paresser quelque peu tout en ayant l'occasion de me voir de près; j'en étais très ennuyé, car chacun tenait à repartir de chez moi muni d'un remède de ma composition, et la fabrication de tous ces médicaments était un lourd fardeau... Je fus ainsi conduit à rencontrer un grand mandarin qui était souffrant depuis longtemps et ne pouvait plus remplir les devoirs de sa charge : ses serviteurs vinrent un jour me dire qu'ils désiraient que j'examine leur maître, en m'expliquant qu'il n'avait plus toute sa raison. Le mandarin me parut sérieusement atteint : les cheveux en bataille et le corps crasseux, il baignait dans

1. J'ai noté dans mon grand livre: «1er décembre, dix-septième jour de la dixième lunaison. Aujourd'hui, j'ai salué le grand lama! Beau garçon. Visage poétique et émouvant: à deux doigts de pleurer. Très heureux de l'avoir rencontré et d'avoir pu contempler son magnifique sourire. J'espère le revoir souvent.» (N.d.A.)

ses crachats et ses déjections et ne cessait d'écumer et de tempêter. Le cas était presque désespéré, mais je n'en déclarai pas moins que j'étais prêt à mettre mon savoir médical au service du dément. Mon *munshi* m'affirma que, si je réussissais à guérir ce malade, plus rien ne s'opposerait à ce que je fusse admis à Pékin, car ce Chinois appartenait à une riche et puissante famille; et ses domestiques abondèrent dans le même sens, me déclarant que je pourrais obtenir tout ce que je réclamerais, y compris même un important titre chinois. Mais je devais d'abord faire approuver mon projet par le mandarin tatar, et le vieux renard tatar et le mandarin au cerveau fêlé étaient des ennemis acharnés: le Tatar souhaitait ardemment la mort de l'autre. Il ne manqua pas d'œuvrer dans cette direction, me disant que, dans la mesure où je n'étais pas certain de guérir le malade, je ferais peut-être mieux de ne rien tenter. Cette suggestion ne constituant toutefois ni un consentement ni un refus explicites, les serviteurs du mandarin fou me supplièrent de passer voir leur maître à la nuit tombée, requête à laquelle j'accédai.

Ils prirent donc l'habitude de me dépêcher un cheval et un guide pour me conduire à bonne destination, et je crois bien que le mandarin fou s'entícha de moi: il m'invitait à m'asseoir, ordonnait que l'on me serve du thé, me narrait longuement des histoires inintelligibles et tentait de me retenir chaque fois que je faisais mine de le quitter. De temps à autre, il apostrophait bruyamment ses domestiques et les chassait de la pièce où nous nous tenions, mais ils le traitaient fort mal: ils riaient de lui en sa présence ou l'irritaient volontairement pour le simple plaisir de l'entendre fulminer. D'autres fois encore, il se répandait en invectives et en injures contre le Tatar et commandait à une troupe imaginaire de s'emparer de son ennemi et de le tuer. Mais il ne pouvait faire confiance à aucun membre de son entourage : ses serviteurs les plus loyaux étaient de jeunes domestiques tout à fait idiots. Il était difficile de lui faire prendre ses remèdes, et l'ignorance de ces individus me rendait la tâche encore plus malaisée: j'aurais sans aucun doute obtenu de meilleurs résultats si une vieille femme s'était trouvée à son service.

Après que je me fus rendu deux ou trois fois auprès de lui, ses gens me dirent qu'il semblait aller mieux; et tel était aussi mon avis; il paraissait plus calme, son regard était moins farouche. Je lui prescrivis donc quelques grains de calomel, sans pouvoir m'assurer qu'il les avait pris : ses serviteurs me jurèrent qu'ils lui avaient bien fait avaler ces grains mais je ne les crus pas, mon traitement n'étant suivi d'aucun effet tangible. Je lui donnai une autre petite dose de la même substance, et sa bouche présenta une inflammation; pour comprendre la cause du phénomène, j'ordonnai que le remède lui fût administré devant moi, et je pus constater que sa stupide domesticité le laissait garder en bouche une partie du produit, tout le reste demeurant au fond de la tasse: les grains de calomel pressés contre le palais par sa langue ne tardèrent pas à exciter douloureusement ses gencives, lesquelles enflèrent et saignèrent un peu, cependant que sa bouche émit un mince filet de salive. Il parut abattu et se montra beaucoup moins agité qu'auparavant; prenant peur, ses serviteurs refusèrent de continuer à lui administrer mon traitement, et je n'insistai pas. Je poursuivis mes visites furtives (pendant la journée, je pénétrais dans une maison voisine de la sienne puis envoyais quelqu'un demander si l'un ou l'autre des espions du Tatar se trouvait dans les environs et attendais le cas échéant que l'intrus s'en aille) jusqu'au jour où un accident imprévisible vint mettre un terme à mes soins.

Un Chinois souffrant d'hydropisie m'avait consulté. Je lui avais prescrit du calomel, ainsi que deux ou trois petites doses de digitaline: son œdème avait un peu diminué, il avait retrouvé une partie de sa santé et de son allant d'antan.

Un beau matin, son domestique se présenta à notre porte alors que nous nous apprêtions à sortir et dit quelques mots à l'oreille de notre serviteur. Celui-ci ne nous précisant pas la raison de cette irruption, je songeai que l'enfant était vraisemblablement venu quémander quelque nouvelle potion pour son maître, car je le savais enclin à l'oisiveté et l'avais souvent vu errer paresseusement entre mon logis et la demeure de son patron. Je devais me rendre ce même jour au campement chinois déjà mentionné pour observer la revue des troupes et assister à plusieurs représentations théâtrales: un vaste temple consacré au Dieu de la guerre était érigé dans l'enceinte de ce poste militaire, et la coutume voulait que des actions de grâce y soient rendues et des pièces jouées sur son parvis après que les Chinois avaient accompli leurs exercices (cette manifestation était aussi considérée comme une sorte d'adieu aux soldats chinois qui avaient achevé leur temps de service en terre étrangère et passaient quelques jours à Lhassa avant de repartir vers leur pays natal). Je demeurai là jusqu'au soir, certains mandarins mineurs nous invitant à partager leur excellent dîner. Quand je regagnai ensuite mes pénates en compagnie de mon *munshi*, je me sentis tout à coup indisposé: j'étais fiévreux, et mes jambes me faisaient mal; je me dis que j'avais dû prendre froid, car j'étais resté immobile toute la journée et avais négligé de me protéger les oreilles. Je fus contraint de m'aliter...

Là-dessus, le jeune domestique de l'hydropisique frappa de nouveau à notre porte, me suppliant de le suivre chez son maître. Et j'appris alors le motif de son incursion matinale: se sentant mieux, le malade avait englouti une énorme quantité de viande de bœuf; ce repas lui était resté sur l'estomac, et il avait été sujet à un malaise accompagné de vives douleurs. Telle était l'histoire... Si j'avais été immédiatement avisé de l'incident, je me serais précipité chez mon patient, mais la journée s'était écoulée et j'étais couché dans mon lit, malade. La nuit était tombée, et il faisait très froid. Le simple acte de me lever et de me rhabiller dans ma chambre glaciale eût peut-être suffi à mettre ma vie en danger! J'hésitai donc un moment: sortir était impossible, mais je n'osais pas prescrire une forte médication sans avoir préalablement examiné le malade, d'autant plus qu'il avait mangé cette viande depuis une bonne douzaine d'heures. Ne disposant pas de rhubarbe, je décidai finalement de lui faire parvenir une petite dose de calomel... Le lendemain main, pendant que le barbier rasait mon *munshi* et que j'étais encore au lit, on nous informa que l'homme était mort. Cette nouvelle me contraria fort, quand bien même je n'avais rien à me reprocher; je ne demandai pas de précision supplémentaire: apprenant que le malade s'était levé au cours de la nuit, j'attribuai son décès à cet effort excessif.

Une fois sorti de mon lit, je me dirigeai vers la maison de rendez-vous, où j'avais prévu de passer avant d'aller retrouver le mandarin fou. Le maître de cette maison, qui comptait pourtant parmi mes patients, ne me dit rien de ses symptômes... Je compris immédiatement : il ne voulait plus de mes soins! C'était aussi bien, car il s'agissait d'un sexagénaire menacé de cécité et atteint de paralysie : un patient si lourdement accablé par les infirmités de la vieillesse ne pouvait pas davantage me faire honneur que je n'étais en mesure de lui venir en aide. L'homme arborait une barbiche de trois ou quatre centimètres, qui rassemblait vingt ou trente malheureux poils. Quand il ne caressait pas de la main ce ridicule appendice, il passait son temps à le lisser sur son menton au moyen d'un peigne suspendu à sa poitrine par une chaîne; ces poils courts n'étaient pas plus emmêlés que les cinq doigts de sa main, et il est certain que ma longue barbe broussailleuse devait lui sembler affreusement négligée: il ne me vit la toucher que par accident, et je n'avais pas de peigne sur moi.

Après que je fus demeuré un moment assis sur un siège, l'un des serviteurs du mandarin fou pénétra à son tour dans la maison de rendez-vous et m'annonça que je ne pourrais pas voir son maître ce matin: car le majordome était sorti, et les autres domestiques n'osaient prendre aucune initiative en l'absence de leur supérieur. Je compris tout aussi vite, et fus heureux d'avoir l'occasion d'interrompre mes visites. On fit de nouveau appel à moi par la suite pour vérifier que les lésions buccales suscitées par l'ingestion de calomel avaient bien disparu, mais je déclinai l'invitation. Je ne devais plus jamais revoir le mandarin... Il avait besoin d'être soigné, mais ne possédait ni ami ni bon serviteur: ses gens n'étaient pas plus capables de le nourrir ou de lui donner à boire que de lui administrer le moindre remède. Environ un mois plus tard, j'appris que son état s'était progressivement dégradé : il était parvenu au dernier stade de l'aliénation, puis la mort n'avait pas tardé à suivre. Durant son agonie et ses ultimes accès de démence, la voix de sa conscience l'avait harcelé : il avait avoué les pots-de-vin qu'il avait acceptés, détaillé le montant des sommes extorquées et proposé de rembourser ses victimes. Comme l'histoire de ces profits illicites est assez curieuse et que les événements auxquels ils furent associés eurent des retentissements considérables à Lhassa, je vais la narrer par le menu en synthétisant de mon mieux les informations que j'ai pu recueillir.

EXÉCUTION D'UN BON MANDARIN

Un an avant que j'atteigne Lhassa, un soldat chinois s'était querellé avec un lama qui gardait un pont : il avait demandé à emprunter ledit pont sans acquitter le droit de péage exigé par le lama, et celui-ci avait refusé de lui donner satisfaction — peut-être en le repoussant violemment. Les deux hommes en étaient venus aux mains, et le Chinois avait dégainé son épée, infligeant des blessures mortelles à son adversaire. Or tuer un lama constitue au Tibet un acte abominable; les murmures et l'agitation enflèrent donc jusqu'à déboucher sur une émeute : une vaste foule de lamas (auxquels s'étaient joints d'autres Tibétains) pénétra un soir dans une rue où vivaient un certain nombre de boutiquiers chinois et détruisit une quarantaine d'échoppes, après quoi les émeutiers s'emparèrent d'un malheureux Chinois qui se trouvait par hasard sur leur chemin et le lapidèrent jusqu'à ce que mort s'ensuive. L'affaire était sérieuse, car le meurtre d'un Chinois par un Tibétain était susceptible d'entraîner une lourde vengeance de la part du gouvernement chinois… Redoutant que l'événement ne soit rapporté à l'Empereur, les mandarins du Tibet s'efforcèrent d'étouffer le scandale en corrompant les plus hautes autorités du mandarinat local; et ils parvinrent à soudoyer les trois principaux administrateurs — le Tatar, le mandarin fou et un troisième fonctionnaire qui serait par la suite révoqué et destitué —, mais pas le quatrième. A en croire les Chinois, ce quatrième personnage était un excellent homme : ils le tenaient pour le seul mandarin honnête de Lhassa et affirmaient qu'il ne devait son rang qu'à son mérite et à son instruction. Ce mandarin rétorqua qu'une insurrection de cette nature ne saurait être présentée à l'Empereur que sous ses véritables couleurs… Mais les magistrats du Tibet avaient entre-temps imaginé un stratagème: ils s'étaient saisis d'un pauvre hère (en l'achetant ou en usant de moyens encore plus retors) auquel ils avaient fait endosser une robe de lama et raser le crâne, puis l'avaient livré à la justice en le désignant comme le meurtrier du Chinois; quand ce faux coupable comparut devant lui, le mandarin intègre dénonça la supercherie et refusa d'y participer: il n'apposa pas sa signature sur les parchemins que les trois autres expédièrent à Pékin et annonça qu'il se rendrait en personne à la cour de l'Empereur pour lui raconter ce qui s'était produit.

Que faire? La situation était assurément périlleuse pour les magistrats. Allaient-ils choisir le parti de la vérité? Que non... Ils préférèrent la corruption à la loyauté, et entreprirent de conspirer contre le mandarin honnête... Ils subornèrent quelques Chinois miséreux pour qu'ils jurent que cet administrateur leur avait prêté de l'argent public avec intérêt (il était trésorier) et n'hésitèrent pas à porter contre lui les plus graves accusations, écrivant à l'Empereur que leur pair était à l'origine des troubles survenus dans la ville et interceptant les lettres qu'il avait envoyées à Pékin — d'après mes informateurs, le Tatar fut le principal instigateur du complot, et il convainquit les deux autres de le soutenir. Fou de rage, l'Empereur ordonna l'exécution immédiate du fonctionnaire : cette nouvelle consterna les soldats et les résidents chinois, car on a déjà vu qu'ils tenaient l'homme en haute estime; ils signèrent donc une pétition en sa faveur, sans pour autant réussir à empêcher le bourreau d'accomplir son œuvre. A Lhassa, ces honteux agissements des mandarins entamèrent le respect des Tibétains pour les Chinois et leur gouvernement (on m'apprit que leur humilité en présence des Chinois était beaucoup plus grande un ou deux ans plus tôt; j'imagine que cette soumission et ce respect reviendront: ils sont sans aucun doute fluctuants et dépendent largement de la personnalité des mandarins qui les gouvernent). Mais l'Empereur fut bientôt informé de son erreur : le Tsinto du Sichuan transmit les requêtes et protestations qui lui avaient été adressées, et les mandarins de Lhassa furent à leur tour accusés... L'un d'eux fut promptement destitué et renvoyé à Pékin, où il tomba en disgrâce et fut privé de ses honneurs et de ses titres, se voyant ravalé au rang le plus commun.

Quant au Tatar, il vécut pendant quelque temps dans l'angoisse d'encourir la même punition, d'autant que la dissimulation de l'émeute et les calomnies dirigées contre le mandarin décapité n'étaient pas les seules charges qui pesaient sur lui; il se lamenta donc sur son sort, et force est de reconnaître que ses appréhensions étaient fondées: car dès le deuxième ou le troisième mois de mon séjour à Lhassa serait publié un décret qui lui prescrirait de renoncer aux sceaux de sa charge aussitôt que serait arrivé le mandarin chargé de le remplacer, puis de regagner Pékin en toute hâte. En lisant ce décret, les Chinois ne cacheraient pas leur satisfaction : tous espéraient que le Tatar serait sévèrement châtié par l'Empereur.

La version qui précède est celle des Chinois, telle que mon *munshi* l'a recueillie. L'histoire a été narrée en termes quelque peu différents par les Tibétains auprès desquels je me suis également renseigné : ils affirmèrent que la querelle n'était pas motivée par la traversée d'un pont, mais par autre chose que le soldat chinois avait réclamé sans pouvoir présenter l'autorisation nécessaire; tout comme ils ajoutèrent que le mandarin exécuté prêtait bel et bien de l'argent public avec intérêt et que la disgrâce ultérieure du mandarin destitué ne leur semblait pas liée à ses manigances pour faire condamner le premier. Ces deux récits doivent contenir chacun leur part de vérité: le mandarin décapité prêtait très vraisemblablement des fonds appartenant à l'État, et l'on peut supposer que son refus de signer le compte-rendu mensonger de l'émeute aggrava sa faute aux yeux de l'Empereur. Pour ce qui est du Tatar, les Tibétains m'en brossèrent un portrait moins défavorable que les Chinois: ils me dirent qu'il jugeait impartialement les procès mineurs et les petits litiges opposant les justiciables des deux nationalités. Ce comportement lui attirait naturellement la rancune des Chinois — qui, en tant que ressortissants de la nation maîtresse, escomptaient sans aucun doute avoir gain de cause dans tous leurs recours à la justice — et la sympathie des Tibétains. Selon les Chinois, il les traitait durement et favorisait les Tibétains, et cette réputation de sévérité excessive fut corroborée par divers témoignages issus de l'une et l'autre source — en fait, personne ne m'a jamais parlé de lui en termes exclusivement positifs ni n'a contesté qu'il fût un méchant homme. Au total, ce que j'ai entendu m'autorise à poser cette conclusion : en règle générale, il apparaît que les grands mandarins de Lhassa sont des gredins et des crapules.

D'après certains de mes informateurs, ce furent ces événements qui ébranlèrent la raison du deuxième mandarin et le firent peu à peu sombrer dans la folie. Il y avait fait allusion durant sa maladie, et javais pu prendre la mesure de la haine qu'il vouait au Tatar: il avait profité du fait que celui-ci lui rendait une visite officielle pour lui cracher des injures au visage, et je l'avais entendu plus d'une fois l'insulter derrière son dos. J'ai écrit plus haut qu'il avait confessé le nombre de pièces d'argent qu'il avait reçues — il s'était écrié à maintes reprises: «Je n'ai que trois cents taels. Tenez! Rendez-les!» Sa part des pots-de-vin ne s'élevait en effet qu'à ce nombre de taels, auxquels il convenait d'ajouter trois précieux fermoirs de bonnet. Car Lhassa est une ville bien misérable : pour les grands mandarins, y être envoyé constitue une sorte de bannissement, et ceux qui reçoivent cette affectation se sont le plus souvent rendus coupables de quelque malversation. Le Tatar avait commis une faute à Canton. Son successeur, qui passait pour originaire de la même ville, avait commis également un acte délictueux, bien que les Chinois lui prêtassent une bonne conduite. Et le mandarin fou n'était pas plus innocent que ces deux-là... Quand il perdit l'esprit, les autres mandarins avisèrent l'Empereur de son état et demandèrent qu'il soit autorisé à regagner son foyer; l'Empereur répondit qu'il simulait la folie et brûlait simplement de retrouver les siens après une longue absence; et il stipula qu'il devait demeurer encore trois ans à Lhassa afin d'expier son crime — la missive impériale arriva quelques jours après que le pauvre homme fut passé de vie à trépas.

Cet emploi systématique d'hommes à la moralité douteuse pour gouverner le Tibet me paraît exécrable. Cette politique déplaît certainement au grand lama et aux Tibétains, et elle tend à attiser leurs préventions contre le gouvernement chinois. Si je me fie à ce que j'ai vu et entendu, je ne puis m'empêcher de songer que les Tibétains se libéreraient sans trop de regrets de l'influence chinoise; notamment si les nouveaux dirigeants traitaient le grand lama avec respect, car c'est là un domaine dans lequel ces arrogants mandarins se montrent assez maladroits, à l'immense déplaisir du bon peuple de Lhassa — j'ai personnellement entendu des habitants de Lhassa invectiver les mandarins en leur reprochant leur manque d'égards envers le lama.

Quand il apprit qu'un grand nombre de Chinois et de Tibétains sollicitaient mes soins médicaux, le mandarin Tatar se montra fort mécontent; et, bien qu'il n'eût interdit à personne de me consulter, beaucoup furent dissuadés de faire le siège de ma porte, pour mon plus grand soulagement : désormais, seuls vinrent me voir les malades atteints de maux suffisant à justifier leur visite. Je reçus davantage de patients tibétains et obtins de notables succès, en particulier dans le traitement des toux, des indigestions et des troubles oculaires bénins. De nombreux moines souffraient d'indigestions ou de désordres digestifs provoqués par leur alimentation à base de farine d'orge grillée: ils délaient cette farine dans leurs bols avec du *suchi* afin d'obtenir un gâteau pâteux qu'ils avalent sans le faire cuire; je savais d'expérience que cette mixture est indigeste si l'on en consomme trop, d'autant que les plus pauvres ne pouvaient s'offrir qu'une mauvaise farine niellée. Et les lésions oculaires sont très fréquentes à Lhassa; certains les attribuent aux vents froids et aux stations prolongées dans les temples, mais elles me semblent avoir une autre cause: je soupçonne l'eau et le sel qu'ils utilisent de contenir une substance nocive.

SÉJOUR A LHASSA

Une fois parvenus à Lhassa, il ne nous fallut pas bien longtemps pour nous apercevoir que nous étions entourés d'espions. Un jour se présentèrent plusieurs Chinois parmi lesquels se trouvait un petit mandarin. Il se montra à la fois extrêmement poli et infiniment inquisiteur: je fus prié d'écrire une phrase dans les caractères de ma langue, ce que je fis avec empressement; et mon *munshi* dut récapituler toute notre histoire : ils lui firent dire d'où il venait, par quels lieux nous étions passés, etc. ; je déclarai aussitôt après leur départ que c'étaient des espions. Le petit mandarin revint le lendemain pour poser de nouvelles questions à mon compagnon, et il finit par reconnaître qu'il était envoyé par le Tatar. Ensuite de quoi nous commençâmes à être fréquentés par toutes sortes de visiteurs nocturnes... Mon *munshi* les recevait un par un dans sa chambre pendant que je me tenais dans la mienne. Ils passaient un temps déraisonnable en sa compagnie et s'arrangeaient toujours pour ouvrir ma porte comme par mégarde, afin de vérifier que j'étais bien seul et n'ourdissais aucune conspiration. Ils ne découvrirent jamais personne dans ma chambre : car j'avais spécifié à mes patients que je n'étais à leur disposition que dans la journée, et nul autre Tibétain ne passa me voir dans ces circonstances. Il suffisait que l'on ouvre ma porte pour que je sache avec quel genre d'homme se trouvait mon *munshi*; et chacun de ces regards indiscrets ne manquait pas de m'échauffer la bile : des répliques sarcastiques formulées en anglais et en latin me montaient aux lèvres, mais je ne maîtrisais pas assez le chinois pour être à même de les exprimer sans paraître trop grossier. Quand je lançai plus tard à mon *munshi*: «Ce soir, tu étais encore avec un espion!», il admettait en général que j'étais dans le vrai, mais il prétendait aussi que certains de ces visiteurs avaient des intentions amicales ou souhaitaient simplement bavarder avec lui. Je le suppliai de se méfier de tous ces amis nocturnes qui s'attardaient si longuement dans sa chambre, bien que cette recommandation fût sans doute inutile : car je crois qu'il était très prudent.

Le mandarin tatar détestait les Européens : il les tenait pour la cause de tous ses malheurs! Il ne cachait pas les craintes que je lui inspirais, me qualifiant parfois de missionnaire et m'accusant d'autres fois d'être un espion — il aurait dit: «Ces Européens sont redoutables. Maintenant que l'un d'entre eux est venu espionner ce pays, il informera les autres. Beaucoup le suivront, et ils finiront par nous chasser de cette contrée.» Bien que je me fusse fait passer pour un natif de Calcutta, nous ne pouvions dissimuler que cette ville (qui est située au Bengale) appartenait aux Anglais; et le terme «Ingelikus» — qui désigne le royaume d'Angleterre — sonnait fort désagréablement aux oreilles du Tatar. Une brillante comète ayant été observée pendant plusieurs mois, il l'avait associée à mon arrivée; y voyant un mauvais présage, il avait demandé aux astronomes de Lhassa si elle était visible dans mon pays: soit par ignorance soit par calcul, ceux-ci lui avaient répondu qu'elle ne l'était pas, et je suppose que cette information apaisa quelque peu ses inquiétudes.

Par ailleurs, le bruit courut — il parvint plusieurs fois jusqu'à nous — que mon *munshi* et moi-même allions être interrogés sous la torture; même si je ne pris pas une seconde la menace au sérieux, l'idée était déplaisante et elle attestait la malveillance et la jalousie avec lesquelles l'un (au moins) des grands mandarins considérait nos agissements. L'autre Tajin, nous apprit-on, était partagé : tantôt il s'associait au Tatar dans les invectives qu'il lançait contre les Européens et nous soupçonnait lui aussi des plus noirs desseins, tantôt il modérait son partenaire. Le Tatar eût certainement assisté à notre exécution avec le plus grand plaisir ; et l'autre aurait sans doute observé notre mise à mort sans émettre aucune objection ni éprouver ensuite aucun remords. Mais le troisième mandarin (un grand filou au demeurant) s'éleva contre tout interrogatoire ou contre-interrogatoire s'accompagnant de mauvais traitements. Son avis l'emporta, puisque, quand il se rendit à plusieurs reprises devant le Tajin pour y être interrogé, mon *munshi* fut toujours traité avec un semblant de courtoisie ; quelques jours plus tard, un document résumant la substance de ses réponses et précisant son identité et ses déplacements lui fut présenté pour qu'il le signe : cette déposition devait être envoyée à l'Empereur.

Ma qualité d'étranger me valut de ne pas être questionné directement, mais mon nom et mon état civil furent cités dans les papiers adressés à l'Empereur. Et la teneur de ce message suscita les commentaires les plus divers de la part de nos interlocuteurs : pour certains, il se contentait d'exposer les faits ; pour d'autres, il ne mentionnait aucune circonstance aggravante ; et pour quelques-uns encore, mon *munshi* y était dénoncé comme un fugitif qui avait abandonné son pays et s'était associé à des étrangers pour conspirer avec eux. La seule charge qui pouvait être retenue contre lui était d'être parti de Canton et d'avoir gagné un royaume étranger sans permission : c'était assurément une faute, mais son ampleur était laissée à l'appréciation des mandarins chargés d'instruire l'affaire. Ce genre de délit était commis chaque année par des milliers d'individus, et les mandarins fermaient souvent les yeux sur de telles pratiques ; mais ils ne disposaient pas moins d'une verge qu'ils pouvaient utiliser chaque fois qu'ils le jugeaient nécessaire. Le mandarin de Giansu tenait l'émigration pour un phénomène naturel et inévitable, car la Chine était surpeuplée : la main-d'œuvre y était surabondante, et les gens allaient là où ils avaient une chance de trouver un gagne-pain ; si les mandarins de Lhassa s'étaient montrés plus accommodants, cette fuite du royaume ne serait donc même pas venue sur le tapis... Mon *munshi* pouvait être autorisé à revenir avec moi à Calcutta avec l'ordre de regagner ensuite Canton, ou bien nous pouvions être invités l'un et l'autre à nous diriger vers Canton en traversant la province du Sichuan, avec charge pour moi de m'embarquer dans ce port pour Calcutta. Le second Tajin évoqua la première possibilité devant mon *munshi* au cours de leurs entretiens, lui disant : « Tu ferais mieux de ne pas repasser par Calcutta : car il te faudrait alors affronter la mer... » Mon *munshi* lui avoua que la mer lui faisait horreur et qu'il préférerait regagner immédiatement son pays en voyageant à travers le Tibet; mais il argua qu'il avait promis au lama (c'est-à-dire à moi-même) de l'escorter à l'aller et au retour — telles étaient les conditions du marché: comment pouvait-il laisser le lama repartir tout seul? Le mandarin lui rétorqua que le lama pourrait très bien passer lui aussi par Canton, ce à quoi il s'entendit répondre: «Mais c'est un étranger. Je croyais que le *by*[1] [la coutume] défendait aux étrangers de pénétrer en Chine. — Oh, lança alors le mandarin, ce n'est rien! L'obstacle peut être aisément surmonté[2].»

Je caressai donc l'espoir d'être prié (ou contraint) de quitter le Tibet via la Chine: j'espérais que les cols du Bhoutan et les routes du Népal me seraient interdits par les mandarins jaloux. Des Chinois me demandèrent si je souhaitais traverser la province du Sichuan, et la question fut également posée à mon *munshi*. Certains pensaient que cette route était la meilleure, d'autres que je devais repartir par où j'étais venu. Je répondais toujours avec circonspection: «Le Sichuan! Oh! c'est un bien long trajet, et je suis étranger.» Car nous ne pouvions toujours déterminer avec certitude qui était un espion et qui ne l'était pas, de même que les intentions et souhaits véritables des mandarins étaient loin d'être clairs: des missionnaires ou d'autres individus pouvaient les avoir avisés de mon passage à Canton et de ma précédente tentative de pénétrer en Chine; et leurs propos courtois pouvaient dissimuler maintes chausse-trappes. Force m'est ici de reconnaître que la chance ne me sourit pas... Car se rendre à Lhassa dans le dessein d'entrer en Chine était une mission moins irréaliste qu'on aurait pu le croire. La balance aurait pu fort bien pencher en ma faveur: j'aurais pu bénéficier de la complaisance des mandarins; soigner avec succès un grand personnage; être remercié pour avoir introduit la vaccination dans le pays; obtenir la faveur du grand lama; graisser la patte de quelque négociant ou sous-officier afin d'être habilité à accompagner les marchands tibétains jusqu'à Seling[3] — toutes ces manœuvres étaient possibles en dépit de leur difficulté, et j'imagine qu'elles auraient pu favoriser mon projet. Le succès n'était donc nullement assuré, mais la perspective de ce voyage ne me semblait pas totalement irréaliste, et je tentai donc le coup.

L'imprécision de nos informations quant au contenu exact du message adressé à l'Empereur tourmenta mon *munshi*. Il essaya en vain de lire la copie de la lettre conservée dans les archives locales. S'il était vraiment décrit comme un fugitif qui s'était acoquiné avec des étrangers, un décret ordonnant ou autorisant son exécution pouvait être

1. *By* signifie usage approuvé, rites, etc. (N.d.A.)
2. Les Asiatiques entrent assez facilement en Chine. Seuls les Européens sont impitoyablement refoulés. (N.d.A.)
3. Sining.

publié du jour au lendemain. Et il n'estimait pas du tout impossible que je subisse le même sort… Qu'un étranger parvenu dans une cité avec le consentement des autorités et innocent de tout crime postérieur fût puni de cette manière eût constitué un singulier procédé; mais le Tatar était un homme des plus bizarres — il s'était déjà conduit de façon très singulière à Lhassa, non seulement en persécutant et en faisant exécuter le mandarin intègre mais en perpétrant maints autres actes tout à fait déraisonnables. Il haïssait les Anglais et tous ceux qui avaient quelque rapport avec eux. S'il avait eu le pouvoir d'agir selon son bon plaisir, comment être sûr qu'il ne s'en serait pas servi? Et qu'aurais-je pu faire? Tout cela était vrai, et éminemment déplaisant.

L'idée d'être exécuté m'était intolérable : j'avais du mal à m'imaginer marchant au supplice avec courage et fermeté. Le spectacle de la pompe despotique des mandarins de Canton, où je n'avais pourtant couru nul péril, m'avait presque rendu malade; et ce que j'avais lu sur le pouvoir absolu que le mandarinat exerçait non seulement en Chine mais dans divers pays asiatiques n'avait pas manqué de m'épouvanter. Je me mettais à la place du prisonnier innocent injustement accusé… Je jetais des regards éperdus autour de moi, ne découvrant ni refuge ni échappatoire; les instruments de torture, les instruments de mon exécution, étaient apportés par des bourreaux rubiconds aux pommettes saillantes qui s'affairaient auprès de leur sinistre matériel en affichant un sourire menaçant. Je ne pouvais exciper d'aucune excuse ni tabler sur la sollicitude d'aucun juge, puisque, contrairement à l'Angleterre, ma culpabilité était présumée avant même que j'eusse été entendu; et l'on m'interrogeait sans ménagement ni équité, non pour apprécier ma responsabilité mais pour m'arracher des aveux. J'étais en face d'individus malveillants et sans scrupules qui ne se conformaient aux règles établies que pour mieux violer la justice — mon procès n'était pas instruit par un jury honnête susceptible d'opter pour la clémence lorsque le prévenu s'avère avoir bonne réputation et quand il apparaît que le crime allégué n'est pas abominable en soi, mais uniquement lié aux réglementations aléatoires des sociétés humaines. Quand on est soumis aux caprices d'un magistrat généreux, on peut toujours faire appel à ce qu'il a de meilleur en lui et allumer dans son esprit une petite flamme qui dissipera sa malice et ses soupçons; mais ces juges en apparence si policés avaient le cœur sec, et leur âme n'était pas faite de cette étoffe-là: croire que ce type d'étincelle pourrait jamais briller en eux revenait à peu près à tenter d'alimenter un feu avec du sable. La simple pensée de cette solitude du prisonnier, ou de ce néant où il est plongé, suffisait à me donner la nausée. […]

Ces pénibles pensées m'assaillirent pendant toute cette période de notre séjour à Lhassa qui s'ouvrit quelques jours après notre arrivée dans cette cité et s'acheva aussitôt que les mandarins eurent reçu la réponse impériale qu'ils attendaient. Mais je vais maintenant revenir en arrière pour narrer dans l'ordre certains autres événements qui ne me semblent pas dénués d'intérêt…

J'avais déclaré d'emblée que, quoique dispensant gratuitement la plupart de mes soins, j'exigeais toutefois d'être rétribué dans le cas de certaines maladies spécifiques: j'avais stipulé que je réclamerais alors quelque vingt pièces de monnaie, justifiant ce tarif par la cherté des remèdes nécessaires au traitement de ces maux. Je recevais mes patients dans ma chambre — elle faisait fonction à la fois de salle de séjour, de chambre à coucher, de salle à manger et de cabinet médical —, et ils passaient me voir à toute heure de la matinée. Quelques-uns, dont l'état nécessitait des consultations régulières, ne me réglèrent pas à l'issue de notre premier entretien: je supposai d'abord qu'ils n'avaient pas la somme sur eux; ne voyant toujours rien venir après deux ou trois visites, je leur précisai que je n'avais en rien modifié mes exigences, et ils ne se représentèrent plus jamais à ma porte. Néanmoins, un homme m'apporta un jour trois pièces enveloppées dans un bout de papier : je refusai son argent, lui faisant remarquer qu'il savait bien que telles n'étaient pas mes conditions. Il tergiversa, me proposant de me régler à mesure que ses symptômes disparaîtraient et m'objectant qu'il répugnait à me payer d'avance; je lui rétorquai que je ne lui réclamais pas d'honoraires pour prix de son éventuelle guérison: je voulais vingt pièces tout de suite, que je réussisse ou non à le guérir. Il me demanda si sa guérison était assurée, ce à quoi je répondis par la négative. Cette réplique ne mit pas fin à ses remontrances: il récrimina de plus belle à voix basse, adoptant un ton de plus en plus désagréable. Je lui dis donc que je n'avais aucunement voulu l'offenser, et que je lui offrais de bon cœur les médicaments que je lui avais déjà administrés s'il préférait interrompre son traitement — je le tenais quitte de toute dette envers moi, il était libre si bon lui semblait d'aller consulter quelque autre médecin de Lhassa en oubliant nos entrevues : car je ne courais pas du tout après les malades de son espèce. Il déclina mon offre, jurant qu'il souhaitait continuer à prendre mes remèdes mais ne m'en reprochant pas moins mon intransigeance. Je l'écoutai attentivement, et mon amabilité ne fit qu'accroître son impertinence : entreprenant de marteler la table du poing, il poussa l'argent dans ma direction tout en prenant à témoin d'autres Chinois qui étaient entrés dans la chambre et écoutaient notre dialogue; mon *munshi* était de plus en plus irrité, et je partageai son énervement. Soudain, ce patient frappa ou poussa la table avec une telle violence que le coffret où j'avais rangé mes fioles et mes pilules faillit tomber par terre. C'en était trop, je ne pouvais plus tolérer ces manières! Je ramassai vivement l'ignoble papier où étaient emballées les pièces et le jetai dehors, ordonnant à son propriétaire de suivre le même chemin. Blême de fureur, l'homme s'avança vers moi avec des gestes menaçants, et je me levai d'un bond pour l'affronter: je lui lançai que s'il faisait un pas de plus, je le châtierais de son insolence en l'abattant d'un coup de poing. Sous le coup de la colère, je crois bien que je m'exprimai en anglais ou en latin, mais mon visiteur comprit fort bien mes intentions: son assurance s'envola, et il fut certainement très heureux de l'intervention de ses compatriotes... L'un des Chinois le maîtrisa cependant qu'un autre alla ramasser l'argent, après quoi les membres les plus respectables de l'assistance me supplièrent de me calmer et de me rasseoir, requête à laquelle j'accédai. L'homme déversa encore un chapelet d'injures impénétrables à mon adresse et à celle de mon *munshi*, puis il fut expulsé de ma chambre. Il nous injuria de nouveau quand il passa devant ma fenêtre et grommela qu'il irait tout raconter au mandarin, ce à quoi mon *munshi* répliqua qu'il serait le premier à accomplir cette démarche.

J'appris par la suite que ma conduite avait été jugée extrêmement audacieuse: l'étranger que j'étais avait osé rejeter l'argent d'un Chinois! Mon *munshi* ne me fit aucun reproche: il estimait lui aussi que les bornes de la décence avaient été franchies. Je lui expliquai que j'avais écouté mon interlocuteur avec patience et bienveillance, mais que ma bonté n'avait fait qu'augmenter son insolence; et qu'il n'était pas dans le caractère des Européens de supporter de semblables outrages... Je ne crois pas que mon audace (si audace il y avait eue, car tel n'était pas mon sentiment) me causa le moindre tort. Il est probable que l'incident fut très vite connu de tous les Chinois de Lhassa, puisque j'entendis l'un d'eux conseiller à l'un de ses semblables de me témoigner les plus grandes marques de respect. Plusieurs témoins oculaires avaient pu constater que l'homme ne m'avait pas effrayé et que je n'aurais pas hésité à lui rendre la monnaie de ses coups s'il avait poussé l'outrecuidance jusqu'à m'agresser; et je suis sûr que ma réaction ne me fit pas baisser dans leur estime, mais rehaussa plutôt mon prestige. Ce fut d'ailleurs l'unique algarade que j'eus à Lhassa, que ce soit avec un Chinois ou avec un Tibétain.

Mon *munshi* alla porter plainte dès le lendemain devant le tribunal. Le sous-mandarin dit que l'offense était trop bénigne pour que l'homme soit puni, et qu'il se contenterait donc de l'admonester en privé en lui ordonnant de venir solliciter notre pardon. Que l'injonction lui fût ou non délivrée, le Chinois ne s'exécuta pas et je ne m'en formalisai pas, ne désirant nullement recevoir ses excuses. Je ne le revis plus jamais.

Un soldat et son épouse occupaient deux chambres contiguës aux nôtres; son temps de service était expiré, et il s'apprêtait à regagner la Chine en compagnie d'autres militaires. Nous convînmes de nous installer dans ces deux pièces aussitôt que le couple partirait, et nous réussîmes à persuader l'acariâtre maîtresse des lieux de nous les louer au même tarif qu'au soldat (c'est-à-dire pour la somme modique de quatre pièces par mois, soit 2 shillings 8 pence) — nous n'obtînmes satisfaction qu'après avoir eu une altercation avec elle et l'avoir menacée d'en référer au Thalung, mais cette femme veillait à la fois sur l'entretien et la gestion de la maison : elle avait seule le droit de percevoir de petits loyers, même si l'immeuble appartenait en fait aux magistrats. Nous restâmes encore quelques jours dans la grande chambre qui nous avait été jusque-là impartie, puis l'échangeâmes avec l'accord de notre logeuse contre une plus petite, proche des deux autres. Désormais, mon *munshi* et moi-même disposâmes donc chacun d'une chambre, mais je n'en fus pas moins obligé de continuer à dormir à même le sol, car mon châlit, quoique tapissé de planches en son milieu, était bâti en pisé et la boue employée n'était pas tout à fait sèche : je ne voulais pas courir le risque d'attraper froid en m'étendant sur cette surface humide. J'ouvris une fenêtre orientée vers le sud que mon prédécesseur avait condamnée pour tel ou tel prétexte superstitieux : le soleil éclaira ainsi la pièce durant un mois ou deux, me faisant profiter de sa lumière pendant une bonne partie de la journée ; mais ses rayons tombèrent de plus en plus verticalement à mesure que le printemps s'approcha et que l'astre fut plus haut dans le ciel, ce qui réduisit progressivement l'aire d'ensoleillement ; et ils cessèrent totalement d'apparaître dans ma chambre avant avril, car les murs extérieurs étaient fort épais et ma fenêtre était coiffée d'un petit auvent. Les journées consacrées à l'aménagement de nos nouvelles chambres me furent assez pénibles : mon *munshi* et le domestique s'activèrent furieusement pendant deux ou trois jours, plâtrant et tapissant les lieux pour leur donner meilleure apparence. Je m'installai dans ma chambre dès qu'ils eurent fini de la préparer et n'y apportai plus aucune modification ni embellissement, bien qu'elle fût encore dans un triste et misérable état. Mais mon *munshi* ne m'imita pas… Il arrangea si bien sa pièce qu'elle finit par ressembler au petit salon d'un modiste : il disposa ici un bibelot de verre, suspendit là une babiole, fixa ailleurs une cheville pour y accrocher gracieusement une montre, un sceau et un ruban — il faut dire que les Chinois raffolent de ce genre de décorations et savent les agencer très coquettement.

Quant à moi, je m'étais muni d'un sextant ainsi que d'un excellent chronomètre, et je souhaitais ardemment profiter de la clarté du ciel et de l'absence de nuages pour me livrer à quelques observations ; mais ma fenêtre était trop étroite pour que je pusse mener à bien mon projet, et j'étais sans cesse dérangé par des visiteurs. Notre logis était surmonté d'un vaste toit plat où j'aurais pu assez aisément grimper, mais c'eût été folie que de me montrer à tous en train de scruter les cieux à travers un instrument astronomique ; j'aurais peut-être pu tirer parti de la nuit pour observer certaines étoiles sans me faire voir, mais l'entreprise était hasardeuse et je souffrais chaque soir de crises de rhumatismes aigus qui duraient jusqu'au matin. Les hypothétiques découvertes géographiques qui auraient pu découler de ces observations ne justifiaient pas que je coure un tel risque — je ne désirais pas mesurer la latitude et la longitude de Lhassa, qui sont assez bien connues; j'aurais simplement voulu régler ma montre avec précision afin de pouvoir déterminer la position des principales villes que je croiserais au cas où l'on m'autoriserait à traverser la province de Sichuan.

Dans la journée, où ces douleurs rhumatismales disparaissaient, mon état général me semblait assez bon, et j'espérais donc un moment que mon organisme se débarrasserait tout seul de ces crises; mais je fus finalement contraint de recourir à la médecine. Des pilules de camphre et d'opium me procurèrent un notable soulagement, l'antimoine me parut tout aussi efficace, et je me sentis également bien mieux après avoir pris une dose de poudre de Douvres. J'ignore toutefois si ce mieux-être était imputable à cette dernière substance, car il survint dans des circonstances particulièrement défavorables : il se trouve en effet que le malade traité à la poudre de Douvres doit boire beaucoup, afin que le produit se dilue dans son estomac. Ayant avalé ma dose avant que la crise ne se déclare, je m'étais mis au lit et avais ordonné au jeune métis tibétain qui me servait de domestique de m'apporter du gruau de riz... Il m'amena deux ou trois écuelles pleines à ras bord, puis il refusa obstinément d'obéir à mes ordres: je l'appelai vainement à vingt ou trente reprises, élevant la voix au point d'être entendu par tout le voisinage. Alors que je commençais à transpirer à grosses gouttes (en partie sous le coup de la colère, en partie sous l'effet du remède), mon *munshi* passa la tête dans l'entrebaîllement de ma porte et m'apostropha avec vigueur: il me déclara d'un ton furieux que le jeune domestique lui avait dit que j'avais assez bu comme ça! Je lui expliquai que j'avais pris un médicament et devais boire davantage; que j'étais en sueur et répugnais à me lever; mais que, si l'on m'y forçait, je flanquerais une solide correction au gamin. Mon *munshi* me répondit: «A Lhassa, vous ne frapperez personne!», ce à quoi je rétorquai: «Vraiment? Et bien, nous verrons!» Et l'échange se poursuivit sur ce mode pendant une minute ou deux: il me redit d'une voix courroucée: «C'est impossible», je lui réaffirmai: «Je le battrai!», il me lança de nouveau: «Vous ne pouvez pas faire cela»[1], etc. Il m'arriva parfois de chanter ou de psalmodier mes répliques, et il se moqua de moi autant que le lui permirent ses protestations indignées. Ah, quel secourable ami je découvrais dans la maladie! Après son départ, je continuai à héler sans plus de succès le domestique

1. Il s'exprima en latin, me lançant: *«Non potes»* (*«Non licet»* eût été plus correct) et je lui répondis: *«At verberabo.»* (N.d.A.)

récalcitrant, puis j'enfilai ma robe de chambre et me dirigeai vers la cuisine, où je trouvai nos deux serviteurs assoupis devant un brasero: ils n'étaient même pas couchés! Je m'approchai du jeune Tibétain qui n'avait pas répondu à mes appels et lui allongeai une gifle retentissante qui le tira brusquement de sa torpeur: il se leva d'un bond et s'enfuit à toutes jambes. Il faisait trop froid et je me sentais trop patraque pour le poursuivre; je m'adressai donc à notre domestique chinois et le morigénai pour son indiscipline, l'informant que je le renverrais dès le lendemain matin s'il ne me servait pas immédiatement quelque boisson chaude; et je lui conseillai de ne pas prendre ma menace à la légère, car je n'avais pas pour habitude de parler pour ne rien dire! Ensuite de quoi je regagnai mon lit. Je les entendis peu après débarrer la porte de la maison et sortir, ce qui me donna à penser qu'ils étaient à court d'eau; et ils m'apportèrent enfin plusieurs litres de thé.

Par la suite, je m'abstins d'émettre la moindre remarque sur le grossier entêtement de mon *munshi*, mais je revins néanmoins sur l'incident en me félicitant du changement survenu chez le jeune Tibétain: j'observai que, depuis qu'il avait reçu une claque de ma main, l'enfant était remarquaablement obéissant et attentif et se montrait fort empressé à me servir. «Quand donc l'avez-vous frappé?», s'exclama mon *munshi*, très surpris. «Eh bien, lui dis-je d'un ton glacial (et faisant comme s'il n'était pas du tout au courant de l'histoire), cette nuit où j'avais pris un remède et où j'avais réclamé que l'on m'apporte à boire… Je l'avais appelé à maintes reprises, et il n'avait pas obtempéré. Je me suis levé, je suis entré dans la cuisine et je lui ai flanqué une bonne gifle.» Mon *munshi* ne pipa mot — les serviteurs ne lui avaient probablement pas parlé du coup, et il croyait sans doute que je n'avais pas osé mettre ma menace à exécution, bien que l'ayant moult fois et catégoriquement répétée. Je pense que ce récit lui ouvrit les yeux : il songea certainement à son ignoble conduite — car il savait que son caractère n'était pas des plus aimables — et dut s'en sentir honteux. Je fis vite dévier la conversation sur un autre sujet.

Clements Markham, *Narratives of the Mission of George Bogle to Tibet and of the Journey of Thomas Manning to Lhasa*, Londres, Trübner and Co., 1879. Rééd. Mānjuśrī, New Delhi, 1971. Traduction de Christian Cler.

L'ODYSSÉE DES DEUX LAZARISTES

RÉGIS-ÉVARISTE HUC

(1846)

Le père Huc[1] *et Joseph Gabet, lazaristes, atteignent Lhassa en janvier 1846, venant de la Chine du Nord, après un passage par la Mongolie, Xining et le Qinghai. Ils restent sept semaines à Lhassa mais se font expulser et reconduire jusqu'à la côte, via le Sichuan.*

On a reproché au père Huc de ne pas avoir mis à profit ce voyage exceptionnel «pour faire un recueil, plus solide et mieux informé des particularités locales et des curiosités naturelles de ce pays...», ou encore «de ne pas avoir compris et rendu compte de quelle importance considérable, comme de quel intérêt était son voyage[2]*». Mais ceci n'est rien. Représentant de l'idéal missionnaire et de l'idéal colonialiste, Huc a défendu les idées solidement établies de l'époque. Il ne cache pas une certaine aversion pour les Chinois ni sa sympathie pour les autres peuples, mongols ou tibétains.*

Pourtant les Souvenirs d'un voyage dans la Tartarie *obtinrent un formidable succès, tant auprès du grand public que dans les milieux littéraires. «Huc n'est pas seulement un voyageur, c'est aussi un écrivain*[3]*.» Vivant, coloré, pertinent, prémonitoire, le récit est en permanence d'une grande saveur. Pour le voyageur d'aujourd'hui c'est également un guide qui a gardé une certaine actualité...*

LES DIFFÉRENTS ARGOLS

La belle saison amena à Tchogortan un grand nombre de promeneurs de la grande lamaserie de Kounboum: ils venaient prendre l'air de la campagne, et se reposer un peu de leurs études journalières. Notre chambre devint, pour lors, comme un lieu de pèlerinage; car personne n'aurait voulu se dispenser en venant se promener à Tchogortan, de rendre visite aux lamas du ciel d'Occident. Ceux que nous avions connus d'une manière plus particulière, et qui avaient commencé à

1. Sur R. É. Huc, voir notice p. 1059.
2. P. Landon, *A Lhassa, la ville interdite*, Paris, Hachette, 1906.
3. S. Leys, *La Forêt en feu*, Paris, Hermann, 1983.

s'instruire des vérités de la religion chrétienne, étaient attirés vers nous par un autre motif que la curiosité ; ils désiraient avant tout s'entretenir de la sainte doctrine de Jéhovah et nous demander des éclaircissements sur les difficultés qui leur étaient survenues. Oh ! comme notre cœur était pénétré d'une joie ineffable, quand nous entendions ces religieux bouddhistes prononcer avec respect les saints noms de Jésus et de Marie, et réciter avec dévotion les prières que nous leur avions enseignées ! Le bon Dieu, nous n'en doutons pas, leur tiendra grand compte de ces premiers pas dans la voie du salut, et ne manquera pas d'envoyer des pasteurs pour conduire définitivement au bercail ces pauvres brebis errantes.

Parmi tous ces lamas, qui venaient se récréer quelques instants à Tchogortan, on remarquait surtout un grand nombre de Tartares-Mongols : ils arrivaient chargés de petites tentes, qu'ils allaient planter dans la vallée, le long du ruisseau, ou sur les collines les plus pittoresques. Là, ils passaient quelques jours entièrement plongés dans les délices de leur amour pour l'indépendance de la vie nomade ; ils oubliaient pendant un instant la gêne et la contrainte de la vie lamaïque, pour ne s'occuper que du bonheur de vivre sous la tente au milieu du désert. On les voyait courir et folâtrer dans la prairie comme des enfants, s'exercer à la lutte et aux jeux divers, qui leur rappelaient la patrie. La réaction était si forte, que la fixité de la tente finissait par leur devenir insupportable, ils changeaient de place trois ou quatre fois par jour ; souvent même, ils l'abandonnaient ; ils chargeaient sur leurs épaules leur batterie de cuisine et leurs seaux remplis d'eau, puis ils s'en allaient, en chantant, faire bouillir le thé sur le sommet d'une montagne, d'où ils ne descendaient qu'à l'approche de la nuit.

On voyait aussi accourir à Tchogortan une certaine classe de lamas non moins intéressante que celle des Mongols ; ils arrivaient par grandes troupes dès la pointe du jour. Habituellement, ils avaient leur robe retroussée jusqu'aux genoux, et le dos chargé d'une grande hotte d'osier ; ils parcouraient la vallée et les collines environnantes, pour recueillir, non des fraises ni des champignons, mais la fiente que les troupeaux des Si-Fàn disséminaient de toutes parts. A cause de ce genre d'industrie, nous avons nommé ces lamas *lamas bousiers*, ou plus honorifiquement, *lamas argoliers*, du mot tartare, *argol*, qui désigne la fiente des animaux, lorsqu'elle est desséchée et propre au chauffage. Les lamas qui exploitent ce genre de commerce sont en général des personnages paresseux et indisciplinés, qui préfèrent à l'étude et à la retraite les courses vagabondes à travers les montagnes ; ils sont divisés en plusieurs compagnies, qui travaillent sous la conduite d'un chef chargé des plans et de la comptabilité. Avant la fin de la journée, chacun apporte ce qu'il a pu ramasser de butin au dépôt général, situé au pied d'une colline ou dans l'enfoncement d'une gorge. Là, on élabore avec soin cette matière première, on la pétrit et on la moule en gâteaux qu'on laisse exposés au soleil jusqu'à dessiccation complète; ensuite on arrange symétriquement tous ces argols les uns au-dessus des autres; on en forme de grands tas, qu'on recouvre d'une épaisse couche de fiente, pour les préserver de l'action dissolvante de la pluie. Pendant l'hiver, ce chauffage est transporté à la lamaserie de Kounboum et on le livre au commerce.

Le luxe et la variété des matières combustibles, dont jouissent les nations privilégiées de l'Europe, ont dû probablement les dispenser de faire des études approfondies sur les diverses qualités d'argols. Il n'en a pas été ainsi parmi les peuples pasteurs et nomades; une longue expérience leur a permis de classifier les argols avec un talent d'appréciation qui ne laisse rien à désirer. Ils ont établi quatre grandes divisions, auxquelles les générations futures n'auront, sans doute, à apporter aucune modification.

En première ligne, on place les argols de chèvre et de mouton; une substance visqueuse, qui s'y trouve mêlée en grande proportion, donne à ce combustible une élévation de température vraiment étonnante. Les Thibétains et les Tartares s'en servent pour travailler les métaux; un lingot de fer plongé dans un foyer de ces argols est dans peu de temps chauffé au rouge blanc. Le résidu que les argols de chèvre et de mouton laissent après la combustion, est une espèce de matière vitreuse, transparente, de couleur verdâtre, et cassante comme le verre; elle forme une masse pleine de cavités et d'une légèreté extrême: on dirait de la pierre ponce. On ne trouve pas dans ce résidu la moindre quantité de cendres, à moins que le combustible n'ait été mélangé de matières étrangères. Les argols de chameau constituent la seconde classe; ils brûlent facilement, en jetant une belle flamme; mais la chaleur qu'ils donnent est moins vive et moins intense que celle des précédents. La raison de cette différence est qu'ils contiennent en combinaison une moins grande quantité de substance visqueuse. La troisième classe renferme les argols appartenant à l'espèce bovine; quand ils sont très secs, ils brûlent avec beaucoup de facilité, et ne répandent pas du tout de fumée. Ce genre de chauffage est presque l'unique qu'on rencontre dans la Tartarie et dans le Thibet. Enfin, on place au dernier rang les argols des chevaux et des autres animaux de la race chevaline. Ces argols n'ayant pas subi, comme les autres, le travail de la rumination, ne présentent qu'un amas de paille plus ou moins triturée; ils brûlent en répandant une fumée épaisse, et se consument à l'instant. Ils sont pourtant très utiles pour commencer à allumer le feu: ils font en quelque sorte l'office d'amadou, et aident merveilleusement à enflammer les autres combustibles.

Nous comprenons que cette courte et incomplète dissertation sur les bouses est peu propre à intéresser un grand nombre de lecteurs. Cependant, nous n'avons pas cru devoir la retrancher, parce que nous nous sommes imposé l'obligation de ne négliger aucun des documents qui pouvaient être de quelque utilité pour ceux qui voudront après nous essayer de la vie nomade. [...]

LES LAMAS MÉDECINS

Nous jouîmes pendant quelques jours de la solitude la plus profonde. Depuis que les troupeaux avaient disparu, les argoliers, n'ayant plus rien à faire, avaient cessé de venir. Nous étions seuls avec quelques lamas préposés à la garde de la lamaserie. Nos animaux se trouvèrent assez bien de ce changement, car dès lors tous les pâturages furent à eux: ils purent brouter, en long et en large, les herbes de la vallée, sans crainte de rencontrer des rivaux.

Le désert ne tarda pas longtemps à redevenir vivant et animé. Vers le commencement du mois de septembre, les lamas de la Faculté de médecine se rendirent à Tchogortan, pour se livrer aux travaux de l'herborisation. Les maisons disponibles en logèrent tant qu'elles purent en contenir, et le reste habita sous des tentes abritées par de grands arbres de la lamaserie. Tous les matins, après avoir récité les prières communes, bu le thé beurré et mangé la farine d'orge, tous les étudiants en médecine retroussaient leur robe, et se dispersaient sur les montagnes sous la conduite de leurs professeurs. Ils étaient tous armés d'un bâton ferré et d'une petite pioche; une bourse en cuir, remplie de farine, était suspendue à leur ceinture; quelques-uns portaient sur le dos de grandes marmites; car la Faculté devait passer la journée tout entière sur la montagne. Avant le coucher du soleil, les lamas médecins revenaient chargés d'énormes fagots de branches, de racines et d'herbages de toute espèce. En les voyant descendre péniblement les montagnes, appuyés sur leurs bâtons ferrés, on les eût pris plutôt pour des braconniers que pour des docteurs en médecine. Nous fûmes souvent obligés d'escorter ceux qui arrivaient spécialement chargés de plantes aromatiques; car nos chameaux, attirés par l'odeur, se mettaient à leur poursuite, et auraient brouté sans scrupule ces simples précieux, destinés au soulagement de l'humanité souffrante. Le reste de la journée était employé à nettoyer et à étendre sur des nattes tous ces produits du règne végétal. La récolte des médecins dura pendant huit jours entiers. On en consacra cinq autres au triage et à la classification des divers articles. Le quatorzième jour, on en distribua une petite quantité à chaque étudiant, la majeure partie demeurant la propriété de la Faculté de médecine. Le quinzième jour enfin fut un jour de fête. Il y eut un grand festin, composé de thé au lait, de farine d'orge, de petits gâteaux frits au beurre, et de quelques moutons bouillis. Ainsi se termina cette expédition botanico-médicale, et l'illustre Faculté reprit gaiement le chemin de la grande lamaserie.

Les drogues recueillies à Tchogortan sont déposées à la pharmacie générale de Kounboum. Quand elles ont été complètement desséchées, à la chaleur d'un feu modéré, on les réduit en poudre, puis on les divise par petites doses qu'on enveloppe proprement dans du papier rouge étiqueté en caractères thibétains. Les pèlerins qui se rendent à Kounboum, achètent ces remèdes à un prix exorbitant. Les Tartares-Mongols ne s'en retournent jamais sans en emporter une bonne provision; car ils ont une confiance illimitée en tout ce qui vient de Kounboum. Sur leurs montagnes et dans leurs prairies ils trouveraient bien les mêmes plantes et les mêmes racines; mais quelle différence, avec celles qui naissent, croissent et mûrissent dans le pays même de Tsong-Kaba!

Les médecins thibétains sont aussi empiriques que ceux des autres pays. Ils le sont même, peut-être, un peu plus. Ils assignent au corps humain quatre cent quarante maladies, ni plus ni moins. Les livres que les lamas de la Faculté de médecine sont obligés d'étudier et d'apprendre par cœur, traitent de ces quatre cent quarante maladies; ils en indiquent les caractères, les moyens de les reconnaître et la manière de les combattre. Ces livres sont un ramassis d'aphorismes plus ou moins obscurs et d'une foule de recettes particulières. Les lamas n'ont pas une aussi grande horreur du sang que les médecins chinois. Ils pratiquent quelquefois la saignée, et emploient fréquemment les ventouses. Pour cette dernière opération, ils font par avance subir à la peau de légères excoriations, ensuite ils appliquent sur le membre du malade des cornes de bœuf percées au sommet. Ils aspirent l'air avec la bouche, et quand le vide est suffisamment obtenu, ils bouchent le trou en appliquant dessus, avec leur langue, une boulette de papier mâché qu'ils tiennent en réserve dans la bouche; s'ils veulent enlever la ventouse, ils n'ont qu'à faire tomber cette espèce de mastic.

Les lamas médecins attachent une importance extrême à l'inspection de l'urine du malade. Il leur en faut plusieurs échantillons, recueillis à diverses heures du jour et de la nuit. Ils l'examinent avec l'attention la plus minutieuse, et tiennent un grand compte de tous les changements que subit sa coloration. Ils la battent à plusieurs reprises avec une spatule en bois, puis ils portent le vase à l'oreille pour écouter le bruit; car ils prétendent que, selon l'état du malade, son urine est *quelquefois muette et quelquefois parlante*. Un lama médecin, pour être réputé habile et entendre parfaitement son métier, doit être capable de traiter et de guérir un malade sans l'avoir vu. L'inspection de l'urine doit suffire pour le diriger dans les prescriptions médicales.

Comme nous l'avons dit ailleurs, en parlant des Tartares-Mongols, les lamas font entrer beaucoup de pratiques superstitieuses dans l'exercice de la médecine. Cependant, malgré tout ce charlatanisme, on ne peut douter qu'ils ne soient en possession d'un grand nombre de recettes précieuses et fondées sur une longue expérience. Il serait peut-être téméraire de penser que la science médicale n'a rien à apprendre des médecins tartares, thibétains et chinois, sous prétexte qu'ils ne connaissent pas la structure et le mécanisme du corps humain. Ils peuvent néanmoins être en possession de secrets très importants, que la science seule est sans doute capable d'expliquer, mais qu'elle n'inventera peut-être jamais. Sans être savant, on peut souvent obtenir des résultats très scientifiques. En Chine, en Tartarie et dans le Thibet, tout le monde est capable de faire de la poudre; cependant, on peut avancer qu'il n'y a personne, parmi ces peuples, qui puisse expliquer scientifiquement cette opération chimique; on a une bonne recette, et cela suffit pour obtenir un résultat satisfaisant.

Vers la fin du mois de septembre [1848], on nous annonça la fameuse nouvelle que l'ambassade thibétaine était arrivée à Tang-Keou-Eul; elle devait s'y arrêter pendant quelques jours pour faire ses provisions de voyage et s'organiser en caravane. Enfin après une longue et pénible attente, nous allions donc nous acheminer vers la capitale du Thibet. Nous fîmes, sans perdre de temps, tous les préparatifs nécessaires. Nous dûmes entreprendre un petit voyage à Kounboum, afin de nous approvisionner pour quatre mois; car il n'y avait pas espoir de trouver en route la moindre chose à acheter. Tout bien calculé, il nous fallait cinq thés en briques, deux ventres de moutons remplis de beurre, deux sacs de farine de froment et huit sacs de *tsamba*. On appelle *tsamba* la farine d'orge grillée; ce mets insipide est la nourriture habituelle des peuples thibétains. On prend une demi-écuellée de thé bouillant: on y ajoute par-dessus quelques poignées de *tsamba*, qu'on pétrit avec ses doigts; puis on avale, sans autre façon, cette espèce de pâte, qui n'est, en définitive, ni crue ni cuite, ni froide ni chaude. Si on veut traverser le désert et arriver à Lha-Ssa, on doit se résigner à dévorer du *tsamba*; on a beau être Français, et avoir été accoutumé jadis à manger à la fourchette, il faut en passer par là.

Des personnes pleines d'expérience et de philanthropie, nous conseillèrent de faire une bonne provision d'ail, et d'en croquer tous les jours quelques gousses, si nous ne voulions pas être tués en route par des vapeurs meurtrières et empestées, qui s'échappent de certaines montagnes élevées. Sans discuter ni le mérite ni l'opportunité de ce conseil hygiénique, nous nous y conformâmes avec candeur et simplicité.

Notre séjour dans la vallée de Tchogortan avait été très favorable à nos animaux; ils étaient parvenus à un état d'embonpoint où nous ne les avions jamais vus; les chameaux, surtout, étaient magnifiques; leurs bosses, devenues fermes et dures par l'abondance de la graisse qu'elles contenaient, se dressaient fièrement sur leurs dos et semblaient défier les fatigues et les privations du désert. Cependant, trois chameaux ne pouvaient suffire à porter nos vivres et nos bagages. Nous ajoutâmes donc à notre caravane un supplément d'un chameau et d'un cheval, ce qui allégea notre bourse du poids de vingt-cinq onces d'argent; de plus, nous louâmes un jeune lama des monts Ratchico, que nous avions connu à Kounboum; il fut reçu dans la troupe en qualité de pro-chamelier. Cette nomination, en rehaussant la position sociale de Samdadchiemba, diminuait aussi de beaucoup les fatigues de ses fonctions. D'après ces nouvelles dispositions, la petite caravane se trouvait organisée de la manière suivante : le pro-chamelier, Charadchambeul, allait à pied, et traînait après lui les quatre chameaux attachés les uns à la queue des autres; Samdadchiemba, chamelier titulaire, à califourchon sur son petit mulet noir, marchait à côté de la file, et les deux missionnaires fermaient la marche, montés chacun sur un cheval blanc. Après avoir échangé un grand nombre de khatas avec nos connaissances et amis de Kounboum et de Tchogortan, nous nous mîmes en route, et nous nous dirigeâmes vers la mer Bleue, où nous devions attendre le passage de l'ambassade thibétaine.

De Tchogortan au Koukou-Noor, nous eûmes pour quatre jours de marche. Nous rencontrâmes sur notre route une petite lamaserie, nommée Tansan, renfermant tout au plus deux cents lamas; elle est située dans une position vraiment ravissante; des montagnes rocailleuses, couronnées d'arbustes et de grands pins, lui forment une enceinte circulaire, au milieu de laquelle sont bâties les habitations des lamas. Un ruisseau, bordé de vieux saules et de hautes tiges d'angélique, après avoir fait paisiblement le tour de la lamaserie, s'échappe avec bruit à travers les rochers, pour aller continuer son cours dans le désert. Le couvent bouddhique de Tansan est, dit-on, très riche; on prétend que les princes mongols du Koukou-Noor lui font annuellement des dons considérables.

En quittant la lamaserie de Tansan, nous entrâmes dans une grande plaine, où de nombreuses tentes mongoles et des troupeaux de toute espèce se dessinaient pittoresquement sur la verdure des pâturages. Nous rencontrâmes deux lamas à cheval qui faisaient la quête du beurre parmi ces riches bergers. Ils se présentaient à la porte de chaque tente, et sonnaient à trois reprises de la conque marine. Aussitôt quelqu'un se présentait avec un petit pain de beurre, qu'il déposait, sans rien dire, dans un sac suspendu à la selle du cheval. Les quêteurs parcouraient ainsi toutes les tentes sans jamais mettre pied à terre, et se contentant d'avertir les contribuables en leur faisant trois sommations avec la conque marine.

A mesure que nous avancions, le pays devenait plus fertile et moins montagneux. Enfin nous arrivâmes au milieu des vastes et magnifiques pâturages du Koukou-Noor. La végétation y est si vigoureuse que les herbes montaient jusqu'au ventre de nos chameaux. Bientôt nous découvrîmes loin devant nous, tout à fait à l'horizon, comme un large ruban argenté, au-dessus duquel flottaient de légères vapeurs blanches, qui allaient se confondre dans l'azur des cieux. Notre pro-chamelier nous dit que c'était la mer Bleue. Ces mots nous firent éprouver un tressaillement de joie : nous pressâmes la marche, et le soleil n'était pas encore couché, que nous avions dressé notre tente à une centaine de pas loin du rivage.

LE KOUKOU-NOOR

Le lac Bleu, en mongol *Koukou-Noor*, et en thibétain *Tsot-Ngon-Po*, était anciennement appelé, par les Chinois, *Si-Hai* (mer Occidentale); aujourd'hui ils lui donnent le nom de *Tsing-Hai* (mer Bleue). Cet immense réservoir d'eau, qui a plus de cent lieues de circonférence, semble en effet mériter plutôt le nom de mer que celui de lac. Sans parler de sa vaste étendue, il est à remarquer que ses eaux sont amères et salées, comme celles de l'Océan, et subissent également la périodicité du flux et du reflux. L'odeur marine qu'elles exhalent se fait sentir bien au loin dans le désert.

Vers la partie occidentale de la mer Bleue, il existe une petite île inculte et rocailleuse, habitée par une vingtaine de lamas contemplatifs; ils y ont construit un temple bouddhique, et quelques habitations où ils passent leurs jours, dans le calme et la retraite, loin des distractions et des inquiétudes du monde. On ne peut aller les visiter, car, sur toute l'étendue des eaux, il n'y a pas une seule barque, du moins nous n'en avons jamais aperçu, et les Mongols nous ont assuré que parmi leurs tribus, personne ne s'occupait de navigation. Cependant, durant la saison de l'hiver, au temps des grands froids, les eaux se glacent assez solidement, pour permettre aux bergers des environs de se rendre en pèlerinage à la lamaserie. Ils apportent aux lamas contemplatifs leurs modestes offrandes de beurre, de thé et de *tsamba*, et ils en reçoivent en échange des bénédictions pour la bonté des pâturages et la prospérité de leurs troupeaux.

Les tribus du Koukou-Noor sont divisées en vingt-neuf bannières, commandées par trois *Kiün-Wang*, deux *Péle*, deux *Péize*, quatre *Koung*, dix-huit *Taitsi* [et un *Tsjagan-nomoun-Khan*]. Tous ces princes sont tributaires de l'empereur chinois. Ils font tous les deux ans le voyage de Pékin, où ils apportent en tribut des pelleteries, et de la poudre d'or qu'ils ramassent dans les sables de leurs rivières. Les vastes plaines qui avoisinent la mer Bleue, sont d'une grande fertilité, et d'un aspect assez agréable, quoiqu'elles soient entièrement dépouillées d'arbres; les herbes y sont d'une prodigieuse hauteur, et les nombreux ruisseaux qui fertilisent le sol permettent aux grands troupeaux du désert de se désaltérer à satiété. Aussi les Mongols aiment-ils à dresser leurs tentes parmi ces magnifiques pâturages. Les hordes de brigands ont beau les harceler sans cesse, ils n'abandonnent jamais le pays. Ils se contentent de changer fréquemment de place, pour déjouer les poursuites de leurs ennemis; et quand ils ne peuvent les éviter, ils acceptent le combat avec bravoure. Cette nécessité, où ils se trouvent continuellement placés, de défendre leurs biens et leur vie contre les attaques des Si-Fàn, a fini par les rendre courageux et intrépides. A toute heure du jour et de la nuit, on les trouve prêts à combattre; ils veillent à la garde de leurs troupeaux, toujours à cheval, toujours la lance à la main, un fusil en bandoulière, et un grand sabre passé à la ceinture. Quelle différence entre ces vigoureux pasteurs à longues moustaches, et les langoureux bergers de Virgile, toujours occupés à jouer de la flûte, ou à parer de rubans et de fleurs printanières leurs jolis chapeaux de paille.

Les brigands qui tiennent sans cesse en alerte les tribus mongoles du Koukou-Noor, sont des hordes de Si-Fàn ou Thibétains orientaux, qui habitent du côté des monts Bayen Kharat, vers les sources du fleuve Jaune. Dans le pays, ils sont connus sous le nom générique de Kolo. Leur repaire est, dit-on, caché dans des gorges de montagnes où il est impossible de pénétrer sans guide; car toutes les avenues sont gardées par des torrents infranchissables, et par d'affreux précipices. Les Kolo n'en sortent que pour parcourir le désert, et se livrer au pillage et à la dévastation. Leur religion est le bouddhisme; mais ils ont parmi eux une idole particulière qu'ils nomment la divinité du brigandage. C'est, sans contredit, celle qui leur inspire le plus de dévotion, et qu'ils honorent d'un culte tout spécial. Leurs lamas sont occupés à prier et à faire des sacrifices pour le bon succès des expéditions. On prétend que ces brigands sont dans la révoltante habitude de manger le cœur de leurs prisonniers, dans le but d'entretenir et de fortifier leur courage[1]. Il n'est pas, au reste, de pratiques monstrueuses qui ne leur soient attribuées par les Mongols du Koukou-Noor.

Les Kolo sont divisés en plusieurs tribus, qui portent toutes un nom

1. Les Chinois croient que le fiel d'un homme de courage, conservé et administré par petites doses aux poltrons, peut en faire des gens de cœur. C'est ainsi qu'un chef de conjuration, qui avait donné des preuves incontestables de bravoure, ayant été mis à mort, le bourreau fit fortune en lui retirant du corps le fiel, qu'il vendit goutte à goutte à un prix très élevé. (Bonacosi: *La Chine et les Chinois*.)

L'habitude de dévorer le cœur des prisonniers, ou même des condamnés à mort qui ont montré beaucoup de crânerie devant la mort, est universelle en Chine, parmi les païens, encore maintenant. Ils sont persuadés que le fait de manger le cœur ou le fiel d'un homme a pour effet d'augmenter le courage. La raison plausible vient de ce que en chinois le *courage* et le *fiel* sont désignés par un seul et même mot (*Tàntze*).

particulier; c'est seulement dans cette nomenclature, que nous avons entendu parler des Khalmoukes. Ce qu'on nomme la Khalmoukie est quelque chose de purement imaginaire; il s'en faut bien que les Khalmoukes jouissent en Asie d'une aussi grande importance que dans nos livres de géographie. Nous avons été obligés de travailler beaucoup, afin de parvenir à la simple découverte de leur nom. Dans la Khalmoukie même, personne n'avait entendu parler des Khalmoukes. Nous fûmes heureux de rencontrer un lama qui avait beaucoup voyagé dans le Thibet oriental, et qui nous apprit enfin que, parmi les Kolo, il y avait une petite tribu nommée Kolo-Khalmouki. Il se peut que les Khalmoukes aient eu autrefois une grande importance et aient occupé de vastes contrées; mais il se peut aussi que les voyageurs du XIIIe siècle, appuyés sur quelques notions vagues et indéterminées, en aient fait un peuple nombreux.

Le Koukou-Noor ne mérite pas non plus l'importance qu'on lui donne dans nos géographies: il occupe sur les cartes beaucoup plus d'extension qu'il n'en a réellement. Quoiqu'il comprenne vingt-neuf bannières, ses frontières sont assez resserrées; il est borné au nord par Khilian-Chàn, au sud par le fleuve Jaune, à l'est par la province du Kànsou, et à l'ouest par la rivière Tsaidam, où commence un autre pays tartare, habité par des peuplades qui portent le nom de Mongols du Tsaidam[1].

D'après les traditions populaires du Koukou-Noor, la mer Bleue n'aurait pas toujours existé où on la voit aujourd'hui. Cette grande masse d'eau aurait primitivement occupé, dans le Thibet, la place où s'élève la ville de Lha-Ssa. Un beau jour, elle aurait abandonné son immense réservoir, et serait venue, par une marche souterraine, jusqu'à l'endroit qui lui sert actuellement de lit. Voici de quelle manière on nous a raconté ce merveilleux événement.

Dans les temps anciens, les Thibétains du royaume d'Oué voulurent bâtir un temple au centre de la grande vallée qu'ils occupaient; on prépara à grands frais les matériaux les plus précieux, et l'édifice s'éleva rapidement; mais, au moment où il allait être terminé, il s'écroula tout à coup, sans qu'on pût découvrir la cause de ce désastre. L'année d'après, on fit de nouveaux préparatifs, et l'on travailla à la construction du temple avec une égale ardeur; mais il s'écroula encore une seconde fois; on fit une troisième tentative, qui fut également suivie de la même catastrophe. Tout le monde fut plongé dans la désolation la plus profonde, et on parla d'abandonner l'entreprise. Le roi ayant fait consulter un devin fameux dans le pays, celui-ci répondit qu'il ne lui était pas donné de connaître la cause qui s'opposait à l'édification du temple, mais qu'il savait qu'un grand saint de l'Orient possédait un secret, et que, si l'on pouvait le lui arracher, l'obstacle

1. Les Mongols du Tsaidam font réellement partie des 29 bannières du Koukou-Noor.

disparaîtrait aussitôt. Il ne put donner de renseignements plus précis sur ce grand saint, ni sur le lieu qu'il habitait. Après de longues délibérations, on envoya à la découverte un lama plein d'adresse et de courage. Il parcourut toutes les contrées situées à l'est du royaume d'Oué[1]; il visita toutes les tribus tartares, s'arrêtant partout où il entendait parler de quelque homme renommé pour son savoir et sa sainteté. Toutes ses recherches furent inutiles; il eut beau interroger, beau parler de la vallée du royaume d'Oué et du temple qu'on avait essayé d'y élever, il ne fut compris de personne. Il s'en retournait donc triste et découragé, lorsqu'en traversant les grandes plaines qui séparent le Thibet de la Chine, la sous-ventrière de sa selle venant à casser, il tomba de cheval. Ayant aperçu non loin de là, sur les bords d'un petit étang, une tente pauvre et délabrée, il s'y rendit pour réparer sa selle. Après avoir attaché son cheval à un pieu fixé à la porte de la tente, il entra et trouva un vénérable vieillard absorbé dans la prière. «Frère, dit le voyageur, que la paix soit toujours dans ta demeure! — Frère, répondit le vieillard, sans faire le moindre mouvement, assieds-toi auprès de mon foyer.» Le lama thibétain crut s'apercevoir que le vieillard était aveugle: «Je vois avec douleur, lui dit-il, que tu es privé de l'usage de tes yeux. — Oui, il y a un grand nombre d'années que j'ai perdu le bonheur de contempler le soleil et la verdure de nos belles prairies, mais la prière est un grand soulagement à mon infortune... Frère, il me semble que ton langage a un accent particulier; n'es-tu pas un homme de nos tribus? — Je suis un pauvre lama de l'Orient. J'ai fait vœu de visiter les temples qu'on a élevés dans les contrées mongoles, et de me prosterner devant les saints personnages que je rencontrerais sur ma route. Un accident m'est arrivé en passant par ici; j'ai cassé la sous-ventrière de ma selle, et je suis venu dans ta tente pour la réparer. — Je suis aveugle, dit le vieillard, je ne puis moi-même te servir; regarde à côté de la tente, tu trouveras des courroies, prends celle qui te conviendra le mieux pour arranger ta selle.» Pendant que l'étranger choisissait une bonne courroie pour faire une sous-ventrière, le vieillard lui dit: «O lama des contrées orientales! tu es heureux de pouvoir passer tes jours à visiter nos monuments sacrés! Les temples les plus magnifiques sont dans les contrées mongoles! les *Poba* (Thibétains) ne parviendront jamais à en avoir de semblables: c'est en vain qu'ils font des efforts pour en élever dans leur belle vallée; les fondements qu'ils jetteront seront toujours sapés par les flots d'une mer souterraine dont ils ne soupçonnent pas l'existence.» Après un moment de silence, le vieillard ajouta: «Je viens de prononcer ces

1. Le Thibet est divisé administrativement en quatre régions ou *Pou*: 1. Le Thibet antérieur, appelé aussi *Kang* ou *Kham*, ou *Tchàmdo*; 2. le Thibet central, appelé encore *Oué*, par les Chinois, par corruption du son thibétain *Ou*; 3. le Thibet ultérieur, appelé aussi *Tsang*; 4. et le Thibet occidental, ou *Ngari*. C'est cette dénomination (*Si-Tsang*) que les Chinois emploient usuellement pour désigner le Thibet.

paroles, parce que tu es un lama mongol, mais tu dois les conserver dans ton cœur, et ne les communiquer à personne. Si, dans tes pèlerinages, tu viens à rencontrer un lama du royaume d'Oué, veille avec soin sur ta langue, car la révélation de mon secret causerait la ruine de nos contrées. Quand un lama du royaume d'Oué saura que, dans leur vallée, il existe une mer souterraine, les eaux s'échapperont aussitôt, et viendront inonder nos prairies.»

A peine eut-il achevé de parler, que l'étranger se leva et lui dit: «Infortuné vieillard, sauve-toi! sauve-toi à la hâte! les eaux vont bientôt arriver, car je suis un lama du royaume d'Oué!» A ces mots, il sauta sur son cheval et disparut dans le désert.

Ces paroles furent comme un coup de foudre pour le pauvre vieillard. Après un instant de morne stupeur, il s'abandonna aux cris et aux gémissements. Pendant qu'il était dans cet état de désolation, son fils arriva, ramenant du pâturage un petit troupeau de sarligues. «Mon fils, lui dit le vieillard, selle promptement ton cheval, arme-toi de ton sabre; et précipite-toi du côté de l'occident; tu rencontreras un lama étranger, que tu dois immoler sur-le-champ, car il m'a volé ma courroie. — Quoi! s'écria le jeune homme, saisi d'épouvante, c'est un meurtre que vous me commandez! Comment, mon père, pendant que nos tribus ne parlent qu'avec admiration de votre grande sainteté, vous osez m'ordonner d'immoler un pauvre voyageur, pour avoir pris dans votre tente une courroie dont il avait sans doute besoin! — Pars vite, ô mon fils, je t'en conjure, répétait le vieillard, en se tordant les bras de douleur; pars vite, et immole cet étranger, si tu ne veux pas que nous soyons tous engloutis dans les flots.» Le jeune homme, croyant que son père était dans un accès de délire, ne voulut pas le contredire de peur de l'irriter davantage: il monta à cheval, et courut sur les traces du lama du royaume d'Oué. Il l'atteignit avant la fin du jour. «Saint personnage, lui dit-il, pardonne-moi si je viens interrompre ta marche; tu t'es reposé aujourd'hui dans notre tente, et tu a pris en partant une courroie que mon père redemande à grands cris; la fureur du vieillard est si grande, qu'il m'a ordonné de te mettre à mort; mais il n'est pas plus permis d'exécuter les ordres d'un vieillard en délire que ceux d'un enfant. Rends-moi cette courroie, et je retournerai calmer mon père.» Le lama du royaume d'Oué descendit de cheval, détacha la sous-ventrière de la selle, et la remit au jeune homme, en lui disant: «Ton père m'avait donné cette courroie; puisqu'il la regrette, reporte-la-lui; les vieillards sont fantasques, il faut cependant les respecter toujours, et éviter avec soin de leur causer du chagrin.» Le lama détacha sa ceinture, en fit une sous-ventrière, et continua sa route, tandis que le jeune homme retournait en toute hâte vers sa demeure.

Il arriva pendant la nuit, et trouva sa tente environnée d'une multitude de bergers, qui, ne comprenant rien aux gémissements du grand saint de la contrée, attendaient son retour avec anxiété. «Mon père, mon père! s'écria le jeune homme, en mettant pied à terre, calmez-vous, voici votre courroie que je vous rapporte. — Et l'étranger, dit le vieillard, l'as-tu mis à mort? — Je l'ai laissé aller en paix dans son pays. N'aurais-je pas commis un grand crime, en tuant un lama qui ne vous a fait aucun mal? Voici la courroie qu'il vous avait volée.» Et en disant ces mots, il la remit entre les mains de son père. Le vieillard frissonna de tous ses membres, car il comprit que son fils avait pris le change. Le même mot mongol signifie, en effet, tout à la fois *courroie* et *secret*. Le vieillard avait voulu dire à son fils de tuer l'étranger qui lui avait volé son *secret*. Mais, voyant qu'on lui rapportait une *courroie*, il s'écria: «L'Occident triomphe! c'est la volonté du Ciel!» Il avertit ensuite les bergers de s'enfuir en toute hâte avec leurs troupeaux, s'ils ne voulaient pas être engloutis par les eaux. Pour lui, il se prosterna au milieu de sa tente, et attendit la mort avec résignation.

Le jour avait à peine commencé à paraître, qu'on entendit sous terre un bruit sourd et majestueux, semblable au tumulte que font les torrents, quand ils roulent leurs ondes à travers les rochers des montagnes. Le bruit avança avec une épouvantable rapidité, et on vit bouillonner le petit étang au bord duquel le vieillard avait dressé sa tente. Bientôt, la terre éprouva de grandes secousses, les eaux souterraines montèrent avec impétuosité, et se répandirent comme une grande mer au milieu de ces plaines immenses; il périt des bestiaux innombrables et beaucoup de familles qui n'eurent pas le temps de se sauver. Le vieillard fut le premier englouti dans les flots.

Le lama qui emportait le secret de cette grande catastrophe arriva dans le royaume d'Oué, et trouva ses compatriotes plongés dans une grande consternation; ils avaient entendu dans la vallée un tumulte effroyable, et nul ne pouvait en assigner la cause. Il raconta l'histoire du vieillard aveugle, et après son récit, tout le monde comprit que le fracas qu'on avait entendu, avait été produit par la mer souterraine, au moment où elle s'était transportée à l'Orient. On reprit avec enthousiasme les travaux de construction qui avaient été abandonnés, et on éleva un temple magnifique, qui est encore debout. Grand nombre de familles allèrent s'établir aux environs du temple, et peu à peu se forma une grande ville, qui prit le nom de Lha-Ssa (terre des esprits).

Cette singulière chronique sur l'origine de la mer Bleue, nous fut d'abord racontée, pour la première fois, dans le Koukou-Noor; on nous la répéta ensuite à Lha-Ssa, à peu près avec les mêmes circonstances. Il nous a été impossible de découvrir à quel événement historique pouvait faire allusion une fable aussi bizarre.

LA CARAVANE

Nous séjournâmes dans le Koukou-Noor pendant près d'un mois. Des rumeurs continuelles sur le compte des brigands nous forcèrent à décamper cinq ou six fois, et à suivre les tribus tartares, qui, au moindre bruit, changent de place, sans pourtant s'éloigner jamais trop des magnifiques pâturages qui avoisinent la mer Bleue.

Vers la fin du mois d'octobre, l'ambassade thibétaine arriva. Nous nous joignîmes à cette immense troupe, grossie en route par un grand nombre de caravanes mongoles, qui, comme nous, profitaient de cette excellente occasion pour faire le voyage de Lha-Ssa. Autrefois, le gouvernement thibétain envoyait, tous les ans, une ambassade à Pékin. Celle de 1840 fut attaquée en route par un grand nombre de Kolo; on se battit pendant une journée tout entière; les Thibétains, ayant été assez heureux pour mettre en fuite les brigands, continuèrent leur route pendant la nuit. Le lendemain, on s'aperçut qu'on n'avait plus dans la caravane le Tchanak-Kampo[1], ou grand lama accrédité près de la cour de Pékin, en qualité d'ambassadeur du talé lama. Durant plusieurs jours, on fit des perquisitions, sans qu'on pût le retrouver: on pensa que, dans la confusion du combat, il aurait bien pu être pris par les Kolo et emmené prisonnier. L'ambassade n'en continua pas moins sa route, et arriva à Pékin sans son personnage officiel. Il va sans dire que l'empereur fut désolé de ce funeste événement.

En 1841, nouveau combat contre les brigands, et aussi nouvelle catastrophe. Cette fois-là, le Tchanak-Kampo ne fut pas enlevé par les Kolo, mais il en reçut dans le ventre un affreux coup de sabre, dont il mourut quelques jours après. L'empereur, en apprenant ce nouveau sinistre, fut, dit-on, inconsolable; il envoya des dépêches au talé lama, dans lesquelles il lui disait que, vu les difficultés et les dangers de la route, dorénavant il n'y aurait d'ambassade que tous les trois ans. D'après ces nouvelles dispositions, depuis 1841, il n'y avait pas eu d'autre ambassade que celle que nous venions de rencontrer, et qui était partie de Lha-Ssa en 1844. En allant, elle avait eu le bonheur de ne pas faire la rencontre des brigands, et par conséquent, son Tchanak-Kampo n'avait été ni volé ni tué.

Le lendemain de notre départ du Koukou-Noor, nous nous plaçâmes en tête de la caravane, puis nous nous arrêtâmes en route pour voir défiler devant nous cette immense troupe, et faire connaissance avec nos compagnons de voyage. Les hommes et les animaux qui composaient la caravane peuvent être évalués au nombre suivant: quinze mille bœufs à long poil, douze cents chevaux, autant de chameaux, et deux mille hommes, soit thibétains, soit tartares; les uns

1. *Tchanak*, nom que les Thibétains donnent à la ville de *Pékin*, *Kampo*, pontife, c'est-à-dire pontife de Pékin.

allant à pied, d'autres étant montés sur les bœufs à long poil, le plus grand nombre étant à cheval ou à chameau. Tous les cavaliers étaient armés de lances, de sabres, de flèches et de fusils à mèche. Les piétons, nommés Lakto, étaient chargés de conduire les files de chameaux, ou de diriger la marche capricieuse et désordonnée des troupeaux de bœufs. Le Tchanak-Kampo voyageait dans une grande litière portée par deux mulets. En dehors de cette multitude, dont le voyage ne devait se terminer qu'à Lha-Ssa, il y avait une escorte de trois cents soldats chinois, fournis par la province du Kàansou, et deux cents braves Tartares, chargés par les princes du Koukou-Noor, de protéger la sainte ambassade du talé lama, jusqu'aux frontières du Thibet.

Les soldats de la province du Kànsou s'acquittaient de leurs fonctions en véritables Chinois. De peur de quelque fâcheuse rencontre, ils se tenaient prudemment à la queue de la caravane; là, ils chantaient, ils fumaient et folâtraient tout à leur aise, sans se mettre en peine des brigands. Tous les jours, ils avaient la remarquable habitude de ne se mettre en route que lorsque la caravane tout entière avait défilé; alors ils parcouraient soigneusement les divers campements, et ne manquaient pas de faire profit de tout ce qui avait pu être oublié. Marchant ensuite les derniers, ils avaient encore l'inappréciable avantage de pouvoir ramasser ce que les autres laissaient tomber. Les soldats tartares tenaient une conduite bien différente; on les voyait galoper sans cesse en avant et sur les flancs de la caravane, monter sur les collines, et s'enfoncer dans les profondes vallées, pour examiner si les brigands n'étaient pas en embuscade.

La marche et les mouvements de la caravane s'exécutaient avec assez d'ordre et de précision, surtout dans les commencements. Ordinairement, on partait tous les jours deux ou trois heures avant le lever du soleil, afin de pouvoir camper vers midi, et donner aux animaux le temps de paître pendant le reste de la journée; le réveil était annoncé par un coup de canon; aussitôt tout le monde se levait, le feu s'allumait dans toutes les tentes, et pendant que les uns chargeaient les bêtes de somme, les autres faisaient bouillir la marmite et préparaient le thé beurré; on en buvait à la hâte quelques écuellées, on dévorait quelques poignées de tsamba, et puis on jetait la tente en bas. Un second coup de canon donnait le signal du départ. Quelques cavaliers expérimentés et chargés de diriger la caravane se mettaient en tête; ils étaient suivis par les longues files de chameaux, puis venaient les bœufs à long poil, qui s'avançaient par troupes de deux ou trois cents, sous la conduite de plusieurs Lakto. Les cavaliers n'avaient pas de place fixe; ils allaient et venaient dans tous les sens, uniquement guidés par leur caprice. Les cris plaintifs des chameaux, les grognements des bœufs à long poil, les hennissements des chevaux, les clameurs bruyantes des voyageurs, les sifflements aigus que faisaient entendre les Lakto pour animer les bêtes de somme, et par-dessus tout les cloches innombrables qui étaient suspendues au cou des yaks et des chameaux; tout cela produisait un concert immense, indéfinissable, et qui, bien loin de fatiguer, semblait, au contraire, donner à tout le monde du courage et de l'énergie.

La caravane s'en allait ainsi à travers le désert par troupes et par pelotons, s'arrêtant tous les jours dans les plaines, dans les vallées, aux flancs des montagnes, et improvisant, avec ses tentes si nombreuses et si variées de forme et de couleur, des villes et des villages, qui s'évanouissaient le lendemain, pour reparaître un instant après sur un plan toujours nouveau. Quel étonnement pour ces vastes et silencieux déserts de se voir tout à coup traversés par une multitude si grande et si bruyante! En voyant toutes ces tentes de voyage, ces nombreux troupeaux et ces hommes, tour à tour pasteurs et guerriers, nous ne pouvions nous empêcher de penser souvent à la marche des Israélites, lorsqu'ils s'en allaient à la recherche de la Terre promise, à travers les solitudes de Madian.

En quittant les bords de la mer Bleue, nous nous dirigeâmes vers l'Ouest, en inclinant peut-être un peu vers le sud. Les premiers jours de marche ne furent que poésie: tout au gré de nos désirs, le temps était magnifique, la route était belle et facile, l'eau limpide, et les pâturages gras et abondants. Quant aux brigands, on n'y songeait même pas. Pendant la nuit, le froid se faisait bien un peu sentir; mais on obviait à cet inconvénient, en endossant ses habits de peau. Nous étions, enfin, à nous demander ce que ce fameux voyage du Thibet avait de si épouvantable; il nous semblait qu'il était impossible de voyager d'une manière plus commode et plus agréable. Hélas! cet enchantement ne fut pas de longue durée!

Six jours après notre départ, il fallut traverser le Pouhain-Gol, rivière qui prend sa source au pied des monts Nàn-Chàn, et va se jeter dans la mer Bleue. Ses eaux ne sont pas très profondes, mais étant divisées en douze embranchements très rapprochés les uns des autres, elles occupent en largeur un espace de plus d'une lieue. Nous eûmes le malheur d'arriver au premier embranchement du Pouhain-Gol longtemps avant le jour; l'eau était glacée, mais pas assez profondément pour que la glace pût nous servir de pont. Les chevaux, étant arrivés les premiers, furent effrayés et n'osèrent pas avancer; ils s'arrêtèrent sur les bords et donnèrent aux bœufs à long poil le temps de les joindre. Bientôt la caravane tout entière se trouvait réunie sur un seul point; il serait impossible d'exprimer le désordre et la confusion qui régnaient au milieu de cette immense cohue, enveloppée des ténèbres de la nuit. Enfin, plusieurs cavaliers poussèrent leurs chevaux, et crevèrent la glace en plusieurs endroits. Alors la caravane entra pêle-mêle dans la rivière; les animaux se heurtaient et faisaient rejaillir l'eau de toute part, la glace craquait, les hommes vociféraient; c'était un tumulte effroyable. [...]

LHA-SSA

Après deux jours de réquisitions dans toutes les fermes de la plaine, la caravane des ânes se trouva enfin organisée, et nous nous mîmes en route. Nous n'étions séparés de Lha-Ssa que par une montagne mais c'était, sans contredit, la plus ardue et la plus escarpée de toutes celles que nous eussions rencontrées dans notre voyage. Les Thibétains et les Mongols la gravissent avec une grande dévotion; ils prétendent que ceux qui ont le bonheur d'arriver au sommet reçoivent la rémission complète de leurs péchés. Ce qu'il y a de certain, c'est que si cette montagne n'a pas le pouvoir de remettre les péchés, elle a du moins celui d'imposer une longue et rude pénitence à ceux qui la franchissent. Nous étions partis à une heure après minuit, et ce ne fut que vers dix heures du matin que nous atteignîmes le sommet. Nous fûmes contraints d'aller presque tout le temps à pied, tant il est difficile de se tenir à cheval parmi ces sentiers escarpés et rocailleux.

Le soleil était sur le point de se coucher, quand nous achevâmes de descendre les nombreuses spirales de la montagne. Nous débouchâmes dans une large vallée, nous aperçûmes à notre droite Lha-Ssa, cette célèbre métropole du monde bouddhique. Cette multitude d'arbres séculaires, qui entourent la ville comme d'une ceinture de feuillage; ces grandes maisons blanches, terminées en plates-formes et surmontées de tourelles; ces temples nombreux aux toitures dorées, ce Bouddha-La, au-dessus duquel s'élève le palais du talé lama..., tout donne à Lha-Ssa un aspect majestueux et imposant.

A l'entrée de la ville, les Mongols que nous avions connus en route, et qui nous avaient précédés de quelques jours, vinrent nous recevoir et nous inviter à mettre pied à terre dans un logement qu'ils nous avaient préparé. Nous étions au 29 janvier 1846; il y avait dix-huit mois que nous étions partis de la vallée des Eaux-Noires.

Après dix-huit mois de lutte contre des souffrances et des contradictions sans nombre, nous étions enfin arrivés au terme du voyage, mais non pas au bout de nos misères. Nous n'avions plus, il est vrai, à redouter de mourir de faim ou de froid, sur une terre inhabitée; mais des épreuves et des tribulations d'un autre genre allaient nous assaillir sans doute, au milieu de ces populations infidèles, auxquelles nous voulions parler de Jésus mort sur la croix pour le salut des hommes. Après les peines physiques, c'était le tour des souffrances morales. Nous comptâmes encore, pour ces nouveaux combats, sur la bonté infinie du Seigneur. Nous espérâmes que celui qui nous avait protégés dans le désert contre les intempéries des saisons, voudrait bien nous continuer sa divine assistance contre la malice des hommes, au sein de la capitale du bouddhisme.

Le lendemain de notre arrivée à Lha-Ssa, nous prîmes un guide thibétain et nous parcourûmes les divers quartiers de la ville, en quête d'un appartement à louer. Les maisons de Lha-Ssa sont généralement grandes, à plusieurs étages et terminées par une terrasse légèrement inclinée pour faciliter l'écoulement des eaux; elles sont entièrement blanchies à l'eau de chaux, à l'exception de quelques bordures et des encadrements des portes et des fenêtres qui sont en rouge ou en jaune. Les bouddhistes réformés affectionnent spécialement ces deux couleurs: elles sont pour ainsi dire sacrées à leurs yeux; et ils les nomment couleurs lamaïques. Les habitants de Lha-Ssa étant dans l'usage de peindre tous les ans leurs maisons, elles sont habituellement d'une admirable propreté, et paraissent toujours bâties de fraîche date; mais, à l'intérieur, elles sont loin d'être en harmonie avec la belle apparence qu'elles offrent au-dehors. Les appartements sont sales, enfumés, puants, et encombrés de meubles et d'ustensiles répandus çà et là dans un désordre dégoûtant. Les habitations thibétaines ne sont, en quelque sorte, que de grands sépulcres blanchis...; véritable image du bouddhisme et de toutes les fausses religions, qui ont toujours soin de recouvrir de certaines vérités dogmatiques et de quelques principes moraux, la corruption et le mensonge qu'elles recèlent.

Après de longues investigations, nous choisîmes enfin un tout petit logement qui faisait partie d'une grande maison où se trouvaient réunis une cinquantaine de locataires. Notre pauvre gîte était à l'étage supérieur; on y montait par vingt-six degrés en bois, dépourvus de rampe, et tellement roides et étroits que pour obvier au désagrément de se casser le cou, il était extrêmement prudent de s'aider des pieds et des mains. Notre appartement se composait d'une grande chambre carrée et d'un petit corridor auquel nous donnions le nom de cabinet. La chambre était éclairée, au nord-est, par une étroite fenêtre garnie de trois épais barreaux en bois, et au zénith par une lucarne ronde percée au toit; ce dernier trou servait à beaucoup de choses: d'abord il donnait entrée au jour, au vent, à la pluie et à la neige; en second lieu il laissait sortir la fumée qui s'élevait de notre foyer. Afin de se mettre à l'abri de la froidure de l'hiver, les Thibétains ont imaginé de placer, au milieu de leurs chambres, un petit bassin en terre cuite où l'on fait brûler des argols. Comme ce combustible est souvent sujet à répandre beaucoup plus de fumée que de chaleur, quand on a envie de se chauffer, on comprend tout l'avantage d'avoir une lucarne au-dessus de sa tête: ce trou inappréciable nous donnait la possibilité d'allumer un peu de feu, sans courir le risque d'être étouffés par la fumée. Il y avait bien, dans tout cela, le petit inconvénient de recevoir de temps à autre la pluie ou la neige sur son dos; mais, quand on a mené la vie nomade, on ne s'arrête pas à si peu de chose. La chambre avait pour ameublement deux peaux de bouc étendues à droite et à gauche de notre plat à feu, puis deux selles de cheval, notre tente de voyage, quelques vieilles paires de bottes, deux malles disloquées, trois robes déchirées suspendues à des clous, nos couvertures de nuit roulées les unes dans les autres, et une grande provision de bouse sèche empilée dans un coin. Comme on voit, nous nous trouvions du premier coup tout à fait au niveau de la civilisation thibétaine. Le cabinet, où s'élevait un magnifique fourneau en maçonnerie, nous tenait lieu de cuisine et d'office; nous y avions installé Samdadchiemba, qui, après avoir résigné son emploi de chamelier, cumulait les fonctions de cuisinier, de maître d'hôtel et de palefrenier. Nos deux chevaux blancs étaient logés dans un recoin de la cour, et se reposaient de leur pénible et glorieuse campagne, en attendant l'occasion de passer à de nouveaux maîtres; ces pauvres bêtes étaient tellement exténuées, que nous ne pouvions convenablement les mettre en vente, avant qu'il leur eût repoussé un peu de chair entre la peau et les os.

Aussitôt que nous eûmes organisé notre maison, nous nous occupâmes de visiter en détail la capitale du Thibet, et de faire connaissance avec ses nombreux habitants. Lha-Ssa n'est pas une grande ville: elle a tout au plus deux lieues de tour; elle n'est pas enfermée, comme les villes de Chine, dans une enceinte de remparts. On prétend qu'autrefois elle en avait, mais qu'ils furent entièrement détruits dans une guerre que les Thibétains eurent à soutenir contre les Indiens du Boutan : aujourd'hui on n'en retrouve pas les moindres vestiges. En dehors des faubourgs, on voit un grand nombre de jardins plantés de grands arbres, qui font à la ville un magnifique entourage de verdure. Les principales rues de Lha-Ssa sont très larges, bien alignées et assez propres, du moins quand il ne pleut pas; les faubourgs sont d'une saleté révoltante et inexprimable. Les maisons, comme nous l'avons déjà dit, sont généralement grandes, élevées et d'un bel aspect; elles sont construites les unes en pierres, les autres en briques, et quelques-unes en terre; mais elles sont toujours blanchies avec tant de soin qu'elles paraissent avoir toutes la même valeur. Dans les faubourgs, il existe un quartier dont les maisons sont entièrement bâties avec des cornes de bœufs et de moutons: ces bizarres constructions sont d'une solidité extrême et présentent à la vue un aspect assez agréable. Les cornes de bœufs étant lisses et blanchâtres, et celles des moutons étant au contraire noires et raboteuses, ces matériaux étranges se prêtent merveilleusement à une foule de combinaisons, et forment sur les murs des dessins d'une variété infinie; les interstices qui se trouvent entre les cornes sont remplis avec du mortier : ces maisons sont les seules qui ne soient pas blanchies. Les Thibétains ont le bon goût de les laisser au naturel, sans prétendre rien ajouter à leur sauvage et fantastique beauté. Il serait superflu de faire remarquer que les habitants de Lha-Ssa font une assez grande consommation de bœufs et de moutons; leurs maisons en cornes en sont une preuve incontestable.

Les temples bouddhiques sont les édifices les plus remarquables de Lha-Ssa. Nous n'en ferons pas ici la description parce qu'ils ressemblent tous à peu près à ceux dont nous avons eu déjà occasion de parler. Il y a seulement à remarquer qu'ils sont plus grands, plus riches, et recouverts de dorures avec plus de profusion.

Le palais du talé lama [1] mérite, à tous égards, la célébrité dont il jouit dans le monde entier. Vers la partie septentrionale de la ville et tout au plus à un quart d'heure de distance, il existe une montagne rocheuse, peu élevée, et de forme conique. Elle s'élève au milieu de cette large vallée, comme un îlot isolé au-dessus d'un immense lac. Cette montagne porte le nom de Bouddha-La, c'est-à-dire montagne de Bouddha, montagne divine; c'est sur ce socle grandiose, préparé par la nature, que les adorateurs du talé lama ont édifié un palais magnifique où réside en chair et en os leur divinité vivante. Ce palais est une réunion de plusieurs temples, de grandeur et de beauté différentes; celui qui occupe le centre est élevé de quatre étages, et domine tous les autres; il est terminé par un dôme entièrement recouvert de lames d'or, et entouré d'un grand péristyle dont les colonnes sont également dorées. C'est là que le talé lama a fixé sa résidence; du haut de ce sanctuaire élevé, il peut contempler, aux jours des grandes solennités, ses adorateurs innombrables se mouvant dans la plaine, et venant se prosterner au pied de la montagne divine. Les palais secondaires, groupés autour du grand temple, servent de demeures à une foule de lamas de tout ordre, dont l'occupation continuelle est de servir le Bouddha vivant et de lui faire la cour. Deux belles avenues bordées de grands arbres conduisent de Lha-Ssa au Bouddha-La; on y voit toujours un grand nombre de pèlerins étrangers, déroulant entre leurs doigts leur long chapelet bouddhique, et des lamas de la cour revêtus d'habits magnifiques et montés sur des chevaux richement harnachés. Il règne continuellement aux alentours du Bouddha-La, une grande activité; mais en général tout le monde y est grave et silencieux; les pensées religieuses paraissent préoccuper tous les esprits.

Dans l'intérieur de la ville, l'allure de la population offre un caractère tout différent; on crie, on s'agite, on se presse, et chacun s'occupe avec ardeur de vendre ou d'acheter. Le commerce et la dévotion attirent sans cesse à Lha-Ssa un grand nombre d'étrangers, et font de cette ville comme le rendez-vous de tous les peuples asiatiques; les rues sont sans cesse encombrés de pèlerins et de marchands, parmi lesquels on remarque une étonnante variété de physionomies, de costumes et d'idiomes. Cette immense multitude est en grande partie flottante, et se renouvelle tous les jours. La population fixe de Lha-Ssa se compose de Thibétains de Pébouns, de Katchi et de Chinois.

1. Le mont mongol *talé* veut dire mer, et a été donné au grand lama du Thibet parce que ce personnage est censé être une mer de sagesse et de puissance.

Les Thibétains appartiennent à la grande famille qu'on a coutume de désigner par le nom de race mongole; ils ont les cheveux noirs, la barbe peu fournie, les yeux petits et bridés, les pommettes des joues saillantes, le nez court, la bouche largement fendue, et les lèvres amincies; leur teint est légèrement basané: cependant, dans la classe élevée, on trouve des figures aussi blanches qu'en Europe. Les Thibétains sont de taille moyenne; à l'agilité et à la souplesse des Chinois, ils joignent la force et la vigueur des Tartares. Les exercices gymnastiques, et surtout la danse, paraissent faire leurs délices; leur démarche est cadencée et pleine de légèreté. Quand ils vont dans les rues, on les entend fredonner sans cesse des prières ou des chants populaires; ils ont de la générosité et de la franchise dans le caractère; braves à la guerre, ils affrontent la mort avec courage; ils sont aussi religieux, mais moins crédules que les Tartares. La propreté est peu en honneur parmi eux; ce qui ne les empêche pas d'aimer beaucoup le luxe et les habits somptueux.

Les Thibétains ne se rasent pas la tête; ils laissent flotter leurs cheveux sur les épaules, se contentant de les raccourcir de temps en temps avec des ciseaux. Les élégants de Lha-Ssa ont depuis peu d'années adopté la mode de les tresser à la manière des Chinois, et d'attacher ensuite au milieu de leur tresse des joyaux en or, ornés de pierres précieuses et de grains de corail. Leur coiffure ordinaire est une toque bleue avec un large rebord en velours noir, surmontée d'un pompon rouge; aux jours de fêtes, ils portent un grand chapeau rouge, assez semblable pour la forme au béret basque; il est seulement plus large, et orné sur les bords de franges longues et touffues. Une large robe agrafée au côté droit par quatre crochets, et serrée aux reins par une ceinture rouge; enfin des bottes en drap rouge ou violet, complètent le costume simple, et pourtant assez gracieux des Thibétains. Ils suspendent ordinairement à leur ceinture un sac en taffetas jaune, renfermant leur inséparable écuelle de bois, et deux petites bourses de forme ovale et richement brodées, qui ne contiennent rien du tout et servent uniquement de parure.

Les femmes thibétaines ont un habillement à peu près semblable à celui des hommes; par-dessus leur robe, elles ajoutent une tunique courte et bigarrée de diverses couleurs; elles divisent leurs cheveux en deux tresses, qu'elles laissent pendre sur leurs épaules. Les femmes de classe inférieure sont coiffées d'un petit bonnet jaune, assez semblable au bonnet de la liberté qu'on portait sous la république française [1]. Les grandes dames ont pour tout ornement de tête une élégante et gracieuse couronne, fabriquée avec des perles fines. Les femmes thibétaines se soumettent dans leur toilette à un usage, ou plutôt à une règle

1. La république dont parle M. Huc est celle de 1793; il écrivait ces lignes avant la république de 1848.

incroyable et sans doute unique au monde : avant de sortir de leurs maisons, elles se frottent le visage avec une espèce de vernis noir et gluant, assez semblable à de la confiture de raisin. Comme elles ont pour but de se rendre laides et hideuses, elles répandent sur leur face ce fard dégoûtant à tort et à travers, et se barbouillent de manière à ne plus ressembler à des créatures humaines. Voici ce qui nous a été dit sur l'origine de cette pratique monstrueuse[1]: Il y a à peu près deux cents ans, le Nomekhan[2], ou lama roi qui gouvernait le Thibet antérieur, était un homme rigide et de mœurs austères. A cette époque, les Thibétaines, pas plus que les femmes des autres contrées de la terre, n'étaient dans l'habitude de s'enlaidir; elles avaient au contraire, dit-on, un amour effréné du luxe et de la parure; de là naquirent des désordres affreux, et une immoralité qui ne connut plus de bornes. La contagion gagna peu à peu la sainte famille des lamas; les couvents bouddhiques se relâchèrent de leur antique et sévère discipline, et furent travaillés d'un mal qui les poussait rapidement à une complète dissolution. Afin d'arrêter les progrès d'un libertinage qui était devenu presque général, le Nomekhan publia un édit par lequel il était défendu aux femmes de paraître en public, à moins de se barbouiller la figure de la façon que nous avons déjà dite. De hautes considérations morales et religieuses motivaient cette loi étrange, et menaçaient les réfractaires des peines les plus sévères, et surtout de la colère et de l'indignation de Bouddha. Il fallut, sans contredit, un courage bien extraordinaire pour oser publier un édit semblable; mais la chose la plus étonnante, c'est que les femmes se soient montrées obéissantes et résignées. La tradition n'a pas conservé le plus léger souvenir de la moindre insurrection, de la plus petite émeute. Conformément à la loi, les femmes se noircirent donc à outrance, se rendirent laides à faire peur, et l'usage s'en est religieusement conservé jusqu'à ce jour : il paraît que la chose est considérée maintenant comme un point de dogme, comme un article de dévotion. Les femmes qui se barbouillent de la manière la plus dégoûtante sont réputées les plus pieuses. Dans les campagnes, l'édit est observé avec scrupule, et de façon à ce que les censeurs ne puissent jamais y trouver rien à redire; mais à Lha-Ssa, il n'est pas rare de rencontrer dans les rues des femmes qui, au mépris des lois et de toutes les convenances, osent montrer en public leur physionomie non vernissée, et telle que la nature la leur a donnée. Celles qui se permettent cette licence ont une très mauvaise réputation et ne manquent jamais de se cacher quand elles aperçoivent quelque agent de police.

On prétend que l'édit du Nomekhan a fait un grand bien à la moralité publique. Nous n'avons aucune raison pour avancer positivement le

1. Il paraît que cet usage est bien plus ancien, car le moine Rubruk, envoyé en 1252 par Saint Louis au Grand Khan des Tartares, dit en parlant des femmes de la haute Asie: *Deturpant se turpiter piagendo facies suas*.

2. *Nomekhan*, ou *Nomoun-Khan*.

contraire; cependant nous pouvons dire que les Thibétains sont bien loin d'être exemplaires sous le rapport des bonnes mœurs; il existe parmi eux de grands désordres, et nous serions tentés de croire que le vernis le plus noir et le plus hideux est impuissant pour ramener à la vertu des peuples corrompus; Le christianisme est seul capable de retirer les nations païennes des vices honteux au milieu desquels elles croupissent.

Une chose qui tendrait à faire croire que, dans le Thibet, il y a peut-être moins de corruption que dans certaines autres contrées païennes, c'est que les femmes y jouissent d'une grande liberté. Au lieu de végéter emprisonnées au fond de leurs maisons, elles mènent une vie laborieuse et pleine d'activité. Outre qu'elles sont chargées des soins du ménage, elles concentrent entre leurs mains tout le petit commerce. Ce sont elles qui colportent les marchandises de côté et d'autre, les étalent dans les rues et tiennent presque toutes les boutiques de détail. Dans la campagne, elles ont aussi une grande part aux travaux de la vie agricole.

Les hommes, quoique moins laborieux et moins actifs que les femmes, sont loin pourtant de passer leur vie dans l'oisiveté. Ils s'occupent spécialement de la filature et du tisage des laines. Les étoffes qu'ils fabriquent portent le nom de pou-lou; elles sont très étroites, et d'une grande solidité; leurs qualités varient d'une manière étonnante. On trouve, dans leurs fabriques, depuis le drap le plus grossier et le plus velu, jusqu'au mérinos le plus beau et le plus fin qu'on puisse imaginer. D'après une règle de la réforme bouddhique, tous les lamas doivent être habillés de pou-lou rouge. Il s'en fait une grande consommation dans le Thibet, et les caravanes en emportent une quantité considérable dans le Nord de la Chine et dans la Tartarie. Le pou-lou le plus grossier se vend à vil prix, mais celui qui est de qualité supérieure est d'une cherté excessive.

Les bâtons d'odeur si célèbres en Chine sous le nom de *Tsan-Hsiang*, parfums du Thibet, sont pour les habitants de Lha-Ssa un objet de commerce assez important. On les fabrique avec la poudre de divers arbres aromatiques, à laquelle on mélange du musc et de la poussière d'or. Avec tous ces ingrédients, on élabore une pâte de couleur violette, qu'on moule ensuite en petits bâtons cylindriques ayant la longueur de trois ou quatre pieds. On les brûle dans les lamaseries et devant les idoles qu'on honore dans l'intérieur des maisons. Quand ces bâtons d'odeur sont allumés, ils se consument lentement sans jamais s'éteindre, et répandent au loin un parfum d'une douceur exquise. Les marchands thibétains qui se rendent tous les ans à Pékin, à la suite de l'ambassade, en exportent des quantités considérables et les vendent à un prix exorbitant. Les Chinois du Nord falsifient les bâtons d'odeur, et les livrent au commerce sous le nom de *Tsan-Hsiang*; mais ils ne peuvent soutenir la comparaison avec ceux qui viennent du Thibet.

Les Thibétains n'ont pas de porcelaine; ils fabriquent néanmoins des poteries de tout genre avec une rare perfection. Comme nous l'avons déjà fait observer ailleurs, toute leur vaisselle consiste en une simple écuelle de bois, que chacun porte cachée dans son sein, ou suspendue à sa ceinture dans une bourse de luxe. Ces écuelles sont faites avec les racines de certains arbres précieux qui croissent sur les montagnes du Thibet. Elles sont de forme gracieuse, mais simples et sans ornements. On se contente de les enduire d'un léger vernis, qui ne fait disparaître ni leur couleur naturelle, ni les marbrures formées par les veines du bois. Dans le Thibet tout entier, depuis le mendiant le plus misérable jusqu'au talé lama, tout le monde prend ses repas dans une écuelle de bois. Il est vrai que les Thibétains ne confondent pas indistinctement les écuelles entre elles, comme nous serions tentés de le faire, nous autres Européens. On doit donc savoir qu'il y a écuelle et écuelle; il y en a qu'on achète pour quelques pièces de monnaie et d'autres dont le prix va jusqu'à cent onces d'argent, à peu près mille francs; et si l'on nous demande quelle différence nous avons remarquée entre ces diverses qualités d'écuelles en bois, nous répondrons, la main sur la conscience, que toutes nous ont paru à peu près de même valeur, et qu'avec la meilleure volonté du monde, il nous a toujours été impossible de saisir entre elles une différence de quelque importance. Les écuelles de première qualité, disent les Thibétains, ont la vertu de neutraliser les poisons.

Quelques jours après notre arrivée à Lha-Ssa, désireux que nous étions de remonter un peu notre vaisselle déjà bien vieille et bien avariée, nous entrâmes dans une boutique d'écuelles. Une Thibétaine au visage richement vernissé de noir était au comptoir. Cette dame, jugeant à notre mine tant soit peu exotique et étrange que nous étions, sans doute, des personnages de haute distinction, ouvrit un tiroir et en exhiba deux petites boîtes artistement façonnées, dans chacune desquelles était contenue une écuelle trois fois enveloppée dans du papier soyeux. Après avoir examiné la marchandise avec une sorte d'anxiété, nous demandâmes le prix. «*Tchik-la, gatsé-ré?* Combien chacune? — Excellence, cinquante onces d'argent la pièce.» A peine eûmes-nous entendu ces paroles foudroyantes, que nos oreilles se mirent à bourdonner, et qu'il nous sembla que tout tournoyait dans la boutique. Avec toute notre fortune, nous eussions pu, tout au plus, acheter quatre écuelles en bois! Quand nous fûmes un peu revenus de notre saisissement, nous replaçâmes avec respect les deux précieuses gamelles dans leurs boîtes respectives, et nous passâmes en revue les nombreuses collections qui étaient étalées sans façon sur les rayons de la boutique. «Et celles-ci, combien la pièce? *Tchik-la, gatsé-ré?* — Excellence, une paire pour une once d'argent.» Nous payâmes sur-le-champ une once d'argent, et nous emportâmes nos deux écuelles avec une joie triomphante; car elles nous paraissaient absolument semblables à celles qui valaient 500 francs pièce... De retour au logis, le maître de la maison, à qui nous nous hâtâmes de montrer notre emplette, nous dit que, pour une once d'argent, on pouvait avoir au moins quatre écuelles de cette façon.

Les pou-lou, les bâtons odorants et les écuelles en bois sont les trois principales branches d'industrie que les Thibétains exploitent avec quelque succès. Pour tout le reste, ils travaillent mal ou médiocrement, et les grossiers produits de leurs arts et métiers ne méritent pas d'être mentionnés. Leurs productions agricoles n'offrent non plus rien de remarquable. Le Thibet, presque entièrement recouvert de montagnes et sillonné de torrents impétueux, fournit à ses habitants peu de terres cultivables. Il n'y a guère que les vallées qu'on puisse ensemencer avec quelque espérance d'avoir une moisson à recueillir. Les Thibétains cultivent peu le froment, et encore moins le riz. La principale récolte est le Tsing-Kou, ou orge noire, dont on fait le tsamba, base alimentaire de toute la population thibétaine, riche ou pauvre. La ville de Lha-Ssa est abondamment approvisionnée de moutons, de chevaux et de bœufs grognants. On y vend aussi d'excellents poissons frais, et de la viande de porc dont le goût est exquis. Mais, le plus souvent, tout cela est très cher et hors de la portée du bas peuple. En somme, les Thibétains vivent très mal. D'ordinaire, leurs repas se composent uniquement de thé beurré et de tsamba, qu'on pétrit grossièrement avec les doigts. Les plus riches suivent le même régime; et c'est vraiment pitié de les voir façonner une nourriture si misérable, dans une écuelle qui a coûté quelquefois cent onces d'argent. La viande, quand on en a, se mange hors des repas; c'est une affaire de pure fantaisie. Cela se pratique à peu près comme ailleurs on mange, par gourmandise, des fruits ou quelque légère pâtisserie. On sert ordinairement deux plats, l'un de viande bouillie et l'autre de viande crue; les Thibétains dévorent l'une et l'autre avec un égal appétit, sans qu'il soit besoin qu'aucun genre d'assaisonnement leur vienne en aide. Ils ont pourtant le bon esprit de ne pas manger sans boire. Ils remplissent de temps en temps leur écuelle chérie d'une liqueur aigrelette faite avec de l'orge fermentée, et dont le goût est assez agréable.

Le Thibet, si pauvre en produits agricoles et manufacturés, est riche en métaux au-delà de tout ce qu'on peut imaginer; l'or et l'argent s'y recueillent avec une si grande facilité, que les simples bergers eux-mêmes connaissent l'art de purifier ces métaux précieux. On les voit quelquefois, au fond des ravins, ou aux anfractuosités des montagnes, accroupis à côté d'un feu d'argols de chèvre, et s'amusant à purifier dans des creusets la poudre d'or qu'ils ont recueillie çà et là, en faisant paître leurs troupeaux. Il résulte de cette grande abondance de métaux que les espèces sont de peu de valeurs, et par suite, les denrées se maintiennent toujours à un prix très élevé. Le système monétaire des Thibétains ne se compose que de pièces d'argent; elles sont un peu plus grandes, mais moins épaisses que nos pièces d'un franc. D'un côté elles portent des inscriptions en caractères thibétains, farsis ou indiens; de l'autre elles ont une couronne composée de huit petites fleurs rondes. Pour la facillité du commerce, on fractionne ces pièces de monnaie, de telle sorte que le nombre des fleurettes restant sur le fragment en détermine la valeur. La pièce entière se nomme *Tchan-Ka*. *Tché-Ptché* est la moitié du *Tchang-Ka*, et par conséquent n'a que quatre fleurettes. Le *Chokan* en a cinq, et le *Kagan* trois. Dans les grandes opérations commerciales, on se sert de lingots d'argent, qu'on pèse avec une balance romaine graduée d'après le système décimal. Les Thibétains comptent, le plus souvent, sur leur chapelet; quelques-uns, et surtout les marchands, se servent du *souàn-pàn* [abaque] chinois; les savants, enfin, opèrent avec les chiffres que nous nommons arabes, et qui paraissent être très anciens dans le Thibet. Nous avons vu plusieurs livres lamaïques manuscrits, renfermant des tableaux et des figures astronomiques, représentés avec des chiffres arabes[1]. La pagination de ces livres était pareillement marquée avec ces mêmes caractères. quelques-uns de ces chiffres ont, avec ceux dont on se sert en Europe, une légère différence; la plus notable est celle du 5, qui se trouve renversé de la manière suivante ʕ [V°].

D'après les quelques détails que nous venons de donner sur les productions du Thibet, il est permis de conclure que ce pays est peut-être le plus riche et en même temps le plus pauvre du monde. Riche en or et en argent, pauvre en tout ce qui fait le bien-être des masses. L'or et l'argent, recueillis par le peuple, sont absorbés par les grands, et surtout par les lamaseries, réservoirs immenses, où s'écoulent par mille canaux toutes les richesses de ces vastes contrées. Les lamas, mis d'abord en possession de la majeure partie du numéraire par les dons volontaires des fidèles, centuplent ensuite leur fortune par des procédés usuraires, dont la friponnerie chinoise est elle-même scandalisée. Les offrandes qu'on leur fait sont comme des crochets dont ils se servent pour attirer à eux toutes les bourses. L'argent se trouvant ainsi accumulé dans les coffres des classes privilégiées, et, d'un autre côté, les choses nécessaires à la vie ne pouvant [s'acquérir] qu'à un prix très élevé, il résulte de ce désordre capital qu'une grande partie de la population est continuellement plongée dans une misère affreuse. A Lha-Ssa, le nombre des mendiants est très considérable. Ils entrent dans l'intérieur des maisons, et vont de porte en porte solliciter une poigné de tsamba. Leur manière de demander l'aumône consiste à présenter le poing fermé, en tenant le pouce en l'air. Nous devons ajouter, à la louange des

1. Numération thibétaine et arabe. — Les Thibétains reconnaissent qu'ils ont emprunté des Turcs (comme nous d'ailleurs) tout leur système d'arithmétique et d'astronomie. Il n'est donc pas étonnant qu'on retrouve, au fond de l'Asie centrale, notre système décimal avec sa numération écrite et parlée, et des chiffres qui, pour la plupart, ressemblent aux nôtres. Ne seraient-ce pas les Européens qui ont modifié la forme des autres chiffres? (Desgodins).

Thibétains, qu'ils ont généralement le cœur compatissant et charitable; rarement ils renvoient les pauvres sans leur faire quelque aumône.

Parmi les étrangers qui constituent la population fixe de Lha-Ssa, les Péboun sont les plus nombreux. Ce sont des Indiens venus du côté de Boutan, par-delà les monts Himalaya. Ils sont petits, vigoureux, et d'une allure pleine de vivacité; ils ont la figure plus arrondie que les Thibétains; leur teint est fortement basané, leurs yeux sont petits, noirs et malins; ils portent au front une tache de rouge ponceau, qu'ils renouvellent tous les matins. Ils sont toujours vêtus d'une robe en pou-lou violet, et coiffés d'un petit bonnet en feutre, de la même couleur, mais un peu plus foncée. Quand ils sortent, ils ajoutent à leur costume une longue écharpe rouge, qui fait deux fois le tour du cou, comme un grand collier, et dont les deux extrémités sont rejetées par-dessus les épaules.

Les Péboun sont les seuls ouvriers métallurgistes de Lha-Ssa. C'est dans leur quartier qu'il faut aller chercher les forgerons, les chaudronniers, les plombiers, les étameurs, les fondeurs, les orfèvres, les bijoutiers, les mécaniciens, même les physiciens et les chimistes. Leurs ateliers et leurs laboratoires sont un peu souterrains. On y entre par une ouverture basse et étroite; et avant d'y arriver, il faut descendre trois ou quatre marches. Sur toutes les portes de leurs maisons, on voit une peinture représentant un globe rouge, et au-dessous un croissant blanc. Évidemment, cela signifie le soleil et la lune. Mais à quoi cela fait-il encore allusion? C'est ce dont nous avons oublié de nous informer.

On rencontre parmi les Péboun des artistes très distingués en fait de métallurgie? Ils fabriquent des vases en or ou en argent pour l'usage des lamaseries, et des bijoux de tout genre, qui certainement ne feraient pas déshonneur à des artistes européens. Ce sont eux qui font aux temples bouddhiques ces belles toitures en lames dorées, qui résistent à toutes les intempéries des saisons, et conservent toujours une fraîcheur et un éclat merveilleux. Ils sont si habiles pour ce genre d'ouvrage, qu'on vient les chercher du fond de la Tartarie pour orner les grandes lamaseries. Les Péboun sont encore les teinturiers de Lha-Ssa. Leurs couleurs sont vives et persistantes; leurs étoffes peuvent s'user, mais jamais se décolorer. Il ne leur est permis de teindre que les pou-lou. Les étoffes qui viennent des pays étrangers doivent être employées telles qu'elles sont; le gouvernement s'oppose absolument à ce que les teinturiers exercent sur elles leur industrie. Il est probable que cette prohibition a pour but de favoriser le débit des étoffes fabriquées à Lha-Ssa.

Les Péboun ont le caractère extrêmement jovial et enfantin; aux moments de repos, on les voit toujours rire et folâtrer; pendant les heures de travail, ils ne cessent jamais de chanter. Leur religion est le bouddhisme indien. Quoiqu'ils ne suivent pas la réforme de Tsong-Kaba, ils sont pleins de respect pour les cérémonies et les pratiques lamaïques. Ils ne manquent jamais, aux jours de grande solennité, d'aller se prosterner aux pieds du Bouddha-La, et d'offrir leurs adorations au talé lama.

Après les Péboun, on remarque à Lha-Ssa les Katchi, ou musulmans originaires de Kachemir. Leur turban, leur grande barbe, leur démarche grave et solennelle, leur physionomie pleine d'intelligence et de majesté, la propreté et la richesse de leurs habits, tout en eux contraste avec les peuples de race inférieure auxquels ils se trouvent mêlés. Ils ont, à Lha-Ssa, un gouverneur duquel ils dépendent immédiatement, et dont l'autorité est reconnue par le gouvernement thibétain. Ce gouverneur est en même temps chef de la religion musulmane. Ses compatriotes le considèrent, sur cette terre étrangère, comme leur pacha et leur mufti. Il y a déjà plusieurs siècles que les Katchi se sont établis à Lha-Ssa. Autrefois, ils abandonnèrent leur patrie pour se soustraire aux vexations d'un certain pacha de Kachemir, dont le despotisme leur était devenu intolérable. Depuis lors, les enfants de ces premiers émigrants se sont si bien trouvés dans le Thibet, qu'ils n'ont plus songé à s'en retourner dans leur pays. Ils ont pourtant encore des relations avec Kachemir; mais les nouvelles qu'ils en reçoivent sont peu propres à leur donner l'envie de renoncer à leur patrie adoptive. Le gouverneur Katchi, avec lequel nous avons eu des relations assez intimes, nous a dit que les Pélins de Calcutta (les Anglais) étaient aujourd'hui maîtres de Kachemir. «Les Pélins, nous disait-il, sont les hommes les plus rusés du monde. Ils s'emparent petit à petit de toutes les contrées de l'Inde; mais c'est toujours plutôt par tromperie qu'à force ouverte. Au lieu de renverser les autorités, ils cherchent habilement à les mettre de leur parti, et à les faire entrer dans leurs intérêts. Ainsi, à Kachemir, voici ce qu'ils disent: «Le monde est à Allah, la terre est au pacha; c'est la compagnie [des Indes] qui gouverne.»

Les Katchi sont les plus riches marchands de Lha-Ssa; ce sont eux qui tiennent les magasins de lingerie et tous les objets de luxe et de toilette; ils sont, en outre, agents de change, et trafiquent sur l'or et l'argent. De là vient qu'on trouve presque toujours des caractères farsis sur les monnaies thibétaines. Tous les ans, quelques-uns d'entre eux se rendent à Calbutta pour des opérations commerciales; les Katchi sont les seuls à qui l'on permette de passer les frontières, pour se rendre chez les Anglais; ils partent munis d'un passeport du talé lama, et une escorte thibétaine les accompagne jusqu'au pied des Himalaya. Les objets qu'ils rapportent de Calcutta se réduisent à bien peu de chose: ce sont des rubans, des galons, des couteaux, des ciseaux, quelques autres articles de quincaillerie, et un petit assortiment de toiles de coton; les soieries et les draps qu'on trouve dans leurs magasins, et qui ont à Lha-Ssa un assez grand débit, leur viennent de Pékin par caravane: les draps sont russes, et par conséquent leur reviennent à bien meilleur marché que ceux qu'ils pourraient acheter à Calcutta.

Les Katchi ont à Lha-Ssa une mosquée, et sont rigides observateurs de la loi de Mahomet; ils professent ostensiblement leur mépris pour toutes les pratiques superstitieuses des bouddhistes. Les premiers qui sont arrivés à Lha-Ssa ont pris des femmes thibétaines, qui ont été obligées de renoncer à leur religion pour embraser le mahométisme. Maintenant, ils ont pour règle de ne plus contracter des alliances qu'entre eux; il s'est ainsi formé insensiblement, au cœur du Thibet, comme un petit peuple à part, n'ayant ni le costume, ni les mœurs, ni le langage, ni la religion des indigènes. Parce qu'ils se ne prosternent pas devant le talé lama, et ne vont pas prier dans les lamaseries, tout le monde dit que ce sont des impies. Cependant comme, en général, ils sont riches et puissants, on se range dans les rues pour les laisser passer, et chacun leur tire la langue en signe de respect. Dans le Thibet, quand on veut saluer quelqu'un, on se découvre la tête, on tire la langue, et on se gratte l'oreille droite; ces trois opérations se font en même temps.

Les Chinois qu'on voit à Lha-Ssa sont pour la plupart soldats ou employés dans les tribunaux; ceux qui demeurent fixés dans cette ville sont en très petit nombre. A toutes les époques, les Chinois et les Thibétains ont eu ensemble des relations plus ou moins importantes; souvent ils se sont fait la guerre, et ont cherché à empiéter sur les droits les uns des autres. La dynastie tartare-mandchoue, comme nous l'avons déjà remarqué ailleurs, a compris, dès le commencement de son élévation, combien il lui était important de se ménager l'amitié du talé lama, dont l'influence est toute-puissante sur les tribus mongoles. En conséquence, elle n'a jamais manqué d'avoir à la cour de Lha-Ssa deux grands mandarins revêtus du titre de *Kin-Tchai*, c'est-à-dire, ambassadeur ou délégué extraordinaire[1]. Ces personnages ont pour mission avouée de présenter, dans certaines circonstances déterminées les hommages de l'empereur chinois au talé lama, et de lui prêter l'appui de la Chine dans les difficultés qu'il pourrait avoir avec ses voisins. Tel est, en apparence, le but de cette ambassade permanente; mais, au fond, elle n'est là que pour flatter les croyances religieuses des Mongols et les rallier à la dynastie régnante, en leur faisant croire que le gouvernement de Pékin a une grande dévotion pour la divinité du Bouddha-La. Un autre avantage de cette ambassade, c'est que les deux Kin-Tchai [ambans] peuvent facilement, à Lha-Ssa, surveiller les mouvements des peuples divers qui avoisinent l'empire, et en donner avis à leur gouvernement. [...]

Les forces militaires que les Chinois entretiennent dans le Thibet sont peu considérables. Depuis le Sse-tchouàn jusqu'à Lha-Ssa, ils ont

1. Les Européens désignent les résidents chinois en Mongolie et au Thibet par le mot mandchou *amban*.

d'étape en étape quelques misérables corps de garde, destinés à favoriser le passage des courriers de l'empereur. Dans la ville même de Lha-Ssa, leur garnison se compose de quelques centaines de soldats, dont la présence contribue à relever et à protéger la position des ambassadeurs. De Lha-Ssa, en allant vers le Sud jusqu'au Boutan, ils ont encore une ligne de corps de garde, assez mal entretenus. Sur les frontières, ils gardent, conjointement avec des troupes thibétaines, les hautes montagnes qui séparent le Thibet des premiers postes anglais. Dans les autres parties du Thibet, il n'y a pas de Chinois; l'entrée en est sévèrement interdite.

Les soldats et les mandarins chinois établis dans le Thibet sont à la solde du gouvernement de Pékin; ils restent ordinairement trois ans dans le pays; quand ce temps est écoulé, on leur envoie des remplaçants, et ils rentrent dans leurs provinces respectives. Il en est pourtant un certain nombre, qui, après avoir terminé leur service, obtiennent la permission de se fixer à Lha-Ssa, ou dans les villes situées sur la route de Ssetchouàn. Les Chinois de Lha-Ssa sont peu nombreux: il serait assez difficile de dire à quel genre de spécialité ils se livrent pour faire fortune. En général, ils sont un peu de tous les états, et savent toujours trouver mille moyens pour faire passer dans leurs bourses les *tchan-ka* des Thibétains. Il en est plusieurs qui prennent une épouse dans le pays; mais les liens du mariage sont incapables de les fixer pour la vie dans leur patrie adoptive. Après un certain nombre d'années, quand ils jugent qu'ils ont fait des économies assez abondantes, ils s'en retournent tout bonnement en Chine, et laissent là leurs femmes et leurs enfants, à l'exception toutefois des garçons, qu'ils auraient scrupule d'abandonner. Les Thibétains redoutent les Chinois, les Katchi les méprisent, et les Péboun se moquent d'eux.

Parmi les nombreuses classes d'étrangers qui séjournent ou qui ne font que passer à Lha-Ssa, il n'y en avait aucune à laquelle nous eussions l'air d'appartenir; nous ne ressemblions à personne. Aussi, dès les premiers jours de notre arrivée, nous aperçûmes-nous que l'étrangeté de notre physionomie attirait l'attention de tout le monde. Quand nous passions dans les rues, on nous examinait, et puis on faisait, à voix basse, de nombreuses hypothèses sur notre nationalité. On nous prenait tantôt pour deux muftis nouvellement arrivés de Kachemir, tantôt pour deux brahmanes de l'Inde; quelques-uns prétendaient que nous étions des lamas du nord de la Tartarie; d'autres enfin soutenaient que nous étions des marchands de Pékin, et que nous nous étions déguisés pour suivre l'ambassade thibétaine. Mais toutes ces suppositions s'évanouirent bientôt; car nous déclarâmes formellement aux Katchi que nous n'étions ni muftis ni Kachemiriens; aux Péboun, que nous n'étions ni Indiens, ni brahmanes; aux Mongols, que nous n'étions ni lamas, ni Tartares; aux Chinois, que nous n'étions ni marchands, ni du Royaume du Milieu[1]. Quand on fut bien convaincu que nous n'appartenions à aucune de ces catégories, on se mit à nous appeler *Azaras blancs*. [...]

LHA-RI

A Atdz, nous changeâmes les oulah, quoique nous n'eussions que cinquante lis à parcourir avant d'arriver à la résidence de Lha-Ri. Il nous fallait des animaux frais et acoutumés à la route épouvantable que nous avions devant nous. Une seule montagne nous séparait de Lha-Ri, et pour la franchir, il était, disait-on, nécessaire de partir de grand matin, si nous voulions arriver avant la nuit. Nous consultâmes l'*Itinéraire*, et nous y trouvâmes la jolie description que voici: «Plus loin, on passe par une grande montagne dont les sommets s'élèvent à pic. Les glaces et les neiges n'y fondent pas pendant les quatre saisons de l'année. Ses abîmes ressemblent aux bords escarpés de la mer; souvent le vent les comble de neige; les chemins y sont presque impraticables, tant la descente est rapide et glissante...» Comme on le voit, ce court mais énergique aperçu ne nous promettait pas pour le lendemain une trop agréable partie de plaisir. Oh! comme nous eussions cédé volontiers notre place à quelques-uns de ces intrépides touristes, que l'amour de la neige et des glaces, des rochers et des précipices, conduit tous les ans, en cabriolet, au milieu des Alpes, ces miniatures des montagnes du Thibet!

Une chose peu propre à nous encourager, c'est que les gens de la caravane, les habitants même du pays, tout le monde paraissait préoccupé et inquiet. On se demandait avec anxiété si la neige, qui était tombée en abondance pendant cinq jours, et qui n'avait pas encore eu le temps de s'affaisser, ne rendrait pas la montagne infranchissable; si l'on n'avait pas à craindre de s'enfoncer dans des abîmes ou d'être écrasé par des avalanches; si, enfin, il ne serait pas prudent d'attendre quelques jours, dans l'espoir que la neige serait dispersée par le vent, ou fondue en partie par le soleil, ou solidifiée par le froid. A toutes ces questions, on n'avait que des réponses fort peu rassurantes. Afin de nous mettre à l'abri de la pusillanimité et de la présomption, nous tînmes, avant de nous coucher, un conseil auquel nous appelâmes les vieux montagnards de la contrée. Après une longue délibération, on décida, premièrement, que si le lendemain le temps était calme et serein, on pourrait se mettre en route sans témérité; secondement, que, dans l'hypothèse du départ, les bœufs à long poil chargés des bagages, et conduits par les gens du pays, précéderaient les caravanes, afin de leur tracer, dans la neige, un chemin plus facile. La chose étant ainsi arrêtée, nous essayâmes de prendre un peu de repos, comptant

1. La traduction littérale des deux caractères qui désignent la Chine est synonyme de Empire du Milieu.

médiocrement sur les avantages de ce plan, et beaucoup sur la protection de la divine Providence.

Quand nous nous levâmes, quelques étoiles brillaient encore au ciel, et luttaient contre les premières blancheurs de l'aube; le temps était d'une beauté admirable. On fit donc promptement les préparatifs du départ, et aussitôt que les dernières obscurités de la nuit furent entièrement dissipées, nous commençâmes à gravir la formidable montagne des Esprits (*Lha-Ri*). Elle s'élevait devant nous comme un immense bloc de neige, où les yeux n'apercevaient pas un seul arbre, pas un brin d'herbe, pas un point noir qui vînt rompre l'uniformité de cette blancheur éblouissante. Ainsi qu'il avait été réglé, les bœufs à long poil, suivis de leurs conducteurs, s'avancèrent les premiers, marchant les uns après les autres, puis tous les cavaliers se rangèrent en file sur leur trace, et la longue caravane, semblable à un gigantesque serpent, déroula lentement ses grandes spirales sur les flancs de la montagne. D'abord la pente fut peu rapide; mais nous trouvâmes une si affreuse quantité de neige, que nous étions menacés, à chaque instant, d'y demeurer ensevelis. On voyait les bœufs placés à la tête de la colonne, avançant par soubresauts, cherchant avec anxiété à droite et à gauche les endroits les moins périlleux, quelquefois disparaissant tout à fait dans des gouffres et bondissant au milieu de ces amas de neige mouvants, comme de gros marsouins dans les flots de l'Océan. Les cavaliers qui fermaient la marche trouvaient un terrain plus solide. Nous avancions pas à pas dans un étroit et profond sillon, entre deux murailles de neige qui s'élevaient au niveau de notre poitrine. Les bœufs à long poil faisaient entendre leur sourd grognement, les chevaux haletaient avec grand bruit, et les hommes, afin d'exciter le courage de la caravane, poussaient tous ensemble un cri cadencé et semblable à celui des mariniers quand ils virent au cabestan. Peu à peu la route devint tellement roide et escarpée, que la caravane paraissait en quelque sorte suspendue à la montagne. Il ne fut plus possible de rester à cheval. Tout le monde descendit, et chacun se cramponnant à la queue de son coursier, on se remit en marche avec une nouvelle ardeur; Le soleil, brillant de tout son éclat, dardait ses rayons sur ces vastes entassements de neige, et en faisait jaillir d'innombrables étincelles, dont le scintillement éblouissait la vue. Heureusement, nous avions les yeux abrités sous les inappréciables lunettes dont nous avait fait cadeau le Dhéba de Ghiamba.

Après de longues et indicibles fatigues, nous arrivâmes, ou plutôt nous fûmes hissés, sur le sommet de la montagne. Le soleil était déjà sur son déclin. On s'arrêta un instant, soit pour rajuster les selles et consolider les bagages, soit pour détacher de la semelle des bottes ces insupportables blocs de neige, qui s'y étaient amassés et solidifiés en forme de cônes renversés. Tout le monde était transporté de joie; on éprouvait une sorte de fierté d'être monté si haut, et de se trouver debout sur ce gigantesque piédestal. On aimait à suivre des yeux cette profonde et tortueuse ornière qu'on avait creusée dans la neige, et dont la teinte roussâtre se dessinait sur le blanc immaculé de la montagne.

La descente était plus escarpée que la montée; mais elle était beaucoup moins longue, et ne demandait pas les efforts que nous avions été obligés de déployer de l'autre côté du mont. L'extrême roideur de la pente était au contraire une facilité pour descendre: car il n'y avait qu'à se laisser aller; le seul danger était de rouler trop brusquement, de franchir le sentier battu, et d'aller s'engloutir pour toujours au fond de quelque abîme. Dans un semblable pays, des accidents de ce genre ne sont nullement chimériques. Nous descendîmes donc lestement, tantôt debout, tantôt assis, et sans autres mésaventures que des culbutes et de longues glissades, bien plus propres à exciter l'hilarité que la crainte des voyageurs.

Un peu avant d'arriver au bas de la montagne, toute la caravane s'arrêta sur un petit plateau où s'élevait un *obo*, ou monument bouddhique, en pierres amoncelées et surmontées de banderoles et d'ossements chargés de sentences thibétaines. Quelques énormes et majestueux sapins entouraient cet obo, et l'abritaient sous un magnifique dôme de verdure. «Nous voici arrivés au glacier de la montagne des Esprits, nous dit Ly-Kouo-Ngàn; nous allons rire un instant.» Nous regardâmes avec étonnement le Pacificateur des royaumes. «Oui, voici le glacier, voyez de ce côté...» Nous nous dirigeâmes vers l'endroit qu'il nous indiquait; nous nous penchâmes sur le bord du plateau, et nous aperçûmes un immense glacier extrêmement bombé et bordé de deux côtés par d'affreux précipices. On pouvait entrevoir, sous une légère couche de neige, la couleur verdâtre de la glace. Nous détachâmes une pierre du monument bouddhique et nous la jetâmes sur le glacier. Un bruit sonore se fit entendre, et la pierre, glissant avec rapidité, laissa sur son passage un large ruban vert. Il n'y avait à en douter, c'était bien là un glacier; et nous comprîmes une partie des paroles de Ly-Kouo-Ngàn; mais nous ne trouvions absolument rien de risible à être obligés de voyager sur une pareille route. Ly-Kouo-Ngàn avait cependant raison en tout point, et nous pûmes bientôt nous en convaincre.

On fit passer les animaux les premiers, d'abord les bœufs, et puis les chevaux. Un magnifique bœuf à long poil ouvrit la marche: il avança gravement jusque sur le bord du plateau; là, après avoir allongé le cou, flairé un instant la glace, et soufflé par ses larges naseaux quelques épaisses bouffées de vapeur, il appliqua avec courage ses deux pieds de devant sur le glacier, et partit à l'instant, comme s'il eût été poussé par un ressort. Il descendit les jambes écartées, mais aussi roides et immobiles que si elles eussent été de marbre. Arrivé au bout du glacier, il fit la culbute, et se sauva grognant et bondissant à travers des flots de neige[1]. Tous les animaux les uns après les autres nous donnèrent ce spectacle, qui était réellement palpitant d'intérêt. Les chevaux faisaient en général, avant de se lancer, un peu plus de façon que les bœufs; mais il était facile de voir que les uns et les autres étaient accoutumés depuis longtemps à ce genre d'exercice.

Les hommes s'embarquèrent à leur tour, avec non moins d'intrépidité et de succès que les animaux, quoique d'après une méthode toute différente. Nous nous assîmes avec précaution sur le bord du glacier; nous appuyâmes fortement sur la glace nos talons serrés l'un contre l'autre; puis, nous servant du manche de notre fouet en guise de gouvernail, nous nous mîmes à voguer sur ces eaux glacées, avec la rapidité d'une locomotive. Un marin eût trouvé que nous filions au moins douze nœuds. Dans nos longs et nombreux voyages, nous n'avions encore jamais rencontré un moyen de transport à la fois si commode, si expéditif, et surtout si rafraîchissant.

Au bas du glacier, chacun rattrapa son cheval comme il put, et nous continuâmes notre route selon la méthode vulgaire. Après une descente peu rapide, nous laissâmes derrière nous la montagne des Esprits, et nous entrâmes dans une vallée parsemée çà et là de larges plaques de neige qui avaient résisté aux rayons du soleil. Nous longeâmes pendant quelques instants les bords glacés d'une petite rivière, et nous arrivâmes enfin au poste de Lha-Ri. Il y eut à la porte de la ville, comme à Ghiamba, une réception militaire. Le Dhéba du lieu vint nous offrir ses services, et nous allâmes occuper le logement qui nous avait été préparé dans une pagode chinoise nommée Kouàn-Ti-Miao[2], c'est-à-

1. «Si Huc excelle à peindre les hommes avec qui il vivait et dont il comprenait la langue, il semble s'être entendu aussi avec les animaux, il les a bien regardés, et a su souvent ce qu'ils pensaient. Il nous montre un yak s'approchant d'un glacier: «On fit passer les animaux les premiers, d'abord les bœufs et puis les chevaux. Un magnifique bœuf à long poil ouvrit la marche, etc.»

«En lisant ce récit, n'avons-nous pas partagé la crainte de l'animal, et n'avons-nous pas éprouvé une sorte de soulagement à le voir en bas et hors de danger?» (H.-P. d'Orléans.)

«Qui n'a lu dans le Père Huc cette horrifique dégringolade de yaks qu'on lance sur la pente glacée de la montagne? On l'a prise pour une aimable "galéjade". Eh bien, nos chevaux découvrent cette méthode tout seuls, sans le vouloir. Le premier qu'on essaie de faire descendre par le chemin, après lui avoir entouré ses sabots de chiffons, et en le tenant par la tête et par la queue, glisse, tombe avec ses palefreniers, qui le lâchent à temps pour ne pas rouler avec lui, et en un clin d'œil file, couché sur le côté, jusqu'en bas de la pente. Nous le croyons perdu: non. Il y a de la neige accumulée et des buissons: il s'arrête doucement, s'ébroue..., et mange un peu de neige pour se rafraîchir. Un second animal a exactement le même sort...» (Comte d'Ollone, *Derniers Barbares*).

2. Kouàn-Ti, célèbre général qui vivait au IIIe siècle; après de nombreuses et fameuses victoires, il fut mis à mort avec son fils (220 av. J.-C.). Les Chinois disent qu'il n'est pas mort réellement, mais qu'il monta au ciel, où il prit place parmi les dieux. Les Mandchous qui règnent en Chine l'ont nommé *Kouàn-Ti*, Esprit tutélaire de leur dynastie [et dieu de la guerre], et lui ont élevé un grand nombre de temples. On le représente ordinairement assis, ayant à sa gauche son fils Kouang-Ping, qui se tient debout, et à sa droite son écuyer, d'une figure brune presque noire.

dire temple du dieu de la guerre. De Lha-Ssa à Lha-Ri, on compte mille dix lis (cent et une lieues); il y avait quinze jours que nous étions en route.

Aussitôt que nous fûmes installés dans notre habitation, il fut convenu à l'unanimité entre Ly-Kouo-Ngàn, le lama Dsiamdchang et nous, qu'on s'arrêterait un jour à Lha-Ri. Quoique les oulah fussent déjà préparés, nous jugeâmes prudent de faire une courte halte et de puiser, dans une journée de repos, les forces qui nous étaient nécessaires pour franchir encore une formidable montagne que nous devions rencontrer sur notre route.

Le gros village de Lha-Ri est bâti dans une gorge entourée de montagnes stériles et désolées; ce district ne présente pas les moindres vestiges de culture, et l'on est obligé d'aller chercher ailleurs la farine de *Tsing-Kou* [millet]. Les habitants sont presque tous bergers; ils nourrissent des troupeaux de moutons, de bœufs grognants, et surtout de chèvres dont le poil fin et moelleux sert à fabriquer les pou-lou de première qualité, et ces belles étoffes si connues sous le nom de châles de Kachemir. Les Thibétains de Lha-Ri sont beaucoup moins civilisés que ceux de Lha-Sa: leur physionomie a quelque chose de dur et de sauvage; ils sont habillés salement, leurs maisons ne sont que de grandes masures informes, construites avec de la pierre brute et grossièrement enduites de limon. On remarque pourtant, sur les flancs de la montagne, un peu au-dessus du village, un vaste couvent bouddhique dont le temple est assez beau: un Kampo est supérieur de cette lamaserie, et en même temps administrateur temporel du canton. Les nombreux lamas de Lha-Ri mènent une vie paresseuse et abjecte; nous les avons vus, à toute heure du jour, couchés ou accroupis en grand nombre dans les quartiers de la ville, essayant de réchauffer aux rayons du soleil leurs membres à moitié couverts de quelques haillons rouges et jaunes. C'était un spectacle dégoûtant.

Régis-Évariste Huc, *Souvenirs d'un voyage dans la Tartarie et le Thibet (1844-1846)*, annoté par J.-M. Planchet, Le Livre de poche, 1962.

II. Objectif : Lhassa

Les récits des voyageurs au Tibet sont tous marqués par les innombrables difficultés, les obstacles les plus divers, qu'il leur a fallu surmonter. Mais après l'exploit des pères Huc et Gabet la route de Lhassa est fermée. Aux difficultés naturelles va s'ajouter l'hostilité des populations, renforcée par l'interdiction d'accès strictement imposée par les autorités. Parmi les tentatives pour atteindre Lhassa en cette seconde moitié du XIXe siècle, qui s'achèveront toutes par un échec, deux d'entre elles au moins connaissent des épisodes tragiques.

JOSEPH-FERNAND GRENARD
(1893-1894)

Diplômé de sciences politiques et des langues orientales, J.-F. Grenard est choisi en 1891 par Dutreuil de Rhins pour participer à un grand voyage en Asie centrale. La mission a pour objectif les hauts plateaux du Turkestan, du Tibet et de la Mongolie. Dutreuil de Rhins est plus particulièrement chargé des travaux géographiques, Grenard doit s'occuper des observations archéologiques et linguistiques. Un premier périple à partir de Khotan les conduit à Leh en 1882 (et retour par la route du Karakoram). En mai 1883, ils repartent du Xinjiang, traversent le Tibet oriental, et parviennent au Tangri Nor le 2 décembre 1893. La route de Lhassa leur est fermée, aussi décident-ils de gagner Xining après avoir coupé les hautes vallées de la Salouen, du Mékong et du Yangzi. Sur le trajet, ils sont attaqués par des Tibétains et Dutreuil de Rhins est tué le 5 juin 1894. Grenard échappe de peu au massacre et parvient à rejoindre Xining et Lhassa. A son retour en France, Grenard est chargé de l'exploitation des informations recueillies sur onze mille kilomètres. A partir de 1899, il entre dans la carrière diplomatique et occupe différents postes dans des consulats. Il termine sa carrière comme ambassadeur à Belgrade en 1927. Il ne cessera de s'intéresser à l'histoire et à la géographie de l'Asie et publiera sur ces sujets plusieurs publications.

Dutreuil de Rhins était capitaine au long cours dans la marine marchande quand il se porta volontaire, en 1876, pour servir sur des canonnières mises à la disposition du roi d'Annam par le gouvernement français. Ce fut une expérience de courte durée à l'issue de laquelle il visita le Tonkin, le pays moï, et commença à apprendre le chinois. Reprenant son métier de marin en 1882, il se mit à la disposition de Brazza, en 1883, quand celui-ci chercha des collaborateurs pour le Congo. En 1891, il obtint une mission du ministère de l'Instruction publique pour se rendre à Lhassa. Il part de Constantinople accompagné de F. Grenard pour cette expédition durant laquelle il devait perdre la vie. Grand explorateur doué d'une remarquable énergie et d'endurance, il a collaboré à plusieurs revues de sociétés savantes et publié plusieurs ouvrages qui rendent compte de ses travaux et de ses voyages.

LE TANGRI NOR

Pour franchir la Chine qui nous séparait encore du Nam tso, nous gravîmes d'abord une montagne assez raide, qui, à notre gauche, était coupée à pic et baignait ses pieds dans le lac Pam tso, à trois cents mètres au-dessous de nous. Ensuite, nous traversâmes une série de collines escarpées et de vallées étroites dont le terrain était creusé d'une foule de trous pleins de neige et bossué d'autant de protubérances couvertes de brins d'herbe durs comme des piquets, qui écorchaient les pieds mous des chameaux. C'est le type des pâturages du Tibet septentrional. Les habitants assez nombreux, que nous rencontrions, voyant toujours en nous de pieux pèlerins, nous firent bon accueil.

Enfin, le 30 novembre, du haut de la dernière côte, nous découvrîmes le lac du Ciel, le lac saint et vénéré, dont l'azur sombre et tranquille contrastait violemment avec la blancheur éclatante des montagnes aux mille pointes, comparables aux vagues d'une mer démontée, qui s'élevaient sur sa rive méridionale; et ces vagues, se dressant les unes sur les autres, paraissaient monter à l'assaut d'une masse prodigieuse qui surgissait au-dessus d'elles, toute noire, car les flancs en étaient tellement abrupts que la neige n'avait pas où se prendre, et la raideur, l'aspect sombre, l'énormité de cette masse avaient quelque chose de formidable[1]. Dans l'est se prolongeait bien au delà du lac la chaîne des pics neigeux, que dominait tous la lointaine et splendide pyramide

1. Le mont Tcha-ri mé-rou.

du Sam-tan gang-tsa, le glacier de la Contemplation. Cette montagne, qui, retirée au milieu de cette région presque morte, semblait ne point daigner voir ce bas monde du haut de sa sérénité impassible et froide et vouloir de sa cime aiguë pénétrer et s'absorber dans le vide des cieux, était bien le visible symbole de l'âme bouddhique, qui cherche à s'isoler et à se recueillir dans la contemplation des choses éternelles et de la perfection absolue, à se dépouiller de tout ce qui, bon ou mauvais, l'attache à cette existence périssable et troublée, des désirs et des craintes, des peines et des plaisirs, des affections et des haines, aspire à supprimer en elle tout besoin, toute sensation, tout mouvement, à se confondre dans l'infini du vide et du silence, dans la vie du néant, la seule absolue et parfaite, qui ne se sent, ni ne se souffre, ne se change ni se n'achève.

Nous avions touché le but; mais nos hommes, devant les mélancolies de ce spectacle nouveau et toujours le même, éprouvaient un dégoût mêlé de stupéfaction à cette sorte d'acharnement des montagnes de glace à les poursuivre depuis trois mois, et pour nous, mieux informés, l'impression était saisissante de voir, à la latitude d'Alexandrie d'Égypte et si près de la capitale du Tibet, une telle contrée où les manifestations de la nature inanimée étaient aussi puissantes et grandioses que celles de la nature animée étaient faibles et rares. Le 1er décembre, nous suivîmes la rive septentrionale du lac, rive montueuse, découpée de vallons s'enfonçant dans les hautes terres et de promontoires s'avançant loin dans les eaux que bordait une étroite frange de glace. Il n'y avait toujours pas d'arbres, mais seulement, croissant dans les fentes des rochers, des petits genévriers (choug-pa), dont la fumée est considérée par les Tibétains, par les Mongols et même par les Turcs musulmans comme agréable à la divinité. En fait de gibier, on n'apercevait guère que des lièvres et des perdrix, et la civilisation humaine était représentée uniquement par quelques troupeaux errants, paissant l'herbe courte et dure, et par quelques tentes misérables blotties dans les coins les mieux protégés du vent et servant d'abri aux non moins misérables serfs du grand lama de Ta-chi-lhounpo, seigneur de ces lieux.

Nous campâmes au lieu dit Zam-na, à cinq milles de l'extrémité orientale du Nam tso. Une manière de brigadier de gendarmerie, coiffé d'un turban rouge, étant venu de Lha-Ssa à notre rencontre, nous pria de nous arrêter là jusqu'à l'arrivée prochaine des fonctionnaires envoyés auprès de nous par le gouvernement central. Il nous promettait d'ailleurs, selon la formule stéréotypée, de nous procurer ce dont nous aurions besoin. Or, nous n'avons pu renouveler nos provisions dans un pays dont la population est trop clairsemée, trop pauvre, trop défiante; nous étions à la ration depuis onze jours, nous n'avions plus une once de farine, nous avions secoué notre dernier sac de riz, égorgé notre dernier mouton. Sur nos soixante et un animaux, trente-six péri et les tristes survivants, auxquels nous n'avions plus un grain d'orge à donner, épuisés de fatigue, de faim et de soif, chancelaient sur leurs jambes, roulaient comme des barques en marchant; leurs flancs, où les côtes se dessinaient en un vigoureux relief, étaient, malgré la basse température, mouillés d'une sueur fétide, des gouttes de sang rougissaient leurs naseaux, des plaies s'étaient formées sur leur échine. Dutreuil de Rhins accepta donc les propositions qui lui étaient faites et écrivit au Légat Impérial en résidence à Lha-sa pour lui demander l'autorisation d'aller dans la ville sainte se reposer et reconstituer sa caravane. [...]

Cependant les jours s'écoulaient et notre situation n'était pas enviable. Il neigeait peu, mais il soufflait un vent aigu, le lac était gelé depuis le milieu du mois, la température variait de 0° à – 33 ° selon l'heure et nous étions toujours sous la tente sans feu. L'altitude d'environ 4 600 mètres était pénible à supporter, même pour les gens de Lha-sa, qui s'en plaignaient vivement; quant aux Chinois, deux d'entre eux en furent si malades qu'on dut les renvoyer à la ville; c'étaient, il est vrai, deux fumeurs d'opium. Les Tchang-pa (hommes du Nord), au contraire, semblaient être parfaitement adaptés et l'on en voyait souvent qui, chargés de leurs armes, gravissaient des collines en courant et poussant des cris sans en être essoufflés ni incommodés. Pour nous qui vivions depuis tantôt quatre mois à une altitude pareille ou supérieure, nos organes s'y étaient résignés, mais non pas ajustés. La maladie de cœur de notre interprète pour la langue chinoise s'était considérablement aggravée et le malheureux avait le visage horriblement bouffi. Dutreuil de Rhins était assez mal en point, il souffrait de rhumatismes, d'accès de toux douloureux («toux atroce qui me brise», écrit-il), il était sujet aux étourdissements subits: un jour qu'il était allé à quelques centaines de mètres du campement pour mesurer au théodolite les principaux pics des environs, il s'évanouit et on dut le rapporter à la tente. Les animaux fourbus, ne trouvant point d'herbe mangeable, étaient incapables de se remettre. Les chevaux, flageolant, flottant comme des loques au vent, erraient d'un air désolé; les plus familiers venaient flairer nos poches ou soulever la portière de notre tente pour demander la nourriture que nous ne pouvions leur donner; ils n'avaient plus la force de mâcher leur orge et, chaque jour, l'un d'eux, devenant tout à coup immobile et regardant fixement quelque chose devant lui. de ses yeux vitreux et chargés d'eau, se mettait brusquement à tourner sur lui-même et s'abattait pour ne plus se relever. Les chameaux restaient agenouillés, impassibles et solennels, tandis que de gros corbeaux, se posant sur eux, plongeaient la corne dure de leur bec dans les plaies purulentes, avec l'air de satisfaction tranquille d'un bon bourgeois à table, et c'est à peine si de temps à autre le supplicié tournait lentement, en grognant, son grand cou. On avait beau chasser les monstres noirs, ils revenaient sans cesse. Enfin, tous nos animaux périrent, sauf deux chameaux. Les alentours du campement furent changés en un charnier infesté de corbeaux et de vautours plus horribles encore, énormes, parmi lesquels il fallait se faire un passage à coups de pierres, alors, ils s'écartaient en volétant lourdement, se plaçaient à trois pas de nous et les infâmes croque-morts, qui semblaient bossus avec leur long cou pelé enfoncé dans leurs épaules, nous regardaient de leur œil stupide et morne.

Nos hommes qui, du voyage et de ses misères, avaient cent piques par-dessus les épaules, excités par les récits de Parpai qui leur expliquait comme quoi l'on pouvait regagner en deux mois la Kachgarie, demandèrent leur congé; et, je le dis à regret, le Russe était à leur tête. Il le fit sans doute par entraînement et par sottise de blanc-bec plus que par mauvais vouloir. Notre secrétaire chinois lui-même, qui avait été vertement tancé par le vice-légat de nous avoir prêté son concours et d'avoir écrit pour des Européens une lettre trop bien tournée, qui était revenu de cette algarade plein d'irritation contre les Ta-tzeu[1], profita néanmoins de la première occasion pour faire son paquet et s'en aller. Trois hommes seulement restèrent fidèles: Younous, qui était trop malade pour songer à partir, Mohammed Iça, qui n'était pas sujet chinois, était moins fou que les autres et vit en demeurant à son poste un excellent moyen de se distinguer et de faire augmenter ses appointements, enfin l'ombre de Mohammed Iça, Abdourrahmân. Le secrétaire chinois fut le premier à rentrer au bercail sur l'intervention du vice-légat, qui fut enchanté de pouvoir nous prouver à si bon compte ses bons sentiments. Quelque temps après, les autres demandèrent leur grâce; mais Dutreuil de Rhins était trop courroucé de leur lâcheté, il refusa. De leur côté, les Tibétains et les Chinois s'opposaient énergiquement à leur départ. Après de vaines et agaçantes discussions, Dutreuil de Rhins céda de mauvaise grâce et reprit ses hommes, sauf les trois plus mauvais qu'il renvoya par la route des pèlerins mongols.

Ces incidents ne lui faisaient pas perdre de vue la suite des négociations. Les délégués de Lha-sa, qui s'ennuyaient, essayaient de divers artifices pour nous persuader de lever l'ancre. Le vice-légat nous assurait qu'il y avait des monstres redoutables dans le Nam-tso, qu'une vieille femme venait d'être mangée par un ours, qu'on entendait les loups hurler la nuit et que lui-même n'osait plus dormir sans avoir un sabre à son côté. Les mousquetaires chevelus faisaient parfois des exercices militaires avec ostentation et poussaient des clameurs épouvantables. Un jour, on s'avisa d'une comédie solennelle: comme

1. C'est ainsi que les Chinois appellent par mépris les Barbares mongols et mantchous, les *Tatars*.

nous étions chez le vice-légat, tous les lamas en corps vinrent supplier à genoux Son Excellence de vouloir bien débarrasser le pays des étrangers; la prière était pressante et quelque peu insolente. Son Excellence, se tournant vers nous, nous dit: «Voyez! la situation est difficile, il ne faudrait pas la tendre davantage.» — «Je comprends parfaitement, répliqua Dutreuil de Rhins, que vous soyez fatigués de rester dans cet affreux désert: je ne le suis pas moins que vous. Que n'allons-nous tous au village de Dam, au delà des monts? nous y causerons beaucoup plus à l'aise.» — «Il est aussi impossible d'aller à Dam qu'à Lha-Sa.» — «Eh bien! attendons la réponse du gouverneur.» A la fin du mois, la réponse vint. Non seulement le gouvernement interdisait aux étrangers de se rendre à Lha-sa ou même à Dam, mais il leur ordonnait de reprendre sans délai la route par où ils étaient venus, ajoutant que si ces ordres n'étaient pas rigoureusement exécutés les négociateurs seraient jetés, pieds et poings liés, dans la rivière. En nous annonçant cette nouvelle, les délégués chinois et tibétains parurent péniblement affectés. «Nous avons fait ce que nous avons pu pour vous, dirent-ils d'un air de commisération; tout est inutile.» Il n'est peut-être pas nécessaire d'ajouter que nous ne vîmes pas le moindre papier du Roi ni des ministres, mais il était clair qu'il était hors de propos d'insister davantage. Dutreuil de Rhins, déclara que si la réponse des autorités de Lha-sa n'était pas sage peut-être, ni conforme à leurs intérêts bien entendus, c'était leur affaire, que lui, en sa qualité de voyageur pacifique, se considérait comme tenu de déférer à leurs ordres, qu'en conséquence il renonçait à son projet de pénétrer plus au sud; mais qu'il ne croyait pas contraire à l'esprit de ces instructions de demander à s'en aller par la route de Si-ning, selon les termes de son passeport impérial, et à séjourner, sur cette route, au village de Nag-tchou le temps nécessaire au rétablissement de sa santé et à la reconstitution de sa caravane, car il estimait qu'un gouvernement qui se respectait ne pouvait sous aucun prétexte laisser ce morfondre en plein désert des voyageurs officiels. «C'est mon dernier mot», dit-il, et il rompit l'entretien. [...]

Le 19 janvier, tous les fonctionnaires et les lamas nous firent solennellement leur visite d'adieux. Ils furent aimables, souriants, flatteurs, caressants, et jamais fiancée en une soirée de contrat ne fut plus complimentée et félicitée que nous le fûmes en ce jour. Pour remercier ces messieurs de leur gracieuseté, nous exhibâmes une collection de lithographies qui obtinrent un grand succès. Elles firent l'une après l'autre le tour de l'assemblée et pas une ne nous revint. Le grand lama lui-même, tout en égrenant pieusement son rosaire, retint au passage deux dames blondes et fraîches, délicates et sentimentales, comme les Anglais les aiment; il en fut ravi, ébloui et demanda à les garder comme souvenir. [...]

L'HOSTILITÉ DES PÈLERINS

Nous rencontrions assez fréquemment des pèlerins venant de Lha-Sa ou s'y rendant, Mongols ou Tibétains du Kouke Nor, pauvres gens qui à la route directe, mais déserte, préféraient cette route longue, mais habitée, qui passe par Gyé-rgoun-do, le pays des Hor Kang-sé et celui des Ngolog. Les Tibétains, en général, avaient dans l'œil et sur le front quelque reflet d'une âme pensante et inquiète; au contraire sur le visage rude et plat, presque informe des Mongols, Khalkas pour la plupart, se peignait une naïveté qui touchait à la stupidité de la brute. De l'immense voyage qu'ils avaient fait à pied d'Ourga à Lha-Sa, 700 lieues à vol d'oiseau, ils n'avaient rien retenu que les noms de Si-ning et du Kouke Nor. Ils nous parlèrent des Russes, dont les marchands viennent souvent dans leur pays; eux-mêmes avaient été dans les stations russes de la frontière. Dans ce contact avec la civilisation slave, ils avaient appris à estimer les maîtres récents du septentrion pour leurs belles bottes et leur bonne eau-de-vie. C'est tout ce qui avait frappé leur imagination dans la culture européenne, tout ce qu'ils en connaissaient, et ils n'éprouvaient aucun désir d'en connaître davantage. L'exiguïté de leurs besoins intellectuels, en leur ôtant toute idée de s'élever au-dessus de leur condition présente, leur permettait d'en être parfaitement contents. Ils avaient usé la plante de leurs pieds sur les landes sèches du Gobi et sur les rocs du Tibet, ils souffraient de la faim et du froid, ils se nourrissaient le plus souvent de viande morte et d'eau claire, ils étaient, chez eux, battus du grand fouet de leurs chefs, en voyage, méprisés des Chinois et des lamas, insultés par les pâtres tibétains dont ils mendiaient leur pitance quotidienne; mais ils avaient comme des loups errants la liberté dans la steppe et la montagne, l'insouciance et la sérénité d'animaux bien portants, et la vie leur était douce.

L'étroitesse de la vallée du Dza tchou oblige à passer plusieurs fois d'une rive sur l'autre et la rivière était déjà difficile à traverser; à 9 heures du matin, c'est-à-dire presque à morte eau, elle mesurait 29 mètres de largeur, 0,95 mètre de profondeur moyenne et filait 1,25 mètre à la seconde. Il fallut enlever aux yaks, trop bas sur jambes, les colis qui craignaient l'eau et les attacher un par un sur la selle des chevaux, ce qui nous fit perdre une heure à chacune des deux dernières traversées.

Le 16 avril, comme nous approchions de Ta-chi gon-pa, deux cavaliers armés vinrent à notre rencontre et nous signifièrent que les nobles lamas désiraient nous voir prendre un autre chemin. Pour toute réponse Dutreuil de Rhins sortit son passeport chinois; interdits, les deux cavaliers tournèrent bride. Bientôt nous campions par 4 400 mètres d'altitude au bord du Dza tchou sur une plate-forme longue de deux kilomètres et large de plus de trois cents mètres. Quoique tout près du monastère, nous ne le voyions pas, car il était caché par une saillie de la montagne. Les deux cavaliers revinrent, à pied cette fois, nous dire que puisque nous avions l'autorisation de Pékin, nous pouvions passer où il nous plairait, mais que les seigneurs lamas entendaient n'avoir aucune relation avec les seigneurs étrangers.

Pour tâcher de ramener les lamas à de meilleurs sentiments, de leur expliquer les nécessités de notre situation et de les assurer de nos intentions amicales, nous leur envoyâmes notre interprète avec quelques présents destinés à l'ornement de leur chapelle. Arrivé à la porte du couvent, l'interprète ne trouva personne à qui parler; il dut s'acquitter de son message à la mode d'un héraut de l'ancien temps en proclament à haute et intelligible voix l'objet de sa mission. Les lamas occupés à chanter l'office chantèrent plus fort pour ne rien entendre, et l'interprète revint bredouille.

Dutreuil de Rhins et moi nous allâmes voir la demeure de ces religieux épineux. L'aspect en était pittoresque à souhait. Entre deux saillies rapprochées qui étranglent le lit de la rivière, la montagne s'en écarte un peu, sans toutefois laisser de surface plane: abrupte au sommet, elle descend par une pente irrégulière et rompue par intervalles jusqu'au bord de l'eau. Sur l'autre rive se dresse une haute paroi de rochers. Dans ce nid le couvent de Ta Chi, dont les maisons blanches, disséminées sur le flanc de la montagne au hasard de la disposition du sol; ressortent en vigueur sur la couleur brique des roches, se cache aux regards du monde. La route banale respecte sa solitude; seulement deux sentiers très rudes le mettent en communication avec le troupeau des hommes vulgaires, peu dignes d'attention et d'estime, mais qui fournissent le beurre, la farine, la viande, l'argent et les moines aux-mêmes. Chaque année c'est un but de pèlerinage pour les gens des environs qui s'y rassemblent de plusieurs douzaines de lieues à la ronde pour présenter aux lamas leurs hommages et leurs aumônes, pour vaquer à leurs affaires spirituelles et temporelles, à leurs plaisirs et à leur sanctification. C'est une foire en même temps qu'un pèlerinage. Nous étions venus juste au moment de cette assemblée. Tout autour du couvent, les flancs de la montagne étaient semés de tentes blanches ou bleues pour les riches et les élégants et de communes tentes noires en poil de yak pour les pauvres. Les montagnards avaient apporté des peaux de yak, de mouton, de cheval sauvage, de loup, de renard, de lynx, puis de la rhubarbe, de la laine, des cornes d'antilope; les gens des villes offraient des étoffes de laine de Lha-Sa et de Gyé-rgoun-do, du musc, du tsamba, du sel, quelques armes et vases de cuivre du Dé-rgyé. Un Hindou, qui participait du vagabond autant que du marchand, vendait du safran et quelques bibelots sans importance, comme des grains de corail et des perles fausses. Dans la cour même du monastère, à côté de la chapelle, s'étaient installés deux ou trois marchands chinois. Devant leur porte deux pourceaux pataugeaient, grognant et criant quand les clients les heurtaient au passage. A l'intérieur on voyait des piles de cotonnades et de briques de thé, des sacs de farine, quelques rouleaux de soie, des bottes, des tasses de porcelaine, du tabac et un fouillis de quincaille rongée de rouille, canons de fusil, haches, marmites. La contenance des Chinois, si grave et composée qu'elle fût, trahissait une certaine gêne, un mélange de mépris pour cette foule de race inférieure qui les entourait, et d'inquiétude de se sentir seuls et sans défense au milieu de ces barbares dont un soudain caprice pouvait changer la bienveillance du moment en une violente hostilité. Cependant la foule qui se pressait assez nombreuse dans l'étroite vallée était gaie d'aspect et joyeuse d'humeur. Tout le monde était en habits de fêtes : robes de laine bleues ou rouges, quelquefois, pour les femmes, rayées de couleurs diverses, ou garnies de bordures aux teintes éclatantes. Les jeunes hommes, qui s'étaient lavé la figure et peigné les cheveux pour la circonstance, fiers et portant beau, un anneau d'argent à l'oreille gauche, un sabre orné de gros grains de corail passé au travers de la ceinture, plaisantaient et coquetaient avec les jeunes femmes, dont la chevelure aux innombrables petites tresses était chargée de monnaies d'argent, de perles et de turquoises, et dont le visage vermeil, débarrassé de l'ordinaire enduit noir, ne dénotait point une âme farouche. Ici, au milieu d'un groupe, deux hommes traitaient une affaire, marchandant et discutant avec entêtement ; ils se prenaient mutuellement la main droite cachée sous leur longue manche pour indiquer par la pression des doigts le prix qu'ils offraient ; ils échangeaient des remarques avec les assistants qui essayaient de les mettre d'accord. Là des joueurs étaient assis, absorbés dans leur jeu, tantôt calmes et silencieux, tantôt criant et trépignant. Plus loin quelques badauds entouraient deux pauvres petits mendiants, qui, la figure couverte d'un masque hideux et grotesque, chantaient et dansaient avec frénésie comme des possédés. et partout l'on absorbait des pots de « tchang » et des tasses de thé sans nombre.

De temps en temps une grosse tête ronde de lama passait, l'œil inquisiteur et sévère. Nous-mêmes nous circulions au milieu de cette foule en toute liberté. On s'écartait devant nous par défiance plus que par respect. Cependant les regards ne marquaient pas de malveillance, mais seulement de la curiosité et chez beaucoup un étonnement naïf, profond, qui ne parvenait pas à se dissiper. Pourtant les Tibétains que nous avions jusqu'à présent rencontrés en chemin ou vus dans leurs tentes, s'étaient très vite familiarisés avec notre étrangeté. J'ai souvent noté que les individus isolés sont beaucoup moins surpris de la vue d'un étranger, moins frappés de sa singularité que réunis en foule. En effet, que parmi deux ou trois hommes, il y en ait un qui diffère des autres on admettra plus facilement la légitimité de cette différence, on se sentira moins de force à lui contester son droit à n'être pas semblable aux autres; mais que le même homme se montre au milieu de plusieurs centaines de personnes toutes pareilles entre elles et différentes de lui seul, son originalité paraîtra en toute évidence contraire au sens commun, absurde, inadmissible.

Malheureusement il ne nous suffisait pas de voir tranquillement ce qui se passait; il fallait nous procurer des vivres, et, quoiqu'il y eût sur la place tout le nécessaire, il nous fut impossible de rien obtenir. Les gens évitaient de nous parler, et quand ils ne pouvaient faire autrement, ils nous déclaraient que les lamas avaient interdit de vendre quoi que ce fût aux étrangers. Nous essayâmes de parlementer, de négocier; mais en vain. Les marchands chinois eux-mêmes, plus particulièrement obligés par notre passeport impérial à nous venir en aide, se dérobaient à nos instances, poliment et froidement. Contrevenir aux ordres des lamas eût compromis leur commerce; toutefois voulant sauver la chèvre et le chou, ils nous envoyèrent à notre campement avec des compliments et de belles paroles un petit sac de riz, un morceau de beurre et une brique de thé. Le beurre était rance et le thé moisi, mais l'intention valait mieux et nous leur en sûmes gré. [...]

Après cinq heures de marche nous fûmes arrêtés par d'énormes rochers à pic à travers lesquels la rivière se taille un passage étroit où elle coule, rapide, profonde et encombrée de gros blocs de pierre. Il n'y avait absolument pas moyen d'escalader la montagne. Dutreuil de Rhins, pour voir si l'on pouvait suivre le lit même de la rivière, poussa bravement sa monture dans l'eau mugissante. Le cheval, qui plongea soudain jusqu'au cou et se heurta les naseaux contre une roche, faillit y rester avec son cavalier. Nous en fûmes heureusement quittes pour la peur et nous dûmes faire un long chemin dans les montagnes pour essayer de tourner l'obstacle. On alla camper au sommet d'un col tout juste aussi haut que le Mont-Blanc, sur la route de Tcha-mdo, où le vent bouleversa notre campement. Le jour suivant nous réussîmes, par la gorge profonde d'un torrent, à gagner de nouveau le Dzé tchou. Un spectacle extraordinaire nous attendait. En amont et en aval, la rivière, large de quelques pieds, court, pressée entre deux parois de rochers hautes de plusieurs centaines de mètres et qui semblent rigoureusement verticales. On dirait que la montagne a été tranchée à la scie. On est obligé de renverser complètement la tête en arrière pour apercevoir un petit ruban de ciel sur lequel les crêtes des rochers dessinent leur dentelle grise. Cela se continue pendand je ne sais combien de lieues avec des sinuosités capricieuses. Sur la paroi il n'y a pas le moindre ressaut où poser le pied. Il fallut revenir sur ses pas; sur le bord du torrent et tout près du confluent, nous vîmes, pour la première fois depuis Tchertchen, de véritables arbrisseaux, des saules ayant deux mètres de taille. C'était le point le plus bas que nous eussions observé depuis longtemps (4 165 m.) Le 14 mai nous partîmes pour rejoindre le gros de notre caravane. Il faisait froid et il tombait une neige abondante. Dutreuil de Rhins, désirant boire une tasse de thé, s'approcha d'une tente dressée au bord du chemin pour demander du feu. Au moment où le Russe Razoumof allait soulever la portière, un Tibétain accourut sur nous en nous lançant des pierres et nous criant de ne pas entrer. Comme d'autres hommes s'approchaient, menaçant et poussant des cris que nous ne comprenions pas, Dutreuil de Rhins, par mesure d'intimidation, ordonna à Razoumof de tirer en l'air un coup de fusil chargé à blanc. Les Tibétains se tinrent à l'écart et Razoumof, ayant pénétré dans la tente, en ressortit aussitôt avec quelques braises allumées qu'il avait prises au foyer. Il nous dit qu'il n'y avait dans la tente d'autres habitants qu'un petit agneau bêlant et un malade étendu à terre, gémissant et exhalant une odeur fétide. Nous sûmes alors pourquoi les Tibétains avaient voulu nous éloigner; car c'est une de leurs coutumes de ne jamais entrer dans la tente où repose un malade dont l'état est sans espoir. Toute infraction à cette règle ne manquerait pas d'entraîner de grands malheurs et l'on a toujours soin d'enterrer avec le malade un jeune agneau à qui l'on attribue la vertu de conjurer le mauvais sort. Quoi qu'il en fût, nous nous retirâmes à environ deux cents pas de là et nous préparâmes tranquillement notre thé en séchant nos pieds au feu tandis que les Tibétains nous regardaient de loin.

Ayant rejoint notre caravane, nous reprîmes la route de Gyé-rgoun-do. Traversant de vastes vallées peu accidentées et des cols de faible élévation, nous passâmes par le Po-ro-ka la dans le bassin du Yang-tzeu kiang que les Tibétains nomment Do tchou et les Chinois Toung-ting hô. Les habitants relativement très nombreux de ces vallées sont riches en troupeaux. Ils en profitent pour faire un commerce lucratif avec les caravanes de passage en échangeant des yaks frais contre des yaks fatigués et impropres à la marche à raison d'un contre deux ou trois selon les cas. Quand les animaux fatigués ont brouté paisiblement durant quelques semaines et repris assez bonne mine on les repasse au même taux à d'autres caravanes. Sur notre demande on nous amena cinq bêtes, dont trois, qui sans nul doute avaient été acquises tout récemment, étaient en fort mauvais état. Leurs propriétaires n'en faisaient pas moins le plus chaleureux éloge, demandant pour chacune d'elles trois des nôtres à leur choix, et ils nous expliquaient comme quoi ils faisaient un très mauvais marché, car pour sûr nos animaux mourraient dans les vingt-quatre heures. A notre refus, ils partirent; puis ils revinrent, firent du feu, exhibèrent une marmite, du thé, du tsamba, et, tout en lunchant pour se mettre en garde contre les impatiences de l'estomac, rouvrirent les négociations.

Des heures s'écoulèrent durant lesquelles ils déployèrent toutes les ressources de leur esprit retors et usé afin de nous faire prendre des vessies pour des lanternes. Ils cédaient à regret, puis se rétractaient, affectaient de se méprendre sur nos propositions et de confondre les yaks les uns avec les autres. Enfin, ayant épuisé leur provision de thé, de tsamba, de ruse et de patience, ils se contentèrent d'un petit gain faute d'un gros. Nous leur abandonnâmes nos quatre bêtes les plus mauvaises contre leurs deux meilleures. Les fripons, feignant de se bousculer dans la précipitation du départ, essayèrent d'emmener les bons yaks en nous laissant les mauvais; mais ils comptaient sans leur hôte et ils en furent pour leur courte honte.

Le 21 mai, nous fîmes l'ascension du Ser-kiem la, derrière lequel est Gyé-rgoun-do. C'est une montagne à terrasses élevées les unes au-dessus des autres. Quand on a gravi une côté très roide, haletant et suant, et qu'on se réjouit d'arriver au bout de sa peine du jour, on s'aperçoit qu'on a encore une côte semblable au-dessus de sa tête. On met une sourdine à sa joie, on remonte son courage et l'on reprend l'ascension. Nous campâmes au cinquième étage. A peine installés, nous vîmes passer deux Chinois à pied avec quelques hardes sur le dos. C'étaient deux marchands dont les Tibétains avaient volé les animaux pendant la nuit et qui s'en retournaient à Gyé-rgoun-do en ce piètre équipage pour porter plainte à l'égard du Légat Impérial. Ils ne se faisaient pas d'illusions sur le caractère platonique de cette démarche, mais il leur fallait cependant rentrer pour se procurer d'autres bêtes.

Le lendemain, après avoir franchi le sixième et dernier étage, nous descendions par un sentier tortueux semblable à un balcon ménagé dans le flanc à pic de la montagne et suspendu au-dessus d'un profond précipice, lorsque tout à coup, à un tournant du chemin, nous aperçûmes devant nous, plantées au sommet d'un rocher, les constructions carrées d'un monastère avec son temple aux bandes jaunes, bleues et rouges, et, plus bas, s'égrenant au penchant de la montagne, les maisons blanches d'un petit village des Tibétains Tao-rong-pa. C'était Gyé-rgoun-do (Tchékoundo). Le fond de la vallée est par 3 800 mètres d'altitude seulement: en quelques heures nous avions descendu de 1 100 mètres. [...]

LA MORT DE DUTREUIL DE RHINS

Le 1er juin 1894, nous partîmes aux premières blancheurs de l'aube, heureux de quitter des lieux peu hospitaliers, de savoir que la caravane que nous conduisions devait être la dernière, de sentir, comme à la portée de la main, le but depuis longtemps rêvé et désiré. Pou lao-yé nous accompagna quelques instants et prit congé de nous en s'excusant de ne pouvoir aller plus loin, retenu qu'il était par une affaire urgente. Aucun de ses domestiques n'était libre et le petit moine qui nous avait suivis jusqu'à Gyé-rgoun-do avait déserté à la vue de l'accueil que son grand frère nous avait fait. Nous n'avions donc point de guide et Dutreuil de Rhins ne s'en souciait guère. Pour cette fois il avait tort. Les traces de la route se perdant en des fondrières herbeuses, il se méprit et remonta une vallée au lieu de la traverser. Obligé ainsi à un détour considérable il ne put aller camper ce jour même à Tong-bou-mdo et dut faire halte à mi-chemin. Un Ancien aurait pu croire qu'un dieu ennemi concertait toute chose exactement pour le mener au lieu et à l'heure où son mauvais destin l'attendait. Le lendemain, notre nouvelle caravane fut fort éprouvée par la difficulté du chemin, montant ou descendant des pentes escarpées, passant par des rocailles ou des fondrières. Plusieurs yaks restèrent en route. Après sept heures de marche, nous approchions de Tong-bou-mdo lorsque la pluie se mit à tomber, légère d'abord, puis d'une violence extrême. Tous nos vêtements furent bientôt transpercés; Dutreuil de Rhins, qui se plaignait d'une vive douleur aux épaules, pressa le pas pour aller se mettre à l'abri au village. A notre arrivée, nous ne trouvâmes aucune porte ouverte et personne dehors. Au bruit que nous fîmes, deux hommes se montrèrent et nous dirent qu'il n'y avait point de place dans les maisons. Comme la vallée était fort étroite et que les rares endroits où la pente ne fût pas trop forte paraissaient couverts de cultures, nous leur demandâmes de nous indiquer un lieu où planter notre tente. Ils nous répondirent avec une nonchalance insolente: «Descendez la vallée, vous trouverez bien.» Nous aperçûmes une enceinte de murs entourant un assez grand espace de terrain vide avec un hangar inoccupé. C'était un enclos à bestiaux, qui, les troupeaux envoyés aux pâturages d'été, ne servait plus à rien. — «Laissez-nous camper dans cette cour qui vous est inutile, dit Dutreuil de Rhins, nous vous paierons.

— Le propriétaire de l'enclos est absent, répliqua le propriétaire lui-même, et il a emporté la clef.

— Des contes! repartit brusquement Dutreuil de Rhins impatienté. Je ne puis pas rester ainsi sous la pluie. Ouvrez-moi cette porte tout de suite.»

Le bonhomme s'éloigna en grommelant et appela sa fille qui vint avec la clef et retira le cadenas. Il n'y avait à l'intérieur qu'un peu de combustible: «Laissez cela, dis-je au propriétaire, nous en avons besoin. Tenez! voici deux roupies, et avant de partir nous vous paierons pour la location de l'enclos.

— Ah! voilà des gens qui savent parler! Si vous manquez de quelque chose, vous n'avez qu'à dire; nous vous le fournirons.»

En effet un véritable zèle à nous servir succéda à la mauvaise volonté du début. On nous apporta de l'eau, de la paille, une motte de beurre. Un garçon d'environ seize ans s'institua notre marmiton et se mit avec ardeur à son emploi de rencontre. La pluie cessant, quelques individus vinrent nous voir. Dutreuil de Rhins en profita pour produire la lettre tibétaine que Pou lao-yé lui avait donnée et demanda si quelqu'un savait lire. Le jeune marmiton s'offrit et lut le document à l'assistance. C'était une traduction résumée de notre passeport chinois, avec une spéciale et pressante recommandation au nom de S. E. le Légat Impérial de ne nous voler ni nos chevaux, ni nos yaks, ni rien qui fût à nous.

« Di té-bo ré. » (C'est très bon, excellent comme le pouce par rapport aux autres doigts), dirent les Tibétains en levant leur pouce en l'air pour marquer la vivacité de leur approbation.

Tout cela sentait un peu l'hypocrisie et il eût été prudent de ne point s'attarder. Ce jour même un « dorgha » vint de Gyé-rgoun-do de la part de Pou lao-yé. On appelle dorgha au Tibet, comme au Turkestan et en Mongolie, un homme qui fait les fonctions de gendarme et de courrier et qui, d'une manière générale, est le commissaire et le factotum d'un fonctionnaire quelconque. Celui-ci, qui se nommait Ti-so, avait les cheveux rasés, car il était Ngo-log d'origine. Cet ancien brigand, fils de brigand, s'était rangé, avait pris femme chez les Tao-rong-pa, et, changeant de métier en même temps que de pays, était devenu gendarme au service des Chinois ; mais il avait eu soin de conserver sa tête rase, signe de cousinage avec les bandits du Ma tchou, qui pouvait être précieux à l'occasion. Il louchait de burlesque façon, grimaçait et riait sans cesse, avait toujours l'air pressé et agité, parlait vite, abondamment, bruyamment, aimait à donner des conseils quand on ne lui en demandait pas et se vantait volontiers. Il nous dit qu'il avait été chargé par Pou lao-yé de nous aider dans nos achats à La-boug gon-pa, qu'il avait beaucoup d'influence dans le pays, qu'il était l'ami particulier du grand lama, qu'il avait une vive sympathie pour nous, qu'il nous servirait avec ardeur et espérait que nous l'en récompenserions avec notre générosité coutumière, que si nous partions le lendemain il aurait le plaisir de faire route avec nous, qu'au demeurant il était très pressé et demandait la permission de nous quitter jusqu'au lendemain. Et il partit.

Le jour suivant, m'étant levé avant l'aube, je faisais commencer les préparatifs du départ, lorsque Dutreuil de Rhins, sortant et voyant le ciel voilé de nuages noirs et bas, donna l'ordre de rester. Il recommanda à Razoumof, pour occuper sa journée, d'exercer les hommes à se servir de leurs fusils, exercice qui avait été négligé au cours du voyage. Moi-même, je fis une excursion en amont du torrent sur la rive droite duquel est situé Tong-bou-mdo. C'est le Deng tchou, petit affluent du grand fleuve le Do tchou dont on entrevoyait la vallée de notre campement. Je traversai un village dont les habitants se tinrent farouches à l'écart.

Les quelques personnes que je pus aborder répondirent à mes questions d'une manière sèche, brève et évasive. En rentrant j'avais une vague et confuse impression que les choses pourraient mal tourner. Justement je vis Razoumof, qui, profitant de ce que Dutreuil de Rhins ne le voyait pas, se livrait à l'une de ses ordinaires excentricités. Il paradait devant quelques Tibétains, en commandant avec ostentation l'exercice à nos hommes, dont il contrefaisait grotesquement les gestes maladroits. Je mis bon ordre à cette scène qui avait le double inconvénient de faire croire aux Tibétains que nous n'avions peut-être pas des intentions rigoureusement pacifiques et de leur faire savoir que nos hommes ne savaient pas manier leurs armes.

Le ciel semblant s'éclaircir un peu, Dutreuil de Rhins eut une velléité de lever le camp après midi. Mais il se ravisa: «Bah! dit-il, risquer de tout mouiller et de tout gâter pour faire quatre ou cinq kilomètres! le jeu n'en vaut pas la chandelle.» Du reste la pluie se remit bientôt à tomber et nous inonda sous notre tente. Toutefois, Dutreuil de Rhins fixa le départ au lendemain à trois heures du matin, quelque temps qu'il fît.

Nous étions à peine endormis que l'on vint nous annoncer la disparition de deux chevaux. Peu après la nuit tombée, une forte averse avait forcé notre factionnaire à se réfugier sous le hangar pendant quelques minutes et quand il était sorti pour faire sa ronde, les deux animaux manquaient. A la lueur d'une lanterne je pus suivre des traces de fers de chevaux accompagnés de traces de bottes tibétaines jusqu'à ce qu'elles se perdissent dans les pierres du sol. Les premières traces étaient celles de nos chevaux, car les chevaux tibétains ne sont jamais ferrés, les autres traces étaient celles d'un indigène, car aucun de nos hommes ne portait de bottes semblables. En outre, les traces étant toutes également fraîches et celles du Tibétain étant toujours et régulièrement à côté de celles de nos animaux, il était évident que ceux-ci avaient été emmenés par celui-là. Le vol était ainsi dûment constaté et il avait été commis sans doute par un homme au courant de nos habitudes et qui avait pris ses mesures en conséquence, peut-être par le trop zélé marmiton. Néanmoins dès la pointe du jour, nous envoyâmes deux cavaliers armés, dont l'un savait la langue du pays, à la recherche des chevaux disparus, sûrs qu'ils seraient retrouvés, si, contre toute vraisemblance, ils s'étaient échappés d'eux-mêmes, malgré le soin qu'on avait mis le soir à les attacher. Mais après de longues heures, les deux hommes revinrent sans avoir rien vu.

Les indigènes, cependant, au lieu de se rendre à notre campement comme la veille, se tenaient à l'écart, s'esquivaient avec une hâte sournoise aussitôt qu'ils nous voyaient venir à eux. Ceux qui se laissaient surprendre étaient indifférents à l'éclat des roupies ainsi qu'à la douceur des paroles, et d'un air qui semblait nous reprocher leur vol, nous déclaraient qu'ils n'avaient point de chef ou qu'ils ignoraient sa demeure. Ce mauvais vouloir et cette mauvaise foi confirmèrent Dutreuil de Rhins dans sa conviction que les gens du village étaient les coupables et dans sa résolution de ne point céder. Il avait pour cela de bonnes raisons. En quittant Gyé-rgoun-do, il n'avait que le nombre de chevaux absolument indispensable et il ne possédait plus d'argent pour en racheter. D'autre part, il craignait, s'il ne se faisait rendre justice, d'encourager les Tibétains à de nouveaux larcins et de s'exposer à perdre tous ses animaux. Il me consulta, consulta l'interprète Mohammed Iça et nous fûmes tous du même avis. Il fallait trouver un expédient qui décidât la population à sortir de son silence et les autorités invisibles à se montrer et à intervenir. Dutreuil de Rhins crut que le mieux était de faire saisir deux des chevaux des Tibétains, non point par manière de restitution, ainsi que le suggérait Mohammed Iça, mais comme gage, en déclarant qu'on les rendrait dès qu'on se serait entendu avec les autorités, soit que celles-ci s'obligeassent à rechercher et à retrouver nos animaux, soit qu'elles prissent des mesures pour prévenir tout acte semblable à l'avenir. En somme, quelque irrité qu'il pût être, ses intentions étaient fort modérées, et il était si loin de prévoir un combat sérieux qu'il ne fit même pas tirer des caisses les quelques cartouches qui y étaient enfermées.

Les ordres donnés en conséquence furent exécutés le lendemain au point du jour, tandis que nous faisions nos préparatifs de départ. Les Tibétains comprirent-ils bien le sens de notre déclaration? je ne saurai l'affirmer; toujours est-il que la promptitude avec laquelle ils se saisirent de cette occasion pour nous attaquer me parut indiquer qu'ils l'attendaient, qu'ils ne cherchaient pour cela qu'un prétexte bon ou mauvais. Une rumeur s'éleva qui, sans cesse grandissant, emplit bientôt tout le village. Un cri formidable de *ki hô hô* retentit par la vallée et nous vîmes quelques hommes courir dans la direction du monastère, qu'une saillie de la montagne cachait à nos regards. Le Tchag-dzôd, c'est-à-dire le lama chargé de l'administration temporelle du couvent, est en même temps, je le sus plus tard, chef de tout le canton de Tong-bou-mdo, qui compte sept villages. A peine ces hommes étaient-ils revenus, comme nous commencions à sortir de l'enclos, j'entendis un coup de fusil et le sifflement strident d'une balle. Il était quatre heures quinze minutes du matin. Cependant nous nous mettons en marche selon notre ordre accoutumé. Dutreuil de Rhins en tête avec son winchester, moi en queue, armé de ma seule boussole. Le village est situé sur une éminence dans l'angle formé par le confluent du Deng tchou avec le torrent que nous avions descendu en venant de Gyé-rgoun-do. Le chemin s'en éloigne un peu en décrivant une petite courbe pour traverser ce dernier torrent et passer sur le flanc de la montagne sur la rive droite du Deng tchou. Les maisons sont semblables à toutes celles du Tibet avec des murs épais, des embrasures étroites, des toits plats munis de parapets ; à quatre pas de l'enclos que nous venions de quitter s'élève un véritable donjon carré, très haut, percé de meurtrières, par où sortaient des canons de fusils. Les coups de feu, rares d'abord, se faisaient de plus en plus nombreux. Nous nous abstenions de riposter croyant à une simple démonstration comminatoire. Dutreuil de Rhins, qui s'était placé en observation derrière un de ces petits murs de pierres sèches, appelés *pag-ra*, qui hérissent les vallées tibétaines dans tous les sens, me dit au moment où je le rejoignais : « Les gaillards ne tirent pas mal, une balle vient d'effleurer ma pelisse. Le diable, c'est qu'on ne voit pas le bout du nez d'un seul de ces gredins. — La situation est mauvaise, répliquai-je ; nous nous ferons tous tuer si nous ne nous hâtons de gagner un endroit plus favorable. »

Il ne répondit pas ; mais il se leva et nous passâmes ensemble le torrent. La fusillade des Tibétains étant devenue très vive, régulièrement soutenue, et plusieurs de nos animaux ayant été atteints, nous commençâmes à tirer, mais avec ménagement, car nous n'avions en tout que soixante et douze cartouches. Nous suivions alors la côte de la montagne sur la rive droite, précisément en face des maisons et à portée des fusils tibétains, sans pouvoir nous écarter à droite parce que la montagne est taillée à pic. Le passage était d'autant plus dangereux que l'étroitesse du chemin nous forçait d'aller à la file. Je quittai Dutreuil de Rhins pour gagner la tête de la caravane, la diriger le mieux possible et prendre moi-même un fusil à l'un des hommes qui en ignoraient le maniement. J'atteignis notre secrétaire chinois qui traînait son cheval par la bride et, tandis que je détachais son fusil pendu à l'arçon de la selle, deux balles frappèrent coup sur coup le pauvre animal qui tomba. Tout en tirant dans la direction des Tibétains qu'on continuait à ne pas voir, je pressai la marche de la caravane qui était fort ralentie par les bêtes blessées. Quelques pas encore et le mauvais passage serait franchi ; la montagne cessait d'être à pic, on pouvait en gravir la pente, se mettre hors de portée des fusils ennemis, tourner de notre côté l'avantage de la position. Soudain, j'entendis des cris de détresse ; je compris que Dutreuil de Rhins avait été blessé. Me retournant, je le vis à quelque trente pas de moi debout encore, s'appuyant sur sa carabine. Je me précipitai et il tomba, défaillant, dans mes bras. Il avait eu la funeste idée, au lieu de poursuivre sa marche, de s'arrêter quelques instants pour tirer, ce qui était doublement dangereux ; car, ayant mis ce jour-là sa pelisse le poil en dehors, il était très reconnaissable, et autant les Tibétains sont inhabiles à toucher un but en mouvement autant ils tirent juste sur les objets immobiles. Je couchai l'infortuné sur une pièce de feutre à un endroit où la route s'élargit un peu et derrière un petit mur d'un pied de haut de sorte qu'il fût à l'abri des balles. J'envoyai Mohammed Iça auprès de l'agent chinois de Gyé-rgoun-do avec ordre de l'amener sur-le-champ, et je fis mettre en liberté les chevaux précédemment saisis, espérant que les Tibétains nous accorderaient au moins un moment de répit dont je profiterais pour préparer une litière et emporter le blessé au plus vite. La vue de la plaie ne me laissa point d'espoir: la balle avait pénétré profondément dans le bas-ventre un peu au-dessus de l'aine gauche: «Ne me touchez pas, murmura-t-il, je souffre trop. Arrangez-vous avec les Tibétains et ramenez la caravane à l'endroit d'où nous venons.» Et il demanda un verre d'eau.

Conformément à ses ordres, j'envoyai le cuisinier, qui connaissait la langue tibétaine, parlementer avec les indigènes. J'avais peu de confiance dans le succès de cette négociation, quoique la fusillade eût cessé momentanément; mais, outre que les instructions de Dutreuil de Rhins étaient formelles, il n'y avait pas dans l'état où il se trouvait de meilleur parti à prendre. Cependant je fis préparer un brancard avec un lit de camp, et je commençai un pansement sommaire selon les instructions médicales que j'avais. Le blessé prononça encore quelques paroles indistinctes, comme s'il rêvait: «Bandits!... Travail perdu... Beau temps pour partir.» En effet l'air était clair et le ciel était bleu. Alors le malheureux, qui était prêt pour le suprême départ, vomit du sang et s'évanouit. Sa tête et ses mains étaient plus froides que les pierres du chemin.

On avait enfin apporté le lit de camp, mais il manquait les bâtons pour le soutenir. On alla à leur recherche, tandis que les autres hommes à environ cent cinquante pas de moi, tout près d'un petit hameau dont les habitants n'avaient heureusement pas pris part à la lutte, s'efforçaient de rassembler les yaks dispersés et de recharger les bagages tombés. L'encombrement, la manque de sang-froid de nos hommes, l'absence de leurs chefs retardèrent cette besogne plus qu'il n'aurait convenu. J'étais toujours seul auprès de Dutreuil de Rhins qui ne reprenait pas connaissance et se refroidissait de plus en plus, lorsque je vis dans le bas de la vallée trois Tibétains filer en baissant le dos, se tapir derrière un mur à cent mètres en face de moi et me tirer dessus. Des balles vinrent s'aplatir sur les ferrures de la caisse de pharmacie où j'étais appuyé et je n'avais pas sur moi une cartouche pour riposter. En même temps mon parlementaire revenait en courant: «Ils ne veulent pas que nous restions, criait-il, il faut partir tout de suite.» Et il faisait un détour pour m'éviter, craignant sans doute que je ne l'arrêtasse; mais je n'eus même pas l'idée de l'essayer tant il avait peur et tant il courait vite. Le pauvre garçon venait de voir la mort de près et cette vue lui avait mis le cœur dans les jambes. Je lui donnai des ordres pour la caravane, qu'on m'apportât sur-le-champ les bâtons de la litière, qu'on mît rapidement le convoi en marche et que les hommes armés me rejoignissent. Il fallait deux minutes pour exécuter cette commission. Malheureusement il ne se hâta point de transmettre mes ordres. Je l'aperçus, causant avec un Tibétain du hameau voisin, qui agitait son chapeau et faisait de grands gestes comme pour interposer sa médiation auprès des agresseurs, et, cependant, nul ne venait à mon aide et la fusillade éclatait sur plusieurs points à la fois. Les ennemis s'approchaient, se multipliaient. J'appelai; aucune réponse. Je courus chercher moi-même l'homme et les objets dont j'avais besoin pour transporter le blessé. «Partez vite, me dit le Tibétain au chapeau, et l'on cessera le feu.» Estimant dangereux de descendre avec la route au fond de la vallée, je commandai de marcher à mi-côte au-dessus du hameau qui avait gardé la neutralité; mais les habitants s'y opposèrent catagoriquement et je ne crus pas utile d'augmenter le nombre de nos ennemis. Tandis que Razoumof tirait des caisses les quarante cartouches[1] qui y étaient enfermées, je voulus rejoindre Dutreuil de Rhins. Il était trop tard; les Tibétains, toujours plus nombreux, car il en venait sans cesse des autres villages, s'étaient avancés et postés de manière à m'empêcher de revenir sur mes pas. Comme il arrive constamment en pareil cas, je regrettai amèrement de n'avoir point suivi la première idée que j'avais eue de filer tout de suite, malgré la volonté même de mon chef, oubliant les raisons qui m'avaient fait rejeter cette idée, et qui, si c'eût été à recommencer, m'eussent encore obligé à agir de même. En ce moment un dilemme douloureux se posait à moi : ou bien abandonner notre chef à son sort désormais inévitable, mais sauver ce à quoi il tenait plus qu'à tout, je veux dire les résultats scientifiques de sa mission, cause et fruit de longs travaux et de longues peines, ou bien sacrifier tout à une tentative, honorable, mais inutile, d'arracher aux mains de l'ennemi un homme que la vie avait peut-être quitté déjà. Je n'hésitai pourtant pas. Je retins cinq hommes armés auprès de moi et quoique leur maladresse jointe à la quantité insignifiante des cartouches que nous possédions nous interdît toute espérance d'un résultat quelconque, nous ouvrîmes le feu sur les Tibétains. Ceux-ci habilement dissimulés derrière des murs qui leur servaient à la fois de rempart et de point d'appui pour leurs fusils, tiraient de trois côtés à la fois. Nos animaux tombaient les uns après les autres, les balles pleuvaient autour de nous, nous lançant des fragments de pierre au visage, ou déchirant nos vêtements. Par une singulière fortune deux hommes seulement furent touchés, l'un à l'épaule, l'autre à la main. Puis, notre provision de cartouches épuisée, une troupe d'ennemis vint nous fusiller par derrière à bout portant. «Ne tirez plus, criaient-ils, nous vous laisserons tranquilles.» Razoumof, dont la carabine était encore chargée, coucha en joue le plus exposé d'entre eux. Mais malgré la rage que j'avais et le grand plaisir que j'aurais éprouvé à voir un

1. Il y avait en outre quelques cartouches, cinquante peut-être, pour le Winchester de Dutreuil de Rhins; mais nous ne pûmes les trouver.

de ces brigands mordre la terre, j'arrêtai Razoumof en lui disant: «Si vous le tuez, c'est Dutreuil de Rhins qui paiera.» Il y avait alors trois heures environ que le premier coup de feu avait retenti. Et les Tibétains se précipitèrent sur nous le sabre en l'air et la lance en avant, en poussant des clameurs sauvages. Mes hommes éperdus s'enfuirent, sauf l'interprète que je retins par le pan de son habit. J'essayai de faire entendre raison aux barbares, en leur rappelant leur parole; mais ils nous poussèrent violemment en nous frappant du plat de leurs sabres et du bois de leurs lances et criant: «Song, song! Partez, Partez!» Un lama à cheval, en grand costume, apparemment étranger au canton, vint à passer sur la route. Il avait l'air solennel et débonnaire. Je le priai d'intervenir et il me répondit avec une gravité mal assurée: «Il ne sera fait de mal à personne.» En effet, il fit de timides efforts pour apaiser les colères émues. Ce fut en vain. Mon interprète, que j'avais eu la plus grande peine à retenir jusque-là, prit la fuite et je dus céder à la force. Je me retirai lentement la lance dans les reins, sous les huées furieuses des Tibétains que ma lenteur exaspérait. Quand ils ne me poussaient point du bois de leur lance, ils tiraillaient contre moi à dix pas, m'étourdissant les oreilles du bruit des détonations et du sifflement des balles. J'étais convaincu alors que ma dernière heure était arrivée et que l'on ne m'épargnait un moment que pour me faire sentir la saveur de la mort. Cependant je marchais avec un calme qui, tout artificiel d'abord et étudié, devenait peu à peu comme naturel et sans effort. Tout à coup j'entendis le cri de «Ching! ching! Arrêtez, arrêtez!» Je me retournai et je vis dix mousquets braqués sur moi et déchargés au même instant. Je tins ferme et l'on se jeta sur moi, on me fouilla, on me dépouilla de ma montre, le seul objet de quelque valeur que j'eusse alors, et le jeu de tout à l'heure recommença. Peu après, toujours poussé par la foule hurlante des Tibétains, j'atteignis un de nos hommes, qui s'était assis derrière un ressaut de rocher. Il avait été blessé à la main et la vue de son sang qui coulait lui avait ôté le courage de fuir. En voyant les Tibétains, il se mit à trembler et à pleurer et se défit précipitamment d'un couteau de cuisine qu'il portait à sa ceinture. Le saisissant par le bras, je le secouai violemment: «Ce n'est pas le moment de pleurer», lui dis-je et je l'obligeai à reprendre son couteau. Les Tibétains parurent singulièrement étonnés de cette scène; leurs cris et leurs menaces cessèrent. Je crus pouvoir en profiter et, mettant familièrement la main sur l'épaule du plus hardi; «Allons par là», lui dis-je en lui montrant le haut de la vallée. Un moment effaré, il reprit vite son assurance et, faisant le moulinet avec son sabre, il m'en déchargea sur la tête un grand coup, que je pus heureusement parer de mon bras gauche. En même temps les autres recommencèrent à vociférer, à me frapper, à me pousser, à tirer des coups de fusil et me forcèrent à descendre de nouveau le long du torrent. Comme je passais au pied d'un assez gros village, suspendu au flanc de la montagne, les habitants me lancèrent du haut des toits d'énormes moellons qui pensèrent m'écraser. Puis la trompette du couvent sonna, la fusillade se tut, mon escorte s'arrêta et les enfants vinrent me jeter des pierres avec leurs frondes. J'étais parvenu à la limite du canton de Tong-bou-mdo sur les bords du Dotchou. Un grand silence s'était fait. Les ressorts de ma volonté, violemment tendus jusqu'alors pour ne pas montrer de faiblesse aux yeux de l'ennemi, se détendirent un moment. Le murmure du fleuve qui roulait ses eaux profondes semblait m'appeler et réclamer cette triste vie qui m'était restée fidèle malgré moi. Qu'en faire de cette vie? N'avais-je pas perdu tout ce qui en faisait le prix? n'étais-je pas seul, dénué de toute ressource, entouré d'ennemis inexorables, sans personne à qui me confier? Et, si la haine des hommes m'épargnait, n'avais-je pas de vastes déserts à passer, où le froid, la faim et les loups m'attendaient? Et cependant avais-je tant supporté pour tout abandonner au désespoir d'un moment? N'y avait-il plus rien à tenter et devais-je rejeter ma charge parce qu'elle me semblait trop lourde? Qu'avait-ce été que tout ce dur voyage sinon une longue école de patience? N'y avais-je pas appris qu'il n'est de nuages si épais que le soleil ne dissipe, de nuit si sombre que l'aube ne vienne éclairer? Allons! reprenons notre fardeau : un jour viendra où nos épaules seront soulagées. Au reste si les Tibétains ne m'avaient pas tué quand cela leur était si facile, n'était-ce pas un indice qu'ils n'étaient pas implacables, qu'il y aurait moyen de sauver ce qui n'était pas déjà perdu irréparablement. Comme pour me forcer à espérer et prouver mon dédain de la fortune ennemie, je tirai ma boussole de ma poche et me mis à relever ma route en remontant l'étroite vallée, profondément encaissée entre de hautes montagnes aux sommets arrondis. J'étais résolu à rechercher le dorgha que nous avions vu l'avant-veille et qui, peut-être, pourrait m'aider. Ayant fait quelques pas, je rencontrai un cavalier armé qui me salua d'un air bienveillant. Ce simple salut me fit un plaisir que je ne saurais dire. C'était comme ce vague frémissement de l'air, précurseur de l'aurore attendue.

Après avoir franchi 2 800 mètres, je trouvai quatre de mes hommes qui, n'entendant plus le bruit de la poudre, s'étaient assis au bord du chemin, espérant que je viendrais de ce côté si je vivais encore. Il était exactement neuf heures et demie et il y avait plus de deux heures que j'avais quitté le champ de bataille à environ six kilomètres de ce point. Je passai rapidement devant plusieurs villages et j'atteignis à deux lieues au-delà la cabane du passeur, car le Do tchou, qui a de sept à huit mètres en profondeur et de cent vingt à cent cinquante en largeur, n'est pas guéable. On le traverse au moyen de petites barques, faites chacune de deux peaux de yak crues, cousues ensemble. Le passeur nous apprit que Ti-so dorgha était de l'autre côté du fleuve, et, lorsque nous lui demandâmes de nous y transporter, il commença par nous dire que pour cela il fallait beaucoup d'argent, exprimant ainsi son opinion, très bien fondée d'ailleurs, que des gens aussi mal recommandés que nous par leur apparence, ne devaient pas être assez riches pour le payer de sa peine. « Vous avez reçu des ordres à notre égard, lui dis-je. Notre caravane est restée en arrière parce que les animaux sont fatigués. Je suis parti moi-même en avant pour aller à La-boug gon-pa faire préparer la farine dont nous avons besoin. Lorsque la caravane viendra vous serez payé. » Le digne homme m'examina des pieds à la tête d'un œil soupçonneux. « Alors, dit-il, d'un ton qui trahissait son étonnement et ses doutes, c'est vous au sujet de qui Pou lao-yé m'a envoyé des instructions ? — Justement ! mais faites vite », et j'ajoutai quelques détails imaginaires pour achever de le rassurer. Peu de choses m'ont jamais été aussi pénibles que cette petite comédie, malheureusement indispensable. Enfin le passeur, se décidant, alla prendre deux de ses barques qui séchaient sous un hangar et nous transporta sur l'autre rive.

A peine avions-nous mis pied à terre que je rencontrai l'homme que je cherchais; Je lui contai la terrible aventure. Il montra assez de compassion, beaucoup d'effroi et plus encore d'embarras. — « Enfin, dit-il, tout n'est pas perdu. Le tchag-dzôd de La-boug gon-pa qui est près d'ici, est un grand ami de Pou lao-yé et vous pouvez compter sur lui. J'irai le voir tout à l'heure et nous aviserons aux mesures à prendre. En attendant venez chez moi, vous y trouverez le vivre et le couvert et je m'en vais immédiatement envoyer à Tong-bou-mdo un messager qui y arrivera dès ce soir. Peut-être obtiendra-t-il quelque chose de ces gens. » Je passai donc la nuit dans la maison de Ti-so, qui fait partie d'un village situé à deux lieues du Do tchou sur le territoire de La-boug gon-pa.

Le lendemain matin (6 juin), je reçus la visite d'un grand vieillard maigre, aux longs cheveux gris, aux traits réguliers selon le type tibétain. C'était le chargé d'affaires du tchag-dzôd de La-boug, qui, lui-même, ne quitte guère son couvent, et qui, surtout, ne peut se compromettre en voyant des étrangers non bouddhistes. Il était accompagné d'un lama et de domestiques portant de la viande, du tsamba, du thé et du beurre. Le vieux Nestor, dont la physionomie grave et douce, les manières simples et aisées prévenaient en sa faveur, me fit une véritable harangue, abondante, élégante, empreinte de dignité et de cordialité. Il me dit que son chef l'avait envoyé pour me souhaiter la bienvenue, m'assurer de sa sympathie et de la part qu'il prenait au grand malheur qui venait d'arriver. Le tchag-dzôd avait été à Pékin et avait entendu parler de la France comme d'un grand et noble pays ; il veillerait à ce que les représentants en fussent bien traités sur son territoire et ferait ce qu'il pourrait pour obtenir des gens de Tong-bou-mdo qu'ils restituassent les bagages et les animaux de notre mission, qu'ils respectassent la vie de Dutreuil de Rhins, ou, s'il était déjà mort, que du moins ils me livrassent sa dépouille mortelle. En attendant il aurait soin de pourvoir à mes besoins et me priait de rester tranquillement dans la maison où j'étais, de peur de compliquer une affaire déjà très difficile. Son discours achevé, le vieillard partit immédiatement avec le dorgha pour Tong-bou-mdo.

Dans l'après-midi, ils revinrent en compagnie du t'oung-cheu Li lao-yé qui, sur les instances de Mohammed Iça, s'était rendu à Tong-bou-mdo dès le soir du 5 juin. Il avait été fort mal reçu par la population, qui l'avait menacé de mort et s'était obstinée à ne point entendre raison. Il avait vu notre secrétaire chinois, qu'il avait laissé au village avec Mohammed Iça; mais il n'avait rien appris de Dutreuil de Rhins, ni de moi-même. Seulement le bruit courait que j'avais été gravement blessé, et, comme il ne retrouvait pas mes traces en remontant le Do tchou, il me croyait déjà perdu lorsqu'il avait rencontré les envoyés de Laboug gon-pa qui l'avaient rassuré sur mon sort et il s'était empressé de me venir voir. Il m'affirma que lui et Pou lao-yé feraient tous leurs efforts pour obtenir satisfaction, qu'ils réuniraient l'assemblée générale des vingt-cinq chefs des Tao-rong-pa, leur persuaderaient d'intervenir auprès des gens de Tong-bou-mdo pour faire céder leur obstination; il m'exhorta à la patience, m'engagea vivement à ne point sortir, à ne faire aucune démarche personnelle qui serait dangereuse pour moi, nuisible aux intérêts que je voulais défendre ou tout au moins inutile.

Le 7, on m'apporta des provisions du gon-pa, mais sans rien m'apprendre de nouveau. Vers midi, comme, dans la tristesse et l'impatience de mon inaction forcée, je faisais les cent pas sur la terrasse de la maison qui regardait la vallée, interrogeant l'horizon trop restreint, j'aperçus tout à coup quelque chose de rouge qui remuait sur le bord de la rivière. Ce quelque chose ne pouvait être qu'un vêtement d'homme, et la couleur en était trop vive pour qu'il appartînt à un indigène. J'envoyai voir et l'on me ramena Parpai et Tokhta Akhoun. Ces deux hommes avaient montré une certaine fermeté dans le combat de Tong-bou-mdo. Parpai avait mis bravement la bayonnette au bout du fusil et s'était tenu solidement à son poste tant que les cartouches avaient duré et que le nombre des agresseurs ne nous avait pas débordés; Tokhta Akhoun s'était même distingué en allant chercher sous le nez des Tibétains un fusil abandonné par son possesseur, mais il avait été arrêté par un groupe d'ennemis et empêché de nous rejoindre. L'un et l'autre, au lieu de descendre la route, s'étaient égarés dans les montagnes, s'étaient rencontrés et le hasard les avait conduits dans la vallée du La tchou. Leur situation était critique, ils n'avaient d'autre ressource que deux livres de tsamba; ils avaient perdu l'espoir de jamais me retrouver, ils ignoraient les routes et savaient que de longues journées de marche à travers un pays hostile ou désert les séparaient des lieux les plus proches où ils pourraient obtenir quelque secours; cependant, voyant que le soleil était parvenu au plus haut point de sa course, ils s'étaient assis au bord de l'eau claire avec un flegme tout oriental, ils avaient tiré leur sac de farine et s'étaient mis en devoir de déjeuner. Lorsque je les interrogeai, ils me déclarèrent n'avoir absolument rien remarqué: au sujet de Dutreuil de Rhins ils n'avaient rien vu ni appris et ils ne savaient ce qu'était devenu l'homme qui manquait encore à l'appel, l'ex-capitaine Ahmed. Le lendemain était le premier jour de la foire de La-boug gon-pa; la vallée était animée par de nombreux et joyeux passants endimanchés; mais aucun d'eux n'avait rien à me dire. Le 9, fatigué de ronger mon frein, je résolus de faire une tentative pour aller aux informations, et, s'il se pouvait, retourner à Tong-bou-mdo. Cette démarche était peu raisonnable, mais je devais me rendre compte par moi-même si elle était impossible et tâcher de découvrir ce qu'on voulait me cacher. Le batelier du Do tchou refusa de nous passer et, de l'autre côté, la route était gardée par des cavaliers armés, si bien qu'il nous fallut regagner notre demeure, notre prison plutôt. Le 10, je persuadai, par quelques promesses que des circonstances plus heureuses me permirent de tenir, à un jeune Tibétain, qui venait nous voir de temps à autre, de se rendre à Tong-bou-mdo pour essayer de savoir ce qui se passait. Il revint à cinq heures du soir, m'apprit que Li lao-yé avait été obligé de quitter Gyé-rgoun-do pour s'occuper d'un conflit qui avait éclaté entre les gens de Sou-rmang et ceux de Lha-sa, que deux de nos hommes étaient retenus prisonniers à Tong-bou-mdo, mais il n'avait rien vu ni entendu dire au sujet de Dutreuil de Rhins. Le lendemain matin, le passeur du Do tchou vint m'avertir charitablement qu'on avait aposté des spadassins au bord du fleuve pour m'assassiner si j'y paraissais; mais, vers midi, j'eus une meilleure nouvelle: mon hôte, le dorgha, qui s'était rendu, le 7, au couvent de La-boug avec une mission de ma part pour le tchag-dzöd, revint enfin, m'annonçant que son retard, considérable puisque nous n'étions qu'à deux kilomètres du monastère, était dû à ce qu'il était allé à la rencontre d'un puissant lama de la région voisine de Dza-tchou-ka, qui venait d'arriver à La-boug gon-pa. Ce lama, du nom de Yap-sang Té-nam, était le chef du couvent de Toub-chi et, comme il était originaire des environs du Kouke Nor, on l'appelait vulgairement le Chinois. Le dorgha me le représenta comme un justicier redouté, ayant un grand esprit d'entreprise et commandant à un grand nombre de valeureux hommes d'armes; il me confia qu'en outre il lui avait semblé bien disposé pour la cause de notre mission. Je le renvoyai donc auprès de ce singulier moine, capitaine de routiers et justicier, pour le prier d'intervenir et lui faire comprendre que je saurais reconnaître ses services autrement que par de banals remerciements. Je ne pouvais avoir de meilleur intermédiaire en cette négociation que le dorgha Ti-so; car non seulement il avait montré beaucoup de bonne volonté à nous servir, et avait pour garants de sa fidélité tous ceux qui s'étaient intéressés à nous avant ou après notre malheur, mais encore sa qualité de Ngo-log lui permettait mieux qu'à tout autre de se faire écouter des Dza-tchou-ka-pa, proches parents et amis des Ngo-log, ayant avec eux plusieurs caractères communs qui les séparent des autres Tibétains. Yap-sant Té-nam expédia sur-le-champ une lettre hautaine et menaçante au chef du couvent de Tong-bou-mdo, jurant que, si prompte justice n'était faite, il franchirait le fleuve à la tête de ses gens d'armes; en même temps il me fit savoir qu'il ne pouvait intervenir plus activement pour le moment parce que les auspices n'étaient pas favorables et que la lune se présentait mal. Alors j'envoyai le dorgha à Gyé-rgoun-do auprès de Pou lao-yé pour lui dire combien j'étais étonné de ne point recevoir de ses nouvelles depuis si longtemps, que je ne doutais pas qu'il ne se fût occupé d'une affaire aussi grave avec le zèle que son devoir tout ensemble et son propre intérêt lui commandaient, que, néanmoins, il était étrange qu'il tardât à faire transporter Dutreuil de Rhins auprès de moi, concession qu'il n'avait pas dû lui être difficile d'obtenir des gens de Tong-bou-mdo, puisqu'un refus de leur part à ce sujet, loin de leur être utile en rien, aggraverait leur crime et le châtiment qui les attendait; que s'il ne pouvait obtenir la restitution des bagages et des animaux de la mission, il devait au moins exiger la restitution immédiate des papiers et des instruments, ainsi que la délivrance de ceux de nos hommes retenus à Tong-bou-mdo: c'était urgent pour nous au lieu que les gens de Tong-bou-mdo ne pouvaient tirer aucun profit de garder ni les uns ni les autres.

Ti-so parti le matin, le soir arrivèrent deux dorghas de Pou lao-yé en compagnie de notre secrétaire chinois, de Mohammed Iça et d'Ahmed. Je n'avais pas beaucoup d'éloges à adresser à aucun de ces trois hommes. Mohammed Iça avait manifesté une peur ridicule au commencement du combat; il s'était, à la vérité, bien acquitté de la mission que je lui avais confiée auprès du t'oung-cheu de Gyérgoun-do, mais il avait eu le tort de ne point me rejoindre aussitôt. Il s'excusait sur ce qu'on l'avait retenu de force à Tong-bou-mdo; il était bien singulier en ce cas qu'on lui eût laissé son fusil, ses cartouches, son revolver, son sabre-baïonnette et son cheval, qu'on lui eût permis, de son propre aveu, de retourner dès le troisième jour à Gyérgoun-do, où il était resté deux fois vingt-quatre heures sans me faire rien savoir. Il est probable que, désespérant de ma fortune, il avait eu l'intention de m'abandonner, mais que le t'oung-cheu avait refusé d'entrer dans ses vues et l'avait obligé à me rejoindre. Le secrétaire chinois avait disparu dès que Dutreuil de Rhins avait été blessé et m'avait laissé seul, au moment même où il m'eût été particulièrement utile pour m'aider à soigner notre chef et, peut-être, à l'emporter, tandis que les autres hommes étaient occupés à rassembler la caravane dispersée. Il s'était caché, je ne sais où, et, l'affaire terminée, il s'était montré aux Tibétains, qui, naturellement, avaient respecté sa qualité de Chinois et lui avaient même donné l'hospitalité. Quant à l'ancien capitaine de Yakoub bek, il s'était prudemment dissimulé au milieu des yaks, qui lui avaient servi de rempart, et lorsque les Tibétains avaient emmené les animaux, ils avaient emmené le capitaine en même temps, sans, du reste, lui faire le moindre mal.

Mohammed Iça m'apprit que, moi expulsé, les gens de Tong-boumdo avaient aussitôt soudoyé deux misérables sans feu ni lieu pour enlever Dutreuil de Rhins, lui lier les pieds et les mains, et l'aller jeter dans les eaux du Do tchou; il ajouta qu'à ce moment il donnait encore quelques signes de vie; mais ce dernier détail ne me fut pas confirmé par les dorghas de Pou lao-yé, informés officiellement, et dont le témoignage concordait sur tous les autres points avec celui de Mohammed Iça. Bien que j'aie accepté d'abord la version de notre interprète, il me semble, en y réfléchissant mieux, qu'elle est sujette à caution, car outre que Mohammed Iça a toujours été très porté à l'exagération, il n'est pas probable que Dutreuil de Rhins, déjà froid lorsque j'ai dû le quitter, ait survécu pendant plusieurs heures après. Des récits qui me furent faits alors par notre secrétaire, notre interprète et les dorghas, corroborant ce que j'avais déjà entendu dire d'autre part, il résulta d'une manière évidente que les agresseurs avaient agi seulement sur les instructions de leur chef, le supérieur du couvent, qui leur avait commandé de tuer les Européens et d'épargner les autres, puis, Dutreuil de Rhins tombé, avait ordonné de s'emparer de lui, des bagages et des animaux, mais de ne tuer aucun de nous dès que nous serions hors de combat et désarmés. Cela expliquait parfaitement la conduite des Tibétains, qui m'avait d'abord paru fort étrange. Dutreuil de Rhins avait été considéré et traité comme étant seul responsable d'un acte, qui avait été une simple tentative de pression pour obtenir une justice impudemment déniée, mais qu'il avait plu à nos agresseurs de qualifier de brigandage afin de pallier le leur. Dans certains conciliabules qui avaient eu lieu depuis parmi les Tibétains, il avait été fortement question, au rapport de Mohammed Iça que les autres ni ne démentirent, ni n'appuyèrent, de m'empêcher de gagner la Chine et de supprimer en moi un témoin gênant. Il eût été plus simple pour nos ennemis de me supprimer lorsqu'ils avaient eu l'aimable attention de me reconduire pendant plus d'une heure jusqu'au fleuve; mais ils n'avaient pas songé à tout et maintenant il leur revenait que mes réclamations étaient fort ennuyeuses et que mes dépositions à Si-ning leur seraient peu favorables, au lieu que celles de nos serviteurs, presque tous sujets chinois et gens de peu, seraient facile à influencer de manière à faire retomber la faute sur les Européens. Pourtant, je m'inquiétai peu de ce que j'entendis à cet égard; car cela pouvait bien n'être qu'un bruit propagé pour m'intimider, et j'étais fermement résolu à ne pas céder d'une ligne à une pression de ce genre. Enfin l'on m'assura que tout ce qui avait pu être retrouvé de nos bagages avait été rassemblé sur les instances des agents chinois et mis sous scellés par les soins des autorités de Tong-bou-mdo, qui, cependant, s'obstinaient à ne rien vouloir restituer. Les négociations, du reste, étaient devenues plus difficiles parce que Pou lao-yé était seul à Gyé-rgoun-do; son collègue, Li, avait dû se rendre au Tao la pour régler le différend, auquel j'ai fait allusion plus haut, différend causé par les Tibétains, sujets de Lha-Sa, qui étaient venus chercher du sel du côté de Sou-rmang et prétendaient faire revivre une ancienne coutume d'après laquelle la population, jadis soumise au gouvernement de Lha-Sa, était tenue de fournir mille yaks pour le transport du sel de son territoire à celui du Dé-ba-djong. Voilà ce que j'ai appris dans cette journée du 12 juin. Je fis écrire immédiatement au t'oug-cheu par le secrétaire chinois ce que, dans la matinée, j'avais chargé le dorgha Ti-so de lui dire à propos des papiers et des bagages et je lui prescrivis encore de faire rechercher les restes de Dutreuil de Rhins afin que nous puissions leur donner une sépulture convenable. C'était, hélas! une recommandation bien inutile: il y avait longtemps que le fleuve avait emporté la triste dépouille dans ses flots profonds, enserrés entre des berges à pic, et celui qui avait été arraché aux honneurs de la vie devait être privé aussi des honneurs de la mort.

Joseph-Fernand Grenard, *Le Tibet. Le pays et les habitants*, Paris, A. Colin, 1904.

SUSIE CARSON RIJNHART
(1898)

Couple de missionnaires, Petrus et Susie Rijnhart ont séjourné pendant plus de trois ans dans le monastère de Kumbum, dans le Qinghai, où ils ont installé un petit dispensaire. Leur fils Charles naît le 30 juin 1897. Mais leur objectif est Lhassa et ils se mettent en route au printemps 1898. Ils commencent par un séjour chez les nomades tangoutes du Koukounor. Après avoir traversé le Tsaidam oriental, puis la chaîne des Kunlun sans incident, les premières complications apparaissent: leurs guides les abandonnent, ils perdent cinq de leurs chevaux... Ce sera le début d'un long calvaire qui s'achèvera quelques mois plus tard, quand Susie atteindra enfin une mission établie au Sichuan, mais seule...

AU-DELA DES KUENLUN

La chaîne des Kuenlun traverse le Tibet d'ouest en est à environ trente-six degrés de latitude, marquant pratiquement la limite septentrionale du territoire tibétain inexploré qui s'étend à l'ouest du quatre-vingt treizième méridien. Cette chaîne constitue aussi la frontière méridionale du Ts'aidam, et les indigènes la tiennent pour la ligne de démarcation au-delà laquelle le voyage de Tankar à Nagch'uk'a devient périlleux : ils disent que le voyageur qui passe au sud des Kuenlun est certain d'affronter de formidables dangers matérialisés par les défilés, les rivières et les brigands. Rockhill affirme que cette chaîne de montagnes située au sud du Ts'aidam n'a pas de nom cependant que Prjevalski la nomme Burh'an Bota (le Chaudron de Bouddha), mais ce dernier se trompe, car ce vocable ne désigne qu'un des cols de la chaîne. Comme toute autre caravane en route vers le Tibet intérieur, nous nous arrêtâmes longtemps dans le Ts'aidam pour y reprendre des forces avant l'ascension et la traversée du Burh'an Bota et des autres hauts défilés qui nous attendaient, ayant été prévenus que l'altitude de ces régions comme la rareté de leurs pâtures éprouvaient lourdement les hommes et les bêtes. Le lama précédemment évoqué nous apprit que les voyageurs se rassemblaient souvent à l'extrême bordure des plaines du Ts'aidam afin de faire profiter leurs animaux de la bonne herbe qui y pousse : car le dernier lieu de halte avant de s'engager dans le Bur'han Bota se situe tout au pied du col, et l'herbe y est beaucoup plus rare. Un jour, nous n'aperçûmes plus la tente de notre lama à côté de celle du *dzassak* : nous nous dirigeâmes dès le lendemain matin vers cette ultime aire de repos établie au nord des montagnes.

Je me suis toujours représenté les moutons comme des animaux dociles qui suivent tranquillement et humblement leur berger, mais, si je repense à ces heures passées dans le Ts'aidam au milieu de ces perfides marécages alternant avec des plaines verdoyantes, les moutons chassent toute autre pensée de mon esprit et je les revois comme je les ai vus alors, bondissant et courant dans toutes les directions à l'exception de celle qu'on voulait leur faire prendre : d'abord vers les troupeaux du *dzassak*, puis, après en avoir été séparés, à l'exact opposé du trajet suivi par un autre troupeau qui menait hardiment le train. Les pauvres Ja-si et Ga-chuen-tsï durent consacrer la nuit à les chercher. Quant à nous, nous croisâmes les mâts de notre tente de façon à former un trépied au-dessus duquel nous disposâmes notre cuvette de cuivre, après quoi nous allumâmes un grand feu visible de loin pour éviter que les deux hommes ne se perdent dans les marais. Tout près de là s'élevait une tente occupée par un vieux couple, lequel nous offrit du lait que nous emportâmes dans des bouteilles lorsque nous nous ébranlâmes au petit matin.

O combien stérile et désolé était ce district marécageux ! Cette région n'était que dunes, gravier et broussailles ! Nulle part n'apparaissait le moindre signe de vie, et l'eau courante y était des plus rares : nous en découvrîmes un peu au fond d'une petite dépression creusée dans le lit de ce qui semblait constituer un ancien canal d'irrigation, mais ces quelques gouttes recueillies à l'ombre d'un buisson ne suffirent pas à nous revigorer ni à rafraîchir nos chevaux. Quand la nuit fut de nouveau sur le point de tomber, Mr. Rijnhart partit en avant et repéra un terrain de campement : il s'étendait entre des taillis, au bord d'une large rivière qui s'écoulait vers le Dsun à l'intérieur d'un profond ravin dominé par la montagne. Attacher les chevaux pouvait sembler cruel, mais il n'y avait pas le moindre brin d'herbe et, dans ce cas, les montures n'hésitent pas à parcourir des kilomètres pour dénicher leur pitance ; nous leur donnâmes donc de l'orge, puis nous nous préparâmes tous à gravir la pente du Bur'han Bota. Nous nous mîmes en marche peu après l'aube, suivant d'abord un cours d'eau asséché dépourvu de tout atome de verdure et jonché de nombreux yacks morts : la plupart étaient réduits à l'état de squelettes, d'autres avaient péri plus récemment. Nous dénombrâmes quarante-deux carcasses encore fraîches, et ce triste spectacle nous rappela le nom du col : nous nous demandâmes si ce terme de « Chaudron de Bouddha » s'expliquait par les multiples sacrifices exigés de ces malheureux animaux (mais peut-être découle-t-il plutôt des vapeurs qui nappent ces lieux : les indigènes soutiennent qu'elles sont empoisonnées, car elles ont un effet délétère sur les voyageurs). Huc a décrit les souffrances qu'il endura pendant la montée de ce col, précisant que la moitié de sa caravane le franchit d'une seulte traite alors que l'autre moitié s'arrêta à mi-chemin et ne reprit son avancée que le lendemain. Pour notre part, nous bivouaquâmes à quelque distance du sommet, en un endroit où des *kopas* paraissaient avoir fait halte et où nous trouvâmes de la nourriture, de l'eau et une herbe assez touffue.

Nous installâmes notre camp dans un splendide renfoncement encadré par des collines aux formes et aux couleurs variées qui se fondaient dans les nuages. Nous avions déjà atteint une telle hauteur que, quand nous les contemplâmes, les paysages que nous venions de traverser nous semblèrent appartenir à un autre monde, situé très loin de nous. Bien que les indigènes nous eussent assuré qu'il ne manquait jamais de pleuvoir chaque fois que quelqu'un empruntait ce col — la fréquence de ces pluies tenait probablement à la haute altitude et aux nuages qui planaient autour du sommet —, nous eûmes beau temps ; mais personne ne se réjouit beaucoup, car nous eûmes tous mal à la tête à l'exception de Rahim. Ga-chuen-tsi fut très malade, et le petit Charlie accepta sans rechigner de s'étendre à mes côtés et de se tenir tranquille : nous avions en effet observé que l'immobilité apaisait nos malaises. En haut du col était érigé un large *obo*, et nos compagnons jetèrent une pierre sur le monticule déjà constitué tout en chantant à tue-tête de joyeux hymnes de remerciement destinés aux esprits qui les avaient aidés à atteindre ce point. (Il faut dire que les caravanes qui arrivent jusqu'ici depuis l'intérieur du pays paient un lourd tribut en yacks et en chevaux: les fatigues occasionnées par l'ascension du col et les grandes distances parcourues à travers des terres infertiles font suite à un long voyage, et nombre d'animaux succombent de faim ou d'épuisement.)

Puis commença la délicieuse descente... Des pistes caillouteuses nous conduisirent en un lieu où poussait de nouveau une herbe luxuriante et où nous eûmes le plaisir de retrouver des broussailles qui nous fournirent une profusion de bois de chauffage. Il y coulait un joli torrent sur la berge duquel nous campâmes et dont nous suivîmes le cours vers l'aval pendant une partie de la journée du lendemain avant de bifurquer en direction d'une route caravanière qui nous amena vers la source d'un autre cours d'eau, nous montrant ainsi que nous remontions. En fait, tout ce mois de voyage pourrait être décrit comme une succession de montées et descentes dans tous les sens du terme — la route ne cessait de s'élever et de redescendre, l'herbe et le bois de chauffage étaient un jour abondants et manquaient totalement le jour suivant.

Nous vîmes soudain apparaître quatre hommes et quelques chameaux. Survenant au beau milieu de ce pays désertique où nous prévoyions de cheminer pendant encore un mois ou deux, cette rencontre constitua un événement des plus agréables, et maintes politesses furent échangées de part et d'autre: Mr. Rijnhart offrit du pain aux voyageurs, cependant que Rahim troqua un peu de son tabac contre un peu du leur. Ces hommes faisaient partie d'une importante caravane qui allait de Lhassa à Tankar: ils avaient pris de l'avance sur leurs bœufs, les laissant à plusieurs jours derrière eux. La simple vision de ces individus apaisa le pesant sentiment de solitude qui nous étreignait, et nous poursuivîmes notre périple en espérant rencontrer à tout moment un autre petit détachement en route vers le Ts'aidam. Je me rappelle fort bien la beauté du site où nous fîmes halte le jour suivant: nous nous installâmes sur la rive d'un impétueux torrent qui semblait prendre sa source dans de très hautes montagnes dominant de plusieurs kilomètres une magnifique vallée en amont de laquelle un sommet solitaire se dressait telle une altière sentinelle, écrasant de sa splendeur tous les pics environnants. Nous plantâmes nos tentes sur un parterre de gazon parsemé de coquets massifs de primevères, mais notre bonheur fut de courte durée : une pluie diluvienne s'abattit sur nous durant la nuit, nous contraignant à rester sur place le lendemain matin et nous obligeant à parcourir plus de quinze kilomètres pour trouver du bois sec. Nous préférâmes transférer notre camp dans les collines, car tout indiquait que la pluie n'allait pas s'interrompre de sitôt et nous redoutions que les eaux montent jusqu'à l'emplacement de nos tentes. (Cette crainte s'avéra sans fondement, mais nous avions déjà vu nombre de cours d'eau tranquilles se transformer tout à coup en torrents déchaînés et boueux qui emportaient tout sur leur passage : nous avions donc jugé plus prudent de gagner les hauteurs, tout comme nous décidâmes par la suite d'éviter à l'avenir les terrains fleuris situés sur les berges d'une rivière susceptible d'entrer brusquement en crue.) Ces régions regorgeaient de mules sauvages, d'antilopes, d'ours et de yacks non apprivoisés, mais la pluie détrempa leurs bouses au point de les rendre inutilisables ; si bien que nous dûmes parfois nous contenter d'alimenter notre feu avec des racines de mauvaises herbes mélangées à des cornes de yacks fendues en fines esquilles : ce combustible suffisait à peine à réchauffer l'eau de notre thé, mais nous avions heureusement conservé une provision de petit bois au moyen duquel nous fîmes réchauffer les repas de notre bébé.

Notre route s'étira ensuite dans la direction ouest-sud-ouest, longeant le plus souvent des cours d'eau qui ouvraient des sortes de percées entre les monts. Puis nous gravîmes un autre col au sommet duquel était encore érigé un petit obo. Après avoir suivi un ruisseau que nous traversâmes et retraversâmes à diverses reprises, nous atteignîmes le Shuga Gol et trouvâmes un gué qui nous permit de passer sur l'autre berge ; l'opération fut épouvantable, car la rivière avait considérablement enflé sous l'effet des pluies récentes et son fond était tapissé de sables et de graviers qui s'enfonçaient sous nos pas : certains de nos chevaux de bât faillirent être emportés par le courant ou échappèrent de peu à la noyade, et grand fut notre soulagement quand ils foulèrent de nouveau la terre ferme. Commença alors la quête fastidieuse d'un terrain de campement tapissé de bonne herbe et irrigué par une source... Cette pénible marche effectuée sur la fange et l'argile rouge qui recouvraient les rives découragea certainement nos deux domestiques Jasi et Ga-chuen-tsï, car nous vîmes peu à peu leurs visages s'assombrir et leur amabilité s'envoler. Lorsque nous nous réveillâmes le lendemain matin, nous découvrîmes qu'ils s'étaient enfuis au cours de la nuit, emportant avec eux toutes leurs possessions ainsi qu'une de nos marmites et assez de nourriture pour se sustenter pendant le trajet de retour. Après s'être remis de leur surprise, Mr. Rijnhart et Rahim enfourchèrent nos meilleures montures pour partir à la recherche des déserteurs et tenter de leur faire rebrousser chemin, me laissant seule en compagnie de Charlie et de Topsy. Notre camp était dressé tout en haut des collines qui descendaient vers la rivière, dans un coin abrité où des petits rus bouillonnants sillonnaient une herbe verte et brillante parsemée d'une jolie mousse ; tandis qu'au loin s'élevaient des sommets enneigés qui nous toisaient de toute leur hauteur, un peu comme s'ils avaient eu conscience de leur calme supériorité. Ceux qui ne se sont jamais aventurés dans de semblables montagnes ne peuvent concevoir le sentiment d'isolement que donne la vision de ces sommets : ici, la nature semble trop lointaine pour paraître amicale, et sa majesté impressionne puissamment l'esprit.

Cette journée solitaire passée dans ces collines dépourvues d'arbres, d'oiseaux ou de fleurs me fit apprécier à sa juste valeur la douce compagnie de mon petit garçon et de ma chienne: l'un et l'autre s'appliquèrent à me distraire en dépit de l'anxiété qui semblait eux aussi les étreindre. Mais je ne pouvais m'empêcher de frissonner en songeant: «Et si Mr. Rijnhart et Rahim avaient un accident et ne pouvaient plus revenir?» S'agissait-il d'un pressentiment? Mon cœur me chuchotait-il ce qui allait advenir? Je m'efforçai de ne pas cultiver ces sombres pensées, me mettant à tricoter pour mon bébé un petit vêtement qui grandit rapidement sous mes doigts fébriles. Ce fut donc avec une immense joie que je vis revenir dans l'après-midi les deux cavaliers sur leurs montures harassées, malgré l'échec de leur entreprise. Nous espérâmes que les deux garçons parviendraient à regagner le Ts'aidam sains et saufs, car ils disposaient de vivres abondants et notre piste était encore fraîche; mais la pluie qui tomba le jour suivant éleva encore le niveau des rivières, rendant leur marche très périlleuse.

La défection de ces deux guides nous mit dans l'embarras, mais nous nous arrangeâmes de notre mieux : nous refîmes nos paquetages de façon à pouvoir les transporter aisément à deux, nous utilisâmes le fourrage excédentaire pour nourrir nos chevaux, et nous reprîmes enfin notre périple après un repos de quatre jours; Les tempêtes devinrent habituelles, la neige et la grêle tombant chaque jour aux environs de midi. Mais une heureuse surprise nous attendait : après avoir dépassé un grand lac nommé Uyan-khar et nous être engagés dans une plaine où la piste était à peine visible et où abondaient les sables mouvants, nous campâmes au milieu d'un champ d'oignons sauvages qui firent nos délices. Rahim s'était déjà rendu en ce lieu en 1896, et il y avait fait une horrible expérience… Lui et ses deux compagnons étaient les seuls survivants d'un groupe de six hommes : ils sortaient du Tibet, suivant de près le capitaine Wellby — il n'avait que deux jours d'avance sur eux — et ne se nourrissant plus que d'oignons sauvages et d'une fleur bleue de la famille des labiacées. Parvenus devant la rivière Chumar, ils avaient repéré des traces dénotant le passage récent d'une grande caravane accompagnée de yacks; après quoi ils avaient découvert à l'emplacement de notre camp un yack apprivoisé, probablement abandonné par cette caravane pour cause d'épuisement. Ils avaient attaqué et tué l'animal, puis avaient dévoré son foie sans même prendre le temps de le faire cuire : leur faim était si grande qu'ils avient mangé l'organe tout cru… Pendant qu'il nous narra cette histoire, Rahim perdit son sombre regard d'Oriental — un éclair de joie illumina ses yeux, un peu comme s'il revivait l'allégresse qui l'avait envahi en cet instant béni où il avait aperçu ce yack et ces traces et compris ainsi que d'autres êtres humains se trouvaient à proximité.

Les innombrables oignons sauvages que l'on trouve dans ces districts sont particulièrement appréciés par les voyageurs, car ils poussent tout au long des pistes caravanières et constituent le seul aliment disponible à des lieues à la ronde — nul autre légume ne croît dans ces régions, et il est bien entendu impossible de s'y procurer de la viande. Chaque fois que nous le pûmes, nous dressâmes donc nos tentes sur les anciens terrains de campement des *kopas* et nous servîmes des foyers désertés ou des petits *obos* érigés sur les collines environnantes comme autant de points de repère : ils nous guidèrent à la manière des arbres marqués qui jalonnaient jadis les routes de nos pays.

Un jour, nous croisâmes un cadavre qui nous conta sa pathétique histoire : nous devinâmes en le voyant comment l'homme était tombé malade et n'avait plus pu suivre sa caravane, comment on l'avait abandonné à côté de couvertures et de vivres, et comment il était mort tout seul lorsque les provisions lui avaient fait défaut. Son corps gisait au bord du chemin, entouré de vêtements déchirés et les chairs en partie dévorées par les aigles et les bêtes sauvages. Rahim frémit d'horreur devant ce spectacle, songeant sans doute au destin tragique auquel il avait lui-même échappé. Puis nous arrivâmes devant cette rivière Chumar où lui étaient apparues les traces des *kopas* qui l'avaient aidé, et je suis sûre qu'il loua le *kismet* pour sa bonté.

Après avoir campé de nouveau auprès de quelques *obos* constitués de grosses pierres à prière et disposés à l'est d'une succession de basses collines, puis une fois sortis de quelques dunes de sables qui barraient notre route, nous passâmes sur l'autre rive du Chumar, qui compte parmi les affluents supérieurs du Yangtse. Bien que le niveau des eaux nous permît le plus souvent de traverser à gué, l'entreprise fut très difficile, car des petits bancs de sable couverts de touffes d'herbe divisaient la rivière en plusieurs bras ; le premier de ces bras dissimulait des sables mouvants où nos chevaux s'enfoncèrent, et nous aurions certainement perdu plusieurs charges sans l'experte assistance de Rahim ; cependant que la profondeur du dernier bras contraignit toutes nos montures à nager. Ensuite de quoi il nous fallut encore nous aventurer dans un marécage qui acheva d'épuiser nos animaux : il nous sembla à chaque instant que le sol instable allait s'effondrer sous nos pas en nous précipitant dans les profondeurs de la terre, et les multiples chevaux ou chameaux morts qui jonchaient le terrain témoignaient de la perfidie de ce redoutable marais… A l'entrée de la chaîne des Koko-

Shili qui s'élève au sud-est de la vallée, nous atteignîmes un emplacement où des caravanes avaient manifestement séjourné pendant plusieurs jours: nous y trouvâmes un chien au dos cassé qui montait la garde devant des carcasses de chevaux, et l'animal n'apprécia pas du tout la présence de Topsy. La pente du col, assez douce au début de notre ascension, devint de plus en plus raide à mesure que nous approchâmes du sommet; nous fûmes pris dans une tempête de neige si violente que nous craignîmes un moment de nous être égarés; mais deux *obos* nous indiquèrent que nous étions parvenus au bout de nos peines, et une descente prudente nous conduisit par la suite jusqu'à un agréable lieu de campement. Passer de la sorte de ces sentes enneigées et pierreuses bordées de pics austères et jalonnées de lugubres *obos* à ce site ensoleillé où poussait une belle herbe verte et où couraient des ruisseaux cristallins emplit notre cœur d'une douce ivresse.

Les journées suivantes nous amenèrent tour à tour sur les rives des différents bras de l'Ulan Muren puis devant l'un des bras du Mur-ussu, autre haut affluent du Yangtse que les Tibétains baptisent Dre Chu (Mur-ussu étant son nom mongol). Les lignes que voici, extraites du journal de Mr. Rijnhart, brosseront un tableau précis de ces lieux.

«*10 août.* Beau temps chaud. Départ à huit heures, traversée de dunes couvertes d'une herbe rare, passage à l'est d'un lac puis cap sur le sud-ouest, entre deux lacs. Nombreux *obos* sur la rive nord du lac le plus méridional. Halte après trois heures et demie d'avancée à l'extrémité occidentale d'un autre lac situé au nord du Mur-ussu: nous apercevons au sud les neiges du mont Dorst, au sud-est celles du mont Djoma. Charlie fait ses dents.

«*11 août.* Charlie va un peu mieux. Départ par beau temps, à partir du coin nord-est du lac. Nous atteignons une heure plus tard un bras du Mur-ussu; les chevaux se mettent à l'eau, mouillant maints bagages, mais ils nagent admirablement. Une épouvantable averse de grêle s'abat sur nous, puis nous passons de nouveau entre deux petits lacs qui bordent notre piste à l'est et à l'ouest. Nous arrivons en vue du plus large bras du Mur-ussu, qui se jette dans le Yangtse. Nous campons sur la rive droite.»

Le bras principal du Mur-ussu coulant dans un lit profond, il nous apparut qu'il nous serait impossible de traverser ses eaux tant que ce bras ne s'élargirait pas, et nous décidâmes par conséquent de longer ses berges en cherchant un gué praticable. Soudain, nous aperçûmes des yacks à l'horizon: Rahim nous annonça qu'ils étaient sellés, nous montrant ainsi à quel point sa vue était perçante — même avec l'aide de notre télescope, nous eûmes le plus grand mal à vérifier ses dires. Tous *sur le qui vive*[1], nous poursuivîmes dans la même direction et

1. En français dans le texte.

entrevîmes peu après des tentes blanches: nous en dénombrâmes quatorze, entourées par quelque 1 500 yacks et de nombreux chevaux. Chevauchant sans peur jusqu'au centre du campement, nous y découvrîmes des voyageurs qui nous reçurent fort amicalement — partis depuis un mois de Nagch'uk'a, ils faisaient route vers Tankar, et la plupart avaient entendu parler de nous. Nous leur confiâmes des messages pour nos amis, mais nous déclinâmes leur invitation de prendre place à leurs côtés, car la vue des flancs ruisselants de leurs yacks et des nombreux objets qu'ils avaient exposés aux rayons du soleil nous fit comprendre que les eaux qu'ils venaient de traverser étaient très profondes, donnée qui laissait présager que nous sortirions du gué si mouillés qu'il nous faudrait faire halte sur l'autre berge afin de nous sécher.

Nous entreprîmes donc de franchir successivement les cinq bras de la rivière sous le regard des *kopas*, nos chevaux étant contraints de nager par endroit et nous-mêmes nous retrouvant aussi trempés que prévu: le seul à apprécier la baignade fut Charlie, dont les cris joyeux s'ajoutèrent aux hurlements que nous poussâmes pour encourager nos chevaux et stimuler notre propre ardeur. Puis nous campâmes au bord de l'eau, tout près de ces caravaniers et néanmoins séparés d'eux, juste en face de leurs tentes qui formaient presque une petite ville... On ne pouvait imaginer situation plus singulière, et les sensations que nous éprouvâmes furent à la mesure de l'étrangeté de ce voisinage. Mais les voyageurs s'en allèrent avant le lendemain matin, faisant disparaître toute trace de leur récente présence et nous abandonnant de nouveau à notre solitude.

Au cours de la nuit qui suivit, la pire tempête que nous eussions jamais affrontée s'abattit sur notre camp et menaça de l'emporter: nous dûmes sortir dans la tourmente pour mieux enfoncer les piquets de notre tente dans le sol et arrimer solidement tous nos bagages. Une très mauvaise surprise nous attendait à notre réveil: nous constatâmes avec horreur que cinq de nos meilleures montures avaient disparu (elles avaient en fait été volées: leurs traces nous conduisirent jusqu'à un gué foulé par un chien et un autre cheval, ce qui indiquait bien que les *kopas* avaient profité de l'orage pour dérober nos animaux). Cet événement marqua le début de nos chagrins, puisque ce fut au cours de ces mêmes journées que l'état de santé de Charlie commença à nous alarmer: la percée de ses premières dents fut douloureuse, et les glandes de son cou enflèrent; mais il parut aller mieux après que nous ayons raccourci nos étapes. Rahim égaya toutefois ces jours en tuant une mule sauvage près d'une large rivière: nous mangeâmes une partie de ses chairs, et ce repas fut particulièrement délectable à nos palais depuis si longtemps déshabitués au goût de la viande.

Lourd était donc le tribut exigé par ces régions désertiques: nos guides s'étaient enfuis, nous avions perdu cinq de nos poneys, et l'implacable destinée commençait à étendre son ombre au-dessus de notre petit enfant.

LA MORT DE CHARLIE

Bien que s'élevant pour certains à plus de 4 800 mètres au-dessus du niveau de la mer, aucun des nombreux cols que nous gravîmes après avoir franchi la frontière du Ts'aidam n'était enneigé depuis très longtemps, car dans ces régions la limite des neiges éternelles n'est jamais inférieure à 5 320 mètres. Nous découvrîmes en maints endroits une faune sauvage abondante, et pûmes même parfois observer des yacks de près — un jour, quelques-uns de ces animaux détalèrent en nous apercevant : ils traversèrent promptement un large cours d'eau, battant l'air de leurs gigantesques queues et laissant dans leur sillage un magnifique poudrin de gouttelettes irisées. Nous vîmes aussi un grand nombre de mules sauvages, surtout au-delà du Mur-ussu ; et les ours ou les antilopes furent pour nous un spectacle quotidien. Le vingt et un août, après une ascension de plusieurs jours, nous obliquâmes vers le sud, remontant jusqu'à sa source un splendide torrent encombré de pierres qui se jetait probablement dans le Mur-ussu. Sous nos yeux se dressaient les pentes neigeuses et ensoleillées des monts Dang La, juste derrière lesquels s'étendait ce district tibétain de Lhassa où la bonne nouvelle évangélique était inconnue et dont les habitants étaient soumis temporellement et spirituellement au pouvoir suprême du dalaï-lama. Nous songeâmes en contemplant ces monts majestueux que nos tribulations touchaient à leur fin, car nous espérions être autorisés à séjourner dans ce district aussi longtemps que nous ne tenterions pas de pénétrer dans sa capitale ; et cette perspective — à laquelle s'ajoutait la percée tant attendue de la huitième dent de notre enfant chéri, qui pointait désormais tel un éclatant diamant au-dessus de ses gencives — nous insuffla une ardeur vivifiante. Des chants allègres jaillirent de nos lèvres, et nous poursuivîmes notre route en cueillant çà et là de tendres bouquets de fleurs roses.

Arriva alors le matin de cette journée qui allait être la plus sombre de notre vie, lumineux, joyeux et riche de promesses ne laissant nullement présager les funestes nuages qui s'apprêtaient à nous envelopper… Le petit déjeuner se déroula fort agréablement, Charlie mangeant de meilleur appétit que les jours précédents. Puis nous reprîmes notre périple d'un cœur léger, l'esprit tourné vers notre avenir : nous chevauchâmes tout en bavardant de nos projets, de notre œuvre future, des succès ou des échecs inconnus qui nous attendaient, du loisir qui nous serait peut-être donné de gagner l'Inde à l'issue de notre séjour dans le Tibet intérieur ou des nouveaux voyages que nous entreprendrions vers Tankar et les territoires tibétains après être rentrés en Amérique et en Hollande. Tout comme nous nous représentâmes notre fils plus vieux de quelques années: nous imaginâmes naïvement que le nourrisson avait cédé la place à un espiègle garçonnet animé par une intense soif de savoir et digne de recevoir l'enseignement des meilleurs professeurs que nous serions à même de lui procurer. Nous décidâmes après moult délibérations de superviser personnellement son éducation, dressant déjà la liste des livres que nous lui ferions lire — c'était acquis, il lirait les ouvrages les plus érudits écrits par les savants anglais, français ou allemands... Son père me dit: «Il faut qu'il ait une jeunesse heureuse. Nous lui offrirons des jeux de construction, des trains, des chevaux à bascule, tous les jouets que possèdent les bambins de notre pays : je ne veux pas qu'il puisse se dire plus tard que son missionnaire de père l'a privé de tout ce qui constitue les joies de l'enfance!» Et les cris puissants de notre bébé ne manquèrent pas d'accompagner notre chevauchée: je l'entends encore hurler après nos montures en imitant les intonations de Mr. Rijnhart et de Rahim.

Soudain, un troupeau de yacks se présenta sur la berge d'une rivière située non loin de nous: Rahim épaula son fusil pour faire feu sur ce gibier, mais les animaux sentirent le danger et s'enfuirent dans des collines qui s'élevaient sur notre droite. Traversant la rivière, nous aperçûmes d'autres yacks isolés qui s'avançaient dans notre direction: nous crûmes d'abord qu'ils étaient sauvages, puis nous découvrîmes en nous approchant qu'ils étaient domestiqués et étaient guidés par quatre hommes à cheval escortés d'un gros chien blanc, visiblement issus de la région. Nous attendîmes que ces cavaliers viennent nous saluer comme l'avaient fait jusque-là les autres voyageurs que nous avions rencontrés, mais ils firent tout pour nous éviter : ils passèrent auprès de nous sans s'arrêter et disparurent rapidement dans les collines. L'étrange conduite de ces individus nous étonna, et nous les soupçonnâmes de tramer de noirs desseins. Prudemment, nous choisîmes donc un lieu de campement dissimulé par des petits coteaux; la rivière coulait devant nous, et l'herbe était fournie.

Bien que la voix de notre bébé se fût élevée quelques instants plus tôt, Mr. Rijnhart déclara que notre fils venait de s'endormir; comme à son ordinaire, Rahim mit pied à terre et prit l'enfant dans ses bras, nous laissant le soin de préparer son repas et de monter la tente; et je descendis moi aussi de mon cheval pour étendre sur l'herbe l'édredon et l'oreiller que je transportais sur ma selle. Rahim posa délicatement son précieux fardeau sur la couche ainsi apprêtée, et, alors que je m'agenouillais pour couvrir notre ravissant bambin, son immobilité attira mon attention : je tentai de le bouger, et m'aperçus qu'il était inconscient. Parcourue d'un frisson de terreur, j'appelai Mr. Rijnhart, lui criant que je craignais pour la vie de notre fils et le priant de m'apporter au plus vite la seringue hypodermique. Rahim me demanda ce qui se passait, je le lui dis, et il réagit promptement à mes explications malgré la consternation qui se lisait sur son visage : il courut vers mon mari pour l'aider à chercher la seringue. J'ouvris pendant ce temps les vêtements du bébé et entrepris de lui frictionner les poignets tout en lui faisant du bouche à bouche, certaine que ces manipulations ne serviraient à rien mais suppliant quand même Celui qui tient toute vie entre Ses mains de sauver notre enfant chéri. Ne savait-Il donc pas à quel point nous aimions notre fils ? Était-il possible que la seule joie de notre existence nous fût enlevée ? Allions-nous perdre la seule créature qui nous avait distrait de nos épreuves et avait su nous rendre plus douces les immmensités désolées de ces montagnes tibétaines ? Se pouvait-il que même cela — ce petit être qui était la preuve vivante de notre amour — nous fût arraché par la main froide de la mort ?

Mais ni nos efforts ni nos questions ne ramenèrent notre enfant à la vie... Nous ne tardâmes pas à comprendre que nous n'étreignions plus qu'un écrin vide : l'inestimable joyau qu'il avait contenu avait été placé dans un coffret encore plus précieux, sis dans un monde meilleur. La petite fleur qui s'était épanouie sur les pentes infertiles des monts Dang La avait été cueillie et replantée sur les Monts Délectables afin de jouir à jamais de la radieuse lumière divine. Mais quel vide désormais dans nos cœurs ! Et comme nos tentes nous parurent tristes après que nous les eussions montées et nous y fûmes piteusement réfugiés ! Le pauvre Rahim, qui avait tant aimé notre bébé, poussa de longues et déchirantes lamentations, gémissant comme seuls les Orientaux savent le faire mais n'en exprimant pas moins un chagrin réel : car il avait tissé avec l'enfant des liens si étroits que cette perte l'atteignait au plus profond de son être. Et que dire de Mr. Rijnhart, qui avait serré son fils unique tout contre lui sans entendre les battements de son petit cœur ralentir peu à peu ? Nous nous raisonnâmes, nous eûmes recours à la prière, nous tentâmes d'accepter humblement le malheur qui nous frappait, mais l'horrible réalité était trop présente pour que nous pussions l'oublier une seconde — elle était là, sous nos yeux ; elle était inscrite sur les rochers ; son irréfragable écho retentissait dans le silence des montagnes : oui, le petit Charlie était mort !

Cependant que j'enlaçais les formes charmantes de mon enfant adoré, Mr. Rijnhart me rappela que les Tibétains n'enterrent pas leurs morts, mais se contentent d'abandonner leurs corps dévêtus sur les flancs d'un coteau afin que les bêtes et les rapaces dévorent leurs chairs ; il me confia qu'il redoutait que les quatre hommes patibulaires que nous venions de croiser ne s'emparent du cadavre de notre fils pour lui faire subir ce traitement. Une telle épreuve, me dit-il, serait bien plus cruelle que le vol de tous nos biens ; et il proposa donc que nous nous prémunissions contre cette calamité en donnant dès ce jour une sépulture chrétienne à notre petit garçon. Nous agenouillant l'un à côté de l'autre, nous priâmes notre Père céleste de nous prodiguer force et vaillance, après quoi nous nous séparâmes pour vaquer aux préparatifs des funérailles.

Mr. Rijnhart et Rahim partirent creuser la tombe tandis que je vidai notre coffre à pharmacie de son contenu et y disposai des serviettes pour en faire un cercueil. De mes bras tremblants, j'entourai mon bébé d'une blanche flanelle japonaise et le couchai sur le côté au fond de cette bière de fortune, puis je plaçai entre ses mains un petit bouquet d'asters sauvages et de méconopsis que Rahim avait cueilli sur les montagnes. Le visage de notre fils était si serein que j'aurais juré qu'il dormait d'un sommeil réparateur, et ses traits me parurent de plus en plus gracieux à mesure que l'après-midi s'écoula; mais la nuit s'approchait avec ses dangers et ses menaces, et nous dûmes finalement nous résoudre à la déchirante séparation... Nous étalâmes encore auprès de lui ses maigres possessions en leur ajoutant nos cartes de visite et une toile de lin sur laquelle nous avions écrit nos noms, puis survint l'insupportable moment de l'ultime regard: après avoir contemplé pour la dernière fois notre fils unique — ce petit être qui avait tant égayé notre foyer et si bien conquis pour nous l'amitié des indigènes —, nous rabattîmes le couvercle du coffre pour confier notre enfant à ces glaciales et sinistres contrées... Debout tous les trois devant la tombe ouverte, nous descendîmes le cercueil au fond de la fosse béante; Mr. Rijnhart célébra ensuite l'office funèbre dans la langue du pays afin que Rahim pût comprendre ses paroles; et la terre gelée du Tibet interdit se referma enfin sur la dépouille du premier enfant chrétien enseveli en son sein — le petit Charles Carson Rijnhart, âgé d'un an, un mois et vingt-deux jours. La dernière tâche fut accomplie par Mr. Rijnhart et Rahim: ils firent rouler un gros rocher au-dessus de la sépulture pour empêcher les animaux sauvages de déterrer le corps et dissimulèrent de leur mieux les traces de l'inhumation (cette précaution répondait à un autre motif: les indigènes enterrent souvent leurs marchandises lorsque leurs bêtes de somme crèvent sous leurs charges, et les voleurs fouillent le sol à la recherche de butins dès qu'ils s'aperçoivent que la terre a été remuée; nous savions qu'ils ouvriraient la petite tombe s'ils venaient à la découvrir, et nous craignions qu'ils ne se livrent à quelque profanation impie pour se venger de leur dépit). Puis la cérémonie des funérailles s'acheva et nous regagnâmes nos tentes. C'était l'heure du dîner, mais comment aurions-nous pu songer à manger? Comment aurions-nous pu boire ne serait-ce qu'une simple tasse de thé? Comment ne pas prêter l'oreille aux plaintes frénétiques de Rahim? Nous pûmes simplement murmurer: «Seigneur, le chagrin nous accable et tes voies nous sont impénétrables. Aide-nous à dire: Que ta volonté soit faite!»

Moins d'un mois plus tard, nous comprîmes que le Très-Haut avait eu la bonté de nous enlever notre enfant chéri avant que nous fussions dénués de tout: il nous l'avait pris alors que nous avions encore des vivres à lui offrir, une tente pour l'abriter et des chevaux pour le porter; car, non seulement nous allions bientôt nous retrouver avec à peine assez de nourriture pour survivre pendant quelques jours, mais nous serions contraints de cheminer à pied, Mr. Rijnhart portant une lourde charge sur son dos.

Lorsque la nuit tomba, des ténèbres particulièrement profondes obscurcirent le ciel. Un orage se déchaîna, faisant écho au tumulte qui régnait dans nos âmes. Le tonnerre gronda, la foudre éclata, de noirs nuages déversèrent une pluie torrentielle qui fut vite changée en neige par le vent glacé. Nous fûmes incapables de trouver le sommeil: toutes nos pensées étaient tournées vers notre précieux joyau. Nous songeâmes à son pauvre corps désormais privé de toute étincelle vitale, nous disant qu'au moins il ne sentait pas la morsure des furieuses rafales qui s'engouffraient sous notre tente — nous avions toujours garni sa couche de maintes couvertures et fourrures et soigneusement veillé à colmater notre abri pour éviter tout courant d'air, mais, maintenant que notre cher enfant n'était plus à nos côtés, à quoi bon toutes ces précautions? Elles étaient inutiles, car il dormait dans un autre monde où n'existe ni souci ni douleur; il reposait paisiblement et à jamais entre les bras du Seigneur. Je ne doutais pas que notre bébé était bien mieux là où il se trouvait qu'avec nous, mais comme il me manqua pourtant le lendemain matin! Je n'avais plus de petit garçon à vêtir, mes mains n'avaient plus à se tendre vers une petite bouche joyeuse attendant impatiemment mes cuillerées.

Quand l'instant du départ fut arrivé, nous adressâmes un dernier adieu à la petite tombe couronnée de son rocher protecteur. Nous eûmes le plus grand mal à quitter ce lieu, car nous savions que nos pas allaient nous conduire loin de cette terre où était enfoui notre plus précieux trésor, et il était fort improbable que nous revenions jamais ici. Juste avant de partir, nous convînmes de faire en sorte — si Dieu le voulait bien — qu'un autre missionnaire fût envoyé au Tibet au nom de notre fils; puis Mr. Rijnhart m'aida galamment à grimper sur ma selle (jusqu'à ce jour fatal, il enfourchait sa monture le premier afin de prendre le bébé dans ses bras) et nous nous mîmes tous trois en route en sanglotant. Nous aperçûmes sur les berges de la rivière des ours accompagnés de leurs petits: ils fouissaient le sol pour y dénicher des racines, et ce spectacle nous donna à penser que nous avions fort bien fait de rouler ce gros rocher au-dessus de la sépulture.

Si Mr. Rijnhart était encore vivant, il souhaiterait sans doute rendre hommage à son fils, mais sa voix aussi s'est tue. Le passage qui suit, emprunté à son journal et daté du 23 août — jour de notre départ de cet endroit du Tibet pour nous sacré entre tous — conclura excellemment ce chapitre; on y lit: «Aujourd'hui, nous sommes partis le cœur brisé, abandonnant le corps de notre enfant chéri dans ces régions éternellement enneigées où s'écoulent tranquillement les eaux mères du Yangtse Kiang. Sa tombe est creusée sur la rive ouest d'un des bras méridionaux du Mur-ussu, au pied des monts Dang La, à un peu plus de deux heures de marche des sources minérales qu'abritent ces monts et à environ dix heures de voyage du proche camp de *kopas* établi dans le district de Lhassa au-dessous de Nagch'uk'a.»

NAGCH'UK'A ET L'INTERDICTION DE CONTINUER VERS LHASSA

Le village de Nagch'uk'a à côté duquel nous avions campé était situé dans le district de Lhassa, au sud du lac Chomora: il comptait quelque soixante maisons aux murs de boue et de brique, mais la plupart de ses habitants habitaient sous des tentes noires, préférant mener une vie de nomades. Le monastère de Shiabden jouxtait le village, mais nous ne pûmes apprendre la nombre de ses prêtres. Nagch'uk'a était gouverné par un lama qui représentait le dalaï-lama et changeait tous les trois ans; à ce lama était aussi associé un fonctionnaire laïc qui se prétendait de nationalité chinoise (il ne l'était pas plus que moi): ce personnage disposait en fait de pouvoirs très limités, toutes les affaires importantes étant réglées par le haut dignitaire issu de Lhassa. Bien que les *kopas* correctement vêtus qui avaient tenté de nous empêcher de poursuivre notre voyage se soient ingéniés à nous convaincre de leur éminente position, nous savions que nous n'avions encore rencontré personne qui pût véritablement nous arrêter, car le *ponbo ch'enpo* de Nagch'uk'a avait un rang trop élevé pour daigner venir à la rencontre de deux inconnus escortés d'une caravane aussi modeste que la nôtre. Le lendemain matin, alors que le soleil dardait ses chauds rayons sur notre campement et irisait les touffes d'herbe givrées de reflets adamantins, Rahim s'éveilla en se souvenant que nous étions censés nous rendre très tôt chez le *ponbo*. Il se leva, sortit de la tente et poussa un cri qui nous tira brusquement des bras de Morphée; il hurla: «*Sahib, Sahib!*», puis revint nous dire tout excité qu'un grand nombre de Tibétains étaient en train d'ériger des tentes non loin de la nôtre; risquant un œil tout ensommeillé — la journée précédente avait été harassante, et nous aurions bien aimé nous reposer plus longtemps — par l'entrebâillement de la toile, nous aperçûmes d'abord une belle tente blanche puis une autre noire, toutes deux montées avec force tapage.

Pendant que nous faisions bouillir l'eau de notre thé, trois de nos compagnons de voyage (je devrais plutôt écrire de nos gardes!) nous informèrent que leur chef se trouvait sous la tente noire et nous prièrent de nous préparer — sans hâte : *kali, kali* — à lui rendre visite. Vers dix heures, monté sur un bel alezan richement caparaçonné de pourpre et d'or et suivi par un cortège impressionnant, le *ponbo ch'enpo* de Nagch'uk'a gagna la plus grande des deux tentes, après quoi ses serviteurs vinrent nous chercher. Nous nous étions entre-temps demandé s'il était sage que j'assiste à l'entretien, et avions finalement décidé de nous y rendre tous les deux, accompagnés de Rahim ; nous enfourchâmes donc nos poneys et chevauchâmes jusqu'au lieu de notre rendez-vous habillés de nos plus beaux atours.

La tente où l'on nous conduisit était l'une des plus belles qu'il m'avait été donné de contempler : sa toile blanche était brodée de passements bleu foncé, et de vastes auvents la prolongeaient. Des valets s'occupèrent de nos chevaux dès que nous eûmes mis pied à terre, puis deux *kopas* vêtus d'élégants *pulus* rouge sombre et chaussés de bottes assorties se chargèrent de nous introduire auprès de leur maître. L'intérieur s'accordait avec l'extérieur : les parois latérales étaient garnies jusqu'à l'entrée de tapis et de nattes, cependant que l'extrémité opposée était entièrement couverte de somptueux tapis turcs. Le *ponbo ch'enpo* était assis sur une estrade doublée de laine, à droite du pseudo-Chinois. Le premier nommé était un jeune et fringant lama au crâne rasé, âgé d'environ trente-cinq ans ; son visage aux traits fins arborait une petite moustache noire, et il portait une splendide robe chinoise en brocart. L'autre était un vieillard : ses cheveux gris étaient tressés, une grosse boucle en or pendait à son oreille gauche, il était également vêtu de riches soieries et sa tête était coiffée d'un chapeau circulaire.

Après que l'on nous eut invités à nous asseoir en face de petites tables sculptées et que nous nous fûmes exécutés, un jeune et beau *kopa* au regard intelligent vint prendre les bols qui se trouvaient devant nous pour y verser du thé : le *ponbo* et nous-mêmes fûmes servis avec la même théière, ce qui constitue ici une grande marque de respect. Nous offrîmes à notre hôte une *khata* en satin décorée de trois bouddhas, présent qu'il accepta non sans manifester un certain étonnement — il parut un peu surpris que nous connaissions aussi bien ses coutumes. Puis le *ponbo* prit la parole : il nous déclara successivement qu'aucun *peling* n'était jamais entré dans ce village, qu'il ne pouvait pas nous permettre de pénétrer plus avant à l'intérieur du Tibet, et qu'il nous fallait donc revenir sur nos pas en empruntant la route qui nous avait amenés jusqu'ici. Ce à quoi Mr. Rijnhart répliqua qu'il n'était pas Anglais mais Hollandais, qu'il n'était pas un simple étranger désireux de traverser ce pays mais avait vécu de longues années parmi les Tibétains, et qu'il refusait par conséquent de regagner la Chine. Le lama sembla embarrassé par ces propos, puis il nous répondit qu'il ne pouvait recourir à la force pour nous contraindre à obtempérer mais que nous le placions cependant dans une situation fort délicate, car il ne manquerait pas d'être décapité s'il nous autorisait à poursuivre notre périple (les fonctionnaires orientaux usent fréquemment de ce genre de stratagème quand ils souhaitent plier leurs interlocuteurs à leurs désirs : ils laissent entendre qu'un refus de leur donner satisfaction pourrait entraîner la mort d'un être humain). Mr. Rijnhart éclata de rire, puis il expliqua que les coutumes locales lui étaient familières: rappelant au *ponbo* que les livres sacrés de son peuple interdisent de détruire la vie — même celle d'un pou! —, il lui fit remarquer qu'il serait fort étrange que le dalaï-lama contredise ces nobles enseignements en faisant trancher la tête d'un être d'une si haute qualité... Le jeune chef se tourna alors vers ses confrères, leur disant que nous différions tout à fait des *pelings* avec qui ils avaient été précédemment en contact : nous connaissions leurs usages, nous parlions leur langue, nous étions vêtus comme eux et nous avions même lu leurs textes sacrés! Après quoi il nous apprit que, dans l'hypothèse où nous poursuivrions malgré tout notre route, il avertirait les autorités du pays de notre arrivée, et un autre chef, nanti de pouvoirs supérieurs aux siens, viendrait aussitôt à notre rencontre pour nous arrêter. Nous objectâmes à cela que nous ne souhaitions nullement visiter Lhassa et que nous acceptions tout à fait que l'on nous bande les yeux aux environs de la cité sacrée, car des notables tibétains nous avaient prévenus à Tankar que nous ne devrions ni tenter de pénétrer dans la ville, ni poser les yeux sur le temple d'or aux cinq dômes du dalaï-lama; mais qu'ils ne nous en avaient pas moins certifié qu'il nous serait possible de demeurer dans la région autant que nous le souhaiterions pour peu que nous restions à plus d'une journée de voyage de la capitale... L'entretien dura longtemps, et des serviteurs revinrent remplir nos bols de thé ainsi que la politesse l'exigeait; mais rien n'avait été décidé quand nous nous levâmes pour prendre congé. Un seul point était clair: nous avions catégoriquement refusé de revenir sur nos pas, Mr. Rijnhart allant jusqu'à préciser qu'il préférerait être décapité que de rebrousser chemin.

Peu après que nous eûmes regagné notre tente, des *kopas* nous apportèrent une *khata*, un sac de riz, un sac de farine, deux grosses plaquettes de thé et une peau contenant quatre livres de beurre; à ces présents s'ajoutait un message écrit de la main du *ponbo* où celui-ci affirmait être l'auteur de ces dons et nous informait qu'un mouton gras nous serait également offert dès que les troupeaux auraient été reconduits au village. Nous recommandâmes aux messagers de transmettre nos chaleureux remerciements à leur chef et leur confiâmes un autre cadeau pour ce dernier: nous leur remîmes un exemplaire des Évangiles magnifiquement relié, accompagné d'une *khata* (nous apprîmes plus tard que l'ouvrage avait été accepté et hautement apprécié, et en fûmes très heureux; je repenserais souvent à ces Évangiles placés sous la tente du *ponbo* de Nagch'uk'a, me demandant s'ils avaient influencé son peuple). Puis, au crépuscule, des soldats vinrent nous surveiller : deux détachements se postèrent devant et derrière notre campement, à cent pas de notre tente. Ces mesures avaient été évidemment prises à l'instigation du *ponbo*: il redoutait que nous tentions de nous enfuir à la faveur de la nuit — acte dont le dessein ne nous avait d'ailleurs jamais effleuré l'esprit. Nous songeâmes avec reconnaissance que ces sentinelles nous dispenseraient au moins d'entraver nos poneys : il était certain qu'aucun voleur n'oserait s'approcher de voyageurs ausi bien gardés!

Notre tente était plantée en contrebas d'un cercle de tertres, sur un terrain qui eût été immanquablement inondé par le premier orage venu. Comme nous étions en outre éloignés de tout point d'eau, nous décidâmes le matin suivant de lever le camp sous le regard soupçonneux des soldats du *ponbo*: nous refîmes nos paquetages, démontâmes notre abri et nous dirigeâmes vers un charmant ruisseau sinueux auprès duquel étaient déjà érigées de nombreuses tentes. Nos gardes observèrent nos mouvements avec inquiétude, mais ils finirent par comprendre nos intentions et s'abstinrent d'intervenir. Il faisait très beau, et j'allai m'asseoir sur une butte pour me dorer au soleil, contemplant le paysage environnant: devant moi se dressaient de vertes collines aux flancs couverts d'innombrables tentes noires, derrière moi s'agitaient les serviteurs du gouvernement de Lhassa, dont les tenues formaient un tableau aux riantes couleurs. Une fois parvenus à notre nouveau lieu de campement, nous remontâmes notre tente et disposâmes nos tapis aussi confortablement que possible, car nous pensions demeurer là quelque temps et espérions recevoir de nombreuses visites. Puis les hommes du *ponbo* vinrent nous dire que leur chef avait été ravi d'apprendre que nous avions transféré notre camp en une place plus sûre, mais que nous ne devions plus bouger d'un pouce avant de repartir pour la Chine.

SUR LA PISTE CARAVANIÈRE

Trois grandes routes s'offrent au voyageur qui souhaite se rendre en Chine à partir de Nagch'uk'a. La première, baptisée *Chang-lam* [« longue route »], conduit à Tankar via le Ts'aidam; les tributs étaient jadis acheminés vers Pékin par cet itinéraire, et telle était la voie que nous avions suivie pour atteindre Nagch'uk'a (autrefois, une autre piste baptisée « route orientale » menait également à Tankar par le Ts'aidam: Huc et Gabet l'avaient prise). La deuxième route importante se dirige d'abord vers Jyékundo, puis traverse les provinces du Horba et du Dergé jusqu'à Ta-chien-lu où elle est connue sous le nom de *Pei-lu* (terme qui signifie «route septentrionale»). Tandis que la troisième file vers Ch'amdo, Batang et Ta-chien-lu : on la nomme «route du thé» bien que la plupart des caravanes qui partent de Lhassa en direction de la Chine gagnent directement Ch'amdo en évitant Nagch'uk'a, et c'est par cette voie que les tributs acquittés par les habitants de Lhassa et les Népalais sont désormais convoyés. S'ajoutent aussi à ces trois axes deux autres routes qui aboutissent à Jyékundo et une autre qui passe au sud de Ch'amdo, mais elles rejoignent la troisième grande route précitée à la hauteur de Ichu... Cette troisième route étant la plus directe, nous avons espéré un moment être autorisés à l'emprunter pour nous rendre à Ta-chien-lu, mais le *ponbo* préférait que nous poursuivions notre périple par Jyékundo, et nous avions renoncé d'autant plus aisément à notre projet que nous prévoyions de faire halte ici ou là jusqu'à la fin de l'hiver. Le matin du 6 septembre à onze heures, nous vîmes enfin arriver les trois guides expérimentés que l'on nous avait promis: ils étaient montés sur trois gracieux poneys, chacun tenant par la bride un autre poney sur le dos duquel étaient fixés des paniers contenant des aliments et des ustensiles de cuisine. Nyerpa, l'intendant du *ponbo*, expliqua aux trois hommes la tâche qui leur était impartie devant une foule de spectateurs très intéressés : ils devaient nous conduire jusqu'à la lamaserie de Tashi Gomba («Tashi la bu Gomba»), puis demander au *kanpo* de ce monastère s'il nous permettait de passer l'hiver sur place cependant qu'eux-mêmes regagneraient leurs foyers; au cas où cette permission nous serait refusée, ils étaient censés nous accompagner jusqu'à Jyékundo, où il était convenu que nous leur donnerions une part de nos vivres pour le trajet de retour et leur remettrions une petite somme d'argent pour les récompenser de leurs bons et loyaux services. Quand il eut achevé son discours, Nyerpa nous présenta nos guides en nous précisant que le plus âgé était un *mamba*, qualité qui lui conférait la responsabilité des deux autres. Après quoi tous nous aidèrent à nous préparer au départ, si bien que nous n'eûmes guère le temps de faire mieux connaissance avec les trois hommes; mais nous n'en remarquâmes pas moins que leurs gestes étaient vifs et alertes. Puis le *ponbo* vint nous dire au revoir: il nous regarda partir, et resta longtemps campé au bord de la route malgré la tempête de neige aveuglante qui s'était levée.

Notre caravane s'était donc considérablement étoffée: à Mr. Rijnhart et à moi-même, montés sur de nouveaux poneys, s'ajoutaient nos trois guides escortés de sept animaux de bât et de deux moutons, ainsi que Rahim — lequel chevauchait ostensiblement à nos côtés pour déjouer les soupçons de ceux qui lui prêtaient l'intention de ne pas vouloir nous accompagner jusqu'en Chine. Nous nous dirigeâmes d'abord vers l'est pendant quatre jours et demi, puis bifurquâmes vers le nord et traversâmes la Tzar Chu, petite rivière dont les eaux coulent vers le sud en direction de Shiabden Gomba. Nous campâmes à l'est du lac Chomora, au milieu d'une paisible plaine où étaient dressées des tentes dont les occupants nous offrirent du combustible pour notre feu.

Nos trois guides étaient vêtus de peaux de mouton par-dessus lesquelles ils portaient encore des *pulus* destinés à les protéger de la pluie et de la grêle. Le *mamba* était âgé d'une quarantaine d'années ; de petite taille, maigre, noueux et nanti d'un visage aussi ridé qu'un vieux parchemin, il dégageait une impression d'assurance et de maîtrise de soi ; des cheveux longs lui descendaient jusqu'aux épaules, sa poitrine était barrée par une boîte en cuivre bourrée de médicaments, et une cloche était suspendue dans son dos. Il était coiffé d'un chapeau pointu à larges bords composé d'une légère armature recouverte de tissu et attachée sous le menton par deux bandelettes de coton rouge ; c'était un homme remarquablement énergique, aussi vif qu'un jeune enfant : il chevauchait à nos côtés sans cesser de marmonner des *mantras* et de faire tourner son moulin à prières, cela tout en scrutant le sol à la recherche de pierres susceptibles de lui fournir des remèdes ou en nous bombardant de questions sur la mystérieuse science médicale occidentale. Les deux autres guides étaient plus jeunes : ils n'avaient guère plus de vingt ans. L'un d'eux semblait pauvre, et nous prîmes l'habitude de l'appeler « le gentil garçon » car ses manières étaient toujours des plus agréables et il accomplissait sans rechigner les tâches les plus ingrates. Le deuxième était mieux habillé, mais il répugnait tant à mettre la main à la pâte que nous finîmes par le surnommer « le paresseux » (ce terme nous parut encore trop tendre après que nous eûmes découvert d'autres aspects du personnage : nous constatâmes au fil des jours que c'était non seulement un fainéant mais le pire des cochons, et qu'il se souciait ausi peu de son apparence extérieure que de l'hygiène de sa cuisine — il alla jusqu'à remplir des boyaux de chair à saucisse sans même prendre la peine de les laver !) Et les trois hommes étaient armés de sabres et de pistolets.

Puis vint notre dernière journée passée en compagnie de Rahim… Le soir venu, la tristesse envahit nos cœurs, mais nous surmontâmes notre chagrin et discutâmes ensemble de notre voyage. Rahim expliqua à nos trois guides que grande serait leur récompense s'ils savaient nous fournir toute l'assistance dont nous aurions besoin et ne se montraient pas ménagers de leurs efforts, après quoi il nous réaffirma son désir de regagner sa lointaine patrie sans faire d'inutiles détours : le moment était venu pour lui de couper à travers le pays pour filer vers Shigatsze.

Après nous être levés aux premières heures de la matinée et avoir bu une ultime tasse de thé, nous nous préparâmes tant bien que mal à cette autre cruelle séparation. Les émotions qui nous étreignaient étaient trop fortes pour pouvoir être exprimées par des phrases : nous pûmes simplement serrer la main du dernier ami qui nous restait dans cette vaste et stérile contrée, l'écouter nous dire poliment « Au revoir » — il nous adressa de nombreux *salaams* attestant qu'il ne tirait pas prétexte des circonstances pour se départir de son habituelle civilité — et le regarder ensuite s'éloigner en direction du lac Chomora aux côtés de son cheval chargé de son matériel de couchage, de ses vêtements, de ses vivres, d'une marmite et d'un soufflet tibétain. Il comptait d'abord contourner ce lac sans jamais s'approcher de Nagch'uk'a, puis se diriger vers Sapo où il attendrait que des voyageurs acceptent de faire route avec lui jusqu'à Shigatsze. Il nous avait fait part de sa crainte d'être assassiné par des voleurs, mais cette appréhension n'avait pas plus entamé son optimisme naturel que la perspective de se retrouver seul. Pouvait-il d'ailleurs se sentir plus solitaire que nous, qui perdions à travers lui un autre des liens qui nous reliaient au souvenir des doux mois que nous avions passés à Tankar? Nos deux Chinois nous avaient depuis longtemps abandonnés, et il nous fallait maintenant nous séparer de notre si fidèle Rahim : de ce garçon qui n'avait jamais cessé de mériter notre confiance depuis qu'il était arrivé dans notre foyer septentrional, et dont le caractère avait été adouci par l'amour de notre cher petit Charlie ; de ce serviteur qui avait affronté avec nous les innombrables dangers du désert du Ts'aidam, traversant à nos côtés marais et rivières et gravissant en notre compagnie d'effroyables cols ; de celui, enfin, qui avait partagé notre peine devant la petite tombe creusée au nord des monts Dang La et avait mêlé ses pleurs aux nôtres — du dernier ami que nous avions... Nos yeux s'embuèrent de larmes, et je ne pus m'empêcher de murmurer une prière : « O loyal et honnête Rahim au regard flamboyant et au sombre visage, proférai-je tout bas, tu fus pour nous le plus précieux joyau entre tous les émules du Prophète ! Que Dieu veuille bien t'enseigner la Vérité afin que tu puisses compter parmi les fidèles du Christ ! » Je n'oublierai jamais la dernière image que nous gardâmes de lui : nous le vîmes disparaître au sommet d'un monticule, agitant encore le bras dans notre direction. Réussit-il à traverser le Tibet et à rejoindre son lointain Ladak? Je l'ignore, mais je le souhaite de tout cœur et j'imagine souvent avec quelle joie ses amis durent voir revenir vers eux ce compagnon qu'ils croyaient vraisemblablement mort.

L'ATTAQUE

Les derniers nomades que nous avions croisés avaient déclaré à nos guides que nous nous approchions d'une grande rivière dénommée Tsa Chu, et ils nous avaient indiqué comment parvenir à Tashi Gomba : ils nous avaient certifié que le monastère était érigé sur les bords de cette rivière, nous prouvant leurs dires en ajoutant que c'était avec les eaux mêmes du Tsa Chu que les lamas préparaient leur thé. Après avoir traversé une succession de monts rocailleux et franchi deux cours d'eau coulant vers le sud, nous campâmes le 10 septembre en vue d'une vaste et imposante chaîne de montagnes qui se dressait à l'est de notre route. Nous eûmes l'impression que ces crêtes déchiquetées et ces pics dénudés étaient bordés par une large rivière, et tel fut aussi l'avis du *mamba*: il nous confirma que le majestueux Tsa Chu coulait très probablement au pied de ces montagnes; Nous atteignîmes dès le lendemain matin une petite rivière qu'un de nos guides nous décrivit comme un affluent du Tsa Chu, puis nous parcourûmes une longue distance sur des versants escarpés qui se perdaient dans les nuages et franchîmes une grosse source minérale qui descendait à flanc de coteau, souillant les rochers et les pierres de taches brunes partout où elle s'était étalée. Après quoi nous arrivâmes enfin devant le Tsa Chu, en une section de son cours où il était rejoint par un important affluent. Ayant traversé cet affluent sans trop de difficultés — encore que des rochers à demi dissimulés par les flots aient failli nous faire perdre quelques-uns de nos poneys —, nous fîmes halte un moment sur les berges de la rivière, où nous resserrâmes les harnais de nos montures, cherchâmes le meilleur endroit pour passer à gué et nous jetâmes tous à l'eau en poussant de grands cris destinés à encourager nos bêtes. Quoique très large, le Tsa Chu n'était profond que de quarante-cinq centimètres et son courant était beaucoup moins impétueux que ceux des autres rivières que nous venions de rencontrer: nous fûmes ravis de le constater, et nous nous félicitâmes de laisser derrière nous cet ultime grand cours d'eau ayant fait obstacle à notre avancée vers Tashi Gomba. Comme la piste caravanière ne longeait pas les berges, nous bifurquâmes sur notre droite et suivîmes un sentier cavalier qui jouxtait la rive, ayant été informés qu'à une demi-journée de voyage en aval du gué les yacks pouvaient aisément accéder à la lamaserie vers laquelle nous nous dirigions.

Cette journée de marche ayant été des plus épuisantes, nous nous mîmes immédiatement en quête d'un lieu de campement pourvu d'une bonne pâture; et nous en repérâmes une à une demi-heure du gué: nous nous installâmes sur un plateau gazonné encadré d'un côté par le Tsa Chu et de l'autre par des collines herbeuses et boisées. Nous dressâmes nos tentes au nord-est de la rivière, puis nous allâmes contempler le magnifique panorama qui se déployait sous nos yeux... La vallée que nous venions d'emprunter était étroite; les collines et les montagnes entre lesquelles elle s'étirait dessinaient à l'horizon des masses chatoyantes aux contours fantastiques et aux teintes variées, leurs pentes verdoyantes se fondant progressivement dans le pourpre et le gris délicats des sommets rocailleux qui les dominaient. Le placide Tsa Chu paraissait à la fois paisible et puissant; les coteaux aux verts parements situés près de ses rives semblaient s'incliner devant les hautes crêtes baignées de soleil et les pics géants ceints d'un diadème d'or et d'azur, tels des monarques de rang inférieur qui rendraient hommage à la splendeur impériale de leurs augustes voisins; et derrière nous s'élevaient encore d'autres collines aux aussi somptueux atours: sur leurs flancs se dressaient aussi bien des rochers massifs ornés de lichens craintifs que de tendres arbrisseaux couverts de menues feuilles et de mignonnes fleurs jaunes évoquant des roses miniatures. Cependant qu'une multitude de sentiers s'entrecroisaient dans toutes les directions, témoignant de la proximité de la lamaserie ou d'un campement et nous montrant que nous ne tarderions pas à être récompensés de nos efforts.

A la nuit tombante, deux hommes montés sur des chevaux blancs débouchèrent de la vallée que nous venions de suivre. Ils ne traversèrent pas la rivière: ils se contentèrent de longer sa rive jusqu'à un terrain situé juste en face de notre camp où ils ramenèrent leurs montures au pas et s'adressèrent à nos hommes. Notre guide paresseux s'approcha des berges pour bavarder avec ces cavaliers, Mr. Rijnhart sortant pendant ce temps son télescope de ses fontes pour observer les deux arrivants. Ils étaient armés de fusils, de lances et d'épées, ils ne portaient pas de sacoches à leurs selles — détail qui attestait que ce n'étaient pas des voyageurs —, et l'un d'eux avait le visage peinturluré de traits rouges et jaunes. Ils discutèrent calmement, prenant même le temps de s'offrir une pincée de tabac à priser, mais ils n'en jetèrent pas moins sur nos poneys un regard trop appuyé pour que nous nous sentions tout à fait en confiance — et le *mamba* qui était demeuré à nos côtés partagea nos soupçons. Puis ils disparurent dans les collines après avoir satisfait leur curiosité, s'écartant de la rive en suivant une route oblique. Nos guides nous avertirent immédiatement que ces individus reviendraient sans doute nous voler à la faveur de l'obscurité, et qu'il nous fallait donc nous préparer à affronter l'ennemi: ils décidèrent pour leur part de démonter leur tente et de passer la nuit à la belle étoile, arguant qu'il leur serait ainsi plus facile de surveiller leurs six chevaux; quant à nous, nous posâmes des abots de fer aux jarrets de nos poneys, nous attachâmes Topsy derrière eux et Mr. Rijnhart dormit devant l'entrée de notre tente (ce fut la dernière fois que nous nous servîmes d'une tente, à côté d'une paire de revolvers assez impressionnants pour mettre en déroute tout éventuel visiteur nocturne. Mais la nuit s'écoula sans que nous entendions aucun bruit suspect, et nous nous éveillâmes le lendemain matin en songeant que nous nous étions peut-être inquiétés à tort; puis nous chassâmes très vite ces préoccupations de notre esprit pour ne plus penser qu'à la lamaserie de Tashi Gomba, dont le nom sonnait à nos oreilles comme une douce musique...

Nous cherchâmes en vain une route: nous ne pûmes découvrir qu'un sentier cavalier qui tantôt suivait le long de la rivière, tantôt grimpait jusqu'à des hauteurs presque inaccessibles et s'enroulait à des collines abruptes. La chevauchée fut périlleuse, et nous fûmes souvent contraints de laisser reposer nos chevaux; l'un d'eux tomba, et nous dûmes le décharger de son bât pour l'aider à se relever — cette manœuvre ne l'empêcha d'ailleurs pas de rester nonchalamment étendu sur le sol, et nous dûmes le forcer à se remettre sur ses pattes.

Vers midi, nous suivîmes un chemin qui descendait vers le Tsa Chu: il se dirigeait vers un pré manifestement foulé par des yacks, mais était ensuite obstrué par des rochers qui semblaient interdire tout passage. Pour éviter d'avoir à revenir sur nos pas au cas où la voie s'avérerait impraticable, nous envoyâmes notre *boy* paresseux en éclaireur, et conclûmes en ne le voyant pas réapparaître que nous pouvions aller de l'avant. Nous conduisîmes donc nos animaux jusqu'à une petite butte qui s'élevait au-delà du pré, et aperçûmes alors le garçon: il jouait avec des galets au bord de l'eau, à quelques mètres d'une falaise qui tombait à pic dans les flots bouillonnants et se dressait au-dessus d'eux telle une infranchissable muraille. Mr. Rijnhart proposa que nous nous engagions dans le lit du Tsa Chu et y avancions jusqu'à ce que nous trouvions un gué, mais le *mamba* nous fit remarquer que nos chevaux — notamment celui qui était tombé — étaient trop épuisés pour lutter contre le courant: il nous suggéra de rebrousser chemin, de faire halte dans le pré en nous réconfortant par une bonne tasse de thé, puis d'éviter ce secteur difficile en poursuivant par les collines. Ses conseils s'étant toujours révélés judicieux, nous acquiesçâmes et regagnâmes le terrain précité, où nous déchargeâmes nos chevaux de leurs bâts; après quoi les guides s'occupèrent de la cuisine: ils calèrent la marmite sur trois grosses pierres, ils allumèrent un feu avec du bois ramassé sur place, et ils commencèrent à faire cuire notre déjeuner. Le fleuve coulait devant nous, cependant que dans notre dos — à environ vingt mètres de la rive — s'élevaient d'autres falaises au pied desquelles nous repérâmes les traces d'un ancien campement : des cendres étaient dispersées sur le sol, des taches de fumée souillaient les rochers.

Alors que nous attendions notre thé sous l'ombrage de ces escarpements, Mr. Rijnhart me dit tout à coup qu'il lui semblait avoir entendu des sifflements analogues à ceux qu'émettent les conducteurs de yacks. Nous dressâmes tous l'oreille, épiant les bruits suspects, et nous entendîmes soudain un coup de feu exploser dans l'air puis ricocher sur l'eau là où la balle avait achevé sa trajectoire. Sur l'ordre du *mamba*, nos deux jeunes guides coururent vers les chevaux pour les ramener à l'abri de la falaise et les empêcher de s'enfuir en direction de nos agresseurs. Celui que nous avions baptisé le «gentil garçon» fut touché au bras droit, et nous nous blottîmes tous contre la paroi afin d'échapper à la grêle de balles qui s'abattit sur nous. A notre grande horreur, des rochers s'ajoutèrent bientôt aux balles: des énormes pierres dévalèrent d'au-dessus de nos têtes — le moindre de ces blocs nous aurait certainement écrasés comme des mouches s'il nous avait touchés —, cette avalanche s'accompagnant de cris perçants et hideux comme seuls les voleurs tibétains savent les pousser. Voulant repérer d'où les coups de feu partaient et qui nous mitraillait de la sorte, Mr. Rijnhart quitta le couvert de la falaise et s'avança jusqu'à la berge pour observer les hauteurs qui nous dominaient, mais une balle frappa le sol juste derrière lui, le contraignant à revenir auprès de nous. Dans sa hâte, il ne regagna pas le renfoncement où j'avais cherché refuge mais celui où les guides s'étaient tapis, lequel était séparé de mon abri par une saillie de la roche qui le dissimulait à ma vue: je restai donc seule, ignorant pendant plusieurs minutes si mon époux avait été tué ou blessé ou s'il était sain et sauf. Il avait été toujours convenu entre nous qu'en cas de péril ou de danger je demeurerais où il m'avait laissée, comptant sur sa protection malgré son absence; si bien que je me rencognai de mon mieux au fond de mon trou et attendis la suite des événements en priant le Seigneur de veiller sur nous, car j'imaginais que mon mari et les guides étaient allés parlementer avec les bandits.

Au bout d'un temps qui me parut interminable, la fusillade s'apaisa puis s'interrompit totalement après une salve finale ponctuée de cris assourdissants qui s'éteignirent peu à peu comme s'ils nous parvenaient de plus en plus loin : ces hurlements de plus en plus lointains me firent comprendre que nous étions temporairement hors de danger… Et je vis ensuite réapparaître Mr. Rijnhart : il sortit de sa cachette et s'affala lourdement sur le sol en me lançant: «Eh bien, il ne nous reste plus que trois chevaux!» Poussant un grand soupir de soulagement — Dieu merci, il n'avait pas été tué! —, je lui demandai: «Vous avez fait la paix avec eux?», ce à quoi il rétorqua: «Comment l'aurais-je pu? J'ai tout juste entrevu nos agresseurs quand je me suis approché de l'eau: j'ai aperçu trois hommes cachés derrière un rocher, le doigt sur la gachette de leurs fusils et l'œil rivé au viseur, j'ai vu un éclair jaillir de la platine d'une de leurs armes, je me suis baissé, une balle à miaulé à mes oreilles et j'ai couru me mettre à l'abri. Puis j'ai soigné le bras ensanglanté du pauvre garçon.»

Puis Mr. Rijnhart posa sa main sur la mienne et me désigna l'endroit où se trouvaient nos guides. Rasant prudemment la falaise, nous rampâmes jusqu'à nos chevaux et constatâmes que trois des bêtes que nous croyions épargnées avaient été touchées, l'une ayant déjà péri et l'autre gisant à terre, l'échine dorsale brisée. Quatre de nos montures n'avaient pas cédé à la panique en entendant les balles siffler autour d'elles et en voyant s'abattre les rochers que les rusés voleurs avaient lancés sur nous pour nous séparer de nos chevaux et nous empêcher de les sauver; mais les derniers coups de feu avaient atteint trois des braves animaux, nous interdisant par là même de pourchasser les bandits ou de les suivre à la trace. Nos guides, qui avaient compris la tactique de nos agresseurs, avaient réussi à sauver trois de leurs poneys au péril de leur vie, mais nous n'avions pas imité leur exemple : les ruses des malandrins locaux ne nous étant pas familières, nous nous étions imaginés que les voleurs débouleraient du chemin en contre-haut et ne nous étions pas préoccupés de nos chevaux — négligence que nous ne devions d'ailleurs pas regretter, car toute intervention de cet ordre nous aurait certainement coûté la vie. Comme notre petite bande était pitoyable ! Encore tout effrayés, nous nous regroupâmes au pied de la falaise amicale après être allés chercher notre théière. Le « gentil garçon » berçait son bras meurtri comme si c'était un petit enfant : il contemplait avec tendresse les marques sombres que son sang avait laissées sur sa peau brune, le visage crispé par la douleur mais aussi l'air un peu étonné, comme s'il était mortifié d'être l'unique blessé de notre groupe ; nous étanchâmes notre soif puis lui dispensâmes quelques soins, bandant sa plaie et le ranimant de l'évanouissement où l'avait plongé l'hémorragie. Le *mamba* déclara : « Bouddha sait que les voleurs reviendront : ils s'empareront de nos bagages, ils nous tueront et ils jetteront nos corps dans la rivière », Mr. Rijnhart répliqua à cette sinistre prophétie en partant à la recherche du vieux cheval gris qui errait en haut du chemin emprunté par ses compagnons, après quoi nos trois guides commencèrent à rassembler leurs affaires. Le domestique paresseux chargea sur son épaule le fusil du blessé à côté du sien, et lui et le *mamba* aidèrent leur camarade à grimper sur un bât, car ils ne disposaient plus que d'une selle pour trois. Je leur demandai : « Où allez-vous ? », ils me répondirent non sans avoir marqué un temps d'hésitation : « Au monastère. Il y a là des hommes qui nous aideront à retrouver les voleurs », je leur objectai qu'ils feraient mieux d'attendre le retour de Mr. Rijnhart, mais ils refusèrent de m'écouter et entreprirent de se diriger vers la rive ; j'appelai mon époux, mais il arriva trop tard : les guides étaient déjà au milieu de la rivière quand il revint au campement, et nous ne pouvions songer à les poursuivre avec une seule monture.

Calmement, nous traînâmes nos biens au pied des falaises protectrices, nous entravâmes notre cheval gris, puis nous nous assîmes pour boire une tasse de thé. Notre sentiment prédominant était la gratitude : nous étions heureux d'être en vie, de n'être ni blessés ni estropiés et d'avoir conservé nos vivres et notre matériel de couchage. Notre monture morte était déjà la proie des vautours, cependant que son joli compagnon noir gisait non loin d'elle, le dos paralysé — il portait encore ma selle, la seule selle indigène que j'eusse toujours trouvée confortable et adaptée aux longs trajets. Le cheval alezan avait été touché en un point vital, et il souffrait beaucoup : il se rapprocha du cheval gris comme s'il quêtait le réconfort de sa présence, se coucha à ses côtés, hennit un dernier adieu à l'adresse de son compagnon noir, inclina la tête et mourut. Il ne nous restait donc plus que notre cheval gris, la plus pauvre haridelle de notre petite caravane, celui-là même qui était tombé quelques heures plus tôt et nous avait obligés à faire halte sur ce pré herbeux. Nous pensâmes soudain à Topsy et constatâmes qu'elle avait disparu: rassemblant nos souvenirs, nous nous rappelâmes l'avoir vue pour la dernière fois lorsque les coups de feu avaient éclaté, s'élançant en direction du chemin; notre chienne adorait courir derrière les animaux : elle en avait pris l'habitude en accompagnant Rahim à la chasse, et il était tout à fait possible qu'elle se fût enfuie avec nos chevaux; nous pouvions seulement espérer qu'elle comprendrait son erreur et reviendrait sur ses pas.

Il était deux heures de l'après-midi, et nous convînmes après en avoir délibéré de demeurer sur place jusqu'au lendemain pour vérifier si nos guides nous avaient dit ou non la vérité, bien que nous les soupçonnâmes fortement de nous avoir menti ou même de nous avoir sciemment conduits au lieu de l'embuscade après s'être ligués avec les voleurs. De deux choses l'une: ou bien ils nous avaient trahis, ou bien ils connaissaient mal la région et nous avaient fait prendre ce sentier cavalier sans savoir où il menait. Dans un cas comme dans l'autre, le *ponbo* de Nagch'uk'a pouvait être tenu pour responsable de nos ennuis, car rien de fâcheux ne nous était arrivé tant que nous étions restés sur la piste caravanière, et Tashi Gomba, pour autant que nos informations étaient exactes, se trouvait sur cette grande route; mais les guides nous avaient délibérément ou involontairement égarés. Ne sachant pas à quoi nous en tenir sur les intentions des trois hommes, nous décidâmes d'attendre leur retour jusqu'au lendemain matin, puis d'essayer d'atteindre la lamaserie à pied s'ils ne revenaient pas. Mais bien des questions se bousculaient dans notre esprit: Où était la lamaserie? Étions-nous sur la bonne route? A quelle distance nous trouvions-nous du monastère? etc. Nous passâmes une partie de l'après-midi à scruter l'horizon à l'aide de notre télescope, mais la nuit tomba sans que nous eussions repéré aucun mouvement: nul être humain ne se manifesta, qu'il fût ennemi ou ami — nous n'en avions pas moins l'impression d'être sans cesse épiés par des yeux indiscrets, et le bruit des coups de feu résonnait encore dans nos oreilles.

Les bandits devaient connaître notre situation aussi bien que nos guides: ils avaient certainement remarqué qu'il nous restait sept paquetages pour lesquels nous ne possédions aucun moyen de transport, et nous ne doutions pas qu'ils nous espionnaient depuis les collines ou les falaises environnantes; si bien qu'il y avait tout lieu de craindre qu'ils soient attirés par ce précieux butin. Nos bagages ne valant pas la peine que nous risquions nos vies pour les défendre et la perspective d'affronter une nouvelle attaque ayant de quoi nous donner la chair de poule, nous décidâmes de nous éloigner des falaises à la faveur de l'obscurité. En silence, nous déplaçâmes notre matériel de couchage jusqu'à la rivière, en contrebas d'un petit talus haut de deux pieds [0,60 m] qui descendait jusqu'à une terrasse de pierre large de six pieds [1,80 m]. Étendant là nos plaids et nos couvertures, nous demeurâmes sur cette plate-forme, les pieds au ras de l'eau, allongés sous une toile caoutchoutée qui protégea nos corps de la pluie fine qui tomba pendant la majeure partie de la nuit. Nous avions toujours transporté notre argent sur nous sous la forme de *sycees* — c'est-à-dire de lingots d'argent de divers poids —, et nous avions l'intention de chercher du secours sur l'autre rive au cas où nous serions découverts.

La nuit fut longue et ténébreuse, mais rien ne vint troubler notre repos: les seuls bruits que nous entendîmes furent le clapotis de l'eau contre les pierres ou des cris d'animaux ou d'oiseaux inconnus qui nous parûmes provenir d'au-delà des falaises, leur écho se répercutant dans le silence des montagnes tels des appels de sentinelles. La pluie s'arrêta vers le matin; une lumière blafarde envahit le ciel et transforma la rivière en un second firmament, mais nous ne comprîmes pas tout de suite que c'était l'aube, croyant que cette luminosité accrue n'était due qu'à la dispersion des nuages; puis cette pâle lumière se diffusa peu à peu dans toute l'atmosphère et nous commençâmes à discerner les formes des rochers, des falaises et des collines, d'abord indistinctement puis dans tous leurs détails. Nous nous levâmes dès que des rais de soleil horizontaux filtrèrent à travers les nuages: nous ramenâmes alors notre matériel de couchage vers la falaise, où nous fûmes accueillis par notre cheval gris et retrouvâmes nos affaires comme nous les avions laissées; après quoi nous nous emmitouflâmes dans des couvertures et attendîmes l'heure du petit déjeuner, pour partir ramasser du bois et faire chauffer notre thé.

Quoique mesurant tous deux l'étendue de notre infortune, nous nous efforçâmes d'envisager notre avenir sans trop de morosité et y réussîmes quelque peu: l'optimisme l'emporta progressivement sur les idées noires, les chassant dans un coin reculé de notre esprit. A midi, ayant acquis la certitude que nos guides nous avaient abandonnés et constatant que le moment était venu de nous diriger à pied vers la lamaserie ou un campement où nous pourrions peut-être louer des animaux, nous défîmes nos bagages et choisîmes les quelques biens que nous emmènerions avec nous — c'est-à-dire, non pas tous ce que nous souhaitions conserver, mais ceux que nous étions en mesure de transporter, car notre cheval aurait été incapable de convoyer une lourde charge. Il nous fut très difficile de nous défaire de nos possessions les plus chères, et nos cœurs se serrèrent quand il nous fallut nous séparer de nos vieilles bibles, de nos instruments médicaux et de beaucoup d'autres objets auxquels nous tenions comme à la prunelle de nos yeux; mais nous ne pouvions faire autrement, et force nous fut de nous plier à cette rude nécessité. Nous emportâmes assez de vivres pour nous sustenter pendant quinze jours, tout le matériel de couchage indispensable, une grande marmite et une plus petite, des soupes déshydratées, de la viande de bœuf, du thé et du lait condensé, des vêtements de rechange et notre journal de voyage, la Bible de Mr. Rijnhart et un bloc de papier, deux ou trois souvenirs nous rappelant notre enfant chéri et divers autres articles. Pour le reste, nous enterrâmes sous des rochers les quelques objets de valeur que nous ne pûmes emporter avec nous et abandonnâmes nos tentes, bâts, etc., près de la falaise, espérant que nous parviendrions à les vendre à un voyageur ou à un habitant du pays mais ne doutant pas en même temps que les voleurs nous surveillaient et s'apprêtaient à fondre sur nos biens tels des aigles sur leur proie. Ces préparatifs nous conduisirent jusqu'à la fin de l'après-midi : le soleil disparut derrière les collines, et les ombres du soir nous enveloppèrent sans nous ramener nos guides — elles ne firent qu'accentuer l'aversion que nous éprouvions pour ces lieux inhospitaliers.

Nous refusant à passer une autre nuit sur place, nous sellâmes notre cheval gris et empilâmes sur son dos le maximum de bagages qu'il nous paraissait pouvoir porter. Mr. Rijnhart chargea ce qui restait sur ses épaules, nous nous munîmes chacun d'un bâton consistant en un demi-montant de tente, nous dîmes adieu aux falaises, puis nous entreprîmes de revenir sur nos pas en suivant le chemin même par où nos montures s'étaient enfuies. En nous voyant passer devant lui, le cheval noir tenta de se relever, et il poussa de longs et déchirants hennissements: Mr. Rijnhart voulut abattre la pauvre bête d'un coup de revolver mais je le suppliai de n'en rien faire, me sentant incapable de supporter le bruit d'une autre détonation et craignant que le coup de feu ne nous attire de nouveaux ennuis en signalant notre position — il est certain que ce n'était pas très courageux, mais la fusillade de la veille avait été une trop horrible expérience pour que je pusse tolérer de la revivre.

NOS DERNIERS JOURS ENSEMBLE

Le pré verdoyant qui jouxtait la falaise était un terrain de campement idéal: il était abrité à la fois des vents froids et pénétrants et des chauds rayons du soleil de midi; mais les événements que je viens de relater avaient dépouillé ce lieu de tous ses charmes, et nous fûmes donc ravis de nous en éloigner. Bien que s'élevant en pente douce, le chemin par où nous étions descendus la veille nous donna l'impression d'être un épouvantable raidillon, car nos vigoureux poneys n'étaient plus là pour nous porter: il nous fallut marcher, Mr. Rijnhart transportant non seulement un lourd fardeau sur ses épaules mais traînant également derrière lui notre cheval gris pesamment chargé — tâche impossible si je n'avais moi-même aiguillonné le pauvre animal avec mon bâton. Nous n'en parvînmes pas moins en haut du chemin, où nous découvrîmes le repaire des bandits : une belle petite cuvette entourée de rochers semblait avoir fourni une pâture à leurs chevaux pendant qu'ils tentaient de s'emparer des nôtres; nous estimâmes le nombre de nos agresseurs à dix ou douze, et déduisîmes qu'ils avaient dû nous suivre et nous observer pendant toute la matinée avant de saisir l'occasion de nous attaquer sans s'exposer à aucune riposte. La nuit étant assez claire, nous poursuivîmes notre route jusqu'à ce qu'il nous devienne impossible de repérer les ravins qui nous entouraient ou d'avancer sans risquer de nous égarer: nous débarrassâmes alors notre précieux cheval de son bât et l'attachâmes près de nous en disposant nos provisions de telle sorte que nous puissions apercevoir tout animal sauvage qui tenterait de s'approcher de notre camp, puis nous nous jetâmes sur nos couches, le corps fourbu mais l'esprit bien plus détendu que la nuit précédente. La lune se déplaça lentement dans les cieux étoilés, diffusant sa lumière dans le paysage environnant et modifiant subtilement la répartition des ombres. Nous éveillant à l'aube après avoir fort peu dormi, nous retrouvâmes toutes nos possessions raidies par une épaisse couche de givre; et nous constatâmes que nous avions fait halte au bord d'un gouffre profond où nous serions certainement tombés si nous avions fait quelques pas de plus : cette découverte nous stupéfia, car nous n'avions nullement perçu le péril qui nous menaçait.

La difficulté suivante qu'il nous fallut affronter fut l'allumage du feu : le seul combustible dont nous disposions consistait en des excréments de yacks, et ni Mr. Rijnhart ni moi-même n'étions experts dans le maniement de notre soufflet tibétain (objet formé d'une peau de chèvre reliée à une extrémité à une pipe en fer ronde longue de quatorze pouces [35 cm] et d'environ un pouce [2,5 cm] de diamètre), qu'il convient d'actionner avec un mouvement des mains très précis. Bien que très efficace pour attiser des flammes déjà hautes, ce soufflet est particulièrement délicat à manipuler quand il s'agit d'allumer un feu, et Mr. Rijnhart ne parvint dans un premier temps qu'à éteindre le foyer naissant; heureusement, nos efforts combinés finirent par être couronnés de succès, et je partis ensuite ramasser des bouses pendant que mon époux continuait à actionner vigoureusement l'incommode instrument. Après quoi nous discutâmes de notre situation en buvant notre thé: considérant les charges excessives sous lesquelles ployaient et notre monture et mon mari (cela, en dépit de son pied blessé), et tenant compte par ailleurs de ma mauvaise santé, nous convînmes que nous devions par-dessus tout éviter de tourner en rond. Et nous décidâmes par conséquent de suivre la rivière vers l'aval pendant deux jours puis de bifurquer sur notre gauche au cas où nous ne repérerions pas la lamaserie ou des tentes, de façon à retomber sur la piste caravanière; car les indications de notre boussole comme notre sens de l'orientation nous disaient que nous n'avions pas beaucoup dévié de cette piste... Revenant jusqu'à un petit affluent du Tsa Chu près duquel nous avons déjà campé, nous découvrîmes un sentier le long de ses berges et l'empruntâmes pendant quelque temps; contournant une colline, nous ne tardâmes pas à parvenir en bordure de l'amas de rochers au-delà duquel notre boy s'était assis le jour de l'attaque: nous pûmes enfin avoir une belle vue sur la rivière et la rive opposée, qui s'étirait dans un pays plat et ouvert.

Après avoir gravi des pentes escarpées pendant trois longues heures, nous atteignîmes une corniche où nous dûmes choisir entre retraverser le Tsa Chu et nous enfoncer dans les collines. Contemplant le moutonnement infini des hauteurs qui nous dominaient, nous nous estimâmes incapables d'entreprendre une telle ascension et choisîmes donc de gagner l'autre berge malgré la profondeur des eaux et la puissance du courant: Mr. Rijnhart me déclara qu'il se sentait tout à fait capable de nager dans ces flots tumultueux, et son assurance m'aida à surmonter mes craintes. Après avoir soigneusement examiné les environs, il nous apparut que l'endroit le plus sûr pour effectuer notre traversée se trouvait en une zone de la rivière où celle-ci était divisée en deux bras par un banc de sable: son cours formait un méandre en amont de ce banc, et juste en aval se dressaient des rochers au-delà desquels un affluent coulait sur la rive opposée, gonflant encore le volume des eaux. Mon époux enfila des vêtements fins, il chargea nos vivres, nos marmites et nos paquetages sur notre monture, puis il pénétra dans les flots, ayant l'intention de revenir me chercher en même temps que notre matériel de couchage. Il tint le cheval par la bride pendant la première moitié du parcours — c'est-à-dire dans le premier bras, qui était profond de deux pieds [60 cm] —, après quoi il le lâcha et nagea à ses côtés jusqu'à l'autre berge. Il avait commencé à pleuvoir, et le froid transissait Mr. Rijnhart: ce fut en tremblant qu'il débarrassa l'animal de son fardeau et l'enfourcha pour revenir dans ma direction, et je l'entendis claquer des dents pendant qu'il attachait nos couvertures à l'arrière de la selle et m'aidait à grimper à mon tour sur la bête.

Comme j'étais considérablement alourdie — je transportais dans les poches de ma robe dix livres d'argent, nos deux revolvers, notre télescope, nos bols à *tsamba* plaqués d'argent et des bas secs pour nous deux —, Mr. Rijnhart me mit en garde contre une chute éventuelle en me disant que j'étais trop lourdement lestée pour qu'il pût me sauver au cas où je tomberais à l'eau. Tenant une longue corde dans une main, il accompagna le cheval au-delà du banc de sable puis le laissa continuer tout seul quand il n'eut plus pied, observant notre progression. Mais le courant emporta la corde, et l'animal, croyant qu'il était toujours guidé, tourna la tête vers la droite et commença à nager vers l'aval. Mon mari me cria de tirer sur la rêne droite, ce que j'avais fait instinctivement: le cheval réagit à mon geste en faisant un brusque écart qui exposa notre matériel de couchage à la puissance du courant et faillit me précipiter dans l'eau avec ma selle. Mesurant le danger que je courais, je pesai de tout mon poids sur l'étrier droit et m'accrochai de toutes mes forces à la crinière de la bête afin de reprendre mon équilibre: la manœuvre réussit, et ma monture et moi-même parvînmes sains et saufs à proximité de la rive opposée. Épuisé par l'effort, le vieux cheval s'assit dans l'eau, m'obligeant à descendre de selle avant que je fusse parvenue sur la terre ferme; après quoi Mr. Rijnhart plongea dans les flots glacés et me rejoignit. Nous étions trempés jusqu'aux os, notre garde-robe était inondée, et la pluie qui tombait n'arrangeait pas nos affaires... Nous ramassâmes tant bien que mal un peu de bois pour allumer un feu au-dessus duquel nous nous préparâmes une bonne soupe chaude, puis nous mîmes nos couvertures à sécher dès que l'averse s'interrompit et nous éloignâmes de la rive pour trouver davantage de combustible. C'est alors que nous aperçûmes les traces fraîches de trois chevaux et d'un chien: étaient-ce les empreintes de nos guides et de Topsy? Ah, comme les cœurs découragés sont prompts à espérer! Nous tressaillîmes de joie en songeant que le vieux *mamba* et nos deux *boys* étaient peut-être revenus nous aider. Les avions-nous mal jugés? Nous étaient-ils restés fidèles? Mais la nuit nous montra que ces espoirs étaient vains: aucun secours n'était arrivé, nous ne pouvions compter que sur nos propres ressources.

Repartant le lendemain matin, nous dûmes presque immédiatement traverser un affluent du Tsa Chu; ce n'était qu'une toute petite rivière, mais son lit était encombré de grosses pierres et le courant était très violent. Ne souhaitant pas prendre davantage de retard, nous nous acheminâmes péniblement vers l'autre rive en nous tenant par la main, ayant le plus grand mal à résister à la force des flots — d'autant que nous avancions dans près de trois pieds d'eau [90 cm] — et risquant à chaque pas de glisser sur les pierres inégales qui tapissaient le fond. Le passage de ces gués était devenu encore plus hasardeux depuis que nous ne disposions plus que d'un seul cheval et avions été abandonnés par nos indigènes, et nous espérâmes donc ne pas avoir à renouveler cette pénible expérience. Puis nous nous engageâmes dans un ravin où nous découvrîmes les vestiges d'un camp: un feu avait été allumé entre trois pierres et un petit bout de papier était posé sur le sol près d'une ficelle — il nous rappela les emballages dans lesquels notre *mamba* conservait ses remèdes, et nous en déduisîmes qu'il avait dû s'arrêter dans ce ravin pour soigner le bras du «gentil garçon» (ce fut la dernière trace de nos guides qu'il nous fut donné de repérer). Après avoir franchi maintes vallées encaissées et escaladé plusieurs buttes, nous finîmes par atteindre un terrain plat donnant sur un cours d'eau, où des alignements de pierres et de mottes de boue nous révélèrent que des tentes venaient d'être dressées là : comme l'herbe et le combustible étaient abondants, nous nous installâmes sur ce terrain pour y déjeuner. Scrutant l'horizon, nous aperçûmes des animaux qui nous parurent être du bétail, et notre télescope confirma nos observations : des immenses troupeaux paissaient en aval de la rivière à côté d'un campement, mais sur la berge opposée ! Nous n'ignorions pas que les rochers qui obstruaient la rive nous obligeraient sans doute à faire un long détour par les collines pour rejoindre ces tentes, mais le spectacle de cette présence humaine n'emplit pas moins nos cœurs d'une douce allégresse...

Pensant que nos épreuves allaient bientôt s'achever, je proposai à Mr. Rijnhart de traverser le cours d'eau sans moi pour filer au plus vite vers les troupeaux, car je ne redoutais pas de rester seule et je savais que notre monture était trop fatiguée pour affronter de nouveau ces flots agités. Mon époux me dévisagea un moment, puis il me dit : «Non, je refuse de te laisser ici — des voyageurs pourraient te surprendre, et tu es une femme... Nous ne nous séparerons que quand nous arriverons en face des tentes : ainsi, je ne te perdrai pas de vue ! »

Nous nous éloignâmes donc des berges et entreprîmes l'ascension d'une succession de collines escarpées qui se masquaient mutuellement — on ne pouvait découvrir l'éminence suivante qu'une fois parvenu au sommet du mamelon précédent —, lesquelles collines nous conduisirent au pied de magnifiques rochers encadrant un limpide torrent montagnard. Suivant le bassin de ce torrent, nous trouvâmes de multiples traces d'anciens campements, et il nous vint à l'esprit que cet endroit fournirait une admirable cachette à des bandes de voleurs : car les hauteurs environnantes le dissimulaient à tout regard indiscret, et il se trouvait néanmoins à proximité de la grand-route. De gros flocons de neige annonçant l'imminence d'une tempête, nous ramassâmes du bois tout en marchant afin de pouvoir apaiser notre faim lorsque la nuit tomberait, ainsi que nous l'avaient appris les indigènes. Puis le crépuscule survint : nous n'étions pas encore sortis du ravin, mais nous avions presque atteint le faîte du versant d'où jaillissait le torrent, et ce fut là que nous campâmes. Pressentîmes-nous le désastre à venir ou fûmes-nous plutôt sensibles à la sinistre atmosphère de cette gorge où le crime avait laissé sa marque ? Je l'ignore, mais le fait est que ces lieux suscitèrent en nous un inexplicable malaise ; et ce fut donc en chuchotant que nous nous installâmes près de l'ancien foyer où nous avions décidé de faire halte. Nous servant d'un de nos bâtons, de quelques bouts de ficelle et de deux piquets de tente, nous construisîmes une armature sur laquelle nous fixâmes notre toile caoutchoutée, puis nous nous faufilâmes sous cet abri de fortune. Huit pouces [20 cm] de neige tombèrent pendant la nuit, nous tenant aussi chaud que si nous avions dormi dans un appartement londonien; mais cette chaleur eut aussi un inconvénient, car nous eûmes le plus grand mal à nous extirper le lendemain matin de ce pesant cocon quand nous nous résolûmes — initiative qui nous demanda bien du courage — à quitter notre refuge...

Nous nous réveillâmes sous un ciel menaçant, et nous constatâmes en risquant un œil à l'extérieur que la couche de neige accumulée rendrait notre marche difficile tout en trempant nos bottes tibétaines (et par conséquant nos pieds); puis nous discernâmes une tache sombre: un gros ours brun au cou cerclé de blanc rôdait et musardait à quelques mètres de nous, son pelage se détachant sur le paysage immaculé. Notre cheval avait commencé à gratter la neige de ses lèvres pour atteindre l'herbe succulente, et il fut le premier à réagir à l'approche de l'ours: il s'ébroua pendant que nous faisions un effort désespéré pour nous arracher à notre léthargie et ramper péniblement hors de notre abri; après quoi nous avalâmes un rapide petit déjeuner à base de *tsampa* et de neige fondue, nous harnachâmes notre monture de nos doigts endoloris par le froid et nous nous remîmes en route aussitôt après que Mr. Rijnhart eut chargé son lourd fardeau sur ses épaules, toutes ces opérations se déroulant sous le regard intéressé (et peut-être pas uniquement amical) de Martin. Mon époux me laissa ensuite avec le cheval, partant reconnaître les environs: car nous ne voulions pas errer inutilement dans les collines ni trop nous écarter de la rivière. Son exploration ayant montré que nous avions dépassé les rochers qui obstruaient les berges, nous bifurquâmes en direction de l'eau; mais la raideur des pentes rendit notre progression épouvantablement pénible, et la neige et l'herbe mouillée transformèrent le moindre tournant en une vraie patinoire. Le cheval glissait sans cesse, son bât tombait continuellement de son dos, et nous devions chaque fois resserrer les sangles de la selle et remettre en place tout notre barda avant de repartir; et il fit même une chute plus grave: perdant tout à coup l'équilibre, il dévala le long des flancs d'une colline broussailleuse qui descendait vers la rivière, et nous craignîmes un moment qu'il ne dégringole ainsi jusqu'à la berge (il s'arrêta heureusement avant). Lorsque nous l'eûmes rejoint, il nous apparut que nous étions incapables de faire un pas de plus — quand bien même nous n'étions pas beaucoup plus près des tentes que le matin précédent —, et nous décidâmes donc de nous accorder un peu de repos : repérant un petit bout de terrain relativement plat, nous le dégageâmes de sa neige et y allumâmes un feu devant lequel nous nous assîmes.

Les occupants des tentes étaient à portée de voix. Nous criâmes et ils nous répondirent, mais ils ne se rapprochèrent pas suffisamment pour que nous puissions engager une véritable conversation: ils se contentèrent de courir dans tous les sens sur la rive opposée en gesticulant comme des forcenés. Un Chinois se serait certainement avancé pour s'enquérir de notre identité, mais la curiosité des Tibétains ne semblait pas aller jusque-là!

Le soleil flamboyait et la neige fondait rapidement sous ses rayons, mais l'après-midi était trop avancée pour que Mr. Rijnhart ait le temps de franchir la distance qui nous séparait des tentes et de revenir me chercher avant la tombée de la nuit: car il lui fallait effectuer l'aller et retour à pied, le passage du gué s'avérant de toute évidence au-dessus des forces de notre cheval. Après avoir réfléchi au meilleur moyen d'atteindre le campement et prié Dieu de nous éclairer, nous conclûmes qu'il valait mieux patienter jusqu'au lendemain: Mr. Rijnhart nagerait alors jusqu'à l'autre rive, essaierait de louer des animaux et demanderait où se trouvait la lamaserie. Nous passâmes donc la nuit sur place — une nuit pénible, car le soleil et la réverbération avaient cruellement brûlé nos joues et nos yeux —, puis nous nous éveillâmes le matin du 26 septembre sans nous douter une seconde du nouveau coup que le destin s'apprêtait à nous porter. Nous déjeunâmes tranquillement, après quoi Mr. Rijnhart commença à se préparer: coupant en deux notre toile caoutchoutée, il en utilisa une moitié pour empaqueter des habits de rechange (des sous-vêtements, un veston et un pantalon), cinq onces d'argent, quelques *khaṭas* et mon petit revolver et ferma le tout au moyen d'un nœud. Puis il attacha le ballot ainsi constitué sur son dos, ramassa un bâton destiné à le protéger des chiens des nomades et se mit en route d'un pas allègre, me recommandant de ne pas hésiter à me servir du gros revolver qu'il m'avait laissé si un intrus me menaçait et me déclarant qu'il ferait tout son possible pour revenir avant le soir: s'il en était empêché pour une raison quelconque, il me signalerait son approche par des cris afin que je ne prenne pas peur.

Il s'arrêta peu avant la berge pour me dire au revoir de la main et prononcer un dernier «*ta-ta*», puis il enleva sa lourde veste chinoise capitonnée de tissu bleu foncé et pénétra dans les flots; après quoi il s'avança jusqu'au milieu du gué, sortit ses bras de l'eau pour commencer à nager, puis rebroussa brusquement chemin et regagna le point de la rive d'où il était parti. Il me hurla quelque chose que je n'entendis pas, puis entreprit de remonter le lit de la rivière vers l'aval, c'est-à-dire dans la direction opposée à celle des tentes. Il s'engagea ensuite dans un petit sentier qui contournait les rochers que nous avions évités la veille, et *je ne le revis plus jamais*.

Susie Carson Rijnhart, *With the Tibetans in Tent and Temple, Narrative of Four Years'Residence Tibet, on the Border*, Chicago, F. H. Revell Company, 1901. Traduction de Christian Cler.

PERCEVAL LANDON

(1903-1904)

Perceval Landon, envoyé particulier du Times, *accompagne l'expédition britannique qui, finalement, parviendra à Lhassa. La progression est lente et va durer de l'automne 1903 à août 1904, ponctuée par de vaines recherches pour tenter d'établir le contact avec des représentants du dalaï-lama. A travers incidents, combats, négociations, l'expédition conduite par F. Younghusband ira «jusqu'à Lhassa à la baïonnette[1]». C'est aussi le choc de deux mondes et la découverte d'une ville longtemps interdite.*

L'ÉCHAUFFOURÉE DE GOURU

Le 31 mars, à 8 h 20 du matin, notre colonne quitta Thuna. A 20 kilomètres de ce village, les Tibétains avaient construit comme ligne de défense une muraille à quatre redans, munie d'étroites ouvertures, entre une maison en ruine et un talus aboutissant à de petites collines pierreuses qui, jusqu'à une hauteur de 700 mètres, s'échelonnaient à 3 kilomètres de là, du côté de l'ouest. Sur ces collines, on avait élevé quelques pauvres petites redoutes. Mais, à notre droite, un espace libre de 3 000 mètres s'étendait dans la plaine, entre leurs chétives fortifications et un lac bordé de marécages. La naïveté du système de défense adopté par les Tibétains aurait frappé les yeux mêmes d'un enfant: ils n'avaient rien fait pour fermer cette large porte par où nous allions entrer dans le cœur du Tibet. La vérité est que ce beau projet de défense avait été conçu à Lhassa, par des autorités militaires qui se guidaient d'après une carte d'un autre âge, et ignoraient sans doute que le lac en question s'était rétréci de 2 kilomètres depuis de longues années; et les chefs des forces tibétaines, une fois sur les lieux, n'avaient pas assez d'autorité pour rectifier un plan stratégique si contraire au bon sens.

Nous avancions toujours à travers la plaine, un simple prolongement du plateau de Thuna. Il soufflait un vent du sud chargé de neige et d'humidité, le sol blanchissait rapidement autour de nous. Sous cette tempête, ou plutôt sous ce ciel noir, ce n'était pas le blanc, mais le gris sinistre, un gris de cendre, qui était la note dominante.

Au moment où les fortifications des Tibétains devinrent visibles à l'horizon, un messager à cheval, s'avançant sur nous à toute bride, vint annoncer la visite du chef tibétain chargé de défendre le passage. Bientôt le Lhéding-dépen en personne, accompagné de son frère, le

1. Titre de l'ouvrage écrit par Peter Fleming sur l'expédition (cf. bibliographie).

dernier commandant de Phari, et de Gesur Yeshe Wang-gyuk, représentant le grand monastère de Ga-den, s'avança vers nous en trottinant à travers la plaine. Aussitôt une conférence eut lieu entre les chefs politiques et militaires des deux parties. Mais ce fut toujours, de la part des Tibétains, le même refrain répété comme une leçon. Délégué de Lhassa avec un mandat impératif, le Lhéding-dépen, en eût-il le désir, ne pouvait comprendre ce que nous voulions, ni s'entendre avec nous; il ne pouvait que répéter son sempiternel: «Allez-vous-en! Retournez à Yatoung!» Le colonel Younghusband lui exposa que le Gouvernement de Calcutta, las d'être berné par celui de Lhassa, exigeait des explications, des engagements précis. Au bout de vingt minutes de discussion vive, mais infructueuse, et rendue plus ingrate encore par la nécessité d'avoir un interprète — c'était le capitaine O'Connor qui jouait ce rôle, — le petit *durbar* fut rompu, et, d'une allure majestueuse, le plus important des Tibétains se replia derrière ses retranchements, dans un nuage de poussière. Un ou deux autres, par des gestes violents, et poussant de grands cris, s'efforcèrent d'amener le Commissaire anglais à battre en retraite. O'Connor, bien qu'il fût bousculé et désarçonné dix fois par minute, garda son sang-froid, et leur expliqua à maintes reprises que le colonel Younghusband ne voulait plus rien entendre avant d'arriver à Gyangtsé. Les derniers énergumènes finirent par comprendre qu'il n'y avait rien à gagner; ils poussèrent de nouveaux hurlements, et se sauvèrent sur leurs petits poneys tout rondelets.

Le flegmatique *non possumus* du colonel Younghusband avait eu enfin raison des réclamations enflammées des délégués tibétains. Ce fut une vraie scène de comédie, mais une scène étrangement pittoresque: les robes bleues ou rouges des Tibétains, leurs vieux fusils à fourchette richement ornés de corail et de turquoises, leurs épées dont la poignée et le fourreau étaient également constellés de pierreries, les énormes étriers de fer qui pendaient aux flancs de leurs petits poneys, et qui rappelaient ceux de nos vieux chevaliers, tout cet appareil nous donnait un excitant avant-goût des curiosités qui nous attendaient dans la ville mystérieuse et sacrée.

Du moins, dans ce flux de paroles, au milieu de toutes ces gesticulations d'Asiatiques, un mot, le mot de la fin, était sérieux. Il fut prononcé par le colonel Younghusband sur un ton calme qui, faisant contraste avec toute cette agitation, était d'autant plus significatif:

«Ce n'est qu'à Gyangtsé, dit-il aux Tibétains, que je consentirai à vous entendre.»

Comme il n'était pas douteux que ces derniers eussent l'intention de nous résister, ce qui constituait pour nous un sérieux embarras, nous nous préparâmes à les déloger de leur muraille.

Suivant le désir formel du colonel Younghusband, le général donna l'ordre de ne pas tirer un coup de fusil avant d'avoir essuyé le feu de l'ennemi,; et, je le dis à la gloire de nos soldats Gourkhas et Sikhs, ils observèrent ce jour-là, comme dans toutes les autres occasions, cette froide discipline qui fait honneur à l'armée de l'Inde. Et cependant, ils pouvaient être impressionnés en exécutant l'ordre de marcher droit à la redoute, par la perspective de recevoir à bout portant une première décharge, et d'avoir à lutter corps à corps avec des ennemis fanatisés, supérieurs en nombre, et peut-être même en force physique.

Ce fut une scène étrange : face à la redoute, une seule ligne de soldats éloignés les uns des autres s'avançait lentement, sur une telle étendue de terrain qu'elle eut bientôt fait de déborder et de dominer entièrement la ligne fortifiée derrière laquelle les Tibétains massés couvraient l'espace qu'occuperait un bataillon formé sur quatre rangs. Pendant que cette opération s'accomplissait en silence, le XXXIIe pionniers et le VIIIe Gourkhas, escaladant les hauteurs qui protégeaient les flancs et les derrières de la redoute principale, les nettoyaient des détachements ennemis qui s'y étaient embusqués. Cette manœuvre réussit de tout point, elle s'exécuta sans coup férir, et presque avec bonne humeur : les Tibétains de ces lignes secondaires, au nombre d'environ deux cents hommes, se laissèrent désarmer sans opposer de résistance, et à partir de ce moment ils assistèrent au drame en simples spectateurs, montrant une curieuse impassibilité.

Le gros de notre troupe avançait toujours vers la redoute principale, dont les défenseurs, serrés les uns contre les autres, avaient contemplé avec stupéfaction et sans bouger les progrès de notre déploiement, la marche des agresseurs et les opérations secondaires qui, sur leurs derrières, menaçaient de couper leur ligne de retraite. Leur immobilité donna même le change à nos soldats, qui passèrent de la tension d'esprit causée par un danger prochain, à un excès d'insouciance et de fausse sécurité. Ils croyaient déjà tenir le succès sans avoir à verser une goutte de sang.

Nos mouvements avaient paru incompréhensibles à ces pauvres gens ; mais on ne leur avait pas donné l'ordre de battre en retraite, et ils attendaient passivement. Du reste, ils étaient pleins de confiance dans leur supériorité numérique, et ils n'avaient aucune idée de l'effet de nos armes perfectionnées. Nous les entendions qui discutaient, derrière leurs lignes, sur ce qu'ils devaient faire ; et, sans les comprendre, nous devinions qu'ils étaient d'avis différents. Quelques-uns d'entre eux, à ce que nous apprîmes plus tard de la bouche de nos prisonniers, proposaient la seule chose qui pût nous nuire, et même dont les conséquences eussent été terribles pour nous : ils insistaient pour laisser passer devant eux, entre la redoute et le lac, et sans l'inquiéter, la force militaire qui accompagnait notre Mission, pour tomber sur la Mission même, lorsqu'elle se présenterait à son tour, à portée de leurs fusils.

Le Commissaire général, en exigeant qu'ils désarmassent, déjoua leur plan; mais c'est pendant ce désarmement que l'éclat redouté par nos officiers se produisit. Tandis que les Sikhs d'une part, les pionniers de l'autre, faisaient les sommations et, sautant dans la redoute, commençaient à s'emparer des fusils tibétains, des résistances individuelles se produisirent, donnant lieu à des corps à corps, ils ne furent malheureusement pas aperçus par le colonel Younghusband, qui se tenait à une extrémité du rempart.

Le Dépen de Lhassa, à cheval en avant de la ligne, criait à ses hommes, en faisant des gestes fous, de résister aux envahisseurs. Les Sikhs furent bousculés. Un d'entre eux, qui s'élançait à la tête du cheval du Dépen, et le saisissait dèjà par la bride, essuya un coup de pistolet.

Un silence se fit, une effroyable pause de quelques secondes, pendant laquelle assiégeants et assiégés, dans un embarras visible, attendaient des ordres. Une arme que se disputaient un Sikh et un Tibétain, se déchargea toute seule: aussitôt, une formidable clameur, poussée par les Tibétains, fut le signal du combat: tirant leurs glaives, brandissant leurs fusils, ils s'élancèrent sur le mince cordon de pionniers qui faisait front à la muraille. Deux Européens se virent entourés dans l'enceinte même de la redoute, et furent blessés l'un et l'autre: M. Candler, correspondant de la *Daily Mail*, le fut assez grièvement, et avant d'avoir pu faire usage de son revolver; quant à l'autre, le major Dunlop, il fut encore moins heureux: un Tibétain furieux, d'un terrible coup de sabre, lui trancha la main gauche sur la crosse même de sa carabine.

Alors, un ouragan de plomb et de fer s'abattit sur la masse des Tibétains serrés les uns contre les autres, et nos feux de salve causèrent dans leurs rangs d'énormes ravages. Ce fut le combat d'un homme contre un enfant: dès le premier instant de l'action, notre avantage se dessina d'une manière indiscutable; en quelques minutes on vit l'ennemi hésiter, rompre et s'enfuir. Son unique ligne de retraite était balayée par nos feux croisés; avec l'aveugle impétuosité des brutes qui s'élancent tout d'une masse, ils s'y engagèrent pêle-mêle, se bousculant, se repoussant, se faisant tomber l'un l'autre dans leur hâte à trouver un abri, à sortir de cette effroyable redoute qui, au lieu de les couvrir, était devenue pour eux une souricière. A quelques centaines de mètres, ils crurent trouver un refuge derrière un premier rang de collines: ils avaient compté sans nos Gourkhas qui, postés sur ces hauteurs, dirigèrent contre les fugitifs leurs feux plongeants. Alors se produisit une nouvelle fuite éperdue, jusqu'à un second pli de terrain, un kilomètre plus loin. Armés de leurs fusils démodés, les malheureux n'avaient plus qu'à fuir devant nos armes modernes dont l'effet est foudroyant, même aux yeux de ceux qui les portent: elles leur donnent, dans un rayon étendu, un droit absolu de vie et de mort sur tous ceux qui ne disposent pas d'armes pareilles. Et rien n'était plus horrible que le spectacle de ces tas de morts et de blessés qui, tous les dix ou vingt pas, jalonnaient la ligne de retraite des fugitifs; il s'élevait, dans un concert de gémissements, des mains crispées ou suppliantes, des gestes hideux d'agonisants, et des prières de vaincus.

Ce fut moins un combat qu'une tuerie, et nos officiers la firent cesser dès que tout danger eut disparu pour nous, ce qui ne tarda point. Le plus grand péril que coururent les nôtres, ce fut de se blesser mutuellement au cours des mouvements par ordre dispersé sur les hauteurs. C'est ainsi que la compagnie du XXXIIe, qui avait été chargée de tourner l'ennemi par la droite, fut obligée de se retirer promptement des hauteurs, pour laisser le champ libre au feu des Gourkhas, qui visaient de ce côté-là.

L'artillerie elle-même avait donné, dès qu'elle l'avait pu; mais la fusée ne brûle pas à ces hauteurs avec autant d'intensité, et le feu de nos canons s'en ressentit quelque peu.

La conduite des troupes indigènes fut, en cette circonstance, au-dessus de tout éloge: elles conservèrent leur sang-froid, et firent preuve d'une endurance qui semble dépasser les limites des forces humaines. Nous les voyions opérer dans la montagne, et c'est avec une satisfaction toujours nouvelle que de temps en temps nous apercevions une de leurs petites silhouettes sombres qui entrait saine et sauve sous l'abri d'un rocher lointain.

Les Tibétains avaient espéré trouver l'avantage dans un corps à corps où ils étaient plus nombreux; mais la valeur de nos troupes suppléa au petit nombre. La leçon fut courte, mais terrible.

Les vaincus essayèrent un moment de défendre Gouru, à 3 kilomètres plus au nord; mais, démoralisés, sous le coup de la correction sévère, bien que méritée, que nous venions de leur infliger, ils lâchèrent pied tout de suite. Après avoir jeté une petite garnison dans ce village, notre colonne rentra à Thuna, toujours assaillie par les souffles noirs et violents des hauts plateaux du Tibet.

Cette double leçon eut beaucoup moins d'effet sur les Tibétains, qu'on n'aurait pu logiquement le supposer. Avec un peu de bon sens, on aurait dû comprendre à Lhassa que, même pourvues d'armes modernes, des troupes n'ont de valeur sur un champ de bataille, que bien commandées et disciplinées. Or, des chefs tibétains qui avaient essuyé les effets terribles de notre feu, les uns en furent les victimes, les autres n'avaient pas assez d'autorité morale pour faire entendre raison au Grand Lama et à ses conseillers : on regarda leur défaite comme une disgrâce du Ciel, et non pas comme la conséquence fatale de l'ignorance des plus élémentaires principes stratégiques. On persista dans le fol espoir de nous arrêter en élevant d'autres redoutes, destinées à couvrir Gyangtsé. Ainsi, outre les quinze cents hommes auxquels nous venions de nous heurter, un millier de soldats étaient prêts à défendre la route de Lhassa sur la rive opposée du lac, où ils garnissaient vingt-quatre petits fortins. Un autre corps de troupes, évalué à quelques centaines d'hommes, peut-être à un millier également, nous attendit derrière Gouru jusqu'au moment où les fugitifs arrivèrent, encore tout haletants de la défaite que nous leur avions infligée.

Le sanglant épisode de Gouru montra à la Mission qu'elle devait activer autant que possible sa marche sur Gyangtsé.

Après le combat livré près de Gouru, au lieu dit ultérieurement *les Sources chaudes* (Hot Springs), la troupe anglo-indienne resta trois jours à Thuna. Dans la matinée du 4 avril, la Mission et son escorte s'avancèrent dans la direction de Gouru, en repassant sur le théâtre du désastre inopiné qui avait ensanglanté la journée du mardi précédent. Partout étaient encore visibles de hideuses traces de la tuerie. Rien de ce qu'avaient humainement pu tenter les médecins de notre petite armée n'avait été cependant négligé. Les capitaines Walton, Baird, Kelly; le docteur Franklin travaillèrent sans relâche pendant toute la journée, et c'est justice de rappeler l'œuvre modeste et noble accomplie de leur propre initiative sur les ennemis blessés. Grand fut l'étonnement de nos ennemis ainsi traités; la pitié ne fait point partie du caractère oriental, et les blessés ne s'attendaient guère qu'au coup de grâce qui abrégerait leurs souffrances communes. Et ils recevaient des soins fraternels! Et on leur appliquait des traitements ingénieux! On prodiguait pour les guérir, les ressources de l'expédition! Ainsi qu'il fallait s'y attendre, la nouvelle s'en répandit de proche en proche, et nous eûmes, les jours suivants, toutes les peines du monde à écarter de notre campement les éclopés de la dernière rencontre et tous les malades des environs qui venaient au plus vite profiter d'une aubaine inespérée. La route était jalonnée de cadavres et de moribonds expirant avant d'avoir apporté leurs membres à la source miraculeuse de santé dont la renommée avait redressé leurs pauvres corps brisés.

On a souvent dit, et non sans apparence de raison, qu'outre la dépense de bandages et de médicaments dont a toujours besoin une armée en campagne, c'est une duperie de rendre à des ennemis blessés des forces dont ils se serviront dans les rencontres futures contre leurs bienfaiteurs. La méthode de Gengis khan nous aurait sans doute permis d'en finir plus vite avec les Tibétains, mais peut-on oublier que dans ces poitrines d'Asiatiques battent des cœurs d'hommes? D'ailleurs, quelle que doive être l'issue de nos rapports avec nos ennemis, la réputation de magnanimité que nous nous sommes assurée chez ce pauvre peuple de montagnards, survivra à nos succès diplomatiques; c'est un résultat qui n'est pas non plus à dédaigner.

Les informations que nous recueillîmes de la bouche de nos prisonniers nous confirmèrent dans la conviction que la résistance qu'on nous opposait n'était nullement l'effort d'une guerre nationale. Ces pauvres diables n'avaient pour nous aucune haine; on les avait tout simplement poussés contre nous, en les terrorisant à Lhassa, par la menace des supplices physiques que la hiérarchie des moines ne manquerait pas de leur infliger. Tout compte fait, ils eussent préféré nous servir, même comme domestiques, que de retomber sous le joug de leurs prêtres.

Gouru nous servit de gîte d'étape: c'est une bourgade sans charme, dans une contrée stérile et balayée par des vents glacés. C'est là que nous apparut le général chinois du nom de Mâ. Mais on refusa de le reconnaître en qualité de délégué officiel. Le 5, nous avançâmes vers Chalou, sur la rive nord du Bham-tso. Ce fut une longue marche; le chemin, resserré entre le lac et le versant des collines, nous contraignit à réduire notre déploiement et à marcher en file indienne. Nous nous trouvions au cœur du pays que Bogle et Turner ont visité il y a cent trente ans. Ce qu'ils ont écrit sur la région est encore l'exacte vérité aujourd'hui: oui, voilà la plaine entourée de rochers arides qu'ils ont signalée, où, peut-être, au fort de l'été, pousse un maigre gazon, mais dont, à part quelques touffes d'absinthe, on ne soupçonne encore aucune végétation en ce mois d'avril où nous la traversâmes. La route que nous suivions était séparée du lac par une large lisière de marécages, couverts d'une croûte de glace, ainsi qu'une partie du lac lui-même. Sur la rive, pullulait tout un monde de volatiles aquatiques, oies, sarcelles, canards sauvages, etc.; ces animaux, évidemment, émigrent tous les ans des plaines de l'Inde, à travers l'Himalaya; le voisinage de l'homme, dont ils sont si souvent les victimes dans le bas pays, les met naturellement en défiance. Au Tibet, où aucun de ces volatiles n'a été tué depuis longtemps, ils ne montrèrent d'abord pas la moindre frayeur quand notre longue colonne, couverte de poussière, passa près d'eux. Mais dès qu'ils eurent essuyé quelques coups de feu, lors de notre arrivée au campement, il y eut parmi eux un explicable mais tout de même singulier changement: tous reprirent instantanément les allures effarouchées que nous leur connaissions dans l'Hindoustan.

Sur ces pentes couleur de cendre, nous levâmes un lièvre, qui nous fila entre les jambes; plaisir trop rare pour rompre la monotonie du trajet. Nos pieds étaient las de fouler un terrain uniformément nu, pierreux, pelé, où tout est gris, dont la seule végétation est représentée par des saxifrages ou de maigres edelweiss.

A 3 heures de l'après-midi, nous atteignîmes Chalou. Cette localité est située à égale distance du lac que nous venions de longer, le Bham-tso, et d'un autre lac, le Kala-tso. Ils sont séparés par une bande de terre de près de 4 kilomètres de largeur. Des collines abruptes occupent entre les deux lacs l'un et l'autre bords de la rivière, qui coule dans une gorge à laquelle les cartes les plus modernes donnent 14 kilomètres de longueur, en dépit des indications beaucoup plus exactes et des dimensions plus réduites de la carte de Turner, datée de 1784. [...]

LA VILLE DE GYANGTSÉ

Au premier aspect, Gyangtsé a quelque chose d'imposant. Au-delà d'une large plaine, parsemée de petits carrés de culture, aussi soignés que dans la campagne anglaise, un pic, haut de 150 mètres, couronné d'une citadelle, frappe de loin le regard. Il a donné son nom à la ville (Gyangtsé signifie: Pic Royal) qu'on découvre, en s'approchant, couchée au pied du fort qui la protège. Les murs épais de cette citadelle sont faits de briques cuites au soleil, et, constituant ainsi un rempart solide, eussent nécessité de notre part un siège d'au moins une semaine, et peut-être le sacrifice de quelques centaines de nos soldats, s'ils avaient été sérieusement défendus.

Si l'on quitte le stratégique pour le pittoresque, Gyangtsé est encore plus remarquable: par la masse de ses constructions qui grimpent le long des rochers il rappelle le Mont-Saint-Michel. Elles étaient en ruine quand nous arrivâmes, en avril; mais cela ne se voyait guère de loin, et les tours énormes, les murailles qui surmontent le rocher escarpé, étaient encore très imposantes Les rares voyageurs européens qui ont passé en vue de la ville, ne lui ont cependant accordé qu'un regard presque indifférent, témoin Manning qui en parle comme d'une «espèce de château au sommet d'une colline»; Manning, le moins curieux il est vrai des explorateurs, et qui, pourtant, avant notre expédition, était le seul Anglais, nous l'avons dit, qui eût encore pénétré dans Lhassa.

En s'élevant de la ville même de Gyangtsé, vers l'angle sud-est de la forteresse, on prend un chemin qui monte en zigzag sur le flanc de la colline, dont le sable jaune d'ocre est semé de quartzites. On passe au pied d'un grand bastion détaché qui flanque une paroi de rocher presque perpendiculaire, et l'on arrive à une grande porte que soutiennent tant bien que mal deux gros piliers de bois. Cette porte est couverte d'une manière de plancher auquel sont appendues quatre énormes carcasses d'yaks sauvages, pourvues d'yeux artificiels et d'une langue pendante qui leur donnent un aspect terrifiant. Mais le temps a fait tomber de ces carcasses tout ce qui en pouvait tomber: poil, cornes, sabots, et elles ressemblent maintenant plutôt à des sacs de cuir mal cousus.

Au-delà de la porte, les zigzags du chemin continuent, protégés par un mur d'enceinte qui est percé de meurtrières d'un modèle récent, dont l'ouverture s'élargit à l'intérieur en éventail, faisant contraste avec les anciennes meurtrières aujourd'hui sans usage, qui ne permettent de tirer que droit devant soi.

Plus haut, outre quelques maisons qui tombent en ruine, se trouve une construction bien bâtie et de fraîche date, qui lors de notre passage servait d'arsenal: nous y trouvâmes des milliers de kilogrammes de poudre, des tonnes et des tonnes d'approvisionnements, et dix mille armes à feu. A cent pas plus loin s'ouvre la porte des plus intéressants appartements du djong. Les fenêtres bouchées en avaient assombri l'intérieur; ils s'ouvraient les uns sur les autres: de petites chapelles, des pièces d'habitation, des magasins.

Sortis de là, nous entrâmes dans une petite cour où un honnête chien de garde montra plus de bravoure que ses maîtres disparus. Un escalier de bois pourri nous permit de monter dans une autre petite cour à l'extrémité de laquelle s'ouvre un «gompa» ou temple. Le demi-jour nous permit à peine de distinguer la grande figure dorée, à la physionomie placide, du «Maître», dont ni l'attitude, ni la superstition locale ne peuvent changer le caractère. Quel que soit le degré d'habileté artistique atteint par les nations bouddhiques, du Japon à Java l'image du Bouddha reste identique, et les katags[1] éclatants de Gyangtsé recèlent dans leurs dessins une sévérité aussi simple qu'on pourrait la trouver à Kamakoura ou à Mandalay. Une grosse turquoise enchâssée au front du «Gantama», symbolise la «bosse» de sa sagesse omniprésente; mais, à part cette pierre, la statue n'a pas d'ornements. En revanche, le temple, et, dans le temple le *kyil-kor* ou autel, sont encombrés d'objets de prix, dont quelques-uns sont des merveilles d'art: antiques ivoires de l'Inde, vases d'où s'échappent des plumes de paon, grandes lampes de cuivre.

Ces lampes qui sont les ornements le plus fréquemment rencontrés dans tous les sanctuaires bouddhiques, sont formées d'un bol large et profond, où flotte au milieu d'un lac de beurre fondu une mèche qui brûle d'une petite flamme jaune; les prêtres vous donneront tout, laisseront tout déménager de leurs temples, pourvu que vous respectiez les lampes, toujours allumées.

En cas d'alerte, ils enlèvent tous les objets précieux, les remplaçant par les multiples ornementations faites avec le fameux torma ou beurre mêlé de lard et de graisse; mais les lampes brûleront toujours dans le sanctuaire, si menaçant que soit le danger.

Dans la suite des événements, le «supérieur» de Gyangtsé fit tout son possible pour que le corps expéditionnaire lui fît remise d'une amende payable en beurre, se réclamant du besoin qu'il avait de tout le beurre disponible, pour les cérémonies pratiquées en cent autels; et il insistait, malin et flatteur, sachant bien que les Anglais désirent ne porter jamais atteinte à la religion d'un pays où ils font une expédition.

Hors de ce petit gompa, clôturé d'orangers, se trouvaient cinq pots dans lesquels poussaient vigoureusement des giroflées. Leur vue seule

1. Les «katags», dont le nom revient souvent au cours de cet ouvrage, sont des écharpes rituelles.

nous donna une petite sensation de plaisir: il est oiseux de se demander pourquoi elles étaient là, dépaysées; mais jamais avant cette heure les giroflées n'ont si bien mérité l'éloge que fait Maeterlinck de ces petites fleurs «qui chantent parmi les murs en ruine et couvrent de lumière les pierres pleines de tristesse».

Au-dessus du gompa se dressent les grosses tours et les constructions qui bordent la citadelle sur le précipice du nord-ouest; avant même le bombardement ultérieur et les explosions qui devaient les faire voler en éclats, ce n'étaient déjà que des croûtes de pierre, sans toit, qui tremblaient dans la brise de l'après-midi.

Du haut de cet édifice, on a une vue superbe sur la ville et la grande lamaserie de Palkhor, qui s'élève plus au sud, sur le penchant d'une hauteur, à la distance de 1 200 mètres environ, et est protégée des assauts incessants des vents du nord-ouest par un long mur de couleur cramoisie.

Ce monastère, bien que dépendant de Lhassa, et, comme tel, appartenant à la secte dite Gelukpa ou de la Cape Jaune, renferme dans son enceinte des représentants de presque toutes les sectes reconnues du Lamaïsme. Or, elles sont nombreuses et jalouses les unes des autres, bien qu'elles ne soient pas divisées sur les questions de dogme. Lorsque les Nyang Mason, sectateurs de la Cape Rouge, ont des cérémonies religieuses à accomplir en commun avec les sectateurs de la Cape Jaune, ils revêtent une coiffure de même couleur que ces derniers, et c'est, paraît-il, une concession qui leur coûte énormément.

Chandra Das déclare unique toute l'architecture de Gyangtsé. La «shaïtya» ou tour de ce monastère est cependant construite sur le modèle, mais à une échelle réduite, du grand *Vihara* de Boro-Bodoer, au centre de Java. Même nombre de terrasses bordées de balustrades, même façade à étages en retraite les uns sur les autres et formés d'une série d'angles saillants et rentrants qui alternent, chacun des premiers correspondant à l'angle d'une chapelle distincte à l'intérieur. Tout l'édifice est surmonté d'un «hti» formé de treize corniches successives, en retraite les unes sur les autres et en forme de boudin; ce hti, une espèce de cône, est lui-même recouvert d'un petit toit circulaire, abritant les claquets qui servent de cloches au culte bouddhique.

La partie supérieure tout entière est couverte d'une couche épaisse d'or en feuille; les plaques de cuivre doré qui forment les cercles du hti sont ornées, chacune, de deux figures en relief du Bouddha. La partie inférieure de cette pagode — presque partout blanche — est décorée çà et là de couleurs assez vives; à l'intérieur, les murs des sanctuaires et des couloirs sont peints avec un soin très minutieux, et paraissent couverts d'une couche d'émail.

Si de la shaïtya nous passons dans les corps de bâtiments qui constituent le temple et le logement des moines, nous remarquons, à gauche du portail conduisant du vestibule aux appartements du centre, une exquise peinture qu'on pourrait intituler: «la Roue de la Vie», si l'on accepte la traduction libre que Rudyard Kipling a empruntée à Waddell pour son livre de «Kim»; pleine d'étranges visions de l'Enfer, elle offre un des plus beaux spécimens de cet art tibétain remarquable par la minutie et le fini de l'exécution, et aussi par une imagination à la fois grandiose et subtile.

Quelques initiés s'en pourront rendre compte, si je leur dis que cette œuvre est probablement le seul produit du pinceau qui puisse rivaliser avec le «Book of Kells» ou les «Lindisfarne Gospels».

Plus haut, sur un balcon, se trouve encore une œuvre exquise; l'artiste a dû prodiguer à sa peinture un amour et un soin qu'il faut voir pour y croire. Comme style, elle ressemble aux enluminures du XIIIe siècle; mais, par exemple, nulle vision d'enfer n'a jamais figuré avec une délicatesse si étonnante, une habileté si hideuse, les tortures fantastiques des âmes damnées, dans cette représentation du Shéol bouddhique!

Dans le grand hall central, soutenu par des colonnes d'un rouge cramoisi, l'ornement le plus remarquable est une grande statue représentant la prochaine réincarnation du Bouddha, sous les traits d'un homme assis à la manière européenne. Est-ce une simple coïncidence? Y aurait-il, dans cette pose, une intention symbolique, trahissant chez les Lamas la conviction qu'un jour viendrait où leur pays, fermé jusqu'ici aux influences étrangères, tomberait entre les mains des Pilings, les étrangers de l'Occident?

Dans ce même hall central, trois images du Bouddha accroupi dans sa posture traditionnelle, ornent trois enfoncements pratiqués dans les murs du temple. Une quatrième chapelle, du côté nord, renferme dans un demi-jour mystérieux de hautes statues raides et anguleuses à la façon égyptienne; dans l'ombre qui les enveloppe et qui n'en fait qu'augmenter la grandeur, on devine que leur tête atteint la hauteur du plafond. A gauche du grand vestibule du temple, s'ouvre une chambre qui est un singulier Musée des Horreurs: on prétend que la vue des supplices épouvantables peints sur les murs suffit pour faire rentrer dans le devoir les Lamas les plus récalcitrants; mais les bêtes empaillées et les squelettes suspendus au plafond, les monstres et les sombres démons peints sur les murs, ne sont guère plus terribles que les gardiens ordinaires de la religion: les bêtes écarlates et bleues qui défendent l'entrée de tout gompa. On attira mon attention sur une peau de serpent: en tenant compte de la contraction, le python propriétaire de cette enveloppe a dû avoir au bas mot 7 mètres de long sur 30 centimètres de diamètre.

Tous les objets qui, à l'ordinaire, ornent l'intérieur d'une lamaserie: cottes de mailles, arcs, carquois, étendards, bijoux, meubles, costumes, avaient disparu à notre approche, à l'exception des lampes immuables et éternellement allumées. L'attitude bienveillante du colonel rassura cependant ces pauvres gens : il leur donna sa parole que les Pilings d'Occident ne toucheraient jamais à un cheveu de leur tête, ni à un objet qui leur appartînt, à condition qu'ils ne missent pas le doigt entre l'arbre et l'écorce. Et la visite que nous fîmes au monastère se termina par une tasse de thé que nous prîmes en compagnie du supérieur, tandis que quatre Sikhs armés jusqu'aux dents montaient la garde devant la porte.

Cette excursion fut la première que nous entreprîmes dans la contrée environnante. La plus curieuse est peut-être la visite que nous avons faite aux moines emmurés. Le capitaine O'Connor et moi, nous partîmes un jour à cheval, accompagnés de deux soldats de l'infanterie montée, que nous imposa aimablement le colonel Brander. La précaution était utile, tant ces bons indigènes nous faisaient aimable accueil partout où nous allions. En ville, les mendiants se montraient de nouveau, après quelques jours de terreur, à la fois insolents et familiers, signe indéniable de popularité. Dans la campagne, les paysans étaient occupés à leurs travaux des champs, et nous regardaient passer sans manifestations hostiles, ni cris d'effroi. La nature austère du pays se revêtait ce jour-là d'une certaine grâce printanière: partout, les gazons commençaient à reverdir, et les arbres, assez clairsemés, se couvraient de leurs premiers bourgeons.

Nous avions une distance de 18 kilomètres à parcourir, jusqu'à un petit village situé dans un repli de la montagne, presque en face de Dongtsé; nous emmenâmes avec nous le Shebdung Lama. Rien de plus paisible, de plus plaisamment rustique, que les longues étendues de la plaine parsemées çà et là de petites figures qui labouraient leurs terres. A un moment donné, nous nous arrêtâmes pour examiner de plus près la coiffure compliquée d'une paire d'yacks de charrue, au grand plaisir, plein d'orgueil, du gars aux yeux vifs qui les conduisait. Les premières pointes vertes sortaient des carrés bruns de la terre humide; quelques-uns des arbres se revêtaient timidement de la pourpre qui précède le vert du printemps. Il faisait encore froid la nuit, bien que la chaleur au milieu de la journée fût excessive, et que le vent, chaud et sec, qui balayait la vallée chaque après-midi, brûlât la végétation sur les coteaux et en d'autres endroits où l'arrosage artificiel manquait pour fournir aux jeunes plantes la sève nécessaire. Nous prîmes la route qui longe la rive droite du cours d'eau, sans traverser le pont à Tse-chen: ce chemin se maintient toujours au même niveau, et à 3 mètres au-dessus de la vallée épouse les courbes qui descendent des montagnes. Il faisait un temps plein de soleil, et nous poursuivions notre route allègrement. Nous avions apporté notre déjeuner avec nous: les braves gens de la vallée étaient toujours disposés à faire de leur mieux pour nous offrir l'hospitalité, mais malgré cette ressource il n'était pas inutile d'avoir avec soi quelques sandwiches et des œufs pour manger à la coque.

Vers midi, nous nous arrêtâmes devant Dongtsé, étendue langoureusement au soleil, son grand palais de trois étages blotti dans les arbres qui l'ombragent. Peu après, nous continuâmes notre route en passant par un petit hameau qui est nommé, si je me rappelle bien, Chi-lang. Doublant brusquement un éperon, nous nous trouvâmes vis-à-vis de la petite vallée dans laquelle se cache le monastère de Nyen-dé-Kyé-buk. La montée était facile, le sentier passait entre des buissons d'aubépine et de roses, couverts de fleurs.

Notre excursion nous avait été suggérée par le Shebdung Lama lui-même, qui, pendant de longues années, avait vécu de l'autre côté de la vallée, et devait avoir aperçu souvent de ses fenêtres, qui s'ouvraient au-dessus de la ville et du gompa, ce monastère accroché au rocher, près duquel nous venions d'arriver. Mais, avec l'incapacité habituelle aux naturels d'un pays, d'apprécier les choses qui seraient d'un réel intérêt pour un voyageur en terre étrangère, c'est à peine si, tout en insistant sur les attraits et la beauté de la maison du Sinchen Lama, il avait fait allusion à l'existence, au-delà de cette vallée, d'une petite communauté dans laquelle, nous dit-il en passant, quelques membres de la secte dite Nying-ma pratiquaient jusqu'à ses extrêmes limites l'automortification. Nous laissâmes nos poneys entre les mains d'un moine, et nous entrâmes dans le temple, heureux d'échapper à l'ardente chaleur du jour.

Rien ne semblait distinguer cette lamaserie de toutes celles qui sont en grand nombre dans la vallée: nous franchîmes la porte monumentale qui précède tous les monastères tibétains, et que dépassait de ses branches un pêcher de plein vent couvert de ses fleurs rosées. A peine avions-nous franchi la porte, que, sur le chemin montueux conduisant au monastère même, dans l'enceinte de murs qui l'entoure et le protège, nous vîmes l'abbé et l'économe de la communauté, qui nous attendaient pour nous faire un gracieux accueil.

Ce qui distinguait les moines de Nyen-dé-Kyé-buk de tous ceux que nous avons vus jusqu'alors, c'est que, à l'exception des prêtres officiels du monastère, ces reclus portaient des cheveux fort longs, qui tombaient sur leurs épaules comme une natte feutrée, raidie de crasse et de graisse. L'abbé, un bonhomme au regard tranquille et mélancolique, avait, lui, le crâne rasé, ainsi qu'une douzaine d'enfants qui jouaient gaiement et se roulaient dans la poussière d'un jardin, vis-à-vis du grand portail du temple. Tous, selon l'usage, étaient revêtus du costume couleur marron. La chapelle du monastère présentait, elle aussi, de notables différences, comparée aux autres sanctuaires que nous avions déjà visités: elle avait un caractère plus austère, et était infiniment moins encombrée d'ornements de toute nature, bannières d'argent, tormas, etc., et de la sorte paraissait beaucoup plus spacieuse et plus claire. L'autel était remplacé par une étroite tablette couverte de dix ou douze petits bols remplis d'eau pure, et qui paraissaient tenir lieu de lampes à beurre. Sur le sol se trouvaient les coussins usuels; mais, au lieu des rangées d'images et d'ordinaires objets du culte, nous vîmes des piles de livres placés dans une quantité de petits guichets, dont l'ensemble ressemblait à l'intérieur d'un pigeonnier.

Au centre, au lieu de l'habituel kyil-kor avec son mélange de tasses, de bols et de lampes, se trouvait une étroite étagère placée devant un enfoncement vitré. Je crois qu'il y avait sur cette étagère dix ou douze petites tasses remplies d'eau, mais pas une seule lampe à beurre.

En outre, une grande vitre étonna nos regards, car c'est une rareté dans le pays : pendant toute notre expédition, nous n'avions presque jamais vu de verre, et encore n'entrait-il que dans la composition de petits objets; ou de vitres de quelques centimètres carrés. Or, la pièce dont je parle était de dimensions beaucoup plus considérables. Enfin, nous découvrîmes un Bouddha, mais un Bouddha paradoxal: au lieu de la placide figure du Çakia-Mouni traditionnel, qui, les yeux mi-clos, avec son expression de grande paix, édifie même ceux qui ne croient pas en sa doctrine, nous avions devant nous une physionomie aux traits rudes, à l'air renfrogné.

Sous la conduite de l'abbé, nous visitâmes les pièces donnant sur le temple. Il n'y avait rien là de très intéressant et qui pût distinguer de vingt autres ce gompa.

Nous prîmes ensuite le thé avec notre hôte, et lui demandâmes la permission de voir un des moines. Sans hésitation, l'abbé nous précéda dans un petit jardin tout entouré de murs très élevés, d'une blancheur que le soleil rendait éblouissante. Là, dans un de ces murs, presque au niveau du sol, une pierre plate bouchait une ouverture. Devant cette ouverture se trouvait un rebord de 20 centimètres de large avec deux bassins à chacune des extrémités. L'abbé avait été précédé par un acolyte qui l'attendait là et qui, sur l'ordre de son maître, frappa trois fois, brusquement, sur la dalle.

Dans l'attente de ce qui allait se manifester à ce guichet, nous avions froid dans le dos. Je ne crois pas avoir vu au Tibet de chose plus absurde que ce qui devait nous apparaître derrière cette pierre, et qu'en notre préoccupation un peu fébrile rien ne pouvait nous faire deviner. Après une demi-minute d'attente, la pierre s'ébranla, ou essaya de s'ébranler, légèrement, puis retomba dans son immobilité. Nouvel et incertain effort tenté derrière la dalle par une main invisible, pour écarter l'obstacle; la pierre, en effet, se déplaça : un petit espace vide, noir, profond, s'entrouvrait à nos yeux. Trente secondes se passèrent encore, pendant lesquelles notre imagination vagabonda; mais je ne crois pas qu'aucun spectacle puisse paraître plus tragique que celui qui nous fut ensuite révélé : une main, un moignon enveloppé de sales chiffons essaya de se soulever, parut faiblement secoué, puis retomba le long de la dalle. Après cet effort maladroit, la main rentra dans les ténèbres, fit une nouvelle tentative, puis la pierre, sans bruit, revint fermer l'ouverture…

Une fois par jour, sa pitance est apportée à l'emmuré, sur le rebord de la pierre ; le signal est donné, la pierre s'entrouvre, et il prend cette nourriture. C'est sa seule distraction de la journée, et, dans l'ombre de sa cellule, où jours et nuits s'écoulent tout pareils, il peut se dire que sa longue pénitence compte un jour de moins…

Je ne sais ce qui se passait dans l'âme de mes compagnons ; quant à moi, j'eus un cuisant regret, un vrai remords d'avoir troublé comme un intrus le demi-sommeil du malheureux inconscient.

L'abbé, cependant, nous racontait l'histoire de la secte. On la distingue en deux ordres : les uns, les moins fervents, ne peuvent se résoudre à dire un adieu éternel à la lumière ; ils sont plongés dans des cachots où filtre encore un rayon de soleil, qui leur permet de faire quelques lectures. Mais la plupart des ascètes se condamnent à une réclusion totale, dans des cellules carrées absolument closes, en partie creusées dans le roc vif, en partie entourées de murs, où, comme nous venions d'en voir un triste exemple, par l'étroite ouverture, bouchée d'une pierre plate, leur main affaiblie a pourtant la force de passer. Il y a toutefois trois périodes dans leur supplice. Ils exercent d'abord leur ferveur pendant un stage de six mois de tombeau, pour ainsi parler, puis, après avoir été rendus à la lumière, ils peuvent recommencer, dès qu'ils le veulent, à s'ensevelir pour trois ans et quatre-vingt-treize jours. Nouvelle délivrance, suivie d'une nouvelle sépulture, celle-ci pour la vie.

« Ce matin encore, dit l'abbé, est mort un ermite qui a vécu vingt-cinq ans dans ces ténèbres.

— Mais, demanda mon camarade O'Connor, qu'arrive-t-il, quand ils tombent malades ? »

L'abbé eut une réponse brève :

« Ils ne sont jamais malades ! »

Pressé de questions, il revint quelque peu sur ses paroles, sans qu'elles parussent rien perdre de leur atrocité.

Lui-même se destinait à cet état de réclusion, et le moment de dire un dernier adieu au monde était proche pour lui.

Ces claustrations sont-elles vraiment volontaires ? Matériellement, oui ; mais nous soupçonnons les Lamas, dont le pouvoir est sans limite sur l'âme même de leurs sujets, d'exercer une pression sur ces illuminés, au moyen de promesses ou de menaces, et de modeler à leur guise le faible cerveau des enfants qu'ils destinent à cet effroyable sacrifice. Ainsi, ces enfants que nous avions vus si joyeux et jouant dans une cour, étaient des victimes toutes désignées, qui attendaient leur première claustration!...

Ceux d'entre les habitants de la lamaserie, qui avaient les cheveux ras, n'avaient pas encore goûté au supplice; l'épreuve préliminaire de six mois donne seule le droit de porter de longs cheveux. Mais cet honneur est aussi un engagement, et une chaîne...

Au sortir de là, nous sautâmes à cheval, et fîmes nos adieux à notre aimable hôte. Et la lumière, les fleurs, la table dressée au mess pour le dîner du soir, nous semblèrent obscurcis par les martyres que nous avions aperçus.

LES COULEURS AU TIBET

Les couleurs au Tibet n'ont pas d'équivalent au monde. Ni en Égypte, ni dans l'Afrique du Sud, ni à Calcutta, ni à Athènes, il n'y a une lumière aussi belle, aussi constante, jour et nuit, qu'en ces vastes plaines enchâssées dans la montagneuse Épine dorsale du monde. Il y a ici, à la fois, une qualité et une intensité de lumière et de couleurs dont les palettes les plus somptueuses ne sauraient donner une idée.

Pendant les heures chaudes d'un jour d'été, le Tibet n'est peut-être pas fort différent des autres contrées tropicales au même moment de la journée. Ici, comme sous de semblables latitudes, l'ardent soleil d'Orient fait s'évanouir les teintes plus délicates; et les heures où le soleil est voilé de nuages blancs sont trop rares pour relever la monotonie du paysage. Tout auprès de Chang-lo, les hautes masses de montagnes sans ombres se dressent toutes blanches...

Le long de la plaine, à perte de vue, les terres semées d'iris, et les plantations d'orge, les saulaies et les eucalyptus tout gris de poussière attristent le regard; ces arbres semblent sans âme, et la moindre trace de feuillage cause à l'œil une sympathique et instinctive surprise. Au loin, suivant la route de Shigatsé, une mule, chargée de bagages, se dandine, en soulevant de ses sabots fatigués un nuage de poussière aussi épais que le ferait un taureau, la plus poudreuse des bêtes.

... Et qu'on ne regarde pas les maisons! Le soleil éclabousse violemment le revêtement grossier de chaux blanche qui marbre leur façade, et l'on a peine à croire que ce sont les mêmes bâtiments dont, au coucher du soleil de la veille, l'œil a eu la délicate vision gris perle ou rose œillet, au moment où ils allaient disparaître dans la nuit. Tout devient flou et tend à s'évanouir derrière les vibrations d'une lumière aveuglante.

Mais à la fin de l'après-midi, la scène change: les détails des fleurs, des champs, des arbres réapparaissent. Puis la pure couleur bleue qui, pendant tout le jour, a étendu du côté de Dongtsé sa gaze délicate, s'assombrit en bleu d'outremer. Au bout de quelques minutes, des nuages, semblables à des toisons d'argent, se sont accumulés à l'ouest; ils augmentent, montent, s'élargissent, forment une masse bigarrée de gris argentés et de nuances bleuâtres, où disparaît le soleil à son déclin. Le ciel s'assombrit encore: de bleu, il est devenu d'un jaune d'ambre, sans transition et les champs roses du ciel pâlissent avec la tombée du jour.

Or, ce n'est pas encore le vrai coucher du soleil. Quelques minutes de plus, et commence un spectacle qui est peut-être ce que le Tibet sait nous offrir de plus caractéristique et de plus exquis: la double gloire de l'orient et de l'occident également illuminés, et toutes les magnificences d'un arc-en-ciel s'étalent dans l'espace immense qui s'étend jusqu'à la ligne des monts.

Pendant dix minutes, le soleil se fraie un chemin au milieu des nuages; un rayon lumineux s'abaisse sur la vallée, éclairant tout à coup les sommets, et accusant les sombres ouvertures des cavernes de la montagne. C'est une lumière d'une nature extraordinaire: les Tibétains eux-mêmes ont donné un nom particulier, et elle le mérite, à cette flamme jaune qui projette des ombres d'un vert de myrte sous le bleu indigo du ciel: cette intensité de couleur et de lumière défie toute description. Mais le phénomène le plus étrange est encore à venir: une aurore paraît à l'est, et bondit à l'ouest en formant une bande immense; le ciel au zénith semble la clef de voûte d'une arche d'un rouge carmin, dont les deux extrémités, sur les lignes d'horizon, plongent dans une ombre toujours plus profonde; sur ce fond sombre, les hauteurs se détachent avec un relief singulier, se revêtent des nuances irisées d'une perle du plus bel orient. Puis tout s'effondre, et un petit souffle très vif, venu du sud-est, semble annoncer l'apparition des étoiles.

Ces couchers de soleil sont aussi différents des teintes de cinname et d'ambre qui caractérisent ceux de l'Afrique du Sud, que du cramoisi très vif ou de l'or ardent des couchers de soleil égyptiens. Le crépuscule au Tibet est d'une nature si particulière qu'on doit le ranger parmi les choses les plus curieuses du pays, au même titre que les superstitions lamaïques ou que le *bos grunniens* lui-même; et ne pas mentionner ce phénomène, si imparfaite que soit la description qu'on en donne, serait enfouir sans la mettre au jour une des plus belles pages du livre de la nature, et une page qui, depuis de longs siècles, était restée fermée aux Européens. C'est ma seule excuse pour avoir tenté une chose dont tous les membres de l'expédition tibétaine savent l'impossibilité. [...]

LA DERNIÈRE PASSE AVANT LHASSA : KAMBA-LA

Après avoir séjourné vingt-quatre heures à Nagar-tsé, nous nous avançâmes, le 21 juillet, le long du lac, en passant devant des villages de pêcheurs, jusqu'à la levée de Bonne-Chance. Chandra Das, qui a parlé de cette levée, en fait une digue longue de 100 mètres; c'est une erreur. Il y a ici, en réalité, un petit étang de niveau supérieur à celui du lac, dont il est séparé par une étroite bande de terre que traverse une écluse et que longe une chaussée en pierres plates; longue de 18 mètres. On croit généralement que le Rong-tchou traverse le lac pour se jeter dans le Tsang-po; il n'en est rien. Un plateau situé à 5 kilomètres environ en amont de cet étang, les sépare tous les deux.

Laissant à un bon kilomètre vers l'ouest-nord-ouest de Kalsang-sampa le village de Yarsig, agglomération de huttes sordides et de masures, qu'alla visiter un détachement de l'infanterie montée, nous campâmes près de la levée de Bonne-Chance, après avoir parcouru 20 kilomètres depuis Nagar-tsé. Le lendemain, une courte étape de 8 kilomètres nous amena à Pedi-djong, au bord même du lac, précisément à l'endroit où l'île montagneuse du centre se rapproche davantage du rivage septentrional.

Pedi-djong est une citadelle qui n'appartient pas au Gouverneur tibétain; nous n'en avons toutefois pas pu connaître le propriétaire. Comme beaucoup d'autres constructions tibétaines, celle-ci tombe en ruine; quelques coups de pioche que nous dûmes donner pour aménager notre installation provisoire, contribueront sans doute à l'écroulement de l'ensemble. On y pénètre par un corridor aux pierres glissantes entre lesquelles poussent des orties; on longe, en s'aplatissant contre le mur, une petite mare de pourriture; on s'avance à tâtons jusqu'à ce qu'un carré de lumière grise laisse voir au bout du couloir l'escalier qui mène aux étages supérieurs.

Les escaliers tibétains ne sont pas ordinaires: faisant avec le sol un angle presque droit, ils sont constitués soit par des traverses en bois de peuplier, longues, étroites, penchées et généralement usées, soit par des plaques de fer sur lesquelles patinaient les clous de nos souliers. La rampe est représentée par une perche en bois de saule qui longe les marches à un angle encore plus raide que celui de l'escalier. Il est encore plus difficile d'en descendre que d'y monter; et ce n'est pas peu dire. Il faut gravir les trois étages du Pedi djong pour trouver les seules chambres habitables de toute la construction; le reste a forte affaire pour résister seulement à la pluie.

C'est dans ce palais que s'installa le lieutenant Dalmahoy, avec une compagnie de Pathams, pendant que le gros de la colonne allait camper près du petit village de Trama-long.

A partir de ce point, la route monte brusquement vers le nord; elle longe toujours le lac, et n'offre rien de bien particulier. Deux choses, toutefois, attirèrent notre attention: sur la surface artificiellement polie des rochers, à hauteur d'homme, nous remarquâmes des dessins qui figuraient une coupe (nous avons appris ultérieurement que ces symboles étaient fréquents dans les environs de Lhassa); puis, un kilomètre plus loin, nous rencontrâmes un mur que les Tibétains avaient construit en travers de la route, dans une position admirablement choisie; de toute évidence, ce mur avait été récemment élevé, puis abandonné.

Nous étions avant midi à notre campement. Immédiatement, je grimpai au sommet des collines qui séparent le Yam-dok-tso du bassin du Tsan-po, avec l'espérance d'apercevoir enfin les bâtiments du Potala.

Kawa Guchi, l'explorateur japonais, déclare que des hauteurs du Kamba-la il avait aperçu le palais; les paysans de la contrée réclament fièrement le privilège de posséder les sommets d'où l'on peut, venant du sud, contempler pour la première fois la Ville Défendue. Il n'y a pas d'hésitation sur la direction dans laquelle on doit découvrir Lhassa; armé de ma longue-vue, je distinguai une minuscule tache grise qui pointait au-dessus d'un éperon rocheux. Était-ce Lhassa? Certes, la tache se montrait bien à l'endroit où devait être située la capitale; mais il eût été téméraire d'affirmer que c'était elle que je voyais. On a avancé tant d'erreurs sur l'identité du Potala, que je me borne à signaler mes efforts, aux voyageurs futurs; peut-être jouiront-ils d'un jour plus clair pour contrôler les prétentions des habitants de Trama-long.

Bon nombre d'officiers passèrent leur journée à la pêche; les fonds de la rive du lac étaient remplis de poissons qu'il était possible de prendre à la main. Nous les baptisons truites, mais je crois que c'était un pseudonyme commode.

Le trait essentiel des salmonidés est l'existence d'une nageoire dorsale, qui faisait complètement défaut à nos captures. Leur couleur était variable: quelques-uns de ces poissons étaient d'un blanc argenté avec de grosses et belles taches d'un bleu sombre; d'autres étaient d'un gris verdâtre ou jaunâtre; leurs arêtes étaient bifurquées, très nombreuses, et les rendaient difficiles à manger. Le major Iggulden et M. Vernon Magniac furent les héros de cette pêche; et les amateurs apprendront avec intérêt que ces messieurs, lors de l'occupation de Lhassa, ne prenaient pas moins de 60 à 70 poissons dans un après-midi.

Le 24 juillet, nous traversâmes le Kamba-la, et descendîmes d'une hauteur de 1 000 mètres dans la vallée du Tsan-po. Il y a deux passages pour pénétrer dans cette vallée en quittant celle du Yam-dok-tso. Les difficultés du Kamba-la firent préférer au retour le passage du Nabso-la; mais ils se valent à peu près. L'ascension du Kamba-la est en effet très dure; mais elle procure des spectacles merveilleux. A 60 mètres environ, pendant la montée, nous fîmes halte; de là, nous pouvions contempler de l'est à l'ouest le lac dans toute son étendue, et c'est un admirable coup d'œil; non loin, le village de Trama-long entasse ses maisonnettes aux toits plats, dans le fond de la vallée. Nous montâmes, nous retournant souvent pour apercevoir encore les eaux du lac dont la teinte fonçait à mesure que nous nous en éloignions.

De l'autre côté du passage, le panorama change assez brusquement : le Tsan-po apparaît, et sur chaque rive du fleuve les champs cultivés de la veille, coupés par d'innombrables canaux. Le bac qui devait nous traverser à Chaksam n'était pas visible ; nous n'apercevions sur les eaux jaunes du Tsan-po qu'un bateau manœuvré lentement. La route de Shigatsé commence au niveau même du fleuve, et continue en faisant une courbe légère vers l'ouest ; elle se cache 400 mètres plus loin, derrière un éperon montagneux.

Le sentier qui nous conduisait au Tsan-po aboutit au petit village de Kamba-Partsi. Comparativement aux villages que nous avions laissés derrière nous, c'était un endroit de confort et de prospérité : les habitations construites au bord du fleuve ; les peupliers, les saules, les aubépines qui parsèment gaiement les derniers contreforts de la montagne ; les cultures qui entourent la bourgade, lui donnent un cachet que nous n'avions pas encore vu. Kamba-Partsi même est enfoui sous de vieux arbres ; un saule séculaire, tordu en forme de 8, semble y faire fonction de sentinelle.

Séparée du bord de l'eau par un banc de sable plat, une plantation quadrangulaire de saules s'entoure d'un mur bas ; c'est dans cet enclos que s'installèrent la Mission et le quartier général. A quelque distance, au pied du ravin qui descend du Kamba-la, se trouvait un campement réservé à *Leurs Saintetés* en voyage : autel, retable, sanctuaire tapissé de jolis galets en quartz blanc bordé de morceaux de basalte. Ce qui me parut le plus extraordinaire dans l'enclos de la Mission, c'est la quantité de hannetons qui s'y trouvaient. Jamais je n'en ai tant vu de ma vie ! Ils étaient là par milliers, jonchant le sol de leurs cadavres, ou se cramponnant aux branches des saules. Au coucher du soleil, ils tourbillonnaient autour des arbres, tombant dans les feux allumés pour faire la cuisine, et hélas ! dans les casseroles aussi.

Mais ce coucher de soleil sur le Tsan-po, quel inoubliable spectacle ! La vallée était fermée à l'ouest par deux montagnes aux sommets neigeux, les derniers contreforts septentrionaux du Nichi-kang-sang ; leur base estompait ses contours dans une brume obscure et pourpre ; à leur pied coulaient les eaux du fleuve, miroir naturel des colorations qui s'accentuaient progressivement. L'eau boueuse réfléchit toujours les objets avec plus de netteté que l'eau claire, pour la même raison apparemment qui transforme en miroir une glace munie d'un fond noir. Et cette éclatante réverbération des eaux se vivifiait encore du contraste qui, à un kilomètre plus loin, faisait du Tsan-po un fleuve tourbillonnant et sombre, difficile à distinguer de la terre dans l'obscurité croissante, et ne conservant d'un cours d'eau que le bruit et le mouvement. La neige des sommets, tranchant sur le ciel écarlate, se colora de mille tons; et des nuages de feu s'accumulèrent pour former le lit brûlant où l'astre se coucha.

En Angleterre, les couchers de soleil sont infiniment moins compliqués: leur phase suprême consiste en l'apparition d'un rideau flamboyant de couleurs rapidement disparu. Mais dans ces altitudes où l'atmosphère est si claire, on se rend mieux compte du phénomène, causé en réalité par la coloration du bord inférieur des nuages qui, de différentes densités, restent immuablement suspendus à des hauteurs déterminées par les lois de la pesanteur. Le grand artiste Turner doit à ses voyages d'avoir découvert cette incontestable vérité du domaine atmosphérique. Peu à peu, la lumière de l'ouest pâlit, s'éteignit; et déjà une cinquantaine d'étoiles scintillaient dans les profondeurs gris-bleu du ciel. [...]

L'ARRIVÉE DE L'EXPÉDITION A LHASSA

Le 3 août, une pluie fine tombait dès l'aube; des collines en amphithéâtre une brume grisâtre descendait insensiblement dans la plaine; mais, au moment du départ, la pluie cessa, et le bord inférieur des nuages s'était allongé en une ligne nette et blanche quand la matinée fut passée. Notre direction était presque en plein est. Nous traversons le pont et faisons route par le sentier embarrassé d'herbe, mais en sommes bien tracé, qui, entre des champs de pois et d'orge, nous conduisit à l'éperon nord derrière lequel se cache le monastère de De-bung.

Nous avions à fournir une petite étape de 12 kilomètres avant d'arriver à Lhassa; nous la coupâmes par une courte halte, après que les 5 premiers kilomètres eurent été parcourus sans incident. Nous étions arrêtés au pied du fort en ruine de Shing-Doungar, pittoresque petite citadelle blottie au contrefort d'une hauteur dont le plateau s'appuie sur des piliers de granit. La route passe entre Shing-Doungar et le premier des nombreux *lings* ou enclos garnis d'une abondante végétation, qui sont une caractéristique curieuse de la plaine dans laquelle se trouve Lhassa. Immédiatement après le fort, la route grimpe sur l'éperon rocheux, dégringole rapidement sur l'autre flanc, et suit un dernier contour de la colline avant de découvrir à plein le monastère de De-bung.

De-bung, le sanctuaire de toutes les intrigues politiques qui empoisonnent le Tibet, apparaît au milieu d'un îlot compact de constructions, en haut et à l'intérieur d'un cercle de collines. A distance, le spectacle est imposant: il y a quelque grandeur dans cette masse repliée sur elle-même, et qui abrite dans ses dortoirs, dans ses chapelles, 8 000 moines et plus. Au faîte des bâtiments miroite l'or des toits, de style chinois, qui surmontent des frises en crinières d'yak. Au reste, De-bung n'a pas de mérite particulier, il est comme une foule d'autres monastères du Tibet. De même à l'intérieur. Seuls, les complots fomentés par le Dalaï-Lama en ces dernières années lui ont donné une importance passagère.

Non loin du monastère, sur le flanc oriental de l'amphithéâtre rocheux, caché par sa situation à la vue de Lhassa, se trouvent la maison et le temple du Chef des Magiciens tibétains; ils sont encaissés dans un petit ravin garni d'arbres où un frais torrent roule ses pierres. Le temple est une construction du plus grand luxe et de la plus grande beauté. Nous y reviendrons certainement, car il mérite un chapitre spécial.

A 1 600 mètres de De-bung, en un endroit nommé Chéri, la colonne s'arrêta dans une partie de la plaine, jonchée de ruines et de débris. Les hordes musulmanes ont accompli là leur triste besogne. Bientôt nous nous remettions en route, suivant la chaussée qui file entre les marécages, d'où s'échappaient de temps en temps des vols de canards sauvages. Lentement, à mesure que nous nous avancions, les deux collines jumelles qui flanquent Lhassa à l'occident, grandissaient sur l'horizon; quand nous eûmes trouvé, à grand-peine, un espace de terrain sec pour camper à un kilomètre environ de la porte toujours invisible de Lhassa, nous nous arrêtâmes, dominés par les murailles du Palais, dont les contours se dessinent nettement sur la blancheur du ciel de midi.

Quoique le panorama de Lhassa nous fût encore dissimulé par ces deux insupportables collines et l'isthme rocheux qui les unit, le Potala nous montrait une bonne partie de son énorme masse; l'impossibilité de le voir dans son ensemble nous en diminuait l'impression, et cependant elle était déjà pleine de grandeur. Une tour blanche couronne un mur dentelé, de maçonnerie blanche, qui soutient le palais sur son roc escarpé. Derrière, une maçonnerie blanche encore et formidable s'élève, percée d'une multitude de petites fenêtres; plus haut toujours, la bordure d'un toit blanc; au-dessus, la masse rouge et cubique du pavillon central réservé au Dalaï Lama lui-même, et par-dessus cet amoncellement les grands toits dorés brillent au soleil.

Mais la route nous appelle: elle passe au pied du roc entre des verdures qui l'ombragent, et la masse du Palais; la colline qui descend brusquement remonte et s'épanouit en forme de lion de pierre : c'est le Chag-pori, le Chag-pori couronné d'un petit djong, jaune et carré, derrière lequel se trouve une école de médecins. Au pied coulent les eaux du Ki-tchou. Et la route continue, menant à la porte occidentale de la ville, entre les deux collines rocheuses. Elle longe une double digue de sable, élevée par un Dépen en 1721. Les Chinois vainqueurs avaient eu la maladresse de démolir les murailles qui garantissaient Lhassa des assauts de la nature plus encore que de ceux des hommes, et il fut nécessaire de construire des murailles nouvelles et des digues énormes, pour préserver la ville de l'envahissement des eaux. Le Kaling-tchou n'est pas autre chose qu'une rivière artificielle, un canal qui recueille et détourne de Lhassa les eaux qui descendent vers elle du haut des deux vallées qui l'enserrent au nord.

C'est dans l'une d'elles que s'élève le monastère de Sera, dont nous apercevions, à 3 kilomètres environ, les petits bâtiments nichés dans le roc, et surmontés de quelques toits dorés.

La route suit la double digue sur une longueur de 500 mètres, puis la traverse sur un pont primitif, près d'un jardin où une profusion de fleurs croît dans un taillis de saules et de peupliers. A 100 mètres plus loin, sur la gauche, elle croise un chemin : c'est le fameux Ling-kor, le chemin qui sépare, comme au couteau, la Ville Sainte de la région profane. Deux moines en sortaient lentement, tournant leur moulin à prières et marmottant, pendant la marche, la seule phrase rituelle du Lamaïsme. Il n'y a pas au monde une route, sauf peut-être la *Via dolorosa*, qui ait autant de valeur traditionnelle : un infidèle même, pendant qu'il en parcourt le circuit, est relevé de ses péchés!... Nous y reviendrons plus longuement, et l'étudierons dans ses détails.

Nous dépassons quelques huttes de mendiants, faites de morceaux d'étoffes sales tendus sur des bâtons; nous traversons le chemin fameux: nous sommes enfin sur le territoire sacré!

Poursuivant notre route, nous longeons successivement le monastère de Kun-de-ling enfoui dans un petit bois, entouré de jardins; puis un temple chinois couronnant une éminence rocheuse, au pied de laquelle une centaine de coqs grattaient la poussière sacrée.

La masse du Potala était alors comme suspendue au-dessus de nos têtes; nous n'avions plus pour arriver à la porte occidentale de la ville, qu'à parcourir les quelque 200 mètres d'un chemin tout droit bordé d'un côté par un petit champ d'orge et des plantations de saules, de l'autre par les eaux tranquilles d'un marais entouré de saules également; au-dessus des arbres s'apercevait la roche du Chag-pori. Après les 200 mètres, un demi-tour sur la droite nous mit face à la porte. Sans pénétrer dans la ville, nous commençons à grimper sur la pente assez raide du rocher qui joint les deux colonnes jumelles; enfin, après une petite ascension de 700 mètres, le panorama de Lhassa éclata pour ainsi dire à nos yeux.

Oui! Lhassa serait encore Lhassa, ne fût-elle qu'une agglomération de huttes dans un désert de sable! Mais la magnificence du spectacle qu'elle offre est à peine imaginable. Rien n'y manque : architecture, arbres séculaires, verdoyantes et larges places, rivières, montagnes, tout à la fois concourt à rehausser l'admirable tableau qui s'offre du haut de ce belvédère. Et la beauté de Lhassa s'augmente encore de l'impossibilité où se trouve si longtemps le voyageur de l'apercevoir derrière le rideau de promontoires rocheux qui s'élèvent dans toute la vallée du Ki-tchou. Rien dans les approches de la ville, rien encore dans les descriptions et les plans qui ont été faits antérieurement, rien ne nous faisait prévoir cette profusion magnifique de palais gigantesques et de toits dorés, dans une végétation merveilleuse.

Le Palais est isolé, dans la ville même, sur un rayon de plus d'un kilomètre, par une ceinture de parcs et de jardins merveilleux qui ont fait donner à Lhassa le nom de Ville des Jardins. Dans cette admirable verdure, vierge de temples, vierge de maisons, ne passe pas une route, à peine des sentiers. Le puissant orgueil des moines, qui a fait vivre et qui tuera peut-être un jour le Tibet, a mis là son empreinte: dans cette étrange et belle ville que son isolement farouche défend du contact étranger, il a voulu que fût plus isolé encore le Palais du Roi et du Dieu.

Au-dessus des massifs, au travers des jardins, on entrevoit bien la ville elle-même, un enchevêtrement de rues étroites et de maisons aux toits plats couronnés çà et là d'un éblouissement de toits d'or et de coupoles dorées, mais la vue, pour l'instant, ne s'y arrête pas: elle est toute au Potala qui l'attire comme un aimant. L'audace et le gigantesque en architecture ne sauraient être poussés plus loin: songez que cette merveille de pierre s'élève à 25 mètres plus haut que la croix d'or qui surmonte la cathédrale de Saint-Paul. Le Potala dominerait Londres: il éclipse Lhassa. Il n'y a certainement rien en Europe qui puisse lui être comparé. Peut-être l'austérité de ses façades énormes, simples et nues, sa façade sud-est surtout, absolument colossale, vous suggère-t-elle un rapprochement avec la grandeur massive de l'architecture égyptienne; mais pour la beauté de l'entourage et surtout pour le jeu des couleurs, qui éclatent sur les monuments, l'Égypte même n'a rien de comparable.

Dans la mer de verdure qui en baigne la base, les murailles blanches s'élèvent percées de mille fenêtres, logis des moines qui, vêtus de rouge, se chauffent au soleil, de-ci de-là, sur les paliers lointains. Une fois par an, les murs principaux du Potala sont badigeonnés de blanc; mais la gamme des couleurs est, ailleurs, infiniment variée: le bâtiment central du Palais, le Phodang-Marpo, demeure particulière du Dieu lui-même, qui se dresse carrée, sur et entre les massifs de la puissante maçonnerie, est d'un rouge cramoisi; et les toits d'or, qui s'appuient au ciel, fondent sous l'éclat de leurs feux une succession de teintes vertes, de marron, de bleu pâle…

Le Potala rappelle un peu le Shwé-Dagon de Rangoun; mais c'est un rapprochement tout moral, qui fait penser simultanément à ces deux grands sanctuaires du Bouddhisme contemporain; car sous le rapport de la construction, de la décoration, du milieu même, il est difficile d'imaginer deux monuments plus différents.

La disproportion complète qui règne entre le Palais et le quartier de la ville qu'habite la population, est d'une profonde signification : les maisons qui s'entassent à 2 kilomètres au-delà du Potala, derrière sa couronne de verdure, accentuent, par leur insignifiance, l'abîme qui sépare le peuple, des prêtres du Tibet. C'est, il est vrai, dans ce quartier que se trouve le sanctuaire le plus vénéré de la foi; c'est sous les toits d'or lointains du Jo-kang que s'abritent l'idole suprême, les richesses et les traditions du culte bouddhique; il est encore vrai qu'il n'y a rien de particulièrement sacré dans le Potala lui-même; mais le Potala symbolise d'autant mieux la puissance monstrueuse des Lamas et l'orgueil qui sépare les moines du Tibet, d'une religion qu'ils ont prostituée.

La terrible sainteté qui entoure la personne de leur chef divin éclate au Potala d'une façon qui doit impressionner le dernier des pèlerins. Cette arme à deux tranchants, la réclusion, dont le pape dans sa solitude magnifique du Vatican se sert avec un succès douteux, cette arme brille d'un éclat non pareil dans l'arsenal du Grand Lama; son usage est justifié par un succès prodigieux. Une visite au Potala satisfait l'âme du sujet le plus récalcitrant de Sa Sainteté.

J'ai dit et pensé bien du mal du Lamaïsme; mais la vue du Potala renverse tous les préjugés que le Lamaïsme fait concevoir. Le Lamaïsme peut être un instrument d'oppression; mais ses victimes, quand elles ont vu le Potala, ne protestent pas. Le Lamaïsme peut être une barrière contre tout progrès humain, le symbole vivant de ce que nous autres, Occidentaux, nous avons toujours combattu et souvent vaincu en fait de bizarrerie, de cruauté et d'esclavage; mais, sous le soleil ardent d'un jour d'été, sous le voile blanc d'un ciel sans nuages, le Potala renverse la critique, et impose la croyance, quelque étroite et cruelle qu'elle soit. Dans un paradis de fraîcheur et de verdure, dans la ceinture neigeuse des plus hautes montagnes du globe, le Lamaïsme a élevé un monument qui dépasse infiniment tout le roman et toute la poésie dont ses mystères l'avaient depuis longtemps entouré à nos yeux.

Si vous pouvez vous arracher à la contemplation du gigantesque Palais, vous apercevrez çà et là, trahi par une clairière dans le fourré de la verdure, un bout de Ling-kor dont le ruban se déroule autour de la ville. En bas et au loin, le Ki-tchou, la rivière-turquoise, la rivière de délices, s'achemine paresseusement entre ses dunes blanches et plates.

Au-delà de la rivière, large d'un bon kilomètre, la culture commence; des plantations, des champs, des maisons s'étendent, innombrables; plus loin encore, on voit, on sent la plaine, la grande plaine marécageuse entrecoupée des promontoires rocheux qui se détachent de la ceinture des montagnes; à 10 kilomètres environ, vers l'est, se dessine le lacet de la grande route qui mène vers la Chine. A droite du pont fameux, au toit turquoise, se trouve la maison de l'Amban, presque cachée sous ses arbres; de l'autre côté des coupoles d'or du Jo-kang, s'élèvent les murailles aussi escarpées que laides du gompa de Méru, la dernière construction de Lhassa au nord-est; à l'ouest de ce pâté de bâtiments, parmi la verdure de ses jardins, brillent les perches dorées du ramo-che, le plus haut de tous les temples tibétains, après le Jo-kang…

Mais, après un coup d'œil donné à ces monuments sacrés ou historiques, vous vous retournez vers le Potala! Rien dans Lhassa, sauf peut-être l'intérieur du Jo-kang, ne vaut ce prélude magnifique. Si le voyageur sait que les portes de la Cathédrale lui sont fermées, il fera bien de s'asseoir quarante-huit heures sur l'éperon du Chag-pori, et de s'en retourner sans autre visite à la ville; plus jamais il n'aura cette sensation effrayante de grandeur, que donne le magnifique spectacle qu'il aura eu le bonheur de contempler.

Le camp installé, l'Amban fit une visite officielle au colonel Younghusband; il est le seul, avec le Dalaï Lama, qui ait le droit au Tibet de se servir d'un palanquin; et la vue de l'Amban en tournée ne manque pas d'intérêt. Il est précédé de dix domestiques, sans armes, vêtus de bleu bordé de velours noir; immédiatement après marchent quarante hommes armés, habillés de noir et de rouge, portant des lances, des faux, des tridents, des drapeaux; après eux, viennent les secrétaires et leurs servants; enfin, porté par 10 hommes, Son Excellence en palanquin.

Cette visite de cérémonie, sans grande importance d'ailleurs, fut rendue le lendemain par le colonel, que nous accompagnâmes jusqu'à la Résidence. Nous entrâmes en ville par la porte occidentale, bordée de droite et de gauche à l'intérieur par une palissade en bois, et décorée sur un mur à gauche par un dieu terrible, peint en bleu. Immédiatement après la porte, la route tourne à gauche, et nous apercevons le Potala s'élevant au-dessus d'un enclos de maisons, d'étables et de prisons qui s'appuient au rocher. Entre la porte et l'enclos sont groupées une trentaine de maisons misérables, sales et puantes, qui masquent bien malheureusement le seuil du palais du Grand Lama. A 500 mètres plus loin, un obélisque se dresse au milieu de la route; il a été élevé presque en face du Palais, pour commémorer la pacification du Tibet et la domination de la Chine, en 1720. Un peu plus loin, la route se divise en deux chemins : celui de gauche, allant droit au palais de la famille Yabchi et à la partie septentrionale de la ville; celui de droite, s'avançant jusqu'au Yutok-Sampa à travers des champs d'orge, des marécages verdâtres, des plantations de saules.

Le pont qu'il traverse est considéré par les Tibétains et les Chinois comme une des merveilles de Lhassa. C'est une construction simple, dont le caractère a été supérieurement rendu par un tableau de la comtesse Helena Gleichen. Les tuiles du toit ont dû être apportées de Chine; au cours des siècles, le vernis bleu qui a donné son nom au pont, le Pont-Turquoise, s'est usé aux parties saillantes, et le beau rouge de l'argile se mêle harmonieusement au restant de la couleur primitive. L'intérieur est peint du bleu verdâtre et sombre qui décore le Pargo-Kaling; de petites statuettes s'abritent sous le toit en auvent qui se projette aux deux extrémités; un motif sculpté décore le fronton des portes. Il s'étend à travers un marécage que les eaux, en cette saison, découpaient en petits canaux égayés par des herbes et des fleurs.

Après le pont, la route tourne brusquement à gauche, et amène à la porte même du cœur de Lhassa : c'est une simple ouverture dans la muraille, sans décorations ni battants. Une fois entrés, nous sommes sur une petite place à gauche de laquelle coule un ruisseau entre des herbes folles et des buissons. Nous vîmes, sans pousser plus loin dans cette direction, une autre petite place ornée d'un saule gigantesque s'élevant au-dessus des toits plats et bas : c'est l'arbre fameux qui se trouve près de la façade occidentale du Jo-kang dont nous n'apercevions que les toits dorés dominant les constructions basses et plates qui entourent la Cathédrale. En face de nous, tout autour, les misérables et peu intéressantes maisons de boue qui abritent la population de Lhassa.

A notre droite commençait le quartier chinois, qui est généralement plus agréable à voir que les autres parties d'une localité tibétaine, mais qui est dans Lhassa aussi mal entretenu. C'était par là que nous devions aller pour voir l'Amban. Nous traversons une assez grande place, maculée de flaques d'une eau sale et pleine d'écume, et plantée çà et là de quelques saules rabougris, sous lesquels passe un égout fétide, le principal de la ville, entre des rives noires qui longent les murs mêmes de la Résidence. Des bandes de cochons noirs s'empiffraient dans des tas d'ordures répugnantes; il fallut écarter ces agents voraces de la voirie municipale, pour gagner au travers de la boue infecte la porte de bois qui ferme le jardin de l'Amban.

La Résidence ne mérite pas une longue description : on entre; on passe, tournant à droite, entre les deux classiques «lions» chinois, et après avoir traversé deux cours contiguës, plantées de peupliers, on est introduit dans la salle des durbars, aux portes vert et or, aux tentures rouges et vertes. C'est une médiocre pièce, dont le plafond est agrémenté de morceaux de papier rouge, formant des dessins. Nous y avons tenu un durbar pendant que passaient à la ronde d'excellents petits cigares, du thé fait à la chinoise, et des biscuits d'Huntley et Palmer.

Le colonel Younghusband essaya de faire comprendre à l'Amban l'intérêt qu'aurait tout le monde à ce qu'on acceptât les demandes si modérées des Anglais. L'Amban regrettait les sottises de son troupeau tibétain, mais semblait plus préoccupé de son propre sort que de la politique anglaise au Tibet. Il avait continuellement en mémoire l'assassinat de ses deux prédécesseurs, et sans doute était-il beaucoup plus tranquille quand nous étions loin de Lhassa.

Un orchestre dissimulé jouait à notre arrivée; il joua encore à notre départ. Heureusement l'Amban ne fit pas recommencer la pétarade de bombes par laquelle il avait salué l'entrée du Commissaire anglais. Au moment où nous avions entendu la première, tout le monde avait craint que Macdonald ne prît cette manifestation pour la fusillade d'une attaque imprévue, et nous savions que pendant notre durbar il avait ses canons pointés sur le Potala.

Nous nous en retournâmes par une autre route traversant cependant le marais noirâtre de l'aller et la place du grand saule sacré. Le Commissaire était accompagné dans sa visite, par un détachement de 300 fusils; la Résidence chinoise nous avait en outre fait escorter de 40 soldats; l'importance de cette petite colonne nous empêcha de prendre la route qui passe devant le Jo-kang.

Je pus cependant, en cours de route, me détacher de la colonne pour visiter le Do-ring, sur lequel je reviendrai ultérieurement, et entrevoir la Cathédrale, de l'intérieur d'un petit enclos pavé, fermé à l'est par un portique en bois peint et par les tentures du Jo-kang. Une foule de moines d'assez mauvaise mine semblaient en défendre l'entrée. Je rejoignis la colonne, qui prit la route passant au pied du Potala.

Après cette tournée dans la ville, j'aurais eu de la peine à la trouver supérieure à une Résidence de troisième classe de l'Inde. Les maisons sont en général mal bâties; à peine les plus belles usent-elles de matériaux solides, de granit notamment. Mais si la description du Père Andrada était véridique à l'époque où il l'a faite, il faut avouer que Lhassa n'a pas changé à son avantage; avec la meilleure volonté du monde, on ne saurait trouver dans les immondices qui encombrent chaque rue, ni dans les baraques qui souillent les terrains contigus aux plus importantes maisons, les routes bien pavées et l'architecture remarquable qu'y a vues le bon Père.

A 300 mètres environ au nord du Jo-Kang avant d'atteindre le tournant Yabchi où se dresse un chorten, la rue longe une grande place découverte, d'où l'on aperçoit facilement le gompa de Meru. Le seul intérêt qu'il présente, est d'avoir été construit sur l'emplacement de l'ancienne chapelle chrétienne. Si le gompa et les bâtiments du monastère ne le recouvrent pas complètement, il ne reste néanmoins absolument rien de l'ancienne chapelle et de ses dépendances; un espace libre, planté de quelques arbres, s'étend de chaque côté de la lamaserie actuelle. Seule, la cloche de la mission chrétienne a été conservée à Lhassa. [...]

Il faut, ai-je dit, se figurer les habitations de la populace comme un amas chaotique de maisonnettes basses, plates et sans grand intérêt; mais, sans aucun doute, le plus chaotique, et aussi le plus sale, le plus loqueteux, le plus répugnant des quartiers est celui qu'habitent les Ragyabas, tribu de mendiants ignobles, dont la principale occupation est de dépecer les cadavres. S'il est difficile d'imaginer une opération plus répugnante, il l'est plus encore de se figurer une humanité plus abrutie, habitant des taudis plus abominables.

D'apparence repoussante, moitié nus, moitié vêtus de haillons souillés, ces êtres immondes croupissent dans un bourbier que fuiraient les cochons noirs de la rue. Leurs huttes, hautes de 1 mètre à 1 m 50, sont faites d'immondices et de cornes de bétail. Ces malheureux vivent du salaire qu'ils tirent à dépecer les cadavres; ils fendent à coups de hache les membres et le tronc des morts, et en exposent les morceaux sur des pierres plates où viennent les dévorer les chiens, les vautours et les cochons dont fourmille Lhassa. La chair de ces derniers est très estimée dans la ville, et en vérité, elle y est aussi bonne au moins qu'ailleurs; mais si vous allez visiter le quartier des Ragyabas et que vous vous rendiez compte de la façon dont les Tibétains se débarrassent de leurs morts, vous en serez dégoûté pour toute votre vie.

Chandra Das déclare qu'aux yeux des autorités les Ragyabas passent pour la tribu de refuge de toute la lie du pays; il mentionne aussi une curieuse croyance, d'après laquelle un jour sans enterrement (si l'on peut ainsi parler) serait un jour fatal pour Lhassa. Avec un tel recrutement, de telles occupations, des mœurs encore plus dégoûtantes que les pires indigènes de l'Australie, cette tribu peut être intéressante pour l'ethnographie: le voyageur en a vite assez.

Ces individus composent la seule corporation particulière à Lhassa. Les autres habitants, prêtres ou profanes, ressemblent à tous ceux du Tibet. Le costume même comporte peu de différences. Dans la province de Tsang, par exemple, les femmes se coiffent d'une auréole ornée de turquoises; à Lhassa, une bande d'étoffe ornée de même façon, enserre une coiffure à la Botticelli, qui leur sied très bien. Je crois qu'un costume de femme tibétaine et cette coiffure seraient pour certain genre de beauté très séduisants dans un bal masqué de chez nous.

Le costume des hommes et des femmes est à peu près pareil. Il se compose essentiellement d'un vêtement de dessous et d'une lourde robe de drap cramoisi, ordinairement rapiécée; elle est prise à la taille par une ceinture où, chez l'homme, elle fait poche, la seule qu'ils aient. Dans ce repli du vêtement de dessus, le Tibétain glisse tout ce dont il aura besoin dans la journée: les petits bols en bois dans lesquels il mange, le petit pot en cuivre jaune dans lequel il fait sa cuisine, une paire de souliers peut-être et sûrement une ou deux boîtes remplies d'amulettes. Ces boîtes plus grandes à Lhassa qu'ailleurs, y sont d'un travail très délicat; elles sont ornées d'un motif sculpté qui rappelle le bon ouvrage du XVIIe siècle italien. Un bel exemplaire mesure 10 centimètres sur 4, et renferme un tas de prières sur papier, des objets bénits, tels que grains, pilules, contenant quelque parcelle de Lama décédé, — comme partout au Tibet.

Les hauts fonctionnaires ajoutent de l'or et des broderies à leur costume, et en augmentent la quantité jusqu'à ce qu'ils touchent au grade de Shapé; alors ils revêtent la robe de soie jaune orange, brodée et doublée de soie bleue. La coiffure du Shapé est la toque chinoise en soie jaune bordée de velours noir; le bouton chinois de deuxième classe s'y trouve presque toujours.

La variété des chapeaux est considérable à Lhassa. On y trouve presque toutes les formes possibles, depuis le casque à la Britannia jusqu'au pot à fleur verni et doré, à larges bords. Tel pot à fleur se complique d'un autre pot, beaucoup plus grand, posé par-dessus. Le plus remarquable de ces chapeaux est un grand abat-jour cramoisi, à plis accordéon, agrémenté tout autour d'un large falbala. La suite du Résident népalien porte casquette en cuir noir ajustée, entourée d'un bandeau uni rehaussé de flammes en or ou argent, qui tiennent par des agrafes de même métal retombant derrière les oreilles. Le Résident du Népal était lui-même fort coquet; sa robe était bien un des spécimens de broderie les plus magnifiques que j'aie jamais vus: elle était de satin rose très délicat, couverte de dentelles d'or et d'argent entremêlées de simili-perles. Disons en passant que c'était un homme très fin, et louons-le des bons conseils qu'il ne cessait de donner aux Tibétains. Quant à notre vieille connaissance, le Tongsa Penlop, il se promenait toujours nu-pieds, et coiffé de son chapeau de Hombourg.

Une des curiosités les plus bizarres de Lhassa est sa fameuse voie sacrée: le Ling-kor. Il entoure la ville et le Potala d'un ruban de route tantôt large de 7 mètres, tantôt à peine de 1. Ici, c'est une piste de sable, qui reflète un soleil ardent; là, un sentier rafraîchi par l'ombre des peupliers du Lu-kang; ailleurs, un raidillon qu'ont rendu lisse et glissant des milliers de pieds nus passant sur les falaises calcaires qui dominent le Ki-tchou; autre part encore, une rue immonde, infestée de porcs, comme aux abords du quartier des Ragyabas.

Du matin au soir j'y promène une procession hétéroclite, faite de moines et de profanes, de femmes et d'hommes, qui, clopin-clopant, gravitent dans le même sens, toujours prêts à échanger quelque parole avec un confrère dépassé; d'un air détaché, ils agitent leur roue à prières, et marmottent sans discontinuer la formule sacrée qui fermera pour eux les portes de leurs six Enfers.

Suivons-les : quand on vient de l'ouest, on accède à la partie du Ling-kor qui passe devant les misérables tentes en toison d'yaks qu'habitent des mendiants; des chiens vont et viennent, s'adonnant à la fonction nécessaire et orientale de nettoyer un peu la voie; un champ d'orge s'étend à droite; à gauche, les revêtements de sable du Kaling-tchou. A 400 mètres plus loin, le Ling-kor tourne brusquement à droite, après avoir traversé un marécage verdâtre où trempent les pieds de quelques saules; les bancs de sable du fleuve cachent toujours à gauche la vue de la vallée. A quelque distance, un groupe de hauts peupliers semble faire sentinelle au coin d'une plantation d'arbres moins élevés; à leurs pieds, l'aubépine est écrasée sous le poids de la clématite jaune. Au-dessus, se dresse la muraille d'arrière du Potala.

C'est ainsi que la courbe du Ling-kor entoure le Lu-kang qui s'étend au pied du Mar-pori. Le Lu-kang est certainement une des plus intéressantes curiosités de Lhassa; les Chinois sont d'accord avec les Tibétains pour en faire une des beautés de la ville: c'est un lac tranquille aux eaux claires et brunes, bordé de roseaux, abrité par des saules et d'autres arbres centenaires qui forment berceau. Au centre, un petit îlot se montre, tout couvert de verdure, et entouré d'énormes roseaux. Un vieil escalier de pierre permet d'entrevoir un pavillon au toit de tuiles bleues et dorées; des sarcelles y ont élu domicile; autour, bourdonne un bataillon de libellules. Rouges, vertes, bleu clair, bleu foncé, côtelées, transparentes, les libellules vibrent, immobiles, sur chaque pièce d'eau de la ville; mais le Lu-kang et le Lha-lu sont leurs endroits de prédilection. Le Lu-kang ou Maison du Serpent, tire son nom de la croyance qui met dans l'île un serpent auquel il faut annuellement faire des sacrifices, pour éviter les inondations. La même tradition s'attache au Jo-kang lui-même dont les eaux souterraines sont recueillies par un sombre et long canal; elle s'attache encore au Lha-lu qui se trouve à 400 mètres du Lu-kang, dont il est séparé par plusieurs fondrières. Dans chacun de ces endroits, la même tradition naît de la présence des eaux souterraines toujours prêtes à engouffrer la Ville Sacrée.

Près du Lu-kang est une cour dans laquelle est gardé l'unique éléphant du Tibet; il avait un camarade destiné au Grand Lama de Tashi-lhumpo, mais qui n'a pas longtemps vécu.

Revenons au Ling-kor; il s'avance vers l'est à travers des champs d'orge, jusqu'à ce qu'il atteigne les arbres qui surplombent le mur des Pâtures Royales à Re-ting; c'est là qu'avait sa résidence feu le Régent, mis en prison d'abord, puis à mort par le Régent actuel, il y a quelque dix ans (Le régent temporaire que nous trouvâmes à Lhassa, lors de notre passage, avait établi sa demeure sur un autre point).

Un peu plus loin on passe devant le Ramo-che, temple peu intéressant. Les Tibétains, cependant, le rangent immédiatement au-dessous du Jo-kang, et lui attribuent une antiquité inadmissible. C'est une construction moyenâgeuse d'une piètre distinction, et que relèvent seulement ses toits dorés. Il ne contient, d'après Chandra Das, qu'une collection de reliques militaires: boucliers, lances, tambours, épées, et le portrait de la femme népalaise du roi Strong-tsan-gambo. D'ailleurs, rien n'est plus curieux à Lhassa que l'intention bien évidente de négliger l'intérieur des temples au bénéfice du Jo-kang. On veut certainement que rien ne fasse concurrence à cet auguste sanctuaire de la foi. Le seul temple de valeur après le Jo-kang est la demeure du Chef des Magiciens, située hors des murs, et sur laquelle nous reviendrons ultérieurement.

A quelques pas plus loin, le Ling-kor fait une courbe pour entourer le gompa de Meru à l'extrémité nord-est de la ville ; il touche au canal profond qui épuise l'eau des fondrières nombreuses de l'endroit, et au pont des Pléiades, par lequel la route de Chine pénètre dans la ville ; puis, faisant d'étranges connaissances, il circule, sous l'aspect d'un sentier emprisonné entre des maisons d'une saleté toujours croissante. C'est là que se trouvent les abattoirs de Lhassa, car il n'est pas permis de tuer le bétail dans l'enceinte de la Ville Sacrée, ainsi que le remarqua le Frère Oderic, voilà plus de cinq cents ans ; mais ce respect n'empêche pas la *Via Sacra* de la foi de servir de boîte à ordures, de recevoir tous les morceaux d'ossements, de peau, de viande, qu'y jettent les bouchers, en pâture aux cochons et aux chiens.

Le Ling-kor tourne maintenant vers l'est de la ville ; il longe le quartier où, comme dans toutes les villes du monde, s'abritent les malheureux ; aussi n'y voit-on que d'infects taudis. A notre gauche, les marécages de Pala s'étendent à l'ouest vers la rivière lointaine, et baignent la chaussée sur laquelle passe le chemin sacré ; çà et là, un bout de terrain gagné sur le marais produit de l'orge ou une petite plantation d'arbres entourant une maison minuscule. Si lamentable que soit ce quartier, il est luxueux à côté de celui des Ragyabas que nous atteignons quand, après une nouvelle courbe, le chemin nous ramène dans la direction du Chag-pori et de Pargo-kaling, la porte occidentale. Là, nous remarquons un gros tas de pierres, monument de la piété des pèlerins qui aperçoivent en arrivant, ou cessent de voir en s'en retournant, les murailles du Potala.

En traversant pour la seconde fois le quartier des Ragyabas, le souvenir de la journée précédente est encore dépassé par l'horreur de l'heure présente. La saleté de ce taudis est égale à celle de Phari, mais plus répugnante encore ; à Lhassa, elle est, en vérité, limitée à un quartier, mais elle n'est pas atténuée par la basse température qui règne à Phari. On ne peut s'imaginer que des êtres humains passent leur vie au milieu d'immondices que les porcs, en barbotant, ont transformées en une boue gluante. Chose étrange : c'est ici que poussent les plus belles fleurs de Lhassa ! Toujours les papillons sur le fumier. Sur notre gauche, poursuivant notre route, une rangée de saules borde un pré marécageux, au delà duquel sont deux des *lings* ou jardins qui fleurissent autour de Lhassa. Peu après apparaissent sur la droite les flaques larges et noires qui souillent la petite place située en face de la maison de l'Amban. Mais le Ling-kor continue son chemin sous les saules jusqu'aux plantations vertes auxquelles ont fait place les maisons; car nous avons laissé Lhassa derrière nous, et nous longeons le sud du terrain boisé qui la sépare du Potala. La ville a cédé la place au bois, et le bois la cédera bientôt au roc: à 700 mètres plus loin, le pèlerin arrive devant un éperon de pierre presque vertical.

Il semble qu'aucun voyageur, visiteur ou espion n'ait accompli le parcours entier du Ling-kor. Non seulement les cartes que nous possédons nous renseignent très mal, mais encore les descriptions laissent de côté un des passages les plus anciens de la route. A l'endroit où nous sommes arrivés, des falaises escarpées tombent à pic dans les eaux du Ki-tchou; un des bras du fleuve baigne le bas de la montagne, dans laquelle est taillé un sentier large de 1 mètre; il s'élève doucement à une hauteur de 33 mètres, jalonné de mètre en mètre par des dessins, des chortens, des mantras profondément taillés dans le roc. D'innombrables pierres plates, recouvertes de la formule traditionnelle, sont soigneusement rangées debout; des milliers de petites médailles en argile, portant une image religieuse, sont disposées dans chaque anfractuosité.

Au sommet du sentier, la vue est splendide: au loin et au large, la rivière ensoleillée étale ses bancs de sable: on dirait que Lhassa est construite au milieu d'un grand lac; des fleurs abondantes naissent au pied des falaises chauffées toute la journée par un bon soleil...

Le Ling-kor descend ensuite assez brusquement, et vous amène au pied du Chag-pori.

Face à la rivière s'élève un roc gigantesque, plat et carré; sa surface est entièrement couverte d'une multitude de Bouddhas de toutes les tailles et de toutes les couleurs; on dirait de loin qu'une énorme carpette a été jetée sur le rocher pour le parer. Il y en a peut-être 20 000, petits pour la plupart, hauts de 4 centimètres, rangés symétriquement; d'autres, de 10 à 50 centimètres, entourent un gros Bouddha qui occupe le centre du rocher. Il a bien 7 mètres de haut. Au dessous, la devise sacrée: *Om mani padme hum*, se détache en relief; chaque caractère a environ 2 mètres de haut; la devise est longue d'au moins 10 mètres; les différentes couleurs des lettres se suivent dans cet ordre: blanc, vert, jaune, ardoise, bleu, rouge, indigo foncé.

A 20 mètres plus loin, le sentier pénètre dans un jardin qui entoure deux petites maisons plates, et débouche sur une route large et bien entretenue, bordée de chaque côté par des plantations vertes qui dépassent des murs. 100 mètres encore, et le Ling-kor arrive à une communauté qu'il contourne. Quand je dis qu'il contourne... il devrait le faire, mais un sentier qui coupe à travers la communauté paraît bien foulé; et ce n'est pas le seul endroit où j'ai vu pareil stratagème...

C'est à 400 mètres que la route, allant toujours vers le nord, rejoint notre point de départ au pied du rocher sur lequel se dresse le temple chinois. Je voudrais pouvoir insister davantage sur cette extraordinaire, cette unique Voie Sacrée; mais d'autres curiosités sollicitent une description.

DANS LES ENVIRONS DE LHASSA

Lorsqu'il fut arrivé à Lhassa, le colonel Younghusband commença par demander qu'on lui fournît une résidence convenable; naturellement sa demande se heurta aux tergiversations chères aux Tibétains, et qui ont plutôt pour origine une habitude générale d'esprit, que de la malveillance; le colonel fit alors savoir qu'il avait l'intention, intention qu'il réaliserait si les autorités de Lhassa ne prenaient pas immédiatement leur parti, d'occuper Norbu-ling, résidence d'été du Grand Lama, située juste à l'extérieur du Ling-kor, à quelques centaines de mètres à peine de l'endroit où nous avions établi notre camp. Cette menace voilée donna aussitôt aux Tibétains la mesure des égards qu'ils devaient à un représentant de l'Angleterre, et les amena, même à répondre que toutes les maisons du Shapé étaient à la disposition du colonel, pourvu qu'il ne fît aucune tentative sur Norbu-ling.

C'est la maison dite Lha-lu, la plus belle habitation particulière du Tibet, située à un kilomètre du Potala, qui fut indiquée à la Mission; celle-ci s'y installa le 12 août.

Si l'on cherche en ces pages la description d'une maison tibétaine, on n'en saurait trouver de meilleur exemple que la maison Lha-lu. Bâtie autour d'une grande cour carrée découverte, dont trois côtés sur quatre étaient garnis de galeries suivant l'usage, la partie principale de la maison élevait ses étages sur le côté nord de ce carré, et c'est là que s'était installé le colonel Younghusband. Pour entrer dans l'habitation, il fallait traverser un petit ruisseau qui passait devant la maison, en franchissant un pont en biais qui donnait dans la cour; celle-ci, entourée par des murs peu élevés, était presque toujours embarrassée par des tas de détritus; le propriétaire y faisait généralement stationner ses chevaux et ses mulets sous le premier balcon qui courait autour de la maison. En arrivant, notre premier soin fut de reléguer nos bêtes de somme dans des locaux extérieurs qui étaient plus pratiques. Une fois entré dans la cour on avait en face de soi le corps principal du logis, qui s'élevait en une masse respectable, et deux portes latérales qui conduisaient, celle de gauche à un jardin clos de murs et à un pavillon d'été avec sanctuaire, dont la situation en plein feuillage ne manquait pas de grâce; celle de droite aux habitations des domestiques et à de petites écuries. La maison a pour entrée une petite porte sans caractère, située au milieu de son mur méridional. La cour est pleine d'une boue qu'on est obligé de franchir avec de grandes précautions, pas à pas pour ainsi dire, et pavé par pavé, et qui entre dans la maison avec autant de liberté que les humains. Quand la nuit tombe, c'est à peine si l'on peut apercevoir l'angle où se dresse, à pic, l'échelle, seul moyen de communication entre le sol et les étages de la maison, et l'on comprend, vu l'impossibilité absolue de choisir une place pour ses pas, qu'il faut faire de vrais plongeons dans la boue avant d'atteindre le pied de l'échelle; franchissant ce passage difficile en glissant sur les marches de fer et en nous cramponnant à la rampe de saule poli, nous arrivons à la salle des durbars.

Cette pièce, qui sert également d'oratoire, est ornée de trois figures en bronze doré, artistement drapées de katags, et rangées dans des niches pratiquées dans le mur du fond, niches entre lesquelles on a ménagé des casiers destinés à recevoir des livres. Cette pièce est décorée de telle façon, qu'aucune photographie ne peut en donner l'idée; pas un centimètre carré de mur ou de pilier qui ne soit couvert d'une couleur vigoureuse : écarlate, émeraude, or, outremer, à l'exclusion des teintes adoucies, le tout formant cependant un ensemble plus harmonieux qu'on ne l'aurait cru; la pièce entière reçoit verticalement la lumière par une ouverture pratiquée dans le toit. L'étage supérieur, où habite la famille, forme, par sa gracieuse propreté, un curieux contraste avec le désordre et la saleté de l'étage inférieur d'où l'on arrive; il se compose d'une suite de 17 jolies pièces destinées à l'habitation, dont 10 sont décorées dans la même manière et le même luxe que la pièce des durbars. Les murs n'étaient pas seuls à être ornés, car les pièces étaient divisées par des paravents à treillis en papier, en soie ou même en glaces, et les dessins qui en couvraient partout les feuilles étaient de bons spécimens de l'art chinois ou du travail indigène. Le colonel Younghusband s'était installé dans la chambre centrale, qui donne sur la cour; immédiatement au-dessus de sa fenêtre pendait toute une collection de cordes destinées à supporter de vastes stores, que les jeunes membres de la famille Lha-lu avaient enlevés ainsi que tous les autres meubles de la maison, avant notre arrivée dans la demeure paternelle, et cela à notre demande; car, possédant ou pouvant nous procurer tout ce dont nous avions besoin, nous n'avions pas l'intention d'encourir la responsabilité des avaries survenues aux biens de nos hôtes.

Le seul objet, ou à peu près le seul, que l'on eût laissé, était une pendule de peu de prix, qui portait la marque de l'*Ausonia Clock Company*. Les échantillons analogues de la civilisation occidentale sont trop rares à Lhassa, pour tirer ses habitants de leur isolement intransigeant et de leurs habitudes d'Orient; d'ailleurs, quand on en rencontrait de temps en temps, ce n'était pas, il faut bien l'avouer, sans une pointe de regret; car si Lhassa n'était plus en sûreté contre les produits manufacturés à la grosse et à bas prix, quel endroit pourrait l'être au monde? A ce constant usage de mise à l'écart il faut signaler une exception : on trouve assez fréquemment à Lhassa des parapluies qui portent, collée à l'intérieur, cette touchante marque de garantie: *Waterproof*, et qui doivent venir de l'Inde où leur usage est universellement répandu. Mais ces rares et regrettables importations ne font pas que les habitants de Lhassa soient différents par les pensées, les paroles ou les actes, ou même doivent jamais différer de ceux qui écoutaient Tsong-Kapa et ses prédications passionnées de réforme, ou antérieurement Atisha et sa science profonde, ou plus loin encore dans la suite des âges l'apostat Lang-Darma et ses blasphèmes.

C'est presque un marais, que les jardins de Lha-lu; ils offrent toutefois une partie sèche sur laquelle on a élevé 2 bâtiments: l'un est un pavillon qui sert à la fois de résidence d'été et de sanctuaire, l'autre est une grande serre vitrée; ni l'un ni l'autre n'offrent grand intérêt, quoique le premier soit assez ancien, et que, sous la saleté qui couvre les fresques, on distingue encore l'exquise habileté des peintures.

Les moines de De-bung, qui s'étaient chargés de nous fournir certains vivres, avaient manqué complètement à leur parole, et il était devenu nécessaire de formuler plus énergiquement nos réclamations. Donc, notre petite colonne quitta un jour le camp avec ses canons, et s'apprêta à occuper le vaste terrain du monastère blanc. Cependant, après avoir parlementé deux ou trois heures, les moines trouvèrent prudent de s'exécuter, et sur place ils nous fournirent suffisamment de farine pour nous faire renoncer aux moyens violents.

En cette occasion, j'ai fait connaissance avec un temple dont j'ai déjà parlé, et qui, entre tous les monuments de Lhassa, n'est inférieur comme intérêt qu'au Jo-kang seulement: j'ai nommé le temple exquis dont la garde est confiée au Chef des Magiciens du pays. A un kilomètre de De-bung, il est presque caché dans les arbres d'un ravin profond; la seule partie visible de loin, est son toit d'or.

Sous bien des rapports, le Nachung Chos-kyong est unique. Il n'a pas servi de type à d'autres constructions analogues dans le pays; aussi, était-il d'autant plus intéressant à étudier. En me promenant parmi les bâtiments badigeonnés de blanc, j'ai pris une photographie qui montre beaucoup mieux que n'importe quelle description la différence essentielle qui distingue cette petite communauté diabolique de celles qu'on rencontre dans presque tous les autres districts du Tibet. On la dirait détachée de la ville italienne d'Ancône, d'où était venue au XVIIIe siècle la communauté capucine de Lhassa.

L'édifice est petit, mais construit avec un art délicat jusqu'à la minutie. On a certainement, pour l'embellir, consacré plus d'argent et apporté plus de soins que dans la construction d'aucun autre gompa rencontré sur notre route. Le sentier montant et bien ombragé au bord duquel il est construit, continue à grimper après avoir débouché dans la cour, laquelle, ici comme partout, sépare les portes principales, de la rangée ordinaire de fresques qu'on aperçoit dans un cloître, en face. Le spectacle est de toute beauté. Il est très rare au Tibet de trouver le contraste immédiat d'un feuillage luxuriant et des couleurs d'un temple; or, dans l'arrière-plan, on ne voit que du vert, un vert aux mille nuances; et le brun foncé de la pierre est rehaussé par des toits dorés, qui s'harmonisent avec le gris des pavés de la cour et les rangées interminables de fanions à prières de toutes les nuances, qui sont suspendus entre les deux murs. A gauche, brille en couleurs vives une fresque terrible représentant des corps humains écorchés, des crânes pleins de sang, des monceaux d'entrailles et autres débris ensanglantés de corps humain, dont le spectacle dit tant de choses aux pieux Tibétains. A droite, l'escalier nous conduit vers le temple lui-même. On y accède par une grande cour cloîtrée, et l'on traverse un corridor à doubles piliers, orné d'armures et d'armes fantastiques. Quand on en sort, on se trouve de nouveau dans un rectangle ensoleillé. Au milieu de la cour, en tournant à gauche, on remarque les entrées principales du temple, situées derrière une arcade aux nombreux piliers; ceux-ci sont voilés par de lourds rideaux en toison d'yak, au travers desquel on entrevoit une profusion de couleurs étalées sur le mur, les piliers et le plafond. Les cinq ou six grandes portes sont elles-mêmes d'un rouge écarlate. Tout proche, un petit arbre pousse dans un treillis fait de pierre perforée; autour du tronc serpente une garniture de fleurs, dans un désordre pittoresque. A côté, se trouve un pilier d'environ 3 mètres de haut, surmonté d'un tout petit toit d'or. Juste au-dessus de l'entrée du temple, le grand toit d'or se dresse, bien haut dans le ciel; et en sentinelle, maints gyan-tsen dorés agitent leurs falbalas de soie, aux couleurs saumon et olive.

Il y a longtemps que la divinité qui préside à ce temple s'est sauvée avec son maître, le Dalaï Lama; mais les offices continuent, et, pendant son absence, le temple est loin d'être négligé. Autant qu'on peut deviner le caractère d'un homme à l'aspect de sa maison, il est facile de voir que le Chef des Magiciens de Lhassa est un homme d'un goût sûr et délicat: dans toutes les parties du temple règne un ordre comme nous n'en avons pas vu trace dans aucun autre édifice du pays. On aurait dit qu'une bonne ménagère en avait fait le tour avec son plumeau, une heure avant notre arrivée.

Les grandes portes, dont chacune portait la représentation monstrueuse d'une peau humaine écorchée, s'ouvrirent, et nous entrâmes dans le temple même. Celui-ci était reluisant de propreté, et orné de couleurs éclatantes, quoique la lumière moelleuse qui filtrait à travers les stores et les paravents en adoucît un peu la crudité. La décoration est d'un genre tout à fait particulier: chaque porte est ornée d'une bordure de crânes ou de têtes décapitées sculptées dans le bois, et peintes minutieusement; de longues tentures de satin noir, au bord inférieur desquelles pendant des têtes analogues, sont accrochées aux corniches. Sur les murs mêmes, un pot-pourri, curieux et lugubre, de crânes, d'entrailles, d'yeux, de cerveaux, de langues arrachées et de loques humaines subissent toutes les mutilations et tous les supplices imaginables. Au-dessus de toutes ces horreurs, se trouve sur une frise la représentation symbolique d'âmes brûlant dans les feux de l'Enfer. Après un moment de réflexion, ce spectacle ne nous fut pas trop pénible: nous vîmes sous ces horribles emblèmes le même esprit de dévouement qui anime la plume de Dante ou le pinceau d'un Bénédictin du XIVe siècle.

A l'extrémité du temple, en face des portes, se trouve le sanctuaire. C'est une chapelle large et profonde, qui diffère, d'une manière frappante, de tout ce que nous avions vu dans le même genre: au centre et en avant, au lieu de la grande statue de Bouddha que nous avions toujours remarquée ailleurs, se dressait la chaire vide du Chef des Magiciens, où l'on avait entassé ses robes de cérémonie, son épée d'office, et un petit bouclier rond d'un ouvrage exquis, orné d'un *hum* en or au centre. Dans le haut de ce bouclier était un empiècement irrégulier, probablement en verre. Cet ornement offrait une analogie frappante avec ces fragments de rubis, polis mais non taillés, qui font partie assez fréquemment du trésor des rajahs indiens. Derrière le trône d'argent doré se trouvait un proscénium en argent ciselé, qui encadrait le Bouddha. A droite étaient suspendus la couronne distinctive du Magicien — une belle pièce, — et des crânes en ivoire d'un fini exquis, alternant avec des fleurons d'argent poudrés de diamants artificiels; tout autour étaient plusieurs gros simili-saphirs, rehaussés çà et là par des turquoises de valeur. Dans les murailles de cette chapelle, se trouvaient des placards et des recoins dont l'ouverture était toujours cachée par des katags. En les écartant, on voyait vaguement dans l'obscurité les images en cuivre jaune, très bien ouvragées, mi-grandeur naturelle, d'un monstre à l'aspect répugnant. Çà et là étaient le gorgerin, le masque, l'arc, et le verre à divination de l'Oracle; et, quoiqu'il y eût plus d'un mois qu'il était parti, le Magicien aurait pu revenir le soir même, et trouver son sanctuaire en parfait état et préparé pour l'office jusqu'en ses moindres détails.

Nous descendîmes deux ou trois marches d'un escalier du temple. De chaque côté de l'aile principale se trouvaient 12 grands tambours; des coussins lourds et épais étaient placés le long d'une avenue, près des portails. A droite, en descendant les marches du sanctuaire, un grand chorten en argent s'allongeait contre le mur, orné à profusion de morceaux d'ambre brut aussi gros que des pommes.

Un tour d'inspection dans les galeries du cloître nous révéla quelques armures assez remarquables et un grand nombre de cornes badigeonnées de blanc et adaptées à des épées en guise de poignée. On nous invita à visiter les autres salles du gompa, et nous grimpâmes les échelles, glissantes comme toujours, jusqu'à un portique supérieur aussi bien peint que toutes les autres parties du bâtiment. Nous montâmes ainsi juqu'au dernier étage, protégé par le grand toit d'or.

C'était le premier toit d'or de Lhassa que j'eusse l'occasion d'étudier de près. On assure toujours qu'un des dômes au moins du Jo-kang est réellement fait de plaques d'or: après une investigation approfondie, je suis disposé à croire que, du moins, celui du milieu est fait entièrement du précieux métal; mais, en général, l'or est posé en couches épaisses sur des feuilles de cuivre, après que le cuivre a été gravé, ou moulé, ou repoussé, selon le caprice ou l'imagination de l'artiste. Ces toits d'or sont naturellement ce qui frappe le plus, à Lhassa, l'œil de l'Européen. On peut les apercevoir à des kilomètres de distance, car dans cette atmosphère limpide aucune brume ne vient s'interposer pour affaiblir l'éclat du soleil qu'ils réfléchissent du haut des palais et des temples; et il n'est pas douteux que, dans notre mémoire, lorsque toute nos autres impressions se seront effacées, nous verrons jusque dans notre extrême vieillesse les toits éblouissants du Potala. Tout ce que l'imagination romantique a pu rêver de plus fantastique en fait de magnificence, est pleinement réalisé dans la ville du Dalaï Lama.

De même qu'à l'imagination d'un De Quincey, lorsqu'il était ivre d'opium, les mots «*Consul romanus*» évoquaient toute la grandeur de Rome, ces cinq mots: «Toits d'Or du Potala», rappelleront à ceux qui les ont vus, l'image vivante de cette religion ancienne, mystérieuse et pleine de grandeur, qui a trouvé une architecture digne d'elle dans les coupoles de Lhassa.

Descendant au rez-de-chaussée, nous traversâmes de nouveau la cour et montâmes vers les arbres, qui, de la pente supérieure, surplombent le Nachung Chos-kyong. C'est un joli petit endroit frais et tranquille, et, si l'on ne nous y avait pas spécialement invités, nous n'aurions jamais songé à aller plus loin: nous voyions devant nous une construction aux murs grossièrement badigeonnés, qui nous sembla abriter les dortoirs des moines. Sans enthousiasme, nous suivîmes docilement un d'entre ces derniers, qui nous servait de cicerone, et, après avoir évité les crocs d'un gros chien de garde, nous arrivâmes dans un des plus jolis petits jardins que j'aie jamais vus. C'est aux botanistes d'expliquer comment il se fait que nous avons trouvé ici, à 4000 mètres d'altitude, une haie florissante de bambous, haute de 8 mètres, abritant du seul côté où ils étaient exposés aux intempéries, la jolie petite maison d'habitation et le jardin du Magicien.

Même vue du jardin, on se rend compte que cette demeure n'est pas une demeure ordinaire; un petit ruisseau coule au pied des murs, et la jolie architecture de la maisonnette s'encadre à ravir de feuillages et de toutes les fleurs qui paraissent les plus propres à donner au visiteur anglais un souvenir de son pays, comme les maisons blanchies, à 300 mètres plus loin, ont dû donner l'impression du leur aux hommes venus d'Italie. Un grand érable se penche sur la porte d'entrée. L'intérieur offre un aspect charmant; on était tenté instinctivement d'ôter ses chaussures pour fouler ces parquets incrustés de si exquise façon. Toute la surface des murs est couverte de fresques en miniature; la chapelle, quoique dépourvue de tout ornement, est un véritable écrin, et, dans le cabinet privé du Sorcier, les paravents ajourés de bois peint et doré, sont des merveilles d'un dessin compliqué et délicat. Nous n'y sommes, hélas! restés que peu de temps avant de retourner à Lhassa, enchantés de notre journée.

Si le lecteur veut appliquer à la Plaine du Lait de Lhassa, ses souvenirs de celle de Gyangtsé, il se fera une idée exacte de la région qui entoure la Ville Sainte, étendue au milieu d'une prairie qu'enferment les montagnes. Seulement, ici se trouve un marécage, pour remplacer les beaux champs qu'arrose la Nyang-tchou. A part cela, l'analogie est frappante: villages, maisons, temples, monastères, arbres, collines, plantes et peuple, tout est pareil.

Les trois grands monastères se trouvent autour de Lhassa au nord, à l'ouest et à l'est. De-bung est à 4 kilomètres ouest-nord-ouest, Sera à 3 kilomètres au nord, et Gaden à environ 30 kilomètres à l'est à vol d'oiseau, mais à près de 40 kilomètres par la route. Il y a une grande ressemblance entre les monuments de ces trois congrégations; toutes trois elles ont pour résidence des rangées de maisons blanches, s'élevant les unes au-dessus des autres au pied d'un éperon de la montagne. De loin, elles paraissent propres, prospères, et assez pittoresques. Un farceur de la Mission trouvait qu'elles avaient l'air des hôtels de la Riviera. La comparaison n'est pas tout à fait injustifiée, bien que M. Ritz, même dans ses rêves les plus fantastiques, ne puisse concevoir un caravansérail pour 8 000 voyageurs. Ces trois grands corps ecclésiastiques ont été fondés par Tsong-Kapa, qu'on dit, en s'appuyant sur des preuves assez fantaisistes, être né en 1357, et mort en 1419. Il est établi, cependant, que ces congrégations ont été crées entre la fin du XIVe siècle et la fin du premier quart du XVe. Il se peut bien que le gompa central soit, ou du moins puisse comprendre, l'œuvre originale de Tsong-Kapa; mais la série interminable d'habitations construites de boue et badigeonnées qui l'entoure en rangs serrés, a dû être souvent renouvelée depuis son époque. Bien peu sont construites en granit.

De-bung est le plus important de ces trois monastères; son nom signifie: «tas de riz». Là, près de 8 000 moines s'occupent quotidiennement à dire leurs prières, en se chauffant au soleil, et en faisant de la politique. Dorjieff, on s'en souvient, était de cette corporation, et tout le monde savait à Lhassa que l'influence de De-bung était depuis longtemps souveraine dans le Tsong-Du. Heureusement peut-être, pour d'autres, l'hostilité entre Sera et De-bung est très accentuée; quelques personnes assurent même que le mot de Sera (qui se trouve justement hors de la vue de De-bung, de l'autre côté des collines nord) a été choisi pour symboliser le mal que «ser» (la grêle) fait aux plants de riz. Mais il est plus probable que le nom original est dérivé de *ser* (or). Sera est la communauté qui a les rapports les plus intimes avec le Dalaï Lama, et il faut se rappeler que l'on ne parle jamais de tout ce qui se rapporte à Sa Sainteté, sans le préfixe «ser». S'il lui était permis de descendre à des détails familiers, le chroniqueur du Grand Potala nous raconterait, par exemple, que Sa Sainteté s'était mouché le nez d'or avec son mouchoir d'or, ou plutôt, pour dire la vérité, avec ses doigts d'or. Tout ce qui le touche est d'or, aux yeux du Tibétain: vêtements, nourriture, chaise, ses arrêts, ses prières. Il est plus probable que la déviation du mot qui en fait la grêle fut le fait d'un moine malicieux qui voulut symboliser en une phrase l'hostilité permanente qui existe entre les deux monastères.

La juridiction intérieure de toutes ces congrégations est quelque peu pareille à celle d'un collège à Oxford, quoique les délits les plus graves doivent être déférés au Conseil d'État. «Les idoles, dit Nain Singh, diffèrent ici en grandeur et en laideur; mais, en général, les extrémités inférieures sont celles des hommes.»

La note caractéristique qui distingue le monastère de De-bung est sa puissance surnaturelle et l'autorité dont jouissent ses oracles. Sera, d'un autre côté, est renommée pour ses reliques, et Gaden, qui est éloigné des luttes et des intrigues de Lhassa, tire sa réputation de la piété de ses moines. On conserve à Sera le glaive, le *dorje* de Bouddha. Je ne sache pas que l'on ait jamais permis à aucun Européen de voir cet instrument; mais il n'y a pas de doute que sa possession confère à cette communauté un très grand prestige au point de vue religieux. Il y a à Sera 5 500 moines, et sa proximité de Lhassa ne peut que rehausser l'influence qu'exerce cette congrégation.

L'abbé Huc, en parlant de cet établissement, exagère parfois la beauté de sa situation naturelle. Il prétend, par exemple, que les abords sont plantés de houx et de cyprès, et que les bâtiments du monastère se dressent sur la base verte de la colline. Or, il est nécessaire de dire que Sera est moins boisé que tout autre endroit de la plaine de Lhassa, puisqu'il s'adosse à une paroi rocheuse dépourvue de toute végétation jusqu'à une altitude de 300 mètres au-dessus du monastère; à cette hauteur seulement, un petit renflement de la montagne nourrit une maigre plantation de peupliers. Il y a bien encore quelques arbres de cette espèce dans la plaine avoisinante; mais c'est tout, et le toit d'or de Sera reste toujours son principal ornement.

Le général campait à environ un kilomètre de ce monastère; la continuelle cordialité montrée par les bons moines de Sera peut être expliquée un peu par cette circonstance, mais surtout par le plaisir qu'ils éprouvaient à voir leurs confrères détestés, de De-bung, obligés de fournir des milliers de kilogrammes de farine et de grain à notre armée.

Gaden est, avant tout, fameux parce qu'il contient la tombe de Tsong-Kapa lui-même. Les *Survey Reports* adressés au Gouvernement de l'Inde par Sandberg, nous donnent du monastère une description dont on me permettra de citer des fragments:

«La tombe de Tsong-Kapa, dit-il, est une haute construction en forme de mausolée de marbre et de malachite, surmontée d'un toit d'or; à l'intérieur, on voit un beau sanctuaire avec des ornements d'or massif. Dans un écrin d'or, enveloppés de drap fin couvert d'inscriptions en syllabes sacrées de Dharani, sont les restes embaumés du grand réformateur. Un autre objet remarquable en ce lieu est une statue magnifique de Chempo, le Bouddha à venir, assis à l'européenne, sur un trône. A côté de lui, se tient debout une autre statue, grandeur naturelle, de Tsong-Kapa, sous les espèces de Jan-pal Nin-po, qu'on suppose être son nom au Ciel.

«On vous montre aussi sur un mur taillé dans le roc une empreinte de mains et de pieds que l'on prétend être ceux de Tsong-Kapa. Une très vieille statue de Shin-je, le dieu de la Mort, est ici très respectée; chaque visiteur lui offre des cadeaux et des hommages. Le plancher de la grande salle centrale paraît couvert de brillantes dalles émaillées. Un autre sanctuaire renferme une image de Tsong-Kapa avec ses 5 disciples rangés autour de lui. La bibliothèque contient des exemplaires manuscrits de l'œuvre du saint: ils sont tout entiers écrits de sa propre main.»

Le dernier Régent du Tibet était abbé de Gaden, circonstance qui ne l'a pas empêché d'être assassiné, et qui, même, y a peut-être contribué.

Le marché, établi hors la ville, malgré la désapprobation formelle du Conseil, fut, dès le premier moment, occupé par des centaines de vendeurs empressés; et il n'a pas dû être très agréable aux moines, qui regardaient des hauts murs du Potala, de voir cet emplacement encombré de colporteurs et de camelots tibétains, qui prenaient position tous les jours en quelque endroit sec de la lisière du camp, pour offrir leur marchandise à des acheteurs négligents ou généreux.

C'était un spectacle curieux à voir: dès huit heures du matin se faisait un commerce extraordinaire de navets, noix, sucres en boules jaunes et blanches, cigarettes Pedro, pommes petites et acides, cire à cacheter — un des meilleurs produits de Lhassa, dont j'ai acheté une véritable provision, — pêches vertes et acides, bougies de fabrication indigène, ayant l'air de pièces d'artifices, et moulées autour d'un morceau de bambou, draps, choux, pots rouges pleins de lait caillé, souliers tibétains, céleri et lait condensé en boîtes de fer-blanc, carottes, oignons, œufs par milliers, et lait dans de grands pots en terre cuite. La viande, comme la farine, nous était fournie par De-bung.

Nous nous amusions à regarder les gros Sikhs et les Pathams, qui se disputaient joyeusement quelques fruits confits. Ils restaient assis sur leurs talons pendant une demi-heure, pour marchander un ananas; et puis, le marché fait, ils regardaient d'un air effaré les petits morceaux d'argent aux formes irrégulières, qu'un jeune Tibétain leur rendait sur leur roupie.

Le taux du change officiel était de 3 tankas, l'unité monétaire tibétaine, pour une roupie, et cette opération inévitable représentait un bénéfice énorme pour les Tibétains, car la valeur intrinsèque d'un tanka est d'environ 4 pence et 1/5! Les premiers principes du change furent compris immédiatement par les naturels, qui allaient et venaient dans le marché, et qui importunaient tout le monde par leurs offres d'affaires, faites avec l'assiduité de dames vendeuses dans un bazar de charité. A midi, le marché finissait en queue de poisson, et après le déjeuner il n'y restait plus personne.

Le commerce et le crédit sont des plantes d'une lente croissance, et plus lente en Orient qu'ailleurs. Peut-être ne verrons-nous pas de résultat immédiat à notre expédition; mais le respect pour notre force, et la confiance en notre honnêteté travailleront pour nous du haut en bas de l'échelle sociale au Tibet.

Retenons bien ceci: un nom se détache de la foule des diplomates tibétains, un nom que nous n'avions pas entendu prononcer avant d'arriver à la capitale, celui d'un jeune moine qui, manifestement, est l'âme des résistances du Tsong-Du; c'est le «Loseling Kempo» sur qui le Gouvernement de l'Inde ferait bien d'avoir les yeux. Il est assez fort pour ne pas désirer que l'on connaisse sa force.

En travaillant comme il le fait, par l'intermédiaire du Tsong-Du, il nous empêche de mettre la main sur lui. Nous est-il foncièrement hostile? je n'en sais rien au juste; il représente probablement le ressentiment opiniâtre et amer qui anime contre nous la caste sacerdotale; mais quand les Tibétains auront eu le temps de considérer tranquillement la situation, la hiérarchie lamaïque elle-même trouvera peut-être que nous n'avons pas été funestes à son indépendance, ni à son amour-propre; si, à ce moment-là, nous pouvions nous attacher les bons services du Loseling Kempo, nos futures relations avec le royaume seraient facilitées d'une manière plus efficace que par dix traités favorables à nos intérêts.

LE POTALA ET LA CATHÉDRALE

Ma Shao Yün, dans son *Itinéraire tibétain*, parle avec admiration «du vert superbe et du jaune éblouissant qui fascinent les yeux en face du Potala».

Dans le Ta-Ching-i-tung-chich — où il est écrit que la hauteur totale du monument depuis le sol jusqu'au faîte est de 146 mètres — on dit, avec une plus grande exactitude, que c'est «un bloc merveilleux de verdure et de vermillon, de salles juchées au sommet; un mélange de beautés naturelles et architecturales».

C'est dommage que ce monument magnifique soit si peu intéressant à l'intérieur. Nous tombâmes d'accord que l'extérieur du Potala et l'intérieur du Jo-kang sont, à beaucoup d'égards, les curiosités les plus captivantes de Lhassa, mais que l'intérieur du Potala est pareil à l'intérieur d'une vingtaine d'autres lamaseries, et que le Jo-kang n'a pas d'extérieur du tout.

Dans le Potala s'allongent des kilomètres de couloirs et de salles. Çà et là, dans une chapelle, brûle une lampe à beurre devant une image sale et ternie. Par endroits, le passage s'élargit en un escalier qui rompt la monotonie des murs souillés. Les dortoirs des moines sont froids, nus et sordides. La salle dans laquelle fut ultérieurement signé le Traité anglo-tibétain, est assez grande, — elle contiendrait 600 personnes; les tentures et les paravents y font un certain effet. Quant au reste, le Potala est un dédale interminable de corridors, de cours et de murs, aussi peu entretenus que ceux du Palkor-Choide ou du Yang-kor-yang-tsé. Quelques-unes des salles d'audience sont de bel aspect et montrent de bonnes peintures; mais il n'y a rien de remarquable, sauf une seule exception, d'un bout à l'autre de l'énorme construction.

M. White et M. Wilton examinèrent un grand nombre de pièces du Potala avec un soin tout spécial, mais à la fin ils se lassèrent d'une tâche qui n'avait ni intérêt ni but. Des tombes d'or constituent ladite exception, mais celles-ci mêmes paraissent mesquines et mal proportionnées à l'écrin gigantesque dans lequel elles se trouvent enchâssées. Il faut avouer, bien que ces mots soient écrits à contre-cœur, que «camelote» et «baroque» désignent assez exactement la décoration intérieure de ce grand temple-palais. Une certaine partie est d'un aménagement passable, la plus grande est banale, le tout est sale.

Les autres fameuses attractions de Lhassa, le Jo-kang et le Do-ring, sont du plus haut intérêt. Celui-ci, comme nous l'avons dit au commencement de ce livre, est le plus ancien document qui existe dans l'histoire tibétaine: il porte inscrit un traité signé en 783 par le roi Ralpachan, du Tibet, et son voisin en même temps qu'ennemi, l'empereur de la Chine. C'est une belle dalle de granit, d'environ 12 centimètres d'épaisseur et de 1,60 mètre de haut, posée dans un cadre également en granit. Placée dans une cour, elle fait face à l'entrée de la Cathédrale, de laquelle elle est éloignée de 30 pas. Juste au-dessus s'élève le grand saule qui sort d'un cheveu de Bouddha, enterré parmi ses racines. C'est un arbre splendide et qui, peut-être, a pu pousser de si merveilleuse façon grâce à l'abri que lui donne la maçonnerie élevée autour de son tronc. Cet enclos constitue le côté gauche de la petite cour qui s'ouvre vis-à-vis la porte ouest de la Cathédrale. Entre elle et les ailes saillantes des bureaux du Gouvernement, qui se pressent tout autour des murs du Jo-kang, se trouve un double espace vide de chaque côté; c'est au milieu que se dresse, en ligne directe, le Do-ring. Le dessin du fronton qui surmonte la pierre est hardi, et sans doute remonte à la date originelle du monument. Il représente deux dragons, simplement dessinés en relief quelque peu profond; ses bords ont été maltraités par les intempéries de plusieurs siècles.

Des erreurs ont été commises au sujet de cet endroit triplement sacré. Par exemple, il n'y a pas de «vieux saules dont les troncs âgés sont courbés et tordus comme des dragons», et le monument, quel que soit l'angle sous lequel on le regarde, ne peut-être appelé un pilier. Il n'y a pas davantage de perches à prières dans cette cour.

Le Do-ring a été le témoin d'un des plus fameux assassinats du monde. Le roi Lang-Darma, qui régnait à la fin du IXe siècle, fut le Julien du Lamaïsme. D'une main de fer, il tenta de supprimer le Bouddhisme et de rétablir le culte primitif des démons du pays. Un moine, déguisé en chamane ou «danseur du diable au chapeau noir», s'approcha de Lang-Darma comme il faisait une halte près de l'entrée occidentale du Jo-kang, un jour de l'année 900. Avec des gambades et des cabrioles, tantôt avançant, tantôt reculant, il s'approcha finalement assez près du monarque, dont l'attention avait été probablement trompée par le déguisement, pour lui assener un coup terrible qui lui défonça le crâne. L'apostat tomba raide mort sur place. Cet acte audacieux, qui ouvrit l'ère de la suprématie lamaïque, est célébré tous les ans par une pièce jouée à l'endroit même où eut lieu l'assassinat.

Il me reste encore à décrire le cœur, le noyau sacré, non seulement de Lhassa, mais de l'Asie centrale tout entière, et l'on m'a demandé de rééditer la description du Jo-kang telle qu'elle fut faite et parut dans le *Times* du 24 septembre 1904. Je n'ai pas voulu, en écrivant des mois après, apporter de changement à mon premier récit, bien que quelques améliorations, tels un détail nouveau ou une phrase mieux tournée, auraient pu augmenter la valeur littéraire de la description.

Une occasion inattendue se présenta pour moi de voir une chose sans laquelle une visite à Lhassa n'aurait été après tout qu'un demi-succès. Trois d'entre nous devaient être les premiers hommes blancs à regarder de près la grande idole d'or de Lhassa.

On ne se rend pas toujours compte que c'est dans la Cathédrale et non dans le palais du Potala que se concentre la vie religieuse du Tibet et des innombrables millions de Bouddhistes du Nord. La politique d'isolement qui a été si longtemps la principale caractéristique du Lamaïsme, ne s'exprime nulle part plus éloquemment que dans la jalousie fanatique avec laquelle ce temple, le cœur et le foyer du Bouddhisme tibétain, a été préservé de tout contact avec l'étranger. Ce qu'est le Tibet pour le restant du monde, ce qu'est Lhassa pour le Tibet, le Jo-kand l'est pour Lhassa; et il n'est pas prouvé, malgré plus d'une soi-disant description de l'intérieur, qu'aucun Européen y ait jamais mis les pieds, et cela pour de bonnes raisons.

Il est possible qu'un pardon conditionnel ait été obtenu pour avoir visité la ville de Lhassa ou le Potala; mais il n'y aurait pas eu d'excuse pour le malheureux surpris dans les rectangles obscurs et sans fenêtres du Jo-kang. Certainement, ni le plan publié par Giorgi au XVIIIe siècle, ni aucune des descriptions qui ont paru plus récemment ne permettent de croire que leurs auteurs aient pris connaissance de l'endroit sacré.

Comme je l'ai fait remarquer dans un autre passage, l'extérieur de la Cathédrale est dépourvu et de beauté et de dignité. Mais l'intérieur est incontestablement la merveille la plus troublante de toute l'Asie centrale. C'est le trésor, le *kaabah*, non seulement du pays, mais de la foi, et, chose curieuse, tandis que le magnifique Potala est un écrin qui ne contient rien d'ancien, ou de spécialement respecté, les gemmes inappréciables du Jo-kang sont gardées dans un bâtiment qui n'a seulement pas de murs lui appartenant en propre. Tout autour de la Cathédrale, les Salles du Conseil et les Bureaux du Gouvernement, pièces sales et insignifiantes dans lesquelles se traitent les affaires du Tibet, s'entassent les unes contre les autres, et flanquent, en le cachant, l'édifice sacré auquel elles doivent leur stabilité; et c'est un symptôme bien significatif de l'ordre des choses du pays!

De Chag-pori, on peut voir les cinq grands toits d'or du bâtiment, qui brillent au soleil à travers le feuillage des arbres qui s'élèvent près du pont Yutok; mais la sensation de grandeur que suggère ce spectacle s'évanouit au fur et à mesure que l'on s'avance par les rues étroites vers l'entrée occidentale du Jo-kang. Cette porte est la seule partie de l'édifice qui soit visible de la rue, tant l'édifice même est dissimulé par les maisons qui l'entourent.

Ce n'est pas seulement aux étrangers que l'on a fermé l'accès du temple: l'exclusion de ses limites sacrées est officiellement prononcée contre ceux aussi des indigènes qui se sont exposés aux soupçons ou à la malveillance de la hiérarchie régnante à Lhassa; et — preuve curieuse du pouvoir despotique exercé par les maîtres de cette Cathédrale, aussi bien que de l'insignifiance de la suzeraineté chinoise, — le 11 août de cette année, l'Amban lui-même, qui allait avec sa cour au Jo-kang, pour y faire ses dévotions à l'occasion de l'anniversaire de l'empereur de Chine, se vit fermer la porte au nez. C'est à cette insulte que, probablement, je dus la faveur d'examiner le temple avec une facilité qui, autrement, m'aurait été déniée. Désireux de prendre sa revanche, l'Amban — à qui on avait permis un jour ultérieur de visiter le rez-de-chaussée seulement — profita probablement de notre présence à Lhassa pour donner une leçon de politesse aux gardiens de la Cathédrale. Quoi qu'il en soit, un jour, à notre grande surprise, on invita officiellement un ou deux membres de la Mission à faire une visite matinale à Lhassa, dans le but d'examiner de près les trésors du sanctuaire le plus secret du Bouddhisme. On accepta, naturellement. Une garde chinoise de la Résidence, armée de tridents, de hallebardes et de lances, formait notre escorte, et, à notre arrivée, les grandes portes, à moitié visibles dans l'ombre, s'ouvrirent immédiatement, pour se refermer tout de suite derrière nous.

Nous aperçûmes en face de nous, à travers une forêt de colonnes, une cour découverte entourée d'un préau. Son antiquité sautait immédiatement aux yeux. Les peintures répandues sur les murs étaient à peine visibles, sous une couche épaisse de saleté et de graisse; il était même difficile de se faire une idée des couleurs dont les chapiteaux des colonnes et le toit du préau qui s'étendait sur nos têtes avaient été peints. Le milieu de la cour est à ciel ouvert; elle n'est entourée d'aucune des petites chapelles qui sont le trait caractéristique des salles rectangulaires qui se trouvent à l'intérieur du Jo-kang. L'architecture est semblable à celle de tous les autres temples du Tibet: une double rangée de colonnes supporte autour de la cour une moitié de toit; chacunes d'elles est ornée d'un grand abaque qui repose sur un petit chapiteau à volutes courbées des deux côtés, avec, au centre, un panneau de sculpture ancienne. Les portes en bois qui ferment les deux entrées de cette première cour sont immenses, lourdement barrées, et garnies de plaques ornées de filigranes, très anciennes.

A l'autre extrémité de la première cour, une porte communique avec une deuxième cour qui laisse apercevoir des touffes brillantes de roses trémières et de néflier resplendissant au soleil. La sainteté du temple se fait sentir davantage, à mesure qu'on avance dans la cour intérieure. Ses côtés sont percés d'une multitude de petites chambres obscures, construites apparemment dans l'épaisseur d'un mur énorme. Chacune d'elles est un sombre sanctuaire qui renferme une idole. On y pénètre en trébuchant, courbé en deux, afin d'éviter le contact d'un linteau bas et graisseux. Arrivé à l'intérieur, l'œil demande quelque temps pour distinguer autre chose que les contours obscurs d'un autel qui s'élève au milieu de la pièce. Sur cet autel se trouvent un ou deux bols en cuivre remplis de beurre, chacun portant à sa surface une petite mèche allumée qui nage dans une minuscule flaque grasse. Ces pointes indistinctes de lumière jaune fournissent tout l'éclairage de cette espèce de grotte; au bout de quelques secondes, on peut distinguer, accroupies le long des murs, les images solennelles qui trahissent leur présence par des rais de lumière que reflètent çà et là des saillies et la bordure des tentures d'or. L'odeur est abominable, l'air est épuisé et chargé d'émanations âcres. Tout ce que l'on touche est imprégné de graisse. La fumée du beurre qui a brûlé pendant de longues années, en a déposé une couche sur toutes les surfaces, et a empâté les sculptures des portes et des murs. Le plancher est aussi glissant que du verre; sur ce fond prêt à tout recevoir, la saleté et la fumée des siècles sont descendues sans interruption, donnant les résultats qu'on peut se figurer. Sauf les statues, qui subissent apparemment de temps en temps un coup de chiffon crasseux, il n'y a pas dans une seule de ces chapelles la moindre trace de considération, de respect ou de soins.

On ne revient au grand air que pour trouver, à quelques mètres plus loin, l'entrée d'une autre de ces cours où s'ouvrent encore des chapelles qui ressemblent à des catacombes. Elles occupent complètement les murs de cette nouvelle cour intérieure, et, pour l'œil de l'étranger, ne sont pas différentes les unes des autres. Les moines mêmes semblent avoir quelque difficulté à distinguer l'identité des images qui peuplent les diverses chapelles. Devant quelques-uns de ces enfoncements est suspendu un rideau bizarre, particulier, je crois, à ce temple. Des mors de cheval, en acier, d'une forme très simple, sont attachés ensemble, anneau par anneau, au moyen de bouts très courts de fil de fer tordu, l'ensemble formant un paravent original et curieux. Celui-ci est attaché au jambage gauche de la porte par un long boulon et une gâche, et le tout est fermé par une de ces serrures énormes qui viennent de la Chine et qui sont peut-être le produit le plus ingénieux du pays.

Le centre de cette cour est occupé par un sanctuaire formé, sur trois de ses côtés, par des planches basses couvertes de petits Bouddhas en cuivre jaune, avec, derrière, des images plus grandes disposées entre les colonnes qui supportent le toit; le quatrième côté est formé d'un simple treillis en fer, et d'une porte également simple. De l'extérieur, aucune des chapelles ou des statues rangées le long des murs n'est visible, et l'obscurité qui règne sous le portique est augmentée de beaucoup par des stores à moitié tirés, dont les cordes traversent en biais l'ouverture, et forment perchoirs pour une colonie spéciale d'hirondelles orange et pourpre, dont les nids s'accrochent aux bords saillants du toit.

Dans cette cour centrale, deux statues sont assises: l'une — celle de gauche — est à peu près de grandeur naturelle, l'autre est de proportions colossales.Toutes les deux présentent la même singularité, laquelle ne manque pas d'attirer tout de suite l'attention : chacune est assise sur un trône — à l'européenne, — et cette particularité les identifie immédiatement. De tous les Bodisats, héros ou réformateurs, qui remplissent les calendes du Lamaïsme, seule, l'image du Bouddha futur est ainsi représentée. De quelle manière cette tradition est-elle arrivée au Tibet? Les Lamas eux-mêmes ne peuvent pas l'expliquer; mais elle remonte à une très haute antiquité; et c'est ainsi vers l'Europe que le Bouddhisme tourne les yeux, pour voir l'apparition de la prochaine réincarnation du Grand Maître...

Comme on s'en souvient, le tsar de Russie a été reconnu récemment comme un Bodisat réincarné, et il est probable que cette légende a préparé considérablement le chemin à l'acceptation de sa suzeraineté.

Couronné d'un cercle énorme, et paré de turquoises innombrables, Maitreya donc est assis ici, une main élevée pour bénir, l'autre posée sur son genou. Sur sa poitrine repose un écheveau embrouillé de chaînes ornées de joyaux, des colliers, de grandes rondelles d'or garnies de cercles concentriques de turquoises, et qui cachent à moitié ses grosses épaules. Nous n'avons eu que le temps de jeter un rapide coup d'œil, comme nous passions devant la statue; car l'ordre dans lequel on peut visiter les curiosités d'un temple bouddhique ne change jamais; et nous nous sommes bien gardés de blesser les susceptibilités des Lamas en nous écartant du chemin normal allant de gauche à droite, qui fait partie de leurs observances religieuses.

Arrivé à l'extrémité est du Jo-kang, on sent l'obscurité s'accentuer rapidement. La seule lumière qui puisse se frayer un chemin, filtre sous les larges demi-toits et à travers les treillis, paravents et stores qui closent presque complètement la cour centrale. Des murs de la plus haute antiquité partagent avec des colonnes usées et polies par les siècles le fardeau des chevrons qui se cambrent au-dessus de nos têtes.

Des ornières sont gravées dans les dalles de pierre que foulent nos pieds, et la poussière d'un millier d'années a complètement caché les tableaux qui couvrent les murs, — si jamais il y en a eu. Finalement, on tourne à gauche en passant tout près de la statue en pied du grand Tsong-Kapa, le Luther de l'Asie centrale. C'est un portrait moderne, et l'on voudrait, pour l'examiner, une lumière plus vive que celle que nous octroie la lampe à beurre placée devant ses genoux. Mais son attitude est significative, car, au lieu d'avoir le dos appuyé au mur qui s'élève derrière lui, Tsong-Kapa lui fait face; et c'est la première indication que nous nous approchons enfin de la plus sainte des choses saintes.

Nous sommes arrivés maintenant à l'extrémité est de la Cathédrale, et nous passons derrière le treillis d'une nouvelle cour; dans la pénombre, il est difficile de distinguer les statues qui se dissimulent dans les enfoncements et sur le bord du chemin que nous longeons à tâtons. Encore 10 pas, et voilà le Jo devant nous.

Le premier aspect de la statue, qui est incontestablement la plus fameuse idole au monde, est très impressionnant. Dans l'obscurité, il est d'abord difficile de suivre de l'œil les contours du sanctuaire qui contient le dieu; on n'y distingue guère que de hautes colonnes, autour desquelles la nuit est presque complète, et le doux éclat de l'idole d'or assis sur un trône placé au centre du lieu. Devant elle sont des rangées multiples de grandes lampes à beurre en or massif, qui ressemblent beaucoup aux calices dont l'Église anglicane usait au XIVe siècle. Éclairé par la lueur discrète de ces 25 ou 30 pointes de lumière, la grande masse luisante du Bouddha apparaît, enveloppée d'un éclat doux, comme un fantôme, et sans ombre, dans sa sombre retraite.

Ce n'est pas la splendeur de la statue que l'on aperçoit d'abord, et certainement ce n'est pas cette splendeur qui vous donne l'impression la plus profonde et la plus durable. Cette statue n'est pas une représentation ordinaire du Maître : les traits sont lisses et presque enfantins; beaux, ils ne le sont pas, mais il n'y a pas ici besoin de beauté. Pas trace de cet énigmatique sourire qui, depuis Moukden jusqu'à Ceylan, est inséparable des images du Grand Réformateur; sourire voilé d'une mélancolie qui a trop connu le monde, et qui a renoncé à toutes ses vanités. Sur ses traits, on ne lit que l'impression d'un bonheur tranquille, et l'aptitude à saisir promptement les plaisirs, de l'enfant qui n'a jamais connu ni les douleurs, ni la maladie, ni la mort. C'est Gautama, le prince pur et innocent, qui vit sans penser à demain, sans se soucier d'aujourd'hui. Nul doute que la situation y soit pour beaucoup; mais cette belle statue est le Palladium du Tibet, et à la contempler on se rend compte de la vénération dont elle est l'objet, et on respecte la jalousie de ses gardiens.

L'histoire légendaire de cette idole mérite d'être racontée. On croit que la statue a été faite à la ressemblance de Gautama lui-même, portraituré aux jours heureux de son innocence dans la retraite de Kapilavastu. Elle est l'œuvre de Visvakarma, — qui est moins un homme que la force productrice de l'univers; elle est en or, allié aux quatre métaux élémentaires: l'argent, le cuivre, le zinc et le fer, qui symbolisent le monde d'ici-bas; et elle est parée de diamants, de lapis-lazuli, d'émeraudes et de la «Indranila», gemme non encore identifiée, que les dictionnaires modernes persistent à appeler le saphir. Cette image précieuse a été donnée par le roi de Magadha à l'empereur de Chine, pour le remercier de l'aide opportune qu'il lui offrit au moment où les Yavanas dévastaient les plaines de l'Inde, et elle fut apportée au Tibet dans la dot de la princesse Kojo, au VIIe siècle. Il est incontestable que la couronne a été donnée par Tsong-Kapa lui-même, au commencement du XVe siècle; et les innombrables ornements d'or, entassés devant la statue, sont les cadeaux de pieux Bouddhistes qui les ont apportés depuis les premiers siècles jusqu'à nos jours. Entre autres richesses, se trouvent 22 grandes lampes à beurre, 8 un peu plus petites, 12 bols, 2 «Roues Précieuses de la Loi», et un nombre d'autres menus objets, tous du même métal.

Ces trésors sont disposés sur les 3 rayons du khil-khor, et les plus grands objets cachent la statue depuis ses épaules jusqu'à ses pieds. C'est à cette particularité peut-être qu'on peut attribuer l'erreur, assez répandue, que le Jo est debout. D'innombrables colliers d'or, garnis de turquoises, de perles et de corail, traversent sa poitrine. Au-dessus du trône sur lequel il est assis, s'étend un baldaquin supporté par deux dragons en argent doré, d'un dessin exquis, chacun d'environ 8 mètres de haut. Derrière lui, se trouve un panneau de feuillage sculpté sur bois, et l'on peut distinguer en haut, dans l'obscurité, le Kyung, c'est-à-dire l'oiseau de Garuda. Un examen plus minutieux découvre qu'à peu près chaque partie du baldaquin et du siège est ou dorée, ou en or, et garnie de joyaux. L'objet le plus intéressant est peut-être la couronne; elle est en or, rehaussée de plusieurs rangées de turquoises qui l'entourent, et embellie par les 5 feuilles de rigueur, dont chacune renferme une image de Bouddha, en or, et incrustée de pierres précieuses. Au centre, au-dessous de la feuille du milieu, brille une turquoise sans un défaut, qui a 12 centimètres de long sur 6 de large; c'est la plus grande qui existe au monde. Derrière le trône, se voient imparfaitement dans l'obscurité des statues énormes adossées au mur du sanctuaire. Taillées grossièrement, frustes, barbares, elles sont tout cela; mais rien ne pouvait mieux mettre en relief ce trésor des trésors, que la solennité tout égyptienne de ces sombres Atlantides, qui lui servent de fond et qui sont debout, épaule contre épaule, disposées sur les dalles de l'autel, et devant lesquelles aucune lampe n'est jamais allumée.

Devant l'entrée, pour défendre les trésors du sanctuaire, est abaissé le rideau habituel fait de mors de cheval entrelacés. On le détacha sur notre demande, et il nous fut ainsi permis de faire un examen minutieux de la sainte image. Les gemmes alors nous apparurent, n'ayant peut-être pas une valeur inestimable: autant que nous pouvions le voir, les émeraudes étaient grosses mais non sans défauts, et les perles, quoique de grandeur considérable, étaient sans éclat; mais il serait difficile de surpasser le travail exquis de tout ce qui rehaussait cette image étonnante, et, à la voir de près, l'impression d'opulence qu'elle nous avait causée ne faisait qu'augmenter. Rien de plus frappant que la façon dont on a utilisé les perles, la nacre, l'ambre et le corail. A force de regarder, on s'imaginait presque entendre le murmure d'une mer lointaine et inconnue frissonnant dans ces sombres cavernes de granit, d'obscurité, et aussi de saleté.

L'autel qui s'élève au-dessus du khil-kor est en argent, il est orné de figures conventionnelles d'oiseaux, en métal repoussé; et cela nous fit sourire de voir, à l'endroit le plus apparent, jeté négligemment dans une fente, le chiffon graisseux avec lequel la statue est frottée tous les jours.

Dehors, les moines, en robe marron, s'asseyaient et bourdonnaient leur interminable chanson. Nous passâmes devant eux, et après un dernier coup d'œil jeté sur le Maitreya, on nous fit monter au premier étage qui longe la cour intérieure, et passe devant l'image célèbre de Chagna-dorje. Au cou de cette statue, est-il dit dans une description du Jo-kang, une corde a été attachée un jour par les ordres de l'apostat, le roi Lang-Darma, qui voulait l'arracher de son socle; là-dessus, l'iconoclaste fut, bien entendu, promptement et miraculeusement abattu sur place. En réalité, c'est une image taillée en relief sur le mur même du Jo-kang, dorée et peinte, et toujours honorée par des rangées de lampes en cuivre. La main droite est levée, et tient quelque chose qui ressemble à une épée ou à un sceptre. Le tout est vieux, fruste et grossier au dernier degré. Au premier étage s'ouvrent des chapelles dont chacune est entretenue par la dévotion de l'une ou de l'autre des nations bouddhiques. Voici, entre autres, la chapelle népalaise. La tradition qui place ici l'image de Bouddha apportée par la femme de Srong-tsan-gambo, est sans fondement. Cette image, ou celle qui prétend l'être, se trouve au monastère de Ki-long ou Ki-rong, près de la frontière népalaise.

Dans le coin sud-est du 2e étage se trouve l'arsenal; les murs et les colonnes y sont surchargés d'instruments de guerre anciens et grotesques. De cette pièce, un passage bas et étroit descend par une demi-douzaine de marches en pierre dans un petit cachot, où l'on adore la statue de la déesse gardienne, Palden-lhamo. C'est une image étonnante : la déesse à trois yeux, couronnée de crânes, ricane affreusement, en montrant ses dents de nacre; sur sa tête et sa poitrine sont des bijoux que le Jo lui-même ne dédaignerait pas de porter. Huit boîtes à charmes, larges et carrées, en or et ornées de gemmes; deux paires de boucles d'oreilles en or garnies de turquoises, chacune de 12 centimètres de long, et un bandeau rehaussé de diamants, qu'elle porte au front sous sa couronne, sont peut-être les ornements les plus remarquables. Son bouclier en turquoise et en corail est presque caché par des colliers; enfin, une perle énorme, de forme singulière, se distingue dans la feuille centrale de sa couronne. Devant elle brûlent des lampes à beurre, et des souris brunes courent hardiment sur les murs, le parquet et l'autel. Elles sont si peu sauvages, que nous les avons caressées sur les genoux de la déesse elle-même.

Avec cette fameuse image de la divinité gardienne, qui, comme tout Tibétain le sait, depuis le Dalaï Lama jusqu'au dernier de ses paysans, a été réincarnée pendant le dernier siècle en la personne de la Reine Victoria, la liste des trésors du Jo-kang, d'un intérêt si spécial pour les Européens, est à peu près terminée; mais, pour l'érudit bouddhiste, il y a là une mine de richesses inexplorée. Bien des années passeront probablement avant qu'un second visiteur ait le privilège de les inspecter, et les connaissances indispensables pour les apprécier. Le grand Shen-re-zig à 11 faces, l'image précieuse de Tsong-Kapa, les figures innombrables des Maîtres divins, chacune représentant d'une façon symbolique le pouvoir spirituel dont ils sont doués, la grande série des disciples de Bouddha, la statue du Gouru Rimpoche, l'ordinaire «chambre des horreurs», des centaines d'autres objets, chacun digne du grand panthéon du Lamaïsme forment une série de curiosités ou de merveilles que je suis bien obligé pour l'instant de laisser de côté.

Mais plus on reste longtemps à l'intérieur de ces cours étranges et sacrées, plus le contraste est frappant entre les richesses hors de prix, la sainteté historique de leur contenu, et l'extérieur misérable de l'édifice le plus sacré qui soit dans le vaste domaine du Bouddhisme. Et parmi toutes ces curiosités, la plus impressionnante de toutes est encore la face du Bouddha !

Cette visite est la dernière que je fis à l'intérieur de Lhassa, et je ne le regrette nullement. Tout autre spectacle n'aurait pu être qu'une désillusion. Le lendemain, avant l'aube, je me suis mis en route pour l'Inde, porteur de dépêches pour le Vice-Roi et pour le Gouvernement.

Perceval Landon, *A Lhassa, la ville interdite. Description du Tibet central et des coutumes de ses habitants. Relation de la marche de la mission envoyée par le gouvernement anglais (1903-1904)*, Paris, Hachette, 1906.

III. Des dieux, des sommets et des hommes

Le relief démesuré et le climat excessif font du Tibet une terre d'exception. Tous les voyageurs ont subi l'épreuve de l'altitude et les rigueurs du climat mais aucun n'a échappé à la fascination des hauts plateaux et des sommets. La nature aux dimensions incomparables étant la demeure des dieux, l'essence de la vie tibétaine est religieuse. Les monastères s'élèvent en masse solennelle à l'assaut des pentes, comme pour être plus près des divinités.

LA LAMASERIE DE KUMBUM

RÉGIS-ÉVARISTE HUC
(1844-1845)

Bien des voyageurs étrangers séjourneront dans la lamaserie de Kunbum, située dans la province du Qinghai, près du lac Koukou Nor et de Xining. Pour ceux qui s'apprêtaient à affronter le Tibet, ou qui rêvaient de se rendre à Lhassa, c'était déjà un premier pas dans le monde tibétain, sur le lieu de naissance de Tsongkapa, le fondateur de la secte des Bonnets jaunes. Ils y étudiaient la langue tibétaine, la religion lamaïque, puis se lançaient dans leur voyage, les aventures et les épreuves.

Le monastère de Kunbum fut fondé au XVe *siècle, mais les bâtiments actuels datent des* XVII *et* XVIIIe *siècles. Il est considéré comme un cas à part. Situé au point de rencontre entre l'Asie centrale, la Chine et le haut plateau tibétain, il représente une synthèse harmonieuse de divers styles, fortement influencé par la Chine*[1].

Les pères Huc[2] *et Gabet, y séjournent plusieurs mois en 1844 et 1845. Ils ne manquent pas d'être impressionnés par la solennité du lieu.*

A un li de distance de la lamaserie, nous rencontrâmes quatre lamas; c'étaient des amis de Sandara qui venaient au-devant de nous. Leur costume religieux, l'écharpe rouge dont ils étaient enveloppés, leur bonnet jaune en forme de mitre, leur modestie, leurs paroles graves et articulées à voix basse, tout cela nous fit une singulière impression; nous ressentions comme un parfum de la vie religieuse et cénobitique. Il était plus de neuf heures du soir quand nous atteignîmes les premières habitations de la lamaserie. Afin de ne pas troubler le silence profond qui régnait de toutes parts, les lamas firent arrêter un instant le voiturier, et remplirent de paille l'intérieur des clochettes qui étaient suspendues au collier des chevaux. Nous avançâmes ensuite à pas lents, et sans proférer une seule parole, dans les rues calmes et désertes de cette grande cité lamaïque. La lune s'était déjà couchée; cependant le ciel était si pur, les étoiles étaient si brillantes, que nous pouvions aisément distinguer les nombreuses maisonnettes des lamas, répandues sur les flancs de la montagne, et les formes grandioses et bizarres des temples bouddhiques, qui se dessinaient dans les airs comme de gigantesques fantômes. Ce qui nous frappait le plus, c'était ce silence, majestueux et solennel qui régnait dans tous les quartiers de la lamaserie; il n'était interrompu que par les aboiements entrecoupés de quelques chiens mal endormis et par le son mélancolique et sourd d'une conque marine, qui marquait, par intervalles, les veilles de la nuit; on eût cru entendre le chant lugubre de l'orfraie. Enfin, nous arrivâmes à la petite maison où logeait Sandara. Comme il était trop tard pour aller chercher une habitation qui pût nous convenir, notre pédagogue nous céda son étroite cellule, et alla chercher pour lui un gîte dans une maison voisine. Les lamas qui nous avaient accompagnés ne se retirèrent qu'après nous avoir préparé du thé au lait et nous avoir servi un grand plat de viande de mouton, de beurre frais et quelques petits pains d'un goût exquis. Nous soupâmes d'un excellent appétit, car nous étions fatigués, et de plus nous éprouvions au fond du cœur un contentement dont nous ne pouvions nous rendre compte.

Pendant la nuit, nous essayâmes vainement de dormir; le sommeil ne vint pas. Nous étions préoccupés de notre position, qui devenait de

1. Heather Stoddard, «Le Tibet oriental», in *Demeures des hommes, sanctuaires des dieux*, université de Rome, 1987 (cf. bibliographie).
2. Sur R.E. Huc, voir notice p. 1059.

plus en plus étrange. C'était à ne pas y croire. Cette contrée d'Amdo, pays inconnu en Europe, cette grande lamaserie de Kounboum, si fameuse et si renommée parmi les bouddhistes, ces mœurs de couvent, cette cellule de lama où nous étions couchés, tout cela nous tournoyait dans la tête, comme les formes vagues et insaisissables d'un songe. Nous passâmes la nuit à faire des plans.

Aussitôt que le jour commença à poindre, nous fûmes sur pied. Autour de nous, tout était encore dans le silence. Nous fîmes notre prière du matin, le cœur plein de sentiments qui jusqu'alors nous avaient été inconnus. C'était un mélange de bonheur et de fierté, de ce qu'il nous était donné de pouvoir invoquer le vrai Dieu dans cette fameuse lamaserie consacrée à un culte menteur et impie. Il nous semblait que nous venions de conquérir à la foi de Jésus-Christ le bouddhisme tout entier.

Sandara ne tarda point à paraître. Il nous servit du thé au lait, des raisins secs et des gâteaux frits au beurre. Pendant que nous étions occupés à déjeuner, il ouvrit une petite armoire, et en tira un plat en bois, proprement vernissé, et où des dorures et des fleurs se dessinaient sur un fond rouge. Après l'avoir bien nettoyé avec un pan de son écharpe, il étendit dessus une large feuille de papier rose, puis, sur le papier, il arrangea symétriquement quatre belles poires, qu'il nous avait fait acheter à Tang-Keou-Eul. Le tout fut recouvert d'un mouchoir en soie, de forme oblongue, et qu'on nomme *khata*. C'était avec cela, nous dit-il, que nous devions aller emprunter une maison.

Le *khata*, ou *écharpe de bonheur*, joue un si grand rôle dans les mœurs tibétaines qu'il est bon d'en dire quelques mots. Le khata est une pièce de soie dont la finesse approche de celle de la gaze. Sa couleur est d'un blanc un peu azuré. Sa longueur est à peu près le triple de sa largeur; les deux extrémités se terminent ordinairement en frange. Il y a des khata de toute grandeur et de tout prix; car c'est un objet dont les pauvres, pas plus que les riches, ne peuvent se passer. Jamais personne ne marche sans en porter avec soi une petite provision. Quand on va faire une visite d'étiquette, quand on veut demander à quelqu'un un service, ou l'en remercier, on commence d'abord par déployer un khata; on le prend entre ses deux mains, et on l'offre à la personne qu'on veut honorer. Si deux amis, qui ne se sont pas vus depuis quelque temps, viennent par hasard à se rencontrer, leur premier soin est de s'offrir mutuellement un khata. Cela se fait avec autant d'empressement et aussi lestement qu'en Europe lorsqu'on se touche la main. Il est d'usage aussi, quand on s'écrit, de plier dans les lettres un petit khata. On ne saurait croire combien les Thibétains, les Si-fàn, les Houng-Mao-Eul, et tous les peuples qui habitent vers l'occident de la mer Bleue, attachent d'importance à la cérémonie du khata. Pour eux, c'est l'expression la plus pure et la plus sincère de tous les nobles sentiments. Les plus belles paroles, les cadeaux les plus magnifiques, ne sont rien sans le khata. Avec lui, au contraire, les objets les plus communs acquièrent une immense valeur. Si l'on vient vous demander une grâce, le khata à la main, il est impossible de la refuser, à moins d'afficher le mépris de toutes les convenances. Cet usage thibétain s'est beaucoup répandu parmi les Tartares, et surtout dans leurs lamaseries. Les khatas forment une importante branche de commerce pour les Chinois de Tang-Keou-Eul. Les ambassades thibétaines ne passent jamais sans en emporter une quantité prodigieuse.

Quand nous eûmes terminé notre modeste déjeuner, nous sortîmes pour aller emprunter un logement. Sandara le Barbu nous précédait, portant gravement entre ses deux mains le fameux plat de quatre poires. Cette démarche était pour nous si singulière que nous en étions tout honteux. Il nous semblait que tout le monde avait les yeux fixés sur nous. Cependant il n'en était rien; les lamas que nous rencontrions sur notre passage passaient silencieusement leur chemin, sans tourner la tête, sans faire aucune attention à nous; les petits *chabis*, légers et espiègles comme sont partout les écoliers, étaient les seuls qui parussent se préoccuper de nos personnages. Enfin nous entrâmes dans une maison. Le maître était dans la cour, occupé à étendre au soleil du fumier de cheval. Nous ayant aperçus, il s'enveloppa promptement de son écharpe, et entra dans sa cellule. Nous l'y suivîmes, et Sandara lui offrit le khata et le plat de poires, accompagnant le tout d'une harangue en thibétain oriental dont nous ne comprîmes pas un seul mot. Pendant ce temps, nous nous tenions modestes et recueillis, comme de pauvres malheureux qui n'ont pas même la capacité de solliciter eux-mêmes une faveur. Le lama nous fit asseoir sur un tapis, nous offrit une tasse de thé au lait, et nous dit en langue mongole qu'il était heureux que des étrangers venus de si loin, que des lamas du ciel d'Occident, eussent daigné jeter leurs regards sur sa chétive habitation… S'il eût compris le français, c'eût été le moment de répondre: Monsieur, il n'y a pas de quoi… Mais, comme il fallait parler mongol, nous lui dîmes qu'en effet nous étions de bien loin, que cependant on retrouvait, en quelque sorte, sa patrie, quand on avait le bonheur de rencontrer une hospitalité comme la sienne… Après avoir pris une tasse de thé et causé un instant de la France, de Rome, du pape et des cardinaux, nous nous levâmes pour aller visiter la demeure qui nous était destinée. Pour de pauvres nomades comme nous, c'était magnifique. On nous octroyait une vaste chambre avec un grand kang; puis une cuisine séparée, avec fourneaux, marmite et quelques ustensiles; enfin une écurie pour le cheval et le mulet. Il y avait vraiment de quoi en pleurer de joie. Nous regrettâmes de n'avoir pas à notre disposition un autre khata, afin de remercier immédiatement cet excellent lama.

Qu'il est puissant l'empire de la religion sur le cœur de l'homme, même lorsque cette religion est fausse et ignorante de son véritable objet! Quelle différence entre ces lamas si généreux, si hospitaliers, si fraternels envers des étrangers, et les Chinois, ce peuple de marchands au cœur sec et cupide, qui vendent au voyageur jusqu'à un verre d'eau froide! En voyant l'accueil qu'on nous faisait dans la lamaserie de Kounboum, nos souvenirs se reportèrent involontairement sur ces couvents élevés par l'hospitalité de nos religieux ancêtres, et qui étaient autrefois comme autant d'hôtelleries, où les voyageurs et les pauvres trouvaient toujours le soulagement du corps et les consolations de l'âme.

Le jour même, nous effectuâmes notre déménagement. Les lamas voisins de la demeure de Sandara s'empressèrent de nous aider. On voyait qu'ils se faisaient un véritable plaisir de transporter, sur leurs épaules, quelque chose de notre bagage. Ce furent eux qui balayèrent, allumèrent le feu sous le kang et disposèrent l'écurie de manière à pouvoir recevoir nos animaux. Quand tout fut terminé, le maître de la maison, d'après les règles de l'hospitalité, dut lui-même nous préparer un régal. Car, dans un déménagement, on est censé n'avoir pas le temps de s'occuper de cuisine.

Nous pensons qu'on ne sera pas fâché de trouver ici un petit croquis de notre nouvelle maison, et de faire connaissance avec ses habitants. Immédiatement après la porte d'entrée, on trouvait une cour oblongue, entourée d'écuries convenablement distribuées. A gauche de la porte, un corridor étroit conduisait à une seconde cour carrée dont les quatre faces étaient formées par les cellules des lamas. Le côté opposé au corridor était la demeure du maître de la maison, nommé Akayé, c'est-à-dire vieux frère. Akayé était un homme de soixante et quelques années, d'une haute taille, mais maigre, sec et complètement décharné. Sa longue figure n'était plus qu'un assemblage de quelques ossements recouverts d'une peau sèche et ridée. Lorsqu'il n'était pas enveloppé de son écharpe, et qu'il laissait à découvert ses bras noircis par le soleil, on les eût pris pour deux vieux ceps de vigne. Quoiqu'il se tînt encore fort droit sur ses jambes, sa démarche était pourtant chancelante. On eût dit qu'une machine le mettait en mouvement, et que chaque pas était le résultat d'un coup de piston. Pendant trente-huit ans, Akayé avait été employé dans l'administration temporelle de la lamaserie. Il y avait ramassé une assez bonne fortune; mais tout s'en était allé en bonnes œuvres et en prêts qui ne lui avaient jamais été restitués. Actuellement, il était réduit à une grande pauvreté, n'ayant que cette maison, qu'il avait fait bâtir au temps de sa prospérité, et qu'il ne trouvait pas à vendre. La louer, cela ne se pouvait; c'était contraire aux usages de la lamaserie, qui n'admettent pas de milieu entre la vente et le prêt gratuit d'une maison. Pour comble d'infortune, le vieux Akayé ne pouvait pas profiter des offrandes extraordinaires qu'on distribue quelquefois aux lamas qui ont atteint certains grades dans la hiérarchie. Ne s'étant occupé, pendant toute sa vie, que de choses temporelles, il n'avait pu faire ses études; il était complètement illettré, et ne savait ni lire, ni écrire. Cela ne l'empêchait pas cependant de prier du matin au soir; il avait toujours son chapelet à la main, et on l'entendait continuellement grommeler à demi-voix quelques formules de prière. Cet homme avait un cœur excellent; mais on ne paraissait pas faire grand cas de lui : il était vieux et ruiné.

A droite de la demeure du vieux Akayé, sur une autre face de la cour, logeait un lama d'origine chinoise: on le nommait le kitat lama (lama chinois); quoiqu'il eût soixante-dix ans, il avait meilleure façon que le pauvre Akayé. Son corps commençait à se voûter: malgré cela, il était encore de taille moyenne et d'un riche embonpoint; sa figure, pleine de vivacité, était ornée d'une belle barbe blanche, un peu jaunie à l'extrémité. Le kitat lama était fameux dans la science lamaïque: il parlait et écrivait à merveille le chinois, le mongol et le thibétain. Pendant un assez long séjour dans le Thibet et dans plusieurs royaumes de la Tartarie, il avait amassé une grosse fortune; on disait qu'il avait dans sa cellule plusieurs caisses remplies de lingots d'argent: son avarice était néanmoins sordide; il vivait chichement, et il était misérablement vêtu; il tournait sans cesse la tête de côté et d'autre, comme un homme qui a toujours peur qu'on ne le vole. Dans la Tartarie, il était considéré comme un grand lama; mais à Kounboum, où abondent les célébrités lamaïques, il se trouvait perdu dans la foule. Le kitat lama avait avec lui un jeune chabi de onze ans: cet enfant était éveillé, malicieux, mais, au fond, d'un excellent caractère; tous les soirs on l'entendait se disputer avec son maître, qui lui reprochait de dépenser trop de beurre, de faire le thé trop noir, et de mettre à la lampe une trop grosse mèche.

En face de l'habitation du kitat lama était le logement des deux missionnaires français: tout à côté de leur chambre était une petite cellule où demeurait modestement un étudiant de seconde année à la Faculté de médecine. Ce jeune lama de vingt-quatre ans était un gros gaillard bien membré, et dont la lourde et épaisse figure l'accusait de faire dans son étroit réduit une assez forte consommation de beurre. Nous ne pouvions jamais le voir mettre le nez à la porte de sa case sans songer à ce rat de La Fontaine qui, par dévotion, s'était retiré dans un fromage de Hollande. Ce jeune homme avait un bégaiement tétanique, au point de perdre souvent la respiration quand il voulait parler : cette infirmité le rendait timide, réservé, et contribuait peut-être aussi à développer en lui un caractère bon et serviable; il redoutait extrêmement la présence du jeune chabi, qui se faisait un malin plaisir de contrefaire sa manière de parler.

La partie de la cour qui faisait face au logement du vieux Akayé était composée d'une rangée de petites cuisines séparées les unes des autres. Le maître de la maison, le kitat lama, le bègue, les missionnaires, chacun avait la sienne en particulier. D'après le style de la lamaserie, nous étions dans la maison quatre familles distinctes. Malgré la réunion de plusieurs familles dans une seule habitation, il y règne toujours beaucoup d'ordre et de silence; on se visite rarement, et chacun s'occupe chez soi, sans se mêler aucunement des affaires d'autrui. Dans la maison où nous étions, on ne se voyait ordinairement que lorsqu'il faisait une belle journée. Comme nous étions au temps le plus rigoureux de l'hiver, aussitôt que le soleil plongeait ses rayons dans la cour, les quatre familles sortaient de leur cellule, et allaient s'accroupir sur un grand tapis de feutre. Le kitat lama, dont les yeux étaient encore vifs, s'occupait à rapiécer ses misérables habits avec de vieux haillons. Akayé murmurait sa formule de prière, tout en grattant la peau rude et sonore de ses bras. L'étudiant en médecine repassait en chantant, et sans bégayer, sa leçon de thérapeutique. Quant à nous, ce n'était pas chose facile de nous distraire de ce singulier entourage; nous avions bien sur nos genoux notre cahier de dialogues thibétains; mais nos yeux se portaient plus volontiers sur les trois familles qui se chauffaient au soleil.

La lamaserie de Kounboum compte à peu près quatre mille lamas. Sa position offre à la vue un aspect vraiment enchanteur. Qu'on se figure une montagne coupée par un large et profond ravin, d'où sortent de grands arbres incessamment peuplés de corbeaux, de pies et de corneilles au bec jaune. Des deux côtés du ravin, et sur les flancs de la montagne, s'élèvent en amphithéâtre les blanches habitations des lamas, toutes de grandeur différente, toutes entourées d'un mur de clôture, et surmontées de petits belvédères. Parmi ces modestes demeures, dont la propreté et la blancheur font toute la richesse, on voit surgir çà et là de nombreux temples bouddhiques aux toits dorés, étincelants de mille couleurs, et environnés d'élégants péristyles; les maisons des supérieurs se font remarquer par des banderoles qui flottent au-dessus de petites tourelles hexagones; de toutes parts, on ne voit que des sentences mystiques écrites en gros caractères thibétains, tantôt rouges et tantôt noirs: il y en a au-dessus de toutes les portes, sur les murs, sur les pierres, sur des lambeaux de toile fixés, en guise de pavillon, au bout d'une foule de petits mâts qui s'élèvent sur les plates-formes des maisons. Presque à chaque pas, on rencontre des niches en forme de pain de sucre, dans l'intérieur desquelles on brûle de l'encens, du bois odorant et des feuilles de cyprès. Ce qui frappe pourtant le plus, c'est de voir circuler, dans les nombreuses rues de la lamaserie, tout un peuple de lamas revêtus d'habits rouges et coiffés d'une mitre jaune. Leur démarche est ordinairement grave; le silence ne leur est pas prescrit; cependant ils parlent peu, et toujours à voix basse. On ne rencontre beaucoup de monde qu'aux heures fixées pour l'entrée ou la sortie des écoles et des prières générales. Pendant le reste de la journée, les lamas gardent assez fidèlement leurs cellules; on en voit seulement quelques-uns descendre, par des sentiers pleins de sinuosités, jusqu'au fond du ravin, et remonter en portant péniblement sur le dos un long baril, dans lequel ils vont puiser l'eau nécessaire au ménage. On rencontre aussi quelques étrangers venus pour satisfaire leurs dévotions, ou pour visiter des lamas de leur connaissance.

La lamaserie de Kounboum jouit d'une si grande réputation, que les adorateurs de Bouddha s'y rendent en pèlerinage de tous les points de la Tartarie et du Thibet; il n'est pas de jour qui ne soit signalé par l'arrivée ou le départ de quelques pèlerins. Cependant il est des fêtes solennelles où l'affluence des étrangers est immense; on en compte quatre principales dans l'année la plus fameuse de toutes est celle qui a lieu le quinzième jour de la première lune; on la nomme la fête des Fleurs. Nulle part elle ne se célèbre avec autant de pompe et de solennité qu'à Kounboum : celles qui ont lieu dans la Tartarie, dans le Thibet, à Lha-Ssa même, ne peuvent pas lui être comparées. Nous nous étions installés à Kounboum le 6 de la première lune, et déjà on pouvait remarquer les nombreuses caravanes de pèlerins qui arrivaient par tous les sentiers qui aboutissent à la lamaserie. De toute part, il n'était question que de la fête: les fleurs étaient, disait-on, d'une beauté ravissante. Le conseil des beaux-arts, qui les avait examinées, les avait déclarées supérieures à toutes celles des années précédentes. Aussitôt que nous entendîmes parler de ces *fleurs* merveilleuses, nous nous hâtâmes, comme on peut penser, de demander des renseignements sur une fête inconnue pour nous. Voici les détails qu'on nous donna, et que nous n'écoutâmes pas sans surprise.

Les *Fleurs* du 15 de la première lune consistent en représentations profanes et religieuses, où tous les peuples asiatiques paraissent avec leur physionomie propre et le costume qui les distingue. Personnages, vêtements, paysages, décorations, tout est représenté en beurre frais. Trois mois sont employés à faire les préparatifs de ce singulier spectacle. Vingt lamas, choisis parmi les artistes les plus célèbres de la lamaserie, sont journellement occupés à travailler le beurre, en tenant toujours les mains dans l'eau, de peur que la chaleur des doigts ne déforme l'ouvrage. Comme ces travaux se font en grande partie pendant les froids les plus rigoureux de l'hiver, ces artistes ont de grandes souffrances à endurer. D'abord ils commencent par bien brasser et pétrir le beurre dans l'eau, afin de le rendre ferme. Quand la matière est suffisamment préparée, chacun s'occupe de façonner les diverses parties qui lui ont été confiées. Tous ces ouvriers travaillent sous la direction d'un chef, qui a fourni le plan des fleurs de l'année, et qui préside à leur exécution. Les ouvrages étant terminés, on les livre à une autre compagnie d'artistes, chargés d'y apposer les couleurs, toujours sous la direction du même chef. Un musée tout en beurre nous paraissait une chose assez curieuse pour qu'il nous tardât un peu d'arriver au 15 de la lune.

La veille de la fête, l'affluence des étrangers fut inexprimable. Kounboum n'était plus cette lamaserie calme et silencieuse, où tout respirait la gravité et le sérieux de la vie religieuse; c'était une cité mondaine, pleine d'agitation et de tumulte. Dans tous les quartiers, on n'entendait que les cris perçants des chameaux et les grognements sourds des bœufs à long poil, qui avaient transporté les pèlerins. Sur les parties de la montagne qui dominent la lamaserie, on voyait s'élever de nombreuses tentes où campaient tous ceux qui n'avaient pu trouver place dans les habitations des lamas. Pendant toute la journée du 14, le nombre de ceux qui firent le pèlerinage autour de la lamaserie fut immense. C'était pour nous un étrange et pénible spectacle que de voir cette grande foule se prosternant à chaque pas, et récitant à voix basse son formulaire de prières. Il y avait, parmi ces zélés bouddhistes, un grand nombre de Tartares-Mongols, tous venant de fort loin. Ils se faisaient remarquer par une démarche pesante et maussade, mais surtout par un grand recueillement et une scrupuleuse application à accomplir les règles de ce genre de dévotion. Les Houng-Mao-Eul, ou Longues-Chevelures, y étaient aussi, et nous ne leur trouvâmes pas meilleure façon qu'aux Tang-Keo-Eul; leur sauvage dévotion faisait un singulier contraste avec le mysticisme des Mongols. Ils allaient fièrement, la tête levée, le bras droit hors de la manche de leur habit, toujours accompagnés de leur grand sabre et d'un fusil en bandoulière. Les Si-Fàn du pays d'Amdo étaient les plus nombreux de tous les pèlerins. Leur physionomie n'exprimait ni la rudesse des Longues-Chevelures, ni la candide bonne foi des Tartares. Ils accomplissaient leur pèlerinage lestement et sans façon. Ils avaient l'air de dire: «Nous autres, nous sommes de la paroisse; nous sommes au courant de tout cela.»

La coiffure des femmes d'Amdo nous causa une agréable surprise; elles portaient un petit chapeau en feutre noir ou gris, dont la forme était absolument la même que celle de ces petits chapeaux pointus qui étaient autrefois si à la mode en France, et qu'on nommait, autant qu'il nous en souvient, *Chapeaux à la trois pour cent*. La seule différence, c'est que le ruban qui servait à serrer la forme par le bas, au lieu d'être noir, était rouge ou jaune. Les femmes d'Amdo laissent pendre sur leurs épaules leurs cheveux, divisés en une foule de petites tresses ornées de paillettes de nacre et de perles en corail rouge. Le reste du costume ne diffère pas de celui des femmes tartares. Mais la pesanteur de leur grande robe en peau de mouton est corrigée par le petit chapeau à la trois pour cent, qui leur donne un air assez dégagé. Nous fûmes fort surpris de trouver parmi cette foule de pèlerins quelques Chinois, avec un chapelet à la main, et faisant, comme tous les autres, les prosternations d'usage. Sandara le Barbu nous dit que c'étaient des marchands de khata; qu'ils ne croyaient pas à Boudha, mais qu'ils simulaient de la dévotion, pour attirer des pratiques et vendre plus facilement leur marchandise. Nous ne pouvons dire si ces paroles de Sandara étaient une médisance ou une calomnie. Tout ce que nous savons, c'est qu'elles exprimaient passablement bien le génie chinois.

Le 15 [10 janvier 1855], les pèlerins firent encore le tour de la lamaserie; mais ils étaient bien moins nombreux que les jours précédents. La curiosité les poussait plus volontiers vers les endroits où se faisaient les préparatifs de la fête des Fleurs. Quand la nuit fut arrivée, Sandara vint nous inviter à aller voir ces merveilles de beurre que nous avions tant entendu prôner. Nous partîmes en la compagnie du bègue, du kitat lama et de son chabi. Nous ne laissâmes que le vieux Akayé pour garder la maison. Les *fleurs* étaient établies en plein air, devant les divers temples bouddhiques de la lamaserie. Elles étaient éclairées par des illuminations d'un éclat ravissant. Des vases innombrables, en cuivre jaune et rouge, et affectant la forme de calice, étaient distribués sur de légers échafaudages qui représentaient des dessins de fantaisie. Tous ces vases, de diverses grosseurs, étaient remplis de beurre figé d'où s'élevait une mèche solide entourée de coton. Ces illuminations étaient ordonnées avec goût. Elles n'eussent pas été déplacées à Paris, aux jours de réjouissance publique.

La vue des *fleurs* nous saisit d'étonnement. Jamais nous n'eussions pensé qu'au milieu de ces déserts, et parmi des peuples à moitié sauvages, il pût se rencontrer des artistes d'un si grand mérite. Les peintres et les sculpteurs que nous avions vus dans diverses lamaseries étaient loin de nous faire soupçonner tout le fini que nous eûmes à admirer dans ces ouvrages en beurre. Ces fleurs étaient des bas-reliefs de proportions colossales, représentant divers sujets tirés de l'histoire du bouddhisme. Tous les personnages avaient une vérité d'expression qui nous étonnait. Les figures étaient vivantes et animées, les poses naturelles, et les costumes portés avec grâce et sans la moindre gêne. On pouvait distinguer au premier coup d'œil la nature et la qualité des étoffes. Les costumes en pelleterie étaient surtout admirables. Les peaux de mouton, de tigre, de renard, de loup et de divers autres animaux, étaient si bien représentées, qu'on était tenté d'aller les toucher de la main, pour s'assurer si elles n'étaient pas véritables. Dans tous les bas-reliefs, il était facile de reconnaître Bouddha. Sa figure, pleine de noblesse et de majesté, appartenait au type caucasien; elle était conforme aux traditions bouddhiques, qui prétendent que Bouddha, originaire du ciel d'Occident, avait la figure blanche et légèrement colorée de rouge, les yeux largement fendus, le nez grand, les cheveux longs, ondoyants et doux au toucher. Les autres personnages avaient tous le type mongol, avec les nuances thibétaine, chinoise, tartare et si-fàn. En ne considérant que les traits du visage, et abstraction faite du costume, on pouvait les distinguer facilement les uns des autres. Nous remarquâmes quelques têtes d'Hindous et de Nègres, très bien représentées. Ces dernières excitaient beaucoup la curiosité des spectateurs. Ces bas-reliefs grandioses étaient encadrés par des décorations représentant des animaux, des oiseaux et des fleurs; tout cela était aussi en beurre et admirable par la délicatesse des formes et du coloris.

Sur le chemin qui conduisait d'un temple à l'autre, on rencontrait, de distance en distance, de petits bas-reliefs où étaient représentés, en miniature, des batailles, des chasses, des scènes de la vie nomade et des vues des lamaseries les plus célèbres du Thibet et de la Tartarie. Enfin, sur le devant du principal temple, était un théâtre dont, personnages et décorations, tout était beurre. Les personnages n'avaient pas plus d'un pied de haut; ils représentaient une communauté de lamas se rendant au chœur pour la récitation des prières. D'abord, on n'apercevait rien sur le théâtre. Quand le son de la conque marine se faisait entendre, on voyait sortir de deux portes latérales deux files de petits lamas; puis venaient les supérieurs avec leurs habits de cérémonie. Après être restés un instant immobiles sur le théâtre, ils rentraient dans les coulisses, et la représentation était finie. Ce spectacle excitait l'enthousiasme de tout le monde. Pour nous, qui avions vu autre chose en fait de mécanisme, nous trouvions assez plats ces petits bonshommes, qui arrivaient sans remuer les jambes, et s'en retournaient de la même façon. Une seule représentation comme cela nous suffit, et nous allâmes admirer les bas-reliefs.

Pendant que nous étions à examiner des groupes de diables aussi grotesques, pour le moins, que ceux de Callot[1] nous entendîmes retentir, tout à coup, le bruit immense d'un grand nombre de trompettes et de conques marines. On nous dit que le grand lama sortait de son sanctuaire pour aller visiter les *fleurs*. Nous ne demandions pas mieux; le grand lama de Kounboum était pour nous chose curieuse à voir. Il arriva bientôt à l'endroit où nous étions arrêtés. Des lamas satellites le précédaient, en écartant la foule avec de grands fouets noirs; il allait à pied, et était entouré des principaux dignitaires de la lamaserie. Ce Bouddha vivant nous parut âgé, tout au plus, d'une quarantaine d'années; il était de taille ordinaire, d'une physionomie commune et plate, et d'un teint fortement basané. Il jetait, en allant, un coup d'œil maussade sur les bas-reliefs qui se trouvaient sur son passage. En regardant les belles figures de Bouddha, il devait sans doute se dire qu'à force de transmigrations, il avait singulièrement dégénéré de son type primitif. Si la personne du grand lama nous frappa peu, il n'en

1. Callot (Jacques), né à Nancy 1592-1635, a été grand peintre de mœurs; ses gravures à l'eau-forte, *Supplices*, *Misères de la guerre*, etc., l'ont surtout rendu célèbre.

fut pas ainsi de son costume, qui était rigoureusement celui des évêques ; il portait sur sa tête une mitre jaune ; un long bâton en forme de crosse était dans sa main droite ; ses épaules étaient recouvertes d'un manteau de taffetas violet, retenu sur la poitrine par une agrafe, et semblable en tout à une chape. Dans la suite, nous aurons à signaler de nombreux rapports entre le culte catholique et les cérémonies lamaïques.

Les spectateurs paraissaient se préoccuper peu du passage de leur Bouddha vivant ; ils regardaient plus volontiers les Bouddhas de beurre, qui au fond, étaient bien plus jolis. Les Tartares étaient les seuls qui donnassent quelques signes de dévotion ; ils joignaient les mains, courbaient la tête en signe de respect, et semblaient affligés qu'une foule trop pressée ne leur permît pas de se prosterner tout du long.

Quand le grand lama eut fini sa tournée, il rentra dans son sanctuaire, et alors ce fut pour tout le monde comme le signal de s'abandonner sans réserve aux transports de la joie la plus folle. On chantait à perdre haleine, on dansait des farandoles ; puis on se poussait, on se culbutait, on poussait des cris, des hurlements à épouvanter les déserts ; on eût dit que tous ces peuples divers étaient tombés dans le délire. Comme, au milieu de cet épouvantable désordre, il eût été facile de renverser les illuminations et les tableaux en beurre, des lamas armés de grandes torches enflammées étaient chargés d'arrêter les flots de cette immense foule, qui bouillonnait comme une mer battue par la tempête. Nous ne pûmes résister longtemps à une semblable cohue. Le kitat lama, s'étant aperçu de l'oppression dans laquelle nous étions, nous invita à prendre le chemin de notre habitation. Nous acceptâmes avec d'autant plus de plaisir, que la nuit était déjà fort avancée et que nous éprouvions le besoin d'un peu de repos.

Le lendemain, quand le soleil se leva, il ne restait plus aucune trace de la grande fête des Fleurs. Tout avait disparu ; les bas-reliefs avaient été démolis, et cette immense quantité de beurre avait été jetée au fond du ravin pour servir de pâture aux corbeaux. Ces travaux grandioses, où l'on avait employé tant de peine, dépensé tant de temps, et on peut dire aussi tant de génie, n'avaient servi qu'au spectacle d'une seule nuit. Chaque année, on fait des *fleurs* nouvelles, et sur un nouveau plan.

Avec les *fleurs* disparurent aussi les pèlerins. Déjà, dès le matin, on les voyait gravir à pas lents les sentiers sinueux de la montagne, et s'en retourner tristement dans leurs sauvages contrées ; ils s'en allaient tous la tête baissée et en silence ; car le cœur de l'homme peut porter si peu de joie en ce monde, que le lendemain d'une bruyante fête est ordinairement un jour rempli d'amertume et de mélancolie.

Régis-Évariste Huc, *Souvenirs d'un voyage dans la Tartarie et le Thibet (1844 à 1846)*, Paris, Le Livre de poche, 1962.

ALEXANDRA DAVID-NÉEL

(1918-1919)

Cette grande voyageuse effectue son premier périple en Asie et en Inde, à l'âge de vingt-trois ans. A son retour à Paris, elle entreprend de sérieuses études à la Sorbonne et à l'École des langues orientales. Après une courte carrière théâtrale, qu'elle abandonne en 1903, elle se lance dans le journalisme et commence à écrire des livres d'orientalisme. En 1904, elle épouse Philippe Néel. La fascination pour le Tibet et le monde tibétain la saisira lors d'un premier voyage à partir de l'Inde, où elle est arrivée en 1910 après avoir obtenu une mission du ministère de l'Instruction publique:

« Ce fut en juin 1912 qu'après un long séjour parmi les Tibétains de l'Himalaya, je jetai un premier coup d'œil sur le Tibet proprement dit. La lente montée vers les hauts cols fut un enchantement puis, soudain, m'apparut l'immensité formidable des plateaux tibétains limités au lointain par une sorte de mirage estompé montrant un chaos de cimes mauve et orange coiffées de chapeaux neigeux. Quelle vision inoubliable! Elle devait me retenir pour toujours sous son charme. »

Personnalité hors-série et d'une énergie rare, elle sera la première femme européenne à se rendre à Lhassa, sous un déguisement. Mais auparavant elle aura séjourné dans plusieurs monastères, dont celui de Kunbum en 1918, et visité les approches tibétaines comme pour mieux s'élancer et affronter les pires dangers. Alexandra David-Néel est décédée à l'âge de cent un ans à Digne, en laissant une importante œuvre écrite, où dominent l'ésotérisme et les récits de voyage, une œuvre à la hauteur de sa vie qui ne fut qu'aventures et voyages.

Kum-Bum 12 juillet 1918. J'ai envie de dire: ouf! Me voici à Kum-bum! Combien, là-bas, au Japon, j'ai regardé de fois, sur la carte, ce nom inscrit en tout petits caractères à peine visibles parmi l'ombre des montagnes. Cela semblait si loin de Pékin et l'est en réalité — entre 2 500 et 3 000 km. Je me demandais, ignorant l'état des routes, comment j'effectuerais le trajet et quels obstacles apporteraient, peut-être, à mon projet les gens des pays à traverser. Mais voilà, une fois de plus, je constate que les difficultés des voyages sont, surtout, dans les récits des voyageurs et dans les appréhensions précédant le départ. Une fois en route tout se simplifie. On ne mange pas toujours bien, on ne dort pas toujours bien; il faut parfois endurer la poussière ou la chaleur, ou la pluie, ou le froid; les gîtes manquent de confort. Rien de tragique là-dedans. Et les kilomètres défilent, on laisse derrière soi des villes, des rivières, des montagnes et, après tout, on continue à marcher sur la terre et sur ses deux jambes... C'est bien facile. A Si-in, très aimablement, le prêtre belge (R.P. Schram) et les missionnaires protestants m'ont prêté les livres des voyageurs qui ont parcouru quelques parties du Tibet. Je m'émerveille des tartarinades de ces gens et de leur façon de voyager. D'abord, pas un n'entendait la langue du pays; ensuite ils s'embarquaient avec des douzaines de chameaux, des douzaines de chevaux, des douzaines de serviteurs, il fallait ravitailler tout cela et le pire c'est que, sans discernement, ils emmenaient des chameaux habitués aux steppes mongoles parmi les glaciers des cols tibétains, et des musulmans dans le pays des lamas. Le gâchis qui suivait, on l'imagine, et c'est avec l'histoire de ce gâchis qu'ils ont composé leurs livres. Leur façon de se conduire avec les indigènes mérite aussi une mention. Les uns se fournissaient de gibier en tirant dans les propriétés des monastères sur des animaux familiers, un autre — je regrette qu'il soit français — ici, à Kum-Bum — se mit à graver son nom sur l'arbre sacré. Que penserait-il si un visiteur s'avisait d'inscrire son nom sur la glace de son salon?... Enfin, d'autres enlevaient de force les chevaux des nomades pour remplacer ceux de leur caravane qui étaient morts. Ce qui m'étonne, c'est la mansuétude des Naturels qui n'ont pas massacré ces intrus mal élevés.

Mais revenons à Kum-Bum. On m'y a donné une gentille habitation dépendant d'un des grands Temples du monastère mais complètement isolée, c'est-à-dire que je puis fermer la porte de mon patio donnant sur la cour d'honneur du Temple. Les bâtiments à Kum-Bum sont de style chinois, généralement bien entretenus et d'aspect cossu. Ma demeure comprend un petit patio avec appartements de trois côtés et un mur orné de fresques chinoises sur le quatrième côté. Au rez-de-chaussée, il y a la chambre principale divisée en trois parties, celle du milieu, en face de la porte, étant flanquée de deux compartiments dont le plancher est surélevé d'environ 40 centimètres. En hiver, l'on allume du feu sous ces sortes d'estrades et l'on s'y assoit sur le plancher chaud, l'on y étend ses couvertures pour la nuit. C'est l'usage dans toute la Chine du Nord et de la Mongolie. Aphur occupe l'appartement du rez-de-chaussée qui doit aussi servir à recevoir les visiteurs. Les murs sont décorés de fresques représentant *Tsong-Khapa*[1] et des déités diverses dans l'un des compartiments et, dans les autres, des scènes pittoresques, de monastères perchés sur d'invraisemblables monts neigeux, au bord de lacs extraordinaires. Des cortèges royaux cavalcadent dans ces paysages, épiés par des Dieux trônant dans des nuages de pourpre. Je préfère qu'Aphur jouisse de ces œuvres d'art, elles m'empêcheraient de dormir. J'occupe le premier étage, où les pièces donnent sur un balcon courant autour du patio. Ma chambre est l'exacte reproduction de celle d'Aphur,

1. Tsong-Khapa fut le réformateur du bouddhisme tibétain et le fondateur de la secte des Geloup-pas, c'est-à-dire «Ceux qui ont des coutumes vertueuses» généralement dénommés «Bonnets jaunes».

moins les fresques. Mes boiseries sont uniformément peintes en jaune, l'encadrement des panneaux étant en rouge vif. J'ai atténué quelque peu l'effet violent des couleurs en étendant des nattes japonaises comme lambris et en couvrant le plancher du plus grand des compartiments qui, maintenant, avec sa petite table haute de 20 centimètres, son coussin pour s'accroupir devant et sa large fenêtre où le papier remplace les vitres, figure assez exactement une chambre japonaise... C'est loin le Japon... Y ai-je jamais été?... Je me le demande parfois. Étrange pays, gens étranges, monde différent de tout, inscrutable, désorientant, irritant et qui serait pourtant intéressant à connaître si on pouvait l'étudier. Mais la première condition pour cela serait d'en savoir la langue. J'aurais pu, certainement, apprendre le japonais parlé, mais la langue littéraire me serait restée inconnue et, alors, que peut-on savoir d'un peuple si l'on ne peut pas lire ses écrivains? Avec le tibétain, c'est différent, je lirai bientôt mieux que je ne parle. Je me demande si je vais trouver ici quelque lettré accueillant avec qui je vais pouvoir travailler. Je me trouve bien, le pays aux alentours est beau, les buts de promenade ne manquent pas, la vie est bon marché. Je voudrais faire halte ici, travailler, écrire car la plume me démange et j'ai un tas de sujets en tête.

Le silence qui règne parmi les Temples est un délice après tant de temps passé parmi le bruit. Il y a à Kum-Bum, répartie entre les différents Temples, une population évaluée à 3800 lamas, mais un silence complet enveloppe tous ces bâtiments étagés sur le flanc de deux montagnes enserrant une étroite vallée. On n'entend que le bruit des longues trompettes tibétaines appelant aux exercices religieux et de lointaines harmonies de musique sacrée de la demeure du pontife de Kum-Bum, actuellement un gamin de 10 ans. Les chefs de Kum-Bum sont comme les Dalaï-Lamas, les Tashi-Lamas et beaucoup d'autres, ce que le vulgaire appelle des «réincarnés» (c'est là, une fort mauvaise traduction de *Tulkou* [...] en sanscrit *nirmanakâya* [...], admire mon érudition!!! — qui signifie corps de manifestation ou corps matériel qui manifeste les autres personnalités. — Je ne t'infligerai pas une explication de la théorie des trois corps ou trois *Kâya*). Donc à la mort d'un de ces lamas son successeur se trouve être un enfant, né peu après le décès du grand lama dont il s'agit. Cela t'explique le gosse qui est le chef de Kum-Bum. Pour l'instant, du reste, il est sous la férule de ses précepteurs. Je ne l'ai pas encore vu mais lui rendrai visite dans quelques jours. Je suis arrivée au moment d'une des grandes fêtes annuelles; demain et après-demain des lamas joueront, ou plutôt mimeront et danseront une sorte de drame religieux. Il y aura encore d'autres attractions et, déjà, des milliers de gens sont arrivés des environs pour prendre part à la fête.

14 juillet. — Fête nationale, j'y pense en écrivant la date. Triste fête chez nous! L'ennemi dévastant notre pays!

[…] J'ai été, ce matin, voir une gigantesque toile longue de plus de 50 mètres, oh ! certainement plus que cela, représentant le *Bouddha*. On avait étendu cette très mauvaise œuvre d'art sur le flanc gazonné d'une montagne et une foule énorme se pressait pour l'admirer. Foule bigarrée extrêmement pittoresque comprenant des éléments appartenant à des races diverses. J'espérais passer inaperçue mais ce n'est point ici comme au Tibet, où les femmes portant la robe grenat sombre sont en assez grand nombre ; le beau sexe des environs de Kum-Bum arbore des harnachements qui conviendraient mieux à un cheval qu'à un être humain. Réellement, les dames endimanchées sont engoncées dans une sorte de pesant harnais en cuir recouvert de drap surchargé d'ornements qui leur enserre le cou, tourne autour de la taille et descend jusqu'aux talons. C'est franchement horrible. D'autres enferment leur chevelure, divisée en nattes multiples, en d'étroits sachets sur lesquels sont appliqués d'énormes cabochons en argent, parfois en or. Les couleurs des robes parcourent toute la gamme des rouges vifs, des verts crus. J'avais l'air d'un oiseau sombre parmi une troupe de perroquets. Je suis bien fâchée que l'empressement mis par quelques paysans à venir me regarder leur ait valu de la part de mes gardes du corps, des lamas à larges pattes, des gifles qui résonnaient de façon imposante. Les pauvres gens n'avaient du reste aucune mauvaise intention. Ils voulaient me voir, voilà tout.

16 juillet 1918. — Deux jours de suite j'ai été voir les pièces mimées et dansées par les lamas. Il y avait une foule énorme de spectateurs surtout le premier jour. Le spectacle en valait la peine Les costumes des acteurs étaient d'une richesse inouïe, en vieille soie chinoise brodée. Tout était frais, propre, bien ordonné ; il y a loin d'une telle représentation à ce que j'ai vu au Sikkim. Comme les acteurs représentent des divinités du panthéon lamaïque, nombre de fidèles, de leur place, se prosternent dans leur direction, puis s'en vont ensuite rendre le même hommage au chef du monastère, un grand lama qui siège assis les jambes croisées sur une sorte de trône surmonté d'un dais. La foi naïve de ces êtres simplistes fait sourire, il y a en eux un intense besoin de vénérer quelqu'un ou quelque chose. Tu riras en apprenant que, moi aussi, en descendant de mon siège et traversant la grande cour du temple pour m'en retourner, j'ai vu des gens se prosterner le front dans la poussière sur mon passage. Tout de même, l'autre jour, à Lanchow, comme les deux Belges résidant dans cette ville prenaient le thé chez moi, des Naturels du Koukou-nor ayant procédé à cette cérémonie et moi les ayant bénis avec une gravité d'évêque, mes hôtes ont été quelque peu « baba » et m'ont confessé qu'ils comprenaient qu'une façon aussi pittoresque de voyager devait avoir un charme humoristique spécial.

18 juillet 1918. — Les festivités terminées, j'ai visité les principaux

Temples du monastère disséminés sur les montagnes, la plupart très riches et ornés de belles fresques. L'ensemble est plus artistique qu'à Taschilhumpo. J'ai été voir des malades, puis ce qui vaut mieux, j'ai grimpé jusqu'au sommet d'une montagne située derrière chez moi. La vue, de là-haut, est très étendue embrassant plusieurs chaînes de montagnes et de nombreuses vallées. Pas d'arbres, des pâturages à perte de vue et là-dedans des troupeaux de moutons, de yaks, des vaches paissant le long des pentes raides Maintenant que les fêtes sont terminées le monastère est plongé dans le calme absolu. J'ai été voir le lama en chef — non pas le jeune lama incarné, mais une sorte de fonctionnaire restant en charge pour quatre ans — qui réside sur la montagne faisant face à la mienne. J'ai revêtu, pour cette visite, la belle veste à fleurs d'or et d'argent que le Tashi Lama m'a donnée à Shigatze; Aphur me trouvait tout à fait «grand air». Nous allons prochainement choisir un lama capable de venir lire avec nous des textes un peu difficiles et nous mettre au travail. J'ai été invitée à assister aux grandes discussions philosophiques qui auront lieu du 15 (date tibétaine) au 24 c'est-à-dire qu'elles commenceront dans trois jours. Ces joutes, qui rappellent de semblables tournois oratoires au Moyen Age, passionnent les lamas. C'est là que les forts en thème et rhétorique se mettent en valeur. Je suis curieuse d'entendre ce qu'ils peuvent dire et me propose, un peu malicieusement, de reprendre les discussions, en particulier avec les plus calés d'entre eux. […]

Kum-Bum, 3 novembre 1918. — Nous voici de plus en plus en hiver, les rares peupliers qui seuls parent de quelques maigres bouquets nos cimes herbeuses ont laissé leurs dernières feuilles d'or. Il a neigé à plusieurs reprises, abondamment; le paysage environnant, étrangement transformé par son manteau blanc, rappelait certains aspects du transhimalaya proche des hautes cimes. Cela me faisait ressouvenir de campements d'allures épiques où le froid vous glaçait la moelle et d'un pays qui reste ineffaçablement gravé dans ma mémoire: les steppes de Kampa et de Trinkye-Dzong. Mais la neige ne dure guère dans le climat ultrasec de la région où je suis. Le soleil reparaît, clair, chaud, aveuglant, dans un ciel d'un bleu qui vaut celui de l'Afrique et l'on se sent emporté par le désir de vagabonder à travers les montagnes. […]

Nous avons eu l'une des quatre grandes fêtes annuelles du monastère, la dernière de l'année; j'avais vu la précédente, juste à mon arrivée ici. C'est un composé moyenâgeux et oriental qui ne manque pas de pittoresque. […]

Kum-bum, 11 novembre 1918. […] Veux-tu avoir une idée du programme de mes journées: le matin, un peu avant 5 heures dans la nuit, les conques servant de trompettes résonnent sur les toits des Temples invitant à se lever. Le ciel est encore plein d'étoiles, je suis déjà éveillée depuis longtemps. Un tour à l'air vif — oh! je t'assure qu'il est vif! — sur ma petite terrasse fouette le sang. Une heure après, le garçon s'en vient raviver le feu dans mon poêle, le jour est venu et notre domestique arrive, avec lui : thé (thé bouilli à la mode tibétaine), une tasse fumante m'est apportée, ensuite toilette, lecture, nouvelle promenade sur la terrasse pendant le balayage de mon appartement. A 9 heures déjeuner — un déjeuner à l'anglaise qui est le repas principal. Étude, traduction tibétaines; à midi, bain, puis de nouveau une longue séance à la table de travail. A 4 heures un repas, une volumineuse soupe qui souvent me suffit à elle seule, des fruits cuits... puis lecture ou rédaction encore. A 21 heures on est au lit, ou dans ce qui tient lieu de lit, dans toutes les demeures de Kum-Bum. Cette monotonie se coupe de journées d'excursion de temps en temps. J'ai omis aussi, dans l'énumération, le détail des heures de méditations quotidiennes, cela ne t'intéresse pas. Il semble que l'on pourrait continuer de la sorte pendant mille ans, sans fatigue, ni mentale ni physique. [...]

Kum-Bum, 20 février 1919. — La semaine dernière a été printanière, on se sentait pousser des ailes et le désir de s'envoler à travers l'espace, mais un vilain froid et de la neige ont succédé à cet avant-goût du printemps qui s'approche. Ma provision de houille est à sa fin, il ne reste que de la poussière qui chauffe médiocrement et, en attendant le retour de l'homme que j'ai envoyé à la mine, nous sommes un peu transis. La grande fête annuelle a eu lieu le 16. C'est une des plus belles choses que j'aie vues dans le style chinois; Il y avait quantité de statues *en beurre* colorié exquisement modelées et entourées d'une profusion d'ornements, tous en beurre. Certaines étaient exposées dans des édifices improvisés décorés de milliers de bannières, de lampes et de lanternes. J'ai fait le tour de cette exposition, escortée de gens portant des lanternes, qui écartaient la foule assez compacte, et ai été reçue en cérémonie par les organisateurs des diverses exhibitions. Deux jours auparavant, j'avais été conviée à une séance musicale qui m'a enchantée. On y exécutait de la musique mongole. J'aurais voulu que tu eusses été là. Il y avait des flûtistes merveilleux. Pour terminer, il y a eu un morceau pour cymbales seules. Imagine 6 ou 7 paires de cymbales de cuivre de dimensions diverses et accordées entre elles de façon à produire des intervalles musicaux. Les artistes les frappent chacun suivant un rythme différent et l'ensemble produit un véritable *air*. Quelque chose d'étrange et de prenant, évoquant l'idée d'une galopade de chevaux accourant du fond des steppes, amenant les hordes de Gengis Khan. Je me suis délectée jusqu'au tréfonds de mon âme de musicienne! peut-être, surtout, parce que la musique avait, ici, épousé les chansons que le vent répand parmi les solitudes, qui environnent les camps perdus au milieu du désert et accompagnent la caravane en marchant à travers l'immensité.

[...] Les choses vont mal dans la région, les soldats ont brûlé plusieurs lamaseries dans le Sud et pillent celles de Lhabrang dont un grand nombre de lamas se sont enfuis. Il paraît que le général se propose d'attaquer une autre lamaserie proche d'ici et sur celle de Kum-Bum les amendes pleuvent. Dans le temple où je réside, les lamas sont en procès les uns contre les autres; L'instabilité de la situation fait désirer d'avoir des moyens de transports à soi sous la main. D'ici six semaines ou deux mois, je vais commencer à visiter les environs et voir où il me sera possible de résider durant l'arrière-saison pluvieuse. A Kum-Bum, je suis confortablement installée, mais il y a peu à faire au point de vue étude car le monastère ne comprend que des lamas dénués d'érudition.

[…] Je fais copier, pour le moment, un certain nombre de traités philosophiques dont les originaux sanskrits sont perdus et que nous ne pouvons plus connaître que par leurs traductions tibétaines très fidèles, parce que faites à une époque où les grands docteurs de l'école à laquelle ils appartiennent étaient encore vivants et que les disciples directs de ceux-ci ont collaboré à ces traductions. Je compte les traduire en français et en anglais. Le copiste se montre quelque peu exigeant, mais on m'assure qu'il est capable. Je copie moi-même les plus courts des traités, mais l'exemplaire que l'on m'a prêté est affreux, indéchiffrable en maints endroits et je me crève les yeux dessus. Prévoyant de pareilles besognes, je me suis munie, à mon départ de Pékin, d'une paire de lunettes de verres grossissants qui facilitent la lecture, surtout le soir. […]

Koukou-nor vers le commencement de septembre 1919. […] Mon voyage au Koukou-nor a plus de droits au titre «d'épreuve d'endurance» qu'à celui de «voyage d'agrément». Le temps ne m'a pas favorisé et voici seulement un huitaine de jours que l'on peut jouir du séjour en plein air bien que les journées soient encore fréquemment coupées par de violents orages. Notre ineffable lama que j'ai surnommé *jelly fish*, un sobriquet très significatif en anglais, a changé son camp et l'a porté plus au nord dans un endroit qui, d'après ses dires, devait être plus sec et plus abrité. Nous déménageons aussi mais pour retrouver le même horizon de marécages à perte de vue. […] J'ai déclaré que le pays manquait de charmes pour moi et que je désirais m'en aller. Le lama a paru un peu choqué. Il trouve sans doute que je manque de goût. Enfin, nous sommes redescendus et nous nous sommes tirés des marais. Après avoir passé quelques jours agréables dans une jolie vallée, nous sommes redescendus encore plus bas au bord d'une rivière et avons rejoint le camp du lama dans un endroit d'où l'on avait une vue merveilleuse sur le lac. Ces jours derniers, il est parti s'installer presque sur les bords du lac même, dans une large plaine, et nous l'y avons suivi parce que nous y sommes tout près de l'endroit où nos soldats d'escorte doivent venir nous rejoindre dans trois jours, s'ils sont exacts à la date que je leur ai fixée. D'après les nouvelles qu'ils m'apportent, et que me rapportera aussi mon domestique, je fixerai mon itinéraire de retour.

Le général qui était en tournée par ici ces jours derniers s'est vu piller. On lui a volé, dit-on, 80 mules. Les soldats qu'il a envoyés à la poursuite des maraudeurs ne sont point revenus et le général, renonçant à continuer sa tournée, est rentré en hâte à Sinin, ne se sentant pas en force sans doute. Vraisemblablement il va envoyer des troupes pour punir les indigènes. Il a aussi envoyé une expédition contre les Goloks, tribus habitant le sud-est du Koukou-nor à partir de la rive du Fleuve Jaune et le nord-ouest de la province de Szechuan.

A part le lac qui est merveilleux, le pays ne présente aucun intérêt bien spécial pour qui a vu les steppes confinant le nord de l'Himalaya. Ce sont des pâturages à perte de vue, de l'herbe, rien que de l'herbe sur des montagnes arrondies comme les «Ballons» en Alsace. Je reverrai avec plaisir Kum-Bum et mes livres. Je crois que ces deux ou trois mois passés en plein air ne m'auront pas fait de mal, je me porte très bien et déambule comme un lapin.

Alexandra David-Néel, *Journal de voyage*, Paris, Plon, 1975.

HOMMES ET PAYSAGES

La proximité des civilisations indienne et chinoise, ou les écarts des latitudes, conduisent d'une région à une autre à une diversité saisissante selon que l'approche se fait par le Tibet oriental, voisin de la Chine, par l'Himalaya et le versant indien ou encore par le Qinghai, aire tibétaine aux portes de l'Asie centrale.

HENRI D'OLLONE

(1906-1909)

La mission d'Hollone parcourt 8 000 kilomètres en deux ans dans les confins sino-tibétains et sino-mongols, s'intéressant plus particulièrement aux populations lolos et tibétaines comprises entre le Yunnan et la Mongolie. Ce sont les «derniers barbares». Ce sont aussi les dernières années de l'Empire chinois.

Alors que le voyage s'achève, Henri d'Ollone rencontre le dalaï-lama et son cortège, en route vers Pékin. Celui-ci se rend dans la capitale chinoise pour tenter de persuader l'empereur de faire cesser les attaques contre les populations tibétaines révoltées du Tibet oriental.

LANGAGE ET VIE DU DÉSERT

Seuls ceux qui ont pratiqué le désert savent ce que cette solitude cache de vie. L'homme disparu, la nature apparaît avec une personnalité singulière: le moindre accident du sol prend de l'importance. Tel repli de terrain est bon pour camper, car il met à l'abri du vent; ici l'eau est mauvaise, elle vient de tourbières; là on trouve du bois; cette vallée est celle par laquelle arrivent les coupeurs de routes, et c'est sur ce rocher qu'il faut monter si on veut découvrir de loin leurs embuscades; en cas d'attaque, voici la fondrière derrière laquelle on s'abrite contre la charge; si tel pic a mis son bonnet de nuages, la neige va tomber; mais si elle a disparu de tel vallon, c'est que l'hiver est décidément fini. Ainsi tout vit, tout parle, tout joue un rôle, et l'homme, quittant ses façons de maître, interroge avec respect et se conforme aux conditions édictées.

Cette transposition apparaît de suite. En Chine c'est lui qui compte seul: en dehors des villages qu'il habite et des champs qu'il cultive, aucun lieu ne possède de nom; à peine si les grands fleuves et les massifs importants ont des désignations vagues et changeantes; quant aux rivières et aux sommets, si par hasard on leur applique un nom, il est tout local et inconnu partout ailleurs. Au Tibet, au contraire, la moindre motte de terre a son état civil, et quand chaque jour nous discutons avec nos guides l'étape du lendemain pour savoir où il vaudra mieux faire la halte de midi et dresser le camp, on croirait vraiment, à entendre tant de noms, que nous allons traverser les contrées les plus peuplées. Que l'abondance des indications portées sur notre carte ne trompe donc personne: elles ne représentent que des sites parfaitement solitaires; mais ces lieux ont plus d'importance, pour qui traverse la contrée, que la plus grande ville en pays habité.

L'absence de troupeaux en cette région déserte est favorable à la conservation des plantes médicinales: aussi vient-on de très loin les chercher, car les plantes du Tibet sont réputées dans toute la Chine; la récolte est faite par des équipes dont nous rencontrons fréquemment les campements abandonnés. Une autre substance médicinale, mais non plus végétale, s'y recueille aussi en abondance: ce sont les cornes de cerf; au moment de leur chute, elles contiennent une moelle qui entre dans la composition d'une foule de médicaments. On sait que la pharmacopée chinoise, comme celle de notre Moyen Age, utilise beaucoup de matières animales.

Ces solitudes sont d'ailleurs plus fréquentées qu'elles ne le paraissent, et souvent nos hommes s'arrêtent pour examiner des empreintes sur le sol: tant de cavaliers sont passés hier, ou tel jour. A leur nombre, à leur direction, au changement de leurs montures, on conjecture que ce doivent être des chasseurs, et qu'il n'y a rien à en craindre. Plusieurs fois, la nuit, des pas de chevaux se font entendre, un colloque s'engage entre nos sentinelles et des interlocuteurs invisibles, car l'obscurité n'arrête pas les gens du désert, qui connaissent la moindre taupinière et dont les sens sont prodigieusement développés.

L'agrément de la route, quand le temps est passable, fait oublier la lenteur de la marche des yaks: ces animaux ont le cou si heureusement disposé qu'ils peuvent paître tout en marchant, et on conçoit que leur allure n'en est pas accélérée. Mais aussi n'ont-ils guère besoin qu'on s'occupe de leur nourriture; les chevaux qui ne peuvent brouter sans s'arrêter, arrivent à l'étape le ventre vide, si bien qu'il faut camper de bonne heure, si on veut leur donner le temps de chercher leur pâture.

Encore faut-il que la neige le leur permette. Elle tombe chaque soir, tantôt durant la nuit, tantôt même dès quatre ou cinq heures; le matin elle recouvre le sol sur un demi-pied. Phénomène remarquable, vers dix heures elle a complètement disparu, sans avoir fondu et sans que le sol soit mouillé: elle s'est évaporée, tant l'air est sec, et vif le vent qui passe avant d'être saturé.

Mais elle n'en a pas moins empêché les animaux de paître avant le départ, elle les en prive souvent à l'arrivée, et, tandis que les yaks se sont rassasiés en marchant de l'herbe découverte pendant le jour, les chevaux restent à jeun. C'est pourquoi nous avons dû, pour les empêcher de mourir de faim, emporter à leur usage une forte provision de pois secs, nourriture éminemment réconfortable.

Les bois sont nombreux, arbres feuillus dans le fond des vallées, sapins sur les pentes. Personne ne les coupe: déjà en aval de la Barrière de l'Empire, la rivière cesse d'être flottable et le transport serait impossible; et, puisque les pasteurs ne fréquentent pas la contrée, personne n'a intérêt à les détruire. Nous nous demandons même pour quelle raison ils ne recouvrent plus le sol d'une façon continue, ainsi qu'ils ont dû le faire autrefois, car c'est le propre de la sylve de gagner du terrain partout où l'homme ne la combat pas.

L'explication nous est bientôt fournie. Nous trouvons des forêts entières renversées: un feu allumé par quelque chasseur ou chercheur de plantes et mal éteint à leur départ les a embrasées; puis le vent a déraciné les arbres calcinés. Spectacle tragique comme celui d'un champ de bataille où s'entassent les cadavres dépouillés! Et c'est ainsi, par la négligence de l'homme, que disparaissent les forêts séculaires, et qu'en bien des points déjà les douces vallées voient les eaux ravager les terres que plus rien ne retient : dans quelques centaines d'années, elles seront creuses et dénudées comme celles que nous avons traversées en Chine.

D'ailleurs, voici la fin des forêts et des arbres. A force de monter, nous avons atteint la source de la rivière Min, à 4 250 mètres d'altitude, au col de Lang-Kia-Ling. De là nous descendons la rivière de Paotso, qui coule en sens opposé : c'est la source, inconnue jusqu'ici, de la rivière aux eaux blanches (Pei-Chouei-ho), le grand affluent qui après huit cents kilomètres de cours rejoindra le Fleuve Bleu à Tchong-King. Un col encore, de 4 300 mètres, celui de Tangoma, et nous pénétrons dans le bassin du Fleuve Jaune. Nous avons quitté la zone de la végétation — au-dessus de 3 800 mètres nous ne trouverons jamais même un buisson — et nous avons atteint le domaine des neiges. Sont-elles éternelles? Je ne le crois pas : leur peu d'épaisseur, dû à l'évaporation, ne doit pas résister au soleil d'août. Mais, bien que nous entrions dans le joli mois de mai, chaque jour la couche est renouvelée.

C'est ici la crête de la grande chaîne bordière du Tibet, et notre vue plonge dans l'intérieur. On doit s'attendre, d'après les récits de tous les voyageurs qui ont exploré cette contrée mystérieuse, à une description d'effrayantes montagnes : bien au contraire, la multitude des chaînes qui nous entourent, toutes égales ou supérieures au Mont Blanc, ne nous apparaissent que comme de faibles collines aux formes arrondies. Nous pourrions ignorer à quelle hauteur nous sommes si, derrière nous, du côté de la Chine, quelques pointes aiguës, surgissant du vide, ne nous révélaient que leur pied plonge dans des profondeurs démesurées, qui nous enveloppent.

Au col de Lang-Kia-Ling nos Tibétains et même nos Chinois ne manquent pas de jeter une pierre sur le *latsi*. C'est le nom que porte ici ce que les Mongols appellent *obo*: un amas de pierres s'élevant en pyramide, et formé par les cailloux que les gens pieux y ont déposés en passant. Des perches y sont plantées, où flottent des banderoles portant des invocations pieuses. Contrairement à ce qu'on écrit assez généralement, les latsi ne se rencontrent pas sur tous les cols, loin de là, et par contre on en trouve tout autant dans les vallées et dans des endroits quelconques. En l'honneur de qui sont-ils élevés? pour tous les simples, c'est en l'honneur du Génie du lieu, car bouddhistes ou peunbo en réalité sont surtout panthéistes et voient des esprits partout. Aussi nos gens offrent-ils à la divinité de ce col fameux, d'où pour la dernière fois on aperçoit les montagnes de Chine, de la monnaie d'or et d'argent… en papier qu'ils ont emportée à cette intention. […]

Le chef de Pan-Yu vient à notre rencontre suivi de plusieurs cavaliers en armes. C'est un homme de 35 ans environ, aux traits assez fins.

Il porte une capote en peaux de mouton cousues le poil en dedans, bordée d'un col en peau de panthère; avec cela des bottes, et c'est tout.

Tel est le costume de tous les Nomades: ils sont entièrement nus, par cette température polaire, dans leur capote qu'ils relèvent jusqu'aux genoux au moyen d'une ceinture, sans souci du froid montant de la terre gelée. Et cependant ils ont encore trop chaud: ils rejettent la manche droite, parfois aussi la gauche et vont presque constamment le torse nu, tout au moins le côté droit. Quelle rude race!

Cependant j'oublie un trait de leur vêture, trait essentiel, car c'est lui qui leur conserve la chaleur indispensable: ne se lavant jamais, ils sont recouverts d'une épaisse tunique de crasse accumulée depuis leur naissance. Leur peau, qui devrait être blanche et rose, — ainsi qu'elle se montre, quand ils ôtent leurs bottes, à leurs pieds et à leurs jambes, lavés de temps à autre par les ruisseaux qu'ils traversent, — apparaît d'un brun presque noir. Certes le soleil, assez chaud en été, y est pour quelque chose, le vent glacé pour bien davantage, car rien ne hâle plus fortement, mais ce teint de Nigritien provient surtout d'une couche de corpuscules solidement incrustés.

N'allez pas croire cependant, sur la foi d'auteurs qui n'ont vu — ou senti — que des sédentaires, que le parfum de ces nomades impressionne fâcheusement; ne croyez pas, surtout, qu'ils paraissent malpropres! Non point. L'air vif dans lequel, par en haut et par en bas, leur corps est continuellement baigné, se charge d'en emporter l'odeur; et la crasse, pénétrant dans les pores de la peau, s'incorporant à elle, n'apparaît plus comme une matière étrangère dont la présence incrongrue mérite l'expulsion: non, elle fait partie intégrante du tissu, et elle ne semble plus qu'une patine vigoureuse et de grand effet. [...]

La polyandrie du Tibet a fait couler beaucoup d'encre. Les sociologistes inclinent à la considérer comme une des manifestations du parfait communisme de la famille, par lequel tous les frères ne font qu'un avec leur aîné, ayant la même femme comme ils ont les mêmes biens. Or, nous n'avons trouvé ni communisme, ni polyandrie: à la mort du père ses enfants se divisent ses biens par parts égales, et s'installent chacun de leur côté pour leur compte; naturellement ils ont chacun leur femme, ou même plusieurs, bien qu'assez rarement; je n'ai pu savoir si la polygamie était facultative ou réservée au cas de stérilité.

Le type des hommes est variable; tous sont grands, beaucoup ont des traits fins et allongés. Tout autre, sauf d'assez rares exceptions, est le type de la femme : elle est courte, ramassée, solide, plantureuse; sa face est large, son visage peu dégrossi. Ses cheveux, séparés par une raie au milieu du front, sont nattés en une multitude de petites tresses, d'où tombe par derrière une bande d'étoffe chargée d'énormes bijoux en argent, turquoises, corail. Deux bandes identiques, partant de derrière le cou, descendent par devant jusqu'aux pieds; elles sont le plus souvent seules à voiler — fort peu — les poitrines : ces dames, de même que leurs époux, ont comme unique vêtement, la capote de peaux de mouton, qui est bien lourde et bien gênante pour les travaux de ménage; aussi est-elle presque toujours rejetée jusqu'à la ceinture.

Quelle vision d'humanité lointaine nous donnent ces créatures robustes, qui, presque nues, mais toujours chargées de bijoux comme des reines, vaquent avec solennité à des travaux de bêtes de somme, fléchissant sous le poids de hottes d'argol ou de grands tonnelets qu'elles vont remplir à la rivière : on les sent aussi orgueilleuses de bien accomplir ces fonctions grossières, mais rendues par la nécessité sacrées à tous les primitifs, que d'étaler sur leur corps les signes tangibles de la richesse et de la puissance de leur époux. Et quand, sur le sommet de chacune des taupinières géantes, nous voyons se dresser en groupes leurs silhouettes massives, d'où se détachent, sous les cheveux pendant jusqu'à terre, les larges faces étonnées, les épaules solides, les bras musclés et les parures éclatantes, nous croyons voir apparaître, juchées sur leurs chars, les indomptables compagnes des Cimbres et des Teutons.

Pendant deux jours nous ne nous lassons point de visiter l'une après l'autre ces demeures étranges, qui ne ressemblent à rien qui ait été signalé sur la surface du globe, à notre connaissance. Il y en a une trentaine, qui peuvent abriter chacune de vingt à trente personnes, tant maîtres que serviteurs. Elles constituent chacune, avec leurs enceintes de palissades, des forteresses isolées.

Personne ne sort de chez soi sans être armé de son sabre, et, s'il va dans la campagne, de son fusil et de sa lance. La vie pastorale, que nous nous représentons sous des aspects bucoliques, n'est en fait qu'une vie de guerre et d'aventures. La richesse du nomade, son bétail, n'est point comme celle du sédentaire, rivée au sol d'où il faut l'extraire par un labeur opiniâtre: une surprise, et les troupeaux d'autrui sont à vous. Qui ne serait tenté? Aussi chacun ne pense-t-il qu'à attaquer et à se défendre, et toujours le pasteur est un voisin dangereux. Tibétains, Mongols, Turcs, Huns, Arabes, Touareg, partout ces tribus impuissantes n'attendent qu'un Attila, un Gengis-Khan ou un Mahomet pour conquérir le monde; et n'oublions pas qu'au VIIIe siècle, deux fois nos Tibétains ont pénétré jusqu'à la capitale de la Chine, Si-Ngan-Fou, et l'ont prise.

Mais cet amour des coups de main et des profitables exploits ne signifie point qu'ils soient querelleurs et insociables. Tout comme leurs émules africains les Touareg, avec lesquels ils ont tant de ressemblance, ils sont graves, réfléchis et courtois.

Partout nous étions hospitalièrement accueillis; partout ausi nous répondions à l'offrande de thé et de crème par celle de quelque objet rare, couteau ou miroir [1].

Mais, surtout, nous savions gagner le cœur des femmes. Leurs bijoux préférés, ce sont les boutons d'uniforme dorés, et l'Angleterre a inauguré là une nouvelle forme de pénétration pacifique, en écoulant tous les vieux boutons de l'armée des Indes, si bien que, même en cette extrémité nord du Tibet, nous pouvions sans peine dénombrer ses forces: il nous suffisait de regarder les femmes, les numéros de tous les régiments hindous s'étalaient sur leur sein. Notre chauvinisme ne pouvait tolérer une si astucieuse prise de possession : et les futurs explorateurs verront dorénavant, à côté des Anglais, des boutons d'uniforme français briller sur les robustes poitrines des dames tibétaines.

Ce séjour était bien utile pour remonter notre cavalerie et pour nous procurer des vivres.

Quels vivres, demandera-t-on? Les Nomades n'ont absolument *aucune* culture; ils n'ont pas de poules — c'est le seul pays du monde que j'en sache dépourvu — ni de cochons. Mais leurs troupeaux de moutons, de chèvres et de yaks leur fournissent de la viande, dont ils mangent assez souvent, du lait, de la crème, et surtout du beurre, dont ils font une consommation considérable, car c'est lui qui leur fournit la graisse dont la combustion intérieure leur permet de lutter contre le froid. Ils le consomment, comme dans tout le Tibet, mélangé au thé: c'est le fameux thé beurré. Enfin ils y ajoutent, comme ailleurs aussi, le *tsamba*, farine d'orge grillé, qu'ils se procurent dans les hautes vallées des confins, là où la culture est encore possible et où les populations ne dédaignent point de s'y livrer. On voit que pour deux éléments essentiels de leur alimentation, le thé et le tsamba, ils dépendent entièrement de l'extérieur, ce qui rend encore plus admirable qu'ils aient su maintenir une si complète indépendance en face de l'envahissante Chine qui pourrait les affamer. [...]

De la hauteur nous apercevons enfin ce Fleuve Jaune qui est notre but, et que toutes les cartes portent à cent kilomètres plus loin. Nos renseignements ne nous ont pas trompés, et la découverte qu'ils nous promettaient est obtenue. Voilà qui nous paie en un instant de toutes nos fatigues et nous fait oublier le danger qui nous menace encore. N'attendons pas pour assurer scientifiquement ce résultat, car qui sait où nous serons demain! Il va être midi, le soleil brille: le théodolite

1. La fameuse *Khata*, ou *écharpe de félicité*, si nécessaire chez les Tibétains ordinaires, n'est pas employée ici; nous n'en retrouverons l'usage qu'à Lhabrang. Et personne ne nous tire la langue.

est installé et Fleurelle fait le point, multipliant les observations de hauteurs conjuguées[1].

Dès qu'il a fini nous repartons, suivant cette fois la terre ferme. Mon inquiétude n'a pas diminué, car nos ennemis ne doivent pas avoir renoncé à saisir une proie si facile et si tentante ! Mais voici que, parvenue sur une colline, notre avant-garde pousse des cris et nous appelle : nous accourons et un spectacle saisissant frappe nos regards.

Dans la plaine à nos pieds s'avance une armée, une armée innombrable de sombres yaks et de cavaliers aux longues lances étincelantes. Leurs escadrons forment des groupes compacts qui se suivent à courts intervalles. Leur colonne descend de la crête opposée ; toujours de nouvelles masses apparaissent, sans fin.

A la joie exubérante de nos hommes, nous devinons : c'est la Caravane, la grande caravane du Koukou-noor. Chargée des peaux et des fourrures échangées contre le thé qu'elle a porté, elle revient, par un hasard providentiel, un mois plus tôt qu'on ne l'attendait, à point nommé pour nous sauver. Car ce sont des alliés : Chinois ou Tibétains de Song-Pan-t'ing, ils courent dans le désert les mêmes risques que nous, et leurs marchandises vont exciter les convoitises des mêmes agresseurs ; nos hommes les connaissent tous, et c'est comme des frères qui se retrouvent au sortir d'un naufrage que nous nous abordons. Tout de suite la tête de la caravane fait halte, et nos deux camps s'élèvent contigus, cependant que, interminable, la file des yaks continue à descendre de la hauteur.

Mais que les effusions ne nous fassent pas oublier les affaires sérieuses ! nous mettons les chefs au courant de la situation. A peine disent-ils quelques mots à ceux qui les entourent. Bientôt un cavalier sort des tentes, puis deux, puis dix, puis cent ; silencieusement, au grand galop de sa monture, la lance au poing, chacun fend l'espace vers un but que nous ne discernons pas encore ; en quelques minutes plus de deux cents guerriers se trouvent rassemblés à un kilomètre en avant du camp, groupés en deux escadrons qui, tout de suite, précédés de patrouilles, s'en vont à la recherche de l'ennemi.

La belle manœuvre, exécutée avec quelle souplesse, quel silence, quelle soudaineté ! Comme elle révèle l'habitude de la guerre, des coups de main subits ! Point d'ordres bruyants, point d'explications : un mot jeté tout bas, et voici l'armée en bataille. Qui vient au désert, fût-ce pour commercer, ne peut être qu'un professionnel et un amoureux des aventures : Tibétains et Chinois, tous ceux que nous y avons rencontrés paraissaient échappés des pages de Gustava Aymard et de Fenimore Cooper.

1. De ces observations calculées, à notre retour par le Bureau des Longitudes, ressort bien que le Fleuve Jaune s'avance vers l'est 95 kilomètres plus loin qu'on ne le supposait. Cela modifie entièrement l'aspect de la région, puisqu'un grand fleuve coule en de larges plaines là où on supposait des massifs escarpés.

Pendant ce temps le camp a achevé son installation. C'est une ville, avec ses rues et ses places La caravane est divisée en trente groupes dont la place respective est toujours observée. Chacun forme un quartier, composé d'un certain nombre de tentes; aux angles un bastion est construit avec des charges de peaux, empilées les unes sur les autres de manière à constituer un rempart rectangulaire: un poste y veillera toute la nuit, secondé par une escouade de ces terribles molosses qui ne laissent même pas approcher les voisins. D'ailleurs plusieurs patrouilles ont occupé au loin les passages dangereux, et avant l'aube un escadron repartira pour se tenir prêt à recevoir l'ennemi, si à la faveur de l'obscurité il a réussi à s'approcher.

Toute la nuit, assis sur des ballots de peaux, dans l'âcre fumée qu'exhalent les feux qui brûlent sous chaque tente, nous devisons avec les rudes coureurs d'aventures. Brèves sont leurs paroles, mais combien chaque détail est évocateur!

En raison du conflit avec les gens de Samsa, la plupart des riches négociants de Song-Pan-t'ing ont reculé devant la crainte du pillage, et la caravane ne comprend que deux cent cinquante cavaliers et quinze cents bêtes, au lieu du double qu'elle a l'habitude. A l'aller, bien qu'elle n'ait fait que longer le territoire de Samsa, un parti de cavaliers est venu réclamer un tribut exorbitant: il y a eu bataille. La caravane a réussi à passer, tuant une dizaine d'hommes à l'ennemi et en en perdant autant; mais, pour revenir, elle a fait un grand détour afin d'éviter ce territoire, et c'est ce qui nous a valu sa rencontre, car ce n'est pas sa route habituelle. Assurément c'est contre elle qu'est dirigée l'embuscade dans laquelle nous avons failli tomber, et en fait, c'est nous qui la sauvons en la prévenant.

La caravane se met en marche au petit jour. C'est merveille de voir avec quelle rapidité cette ville et ces remparts ont été démolis et chargés sur les yaks. Mais pourquoi la colonne prend-elle une direction presque opposée à celle qu'elle devait suivre? C'est qu'elle ne tient aucunement à affronter le combat, surtout dans les fâcheuses conditions où nous nous trouvions hier, resserrées, en une file immense et sans force, entre les marais et les montagnes propices aux surprises. Risquer le combat pour conquérir des trésors, à merveille, mais fuir pour les conserver, mieux encore! Aussi la caravane, changeant de route, va-t-elle exécuter précisément la même manœuvre que nous, et mettre le petit fleuve entre elle et les pirates.

Le gué vers lequel elle se dirige est à peine à six cents mètres du confluent. Le Petit Fleuve engourdi par ses sinuosités à travers une plaine sans pente, n'a plus la force de pénétrer dans le Grand Fleuve, un peu plus rapide et qui le refoule; aussi le limon en suspension dans ses eaux dormantes se dépose-t-il en plus grande abondance dans ce dernier parcours, et le lit est-il presque barré par les dépôts.

Le passage dure trois heures. Toutes les précautions d'ordre militaire sont prises pour parer à une attaque sur l'une ou l'autre rive. Les groupes passent successivement, attendant pour s'engager dans la rivière que leur prédécesseur ait occupé une position favorable sur la berge opposée.

Que le spectacle soit pittoresque au plus haut point, on le devine. Mais comment rendre l'effet que produit cette scène de vie intense au milieu de l'immensité immobile qui l'encadre? Dans ce contraste se manifeste d'une façon saisissante le mystère latent qui fait le charme étrange du désert.

Où n'existent ni maisons, ni routes, ni champs, par quel prodige se trouvent aujourd'hui rassemblés tous ces hommes? On saisit là que des forces secrètes actionnent les communautés minuscules qui semblent comme noyées dans l'espace et privées de vie sociale. Leur apparente inertie cache des combinaisons à longue échéance, tout un faisceau de dispositions, parfois séculaires, qui tout d'un coup produisent l'explosion par laquelle le silence et l'immobilité sont un instant rompus. Aujourd'hui c'est le passage de cette caravane; dans six mois, dans un an, il en viendra d'autres. En vue de cet événement des alliances se nouent, des embûches se préparent; chacun calcule ce qu'il pourra tirer de l'échange ou du coup de force, et les troupeaux se multiplient, et s'aiguisent les fers de lance.

Cette caravane, c'est le grand ressort du désert. Qui ne l'a pas rencontrée ignore le mécanisme caché et ne voit que la trompeuse surface.

Mais même ce mystère surpris ne suffit point à expliquer l'émotion, en quelque sorte sacrée, qui remue nos cœurs et ne s'effacera point de nos mémoires. C'est une vision des premiers âges de l'humanité que nous avons sous les yeux. Ces savanes, ces monts aux neiges éclatantes, ce fleuve immense, rien n'a changé depuis le commencement du monde, rien ne porte la marque de l'homme: la nature ignore encore qu'elle puisse avoir un maître; et ce peuple en marche, à peine couvert de dépouilles d'animaux, mais armé de glaives et d'épieux, avec ses yaks puissants et informes comme les espèces disparues, c'est une horde préhistorique. O désert! ta majesté ne réside point dans l'immensité de l'espace: souvent tes horizons sont courts et médiocres tes paysages; mais ton infini est dans la durée. Sur toi les siècles passent sans marquer leur empreinte. Tu es toujours jeune, désert, et par toi l'homme aussi reste jeune, tel qu'aux premiers jours. Nous te devons les derniers Barbares, pareils sans doute à ce que furent nos pères: grâce à toi nous pénétrons plus profondément en nous-mêmes et, sous les acquisitions de la civilisation, croyons sentir tout au fond remuer l'âme ancestrale.

Mais déjà la vision commence à s'effacer: la masse des yaks

sombres, les guerriers aux longues lances, tout cela s'écoule, s'allonge, s'effile : l'immensité l'absorbe. Encore quelques meuglements lointains, quelques éclairs de lances au sommet d'une colline : le désert a repris son visage éternel…

Henri d'Ollone, *Les Derniers Barbares : Chine, Tibet, Mongolie*, Paris, Ernest Leroux, 1911. Rééd. You-Feng, Paris, 1988.

JACQUES BACOT
(1909-1910)

Au terme de son premier voyage au Tibet (mars-décembre 1909), Jacques Bacot (1877-1965) se défendait d'avoir fait de l'exploration, assurant qu'il s'agissait de simple tourisme. Cet homme, modeste et généreux, fut en fait un véritable explorateur et tibétologue. Il semble avoir été amené à s'intéresser au Tibet au cours d'un voyage en Indochine en 1904, alors qu'il poussait vers le nord, abordant ces régions par le Yunnan.

Lors de son second voyage en 1909-1910, dans les marches orientales du Tibet, il recueille les échos et constate les conséquences des ravages de la répression chinoise contre les Kampas révoltés.

ARCHITECTURE ET LAMASERIES DANS LE TIBET ORIENTAL

Je suis logé au centre de la lamaserie, ville dense à rues étroites et maisons serrées, d'où s'élèvent les grands temples à toits d'or. Les maisons, petites et trapues, ont de gros murs bombés, des portes basses de prison, des fenêtres minuscules dans leurs cadres massifs de bois rond. De petits rideaux à baldaquin et de petits toits en forme de visières protègent ces fenêtres du soleil comme des paupières baissées. Les ouvertures peintes en rouge font des blessures aux murs blancs. Et la rue, toute cabossée, se resserre ou s'enfle au hasard de ces maisons joujoux maladroites et naïves, formant de petites places imprévues et des recoins où jouer la comédie italienne. Des moines, des laïcs circulent ou flânent au soleil.

On travaille dans l'intérieur de ces cellules, on imprime des livres, on fond des cloches, on sculpte le bois, on fabrique des bottes et des selles, on tanne le cuir, on moule des bâtons d'encens et des pilules médicamenteuses. Ces réduits abritent des bijoutiers, des brodeurs, des orfèvres. Ici, on cisèle des lampes à beurre, on dore des idoles ; ailleurs, un moine patient entouré de petits pots, peint sur des toiles de lin des ciels nuageux qu'il peuplera de dieux et des jardins éthérés où les fleurs délicates et mystiques auront l'air de prier.

Hors les murs, une rue de marchands chinois sort du flanc de la lamaserie; changeurs, orfèvres, fourreurs, marchands de thé, d'étoffes, de tout ce qui se vend aux lamas contre leur or, leur musc, leurs fourrures et leurs médecines. Aux alentours, des caravanes de yacks qu'on charge ou décharge. Plus bas, la ville tibétaine et les palais des Débas, un peu écartés dans la plaine. Ainsi que Batang, Litang avait deux Débas. Deux rois gouvernent un même royaume comme deux maris se partagent la même femme. Il est des choses qu'on ne voit qu'au Tibet.

Les lamas de Litang étaient autrefois fort hostiles aux étrangers. Depuis que les Débas ont été déposés, un mandarin et une garnison chinoise occupent un quartier du monastère. Les moines, aujourd'hui, sont très hospitaliers. Ma maison, un *kontseu*, est une des plus grandes et des plus belles de la lamaserie. Litant en a huit du même genre. Elles renferment un temple, de grandes salles et une cuisine. Les moines n'y logent pas mais s'y réunissent par confrérie. Le grand temple commun ne sert pas aux offices quotidiens.

Le kontseu que j'habite est bâti en pierres. Un vaste rez-de-chaussée sert d'écurie et de magasins. Des marchands venus de Tsongtien y campent en ce moment parmi leurs ballots. Au centre, un escalier d'un seul bloc de maçonnerie, très raide et aussi large que haut mène au seuil du temple. Une galerie de bois sculpté contourne la cour de l'escalier et dessert les salles de réunion. La cuisine dans le fond fait face à la porte du temple. Elle contient deux marmites en bronze ciselé, si grandes que le cuisinier doit monter trois marches pour en voir l'intérieur. Les moines mangent chez eux; on ne se sert des grandes marmites que les jours de réunion. Ces sortes de clubs, à raison de huit pour 3 000 lamas, comptent une moyenne de 375 membres. En réalité leur importance est très variable. Celui où je suis est le plus considérable de Litang.

Ma chambre est la salle principale, à boiseries et colonnes peintes. Il y fait sombre et on bute dans les tables basses et massives où sont enchâssés les braseros de cuivre. Des marches hautes mènent à un balcon couvert et fermé de tentures funèbres en poil de yack; il tient de la tente et du catafalque. De là, je vois le grand temple blanc et rouge, ses tentures extérieures que le vent fait onduler et son pinacle d'or.

Un matin, comme le frère portier faisait le ménage du temple voisin de ma chambre, je suis entré derrière lui. Cet homme respecte la poussière; son travail consiste à renouveler le beurre des lampes et l'encens des cassolettes, en disant des prières.

C'est d'abord une grande pièce lumineuse pleine d'oriflammes. Elles pendent serrées, des murs, des poutres, des colonnes. Elles sont plus de mille, aussi fines que des enluminures de missel. Leur multitude vibre, s'éclabousse de lumière ardente dans le jet oblique du soleil levant. On y voit des Chenrési blancs à têtes multiples, des saints en extases dans des auréoles orange, des monstres bleus assis sur des tigres jaunes, des enfers rouges tout remplis d'incendie où galopent des diables acharnés aux tortures, des dieux et des déesses enlacés de leur mille bras dans des étreintes furieuses.

Au fond, deux portes à tentures mènent au sanctuaire étroit, long de la largeur du temple. Les dieux sont là, dans l'ombre de leurs niches ainsi que les 308 volumes des livres sacrés. La couverture de chaque volume, en bois laqué d'or, porte son titre sculpté en caractères *lantsa*. Voici des peintures encore; il fait trop sombre pour les voir. Une seule fenêtre, au bout et très loin, semble une sortie de tunnel. Sa lumière rampe sur le parquet poli et vient effleurer avec timidité l'or des idoles, les milles choses saintes qu'on craint de renverser.

Il fait calme; les bruits du dehors ne passent pas les gros murs. Une lampe à beurre fait son disque lunaire au pied de l'idole centrale, éclairant par en bas ses pommettes et son front, laissant dans l'ombre un regard énigmatique qu'on se figure courroucé. Rien n'est doux comme l'éclat de ces lampes à beurre au fond des sanctuaires tibétains. La flamme qu'on ne voit pas éclaire seulement l'intérieur du vase, et pose sur l'autel une auréole couchée.

Le vieux bonze attend patiemment la fin de ma contemplation pour refermer le temple. Je l'examine à son tour. Il est parfumé comme une cassolette, chère vieille chose souriant de toutes ses rides, vrai portier de couvent qui s'embaume tout vif dans cette atmosphère de prières et d'encens.

A Litang on imprime Tandjur et le Kandjur, non loin de ma maison. On arrive à une cour pleine de yacks et de caravaniers où l'on charge des livres enveloppés de peaux cousues. Le crottin accumulé et foulé couvre le dallage d'un matelas élastique. Au fond, l'imprimerie pareille à nos grands ateliers d'usine, montre vingt corps de rayons dont on ne voit pas la fin et qui portent les 50 000 planches burinées dans le bois dur. On imprime en rouge, et l'édifice entier rougeoie fantastiquement; le sol, les murs, les cinquante mille planches, les cuves à encre, les tampons, les rouleaux, les bras des moines, tout est rouge. Ils impriment sur du papier humide qu'on étale ensuite au soleil dans les cours et sur les toits. Il faut quatre-vingts yacks pour transporter les deux ouvrages et cent soixante avec les reliures.

Le temple principal de Litang est harmonieux, sans l'aspect sévère de ceux que nous verrons plus tard. L'architecture tibétaine, architecture de pierre pauvre, de terre et de bois, doit son originalité à l'insuffisance même des matériaux pris à même la steppe et la forêt. Tout son caractère est dans la ligne, dans la masse et procède d'une préoccupation unique de donner aux temples l'expression farouche et funèbre des divinités qu'ils abritent. On s'étonne qu'un peuple qui cisèle et peint si finement, bâtisse avec tant de rudesse. Mais les temples doivent être vus d'un peu loin. Ils sont faits pour les horizons immenses.

Les Chinois qui n'ont pas d'architecture et ne comprennent rien aux choses qui sont belles sans être chinoises, méprisent l'art vigoureux du Tibet. Ils sont plus grands artistes pourtant; ce qui prouve que l'art a quelque chose d'inconscient, que la critique est stérile et ennemie de l'invention.

Les façades des temples rappellent les pylônes égyptiens. Entre les fenêtres et le toit, les monuments sont ceints d'une frise noire ou brune, faite de fagots de bois pressés et rasés comme une brosse. Cela donne, d'en bas, un velouté d'une étonnante richesse. Des écussons d'or et des cymbales appliqués semblent clouer au mur ce bandeau funèbre. Les chevrons en cyprès imputrescible de la terrasse surplombent

Le temple de Litant est moins farouche. Il a une double frise rosée; ses lignes sont plus légères, élégantes et distinguées. L'édifice, peu élevé, déploie avec ampleur plusieurs corps en retrait dont les terrasses se superposent. Entre les pylônes de la façade un grand voile blanc ferme le péristyle.

Les boutiquiers de la rue chinoise ont quelques marchandises européennes. Ils cumulent la mercerie, l'épicerie, la pharmacie, l'importation et l'exportation. Je cherche avidement quelques denrées d'Europe. En raflant le meilleur d'un bout à l'autre de la rue, je réunis un peu de chocolat verdi, des cigarettes anglo-japonaises et des confitures chinoises. J'aurais acheté n'importe quel prix du café. On en signale chez un marchand de poudre d'or qui, avec son ongle qui n'en finit plus, me cherche dans le fond d'une boîte quelques grains de café épars avec des boutons, des pilules et des perles. Et je rêve de l'épicerie en chambre du plus humble hameau de France.

En flânant aux devantures, je saisis par hasard une glace cerclée de coquillages et reste stupéfait. J'avais perdu le souvenir de ma physionomie. Je la revois allongée d'une barbe noire, avec une sorte d'écorce brune sur les saillies, et les pommettes en carton des poupées fatiguées. On devrait au Tibet se graisser le visage. Je me sens subitement gêné d'être si laid d'abord, et si seul de ma race, si différent de tous ces peuples qui m'entourent. […]

Le 1er octobre, nous descendons du plateau dans une large vallée herbeuse, le pays de Do. Il comprend mille villages. Mille est encore une façon de parler qui veut dire beaucoup…

Le village où nous couchons est très moyenâgeux. On y accède par de petites ruelles en chicane, faites de murs bas mais suffisants pour briser un assaut. Les maisons de pierre grise sont des jeux de patience. Les pierres non taillées s'emboîtent l'une dans l'autre, les angles des murs sont vifs, d'une rectitude précise. Les maçons tibétains ne connaissent pourtant ni l'équerre ni le fil à plomb. Ce n'est même pas affaire de métier; chacun est son propre architecte et son propre ouvrier. Je suis entré dans plus de cent maisons tibétaines et n'en ai pas vu deux pareilles. Leur fantaisie est infinie dans l'agencement intérieur, l'assemblage des portiques, des couloirs, des grandes salles, des petits cabinets et des chapelles. Rien n'est gai comme les terrasses, intime et sympathique comme ces cours du premier étage qui captent l'air et le soleil, et, tout en étant perchées, donnent l'impression d'être la terre ferme. Au niveau du sol, elles seraient quelquefois banales, mais l'idée qu'elles sont suspendues leur donne un charme très subtil.

La maison où nous passons la nuit comprend d'abord un hall au premier, à ciel ouvert en son milieu, fermé de murs sans fenêtres, encombré de colonnes, de meubles, de coffres et de sacs; puis la salle du foyer, obscure et si basse que les hommes debout y semblent des cariatides, enfin un petit temple bondé comme une boutique, de dieux, de tambours, de livres empilés qui ensevelissent les colonnes. Les murs sont enduits de plusieurs épaisseurs d'ex-votos, les solives même disparaissent derrière le ballonnement d'animaux empaillés. J'ai beau laisser ouvertes les deux petites fenêtres à meneaux, j'étouffe la nuit, dans cette chapelle chaude. Par habitude, je ne puis plus dormir que dans ma tente secouée, que traverse le vent.

En venant, nous avons vu de loin la lamaserie de Chontain, faisant une grande tache blanche sur le flanc de la montagne. Je n'avais pas l'intention d'y aller, mais voilà que le lendemain, nous marchions depuis une heure quand un marchand que j'avais connu à Tatsienlou nous rejoint. Il dit que la lamaserie est occupée par les Chinois et que son trésor est à vendre. Elle est à une vingtaine de kilomètres en arrière. Plutôt que d'y coucher aujourd'hui sans bagages, je préfère aller et revenir demain. On passe la nuit dans une maison de refuge isolée au milieu de la plaine, sorte de caravansérail bâti par les Chinois.

Dès le matin, je pars au grand trot pour Chontain avec le marchand et les mieux montés de mes hommes. La route est plate pendant cinq lieues. On retraverse le pays de Do où la guerre a laissé peu de traces. On nous montre une grande maison où furent cernés pendant un mois cent soldats chinois. Ils creusèrent un puits dans la cave et purent résister jusqu'à l'arrivée des renforts. Toujours la même histoire: les Chinois ne connaissent rien des pays où ils vont faire la guerre. Ils s'imaginent que les barbares fuiront au seul aspect des soldats de l'Empereur; et ils envoient des troupes insuffisantes. Elles se font généralement massacrer et alors on envoie une armée plus considérable;

Les guerres, ainsi, durent longtemps, sans inconvénients, du reste, pour des gens peu pressés, et peu avares de vies humaines.

Ils arrivèrent ici 1 200 soldats armés à l'européenne, sous les ordres d'un mandarin de 24 ans, contre 10 000 Tibétains. La lutte dura trois jours. Les Chinois eurent 200 tués, les Tibétains 800. Ces chiffres prouvent un grand courage chez les Tibétains qui, pour faire porter leurs fusils à mèche doivent s'avancer à deux cents pas d'un ennemi qui les tue déjà à un mille. La lamaserie ne fut ni brûlée ni pillée.

Avant d'arriver, le marchand nous invite à nous reposer chez lui, au pied de la lamaserie. Il occupe le castel du chef tibétain qui a fui on ne sait où avec sa famille. Une vraie gentilhommière d'autrefois, et j'éprouve plus que de la curiosité, de l'émotion à retrouver ici notre quinzième siècle des bords de Loire. Ce quinzième qui fut le triomphe de la campagne, alors que nos vallées étaient peuplées, sortes de rues où de castel à castel on voisinait. Ce sont les mêmes murs de pierre grise qu'on sent épais, les mêmes fenêtres étroites à meneaux en ogive, et jusqu'aux mêmes portes basses, dans les angles.

L'intérieur est moins rude et particulièrement renaissance. L'escalier seul laisse à désirer. Mais au Tibet, l'escalier est une sorte de pont levis qu'on retire le soir venu. Il débouche dans un hall à colonnes lourdes, de profil dorique, mais carrées et largement cannelées. Elles sont en bois naturel patiné par le temps, coiffées de chapiteaux puissants. Sur ce hall donnent toutes les pièces, l'immense salle du foyer et la chapelle.

Celle-ci a été faite avec amour. Les colonnes cannelées sont laquées en rouge. Les chapiteaux et les poutres sont une même suite de monstres, de dragons, de fleurs sculptées à jour. Tout est peint, doré, noyé dans le vernis. Le plafond est à caissons contenant chacun deux vautours stylisés de manière à remplir un cercle.

A l'étage au-dessus un autre sanctuaire plus modeste, et, sur un couloir percé de portes renaissance, des petits appartements délicieux aux panneaux enluminés.

Dans ce pays de Do et de Conkaling, la chapelle privée occupe toute une aile de la maison. Elle n'est pas recouverte en terrasse, mais d'un toit à double pente qui domine. Toutes ces chapelles à comble de temple antique donnent à chaque village je ne sais quel grand air de cité qui ne se voit que là. Dans quel autre pays des paysans consacreraient-ils au culte et à la bibliothèque, la plus belle et la plus grande partie de leur demeure? Rien ne faisait prévoir un pays aussi original aux portes mêmes de la Chine, alors que plus loin vers l'Ouest, on retrouve le Tibet barbare décrit par les voyageurs. Et la géographie le mettait en Chine. Seulement, quand les Chinois voulurent y entrer pour la première fois, ils durent faire la guerre. Ils ne possédaient au

Tibet que le yamen de leur ambassadeur à Lha-sa et des postes sur la route qui y mène.

A la lamaserie je suis reçu par le mandarin et lui dis le but de ma visite. Il entre alors dans une grande colère contre le marchand qui m'a trompé. Il ne peut rien vendre et le marchand, dit-il, le savait bien. Depuis que Tchao-Erl-Fong a été accusé de s'enrichir par la vente du butin de guerre, on a mis le trésor des temples sous scellés. On les brisera toutefois aujourd'hui pour me le faire au moins voir et m'éviter ainsi l'humiliation d'une course inutile.

Nous entrons dans le temple, aussi vaste peut-être que nos cathédrales et adossé à la montagne. Il cambre sa façade formidable au bord du vide, deux pylônes funèbres flanquant et dépassant de leur entablement noir un portique à trois étages.

L'intérieur est semblable à celui du temple du Tchangou, en plus grand et plus riche. Les colonnes sont encapuchonnées dans des gaines de dentelle et de broderie, et il faut être tout près pour voir que cette soie ajourée est sculptée dans le bois. Tout l'art tibétain est impressionniste; ses miniatures mêmes sont faites pour l'ensemble et veulent du recul. Il serait savant et même psychologue si son seul critérium n'était l'inconscience. L'artiste tibétain *sent*, il ne *sait* pas. Jamais l'art appris ne donne ce maximum d'effet et d'harmonie qui semble toujours être l'œuvre du hasard.

Le trésor est dans le sanctuaire. Pour reposer les scellés, un secrétaire du mandarin nous suit, muni d'un pot de colle et de bandes de papier couvertes de caractères. Deux portes dans le mur du fond mènent à une salle étroite où on est tout de suite au pied des idoles colossales. Leurs têtes monstrueuses touchent le plafond qu'illumine le jour planant très haut, et qui arrive par dessus les murs entre les poutres massives.

En bas, dans l'ombre où nos voix résonnent, sont accumulés les longs coffres scellés, gris de poussière. On dirait une crypte bondée de cercueils. Face aux dieux, de hautes armoires contiennent les livres pesants du Kandjur.

On ne peut ouvrir toutes ces caisses. Il est difficile de les manœuvrer dans si peu d'espace. Des soldats en transportent quelques-unes dans le temple et étalent une broderie murale qui couvre cinquante mètres carrés. Au centre est Çakia tupa dans un olympe nuageux, et, çà et là, assis sur des flocons, des bodhisattvas et des saints. On me montre aussi des habits, des brocarts entassés pêle-mêle, non pliés dans leurs coffres. Les étoffes plaisent au mandarin; il les manipule, les pétrit avec volupté. Les bronzes, l'orfèvrerie sont, dit-il, sans intérêt.

Rien dans tout cela n'est nouveau ni bien remarquable. Les livres, s'il y en a, sont plus dignes d'intérêt et pourraient être emportés, n'ayant pas de valeur marchande. Ce n'est pas dans les grandes lamaseries qu'on a le plus de chance de trouver des documents: leurs bibliothèques ne renferment que la littérature sacrée en éditions luxueuses et intransportables. Les manuscrits originaux, ou copies d'ouvrages rares qui ne s'impriment pas, sont la propriété de quelques lamas lettrés.

Le mandarin me mène à ses appartements au sommet de cinq à six escaliers d'une grande bâtisse follement compliquée. Un vieux lama, le seul, y habite encore dans une cellule dorée. Elle est toute en petits panneaux de feuillages sculptés, on dirait appliqués, car il n'y a de relief que les nervures et le bord enroulé des feuilles. Je vois là des monceaux de livres, dépareillés, éparpillés par les soldats et rassemblés au hasard des reliures. Il en est de même d'une autre bibliothèque dans une chapelle servant de kétang au mandarin.

La nuit noire tombe au milieu de notre chevauchée de retour. Un grand vent se lève; nous nous égarons dans la plaine. Pendant une heure, nous tournons autour de notre maison sans la voir. Par ce vent on n'a pas fait de feu dehors. Nous nous séparons pour battre la plaine et ne nous retrouvons plus. Puis tout à coup, voilà derrière et à droite la maison qu'on se figurait bien loin, devant et à gauche. Cette sensation d'être égaré n'est pas entièrement désagréable; la perte de l'orientation produit une vague griserie, on se sent léger, affranchi des liens qui vous tiraient tout à l'heure vers le but.

Le lendemain nous n'étions pas partis de notre refuge, que le mandarin y arrivait et changeait de cheval. Il avait déjà couvert vingt kilomètres et allait le jour même à Conkaling, à cinquante kilomètres plus loin, par des chemins détestables. Les mandarins au Tibet ne sont pas du tout les mêmes qu'en Chine. Ils sont plus naturels, moins cérémonieux. Leur administration comporte beaucoup de plein air et de sport. Ils sont presque tous Mandchous.

Je n'arrive que le jour suivant à Conkaling, pays très isolé, dans un ravin où gronde un fort torrent. La lamaserie est sur la rive droite, sur une grande plate-forme en terrasse. Le temple apparaît par-dessus les murs d'enceinte, dominant les maisons de sa frise noire et de son toit de temple grec. En face, sur l'autre rive, les maisons dispersées d'un village jouent au chat perché comme elles peuvent, sur les moindres saillies de la gorge.

Avant d'aller rendre visite au mandarin dont je redoute l'hospitalité, je cherche moi-même un emplacement où il serait plaisant de camper; Adjroup n'est pas content. Il me dit que je me conduis comme un enfant, un tout petit enfant. Dans tous leurs actes, les Européens semblent des enfants aux Chinois et aux Tibétains, encore plus que des êtres dangereux ou haïssables. Dire la vérité, ne pas se conformer aux usages de la Chine est d'un enfant. Une infraction aux rites est, en Asie, sur le même plan qu'une infraction à la morale et témoigne, par analogie, d'une innocence puérile. De même s'attacher imprudemment à la vie et la regretter niaisement au moment de mourir, est le fait de petits enfants qui pleurent pour n'avoir pas su calculer les conséquences de leurs actes.

A Tatsienlou j'avais entendu vanter Conkaling. Ce monastère étant inconnu, je l'avais identifié avec Sam pil ling. Ici non plus rien n'est à vendre, mais le mandarin me fait visiter le temple et son trésor. C'est un monde; nous passons la journée à le parcourir.

Son parvis est étrange, pavé de larges cabochons de schiste noir que les bottes souples ont polis. Mon cheval, en débouchant du porche, y patine au milieu des étincelles et fait une série de génuflexions sonores devant la foule massée pour me voir.

Le façade du temple barre un côté de la place. Le péristyle est à trois rangs de colonnes. La transition des fûts aux chapiteaux, des chapiteaux aux poutres, de celles-ci aux caissons du plafond est invisible, tellement l'unité est forte, tellement tout se commande et se continue. C'est la synthèse de l'art tibétain, le maximum d'harmonie et de grandeur que puisse atteindre l'architecture de bois.

L'intérieur est prodigieux et théâtral. Dans l'ombre on ne voit que les bases, larges d'un mètre, des colonnes qui s'en vont chercher le plafond à cinquante pieds de haut. Les chapiteaux sculptés dans des billes monstrueuses sont seuls éclairés, tout en l'air, par la lumière rasante. Des garudas, les ailes déployées, surplombent le vide et des chimères griffues rampent le long des poutres. Au-dessus, des chevrons s'entassent en encorbellements épais pour porter la lourde terrasse de terre. Chaque chevron répète à son extrémité l'effigie peinte de Bouddha. Des oiseaux maintenant ont adopté comme ciel cet olympe suspendu et nichent dans les creux des sculptures.

Les gros murs du pourtour, et il y en a quelque deux cents mètres, ne sont qu'une seule fresque, tout le panthéon et toutes les légendes racontées sur un même panneau, sans fin ni commencement. Les personnages de grandeur nature sont traités en teintes plates. Comme il fait sombre sous les bas-côtés, les peintres ont distribué avec art des blancs çà et là pour mettre de la lumière et de la légèreté dans la mosaïque un peu lourde et opaque des bleus, des verts, des rouges et des oranges.

Au premier étage, sur les bas-côtés, une large galerie fait le tour de la nef et dessert des chapelles, des bibliothèques, des salles du chapitre, des appartements de réception pour les grands dignitaires de passage. Toutes ces pièces sont peintes à fresque, jusqu'aux embrasures profondes des fenêtres.

Dans l'une d'elles (une chapelle longue au-dessus du sanctuaire), sur un autel monumental les dieux nichent dans des grottes en rocaille. Devant, se dressent deux grands stupas en bronze doré ornés de turquoises. L'un d'eux renferme la momie dorée du fondateur de ce monastère. Elle est assise dans la position rituelle, les mains faisant le geste de la perfection. Par un médaillon vitré, on peut voir sa figure couverte d'or. Le sommet de la tête n'est pas doré, de sorte que la chevelure reste libre. On me dit qu'elle continuera à pousser indéfiniment jusqu'à envelopper le cadavre, et, quand elle formera à ses pieds un lit assez épais, il y naîtra un lotus.

Les soldats n'ont pas dérangé cette momie assise depuis des siècles. Mais l'autre stupa, plus petit, a été brisé, vidé de ses reliques et nous trouvons encore sur le sol des turquoises jaillies de leurs sertissures. On voyait l'intérieur par deux objectifs formant lunette. Au cours de la guerre, les Chinois ont trouvé dans les lamaseries prises plusieurs de ces sarcophages. Une fois, en en brisant un, ils virent un prodige et depuis n'osent plus toucher aux stupas. Dans ce pays, le merveilleux effraie quelquefois, il n'étonne jamais.

Le trésor est enfermé dans une des chapelles du premier. Comme à Chontain, un homme nous suit avec le pot de colle et les bandes. La fenêtre, par précaution, avait été murée, et, pour donner un peu de jour, on en défonce le haut avec une barre de fer. Le mandarin qui aime les étoffes fait déplier aussitôt une broderie de dix mètres de haut sur six de large, un travail fou et un chef-d'œuvre. Sam pil ling, dit-il, possédait une broderie semblable dont le prix était de 10 000 taëls (40 000 francs). La population s'est cotisée et a obtenu qu'on la lui rendît pour 3 000 taëls. Afin de mieux voir la broderie on la descend sur le parvis, et aussitôt le peuple tibétain accourt, les femmes surtout, et se prosterne tout autour. Ils sont émouvants, les pauvres gens, dans cet hommage spontané à leurs dieux confisqués qui, grâce à moi, revoient quelques instants la lumière. Le mandarin les fait chasser par ses soldats.

C'est un sujet de fresque aux personnages de taille naturelle. Les teintes plates sont des soies appliquées et réunies par un dessin brodé. Tout est parfait comme art et comme métier. Les sourcils, le contour des ongles, les plis des phalanges ont la précision de coups de pinceau. Avec de la soie et une aiguille, l'artiste a fait rayonner la béatitude sur le visage des saints. Il exprime tout l'abstrait de leur contemplation, l'apaisement de leur cœur étranger aux plaisirs et aux peines, dans l'unique et étonnante énigme du sourire bouddhique. Je ne me lasse pas, surtout, de contempler leurs mains longues et diaphanes, aux souples cambrures de fleurs. Des mains qu'ont seulement nourries les fruits sauvages et le miel des montagnes; des mains chastes aussi, insignes, non pas de cette vertu austère, armée du cilice, mais d'une sagesse au-dessus de la lutte, dédain sans orgueil de la femme et du désir. Il y a de tout cela répandu sur les images peintes ou brodées des Arhats victorieux. Les artistes tibétains, dépourvus de sensualité, sont des mystiques. Ils se rapprochent de nos primitifs. Chez les

Chinois, la sensualité, en s'affirmant, est devenue inspiratrice: c'est de la civilisation antique. La différence est très profonde.

On déroule ensuite une broderie à jours. Elle a un mètre de large et quarante mètres de long. On la suspendait aux galeries, autour de la nef. Dix-huit divinités y sont espacées, suspendues dans une dentelle de fleurs. Chacune porte, au milieu du front, une perle fine.

Le mandarin me fit entendre qu'on pouvait la vendre. Peut-être ne figurait-elle pas sur son catalogue. Il en voulait 4 000 roupies (6 000 francs). Les perles seulement valaient bien cela.

On ouvre encore des caisses pleines de coupes, d'encensoirs, de lampes en argent. Trois cents paires de cymbales sont entassées dans un coin, et des paniers qu'on ne peut remuer débordent de cloches ciselées, de statuettes en bronze doré aux bras enchevêtrés, de sorte qu'en en tirant une on en pêche encore plusieurs autres. Les plus belles collections lamaïques d'Europe sont moins riches qu'un seul de ces paniers.

Le plafond laisse goutter la pluie, et le cuir de yack, sur les coffres, est verdi de moisissures.

Nous montons sur le toit désert, pareil à un champ. La terre manque par endroits, soulevée par le vent ou entraînée par les pluies, laissant voir de grandes dalles de schiste noir. Ces dalles reposent directement sur les chevrons de cyprès. Par des fissures, le sable coule dans la nef sonore.

Il suffirait d'un peu de terre pour entretenir la terrasse et sauver tout le temple. Mais le génie de la Chine s'y oppose et, bientôt, ces matériaux pesants, montés si haut par les lamas bâtisseurs, s'effondreront dans la ruine. [...]

DANSES A PATONG

Vers le milieu de la onzième lune de chaque année, les maîtres de Patong officient dans le temple pendant trois jours de fêtes et exécutent les danses sacrées. En religion pön-bo, le chef de famille est prêtre. Eux seuls ont le droit et le devoir de célébrer ces cérémonies.

Ces trois jours-là, je suis réveillé de bonne heure — le temple est derrière la maison — par les éclats préliminaires des cymbales. La nuit, on ne devrait pas interrompre, mais par respect pour mon sommeil, on ne reprend qu'à l'aurore. Les maîtres, vêtus de leurs beaux habits, sont assis dans leur temple, le long des murs, devant des tables basses. Ils se sont installés confortablement, pour la journée, sur des tapis et des coussins. Devant l'autel une pyramide d'offrandes est dressée, fruits, figurines de beurre et de tsampa. Sur chaque table, un pupitre supporte des piles de feuillets manuscrits d'une belle écriture hiératique, aux capitales rouges, semblable à celle des missels gothiques. Les officiants ont encore devant eux un tambourin double en crânes humains, le chapelet d'ossements, une cloche ciselée et la tasse en bois toujours pleine de thé beurré.

Un des maîtres, celui du fond, un vieux tout à son affaire, armé d'efffoyables lunettes rondes, a foré simplement, pour mieux y voir, un trou dans le mur. Le jet de lumière frappe au sein de l'ombre son vêtement bleu à parements rouges, le vieil ivoire de ses tempes, les cuivres et les argents bosselés de ses instruments de prière.

On psalmodie de cette même voix uniforme, chaude et douce qu'ont tous les lamas, tous les hommes qui prient, au Tibet. Après chaque page de leur psautier, un des maîtres joue sur la clarinette un air qui ondule et pleure longuement, un air indien très ancien, qu'on entend sur les bords du Gange et au fond des temples brahmaniques. Les Tibétains jouent merveilleusement de la clarinette, sans interruption, pouvant respirer par le nez sans que la bouche s'arrête de souffler.

L'après-midi, ils dansent. Le temple est leur foyer et le petit parvis est la scène. Comme spectateurs ils ont la foule des femmes et des esclaves qui chôment ces trois jours et se pressent aux quatre coins de la place. Les danseurs sortent de l'ombre l'un après l'autre, vêtus de robes de soie monumentales et coiffés de masques monstrueux qui oscillent sur leurs épaules. Chacun danse, un moment, dans la porte, puis s'avance avec lenteur, dansant toujours. Tous leurs pas et leurs gestes sont rituels et comptés, la moindre erreur se paie d'une amende. Ils brandissent le poignard magique; leurs bras se tordent en mesure et convergent par moments vers le centre de leur cercle, levés ensemble comme pour un serment.

Quand les danseurs sont tous sortis, ils font un tour complet, chacun tournant sur lui-même ainsi que les astres au long de leur orbite, puis ils s'enfoncent un à un, avec le même lenteur auguste, dans l'ombre du sanctuaire.

Les danses se succèdent avec peu de variantes. Dans l'une, je reconnais Chagdeur qui m'a demandé la permission de remplir son devoir de maître. Je le reconnais à ses membres de sauterelle et à quelque chose de jeune dans l'allure de cet énorme paquet d'étoffes dont il est le noyau. Il porte un masque cornu, à longues antennes, qui achève son air de grand insecte. Il ne se trompe pas dans la complicaton des pas et des gestes. Malgré son air niais, il a assez de mémoire pour se rappeler des danses qu'on ne répète qu'une fois l'an.

On devine un grand art dans ce spectable, malgré l'interprétation inhabile d'amateurs. Une danse est particulièrement remarquable, qui n'a qu'un seul exécutant figurant un *lhadjri* ou démon. Le musicien frappe doucement de la tranche de ses cymgales dont le son perlé tinte dans le silence. Le *lhadjri* danse à pas mous et muets, simulant les esprits impondérables qui dansent sur les nuages.

Le troisième jour, les danses sont comiques. Il y a *Poumo raro*, la petite fille, qui joue, fait des bêtises et pleure ; *Atsara*, le nègre, dont le masque de suie est fendu d'un rire si violent, que les spectateurs éclatent par contagion. Il y a un masque atrocement drôle de cholérique ou de fou, tordu, vert et décharné. Celui qui le porte figure par ses gestes saccadés la démence et le délire. Il improvise au hasard, selon les provocations des spectateurs. Soudain, il ramasse du crottin et l'enfourne hystériquement dans sa bouche de bois grande ouverte.

Le dernier soir, à l'heure du crépuscule, après qu'on a bien ri de ces pitreries rudes ou naïves, les fêtes se terminent par le chant de l'*Om mani padmé*. Tandis que les trois plus anciens de Patong lancent des poignées de céréales aux esprits des quatre points cardinaux, la foule entière, hommes et femmes, entonne le *mani*. Syllabes mystiques dont les savants se perdent à chercher le sens ; mais cri magnifique par son ampleur et sa mélodie douloureuse, où les voix s'élèvent très haut, aussi haut que peut aller l'espérance, et retombent déçues en une plainte profonde. On ne connaît pas d'auteur à ce chant, il est sans artifice de composition. Œuvre des siècles et de tout un peuple, il est une synthèse, le cri même de la détresse et de l'espoir humains, éperdument, éternellement lancé du fond de l'abîme. Il résume toute la religion tibétaine, toutes les religions. Car toutes ne disent-elles pas le même désenchantement, sauf la chrétienne qui a des vieux chants victorieux tout gonflés d'enthousiasme, tels que les autres n'en ont point.

De près, les voix de femmes, moins sages que celles des hommes, sont un peu criardes. Mais à quelques pas plus loin, après le tournant du chemin, d'où l'on ne voit plus le village, il n'arrive que la sublime gerbe d'ensemble. Un voyageur qui, venant à passer, l'entendrait soudain, ne verrait, en regardant autour de lui, que des montagnes désertes.

Avant qu'Adjroup ne fût chrétien, il prenait part à ces danses. Maintenant Tseon Senan, son frère cadet, le remplace dans les cérémonies religieuses, et cela lui enlève beaucoup de son autorité de chef de famille. Ce qui rend sa situation plus fausse encore, c'est qu'au point de vue chrétien, il est célibataire, alors que la loi tibétaine le fait de droit mari de sa belle-sœur. Tel est l'effet de la polyandrie ; Eût-il beaucoup d'autres frères cadets, il serait le mari légitime de toutes leurs femmes, pourvu qu'ils demeurassent sous son toit. C'est ainsi que la polyandrie n'exclut pas la polygamie, mais qu'au contraire ces deux institutions remarquables se combinent et se fortifient.

Heureusement pour son cas, Adjroup n'est pourvu, modestement, que d'une seule belle-sœur, très suffisante pour les relations qu'il a, ou plutôt, n'a pas avec elle. La mélancolie de sa position ne réside pas tant dans sa bizarrerie matrimoniale (les Tibétains ne s'étonnent pas de si peu), mais l'autorité, l'influence sur la femme, pierre angulaire du foyer, lui échappe. La femme, objet mobilier, fait partie et partie directrice des biens, des esclaves, des animaux, des champs, de tout ce qui constitue le patrimoine d'Adjroup Gumbo. Aussi, fermiers et clients qui, pendant ses trois ans d'absence, avaient pris l'habitude de s'adresser à son frère, ne peuvent s'empêcher de continuer après son retour. Malgré cela les deux frères s'entendent très bien, sans ombre de jalousie, aussi bien que s'ils devaient se partager la même femme. Cela peut sembler un peu étonnant; on s'égare en effet dans la psychologie des Tibétains. Accommodants avec obstination, ils imposent du moins la sympathie.

Dans les cas simples de polyandrie, l'aîné est le mari en titre, et si un des cadets demande à user de ses droits de mari en second, l'aîné ou les aînés doivent quitter la maison, tellement la possession de la femme entraîne celle de tout le reste. Il est censé partir en voyage, mais descend simplement chez un voisin. Le mari intérimaire accroche à la porte sa ceinture ou ses bottes, ou plus ingénument son pantalon. Tant que l'aîné verra cette enseigne, il ne rentrera pas. La polyandrie assimile donc la femme à un objet mobilier quelconque dont l'aîné est propriétaire et dont les cadets sont éventuellement usufruitiers.

Les Tibétains ont aussi le mariage à l'essai. Pendant les deux premières années de son mariage, une jeune femme peut rester dans sa famille. Cette période écoulée, si l'un et l'autre époux sont consentants, elle rentre chez son mari. Simple garantie dont elle use rarement. En général, l'hésitation est moins longue; les expériences concluantes ont même souvent précédé le mariage. Pendant mon séjour, une jeune femme, la veille du jour où les deux ans allaient être révolus, se réfugia chez ses parents. Son mari vint la chercher, mais les parents lui dirent froidement qu'il n'avait rien à réclamer. Le mariage date-t-il de sa célébration ou de l'échéance des deux années; autrement dit, les époux étaient-ils mariés? Subtilité que je n'ai pu éclaircir. Je me suis renseigné, mais les Tibétains eux-mêmes ne semblaient pas très bien le savoir; ils n'étaient pas d'accord. Ils trouvaient seulement curieux que j'eusse besoin de tant de précision.

Les jugements portés par l'abbé Desgodins sur la moralité des Tibétains sont d'une sévérité un peu excessive. Le missionnaire semble ignorer que ces «écarts de mœurs» existent partout. Ils sont facilités au Tibet par la promiscuité dans des maisons, privées de notre luxe d'appartements séparés , de portes et de serrures. Peut-on faire un crime aux Tibétains de vivre sans confort? Peut-on réduire la moralité à une question d'architecture? Je trouve au contraire vertueux ce peuple très peu polygame, trop simple pour être vicieux, et qui n'a même pas de prostitution, ce revers inévitable de la monogamie. Il est léger, mais point corrompu. La Chine prude est tout le contraire.

Une manière, chez les femmes tibétaines, de manifester le respect, est de feindre une grande frayeur à votre vue, ou une grande confusion.

En cette saison, les filles de Patong portent le fumier aux champs dans de grandes hottes de bambou. Elles font la navette sur le chemin et à chaque retour, avec leurs hottes vides sur le dos, s'arrêtent à bavarder un moment dans ma cour toujours remplie de monde.

Une fois, à cet instant, je descendis. Grande panique aussitôt chez les femmes qui courent vers la porte. Elles s'entre-choquent de leurs hottes flexibles, rebondissant l'une contre l'autre, se coincent finalement dans la porte et s'immobilisent. Grande joie chez les hommes qui se moquent, puis grande joie aussi chez les commères qui ne songent plus à fuir : c'est si bon de rire !

Quelquefois la frayeur n'est pas simulée, même à Patong où je suis connu. Un jour, sur le sentier, à cinquante pas de moi, une enfant avait déjà décampé plus haut sur le flanc de la montagne. Elle se trouva, je ne sais comment, sur un bout de rocher, perchée comme une chèvre, sans plus pouvoir avancer ni reculer, pleurant à chaudes larmes. On dut l'aider à descendre.

Jacques Bacot, *Le Tibet révolté*, Paris, 1912. Rééd. R. Chabaud, 1988.

ROBERT BYRON
(1932)

L'un des maîtres du récit de voyage en Angleterre, Robert Byron (1905-1941) se rend au Tibet au début des années trente. Il l'aborde par le sud en franchissant l'Himalaya. Comme ses prédécesseurs sur le même chemin — il suit une partie de l'itinéraire de l'expédition de Younghusband de 1903-1904 —, les difficultés et les péripéties abondent. Byron raconte avec beaucoup d'humour et de charme paysages et rencontres.

LE TIBET MÉRIDIONAL ET LA VALLÉE DE CHUMBI

Située dans une cuvette environnée de toutes parts de hautes montagnes, Gnatong compte une vingtaine de maisons, parmi lesquelles un télégraphe et un bureau de poste. A l'hôtellerie, de construction récente, nous prîmes notre déjeuner et nous réchauffâmes au coin d'un feu, moyennant le versement de huit annas par tête. Nous envoyâmes ensuite un télégramme à Yatung, annonçant notre arrivée pour le lendemain — précaution prématurée. Je postai quelques lettres à temps pour la poste descendante, qui avait franchi dans la matinée le Jelep La et que nous croisâmes plus tard — quatre courriers d'aspect indéfinissable.

Cette nuit-là, les étoiles se montrèrent et le matin révéla un ciel sans nuages. Les collines encore éclaboussées de neige étincelaient au soleil. Partant en éclaireur, je poussai mon poney vers le col. Le terrain s'élevait graduellement, et le sol était semé de gentianes en forme de trompettes d'un bleu indescriptible. Un oiseau, d'un bleu d'encre, avec une queue rouille et une tache blanche sur la tête, prit son essor en sautillant sur un bloc erratique. Des hochequeues à moitié blancs voletaient çà et là. Puis je m'engageai à travers une couche de neige épaisse de cinq à dix centimètres. Et, soudain, deux cairns apparurent, de part et d'autre de la piste. Mettant pied à terre, j'aperçus au loin, tout en bas, le Tibet.

Le panorama était spectaculaire, et découvrait une terre s'ordonnant selon une échelle que l'œil n'avait jamais encore contemplée, et dont l'imagination n'avait jamais osé rêver. Aboli à jamais était le bleu de Prusse des Alpes et de l'Himalaya anglais, disparue pour toujours cette teinte informe qui pèse sur la moitié des montagnes du globe. Une nouvelle lumière emplissait l'air, un rayonnement liquide, présage de spectacles sans équivalent sur la surface terrestre. Il n'y avait pas ici de transition graduelle, pas de frontière sans incidents, mais le passage, d'un coup d'œil, du monde que nous connaissions à un monde que je ne connaissais pas. Ce n'était qu'une vision fugitive. Il nous faudrait encore trois jours pour sortir de la vallée de Chumbi, et pour que s'impose à nous la réalité. Mais je savais déjà que j'avais devant moi une terre où le coloris naturel, tel que nous le concevons, n'a pas cours, une terre dont la splendeur affirme une intention plus positive et mystérieuse que la réunion fortuite de la chaleur et de la lumière.

Sous mes yeux la montagne chutait à la verticale, dissimulant la piste qui ne reparaissait que trois cents mètres plus bas, près d'un petit lac dont la froide étendue vert sombre avait l'air d'une incrustation de glace. Ce lac se trouvait sur un palier précaire d'où s'élançait un cirque de montagnes qui rejoignait l'arête sur laquelle je me tenais. Le bas des pentes portait des régiments épars de sapins d'un vert sombre. Au-delà du lac s'ouvrait une vallée qui descendait, descendait toujours dans une brume de déclivités boisée jusqu'à venir buter, soixante kilomètres plus loin, sur un nouveau massif, floraison de bruyère chamois et chocolat où chaque vallée se détachait en noir et où chaque éperon s'embrasait dans le soleil radieux du matin. Le regard s'élevait pour aller se poser bien plus haut sur une ondoyante ligne neigeuse, scintillante ceinture nouée sur le ciel bleu où deux pics étincelants, le grandiose Chomolhari et un autre, nimbés de nuages, assaillaient de leurs cimes le firmament. De part et d'autre, les nuages s'amassaient, et dix minutes plus tard les deux pics avaient disparu. Comme je demeurais à contempler le paysage, j'aperçus, rampant sur le flanc de la montagne, une file d'hommes si minuscules, si microscopiques à cause de l'altitude et de l'éloignement, que mon poney et moi, nous détachant au sommet avec l'Inde pour toile de fond, semblions de taille colossale. Leur approche révéla des coolies du Bhûtân portant de lourdes charges et de curieux ustensiles ménagers. La plupart arboraient des lunettes à verres fumés et l'un d'eux était coiffé d'un chapeau de paille joliment tressé dont la forme évoquait le couvercle d'un panier à linge sale. Tout ce monde prit bientôt pied sur le plus grand des deux cairns, et les hommes s'occupèrent plusieurs minutes durant à réarranger la grosse branche qui se dressait au milieu. Cette branche était chargée de drapeaux de prières, oriflammes multicolores en loques, auxquelles les coolies en ajoutaient d'autres, en veillant à les mettre en bonne place. Puis ils poursuivirent leur route, et je demeurai seul en contemplation devant le paysage.

Une heure plus tard, les autres arrivèrent, suivis par quelques domestiques, munis eux aussi de drapeaux de prière. Il nous fut impossible d'effectuer à cheval la première partie de la descente. Nous ne pûmes que nous laisser glisser dans la neige, puis dans la boue, jusqu'au lac et aux premiers arbres. On nous affirma toutefois par la suite que les deux éléphants du zoo du dalaï-lama à Lhassa étaient arrivés par ce chemin. Il n'y avait plus de bornes militaires, et la piste, alors même que la vallée offrait un terrain en principe plus facile, se révélait pleine d'embûches; on eût dit qu'un géant avait joué au football avec les blocs erratiques. Nous traversâmes de rares villages, petits amas de huttes perdues dans la forêt, avec des toits de bois à larges avancées maintenus en place par des pierres, et flanquées de vastes écuries ouvertes. Une rivière nous accompagnait; des yacks, noirs et soyeux comme s'ils avaient été caparaçonnés de tapis de foyer victorien, broutaient sur la rive. Sur les pentes alentour, le coloris automnal atteignait à une richesse et une variété incomparables. Mélèzes dorés, érables d'un jaune plus sourd, shumaks d'un rouge flamboyant, innombrables buissons de rhododendrons bleu-gris dont les plus petits portaient quelques fleurs orange. Les immenses sapins argentés, aux cimes brisées par l'âge et les tempêtes, faisaient place, à mesure que nous progressions, à des pins garnis de pinceaux d'aiguilles d'un vert éclatant. Il y avait des buissons en fleurs de diverses espèces, minces et épineux, et des touffes de marguerites de la Saint-Michel pour nous rappeler l'automne anglais. Nous découvrions tout cela au fur et à mesure de notre progression, tantôt sur nos montures, tantôt à pied, glissant sans cesse, traversant et retraversant la rivière sur des ponts de bois aux structures fragiles.

Nous avions pour compagnon sur cette partie de l'étape un jeune homme dont le poney gris faisait notre envie par la vivacité d'allure, que n'entravaient ni la boue ni les pierres. Rassemblant mon maigre vocabulaire, j'engageai la conversation avec lui. Était-il tibétain? Non, bhutanais. Où allait-il? A Rinchengong, juste derrière le coin — le coin en question étant matérialisé par un versant montagneux aux dimensions de Skiddaw. N'y avait-il pas là un monastère? Si, et il voulait y devenir moine. Comment s'appelait-il? Dambü. Après quoi les mots me manquèrent.

Je me trouvais en tête et venais d'apercevoir les toits de Rinchengong quand un bruit de tambours me fit comprendre qu'il se passait quelque chose. Et, au tournant suivant, je me trouvai face à une procession.

Il me fit un curieux effet — presque peur —, ce premier contact avec des gens, des vêtements et des rites aussi déconcertants. Pendant de longues années, j'avais pensé au Tibet, lu sur le sujet et rêvé sur les photographies de ses vastes paysages et de ses costumes fantastiques. La réalité n'en fut pas moins un choc.

La vallée s'était quelque peu élargie. Devant, et tout autour de moi, les collines se dressaient, couvertes d'une herbe jaune humide. A quelque distance se dessinaient les toits de Rinchengong, précédés de quelques lopins de terre cultivée. Entre ces cultures, bordées par deux murets de pierres à demi effondrés, s'avançait un groupe d'une quarantaine de femmes et enfants. Ceux-ci riaient et s'agitaient. Les femmes portaient sur leur dos de longues boîtes renfermant les livres sacrés. Elles étaient habillées, comme la plupart des Tibétains, de serge grossière d'un pourpre tirant sur le mauve. Leurs cheveux noirs étaient coiffés à la manière de ceux de Nurse Cavell. Leurs visages étaient ronds, leurs bouches souvent sensuelles. Leur peau était ivoirine, mais leurs joues et leurs lèvres, comme celles de l'homme que nous avions rencontré parmi les rhododendrons, étaient d'un rouge pomme éclatant. Cet aspect coloré, qui caractérise le physique tibétain, semblait tout d'abord étrangement artificiel.

Au milieu des femmes et des enfants marchaient de nombreux moines au crâne rasé, drapés dans l'épaisse serge rouge propre aux congrégations bouddhistes. Certains battaient de petits tambours en forme de tonneau, l'un d'eux frappait de grosses cymbales. Ils avaient parfois des coiffures étonnantes, longs cônes rouges ou bonnets phrygiens de même couleur. C'était de toute évidence la secte des Chapeaux rouges. En tête de la procession s'avançait un paisible personnage aux cheveux gris, qui sourit quand je mis pied à terre, mais enjoignit à nos domestiques de nous faire prendre un autre chemin. En queue, portée sur un palanquin, venait une image dorée précédée par un gros moine grimaçant. Dans un village italien, l'image aurait pu être la Vierge et le moine un prêtre.

Rinchengong s'étalait sur les deux rives d'une nouvelle rivière, plus large que celle que nous avions suivie et enjambée d'un pont de bois reposant des deux côtés sur d'énormes poutres empilées à l'horizontale, chaque couche se détachant davantage de la rive, de sorte que les dernières se rejoignaient presque sous la passerelle. Les maisons, d'un ou deux étages, étaient hautes et massives, avec de lourdes fenêtres carrées garnies de vitres (vingt ans auparavant, il n'y avait que du papier) placées dans des encadrements de bois richement sculptés et peints. Les rez-de-chaussée, où l'on pénétrait par des portes massives à deux battants, étaient utilisés comme étables Les étages supérieurs, sous le toit, étaient ouverts et servaient à entreposer le fourrage. Au centre de la ville s'élevait un magnifique *chorten*, construction bulbeuse érigée sur une base carrée et surmontée d'une aiguille de cuivre qui brillait au soleil comme de l'or. Elle était, comme à l'accoutumée, entourée d'une petite forêt de mâts pelés, de six mètres de haut, dont chacun portait un seul drapeau étroit, où se lisait la prière *Om Mani Padme Hum*, fixé à moins de deux mètres du sol. Non loin de là se trouvait un édifice rectangulaire, pareil à un coffre de pierre, qui mesurait environ six mètres de long sur deux et demi de haut, et un mètre cinquante de large. Il était percé d'une arcade derrière laquelle on pouvait distinguer une rangée de moulins à prières, cylindres tournants d'une trentaine de centimètres de diamètre. Sur son pourtour, d'innombrables petites plaques peintes portaient l'image fanée de Bouddha. Ces *chorten* et *mendong* sont présents dans tous les villages tibétains, et l'on en voit même qui se dressent, isolés, sur les voies passagères. En sortant de Rinchengong, nous observâmes un vieil homme avec deux tortillons de moustache blanche dessinés au coin des lèvres, qui, assis sur le pas de sa porte, actionnait lentement un moulin à prières en cuivre: un simple mouvement du poignet qui tient le manche fait tourner une chaîne lestée d'un poids.

La piste suivait les rives de la nouvelle rivière, la Chumbi, grande masse d'eau impétueuse parcourue de vaguelettes. Des champs cultivés s'allongeaient d'une colline à l'autre. Il y avait des zones d'herbe rase sur lesquelles mon poney pouvait prendre le galop. Dans les villages, tous pourvus d'un *chorten*, de mâts de prières et d'un *mendong*, les habitants nous regardaient fixement, leurs visages colorés s'éclairant tantôt d'un sourire, tantôt non. Le fil du télégraphe nous tenait toujours compagnie. Nous déjeunâmes au bord de la rivière. A cet instant, nous aurions pu nous croire au Canada. A trois heures de l'après-midi, après avoir parcouru vingt-neuf kilomètres et être redescendus jusqu'à trois mille mètres d'altitude, nous atteignîmes Yatung, bourgade assez importante avec une rue principale bordée de mâts de prières, que dominent le bungalow surmonté de l'Union Jack de l'agent commercial britannique ainsi que les baraquements de tôle, avec *pissoir* et terrain de football, de ses vingt-cinq soldats indiens. De l'autre côté de la rivière, l'hôtellerie était installée au milieu d'un jardin planté de roses trémières et d'anémones du Japon. L'intérieur nous réservait un luxe inattendu : rideaux de brocart, fauteuils rembourrés, reproductions de

Gainsborough, Romney et Franz Hals, un nature morte originale mais d'un goût moins heureux, de nombreux livres et davantage de numéros de la *Revue des Deux Mondes* qui avaient manifestement appartenu à quelque officier politique. Au-dessus de la cheminée était accroché un portrait polychrome du prince de Galles, en tenue de golf de 1924, et tenant en laisse un terrier cairn.

Le matin suivant nous apporta une averse persistante. Étant plutôt fatigués, nous ne partîmes qu'assez tard. Au bout de quatre ou cinq kilomètres, nous rencontrâmes un fonctionnaire du bureau de poste local, qui nous dit que passé Gautsa, notre objectif du jour, il neigeait.

« Vous dites que vous allez à Gyantse ? pourvuivit-il. Seigneur, vous allez avoir le visage dans un état...

— Nous avons du cold-cream et de la vaseline.

— Chiqué. Si jamais vous en mettez, débarbouillez-vous avant de vous exposer au soleil... Enfin, bonne chance ! Je préfère être à ma place qu'à la vôtre. Haut les cœurs ! »

Et nous nous séparâmes sur ces mots. La pluie continuait à tomber. L'air était empreint d'obscurité. Au-dessus de la piste, sur la droite, se trouvait un alignement de ruines, les vieux baraquements chinois laissés à l'abandon après le rappel des troupes impériales, en 1911. Nous traversâmes une plaine détrempée tout au fond d'un cirque elliptique où la rivière s'élargissait pour se muer en un placide cours d'eau jalonné de yacks mordillant les joncs. Un pont enjambait la rivière et un chemin conduisait à un monastère bâti sur une corniche de la montagne en face : une construction récente, dépouillée de tout pittoresque. C'est là que lord Zetland et Mr. Laden-La consultèrent l'oracle pour connaître l'issue du conflit ; lequel oracle, après une série de spasmes, fournit une réponse parfaitement sibylline et guère perspicace. Nous avions nous-mêmes espéré recueillir son avis sur certains problèmes domestiques ; mais nous avions appris, avant de partir, qu'il avait récemment été séduit par une femme dans une forêt, et donc déchargé de ses fonctions.

Après la plaine, la vallée se rétrécissait en une gorge d'aspect peu engageant. Nous étions tantôt au niveau de la rivière, tantôt cent mètres au-dessus ; parfois c'est elle qui bondissait et écumait au-dessus de nous. Des pics gigantesques, naissant quasiment sous nos pas, masquaient le reste du ciel. La piste montait en pente raide, se réduisant à une série de pas rocheux entrecoupés de mares boueuses. Les gouttes de pluie glissaient lentement sur les longs pétales rouges des roses de Chine. Nous sombrions dans un océan de morosité, tandis que la pluie s'insinuait dans notre cou et remontait le long de nos manches. Le temps était aboli. Les poneys dirigeaient d'eux-mêmes leurs pas. Finalement, presque sans nous en rendre compte, nous atteignîmes Gautsa, amas dispersé de cabanes de bois qui semblaient s'être à demi enfoncées dans le sol par peur des menaçants remparts qui les dominaient.

Dans l'après-midi, avant même que la lumière n'eût décliné, il se mit à neiger. Et la neige continua à tomber toute la nuit, sans cesser avec l'aube. A notre réveil, il y en avait une épaisseur de sept ou huit centimètres sur le sol, et moitié autant sur chaque branche et chaque rocher. Il n'était pas question de nous remettre en route, dit le sirdar. Peut-être avait-il raison. Mais cette fois nous n'étions pas d'humeur à nous laisser intimider. G. et moi étions suffisamment protégés par nos vêtements épais, nos passe-montagnes, nos mackintosh et nos moufles; M., qui avait emmené son équipement de sports d'hiver, avait l'air d'un mannequin posant pour le *Tatler*, le sourire de circonstance en moins. On ne pouvait voir la piste On nous conseilla de laisser une mule partir en éclaireur. Et Ah-Chung, enveloppé dans un mackintosh à capuchon plissé, prit la tête, tel un cardinal s'acheminant vers quelque séance de l'Inquisition. Sa vigueur avait valu à mon poney de recevoir derechef les sacoches de selle. Alarmé par le bruit des gourdes et des boîtes, il s'élança à vive allure, bravant la neige, et, glissant et embardant, se retrouva bientôt devant les mules. Vers quatre mille mètres, la couche de neige avait atteint trente centimètres et les arbres avaient cédé la place aux buissons. Très haut au-dessus de la rivière, la piste se réduisait à une étroite corniche. Une effroyable désolation marquait tout le paysage, alors que les flocons de neige tombaient sans relâche dans l'air plombé et bilieux, s'abattant sur nous avant de poursuivre leur chute sur des kilomètres, vers la rivière réduite à un petit ruban noir enserré par de monstrueux escarpements blancs qui, ne laissant place à aucune herbe, s'élevaient inexorablement vers le ciel.

Seul le lointain bruissement de l'eau brisait le silence bourdonnant. Passerions-nous? Passerions-nous? La question devenait une lancinante obsession. Nous montions. La neige ne serait-elle pas encore plus profonde au sommet, une fois que nous serions sortis de la plaine de Phari? Renoncer, faire fi de tous nos préparatifs, parvenir jusque sur le seuil pour être refoulés, admettre que quelques centimètres de neige auraient eu raison de nous — ces pensées me martelaient les tempes. Nous n'avions pas vu une seule empreinte de pas. Nous nous avancions dans l'inconnu. Les plaines pouvaient être remplies de gigantesques amoncellements de neige et de roche qui nous interdiraient tant d'avancer que de reculer et nous condamneraient à périr gelés. Et nos domestiques étaient tout à fait dans la même dispostion d'esprit La souffrance était tolérable; pas l'échec, même si devait le sanctionner une mort héroïque.

La piste avait désormais à peine plus d'un mètre de large. Sous nos pieds, alors que le précipice aboutissant à la rivière se creusait de plus en plus et que le poney avançait d'un pas de plus en plus précautionneux, la corniche se trouva soudain bloquée sur toute sa largeur par une avalanche qui avait laissé une trace sur la pente blanche au-dessus. Grâce à mes hautes bottes crétoises, que j'avais enlevées à leur île natale à titre de simple curiosité, je me mis à piétiner dans la neige molle qui m'arrivait à hauteur de la poitrine. Le poney, suivant à une longueur de rêne, voulut rattraper son retard et, dans l'effort qu'il fit pour cela, faillit glisser dans l'abîme. Je le tirai à moi jusqu'à ce qu'il soit de nouveau solidement ancré dans la masse neigeuse, et poursuivis ma pénible progression. La tâche n'avait rien de facile, à cause du souffle qui se faisait court et de la gêne occasionnée par les vêtements. Je finis par m'ouvrir un passage, amoncelant la neige vers l'extérieur en une sorte de parapet pour parer à toute nouvelle alerte. Immédiatement après se dressait un obstacle de même nature, mais plus conséquent, sur lequel je me ruai frénétiquement, tandis que le poney demeurait en arrière, l'air vaguement dédaigneux. Une demi-heure plus tard la caravane de mules fut en vue, suite d'insectes noirs rampant lentement le long de la pente blanche. Atteignant la première coulée d'avalanche, Ah-Chung mit pied à terre et prit sa mule par le licou. Celle qui suivait chuta lourdement et dut être débarrassée des caisses qu'elle transportait. Toutefois, ayant parcouru tout ce chemin, palefreniers et muletiers firent preuve d'une admirable détermination. Et, à force de piétiner et de creuser, nous surmontâmes les deux obstacles.

Un peu plus loin, à l'endroit où la piste rejoignait le fond de la vallée, nous aperçûmes une hutte isolée devant laquelle se tenait un courrier. La poste descendante de Phari n'était pas encore arrivée. Notre gorge se serra. Nous décidâmes d'attendre un peu, pendant que nos hommes buvaient du thé dans des gobelets en fer-blanc — exemple que nous suivîmes bientôt. Dix minutes plus tard, les quatre postiers apparurent, suivis peu après par une grosse caravane lainière. Les uns comme les autres nous dirent que dans la plaine la couche de neige était beaucoup moins importante. Nous repartîmes sur une piste désormais facile à suivre.

La vallée finit par s'élargir tandis que la neige cessait de tomber et que les versants des collines se faisaient plus amènes. Nous finîmes par nous retrouver sur un plateau légèrement pentu, et aperçûme, gauches silhouettes entravées par la neige, deux hommes qui, montés sur des yacks, en conduisaient un troisième, chargé de leurs affaires, au bout d'une corde passée autour des cornes et reliée aux naseaux. Nous nous croisâmes au niveau d'une fondrière, dont l'existence fut révélée par la soudaine disparition de la mule qui portait les bagages de G. et M. Mais la tête de l'animal demeurait visible, et on parvint à le tirer de ce mauvais pas. Toutefois, les caisses ne purent être récupérées. Le soleil commença à répandre une lumière qui, si pâle qu'elle fût, nous procura, au bout d'une heure ou deux, une étrange sensation de brûlure au nez, tandis que le sirdar ressentait les premières atteintes de l'ophtalmie des neiges. A l'exception d'Ah-Chung, les domestiques semblaient mal préparés à affronter des épreuves pourtant prévisibles. La moitié d'entre eux n'avaient même pas de lunettes. Le matin, nous avions dû laisser en arrière un palefrenier qui n'avait ni bottes ni chaussures. Il ne nous rejoignit que la veille au soir de notre arrivée à Gyantse; Et sur le trajet de retour, qui s'effectua dans des conditions climatiques bien pires, je dus distribuer des chaussures et des chaussettes qui m'appartenaient.

Nous atteignîmes enfin le plateau proprement dit, et là sûmes que nous étions au Tibet. Sauf sur les pentes des montagnes environnantes, la neige avait fait place à la terre et aux cailloux. Un grand troupeau de yacks paissait — des jeunes, des mâles, des femelles, dont le pelage d'un noir profond était parfois relevé par une zébrure blanche sur la queue touffue. Derrière eux se profilant le gigantesque cône déchiqueté du Chomolhari, culminant à sept mille deux cents mètres, d'où saillaient, en surplomb, des rochers cubiques et triangulaires sur lesquels la neige n'avait pas de prise. Tout autour de nous, le sol était criblé de ces petits trous qu'habite la marmotte, étrange animal, mi-rat, mi-lapin, qui demeurait assis sur ses pattes de derrière, les moustaches frémissantes, attendant que nous soyons tout près pour disparaître dans son terrier.

Enfin, après avoir traversé une bande de terres cultivées, nous découvrîmes le jong — le château — de Phari, impressionnante masse d'un gris indistinct dans la lumière de l'après-midi, dont les verticales légèrement convergentes enserraient une tour trapue. Quelques panaches de fumée signalaient la présence de la ville. Comme toujours au Tibet, le château semblait plus proche qu'il ne l'était en réalité. Mon poney boitait à présent, et il nous fallut encore une heure pour arriver à l'hôtellerie, qui abritait aussi un bureau de poste. Des mules assurent entre Gyantse et Phari une liaison postale bihebdomadaire. Entre Phari et l'Inde, la liaison est quotidienne, et s'effectue à pied. Ce service est pris en charge par le gouvernement de l'Inde, auquel il coûte entre cinq mille et six mille livres par an. Impossible de savoir quelles en sont les recettes. Il est très apprécié des Tibétains, qui n'ont pas avec Lhassa de relations aussi sûres. Les riches habitants de la capitale ou de Chigatse se font souvent parvenir leurs lettres et paquets à la poste de Gyantse par porteur particulier. Le volume des envois est en constante augmentation, du fait que les communications avec la Chine, qui procure au Tibet la plupart de ses biens de consommation sont devenues de plus en plus précaires par voie de terre, au point qu'on préfère souvent passer par Calcutta et la voie maritime.

Malgré notre épuisement tant physique que mental, nous fîmes sans retard parvenir au jong, accompagnées de l'écharpe appropriée, les lettres de recommandation que nous avaient fournies Macdonald et Laden-La. Chaque jong abrite deux *jongpen*, fonctionnaires administratifs dotés de pouvoirs judiciaires sur certains districts et censés se contrôler mutuellement. Ceux de Phari, probablement de jeunes gens entamant leur carrière à Lhassa, étaient, comme cela se produit souvent, absents, et avaient délégué leurs pouvoirs à deux représentants. Au bout d'environ une demi-heure, ceux-ci se présentèrent en personne — l'un grand et cadavérique, l'autre petit et replet; il manquait à chacun d'eux bon nombre de dents et tous deux portaient l'anneau d'oreille unique, long de dix centimètres, en or serti de turquoises, qui est la marque distinctive des personnes de qualité. Leur robe était coupée dans l'habituelle étoffe rouge violacé. Ils avaient sur la tête la coiffe ordinaire noir et or, les rabats de fourrure relevés en ailes de moulin à vent, d'où s'échappait une longue natte. Nous apprîmes par la suite qu'ils étaient très pauvres. Nous pensâmes qu'ils étaient victimes d'injustice ou de négligence, car dès leurs premiers mots ils nous prièrent de remettre pour eux une lettre au dalaï-lama. Motif: toute correspondance transmise par la voie ordinaire est passée au crible par les secrétaires avant d'être présentée à Sa Sainteté. Nous leur expliquâmes qu'hélas nous ne pensions pas avoir l'occasion de nous acquitter de cette mission.

Le matin suivant, je me réveillai dans un état de détresse physique inconnu jusqu'alors, et dont je n'ai depuis vécu l'équivalent. Phari, située à quatre mille deux cent quatre-vingt-dix mètres d'altitude, est peut-être la ville la plus haute du monde. Ma tête, qui la veille m'avait laissé en paix, recommençait à cogner et à tambouriner, comme si une machine hydraulique pompait tout le sang de mon corps pour l'acheminer vers mon crâne. Il faisait cruellement froid. De plus, tout mon visage n'était qu'une gelée d'où suppurait un liquide jaune que rien ne pouvait arrêter et qui dégouttait de ma barbe, tachant mes draps, puis mes vêtements quand j'essayai de les enfiler avec des gestes de semi-paralytique. Il n'était que six heures du matin et on y voyait à peine quand le sirdar annonça que les gens du château étaient de retour. M'épongeant le visage avec un mouchoir, j'entrai dans le salon pour trouver, sur la table, le cadavre écorché d'une brebis et quantité d'œufs. Nous invitâmes nos hôtes à prendre le thé, puis leur offrîmes du whisky pur, dans lequel ils trempèrent les lèvres avec une répugnance égale à la nôtre. Ils acceptèrent en cadeau, à titre de réciprocité, des boîtes de biscuits au gingembre, du saumon fumé, des sardines et du chocolat. Comme mon poney boitait toujours, ils promirent de m'en procurer un autre.

Nous étions très désireux de visiter le jong; trouvant, une demi-heure plus tard, le plus grand de nos hôtes sur un tas de fumier, je lui soumis, en tibétain, ma requête. Un émissaire fut désigné pour nous conduire. La ville, comme ont put le constater tous les voyageurs, ne paye guère de mine. Hormis quelques bâtiments en dur à l'entrée, les maisons étaient en tourbe et ne s'élevaient guère au-dessus du niveau du sol. De sorte que des colonnes de fumée s'échappaient de trous creusés dans ce qui me parut être de simples plates-formes de terre arrivant à peu près à hauteur d'épaule. Des tas de crottin de yack, pétri en boulets, se dressaient un peu partout. Car nous étions hors des zones boisées et avions dû payer un prix élevé pour nos feux à l'hôtellerie. Les rues, larges d'à peine plus de deux mètres, étaient des ruisseaux de crasse, jonchées d'ossements et de dépouilles sanguinolentes. D'énormes corbeaux, croassant de façon répugnante, étaient perchés au sommet des maisons ou battaient des ailes juste au-dessus de nos têtes, comme mis en appétit par nos personnes. Des mâtins noirs et massifs, heureusement à l'attache, aboyaient sur notre passage. Des poneys, des mules et des yacks étaient attachés par une patte de derrière dans des écuries ouvertes.

Le jong, bombardé par les Anglais en 1904 et depuis remis en état, se révéla beaucoup plus petit et nettement moins imposant que ne le promettait la beauté de ses lignes. Après avoir escaladé une volée de marches, nous franchîmes une porte d'un mètre vingt de haut pour pénétrer dans une pièce basse au plafond soutenu en son centre par un pilier de bois. Bien qu'elle ne parût pas d'une propreté exemplaire, il ne flottait dans cette pièce aucune odeur et les fenêtres étaient ouvertes. Une des femmes du *jongpen*, entourée de nombreux domestiques, nous versa le thé d'une bouilloire en émail bleu dans des verres marqués MADE IN JAPAN. Ce thé, bien qu'additionné de lait et de sucre, était véritablement «anglais» et il nous redonna un peu de cœur au ventre. Aurions-nous l'occasion de repasser par ici? Nous ne devions pas manquer, dans ce cas, de leur faire une petite visite. La femme était assez jolie, en dépit de son allure plutôt massive; elle avait le teint clair et propre, avec le rouge habituel des joues. Au bout d'une vingtaine de minutes, nous prîmes congé, enfourchâmes nos poneys et nous engageâmes à travers les plaines.

Robert Byron, *De la Russie au Tibet*, Paris, Quai Voltaire, 1990.

TIBET, QINGHAI, TERRE DE REFUGE…

Terre interdite, il arrive aussi, paradoxalement, que le Tibet devienne une terre de refuge. Il faut à ces proscrits une bonne dose de courage et une âme de nomade. Ils parviennent à se faire accepter dans ce monde étrange des hauts plateaux, au point de le quitter avec regret.

ELLA MAILLART

(1935)

Après la révolution de 1917, de nombreux Russes blancs s'enfuirent d'Asie centrale russe ou de Sibérie, et trouvèrent refuge en Chine. La plupart traversaient, souvent dans des conditions dramatiques, les grandes étendues qui séparaient la frontière russe des plaines et des ports chinois.

Ella Maillart[1] et Peter Fleming, lors de leur traversée de Qinghai sont aidés par un fugitif qui s'est «établi» sur les hauts plateaux, Borodichine, un ancien de l'armée d'Annenkov.

CHEZ BORODICHINE

Nous faisons au trot le tour d'un marécage plein de taupinières verdies par la première herbe printanière, pour aller vers deux yourtes plantées sur le dos d'une vague de terre. La portière de feutre de la plus belle s'est soulevée, quelqu'un sort et, sans le vouloir, j'ai déjà crié:

— Borodichine! zdrasstvouytié!

C'est un petit homme à barbe noire et carrée, aux yeux bruns pleins de bonté; il est vêtu comme les Mongols, mais porte le petit calot tatar sur le sommet de la tête. A côté de lui se tient Wang, son associé, Chinois à figure d'écureuil, coiffé d'une casquette d'ouvrier: étrange silhouette s'il en fût.

Les chevaux dessellés puis entravés, sont poussés dans l'herbe nouvelle du marécage.

Sous la yourte grâce à un feu de broussailles, Boro (comme nous devions l'appeler) prépare des aladis[1] tout en lisant la lettre où Smig parle de son arrestation à Lanchow et de nos plans. Le chat tacheté Chimi ronronne près de moi.

— Alors, vous voulez continuer sur le Sinkiang et les Indes, remarque Boro…

— Mais c'est impossible, interrompit Wang aussitôt.

— Pas pour eux: ils ont tous les passeports qu'il faut, réplique Boro.

Que ne donnerions-nous pour que tu dises vrai, brave homme! De

1. Sur E. Maillart, voir notice p. 461.

peur de t'effrayer, nous ne te détromperons pas, mais ce que nous voudrions savoir avant tout, c'est comment tu envisages notre situation.

Voici ce que nous apprenons. Depuis la rébellion musulmane de Khotan il y a deux ans, personne, Norin excepté, n'est arrivé au Teidjinar venant de Tchertchen, qui est à quarante-cinq jours d'ici sur la lointaine route des caravanes. Aujourd'hui, on ne sait pas si la guerre civile est terminée, et personne n'ose voyager. De plus, deux marchands chinois se sont fait tuer par des chasseurs dans la montagne alors qu'ils essayaient de se faire payer leurs créances. Chacun s'est retiré sur ses terres, on n'ose plus traverser certaines régions de peur de représailles, et la méfiance règne parmi les Mongols, que notre hôte appelle des Kalmoucks.

Boro, si jamais il ne peut nous trouver de guide, nous aidera lui-même à sortir du Tsaidam. Mais il ne nous cache pas que la saison est mauvaise, que les bêtes sont trop maigres et que les pâturages n'offrent encore rien à manger. La piste ordinaire est dépourvue de points d'eau et aboutit à Gass sur la frontière du Sinkiang, où un poste de contrôle risque de nous refouler. Il vaudrait mieux passer par les montagnes désertes du sud, où il y a de l'eau à coup sûr. Là, en douze jours, on atteindrait un camp de chasseurs turkis à Issyk Pakté (Mokshan en mongol) ; il semble que ces musulmans n'ont pas encore quitté ce lieu, quoique leurs coreligionnaires aient déjà évacué, après l'attentat dont j'ai parlé, les terres mongoles sur lesquelles ils avaient coutume de vivre. A Issyk Pakté nous trouverions sans doute un guide capable de nous mener à Tchertchen, où Boro, en sa qualité de Russe, ne peut aller : en effet, toutes les oasis du sud appartiennent aux Dounganes de Ma Djoun Ying, qui firent la guerre aux Russes venus à l'aide des forces gouvernementales d'Ouroumtchi. Quant à savoir où acheter des chameaux, il nous en faudra discuter demain dans les environs, car pesonne ne nous louerait des bêtes pour une expédition dans des régions où l'on ne va pas.

La journée, satisfaisante pour nous au-delà de tout espoir — malgré ce qu'elle nous apporte d'incertitude — se termine autour d'un canard au riz, tandis que le bon Boro se désole de nous si mal recevoir et de n'avoir même pas tué de mouton en notre honneur : par une caravane arrivée il y a quelques jours, il savait que deux amis d'Oross Baï étaient en route pour Arakshatou.

Tout en fumant sa petite pipe chinoise qui ne contient guère que trois bouffées de fumée âcre, Boro nous raconte comment il commandait une sotnia de Cosaques sous Annenkof. Lorsque son chef abandonna la lutte contre les Bolcheviks et décida de demander aux Chinois d'interner ses troupes décimées par le typhus et la faim, Boro fut chargé de préparer leur installation, car il savait bien le kirghize, analogue au turk des populations musulmanes de Dzoungarie. En même temps, il devait récupérer l'argent déposé par Annenkof chez le consul tsariste de Djougoutchak. Dépourvu de passeport, il eut grand-peine à se glisser de l'autre côté de la frontière sans se faire tuer par les patrouilles chinoises et bolchevistes, comme l'avaient été deux Cosaques envoyés avant lui. Il fut arrêté par les Chinois, mais avant d'aller en prison, il exigea une explication au yamen; il y rencontra notre ami de Sining, Lou Houa Pou et réussit à se faire libérer en ne parlant que de sa mission financière. Puis il s'en fut à Goutchen, je crois, et là, sans mentionner ses projets d'installations aux Chinois trop intéressés, il entra en pourparlers avec le doyen des Turkis: c'est ce dernier qui acheta, au prix normal, cinq cents moutons, le riz et la farine nécessaires au ravitaillement de trois à quatre mille hommes. L'internement eut lieu, et ce n'est que quelque temps plus tard qu'Annenkof partit pour Ouroumtchi; il se retira ensuite à travers la Mongolie, où il fut assassiné grâce à une trahison du général Feng, vendu aux Soviets. Mais Boro n'avait pas suivi son chef; il s'établit cmmerçant à Tun-hwang, ce village où Stein et Pelliot explorèrent les fameuses grottes aux 100 000 Bouddhas. C'est là, à quinze jours au nord de Teidjinar, que Smig l'y rencontra pour l'emmener au Tsaidam, où l'on peut s'installer sans permis de séjour, semble-t-il.

Malheureusement, lorsque la révolte musulmane de Khotan éclata, et que Smig décida de s'enfuir avec Norin, Boro se trouvait dans les montagnes et c'est Wang qui hérita du livre de comptes que Smig laissait derrière lui. Maintenant, le fûté Wang, d'associé est devenu maître, mais comme il ne sait guère se faire aimer des Mongols, les affaires ne sont pas brillantes.

Boro est natif d'Amkmolinsk en Sibérie, où il a laissé sa femme et ses enfants; il est extrêmement inquiet, car il n'a plus eu de lettres d'eux depuis quatre ans. C'est depuis lors que sa pipe est devenue pour lui une compagne inséparable. Ce pauvre homme souffre d'une maladie de cœur, et l'altitude du Tsaidam ne lui convenant guère, il aimerait aller à Tientsin, qui est la métropole pour tous ces hommes de l'Asie Centrale. Mais j'atténue ses regrets en lui expliquant combien le commerce chinois décline depuis l'emprise japonaise sur le nord de la Chine, et je lui décris les dizaines de milliers de Russes qui errent sur la côte en quête d'un gagne-pain. [...]

LA PISTE PERDUE

Aujourd'hui, 15 mai, nous partons vers l'inconnu, vers le sud.

Au centre du Tsaidam, nous sommes à trente ou quarante jours de la ville la plus proche: à l'est Sining, d'où nous venons, au sud Lhassa, à l'ouest Tchertchen où nous voulons aller. Au nord, par-delà les monts Nan Shan, s'étalent les sables du désert. Nous laissons derrière nous les campements de Teidjinar et leurs plaines herbeuses, encadrées de dunes jaunes. Devant nous, les montagnes du Kouen-Louen dont les ombres si bleues semblent autant de morceaux de ciel : là nous attendent les hautes et désertes régions tibétaines, où nous espérons trouver un guide pour nous conduire aux portes de la lointaine Tchertchen.

Nous ne sommes que trois, aucun Mongol n'ayant voulu nous accompagner pour or, ni pour argent. Trois Européens, dont deux ne savent pas un mot de mongol et ne connaissent de la région que ce que leur laisse deviner une carte incomplète. A vrai dire, le Russe Borodichine n'est pas tant un Européen qu'un Asiate, nomade dans l'âme et partout chez lui. Mais c'est un homme de 50 ans dont le cœur peine quand il arrime les charges des bêtes. Et nous ne sommes qu'à 2800 mètres. Et nous devons grimper jusque tout près de 5000 mètres.

Sommes-nous imprudents? Je ne le crois pas, mais ne peux m'empêcher de penser qu'un danger me permettrait d'utiliser enfin mon énergie dormante. Je me demande toujours quelle sera mon attitude dans une difficulté éventuelle et, d'autre part, si confiants que Peter et moi soyons l'un dans l'autre, je ne puis m'empêcher de me demander aussi quelle sera son attitude à lui. Cette curiosité ajoute un certain piquant à notre départ.

La vie est belle... Mais il fait trop chaud et nous avançons sans piste dans un désert absolu de terre grise et dure comme le fond d'un lac asséché. Peter me demande ironiquement si j'ai peur d'avoir froid, car j'ai attaché sur ma selle presque tous mes habits chauds, me méfiant du climat de la Tartarie. Mais rira bien qui rira le dernier! Voici les bras dispersés du Boron Kol dont nous remonterons le cours pendant dix jours; l'eau épaisse et jaune a le reflet huileux des couleurs dont j'ai peint tant de fois le pont de nos bateaux. Puis, nous traversons une région à peine réelle, couverte de dunes en forme de croissants, aux dos striés comme des peaux de tigre.

Et soudain une bourrasque glaciale, d'une violence folle, surgit de l'Ouest. La terre noire se couvre d'un voile de sable blanc qui avance comme la nappe d'écume d'un lac en furie, et le gravier même se soulève. La montagne rocheuse, qui comme une île nous servait d'amer, a disparu. C'est à mon tour de hurler à Peter: «Avez-vous assez chaud?» En bras de chemise, il se débat contre sa veste que le vent l'empêche d'enfiler; mais les claquements de l'étoffe terrifient Greys, qui s'emballe et disparaît avec son cavalier dans un tourbillon. Ce soir-là, épuisés, à bout de souffle et le visage brûlant, nous dressions la tente contre une falaise, au pied des montagnes. Heureusement, une bonne tranche d'antilope ne tarda pas à nous ragaillardir.

Le lendemain, transie de froid, je mets le nez dehors. Notre tente est couverte de neige fraîche et, saturée des platitudes du Tsaidam, je ne me lasse pas d'admirer les noires et austères parois qui s'élèvent de tous côtés. C'est au milieu de giboulées que nous doublons le Kitin Kara — la Froide Montagne noire — enveloppé de brouillard, et toute la journée nous suivons par hauts et par bas le défilé dantesque où roule le jaune Boron Kol. Mon cœur bat lorsque, longeant l'abîme, un chameau heurte sa caisse contre un rocher. Au bas du passage le plus escarpé, un *obo* témoigne de la crainte pieuse des voyageurs. A son sommet se dresse une curieuse pièce de bois sculptée, me semble-t-il, en forme de fleur.

Dès le second jour, la vallée devient large et déserte, et la rivière y coule invisible au fond d'un cañon. Nous avançons sur une large terrasse de gravier rosâtre, d'immenses dunes jaunes d'ocre protègent le pied de la montagne noire, dont les doux sommets neigeux scintillent dans le bleu du ciel. Antilopes et koulanes semblent les seuls habitants de la région, quoique Boro nous fasse prévoir la rencontre de bergers.

L'eau abonde, mais l'herbe sèche est dispersée et Boro a fort à faire, soir et matin, pour ramener les bêtes au camp. Autre ennui, la Perle du Tsaidam est décidément vicieuse : elle s'arrête brusquement et arrache la cheville de bois passée dans son nez sanglant; elle rue et crache quand on s'occupe d'elle, et je crains de l'approcher. Le poney de Peter aussi nous rend soucieux : malade, il s'arrête souvent, tête basse, sans vie, et nous ne l'amenons au camp qu'à coups de cravache, Peter allant à pied.

Le quatrième jour, alors qu'un peu d'herbe de l'an passé subsiste près de la rivière moins encaissée, nous rattrapons des moutons. Deux splendides bergers mongols, perchés entre les bosses de leurs chameaux, tiennent chacun un agneau dans les bras.

Ce soir-là, un Mongol dont la yourte était toute proche de notre camp, vient s'asseoir à notre feu. Boro, justement, désirait s'adjoindre un aide pour les bêtes, et de plus il avait besoin d'un chameau qui puisse le ramener quand il nous quitterait. L'homme craint de venir, car il faut quelqu'un pour mener paître son troupeau affamé, et l'herbe est dificile à trouver pour les moutons en cette saison où rien n'a encore repoussé. Usant de toute sa persuasion, Boro finit par venir à bout de ses hésitations, et Akpan le Mongol entre à notre service.

Sa venue parmi nous permit à Peter d'utiliser à sa guise le plus important moment de la journée : il put fumer sa première pipe en paix après le déjeuner, cette pipe dont le bois pour l'étonnement perpétuel des Mongols, ne se consumait pas. Eux ne connaissaient que la pipe de laiton, que l'on bourre avec le tabac de son voisin: Peter, tout en se prêtant à cette coutume polie, ne voyait pas sans appréhension baisser sa provision de gros «Edgeworth».

Notre halte a été d'un jour, mais cela n'a pas fortifié Greys, pas plus qu'une ration supplémentaire d'orge: il doit être affaibli par la première herbe fraîche de l'année qu'il a mangée à Arakshatou. Nous sommes obligés de l'attacher au dernier chameau tandis que son maître, à pied, chasse l'antilope. Quant à Slalom, il est encore vaillant et m'a même déposée à deux reprises, plus rudement que ma tête ne le désirait: une motte de terre lui avait fait faire un brusque crochet en plein galop, alors que je rattrapais nos chameaux qui perdaient un sac, et l'autre fois, il avait rué à la vue d'une oie morte que Peter me tendait pour que je la plume tout en chevauchant.

Voici tout à coup, au sommet d'une colline, cinq ou six piquets où les queues de yaks se balancent au vent; je reconnais du premier coup d'œil la tombe de Turkis musulmans, et l'on devine mon émotion: c'est le Turkestan. Tout auprès, un cube de terre séchée abrite un four à pain… Du pain! Que ne donnerais-je pour qu'il remplace notre vieux biscuit durci. Mais les Turkis ont quitté la vallée après les troubles récents, et c'est le désert qui nous accueille.

Nous sommes au bord d'un nouveau versant de l'Asie, avec de nouvelles mœurs et de nouvelles races. Les cadavres n'y seront plus abandonnés aux oiseaux de proie comme ceux des Mongols, la farine sera cuite au four au lieu d'être mélangée au thé, les prières monteront vers l'invisible Allah au lieu d'être marmonnées devant les bouddhas de terre cuite. Une simple tombe, et je sentais s'effacer derrière moi la Mongolie, le monde jaune où je venais de vivre de si longs mois.

Dans le paysage désertique, rien n'a changé cependant: les troupes d'antilopes presque blanches gambadent toujours gaiement devant nous; elles portent avec noblesse de très longues cornes noires en forme de lyre, et justement Peter vient d'abattre le traînard de la harde, car nous serons bientôt à court de viande. Mais quelle déception! Dépecée, toute la croupe de l'animal est rongée par une colonie de vers gros comme des noix, logés sous la peau. Au printemps, paraît-il, des insectes piquants déposent leurs œufs sous l'épiderme des animaux amaigris; Ces jolies antilopes incarnant la joie bondissante et capables de fuir tous les dangers, n'échappent pas à cette lente soufffance; c'est ce qui explique sans doute pourquoi j'ai vu tant de carcasses dans le désert ces derniers jours. Méfiants, nous n'osons manger de cette viande; huit jours plus tard, la faim aidant, nous devions avoir moins de scrupules.

Peter allait toujours à pied. Il serait bien monté sur la seconde des chamelles d'Akpan, mais celui-ci nous rappelait que nous n'avions loué la bête que pour le retour de Boro, et qu'en outre elle portait son livre de prières…

Il y a huit jours que nous avons quitté Arakshatou, et ce matin l'air vif crée une atmosphère de haute montagne tout près de la source du Boron Kol, où nous avons passé une nuit glaciale; contrairement à ce qui se passe dans les Alpes à l'origine des cours d'eau, la vallée n'est ici qu'un immense plateau à peine incliné, et les montagnes semblent avoir disparu.

Nous partons vers le nord-ouest, laissant derrière nous un maigre filet d'eau gelé, et Boro déclare inutile de remplir la barrique, car nous trouverons une source ce soir, après avoir traversé un *gobi* d'une soixantaine de lis. Akpan emporte une provision de racines dans un sac, parce que, loin des pistes, il n'y a pas d'argols pour faire le feu.

Déserté depuis deux ans, le sentier a disparu. La région ne semble fréquentée que par les antilopes; çà et là, leurs carcasses sèchent au soleil. Sur le passage des hardes, le sol garde l'empreinte de leurs pieds en forme de cœur, qui fait penser aussi à deux amandes comme une «philippine» indivise.

Nous avançons sans repère. Depuis que j'ai quitté le Tsaidam, je relève la route sur la boussole de Norin, jouant à l'exploratrice (il n'y a guère que le voyageur Carey qui ait suivi cette vallée en 1886). Je remarque aujourd'hui qu'Akpan, lorsqu'il marche en tête, fait route plus au nord que Boro, mais lorsque je m'en inquiète, il me répond que c'est voulu.

Le ciel bleu foncé est semblable à l'océan lorsque régnent les rafales compactes de l'alizé; à intervalles réguliers, tous égaux, de blancs nuages gonflés forcent de toile pour se poursuivre jusqu'au fond de l'horizon. Enfin, devant nous, comme un îlot, apparaît à midi le sommet noir d'une montagne pyramidale : nous le prenons pour le Karatchuka qui abrite notre source. Mais trois heures plus tard nous arrivons aux contreforts de la montagne pour nous apercevoir que celle-ci n'est autre que la très haute chaîne du Kariagdé. Boro, qui n'est passé ici que deux fois, ne reconnaît rien.

Pour obtenir une idée plus complète de la région, nous grimpons vers un col, dans un vallon raide, où Greys n'avance qu'à coups de cravache, et cette ascension nous exténue, car nous sommes à 5 000 mètres dans un air raréfié. A peine avons-nous gagné la hauteur que le brouillard et la neige nous assaillent. Parti en éclaireur, Akpan revient bredouille: il n'est jamais venu dans cette région, et la montagne à notre droite est à coup sûr infranchissable. Boro fait pitié; il répète sans cesse : «*Chto takoï?*» (Qu'est-ce que c'est?) et essaie en vain de comprendre comment nous nous trouvons ici.

Redescendus, Boro veut retourner vers l'ouest, tandis qu'Akpan fait une courte reconnaissance vers le sud. Peter et moi délestons les chameaux et plantons la tente sur la terre nue, résignés à camper sans herbe et sans eau: il y a douze heures que nous marchons, et les bêtes mal nourries ne veulent plus avancer.

La petite tente ornée de nos bagages et de son tapis de feutre crée, une fois de plus, cette sensation de confort qui nous est chère, mais Boro est trop fiévreux pour en jouir: il souffre de la soif au point qu'il ne peut avaler son biscuit. Cet homme au cœur d'or se fait beaucoup de souci pour nous et nous l'aimons bien; non seulement je trouve en lui un nouvel interlocuteur, mais je crois que nous sommes aussi tous trois rapprochés par nos habitudes communes de propreté et d'ordre.

Boro ne veut accepter qu'une rasade de cognac, tandis que Peter, lui, se met en devoir d'avaler de la tsamba faite avec de la graisse de mouton froide, ce qui a pour résultat une nuit atroce. Dehors, en shorts, saluant le soleil levant, je racle la neige légère tombée sur la tente. Mais cette récolte est inutile, car Boro et le Mongol reviennent d'une reconnaissance: à cinq ou six kilomètres au sud; ils ont bu à notre fameuse source presque gelée et deux heures plus tard notre petite caravane y arrivait à son tour au complet.

LES HOMMES DU BOUT DU MONDE

Le dixième jour, nous arrivons en vue d'Issyk Pakté : quelques yourtes plantées sur un îlot de terre au milieu de fondrières marécageuses. Au nord se dressent les pics abrupts du Kariadgé. Le premier Turki que nous croisons est un berger roux aux yeux clairs, au nez droit, et dont le visage brûlé par le soleil de l'altitude est du même acajou que celui des Mongols; mais au lieu de peaux de bêtes, il porte des habits de coton indigène, et des bandes d'étoffe entourent ses jambes. Boro l'appelle un Sarte, du nom qu'on donne au Turkestan russe à tous les Iraniens turquisés qui sont sédentaires. Les Chinois appellent ces musulmans de l'Asie centrale des Chantos, ce qui veut dire «tête enturbannée».

Nous avançons, Greys cravaché par son maître et remorqué malgré lui par Slalom plein d'ardeur; de lui-même, Peter reconnaît la vaillance de mon cheval et retire tout ce qu'il a pu dire sur sa laideur et sa bêtise.

Dès que nous sommes arrivés, quelques Turkis reconnaissent Boro, l'accablent d'amitiés, et l'entraînent tandis que nous plantons la tente. Mais personne ne nous invite à boire le thé... Qu'est-ce que cela peut bien signifier?

Nous ne tarderons pas à savoir tout ce qu'on peut savoir: sur le point de toucher à la province convoitée du Sinkiang, nos chances d'y entrer ne sont pas plus fortes que lorsque nous étions à Pékin. Depuis deux ans, depuis la fanatique révolte musulmane dans les oasis du Sud, nous sommes les premiers à nous présenter chez les Turkis. Pendant tout ce temps ils n'ont vu personne, sauf un Mongol envoyé par le prince de Teidjinar pour savoir si ses terres d'Issyk Pakté étaient encore habitées.

Étant sans nouvelles, ces Turkis, au nombre d'une quinzaine, n'ont pas osé retourner dans la plaine pour se réapprovisionner, et par la suite, craignant les représailles après le meurtre des deux Chinois dont j'ai parlé, ils ne bougèrent pas davantage. D'autre part, tandis que les terres d'Issyk Pakté appartiennent au Tsaidam, eux-mêmes dépendent de l'oasis de Tcharklik (à l'extrême limite orientale du Sinkiang), oasis en guerre avec Tcherchen où nous voulons nous rendre. Aussi nos Turkis hésitent-ils à nous servir de guides; dans tous les cas, ils ne se risqueront pas au-delà du Toruksaï, qui marque la frontière du Sinkiang dans les Monts Altyn Tagh, à six jours d'ici, et où se trouve peut-être un poste militaire. Quant à Boro, ainsi que nous le pensions, il ne peut aller à Tcherchen, qui appartient toujours aux Dounganes, ennemis de tout ce qui est russe.

Voilà qui est peu rassurant pour nous. Quant à ces montagnards isolés, ils paient cher le calme de leur retraite: ils n'ont plus de thé et boivent une infusion de poivre noir, à laquelle ils n'ont osé nous inviter. Depuis un an, ils n'ont plus de farine et se nourrissent exclusivement de viande. Ainsi notre arrivée les plonge-t-elle dans une joie des plus intéressées: nous avons bien fait de nous munir de thé.

Dignes, deux femmes me rendent visite, tout en filant leur laine grise; leur petite toque ronde de fourrure maintient sur leur tête un grand carré de coton, dont un pan est rabattu devant leur visage à la mode musulmane. Elles sont vêtues du *tchapan* porté par toutes les populations turques de l'Asie centrale, vrai caftan d'étoffe ouatinée. Quant à leur visage, il pourrait presque être européen — j'entends par là qu'il ne porte aucun caractère nettement asiatique. Je surnomme même l'une d'elles Phèdre, tant son maintien et son profil évoquent une tragédienne classique.

«Onn! Onn!», me demandent-elles (farine!).

Et, par une mimique expressive, elles me font comprendre que c'est le seul remède contre le mal de tête dû à leur diète de viande. Je ne peux leur en donner qu'une assiettée, car il m'en faut encore pour quinze jours au moins, même si nous ne nous arrêtons pas ici. [...]

Il me reste encore à faire une lessive avant d'être prête au départ. Peter, optimiste comme toujours, me répond qu'il ne porte sa chemise que depuis quinze jours. Je passe outre en le traitant de barbare... Et au moment de mette à sécher ce vêtement, voilà que j'y distingue, tapie dans un pli, une petite bête pâle. Puis je ne tarde pas à mettre huit adultes de la même famille sous les yeux de leur propriétaire, sans compter les cent soixante-dix œufs minuscules que je dénombre impitoyablement. En guise de remerciement, j'entends la voix de Peter, un peu confus, déplorer la solitude où il sera désormais sans ces petites bêtes.

Mais il s'agit maintenant de passer à un exercice intellectuel des plus utiles; avant son départ, Boro doit nous apprendre une quarantaine de mots turki afin que nous puissions faire face aux principales éventualités. Boro a été admirable. Il a vaincu les dernières hésitations de notre guide, grâce à la pénurie de farine : tout le monde en désirant ardemment, il a prouvé à Assa Khan qu'avec notre argent il en pourrait acheter s'il nous conduisait jusqu'au campement d'où quelqu'un serait capable de nous mener à Tchertchen. Si cette oasis était encore en guerre, Assa Khan veillerait à ce qu'on nous la fasse éviter en nous menant plus à l'ouest sur la route des caravanes. Pour décourager une attaque éventuelle de voleurs, Boro a dit que nous dépensions en ce moment nos derniers dollars et qu'à partir de Tchertchen nous comptions sur l'argent de la vente de nos chameaux. Il faudra donc bien prendre soin de ceux-ci, qui représentent tout notre capital.

Ce soir pour la dernière fois, Boro s'accroupit sous notre tente pour fumer sa pipe. A sa blague en étoffe pend une coquille de noix dans laquelle il met les dernières braises de sa pipe finissante : puis, à peine rechargée, il la rallume habilement, en renversant la braise sur le fourneau, ce qui lui évite de battre son briquet mongol, dont le fer en demi-lune est frappé contre un silex entouré d'amadou.

Pendant la nuit, par une coïncidence curieuse, un messager est arrivé à pied, pour dire que la guerre civile a cessé, Tcharklik étant tombée au pouvoir des Dounganes. Ceux qui craignent les nouveaux maîtres, sont en fuite vers Tun-hwang par la route du désert.

La petite noix de sa blague à tabac se balançant au rythme de sa chamelle, notre ami Borodichine, que nous ne reverrons sans doute jamais, s'en retourne accompagné d'Akpan, vers sa yourte isolée au Tsaidam. Quant à nous, c'est à l'opposé que nous partons, assurés maintenant de rejoindre dans quinze jours la piste des oasis, l'ancienne « route de la soie » qui menait au pays des Sères.

Ella Maillart, *Oasis interdites. De Pékin au Cachemire, une femme à travers l'Asie centrale en 1935*, Paris, Payot, 1984.

HEINRICH HARRER

(1945-1950)

Deux prisonniers allemands en Inde, Heinrich Harrer et Peter Aufschnaiter, alpinistes surpris par la Seconde Guerre mondiale et incarcérés par les Anglais, trouvèrent la voie de la liberté en fuyant vers le Tibet en 1943. Ils connaissent bien des difficultés avant d'arriver et de se faire admettre à Lhassa. Les deux hommes gagnent la confiance du dalaï-lama et participent avec leurs moyens à la modernisation de la capitale tibétaine. Ils quittent le Tibet quand les troupes chinoises y entrent en 1950.

H. Harrer, dans un livre qui connut un succès mondial, rapporte un récit exceptionnel, d'un Tibet vécu en profondeur.

KYIRONG, LE VILLAGE DE LA BÉATITUDE

Kyirong signifie en tibétain «village de la béatitude». Et jamais, en vérité, je n'oublierai les mois que j'y ai passés. Si j'avais le choix et qu'on me demandât où j'aimerais finir mes jours, sans hésiter, je répondrais: à Kyirong. Je ferais construire un chalet en bois de cèdre rouge et détournerais l'eau d'un des innombrables ruisseaux qui descendent de la montagne pour irriguer mon jardin. Tous les fruits, toutes les fleurs poussent à Kyirong qui malgré son altitude de 2 770 mètres n'en est pas moins situé sur le 28e degré de latitude.

Nous sommes à la mi-janvier et la température est voisine de zéro degré. Jamais le thermomètre ne descend plus bas que dix degrés en dessous de zéro. Si la longueur des saisons est sensiblement la même que dans nos Alpes, la végétation accuse un caractère nettement tropical. Kyirong serait un centre idéal de sports d'hiver: de la neige toute l'année pour les skieurs et des cimes de 6 000 et 7 000 mètres pour les alpinistes.

L'agglomération, qui comprend quatre-vingts maisons, est d'autre part la résidence de deux gouverneurs de district dont l'autorité s'étend à une trentaine de bourgs environnants. Nous sommes les premiers Européens à pénétrer dans Kyirong et la population nous regarde avec stupeur. Ainsi qu'il est de règle, sur le vu de notre passeport, le notable nous assigne un logis dans la maison d'un propriétaire terrien. Le soubassement est en pierre et la partie supérieure en troncs d'arbres assemblés; le toit est recouvert de bardeaux maintenus par de grosses pierres. Transporté au Tyrol ou en Suise, Kyirong y ferait figure de village indigène. La seule différence c'est qu'au lieu des hautes cheminées qui surmontent les chalets alpestres, ici, des mâts de prières ornent les pignons des maisons. Les oriflammes qui claquent au vent sont de différentes couleurs, chacune correspondant à un symbole bien défini.

Au rez-de-chaussée des chalets se trouvent étables et écuries; au premier étage, les pièces d'habitation. On y pénètre de l'extérieur par une échelle, depuis la cour. Matelas, coussins bourrés de paille, tables basses, armoires peintes et, bien entendu, l'autel familial et ses lampes à beurre constituent le mobilier. En hiver, la grande cheminée où brûlent des bûches de chêne rassemble toute la maisonnée. Autour, assis sur le sol, hommes, femmes et enfants font cercle et boivent du thé.

La chambre qui nous est assignée est trop petite pour nous deux; aussi, m'empressé-je d'annexer la grange voisine. Pendant qu'Aufschnaiter livre combat aux rats et aux poux, j'engage une lutte acharnée contre les souris et les puces. Il nous faudra renoncer à rester seuls maîtres du terrain. Au moins, l'admirable panorama qui s'étend devant la maison nous dédommage-t-il largement de ces petits ennuis: forêts de rhododendrons géants, coulées bleuâtres des glaciers tout proches alternent au pied des hautes cimes éblouissantes de neige.

Nous cuisinons nous-mêmes; le bois abonde et ne coûte rien. Nos dépenses sont réduites au minimum et l'argent qui nous reste sert à des fantaisies.

La base de la nourriture est la sempiternelle tsampa. Depuis longtemps, Aufschnaiter et moi y sommes habitués; en revanche, nous apprécions moins l'inévitable thé au beurre. Le thé pressé qui vient de Chine sous forme de briquettes comprend plus de tiges séchées que de feuilles. Les Tibétains le font bouillir pendant des heures et obtiennent une décoction noirâtre à laquelle ils mélangent du beurre, la transformant en émulsion plus ou moins épaisse, selon le goût de chacun. Jusqu'ici rien d'extraordinaire; malheureusement, le beurre, conservé depuis des mois dans des outres en peau de yak, est abominablement rance. Au début, j'étais malade à la perspective d'avaler une tasse de ce mélange, mais l'homme est ainsi fait: il s'habitue à tout. Il n'est pas rare de voir un Tibétain vider cinquante tasses de thé au beurre dans une même journée. En dehors de la tsampa et du thé, la population consomme du riz, de la farine de blé, des pommes de terre, des betteraves, des oignons, des haricots et du raifort; Par contre, la viande est une rareté. A Kyirong, lieu de pèlerinage, tuer un animal serait un crime. La viande que mangent les habitants provient d'un autre district ou encore de bêtes abattues par les ours et les panthères; cas d'autant plus fréquent que, chaque automne, un flot de quinze mille moutons destinés aux abattoirs du Népal, traverse la région.

Notre première visite, une fois installés, est pour les deux gouverneurs. Notre passeport les incite d'abord à penser que nous nous apprêtons à franchir la frontière. Mais notre intention est bien différente et nous sollicitons l'autorisation de demeurer quelque temps à Kyirong. Sans prendre position, les bönpos se contentent d'enregistrer notre déclaration et promettent de demander des instructions à Lhassa. Notre seconde visite est destinée au consul du Népal, chargé de veiller sur les intérêts de ses compatriotes de passage; il nous reçoit aimablement et nous fait miroiter les avantages que nous retirerions si nous nous établissions dans son pays. Mais nous savons à quoi nous en tenir là-dessus. Quelques jours plus tôt, en effet, nous avons appris de la bouche d'un caravanier népalais que notre camarade Kopp, arrêté, après un court séjour à Katmandu, a été refoulé aux Indes.

Les habitants de la région de Kyirong entretiennent des relations commerciales suivies avec le Népal et se servent dans leurs échanges de la monnaie népalaise, le Khotrang. La population est fortement mêlée et les métis, les Katsaras, sont nombreux. Ils n'ont pas l'humeur joyeuse et le tempérament insouciant du Tibétain de pure race et sont mal vus tant des Népalais que des Tibétains de l'intérieur.

Sachant bien que nous ne recevrons pas de Lhassa l'autorisation souhaitée et certains que nous serons extradés si nous mettons les pieds au Népal, nous décidons de profiter de ce répit pour nous refaire et échafauder un nouveau projet de fuite. A ce moment, jamais nous n'aurions pensé que nous resterions neuf mois dans ce village de l'Himalaya.

Nous passons nos journées à consigner dans notre journal nos observations sur les mœurs et les coutumes de la population et entreprenons des excursions dans les environs. Aufschnaiter met à profit ses dons de dessinateur et dresse le plan topographique de la région. Trois localités seulement sont portées sur la carte: nous en dénombrons plus de deux cents dans un rayon de vingt kilomètres. Avec le temps nous nous risquons de plus en plus loin de Kyirong; les gens des environs se sont habitués à nous et nous laissent faire à notre guise; Deux choses surtout attirent notre cusiosité: les montagnes et les sources chaudes qui jaillissent à leur pied; La plus abondante coule au milieu d'un bosquet de bambous, proche de la rivière Kosi aux flots glacials. Sortant à une température voisine de cent degrés, l'eau est conduite dans un bassin artificiel où elle se refroidit puis, par l'intermédiaire d'un canal, elle rejoint le torrent.

Au printemps s'ouvre la «saison thermale». L'expression n'est nullement exagérée; les Tibétains se groupent autour des sources, édifient des huttes de bambou et animent ce lieu solitaire, situé à deux heures de marche de Kyirong, de leurs cris et de leurs rires. Hommes, femmes et enfants se baignent nus, sans aucune gêne. Du village, des commerçants apportent du chang et des provisions et le séjour se prolonge durant une quinzaine de jours. Les nobles, qui y viennent faire leur cure, accompagnés de leur suite, s'installent dans des tentes. Vers la fin avril, la saison est terminée; le Kosi, gonflé par la fonte des neiges, déborde et noie la source.

Entre-temps, je fais la connaissance d'un moine. Ancien élève du collège de médecine de Lhassa, il jouit d'une grande réputation et les dons qu'il reçoit à titre d'honoraires suffisent à lui assurer l'aisance. Sa thérapeutique est variée et originale. Pour guérir les maladies nerveuses, il pratique l'imposition d'un sceau sacré. En cas de maladies graves, il cautérise l'épiderme du patient à l'aide d'un fer rouge. J'ai été une fois le témoin d'une semblable opération; il s'agissait de ramener un moribond à la vie. L'effet fut radical, mais il est douteux que tous les malades résistent à cette «cure» de cheval. Le même procédé sert d'ailleurs pour guérir les bêtes sauvages. C'est tout dire!

Tout ce qui touche à la médecine m'a toujours intéressé et j'entame de longues discussions avec le moine-médecin. Un jour, en confidence, il me révèle qu'il connaît exactement les limites de son pouvoir. Aussi pour ne pas encourir la responsabilité d'accidents «possibles» préfère-t-il changer fréquemment de village et de région...

SAINT-SYLVESTRE TIBÉTAINE

Au Tibet, la division du temps est déterminée par les phases lunaires et les années sont caractérisées par une double dénomination combinant les «Douze animaux» et les «Cinq éléments».

Nous sommes à la veille du 15 février, qui correspond ici au premier jour de l'année. C'est la fête par excellence, les autres étant le jour anniversaire de la naissance et celui de la mort du Bouddha. Dès la nuit, nous sommes réveillés par les chants des mendiants et des moines errants qui vont de maison en maison solliciter les offrandes des âmes pieuses. Le lendemain, à l'aube, on fixe sur les toits de jeunes sapins, ornés de drapeaux à prières; les litanies succèdent aux cantiques et la population se dirige vers les temples pour offrir aux dieux de la tsampa et du beurre dont on remplit à pleins bords d'immenses chaudrons de cuivre. Après avoir ainsi satisfait les dieux, chacun implore leur bénédiction tandis que des écharpes blanches viennent orner les statues devant lesquelles ils se prosternent.

Jeunes ou vieux, riches ou pauvres font preuve de la même ferveur religieuse. Aucun peuple ne peut rivaliser avec les Tibétains sur le chapitre de la dévotion; aucun ne conforme aussi étroitement son mode de vie, son comportement aux prescriptions de la foi. Oraisons et prières ne sont pas les seules manifestations du Nouvel An lamaïste. Sept jours durant, sous le regard attendri des moines, la population danse, chante et boit. Dans chaque maison, la famille se réunit pour un festin solennel.

Les réjouissances battent encore leur plein quand, brusquement, le paysan qui nous héberge demande à me voir. Sa sœur cadette vient de tomber malade et il me mène jusqu'à sa chambre. La pauvre fille me tend des mains brûlantes de fièvre. Quand mes yeux se sont habitués à la pénombre, le spectacle que je découvre me fait reculer précipitamment; la jeune femme, en excellente santé quarante-huit heures plus tôt, est méconnaissable. J'ai beau n'être pas médecin, un coup d'œil me suffit: c'est la variole. Le mal a gagné la langue et la gorge et c'est à peine si la malade parvient encore à articuler. Trop tard! Je ne puis que la consoler de mon mieux avant de sortir de la pièce et me laver à grande eau, en espérant que l'épidémie ne gagnera pas le village. Aufschnaiter, appelé lui aussi en «consultation», confirme mon «diagnostic». Deux jours plus tard, la jeune fille meurt et nous avons le triste privilège d'assister à ses funérailles.

Le sapin qui orne le faîte du toit est descendu et, le lendemain, dans l'aube grise, un fossoyeur vient chercher le cadavre enveloppé dans un linceul blanc, puis le charge sur ses épaules. Trois hommes forment le cortège funèbre. Aufschnaiter et moi venons ensuite. A cinq cents mètres du village, le fossoyeur s'arrête et dépose son fardeau sur un tertre; des corbeaux et des vautours gîtent sur les branches des arbres. Que va-t-il se passer? Un homme armé d'une hache commence à dépecer le cadavre; un second, accroupi, marmonne des prières, cependant qu'un troisième chasse les oiseaux. Enfin, l'opération terminée, le fossoyeur broie les os pour qu'eux aussi puissent disparaître dans le bec des vautours. Deux heures plus tard, il ne restera rien de la dépouille mortelle.

Cette pratique, barbare en apparence, s'explique par des mobiles religieux; pour le Tibétain, un corps sans âme n'est qu'une enveloppe, un vulgaire objet; plus tôt il disparaît et mieux le défunt s'en trouve. Seuls les cadavres des nobles et des grands lamas sont incinérés; les autres sont dépecés à la hache et au couteau. Quant aux pauvres et aux mendiants leurs dépouilles sont jetées en pâture aux poissons qui, en l'occurrence, remplacent vautours et corbeaux. Si quelqu'un meurt d'une maladie suspecte, des fossoyeurs spécialement appointés par le gouvernement se chargent de l'inhumer.

Au-dessus de notre maison, pendant quarante-neuf jours, le toit reste vide, en signe de deuil; c'est seulement à l'expiration de ce délai que le propriétaire hisse de nouveau un sapin orné de banderoles, en présence de moines qui prononcent des prières, soufflent dans leurs trompes et battent du tambour. Tout cela, bien entendu, coûte fort cher; aussi, le produit de la vente des bijoux ou des biens du défunt sert-il au financement de la cérémonie et à l'achat du beurre nécessaire à l'alimentation des lampes qui brûlent sans interruption.

Nous reprenons nos courses quotidiennes dans les environs. La neige qui recouvre les pentes alentour nous donne l'idée de façonner des skis et de nous exercer. Aufschnaiter coupe deux jeunes bouleaux que nous faisons dégrossir par le menuisier du village avant de les faire sécher au feu. De mon côté, je confectionne deux bâtons et des courroies. Aidés du menuisier, nous parvenons à fabriquer deux paires de «planches», sinon élégantes, du moins utilisables. Enfin, nous formons les spatules, en nous servant de grosses pierres en guise de presses.

Fiévreusement, nous nous apprêtons à faire nos premiers essais lorsqu'un messager des bönpos se présente et nous invite à le suivre auprès de ses maîtres. Ceux-ci nous enjoignent de limiter nos promenades aux environs immédiats de Kyirong. Nous avons beau protester, on nous objecte que, s'il devait nous arriver malheur, Lhassa ne manquerait pas de rejeter la responsabilité sur les autorités du district. L'argument est spécieux et les bönpos jugent utile de le renforcer en déclarant que, soucieux de notre bien-être, ils nous mettent en garde contre les loups, les panthères et les chiens sauvages qui errent dans la contrée. Nous ne sommes toujours pas convaincus; ce prétexte cache une autre raison : la crainte que nos excursions dans les montagnes ne suscitent la colère des dieux qui les habitent. Pour l'instant, nous ne pouvons faire autrement que de nous soumettre.

Pendant trois semaines, nous observons strictement les prescriptions, puis un jour la tentation l'emporte. Toutefois, nous décidons de recourir à un stratagème. Nous installons un campement dans le voisinage des sources d'eau chaude, à une demi-heure de marche du village et faisons des navettes. Peu à peu, les habitants s'habituent à ne pas me voir rentrer; une nuit, j'en profite, pour prendre les skis et les transporter au camp. Le lendemain matin, dès l'aube, Aufschnaiter et moi montons au-dessus de la limite des arbres et nous livrons avec allégresse aux joies du ski. Nous avons beau manquer de pratique, nous n'en sommes pas moins étonnés des résultats. Personne ne nous voit et nous recommençons quelques jours plus tard. Malheureusement, nous cassons nos spatules et enterrons les restes des skis pour ne pas éveiller la méfiance. Jamais les habitants de Kyirong ne se sont doutés que nous avons «chevauché la neige», locution tibétaine qui traduit le verbe «skier».

Au début du printemps, aussitôt que la neige fond, la population se rend dans les champs et commence les semailles. Une fête analogue à notre fête des Rogations se déroule; moines et lamas se rendent en procession dans la campagne; suivis des habitants qui portent les cent huit livres composant le Kangyur[1].

Plus la température se fait clémente, moins Armin, mon yak, la supporte. Je fais appel au «vétérinaire» local qui prescrit l'absorption de «rate d'ours». Pour lui faire plaisir mais sans grande conviction, je fais l'achat du précieux remède; ainsi qu'il fallait s'y attendre, l'effet est nul. Mon fidèle compagnon dépérit de jour en jour et je dois me rendre à l'évidence : si je tiens à conserver sa viande, autant le faire abattre sans délai. Je m'adresse au boucher; il vit à l'écart, en compagnie des forgerons dont le métier est le plus méprisé de tous. A titre de rémunération il recevra la tête, les pieds et les intestins d'Armin. J'assiste à l'opération et constate qu'en cette matière les tueurs tibétains sont plus humains que leurs collègues européens. On attache les pattes de l'animal puis, une fois qu'il est sur le flanc, d'un geste brusque le boucher l'éventre et arrache l'aorte. La mort est instantanée. Grands seigneurs, nous effectuons une distribution générale de côtelettes et de filets et faisons fumer les morceaux; ils nous serviront lors de la fuite que nous projetons.

1. Écritures bouddhiques tibétaines.

DERNIERS JOURS A KYIRONG

Dans le courant de l'été, les bönpos nous convoquent une nouvelle fois et nous invitent énergiquement à abréger notre séjour.

Quelques jours auparavant, des commerçants népalais de passage à Kyirong nous avaient confirmé que la guerre en Europe était terminée. Cependant, je n'ai pas oublié qu'après la Première Guerre mondiale deux ans se sont écoulés entre l'armistice et la libération des prisonniers détenus aux Indes. En ce qui nous concerne, la situation ne se trouve en rien modifiée; il suffirait que nous franchissions la frontière pour nous retrouver, dans un délai plus ou moins bref, derrière les barbelés d'un camp d'internement.

Or, maintenant que nous parlons à peu près couramment la langue et que nous disposons de l'expérience nécessaire, pourquoi ne pas en profiter pour explorer les hauts plateaux et les steppes habitées par les nomades? Si nous avons abandonné l'espoir de rentrer rapidement en Allemagne, la chance aidant, peut-être pourrons-nous rejoindre le territoire chinois?

Afin d'apaiser les bönpos, nous leur promettons de quitter Kyirong au début de l'automne mais à condition qu'eux-mêmes nous laissent une grande liberté de mouvements. Ils nous l'accordent sans difficulté. A dater de ce jour, les excursions que nous faisons n'ont plus qu'un seul but : découvrir un col permettant d'atteindre le plateau sans avoir à effectuer le détour par Dzongka.

Au cours de ces randonnées nous faisons plus ample connaissance avec la faune de la région; elle comprend entre autres des singes, qui, venus du Népal, ont remonté les gorges du Kosi et se sont fixés aux alentours de Kyirong et dans les forêts avoisinantes. Pendant un mois, chaque nuit, des yaks ont été emportés par une panthère que les chasseurs ont cherché en vain à capturer. A titre de précaution, chaque fois que nous nous aventurons dans la montagne, nous emportons une boîte de poivre en poudre; ceci pour les ours. Ces animaux s'attaquent en effet à l'homme pendant le jour. A plusieurs reprises, j'ai vu des bûcherons dont le visage portait de profondes cicatrices causées par leurs griffes. En revanche, la nuit, il suffit de menacer l'animal d'une torche allumée pour le faire fuir.

Désireux d'entretenir ma force physique, j'aide les paysans à battre leur grain et à labourer leurs champs ou bien j'abats des arbres et coupe le petit bois. Aguerris par le climat et la nature hostiles, les habitants de Kyirong sont d'une résistance exceptionnelle. Non contents de travailler du matin au soir, ils adorent se mesurer entre eux aux jeux de force et d'adresse. Chaque année a lieu un concours sportif qui se prolonge pendant plusieurs jours. Courses de chevaux, tir à l'arc, sur cible et en hauteur et sauts en sont les principales épreuves. Les individus les plus forts s'essaient à soulever une lourde pierre qu'ils doivent ensuite transporter sur une distance donnée.

Au grand amusement des spectateurs, je participe aux différentes épreuves. Il s'en faut de peu que je remporte la course à pied. Dès le début, je prends la tête, mais au moment où je m'apprête à fournir un dernier effort, mon concurrent le plus proche m'attrape soudain par mon fond de pantalon. Abasourdi par ce comportement insolite, je reste cloué sur place, incapable d'avancer. Profitant de ma stupeur, l'individu démarre et s'empresse de toucher le but. Les Tibétains ont une curieuse conception du sport en général : toutes les ruses sont bonnes. Je venais d'en avoir la preuve ! Des rires bruyants saluent le moment où l'on me remet l'écharpe réservée au second vainqueur.

En dehors même de ces festivités, la vie n'est nullement monotone ; en été, la circulation des caravanes est incessante. La récolte terminée, Népalais et Népalaises montent à Kyirong pour échanger leur riz contre des barres de sel. Le sel tibétain recueilli sur les rives des lacs saumâtres du plateau de Chang-tang fait l'objet d'un important commerce d'exportation et des caravanes de yaks l'amènent à Kyirong. Entre cette localité et le Népal le transport se fait uniquement à dos d'homme, par des sentiers qui serpentent au fond des gorges et des ravins ; souvent, des marches taillées dans le roc constituent le seul passage. La plupart des portefaix sont des Népalaises, robustes montagnardes qui parcourent les pistes, courbées sous leurs charges et se glissent à la file à travers l'Himalaya.

Mais les Népalais ne le leur cèdent en rien, témoin le curieux spectacle auquel il me fut un jour donné d'assister. La religion tibétaine interdit le ramassage du miel et de la cire dont se nourrisse les abeilles. Mais qu'à cela ne tienne : ici comme ailleurs, les lois sont faites pour être tournées ; au lieu de récolter eux-mêmes, les Tibétains laissent donc les Népalais le faire à leur place et leur achètent ensuite le produit de leur cueillette.

Voici comment procèdent ces « chasseurs de miel » :

A l'aide de cordes dont certaines mesurent jusqu'à soixante mètres, ils se font descendre, au péril de leur vie, dans les gorges. D'une main, l'homme tient une torche dont la fumée éloigne les abeilles de leur nid ; de l'autre il se saisit des rayons et les dépose dans un seau attaché à un filin. La réussite est fonction de la parfaite coordination des mouvements de celui qui fouille le rocher et de ceux qui le maintiennent au-dessus du vide car le bruit des torrents étouffe les appels et les cris. Une fois de plus je déplore de ne pas avoir de caméra pour filmer cet exercice périlleux et unique en son genre !

Cependant la saison des pluies touche à sa fin. Aufschnaiter et moi reprenons nos recherches dans la région voisine de Kyirong, explorant systématiquement chaque vallée en quête d'un passage donnant directement accès sur le plateau.

Chemin faisant nous trouvons partout des fraises; malheureusement, les plus belles et les plus grosses sont toujours cachées dans les taillis où abondent les sangsues. Les bestioles s'introduisent par tous les interstices de nos vêtements. Elles parviennent même à se glisser dans les chaussures en se faufilant à travers les œillets. Une fois gavées, elles lâchent prise d'elles-mêmes, laissant une plaie qui continue à saigner et s'infecte. Ces sagnsues sont un véritable fléau: dans certaines vallées les mammifères en sont couverts. Je ne connais qu'un moyen de s'en protéger: tremper chaussettes et bas de pantalon dans de l'eau salée et les enfiler tels quels.

Le bilan de notre exploration est maigre: de nombreux croquis mais toujours pas de col susceptible de favoriser notre fuite. Ceux que nous découvrons seraient impraticables sans matériel d'alpinisme; or, nous n'en possédons pas. Découragés, nous adressons une requête au gouvernement du Népal et lui demandons l'assurance que nous ne serons pas livrés aux Anglais. Nous ne recevons bien entendu aucune réponse. Deux mois nous séparent de l'automne, nous accélérons nos préparatifs. Afin de grossir le capital dont nous disposons, je confie notre cagnotte à un banquier au taux habituel d'intérêt — c'est-à-dire 33 %. Je n'allais pas tarder à le regretter, mon débiteur ne respectant pas ses engagements et mettant en péril nos plans d'évasion.

Depuis sept mois que nous séjournons à Kyirong, nous avons lié de solides liens d'amitié avec la population; paisibles et travailleurs, les habitants de Kyirong sont aux champs du matin à la tombée de la nuit. La main-d'œuvre est rare dans la contrée; aussi la misère y est-elle inconnue bien que de nombreux moines vivent en parasites aux crochets de la population. Cependant, les paysans sont riches et il n'est que d'examiner les coffres contenant les habits de fête pour s'en convaincre.

La domination qu'exercent les moines au Tibet est absolue; c'est l'exemple type de la dictature cléricale. Ils tiennent le pays à l'écart de toute influence extérieure qui risquerait de saper la leur propre. Eux-mêmes connaissent parfaitement les limites de leur pouvoir, mais quiconque émettrait des doutes à ce propos encourrait leur vindicte. Aussi certains moines voient-ils d'un mauvais œil les bonnes relations que nous entretenons avec la population. Notre attitude et nos actes sont la négation de leurs superstitions et de leurs pratiques religieuses: nous errons la nuit dans la forêt et les esprits nous laissent en paix, nous escaladons impunément les sommets sans faire au préalable les offrandes rituelles. Bref, ils se méfient de nous et nous attribuent une puissance surnaturelle; à leurs yeux, nos promenades ont une signification cachée. Sans aucun doute nous cherchons à nous isoler pour nous entretenir avec les génies.

Voici l'automne: l'heure a sonné de prendre une décision lourde de conséquence. Dix-huit mois se sont écoulés depuis notre départ de Dehra-Dun et, bien que la guerre ait pris fin en Europe, notre situation, elle, n'a pas changé. Nous en sommes toujours à attendre un permis de séjour. Pour atteindre Kyirong, nous avons couvert une distance approximative de huit cents kilomètres.

Instruits par l'expérience, nous avons définitivement renoncé à gagner le Népal, et prudents — ce dont nous nous féliciterons — nous avons établi un dépôt de vivres à une vingtaine de kilomètres de Kyirong, sur la piste menant à Dzongka. Déjà, des chutes de neige annoncent un hiver précoce; la saison est on ne peut moins favorable à la réalisation de notre plan qui prévoit la traversée des hauts plateaux en direction de la Chine, mais nous n'avons pas le choix : quitter Kyirong s'impose sans délai.

L'installation de notre dépôt terminée, nous entreprenons de fabriquer une lanterne. Nos allées et venues ont sans doute été jugées suspectes et nous sommes soumis à une surveillance de tous les instants. Des «mouchards» observent nos faits et gestes; pour fabriquer en paix notre lumignon, nous escaladons une montagne des environs. Avec une couverture de livre et du papier tibétain, nous confectionnons une sorte de lampion; le godet est remplacé par une petite boîte métallique remplie de beurre. Ce lampion est indispensable; comme jadis, nous marcherons la nuit et nous nous cacherons le jour aussi longtemps que nous traverserons des régions habitées.

Aufschnaiter partira le premier pour donner l'impression qu'il s'agit d'une simple excursion. Le 6 novembre 1945, il quitte le village en plein jour, son sac sur le dos, emmenant avec lui mon chien, cadeau d'un noble de Lhassa dont j'ai fait la connaissance à Kyirong. [...]

LES TOITS DU POTALA BRILLENT AU SOLEIL

Le 15 janvier 1946, nous partons pour la dernière étape. Débouchant de la région de Tölung, nous pénétrons dans la large vallée du Kyitchu; tout à coup, à un détour du chemin, nous apercevons dans le lointain les toits dorés du Potala, palais d'hiver du Dalaï Lama et monument caractéristique de Lhassa. Ma joie est telle que j'ai grande envie de me jeter à genoux comme un pèlerin.

Depuis notre départ de Kyirong, nous avons couvert une distance de mille kilomètres; nous avons marché pendant soixante-dix jours, avec seulement cinq jours de repos intermédiaires, parcourant quotidiennement une moyenne de quinze kilomètres. La traversée des hauts plateaux du Chang-tang nous a pris, à elle seule, un mois et demi, mais la vue des toits du Potala qui luisent au soleil, nous fait oublier les fatigues passées et les énormes ampoules que nous avons aux talons.

Avant de franchir les derniers kilomètres, nous nous arrêtons au pied d'un tumulus élevé par des pèlerins, afin de permettre au caravanier qui nous accompagne de faire ses oraisons.

Aux abords de Lhassa, des caravanes nous croisent ou nous dépassent sans cesse. Un peu partout, aux endroits propices, des marchands ont dressé leurs éventaires, et friandises et petits pains au beurre excitent notre convoitise. Je déplore plus que jamais d'être démuni d'argent tibétain, la dernière roupie que nous possédons étant destinée à rétribuer l'ânier qui nous escorte.

Plus nous approchons de la capitale, plus elle nous apparaît conforme aux descriptions qu'on en a faites. Face au palais du Dalaï Lama, se dresse le Chagpori, colline dont le sommet est occupé par les bâtiments d'une des deux écoles de médecine. Notre attention a beau être attirée par le Potala et le Chagpori, la masse du monastère de Drebung, à sept kilomètres de la métropole, nous fascine. Cette lamaserie, habitée par dix mille moines, constitue une véritable ville; construite en pierres, elle est dominée par des centaines de clochetons et d'aiguilles dorés qui surmontent sanctuaires et oratoires. Nous passons à deux kilomètres de cette cité sainte, et pendant une heure, nous ne cessons de la regarder, subjugués par son allure imposante et la majesté de son site.

Un peu plus bas, également édifié en terrasses, se dresse le couvent de Nechung, haut lieu du Tibet. Là, réside une réincarnation d'une divinité bouddhique qui, par ses prédictions, oriente le cours de la politique locale; fréquemment le gouvernement vient consulter l'oracle. Un peu plus loin s'étendent des prairies bordées de saules, pacages réservés aux chevaux du Dalaï Lama.

Une immense muraille en pierres de taille dissimule le palais d'été du souverain; nous la longeons pendant une heure. Peu après nous apercevons, en dehors de l'enceinte de Lhassa, les bâtiments de la mission commerciale britannique cachée derrière des bouquets de bouleaux. L'ânier qui accompagne nos bagages s'imagine que nous avons l'intention de nous y rendre et nous devons faire assaut d'éloquence pour le détromper. J'avoue que, dans nos moments de désarroi, nous avons envisagé à plusieurs reprises de faire appel aux Anglais; le désir de nous retremper dans une ambiance civilisée et de reprendre contact avec des Européens nous y poussait parfois. Mais, à la réflexion, nous avons préféré remettre notre sort entre les mains des vrais maîtres du pays et faire confiance à l'hospitalité tibétaine.

Plus nous approchons, moins on nous remarque; c'est à peine si, de temps à autre, un cavalier se retourne sur sa selle. Quelle différence entre les chevaux que nous croisons et ceux de l'ouest du Tibet; si ceux-là étaient chétifs, ceux-ci paraissent bien nourris et en excellente forme et leurs cavaliers se distinguent par leur aspect soigné et la richesse de leurs vêtements. Même si les passants s'aperçoivent qu'ils se trouvent en présence d'Européens, cela ne paraît nullement les surprendre. Pourtant, nous l'avons su plus tard, ils seraient tombés des nues s'ils avaient pu se douter que nous étions démunis du laissez-passer indispensable. Le fait que nous soyons parvenus aux portes mêmes de Lhassa impliquait que nous possédions l'autorisation de nous y rendre.

Si le Potala se détache, isolé sur un piton, la ville elle-même reste cachée. Une porte monumentale, flanquée de deux chörten, enjambe le thalweg entre les deux collines et donne accès à la cité sainte. Une vague d'appréhension nous envahit soudain: les livres que nous avons lus ne mentionnent-ils pas la présence de gardes armés? Nous avons beau écarquiller les yeux, les seuls gardiens sont des mendiants qui quêtent une obole. Mêlés aux passants, nous franchissons le seuil; l'ânier désigne un groupe de maisons, à gauche de la route que nous suivons, et nous explique qu'il s'agit des premiers faubourgs. De nouvelles prairies leur font suite. Ni Aufschnaiter ni moi ne soufflons mot; la pensée que nous foulons le sol de la ville interdite nous bouleverse.

A notre gauche, le mur vertical du palais nous écrase de sa masse; arrivés près du pont de la Turquoise, nous apercevons enfin les clochetons dorés du grand temple. La nuit est proche et le froid vif. C'est le moment de chercher un gîte. Il ne s'agit plus, comme à Changtang, d'approcher d'unte tente et de demander l'hospitalité. Cependant hôtels et caravansérails sont inconnus à Lhassa et nous devons nous attendre à ce que tout individu que nous accosterons s'empresse de nous dénoncer. A notre première tentative, nous tombons sur un serviteur qui feint de ne pas nous entendre; à la seconde, la porte d'une maison s'ouvre sur une servante. Ahurie, elle pousse un cri et appelle sa maîtresse. Nous lui demandons l'autorisation de passer la nuit sous son toit, mais, levant les mains, elle nous supplie de poursuivre notre chemin et justifie son refus en déclarant que, si elle cédait à nos instances, elle serait fouettée par ordre du gouvernement. Jamais nous n'aurions cru que les instructions fussent aussi strictes, mais pour rien au monde nous ne voudrions être cause d'un châtiment injuste. De ruelle en ruelle, nous parvenons presque à l'autre extrémité de la ville sans oser tenter une nouvelle fois la chance. Une maison devant laquelle nous nous arrêtons enfin donne une impression de richesse et, dans la cour, nous apercevons des étables et des chevaux. De nouveau, les domestiques refusent catégoriquement de nous laisser franchir le portail. Feignant de ne pas comprendre, nous déchargeons notre âne et passons outre. De son côté, l'ânier, qui commence à deviner l'irrégularité de notre situation, insiste pour nous quitter au plus vite. Le temps de recevoir son salaire et il disparaît sans demander son reste. Les serviteurs, découragés par notre attitude résolue, donnent libre cours à leur désespoir; ils nous implorent, se lamentent, nous invitent à vider les lieux, se retranchent derrière leur bönpo et arguënt de la punition qui les attend si nous ne partons.

Nous avons beau compatir, la fatigue l'emporte sur nos scrupules et nous faisons la sourde oreille. Autour de nous, la foule se rassemble; attiré par les cris et les imprécations, un cercle de curieux se forme et la vue de nos pieds couverts d'ampoules suscite la pitié. Certains se contentent de hocher la tête d'un air compréhensif, mais une femme prend l'initiative de nous apporter du thé au beurre. Son exemple fait merveille, et, bientôt, les cadeaux s'accumulent: tsampa, bois pour faire le feu. Les donateurs sont les mêmes personnes qui, tout à l'heure, nous refusaient l'hospitalité. Peut-être essayent-elles de nous faire oublier leur mauvais accueil ou expriment-elles ainsi leur satisfaction de nous voir installés ailleurs que chez eux. Nous commençons à nous restaurer quand, tout à coup, quelqu'un nous adresse la parole en un anglais impeccable. Malgré l'obscurité, nous reconnaissons un Tibétain et je lui demande si, par hasard, il ne serait pas l'un des quatre nobles qui ont fait leurs études à Rugby, en Angleterre. L'inconnu le dénie, mais nous dit qu'il a passé quelques années aux Indes, d'où ses connaissances linguistiques. Il offre de nous faire apporter des provisions par ses serviteurs, mais n'est pas moins catégorique que ses compatriotes en ce qui concerne le logement: sans la permission des autorités municipales, il ne peut prendre la responsabilité de nous héberger. Sur ces mots, il s'éloigne et nous apprenons de la bouche des curieux qui nous entourent que l'inconnu est un haut personnage, un certain Thangme.

Nous continuons à converser à la lueur du feu de bois quand, fendant la foule, des domestiques se présentent et nous invitent à les suivre. Sans même attendre notre réponse, ils se saisissent de nos bagages et nous précèdent. En chemin, ils nous révèlent que leur maître, Thangme, est le «grand chef de l'électricité». Chaque fois qu'ils font allusion à lui, ils le qualifient de *kungö*, c'est-à-dire d'Excellence. C'est la formule de politesse la plus courtoise et nous décidons de l'employer aussi.

Dieu soit loué, Thangme habite dans le voisinage! A la tête d'une nombreuse escorte, nous parvenons bientôt devant sa maison. Il nous attend en haut de l'escalier, avec, à ses côtés, sa jeune femme, une jolie Tibétaine.

Notre premier geste consiste à nous débarrasser de nos manteaux de mouton, luisants de crasse et infestés de poux; des serviteurs les emportent avec diligence. De la main, Thangme nous invite à prendre place.

«Le magistrat municipal m'a donné l'autorisation de vous loger, mais pour une seule nuit, nous annonce-t-il; ensuite, il appartiendra au Conseil des ministres de prendre une décision définitive.»

Pour l'instant, cela nous suffit; le simple fait de nous savoir les hôtes, à Lhassa, d'une famille noble nous comble de joie. Dans la pièce où nous sommes on a dressé deux lits ou plutôt deux divans, recouverts de tapis, près desquels ronfle un poêle de fonte. Des fagots de genévrier l'alimentent: c'est là je le sais, un luxe et une faveur spéciale, car le combustible a dû être amené de très loin à dos de yak.

Notre hôte ne se lasse pas de nous poser des questions:

«D'où venez-vous?

— Du Changtang.

— Qui êtes-vous?

— Deux prisonniers de guerre évadés des Indes. Deux Allemands.

— Et vous avez fait tout ce chemin à pied!»

Sa stupéfaction est manifeste; de mémoire de Tibétain, les voyageurs qui ont réussi à traverser vivants les hauts plateaux du nord-ouest, infestés de brigands, se comptent sur les doigts de la main.

Le luxe qui nous entoure fait paraître notre accoutrement plus minable encore; nos vêtements qui, jusqu'ici, représentaient toute notre richesse et possédaient à nos yeux une valeur énorme, perdent brusquement tout prestige. Notre plus vif désir est de nous en débarrasser sans tarder et d'en revêtir de neufs. Prétextant notre fatigue, nous demandons l'autorisation de nous retirer et nous nous endormons aussitôt. Depuis que nous avons quitté Kyirong, c'est la première fois que nous nous couchons sans crainte...

Le lendemain, dès notre réveil, des seviteurs arrivent, porteurs de thé et de pâtiseries et nous déjeunons au lit. Puis on nous donne de l'eau chaude et nous pouvons enfin nous laver et nous raser. Pour compléter la métamorphose, un coiffeur paraît, un musulman qui nous propose de nous couper les cheveux et de remettre un peu d'ordre dans nos tignasses. Si le résultat n'est pas un chef-d'œuvre, il suscite cependant l'admiration des spectateurs. Pour les Tibétains, la question de la coiffure est évidemment simplifiée: la majorité a la tête rasée ou porte des nattes.

Vers midi, Thangme revient et apporte des nouvelles rassurantes. Le ministre chargé des relations avec l'extérieur lui a accordé une audience et l'a assuré de sa bienveillance à notre égard. De toute manière, contrairement à ce que nous avions craint, nous ne serons pas livrés aux Anglais. Le droit d'asile nous est accordé à titre temporaire, mais seul le régent, la plus haute autorité du Tibet pendant la minorité du Dalaï Lama, alors âgé de onze ans, statuera définitivement sur notre cas Pour l'instant, il séjourne au monastère de Taglung Tra où il fait retraite. En attendant, le ministre nous prie de bien vouloir rester dans la maison de Thangme, ceci dans notre propre intérêt et pour nous mettre à l'abri des fanatiques que notre présence dans la ville sainte risquerait de choquer.

Cette décision nous comble d'aise; depuis des mois nous sommes en route et la perspective d'un repos forcé est loin de nous déplaire. Nous apprenons, par les journaux qu'on nous apporte, qu'ici et là dans le monde des désordres se sont produits et que des prisonniers de guerre allemands travaillent encore en Angleterre et en France.

Trois jours plus tard, un bönpo, délégué par l'administration communale, se présente, accompagné de six policiers; sales et débraillés, on les prendrait plutôt pour des bandits de grand chemin. Le fonctionnaire s'excuse fort poliment de devoir fouiller nos bagages, puis nous demande de lui raconter les péripéties de notre fuite de Kyirong. Comme nous le questionnons sur les raisons de sa démarche, il nous répond que ces renseignements lui permettront de confondre les gouverneurs de districts intéressés et de les punir de leur négligence, car, ajoute-t-il, permettre à deux étrangers de se glisser sans encombre jusqu'à Lhassa frise la trahison. En conséquence, nous précisons que nous avons évité les agglomérations où siègent les autorités provinciales pour nous épargner toute rencontre. Sur ce, notre interlocuteur nous révèle avec le plus grand sérieux qu'il a cru un moment à une invasion du Tibet par les Allemands, les habitants de Lhassa à qui nous avons demandé asile s'étant empressés de le mettre au courant de cette démarche insolite. Il avait conclu à la présence de nombreux détachements arrivés de plusieurs directions à la fois.

L'envoyé des autorités municipales clôt la discussion en déclarant que le Tibet et Lhassa sont strictement interdits aux étrangers et que le gouvernement entend bien préserver cet isolement.

«Où irions-nous, conclut-il, si chacun était libre de franchir l'Himalaya à sa guise?»

Que se produirait-il en effet dans une telle éventualité? Ceci : un tel introduirait dans le pays un véhicule à roues qui, tôt ou tard, remplacerait le portage à dos d'homme et se substituerait au yak; marchant sur les traces du premier, un autre étranger, armé d'une seringue et de pénicilline, entreprendrait de chasser les maladies vénériennes des tentes des nomades et des palais des nobles. Mais le troisième et le quatrième retrousseraient leurs manches et arracheraient au sol tibétain l'or et les minerais qu'il contient. Torrents et rivières actionneraient bientôt des turbines; sur les cols, où à l'heure actuelle claquent au vent des banderoles et oriflammes, se dresseraient des pompes à essence et des hôtels de tourisme. Enfin, chassant les dieux de leurs derniers trônes terrestres, remonte-pentes et funiculaires se lanceraient à l'assaut des montagnes. C'est précisément contre cette invasion que le Tibet et son gouvernement entendent se prémunir!

NOTRE ARRIVÉE DANS LHASSA

Déjà, la nouvelle de notre arrivée a fait le tour de la ville et nous défrayons la chronique; les visiteurs commencent à affluer.

La femme de Thangme, parfaite maîtresse de maison, sort son argenterie. Les tasses à thé sont des coupes de porcelaine enchâssées dans un support d'or ou d'argent et munies d'un couvercle de même métal. Suivant le rang des visiteurs, les tasses sont plus ou moins ornées ou ouvragées; certaines, vieilles de plusieurs siècles, sont de véritables chefs-d'œuvre de l'art chinois.

Thangme est un noble de cinquième rang; à l'exception de ses parents et des membres de sa famille, ses hôtes appartiennent au troisième ou quatrième degré de noblesse. La curiosité les attire dans la maison. Un des plus illustres est le fils du célèbre ministre Tsarong; il vient nous rendre visite en compagnie de sa femme. Son père, de condition modeste, était le favori du treizième Dalaï Lama; sous son règne, servi par une intelligence et des aptitudes exceptionnelles, il s'éleva aux plus hautes fonctions de l'État. Il y a quarante ans, Tsarong se distingua en couvrant la fuite du Dalaï vers les Indes devant la soldatesque chinoise. Longtemps ministre, il jouissait de pouvoirs égaux à ceux d'un régent; plus tard, un autre favori, Kumphel La, parvint à le supplanter, mais n'eut jamais le même prestige. Tsarong, qui appartient à la noblesse du troisième degré, dirige actuellement la Monnaie tibétaine. Son fils, âgé de vingt-six ans, a été élevé aux Indes et parle couramment l'anglais. Dans ses cheveux, il porte une amulette d'or, privilège des fils de ministres, même si le père ne fait plus partie du cabinet. On est noble par la naissance ou bien on peut le devenir en récompense de services rendus.

Pendant que les domestiques servent le thé, nous conversons en anglais, sauf lorsque la femme du jeune Tsarong demande une explication sur un point particulier. Elle se nomme Yanchenla et passe pour être une des beauté de Lhassa. Quoi qu'il en soit, rouge à lèvres, fond de teint et poudre de riz ne lui sont pas inconnus. Elle fait montre d'une vivacité d'esprit peu commune, et, comme la plupart des Tibétains, elle ignore la timidité et rit à tout propos.

Tsarong junior témoigne d'une étonnante érudition. Il nous donne les derniers détails sur les conférences de Potsdam, la division de l'Allemagne et de l'Autriche en zones d'occupation, les procès intentés aux criminels de guerre et la détresse alimentaire en Europe. Nulle trace de haine ou de ressentiment dans ses paroles, mais, au contraire, une grande humanité, un solide bon sens comme seuls ont les êtres qui, ignorant complexes et préjugés, contemplent le déroulement des événements mondiaux avec le détachement du sage.

Sans cesse, au cours de la conversation, le jeune homme répète une même phrase:

«Nous sommes des *gug-pa*; tous les Tibétains sont des *gup-pa*».

Gup-pa peut se traduire par «imbécile»; cependant le sens exact serait plutôt «retardataire» ou «arriéré». dans la bouche de Tsarong, cette constatation ne correspond pas à un jugement porté contre ses compatriotes et n'implique pas que son auteur veuille modifier cet état de choses. Certes, notre interlocuteur a fait de bonnes études aux Indes et en sait aussi long qu'un licencié sortant d'une université anglaise, américaine ou française. Il possède un poste de radio qu'il a construit lui-même et auquel un générateur, actionné par une éolienne placée sur le toit de sa maison, fournit le courant, mais, pour rien au monde, il n'adopterait les coutumes européennes ou américaines. Jamais il ne troquerait la manière de vivre presque moyenâgeuse contre l'existence trépidante d'une quelconque métropole ou d'une grande ville. Pourtant, s'il le voulait, rien ne lui serait plus facile: son père passe pour multimilionnaire.

Notre première soirée en compagnie de nobles tibétains se prolonge terriblement. De nouveau, il nous faut raconter par le menu les péripéties de notre équipée et j'acquiers la certitude que Tsarong et Thangme apprennent par nous à quoi ressemble l'intérieur d'une tente de nomades. Ni l'un, ni l'autre ne cherchent à cacher leur admiration devant notre exploit et ils éprouvent une frayeur rétrospective à la pensée que nous avons traversé, en plein hiver, les terribles monts Nien-Tchen-Tang-La.

La réception donnée en notre honneur n'est qu'un prélude; dès le lendemain, un dîner lui fait suite, puis un autre et encore un autre. Je me demande si ce surcroît de travail et ce défilé continuel de curieux et d'invités ne sont pas une gêne pour Thangme et sa femme.

Ils se hâtent de me rassurer et je les crois sincères. Jamais, me disent-ils, ils ne se sont tant amusés; plus les visites sont nombreuses, plus ils se réjouissent.

On le comprend beaucoup mieux lorsqu'on sait que les réceptions sont les seules distractions des habitants de Lhassa. Pas de fêtes en dehors des cérémonies religieuses, pas de cinéma, pas de théâtre, pas de restaurants, aucun salon de thé, rien qui permette de passer le temps. En outre, la chasse est prohibée — tuer un animal est interdit — et la pêche également; les poissons jouissent même de la protection toute spéciale du Dalaï Lama. De plus, sauf en cas de force majeure, jamais un Tibétain ne songerait à gravir une montagne, et quand un noble part en voyage, c'est la mort dans l'âme. Voyage est synonyme de punition et implique le renoncement aux réceptions de Lhassa au cours desquelles on rit, on boit, et on conte fleurette aux belles invitées.

Parmi les visiteurs figure Surkhang, général de l'armée tibétaine et frère du ministre du même nom. Il a de vagues notions d'anglais, ce qui lui donne le rare privilège de pouvoir lire les journaux étrangers; Ceux-ci sont amenés des Indes à dos de yaks et proviennent de différents points du monde; à Lhassa, il y a même quelques abonnés au magazine américain *Life*. Les quotidiens hindous arrivent au Tibet huit jours après leur parution; les autres sont vieux de trois semaines.

De nombreux moines-fonctionnaires se succèdent dans la maison de Thangme; tous font montre d'une grande amabilité, apportent des cadeaux et répètent à satiété que, si nous avons un quelconque désir, ils s'ingénieront à le satisfaire. Notre connaissance de leur langue les étonne, mais, parfois, nous voyons se former sur leurs lèvres un sourire ironique. En effet, Aufschnaiter et moi parlons un épouvantable dialecte de nomades ou de paysans, rude et rocailleux, qui amuse prodigieusement nos interlocuteurs; toutefois, leur politesse naturelle leur interdit de nous reprendre. Nous avons l'air de montagnards arriérés lancés dans un salon élégant et commettant force bévues sans que personne ose leur faire la leçon.

Nous recevons également la visite de fonctionnaires attachés à la légation chinoise, d'un employé sikkimois de la mission commerciale britannique et celle du chef d'état-major de l'armée tibétaine, le général Kunsangtse; avant son départ pour les Indes et la Chine à la tête d'une délégation militaire, il a tenu à nous témoigner l'amitié qu'il nous porte. Kunsangtse est le frère cadet du ministre des Affaires étrangères; cet homme, jeune encore et supérieurement intelligent, nous assure de sa sympathie; il pense, lui aussi, que le gouvernement donnera droit à notre requête.

Conséquence du repos forcé auquel nous sommes soumis et réaction inévitable après les fatigues de ces derniers mois, notre état de santé laisse à désirer; Aufschnaiter est fiévreux et, en ce qui me concerne ma vieille sciatique me tourmente de nouveau. Alarmé, notre hôte envoie quérir le médecin de la légation chinoise. Celui-ci nous raconte qu'il a fait ses études à Berlin et à la Faculté de Bordeaux. La conversation roule sur la situation mondiale; notre interlocuteur émet l'opinion que, dans les vingt prochaines années, la force se trouvera concentrée entre les mains des Américains, des Russes et des Chinois. Finalement, il nous quitte, non sans promettre de revenir bientôt.

Le même jour, on nous apporte une garde-robe complète, don du gouvernement. Le messager s'excuse de nous avoir fait attendre; notre taille étant supérieure à celle de la moyenne des Tibétains, les magasins ne renfermaient ni vêtements, ni chaussures pouvant nous convenir. Il a donc fallu les confectionner spécialement. Heureux comme des enfants, nous nous empressons de nous dépouiller de nos vieilles défroques et endossons nos nouveaux costumes. Si la coupe laisse à désirer, l'étoffe est solide et surtout neuve.

Nos relations avec Thangme et sa femme sont extrêmement amicales; ils nous soignent et nous couvent comme leurs propres enfants. Ces derniers vont chaque jour à l'école et apprennent à lire et à écrire; de très bonne heure, le matin, nous les entendons quitter la maison où ils ne rentrent que tard dans la soirée. Pour écrire, ils se servent de planchettes sur lesquelles, à l'aide d'encre et de plumes de bambou, ils tracent les caractères. Lorsque le maître a pris connaissance de leur travail, il efface les lettres d'un coup de chiffon, et les élèves recommencent jusqu'au moment où la calligraphie est parfaite.

J'avais beau parler assez couramment le tibétain à mon arrivée à Lhassa, il m'a fallu trois ans pour l'écrire convenablement. Apprendre les lettres n'est rien, la difficulté commence lorsqu'il s'agit de les assembler et de les associer pour former des syllabes. La plupart de caractères sont dérivés d'une très vieille écriture hindoue et ressemblent aux caractères hindis; en revanche, ils ne présentent aucune similitude avec les caractères chinois.

On se sert d'encre de Chine pour écrire sur du papier qui est, lui, d'origine cent pour cent tibétaine. Extrêmement solide, il ressemble à du parchemin; celui qui provient de la papeterie de Lhassa est de qualité inférieure, mais il en est d'autres, particulièrement dans les régions où pousse le genévrier, qui sont renommés à juste titre. En outre, on importe annuellement plusieurs milliers de charges de papier acheminées à dos de yak depuis le Népal et le Bhoutan où les procédés de fabrication sont identiques. Le Tibet, lui non plus, n'est pas à l'abri de la paperasserie et de la gabegie! Que de blancs et de pages perdues dans les actes officiels!

J'ai souvent assisté sur la rive du Kyitchu à la fabrication du papier. Rien n'est plus simple : on étend une couche de pâte liquide sur une toile tendue sur une forme de bois, puis on attend. Quelques heures d'exposition à l'air des hauts plateaux suffisent à sécher complètement la pâte. Toutefois, certains papiers sont impropres à l'emballage des provisions ou des denrées alimentaires, car leurs composants sont toxiques. Il va de soi qu'avec des produits aussi primitifs, la surface est nécessairement rugueuse et écrire sans bavures n'est pas à la portée du premier venu.

Tout comme leurs sœurs du monde entier, les Tibétaines adorent faire étalage de leurs bijoux; elles sont fières d'exhiber leurs richesses chaque fois que l'occasion s'en présente. La femme de Thangme, par exemple, s'empresse de nous montrer ses trésors. Ceux-ci sont enfermés dans un coffre; bracelets, bagues et colliers sont soigneusement rangés dans des cassettes ou enveloppés dans des toiles de soie. Leur valeur approximative est de six millions de francs. Si, gravissant l'échelle des honneurs, Thangme passait dans la catégorie de noblesse supérieure, il lui faudrait donner à sa femme d'autres joyaux. Tous les époux se plaignent des goûts dispendieux de leurs compagnes et leur en font volontiers grief; la Tibétaine, sur ce point, n'a rien à envier aux Occidentales; le désir d'éclipser par la beauté de sa parure parentes ou amies appartenant à la même classe sociale que la sienne la hante et la poursuit. La seule différence c'est que, sur le Toit-du-Monde, le mari, contraint de tenir son rang, ne peut refuser de satisfaire les fantaisies de son épouse. L'argent ne suffit pas à prouver la richesse d'un individu, il faut encore que sa femme soit couverte de pierreries.

Parmi les bijoux que nous sommes conviés à admirer figurent des amulettes que l'on porte suspendues à un collier de corail. Toutes sont en or, mais plus ou moins ouvragées; jamais une Tibétaine ne quitte son amulette, car elle contient un talisman ou une relique qui la progège contre le mauvais sort. La coiffure est particulièrement remarquable; elle consiste en un diadème triangulaire fait de turquoises, de corail et de perles. Si l'on y ajoute les boucles d'oreilles, on obtient le minimum indispensable; mais ce minimum vaut parfois une fortune.

En dehors des richesses précédemment énumérées, notre hôtesse possède plusieurs dizaines de bracelets et de boucles d'oreilles en diamants; notre stupéfaction devant les trésors qu'elle étale sous nos yeux l'amuse au plus haut point. En revanche — et c'est là le revers de la médaille — elle nous avoue que, pour rien au monde, elle ne sortirait sans une escorte de serviteurs jouant le rôle de gardes du corps, car, nous dit-elle, des brigands attaquent fréquemment les femmes seules. [...]

LA PROCESSION DU NORBULINGKA

Il fait un temps magnifique; les Lhassapa forment la haie entre la porte de Tchörten, à l'ouest de la ville, et l'entrée du parc qui entoure le palais d'été. Sur trois kilomètres, l'affluence est telle que nous avons beaucoup de mal à trouver un bon observatoire. La foule en liesse ondule à perte de vue comme une houle multicolore.

Aussi imposant que soit le Potala, c'est plus une prison qu'un palais; sa masse est écrasante. On comprend sans peine que tous les Dalaï Lama n'aient eu qu'un désir: fuir la forteresse dès le début de la belle saison.

La résidence d'été de Norbulingka, commencée sous le règne du septième Dalaï, a été terminée seulement sous celui du treizième, c'est-à-dire du prédécesseur de l'actuel Bouddha Vivant. Grand réformateur, le treizième Dalaï était en même temps épris de modernisme: un jour, il décida de faire venir trois automobiles à Lhassa, au vif émoi du clergé. Démontées, les voitures passèrent l'Himalaya à dos d'homme et de yak, puis furent remontées pièce par pièce par un mécanicien formé aux Indes. En récompense, celui-ci fut nommé «chauffeur officiel». Chaque fois que je le rencontre, le pauvre homme se lamente sur le sort des deux Austin et de la Dodge garées dans une grange ; il continue à les entretenir, bien que personne ne s'en serve plus. On raconte encore à Lhassa que le même Dalaï, rentré en grande pompe de son palais d'été, n'avait rien de plus pressé, une fois franchie l'enceinte du Potala, que de remonter dans une de ses voitures et de se faire reconduire, en secret, à Norbulingka.

Mais voici que retentissent appels de trompes et roulements de tambours annonçant l'arrivée du cortège, la foule murmure, puis se tait dès que l'avant-garde de la procession paraît. Des moines au service du Dalaï portent, enveloppé dans des soieries jaunes, les objets qui lui appartiennent. Le jaune est la couleur officielle, celle de l'église lamaïste réformée. Une vieille légende explique l'origine de ce choix.

Tsong Kapa, le grand réformateur du bouddhisme tibétain, n'était encore que séminariste ; dernier novice à pénétrer dans la lamaserie de Sakya, il s'apprêtait à revêtir les habits de cérémonie et à mettre sur sa tête le chapeau rouge rituel. Or, on l'avait oublié et il ne restait plus de coiffure disponible. Voyant son embarras, un des spectateurs se saisit du premier chapeau qu'il trouva et en coiffa Tsong Kapa. Le hasard voulut qu'il fût jaune. Par la suite, Tsong Kapa resta fidèle à cette couleur et c'est ainsi que le jaune devint le symbole de l'Église réformée.

Lors des cérémonies et des réceptions officielles, le Dalaï Lama porte toujours un bonnet et des vêtements de soie jaune. C'est là un privilège qui lui est réservé.

Derrière les moines chargés des objets appartenant au Bouddha Vivant, des serviteurs défilent, transportant de grandes cages qui renferment les oiseaux préféres de Sa Sainteté. Parfois un perroquet lance un mot ou une phrase de bienvenue ; un frisson parcourt la foule qui interprète ce cri comme un message divin. D'autres moines, porteurs de bannières et d'oriflammes, précèdent une troupe de musiciens à cheval, vêtus de livrées anciennes et soufflant dans d'antiques instruments auxquels ils arrachent des sons plaintifs. Tout cela manque d'ensemble et les tambours battent rarement en mesure : l'essentiel est de faire du bruit. Les Tsedrung caracolent, échelonnés selon le rang qu'ils occupent dans la confrérie, puis viennent les chevaux de l'écurie personnelle du Dalaï Lama. Rênes et guides sont jaunes ; les mors et les ornements des selles sont en or massif et les animaux portent de splendides caparaçons de brocart.

Suivent les ministres et les hauts dignitaires qui ont l'honneur de servir le dieu-pontife : chambellan ; échanson, professeurs, intermédiaires entre le Dalaï et le gouvernement, prieurs de monastères portant un surplis de soie jaune sur leur robe violette. Des géants, choisis pour leur force, les escortent. Aucun ne mesure moins de deux mètres, l'un d'eux atteindrait même, m'a-t-on dit, deux mètres quarante. Pour augmenter encore leur carrure, ils ne dédaignent pas de rembourrer leur robe aux épaules. Porteurs de longs fouets, ces policiers invitent les spectateurs à reculer et à se découvrir. Sans doute s'agit-il là d'un rite car, sans attendre les injonctions des dob-dob, les assistants courbent l'échine en signe de respect et certains se jettent dans la poussière.

Le général en chef de l'armée tibétaine suit les hauts dignitaires et son uniforme kaki, son casque colonial tranchent sur la splendeur des vêtements de parade des autres membres du cortège. Cependant il a trouvé le moyen de prendre sa revanche: ses épaulettes, ses insignes et les nombreuses décorations qu'il arbore sont en or massif et il brandit son épée.

Le silence se fait à l'approche de la litière aux rideaux jaunes du Dalaï Lama. Trente-six hommes, vêtus de robes de soie verte et coiffés de chapeaux écarlates, la transportent. Le contraste entre ces trois couleurs est saisissant. Au-dessus de la litière un moine tient un immense parasol fait de plumes de paon.

Autour de nous le silence est total; abîmé dans l'adoration, la foule garde les yeux baissés. Nous-mêmes nous contentons de nous incliner légèrement, car nous tenons à voir le Dalaï Lama. Soudain, un visage souriant se montre derrière les vitres du baldaquin. Le Bouddha Vivant, lui aussi, nous a vus.

Lentement la litière s'éloigne; j'ai su plus tard que les trente-six porteurs du Dalaï s'exerçaient pendant des semaines, sous la direction d'un noble de quatrième rang, avant de parvenir à cette parfaite synchronisation des mouvements.

A la suite de Sa Sainteté, viennent les hauts personnages civils: les quatre ministres montant des chevaux magnifiquement harnachés; puis, derrière eux, dans une litière, le régent, Tagtra Gyeltshab Rimpoché, le «noble lieutenant du roi». C'est un vieillard de soixante-treize ans; il regarde fixement devant lui, sans un sourire, sans un signe à l'adresse de la foule qui s'incline, avec respect sur son passage. Représentant du jeune Dalaï, il a autant d'amis que d'ennemis et le silence qui marque sa venue a quelque chose d'angoissant. A cheval, s'avancent les prieurs des trois grands monastères: Sera, Drebung et Ganden; eux aussi portent des surplis jaunes sur leurs robes monastiques mais, contrairement à ceux des compagnons du Dalaï Lama, les leurs sont en coton et non pas en soie. Leurs têtes rasées sont surmontées de chapeaux de carton doré, à larges bords. Formant l'arrière-garde du cortège, les nobles défilent à leur tour, chacun à sa place selon le rang qu'il occupe dans la hiérarchie. A chaque degré de noblesse correspondent un costume distinctif et un chapeau différent. Les minuscules bonnets dont s'affublent les membres de la plus basse caste sont proprement grotesques: ils couvrent tout juste le sommet du crâne et sont maintenus par un ruban noué sous le menton.

Aufschnaiter et moi sommes encore sous le coup du spectacle extraordinaire qui vient de se dérouler sous nos yeux lorsque, soudain, une musique connue vient frapper nos oreilles. Les premières mesures du *God save the King* retentissent! A mi-chemin du palais d'été, la clique de la garde personnelle du Dalaï Lama a pris place; au moment où la litière du Bouddha Vivant arrive à leur hauteur, les musiciens entonnent l'hymne royal anglais. L'exécution n'est pas irréprochable, tant s'en faut, mais jamais encore je n'ai connu pareille surprise. Le responsable de cette innovation est le chef de musique. Plusieurs officiers tibétains ont été formés dans l'armée coloniale des Indes; ayant remarqué que le *God save the King* était joué dans les occasions solennelles, ils l'ont introduit dans leur pays. Il existe, paraît-il, des paroles tibétaines qui accompagnent la musique mais, pour ma part, jamais je n'ai entendu chanter l'«hymne national». Le morceau terminé, la clique vient se placer à la fin de la procession, bientôt relayée par des cornemuses qui jouent des airs écossais; ce sont les musiciens du bataillon de police, d'un effectif de cinq cents hommes, massés à l'entrée du Norbulingka.

Quelques minutes plus tard, le cortège disparaît dans le vaste parc qui entoure le palais d'été; une longue cérémonie se déroule pour célébrer l'installation du Dalaï Lama dans sa nouvelle résidence, puis un festin réunit dignitaires, cléricaux et laïcs.

Peu après la procession du Norbulingka, le beau temps commence à régner; dans la journée, la température ne dépasse pas vingt-cinq degrés et les nuits sont agréablement fraîches. Les pluies sont rarissimes et, bientôt, la sécheresse se transforme en fléau. A cette saison, les quelques puits de Lhassa ne contiennent plus que de la boue. La population va alors chercher son eau dans le Kyitchu; le fleuve est sacré, mais cela n'empêche pas qu'on y jette parfois des cadavres que les poissons se chargent de faire disparaître. Chaque année, au moment où les puits commencent à se tarir et les cultures à jaunir, le gouvernement lance une proclamation et enjoint aux Lhassapa d'arroser les rues jusqu'à nouvel ordre. Les Tibétains descendent vers le fleuve en longues files, munis de seaux et de récipients divers; ils reviennent lourdement chargés.

Les nobles délèguent leurs serviteurs vers le Kyitchu, mais ils renversent eux-mêmes dans la rue le contenu des baquets qu'ils rapportent. La corvée d'eau se transforme bientôt en réjouissance publique, non seulement la chaussée, mais les passants sont copieusement inondés. Jeunes ou vieux, pauvres ou riches, tout le monde participe à la fête. Des trombes d'eau dévalent des toits, une fenêtre s'ouvre et le malheureux qui se trouve à proximité se voit douché de belle manière. Ce jour-là les enfants sont dans leur élément: pour une fois ils peuvent faire ce qu'on leur défend tout le reste de l'année! Non seulement ils profitent de la permission, mais ils en abusent. Malheur à celui qui élèverait des protestations, il se verrait aussitôt arrosé de la tête aux pieds!

Ma taille fait naturellement de moi un objectif de choix et, bientôt, le «tchermen Henrigla» — tel est le nom que l'on me donne — n'a plus un poil de sec.

Pendant que, dans les rues de Lhassa, la bataille de l'eau fait rage, l'oracle de Gadong, le plus célèbre «faiseur de temps» du Tibet, officie dans le jardin du palais d'été. Parmi les spectateurs figurent les membres du gouvernement et les représentants du clergé réunis sous la présidence du Dalaï Lama. L'oracle entre en transes, des frémissements parcourent ses membres contractés et des sons rauques s'échappent de sa bouche. Un moine supplie le médium d'intervenir auprès des dieux pour qu'ils fassent tomber la pluie, sinon le pays connaîtra une mauvaise récolte. Le devin grimace et ses murmures se transforment progressivement en cris; un greffier s'avance, note les phrases à mesure qu'il les prononce, puis tend la tablette aux ministres. Abandonné par le dieu qui l'habitait, l'oracle tombe en catalepsie et on l'emporte.

La nouvelle se répand comme une traînée de poudre: le devin de Gadong a promis la pluie! Le fait est qu'une heure après il pleut, aussi extraordinaire que cela puisse paraître. J'ai eu beau chercher toutes les explications possibles, aucune ne m'a convaincu; pour moi, le mystère reste entier.

VIE QUOTIDIENNE A LHASSA

Invités de tous côtés, points de mire de l'attention générale, nous pénétrons progressivement dans l'intimité des grandes familles de la capitale. Chaque jour nous apporte une nouvelle surprise. Désormais nous ne sommes plus des étrangers et l'on nous admet partout sur un pied d'égalité, c'est certain.

Avec le plein été arrive l'époque des vacances. Les Lhassapa se rendent sur les bords du Kyitchu et se répandent sur les rives du fleuve et de ses bras; petits et grands pataugent à longueur de journée. Les nobles font dresser leur tente au milieu de leurs jardins et je connais nombre de Tibétaines élevées aux Indes qui n'hésitent pas à s'exhiber en maillot de bain. Entre deux «trempettes», on se distrait en mangeant et en jouant aux dés. Vers le soir, avant de quitter le lieu du pique-nique, tous, riches et pauvres, rendent hommage aux dieux et les remercient de les avoir favorisés d'une belle journée; des milliers de bâtons d'encens se consument lentement sur la rive.

A Lhassa, l'homme qui sait nager est un personnage et mes performances dans ce domaine m'assurent un prestige incontesté.

Un jour, le ministre des Affaires étrangères, Surkhang, m'invite à passer l'après-midi avec lui et sa famille dans la tente qu'il a fait planter sur la berge du Kyitchu; son fils Dchigme est justement en vacances et tient à me connaître. Élevé aux Indes, il a appris des rudiments de natation.

Je fais la planche et me laisse porter quand, soudain, des cris retentissent; levant la tête, j'aperçois sur la rive des silhouettes qui gesticulent et désignent un point au milieu du fleuve.

En toute hâte, je regagne le bord et cours jusqu'à la tente de Surkhang. Pris dans un tourbillon, le jeune Dchigme se débat désespérément. Sautant à l'eau et luttant contre le courant, je parviens à saisir le jeune homme évanoui et à le ramener près de son père. Ancien moniteur sportif, je pratique immédiatement la respiration artificielle; au bout de quelques minutes, le noyé ouvre les yeux. Son père et les nombreux assistants sont stupéfaits. Remis de sa surprise, Surkhang m'assure de sa gratitude éternelle; le fait d'avoir sauvé une vie humaine me pare d'une auréole surnaturelle aux yeux de mes amis et connaissances.

A la suite de cet incident, j'entretiens des relations amicales avec Surkhang et sa famille ce qui me permet d'étudier l'organisation de son foyer, ahurissante même pour le Tibet.

Surkhang a divorcé une première fois; trois ans après son remariage, il est resté veuf de sa deuxième femme, la mère de Dchigme. Depuis, il «partage» avec un noble de rang inférieur l'épouse de celui-ci. Dans le contrat qui les lie, Surkhang a fait stipuler que le troisième mari de la dame était son propre fils, afin qu'à sa mort sa fortune n'aille pas intégralement à sa veuve.

Des situations aussi bizarres se retrouvent dans la majorité des familles; le cas le plus curieux que j'aie connu est celui d'une mère, belle-sœur de sa propre fille. Polygamie et polyandrie se pratiquent couramment, bien que la plupart des Tibétains soient monogames.

La plupart du temps, l'homme qui possède plusieurs femmes a épousé des sœurs; ceci arrive surtout dans les familles sans descendance mâle. Ainsi la fortune ne risque pas de s'effriter et reste entre les mêmes mains. C'est le cas de notre ami Tsarong; il a épousé trois sœurs héritières d'une vieille famille noble de Lhassa, dont, par permission spéciale du Dalaï Lama, il porte désormais le nom patronymique.

Contrairement à ce que l'on pourrait imaginer, les ménages sont aussi unis que ceux d'Europe et des règles strictes déterminent les rapports au sein d'une famille. Lorsque deux ou trois frères se partagent la même femme, l'aîné jouit de droits plus étendus que ses cadets; ceux-ci ne peuvent se prévaloir des leurs que si l'aîné s'absente ou s'il a une maîtresse. Personne ne se plaint de ce système compliqué. Pourtant au Tibet il y a pléthore de femmes. Une grande partie de la population mâle se destine à la carrière sacerdotale et chaque village a son monastère; les époux possibles forment donc une minorité. Seuls, les enfants légitimes ont droit au titre d'héritiers, mais on se soucie fort peu de savoir qui est le père. L'important, encore une fois, est la sauvegarde du patrimoine.

J'ai souvent lu dans des livres consacrés au Tibet que, suivant l'usage, le maître de maison offrait sa femme ou sa fille à l'hôte de passage ou à l'invité. Si jamais j'avais eu des illusions sur ce point, il y a belle lurette que j'aurais déchanté! Parfois, à l'issue d'un plantureux dîner, il arrive que l'hôte propose à l'invité de choisir une partenaire parmi sa domesticité. Toutefois, c'est l'exception, et ceci n'implique nullement que l'intéressée obéisse aux injonctions patronales. Naturellement à Lhassa, comme partout ailleurs, on trouve des femmes faciles; il en est même qui s'entendent fort bien à monnayer leurs charmes.

Il y a quelques années encore, les parents se chargeaient d'arranger les mariages; depuis les choses ont changé, et, de plus en plus, les jeunes gens se passent des conseils de leurs aînés. On se marie tôt: seize ans pour les filles, dix-sept ou dix-huit ans pour les garçons. La noblesse, elle, veille jalousement à conserver son «sang bleu» et ses membres se marient toujours entre eux; toutefois, les unions consanguines sont strictement interdites. Seul, le Dalaï Lama peut autoriser des dérogations à cette règle. Dans certains cas, les individus qui se sont distingués au service de l'État se voient annoblis; de cette manière un apport de sang nouveau vient régénérer celui qui circule dans les veines des représentants des deux cents familles qui constituent l'aristocratie tibétaine.

Dès que les fiançailles officielles sont annoncées, la jeune fille prépare son trousseau; son importance varie suivant le rang des parents. Le jour fixé pour la cérémonie, l'épouse quitte, avant l'aube, la demeure paternelle et gagne celle de son mari. Devant l'autel des ancêtres, un lama bénit le jeune couple, puis une grande fête réunit parents et amis; selon la fortune des intéressés, les réjouissances durent plus ou moins longtemps : trois à quinze jours. Après le départ des invités, la jeune femme prend possession de son nouveau foyer. Cependant elle n'en devient véritablement la maîtresse qu'à la mort de sa belle-mère.

Les divorces sont rares et soumis à l'agrément des autorités. L'adultère est sévèrement puni; toutefois, si, selon la loi, l'épouse coupable est condamnée à avoir le nez coupé, jamais je n'ai vu appliquer cette peine. Il est vrai qu'un jour on m'a montré une vieille femme sans nez; elle avait, paraît-il, été surprise en flagrant délit, mais je crois plutôt que la mutilation était une conséquence de la syphilis.

UNE AUDIENCE DU DALAÏ LAMA

Pour la seconde fois depuis mon arrivée à Lhassa, j'assiste aux cérémonies du nouvel an. Comme l'année précédente, pèlerins et curieux affluent dans la capitale, transformée en champ de foire. On fête l'avènement de l'année «feu-porc», mais le rituel est le même qu'il y a douze mois. Je m'intéresse surtout aux manifestations auxquelles ma sciatique m'a empêché de prendre part l'an dernier.

Je me souviendrai toute ma vie du défilé des soldats revêtus d'armures et de cottes de mailles; cette parade commémore un événement marquant de l'histoire locale. Une armée musulmane en marche vers Lhassa fut surprise par une effroyable tempête de neige au pied des monts Nien-tchen-Tang-La; les soldats périrent jusqu'au dernier. Ramassant les armures, les autorités tibétaines les portèrent en triomphe à Lhassa. Depuis, chaque année, un millier de soldats s'en affublent et défilent à travers les rues.

Les vieux drapeaux claquent au vent, les hommes passent dans un cliquetis de ferraille, les casques ornés d'inscriptions en langue urdu étincellent au soleil, cependant que, de toutes parts, retentisssent des salves tirées par d'antiques tromblons. Ici, dans cette ville moyenâgeuse, le spectacle des casques et des armures, des hallebardes et des piques, n'a rien d'anachronique: le temps s'est simplement arrêté. Précédée de deux généraux nobles, la troupe traverse le Parkhor et prend position sur une vaste esplanade. La foule attend, faisant cercle autour d'un immense brasier dont les flammes engloutissent des tonnes de beurrre et de denrées alimentaires, offrandes aux dieux. Des moines jettent dans la fournaise des masques et des mannequins représentant les esprits néfastes. Dans le lointain le grondement du canon se répercute de montagne en montagne et les salves se succèdent, tirées par de vieux mortiers. Le moment où, s'approchant du brasier, l'oracle d'État entre en transes, puis s'écroule sans connaissance constitue le point culminant de la cérémonie. On dirait un signal. La foule, jusque-là silencieuse, paraît soudain transfigurée; des cris retentissent, des hurlements s'élèvent, le fanatisme se donne libre cours. La populace est désormais incontrôlable et l'on peut s'attendre au pire. En 1939, les membres de l'expédition allemande au Tibet lui échappèrent de justesse; ils avaient entrepris de filmer l'oracle au moment où ils s'approchaient de la fournaise. La multitude les en empêcha en leur jetant des pierres.

Il ne s'agit nullement là de xénophobie, ni même d'une manifestation d'hostilité, mais d'une réaction instinctive. Plus tard, lorsque je pris des films sur l'ordre du pontife, malgré toutes mes précautions, je ne pus empêcher des désordres de se produire.

A l'occasion des fêtes marquant le début de l'année «feu-porc», le grand chambellan m'avise qu'Aufschnaiter et moi allons être reçus par le Dalaï Lama. Nous l'avons déjà aperçu à plusieurs reprises; il nous a même souri durant la procession du Norbulingka; pourtant la perspective de nous présenter devant lui, dans son palais, nous trouble profondément. Je sens confusément que notre avenir dépendra de cette confrontation; en fait, elle marquera le début d'une amitié.

Le jour de la cérémonie, nous endossons nos pelisses et achetons les écharpes les plus chères que nous puissions trouver, puis, en compagnie de nombreuses personnes: moines, nomades, femmes en habits de fête, nous montons les degrés qui mènent au Potala. Le spectacle qu'offre la ville est grandiose; d'où nous sommes, nous apercevons tous les jardins et les villas qui les parsèment. Après avoir longé une allée bordée de centaines de moulins à prières que les visiteurs font tourner au passage, nous franchissons un large portail et pénétrons dans le palais.

De sombres couloirs, aux murs ornés de fresques représentant les dieux tutélaires, traversent le rez-de-chaussée et débouchent sur une cour qu'éclairent des ouvertures percées dans les murailles dont l'épaisseur atteint huit à dix mètres. Des échelles conduisent aux étages, puis au toit. Prudemment les visiteurs escaladent les échelons, s'efforçant de faire le moins de bruit possible et d'échapper au regard inquisiteur des dob-dob qui, le fouet à la main, veillent au respect de l'ordre. Une foule grouillante stationne sur la terrasse: à l'occasion de la nouvelle année, chaque Tibétain a droit à la bénédiction du Dalaï Lama.

On aperçoit de petits édifices aux toits recouverts de feuilles d'or: les appartements du pontife. Les fidèles, conduits par des moines, se dirigent vers une porte devant laquelle des Tsedrung tiennent leur réunion quotidienne.

Aufschnaiter et moi sommes derrière les moines qui forment l'avant-garde de la colonne. Au moment où nous pénétrons dans la salle d'audience, nous dressons la tête pour voir le Bouddha Vivant. Oubliant l'étiquette, lui aussi se soulève pour examiner les deux étrangers dont son frère lui a si souvent parlé.

Incliné en avant, assis en tailleur sur un trône recouvert de brocarts précieux, il bénit des fidèles qui défilent sans interruption. A ses pieds s'amoncellent des sacs contenant des offrandes en espèces, des pièces de soie et des centaines d'écharpes blanches. Sachant que nous ne pouvons remettre nous-mêmes nos écharpes au pontife, nous les tendons à un prieur qui se tient à ses côtés. A la dérobée, je jette un regard sur le Dalaï: j'ai devant moi un jeune garçon aux traits fins qui me sourit. Il avance la main et effleure mon front; comme il le fait pour les moines qui se prosternent devant lui. Quelques secondes plus tard nous faisons halte devant un trône légèrement plus bas, celui du régent. Lui aussi nous donne sa bénédiction, puis un moine s'avance, nous passe autour du cou une écharpe rouge et nous invite à prendre place sur des coussins disposés dans le fond de la salle. Des serviteurs apportent du thé et du riz dont, selon la coutume, nous jetons quelques grains sur le sol en hommage aux dieux.

D'où nous sommes, nous ne perdons rien du spectacle; ces centaines de Tibétains défilent devant le Bouddha Vivant. Courbés en deux, ils tirent la langue en signe de respect. Aucun ne se hasarderait à lever les yeux sur le jeune pontife. Seuls les moines ont droit à l'imposition des mains; pour bénir les laïcs, le Dalaï Lama se sert d'un chasse-mouches en soie dont il leur effleure la joue. Sans cesse de nouveaux pèlerins, suivis d'un ou de plusieurs serviteurs portant des offrandes, franchissent la porte. Un intendant dresse l'inventaire des cadeaux qui sont immédiatement dirigés sur les réserves du Potala où ils attendront d'être utilisés. Par contre on revend les écharpes remises en témoignage d'obéissance ou bien elles servent de récompense lors des compétitions sportives qui marquent le début de l'année. Les dons en espèces qui s'amoncellent au pied du trône appartiennent au souverain et vont rejoindre, dans le trésor du palais, les richesses fabuleuses accumulées par ses prédécesseurs.

Bien plus que les cadeaux, la soumission et l'extase peintes sur les visages me confondent. De nombreux pèlerins ont couvert des milliers de kilomètres pour venir ici, certains ont mesuré de leur corps le chemin séparant leur village du Potala et tous ont consenti de lourds sacrifices pour recevoir la bénédiction de leur idole. Avoir la joue caressée par le chasse-mouches que le Dalaï Lama manœuvre d'une main lasse me paraît être une maigre compensation pour les fatigues endurées et les dangers encourus par les fidèles. Et cependant, lorsque le moine préposé à cette fonction leur passe autour du cou une écharpe de soie blanche, ils sont transfigurés. Ils la conserveront précieusement, leur vie durant, enfermée dans un coffret ou la porteront comme un scapulaire.Tous sont convaincus que ce talisman suffit à écarter les périls.

Les écharpes sont de tailles différentes selon le rang de ceux auxquels elles sont destinées, mais toutes portent les trois nœuds rituels. Des moines se chargent de les nouer; le Dalaï Lama ne le fait que s'il s'agit de ses ministres ou de membres du haut clergé.

Dans la salle, l'atmosphère est lourde de vapeurs d'encens et saturée de l'odeur du beurre qui se consume lentement dans les lampes; l'air et la lumière pénètrent uniquement par une imposte ouverte dans le plafond; le silence n'est interrompu que par le frottement des semelles sur le dallage. Mon camarade et moi poussons un soupir de soulagement lorsque le défilé s'achève. Nous ne sommes d'ailleurs pas les seuls; les hauts dignitaires qui entourent le trône du dieu-roi sont debout depuis quatre heures. Cela fait partie de leurs attributions et, pour un Tibétain, être admis à seconder le Dalaï Lama est un honneur insigne.

Dès que le dernier visiteur a quitté la pièce, le pontife se lève. Soutenu par deux moines serviteurs, il regagne ses appartements et nous nous inclinons sur son passage. Au moment où, à notre tour, nous nous apprêtons à sortir, un moine s'approche, nous tend à chacun un billet de cent sang et déclare: «*Gyalpo Rimpoché ki söre re*. (C'est un présent que vous offre le noble roi.»

Ce geste nous étonne et nous ravit : nous sommes les premiers à bénéficier d'une pareille faveur. Avant même que nous ayons pu en faire part à nos amis, tout Lhassa est au courant. Nous avons pieusement conservé ces billets que nous considérons comme des porte-bonheur.

Heinrich Harrer, *Sept Ans d'aventures au Tibet*, Paris, Arthaud, 1983.

CHRONOLOGIE

Occident	Asie centrale (russe et chinoise) et Tibet	Asie orientale
558 Siège de Constantinople par les Huns. **570-632** Vie de Mahomet.		
		618-907 Dynastie Tang. **630-645** Voyage de Xuan Zang.
	633-651 Prise de la Perse par les Arabes. **641** (vers) Songtsen Gampo, roi du Tibet, épouse la princesse chinoise Wen Cheng. **661** Prise de Kaboul par les Arabes. **751** Défaite des armées Tang à Talas. **763** Raid tibétain sur Chang'an.	
		781 Stèle nestorienne de Xi'an.
	847 Destruction de l'empire ouïghour par les Khirghiz.	
		960-1278 Dynastie Song.
992 Les Vénitiens obtiennent des concessions commerciales à Byzance.		
	995 Les Turcs conquièrent le Khorassan. **999** Prise de Boukhara par les Turcs.	
1095 Le pape Urbain II lance la première croisade. **1099** Prise de Jérusalem par les croisés.		
	1175-1185 Fondation des monastères kagyupa au Tibet.	

Occident	Asie centrale (russe et chinoise) et Tibet	Asie orientale
1186 Rupture entre Frédéric Ier Barberousse et Urbain II.		
	1187 Unification de l'empire de Genghis khan.	
1196 Fondation de l'ordre de chevaliers teutoniques.		
	1202 Genghis khan extermine les Tatars. **1206** Genghis khan, «empereur universel». **1215** Prise de Pékin par Genghis khan. **1219-1225** Attaque de l'empire de Kharezm. Déclin des civilisations de l'Asie centrale. **1223** Les Mongols en Russie.	
1226 Mort de saint François d'Assise.		
	1227 Mort de Genghis khan. Division de l'empire; Karakorum devient capitale fixe.	
1228-1229 Sixième croisade conduite par Frédéric II. Prise de Jérusalem. Signature d'une trêve de dix ans avec le sultan d'Égypte.		
	1229-1241 Règne d'Ogoday. **1236** Le khan Batu envahit la Russie. **1237** Victoire des Mongols sur les Bulgares.	

Occident	Asie centrale (russe et chinoise) et Tibet	Asie orientale
	1240 Kiev est détruite par les Mongols.	
	1241 Les cavaliers mongols et les hordes associées dévastent la Pologne et la Hongrie. La terreur s'abat sur l'Europe; à la mort d'Ogoday les Mongols se retirent; l'Europe est sauvée.	
1245 Innocent IV réunit le concile de Lyon.	**1245-1247** Voyage de Jean du Plan Carpin jusqu'à Karakorum.	
1248 Départ de Saint Louis pour la croisade.		
	1250 Les Mongols sont en Perse.	
	1251 Batou et la Horde d'Or, royaume Qiptchaq.	
	1253-1255 Voyage de Guillaume de Rubrouck.	
	1254-1269 Premier voyage des Polo.	
		1264-1368 Domination mongole sur la Chine.
	1271-1295 Deuxième voyage des Polo, avec Marco.	
		1280-1368 Dynastie Yuan.
		1296-1297 Les Mongols atteignent Java, l'Inde, la Birmanie.
1309 Transfert de la papauté en Avignon.		

Occident	Asie centrale (russe et chinoise) et Tibet	Asie orientale
	1318-1330 Voyages d'Odoric da Pordenone.	
		1333 Mort de J. de Monte Corvino, premier évêque de Pékin.
1337 Début de la guerre de Cent Ans.		
	1338-1342 Voyage de Jean de Marignolli jusqu'en Chine. **1340** Publication de l'ouvrage de F. Pegolotti. **1363** Tamerlan en Transoxiane.	
		1368-1644 Dynastie Ming.
1380 Bataille de Koulikovo.		
	1381 Tamerlan occupe le Khorassan.	
1382 Les Mongols brûlent Moscou.		
	1383 Tamerlan est sur la Caspienne. **1386** Tamerlan prend Ispahan, Chiraz et Bagdad.	
1387 Sigismond, roi de Hongrie.		
	1394-1396 Tamerlan atteint le Caucase.	
1396 Bataille de Nicopolis. **1402** Bataille d'Angora (Ankara).		
	1404-1405 Ambassade de Clavijo auprès de Tamerlan. **1405** Mort de Tamerlan. **1409** Fondation du monastère de Ganden (Tibet).	

Occident	Asie centrale (russe et chinoise) et Tibet	Asie orientale
	1413-1414 Expédition de Zhen Zheng en Asie centrale. **1438** Khanat mongol de Kazan. **1440-1454** Confédération oïrat, sous Esen.	
1453 Chute de Constantinople et de l'Empire byzantin. **1480** Ivan III libère Moscou de la domination tartare. **1492** Christophe Colomb traverse l'Atlantique et aborde à Cuba, découvrant l'Amérique.		
1498 Vasco de Gama découvre la route maritime des Indes. **1519-1521** Premier voyage autour de la terre par Magellan.		**1494-1530** Règne de Baber.
1533-1584 Vie d'Ivan le Terrible (couronné tsar en 1547). **1534** Fondation de la «Société de Jésus».		**1526-1658** Empire mogol sur l'Inde.
1553 Chancellor établit un lien maritime direct avec la Russie, par le nord.	**1552-1556** Conquête de Kazan et d'Astrakhan par les Russes.	

Occident	Asie centrale (russe et chinoise) et Tibet	Asie orientale
	1558 Voyage de A. Jenkinson à Boukhara.	
		1567 Ivan le Terrible envoie deux atamans s'informer sur les contrées lointaines, vers la Sibérie du Sud.
	1578 Alta Khan confère le titre de dalaï-lama à Sonam Gyantso (1543-1588). **1582** Début de la conquête de la Sibérie. **1586** Fondation du monastère d'Erdenni dzu en Mongolie.	
		1601 Matteo Ricci à Pékin.
1620 La *Mayflower* débarque les Pilgrims Fathers sur la côte du cap Cod. **1633** Galilée est jugé par l'Inquisition.		
	1638 Création du Lifan yuan, traitant des relations avec l'Asie centrale. **1639** Ourga (Oulan-Bator) devient la résidence du Qutuqtu de Mongolie.	
		1644-1911 Dynastie Qing.
	1653 Première mission-ambassade russe auprès de l'empereur de Chine, conduite par Fedor Baïkov; Ablin (1660, 1669), Milovanov (1670), Milescu (1675), Golovin (1687), E. Ides (1693).	

Occident	Asie centrale (russe et chinoise) et Tibet	Asie orientale
	1661 Les pères Johan Grüeber et Albert d'Orville à Lhassa.	
1664-1670 Mission du père Avril jusqu'à Moscou. **1689** Début du règne de Pierre le Grand. Traité de Nertchinsk entre la Russie et la Chine.	**1689** Traité de Nertchinsk entre la Russie et la Chine.	
		1696 Protectorat des Qing sur la Mongolie.
	1698-1718 Dix caravanes russes officielles atteignent Pékin.	
1700-1721 La guerre du Nord. **1703** Fondation de Saint-Pétersbourg.		
	1705-1706 Révolte d'Astrakhan.	
1709 Charles XII perd la bataille de Poltava.		
1715 Mort de Louis XIV.	**1712** Mission de Tulishen jusqu'à la Volga. **1715-1721** Ippolito Desideri séjourne au Tibet. **1719-1720** La mission Ismaïlov se rend de Saint-Pétersbourg à Pékin (John Bell). **1720** Corps expéditionnaire chinois à Lhassa.	
1721 Pierre le Grand, «tsar de toutes les Russies». Montesquieu, *Lettres persanes*.	**1722-1723** Campagne contre la Perse,	**1721-1722** Lorents Lange, premier représentant russe à Pékin. **1722** Mort de l'empereur Kang Xi.

Occident	Asie centrale (russe et chinoise) et Tibet	Asie orientale
	annexion du littoral occidental de la Caspienne.	**1724** Protectorat des Qing sur le Tibet.
1725 Mort de Pierre le Grand.	**1726** Ambassade de Sava Vladislavich à Pékin. **1728** Traité de Kiakhta. **1728** Garnison permanente et amban chinois à Lhassa.	
1743-1774 Règne de Louis XV.	**1745** Fermeture de la mission chrétienne à Lhassa.	**1747** Création de l'Afghanistan par Ahmed Shah Dourrani.
	1751 Les Qing contrôlent le Tibet.	
1755 Fondation de l'université de Moscou, sur l'initiative de Lomonossov. **1761** Fermeture des collèges jésuites. **1762-1796** Règne de Catherine II de Russie. **1764** Expulsion, en France, des jésuites. **1768-1774** Guerre russo-turque.		
	1770 Migration des Dzoungars, de la Volga vers l'Ili.	
1773-1775 Révolte de Pougatchev, de la Sibérie occidentale à la basse et moyenne Volga.		**1773** Regulating Act: la Compagnie des Indes sera administrée par l'État.

Occident	Asie centrale (russe et chinoise) et Tibet	Asie orientale
		1773-1784 Warren Hastings, premier gouverneur des Indes.
1774-1789 Règne de Louis XVI. **1787-1791** Guerre russo-turque. **1789** Révolution française.		
	1790-1791 Invasion des Gurkha au Tibet, repoussés en 1792 par les armées de Qianlong.	
1792 La Russie envahit la Pologne. **1795-1799** En France, le Directoire.		
	1797-1798 Voyage de J. Potocki à Astrakhan.	
1799-1804 A la suite du coup d'État du 18-Brumaire, instauration du Consulat. **1801-1825** Règne du tsar Alexandre Ier. **1804-1814** Règne de Napoléon Ier. **1812** Annexion par la Russie, de la Géorgie et de la Bessarabie. **1814-1815** Congrès de Vienne.		**1814-1816** Le Népal devient État vassal.
	1815 Début d'une série de rébellions musulmanes dans le Xinjiang.	
1825 Soulèvement des «décembristes». **1825-1855** Règne du tsar Nicolas Ier. **1825-1830** Règne de Charles X.		

Occident	Asie centrale (russe et chinoise) et Tibet	Asie orientale
1837-1901 En Angleterre, règne de la reine Victoria.	**1832-1833** Voyage de A. Burnes en Asie centrale. **1833** Voyage d'Armin Vambery.	
1845 Fondation de la Société de géographie russe. **1852-1870** Second Empire.	**1839-1842** Défaites des Anglais à Kaboul ; massacre des Anglais.	**1840-1842** Guerre de l'Opium.
		1858 Traité d'Aigun, annexion du territoire de l'Amour par la Russie ; dissolution de la Compagnie des Indes. **1860** Traité de Pékin, annexion de la région de l'Oussouri, fondation de Vladivostok.
1861-1862 *Souvenirs de la maison des morts* de Dostoïevski.	**1864-1865** Conquête de l'Asie centrale russe ; prise de Tachkent. **1864-1878** Révoltes musulmanes dans le Turkestan chinois (et dans le Yunnan). **1865-1877** Yakoub Beg tente de rassembler les populations du Turkestan.	

Occident	Asie centrale (russe et chinoise) et Tibet	Asie orientale
1867 Vente de l'Alaska aux États-Unis.	**1867** Formation du Turkestan russe. **1868** Prise de Boukhara, protectorat russe sur l'émirat. Le général Kaufman entre à Samarkand. **1869** Début des campagnes de Zuo Zongtang en Asie centrale.	**1868** Expédition de Francis Garnier vers le haut Mékong.
1870 Guerre franco-allemande.	**1871-1881** Occupation de la vallée de l'Ili par les Russes. **1873** Voyage d'E. Schuyler; soumission de Khiva.	
1876 Jules Verne, *Michel Strogoff*.	**1876-1933** Le XIIIe dalaï-lama. **1879** Traité de Livadia.	
1880-1885 Jules Ferry, président du Conseil, expéditions coloniales. **1881-1894** Règne du tsar Alexandre III.	**1881** Traité de Saint-Pétersbourg. **1882-1892** Voyage de Bonvalot de Kuldja à Hanoï. **1884** Le Xinjiang devient province chinoise; abolition de l'ancienne administration militaire.	
1890-1914 Règne de Guillaume II, empereur d'Allemagne.	**1890** Première présence permanente d'un représentant britannique à Kachgar.	
1894-1917 Règne du tsar Nicolas II.		**1891-1904** Construction du Transsibérien.

Occident	Asie centrale (russe et chinoise) et Tibet	Asie orientale
	1895 Première expédition de Sven Hedin dans le Takla-Makan.	
		1898-1905 Lord Curzon, vice-roi des Indes. **1900** Révolte des Boxers. **1901** Création des provinces du nord-ouest de l'Inde, région stratégique.
	1902 Première expédition allemande en Asie centrale. **1903-1904** Expédition britannique au Tibet. **1903** Le dalaï-lama trouve refuge à Ourga.	
	1904-1906 Seconde expédition de Aurel Stein, durant laquelle il découvre la grotte aux manuscrits.	**1904** Attaque de Port-Arthur par les Japonais, début de la guerre nippo-russe.
1905 Insurrection armée à Moscou (décembre).		**1905** Défaite russe à Mukden (Shenyang), Tsushima. **1911** Révolution chinoise : fin de l'empire.
	1912-1928 Yang Zengxin, gouverneur du Xinjiang. **1913** Les Chinois sont rejetés du Tibet.	**1912** Puyi, dernier empereur Qing, abdique. **1913** Création du Guomindang.
1914-1918 Première Guerre mondiale.		
		1916-1926 Les «Seigneurs de la guerre» luttent en Chine du Nord.
1917 Révolution d'Octobre.		

Occident	Asie centrale (russe et chinoise) et Tibet	Asie orientale
1921-1922 Famine sur la Volga.	**1921** Traité de Kaboul: indépendance de l'Afghanistan. Indépendance de la Mongolie. Début de la révolte des Basmatchis.	**1921** Création du parti communiste chinois.
1924 Mort de Lénine. **1928** Exil de Trotski à Alma-Ata. Début du premier plan quinquennal en URSS. **1929** *Tempête sur l'Asie*, film de Poudovkine.	**1924** Les Soviétiques ouvrent des consulats au Xinjiang. Proclamation de la République populaire de Mongolie.	
1932 Liquidation des koulaks. **1933** Deuxième plan quinquennal en URSS.	**1931** La «croisière jaune»; début de la rébellion de Ma Chongying. **1933** Sheng Shi cai devient gouverneur du Xinjiang.	
		1934-1935 La Longue Marche. **1937-1945** Guerre sino-japonaise.
	1944 Staline annexe le Tanu-Touva à l'U.R.S.S. **1945** Proclamation d'une République du Turkestan oriental.	
		1949 Proclamation de la République populaire de Chine. **1950** La République populaire de Chine reconnaît l'indépendance de la Mongolie. **1951** L'armée de libération populaire entre au Tibet.

Occident	Asie centrale (russe et chinoise) et Tibet	Asie orientale
1921-1922 Famine sur la Volga.	1921 Traité de Kaboul; indépendance de l'Afghanistan. Indépendance de la Mongolie. Début de la révolte des Basmatchis.	1921 Création du parti communiste chinois.
1924 Mort de Lénine. 1928 Exil de Trotski à Alma-Ata. Début du premier plan quinquennal en URSS. 1929 *Tempête sur l'Asie*, film de Poudovkine.	1924 Les Soviétiques ouvrent des consulats au Xinjiang. Proclamation de la République populaire de Mongolie.	
1932 Liquidation des koulaks. 1933 Deuxième plan quinquennal en URSS.	1931 La «croisière jaune»; début de la rébellion de Ma Chongying. 1933 Sheng Shi cai devient gouverneur du Xinjiang.	1934-1935 La Longue Marche. 1937-1945 Guerre sino-japonaise.
	1944 Staline annexe le Tanu-Touva à l'U.R.S.S. 1945 Proclamation d'une République du Turkestan oriental.	1949 Proclamation de la République populaire de Chine. 1950 La République populaire de Chine reconnaît l'indépendance de la Mongolie. 1951 L'armée de libération populaire entre au Tibet.

BIBLIOGRAPHIE SOMMAIRE

Les auteurs dont les extraits sont publiés dans cette anthologie sont précédés d'un astérisque.

ABBOT, capitaine James, *Narrative of a Journey from Herat to Khiva, Moscou and St Petersburgh*, Londres, Allen and Co, 1843.

ABERCOMBRY Hon. John, *A Trip through the Eastern Caucasus*, Londres, Edward Stanford, 1889.

*ANDRADE António de, *Voyages au Thibet, faits en 1625 et 1626, par le père Andrada et en 1774, 1784, 1785, par Bogle, Turner*, traduits par J. P. Parraud et J. B. Billecoq, Paris, an IV (1796).

*ATKINSON Thomas W., *Oriental and Western Siberia : a Narrative of seven Years' Explorations and Adventures in Siberia, Mongolia, the Kirghis Steppes and Chinese Tartary...*, Londres, 1858.

*AVRIL Philippe, *Voyages en divers États d'Europe et d'Asie, entrepris pour découvrir un nouveau chemin à la Chine*, Paris, 1692.

*BACOT Jacques, *Dans les marches thibétaines*, Paris, 1909.

— *Le Thibet révolté*, Paris, 1912. Rééd. R. Chabaud, 1988.

BADDELEY John F., *Russia, Mongolia, China* (2 vol.), Londres, 1919.

BAILEY Lt Cl Frederic M., *Mission to Tashkent*, Londres, Jonathan Cape, 1946.

— *No passport to Tibet*, Londres, 1957.

BAILLY Jean Sylvain (maire de Paris), *Lettres sur l'Atlantide de Platon et sur l'ancienne histoire de l'Asie*, Paris, Debune, 1779.

BAYE J. de, *De Penza à Minusinsk. Souvenirs d'une mission*, Paris, 1898.

BEALEY C. Raymond, *The texts and Versions of John Plano Carpino and William de Robruquis*, Londres, 1903.

BELL Sir Charles, *Tibet, Past and Present*, Oxford, 1924.

BELL Janus Stanislaus, *Journal of a residence in Circassia during the years 1837, 1838, 1839* (2 vol.), Londres, 1840.

*Bell John, *A Journey from St Petersburg to Pekin (1719-1722)*, Édinbourg, J. L. Stevenson, 1965.

Bernard Henri S. J., *Le Frère Bento de Goes chez les musulmans de la Haute Asie (1503-1551)*, Tientsin, 1934.

*Bonvalot Gabriel et H. D'Orléans, *En Asie centrale, de Moscou en Bactriane*, Paris, Plon, 1884.

— *Du Caucase aux Indes à travers le Pamir*, Paris, Plon, 1889.

— *De Paris au Tonkin à travers le Thibet inconnu (1889-1890)*, Hachette, 1892. Rééd. Hachette-Stock, 1980.

*Bouillane de Lacoste, commandant Émile, *Au pays sacré des anciens Turcs et des Mongols*, Paris, Émile Paul, 1911.

*Boulangier Edgar, *Voyage à Merv. Les Russes dans l'Asie centrale et le chemin de fer transcaspien*, Paris, Hachette et cie, 1888.

*Boully de lesdain Jacques, *Voyage au Thibet par la Mongolie : de Pékin aux Indes*, Paris, Plon-Nourrit et Cie, 1908.

Boulnois Lucette, *La Route de la soie*, Paris, Arthaud, 1966.

— «L'or d'Erket», *L'Ethnographie*, nº 95, 1985-1.

*Bourboulon Catherine de, «Voyage en Chine et en Mongolie, 1860-1861», par Achille Poussielgue, *Le Tour du Monde*, 1866; *L'Asie cavalière, de Shangaï à Pékin, 1860-1862*, Paris, Phébus, 1991.

Bower captain Hamilto, *Diary of a Journey across Tibet*, 1874.

Boyle John Andrew, *The Mongol World Empire*, Londres, Variorum reprints, 1977.

Brand Adam, *Journal of the Embassy from their Majesties John and Peter Alexievvitz Emperors of Moscovy... overland into China (1693-1695)*, Londres, 1698.

— *Relation du voyage de Mr. Evert Isbrand envoyé de sa majesté czarienne à l'empereur de Chine en 1692, 93 et 94*, Amsterdam, 1699.

Bruce C. D., *In the Footsteps of Marco Polo*, Londres, 1907.

Brun capitaine A. H., *Troublous times. Experiences in bolshevik Russia and Turkestan. Constable*, Londres, 1931.

*Buchan Telfer capitaine J., *The Bondage and Travels of Johann Schiltberger, a native of Bavaria, in Europe, Asia and Africa (1396-1427)*, Londres, Hakluyt Society Publ., 1879.

*Burnaby Frederick Gustavus, *Une visite à Khiva. Aventures de voyage dans l'Asie centrale*, Paris, Plon, 1877.

*Burnes A., *Voyage de l'embouchure de l'Indus à Lahor, Caboul, Balkh et Boukhara et retour par la Perse pendant les années 1831, 1832, 1833* (4 vol.), Paris, 1835.

*Byron Robert, *De la Russie au Tibet*, Paris, Quai Voltaire, 1990.

*Cable Milfred et French Francesca, *Par la porte de Jade*, Paris, Plon, 1935.

Cagnat René et Jan Michel, *Le Milieu des Empires*, Paris, Robert Laffont, 2ᵉ éd. 1990.

CAHEN Gaston, *Histoire des relations de la Russie avec la Chine sous Pierre le Grand (1689-1730)*, Paris, 1911.

— *Le Livre de compte de la caravane russe à Pékin en 1727-28*, Paris, 1911.

CANDLER Edmund, *The Unveiling of Lhassa*, Londres, 1905.

CAREY William, *Travel and Adventure in Tibet. Including the Diary of Miss Annie Taylor's remarkable journey*, Londres, 1902.

CARTER Th. F., *The Invention of Printing in China and its Spread Westward*, New York, Columbia University Press, 1925.

CHERBAKOFF Dr, «In Kashgar, December 1927 to October 1931», *Journal of the Royal Central Asian Society*, t. XX, 1933, IV, p. 541-542.

CHOLET comte de, *Excursion en Turkestan et sur la frontière russo-afghane*, Paris, Plon, 1889.

*CLAVIJO Ruy Gonzalès de, *Relacion de la Embajada de Enrique III al Gran Tamorlan*, Madrid, Espasa-Calpe S.A., coll. «Australl», 1952.

— Embassy to Tamerlan (1403-1406), traduit de l'espagnol par Guy Le Strange, Londres, 1928.

COBBOLD R. P., *Innermost Asia*, Londres, 1905.

COCHRANE J. D., *Pedestrian Journey through Russia and Siberian Tartary*, Londres, 1825.

CONOLY A., *Journey to the North of India... through Russia, Persia and Afghanistan*, Londres, 1838.

CORDIER Henri, *Les Voyages en Asie au XIVe siècle du bienheureux frère Odoric da Pordenone*, Paris, E. Leroux, 1891.

*COTTEAU Edmond, *De Paris au Japon à travers la Sibérie*, Paris, Hachette, 1885.

DABBS Jack, *History of the Discovery and Exploration of Chinese Turkestan*, The Hague, 1963.

DAINELLI G., *Bouddhists and glaciers of western Tibet*, Londres, 1933.

DAS Sarat Chandra, *Journey to Lhassa and Central Tibet*, Londres, 1902.

*DAVID-NÉEL Alexandra, *Voyage d'une Parisienne à Lhassa*, Paris, Plon, 1927.

— *Journal* (2 vol.), Paris, Plon, 1975.

DEASY H. H. P., *In Tibet and Chinese Turkestan being the Narrative of three Years Explorations*, Londres, 1901.

Demeures des hommes, sanctuaires des dieux. Sources, développement et rayonnement de l'architecture tibétaine, université de Rome «La Sapienza», département des études orientales, 1987.

DE QUINCEY Thomas, *Revolt of the Tartars*, New York, Ch. S. Baldwin, 1898.

DESCHAMPS Gaston, *Sur les routes d'Asie*, Paris, Armand Colin, 1904.

DESGODINS Ch. H., *La Mission du Thibet de 1855 à 1870... d'après les lettres de l'abbé Desgodins*, 1872.

— *Le Thibet d'après la correspondance des missionnaires*, 1885.

*DESIDERI Père Ippolito, *Notes sur le Thibet*, 1714.
DITSON George Leighton, *Circassia or a Tour to the Caucasus*, New York, Londres, 1850.
*DU HALDE Jean-Baptiste, *Description géographique, historique, chronologique, physique et politique de la Chine et de la Tartarie*, 1735.
DUNMORE Earl of, *The Pamirs, being a narrative of a year's expedition on horse back and on foot through Kashmir, western Tibet, chinese Tartary and russian central Asia* (2 vol.), Londres, 1894.
DURET Théodore, *Voyage en Asie. Le Japon, la Chine, la Mongolie...*, Paris, 1874.
DWINGER Edwin-Erich, *Entre les Rouges et les Blancs*, Paris, Payot, 1930.
— *Mon journal de Sibérie*, Paris, Payot, 1932.
ELIAS N., *Confidential report on a mission to chinese Turkestan*, Calcutta, 1886.
EPSTEIN Israel, *Tibet transformed*, Beijing, New World Press, 1983.
ESSEN Ruetger, *Mellum osterjon och stiller havet* («Entre la mer Baltique et l'océan Pacifique»), Stockholm, 1924.
ETHERTON lieutenant-colonel E. T., *In the heart of Asia*, Londres, Constable, 1925.
FERRAND Gabriel, *Voyages du marchand Sulayman en 851*, suivi de *Remarques par Abu Zayd Hassan (vers 916)*, Les Classiques de l'Orient, t. 7, Paris, 1922.
*FILIPPI Felippo de, *An Account of Tibet, the Travels of Ippolito Desideri of Pistoia, S. J. (1712-1727)*, Londres, 1932.
FISHER Raymond H., *The Russian fur Trade (1550-1700)*, Berkeley, 1943.
*FLEMING Peter, *News from Tartary. A Journey from Peking to Kashmir*, Londres, Cape, 1936; rééd. Futura publications-Macdonald and Co publishers, Londres, 1986.
— *Bayonet to Lhassa*, Hong-Kong, Oxford University Press, 1984.
FORSYTH Sir T. D., *Report of a mission to Yarkand in 1873*, Calcutta, Foreign Department Press, 1875.
FRESHFIELD Douglas W., *The Exploration of the Caucasus*, Edward Arnold, New York, 1896.
GARDANE A. de, *Mission du général Gardane en Perse sous le premier Empire*, Paris, 1856.
GARNIER Francis, *De Paris au Thibet. Notes de voyages*, Paris, 1882.
GILES H. A., *The Travels of Fa Hsien*, Cambridge University Press, 1923.
GILMOUR James, *Among the Mongols*, Londres, 1883.
GOLDMAN Bosworth, *Red road through Asia*, Londres, 1934.
GONTCHARENKO S., «Les explorateurs russes en Chine dans la seconde moitié du XIXe siècle», dans *Russie-Chine aux XVIIe et XIXe siècles*, Moscou, éd. du Progrès, 1985.

GRAHAM Stephan, *A Vagabond in the Caucasus*, Londres, John Lane, The Bodley Head, 1911.
*GRENARD Joseph Fernand, *Mission scientifique dans la Haute-Asie, 1890-1895* (3 vol.), Paris, Ernest Laroux, 1897-1898.
— *Tibet, the Country and its Inhabitants*, rééd. New Delhi, 1974.
GROUSSET René, *L'Empire des steppes*, Paris, Payot, 1965.
GRUM-GRZIMAILO G. and N., *Description d'un voyage en Chine occidentale* (3 vol.), Saint-Pétersbourg, 1896-1897. (En russe.)
GVOZDETSKY N. A., *Soviet geographical explorations and discoveries*, Moscou, Progress Publishers, 1974.
*HARRER Heinrich, *Sept ans d'aventures au Tibet*, Paris, Arthaud, 1983.
HASLUND Henning, *Men and Gods in Mongolia*, Londres, Kegan, Trench Trubner and Co, 1935.
*HEDIN Sven, *Through Asia*, Harper and Brothers (t. II), New York, 1899.
— *Dans les sables de l'Asie*, Paris, F. Juven, 1904.
— *Vers la cité interdite*, Paris, 1907.
— *Trans-Himalaya. Discoveries and adventures in Tibet*, Londres, 1909.
— *My Life as an Explorer*, Cassel, 1926.
— *Riddles of the Gobi Desert*, New York, E. P. Dutton and Co, 1933.
— *The Flight of Big Horse*, New York, E. P. Dutton and Co, 1936.
HEISSIG Walther, *Les Mongols*, Paris, J.-Cl. Lattès, 1982.
HELMERSEN G. von, *Reise nach dem Altaï, in Jähre 1834 ausgeführt*, Saint-Pétersbourg, Publications de l'Académie impériale des sciences, 1848.
HENDERSON G. et HUME A. O., *Lahore to Yarkand*, London, 1873.
HIRTH F., *China and the Roman Orient*, Shanghai Hong-Kong, Kelly and Walsh, 1885.
HOPKIRK Peter, *Foreign devils on the Silk Road*, Londres, John Murray, 1980.
— *Trespassers on the Roof of the World, the race for Lhassa*, Londres, John Murray, 1982.
— *Setting the east ablaze*, Londres, John Murray, 1984.
*HUC R. P. Régis Évariste, *Souvenirs d'un voyage dans la Tartarie et le Tibet* (2 vol.), Paris, 1844 à 1846. Rééd. Le Livre de poche, 1962.
IDES Elizar Izbrand, *Three Years Travels from Moscow overland to China*, Londres, 1706.
IGNATIEV N., *Missia v Khiva i Bukhara v 1858*, Saint-Pétersbourg, 1897.
L'Inde du Bouddha vue par des pèlerins chinois sous la dynastie Tang (VIIe *siècle)*, Paris, Calmann-Lévy, 1968.
*JENKINSON Anthony, dans *Early voyages and travels to Russia and Persia, by Anthony Jenkinson and other Englishmen*, Londres, Hakluyt Society Publ., 1886.

JETMAR Karl, *L'Art des steppes*, Paris, Albin Michel, 1964.
JOHNSON W. H., «Report on his Journey to Ilchi, the Capital of Khotan», *Journal of the Royal Geography Society*, 1867.
KAWAGUCHI Ekai, *Three Years in Tibet*, Benares, 1909.
KENDALL Elisabeth, *A Wayfarer in China. Impressions of a Trip across west China and Mongolia*, 1913.
KIPLING Rudyard, *Kim*, Mercure de France, 1901.
KISH George, *Tibet au cœur. La vie de Sven Hedin*, Paris, R. Chabaud, 1988.
KOMROFF M. Ed., *The Journey of Friar John of Plan de Carpini to the Court of Kuyak Khan (1245-1247)*, Londres, Jonathan Cape, 1929.
KUROPATKINE A. N., *Kashgaria (Eastern or chinese Turkestan)*, Calcutta, 1882.
*LANDON Perceval, *A Lhassa, la ville interdite, 1903-1904*, Paris, Hachette, 1906.
LANGE Lorenz, *Journal of the residence of Mr. de Lange, Agent of His Imperial Majesty of All the Russias, Peter the First, at the court of Pekin during the years 1721* dans John Bell of Atermomy, *A Journey from St Petersbourg to Pékin (1721-1722)*, Édimbourg, J. L. Stevenson, 1965.
LATTIMORE Owen, *The Desert Road to Turkestan*, Boston, Brown and Co, 1929.
— *Inner asian frontiers of China*, Londres, 1951.
— *Mongolie. Nomades et commissaires*, éd. du Seuil, 1966.
LATTIMORE Owen and Eleneora, *Silk, Spices and Empire*, Delacorte Press, 1968.
*LE COQ Albert von, *Buried Treasures of Chinese Turkestan. An Account of the Activities and Adventures of the Second and Third German Turfan expeditions, George Allen and Unwin*, Londres, 1928. Rééd. Oxford University Press, Hong-Kong, 1985.
LE FEVRE Georges, *La Croisière jaune*, Paris, Plon, 1933.
*LEGRAS Jules, *En Sibérie*, Paris, Armand Colin, 1899.
LEYS Simon, *La Forêt en feu*, Paris, Hermann, 1983.
LONGWORTH J. A., *A year among the Circassians* (2 vol.), Londres, 1840.
MABIRE Jean, *Ungern, le Baron fou*, Paris, Balland, 1973.
*MACARTNEY Lady, *An English Lady in Chinese Turkestan*, Londres, 1931. Rééd. Oxford University Press, Hong Kong, 1985.
MACGAHAN J. A., *Campaigning on the Oxus*, Londres, 1874.
*MAILLART Ella, *Oasis interdites. De Pékin au Cashemire, une femme à travers l'Asie centrale, en 1935*, Paris, Payot. Rééd. 1984.
— *Des monts célestes aux sables rouges*, Paris, Grasset, 1934.
MANCALL Mark, *Russia and China: their diplomatic relations to 1728*, Cambridge, Mass. et Londres, Harvard University Press, 1971.
*MARKHAM Cl., *Narratives of the Mission of Boggle and the Journey of Manning to Lhassa*, 1879. Rééd., New Delhi, Manjusri, 1971.

MARKOVITS Rodion, *Garnisons sibériennes*, Paris, Payot, 1935.
MASSON C., *Narratives of various Journeys in Baluchistan, Afghanistan and the Pundjab* (4 vol.), Londres, 1844.
MEIGNAN Victor, *De Paris à Pékin par terre. Sibérie, Mongolie*, Paris, 1876.
*MEYENDORFF baron George de, *Voyage d'Orenburg à Boukhara, fait en 1820*, Paris, 1886.
MEYER C. A., *Reise durch die soongorische Kirghizensteppe*, Berlin, 1830.
MICHELI Silvio, *Mongolie, Mongolie*, Robert Laffont, 1965.
MIRSKY Jeannette, *Sir Aurel Stein, Archeological Explorer*, Chicago, 1977.
MONNIER Marcel, *Itinéraires à travers l'Asie*, Paris, Plon, 1900.
MONTAGU Ivor, *Mongolie rouge, pays du soleil bleu*, Paris, Julliard, 1958.
MONTGOMERY MACGOVERN W., *Mon Voyage secret à Lhassa*, Plon-Nourrit et Cie, Paris, 1926.
MORGAN E. D. et COOTE C. H., *Early Voyages and Travels to Russia and Persia*, New York, Hakluyt Society Publ., 1969.
MOSER Louis, *The Caucasus and its people*, Londres, David Nutt, 1856.
MURZAYEV E. M., *Along unbeaten tracks. A geographer's notes*, Moscou, 1954.
MYRDAL Jan, *La Route de la soie*, Gallimard, 1977.
NAZAROFF P. S., *Hunted through Central Asia*, Édimbourg, Londres, 1932.
— *Moved on! From Kashgar to Kashmir*, Londres, 1935.
NERWOOD Harry W., *To Russia and Return: An annoted Bibliography of Travellers' English Language Accounts of Russia from the ninth century to the present*, The Ohio State University Press, Columbus, 1968.
NORRINS Martin R., *Sinkiang, Frontier of the Chinese Far West*, New York, John Day, 1944.
OLEARIUS Adam, MANDELSO J., *Voyages célèbres et remarquables, faits de Perse aux Indes orientales par le sieur J. A. de Mandelso*, 1727.
OLDENBURG S. von, *Russkaya Turkestankaya Ekspedicija*, Saint-Pétersbourg, 1914. (En russe.)
*OLLONE Henri d', *Les Derniers Barbares: Chine, Thibet, Mongolie*, P. Laffite, 1911. Rééd. Paris, You-Feng, 1988.
*OSSENDOWSSKI Ferdinand, *Bêtes, hommes et dieux*, Paris, Plon, 1924.
PALLAS P. L., *Voyages du professeur Pallas dans plusieurs provinces de l'empire de Russie et dans l'Asie septentrionale*, Paris, an II (1794).
PELLIOT P., «Une bibliothèque médiévale retrouvée au Kansu», *Bulletin de l'E.F.E.O.*, 1908, t. 8, p. 525-527.
— «Trois ans en Asie centrale», conférence faite à la Sorbonne le 10 déc. 1909, dans *Bulletin du Comité de l'Asie française*, janv. 1910.

— «Rapport de P. Pelliot sur sa mission en Asie centrale (1906-1909)», dans *Compte rendu de l'Académie des inscriptions et belles-lettres*, 1910, p. 58-68.

— «Les Mongols et la papauté», *Revue de l'Orient chrétien*, 1922-1923, Série 3 vol. 3 (23), n° 1 et 2, p. 3-30.

— *Les Grottes de Touen-Houang*, Paris, 1922-1924.

PERCHERON Maurice, *Sur les pas de Genghis khan*, Paris, Del Duca, 1956.

PERRY-AYSCOUGH H. G. C. et OTTER-BARRY Captain R. B., *With the Russians in Mongolia*, Londres, 1914.

*PHILIPE Anne, *Caravanes d'Asie*, Paris, Julliard, 1955.

PIASSETSKY P., *Russian Travellers in Mongolia and China*, Londres, 1884.

PIERCE A., *Soviet Central Asia. A Bibliography, part II: 1867-1917*, Berkeley, University of California Press, 1966.

PIERCE Richard A., *Mission to Turkestan: being the Memoirs of Count K. K. Pahlen (1908-1909)*, Londres, 1954.

*PLAN CARPIN Jean du, *Histoire des Mongols* (1245), traduction française et commentaires du père C. Schmitt, Paris, éd. franciscaines, 1961.

POIDEBARD A., *Voyages : au carrefour des routes de la Perse*, Paris, 1923.

*POLO Marco, *La Description du monde*, éd. établie par Louis Hambis, Paris, Klincksieck, 1955. Voir aussi YULE Henry.

*POTOCKI Jean, *Voyages au Caucase et en Chine*, Paris, Fayard, 1980.

*POUSSIELGUE Achille, *Voyage en Chine et en Mongolie de M. et Mme de Bourboulon, (1860-1861)*, Paris, 1866.

POZDNEJEV A. M., *Mongolia and the Mongols*, Bloomington, 1961. Rééd. 1971.

PRATT A. E., *To the Snows of Thibet through China*, 1892.

*PRJEVALSKI Nicolaï, *From Kuldja across the Tian-shan to Lobnor, Londres, Morgan*, 1879.

— *Mongolia, the Tangut Country and the Solitudes of Northern Tibet*, Londres, 1876.

Sur le toit du monde. Mongolie, Dzoungarie, Tibet (1870-1880), Paris, Phébus, 1988.

RAVENSTEIN E. G., *The Russians on the Amour*, Londres, 1821.

Relation de la Grande Tartarie, dressée sur les mémoires originaux des Suédois prisonniers en Sibérie, pendant la guerre de la Suède avec la Russie, Amsterdam, Jean-Frédéric Benaud, 1737.

RICCI Matteo, *Fondi Ricciane*, D'ELIA S. J. Pasquale M., *Storia dell introduzione del cristianismo in Cina* (version annotée du manuscrit original de l'*Historia* de Ricci) 3 vol., Rome, 1913.

— «Lettres», dans *Opere Storiche*, éd. Pietro Tacchi Venturi S. J., t. 2, *La Lettere della Cina*, Macerata, 1913.

*RIJNHART Susie Carson, *With the Tibetans in Tent and Temple,*

Narrative of four Years' Residence Tibet on the border, Chicago, F. H. Revell Company, 1901.
ROCKHILL William Woodwill, *Diary of a Journey through Mongolia and Tibet in 1891-1892*, Washington, 1894.
ROSS Denison, *The Heart of Asia*, Londres, 1899.
ROSSABI Morris, *China and Inner Asia, from 1368 to the Present Day*, Londres, Thames and Hudson, 1975.
*RUBROUCK Guillaume de, *Voyage dans l'empire mongol* (1253-1255), éd. traduite et commentée par Claude-Claire et René Kappler, Payot, 1985.
*SCHILTBERGER, Johann. Voir Buchan Telfer.
*SCHUYLER Eugene, *Turkistan : Notes of a Journey in Russian Turkestan, Khokand, Bukhara and Kuldja* (2 vol.), New York et Londres, Sribner, Amstrong and Co, 1877.
SCOTT John, *Behind the Ourals*, Cambridge University Press, Mass., 1942.
SEGALEN Victor, *Équipée*, Paris, Gallimard, coll. «L'imaginaire», 1983.
— *Lettres de Chine* (lettres de Segalen à Yvonne pendant l'expédition de 1909-1910), Paris, Plon, 1967.
— *Tibet*, Paris, Mercure de France, 1979.
SERRUYS Henry, «Three mongol documents from 1635 in the russian archives», *Central asiatic Journal*, t. VII, nº 1, mars 1962.
SHAW Robert, *Visits to High Tartary, Yarkand and Kashgar*, Londres, John Murray, 1871; rééd. Hong-Kong, Oxford University Press, 1984.
*SKRINE Clarmont Percival, *Chinese Central Asia*, Londres, Methuen and Co 1926. Rééd. Oxford University Press, New York, 1986.
SKRINE C. P. et NIGHTINGALE P., *Macartney at Kashgar. New Light on British, Chinese, and russian activities in Sinkiang (1890-1918)*, Londres, Methuen, 1973.
SPENCER Edmund
— *Travels in Circassia, Krim-Tartary...* (2 vol.), Londres, 1839.
STAUNTON G. T., *Narrative of the Chinese Embassy to the Khan of the toungouth Tartars* (Voyage de Tulishen, envoyé de cour des Qing à Saratov sur la Volga), Londres, 1821.
*STEIN Sir Aurel, *Sand-Buried Ruins of Khotan*, Oxford, Clarendon Press, 1907.
— *Ruins of Desert Cathay* (2 vol.), Londres, MacMillan and Co, 1912.
— *Scindia. Detailed Report of Explorations in Central Asia and Westernmost China, carried out and described under the Orders of H. M. Indian Government by Sir A. Stein* (t. I-II-III: *Texts*; t. IV: *Plates*; t. V: *Maps*), Oxford Clarendon Press, 1921.
— *On Ancient Central Asian Tracks*, Londres, MacMillan and Co, 1933.
SUYIN Han, *Lhassa, étoile-fleur*, Paris, Stanké, 1976.

SYKES Ella et Sir Percy, *Through Deserts and Oasis of Central Asia*, Londres, MacMillan, 1920.

TEGGART F. J., *Rome and China: a Study of Correlations in Historical Events*, University of California Press, 1939.

TEICHMAN Eric, *Travels of a consular official in eastern Tibet*, Cambridge, 1922.

— *Journey to Turkestan*, Londres, Hodder and Stooghton, 1937.

*TEILHARD DE CHARDIN, *Lettres de voyages (1923-1955)*, Paris, Grasset, 1956.

THEVENET Jacqueline, *Le Lama d'Occident*, Paris, Seghers, 1989.

THOMSON T., « Successful journey to the Karakoram pass », *Journal of Royal Geography Society*, 1849.

THOMSON-GLOVER J., « Present day Kashgaria », *Journal of the Royal Central Asian Society*, vol. XXIV, 1937.

*TIMKOVSKI G., *Voyage à Pékin à travers la Mongolie en 1820 et 1821*, Paris, Librairie orientale de Dondey-Dupré, 1827.

TRIAIRE Dominique, *Potocki, essai*, Actes Sud, 1991.

TRIGAULT Nicolas et RICCI Matteo, *Histoire de l'expédition chrétienne au royaume de la Chine (1582-1610)*, Paris, Desclée de Brouwer, 1978.

TULISHEN, *Narrative of the Chinese Embassy to the Khan of the Tourgouth Tartars in the years 1712, 1713, 1714 and 1715*, Londres, G. T. Staunton, 1831. Rééd. 1939.

TURNER Samuel, *Ambassade au Thibet et Bouthan en 1783*, Paris, 1800.

*VAMBERY Arménius, *Voyages d'un faux derviche dans l'Asie centrale: de Téhéran à Khiva, Bokhara et Samarc*, Paris, Hachette, 1873. Rééd. Paris, éd. You-Feng, 1987.

— *Sketches of Central Asia*, Londres, 1868.

VIGNE G., *A Personal Narrative of a Visit to Chazni, Kabul and Afghanistan at the Court of Dort Muhammad; with notes of Ranjit Singh, Khiva and the russian expedition.* Londres, 1843.

WALLACE, Henry A., *Ma Mission en Asie soviétique*, Paris, Julliard, 1947.

WANG Furen et SUO Wenqing, *Highlights of Tibetan History*, Beijing, New World Press, 1984.

WELLBY M. S., *Through unknown Tibet, 1898.*

WOLGENSINGER Jacques, *L'Épopée de la Croisière Jaune*, Paris, R. Laffont, 1989.

WU Aitchen K., *Turkistan Tumult*, Londres, 1940. Rééd. Oxford University Press, 1984.

*YOUNGHUSBAND Francis, *The Heart of a Continent*, Londres, John Murray, 1896. Rééd. Hong-Kong, Oxford University Press, 1984.

— *India and Tibet*, Londres, John Murray, 1910. Rééd. Hong-Kong, Oxford University Press, 1985.

*YULE Henry, *Cathay and the Way Thither, being a collection* *of medieval notices of China*, Londres, Hakluyt Society Publ., 1886.

— *The Book of Ser Marco Polo, the Venetian, concerning the Kingdoms and Marvels of the East*, 3e éd. revue par Henri Cordier, Londres, 1903.

*ZALESKI Bronislav, *La Vie des steppes kirgizes*, Paris, 1865.

CARTES

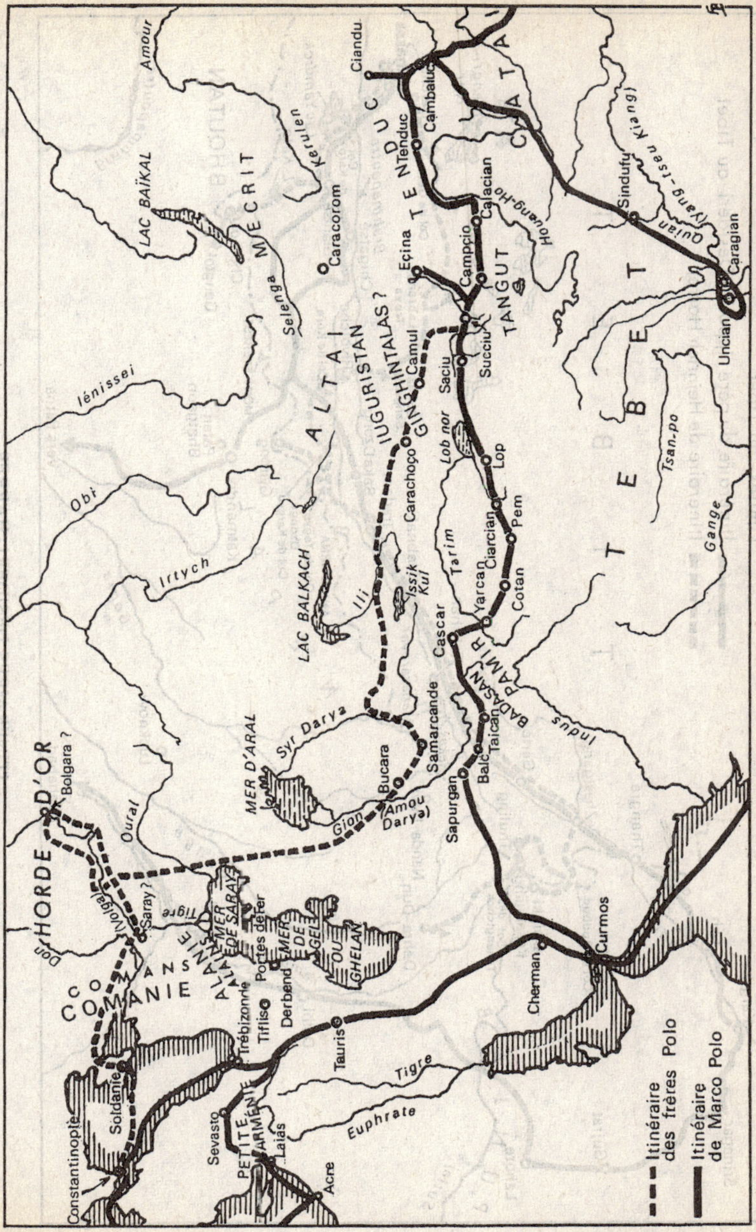

VOYAGES DE MARCO POLO

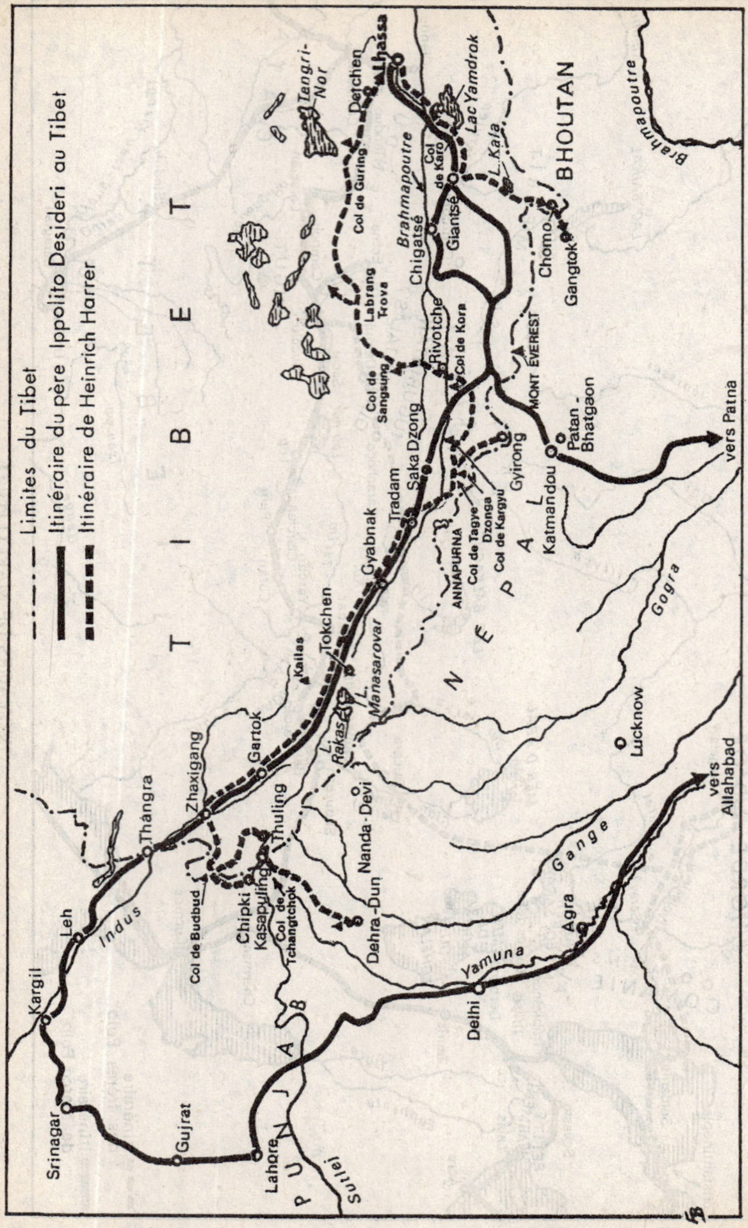

ITINÉRAIRES DESIDERI - HARRER

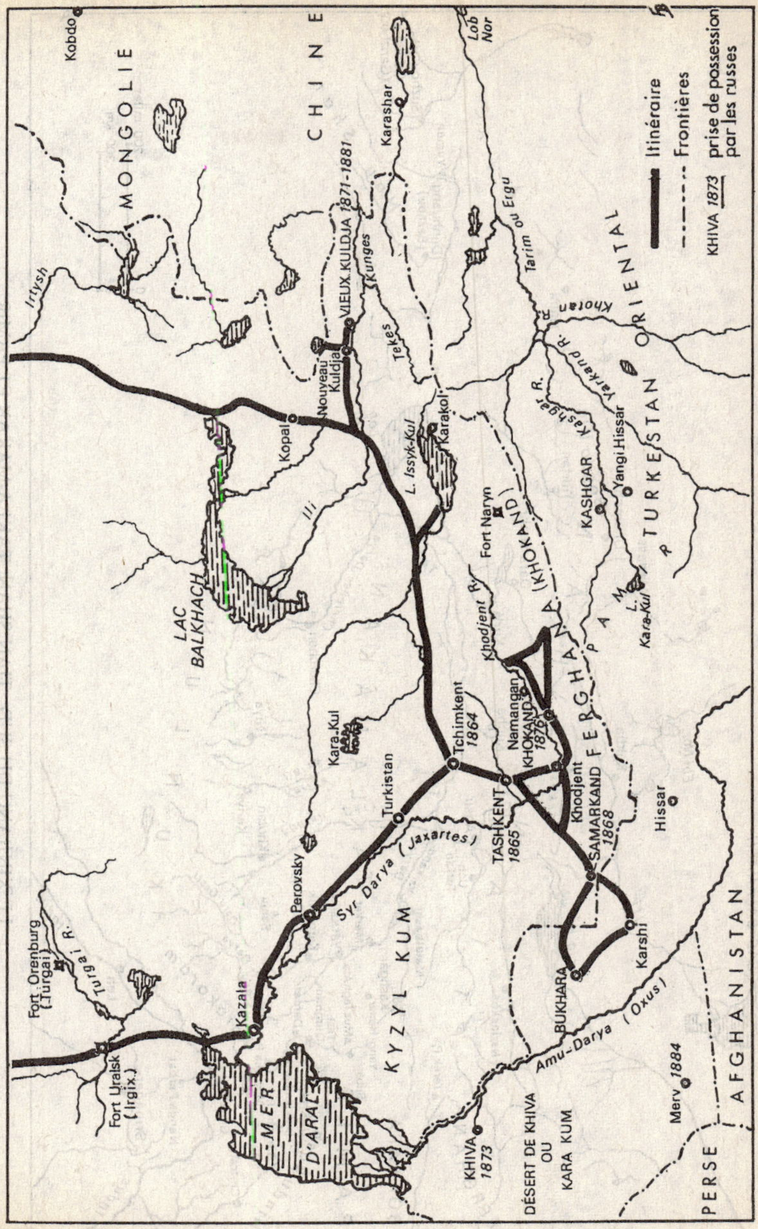

ITINÉRAIRE DES VOYAGES D'EUGÈNE SCHUYLER EN ASIE CENTRALE EN 1873

LE XINJIANG DU SUD : TIAN SHAN, TAKLA-MAKAN ET PAMIR

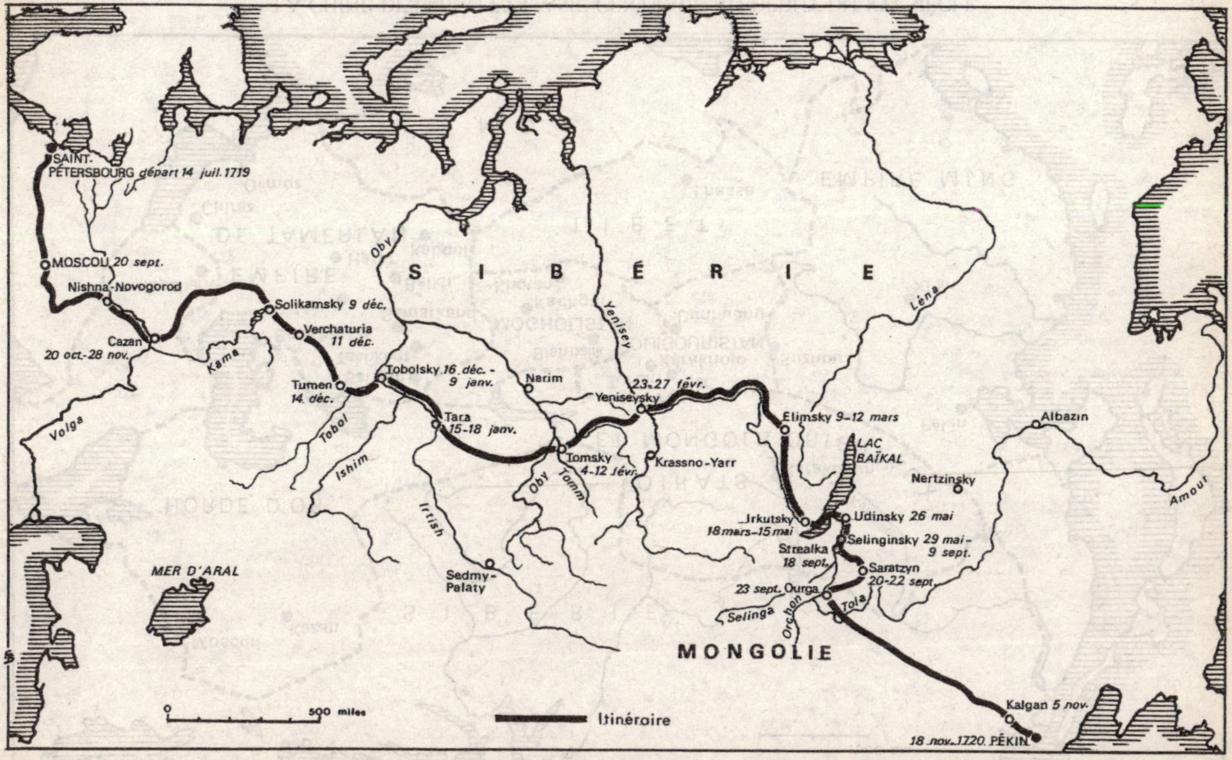

VOYAGES DE JOHN BELL EN ASIE : 1719-1722

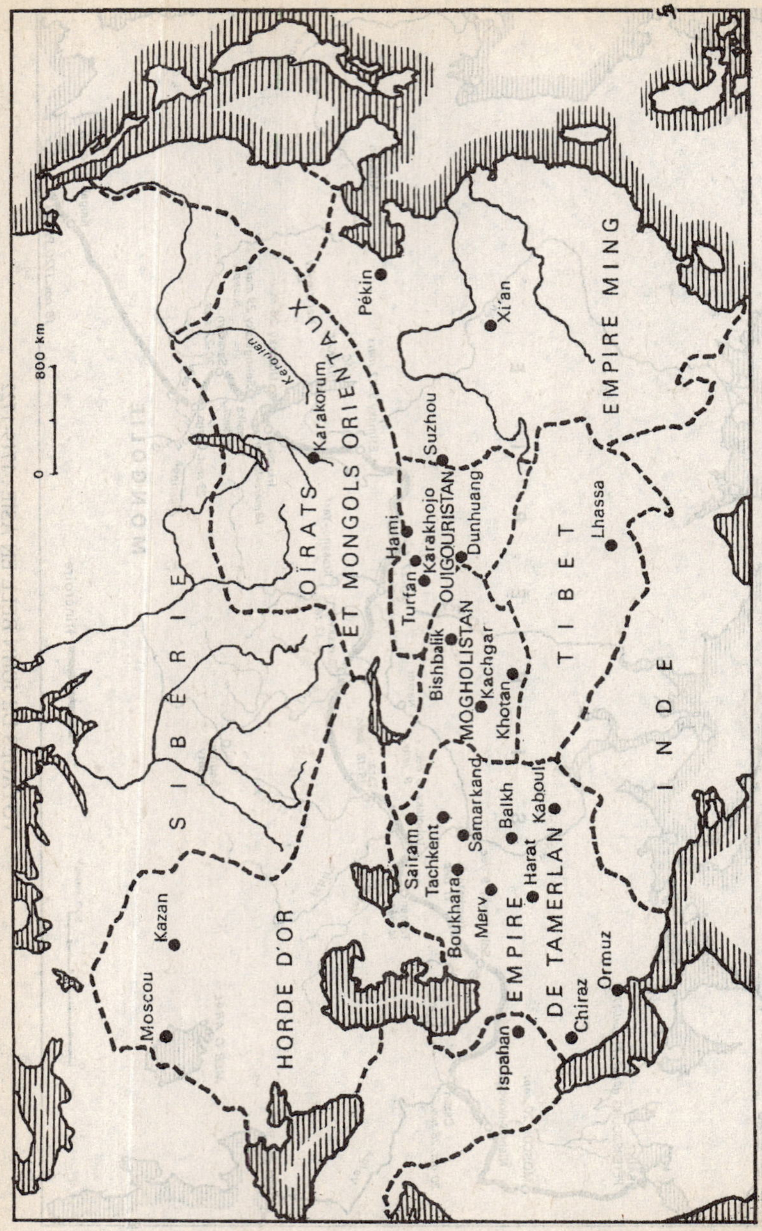

LA CHINE DES MING ET L'ASIE CENTRALE AU DÉBUT DU XVe SIÈCLE

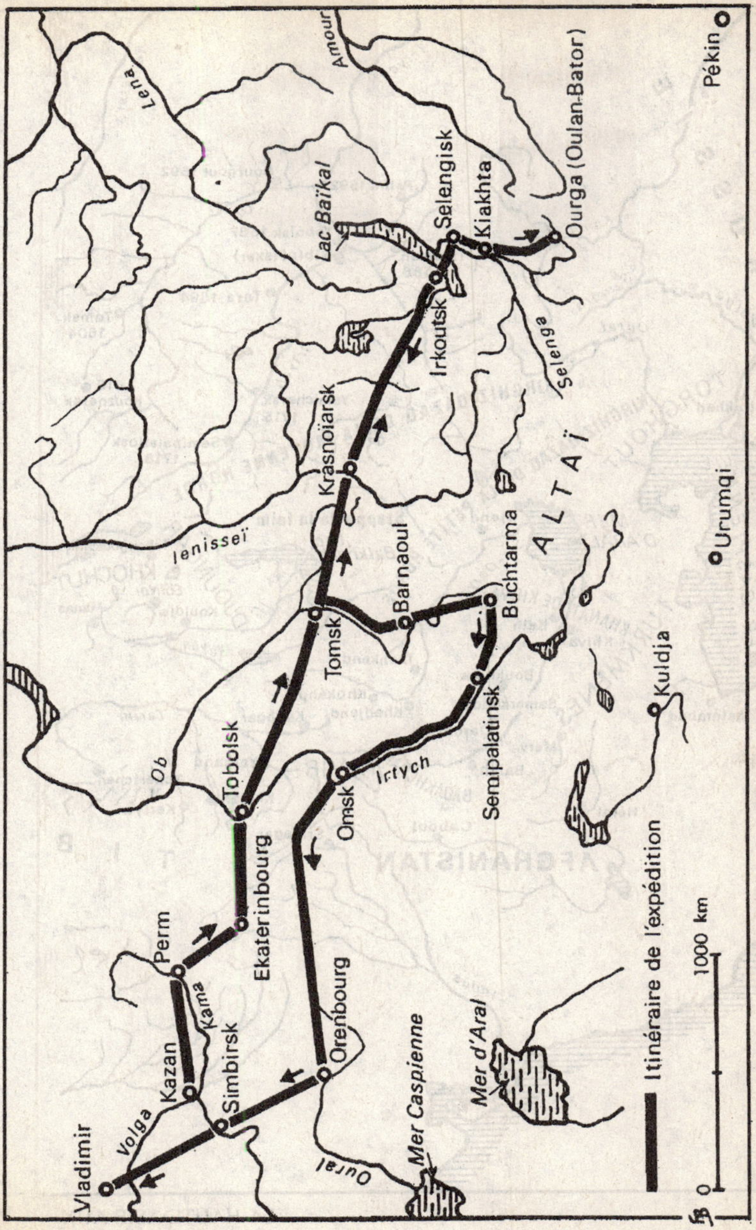

VOYAGES DE JAN POTOCKI

LA HAUTE ASIE AUX

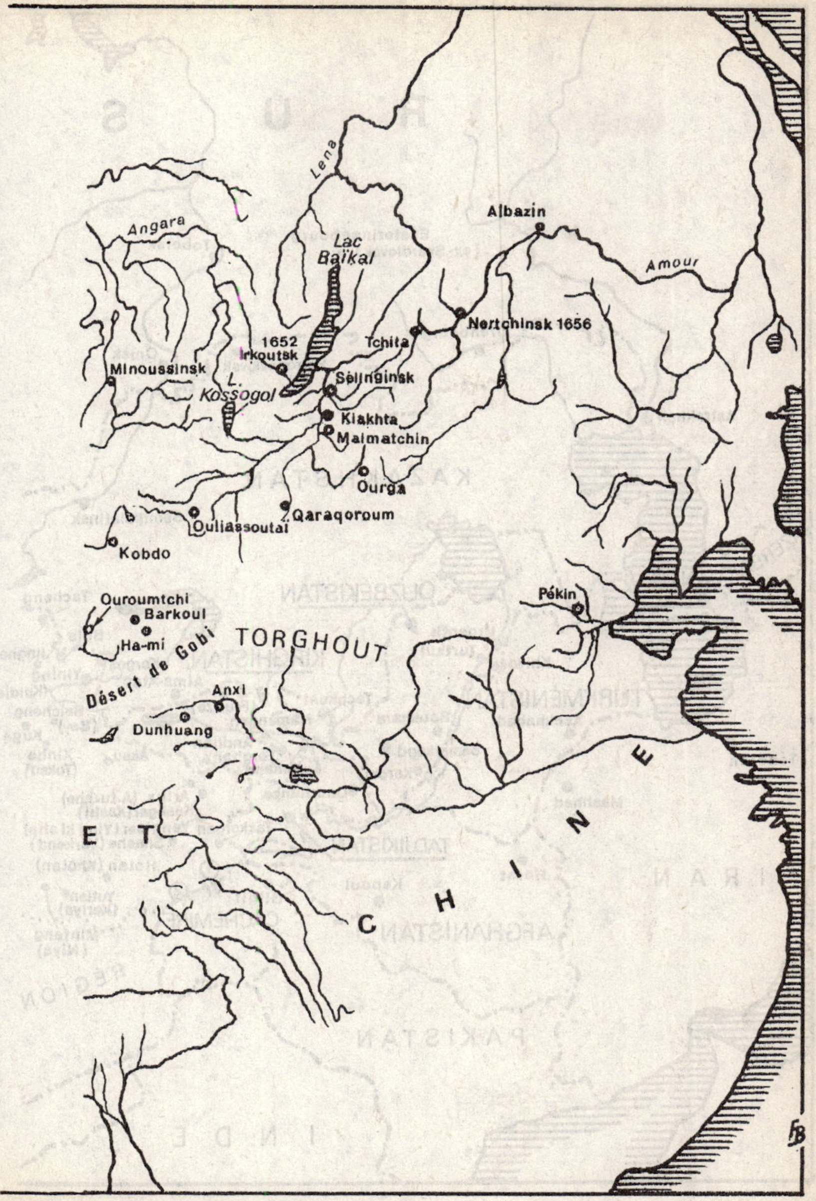

XVIIe ET XVIIIe SIÈCLES

L'ASIE CENTRALE A

0
1000 km
S I E
Tomsk
Novosibirsk
Barnaoul
Minousinsk
Abakan
Irkoutsk
Oulan Oude
Tchita
Naouchki
Kiakta
Oulan-Bator
(Ourga)
Hovd (Kobdo)
Altai
Ouliasoutai
Karakorum
M O N G O L I E
RÉGION AUTONOME DE MONGOLIE INTÉRIEURE
Usu
Kuytun
Manas
Urumqi (Wulumuqi)
Luntai
(Bogur)
Turpan
Hami
Liu Yuan
Ko-er-lo
LAC LOB NOR
Dunhuang
Yumen
Kalgan
Pékin
Baotou
Yinchuan
RÉGION AUTONOME DU XINJIANG
Miran
Ruoqiang (Qarkilik)
Qiemo (Cherchen)
PROVINCE DU QINGHAI
Lanzhou
Golmud
C H I N E
AUTONOME DU TIBET
Lhassa
①—Mintaka
②—Kunjerab

INDEX

C

H

I

J

K

L

M

N

O

T

U

V

W

X

Y

Z

TABLE DES MATIÈRES

Première partie

LES PRÉCURSEURS VENUS D'OCCIDENT: ENVOYÉS ET MISSIONNAIRES DU MOYEN AGE

Deuxième partie

L'ASIE CENTRALE RUSSE ET SOVIÉTIQUE

I. A LA REDÉCOUVERTE DU PASSAGE TERRESTRE VERS LA CHINE

II. LES DESSEINS RUSSES EN ASIE CENTRALE

III. AVANT LA CONQUÊTE RUSSE

IV. APRÈS LA CONQUÊTE RUSSE

V. LES MARCHES SIBÉRIENNES

VI. L'ASIE CENTRALE SOVIÉTIQUE

Troisième partie

L'ASIE CENTRALE CHINOISE OU TURKESTAN CHINOIS

I. SUR LA MANIÈRE DE VOYAGER

II. L'HIMALAYA ET LE PAMIR

III. LE BASSIN DU TARIM

LE DÉSERT DE TAKLA-MAKAN

LA LIGNE SUD DES OASIS

IV. LES TIAN SHAN ET LE GANSU OCCIDENTAL

V. DUNHUANG

VI. TURFAN

VII. LA VALLÉE D'ILI

VIII. KACHGAR

Quatrième partie

LA MONGOLIE

I. ÉVÉNEMENTS

II. CITÉS ET STEPPES

OURGA

VALLÉE DE L'ORKHON ET VILLES DE L'OUEST: OULIASSOUTAÏ ET KOBDO

L'ORDOS

DANS LES PATURAGES DU CHAKAR

LA MONGOLIE ORIENTALE

III. HOMMES ET DIEUX

LE TOMBEAU DE GENGIS KHAN

CHAMANES ET LAMAS

Cinquième partie

LE TIBET

I. LES PRÉCURSEURS

LA MISSION JÉSUITE AU TIBET

LES ENVOYÉS DU VICE-ROI DES INDES

L'ODYSSÉE DES DEUX LAZARISTES

II. OBJECTIF: L'HASSA

CARTES

ACHEVÉ D'IMPRIMER POUR
LES ÉDITIONS ROBERT LAFFONT
SUR LES PRESSES DE
BPCC HAZELLS LTD
AYLESBURY (GRANDE-BRETAGNE)
Printed in Great Britain

DÉPÔT LÉGAL: NOVEMBRE 1992

Nº ÉDITEUR: S 1039